中国京剧百科全书

（上卷）

中国大百科全书出版社

图书在版编目(CIP)数据

中国京剧百科全书/《中国京剧百科全书》编辑委员会编.--北京：中国大百科全书出版社，2011.6
ISBN 978-7-5000-8573-7

Ⅰ.①中… Ⅱ.①中… Ⅲ.①京剧-百科全书
Ⅳ.①J821-61

中国版本图书馆CIP数据核字（2011）第083823号

中国京剧百科全书

中国大百科全书出版社出版发行

（北京阜成门北大街17号　邮编：100037　电话：010-88390732）

http://www.ecph.com.cn

北京市嘉年正稿图文设计有限责任公司排版

河北省涿州市星河印刷有限公司印刷

开本：889×1194　1/16　印张：77

字数：2400千字　图片：4000幅

2011年6月第1版　2011年6月第1次印刷

印数：0001～5000

ISBN 978-7-5000-8573-7

定价：880.00元

《中国京剧百科全书》编辑委员会名单

各分支编写组主编、副主编

京剧史	主　编	余　从	黄菊盛		
	副主编	路应昆			
京剧文学	主　编	颜长珂	周传家		
	副主编	程炳达	马海玲	秦华生	田志平
京剧音乐	主　编	刘吉典			
	副主编	张正治	安志强	王　硕	万　素
京剧表演	主　编	钮　骠	蒋锡武		
	副主编	陈国卿	陆建荣	张　尧	
京剧舞台美术	主　编	龚和德			
	副主编	谭元杰			
京剧导演	主　编	黄在敏			
	副主编	贾志刚			
京剧演出团体	主　编	余　从	李宗白		
京剧剧场	主　编	周华斌			
京剧教育	主　编	傅晓航			
	副主编	陈培仲			
京剧研究	主　编	沈达人	陈义敏		
	副主编	刘　琦	周巩平	戴　云	
京剧与其他艺术	主　编	龚和德			
图片选编	龚和德				

前　言

中国的民族戏曲历史悠久，品种繁多，京剧是其重要的一支。京剧产自北京，但不是北京的地方戏，而是地方戏进了北京，受到京都文化的熏陶滋养，经过综合提高，又从北京走向全国以至影响到世界剧坛的一种民族戏曲。它在19世纪中叶形成以后的一百多年中，既是古典艺术，又是流行艺术。无论在民族性、群众性和国际性上，京剧迄今仍然是中国最出色的文化符号之一。最近数十年，由于社会环境和文化格局的变化，新的时尚艺术的进入与兴起，加上自身创造力的不足，京剧边缘化了。以1990年“纪念徽班进京200周年振兴京剧观摩研讨大会”为开端，各种有利于京剧保存、发展的政策措施相继出台，充分体现了党和政府已经把振兴京剧提到“弘扬民族文化、振奋民族精神”的战略高度加以重视。2010年11月，京剧申报列入联合国教科文组织“人类非物质文化遗产代表作名录”获得成功，京剧之命运更加引人关注。《中国京剧百科全书》的出版，可谓正逢其时。这本读物，对于认识京剧艺术本体，发扬京剧优秀传统，保存京剧珍贵史料，丰富京剧教材资源，深化京剧研究，普及京剧知识，培养扩大京剧观众，提升京剧界的自豪感和振兴京剧的历史责任感，加强海内外华人以京剧为精神纽带的文化认同和民族凝聚，推动京剧艺术进一步走向世界，都将起到积极作用。

《中国京剧百科全书》是京剧有史以来第一部专业百科全书。其内容是总结和描述京剧艺术的基本历史事实、基本概念术语、基本经验理论，其表达形式是以条目为单元的标题与释文，并配以必要的图像或表格。为了比较全面、系统地认识京剧，本书对条目框架结构的设计，力求眉目清楚，层次分明，避免杂乱支离、出现重大疏漏或重复。全书共设10个分支学科：京剧史、京剧文学、京剧音乐、京剧表演、京剧舞台美术、京剧导演、京剧演出团体、京剧剧场、京剧教育、京剧研究。另有京剧与其他艺术一栏，介绍京剧艺术在绘画、彩塑、电影、电视等艺术门类中的反映和表现。各分支学科均有概述，即以分支学科的名称作为条目标题的长篇释文，内容包含分支学科的界定，它的构成要素及其在京剧中的地位与作用，历史沿革与发展成果等。在概述的统领下，设有诸多大中小条目，以层级划分的方式组成各分支学科知识系统。10个分支学科的相合，构成京剧知识总汇。当然，这是相应于当前主客观条件的阶段性的总结和描述。

《中国京剧百科全书》编撰工作的基本指导思想是实事求是。无论解释概念、叙述历史、评价人物、探索理论，力求严谨审慎，通达公允。对待有争议的问题，采取诸说并存，不轻下结论。对待知识性问题，尽量探本溯源，尊重事实；在学术性问题上，尊重撰稿人的“言之成理，持之有故”。

《中国京剧百科全书》收有条目2 371条，释文约240万字，配图约4 000幅，附表25个。正文以条目汉语拼音字母顺序排列。图片形象直观，不仅赏心悦目，且有一定的文献价值。为便于检索，卷首有“条目分类目录”，可以看出本书的整体面貌以及具体条目在分支学科中的位置。卷末有多种索引，其中“内容索引”除包括全部条目标题外，还收入在条目释文中出现的大量名词、术语，它们大多同条目一样属于知识主题，只是层次不同而已。运用此索引，可以快速查到相关知识主题，充分了解、掌握本书包含的丰富知识。

《中国京剧百科全书》的读者对象为京剧工作者和广大京剧爱好者，以及从事文化传播、戏剧研究等各方面人士。我们希望这部集知识性、学术性、文献性、观赏性于一体的工具书，能够对得起京剧的历史成就，经得起时间的考验，有利于京剧艺术的保护、传承、创造和发展。

《中国京剧百科全书》编纂历时15年。发起者为中国大百科全书出版社前社长单基夫。1995年岁尾，单基夫拜访中国京剧艺术基金会前副会长马少波，建议基金会以投资方式支持这一学术工程上马。1996年3月5日，由单基夫和基金会前副会长兼秘书长曾祥集代表双方签订合作协议书。基金会随即上报中央有关领导人李瑞环、王光英，得到他们的热情赞许。因经费不足，经过申请，先后得到时任中共北京市委书记贾庆林和时任中共天津市委书记张立昌的支持，促成有关部门资助。本书编辑委员会由全国从各种角度研究京剧的学者37人组成，其中14名编委和有关专家分别担任各分支学科编写组的主编、副主编。编委会主任领导了编辑方针和条目框架的讨论和制定，并审阅了部分稿件。本书的撰稿人有320多名。稿件的审定由各分支学科主编负责。全体编写组成员的通力合作，保证了本书成形较快，但由于编委会下面没有常设编辑机构，致使后期梳理、修订、增补、文图合成等工作进展缓慢。本书还会有一些缺点、问题，敬请读者批评指正。

在《中国京剧百科全书》出版之际，要感谢上述各级领导人，感谢给予本书许多帮助的文化部副部长、中国艺术研究院院长王文章，感谢故宫博物院、上海图书馆、中国艺术研究院图书馆、国家京剧院、上海京剧院等单位给予的诸多协助。马少波主任和有些编委在编纂过程中去世，未能看到本书出版，谨向他们表示深切怀念。

《中国京剧百科全书》编辑委员会

凡 例

一、条　　目

1. 条目是全书主体。条目由标题、释文和相应的图片、表格等组成。

2. 条目按京剧的其标题的汉语拼音字母顺序排列。第一字同音时按声调顺序排列；同音同调时按汉字笔画由少到多的顺序排列；笔画数相同时按起笔笔形横（一）、竖（丨）、撇（丿）、点（丶）、折（乛，包括乛、乚、く等）的顺序排列。第一字相同时，按第二字，余类推。条目标题以阿拉伯数字开头的，依次排在全部以汉字为标题的条目之后。

3. 条目分类目录按京剧的10个分支学科设列，另有“京剧与其他艺术”一栏。分支学科内条目按知识系统分层次编排，以便读者了解全书的整体面貌及具体条目在分支学科中的位置。读者可按知识系统检索。如：

京剧音乐……………………………………408
　京剧唱腔……………………………………293
　　二簧…………………………………………118
　　　二簧原板……………………………………122
　　　……

4. 条目分类目录中，各分支学科的领衔条目标题为黑体字，其他条目标题为宋体字。未设领衔条目的门类名称及各学科内的知识分类名称，加“[ ]”表示。

5. 有条目标题而其释文见其他条目者，条目标题后加“(见××)”，其页码也括注在条目名称页码后。如：

《闹天宫》(见《安天会》) …………600（4）

6. 条目分类目录中的各种条目的排序有多种情况。京剧史分支的条目按内容的时间顺序排列。京剧文学分支中的京剧作品大致按剧情的时代背景排序，朝代不明者排在最后。本书的人物条目均按生年排序，生年不详的按其活动时期列入。京剧演出团体、戏班、专业院校等，中华人民共和国成立以前的按成立时间排序，中华人民共和国成立以后的，根据演出团体所在行政区域按中华人民共和国行政区划排序，同一区划内的按成立时间先后排序。京剧剧场按成立时间排序。著述、报刊、图册等按出版时间排序。

二、条目标题

7. 条目标题一般为词或词组，如“生”、“本工、应工与反串”、“《群英会》”、“‘三国’故事戏”、“纪念徽班进京200周年振兴京剧观摩研讨大会”。

8. 条目标题一般由汉语标题和与之相对应的汉语拼音组成。如：

Huiban
徽班

三、释　　文

9. 释文一般由定性叙述、基本史实、基本内容、图片或表格等构成。释文的繁简视条目的性质和具体情况而定。

10. 本书10个分支学科的领衔条目因释文内容涉及其他条目并需由其他条目的释文补充的，采用“参见”的方式。所参见的条目标题在释文中用蓝色仿宋字体显示。如：“1949年10月2日，成立了中华全国戏曲改革委员会，并于11月1日改为文化部戏曲改进局……”

11. 释文较长时，设置层次标题，并用不同的字体和版式表示标题的不同层次。

12. 释文文字表达尊重专业传统，主要表现在语词、读音等方面。如表示行当概念用“脚色”、“旦脚”等。“褶子”的“褶”读“xué”等。

13. 图片包括人物肖像、剧照、戏画、活动照片、书影、手迹等，均随文编排。

14. 图片附图题、图注等说明文字。条目只配一幅图且图题与条目名称一致时，不附图题。京剧作品、人物等类条目中图片的图题、图注，省略与条目标题相同的称谓。

四、索　　引

15. 全书附有条目标题汉字笔画索引、内容索引、图片索引等。内容索引主题词在释文内以棕色楷体字显示。如：“盔头”条目释文中，“相纱。亦称相貂。源自宋代展脚幞头”。

五、署　　名

16. 释文结尾署作者名。

六、其　　他

17. 全书所用汉字，除必须用繁体字和异体字的以外，以国家语言文字工作委员会1986年公布的《简化字总表》及规定为准。

18. 全书所用数字，执行国家标准GB/T 15835－1995《出版物上数字用法的规定》。

19. 全书所用地名，除历史地名外，一般以中国地名委员会审定的为准（含中国地名、外国地名）。历史地名后一般括注今地名。但条目正文叙述中所涉及北平不再加注今地名（人物籍贯除外），根据本书史实发生的历史阶段及表述习惯，清代至1928年6月及1949年9月27日之后称“北京”。京、津、沪（北京、天津、上海）等常规简称在行文中的应用遵从语言表述风格。

20. 释文中出现的外国人名、地名，一般不附原文，译名按当时译法。

目　录

条目分类目录

说　明

一、本目录供分类查检条目之用。

二、有的条目有多种属性，可能在不同分支学科中出现。例如，“搭架子”既见于“京剧表演”，又见于“京剧导演”。

[京剧与其他艺术]

A

中国京剧百科全书

A Jia

阿甲　(1907～1994)　京剧导演、理论家。原名符律衡，曾用名符正。江苏武进人。曾任记者和教官。1938年到延安，入鲁迅艺术文学院美术系学习。1939年，延安鲁迅艺术文学院成立平剧团，任团长，从事京剧编导和研究工作。1941年加入中国共产党。1942年平剧研究团与战斗平剧社合并，成立延安平剧研究院，任该院研究室主任。中华人民共和国成立后，历任中央人民政府文化部戏曲改进局艺术处研究室主任，中国戏曲研究院研究室主任，中国京剧院总导演、副院长、名誉院长，中国戏剧家协会副主席。1994年病故于无锡。

阿甲是位戏曲改革家。延安时期，曾先后参加京剧现代戏《松花江上》、《钱守常》、《松林恨》、《穷人恨》、《夜袭飞机场》等剧的编导和演出活动，突破了“旧瓶装新酒”的排演方法，人物塑造及其身段动作贴近现实生活，而又保持京剧的特点。中华人民共和国成立后，相继参加了现代戏《白毛女》、《洪湖赤卫队》、《柯山红日》等剧的导演工作。在探索京剧表现现代生活的实践中，既反对原封不动地照搬传统，又反对话剧加唱，力求从人物特定的生活、感情出发，创造性地运用京剧形式塑造形象，进一步促进了京剧与现代生活的结合。1964年，他导演并参加改编的京剧《红灯记》，以其传统技巧和现代生活、形式与内容的和谐统一，为京剧表现现代生活作出了成功的尝试，把京剧现代戏创作推进到一个新的历史阶段。阿甲还参加了新编历史剧的创作和传统剧目的整理改编工作。在延安参加了新编历史剧《进长安》的编导和《逼上梁山》、《三打祝家庄》的修改和演出工作。后来又导演了京剧《赤壁之战》、《凤凰二乔》，昆剧《晴雯》、《三夫人》、《朱买臣休妻》以及粤剧《桃花扇》，使新编历史剧和传统剧目的演出有了新的思想内涵，舞台形象更加鲜明、完整。

阿甲的导演艺术特点一是按照京剧的美学原则和艺术规律进行创作，深刻揭示人物的精神世界，如《红灯记》中“赴宴”一场的处理，运用动静结合的艺术手法，揭示出李玉和、鸠山的内心世界；二是创造性地运用传统程式表现现代生活，如《白毛女》中，使用“抢背”、“僵尸”、“跪步”、“蹉步”等技术，恰当地反映出杨白劳强烈的内心冲突；三是善于运用富有象征意义的道具，引起观众的联想，加强人物的感染力，如《红灯记》中的红灯、围巾等，都是具有一定内涵的象征物。

阿甲著有《戏曲表演论集》(上海文艺出版社1962年出版、1979年再版)、《戏曲表演规律再探》(中国戏剧出版社1990年出版)，辑入20世纪50年代以后所写论文，如《生活的真实和戏曲表演艺术的真实》、《再论生活的真实和戏曲表演艺术的真实》、《谈谈京戏艺术的基本特点及其相互关系》、《论中国戏曲导演》、《戏曲舞台艺术虚拟与程式的制约关系》、《无穷物化时空过，不断人流上下场》、《戏曲艺术最高的美学原则》等主要文章。在其身后，有李春熹选编《阿甲戏剧论集》上下两册，45万字，分“戏剧理论研究”、“舞台艺术评论”、“回忆及其他”3个部分，均按文章发表先后顺序排列，中国戏剧出版社2005年出版。比前两书，增补文章23篇。阿甲的戏曲理论特点具有系统性和辩证性。首先，他从生活与艺术的关系入手，探讨戏曲艺术的本质特征。认为戏曲来自生活，不能违背生活的真实，但戏曲的真实又不同于生活的真实，追求一种和歌舞化的唱、念、做、打紧密结合的艺术真实。其次，深入研究程式与生活的关系、体验与表现的关系。他提出程式源于生活，但不是生活的模仿，而是生活的概括、夸张、变形；程式是艺术家认识生活、创造形象的结果，但反映生活时，又规范和限制生活，因而需要改造和发展。他指出戏曲的体验不同于生活的体验，也不同于话剧的

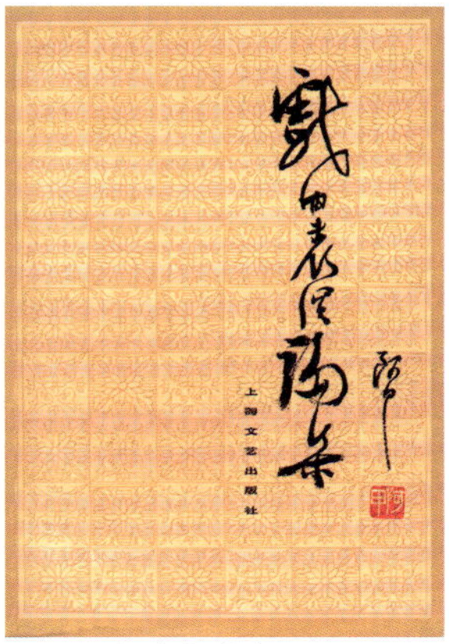

上海文艺出版社
1979年9月再版本封面

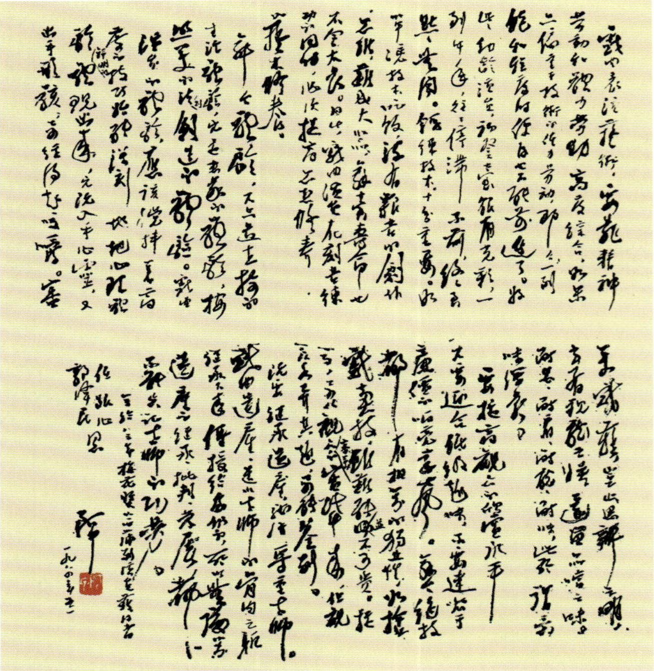

阿甲手迹（致任跟心、郭泽民——论戏曲表演艺术）

体验。戏曲的体验必须把程式与演员的心理机能结合在一起，体验与表现无法分开。他善于运用辩证的方法来认识戏曲的特殊规律：既重视戏曲传统的继承，又强调变革、发展和创新；既重视吸收外来因素，又强调保持戏曲的特性；既重视戏曲的优势，也不避讳它的缺陷。这种辩证的研究方法，避免了理论的片面性，使之更加全面。总之，他在京剧现代戏创作上所取得的成就，极大地推动了京剧的发展。他从中国美学的高度对京剧表演规律做了有意义的探索，从而为建立完整的戏曲表导演理论体系作出贡献。（冉常建）

aizigong

矮子功　表演功法之一。俗称**走矮子**，是文武丑行演员须自幼习练的形体基本功；武旦行也要练其中的雀行步（俗称打脚尖）。矮子功分整矮子与半矮子两类。

整矮子是用以专门表演身量矮小的侏儒型人物的。这种特技，早在明代即已出现。明万历本《金瓶梅词话》第31回里，叙教坊司俳优搬演笑乐院本，剧中即有一个由净扮演的身不满三尺的角色王勃；万历时的《蕉帕记》传奇中亦有净“作矮人走科”；明沈璟《义侠记》传奇中之人物“矮人三寸丁”武大郎，也是“小丑做矮子上”；近代北方昆弋班高腔戏《盗瓶》中的冯茂，也是通场走整矮子。在京剧中，《五花洞》、《挑帘裁衣》中的武大郎，《五花洞》中的吴大砲，《百鸟朝凤》中的茅厕神，《扈家庄》中的王英，还有老本《草桥关》二本末场开打，以避水驴破了蛮兵喷火兽，救援了姚期、马武的汉将郅君章等，都是走整矮子。演员须始终蹲身，双腿不能直立，胸脯楦起，以服饰遮掩下身，俨然一身不满三尺的矮人。而且还有矮子起霸、矮子走边、打矮子拳、矮子开打和虎跳、飞脚、旋子、抢背、翻桌、过桌等技艺。据传京腔十三绝中之虎张，擅演《盗瓶》之冯茂，能蹲着翻24个虎跳，迅速如风车。京剧《武松杀嫂》中武大郎“显魂”一场，身着茶衣腰包，两鬓挂鬼发（白纸穗子），从灵桌后的椅子上走“窜毛儿”跃出小白帐子，丝毫不碰桌上正中摆设的香炉、蜡扦儿（高烧着一对白蜡）、酒杯，落到舞台中心，轻捷灵快，十分吃功夫。傅小山、艾世菊等均能此技。江南名丑周五宝演《晏婴使楚》的晏婴，有通场走半蹲矮子的绝技。新编历史故事剧《贞观盛事》中的马球赛裁判官（徐孟珂饰）也是走的整矮子。

京剧丑行前辈萧长华曾著文说：“（矮子功）没有个三冬两夏的苦功，就走不好。没功夫的，走起来，不是塌腰板，就是撅屁股，更难看的还有瘸瘸拐拐、摇摇晃晃的。那会儿我们练矮子，半蹲在一块方砖上，腆胸脯，挺腰板，缩小肚子，翻屁股蛋，夹膀子，收胳膊肘；……就这样，浑身纹丝儿不许动，一耗就是一炷香的工夫。走起来要四平八稳，不准有一点摇晃，脚底下得轻捷灵快，还不能出声儿，形象就跟蜘蛛似的。为了查验走得稳不稳，还要端一个大碗，里头盛满了水，走几个圈之后，碗里的水要一滴不洒。要是洒得剩半碗水了，那你的功夫就是不到家，还得好好练。”还说：昆丑杨鸣玉“让他的徒弟蹲在一块方砖上，不许蹲实，两脚并齐，双手合十，挺胸涨身，成为童子拜观音的姿势。在大拇指与食指中间的虎口上，搁上一根好几尺长的僵苇子，走起来，这根苇子不许左摆右晃。一耗就是半个早晨。如果这个功夫练得不够格儿，就甭想开始学单出的戏”（《萧长华戏曲谈丛》第39～40页）。科班习练矮子功，是由教者与习者，以一根长绳各持一端，教者在前牵引，习者挺腰提膝，小步徐走，速度由慢至快。身子歪时，绳子一松，使之倒地，便重新再来，不熟不止。

半矮子是根据剧情，需要蹲身潜行时，便走矮子，用以表现蹑足潜踪，或嬉戏玩耍；不需要时则恢复正常人行路的步法。杨香武、朱光祖、胡车儿、蒋平、时迁等由“开口跳”扮演的人物，几乎都有“走边”的场子，也就都少不了走半矮子的表演。《盗银壶》中邱小义在前往帅府的途中，表现他穿街走巷抄近道、疾步如飞的情景时，便走矮子圆场。《三岔口》的摸黑表演中，刘利华机警灵敏，以走矮子推门、入门，在搏斗中寻索对方的踪迹，都有走矮子的表演。《小放牛》中则有牧童以走矮子表现与村姑的嬉戏玩耍。

半矮子中，除了向前行走的步法外，还有横走式的分水步和跳跃式的雀行步（又称打脚尖）。**分水步**既可表现凫水潜游，也可表现在陆地上疾步奔驰。如《鸳鸯桥·水擒花蝴蝶》中的蒋平，《一箭仇·水擒史文恭》中的阮小二、阮小五，《盗甲》中的时迁，《盗钩》中的朱光祖等，都有使用。动作要领是：双腿下蹲，脚跟踮起，开胯挺胸，双臂在胸前交叉，双脚掌蹬动向右方横跳；同时双臂向左右划开，待双脚落地，双臂仍收回呈交叉状。反复行，可走直线，也可走圆场。**雀行步**是用于轻步潜行、上坡下坡，或嬉戏玩耍等情境。如《盗甲》中，时迁盗得宝甲后，肩扛甲匣，以雀行步下场，表现他完成军事重任后的喜悦心情；《春草闯堂》中，胡知府乘轿前往相府的路上，行进中上下坡时，也用雀行步表现。武旦扮演《四杰村》中的鲍金花，在同余千、冯洪、濮天鹏的走边中，也有雀

《贞观盛事》 徐孟珂饰裁判官（右） 关栋天饰李世民

行步的运用。《小放牛》中牧童也用。动作要领是：双腿下蹲，脚跟踮起，双臂向前平伸，目光平视，右脚勾脚面，踹脚跟，向上踢伸，以脚尖踢右掌心，然后左脚动作姿势与右脚相同，两脚交替不停地前行；或在原地反复不停，次数越多越见功力。动作时要挺腰直立，头顶虚空，不能坐屁股。（钮骠）

Ai Jinmei

艾金梅　（1958～　　）　女演员。工武旦、刀马旦。江苏金坛人。1970年入金坛县小京班学习，1978年考入江苏省戏曲学校，受教于周云霞、蔡鸣棻、陈正薇、黄晓萍诸师。1983年到河北省艺术学校向宋德珠请益。她功底深厚，腰腿功、把子功、出手功、靠功、翎子功均佳，身上稳健，手里干净利索，嗓子亦好，能唱能做，允文允武。排演过许多新戏，如《青蛇传》、《白蛇后传》、《百花公主》、《火凤凰》、《李慧娘见判》、《八仙过海》和传统名剧《扈家庄》、《两狼关》、《战金山》、《挡马》、《盗仙草》、《金山水斗》、《虹桥赠珠》等。曾获1991年全国中青年京剧演员电视大赛青年组最佳表演奖。1993年以《青蛇传》饰小青，获第三届文华表演奖。2002年获第十九届梅花奖。2002年入第三届中国京剧优秀青年演员研究生班学习，得到进一步深造。2004年底调江苏省戏剧学校，任副校长。（捷之）

Ai Shiju

艾世菊　（1916～　　）　演员。工丑。原名艾云章，又名艾世环。北京人。幼从张寿臣、刘德智学相声。1928年入富连成社科班，先学花脸，后改习文丑，受到萧长华的指教。一年后参加舞台实践，从跑龙套到丑行的各种角色都演，打下扎实功底。1936年在北平《立言报》主持的童伶选举中获丑脚第三名。1937年出科，又拜马富禄、王福山为师，继续深造。1938年，首次与毛世来合作到上海演出，得到好评。在一次义务戏演出中，同周信芳、赵如泉等名家合作演出《战宛城》，饰胡车儿。1939年以后，经常来往于北平、天津、上海等地，与毛世来、李世芳、李少春、筱翠花、尚小云、麒麟童、盖叫天等合作演出。在与名家合作中深得教益，艺事日进。1942～1945年，各用一半时间在北平、上海两地参加演出。1946年，上海黄金大戏院特邀他为基本演员。1948年定居上海。中华人民共和国成立初期，参加天蟾实验剧团，为主要演员之一。1962年随剧团并入上海京剧院。

艾世菊戏路宽广，文武兼备，代表剧目有《连环套》、《连升店》、《法门寺》、《时迁偷鸡》、《刺巴杰》、《战宛城》、《小放牛》、《小上坟》、《祥梅寺》等。他的表演，文戏学萧（长华）派，儒雅大方，谑而不油。其嗓音亮润，念白清楚，诙谐幽默，特别能通过语气、神情刻画人物。饰演蒋干、贾桂、店家等角色无不受到观众的赞赏。武戏宗王（长林）派，武功精湛，动作干净利落，饰演朱光祖、时迁、胡车儿等角色都很出色，是京派丑脚代表人物。他在现代戏中饰演过《智取威虎山》中的一撮毛、《海港》中的钱守维、《宝剑归鞘》中的日本战犯等，都有新的创造。1986年在连台本戏《乾隆下江南》中饰演宋少炳，糅合运用南派丑脚的表演特色，成功地塑造了一个贪官形象，受到嘉奖。八十高龄后，仍能登台，并悉心传艺。朱世慧、白涛、严庆谷等都受过他的教益。（蔡世成）

《盗御马》饰朱光祖

《武松》（电影）饰武大郎（左）盖叫天饰武松

Anhui Huiguan Xilou

安徽会馆戏楼　清代会馆戏楼。址在北京西城区虎坊桥西北侧后孙公园胡同25号。现存。清同治七年（1868），直隶总督兼北洋大臣李鸿章等京中徽籍人士发起，集资二万八千两银，在北京建安徽会馆。选址时，“度地正阳、宣武之间，地名‘孙公园’，退谷别业故址在焉。地势衍旷，水木明瑟，池馆为宜”（李鸿章《新建安徽会馆记》）。碑文所谓“退谷别业故址”，指明末清初官僚兼文人孙承泽（自号退谷）的别墅。安徽会馆自同治八年（1869）二月动工，历经两年半，于同治十年（1871）八月落成。戏楼为双卷勾连悬山式建筑，南北向。东西两侧各展出3米重檐，形似歇山，实为二层看戏之所。戏台坐南朝北，高0.95米，6米见方，四角立柱。一层中央部位为池座。东、西、北三面环有廊庑，二层为楼座，其中东、西两侧各有6间厢座，进深约3米，北侧之楼座进深约10米。戏台原有匾额，书“清明钟鼓”。台联为：“冠盖萃江淮，尽东南宾主之欢，枌社筵开，古谊犹存乡饮酒；楼台演歌舞，极丝竹管弦之盛，梨园美具，世情且看戏登场。”上款署“光绪庚寅（1890）仲春上浣”，下款署“定远方汝绍撰，方浚益书”（已佚）。同治、光绪年间，徽班、昆曲、京剧名伶如程长庚、刘赶三、谭鑫培等多在此演出。现存光绪年间“某月初六日安徽会馆演三庆部请票外串、代（带）灯”之戏单（徐慕云《梨园影事》），参加此次演出的演员和剧目有何九（何桂山）《火判》，余玉琴、朱素云、

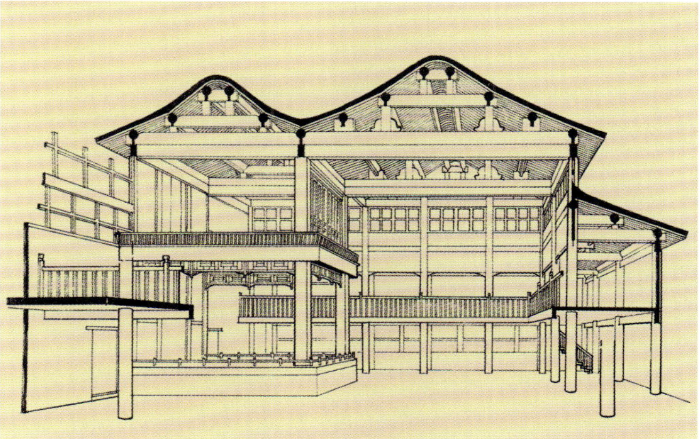

安徽会馆戏楼剖面图
（选自《中国大百科全书·戏曲曲艺》）

罗百岁《醉酒》，黄三（黄润甫）《横槊赋诗》，万盏灯《海潮珠》，陈石头（陈德霖）《孝感天》，孙菊仙、时小福《教子》，叫天（谭鑫培）《取南郡》，俞菊笙、钱宝峰《青石山》等。现已列为北京市文物保护单位。（周华斌）

Anhui Sheng Jingjutuan

安徽省京剧团　京剧演出团体。前身系演京腔大戏的“帘外班”。1949年1月合肥解放，市军管会将该班改建为新生平剧社，后称新生京剧团。1956年更名合肥市京剧团。1960年上调为省京剧团。1969年又把徽剧团并入安徽省京剧团。

《程长庚》 董成饰程长庚（中）阮快生饰徐小香（左）王瑜饰刘赶三

中华人民共和国成立初期，程派青衣新艳秋、老生迟世恭、红生张韵楼均参加过该团演出。由于梅兰芳、周信芳、马连良、荀慧生等相继来合肥演出，对该团艺术建设起了促进作用。合肥市京剧团时，经常到省内外巡回演出，剧目有传统戏，也有创作、改编的《初出茅庐》、《还我河山》、《蔡文姬》、《李白》等历史剧以及向外地学来的连台本戏。其后，剧团不断发展壮大，1959年接纳上海京剧院一批演员、演奏员，兼并巢县京剧团，成立学员队培养青少年实验演出。1960年上调为省京剧团时，已有演员王熙春（旦，宗梅派）、谢黛林（旦，宗梅、荀）、徐鸿培（生，宗麒派）、薛浩伟（生，宗余派）、刘美君（旦，宗梅、荀）、曹畹秋（旦）等。增演的新剧目有《则天皇帝》、《凤凰二乔》、《孙安动本》、《河伯娶妇》，编演的现代戏有《杨立贝》、《丹凤岭》等，深得省内外观众好评。“文化大革命”期间，徽剧团改唱现代京剧。1975年剧团组织青年演出队，排演了《选军马》、《苗岭风雷》。粉碎“四人帮”后，编演了讽刺喜剧《青云梦》。1979年京、徽两团分开。随后，京剧团接连排演了新老剧目40余出，其中有《满江红》、《闯王会献忠》、《八一风暴》、《宝莲灯》等。剧团连年深入淮北平原、皖南山区演出，1982年获省级农村文化艺术工作先进集体的光荣称号。1982年和1983年先后选派13名青年演员到中国戏曲学院和上海梅派艺术训练班进修。剧团还编演了大型京剧《程长庚》，于1993年获第三届“五个一工程”奖，1998年参加在北京举办的第二届中国京剧艺术节的演出，获优秀剧目奖。后起的青年演员有旦行路大东、张惠芝，武生王连元，小生董成，老旦吴庆芳、王兰芳，花脸陶军，老生赵纯刚，丑行王瑜等。1998年董成以主演徽剧《刘铭传》获第十五届梅花奖。2000年，30多名送往北京市戏曲学校学习的青年学员毕业归来，成立安徽省青年京剧团，首演《杨门女将》，一炮打响。后又创排现代京剧《青春之歌》，获安徽省第六届艺术节演出一等奖，2001年进京演出时受到好评。2002年底，安徽省青年京剧团并入安徽省京剧团统一管理。2005年，安徽省京剧团再次与安徽省徽剧团合并，于11月18日成立安徽省徽京剧院。（薛浩伟）

Anhui Yishu Xuexiao

安徽艺术学校　艺术专业学校。1956年建于合肥。初设戏剧、美术、音乐3个专业，有教职工40多人，学生100多人。1957年增设戏曲音乐专业。1958年定名为安徽艺术专科学校，改科为系，增设群众艺术系和舞蹈、戏曲音乐两个专业科。1959年7月，安徽文化干部学校并入，招收了首届戏曲导演大学本科班。1960年9月皖南大学艺术系并入，扩建为安徽艺术学院。1963年2月，学院下马，恢复安徽艺术学校建制。“文化大革命”期间学校停办5年。1976年后恢复招生，先后开设了黄梅戏、京剧、徽剧、戏曲音乐、戏曲导演、舞台美术等专业。历任校长有余耘、陈梓香、孟铎、庆胜等。戏曲史学家刘静沅教授、导演洪漠、京剧演员李吉来等曾在该校戏剧科执教。梅兰芳、荀慧生、王传淞、马师曾、红线女、阿甲、李紫贵、徐晓钟、刘木铎等戏剧名家亦曾来校讲学。1996年与安徽大学联合开办安徽大学艺术学院，并于1998年通过本科论证开始招收本科生。2003年6月，经安徽省政府批准，成立安徽艺术职业学院，是全日制综合类高等艺术学校。（刘文峰）

Antianhui

《安天会》　京剧作品。作者不详。唱昆曲。撷取《西游记》有关情节及《昇平宝筏》若干关目，写孙悟空受封齐天大圣后，偷吃仙桃，闯入蟠桃会，狂饮玉液琼浆，入兜率宫，吞食太上老君金丹。玉帝派天兵天将、二十八宿、四大天王及杨戬、哪吒追杀，悟空被杨戬神犬咬伤，投于太上老君八卦炉中，炼成钢筋铁骨、火眼金睛，大闹灵霄殿而去。玉帝无奈，请如来佛相助，才将悟空压在五行山下。1955年，李少春、翁偶虹将传统戏改编为《闹天宫》，又名《大闹天宫》。演齐天大圣偷蟠桃、盗御酒、吞金丹，转回花果山后又大败玉帝派来讨伐的十万天兵神将。删除了原剧中悟空被压五行山下及安天大会情节，把失败改为胜利，突出孙悟空的叛逆精神。中国京剧院演出。李少春主演，深受中外观众欢迎。这是一出著名的“猴戏”，长期来形成一套独具特色的唱、念、做、打程式。“偷桃”、“盗丹”载歌载舞，唱做并重。孙悟空与哪吒、巨灵等神将开打，则各有不同，或火炽，或戏耍，从武打中描绘出孙猴子调皮活泼的艺术形象，紧张而又风趣。托塔李天王作为天神统帅，以唱为重，故有“唱死天王累死猴”的戏谚。昆曲演员郝振基，京剧演员杨小楼、郑法祥，曾被称为猴戏三大流派，表演各有千秋。李万春亦擅演。《安天会》有《梨园集成》、《戏考》、《戏剧月刊》（1931年第3卷第3期）及《缀白裘》八集、《最新昆弋曲谱》初集、二集和《剧学月刊》第4卷第3期、第4期曹心泉曲本（含偷桃、盗丹、大战）等刊本。中国京剧院演出本《闹天宫》载《京剧丛刊》。（骆正　周传家）

《闹天宫》 李少春饰孙悟空

Anshan Shi Jingjutuan

鞍山市京剧团　京剧演出团体。1954年从鞍山市京评剧团中独立而成。主要演员有张南云、赵云樵、高凤琴、童祥苓、赵彩云等，琴师和鼓师有邹继宇、王家森、李亚兴、陈维新等。代理团长陈宝书。演出剧目有《野猪林》、《洞庭英雄》等。另有一演出队于1956年调

《战潼台》 杨建忠饰寇准

营口。1965年始，剧团办了7期少年艺术班，培养学员70人，并先后接收中国戏曲学院毕业生沙素英、马玉琪、叶伯英、艾美君等13人，组成青年演出队，以编演现代戏为主，有《公私之间》、《一对红》、《尖兵》等，被选为参加东北区京剧现代戏会演剧目。主要演员马玉璋、陈强、董文颖等因在表演上善于创新，深受炼钢工人欢迎。1967年剧团撤销，1977年重建。剧团恢复后继续办了两期少年艺术班，培训学员26名，多人成为剧团艺术骨干。20世纪80年代以来，麒派老生杨建忠（艺名小麟童）以及贾俊卿、马玉琪、马玉璋、蒋昌颐、孙仲余、侯秀清、高鸣凤、王福义、张毅等成为该团表演主力，并有编剧朱钟秀、张幼芳、鲁洪艺，导演陈强、李三胜，司鼓唐永忠，胡琴丁荣威、张宝义，舞台美术林一棠、董福寿。1991年，应中国戏剧家协会、北京演出公司邀请，一行70多人进京献演，剧目有《走麦城》、《乌龙院》、《徐策跑城》、《战潼台》、《乾元山》等，受到观众热烈欢迎，小麟童声名大噪。1993年，小麟童又以《走麦城》、《跑城》参加梅兰芳金奖大赛，荣获生角组金奖。2000年根据鞍山市政府决定，合并京剧团、评剧团、曲艺团，成立鞍山市戏曲剧院，陈晨任院长。（管西玛）

anmu

案目　戏园中掌管演出经营和座位的专职人员。又称*堂头*、*看座人*。辛亥革命前，茶园、戏园不售戏票，只收茶钱。座位由茶房掌握。经理以下设案目，统领若干看座人。较好的座位须付看座人小费。清同治十一年（1872）上海“晟溪养浩人”所作《戏园竹枝词》云：“案目朝朝送戏单，邀朋且尽一夜欢。倩人请客微分别，两桌琉璃高脚盏。”徐凌云述、陆萼庭注《上海的旧式戏园——茶园》称：“茶园门首当夜戏将近散场时，有一种特殊景象，进园入座一带墙上，满挂许多小灯笼。散场临近，灯烛齐明，仿佛一条灯弄堂，这是戏院中的‘案目’（接待观众的服务员，彼辈须向戏园交付押金，有时邀请名角，还要分垫资金，在戏园经济上关系甚大。他们都有熟识的主顾，戏园营业盛衰，于此辈影响更大）为他们的主顾所准备的夜行用具。”据此，案目的业务范围扩大到对外邀角，分垫资金。他们掌握戏园座位的分配权，主要职责是联络主顾，凡有名角好戏，便将好座位预留给老主顾，从中获益。（戴申）

anchang

暗场　戏曲术语。戏曲作品中，将某些与戏剧冲突有关的事件、情节，通过剧中人物的叙述或其他表现手法介绍给观众，而不是直接展现于舞台，称为暗场处理。如《群英会》中，周瑜欲借刀杀人，命诸葛亮去聚铁山劫粮；诸葛亮讽刺周瑜只习水战，不习陆战，是从鲁肃与周瑜的对话中转述的。《打渔杀家》中，萧恩去县衙告状，反被责打四十大板，使他愤而杀家。剧中没有出现县衙问案的情景，只是在萧桂英焦急地盼望父亲归来时，在她演唱四句［西皮快三眼］的间隙中，从幕后传出衙役打板子“一十”、“二十”、“三十”、“四十”和“连夜过府陪礼，轰下堂去”的声音。巧妙地使暗场与明场交织，强化了戏剧效果。戏剧结构中明场与暗场的有机结合，使作品流畅自然，富于节奏感。（刘玉来）

aoku

袄裤　泛用于男女角色的短式套装。袄是由古代襦衣演变而来的短式上衣，裤是由“左右各一，分衣两胫”的袴改进而成的下体之服。

《三岔口》 任堂惠（李少春饰）穿白色绣花抱衣裤
刘利华（叶盛章饰）穿黑色绣蝶快衣裤

舞台上的袄裤可分文武两大类：

武式袄裤包括抱衣、快衣、女打衣、上下手衣4种。①*抱衣*，一作*豹衣*，又称*打衣*、*英雄衣*。斜襟，斜大领，紧身束袖，衣长及胯，左右胯部有小开衩，下摆缀高低两层打裥绸边（名*走水*）。缎制，有花素之别。花抱衣的斜大领上有纹绣，并以露底绣法的一排倒如意托领，下摆正中及两侧开衩部位以露底绣正如意，上下呼应。通身缀有小团花。衣、裤花色一致，服色有白、粉、湖、蓝、绿等。装扮时，腰系鸾带，身扎绊胸。多用于武生所饰的侠客、义士、绿林英雄，如《三岔口》任堂惠、《艳阳楼》花逢春、《恶虎村》黄天霸等。素抱衣多用秋香、古铜等色，只在托领、下摆处有深色如意纹缘饰。装扮时，除系鸾带外，还打腰包（腰系白色短裙），如《打渔杀家》萧恩等。②*快衣*，一作*侉衣*。圆领，大襟（襟弧上缀纽襻），紧身窄袖。服色专用黑，亦有花素之分。花快衣周身绣散点布局的飞燕或飞蝶、飞蝠等纹样，多用于武丑所饰的绿林好汉，如《九龙杯》杨香武、《三岔口》刘利华等。装扮时系鸾带，扎绊胸。素快衣的前身正中自领口至下衣边，左右袖口至腋下、衣衩，缀有三排密集的白色纽襻，称*英雄结*，与

《十三妹》
何玉凤（荀慧生饰）穿女打衣裤
即战袄、战裙

《拾玉镯》
孙玉姣（李玉茹饰）穿袄裤，束四喜带，外加饭单
刘媒婆（孙正阳饰）穿彩旦袄裤，加大襟坎肩

绣花抱衣裤
（选自《中国戏曲服装图案》）

绣花快衣裤
（选自《中国京剧衣箱》）

绣花袄裤
（选自《中国京剧衣箱》）

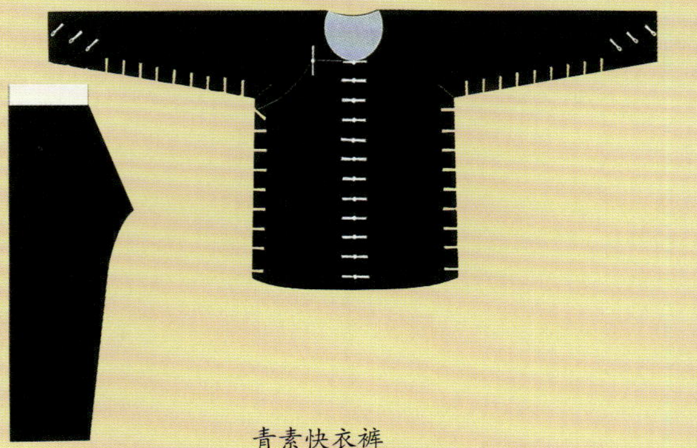

青素快衣裤
（选自《中国京剧衣箱》）

彩旦袄裤
（选自《中国京剧衣箱》）

彩旦褂子
（选自《中国戏曲服装图案》）

黑缎用料构成黑白分明的装饰效果。多用于武生、武净所饰的江湖英雄，如《打虎》武松、《白水滩》十一郎、《清风寨》李逵等。装扮时腰系鸾带，有的亦扎绊胸。③**女打衣**。因腰间加系战裙（绣花下甲），又称**战袄**、**战裙**。战袄为小立领、对襟，紧身束袖。托领与下摆，有上下呼应的倒、正如意头纹饰，两侧开衩处及袖口亦绣如意纹。衣裤均彩绣散点式花卉，有红、蓝、白等色。战裙花色与衣裤一致。装扮时，裤腰上系战裙，战袄罩于外，再在腰部束绣花腰巾。《打焦赞》杨排风、《十三妹》何玉凤用红色，《金山寺》白娘子与青儿，分别用白色、蓝色。④**上下手衣**。式同抱衣，无纹饰亦无走水，上手衣裤为黄色，下手衣裤为蓝色或黑色。布制，多以四身为一堂，分别用于交战双方的兵卒。

文式袄裤主要用于旦行，包括花旦袄裤和彩旦袄裤。在清代的京剧舞台上，饰女子以袄裤配套，属于时式装束。从现存图片中可以看到较早把清式女袄裤用于舞台的是京剧名丑刘赶三，他在《探亲家》中饰乡下妈妈，即穿时式蓝色大襟长袄、黑裤。同时期的李福才在《拾玉镯》中饰孙玉姣，亦穿有大镶滚的大襟袄裤加饭单。其后，清式女用袄裤渐趋分流，靠近原形的专用于彩旦所扮的婆子，经过艺术加工的用于花旦。其款式为小立领、大襟（襟弧上缀纽襻）、窄袖，略收腰身，衣长仅及胯，下摆呈弧线。裤子保持传统的瞒裆裤式，裤管则肥瘦适中。纹饰上删去大镶滚，多用活泼的小折枝花，形成款式简洁、纹饰自然、色彩明丽的新式花旦袄裤。装扮人物时，除单纯穿袄裤扮少女、少妇者外，民间少女加小饭单，系四喜带，如《拾玉镯》孙玉姣、《梅龙镇》李凤姐等。大丫环加小坎肩、穿裙、束腰巾，小丫环加大坎肩、束腰巾。

（谭元杰）

B

中国京剧百科全书

Badachui

《八大锤》 京剧作品。又名《车轮大战》、《断臂说书》、《朱仙镇》。作者不详。本于小说《说岳全传》。岳飞与金兀术对峙于朱仙镇。兀术调其义子陆文龙前来助战，接连打败了岳云、严正芳、何元庆、狄雷四位小将。陆文龙为宋朝名将、潞安州节度使陆登之子。当年陆登城破自刎身亡，陆文龙和乳母被掳，金兀术将文龙收为养子。宋参军王佐自断左臂，诈降兀术。王佐伺机寻见陆文龙乳母，道明来意，又借给陆文龙说书的机会，讲述了陆家的遭遇。陆文龙明白了国仇家恨，遂将金兵要夜袭宋营的消息报与岳飞，与岳家军合力杀敌，大败金兵，回归故国。陆文龙由小生或武生扮演，武旦亦能兼演。王佐由老生扮演。此剧较有特色之处在于陆文龙用双枪与岳云等同使双锤的四将对打，以及王佐断臂时的唱腔和说书念白。《八大锤》亦可专指陆文龙大战四位小将的武戏部分。后部名《王佐断臂》。齐如山《京剧之变迁》称："《八大锤》乃全本《现铜桥》之一段。据剧界老辈云，从前四大将不尽用锤，由徐小香起，才尽用锤。"因四将用四对大锤，才叫《八大锤》。《翁偶虹编剧生涯》中说，金邦也有四锤将，此剧共有八对锤，分"大四件"和"小四件"。"大四件"为八卦紫金锤、宝瓜亮银锤、青铜六合锤、浑铁压油锤。"小四件"为雷鼓瓮金锤、梅花錾银锤、八楞灌铜锤、生铁一字锤（第83～84页）。程长庚、徐小香、王楞仙、侯俊山、谭鑫培、杨小楼等人均擅演此剧。剧本载《戏考》第7册、《京剧丛刊》第13集。有单行本（叶盛兰等改编，宝文堂书店1955年）出版。

李万春饰陆文龙

清宫《戏出画册·八大锤》（故宫博物院藏）

（马海玲）

Badana

《八大拿》 京剧作品。据小说《施公案》编写的8出描写黄天霸擒拿江湖盗寇故事戏的统称。包括《霸王庄》拿黄龙基，《独虎营》拿罗四虎，《里海坞》拿郝世洪，《虮蜡庙》拿费德功，《殷家堡》拿殷洪，《东昌府》拿郝文僧，《淮安府》拿蔡天化，《骆马湖》拿李佩等。由于《施公案》中此类故事甚多，故《八大拿》究竟包括哪些剧目，说法并不一致。据李洪春说，《八大拿》的戏均有前后公堂，前边有议事，后边有判斩。此外，有《八小拿》，即《郧州庙》拿谢虎，《瓦城关》拿飞天豹，《河间府》拿侯七，《郎家寨》拿郎如豹，《清风岭》拿左青虎，《任丘县》拿毛如虎，《薛家窝》拿薛全龙，《莲花院》拿蓝勇、蓝猛，则没有上述情节。黄天霸是京剧舞台上塑造得很有特色的一个艺术形象。他出身绿林，投靠官府。鲁迅《中国小说史略》论及《彭公案》、《施公案》等清代侠义小说时说："时去明亡已久远，说书之地又为北京，其先又屡平内乱，游民辄以从军得功名，归耀其乡里，亦甚动野人歆羡，故凡侠义小说中之英雄，在民间每极粗豪，大有绿林结习，而终必为一大

清宫《戏出画册·琪（霸）王庄》（故宫博物院藏）

清宫《戏出画册·拿罗四虎》（故宫博物院藏）

清宫《戏出画册·八（虮）蜡庙》（故宫博物院藏）

清宫《戏出画册·殷家堡》（故宫博物院藏）

僚隶卒，供使令奔走以为宠荣，此盖非心悦诚服，乐为臣仆之时不办也。”剧中黄天霸以英俊矫健的正面形象出现，同时也刻画了其狠诈的性格。虽由短打武生饰演，但并不全以武打为主，念、唱、做的分量也很重。盖叫天有《八拿》，取材相同，演出于上海齐天舞台，剧情提要载1932年11月25日上海《新闻报》。1949年以来，由于对黄天霸、施仕纶等人物评价的分歧，以上作品大都很少演出。（颜长珂）

baguayi

八卦衣　以绣八卦纹样为特征，故名。专用于足智多谋或有道术的军师类人物。在款式上是道袍（褶子）与开氅的综合，大襟，斜大领，宽身阔袖（带水袖），长及足，胯下两侧开衩，式同道袍，其袖口及衣身周边镶有异色波形缘饰，显然融入开氅的造型元素。在纹样上，腰间绣有腰梁（装饰性腰带，示意而已，不起束腰作用），正中缀两条长飘带；前胸后背绣太极（阴阳鱼），肩、袖、下身绣八卦。其排列有严格顺序：左右肩为乾、坤（☰、☷），前身下部左右为巽、震（☴、☳），后身下部左右为艮、兑（☶、☱），左右袖为坎、离（☵、☲），八种符号分别代表天、地、风、雷、山、泽、水、火。在戏衣中作为智慧与道术的象征，其具体含义为：肩担天地，胸怀风雷，背负山川，袖藏水火。制作衣料为宝蓝、紫、白、天青等色大缎，阴阳鱼与八卦全系平金绣。剧中为张良、诸葛亮、庞统、吴用、刘伯温等军师所穿。《风波亭》中丑扮的哈米蚩军师

亦穿八卦衣。白色八卦衣用于《柴桑口》孔明吊孝。（谭元杰）

Balujun Yibai Ershi Shi Zhandou Pingju She

八路军一二〇师战斗平剧社 京剧演出团体。1940年八路军一二〇师在山西建立了晋绥西北抗日根据地。1941年5月，贺龙师长下令组建一二〇师战斗平剧社，直属师政治部宣传部领导。由于一二〇师的主力战斗部队曾于1938年、1939年转战河北省平原和晋察冀山区，那里反抗残暴日寇的工农商学群众，大批参军到了一二〇师，部队的成员比例变化极大，师部一纸命令便迅速地从各师旅团营教育、后勤部门调来戏曲内行和戏曲爱好者。其中，绝大多数是河北省人，有些是曾在京剧、河北梆子班社中从过艺的，如张一然、王洪宝、牛树新、栗金池等。此外，便是些京剧爱好者。一二〇师各旅、军分区等，大都建有剧社，以开展宣传工作和文化娱乐活动。这些剧社的名称，都冠以“战”字头，如师部的战斗剧社等。战斗平剧社建立以后，社长是王镇武，副社长是张一然，指导员是薛恩厚。平剧社的宗旨、任务，现已无文案可稽。但从两宗事迹可窥一斑。其一，初建的战斗平剧社演出繁忙，在师部的驻地，常常演出，师直的干部战士都爱看，尤其爱看武戏，王洪宝饰演《古城会》的马童，一溜小翻出场，引起台下掌声如雷，洪宝的名字，不胫而走。平剧演出，极大地活跃了部队文娱生活。贺龙师长很爱看京剧，还曾提出要看《马前泼水》。其二，8月，贺龙师长亲自参加了一次文艺座谈会，一些话剧工作者的发言实际上是对搞平剧活动提出了质疑。当时，贺龙师长总结发言，他管毛泽东主席叫毛大帅，他谈话的大意是：京剧么，延安毛大帅搞它，我们就可以搞嘛！ 1941年10月，师部举办文艺会演，战斗平剧社推出了新编京剧《嵩山星火》，编剧张一然，写河南嵩山县官逼民反的故事。“星火”取其可以燎原之意，主题是号召人民起来革命。1941年底，剧社奉命开赴延安，向党中央汇报演出。在延安公演后，还到南泥湾去演出，以慰问屯垦戍边的一二〇师三五九旅将士。此后，剧社奉命与鲁迅艺术文学院平剧团合并，建立了延安平剧研究院。（萧甲）

baxianyi

八仙衣 剧中八仙专用衣的统称。八仙为民间传说中道家的八位神仙。《扬州画舫录》卷五记“江湖行头”中即有八仙衣、荤素

前排左起：韩湘子、何仙姑、蓝采和
后排左起：张果老、铁拐李、吕洞宾、汉钟离、曹国舅
（选自《中国京剧艺术人物造型》）

八仙巾。从民间绘画到戏曲舞台，八仙的造型一直保持着这些神仙得道之前的世俗风貌，各有自己的装束。京剧舞台上的八仙衣大致为：吕洞宾穿有镶缘的道袍，戴道巾；曹国舅穿改良官衣，戴学士巾；韩湘子穿褶子，戴桥梁巾；张果老穿帔或褶子、大坎肩，戴员外巾；何仙姑穿短衣长裙。他们分别代表道士、文官、书生、员外、民女。汉钟离、铁拐李、蓝采和均穿大襟大领的褶子，长仅过膝，腰系丝绦。服装色彩互不相同，一般吕洞宾穿白或蓝，曹国舅穿红，韩湘子穿青莲，张果老穿秋香，何仙姑穿粉红，汉钟离穿紫，铁拐李穿黑，蓝采和穿绿。所绣纹样以暗八仙为主，即绣八仙各自所用的法器，如宝剑、拍板、玉箫、渔鼓、莲花、宝扇、葫芦、花篮等。（谭元杰）

Ba-yi Fengbao

《八一风暴》 京剧作品。关玉锋、陈利华、陈文远、李鹤鸣、范凡根据江西省话剧团同名话剧改编。1959年河北省张家口市京剧团首演。导演关玉锋、陈利华。白科华、王正梁饰方大来，张少昆饰杜震山，陈利华饰罗林，葛风泉饰张敏，陈文远饰戴景臣，陈胜华饰魏奇元。天津百花文艺出版社、河北人民出版社出版单行本。剧情为：1927年，蒋介石、汪精卫叛变革命，捕杀共产党人。中国共产党为挽救革命，派周恩来等潜赴南昌组织前敌委员会，

白科华饰方大来（右） 吴素琴饰刘群 （祁建摄）

指挥处于危境中的铁军。驻铁军党代表方大来和师长杜震山识破汪精卫邀赴庐山会议的阴谋，排除右倾机会主义干扰，率部向南昌进发。蒋介石亲信戴景臣赶到南昌，与卫戍司令魏奇元勾结策划，炸毁铁桥，欲阻扼铁军南下。铁军终抵南昌。戴、魏一面调兵遣将，一面设“鸿门宴”，再行暗算铁军。方、杜设防应变，戳穿敌人阴谋，从容脱险。戴、魏逼使铁军副连长赵梦叛变，探得铁军起义计划，再图偷袭铁军总部。地下党员张敏电话急告方、杜。铁军提前行动，聚歼偷袭之敌，于8月1日凌晨2时举行了南昌起义。该剧通过铁军行动的一个侧面，再现了南昌起义的革命史实。全剧矛盾尖锐复杂，多种冲突交织一起，场面时而迂回曲折，时而波澜壮阔。《赴宴》一场，方大来、罗林与敌斗智斗勇，唇枪舌剑，颇具戏剧性。剧中方大来等人物，约略可见周恩来等的身影，表演亦具特色。（程炳达）

Bazhentang

《八珍汤》 京剧作品。又名《三进士》。原作者不详。清咸丰间曾演于内廷。主角为老旦，龚云甫、汪笑侬（反串）等工此剧。20

清宫《戏出画册·三进士》（故宫博物院藏）

世纪50年代经吴少岳、李金泉、李洪春整理，载《京剧丛刊》。叙山西平阳张文达借银赴试，落第后多年不归。妻孙淑琳无力还债，被抢走二子。二子改名常天保、周子卿，后并中进士，同在洛阳为官。孙淑琳寻夫流落到此，卖身常府为奴，受尽常夫人虐待。因奉命退还寿礼去到周府，周夫人问明其来历。周子卿到常府认母，常天保却怕失身份，不肯相认。二人言语冲突，争讼于巡按。巡按正是张文达，父子三人原为同科进士，遂接来孙淑琳，天保悔过，全家团圆。20世纪80年代有吴江改编本，将原本常夫人不知孙淑琳是婆母，改为暗自察知而胁迫丈夫不敢认母。孙淑琳去周府退礼改为被赶出常府，得常府丫环春兰救助，并增加最后收春兰为义女等情节。原本常天保做寿只收礼单不收礼物，仅作为孙淑琳进周府的因由，改编本增写其目的为向巡按骗取清廉之名，以图迁升。剧作于悲欢离合中写世态炎凉，剧情紧凑而多变化。重墨描写孙淑琳的多舛命运，和她忍辱负重、宽厚仁慈的性格。以老旦应工，唱做并重，唱尤繁重。第三场进周府、第五场夫妻重逢，各以20多句的唱段诉说命运苦难，倾吐恩怨悲伤。第二场，被赶出常府，挣扎在风雪街头，[二簧]“问苍天我欠下何人业怨”唱段，兼以跌扑，抒写她身处困境，孤苦无助的悲怆凄凉情状。常夫人的骄纵刁蛮，春兰的正直善良、急困扶危的性格，均有生动刻画。改编本于1984年由北京京剧院首演。导演徐玉川。主要演员赵葆秀（饰孙淑琳）、赵乃华（饰春兰）。中央电视台摄制成舞台电视片。根据《三进士》改编的京剧作品还有袁韵宜的《慈母泪》，北京京剧院1981年首演。（秦华生）

bazigong

把子功 表演形体基本功之一。又称**打把子**。与腰腿功、毯子功共为三大块。把子也叫刀枪把子，为京剧演出中所用兵器道具的统称，有刀、枪、剑、戟、棒、棍、斧、钺等。因京剧武打中多用兵器，所以也将把子引申作武打之意。如清末四大徽班之一的和春班以把子著称，即指该班以武打戏为特长。演员不论什么行当，都应打好把子功的基础。

把子功内容丰富，项目繁多，一般分作长、短、徒手三类。长把子如大刀、长枪、叉、棍棒等，短把子如刀、剑、斧、锤等。此外，徒手亦称手把子，即赤手空拳的对打。每套把子均有专名，如小快枪、十八棍、大刀枪、三十二刀等。从表演上又分为庄重把子和滑稽把子两类。**庄重把子**用于严肃的武打场面，雄健肃穆，如《长坂坡》中赵云与曹营部将的武打；**滑稽把子**，俗称**化学把子**，用在戏谑的武打场面，特点是诙谐逗趣，引人发笑，如《闹天宫》、《闹龙宫》中孙悟空与巨灵神、龟、虾二将等的武打。

把子技艺是京剧演员表现人物、展示剧情的艺术手段之一，要求演员在运用时不脱离剧情、人物，打出人物性格来。如《挑华车》中高宠同金兀术的对打，《金沙滩》中杨七郎同韩昌的对打，都是对枪，由于戏剧情节和人物性格不同，在打法、要领上就不尽相同。前者要求稳健威勇，稳中有快；后者要求疾迅猛烈，快中见刚。表现战斗中胜利者的得意情绪的耍下场，如枪下场、刀下场、棍下场等，也包括在把子功内。（苏移）

Bazi Xu

把子许 把子作坊世家。有两说。据1935年6月18日北平《群强报·梨园武器之制作者》一文记载，清嘉庆年间（1796～1820），前门外大蒋家胡同路北有把子铺天德涌。传至许庭山、许庭顺，兄弟分手；许庭顺另在玄武庙洋井北设一工场。“凡各戏班角色所用之把子等物，均系两家出品。”至20世纪30年代，许庭山之子**许魁荣**，成为当时扎把子名手，人称“把子许”，“场内工匠皆系许姓家人占重要地位，其助手及徒弟则系外人”。产品销往天津、上海、武汉、香港各地，兴盛时营业额每年约有万元。其产品除刀枪把子外，还包括船桨、令旗、马鞭等砌末，“共计约三百五六十种”。

许新一（1865～1956），直隶饶阳（今属河北）人。14岁在北京永茂盔头铺下属的一个作坊学徒。后到保定自开盔头铺。1926年在天津南市清河大街开设新德庆把子店。因其产品用起来顺手、美观、耐用，“把子许”之名遂在天津叫响。其为叶盛章《酒丐》制作的宝剑、为李万春制作的关羽青龙偃月刀均为上品。20世纪50年代初，许新一之二子许寿昌迁至北京。1981年，**许寿昌**所做单刀，在全国戏具评比中获第一名。1983年许寿昌病故，享年71岁，其子许振冬继承父业，在北京京剧院工作。许新一的徒弟中，以**赵九洲**（1881～1947）最有名。赵于1899年拜许新一为师，1926年参加许开的新德庆把子店。1933年赵九洲自开把子店名九恒成，与“把子许”在同行业中并称“津沽双璧”。

京、津两个“把子许”，是何关系未详。（魏子晨）

Ba Yan

《罢宴》 京剧作品。吴少岳、祁野耘根据清杨潮观《寇莱公思亲罢宴》杂剧改编。叙北宋宰相寇准为庆寿铺张挥霍，极尽奢华。家仆陈山因不慎打碎庆寿珍宝，急求曾随侍寇母多年的老婢刘婆向寇准讲情。刘婆得悉寇准为了庆寿，不惜斥银万两，想到寇母临终之托，于是登堂劝谏。她行经廊下，被遍地蜡油滑倒，乃借此回忆寇母昔日苦守贫寒，劬劳教子的往事，并取出寇母所遗“孤灯课子”画图，使寇准重温“修身为万民”、“富贵莫忘贫”的母训。寇准幡然悔悟，当即停歌罢宴，并宥赦陈山。1957年由中国京剧院首演。导演郐功甫。李金泉饰刘婆，李世霖饰寇准。该剧继承了原作高标脱俗的格调，寓意深远。全剧仅一场，剧情随人物感情变化，流畅生动，波折有致，耐人寻味。刻画了刘婆淳朴善良、练达沉稳、

李金泉饰刘婆（右） 李世霖饰寇准
（吴化学摄）

敢于直言诤谏的性格，对寇准的执礼孝敬、闻过则改也有生动描绘。该剧主要以老旦应工，唱念并重。刘婆往见寇准时，前后大段念白和［二簧］唱段相联互用，回忆寇母教子含辛茹苦，责备寇准忘本奢华，或感伤，或激昂，情词酣畅，有很强的感染力。剧本收入《京剧丛刊》第44集，中国戏曲学院编《京剧选编》第2集。 （程炳达）

Bawang Bie Ji

《霸王别姬》 京剧作品。事出《史记·项羽本纪》。清逸居士据旧本编有《楚汉争》(上、下两本)，杨小楼、尚小云演出。1921年，梅兰芳与杨小楼合组崇林社后，齐如山据明沈采《千金记》传奇及《楚汉争》编成此剧，吴震修修订。杨小楼、梅兰芳1922年正月首演于北京。秦末楚汉相争，刘邦封韩信为帅，会合诸侯兴兵灭楚，命李左车诈降。项羽刚愎自用，中韩信十面埋伏，被困垓下。张良又以四面楚歌，唤起楚军思乡之情，使之无心恋战，纷纷散走。项羽感到大势已去，面对爱妃虞姬、良马乌骓，不胜感伤。虞姬即席舞剑以解项羽忧闷，以死相报。项羽败走乌江，拔剑自刎。此剧自编演之后，多次删汰场次，丰富人物，由近20场精简为9场，减少武打，更突出了项羽、虞姬英雄美人生死相依之情。杨小楼逝后，有武生周瑞安、孙毓堃、李万春、高盛麟等，花脸金少山、刘连荣、袁世海等，曾与梅兰芳合演。梅兰芳几十年来对虞姬的形象塑造精益求精，创造了巡营时的［南梆子］唱腔和边舞边唱的［二六］著名唱段。在服饰上创用如意冠和鱼鳞甲等。剧中的“剑舞”是吸收《群英会》中周瑜的舞剑和《卖马》中秦琼的舞锏并糅进太极剑法而创造的，在［夜深沉］曲调的伴奏下进行，表现出虞姬当时的心理状态。此剧为梅派的代表作之一，流传甚广，为众多旦脚演员常演剧目。1955年彩色影片《梅兰芳的舞台艺术》中拍摄了此剧。另有杨小楼、梅兰芳合灌的唱片行世。剧本收入《梅兰芳演出剧本选集》(中国戏剧出版社出版)。 （刘乃崇 蒋健兰）

梅兰芳饰虞姬（右） 刘连荣饰项羽

Bai Dengyun

白登云 (1906～1990) 鼓师。直隶冀州（今属河北）人。9岁开始在冀县（今河北冀州）南宫、枣强一带的梆子班学艺。1917年进京在天桥德林禄女科班担任小锣，后经王国山介绍进广德楼任小锣。由乡村到北京，由天桥到大栅栏，奠定了白登云的艺术基础。以后，在崇雅社女科班任铙钹。1922年任金少梅大锣，同年在中和园司鼓。为精求技艺，曾到盖叫天、麒麟童班担任大锣。1929年为初有成就的程派演员新艳秋司鼓。1932年拜老一辈名鼓师鲍桂山、郭德顺为师，技艺益精。1934～1951年任程砚秋鼓师，合作的名家还有杨小楼、余叔岩、梅兰芳、徐碧云、孟小冬、王凤卿、谭富英、王少楼、杨宝森、高庆奎、陈少霖、金少山、郝寿臣、侯喜瑞、程继先等。1951年参加中国戏曲研究院二团，任

首席鼓师。1960年奉周恩来总理指示调北京青年京剧团专为程派戏司鼓。1963年调中国戏曲学校（今中国戏曲学院）任教24年后退休。

白登云戏路宽广，能文能武，昆乱不挡，极富有创造精神。他司鼓手法讲究，节奏鲜明，圆润稳健，严谨舒展，指挥细腻，紧扣剧情。打文戏静而不温，紧凑清新；打武戏强而不躁，洒脱明快。1934年起与程砚秋合作，配合极为默契，对程派的演唱艺术谙练熟知，卓有贡献。他为程派艺术所设计的锣鼓及伴奏上的规范，已成为程派艺术不可分割的组成部分。白登云教人教艺，学生遍及海内外，为京剧音乐界培养了大批人才。发表了《鼓点板声话节奏》、《司鼓与演员的关系》、《京剧锣鼓的练功和运用》等著作和录像片《白登云先生司鼓艺术》等。白登云形成了自己风格独特的白派艺术，为一代名家。他多次随中国京剧艺术团出访各国和地区，为京剧艺术传播于世界作出贡献，国际友人对他杰出的指挥艺术和即兴创作给予了高度评价。白登云也是中国最早被国际乐坛承认的一位戏曲乐队指挥家。 （刘越）

Baidicheng

《白帝城》 京剧作品。又名《永安宫》、《刘备托孤》。作者不详。刘备统兵伐吴，大败而回。至白帝城，重病不起，知来日无多，命二子拜孔明为相父，托孤而死。本事见《三国志》、《三国志演义》第85回。全剧仅两场，是以老生为重的唱功戏，以委婉动听的唱腔，细腻地表现了刘备临终前百感交集的复杂心理。谭派名剧。描述刘备伐东吴故事，有折子戏多出。联缀《小桃园》(关兴、张苞结义)、《黄忠带箭》、《连营寨》、《战猇亭》(甘宁中箭)、《八阵图》(陆逊迷路)、《白帝城》诸折演出，称《吞吴恨》。奚啸伯则常将《连营寨》与《白帝城》连演，略有穿插，删繁就简，是其代表剧目之一。“哭灵牌”的［反西皮二六］腔，“错骨不离骨”耍板耍腔的演唱，缠绵悱恻。“华容道上放曹操”句，重复“放曹操”三字，而且唱成［哭头］，寓意深刻。“托孤”的［二簧慢板］用四叠句“烧的孤”演唱，把刘备抱恨终天的未了情表述到极致。言菊朋据传统剧目编为《白帝城托孤》，演唱独树一帜。周信芳演出的全部《白帝城》，前后饰刘备，中饰黄忠，情节及唱、念与一般演出不尽

《白帝城》
奚啸伯饰刘备

《彝陵之战》 李和曾饰刘备（右）
茹元俊饰赵云 （陈莹摄）

相同。奚啸伯有唱片行世。剧本载《传统剧目汇编》(上海文艺出版社1959年第7集)。此外，演刘备伐东吴故事的戏还有《彝陵之战》。中国京剧院1963年创作演出，任桂林、樊放编剧，李和曾（饰刘备）、江世玉（饰陆逊）等主演。（刘方正）

Baimangtai

《白蟒台》 京剧作品。又名《云台观》、《刳蟒台》、《拿王莽》。作者不详。本事略见《东汉演义》。王莽篡汉后，自感败亡将至，乃建造白蟒台，以备躲藏；匿居云台观，忏悔罪孽。面对刘秀大军，王莽指斥汉将杜茂、岑彭、邳彤背主投敌，忘恩负义。姚期、马武与之无恩，将其擒获。王莽以甥舅之情，乞求刘秀饶命未成。“云

清宫《戏出画册·白蟒台》（故宫博物院藏）

台观”与“法场”两场，经常作为折子戏演出，老生饰王莽，为唱工戏。清道光二十五年（1845）《都门纪略》载：三庆班范四保擅演《白蟒台》。马连良曾改编演出，其藏本载《京剧汇编》第68集。另有《戏考》、《戏典》、《梨园集成》等刊本。张学津的演出曾于1976年摄制成电影。（井玉贵）

Baimaonü

《白毛女》 京剧作品。马少波、范钧宏根据同名歌剧改编。佃户杨白劳在除夕夜被地主黄世仁强逼用女儿喜儿抵租，服卤水含恨自杀。喜儿被抢进黄家后，其未婚夫王大春营救未成，逃走参加八路军。喜儿在黄家受尽虐待，又遭黄世仁蹂躏，在将被转卖时，幸得女仆张二婶救助，逃出虎口。因独居深山，毛发变白，被村

李少春饰杨白劳（左） 袁世海饰黄世仁（右） 骆洪年饰穆仁智

民疑为白毛仙姑显灵，在奶奶庙焚香设供，遂以偷吃供果为生。三年后，大春随八路军回到家乡，开展减租运动。黄世仁的爪牙穆仁智借“白毛仙姑”造谣破坏。大春为查真相，夜探奶奶庙，与喜儿重逢。根据群众要求，政府判处黄、穆死刑。喜儿与大春得以团圆。1958年3月由中国京剧院首演。导演阿甲、郑亦秋。李少春饰杨白劳，杜近芳饰喜儿，叶盛兰饰王大春，袁世海饰黄世仁，骆洪年饰穆仁智，雪艳琴饰黄母。剧本收入《中国京剧院演出剧本选集》。该剧在保持歌剧原作基本情节和“旧社会把人逼成鬼，新社会把鬼变成人”的主题思想的基础上，调整结构，安排场次，删去了喜儿怀孕的情节，在继承传统编剧手法的同时，结合舞台表演做了审慎而又大胆的革新尝试。演出后在全国产生广泛影响，为京剧表现现代生活提供了宝贵经验。相同题材的京剧作品，还有北京市燕鸣京剧团改编（王元芝执笔）演出的《白毛女》，赵燕侠饰喜儿。（蔡运长）

Baimenlou

《白门楼》 京剧作品。作者不详。东汉末年，曹操联合刘备攻夺徐州。吕布贪恋酒色，仓皇应战，势尽被擒。在白门楼，吕布乞求刘备向曹操说情，免其一死。曹操亦有意将其收为爪牙。刘备却以吕布曾为丁原、董卓义子，反复无常故事打动曹操，终将吕布斩杀。本事见《三国志》、《三国志演义》。元杂剧有《白门斩吕布》(佚)，清宫廷大戏《鼎峙春秋》有“白门楼家奴就戮”。小生饰吕布。德珺如演出，在被擒后大段的唱腔中，运用扔板要腔的唱法，曲折俏丽，表达吕布自夸神勇、掩饰行将授首时的恐惧。姜妙香早期工旦脚，与朱素云合演此剧，饰貂蝉，在唱腔、做派方面都有许多创造。尤其上场后［慢板］第三句花腔，被视为名腔佳作，致使琴师田宝琳也随之声名大噪。姜改演小生后，饰吕布，

清宫《戏出画册·白门楼》（故宫博物院藏）

为表现其骁勇善战，身扎大靠，有较繁重的开打。王楞仙、陆华云、金仲仁、俞振飞、叶盛兰等均擅此剧。徐碧云、赵君玉、小杨月楼、姜妙香有唱片行世。剧本有《京剧汇编》第6集、《戏考》第2集等刊本。（刘方正）

Baishe Zhuan

《白蛇传》 京剧作品。田汉改编创作。峨嵋山修炼成精的白蛇与青蛇，化身为主婢白素贞和小青。在西子湖畔，白素贞与许仙

因借伞、同舟而互生爱慕之情，结为夫妇。金山寺僧人法海从中阻挠。许仙听信法海的调唆，于端阳节劝白素贞饮下雄黄酒，致使醉后显出原形。许仙受惊，昏厥不起。白素贞亲往仙山盗取仙草，将许仙救活。许仙到金山寺参禅，被法海拘禁。白素贞与小青赶到金山寺，恳求放回许仙。法海命神将捉拿白素贞，白素贞搬来水族，大战金山寺。白素贞因有孕在身而败走断桥。此时已有悔意的许仙逃下金山，与白素贞于断桥相遇，得到白素贞的原谅。在许仙之子满月时，法海又率神将前来捉拿白素贞，小青败走，白素贞被压于雷峰塔下。后小青战败雷峰塔塔神，救出白素贞。白蛇故事渊源已久，宋代已有"法师钵贮白蛇，覆于雷峰塔下"，历经演变，明人小说《警世通言》中有《白娘子永镇雷峰塔》篇。清有传奇《雷峰塔》，而各种地方戏编演白蛇故事，更为一时之盛。1943年，田汉应四维平剧社之约，在李紫贵等据旧本整理的《白蛇传》基础上，改编创作了京剧《金钵记》。1950年进行修改，更名为《白蛇传》。1952年再次修改。田汉的《白蛇传》一扫原故事中妖邪、恐怖的色彩，而赋予故事以美丽、纯洁的人性内涵。作者以清新优美的语言和富有诗情的笔触塑造了白素贞和小青等艺术形象，强烈地表现了中国人民，特别是妇女追求自由幸福的不可征服的力量，以及勇敢的自我牺牲精神。该剧为田汉戏曲创作的代表作。1952年10月，中国戏曲实验学校在第一届全国戏曲观摩大会上演出此剧，李紫贵导演，刘秀荣、许湘生分饰白素贞和小青，朱秉谦饰许仙（此后改由张春孝饰演），甚得好评，并获奖励。各地剧团也纷纷排演，如中国京剧院的杜近芳、叶盛兰，北京京剧团赵燕侠等均有演出。1963年，田汉还为赵燕侠的演出，在《合钵》一折中增写了"亲儿的脸，吻儿的腮，点点珠泪洒下来"一段唱词。《白蛇传》中的许多著名段落如《盗仙草》、《水漫金山》(又名《水斗》)、《断桥》等均已成为经常演出的折子戏。《白蛇传》剧本发表于1953年8月的《剧本》月刊，收入《田汉文集》第9卷，另有若干单行本出版。1980年该剧由上海电影制片厂摄制成彩色戏曲故事片，李炳淑饰白素贞。此外，京剧舞台上经常上演的传统折子戏还有《盗库银》，武旦饰小青，关肃霜擅演；以昆曲演唱的《金山寺》、《断桥》，梅兰芳擅演，影片《梅兰芳的舞台艺术》中，有他与俞振飞合作的《断桥》；唱工戏《祭塔》，尚小云、张君秋等擅演。（马海玲）

《白蛇传·游湖》 刘秀荣饰白素贞（左） 张春孝饰许仙（右） 谢锐青饰小青

《京剧版画·白水滩》（王树村提供）

就是了，为何苦苦追赶！"于是拔刀相助，救出总兵之子刘仁杰。此为《白水滩》，又名《十一郎》。据清道光二十五年（1845）刊本《都门纪略》，武旦二达子擅演剧中青面虎之妹许佩珠；又据《清代伶官传》，咸丰十年（1860）、十一年，张三福、冯双德则曾先后在内廷演出。后为李春来代表剧目，所饰十一郎，挑担戴草帽，素淡中蕴涵英武之气，武打脆利火炽。他的演出为众多短打武生所仿效。《戏考》刊有剧本，"提要"中写道："《白水滩》一剧，沪上各舞台，不时试演，颇受上下社会之欢迎。""而一霎时刀棍齐施，一霎时拳脚相搏，陡觉目眩神驰，极五花八门之妙，诚武场戏中之大观也。"《通天犀》则以武净饰许世英为主角，演十一郎打败青面虎后，反遭官府诬陷，将被处斩。青面虎惺惺相惜，不记前仇，亲往法场，救出十一郎。全剧仅两场。第一场为十一郎的主人程老学因受牵连发配，被许佩珠救上山寨。青面虎讯问程老学，得知十一郎被害原委。问答中，青面虎心绪激荡，坐不安席。演出以繁复的椅子功摹绘人物感情的变化，极具表现力。接着为劫法场。青面虎隐匿于酒店中，与酒保的对话亦富戏剧性。此剧表演念、做与武打并重，刻画青面虎坦诚毛躁的性格，颇为生动。所谓"通天犀"，原是刘仁杰为答谢十一郎所赠礼物。剧名《通天犀》袭自传奇，实与此折无关。剧本载《京剧丛刊》。云南省京剧团刘奎官由顾峰、陈佩玉、赵凤池协助改编演出，饰许世英。此外，尚有贺玉钦改编的《郎打虎，虎救郎》(武汉通俗出版社）及陈延龄、何异旭改编的《十一郎》(北京出版社）等。（颜长珂）

《通天犀》 刘奎官饰许世英

Baishuitan Tongtianxi

《白水滩、通天犀》 京剧作品。源自清传奇《通天犀》。昇平署钞本，藏国家图书馆。京剧通常仅演《白水滩》、《通天犀》两折。明代，十一郎穆玉玑（原作名莫遇奇）为程老学家佣工，武艺超群。为与老母上寿，路经白水滩，闻听人声呐喊，原来是绿林好汉劫救被捕的山大王青面虎许世英，与官兵厮杀。十一郎看到："前面败的官兵，后面追赶的乃是贼寇。我想，一个人怕了一个人，也

Bai Yukun

白玉崑 （1894～1971） 演员。工老生。曾用艺名粉蝶仙。北京人。幼入安次（今属河北廊坊）葛渔城某戏班学艺。9岁入葛玉成所办之德胜魁科班习武旦。师事郝义明。常私下练习武生。11岁时，一次偶然替演《翠屏山》之石秀，备受赞许，自此改习武生。后亦兼学文武老生与红生。他幼工扎实，嗓音洪亮，且扮相英俊，能戏颇多。17岁出科后，曾搭杨韵谱、刘喜奎班社。后入玉成班

从李吉瑞问艺，20岁赴上海演出，很快驰名。曾与金少山、高庆奎、孟小冬、王又宸、盖叫天、杨瑞亭、荀慧生、李兰亭等合作演出于北京、天津、上海、武汉、南京及山东、东北各地。

白玉崑博采众长，敢于创新。他戏路极宽，能武生、文武老生、红生，亦兼演净、丑、旦各行脚色。演《甘露寺》前乔玄后张飞，《连环套》前黄天霸后朱光祖，《打面缸》则反串周腊梅。早年以《鄚州庙》、《殷家堡》、《溪皇庄》、《恶虎村》、《蚆蜡庙》等戏享誉剧坛。《反五关》、《枪挑小梁王》、《呼延赞表功》、《连环套》、《贩马记》、八本《马超》、《风波亭》、《疯僧扫秦》等均为其杰作。又演出了《彭公案》、《大禹治水》、《火烧红莲寺》、《天雨花》等连台本戏。中年以后多演文武老生戏，如《定军山》、《阳平关》、《四进士》、《剑峰山》、《潘洪挂帅》等。后师事王鸿寿，致力于红净戏，在南派关羽的基础上，又吸取北派风格，自成一派。擅演《月下赞貂蝉》、《白马坡》、《灞桥挑袍》、《千里走单骑》、《古城会》、《温酒斩华雄》、《水淹七军》、《走麦城》等。他大胆革新，从唱腔、服饰、化装等诸多方面进行改革，通过多年舞台艺术实践，逐渐形成自己艺术风格。百代唱片公司曾为其灌制《反五关》、《地藏王》、《战蒲关》等唱片传世。

《古城会》饰关羽

白玉崑于1946年参加国民党军队长城剧队任队长，1948年于鞍山参加东北野战军第十纵队政治部京剧团。1952年参加天津红风京剧团。1956年转入山东胶县京剧团，同年于山东省第二届观摩演出大会上演出《古城会》，获示范演出纪念奖。后经田汉建议参加山东省京剧团，演出了《天雨花》、《蚆蜡庙》等戏。1960年任山东省戏曲学校副校长。1962年当选为山东省政协委员。“文化大革命”期间遭受迫害，致使双目失明。1971年2月11日含冤逝世。

白玉崑有五子三女。其中，四子云明工武生，为山东省京剧院导演；次女晶珠、三女晶环工旦行。

（刘松崑）

Bai Yuwei

白玉薇 （1922～2008） 女演员。工旦。北京人。自幼喜爱京剧，经介绍拜入王瑶卿门下，学青衣。向师父和师兄程玉菁、王幼卿学《女起解》、《贺后骂殿》、《六月雪》、《法门寺》、《芦花河》、《虹霓关》等戏。后带艺考入北平中华戏曲专科学校。从张善亭（十阵风）练武功，从吴富琴、陈丽芳学文戏。实习演出的剧目有《探寒窑》、《孝义节》、《孝感天》、《宇宙锋》、《六月雪》、《浣纱河》等和新编或改编的《三妇艳》、《姑嫂英雄》、《烽火媒》等戏。同时也演一些戏中的二旦脚色，如《回龙阁》的代战公主、《探母回令》的萧太后、《能仁寺》的张金凤、《雁门关》的碧莲公主等。又请诸如香、魏莲芳、韩世昌老师教了她一些花旦戏、刀马旦

戏和昆曲戏，拓展了戏路。毕业后，与李少春合作南下上海，初贴一些文戏，成绩平平，遂侧重演唱花旦戏，如《小放牛》等，深得好评，受到欢迎。后又先后拜筱翠花（于连泉）和梅兰芳为师，成为青衣、花旦、刀马旦兼工、能昆能乱的旦脚演员，《坐楼杀惜》、《战宛城》、《翠屏山》、《游龙戏凤》、《十三妹》、《拾玉镯》、《御碑亭》、《春秋配》、《春香闹学》、《扈家庄》、《奇双会》等剧都常贴演。

由于她气质娴雅，举止不俗，又有写作能力，常在杂志上发表文章，得“文艺坤伶”的美誉。在校时与侯玉兰、李玉茹、李玉芝共称“四块玉”。20世纪40年代末随夫到台湾，主要从事教学育人的工作，先后在复兴、大鹏等戏剧学校执教，投师求艺的学生也很多，40余年间，桃李盈门。后定居美国，利用数年时间，抄纂、整理300多出京剧剧目，于1991年寄给北京市政协文史资料研究委员会，委托该会赠给戏剧单位，为祖国京昆艺术的振兴发挥作用。遵照她的意愿，该会将这批资料移交给中国戏曲学院。她这种对中华传统文化的珍爱和对京剧艺术的执著与无私的奉献精神，深为国内同行们所感佩。

（钮骠）

Bai Yuyan

白玉艳 （1923～ ） 女演员。工旦。浙江宁波人。出身京剧世家，为文武老生白叔安之女。先世旗籍，三世居浙江之乍浦，遂以浙江为籍。5岁开始学艺，12岁向郭坤泉学武戏，向李琴仙、碧玉贞、赵绮霞、金碧艳等学文戏。靠把戏由水上飘亲自传授。1939年为上海乾坤剧场、黄金大戏院、荣记共舞台基本演员，工刀马旦。1941年赴新加坡等地演出。抗日战争胜利后返回上海演出。1956年参加常州市红星京剧团，任副团长。1971年任常州市文艺学校副校长。在40多年舞台生涯中演出过50多个剧目，其代表作有《梁红玉》、《金山寺》、《穆桂英》、《大英杰烈》和连台本戏《荒江女侠》等。其中《梁红玉》演了40年，名噪一时。1947年2月参加上海市文化运动委员会改良平剧演出，以《荒江女侠》中饰方玉琴，获演员乙等奖。1956年9月，在常州市戏曲观摩演出中，演出《梁红玉》获演员一等奖。1957年4月参加江苏省第一届戏曲观摩演出，饰《七星庙》中的佘赛花，获演员一等奖。1959年12月，在镇江专区职业剧团会演中，饰《两狼关》中的梁红玉，获演员一等奖。白玉艳培养了一批青年武旦人才，各地不少剧团选送青年演员向她拜师求艺。吉林市京剧团主要演员、她的师妹王凤燕，就是她教出来的，艺名“小白玉艳”。

（钱泳林）

Bai Yuanming

白元鸣 （1928～ ） 京剧教师。曾为老生演员。生于北京。出身梨园世家，其父乃著名鼓师白登云。幼入富连成社坐科，从张连福等学戏，在科班曾红极一时，为“元”字科老生之佼佼者，能戏甚多。后嗓败，于20世纪60年代初从事教学，为北京市戏曲学校主要须生教师。教学认真、严谨，在余派老生戏方面造诣较深。他教授的《定军山》、《战太平》、《击鼓骂曹》、《搜孤救孤》等均有较高质量。

（王硕）

Bai Hua Ji

《百花集》 戏剧研究著作。戴不凡著。作家出版社1956年7月出版。戴不凡(1922～1980)，文艺评论家、戏曲小说研究家。笔名梨花白、严陵子。浙江建德人。先后参加《全国第一届戏曲会演剧本选集》、《京剧丛刊》、《华东地方戏曲丛刊》的编审工作，并负责编辑梅兰芳、周信芳、盖叫天的演出剧目。曾任《戏剧报》副主编，中国艺术研究院研究员。在1984年首届戏剧理论著作奖评选中，被表彰为在戏剧理论研究方面有突出贡献的专家。作者生前撰写了百余篇戏曲评论，除《百花集》外，大部分收入《百花集续编》和《百花集三编》。有关京剧的多为纪念梅兰芳、周信芳、盖叫天、田汉的文章和评论萧长华、袁世海等人的表演艺术以及部分京剧剧目的评论。此外，作者还有《论古典名剧琵琶记》、《论崔莺莺》、《戴不凡戏曲研究论文集》、《小说见闻录》、《红学评议·外篇》等多部古典戏曲、小说研究专著问世。

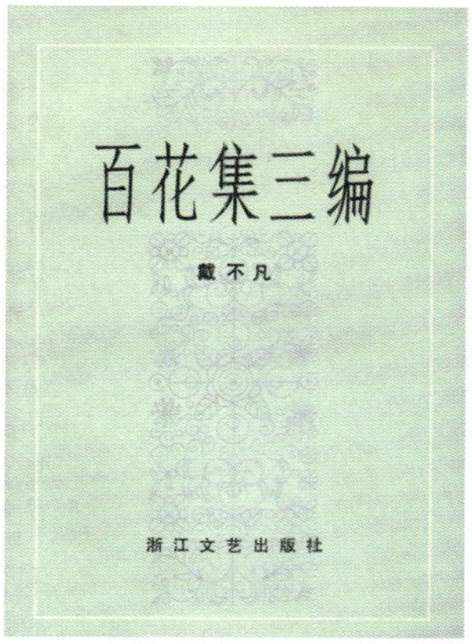

《百花集》收作者1952～1955年撰写的戏曲论文17篇。在首篇《评〈金钵记〉》中，作者对田汉编写的京剧《金钵记》提出批评。认为该剧主要缺点在于歪曲了白蛇故事的反封建主题。由于主题把握不准，人物的处理显得零乱模糊。另外，剧本把在宋代已有雏形的白蛇故事移到明嘉靖年间，生硬插入倭寇侵略作为白蛇故事的时代背景，明显不妥。剧本写于抗日战争时期，在"国统区"上演时借剧中人物之口痛骂汉奸，是难能可贵的。但中华人民共和国成立后不经认真修改便出版和上演，值得商榷。文章发表后，受到戏剧界的高度重视。田汉亦虚心接受意见，重新改写剧本，更名为《白蛇传》。《神话与迷信》一文对《闹天宫》、《清风亭》等带有神话色彩的剧目进行了具体分析；在《谈京剧〈群英会〉》一文中，作者赞扬该剧以凝练的笔法概括出一系列性格鲜明的人物形象，情节安排得巧妙，使得剧情紧凑、丝丝入扣，并肯定了该剧现实主义与浪漫主义的紧密结合。书中还收有关于水浒戏的研究文章若干。该书对研究历史剧创作，探讨传统戏曲剧目的整理改编，均有较高的参考价值。 （朱葆伟）

bai hua qi fang tui chen chu xin

百花齐放，推陈出新 戏曲工作的根本方针。1951年4月3日，中国戏曲研究院成立。此前，由政务院任命的中国戏曲研究院院长梅兰芳函请毛泽东主席为该院书写院名并题词。毛泽东用两张红格信纸，一张写院名，一张题"百花齐放，推陈出新。毛泽东"。1942年10月，毛泽东曾为延安平剧研究院成立题词"推陈出新"。1950年，在全国戏曲工作会议上有人提出"戏曲要百花齐放"，就是要让各种地方戏都得到发展。毛泽东很欣赏这个提法，认为反映了广大群众和艺人的意愿、利益。至1951年，即应梅兰芳之请，题写了"百花齐放，推陈出新"。这8个字，正确规定了各种戏曲的相互关系，通过友谊的自由竞赛，相互学习，共同繁荣；又指出了各种戏曲的共同的奋斗目标，在继承优秀传统的基础上，勇于改进和创造，以适应新时代的需要。这个题词，后来成为中国戏曲工作长期的根本性的指导方针。 （余从）

Bai Hua Zeng Jian

《百花赠剑》 京剧作品。又名《凤凰山》。昆曲保留其《赠剑》与《点将》两折。清乾隆时即已流入花部。《燕兰小谱》载：大春部孟九儿"尝演《百花公主》，戎衣结束，秀媚中颇饶英气"。清末民初，陈德霖、王楞仙等曾演出，仍唱昆曲。剧演安西王谋反，御史江六云化名海俊，微服侦查，被授为参军。安西王近侍巴辣铁头心存嫉妒，将他灌醉，扶至百花公主宫中，意欲借刀杀人。百花回宫，发现海俊，举剑欲杀，其侍女江花佑恰是海俊的姐姐，代为求情。百花见其少年英俊，心生爱慕，乃赠剑联姻。安西王反，百花为将，斩巴辣于辕门。安西王兵败被困于凤凰山，百花公主遁至德清庵为尼。全剧以江六云、百花公主成婚作结。《赠剑》为剧中最为精彩的一折。百花意外地发现闯入深宫的海俊，从惊诧、恼怒直至怜爱、动情，感情变化微妙、细腻，分别时依依难舍，生动地摹绘了公主高傲、娇贵而不乏真情的艺术形象。剧情跌宕起伏，情节的进展出人意外，却是人物性格与感情发展的必然。百花公主由旦脚饰演，全身披挂，英气逼人。小生饰海俊。演出载歌载舞，洋溢着浓郁的抒情气氛与喜剧色彩。1940年，翁偶虹应程砚秋之邀，据传统剧本，参考山西梆子《百花亭》，改编为《女儿心》。翌年首演于上海。程砚秋饰百花公主，顾珏荪饰江六云，芙蓉草饰江花佑，苗胜春饰安西王，刘连荣饰巴辣。《翁偶虹编剧生涯》载："程先生除创造了几段合于百花公主性格的新腔之外，还特制了豹尾双枪，大显武打身手。'点将'一场，特制了二十四面百花旗，按着二十四个节令，各绣应时花枝。场面绚丽，文武并重。""德清庵一场的大段［二簧反调］，好腔迭出，突破藩篱，又多新创。"《赠剑》中的舞蹈身段，"有些地方还是从芭蕾舞里化用来的"。其后，李世芳曾演出《百花公主》，由其父李子健据山西梆子移植。宋德珠演出本，由景孤血改编。20世纪80年代，有胡芝风演出本。剧本均未见出版。 （颜长河）

陈德霖饰百花公主（右）
王楞仙饰江六云

Bai Zhiyi

柏之毅 (1933～2001) 演员。工武生。曾名柏维年。辽宁沈阳人。幼入四维儿童戏剧学校第三分校，先习架子花脸，从郭文龙练武功，从梁连柱、谭世英学戏。除实习演出传统戏外，还参加过许多新剧的排演，如《江汉渔歌》(饰蒲龙)、《葛嫩娘》(饰郑芝龙)、《金钵记》(饰法海）等。1948年参加田汉京剧名作《琵琶行》的演出。1949年初转入平剧实验学校（后为中国戏曲学校）第一期学生，改习武生，从尚和玉、迟月亭、沈三玉、茹富兰、白家麟诸名师学戏，以武生长靠戏、勾脸戏和红生戏见长。擅演《挑华车》、《英雄义》、《长坂坡》、《四平山》、《艳阳楼》、《状元印》、《铁笼山》、《贾家楼》、《湘江会》、《蜈蚣岭》

以及《战长沙》、《水淹七军》等剧。

他工架稳练，身手矫捷，手里、脚下的功力都好，是同班武生中的上选人才。与袁国林合演的《雁荡山》于1957年摄制成彩色戏曲故事片，颇有影响。毕业后，分配到青海省京剧团任主要演员，曾导演京剧《文成公主》，扮演剧中主要人物松赞干布，深得好评。1963年调入湖南省京剧团，为主要武生演员。（钮骠）

baitai

摆台 戏曲演出习俗。沿用于早期京剧，即开演前在舞台上摆放砌末道具。摆台有**大摆台**和**小摆台**之分。大摆台在观众未进场前，由检场人布置就绪。舞台中央放置小高台，上挂帐子，旁有印盒架、印匣、令箭架、笔墨纸砚等。高台两侧各放一把椅子，上首插红伞（或红色标旗），下首插黄伞（或黄色标旗），另外还陈列各色旌旗等。舞台前沿的栏杆上插五面大旗，分红、黄、绿、白、黑五色。

1921年北京吉祥园开演前的摆台
（[日本]福地信世绘，日本早稻田大学演剧博物馆藏）

黄旗居中，右为白、绿，左为黑、红。小摆台与大摆台基本一致，不同之处在于将高台换为台桌，小帐子易为“三军司命”大帐幔。观众入场后，锣鼓三通毕，挑子音落，小高台、旗、椅等陈设撤下，再摆上第一出戏的砌末，准备开戏。（刘胥洲　戴申）

Ban Shichao

班世超（1921～　）演员。工刀马旦、武旦。生于北京。6岁半进入富连成科班学戏。先学青衣、花旦，后向徐天元、阎岚秋学习刀马旦、武旦。在科班期间便以出色的技艺获得好评。《平剧二百年》有以下记述：“班（世超）为富连成学生，深知用功，本年在长安戏院参加武生大会，演《泗州城》，在三张桌上拿顶，练约二十分钟之久，武功之佳，压倒一切，当日之武生大会，誉为第一。”18岁出科后，先后随李少春、梅兰芳等人演出于北平、天津、上海等地。他功底深厚，开打火爆，出手准确，翻扑飘、冲，亮相

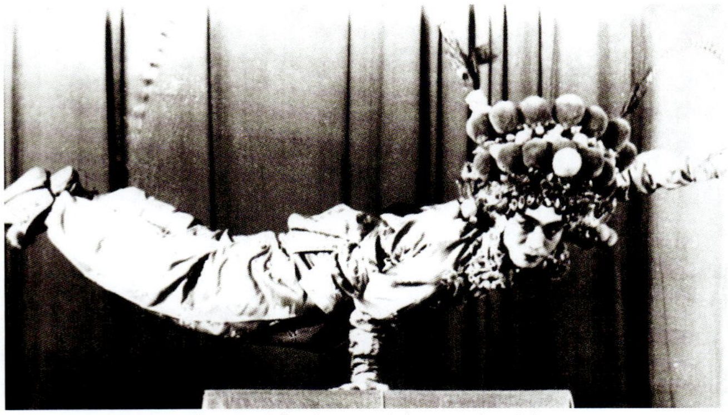

《泗州城》饰水母（表演“旱水”）

脆、美。主演的《水漫金山寺》、《杀四门》等戏在上海轰动一时。1939年底与盖叫天合演《武松打店》，珠联璧合，蜚声剧坛。代表作还有《火烧余洪》、《锯大缸》、《虹桥赠珠》、《取金陵》等。文戏方面师从芙蓉草，能戏有《穆桂英》、《十三妹》、《辛安驿》等。其顶功堪称一绝，演出《泗州城》、《武松打店》等戏，扮演剧中人物跃上高台，一把“旱水”顶功技惊四座：单手支撑，身体时而倒立，时而平卧，双腿不断变化造型，在惊险中给人以美的享受。1952年由上海返京加入中国人民解放军总政治部京剧团，1955年随团转入中国京剧院四团，1958年9月随团调往宁夏。任宁夏回族自治区京剧团副团长。20世纪50年代，曾随团出访东欧和亚洲十余个国家。除舞台演出之外，还先后为言慧珠、李玉茹、童芷苓、张美娟、关肃霜等人传艺。也为宁夏和各地剧团培养了大量青年戏曲人才。（刘连伦）

ban

板 打击乐器。由鼓师操奏，是京剧乐队的领奏乐器。以紫檀木或红木、花梨木制成。板长约27厘米，两端最宽处约6厘米，中间最窄处约5厘米。它由前、中、后3扇单板组成。前、后两扇形状相同，且可互换为用，板中出凸棱角以利发音；中扇较方厚，前、中两扇以细弦缚紧，合为一体，并以挑带与后扇相连。鼓师左手握后扇，以大拇指及虎口处撑起挑带及板（习惯称为挑板），以后扇底端凸角撞击前两扇下端发音，手握后扇板时掌中需留有空档，以利共鸣发音。板的发音锣鼓经中为“扎”或“衣”；板在节奏上是强拍的标志；与单楗鼓点配合生成鼓板点子，以控制、装饰乐曲的节奏。（王硕）

（刘海发摄）

banyan

板眼 戏曲音乐对唱腔、器乐曲示明其不同节拍形式的传统名称。源于古代音乐与民间音乐中常以打击乐器的板与鼓击拍，一板一鼓都作为一拍，因于每小节第一拍处击板，故称为板，于其他拍处以鼓点击，均称为眼，合称板眼。并根据板、眼排列顺序或多少、有无的不同，分别称为一板三眼（即四拍子，第一拍称板，第二拍称头眼，第三拍称中眼，第四拍称末眼，头眼和末眼亦称小眼）、一板一眼（即二拍子，第一拍称板，第二拍称眼）、有板无眼（即一拍子，每拍均称板）、无板无眼（即节奏自由）。在各种板眼形式中，其节奏的强弱关系，同西欧音乐的节拍形式（每小节强弱交替循环很严格）有所差别，即每小节的强弱交替并不是有规律的反复，板位既可是强拍，也可是弱拍，眼位既可是弱拍，也可是强拍。这是因为戏曲音乐的不同节拍的强弱关系，同唱词语言的轻、重音，字数的多少与所处位置，字韵四声的不同调值，唱腔、器乐曲的起唱（奏）与落腔，旋律进行的繁简与音区高低，表现情绪的激动或压抑，以及演唱（奏）速度的快慢催撤等多种因素有关。板眼在戏曲唱腔、器乐曲的横向线性流动的旋律中，是一种均衡律动性的击拍形式，起着示明音乐时值的尺寸作用。（张正治）

Banyue Jukan

《半月剧刊》 戏曲期刊。半月刊。沈闻雒主编。1936年7月1日创刊，1937年1月1日第9期起，改名《**北平半月剧刊**》，至同年5月停刊，共出版18期。卷首语说：“北平不能不说是中国戏剧的渊薮，美中不足，这样环境下，不见有专门研究国剧的刊物……中国固有

的文化，因欧风东渐，摧残的如秋风落叶，我们以渺小的力量，想着保持文化中一部分有艺术价值的国剧，挽救日趋衰微的颓势，这是我们创办这刊物的目的。”大致分“戏剧论述”、“梨园掌故”、“伶工品评”、“菊部珍闻”等类目，“多半是批评伶人的文字”，并注意每期都有评价具有发展前途的童伶的文章。此外，还刊载一些戏剧照片和脸谱。并且每期有一小段《编辑赘言》用以提示内容，说明编辑意图。主要撰稿人有朱瘦竹、何海生、许鸿钊、张笑侠、孙澹厂(ān)、刘广圃、徐其佑、冼红等。曾发表过《南派做工老生的古今两宗匠》、《潘月樵自传》、《由我国旧剧谈到程剧代表作——〈荒山泪〉与〈春闺梦〉》、《国剧应注意保持固有》、《国剧的既往及改革方针》、《国剧的特性》等不少有价值的文章。（周巩平）

Banyue Xiju

《半月戏剧》 戏曲期刊。梅花馆主（郑子褒）主编。上海声美出版社出版。1937年6月创刊，1948年11月出至第6卷第12期停刊，共出6卷69期。历经十余年，是当时办刊延续时间最长的戏剧杂志。办刊宗旨为：“我们谈戏，要实事求是，要公正无私，既不捧角，也不树党。”内容有图片和文字两大类。每期均刊载舞台演出照片，艺人便装、戏装照片和珍贵的梨园史料图照几十张，约占总篇幅的三分之一强。其文字部分有“戏剧掌故”、“戏剧评论”、“戏剧史”、“伶人传记”、“趣闻佚事”、“梨园动态”、“票房”、“唱腔音乐”、“胡琴曲谱”、“名贵脚本”等栏目。连载过《上海梨园沿革小史》、《同光梨园纪略》、《国剧原音》、《上下场》、《关于〈三国志〉中的老爷戏》等一些长文，发表过《梅玉配》、《孔雀东南飞》等珍贵的京剧脚本。该刊长时间地报道了上海京剧舞台的演出情况（也有部分平、津地区的情况），联系当时的舞台演出，较直率地评论剧目的得失，品评演员艺术水平的高低，即该刊《编辑者言》所声称的“言论绝对公开，不受任何方面牵掣”。出版过梅兰芳专号、程砚秋专号、余叔岩专号、四小名旦专号、中华戏曲专科学校专号、票友专号等。（周巩平）

第1卷第2期封面

bangjue

傍角 戏曲行话。戏班常以主演之名角挂牌挑班，围绕名角，有与之搭档的配角、乐师及管事、跟包、检场、随手等人员。此类人员与名角形成主次关系或主从关系，俗称傍角。又，古代官员身边常有贴身侍从挎刀护卫，形影相随，故而傍角的演员又被喻为“挎刀”，通常是指主要演员的重要配角。（戴申 周华斌）

Bao Danting

包丹庭 （1880～1964） 票友。工武生。原名桂馨。祖籍浙江绍兴，生于北京。其父包荣星酷嗜京昆，与名净何桂山，名旦张紫仙、陈桐仙及文武老生王福寿为莫逆之交。包丹庭自幼身体羸弱，何桂山嘱其锻炼武功，并由何桂山、张紫仙介绍拜王福寿为师学习戏曲表演，成为王福寿的开山门弟子。从此，包丹庭每天早晨到王福寿家中习练腰腿基本功，三年学会了《石秀探庄》、《雅观楼》两出开蒙戏。1900～1910年，王福寿向包丹庭传授了《战潼台》、《对刀步战》、《别母乱箭》、《镇潭州》、《一捧雪》、《闺房乐》、《下河东》、《打渔杀家》、《定军山》、《雄州关》、《战樊城、长亭会》等十出老生戏及《蔡家庄》、《蜈蚣岭》两出武生戏。此外，包丹庭还向张淇林、侯俊山等名家问艺，并经常与红豆馆主、张伯驹、顾赞臣、赵子仪、蒋君稼等戏曲名票切磋，艺事大进，腹笥宽博。包丹庭对一出戏中不同角色都有研究，如他与红豆馆主演出《镇潭州》时，两人就轮换演岳飞与杨再兴。《雄州关》中的韩世忠、韩彦直，包丹庭均为拿手，他所演的韩彦直在抓错兀术被韩世忠责打时，翻一个难度极大的抢背。《奇双会》中李奇、赵宠、李保童三个角色他也擅长。像《盗宗卷》、《清风亭》等做工老生戏及《八大锤》、《起布问探》、《翠屏山》等武小生戏，他演来也十分精彩。此外，包丹庭还擅长昆曲，他与红豆馆主、陈德霖、陆金桂合演的《游园惊梦》，与袁寒云合演的《惨睹》及个人演出的《搜山打车》，都有独到之处。

1933年，包丹庭应焦菊隐之邀执教于中华戏曲专科学校，武生王金璐、傅德威、袁金凯，武旦宋德珠、李金鸿、于金骅等都受到他的指导。他还向老生关德威、李和曾、王和霖、周金福、李金棠、何金海传授了《宁武关》，向小生李德彬、徐和才、高金儒、储金鹏、王玉聪传授了《雅观楼》，向旦脚邓德芹、冯金芙、赵金蓉、侯玉兰、白玉薇、李玉茹传授了《金山寺》、《断桥》。《断桥》中，他所饰的许仙在踢褶子时的身段精美异常。他还精通戏曲音乐，在传授《金山寺》、《断桥》时要求小锣要打出船底蹭岸的声音。1938年，包丹庭与王季烈、许雨香、童曼秋、韩世昌、俞振飞等被北平国剧学会昆曲研究会聘为顾问。同年，包丹庭始开山门，收江世玉为弟子，传授了《雅观楼》、《镇潭州》等戏，不久又教授小生名票祝宽，此后陆续收下顾森柏、童遐苓、童芷苓、童葆苓、童寿苓等弟子，尚长春、于世文、李世章、李丹林也多来问艺，他还教过叶盛兰《探庄》。后受尚小云之邀，执教于荣春社。

中华人民共和国成立后，包丹庭在程砚秋、李和曾的介绍下被中国京剧院聘为顾问，讲授各戏总讲。在他讲授时，各行当的演职人员都来听课。他还是京剧基本艺术研究社的发起人之一，时常与钱宝森、王福山切磋技艺，并向专业人员及爱好者传授戏曲艺术。1951年7月，包丹庭以年逾古稀的高龄参加抗美援朝捐献义演，演出了《探庄》。当晚还有祝宽、张维宠的《得意缘》，张伯驹、王泽元、钱宝森的《问樵闹府、打棍出箱》。此后，包丹庭又为中国京剧院和中国戏曲研究院分别示范演出了《清

《翠屏山》饰石秀

风亭》、《别母乱箭》两剧中的老旦。其侄包式先为票友下海，工丑脚，中华人民共和国成立后参加天津京剧团，与厉慧良、丁至云长期合作，极尽红花绿叶之妙。曾孙包岩为北京京剧院丑脚演员。（吴焕）

baotouchou

包头绸 角色的头部饰物。用料以绸为主，故名。亦称绸条。然间有用布者。用色有杏黄、秋香、橙、蓝、皎月、白等多种。其表意作用包括苍老、穷困、患病、待罪、遭丧。男性角色大多为戴苍髯、白髯的老者所用，以杏黄色或秋香色、土红色包头绸，折成宽约三寸长条，系于头部水纱外面，上露发髻，下露水纱黑色边缘，脑后打结，余绸下垂至后腰。戴上盔帽后，前额露出包头绸的边缘。生行角色如《打渔杀家》萧恩、《四进士》宋士杰、《甘露寺》乔玄、《李陵碑》杨继业、《定军山》黄忠等，净行角色如《草桥关》姚期、《群英会》黄盖、《将相和》廉颇等，丑行角色如《打瓜园》陶洪等，均作此种扮法。不戴盔帽时，包头绸全然露出，如宋士杰上公堂时，廉颇负荆请罪时，杨继业碰碑时。马连良在《苏武牧羊》中饰老年苏武、在《赵氏孤儿》中饰老年程婴，在包头绸当额部位加饰圆“寿”字纹，系自创，为传统所无。外用包头绸既可系在水纱外面，亦可系在巾帽外面，以表示病势沉重，如《洪羊洞》杨延昭、《白帝城》刘备、《七星灯》诸葛亮等。外用的扮法有正束、偏束之分。正束即脑后打结，余绸后垂者；偏束在左边太阳穴处打结，余绸一长一短，垂于脸部左侧，如《野猪林》中林冲发配时的扮法。此处包头绸用蓝色，不表示苍老，只衬托受屈的凄惨。用白色者为丧祭，如《卧龙吊孝》中诸葛亮的扮法，包头绸扎在八卦巾外面。

女性角色大体有以下诸式：①彩绣方绸满包头。多用于表示女性尚未梳裹的晨妆。方绸将发髻包住，只露出前额的小弯（额发）及部分头面（顶花和泡子）。②用蓝色（有深有浅）素长绸包头，有满包、半包两种，都在头部右边打结，余绸垂于右侧。满包与半包的区别在是否露出髻形。前额相同，只露小弯和银泡。如《汾河湾》的柳迎春、《锁麟囊》沦落为佣后的薛湘灵，都用满包头。《玉堂春》中犯妇苏三，用半包头，既露出大髻，在包头绸上还有少量泡条点缀。③用白色包头绸者表示戴孝，有正束、偏束之分。正束在脑后打蝴蝶结，余绸下垂至后腰以下；偏束在头部右边打结，余绸垂于右侧。一般贵族女性用正束，如《卧龙吊孝》之小乔；民间女子多用偏束，如《荒山泪》中张慧珠。④打犄角包头。用一方素绸（多为浅蓝色）包住头顶局部，于前额打结，露出对称的两个犄角，如《望江亭》扮作渔妇时的谭记儿、《打渔杀家》渔女萧桂英、《红菱艳》中采菱女邬菱姐等，显得朴素而又俏丽；《铡美案》中的秦香莲用白绸打犄角包头，以示为公婆戴孝。⑤短绸条包头。用于老旦包头，上露发髻或戴冠，下露黑色勒子，打结后余绸掖在绸条底层。贵族老妇的绸条用色有秋香、橘黄、枣红等，如《甘露寺》吴国太、《杨门女将》佘太君。贫困老妇多用蓝布条、米黄布条或蓝花布条，如《清风亭》贺氏、《李逵探母》李母等。（谭元杰）

系在水纱外的包头绸
《碰碑》杨继业
（李鸣盛饰）

戴盔头露出包头绸
《甘露寺》乔玄
（周信芳饰）

系在巾帽外的包头绸
《卧龙吊孝》诸葛亮
（言兴朋饰）

蓝绸满包头
《锁麟囊》薛湘灵
（张火丁饰）

打犄角包头
《铡美案》秦香莲
（薛亚萍饰）

蓝花布包头
《清风亭》贺氏
（熊志麟饰）

baotouzhuo

包头桌 见梳头人。

baoxiang

包厢 见戏座。

Bao Youdie

包幼蝶 （1915～1997） 票友。工旦。江苏苏州人。兄包小蝶，与梅兰芳交厚，艺宗梅派。幼蝶先从小蝶学习梅派，追摹梅兰芳艺术风格，得其韵致。梅兰芳甚为喜欢，亲自为之传授。他刻苦钻研，努力模仿，学梅之唱达到乱真程度。一次电台播送他的唱段，梅夫人听到竟误以为是梅兰芳所唱。包幼蝶尤擅传授梅派戏，享名海上。1957年上海人民广播电台录有他的《四郎探母》“坐宫”、“盗令”，饰铁镜公主，程君谋饰杨延辉，杨畹农饰萧太后。他曾在文章中描述梅兰芳唱腔的特点是：“单纯朴素、大方自然、明朗圆满、干脆利落、刚柔兼有、美妙绝伦。”（《梅兰芳艺术评论集》第523页）包幼蝶移居香港后，仍孜孜于教授梅派艺术，广受欢迎，学者甚众。（讷言）

Baochan Song Jiu

《宝蟾送酒》 京剧作品。欧阳予倩编演的红楼戏中唯一以戏谑、谐趣为特征的短剧，也是他在喜剧创作领域的初次尝试。此剧缘起于《夏金桂》，系冯叔鸾为在春柳剧场演出编写的剧本。宝蟾由欧阳予倩扮演。他认为演出平淡乏味，便另起炉灶，摘取送酒一段编成一出小戏。故事取材于《红楼梦》第90回《送果品小郎惊叵测》和第91回《纵淫心宝蟾工设计》：薛蟠犯案入狱，妻子夏金桂难耐空房，命丫环宝蟾送果品给堂弟薛蝌，意欲引他上钩。宝蟾百般挑逗，见他不为所动，自讨无趣而归。小说里，宝蟾是个不干净的使女，不但为主子金桂牵线，也想为自己穿针。欧阳予倩改变了她的品格，写成一个无拘无束、天真烂漫的机灵丫头。她没有邪念，不少言行都出自调皮和淘气。薛蝌举

欧阳予倩饰宝蟾

烛送她出门，她吹灭烛火，说声“明日见”，回转身又坐在床上，同他开玩笑。末了说：“你当你是个圣人，我看你是个傻子，都是那个什么叫孔夫子的害了你。害死了你活该，害死了我们可谁偿命？”1916年首演于上海。时人评论：“《宝蟾送酒》，为欧阳予倩拿手戏之一。其饰宝蟾，直将狡狯女子之心事，抽丝剥茧，曲曲传出，言语所弗克达者，助之以表情，表情之不克尽者，助之以身段作工，以眉语，以目听，以意淫，以身就，旁敲斜击，远兜近攻，如此体贴入微，真可谓水银泻地，无孔不入。”（周剑云《剑气凌云庐剧话》）作者自称此剧是偶一为之的“普通的笑剧”。后来不少剧团把它演得肉麻、庸俗，还标榜为“欧阳予倩秘本”或“欧氏亲授”。作者认为他的戏“调笑和科诨都有一定限度。随意篡改，失去了我编剧的原意，这真是不胜遗憾之至”（欧阳予倩《自我演戏以来》）。《戏考》所刊，即此种演出本。 （曲六乙）

Baoliandeng

《宝莲灯》 京剧作品。作者不详。取材于流传久远的神话故事。清乾隆、嘉庆年间，安庆梆子有《沉香太子劈华山》。仙女三圣母与书生刘彦昌相恋。其兄二郎神痛责她违犯清规，将她压在华山下面。刘彦昌逃到京城，中试为官。三圣母生子沉香，送刘彦昌抚养。刘彦昌与宰相之女王桂英婚后，得子秋儿。沉香、秋儿同在书馆读书。为打抱不平，沉香打死太师秦灿之子官保，秦府倚势上门索命。刘彦昌与王桂英反复争执商量，将秋儿交秦府偿命放走沉香。沉香遇仙得道，劈开华山，救出三圣母。流行在京剧舞台上的，主要是以《二堂舍子》（又名《二堂放子》）为中心的三场戏，即《闹学》、《舍子》、《打堂》。生行贾洪林、王凤卿、马连良、言菊朋、贯大元、周信芳，旦行陈德霖、梅兰芳、尚小云、程砚秋等都以擅演此戏刘彦昌、王桂英著称。《舍子》一场，细腻地刻画出刘彦昌两难的处境，王桂英经过痛苦的思想斗争后，决定舍掉亲生的秋儿，保护三圣母的亲骨肉沉香，肯定了她那伟大的母爱和牺牲精神。马连良谈这个戏的表演时说：“这种对儿戏不好演，必须像斗蛐蛐那样咬得紧，才有俏头。”（许姬传《〈二堂舍子〉演出前后》，见《马连良舞台艺术》）梅兰芳与周信芳、马连良分别合演的《二堂舍子》，最为精彩。《打堂》演秦灿替子复仇，当堂打死秋儿。以繁复的身段，刻画其愤恨的感情和凶狠暴戾，是架子花脸的重头戏。此外，沉香《劈山救母》是武小生的重头戏。1956年，北京市京剧四团吴素秋改编并演出过《宝莲神灯》。1963年5月，北京实验京剧团演出过由苏俗根据旧本整理改编的《宝莲

《二堂舍子》（1955年梅兰芳、周信芳舞台生活50年纪念演出）
梅兰芳饰王桂英（左二） 周信芳饰刘彦昌（左三）
高玉倩饰秋儿（左一） 梅葆玥饰沉香

《宝莲灯》 李维康饰三圣母（中）

灯》。1990年，中国京剧院演出的《宝莲灯》，由吕瑞明、高文澜、刘亮、李舒改编，孙元意导演，李维康前饰三圣母，后饰王桂英，耿其昌饰刘彦昌。1999年9月，上海京剧院又演出了新编神话京剧《宝莲灯》。编剧罗怀臻，导演孔小石，主演史敏（饰三圣母）、李军（饰刘彦昌）、奚中路（饰二郎神）、严庆谷（饰沉香）、胡璇（饰华山老母）。 （胡冬生）

Baozhu Ji

《宝烛记》 京剧作品。马少波著。作于1981年11月。唐太宗李世民即位，欲封布衣之交、妻兄长孙无忌为相。皇后长孙无双严于律己，以汉代吕、霍之事为鉴，劝谏李世民任人唯贤，勿以其兄为相。太宗不听，长孙后只得劝兄辞相，却受到其嫂长公主的强烈抵制。封相与辞相的矛盾发展到载歌载舞富有机趣的“猎辩”一场而达高

沈小梅饰长孙无双（右） 赵云鹤饰李世民

潮。在长孙顺德受贿而不自省终于获罪的事实面前，长公主深受震动，认识到长孙后任人不私亲的远见卓识之正确，乃劝夫辞相，以免外戚干政乱国。一对龙凤宝烛贯穿全剧，由夫妻在戎马生涯中“但求倚天烛，伴我读青史”，到“芳心举光焰，烨烨照征途”。长孙后于病危之际，仍进谏勿以赦死囚为祷，且嘱后事从简，进一步显示其位高不乱法，任才唯大公，千古贤后的高尚品德。宝烛燃烧自己照亮世间的象征意义，引发人哲理的思考。江苏省京剧院1981年12月首演，导演石玉昆，主演沈小梅、杨小卿。1982年获江苏省戏剧

《宝烛记》场景之一（姚呈远设计）

评奖演出百花奖、作者获荣誉奖。1983年10月赴上海演出，反应热烈。1990年12月赴北京参加纪念徽班进京200周年演出，李世民改由赵云鹤饰。1991年9月获文化部首届文华新剧目奖、文华剧作奖，饰长孙无双的沈小梅获文华表演奖。剧本载《戏文》双月刊1982年第4期，收入《马少波新剧作》，宁夏人民出版社1985年4月出版；修订本载《剧影月报》1991年第3期，收入《马少波戏剧代表作》，中国戏剧出版社1992年10月出版。（梁冰）

Bao Guishan

鲍桂山（1880～1941） 鼓师。北京人。因其父与京城著名鼓师沈宝钧有交，遂令其拜沈宝钧为师，学习武场。后又从名鼓师郝春年等习艺。清光绪二十八年（1902）入选清宫昇平署。光绪三十三年（1907）首次同杨小楼合作，演出《长坂坡》，深受同行赞誉。自此，开始了同杨小楼长期合作的艺术生涯。

鲍桂山司鼓技艺精湛，堪称文武昆乱不挡。他的司鼓技法细腻讲究、大方简洁，更以稳健沉着为同行所称道，与演员的配合严丝合缝，恰到好处。他根据人物的个性、境遇和剧情发展的需要，安排锣鼓。即便是一个常用的锣鼓点子，他根据人物情绪以及舞台气氛的需要，通过不同的开收处理及节奏的变化，与之恰当地配合，在曲牌领奏和转接运用技巧方面也有独到之处。在《恶虎村》一剧中黄天霸的上场，鲍桂山不像一般鼓师那样使用［四击头］去强调人物的首次亮相，而是用［撞金钟］直接衬托渲染黄天霸出场时心神不定的精神状态，为内外行一致称道，并争相效仿。杨小楼以武戏文唱的表演特点著称，鲍桂山则辅之以武戏文打，增强了武戏中人物形象的塑造，效果极佳。徐兰沅称他们的合作是“珠联璧合，相得益彰”。现存杨小楼灌制的唱片《夜奔》、《霸王别姬》即由鲍桂山司鼓。鲍桂山还以子弟众多而著称，他的学生乔玉泉、白登云等均有显著业绩。（丁汝芹）

Bao Jixiang

鲍吉祥（1883～1957） 演员。工老生。祖籍江苏苏州，生于北京。出身梨园世家。祖父鲍秋文是和春班的昆旦；父亲鲍福山，字兰笙，别名鲍黑子，出科于嵩祝成班，以武小生见长，王楞仙、朱素云均为其弟子，曾入昇平署任民籍教习。吉祥幼入杨隆寿主持的小天仙科班学艺，与谭小培、迟月亭、阎岚秋（九阵风）等为同门，师从沈三元、周长山、贾丽川等学习老生。学成后，以演

里子老生为主。1909年搭玉成班时，参加过王钟声、刘艺舟的改良新戏演出。曾先后搭杨小楼、郝寿臣、金少山、梅兰芳、余叔岩、言菊朋、马连良、程砚秋的班社演唱，尤与余叔岩合作时日最长，是余的重要辅弼，后又成为余的弟子孟小冬所离不开的重要配演。早年他的嗓子极佳，后因病体弱，高音不足。陪余演唱，由于余的调门略低，故能应付裕如。陪孟演唱，则多行低腔，仍富有韵味，被公认为硬里子老生中之资深者。他演唱的文戏《连营寨》（饰刘备）、《赶三关》（饰薛平贵）、《盗宗卷》（饰张苍）、《战蒲关》（饰王霸），均有独到演法，靠把戏也功力不弱。唱念做打纯正不杂，中规中矩。为余叔岩配演的《珠帘寨》之程敬思、《盗宗卷》之陈平、《搜孤救孤》之公孙杵臼、《捉放曹》之吕伯奢、《战樊城》之伍尚、《击鼓骂曹》之张辽、《南阳关》之韩擒虎、《失街亭、斩马谡》之王平、《四郎探母》之杨延昭、《群英会》之诸葛亮、《定军山》之严颜、《洪年洞》之杨继业、《一捧雪》之戚继光、《打侄上坟》之陈志等，都是衬托相宜，有绿叶红花之妙。陪杨小楼演唱的《连环套》（饰彭朋）、《骆马湖》（饰褚彪）、《战宛城》（饰贾诩）、《金沙滩》（饰宋王）等都功力相当，配搭严谨。有与杨合灌的《骆马湖》唱片传世。与梅兰芳合灌的《玉堂春》唱片，兼演臬司、藩司两个问官，念白的尺寸劲头儿无懈可击。他为郝寿臣配演的《打龙棚》（饰柴荣）、《审七长亭》（饰陈唐），为龚云甫配演的《徐母骂曹》（饰程昱）也都十分精到。余叔岩息影剧坛后，许多仰慕余派艺术的后学纷纷投到他的门下问艺，以孟小冬受益最多，杨宝森也得到他的悉心指拨；从其学艺者还有李宗义、钟鸣歧、王士英、马云樵、陈少霖、纪玉良、王和霖等。曾任教于北平国剧学会国剧传习所和中华戏曲专科学校。中华人民共和国成立后，受聘于戏曲实验学校（后名中国戏曲学校），与王瑶卿、萧长华、尚和玉、金仲仁、谭小培、马德成、王凤卿、张德俊，合称“九大教授”。1951年积极参加抗美援朝捐献义演，与郝寿臣、谭小培、刘喜奎、萧长华、华慧麟等演出《法门寺》（饰宋国士），与郝寿臣合演《打龙棚》（饰柴荣），表现了高度的爱国热情。20世纪50年代的学生有童祥苓、冯志孝、李光等。（钮骠）

《盗宗卷》饰陈平（左）
孟小冬饰张苍

Bao Qiyu

鲍绮瑜（1940～2005） 女演员。工旦。原名鲍启瑜。生于北平（今北京）。蒙古族。幼读汇文一小，1952年12岁考入中国戏曲研究院戏曲实验学校，师从程玉菁、赵桐珊、荀令香、马宗慧、于玉蘅等。她具有扮相俊美、嗓音脆亮的天赋条件，且能刻苦用功、勤学苦练，深得老师的器重，在校学艺时即崭露头角。1957年中央新闻纪录电影制片厂拍摄了她演《扈家庄》扈三娘的片段，放映后引起人们关注。经校领导介绍，她有幸拜尚小云为师深造，

《北国情》饰萧太后

得尚师亲传《昭君出塞》、《失子惊疯》、《穆桂英》等。1960年毕业后，赴内蒙古自治区京剧团参加建团工作。1964年赴东北三省巡回演出，颇受赞誉。1978年参加内蒙古自治区文艺会演，以演《气壮山河》之托娅获表演奖。

鲍绮瑜博采众长，文武皆备，擅演《碧波潭》、《穆桂英》、《杨排风》、《昭君出塞》、《红娘》、《失子惊疯》、《荀灌娘》、《春草闯堂》、《三打陶三春》、《白蛇传》、《佘赛花》、《宇宙锋》、《红灯照》、《嘎达梅林》、《查干庙》、《腾格里》、《草原英雄小姐妹》、《巴林怒火》、《党的女儿》、《白马红旗》、《红灯记》等。在新编古代剧《北国情》中饰萧太后，晋京参加纪念徽班进京200周年纪念演出，曾被拍成戏曲电视剧，并获第九届全国戏曲电视剧优秀表演奖、戏曲电视剧最佳演员。曾随团赴瑞士、荷兰、比利时、德国、罗马尼亚、匈牙利等国家演出。（刘松崑）

Beifengjin

《北风紧》 京剧作品。福建京剧院创作演出。剧演文人施宜生因失意于宋投奔金国谋事，风雪踉跄中得金大将军之女完颜标艳垂青，结为夫妇，又受金主重用，官至尚书。后奉命出使南宋议和，金主则另遣亲信古离罕窥探虚实以备攻宋。完颜标艳得知实情已难直告，只在马奶子酒的酒囊上写“议和是假，刺探军情攻宋是真”，嘱施宜生到临安喝过宋朝好酒别忘了马奶子酒。施在馆驿见酒囊题字始知此行只为迷惑宋朝，战祸即起，故国情怀油然而生，乃以藏头诗及掌心写“北风紧”三字向宋臣报警。返金途中，金已南侵，因宋有了防备，金兵大败，传其岳父大将军阵亡，悲痛中决定向金主自首，以死谢罪。然大将军未死，被俘后受宋优待，遣回以示宋金和好。金主立命“刀下留人”，将施宜生召回，时施已人头落地“召不回来了”。施宜生是福建人，《金史》有传，曾先后仕宋、仕齐（金的傀儡政权）、仕金，晚年自号“三住老人”。出使南宋已69岁。《金史》载他在馆驿向宋臣用隐语曰：“今日北风甚劲。”又取几间笔扣之曰：“笔来，笔来。”宋始警。其副使归报金主，坐是烹死。剧作者林戈明发现这则富于戏剧性的史料，经过改造和虚构，将它搬上舞台，比较成功地塑造了一个既心系乡国安危又感念异邦知遇之恩，陷于两难境地而不惜舍身殒命的悲剧形象。初稿作于1997年。1999年在福建省第二十一届戏剧会演中获剧目奖。演出后多次听取意见，几经修改加工。林戈明病逝前委托雪翔执笔。二度创作力量亦有加强和调整，导演谢平安、刘作玉，唱腔设计尤继舜、万瑞兴，作曲、配器金乐华。青年文武老生田磊饰施宜生，程派青衣孙劲梅饰完颜标艳，花脸黄嵩饰古离罕。

田磊饰施宜生（左） 孙劲梅饰完颜标艳

整个演出恪守京剧本体又适当运用新的舞台表现手段，做到场景转换灵活、节奏流畅，有戏则长、无戏则短，留有充分时空让演员唱念表演有良好发挥。至结尾，合声“召不回来了”，悲剧气氛浓厚，颇有震撼力。该剧于2008年参加第五届中国京剧艺术节，获新编历史剧一等奖。2009年5月获中国戏曲学会奖，并在福州举行学术研讨会，同年9月获第十一届“五个一工程”奖。剧本收入《戈明剧作选》。（简畅）

Beijing Fenglei Jingjutuan

北京风雷京剧团 京剧演出团体。其前身为鸣华社改组的鸣华京剧团，1967年始改今名。**鸣华社**，1942年春成立于北平天桥天乐园，社长张起，主演梁益鸣。1952年改名鸣华京剧团，梁益鸣任团长，张宝华、王益禄任副团长。**梁益鸣**（1915～1970）幼入群益社科班，学老生，兼演武生，醉心于马派艺术，经张梦庚推引，得以拜马连良为师，受宗师亲炙，技艺有长足进步，能演许多马派戏，有“天桥马连良”之誉。张宝华工武生，曾向钱宝森问业，功夫全面，戏路较宽。王益禄亦为武生，能兼演关羽戏。20世纪50年代末期，演职员50多人，坚持日夜两场，周日还加演早场，敬业勤俭，年有积余，还开办一个有50人的学员班，以团养班，培养了一批新秀。1959年移至庆乐园演出，更名新燕京剧团，特别是吴素秋、姜铁麟的加入，演出阵容更为硬整。“文化大革命”初期，更名北京风雷京剧团。梁益鸣因在1962年演过《海瑞罢官》，受到批判，被迫离团。1970年抑郁而死。“文化大革命”结束后，转至大众剧场演出，又招收一批新学员，经过培养，大多成为该团的骨干。1978年以后，剧团组成了一支精简的年富力强的演出队伍，经常在天桥乐茶园、北京湖广会馆等处演出，主要面向旅游者，年演出场次可达400多场。1995年以来还积极开拓海外演出市场，出访过美国、日本、俄罗斯、澳大利亚、马来西亚等国家和中国香港、台湾地区。剧团有创编新戏的传统，如现代戏《半夜鸡叫》、《无名岛》，历史故事戏《血染长平》、《三探圆明园》等。经常上演的剧目有《九江口》、《金翅

《清官册》 梁益鸣饰寇准

《溜须老店》 吴素秋饰仁侠姑（右） 姜铁麟饰明玉柱

大鹏》、《白蛇传》、《野猪林》、《状元媒》、《望江亭》、《虹桥赠珠》、《美猴王》、《朱仙镇》等，其中有些被中央电视台录制，多次播放。历年来的主要演员除上文提及者外，还有张宝荣、姚玉刚、景荣庆、杨博森、李士明、黄胜春、张德华、吴纪敏、曲咏春、李鸣岩、杨燕毅、林雅雯、于荣光、邢双喜、王小冬以及松岩、白燕、冉海峰、焦健琪、唐书安、郝莹、苏卓、贾华、王旭、王志刚、马子强、陈伟等。为剧团艺术建设作出过贡献的创作人员有潘侠风、马铁汉、李岳南、刘辛源、关韵华、徐东来、任国安。

（马铁汉　贾春笙）

Beijing Guoji Jingju Piaoyou Dianshi Dasai

北京国际京剧票友电视大赛　京剧活动。1993年中央电视台举办首届北京国际京剧票友电视大赛，有14个国家和地区的600多名中外选手参赛，进入决赛的选手60名，其中华人、华裔16名，外籍选手14名，大陆选手30名。最后决出金龙奖30名，银龙奖30名。1996年举办了第二届大赛，参赛选手1 000余人，来自21个国家和地区。1999年举办第三届，更名“北京国际京昆票友电视大赛”，有24个国家和地区的票友参加。2002年举办第四届，参加的选手来自25个国家和地区。此举受到海内外广大电视观众的普遍好评，认为是弘扬中国京剧艺术的良好举措，是把中国优秀传统文化推向世界的良好途径。

（陈俊）

Beijing Guoji Piaofang

北京国际票房　京剧爱好者的自娱组织。由钱江、张雨文、金如新、李和声、丁存坤创办。1991年6月成立。会址设在北京建国门外光华西里15号。钱江任会长，高占祥任名誉会长。梅派琴师姜凤山、姜派传人刘雪涛、老生演员李舒任艺术顾问兼教师。配有专用乐队，由鼓师冯洪起、孙连生，琴师李之祥、吴文疆等十余名专业乐手组成。星期日午后至晚间为固定活动时间，用于清唱、排练，间亦组织专场彩唱，面向观众。姜派小生钱江，杨派老生杨洁，梅派青衣董圆圆为票房骨干。**杨洁**（1934～　），20岁选入国家女子篮球队，是著名中锋。自幼受家庭影响爱好京剧，16岁起迷上杨（宝森）派艺术，50余岁离开体坛后，更追摹杨艺，不遗余力，将杨宝森留下的录音全部悉心摹唱并呈现于舞台。她还兼理票房事务工作，除此以外自组胜友会票房，聚集了众多的京剧爱好者，并与其弟杨铭新合力策划组织过多次海内外名家与票友的联谊演出，影响甚广。**董圆圆**（1964～　），毕业于中国戏曲学院表演系。1990年到香港定居后，因执著于京剧艺术，又返回北京投师深造。1995年5月1日正式拜梅葆玖为师，票房为之举行隆重的拜师仪式。在钱江的支持下，以票房为课堂，经常受到梅葆玖和姜凤山的亲切指授。在1993年中国京剧艺术基金会举办的首届“中国京剧之星推荐演出”中，董圆圆是六名被推荐的新星之一，后为北京京剧院梅兰芳京剧团主演，是第十八届梅花奖获得者。由于钱江热情好客，票房成为海内外名家名票经常性的聚会之所。梅葆玖、张学津、叶少兰是常客，他如北京的张君秋、赵荣琛、李慧芳、张春华、谭元寿、马长礼、李世济、唐在炘、刘长瑜、李维康、耿其昌、阎桂祥、黄德华，上海的李蔷华、汪正华、尚长荣，天津的程正泰、董文华、孟广禄、蓝文云，南京的新艳秋、王琴生、沈小梅，台湾的魏海敏，名票如刘曾复、吴小如、范石人、翁思再等，均多次在此交流，切磋技艺。尤其海外包括美国、法国、英国、澳大利亚、日本、卢森堡、奥地利、泰国、新加坡，还有中国香港、澳门、台湾地区的数以百计的票界朋友，如黄金懋、毛永芷、夏梦、徐承赉、尤李婉云、贾丽妮、徐俊亚、沈东海等，由于仰慕闻名遐迩的北京国际票房，珍爱京剧艺术，虽然天各一方，亦能随缘相聚，彼此唱和，乐在其中。

《洛神》
钱江饰曹植（左）　梅葆玖饰洛神（孙连生摄）

《战太平》
杨洁饰花云（右）　马小曼饰孙氏

（舒之）

Beijing Jingju Shi Yanjiuhui

北京京剧史研究会　学术团体。自1980年以来，为了筹备编撰《中国京剧史》，北京市戏曲研究所经常召开各种座谈会，聘请各方面人士，共同研讨京剧史中有关事宜。其间，深感有成立一个专门学术团体的必要，遂于1981年7月，成立了北京京剧史研究会。学会成员主要来自中国艺术研究院戏曲研究所、北京市戏曲研究所和中国戏曲学院，并推选马彦祥为首任会长，胡冬生为秘书长，聘请郭汉城、马少波为顾问。成立大会上，就京剧形成问题进行了研讨。提供的论文辑成《京剧史研究》，1985年由上海学林出版社出版。1982年10月，邀请澳大利亚学者马克林教授到会介绍西方学者对中国京剧的研究和著述。1983年5月，在中国艺术研究院举行了流派唱腔音乐欣赏会，与会人员反响热烈。1984年5月下旬到6月上旬，在北京市委党校内举行了京剧现代史研讨会。1990年11月，在京丰宾馆召开了纪念徽班进京200周年学术讨论会。会议进行了两天。部分论文在《戏曲艺术》上发表。北京京剧史研究会为广泛深入研究京剧历史起了推动作用。

（胡冬生）

Beijing Jingjutuan

北京京剧团　京剧演出团体。始建于1955年。由马连良京剧团与谭富英、裘盛戎的北京市京剧二团合并组成。1956年又并入张君秋的北京市京剧三团。1960年赵燕侠的燕鸣京剧团部分演员并入，形成拥有五大头牌、流派纷呈、影响较大的京剧表演团体之一。

北京京剧团由马连良任团长，谭富英、张君秋、裘盛戎、赵燕侠任副团长。拥有演员李多奎、马富禄、杨盛春、黄元庆、马艳芬、张洪祥、李四广、谭元寿、马长礼、李世济、小王玉蓉、李毓芳、任志秋、马盛龙、周和桐、赵丽秋、郝庆海、慈少泉、郭元祥、茹富华、刘雪涛、何盛清、杨少春等。乐队拥有鼓师张继五、金瑞霖、彭云发、谭世秀、王和义、谭世强，琴师王瑞芝、

马连良（右二）、谭富英（右三）、张君秋（右一）、裘盛戎合影

周文贵、李慕良、汪本贞、何顺信、唐在炘、熊承旭等。北京京剧团演出的剧目有《苏武牧羊》、《四进士》、《龙凤呈祥》、《群英会》、《战太平》、《十道本》、《失街亭、空城计、斩马谡》、《定军山、阳平关》、《大保国、探皇陵、二进宫》、《三娘教子》、《玉堂春》、《红娘》、《辛安驿》、《荀灌娘》、《审头刺汤》、《坐楼杀惜》、《三顾茅庐》、《将相和》、《青霞丹雪》、《赤桑镇》、《碧波仙子》、《叶含嫣》、《正气歌》、《除三害》、《珍妃》、《秋瑾传》、《西厢记》、《十老安刘》、《春秋笔》、《陈三两爬堂》、《梅妃》、《雪花飘》、《林则徐》、《年年有余》、《青春之歌》、《智擒惯匪座山雕》、《党的女儿》、《杜鹃山》、《南方来信》、《芦荡火种》等。北京市文化局为了加强该团的创作力量，先后调张艾丁、杨毓珉、李岳南、王雁、张雪峰、薛恩厚、肖甲、汪曾祺、穆宏、熊芳琳等组成艺术室。

团长马连良和几位副团长，为使京剧事业后继有人，大力加强对青年演员的培养和扶持，身体力行地对他们进行传帮带，促使他们在舞台实践中受到锻炼。曾在该团受到培养的青年演员有谭元寿、马长礼、李世济、李毓芳、杨少春、郝庆海、高宝贤、张韵斌、张滨江、万一英等。1960年在马连良团长的倡议和主持下，北京京剧团成立了一个有50余名学员的学员班，学员有张克让、安云武、张四全、万一英等；同时还培养了一批乐队演奏员金惠武、孙砚军、尚长贵、关静国、马绍铭、马绍萱、张达谋、谢温芝等。后来学员转入北京市戏曲学校，乐队演奏员留团工作成为该团乐队骨干力量。

北京京剧团建团后，先后进行的重要演出活动有：1955年马连良、谭富英、萧长华、叶盛兰、裘盛戎、袁世海、孙毓堃合作，由中央新闻纪录电影制片厂拍摄《群英会、借东风》。1959年与中国京剧院合作排演《赤壁之战》。1960年改编演出《赵氏孤儿》。1963年马连良、张君秋、裘盛戎、赵燕侠、姜妙香、谭元寿、马长礼、小王玉蓉、李毓芳、刘雪涛、杨少春等赴香港、澳门地区演出。同年秋，

《闯王旗》 李和曾饰李自成（中） 袁世海饰郝摇旗（左一） 赵燕侠饰高桂英

马连良、张君秋、裘盛戎、李多奎赴长春，由长春电影制片厂拍摄《秦香莲》。1963年由赵燕侠、谭元寿、马长礼、周和桐、万一英等排演《芦荡火种》（又名《地下联络员》）。1964年马连良、李世济等排演《南方来信》，同年还有马连良、裘盛戎、赵燕侠等排演的《杜鹃山》，以及马连良、张君秋排演的《年年有余》。《芦荡火种》、《南方来信》曾分别参加全国京剧现代戏会演和华北地区现代戏会演。

北京京剧团在“文化大革命”期间受到“四人帮”的严重干预与摧残。1966年将马连良、张君秋调到北京市京剧二团，马连良于1966年12月被迫害逝世。马富禄于1969年受迫害逝世。裘盛戎于1971年含冤去世。赵燕侠被批斗后下放劳动，一批演员如李毓芳等亦到五七干校劳动。同时北方昆曲剧院解散，全部人员并入北京京剧团，北京实验京剧团也部分并入北京京剧团。先后调入的演员和创作人员有侯永奎、侯少奎、丛兆桓、洪雪飞、周仲春、傅雪漪、陆放、樊步义、刘秀荣、张春孝、王梦云、杨春霞、马永安、李玉芙、高牧坤、耿其昌、杨淑蕊、阎桂祥、李宝春、王忠信、张连祥、陈真治及燕守平等。在此期间排演了《沙家浜》、《海港》、《节振国》、《智取威虎山》、《红灯记》、《杜鹃山》、《翠岭苍松》等。《沙家浜》、《杜鹃山》分别由长春电影制片厂、北京电影制片厂拍成电影，《沙家浜》和《杜鹃山》剧组还分赴朝鲜和阿尔及利亚进行访问演出。

1976年，传统戏恢复上演后，赵燕侠等一批演员重登舞台，演出了《碧波仙子》、《花田错》、《辛安驿》、《英台抗婚》、《玉堂春》、《陈三两爬堂》、《望江亭》、《春秋配》、《战太平》、《大保国、探皇陵、二进宫》、《穆柯寨》、《打金砖》、《伍子胥》、《群英会、借东风》、《龙凤呈祥》、《胭脂宝褶》、《御碑亭》等。北京京剧团与中国京剧院合作，

《群英会》 马连良饰诸葛亮（左） 谭富英饰鲁肃

《赵氏孤儿》 马连良饰程婴（右） 裘盛戎饰魏绛

《望江亭》 张君秋饰谭记儿（右） 李四广饰杨衙内

《沙家浜》 赵燕侠饰阿庆嫂

由李和曾、赵燕侠、袁世海等排演《闯王旗》，还排演了《逼上梁山》、《红梅阁》、《白蛇传》、《芦荡火种》等。1979年初对部分演员、乐队进行调整，李世济、刘秀荣、张春孝、高牧坤、赵丽秋、闵兆华、李宝春、王忠信、张连祥、陈真治、唐在炘、熊承旭、孙砚军等调中国京剧院。北方昆曲剧院恢复建制后，全部演职员仍回原单位。当年秋，北京京剧团与北京市京剧团合并为北京京剧院。

（王元芝）

Beijing Jingjuyuan

北京京剧院 京剧演出团体。1979年由北京京剧团和北京市京剧团合并而成。北京京剧院建院之初，设有4个演出团体：一团，前身为北京京剧团，由张君秋、赵燕侠、谭元寿、马长礼、周和桐、杨淑蕊、杨少春等任主演。上演的剧目有：《望江亭》、《西厢记》、《状元媒》、《白蛇传》、《碧波仙子》、《定军山、阳平关》、《赵氏孤儿》、《玉堂春》、《挑华车》、《恶虎村》、《失街亭、空城计、斩马谡》、《打金砖》等。二团，是老中青三结合的团，由李万春、吴素秋、姜铁麟等任主演。剧目有：《大闹天宫》、《骆马湖》、《水淹七军》、《苏小妹》、《溜须老店》、《古城会》等。三团，前身为北京市京剧团，由赵荣琛、王吟秋、梅葆玖、李宗义、李慧芳、李元春、王树芳、孙毓敏、梅葆玥等任主演。剧目有：《荒山泪》、《春闺梦》、《贵妃醉酒》、《霸王别姬》、《宇宙锋》、《穆桂英挂帅》、《逍遥津》、《吕布与貂蝉》、《三打白骨精》、《三借芭蕉扇》、《红娘》、《金玉奴》、《红楼二尤》等。四团，以北京市戏曲专科学校第六十七、六十八届毕业的青年演员为主组成，由王玉珍、赵乃华、赵葆秀、赵世朴、关静兰等任主演。剧目有：《雏凤凌空》、《三打陶三春》、《三关排宴》、《八珍汤》、《斩黄袍》、《辕门斩子》、《玉簪记》、《乌龙院》等。1986年，以张学津、李崇善、李玉芙、孟俊泉、马永安、张四全等为主演的北京实验京剧团并入剧院，成为五团。剧目有：《红鬃烈马》、《四郎探母》、《正气歌》、《秦香莲》、《法门寺》、《金钱豹》、《十八罗汉斗悟空》、《群英会、借东风、烧战船》、《乌盆记》、《凤还巢》等。至此，北京京剧院成为具有5个独立表演团体的大型剧院。北京京剧院拥有一支实力很强的艺术创作队伍。编剧吴祖光（特邀）、汪曾祺、杨毓珉、梁清濂、王新纪等，导演王雁、王一达、迟金声、周仲春、宋捷、徐春兰等，作曲陆松龄、朱绍玉，京胡演奏家李慕良、燕守平、姜凤山等，舞台美术设计郑传恩、刘金玲、李连生等。全剧院共有800余名演职人员，具有高级职称的占1/4以上。梅兰芳金奖得主4名，梅兰芳金奖提名奖得主6名。梅花奖得主先后共有16名。

北京京剧院自20世纪80年代初开始，一直着手体制改革。1981年，由赵燕侠挑头成立一团的演出一队，尝试主演挑班，演职员按演出角色轻重和任务量大小而分等级记分，拉开分配档次等。1986年，调整演出团结构，一、三团合并，重组二团，由杨淑蕊、张学津任主演。1993年，三团与中和戏院尝试“场团合一”办团。1995年，剧院与上海龙晖实业有限公司联合重建了梅兰芳京剧团。1989～1990年，剧院集中了张学津、陈志清、杨淑蕊、阎桂祥、赵葆秀、王文祉、赵世朴、谭孝曾、叶金援、秦雪玲等优秀中青年演员，组建了改革重点团二团。该团不断创作、演出了体现时代精神、展示群体优势的新编历史剧《北国情》、《画龙点睛》、《富贵图》、《水龙吟》、《甲申祭》及与三团合作演出了现代京剧《圣洁的心灵——孔繁森》。1991年，《画龙点睛》获文化部颁发的首届文华大奖。1995年，《圣洁的心灵——孔繁森》获文华新剧目奖。为培养跨世纪优秀京剧人才，1989年成立了北京市青年京剧团，该团于1990年并入北京京剧院。王玉珍任团长，杜镇杰、王蓉蓉、李宏图、黄彦忠、刘山丽等为主演。演出了优秀传统剧目《雏凤凌空》、《吕布与貂蝉》、《四郎探母》、《状元媒》及现代京剧《黄

《西厢记》 张君秋饰崔莺莺（右二） 刘雪涛饰张珙（右一）
赵乃华饰红娘（左一） 耿世华饰老夫人

《古城会》
李万春饰关羽

《荀灌娘》
赵燕侠饰荀灌娘

《连环套》 谭元寿饰黄天霸
王正屏饰窦尔墩

《红娘》 孙毓敏饰红娘（左）
姚玉成饰张生

《画龙点睛》
张学津饰李世民

《洛神赋》
董圆圆饰甄宓

《宰相刘罗锅》
陈少云（特邀）饰刘墉

《梅兰芳》于魁智（特邀）饰梅兰芳（左）
胡文阁饰戏中戏《醉酒》杨贵妃

荆树》、《沙家浜》等。创作、演出的新编历史剧《拜相记》，1992年在全国京剧青年团队新剧目会演中获优秀剧目奖；现代京剧《黄荆树》1996年获北京市政府颁发的首届金菊花奖。先后出访英国、意大利、日本、韩国以及中国香港地区，深受欢迎。应邀与日本藤间琴苑联合演出的《月宫殿》，连续3年在日本各地巡回演出，引起强烈反响。该团于1992～1995年连续获首都文明单位称号及全国文化工作先进集体称号。

北京京剧院勇于创新探索。如根据意大利著名歌剧《图兰多》改编的京剧《杜兰花》在1992年、1994年两次赴意大利各大城市巡回演出，受到欢迎；根据莫扎特同名歌剧改编的《魔笛》，与日本演艺界联合演出，在日本风靡一时。北京京剧院计有20多个剧目和70多名演员获文化部、北京市文化局、北京戏剧家协会、中央电视台等部门颁发的各种奖励。1998年在第二届中国京剧艺术节上演出的《风雨同仁堂》获金奖；2001年在第三届中国京剧艺术节上演出的《蔡文姬》获优秀剧目奖，院属梅兰芳京剧团演出的《洛神赋》获金奖；2000年春节起，连续3年，推出新编连台贺岁京剧《宰相刘罗锅》，成为2002～2003年度国家舞台艺术精品工程10台精品剧目之一。2004年在第四届中国京剧艺术节上演出的京剧交响剧诗《梅兰芳》获金奖。2008年在第五届中国京剧艺术节上演出的《下鲁城》获新编历史剧一等奖。剧院各团在国内不断巡回演出，并赴美国、英国、法国、德国、意大利、澳大利亚、希腊、土耳其、阿尔及利亚、突尼斯、波兰、日本、朝鲜、韩国等国家及中国香港、澳门、台湾地区访问演出。上演各流派剧目及优秀传统剧目300余出，创作的新编古代、近代和现代剧目20余出，还参加京剧传统剧目音配像活动。

《蔡文姬》
王蓉蓉饰蔡文姬（左） 杜镇杰饰左贤王

北京京剧院

首任院长张梦庚，副院长刘景毅。其后历任院长有史占海、周仲春、李慧生、石宏图、王玉珍。

2009年3月，北京出版社出版《薪火相传三十年——北京京剧院建院三十周年纪念文集》。主编张晓晨。收入文章78篇，共47.5万字。重点内容是以采访、怀念、评介等多种方式，记录剧院著名演员、导演、作曲、琴师等的业绩，也有少量创作笔记和对新剧目的评论。院长王玉珍为文集作序。 （陆翱　任二娟）

Beijing Juchang

北京剧场　现代剧场。址在北京市东安门大街中段路南。现存。原为京汉铁路局食堂，后改为对外开放的大茶馆。1919年由林姓房产主将其出租，建为封闭式钢筋混凝土结构剧场。当年秋季破土动工，1921年11月5日竣工开业，称真光电影剧场。总占地2 500余平方米，建筑面积4 000余平方米。舞台坐南朝北，基高11米。木质台面，台口宽12米，檐口高7米。舞台进深10米。两侧辅台各为20余平方米。化装室、服装室、盥洗室、配电室均设于地下室。演员上下场由侧幕间通过。观众厅两层，楼上前三排设为四座或二座的包厢，后设300余个散座。一楼分池座和廊座，共500余席，均为折叠式座椅。全场可容800余观众。1922年春节开始接待京剧团体，梅兰芳组建之承华社于同年夏季应邀到此演出。承华社在日常公演的同时，排练新编历史剧《西施》，由梅兰芳饰西施，王凤卿饰范蠡，姜妙香饰文种，张春彦饰勾践，郝寿臣饰夫差，萧长华饰伯嚭，即首演于此。继而，又排练了《洛神》、《廉锦枫》，在真光和珠市口开明戏院两处轮换演出。除承华社外，尚小

北京剧场外貌

云、筱翠花、贯大元、谭小培、九阵风的成庆社，俞振庭、余叔岩、裘桂仙的双庆社也经常到此演出。中华人民共和国成立后，北京人民艺术剧院在此演出话剧，改称北京剧院，不久又称北京剧场。1956年一度划归北京市京剧团，约半年多。1958年8月划归中国儿童艺术剧院。1961年9月14日改称中国儿童剧场。20世纪80年代后期拆除，按原有形制重建，于1990年9月18日启用。

（吴增彦）

Beijing Lao Xiyuanzi

《北京老戏园子》 近代剧场论著。侯希三著。中国城市出版社1996年6月出版。作者称："本书试图从搜集整理近200年来戏园史料的基本素材入手，从不同历史时期中选择出具有典型意义的演出场所，按开业的年代顺序排列，从建筑、设备、经营方式、名伶演出、天灾人祸及历史沿革等方面繁简不一地加以阐述和探讨。"（《写在前面》）全书分篇阐述，包括《戏楼古今谭》、《查氏和查楼——广和剧场探源》、《大众剧场话沧桑》、《京剧的摇篮——北京大栅栏戏园》、《文明茶园》、《吉祥戏院的历史沿革》、《第一舞台》、《新明戏院》、《天桥大戏棚及其衍变》、《新世界和城南游艺园》、《漫话真光电影剧场》、《新罗天剧场》、《从哈尔飞到西单剧场》、《瀛寰大戏院》、《长安大戏院探往》、《音乐堂史话》、《戏园遗拾录》、《戏园的衍进》、《梨园戏台楹联集锦》，凡19篇。随文附清宣统元年（1909）《戏场章程》、民国元年（1912）京师警察厅《重订管理戏园规则》及民国十九年（1930）北平市公安局《管理剧场规则》，以及历史性照片数十幅。作者长年工作于北京市文化局剧场系统，资料多来自第一手调研、考察和文献查索。

（周华斌）

Beijing Liyuan Gongyi Zonghui

北京梨园公益总会 戏曲艺人同业组织。为改变戏界贫困老艺人不断增多、老病死葬无着的状况，王琴侬、许德义联络王长林、朱文英、叶春善、郝寿臣、杨小楼、余叔岩、梅兰芳等发起，于1924年1月在北京宣武门外达子营路北处成立北京梨园公益总会（后迁至前门外樱桃斜街）。会内采取委员制，轮流值年，不设正副会长，王琴侬等人负责日常工作。梨园公益总会以救济贫苦同业、购置义地、组织赈灾义演、调停艺人纠纷、促进同行和睦等为己任，所需经费主要依靠义演和外界捐助。梨园公益总会成立当年即两次举行筹款义演，后每年六月或腊月各名角义演一两次，收入用于救济贫困同业，成为定例，从未中断（此种演出，俗称"窝窝头戏"）。举办赈灾义演也是梨园公益总会的一项经常性活动，如1924年湖南水灾，1930年辽西水灾，1931年江淮水灾，1935年湖北、山东、河南水灾，梨园公益总会都曾举办大规模赈灾义演。此外，为北平教养院筹资，声援上海工人罢工，协助粥厂开办，海城赈灾（张学良发起），为北平市反日会集资等事，梨园公益总会都曾组织名角义演。1932年2月29日，北平各界为慰劳上海抗日将士募捐，余叔岩、梅兰芳、杨小楼、王凤卿、马连良、尚和玉、荀慧生、筱翠花（于连泉）等都参加义演。梨园公益总会的多项义举，体现了京剧艺员互帮互助并关心社会的优秀品德，为总会赢得了良好声誉。1935年，北平市政府以梨园公益总会无正式登记手续为由，责令其改组。1936年7月28日，梨园公益总会召开大会，正式更名为**北平梨园公会**。杨小楼为董事长，尚小云、于连泉为副董事长（董事长、副董事长通称会长、副会长）。董事为：杨小楼、尚小云、于连泉、荀慧生、程砚秋、梅兰芳、余叔岩、谭富英、赵砚奎、马连良、高庆奎、王又宸。候补董事为：周瑞安、侯喜瑞、程继先、高联奎、李万春、朱琴心、王瑶卿、金仲仁、郝寿臣、姜妙香、李春林、马富禄、萧长华、王松龄、言菊朋。梨园公会成立后，准女演员入会，准票友入会，组织规模进一步扩大，北京梨园公益总会则宣告结束。1947年，北平梨园公会改称**北平京剧公会**。

迁至樱桃斜街的梨园公益总会新址

（李宗白）

Beijing Shi Chaoyang Qu Gongren Jingjudui

北京市朝阳区工人京剧队 1979年在北京市朝阳区工会及区俱乐部（后改名朝阳区工人文化宫）的领导与支持下成立的以工人为主体的业余京剧团体。自当年4月4日起开始，在区工人俱乐部礼堂对外售票演出，共计253场，大小剧目70余出，如《赵氏孤儿》、《穆桂英大破天门阵》、《武松与潘金莲》、《红娘》、《红鬃烈马》、《连环套》、《辛安驿》、《梅玉良缘》、《诓妻嫁妹》、《佘赛花》、《十三妹》、《收关胜》、《虮蜡庙》、《大英杰烈》、《潞安州》、《小商河》及鲜见的《战古城、收赵云》等，还有自己改编的《审妻》、《劳山道士》两剧参加市、区观摩演出并获奖。观众共计17万人次。队员最多时达97人。京剧队在俱乐部文艺组领导下建立核心小组，选出范国智、何延庚任正、副队长（后改金兆翔为副队长）。演员有金福田、赵燕华、马瑞兰、李秀慧、李世声、李润声、陶荣生、傅连志、杨文奎、张学孝等。文、武场有娄庆生、魏乃武、张连波、连顺喜、胡大洪、陈幼生、施鸿奎、张宝荣、葛玉林、林裕国等。曾邀请李万春、李洪春、钱元通、何金海、徐玉川等指导排练，并有杨燕毅、汪悦春、温如华、秦雪玲等演员参加演出。1979年11月恢复上演传统戏，京剧队在全市第一家首演《四郎探母》，场场爆满，连演13场，为业余京剧演出中罕见之盛况。

（范铁铮）

Beijing Shi Dongcheng Qu Wenhuaguan Jingju Mingjia Piaoyou Julebu ji Chuancheng Jingju Yanxishe

北京市东城区文化馆京剧名家票友俱乐部及传承京剧研习社 京剧业余团体。1993年北京市东城区文化馆联系了一些业余京剧爱好者，组成了京剧名家票友俱乐部。开始每周排练一次，清唱一次，每月彩唱一次，得到观众的欢迎、鼓励。为满足观众的欣赏要求，文化馆提供礼堂作为每周日下午京剧演唱的场地。俱乐部联系当年北京市劳动人民文化宫工人艺术团京剧队及朝阳区工人京剧队的一些主力队员，又邀请京中名票如金福田、王运璋、赵燕华、陶荣生、米小涛、郭尚潭、张树茂、张振生、王淑萍、许东升、李世声、张学孝等，乐队人员如魏乃武、张连波、王凯宁、赵洪亮、胡大洪、连顺喜、杨志桥、陈幼生、王大亮等，共50余人，团结协作，认真排演。至1997年，演出已达百场，剧目有《赵氏孤儿》、《苏武牧羊》、《胭脂宝褶》、《四进士》、《连环套》、《玉堂春》、《秦香莲》、《四郎探母》、《红鬃烈马》、《御碑亭》、《宇宙锋》、《霸王别姬》、《贵妃醉酒》、《杀驿》、《望江亭》、《十三妹》、《龙凤呈祥》及改编的《马义救主》等50余个。俱乐部的活动经费一直得到热心京剧事业的一位社会人士的赞助。1997年由他倡议成立了“传承”京剧研习社，传播、继承京剧艺术。聘请刘少昆、陈明和为名誉社长，冯达龙为监事。选举范国智为社委会主任，王硕、靳芳为副主任。研习社有3项活动任务：①聘请京剧名家如李金声、白元鸣、李玉芙、李文敏、张学敏、孙振泉、夏韵龙、杨博森、衡和华、燕守平等18位担任教师，组织教学，对业余京剧爱好者采取“以戏带功”的方式，进行规范化的基础教学；②联系社会上其他京剧艺术研究组织，进行艺术交流活动；③聘请京剧名家、专家举办京剧艺术讲座暨理论、艺术经验的学术研讨会，挖掘濒于失传的传统剧目及记录、整理老艺术家的表演艺术资料。1997年3月25日首届教学班开学，学员44名。同年7月正值俱乐部对外演出满百场，为庆祝香港回归，由文化馆举办了“庆祝香港回归，百场演出纪念，京剧游乐会”。（范铁铮）

Beijing Shi Gongren Julebu

北京市工人俱乐部　当代剧场。址在北京市西城区虎坊路7号。现存。1956年1月1日建成并投入使用。开幕式首场由梅兰芳、马连良、谭富英、张君秋、裘盛戎等演出《龙凤呈祥》。剧场为钢筋混凝土结构，全封闭式。占地15.1亩，实际建筑面积16万平方米。建筑物之顶高25米，通风良好，设有中央空调。舞台坐西朝东，台口宽13.5米，进深16.5米。左右辅台各为40平方米。舞台顶端

设吊杆37道。上下场门为候演室，共60平方米。楼上楼下各设化装室7间，另有服装、道具、盔头用房，又有浴室、卫生间等一系列辅助设施。观演大厅宽35米，长70米。观众席两层，一层座位1 050席，二层座位388席。剧场北侧又建有其他辅助设施。此剧场以北京京剧院为主要演出单位，其他如北方昆曲剧院、中国评剧院、北京市河北梆子剧团等亦常使用。外地戏曲团体和著名演员如周信芳、唐韵笙、盖叫天、言慧珠、王文娟、徐玉兰、常香玉、丁果仙、严凤英、陈伯华、郎咸芬、红线女等均曾在此演出，亦曾接待国外各种文艺演出团体。（吴增彦）

Beijing Shi Gongren Yishutuan Jingjudui

北京市工人艺术团京剧队　京剧业余演出组织。1955年10月由北京市劳动人民文化宫组建。是北京市唯一的由市总工会通知各基层工会推荐工人中京剧业余爱好者组成的业余京剧演出团体。组建时，文化宫聘请中国京剧院的郑亦秋、李金鸿、白家麟、鲍盛启、王玉敏、苏维明、曹韵清、赓金群等十余人担任考官，分别将应试人员分为行当、文乐、武乐三组，以“三堂会审”方式进行考试。从600余人中榜取88人。1956年3月正式建队。每周二、五晚7～9时为学习排练时间。中国京剧院指派白家麟、鲍盛启任辅导组长。京剧队排练的剧目，均请中国京剧院上演该剧的导演或演员担任辅导。京剧队的队员有：老生金福田、许东升、刘世仪、马延绩、李榕、李辛垣、贾肇基等，小生杨正明、祝宽、王德清、魏运楷等，旦行马启厚、李瑶岑、王慕云、赵希梅、钱雯、王学珠、时乩璞等，净行冯大申、朱毅顺、潘福祥、郭冠雄、范国智、蒋铁良等，丑行范秉礼、刘士垣等，老旦于善明、宋赞林等，武行李元玉、孟连元、杜茂林、李仲钦、蔡仲纂、杨宝志、刘喜乐、张振国、孙元椿等，文、武场娄庆生、王树山、李大成、周春辉、关际民、黄宝光、吕成浩、王宝元、董仲颐、鲁达洪、王泽洪、张成林等。1956～1958年，排练演出的剧目有《四郎探母》、《五人义》、《梁山伯与祝英台》、《赠绨袍》、《群英会》、《借东风》、《白水滩》、《岳母刺字》、《虮蜡庙》、《打龙袍》等20余出。1962年、1964年先后排练过现代戏，队员有所变化，活动逐渐松弛。“文化大革命”开始，京剧队便停止活动。“文化大革命”结束后，重整锣鼓，恢复传统戏的演出，但原来人员已分散各处，更换了一批新队员，又几经改组，大多只参加一些游园活动的露天演出。（范铁铮）

Beijing Shi Xiqu Xuexiao

北京市戏曲学校　戏曲专业学校。1951年秋，由原北京市京剧公会负责人王瑶卿、梅兰芳、沈玉斌等倡议，并经北京戏曲界同仁义演筹款创建，校名定为北京私立艺培戏曲学校。址在外城西南古寺松柏庵。首任校长郝寿臣。1952年初，先后在京招收120名学员，分设八年制的京剧表演和京剧音乐伴奏两个专业班，于1952年2月12日正式开学。先后聘请侯喜瑞、王少楼、诸连顺、沈玉斌、赵绮霞、华世香、王福山、罗文奎、陈少五、裘盛戎、张君秋、赵荣琛、李金鸿、傅德威等名家任教。

1952年5月27日，北京市市长彭真视察艺培戏曲学校，对学校艰苦创业的精神与作风予以充分肯定，同时决定于1953年开始由北京市人民政府接办。1953年2月起改称北京市戏曲学校。1962年初马连良继任校长。1963年秋，原北京艺术学院话剧表演系与北京市戏曲学校合并，建成大专与中专两部学制，由吴雪兼任副校长，主持话剧表演系教学工作，又调入叶盛章、李盛藻、杨菊芬、胡盛岩、徐东明等来校任教，学校也因之改名为北京戏剧专科学校。“文

前身艺培戏曲学校旧址（松柏庵）

化大革命”期间，“戏专”被迫撤销。1972年在原戏专基础上开设北京市戏曲学员训练班，1973年改称**北京市艺术学校**。1993年又改为北京市戏曲学校和北京市艺术学校一校两牌建制，除以京剧为重点学科外，增设了群众文化艺术中专班、外籍留学生戏曲培训班。孙毓敏为第五任校长。在50余年的教学实践中，专业培训实施“普遍培养、因材施教、明确重点、全面发展、重视实践”的原则，使学生在“德、智、体、美、劳”诸方面得到全面成长。自1952～1996年，仅京剧一个专业，除教授、排练和演出优秀传统戏近600出之外，又创作或改编演出了如《雏凤凌空》、《挂帅出征》等新的历史题材剧目。还排练演出了《龙马精神》、《草原英雄小姐妹》、《奇袭白虎团》、《智取威虎山》等一批现代题材剧目。共培养出各类艺术人才1 950余名，其中许多毕业生在舞台艺术上取得优异成果，如张学津、李崇善、李玉芙、孙毓敏、王玉珍、杨淑蕊、阎桂祥、叶红珠、叶金援、王树芳、赵葆秀等。2002年12月，改建为**北京戏曲艺术职业学院**，由原来单一的戏曲专业发展到音乐、舞蹈、美术等多个专业。孙毓敏为首任院长。2006年，北京市艺术研究所与学院合并，充实了学院的教学、研究力量。

新址外景

仲仁恭著有**《松伯庵传奇》**，18万字，生动记述了该校艰苦曲折的创业史，溥杰题写书名，邓友梅作序，北京出版社1990年12月出版。2002年，该校创建50周年之际，编辑出版了**《北京市戏曲艺术学校五十华诞纪念文集》**，主编孙毓敏，收入师生、校友文章109篇，共44万字，内容包括对创业者和众多名师的回忆、教学经验的总结、人才成长和社会影响的描述，以及对未来远景的畅想。（佟志贤）

Beijing Tushuguan Cang Shengpingshu Xiqu Renwu Huace

《北京图书馆藏昇平署戏曲人物画册》　晚清宫廷演出中戏曲人物装扮的形象资料。北京图书馆出版社1997年10月出版。大16开本，彩色影印，硬面精装，有护封。卷首有朱家溍《序》。全书收有《泗洲（州）城》、《太平桥》、《空城计》、《玉玲珑》、《落（骆）马湖》、《普天乐》、《千秋岭》、《蔡天化》、《反西凉》共9出戏的97幅人物画。清代宫廷戏曲画有多种，此是其中之一。其特点，每出戏画2～20多幅不等，每幅一般只画一个剧中人物的大半身像。绢本，工笔设色。画幅上角书有剧中人物名，每出戏的第一幅画还有剧名，并在下边有一行小注：“穿戴脸儿俱照此样。”这种规格的戏曲人物画当有数百幅，收藏者较多，公私均有。首先发表者当为1925年10月25日《晨报·星期画报》，题作《昇平署脸谱》，至1926年5月，陆续刊发单色影印本24幅。继之者为《北京画报》之《戏剧特号》，1928年8月18日编者傅惜华按语云，此类戏画“数年前始流传人间，缀玉轩主梅兰芳曾得多幅，今允假本报，每期刊登”。1932年1月至1933

护封

年8月出版的《国剧画报》又连续发表65幅，题为《昇平署扮像谱》，亦为缀玉轩梅氏藏品。国家图书馆所藏则以本书为头一次发表，亦为此类戏画向社会公开以来首次结集出版。其画幅约为17厘米×22厘米，彩版精印，略小于原画。其中《普天乐》一剧收有23幅图，当为所画角色最多的一出戏。《普天乐》又名《铡判官》，原是连台戏，有8本，主角是包拯，而所收的23幅图中却无包拯而有阴阳判官，其扮相为戴相纱、穿蟒袍、勾月亮脑门，全身服饰以及脸谱均为半黑半白。羽公《菊海钩奇》云：“在昔演《探阴山》之包拯，戴半黑半白之相纱，穿半黑半白之绣蟒，罩以半黑半白之水纱，谓其为两界人也。偶与友人谈及，咸大惊异。殊不知此种扮像，昔年皆然，凤山、秀山，皆作是样。”（《戏剧月刊》第3卷第6期，1931年3月出版）推知此剧当有两幅包拯扮相：一为组画的第一幅，题有剧名、角色名及“穿戴脸儿俱照此样”者，今佚；另一幅即题为“阴阳判官”者，为包拯下地府办案时的特殊扮相，与《菊海钩奇》的描述完全相同。戏画的作者，朱家溍《序》认为是内府造办处所属“画画处”的画工们，“从所画的穿戴来看，与故宫所藏当时的戏衣、盔头等物都是符合的”，“所画花脸角色的脸谱也必是昇平署当差的教习们提供的样本”，因此也可以说“是昇平署的教习和管理戏箱的人员与画家们合作而成，所以是可信的”。这类戏画的性质，齐如山在1930年3月8日《北京画报》上发表的《昇平署扮相谱》一文认为：“前清昇平署所绘之扮相谱，系为宫中观剧所绘者。盖宫中演剧，规矩尤为谨严，倘偶有误，致干帝谴，故特绘此谱，

《反西凉》曹操

《反西凉》马超

《空城计》司马懿

《空城计》诸葛亮

呈上览过，便为定制，无论何人，均照此装束，不得或异。”朱家溍《序》则认为，这批戏曲人物画“是‘乱弹’戏在宫中开始频繁承应时期，作为供帝后所用的‘御赏物’的目的而命画工绘制的，而不是如一般外人想象的是给演员和管理戏箱人员做备忘录用的”；注文“穿戴脸儿俱照此样”，“原藏故宫一直未动过的这一部分却没有”，“这说明流散出去的部分，被第一个收买者做了手脚，加了这一行小字”。至于绘制年代亦有异说。齐如山认为“约绘于道光咸丰年间”(同上文)，朱家溍《序》断为“不会早于咸丰”。两说相比，绘制年代当以朱说接近事实，因道光年间乱弹戏尚未进宫演出。至于“穿戴脸儿俱照此样”这行小注，是否为第一个收买者做的手脚，尚需考订，因现在故宫收藏的戏画已没有这种规格的了，无法通过比较以证明朱说。此画册于2005年10月由北京图书馆出版社改经折装、加封套重版，易名《庆赏昇平》。（龚和德）

Beijing Xiju Tongshi

《北京戏剧通史》 戏曲史著作。周传家、秦华生任全书主编。燕山出版社2002年出版。共120万字，近百幅彩色和黑白照片。全书分三卷：第一卷为辽金元卷，分卷主编刘祯、秦华生；第二卷为明清卷，分卷主编周传家、程炳达；第三卷为民国卷，分卷主编刘文峰、于文清。

第一卷（辽金元卷）封面

京剧形成、兴盛于北京，并从北京传播到全国各地，发展成为在海内外最有影响力的戏曲艺术。《北京戏剧通史》将京剧作为全书的重要内容之一，比较全面、系统地记述了京剧在北京的形成和发展历史。

在明清卷的第七章《雅部的衰落与花部的兴起》中，记述了四大徽班称雄北京和京剧的形成过程。作者认为，没有徽班进京就没有京剧，但徽班不等于京剧。从徽班进京到京剧的形成，经历了一个逐步变化的过程。京剧之所以能从徽班中脱颖而出，其重要的一步是在北京舞台上徽调与汉调的合流。然而京剧最后的形成有赖于音乐体系的形成和规范化，有赖于语音和语言的统一化、规范化，并实现唱腔音乐与语言道白的和谐统一。这一过程大致发生在清道光二十年（1840）之后至同治年间，即19世纪40～60年代。在徽班的基础上，经过徽、汉、京三派艺人的合作，最终在北京形成了以唱皮簧为主的京剧。在此章的第六节，介绍了京剧早期的代表人物程长庚、余三胜、张二奎，以及徐小香、卢胜奎、胡喜禄、梅巧玲等著名演员的生平和表演艺术。第八章《京剧艺术的成熟和繁荣》，记述了清同治、光绪年间，在清政府和广大市民的支持下，北京戏曲舞台上京剧班社林立、流派纷呈、名伶荟萃、好戏连台的繁荣局面。生脚代表人物谭鑫培、汪桂芬、孙菊仙，旦脚代表人物时小福、余紫云、陈德霖、龚云甫，净脚代表人物何桂山、黄润甫、穆凤山、金秀山，丑脚代表人物杨鸣玉、刘赶三、罗寿山、张占福等表演艺术家的艺术风采均得到比较充分的展现。

在民国卷中，有两章是专门记述京剧的。第二章《民国前期的京剧》，比较深入、详尽地阐述了民国初年的京剧改良，王瑶卿和四大名旦梅兰芳、尚小云、程砚秋、荀慧生对京剧旦行艺术的发展，以杨小楼、余叔岩、言菊朋、高庆奎、马连良为代表的生行艺术新流派的形成，金少山、郝寿臣、侯喜瑞、钱金福、萧长华等对净行、丑行表演艺术的贡献，梅兰芳作为这一时期京剧的代表人物，他在戏曲改良运动中的作用以及他演出的时装戏和古装戏对京剧艺术的革新等。第三章《民国后期的京剧》，既叙述了日本帝国主义侵占北平以后，京剧舞台的凋零和艺人所受的欺凌，又记述了在恶劣的社会环境下，李世芳、毛世来、张君秋、宋德珠四小名旦以及李少春、袁世海等艺术家的成长，及女演员雪艳琴、孟小冬、章遏云、新艳秋等的崛起。第八章《剧作家及其作品》，介绍了齐如山、罗瘿公、金仲荪、陈墨香、爱新觉罗·溥绪、翁偶虹等人的京剧作品。在第九章《舞台美术的改革与创新》中，阐述了京剧的服饰、化装、舞台布景等方面的创新成果。全书以第十二章《北京戏曲走出国门》作结，详细地介绍了梅兰芳、程砚秋等京剧表演艺术家出访日本、美国、苏联等国的经过。（刘文峰）

Beining Guojushe

北宁国剧社 京剧票房。原名为**北宁路工会俱乐部**或**北宁路局国剧社**。成立于1930年。社址最初在天津河北大经路北头择仁里，条件简陋，会员仅十余人。1933年宁园建成，铁路局长高纪毅爱好京剧，剧社迁入宁园，大礼堂成为排练、演出活动场地。又自置戏箱，条件优越，津门票友多乐于参加。成立不过四五年，便驰名京津。成立初期，社长姜寰铸。主要社员有张孟庚、燕春鸣、张伯希、马竹影、吴子涛、钟启英、沈一冉、从鸿逵、解宗葵、崔伴莲、李典哉、崔捷三等。天津名票薛月楼、刘叔度，朱作舟及夫人毛女士，还有李少庄、冯树霖等均曾参与活动。北平工会票房成员纪英甫（下海后改名纪玉良）与铁路医院院长潘骏千也经常参加活动。该社经常彩排演出，戏码硬整，文武昆乱俱全。七七事变后，北宁国剧社解体。后又由祝石甫、丁思禹、李幼云、沈伯洲、任让之、张立起、邹功甫、解宗葵等发起组成宁友国剧社继续活动。社长为周之桢。该社一直活动到20世纪50年代。1954年，以原宁友国剧社的祝石甫、黄成兴、常仲荃、徐幼华、李立民、李松林为骨干成立了铁路工人文化宫业余京剧团。1955年，由天津铁路分局拨款购置全套戏箱（八蟒八靠），又有朱明、张国春、王少波、尹建光、芦瑞亭等票友加入，阵容强大，能演《群英会、借东风》、《龙凤呈祥》、《四进士》、《将相和》、《杨家将》、《红楼二尤》等重头戏，尤以演出《十五贯》一剧蜚声票界。1978年，铁路工人文化宫业余京剧团重新组成，经常在天津铁路工人文化宫对外演出。

《黄鹤楼》周瑜（吴子涛饰）

（李崇祥）

Beiping Chenbao

《北平晨报》 综合性日报。1930年12月16日创刊。《新晨报》因奉军入关而停刊，由赵雨时等接办，易名为《北平晨报》。1936年3月18日由冀察政务委员会接办。1937年10月15日终刊，1937年10月16日易名为《晨报》。该报陆续辟有多种副刊专版。如《北晨艺圃》，多刊戏曲、文学的史料和掌故；《北晨学园》，多刊中外文学评论；《剧刊》主要登载话剧方面的文章；《游艺》版多载文艺界的新闻及演出消息。从1934年10月4日起，该报在第8版创办《国剧周刊》专版，由清华戏曲研究社主编。创刊

《引言》称，此周刊是为了保存国粹而创办，要利用戏剧的功能达到教育人民的作用；不但要研讨国剧的一切学问，而且负有促进国剧改良的重大使命云云。周四出版，至1936年12月31日止，共出版115号。主要刊载有关京剧的各类评论、研究及考证方面的文章。理论文章主要有溶江的《皮簧业之前路》和《作派之本身与观众之鉴赏》，长之的《自投法网谈国剧——一个外行人的外行话》(连载)，铜龠的《皮簧剧改革问题》和《旧剧的真正缺点所在》，茜露的《谈国剧里的曲线美》，立铭的《旧剧之个性与教化意义》，赵心华的《旧剧的艺术价值》和《旧剧舞台上的劣点》，齐如山的《国剧之特点》(连载）和《历代之舞与戏剧之关系》(连载）等；考证、史料方面的文章主要有霞景的《京剧探源》(连载)，午生的《清代梨园史话》(连载，涉及旧京戏馆、乾嘉时之优童、王府戏班、津门戏园以及当时之名优等)，曲莽的《梨园绝艺》(连载)，傅惜华的《清廷之月令承应戏》(连载)，清逸居士的《四十年前各班出演之概况》，白屏的《元旦戏之种种》等；音乐方面主要有茜露的《谈皮簧的唱腔》和《嗓音的保养与运用》，溶江的《皮簧字音论》和《皮簧唱工概论》，心华的《学国剧嗓音的培养》，蔼明的《旧剧音律杂谈》等。该刊还有大量的剧评文章，多涉及著名演员的表演艺术特点。曾连载《红豆馆主语录》及知君所绘的京剧脸谱数十帧，每期还连载一些皮簧秘本及新创作的京剧剧本，并选登当时活跃在舞台上的著名京剧演员的演出剧照。国家图书馆有存。

（朱葆伟）

Beiping Fengsu Leizheng

《北平风俗类征》 民俗资料集。李家瑞编。上下两册。1937年5月商务印书馆出版发行。全书为类书型，“钞辑材料没有限定时代，只要是发表过的东西，都在收取之列，所以报纸、杂志、歌谣、唱本也斟酌的收了一些”(《序》)。辑录之材料共分十三部，上册五部：“岁时”、“婚丧”、“职业”、“饮食”、“衣饰”；下册八部：“器用”、“语言”、“习尚”、“宴集”、“游乐”、“市肆”、“祠祀及禁忌”、“杂缀”。其中“宴集”、“游乐”、“市肆”较多涉及清代和民国时期的戏园、戏班和观戏习俗。

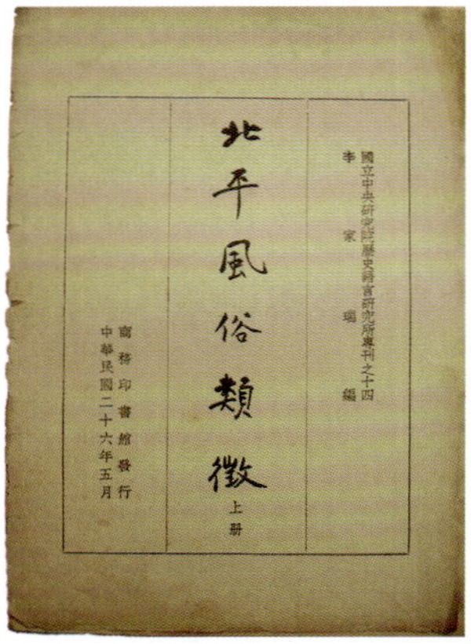

（周华斌）

Beiyang Huabao

《北洋画报》 综合性刊物。1926年7月7日创刊。创办人为中国银行总裁冯耿光之子冯武越，并由张学良资助部分经费。吴秋尘任主编。社址在天津原法租界5号路21号。该画报以“传播时事、提倡艺术、灌输知识”为宗旨，内容有时事、戏剧、电影、社交活动、照片以及风景、人物、书画等。初为周刊，继改三日刊，再改二日刊，每周二、四、六刊行。由1928年2月29日起，每周发《戏剧专刊》一次，至1937年7月24日，共出422期，开画报有剧刊风气之先。在此期间，《北洋画报》于1930年曾发起选举“四大坤伶皇后”，同年6月21日揭晓，以得票多少为序，前四名为胡碧兰、孟丽君、雪艳琴与章遏云。这一举动受到全国戏剧界的关注。画报还刊有《欢送名伶梅兰芳赴美专页》、《废帝与“遗伶”》、《富连成致盛之道》等文章及大量名伶剧照，颇具史料价值。其间一度停刊。复刊后，为改革起见，决定新剧、旧剧并重，对剧艺持研究态度，力避“捧角”恶习，并约熊佛西、王泊生、言菊朋、张謇子、王小隐、海棠旧主分期担任撰稿。《戏剧专刊》200期纪念号上刊有梅兰芳题词“欲图存必须奋斗”，王伯龙寄语“负担国剧迈进之‘铁肩’”等。每期销数5 000份左右，影响很大。《中华画报》、《商报画刊》等竞相效仿，亦均有戏剧专刊。

《北洋画报》第2卷第81期
《梅兰芳专号》

《北洋画报》在“九一八”事变后，增办图画新闻一页。继之，冯武越将画报全部兑与同生照相馆，由其经理谭北林接办，至抗日战争爆发停刊。

（魏子晨）

Beiyang Xiyuan

北洋戏院 近代剧场。址在天津市新华路262号。现存。1931年2月11日落成开业，由兴记公司经理刘文波投资兴建。观众席分为池座、廊座和包厢，共1 020座，是20世纪30年代天津市的一流演剧场所。开业后，尚小云率班在此作较长时间的公演，主要演员有王又宸、侯喜瑞、九阵风、贾有才、诸如香等。此后，梅兰芳、杨小楼、郝寿臣、谭富英、王凤卿、言菊朋、方连元、李吉瑞、胡碧兰等亦曾在此演出。该戏院邀角组班吸纳不同的流派、剧种，不存门户之见。20世纪30年代前期，曾邀来周信芳、小达子、唐韵笙等演出《封神榜》、《穿金宝扇恨》、《路遥知马力》等。1931年12月，刘荫庭组班、常月樵任社长兼编剧的同德坤剧社在北平刚刚组班，即被请来作首期公演，由张蕴馨、刘荣萱、盖荣萱、梁花浓等合演打炮戏《珊瑚泪》。不久，奎德社亦在此演出，主要演员有李桂云、小兰芬、碧玉花、王庆奎、宁小楼等。此后数年，这两个坤社一直在该戏院轮流公演，分别演出过《渔光曲》、《落霞孤鹜》、《一个大学生》、《情天恨海》、《两性忏悔录》等数十部时装新戏，反响颇为强烈。1946年，戏院卖给刘文君经营，营业如故。1952年6月，更名为“小剧场”。1955年归属于天津市演出公司。1966年改名延安剧场。

（甄光俊）

beigong

背供 戏曲术语。一作背躬。剧中人物用语言或动作向观众直接表述内心活动的一种表现手法，有唱、念、表情3种方式。通常用袖子挡住同台角色的视线，表示没让对方听见或看到，如《汾河湾》中柳迎春的念白：“军爷请少待。哎呀且住，想我丈夫去了一十八载，今日才得书信回来。我本当上前接书，怎奈身上褴褛，这便怎么处?”相当于话剧中的旁白。《虹霓关》中，丫鬟见东方氏俘获了王伯当，却没有替夫报仇之意，唱［西皮二六］:

“见此情不由人心中暗想，背转身来自思量……”于是决定顺水推舟，成全他们的婚事。《宇宙锋》中，观众从赵艳容的表情中看到，她是怎样接受哑奴的暗示，假装疯魔，而赵高则一直是蒙在鼓里的。（颜长珂）

bengong yinggong yu fanchuan

本工、应工与反串　京剧表演行当的分工规制。京剧在划分行当的表演体制中，早期曾分生、旦、净、末、丑、副、外、武、杂、流十行，后将末、外归入生，副分别归入净、丑，成为七行，最后归为生、旦、净、丑四大行。每个行当各有承担饰演的一批角色，表演特色各异。某一剧目中的某一角色应由某一行当的演员扮演，划归明确，有相应的规制。通常把演员扮演本人所属行当中的角色，称为本工，即属本职。如《龙凤呈祥》中老生扮刘备、乔玄、鲁肃、诸葛亮，武生扮赵云，小生扮周瑜，花脸扮孙权、张飞，旦扮孙尚香，丑扮乔福、贾华，老旦扮吴国太，均为本工。

若跨越了行当，不在本工范围之内，而按旧规分内应当兼演的，称应工。如《清风亭》的贺氏，虽属老旦行，同时也属丑行应工。《将相和》的缪贤、《铁冠图》的王承恩，虽为男性人物，而归老旦行应工。有些剧中的大太监，按旧规系由老旦行应工。还有《空城计》的送图人、《击鼓骂曹》的旗牌、《药王卷》的魁星、《玉堂春》的传令官，也由老旦应工。《孝感天》的共叔段，属于小生行，又属于旦行应工。《杨门女将》的杨文广、《二堂舍子》的秋儿、《蟠桃会》的韩湘子等也归旦行应工。另如《取成都》的刘玉、《取洛阳》的刘秀、《天水关》的刘禅、《挑华车》的赵构、《开山府》的常宝童、《搜府盘关》的田法章、《盗宗卷》的张秀玉，这些角色现已归属小生行，按旧规均由三四路旦脚（俗称扫边旦脚）应工。

《辕门射戟》
梅兰芳反串小生饰吕布

不属于应工的跨行扮演，如生行扮演旦行或净行、丑行的角色，称反串。由演员自主而非定规，不受限制，主要为了展示演员一专多能的才艺。如马连良（老生）演《虮蜡庙》的费德功（武净），余叔岩（老生）演《艳阳楼》的高登（武净、武生），梅兰芳（旦行）演《辕门射戟》的吕布（小生），荀慧生（旦行）演《白水滩》的十一郎（武生），盖叫天（武生）演《贵妃醉酒》的杨玉环（旦行），皆属反串。但如《柳荫记》的祝英台、《大英杰烈》的陈秀英、《木兰从军》的花木兰，剧中有女扮男装的场子，是戏剧情节所规定的，不属于反串之列。（钮骠）

benxi

本戏　见连台本戏。

Bi Shang Liang Shan

《逼上梁山》　京剧作品。1943年延安中共中央党校俱乐部大众艺术研究社集体编剧，杨绍萱执笔。取材于《水浒传》林冲故事，并参照明传奇《宝剑记》、《灵宝刀》及传统京剧《野猪林》、《山神庙》等有关资料创作。1943年12月，大众艺术研究社首演。导演齐燕铭，主要演员金紫光（饰林冲）、王琏英（饰鲁智深）、索立

金紫光饰林冲（右三）　王琏英饰鲁智深（左一）

波（饰高俅）、齐瑞堂（饰陆谦）。1944年修改加工，刘芝明、齐燕铭、金紫光、王禹明、邓泽、齐瑞堂执笔。1949年5月新华书店出版单行本。该剧以林冲的遭遇为主线，反映北宋末年权奸当道，贪官污吏横行，人民不堪统治者的压迫，纷纷聚义造反。剧作围绕林冲，描写了李铁、李小二、王进、曹正、鲁智深等出身被压迫阶层，走上反抗道路的人物群像。中心人物林冲，改变了在小说原著中仅因个人遭遇被迫造反的性格，强调他与上层统治者的矛盾和与群众的联系，描写他由一个志在报国、具有正义感的下层军官，随着个人遭遇，在群众的团结和争取下终于打破幻想、结盟造反的曲折过程。虽然剧情结构显得比较平散，有些地方露出作者代替人物说话的痕迹，但它是在京剧改革中首先尝试运用历史唯物主义观点处理历史题材的一部作品。对鲁智深、林冲的刻画具有一定的艺术感染力，在语言上也比较有生活气息。该剧的创作演出得到毛泽东的高度评价。1944年1月9日，他在给杨绍

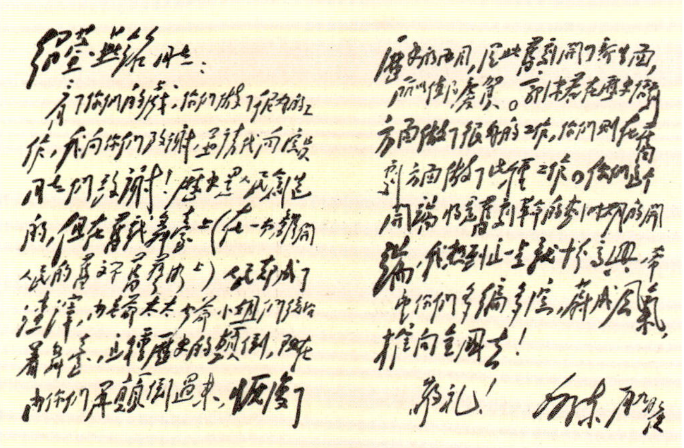

绍萱、燕铭同志：
看了你们的戏，你们做了很好的工作，我向你们致谢，并请代向演员同志们致谢！历史是人民创造的，但在旧戏舞台上（在一切离开人民的旧文学旧艺术上）人民却成了渣滓，由老爷太太少爷小姐们统治着舞台，这种历史的颠倒，现在由你们再颠倒过来，恢复了历史的面目，从此旧剧开了新生面，所以值得庆贺。郭沫若在历史话剧方面做了很好的工作，你们则在旧剧方面做了此种工作。你们这个开端将是旧剧革命的划时期的开端，我想到这一点就十分高兴，希望你们多编多演，蔚成风气，推向全国去！
敬礼！
毛泽东

毛泽东看了《逼上梁山》后给杨绍萱、齐燕铭的信（1944年1月9日）

萱、齐燕铭的信中写道：“你们这个开端将是旧剧革命划时期的开端，我想到这一点就十分高兴，希望你们多编多演，蔚成风气，推向全国去！”此剧曾被北方昆曲、河北梆子、晋剧、评剧、阿宫腔、汉剧等剧种移植演出。1976年、1977年，北京市京剧团和北京京剧团先后整理排演过该剧。（程炳达）

Bi Guyun

毕谷云　（1930～　）　演员。工青衣、花衫。上海人。12岁从赵云卿练功，14岁起从祁彩芬、林颦卿、冯子和、新丽琴诸师学青衣、花旦、刀马旦戏；1947年拜入徐碧云门下，学了《绿珠》、《二乔》、《虞小翠》和前后部《玉堂春》各戏；又于1951年、1961年先后拜荀慧生、梅兰芳为师，学了荀派戏《红娘》、《霍小玉》、《勘玉钏》，梅派戏《贵妃醉酒》、《宇宙锋》、《天女散花》、《奇双会》等；还从南昆名师方传芸学了《春香闹学》、《百花赠剑》、《金山寺》、《梳妆掷戟》等昆曲戏；又向筱翠花学了《活捉王魁》、《红梅阁》，向芙蓉草学了《胭脂虎》、《十三妹》、《辛安驿》、《得意缘》、《翠屏山》等。他转益多师，兼收并蓄，

融会贯通，形成了自家风格特色。他唱念俱佳，做表细腻，戏路宽广，是旦行中的一个全能人才。20世纪50年代在北京民生京剧团、红星京剧团任主演，后调辽宁本溪京剧团，与路景琳、周承志等合作，演出于北京、天津、上海及辽宁等地，颇负声誉。常演剧目有《绿珠坠楼》、《樊梨花》、《红娘》、《梁山伯与祝英台》、《遗翠花》、《天女散花》、《勘玉钏》、《花田错》等。1983年在北京与李万春合演《平贵别窑》，以其精致的表演，深得赞许。有《绿珠坠楼》、《壮心不已》、《话说毕谷云》电视艺术片行世。（钮骠）

Bi Yingqi

毕英琦（1936～1974） 演员。工老生。辽宁金县（今大连金州区）人。1950年到北京考入戏曲实验学校（今中国戏曲学院），从雷喜福、邢威明、李甫春习老生，还曾从萧长华学习四本《取南郡》中的陈矫一角，在校期间即是成绩优良的学生。1958年毕业后，入中国京剧院四团，与杨秋玲、俞大陆、吴钰璋等同台演唱。又拜言少朋为师，专攻言（菊朋）派艺术。在《杨门女将》中饰演采药老人，以一曲新创的言派唱腔，委婉跌宕，悲凉慷爽，给观众留下了难忘的印象。他嗓音清润，行腔俏丽，在研习言派艺术的进程中，深悟本派唱腔的要义，做到腔由字生，字正腔圆，发声驭气，吞吐有致，传神于韵味之中，以精细纤巧、起伏多变取胜。他是言派传人中学有所成的突出人才。常演剧目有《卧龙吊孝》、《贺后骂殿》等。惜英年早逝，未能尽展其才。

（钮骠）

Bibo Xianzi

《碧波仙子》 京剧作品。王元芝、王雁根据康德整理本湘剧高腔《追鱼记》改编。湘剧源于明代传奇《观世音鱼篮记》。本事亦见明代小说《包龙图判百家公案》卷六《金鲤》。1958年，由北京市燕鸣京剧团首演。赵燕侠饰鲤鱼仙子，徐韵昌饰张珍。1959年重排，参加庆祝中华人民共和国成立10周年献礼演出。导演王雁。赵燕侠饰鲤鱼仙子，姚玉刚饰张珍。1963年，北京京剧团赴香港演出前，周恩来认为戏词需要润色加工，请田汉完成，是为定本。全剧9场。叙述书生张珍与丞相金宠之女牡丹幼订婚姻，父母去世后来金府投亲。金宠嫌张家贫寒，意欲悔婚，命张珍在碧波潭畔书馆读书。潭中鲤鱼仙子同情张珍，并生爱慕，遂化身金牡丹夜入书馆，倾诉衷情。二人情投意合，约定每晚花园相会。次日元宵佳节，张珍赴约，适值金宠一家游园赏梅，遭牡丹斥骂，被赶出金府。仙子追随张珍，宛转陈词，释其愤怨，同往闹市观灯。金宠也游灯市，见此以为女儿私与张珍出行，一起拘回府中。两个牡丹相争，真假难分。金宠请包拯来府辨伪除妖，龟精变做包拯前来救助仙子。双包相争，假包晓之以义理，真包感于仙子义重情深，罢手此案。金宠再奏请皇上诏命张天师搬天兵捉妖。仙子于危急中向张珍讲明真情，张珍更为感动。终得观音菩萨搭救，仙子甘愿揭鳞下凡，与张珍结成夫妻。京剧在保持原作传奇特色和基本情节的基础上，突出“情”与“义”的描写，唱词优美而富有诗意。通过美丽的神话故事，刻画了鲤鱼仙子善良、聪慧、大胆热情的性格，及其为追求幸福爱情敢于冲破一切束缚、甘愿作出牺牲的精神。“双牡丹”和“双包案”沿用传统情节，改编本处理更为简洁，以“情真”、“情假”为冲突的核心，突出表现金宠父女的嫌贫爱富，仙子的重义多情。全剧唱做并重，最后两场有跌打翻扑。赵燕侠成功地塑造了鲤鱼仙子的舞台形象，为其代表作之一。相同题材的京剧作品另有《碧波潭》，史若虚、钮隽、殷野根据田汉、安娥戏曲剧本《金鳞记》改编。1958年，由中国戏曲学校实验剧团演出，刘长瑜饰鲤鱼仙子，萧润德饰张珍。《金鳞记》亦据康德湘剧本《追鱼记》改编，对原作情节改动较多。《碧波潭》保持了《金鳞记》的基本情节，全剧12场，其中除“双牡丹”、“双包案”外，还有“双天师”、“闹坛”和“鬼迷张天师”的情节（第10场）；另外增加了一场书童送茶的丑脚戏（第2场），以讽刺世态炎凉。全剧神话趣味更浓，一些场面比较火爆。剧本收入《京剧选编》。1998年，北京军区战友京剧团有改编演出本《碧波金鳞》。张志高改编，王玉兰、杨燕毅、刘金泉等演出。同年参加第二届中国京剧艺术节，获优秀剧目奖。（程炳达）

赵燕侠饰鲤鱼仙子

bianlian

变脸 泛指舞台上的情绪化装，用于表现剧中人物情绪的突发性强烈变化，如惊恐、绝望、愤怒、示威等。变脸最先用于神怪角色，明代已有记载。明万历四十三年（1615）抄本《灌口二郎斩健蛟》第3折，正末扮二郎真君擒拿健蛟时，“变化青脸、红髯”。当时的变脸，是演员进入后台改扮的，属于暗场处理。后世戏曲除保留暗场改扮外，还创造出多种明场变脸的手法，成为一项富于戏剧性的化装特技。其主要技法有4种：①抹青。演员于转身之际，用手指抹上预存于眉头或鬓角的墨青，再往眉尖或眼眶、鼻翼、嘴角处一抹，使角色神情为之一变。②吹粉。演员用吹起来的某种色粉，以改变脸色。粉色有灰、黑、红、绿、金、银等。吹前需在脸上要变的部分抹上富于黏性的面油。其技术难度，一是色粉藏得巧妙，二是吹的劲头合适。③扯脸。演员将事先绘制好的多层薄质面具覆盖于脸上，变时一层层扯去，藏于头部某处。旧时扯脸需用火彩或借折扇、水袖作遮掩，现在技巧纯熟者可以不用任何遮挡，转身顾盼之间脸已变了。④贴脸。演员将画好的面具在需要变化的刹那间贴于脸上。此技现在用得极少，只保留在《金山寺》韦驮“睁开法眼”时，演员将藏于靴尖的“法眼”，以踢腿动作贴于额上。戏曲舞台上的变脸以川剧最著名，尤以扯脸、贴脸，堪称一绝。京剧极少采用这类技巧，但对于吹粉亦颇讲究。如演《伐子都》，子都“饮酒时，金斗中置有乌梅屑，使劲将鼻风吹动，灰屑一齐飞起，黏住面门，顿使容颜改变”（1929年2月23日《申报》）。李盛斌等名武生多擅此技。江南名丑刘斌昆演《活捉》，张三郎的扮相是“黑巾子，黑褶子，黑水袖”，此青褶子为布制，“作身段要袖子，显得特别沉重”。脸上勾大白豆腐块，预留两眼凹处不涂油，变脸时用吹粉技法，“由白而蓝而黑”，预留的两个白色眼角，好似白眼珠上翻，“显得鬼眼如萤，比较神气”（翁偶虹《与叶（盛章）、张（菊仙）论〈活捉〉》，《三六九画报》第29卷第18期）。

京剧舞台上还有过气功变脸法。据老艺人陈玉会讲，年轻时看到一位老艺人演《翠屏山》石秀，《酒楼》一场，叫酒保把大坛的酒拿来，然后自斟自饮，就看他越喝脸越红，最后简直连白眼珠都变红了。他带着很浓的酒气，向酒保借来一把钢刀，扭头就走。酒保随即抓住他的手问："石伙计，你这把刀多会儿给我送来呀？"石秀拿刀是要去杀裴闍梨、潘巧云的，根本不打算回来了。经这一问，醉红的面孔登时变为刷白。好像这一句话把石秀的酒意完全吓掉一样。石秀的脸由白变红，再由红变白，完全靠着气功。旧时武生化装不抹很厚的白粉底子，只抹一点面油或蜜糖，再淡淡涂点胭脂红，基本还是本脸，故能锻炼出这种气功变脸法来（详见吕健《"变脸"种种》，1961年12月24日《文汇报》）。 （龚和德）

Bie Gong Ji Jiang

《别宫祭江》 京剧作品。作者不详。事本《三国演义》第84回。刘备兴师伐吴，遭陆逊火攻之计，败走白帝城。时孙尚香在吴，闻刘备兵败，讹传已死于军中，遂辞别母后，驱车至江边，望西遥祭，投江而死。死后立庙江滨，号曰"枭姬祠"。青衣扮孙尚香，是唱工重头戏。《凌霄汉阁剧话》称《祭江》为"二黄（正反两工）之标准剧也"，就技术练习而言，"以此扎根，乃绝好之基本"（《立言画刊》第146期）。陈墨香《京剧提要》说，此故事"演作闻变、别母、祭夫、沉江。极慷慨，极缠绵"。"伶人因其难歌，而不甚为坐客所喜，稍负时誉者，不恒般演，多属之二路脚色，且多止于别宫一段，然是近二十年事。旧日凡属正旦，固无一不常般之，极为通行"。后续《孝义节》，演孙夫人魂入吴宫，托梦其母，乞为立庙。陈墨香说，演时"孙夫人前，旧例有幡，书徐渭（题）庙联云：'思亲泪落吴江冷，望帝魂归蜀道难。'虽于当日情事未甚相合，但托之神鬼，可无指摘"（《京剧提要》）。据清同治、光绪间刻本《都门纪略》，盖七省、吴彩霞、姜妙香（未改小生前唱青衣）、孙怡云等，均擅《祭江》孙夫人。光绪十七年（1891）刻本《日下梨园百咏》有咏《祭江》诗，注明余紫云等擅演。张肖伧《燕尘菊影录》最称陈德霖，说陈因染烟癖，歌音遂损，后"乃发奋下苦工，每晨必静歌《祭江》一出，历数载不稍懈，复戒嗜好，久之歌音清脆无俦……《孝义节》、《祭江》之反调，真是一字一珠，闻者低回欲绝，辄叹奈何"。陈德霖晚年收黄桂秋为徒，曾对黄桂秋说："你的嗓子刚柔相济且有韧劲，这出《祭江》接我班的全靠你了。"黄桂秋入室弟子朱永康有《黄桂秋老师和他的黄派艺术》一文，述及此剧新老演法的变化较详。大略为：黄桂秋按老路子演时，曾名《吴江恨》，前面有老生、武生演《哭灵牌》、《连营寨》，后接《别皇宫》、《祭长江》带《孝义节》。《别皇宫》唱［二簧慢板］，《祭长江》唱［西皮倒板］、［慢板］,《孝义节》唱大段［反二簧］。1941年冬，黄桂秋在上海更新舞台再唱此剧，删去迷信色彩的《孝义节》，在唱腔板式上做了调整，《别宫》不唱［二簧慢板］而唱［西皮原板］、［快板］、［二六］，并精心设计了《祭江》的［反二簧］唱腔，词句紧缩为10句。乐队加入扬琴伴奏。在人物描写与舞台处理上也有更改。旧本孙夫人沉江只为殉节，新本改为"尚香识破孙权企图借她奔丧之名，派兵暗取西川的阴谋，深悔自己三番两次被作为兄长成王霸业的诱饵，为了避免吴蜀之间再动干戈，不使两地军民又遭涂炭，这才决心投江，以死来挫败兄长的诡计。经此一改，尚香的形象就更加光彩了"。祭江时，"全部仪仗，服装都用缟素，以表示仪式的肃穆庄重。原先孙尚香是脱去白蟒改穿青褶子祭奠的，现则改为白蟒到底"。自此，《吴江恨》改称《别宫祭江》，成为黄桂秋代表作之一，与《春秋配》、《苏三起解》有"黄三出"之称（详见《京剧谈往录三编》第288～321页，北京出版社1990年9月出版）。1954年秋，黄桂秋以此剧参加华东戏曲观摩演出大会，获一等奖。《别宫祭江》曲谱，上海文艺出版社1982年出版。其后演出者有湖北杨至芳、台湾徐露、江苏李洁等，均有所改动。

黄桂秋饰孙尚香

清宫《戏出画册·祭江》（故宫博物院藏）

孙尚香是三国纷争中军事权谋的牺牲品、政治联姻的悲剧人物。史书上称她"孙权妹"或"孙夫人"，其名字尚香当从小说得来。《三国志·蜀书·法正传》："孙权以妹妻先主（刘备），妹才捷刚猛，有诸兄之风，侍婢百余人，皆亲执刀侍立，先主每入，衷心常凛凛。"清人袁枚有《咏孙夫人》诗："刀光如雪洞房秋，始信人间作婿愁；烛影摇红郎半醉，合欢床上梦荆州。"《蜀书·法正传》还引诸葛亮语："（刘备）北畏曹操之强，东惮孙权之逼，近则惧孙夫人生变于肘腋之下，当斯之时，进退狼跋。"刘备入益州，"吴遣迎孙夫人。夫人欲将太子（即后主刘禅）归吴，诸葛亮使赵云勒兵断江留太子，乃得止"（见《汉晋春秋》，转引自《三国志·蜀书·二主妃子传》）。京剧《截江夺斗》本此。陈墨香在《京剧提要·别宫祭江》中说，孙尚香"既归吴，不知所终。……陈承祚（《三国志》作者陈寿，字承祚）蜀志（即《蜀书》）不为立传，确有史识。后世相传夫人闻猇亭军败，伪言昭烈（刘备死后谥号）已崩，乃驱车至江岸哭祭投江，虽与其行事不合，但既与昭烈为夫妇，且与之左，至是而悔，以死自谢。……古今不乏此两截人，正未可尽指为荒唐"。这是陈墨香的一种解释，事实上京剧舞台还没有如此表现过。 （龚和德）

Binqingshe

斌庆社 京剧科班。1917年由俞振庭、果仲连在北京创办。班址设在宣武门外百顺胡同西口内路南。1918年1月28日在北京文明园出台。教师有陈德霖、张淇林、范福泰、陆杏林、李寿山、高士杰、鲍吉祥、诸如香、徐寿琪、沈庄、于豹儿、朱六儿等，还有排本戏的教师于庚元和从上海邀来的武剧教师张子云。学生以"斌、庆、永"三字排名。前四名入科的学生取名"福、禄、寿、喜"，如耿斌福、范斌禄、徐斌寿、徐斌喜（徐碧云），排"斌"字的有王斌芬、王斌才、朱斌仙、朱斌舫、苏斌泰、刘斌升、于斌安、靳斌桐、李斌祥、杨斌昌等；还有用艺名的小桂花（计斌慧，即计砚芬）、小振庭（孙斌恒，即孙毓堃）、小奎官（殷斌奎）、小小楼（沈斌如）、小桂芬（陈斌雨）、小寿山（洪斌仲）等；排“庆”字的有毛庆来、郭庆永、殷庆瑞、耿庆武、李庆才、刘庆义、白庆祥、苏庆山、戴庆胜、孟庆惠等；排“永”字的有俞永兴、俞永龙、孟永云、贾永安（贾松龄）和谷永兰（玉兰花，即谷玉兰）、张永禄（五岁丑）等。另有一批搭班演唱的童伶，如李万春、蓝月春、魏莲芳、赵绮霞、石韫玉、五龄童（王文源）、杨宝森、王少楼、刘宗扬、吴彦衡、黄智斌、马最良和俞氏本家的俞赞庭、俞华庭、俞步兰等。上演剧目以武戏、本戏见长，如《金钱豹》、《白水滩》、《两将军》、《百凉楼》、《战宛城》、《水帘洞》、《金山寺》、《铁笼山》、《连环套》、《卧虎关》和《混元盒》、《劈山救母》、《五鼠闹东京》、《东皇庄》、《七擒孟获》等；独有剧目则有《佟家坞》、《火烧大悲楼》、《古天山》、《马家湖》、《双头案》、《洞房献佛》、《审青羊》、《肉瘤案》、《诸葛亮招亲》、《琥珀月光环》、《明太祖》(《朱洪武出世》)、《霸王降生》、《乾隆下江南》等。常年演出地点为广德楼和吉祥园。该社成立初期，学生们常为梅兰芳演出的《游园惊梦》配演“堆花”的众花神，为《金山寺》配演众水族。

俞振庭一向厉行变革，有些变革主张常在斌庆社实施。如1930年邀请雪艳琴、雪艳舫姊妹来班在广德楼恢复男女合演，就是开一时其他班社之先。另据徐兰沅讲，京剧乐队武场中原无铙钹，是俞振庭首先加用的。斌庆社的乐队也成为最早加用铙钹的班社。1930年后，由于经济亏累，教师相继解聘，无力再招新生，后继乏人而告报散。一些年幼学生转入其他科班，如富连成社第五科的俞世龙、迟世恭、谭世英，第六科的孙元增，皆由斌庆社转去。斌庆社科班在其鼎盛时期，曾与当时的富连成社、三乐社、福清社并称为北京科班中的“四雄”，在办学的十余年中，造就和锻炼出一批优异人才。 （钮骠）

Binzhou Shi Jingjutuan

滨州市京剧团　京剧演出团体。其前身为始建于1947年11月的渤海军区京剧团，由第三、第四军分区政治部宣传队中的京剧工作者组成，共40余人，原名渤海军区政治部宣传大队第三队，队长郭明。1948年9月，并入渤海区党委文工团京剧队。1949年初改称京剧团，团长黄晓民。主要演员有青衣兼刀马旦崔蕴芳、武生耿长春、老生吕同忠、武生兼武净鲁明贵、武生兼红黑净杜同庆等，司鼓郭象三，琴师毕玉起、王光甫。演出剧目有《逼上梁山》、《三打祝家庄》、《九件衣》，还自编自演《生辰纲》、《反登州》，也演传统剧目《群英会》、《打渔杀家》、《四进士》、《霸王别姬》等。剧团主要任务是为驻渤海地区的部队演出，交通工具只有两辆马车，经常白天步行百余里，自背枪支行李，轮流挑四盏汽灯，晚上演出，生活艰苦，表演认真，受到军民很高评价。1948年夏秋间，昌淮战役至济南解放前夕，在前线战斗中送担架、给养，帮助战地医院护理伤员，战斗间隙为休整的部队演出，有十多人荣立军功。1952年9月，因渤海军区撤销，全团集体转业，整编为山东德州专署实验京剧团。1953年后相继转称淄博地区京剧团、惠民地区京剧团、滨州地区京剧团。其间，刘俊文、王富岩、齐慧秋、李鑫甫、高少亭等的参加，使剧团行当齐全、阵容坚强。20世纪六七十年代，培养出刘少文、白云明等一批新的表演人才，演出以“样板戏”为主。进入新时期，上演剧目不断丰富，并邀请京、津、沪等地的京剧名家同台合作，开拓了视野，获得许多学习机会。王成、郭维义拜马长礼为师，杨荣华、杜玉花拜赵慧秋为师，王玉梅拜李金泉为师。此外，主要演员和演奏员还有裴胜利、崔秀丽、胡玉石、徐元书、黄利杰等。2001年改用今名。常年上演剧目有30多出。现代京剧《孔繁森》、《王廷江》巡演超百场，受到山东省文化厅的嘉奖。 （李斌）

caiku

彩裤 各行脚色均用的演出裤。演员进行装扮，先需将彩裤穿上，直至卸装时才脱去。其制法，源于明清时的瞒裆裤，具有裤管阔、横裆肥、立裆长的特点，便于演员双腿的自由活动。彩裤上端有宽约八寸的白布裤腰，腰围有四尺多。裤腰以下，用质地轻柔又不易起皱的面料制作，多为绉绸、软缎等，亦有用布的。穿时需将裤腰肥出部分重叠掩盖裆部，以小带束腰。裤口有敞口式、系带式两种。前者用于穿矮帮鞋履的角色，以裤长正好盖住脚面为宜；后者适用于穿靴的角色，裤脚较长，系好之后放在靴筒里。彩裤的色彩，分红、黑、杂色三大类，有花有素。红、黑素彩裤多为穿靴的男性所用。杂色包括皎月、粉红、银灰、天蓝、浅绿等，多为女性以及文武小生所扮的青年男子所用。香色彩裤用于老年。绣花彩裤用于某些特定角色，如《群英会》周瑜、《汉津口》关羽、《艳阳楼》高登、《红梅山》金钱豹等。但这种绣花彩裤不同于袄裤配套的花抱衣、花快衣等，裤上的花纹色彩不需与上装、外装一致，且不宜用大花，略作点缀即可。 （谭元杰）

caipai

彩排 见合成。

Cai Ronggui

蔡荣桂 （1872～1944） 京剧教师。一作蔡荣贵。北京人。幼入小荣椿科班坐科，与叶春善、程春德、郭春翠、郭春山、杨小楼等同科，排名春桂，习文武老生，师从杨隆寿、姚增禄等。出科后到外埠搭班，以唱红生戏为主，学三麻子（王鸿寿）有独得之妙。所演《过五关》、《古城会》各剧，唱做平稳，气度肃穆，虽非京派风范而绝无粗放之嫌。余如《闹昆阳》之马援、《困曹府》之赵匡胤、《汜水关》之杨滚、《禅宇寺》之伍员，均称拿手。因天赋所限，嗓音缺乏高亢响亮，难与当时的生行群彦相颉颃，故专心致力于关公戏。富连成社社长叶春善既为同门，遂约入科班充任教师，自此即不再粉墨登场。先后在富连成社科班第二、三、四科及中华戏曲专科学校、荣春社科班执教，教授唱工、做派老

生诸戏，如《取荥阳》、《龙虎斗》、《凤鸣关》等，教排的大戏有《一捧雪》、《四进士》、《清风亭》、《胭脂宝褶》、《要离刺庆忌》、《假金牌》、《九更天》、《苏武牧羊》等。学生中以马连良的艺术成就最为突出，余如王喜秀（金丝红）、张连福、曹连孝、孙盛辅、李盛藻、李盛荫、贯盛习、张盛禄、关德咸、王和霖、王金璐、徐荣奎、李甫春等均从其受业，其中不少人后来成为优秀演员和教师。门人有吴铁菴、徐东明、刘啸冬、李鸣盛等。张盛禄为其婿。子松春现居台湾，从事京剧教学工作。 （钮骠）

Cai Yinglian

蔡英莲 （1944～ ） 京剧教师。生于北平（今北京）。1956年考入中国戏曲学校，工青衣，师从程玉菁、赵桐珊、黄咏霓、邱富棠、荀令香、李香匀、马宗慧、赵荣琛、罗玉苹诸名家。曾学

过梅派戏《霸王别姬》、《贵妃醉酒》、《凤还巢》、《生死恨》、《刺蚌》、《天女散花》，程派戏《碧玉簪》、《汾河湾》、《贺后骂殿》，尚派戏《失子惊疯》，荀派戏《鱼藻宫》及王（瑶卿）派剧目等。1965年毕业，留校任教。1979年拜张君秋为师，专工张派艺术，演出了《望江亭》、《春秋配》、《玉堂春》、《秦香莲》、《红鬃烈马》、《四进士》等剧。她刻苦用功，多有心得，成为张氏的教学助手。张君秋逝世后，更肩负起代师传艺的重任，成绩斐然，教授的学生100多人，遍及全国各地。张门中许多年轻弟子，如王蓉蓉、张静琳、董翠娜、张萍、赵秀君等都曾受到她的教益。她被誉为“教学方法科学，学生成材率高”的教师，在海内外均有影响。1984年获四川省戏曲节授予的优秀教师奖，1996年获天津市文化局颁发的

园丁奖。1990年在中国戏曲学院评为副教授，后晋升为教授。2003年在全国首次高校名师的评选中，她是戏曲教育领域中入选的两位高校名师之一。她勤于教学又善于总结，先后发表《张派唱腔的发声方法》、《“张派声腔研究”与科学论证》等文章，受到奖励。2008年1月，湖南文艺出版社出版其编著的《学京剧·张派青衣》，内有《青衣行当总述》、《张派青衣表演的规范性》、《学习张派艺术的科学方法》、《张派经典唱段赏析（附曲谱）》等章，是她传授张派艺术之经验比较系统的理论总结，深受戏校学员和票友们的欢迎。（钮骠）

can Tang Wudai gushixi

“残唐五代”故事戏 取材于残唐五代故事的京剧作品。约80余种。其题材，一是源于平话小说《残唐五代史演义》，如《祥梅寺》、《珠帘寨》(又名《沙陀国》)、《石头人招亲》、《兴汉图》、《雅观楼》、《飞虎山》、《阅兵会》、《十三太保》、《野狐岭》、《太平桥》、《战潼台》、《黄河渡》、《反五侯》、《无缨枪》、《双观星》、《五龙斗》等。二是源于小说《飞龙传》，如《洒金桥》、《董家岭》、《打桃园》、《花亭射妖》、《高平关》、《斩红袍》、《输华山》及连台本戏《飞龙传》等。三是取材于杂剧、传奇作品，如《李三娘》、《送京娘》、《风云会》、《龙凤缘》等。还有一些是直接取材于《旧唐书》等史传，如《野狐山》、《黄巢造反》、《晋阳城》等。这些剧目在内容上有以下特点：①反映唐末五代时期皇帝昏庸、奸宦专权、政治腐败、社会黑暗。如《刀劈三关》演唐僖宗时，奸相郭章勾结西辽国王花归，指使西辽出兵反唐，假传圣旨赐药酒陷害元帅雷万春，里应外合，阴谋篡夺唐朝江山；《风鸣关》演石重贵称帝时，奸臣景彦广结党营私，排斥忠良，诬陷丞相张彦成私通契丹，将其全家下狱；《汴梁图》演北汉时，太师苏逢吉倚仗其女苏妃得宠，将隐帝刘承佑骗进府中，欲图杀害，为皇后柳瑞莲所救；《战潼台》中，唐昭宗即位，沧州节度使王辉进京朝贺，归途中被汴梁节度使朱温劫持，欲强纳其女为媳。②反映百姓在黑暗统治下所遭受的剥削和压迫。如《归元镜》中，债主刁胜乘吴宗洪病重逼债，与媒婆勾结，逼吴妻申氏卖身偿债。财主赵连恒无恶不作，以大斗进小秤出盘剥百姓，捐钱得官，升任县台。其子赵龙，调戏税司王永之妹，几逼其跳水。王永找赵龙说理，赵连恒反诬王永贪污公款，将其收审，判为死刑。③反映藩镇割据、群雄争霸、国无宁日、民不聊生的动乱情景，塑造了李克用、李存孝、赵匡胤、郑恩等不同性格的乱世英雄形象。如《雅观楼》中朱温和李克用正在饮宴，黄巢的部将孟觉海来攻城。朱温明知李克用的爱将李存孝得病，但为消耗李的实力，消除隐患，故意激李存孝出战。李存孝带病上阵，连败黄巢数员大将，并将孟觉海擒获。刻画了朱温奸诈、阴险和李存孝的勇猛顽强。再如《黄河渡》中，水寇王彦章勇力过人、熟谙水性，手持铁桨，独霸渡口。李克用率大军过河，船到河心，王彦章横桨行凶。李存孝夺过铁桨，轻轻一折，弯曲如弓，王即遁去。还有《打瓜园》中的郑恩和陶三春，《送京娘》中的赵匡胤和京娘等均是京剧舞台上颇具光彩的艺术形象。

清宫《戏出画册·反五侯》（故宫博物院藏）

清宫《戏出画册·沙土（陀）国》（故宫博物院藏）

清末民初至抗日战争之前，京剧舞台编演了一些取材于残唐五代故事的连台本戏，如1924～1926年上海更新舞台、丹桂第一台上演的24本《飞龙传》，自后汉刘承佑称帝起，至北宋立国止，表演以赵匡胤为中心人物的传奇故事。天津的稽古社也上演了《赵太祖创基业》，荣春社上演了表现李存孝事迹的《落巢山》等。

残唐五代故事戏在艺术上多以生、净武打见长，以故事曲折、情节惊险取胜。各班社在上演这些剧目时，不仅继承和发展了京剧原有的武工技巧，而且还吸收和融合了梆子戏的武打技艺和民间的武术表演，丰富了京剧的武打艺术。中华人民共和国成立后，罗合如、阿甲改编的《黄巢进长安》，中国京剧院上演的《反五侯》、《井台会》，吴祖光编剧、北京京剧院上演的《三打陶三春》等，重视人物性格刻画，给人以耳目一新之感。（刘文峰）

Cao Cao yu Yang Xiu

《曹操与杨修》 京剧作品。上海京剧院1989年11月首演于上海戏剧学院实验剧院。总导演马科，编剧陈亚先，导演贺梦梨，主演尚长荣、言兴朋及何澍。原为巴陵剧剧本，发表于《剧本》月刊1987年第1期。1988年6月由作者改编为京剧演出本，刊载于《文学报》第408期。取材于三国鼎立时期的历史故事。汉相曹操兵败赤壁，力图东山再起，广罗人才，求贤若渴，发布《求贤勿拘品行令》。名士杨修以济世情怀投效曹操。两人一见如故，相见恨晚。杨修洞悉曹营缺粮少马，立下半年备齐的军令状，暗遣密友孔闻岱潜至敌国筹措。正当孔闻岱满载而归之际，却被生性多疑的曹操杀戮。事后，曹操悔恨交加，但又竭力掩饰真相，谎称“老夫素有夜梦杀人之疾”。杨修对此心存疑窦，设计使曹夫人倩娘在曹操熟睡时送袍御寒。曹操为使众人信服，又将倩娘杀死。此后，曹操与杨修在军机大

尚长荣饰曹操（右） 言兴朋饰杨修

事上屡有相左。恃才傲物的杨修终令曹操觉得形同鸡肋，“食之无味，弃之可惜”。当曹操兵出斜谷，处境窘迫之时，杨修力谏退兵不果，为挽救危局，擅作退兵部署，被曹操以“惑乱军心”罪，忍痛处斩。

《曹操与杨修》在文本内涵上突破了以往戏曲文学侧重于道德评判和议论历史功过的局限，展示了人性复杂的存在状态，以人物评价的不确定性，为观众提供了充分的审美想象和感悟空间，也摆脱了历史题材作品易于陷入穿凿附会、影射比附的窠臼，以一种贯通历史与现实的共鸣，焕发出具有人文历史意味的哲理精神。通过生动的性格冲突、命运跌宕，乃至对人物心灵的细腻剖露予以形象化体现。剧中曹操与杨修两个试图携手共振汉室基业的人物之间，既相互觊觎和周旋，又相互觑视和钳制。他们的性格既伟大又卑微，是各有缺陷的悲剧性人物，犹如“两个刺猬的拥抱”。由此及彼的人生况味，令现代观众欷歔不已。剧中曹操以花脸应工。扮演者尚长荣把握住曹操性格中不可调和的“伟大”和“卑微”来诠释和塑造人物形象，在程式化的表演中追求表演的生活化，把人物的内心世界展示给观众，在京剧舞台上创造了一个崭新的艺术形象。杨修以老生应工。言兴朋以言派艺术特有的儒雅、隽秀塑造性情孤傲、行为飘逸的杨修形象。导演的舞台处理发挥京剧固有的艺术精神，构思新颖，节奏感强。舞台美术设计繁简疏密有致，当空的皓月、精致的龙壁、连天的大漠，富有沉重的历史感和象征意义，并使得舞台空间自由广阔。

此剧1988年12月参加全国京剧新剧目会演，获优秀新剧目奖。1989年1月22日由中国戏曲学会、《人民日报》文艺部和上海市文化局共同举行有专家、学者出席的《曹操与杨修》座谈会，作专题研讨。3月21日《人民日报》刊发了题为《京剧艺术新突破》的座谈会纪要。同年10月，被选晋京参加第二届中国艺术节，并获得首次颁发的中国戏曲学会奖。1991年获上海文学艺术优秀成果

何澍饰杨修（左三） 熊明霞饰鹿鸣女（左一）

奖。1995年上海京剧院对该剧进行修改，重新排练，由何澍扮演杨修，人物塑造略趋固执和张狂，另成一格。是年11月参加首届中国京剧艺术节，获程长庚金奖。该剧的影响相当广泛，1990年、1992年、1994年曾先后赴苏联和中国香港、台湾地区演出，赢得良好的艺术声誉。自1995年起，为上海京剧院京剧走向青年等演出活动的重点剧目。在1997年上海京剧万里行的巡回演出活动中，跨越五省八市，行程两万里，连续演出38场。1990年由上海京剧院与上海电视台联合拍摄成同名戏曲电视艺术片，并获全国第五届优秀戏曲电视剧黄河奖。

《京剧〈曹操与杨修〉创作评论集》由上海文化出版社于2005年5月出版。龚和德、黎中城主编。收入剧本和唱腔曲谱，有主创人员创作谈12篇、评论文章50篇、访谈录10篇，共34万字。

（单跃进）

Cao Ergeng

曹二庚 （？～1947） 演员。工文丑。本名寿石，二庚实为其乳名，用作艺名。祖籍安徽怀宁，生于北京。出身四代梨园世家，曾祖父曹凤志、伯祖父曹眉仙、祖父曹春山、父亲曹心泉均为名

重菊坛的昆乱伶工或乐师、曲家。二庚家学渊源，幼从郭春山学戏，戏路宽广，方巾、袍带、褶子、茶衣，以及婆子、彩旦各工均能。早年搭过复出四喜班，又入双庆社。1922年加盟梅兰芳的承华社。搭双庆、承华期间，在梅派戏《童女斩蛇》(饰知县)、《嫦娥奔月》(饰兔奶奶)及《牢狱鸳鸯》、《木兰从军》、《红线盗盒》、《西施》和昆曲戏《贞娥刺虎》、《风筝误》中都扮演过角色。1922年又加入了程艳秋（砚秋）初次挑班的和声社，此后长期佐程，不再另搭他班。华北沦陷时期程氏中止舞台生活，归隐京郊，他亦不再出演，日以课徒自娱。至1945年抗日战争胜利后，程氏复出登台，他才随之而出。为程氏配演的传统戏有《女起解》(饰崇公道)、《玉堂春》(饰医生)、《法门寺》(饰贾桂)、《贵妃醉酒》(饰高力士)、《审头刺汤》(饰汤勤)、《御碑亭》(饰德禄)、《大登殿》(饰魏虎)、《四郎探母》(饰国舅）等；新剧中的许多丑行角色都是由他首演的，有《红拂传》的徐洪客、《花舫缘》的沈二公子、《碧玉簪》的陆少庄、《青霜剑》的方世一、《锁麟囊》的碧玉、《春闺梦》的李信、《赚文娟》的柳元卿、《聂隐娘》的老尼、《荒山泪》的差役（王四香）、《金锁记》的张驴儿、《朱痕记》的宋成、《梅妃》的高力士、《亡蜀鉴》的马邈、《玉狮坠》(一名《小天台》）的丑婢、《花筵赚》的刘瞒、《琵琶缘》的曹公子、《鸳鸯冢》的张道士、《风流棒》(一名《谐趣园》）的童景孟等。他常演的丑脚戏有《一匹布》、《打城隍》、《定计化缘》、《瞎子逛灯》、《顶砖》等。他与程砚秋长年合作，默契相谐，映衬出色，成为程氏不可或缺的舞台搭档，并结为金兰之好。他的表演，格调雅致洁净，不温不火，以冷隽简练见长，无脏贫俗

《女起解》饰崇公道（左） 程砚秋饰苏三

厌之嫌。其面目冷酷，饰演阴险小人一类人物，尤能传神。与刘景然、程砚秋合演的《审头刺汤》，报章上评述云：“曹的汤勤，审头时二人盖口的做工，被刺时的抢背，均将人物的神态形容尽致，为方巾丑之佼佼者。”（《程砚秋史事长编》第119页）评述他扮演的《花舫缘》之沈二公子云：“话白神气亦能引人入胜”，插科打诨“其诙（谐）之妙，触景生情，随机应变，洵为丑角中所罕见者也”（同上书第118页）。金仲荪评述他在《赚文娟》中扮演的柳元卿说：“无处不奇趣环生，不特滑稽亦能警世，为此剧增色不少。”（同上书第161页）1947年随程砚秋南下申城，献艺于天蟾舞台，因胃病复发不治，故于上海。弟子有慈少泉、李少广等。侄世才亦工丑行。（钮骠）

Cao Junlin

曹骏麟（1917～　）　演员。工武生。原名曹福生，又名曹俊明。江苏江宁（今属南京）人。6岁从高双凤练武功。1924年进入上海榛苓学校读书学戏。9岁跟随姨父刘奎童（也是义父、师父）学戏，

10岁开始随班跑码头演戏，18岁始随姨夫走遍东三省及冀、鲁、豫和长江沿线一带，后在上海共舞台搭班。1937年曾陪金素琴演出欧阳予倩编剧的《梁红玉》和《桃花扇》。1940年搭苏州开明戏院，改艺名“小奎童”为今名。1948年应邀赴台湾与徐鸿培等合作，演出于台北新民戏院。1949年，戴绮霞自上海应邀加入新民戏院，同行者还有张世春、苏盛轼等，除常演传统戏外，还排过不少小本戏，如《宋十回》、《武十回》、《天雨花》、《董小宛》、《六国封相》、《明末遗恨》、《潘杨恨》、《武松与潘金莲》、《岳飞》、《淤泥河》、《吕布与貂蝉》等。后改组成“中国剧团”。1950年，随戴绮霞参加军中组建的大鹏剧团，任演员兼导演，常陪戴绮霞演《临江驿》、《破洪州》、《孝义节》各剧。1959年入复兴剧团，并先后在陆光国剧训练班、复兴戏剧实验学校、中国文化大学等校任教，教武生各剧，如《乾元山》、《八大锤》等。他腹笥渊博，实践经验丰富，能排能演能教，熟知梨园行规轶事，受到行内外的推崇，在台湾的学生很多。早年曾赴泰国、越南等东南亚各国，20世纪60年代又赴南、北美洲20多个国家和地区，80年代赴欧洲德国、丹麦、挪威、瑞典各国介绍京剧艺术，受到高度评价。著有《氍毹八十——曹骏麟戏剧生涯忆实》及《麒派宗师周信芳》二书，收集史料丰富，记述翔实，对京剧史研究颇有价值。（捷之）

Cao Xinquan

曹心泉（1864～1938）　乐师。又名鑫泉。安徽怀宁人。书斋名“知足知不足斋”。敬善堂主人曹春山之子。幼承家学，习昆曲小生，拜陆炳云为师。后从徐小香学戏，因嗓败改习场面。始拜笛

师钱锦源，又投李春泉门下。善吹笛子，兼通月琴、古筝等乐器。曾入三庆班演出，并随班入内廷演戏。清光绪二十七年（1901），搭久和班，开始以场面闻名剧坛。曹心泉深谙音律，能编曲拟谱独创新格。如程砚秋《文姬归汉》之［胡笳十八拍］、梅兰芳《太真外传》之［舞盘］等，均为曹心泉谱曲，并致力于戏曲音乐的研究，精通昆曲、皮簧。民国以后曾应聘为南京戏曲音乐院北平分院特约研究员、中华戏曲专科学校歌剧系主任。家藏曲谱极富，所传曲谱有《丝竹锣鼓十番谱》、《清宫密谱零忆》、《昆曲零析曲谱》、《琵琶谱录》等，并著有《新订南北九宫谱》、《新订中州剧韵》、《清代内廷演剧回忆录》、《百年昆曲消长录》以及《昆曲务头二十诀释》等文。子曹二庚为京剧名丑。（安志强）

Cao Xueqin

《曹雪芹》　10集京剧电视连续剧。编剧钟鸿、赵其昌、徐淦生，导演岑范、周宝馨、沙如荣，唱腔设计马锦良、金国贤、高一鸣，作曲龚国泰、刘吉典、高一鸣，摄像沙如荣。言兴朋主演曹雪芹，参演演员还有雷英、李海燕、于兰、李欣、王梦云等。北京电视戏曲研究会、上海电视台1990年摄制。红学家周汝昌在评论文章中认为，此剧有异于其他作品只反映曹雪芹生平的一个片段，而是概括了他的一生，是把当前学术研究成果转化为艺术创作，又在艺术构思上具有“传奇性想象”的补充，因而情节丰富，“足令

言兴朋饰曹雪芹

雷英饰竹筠

观者为之感动”。因是在实景中拍摄，去掉了若干不相适应的舞台程式，但在刻画人物形象的唱、念、做方面，又保留和发挥了京剧特有的韵律。在音乐上，京剧的抒情性，言派声腔的低回宛转，与现代器乐演奏的丰美曲调和音响，也有较好的结合。中央电视台和各省台均播放过，赢得许多青年观众。此剧在海外市场亦有流传。1992年，王云缦、果青将此剧文学剧本、唱段、创作体会、评论文章编成专集，收入“电视艺术与美学”丛书。（金江）

Cao Yibin

曹艺斌（1911～1982）　演员。工老生、武生。武生曹善亭（小宝义）之子，艺名小小宝义。直隶高阳（今属河北）人。9岁在上海入夏（月润）家科班练功，向瑞德宝、韩长宝学老生、武生。12

岁在上海亦舞台演《珠帘寨》、《铁公鸡》等戏，被称为童伶奇才。同年被邀至哈尔滨新舞台演出，后回上海搭丹桂第一台，与高庆奎、金少山、贾璧云、刘奎官、赵松樵、筱九霄、小宝义同台，主演《呼延庆打擂》。1927年在天津改现名，长期演出于北京、天津、上海、武汉及东北各城市。擅演剧目有《失街亭、空城计、斩马谡》、《四郎探母》、《珠帘寨》、《连环套》、《长坂坡》等。在各地演出中，得马德成、娄廷玉、唐韵笙、张少甫、程永龙以及载涛、王庾生、韩慎先（夏山楼主）等名伶、名票教益。1930年变声，在哈尔滨向高百岁学

《华容道》饰关羽

麒派戏。1953年在北京拜李洪春为师，精研关羽戏表演艺术，同时向钱宝森学习形体、把子基本功。1955年参加旅大京剧团，定居大连。除传统戏外，主演了《合州城》、《天王封江》、《白毛女》等新编剧目。1961年在北京与李少春、李和曾等同时拜周信芳为师。1973年调大连艺术学校京剧科任教，直至逝世。

曹艺斌在60年艺术生涯中，学习、吸收了谭（鑫培）、黄（月山）、尚（和玉）、麒（周信芳）、唐（韵笙）、钱（金福）、王（鸿寿）诸艺术流派之长，融会贯通，形成了自己的艺术风格，形体动作规范严谨，表现人物感情深刻，演麒派戏也不全按周信芳唱法，被称为"麒神钱形曹风格"。这在《闹朝扑犬》、《徐策跑城》、《斩经堂》、《古城会》、《走麦城》等戏中，体现得十分鲜明。1953年与李万春、毛世来、宋宝罗共在北京京剧一团时，以《徐策跑城》参加北京专业京剧团体展览演出，与梅兰芳的《宇宙锋》、孙毓堃的《状元印》同选为闭幕展演剧目，获优秀表演奖。1954年又被选入中南海怀仁堂与梅兰芳、杨宝森、叶盛兰、杜近芳、毛世来为庆祝中华人民共和国成立5周年晚会演出。曾任大连市文联副主席。弟子有刘仙舟、李师斌、李麟童、马少良等。（马明捷）

caotai

草台 戏曲演出场所。或称**野台**。广场野外临时搭设的舞台或戏台，区别于固定的戏楼庙台和剧场，多用于庙会及民俗节庆活动。乡村中家族、家庭的红白喜事及各种庆典亦往往雇请戏班搭台唱戏。草台或野台通常以木杆为骨架，辅以木板、芦席，搭建有顶或无顶的戏台。台子往往较高，以利于台下观众自由走动。富贵之家常在演出台之对面或两侧搭建看台、女台，以方便看戏。在草台上演戏的多属流动性民间江湖戏班，俗称**草台班**。所演多为粗犷热烈的大戏和武戏。旧时江南戏班自备戏箱，乘戏船沿河演出于大小码头，称**水路班**，亦即草台班。清乾隆皇帝弘历六次南巡，扬州地区沿江迎驾演出，皆草台及草台班。乾隆五十五年（1790）弘历八十大寿，徽班晋京祝寿，并留驻北京，渐渐形成京剧。北京故宫博物院所存《康熙万寿图》长卷、《乾隆崇庆太后万寿图卷》、《慈禧六旬庆典点景图》等，均绘有帝后庆寿期间北京自西郊至紫禁城沿街临时搭设的数十座戏台，较为精致。清末及民国时期，江浙杭（州）、嘉（兴）、湖（州）地区的水路草台班为南派京剧的流传和发展奠定了基础。（周华斌）

清代草台演剧图
（局部，刘阆春1875年作，南京博物院藏）

Caoyuan Yingxiong Xiao Jiemei

《草原英雄小姐妹》 京剧作品。赵纪鑫编剧。1964年2月，内蒙古自治区艺术剧院京剧团首演。导演东来、王英斗。主要演员崔毅（饰龙梅）、林余华（饰玉荣）。同年6月，参加全国京剧现代戏观摩演出大会。中国戏剧出版社出版单行本。取材于内蒙古自治区乌兰察布盟龙梅、玉荣姐妹的事迹。1964年春节前夕，新宝力格公社11岁的少先队员龙梅和9岁的妹妹玉荣，代替给军属粉刷房屋的父亲去放牧公社羊群，半路遇上暴风雪。姐妹二人为保护羊群，在旷野雪原上与风雪搏斗了28个小时。当找到她们时，已被冻得昏迷。在医生、群众和自治区领导关怀下，姐妹二人恢复了健康，重返草原。作品通过人与大自然的斗争，着重表现了龙梅和玉荣两个蒙古族姑娘美好的心灵、顽强的斗争精神和真挚的姐妹之情。在艺术形式上，发挥戏曲写意的特点，于京剧的唱腔和表演动作中融进蒙古族的音乐、舞蹈，体现出浓郁的民族特色。载歌载舞，唱做并重，描绘了少年英雄搏风斗雪的艺术形象。中国京剧院、北方昆曲剧院、北京市河北梆子剧团等团体曾先后演出。"文化大革命"中，曾改名《草原小姐妹》，江青指示将人与自然的斗争改为与"暗藏的阶级敌人"作斗争，于1971年调原内蒙古自治区京剧团部分人员到京参与组建剧组，强令反复修改。1973年，中国舞剧团又按上述内容改编为芭蕾舞剧《草原儿女》。粉碎"四人帮"后，该剧恢复了1964年演出本原貌。（程炳达）

崔毅饰龙梅（左） 林余华饰玉荣 （游振国摄）

chashe he chalou

茶社和茶楼 戏曲演出场所。茶社、茶楼或茶馆，过去常是北京京剧艺人与京剧票友集会清唱的所在，大多由茶社主人相约艺人和票友中的知名者或热心人出面主持，实为业余自娱性质的活动。茶馆主人借此招徕茶客，品茶听戏，以利收益。

欣蚨来茶社。1913年开业。位于西四西安市场里。邀名家每日下午来清唱，由著名小生德珺如主持活动，参加者有金秀山、清泽川、书子元、常荣福、文荣寿、德克明等。下午1时开始清唱。茶座生意兴隆。1916年茶社改换东家，停止京剧清唱，改邀莲花落、皮影戏、杂耍、坤书更替演唱。

柳园茶馆。1914年开业。茶馆位于安定门外下关河沿。茶馆主人请程茂亭、恩禹之、黄占彭等人，每天在茶馆清唱。1917年停止活动。

三佛寺茶馆。设在朝阳门外三佛寺内，1915年开业。茶馆主人邀请东北城票友清唱，朝外居民品茶听戏者极多。清唱很受欢迎。茶馆经营两年歇业。

东和顺茶社。坐落在什刹海义溜河沿。是最有名的茶社。茶社主人吉福亭，旗人，是程砚秋三哥程丽秋的岳父，在北京很有声望。

他曾组办万年永庆太狮少狮会，亦嗜好京剧，每逢星期一、三、五邀请西城、北城名票云集在此茶社清唱，参加者有秦韫庵、刘仰园、陈鹤峰、陈子田、王厚甫、金志良、徐启章、何绍武、白洁如、程丽秋、金晓岚、华浣秋、王咏霓、傅振声、李铁林、李斌植等。程砚秋也常来会友品茗听戏。该社面临什刹海，楼西为燕京八景之一“银锭观山”，楼南为前海，夏日荷花盛开，碧叶冉冉，风物宜人，也常有文人墨客在此集会，咏诗清谈。围棋名家崔云距、汪云峰、金友贤等也常在这里组织棋会。

第一楼茶社。坐落在前门外观音寺内，由书子元、马俊涛主持。参加者有马振卿、果仲予、卧云居士赵静尘、王仲林，琴师俞竹园，内行有杨宝森及其伯父杨小朵等。后因失火停演。1923年该楼修复，重新组织茶社。由胡显庭主持清唱活动。除原有人员外，新增莫敬一、陶畏初、邢君明、赵子英、来伴琴、赵子仪、李吉甫、蒋君稼、尹小峰、赵燕臣、锋子宽、易永年等，内行有杨宝忠、陈喜星、李鸣玉、朱琴心、朱桂芳、李洪春、梁小鸾、赵曼云、关丽卿等。关丽卿为赵荣琛的开蒙老师。关丽卿与胡显庭合演《骂殿》，茶社上座达300人，破清唱之纪录。1937年第一楼停业，清唱改在青云阁内。

龙泉居茶社。1918年开业。茶社位于阜成门外。当时京兆尹所属西郊警备司令任宝忠嗜好京剧，在茶社组织清唱，每年从农历四月到八月十五日止，高搭凉棚，邀请票友清唱，参加者有德仁趾、金玉忱、崇寿山、英宝田、汪寿屏等，内行有姜鑫坪、白福山、陈碧云、娄普云（女）、德普仙（女）等。1920年因直皖战争，时局动乱，遂告停业。1922年重新开业，并加演杂耍，不到一年又停业。

宾宴楼茶社。设于观音寺，1926年由原春阳友会会长樊棣生邀请原春阳友会同仁清唱京剧。1927年程丽秋又继樊棣生在此楼开希音茶社。每天日夜两场。这是有票房以来，夜场演唱的第一家。由双寿臣主持，石砚堂、王福润协同主持。1930年因社会战乱而停止。

德香茶楼。设在东安市场南花园东楼上，1933年开业，茶楼主人邀请票友韦久峰、张宝昆负责主持清唱事务。名票李适可、许少峰、张稔年、张泽圃、唐友诗、翁偶虹、张醉丐、齐振亚、朱少峰、丁福庭、郝洁清、李雯溪等参加演唱，内行有管绍华、南铁生、贾少棠等。后因丹桂商场失火，清唱移至东安市场北门北头上，改名为德兴茶社。七七事变后改名为娱兴茶社，后又改名舫兴茶社。参加者有名票孟广亨、王仲林、陶默厂（同庵）、张似云、乐朴荪、戴作民、葛松林，女票友史德化、鲁淑英、傅菊忱、阳九兰等。

二合居茶馆。名票周裕庭等于1935年在新街口南，公用库口外迤南路西二合居茶馆内组织票友清唱，参加者多为西北城名票。七七事变后停业。

民生茶社。1935年冯愚林在西单商场内民生茶社邀请吕正一、翁偶虹、胡显庭、李汉翔、崔仲麟、宗子衡、杨秀章等人清唱。后因商场失火，迁至西四牌楼红楼内，改萧畹秋主持。后因该楼不拢音，不宜演唱，即告解散。西单商场修复后，在民生茶社原址，又开设桃李园茶社，由苏维明主持。参加者除上述诸人外，内行名家有马德成、侯喜瑞、张春彦、李洪春、何佩华等。1944年停业。

紫霞宫茶社。1936年名票朱少峰等在宣武门内大街头发胡同口外迤南路西紫霞宫茶楼组织清唱，参加者多为西城票友。七七事变后停业。

青山居茶社。坐落于崇文门外花市上四条。1943年朱少峰邀请马德成、侯喜瑞、杨幼堂、孟广亨、乐朴荪、王厚甫、富竹友、富兰友等在茶社清唱。1945年停业。（李体扬）

chayi

茶衣 剧中下层劳动者之衣。以茶褐色为主，亦有蓝色、米色，布料或绢纺制成。款式分大襟、对襟两种。大襟式茶衣又有窄袖、宽袖之别。茶衣长仅及臀，下身穿裤，装扮时将衣掖入裤腰内，

《快乐林》酒保穿蓝色大襟茶衣（右）
李万春饰武松 （吴钢摄）

外系白色短裙，袖口应挽起，裤管下系白大袜。宽袖茶衣带白色水袖，俗称大袖儿。多用于茶楼酒肆的堂倌，如《快活林》酒保；亦用于《钓金龟》张义、《挑帘裁衣》的武大郎等。如腰间打长腰包，左右裙片各从前身向后掖起，加束大带，为老年樵夫、农夫的装束。对襟式茶衣，如意头直领。如《秋江》老艄公，穿褐色对襟式茶衣，腰系短裙，袖口、裤管均挽起，头戴草帽圈，足穿草鞋，是生活气息浓厚的艄翁形象。（谭元杰）

chayuan

茶园 戏曲演出场所。早期京剧剧场的一种称谓，或称茶楼。受传统宴乐及宋元勾栏影响，旧时戏曲剧场作为饮宴休闲的娱乐场所，配有茶点。与茶园相仿的早期剧场还有酒馆、会馆等。清道光八年（1828）《金台残泪记》称：“茶园左右前后皆有酒馆，又曰‘酒庄’。一食万钱，诚销金帐耶。”《京尘杂录》亦载：“有戏庄，有戏园，有酒庄，有酒馆。戏庄曰某‘堂’，曰某‘会馆’，为衣冠揖逊、上寿娱宾之所，清歌妙舞，丝竹迭奏。戏园则曰某‘园’，曰某‘楼’，曰某‘轩’，偶然茶话，人海杂沓，诸伶登场，各奏尔乐，钲鼓喧闹，叫好之声往往如万鸦竞噪矣。”可知茶园、酒庄、会馆、戏园交错，分设茶点或酒肴，但剧场形制大致相同。

清末广庆茶园演剧图
（选自《中国古代剧场史》）

早期茶园以卖茶为主，茶客付茶资，称“茶票”、“座儿钱”。戏曲（或曲艺）表演不另收费。戏曲（或曲艺）艺人由茶园雇请，酬金由茶园支付。酒庄类似。若称“戏园”，则以戏曲表演招徕观众，茶资渐渐向戏值过渡，但体制与茶园仍然相同，由经理一方负责邀角、请班、分成。清末及民国初年，京剧剧场大抵为茶园、酒庄类型，如北京的广和楼（原查楼）、广德楼、三庆

园、中和园，天津的中华茶园、协胜茶园、下天仙茶园、东天仙茶园，上海的满庭芳茶园、丹桂茶园、天仙茶园、大观茶园等。辛亥革命前后，方有西方剧场的引进和改良戏院、新式戏院的出现，茶园式的旧式戏园渐渐消失。（周华斌）

chatang

查堂 戏园整治内部纪律的一种形式。早期戏园多以卖茶为主，兼演戏娱宾。茶客仅付茶资，看戏不另收费。清代后期及民国初期，茶资的收取逐渐向戏值转化。戏价渐分戏资与茶资两部分，以戏资为主，茶资另加，其中茶资一般归前台所有。茶园、戏园的收入由堂头、看座人完成。经理付给戏班酬金，或以戏资与戏班分成。园内难免有营私舞弊现象，如看座人将茶资、小费私入腰包，或与观众合伙，伪称其为“地方管辖衙门的人及宾友”，不付或少付茶资、戏资。于是，渐渐形成查堂习规。查堂由堂头、司账、财经主管人员查核全场实际观众人数，验明收入。每至查堂，卖座人高喊：“查堂来了，请客人站一站。”以“客人”身份看戏者必须起立以待查验。有时一场戏可数次查堂。（戴申 周华斌）

chaguo

镲锅 京剧的辅助打击乐器。又名小钹。两扇一副。圆形，中间隆起。比铙钹形制小，直径约14厘米。音调高，音色轻脆、明亮。多用于伴奏武人轻盈的“走边”（行路的舞蹈程式），故又名走边钹。也用于一些轻快舞乐曲的节拍击打。

（刘海发摄）

（王硕）

Chaitoufeng

《钗头凤》 京剧作品。事见《耆旧续闻》、《齐东野语》、《尧山堂外纪》，清桂馥及近人吴梅分别作有《题园壁》（《后四声猿》之一）、《陆务观寄怨钗凤词》（《惆怅爨》之一）杂剧。陈墨香编剧。荀慧生1928年首演于北京。剧情为：南宋时，诗人陆游与表妹唐蕙仙自幼订婚。蕙仙父母俱亡，陆母唐氏将她接来，与陆游两情欢洽。恶尼不空屡进谗言，使唐氏逐蕙仙，逼陆游赴试。陆游因忤秦桧落第，蕙仙被唐氏送入尼庵。不空逼蕙仙从贱业，蕙仙不允，乃命终日樵汲。义士宗子常命剑客独孤策除却不空等淫尼。宗子常见蕙仙为陆游未婚之妻，留之在府，并设法使陆游在沈园见到蕙仙。陆游既见蕙仙与宗子常在一起，感怀制《钗头凤》词一阕。蕙仙见词，伤愁得病。宗子常劝唐氏回心，陆游往宗府亲迎，蕙仙病笃不起。剧中将《钗头凤》原词入剧，由曹心泉按昆曲制谱，荀慧生当场演唱，收到很好的艺术效果。此剧从内容到舞台上的艺术处理都着眼于“情”，演时十分动人。初演阵容是：荀慧生饰唐蕙仙，金仲仁饰陆游，孙甫亭饰陆母，马富禄饰不空，芙蓉草饰丫环秋香，张春彦饰陆游之堂兄。金仲仁曾说：此剧“当在台上表演恳挚时，往往不自觉真性流溢。每与慧生泫然相对，目睫为濡，泪涓滴以下，欲强自遏止，而有所不能”。于是台上台下一片欷歔之声。李释戡有“新编一出《钗头凤》，恼乱长安士女肠”句，以记其实。1961年，荀慧生参照了抗日战争时期魏于潜（吴琛）写的话剧《钗头凤》剧本，在京剧本中加上汉奸罗汝楫的儿子罗玉书要把唐蕙仙献给秦桧祝寿等情节，“以求主题思想更加突出”，但放在剧中并不熨帖，反把写情部分有所冲淡。荀派传人荀令香、童芷苓、宋长荣等均擅演此剧。改本收入《荀慧生演出剧本选集》。（刘乃崇 蒋健兰）

荀慧生饰唐蕙仙
（选自《荀慧生》）

Chanyuan zhi Meng

《澶渊之盟》 见陈西汀。

Chan Baofu

产保福 （1894～1974） 京剧教师。曾为老生演员。原名宝福，字子周。安徽怀宁人。出身梨园世家，祖父产玉成为徽班文武老生。父亲桂林工小生，60岁始生宝福。幼年初习小生，由其父以《飞虎山》为其开蒙。后因扮相不近小生，改习老生，宗汪派，擅演《文昭关》、《取成都》等剧。1927年到上海，因嗓音受损，专以教戏为业。他勤奋好学，记忆力强，能背诵剧本总纲，又擅司鼓、操琴，故名重一时。曾被许多票房聘为教师，也曾在厉家班和上海戏剧学校任教。周信芳慕其艺，特请他为儿子周少麟说戏。1955年上海市戏曲学校创办京剧班，受聘为老生教师，从事戏曲教育事业达数十年之久，积累了丰富的经验。为京剧舞台培养了不少优秀人才，著名老生演员纪玉良、孙钧卿、关正明等均出其门下，得其教益的后辈为数更多。一生潜心钻研艺术，收藏和抄录了大量艺术资料和脚本，后全部捐赠给戏校。20世纪50年代出版的《京剧传统剧目汇编》中收有他的部分藏本。（张申英）

《盗宗卷》饰陈平（左） 孙钧卿饰张苍

Chang'an Daxiyuan

长安大戏院 现代剧场。原址在北京西单路口迤东40米之路南。业主杨主生，原籍四川新津，酷爱京剧，因想看荀慧生的《钗头凤》，未买到哈尔飞戏院的如意包厢，遂决心自建戏院以偿夙愿，出资3万银元，购得原日升杠房仓库旧址，聘请天津卫华营造社设计并营建。1937年2月1日建成开业。戏院占地1 044.5平方米，建筑面积3 158平方米。砖木结构，3层。门面为塔楼式，高16米。舞台坐西朝东，镜框式，台口为半圆形，中心设有5米直径的转台。开幕首场演出，先是《跳灵官》、《跳财神》、《连升三级》等吉祥戏，然后是奚啸伯的《失街亭》，胡菊琴的《玉堂春》，大轴是金少山的《白良关》。1949年以前在这里演出的演员有荀慧生、李玉茹、宋德珠、李和曾、李玉芝、孙毓堃、萧长华、侯喜瑞、王金璐、谭富英、云燕铭、迟世恭、叶盛兰、陈永玲、尚小云、杨宝森、杜近芳、梁慧超、马富禄等。中华人民共和国成立后的第9天，梅

20世纪50年代初长安大戏院外景

建国门内大街新址外貌 （田佳鑫提供）

兰芳由上海来到北京，于1949年10月14～23日在此演出10天，剧目为《苏三起解》、《奇双会》、《宇宙锋》、《霸王别姬》等。1950年夏季，毛泽东、朱德、周恩来等国家领导人在此观看了由李少春、叶盛章合演的京剧《三岔口》和梅兰芳、刘连荣合演的《霸王别姬》。1955年收归国有。此后，几经改建、扩建，共1 206个座位。1976年地震后，只保留两层。舞台台口宽13米，进深18米。有南北辅台，南辅台18平方米，带灯光操作室。北辅台22平方米。台基高0.8米，檐幕高7米。台顶高16米，有吊杆13道。后台2层，一层有大化装室、服装室，二层有5间小化装室，供主要演员使用。1989年4月，因西单地区准备建设地下铁路车站，长安大戏院停止演出。1991年7月15日，北京市决定在长安街上另选址重建长安大戏院。今址在建国门内大街7号光华长安大厦内，演出与观赏条件更加优越。1996年9月27日重新开业。

（吴增彦）

Changbanpo

《长坂坡》 京剧作品。一名《单骑救主》。作者不详。故事见《三国志演义》第41回、第42回。刘备兵败，挈眷属及军民百姓逃赴江夏。行至当阳县，曹操大军追至。几番冲杀，刘备与糜、甘二夫人等均被冲散。赵云于乱军中独闯重围四处寻觅。先是夺得曹军战马，救中箭倒地的糜芳出险，又救出甘夫人和糜竺。不及歇马，又挺枪驰马，冲入敌阵。糜夫人被射伤，怀抱阿斗匿于土墙之下。赵云寻声而至，欲以自己的战马驮糜夫人出险。糜夫人坚拒，以大将无马难以为战，只托赵云保护阿斗杀出重围，并投身枯井。赵云只得推倒土墙掩盖枯井，将阿斗藏于怀中，东冲西突，杀曹将数十员，在万马军中如入无人之境。曹操心爱赵云骁勇，用徐庶计，传令只要活赵云，不要死子龙。赵云得以突出重围。至当阳桥得遇张飞。曹兵追至，张飞以柳梢拴于马尾，扬尘布疑，昂立桥头。曹操知其勇猛，不战而退。张飞断桥而去。作品赞颂了赵云之忠、义、信、勇。写人写事，常有飞来妙笔，夏侯恩自诩为“无敌大将”，要“生擒小小赵云”，大话说过，出马不及一合，便被赵云一枪刺死，成为曹操的“送剑使者”。着墨不多，极具讽刺意味。《长坂坡》是长靠武生之本工戏。最能体现赵云大将风度的当推杨小楼。此戏既得其父杨月楼的传教，又得其师俞菊笙的衣钵，有“活赵云”之誉。尚和玉、俞振庭及以后的孙毓堃、李少春、李万春、高盛麟、厉慧良、王金璐等亦擅演此剧。剧中糜夫人原是配角，经王瑶卿演出，丰富了“跑箭”(被张郃追赶中箭)、“抓帔”(投井时赵云急救，抓脱外衣，纵身入井) 的表演。梅兰芳亦曾为杨小楼配演此角。《长坂坡》常与《汉津口》连演。即赵云将阿斗交刘备后，关羽于汉津口拒挡曹兵，刘备脱险。一些演员常连饰两角，前赵云，后关羽。清末，京都三庆班每年腊月演出卢胜奎所编全本《三国志》中有《长坂坡》、《汉津口》情节，杨月楼曾演出。今本《长坂坡》当与卢氏改编本有直接联系，并在演出实践中，经后人不断加工润色。全剧场面宏伟，唱念做打四功技艺兼容并献。《京剧丛刊》收有中国京剧院演出本。

俞振庭饰赵云（右） 饰糜夫人者不详

杨小楼饰赵云（左） 钱金福饰张飞

（马克郁）

Changchun Keban

长春科班 京剧科班。清光绪三十一年(1905)由京剧伶工陆华云、胡素仙共同创立（一说由内务府大臣继子绶出资），俗称小长春。班址设在北京宣武门外韩家潭。据出科于该班的李洪春说：该班的创立系受命于慈禧太后，她嘱进宫承差的伶工前往任教，由内廷加俸（见《京剧长谈》第7页）。主要教师有：谭鑫培、王福寿、吴连奎、贾丽川、张淇林、姚增禄、董凤岩、陈春元、鲍福山、陈德霖、余玉琴、杨朵仙、郭际湘、朱莲芬、朱文英、罗福山、钱金福、何桂山、郭春山等。学生均以“春”字排名，如李春才（李洪春）、李春义、张春彦、李春林、刘春利、闻春宝、杨春龙、赵春锦、谭春桐、荣春善、荣春亮、迟春明、张春山、郎春寿、周春平、傅春茂、李春龄等。学生入科须立关书。科班供给食宿穿戴，参加演出后，发给小份儿。入科后分行学戏，同练武功，旦脚加练跷功。教练十分严格，平时没有假日。演出为“大小班”形式。由陆华云、胡素仙及在本班任教的部分演员与外邀演员王凤卿、姜妙香、张毓庭、陆小芬、张彩林、黄润甫、陈文启、杨小朵、朱桂芳、高士杰、李小山等任主演。本班学生可演单出，从《五十年来北平戏剧史材》第二册所录长春班上演的戏目单中可见，凡剧名上冠以“小”字者，皆为学生所演，如《小泗州城》、《小长坂坡》、《小断密涧》、《小下河东》、《小水帘洞》、《小铁笼山》、《小辕门斩子》、《小断后龙袍》、《小取金陵》、《小白良关》、《小打登州》等50余出。另据清光绪三十三年（1907）版《新增都门纪略》中，有迟春明、李春龄、荣春善演《恶虎村》，闻春宝、李春龄演《溪皇庄》，闻春宝演《九龙杯》，周春平演《四杰村》，张春山演《青石山》、《巧连环》，赵春锦演《风筝误》等的记载。演出地点多在三庆园。1908年陆华云去世，办了4年的长春科班报散。学生有的归入承平，有的归入喜连成等。（钮骠）

Chang Chunheng

常春恒　（？～1928）　演员。工武生，兼文武老生。曾用艺名盖中童。直隶宝坻（今属天津）人。清光绪中，随其父梆子名武生常国泰由天津到上海，搭班大观茶园，拜师沈韵秋，习武生，以《莲花湖》（饰胜英）、《英雄义》（饰史文恭）、《花蝴蝶》（饰展昭）、《四杰村》（饰骆宏勋）等剧的出色表演成名。1917年改演文武老生，先后与刘筱衡合作编演连台本戏《封神榜》，与盖叫天、郑法祥、冯子和合演《楚汉相争》。不久，以盖叫天、时慧宝、刘汉臣、白牡丹、尚小云、筱翠花等南北名伶联袂合演的《七擒孟获》轰动申江，常春恒因在该剧中成功地饰演马岱一角而声名鹊起。此后，他又在《九擒文天祥》、《普陀山》和外国故事剧《就是你》等剧中担任重要角色。

常春恒戏装像

常春恒嗓音洪亮，扮相英俊，文武皆备，气度潇洒。20世纪20年代初，他在传统折子戏《抱妆盒》、《天齐庙》的基础上，将以《呼家将》、《杨家将》、《三侠五义》等小说中的故事情节，与刘永春之子合作编演了连台本戏《狸猫换太子》，他前饰陈琳，后饰包拯，突破京剧由净脚饰演包公的常规，开老生行当兼演包拯的先例，并率先运用魔术技法于关键情节中，令观众叹为观止。一时，沪上各大戏院名角麒麟童、小达子等纷起效仿，竞相以各家技艺之长，编排上演此剧。常春恒由此成为京剧海派的代表性人物之一。1923年，他与于振庭等编演了《梁武帝》、《汉光武复国走南阳》、《隋炀帝》、《海刚峰出世》等连台本戏。他主演的刘秀与姚期文武兼重，深受沪、杭等地观众欢迎。1927年，脱离天蟾舞台，与刘筱衡合股经营丹桂第一台，编演《开天辟地》等剧。1928年1月27日遭暴徒狙击而亡。（侯硕平）

changji

场记　导演排戏时为记录排练进展情况而专门设置的人员。主要职责是在整个排练过程中，负责记录整理导演对剧本的解释和对排练的要求。如导演对剧本思想立意、艺术特色、人物形象的分析，台词的解释与修改，舞台调度和舞台节奏的处理，音乐、锣鼓、唱腔的要求，服装、化装、灯光、布景、效果的要求乃至开幕、闭幕的具体意见等，并及时转达给有关部门和人员。在需要时可根据当时的记录代为指导排练。最后还要协助导演完成演出本的文字整理和校订。场记的工作对保证排练的连续性以及修改和复排的准确性有着重要作用。（阎骏）

Changyinge

畅音阁　清代宫廷戏楼。址在北京故宫宁寿宫阅是楼院内。乾隆三十七年（1772）始建，乾隆四十一年（1776）落成。嘉庆七年（1802）、光绪十七年（1891）各修缮一次，1981年再次修缮，保存完好。

畅音阁外貌　（侯钦孟摄）

戏楼北向，重檐，3层，总建筑高20.71米。下层称寿台，高12米，14米见方，大戏演出多以此台为主。台口四柱，设矮栏。舞台内侧帷幕前搭设阁楼，称仙楼。寿台台面上有4个搭垛通向仙楼，上设台阶。仙楼上有2个搭垛经角井通向中层。中层称禄台，前半部分表演区不及寿台的1/3，后半部分为后台。上层称福台，表演区仅有檐下一小部分，其余为后台。福、禄、寿三台总面积685.94平方米，各台均有上下场门。考虑到平地观众的视角，所以二三层的表演区逐层递减。戏楼设多种舞台装置：寿台有活动地板5处，称地井，可通向台下。台下与地井相对处有5口暗井。其四角之井为空心土井，中央之井为水井。地井之设，演出时可扩大音响共鸣。3层之间又有天井（活动天花板）贯通，分设于四角和中央。天井可开可合，上设辘轳，砌末和演员可吊上吊下，而且便于3层间互通音响。这种复杂的舞台结构，适应宫廷大戏的演出需要，剧中的天帝、神佛、

中层禄台　（选自《紫禁城宫殿》）

人间平民可与地下的鬼魅同台，天地人三界交错展现。据曹心泉《前清内廷演戏回忆录》称：有数本戏非在此3层戏台不能演奏者，“一、《宝塔庄严》。内有一幕，从井中以铁轮绞起宝塔五座。二、《地涌金莲》。内有一幕，从井中绞上大金莲花五朵，至台上放开花瓣，内坐大佛五尊。三、《罗汉渡海》。有‘大砌末’制成之鳌鱼，内可藏数十人。以机筒从井中吸水，由鳌鱼口中喷出……四、《阐道除邪》。此端午应节戏也，亦从井中向台上吸水。五、《三变福禄寿》。此戏在台上分三层奏演。最初第一层为‘福’，二层为‘禄’，三层为‘寿’。一变而‘禄’居上层，‘寿’居中层，‘福’居下层。再变而‘寿’居上层，‘福’居中层，‘禄’居下层”(《剧学月刊》第2卷第5期)。戏楼对面为阅是楼，2层，面宽5楹，带前廊，是帝王后妃看戏之处。东西两侧各有转角庑房及回廊13间，与扮戏房相通，是侍臣们看戏之处。楼台相连，错落有致，形成一个完整的建筑格局。

畅音阁戏楼主要用于举行盛大仪典和演出承应大戏。乾隆时太后祝寿、金川祝捷与高宗八十大寿均在此演出。连台本戏演出则每月两次，剧目有《劝善金科》、《昇平宝筏》、《鼎峙春秋》、《忠义璇图》、《昭代箫韶》等。

（周华斌）

changgongxi

唱工戏 京剧演出中以歌唱为主要表现手段展示情节、刻画人物的作品。剧情紧迫、人物内心情感强烈的时刻，往往可以借助歌唱抒发情怀，感染观众，如《空城计》诸葛亮的临危弄险，《碰碑》杨继业的身陷绝境，《祭塔》白素贞对考中状元的儿子许士林哭诉往事，《赤桑镇》包拯向嫂子解说铡死侄儿包勉的因由等。

唱工戏是对戏曲注重歌唱的传统的继承与发展。中国戏曲，不论是套曲体还是板腔体，都把歌唱作为塑造人物的重要手段。京剧早期即从徽、汉、昆、梆等剧种，吸收移植了一批以唱工见长的剧目，早期名家也各有擅长，如余三胜的《碰碑》、程长庚的《文昭关》、张二奎的《打金枝》等，并较早形成了专擅唱工的行当，如安工老生，旦行中的青衣、老旦，净行中的铜锤花脸等。

京剧唱工戏把板腔体歌唱发展到较为完善的程度。作品根据人物情感及剧情氛围等因素，适当地选择不同声腔、板式，为人物抒怀言志确定“形于声”的方式。如《空城计》选用高亢、明亮的[西皮]，与诸葛亮在城楼抚琴抒怀的剧情相配合；《二进宫》选用委婉、低沉的[二簧]，与剧情面临篡位威胁时的沉郁气氛相呼应；《赤桑镇》先用[西皮]，后用[二簧]，表现了包拯与嫂子从情绪较激动的对话转而进入情感深沉的回忆与思考；《祭塔》选用低回、悲怆的[反二簧]，则充分烘托出白娘子饱含血泪的思绪；《哭灵牌》刘备悼念关羽、张飞亡魂，[反西皮]如泣如诉。在人物情感由平稳沉思逐渐转向激情高昂的过程中，则用慢板转原板（或转“二六”）的节奏变化把气氛推向高潮，再用散板做唱段的结尾，以慢、快、散的成套安排使人物情感得到酣畅淋漓的抒发。

《二进宫》
谭富英饰杨波（左） 张君秋饰李艳妃（中） 王泉奎饰徐延昭

在京剧艺术家群体中，擅长唱工戏的演员很多，往往各有拿手剧目，各有创造。《空城计》经谭鑫培删改润色之后，后世演员又根据各自特长，形成独具的风格，如马连良的潇洒、谭富英的酣畅、杨宝森的隽永等，把同一出唱工戏点染上多种风采。这类众多须生均演《空城计》或四大名旦均演《玉堂春》的现象，表现出京剧唱工戏在统一规范之内多样性与丰富性的存在，为流派艺术各显身手、各尽其妙提供了展示与比较的机会。京剧唱工戏所产生的许多广为流传的唱段，曾是不同文化阶层观众共同的爱好。“我正在城楼观山景”(《空城计》)，或是“一马离了西凉界”(《武家坡》)……不少人兴之所起，就会随意哼唱。由观众的体味和领悟来实现审美愉悦，表现出东方艺术和谐、深邃的境界追求。

京剧唱工戏以歌为主，也离不开念白、动作等手段配合。《四郎探母》、《碰碑》等作品，甚至有“翻吊毛”、“摔僵尸”等武工技巧。旦行中如四大名旦所上演的《贵妃醉酒》、《锁麟囊》、《乾坤福寿镜》、《红楼二尤》等，唱做并重，给观众提供了更为丰富的视觉观赏内容。

（田志平）

chang nian zuo da

唱念做打 京剧表演的4项基本功。简称**四功**。是京剧表演程式化的4种艺术手段。唱，指有旋律音调的歌咏；念，指有音律乐感的念白；做，指眼神和面部表情及舞蹈化的形体动作；打，指翻扑打斗的技巧。四者相互融汇结合、互相补充、相辅相成，成为载歌载舞的京剧表演的主要特点。

唱为四功之首，学习唱功第一步是喊嗓练声，学戏吊嗓，以扩大音域、音量，美化音色，锻炼耐力，学会运气、用气，改变生活中唱歌说话的自然状态，进入戏曲演唱的艺术规范。进而要分别字音的四声（即阴平、阳平、上、去），分清尖、团、上口，注意五音（唇、齿、舌、牙、喉各音发声部位）四呼（开、齐、撮、合各种发声演唱口型），练习演唱的吐字、咬字（字头、腹、尾的发出和归韵）、喷口、运腔、润腔、甩腔等技巧。这些练习应先易后难，由简入繁，通常以真声为主的行当，如老生、武生、净、老旦、丑等先由[二簧]调式的[二簧原板]、[二簧慢板]入手，再学以[西皮]调式；而以假声为主的行当，如小生和青衣、花旦，则从[西皮]调式的唱腔开始，再学以[二簧]调式。随着年龄和艺龄的增长，所学剧目和唱段调式、板式的拓宽，在艺术实践中学会体验角色，运用声乐技巧去表现人物的性格、感情和精神境界。

《汾河湾》
梅兰芳饰柳迎春（右） 王少亭饰薛仁贵

京剧的唱，从来不是游离于剧目之外的独立的声乐表演，而是穿插在戏里为塑造人物，揭示人物内心感情的艺术手段。通过演员悦耳动听的演唱，以外化的音乐形象的传达，丰富和加强剧本的文学形象，并使观众得到美的享受。京剧演唱的优劣，取决于演员艺术修养和技术技巧的高低。因演员的审美情趣、体验和理解的不同，也由于唱腔和唱法不同，会形成不同的演唱艺术风格和流派。

京剧念白与唱同样是表达剧中人物思想感情的重要艺术手段。它不是普通的生活语言，而是经过艺术加工和提炼的、具有音乐和节奏感的语言，而与演唱相谐调。

京剧念白大体分为韵白、京白、方言白三大类。韵白和唱一样有韵律要求，是富有音乐性的念白。京白是以北京语音为基础、又接近于生活语言的念白；归类于京白又与韵白相近的“京韵白”，多为剧中大太监之类角色的专用念白。方言白是因移植地方戏而沿袭，或因为突现剧中具体人物的籍贯而采用方言（如苏州、山西口音)的念白。京剧的念和唱是并重的。戏谚云：“千斤话白四两唱”，可见念白在京剧表演中的重要性。

念白最忌口齿不清，吐字含混，节奏平，“一道汤”，无激情，结构乱。好演员的念白，字字清晰有力，抑扬顿挫分明，注重字与字之间的语气衔接，以沉着稳重见长，讲究“快而不快，慢而不慢，快中有慢，慢中有快，快慢结合”，以语调铿锵，节奏鲜明，富于激情取胜，故能感人至深。

20世纪50年代以后，由于普通话不断推广，各地人口的相互流动，为适应广大观众的要求，京剧念白在字音方面发生了很大的变化，在一些剧院（团）有影响的演员的念白中，逐渐形成以北京语音为基本音调，沿袭下来的乡音俗字、“上口字”和不必要的尖字日渐向普通话语音靠拢。在韵白中适当运用普通话口语，在对白中插进语助词，听来既铿锵有力，又亲切生动，富有浓厚的生活气息。有的演员念白口齿伶俐，柔和圆润，在传统京白、韵白的基础上，创造一种京、韵间杂，接近口语的念法，感情真切而又富韵律美。京白的念法，更讲求爽利流畅，字清音亮，出口斩截，吐字明快，传情达意于轻重疾徐、抑扬顿挫之中。由于时代和观众审美需求的变化，艺术门类之间的相互影响，以及剧中人物的需要，演员的天赋条件、师承关系和自我追求，经过长期的艺术实践，逐渐形成不同风格、流派，他们的代表剧目，念白的模式与韵味、技法，相传相沿，和唱一样异彩纷呈，各尽其妙。

做，与唱、念功一样，是京剧演员从小要练的基本功。为着表情的需要，一开始学戏就要练眼睛，使之有神、拢神。正如梅兰芳讲的：“演员们的眼睛，在五官当中，占着极重要的地位，观众常有这样的批评，说谁的脸上有表情，谁的脸上不会做戏，这中间的区别，就在眼睛的好坏。因为脸上只有一双眼睛是活动的，能够传神的。所以许多演员，都有一对神光四射、精气内涵的好眼睛。”(《舞台生活四十年》第70页）这是因为演员塑造人物，揭示角色心理世界和对人物进行剖析刻画、描写，离开一双训练有素、“会说话的眼睛”是难以实现的。所谓人物的戏在脸上，脸上的戏在眼上，若不能用眼神准确地表达，戏就会流于形式，尽管有繁难精彩的形体动作与技巧，而内在的联系却会时断时续，从而影响整出戏的真实效果。同时，演员的眼有神，才能拢住观众的神，也才会聚精会神地看你做戏表情。

《打渔杀家》
李少春饰萧恩（中） 云燕铭饰萧桂英（左） 叶盛章饰大教师

做功通常还泛指形体技巧，即舞蹈化的形体动作。包括头、颈、手、臂、腰、腿的种种基本功。演员通过各种程式，如脚步、水袖、髯口、水发、翎子、手势、扇子等多种技法，结合人物和戏情，灵活运用这些舞蹈化的语汇，来加以表现。京剧界常讲“戏不离技、技不离戏”即是此理。手势中无论是旦脚的“兰花指”，花脸的“虎掌”，脚步中的“蟒袍步”、“褶子步”、“碎步”、“蹉步”、“老头步”、“鹤行步”等，还是水袖功中的抖、叠、翻、抓、抛、甩、转、卷，髯口功中捋、托、撕、甩、弹、叼、捻、吹，水发功中点、打、甩、转、带、盖，翎子功中的掏、衔、绕、涮、抖、摆，扇子功中的扇、转、合、遮、扔、抖、挥等技法、技巧，以及特定人物的耍牙、耍牙笏、耍盘子、耍手绢等特技，都是为了表现人物的不同身份、性格，或展示人物的不同心境、情感，同时创造戏剧情境，烘托戏剧气氛。跷功由于是对旧时代妇女缠足陋习的模仿，中华人民共和国成立后，即从舞台上废除。优秀的演员在舞台上表演各种做功，从眼神面部，从手势到身体各部位，既有内心的体验，又互相谐调，通过外形身段加以表现，内外统一，得心应手，自然贴切，相得益彰。

打，是京剧形体动作的重要组成部分，由两大类组成，即把子功和毯子功。它是传统武术的舞蹈化，是生活中格斗场面及征战前后不同情态的高度艺术提炼。把子也叫刀枪把子，初为传统戏曲演出用的兵器道具的俗称，后习称为武打的同义语。训练京剧演员武打技术技巧的基本功叫把子功。常见舞台上的刀砍、枪扎、剑刺、棍扫、锤砸、钩挑等持械对打或单人、或多人挥舞（京剧界通称“耍下场”或“大操”)，以及徒手格斗等武打和舞蹈动作，叫做打把子。京剧演员从小就要进行把子功的系统训练，由易到难。从拿刀握枪、一戳一站的姿势要力求规范，到对敌拼杀或比武操演的情节表现，要打得有节奏、有章法，有特定的情绪特点、性格特点。把子虽源于武术，但在器械的拿法、用法上不尽相同，它是把武术招数和京剧表演的“帅”(简洁流畅的美感)，剧中人物及情节的需要，巧妙地结合起来，形成舞台上速度快捷、动作迅疾、路线方位变化多端和旋转角度大的连续性搏击运动。此中的“群档子”(多人战斗）或“单对儿”(两个对打)，还与翻、腾、扑、跌等技巧紧密组合，表现出火炽激烈的战斗场面。

为配合打中的闪、转、腾、挪，演员需要掌握和运用各种翻、扑、滚、跌等技巧，即为毯子功（俗称跟斗)。因其要求“幼功”，故从小就须接受训练，学习“拿鼎”、“下腰”，以练腰的柔韧性、协调和控制能力，平衡能力，手臂和腿部力量，为以后的翻扑打好基础。京剧舞台上的跟斗，可以表现翻山过岭、蹿房越脊、腾云驾雾、水中嬉戏、双方战斗等各种情节，成为塑造人物性格、表现剧情、渲染战斗气氛的有力的艺术手段。

京剧的打，单独看类似武术或杂技，如连贯起来运用得当，合乎戏情戏理，打出人物，就成为具有丰富表现力、悦人耳目的舞蹈语言。一段开打结束，双方亮相，胜败明了，正反分清，胜利者乘勇追击之前，要一个下场，展示其得意扬扬的心情；武旦打出手，枪来鞭往，十数枝枪高空飞舞，踢、挑、抓、接，使人眼花缭乱，目不暇接；武净节节败退，接连摔吊毛、抢背、倒扎虎，一副狼狈的败相毕露；武丑更有高超的特技与绝招，上高下蹿，以示人物身轻如燕，轻捷灵巧的本领；僵尸表示惊厥或死亡，蹿毛体现水中战斗，摔叉以喻马力不支，高桌翻下烘托勇猛顽强。

京剧现代戏和新编历史题材剧目的不断涌现，在唱、念、做、打等艺术处理和人物造型上，都有很大的变化与创新，不少剧目借鉴兄弟艺术的表现形式与手法，使唱念做打更加丰富，更加贴近生活，发展了京剧综合艺术的特色，使观众在观赏中得到美的艺术享受。（陈国卿）

Chewangfu Cang Quben

车王府藏曲本 戏曲、曲艺作品集。清代蒙古喀尔喀部和硕亲王车登巴咱尔府中所藏曲本的简称。车登巴咱尔（?～1852）为成吉思汗直系子孙，其四世祖策棱为清圣祖（康熙）女婿，以军功封王。车登巴咱尔于嘉庆二十一年（1816）袭爵，咸丰二年（1852）卒，子达尔玛袭，同治十三年（1874）卒，再传至其孙那彦图。故车王府又称那王府，位于北京安定门内宝钞胡同。所藏曲本，包括戏曲与说唱两大类，均为道光至光绪时期抄本。其中，戏曲以京剧为主，包括部分昆曲、高腔、秦腔、影戏等；说唱有鼓词、子弟书、杂曲等。辛亥革命后散落民间。1925年后，分两批购藏于孔德学校，现分别由北京大学图书馆和首都图书馆收藏，此外，中山大学图书馆、日本东京大学双红堂文库以及台北“中央研究院”亦有少量收藏。全书卷帙浩繁，据郭精锐统计，存世4 681册，1 787种。戏剧中，乱弹（京剧）591种，其余为高腔、昆曲、皮影等（见《车王府曲本与京剧的形成》）。顾颉刚为首批发现整理过一份分类目录，分两期发表于1926年末至1927年初的《孔德月刊》。清代地方戏曲和曲艺作品很少刊印流传，这批藏曲的发现自是弥足珍贵，保留了一批传统剧目的比较原始的面貌，其中有些是未见记载或被认为已经佚失（如薛印轩的《烟鬼叹》）的剧作，具有很高的文献和研究价值。欧阳予倩称其为“中国近代旧剧的结晶”，王季思甚至认为“它的发现可与安阳甲骨、敦煌文书并提”。1989年，中山大学出版社出版了郭精锐、陈伟武、麦耘、仇江编著的《车王府曲本提要》。1990年，该社出版了《车王府曲本选》，包括《龙凤记》、《下河南》、《梅玉配》、《儿女英雄传》、《忠义侠》等剧本。其后，该社又出版了《车王府曲本菁华》，依故事朝代，分为《先秦两汉魏晋南北朝卷》、《隋唐卷》、《宋卷》、《元明卷》、《明清卷》和《综合卷》6卷。除《综合卷》外，其余各卷均为戏曲，且大都是京剧作品。以上两书，均为国家教育委员会古籍整理“七五”规划重点项目，王季思任顾问。1991年首都图书馆编辑、金沛霖主编的《清蒙古车王府藏曲本》由北京古籍出版社出版。1996年，北京古籍出版社依原抄本影印出版了《清车王府藏曲本》（粹编），线装锦函，共200函，规模为原藏本的三分之二。2001年，学苑出版社又以1991年版线装本为底本将其全部缩小影印，共成大16开精装缩印本57册。（颜长珂）

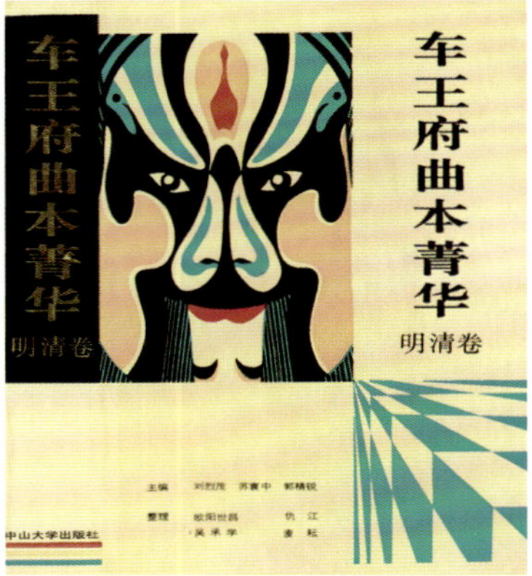

《车王府曲本菁华·明清卷》护封

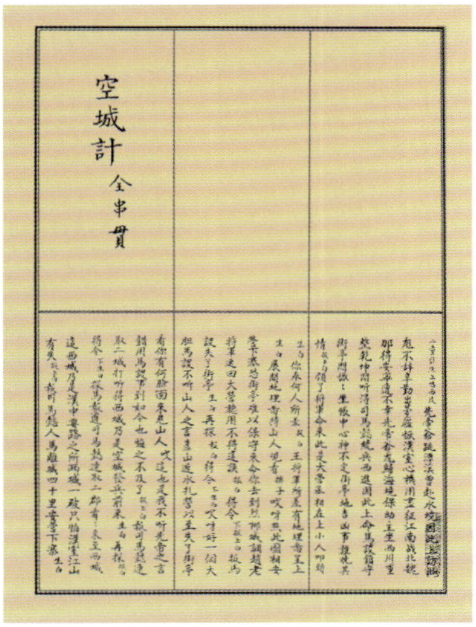

学苑出版社2001年12月出版的缩小影印本（第3册第131页书影）

Chewangfu Quben yu Jingju de Xingcheng

《车王府曲本与京剧的形成》 京剧史研究专著。郭精锐著。汕头大学出版社1999年10月出版。本书为作者在澳大利亚塔斯曼大学亚洲研究专业攻读博士学位的博士论文。作者在赴澳学习前，曾在广州中山大学古文献研究所做了整整8年的车王府曲本的整理与研究工作，包括标点、校勘曲本、研究曲目，又参与主编《车王府曲本提要》、《车王府曲本菁华》（6卷本）等有关车王府曲本的出版物。这些宝贵经历，为作者撰写该书积累了丰厚的资料。该书分《绪论》、《车王府曲本》、《三次浪潮两大系统》、《清代的社会背景及雅部之衰》、《乱弹的兴起》、《爱情故事戏》、《历史题材与通俗小说戏》、《总结与结论》，共8章。兼有附录《车王府曲本戏剧目录》、《清道光四年庆升班剧目272出》。全书主旨论述京剧艺术是在车王府曲本这些平凡的通俗剧作上建立起来的。这些通俗剧作既有“两下锅”，也有“风搅雪”，它体现的正是由乱弹到京剧的历程。离开了这些剧作，离开了清代的五大声腔，不可能有京剧艺术，也不可能哺育出一批名角。中山大学中文系教授吴国钦在为本书所作序言中指出，该书有三大特色：①全书以六七百种“乱弹”剧本为佐证，论述了京剧如何在乱弹中脱颖而出；②作者对京剧为何不用纯粹的北京话演出，京剧文学是否已沦为表演艺术的附庸，京剧因何有众多历史题材等，用车王府曲本中的剧目资料，发表了有益的学术见解；③作者利用在国外学习的有利条件，大量推介并引用了外国学者研究京剧的论述。（陈义敏）

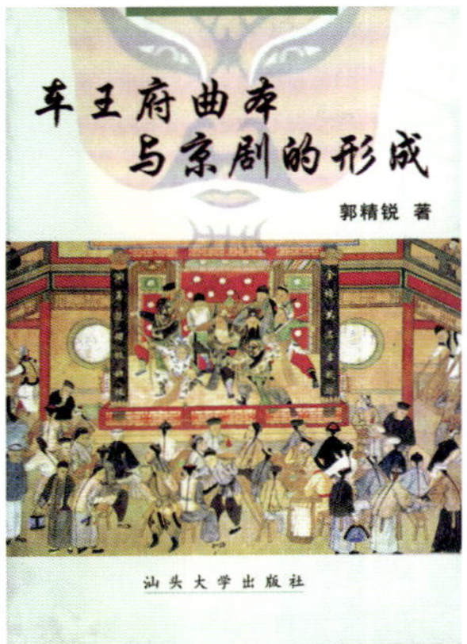

Chen Binyu

陈斌雨 （1909～1977） 京剧教师。曾为老生演员。原名陈世英。北京人。出身艺人家庭。1920年加入俞振庭创办的斌庆社科班习京剧老生，遂改名陈斌雨。1927～1932年在北京各班社流动演出。1932～1939年在上海大世界、上海大舞台以及苏州等地演出。1939～1945年在上海陈承荫任校长的上海戏剧学校任教，教授的学生有周正荣、陈正岩、程正泰、郑正学、景正春、汪正寰（后改汪正华）等。1945年上海戏剧学校停办，开始在各票房流动演出，直至1951年到华东戏曲学校任教。1952年华东戏曲学校撤销，随刘仲秋率部分师生合并到沈阳东北戏曲实验学校。1955年东北戏曲实验校与北京的中国戏曲学校合并，

遂来北京任教直至病故。他是优秀的老生开蒙教师，几十年如一日，对学生一视同仁，耐心诱导，并能亲自为学生操琴吊嗓。经常教授的剧目有：《二进宫》、《鱼肠剑》、《斩黄袍》、《碰碑》、《辕门斩子》、《断密涧》、《逍遥津》等。耿其昌、宋玉庆、刘勉宗等不少当今的著名老生演员以及戏曲院校的老生教师均受过他的教益。

（王世勋）

Chen Dahuo

陈大濩 （1910～1988） 演员。工老生。祖籍福建闽侯，生于山东济南。1924年入福建马尾艺术学校学习，又转上海江南造船厂当徒工，后到杭州公路局工作。他自幼酷爱京剧艺术，从陈福奎练功问艺，20岁开始活跃于各大票房，先后得到吴宝奎、瑞德宝、张荣奎、红豆馆主等名家指点。21岁时在西湖博览会上与梅兰芳同台演出《四郎探母》之后，在票界名重一时。1937年在汉口正式投身梨园，之后到北平意欲拜入余叔岩门下。当时余已重病卧床，就委托琴师王瑞芝给陈说戏吊嗓，又请丁永利为陈练习靠把，打下余派戏路的功底。陈本人为了提高艺术水平，谦虚好学，如醉如痴。为演好《击鼓骂曹》，特制一对铁鼓槌，在膝部练习腕子功。经过苦练文武，深得余派风范。曾与萧长华、梅兰芳、程砚秋、荀慧生、黄桂秋、张君秋、侯喜瑞、叶盛兰等名家同台合作演出。常演剧目有《战太平》、《搜孤救孤》、《法场换子》、《定军山》、《击鼓骂曹》、《文昭关》、《空城计》、《沙桥饯别》、《四郎探母》等。1951年在华东戏曲研究院工作，1959年调山东京剧团，由山东再转入杭州市京剧团。1960年调浙江京剧团。陈对京剧艺术精于研究，乐此不疲。他音量不大，但从唱法和韵味上反复求索，扬长避短，终于练出了韵味纯正、悠然远达的唱腔技艺。为了更深层次地研究发展京剧唱腔的用气和运腔，他长期与中国音乐学院声乐教授沈湘共同探讨中西方歌唱发声的特点，从中探究出了京剧发声规律和方法，在教学和表演实践中取得显著的效果。他有较高的文化素养，除演剧外，还勤于剧本创作，先后创编了《窃符救赵》、《铸剑》、《黄魏争功》、《气壮燕京》、《卧薪尝胆》、《方腊颂》、新本《搜孤救孤》等。他的剧本结构严谨，戏剧性强，易于排演。其中《铸剑》在20世纪50年代华东戏曲会演上荣获奖状。

《铸剑》饰宴之傲（右）
王金璐饰剑子（左） 贺永华饰吴王

他晚年极少登台演出，主要精力用于教戏育人。对学生要求严格，一丝不苟，许多有成就的演员如童祥苓、宋玉庆、缪斌、杨超等都受过他的指拨。

（周攸）

Chen Dao'an

陈道安 （1878～1957） 京胡票友。名以履，字公坦，又号道安。祖籍江苏江阴，出生于北京官宦之家（其父供职翰苑）。13岁由其父邀梅雨田为其授琴解惑，经十数年参悟揣摩，深得梅雨田弓法、指法之真传，通晓京剧各流派，对谭鑫培研究甚深。与梅雨田、孙佐臣、陈彦衡并称为"海内四大胡琴圣手"。陈道安深谙音律，创立了不少"过门"，并首创［柳摇金］、［柳青娘］、［海青歌］等曲牌。清末民初期间，陈道安在上海创办春雷社票房，培养了许多京剧艺术人才。陈与史良才为周信芳、三麻子等编写《三顾茅庐》一戏，久演不衰；又与其子小田为吕美玉之《失足恨》设计唱腔，新颖别致。撰写戏曲评论短文数百篇，散见各报刊，著作有校正旧京剧的单行本数十册。曾存有13岁师从梅雨田起至80寿终时的手抄摘录数十卷，毁于"文化大革命"。曾受聘于刘海粟、徐朗玉所办之上海美术专科学校，教授京剧和音律。所授学生甚多，有"江南满桃李"之誉。学琴于陈而成就显著者有倪秋萍、周振芳；此外，孟小冬、王又宸、狄子平、罗合如均受益于陈的指点。陈留下的部分音响资料有曲牌［山坡羊］、［傍妆台］、［寄生草］和［柳青娘］等。1956年任上海文史馆馆员。长子小田精于京剧音韵；次子小村精于琴，英年早逝；女为珠，工程派。

（金立人）

Chen Delin

陈德霖 （1862～1930） 演员。工旦。本名鋆璋，字麓耕，号瘦云，又号漱云，小字石头。父辈定居北京。祖父为世袭二等子爵，入旗籍，任山东青州副都统。德霖12岁入清恭王府的全福昆腔科班学昆旦，艺名金翠，与钱金福同科。老师为周阿长、杜阿五、陈寿彭等人。该班报散后，入程长庚养子程章圃主持的四箴堂科班，习皮簧青衣及刀马旦，改艺名为得林，后改德霖，又作德林。同科有陆杏林、张淇林、李成林、李镜林、钱敬林（金福）诸人。入科学刀马旦戏《湘江会》、《娘子军》、《杀四门》等剧，并从著名

陈德霖（坐者）与（右起）梅兰芳、王瑶卿、王蕙芳、姜妙香、王琴侬、姚玉芙合影

昆旦朱莲芬学《游园惊梦》、《金山寺》，从朱洪福学《打花鼓》、《挑帘裁衣》等剧。在文武昆乱技艺上，打下扎实功底。19岁出科，隶三庆、福寿各班。当时昆曲日趋衰微，皮簧兴盛，他又拜田宝琳为师，专攻青衣，并得通谙音律的名票孙春山指教，艺能大进，名声日噪。近人罗瘿公在《鞠部丛谭》中记述说："德霖昆曲功力最深。及光绪中叶，昆曲极衰，无人过问，其时德霖乱弹功力尚浅，歌台之上，黯然无色。及他日锐进至登峰造极，人但知其为青衫泰斗，而不知其昆曲如是精能也。"清光绪十六年（1890），选入清廷昇平署任民籍教习。中年曾一度失嗓，唱《落花园》，被人嘲笑，乃辞班不演，发愤用功，刻苦锻炼，寒暑不辍。数年之功，嗓音居然复原，且更优于先前，至老不衰。50岁后，唱《祭塔》、《祭江》、《孝义节》诸剧，满宫满调，神完气足，精彩动人，声名之盛，超越早年。他出科后50年里，先后与王楞仙、俞菊笙、谭鑫培、陆华云、许荫棠、龚云甫、杨小楼、王瑶卿、王凤卿、梅兰芳、余叔岩诸家同台献艺，名重一时。

《断桥》饰白娘子（右） 余玉琴饰青儿

他艺承胡（喜禄）、时（小福）路数，兼容（余）紫云唱法，昆乱不挡，表演恪守传统规范，注重唱功，法度严谨。嗓音清亮圆润，峻峭高拔，富于阳刚之音，时人评为"音要妙而流响，声激越而清厉"。因侧重声高腔圆，在吐字上偶有疏于真确有力之疵，但瑕不掩瑜。所唱《宇宙锋》的［节节高］、《五花洞》的［十三咳］和《祭江》的［反二簧］，被推为"一时绝唱"。他的表演因得力于昆曲戏和《打花鼓》一类剧目的根底，身段规整稳练而又大方灵活。如演《芦花河》中的"哭尸"一场，饰樊梨花，就有前后、左右甩发绺的技艺，演来干净利落，得心应手。晚年与梅兰芳合演《游园惊梦》，扮杜丽娘，虽年逾花甲，然歌情舞态，细腻传神，处处到家，使人忘其为一老者。由于早年曾入清宫演唱，观察、模拟宫内生活，深有心得，至晚年扮演萧太后一角，以其雍容华贵的仪态，端庄凝重的举止和富有气派的言吐，尤以旗装贵妇的步法，俨然一执掌兵权的国主风度，不让梅巧玲专美于前，后世奉为典范。

他能戏极多，常演的昆曲剧目有《思凡》、《出塞》、《琴挑》、《刺虎》、《乔醋》、《小宴》、《絮阁》、《断桥》、《赠剑》、《活捉》、《游园惊梦》、《折柳阳关》、《奇双会》(吹腔)，皮簧戏剧目有《祭江》、《孝义节》、《祭塔》、《孝感天》、《芦花河》、《彩楼配》、《三击掌》、《武家坡》、《银空山》、《大登殿》、《战蒲关》、《武昭关》、《南天门》、《桑园会》、《二进宫》、《御碑亭》、《金水桥》、《宇宙锋》、《五花洞》、《混元盒》、《雁门关》、《三娘教子》、《四郎探母》等。晚年还曾佐梅兰芳演出《上元夫人》、《麻姑献寿》等新戏。

他演出之余，热心课徒授艺，主张"艺要精传"，对登门求教者，无不循循善诱，诲人不倦，桃李门墙之盛，得"名青衫无不出其门"之赞。当时的名旦王琴侬、王蕙芳、姜妙香、吴彩霞、姚玉芙、韩世昌、俞步兰、黄桂秋等均为及门弟子。王瑶卿、梅兰芳、尚小云、程砚秋、欧阳予倩、荀慧生亦曾得其教益。名票红豆馆主、蒋君稼等也受过他的指点。当时，被剧界尊称为"老夫子"。他的性格温厚慈祥，待人谦逊诚挚，尤以其孝行为同人称道。一生自奉俭朴，平素布衣蔬食，不事浮华，入王公府第串演堂会，常遭仆役白眼，因衣饰粗陋而被当做乡下人。他热心公益事业，常为本界同人尽力，凡有邀请参加赈灾济困的义演和窝窝头会演出，从不推辞。晚年为接济穷苦病者，赠送药品，不取分文。陈德霖艺高德劭，为后人尊仰，在继承、发展和传播京剧旦脚艺术上，作出了卓著贡献，是京剧史中从时（小福）、余（紫云）到王（瑶卿）、梅（兰芳）之间，承前启后的关键性人物。1930年7月27日病故于北平。长子福喜（少云）、次子福寿（少霖）及孙志清，承继家学，仍业梨园。女婿为著名京剧老生余叔岩。陈少霖之次子陈志明辑有《陈德霖评传》，内除陈志明的《陈德霖艺术生活传略》外，辑有30多篇评论文章，文津出版社1988年出版。

《四郎探母》饰萧太后

（钮骠）

Chen Furui

陈富瑞 （1904～1995） 京剧教师。曾为净脚演员。北京人。出身三代艺人家庭。9岁学丑脚。1916年入富连成社科班学艺8年，工净。出科后，入斌庆社为李万春、王少楼等配戏。曾与徐碧云、贯大元、荀慧生、雷喜福、高庆奎、言菊朋、陈晓坤、小白牡丹、尚小云等合作，演出于上海、南京、汉口、哈尔滨等全国各地，达28年之久。1932年开始间断的教戏生涯，先在北平科班执教，1941年随光华社学校到天津鸿春社任教员。1951年到上海华东戏曲学校传艺。1952年调上海京剧院。1959年调到上海市戏曲学校任教，直至病逝。他功底深，戏路宽，教学严，又富有艺术创造力。曾发表《戏中的七窍》等论文，出版京剧藏本《太湖山》。学生有方洋、陈治平、孙世龙、钟维德、吴大军、苏盛义、田恩荣、周鲁中、张达发、王世杰、王群、蔡荣弟、吴洪发等。

《芦花荡》饰张飞

（赵兴国）

Chen Guilan

陈桂岚 （1864～约1921） 衣箱管理师。又名祥。祖籍江苏镇江。祖金雀（1800～1878）、父寿彭（1832～1877，小名连儿）皆为著名小生演员，在内廷充当民籍教习，《清代伶官传》中均有传。桂岚为寿彭第四子，在陈氏昆仲间排行第五，又称陈五。幼习衣箱管理业，清光绪二十年（1894）后选入昇平署。其时在内廷管理衣箱者共10人，桂岚等5人管大衣箱、二衣箱（即靠箱），另5人管盔头箱。宫内演剧衣盔名目繁多，实百倍于民间。若演大戏如《九九大庆》、《罗汉渡海》等，诸佛仙神将各有专用衣装。何角应先，何角应后，何角文扮，何角武扮，非了然于胸、经验丰富者不能胜任。桂岚等以5人而为百余人扎扮，能从容应付，有条不紊，其技艺之熟练，可以想见。民国以后仍不时搭班。1921年前后卒。子斌雨，为老生演员。

（龚和德）

Chen Hefeng

陈鹤峰（1904～1981） 演员。工老生。原名陈鸿声。浙江鄞县（今宁波市鄞州区）人。13岁从师谢月亭学唱老生。两年后，演唱于浙江及江苏南部各地，常演“三斩一碰”等唱功戏，兼演武戏。1929年到上海，搭班于周信芳任主演的老天蟾舞台。私淑麒派艺术。一次，因周信芳患病而临时代演救场成功，得到周信芳的赞许，于1932年收他为徒。以后在荣记大舞台演出《西游记》，又在新天蟾舞台领衔主演《金镖黄天霸》、《华丽缘》等连台本戏，广受欢迎。1943年和1948年两次到武汉演出。1949年9月由长沙回上海路过武汉时，经挽留演出于民众乐园大舞台并参加筹建中南京剧工作团，任总团副团长兼第二分团团长。1952年该团改为武汉市京剧团，任副团长。1960年调任湖北省戏曲学校副校长，致力于教学工作。其表演细腻潇洒，神完气足，嗓音宽润，吐字清晰，有强烈的感染力。擅演剧目有《楚汉相争》、《观画跑城》、《四进士》、《打严嵩》、《明末遗恨》等。20世纪50年代以来积极参加戏曲改革工作，整理旧剧，排演新戏。1949年参加武汉市第一届戏曲会演获表演一等奖。1952年参加第一届全国戏曲观摩演出大会获表彰。1956年参加湖北省第一届戏曲会演获表演一等奖。

《甘露寺》饰乔玄

（石受成）

Chen Hekun

陈鹤昆（1919～1995） 演员。工生。上海人。14岁进上海科班喜临堂习艺，名全喜，得该班创始人张远亭传授。初学武生，后改文武老生，曾受业于杨菊笙等多位名家。勤奋好学，刻苦自励，练就一身扎实的基本功。1941年出科后巡演于杭州、嘉兴、湖州一带，露头角。继而辗转北京、天津、南京等地。20世纪40年代中叶起，长期在上海天蟾舞台、共舞台等剧场演出，与南北诸大名家同台合作。这期间，拜赵如泉为义父，并先后向应宝莲、张国斌、李吉来、唐韵笙等学戏，广征博采，积累渐丰。他戏路宽，能戏甚多，演传统戏常有独到的发挥，在南派京剧领域颇有建树。其表演属“狠派老生”路数，火炽激烈，有鲜明特色。如《九更天》、《火焚绵山》中的髯口功、水袖功、水发功和“反肘棒子”，以及三张桌上摔“踝子”落地等高难度技术，均能造成强烈的剧场效果。至70余岁高龄，翻“反肘棒子”依然稳健、结实。他向魔术师莫非先学习变幻的技巧，在《九更天》“滚钉板”一场中增加了“抓火炼”、“手浸油锅”、“赤脚踩碎玻璃”等惊险表演。他嗓音洪亮、苍劲、浑厚，常演的《明末遗恨》、《徐策跑城》、《临江驿》、《董小宛》、《一捧雪》、《生死板》等麒派名剧，曾得周信芳指点和刘斌昆、刘韵芳的精心加工。1953年他主动申请“支内”，不久调安庆市京剧团，任团长。在黄梅戏故乡，他因经常上演富有南派特色的关公戏、包公戏、济公戏而风靡安徽各地。当地戏迷亲切地称他“陈三公”。他的关公戏宗法小三麻子（李吉来），包公戏遵循小达子（李桂春）的路数，济公戏则继承义父赵如泉的传统，扮相、技艺酷肖“赵老开”，在戏里还穿插了古彩戏法，观众很感兴趣。1964年后，他在现代戏《红灯记》中演鸠山，《智取威虎山》中演座山雕，均出色当行。1987年退休回到上海，潜心挖掘、整理出一些传统南派剧目。1988年10月，上海举行中国南派京剧研讨会专场演出，他主演《九更天》、《落帽风》（南派《断太后》）。又参加周信芳诞辰94周年纪念，演出了濒临失传的《汴梁图》（《北汉王》）。他忠于艺术，诚恳热情，曾向上海昆剧团名丑刘异龙传授表演济公的技艺，为评话名家吴君玉排练《追韩信》身段。青年演员和各界票友登门求教者甚众。

《汴梁图》饰刘承佑（中） 吴江燕饰柳瑞莲（右）
魏朔峰饰苏逢吉（左） 熊志麟饰太监（张展业提供）

（张展业）

Chen Jialiang

陈嘉樑（1874～1925） 笛师。江苏苏州人。为昆曲名家陈金爵（金雀）之孙、陈寿峰之子。初习小生，后因嗓坏改习场面，以吹笛称著。清光绪二十五年（1899）搭入同庆班。次年（1900）被选入昇平署。民国以后，随梅兰芳演出为多。1919年随梅赴日本演出。他与方秉忠、曹心泉被梨园界公认为三大笛师。其祖陈金雀在南府承应多年，搜集传奇剧本甚夥，都留给其父陈寿峰，寿峰又传给嘉樑。因家境衰落，嘉樑将这些剧本分别出售给程砚秋、梅兰芳二人。“陈氏父子在收藏曲籍上的

功绩，是不应埋没的”(王芷章《中国京剧编年史》第759页)。

（劲翁）

Chen Junqing

陈俊卿　(1882～1953)　京剧作家。直隶河间（今属河北）人。善于编导连台本戏。初学河北梆子，工小生，曾与高福安、李吉瑞、金钢钻、小香水等同台演出。1911年辛亥革命后，从哈尔滨到了天津，第一次试排的连台本戏是《鲍超出世》(又名《炮打连镇》或《小阎王造反》)，由高福安主演。后因据新闻编排的时事新戏《枪毙温曲九》触犯天津警方，受到迫害，在高福安等人的帮助下，又回到了哈尔滨。1920年受上海天蟾舞台之聘南下，以排连台本戏《狸猫换太子》一剧轰动上海，后到大舞台与小达子合作，前后9年，连演36本。在上海期间还排演了《岳飞》、《孙庞斗智》等。1930年北归天津，受聘于稽古社。6年内，排了《狸猫换太子》、《西游记》、《封神榜》、《孙庞斗智》、《永庆昇平》等多部连台本戏，尤以《西游记》最为突出，先后演出24本。当时天津曾流行“不看天华景的《西游记》——白活”的歇后语。1936年以后，陈俊卿又到山东、河北、山西及东北各地，传播了他编排的猴戏和包公戏。抗日战争爆发后返回天津，在南市大舞台组共和班，任正乐社社长。1940年前后，帮助高渤海为稽古社子弟班编《侠盗罗宾汉》提纲，其后在石家庄为小盛春排了《西游记》。1945年曾在太原为刘麟童说戏。1947年在天津南市大舞台排连台本戏《金鞭记》，刘麟童饰包拯，姜铁麟饰呼延庆。1951年曾加入天津移风河北梆子剧社，为韩俊卿翻排程派名剧《锁麟囊》、《荒山泪》以及现代戏《刘巧儿告状》。后以编排太平天国连台本戏，患脑溢血辞世。

（张燕鹰）

Chen Lincang

陈霖苍　(1949～　)　演员。工净。北京人。蒙古族。出身梨园世家，外祖父为言派创始人言菊朋，父亲为著名旦脚陈永玲。受家庭熏陶，幼入甘肃省艺术学校学习，先后在兰州市青年京剧团、甘肃省京剧团任主演，后任甘肃省京剧团团长。1982年拜尚长荣为师。常演的传统剧目有《霸王别姬》、《李逵探母》、《将相和》、《连环套》、《战宛城》等。20世纪70年代末以来陆续演出了一批新编古代剧和现代戏。在京剧《南天柱》中饰演的陈毅，给观众留下深刻印象，于1979年获文化部优秀表演奖。在改编、创作的京剧《原野》和《夏王悲歌》中分别扮演仇虎和李元昊，广获好评。1999年，在江苏省京剧院创排的现代戏《骆驼祥子》中饰演祥子，正确把握戏曲艺术的继承与创新的辩证关系，将京剧艺术的传统手法与现代生活相结合，达到了整体的和谐、统一，是京剧现代戏表演艺术的突出成就。此剧足迹遍及大江南北，深受欢迎，获得多项奖励。陈霖苍于1995年和1999年两度获得梅花奖，并以李元昊和祥子的表演两度获得文华表演奖。2000年调江苏省京剧院任院长，2004年调江苏省戏剧学校任艺术总监，2006年调中国戏曲学院任表演系教授。陈霖苍曾于1999年进中央戏剧学院高级导演研究班进修导演艺术，导演作品有《天下归心》、《天马歌》、《射天》、《下鲁城》(与任鸣合作)等。

《骆驼祥子》饰祥子（左）　黄孝慈饰虎妞

（史捷）

Chen Moxiang

陈墨香　(1884～1942)　京剧作家。又名敬余，自号观剧道人。湖北安陆人。父陈学棻是清同治翰林，官至工部尚书。他厌恶官场，潜心研习戏曲，在多家报刊连载《墨香剧话》、《墨香随笔》、《寒香亭剧话》、《活人大戏》、《梨园岁时记》等。与王瑶卿相友善，向王学戏，经常走票演出，工青衣、花旦和刀马旦，与路三宝、余玉琴等合演过《探寒窑》、《能仁寺》、《也是斋》、《虹霓关》、《法门寺》、《破洪州》等。他曾为王瑶卿、程砚秋、尚小云、王玉蓉等编写剧本，1924～1935年与荀慧生长期合作，创作改编45出京剧剧本，为荀派的形成、发展起了重要作用。他一生创作、改编整理京剧剧本100余种，主要有全本《玉堂春》、《棒打薄情郎》、《丹青引》、《香罗带》、《香菱》、《柳如是》、《艳云亭》、《渔家乐》、《香祖楼》、《怜香伴》等。并为评剧演员喜彩莲编过《怀乡梦》、《十三妹》等。他擅长编写旦脚戏，塑造了一系列不同类型和性格的女性形象，丰富了京剧舞台人物画廊。既有《钗头凤》中的唐琬、《红楼二尤》中的尤二姐、《勘玉钏》中的俞素秋、《鱼藻宫》里的戚姬、《霍小玉》中的霍小玉等悲剧形象，又有《棋

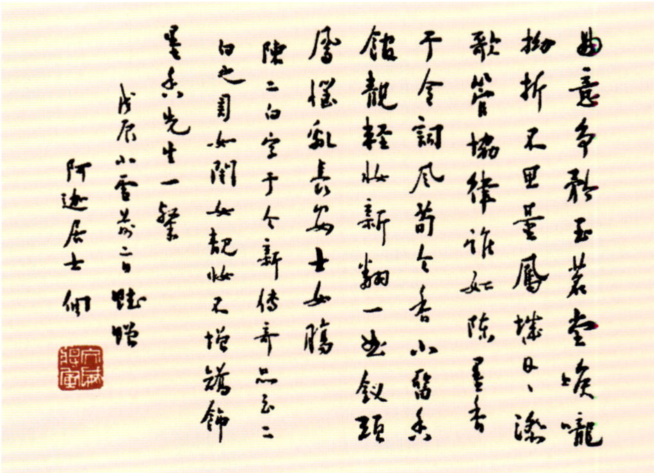

李释戡书赠陈墨香诗笺（1928）

盘山》中的窦仙童、《三春结婚》中的陶三春、《勘玉钏》里的韩玉姐等喜剧人物，并有《荀灌娘》中的荀灌娘、《美人一丈青》中的一丈青、《秦良玉》中的秦良玉、《儿女英雄传》里的何玉凤等巾帼英雄，还有《杜十娘》中的杜十娘、《孔雀东南飞》里的刘兰芝、《庚娘》中的庚娘、《红楼二尤》里的尤三姐、《东吴女丈夫》中的孙氏等刚烈女子。由于他熟悉戏曲舞台，又吸收古代杂剧传奇和地方戏之长，了解观众的欣赏习惯，能以简洁的手法铺叙情节，又能在紧要处浓墨重彩，精雕细刻。他写剧词，注重人物身份，不落旧套。荀慧生谈到他与陈墨香的合作，“真像刀对鞘一样，彼此知心，相互启发，每一个剧本全是在这种友谊的情况下打出来的”（《荀慧生演出剧本选·后记》）。 （秦华生）

Chen Shaolin

陈少霖 （1911～1967） 演员。工老生。又名福寿，字沛如，自号春阳居士。北京人。其父陈德霖为前辈名旦。自幼秉承家学，9岁开始登台。初从王月芳、袁德光、沈杰林学艺，后拜陈秀华专攻老生。又从余叔岩学戏，1936年拜张春彦为师。曾与金少山、侯喜瑞、筱翠花、华慧麟、章遏云、赵啸澜、言慧珠、李世芳等合作演出。20世纪40年代自立春阳社，与裘盛戎、刘砚亭、孙盛武等先后在北京、天津、上海以及山东、山西等地演出。中华人民共和国成立后参加联谊京剧团、北京市京剧团，与张君秋、赵燕侠、吴素秋等合作演出。擅演剧目有《击鼓骂曹》、《失街亭、空城计、斩马谡》、《大保国、探皇陵、二进宫》、《红鬃烈马》、《搜孤救孤》、《捉放曹》、《断密涧》、《四郎探母》、《审头刺汤》、《状元媒》、《银屏公主》、《赵氏孤儿》等。其子陈志清工老生，弟子有李世明、李永生等。 （金力）

Chen Shaoyun

陈少云 （1948～ ） 演员。工老生，宗麒派。生于北平（今北京）。出身梨园世家。9岁入湖南洪江市京剧团学艺，在其父陈俊伦（武生演员）严格训练下，幼功扎实。10岁进湖南黔阳专区戏曲学校，师从方航生、侯育臣等，专攻文武老生。后在黔阳地区京剧团继续学习并参加实习演出。1970年入湖南省京剧团，成为该团当家老生。其戏路较宽，传统戏有《徐策跑城》、《乌龙院》、《文昭关》、《碰碑》、《定军山》、《战太平》和《白水滩》等，新编古代戏有《闯王进京》、《云罗山》、《投笔记》、《紫金锤》等，现代戏有《红灯记》、《沙家浜》、《智取威虎山》等。曾向江南名老生达子红（纪鸿春）请益，后拜名导演阿甲为师。1990年，阿甲亲自为他修改加工《下书、杀惜》，并以此剧晋京参加徽班进京200周年纪念演出，受到好评。在京期间，又拜麒派名家赵麟童为师。1993年以《清风亭》的表演，获得第十一届梅花奖。同年以《跑城》、《杀惜》角逐梅兰芳金奖，获得提名奖。1994年借调上海京剧院，在新编连台本戏《狸猫换太子》中饰陈琳，获第六届文华表演奖。1996年正式调入上海京剧院后，得到明毓琨、小王桂卿、孙鹏麟、孙鹏志、张信忠等指点，并拜周信芳之子周少麟为师。陈少云坚持转益多师，不断深化对麒派艺术的理解，更加自觉地结合自身条件，发扬麒派唱做并重、精心塑造人物性格的优良传统。1999年借调北京京剧院，在系列贺岁京剧头二本《宰相刘罗锅》中，饰演一个其貌不扬而才慧过人、幽默和富于正义感的喜剧人物刘墉，再获第十届文华表演奖。他在南北两出连台大戏中担纲主演，以麒派艺术风格成功地塑造了两个崭新的人物形象——陈琳、刘墉，赢得观众普遍喜爱，在京剧界声誉鹊起。2004年又在新编历史剧《成败萧何》中成功饰演萧何，获第五届中国京剧艺术节特别荣誉表演奖。此外，他还为浙江省京剧团的《东坡宴》主演苏轼，为青岛京剧院的《驼哥与金兰》主演驼哥，均获好评。其为人质朴、谦和，勤奋敬业，富有创造力，被誉为当今麟派艺术“掌门人”。2010年又获文化部首次颁发的中国文化艺术政府奖文华表演奖。 （龚和德）

《狸猫换太子》饰陈琳 《成败萧何》饰萧何

（刘海发摄）

Chen Shengtai

陈盛泰 （1911～1988） 京剧教师。曾为小生演员。本名文瑞。祖籍江苏苏州。曾祖陈金爵为昆腔小生，于清嘉庆年间由苏州北上，入清廷南府承差。因所演《金雀记·乔醋》一剧之潘岳出色，得嘉庆帝赏识，赐名“金雀”。道光七年（1827），南府改昇平署，民籍学生均被裁退，唯陈金雀留京，定居京师。金爵二女适梅巧玲，即梅兰芳之祖母。三女婿钱阿四，为昆腔正旦。长子寿彭，工昆小生，隶三庆、四喜各班，后任教于全福昆曲科班。次子寿峰，工昆老生，为全福昆曲科班总教习，陈德霖、钱金福等均曾受业于该班。寿峰子嘉樑，为著名笛师，曾常年为梅兰芳吹笛。嘉樑有三子，皆坐科于富连成社科班。长子富涛习老生，次子富瑞工架子花脸，盛泰即其三子。盛泰在科从萧长华、萧连芳学小生，雉尾生、纱帽生、扇子生、穷生，各工均能，长于为老生及旦脚配戏。出科后历搭荀慧生、谭富英、马连良、李盛藻、奚啸伯、杨宝森及李世芳、毛世来、张君秋、宋德珠、新艳秋各班，演唱于北京、天津、上海、南京及苏州、无锡、宁波各地。1951年加入中国戏曲研究院京剧实验工作团。1954年调北京戏曲实验学校（今中国戏曲学院）

《断桥》饰许仙

任教。除教课外，并兼任班主任。学生有夏永泉、萧润德、赵寿延、孙敬民、赵慧笙、张永远、马玉琪、刘泽寰、叶少兰、于万增、孙宝铭、王显和等。在此期间，曾将家藏的清代昆曲手抄本200余册及自己的剧装无偿捐献给学校。1974年退休后仍在家接待求教者，授艺不辍。（钮骠）

Chen Wenxing

陈文兴 （1906～1979） 乐师。司小锣。北京人。幼年在富连成坐科，后拜汪子良为师，学习小锣。汪子良以演奏小锣、能识谱、善教唱、会戏甚多和长于教学闻名，陈文兴得以继承其师的长处，不但小锣打得出众，且又精通昆曲曲牌。京昆戏里有很多以小锣为主奏的曲牌，如果没有经过严格训练，不会演唱，在舞台上是绝对无法应付的，陈文兴最为擅长演奏这类昆曲小锣曲牌。他的演奏手法规范，基本功扎实，手音好听，无论是强弱疾徐都能驾驭自如，慢击时悠扬圆润、富于韵味，快击时清新干净、密而不乱。尤以演奏快速度的强弱轮奏（如［带锣］、［长丝头］一类锣鼓）清楚利索、强弱分明，为人称道。陈文兴早年曾傍着鼓师乔玉泉为马连良打小锣，1951年随李少春参加中国京剧院，与鼓师王德元等合作，长期为李少春、袁世海演出打小锣。20世纪50年代后期调往北方昆曲剧院工作。（许瑾忠）

Chen Xiting

陈西汀 （1920～2002） 京剧作家。原名熙鼎，字光祖，一字象百。江苏滨海人。其父兄均工诗文。自幼爱好京剧艺术，1948年开始从事京剧剧本写作。曾任南京市京剧团、江苏省京剧团、

华东戏曲研究院及上海京剧院编剧。1981年调上海艺术研究所，从事戏曲文学创作和研究工作。他创作、改编的作品有50余种，包括历史题材的《长平之战》、《汉武帝与拳夫人》及《红楼梦》系列等。1958年根据同名话剧改编的《红色风暴》以著名的“二七”大罢工史实为题材。同年7月上海京剧院三团首演。马科导演，霍鑫涛（饰林祥谦）、张信忠（饰施洋）、许顺彬（饰吴佩孚）、陈正柱等主演。改编后的京剧在继承传统的基础上对表现现代生活做了有益尝试。1962年编写的《澶渊之盟》是周信芳演出的最后一部历史剧。描写辽邦萧太后借狩猎为名，欲袭取汴梁。宋朝宰相毕世安力荐寇准挂帅。宋真宗御驾亲征。寇准部署就绪，上城楼饮酒赏雪，萧太后疑宋军有埋伏，匆匆收兵，愿与宋军议和。宋真宗本怯战，遂订澶渊之盟。1962年5月在武汉试演，同年10月1日在上海天蟾舞台首演。周信芳导演并主演寇准，赵晓岚饰萧太后，汪正华饰宋真宗。剧中的寇准唱做并重，为周信芳发挥自己的表演特色提供了基础。在城楼赏雪一场有大段［西皮慢板］唱腔，为周信芳晚年所演剧目中所罕见。1963年4月上海文艺出版社出版单行本。陈西汀的剧本创作着墨于发掘人物精神世界，注重文采。在历史剧编写中，力求历史真实与艺术真实的和谐统一。他为盖叫天编写了《七雄聚义》，整理了《武松》、《劈山救母》，为童芷苓改编了《尤三姐》，为沈小梅整理了《宇宙锋》，为张春秋编写了《花木兰》等。陈西汀的散文、诗词、评论作品数量亦丰，曾获1984～1986年度上海文学艺术评论奖。毛时安主编《大音希声——陈西汀剧作选》，收入剧本16种，上海社会科学院出版社2005年5月出版。（沈鸿鑫）

《澶渊之盟》 周信芳饰寇准（右）赵晓岚饰萧太后

Chen Xiuhua

陈秀华 （1885～1966） 京剧教师。曾为老生演员。祖籍江苏苏州，生于北京。曾用名陈喜奎。出身梨园世家，曾祖陈天爵与陈金爵（金雀）为昆伶。祖父陈寿山，为清同治时期著名小生。父亲陈啸云，

初习老生、小生，后拜梅巧玲为师，改习青衣。陈秀华幼年师从贾丽川，习文武老生，后师法谭鑫培，功底扎实深厚，嗓音苍劲浑厚，做工细腻传情，有“小鑫培”之称。少年时曾赴天津、济南、沈阳等地演出，20岁败嗓辍演，遂以教戏为生。曾为杨宝忠开蒙说戏。斌庆社科班成立后，特聘他为专职教师。在斌庆社搭班学艺的杨宝森拜他为师。1927年，陈秀华应邀到上海教戏，当地的名演员和名票友均纷纷前往求教。后又应李桂春之聘，到上海任李少春剧团顾问，并继续在上海收徒授艺。抗日战争胜利后，陈秀华回到北京，着重辅导杨宝森，帮助杨宝森在学习余派基础上，结合自身中低音宽厚的条件，创造出杨派唱腔艺术。1956年被聘为上海市戏曲学校京剧教师，为培养京剧艺术的接班人鞠躬尽瘁。从教50余年，循循善诱，指点诀窍奥妙，丝毫不遗。其弟子众多，从其问艺者更不计其数。较著名的弟子有杨宝忠、杨宝森、孟小冬、谭富英、张文涓、李少春、杨菊芬、王少楼、刘宗扬、纪玉良、王世续、刘佩君等。（吴焕）

Chen Yanheng

陈彦衡 （1868～1933） 音乐家、琴师。又名陈鉴，字新诠，排行十二，人称陈十二。四川宜宾人，久居北京。陈彦衡出身宦门，自幼攻读诗书，因厌倦八股文，几次应试未中，后以国学生员身份

在直隶候补知县。青年时代，陈彦衡无心追求仕途，热衷于研修民族传统艺术。他精于音律，曾经学习七弦琴，擅长书画，尤其爱好当时风靡全国的京剧。早年因与直隶总督杨士骧的子侄常在一起钻研谭派唱腔，而到总督衙门担任文案。同时广泛结交京剧名角、名乐师，潜心研究京剧唱腔和胡琴的演奏。在随其父迁居北京后，陈彦衡结识梅雨田，遂为挚友，得其传授胡琴演奏技巧及谭鑫培演唱艺术的精华。后来有人推荐陈彦衡为谭鑫培吊嗓子，初次合作，陈彦衡为其《碰碑》、《空城计》等唱段的托腔竟能丝丝入扣，谭鑫培深表满意。此后，谭鑫培曾多次邀请陈彦衡为其操琴，在设计、修改唱腔时还曾吸取他的建议，从而确定了并非科班出身的陈彦衡在京剧界的地位。梅雨田去世后，遇到

演出《碰碑》一剧，谭鑫培总希望陈彦衡能为之操琴伴奏。

陈彦衡对京剧演唱艺术的研究得到了梨园界的普遍认可，京城曾有许多京剧名家先后向陈彦衡问艺。民国初年，余叔岩倒仓后，由其岳父陈德霖陪同向陈彦衡问艺，学习了《托兆碰碑》、《失空斩》、《捉放曹》、《南阳关》、《连营寨》等多出谭派戏。陈彦衡不仅传授其唱腔，还为其吊嗓，助其恢复嗓音，达到了良好的效果。1915年余叔岩正式拜谭鑫培为师后，陈彦衡继续指导他学习谭派剧目，促成其成为谭派艺术的重要传人，继而形成独树一帜的余派。1922年言菊朋结识了陈彦衡。陈彦衡为其操琴，也向其传授谭派演唱艺术，前后达3年之久。与此同时，陈彦衡还按照谭派的路子，根据言菊朋的嗓音和演唱特点，帮助他设计唱腔。言菊朋早期演唱的《法场换子》、《取帅印》、《鱼肠剑》、《法门寺》等剧的唱腔，即是经陈彦衡协助设计而成的。这些唱段音韵准确，板眼运用灵活多变，曲调生动传情，为日后言菊朋下海成为专业演员和言派艺术的形成打下了基础。孟小冬、夏山楼主（韩慎先）等为了学习谭派艺术，也曾求教于陈彦衡。

陈彦衡谙熟京剧音律，不仅长于设计生行唱腔，对于旦行唱腔也有研究。梅兰芳在《舞台生活四十年》中提到，他演唱的《武昭关》中的一段慢板，就是陈彦衡所教授的。陈彦衡主张京剧音乐应予革新，但也不是一味单纯追求新奇。他曾说："腔无所谓新旧，悦耳为上。歌唱音乐结构第一，如同作文，做诗，写字，绘画，讲究布局、章法。所以简繁、单双要安排得当，工尺高低的衔接，好比上下楼梯，必须拾级而登，顺流而下，才能和谐酣畅，要注意避免几个字：怪、乱、俗。"（《舞台生活四十年》第573页，中国戏剧出版社1987年版）此乃有关唱腔设计的高见。陈彦衡多年致力于京剧音乐研究，率先采用工尺谱记录京剧唱腔。1917年出版的《戏选》，收入了谭鑫培的《碰碑》、《失空斩》等剧的演出本，并附有工尺谱。1921年出版《**说谭**》，收入《天雷报》、《武家坡》等剧本及曲谱，并分析了京剧中表演、唱腔、唱法等方面通常出现的弊病及修正的方法。1931年出版《**燕台菊萃**》，记录了谭鑫培（杨四郎）、陈德霖（萧太后）、王瑶卿（铁镜公主）完整的《探母回令》演出，唱腔曲谱、板眼记录准确详尽。他最后的著述是观剧随笔《**旧剧丛谈**》，收入张次溪所编的《清代燕都梨园史料》。

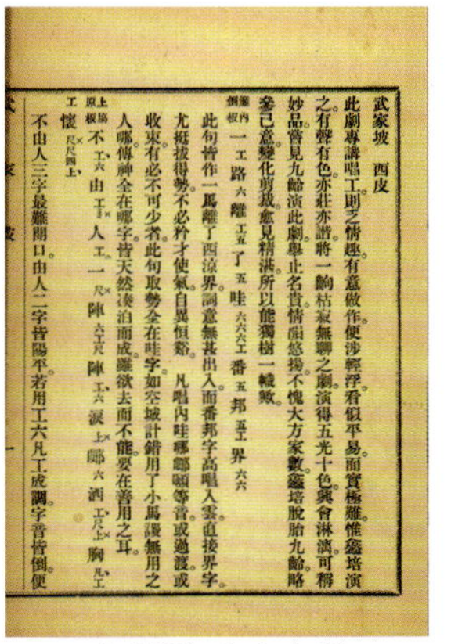

《说谭》内文书影

陈彦衡演奏胡琴技巧娴熟，音高准确，韵味醇厚，格调高雅，音色清越圆润，手法刚柔兼济，尤其善于根据演唱者临场发挥而与其相配合。他在演出时绝不为了显露个人的演奏技巧而破坏演员表演的完整性，就是在可以加花过门的时候，也要等演员演唱结束，得到观众彩声回报后，才合理地加入，而且还善于根据不同演员的演唱特点来加以区别运用，因而得到演员们的一致好评。这正是他艺术造诣深厚的表现。所以他虽不曾下海，却有不少著名琴师向他求教，如高连奎、李佩卿、王少卿、杨宝忠等。陈彦衡也擅长司鼓，取法李五（李奎林）。由于没有登台演出，因此高超技艺常不为人所知。他的滚奏又快又匀，鼓点运用精致，杨宝忠、王又宸都曾向他学习《击鼓骂曹》中的鼓点子。除谭鑫培外，陈彦衡还先后为孙菊仙、陈德霖、梅兰芳等京剧名家操琴，与演员的演唱配合极为谐和，十分默契。梅兰芳也曾经提到陈彦衡为他操琴，使他的演唱如同他的伯父梅雨田为他操琴时一样舒服而且省力。陈彦衡灌制有《空城计》、《洪羊洞》以及［山坡羊］、［夜深沉］、［柳摇金］、［傍妆台］等京胡曲牌唱片。

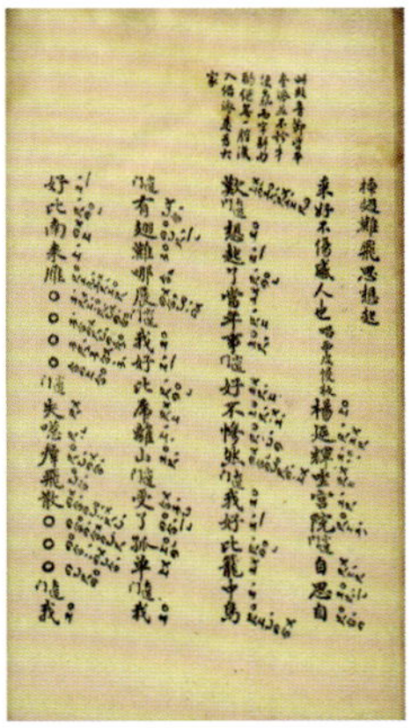

《燕台菊萃》内文书影

1932年秋，陈彦衡应成都、重庆票房邀请，由沪返川。先到重庆住了将近一年，1933年秋到成都，均受到桑梓同好的热烈欢迎。在成都仅百日，因患肺炎于12月18日去世。其子**陈富年**（1904～1983）为青衣名票，随父学艺，亦在各票房从事辅导工作。中华人民共和国成立后，参加成都市京剧团任编导工作，作品有《钟离春》等。著有《京剧名家的演唱艺术》，四川人民出版社1984年出版。另有遗文《京剧名演员的演唱艺术》，收入《京剧谈往录四编》。陈富年在去世之前，写过数篇回忆他父亲陈彦衡的文章，曾在四川和成都的内部书刊上发表，经友人周肇西整理，以《陈彦衡的一生》为题，载《艺坛》第6卷。（丁汝芹）

Chen Yongling

陈永玲（1929～2006） 演员。工旦。原名陈志坚。祖籍山东惠民，生于青岛。自小喜爱京剧，8岁逃课学戏，9岁登台演出。1939年，年仅10岁的陈永玲，偷偷乘火车北上，以优异成绩考入中华戏曲专科学校。进校半月后便与李玉茹合演《四郎探母》的前后铁镜公主。陈永玲最初向九阵风（阎岚秋）学刀马旦。课余又迷上筱翠花（于连泉）的花旦表演，后被筱翠花收为弟子。艺术上得到名师真传，很快学会了脚底如飞的《小上坟》，将筱派特有的破口带脆的唱腔、泼辣劲儿和媚眼，模拟入神。不久在天津大戏院唱义务戏，一举成名。对筱派《战宛城》、《坐楼杀惜》、《借茶活捉》等剧中角色，也能演得活灵活现。1944年，陈永玲挑大梁组建玲声社，与张春华到上海献艺，在天蟾舞台连演40多场。其后还与李少春、袁世海合演《野猪林》，分别同裘盛戎、马连良、杨宝森、谭富英、奚啸伯、叶盛兰合作过《普天乐》、《坐楼杀惜》、《游龙戏凤》、《周仁献嫂》等剧目。他做工细腻，唱腔俏丽，扮相妩媚，念白清楚打远，面部表情传神，尤其是他的跷功令人叹为观止。1947年李世芳因飞机失事罹难，陈永玲补入四小名旦，声名更盛。1946～1948年，艺德高尚的筱翠花，为让弟子广征博采，热心引见，陈永玲又先后拜荀慧生、梅兰芳、尚小云为师，这为以后形成独特的艺术风格奠定了基础。1955年，陈永玲离开北京到兰州，在甘肃省京剧团担任主演。1980年重新登台演出。1985年迁徙香港定居。1996年移居台北，应邀于国光艺术戏剧学校开课讲学。（雨林）

《战宛城》饰邹氏 （陈霖苍提供）

Chen Zekai Xiju Xuan

《陈泽恺戏剧选》 京剧作品集。贵州民族出版社1999年5月出版。收入剧本9种:《范仲淹》、《龙冈悟道》、《娇红记》、《陆逊拜将》、《销烟祭》、《苏武》、《虞姬》、《吕四娘刺雍正》、《倩女离魂》。卷首有苏国荣序云:“总的来看,泽恺近期的诗化风格,已从以往的局部提炼上升到整体把握,由形式的雕刻转化为内容的化合,由现实的思考升华为哲理的开掘。这是一种文化戏剧。这样的戏剧,在当今剧坛并不多见。”其中《范仲淹》由贵阳市京剧团演出(沈斌导演,曹剑文、侯丹梅主演),曾获第四届“五个一工程”奖、第九届文华新剧目奖。陈泽恺(1942～),湖北随州人。1987年毕业于中国艺术研究院戏曲理论研究班。自1980年起,从事戏剧创作,除《戏剧选》外,还有《巾帼红玉》、《布衣女人》,由贵阳市京剧团(后名贵阳京剧院)演出,侯丹梅主演,分别参加第三届中国京剧艺术节、第五届中国京剧艺术节,均获重奖。曾任贵阳市文化局创作研究室主任,现为贵阳市戏剧家协会名誉主席。 (若水)

Chen Zhengwei

陈正薇 (1933～) 女演员。工旦。本名陈乐华。祖籍上海,生于浙江杭州。父亲是中国早期话剧的开拓者陈大悲。她幼承家学,9岁入上海戏剧学校学戏,排名陈正薇。14岁在北平登台演戏,令人瞩目。

初从徐紫云、陈月梅学青衣、花旦戏,从周斌秋学昆曲戏,又相继从刘玉芳练武功,从赵绮霞、陈世鼐、魏莲芳、赵桐珊诸家及昆曲名师朱传茗学戏。15岁拜梅兰芳为师,得到亲传。她悟性好,边学边演,进步极快。20世纪50年代在上海参加华东实验京剧团。曾同梅兰芳、周信芳、盖叫天、唐韵笙、高盛麟等名家同台献艺。20世纪60年代初加入扬州地区京剧团。曾演剧目有《天女散花》、《廉锦枫》、《霸王别姬》、《凤还巢》、《玉堂春》、《木兰从军》、《大英杰烈》、《贵妃醉酒》、《十三妹》、《穆柯寨》、《坐楼杀惜》、《挑帘裁衣》、《拾玉镯》、《贩马记》、《百花赠剑》、《秦香莲》等,以及武小生戏《雅观楼》和昆曲戏《思凡》、《闹学》、《断桥》、《游园惊梦》等。所演《天女散花》,得到梅兰芳的悉心指拨,以“文戏武唱”

《皇帝与妓女》饰李师师(中)
王全璐饰吴革(左) 张君屏饰翠荷

的表演,演出了该剧“庄严妙相”的意境神韵,成为此剧继承梅派最有心得的一人。她还曾参加过许多新剧的排演,如在《信陵君》中饰兰芬,《皇帝与妓女》中饰李师师,《游龟山》中饰胡凤莲,《武则天》中饰武则天,《秋瑾》中饰秋瑾,《杨门女将》、《穆桂英挂帅》中饰穆桂英,现代戏《社长的女儿》中饰小红,《在平凡的岗位上》中饰沈美英,《樱花颂》中饰樱枝等。20世纪80年代后,到江苏省戏剧学校任教,以主要精力投入教学工作,她所教的《彩楼配》、《贵妃醉酒》、《天女散花》等剧,得到行内外一致好评。1992年吴绳武著《梅苑一薇——陈正薇的艺术与人生》一书出版,记述她从艺50年的坎坷经历和为传承、弘扬梅派艺术所付出的辛勤劳动。弟子有李洁等。 (钮骠)

Chen Zhengyan

陈正岩 (1928～1989) 演员。工老生。上海人。1939年入上海戏剧学校,随陈秀华学文武老生,其间得瑞德宝、张荣奎、张少甫、关盛明诸家传授,成为该校老生主要演员之一。1941年在费穆

执导的影片《古中国之歌》中与顾正秋合演《三击掌》。抗日战争胜利后,梅兰芳复出登台,陈正岩被邀在前场演出《战太平》、《定军山》。1945年底出科之后,拜林树森为师。1949年参加江西军区京剧团,与关正明等组建了红旗青年京剧团,任副团长。1954年加入旅大市京剧团。1955年参加吉林市京剧团。1969年在磐石农村插队,1972年回吉林市京剧团,任团长。1984年调吉林省京剧团,1988年退休。陈正岩勤奋好学,于1960年正式拜李少春为师。他演唱讲究,朴中见巧,有较高造诣。经常演出的传统戏有《李陵碑》、《战太平》、《定军山》、《失街亭、空城计、斩马谡》等。还主演过大量新编古代戏和现代戏,如《野猪林》、《响马传》、《满江红》、《林则徐》、《二七风暴》、《磐石湾》、《平原作战》等。1964年主演《五把钥匙》,饰王老六,参加全国京剧现代戏观摩演出大会,获好评,并录制了唱片。1980年主演《杨靖宇将军》,参加吉林省会演获表演一等奖。陈正岩是吉林省和吉林市的劳动模范。 (徐冬冰)

Chenzhou Tiao Mi

《陈州粜米》 京剧作品。晏甬据元杂剧《包待制陈州粜米》改编。1954年东北京剧院首演。剧本见晏甬戏剧创作集《路漫漫》(中国戏剧出版社1992年3月第1版)。宋代,陈州干旱成灾。权臣刘衙内举荐儿子刘时中和女婿杨金吾前去赈济。二人贪污害民,用御赐紫金锤打死灾民张别古。小别古进京告状。开封府尹包拯奉命赶赴陈州,查明二人罪恶,将其处决。当刘衙内手捧赦书匆匆赶到时,却因圣旨是“只赦活的,不赦死的”,反而解救了因“一状告死两个钦差”的小别古。作品忠实于原作,在京剧舞台上塑造了一位别开生面的富有人情味的包公形象。他既有令人生畏的铁面无私,也有普通人的平易幽默。他已经八十来岁,一辈子与权豪势要们斗,结下了难解的冤仇,本想从此学做一个老滑头,清闲自在,事到临头,却又挺身而出。私访时,他对随从张千含蓄而不失严厉的管束,绵里藏针;不惜为妓女王粉莲牵驴,从而获得刘时中、杨金吾的赃证,饶有风趣。张别古敢与权势抗争,“柔软莫过溪涧水,流到不平处也高声”,顽强执拗的个性在表演和唱腔中得到应有的发挥。全剧既有喜剧的诡谲,也有悲剧的沉重,却能做到整体和谐。剧中的包拯和张别古分别由常鸣贵、梁庆云饰演。 (颜长珂)

Chengbai Xiao He

《成败萧何》 京剧作品。上海京剧院创作演出。2004年初,上

海京剧院为纪念周信芳诞辰110周年，拟推出一台能体现麒派艺术风格的新戏。古代俚语有“成也萧何，败也萧何”。“成也萧何”已有麒派名剧《萧何月下追韩信》。本剧就以“败也萧何”作为题材，创造一出与传统京剧《未央宫》不同的《成败萧何》。2004年12月首演于上海戏剧学院实验剧场。编剧李莉，导演石玉昆，唱腔设计金国贤、续正泰，作曲金乐华，舞台设计薛殿杰。陈少云饰萧何，安平饰韩信，何澍饰刘邦，郭睿玥饰吕雉，冯蕴饰萧静云，傅希如饰钟离昧。剧情大致为：汉朝开国大宴群臣，樊哙报项羽麾下大将钟离昧未死，已潜逃楚地。刘邦令楚王韩信回辖地捉拿“钦犯”钟离昧。钟离昧为韩信好友，时韩信已由齐王贬迁楚王，心存不满，未将钟离昧献出。刘邦得知后立即兴师问罪，为萧何所阻，遂改征讨为巡狩，逼近楚地。萧何先期到达韩信处，晓以利害，钟离昧自刎，萧何代韩信向刘邦献上“钦犯”人头。刘邦解散楚军30万，再贬韩信为淮阴侯。其后陈豨造反，刘邦御驾亲征，韩信称病不肯随驾出征。刘邦行前留下斩蛇剑，示吕雉寻机除去韩信。萧何劝韩信隐迹山林，以期避祸。萧何之女萧静云钟情韩信，随之同行。是夜，吕雉传萧何入宫，称韩信有反迹令其追回。萧何力辩韩信并无反意。吕雉直告：陛下春秋已高，现在韩信敢于抗命，将来我母子如何驾驭？为汉室江山计，非除之不可。萧何亦不忍再见社稷动荡、苍生离乱，遂允追信。萧何追上韩信后，开门见山地宣布：奉皇后懿旨，召你长乐宫受死！韩信深知萧何苦衷，慨然赴死。萧静云既痛韩信之死，又耻其父所为，拔剑自裁。闭幕时，“汉”字大旗徐徐而降，充天塞地；要背千古骂名的萧何，在大旗下孑然而立，四顾茫然。伴唱声起：“成也萧何，败也萧何，成败岂能由萧何！”此剧超脱于刻意褒贬，而着力于各方人物行为的合理性以及性格差异所产生的冲突之必然性，使这出悲剧颇有新意。尤其把萧何塑造成韩信的生平知己，是个“事君王，保知己”难以“周旋”的痛苦的政治家形象，给人印象深刻。陈少云扮萧何，做工细致传神，唱工苍劲有味，是继《追韩信》之后又一个“活萧何”。最后一场追韩信，“天是同样的天，月是同样的月，人是同样的人”，“十年前月下相追，追将才，十年后月下相追，追命来”，情境的相似把情势的变异衬托得格外强烈，引人遐思，发人浩叹！安平以裘派花脸演俊扮的韩信是个创举，相当成功。何澍刻画刘邦，诙谐老到，很不一般。剧本载《剧本》月刊2005年第2期，于2006年获第十七届中国戏剧奖·曹禺剧本奖。2008年11月，此剧参加第五届中国京剧艺术节，获新编历史剧一等奖（第一名）。2009年9月获第十一届“五个一工程”奖（戏曲组第一名），并入选2008~2009年度国家舞台艺术精品工程重点资助剧目。2011年6月获中国戏曲学会奖。

陈少云饰萧何（右） 安平饰韩信（中）
杨扬饰萧静云 （刘海发摄）

剧作者李莉（1955~ ），女，苏州人。曾在海军部队有10年军旅生涯。转业后，先后就读于上海戏剧学院影视创作函授班和高级编剧班。1986年12月调入上海越剧院，历任编剧、创作研究室主任、副院长，2008年2月任院长。京剧作品还有《沧海作证》（湖北省京剧院演出）、《生死界》（上海京剧院演出）、《凤氏彝兰》（云南省京剧院演出）、《白洁圣妃》（云南省京剧院演出）。其他越剧、桂剧、白剧、滇剧、淮剧以及电视连续剧等作品，共有20多部。

（单跃进）

Cheng Bao

《成报》 综合性日报。1929年11月1日创刊于北平，1930年3月31日停刊。1930年4月1日并入《京报》。从1929年11月2日起，该报每周六第7版为《剧刊》专版，1930年1月起改为周日出版，前后共出版21期。其间刊登的文章，除少部分是研究中国话剧或西方戏剧外，大部分是中国戏曲，特别是关于京剧的研究和评论。曾连载《谭王忆语》（菲厂著）和《能世其业之伶人》（署名“凌”）等文。前者介绍著名演员谭鑫培的生平及表演、唱腔的特色；后者对程继先、梅兰芳等人，先追溯其祖上程长庚、梅巧玲的演出业绩，再分析他们如何继承祖业并在艺术上发扬光大。老成在《谈丑》一文中，对京剧著名丑脚王长林、张文斌、萧长华、茹富蕙等人不同的表演风格进行了评论。该专刊对戏曲的工尺与声调、各行当的特点、剧场布景、戏曲班社及男女合演等，均有一定介绍和评述。主要文章有渔慕的《做工之研究》、胡成麟的《对于剧场布景之意见及其经历》、斐文的《梨园之革命》、凌的《论禁戏》、志成的《记天桥戏棚》、豫源的《新艳秋、侯喜瑞之〈红拂传〉》、熨的《海甸庙票一斑》、天戾的《旧戏中之鬼神》、景的《小生的特点》、老侠的《旗头上的穗子》等。另外，每期还刊登活跃在当时京剧舞台上诸多著名演员的演出剧照。国家图书馆有存。

（朱葆伟）

Chengdu Shi Jingjutuan

成都市京剧团 京剧演出团体。1955年成立。前身为国民革命军陆军第三十六军随军剧团，原名正声京剧社。1950年2月由川西区军管会文艺处接管，更名新声京剧社。全社演职员72人，由军代表张达雄兼社长，演员筱月亭兼副社长。川西区党委将成都西御街中央电影院和西御街119号房产调拨剧社专用，作为演出场所和宿舍，中央电影院遂改名为新声剧场。1951年有“美猴王”之誉的王少泉以及筱樊春楼、牛万顺，琴师胡永福等27人参加剧社。1952年9月又吸收本团职工子弟14人为学员。同年，新声京剧社归四川省文化局领导。1955年11月7日改用今名，划归成都市文化局主管，程志远任团长、筱月亭任副团长。1957年11月，四川省公安厅的前进文工团撤销，其京剧队演员张铮、蒋叔岩、

《钟离春》 段丽君饰钟离春（右一） 蒋叔岩饰齐王（右二）
张燕华饰夏妃（右三） 朱经奎饰王骧 （曹西林摄）

《千古一人》 高颂饰李冰(右) 张云鹏饰洪水

娄外楼等34人调入该团。至此，剧团的主要演员有王少泉、筱月亭、筱樊春楼、段丽君、蒋叔岩、牛万顺、娄外楼、王天仪、王美蓉、王丽蓉、丁治国等。常演剧目有《大闹天宫》、《扫松下书》、《空城计》、《挑华车》、《狸猫换太子》、《杨门女将》、《杨八姐盗刀》、《昭君出塞》等。前期自创剧目有《刘文学》、《向阳路上》、《急浪丹心》、《慧梅出嫁》、《玉京寒》、《飞虎将军李存孝》、《钟离春》等。1985年，将高颂、刘露、唐雅丽、刘洁等33名学员送到河北省艺术学校培训6年，归来后逐渐成为主要表演力量。1991年，高颂以奚（啸伯）派名剧《白帝城》，在全国中青年京剧演员电视大赛中获青年组优秀表演奖。1994年12月，由董雯、程悦编剧，萧甲（特邀）导演，高颂、刘露、刘小燕、刘洁主演的《少帝福临》赴京参加梅兰芳、周信芳诞辰100周年纪念活动，并于1995年获第五届文华新剧目奖，董雯、程悦获文华剧作奖，陆松龄（特邀）获文华音乐创作奖。1998年创排的《千古一人》在第二届中国京剧艺术节上获优秀剧目奖。2001年初，高颂、刘露、卿松3人参加全国京剧优秀青年演员评比展演，分别以《哭灵牌》、《宇宙锋》、《打瓜园》同获二等奖。同年11月，创排的儿童京歌剧《她从雪山走来》应邀参加上海国际艺术节，演出40多场，随后又参加第三届中国京剧艺术节，获剧目奖。2008年，创排《薛涛》(刘露饰薛涛，高颂饰韦皋)参加第五届中国京剧艺术节，获新编历史剧二等奖。

（川文）

Chenghuashe

承华社　京剧班社。1922年8月梅兰芳在北京组建。主要演员先后有王凤卿、刘景然、朱素云、姜妙香、程继先、陈德霖、王蕙芳、诸如香、朱桂芳、龚云甫、郝寿臣、李寿山、侯喜瑞、郭春山、慈瑞泉、萧长华、尚和玉、刘连荣等。姚玉芙任社长。同年秋，梅兰芳率承华社赴香港演出，琴师茹莱卿因病未能同行，改由徐兰沅接替。1923年夏，梅兰芳编演了古装新戏《西施》，创作了“羽舞”，为了丰富乐队的表现力，首创在京剧伴奏乐器中加上了二胡，由王少卿担任二胡伴奏。同年10月，编排上演了《洛神》，梅兰芳在歌舞、音乐、服装、道具、布景等方面都有新的改革。11月，取材于《镜花缘》编演的《廉锦枫》，首

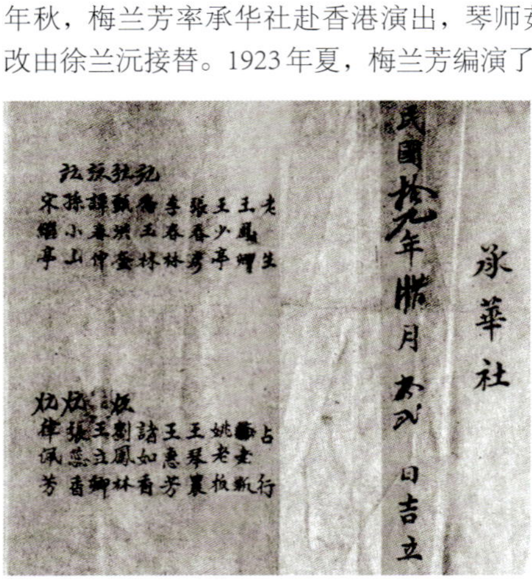

民国十九年(1930)腊月承华社戏份卡子(局部)

《西施》 梅兰芳饰西施(中) 王凤卿饰范蠡(右) 姚玉芙饰船娘

创了旦脚[反二簧]原板唱腔。1924年10月，梅兰芳率承华社部分演员第二次赴日本演出。从1925年夏天开始，根据《长生殿》传奇，梅兰芳又陆续编演了古装新戏《太真外传》，共4本。1927年冬，编演了红楼戏《俊袭人》。1928年初，编演了全本《宇宙锋》。又于同年春夏之交，编演了新戏《凤还巢》，奉系军阀张作霖以剧名与“奉还巢”谐音，竟下令禁演。这年秋天，编演了本戏《春灯谜》。《宇宙锋》和《春灯谜》都是从开台到散戏演一台整本戏，改变了过去只拆演折子戏的情况，这是梅兰芳在京剧舞台艺术实践中的又一次改革尝试。1929年开始为赴美国演出做准备工作。1930年1月，梅兰芳率承华社部分人员赴美国旅行演出，引起轰动，他作为文化使节，把中国戏曲介绍到大洋彼岸。日本军队侵占东北，逼近山海关，梅兰芳举家于1932年南迁到上海居住，并着手编演抗战新戏《抗金兵》，次年在上海天蟾舞台首演。1935年，应苏联文化协会的邀请赴苏联访问演出，王少亭、杨盛春、刘连荣、徐兰沅等人随行。后又去波兰、德国、法国、比利时、意大利、英国进行戏剧考察。1936年为激励人民抗战斗志，又编演新戏《生死恨》。1938年初，梅兰芳率承华社又赴香港演出。演出完毕，梅兰芳将剧团人员送回内地，自己决定留居香港，自此蓄须明志，谢绝舞台。承华社至此结束。

（曹其敏）

Chengnan Youyiyuan

城南游艺园　综合性娱乐场所。址在北京天桥西侧、永安路南侧，北向。现已不存。民国初，由旧官僚李准投资，购地2万余平方米，聘请当时任国会议员的广东人彭秀康为总经理，于1918年动工兴建，次年2月1日竣工开园。园内辟有花园、荷塘、古亭、小桥，又有咖啡馆、西菜馆。游艺项目包括拉力测试、拳击台、测字、算卦、人头对话等。表演场所设有坤剧场、文明戏场、电影场、魔术场、杂耍场、皮影场、木偶戏场。坤剧场演唱京剧，如琴雪芳的《斗牛宫》和时装戏《枪毙阎瑞生》，碧云霞的《狸猫换太子》、《墓中生太子》、《大香山火烧白雀寺》，雪艳琴的《黛玉归天》、《廉锦枫》，福芝芳的《祭塔》、《二进宫》、《战蒲关》等。曾在此演出的尚有女老生李桂芬、杨菊芬，女武生韩月樵，女花脸王金奎，武旦灵芝仙，老旦鑫小樵，女丑脚宋凤云、梁花侬等。剧场格局与普通戏园相似，不同之处在于池座。池座内以1米多高的木板隔为方格，相当于包厢。方格内设桌椅，男女可在格内同坐。文明戏场由益世白话新剧社演出新剧，主要演员有张笑影、筱鸣钟、赵笑笑等。剧目有《卓二娘》、《败子回头金不换》、《探亲家》、《乔太守乱点鸳鸯谱》等。1928年，北京改称北平，市景渐趋萧条，不久城南游艺园停业。

（吴增彦）

Cheng Changgeng

程长庚 (1811~1880) 演员。工老生。清嘉庆十六年十月初七(1811年11月22日)生于安徽潜山程家井,光绪五年十二月十三(1880年1月24日)卒于北京。名闻檄,又名椿,字玉珊(一作玉山)。因其远祖宋代理学家程颐将人的一切活动归纳为“言、听、视、动”四字箴言,乃以“四箴堂”为堂号。其祖、父均为弹腔(老徽调)艺人,故自幼习艺,在家乡搭班演出。道光十年(1830)左右随舅父离家,先在保定和盛成昆曲科班习昆曲,后进京搭三庆班。初次登台受挫,闭门苦练3年,终以一曲《文昭关》成名。道光二十五年(1845),已是三庆班首席老生兼掌班人,被举为精忠庙首,统管“四大徽班”的三庆、四喜、春台(时和春已报散),后受咸丰帝赏六品顶戴(以清宫档案中未查出此记载而有疑),成为梨园界长达30多年的领袖人物,时人尊称为“程大老板”。

程长庚戏装肖像
(沈容圃绘)

程长庚艺术成长与成熟的年代,各种声腔剧种集于京城,齐奏竞胜。值此演艺界为生存而激烈竞争的岁月,他图强求变,选演和编演抒写志士仁人、贤哲豪杰的剧目,常对人说:我演戏实为“泄吾悲耳”。并敢于直面斥责腐败官僚。史传他在都察院演《击鼓骂曹》时,借祢衡之口怒斥台下众臣:“有忠良,你们不能保护;有权奸,你们不能弹劾。你们一班奸党,尚在此饮酒作乐,好不愧也!”(赵炳麟《程长庚传》)这种情感也融入到他的演唱艺术中,《异伶传》记他在鸦片战争失败后,曾闭户不出,挑选督教门人弟子中可望有成就的,嘱咐他们:“京师乱且作,毋使广陵散绝人间也。”等到后来他复出献艺时,其表演则:“孤伶抑塞,调益高。独喜演古贤豪创国……沉郁英壮,四座悚然。至乃忠义节烈,泣下沾襟,座客无不流涕。”以艺求食的艺人,竟有如此胸襟与志向,令史家称赞“忽出一伟大艺人”,使“京师剧一变”。“一变”包含两个重要内容:一是把被视为“贱业”的戏曲变为受到群众喜爱和尊重的艺术。他革除了开演前旦行台口亮相、取悦观众乃至任人挑选陪坐的“站台”陋习;请求观众不要狂呼叫好,以防冲淡剧情、干扰演唱,即使进宫为皇上演出,也提出“上呼则奴止”;还在台口贴出请观众不要吸“叶子烟”的告白。观众由于酷爱他的表演,竟也忍让、接受了他的要求,这在当时是非常难得的。二是从徽班徽调的母体中,经过艰苦探索、激烈竞争,变出一个新的剧种——京剧。这是程长庚与其同辈人,亦即第一代京剧艺术家群体,创造的最显赫的功绩。他正是从徽班领袖到京剧鼻祖的最典型的代表人物。史家评述:“‘徽班’远祖今亦无闻,其最见称于人,为此中圣贤山斗,至今流风未沫者,厥为程长庚一人。

沈容圃绘戏出肖像画《镇潭州》
程长庚饰岳飞(左) 徐小香饰杨再兴
(选自《梨园影事》)

在京师戏界中,言长庚,犹文家有韩欧,诗家有李杜,人人视为标准,无纤毫异议者也。”(王梦生《梨园佳话》)“程长庚者,可谓为京剧开山祖师、皮黄鼻祖之名优。虽然此种称呼,稍有不当,程长庚前,谓其无一名伶者,决不如是。不过程适当京剧创成时代,率众山而成极峰,以为驾驭群雄之霸王,又终身主宰四大徽班之一之三庆班,现出罕见之事务的才干,遂称彼为开山祖师与鼻祖也。”(波多野乾一《京剧二百年之历史》)

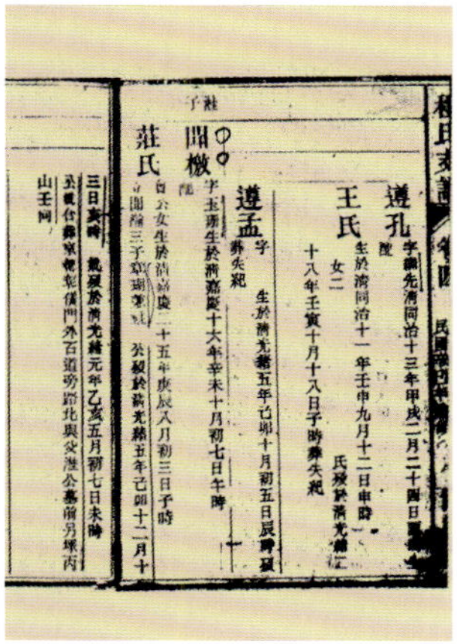

1941年重修《程氏支谱》书影
(记有程长庚谱名闻檄,字玉珊,以及生卒年月和墓地)

程长庚身怀皮簧合奏的弹腔(老徽调)技艺,又精研昆曲,兼习诸腔,在演唱艺术上寻求精进和创新。他唱“乙字调”,用“脑后音”,不卖花腔,以平展舒畅、“穿云裂石”的艺术力量,征服了听众,博得公认。亲听程氏演唱的顾曲家吴焘记述道:“一日,余与友人会饮于泰丰楼,值三庆班在广德楼演戏,程长庚与何桂山演《龙虎斗》”,他们隔街遥听,虽市尘屋宇相隔,却“无一字不贯入耳中”。这是因为:“程伶昆剧最多,故其字眼清楚,极抑扬吞吐之妙”,于“高亢之中又别具沉雄之致,视他伶之徒唱高调,听之索然无韵者,殆有霄壤之殊”(《梨园旧话》)。史家评述他最重以声腔表现人物,倡导“好腔无重用”,以多演悲壮人物,故最擅唱[二簧慢板]。更为适应京城观众的语音习俗和审美需求,使“弹腔”逐渐演变,“于湖广调中精求所以调声运气之法,一唱三叹,听之使人荡气娱神,世称京二黄”(《重刊秦云撷英小谱·序》)。

程长庚以高超的表演艺术,刻画人物性格,塑造人物形象。陈彦衡记述:“余幼时见其登场,不但声容之美,艺术之高,人不能及,即其神采举止,一种雍容尔雅之气概,亦觉难能而可贵。盖于古人之性情、身份体察入微,一经登场,不啻现身说法,故为大臣则风度端凝,为正士则气象严肃,为隐者则其貌逸,为员外则其神恬,虽疾言遽色,而体自安详,虽快意娱情,而神殊静穆,能令观者如对古人,油然起敬慕之心。”(《旧剧丛谈》)史料多举其伍子胥、鲁肃等角色为证。戴不凡记述萧长华曾惋惜《群英会》中有些表演未被继承下来:“以前三庆班演《借箭》时,鲁肃的桌上,放的不是小杯,而是一只巨觥。蒋干下令‘乱箭齐发’以后,鲁肃手持的巨觥逐渐向一边倾侧;孔明下令‘将船掉头’后,巨觥才逐渐归正又微向另一面倾侧。要从这只大酒杯上做出戏来,表明草船中箭的真实情况。”这正是保留了当年三庆班首排《三国志》时饰演鲁肃的程长庚的演法。他不仅精求老生艺术,成为乱弹巨擘、老生泰斗,而且精习各行表演。钱宝森回忆其父钱金福曾说:“程大老板是一个生、旦、净、丑行行皆通的全能演员,以至代胡喜禄演青衣、代徐小香演小生亦出神入化。”他所塑造的鲁肃、诸葛亮、祢衡、刘基、伍子胥、岳飞、陈宫等生动的舞台形象,一直活在京剧舞台上。尤其是他的关羽形象,更别具新容。“梨园俗例,扮关羽者,涂面则不衣绿袍,衣绿袍则不涂面。而长庚独不然,以胭脂匀脸,出场时,自具一种威武严肃之貌。”(徐珂《清稗类钞》)刘守鹤转述曹心泉亲见他扮关羽:“未开脸之前,自以右手中食两指,夹捏头皮之中,自眉上以达发下,成一赤道;开脸以后,此赤道在满面红光中,显出异样之威风杀气。”(《读伶偶记》)史家多认为这是他师承米喜子又加变革而成,近有人认为这是他从老徽调关羽戏的传统中改革而来。但都证明他既重于继承，又善于革新。故史家称道他是一位“全能型”演员，为京剧全能型表演艺术奠定了基石。

程长庚为实现其艺术志向与追求，在精选演出剧目的同时，积极组织新剧目的编创。他将落魄而又酷爱皮簧的文人卢胜奎请入三庆班，主持编创演出36本《三国志》，并亲自主演鲁肃与关羽。《三国志》中《赤壁鏖兵》，包括了《舌战群儒》、《激权激瑜》、《临江会》、《群英会》、《横槊赋诗》、《借东风》、《烧战船》、《华容道》等，一直是京剧久演不衰的剧目，并开创了京剧艺人与知识分子相结合的先河。卢胜奎也很感激：“非遇长庚，久潦倒而死矣。”（徐珂《清稗类钞》）

程长庚把同辈的杰出人才，如徐小香、卢胜奎、刘赶三等无间团结在身边联袂献艺。更劝说孙菊仙放弃军中高职而唱京剧；指点谭鑫培改武生为武老生，以长髯掩盖他“嘴太大”扮相上的缺陷。他们二人与曾为程长庚操琴的汪桂芬，均因师从程长庚，得其悉心培育，成为又一代京剧杰出演员，史称“老生后三杰”，由他们把京剧推向了成熟时期。程氏更重视对新人的培养，创立四箴堂科班，培养了陈德霖、钱金福、张淇林、陆杏林、李寿山等优秀演员。他亲自课徒，严慈结合，不惜五十两银子一出戏的重金，从南方聘请朱洪福来京教学（《陈德霖评传》）。朱还将《身段谱口诀》秘传给钱金福，再传其子钱宝森。1959年钱宝森将此诀公布于世，留下一份珍贵教材。自后杨隆寿再办小荣椿科班，培养了杨小楼等一代英才，叶春善创办富连成社科班，程长庚与他们为京剧的不断发展积蓄了雄厚的人才力量，也积累了京剧艺术教育的经验。

程长庚治班十分严谨。他订立班规，不准单独“外串”，自己首先恪守。凡邀他唱堂会，必偕全班同往。张次溪《燕都名伶传》曾记：“某岁，都察院团拜，邀四喜班演戏，欲外串长庚一戏。长庚不应；某亲贵约之，亦不之许。众怒，拘长庚，锁于台柱下以辱之。问其何以不唱，长庚漫称喉痛。事后，好事者询其故，长庚正色曰：‘锁宁足畏，吾畏无以对三庆诸兄弟。锁柱下何耻，是以足见都察院无理。’众益感动。”他对人亦严，多种史料记载过他对徐小香“外串”，不惜徐离班亦不破规。刘赶三虽身为精忠庙副庙首，因“外串”而处之更严，要将他“赶出梨园，注销保身堂名号”，后经人劝解，改为罚银五百两，“重修大市街精忠庙旗杆二座”（周明泰《道咸以来梨园系年小录》）。由于程长庚既以身作则，又处事公平，“班众皆敬其所事，无一人敢哗噪者”（吴焘《梨园旧话》）。

程长庚崇高的人品艺德，更为人乐道。程氏虽为三庆班老生之首，却常为人当配角。并说：“众人为我，我又何敢不以手足视众人！正角唱戏，配角亦何独不唱戏耶？”他对同仁，确是爱如手足，尤其是“国丧”停演等艰难时期，更是倾囊相济。“同治甲戌冬，穆宗殡天，都门各戏院照例停演二十七月。时梨园……不下二千余人，有将流为乞丐者，程长庚忧之，乃以平日所积，易米施粥，以赈伶界之无食者。咸感之，为立长生木主，曰‘优人大成至圣先师’”（徐珂《清稗类钞》）。穆辰公有赞语：“程氏长庚，梨园一老伶也，然操行特著，后人称道弗衰。察其言行，虽古之贤宰相不是过也。”他的门生孙菊仙也说：“我师大老板，不师其艺，实师其为人也。”（《伶史·程长庚本纪第一》）

程长庚晚年，在寻找三庆班新的掌班人时，极为慎重。几经选择，最终选定他的义子兼门生杨月楼，并谆谆告诫：“子必与三庆相始终，使我安堵，毋负我之鉴识。”（波多野乾一《京剧二百年之历史》）杨月楼一如长庚，精心治班，惜仅10年而早逝，继者不得其人，三庆班终于进京百年而散。

程长庚妻庄氏。无嗣，继养其侄章圃、章瑚为子。章圃后为名鼓师，并继办四箴堂科班，其子程继先出身小荣椿科班，后成为著名小生。

（全芝）

Cheng Changgeng Danchen 185 Zhounian Jinian Yanchu

程长庚诞辰185周年纪念演出 大型京剧活动。文化部主办，于1996年11月18～27日在北京举行。参演的共有10个京剧团体的12台作品：北京市青年京剧团的《沙家浜》，北京京剧院梅兰芳京剧团的《梅韵》，云南省京剧院的《梦断碑寒》，北京军区政治部战友京剧团的《穆桂英大战洪州》，上海京剧院的《狸猫换太子》（一、二、三本），天津京剧院的《三娘教子》，浙江京昆艺术剧院的《寇莱公传奇》，中国京剧院的《将相和》，营口市青年京剧团的《壮岁旌旗》，沈阳京剧院的《胡笳》。这些作品既有早已为观众熟悉的名作，又有在形式和内涵方面着意探索的新戏。尤其《狸猫换太子》等传统戏在推陈出新和追求雅俗共赏方面取得的突出成绩，赢得了广大观众的欢迎和赞扬。文化部对参演作品颁发了程长庚诞辰185周年纪念演出奖。

（李宏）

Cheng Changgeng Tan Xinpei Mei Lanfang Qingdai zhi Minchu Jingshi Xiqu de Huihuang

《程长庚·谭鑫培·梅兰芳——清代至民初京师戏曲的辉煌》 戏曲史专著。幺书仪著。北京大学出版社2009年1月出版。36.5万字。收入文章18篇。这些文章相对独立，略有交错，都以清代至民初的京师戏曲为研究对象。

清代戏曲的盛行和京剧的形成都与宫廷的提倡有关。书的前半部分，用《清代京师的戏曲与宫廷》、《清代皇家的戏楼和戏台》、《从南府到昇平署》、《乾隆创建的清代第一次戏曲高潮》、《徽班进京·程长庚·前后“三鼎甲”》、《西太后时代的宫廷演戏》等文章，描述了推动京师戏曲发展演变的各种条件，涉及皇家的爱好和宫廷演戏制度，演出设施的建设（宫廷内外的戏楼、戏台、戏园子），宫廷对戏班的管理，戏班的人才培养与演出习俗等。书中的《戏迷、票戏和下海》、《晚清京城的男旦和堂子》讲述观众的爱好和观众与演员的关系。作者不回避戏曲辉煌背后的某些污浊，研究了“打茶围”、“逛堂子”现象的始末和男旦走红的历史根源，在史料的搜集和分析上比前人有所深入。书的后半部分是对名角谭鑫培、杨小楼、陈德霖、余玉琴、王瑶卿、梅兰芳和名琴师孙佐臣、梅雨田、徐兰沅等人生活个案的描述。书中选取程长庚、谭鑫培、梅兰芳作为3个不同时期的代表，挖掘名伶生存环境、个人特点和艺术成就，肯定了他们在促进京剧辉煌中所起的作用，并力求从个人角度真实地映射时代面貌。《早年名伶们的修养和派头》一文，描述了清末民初，由于名伶经济地位的飙升和社会地位的骤变，带来了生活品位、文化修养的变化和提高。本书另有补记两篇，一是关于云和堂弟子合影的5种说明，二是关于梅巧玲“焚券”、“赎当”故事的变异。

作者幺书仪（1946～ ），女，生于北平（今北京）。1968年毕业于北京大学中文系，1981年毕业于中国社会科学院研究生院，获硕士学位。有多种专著问世。本书为其学术著作《晚清戏曲的变革》的一个普及本，但“只有很小的一部分脱胎于学术本，大部分是重新搭架另起炉灶的，应该说它是学术本的继续和延长”（《后记》）。

（济洪娜）

Cheng Changgeng Yanjiu Wencong

《程长庚研究文丛》 京剧史论丛书。程长庚研究文丛编辑委员会编辑，金芝主编。中国戏剧出版社于1992年10月、1995年10月、1998年1月出版了一、二、三集。卷首刊有高占祥的《总序》，概述了程长庚研究及这套丛书的宗旨、意义和目的；卷末载有金芝撰写的《编后话》，就各集的主要内容及程长庚研究的进展状况，作出较详细的介绍。

第1集《论坛歌台唱剧神》。收入1991年11月在安徽合肥举行的程长庚诞辰180周年纪念大会暨学术研讨会的文稿35篇，其中学术论文26篇。学术论文主要是对程长庚的历史地位、艺术成就、人品道德的论述与探讨。高占祥在开幕词中称程长庚“不仅是一位德艺双馨的艺术家，而且是一位勇于开拓，善于独创的改革家；是一位因材施教、悉心育人的教育家；是一位善于组织、善于管理的活动家”。并进而提出了一个“京剧创始人”的新概念，引起与会者的兴趣和诸多学者的关注、讨论。

第2集《古今中外论长庚》。这是一本“程长庚与京剧形成研究资料集”，是把散见于古今中外各种书、报、刊中的100多万字的有关史料与论述，以文摘形式，精选而成。收编近700条（篇）史料，涉及书、报、刊220余种。能见资料，力求无遗。全书分四大部类：“家世·传略”、“鼻祖·剧神”、“徽班·京剧”、“文选·附录”，纵观可见历史发展之脉络，横看可见各家论述之异同。全书体现出两个鲜明的目的：一是客观地“请历史发言”，以证实程长庚在京剧形成中的历史作用；二是为更广泛、深入地开展京剧史研究提供丰富的史料。

第3集《长庚精神照后人》。收入1996年11月于安徽合肥举行的程长庚诞辰185周年纪念活动暨学术研讨会的文稿和介绍同时于北京举行的纪念演出概况的文章共44篇。其中学术论文33篇。总体倾向是更多关注借历史经验探讨现实问题，显示出程长庚研究由点及面、由表及里、由古及今的发展与进步。

3册文集既各有重点，又连成一体。它以研究历史上一位演员为经，以200年京剧史中重要问题的再探讨为纬，把理论与实践、历史与现实交织一起，从而成为一套独具特色的京剧史论丛书。

（曦文）

Cheng Jixian

程继先 （1874～1942） 演员。工小生。一作程继仙，字振庭。安徽潜山人。程长庚之孙，其父程章甫为著名鼓师。他幼入小荣椿科班，工文武小生，取名程春德，与杨春圃（杨小楼）、叶春善、郭春山、蔡荣桂等同科。武戏学自杨隆寿、茹莱卿，文戏则得陆小芬亲传。幼工深厚，坐科时就以演《石秀探庄》、《蜈蚣岭》、《雅观楼》、《岳家庄》等戏为内外行所称赞。表演十分注重人物感情、神态的描摹，传神入微，尤善用翎子、扇子、水发功。所演的“周瑜戏”，堪称出神入化，如在《群英会》、《临江会》、《黄鹤楼》等剧中都饰演周瑜，但分别从不同侧面进行深入刻画。三剧中均有双掏翎、衔双翎、耍水袖、亮相的下场身段，程继先在这些较为相同的表演程式上，依据周瑜的性格、心情、处境，作出恰当、贴切、合理的描绘，充分展现了周瑜的多种侧面，形象鲜明。他擅长依据传统戏的程式进行独到的创造，如他演《岳家庄》中的岳云，在练习锤法时，虽然也是传统套路“四门斗”，但依照唱词进行了更为贴切的变动，因而更显传神。他所演的武小生戏，如《八大锤》等，均能在动态优美之外，体现出生龙活虎般的童稚气。他还擅长长靠戏，如《镇潭州》、《借赵云》、《雄州关》等，剧中的起霸、对枪的身手和姿势无不准确精致，边式漂亮，中规中矩，为后世取法之圭臬。他的短打戏，如《雅观楼》、《石秀探庄》，也火炽紧凑，灵巧敏捷，似乎不费吹灰之力，实则是精湛的功力所致。

《群英会》饰周瑜　　《贩马记》饰赵宠

程继先文武双全，戏路宽广，除长靠短打及武小生外，举凡小生行当中的其他类型，如《打侄上坟》、《连升店》、《奇双会》、《弓砚缘》均为其杰作。他的念白讲究音韵，注重四声阴阳及大小嗓的巧妙结合，如《借赵云》中赵云与刘备纵论天下英雄时的念白，虽引自《三国演义》的原文，却念得极富韵味，令人击节。他的表演富有书卷气，因此武戏中不失儒雅，文戏中更显洒脱。还经常参加一些时装戏的演出，如梅兰芳所排的《邓霞姑》、《一缕麻》等。曾先后与谭鑫培、梅兰芳、余叔岩、程砚秋等人合作。其弟子有茹富兰、叶盛兰、俞振飞、尚富霞、白云生等，私淑者甚多。

（吴焕）

Cheng Junmou

程君谋 （1894～1967） 票友。工老生。祖籍湖南宁乡，后随父至湖北汉口。他自幼喜爱京剧，曾习花脸，9岁时初次登台饰演《除三害》中的周处。不久改习老生，专工谭（鑫培）派，并向专业演员学习身段、武工以及把子，还专门学习了京胡、三弦、笛子、唢呐、鼓板、锣、钹的演奏技巧。因其天资聪慧，很快便有所成。程君谋后专程赴北京，从陈彦衡钻研谭派老生唱法及谭派唱腔伴奏的琴艺。每逢谭鑫培登台演出，必前往细心观摩，反复揣测、领悟、研究，久之，谭派唱技日臻成熟，并成为京胡名家。他在京期间，还以客串的名义在荀慧生的剧团中演出了《空城计》，悉遵谭派路数，得到北京戏曲界的认可，声誉颇佳。程君谋有意“下海”，但因家庭反对，只得返回武汉。武汉报界特出版了一期《程君谋专刊》，将他誉为“汉口谭鑫培”。20世纪20年代后，程君谋迁居上海，任职于银行界，复为沪上票界权威之一，不仅票友

《战太平》饰花云

向其问艺，戏曲内行子弟登门求教者亦不乏其人，如孟小冬在拜余叔岩之前即从程君谋习老生，陈大濩、梅葆玥、孙岳等亦皆从其学。

程君谋嗓音清脆嘹亮，甜润流畅，唱腔浑朴中富含俏丽，别具一格。他能戏极多，谭派唱功、做工、靠把、箭衣戏如《战太平》、《定军山》、《阳平关》、《镇潭州》、《南阳关》等，皆有准谱且细致入微。除老生外，他还兼擅花脸、青衣唱腔。他晚年受聘为上海文史馆馆员。其子程之、程巨荪为花脸、老生名票。　　（吴焕）

Cheng Yanqiu

程砚秋　(1904～1958)　演员。工旦。原名*承麟*，后改姓程，初名*程菊侬*，继改*程艳秋*（字*玉霜*），1932年改名砚秋（字*御霜*）。北京人。满族。出生于清王朝破落的仕宦人家，祖辈世袭爵禄。

父亲早逝，家道中落，6岁时为生计学艺，被京剧名伶荣蝶仙收为徒弟，立字据学艺7年，效力1年。荣蝶仙本工刀马旦，先以武戏开蒙，由丁永利教授武生戏，但菊侬条件不适，改习旦脚。初学《打樱桃》、《铁弓缘》等花旦戏，青衣名家陈啸云识才，令改习青衣。11岁登台，能演唱《彩楼配》、《祭塔》等戏。他嗓音高亢嘹亮，因与刘鸿昇、孙菊仙等配戏而初露头角。观众借陈石头（青衣名宿陈德霖，其嗓音如金石之声，获石头美誉）之名，誉菊侬为小石头。时值清末民初，京城的京剧观众中，不乏对官场失望而退隐的文人。他们流连戏场，热衷剧事。诗人罗瘿公从观众地位跻身于梅兰芳的剧作家行列，在为梅兰芳编写了新戏《西施》之后，继而扶持程艳秋成才。罗自述与艳秋的初识："余屡闻人誉艳秋，未之奇也。一日，观梅郎剧罢，杨子穆生盛道艳秋声色之美，遂偕听曲，一见惊其慧丽，聆其音婉转妥帖，有先正之气。异日，见于伶官钱家，温婉卓约，容光四照。与之语，温雅有度。迩来菊部颓靡，有乏才之叹，方恐他日无继梅郎者，今艳秋晚出，风华相映，他时继轨，舍艳秋其谁？"（《赠程郎·题记》，见《霜杰集》）罗瘿公视菊侬为继大任者而倍加关注。

少年程砚秋（左）与罗瘿公

菊侬边学边演，13岁变声。时荣师已与上海签订高额合同，仍令菊侬赴沪。罗瘿公闻讯，筹贷钱款，退了合同，为菊侬提前一年赎师。菊侬的艺术道路至此有了转折。14～16岁3年间，罗瘿公为之延请京剧、昆曲名师，如阎岚秋、乔蕙兰及笛师谢昆泉等教习京昆技艺。罗瘿公亲自教授古文诗词，全面加强其文艺素养，把带有艺徒痛苦印记的菊侬改名艳秋，预兆将来美好的前景。为了深造，罗瘿公将他引荐给梨园界的两位名家：一位是梅兰芳，一位是王瑶卿。艳秋15岁，向梅兰芳行弟子礼，梅兰芳亲授其《贵妃醉酒》，又让他为自己配演。时值梅兰芳创作新戏初期，已有《天女散花》、《一缕麻》等问世，这给其后艳秋排演新戏以深远的启迪。王瑶卿除以千锤百炼的折子戏规范教学外，更以因材施教的方法开启艳秋"闯"与"创"的潜能睿智。王擅说戏，常在传授各家演艺时，说出许多独得之秘，使学生在学戏中悟情悟理，使艳秋顿开茅塞，另辟蹊径。

艳秋于18岁成名前，历经搭班、挑班的考验。曾搭庆兴社，充任二牌，从压轴唱到大轴。除演传统折子戏如《六月雪》、《奇双会》、《弓砚缘》、《打渔杀家》之外，罗瘿公为之新编的《梨花记》、《花舫缘》等新戏也相继出台，剧场效果热烈，已证实他具备了独立挑班的能力。1922年，艳秋为余叔岩挂二牌赴沪演出。余氏因故先期返回北京，置艳秋于独当一面的境地。他以《思凡》、《玉堂春》、《能仁寺》、《虹霓关》等戏一炮而红。之后，他连年赴沪演出，将罗瘿公为之编写的新戏《红拂传》、《玉镜台》、《风流棒》、《鸳鸯冢》、《青霜剑》、《金锁记》等逐一推出，以精湛的表演和幽咽的程腔，风靡沪上。有对联誉他："艳色天下重，秋声海上来。"

18岁成名的艳秋不迷惘，矢志把"唱好戏的"锻造成"好唱戏的"。当他新戏连台的时候，又努力将濒临失传的戏如《骂殿》、《六

《花舫缘》饰申飞云

《红拂传》饰张凌华

《青霜剑》饰申雪贞

《聂隐娘》饰聂隐娘

《梅妃》饰江采苹

《沈云英》饰沈云英

月雪》等精细加工，复苏于舞台，边演边完善，成为久演不衰的程派代表剧目。王瑶卿洞见艳秋的苦心和功力，预言：“此戏（《六月雪》）一出，将转移一世之视听。”报刊的评论证实了王的断言：“民国十一年程艳秋新腔大行，这一来，南北观众又要用耳朵了。”此话真切地反映出京剧旦脚艺术的一个历史发展过程，道出京剧旦脚行当在那一时期的走向。在程腔兴起的20世纪初，王瑶卿和梅兰芳改革青衣表演，把观众从闭眼听戏引向睁眼看戏。紧随其后，梅兰芳与比艳秋早出的尚小云、荀慧生等，也在新戏中力争唱念做打的均衡发展，唱功戏相对减少。艳秋的戏强化唱功，使观众又获得听觉的满足。他在其新戏中发展和巩固了自己的艺术风格，卓然成派。1927年，《顺天时报》主办的旦脚演员新戏竞选中，程艳秋与梅兰芳、尚小云、荀慧生都名列前茅。报界评论：“旦脚勃兴，代须生以执梨园坛坫之牛耳，遂造成旦脚为主体的戏班组织。”四大名旦共同构建了一个京剧旦脚繁荣的黄金时代。

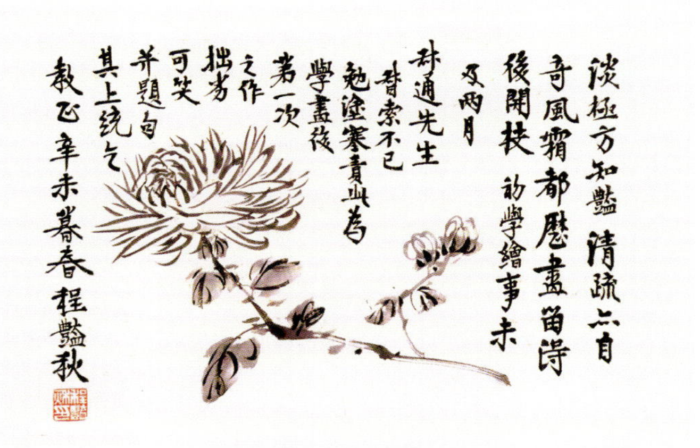

1931年程砚秋画菊题赠陈叔通

艳秋筑垒程派艺术的丰碑，是在他演出警世之作《荒山泪》与《春闺梦》之后。他深有感悟地说：“犹之乎从平阳路上，转入壁立千丈的高峰，现出一个思想的急转弯。”他因此而对自己以往所演剧目进行反思，并写成《检阅我自己》一文，公之于世。在文中，他谈到编剧与演员相互制约的关系。他的前两任编剧罗瘿公与金仲荪，同是从旧政坛退隐下来的文人，他们恪守“不与环境冲突、又能抒发高尚思想”的信条，希望他们的戏都是“不苦口而利于病的良药”。罗瘿公最后的力作，终将艳秋带出了才子佳人的窠臼。其中《青霜剑》写一个弱女子以鱼死网破的精神来反抗土豪劣绅；《金锁记》则以人定胜天的哲理来打破宿命论，分明有了抗争的品格。金仲荪虽较长时期驻足于《沈云英》、《聂隐娘》、《梅妃》、《碧玉簪》等儿女情长的剧目，但当艳秋受时代震撼，并力图以剧目来针砭时弊时，也能一反怨而不怒的风格，写出了《荒山泪》、《春闺梦》这类对黑暗社会满怀愤懑之情的剧目。为此，艳秋十分明确地说：“我的个人剧本，历来只讨论的社会问题，到此则具体地提出政治主张来了。”程派剧目的进步倾向和战斗风格，正是程派艺术发展过程中一个新的里程碑。

在繁忙的演出之余，他还致力于戏曲后继人才的培养，且采取了多种教学方式。一是兴办戏曲学校。程砚秋与焦菊隐在融贯中西戏剧之长的思想指导下，创办新型的中华戏曲专科学校，以区别于传统的科班。学员男女兼收，开设文化课，废除了科班的磕头、“打戏”制度，并以传统戏和新编戏的排演，锻炼学生的舞台实践能力，培养出德、和、金、玉、永5届学生，其中不乏佼佼者。二是传统的拜师收徒。首敲程氏之门的是荀慧生之子荀令香。1932年元旦行拜师礼，盛况空前。友人赠联：“玉润霜青辉映程门三尺雪，砚池秋水平添荀令三分香。”这副巧妙地将玉霜、令香师徒二人名字包含其中的对联，使艳秋感兴趣的是下联为首的“砚”字，“砚田勤耕为秋收”有励志的意思，他欣然将“艳”字改为“砚”字，将“玉霜”的字号改为“御霜”，从此以“程砚秋”三字出现在艺坛。三是函授。1940～1945年，砚秋在北平，弟子赵荣琛在重庆，飞鸿传艺，使学者不重临摹，而重神会。在20世纪30～40年代，程砚秋还先后收陈丽芳、刘迎秋、王吟秋为徒。程砚秋的艺术观随着不断的艺术实践而恢弘光大。他试图从中西戏剧比较研究中为戏曲寻求借鉴。1932年出访欧洲，考察内容广泛，包括音乐、演剧、歌唱发音、导演制度、剧场建构、舞台装置、灯光、艺术教育、艺术家的人权保障、戏剧艺术工作者的从业组织等。他特别关注导演制度，并在回国后大力提倡。他把考察结果汇集为《赴欧考察戏曲音乐报告书》，1933年8月由世界编译馆北平分馆出版（1959年收入《程砚秋文集》）。为了实现新的艺术构想，他在1934年改组了自己的班社，将原由经纪人承办的鸣和社，改由艺人高登甲、吴富琴主办的秋声社。因一度合作过的小生俞振飞的加盟，使演出戏路拓宽，增加了昆曲剧目如《琴挑》、《费宫人》、《思凡》、《惊梦》等，向昆曲汲取营养；同时又尝试将京剧剧目改写成昆曲，如请陈墨香改京剧《别窑》为昆曲，并准备赴法国演出。但由于七七事变，中止了程、俞的合作，新的尝试未能受到检验。

《别窑》饰王宝钏（左）俞振飞饰薛平贵

《文姬归汉》饰蔡文姬

《荒山泪》饰张慧珠

《锁麟囊》饰薛湘灵

《英台抗婚》饰祝英台（左）李丹林饰梁山伯

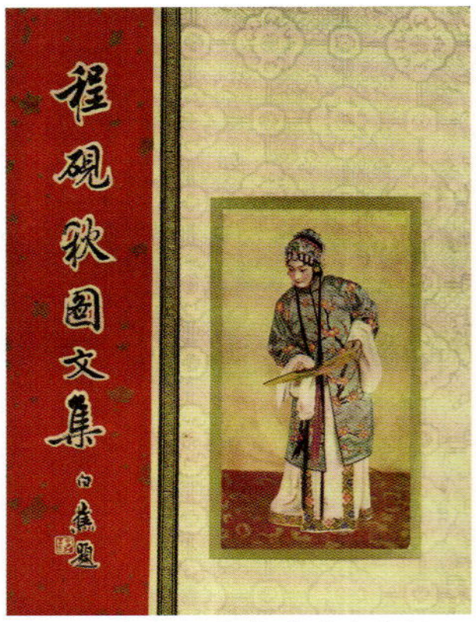

1946年程砚秋赴沪演出期间上海天蟾舞台为之编印特刊《程砚秋图文集》

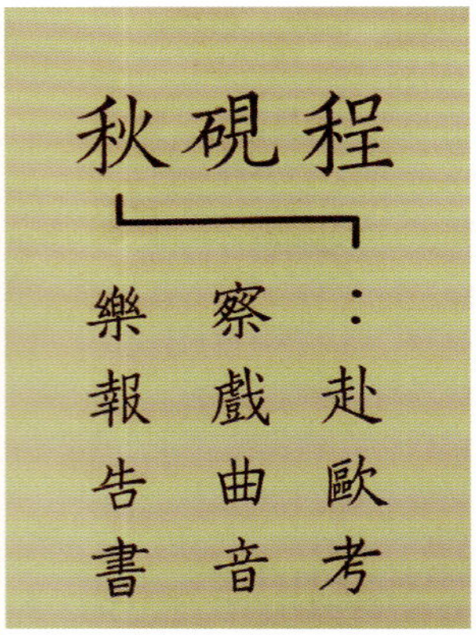

程砚秋《赴欧考察戏曲音乐报告书》1933年初版本封面

20世纪40年代初，获“韵绝尘寰”美誉的《锁麟囊》一剧，掀开了程派剧目的新篇章。这是程砚秋对自身艺术资质的一次挑战，是给观众的悲剧震慑之后，再现喜剧形象的风采。他力避早期喜剧《花舫缘》、《赚文娟》、《玉狮坠》等一味迎合世人的做法，从通俗的故事中升华出警世的深意。《锁麟囊》尤其因唱腔的成功，被誉为“集程派唱腔之大成”。历经半个多世纪，《锁麟囊》依然盛演不衰。

正当他日臻完美地构建程派艺术之时，遭到了日伪当局的寻衅。程抵制为敌人捐献飞机的义演，铮铮严词：“我程某人宁死枪下，也决不从命。”由此激怒日伪，遂有东车站伪警寻衅事件之发生。为维护民族气节和人格尊严，程砚秋洗却粉黛，舍弃舞台，在京郊青龙桥荷锄务农。“惊心还有东篱菊，正在霜风苦战中”，正是他的自我写照。

抗日战争胜利后，在普天同庆声中，程砚秋为满足沪上观众的渴望，赴沪演出长达一年有余。适值梅兰芳也在上海，梅、程争胜，轰动申城。由于国民党当局腐败，国共和谈破裂，程砚秋又从欢庆胜利的喜悦中，跌落到失望的境地。返回北平后，再下青龙桥，兴办农村中学，力图开发民智，后因当局滋扰停办。

1949年春天，砚秋与北平人民沐浴在解放的春风中。1949年6月，周恩来亲到西城报子胡同18号探望程砚秋，适砚秋外出未晤，留字表示问候。程任首届全国政协委员，参与商讨国家大事，并任中国戏曲研究院副院长，从此迈入其生命历程的崭新阶段。他曾作为世界保卫和平大会的代表赴欧洲呼吁和平。为进行戏曲改革，亲赴西北、西南调查，行程三万里。抗美援朝时一边捐机义演，一边亲赴前线慰问战士。他努力排演新戏，以《英台抗婚》奉献给观众。拍摄《荒山泪》留下音像，裨益于后学。亲到中国戏曲学校任课并收了女弟子江新蓉。更令砚秋自慰的是他完成了由一个民主主义者向共产主义者的思想升华。在与许多知音知己如周恩来、贺龙、马少波、张庚、冯牧、田汉、李一氓的交谊中，从敬党、爱党到1958年参加中国共产党。1958年春，程砚秋以饱满的热情，为赴法的中国艺术团任艺术指导，紧张排练，深为艺术团能完成他20年前赴法演出的夙愿而兴奋，不料潜在的心脏病恶化，于两次急性发作后住院治疗。在病中，他仍关注着京剧的未来。他争取早日出院，但事与愿违，心肌梗塞再次发作，抢救无效，于1958年3月9日与世长辞，终年54岁。

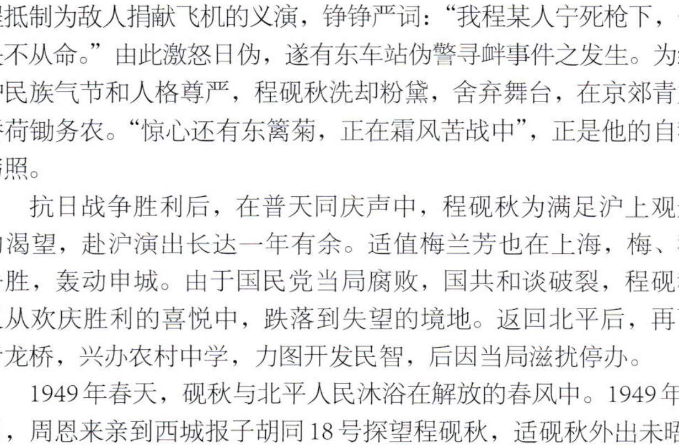

1949年6月周恩来访程未遇留言

程砚秋从艺40余年，以惊人的技艺、出众的才华、顽强的进取精神在京剧史上产生了深远的影响。他的新剧目、新形象丰富了京剧艺术画廊。程派艺术从形成到发展成熟的20世纪20～30年代，是中华民族的悲剧时代，其戏剧人物的构成多是下层被压抑者，这就决定了人物命运的悲剧性质，如《荒山泪》、《春闺梦》、《亡蜀鉴》等。他用力最勤、探索最深、艺术上成就最高的还是悲剧。

程砚秋（左二）与贯大元（左三）1957年在中国戏曲学校传授《宝莲灯》左右学生为涂沛、杨锡嘏

程派艺术是歌唱、表演、舞蹈紧密地融为一体的完整的艺术，丰富而完美地塑造人物形象，赢得观众的赞美和喜爱。尤其是程派唱腔，是程派艺术的一个不能分割的重要组成部分。程腔在悠扬婉转的音调之中，蕴涵着犀利刚劲的逼人力量和雄浑气势，形成一种悲愤、凄楚、激越的艺术风格。程腔严整而层次分明，强调唱腔节奏的结构，创腔本着“既新鲜、又熟悉、又好听、又好学”的原则，遂能广传流远。程派唱腔艺术上的成就，为京剧旦脚歌唱艺术开拓了一个新的境界。在表演方面，基于对人物独到的理解和剖析，强调技与戏合，如其水袖运用，无论是《荒山泪》还是《窦娥冤》，都使人感受到不幸妇女的深刻悲痛和急切时刻的纷乱心情，具有很强的艺术感染力。程派的形成、成熟是一个不断推陈出新、丰富改善的过程，他本着“守成法，不拘泥于成法，脱离成法，不背乎成法”的法则变革发展，以其完美的艺术风范，成为使无数观众为之倾倒的艺术大师。

程砚秋的专著及有关专集有《程砚秋文集》、《程砚秋演出剧本选集》、《霜杰集》、《程砚秋舞台艺术》、《御霜实录》、《秋声集》、《程砚秋唱腔选集》、《程砚秋艺术评论集》、《程砚秋史事长编》、《程砚秋戏剧文集》、《京剧大师程砚秋》(图册）等。程砚秋的传记有胡金兆著《程砚秋》、涂沛著《程砚秋传》、陈培仲与胡世均著《程砚秋传》。

（涂沛）

Cheng Yanqiu Bainian Danchen Jinian Wenji

《程砚秋百年诞辰纪念文集》 京剧文集。在2003年12月由文化部、国家广播电影电视总局、中国文学艺术界联合会、北京市

政府联合主办的程砚秋诞辰100周年纪念活动期间，召开了为时3天（2003年12月5~7日）的研讨会，专家学者、京剧表演艺术家、程氏亲属及弟子共50多人参加。研讨会由中国艺术研究院承办，王文章院长致开幕词。会上论题广泛：程砚秋的艺术改革观，学者型的演员程砚秋，程砚秋的学术人格和学术成就，程派精神与京剧传承，程砚秋的悲剧意识，从中西悲剧比较看程砚秋的悲剧艺术，程派艺术的“阴刚”之美，“鬼音”与程腔，程砚秋与罗瘿公，程砚秋艺术精神与21世纪京剧之发展，等等。这本纪念文集，就是研讨会论文的结集。文集收入了刘云山《在纪念程砚秋诞辰100周年座谈会上的讲话》(2003年12月8日)。此外，文集还酌收了部分学者专家过去撰写的名篇佳作，力图比较全面地反映出程砚秋研究的现状和整体水平。纪念文集共39万字，张庆善主编，文化艺术出版社2003年12月出版。（简畅）

Cheng Yanqiu Danchen 100 Zhounian Jinian Huodong

程砚秋诞辰100周年纪念活动　为缅怀程砚秋对京剧艺术的卓越贡献，学习发扬他的艺术创造精神，由文化部、国家广播电影电视总局、中国文学艺术界联合会、北京市政府联合主办程砚秋诞辰100周年纪念活动。活动内容包括纪念座谈会、学术研讨会、纪念演出、书籍出版等。纪念座谈会于2003年12月8日在人民大会堂隆重举行。中共中央宣传部部长刘云山出席并发表讲话，指出程砚秋的一生“是不断追求光明、追求进步的一生；是为弘扬民族精神不懈努力的一生；是为京剧艺术辛勤耕耘、进取创新的一生”，号召京剧界要学习程砚秋“丰富的艺术经验、独到的理论见解和高尚的道德情操”，“创作出更多具有中国特色、中国风格、中国气派的传世之作”。程砚秋的弟子李世济以及再传弟子张火丁代表程派艺术传人发言。文化戏剧界人士、程砚秋家属等200多人参加座谈会。学术研讨会于12月5~7日召开，北京、天津、郑州、武汉、大连、济南等地的专家学者、程门弟子、程氏亲属共50多人与会。研讨会由中国艺术研究院承办，王文章院长致开幕词。纪念演出于12月5~20日在北京、天津、上海巡回举行，老中青三代程派传人李世济、张曼玲、张火丁、迟小秋、李海燕、刘桂娟、李佩红、郭伟以及其他京剧名家李维康、于魁智、孟广禄、张建国、赵葆秀等参加演出，剧目有《锁麟囊》、《春闺梦》、《荒山泪》、《文姬归汉》、《孔雀东南飞》、《三堂会审》、《宝马圆情·行路》、《红鬃烈马》等。演出精彩纷呈，剧场观赏气氛热烈，把这次纪念活动群众化了。纪念活动还推出了“百年程砚秋系列”出版物，含大型图册《京剧大师程砚秋》、《程砚秋戏剧文集》、《程砚秋百年诞辰纪念文集》，均由文化艺术出版社出版。此外，中央电视台摄制了文献片《程砚秋》，中国集邮总公司发行了纪念邮品。

（陈培仲）

Cheng Yanqiu Shishi Changbian

《程砚秋史事长编》　京剧专著。程永江编撰。上下两册，约65万字。北京出版社2000年12月出版。卷首有李一氓《论程砚秋》作为代序（原载《文艺研究》1983年第3期），并有编撰者自序两篇。正文为编年体例，以程砚秋生卒年为起讫。每年的内容，大体由程砚秋自述、社会环境、相关人物状况、梨园界动态、程砚秋艺事与有关评述等几个部分组成。程氏逝世后的纪念活动及其夫人果素瑛逝世，在编末也略有述及。这个结构，出于编撰者纵横兼顾的设想：纵要能体现出传主的成长过程，横是将传主的成长放在具体的历史背景和艺术氛围中来考察。编撰者在3个方面下了很大工夫。一是研读了中国近现代史和梨园界的许多资料；二是对经历“文化大革命”浩劫仍幸存于世的程砚秋的老伙伴、老朋友，做了访问和记录，抢救了一批“活资料”，先以《御霜实录——回忆程砚秋先生》于1982年出版；三是梳理、运用了本家收藏的文献资料——这大概是梨园界未被抄家、焚毁的最为完好的一份遗物，包括程砚秋的简历大纲、日记、通信、文稿、剧本、图片等。正是这3种努力的结合，才有了这部专著，是进一步研究程砚秋生平、艺业、思想、交游的重要资料。编撰者程永江（1932~　），为程砚秋第三子，20世纪50年代在苏联列宁格勒（今俄罗斯圣彼得堡）列宾美术学院学习，毕业归国后执教于中央美术学院，是美术史研究家。退休后致力于程砚秋的研究以及有关资料的整理出版。

（龚和德）

Cheng Yanqiu Wenji

《程砚秋文集》　京剧文集。程砚秋著。中国戏曲研究院整理编选。中国戏剧出版社1959年出版。由郭沫若题签，陈叔通作序，前有田汉、夏衍、梅兰芳悼念诗文，对其人品、艺品和一生贡献做了公正的评价。共收文章21篇，诗作6首。自传《我所走过的道路》作于1957年10月，是他申请加入中国共产党的自我介绍，概括地叙述了他一生追求进步和真理，从朦胧到自觉的思想轨迹。艺术论文共9篇。其中首篇《我的戏剧观》是程砚秋1931年12月25日在中华戏曲专科学校的演讲。程砚秋提出演戏必须有“高尚的意义”，“绝不靠演玩艺儿给人家开心取乐”，难能可贵。另外8篇主要作于1956~1957年间，大部分是据戏曲演员讲习会或在各地讲课记录整理而成。这些论文是他40多年艺术创造经验的结晶，对戏曲表演的“四功五法”、京剧的演唱与创腔、京剧旦脚的水袖运用皆有切实而具体的阐释。一般论述11篇，除《致梨园公益会同人书》等3篇作于20世纪30年代初，展现了他在那个时代的进步的文艺观外，其他都是中华人民共和国成立后所作。其中既有对祖国戏曲遗产挖掘整理雄心勃勃的计划和建议，也有对经过推陈出新的各种绚丽多姿的地方戏曲的由衷赞美。此集所收虽是程作的很少一部分，已足以显示他德艺双馨、成就非凡的风貌。书中收有珍贵图片30余幅。

（胡金兆）

Cheng Yanqiu Xiju Wenji

《程砚秋戏剧文集》　京剧论文集。程砚秋著。是“百年程砚秋

系列”出版物之一。文化艺术出版社2003年12月出版。收入文章99篇，其中有10余篇曾刊于中国戏剧出版社1959年出版的《程砚秋文集》，其他文章均未结集出版过。文章以发表时间先后排列，自1931年至1958年，共约60万字。由程砚秋之子程永江编辑整理，并有《后记》一文。此书中的文章有两大重点：一是关于赴欧考察，二是关于地方戏曲调查。以前，只在《程砚秋文集》中读到《赴欧考察戏曲音乐报告书》及相关的《致梨园公益会同人书》，而此书围绕这一事件，增补了十多篇文章，可以更加全面地了解程砚秋沟通东西方戏剧，是对民族虚无主义思潮的回应和批驳，直面五四以来新的挑战，“既不妄自菲薄，也不闭关自守，而是根据中国戏剧本身的特点和规律，创造性地汲取外国戏剧艺术中真正好的东西，加以融会贯通……并把中国古典戏剧艺术推向一个新的高峰”(程永江《后记》)。在中华人民共和国成立之初，程砚秋对地方戏曲的调查，在《程砚秋文集》中只收录了第一次、第二次致周扬函及《西北戏曲访问小记》、《关于地方戏曲的调查计划》，此书又补充了第三次致周扬函及其他多篇相关文章。“砚秋认为旧剧来自民间，它在新时代应当如何改革，仍需追本溯源，从对全国地方戏曲音乐的调查研究入手，只有弄清楚其来龙去脉才可能知晓改革的方向。这个指导思想在他致周扬的三封信中获得进一步的发挥。而且他言行一致，身体力行，立即组织旅行剧团自筹经费以实现其自青岛至帕米尔和自西北而西南的全国地方戏曲音乐调查的宏愿，这在当时的戏剧界实属创举。”(程永江《后记》) 许多第一手材料，首次公开发表。其他方面的文章，涉及京剧艺术与人民的关系，京剧工作者的社会责任，京剧与话剧的区别，程氏作品的历时演变和美学追求，程氏的创腔经验、四功五法、水袖的运用技巧等，内容十分丰富。卷首有刘曾复《序》，认为此书是学程、研究程、研究京剧者的必读之物。

（简畅）

Cheng Yanqiu Yanchu Juben Xuanji

《程砚秋演出剧本选集》 京剧作品集。中国戏曲研究院编辑。李啸仓、陶君起整理，马少波审订。中国戏剧出版社1958年出版。共收入剧本12种。其中《红拂传》系罗瘿公编剧，《三击掌》、《窦娥冤》经程砚秋亲手删订。次序按演出时期的先后排列。前有田汉撰文《向程砚秋同志学习》，赞扬了他刚正的民族气节、进步的文艺思想，高度评价程砚秋始终关心人民命运，以戏剧为人民解放事业服务，成为党的忠诚文艺战士的高尚品格。作品集对每一剧本故事取材的出处、先后改编的情况、编演的时代背景等，都做了详尽的介绍。同时还写出改编演出过程中所丰富的新唱腔、增设的新表演，以供研究者了解不断发展的程派艺术。所选剧本都是程砚秋的代表剧目，如《青霜剑》、《窦娥冤》、《荒山泪》、《春闺梦》、《锁麟囊》等。

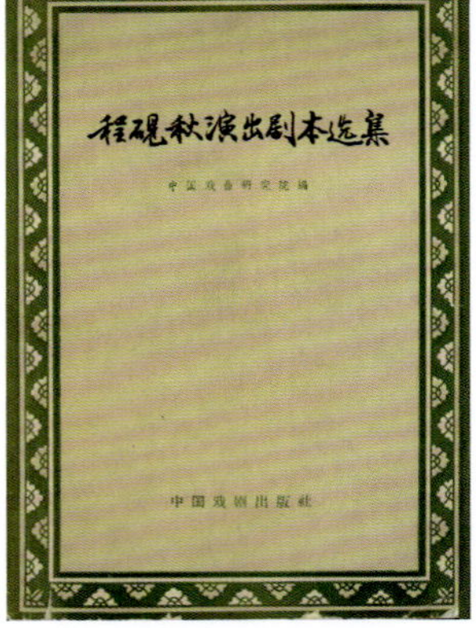

（李红石）

Cheng Yanqiu Yishu Pinglun Ji

《程砚秋艺术评论集》 京剧文集。萧晴编。中国戏剧出版社1997年10月出版。“戏曲流派艺术研究丛书”之一。冯牧作《序》。全书收录论述程砚秋艺术生涯和艺术创作及成就、程派艺术风格特色的文章，以及有关程砚秋生平和传略的文章共56篇，另有程氏《检阅我自己》一文，编者《后记》一篇。文章大部分选自20世纪50年代以来的报刊书籍，小部分是应该书编者之约而写的文稿，中华人民共和国成立前的评论选得很少。

此书按文章性质分为6部分：①与程氏关系密切的陈叔通、田汉、夏衍、梅兰芳等撰写的悼念文章6篇。②有关程砚秋艺术的专论25篇，其中田汉的《向程砚秋同志学习》对程氏戏剧观做了中肯的评价。冯牧的《秋声漫记》则论述了程派艺术产生的时代背景及风格特色，并针对社会上对程派艺术的片面认识及程派艺术继承、发展中存在的问题，提出了精辟的见解。③曾与程氏同台合作的著名艺术家对程砚秋为人为艺的追忆。④程派名演员或嫡传弟子对程派代表剧目《青霜剑》、《荒山泪》、《碧玉簪》、《三击掌》、《武家坡》、《二堂舍子》、《英台抗婚》表演的记述。⑤罗瘿公、樊樊山、东史、涤斋及马叙伦、陈叔通、田汉等赠程的诗、词及联句。⑥程氏生平及传略。其中程砚秋夫人果素瑛的《追忆砚秋生平》，不仅记述了程氏的家庭、婚姻、事业，更记述了程氏强烈的爱与憎以及在大是大非面前的取舍抉择，展现了这位艺术家的高尚人格。萧晴的《程砚秋传略》则着重介绍了这位艺术家一生的艰辛历程，程派艺术从创建、成熟到炉火纯青的发展过程。程砚秋《检阅我自己》一文发表于1931年11月，是他的《我的戏剧观》一文的姊妹篇，为程氏戏剧观形成后对自己此前上演剧目的省视。正如冯牧在《序》中所言，这是一部“体现了集体智慧和众家之言的著作”，也是一部对程砚秋“这位艺术大师的创造生涯的既有理论价值又有史料价值的很有分量的著作”。在此书出版之前，文史资料出版社曾于1982年6月出版了程永江主编的《御霜实录——回忆程砚秋先生》，该书汇集程砚秋的亲属、好友、合作者和社会知名人士撰写的回忆文章22篇，叙述了程砚秋一生走过的道路和程派艺术的创造过程。胡金兆主编的《秋声集》也于1983年5月由北京出版社出版，全书收入文章29篇，有程派研究者和程派传人的文章，有冯牧、吴祖光、俞振飞、侯喜瑞、翁偶虹从不同角度记述程派艺术的文章，张庚的《序》更赞扬了程砚秋的“艺术中间应当有是非”的戏剧观。这两种书的主要文章均已收入《程砚秋艺术评论集》。

（何星）

Cheng Yonglong

程永龙 (1880～1948) 演员。工净。一说生于1872年。字云波，号通海。直隶霸州(今属河北)人。幼年入直隶宝坻(今属天津)永胜和及太平班科班学艺，初学梆子架子花脸，后改京剧武生、花脸。与樊永在、李永利(李万春之父)、蔡永春为师兄弟，合称“四大永”。进入民国以后曾在天津荣凤社、正一社、玉成社以及北京搭班演出多年。擅演剧目有《狮子楼》、《嘉兴府》、《四杰村》、《鸡爪山》、《审李七》、《芦花荡》、《金雁桥》、《收关胜》、《九江口》、《铁公鸡》等，尤其擅演如《二堂舍子》、《战长沙》中的秦灿、魏延等

角色。他身材魁梧、嗓音醇厚、武功扎实，在《收关胜》中饰演关胜，被擒时，能从两张桌子上摔“锞子”下，深受京、津观众的喜爱。故张伯驹在其《红毹记梦诗注》中曾有“梆子皮黄共一班，永龙关胜众人传”的记载。与此同时，他还经常流动演出于哈尔滨、长春及沈阳一带。1929年偕杨瑞亭、杜文林、华翠兰、赵松樵等人以五福班的名义，由哈尔滨到沈阳演出，赢得观众的交口称赞。1936年他还在长春新民戏院与评剧演员王金香以“京、评两下锅”的形式合演《千里送京娘》，别开生面。在此期间，他曾率班到沪、杭一带演出《金雁桥》、《审李七》等剧，引起轰动。

程永龙中年以后开始对红净的关羽戏进行研究，并深有体会，遂转工红净。经常演出《白马坡》、《千里走单骑》、《古城会》、《水淹七军》、《刮骨疗毒》、《走麦城》等。程早年曾随王鸿寿学艺，深得其真传。他所塑造的关羽形象按关帝庙泥塑神像的装扮勾枣红脸，秉九尺青龙刀（刀头、刀杆、刀镈各三尺），扮相肃穆凝重，态势威猛，重亮相，讲求造型美，做派文雅而趟马火爆，唱腔、念白接近花脸，是天津演红净戏的代表人物之一。著名红生演员李洪春曾说，程“演关公戏戴五绺，做派、亮相以模拟塑像为主，故人称‘泥胎老爷’”。此外因其动作剽悍、虎猛，又有“虎老爷”之称。20世纪30年代以后，程永龙应聘在北平富连成社、鸣春社和天津稽古社子弟班等科班任教。由于他博学多才，艺术造诣高，不仅能教全堂，还能讲戏文和历史知识，深受学习者敬仰和尊重。1946年，程永龙最后一次到沈阳，曾在沈阳的商埠大舞台演出了一场《白马坡》。这时他老态龙钟，演出已经相当吃力，加之当时社会秩序混乱，市面萧条，因而上座情况很差，自此他退出舞台。1947年，为生活所迫，随当时沈阳的一批京剧演员参加国民党军队的雪耻剧团，但他已丧失演出能力，生活无着，饥寒交迫，他在忧愤痛苦中将积存和收藏多年的珍贵剧本焚烧殆尽。翌年春，因饥病交加，死于戏院后台自己的住处，尸体数日后才被人发现，被草草埋葬于沈阳近郊的塔湾。程有子富云、富恩，均坐科于富连成社科班。富云专工武生。上海的姚德宝演关公戏专宗他的演法，影响不广。

《过五关》饰关羽

（刘新阳）

Cheng Yujing

程玉菁 （1906～1995） 京剧演员、教师。工旦。原名程伯俊。安徽合肥人。十来岁时在上海拜林树森为师，学老生。后由林树森介绍，拜师章佩秋，改唱旦。1923年始在夏月润主持的夏家班登台演出。越二年，搭入老共舞台，边演边学。1926年5月，王瑶卿偕其侄王幼卿及老生言菊朋、名丑王长林、琴师王少卿等到沪演出于共舞台，打泡戏为王幼卿、王长林《女起解》，言菊朋、蒋少奎、李洪春《捉放曹》，王瑶卿《悦来店》，大受沪人欢迎。程玉菁深感王瑶卿艺术不凡，很想拜他为师，不久，经周梓章、顾森伯介绍，遂了心愿。数月后，离沪赴京，住在王瑶卿家的同一个胡同里，从早到晚都在王家，能有许多时间学戏。至1927年，在一年多时间里，学会了50多出戏。自1929年始，先后与言菊朋、孟小冬、马连良、谭富英、王又宸、奚啸伯等合作，唱二牌旦脚。笔歌墨舞斋主《京剧生旦两革命家》一文附录《古瑁轩弟子记》(作者燕冀散人)，对程玉菁有如下评价：“王门弟子以玉菁摹仿力最大；而天赋有限，微嫌不及。至腹笥之博，在王门亦属罕匹。瑶卿新弟子甚众，有时无暇，即命玉菁代教。”(《剧学月刊》第3卷第7期，1934年7月出版）20世纪30年代后期，师徒发生牴牾，一度疏远。1940年到上海，除参加一些临时组成的班社演出外，从事教戏活动。后转业离开了戏曲界。1945年夏，因事到京，看望师父，前嫌尽释。1947年后在苏州纱厂工作。1953年收到章小山信，言师父已任戏曲实验学校校长，并转达王瑶卿望其能来京任教的心意。随后文化部发来调令，程玉菁于1954年3月重返京剧界，为戏曲教育事业出力。他在中国戏曲学校教授的班级很多，学生近百人，剧目有《扈家庄》、《棋盘山》、《樊江关》、《战金山》、《破洪州》、《武家坡》等。退休后，对登门求教者仍悉心传授，无私奉献。1986年，成立王瑶卿艺术研究会，程玉菁出任会长，撰写王派艺术的研究文章多篇，并口述《十三妹》、《棋盘山》剧本。1991年王瑶卿诞辰110周年之际，撰有《古瑁轩忆旧》近10万字，香港《大成》杂志连载。中国戏曲学院曾为其拍摄《程玉菁舞台艺术》录像片，内含《扈家庄》、《战金山》、《四郎探母》诸精彩片段及全部《悦来店》，是传承王派艺术的宝贵资料。

《十三妹》饰何玉凤（左） 高华饰张金凤

（钟树）

Cheng Zhengtai

程正泰 （1928～2000） 演员。工老生。曾用名程之鸿。祖籍江苏吴江，生于上海。10岁入上海戏剧学校，师从陈斌雨、陈秀华、关盛明等。1944年毕业后进京投师，于当年拜杨宝森为师。学艺近4年，后组织正社、红旗青年京剧团等。1953年随师赴津建立天津市京剧团。常演剧目有《杨家将》、《失街亭、空城计、斩马谡》、《伍子胥》、《击鼓骂曹》、《洪羊洞》等。1986年调入天津市青年京剧团参加“百日集训”的教学工作。曾任天津市艺术咨询委员会委员、天津市振兴京剧基金会副会长等职务。

（郭淳）

chihuo

吃火 表演特技之一。是将用纸点燃的明火直接吞入口腔，用嘴嚼动，以示吞噬。此种特技专用于《时迁偷鸡》一剧。以33厘米见方的火纸，按对角线折叠成三角形，或卷成喇叭形，在蜡烛上点燃，微微晃动，待火着匀，从容送入口内，立即闭口，嚼动后再猛然张开，使即将熄灭的火光，借着呼吸的氧气，在口中复燃，再急用气将燃着的火苗向外吐出。 （王展云）

Chi Jinsheng

迟金声 （1922～ ） 京剧演员、导演。号展云。祖籍山东蓬莱，生于北京。出身梨园世家，为清代嘉庆、道光时“京腔十三绝”之一迟宝财后裔。10岁师从曹连孝学老生。11岁登台演出，

为尚小云、王凤卿、时慧宝配演过《三娘教子》、《汾河湾》、《鞭打芦花》等。12岁搭班演出，除唱工戏外，常演偏重做工的老生戏，并逐渐学习马派，后拜马连良为师。1940年初，曾为荣春社、鸣春社教戏、排戏。1956年入北京京剧团。后进中央戏剧学院导演进修班，学习导演基础理论及技法。曾参加创作并与人合作导演京剧《沙家浜》、《红岩》、《雪映古城》、《绿川英子》、《洛阳宫》、《阎王夫人》、《凤求凰》、《三打陶三春》、《锦袍情》等。其中《锦袍情》获1992年全国京剧青年团队新剧目会演优秀导演奖。他的导演艺术特点是，注重在继承传统的基础上变化发展，推陈出新而不逾矩。出版专著有《马连良》、《马连良与马派》，并发表分析马派表演艺术的论文多篇。 （朱文相）

Chi Jingrong

迟景荣 （1903～1981） 京剧教师、乐师。祖姓尉迟，后简姓迟，名君辉。祖籍山东蓬莱，生于北京。出身梨园世家，曾祖父是清代“京腔十三绝”中的武生迟财官。祖父迟遇泉。父亲是著名武生演员迟月亭。他14岁从师李庆喜学习戏曲文场音乐，在富连成社科班实习演奏。18岁拜方星樵（秉忠）为师，专工笛艺，并随师搭班献艺，先后为杨小楼、余叔岩、梅兰芳、尚小云等伴奏，颇受器重。还曾先后在中华戏曲专科学校、鸣春社科班及张伯驹主持的国剧学会任教。20世纪50年代先后在北京人民艺术剧院、中国戏曲研究院任职，曾为梅兰芳演出及拍摄的电影《游园惊梦》、《金山寺、断桥》、《奇双会》等剧伴奏。1953年在中国京剧团乐队工作时，曾参加《柳荫记》、《桃花扇》、《无底洞》等戏的音乐设计。1961年调中国戏曲学校任教，治学严谨，教学认真。他笛艺精湛高超，姿态大方，手法规范，韵味隽永，能戏甚多，深得同行和观众的赞许，诸多著名演员争相邀之相佐。曾在报刊发表不少有关京剧曲牌音乐的文章，经过多年的整理，撰写了《京剧曲牌源流及其运用》一文，连载于《戏曲艺术》。此外，还编撰了《京剧音韵十三辙》等专著及诸多昆曲剧目曲谱，多已编成教材印行。 （王健）

Chi Shigong

迟世恭 （1918～2000） 演员。工老生。原名迟锡宸。生于北京。祖父迟子俊、父迟春明和叔迟月亭均为京剧演员。自幼受家庭熏陶，10岁学老旦，12岁入富连成社科班改学老生，师从王喜秀、张连福。20岁出科，拜鲍吉祥为师。与金少山、尚小云、筱翠花等合作，成名颇早。1950年定居上海，任上海新民京剧团副团长，与小王

桂卿、筱高雪樵等合作多年。1958年，应上海京剧院之邀，与周信芳合演《群英会》，饰诸葛亮。1961年又与周信芳、俞振飞、王少楼（南派武生）等在京剧会演中再演此剧，负誉沪上。1962年转入上海京剧院，经常主演一些谭派传统剧，并编演了许多以传统折子戏为基础的剧目，如与沈金波、汪正华等合演的《薛刚闹花灯》，与小毛剑秋等合演的全本《庆顶珠》。1978年后，虽年逾花甲，仍常坚持演出。1987年赴山东与方荣翔合演《捉放曹》。他幼功扎实，字音纯正，唱腔流畅稳健，做派严谨规矩，能戏极多，约有近百出。擅演剧目有：《击鼓骂曹》、《失街亭、空城计、斩马谡》、《杨家将》、《乌盆记》、《辕门斩子》等，还反串过《铡判官》中的包拯。弟子有周卓然等。 （汶甸）

Chi Xiaoqiu

迟小秋 （1965～ ） 女演员。工旦。辽宁阜新人。11岁入阜新市戏曲学校学习，打下了文武技艺的扎实功底。1983年拜入程（砚秋）派传人王吟秋门下，专心宗法程派艺术。她嗓音圆润

醇厚，对程派唱工发声方法的特点有体会，注重把握声、腔、意、气的运用，以情领声，以声传情，声情互见。在悉心研索程派艺术所独具的特色基础上，又能结合自身条件，形成自己的风格。在做表上着意刻画人物，表情细腻得神，身段、水袖均见功力；唱念吐字清楚，注重劲儿、味儿，充分展现程派的神情意蕴。她除常演程派代表剧目《锁麟囊》、《窦娥冤》、《荒山泪》、《春闺梦》、《青霜剑》、《碧玉簪》、《鸳鸯冢》和以程派风格演唱的《玉堂春》、《孔雀东南飞》、《四郎探母》、《贺后骂殿》、《武家坡、大登殿》等戏外，还排演了古代戏《梁山伯与祝英台》、《胡笳》，在塑造祝英台、蔡文姬这两个中国古代女性上，多有创新探索，并于现代戏《法官妈妈》中，努力尝试运用程腔塑造当代人物形象。她任沈阳京剧院的领衔主演以来，多次率团至京、津、沪、鲁、豫、鄂及东北各地献艺，并先后赴中国香港、澳门、台湾地区以及美国、加拿大等国家演出，受到普遍的欢迎和赞赏。为第二届梅花奖、第七届文华表演奖获得者。2005年调北京京剧院。 （钮骠）

《碧玉簪》饰张玉贞

Chi Yueting

迟月亭 （1883～1964） 演员。工武生。祖姓尉迟，后简姓迟，谱名振海，又名亮。祖籍山东蓬莱，生于北京。出身梨园世家，祖父为清代“京腔十三绝”中的武生迟财官，父亲迟遇泉（春祥）。他幼从崇富贵、丁俊练武功，又入小天仙科班，与谭小培、阎岚秋、张增明、鲍吉祥等同科，先从贾丽川、沈三元学老生，后专工武生，

《英雄义》饰史文恭（左） 刘文亮饰武松

从杨隆寿学戏，以短打戏见长，如《花蝴蝶》、《白水滩》、《神州擂》、《蜈蚣岭》、《界牌关》、《武当山》、《四杰村》、《飞波岛》、《翠屏山》等。他身上边式漂亮，武打严紧火炽，翻跌轻捷勇猛，尤以筋斗冲出名。在台上一连走32个旋子，必周必正；在客厅里能翻4个虎跳、4个前扑，不偏不倚。曾搭福寿、鸿庆、双庆各班，与杨小楼、俞振庭等合演，尤为杨所倚重，成不可或缺的搭档。杨得迟配演的《骆马湖》的万君兆、《金钱豹》的猴儿、《艳阳楼》的花逢春、《冀州城》的马岱、《安天会》的哪吒、《恶虎村》的李公然、《长坂坡》的文聘、《挑华车》的岳飞、《五人义》的杨念如、《铁笼山》的陈泰等，使全剧格外生色，倍显精彩，呈烘云托月之妙。与钱金福、王长林、许德义合称为杨班中的"四大天王"，花团锦簇，相映生辉。后又佐刘宗杨、孙毓堃演出。20世纪30年代曾在北平中华戏曲专科学校任教，傅德威、王金璐等得其教益。1950年应戏曲实验学校之聘，出任教师，柏之毅、张春孝、田中玉等为其学生。子迟景荣为著名笛师。（钮骠）

chicun

尺寸 京剧术语。指演唱中节奏和速度方面的艺术尺度。讲究尺寸，即追求节奏、速度的精确性。体会剧中情境和角色心理，是掌握尺寸的基础，技艺娴熟是掌握尺寸的保证，二者不可缺一。（傅雪漪）

Chisangzhen

《赤桑镇》 京剧作品。何异旭根据同名秦腔改编。包拯奉命往陈州放粮，临行时在长亭将贪赃枉法的侄儿包勉铡死。包拯的嫂嫂吴妙贞待他有养育之恩，闻讯赶到赤桑镇，包拯百般解释，长跪不起，但嫂嫂愤痛难消。此时老丞相王延龄赶到，传旨嘉奖包拯，诰封吴妙贞为淑慧夫人，命包拯代侄尽孝，并从中调停，叔嫂和好如初。剧本刊入《京剧丛刊》第35集，1959年北京宝文堂书店出版单行本。京剧传统剧目有《铡包勉》。此剧从包拯遣王朝给嫂嫂送信开始。篇幅短捷，却冲突强烈。包拯清正无私，又重于情义的性格，表现得比较鲜明。嗣后，王雁、张洪祥根据何异旭改编本整理修改，减掉王延龄这一人物及其传旨情节，改为吴妙贞被包拯代侄尽孝的诚意感动，同时增加唱词，通过布局匀称的反复大段对唱，展现人物的性格和精神境界。是以铜锤花脸和老旦应工的唱工戏。1961年5月31日，由北京京剧团首演于北京市工人俱乐部。裘盛戎饰包拯，李多奎饰吴妙贞。剧本发表于《北京文艺》1961年8月号。该剧演出后受到广大观众的欢迎，是裘盛戎、李多奎的代表剧目，[二簧二六]"自幼儿蒙嫂娘训教抚养"、[二簧]"见嫂娘只哭得泪如雨降"成为裘派唱腔的著名唱段。中国戏曲学校参对王玉敏、马名群授课本，对裘盛戎、李多奎演出本略作整理。1990年，收入中国戏曲学院编辑的《京剧选编》第1集。（张燕鹰）

裘盛戎饰包拯（右一） 李多奎饰吴妙贞（左二）

Chongqing Shi Jingjutuan

重庆市京剧团 京剧演出团体。1956年5月5日，在原厉家班、斌良国剧社的基础上组建成立。首任团长由重庆市文化局副局长李衡兼任，副团长为厉慧敏。下设艺术委员会、办公室、编导室、剧务室、资料室和演员、音乐、舞台美术3个组，逐步建立了现代演剧制度和民主集中的管理体制。建团之后，始终将人才建设列为剧团建设的基础工程。原厉家班（包括斌良国剧社）演职人员，如厉慧敏、厉慧斌、厉慧兰、厉慧森、厉慧福、陈慧君、李慧娟、李慧桐、李慧来、王慧群、沈福存、朱福侠、况福莲、温福棠、刘福薇等，都是舞台上承前启后的中坚力量与后起之秀。同时，还调进了编剧曾右石、张力，音乐创作陈光正，舞台美术设计马泽生、张方强，吸纳了艺有所成的小生演员何有智、谭派老生胡继谭（女）等人，充实了剧团的创作力量和演出阵容。借鉴原厉家班"育人兴班"的历史经验，1958年9月具有新型艺校性质的重庆市京剧团学生训练班组建成立，由厉彦芝任主任。在全市各小学先后预招年龄8～12岁男女学生103人，经试学3个月后，实收首批学员83人，学制9年。专职教师基本上是原厉家班深有造诣的厉彦芝（组长）、赵瑞春、戴国恒、郭三增、孟夔卿、张庆喜、金夔臣、韩凤英、沈启和、汪少亭、张建文等，又特聘团内主要演员和编导厉慧斌、厉慧森、孟慧志、王慧群、刘慧鑫、童慧荃等为专职或兼职教师。注重学生的政治思想教育，开设文化课。从1961年夏开始，坚持每周对外公演3场，通过舞台实践提高学员的表演水平。1970年又招收了第二批学员85名，学制7年。1986年为适应振兴京剧的需要，剧团委托重庆市艺术学校定向招收了

《战太平》 厉慧兰饰花云

《连环套》 厉慧斌饰窦尔墩

第三批学员47名，毕业后来团，成为剧团中最年轻的新生力量。这3批学员中有孙志芳、王锦声、童志良、周应伟、曾凡强（兼导演）、黄家骅、李维正、王宗龙、卞培兰、张长青、胡正中、陈小燕、王韵声、赵斌、蒲文进、刘柱、周利等，加上先后引进的程联群、张军强、常春生、康云翔等，成为剧团的中坚力量。程联群为张派青衣，师从曹和雯、徐知仪学习梅派戏，后拜沈福存为师。2001年，她在全国京剧优秀青年演员评比展演中获一等奖；2004年，应云南省京剧院之邀，主演《凤氏彝兰》，获第十一届文华表演奖。张军强为奚派老生，主演剧团新剧目《大足》，获第二十三届梅花奖。周利工青衣、刀马旦，在第六届全国青年京剧演员电视大赛中获金奖。

《神马赋》 沈铁梅（特邀）饰李芳娘

剧团始终以剧目建设为中心带动其他艺术建设。在长期的舞台实践中积累了一大批代表剧目，体现了剧团的艺术传统与演出风貌。如传统戏《十三妹》、《凤还巢》、《八大锤》、《三进士》、《玉堂春》、《审七长亭》、《挑华车》、《艳阳楼》、《群英会》、《白蛇传》、《杨家将》(连台24本)、《战太平》、《战冀州》、《击鼓骂曹》、《武松打店》、《罗成叫关》、《穆柯寨》、《天门阵》、《大登殿》、《十五贯》、《桃花扇》、《百花公主》、《贵妃醉酒》、《红娘》、《生死恨》、《大英杰烈》、《定军山》、《闹天宫》、《长坂坡》、《一箭仇》、《三岔口》、《春秋配》、《宇宙锋》、《打严嵩》、《樊江关》、《牧虎关》、《一捧雪》、《宋士杰》、《铡美案》、《周仁献嫂》、《情探》等，新编历史故事戏《大破东平府》、《墨子》、《谢瑶环》、《猎妇歼仇记》、《锦囊机密》、《苏州怒火》、《嫦娥奔月》、《牛郎织女》、《宋景诗》、《宝莲灯》、《紫山义师》、《望娘滩》、《春香传》、《蔡文姬》、《乐羊子》、《涿州解围》、《城濮之战》、《海瑞背纤》、《澶渊之盟》、《卧薪尝胆》、《假西天》、《钟义与小白龙》、《欧阳德与胜官保》等，现代戏《四川白毛女》、《嘉陵怒涛》、《六号门》、《李双双》、《巴河渡口》、《师生之间》、《风雨宏图》、《丰收之后》、《向阳路上》、《三峡红灯》、《山城曙光》、《巫山神女》、《砥柱中流》、《红灯记》、《沙家浜》、《杜鹃山》、《蝶恋花》、《八一风暴》等。新创剧目有《达赖六世》、《皇帝梦》、《张衡》、《夫人城》、《渝州盗》、《神马赋》、《涂山女娇》、《大足》等。《神马赋》参加了第四届中国戏剧节。《大足》于2006年12月进京公演，又于2008年冬参加第五届中国京剧艺术节，获新编历史剧二等奖。

1983年，剧团赴成都、西安、天津、北京、上海、南京等地巡回演出，主要演员是厉慧兰、沈福存、厉慧福、厉慧森、孙志芳、胡正中等，演出剧目有《三进士》、《春秋配》、《玉堂春》、《凤还巢》、《谢瑶环》、《八大锤》、《闹天宫》等。1985年再赴锦州、沈阳、大庆、哈尔滨、北京等地巡演。1988年，由文化部推荐，剧团首次赴美国演出，足迹遍布16个州27个城市，历时三个半月，演出59场，演出剧目有《百花赠剑》、《闹天宫》、《盗库银》、《三进士》、《李逵探母》、《断桥》等。1994年5月二次赴美演出，演出剧目有《青石山》、《柜中缘》、《闹天宫》。同年11月部分演员又赴南非约翰内斯堡演出。

（李晓苓）

Chong Enshan

崇恩山 （1900～1980） 乐师。司铙钹。北京人。满族。幼年拜鼓师侯长山（晚清著名鼓师侯双印之长子）为师学武场，成为众多侯门弟子中的一员。早年曾傍其师为武旦阎岚秋（即九阵风）和武生孙毓堃打铙钹，20世纪40年代又随鼓师王振刚为谭富英打大锣。50年代参加中国京剧院二团，专工铙钹。武场中侯派锣鼓热烈火爆、变化新奇，以伴奏武戏著称，崇恩山演奏的铙钹承袭了侯派武场的特色，基本功扎实，最为擅长打武戏，无论“搓、揉、颠”还是“掩击、闷击”等铙钹技巧，他都运用得游刃有余。他打戏以刚劲响亮、灵巧花哨为特点，一般寻常的锣鼓点子经过他临场即兴发挥，就会产生新奇别致、与众不同的演奏效果，而且这种即兴的“加花”都符合剧情需要，处处根据演员表演的要求用以突出重点舞蹈动作。

（许瑾忠）

Chonglinshe

崇林社 京剧戏班。1921年1月前后，杨小楼、梅兰芳合组于北京，2月12日报庙。领班人王松龄。刘砚芳（代表杨小楼）、姚玉芙（代表梅兰芳）共同协办社务。社内有老生王凤卿、张如庭、李鸣玉、鲍吉祥、王荣山，小生朱素云、姜妙香，武生迟月亭、朱玉康、赵春锦，旦脚陈德霖、王蕙芳、姚玉芙，老旦龚云甫、罗福山，武旦朱桂芳、靳湘林，文净裘桂仙、穆春山、侯喜瑞，武净钱金福、许德义、刘砚亭，文丑陆金桂、郭春山、萧长华，武丑王长林、傅小山等。同年2月8日，首演于北京前门外煤市街南文明茶园。第一天（正月初一），梅兰芳、王凤卿演压轴戏《满床笏》，杨小楼等演大轴戏《青石山》。第二天，梅兰芳演压轴戏《贵妃醉酒》，杨小楼演大轴戏《骆马湖》。第三天上演裘桂仙《铡美案》、姜妙香《姻脂虎》、朱素云《白门楼》，杨小楼演压轴戏《贾家楼》，梅兰芳、王凤卿演大轴戏《汾河湾》。杨、梅两大名角联袂演出，很为北京观众注目，比较冷清的文明茶园（此前奎德社在该处演唱），又一度风光起来。同年3月2日，崇林社挪入东安市场吉祥戏园。头天戏码为杨小楼的压轴戏《恶虎村》，梅兰芳、王凤卿的大轴戏《四郎探母》。票价正座8角，厢座1元。每周只演日场3天（周五、六、日）。此期间，杨、梅二人经常自带班底演唱堂会戏，收入颇丰。同年冬，崇林社又移于第一舞台演出。杨、梅议定排演齐如山在桐馨社《楚汉争》基础上新编的《霸王别姬》。1922年2月15日（农历正月十九日），于第一舞台首次公演，杨小楼饰项羽、梅兰芳饰虞姬、王凤卿饰韩信、姜妙香饰虞子期、许德义饰项伯、李寿山饰周兰、迟月亭饰钟离昧、李鸣玉饰刘邦。评论界人士说：“杨演霸王，气魄雄厚，能将英雄末路之情景表演无遗；梅之虞姬，雍容华贵，舞态曼妙，别离时之凄惨悲泣，台下人多为之落泪。”(北京《立言画刊·霸王与虞姬》）1922年3月间，崇林社二次返回吉祥戏园演出。不久，梅兰芳应上海天蟾舞台之邀，在5月下旬偕杨小楼、王凤卿、姜妙香、姚玉芙、李寿山、王长林、许德义及新邀进的郝寿臣、

《霸王别姬》
杨小楼饰项羽（右） 梅兰芳饰虞姬

吴彩霞、筱翠花等去沪。6月1日开演，7月10日结束。其间，5月24日、25日，梅、杨等人曾去南通为张季直的寿日演唱堂会戏。梅兰芳演《天女散花》、《麻姑献寿》，杨小楼演《骆马湖》、《长坂坡》。崇林社在上海天蟾舞台演出49场，包括营业演出41场、外间堂会8场。演出剧目有梅兰芳的《牡丹亭》、《嫦娥奔月》、《千金一笑》、《黛玉葬花》、《贩马记》、《天女散花》、《上元夫人》、《麻姑献寿》、《风筝误》、《虹霓关》(头二本)、《木兰从军》(头二本)、《木兰从军》(三、四本)、《狮吼记》、《玉簪记》、《南柯梦》、《金雀记》、《回荆州》、《金针刺蟒》、《法门寺》、《汾河湾》、《御碑亭》等，杨小楼的《铁笼山》、《长坂坡》、《天安会》、《挑华车》、《艳阳楼》、《恶虎村》、《状元印》、《八大锤》、《东昌府》、《金钱豹》、《武文华》、《五人义》、《连环套》、《骆马湖》、《割发代首》(即《战宛城》)、《大虮蜡庙》(杨小楼饰褚彪、王凤卿饰施公、刘砚芳饰黄天霸、筱翠花饰张桂兰）等。演出场次最多的是《霸王别姬》，共8场。1922年7月12日，杨、梅等人由沪返京，该社拆散解体。崇林社时期，除《霸王别姬》外，杨小楼、梅兰芳曾合演《金山寺》、《回荆州》、《五花洞》、《长坂坡》等，后来都成为他们二人在堂会中合演的保留剧目。 （李宗白）

Chongyashe

崇雅社 京剧女科班。梆子演员田际云创办，1916年2月间在北京成立，同年8月18日在北京前门外鲜鱼口天乐园出台，打炮戏有《贾家楼》、《汾河湾》、《池水驿》、《碰碑》、《浣纱河》、《对银杯》、《闹松林》、《斩黄袍》等。齐如山曾撰文说："这可算是北京成立女科班的第一次。在北京若干年来完完全全的女科班只有这一个。"各行脚色一律由女生扮演，如老生谭文玉、李伯涛、王玉如、王贵卿，花脸王金奎、张瑞林，武生梁春楼，小生梁桂亭，旦脚张碧云、常九如、许桐仙、任品卿、董素梅，武旦郑菊芳，老旦郭瑞卿、梁花侬（后改丑行）等均为该社主要演员。当时的报纸介绍说："上至名角下至零碎约有六七十人之多，洵现今都中最盛之坤社也。""所排之新戏无论矣，即一切旧戏亦大加改良，场面、脚本异样翻新，一洗旧习。"(载于1916年8月8日《顺天时报》）该社负责武戏攒总的教师为张玉峰。教师还有李灵芝等。演出的剧目有《取成都》、《点状元》、《法门寺》、《戏凤》、《朱砂痣》、《失街亭》、《翠屏山》、《打棍出箱》等。后田氏委其子雨农经管。1917年4月，雨农咯血早逝。际云卧病，管理乏人，遂于1919年5月转为大班，仍名崇雅社，另聘外角加盟，部分学生留班，余者转入奎德社、庆麟社坤班练艺、演戏。许多后来享名的女演员都先后搭过此班，如金少梅、于紫云、于紫仙、福芝芳、琴雪芳、方震涛、苏兰舫、碧云霞、盖荣萱、韩月樵、雪艳琴、任绛仙、孟小冬、孟丽君、蓉丽娟、章遏云、李桂芬、李慧琴、宋凤云、杜云峰等。该社常年演出于城南游艺园，始终保持坤班性质。 （钮骠）

崇雅社学员合影（选自《国剧画报》第1卷第15期）

chouzigong

绸子功 表演功法之一。绸子，又称长绸、风带，由古代女子服饰的彩带演变而来。在京剧舞台上首创用长绸的是梅兰芳。1917年他在《天女散花》一剧中，运用长绸特技，塑造了新颖的天女形象。后在一些神话戏中被广泛运用。如《麻姑上寿》的麻姑、《鹊桥会》的织女、《八仙过海》的金鱼仙子、《盘丝洞》的蜘蛛精等。武生戏如《劈山救母》的沉香也运用长绸表演。

《天女散花》 李雪梅饰天女（金思孝摄）

最初所用长绸，宽30厘米左右，长约6米，用两种颜色的印度绸拼制，末端为燕尾式。发展至今已更长，用三色电光绸制作，加大了长绸的使用难度。长绸功的表现形式：一种是长绸搭于颈后，分成两股垂于胸前，双手舞绸；一种是手握长绸一端，单手舞绸。

绸子功的静态舞姿有撩绸亮、折绸亮、托绸亮、捋绸亮、举绸亮、抱绸亮、搭绸亮、捧绸亮、翻绸亮等。其舞姿极为丰富，仅一个拖绸式就有多种表现。长绸的基本动势有波纹式、套环式、回纹式、车轮式、螺旋式、卷浪式、划绕式、双分式、摆尾式、行云式以及翻身甩绸、卧云带绸、后踢扬绸、转身跳绸等。此外，还有舞单绸时常用的点绸、扫绸、抓绸、抛绸、穿绸等技法。

（王诗英）

chou

丑 戏曲表演主要行当之一。喜剧角色。面部化妆用白粉在鼻梁与眼窝间勾画脸谱，与大花脸对比俗称**小花脸**，与大花脸、二花脸并列俗称**三花脸**。按扮演人物的身份、性格和技术特点，大致可分为文丑和武丑两大支系。**文丑**中又有袍带丑、方巾丑、褶子丑、茶衣丑和老丑等若干分支。

袍带丑。因身穿蟒袍、腰围玉带而得名。扮演帝王将相、公卿大夫中的喜剧人物，如《湘江会》的齐景公、《取帅印》的程咬金、《伐齐东》的齐湣王、《海潮珠》的齐庄公、《苏武牧羊》的卫律、《贵妃醉酒》的高力士等。袍带丑中实含**官衣丑**，多扮穿官衣《失印救火》的金祥瑞、《打砂锅》的县官、《春草闯堂》的胡进、《浔阳楼》的黄文炳等，表演特点与袍带丑基本相同，有的舞蹈

官衣丑
《打砂锅》县官（右，白其麟饰，陈博裕饰锅贩）（吴德璋摄）

动作较多。

方巾丑。因常戴方巾而得名。多扮儒生、谋士或书吏中的喜剧人物，如《群英会》的蒋干、《一捧雪》的汤勤、《乌龙院》的张文远、《大名府》的李固、《连环计》的李儒等。

褶子丑。常扮纨绔子弟、花花公子，如《野猪林》的高衙内、《铁弓缘》的石文、《望江亭》的杨衙内、《生死恨》的胡公子、《打花鼓》的公子（曹悦）、《绒花计》的崔华等。

茶衣丑。因常穿茶衣腰包，故名。所扮人物多为普通劳动人民，如《钓金龟》的张义、《一匹布》的张古董、《打刀》的吴衍能、《十八扯》的孔怀及各剧中的酒保、樵夫、禁卒、店家等。

婆子丑
《拾玉镯》刘媒婆（右，孙正阳饰，史依弘饰孙玉姣）

武丑
《三盗令》蔡庆（张春华饰）（陈莹摄）

老丑。多扮心地善良、性格诙谐的老人，如《苏三起解》的崇公道、《乌盆记》的张别古、《卖马》的王老好、《双合印》的李虎、《翠屏山》的潘老丈、《甘露寺》的乔福等。

婆子、**彩旦**亦由丑行扮演。婆子面傅淡妆，扮年纪较大的妇人，如《拾玉镯》的刘媒婆、《变羊计》的贾妈、《探亲家》的胡氏、《鞠球山》的窦氏、《送亲演礼》的陈氏、《梅玉配》的黄婆、《孔雀东南飞》的焦母等；与老旦行“两门抱”的角色，有《清风亭》的贺氏等。彩旦浓妆重彩，花枝招展，演年轻貌丑、卖弄风骚的女子。如《能仁寺》的赛西施、《凤还巢》的程雪雁、《浣花溪》的鱼氏、《红楼二尤》的秋桐等。

武丑，俗称**开口跳**。讲究念白的吐字清晰真切，语调清脆流利，动作轻巧敏捷，矫健有力，着重翻跳跌扑的武功，扮演机警幽默、武艺高超的人物，如《三岔口》的刘利华、《挡马》的焦光普、《连环套、盗钩》的朱光祖、《三盗九龙杯》的杨香武、《三盗令》的蔡庆、《盗银壶》的邱小义、《盗王坟》的时迁、《战宛城》的胡车儿、《蒋平捞印》的蒋平、《巴骆和》的胡理、《五人义》的周文元等。武丑兼演“猴儿戏”。

介于净、丑之间的脚色，称**二花脸**，源自昆剧的二面，京剧归入丑行，所勾脸谱，一般大于丑脚、小于净脚，多扮阴险狡诈之徒，如《逍遥津》的华歆、《独木关》的张士贵、《甘露寺》的贾华、《红鬃烈马》的魏虎等。（黄克保　钮骠）

chuzi guiyun shousheng

出字归韵收声　戏曲声乐术语，使字音清晰、准确、圆满的唱念方法。仅包括声（声母、辅音）和韵（韵母、元音）两个部分。不含“调”（字调）。

出字。民族传统声乐，一般将字音分作头、腹、尾三部。辅音是字音的第一个音素，“出字”即为辅音（字头）部分的唱念方法。根据各辅音在口腔中成阻除阻部位的差异，传统声乐便有喉音、舌音、齿音、牙音、唇音之分，总称五音。五音是字音发出时气息的着力点，也是区分字头的重要环节，故唱念时须有一定的口劲，才能使字头清晰可辨，不致模糊或误作他字。

归韵。为韵母部分的唱法。辅音一出，即与韵母结合成声，韵母是字音的主体，时值长而音最响。汉语中韵母的组合极为复杂，如以普通话而言，由各种音素组合而成的韵母就有38个，组合不同，字音也各异。京剧按其所用语音，将主要元音及其韵尾相同相近者归纳为一类，共十三辙，称“皮簧十三辙”。唱念时以该十三辙为准绳，使各字分别归韵，以保证并检验韵母的准确性。因此，“归韵”对于初学者来说，具有两方面的意义：①唱念前须先明确各字音所属何韵，应归何韵。②了解并掌握如何归韵的技法，如以“江阳辙”为例，其主要元音为a，韵尾为-ng，凡以-ang为韵腹（或字腹）、韵尾者，如“刚”、“光”、“张”、“江”、“杨”、“汪”等字，不问辅音介音为何（或有无介音），均一律归江阳辙，按江阳辙的唱法归韵。其a音，非纯粹的a，而是一个带有鼻韵母-ng的“昂”（ang）音；唱时，须使气流和声音半从鼻出，半从口出，始归“江阳辙”正韵，否则极易误入发花（a-）辙或怀来（-ai）辙、言前（an）辙。如归韵不对，即为“翘辙”，其字音字义均会大谬。

收声。指字音结束时的唱法。为使字音结束得圆满，必须收声。京剧在民族传统声乐收声法的基础上，按皮簧十三辙尾音归类，有5种收声之法：①穿鼻（-ng尾），包括江阳辙（ang、-iang、-uang）和中东辙（-ong、-iong）。②抵腭（-n尾，收声时舌尖抵上齿背），包括言前辙（-an、ian、-uan、-üan）和人辰辙（en、in、un、ün）。③展辅（-i，收i），包括衣期（i）、怀来（-ai、-uai）、灰堆（-ei、-ui）三辙。④敛唇（-u、合口收u），包括姑苏（u）、遥条（-ao、-iao）、由求（ou、-iu）三辙。⑤直喉，为无韵尾的开尾韵母。除单韵母外，还包括发花、梭波和乜斜三辙中的复合韵母-ia、-ua，-uo，-ie，üe等。唱念时均须直出不收，此外卷舌韵母“er”，自成音节，只有“儿”、“耳”、“二”等少数字，属开尾韵母。

一般说，字头、字腹、字尾是字音的3个组成部分，三者不可分割而有机地联系着，其中任何一部分如出现模糊或错误，都会影响整个字音的清晰准确和字义的表达，因此出字归韵收声，是演员唱念时必须严格掌握的技术。（萧晴）

Chu San Hai

《除三害》　京剧作品。据明传奇《应天球》改编。清道光间《春台班戏目》有《应天球》。作者不详。晋代，周处青年时因行为不端，乡里侧目，称为一害。太守王濬微服访得民情，对他耐

袁世海饰周处（左） 李和曾饰时吉

心讽劝，周处大受感动，决心改恶从善，为民除害。他先后打虎、斩蛟，三害尽除，人民额手称庆。本事见《晋书·周处传》及《世说新语·自新》。王濬劝说周处事则于史无征。老生、花脸分饰王濬、周处，两个角色并重。老生以唱工为主，净则唱、做并重，是架子花脸的本工戏。王九龄、叶中定擅演此剧。叶中定之后，黄润甫亦以此戏闻名。1928年，郝寿臣与言菊朋合排此戏。不久，郝寿臣搭高夫奎班，二人合演，为时评所重。1954年，北京舞台上出现两台《除三害》。一台是由端木蕻良据老本整理，由谭富英、裘盛戎主演；另一台是范钧宏、吴少岳改编的新本，据清范希哲《双瑞记》传奇，将王濬改为时吉，主演李和曾、袁世海。两台演出各有千秋，均受到当时观众的欢迎。其后，又有北京实验京剧团的李崇善、刘永贵，中国京剧院的孙岳、吴玉璋等上演此剧。传统剧本见《戏考》。中国京剧院演出本见《京剧丛刊》。

（胡冬生）

Chufeng Lingkong

《雏凤凌空》 京剧作品。佟志贤、杨毓珉、苏俗根据传统剧目《焰火棍》改编。宋辽交兵，杨家将八姐与九妹中辽将韩昌诱敌计，被困双龙谷。孟良回朝搬救兵。佘太君见烧火丫环杨排风武艺高强，有智有勇，推荐她边关破敌。兵部王钦若却保举女婿谢廷芳挂帅。金殿比武，杨排风打败谢廷芳。寇准监军，带杨排风来到边关。又遇焦赞不服，也被她打败。杨排风与寇准和元帅杨延昭定下火攻计，用风筝传信，约八姐、九妹届时夹攻，大败韩昌。杨排风故事见于清李玉《昊天塔》传奇及鼓词《小扫北》等。《雏凤凌空》在保持传奇色彩的基础上，丰富了情节，其中《夜奔》、《演阵》、《荐将》、《探谷》、《火攻》等场坟为老本所无。情节有趣，场面热闹，用夸张手法描绘杨排风的聪明机智、武艺高强，人物形象比较生动，表演突破了原来的行当，唱念做打并重。1960年，北京实验京剧团首演于北京人民剧场。导演樊放、张艾丁、张胤德，主要演员李玉芙（饰杨排风）、王晓临（饰佘太君）、李崇善（饰寇准）、张学津（饰杨延昭）、马永安（饰王钦若）、贾世铭（饰焦赞）、孟俊泉（饰孟良）、孙振才（饰韩昌）。剧本发表在《北京文艺》1961年第5期。

李玉芙饰杨排风（前右） 王晓临饰佘太君（前左）
（王晓临提供）

（张燕鹰）

Chu Jinpeng

储金鹏 （1922～1987） 演员。工小生。北京人。幼入中华戏曲专科学校修业，初学武净，后工小生，师从冯蕙林、包丹庭等，擅长扇子生、纱帽生，亦能穷生。常演传统剧目有《得意缘》、《梅玉配》、《春秋配》、《玉堂春》、《铁弓缘》、《监酒令》、《盘丝洞》、《状元谱》、《红鸾喜》等。在许多新编剧目中担任主要角色，如《花筵赚》的谢鲲、《玉狮坠》的钱琮、《三妇艳》的时纪轮、《凤双飞》的田玉川、《姑嫂英雄》的薛应龙、《同命鸟》(《琥珀珠》)的郑兴郎、《鸳鸯泪》的周仁、《蝶恋花》的何玉郎、《玉壶冰》的崔逷等。他的做表细腻，善于刻画人物，富有创造性，新剧中的这些角色，大多由他首演，相当出色。毕业后，曾先后搭程砚秋、言慧珠、宋德珠、梁小鸾、李玉茹、黄玉华、陈永玲等领衔的各班，任当家小生演员。在上海拜俞振飞为师，为俞氏开门大弟子。20世纪50年代曾在上海演出他独有的折子戏《和氏璧》(饰张仪)、《土祖庙》(《琥珀珠》之一折，饰郑兴郎）等。后入陕西省京剧院，任演员兼导演。曾在河北省艺术学校任教。1987年在沈阳教学时，猝死在公交车上。

《梁山伯与祝英台》饰梁山伯（后） 张正芳饰祝英台

（钮骠）

chuandai guizhi

穿戴规制 演员运用衣箱物件以装扮剧中人物的基本规则、惯例，是京剧艺术的程式性特征在角色穿戴上的具体表现。

历史的积累 京剧所拥有的衣箱及其使用方法，是近千年戏曲演出经验在造型艺术上的一种积累，其直接来源主要是昆剧的装扮传统。在元代戏曲中已有专门“做杂剧的衣服”和若干关于装扮程式的用语，如“披秉”、“素扮”、“道扮”、“蓝扮”等。到了明代万历年间，曲学家王骥德说：“尝见元剧本，有于卷首列所用部色名目，并署其冠服、器械曰，某人冠某冠、服某衣、执某器，最详。然其所谓冠服、器械名色，今皆不可复识矣。”(《曲律·论部色》)可知由元至明，戏曲装扮有过较多的变易。大约到了晚明的昆剧中才渐趋稳定。入清以后，清政府有薙发易服之令，却不禁止戏班沿用明代戏衣，艺人们就在这个基础上继续进行加工、丰富。清中叶以来所达到的规模和水平，先后反映在《扬州画舫录》(1795) 所记“江湖行头”、清宫大戏《昭代箫韶》(1813) 舞台提示、昇平署箱倌稿本《穿戴题纲》(1845) 等文献资料中。《清稗类钞》云：“昆剧缜密，迥非乱弹可比，非特音节台步不能以己意损益，服饰亦纤屑不能苟。”昆剧基本上“属于读书人的戏剧艺术”(欧阳予倩语)，其舞台艺术规范的“缜密”，是同知识分子的精心指点分不开的。京剧继昆剧而兴，经过对戏衣的改进、增益，使衣箱制依然保持着活力。20世纪西方写实派戏剧观念的冲击，对新剧目的创作演出有明显影响，而运用衣箱制的传统演出方式，不仅在国内是经常性的，在国际戏剧交流中也是最具中国特色的，以至引起外国观众的惊叹，认为“那些丰富多样、格调高雅、效果惊人的服装”，“显示了高度的美术文化”，“只有时间与传统才能创造出这一切，这是无数人的经验汇流的结果”(谢·奥布拉兹卓夫《中国人民的戏剧》第79～80页)。

衣箱制的建立基于3个原则：假定、美感、简约。从根本上说，戏衣都有一定的生活依据，如平天冠源自先秦的冕旒，学士巾是唐巾之一种，王帽由明代的乌纱折上巾增饰而成，纱帽、官衣和箭衣、马褂更是明显地分别从明清两代的同名冠服中撷取而来。但是，生活服装经过不同程度的改制而成为戏衣之后，就不再代表其所产生的朝代，它们只是作为演出服装按照特定的舞台规则在使用，给予观众的是假定的非历史化的真实感。戏衣同其生活原形的弹性距离，取决于两种追求：一要有利于演员的歌舞化表演；二要让观众感到既好看又好懂，美感就由此产生。戏衣从早期的“绘画之服”(《金史·舆服志》) 发展为后来的刺绣之服，成了经得起观众反复欣赏的特种工艺品，然其美感的最佳效应，还是在与表演艺术的密切结合之中。戏衣的变形幅度往往同歌舞化程度的提高有着内在联系，武生扎的硬靠就是典型的例子。在京剧盛行时代，衣箱规模超过了同期任何戏曲剧种。昆剧排场的阔绰，只体现在明清士大夫的家班、盐商的内班和皇家剧院南府、昇平署的演出中，以民间职业戏班而论，昆剧衣箱比不上后起的京剧。清同治二年 (1863) 三庆班花名册中管箱人已有7名，至光绪二十五年 (1899)，同庆班、玉成班的管箱人多至12名、18名 (见齐如山《戏班》)，其规模的扩大可以想见。然而，戏箱中那些经过长期筛选、精致加工、逐步定位的冠服，相对于浩如烟海的历代生活服饰，只是沧海一粟。戏班的经济条件和演出的流动性，决定了衣箱制总是以简约原则，来协调其自身的有限性同剧目所要表现的历史生活的无限性之间的矛盾。协调的方式，通常是在维护基本规则的前提下作少量的补充，故衣箱的演进，基本上是累积而非突变。

穿破不穿错　戏衣不尚仿真，但它仍是要表现由剧目所规定的社会内容的。艺人们常说的“宁穿破，不穿错”，表示了对穿戴规制的严肃态度。然其错与不错的标准并未形诸文字，只是体现在演出的习惯性操作之中。从穿戴惯例与剧情、人物的对照研究中，可以窥知其基本规则有3点省略、8点讲究。

省略的3点是历史朝代的具体性以及地域、季节的差别。中国画论中早有人提出：“详辨古今之物，商较土风之宜，指事绘形，可验时代。”(张彦远《历代名画记》) 若以此为标准来衡量京剧装扮，大概只有一些民间小戏如《探亲家》等较贴近生活习俗，其他袍带戏几乎无一合格。如清朝故事戏《连环套》中的黄天霸，穿箭衣、马褂，还算“可验时代”，而他又戴白夫子盔、穿白蟒，则与时代相悖，更不用说同台戴纱帽、穿蟒袍的彭朋很像明代官员了。戏装中最具地域性特征的当是狐尾，但它主要用来表示少数民族或非正统人物。清道光年间，盐商黄潆泰家班的戏箱价值二三十万，“四季裘葛递易”，演《浣纱记》吴王采莲、《琵琶记》蔡状元赏荷，“满场皆纱縠也”(金安清《觚哉漫录》)。同治年间，京剧南下之初，上海戏园派人赴广东置办行头，“有银鼠出风袍靠，备严冬所用”(民哀《南北梨园略史》)。这类戏装上的季节特征，不论出于忠实剧情或爱护演员，均未构成京剧的装扮传统。

在作以上3点省略的同时，对剧中人物的性别年龄、社会地位、生活境遇、人品气质等方面则有表现要求，即男女有别、老少有别、文武有别、贵贱有别、贫富有别、番汉有别、情境有别、褒贬有别。这8点内容是穿戴规制的实质。此外，装扮上还有人、神、鬼、魂的一些标志性区分。冯沅君曾从明代抄本《古今杂剧》的15种“穿关”中概括出“当时各种脚色‘妆裹’的六项标准”(详见《古剧说汇·古剧四考跋》)，其中未提及的男女有别、情境有别，在古剧中也是存在的。这些讲究由来已久，只是体现的方式和细致程度有所不同。重视这类区别的生动表现，是戏曲装扮能够让观众“恍然如见千秋之人”(汤显祖语)，明知是假又信以为真的力量所在。然而，体现这8个有别的具体规制完全是舞台的。例如《群英会》中的汉相曹操，穿戴由宋明冠服加工而来的相貂、红蟒，虽然究其生活依据有弄错时代的缺陷，却是合乎舞台规制的，演员与观众都不以为病。倘若演员嫌这些冠服陈旧，挑换鲜亮的汾阳帽、黄蟒，那就犯了违反规制的错误。因为按照规制，黄色蟒袍只有皇帝才能穿，汾阳帽要等曹操晋封魏公以后在《逍遥津》、《阳平关》中才能戴。“宁穿破，不穿错”者多指此类。这种穿戴规制，是用成套造型语汇，把历史生活中纷纭复杂的穿戴现象，作出单纯化、有序化的舞台处理，既使民间剧团承担得起，又让平民观众易于明了。旧时艺人们说：“穿出的行头，得让祖师爷认识。”这个“祖师爷”就是演员与观众在长期交流中达成的默契。

传递的途径　演员运用穿戴规制向观众传递其装扮意图的途径有5种，即冠服的款式、色彩、花纹、质料和着法。款式是冠服的外部造型，各种冠服的名称多由其款式而得。色彩、花纹、质料是冠服的内部造型，有限的款式能产生丰富的表现力，实由内部造型之富于变化所致。着法是演员穿戴时的具体造型处理。这5种途径包孕着京剧装扮的成套造型语汇。

在5种途径中，款式选择是基础。京剧人物装扮的款式区别甚为明显。如文官戴纱帽穿官衣，武将戴盔扎靠，无混淆之可能。男女之别也很清楚，同样穿蟒袍或褶子或帔，女式总比男式短一大截，以露出裙子来。夫人 (或小姐)、侍妾、丫鬟三者的不同身份，可从款式上一望便知：夫人穿的是长衣帔或褶子；丫鬟为短打扮，穿袄裤或袄裙加坎肩；居于中间地位的侍妾是长短结合，穿褶子加坎肩。戏台上的冠帽多带翅子，虽属细部亦有分别。翅子在史书上多称“脚”或“角”，是系帽所用带子的装饰变形。宋代沈括《梦溪笔谈》云：“本朝幞头，有直脚、局脚、交脚、朝天、顺风，凡五等，唯直脚贵贱通服之。”舞台装扮对帽翅做了有序规定，分向上、横向、向下3类。以向上的朝天翅为最贵重，用于皇帽、九龙冠、皇巾、金貂、相巾等。文官纱帽多为略微上翘的横向翅子，其形状有多种。翅子特长者称相貂或相纱，是文官中的级别最高者。此款式的生活原形就是沈括说的“贵贱通服”的直脚幞头。从金元杂剧的形象资料中可见其早已用于官员装扮，至昆剧才定位为宰相专用。汾阳帽的金色如意翅、花相貂的长翅上饰立体龙纹，都是直脚的强化装饰，使大臣身份更显尊贵。宰相之下的各级文官有方翅

大丫环
《孔雀屏》春红
(程砚秋饰)

夫人
《回荆州》孙尚香
(程砚秋饰)

汾阳帽
《打严嵩》严嵩
（袁世海饰）

相貂
《群英会》曹操
（袁世海饰）

方翅纱帽
《十道本》褚遂良
（马连良饰）

尖翅纱帽
《四进士》顾读
（袁世海饰）

圆翅纱帽
《一捧雪》汤勤
（萧长华饰）

桃叶翅纱帽
《醉写》李白
（俞振飞饰）

（长方形）、尖翅（菱形）、圆翅、桃叶翅，形虽多样而横向则相同，这几种不同形的翅子既与相貂、汾阳帽有了等级差别，又适应脚色行当的不同，具有褒贬含义。如生戴的方翅纱帽称“忠纱”，净戴的尖翅纱帽称“奸纱”。有功名而无官职者或休闲官员所戴的帽、巾，则用向下的翅子或飘带。武将盔头背面亦有翅子，因其不如文扮冠帽的翅子伸展于外、作用明显，已不甚讲究了。冠帽的配件是款式意义的一种变化因素，如同样戴纱帽，插金花者为状元，加套翅者就是驸马；番汉之别、正统与非正统之分，则以冠饰上加不加翎子狐尾为标志。款式之间也有少量可以通假，如箭衣与靠，同属武服，“乡下戏班，力不足以置备各式靠子者，往往以箭衣代之”（徐凌霄《说“行头”》，《剧学月刊》第3卷第5期）。在款式的选择上可以体现演员对剧情的理解力。如《探窑》中饰王宝钏之母的老旦，有穿蟒或穿官衣者，从人物身份上说，这都没有错，但她“往破窑探其女病，非公会，何必以公服从事？近伶或易以帔，似为合理”（陈墨香《京剧提要》）。后者对于前者的改动，就是严格讲究情境有别的缘故。

色彩作为最大众化的美感元素，在戏装上具有表现等级、气质、情境等多种功能。戏装用色有上五色和下五色等。**上五色**（黄、红、绿、白、黑）确定较早，其等级观念受明代影响最深。明代规定，黄色为皇家专用，庶人冠服“不许用黄”（《明史·舆服志》）。蟒袍作为一种款式可以通用于君臣，等级区别就在色彩上。黄色蟒袍是舞台上的衮龙袍，只有扮演皇帝才能穿。上五色中的这个黄色是正黄，即中黄，以其明亮鲜艳，又称明黄、娇黄。扮演番王或山大王，以及宫廷侍从等需用黄色时，多为老黄、杏黄。清康熙间，曲家张潮在《凯歌》中注明，剧中随驾侍卫的短外褂用老黄，“莫用娇黄，避僭也”。这种规矩，在京剧演出中保持了很久。其次以红为贵重，绿次之，黑最寒微。黑色表现贫困卑贱时，因无花绣，多称“青素”（青，可指深绿、蓝、黑，此处指黑色），如门官、驿丞的青素官衣，下级武士的青素箭衣，贫妇的青素褶子。换一个角度，当表现人物气质时，黑色又常常作为刚直、粗犷、威猛的象征，但需辅以相应的花纹。在人物气质、性格的刻画上，戏曲大多参照说部。元杂剧中关羽原是勾红脸穿红袍，《三国演义》风行后，即据此改为红脸绿袍，以区别于马武、孟良，更能体现他的允文允武、亦智亦勇。说部中的年少英俊之将多穿白袍银铠，舞台上的白色用得最多的也是武将装束，如周瑜、赵云、薛仁贵、岳飞、杨延昭等所穿的白蟒、白靠、白箭衣。白是民俗中的哀悼之色，舞台上也如此，演《哭灵牌》，刘备要穿白蟒。对此，徐凌霄曾批评：“甚为可笑”，“世岂有浑身云龙花朵之孝服耶”（《说“行头”》）。如改为素白袍，定可增加哀痛气氛。但传统观念认为，“戏者戏也”，点到为是，否则，旧时的扮演者和观赏者都会有心理障碍。这种观念在红色的运用上也有反映。红在戏装中用得最为宽泛，等级的尊贵、情境的喜庆或凶险都要用到红色。而凶险之用大红，表现在罪衣上，实际是对古代囚服赭色（土红）的美化，使演者回避禁忌，观者增添欢悦。大约在清代中叶以后，先是宫廷后是民间，戏衣用色范围逐渐扩大，**下五色**（紫红、粉红、深蓝、淡蓝、古铜或秋香）的大体确定，以及各种近似色的大量增入，使色彩语汇更加丰富。粉红、淡蓝及其近似的雪青、月白诸色，可与古铜、秋香、紫酱、墨绿等构成青年和老年的鲜明对比，尤其有利于家庭伦理、情爱一类题材中男女角色的塑造。紫与蓝是在下五色尚未确定之前已进入戏箱的。自古“朱紫”并称，紫可与红同作显贵之色又较红深暗；蓝的色泽近绿而气象沉穆，既可代绿亦可代黑。这都使舞台色彩的调配有了更多可能性，经过演员的匠心处理，更能表现人物与情境。旧时《捉放曹》的曹操，戴红色绣花风帽，穿紫色花箭衣，外罩浅蓝色花褶子（见清宫戏画）；或戴红风帽，穿宝蓝龙箭衣，外罩红缎花褶子（见1926年出版《戏学汇考》）。郝寿臣认为，这些扮法“那是无论如何也不能容忍的”。他改为戴紫色素风帽（镶有蓝色宽边），穿紫缎素箭衣，腰系杏黄鸾带，外罩蓝缎素褶子。其根据是：这出戏中的曹操既是谋刺董卓未遂的逃犯，又是误杀吕伯奢一家的凶手，扮相“必须创造风尘仆仆和杀气腾腾的气氛”。这与旧式扮法在款式上毫无二致，只是选用了不加绣活的蓝与紫这种深沉的冷热色组合，才给此剧增加了“肃杀萧瑟的饱含秋意的情趣”（《十戏九不同》，郝寿臣述，吴晓铃记，《戏剧论丛》1957年第4辑第186～187页）。

花纹在戏装中既是美饰又具含义，其表述方式包括装饰主题、形状布局、刺绣工艺。龙凤可谓戏装最重要的装饰主题。由远古华夏氏族的蛇图腾演变而成的龙，是封建时代“九五之尊”的象征。到了明代又产生类龙形的蟒，并明确规定：五爪为龙用于皇家，四爪为蟒用于官家（详见《万历野获编》）。清代沿袭之。戏台上的各色蟒袍及龙铠、龙帔、龙箭等戏衣，绣的都是蟒纹，到了现代才不拘于四爪。凤由鸟图腾演化而来，古代传说凤为百鸟之王。在舞台上，只要以正黄为地、龙凤并用，那就是帝王后妃的标准装饰，同为统

黑蟒袍上的龙纹（谢杏生设计）

《群英会》曹操（袁世海饰）

《四郎探母》杨延辉（陈少霖饰）

同为红色蟒服，由于花纹的布局、色彩与绣法的不同，产生不同的装饰效果

治者权力与尊严的象征。但两相比较，龙更政治化、更神圣，在明清实际生活中用错了就犯违禁之罪，官员遇有“钦赐”五爪龙缎，需“挑去一爪”方可穿用（《大清会典》）。而凤是随和的，可以深入百姓家，民间少女即使把凤绣在鞋帮上也无人干预，在舞台上，亦为女性角色从头饰到服饰广泛采用。凤与太阳、牡丹相配，象征光明、富贵、幸福和爱情。花纹用法亦有文武之别。武将所穿开氅、褶子，多用虎、豹等兽纹以喻其勇猛。文官的圆领官衣，胸背各有一块方形补子，所用纹样，按明代服制以仙鹤、锦鸡、孔雀、云雁等禽鸟标志品级，剧中则多以仙鹤作为代表了。马连良演《清官册》寇准、《打严嵩》邹应龙，用獬豸补子，是依据清代服制。獬豸为传说中独角神兽，能明辨是非、抵触奸佞，用于都御史、御史、按察使等官员补服。戏装上的这种考究很切合剧中人物，只是台下观众难以辨识。文人服饰多为“岁寒三友”、“四君子”等植物花卉或博古纹样，与其身份、气质相呼应。谋士则用太极图、八卦来象征道术、智慧。其他“暗八仙”、蝙蝠纹、如意纹、寿字纹等吉祥图案，多作陪衬之用，或在鞋帽上略加点缀。花纹含义还与形状、布局有关。龙（蟒）的形状最为多样，分正侧、升降、行走、过肩等。蟒袍中最庄严的布局是以正龙（又称坐龙）居中，侧龙左右对称为配；气势最大的是过肩龙，龙首在前胸，身尾绕过肩头，极富动感。前者用于生扮的帝王、高级文官，后者用于净扮的王侯、统帅。在同一件蟒袍上也可以综合运用不同形态的大小龙纹。戏装的纹样布局，有满、团、边、角、折枝等。满地纹绣的有蟒袍、靠、铠、宫装等几种，褶子、帔等多在团、边、角上作多样处理。一般中年角色多用团花，显得大方稳重；青年角色多用边花、角花、折枝花，显得清淡或活泼、潇洒。戏装上的纹样大多靠刺绣，有彩绣、平金、混合绣等多种工艺，使纹样产生不同的装饰效果。彩绣色泽富丽而又雅致，适用于性格娴静、气质优雅一类角色。平金以纹样盘满金线为特点，最能表现铠甲的金属性质，有利于强化战将的英武气概；用在蟒袍、开氅等戏衣上，以其金光闪耀，有强烈张扬感，与性格粗豪的净扮角色最为相宜。混合绣为彩绣加圈金、圈银或平金。旧时团龙蟒有纯用彩绣者，现已觉得乡土气了，一般以金钱勾勒花纹轮廓，或在彩绣蟒水中夹用金线，可增加华贵气派。对于花纹的选择，其灵活性和难度都要大于款式、色彩。如演《金山寺》白娘子，要穿白色衣裤战裙，这是既定的，至于用何种具体纹样，演员可以参与设计。梅兰芳曾以三套衣裤战裙的不同花纹做了比较：一套满绣黑线连环古钱纹，“显得黑压压地罩住了全身，把白色的光彩都有些冲淡了，并且钱纹也呆板，没有什么仙气”；一套绣大八团花，“有点老气横秋，倒有些伍子胥、薛仁贵穿的白箭衣的味道”；比较起来，另一套绣三蓝小折枝花的样子最好。梅兰芳由此得出结论：“花纹的结构在一定条件下，有时还能变更质地颜色的效果。”（《梅兰芳谈舞台美术》，朱家溍记录整理，《上海戏剧》1962年第8期）而他在这套衣裤战裙上寻求“白色的光彩”和“仙气”，正是塑造神话人物白娘子的需要。

戏装用料颇多变异。清宫“裁贡缎为戏衣”（《清史稿·职官志》），把花纹富丽的绛丝、漳绒、云锦用于官衣以至卒褂、穷衣，这就削弱了款式选择的意义。京剧继承民间昆班的传统，极少用织锦，确立以素面丝织品为主体，突出纹样刺绣的表现力。在丝织品中用得最多的是缎子。缎有硬软之分。旧时所谓“硬面开氅软面褶”，即是指面料与款式有关。蟒、靠、开氅、宫装用硬面大缎，取其质地笃实、线条挺括，能承载繁密的绣活而不变形。软缎、绉绸较大缎柔和，衣折自然流畅，用于部分褶子、帔。更薄的丝织品绸、纺，多用于裙、裤以及水袖。织锦一般作为缘饰来用。昆剧重视布质的运用，《扬州画舫录》记“江湖行头”有布衣箱。这个精神在清末民初的京剧演出中还保存着，如王瑶卿扮苏三所穿红色罪衣即用布制，扮《打渔杀家》萧桂英，“戴小草帽，穿蓝布女茶衣，不但像个贫女，并且雅淡好看”（笔歌墨舞斋主《京剧生旦两革命家》）。朱素云扮《翠屏山》石秀，穿青布箭衣。“或诘以‘何不做一件缎箭衣？’素云笑曰：‘石秀只是一屠夫耳，如何穿得起缎衣？’”（冯叔鸾《啸虹轩剧谈》）徐凌霄《说“行头”》云：“近来一切剧装无不绸缎洋绉。连米色老斗因名角们演萧恩演得高兴，也有轻妙之纺绸穿穿。而丝织品之充盈遂无间于贫贱富贵。惟茶衣似乎还不好意思改布为绉，此真诸大名角之旷典矣！”（《剧学月刊》第3卷第6期）各种丝织品和棉织品有明暗不同的质感，可以丰富舞台色彩的层次和变化，同时，它们之间也可以互相衬托，使华丽与淳朴都得到加强，有利于表现角色之间社会地位的悬殊。而杨小楼饰《夜奔》林冲，用吸光性能好的青绒来替代有反光的青缎制作箭衣，则使秘密夜行的规定情境得到了更为生动的体现。

清宫戏画中的富贵衣

（《鱼藏剑》伍子胥，中国艺术研究院藏）

最后，还有各种不同的穿着方法。如腰裙，高系在上衣外面，行走时用双手拈着两个裙角，可以表现奔波凄惨的样子；文生巾后垂的两根飘带，系到巾子边上，在左侧打个结，能点染出行色匆忙；元帅出征前，扎着靠，又把蟒服斜披在身上（穿左袖，将右袖折于腋下，称**衮蟒**），就给人以戎马倥偬的感觉；扎在背心的四面靠旗本是渲染大将威风的，若丑扮的大将把靠旗松扎在腰际，或只插一面，反会显出其无能、可笑。

上述款式、色彩、花纹、质料和着法，在穿戴规制中是交织在一起发挥作用的。犹如织锦缎上的经线纬线一样，孤立抽取一根看不清楚，交织起来就能呈现出某种图案。只要对它们的运用是有序的、合规则的，再结合相应的化装，就可以扮装各种各样的角色。对于有欣赏经验的观众来说，它们都是可以解读的信息，经过自己头脑的综合判断，能很快地懂得装扮者的意图，甚至把具体角色都能辨识出来。

稳定与可变 穿戴规制作为传统演出方式的一个组成部分已有数百年历史，今后还会延续。它的稳定是相对的，流传中始终包含着若干可变因素。引起变动的原因主要来自剧目和演员两个方面。为了演出新剧目，有时需要创制新的冠服。如昆班中的许仙巾、白蛇衣，就是为演《雷峰塔》创制的。许仙巾在清宫《穿戴题纲》中称“有玉毡帽”，可知它是由毡帽改制而成，后来进一步美化，成了许仙巾。新增的冠服能在衣箱中保留下来是有条件的：或者这个剧目要经常演出，或者这种新的冠服起初为某个角色设计，后来又可为其他角色所用。如汾阳帽（俗称文阳），原是演出《满床笏》时为汾阳王郭子仪而设。戏班有了它之后，再演出《鸣凤记》，也让严嵩戴之，使此《鸣凤记》中两个内阁大臣在装扮上有了区别：夏言仍戴相纱，严嵩则戴金灿灿的汾阳帽，从而突出了严嵩的显赫地位。到了京剧中，亦用于《打严嵩》之严嵩、《草桥关》之姚期、《逍遥津》之曹操等。由于汾阳帽使高级官员的首服增加了层次，用途较多，也就在衣箱中长期“落户”了。来自演员的变化有多种情况：①为适应自身条件而作改动。如《定军山》黄忠，余三胜、景四宝、杨月楼、龙长胜等都戴帅盔、挂白满，后王九龄改戴软扎巾，谭鑫培不仅也戴扎巾，且换白满为白三。谭的这个改动同他的面容清瘦有关，所以齐如山说：“这种地方，绝非九龄、鑫培的错处，因扮戏一道，不但要合古人的情形，于本脚的形势（形体、架势——引者）也要顾及才好。”（《京剧之变迁》第18页）又如《安天会》孙悟空，按昆班规矩头场应穿女蟒，杨小楼演此角改穿黄色平金大蟒。其原初动机，当与杨的身材高大有关，然其深层意义是审美评价的转变。让花果山齐天大圣穿女蟒，源自对占山为王者如丑扮的程咬金等的轻蔑、嘲弄之意，经此一改，起到了扭贬为褒的艺术效果，“不仅是够气派，而且使身段更好看得多”（周志辅《杨小楼评传》第24页）。后之演出者多据此扮法，甚至经过改编，剧名亦由《安天会》改作《闹天宫》。②受其他剧种影响而带来变化。《辕门斩子》杨延昭例穿白蟒。刘鸿昇演此角，“师法梆子腔”，“三入三出，且三易服色：由蟒而易紫官衣，由紫官衣而易杂色开氅”（陈墨香《京剧提要》）。由于这种“三换衣”无剧情依据，未能通行于京剧舞台。然也有通行的例子。《三堂会审》的布政使潘必正、按察使刘秉义，按级别都可穿蟒袍。而梆子班《玉堂春》，左右两个问官是府县，例穿官衣（见徐凌霄《说“行头”》）。京班不改潘、刘身份，仍穿官衣。先是都穿红官衣，加上王金龙的红蟒和苏三的红色罪衣，可称“红全堂”。至谭鑫培饰刘秉义改穿紫官衣，再往后又改穿蓝官衣。梅兰芳说：“这改穿蓝袍的规矩，大概总是在庚子年（1900）前后的事。要按梆子班的规矩，刘秉义可永远是穿的蓝袍。”（《舞台生活四十年》第98页）这种扮法，使同场三个问官的服饰，从级别到色彩都有了明显区别，更能衬托他们对苏三的不同态度，一直流传至今。③出于单纯求美心理而作加工。《白水滩》中的十一郎是个雇工，旧式扮法戴毡帽，穿茶衣裤，以扁担挑担。江南短打武生宗师李春来擅演此剧，“嫌排场太穷”，改戴草帽圈，穿青素褶子、青素快衣，以棍挑担。盖叫天等均宗此，成为十一郎的标准扮相。李春来晚年（58岁时）又改青素之衣为“锦绣华衣”，离十一郎身份太远，遭到报端批评：“为时尚所惑，甘失典型而背戏情，深为可惜。出尔反尔，前后（两种扮相——引者）竟判若两人，岂以其年迈貌衰，欲借此点缀卖相乎？”（玄郎文，1913年4月20日《申报》）这类失误，在京剧史上屡见不鲜，全靠后学者善于鉴别。也有鉴别不清，只图美观者。《汾河湾》薛仁贵及《武家坡》薛平贵，老派戴哨子帽或大叶巾，穿青素褶子、青布箭衣，罩卒坎肩，是乔装士卒模样。谭鑫培演此，改戴双龙鞑帽，穿箭衣、团龙马褂，俨然番邦王爷出行，与戏情、台词均不合。戏评家们多有指摘，而后之演此角者“一律谭化”，沿为“老例”。④深究戏剧情理而作改进、创新。旧时《四郎探母》铁镜公主只穿旗袍，自王瑶卿起，《坐宫》穿旗袍，《盗令》穿旗蟒，使燕居与朝觐有别，梅兰芳、程砚秋等均遵此。梅兰芳对白娘子扮相的改进，更是著名例子。梅的前辈演《金山寺》、《断桥》均戴大额子，梅在早期也如此打扮，至1928年拍摄《断桥》戏像表明，梅已创制了一种软额子（后戏班称白蛇额）。这样改的好处，既区别于一般女将，又与解除武装、换穿褶子腰包相协调，是极富于角色特征的完整造型。软额子中间有面牌（武角色的一种标志），在面牌顶端的绒球颜色上，梅早先用蓝色或白色，强调素净、纯洁，至20世纪50年代初改用红色，一身洁白，头顶一点红。这是梅兰芳对剧情人物有了深刻理解之后的崭新处理，使白娘子的造型更美，更有意境。

《断桥》白素贞（梅兰芳饰）

无论来自剧目或者来自演员的种种变化，大体上都没有破坏衣箱制的假定、美感、简约三原则以及运用以上8个有别的这些基本内容。变化的只是衣箱的物件容量和物件的具体用法、具体形态，不足则增补之，形态老化则更新之。正是这些变化，使8个有别更为细致，人物形象的造型处理更加鲜明、生动。但变化是没有底止的。反程式的创作理念兴起后，舞台装扮出现了衣箱制与非衣箱制相媲美的新局面，这对穿戴规制的稳定与可变，既是定位依据，又是创新参照，将带来更多的变化因素，其未来走向和艺术面貌，在一个长远的过程中，将取决于实际执行者的戏剧观念和文化素养。（龚和德）

Chuantong Jingju Renwu Zaoxing Huicui

《传统京剧人物造型荟萃》 京剧工具书。中国戏曲学院附中所编戏曲教育丛书之一。张逸娟主编，由一批具有舞台实践经验的教学人员撰写，并经业内有关专家审订。中国戏剧出版社2001年4月出版。全书120万字，大32开本。收有京剧剧目271出、昆剧剧目50折，内容包括剧情简介、取材出处、人物行当、化装、穿戴及道具装置6个方面，说明翔实，是一部可供京剧工作者和研究者、爱好者用来参考和指导操作的专业性工具书。（捷之）

Chuantong Jumu Huibian

《传统剧目汇编》 戏曲作品集。上海市传统剧目编辑委员会按剧种分集编辑。上海文艺出版社1959年1月至1961年9月陆续出版京剧剧目25集，共收剧本122种。这是上海市为保存戏曲文化遗产所开展的一项文化工程，其中把京剧剧本汇编作为重要组成部分。所选剧本都是根据艺人口述记录或珍藏手抄本。剧前除附有故事提要和人物表，还注明了藏本出处。编者对剧本严格校勘，在保持原貌基础上略有节删，使剧本文辞整洁、通顺。这部作品集规模较大，在编辑出版时间上与北京的《京剧丛刊》、《京剧汇编》成南北呼应之势，为上海京剧艺术的整理、继承和研究，留下了宝贵资料。（沈梅）

Chuan Longzhu

《串龙珠》 京剧作品。又名《反徐州》。吴幻荪据山西梆子移植改编。取材于民间传说和评书《明英烈》。元末，世袭徐州王完颜龙性格残暴，横行不法，率众行围射猎，踏坏大片良田。村民郭广庆挺身与之辩理，完颜欲斩，州官徐达讲情，改为枷号三月。郭广庆的朋友侯伯清将家中祖传串龙珠典当在康茂才店中，得银送与完颜龙，以求为郭开脱。完颜龙反诬康茂才勾通盗匪，抢走

马连良饰徐达（左） 刘连荣饰完颜龙

马连良饰徐达

串龙珠，将康抓至官衙问罪。完颜龙还无故剁去民妇花云之妻的左手，并残害孀妇幼婴。百姓忍无可忍，聚众至州衙鸣冤。徐达秉公而断。完颜龙将他撤职，逼其交印。郭广庆、侯伯清、康茂才、花云母等出城迎接花云搬来的红巾军，杀死前来接替州官的校尉，共拥徐达起义，处死完颜龙父子，投奔亳州朱元璋。《串龙珠》为梆子艺人首创，为须生（饰徐达）、净脚（饰完颜龙）、武生（饰康茂才）唱做并重的群戏，现存清道光、咸丰年间抄本。1938年，山西梆子演员丁果仙（艺名果子红）率团在北平演出，马连良对此剧很感兴趣，带扶风社主要演员观摩。丁果仙将剧本赠给马连良，马回赠京剧本《四进士》，即请吴幻荪执笔改编，与郝寿臣合作排演。马连良饰徐达，头戴忠纱，挂黑三髯，穿改良蓝官衣，起义时改穿香色绣万字箭衣，唱做并重，把一个清官形象塑造得活灵活现。郝寿臣饰完颜龙，勾黄三块瓦脸谱，凶暴阴鸷，头戴倒缨盔，挂黑扎，上身穿黄马褂，下身是战裙，通过棱角鲜明的动作、骄横粗蛮的念白，塑造出一个暴戾刁顽的压迫者形象。张君秋饰花云妻，全身缟素，发挥了唱的优势。叶盛兰扮康茂才，头戴鸭尾巾，身穿素花褶子，台步矫健。芙蓉草饰孀妇，梳大头、穿素褶子。李洪福饰侯伯清，头戴青色软罗帽，穿青素箭衣，戴黑三髯口。马春樵扮郭广庆，戴硬胎青罗帽，穿青素箭衣，糅黄脸。全剧结构完整紧凑，人物个性鲜明，穿插跌宕，富于戏剧性。1938年4月首演于北平新新大戏院，观众踊跃。由于作品具有反抗强暴和民族压迫的思想内容，仅演两场即遭日伪当局禁演，但不久又在天津等地上演。剧本见《京剧汇编》及宝文堂刊本。此外，1953年晏甬改编有《反徐州》。剧中着重描绘徐达作为由士子出身的州官，在残酷的民族压迫和民变四起中，由同情人民到为民请命到参加起义的过程。东北京剧院演出。导演徐菊华。参加东北区第一届戏剧音乐舞蹈观摩演出大会，获演出奖。剧本载晏甬戏剧创作集《路漫漫》。 （周传家）

Chuangwang Jin Jing

《闯王进京》 京剧作品。马少波著。胶东新华书店1945年11月初版，大连大众书店1948年4月翻印，新华书店1950年5月在上海再版。创作于1944年10月。当时中共中央将郭沫若史论《甲申三百年祭》作为学习材料，要求全党以史为鉴。作者受此文之启发，参阅当时仅有的一套《晚明史料丛刊》，塑造了李自成等农民英雄形象。全剧36场，上部闯王起义、下部闯王遗恨（分两个晚上演出）。1945年元旦由胶东文协胜利剧团在莱阳首演。马少波、田少伯导演，李云、张海、鲁诰、林波、王秀亭主演，在胶东根据地连演60余场。中华人民共和国成立前后曾广泛上演于南北各省，对部队指战员和广大干部起到了警钟长鸣的作用。明末崇祯专制暴虐，民变四起，李自成作为义军领袖，率众转战千里，于1644年攻克北京，推翻了腐朽的明王朝。他进京后忽视敌人，不讲政策，脱离群众，拒听李岩、红娘子之忠谏，纵容其部将刘宗敏拷打降官、搜括财物，霸占吴三桂爱姬陈圆圆，以致吴三桂引清兵入关，仅40天即被迫弃京西走；继而轻信宰相牛金星之谗言，忌才杀害李岩兄弟，牛金星叛逃，刘宗敏阵亡，李自成牺牲于湖北九宫山。作者着力写这场轰轰烈烈的农民革命失败的悲剧意义，告诫人们不可让胜利冲昏头脑，要永远保持清醒，戒骄戒躁以巩固胜利。此剧是较早正确地表现农民题材的作品之一，在艺术革新方面也进行了有益的探索。后作者将戏浓缩为16场，适合一个晚上演出。收入《马少波剧作选》，由山东人民出版社1980年11月出版。《中国解放区文学书系·戏剧编》收入全剧，重庆出版社1992年3月出版。1994年5月为纪念该剧首演50周年，由文化部艺术局、北京军区政治部等主办，战友京剧团重演，作者

李云饰李自成（左） 张海饰周广德
（胶东文协胜利剧团演出）

再次修订为11场：投闯回报、西安会师、京师全胜、将相昏昏、李红忠谏、三桂请降、酒色陶醉、弃京西走、忌才害贤、今昔盛衰、闯王遗恨。由金桐导演，辛宝达、刘金泉、靳学斌、王玉兰、杨燕毅主演，时隔半个世纪，历久弥新，在北京及华北各地上演，仍起到反腐倡廉的作用。1995年1月赴沪参加梅兰芳、周信芳百年诞辰纪念活动演出。修订本收入《马少波戏剧代表作》、《马少波近作选》，中国戏剧出版社分别于1992年10月、1996年3月出版。 （梁冰）

chuiqiang

吹腔 京剧唱腔中的一种腔调。亦称枞阳腔或石牌腔。原为徽剧的主要腔调之一。其来源有数说：一说来自北方的弦索（严长明《秦云撷英小谱》）；一说明末清初由弋阳腔发展出来的四平腔，受昆腔的影响，在安徽枞阳一带形成（《中国戏曲曲艺词典》）；一说源于明代陕西陇县的陇东调（流沙《魏长生的秦腔与吹腔考》）。清代中叶流传于长江南北各地，还有不同的名称。它虽然用笛子伴奏，有些剧目也在昆曲班社演出，但其腔调不属于昆曲。它最初也是曲牌体

的长短句，后来逐渐发展变化为板腔体齐言的七字句、十字句，并在唱腔中有过门。徽剧的［吹腔］有板式名称（如［正板］、［顿脚板］、［叠板］、［导板］等），京剧的［吹腔］则无板式称谓，分为一板三眼、一板一眼（也称批子）和无板无眼3种形式。这里为了阐述各自结构的特征，分别以［慢吹腔］、［批子］、［散吹腔］称之。其中［慢吹腔］的旦腔为此调的基本腔。

［吹腔］的特征：节奏活跃，上下句起唱均在头眼，落腔均在板上；上句基本落音旦腔为Re、生腔为低Sol，下句基本落音旦腔、生腔均为Do，基本为宫调式。笛子伴奏定为正宫调（G调）。

由于［吹腔］的调式特点和旋律中常出现以五声音阶为主的自然七声级进的句型，大跳音程较少，上下句唱腔均为头眼起板落，唱词节奏活跃多样，没有太紧促与跳跃的节拍、节奏，笛子在伴奏中与唱腔的旋律平行，跳跃很少，因而使人感到其曲调优美流畅，古朴秀丽，善于表现细腻委婉或庄重沉稳等情绪。在传统戏中，常为生、红生、旦、小生、武生、武旦、丑的唱腔，并有专唱［吹腔］的剧目。一般很少与皮簧混用。［吹腔］的板式，在传统戏中运用的范围有限，因为除了上述3种节拍形式外，没有如［二簧］和［西皮］中的各种其他板式。中华人民共和国成立后，随着新内容的需要和京剧音乐的革新，吹腔使用的范围有所扩大，并发展出了新的板式。

［慢吹腔］。一板三眼（4/4）形式。速度稍慢。以对偶式上下句组成曲式结构基本单位，并以上下句变化重复构成唱段。每句均有3个分句（第三分句分为前节与后节），在每句中间和重复时下句与上句之间有过门。其上下句基本腔格大体如下：

旦腔

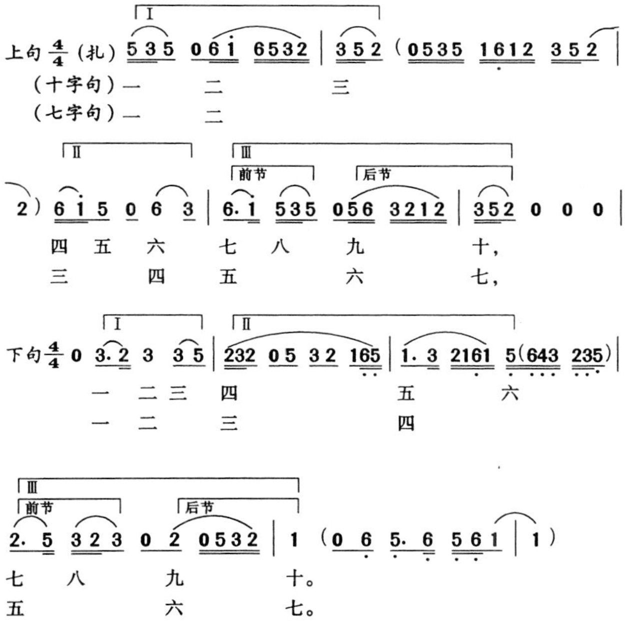

生腔

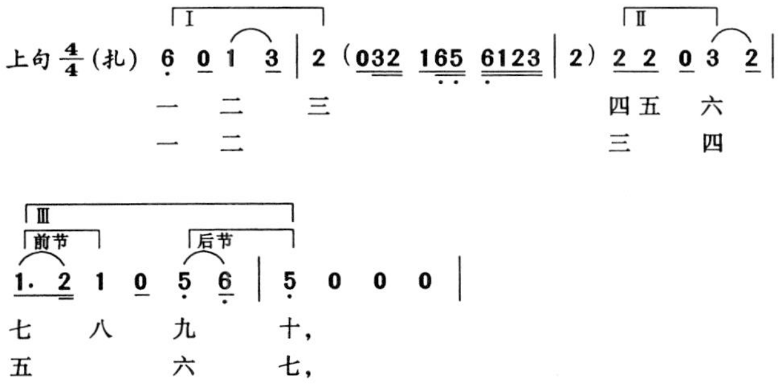

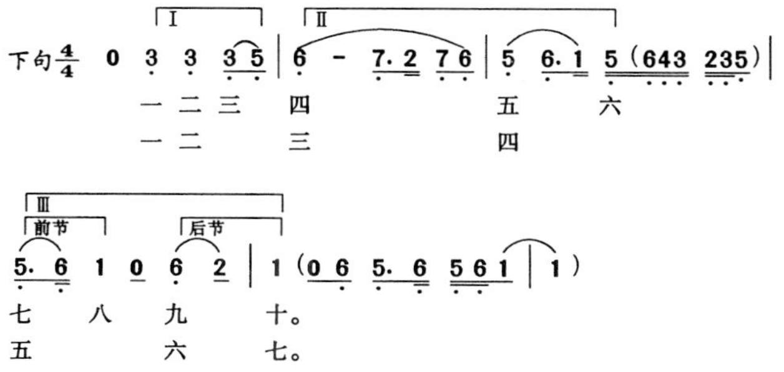

由此可以看出［慢吹腔］旦腔和生腔上下句的结构形式、各分句的落音、上下句唱腔均为头眼起板落的规格和旋律活动的常用音区等基本形态。随着唱词内容情绪的不同和唱词句格、字数及字音四声等的不同，其上下句尚有很多重复变化的应变手法，或加腔、扩展，或减音、紧缩，或提高、降低音位、转变调性，或加拖腔、加垛句等。特别是将上句的六字句（三、三格）、七字句（四、三格）、八字句（四、四格）的唱词安置在第一、三分句结构中（省略第二分句），将下句的七字句（四、三格）的唱词安置在第二、三分句结构中（省略第一分句）。

［慢吹腔］的结束句和一般下句不同，主要是第三分句有比较固定的唱词节奏与音型。如：

旦腔 《奇双会》

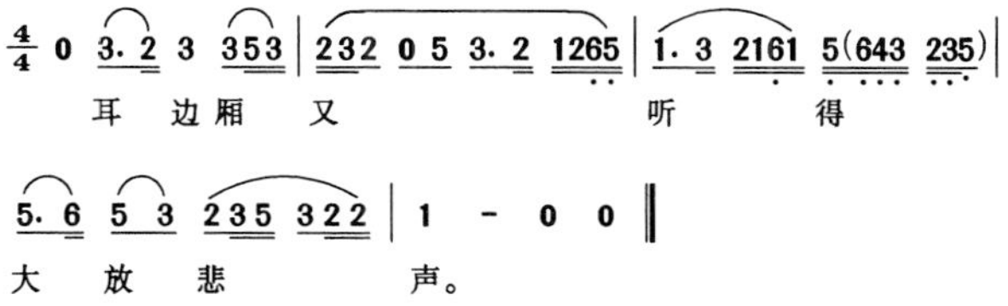

生腔 《水淹七军》

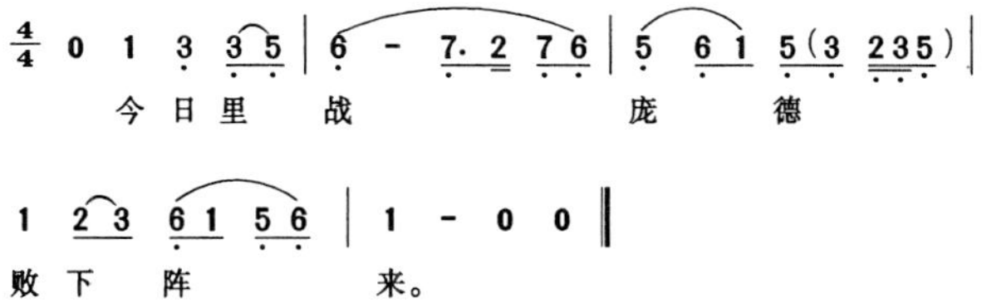

《奇双会》 俞振飞饰赵宠（右） 言慧珠饰李桂枝

此外，旦腔和生腔还有将第三分句或其句尾唱散的结束句，落在Re音或低Sol音上（曲例从略）。［慢吹腔］的表现性能，既可用于不同内容的抒情，亦可用于比较舒缓的叙事。［慢吹腔］代表性的唱段有：《奇双会》（旦）“爹爹名字叫李奇”，《斩经堂》（生）“在前堂奉了母亲命”，《古城会》（红生）“看古书看的是南北交战”，《奇双会》

(生)“我只说父子不能重相见”,《武松打店》(武旦)“十字坡,开店房”,《金钱豹》(小生、武生)“自幼出家入空门”,《奇双会》(旦、小生)“你父若在监禁内”。

［批子］。简称［批］。是由［慢吹腔］通过紧缩手法发展而来。即将［慢吹腔］的一板三眼紧缩一倍变为一板一眼（2/4）形式，速度变为中等或稍快，旋律只保留一些骨干音，上下句起唱落腔均变为闪板起板落，每句都有两个分句，生腔与旦腔的旋律相同，上句仍落Re音，下句仍落Do音，上下句均无过门。其基本腔格大体如下：

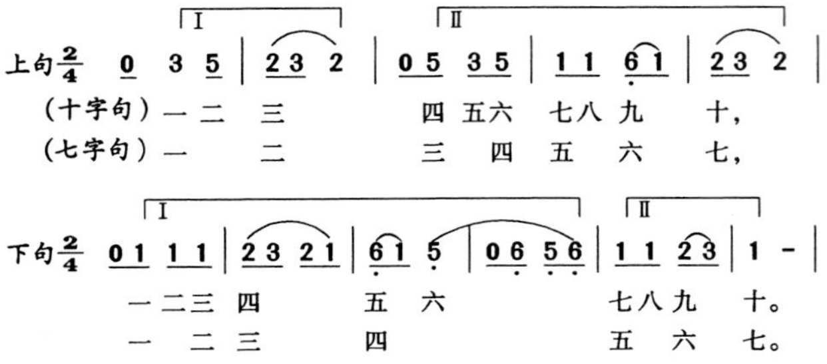

［批子］上下句重复时所用的应变手法没有［慢吹腔］的应变手法那么多，但其上下句的腔格变化则比较灵活自由，样式较多。如上下句的起唱均可变为板或眼，亦可将上句落音变为低La，下句落音变为Re或低Sol，还可采用［慢吹腔］上句落Mi、下句落低Sol的结构，以及紧缩其结构安置六字句等。［批子］的唱段，由于旋律比较简单，高低起伏不大，节奏较快，字多腔少的特点甚为突出，因而多用于急促的叙事或对话。［批子］代表性的唱段有：《奇双会》(生)“拷打春华悬梁自尽”，(旦)“听父言，心暗惊”，(小生)“小保童与桂枝赶出门外”，(丑)“一脚踢在地埃尘”；《武松打店》(武生)“行来在，十字坡”。

［散吹腔］。无板无眼（节拍自由）形式。速度较慢。是将［批子］的部分旋律拆散发展而来。本身是属于上句的单句式结构，带有［引子］的性质，多与［慢吹腔］或［批子］的下句组成上下句，用于［慢吹腔］或［批子］的开始部分。基本上为十字句，有3个分句，第一分句落音为Do，第二分句落音为低Do，第三分句落音仍为Do。生腔与旦腔基本相同。其基本腔格大体如下：

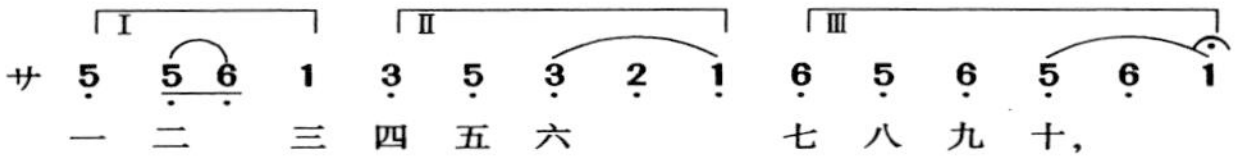

［散吹腔］的变化样式不多，主要是从句尾落音Do上板（一板三眼）加腔扩展，仍落Do音或变为低La，下接过门转［慢吹腔］的下句；有时变化重复构成双上句，下转［批子］的下句。［散吹腔］的表现性能，由于它的旋律多在中、低音区活动，比较深沉压抑，因而多用于表现心情沉痛的诉说。［散吹腔］代表性的唱句有：《奇双会》(生)“满腹含冤向谁诉”，(旦)“一言诉不尽心中苦”，(生)“自古道恤孤怜寡哀老念贫”。（张正治）

Chuncao Chuang Tang

《春草闯堂》 京剧作品。据陈仁鉴同名莆仙戏改编。剧情为：相国之女李伴月偕丫环春草至华山进香，遇吏部尚书之子吴独拦路调戏，幸得薛玫庭解救，主婢拜谢而去。吴独恶念未遂，又掠杀民女，薛为民除害，将吴打死后自首。尚书夫人痛子丧身，威逼知府胡进，要将薛玫庭立毙杖下。春草闻讯，闯进公堂，阻拦刑杖，又急中生智，谎称薛为相国之婿，以解其危。胡知府疑春草有诈，令春草带薛玫庭往相府问证。春草一路磨蹭，筹思对策；胡心急如焚，自愿让轿。及抵相府，春草劝说伴月认婿。伴月碍于礼教，犹豫未决，春草以大义相激，始敷衍过关。胡知府信以为真，乃修书进京，向相国邀功。

刘长瑜饰春草（中） 寇春华饰胡进（右） 白玉玲饰秋花

伴月与春草赶赴京城，拜见老父。李相国得知详情后，暗中修书，命胡知府将薛玫庭处死。春草与伴月设计诓书，改动原意。胡接信后欣喜若狂，为薛披红挂彩，鸣锣击鼓，亲自送薛赴京完婚。百官云集相府道贺，李相国啼笑皆非，只得成就伴月与玫庭婚事。1963年由中国京剧院演出。由范钧宏、邹忆青改编，郑亦秋导演，张复、关雅浓音乐设计，赵金声舞台美术设计。刘长瑜饰春草，张曼玲饰李伴月，萧润增饰李相国，萧润德饰薛玫庭，寇春华饰胡知府。演出受到观众热烈欢迎。改编者着意发扬京剧特点，给表演留下充分空间，尤其刘长瑜的甜美歌声、优美身段、传神表情，把有胆有识有正义感的春草刻画得十分生动可爱，成为京剧花旦戏的保留剧目。长瑜弟子耿巧云等均擅演此剧。（紫杉）

Chunguimeng

《春闺梦》 京剧作品。据唐末诗人陈陶《陇西行》“可怜无定河边骨，犹是春闺梦里人”诗意，敷演成剧。情节上受杜甫《新婚别》启示。魏瑗父写初稿，金仲荪改定。剧情假托后汉末年公孙瓒与刘虞混战。男主人公王恢新婚三日，便被征从军阵亡，其妻张氏在家日夜思念，梦见王恢得胜归来，夫妻团聚。缠绵缱绻中，忽听金鼓齐鸣。王恢冲门而出，孙氏急忙拉扯，不觉身在战场，刀光剑影，尸横遍野。猛然惊醒，方知是在梦中。1931年程砚秋首演于北平。“以当时那个军阀横行的环境，以程砚秋作为演员的个人力量，提出这种战争的非正义性来加以抨击，是不可多得的。”（李一氓《论程砚秋》，载《程砚秋艺术评论集》）最后一场的梦境为全剧重心。程砚秋与俞振飞分饰张氏和王恢。演出吸取昆曲《牡丹亭·惊梦》等剧的舞蹈身段，发挥了富于悲剧色彩的程派唱腔特色，描绘深闺幽怨，诗意浓馥。张氏以［西皮散板］起唱，续以［二六］转［快板］“可怜负弩充前阵”，［南梆子］“被纠缠陡想起婚时情景”，［二簧导板］转［快三眼］“一霎时又顿觉身躯寒冷”等唱段，最后以［西皮摇板］结束，荡气回肠，委婉动人。初演时使用了比较近代化的灯光布景，一派烟尘笼罩着枯树寒鸦，平沙无垠，烘托剧情。新艳秋、赵荣琛、王

程砚秋饰张氏
（背景为无定河边，尸骨纵横）

吟秋、李蔷华、张火丁等均擅演此剧。剧本载《程砚秋演出剧本选集》。

（刘乃崇　蒋健兰）

Chunhang Ji

《春航集》　京剧文集。柳亚子编。上海广益书局1913年7月出版。此书是柳亚子、陈布雷、叶楚伧等人为京剧名旦冯子和所写赞誉文章的合辑。因冯子和字春航，故以春航命名。有文坛、诗苑、剧评、剧史、杂纂等栏目。全书以书信、诗词、短文等几种文体评价与分析冯子和的代表剧目《血泪碑》、《恨海》等，对其思想倾向及表演艺术成就大加褒扬，并介绍其生平和简历，极力宣传冯子和及其代表剧目在京剧改良运动中的作用。主要文章有《余之冯春航观》、《春航别史》、《血泪碑本事》等。民国初年，南社的一些进步文人主张京剧改良，借宣传冯子和为旗号，形成所谓“冯党”。另一部分文人自诩旧剧正宗，主张戏曲传统不能革新而需守旧的观点，借褒扬贾璧云为旗帜，形成所谓“贾党”。此集是他们之间发生论争的一个反映。“贾党”曾在《小说时报》上编辑出版《璧云集》，宣传贾璧云之老式演剧，作为论战的武器，与南社抗衡。作为对“贾党”的回答，柳亚子将南社文人散见于报刊的论评冯子和的文章结集，出版了《春航集》。该书的问世，不仅在当时极具影响，对后世出版演员专集，也起了示范作用。有人认为此书开了近代文人编戏曲演员专集的先河。1927年沙游天、袁寒云为荀慧生编《留香集》（又名《白牡丹》），序言就说：“为当代伶工撰述专集，始自南社柳亚子于冯春航。”《春航集》于1914年2月再版，1915年3月3版。

1913年初版本封面

（周巩平）

Chunhe Xiyuan

春和戏院　现代剧场。址在天津市法租界内（今滨江道福厚里4号）。现存。1927年由华中营业股份有限公司经理高春和投资创建，为20世纪20～30年代天津市一流演出场所，钢筋混凝土框架结构。初建时建筑面积3 000平方米，观众席分为两层，共设座位1 021个。舞台为镜框式。戏院备有班底、龙套，邀班聘角的方式比较灵活，对不同的演出团体和不同的演员大致有3种方式：一是协商议价，固定包银；二是由班社或领衔主角租赁，按日付场租；三是双方按一定比例分成。经营管理也有严格的制度。1927年戏院落成时，杨菊秋、杨菊芬姐妹登台作首场演出。此后，高庆奎、梅兰芳、朱琴心、郝寿臣、谭富英、荀慧生、尚小云、程砚秋、筱翠花、黄桂秋、徐碧云等经常在此公演。老演员陈德霖生前最后一次登台即在春和戏院，演毕回京不久便与世长辞。30年代初，杨韵谱领导的坤班奎德社曾在此作长期演出，李桂云、小兰芬、刘香玉、王庆奎、碧玉花、宁小楼等分别上演了《桃花泣血记》、《空谷兰》、《红泪影》、《温少奶奶的扇子》、《啼笑因缘》、《双烈女》等时装新戏。1931年，德国籍的雍柔丝从北平来到天津春和戏院，与名净侯喜瑞合演《法门寺》。这位蓝眼高鼻的洋女士由此一举成名，成为往返于平津两地的名票友。1932年6月起，该戏院每年夏季以纳凉方式在屋顶平台上举办不定期的春和戏院屋顶游艺大会，既演京剧、梆子，又演文明戏。1933年4月，李华亭趁周信芳与马连良都在天津演出之机，组织他们在此合作演出4天6场。在全部《借东风》中，马连良饰诸葛亮，周信芳前饰《群英会》鲁肃，后饰《华容道》关羽；在《十道本》里，周信芳饰褚遂良，马连良饰李渊；在《一捧雪》中，马连良前饰莫成，后饰莫怀古，周信芳饰“审头”之陆炳。天津《商报》称这次合作为“开北方未有之创局，是剧界罕见之奇观”。1934年，杨小楼在此首演影射“九一八”事变的新编历史剧《姜维九伐中原》、《甘宁百骑劫魏营》。同年夏季，李华亭为招揽观众，邀请俄国舞女在京剧演出的间隙加演草裙舞，戏院前树立“妙处公开，肉香四溢”的招牌，因服装过于暴露，被法国工部局罚款、查封。经理李华亭被逐出法租界。1936年1月，春和戏院由新记公司经营，更名为国泰电影院，间或演出戏曲。1943年，日本人横沟市之助接手经营，改名大明电影院。因营业不佳，又由罗宗强、杨奕五经营。1945年5月25日，后台电线走火，引发火灾，被迫停业。后改为大明商场，经营百货。1949年后，此处由纺织工会接管，重修为劳动剧场。1957年，又由天津市第一工人文化宫管辖，定名工人剧场。

（甄光俊）

Chunliu

《春柳》　戏剧期刊。李涛痕主编。1918年12月创刊，1919年10月终刊。每月1日出版，共出8期。该刊以“改良戏曲，针砭社会”为宗旨，立足京津，俯察中外，多发表戏曲、文明戏文学脚本及评论。共设13个栏目：“翰墨”、“肖像”、“旧剧谈话”、“新剧谈话”、“名伶小史”、“名伶家世”、“戏场杂评”、“旧（新）剧脚本”、“文苑”、“小说”、“北京名伶演戏目表”、“戏剧词典”、“杂事轶闻”。是20世纪天津首创大型戏剧月刊，也是中国剧坛继上海《二十世纪大舞台》之后又一具有重大影响的戏剧杂志。该刊先后发表汪笑侬代表作《哭祖庙》、《马前泼水》，梁巨川编写之《女子爱国》，通俗教育研究会所作之《童女斩蛇》，以及南开学校新剧团编写之《一念差》、《新村正》等剧本。“旧剧谈话”、“新剧谈话”皆不乏名家力作，如齐如山《论编剧须分高下各种》和涛痕《梅剧与新戏之区别》、《欧洲歌剧之述闻》等。“名伶小史”涉及谭鑫培、汪笑侬等人。“小说”以曾经演戏或能做脚本者为限。“杂事轶闻”注意趣味性，又不失高格调，如《谭鑫培天津看广东戏》、《柏林观剧记》等。1919年梅兰芳赴日本演出，刊物特发专讯《梅兰芳东渡纪实》，颇有史料价值。刊物每期封面安排小幅京剧脸谱（彩色）一帧，特色鲜明，品位清雅，为中国戏剧理论建设与舞台实践作出了一定贡献。

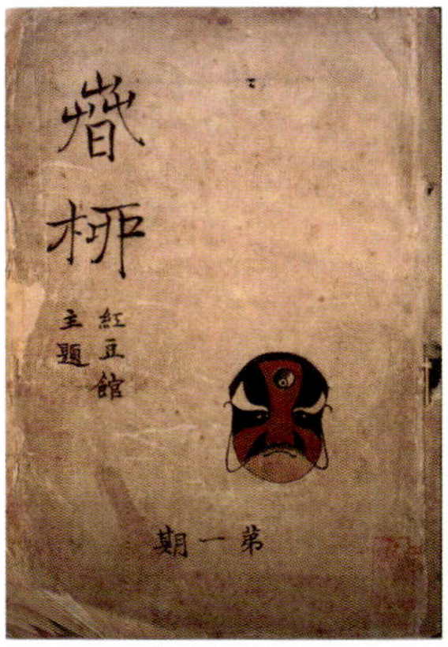

第1期封面

（魏子晨）

Chunqingban

春庆班　京剧戏班。清宣统元年（1909）五月成立于北京。承班人余玉琴，领班人为王郁甫、钱恩锐。经常在东安市场内的丹桂园演出，京剧、梆子同台演唱。主要演员有生脚王凤卿、时炳奎、贾洪林、沈全奎、八百里，净脚刘寿峰、钱金福、李连仲，丑脚张黑、赵仙舫，旦脚王瑶卿、陈德霖、路玉珊、侯喜林（即侯俊山）、余玉琴、玻璃钻，小生朱素云、陆杏林，武行瑞德宝、余小琴、八仙旦、傅小山等。王瑶卿在该班挂头牌，排演了《五彩舆》、《雁门关》、《庚娘》、《梅玉配》等连台本戏，逐日上演，引人入胜。在王瑶卿歇演时，大轴由梆子花旦侯俊山演唱。宣统二年（1910），余玉琴邀请谭鑫培在丹桂园演出数日，由陈德霖配演《朱砂痣》、《战

《群英会》
王凤卿饰鲁肃（左） 朱素云饰周瑜

太平》，瑞德宝配演《战长沙》。春庆班经常上演的剧目还有时慧宝的《马鞍山》、《鱼肠剑》，余玉琴的《荷珠配》、《背凳》，王凤卿的《文昭关》、《鱼肠剑》、《樊城、长亭》、《朱砂痣》、《取成都》、《战长沙》，路玉珊的《虹霓关》、《穆柯寨》、《马上缘》、《小上坟》、《英杰烈》，余小琴的《飞叉阵》、《蟠桃会》，陈德霖、谢宝云的《孝义节》等。宣统末年，王瑶卿搭入双庆班。1914年1月，春庆班改名辅文社，报散时间不详。（王晓燕）

Chunqiubi

《春秋笔》 京剧作品。又名《浑仪镜》。清道光末年《春台班戏目》载有“《春秋笔》二本”。近世演出本为吴幻荪据山西梆子《春秋笔》并参考清朱云从《龙灯赚》传奇改编。刊《京剧汇编》第72集。南朝宋文帝时，北魏入侵，将军檀道济抗敌出征。其妻生女。元宵节，史官王彦丞家仆人张恩怀抱小主人游鳌山，被檀家女佣用女婴骗换。张恩回府请罪，王妻赠以川资，放其远走。张恩遇被迫任永安驿丞的酒友陶二潜，陶不愿为官，让张恩冒名顶替。权相徐羡之恐檀道济得胜，派人暗通北魏，断绝檀军粮草。王彦丞刚直不阿，秉笔直书，反遭诬陷，被发配云南。途经永安驿。徐羡之派校卫追至，手谕驿丞将其杀害。张恩感恩，甘愿替死。王彦丞改扮道士，乞化粮草，送到檀道济军中。魏军见檀军粮草充足，不战自退。其后，王、檀两家各认子女，结为秦晋之好。作品反映封建社会内部忠奸斗争的同时，颂扬了史官不畏权势秉笔直书和义仆知恩必报、杀身成仁的传统道德。情节曲折，语言生动，如陶二潜向张恩介绍做官经验：“能谄上，好压下；善趋奉，耍臭架；会搂钱，会圆滑；不要脸，惯装假，包管官运亨通，无往不利。”颇具讽刺意义。该剧以看龙灯作关目，名《龙灯赚》；以王彦丞史笔持正为中心，名《春秋笔》；以失而复得的宝物为贯串，名《浑仪镜》。檀道济、徐羡之《南史》、《宋书》有传。檀与徐政见不合，但檀伐魏时，徐已死。1938年10月，马连良首演于上海黄金大戏院，前饰张恩，有“失子”、“杀驿”等重点场次，后饰王彦丞。张恩为驿丞，官职卑微，以往在老生戏中很少作为主要人物出现。马连良借鉴了小丑的圆翅乌纱帽，为其设计扮相，表演也有创造。其他主要演员有张君秋（饰王夫人）、刘连荣（饰檀道济）及芙蓉草（饰张妻）、苗胜春（饰陶二潜）、马富禄（饰驿卒）等。（王卫民）

马连良饰张恩（右） 马富禄饰驿卒

马连良饰王彦丞（右）张君秋饰王夫人

Chun Qiu Pei

《春秋配》 京剧作品。原为梆子传统剧目，据传为清代戏曲理论家、诗人李调元（1734～1802，四川罗江人）作。故事源自同名小说。描写秀才李春发送别友人张雁行，途遇少女姜秋莲与乳母在郊野捡柴，怜其受继母虐待，赠银而别。秋莲归家，继母诬其与李有私情，被迫与乳母黄夜逃走。途遇强盗侯尚官，乳母被杀。秋莲设计将侯推下山涧，投奔慈悲庵。而春发却被误为罪犯下狱，后被张雁行救出，历经周折，春发与秋莲终于结成夫妻。清春台班孙八（琴师孙佐臣之父）曾排演全本。据1875年7月26日《申报》广告，曾隶四喜班的旦脚演员田玉珊（宝琳）也在上海金桂轩演出过。全剧情节曲折，保留于舞台的，只有《拷打》、《捡柴》、《采花》、《砸涧》四折。为青衣的唱工戏，有［二簧慢板］、［西皮原板］、［南梆子］等唱段。经常演出的，则为《捡柴》，仍以《春秋配》为剧名。李春发与姜秋莲青年男女陌路相逢，由乳娘递话，相互询问家世，使剧情如剥笋抽丝，层层展现，颇具戏剧性，唱腔亦委婉动听。《砸涧》由武二花饰侯尚官，表演以身段工架为重。1917年，梅兰芳以李顺亭藏梆子本（据称自清宫携出）请人翻为皮簧，分为四本，两天演完，在北京第一舞台演出过全部《春秋配》。主要演员还有姜妙香（饰李春发）、杨小楼（饰张雁行）、李寿山（饰侯尚官）、罗福山（饰乳娘）及王凤卿、刘景然、慈瑞泉等。黄桂秋、张君秋亦以此剧得名。（颜长珂）

《京剧版画·春秋配》（王树村提供）

Chuntaiban

春台班 清代北京四大徽班之一。上海图书馆藏《春台班戏目》封面题有“乾隆三十九年巧月立”，该班是否成立于此年，未详。清嘉庆初年入京，嘉庆八年（1803）成书的《日下看花记》，载有当时班内一些主要昆乱兼唱的旦行朱大翠、王翠林、骆九林、何声明、陈荣珍，昆旦吴福泰、陈桂林、蒿玉林、产太林，唱乱弹的李二林、蔡莲芳、范添喜等人。经常演出的剧目有吹腔《打樱桃》、《探亲》、《卖艺》、《打店》，秦腔《铁弓缘》、《闯山》、《打刀》、《背娃入府》，罗罗腔《打灶》、《打面缸》，柳枝腔《看灯》，杂调《顶砖》，昆腔《射雁》、《和番》、《琵琶词》等。嘉庆十七年（1812），陈孔蒸曾为春台班领袖（《重修喜神殿碑序》），主持班务。嘉庆二十四年（1819）春台班散去。道光三年（1823）复出，数年后涌现出一批颇为观众注目的青少年演员，演唱的诸腔散套，备受观众欢迎。《梦华琐簿》说："四徽班各擅胜场……春台曰'孩子'。"春台班与楚调颇有渊源，湖北籍著名生脚米应先即为该班主演。小隐著《嫡支嫡派的皮黄系伶人》云："前清嘉道之际，都中昆弋式微，皮黄乃乘虚而入，始主其事者鄂人童、米诸伶。"（《戏杂志》1922年版）"米"即米应先，"童"即童德善。成书于道光十二年（1832）的《燕台鸿爪集》说："京师尚楚调，乐工中如王洪贵、李六，以善为新声称于时，一香（汪全林）学而兼其长。"王洪贵、李六及汪一香均为春台艺人。李六是三庆班进京时主持人余老四（深山堂主人）的弟子，与宋碧筠、范四保为师兄弟。道光十五年（1835）李六被尊为"部中父老"（《梦华琐簿》），在京师徽班中，与和春班老辈小生吴正田最受推崇。汉派老生余三胜，北来后曾居天津，在群雅轩票房演唱。道光十七年（1837）在津合葬父母后，至京搭入春台班演戏。初入春台之余三胜，虽名列李六之下，但已有"亚赛当年米应先"（子弟书小唱本）之誉。此时，在春台演唱的有殷采芝、檀兰卿（天禄）（此二人于道光十一年后，与陈孔蒸同掌春台）、陈长春、吴桐仙、蒋云谷、俞鸿翠、王长贵、夏天喜、陈鸾仙（凤林）、丁鸿宝等（道光十七年《春台班义园记》碑文）。大约成书于道光二十年（1840）前后的子弟书小唱本（邵曾祺《漫谈四大徽班》）载，此时春台班主要演员、剧目有：《五彩舆》、《节义廉明》、《金沙滩》（全班合演的连台戏），李六《草船孔明借箭》、《李太白醉骂安禄山》，余三胜《卖马当锏》、《捉曹放曹》、《定军山》、《洪羊洞》，朱大麻子《断密涧》，夏麻子《截江》、《战渭南》，李天寿《三娘教子》，夏天喜《上坟》等。道光二十五年（1845），余三胜位居该班首席老生，年43岁（李六60多岁）。全班主要演员、剧目有：余三胜、陈凤林《四郎探母》，余三胜《双进（精）忠》、《碰碑》、《琼林宴》、《战樊城》，李六《扫雪》，陆玉兰《祭塔》，朱大麻子《阳平关》，产滚子《斩蛟》，朱三喜《红鸾喜》等。《春台班戏目》对此时期的剧目更有详细记载。

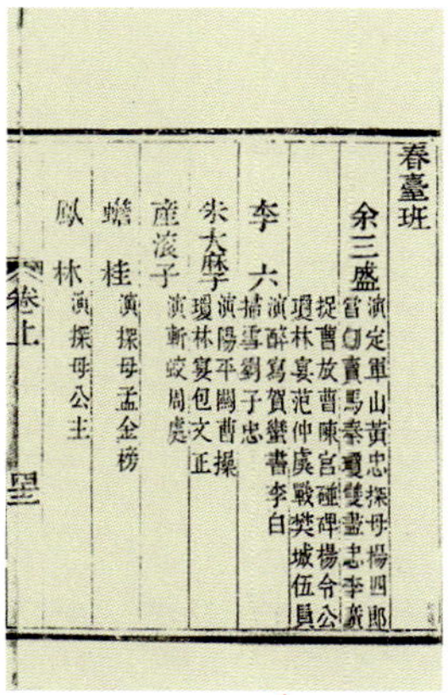
春臺班
余三盛　演定軍山黄忠　探母楊四郎　賣馬秦瓊　雙盡忠李[illegible]　捉曹放曹陳宮　碰碑楊令公　瓊林宴范仲虞　戰樊城伍員
李六　演醉寫嚇蠻書李白　掃雪劉子忠
朱大麻子　演陽平關曹操　瓊林宴包文正
產滾子　演斬蛟周處
蟾桂　演探母孟金榜
鳳林　演探母公主

清道光二十五年（1845）《都门纪略》书影

咸丰二年（1852）后，李六之名，不复见载，王九龄转进四喜，陈凤林改搭重庆班。班内增入天津丑脚名票刘赶三。大约咸丰中期，名旦胡喜禄由三庆过入春台。余三胜、胡喜禄合演的《坐宫》，成为戏园或堂会演出的最红剧目。咸丰八年（1858）初，康慈皇太后的"国服"期满开禁后，余三胜大约已转入北京广和成班（同治二年该班花名册已载有三胜之名）。同治二年（1863），周春奎、胡喜禄等接办春台（或许咸丰八年已经接办），全班阵容有：老生张玉奎、张三元，武生俞菊笙，旦脚屠（陆）春兰、龚翠兰，净脚朱志学（朱大麻子）、姬玥亮、张光裕（玉）、王攀桂，丑脚汪永泰、潘五等（同治二年春台班《戏班花名册》）。同治三年（1864）《都门纪略》载春台班有老旦郝兰田，旦脚胡喜禄、常子和，小生王长寿等，皆《戏班花名册》未录之人。主要上演剧目有：周春奎《五雷阵》、《骂曹》、《探母》、《牧羊卷》，胡喜禄《玉玲珑》、《玉堂春》、《探母》、《血手印》，常子和《彩楼配》、《走雪山》、《戏妻》，郝兰田《断后》、《六殿》、《辞曹》，王长寿《岳家庄》、《八大锤》、《蜈蚣岭》，张光玉《五人义》、《白水滩》、《神州擂》，俞菊笙《昊天关》、《连环套》、《十美图》等。

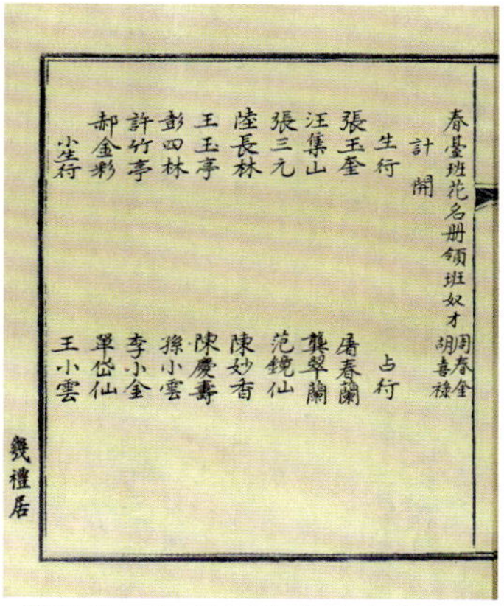
春臺班花名冊領班奴才周春奎 胡喜祿
計開
生行
張玉奎　汪集山　張三元　陸長林　王玉亭　彭四林　許竹亭　郝金彩
小生行
旦行
屠春蘭　龔翠蘭　范饒仙　陳妙香　陳慶壽　孫小雲　李小金　畢岱仙　王小雲
幾禮居

清同治二年（1863）春台班花名册（几礼居抄本）

大约同治中期，春台班首次排演皮簧戏《五花洞》，胡喜禄、王长贵（可能后搭入）分饰真假潘金莲，张玉奎饰包公，俞菊笙率众武行饰演天兵天将，以开打墩底（《京剧之变迁》）。此戏演出后，流传极广。同治十一年（1872），俞菊笙为领班人。以他为中心，赵锦荣、陆玉凤、庆春圃、钱同喜、张富有、李涌泉等人相佐助，形成一个更加强大的武戏群体，与三庆班的老生戏，四喜班的旦脚戏，鼎足京师剧坛。光绪三年（1877），净脚钱宝峰、武丑德子杰、旦脚孙彩珠等加入，演出的武戏更加精彩。这个时期的代表剧目除《混元盒》外，长靠戏有《晋阳宫》、《界牌关》、《挑华车》、《长坂坡》、《铁笼山》，短打戏有《金钱豹》、《艳阳楼》、《飞杈阵》、《莲花塘》、《赵家楼》等，表演声势威猛，开打火爆。汪桂芬于光绪九年（1883）后，充春台班首席老生，名声极显，但该班仍然保持以武戏为主的特色。俞菊笙主持的春台班，是京剧武生挑班之始，对京剧武戏表演地位的提高，发展京剧武打艺术，作出重要贡献。杨月楼于光绪十三年（1887）接办三庆班。俞菊笙于次年与汪桂芬退出春台班，由昆老生陈寿峰接办。陈寿峰采取昆乱并重的老路子，企盼恢复昆曲的往日辉煌，但无力与同时的三庆（杨月楼等）、四喜（孙菊仙等）、同春（谭鑫培等）相抗衡，维持二年多即辍演。光绪三十年（1904），俞菊笙曾使用收回的春台班名挂牌演唱，《闻歌述忆》的作者鸣晦庐主人，曾观其演出《长坂坡》。时未久亦散去，嗣后再未复出。

（李宗白）

Chuntaiban Ximu

《春台班戏目》　清代北京春台班演出剧目册。毛边纸，无格，用毛笔抄录。除封面外，共42页。册宽22厘米，高约15厘米。经过托裱装订，现藏上海图书馆。全册记录皮簧、昆曲、秦腔、时曲等声腔剧目700余种（含重见目），以皮簧剧居多。封面有"春台班戏目"、"乾隆三十九年巧月立"及"生财大道"三行字。抄录戏目的字迹主要有两种：第1～5页和第34页为行书，分别抄录《玉宝瓶》、《应天球》、《混元盒》等本戏46种以及《盗萧后马》、《天赐金》、《奇冤报》等"新戏"4种；其余绝大部分剧目用楷体抄写，错字较多，内容包括"全班戏目"，余三胜、王九林（龄）、周上奎、童应喜、陈鸾仙、郑连贵、丁鸿宝7名主要演员的演出剧目，以及藕香堂（主人陈鸾仙）、净香堂（主人郑连贵）、景春堂（主人朱福喜）、余庆堂（主人"汪寡妇"）、槐庆堂（主人王长桂）、景福堂（主人未详，弟子有汤金兰等）、丽春堂（主人张金麟）、景庆堂（主人孙玉香）、日新堂（主人殷采芝）、春庆堂（主人未详）、玉珠堂（主人未详，弟子有陈美玉，为陈鸾仙侄孙）、松桂堂（主人未详）12个私寓的演出剧目，并单独列有"三国志戏"30出。这些剧目大都为小本戏或折子戏。上述演员和私寓的演出活动都是始于道光年间。余三胜为春台班台

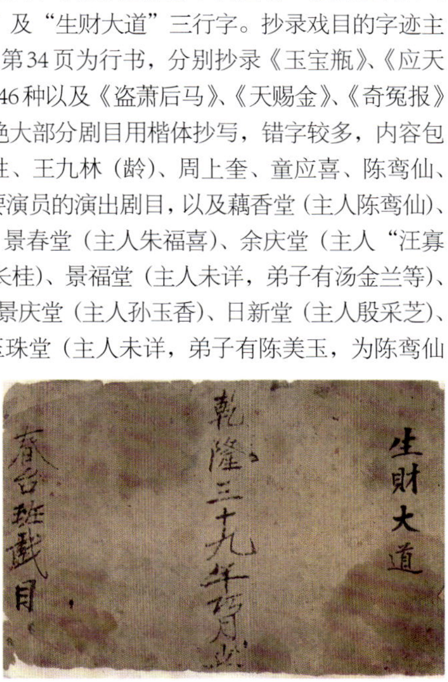

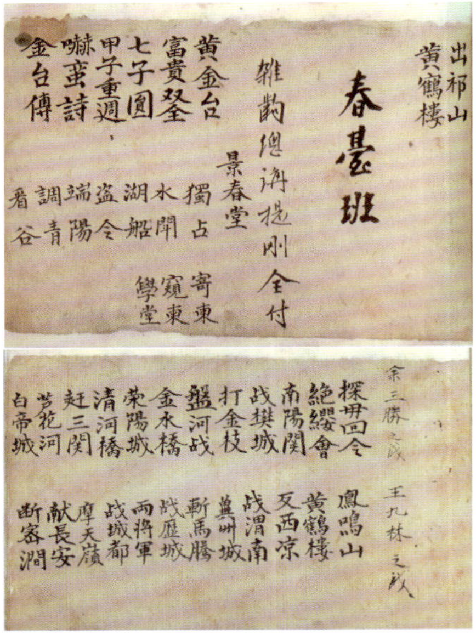

柱，著录于清道光二十五年（1845）刊本《都门纪略》。据《长安看花记》及《花天尘梦录》载，陈鸾仙藕香堂立于道光十六年（1836），孙玉香景庆堂立于道光二十六年（1846）。此册抄录时间，不应早于景庆堂名出现的1846年。而陈鸾仙、丁鸿宝咸丰中另组重庆班，王九龄同治初年是四喜班领衔生脚，均已不在春台，故《春台班戏目》的抄录时间应早于此，所记当为道光末年即1850年前后该班的演出剧目。此册封面虽写有“乾隆三十九年巧月立”，但与内容不符，可能是沿用旧年空白账簿。《春台班戏目》的抄录人，据王芷章《中国京剧史编年》，为春台班笛师方国祥。方国祥生于嘉庆六年（1801），卒于同治十二年（1873）。道光、咸丰间在春台班奏技近40年。方氏为梨园世家。此册传至其曾孙方问溪。1933年曾由北京图书馆借来在戏曲音乐展览会上展出。其后由戏曲研究家周明泰收藏，后捐赠给上海图书馆。这份戏目，完整地记录了清代春台班包括主要演员、搭班私寓在内的全班演出剧目，具有珍贵的文献与研究价值。（颜长珂　朱建明）

Chunxian Chayuan

春仙茶园　清代戏园。址在北京宣武门内大街北口，临近西单牌楼处。现已不存。始建年月不详，原为曲艺、杂耍馆子。清光绪三十二年（1906），宫廷不再禁止内城戏园演戏，遂扩建戏台。京剧演员谭鑫培、孙菊仙、许荫棠等均曾在此献艺。富连成科班亦曾在该茶园作过较长时间的演出。1920年前后停业。（吴增彦）

Chunyang Youhui

春阳友会　京剧票房。1914年春季，由樊棣生倡议成立。李经畬为名誉会长，梅兰芳、姜妙香、姚玉芙为名誉会员。社址在北京东晓市大街浙慈会馆。樊棣生（一作迪生）原学老生，后因嗓音不佳改学打鼓，得昇平署伶工耿俊峰（耿五）的传授，成为名票鼓师。因樊居南城，与北城名票鼓师胡子钧（一作子均）并称“南樊北胡”。参加者：老生有莫敬一、陈远亭、郭仲衡、恩禹之、包丹庭、纪寿臣、樊润田等，武生有世哲生、孙庆堂、赵子仪，旦脚有林钧甫，小生行有铁璘甫，老旦有松介眉、赵静尘，花脸贾福堂等。余叔岩在嗓音未复，没有正式演出时，也曾以票友身份参加活动。名演员陈德霖、王瑶卿、姚玉芙、刘砚芳等亦作为会员参加活动。当程砚秋初拜荣蝶仙为师，尚在弱冠时，亦不时在该会粉墨登场。会中聘名武生姚增禄、老生吴连奎教戏。有演出时，聘请律佩芳、李春林、曹二庚、诸如香指导排练并助演。鼓师为耿俊峰，琴师为李润峰、龚静轩（龚云甫之子），人才济济，为北京票房之冠。其中，包丹庭的老生戏多学于王福寿（红眼王四），武生戏多为姚增禄所授。所演《八大锤》之陆文龙，《九龙山》之杨再兴，可与内行名家媲美。他演的《水斗、断桥》尤为一绝，梅兰芳、尚小云、雪艳琴、赵啸澜等都向其请教。赵子仪（　～1944）曾从杨隆寿、俞振庭、姚增禄习武生，从王福寿学老生戏，从钱金福、范福泰学武净戏，《铁笼山》、《四平山》、《英雄义》、《战太平》、《状元印》、《战宛城》、《长坂坡》、《阳平关》、《战潼台》都是他的擅长剧目。茹富兰、杨盛春、侯永奎、李少春等都曾向他请教。他与尚和玉、尚小云等为莫逆之交。余叔岩教李少春学《战太平》、《宁武关》，曾请赵氏分劳。他晚年因患腿疾，改演彩旦，如《十三妹》的赛西施，《送亲演礼》的乡下亲家等。恩禹之，奎派老生，精于唱念，《审头刺汤》中演陆炳，一脸正气，侃侃而谈，使汤勤无地自容。乔荩臣，专工老生，长于做、念，与松介眉合演的《岳母刺字》享名一时。郭仲衡，学习汪桂芬，嗓音高亢宽亮。程砚秋组班，邀郭仲衡参加，遂由票友转为专业演员。《华容道》他演关羽，穿绿蟒不扎靠。所唱“背地里笑诸葛用兵不到”一句［导板］，响遏行云，是当时票友老生中佼佼者。李吉甫，名世斌，平生酷爱京剧，演老生很有造诣，会戏颇多，曾为刘鸿昇说过《敲骨求金》、《喜封侯》等。他提携后进不遗余力，哈尔滨的票友多曾受其教益，春阳友会同仁亦尊他为前辈。陈远亭，原名陈永泰，科班出身，专工老生，韵味苍润，台风漂亮，颇得好评。《战太平》剧中接人头的甩发，《一捧雪》法场甩纱帽，《阳平关》大刀花下场，都很见功夫。傅敬臣，工里子老生，尤擅唢呐腔，所演《马芳困城》、《龙虎斗》、《五花洞》等有绿叶映托红花之妙。世哲生，专工武生，曾从姚增禄、王长林、范宝亭等名家学戏，长靠、短打均擅。会戏很多，尤擅演《安天会》的孙悟空。与林钧甫合演的《小放牛》在票友中堪称独步。《通天犀》中的椅子功，《打瓜园》的跌步，干净利落，专业演员中亦不多见。林钧甫，青衣、花旦、刀马旦，均所擅长。《醉酒》、《戏凤》、《穆柯寨》、《青石山》、《蟠桃会》、《得意缘》、《红鸾喜》、《湘江会》等均所擅演。谭兰生，工正旦，学陈德霖，《探母》、《落花园》、《三击掌》、《战蒲关》、《别宫祭江》演来很有陈德霖的风范。铁璘甫，专工小生，虽足有残疾，但功力极深，演《八大锤》打四个锤将和耍枪花，干净边式，丝毫不露跛足痕迹。王又荃，工小生，尤长巾生、扇子生，与程砚秋合作多年，程派新戏，多由他助演。贾福堂（棠），工铜锤，学金秀山，嗓音浑厚沉雄，工架结实，曾与余叔岩合演《骂曹》、《打严嵩》等戏，彼此功力悉敌，相得益彰。潘质臣，工武净，从钱金福学戏，工架稳健大方，身段优美，所演张飞、兀术、姜维、夏侯渊等，酷似钱金福。松介眉，工老旦，兼演方巾丑，与余叔岩合演《清风亭》，二人功力不相上下。赵静尘，别号卧云居士，工老旦，酷似龚云甫，《徐母骂曹》、《钓龟、哭灵、训子》，唱、念、做极为讲究，颇得龚氏神髓。沈云阶，工武丑，毯子功好，从王长林学戏，《八大拿》中的朱光祖，《恶虎村》的王梁，《三岔口》的刘利华，几乎能赶上专业演员。

春阳友会从1914年成立以后，成员一直比较整齐、稳定，经

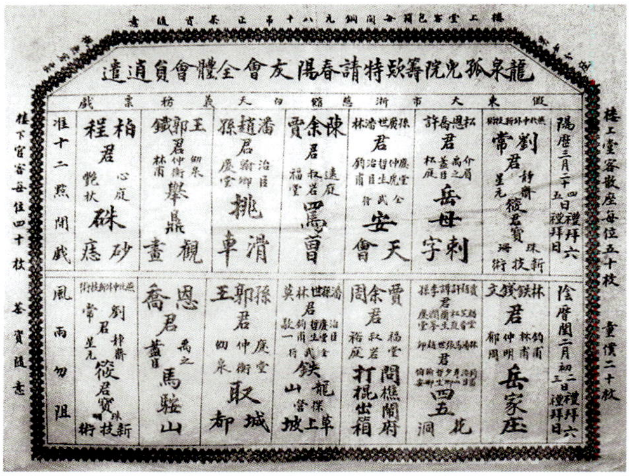

1917年3月春阳友会为龙泉孤儿院义演戏单

（选自《京剧大师程砚秋》）

常活动。他们要求严格、认真，已超越了单纯自娱的范围，在京剧发展中占有不可忽视的历史地位。1918年一度停顿，不久恢复活动至1940年，何时散去，不详。（李体扬）

Chunyu Lihuaguan Congkan

《春雨梨花馆丛刊》 京剧史料。杨尘因编纂。民权出版部1917年3～5月分两集出版发行。全书分“剧本”、“剧评”、“剧话”3个栏目。“剧本”部分收《玉门关》(汪笑侬编)、《黛玉葬花》(欧阳予倩、杨尘因、张冥飞合编)、《黛玉葬花》别本(欧阳予倩改编)、《馒头庵》(欧阳予倩编)、《秦廷匕》(张冥飞编)、《藕官化纸》(杨尘因、张冥飞合编)、《红粉狼》、《新拾黄金》(后两种为杨尘因编) 8个京剧剧本。剧前有编剧缘起、剧情本事、主要演员和演出地点等。另附神瑛、墨虹对《黛玉葬花》的评论，认为该戏结构精密，别开蹊径，由欧阳予倩和麒麟童主演，深受欢迎。但也批评了紫鹃的扮相太老，潇湘馆中的布景不应用老戏班的陈旧物品等。“剧评”部分收作者《谭叫天南来十日记》一文，记录了谭鑫培应其婿夏月润之邀，于1915年8月赴沪，在新舞台献艺的盛况，并分析了他在《空城计》、《洪羊洞》和《李陵碑》中唱念、做功、身段的出色之处，对参与演出的潘月樵、夏月润、张顺来、许奎官等人的表演技巧亦有涉及。“剧话”部分收文5篇：《豁公之歌场趣话》是作者之友刘豁公记录当时社会上流传的捧角，特别是捧女角的趣闻，其笔调诙谐，令人捧腹。《菊丛人语》为作者辑录的著名演员三麻子、赵如泉、麒麟童、杨瑞亭、朱素云、刘鸿昇、孙菊仙等人的演出轶事，兼及对《大劈棺》、《捉放曹》、《杀子报》、《洛阳桥》、《小上坟》、《孟姜女》等戏的评论，对京城风行髦儿戏班的原因及上海各舞台封箱的习惯亦有介绍。《戏评时慧宝之三顾茅庐》，为作者就天津读者提问，详细分析了1914年编演的《三顾茅庐》在上海丹桂第一台，由潘月樵、三麻子、冯志奎、贵俊卿、杨华廷演出的情况。《余之梅语》、《梅花片片谈》二文是作者就梅兰芳赴沪演出写的评论。文中从大臣巨贾、文士阔少、青年妇女、票友优伶、假道学、外国人等各行人士对梅剧的态度，说明梅兰芳演出引起的强烈反响，还对梅兰芳演出的《嫦娥奔月》、《黛玉葬花》、《晴雯撕扇》、《虹霓关》、《樊江关》、《玉堂春》等予以点评，并将梅兰芳与同时代的旦脚演员相比较，“不得不推梅兰芳为第一人”。全书内容丰富，对谭鑫培赴沪演出情况记载尤详，为研究民国初年京剧的演出情况、演员技艺、演出习俗等，提供了翔实的资料。（戴云）

第2集封面

Chunyizhai Xilou

纯一斋戏楼 清代皇家园林戏楼。址在北京中南海东侧，始建于康熙年间。已改建。戏楼又称水台、水座、凉台，三面环水，夏日遍植荷花，是皇室春、夏、秋三季看戏之处。戏楼重檐二层，下层供演出，上层是置放砌末的阁楼。两层间有方形“天井”相通，既可吊放砌末，又可按神怪戏的需要升降演员。天花板遍绘云纹图案，上下场门之上额亦绘云气，寓为天空，略似布景。后墙中央部位又有大小宫门三座，寓意宫殿。演出承应戏时，“宫门”前可排列仪仗。据昇平署档案记载，光绪年间曾在这里演出过连台本戏《征西异传》、《昭代箫韶》、《铁旗阵》。清光绪二十五年至二十六年

纯一斋戏楼内景

(1899～1900)，《昭代箫韶》由慈禧太后指令，将昆曲本翻为皮簧，由昇平署、本家班、外班的班底轮流承应。参与承应的外班有福寿班、义顺和班、四喜班、太平和班、宝胜和班。全剧在纯一斋演到第三十九本，第四十本排练后尚未演出，义和团起，慈禧逃往西安，遂罢。（周华斌）

Chunwangfu Xitai

醇王府戏台 清代王府戏曲演出场所。址在北京后海北侧醇王府花园内。现已不存。醇亲王，名奕譞，道光第七子，光绪之父。慈禧当政时授予御前大臣，管理海军军务，曾主持挪用军费修建颐和园。其子载沣世袭，为第二代醇亲王，是宣统皇帝之父。北京醇王府有二：一在南城宣武门外太平湖畔，光绪皇帝出生于此，今属中央音乐学院；一在北城什刹海北岸，为醇王府花园，今属国家宗教事务局和宋庆龄故居。醇亲王嗜戏，据周明泰《道咸以来梨园系年小录》称：“(醇亲)王为清德宗生父，以孝钦后赐帑，立小恩荣科班，专习弋腔，偶演昆曲。王有圈地，多在直隶高阳县境内，科班中童伶即取其地丁家子弟充之。时王公大臣不得入戏馆听戏，故王府巨第多自养戏班以相娱乐，除在邸中演唱而外，有时亦在外间戏馆出演。”北城什刹海畔的醇王府花园设有戏楼。据石朱《漫话西城区王府》一文称：醇王府花园“小巧玲珑，入门紫藤满架，绿荫斑驳。北面一座四合院，听鹂轩垂柳掩窗，观花室花布廊前。南房的益寿堂，紧接着为戏台。外有小溪环绕，流水淙淙，恩波堂横跨海上”。“辛亥后，载沣一直携眷居此。溥仪赴满，全家始避居天津租界。”该戏楼之体制及演剧情形不详。清末宫廷王府戏曲多属昆曲和皮簧，慈禧、光绪尤嗜京剧。光绪自幼成长在醇王府，受昆曲、皮簧熏习甚深，能亲自执板操鼓。以此视之，该戏楼当演过昆曲、京剧。1963年，宋庆龄迁居于醇王府花园，戏台拆除，改为草坪。（周华斌）

Ci Ruiquan

慈瑞全 (1882～1941) 演员。工丑。艺名一作慈瑞泉。北京人。清光绪三十年(1904)曾选入昇平署为民籍教习，因姓氏犯慈禧讳，令改名“訾得全”，至1911年始恢复原名。初从董智斌学文丑，后拜罗寿山为师。光绪末，先入玉成班，后搭同庆班为谭鑫培配戏多年，扮演《乌盆记》中的张别古、《打渔杀家》中的教师爷、《洪羊洞》中的陈宣、《清风亭》中的贺氏等，均甚得力。后谭小培、谭富英仍邀他伴演。民国后，历与杨小楼、龚云甫、王又宸、高庆奎、余叔岩、孟小冬、梅兰芳、尚小云、程砚秋、朱琴心、章遏云、雪艳琴、郝寿臣、金少山诸家同台献艺，尤为尚小云所倚重，成为尚氏重庆社

之中坚。尚氏所排新戏如《白罗衫》、《云蝉娘》、《珍珠扇》、《林四娘》、《比目鱼》、《玉虎坠》、《五龙祚》、《白玉莲》、《前度刘郎》、《汉明妃》、《秦良玉》等20余剧目中均有他扮演的角色。他长于饰演敦厚、淳朴的喜剧人物。演《乌盆记》的张别古，着力刻画其善良、耿直而又诙谐可爱的性格。演《钓金龟》的张义，又俨然是一个纯真、朴实，带有几分稚气的穷家孩子，把张义与母亲相依为命的情怀描摹入微，十分感人。他与龚云甫合演此剧，被推为铢两悉称的佳构。他常扮演《卖马》的王老好，《翠屏山》的潘老丈，《骆马湖》、《琼林宴》的樵夫，《女起解》的崇公道等老年小人物，都极为出色。演婆子、彩旦戏，如《送亲演礼》的陈氏、《梅玉配》的黄婆、《拾玉镯》的刘媒婆、《变羊计》的贾妈、《天河配》的嘎氏、《铁莲花》的马氏、《铁弓缘》的陈母、《鞫球山》的窦氏、《探亲家》的乡下妈妈、《六月雪》的禁婆、《乾坤福寿镜》的金眼豹夫人和《凤还巢》的程雪雁等，妙趣横生，亦为行内外所推崇。丑行主演的《连升店》、《红鸾喜》、《请医》、《卖符捉妖》、《打面缸》、《荷珠配》、《入侯府》、《双背凳》等剧和为人配演的《双沙河》、《打樱桃》、《审七长亭》、《御碑亭》等也都独具一格。他的嗓音响而少润，宽而欠醇，京白胜于韵白，虽也能应方巾丑，却不见长。善于在台上即兴抓哏，于嬉笑诙谐中针砭时弊。表演风格自然洒脱，自成一家。与萧长华、郭春山被并尊为“丑行三大士”。子慈少泉，亦工丑行，嗓亮而清，做表明爽，时人评为“不炫趣而趣自来，不求俏而俏自至”，常佐谭富英、裘盛戎、毛世来、宋德珠等演出，后为北京京剧院演员，故于20世纪70年代。 （钮骠）

Cui Yongkui

崔永魁 （1921～1992） 京剧教师。曾为琴师。北京人。1929年入乐舞声音乐班学古乐。1931年拜马宝明为师习京剧文场音乐，半年后在富连成社科班实习效力。1933年参加梅兰芳剧团，为梅吹笙伴奏昆曲。1938～1949年，以专业二胡应工，先后为毛世来、尚小云、童芷苓、李玉茹、李世芳、杨荣环、宋德珠、郑冰如等伴奏，亦为李盛藻、谭富英弹月琴。此间，曾参加中华戏曲专科学校及荣春社科班乐队工作。1935年曾随梅兰芳剧团赴苏联访问演出。20世纪50年代曾赴朝鲜慰问演出，并去波兰参加世界青年与学生和平友谊联欢节，后到北欧各国演出。崔永魁的二胡拉法细致，为人伴奏，严密得体，尺寸、劲头准确，随腔稳健，起到绿叶衬红花的作用。对梅派艺术更为谙熟，是20世纪30年代内行称许的“四大二胡”之一，颇得名家器重。崔永魁对月琴、笛子、唢呐、堂鼓、九音锣等，无一不精，尤其对月琴演奏细腻，讲究撮、点，与鼓板结合紧密。吹奏唢呐，音乐感强，韵味醇厚。1973年调到中国戏曲学校任教，教学认真细致。20世纪80年代曾参加《京剧常用唢呐曲牌》的录像工作，留下了宝贵的音像资料，同时参与编著了《京剧常用唢呐曲牌》教材。 （王健）

Cuipingshan

《翠屏山》 京剧作品。又名《吵家杀山》。作者不详。本事出自《水浒传》第45回、第46回。明有《翠屏山》传奇，其中《交账》、《酒楼》、《反诳》、《杀山》等为清代昆曲舞台常演的折子戏。清宫廷戏《忠义璇图》卷六第二至第八出亦演此事。有《戏典》、《戏考》

清宫《戏出画册·翠屏山》（故宫博物院藏）

等刊本。杨雄妻子潘巧云私通海阇黎。石秀看破奸情，告诉杨雄。杨雄酒后回家，怒问潘巧云。潘巧云反而诬告石秀调戏她，杨雄骂石秀不义。潘巧云将石秀赶出家门。石秀含恨而去，晚上将海阇黎杀死。杨雄同石秀订计，诱潘巧云往翠屏山烧香，拿出赃证，杨雄将其杀死，二人同奔梁山。作品富于戏剧性。潘巧云和石秀的性格特征相当鲜明，当杨雄酒后回家质问潘巧云通奸事时，潘巧云却逞媚巧辩，反而诬陷石秀。杨雄怒斥石秀，她又极尽侮辱嘲笑之能事。石秀与杨雄是结拜兄弟，讲究江湖义气，敢说敢做，有智有谋，手段之狠辣，也令人咋舌。石秀由武生或小生饰演，花旦饰潘巧云，老生饰杨雄。京剧演出曾用秦腔、皮簧同台演唱。田际云、谭鑫培合演时，田唱梆子，谭唱皮簧。马连良、荀慧生、瑞德宝、谭富英、露兰春、李百岁等，均有唱片行世。汉剧、湘剧演出此剧中的《兄弟酒楼》一折，石秀向杨雄叙说潘巧云奸情，唱皮簧，载歌载舞，颇具特色。 （王卫民）

余叔岩饰石秀（左） 王长林饰海阇黎

D

中国京剧百科全书

daban

搭班 戏曲行话。以个体方式参加戏班演出，谓之搭班。非本班固定演员参与演出者，亦称搭班。盖戏班的组成有挑大梁之主演，有相应的各种行当演员和龙套、杂行等班底，包括砌末、服饰的管理人员等。搭班式的演出体制曾经是梨园界通行的习俗，或为个体艺人主动要求临时入班，或为戏班方面邀请名角或欠缺之配角。名角搭班往往自带行头及跟包、随从。 （周华斌）

dajiazi

搭架子 京剧传统演出中用话白、合唱、声音效果在幕后配合前台演员的表演，用以延伸舞台的表演区域，使舞台时空更为开阔。一种是直接回答前台人物问话，如《大保国》中李良为篡夺权力，让国太李艳妃写下文约，命众文武官员画押。文武官员并没有上场，而是李良向上场门、下场门两侧问话，幕后演员回答。另一种是与台上角色的内心视像联系在一起，展现另一时空的场景。如《打渔杀家》萧桂英在家焦急地等父归来，四句［原板］过门间隙中夹有搭架子，后台传出公堂衙役打萧恩板子报数的声音：“一十、二十、三十、四十”，虽与萧桂英的唱腔没有直接联系，但却在表现萧桂英对父亲挂念的同时，交代了萧恩上告不成反遭毒打的遭遇，可以说是一明一暗地完成了同一时间内两个不同空间的表演。再是利用幕后声音效果，烘托舞台气氛。如《霸王别姬》虞姬独自夜巡，幕后合唱楚歌，强化了霸王被困垓下、遍野凄凉的氛围，推进了剧情的发展。

又，现代戏曲导演术语。实指导演排戏的初始阶段。习称下地。主要是为剧目演出树立骨架，奠定进一步加工的基础。导演在完成全剧的案头工作后，即开始组织演员排练，勾勒演出的轮廓，即为搭架子。通过这一排练过程要初步固定演出结构和基本舞台调度，如主、次场子安排，人物行动线的展开，演员技巧的发挥，时空转换，群众场面等；还要将舞蹈动作设计出大致模样，在唱腔未产生之前，往往先空过唱段部分的表演处理。如果事先设计好身段，待曲子出来后就难以配合。舞台美术工作则应先于搭架子，它是空间造型的基本语汇，必须先确定全剧景物造型的主体形象，便于演员较快地进入状态，熟悉舞台环境和动作支点，也利于导演对舞台形式特别是舞台调度的把握和处理。搭架子过程中，鼓师应自始至终不离排练场。他要依据人物的不同身份和不同情绪变化，决定锣鼓点的使用方法，逐渐使全剧的打击乐有一个比较完整的构思和处理。同时，导演要善于同鼓师合作，通过捕捉人物在瞬间的情感与心理变化，为鼓师提供打击乐使用的支点。搭架子实际上就是导演与演员、舞台美术人员、鼓师的合作过程。也有一些导演不习惯搭架子而直接进入细排阶段。 （李淑萍 刘淑兰）

Dawangfu Piaofang

达王府票房 清达王（竹香）于1914年在北京地安门东皇城根路北4号达王府偏院成立的票房。参加者多为清室各王公世家子弟，如傅迪苏公爵、阿穆尔灵圭亲王、清逸居士溥绪、载洵、载涛、溥锐、祺勋庄、祺贻庄、祺少疆、荣竹农、世哲生、毓子良等。票房每星期日聚会，聘请钱金福、范福泰、朱文英（朱桂芳之父）、张淇林（曾授杨小楼武戏）、迟月亭、范宝亭任教。彩演时邀请富连成社青年演员方连元、罗连云、冯连恩、郝连桐等协助演出。1916年解散。 （李体扬）

dabenzi

打本子 戏曲俗语。意为编剧。如《萧长华戏曲谈丛》中所说：“从前，戏班里管编剧就叫‘打戏’，也叫‘打本子’。”“每打一出戏，动笔之前，打戏的人必要先与演员在一起商议研究一番，把戏的布局、情节的发展、场子的穿插、角色的安排……商量妥当了，然后动笔写出戏来，再由唱戏的去‘油漆彩画’。”梅兰芳《舞台生活四十年》第二集第三章《我怎样排新戏》一节中，也曾写道：“我排新戏的步骤，向来先由几位爱好戏剧的外界朋友，随时留意把比较有点意义，可以编制剧本的材料收集好了。再由一位担任起草，分场打提纲，先大略的写了出来，然后大家再来共同商讨。”并且具体地叙述了一些作品的创作过程。这种编制剧本的方式是在历史上形成的。由于编剧的地位和作品的文学性逐渐受到重视，编剧已不再被称为打本子。 （刘玉来）

dachushou

打出手　表演特技之一。简称出手，俗称踢出手、过家伙。多用于武旦戏。打出手是指交战双方，多以一个角色（上手）为中心，同其他几个角色（下手）相互配合，做抛、踢、传、递的武器特技表演。表演技巧可概括为扔枪、踢枪、抛枪、拍枪、拽枪、撇枪、磕枪、绕枪、踹枪、弹枪、挑枪、托枪、搅枪等技法。上手重在踢枪技巧，下手重在扔枪技巧。上手和下手运用这些技巧，组成不同的出手套路。出手套路可3人组成，俗称三丁、三人忙、过桥。由5人组成，俗称五梅花、八字。由7人或9人组成，俗称多人忙。在出手套路中，所用枪支（各种兵器都可使用）可由几杆枪至十余杆枪不等。打出手一般从档子开始，遵循人数从少到多，技巧

《文琴舫之〈取金陵〉》（选自清末上海《图画日报》）

从简到繁，节奏从慢到快的原则。在出手套路中，运用各种器械，在空中穿插或通过演员的翻舞，形成多彩多姿的画面，从而取得惊险的武戏艺术效果。在出手套路中，还要根据不同的人物和服饰，使用不同的出手技巧和器械，创编出不同类型的套路。

出手套路按武旦的人物和服饰进行分类，一类为短打出手套路，一类为大靠出手套路，台上的短打出手为常见。短打出手戏如《取金陵》、《摇钱树》、《盗仙草》、《盗库银》、《夺太仓》、《金山寺》、《锯大缸》、《无底洞》等。大靠出手戏如《天门阵》、《两狼关》、《破洪州》等。大靠出手戏是关肃霜在《破洪州》里创造出用靠旗杆打出手后逐渐发展的。大靠表现的人物是马上武将，

《孙悟空大战盘丝洞》(《盘丝洞》新版）　史依弘饰蜘蛛精（中）

不宜多打出手，打多了易与戏情脱节。20世纪50年代以后的数十年间，出手戏套路繁多，大都是新创编的，且已形成一戏多套、因人而异的局面。现代出手的特点是结构严谨，技法新颖，衔接巧妙，节奏鲜明，画面惊险，打法真实。在神怪斗法戏里，能表现出人物的神通广大；激战中，能表现人物的机智、果敢。无论是运用单项技巧，还是组合套路，都不能一味卖弄技术，要避免为“打”而“打”。打出手一要加强“三劲”(腰劲、腿劲、腕劲)、“三气”(提气、顺气、偷气)、“三神”(传神、拢神、含神）的训练；二要上下手密切配合，下手扔枪的准确性，决定着武旦完成各项出手技术的质量；三要透过外形出手动作，使观众感触到人物内在的情绪和意蕴。要使出手打得稳、准、轻、顺、美、帅、真。

（苏稚）

Da Dengzhou

《打登州》　京剧作品。又名《秦琼发配》，常分为《三家店》、《射红灯》上演。作者不详。隋末故事。秦琼为山东历城（今属济南）捕快，因义释劫夺皇杠的程咬金、尤俊达等，被靠山王杨林命王周将他逮捕，押往登州。途中夜宿三家店。瓦岗寨程咬金派

于魁智饰秦琼（中）　沈京林饰王周（左）　刘文光饰史大奈

史大奈相救。秦琼不忍连累他人，拒绝逃走，被押解到了登州城。瓦岗英雄扮作卖艺人和各色贩夫，混入登州准备搭救。中秋节，杨林命秦琼到校场演武，伺机杀害，在其背后插上三盏红灯。王伯当箭射红灯，众人救走秦琼，同归瓦岗寨。本事见《说唐全传》第22～26回。亦见《倒铜旗》传奇。秦腔、蒲剧亦有此剧，名《秦琼观阵》或《观阵》。此剧因演秦琼被押起解，与演苏三起解的《女起解》相对应，故常被称作《男起解》，是老生行当经常上演的剧目。其中[西皮流水]“将身儿来至在大街口”和[二簧三眼]“三家店中上枷刑”两段均为京剧著名唱段。[流水]一段唱腔节奏舒缓适度，曲调流利跌宕，流行甚广。余叔岩、马连良、杨宝森及周啸天等均擅演此剧。剧本载《京剧汇编》第6集。杨宝森等整理本载《京剧丛刊》第27集。

（丁汝芹）

Da Guayuan

《打瓜园》　京剧作品。作者不详。五代，郑恩（子明）未发迹时，卖油为业。路过瓜园，偷吃西瓜解渴，被瓜园主人陶洪之女陶三春责问。郑子明蛮不讲理，二人动武。陶洪赶来，将郑子明打败。见其勇武憨厚，招赘为婿。剧本载《京剧汇编》第19集。类似情节的作品还有《打桃园》：演赵匡胤途中口渴，至桃园采桃，被园

石小亮饰陶洪 （刘博雅摄）

主桃万金之女桃三春责骂并厮打。郑子明助赵打败桃三春。桃万金赶来劝解，因喜郑子明武艺、品貌，将桃三春许嫁。《打桃园》载《戏考》第37册，事见《飞龙传》第52回。滇剧有《瓜园招亲》，中国京剧院曾移植演出，与此大同小异。陶洪以武丑应工，说山西白，白发、拐手、跛足，打斗时表现了特殊的武技和“残缺美”。叶盛章、张春华擅演。 （骆正）

Da Huagu

《打花鼓》 京剧作品。又名《花鼓》。情节见于《红梅记》传奇第19出、第20出，在地方戏曲舞台上发展成为一出独立的小戏，收录于清乾隆年间编纂的《缀白裘》内，标为“梆子腔”。《纳书楹曲谱》也收录了此戏片段，列为“时剧”。据《燕兰小谱》及《扬州画舫录》，清乾隆时北京罗荣官、施兴儿和扬州谢寿子等演员的演出都很出色，“音节凄婉令人神醉”。京剧《打花鼓》继承了清代地方戏的传统，以民间歌舞凤阳花鼓的表演为主。主要剧情为：豪门子弟曹公子在花园中调戏姐姐身边丫头朝霞未成，忽听到锣鼓响，原来是凤阳花鼓卖艺夫妻在作场。曹公子令其堂前奏曲，百般戏弄。卖艺人迫于饥寒，只得强颜欢笑。散场后，夫妻俩发生口角，含泪相偕而去。此剧描写了民间流亡艺人的生活图景。演出轻松活泼，笑声中却含着眼泪。全剧唱花鼓调、凤阳歌、茉莉花等民间小调，配合花鼓、连相等民间舞蹈的表演，观赏性很强。但在过去的演出中，不免掺杂了一些低级趣味。剧中有3个角色：丈夫为丑，戴毡帽，穿茶衣，绘菱角脸，挂王八髯，持堂锣；曹公子为方巾丑，戴绿荷叶巾，

沈泊尘戏出画《打花鼓》
（选自《沈泊尘先生画宝》）

穿绿褶子，绘倒蝴蝶脸，持扇；花鼓婆为花旦，穿皎月色袄裤，系白汗巾，挂彩红带缀穗花鼓，持攒缨鼓键。筱翠花、马富禄合演此剧，妙趣解颐，极为默契。剧本载《剧学汇考》、《戏考》。 （周传家）

Da Jinzhuan

《打金砖》 京剧作品。又名《男绑子》、《蓝逼宫》、《二十八宿归天》。作者不详。东汉故事。剧情与《姚期》相似，结局不同。姚期之子姚刚失手打死郭妃的父亲郭荣和弟弟郭海。郭妃乘刘秀酒醉，传旨将姚期满门抄斩。岑彭、邓禹等开国功臣20余人一同

清宫《戏出画册·上天台》（故宫博物院藏）

保奏，皆被诛杀。马武闯宫，逼刘秀写下赦旨，但行刑已毕。马武手执金砖，碰死宫墙。刘秀酒醒，亲往太庙哭祭忠魂。马武等亡魂向刘秀索命，刘秀惊吓而死。另有《上天台》剧，则是姚期绑子上殿请罪，刘秀赦免姚刚，亲自松绑，命其出守湖北。姚期告老，刘秀不允，情愿戒酒，挽留姚期在朝伴驾。老生饰刘秀，是一出唱工戏，经常演出的是最后一折。刘秀上场的［二簧慢板］

于魁智饰刘秀 （金梅摄）

“金钟响御香引王登龙廷”和最后的［二簧原板］“孤离了龙书案把话来讲”，是两个著名的唱段。清咸丰十年（1860）至十一年昇平署档案中均有此剧名目。剧本载《京剧汇编》、《戏考》、《戏学大全》等书。《打金砖》以悲剧结束。刘秀哭灵为重点场面，唱做并重。据道光二十五年（1845）刊印的《都门纪略》载，四喜班演员丁三擅演。20世纪20年代，李桂春在上海从汉剧老艺人处学得此剧，以京剧演出。“太庙”一场，除唱工外，还以甩发和分别从地上、椅子、桌子上摔下的“硬僵尸”，表现刘秀从神智昏迷直至死亡，甚见功力。其子李少春在表演上又加丰富。谭元寿、于魁智等亦工此剧。剧本未见刊印，有李万春藏本。20世纪80年代初，朱秉谦将此剧改编为《汉宫惊魂》，据史实删去刘

秀杀戮功臣情节，仍保留“太庙”表演特技。1984年中国京剧院首演，李光主演。中国戏剧出版社出版单行本。（井玉贵）

Dakai Jingju zhi Men

《打开京剧之门》 京剧知识与理论读物。张永和、钮骠、周传家、秦华生合著。中华书局2009年2月出版。34万字。共9章：《京剧的源流及形成》、《京剧的行当》、《京剧流派的诞生和发展》、《京剧四功、五法的应用》、《京剧传统经典剧目举隅》、《京剧的音乐》、

《京剧知识和典故介绍》、《建国后新创作的剧目》、《建国后新诞生的流派》。全书内容主要有两大部分：一部分是京剧的基本知识，其写作力求抓住要点，表述准确，强调继承，突出实用。另一部分是有关京剧形成、沿革、行当、流派等一些理论问题的阐述，其着眼点在京剧的与时俱进。本书对中华人民共和国成立后新诞生流派的明确提出，是此前出版物中少见的。书中对李少春、叶盛兰、张君秋、裘盛戎、袁世海、赵燕侠、厉慧良、关肃霜、李金泉9位表演艺术家分别给予了较翔实的介绍，肯定了京剧表演艺术新的发展。本书附图300多幅，其中不乏首次与读者见面的珍贵剧照，既有前辈名家又有当代新锐。（永和）

Da Miangang

《打面缸》 京剧作品。又名《周腊梅》。作者不详。原为清代花部乱弹戏。雍正时，唐英曾改编为《面缸笑》(载《古柏堂传奇》)，唱［梆子腔］、［西腔］、［吹腔］，包括《闹院》、《劝良》、《判嫁》、《打缸》四折。剧中借角色之口点明：“好笑好笑真好笑，梆子腔改昆调。”京剧继承花部传统，唱［南锣］。这是出讽刺喜剧。剧情为：妓女周腊梅厌倦风尘，来到县衙请求从良。县衙上下，人人垂涎。碍于律例和面皮，县官只好将腊梅断与皂隶张才为妻。花烛之夜，却将张才派往山东投递公文。张才刚刚离家，书吏便前去叩门，向腊梅大献殷勤。接着，四老爷也来了。腊梅将书吏藏在灶下。四老爷坐犹未定，县太爷也赶来了。腊梅让四老爷躲在面缸里。

清宫《戏出画册·打面缸》（故宫博物院藏）

由于张才突然回来，情急之中，县太爷只得藏到了床底下。剧情的发展是“灶膛烧出王书吏，面缸里打出四老爷来，床底下请出县大堂”，三人只好以前来贺喜为借口。张才将计就计，令他们互相作保，罚送喜银。三人自认晦气，狼狈而去。花旦、小生分饰腊梅、张才，其余均为丑扮，念白、做工并重。中国京剧院曾改编演出。剧本有《戏考》、《京剧丛刊》及宝文堂刊本。

（周传家）

dapaoxi

打炮戏 戏曲行话。打炮或作打泡。旧时戏班流动演出，每到新的地区或新戏园、新台，便以主要演员的拿手剧目演出三天，谓之打炮。前三天的剧目遂称打炮戏。三炮打响，可为当地观众

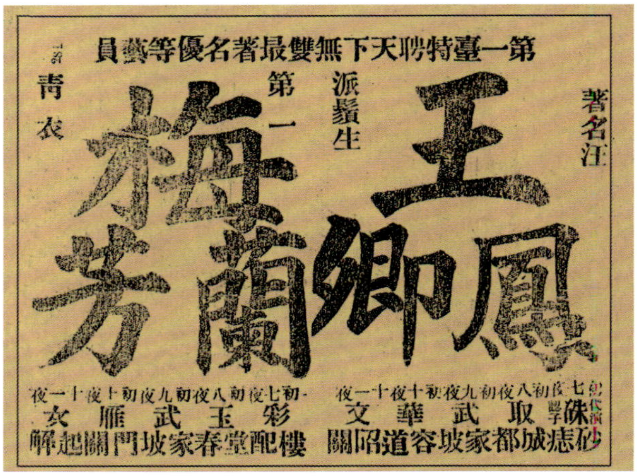

王凤卿、梅兰芳在上海丹桂第一台的打炮戏戏码广告（1913年11月4日《申报》）

留下良好印象。如1913年梅兰芳随王凤卿首次赴上海，在丹桂第一台登台，王挂头牌，梅为二牌青衣。头三天的打炮戏戏码为：第一日，梅唱压轴《彩楼记》，王唱大轴《朱砂痣》；第二日，梅唱压轴《玉堂春》，王唱大轴《取成都》；第三日，王、梅合演大轴《武家坡》(见梅兰芳《舞台生活四十年》)。（戴申 周华斌）

Da Qianlong

《打乾隆》 京剧作品。又名《七星石》。赵万鹏、朱庚编剧。取材于镇江民间故事。清代，乾隆皇帝游江南，将临镇江。知府为接驾兴师动众，百姓怨声载道。驻跸后，乾隆微服出游，遇民女吴凤招与谢文英担水浇园，惊羡凤招容姿，借问路为由，百般调戏。凤招不堪其辱，情急之下掴乾隆一记耳光而逃。乾隆尾追至凤招家门，见门前有七星石一块。回行宫后，降旨捉拿门前有七星石之要犯。文英之父老秀才谢种德路遇二班头，得知情由，乃与石匠李茂苦思得计，发动街坊连夜凿石，于每户门前安砌七星石。次日府差到此，茫然不知所措。知府令将全街百姓一齐带进行宫，悉由乾隆辨认。乾隆无奈，唯迁怒于知府，羞愤而去。该剧情节曲折新奇，喜剧性强，塑造了吴凤招、谢种德两个具有传奇色彩的人物形象。吴凤招聪明机智、天不怕地不怕，谢种德热情幽默、足智多谋、能言善辩。《羞走》一场，乾隆辨认“要犯”，谢种德等小民百姓面对皇帝，无所畏惧，抓住其难于讲出调戏民女实情的要害，冷嘲热讽。当乾隆认出吴凤招时，吴凤招先是暗斥乾隆“仗势欺人，调戏民女”，然后要求“有道君与我伸冤枉”，致使乾隆欲怒不能，十分尴尬。双方明争暗斗，机趣盎然。该剧于1959年1月，由江苏省镇江市京剧团首演。导演赵万鹏。主要演员陆正梅（饰吴凤招）、赵万鹏（饰谢种德）、袁汉云（饰乾隆）、

胡四庚（饰知府）。剧本发表于《剧本》月刊1959年第4期。收入《中国地方戏曲集成·江苏省卷》。先后被扬剧、越剧移植上演。

（王永敬）

datong

打通　戏曲术语。又称打闹台。古代戏曲多在乡间野台演出，开演之前先用锣鼓和唢呐联奏，借以招徕观众。演奏分为三通。以锣鼓唢呐联奏，鼓一曲为一通，每通之间停息片刻。头通以小堂鼓演奏，大锣、铙钹配合，点子较单调。二通又称响通，以单皮鼓领奏，全堂打击乐配合，点子复杂，由［急急风］、［走马锣鼓］、［冲头］、［抽头］、［九锤半］、［马腿］、［大水底鱼］、［收头］等锣鼓牌子组成。二通鼓示之后台，演员必须准备到位，以待上演。三通又称吹通或吹台，以唢呐奏［将军令］、［哪吒令］、［一枝花］等曲牌。三通奏毕，跳加官后，即上演正戏。打通有苏通、高通之分。苏通为安徽班乐点，高通为京腔班（即弋阳腔班）乐点。京剧进入剧场演出时，仍沿袭打通旧规，现多已不用。

（刘胥洲　戴申）

Da Yan Song

《打严嵩》　京剧作品。一名《开山府》。明朝嘉靖年间，严嵩专权，私造皇冠，欲谋篡位。御史邹应龙将制造皇冠的工匠邱、马二人诱入开山王常宝童府，然后又到严嵩府中假意告密，骗取严嵩的信任。严嵩奉旨到开山府捉拿常宝童上殿辩理。常宝童依邹应龙计，骗过圣旨，用金锏痛打严嵩。严嵩逃出王府，欲上殿参奏常宝童。邹应龙称严嵩脸上无伤，证据不足。严嵩恳请邹应龙代做伤痕，邹应龙乘机痛打严嵩。该剧是老生（饰邹应龙）和花脸（饰严嵩）主演的对儿戏，另由小生饰常宝童，小丑饰门官严侠。全剧以念白和做工吃重，早在京剧形成之初已由各徽班上演，《都门纪略》已有记载。从三庆班的卢胜奎、谭鑫培到此后的不少著名演员如周信芳、马连良均擅演。裘盛戎曾分别与周、马同台演出此剧，饰演严嵩。裘盛戎对这两人的评价是："自然是各有千秋，两份都好。周先生表演刚劲痛快，马先生表演潇洒飘逸，各有各的味儿，各有各的特色。"（《高盛麟表演艺术》第380页）剧中，邹应龙在严嵩面前始终以心腹人的面目出现，处处似为严嵩效劳；严嵩越是挨打越是高兴，直到被打得遍体鳞伤，富于喜剧效果。从门官严侠前倨后恭的戏剧性的转变中，也突出了邹应龙的机智老练。作品对白生动，语带双关，幽默风趣。全剧唱腔不多，通唱西皮，除［原板］和［散板］外，以上殿前的一段［西皮流水板］为主要唱段。据传，老本只念两句上场对，三庆班的沈三元演出时为等候误场的演员临时加上这段［流水］，所以唱词多不合辙。有些演员至今延续这一唱法，有的则进行了加工整理，以唱人辰辙为多。剧本载《京剧汇编》第108集。《京剧丛刊》第24集载有周信芳演出本。另有《戏考》、《戏典》等刊本。

（马海玲）

周信芳饰邹应龙（左）　周五宝饰严侠

清宫《戏出画册·打严嵩》（故宫博物院藏）

Da Yu Sha Jia

《打渔杀家》　京剧作品。又名《庆顶珠》、《讨渔税》。作者不详。渔民萧恩本是梁山好汉，年老力衰，与女儿桂英相依为命。土豪丁员外擅征渔税，萧恩无力缴纳，殴打了奉命前来逼索的大教师后，赶赴县衙告状。县令吕子秋责打他四十大板，令其向丁府赔罪。萧恩气愤难忍，与女儿连夜过江，杀死丁员外一家，自刎而死（一般演出到此为止）。萧桂英持庆顶珠水遁，流落江湖，卖武为生，后得与未婚夫花逢春相聚。剧名《双卖艺》。此剧情节与《水浒后传》第9回、第10回有些相近。小说描写常州之宦丁自燮与太守吕志球勾结，私自起税，勒逼渔户。李俊决心为民除弊，反遭陷害。后经乐和、倪云等兄弟救出，惩治丁、吕。剧本据此改编，已有不少变化。作品描写萧恩从隐忍到愤而杀家的过程，反映官绅勾结、鱼肉百姓的黑暗现实，满怀同情地塑造了萧恩的艺术形象，赞扬了他的反抗精神。萧恩父女以及萧恩与江湖好汉李俊、倪荣之间的深厚感情，描写得也真切动人。剧中还成功地塑造了大教师的奴才形象，他为地主豪绅看家护院，流氓气十足，色厉内荏，语言动作虽很夸张，却富于生活气息，是京剧舞台上创造的特有的艺术典型，由丑脚饰演。《打渔杀家》源自梆子剧。据清嘉庆十五年（1810）留春阁小史《听春新咏》记载，"西部"戏班大顺宁部演员何月卿等即在北京以擅演萧恩著称。同班张沁香演《卖艺》，饰萧桂英，"刀杖俱精，流星双锤如雪舞花飞，盘旋上下"。另据道光二十五年（1845）刊印的《都门纪略》，有大景和班的"任花脸"擅演。在梆子剧种的演出中，萧恩由净脚应工，不勾脸，表演粗犷，突出人物草莽英雄的气质。京剧改由老生饰演，增添了苍凉、深沉的韵味。此剧生旦并重，是经常演出的剧目。谭鑫培与王瑶卿在表演上有不少创造，为后世宗法。周信芳与梅兰芳

周信芳饰萧恩（右）　梅兰芳饰萧桂英

马连良饰萧恩（右） 王长林饰大教师

的合演亦称佳作。《打渔杀家》有《京剧丛刊》、《戏考》等多种刊本。清末昇平署和车王府钞本则是现存较早的剧本。《双卖艺》载《京剧汇编》第59集。高庆奎曾排演全本《庆顶珠》。1943年马少波曾改编为同名京剧。欧阳予倩、谭富英等曾分别改编为《渔夫恨》。

（颜长珂）

Da Zaowang

《打灶王》 京剧作品。又名《紫荆树》、《打灶分家》。作者不详。本事源自《续齐谐记》。演田家三兄弟，共议分家。堂前有棵紫荆树，也要一分为三，树竟枯死。田真感叹："树本同株，闻将分砍，所以憔悴，是人不如木也。"弟兄不再分家，紫荆树荣茂如初。清代地方戏有《紫荆树》。《燕兰小谱》则有萃庆部王五儿演出《打灶王》的记载。此时花部的剧本已为后来的京剧演出提供了基础。田三之妻是较原故事中增出的人物，为剧中主角，京剧名李三春。她因兄嫂不理家务，全由她一人承担，不胜其烦，要求分家。然田家祖训，除非庭前紫荆树死，树上乌鸦飞去，才得析产。李三春便暗地将树浇死，乌鸦驱散，但田大、田二仍不答应。李三春迁怒于灶王，打骂神像，并与二兄争吵，终于各立门户。故事旨在维系的宗法大家庭制度，在现实中却面临危机。李三春需要承受传统道德的指责，却体现了合理的生活愿望。这个人物原来是作为批判对象出现的，在演出中，经过历代艺人的再创造，虽然未完全改变全剧的倾向，却逐渐赢得人们的同情。《燕兰小谱》即以"活泼可喜"形容王五儿的演出。京剧中李三春由花旦饰演，一般仅演打灶吵家一节，属玩笑戏。《戏考》评述此剧："剧中描摹妇女之性情，泼悍之状态，惟妙惟肖，的是写生能手。词句间粗俗鄙俚，即其当行出色处。"此外，有《京剧丛刊》、《京剧汇编》刊本。

（颜长珂）

dabo

大钹 京剧的辅助打击乐器。两扇一副。铜制。形状与齐钹相似，圆形，中间隆起部分如半球状，正中有孔，穿织物以便使用，但比齐钹大，直径约为40厘米。音量大，音质厚，在剧中多代奏爆炸等强烈音响效果。（王硕）

（刘海发摄）

Dagong Bao

《大公报》 综合性日报。1902年6月17日在天津创刊，1925年11月27日停刊。1926年9月1日复刊，1937年7月25日再次停刊外迁。1945年12月1日又在天津复刊，至1949年1月天津解放，后迁北京，1966年9月10日停刊，香港《大公报》仍继续出版。《大公报》曾大量刊载戏曲活动的信息。较著者有：1907年3月谭鑫培、王瑶卿为江皖水灾来津助赈义演，1918年6月北京昆弋班首次来津，1922年12月与1926年10月余叔岩、杨小楼、梅兰芳两次莅津义演，1933年4月"南麒北马"在津合作，1936年11月11日、12日杨小楼、梅兰芳在中国大戏院先后义演《长坂坡》、《霸王别姬》等。

1918年5月2日，《大公报》开辟《剧谈》副刊，至1925年11月24日结束。其中，1922年刊出的文章便有春柳旧主之《天福舞台剧评》，评论名伶三麻子、时慧宝、盖叫天、琴雪芳之演艺；苏少卿之《梨园杂谭》，谈谭鑫培与孙菊仙之艺术相竞；箬翁之《半班戏话》。1923年胡尹民之《评论金钢钻的长短优劣》与《津门之武生》专论李兰亭、盖叫天、刘汉臣的武生戏，颇引人注目。

1928年1月4日，《大公报》创办《戏剧周刊》，至1930年12月31日止，共出150多期。该周刊收旧剧剧本、编剧艺术、剧史、表演艺术等内容。主编徐凌霄每周一稿，其剧评着重剧情分析和对京剧规律的探讨，对于当时戏剧界产生一定影响。1928～1929年，曾刊载《剧学名著出版》文章，介绍戏剧家齐如山新著《中国剧之组织》，还有些文章对梅兰芳之《春灯谜》、荀慧生之《花田八错》与《妒妇诀》、尚小云之《瑶台》这几个剧目进行介绍与艺术分析。1935年1月1日～8月30日，《大公报》又将原先的《剧谈》副刊恢复，易名《剧坛》。每日一期。该副刊曾发表齐如山之《戏班》(连载20余篇)、傅惜华之《皮黄剧本作者草目》、黄远生之《小叫天小传》、休莫老人之《梅畹华传》、佚名之《观戏与听戏》，比较京派、海派京剧之不同等文章，均有参考价值。

1928年1月4日《大公报·戏剧周刊》第1号

（魏子晨 王永运）

Daguan Chayuan

大观茶园 清代戏园。址在上海宝善街（今福建中路以东）。现已不存。始建于清光绪三年（1877），由兆丰洋行买办吴蟾青联合京剧艺人孙菊仙创办。主角有老生谭鑫培、孙菊仙、纪寿臣，青衣常子和、陆小芬、李棣香，小生杜蝶云、德珺如，花旦刘凤林，武二花周大升，老旦羊长喜，武旦黑儿，丑脚朱二小等，颇盛一时。翌年春，大批名角北去，戏园关闭。光绪五年（1879）重新开业，上海丝绸业邀美国前总统U.S.格兰特之子到此观看京剧。此后戏园时开时闭。光绪十四年（1888）黄月山在原地再开"大观"，直至光绪末年毁于火。后人将其与"丹桂"、"金桂"、"天仙"并称为清末上海四大京班戏园。

另，天津亦有大观茶园，址在原北马路官银号旁。杨柳青戏出年画中有一幅《连环套》画的演出场地正是天津大观茶园，下场门有"官银号傍"可证。图中之马为画家增饰者。宣统元年（1909），

杨柳青年画中天津大观茶园的一个演出场面
（选自《京剧版画》，王树村提供）

大观茶园改名大观新舞台。（林明敏）

Dajiao Huanghou

《大脚皇后》 京剧作品。山西省京剧院创作演出。编剧梁波，导演续正泰。明朝开国皇帝朱元璋之妻马秀英皇后生有一双天足。洪武登基，元宵之夜与民同乐，然有一则以“大脚皇后”为谜底的灯谜引起轩然大波。朱元璋以为大不敬，怒将京城大批书生收监。马秀英施计劝谏，最终通过对敢于直言的拟谜者王庸的巧妙会审，说服朱元璋开释被拘书生，并为朝廷选拔治国良才。这是一出传奇喜剧。1998年5月首演。青衣贾艳丽饰马秀英，老生尚继春饰朱元璋，小生赵昆翔饰王庸。在1998年12月举行的第二届中国京剧艺术节上获优秀剧目奖，在第九届文华奖评选中获新剧目奖和剧作奖。该剧成为剧院保留剧目，并改编为3集京剧电视连续剧，由河北省京剧院梅花奖获得者张艳玲主演；又被晋剧、评剧、河北梆子、豫剧、闽剧、上党落子和苏州评弹移植改编演出。剧本收入文化部艺术司2005年编印的《国家舞台艺术优秀剧目集》，向全国基层剧团推荐，并被收入中国戏曲学会选编的《中国当代百种曲》第6卷。

贾艳丽饰马秀英（左） 尚继春饰朱元璋

作者梁波（1946～ ），生于山西灵石。年轻时就酷爱文艺，20多岁在太原铁路局介休地区工人俱乐部任文体干事时便开始写作，1980年始从事专业戏剧创作。历任山西省文化厅艺术处处长、天津市文化局副局长等职。京剧作品还有《三关明月》(与兰河即戴英禄合作，山西省京剧院演出)、《贞观盛事》(与戴英禄合作，上海京剧院演出)、《廉吏于成龙》(与戴英禄、黎中城、王涌石合作，上海京剧院演出)、《护国将军》(天津京剧院演出)，均在历届中国京剧艺术节上获得重奖。（戴英禄）

Dalian Jingjuyuan

大连京剧院 京剧演出团体。原名旅大市京剧团。1945年8月，京剧艺人组建新生剧团，由中共关东地委文化协会领导，团长赵鹏声。1949年后新生剧团先后更名为关东文艺工作者协会平剧团、旅大市文联京剧团、旅大市文教局实验京剧团。1951年12月，市文教局接管民营大众京剧团，编为旅大市文教局实验京剧团二团。1953年6月，文化、教育分开，实验京剧团一团、二团合并隶属文化局，改称旅大市京剧团，团长哈鸿滨。李一氓、阿英、汪洋、赵慧深、方冰等来自解放区的作家、戏剧家，曾为剧团编导《九宫山》、《孔雀胆》、《大汉奸张本政》等古代戏和现代戏。该团编演的《汾水之战》、《花荣大闹清风寨》、《合州城》、《森松胃峰》、《甘宁百骑劫魏营》等也是艺术水平较高、深受观众欢迎的剧目。

《白蛇传》 李萍饰白素贞

《九江口》 杨赤饰张定边

1953年7月，旅大市京剧团参加东北地区戏剧、音乐、舞蹈观摩演出大会，《甘宁百骑劫魏营》获集体表演奖，《棠棣之花》的导演张菁华获导演奖，张铁华、周少楼、周仲博、田美玉获优秀表演奖，哈鸿滨、赵鹏声、刘慧琴等12人获表演奖。旅大市京剧团演员、演奏员阵容整齐，有主要演员曹艺斌、周少楼、张铁华、闻占萍、周仲博、张德华等，以及鼓师郑文科、何荣昆，琴师迟德才、徐新民等。另外，白玉崑、赵荣琛、张世麟、陈正岩、张正芳、张蓉华、崔笑君等亦曾加入该团演出。“文化大革命”中，旅大市京剧团解散，大部分演职员被遣送农村落户，部分人员参加样板戏学习班。1973年，恢复旅大市京剧团。1981年，旅大市改名大连市，该剧团随之改名大连京剧团。1984年，大连艺术学校实验京剧团并入。20世纪80年代后，分别邀请袁世海、李紫贵、郑亦秋、魏莲芳、李家载、萧德寅、李鸣盛、王梦云、王晶华、胡芝风、关肃霜、刘秀荣、张春孝、文涛等到大连授艺，中青年演员、演奏员成长迅速。花脸演员杨赤获梅兰芳金奖、梅花奖，旦行演员李萍获梅花奖。1956年以来，该团先后赴苏联、蒙古、日本、英国、法国及中国香港地区访问演出。经常演出的剧目有：《九江口》、《绝龙岭》、《铡美案》、《白蛇传》、《百花公主》、《甘宁百骑劫魏营》、《四郎探母》、《窦娥冤》、《锁麟囊》、《玉堂春》、《三娘教子》、《文昭关》、《乌盆记》、《白帝城》、《遇皇后、打龙袍》、《李逵探母》、《霸王别姬》、《艳阳楼》、《一箭仇》、《狸猫换太子》、《虹桥赠珠》和《智取威虎山》等。1999年，由杨赤主演的《西门豹》，获第九届文华新剧目奖。2007年5月，改名大连京剧院，杨赤任院长。2008年，排演《风雨杏黄旗》，杨赤饰李逵，特邀于魁智饰宋江，李萍饰方银花，王墨饰宋徽宗，参加第五届中国京剧艺术节，获整理改编传统戏一等奖。（马明捷）

daluo

大锣 京剧打击乐的骨干乐器之一。铜制，扁圆形。有高、中、低多种不同的调门。其锣面直径大小不一，约30～40厘米。锣面上凸起部为锣光，中心部为锣心，锣光以外为锣帮，外沿为锣边，各部发音不同，皆有用法。打锣的槌子称锣槌，槌头用白布带子缠皮圈制成，槌杆以六道木制成。在槌杆底部有小孔，穿以绳套，锣师以右手小拇指套之并掌握住锣槌。锣之上方有两小孔，以皮带系住，打时以左手提锣、右手持槌击奏。大锣的节奏位置多为强拍，故为锣鼓之“板头”，有协助鼓师控制锣鼓节奏、力度的作用。大锣重击发音为“匡”，轻击为“孔”；与铙钹、小锣齐奏重击为“仓”，轻击为“顷”。各种锣因音调、音色、音量、音长不同而各有舞台的功用。如：高虎音锣、苏锣音调高亢、明亮，适于武剧情景；中虎音锣平缓、宽厚，适于文戏情景；低虎音锣低沉、苍凉，适于悲剧使用。此外，也以锣边或锣帮代奏更锣、收兵鸣金、马系銮铃、风声、水声等效果。

（刘海发摄）

（王硕）

danao

大铙 京剧的辅助打击乐器。两扇一副。因其形如草帽，俗称**草帽钹**。它比铙钹的形制厚大，直径约38厘米，音色宽厚、沉闷。多用以击打效果，如波涛汹涌、火焰冲腾等。在某些传统戏中，为壮大舞台表演声势或烘托、渲染某种神秘气氛，也在锣鼓中加打大铙，如《铁笼山》剧中姜维的“起霸”等。

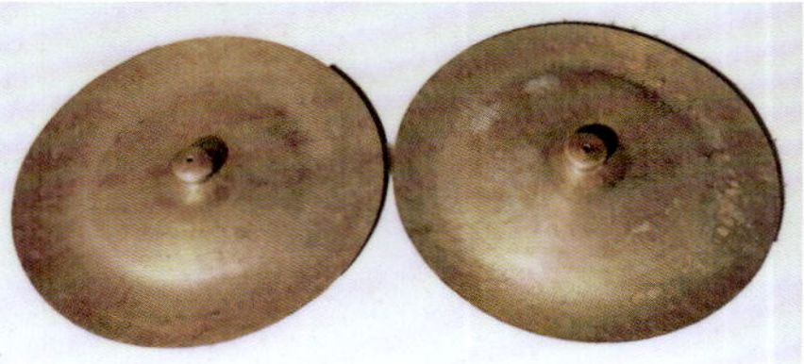
（刘海发摄）

（王硕）

Dapiguan

《大劈棺》 京剧作品。又名《**蝴蝶梦**》、《**田氏劈棺**》。刊《戏考》第5册。本事见《警世通言》中的《庄子休鼓盆成大道》。《缀白裘》收有清人传奇《蝴蝶梦》中《叹骷》、《搧坟》、《毁扇》、《病幻》、《吊孝》、《说亲》、《回话》、《做亲》、《劈棺》9折。《戏考·大劈棺·前言》认为：“此京剧即从昆曲中翻出，自《毁扇》至《劈棺》止。”演庄子遇一寡妇搧坟，说是坟土干后便可改嫁。回家告诉妻子田氏，讽言讽语，认为田氏也是这样的女子。田气极，将扇撕毁扔地，表示倘庄子亡故，当守节不移。庄子诈死，田氏无限悲伤。庄子又幻化成楚国王孙前来吊孝，引诱田氏。田氏心动，让仆人说合。楚王孙提出打碎灵牌、脱去孝服、立即拜天地3个条件。田氏一一答应。及至洞房，王孙忽得暴疾，要用活人脑浆作药引。田氏想及庄子亡逝未久，脑浆尚未凝固，便持刀劈棺。棺开，庄子坐起，严词斥责，又幻出王孙为证。田氏无言以对。庄子看破红尘，飘然离去，田氏悔恨莫及。此剧为花旦重头戏，以表演见长。清光绪时，上海天仙茶园金台班蔡桂喜擅演此剧（见1910年5月23日《图画日报·三十年来伶界之拿手戏》）。孙菊仙、汪笑侬、时慧宝、高庆奎等均演过庄周。“劈棺”一场，小丑饰纸人“二百五”，有特技。刘斌昆擅演。以内容含有迷信成分及对妇女歧视等原因，1950年文化部要求对此剧进行修改，“在未改好前，全国各地均应暂时停演”。改革开放以来，一些戏曲作家曾就此题材，或改编，或创作，编写具有新意的作品。京剧有汪曾祺、梁清廉的改本《**鼓盆歌**》。1995年马少波反其意创作了京剧《蝴蝶梦》。

荀慧生饰田氏

时慧宝饰庄周

（王卫民）

dashailuo

大筛锣 京剧的辅助打击乐器。铜制，体圆扁平，有边，边穿小孔，系以绳套。演奏时一手提锣，一手用蒙布的木槌击奏。锣面直径约60厘米，发音低沉而庄严，重击则发音更为雄壮、暴烈。在剧中常于突发事变之际击打一两声，以渲染气氛，或用作击打风声等效果，以及为官员出巡开道，故又称**开道锣**。（王硕）

（刘海发摄）

datanggu

大堂鼓 京剧打击乐器。又称**南堂鼓**。因面大底小，外形似花盆，又称**花盆鼓**。木制鼓框，面与底蒙皮。鼓面直径约56厘米。由鼓师持木制堂鼓槌兼打，发音低沉、浑厚。传统戏中用于牢狱、法场旦角如《金锁记》的窦娥唱［反二簧］时的伴奏，以烘托肃穆、低沉气氛。另用于演奏大型乐曲（如《霸王别姬》中的［夜深沉］）及在武戏中配合锣鼓乐、烘托炽烈的战斗气氛。（王硕）

（刘海发摄）

Dawutai

大舞台 戏曲演出场所。

①原址在上海市三马路（今汉口路168号），后改址二马路（今九江路）。清光绪三十二年（1906），英租界巡捕童子卿将经营群仙茶园等积蓄，以协兴公司名义向哈同洋行租地建造新式剧场，取名**文明大舞台**。宣统元年十一月十八日（1909年12月30日）揭幕。正门设在三马路，坐北朝南。首期演员主要由原天仙茶园部分班底及聚成班班底组成，计有吕月樵、赵如泉、刘永春、应宝莲、林步青、万盏灯、王永利、沈韵秋、何家声等。首任经理何文卿。3层座位共计2 450个。1914年春，童子卿重金邀请梅兰芳与王凤卿南下在此登台。不久关东武生何月山初来上海，自投文明大舞台要求打炮，未果，改投新新舞台，出台后盛况空前。童子卿自

1934年9月荣记大舞台重建后开幕时的外貌

认失眼，无心再办剧场，让与赵如泉等合资接办。关闭数月后重新开张，简称“大舞台”，请毛韵珂、白玉昆合作。1919年，以小达子和贾璧云为台柱，一度以多本机关布景戏《宏碧缘》为看家戏。1927年8月上海大亨黄金荣接办，改称**荣记大舞台**。10月8日起实行男女合演，大演连台本戏，其中《狸猫换太子》、《打金砖》、《二十八宿上天台》、《西游记》，以及小达子、贾碧云、金少山、李多奎、李万春、孟丽君、李瑞亭、张桂芬、王少楼、毛庆来、韩金奎的《泥马渡康王》、《苏护进妲己》、《新白蛇传》、《武则天》等，均走红一时。1933年拆建停业，班底散伙。重建后正门改在二马路，仿照美国纽约最新式舞台建造。观众席革除座位前置果盘等旧习，号称三千，实为2 632座。1934年9月9日开幕，邀梅兰芳、马连良两剧团联合演出。1935年让与黄金荣徒弟沈长赓接办，改称**康记大舞台**。先请杜丽云和杨宝森，大亏血本，转邀盖叫天、陈鹤峰、云艳霞等演《西游记》。为添置布景，先演折子戏过渡。在演《狮子楼》时，饰演武松的盖叫天追至窗口，突然发现西门庆（陈鹤峰饰）跳下后躺在地上尚未爬起。盖叫天临时在空中闪身，改变落点，从两丈多高的“酒楼”上跳下。因用力过大，落地时右腿骨折，忍痛坚持到落幕。沈长赓无奈，请杨宝森代替盖叫天，生意大减。翌年，转由谢葆生、范恒德、汪仲云联合经营，改“康记”为“鑫记”（“鑫”字表示三人均为黄金荣的徒弟），转请张翼鹏主演《西游记》，票房颇佳。不久，归于范恒德一人。范恒德遭暗杀，由其胞弟恒良、恒成、恒裕合股经营。曾有李瑞来排演《荒江女侠》，白玉艳在此戏中首创踢16根枪。后张翼鹏离去，大舞台一蹶不振，由老四范恒裕一人当家。1951年1月26日，上海市文化事业管理局戏曲处购买接管，2月底改为国营**人民大舞台**。4月5日揭幕，周信芳等参加典礼。曾公演连台本戏《太平天国》。1959年7月9日，此处举行“京昆剧大会串”，周信芳、盖叫天、俞振飞、言慧珠、纪玉良、张美娟、李玉茹、童芷苓、王正屏等参加。1962年8月1日举行梅兰芳逝世一周年纪念演出。1966年曾改名**人民剧场**，兼映电影。1976年翻修后恢复人民大舞台原名。1985年初举行周信芳诞辰90周年纪念演出。1989年举行创建80周年纪念演出。其建筑为1933年改建后的5层钢筋混凝土结构，占地面积2 373平方米，建筑面积7 725平方米。总高度185米。舞台宽14米，深13米。副台上场门442平方米，下场门708平方米。2007年，人民大舞台原址已改建为亚洲大厦（北门为九江路663～669号，南门为汉口路650号），高21层，其3～6层楼重建了一个剧场，仍名人民大舞台，舞台设备先进，设有观众席1006个，2010年春开业。

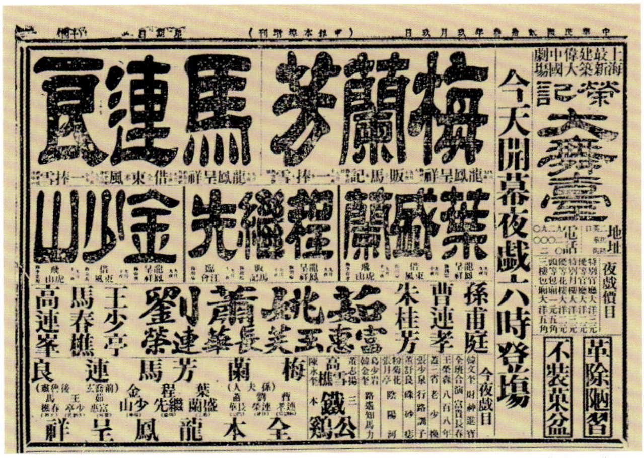

上海荣记大舞台重建后开幕演出广告（1934年9月9日《申报》）

②址在天津市南市荣业街西口，临近南门外大街。现已不存。创始人为早年倡导新式教育的同盟会会员温世霖，以集资方式建造。戏院为砖木结构，3层。楼下观众席，正中池座可坐833名观众，两侧廊子放置长板凳，二楼的观众席三面环绕。面向舞台的包厢分上、中、下3层，共89厢，712座。楼上楼下总计可容纳观众3 000余名，是当时天津最大的演剧场所。剧场内设转台，即在舞台中央挖一直径一丈多的圆洞，再按原尺寸填充木质平台。底部装轴承，以台帐（俗称守旧）为中心间隔，一半在后台，一半在前台。后台部分根据剧情的需要摆设布景、道具，演出时将前台灯光熄灭，撩起守旧，将摆有布景、道具的木台用人力快速推转，移到前台。大转舞台尤其适宜于连台本戏，成为大舞台一大特色。1916年夏，以京剧演员陈文启为首，联合慈瑞泉、范宝亭、许德义等名角，排演了连台本戏《十游大殿》，营业异常火爆。随后，杨瑞亭、林颦卿、尚和玉、程永龙等名角又在此园上演了新编剧目《花木兰替父从军》以及时事新戏《双烈女》。后者根据1916年发生在天津的实事编演，述南皮张氏姐妹因不堪恶霸欺压而服毒自杀的惨案。此外，还先后演出过连台本戏《包公案》、《七擒孟获》、《张汶祥刺马》、《九义十八侠》、《五鼠闹东京》、《雍正剑侠图》、《石头人成亲》、《枪毙阎瑞生》等。大舞台以市民百姓为主要服务对象，报人称之为“平民化大戏园”。京津一带的京剧名角如杨小楼、刘鸿昇、程继先、萧长华、王瑶卿、王蕙芳、李吉瑞、尚和玉、薛凤池、刘永奎等经常在此献艺。1920年，经理王在田邀京剧名角七岁红、高警民，河北梆子名角金少梅、路凌仙，昆曲名角韩世昌、侯益隆等，以京剧、梆子、昆曲3个剧种同台合演。20世纪20年代末，年届八旬的老伶工孙菊仙还被邀请到该园演出义务戏。该戏院早期设施较为简陋，1919年3月3日下午，剧场东北角突然坍塌，压伤观众4人、茶役2人。1931年7月9日晚名角七岁红在此公演新戏《铁公鸡》时，观众爆满。附近升平、庆云两个戏园相继散戏时，部分观众拥入。东廊地板突然塌陷，长约四丈，宽一丈，深五尺许。观众凳翻人仰，伤四男一女。1939年，天津遭遇洪灾，大舞台被淹。灾后修葺，将池座改为散座。1943年，业主将大舞台兑给燕乐升平舞台的经理于嘉锡，加固大修，完成后邀京剧演员云燕铭组建剧社，在此园作较长时间的演出。1945年日军投降后，王恩荣任经理，勉强维持。1949年1月天津解放，大舞台率先恢复演出，邀李铁英、李元春、高吟秋等京剧演员相继演出《三打祝家庄》、《黄巢》、《逼上梁山》、《闯王进京》等宣传革命思想的新戏。1952年，因年久失修，业主无力修复，遂拆除改建为学校。

（林明敏　甄光俊）

Daxikao

《大戏考》　唱片的剧词集。自有京剧唱片以来，其唱词及念白曾以多种形式印行，《大戏考》是1934年出版的最普及的唱片剧词集。

唱片发行而附有单张戏词，始自百代公司。旧时伶人戏词非常珍秘，灌片之后，抄词一事，往往顾不到或不屑为，或有提供唱词者也未必准确。故附赠单张戏词，亦非易事，没词的要一字一句听起来，有词的也要校对。最早为百代公司编印戏词的是舒舍予、丁慕琴。单张戏词极易丢失，随唱片增多而始有订册唱本。各唱片公司效法百代，渐有本公司的唱片剧词专册出版，而坊间也有各种印本，“汗牛充栋，率多不免鲁鱼亥豕之病”（舒舍予语）。至1930年，上海文华美术图书印刷公司聘请刘豁公对各公司的出版物进行编辑整理，总名《戏考大全》，仍然分公司出版，如《百代公司唱片戏考大全》、《胜利公司唱片戏考大全》等多种，32开本，不足100页，内容除戏词外，附有剧情说明，规格相同，成一系列。约在1937年，胜利唱片公司又单独出版《胜利剧词》，16开本，390页，所收戏词包括京剧、地方戏曲、曲艺、歌曲，每段戏词都标有唱片模板编号。

《大戏考索引》封面

《大戏考》第18版封面

在《戏考大全》出版前一年，即1929年，高亭唱片公司经理徐小麟创意，“将高亭、百代、胜利、蓓开、大中华诸大公司历来所灌收唱盘之剧词，汇集成书”，名为《唱片剧词汇编》，由先声出版社印行，未及数月，销售无余。翌年，聘请苏少卿加以整理、校订，以原名重新出版，卷首刊有十多位沪上名家的序文，以示隆重。32开本，共1 200多页，分上下两册，上册为京剧，下册为昆曲及地方戏、曲艺。1934年6月出第7版时，为通俗起见，更其名曰《大戏考》，由32开本改为16开本，卷首刊有大量名伶及歌星照片。其时，苏少卿已辞职，董其成者为梅花馆主郑子褒。3年后，又编出《大戏考索引》，非卖品，随《大戏考》及同年新出的《大戏考续编》赠送读者。索引卷首有徐小麟《小引》，略述《大戏考》及《大戏考索引》的编辑过程。索引内容包括：①《唱片剧词汇编》新版本的原序15篇；②脸谱36种；③名伶小传63篇；④检戏表；⑤剧情说明。其中检戏表尤为重要，收入京剧500多个，按剧名第一字笔画多少为序，可以很方便地找到剧名和该剧有过哪些演员的唱片，以及戏词在《大戏考》上的页码。索引作者是郑子褒、邵子藩。至1947年8月，《大戏考》发行达18版（从1929年初版《唱片剧词汇编》算起），《大戏考索引》出第5版，在同类出版物中最具影响力。总发行者上海大声无线电唱机行，为抵制其他戏考，同南京、上海、杭州、重庆等许多电台有约，播放唱片时，只报告《大戏考》上的戏词页码。《大戏考》第18版的封面为古装美女月下吹箫图，是月份牌年画名家杭穉英的手笔。全书近700页，京剧约占1/3，其余为其他戏曲及歌曲。其中可索检的京剧戏词约有2 200多段（以一面为一段计），然这并不是已出版的京剧唱片的全部，只是增加一些新片，又放弃一些老片，就连谭鑫培的唱片剧词也未收录齐全。至1949年，《大戏考》出至22版。另有《新大戏考》，16开本，王瑶青（即王瑶卿）题名，1939年出版，未详其出版者，不如《大戏考》有名。

（龚和德）

Da Xiangshan

《大香山》 京剧作品。又名《妙善出家》、《苗善出家》、《白雀寺》、《火烧白雀寺》。作者不详。兴隆国妙庄王因乏嗣无后，祈神许愿得赐一女，是为三公主妙善，自幼即喜素食诵佛，修真养性。庄王逼迫妙善开斋，并要为她选婿，妙善竟以出宫入山修行坚辞。庄王恼怒，贬其浇花，妙善仍不为所动。庄王一怒之下将她绞死。适得达摩搭救，送往白雀寺修炼。庄王又下令火烧白雀寺，烧死僧众五百。达摩见妙善功行将满，准备度其成就正果。不久庄王思子成病，需用亲人手眼为药引。庄王膝前二女及众亲族无人肯舍，妙善亲自弃出手眼，假托香山有佛施舍。庄王康复，亲至香山还愿。妙善引领父亲遍游地狱，忽生千手千眼，立成正果。庄王幡然悔悟，皈依佛祖。佛祖封妙善为救苦救难观世音菩萨，其二姊亦封为文殊、普贤。事见《香山宝卷》。明有小说《南海观世音菩萨出身修行传》和罗懋登的《香山记》传奇。清有《海潮音》传奇和小说《南海记》，题材大致相同。据《听春新咏》，清嘉庆时，北京已有演出：“盖西部《香山》与徽部稍异。徽部服饰庄严，西部则止穿背甲，非雪肤玉骨者不轻为此。”相关剧目有《观音得道》，叙妙善成正果以后普度众生事，亦有连台本戏演出。《梨园集成》中收有此剧。清末演出，以灯彩砌末作为号召，《大香山》即其中之一。上海久乐园是当时沪上最大的徽班戏园，搬演此戏时，常常座无虚席。同治中叶兴建的满庭芳、丹桂也因上演《大香山》等大型灯彩戏而轰动一时。北京第一个新式建筑戏园第一舞台建成，改善了演出条件，也以《大香山》这类戏作为号召。据《清稗类钞》记载：“曩时天津有班曰太庆恒，最以砌末著称。……演《大香山》一剧，诸天罗汉，貌皆饰金，面具衣装，人殊队异。而戏中三皇姑之千手千眼，各嵌以灯。金童玉女之膜坐莲台，悉能自转。新奇诡丽，至足悦观。”1936年，顾无为率领上海标准大京班首次把机关布景展现于长沙舞台，由卢翠兰主演的《紫竹林观音得道》等连台本戏，因情节离奇，灯光布景新颖，观众趋之若鹜。在国外，1923年第四批京剧演员到达新加坡，带去了新奇机关布景新戏《观音得道》，碧云霞、林颦卿等均以此戏而闻名。早在梅兰芳之前即已在神话戏中使用古装、颇善创新的冯子和，在“得道”一场，他披发赤脚，肩挑经担，首创以小嗓演唱［唢呐二簧］。小杨月楼在改旦脚后唱的第一出戏，就是根据《大香山》

《观音得道》 小杨月楼饰观音（中）

改编的《观音得道》。戏中不仅使用机关布景，而且对扮相唱腔也做了许多改良。剧本载《戏考》第1集。 （王若皓）

dai

带 戏衣配件。具有装饰和实用功能的腰饰物。分硬质与软质两类。①**玉带**。圆形硬带，宽一寸有余，用木或竹制成，前端有插口，带面蒙色缎或黑绒，周圈镶有方形、长方形、圆形仿白玉装饰性硬片，称品片，因而戏班简称玉带为品。玉带仿自宋明时官员的服饰制度，唯已无用料（玉、金、银、铜、角）与品级的明显

腰悬玉带
《盗宗卷》张苍（孙养农饰）

腰扣软玉带
《胭脂宝褶》永乐帝（马连良饰）

区别，凡穿蟒袍、官衣者均需腰悬玉带。另有一种**软玉带**，是玉带的写实性改良，非悬于腰际，而是扣于腰际，如《胭脂宝褶》永乐帝穿箭蟒时所用。女式玉带，蒙黄缎或红缎，绣凤凰牡丹图案。②**鸾带**。又称**大带**。丝线编织的软带，全长一丈八尺，宽三寸有余，带子两端各有一尺长的排须穗。束法有丁字式、巾字式、介字式，无论何式，均要求带穗下垂齐整。穿箭衣、抱衣、快衣的武士，多系鸾带，少数文扮角色，如《杀惜》宋江、《扫松》张广才、《南天门》曹福，穿褶子，亦束鸾带。色彩有黑、白、蓝、紫、杏黄、银灰、香色等，花脸所用有间以异色条纹者，如黑白相间等。③**扣带**。又称**扣搭板儿**。带子分两个部分，一部分紧扣腰间，另一部分有穗者扣搭在腰间带上，向下平垂。缎面绣花，用色与服色相同。小生、武小生穿箭衣所扮人物，多有用此者。其性质与鸾带相同，特添花饰而已。④**腰箍**。缎制绣花宽片软带，用于古装女性角色，色彩、纹样与所穿之衣相配。⑤**四喜带**。缎制绣花软带，宽四五寸，束于袄内，露出正中下垂宽带，带端有排穗。与袄裤、饭单相配，用于小家碧玉。 （谭元杰）

daiyan yu baoyan

带演与抱演 京剧表演行当分工变通的规则。旧时戏班中的演员是按行当设置的，每个行当该有几人，有相应的限定。跑码头的江湖班，讲究十八头网子（指18个演员），大一些的戏班也不过是“够不够，三十六”（指全班36个演员）。由于每场演出剧目排定的不同，有时演员忙闲不等，所以照例在前面演完一个角色，在后面再带演一个，一人前后扮演两个角色。这种带演俗称“一演二”、“一扮二”、“一赶二”或“一马两将”。如《一疋布》的前驴夫、后县官（俗称驴夫官），《打侄上坟》的前张公道、后朱参，《骆马湖》的前樵夫、后酒保，《问樵出箱》前樵夫、后报录人（黄茂或姜樊）等；《牧羊卷》的宋成带地方小吏，《打龙袍》的灯官带郭槐，《南天门》的驴夫带东方朔，《空城计》的蜀报子带老军，《阳平关》的魏报子带更夫，《法场换子》的老旦前圣母、后徐夫人，《打严嵩》的严侠带不出场的嘉靖帝（内白——搭架子）等，也属此类。还有“一赶三”的，如《四进士》的刘二混、看堂人、师爷例由一个丑行演员扮演。《曹操与杨修》继承了这种传统，剧中蒋干带演东吴米商，公孙涵带演西蜀米商，招贤者带演匈奴马商，此三人还另赶“梦中人”，即属“一马三将”之例。另一种是主演的带演，如《十道本》的前褚遂良、后李渊，《虹霓关》的前东方氏、后丫鬟，《红楼二尤》的前尤三姐、后尤二姐，《胭脂宝褶》的前永乐帝、后白怀，《十老安刘》的前蒯彻、后张仓，《甘露寺》的前乔玄、后鲁肃。也有“一赶三”的，如全部《一捧雪》的前莫成、中陆炳、后莫怀古，《群英会、借东风、华容道》中的前鲁肃、中诸葛亮、后关羽。在带演中还有跨行当的，如《吕布与貂蝉》中演貂蝉又演吕布，《四郎探母》中演铁镜公主又演杨宗保，这样演法包括了本工和反串。

在一剧中的某一角色可由两个或三个行当的演员扮演的，称抱演，俗称两门抱、三门抱。三门抱，如《八大锤》的陆文龙，武生、小生、武旦均可扮演；《翠屏山》的石秀，武生、小生、老生均可扮演；《平贵别窑》的薛平贵，武生、小生、老生均可扮演。两门抱如《战宛城》的典韦是武净、武生，《白蛇传》的许仙是小生、老生，《钟馗嫁妹》的钟馗是毛净、武生，《嘉兴府》的鲍自安是武净、武生，《四进士》的万氏是花旦、丑婆，《法门寺》的刘媒婆是丑行和花旦。谭鑫培演李克用，剧名《珠帘寨》，郝寿臣、金少山演李克用则名《沙陀国》。《九江口》的张定边由花脸演，要勾脸，武老生演，作俊扮，剧名《忠义臣》也属两门抱。 （钮骠）

《忠义臣》张定边 （王全璐饰）

Dai Hongwei

戴宏威 （1935～2001） 作曲家。生于北平（今北京）。满族。1960年毕业于中央音乐学院。舞剧《红色娘子军》作曲者之一。1965年在中国京剧院首次与人合作创作了现代京剧折子戏《红松店》的音乐。1969年被调往中国京剧院从事作曲，参加了现代京剧《红灯记》管弦乐配器等工作，并出版了《红灯记》（1970年演出本）全剧的乐队总谱；与羊鸣、丁家岐等合作，完成了现代京剧《平原作战》的音乐作曲；1974年与刘吉典合作，尝试创作了舞剧式的京剧《夜渡》；参加了现代京剧《红色娘子军》等剧目的创作。他以深厚的功力，娴熟地将现代作曲技巧运用到京剧音乐作品创作之中，取得尽可能完美统一的效果，同时保存了京剧音乐的传统韵味。

1982年后在中央音乐学院任教，教学之余，创作了二胡协奏曲、管弦乐组曲、声乐曲等各种类型的作品多部。同时，他仍然坚持创作与京剧相关的音乐作品。京剧交响合唱《咏梅》（孙玄龄编腔）

和《雪》都为其精心之作。其中《雪》在北京市庆祝中华人民共和国建国45周年演出中，获音乐作品优秀奖。用京剧风格创作的合唱曲《塞外红梅》在北京、台北多次演出。1995年他为第四届世界妇女大会开幕式的京剧节目《巾帼群英》作曲，经电视转播，影响甚广，博得了观众好评。（丁汝芹）

Dai Qixia

戴绮霞（1919～ ）女演员。工花旦。祖籍浙江杭州，生于新加坡。自幼随母筱凤鸣学艺，15岁崭露头角，蜚声海外。17岁回上海献艺，师事小杨月楼（杨慧侬），并演出于汉口、青岛及江南水路班。1949年率剧团到台湾，旋应聘到香港及美国、菲律宾等地演出。1974年返回台湾，先后在复兴、陆光、海光各剧校任教，并兼演话剧、电影。她专工花旦，尤擅泼辣、风情一类剧目，做表细腻洒脱，文武昆乱均能，跷功极佳。《战宛城》、《盘丝洞》、《三上轿》、《红梅阁》等剧均为拿手。年逾古稀仍能演唱《阴阳河》，跷功做派不减当年。年轻时能演《铁公鸡》之张嘉祥、《白水滩》之穆玉玑。晚年在台北开设戴绮霞国剧补习班传授剧艺。关肃霜为其早年弟子。（钮骠）

Dainuo

《黛诺》 京剧作品。一名《芒锣记》。金素秋、鲁凝（执笔）、吴枫根据电影文学剧本《景颇姑娘》改编。云南省京剧院首演。导演吴枫、张宝彝、梁先庆。主要演员关肃霜（饰黛诺）、徐敏初（饰文帅）、高一帆（饰勒丁）、刘万选（饰早昆）。1964年6月，参加全国京剧现代戏观摩演出大会。中国戏剧出版社出版单行本。故事发生在中华人民共和国成立初期云南边疆山寨。邦独寨景颇族姑娘黛诺幼失父母，由文帅老人抚养成人，与其孙勒丁相爱。封建山官早昆把她换给邻寨的勒乱，即行抢亲。黛诺逃脱，投奔中国人民解放军，后随工作队回寨开展工作，带领乡亲搞互助合作，发展生产。早昆继续唆使勒乱抢亲，并制造谣言，挑拨群众和工作队的关系，胁迫文帅与工作队及黛诺对抗。黛诺在工作队的帮助下进行斗争，并开导文帅挣脱旧枷锁，站到乡亲一边来。早昆的阴谋被彻底粉碎，山官制度被埋葬。该剧反映中华人民共和国成立后，在中国共产党领导下边疆少数民族地区社会生活的变化。塑造了黛诺的新人形象。正直善良，从旧制度老规矩中挣脱出来的文帅和封建山官制度的维护者早昆，形象也比较丰满。语言清新活泼，生活气息浓厚，具有景颇民族的风格特点。[西皮]“人说景颇山上云雾深”、[二簧原板]“布谷鸟枝头声声唤”等主要唱段，感人动听。[南梆子]“山风吹来一阵阵”唱段，在京剧唱腔中糅入景颇族民歌旋律，清新优美，广为流传。（程炳达）

关肃霜饰黛诺

Daiyu Zang Hua

《黛玉葬花》 京剧作品。齐如山等编剧。取材于《红楼梦》。林黛玉到贾府后，一日见春残花落，触景伤情，自携花帚、花锄到园内，将落花扫起，葬在“花冢”。适遇宝玉，两人同读《西厢记》，又一同扫花、葬花。归途中，黛玉听到梨香院中练唱《牡丹亭》的曲文：“良辰美景奈何天，赏心乐事谁家院。”“则为你如花美眷，似水流年……在幽闺自怜！”更引起无限伤感。1916年1月，梅兰芳首演于北京。梅兰芳在排演《嫦娥奔月》的基础上，进一步以古装演《红楼梦》戏，取得成功。此剧梅兰芳饰黛玉，姜妙香饰宝玉，在唱腔、表演等方面均有创造。梅兰芳在葬花时的“花锄舞”，边舞边唱[二六]，很有特点；最后一段[反二簧慢板]，用的是仄声韵，也很别致。20世纪30年代后偶有演出，梅门弟子李世芳等也擅演。剧本收入《梅兰芳演出剧本选集》。此外，欧阳予倩亦有此剧。1916年5月17日《申报》载文称：“按《葬花》一剧，予倩君苦心孤诣，推敲有日。嗣经尘因、冥飞二文豪，逐句斟酌，无词不艳，无句不香。”当月重排演出，由麒麟童饰贾宝玉。（刘乃崇 蒋健兰）

梅兰芳饰林黛玉（右）
姜妙香饰贾宝玉

Dangui Chayuan

丹桂茶园 清代戏园。址在上海宝善街大新街口（今广东路湖北路安东旅社以南）。现已不存。清同治六年（1867）由浙江定海人刘维忠将其友人何丹书的房产改建而成。当年农历八月落成，冬日开台。刘维忠亲自到北京请来京班演出，有老生刘铜骡子、夏奎章、熊金桂、周长春、周长山、景四宝（后至），架子花脸董三雄、宁天吉，青衣王桂芳，花旦浪双喜、冯三喜，武生胖羊儿，开口跳棚匠张三，老旦周某、冯某、何某，花脸疤瘩王等。翌年邀来铜锤花脸大奎官，武旦王桂喜。其后，又邀得周春奎、任七、孙菊仙、杨月楼等，因角儿过多，刘维忠在南市小东门分设“南丹桂”，但未获成功。同治十二年（1873），丹桂关闭，原址先由外国人租演马戏，复由杜蝶云接办，仍演京剧。光绪四年（1878）春再次关闭，易手孙春恒、大奎官、谢梅卿等人，曾赴京请来十三旦，一度又改称**天仪茶园**。光绪十年（1884），刘维忠在四马路大新街口（今福州路湖北路口）建成更大规模的丹桂茶园，时人及报刊习称**“新丹桂”**。新丹桂先后邀请老生徐岱云、夏奎章、林连桂、谭鑫培，武生夏月恒、郝福芝，小生杜蝶云，青衣李棣香、孙瑞堂，旦田际云，武旦余玉琴等到此演出，此为丹桂茶园全盛时期。后因故转让给何丹书，不久由田际云接手，班底返回宝善街老丹桂原址，改称**天成茶园**。光绪十六年（1890）前后，大新街之新丹桂归李春来经办，仍称丹桂茶园。以后又多次易手，先后由周凤林、何瑞福、乔聘磻、夏月珊等主持，园号“丹桂”之后分别加上“桐记”、“瑞记”、“胜记”、“月记”字样，以示区别。光绪末年，夏月珊等将丹桂月记之班底迁至南市十六铺，加入1908年创办的新舞台。原址由李德奎开为德仙茶园，多演梆子。大新街“新丹桂”原址于宣统二年（1910）改建为丹桂第一台。宝善街则另设“女丹桂”，专由坤伶演出。后人将丹桂茶园与金桂茶园、天仙茶园、大观茶园并称为清末上海四大京班戏园。

丹桂茶园创办人**刘维忠**，生卒年不详。曾在清军江南大营任职，

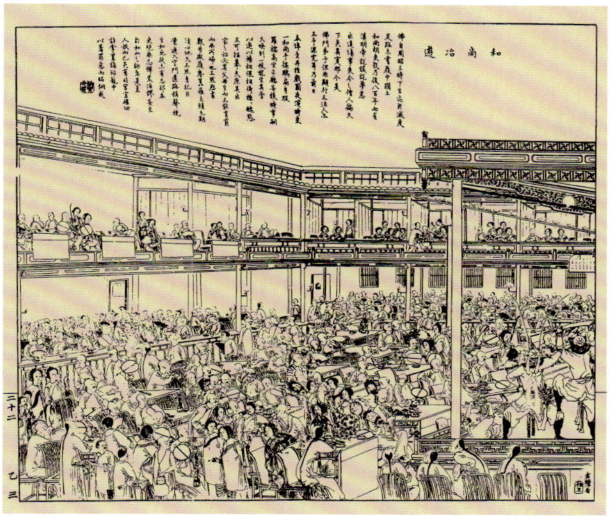

《点石斋画报》中的丹桂茶园

因向太平军偷售军火遭通缉，逃往北京，结识三庆班程长庚等。同治四年（1865）案销回沪，从此投入戏园的创建和经营。丹桂茶园开业时，程长庚之子鼓师程章圃专程到沪祝贺。（林明敏）

Dangui Di-yi Tai

丹桂第一台 戏曲演出场所。址在上海四马路大新街口（今福州路湖北路口），新丹桂茶园原址。现已不存。由义记公司投资建造，许少卿经办，清宣统二年十二月十五日（1911年1月15日）开业。半年后由协记公司接办，贵俊卿加入。1913年，北京名伶王凤卿偕梅兰芳第一次来沪，即在此登台。不久协记公司退出，许少卿与尤鸿卿合作，称“合记”。1914年8月，改“合记”为“承记”，尤鸿卿独办。尤离开后，由徐海度接手。1915年5月起，青年周信芳在此台连续演出7年又9个月，并任后台经理。合作者有汪笑侬、欧阳予倩、冯子和、王鸿寿、冯志奎、苗胜春等。擅演剧目有《王莽篡位》（为谴责袁世凯称帝而编演）、《风流天子》（周信芳饰唐明皇，汪笑侬饰李白、雷海青，王灵珠饰杨贵妃）、《张松献地图》（汪笑侬饰张松，周信芳饰刘备，王鸿寿饰关羽）等。盖叫天、小杨月楼等均在此成名。在此演出的还有老生贵俊卿、常春恒、八岁红（刘汉臣）、双处（原名阔亭），武生杨瑞亭、张德俊、筱菊笙，花脸刘寿峰、郎德山，小生陈嘉祥、朱素云，花旦粉菊花（高秋颦）、月月红，武旦九阵风等。20世纪20年代末，白玉崑、刘筱衡、蓉丽娟、赵君玉、安舒元等在此主演《开天辟地》、《惊天动地》等剧。1930年5月因房屋颓败，房主何联第（丹桂茶园房主何丹书之后）将其拆除，改建为店铺。（林明敏）

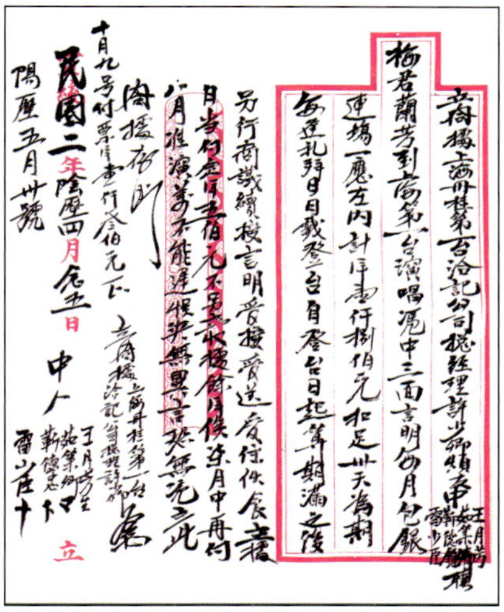

1913年丹桂第一台与梅兰芳签订的演出合同
（选自《一代宗师梅兰芳画传》）

dantian

丹田 与歌唱者用气相关的人体部位名。歌唱、念白时，声带、喉腔、口腔诸部都是发声、发音的器官，而“气”却是发声、发音的动力。传统所谓丹田气，即指腹肌、膈肌的动力而言，但这点仅是基础。丹田的解剖部位，在肚脐以下，即中医所说的气海、关元两个穴位之间，丹田气即是由中枢神经传感使腹肌联合膈肌对呼吸的操纵、支持、调节的机能。

此外，尚有把丹田分为上、中、下三部分者，即上丹田（头腔两眉之间、额窦部位）为发声最高共鸣点，中丹田（肚脐以上，横膈部位）为气息支持点，下丹田（脐下二指、小腹部位）为提气发力点。三者联合运用，声音气力自能通畅。明代曲家魏良辅指出：“但得沙喉（干净、不拖泥带水之意）响润，发于丹田者，自能耐久。”因此，重视丹田之气，是历来戏曲歌唱者所遵循的要素。（傅雪漪）

danda

单打 把子表演之一种。凡剧中人物一对一的激烈相拼、搏杀，不管是徒手相击还是持械杀打均称单打，故又称**单对儿**或打单对儿。最常见的如《三岔口》任堂惠与刘利华、《十字坡》武松与孙二娘的摸黑对打。《一箭仇》中，梁山好汉分别由卢俊义、林冲、燕青、武松轮番与史文恭交战，施展不同兵器一对一厮杀拼打，称为**打庄**。这里不仅展示了4套单打的不同兵器的打法，更重要的是通过几套单对儿表现不同人物的性格和内心世界。把子套路具体运用时要紧密结合剧情，展示人物的个性，才能打得有情节、有生气、有层次，合情入理，更具艺术魅力。（陆建荣）

《十字坡》
王鸣仲饰武松（左） 徐玉川饰孙二娘

Dandao Hui

《单刀会》 京剧作品。又名**《临江亭》**。作者不详。故事见《三国志演义》第66回。刘备既得益州，东吴欲向其讨还当年借予之荆州诸郡。刘备佯允以长沙、零陵、桂阳三郡交还。关羽不予。鲁肃设宴于临江亭，邀关羽赴会，并预设伏兵，冀以强力迫使关羽交还。关羽接帖，只命周仓一人持刀相随，过江赴会。席间，待鲁肃提及荆州之事，关羽以他言支吾，借酒醉告辞。一手执刀，一手执鲁肃，向江边走去。东吴兵将既惮关羽之威，又恐危及鲁肃，未敢妄动。关羽登舟从容辞肃而返。元代关汉卿已有《关大王独赴单刀会》杂剧。京剧承继

李洪春饰关羽（右） 杨春龙饰周仓

前代小说、戏曲精神，主旨不在荆州事件的是非曲直，而是借此表现和讴歌关羽敢于蹈火涉险，无人能及的胆识与气概。全剧从忠、义、智勇、威武等各方面对关羽进行了褒奖。《单刀会》在京剧中列为“红生戏”，有3种不同演出本。一种是由曲牌组合，王鸿寿等皆按此唱法，最为常见；另一种是“风搅雪”唱法，即［吹腔］、［西皮］、［二簧］并用，笛子、胡琴分奏，唐韵笙等按此本；再一种是完全唱昆曲，《训子》、《刀会》基本是关汉卿的原作。王鸿寿曾于江西巡抚德馨处得关羽骑马舞刀画像66张，遂于揣摩中自创关羽之舞台形象，终以“红生泰斗”、“活关公”享誉全国。京剧常以此剧与《逍遥津》、《战合肥》连演。一些古老剧种中，均保留有传统的《单刀会》剧目。剧本见《京剧丛刊》、《顾曲指南》。（马克郁）

danpigu

单皮鼓 打击乐器。京剧乐队的领奏乐器。是在直径约26厘米的木制鼓腔上单面蒙以猪皮制成。鼓腔中空部分为鼓心，直径约5～6厘米，鼓心大则音低而宽，鼓心小则音高而窄。鼓师以两根细竹鼓楗击打鼓心而发音。单皮鼓置于专用的鼓架上，鼓师坐于鼓前，大腿平面须与鼓面相平，手持鼓楗垫腿击打，楗头接触鼓心约2/3处发音最佳，鼓音清脆、圆润、共鸣音好。打法分单楗、双楗两类，单楗以右手持楗，重击鼓心发音为“大”，轻击为“多”；双楗齐击为“八”，滚奏为“嘟噜”，先左楗后右楗击打为“八大”。鼓师以鼓点的节奏，领导着打击乐乃至整个乐队的伴奏。用于领奏的底鼓包括鼓点子和引领手势两类。（王硕）

（刘海发摄）

danpian

单篇 见总讲。

dan

旦 京剧表演主要行当之一，女脚色之统称。按扮演人物的年龄、身份、性格及表演特点，大致可分为正旦、花旦、花衫、刀马旦、武旦、老旦等类型。

正旦。又称**青衣**。主要扮演性格刚烈、举止端庄的中年或青年女性，且多为正剧或悲剧人物。青衣的造型基调要求娴静庄重，多用韵白，唱、念、做诸功兼重而在唱功上作重点发挥，唱腔不尚花巧，以质朴淳厚、情真意切取胜。因常穿青素褶子，故称青衣或**青衫**。亦有称为“衫子”者。扮演角色如《武家坡》的王宝钏、《桑园会》的罗敷、《别宫祭江》的孙尚香、《三娘教子》的王春娥、《汾河湾》的柳迎春、《玉堂春》的苏三、《二进宫》的李艳妃、《宇宙锋》的赵艳容等。

青衣
《宇宙锋》赵艳容（梅兰芳饰）

花旦。与正旦相对照，扮演性格活泼明快或泼辣放荡的青年或中年女性，并常带喜剧色彩。其造型基调要求妩媚妍丽、娇憨活泼，多念京白，重做功，重神采，不重唱功但要求唱腔的秀丽灵巧。从表演风格上，又可以再分为：①**闺门旦**，以扮演活泼、伶俐的青春少女为主，如《拾玉镯》的孙玉姣、《游龙戏凤》的李凤姐、《铁弓缘》的陈秀英、《小放牛》的村姑。②**泼辣旦**，一般是扮演性格泼辣、爽朗的妇女，正面人物如《巴骆和》的马金定（九奶奶）、《五彩舆》的冯莲芳，反面人物如《乌龙院》的阎惜姣、《翠屏山》的潘巧云、《挑帘裁衣》的潘金莲、《战宛城》的邹氏等。这类人物要表现一种荡冶之气，往往兼有刺杀表演，要有跌扑功夫，故又称**刺杀旦**。③**玩笑旦**，多扮演口齿灵巧、好说好笑的人物，常有插科打诨的表演，如《打灶王》的李三春、《荷珠配》的荷珠、《一匹布》的沈赛花、《打杠子》的桂宝、《打刀》的吴妻等。旧制花旦多须踩跷，现已废除。

花旦
《坐楼杀惜》阎惜姣
（童芷苓饰，吴钢摄）

花衫。旧时青衣与花旦界限划得相当严格，少有兼演者。至清末，这一成规开始打破，即唱青衣也兼重做工，演花旦也较重唱工，还吸收了刀马旦的表演技术，形成旦行表演一种新的类型，称花衫。王瑶卿是自觉探索者，惜他正当壮年就“塌中”了。梅兰芳说：“我是向他请教过而按着他的路子来完成他的未竟之功的。”（《舞台生活四十年》第28页）特别是梅创造的歌舞并重的新式古装戏，更使花衫风行起来。代表性的角色如《天女散花》的天女、《廉锦枫》的廉锦枫、《霸王别姬》的虞姬、《太真外传》的杨玉环、《西施》的西施等。影响所及，后来的京剧旦行演员，几乎都崇尚这种“兼合众长的表演方法”（《梅兰芳文集》第37页）。

花衫
《廉锦枫》廉锦枫（孙萍饰）

刀马旦。扮演擅长武艺的女性形象。大多扎靠，骑马作战，持长兵器。陈墨香《说旦》谓：“刀马旦昆腔中无此门，自乱弹班成立之后，独树一帜”，“从先刀马旦穿厚底鞋，后来穿靴，由王瑶卿为始”。刀马旦除武功外，亦重唱念，其表演“要在英勇中表现婀娜的姿态”

刀马旦
《扈家庄》扈三娘（刘琪饰）

(《梅兰芳文集》第36页)。常扮的人物有《扈家庄》的扈三娘、《穆柯寨》的穆桂英、《棋盘山》的窦仙童、《抗金兵》梁红玉、《珍珠烈火旗》的双阳公主、《虹霓关》的东方氏、《赶三关》代战公主等。

武旦。亦扮演有武艺的女性。较少扎靠，多为短打扮，且不注重唱念，专以跌扑翻打、身手矫健取胜。踩跷与打出手为其主要特点。过去还有上栏杆表演(纣棍功)，"非跷不好看"(陈墨香《说旦》)，现已废除。常扮的人物有《十字坡》的孙二娘、《打焦赞》的杨排风、《三岔口》的刘妻、《打瓜园》的陶三春等。打出手多用在扮演妖精或仙子，如《百草山》的王大娘、《无底洞》的玉鼠精、《八仙过海》的金鱼仙子、《虹桥赠珠》的凌波仙子、《摇钱树》的张四姐等。

老旦。扮演老年妇女，不论身份、性格均念韵白，多重唱功，用本嗓，近乎老生而具有婉转迂回的韵味，如《钓金龟》的康氏、《望儿楼》的窦太真、《甘露寺》的吴国太、《徐母骂曹》的徐母、《岳母刺字》的岳母、《罢宴》的刘婆、《四郎探母》与《杨门女将》的佘太君、《赤桑镇》的吴妙贞、《遇皇后、打龙袍》的李后等；重做功的有《清风亭》的贺氏、《牧羊卷》的朱母、《断臂说书》的乳娘、《三进士》的孙淑琳、《得意缘》的狄母等。20世纪80年代的移植剧目《对花枪》中，老旦有扎靠开打的表演，丰富了表现手段。 （黄克保）

Dangdai Juyuan Qunying

《当代菊苑群英》 大型图册。北京市对外文化交流协会、中国戏曲学会、北京市艺术研究所合编。主编鲁青。北京出版社1991年5月出版。8开本，彩色精装，200多页。1990年12月至1991年1月，北京隆重举行"纪念徽班进京二百周年、振兴京剧观摩研讨大会"，除理论研讨和史料展览外，有50多台观摩演出，主要为京剧，也有徽、汉、秦、昆，其中大戏20出，折子戏128个，是振兴京剧的空前盛举。本书收入彩照近434幅，主要从王可信、甄雷、鲁青、刘牧雁4位摄影者的7 000多张剧照中精选出来。图册版面编排活泼，有特写，也有集体场面或系列画面，重在反映演员们的风采神韵，为这次影响深远的重大演出活动做了生动的形象记录，是纪实性、纪念性和观赏性的统一。每幅图片均有中英文对照的说明。卷首有马少波《序》。卷末附有120多出戏的《剧情简介》。 （全丽）

Dangdai Xiqu Zuojia Lun

《当代戏曲作家论》 戏曲文集。安葵著。中国戏剧出版社1988年5月出版。全书是对陈仁鉴、翁偶虹、范钧宏、马少波、黄俊耀、杨兰春、王肯、胡小孩、顾锡东、徐进10位当代戏曲剧作家及其创作风格进行的分析与评论。作者在研究中分别以每一位戏曲作家的创作个性、艺术风格或其独特选题范围、生活支点作为切入点，对不同的作家进行了各具特色的分析。对陈仁鉴，作者抓住他的创作始终致力于将充满封建意识的旧作品"化腐朽为神奇"；对翁偶虹则着重研究他在创作中努力保存和发扬戏曲艺术传统精华的成就；对范钧宏，是通过对一系列作品的分析，综合地展示出他的总体艺术成就；对马少波则分别对其历史剧和新作品各立专章进行研究，而以作家在自己创作中澎湃着的强烈政治责任感和战斗精神为贯穿的主线；对黄俊耀则强调他作为陕西省"土生土长"的剧作家的那种创作上时时扑面而来的"泥土的芳香"；对杨兰春却在强调其创作的生活气息的同时，突出其创作上洋溢着的强烈情感色彩；对王肯的研究集中于他的创作生涯与吉剧这个剧种的形成和发展的紧密联系；对胡小孩的介绍则处处联系着作家的生活和他所植根的江南民间特色；对顾锡东的介绍纵向地反映了作家在创作上的发展轨迹；对徐进的分析则展示出作家在从事自己的创作时是如何解决继承传统与创新之间的关系这一带有普遍性的问题的。作者在本书的《后记》中对他所介绍的10位戏曲作家和当代戏曲作家的状况做了综合的全面论述，并总结了对当代戏曲创作具有重要意义的普遍经验。 （苏明慈）

Dangren Bei

《党人碑》 京剧作品。汪笑侬依据同名昆剧改编。据高奕《新传奇品》、黄文旸《曲海总目》著录，原作者为清初邱园，焦循《剧说》列入朱佐朝名下。《古本戏曲丛刊》3集收有旧抄本(共28出，缺第一、第二出)。《缀白裘》8集收有散出，为旧抄本第七出(打碑)、第九出(酒楼、计赚)、第十出(闭城、杀庙)、第十四出(赚师)、第十五出(拜师)。此剧取材宋代元祐党人事件，剧情多有增饰。叙北宋末年，蔡京专权，追贬元祐间政要司马光、苏轼、文彦博、程颐等百二十人为奸党，勒石立于端礼门。户部侍郎刘逵发送揭帖，传集科部各衙门官员上疏弹劾，遭贬入狱。书生谢琼仙投考落榜，豪饮酒肆，乘醉过端礼门，见碑大怒，断碑仆地，被拘枢密院童贯府中，将处死。谢生有义兄傅人龙为一侠士，探听得实后扮作差官，救出谢生，一同逃逸。徽宗赵佶微服私访，听察舆论民情，罚蔡京在长信宫服役，起用刘逵为兵部侍郎，征讨河北田虎。军旅中刘逵得遇谢生，翁婿相认，剿灭田虎，立功回朝。汪笑侬将此剧翻改为皮簧，于清光绪二十七年(1901)三月至六月间，以一、二、三本《党人碑》，首演于上海天仙茶园。同台合作者有小连生(潘月樵)、邱凤翔、李少棠、薛瑶卿、程永龙等。光绪二十九年(1903)春夏间又在春仙茶园重演，敷演成十本，其后部情节已越出原剧，增入金兵南下，徽钦二帝被俘入金，李若水殉难，泥马渡康王等。民国初，汪笑侬在北京天乐园及上海丹桂第一台再演，均只演头、二本。此剧初演时，适戊戌变法失败，康梁之狱大兴，上海《苏报》被封，罗织党人，侦骑四出。"筱(笑)侬触景生情，悲不自胜，抚今追昔，慷慨悲歌。剧中至念诗时，声调悲壮苍凉，凄然泪下。现身说法，一若身历其境，几不知为演戏矣。座客知与不知，无不动容。当此天荆地棘，钳制清议之时，独能借往事以刺当世，演悲剧以泄公愤，道人之所不能道，优孟直胜于衣冠也。"(吴下健儿《戏考·党人碑》，载1911年9月25日《申报》)剧中，汪笑侬饰谢琼仙，"如在酒楼独叹时，酒保误蔡京为菜心，司马光为丝瓜汤，谓苏东坡有三弟，曰西坡、南坡、北坡，东扯西拉，诙谐有趣。至题诗一段，高唱'连天烽火太仓皇，几个男儿死战场。北望故乡看不见，低声私唱小秦王。长安归去已无家，瑟瑟西风吹黯沙。竖子安知亡国痛，喃喃犹唱后庭花。'腔调抑扬，不袭皮黄陈套。'花'字由低而高，延长至二十余音，宛转自如，尤为难得"(徐珂《清稗类钞·汪笑侬演新剧》)。汪笑侬以戏剧改良家得名，实自此剧始。《戏考》、《戏学汇考》、《汪笑侬戏曲集》所收剧本，只有4场，或为汪氏晚年演出本，如《清稗类钞》所描述的酒楼独叹及题诗，即为传本所无。或谓此剧出自吴趼人手笔，汪"为之参酌场口，略加点窜而已"(海上漱石生《梨园旧事鳞爪录》)，备考。 （龚和德）

《戏学汇考·党人碑》插图

Dang Huchuan

《荡湖船》 京剧作品。作者不详。描写布贩子李金富(又称李君甫）乘船，见众女荡湖船，不禁艳羡。同船的两个骗子（丑扮）设计，将望远镜借与李金富。李金富见色忘情，骗子乘机骗去全部衣帽。丑、旦合演，是一出念苏白、唱苏州小调的苏滩戏。据《日下看花记》，清嘉庆时春台班花旦王翠林即擅此剧。他“工小调，能吴语”。其后，三庆班的庆龄，人称“琵琶庆”，演《荡湖船》，“且弹且歌，曼声娇态，四座尽倾”（见杨掌生《辛壬癸甲录》）。名苏丑郭春山在富连成科班教戏时，因学生人多，于是上场4个船娘，增加4个船客，分别扮演老道、和尚、喇嘛、农夫，又名《五湖船》。富连成科班茹富蕙、傅富铭（艺名笑而观）、孙盛武、叶盛章均扮演过李君甫，吴富琴、尚富霞、李世芳、毛世来都曾演船娘龙德官。1939年夏，国剧振兴会主办的“消夏滑稽大会”在新新戏院演出，大轴由萧长华演出《荡湖船》。龙德官由于莲仙扮演。是年萧长华已62岁。其腰腿矫健，边走边念，苏白字眼清楚精到，唱完整场脸不红、气不喘，并生动传神地刻画出浪荡子的神态。《荡湖船》有手抄本藏于北京市艺术研究所。该本以唱［叹五更］、［十八摸］等小调为主要内容，格调不高。萧长华演出本删去了低级的小调演唱，成为一出颇富情趣的讽刺喜剧，并有唱片行世。（崔长武）

daomadan

刀马旦 见旦。

daoqiang bazi

刀枪把子 见砌末。

daocang

倒仓 戏班用语。即变声。或称倒嗓。这是每个青年人在生理发育过程（第二性征形成）中的一个必然现象。一般男性在13～15岁，女性在12～14岁。这期间男女青年生理开始发育，声音亦随之突然变化，称为变声期。变声开始后，喉器各软骨普遍加速成长，其组织也逐渐坚固。其中男性甲状骨的两前翼长得最快，前后径特别加长，逐渐形成结喉（喉头）。由于喉器官的成长，声带也随之引长变厚，这样就必然出现声音的变化。变声的显著时间，一般只有3～5个月，这只是说话声音的变化，但在歌唱上完全巩固定型，则需要一年半到三年之间。

一般情况，经过变声期之后，男子的结喉明显突出，比原来增大约一倍半，声带加长约6～7毫米左右；女子的结喉不明显，大约增大1/3，声带只略有加长，因此女子变声不显著。男子在变声期间，声带经常会出现浮肿。在短时期内喉器官突然变化，发声时各部肌肉不能运用自如，因而有突然变哑变沙，音调不准诸现象，即所谓倒仓。（傅雪漪）

Dao Hunling

《盗魂铃》 京剧作品。又名《八戒降妖》。作者不详。故宫博物院藏本《平顶山》的情节与此剧相同。狮驼岭黄狮怪等众妖闻知唐僧路过，欲食其肉以求长生不老，设计让青石仙化作农女，手持可摄人魂魄的“魂铃”，前去引诱唐僧。猪八戒被女妖引入洞中，后误盗假铃逃走。幸得孙悟空接应，才降伏众妖。猪八戒可由生、净、丑饰演。在洞中与女妖相互调笑，模仿《戏迷传》的玩笑手法，轮流学唱各种行当京剧名家唱段乃至曲艺、流行歌曲等，演员各展所长。沪上演员杨四立饰演猪八戒从高台翻下，以展现其武功才能。1912年冬，谭鑫培在上海新新舞台演出此剧时，爬上三张桌子，往下面看了看，摇摇头说：“我还要老命呢！”做出害怕的样子爬了下来。这个动作其实更加符合猪八戒慵懒的性格。有人

清宫《戏出画册·盗魂灵（铃）》（故宫博物院藏）

不解，喝起倒彩，剧场管理人员殴辱喝倒彩的座客，引出一场风波。玄郎《纪老谭之〈盗魂铃〉》对此有过评说（详见1912年11月28日《申报》）。20世纪70年代，北京电影制片厂将此剧摄制成影片，李宗义、李慧芳主演。剧本载《京剧汇编》第99集。（骆正）

Deyiyuan

《得意缘》 京剧作品。又名《雌雄镖》、《星沙驿》、《风火崖》。据1876年3月2日《申报》载《图绘伶伦》文，作者为清乾隆、嘉庆时的小生演员吴正田：“相传吴在乾嘉间系弃儒为优者，将戏文鄙俚之句尽行删改，归入典雅，并自撰各剧。如《得意缘》全本即其手笔。一传而至曹喜林，再传而至徐小香。”另有一说，《得意缘》为刘三所编。“刘名字里居不传，梨园均称之刘三爷。性嗜戏剧，夙与伶工往还，后沦落京中，四喜部乃延其编制剧本。年六十，潦倒卒”。除《得意缘》外，还有《奇女福》、《玉玲珑》、《胭脂虎》、《合欢图》、《真富贵》、《德政芳》。“四喜部名旦梅巧玲，于以上诸剧，俱称擅演”（《傅惜华戏曲论丛》第360页）。《得意缘》本事见清沈起凤《谐铎·恶饯》。元初，狄龙康之父抗元殉国。狄龙康举家迁至四川，在风火崖聚众落草。狄龙康在成都遇见品貌出众的山东少年卢昆杰，携归与女云鸾成婚，并嘱家人勿露绿林形迹。婚后，云鸾将祖传雌雄镖法教给了卢昆杰。卢昆杰偶然得知狄家落草之事，遂与云鸾商议，要以归家省母为由，同她一起离开风火崖。但上山易，下山难。狄母等见劝

言慧珠饰狄云鸾（左） 叶盛兰饰卢昆杰 （叶华摄）

荀慧生饰狄云鸾（左） 尚小云饰郎霞玉（中）
马富禄饰狄母

阻无效，欲以武力强留。允以"祖饯"送行，即必须奋力杀过亲人扼守的五道寨口方可得脱，而云鸾生母和祖母的两关是最难通过的。怎禁得小夫妻再三哀求，终以骨肉之情，不忍加害，纵其下山而去。作品围绕着情感与理智的矛盾而展开，剧情虽然简单，但矛盾迭出，紧凑而带有喜剧色彩，"教镖"、"下山"是剧中重点场次。云鸾由花旦兼刀马旦演员饰演，娇憨可爱。卢昆杰由小生饰演。王瑶卿、赵桐珊、荀慧生、于连泉、毛世来、言慧珠等均曾演出。北京京剧院演过张梦庚、杨毓珉改编本。剧本载《京剧汇编》第14集。 （张燕鹰）

Deheyuan Xilou

德和园戏楼 清代皇家园林戏楼。址在北京颐和园内东侧。保存完好。建于清光绪十七年（1891）。戏楼北向，重檐，3层，与紫禁城内的畅音阁戏楼基本相同。因砌砖时灰层稍厚，总高度略高于畅音阁戏楼29厘米，计21米。上中下3层分别称福台、禄台、寿台，均有后台、上下场门。寿台为主要表演区，14米见方，后部设"仙楼"。3层间有搭垛相通。寿台上有天井、下有地井，可升降演员和砌末。戏楼对面为颐乐殿，2层，5楹，带前廊，是帝王后妃看戏之处。东西两侧各有庑房及回廊，与扮戏房相通，是王公贵族和侍臣们看戏之所。戏楼用于举行庆典和演出承应戏、大戏，最盛时在光绪朝。慈禧太后每到颐和园，必于次日开锣唱戏。其生日前后则往往连演七八天，称"前三后五"。据昇平署档案记载，光绪年间除承应戏《天官赐福》、《恭祝无疆》、《福寿双喜》、《丹桂飘香》、《九华品菊》等以外，曾在此演出过连台本戏《昭代箫韶》、《铁旗阵》、《锋剑春秋》、《雁门关》等。宫外的民间戏班在这里演出过《芦花荡》、《举鼎观画》、《朱仙镇》、《翠屏山》、《天雷报》、《金山寺》、《伐子都》、《四进士》等，多为京剧剧目。 （周华斌）

德和园戏楼外貌（选自《紫禁城帝后生活》）

De Junru

德珺如 （1852～1925） 演员。工小生。名珩。北京人。满族。清道光年间军机大臣穆彰阿之孙。自幼随父入翠峰庵票房，唱青衣，常以票友身份客串，贴名"德处"。后投身伶界，先搭四喜班，与孙菊仙、金秀山合作，仍唱青衣。因扮相不适，而嗓音又合于小生，遂于光绪二十六年（1900）前后正式改习小生。先后搭玉成、宝胜和、同庆等班。德珺如嗓音高亢宽亮，浑厚刚劲，以唱功戏如《罗成叫关》、《托兆小显》、《监酒令》、《飞虎山》、《孝感天》、《辕门射戟》、《白门楼》等最为擅长。他对艺术有深入追求，善于吸收再加创造。在唱法上，不拘一格，兼取徐小香的刚劲和龙德云的气势；又将大小嗓结合运用，熨帖圆浑，不着痕迹，听来柔中见刚，刚中有柔，自然天成，和谐悦耳。德珺如注重对人物、剧情的揣摩、体会，据此定唱法，谱新腔。如扮演少年英雄时，演唱中便常使用"炸音"、"虎音"，以显示其英雄气概，创造用唢呐伴奏的小生成套唱腔，还移植孙菊仙的老生唱段，谱成小生腔调。这些创造，一则适合人物表现的需要，同时也丰富发展了小生的声腔。德珺如的技艺亦见功力，如《马上缘》、《穆柯寨》等工架平稳，《临江会》、《黄鹤楼》周瑜的翎舞运用自如。他戏路广，腹笥宽博，门下桃李，各行皆有，如旦何雅秋、净金少山、老生孟小如、小生金仲仁等，均为得意弟子。 （讷言）

《借赵云》饰赵云

Dezhou Shi Jingjutuan

德州市京剧团 京剧演出团体。始建于1945年8月。其前身为冀、鲁、豫边区文工团，属第八军分区后勤部政治部领导。1948年改名光明剧社。1949年转归地方，由山东夏津移址河北衡水。1952年由衡水移址山东德州，为德州行署京剧团，团长田武仲，主要演员有杨宝童、赵啸澜、田富振、诸世勤、崔少卿、王文娟等。1956年根据区划，改为聊城专区京剧团，曾以《鹊桥》参加山东省第二届戏曲观摩演出大会，获导演一等奖，田富振获演员一等奖；赵啸澜演出《坐宫》获演员一等奖。1961年该团又调回德州。"文化大革命"期间一度解散。1971年以部分老艺人为基础重建，重视培养青年演员。先后赴济南、天津等地，演出《秦香莲》、《白蛇传》、《穆桂英大破天门阵》、《红灯照》等剧。1995年区改市，始用今名。为提高青年演员表演水平，增强演出实力，曾先后邀请袁世海、杜近芳、冯志孝、王晶华、童祥苓、杨乃彭、邓沐玮等同台演出，收到了很好效果。主要演员有徐桂华（青衣）、陈长庆（花脸，2001年全国青年京剧演员电视大赛获最佳表演奖）、崔永臣（丑）、董志强（武生）、路国友（老生）、李桂蕊（老旦）、李立梅、张贺芳（刀马旦）、田春香、张艳玲（青衣）、鞠小花、刘淑华（花旦）、魏延华（小生）。乐队有曹兰礼（鼓师）、王连亭（琴师）等。 （张春中）

De Zijie

德子杰 演员。工武丑。外号*麻德子*。北京人。旗籍。生卒年不详。清光绪年间先后搭春台、三庆、永胜奎等戏班演出。倦游逸叟（吴焘）《梨园旧话》中说：“‘开口跳’之佳者无过德麻子，盖其白口清利，字字皆探喉而出”（《清代燕都梨园史料》第824页，中国戏剧出版社1988年出版）。他常为杨月楼、俞菊笙做配演，如杨演《战宛城》、《长坂坡》、《恶虎村》，俞演《连环套》，都倚之为左辅右弼。他本人的拿手戏有《恶虎庄》（一名《黄一刀》）、《打瓜园》、《五人义》、《九龙杯》等，都以做派神气称著。兼演文丑戏，如和黄润甫演《审七长亭》，和贾洪林演《法门寺》，和谭鑫培演《失街亭》等。在丑脚中资格甚老，曾和庆春圃（庆四）合演过《审七长亭》、《九龙杯》。京剧中有两个角色是经过德子杰加以改动的，一个是《打渔杀家》的大教师，一个是《五人义》的周文元。他在北京街头经常见到那些“混混”（接近流氓“青皮”式人物），便把这些实际生活中的人物神态提炼出来加之于“大教师”、“周老台”，丰富了表演。对大教师用这种手法来塑造是恰当的，而对周文元那样一个历史上起义的英雄，弄得鼻抹黄烟、土里土腔则不完全合适。虽然德子杰嗓音稍带沙哑，而演出时的念白却似天花乱坠。特别是《打渔杀家》的大教师，晚年和谭鑫培合演一直为后人所宗。

《九龙杯》饰杨香武（左） 庆春圃饰黄三太

（董维贤）

dengcai

灯彩 泛指带灯彩绘的特制砌末。或称*彩砌*。其制作方法，多以竹篾、铁丝、木片扎成各种形状的框架，糊以纸或绢纱绸布，外施彩绘，内燃蜡烛。分携、摆、翻倒诸式：携者为小灯具，可作演员歌舞之用；摆者较大，略具布景性质；翻倒者有夹层，经翻倒而变化景致，称*倒堂灯彩*。表现对象有动物、植物、器物、建筑、奇珍异宝、鬼神境界、自然风光。舞台灯彩的基础是民俗中的纸扎工艺，最初用于《目连救母》的演出。明人张岱《陶庵梦忆》记目连戏，台上设“锯磨鼎镬、刀山寒冰、剑树森罗、铁城血澥”，“为之费纸扎者万钱”。这些纸扎彩绘的地狱变相，里面都点了灯烛，有的可能用烧酒作燃料，光焰青绿，造成阴森气氛，观剧者“人心惴惴，灯下面皆鬼色”。受目连戏的影响，逐渐形成一类注重灯彩的演出，称*灯彩戏*，或称*灯戏*、*彩戏*、*彩头戏*。明代末年，阮大铖家班演出的《十错认》、《摩尼珠》、《燕子笺》，有龙灯、猴戏、飞燕、舞象、波斯进宝，“纸扎装束，无不尽情刻画”。更著名的为刘晖吉家班演出的《唐明皇游月宫》，灯彩复杂精致，表现想象中的月宫，达到“境界神奇，忘其为戏”的效果（均见《陶庵梦忆》）。清乾隆年间，扬州盐商的“内班”之一小洪班演灯戏，“点三层牌楼，二十四灯”，亦为一种特制的灯彩（见《扬州画舫录》卷五）；内廷南府演出的连台大戏《劝善金科》（目连戏）、《昇平宝筏》之类，以及一些吉庆承应戏如《地涌金莲》等，都有灯彩的运用，有的灯彩还安装了制动机械，可以旋转或升降开合。同治、光绪年间，灯彩向京、津、沪等地的民间商业剧场普及，以北京略早，天津继之，上海最盛。

北京的灯彩戏，数四喜班较多。同治三年（1864），伴花斋《都门杂咏》有“而今都爱观灯晚，四喜新排戏《目连》”。原注：“此出彩砌最多，故云‘彩戏’。”光绪元年（1875）七夕，四喜班在文昌馆演《渡银河》，有“鹊桥之桥灯，牛郎之牛灯，以及七巧图各色灯彩”（见1875年11月20日《申报》）。其他如《甲子图》、《贵寿图》、《盘丝洞》、《乘龙会》等，都是四喜班的灯彩戏。《盘丝洞》的灯彩由张七制作，“忽而石洞，忽而莲池，变幻离奇，令人不测”（《梨园外史》）。光绪十三年（1887）杨隆寿办的小荣椿科班、光绪十九年（1893）亦由杨隆寿办的小天仙科班，也有不少灯彩戏，聘请张七“制砌末千余件”（张次溪《燕都名伶传》）。如演《莲花塘》，“莲池一景，满堂灯彩，光鲜夺目”；演《九莲灯》，“彩砌之新，为一时冠”（叶慕秋文，《戏剧旬刊》第33期）。

天津灯彩戏较早的为*泰庆恒班*。此班成立于光绪四年（1878），因由吴荣泰、景庆云、孙春恒合股经营，故名。王梦生《梨园佳话》称其“最以切末耀世”。所用灯彩已不限于纸扎工艺。如演《金山寺》，“以泰西机力转动之水晶管，置玻璃巨箧中，设于法海座下，流湍奔驭，环往不休；水族鳞鳞，此出彼入”；演《大香山》，“戏中三皇姑之千手千眼，各嵌以灯，金童玉女之膜坐莲台，全能自转”。灯彩技术虽属新奇，“惟班中唱做无人，未久旋废”。光绪二十五至二十六年（1899～1900），天津下天仙戏园闻北京杨隆寿所办戏班的灯彩砌末最为新颖，遂派人悉数借来，值1900年秋有义和团之变，下天仙戏园失火，这批灯彩砌末也尽化灰烬。

上海“灯戏之制，始于同治初年。先惟昆腔戏园偶一演之，嗣天仙、金桂、丹桂、宜春、满春等园相继争仿”（黄式权《淞南梦影录》）。据孙家振言，上海早期灯彩戏，“其实无所谓灯”，仅略有火彩，及用木框糊洋纱或篾箍糊纸，施极粗劣之彩绘，至天仙茶园排演《洛阳桥》，“始符灯戏之名”（漱石《夏历新年昔时之灯戏》，1929年3月17日《梨园公报》）。天仙*《洛阳桥》*首演于光绪六年十二月二十五日（1880年2月5日）。洛阳桥本名万安渡桥，为中国著名的古代梁架式大石桥，因其横跨洛阳江，民间习以洛阳桥呼之。此剧据李玉所作的同名昆剧改编，演北宋泉州知府蔡襄造桥以利商贾通行故事，情节神幻化，以丑扮夏得海为主角，穿插有龙宫串戏，三十六行庆祝落成，集皮簧、梆子、昆曲三种

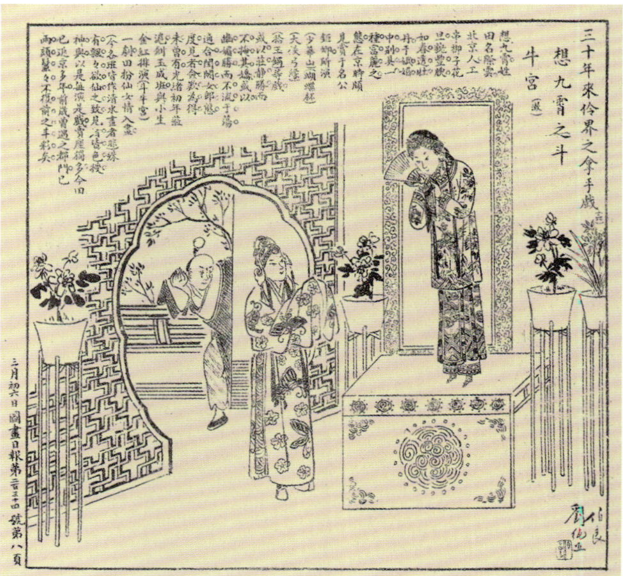

《想九宵之〈斗牛宫〉》（选自清末上海《图画日报》）

声腔合奏，加上点金石、采莲船、宝藏库、水晶宫等灯彩，颇能轰动一时。灯彩戏随之兴盛。其后，天仙《梦游上海》(1887)、新丹桂《斗牛宫》(1888)，均成为灯彩戏中保留剧目，应时应节，各戏园竞相搬演，而且流传到北京（同春班、玉成班也演出过），以至进入内廷。上海的灯彩戏，兼有传统故事和时事新闻，其灯彩也不局限于龙宫地府之类。光绪十三年（1887）丹桂演出的《火烧第一楼》、《梦游申江阴阳处》，当是最先把“沪滨妙景”搬上戏台者。受其启发，同年9月，天仙演出的《梦游上海》，更把英吉利马戏场、北益泰书场、天仙园戏馆，制成“时景灯彩”入戏。光绪十九年(1893)十月，值上海开埠50周年，天仙茶园又借此为题，编演《中外通商》一剧，“聘请闽广彩匠、西洋画师，扎成诸色绫罗绸绢灯彩”，有铁甲兵船、炮台云梯、外国兵大餐房（见1893年11月16日《申报》)，使灯彩更加时新。光绪三十四年（1908）十月，上海十六铺外滩建成“洋式特别改良戏院”新舞台并引进西式布景之后，有一段时间的灯彩戏，是布景与灯彩兼用的。如宣统二年（1910），上海新剧场的《莲花岛》，广告语有“聘请名师扎成各种新式奇异灯彩”，“添配泰西各色彩画”；上海大舞台的《洛阳桥》，“三十六行并有灯彩，兼加各种布景、五色电光”。这种兼用局面，乃是灯彩走向衰落之始。

传统戏曲崇尚虚拟，景物设置仅布城、山子、水旗等数件而已。灯彩丰富了演出的视觉形象，带来戏曲演出面貌的新变化，故为观众所欢迎。灯彩对于剧情环境有某种程度的描绘性，能够渲染气氛，从观众感受来说，也有“逼真”、“忘其为戏”一类表述，但它在本质上是属于非再现性的装饰点缀。清代北京戏园多在白天演出，灯彩戏虽安排在最后，仍因“阳光未落，砌末上的灯烛不甚闪耀”(《梨园外史》)；只有少量带灯堂会，晚上演出，灯彩才有较好的观赏效果。京剧进入上海，演的是夜戏（节假日加演日场），舞台照明是可控的煤气灯，这为灯彩的发展提供了有利条件，加以竞争激烈，“每演一戏，蜡炬费至千余条”，观众有“古称火树银花，当亦无此绮丽”之感（《淞南梦影录》)。一般灯彩戏，多讲究情节离奇与灯彩炫耀，不甚注重表演艺术。李慈铭在光绪七年（1881）的日记中就批评过四喜班的《贵寿图》：“灯彩绚烂而色目不佳，科爨俱恶。”(《越缦堂菊话》,《清代燕都梨园史科》）光绪年间，余治《庶几堂今乐》由其门人刻印问世，吴中某绅士呈请官府将这批“善戏”颁发各戏园，饬令每日“搭演”一出，“以端风化，以正人心”。各园即以多增灯彩为号召，“无如节目清疏，观者颇嫌冷落，以故

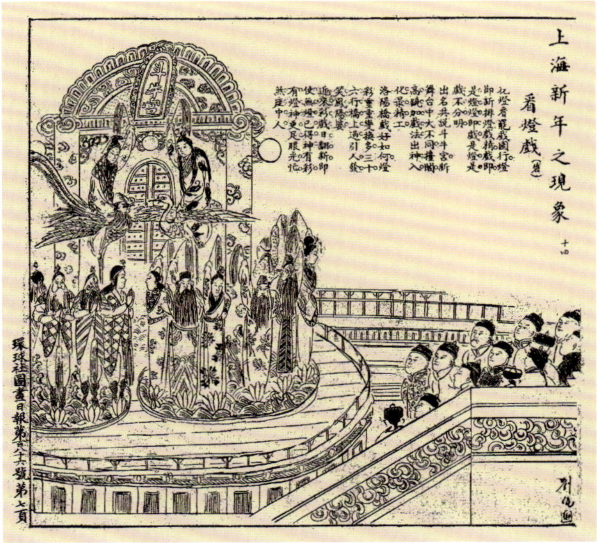

《上海新年之现象·看灯戏》（选自清末上海《图画日报》）

终未盛行”(1888年4月6日《申报》)。演剧若无动人的关目、技艺，单凭灯彩一类外部装点，终难持久。灯彩自身亦有局限性。它是在扎制品上加彩绘，所谓“沪滨妙景”或“西湖十景”等，多是道具化的，造型表现力受到很大限制。又因“灯彩皆纸绢糊成，最易引火，歌扇舞裙之侧，保无有一经触着、顿肇飞灾者乎”(《戏园防火说》，1897年3月29日《申报》)，而当时观众觉得它灿烂夺目，实是以舞台照明度较低为前提，随着照明电气化程度的提高，灯彩就显得黯淡了。约在1918年以后，灯彩逐渐被新起的灯光布景所代替。

（龚和德）

Deng Min

邓敏（1969～　）　女演员。工青衣、刀马旦兼能武生。湖北武汉人。1978年考入武汉市戏曲学校汉剧科，向黄玲玲、吴绍毓学旦角，并得到陈伯华的指授，还向郑丹学习京剧武生戏。1987

年进京投师，拜在王金璐门下，攻武生，以《八大锤》、《挑华车》二剧受到业内外观众的瞩目。1988年进中国戏曲学院进修，于1991年考入该院表演系本科班，先后从刘秀荣、谢锐青、艾美君、沈世华、于玉蘅、苏稚、宋丹菊、李景德、曲咏春、李玉茹等老师学戏，能《扈家庄》、《霸王别姬》、《玉堂春》、《贵妃醉酒》、《贞娥刺虎》、《寿州救驾》、《穆桂英挂帅》等剧。1993年12月由中国京剧艺术基金会推荐为中国京剧之星。1995年毕业，获学士学位，分配到中国京剧院任演员。2000年又拜梅葆玖为师。常演剧目有《杨门女将》、《木兰从军》、《战金山》、《凤还巢》等。她武功、嗓音俱佳，尤以腰腿功出色。几年内从汉剧转到京剧，又从武生转回旦角，在学艺道路上，肯于苦练，十分勤勉，长进很快，有“剧坛奇女子”之美誉。她是第六届梅花奖获得者，时年整20岁。2001年获全国京剧优秀青年演员评比展演荣誉奖，同年又获全国青年京剧演员电视大赛最佳表演奖。1996年入第一届中国京剧优秀青年演员研究生班学习。近年主演的新剧目有《图兰朵公主》、《文成公主》等，富于创造精神。

《文成公主》饰文成公主

（捷之）

Deng Muwei

邓沐玮（1948～　　）　演员。工净。天津人。1959年入天津市戏曲学校，师从刘少峰、张福昆。1969年毕业后入天津市京剧团，曾向王泉奎及裘（盛戎）派传人夏韵龙等问艺。1981年拜方荣翔为师。他嗓音宽亮，韵味醇厚，表演洒脱大方，为裘派优秀的再传弟子。他继承传统，力求在神情气韵上下工夫，认真探寻裘派艺术的神髓，并根据自身条件，努力摸索适合剧情和人物的演唱方法。他在《一代元戎》中成功地塑造了郭子仪这一历史人物，其唱腔吸收了汉调和老生唱法，较准确而又细腻地表达了郭子仪

思女、忧国的悲壮心情。既唱出新腔，又唱出新意。经常上演的剧目有《铡美案》、《铡包勉》、《赤桑镇》、《锁五龙》、《姚期》、《刺王僚》、《龙凤阁》等。1991年，应吉林省京剧团之邀，主演现代戏《高高的炼塔》，饰蔡厂长，获得好评。同年，参加全国中青年京剧演员电视大赛获中年组最佳表演奖。1992年获第九届梅花奖。1994年获梅兰芳金奖大赛金奖。 （翟超）

Deng Wanxia

邓宛霞 （1956～ ） 女演员。工旦。生于香港。自幼酷爱文学艺术，受家庭熏陶，对京剧、昆曲尤为钟情。6岁入香港春秋戏剧学校，随粉菊花、邹来仪、祁彩芬等学艺。17岁赴欧洲，先修读法文，后考入日内瓦音乐学院专攻音乐。毕业后返港，再度投身于京昆艺术，并曾任香港报刊专栏作者、香港电台戏曲节目编导与主持。1982年在港首演京剧获得成功。1984年在沪演出全部《白蛇传》，轰动上海。1983年随京昆名家俞振飞学习昆曲，1985年正式拜其门下，深得真传。俞师对她的资质赞为“数年来戏曲人才中所罕见”。之后，她又随张美娟习武，并遍访名师，曾得李玉茹、杜近芳、陈正薇、曹和雯、魏莲芳、姚传芗、王品素等悉心传授。20世纪80年代，她在国内广泛进行巡回演出，足迹遍及华东、华北、东北各大城市，演出受到专家、同行及观众的赞赏。1985年，应中国戏剧家协会之邀进京参加中国戏剧福利基金会义演。1987年参加香港艺术节及第一届中国艺术节演出。1990年8月于香港成立香港邓宛霞京昆剧团并公演，同年12月应邀参加纪念徽班进京200周年京剧观摩演出，以一出文武兼备的《大英杰烈》誉满京华，被称为“香港京昆艺坛上的一颗明珠”。1991年获第八届梅花奖，成为首位获得此项殊荣的香港演员。

她嗓音宽厚、圆润、甜美，武功扎实，台风潇洒，文武昆乱兼能。擅长刻画不同类型、性格的人物形象，是一位戏路广、能戏多的京昆剧演员。20世纪90年代始，她立足香港，致力于京昆剧发展与推广工作。1992年，以“一赶三”排演了重新编写的大型神话京剧《宝莲灯》。1999年，改编雨果名著《巴黎圣母院》为京剧《大钟楼》。2001年，将金庸名著《神雕侠侣》搬上京昆舞台。她于1986年创立香港京昆艺术协会，现为该会艺术总监。自1995年起任香港市政局中国戏曲顾问。1996～1999年连任香港艺术发展局戏曲小组委员会委员。多年来的工作与耕耘，为京昆艺术在香港的发展与定位，起到了开拓与奠基的作用。 （紫珙）

《大英杰烈》饰陈秀英

《大钟楼》饰艾思梅

Deng Xiagu

《邓霞姑》 京剧作品。时装新戏。梅兰芳1915年首演于北京。据路三宝转述小说《周廷弼》的故事，由李寿峰、李寿山、李敬山打出提纲，参加演出的演员编出自己所扮角色的台词，集体写成剧本。剧叙邓彬有三女，长女云姑寡居，次女雪姑已与丁润璧订婚，三女霞姑待字。因遭匪徒抢劫，邓彬受惊而死，丁润璧出逃。邓彬内弟郑琦贪财，阴谋将雪姑另嫁富户周廷弼之子周士普。丁润璧回来，郑琦竟要将他害死；得霞姑帮助，雪姑与丁润璧逃走，投宿在周家。郑琦去云姑处追寻雪姑，发现有人藏在箱内，抬回一看，却是个闷死的僧人。他诡称雪姑已死，买棺成殓，定期开吊。周廷弼到邓家吊祭，质问雪姑是怎样死的，定要开棺验看。霞姑当众揭发郑琦的阴谋诡计。大家扭送他到官，依法判郑罪，并使雪姑嫁丁润璧，霞姑嫁周士普。梅兰芳饰邓霞姑，在掩护雪姑逃走时，有装疯表演，吸取《宇宙锋》的表演，适应时装戏的节奏加以改造。揭露郑琦时，则有几十句大段道白。诸如香饰云姑，路三宝饰雪姑，程继仙饰丁润璧，姚玉芙饰周士普，高庆奎饰邓彬，李寿峰饰周廷弼，李敬山饰郑琦，李寿山饰邓母，慈瑞泉饰和尚。他们揣摩人物性格，尝试演出现代人物，各显所长。戏的最后，邓霞姑与周士普举行结婚典礼，行三鞠躬礼后，路三宝扮的雪姑向观众说：“谢谢诸位来宾！”即景生情，引起观众的热烈反应，仿佛自己都成了临时的来宾。“后来每次演到这末一场，时间怎么晚，台下也都舍不得先走。”（梅兰芳《舞台生活四十年》）20世纪40年代，梅兰芳的弟子毛世来在梅的琴师徐兰沅的指导下演出此剧，人物扮相改为烫发，着旗袍、高跟鞋。

梅兰芳饰邓霞姑

（刘乃崇 蒋健兰）

dizi

笛子 横吹管乐器。京剧中的笛子主要指曲笛而言，是乐队中细吹曲牌的主奏乐器，又是演唱昆曲、吹腔等的主要伴奏乐器。曲笛为竹制，外部缠以漆丝。长约58厘米，直径约2.5厘米。笛身共凿有12个孔：吹孔、膜孔（粘贴芦苇内膜之孔）各1个，6个按音孔，2个定音孔和2个放音孔。曲笛可以吹奏7个调门的乐曲：小工调（D调）、凡字调（^{b}E调）、六字调（F调）、正宫调（G调）、乙字调（A调）、上字调（^{b}B调）、尺字调（C调）。过去曲笛也是乐队中为弦乐器定调门的乐器。曲笛音色清醇嘹亮，演奏和伴奏的技法繁难多变，是京剧文场乐师必学的课业。

（刘海发摄）

（安志强）

digu

底鼓 鼓师在领奏锣鼓、曲牌以及唱腔时，于开始、转折和结束处所使用的鼓板点子及引领的手势统称为底鼓。不同的底鼓用

来向乐队、演员交代开、收和转折，都有相当明确的规范。如［纽丝］这个属于无定次反复型的锣鼓，是用“|冬冬 八大0|”来示意开奏［纽丝］的底鼓（或称之为“开头”）；用“|0大八八|大大大|”的底鼓把无定次反复的锣鼓截止，并预示结束。

［纽丝］

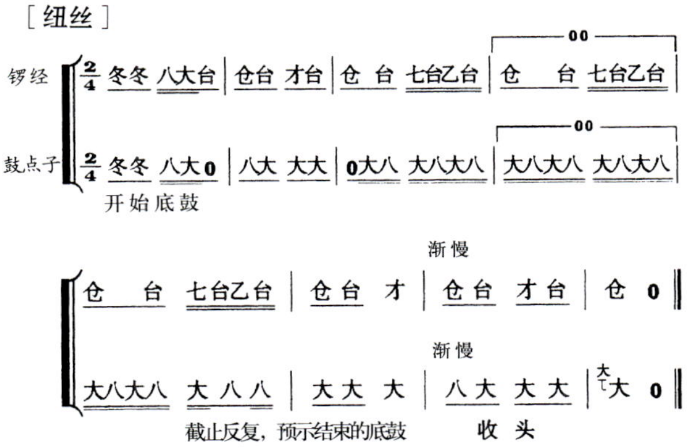

为了使底鼓更加清楚明确，鼓师除开出不同锣鼓的不同鼓板点子（开头）外，还常要用“指、揌、划、分、交鼓边”等多种手势来辅助和补充底鼓的作用。（刘越）

Di-liu Jie Quanguo Qingnian Jingju Yanyuan Dianshi Dasai

第六届全国青年京剧演员电视大赛 中央电视台主办。本届赛事有来自30个省、自治区、直辖市和中直、部队的45个院团的502名选手参加。经过初赛，有142名进入复赛。复赛在剧场公演，一票难求。复赛中产生24个院团的80名选手进入决赛。自2008年12月8日起，分武旦、老旦、净、丑、花旦、小生、老生、武生、青衣9个组，先后进行了11场决赛，至18日结束。中央电视台做了实况直播。比赛结果，有24名演员获金奖，28名演员获银奖。

第六届全国青年京剧演员电视大赛金奖获得者名单

姓名	性别	年龄	行当	决赛剧目	角色	参赛单位
李洋	女	21	武旦	《红桃山》	张月娥	天津市青年京剧团
冯蕴	女	26		《女杀四门》	刘金定	上海京剧院
李宏	女	31	老旦	《太君辞朝》	佘太君	天津京剧院
王嘉庆	男	31	花脸	《锁五龙》	单雄信	天津京剧院
刘大可	男	28		《火判》	火判	国家京剧院
方旭	男	24		《将相和》	廉颇	北京京剧院
谈元	男	23	丑	《访鼠测字》	娄阿鼠	湖北省京剧院
张佳春	女	24	花旦	《霍小玉》	霍小玉	国家京剧院
陈静	女	27		《桃花村》	春兰	国家京剧院
陈媛	女	31		《金玉奴·棒打》	金玉奴	天津京剧院
朱福	男	31	小生	《白门楼》	吕布	云南省京剧院
傅希如	男	27	老生	《秦琼观阵》	秦琼	上海京剧院
韩胜存	男	35		《将相和》	蔺相如	北京京剧院
马力	男	26		《文昭关》	伍员	中国戏曲学院
贾劲松	男	27		《文昭关》	伍员	中国戏曲学院
王璐	男	26	武生	《魂断巴丘》	周瑜	国家京剧院
詹磊	男	25		《八大锤》	陆文龙	北京京剧院
王大兴	男	22		《白水滩》	十一郎	天津京剧院
郝帅	男	22		《周瑜归天》	周瑜	上海戏剧学院
丁晓君	女	27	青衣	《谢瑶环》	谢瑶环	战友文工团
张立媛	女	34		《女起解》	苏三	北京京剧院
周婧	女	27		《江姐·绣红旗》	江姐	国家京剧院
张馨月	女	28		《宝莲灯》	王桂英	北京京剧院
周利	女	30		《昭君出塞》	王昭君	重庆市京剧团

银奖获得者如下：

（武旦）王晓丽、徐滢；

（老旦）张兰、郭瑶瑶；

（花脸）裘继戎、高明博、杨东虎；

（丑） 刘宸、刘佳；

（花旦）陈阳、罗戎征、李艳艳；

（小生）杨楠；

（老生）蓝天、陈圣杰、杜喆、赵华；

（武生）孙亮、王雪清、陈麟、李哲；

（青衣）赵欢、王晶、王盼、窦晓璇、马佳、单莹、吴昊颐。

（卢子明）

Di-wu Jie Quanguo Qingnian Jingju Yanyuan Dianshi Dasai

第五届全国青年京剧演员电视大赛 中央电视台举办。有全国29个省、自治区、直辖市和中直、部队的421名青年京剧演员报名参赛。经过初赛、复赛，有64名选手进入决赛。自2005年9月29日～10月6日，中央电视台直播了8场决赛。10月7日举行颁奖晚会。有20名选手获金奖，21名选 手获银奖。本次大赛涉及的各地京剧院团和戏曲院校初赛54个、复赛41个、决赛39个；参赛剧目初赛87个（如大戏的折子按单出计算则达177出）、复赛73个、决赛56个，包括传统戏、新编历史故事戏和现代戏；参赛选手年龄最大的36岁，最小为16岁。（以上数字，据肖司迪述评，载2005年第12期《中国京剧》）

中央电视台自20世纪80年代起多次举办京剧演员比赛。本届为第五届，当以1987年全国青年京剧演员电视大选赛为首届，1991年全国中青年京剧演员电视大赛为第二届，1992～1994年举办的梅兰芳金奖大赛为第三届，2001年全国青年京剧演员电视大赛为第四届。

第五届全国青年京剧演员电视大赛金奖获得者名单

姓名	性别	年龄	行当	决赛剧目	角色	参赛单位
谭正岩	男	26	老生	《定军山》	黄忠	北京京剧院
凌科	男	26		《珠帘寨》	李克用	天津京剧院
张建峰	男	27		《范进中举》	范进	中国戏曲学院
常秋月	女	26	花旦	《翠屏山》	潘巧云	北京京剧院
唐禾香	女	29		《痴梦》	崔氏	中国京剧院
熊明霞	女	29		《红娘》	红娘	上海京剧院
李阳鸣	男	29	武生	《野猪林》	林冲	中国京剧院
黄齐峰	男	29		《十八罗汉收大鹏》	金翅大鹏	天津京剧院
金喜全	男	27	小生	《群英会》	周瑜	上海京剧院
刘魁魁	男	23	花脸	《艳阳楼》	高登	中国京剧院
安平	男	36		《将相和》	廉颇	上海京剧院
阎虹羽	女	28	武旦	《战金山》	梁红玉	天津京剧院
杨亚男	女	19		《三战张月娥》	张月娥	上海戏剧学院戏曲学院
焦敬阁	男	25	丑	《小上坟》	刘禄景	中国戏曲学院
翟墨	女	27	老旦	《李逵探母》	李母	北京市戏曲艺术职业学院
康静	女	27		《望儿楼》	窦太真	北京京剧院
张慧芳	女	36	青衣	《谢瑶环》	谢瑶环	湖北省京剧院
王艳	女	28		《杨门女将·探谷》	穆桂英	天津京剧院
姜亦珊	女	27		《状元媒》	柴郡主	天津京剧院
吕洋	女	26		《春闺梦》	张氏	天津京剧院

银奖获得者如下：

(老生) 韩胜存、刘建杰；

(花旦) 张悦；

(武生) 王雪清、詹磊、李哲、康云翔；

(小生) 包飞、朱福；

(花脸) 舒桐、陈长庆；

(武旦) 李丹、潘月娇；

(丑)　谈元；

(老旦) 黄丽珠；

(青衣) 李国静、丁晓君、郭伟、张立媛、周利、隋晓庆。

(卢子明)

荣誉奖获得者

左起：盖叫天、常香玉（豫剧）、程砚秋、周信芳、梅兰芳、袁雪芬（越剧）、王瑶卿

Di-yi Jie Quanguo Xiqu Guanmo Yanchu Dahui

第一届全国戏曲观摩演出大会　中央人民政府文化部主办的第一次全国性的戏曲会演。为使全国各地的戏曲工作者有机会互相观摩学习，交流改革经验，并对优秀戏曲作品和优秀戏曲工作者给予奖励，以更好地贯彻“百花齐放，推陈出新”方针，推动戏曲艺术进一步发展，文化部于1952年10月6日～11月14日在北京举办了第一届全国戏曲观摩演出大会。这次演出大会，是对中华人民共和国成立3年来戏曲改革工作的一次大检阅，也是全国戏曲剧种的第一次大展览、大交流。参加观摩演出大会的共有23个剧种的37个戏曲团体。剧种包括：京剧、豫剧、评剧、河北梆子、越剧、沪剧、淮剧、湘剧、川剧、滇剧、汉剧、楚剧、秦腔、眉户、晋剧、蒲剧、湖南花鼓戏、江西采茶戏（当时称江西花鼓戏）、闽剧、粤剧、昆剧、桂剧、曲剧。包括梅兰芳、周信芳、程砚秋、袁雪芬、常香玉等在内的1 600多名戏曲演员参加了演出。演出分别在中山公园音乐堂、长安戏院和北京剧场举行。演出剧目共85个，其中传统剧目62个，改编剧目10个，新编剧目13个。就参演剧种之多、阵容之强和演艺水平之高而言，这次大会在中国戏曲史上是一个空前的盛举。

参加大会的京剧团，分东北区、华东区、西南区、北京市和中国戏曲研究院5个演出单位，演员约380人。其中著名京剧演员有：东北区的秦友梅、尹月樵、赵荣琛、张世麟，华东区的周信芳、盖叫天，西南区的刘奎官，北京市的尚小云、荀慧生、于连泉（筱翠花）、吴素秋、张君秋、马连良、谭富英、杨宝森、裘盛戎、李万春、高维廉、李盛藻、杨盛春等，中国戏曲研究院的梅兰芳、程砚秋、萧长华、姜妙香、李少春、叶盛章、李宗义、张云溪、张春华、李洪春、云燕铭、徐和才、李金泉、娄振奎、骆洪年、赵炳啸、李幼春、叶盛长、黄玉华、李世霖等。演出的京剧作品有：东北区的《梁山伯与祝英台》、《雁荡山》、《荒山泪》，华东区的《徐策跑城》、《武松打店》，西南区的《通天犀》，北京市京剧团的《将相和》、《玉堂春》、《汉明妃》、《甘露寺》、《樊江关》，中国戏曲研究院的《三岔口》、《贵妃醉酒》、《三击掌》、《白蛇传》、《宋景诗》、《兵符记》等，共19个，其中有6个是新编和改编的作品。

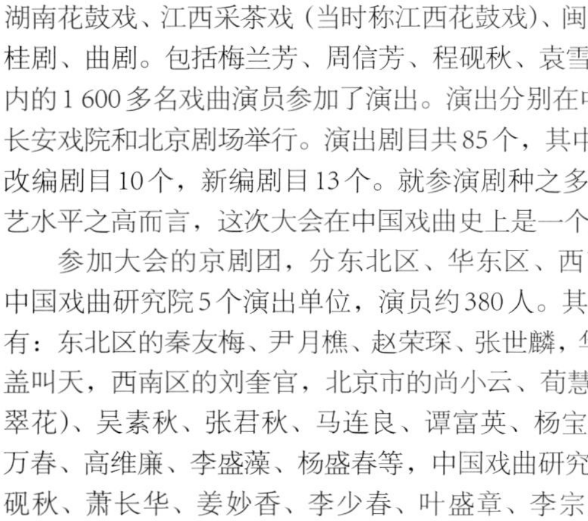

中央人民政府文化部

奬狀

梅蘭芳在戲曲藝術創造上有卓越貢獻，經第一屆全國戲曲觀摩演出大會，評獎委員會評定，並經本部批准，給予榮譽獎。

此狀

部長

副部長

一九　一月　日

中央人民政府文化部印

颁给梅兰芳的荣誉奖奖状

演出大会组成了评奖委员会，沈雁冰任主任委员，周扬、丁西林、田汉、梅兰芳、欧阳予倩、沙可夫任副主任委员，马彦祥、张光年、赵沨、吴雪、王亚平、李纶、陈荒煤、罗烽、马健翎、于伶、李长路、阿英、罗合如任常务委员，委员有程砚秋、马少波、周巍峙、曹禺、老舍、宋之的、洪深、吕骥、林默涵、艾青、周信芳、袁雪芬、罗耀武、黄源、崔嵬、方纪、王中青、李兆炳、沈云陔、陈白尘、吴天保、张德成、裴东篱、徐绍清、刘毓中、曾省三、常香玉。奖项分5种：①在群众中有高度威望、艺术上有杰出造诣的演员，授荣誉奖；②3年来创作或改编的优秀剧本，授剧本奖；③在舞台艺术上力图改进、有显著成效的演出，授演出奖；④在表演艺术上有显著成就或突出才能的演员，授演员奖；⑤在戏改工作和戏曲艺术上有显著贡献和成就的演员、编导、音乐工作者、舞台美术工作者和剧团，授奖状。其中京剧演员和作品的获奖情况为：

荣誉奖——梅兰芳、周信芳、程砚秋、王瑶卿、盖叫天；

剧本奖——《将相和》(翁偶虹、王颉竹剧本改编)；

演出一等奖——《雁荡山》、《三岔口》；

演出二等奖——《白蛇传》；

演出三等奖——《兵符记》；

演员一等奖（以姓氏笔画为序，下同）——马连良、叶盛章、杨宝森、李少春、吴素秋、张云溪、张春华、裘盛戎、谭富英；

演员二等奖——云燕铭、刘秀荣、李万春、李宗义、李洪春、李盛藻、张世麟、张君秋、赵荣琛；

演员三等奖——尹月樵、叶盛长、朱秉谦、许湘生、杨盛春、李幼春、李林童、李金泉、赵炳啸、娄振奎、骆洪年；

奖状——于连泉（筱翠花）、马德成、刘奎官、陈鹤峰、尚小云、尚和玉、郝寿臣、荀慧生、姜妙香、秦友梅、高百岁、萧长华（以上为演员），李紫贵、徐菊华（以上为编导）。

大会于11月14日在中南海怀仁堂举行盛大的闭幕典礼。由沈雁冰主持。周恩来总理到会并发表重要讲话。他称赞这次观摩演出大会很成功，标志着戏曲工作前进了一大步。他还对“百花齐放，推陈出新”的戏改方针、“普及与提高”、“政治标准与艺术标准”、“团结与改造”等有关戏曲改革的重大问题做了论述。周扬在闭幕典礼上做了题为《改革和发展民族戏曲艺术》的总结报告，共分5个部分：①观摩演出的意义主要在于学习；②更好地为国家和人民服务是戏曲工作者最光荣的任务；③正确地发扬民族戏曲艺术的优良传统，反对保守观念和粗暴作风；④真实地表现人民新生活，用新的正确的观点表现历史；⑤在民族戏曲传统的基础上，创造民族新戏曲。闭幕典礼上，沈雁冰主持了隆重热烈的授奖仪式。大会秘书长马彦祥宣读了观摩演出大会致毛泽东主席的电文。梅兰芳、欧阳予倩、吕骥、贾培之、尹羲、盖叫天等分别代表各有关方面讲话。最后丁

中国戏剧家协会为第一届全国戏曲观摩演出大会编辑的《戏曲剧本选集》封面

西林致闭幕词。

大会期间，毛泽东、周恩来等观看了部分演出。《人民日报》于10月16日为大会的召开发表了题为《正确地对待祖国戏曲遗产》的社论。《文艺报》也发表了题为《把戏曲改革工作向前推进一步》的第19号社论。这次观摩演出大会结束后，一批获奖的优秀作品迅速得到推广，各地剧团纷纷移植学演。中国戏剧家协会为适应各地演出的需要，为大会编辑《戏曲剧本选集》，1953年12月由人民文学出版社出版。各省、市、自治区也相继举行了地区性的戏曲会演，以交流经验，促进本地区的戏曲工作。全国的戏曲事业由此推进到一个发展繁荣的新阶段。（刘英华）

Di-yi Tai

第一台 现代剧场。址在天津南市东兴大街。现已不存。1912年落成，由戏曲演员高福安独资创建。戏院为2层砖木结构建筑，观众席分设包厢、池座和廊座，可容观众650名。演出以突出梆子、京剧“两下锅”为特点。剧场内设大转台，开业首演高福安自编自演机关布景戏《炮打连镇》。该剧取材于庚子年（1900）天津附近义和团实事，演出时以转台交替出现义和团与洋鬼子双方的阵势，增添了新奇的情趣。此后，高福安还排演了《斗牛宫》等灯彩戏。借助镁光灯的变幻，造成强烈的舞台效果。1918年8月乞巧节前后，又演出应节戏《牛郎织女》。舞台一侧装有特制的木质大水池，装满清水，织女及6位身穿贴身薄纱的仙女在池内外沐浴嬉戏。台上挂有纱幕，呈朦胧景象。高福安在经营第一台的同时，始终没有脱离舞台演出，演出过《桃花女》、《石头人招亲》、《宏碧缘》、《狸猫换太子》等彩头戏。1920年前后，第一台委托他人代管，因经营不善和激烈的竞争，营业不振。李吉瑞、尚和玉、王汇川、鲜牡丹、马德成、刘汉臣、小兰芬等均在此处登台公演，营业也不够火爆。为此，高福安于1925年邀请张小仙、盖春来等擅演新戏的男女演员在此园大演《庚娘传》、《天河配》等戏，以情节新鲜、灯彩好看、演员漂亮吸引观众，颇具起色。但好景不长，是年秋季，在演出《盂兰会》时演员不慎，将火彩引燃幕布和后台箱笼杂物，损失严重，第一台因此歇业。高福安将残破的第一台转售他人，重开后，更名为上光明戏院。20世纪40年代初，后台电线走火，再次引发火灾，前后台大都化为灰烬，从此不复存在。（甄光俊）

第一台外貌（选自《天津老戏园》）

Di-yi Wutai

第一舞台 现代剧场。址在北京前门外柳树井（今珠市口西大街中段）北侧。现已不存。1912年，由殷阆仙联络京剧演员姚佩秋、杨小楼，通过吴承芝，托华俄东方汇理银行中方买办孙学士贷款兴建。1914年竣工。主楼为剧场，地下1层，地面4层。正面并列3座拱形大门。场内观众席3层：一楼分池座、廊座两种票价，设21排长条靠背椅，椅背之后上方安装有长条木板，供后排观众放置茶具、食品；二楼为包厢；三楼为散座。总计可容观众3 000余人。镜框式舞台，以新式幕布取代传统的门帘台帐。舞台台基高1.3米，台口宽8米，高7米，进深7米，为中心可旋转的舞台。

第一舞台场内一角
（[日]福地信世绘，日本早稻田大学演剧博物馆藏）

1914年6月9日，开幕首场演出，备有书刊式的节目单，附有广告，时人耳目一新。日场演出有：占正亭的《回朝》，钱俊仙的《镇潭州》，何桂山的《嫁妹》，韦久峰的《功臣宴》，李连仲、钱金福的《英雄会》，贾洪林、程继先的《群英会》，姚佩秋的《马上缘》，朱桂芳、许德义的《蟠桃会》，王又宸的《黄金台》，龚云甫的《目连救母》。夜场演出有：占正亭的《飞虎山》，陈玉林的《金钱豹》，许荫棠的《打金枝》，金仲仁、陈桐云的《玉玲珑》，沈华轩的《金锁阵》，朱幼芬、王凤卿的《朱砂痣》，路三宝、王瑶卿的《樊江关》。当天夜戏刚开不久，场内起火，烧毁一些设施。经将近一个月的修复，于7月3日重新开业。此次演出以杨小楼的《水帘洞》打炮，连演7场，轰动京城。当时，王瑶卿、贾洪林、李寿山等名家荟萃，先后在这里排演了《天香庆节》、《天河配》、《九九重阳》等应节戏。杨小楼也编排演出了《薛刚闹花灯》、《安天会》、《取南郡》、《洛阳桥》、《孽镜台》等。1915年春，梆子坤伶刘喜奎应邀演出由杨韵谱编导的《新茶花》、《电术奇谭》等时装剧目。不久，因电线走火，烧毁了门前院内的芦席罩棚，孙学士再次出资修葺，并在台后加建一小楼供奉火神。此后，一度邀请上海盖叫天、麒麟童、林颦卿、刘汉臣等来京献艺。1916年，杨小楼继陶咏社之后又在此组建桐馨社，演员有钱金福、许德义、王长林、范宝亭、迟月亭、贾洪林、高庆奎、郝寿臣、董俊峰、九阵风、路三宝、德珺如、王凤卿、姚玉芙、李寿山等。梅兰芳与齐如山合作改编的《木兰从军》、《春秋配》亦首演于第一舞台。1919年，杨小楼与贾璧云合作编演的《宏碧缘》，与尚小云合作编演的《楚汉争》等亦演出于此。1922年增加电影放映业务。1927年，一度由上海夏荫培演出连台本戏《济公传》，戏中穿插电影。当时京剧界的后起之秀言菊朋、侯喜瑞、马连良、谭富英、荀慧生、程砚秋、裘盛戎、叶盛兰、袁世海等，均在此一展风采。1937年，尚小云率重庆社在此演出《九阳钟》，散场后，夜间电线走火，戏箱尽皆烧毁，历经23年的第一舞台在一片火海中化为灰烬。

（吴增彦）

Dianxinju Jingjutuan

电信局京剧团 由北京市电信局职工为骨干，吸收部分外单位人员组成的60余人的业余演出团体。活动于20世纪50～60年代。该团在保证本部门的演出需要外，也为其他演出团体配演，不收任何费用，缺主角有主角，缺底包龙套有底包龙套，被各方誉为“底包小组”，受到尊重。“底包小组”的成员基本上都是外行，40余名电信职工中仅有张玉皋一人毕业于中华戏曲专科学校。十多位非电信局职工中也仅有黄玉庆、裴永绪二人是科班出身。因此，众多业余演员的培训，得益于两位富有盛名的老票友：于芝珊，曾长期在辅仁大学票房担任教习，擅教文戏；于冷华，擅长各类武戏，年轻时在外埠搭班演戏，有“小俞振庭”之誉，虽票友出身，但戏路很宽，把子功稳健扎实，奚啸伯等曾从其进修。在他的培育下，该团的武戏路子开阔，如《战宛城》、《战马超》、《长坂坡》、《白马坡》、《定军山》、《阳平关》、《铁笼山》、《镇潭州》、《金钱豹》、《白水滩》、《艳阳楼》、《蚆蜡庙》、《连环套》、《巴骆和》、《溪皇庄》、《扈家庄》、《红桃山》、《百草山》、《三岔口》、《巧连环》等，不下百余出。还有一位良师益友苏维明，是刘砚亭的弟子，1949年前常来参加活动。20世纪50年代他在中国京剧院，成为京剧院与电信局京剧团联系的纽带。中国京剧院排演的戏，该团也排练演出，如《将相和》、《葛麻》、《敬德装疯》、《黑旋风李逵》、《三不愿意》、《除三害》等。据不完全统计，1954～1957年演出共计300余场，平均每周2场。20世纪60年代以后，剧团的整体活动发生困难。偶尔也在朱家溍等名票演出的《青石山》、《麒麟阁》、《别母乱箭》、《连环套》等戏中充当配演。现仍坚持“底包小组”活跃在票友演出之中，有金国栋、金蕙、杜茂林、胡浚、赵颐年、陈俊生、陈健仁等人。

（胡浚）

diantou

垫头 京剧音乐专门名词。指乐汇与乐汇之间起衔接作用的旋律。垫头的旋律较短，一般只有一两拍，甚至只有半拍。

（安志强）

dianxi

垫戏 戏曲演出习俗。一场演出中，在原定剧目之外临时增加的剧目称垫戏。由于演员误场，或由于重要人物看戏未到，或其他原因，剧目不能按原定顺序进行。旧规演出不能中途停锣，只能临时加垫短剧，形成垫戏的习俗。其剧目多为人少、戏短、化装简便的小戏，多由丑脚承担，如《花子拾金》、《老黄请医》、《瞎子逛灯》等。

（刘胥洲 戴申）

diaochang

吊场 戏曲术语。戏曲作品中，有时，某场戏中叙说的剧情基本告一段落，人物已陆续下场，场上留下少数脚色（通常只有一人）另起一事，承上启下，谓之吊场。早在陆贻典抄本《琵琶记》第29出“牛小姐盘夫”中，就可见到这样的舞台提示。这折戏描写牛小姐见蔡伯喈终日愁眉不展，反复盘问他因何而起，蔡伯喈一再回避，牛小姐只得走开：“正是：各人自扫门前雪，休管他家瓦上霜。”下场。于是，“生吊场白：难得我语和他语，未必他心似我心……”引出下面情节。京剧中也不乏这种例子。此外，有的作品在全剧开端，主要人物尚未登场时，先由次要角色垫一过场。如《打渔杀家》的第一场，内容是李俊、倪荣闲暇无事，到江边游玩一番，剧情没有展开。这种场子，也有称作吊场的。

（颜长珂）

Diao Jingui

《钓金龟》 京剧作品。又名《孟津河》、《张义得宝》。作者不详。全剧故事为：康氏家贫，养有二子。长子张宣进京赶考，次子张义在孟津河钓鱼奉养母亲。一日钓得金龟一只，归家途中，听说兄长得中进士，授职祥符县令。嫂子王氏得信，不告康氏，自往张宣任所。张义愤而前去祥符县与兄辩理。兄弟相见，王氏巧言辩饰；后因觊觎金龟，与丫环同谋，用钢钉害死（有的演出为用毒酒毒死）张义。康氏不见张义归家，亲赴祥符县，始知张义已死。后得张义托梦，得知真情。最后由包拯断案，将王氏与丫环判处死罪，张宣革职。康氏由老旦扮演，张义由丑脚扮演。此剧为著名老旦剧目，其中《钓龟》、《行路》、《哭灵》等折已成为经常演出的折子戏。[二簧原板]“叫张义我的儿听娘教训”的唱段和[二簧散板]“见灵堂不由人珠泪滚滚”及转[反二簧慢板]“听谯楼打罢了初更时分”的唱段广为人知。清道光二十五年(1845)刊本《都门纪略》载，三庆班马老旦擅演此剧。后以此享名的有老旦龚云甫、卧云居士、李多奎，丑脚萧长华、慈瑞全、马富禄等都擅演此剧。生行也有反串此剧者，如高庆奎、李宗义等。剧本见《戏典》第2集、《戏考大全》第1集、《京剧汇编》第34集，另有单行本《钓金龟》(宝文堂书店1959年版)、《钓龟》(中国戏剧出版社1962年版)。元陶宗仪《南村辍耕录》即记有“勘钉”事：姚忠肃公至元二十年(1283)为辽东按察使。武平县民刘义讼其嫂与其所私同杀其兄刘成。县尹丁钦以尸无伤，忧懑不食。其妻告以“恐顶囟有钉”。验尸，果然。姚忠肃公得知丁妻为再醮，令人开其前夫棺椁，亦同此案被钉致死。“时比公为宋包孝肃公拯云。”演为戏剧，即为包拯断案。人物、情节也有改变。清人焦循《剧说》记载：“村中演剧，每演包待制勘双钉事，一名《钓金龟》。”清人唐英作有《双钉案》，见《古柏堂传奇》。

龚云甫饰康氏（右） 慈瑞全饰张义

（马海玲）

diaoyutai

钓鱼台 见戏座。

diaomen

调门 京剧演员歌唱所定调高的传统称谓。在京剧中凡是用笛子、唢呐等管乐器伴奏的腔调，如吹腔、昆曲等，基本上都是有固定调高的。而以京胡等弦乐器伴奏的腔调，如[西皮]、[二簧]等，则调门不太固定，均是根据主唱演员嗓音条件来定调。京剧早期的皮簧演唱，一向要求调高气足，[西皮]、[二簧]唱腔官中调门（通用的调门）即为正宫调（即G调），嗓门更高者尚可定为乙字调（即A调）。到谭鑫培，为有利于唱腔的变化发展，才把调门适当地降低一些，但为保持京剧演唱风格，调门也不宜过低，至少不低于凡字调（即^{b}E调），个别腔调如旦脚唱的[四平调]、[二簧]，可在凡字调以下。一般通用的调门多为凡字调、六字调（即F调）。京剧皮簧唱腔的调门是根据曲笛各音孔所发的音来定的，并以工尺谱的字音作调名。如以曲笛的筒音A为Do，就称为乙字调；开笛尾第一孔$^{\flat}$B为Do，就称为上字调；开第二孔C为Do，就称为尺字调；开第三孔D为Do，就称为小工调；开第四孔$^{\flat}$E为Do，就称为凡字调或扒字调；开第五孔F为Do，就称为六字调；开第六孔G为Do，就称为正宫调。如比某个调高或低半个调，即附加以“半”、“硬”或“软”字来区分。如凡字半调（或称扒半调）就是比凡字调高半个调（即E调）的称呼；软工调或硬六字调，就是比正宫调低半个调，亦即比六字调高半个调（$^{\sharp}$F）的称呼。今天京剧定调均已改用音笛。 （张正治）

Dielianhua

《蝶恋花》 京剧作品。戴英禄、邹忆青、范钧宏创作。取材于杨开慧烈士的生平资料。1978年中国京剧院首演。导演郑亦秋。主要演员李维康（饰杨开慧）、林绍华（饰毛岸英）、李欣（饰缪老爹）、刘学欣（饰向旭）、景荣庆（饰何键）、任凤坡（饰范瑾西）。1979年人民文学出版社出版单行本。毛泽东去井冈山后，杨开慧回到湖南长沙板仓，支持江西根据地反“围剿”。湖南省主席何键奉蒋介石令，命长沙县东乡“铲共义勇队”队长范瑾西逮捕杨开慧，解送长沙。杨开慧携子岸英入狱，面对酷刑逼供，坚贞不屈。为保存武装力量，她劝阻了战友的劫狱营救，于1930年11月14日从容就义。全剧充满抒情格调。《古道别》秋风秋雨中“牵衣顿足拦道哭”的群众送别场面，用伴唱渲染气氛，前后两段40句的［二簧］唱段“风飒飒雨萧萧青山苍翠”、“绵绵古道连天上”，抒发杨开慧与父老乡亲难分难舍的深情。尾声《慰忠魂》用毛泽东《蝶恋花·答李淑一》伴唱，幻化天上人间景象，营造意境，寄托情怀，意味深长。李维康以沉稳的做派和精彩的唱念，塑造了杨开慧的舞台形象。该剧在粉碎“四人帮”后不久创作演出，传达出人民群众缅怀革命先烈的心声，产生了广泛影响，曾被潮剧、碗碗腔等剧种移植演出。 （程炳达）

李维康饰杨开慧（左） 林绍华饰毛岸英（中）
郭锦华饰孙嫂

Ding Yongli

丁永利 （1891～1948） 京剧教师。祖籍山东。父丁连升，又名丁俊，为武生兼武净演员。曾先后在小荣椿班、小天仙班、鸣盛和班、喜（富）连成班、三乐班、福寿班教戏。丁永利从小随父学艺，并从董志斌学丑行，不久因身材高大改演花脸，曾为俞振庭、杨小楼等人配演，并在几个班社当武行头和管事。后来他自觉体形不适合演出，遂潜心研究各派武戏特点。由于他刻苦钻研，博闻强记，掌握了大量剧目，积累了丰富的教学经验，尤其对俞派、黄派、杨派、尚派的武生、武净戏研究较深。对每出戏的场次穿插、人物、服装、道具、表演特点、文武场面及各派的不同演法，都了然于胸，成为公认的武生教学权威，特别是教授黄、杨两派非他莫属。能当着流派创始人的面传授流派剧目。杨小楼认为：“他教我的戏琢磨得透，

研究得深。”杨小楼演出时偶有遗忘，也请他提醒，并将外孙刘宗杨托丁永利代为培养。他对弟子要求非常严格，一丝不苟，但只责不打。他教戏有一个“四不”原则，即不侍候大爷，不哄孩子，不对路不教，不够格不教。他除教武生、武净外，还能指点和传授其他流派和行当的戏，如谭派、余派、高派、马派，王楞仙、德珺如、程继先的文武小生戏，钱金福、黄润甫的净行戏，张黑儿、王长林的武小花脸戏等。几十年间，除私人授徒外，还在中华戏曲专科学校、荣春社科班任教。其弟子有李万春、李少春、刘宗杨、孙毓堃、钟鸣岐、吴彦衡、王金璐、高盛麟、尚长春、张云溪、言小朋、齐和昌、傅德威、陆德忠、米玉文、张玉禅、李金声、袁金凯、延玉哲等。不少名演员，如程砚秋、周瑞安、郝寿臣、侯喜瑞、谭富英、孟小冬、许德义、王琴生等，都曾向他请教。晚年曾为弟子王金璐管事多年。 （王金璐）

Ding Zhiyun

丁至云 （1920～1989） 女演员。工青衣。原名丁学秋，又名学芳。祖籍直隶武清（今属天津），生于天津。其父嗜爱京剧，她深受影响，曾从王云卿、王庚生、赵绮霞、金碧艳学戏。十余岁即常参加天津渔阳国剧社票房的演唱活动。1938年后，常向王瑶卿、徐兰沅请益，研习梅（兰芳）派艺术，曾与金少山、谭富英、杨宝森、李多奎等名伶及京津名票王庚生、包丹庭、从鸿逵、朱作舟等同台演唱。1942年北平广播电台举办平剧生旦两行清唱比赛，她以赵学芳之名参赛，获旦行冠军，由此为业内外所瞩目。1948年在上海拜梅兰芳为师，专攻梅派艺术，得到了王少卿、魏莲芳的指点。梅团演员姜妙香、萧长华等多次佐其演出于京津沪等地。她嗓音朗润，唱工稳重，做表大方，追摹梅派舞台风范，颇得好评。1952转为职业演员，组成丁至云剧团，1956年进入天津市京剧团，与杨宝森、厉慧良同团，曾与厉慧良合演新剧《火烧望海楼》。她擅演剧目有《玉堂春》、《凤还巢》、《生死恨》、《宇宙锋》、《霸王别姬》、《贵妃醉酒》、《太真外传》、《西施》、《四郎探母》、《红鬃烈马》、《奇双会》、《穆桂英挂帅》等。 （钮骠）

《四郎探母》饰铁镜公主（左）
张伯驹饰杨延辉

dinggong

鼎功 表演形体基本功之一。和腰功、腿功同属于筋斗练习的基

础课程。鼎功的主要项目是鼎，又称大鼎、拿鼎、倒立。每一京剧演员的训练，都必须首先学习和掌握鼎的动作。筋斗动作中的摆腿、按手、支撑、翻转、落地技术，都要由学习鼎功开始，鼎功是武功中最基本的基础功。通过拿鼎，可以帮助练习者提高两臂的支撑力和肩部的柔韧性，锻炼上身与下身的协调能力，培养练习者头部朝下时仍能具有非常清晰的辨别方位的感觉能力，为练习翻筋斗和倒立技巧做好准备。鼎功技术上可分为墙鼎和空鼎两大类。墙鼎，是初学者以墙为依托完成的倒立动作，从动作姿态上又可分为塌腰鼎和直鼎两类。空鼎难度较大，主要靠身体的控制和巧妙地调整动作重心来完成。由空鼎而发展和变化的鼎类项目很多，如推鼎、吊鼎、戳鼎、爬鼎、单手鼎、拍脯鼎、三角鼎以及难度更为复杂的左右旱水、左右剪子股、左右卧鱼、掐葫芦等。墙鼎只是初学者的训练项目，一般不作为表演用。空鼎除具有训练价值外，它的所有项目都可以作为舞台演出时的表演技巧来运用。空鼎主要用来表现人物扎实的武功，高超的技艺，刻画人物精明干练的豪侠性格，多用于武丑、武旦和短打武生等行当。（王佩孚）

dingchangshi

定场诗 戏曲作品中，人物登场时所念的诗句。具有介绍人物、引入剧情、稳定全场的作用。如《芦花荡》张飞："草笠芒鞋渔父装，豹头环眼气轩昂；跨下千里乌骓马，丈八蛇矛世无双。"戏曲的定场诗与宋元话本的"入话"有相似之处。如《快嘴李翠莲记》的入话："出口成章不可轻，语言作对动人情；虽无子路才能智，单取人前一笑声。"这是"说话人"开宗明义向观众念的诗句，也有定场的作用。定场诗自宋元南戏、元杂剧即已采用，诗词均可，长短不拘。京剧中则大都采用齐言四句，七言句较常见，也有用五言或四言句的。五言如《女起解》崇公道："你说你公道，我说我公道。公道不公道，只有天知道。"四言如《四进士》毛朋："按院出朝，地动山摇。逢龙除角，遇虎拔毛。"偶有用半阕［西江月］的，如《玉堂春》王金龙："任凭皇亲国戚，哪怕将相公卿。王子犯法如庶民，俱要按律而行。"众人齐上或分上，则可分念，如《击鼓骂曹》的四朝官："日观三千策，夜读七篇诗。要知今古事，还读五车书。"每人各念一句。（颜长珂）

Dingjunshan

《定军山》 京剧作品。又名《取东川》、《一战成功》。作者不详。曹操部将张郃攻打葭萌关，被老将黄忠、严颜战败，逃至定军山夏侯渊处。黄忠不服老，经诸葛亮激将，立下军令状，出战夏侯渊。初战，夏侯渊擒去牙将陈式，黄忠擒得夏侯渊之侄夏侯尚。在相约走马换将时黄忠射死夏侯尚，激怒夏侯渊，追至荒郊，以拖刀之计斩渊于马下，果然一战成功。本事见《三国志演义》第71回。靠把老生饰黄忠，唱、念、做、打并重。谭鑫培此剧，得余三胜薪传，又借鉴王九龄的演法，发挥自己武功深厚的特点，做了诸多创新和发展。他因脸型清癯，将原戴帅盔改为扎巾，改白满为挂白三。开打招式规范、严谨，大刀"下场"迅疾、利落，辅之略为收腹、含胸的身态，刻画人物艺高而不失心细，刚武又不失俏美的形象。唱腔也做了精心设计，吐字清晰，韵味深醇，接近汉调，又以京音为主。初唱并不着力，到紧要处偶一放亮，常致四座皆惊。传令时所唱"头通鼓"、"二通鼓"、"三通鼓"几个并列的乐句，则糅合了京韵大鼓的唱法。此剧为谭派代表作，为后世所宗法。1905年，北京丰泰照相馆拍摄谭鑫培演出此剧"请缨"、"舞刀"等片段，是中国最早的京剧影片。马连良、谭富英、杨宝森、夏山楼主、安舒元、杨瑞亭、言菊朋等均有唱片行世。剧本有《戏考》、《戏典》、《京剧丛刊》、《京剧汇编》等刊本。1955年北京宝文堂出版单行本（谭富英整理）。

《定军山》 余叔岩饰黄忠

《阳平关》 谭鑫培饰黄忠（右） 杨小楼饰赵云

常与《定军山》连演者是《阳平关》。本事亦见《三国演义》第71回。曹操得知夏侯渊被斩，亲统大兵至阳平关报仇，并将米仓山存粮移屯北山。诸葛亮欲先断曹军粮道，黄忠在庆功宴上讨令，赵云恐其连战劳倦，欲代之。黄忠不听，果然在烧曹营粮囤之后被曹军所困。幸诸葛亮遣赵云来援，方得突围而归。谭鑫培之黄忠，杨小楼或李鑫甫之赵云，金秀山或黄润甫之曹操，皆为一时之选。（刘方正）

Dongbei Qu Di-yi Jie Xiju Yinyue Wudao Guanmo Yanchu Dahui

东北区第一届戏剧、音乐、舞蹈观摩演出大会 地区性戏曲会演。1953年7月25日～8月30日在沈阳市隆重举行。东北各省、市及东北文化局直属演出单位、学校组成15个演出团参加演出，共演出剧（节）目130余个。中央人民政府文化部艺术事业管理局局长田汉率领由北京10个文艺单位组成的观摩团赴会，华北、华东、华南、西北、东南及内蒙古等地区也派观摩团参加大会。参加演出和观摩的人员共达3 000余人。大会历时36天，除话剧、音乐、舞蹈外，共演出戏曲作品27个。大会设评奖委员会，按不同艺术门类进行评奖。其中戏曲部分获奖情况如下：①获作品奖的有《三不愿意》（东北戏曲实验学校集体改编，赵慧深执笔）、《反徐州》（晏甬、徐菊华改编）、《女教师》（沈瑞龄、张云艳等编剧）、《茶瓶计》（明楼、月影、稚学、辛伯改编）、《杨二舍化缘》（晏甬改编）等。②获演出奖的有《反徐州》（东北京剧实验剧团）、《茶瓶计》（锦州评剧院）、《白蛇传》（哈尔滨市评剧团）、《小姑贤》（东北评剧实验剧团）等。③获集体表演奖的有《铲平王》（抚顺市京剧团）、《三不愿意》（东北戏曲实验学校）、《芦花荡》（东北戏曲实验学校）、《甘宁百骑劫魏营》（旅大市京剧团）、《罗汉钱》（鞍山市京评剧团）等。④获优秀表演奖的京剧演员有王桂林、王奎升、尹月樵、田美玉、吕香君、周少楼、周仲博、孟兰秋、高亚樵、秦友梅、张德发、张铁华、张兰云、梁一鸣、焦麟昆、张小贤、管韵华、赵荣琛、诸世芬等。⑤获表演奖的有张玉鹏、张盛林、金香水等115人。⑥获导演奖的有王明楼、王成斌、孙盛文、徐菊华、关大有、张守维、黄晶、李芳、赵桐珊、李一车等。⑦获乐队奖的有《铲平王》(抚顺市京剧团)、《梁山伯与祝英台》(鞍山市京评剧团)、《雁荡山》(东北京剧实验剧团)等。⑧另有金开芳、倪俊声、李中艺、张正治、关明、马宗慧、王连平、曹克英等58人分别获得戏曲工作者、戏曲音乐工作者、戏曲舞台美术工作者、戏曲教学工作者及评剧剧作者奖。这次观摩演出大会的召开，为20世纪50～60年代东北地区戏曲事业的大繁荣奠定了牢固基础。（任光伟）

Dongbei Xiqu Shiyan Xuexiao

东北戏曲实验学校 戏曲专业学校。1950年成立于沈阳。首任校长仇戴天。校址原在市内沈河区中街，后迁至和平区民主广场。原安东（今辽宁丹东）京剧科班咏风社，因经济困难，无法维持，1950年2月9日由东北文学艺术工作者联合会委派东北戏曲改进委员会接管，并以咏风社师生为主体，吸收了原由中国人民解放军第四野战军政治部接管的四维儿童戏剧学校第二分校部分幼年学员组成该校。1951年9月东北戏曲研究院成立，划归研究院领导。建校之初只设京剧班，在校学员68名。1952年华东京剧实验学校解散，副校长刘仲秋，教师赵桐珊、关盛明、陈斌雨等率部分学生并入该校。1953年以东北评剧实验剧团部分幼年学员为主并招收学员20名增设评剧班。学校以培养既有专业技艺又有一定理论知识的戏曲人才为宗旨。校部设教研室、校务室和由成年演奏员组成的乐队。京剧教师有王连平、赵桐珊、沈富贵、萧连芳、孙盛文、邢威明、马宗慧、李一车、耿庆武、邱富棠、李香匀、李少泉等，评剧教师有李忠、成国祯、杨菊林等。继任校长赵慧深，副校长刘仲秋、宋木文。学校设表演、音乐、舞台美术、戏剧理论专业课和政治文化课。学校教学在尊重传统的基础上锐意改革，重视改编整理传统剧目。用于教学的京剧剧目有《将相和》、《野猪林》、《群英会》、《闹天宫》、《杨排风》、《贵妃醉酒》、《黄鹤楼》、《打渔杀家》、《芦花荡》、《小放牛》等。

1953年3月该校京剧班部分师生参加赴朝鲜慰问活动，归国后受到表彰。同年7月由该校教师根据京剧传统剧目《卖绒花》集体改编并由赵慧深执笔的《三不愿意》以及经整理的传统剧目《芦花荡》等参加了东北区第一届戏剧、音乐、舞蹈观摩演出大会演出，获作品奖、集体表演奖。1954年8月，东北行政区机构撤销，东北戏曲实验学校与中国戏曲学校合并，更名为中国戏曲学校沈阳分校。1955年分校全体师生由沈阳迁往北京。（任光伟）

Donglinnü

《东邻女》 京剧作品。林戈明编剧。根据日本前乒乓球世界冠军松崎君代回忆周恩来等有关材料编写。1980年10月福建省京剧团首演。导演王兰秋。主要演员景惠生（饰周恩来），程秀华、姜淑云（饰松崎昭子）。1981年10月，晋京参加全国戏曲现代戏会演，获文化部奖。中国戏剧出版社出版单行本。剧情为：日本某剧团演员松崎昭子，嫁给三代单传的仪南后七年不育。昭子被诊断为“健康不育症”，于绝望中忍痛决意离婚。剧团来北京演出，周恩来在观看排戏时察知昭子的隐痛，为她延请中医会诊调治。昭子回国一年后病愈得子。正当松崎家按照中国风俗为孩子喜庆满月，准备带孩子到北京晋见总理时，传来周恩来逝世的噩耗。昭子阖家凝望大海，遥祭英灵。该剧通过松崎昭子与周恩来交往的描写，展现了周恩来的博大情怀和日本人民对伟人的感戴深情。剧作追求恬淡自然的风格，力求念白具有散文诗的意韵。（程炳达）

景惠生饰周恩来（左） 姜淑云饰松崎昭子

Dongtianxian Chayuan

东天仙茶园 清代戏园。址在天津市今建国道121号。建于清光绪二十一年（1895）前后，由张春荣（原京剧老生演员）任后台总管。初建时为砖木结构，环境清幽。早期荣蝶仙、王凤卿、朱素云、田雨农、程永龙等经常在此演出。1915年梅兰芳首次到天津演出即在此园。次年9月3日，梅氏的时装戏《一缕麻》新出，亦在此园上演。1920年起，由李永发、李永庆兄弟接手经营，组建固定的班底，主角随时更新，既节省了开支，又增强了戏园的号召力。不久，招收少年艺徒若干名，创建京戏、梆子兼学的科班。周啸天、梁慧绍等京剧演员就出自科班教师李兰亭之门下。1925年五卅运动期间，正在东天仙茶园演出的金月梅带头举办专场义演，除票款外，另加200块大洋通过报馆捐助给上海的罢工工人。同年6月中旬，园主组织唐韵笙、李鹤龄、鲜牡丹等再次作募捐义演，又与天津戏曲改良社联合，邀请碧云霞、金钢钻及名票王庾生在此义演，全部票款捐助给上海罢工的组织者。1931年8月拆改翻新，加高地基，铺垫石条、水泥，增设二楼，扩建包厢，更名为**东方大戏院**。20世纪30～40年代，该戏院接待京剧、梆子等剧种，营业一直很红火。1940年前后，更名天宝戏院。1953年5月改称民主剧场。1964年4月，奚啸伯主演的京剧现代戏《红云崖》在此首演。其后主要用于放映电影。（甄光俊）

Dong Chensheng Jingju Renwu Huaji

《董辰生京剧人物画集》 京剧画册。朝华出版社1981年编辑、出版。茅盾题写书名。开本23厘米×254厘米，70余页。书前有江丰《意在笔先，业精于勤》一文，评介董辰生绘画创作的勤奋精神、艺术造诣和某些不足。

书后有吴祖光撰写的《戏剧化丹青》一文，谈他欣赏董辰生京剧人物画的感受。另有《作者小传》和《编后记》。全书收入京剧人物画46幅，生、旦、净、丑各行当人物特写16幅。每幅人物画均由鲍文清作情节说明。**董辰生**（1929～　），生于河北秦皇岛。自幼随父学画，家贫，曾在电影院画广告维持生计。1948年参加中国人民解放军。先后在几家部队报社担任美术编辑兼绘画创作，作有大量速写、连环画、宣传画。20世纪70年代后期，致力于传统水墨画。他画京剧人物，不强调夸张变形。“他认为舞台上的戏曲人物已经典型化了，与现实生活中的人物已大不相同，因此只要依照戏曲人物的本来面貌加以提炼概括，适当地突出戏曲人物的形神特征，就可以获得良好的艺术效果。”(转引自江丰文）故他的作品“兼具有写意和传真两者之长”，“更接近于舞台的真实”（吴祖光评语），而且构图新颖，用色鲜亮，“在很大程度上已做到雅俗共赏，人人喜爱”（江丰评语）。其不足处，有的作品，人物动态支点不稳，细节描写显得拘泥，缺少含蓄。本书在20世纪80年代初，是中国对外介绍京剧艺术的重点画册，有中、英文两种版本。（谢涌涛）

Dong Shaoyu

董绍瑜（1942～2007） 京剧导演。祖籍浙江绍兴，生于重庆。1956年考入上海市戏曲学校习净行，毕业后入上海青年京昆剧团任演员，独立执导京剧《二块六》。1965年毕业于上海戏剧学院戏曲导演进修班，先后任上海青年京昆剧团导演、上海京剧院导演。参与京剧《飒爽英姿》、《南海长城》和《磐石湾》等数十出戏的导演工作。1979年导演的京剧《大风歌》获上海戏曲会演创作演出奖。1984年导演的《青丝恨》，在京剧传统基础上创造性地运用心理分析技术，将多种艺术手段融合在一起，在舞台构思、调度以及时空转换等方面丰富和拓展了京剧表现力。1988年，由他任总导演的京剧《六月雪》，在全国京剧新剧目会演中获优秀剧目奖。1993年与他人合作导演《扈三娘与王英》，既有趣味性又刻画了人物性格。与他人合作导演的连台本戏《狸猫换太子》1995年获“五个一工程”奖和其他多项奖。1997年获第五届中国戏剧节优秀导演奖。1998年，他导演了根据舞台剧改编的12集戏曲电视连续剧《狸猫换太子》，尝试运用电视手段表现京剧特色，使之相互融合。此外，还导演了越剧《香妃的传说》、《女郎中》和绍剧《狮驼岭》等。他视野开阔，勤于思考，善于从传统艺术中吸取营养，使之融化在自己的创作中。（单跃进）

doupeng

斗篷 剧中行路御寒之服。多与风帽配合使用。款式为对襟，小立领（领口抽裥），长过膝。另有短式斗篷。这种披在肩上的无袖外衣，明清时颇流行，男女均可，多用于冬季遮风挡雪。成为戏装之后则不拘时令，凡出行场合，多有用此者。因其外形似一倒扣的钟，故又名**一口钟**。《审音鉴古录》记《长生殿·闻铃》中唐明皇的装扮：“色蟒、唐帽、黑三髯，外罩黄一口钟、黄雨帽。”即外罩黄斗篷、黄风帽。斗篷的色彩有黄、红、绿、白、黑及其他杂色，用色观念与蟒、靠相同。如关羽穿绿靠，《古城会》中披绿斗篷。纹样有龙、凤、折枝花等。女式斗篷的纹饰，多一道托领，周边多镶缘。《霸王别姬》中虞姬用彩绣凤凰牡丹的黄色斗篷，是梅兰芳的创制。《玉树后庭花》中乐昌公主（刘长瑜饰）的黄色绣花斗篷，又是一种新的设计。镶缘素斗篷多用于民间女子，如《红拂传》中的红拂女。红色素斗篷常用于法场监斩，如《审头刺汤》陆炳。《苏武牧羊》中的苏武，披短式素斗篷。旧时女斗篷下边缀穗，已不多见。斗篷偶亦用于室内，表示怕受风寒，如《赵氏孤儿》中刚生下孤儿赵武时的庄姬公主。（谭元杰）

女用黄色绣花斗篷

Dumen Jilüe

《都门纪略》 清代文献。杨静亭编著。以记述北京社会、地理、风物、时尚、词场、餐饮等内容，为远方入京师者提供的一种读物，犹如今日之旅游指南。虽非专门谈戏的书，但对剧界时尚、戏班、伶工等亦有简要之实录，颇具史料价值。今存清道光二十五年（1845）刊本，所记剧界情况，为京调皮簧形成时期的最早之珍贵文献材料。据该书记载，当时已有“黄腔”的称谓。该书《词场序》又称：“兹集所注词场诸人，多系黄腔著名者。至昆弋出色诸人，不难按名胪举。第以风会所趋，未免有先后进之分。惟恐违众戾时，惹人倦听，用是昆弋诸贤，概不赘入。”可知书中所记之7个戏班，66位伶工及其擅演戏目、所扮人物，当属皮簧戏界的现状。从记载中，可以看出当时的脚色有老生、小生、正旦、旦、武旦、老旦、净、丑等，并可归为生、旦、净、丑4个行当。从所记的85个剧目，也可看出其题材多出自三国、隋唐、两宋、明清之演义小说，大抵为唱皮簧之戏目。其时“四大徽班”均以老生为台柱。三庆班，老生程长庚，《法门寺》赵廉、《借箭》鲁子敬、《文昭关》伍员、《让成都》刘璋。春台班，老生余三胜，《定军山》黄忠、《探母》杨四郎、《当锏卖马》秦琼、《双尽忠》李广、《捉放曹》陈宫、《碰碑》杨令公、《琼林宴》范仲禹、《战樊城》伍员；老生李六，《醉写吓蛮书》李白、《扫雪》刘子忠。四喜班，老生张二奎，《探母》杨四郎、《捉放曹》陈宫。和春班，老生王洪贵，《让成都》刘璋、《击鼓骂曹》祢衡。另有新兴金钰班，老生薛印轩，《让成都》刘璋、《断密涧》李密、《捉放曹》陈宫、《南天门》曹福等，并演时装戏《烟鬼叹》中正鬼。薛为票友，《都门杂咏·玩票》云：“名班总仗票帮扶，全胜新兴甚可虞。不见印轩不上座，果然子弟胜江湖。”在《都门杂咏·黄腔》一首中云：“时尚黄腔喊似雷，当年昆弋话无媒；而今特重余三胜，年少争传张二奎。”可见观众之时尚。待到同治三年（1864）翻刻本《都门纪略》，《杂咏·黄腔》便改作：“二奎今日已沦亡，三胜由来没准常。若问词场推巨擘，个中还让四箴堂。”四箴堂乃程长庚的堂名，所言则反映了剧界之变迁。（余从）

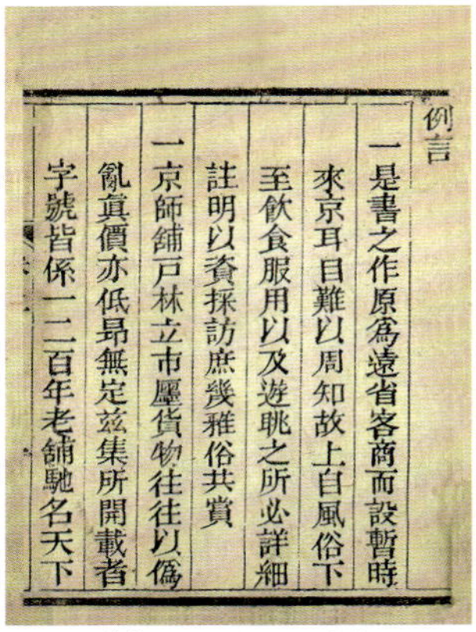

例言
一是書之作原爲遠省客商而設暫時
來京耳目難以周知故上自風俗下
至飲食服用以及遊眺之所必詳細
註明以資採訪庶幾雅俗共賞
一京師鋪戶林立市廛貨物往往以僞
亂眞價亦低昂無定兹集所開載者
字號皆係一二百年老鋪馳名天下

《都门纪略·例言》

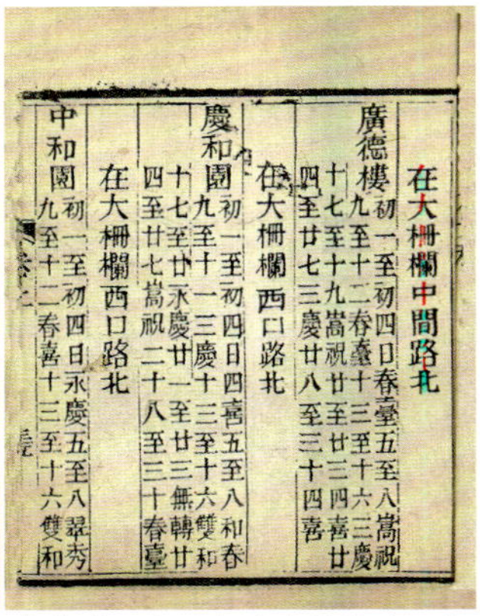

在大柵欄中間路北
廣德樓 初一至初四日春臺五至八嵩祝
九至十二春臺十三至十六三慶
十七至十九嵩祝廿至廿三四喜廿
四至廿七三慶廿八至三十四喜
在大柵欄西口路北
慶和園 初一至初四日四喜五至八和春
九至十一三慶十三至十六雙和
十七至廿永慶廿一至廿三無轉廿
四至廿七嵩祝二十八至三十春臺
在大柵欄西口路北
中和園 初一至初四日永慶五至八翠秀
九至十二春喜十三至十六雙和

书中关于戏园与戏班轮转的记载

Dumuguan

《独木关》 京剧作品。又名《薛礼叹月》、《枪挑安殿宝》。作者不详。唐代薛仁贵从军东征，战功屡为张士贵所冒，仅充火头营稗将。在凤凰山，搭救了被盖苏文枪挑落马的唐太宗李世民。李世民遣尉迟恭访求这位无名的白袍将军，欲加擢用，张士贵伪称尉迟系奉旨缉拿，命他藏匿在山神庙躲避。薛仁贵深感命运多舛，

高盛麟饰薛仁贵

对月长叹，适被尉迟暗中听得。尉迟大喜，遂急出趋抱，薛因惊吓得病。独木关敌将安殿宝勇猛无敌，张士贵的子婿皆为所擒，便命薛仁贵出战。薛部周青等愤愤不平，折令殴差，不为通禀。张佯称问病，过营见薛，薛始悉前情，命周青等出战。薛仁贵耳听战鼓声急，乃抱病披甲，力挑安殿宝于阵前，独木关遂破。既胜，张故技重施，移功于子婿。薛仁贵仍被遣回火头营效命。故事见《薛仁贵征东全传》及《白袍记》传奇。《独木关》全本见《戏学汇考》卷六。《戏考》及《京剧汇编》本皆由张士贵过营起，无此前之“救驾”、“叹月”诸场。此剧在褒扬薛仁贵的同时，把历史上的名将张士贵处理成反面角色，借以对挟权谋私、妒贤嫉能等丑恶行径进行揭露和批判。这是一出以武生为主的重头戏。黄月山曾以此剧享誉。他的武打精湛，唱腔苍凉悲壮，话白激昂酣畅，尤其“叹月”时的唱段堪称一绝。据记：谭鑫培晚年，对悲凉苍劲之剧造诣颇深，于黄派诸剧亦多有心得。盖谭氏为演《独木关》，每日对两面穿衣镜私下研习，自觉已脱黄派窠臼，方将戏报贴出。其后，李吉瑞、瑞德宝、马德成、李桂春、周信芳、高盛麟等皆擅演此剧。后摄制成高盛麟主演的《薛礼叹月》和高盛麟、高盛虹主演的《独木关》彩色影片，保留了有关此戏的形象资料。（马克郁）

Du Jinfang

杜近芳（1932～　）　女演员。工旦。生于北平（今北京）。陈喜光之养女，因家境贫寒，12岁时立契入杜菊初门下，请陈世鼐为她开蒙授艺，并聘周昌泰为她吊嗓，又从刘玉芳、律佩芳学艺。她天性聪慧，悟性极佳，很快学会《三娘教子》、《王宝钏》、《双官诰》等诸多剧目。后杜菊初为她组班，并制作了上绣“杜近芳”名字的精致团花守旧。班内除杜幼秋、杜近云外，还有老生沈金波、花脸郭元汾、旦脚小王玉蓉等。登台演出后即崭露头角，后应李少春之邀随起社赴沪演出，一炮而红。载誉返京后，又搭叶盛兰育化社。1948年拜王瑶卿为师深造，并从王少卿、徐兰沅等问艺，后应马少泉之邀赴济南演出10余场王派名剧《孔雀东南飞》，轰动泉城。中华人民共和国成立后，搭李少春、叶盛章、袁世海之新中国实验京剧团。1951年加入中国戏曲研究院京剧实验工作团，由于党委书记马少波的出面，又请出王瑶卿、萧长华等，解除了她与杜菊初的契约，人身获得解放。她终未忘怀陈喜光养育之恩，陈氏晚年体弱多病，她主动承担赡养义务，直至陈氏病故，受到同仁赞誉。

杜近芳在法国
其右侧为法国影星菲利浦

《宇宙锋》饰赵艳容

《白毛女》饰喜儿　李少春饰杨白劳

杜近芳为梅兰芳得意弟子，亦常向姜妙香请教。其艺兼宗王、梅之表演风格。她嗓音宽厚清醇，高低运用自如，音色甜美圆润，唱念吐字清晰，其扮相颇似梅师。善于刻画性格各异的人物形象，不论是传统剧还是新编古代剧，如《霸王别姬》虞姬、《玉堂春》苏三、《凤还巢》程雪娥、《贵妃醉酒》杨玉环、《桑园会》罗敷、《三击掌》王宝钏、《十三妹》何玉凤、《法门寺》宋巧姣、《奇双会》李桂枝、《吕布与貂蝉》貂蝉、《思凡》色空、《玉簪记》陈妙常、《木兰从军》花木兰、《牛郎织女》织女、《白蛇传》白素贞、《柳荫记》祝英台、《蝴蝶杯》胡凤莲、《桃花扇》李香君、《梁红玉》梁红玉、《佘赛花》佘赛花、《桃花村》春兰、《野猪林》林娘子、《谢瑶环》谢瑶环、《满江红》岳夫人等，以及现代戏《白毛女》白毛女、《林海雪原》白茹、《柯山红日》黄英、《烘房飘香》林里香、《红色娘子军》吴清华等，都给观众留下深刻的印象。从中不难看出她文武昆乱皆能，戏路极为宽广。她曾多次随中国艺术团赴法国、意大利、比利时、丹麦、瑞典、挪威、智利、乌拉圭、巴西、阿根廷等欧洲和拉丁美洲国家访问演出。1957年参加在莫斯科举办的第六届世界青年与学生和平友谊联欢节，演出《拾玉镯》和清唱《金水桥》，并获两枚金质奖章。杜近芳与李少春、袁世海合演的《野猪林》，以及与冯志孝演出的《红色娘子军》，均拍摄成彩色影片。1976年后，中央新闻电影制片厂将她主演的《断桥》、《廉锦枫·刺蚌》、《谢瑶环·花园》等亦先后摄成影片，均为珍贵的艺术资料。她还参加了中国京剧音配像的工作，主演了《白蛇传》、《柳荫记》、《谢瑶环》、《桃花扇》等剧。（刘松崑）

Dujuanshan

《杜鹃山》　京剧作品。1964年北京京剧团薛恩厚、张艾丁等据王树元同名话剧改编为京剧，参加全国京剧现代戏观摩演出大会。剧情为：1927年秋，乌豆带领湘赣边界数百饥民聚义杜鹃山，自称红军铁血团，三起三落，被地主武装靖卫团打散。乌豆带领队员劫法场，救出共产党员贺湘，拥为铁血团党代表。贺湘顶住队副温七九子的挑拨干扰，宣传党的阶级政策，教育乌豆和铁血团队员分清敌我友，扩大武装，进行整训。最后，清除叛徒，配合主力红军完成反“围剿”任务，同上井冈山。导演张艾丁、肖甲。裘盛戎饰乌豆，赵燕侠饰贺湘，马连良饰郑老万，马富禄饰老地保。在这次会演中，宁夏回族自治区京剧团也演出了同名京剧，李丽芳饰贺湘，李鸣盛饰乌豆。1967年5月，江青突然指示北京京剧团在国庆节前要搞出5个“样板戏”，《杜鹃山》为其中之一。她诬指

1964年演出的《杜鹃山》
裘盛戎饰乌豆（前排左一） 赵燕侠饰贺湘（前排中）
马连良饰郑老万（右一）

1964年演出本《杜鹃山》是“为土匪树碑立传”，对剧中人物贺湘尤为反感，要北京京剧团重新编写。剧本在数易其稿的过程中曾先后易名《杜撰山》、《杜泉山》。1972年，从武汉、上海抽调王树元、黎中城与该团汪曾祺、杨毓珉组成创作组，最后写成1973年的演出本《杜鹃山》。剧中人物贺湘改称柯湘，乌豆改称雷刚，温七九子改称温其久。该剧在语言方面做了新尝试，唱词打破传统写法，念白趋于整饬，句句协韵，具有一定文学性，但有失戏曲语言的本色。该剧主要成就在戏曲音乐方面。全剧音乐形象完整，唱腔富于变化，优美动听。[反二簧]“家住安源”、[二簧]“乱云飞”、[二簧]“大火熊熊”等已成为脍炙人口的唱段。新改编本首演由杨春霞饰柯湘，马永安饰雷刚，刘桂欣饰杜妈妈，王忠信饰温其久，马增寿饰毒蛇胆。1974年，北京电影制片厂摄制成彩色戏曲故事片。1975年，人民文学出版社出版单行本。

1973年演出的《杜鹃山》
杨春霞饰柯湘

此外，根据同名话剧改编的京剧，还有李甸薰改编的乌鲁木齐市京剧团演出本，湖北宜昌市京剧团改编演出本等。 （程炳达）

Du Kuisan

杜奎三 （1913～2003） 京剧教师、琴师。北京人。幼时喜拉胡琴，13岁拜程春禄为师学习京剧文场音乐，如笛子、唢呐、月琴、弦子等吹弹乐器。14岁以弹奏月琴登台献艺，曾为尚小云、言菊朋伴奏。17岁正式应工胡琴，为秦月楼、韩子丰、梁韵秋等操琴。1936年再次拜在徐兰沅门下，并私淑杨宝忠、陆砚亭等名家，悉心钻研胡琴技艺。琴艺功力深厚，琴音干净大方，富有韵味。他谙熟梅兰芳、王瑶卿、程砚秋、谭鑫培、余叔岩等流派艺术特色，其伴奏因人而异，随情而转，托腔垫字，传神达情，与演员配合紧密，尺寸劲头准确，抑扬顿挫有致。曾为张云燕、宋德珠、郑冰如、赵燕侠、杨宝森、郝寿臣、金少山、梁益鸣、侯喜瑞、陈少霖、小王玉蓉等操琴。1953年参加中国戏曲研究院京剧实验工作团乐队，曾参加《人面桃花》、《西门豹》、《敬德装疯》及现代戏《王杰》、《一袋麦种》等戏的音乐设计工作。1973年调中国戏曲学院音乐系乐队工作直至退休。他对胡琴制作工艺、选料很有研究，1960年全国首次胡琴制作评比，被聘为鉴定专家。弟子有姜凤山、武德斌等。 （王健）

Du Shiniang

《杜十娘》 京剧作品。又名《百宝箱》。其故事源自明人宋懋澄的文言小说《负情侬传》。据作者自述，万历二十八年（1600）听友人讲此事，年末动笔，因病拖延至8年后才完成，收入《九籥集》卷五。这篇小说曾被《亘史抄》、《情种》、《情史》等书选载，又被改编为拟话本小说《杜十娘怒沉百宝箱》，收入冯梦龙所编《警世通言》第32卷。写万历年间京师名妓杜十娘与宦家子李甲两情缱绻，李甲一朝金尽为鸨母不容，得十娘资助并从友人处借得银两如鸨母所索，赎出十娘，买舟南归。雪夜泊瓜州。李甲嫌舟中岑寂，令十娘度曲。明日，有名孙富者邀李甲登岸游。是夜李甲归舟告十娘，惧老父礼法难容，已将十娘转让于商人孙富。天明，孙富来迎十娘过渡。十娘盛装出舱，痛斥李甲、孙富，并将随身携带之满箱珠宝投入江中，随之自沉。明清间郭彦深、黄图珌、梅窗主人各有《百宝箱》传奇，清夏秉衡有《八宝箱》传奇，都是搬演这个故事。清宣统二年八月二十七日（1910年9月30日）上海《图画日报》专栏《三十年来伶界之拿手戏》中刊有《小子和之〈百宝箱〉》，画出杜十娘沉箱时之场景，孙家振（海上漱石生）图注称冯子和“京昆梆子无一不能”，《百宝箱》是其“最为出色”的“新戏”之一。1912年出版的《戏考》第8册收有《杜十娘》剧本，编者对剧情有细致描述，并说：“此剧收束处，悲惨殆不忍睹。尤以贾璧云演此为最动人，几令人酸鼻，且泪簌簌如縻（糜）断梗也。”冯子和、贾璧云所演可能为梆子戏。在京剧舞台上演出此剧时间较长、影响较大的是荀慧生。荀慧生的演出本最初为孙菊仙所赠，后经陈墨香改编，1929年11月29日首演于北平中和戏园。合作者有金仲仁饰李干先（干先为李甲字）、马富禄饰孙富。重点场子是末场《归舟沉江》，杜十娘从二更到五更天有30多句唱词，还有一些念白，“把杜十娘的内心情感的起伏跌宕揭示无遗，每次演出都赢得强烈的剧场效果”（大型图册《荀慧生》第172页）。杜十娘跳江时，荀慧生头戴“顶花”，项披“线尾子”，先是朝前一冲，为李甲拦阻，后反身蹬足斜踢接“抢背”由船侧下水，从上场门下，这个动作难度很大。荀慧生晚年有《谈〈杜十娘〉表演》一文，以1.8万字篇幅，总结此剧30多年的表演经验，原载1962年7月号《河北文学》，后收入《荀慧生演剧散论》。其剧本收入《荀慧生演出剧本选》。1930年开明唱片录有《杜十娘》[二簧散板]、[四平调]、[反西皮散板]、[西皮快板]等几段唱腔，收入《京剧大师荀慧生老唱片全集》。

荀慧生饰杜十娘

张慧芳饰杜十娘

1988年，邹忆青、戴英禄将李甲归舟、十娘沉江一场改编为单场短剧《晨钟惊梦》，由北京京剧院演出。徐玉川导演，关雅浓作曲。王蓉蓉饰杜十娘。同年参加全国京剧新剧目汇演，获优秀剧目奖，作曲与主演均获单项奖。2001年，两位作者又将这一题材新编为全本戏《杜十娘》，由中国戏曲学院演出。导演赵景勃、董德光、王永庆，作曲配器关雅浓、陈建忠、李晓姝。李海燕饰杜十娘、靳学斌饰李甲、董德光饰孙富。全剧文辞华美，更突出了呼唤真情、捍卫尊严的意蕴和整个演出的诗化品格。同年在第三届中国京剧艺术节上获优秀剧目奖。作曲配器及主演李海燕获单项奖。后又再作加工打造，由张慧芳饰杜十娘，进入2002～2003年度“国家舞台艺术精品工程”初选剧目，获提名奖。赵景勃的导演总结《拉近古典名著与时代的距离》和关雅浓的音乐创作随想《作好听的曲，走自己的路》两文收入这一届的论评集。《晨钟惊梦》与《杜十娘》两个剧本收入戴英禄、邹忆青《俚雅剧作集》。（陈培仲）

Du Wenlin

杜文林 （1880?～1946?） 演员。工丑。天津人。初演老生，亦唱花脸，以后因身体过胖，改唱丑脚。在上海老更新舞台、三星舞台、新更新舞台、大舞台、大世界乾坤大剧场等处搭班。嗓音洪亮，声调悠扬，表情丰富，以《拾黄金》等戏享名。与王少亭合作演《西游记》，饰猪八戒，创造了戴篷头、露肚子扮相；与赵如泉合作演全部《彭公案》，饰胜官保，赵饰欧阳德，一胖一瘦，很受观众欢迎；与小三麻子、郑法祥等演《飞龙传》，他饰郑子明，人称“举动发噱，唱表皆工”。梅兰芳与王凤卿在上海演《红鬃烈马》他饰魏虎，说一口山东话，梅称赞他是“一绝”。杜文林善排新戏，特别是连台本戏，同行们称他是“怪才”。孙漱石为他作小传说：“在乾坤大剧场编排连台本戏《山东响马》，自饰马成龙，形容鲁莽武夫，堪称绝倒，又排连台之《七剑十三侠》、《七国志》等，皆节目紧凑，串插新颖，观者咸击节称赏。”他与小杨月楼编排《石头人招亲》、与刘筱衡编排《千里送京娘》都有特色。他参加演出，生、净、丑都能胜任，而且在音乐、造型方面都有创造。据说“五音联弹”是他首先搬上舞台的。他还把戏班祭祀的“九皇经”唱腔编在戏里，为戏增色。20世纪20年代末到哈尔滨演出多年，颇受当地观众欢迎。20世纪40年代到四川。抗日战争胜利后在重庆去世。弟子有筱文林等。

杜文林（左二）与梨园友人王芸芳（左一）、刘四立（左三）、赵君玉合影

（蔡世成）

Du Zhenjie

杜镇杰 （1961～ ） 演员。工老生。山东莱州人。13岁入山东掖县京剧团学戏。18岁考入中国戏曲学院表演系，受教于刘盛通、宋继亭、王世续、李世霖、李甫春、叶蓬、杨润青。21岁毕业，留学院实验剧团任演员。1985年调入北京京剧院，又得其岳父马长礼及马（连良）派名家迟金声等的指授。他以谭派戏打下了扎实基础，后归工杨（宝森）派，兼习马派，博采众美，学有所成。擅演剧目有《群英会、借东风》、《四郎探母》、《红鬃烈马》、《失街亭、空城计、斩马谡》、《洪羊洞》、《捉放曹》、《袁门斩子》、《击鼓骂曹》、《伍子胥》、《甘露寺》、《淮河营》、《苏武牧羊》、《赵氏孤儿》等。2002年入第三届中国京剧优秀青年演员研究生班，又从谭元寿、李甫春等导师学了《问樵闹府、打棍出箱》、《珠帘寨》等剧，同时提高了文化艺术理论素养。他唱工戏、做工戏、靠把戏各工兼能，戏路宽广，师承有自；嗓子音清韵厚，朗润有味，唱念恪守绳墨，不偏不怪，评家誉其有“空灵淡远之风”。从艺以来，勤奋力学，刻苦研练，长进极快。曾在新编古代戏《拜相记》中饰管仲，《蔡文姬》中饰左贤王，《宰相刘罗锅》下集中饰刘墉，《连升三级》中饰张四海，《袁崇焕》中饰成基命等。在这些戏中，都能认真继承传统，有所创新。唱腔顺畅，不以花哨怪异取悦观众，情融神合，不离本体，得到行内外的首肯。在1987年全国青年京剧演员电视大选赛中以《文昭关》获最佳表演奖，1993年梅兰芳金奖大赛中在老生组获提名奖，2005年获第二十二届梅花奖。

《珠帘寨》饰李克用

（钮骠）

Duanmijian

《断密涧》 京剧作品。又名《双投唐》、《双带箭》、《银宫山》。作者不详。隋末，李密入主瓦岗后，逐渐失去人心，秦琼、徐茂公等众人都弃他投唐，只有王伯当仍然跟随左右，并劝他归降李唐。李密降唐后，李渊将侄女河阳公主许配给他。李密不甘人下，企图谋反，公主被他杀害。王伯当虽责其不义，仍以忠良不事二主，随他一同出逃。李世民率兵追到断密涧，劝说王伯当投降，遭到拒绝，即将李密、王伯当射死。事见《大唐秦王词话》及《说唐全传》第56回、第57回。刚愎暴戾的李密与以忠信为本的王伯当形成性格的反差，并由此酿成双双败亡的悲剧。老生饰王伯当，花脸饰李密。是花脸和老生并重的唱工戏。唱腔难度很大，多用嘎调高腔，清道光二十五年（1845）刊本《都门纪略》谓夏花脸、薛印轩工此剧。汪桂芬、孙菊仙及金秀山、裘桂仙、金少山等均擅演。裘盛戎与琴师一起，将“李密闻言无定准”一段［西皮二六］转［流水］唱腔重新加工，设计得跌宕曲折、刚柔相济，成为耐人寻味的裘派唱腔代表作之一。清末刊本《楚曲十种》有

清宫《戏出画册·断密涧》（故宫博物院藏）

《李密降唐》，与京剧演出本大致相同。剧本载《京剧汇编》第16集。（丁汝芹）

duici

对词　导演术语。导演排戏步骤之一。导演集中有台词的演员，依角色分工，进行台词贯串和念白处理的排练。因排练中尚不涉及形体动作，亦称坐排。台词作为舞台人物语言，是人物间相互交流和抒发感情的主要手段。京剧的台词包括对白、对唱、独白、独唱、旁白及各种形式的伴唱等曲词。对词排练主要以演员的念白为主，唱词部分往往用吟诵的方式代替。排练的主要目的：一是解决角色之间念白的衔接与过渡，使之接上茬口（习称盖口），在相互作用中形成整体性的语言效应；二是帮助演员理解并逐渐掌握台词的情感内涵和潜在意蕴，强化念白的动作性和戏剧性；三是对念白进行声调、语气、节奏等技巧的初步设计和加工，以更加鲜明、优美的形态，为塑造人物形象服务。由于京剧行当分工细致，导演应注意念白的行当特点和不同行当的相互借鉴。有时根据人物需要，对演员念白固有的流派风格，或强化或弱化也会有所要求。（刘淑兰）

Dui Huaqiang

《对花枪》　京剧作品。奎生根据同名豫剧传统剧目（又名《花枪缘》、《父子会》、《罗松找父》）改编。1978年中国戏曲学院实验京剧团首演。导演杨韵青。郑子茹主演，饰姜桂枝。剧本收入《奎生剧作选》。姜桂枝得知离散40年的丈夫罗艺在瓦岗山聚义，遣子罗松携孙罗焕前去认父。当初，罗艺在南阳姜家集姜桂枝家中，曾随桂枝父女学练姜家祖传花枪，遂爱慕成婚。罗艺赴京赶考得中后，因战乱与桂枝音讯阻断，再娶妻生子罗成。见到罗松，罗艺左右为难，不敢相认。罗成不知底里，怒战罗焕。姜桂枝闻知恼怒，驰马山前，战败罗艺。经程咬金等说合，最后夫妻相认，全家团圆。故事不见于《隋唐演义》。该剧颇具传奇色彩，带有喜剧风格。借鉴豫剧原作，以长达百句的［二簧］、［反二簧］唱段，叙说姜桂枝与罗艺40年的聚散恩怨，语言生动，唱腔优美动人。同时突破了京剧老旦行当的表演程式，首开老旦穿厚底扎靠开打的新形式，连打带唱，发挥了青年演员郑子茹的表演才能。演出达300多场。全国十几个省市的京剧团也排演了该剧。（程炳达）

郑子茹饰姜桂芝（左）　范友亮饰罗艺

Ehucun

《恶虎村》 京剧作品。又名《江都县》、《三雄绝义》。主要活动于清道光年间的京剧演员杨振纲据《施公案》改编演出。剧叙黄天霸因江都知县施世纶升迁，打算回归绿林，又恐施世纶路经恶虎村为自己的两个盟兄濮天雕、武天虬劫持，于是暗地跟踪保护。濮、武果然将施劫往庄内。天霸赶至，适遇濮、武二人又劫神弹子李五镖车，黄为双方排解后，乘机入庄刺探，濮、武百般遮掩，终为黄看破。是夜，黄纠合李五及二捕役王栋、王梁潜入庄中，救出施世纶，用毒镖打死天虬夫妇，用酒坛摔死濮妻，濮天雕自刎。天霸火焚庄院，随施世纶上任。杨振纲逝世后，其师兄沈小庆演出此剧，设计了精彩的武功套路，“使观众目夺神摇，莫能测其变化”（吉水《近百年来皮黄剧作家》）。相传沈小庆曾遭盟兄诬陷，在狱中推敲、加工此剧，借以泄愤。谭鑫培亦擅此剧，扮演黄天霸。据刘菊禅《鑫培武剧拾零·恶虎村》说，谭演《恶虎村》时，当濮、武等从四方“将酒坛掷来，鑫培从容不迫，乃用右肩头挡去一坛，用左磕膝盖撞去一坛。所有四个坛子，完全不用手接掷，纯以肩、肘、膝、足应付，而能使对方之人接住，决不落地”。沈容圃绘有谭鑫培在《恶虎村》中扮演黄天霸的形象（收入“同光十三绝”中）。杨小楼饰演黄天霸，表现其对结义弟兄翻脸无情，杀兄逼嫂，火烧庄院，最后假自刎、假哭，把他的阴狠、毒辣、虚伪刻画得淋漓尽致。盖叫天亦擅演此剧，特别是在“走边”一场，丰富了不少舞蹈动作，繁复利落，兔起鹘落。如在念“看，云遮半月，风吹树梢，路崛不平，英雄走荒郊，好不凄凉人也”，创造了“鹰展翅”身段，造型动中寓静，极具雕塑感。全剧结构谨严，注重对人物性格的描写，在武打戏中是比较难得的。今存中国艺术研究院戏曲研究所藏清昇平署钞本，未题作者。另有《戏考》、《京调大全》、《京剧大观》等刊本。

（井玉贵）

盖叫天饰黄天霸

清宫《戏出画册·恶虎村》（故宫博物院藏）

Ezhouxue

《鄂州血》 京剧作品。连台时事新戏。陆士谔编剧。内容取材于辛亥革命史实。全剧自武昌起义起，至南京临时政府成立、清帝退位、袁世凯就任临时大总统止，共8本。把清末宫廷官场内幕，以及缔造民国的艰难曲折，展现舞台。陆士谔（1878～1944），名守先，江苏青浦（今属上海）人，是清末民初著名小说家，作有谴责小说、历史小说、武侠小说多种。《鄂州血》是他应上海大舞

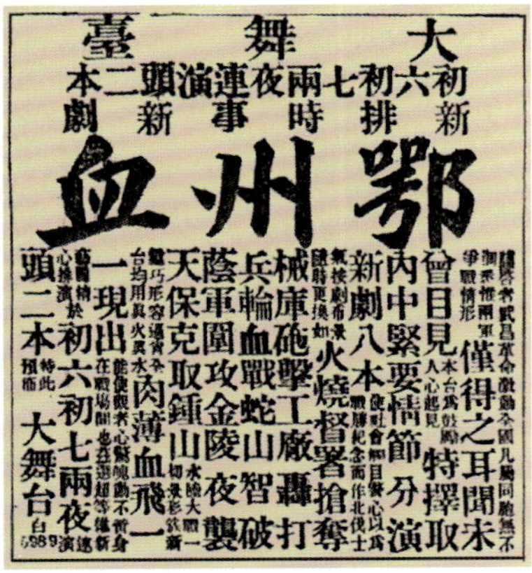

《鄂州血》演出广告
（1912年1月24日《申报》）

台之邀而创作的，头、二本首演于1912年1月24日，当时距辛亥革命爆发仅3个月。大舞台以最强的阵容排演了此剧，由赵如泉饰袁世凯，沈韵秋饰黎元洪，吕月樵饰孙中山，何金寿饰湖广总督瑞澂，小桂芬饰摄政王载沣，林步青饰庆王奕劻，小桂枝饰隆裕太后。当时剧评家郑正秋在《民权画报·鞠部春秋》中谈到此剧的七、八本，认为“结构颇佳，前半本重小丑，于嬉笑怒骂之中，寓劝善惩恶之旨；后半重生旦，精彩固多，然与事实殊多悖谬，未免迹涉阿谀。总言之，把狡诈反复之袁世凯，做得太好了”。1917年大舞台重排此剧，同年由振寰书局出版详细提纲，但未见原剧本。《申报》演出广告刊有简单剧情提要。

（沈鸿鑫　黄菊盛）

En Xiaofeng

恩晓峰　（1887～1949）　女演员。工老生。生于北京。满族正黄旗。幼受家族熏陶，酷爱京剧，常随其父恩十去票房听京剧清唱，归家后即高歌模仿，后从老艺人吉庆云、安静芝学老生。1900年后，

曾去天津绘芳茶园演出，生意异常发达。“晓峰初到津，作男装，每到散戏，门前站立多人，候睹颜色，其能轰动一时，于此可见”（蠹翁《梨园旧话——庚子后天津戏园之变迁》，《立言画刊》第150期）。1912年，应俞振庭之邀，露演于北京广德楼，合作者有坤伶武生桂俊峰等。当时正是“无腔不学谭”时期，晓峰亦醉心谭派，每遇谭鑫培演出时，辄往观摩，并从陈彦衡、窦砚峰等深造，又请吴联奎练功，技艺日进，演出皆为谭派剧目，如《桑园寄子》、《秦琼卖马》、《洪羊洞》、《打棍出箱》、《坐楼杀惜》、《武昭关》、《托兆碰碑》等，一时曾被誉为“女叫天”。后恩晓峰又兼宗汪（笑侬）派，演出剧目为《马嵬坡》、《受禅台》、《哭祖庙》、《洗耳记》、《张松献地图》、《马前泼水》、《打督邮》等。“汪（笑侬）所歌腔调，则系别创新声，物化以后，殊鲜传人，仅坤伶恩晓峰、金桂芬等尚能得其仿佛”（冯大光《梨园诗话》，《立言画刊》第103期）。经常与恩晓峰合作的有碧云霞、曹桂芳、谢玉凤、刘喜奎等。恩晓峰嫁夫姜润泉，亦梨园行人。彼夫妇奔走四方，颇有积蓄。有女二：长女恩维铭工文武老生，次女恩维贤工青衣花旦。（芝滇）

《武家坡》饰薛平贵（左）
（扮演王宝钏者失考）

En Yuzhi

恩禹之　（1865～1922）　票友。工老生。原姓张，又名宇芝。北京人。满族。清光绪年间曾与文退庵、关醉蝉、许乐之等人创立南月牙票房，设在北京地安门内（一说朝内大街关帝庙内），为清廷内

务府同人俱乐部，恩系票首之一；民国后，又为春阳友会票社成员。其演唱兼宗奎（张二奎）、孙（菊仙）两派，于汪（桂芬）派亦有心得，唱工爽朗宽阔；做表悉守先辈绳墨，循规蹈矩，洒落大方。常串《审头》之陆炳、《交印刺字》之宗泽及《群英会》、《浣纱河》、《骂王朗》、《除三害》、《雍凉关》、《战蒲关》、《举鼎观画》、《三娘教子》诸剧。其中《交印刺字》最为有名，《审头》一剧亦深为内行折服。戏评家论其所饰陆炳，“气宇庄严，卓然有大臣风度，不愧老手。念白字字真切，尤难能可贵。奚落汤勤一段说白，痛快淋漓，爽利无匹，观者莫不动容”，唱的一段［四平］“亦简练有味”；又评其所演陆炳“正言厉色，风骨凛然，念白句句有力，极见精彩，亦不愧黄钟大吕之音”（张聊公《听歌想影录》第81、86页）。报章上还说他与章小山（饰雪艳）、松介眉（本行老旦，反串汤勤）合演此剧，时称“三绝”，享誉票界。

（钮骠）

erhuang

二簧　京剧两大腔调之一。一说为二黄。它的来源说法较多，大体有5种。一说来自湖北黄冈、黄陂两县。二说系清初由［吹腔］在安徽安庆地区逐渐演化而成，因［吹腔］用双笛伴奏，故称二簧腔。三说源于江西的［宜黄腔］，因江浙吴语读“二”为“尼”，与“宜”字音相近。四说认为［二簧腔］有两种：“二黄”出自湖北，“二簧”出自安徽。五说是由安徽的［四平腔］传到湖北后，与湖北的民间曲调相结合加以变化发展形成，是安徽、湖北两地艺人共同创造。另外，尚有出自江右（江西）的［胡琴腔］也称［二簧腔］的说法。以上诸种说法多是一些文字记载，由于缺乏当时的曲谱佐证，因而至今尚无定论。但这些说法可以说明，［二簧腔］是出自长江中下游一带的湖北、安徽、江西三省，属于南方的音乐。至今有不少剧种如湘剧、桂剧等尚称［二簧］为“南路”，称来自西北形成于湖北的［西皮］为“北路”。

特征　［二簧］是一种比较柔和、稳重、深沉，善于抒情的腔调。其特征的形成，大致有如下几个原因：①曲调以低Sol、Re为调式主音，旋法中常出现以五声音阶为主的自然七声的级进，大跳的音程较少，显得很平滑、流畅、柔美。它的主要伴奏乐器京胡定“低Sol、Re”弦，在伴奏中，基本上和唱腔的旋律平行，跳跃性也不大。②板起板落的格式，每句起唱落腔多在板上；没有太紧促与跳跃的节奏、节拍，给人以平稳、庄重之感。③旋律进行以细密、委婉见长，优美、抒情。④上下句板腔体的句式结构。上句：生腔落音为Do，如带拖腔落音为低La，旦腔落音为高Do，如带拖腔落音为La；下句：生腔落音为Re，亦可落低Sol，旦腔落音为Sol，亦可落高Re。唱腔中有句逗、停歇，其起唱、句间、落腔有过门、垫头的补充和情绪气氛的渲染，有助于［二簧］特性优势的发挥。

功能　［二簧腔］由于有以上特性，故而使人感到流畅、舒缓、平稳、凝重，很擅长表现沉思、忧伤、感叹以及悲愤等情绪。生、旦、净、小生、老旦和丑均能唱此腔调。

板式　［二簧腔］在传统戏中的板式有：［原板］、［慢板］、［快三眼］、［碰板］、［散板］、［摇板］和［导板］。传统戏的［二簧腔］

尚有不足之处：一是它没有［西皮腔］的［二六板］、［快二六板］、［流水板］和［快板］，在表现力上有一定的局限。二是在生、旦（或净、旦）的对唱中，有时由于各自演唱的调门、音区、音域的关系（如［二簧腔］生、净的定调一般为E调，或F、G调，而旦的一般定调为D调或E调），所以常有以一方为主，另一方必须迁就的现象，在一定程度上影响了艺术效果。中华人民共和国成立后，随着新内容的需要和京剧音乐的革新，［二簧腔］有了很大的变革发展，在很多方面有所改进并有新的创造。 （张正治）

erhuang daoban

二簧导板 ［二簧腔］中的一个带有引导性的句式。［导板］亦称［倒板］。只有一个节拍自由的上句腔型，没有下句，有待与其他板式结合起来才能构成唱段。它是将［原板］拆散发展而来。［导板］的基本腔格为：

生腔

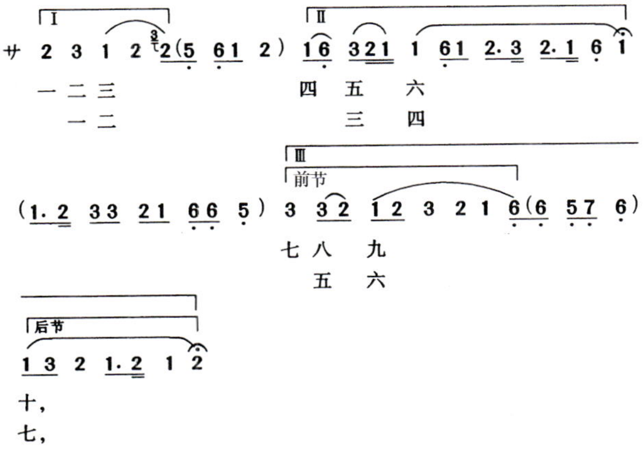

旦腔

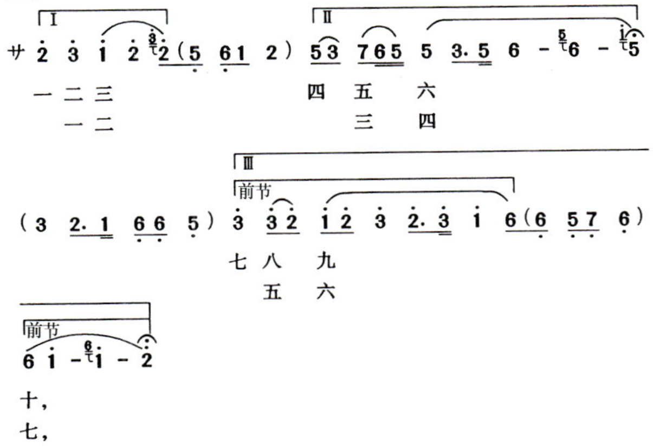

［导板］是个比较开阔、激动的腔型。为了在戏中把这种激动情绪展开，故［导板］句尾的落音多落在高Re音上，也就是把［二簧］下句的落音（Re）移到上句来用。为表达人物极度激越的情绪，［导板］甚至还有把全句的音区提到更高的情况。如生腔《战太平》的［导板］：

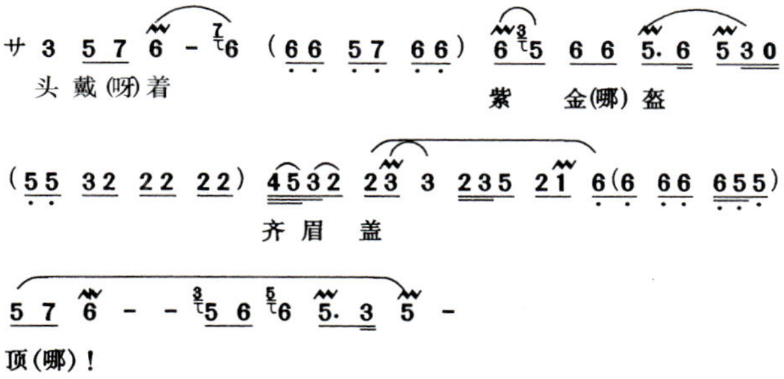

［导板］多用于戏剧情节发生重大事件或转变的时候，用来揭示人物不平静的心境，常会收到很强的戏剧性效果。［二簧导板］之后，常接［碰板回龙］，用以补足一个下句。［回龙］过后即转接［原板］、［慢板］等板式。［导板］之后也有不接［碰板回龙］而连接［原板］、［慢板］或［散板］的。

《借东风》
李和曾饰诸葛亮

［二簧导板］代表性的唱句有：《借东风》（生腔）“学天文习兵法犹如反掌”，《逍遥津》（生腔）“父子们在宫院伤心落泪”，《八大锤》（生腔）“霎时间痛我心神魂不定”，《祭江》（旦腔）“在江边摆祭礼悲声告禀”，《生死恨》（旦腔）“耳边厢又听得初更鼓响”，《探皇陵》（净腔）“听谯楼打罢了初更时候”，《康氏哭灵》（老旦腔）“见灵堂不由人珠泪滚滚”，《监酒令》（小生腔）“微风起露沾衣铜壶漏响”。 （张正治）

erhuang gunban

二簧滚板 ［二簧腔］的一种板式。无板无眼（节拍自由）形式。由［二簧散板］派生而来。同［散板］的区别主要表现在唱词字数比较自由，唱段中的上下句掺杂着不整齐的多字句；在唱法上，字与字相连较紧，犹如一个字追着一个字，节奏急促紧凑，富于弹性，一般称为“垛着唱”或“滚着唱”，并在唱段收尾前的下句句尾有个起伏较大的拖腔，最后再附加一个［哭头］结束。［二簧滚板］在传统戏中运用得不普遍，只用于极度悲伤场合下的哭述，表现激动、愤慨、哀恸的情绪，因而也叫［哭板］。其代表性唱段为《朱痕记》（旦腔）“有贫妇跪席棚泪流满面”。 （张正治）

《朱痕记·席棚》
李世济饰赵锦堂（左一） 张学津饰朱春登

erhuang kuaisanyan

二簧快三眼 ［二簧腔］的一种板式。是介于［二簧原板］与［二簧慢板］之间，从［二簧原板］通过扩展手法派生而来。即将［二簧原板］的唱腔和过门稍加一些花音，节拍变为4/4，速度较快，节奏紧凑，用［三眼］过门伴奏。其他方面基本与［原板］相同。如下例曲谱同［原板］、［慢板］的基本腔格加以对照即可说明。

［二簧快三眼］唱段的表现性能，同［原板］一样，也是既可

旦腔 《红楼二尤》

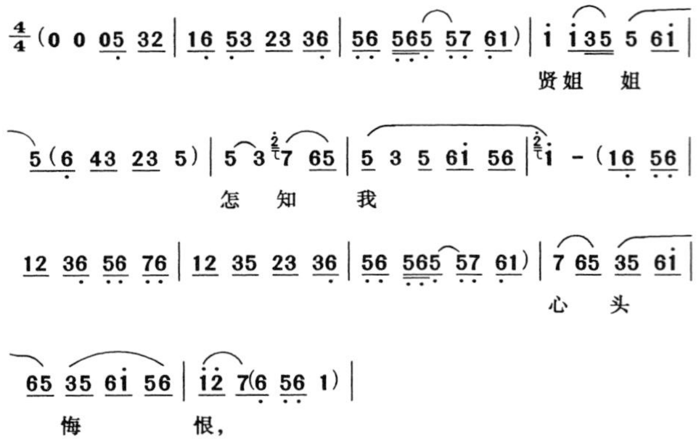

抒情，亦可叙事。从抒情来讲，它比［慢板］较弱，又比［原板］富于激情。而从叙事来讲，它比［慢板］较强，又比［原板］稍感不足。一般来讲，在剧中如用［慢板］感到过重，或者用［原板］觉得叙事太强时使用［快三眼］。在传统戏中，用［二簧快三眼］作为单独唱段较少，一般多用于综合板式唱段的［慢板］之后，如《贺后骂殿》(旦腔)“遭不幸老王爷晏了御驾”一段；或［原板］之前，如《二堂舍子》(生腔)“昔日里有一个孤竹君”一段。另外，也有将［二簧中三眼］称为［二簧快三眼］的。 (张正治)

erhuang manban

二簧慢板 ［二簧腔］的一种板式。［慢板］又称［慢三眼］、［正板］。它是由［二簧原板］通过扩展手法发展而来。其上下句的基本腔格与［二簧原板］的基本腔格大致相同。不同的是，在节奏、速度上比［二簧原板］约慢一半，变为一板三眼(4/4)形式，速度较慢，曲调上加进许多花音；上句的长度和唱词节奏位置有些变动；生腔下句的部分旋律亦有些变化。其基本腔格大体如下：

生腔

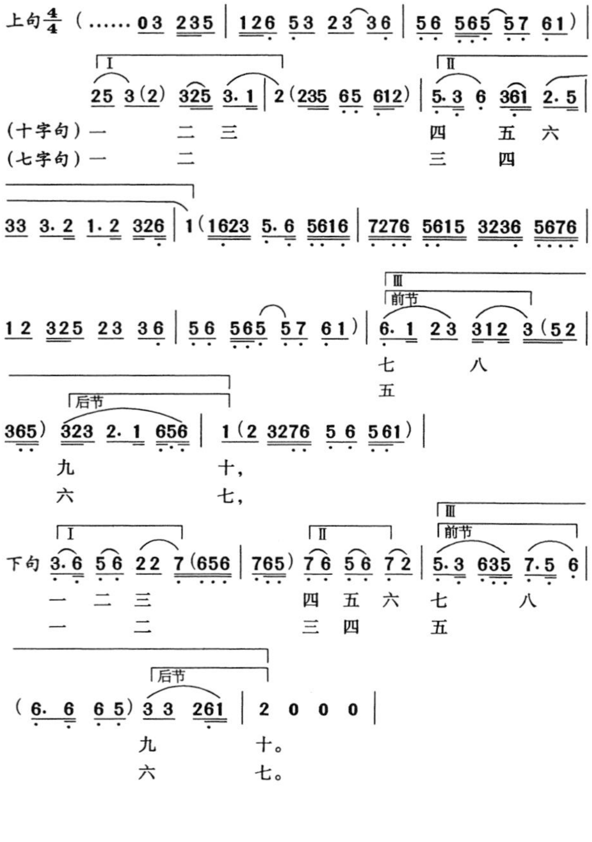

旦腔

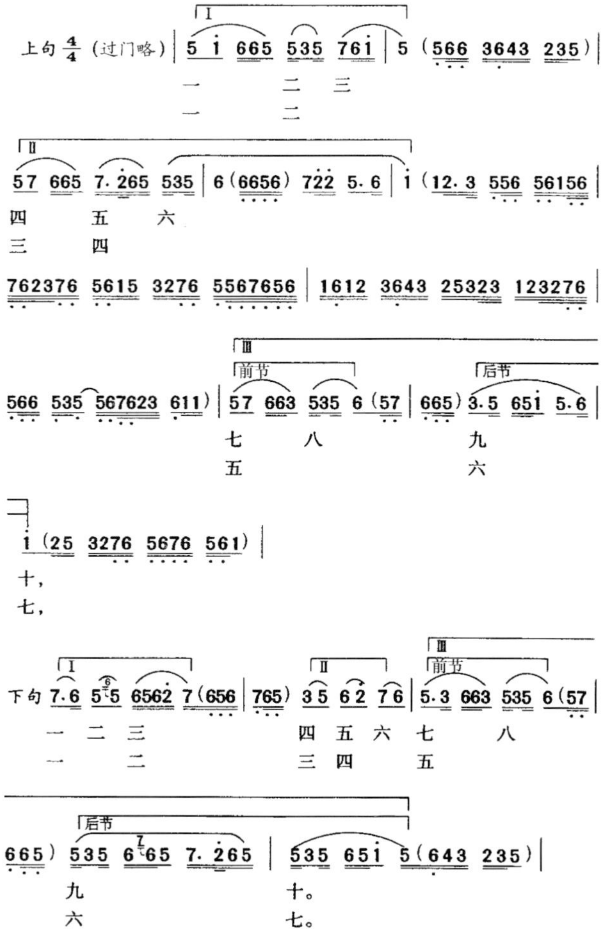

［二簧慢板］上下句重复变化的应变手法，与［二簧原板］的基本相同，但其变化没有［原板］那么多样。其唱段结构，不论4句、6句或8句以上的，主要特点是，为了突出其抒情性能，一般多在第一、二句和结束前上句的句尾都加有较长的大拖腔。如生腔的3个大拖腔：

《捉放宿店》“一轮明月”

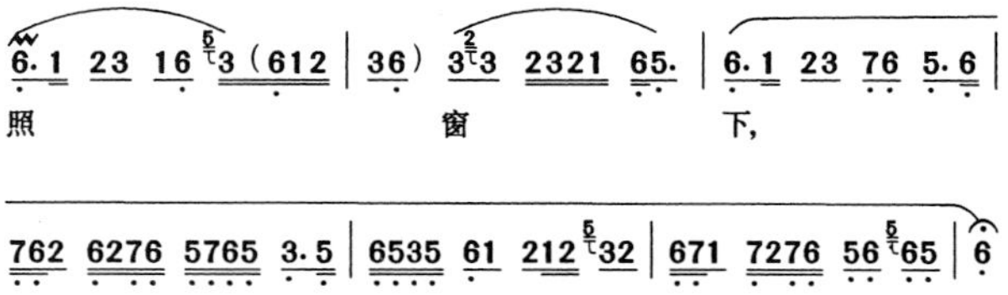

《洪羊洞》“真可叹焦孟将”

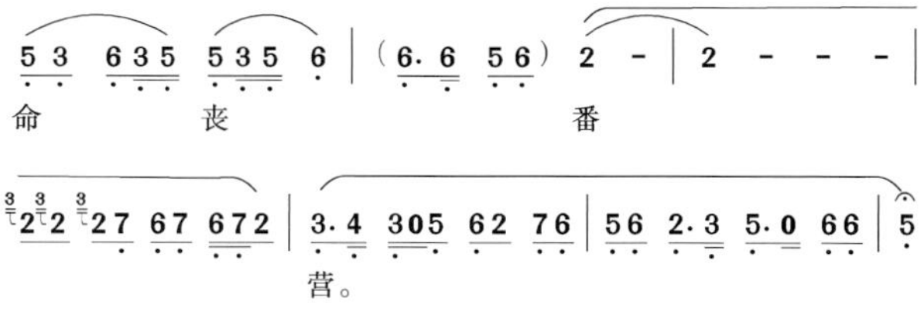

《上天台》“内侍臣忙摆驾”

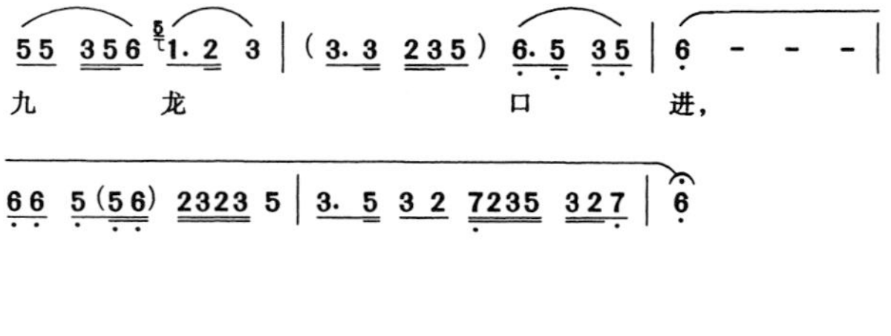

［二簧慢板］的唱段，由于在节拍形式上比［二簧原板］扩展一倍，速度、节奏较慢，在旋律上比较细致曲折，字少腔多的特点甚为突出，所以主要用于抒情。在剧中多用它表现忧伤、感叹、沉思等情绪。传统戏中，生、旦、老旦和小生均有此板式，唯独净不唱［二簧慢板］。

《女起解》
赵燕侠饰苏三（右） 李四广饰崇公道
（刘玉茗摄）

在京剧唱腔中，各种腔调的［慢板］都占有非常重要的地位，由于它长于表现复杂的感情，常常是构成某一场戏中的重要唱段或某一综合板式唱段中的主要部分，因而成为揭示内心世界活动，刻画主要人物形象的首要手段。如在一出戏里一个角色有两段［二簧慢板］时（生腔的如《上天台》，旦腔的如《二进宫》），其后一段要比前一段的速度稍快，故也称其为［二簧中三眼］。

［二簧慢板］代表性的唱段有：《文昭关》（生腔）“一轮明月照窗前”，《祭江》（旦腔）“想当年截江事心中悔恨”，《窦娥冤》（旦腔）“未开言思往事心中惆怅”，《遇皇后》（老旦腔）“想当年在皇宫何等安好”，《玉门关》（小生腔）“听树梢风悠悠人烟寂静”。（张正治）

erhuang pengban

二簧碰板 ［二簧腔］的一种板式。分为一板三眼（4/4）和一板一眼（2/4）两种形式。是从［二簧慢板］、［快三眼］、［原板］中派生而来。它同以上3种板式的区别，主要是在开唱形式和唱段结构上。如：

旦腔　　《战蒲关》

(多罗. 656) | 4/4 1 2 1 3 5 7.266 5.(676 | 5765) 332 353 5(356) |
俯 念 奴　至 诚 心

7.2 6636 5535 6.(5327 | 6.765) 305 651 5.6 |
无 敢 渎

1(2.5 352376 5.676 56123) | 7.276 5 6.756 7(656 |
亵，　可 怜 那

72367) 2 2 5 2 2 7 6 | 6.73 056 5535 6(57 |
军 与 民 共 受

6.765) 3.5 65671 727656 | 7 766 5.64(3 235) |
倒　悬。

生腔　　《萧何月下追韩信》

)0(　(多罗.) 6 |
（念）将军：千不念 万不念，不念你我一见如故？ （唱）是

4/4 1. 2 7 6 5(676 | 56) 35 61 56 | 1(2 3276 5676 561) |
三 生 有 幸，

2 3 7 6 5(6 5676 | 5 0) 2 2 2 7 2 | 27 65 35 6(7 |
天 降 下　擎 天柱 保 定

6 1) 5 52 76 | 23 76 5(643 235) |
乾（哪） 坤。

从开唱形式来讲，［慢板］、［快三眼］、［原板］都有完整的开唱锣鼓（多为［夺头］）和开唱过门（一般为8小节）等，在起唱之前起酝酿情绪、渲染气氛等作用，而［碰板］则没有，起唱时只用“(多罗. 656)|”或念白完了只用（或不用）“(多罗.)”接着就唱，由于前面没有超过一小节过门，其唱腔和唱词头一个字一出现即碰在“板”上，故有此称谓。从唱段结构来讲，在［慢板］、［快三眼］、［原板］的唱段中，上下句句尾常有长拖腔和大过门等，而［碰板］没有，它从始至终基本都是运用以上3种板式中上下句均为5小节的紧缩句，只是最后一句句尾加一个拖腔结束，或在结束前的上句加一个拖腔唱散，最后一句以［摇板］或［散板］的下句结束。在传统戏中，［二簧腔］没有［二六板］，而这种［碰板］从开唱形式和唱段结构来看，都与［西皮二六板］类似。由于［二簧碰板］在唱段中的上下句句尾很少有拖腔，唱词节奏比较紧凑，字多腔少的特点甚为突出，因而它的表现性能主要用于不同语气节奏的叙事。

《萧何月下追韩信》 周信芳饰萧何（左） 刘文奎饰韩信
（江炎嘉摄）

［碰板］亦名［顶板］或［夺板］。过去有人将有“(多罗. 656)|”起唱的叫［顶板］，把只有（或没有）“(多罗.)”，说完就起唱的叫［碰板］；也有人叫法与上述相反；还有人将只有（或没有）“(多罗.)”的称为［夺板］。这3种称谓，实际上只是开唱形式上稍有区别，而在唱段结构上则没有什么不同。因此，一般都统称为［碰板］。

［二簧碰板］的代表性唱段，除《战蒲关》和《追韩信》外，还有《太真外传》（旦腔）“杨玉环在殿前深深拜定”，《白蟒台》（生腔）“岑彭贪生你去求荣”等。（张正治）

erhuang sanban

二簧散板 ［二簧腔］的一种板式。无板无眼（节拍自由）形式。它是将［二簧原板］通过拆散手法发展出来的（京剧各种腔调的［散板］，虽均为“无板无眼”形式，但其旋律中，音的长短仍有一定的比例，能体现出强弱关系，特别是语言的节奏，有着一定的秩序和规律）。［二簧散板］的基本腔格，每句仍有3个分句（第三分句不分前节和后节）。3个分句的落音与［二簧原板］的基本腔格稍有变化。生腔3个分句的落音，上句为Re、Do、Do，下句为Mi、Mi、Re。旦腔3个分句的落音，上句为高Re、Sol、高Do，下句为Si、Si、Sol。其基本腔格大体如下：

在［二簧散板］的唱段中，上下句重复变化所用的应变手法与

生腔

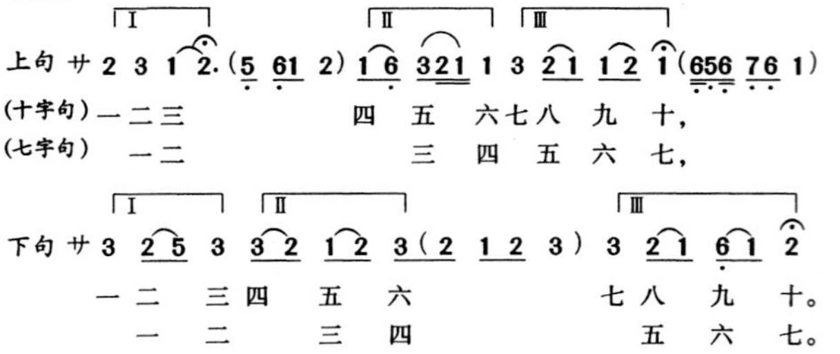

旦腔

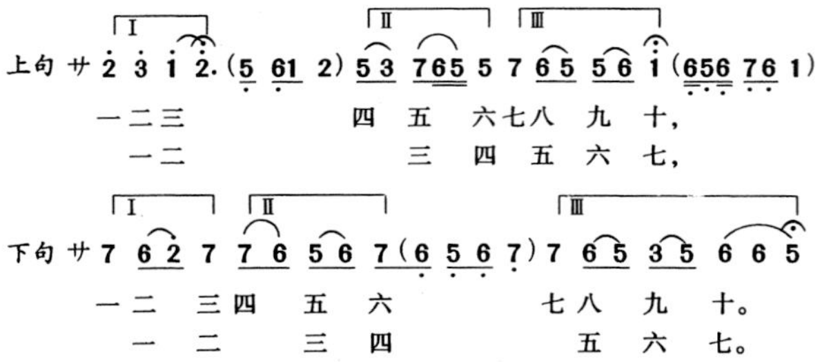

[二簧原板]基本相同。但其旋律、节奏、落音、调性和结构的变化，更加多样自由，伸缩性很大。尤其是常有生腔下句采用旦腔下句的旋律，或者相反的情况出现。

[二簧散板]唱段的表现性能与[原板]、[慢板]等所有不同，因为它的节奏比较自由，不受固定节拍形式的约束，可以根据唱词的内容，尽情地自由抒发人物的感情和表达急促顿挫的语言节奏，故多用于戏剧矛盾冲突较激烈的场合，表现人物的激动情绪，很富于戏剧性。但有时在一般的场合，也可用于叙事或对话。

[二簧散板]代表性的唱段有：《洪羊洞》(生腔)"适才与贤爷把话来论"，《审头刺汤》(旦腔)"陆大人坐在法堂上"，《白良关》(净腔)"唐朝国公十八家"，《岳母刺字》(老旦腔)"宗元帅为国家忧愤丧命"，《洛神》(小生腔)"她那里柔情态娇羞满面"，《钓金龟》(丑腔)"母亲一言出口顺"。（张正治）

erhuang yaoban

二簧摇板 [二簧腔]的一种板式。由[二簧散板]派生而来。其唱腔与[二簧散板]相同，主要区别是在伴奏上。[散板]的唱腔和伴奏都节拍自由，一般称为慢拉慢唱，伴奏与唱腔的节奏是一致的；[摇板]的唱腔虽然也是节拍自由，比较自由舒缓，但伴奏却是急促的一拍子形式，比唱腔的节奏约快一倍，一般称为紧拉慢唱，伴奏同唱腔的节奏形成鲜明对比，产生的戏剧效果特色鲜明。可以说，[摇板]是散板类和上板类两种节拍的综合体，或者是由上板类节拍到散板类节拍的过渡形式。另外，[摇板]和[散板]所用的伴奏锣鼓也有所区分：[散板]是用双楗子的锣鼓开唱，每句唱腔后面一般都有大锣一击（有时上下句联唱也可省略），而[摇板]则是以单楗子拷板的锣鼓开唱，每句唱腔后面没有大锣一击。[二簧摇板]由于其节拍形式的特点，既可表现紧张激动的情绪，也可表现松弛平静的心境。

[二簧摇板]的代表性唱段有：《八大锤》(生腔)"听她言来喜心上"，《荒山泪》(旦腔)"痛儿夫和老父无端丧命"，《大保国》(净腔)"徐延昭出朝房撩袍抖袖"，《望儿楼》(老旦腔)"凄凉凄凉真凄凉"，《十道本》(小生腔)"句句说的伤风话"。（张正治）

erhuang yuanban

二簧原板 [二簧腔]的基本板式。一板一眼(2/4)形式。中等速度。由对偶式上下句组成曲式结构基本单位，并以上下句变化重复构成唱段。每一唱句都有3个分句（第三分句又分为前、后两节）。其上下句的基本腔格（即结构和旋律的骨架）大体如下：

生腔（可大体代表老生、净、丑以及老旦的腔型）

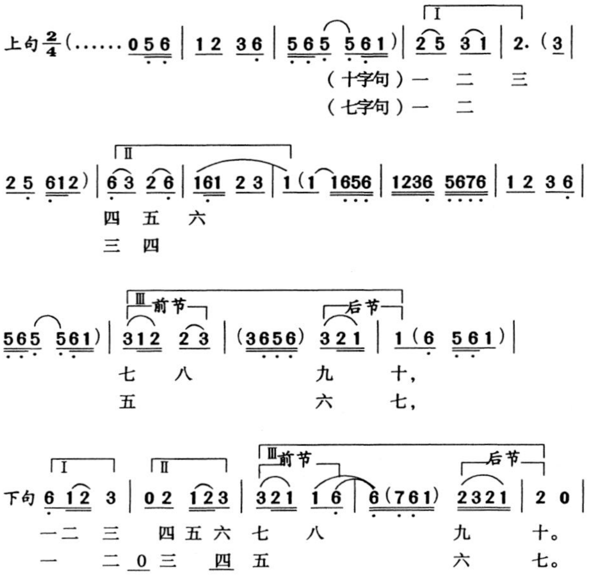

旦腔（可大体代表青衣、花旦以及小生的腔型）

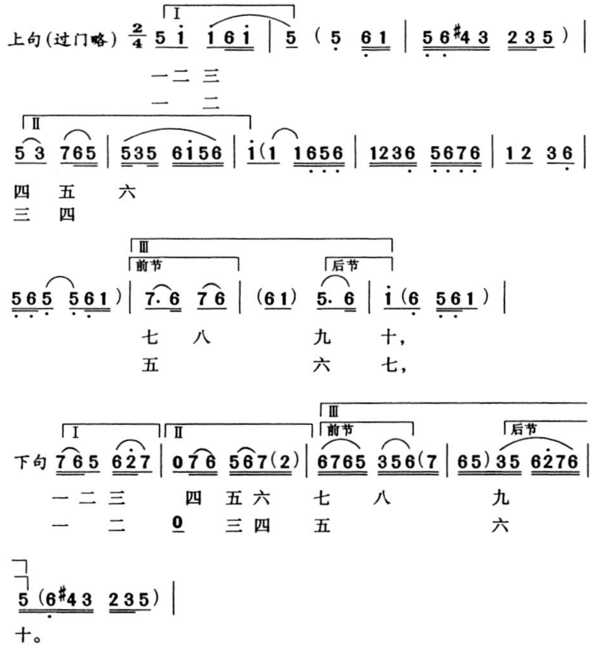

可以看出，[二簧]的旦腔有时比生腔高八度，有时则仅比生腔高四、五度；旦腔的下句是生腔上五度的暂转调，旋律委婉，听来很富女性特色。

通过以上[二簧原板]的基本腔格，可以看到[二簧原板]生、旦腔上下句的结构形式、各个分句的落音、板起板落的规格和生、旦腔活动音区及调性变化上的基本形态。随着唱词内容情绪的不同和唱词句格、字数，还有字音四声的不同，其上下句尚有很多重复变化的应变手法：或加腔、扩展，或简化、压缩；或移高、降低音区、转变调性；或加垛句、加拖腔和吸收别的曲调因素等。

［二簧原板］的结束句和一般的下句不同，主要是第一、二分句都起于“板”，生腔最后落音为Re或低Sol，旦腔落Sol或高Re。如：

生腔 《一捧雪》

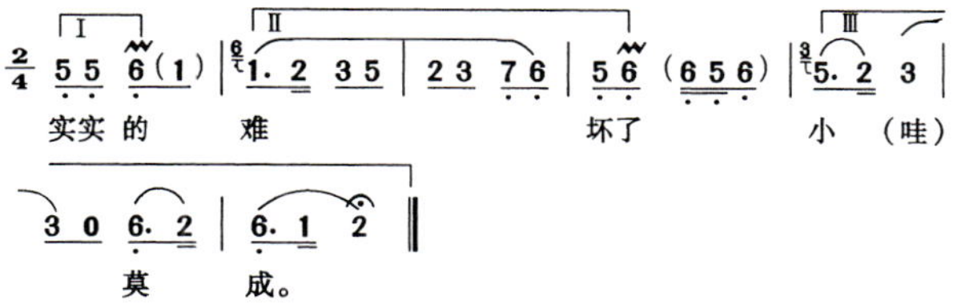

旦腔 《鱼藻宫》

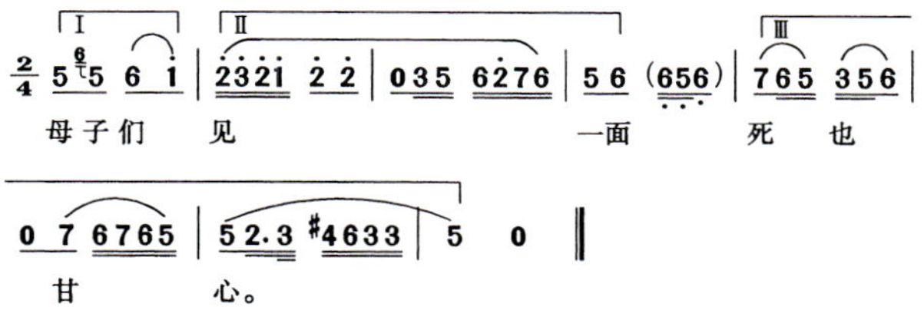

此外，尚有最后唱散的结束句（曲谱从略）。

［二簧原板］的唱段，由于它既有字少腔多，主要以旋律来表现情绪、偏重于抒情性的唱句，又有字多腔少着重以语言来陈述事物、偏重于叙事性的唱句，因而它既可用于抒情也可用于叙事，或者抒情与叙事并用。

［二簧原板］代表性的唱段有：《洪羊洞》（生腔）“为国家哪何曾半日闲空”，《太真外传》（旦腔）“昨日宫中何等宠幸”，《姚期》（净腔）“皇恩浩调老臣龙庭独往”，《钓金龟》（老旦腔）“叫张义我的儿听娘教训”，《洛神》（小生腔）“手把着金带枕殷勤抚玩”，《审头刺汤》（丑腔）“金乌坠玉兔升满天星斗”。 （张正治）

Er Jin Gong

《二进宫》 京剧作品。又名《击宫门》。作者不详。有《戏考》、《戏典》、《京剧丛刊》等刊本。故事见于清嘉庆间昆弋剧本《香莲帕》及同名鼓词。明隆庆帝死后，太子年幼，李艳妃垂帘听政，命其父李良摄政。定国王徐延昭和兵部侍郎杨波力谏，李艳妃执意不听，此为第一次进宫，折名《大保国》。徐延昭到皇陵哭诉，是为《探皇陵》（一作《叹皇灵》）。徐、杨再次进宫谏诤，因李良

清宫《戏出画册·头进宫》（故宫博物院藏）

清宫《戏出画册·叹皇灵》（故宫博物院藏）

清宫《戏出画册·二进宫》（故宫博物院藏）

封锁昭阳院，篡位野心已经暴露，李妃悔悟，便以国事相托。三折连演，简称《大、探、二》或《龙凤阁》，而以最后一折《二进宫》的演出最为常见。为生、净、旦并重的唱工戏。徐凌霄称：“此戏虽是一短出，却结构谨严，无一懈笔，无多穿插，只凭场上寥寥数人整齐之步伐（行、立、坐、跪）及谐适之音调，能使全场空气紧张，视听两官，同得满足”，“可谓中式歌剧之代表”。“老生、正旦、大净为唱工之主要角色。有在一剧中某角独重者，有两角并重者，亦有三角合演而中间杂以穿插可资休息者。若夫三重角合于一短出，鼎峙争强，切实比赛，则《二进宫》为唯一之选”。在歌唱调协方面，“整齐而不板，参互而不紊”，“分唱、联唱、漫唱、紧唱、衔唱、合唱均臻完美”（《剧学月刊》第1卷第12期《二进宫》）。清焦循《花部农谭》中说：“《龙凤阁》慷慨悲歌，此戏当出于明末。《击宫门》一出，即隐移宫之事也。李娘娘即选侍。杨波即杨涟，涟之为波，其意最明。徐量即是徐养谅，但故谬为神宗事耳。神宗太后虽亦姓李，其父李伟有贤称。”《花部农谭》为焦氏记述晚年在扬州农村看戏观感。皮簧翻演此剧，多有改动，史实亦不可考。清道光二十五年（1845）刊本《都门纪略》记载和春班陈花脸擅演《二进宫》徐彦昭，大景和班杨五

擅演《大保国》李彦（艳）妃。清咸丰十年至十一年（1860～1861）昇平署档案中亦有记录。（王卫民）

Ershi Shiji Dawutai

《二十世纪大舞台》　戏剧刊物。清光绪三十年九月（1904年10月）在上海创刊。创办人陈去病、汪笑侬。主编陈去病。上海大舞台丛报发行。这是中国第一种以戏曲为主要内容的文艺杂志。该刊以“改革恶俗，开通民智，提倡民族主义，唤起国家思想”为宗旨。亚庐（柳亚子）所作《发刊词》即大声疾呼：“以《霓裳羽衣》之曲，演玉树铜驼之史，凡扬州十日之屠，嘉定万家之惨……皆绘声写影，倾筐倒箧而出之。”又说：“今当捉碧眼紫髯儿，被以优孟衣冠，而谱其历史，则法兰西之革命，美利坚之独立，意大利、希腊恢复之光荣，印度、波兰灭亡之惨酷，尽印于国民之脑膜，必有欢然兴者。”表达了当时资产阶级革命派改良戏曲的观点和愿望。由于民族民主色彩浓厚，因而发行两期，即被清政府查禁。该刊辟《图画》、《论说》、《传记》、《传奇》、《班本》、《小说》、《丛谈》、《文苑》、《批评》、《纪事》、《答问》诸栏，两期发表《论戏剧之有益》、《记江西戏班之改良》、《记〈缕金箱〉之内容》、《孙

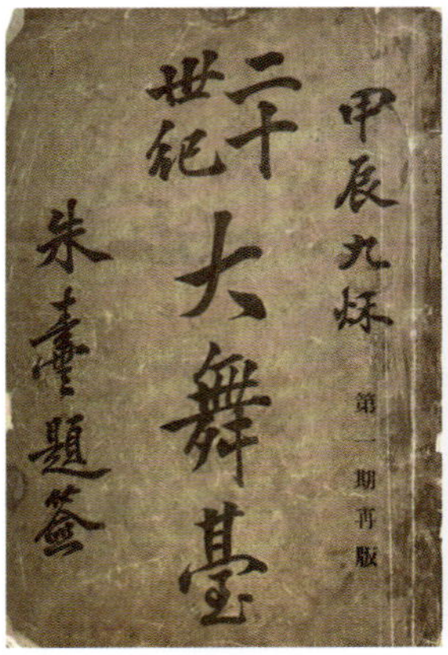

再版封面

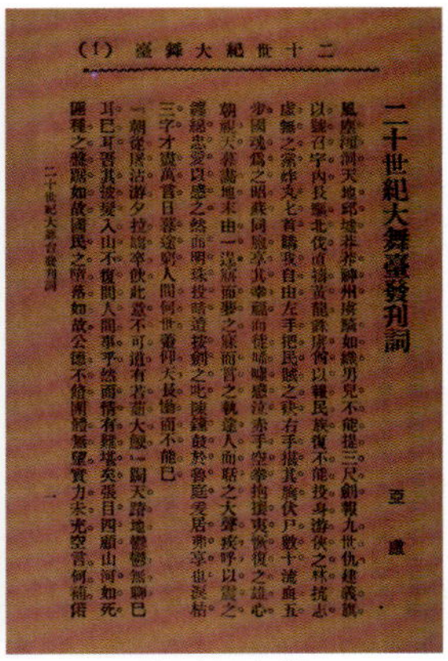
二十世紀大舞臺（1）

二十世紀大舞臺發刊詞

亞盧

发刊词书影

菊仙》、《沪上喜晤汪笑侬伶隐赋赠》等多篇文章，又刊载《安乐窝》、《鬼燐寒》、《新上海》、《黄龙府》等传奇剧本与《长乐老》、《缕金箱》、《金谷香》、《拿破仑》等京剧班本，内容丰富，形式多样。该刊发行上海、汉口、开封、苏州、香港等地，远及日本、新加坡，得到孙中山创办的《中国日报》的甚高评价。（沈达人）

F

中国京剧百科全书

Fa Zidu

《伐子都》 京剧作品。又名《搴旗夺车》、《牛脾山》。郑国惠南王的母亲在牛脾山遭庄公杀害，惠南王即发兵报仇。庄公部将公孙阏（子都）与颍考叔为争夺帅印失和。攻城时，颍考叔举旗先登，子都放箭将他射死，冒功领赏。庆功宴上，颍考叔鬼魂出现，子都悸惧不已，吐露真情，摔死在金殿。本事见《左传》及《东周列国志》第5～7回。原系梆子剧目，作者不详，为侯俊山的代表剧目。1919年11月2日在第一舞台的大义务戏中，已年近古稀、蓄须辍演的侯俊山重新出山，压轴献演该戏，“武工不减当年，尤以望耋之年，在‘惊魂’一场，由两张台桌上‘台漫’翻下（他在壮年时能翻‘两张半’），更使观众惊异”（《京剧谈往录续编》翁偶虹《记忆所及的几场义务戏》）。江上行在《海派京剧名角点将录》中谈到吕月樵“把从梆子班学来的武戏《伐子都》，将唱念易为皮黄而保留梆子戏武功方面之特长”，可备一说。早年黄月山的演出，在当时可称杰作。据1929年2月23日《申报》载，他表演“金殿发疯时一个筋斗，自桌上扑出曰抓地虎，只将坐椅略移，人已扑地。而饮酒时金斗中置有乌梅屑，使劲将鼻风吹动，灰屑一齐飞起，粘住面门，顿使容颜改变，亦为平日练就工夫，故能不偏不倚，皆在脸部正中。后李春来效之，此剧竟亦得名”。李春来曾以年近六旬之躯出演《伐子都》，“首场见考叔已取得帅印，愤火中烧，目眦欲裂，负气之意，溢于言表”，“大战一场，一根枪犹如雪舞花飞，精彩卓绝”。金殿一段，“目瞪口呆，心惊胆裂……步尖错乱，身段摇摇不定……描摹索命离魂，身不由主之情状，表得十分美满”（见1913年5月13日《申报》13版玄郎文）。这出戏因有硬靠虎跳前扑、倒扎虎、穿蟒窜扑虎过桌、锞子等特技，故只有功底瓷实的演员方可胜任。1940年，上海卡尔登大戏院在歇夏期中，为了救济绍兴难民，举行3场义务戏，其中周信芳（饰子都）、张翼鹏（饰颍考叔）的全本《伐子都》，为演出史上的难得记录。擅演此剧的，还有茹富兰、李盛斌、钱浩梁等。《戏考》有刊本。 （王若皓）

李盛斌饰公孙子都（左） 白庆祥饰颍考叔

《戏出年画·伐子都》（画面为搴旗夺车一场）
左起：颍考叔、车卒、公孙子都
（王树村提供）

Fachang Huan Zi

《法场换子》 京剧作品。又名《换金斗》。作者不详。薛仁贵父子为国征战，战功卓著，为奸佞所忌。元宵节，薛刚为父母祝寿，酒后大闹花灯。奸臣张泰乘机构陷。薛家满门抄斩。薛刚逃走。薛猛镇守阳和，亦被褫官摘印，与妻马氏及方满三月之幼子薛蛟解递京师候斩。徐策不忍忠良绝嗣，借生祭之机，以己子金斗暗换薛蛟，养育成人，为其父祖复仇。故事源于演义小说《薛家将

清宫《戏出画册·法场换子》（故宫博物院藏）

反唐全传》。京剧有《阳和摘印》、《举鼎观画》及《徐策跑城》，演《法场换子》前后故事。此剧表现徐策舍子救孤的高风懿行。在戏剧结构和人物关系上，以至亲骨肉的生死存舍震撼观众的感情。此剧是一出以老生为主的唱工戏。法场生祭，徐策面对被绑的薛猛夫妻，千头万绪涌上心头。在［反二簧］凝重苍劲的旋律中，通过30多句唱词，将人物愤懑、责怨、哀惋、凄凉等种种复杂的感情表现得淋漓尽致。据《清代伶官传》，咸丰十一年（1861），陈长寿、杨瑞禄曾在清宫演出。孙春恒、谭鑫培等均擅此剧。余叔岩、言菊朋、林树森、刘鸿昇、程君谋等有唱片行世。剧本见《京剧丛刊》、《戏考》、《戏典》等。（马克郁）

Famensi

《法门寺》 京剧作品。又名《双玉镯》、《双姣奇缘》、《郿邬县》、《朱砂井》。作者不详。明代世袭指挥傅朋闲游，偶遇少女孙玉姣，心生爱慕，赠与玉镯。事为刘媒婆撞见，诘问玉姣，应允代为撮合，并索去绣鞋一只以为表记。刘媒婆之子素无赖，借机生衅，并由此引发一桩三人无辜被害的命案。郿邬县令赵廉将涉嫌的傅朋屈打成招。适逢太监刘瑾侍奉皇太后至法门寺降香，被害者宋兴儿的姐姐宋巧姣已查明真相，鸣冤上告。刘瑾责令赵廉复审，真凶刘彪、刘公道处斩，宋巧姣、孙玉姣赐婚傅朋。全本见《京剧汇编》第40集及清《车王府曲本》（略有残阙）。情节曲折，过场戏较多，现已很少完整演出。前部，傅朋与孙玉姣邂逅相恋一段情节，常作折子戏演出，剧名《拾玉镯》，是一出饶有风趣的爱情喜剧，深受观众喜爱。1957年，杜近芳在第六届世界青年与学生和平友谊联欢节上演出，曾获金质奖章。孙玉姣由闺门旦饰演，面对傅朋故意遗下的玉镯，欲拾不敢拾，不拾又舍不得；在饱经世故的刘媒婆面前，掩饰不住内心的娇羞和喜悦，生动地描绘了情窦初开、天真娇憨的少女情态。上场时穿针引线、刺绣手帕以及喂鸡、轰鸡等虚拟表演富于生活气息和京剧艺术的形式感。后部，一般从刘瑾进香开始，剧名《法门寺》，以“大审”为主要内容，却不在破案的过程上做文章，而是重在对人物精神面貌的刻画。刘瑾执掌生杀大权，号称“御儿干殿下”，飞扬跋扈，颐指气使，摹写得淋漓尽致。随从太监贾桂谄上欺下，奴性十足，更是入木三分，堪称典型。郿邬县令赵廉进士出身，一心想做清官，却因不通人情事理，事与愿违，铸成错案，只得忍气吞声，受尽屈辱，个性鲜明，别具特色。这三人分别由花脸、小丑和老生饰演。其余由正旦扮演的孙玉姣、丑脚扮演的刘公道、彩旦或花旦扮演的刘媒婆，也都各有发挥，是一出色彩绚丽的群戏，曾是三庆班的名剧。程长庚及金钰班的薛印轩均以擅演此剧赵廉著称。经过北京舞台长期演出的磨炼，为作品带来浓郁的“京味”。清末，一些京剧演员曾“供奉”内廷，看惯了现实生活中的刘瑾、贾桂之流的嘴脸，更以他们的亲身体验，丰富了艺术形象的塑造。语言泼辣生动，脱口成趣，恰合人物的身份和性格。贾桂念状是剧中的一个精彩片段。这纸状文曾经清末举人叶肖斋修改润色。名丑萧长华以为言简意赅，朗朗上口，在与谭鑫培、金秀山合演时开始采用，从此流传。对照清道光元年（1821）同州梆子抄本的同名作品（载陕西省文化局编印《陕西传统剧目汇编同州梆子》第1集，1961年出版）可以看出作品发展变化的痕迹。刘瑾原籍陕西兴平，同州梆子写他是侍奉自己的母亲去法门寺进香，在事实上较近情理；京剧中称他是“太后老佛爷”的“义子螟蛉”，则是强调其熏天气焰。据清人李慈铭《越缦堂读书记》：“又弋阳腔演剧有《拾钏记》，亦曰《法门寺》，谓刘瑾所出冤狱者”，则当自弋阳腔改编，惜未见剧本及演出。《越缦堂读书记》中还谈到，明人黄瑜《双槐岁钞》中“陈御史断狱”事，为传奇《钗钏记》所本，与《拾钏记》和《聊斋志异》中的《胭脂》颇为类似，“疑皆由此附会”。1992年，余笑予、李云彦曾将此剧改编为《法门众生相》，由湖北省京剧团演出。（颜长珂）

田桂凤饰孙玉姣（右）
顾芷荪饰傅朋（中） 刘赶三饰刘媒婆

清宫《戏出画册·法门寺》（故宫博物院藏）

Famen Zhongshengxiang

《法门众生相》 京剧作品。1990年湖北省京剧团改编演出。故事梗概：国太赴法门寺降香求雨，大太监刘瑾、小太监贾贵等陪侍左右。所到之处地方官员纷纷阿谀迎送，唯郿邬县知县赵廉自恃清廉不肯巴结大小太监，从而结怨于贾贵等。民女孙玉姣为夫婿鸣冤于国太驾前，国太命重审此案，贾贵等借机要挟赵廉并欲置之死地，赵廉妻送传家宝夜明珠求贾贵转圜，赵廉绝处逢生，并得升官。该剧脱胎于传统戏《法门寺》，表现了刘瑾、贾贵、小贵三代太监的奴才性格，尤其对贾

朱世慧饰贾贵（中） 舒建础饰刘瑾（左） 汪永龙饰小贵

贵进行了浓墨重彩的渲染。编剧余笑予、李云彦。导演余笑予、副导演程树强。作曲李连璧、彭友和。打击乐设计黄武进。舞台设计田少鹏。灯光设计李东海、李国伟。朱世慧饰贾贵，罗会明饰赵廉，李兰萍饰孙玉姣，舒建础饰刘瑾，汪永龙饰小贵，易艳饰国太。1992年获第二届文华大奖（编剧、导演、表演分获文华单项奖）、第六届全国优秀剧本奖，1993年获全国戏曲电视剧天安奖二等奖、飞天奖戏曲片二等奖，1999年获第二届中国京剧艺术节优秀剧目奖。（谢鲁）

fayi

法衣 京剧服装。源自道士设坛作法之衣。引入京剧舞台后，基本上保持生活中原有形制。其款式为对襟、直领，长及足，是衣身与衣袖一体的特形服装，即袖口之宽与身长相等，若两袖扯

前身

后身

（选自《中国京剧衣箱》）

直举平，从后面看去，似一长方大被。京剧的艺术加工主要在纹饰上。以马连良在《借东风》中的孔明法衣为例：服色银灰，黑色镶缘，缘饰为红火焰、金八卦。衣身与缘饰构成明度对比、简繁对比，清新别致。一般法衣多为满花布局，以云鹤、八卦为主，服色有天青、宝蓝、红、紫、黑等。如《五花洞》张天师、《青石山》王半仙、《安天会》太上老君等均穿此。（谭元杰）

Fan Fang

樊放（1919～1982） 京剧导演。北京人。1935年毕业于北平新闻专科学校，曾任电台、报纸记者。京剧票友。1949年参加中国人民解放军四野南下京剧团。同年任文化部戏曲改进局京剧研究院实验剧团导演。1953年导演《猎虎记》，以其节奏明快、风格清新而获得好评。其中“猎虎”一折，曾作为哑剧在国外演出，获世界青年与学生和平友谊联欢节奖。后又执导京剧《木兰从军》、《雏凤凌空》、《生死牌》、《孙安动本》等。他还在京剧现代戏方面进行探索，1958年导演了《詹天佑》，1960年导演了《洪湖赤卫队》。他不仅导戏，还参与剧本创作，曾与任桂林合作编写《彝陵之战》，并任导演。此外，还编导了《神医华佗》、《打金枝》等。粉碎“四人帮”后，与北京京剧团合作，参与改编并导演了由赵燕侠、李和曾、袁世海主演的《闯王旗》。（朱文相）

Fanjiangguan

《樊江关》 京剧作品。又名《姑嫂英雄》。作者不详。唐太宗率薛仁贵征西，被围困于锁阳关、白虎关一带。柳迎春捧诏至樊江关，调樊梨花救驾解围。适薛金莲押粮至，责怪梨花未立即出兵，语言过激，竟至动武。经柳迎春呵止，并命金莲向梨花赔礼，姑嫂和好如初，同往解围。故事不见各有关说部。陶君起《京剧剧目初探》记《樊江关》原名《斗嘴》，“有与《马上缘》、《婚姻魔障》连演者”。然今京剧舞台上皆以折子戏独立演出，是一出颇具生活情趣的轻喜剧。该剧是旦脚的对儿戏，樊梨花和薛金莲分别由刀马旦和花旦应工。顶额披靠，舞台色彩绚丽多姿。姑嫂斗口，念做兼重，全用京白口语，把两人的身份、性格展示得淋漓尽致。樊梨

童芷苓饰薛金莲（右） 童葆苓饰樊梨花

花稳重宽让，薛金莲惯纵娇情。为衬托主要人物的不同性格，剧中还安排了两个带队官吃酒吵架的情节，使场面更加轻松活泼。在困军待援的背景下，全剧缓中寓急，急中又缓。老一代演员杨小朵、王瑶卿、路三宝、朱桂芳、魏莲芳和四大名旦等皆擅演此戏。剧本载《京剧丛刊》第1集、《京剧汇编》第100集。

（马克郁）

fan'erhuang

反二簧 ［二簧腔］中的一种腔调。由［二簧］的调高移低四度(属于异宫系统的转调)派生而来。如［二簧］为E调，［反二簧］则为B调。胡琴定弦由［二簧］的低Sol、Re弦变为［反二簧］的Do、Sol弦，两种定弦绝对音高相同。［反二簧］的唱腔与［二簧］的唱腔基本相同，但由于调高降低，相应地扩宽了音域，因而使旋律的进行有所发展变化。主要是在唱段中常常将基本腔格的上句提高五度和下句提高四度在高音区行腔，以及句尾出现与［二簧］不同的长拖腔，胡琴伴奏的过门也有所不同。旦腔与生腔相同，只是高八度唱而已。

由于［反二簧腔］是将［二簧腔］的调高移低四度，扩宽了音域，所以旋律进行起伏跌宕较大，曲调性很强，既有级进，又有大跳，不仅多有在中、低音区迂回婉转的句型，而且常有在高音区刚劲挺拔的行腔，具有低沉压抑和高亢激昂的双重特点，因

而多用它表现苍凉、凄楚、哀婉或悲壮、慷慨、愤懑等情绪。在传统戏中，为生、旦、老旦和小生所唱。

［反二簧］的板式，在传统戏中，由于它产生比［二簧］晚，并且唱此腔调的剧目较少，故没有［二簧］的板式那么多，只有［原板］、［慢板］、［快三眼］、［散板］和［导板］，而没有［碰板］、［摇板］、［滚板］，也没有［二六板］、［快二六板］、［流水板］、［快板］。中华人民共和国成立后，随着新的内容要求和京剧音乐的革新，不仅［反二簧］被很多剧目运用，表现范围有所扩大，而且发展出了许多新的板式。

［反二簧原板］。是［反二簧］的基本板式。一板一眼（2/4）形式。中等速度。与［二簧原板］一样，仍由对偶式上下句组成曲式结构基本单位，并以上下句变化重复构成唱段；每一唱句有3个分句（第三分句分为前节与后节）。它的上下句的基本结构、唱词节奏位置、各分句的落音等均与生腔［二簧原板］的基本腔格相同。但其开唱和上下句中的过门则有所不同。其上下句基本腔格大体如下：

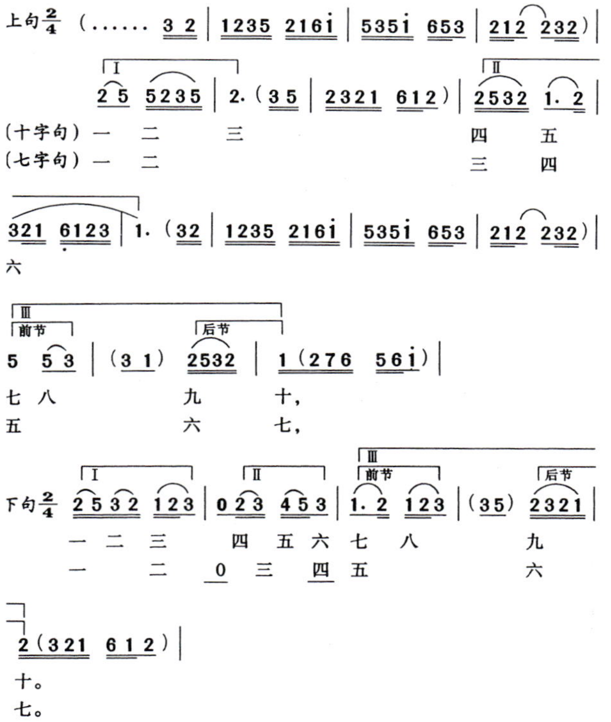

［反二簧原板］的上下句变化重复时，所用的应变手法与［二簧原板］的应变手法基本相同，但没有［二簧原板］的变化那么多样。主要是常常将上句提高五度和下句提高四度行腔。如：

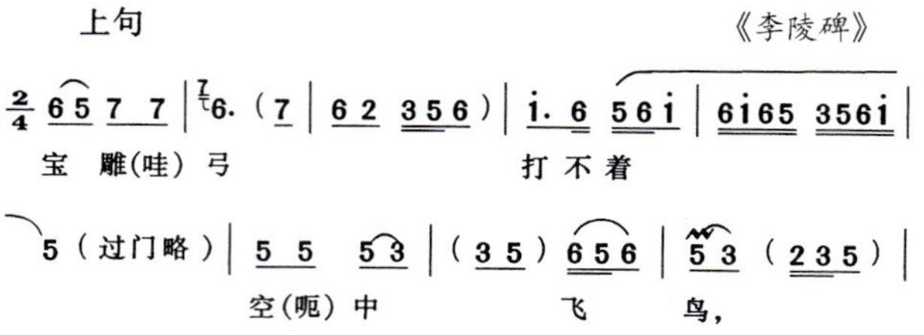

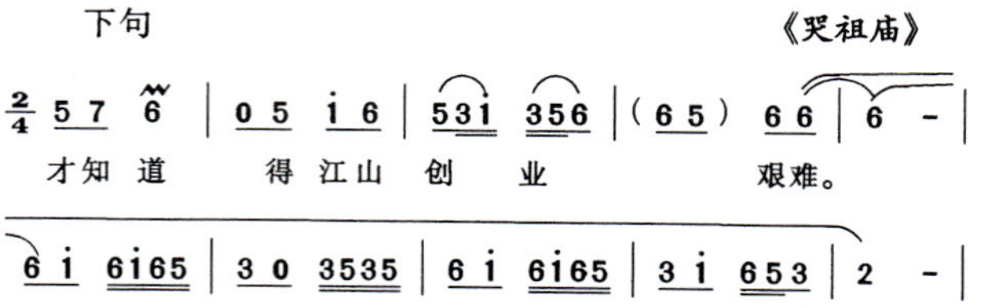

［反二簧原板］的结束句，与［二簧原板］生腔的结束句基本相同，只是调高移低四度，如：

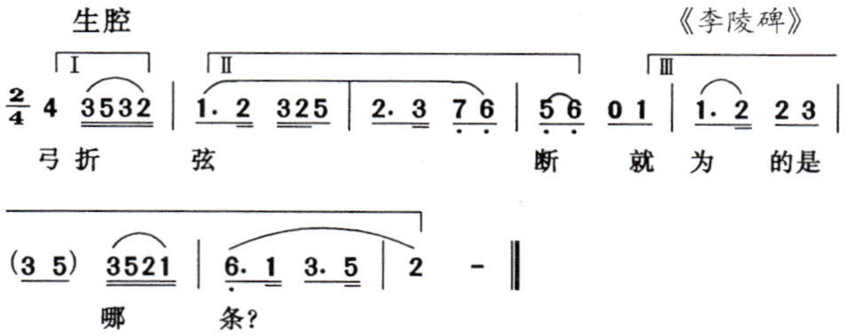

［反二簧原板］在传统戏中单独构成唱段较少见，多由综合板式唱段中的［反二簧慢板］、［快三眼］或［二簧导板］、［回龙］唱完转入。在剧中主要用于悲剧场合下，激愤或哀伤的抒情与叙事。

［反二簧原板］代表性的唱段有：《李陵碑》（生腔）从“眼见得一家人无有下梢”起，《苏武牧羊》（生腔）从“想当年奉王旨来到北海”起，《廉锦枫》（旦腔）从“身背着这青锋海底潜行”起，《康氏哭灵》（老旦腔）从“只哭得咽喉哑娘好伤心”起。

《李陵碑》 王珮瑜饰杨继业

［反二簧慢板］。由［反二簧原板］通过扩展手法发展而来。其上下句的基本腔格与［反二簧原板］上下句的基本腔格大致相同。不同的是，在节奏、速度上比［反二簧原板］约慢一半，变为一板三眼（4/4）形式，速度较慢，在曲调上加进许多花音，其上句的长度和唱词节奏位置也有些变动。另外，［反二簧慢板］的旦腔虽然也与生腔基本相同，但其速度比生腔还要慢些，所加的花音也比生腔的较多，有些行腔和变化样式也比生腔的丰富并有所区别。其上下句基本腔格大体如下：

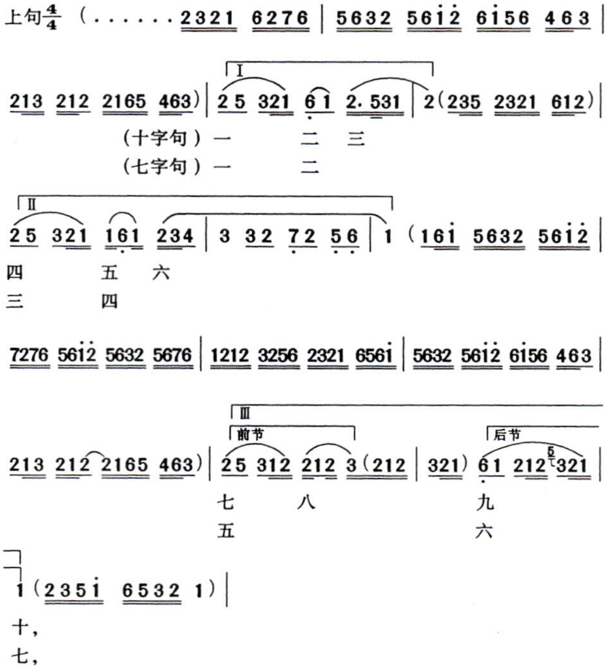

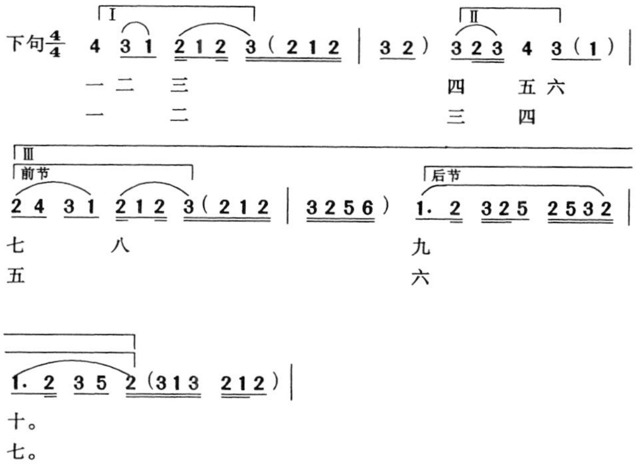

［反二簧慢板］的唱段结构，至少由6句构成，多的达数十句。其上下句变化重复的应变手法，与［反二簧原板］的基本相同。主要是，为了突出其抒情功能，常在上下句的句尾加有4个不同落音的大拖腔。如旦腔的：

①《女起解》“崇老伯他说是”

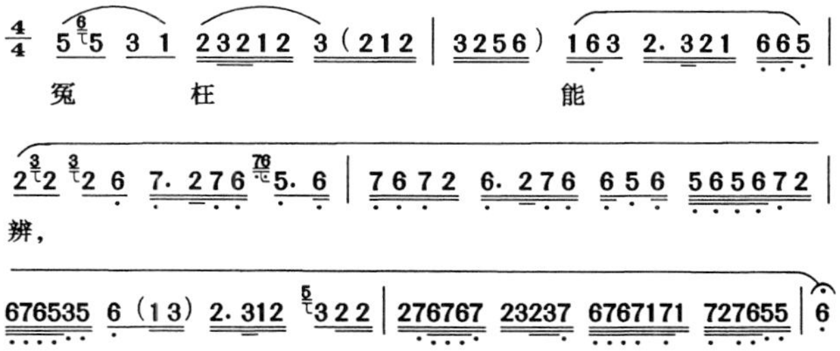

②《祭塔》“黑风仙他本是”

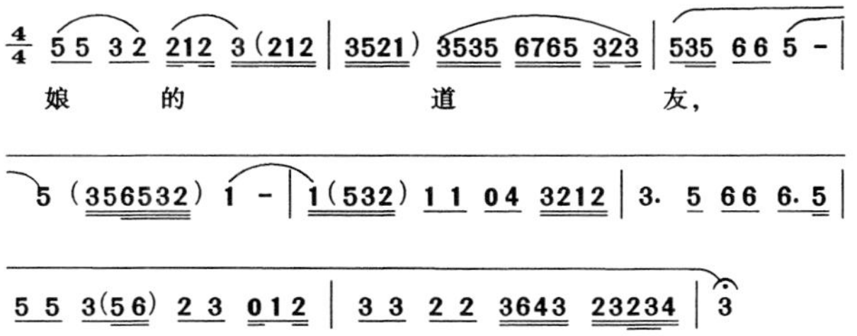

③《祭江》“可叹你虎牢关”

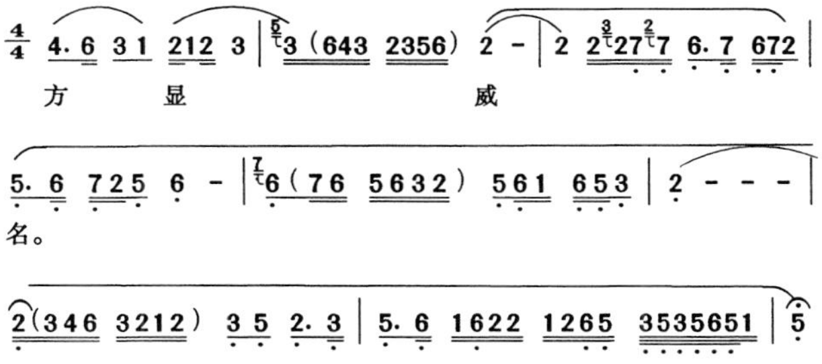

④《宇宙锋》“摇摇摆、摆摇摇”

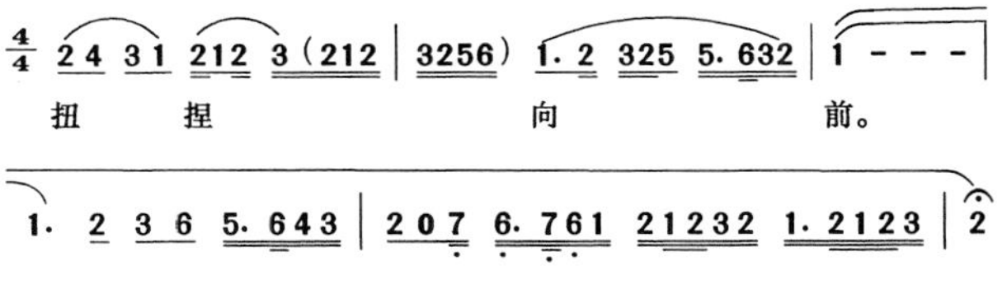

［反二簧慢板］的结束句，只存在于旦腔，它是将反二簧原板结束句的节拍形式扩展一倍，由一板一眼变为一板三眼，并加进了许多花音构成。如：

《祭江》

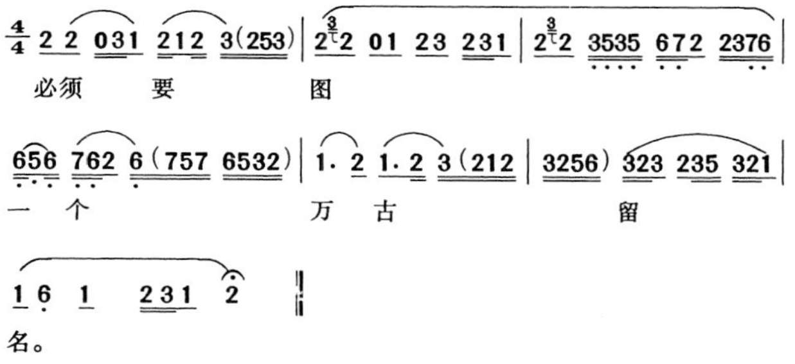

另外，还有将句尾唱散的结束句（曲谱从略）。［反二簧慢板］唱腔，腔繁节密，曲折起伏，高低跌宕较大，在剧中主要用于抒发悲伤或激愤感情。是京剧唱腔中抒情性最强的板式。

［反二簧慢板］代表性的唱段有：《法场换子》（生腔）“贤夫人哭出了法场以外”，《哭祖庙》（生腔）“高皇帝手提着三尺宝剑”，《宇宙锋》（旦腔）“我这里假意儿懒睁杏眼”，《窦娥冤》（旦腔）“没来由遭刑宪受此大难”，《康氏哭灵》（老旦腔）“听谯楼打罢了初更时分”，《孝感天》（小生、旦、老旦对唱）“悲切切尊国母魂伤魄断”。

［反二簧快三眼］。一板三眼（4/4）形式。是介于［反二簧原板］与［反二簧慢板］之间的板式。由［反二簧原板］通过扩展手法发展而来。同［反二簧原板］的关系，与［二簧快三眼］和［二簧原板］的关系相同，也是唱原板腔用三眼过门伴奏。［反二簧快三眼］在传统戏中多为生腔所用，单独成段的少见，一般多在反二簧综合板式唱段中的［慢板］与［原板］之间出现，作为一种节奏变化层次，用以表现激动的情绪。如《李陵碑》的［反二簧］唱段从“我的大郎儿替宋主把忠尽了”到“可怜我八个子把四子丧了”一段。

［反二簧散板］。无板无眼（节拍自由）形式。由［反二簧原板］通过拆散手法发展而来。其基本腔格，每句也是有3个分句，上下句各分句的落音与［反二簧原板］上下句各分句落音相同，上句为Re、Do、Do，下句为Mi、Mi、Re。其基本腔格大体如下：

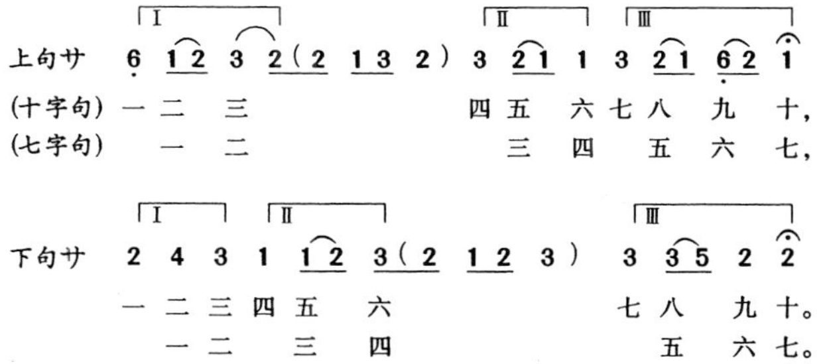

［反二簧散板］的唱段，既可由两句构成，也可由6句以上构成，但一般多为4句。其上下句的变化所用的应变手法也与［反二簧原板］基本相同。比较突出的变化是唱段结束时的下句第三分句前两字，有落在Sol或低La音上起伏较大的拖腔。如：

《哭祖庙》

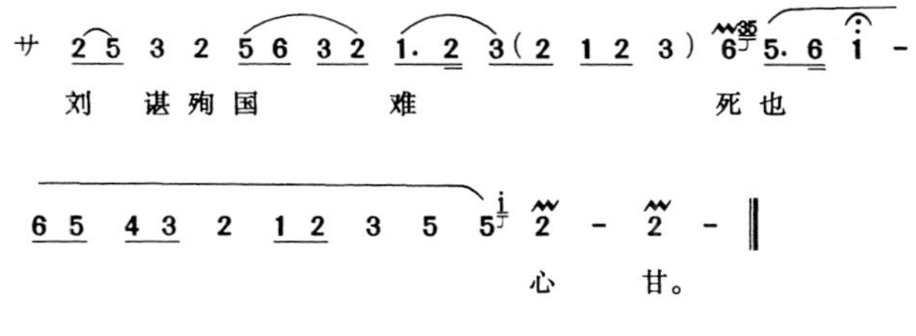

《法场换子》

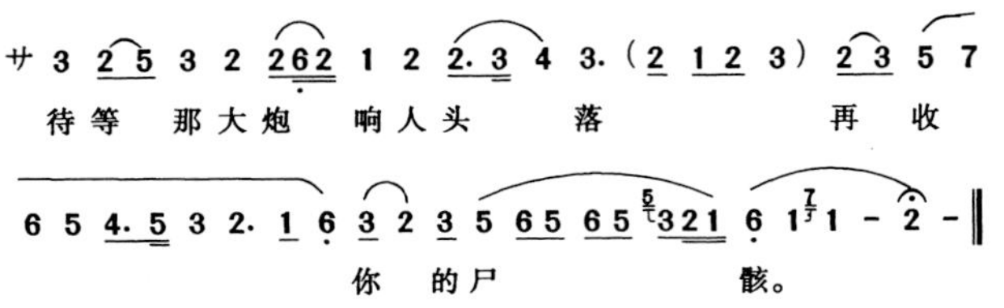

［反二簧散板］在传统戏中单独成段的不多，主要用于反二簧综合板式唱段的最后部分，发挥它音域宽广，旋律低回高拔交错的特性，表达极度伤感、痛苦的心情，有较强的戏剧性。

［反二簧散板］代表性的唱段有：《李陵碑》(生腔)“恨石虎把我的战马咬倒”，《苏武牧羊》(生腔)“被困沙漠十数载”，《祭塔》(旦腔)“此时间说不尽千般苦处”，《孝感天》(小生、旦对唱)“儿在阴娘在阳两厢割断”。

［反二簧导板］。无板无眼（节拍自由）形式。传统戏早期无此板式。它是20世纪20年代梅兰芳排演古装新戏《廉锦枫》和《太真外传》时，与琴师徐兰沅、王少卿共同创作出来的。是将旦腔［二簧导板］的变化腔格的旋律移低四度调高后，为适应［反二簧］上句旋法的特性，将句尾拖腔不落Re音，而落Mi音上构成。如：

《廉锦枫》

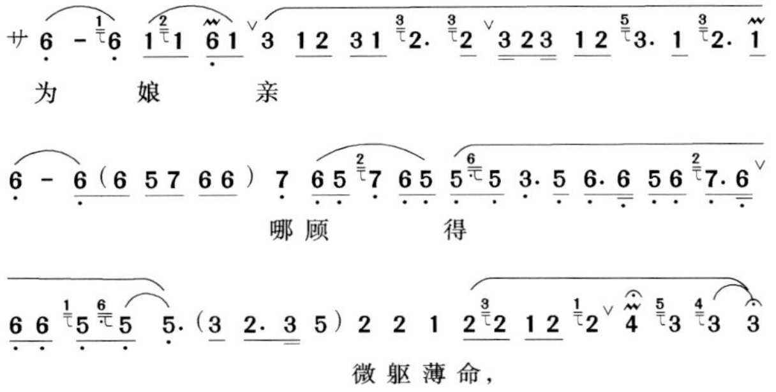

［反二簧导板］的表现性能和作用与［二簧导板］相同。它作为引子用于［反二簧］综合板式唱段的第一句，下接［原板］或［回龙］转［慢板］。（张正治）

fansipingdiao

反四平调 ［四平调］中的一种腔调。由［四平调］唱腔的调高移低四度（属于异宫系统的转调）派生而来。与［反二簧］和［二簧］的关系相同。如［四平调］为E调，［反四平调］则为B调。胡琴定弦也由［四平调］的低八度Sol、Re弦变为［反四平调］的Do、So弦，两种定弦的绝对音高相同。［反四平调］的旋律与［四平调］的旋律也相同，上句落音为Re，下句落音为Do。原只有生腔的［原板］(如《扫松下书》)，后来又有了旦腔的［原板］和［碰板］、［导板］，是1925年梅兰芳排演古装新戏《太真外传》时，与琴师徐兰沅和王少卿共同创造的。

［反四平原板］为一板一眼(2/4)形式。整个唱段是将［四平调原板］的旋律（过门在内）移低四度调高构成。并将开唱过门减半，调整了部分曲调。如“我这里轻移步把那温泉进”一段。［反四平碰板］为一板一眼形式。有两种结构：一种是将［反四平原板］的起始过门省略，将头三字散起（称［导板］），采用［碰板］的开唱形式，如“听宫娥在殿上一声启请”一段；另一种则是将［反四平原板］的上句变化重复3次，最后以下句结束，也采用［碰板］形式开唱。如“一霎时蒸腾得水气氤氲”一段。［反四平导板］为无板无眼（节拍自由）形式。整句唱腔是采用［二簧导板］旦腔的旋律(过门在内)移低四度调高构成。唱词为“脱罢了罗衣温泉来进”。（张正治）

fanxipi

反西皮 ［西皮腔］中的一种腔调。由［西皮］派生而来。但它和［西皮］的关系，与［反二簧］和［二簧］的关系有所不同。［反二簧］同［二簧］的关系，是［反二簧］将［二簧］的调高移低四度（或移高五度），胡琴定弦由［二簧］的“低Sol、Re”弦变为［反二簧］的“Do、Sol”弦。而［反西皮］同［西皮］的关系，则［反西皮］不是将［西皮］的调高移低四度，只是将［西皮］生腔的调式移低四度（或移高五度），变为徵调式。（另外，［反西皮］的下句常有“以徵为宫”属于暂转调的句子出现，虽然其落音仍为“Sol”，实则已是上五度调的“Do”了。）调高并未变，胡琴定弦仍为［西皮］的“低La、Mi”弦，没有变为“Re、La”弦。实际上，［反西皮］的生腔是吸收［西皮］的旦腔加以发展变化形成，上句落音为Do，下句落音为低Sol。而旦腔的［反西皮］又是高八度唱生腔的［反西皮］而成。

生腔的［反西皮］所以是吸收旦腔的［西皮］而形成，是因为在［西皮］中，旦腔同生腔的关系基本是五度关系（生腔为宫调式，旦腔为徵调式），也即是一种正、反关系。但在传统戏中，［西皮］的旦腔从来不称［反西皮］，在生腔的［西皮］某些板式唱段的局部也常常吸收［西皮］旦腔的一两句，也不称［反西皮］，只有当生腔在某一两种板式中，全部都吸收［西皮］的旦腔并加以发展变化后，才称其为［反西皮］。这与戏曲板腔体唱腔的正、反调形成的历史有关。

［反西皮］的旋律进行及其表现性能也与［西皮］有所不同。它的音域较窄，旋律大部分在中、低音区活动，音的进行大跳较少，级进较多，行腔比较低沉、压抑，起伏不大。一般多用于悲剧性场合，表现极度哀伤、痛楚的情绪。在传统戏中，多为老生所唱，有时旦行、老旦亦用之。

［反西皮］的板式由于产生较晚，并且在传统戏中唱此调的剧目不多，因而它的板式比较少，只有［二六板］、［散板］和［摇板］，没有［原板］、［慢板］、［快三眼］、［流水板］、［快板］和［导板］等。中华人民共和国成立后，随着新的内容需要和京剧音乐的革新，［反西皮］有了较大的变革发展。

［反西皮二六板］。此板式先有生腔，后有旦腔，据说是谭鑫培演《连营寨》时所创。其生腔是吸收旦腔［西皮二六板］变化腔格（上句落高Do，下句落Sol）的旋律移低八度和将上下句的第三分句行腔加以发展而变为：

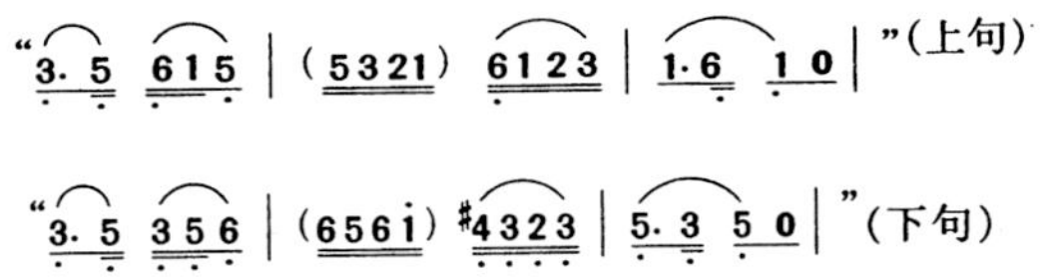

其基本特征：一板一眼(2/4)形式。中等速度。每句仍有3个分句（第三分句分为前节与后节），上下句仍为眼起板落，但开唱句多为板起板落，一般多用七字句，十字句的较少。其上下句基本腔格大体如下：

生腔七字句

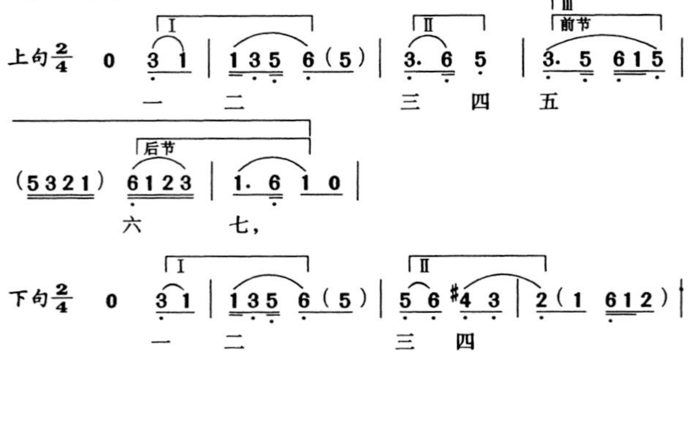

Ⅲ 前节 后节

3. 5 356 | (61) #4323 | 5. 3 5 0 |

五 六 七。

（生腔十字句谱略）

［反西皮二六板］的开唱句，一般多从下句（也有从上句）开始。不论下句或上句、七字句或十字句，均采用［西皮二六板］七字开唱句的结构。其第一分句并采用生腔或旦腔［西皮二六板］开唱句落Re或低Sol的旋律。如：

七字下句开唱的 《哭刘表》

(多罗. 62) | 2/4 3.2 12 | 35 2(161 | 21) 3 5 | 7 65 |

负 兄 寄(呀)托

535 5 6 | 6 5 #4323 | 5. 3 5 0 |

罪 在 备 身。

十字上句开唱的 《韩信》

(多罗. 62) | 2/4 1 612 | 2/4 76 5(36 | 5136) 31 | 635 53 |

我 的 名 叫 韩 信

323 5 | (5137) 6123 | 1. 6 1 0 |

淮 阴 年 少，

在传统戏中，［反西皮二六板］单独成段的少见，一般多由［西皮导板］或［原板］、［散板］、［摇板］的上句唱完转入，最后一句唱散，或在其上句句尾转入［西皮哭头］，以［西皮］的［摇板］或［散板］结束。在剧中主要用于哭祭或非常悲伤情境下的倾述。［反西皮二六板］代表性的唱段：生腔除了《哭刘表》、《韩信》外，还有《连营寨》“点点珠泪往下抛”，《让徐州》“传留了四百年锦绣家邦”。旦腔只有《三娘教子》“不由得春娥女痛在心”。

《连营寨》 张建国饰刘备

［反西皮散板］。此板式同［反西皮二六板］一样，也是先有生腔后有旦腔。其生腔主要是吸收旦腔［西皮散板］的旋律降低八度，并结合生腔［西皮二六板］下句的某些旋律加以发展变化构成。

基本特征：“无板无眼”（节拍自由）形式。每句也是有3个分句。各分句的落音，上句为低Sol、低La、Do，下句为低Si、低Si、低Sol。胡琴以西皮散板过门伴奏。其上下句基本腔格大体如下：

生腔

Ⅰ Ⅱ

上句ザ 3 36 5 6 6 53 6 (6.5 35 6)

（十字句）一 二 三 四 五 六

（七字句） 一 二 三 四

Ⅲ

3 21 61 2 1. 6 1 (7621)

七 八 九 十，

五 六 七，

Ⅰ Ⅱ

下句ザ 7 62 7 76 56 7 (67 13 7)

一 二 三 四 五 六

一 二 三 四

Ⅲ

6 6 #43 23 5 (#4 3 6 5)

七 八 九 十。

五 六 七。

虽然上句落Do音，下句落低Sol音，但不是徵调式。因为整个下句的旋律由于采用“以徵为宫”的暂转调，已变为上五度调的宫调式。［反西皮散板］上下句的变化腔格不多，常用的应变手法主要是加腔扩展、提高或降低音位和上句第一、二分句有不同的落音等。［反西皮散板］唱段的表现性能，主要用于生离死别的场合，表现极为悲痛、哀伤的心情。［反西皮散板］代表性的唱段有：《鱼藏剑》（生腔）“子胥阏阏门楣第”，《豫让桥》（生腔）“念主公他待我恩义非浅”，《鱼藻宫》（旦腔）“耳旁听得法鼓响”，《母女会》（老旦、旦对唱）“儿在相府多侥幸”。

关于［反西皮散板］唱腔的构成，还有另一种看法，即由于它的旋律进行和上句落Do音、下句落低Sol音，与旦腔［二簧散板］上下句的旋律进行类似和落音相同，因而认为［反西皮散板］是以［西皮］的胡琴伴奏，唱［二簧散板］的腔。

［反西皮摇板］。是由［反西皮散板］派生而来。与［反西皮散板］的区别，同［西皮摇板］和［西皮散板］的区别一样，也是在伴奏上。即［反西皮散板］为慢拉慢唱，［反西皮摇板］为紧拉慢唱，而在旋律上两者则完全相同。另外，［反西皮摇板］的伴奏过门与［西皮摇板］相同，也是采用［西皮快板］的。在传统戏中，［反西皮摇板］只用于《南天门》一剧，为老生所唱，并且最后一句转入［散板］结束。表现人物临终前的精神恍惚、神志不清的情态。（张正治）

Fan Xuzhou

《反徐州》 见《串龙珠》。

fandan

饭单 戏衣配件。仿自生活中妇女烧火做饭时所用围兜，故名。有大小两种。小饭单多以黑、蓝绸缎或丝绒制成。上端尖圆，顶点有扣绊，与袄领连接，左右抹角至腋下，缝有长带，反结于身后，底摆为弧线形。长度与袄长相等或略长于袄。纹饰简洁，上部镶饰如意头，下部多绣鲜艳角花。与袄裤组合，用于花旦饰演的民间少女，如《拾玉镯》孙玉姣、《柜中缘》刘玉莲、《游龙戏凤》李凤姐等。另有大饭单，长及膝，色彩有淡蓝、银灰、白等色，与青褶子配套，用于青衣饰演的中青年贫寒妇女，如《汾河湾》柳迎春，梅兰芳饰此，饭单上缀有补丁。

（选自《中国京剧传统舞台美术》）

（谭元杰）

Fan Baoting

范宝亭 （1887～1946） 演员。工武净。北京人。父范福泰，清同治二年（1863）入朱廷贵小福胜科班习花脸。出科后，先后搭永胜奎班、春台班、福寿班、久和班、天庆社，以武净著称。曾任教于小荣椿科班。宣统三年（1911）选入清廷昇平署为民籍教习。民国以后于福寿、喜连成、祥庆和、三乐等班社授徒。范宝亭于光绪二十二年（1896）随父入福寿班学艺。出科后，又拜牛春化，得其真传，范的拿手戏《通天犀》、《收关胜》、《竹林计》均出自牛门，相传至今。范搭班甚多，民国以后，计有余庆社、桐馨社、春和社、双庆社、同庆社、裕群社等，先后与九阵风、迟月亭、杨小楼、俞振庭、高庆奎、沈华轩、李连仲、许德义、余叔岩、瑞德宝、周瑞安、尚小云、刘奎官、茹富兰、方连元、郝寿臣、马德成、李万春等名家合作。其与杨小楼、何佩亭、迟月亭合作，有“一楼三亭”之称。常演剧目还有《取金陵》、《翠凤楼》、《殷家堡》、《淮安府》、《青石山》、《金沙滩》、《百凉楼》、《罗四虎》、《贾家楼》、《艳阳楼》、《赵家楼》、《金钱豹》、《白马坡》、《嘉兴府》、《火判》、《古城会》、《蜈蚣岭》、《独木关》等，其架子花戏如《取洛阳》也时有演出。

《青石山》 饰周仓

范还参加不少新戏的排演，如程砚秋的《荒山泪》、《陈丽卿》，尚小云的《青城十九侠》、《摩登伽女》、《红绡》、《林四娘》、《桃花阵》、《云蕤娘》，高庆奎的《史可法》、《煤山恨》，朱琴心、郝寿臣的《如是活佛》，李万春的《富贵英雄》等。范宝亭的表演迅捷威猛，武打凶狠，翻打跌扑，快捷中见稳健，多有绝活儿，如《金钱豹》中所饰孙悟空的接叉、锞子，即为一绝，人称“铁人”。传人有刘奎官、厉慧良、景荣庆等。

（韶华）

Fan Fuxi

范富喜 （1906～1994） 京剧教师。曾为武旦演员。北京人。出身梨园世家，父亲范文英为秦腔小生。四伯父范福泰为京剧花脸，曾在喜连成科班任教。范富喜8岁入富连成社科班学艺，受萧长华、徐天元、刘喜益诸名师教益，《蟠桃会》、《打焦赞》、《朝金顶》、《竹林计》、《摇钱树》、《泗州城》等武旦戏是他常演剧目。出科后，曾搭俞振庭、尚小云、李万春、叶盛兰、毛世来、吴素秋等班社，在北平、天津、上海演出。曾在李万春演出的《武松杀嫂》中饰演潘金莲、吴素秋演出的《金山寺》中饰青蛇、程玉菁演出的《珍珠烈火旗》中扮演海飞云。谢虹雯、黄玉华、张曼君、华世香等都向他学过把子，受过他的指教。王瑶卿在家教戏时，也曾请他陪教学生打把子。演出风格俏美中见伶俐，飘洒中寓严谨，长靠、短打均有坚实的功力。1951年，应戏曲实验学校之聘，到校任教。他工作热情、富于创造性，首创了“集体教学法”，在一堂课上同时教37名学生。为了能使学生更好地掌握京剧身段的表演风格和神韵，他把传统的程式“起霸”、“趟马”以创造性的变化组合进行教学，通过有节奏的节拍的反复练习，使学生更好地掌握动作要领和静止造型功架的准确，取得了很好的效果。他在《把子教材》的编写中更倾注了全部心血。郭锦华、苏稚、杨秋玲、刘长瑜、李维康、刘琪、万凤姝等人都是他的学生。

（万凤姝）

Fan Jin Zhong Ju

《范进中举》 京剧作品。汪曾祺编剧。取材于《儒林外史》第3～7回。写范进屡试不中，54岁得遇年迈的考官周学道才有了转机。遵嘱去考举人，苦无盘费，幸赖邻人相助始得成行。试毕归来，老母已因饥饿失明。范进抱鸡至集市换米，途中传来他得中举人的捷报，一时惊喜过度，精神突然失常。经报录人提醒，岳父胡屠户猛击一掌，并怒喝“并未得中”，才使之蓦地清醒。当他确信梦想成真后，立时变脸摆谱，倨傲乡邻。1957年北京京剧四团首演，获北京市会演一等奖。王雁导演。奚啸伯饰范进，对剧本进行了润色加工（欧阳中石参与），调动唱念做各种表演手段，成功地刻画了一个饱受科举制度毒害的下层知识分子形象。他特别注意刻画范进的心理活动：未中前如痴如呆，悲苦可怜，外表寒酸，内心鄙俗，既心存梦想，又时时笼罩在惊恐、凄凉、绝望之中；中举后狂喜成疯，走火入魔，一旦清醒，立即颐指气使，作威作福。层次清晰，过渡自然。表现疯癫状态中的范进是本剧的重点，当范进由关清、顾白搀扶上场时，神智已经失常，眼神呆滞，动作迟缓，他不相信自己会中举。待听到报录人念“范大老爷高中乡试第七名亚元”时，猛地一惊，两手抓住水袖，两臂向后背，回身看报帖，前走两步，后退两步。听完“第七名亚元”后，锣声中一愣，转身，向左向右两笑，笑声中包含着高兴、惊讶、凄苦，笑声末了突然咽住，痰涌心窍，昏死过去。在场众人一阵呼唤抢救，［丝边］中醒来，左右重新贺喜，拜求他的文章。范进神智恍惚，两眼发直，以为大家要抢他的报帖，突然大笑着踉跄跑下。唱腔为［西皮导板］、［三眼转原板］、［散板］，将范进醉心功名揭示出来。此外，还设计了一段［西皮二六］唱：“我定下文体叫八十股，句句对仗平仄要协调，考得你昼夜把心血耗。考得你大好青春等闲抛，考得你不分苗和草，考得你手不能提篮肩不能挑。考得你头发白来牙齿全掉，考得你弓背又驼腰。年年考，月月考，活活考死你这命一条。”有得意，有戏弄，有愤恨，有疯癫，有刁难，有报复，也有血泪的控诉。此剧为奚啸伯代表剧目之一。剧本载《戏剧月刊·戏曲剧本》第3集。

奚啸伯饰范进

（周传家）

Fan Junhong

范钧宏 （1916～1986） 京剧作家。原名学蠡。祖籍浙江杭州，生于北京。自幼爱好京剧，初学谭派，后学马派，先后向鲍吉祥、王荣山、张春彦等学戏。曾组织平平社票房，18岁起成为专业演员。1951年任职中国戏曲研究院编辑处，参加整理京剧

传统剧目及编辑《京剧丛刊》。后任中国京剧院编剧。晚年曾在中国戏曲学院戏曲文学系讲课。1986年9月24日在承德举办的北京、河北等五省市戏曲研究会讲坛病逝。一生作有30多个剧本（包括与人合作)。1953年据《水浒》第49回创作的《猎虎记》，1956年获文化部颁发的剧本一等奖。根据《清官册》改编的《调寇审潘》是他生命历程中最后完成的一个剧本。因工作需要，他与吕瑞明根据扬剧《百岁挂帅》改编的《杨门女将》，由中国京剧院四团演出后轰动全国，由北京电影制片厂摄制成彩色艺术片后，获第一届大众电影百花奖最佳戏曲片奖。其他与人合作的剧本还有《夏完淳》、《白毛女》、《陈妙常》、《满江红》、《龙女牧羊》、《初出茅庐》、《洪湖赤卫队》、《除三害》、《冼夫人》、《春草闯堂》、《锦车使节》、《蝶恋花》等。范钧宏熟谙京剧艺术，有较好的文学基础，为编剧提供了有利条件。创作多取历史题材，力求符合历史真实，为“史”与“剧”结合提供了创作经验。《范钧宏戏曲选》1988年由中国戏剧出版社出版，收《猎虎记》、《九江口》、《三座山》、《强项令》、《战渭南》、《调寇审潘》及《〈九江口〉改编散记》一文。此外，还有《戏曲编剧技巧浅谈》、《戏曲编剧论集》等著作问世。（葛士良）

Fan Junhong Xiqu Xuan

《范钧宏戏曲选》 见范钧宏。

Fang Bingzhong

方秉忠 (1856～1927) 笛师。号星樵。祖籍安徽合肥。其父方国祥（1800～1873)，昆曲笛师。隶春台班奏技，达40年之久。咸丰六年（1856）入昇平署承差。方秉忠自幼爱好音乐，由其父传授曲律及吹笛技艺，16岁时，即入昇平署效力，帮吹下手笛，后拜王进贵为师。王进贵系南府十番学旧乐工任得成弟子，精音律、通乐理，有笛王之称。王见其资质聪慧、勤奋好学，便视为高徒，亲传其口诀密法。王进贵之师任得成当时已八十高龄，每当王课徒时，常亲临指导，从而使方秉忠技艺达到了更高境界。清同治十二年(1873) 父国祥病逝，秉忠便补承其遗缺在内廷应差。光绪帝最嗜京剧场面，更善击鼓，秉忠常被召入宫内拍曲、吹笛，或由秉忠及浦阿四、杨长庆等执乐吹奏，光绪帝司鼓演奏曲牌。方秉忠主要在宫内应差，在外搭班甚少，仅于光绪九年(1883)、十年(1884)之际搭入春台，随后又在各科班教习昆曲，如小荣椿、小天仙、小鸿奎、长春、三乐、斌庆等。其门下弟子有：清末的英崇吉、孙福魁、傅荣斌三人，亦是被公认的三大弟子；民国以来的徐兰沅、赵砚奎、陆宗麟、迟景荣、李佩卿、钟剑秋、樊金奎等数十人。另有知名之士，以得列弟子为荣者，有庄清逸、溥西园、钟秋岩、赵子衡、胡子钧、袁寒云及名票刘鲤门、世哲生、颜慎夫、包丹庭等人。民国以来，梨园界场面中人，敬仰为三大笛师者，即方秉忠、曹心泉、陈嘉樑。方秉忠有二子，长子宝奎习武净，次子宝泉初习老生，后任管事，在梨园中均有一定声望。方秉忠之孙（宝奎之子）方问溪，幼喜读书，从张厚璜学声律、研曲理，著有《梨园话》。（孔祥昌）

Fang Fuyuan

方富元 (1902～1971) 京剧教师、鼓师。别名雨田。祖籍江苏丹徒（今镇江丹徒区)，生于北京。出身梨园世家。父亲方春仙，京剧小生演员，曾在富连成社科班任教。方富元1913年入富连成社科班习文武老生，1921年出科之际嗓音突变，遂改习京剧打击乐，师从唐宗成，后又拜在汪子良门下，主攻鼓板。1927年出师后直至1952年，曾先后与雷喜福、言慧珠、童芷苓、李宗义、赵燕侠、李盛藻、杨荣环等合作，专职司鼓，在全国各大中城市演出。

1953年参加北京戏曲实验学校（后更名中国戏曲学校)，任板鼓专业教师，直至退休。会戏较多，舞台经验丰富，擅长打文剧，配合演员唱念动作恰到好处。他鼓艺精湛，造诣很深，尤其单楗子、单点有独到之处，撮、点圆润清楚规范，尺寸严谨。教学认真、耐心，循循善诱，诲人不倦。兄方连元曾为著名京剧武旦演员，弟方贵元为京剧文场三弦乐师，都曾在中国戏曲学校任教。（王健）

Fang Lianyuan

方连元 (1902～1981) 京剧教师。曾为武旦演员。原名方德奎，字鞶卿。祖籍江苏丹徒（今镇江丹徒区)，生于北京。出身梨园世家，曾祖方阿常、曾叔祖方阿昭、祖父方镇泉（一作振全、方狮子）皆为昆曲伶工。父亲方春仙是清末著名小生。自幼在家练功。1912年入北京喜（富）连成科班学艺，排名连元。工武旦，师从徐天元、萧长华。能戏甚多，尤以《五彩舆》之冯莲芳、《英杰烈》之陈秀英、《南界关》(《战寿春》）之刘夫人享有赞誉，并能演武小生戏《八大锤》之陆文龙。是科班演出中的台柱。

1918年出科，先后搭杨小楼、尚和玉、王又宸、马连良、雷喜福、言菊朋、高庆奎、余叔岩、尚小云、程砚秋、朱琴心、荀慧生等各班，出演京津各地。除主演《竹林计》、《巴骆和》、《泗州城》、《摇钱树》、《扈家庄》、《无底洞》、《朝金顶》、《瑞草园》(《雄黄阵》、《盗仙草》)、《百草山》、《演火棍》、《打韩昌》、《蔡家庄》等剧外，与李春来、侯喜瑞合演的《恶虎村》，与尚和玉合演的《青石山》，与钱金福合演的《取金陵》，与范宝亭合演的《娘子军》及与许德义合演的《芦林坡》、《蟠桃会》(《水晶宫》)、《嘉兴府》、《攻潼关》(《氤氲阵》）等堪称当时京剧舞台上的佳构。在艺术上成为直追红极当时的阎岚秋、朱桂芳两大武旦名家的后来者，一时形成鼎足之势。与朱琴心合演过“红楼戏”《摔玉负荆》。表演风格健美、矫捷爽利，于俏丽中见大方，飘洒中寓严谨，翻扑、出手和靠把功夫都有坚实根底，塑造了许多英武飒爽、形神兼备的古代妇女形象。

中华人民共和国成立后，应北京戏曲实验学校（后更名中国戏曲学校）之聘，到校任教。所教的《扈家庄》与王（瑶卿）派《三击掌》，并列为戏校旦行学生人人必修的一武一文“校戏”。他健美大方的风格，被推为旦脚武戏教学的典范。在义演和纪念性演出中，多次粉墨登场，所演《泗州城》(与邱富棠、范富喜)、《武松打店》(与张德俊)、《鞫球山》(与萧长华、宋富亭)、《巴骆和》(与李桂春、郝寿臣）等，为学生们做了示范。谢锐青、刘秀荣、许湘生、梁九荣、和玲、王凯（王晓琴)、苏稚、王道津、陈国为等几届旦行学生，均受过他的亲手指教。（钮骠）

Fang Rongci

方荣慈 (1927～) 演员。工丑。原名方森藩。祖籍福建闽侯，生于北京。幼读私塾，因父病故生活困难，9岁辍学，入任富宝、陈盛德创办的文林社学艺，排名方文慈，师从赵春锦、李一车等。学艺尚不足一年，于1936年底便随该科班赴各地演出，最后至温州福禄林剧场，刚演三场便因七七事变爆发而被困温州，至年底乘船抵达天津塘沽。时尚小云正于天津中国大戏院演出，闻知此事便把文林社全体师生接至惠中饭店暂住。返京后，该社部分学员转入荣春社，如田荣芬、刘雪春、王斌春等。方文慈是由乔玉泉介绍而转入荣春社，易名方荣慈。先后从贾多才学《打面缸》、《打灶王》、《打沙锅》、《一匹布》、《老黄请医》、《双背凳》、《探亲家》、《铁弓缘》、《蹁球山》、《铁莲花》、《青石山》、《法门寺》等，从孙小华学《打花鼓》、《顶花砖》、《荡湖船》、《董家山》、《查头关》、《卖饽饽》等，从高富远学《打钢刀》、《一两漆》、《陈三两》等，从高富全学《南界关》等，从郭春山学《瞎子逛灯》、《失印救火》、《连升店》、《娟娟》、《梅玉配》、《涿州判》、《回营打围》、《借靴》、《仙圆》、《定计化缘》、《醉隶》等，从萧盛萱学《昭君出塞》等，《群英会》之蒋干、《审头刺汤》之汤勤为蔡荣桂传授。1945年满科后，曾留在社内效力。为了生计曾在煤铺管账，送过报纸，当过工友，做过测量工人。1950年分配到中国戏曲研究院京剧实验工作团，随团赴甘肃、青海等五省慰问演出。在《三打祝家庄》剧中，成功地塑造了祝小三这一反面人物，给观众留下了深刻的印象。1952年春，因患肺结核病辍演治疗。1954年病愈后，至中国京剧院二团。1957年被错划为右派，后送农场。1978年落实政策后，重新回到中国京剧院。第一出戏是傍李世济演《锁麟囊》的小势利眼。后复排《三打祝家庄》，仍饰祝小三。1980年随团赴香港演出《群英会》(饰蒋干）等。1989年退休后，曾应聘至中国戏曲学院附中任教。在京剧音配像工作中，为孙盛武配演《哭秦庭》中的樵夫，为萧盛萱配演《孙安动本》中的老院公等。为培育京剧接班人，还应邀至春芽少儿京剧班授课。（刘松崑）

Fang Rongxiang

方荣翔（1925～1989） 演员。工净。北京人。7岁学艺，8岁拜尚小云为师，学习旦行及基本功。后投师骆连翔、张鑫奎，并得宋富亭、谭世英等指教，改唱花脸。1942年7月，在北平广德楼拜裘盛戎为师，潜心钻研裘派演唱技艺。曾搭班在北平、天津、哈尔滨、长春、沈阳、石家庄、保定等地演出。1948年3月，参加东北人民解放军第七纵队京剧团，随军南下，后改编为中国人民解放军东北边防军十三兵团京剧团。1951年10月，参加中国人民志愿军总政治部京剧团，赴朝鲜前线演出，曾两次荣立三等功，被中国人民志愿军总部授予解放奖章。在朝期间，与李师斌、李贵华等根据志愿军战斗英雄事迹，创作反映中朝人民并肩作战的现代京剧《奇袭白虎团》。1958年12月，集体调至山东，整编为山东省京剧二团，经常深入工矿、农村、部队，并先后到上海、南昌、九江、福建等地演出《将相和》、《除三害》、《黑旋风李逵》、《盗御马》等。1964年6月，随山东省京剧团进京参加全国京剧现代戏观摩演出大会，在《奇袭白虎团》中饰王团长，所唱［二簧快板］“趁夜晚出奇兵突破防线”等唱段，在裘派行腔吐字的基础上，根据剧情需要有所突破创新，并渗透老生发声唱法，酣畅淋漓地表现出志愿军智勇兼备誓歼顽敌的英雄气概。该剧由长春电影制片厂拍摄成彩色戏曲故事片。之后，又先后参加现代京剧《海鹰》及《凌河春》等剧的改编排演。

方荣翔尊师敬业，品德高尚。在拍摄电影期间，闻知裘师病危，急忙从长春赶至北京照料，直至裘逝世。他们名为师徒，情胜父子。

《铡美案》饰包拯 （吴钢摄）

《盗御马》饰窦尔墩

裘临终前将戏装及金表遗留给他。他对裘的遗孀关怀赡养，无微不至，并为继承和弘扬裘派艺术不遗余力。1981年1月，天津电视台等单位在津联合举办裘派艺术专场演出，方参加演出《姚期》、《铡美案》、《探皇陵》、《打龙袍》等剧。同年5月，随山东省京剧团赴天津、北京演出，获“裘派弟子之魁”的赞誉。后参加著名京剧表演艺术家裘盛戎逝世10周年演出，担任艺术指导，并演出《遇后龙袍》。1982年9月，山东省京剧团以中国京剧团名义，应日本文化财团和朝日新闻社为纪念中日邦交正常化10周年的邀请，赴日本东京、京都、大阪等8个城市访问演出。同年12月，剧团又应新加坡艺术节委员会邀请，赴新加坡演出《铡美案》等剧。之后，随团巡回演出于营口、沈阳、辽阳、抚顺、鞍山、大连、烟台、徐州等地，并参加纪念谭富英、梅兰芳、尚小云的演出活动。1985年3月，复发心肌梗塞，经抢救康复后，于同年10月在山东剧院公演《赤桑镇》、《铡美案》等剧，风采依然。住院期间，他将裘师生前演出的现代京剧《雪花飘》剧本，进行加工整理，于1986年1月由济南电视台拍摄成电视戏曲片。他饰演剧中人陈大爷，冒雪实景拍摄，一丝不苟。同年，由山东电影制片厂拍摄电影纪录片《方荣翔舞台艺术》，其中选录了《赤桑镇》、《坐寨盗马》、《将相和》等十余出有代表性的传统剧目。

1988年6月，山东省京剧团与北京军区战友京剧团同赴香港参加“京剧荟萃耀香江”演出。方荣翔演出《铡美案》、《包龙图》、《龙凤阁》、《遇后龙袍》、《赵氏孤儿》、《清官册》、《将相和》、《空城计》等。慕名从美国、日本、英国、卢森堡、新加坡等国及中国台湾地区来的观众，称他“酷似业师”、“裘盛戎再生”。18日晚场演出《包龙图》中场，方荣翔心脏病突然发作，他毅然决定在后台紧急吸氧采取简单医疗急救措施，坚持登台演出，直至谢幕。治疗期间，每晚抱病演出，直到演出任务结束。文化部于1989年1月作出《关于表彰方荣翔同志的决定》，称他是“艺术精湛，

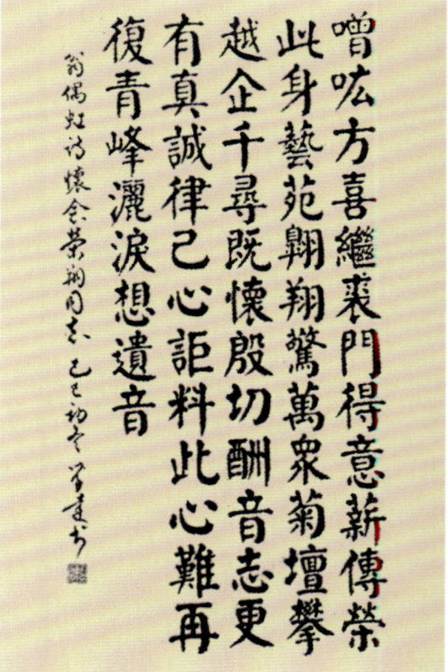

翁偶虹题、朱学达书怀念方荣翔诗

品德高尚”的典范。他教戏育人，弟子有李永红、康万生、邓沐玮、唐元才、张宝志、宋昌林、孟广禄及台湾的女花脸演员王海波等20余人。 （纪根垠）

Fang Rongxiang Yishu Shengya

《方荣翔艺术生涯》 京剧文集。中国戏剧家协会山东分会编。山东文艺出版社1990年4月出版。该书汇集了方荣翔的亲人、师兄弟、同事、挚友、学生和票界及有关方面人士撰写的回忆文章，

分为“苦难童年，艺海求生”、“心向观众，献身舞台”、“心血育才，桃李传香”、“战胜病魔，更见赤诚”、“方氏裘韵，流芳艺苑”5个部分，以散珠串联的方式连缀起来，从多方面展现方荣翔曲折瑰丽的一生。“方氏裘韵，流芳艺苑”选录了6篇分析方荣翔唱腔艺术的论文，其中《评“方氏裘韵”》对方荣翔唱腔与裘盛戎唱腔，在吐字、发音、气口的运用等方面进行了深入细致的比较，概括为：“裘盛戎是雄浑中见韵致，劲中藏媚，朴茂厚重。方荣翔则是于柔媚里透出气魄，媚中见劲，清空灵透，舒朗和雅，中正清新。二人唱腔风格的同中见异近于初唐边塞诗人高適、岑参。”并对方荣翔个人艺术风格形成的主客观条件及时代审美心理的认同做了简明的阐述，是一篇研究方荣翔唱腔艺术的力作。 （陈义敏）

Fang Ruishan

方瑞山 （1924～ ） 京剧教师、鼓师。祖籍安徽，生于北京。出身梨园世家。父亲方立善是著名京剧武场大锣乐师，他演奏的大锣轻、重、疾、徐、收、放、绝音，有其独到之处，诸多名演员争相邀之相佐。20世纪50年代到北京私立艺培戏曲学校任教。方瑞山13岁时拜汪子良为师，后又拜潘寿山为师，艺业大进。1940年始在中华戏曲专科学校乐队献艺，嗣后又在富连成社及鸣春社乐队演奏。1950年起先后参加李宗义、姜铁麟、李万春、荀慧生等人的班社和剧团司鼓。1953年到北京戏曲实验学校任教。方瑞山司鼓沉着稳健，技术精到，节奏鲜明，尺寸准确，能戏较多，文武昆乱均较擅长。对学生既要求严格，又循循善诱，为京剧事业培育了不少优秀的演奏人才，如苏焕学、冯振霄、李朝贵、史镇鑫、张景霖、李养元等。参加编写了《打击乐教材》及《唢呐教材》，并为迟景荣编著的《京剧曲牌源流及运用》编配锣鼓经。1984年曾为京剧舞台艺术片《岳云》设计打击乐。 （王健）

Fang Songlin

方松林 演员。工旦。生卒年及籍贯不详。松林又作松龄，字莲舫。清道光末至光绪初的著名武旦、花旦演员。道光十八年（1838）成书的《凤城花史》（作者种芝山馆主人）称方松林是嵩祝斑“武旦之极出色者”。王芷章《中国京剧编年史》认为，方松林“系道光初年生人。自幼入嵩祝坐科……是武旦、花旦一并学习”。《凤城花史续编》又云：“连福堂方松林，字莲舫，嵩祝名武旦也。后入四喜转春台，近归和春。”种芝山馆主人还在《评花韵语》中描述方松林“身颀而软，袅娜娉婷，不碍跳击”。后方松林专攻花旦，享名更盛。成书于光绪二年（1876）的《怀芳记》（作者萝摩庵老人）谓：“松龄，隶和春部。色艺压同辈，名噪一时。齿既长，颜色不衰。

方松林戏装肖像画
（沈容圃绘）

既蓄须谢去，司事者啖以重金，薙须复登场焉。殆五十余岁，评者以为‘人妖’。”又谓：“有友……特从和春招松龄来演《翠屏山》，余得寓目，妖冶诚无匹也。”也是光绪二年，阳历2月7日《申报》发表《图绘伶伦》一文，述及京师前门外廊房头条胡同的方学圃画铺门前，于“去腊”即光绪元年（1875）腊月“新增一额，绘时下名脚五人，小生徐小香作周公瑾装束，老生张喜儿着武乡侯巾服，花旦范松林、正旦时小福、丑脚刘赶三，皆各作登场模样。惟小香、松林尤为酷似，真可谓传神之笔”。文中又说：“松林所宗者为魏三。闻魏三演剧，周历各省，无不叹为绝技。缘其在某省演剧，其装束即似某省妇女，不爽丝毫……松林虽止能效京师闺阁，然亦尽善尽美。”此文所记之“范松林”即方松林，范、方音近误记。魏长生殁于嘉庆七年（1802），距方松林出生约20年，所谓“宗魏”，当指方松林从魏氏传人中得其艺术风致，非嫡传焉。方学圃画铺悬挂的五名伶戏装肖像画今已不存，然还留有沈容圃戏出肖像画《思志诚》，内有方松林戏装肖像。吴焘（倦游逸叟）《梨园旧话》云：“余初观松龄、长贵花旦之剧，年均在五旬以外”；花旦剧若《翠屏山》、《乌龙院》等，“非具大本领者不能出色。当时专精此技者，只松龄、长贵、杨贵云，寥寥数人”（《清代燕都梨园史料》第825、826页，中国戏剧出版社1988年12月版）。方松龄的花旦戏除《翠屏山》、《乌龙院》外，还有《花田错》、《海潮珠》、《血手印》、《浣花溪》、《铁弓缘》、《玉玲珑》以及《四郎探母》（饰萧太后）等。齐如山在《京剧之变迁》中称方松林“极能排戏”，“像《花田错》等戏，都是他排出来的”。又说，方松林搭永胜奎班时，常与刘赶三合演，台下异常欢迎。两人成了“一对永远合演的”搭档，“差不多是无一出不好”。方松林“到了六十几岁，方才歇工。二百年来，唱花旦的，到六十余岁还受欢迎的，就是松林一人。田桂凤乃是专学松林，一生也极能叫座……这也不愧为松林的高徒”。这些记载，说明方松林上承魏长生，下启田桂凤，走红戏场40多年，在京剧花旦史上具有重要地位。 （龚和德）

Fang Xiaoya

方小亚 （1947～ ） 女演员。工武旦、刀马旦。祖籍河南新县，生于山东枣庄一个革命军人家庭，1949年随家迁入上海。1959年考入上海市戏曲学校京剧班，受教于松雪芳，学武旦。后

又受到杨畹农和魏莲芳的指教，打下了扎实的唱做基础。1966年毕业后进入《智取威虎山》剧组，随剧组加入上海京剧院。1978年，参加上海市青年演员汇报演出，获得优秀演出奖。1980年，参加京剧电影《白蛇传》的拍摄，饰演小青，受到观众好评。1985年，在上海市第三届戏剧节中以《八仙过海》一剧获得主演奖。1986年，在上海电视台主办的戏曲武功艺术比赛中被授予优秀武功演员称号。1988年，参加新编神话剧《盘丝洞》的创排，以全面的唱念做打技艺，成功塑造了女儿国国王和蜘蛛精化身两个角色，先后获得首届上海白玉兰戏剧表演艺术主演奖

《盘丝洞》饰蜘蛛精化身（左） 赵国华饰孙悟空

和文化部首届文华表演奖。《盘丝洞》成为上海京剧院的保留剧目，演出场次已超过500场，受到上海市委宣传部的特别嘉奖。1991年参加全国中青年京剧演员电视大赛，演出《青石山》、《活捉》，获得最佳表演奖。1992年参加梅兰芳金奖大赛，获金奖。方小亚在艺术上善武能文，长于刻画人物。武功底子厚实，身段优美，出手稳健，勇于创新，在唱、念、做、打各方面都颇有建树。经常主演的传统剧目有《青石山》、《火凤凰》、《八仙过海》、《水漫金山》、《锯大缸》、《十八扯》等。曾随团出访德国、英国、荷兰、比利时、奥地利、瑞士、日本等国，以精湛的演技，倾倒了外国观众。特别是1998年赴日本演出，携《盘丝洞》在日本50多天连演40场，引起轰动。（龚孝雄）

Fang Mianhua

《纺棉花》 京剧作品。作者不详。剧演张三出外经商，三年未归。其妻在家纺棉花时，唱曲自娱。张三回家，与其门里门外，言语相谑。为小旦、小丑合演的玩笑戏。如《戏考》所说：“专于隔墙度曲中取神情，专以唱小曲见长，如四季相思、九连环、十八摸、大沽调等，均可临时随意演奏。近来更有插入时事滩簧者。不必尽与剧本符合也。”据《菊部群英》，清末谢宝云工此剧。赵桐珊自传中讲到，他1915年在上海、南京，都曾以一出《纺棉花》大红（《京剧谈往录续编》）。当时演出，张三夫妻穿戏装上台。1940年，童芷苓在上海黄金大戏院演出时，剧院老板根据市民观众喜欢新奇、有趣、娱乐性强的心理，让她排演此剧，与海派连台本戏对垒。

吴素秋饰张妻（右） 贾多才饰张三

童芷苓饰张三妻，旗袍烫发高跟鞋，时装登台，模仿生旦净丑著名唱段，以及北方曲艺、流行歌曲等，展示了她多方面的艺术才能。韩金奎配演张三，西装革履，学卓别林走路，增添笑料。轰动上海。童以此剧及次年唱红的《大劈棺》，被称为“劈纺大王”。此前及以后有不少女演员上演《纺棉花》，一时成为风气。此外，曾有全本《纺棉花》，剧情为张三妻与货郎通奸，谋害亲夫，与《马思远》等剧并称为“清八出”。有《戏考》、《戏典》等刊本。（周传家）

fangshui

放水 京剧术语。指演员在台上不照剧作原词随意演唱。这或是由于临场忘词，便借用某些水词甚至是有音无字的“沙黄沙黄沙黄沙”敷衍观众；或是由于出现有人误场等事故，有经验的演员常以增加唱词、拖延时间来救场，如演杨家将故事，便历数杨家战史之类。随意增删词句，自是演出之忌。倦游逸叟《梨园旧话》载：“乱弹戏词句粗俗，不比昆剧之雅，然亦词意明白，上下句意思尤须连贯，不得图省力气，妄为删减。程长庚掌三庆班时，青衫某伶唱《祭江》，于［反调］减去数句，大遭其呵斥，此亦其班规严肃之一端。”至于丑脚的临场抓哏或某些剧中允许的即兴发挥，则不在此例。（颜长珂）

Feihushan

《飞虎山》 京剧作品。又名《十三太保》。作者不详。唐末，晋王李克用夜梦飞虎入帐，召来军师周德威解梦，周称此梦为得将吉兆。李克用出外射猎，在飞虎山遇少年牡士安敬思打猎。他试以诸般武器，安件件精通，遂收为“十三太保”，赐名李存孝，并授以先锋印。本事见《残唐五代史演义》第10回。元杂剧《飞虎

金秀山饰李克用（中后） 德珺如饰安敬思（中前）

峪存孝打虎》，亦演此故事。小生、花脸分饰安敬思、李克用。德珺如、金秀山合作演出，享有盛名。德珺如扮演安敬思，在［西皮原板］的落腔上，使一小花腔，声调凄凉清苦，恰如其分地表达了这一丧父的牧羊少年对自己身世的感叹。金秀山扮演的李克用，以其苍劲洪亮的唱腔，抒发李克用求才若渴的心情。剧本见《戏考》、《戏学汇考》、《京剧汇编》等。（刘文峰）

fenpei juese

分配角色 导演术语。导演排戏时的一项工作内容。根据剧本的形象要求，准确选择合适的演员扮演剧中角色，俗称派角儿或派活儿。它是导演构思的一个重要组成部分。一出戏的排演，角色分配是否得当，尤其是剧中的主要角色，是否能找到合适的演员来扮演，关系到整个艺术创作的质量和水平。京剧导演分配角色，首先要考虑角色的行当类型，或生、或旦、或净、或丑，然后再选择合适的人选。同时还要考虑演员的技术特长和所属流派风格与角色性格之间的关系，力求做到二者的对位。如《曹操与杨修》中，用言派老生扮演杨修，言派唱腔那种委婉、清丽中潜藏着的桀骜不驯的特点，正好与杨修的形象相契合。这样的选择，既使演员在扮演人物时能充分发挥自身的流派特色，又有助于演员更鲜明地塑造人物性格。（乔慧斌）

Fen He Wan

《汾河湾》 京剧作品。又名《打雁进窑》。作者不详。唐代故事。源出《薛仁贵征东全传》。叙薛仁贵功成返里，于汾河湾遇一顽童射雁，与之比射，误伤童子。至寒窑，妻柳迎春不能遽认。仁贵发现床下有男鞋一只，疑妻不贞，迎春故意气他。经说明，始知为儿子丁山之鞋，及问状貌，正是汾河湾误射之童。夫妻悲恸不已。这是出以生旦为主，唱念并重，富于生活情趣的家庭悲喜剧。"闹窑"一场通过白开水、鲜鱼羹、穷苦山、马嚼子、生黄铜等细节，浓化了生活气息，反映了普通家庭的夫妻情趣，还寓

谭富英饰薛仁贵（左） 谭百岁（即谭元寿）饰薛丁山

含了对柳迎春不恋荣华富贵，甘受贫苦，18年坚贞不渝的赞美和歌颂。京剧《汾河湾》故事曲折，人物刻画细腻生动，有优美耐听的唱段，妙趣横生的对白，颇受观众的欢迎。原是谭鑫培、王瑶卿的代表作。梅兰芳、程砚秋、荀慧生及余叔岩、王凤卿、马连良、谭富英等均擅演。1930年，梅兰芳首次把京剧艺术带去美国，《汾河湾》译为《一只鞋的故事》。程砚秋还编演过全本《柳迎春》，增加了薛仁贵与柳迎春结亲、薛仁贵投军别窑等情节。梆子等地方剧种亦有此戏，故事情节大抵相同，唯唱白多异，称谓有别。梆子本柳迎春作柳金花。在京剧和梆子《汾河湾》的旧本中存有盖苏文的阴魂上场，作法使仁贵射杀丁山的情节（见《大戏考》），后均删除。剧本载《京剧丛刊》第39集、《京剧汇编》第87集。 （马克郁）

梅兰芳饰柳迎春（左） 马连良饰薛仁贵

Fen Mian Shan

《焚绵山》 京剧作品。又名《介子推逃隐》。作者不详。春秋时，晋公子重耳复国即位，大封功臣，独独忘记了随他出亡达19年的介子推。介偕母隐居绵山，并拒绝回朝请功。重耳亲往访请，介躲避山中不出。重耳烧山拟逼他出来相见，介子推却坚隐不出，与母亲一起被烧死在山中。本事见《左传》。元狄君厚《晋文公火烧介之推》杂剧及清宋廷槐《介山记》传奇均演此事。相关剧目有《醉遣重耳》、

戏画《焚绵山》（选自《中国戏剧图史》）

《重耳走国》、《介子推》等。老生饰介子推，在谭鑫培挑班的同庆班里，周长山以擅演此剧著称。其后，有贾洪林、刘景然。1919年8月，富连成在广和楼日场以此剧演大轴。马连良饰介子推，马富禄反串老旦介母，由蔡荣桂传授。此戏有唱有念，极重做表，焚山时，介背母做身段，扑跌配合，火炽热烈，竟将一出冷戏重新唱"火"。1927年11月，马连良挑春福社在华乐园演出此剧，不仅服饰扮相更加讲究，并特烦老演员罗福山饰介母，唱功有［导板、原板、快板］，还有翻扑繁重的两次扑火，最后走"屁股座子"下高台。"由于戏太累，以后就不演了。"（迟金声《马连良与马派》，载《京剧谈往录》）1928年曾灌制了唱片。刘春喜、奚啸伯、苗胜春、徐荣奎等亦曾演出。1988年，在翁偶虹指导下，经杜元田、李金泉、张志高整理的演出本由北京军区战友京剧团马派再传弟子朱宝光和老旦刘莉莉搬上舞台。此本在唱词上增加了4句垛字句"介子推我不曾争名图私利，我不曾嫉贤动心机，我不曾谋乱倾社稷，我不曾背主暗通敌"的快板，抒发介的心志。《焚绵山》剧本最早见于《梨园集成》。北京市艺术研究所藏本载《京剧汇编》第74集。另有《戏考》、《戏学指南》等刊本。传说寒食节是介子推被焚的忌日，民间因此不忍举火。《焚绵山》常被作为应节戏演出。 （王若皓）

Fenmo Chunqiu

《粉墨春秋》 艺术生活回忆录。盖叫天口述，何慢、龚义江记录整理。中国戏剧出版社1958年出版。正文有19个标题，述及盖叫天身世、科班学艺经过、部分演剧生涯、对前辈艺人的回忆，以及演艺心得，其中有极丰富的表演艺术思想。正文前有田汉在盖叫天先生舞台生活60年纪念会上的发言《向卓越的表演艺术家盖叫天先生学习》，作为代序；有盖叫天在这次纪念会的答谢词《生我者父母，知我者共产党》。正文后有两位记录者所写的有关盖叫天艺术的两篇文章，作为附录。另有盖叫天生活、练工、演出照片

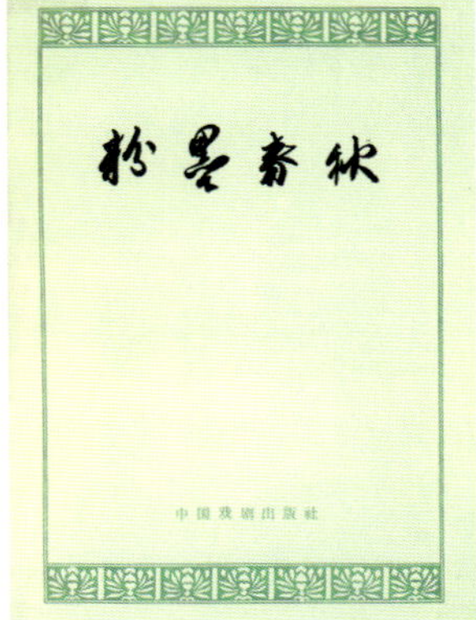

1958年版封面

50多幅。1980年有再版增订本，增入《武松的表演经验》，内含《打虎》、《狮子楼》、《十字坡》、《快活林》、《鸳鸯楼》、《蜈蚣岭》，以及表演散论多篇。刘厚生《悼盖老》、欧阳予倩《戏曲艺术的斗士盖叫天先生》、两位记录者的《集珠成塔——记录整理〈粉墨春秋〉的体会》，亦在再版中增入，并附盖叫天舞台生活主要活动年表。此书为继梅兰芳《舞台生活四十年》之后极有影响的艺术家回忆录，以其语言生动、见解精辟，为世所重。《傅雷家书》称，这是"谈艺术最好的书，人生、教育、伦理、艺术再没有结合得更完美的了"，嘱其子傅聪"细读几遍"。

（龚义江）

Fengboting

《风波亭》 京剧作品。又名《武穆归天》、《精忠传》。孙春恒编演于上海。本于小说《说岳全传》。南宋初年，金兵犯宋，金兀术摆下金龙大阵与岳飞决战。兀术兵败，被宋军追至金牛岭绝路，欲撞山而死，忽然山岭开裂，兀术得脱。金军军师哈迷蚩献计，带信给宋朝丞相秦桧，使他设法害死岳飞。秦桧接信后，即召万俟卨、罗汝楫商议，假传圣旨，先命宋军退回朱仙镇，又召岳飞进京加官晋爵，并连发12道金牌催行。牛皋等众将劝阻岳飞且慢进京，免遭不测，百姓亦苦苦阻行。岳飞一生只图尽忠，不敢违误君命，启程回京。途中，因做一怪梦，上金山寺请道悦禅师解梦。禅师劝岳飞不要回京，免遭陷害，岳飞未从。行至长江边，秦桧矫旨以私通外国、按兵不动、克扣军粮为名，将其拘捕，押送回京。大理寺卿周三畏奉命审讯，不忍加害，挂印逃走。秦桧又命万俟卨、罗汝楫拷问，最后以"莫须有"的罪名，将岳飞、岳云和张宪杀害于风波亭。明代传奇《精忠记》、《精忠旗》演相同故事。《戏学汇考》称："此剧创演于清季，系迎合人人心理中，均不平于岳之冤狱，竞欲一寓目，而编此剧，故风行一世，颇享盛名。"何月山、李吉瑞等擅演。1917年2月，上海丹桂第一台汪笑侬与周信芳曾合演此剧。末场增添一段［二簧慢板］，有数十句之多，措词苍凉，音韵沉痛。此外，1918年丹桂第一台以此剧"早已脍炙人口"，"因此特烦文学大家精于新旧剧者"编成《后本风波亭》，包括秦桧命斩岳飞家眷，梁红玉极力扶救，疯僧扫秦，胡迪骂阎罗，封赠岳飞等情节，由周信芳主演。《风波亭》剧本有《戏考》、《戏学汇考》、《传统剧目汇编》等刊本。1959年，中国京剧院四团演出的《满江红》，则是在此剧基础上参照《宋史》等有关史料，吸取滇剧、桂剧等地方剧中的《牛皋扯旨》等情节，改编而成。参与改编的有马少波、范钧宏、吕瑞明。导演郑亦秋，主演孙岳、杨秋玲、吴玉璋，后由中国京剧院一团李少春、杜近芳、袁世海排演。剧本载《剧本》月刊1960年第10期。2010年，国家京剧院将《满江红》重新修改加工，由原作者之一吕瑞明并约请张永和参与新改本的编写。全剧从岳飞黄河誓师起、风波亭遇害止，删去了牛皋扯旨。导演孙桂元。于魁智饰岳飞，李胜素饰岳夫人，特邀杨赤饰牛皋。8月3日和12月7日，分别作为2010年国家艺术院团优秀剧目展演和全国京剧优秀剧目展演的开幕式演出。

《满江红》(中国京剧院演出) 李少春饰岳飞

（马海玲）

Fengyu Tongrentang

《风雨同仁堂》 京剧作品。张永和、蓝荫海、王新纪编剧，宋杰、徐春兰导演，唱腔设计陆松龄，舞台设计郑传恩。1997年首演。同仁堂为北京老字号药铺，正式创设于清康熙四十一年(1702)。创始人乐显扬，认为医药可以养生，可以济世，毕生致力于方药。其三子乐凤鸣继承父业，精求丸散膏丹及各类配方，汇编《乐氏世代祖传丸散膏丹下料配方》，收载宫廷秘方、古方、家传秘方、历代验方362个，主张"炮制虽繁必不敢省人工，品味虽贵必不敢减物力"，获得良好的社会信誉。雍正元年(1723)

赵葆秀饰乐徐氏（左一）

开始供奉御药房用药。同仁堂在300多年的漫长岁月中，历经兴衰沉浮，不乏充满戏剧性的故事。该剧截取庚子事变后，药店在劫难中起死回生这段传说敷演成章。剧情从1900年初冬时节开始，八国联军入侵北京，火烧大栅栏，同仁堂遭抢被烧。离京逃难的大东家病逝于归途，老铺濒临倒闭，多亏二查柜张宏亭冒着生命危险从大火中抢出同仁堂老匾。女东家乐徐氏（大奶奶）受命于危难之际，与大查柜一起率领全店员工，在铺面荡然无存，一无资金，二无原料的困境中重振祖业。不畏威逼利诱，拒绝为八国联军制造如意长生酒，毅然将老字号典当给四大药行，如期制出老百姓急需的清瘟药。六姑丈黄维廉取悦洋人，飞黄腾达梦想落空，恼羞成怒，诬告同仁堂窝藏拳匪、蓄意抗洋，勾结官府前来捉拿二查柜张宏亭。大奶奶让张宏亭躲避，自己勇敢地面对刀丛剑树，镇定自若，身陷囹圄。只因瘟疫流行，慈禧才将她赦免，刑部放她出狱造药。作品集中笔墨塑造了乐徐氏、大查柜刘福州、二查柜张宏亭等人物形象，歌颂了他们的创业精神和爱国情怀，宣扬了同仁堂老字号从业以精、执事以信、经商以诚的商业道德。赵葆秀扮演的大奶奶形象尤为突出。大奶奶始终处于矛盾冲突的旋涡中，有情有义，智勇兼备，不让须眉，为毁于兵燹战火的同仁堂带来转机和活力。赵葆秀发挥唱功优势，抒发人物悲而不伤、坚定深沉的情怀。此剧老旦成为剧中主要人物，是一种大胆的创新。舞美灯光简洁写意，烘托时代氛围。该剧几经修改加工，在第二届中国京剧艺术节上获金奖。（周传家）

Fengshenbang

《封神榜》 京剧作品。据小说《封神演义》改编的连台本戏。有数种不同改编本。据1928年9月8日上海《梨园公报》漱石《排演〈封神榜〉之源流》所记，清光绪元年（1875）上海孙春恒、景四宝等即以《兴周灭纣图》之名演出于天仙茶园。光绪十五年（1889），又有田际云与黄月山等在上海丹桂茶园曾编演连台《封神榜》，据《京剧二百年之历史》记述，"虽盛夏六月，座为之满，续演至三阅月之久"。1928年起，周信芳等编演十六本连台本戏，在上海天蟾舞台连演三年之久，基本上包括了《封神演义》的全部内容。第一本：从纣王到女娲宫降香开始，女娲遣妖败纣王江山。妖狐在馆驿附妲己体，入京后，纣王宠爱备至。姜尚奉命下山封神，申公豹欲劫之，为南极仙翁所惩。第二本：姜尚至朝歌，投义兄宋异人。宋子为琵琶精媚惑，姜尚逐妖。宋异人为姜尚做媒，娶68岁之马赛花为妻，以卖干面为生，屡次蚀本。改设卦摊，门庭若市。琵琶精来报仇，姜尚以砚将其击死。第三本：纣王造鹿台，百姓深为所苦。殷洪兄弟被逼逃亡。妲己救活琵琶精，纣王纳为妃。时朝政益乱，箕子佯狂，微子出走，比干剖心而死。姬昌被囚七载，其子伯邑考进贡赎父罪，妲己诱伯邑考，被拒，反诬伯邑考戏己，纣王醢伯邑考，送与姬昌，姬昌知而故食之，纣王乃赦放姬昌。第四本：九侯反商，纣王滥杀无辜。杨任死谏，被剜双目。黄飞虎妻贾氏被纣王逼奸，跳楼而死，

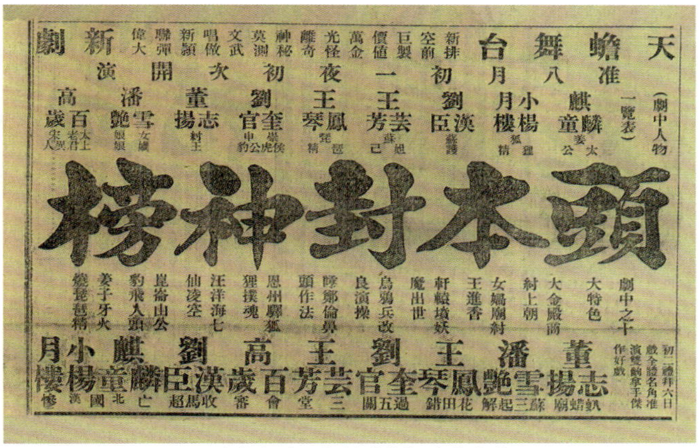

天蟾舞台《头本封神榜》演出广告
（1928年9月14日《申报》）

第三本《封神榜》中的一个场面
周信芳饰伯邑考（右） 小杨月楼饰妲己

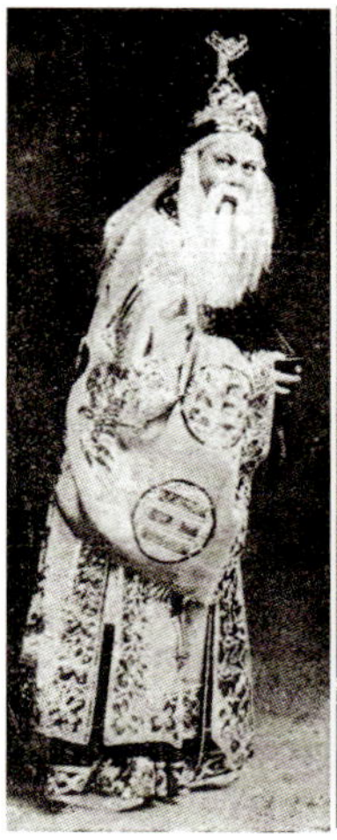
周信芳饰姜尚

董志扬饰纣王

潘雪艳饰雉鸡精

妹黄妃亦被纣王掷死，黄飞虎遂反出朝歌。第五本：殷郊、殷洪被追捕还朝，正欲处斩，为赤精子、广成子所救。商容责纣王无道，被击死。陈塘关李靖之子哪吒杀死龙子，李靖令自尽，父子反目，太乙真人救哪吒还阳。姜尚投西岐。第六本：姬昌夜梦飞熊，访贤，迎姜尚而归。闻仲征北海还朝，见宫廷大乱，欲除妲己。第七本：姬昌收雷震子。纣王炮烙姜后及梅伯惨死。哪吒试震天箭，误杀石矶弟子，故事与折子戏《乾元山》大致相同。第八本：前半剧情与《黄河阵》类似，后半演洪锦与龙吉公主。第九本：殷洪、殷郊学道成，竟背叛师训，与西岐为敌，被师傅处死。第十本：闻仲征伐西岐，最后战败死于绝龙岭。第十一本：土行孙与邓九公女邓婵玉联姻，后一同降周。周武王攻渑池，土行孙等均被守将张奎杀死，张奎又被杨任、杨戬等杀死，渑池攻破。第十二本：杨任大破瘟癀阵。第十三本：前半部分演姜子牙攻潼关，败于卞吉，后收降将邓昆、芮吉，杀死卞吉、欧阳淳。后半部分演通天教主摆万仙阵，文殊、普贤、慈航三大士收服狮、象、吼三怪；广成子用翻天印打死龟灵圣母等。第十四本：梅山七怪阻战周兵，被杨戬诛灭。第十五本：姜尚败于孔雀精孔宣之金光阵，孔宣后被准提道人制服，现出孔雀原形。第十六本：纣王自焚而死。殷王朝结束，周武王登极，姜太公封神。周信芳在其中扮演过姜尚、梅伯、比干、伯邑考、杨任、黄滚、苏全忠、闻仲等十多个角色。北京市艺术研究所藏有一至十本脚本。

这16本《封神榜》，不仅在机关布景、灯光彩头的运用上，是当时很有创意的尝试，与其他连台本戏有所区别，更主要的是周信芳、刘汉臣、高百岁、小杨月楼、王芸芳、董志扬等演员，在塑造人物上都有比较精湛细致的表演。当时评论认为："戏情既好，角色又齐，更有许多精巧玲珑的机关彩景，簇崭全新的精彩行头，特别改良的异样歌舞，处处都能引人入胜。"（伯温《由〈封神榜〉说到时下舞台的趋势》，《申报》1928年12月1日）在《封神榜》中，每本都有一两个中心人物作为主要角色，剧中人物包括各个行当，每个人都有"戏"可演，演员得以充分发挥所长。主要人物都有鲜明的性格，每个人身上都有一些生动的戏剧性的情节，所以虽然是连台本戏，但并不完全凭借机关布景、灯光彩头、情节曲折、场面热闹火爆取胜，京剧艺术的传统技巧，也有充分施展的余地。因此能够获得观众的喜爱欢迎，久演不衰。20世纪50年代中期，北京新兴京剧团由尹清泉编剧，又重新编演了连台本戏《封神榜》，共演出三本，即行辍演，影响不大。1957年上海新华京剧团由李瑞来编剧导演头本《封神榜》，在共舞台连演六个月，并到北京演出。后陆续编至七本。1979年上海京剧院二团青年演员也曾演出此剧共三本。（吴同宾）

fengshen gushixi

“封神”故事戏 据小说《封神演义》编演的京剧作品。《封神演义》成书于明隆庆、万历年间（1567～1619），共100回，作者题为“钟山逸叟许仲琳编辑”，许仲琳生平已不可考。《封神演义》是以许多富有神话色彩的神魔故事，反映商朝末代君主纣王荒淫暴虐，残民以逞，引起周武王伐纣，以周朝取代作结的历史小说。关于商周斗争的传说，从汉代起就有零星记载，民间一直流传着武王伐纣的故事。宋、元时期，产生了《武王伐纣平话》。《封神演义》就是在平话的基础上，又加入了当时民间流传的其他神话传说编创而成的。

清宫《戏出画册·陈唐（塘）关》（故宫博物院藏）

《封神演义》从纣王到女娲宫降香，亵渎女娲神像，女娲大怒，遣妖败其江山写起，中间表叙姜子牙辅佐周武王伐纣，正派的神仙都辅周灭纣，而妖魔邪怪则“助纣为虐”，与周为敌，最后正义战胜邪恶，纣王失败自焚，周武王登基，建立了周王朝。全书以姜子牙受命大封诸神结束。京剧的“封神”故事戏分为连台本戏与折子戏两种类型。连台本戏取名《封神榜》，基本上是按照《封神演义》的故事顺序，经过选择，分为若干本，从头串演到尾。连台本戏多以情节曲折，表演火爆，以及机关布景、彩头变幻取胜。1888年10月，梆子演员田际云的玉成班在上海丹桂茶园演出了全本《炮烙柱》后，与京剧演员夏月珊（饰黄飞虎）、夏月恒（饰苏护）、夏月润（饰哪吒）等合作上演了据《封神演义》编演的《兴周灭纣图》。田际云饰妲己。1889年，黄月山加入，更名为《封神榜》。此剧曾有多种演出本。演出时间较长，影响比较广泛的，还有20世纪30年代周信芳等编演的在上海天蟾舞台演出的十六本《封神榜》。

《绝龙岭》 唐韵笙饰闻仲

封神故事的折子戏，约有六七十出左右，也是根据《封神演义》中的故事情节，演绎改编而成。凡是小说里的主要人物和重要故事情节，在折子戏中大都有所反映。在小说里，蛊惑纣王害民，加速商朝灭亡的罪魁恶首是妲己，所以冀州侯苏护的女儿妲己在进入朝歌途中，被妖狐吸魂附体，受到纣王宠爱的一段戏，是重要的关目。这出戏名为《妲己进宫》，又名《反冀州》、《献妲己》。姜子牙是《封神演义》贯串始终的中心人物，演叙姜子牙个人故事的折子戏有《姜子牙招亲》、《姜子牙卖面》、《姜子牙休妻》、《火烧琵琶精》、《背母求救》、《渭水河》等。哪吒是《封神演义》虚构的人物，但形象塑造得精彩，富有独特的艺术魅力，舞台上的哪吒形象也很鲜明生动，剧目主要有《陈塘关》（又名《哪吒闹海》、《哪吒出世》）、《乾元山》等。闻仲（闻太师）是《封神演义》中的特殊人物，他对于商朝和纣王忠心耿耿，远征北海，战功卓著，威望极高，为人刚烈正直，连纣王也惧他三分。但他一方面疾恶如仇，痛恨谗臣奸佞；一方面又坚决抗拒武王伐纣的“叛逆”行为，誓死与姜子牙的伐纣大军血战到底，最后成为商纣王朝的殉葬者。演叙闻仲故事的剧目有《征北海》、《大回朝》（又名《太师回朝》）、《陈十策》、《佳梦关》、《黄花山》、《绝龙岭》、《阴回朝》等。《绝龙岭》又名《闻仲归天》，演闻仲伐周兵败，欲返朝歌重整旗鼓，途中遇哪吒、黄天化阻击，副将都战死，坐骑墨麒麟亦被击毙，又被杨戬所变的樵夫引上绝龙岭，由云中子用通天神火烧死。《阴回朝》演闻太师死后其阴魂犹不忘朝廷，至朝歌托梦于纣王，劝其勤修仁政，勿肆荒淫，以祖宗社稷为重；是净脚的唱工戏，也是传统戏中净脚演唱反二簧唱腔的仅有剧目。还有许多演述纣王暴虐无道，酷害忠良，残杀百姓，以至逼反大臣的剧目，如《炮烙柱》、《成汤图》、《鹿台恨》（又名《比干剜心》）、《朝歌恨》、《姜皇后》（又名《剜目烙手》）、《百子图》、《反五关》、《汜水关》等。《封神演义》的大部分篇幅，都是描写姜子牙在伐纣途中两军交锋、

《摘星楼》 江新蓉饰贾氏（右） 高玉倩饰妲己（中） 严慧春饰黄妃

神魔斗法的情节，折子戏也以这类剧目为多，主要有《黄河阵》、《三山关》、《西岐山》（又名《太极图》）、《十二真人斗太子》、《瘟癀阵》、《青龙关》、《金鸡岭》、《碧游宫》（又名《大破诛仙阵》）、《攻潼关》（又名《氤氲阵》）、《地行图》（又名《战渑池》）、《梅花岭》（又名《杨戬收七怪》、《梅山收七怪》）等。演述商朝灭亡，妲己伏诛，纣王兵败自焚等情节的剧目有《斩妲己》、《摘星楼》等。《摘星楼》有中国京剧院1959年演出本，马少波、翁偶虹改编，将黄飞虎反五关与摘星楼纣王自焚合成一戏。阿甲导演，李和曾、江新蓉、高玉倩、张云溪、张春华主演。

（吴同宾）

fengxiang

封箱 戏曲演出习俗。沿用于早期京剧。旧戏班每于旧历年前停演，谓之封箱，用意在于全体休息，准备过年。戏班称封箱，戏园称封台。仪式多在旧历腊月二十三送灶日举行，至迟不超过腊月二十九。由四灵官跳灵官舞。舞毕，戏班、戏园全体同仁焚香燃烛，

向戏神（祖师爷）叩拜，然后将收拾好的戏箱贴上封条。封条上一般写“封箱大吉”等吉庆语。节后重新演出时再另外举行仪式，启封开箱。封箱或封台前的最后一场演出谓之“封箱戏”，精彩、红火，戏班主要演员往往演出拿手戏，并合演反串戏，或邀请其他班社的演员助兴演出，既招徕观众，又图吉利。（刘胥洲　戴申）

Fengseng Sao Qin

《疯僧扫秦》　京剧作品。又名《后风波亭》。源自元孔文卿《地藏王证东窗事犯》第二折。故事为秦桧与妻王氏害死岳飞后，终日惶惶不安，乃往灵隐寺斋醮，以为忏悔。见寺内墙上题写着当年他们东窗之下所做诗句，大惊，知是一疯僧（实为地藏王化身）所为。疯僧指桑骂槐，尽数其恶，点明“东窗下”、“私通番邦”、“蜡

杨建忠饰疯僧（左）　朱菊丽饰王氏（中）　富和饰秦桧（金思孝摄）

丸”、“害了他三个”、“风波亭”、“十二道金牌”等事，句句夹带机锋，切中秦桧要害。又拿出书有“久占都堂闭塞贤路”的藏头诗，使秦桧狼狈不堪。疯僧告诉秦桧，岳飞已在阎王殿前告状，等他前去，秦桧毛骨悚然，丧魂落魄而去。明《精忠记》传奇第28出《诛心》吸取了疯僧扫秦的故事。京剧演出来自徽班。除秦桧上场所唱［出队子］取自《精忠记》外，整套唱腔与元杂剧［中吕·粉蝶儿］基本相似。《京剧丛刊》第31集载刘斌昆整理本。刘斌昆幼年承自徽班名丑赵桐顺。他在《我的梨园家世及从艺恩师》中写道：“赵老师一个出场就把观众抓住了。他先扮成地藏王来到灵隐寺。他个子高大，扮个佛面金装的菩萨更显得体态魁梧。这时场面上起［阴锣］转［急急风］，他随着一个转身亮相，脸也变了，嘴也歪了，地藏王换装变为疯僧，左手拿吹火筒，右手拿扫帚，斜肩弓背，一刹那间矮了半截，像是换了个人。最绝的是他的弯身，半蹲着两脚往外撇着走，比一般人弯身更低，一出戏也不带站起来的。”（《京剧谈往录三编》）有《戏考》、《京剧汇编》等刊本。（马海玲）

Feng Shuluan

冯叔鸾　（1883～？）　戏曲评论家。名远翔，别署**马二先生**。书室名**啸虹轩**。直隶涿州（今属河北）楼桑村人。剧评家冯小隐之胞弟。幼年在北京常随兄出入于各戏园，久而成为京剧知音。青年时离京谋职，曾在海州中学及苏州任教员。1912年秋到上海，开始在各大、小报上撰写剧评，渐有声于剧界、报界。次年春，应聘任《大共和日报》主笔，始用“马二先生”笔名。此外，上海《神州日报》，北京《亚细亚报》、《时事新报》、《中华新报》，天津《华北新闻》、《大公报》等，都刊有其剧评。1914年初，编辑《图画剧报》，“日为戏论、剧评一、二篇”。后又创办、主编《俳优杂志》，撰《新旧剧根本之研究》一文，对京剧改良发表见解。同年，文集《啸虹轩剧谈》由中华图书馆出版，收作者剧论、剧评文章多篇，集中反映了他对改良旧戏的见解和对清末民初编剧、评论、剧目、演员等方面问题的看法，颇为剧界所重，成为上海有影响的剧评家。又在1918年出版的《鞠部丛刊》上发表《今后谭派之趋势》、《旧戏不宜用背景说》、《〈三国演义〉之京戏考》、《盖叫天传》等多篇文章。1936年《大公报》上海版创刊，冯叔鸾任副刊《大众俱乐部》主编。4月1日，他在该报撰文谈蹦蹦戏，把当时白玉霜等人在上海演出的评剧贬为“不值方家一盼”、“不登大雅之堂”的粗劣艺术品。几天后阿英（钱杏邨）在《大晚报》撰《蹦蹦戏杂说》一文，对其贬低民间地方剧种的意见做了反驳，由此引起上海文化界对民间地方戏曲的一场争论。“八一三”事变后，还著有红楼戏《夏金桂自焚记》（刊《俳优杂志》）及旧派言情小说多种。

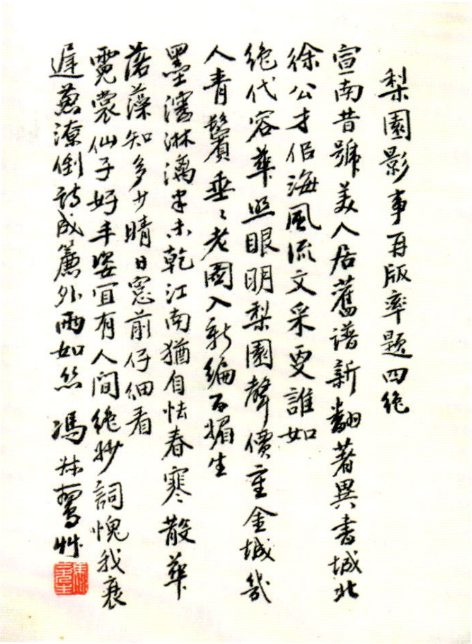

冯叔鸾手迹（题《梨园影事》四绝句）

（张泽纲）

Feng Yucheng Juzuo Xuan

《冯玉琤剧作选》　京剧作品集。冯玉琤著。江苏文艺出版社1992年3月出版。收入《倩女离魂》、《虹桥赠珠》、《大将吕蒙》、《红菱艳》、《水晶心》、《国色重辉》6个创作或改编的京剧剧本。作者为江苏省京剧院编剧，京剧演员冯子和之子。冯玉琤幼年学艺，曾北上师从王瑶卿，后转而研习编剧。共编有剧本30多个，绝大部分都搬上了舞台。书中所选剧本，艺术手法熟练而有新意，如于1957年改编的《倩女离魂》，运用戏曲同时表现不同空间的呈现方式，让倩女和情人王宙同时展示各自的心理活动，发挥了戏曲时空的特殊表现力。《红菱艳》原为其父冯子和编演并主演的名剧，经冯玉琤改编整理、石玉昆导演、黄孝慈主演，在1988年全国京剧新剧目会演中获优秀剧目奖。（沈梅）

Feng Yukun

冯玉昆　（1895～1954）　教育工作者。曾为京剧演员。艺名**冯庆顺**。北京人。自幼入梆子科班习艺，始学青衣，后改京剧小生、老生，兼通其他行当。多年从艺，对旧戏班的陈规陋习深感不满，矢志革新。于20世纪30年代初，竭力积蓄资金，筹办班社，以实现夙愿。先组建醒华平剧社，出演于两广和香港等地。1937年初，带班由广州到桂林，改组剧社，更名为四维平剧社。1938年为了扩大影响，又在柳州、衡阳两地组建四维平剧社，得到田汉、欧阳予倩诸剧界名流的指导和帮助。在3个剧社里建立了排练制度，严肃舞台作风，积极提高演员的文化素养，上演了许多新编剧目，成为当时大后方剧坛的一支有生力量。1942年在柳州组建了四维平剧社儿童训练班，招收行内子弟及来自沦陷区的难童40余名，

施以认真的培训，卓见成效，引起了当时文化戏剧界的关注。在此期间，曾与桂剧名伶黄仪灿、粤剧名伶朱笑珊联合倡议，组织创立柳州第一个剧艺职业工会，并任首任主席。1942年，京、桂、粤3个剧团联合义演，集银元400余元，在柳州近郊窑埠购置一块土地，建为艺人陵园。1944年训练班由全州至桂林，参加西南第一届戏剧展览会，演出了田汉剧作《江汉渔歌》，受到称许，并在人力、物力、财力上对剧展给予了支持。后在贵阳作营业演出时，用售票收入备办了大批布鞋捐献给抗日前线。1945年春率训练班入滇，到达昆明。经田汉出面，将训练班介绍给国民党青年军二〇七师政治部，入编后正式改名为四维儿童戏剧学校，冯玉昆任校长。剧校在冯氏的主持下，演出大量新戏，鼓舞民众，激励斗志。1945年8月抗日战争胜利后，率剧校全体师生北上，翌年进入北平。一面演出，一面延聘名师到校任教，提高学生的剧艺水平。后四维剧校设总校及四个分校，影响更大，当时北平的评论界称为“新平剧运动的生力军”。冯氏随总校参军南下，到达南宁，先在广西军区任职，1951年调到广西戏曲改进委员会，一直从事戏曲改革工作。

冯氏在艰难的办学条件下，率领师生辗转南北，饱尝劳苦，坚持京剧艺术革新，排除陈规陋习，依靠社会进步力量，积极上演大量新剧，宣扬爱国思想，培育了一批优秀的戏曲人才，为戏曲教育作出了贡献。（钮骠）

Feng Zhikui

冯志奎 （1860～1930?） 演员。工架子花脸。幼在北京胜春奎科班学艺，出科后在河北、山东一带演出。清光绪初年由天津到上海，与王鸿寿、孟福保等同台献艺于天仙茶园，合演《殷家堡》、《铁公鸡》、《张汶祥刺马》等剧。冯尤以《五台会兄》一剧表演出色，后应邀加入丹桂茶园参演《清官册》等传统戏。光绪二十七年（1901）冬，丹桂茶园演出《湘军平逆传》，冯志奎因在剧中成功地扮演曾国藩而名噪一时。清末民初，冯由于在《白马坡》、《战宛城》等剧中独具一格地塑造了曹操形象，被誉为“海上第一花脸”。1913年，加入新新舞台，参与由周信芳主演的《宋教仁被害》一剧演出。此后，与汪笑侬、周信芳合演《献地图》、《哭祖庙》、《麦城升天》、《法门寺》、《风波亭》、《英雄血泪图》等数十个剧目，为高庆奎配演《火牛阵》、《大破洞庭湖》、《海瑞参严嵩》等剧，深受观众欢迎。冯志奎嗓音洪亮，技艺全面，注重舞台造型的工架美。他在《古城会》和《长坂坡》中饰演张飞，脸谱勾画精细，表演生动，于刚健中透出妩媚。《宝莲灯》中饰演秦灿，在“秦灿打堂”一场戏里，运用咬牙出声的绝技，配合抛白满、翻水袖等技艺，将这一人物的凶狠表现得入木三分。在演剧同时，他还应聘兼任小金台科班净脚教习，成名学生有马春甫、贾春虎等。（侯硕平）

Feng Zhixiao

冯志孝 （1938～ ） 演员。工老生。生于北平（今北京）一梨园世家。祖父冯蕙林、伯父冯宇兰、姑父姜妙香均为著名小生演员。姑母冯金芙、舅母罗惠兰均工旦行。幼受家庭艺术熏陶，酷爱京剧。1951年考入戏曲实验学校，学老生，师从萧长华、雷喜福、贯大元、鲍吉祥、宋继亭等。首次登台演出剧目为《天水关》(饰孔明)，随之又演出《南阳关》等谭派剧目。1953年首次看到马连良的戏后，即被马派艺术所吸引，认真观摩默记在心。1954年邢威明到校后，向其传授《乌龙院》、《苏武牧羊》、《借东风》、《四郎探母》、《浔阳楼》、《淮河营》等马派剧目。他认真学艺，私淑马派，如醉如痴。1959年4月毕业后分配到中国京剧院青年团，在新编古代剧《杨门女将》中饰寇准，《初出茅庐》中饰崔州平，《满江红》中饰宋高宗赵构等，颇受赞誉。1960年，参演由北京电影制片厂拍摄的彩色戏曲故事片《杨门女将》。1961年2月，拜马连良为师，专攻马派艺术。马师首先为其精雕细刻了《淮河营》，翌年演出一炮而红，蜚声剧坛。调入中国京剧院一团后，常与李少春、袁世海、杜近芳等同台演出，得名家提携，获益匪浅。所演《青梅煮酒论英雄》刘备、《群英会、借东风》鲁肃与孔明、《甘露寺》乔玄、《苏武牧羊》苏武、《四进士》宋士杰、《将相和》蔺相如、《清风亭》张元秀、《调寇审潘》寇准等，都颇具马派飘逸潇洒、清雅婉约的神韵。对现代戏《红色娘子军》洪常青的声腔发音亦进行了创新实验。1988年在文化部主办的全国新剧目汇演中，以主演《调寇审潘》(饰寇准)获优秀表演奖。1991年山东潍坊全国京剧演员邀请赛获最佳演员奖。1991年《赤壁鏖兵》主演诸葛亮，被日本电视台拍成舞台艺术片。曾任中国京剧院一团副团长、艺术委员会主任。多次出国及赴中国香港、台湾地区演出，载誉而归。1999年退休后，为培育京剧艺术幼苗和提携青年演员继续出力。（刘松崑）

《四进士》饰宋士杰

Feng Zihe

冯子和 （1888～1942） 演员。工旦。本名旭，字**旭初**，号**春航**，别号**晚香庵主**。江苏吴县（今苏州吴中区、相城区）人。父**冯三喜**曾为北京四喜班旦脚演员，清同治六年（1867）与夏奎章等到上海。子和自幼随父习青衣、花旦，12岁入丹桂茶园夏家科班，师从夏月珊。半年后登台，因唱做酷似名青衣常子和而被称为**小子和**，后即改名冯子和。光绪二十八年（1902）花旦路三宝到上海丹桂茶园演出，冯曾向其问艺，得益颇多。光绪三十年（1904）得夏月珊支持进商务印书馆所办学堂，边演戏边从外国人习英语、西洋音乐和舞蹈，后转入育才学堂。其间曾与孙菊仙同台，得孙提携，多次合作演出《三娘教子》。

冯主张戏剧应以改良社会和启迪民智为己任，因而除演出传统戏《三娘教子》、《花田错》、《红鸾喜》、《贵妃醉酒》、《儿女英雄传》外，还热衷提倡内容进步的新编清装戏或古装戏。清光绪三十年（1904）和夏氏兄弟在丹桂茶园以《玫瑰花》一剧开风气之先。新舞台建立后，又排演《妻党同恶报》、《新茶花》、《恨海》、《江宁血》、《贞女泪》(一名《刑律改良》)、《黑籍冤魂》、《冯小青》、《红菱艳》、《杜十娘》(又名《百宝箱》)、《花魁女》、《孟姜女》、《薄汉命》、《箱尸案》、《拿破仑》等，时称醒世新剧。为使面部秀丽，眉目传神，冯改进贴片子的部位，并试用加深眼圈的手法，进一

《小子和之〈百宝箱〉》(选自清末上海《图画日报》)

步美化了旦脚的面部妆扮。还曾参考仕女画装束，试制新式头套和头饰，后为梅兰芳所借鉴。他跷功扎实，但认为硬跷费功吃力，故设计了改良软跷，演《红菱艳》时，即不再用硬跷。冯擅演悲剧，《血泪碑》(一至八本）和《恨海》为其代表作。柳亚子曾以“幽娴贞静，容心不佻，缠绵悱恻，啼笑皆真”形容其扮相、风度和表演，并编有品评其剧艺的诗文集《春航集》。冯紧跟时代潮流，具有爱国、民主思想。辛亥革命时曾在潘月樵、夏月珊领导下参加攻打上海江南制造局的战斗，又经柳亚子介绍加入南社。因痛

《三娘教子》饰王春娥

《新茶花》饰辛瑶琴

《拿破仑》饰约瑟芬

感艺人没有文化之苦，于1922年创办春航义务学校，动员同行免费入学读书，学员达五六十人，其中有不少是已成名的演员，如赵桐珊、王灵珠、周五宝、苗胜春、黄玉麟、杜文林、李少棠等。冯除长期以上海为基地进行演剧活动外，还到杭州、南京、苏州、汉口等地献艺，在江南一带享有盛誉。1923年后因身体发胖、嗓音暗哑脱离舞台，到胶济铁路工作数年。1937年回沪定居，悉心课徒授艺。弟子有吴继兰、王熙春、华慧麟、李丽华、杨耐梅、云燕铭、袁灵云等。次年被黄金大戏院聘为编剧，作有《温如玉》(周信芳主演)、《紫荆花》(一名《姐妹花》，金素琴主演)，皆脍炙人口。1942年4月9日在马霍路（今黄陂北路）马德里寓所病逝。子冯玉琤，任教于江苏省戏剧学校，并从事编导工作。

（张泽纲）

Feng Huan Chao

《凤还巢》 京剧作品。齐如山据清宫所藏京剧本《阴阳树》(又名《丑配》，共4本，传为毓五编，现藏北京大学图书馆）改编。梅兰芳1928年首演于北京。描写明代兵部侍郎程浦告老还乡，膝下有二女：长名雪雁，性憨貌丑；次名雪娥，庶出，美貌聪颖。程浦遇故友之子穆居易，爱他少年英俊，有意将次女许婚，其妻却欲将长女先嫁。程浦诞辰，约居易来，暗嘱雪娥屏后相看，雪娥甚为满意，居易亦允婚，遂留在府中攻书。宗室朱焕然来与程浦拜寿，得见雪娥，大为垂涎。雪雁艳慕穆居易，假冒雪娥往会，居易愤然出走。程浦奉旨到军前参议，朱焕然冒穆居易名来娶雪娥，程夫人作主将雪雁顶名嫁去，二丑相配，笑料百出。穆居易离程府后，投军立功。又逢强盗作乱，程夫人往投朱焕然，雪娥自投军前寻父。周监军、洪元帅力促穆、程婚事。朱焕然家因被强盗洗劫一空，与岳母、雪雁来依附，误会澄清，乃得团圆。此剧情节曲折，多有喜剧效果。程雪娥的唱腔端庄大方，颇合人物的雍容之态，故此剧梅兰芳多演之，梅派传人如魏莲芳、陆素娟、李世芳、言慧珠、梅葆玖等均演。并有评剧等加以移植，均深受观众欢迎。1928年4月16日，梅兰芳在中和戏院初演此剧时，正值任大元帅的张作霖在京，奉系人物因“凤”、“奉”同音，忌讳“奉还巢”三字。当时的教育部总长刘哲声称此剧“有不雅驯处”，当即责令所属通俗教育研究会致函梅兰芳，需审查后再演。公函于21日送到中和戏院，梅兰芳未见，拖延了一个星期，教育会竟将原函登报，在京剧界和社会上引起轩然大波。待剧本送审后，则说雪雁台词有伤风化，略作修改，即发还，可见其无理取闹，妄逞淫威。剧本载《梅兰芳演出剧本选集》。

梅兰芳饰程雪娥（右）
姜妙香饰穆居易

（刘乃崇　蒋健兰）

Fengshi Yilan

《凤氏彝兰》 京剧作品。云南省京剧院创作演出。编剧李莉、佳培。导演张树勇。音乐唱腔设计赵剑昕、于浩东、王绍志。舞台美术设计戴晓云、许希稷、俞佥、桂保昆、张雪梅、宋春生。主要演员及其所饰角色：胡春华饰凤彝兰，周凯饰赵明德，王晓琳饰麦子，张鸣鹭饰黑介，李静饰小叶子、英子。清末，彝族看坟少女小叶子与凤氏土司府师爷赵明德互生情愫。赵是汉族落魄秀才，拘于礼仪，不敢向小叶子直抒胸臆。及见小叶子被土司看中施暴，赵拼死相救。小叶子不忍连累心爱之人，入府充当九姨太，改名凤彝

胡春华饰彝兰（右）　周凯饰赵明德

兰。6年后，土司死去，经过一场血腥争斗，彝兰在赵明德帮助下，夺得大印，成为彝族女土司。地位变了，彝兰性格也变得残忍无情，对赵明德的规劝反生怨恨。待等赵明德为化解一场新的危险而死去时，彝兰痛心疾首，却悔之已晚。2001年8月首演，同年12月参加第三届中国京剧艺术节，获得好评，编、导、音、美和表演均获优秀奖。在第七届中国艺术节上获第十一届文华大奖，又获文华剧作奖、文华导演奖，两位主演胡春华、周凯双获文华表演奖。此剧情节曲折，人物个性鲜明，语言、服饰与舞台景观均有浓郁的边寨风情和民族特色，被誉为京剧表现少数民族题材的一个新成就。（黄燕）

Fufengshe

扶风社　京剧班社。1930年秋马连良组织创办，并任社长及主演。扶风社一直延续到1946年，是一个时间较长、阵容稳定的民间职业班社。经由马连良集资于北平西长安街兴建的新新大戏院（后称首都影院）于1936年落成后，就成为扶风社演出的基本场所。1940年前后扶风社在北平演出，影响较大，演员阵容整齐，有旦张君秋、小生叶盛兰、丑马富禄、花脸刘连荣、里子老生李洪福。该社陆续编演了一批新戏。1930年10月12日白天，《安居平五路》首演于中和戏院，马连良饰诸葛亮，改变了老扮相，穿褶子、抱渔竿上场，以示清闲安逸之致。配演者有王幼卿、尚和玉、金仲仁等。1935年5月30日《苏武牧羊》首演于吉祥园，是在《万里缘》（王瑶卿、王凤卿曾合演过）的基础上，增加了“苏武出使”、“卫律劝降”、“苏武望乡”等情节而成为一本大戏，马连良饰苏武，王幼卿、茹富蕙、刘砚亭、荣蝶仙配演。1932年6月22日夜场，由马连良与王幼卿、刘连荣、鲍吉祥、何雅秋、马春樵、郭春山等首演《假金牌》于华乐园。20世纪30年代早期，还编演《羊角哀》，在服装上有很大改革。20世纪30年代初编演新戏《楚宫恨》，马连良扮演伍奢，全剧以斩伍奢结束。20世纪30年代后期重演此剧时，马连良前饰伍奢，后饰伍员，剧名改为《楚宫恨史》，全剧以“战樊城”结束。《胭脂宝褶》是把传统折子戏《遇龙酒馆》、《失印救火》串联起来，再加以整理改编而成的本戏。马连良前饰永乐帝，后饰白怀，并将原来永乐帝唱的［西皮］，改为唱［二簧三眼］，服装上也有改进，令观众耳目一新，极为称赞。以上剧目由李亦青、关仲莹执笔。之后，经吴幻荪执笔，整理、移植、改编、演出的主要剧目有《串龙珠》、《春秋笔》、《十老安刘》等。《串龙珠》1938年在北平新新大戏院上演，马连良饰徐达。此剧原本系山西梆子（晋剧）须生丁果仙（女）所赠，内容为中原人民反抗元统治者的暴虐行径。《春秋笔》剧本也是由山西梆子的剧本移植、改编，于1938年冬在上海黄金大戏院首演。马连良前饰张恩、后饰王彦丞，张君秋饰王夫人，刘连荣饰檀道济，曹连孝饰前部王彦丞，叶盛兰饰差官，马富禄饰驿卒，赵桐珊（芙蓉草）饰张妻演得最出色，苗胜春饰陶二潜，是马连良最满意的配角。《十老安刘》也是在传统折子戏的基础上改编的。过去，小生只唱《监酒令》一折，老生只唱《盗宗卷》一折。马连良惋惜这两折戏在情节上的不完整，于是将它们与川戏、汉剧的《淮河营》串在一起，又增加了“封十王”、“楚汉宫”情节，邀吴幻荪执笔改编而成。马连良前饰蒯彻，后饰张苍。徐兰沅参与唱腔设计。未正式上演前就灌制了唱片，上演后风靡一时。与马连良同台合作的演员还有张立荣、王丽卿、朱素云、钱宝森、王琴依、龚云甫、关丽卿、钱金福等。他们在马派艺术及其舞台整体艺术的创造上，也作出了相应的历史贡献。（迟金声）

扶风社演出《串龙珠》的一个场面
马连良饰徐达（中）　张君秋饰周李氏（右二）　叶盛兰饰康茂才（右一）　马富禄饰花云之母（左二）
曹连孝饰侯伯清（左一）　韩金奎饰完颜龙之父（坐地者）

Fujianbang

福建帮　20世纪二三十年代以上海为中心的布景业行帮。与福建帮并存的还有上海帮、北方帮，其中以福建帮实力最强。福建帮又分福州派、连江派。两派各有若干聚散不定的技术力量，如画工、木工、电工和学徒工等，均是以同乡关系为纽带的松散的非正式行会。两派之间存在着生存竞争，但并没有直接的利害冲突。

福州派的领头人是原籍福建福州的俞鸿冠（1884～1959）。俞氏出身贫苦，少年失学，在外商开办的禅臣洋行锯木厂里做工，19岁时，因辫子卷入机器，以手护辫，遂失左臂，故有绰号“一只手”。伤残后改务门房，闲时习画，得到洋行中外国人的帮助，在临摹西洋风景画的基础上掌握了用干墨皴擦的方法，为照相馆所画的背景画，无论素描关系还是空间层次关系都达到一定水平。1917年，一次偶然的机会，为福州基督教青年会学生演剧画了堂布景，颇得好评。其后，被闽剧“善传奇”剧班聘为专业幕师（福建人称软幕画景为“幕”，幕师即布景师）。1926年，被来福州演出的上海京剧班主发现，邀至上海，专门为京剧和其他戏曲演出绘制布景。最初只搞“平常幕”（即值班布景），机关布景兴起后，他的优势得以充分发挥，为沪上各剧团演出的《西游记》、《封神榜》、《彭公案》、《施公案》等设计制作机关布景。他不仅技术出众，且有经济头脑，制作成本相对较低，产品占领了沪上相当部分的大小舞台。其绘景，主要用进口深蓝色染料画单色素描，极其细腻。在他门下工作过的人很多，后来到了北京、福建、广东、香港、台湾等地以及泰国、菲律宾等国，大都成为当地舞台美术行业中的骨干力量，如赵凤翔、林梦松、黄子曦等，有的则成为专业国画家，如蔡鹤洲、蔡鹤汀兄弟。

连江派的领头人是原籍福建连江的贺馨如、贺梦云、贺逸云。贺氏三兄弟都是民间画工出身，擅长国画、塑佛并精通民间图案。三人中在戏曲舞台上最有成就的是排行老三的贺逸云，1879年出生，别名福官，少年时期即在家乡为人画祖宗像，尤其擅长画人像周围的风景。他在福州看到俞鸿冠用竹篾条扎的框子上糊纸画布景，大受启发，回去与两个哥哥议论，于是兄弟三人来到福州为闽剧“旧赛乐”剧班搞布景。在俞鸿冠到上海为京剧班子制作布景并取得成功之后，经俞氏介绍，贺氏三兄弟于1930年来到上海，受

上海丹桂第一台1928年演出《开天辟地》的一个场面
（选自1929年12月出版《良友》）

聘于天声舞台。从传统的布城、山片开始，逐步发展到个别场次加入绘景景片，最后发展到全剧的天幕、侧幕、檐幕和全部景片都用绘景的方法来表现。贺氏兄弟与俞氏一派形成了沪上舞台美术技术队伍中势力最强的一个行帮——福建帮。贺氏兄弟利用光学原理与魔术技巧相结合，曾为周信芳演出的《封神榜》制作机关布景。1934年应邀去新加坡、菲律宾等地为当地剧团绘制布景。1935年回上海，为黄金戏院设计《封神榜》，为大舞台和苏州开明戏院设计《西游记》。

在福建帮中，无论是福州派还是连江派，他们的舞台设计特点都是以绘画性见长，但略有不同之处：福州派是在西洋画的基础上融合了国画、年画的技法，而连江派则是在国画的基础上吸纳了西洋画的一些技法。他们的舞台美术活动有三件事是有历史意义的：一是创造了中国的透视布景。他们从自己的舞台实践中总结出来，在画天幕的时候，画面上视平线的高度应当是大幕线到天幕之间距离的1/5。按当时舞台的尺寸从大幕线到天幕之间距离是二十鲁班尺，1/5为四鲁班尺（一鲁班尺折合市尺九寸），换算成公制恰好是1.2米，这正是西方舞台美术家总结出来的在现代剧场第六排观众的视平线。有了视平线就有了准确的透视灭线，从而产生了真正意义上的透视布景。二是利用机关布景开始了戏曲舞台上从值班布景向为一出戏专门设计一套布景这个方向的过渡。三是在设计中使用模型，结束了由老板嘴说、制景人任意发挥的原始创作模式。他们在领会了老板（相当于现在的制景承包商）的意图之后，要在按比例缩小的舞台模型上安排好放置景片的位置，用裱上白纸的牛皮纸，按演出需要的尺寸缩小画出小样，在模型上将透视关系找准确，然后再按照模型小样放大到景片上画景。这种做法，既符合200年前欧洲透视布景的做法，也很接近现代舞台美术设计的工作方法。（孙家铨）

Fujian Jingjuyuan

福建京剧院 京剧演出团体。前身系1948年淮海战役中创建的中国人民解放军苏北兵团平剧团，1949年改称**中国人民解放军第三野战军第十兵团京剧团**，随军南下福建。1953年命名为**福建省京剧团**。自建团以来，陆续由北京、上海、山东、福建等地有关剧团，中国人民解放军二十八军、三十一军京剧队，中国戏曲学校、福建省京剧学校等调进演员，阵容齐整。主要领导先后有丁国岑、虞孝龙、李盛斌、辛波、景惠生、刘作玉等。主要演员先后有李盛斌（武生）、宋德珠（刀马旦）、田子文（文武老生）、葛次江（小生）、袁灵云（青衣、花旦）、邱慧芳（青衣、花旦）、景惠生（武生）、许昆彤（老生）、郭云涛（老生）、席鸣良（老生）、李幼斌（武生）、李兰荪（青衣、花旦）、金鸿山（花脸）、霍鸣鑫（花脸）、谷鸿麟（丑）、赵慧笙（小生）、葛少英（青衣、花旦）、王道津（武旦）、王金柱（丑）、徐大松（武生）、陈建军（花脸）、姜淑云（青衣）、阮学东（武生）、孙劲梅（青衣）、郭杰（老旦）、丁正勇（武生）等。主要编剧有姚颖华、林戈明、陈欣欣等。导演有李幼斌、王兰秋、李少亭、李伯麒、刘作玉等。该团新编古代戏（含历史剧与神话剧）、整理改编传统戏、创作现代戏剧目共有400多个。1954年，参加华东区戏曲观摩演出大会，演出《打虎》，李盛斌获演员一等奖。1965年，现代儿童剧《红色少年》（姚颖华编剧）参加华东区京剧现代戏观摩演出，获得好评。1979年，新编历史剧《郝摇旗》（林戈明编剧）参加福建省庆祝中华人民共和国成立30周年创作剧目调演。1981年，现代戏《东邻女》（林戈明编剧）参加全国戏曲现代戏汇报演出，获文化部颁发的奖状。1980年，神话剧《真假美猴王》（姚颖华、李幼斌编剧），获省1980年优秀剧本二等奖，并先后到北京、天津、上海、杭州、济南等地巡回演出。1983年《真假美猴王》由珠江电影制片厂拍摄

《东邻女》 景惠生饰周恩来（右一） 姜淑云饰松崎昭子

《真假美猴王》 王金柱饰孙悟空（前蹲者）

《北风紧》(1999年演出)
文雷饰施宜生(右) 王贵忠饰齐竞青

成彩色神话艺术片。1991年,现代戏《山花》(陈欣欣编剧)在福建省举办的向中国共产党建党70周年献礼优秀文艺作品评奖中获一等奖,1992年获文华新剧目奖、文华剧作奖、"五个一工程"奖。1992年9月,小喜剧《贪知县》参加全国戏剧喜剧、小品比赛,获得好评;年底,《神亭岭》、《成佛记》参加全国京剧青年团队新剧目会演,其中《成佛记》获演出奖,阮学东、丁正勇、孙劲梅获演员奖。1999年,新编历史戏《北风紧》(林戈明编剧),参加省第二十一届戏剧会演,获剧目奖及剧本一等奖。2002年创排现代戏《走过十五岁》(陈欣欣编剧)在省第二十二届戏剧会演中获优秀剧目奖、剧本一等奖。2006年5月,开展京剧海峡两岸大学行,到十多个大专院校举办京剧欣赏讲座,演出优秀传统剧目,与大学生座谈交流,取得良好效果。

2006年9月,经批准,改称福建京剧院。刘作玉任院长。建院后,在中央领导同志的亲切关怀下,继续加工打造《北风紧》(改由田磊、孙劲梅主演)。该剧于2008年在第五届中国京剧艺术节上获新编历史剧一等奖,又于2009年获得中国戏曲学会奖和第十一届"五个一工程"奖。在剧目建设不断取得新成就的同时,人才建设亦有新的面貌。1999年由上海市戏曲学校代培的29名学员毕业回团,2003年起又陆续从河北、山西、山东、上海、北京等地艺术院校的毕业生中招收了一批优秀人才,演员队伍更加年轻化。其中比较突出的有文武老生田磊、程派青衣孙劲梅、武生李哲、老旦张召君、张派青衣张美超、老生张萌、荀派花旦李海宁、刀马旦刘泳渤、武旦郑钰、武丑时增帅等。田磊获2001年全国青年京剧演员电视大赛最佳表演奖、第二十四届梅花奖。在硬件建设上,剧院有了自己的剧场。福州市西洪路有一座20多年前建成、闲置已久的凤凰剧院,经过重新翻修,于2007年划归福建京剧院使用。其舞台台口高7米,宽16米,进深19.5米。灯光、音响设备齐全。观众席为上下两层,共有749个座位。有了这个剧场后,剧院每周有两场低票价演出,以普及京剧,培育京剧演出市场。

(张泉㑊)

Fushouban

福寿班 京剧戏班。清光绪二十二年(1896)新出。在大约成书于光绪二十四年(1898)的《新刊鞠台集秀录》中,迟韵卿、余玉琴、陆华云三人名下,皆书有"掌福寿部"字样。福寿班当是他们三人联合组建无疑。主要演员有老生贾洪林、贾丽川、迟韵卿、陈春元、曹允杰、陈福奎,小生陆薇仙(小芬)、陆华云,旦脚陈德霖、陈瑞麟、张采林、余玉琴、李棣香,老旦董承恩,净脚范福泰、唐永长、余春芳、钱长永、叶德凤、张七十,丑脚李天德等(光绪二十二年该班花名册)。该班以名角通力合作排演连台本戏为演出特点。余玉琴原有剧目,如《儿女英雄传》(8本)、《十粒金丹》(8本)、《粉妆楼》(8本)及《荡寇志》等,是组班后经常上演剧目。其中,以迟韵卿扮安学海、余玉琴扮何玉凤、陆华云扮安骥的《儿女英雄传》最著名。"戏中配有景片,如山石、村景、寺院、店家等;袍氅盔铠等件,皆是别翻新样,美华鲜妍。其中《能仁寺》一折,何玉凤短装窄袖,臂负弹弓,腰横宝刀,扮相袅娜,安骥之做工、身段,皆现一种贵胄公子未出门里的呆痴态度,张金凤则扮相朴雅,庄重温柔……各项角色,人人精彩。戏园楼上楼下,座客鼓掌如雷,喝彩之声不绝于耳。"(《立言画刊·剧场拾零》)全班排演连台本戏《德政坊》,因为需要旦脚太多,王瑶卿应邀加入(15周岁)。光绪二十三年(1897)十二月,该班重组,以陈德霖、余玉琴为承班人,陈春元、贾丽川为领班人(迟、余、陆仍是老板)。同年福寿班花名册载:头等脚许荫堂、迟韵卿、陈春元、贾丽川、陆华云、余玉琴、陈德霖、陈瑞麟、范福泰、钱长永,二等脚贾洪林、刘春喜、李鑫甫、陆薇仙、梅肖芬、何桂山,三等脚曹允杰、李棣香、余春芳、高四保等。排出8本《龙马姻缘》。王瑶卿因倒仓,居家息养。此时,福寿班卖座渐渐不佳,遣散一部分演员,迟韵卿率余玉琴、陆华云、陈瑞麟、贾洪林、唐玉嘉及管事人贾丽川等加入田际云的玉成班。次年九月发生戊戌政变,田际云离班避去,迟韵卿率原部人马脱离玉成,再整福寿班。光绪二十五年(1899)十二月,福寿班外串代灯戏目载有:何桂山《火判》、《御果园》,贾洪林《卖马》,陈德霖《出塞》,许荫堂《取荥阳》,《除三害》,余玉琴《醉酒》、《英杰烈》等。此后,时局动荡,该班时演时辍,极不稳定。光绪二十八年(1902),福寿班老板迟韵卿已去世,余玉琴与陆华云、贾丽川、陈春元等重新整顿,继在广和楼演唱。此时班内阵容极为雄厚,有老生许荫堂、贾洪林、刘春喜、周长山、李顺亭,青衣陈瑞麟、陈德霖、王瑶卿,花旦李宝琴、张采林、胡素仙,老旦周长顺,丑脚赵仙舫、唐玉喜、高四保,武丑德子杰,花脸何桂山、黄润甫,武戏有俞菊笙、张长宝、茹来卿、朱文英、钱金福等人(王瑶卿《我的戏剧生活》五)。重排八本《雁门关》,许荫堂饰杨延辉、陆华云饰八郎杨延顺、王瑶卿饰青莲公主、陈德霖饰碧莲公主、李宝琴饰萧太后。从前四喜班演《雁门关》时,将第七本删除,由六本接演八本。福寿班第一次演全八本《雁门关》。另又新排连台本戏《施公案》。陈墨香《观剧生活素描》说:"连台《施公案》,虽也是施世纶、黄天霸,其中关目,却在通行《施公案》各出之外。"俞菊笙加入福寿班后,他的保留剧目八本《混元盒》再次露演,俞自扮蜈蚣精和广成子、余玉琴扮白狐、陈德霖扮金花娘娘、王瑶卿扮红蟒、黄润甫扮白石怪、张长宝扮哪吒、何桂山扮通天教主、许荫堂扮张天师……很能吸引观众。许荫堂饰杨延辉、王瑶卿饰铁镜公主、陈德霖饰萧太后的《四郎探母》,许荫堂饰朱春登、王瑶卿饰赵锦堂的《牧羊卷》等,都是该班代表剧目。陈墨香还说

《儿女英雄传》
余玉琴饰何玉凤

《断桥》
陈德霖饰白素贞(右) 余玉琴饰青儿

王瑶卿与许荫堂在福寿班演《牧羊卷》，对青衣的表演即手眼身法步，十分讲究，比那些笨唱的演员高明多了。当时，他的嗓子极好，专唱青衣，可是他的做工，已成为花旦的劲敌。他与俞润仙（菊笙）演《长坂坡》饰糜夫人，也格外精彩。福寿班是王瑶卿艺术生活的发祥地，他在此期间的演艺经历为其以后加入同庆班与谭鑫培合作打下了基础。光绪三十年（1904）福寿班的陆华云、李顺德、龚云甫、王瑶卿、沈小金等，先后被选入昇平署承差（余玉琴、陈德霖、张长宝等此前已是昇平署的民籍教习），加上俞菊笙亦辞去，独自复出春台班（《听歌述忆》），福寿班的正常营业演出受到影响。同年冬该班离开广和楼，移入大栅栏的广德楼维持演出，至光绪三十一年（1905）春报散。 （王晓燕）

Fushoutang
福寿堂 清代饭庄戏园。址在北京东城区王府井金鱼胡同西口路北，今金鱼胡同25号。现已不存。建于清光绪年间。据1958年东城区房管局档案，整套建筑占地3亩4分9厘9毫，计8个庭院。东西相邻各为四进院。楼房、瓦房、灰房、罩棚共117间。其中罩棚3座，相当于17间房。经调查，门首原为宅院式门楼，设石雕狮兽门墩。门内有砖雕影壁。东院为主院，进门入东侧的第一进院落设有莲池、假山。其南房为账房，北房为正厅。又有东西厢房。西院则为南北并列的四进四合院。戏台设在西院的第三进院落内，坐南朝北。其北房及东西厢房三面环台，可设宴，亦可作观众席。院内则相当于池座，亦可设宴。戏台已失，留有台基；戏台面宽、进深均约2米。据周明泰《道咸以来梨园系年小录》记载，光绪二十三年（1897），“本年叙雪团拜在福寿堂”，戏单开有《风云会》、《除三害》、《连升三级》等20余出。以“霓裳曲谱”开场，灯彩戏《德政芳》终场。参加演出的有何桂山、许处、刘永春、罗百岁、王凤卿、陈德霖等。又有武戏，如“众武行”的《五人义》、“小武行”的《恶虎村》。民国时期，京剧演员马连良、尚小云、谭富英、荀慧生等均曾在此演过堂会。1940～1941年，张君秋、宋德珠相继在此举行婚礼并有演出。1946年6月，因营业不振而辍业。20世纪50年代改为东安市场职工宿舍。 （周华斌 戴申）

Fuchengban
阜成班 京剧戏班。清代同治二年（1863）在北京组建。掌班人李双如。主要演员有老生周玉衡、刘胜奎、景四宝、陈瑞珊、孙春恒，小生陆双玉，武生杨隆寿，旦脚韩阶坤、叶中兴、王桂喜，净脚徐宝成、赵殿奎，丑脚韩双盛等。同年十月十六日，李双如曾具甘结并上列花名册等，向北京精忠庙申报，转请内务府管理精忠庙事务的郎中批准。然而在同治二年昇平署档案内，只见已被批准而存档的三庆、春台、四喜、广和成、奎庆五班，并无阜成，说明当时虽已申请，却未批准。故同治三年（1864）初，李双如、周玉衡、刘胜奎、韩阶坤、王桂喜、徐宝成、韩双盛等人，皆改搭嵩祝班（见同治三年嵩祝班《花名册》）。大约同治三年春以后，阜成班始获批准演唱，然已人去班散，终未问世。同治四年（1865），阜成班再以净脚赵殿奎名义复出（见昇平署档案）。老生余三胜、王德胜、景四宝、孙春恒、徐岱云，旦脚恒秀峰、王桂喜，刀马旦安静芝，净脚赵殿奎等为主演。大约是余三胜等多股集资合成。当时，北京前门外大栅栏内诸戏园，如同乐轩、三庆园、庆乐园、广德楼、庆和园等，皆由三庆、春台、四喜、嵩祝、双胜和、双奎、小福胜、万顺和8班长年“轮转”演唱（见《都门纪略中之戏曲史料》）。阜成班的演员只能流动于北京外城的戏园，如崇文门外的广兴园、朝阳门外的芳草园、德胜门外的德胜园、阜成门外的阜成园等处演唱。这些戏园只与戏班随时签订短期合同，一月仅演十数日（《菊部丛刊·京华菊部》）。《增补都门杂咏》（同治三年）载：“三胜由来没准常”，真实地反映了余三胜在这一时期四处奔波的演戏生活。同治年间，北京盛行昆戏，阜成班演员大都不擅昆曲，堂会戏中几无彼等踪迹，收入只靠在外城戏园临时演出，很难长久维持。同治五年（1866）余三胜在天津演出，并殁于津。复出的阜成班约于此前已解体。同治十二年（1873）十二月，四喜班名旦郑秀兰再次复出阜成（《怀芳记》载：“郑秀兰年既长，遂创阜成部”），以茹福生为领班人，有老生周玉衡、姚起山、贾丽川、王仙舟，旦脚安静芝、陆小芬、李桂香，净脚赵殿奎、刘万义，丑脚汪福奎、毓宝泰等。阜成班再度复出一年，至同治十三年（1874）十二月初五日同治皇帝病死，停演。光绪三年（1877）六月十三日，再以老生张胜奎为领班，恢复正常营业演出。其时，班内有老生张胜奎、李瑞亭、陈瑞珊、谢宝树（后演老旦）、周如奎，旦脚常子和、韩阶坤、恒秀峰，净脚金秀山、黄润甫等。《梨园旧话》说：“张奎官（即张胜奎）不唱高调却极有韵致……其最擅长者，如《一捧雪》之《搜杯》、《审头刺汤》、《雪杯圆》、《天雷报》、《法场换子》等剧，皆注重做派。《一捧雪》蓟州堂一场，描摹义仆愿以身代死情状，可使观者陨涕。”光绪四年（1878），领班人张胜奎及净脚金秀山等改搭嵩祝班，阜成是否此时报散，不详。 （李宗白）

Fuchengyuan
阜成园 清代戏园。址在北京阜成门外桥头路南。现已不存。始建于清嘉庆年间，可容纳观众500余人。以演出曲艺、杂耍为主，戏界名伶及票友亦来此处清唱。咸丰十年（1860）被管理精忠庙的事务衙门收买，作为内务府和昇平署挑选民间艺人入宫承差的场所，一度中止对外营业。光绪二十四年（1898）刘鸿昇搭玉成班曾分包在阜成园演出八本《铡判官》（周明泰《道咸以来梨园系年小录》）。光绪二十六年（1900）庚子事变毁于火，不复再建。 （吴增彦）

fudaoyan
副导演 导演的主要助手。在京剧排戏过程中负责日常排演的准备工作和导演指定的工作。直接对导演负责，其工作贯串于二度创作的始终。案头工作阶段，参与讨论、分析剧本，协助导演做导演构思和导演计划，熟悉与掌握导演的创作思路。排练阶段，帮助导演解决排练中出现的问题，提出合理建议，供导演参考。有时依照导演工作需要，完成某些指定的排练任务，如为某一场戏“搭架子”，为某一场戏进行磨合，为某一个演员做个别辅导工作等。平时要当好导演的“参谋”，随时提醒导演备忘的问题，将演员或其他部门对创作、排演上的意见及时地向导演反映，并及时解决，以保证排练的顺利进行。当导演因事因病不能具体执行排演工作时，副导演可根据导演计划与导演的具体指示，代替导演执行任务。合成阶段，协助导演做好组织工作，协调好演员、音乐、舞台美术等方面关系。演出阶段，应深入观众，观察反应，听取意见，帮助导演做好修改工作和总结工作。 （刘小军）

fujing
副净 见净。

Fu Dewei
傅德威 （1916～1988） 演员。工武生。原名克为。北京人。

1930年小学毕业后，考入北平中华戏曲专科学校第一班，初习老生，由陈少五开蒙，后改武生，从沈三玉、丁永利、程永龙、钱富川学戏。1934年拜杨小楼为师。1937年毕业后，曾与荀慧生、金少山、言菊朋、郝寿臣、筱翠花、林树森、赵如泉、毛韵珂、谭富英诸名家同台演唱。1941年又拜入尚和玉门下。20世纪40年代，先后与李世芳、宋德珠、赵啸澜、童芷苓、吴素秋、杨荣环、李盛藻、王和霖、李宗义、白家麟、周啸天等合作，在北平、天津、上海、南京、青岛、烟台、武汉、西安、沈阳各地演出，艺业不断精进，名声日重。1947年起参加焦菊隐创办的北平艺术馆演出。20世纪50年代，又先后与言慧珠、杨宝森、毛世来、王玉蓉、徐东明、纪玉良等合作，在北京、天津、上海、南京和南昌、郑州、徐州、济南、石家庄各地演出。1953年曾到朝鲜演出。

他自幼勤奋力学，刻苦研练，师承于京剧武生的杨、尚两大名家，许多戏得自尚氏亲传，功底坚实，学植深厚。以长靠武生见长，能戏如《挑华车》、《战滁州》、《青石山》等。尤擅武生勾脸戏，如《状元印》、《金沙滩》、《铁笼山》、《四平山》、《金钱豹》、《艳阳楼》等剧。在表演上，注重于表做舞打中刻画性格各异的人物，切合情理，形神兼备；工架坚劲凝重，身手严谨稳练，以气势、神韵取胜。他塑造的李元霸、常遇春、高宠、豹精、高登、杨延嗣等人物形象，气度恢弘，神理酣足，深为观众所称许。

《四平山》饰李元霸

他从青年时代起，就开始从事教学工作。1937～1938年曾留在母校任教。1941年在上海戏剧学校授课。1947年在西安正音国剧社科班教学。1956年入中国戏曲学校为教师，还曾在北京市戏曲学校、上海市戏曲学校兼课。教龄50余年，桃李遍于海内。晚年，录制了10出武生勾脸戏的化装资料录像及《四平山》、《挑华车》的表演和教学录像。

（钮骠）

Fu Xiaoshan

傅小山（1880～1934） 演员。工武丑。名恒泰。北京人。满族。票友出身，曾拜许福雄（许魔儿）为师习武丑。自幼练就一身表演五虎棍的功底，他身材不高，短小精悍，扑跌翻跳均佳，尤以矮子功的娴熟灵快见称。嗓音略近沙哑，但念白仍能爽脆。曾一度为周瑞安配戏，而与王长林一起辅佐杨小楼的时日最长。有一些王长林不演的二路武丑角色，都由他承担，如《艳阳楼》的秦仁，《骆马湖》的朱光祖，《白水滩》的抓地虎，《英雄义》的阮小二、阮小五，《连营寨》赵云的马童等，尤以《战冀州》的探子最为出色。“摔城”一场，与杨小楼饰马超、迟月亭饰马岱的扑跌相配合。他饰演的探子，每报完翻下，三人那种高超、火炽而稳练的功夫，满台生辉，令观者叫绝。

《霸王庄》饰朱光祖

王长林去世后，他接替而上，如《连环套》、《霸王庄》的朱光祖，《战宛城》的胡车儿，以及杨小楼排演的新戏《野猪林》中与迟月亭分饰的董超、薛霸，配合得十分严紧。主演《巧连环》的时迁、《三岔口》的刘利华及《刺巴杰》的胡理、《武松杀嫂》的武大郎、《打渔杀家》的大教师等也都名重一时。演《赵家楼》的韩秀、《四杰村》的冯洪“走边”中有“攀栏杆”的表演，灵捷多变，也为同行所折服，观众所称道。马富禄为能演武丑戏曾拜他为师。

（钮骠）

fuguiyi

富贵衣 见褶子。

Fuliancheng Sanshi Nian Shi

《富连成三十年史》 京剧史论专著。唐伯弢著。艺术出版社筹备处1933年出版。记述富连成科班自1904年创办至1932年近30年的历史。包括：科班的成因、沿革和发展概况，其内部组织，学生的入学程序及坐科时的学习生活，科班训词，梨园规约，一至五科（即喜、连、富、盛、世）的教授和学生名单，部分师生的小传，所演的剧目等，共约8万字。配有班主、社长、社址、教授、弟子及演出、剧场等照片93幅。卷前有多篇题词和序言，书后附有张次溪所撰《广和查楼沿革考》。富连成是京剧史上办学时间最长、成就最高的科班。作者经过实地调查，编成此书，堪称信史。不仅具有史料价值，而且对该社的创业精神和办学经验也有所论述，多为后来的戏曲教育参考、借鉴。作者附记云：此书“初脱稿时，适当日人犯我榆关，杀人放火……燕都危在旦夕”，已无心“再事斟酌文字”，寄望于再版时作改进。数十年后，经白化文（系沈家班主的嫡系后裔）的努力筹措和精心修订，2000年由同心出版社重新出版，使该书更加完善，并得以更广泛的流传。

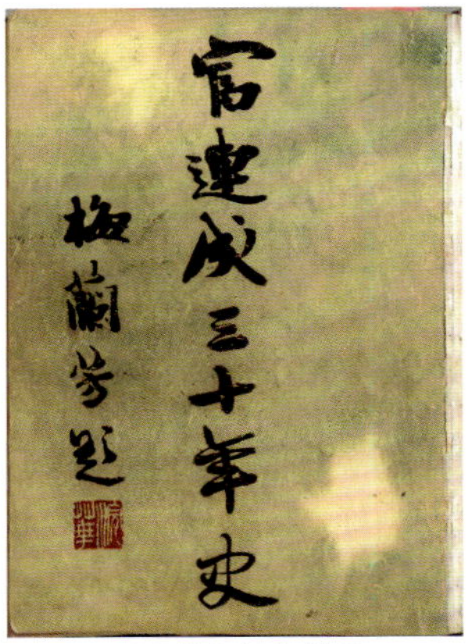

1933年初版本封面

叙述富连成科班史的还有包缉庭《富连成兴衰四十年》。这是一篇长文，曾在香港沈苇窗主编的《大成》杂志上连载20多期。包缉庭（1903～1983），是名票包丹庭的堂弟，祖籍浙江绍兴。出身官宦世家。自幼流连舞榭歌台，与富连成王连平、孙盛文等师生有密切交往。1948年赴台湾从商后，对京剧爱好更深，并成为活跃的评论家。对于富连成深有研究，所写人物、故事，不仅生动有趣，也相当真实可信，虽说不是正史，但也不失为有关富连成科班的一部重要资料。旅居加拿大的麒派票友李德生（原为新闻工作者、报刊专栏作者）经过多方努力，将散见于《大成》杂志的《富连成兴衰四十年》收集齐全，并加以整理，以《京剧的摇篮——富连成》为名，由山西人民出版社2008年8月出版。共30万字。正文即包缉庭的长文，分《牛叶联手草创喜连成》、《五虎上将与六大弟子》等22章。正文后有《富（喜）连成年表（1901～1948）》，是李德生根据多种史料编写而成。另有关于富连成的资料8篇，一并作为该书附录。书前有包珈《我的父亲包缉庭》和李德生《前言》，卷末有田淞、沈毓琛《跋》。（陈培仲）

Fuliancheng She

富连成社 京剧科班。清光绪二十九年（1903）由吉林商人牛子厚出资，京剧演员叶春善筹办，于光绪三十年（1904）在北京正式成立。初名喜连陞，后改名喜连成。1912年夏，因营业不振，倒给沈家接办，遂改名富连成。沈仁山、沈秀水先后任班主，叶春善任社长。1935年叶春善去世，由其长子叶龙章继任社长。1944年沈因破产亏累而退出，于1948年停办。这所科班历时40余年，造就了“喜、连、富、盛、世、元、韵”以及未结业的“庆”字八科学生共700余人，是近代以来历史最长、出人最多、业绩最丰、影响最大的一所京剧科班。

沿革 大略可分为4个时期。

酝酿至初创期（1902~1912） 清光绪二十八年（1902）冬，叶春善同姚增禄、范福泰、刘春喜等京剧伶工应关东牛子厚之邀，赴吉林演戏。叶氏在旅途中身受风寒，嗓音暗哑，至吉不能登台，牛子厚委以管事一职。叶氏心怀感激，格外勤恳尽力，为牛子厚所重，欲劝其组办科班，自愿出资相助。叶氏谦恭谨慎，恐不胜任，婉辞再三。转年日俄战事欲起，牛子厚送旅吉演员回京，临别前再向叶氏叮嘱筹办科班之事，后又屡次函促。叶氏为其诚心所动，乃于1904年以北京琉璃厂西南园自宅为班址，招收了陆喜明、陆喜才、赵喜魁、赵喜贞、雷喜福、武喜永六童就学，世称“六大弟子”，开始试办，一切因陋就简，节俭从事。随后又陆续招进了一批学生，延聘萧长华、苏雨卿、宋起山、唐宗成执教，各有分工。科班开办就绪，正式命名喜连陞。牛子厚为班主（东家），叶春善为老板（1914年始称社长）。学生以“喜”字排名。一年后已能接演小规模堂会，尚不具备进入京城戏园演唱的条件。光绪三十一年（1905）赴外地，出演于保定洞阳宫火神庙。光绪三十二年（1906），学生人数渐增，班址迁至宣武门外前铁厂胡同，所演武戏受到社会重视。光绪三十三年（1907），第一科学生已有40余人，进入广和楼戏园演唱，持续经年，无论晴雨，座客常满，开科班创办以来之新纪录。光绪三十四年（1908）移至广德楼戏园演唱，适值光绪皇帝、慈禧太后去世的“双国服”之期，例停宴乐，不准开锣，只能每日闭门排练，排成了全本《三国志》、《太湖山》各剧。宣统元年（1909），国服期过，仍出演于广德楼。次年又于西单牌楼春仙茶园和东安市场丹桂茶园分包演唱。是年排名“连”字的第二科学生崭露头角。1912年推翻清廷，变革之交，科班营业萧条，势趋瓦解，学生被送回各人家中。同时牛子厚也因家务繁冗，无意继续维持，遂由外馆沈家玉亭、仁山昆仲接办，更名富连成班。1914年，戏班一律改班为社，遂名为富连成社，简称富社。这一时期演出中任主演的有王喜秀（金丝红）、雷喜福、康喜寿、侯喜瑞、赵喜魁、赵喜贞（云中凤）、高喜玉（元元旦）、金喜棠（海棠花）、王喜禄（小粪处）、耿喜斌（小百岁）、陆喜才（小德子）及何连涛、金连寿、

班主牛子厚

初创期的“六大弟子”
左起：赵喜魁、陆喜才、武喜永、雷喜福、陆喜明、赵喜贞

殷连瑞等，还有搭班学艺、借台唱戏的梅兰芳、周信芳、贯大元、高百岁、梁一鸣、林树森（小益芳）、王文源（五龄童）、董岐山（小穆子）、裴云亭（明娃娃）、曹小凤、李春林等。

改组至兴旺期（1912~1934） 1912年科班易主后，科班上下人心振作，社务蒸蒸日上。一度在三庆园演唱，后又回到广德，至1915年再度进入广和。在此期间，排名“连”字的第二科和排名“富”字的第三科学生中，上选人材不断涌现，排名“盛”字的第四科学生也陆续入科。众多名师被聘来任教授艺，上演剧目倍增，武戏、本戏齐整严谨，三国戏、三小戏精彩纷呈，舞台风貌已形成自家特色，尤以“群戏”著称，获得观众赞许。1921年，社址迁至虎坊桥路南（今晋阳饭庄对过），“盛”字科学生脱颖而出，文武各行人才济济，贴演的各类剧目配搭硬整，在京中已拥有常年固定的观众群，排定日期，分别出演于吉祥、哈尔飞、华乐、广和各戏园，风雨无阻，上座甚佳。并两次赴津出演于春和戏院。排名“世”字的第五科学生也接踵入科。富连成社科班进入了全盛时期。这一时期先后任主演的有马连良、于连泉（筱翠花）、李连贞、何连涛、骆连翔、萧连芳、程连喜、方连元、刘连湘、王连浦（小金钟）、马连昆、苏连汉、曹连孝和沈富贵、茹富兰、谭富英、陈富瑞、宋富亭、韩富信、苏富恩、张富良、吴富琴、邱富棠、尚富霞、杜富隆、马富禄、茹富蕙、高富远、高富全（七岁丑）、傅富铭（笑而观），以及孙盛辅、赵盛璧、李盛藻、叶盛章、叶盛兰、陈盛荪、王盛意、仲盛珍、刘盛莲、杨盛春、高盛麟、李盛斌、贯盛习、孙盛文、裘盛戎、韩盛信、贯盛吉、王盛如、孙盛武、萧盛萱、朱盛凌、朱盛富、李盛泉等。

暂短的困顿至重兴期（1934~1945） 1934年，上海天蟾大舞台派人到北平邀富社“盛”字科学生赴沪出演，科班演出中的主演

虎坊桥社址

富连成社班主、社长、教授等合影
左起：唐宗成、苏雨卿、叶春善（社长）、沈秀水（班主）、萧长华、宋起山

和主要配演成员十几名皆被邀去。科班一时面临“伤筋动骨”之患，有损元气，给保持日常上演造成困难。幸得尚小云热心相助，亲自为在科的“世”字科学生加紧授艺排戏，力挽颓局，曾为李世芳、毛世来、袁世海、沙世鑫、阎世善等排演了《昆仑剑侠传》（《红绡》）、《娟娟》（《玉虎坠》）、《金瓶女》（《佛门点元》），为叶盛兰排演了《秦良玉》，辅导叶盛章排演了《酒丐》各剧，推出了富社的一批后起新秀。盛章、盛兰兄弟及一些出科学生也参演以壮阵容，一时形成大小班合演的形式，使富社度过了一时危急，演出又红火起来，声势不减当年。1935年，叶春善去世，社长一席由其长子叶龙章继任。此时“世”字科学生已跟踵而上，排“元”字的第六科学生也陆续入科。1936年9月，梅兰芳自上海回到北平，观看了富社的演出后，欣然收李世芳、毛世来、刘元彤等为弟子。当年10月，北平《立言报》举办的童伶选举揭晓，李世芳荣膺“童伶主席”称号，后李世芳、毛世来又被选入四小名旦，为富社扩大了社会影响。1936年购置虎坊桥路北45号（今晋阳饭庄处）为社址。

自1940年始，结束了持续几年的大小班合演形式，恢复分演，小班完全由“元”字科学生担纲。排“韵”字的第七科学生也开始进科。演出于广和、吉祥、长安、华乐各戏园。由于当时北平又有中华戏曲专科学校、荣春社、鸣春社等剧校、科班并立，势成对垒，竞争激烈，除各自贴演传统戏外，竞排新剧，标新立异，争夺市场。1942年2月起，富社以“胜似电影，神秘无边，变化无穷，彩头之王”的广告宣传，推出了连台本戏《乾坤斗法》，戏路子的发展趋向“海派”。后又上演了《新天河配》，准备再排《桂影广寒宫》等，但因同年9月长春堂药铺失火，延及华乐，科班安放在后台的戏箱砌末被焚殆尽，损失惨重，由此暂失演戏场所，学生只得各自回家待命。两月后才在广德楼演唱夜场，并转赴沈阳、上海演出。至1943年末华乐修复后，才重回华乐演唱日场。1944年，班主沈家破产，由叶龙章、叶荫章接手自营。由于当时社会的因素，科班的前景并不乐观。在这十余年富社演出中任主演的，先后有叶盛章、叶盛兰、李世芳、毛世来、袁世海、沙世鑫、阎世善、江世升、迟世恭、王世续、叶世长、姚世茹、江世玉、傅世兰、张世孝、裘世戎、沈世启、马世啸、詹世辅、艾世菊、曹世才、时世宝和刘元彤、哈元章、白元鸣、杜元田、卢元义、殷元和、郭元汾、张元奎、黄元庆、茹元俊、谭元寿、徐元珊、李元瑞、孙元彬、张元秋、李元芳、陈元碧、杨元才、高元峰、范元濂、马元亮，以及冀韵兰、郭韵蓉、钳韵宏、夏韵龙、曹韵清、高韵笙等。

解体期(1945~1948） 抗日战争胜利之初，人们为京剧命运的转机所抱的一线希望，转瞬即逝。当时报刊批评京剧演出云：“抗战胜利后的三年中，不但依然保留敌伪时代的遗毒，而且还变本加厉，几乎日日纺（《纺棉花》），夜夜劈（《大劈棺》）……越闹越糟。戏院舞台，一变而为杂耍台。乱七八糟的曲调，千奇百怪的扮相，莫不搬到舞台上去。”（见1948年11月15日《半月戏剧》）富连成社当然也超脱不出这种恶劣的氛围。虽仍坚持教学活动，续招排名“庆”字的第八科学生，一部分富社出科的学员们也为“复兴富社”、承续富社传统作过不懈的努力，却未收到企盼的效果。演正经戏不能卖钱，排彩头戏无资投入，物价飞涨，票房收入维持不了基本的开支。不久，报刊上便登出了这样一则消息：“富连成、荣春社、鸣春社都因营业不振（有时只上百余人），只好报散。”（见1948年7月9日《戏世界》）就这样，一所有44年历史的京剧科班，办到第八科学生刚刚入科，就随着旧中国的即将告终而被迫解体。

组织 该社的组织设施虽未脱离一般科班的传统规制，而与以往的“大小班”（成年演员与童龄学员同班演唱，相当于今天的团带班体制）又有所差别，职责的划分较为清楚，体制较为完备。

班主，就是东家，相当于公司的财东，只担负社中财政上的供给，享受营业盈余的权利，一般不参与社中的行政事务，只在每年年终祭神（旧时戏班年终集会的一种仪式）时参加全体职员的会议，讨论来年的业务计划。平时如遇有重大事件，可随时与社长商洽处理。历任班主有牛子厚、沈仁山、沈秀水、叶龙章（后期班主与社长合一）。

社长，1914年前称老板，学生呼为师父，是主持全社一切事务的首要负责人，相当于当今的“法人”，职责相当于公司的经理。社中业务的开展，对外的交际，学生的管理，课程的设置，以至于教职员工的更调、聘请和解雇，都由其主持。在社长下分设各任专职的成员，以协助社长处理社务。历任社长有叶春善、叶龙章。下设职务：

事务方面有：①管事，相当于副社长，辅佐社长治理社务。社长不在时，凡其行使的职权，管事均可代理。如在戏园或堂会演出时，须经管后台之总务。与戏园前台或堂会本家有何交涉，社长不在时，即由管事出面处理解决。年终祭神时有发言权和建议权。萧长华、苏雨卿、宋起山、罗燕臣、萧连芳曾任管事。②执事，俗称文武行头。分别担任管理演剧时的一切事务。文执事管理文戏，武执事管理武戏。其职责不同于管事，主要是监场（俗称看场子），即照料和监视学生在台上的演出；催场，即催促并指导学生在后台化装、候场，以及调配脚色，掌握缩短或延长演出的时间，派人替补未到的误场人员等。李喜泉、孙盛文、许盛奎曾任文执事，刘喜益、郝喜伦、王连平、张连宝曾任武执事。③经励科，俗称头儿。职责有内、外之分。对内，辅助社长办理事务，传达社长的意见；对外，则偏重于外勤事务、对外联络及与戏园

喜字科演出的《贵妃醉酒》
元元旦（高喜玉）饰杨玉环（中） 金喜棠饰裴力士（右）
小百岁（耿喜斌）饰高力士

社长叶春善（前坐者）与部分青年教师
后排左起：张盛禄、张连宝、王连平、郝喜伦、
孙盛文、萧连芳、王喜秀、刘喜益

办账等。叶雨田、李少泉等曾任此职。④场面主任，俗称场面头儿。专管文武场面的司乐人，即乐队的伴奏人员，均由场面主任调配安排。唐宗成曾任此职。⑤箱头，总管演出时后台各项职务的操作人员，包括大衣箱、二衣箱、三衣箱、盔帽箱、旗把箱、梳头桌、彩匣子、检场、打台帘以及水锅等的司职人员。韩文成曾任此职。⑥会计庶务，经管社中财务收入、支出，开付戏份和置办杂物、料理伙食等事项。⑦杂役，包括裁缝、理发、炊事、勤务等项人员。

教务方面有：①教师，也称教习，即传授剧艺的教员，不参与社中的行政事务，按个人所擅长的行当担任剧目教学，即教戏。教练武功（俗称看功）的教师，负责看管和教授学生练习腰腿功、毯子功、把子功等。设有总教习一职，总管教务和教授文武各行课程，相当于教务长。萧长华曾任总教习。富社教师的来源大致有3个方面：一是延聘本社的基本教师，如苏雨卿、宋起山、罗燕臣、叶福海、贾顺成、郭春山、蔡荣桂等，都是任教两科以上的；还有短期的流动教师，如范福泰、杨万清、茹莱卿、董凤岩、丁俊、韩乐卿、赵春瑞、萧长荣、徐宝芳、徐天元等。二是从历科出科生中选拔，留社任教。如王喜秀、雷喜福、郝喜伦、刘喜益、金喜棠、侯喜瑞、王连平、刘连湘、萧连芳、张连福、李连贞、张连宝、宋富亭、段富环、孙盛文、张盛禄、薛盛忠等。科班后期，这批教师成为主力。三是聘请名伶名师传授名剧，如姚增禄、王福寿、乔蕙兰、曹心泉、裘桂仙、王长林、尚和玉、高庆奎、阎岚秋、梅兰芳、尚小云等。②教育科（班），1940年开始增设此科，负责教授学生文化课程，有国语、常识、算学、简明历史等课目。傅佩之曾任主任。

教学和社规 该社招收6～11岁男生，须经介绍人引荐。收录新生不定期，随考随收。被录取者需经试习一段时日，审查资质，合格者正式办理入科手续，由家长、社方会同保人签订“关书”（俗谓“写字儿”）。学艺年限一般均为7年。若内行子弟，年龄稍长，或曾经学戏者，可酌减年限。科班供给食宿衣履，并按入科的时间长短、学业成绩的优差不等，发给为数极少的点心钱（俗称小份儿）。前期，除本班学生外，另约聘班外稍有名声的童伶搭入本班演唱，并参加学戏、排练，称“搭班学艺”，如梅兰芳、周信芳等。其居住膳食，不受科班限制，并付给包银。

该社的教学设施遵循传统规制，承袭了小荣椿科班的许多做法而有所发展。训练学生从形体基本功开始，而后按照学生气质、性情、嗓音、扮相、体态的不同条件，划归不同行当，以口传心授的方法，使学生通过学戏来掌握各门剧艺技能，并特别注重舞台演出实践。常年在固定的戏园公演，日不间断。对学生能够做到“量材授艺，人尽其才”。教学上实行由简入繁、循序渐进的原则。每一行当都是文武兼学，使学生既能文又能武，大小脚色兼学，既能演主角，又能演配角。倡导学会全剧通本。有些学生最初划归所学行当不当，可根据条件另行调换，做到按材归行，展其所长。即使因专业条件变化（如嗓音、身体等）不宜登台演戏，可改学场面，改做教学或管理工作，目的在于使学生掌握一技之长，学得从业谋生的能力。学生在入科、习艺、练功、演出以及生活起居等方面均有严格的规章制度和严明的纪律守则。如订立有《富连成科班训词》（即学规八条），包括了“最要十则”、“最忌四则”等许多内容；还有《梨园规约》，申明了作为一个戏曲演员应当严格奉守的职业道德的细则，并自“喜连成班成立之时，即书此规则于牌，悬之于壁，俾众生终日见之，无敢或忘”（见《梨园条例·序》）。后来由王连平于1926年刊印成册流传，开科班规章行诸文字之先河。作为戏曲工作职业道德的规范，对后来乃至今天，都具有借鉴、参考和研究的价值。

演出剧目 在40多年中，该社通过传授剧艺和舞台演出，积累、传留和整理、首演了大量优秀剧目，如众多“三国戏”，就是继承和发展了三庆班众多前辈的表演艺术精华而为广大观众所喜闻乐见。还有许多在当时即将失传的优秀剧目，也都能够在该社的教学和演出中得以保存。许多戏成为该社独家所有的剧目，经过精心整理和加工，优于一般流行的演出本，并形成“富社风格”，影响深远。该社上演的近400出剧目中，大致可分为3类：一是优秀的传统折子戏；二是有头有尾、情节完整的本戏；三是新编首演的剧目。除前文已提及的剧目外，还有新编的《庐州城》、《暗室青天》、《宦海潮》、《棠棣枯荣记》、《西河舞》、《大悲楼》，本戏《五彩舆》、《胭脂判》、《独占花魁》、《南界关》（《战寿春》）、《双合印》、《梅玉配》、《四进士》、《精忠传》、《喜崇台》、《混元盒》、《三进碧游宫》、《请清兵》、《三侠五义》等，三国戏《三顾茅庐》、八本《赤壁鏖兵》、四本《取南郡》，水浒戏《生辰纲》、《武十回》、《小鳌山》、《浔阳楼》、《沂州府》、《金石盟》、《高唐州》、《雁翎甲》、《大名府》、《秦淮河》、《蔡家庄》、《昊天关》、《太湖山》等，大小武戏有《嘉兴府》、《五人义》、《红门寺》、《宣化府》、《神州擂》、《武当山》、《小天宫》及“八大拿”各剧，还有独家上演的三小戏《荡湖船》、《闺房乐》、《打鱼舟配》、《跑驴子》、《董家山》和丑脚与老生合演的《选元戎》、昆丑戏《姑苏台》、《借靴》、《教歌》等。

历史功绩 该社44年的历程，经历了中国巨大的历史变革时期，从半殖民地半封建社会的崩溃，到社会主义革命和建设时期

“世”字科演出的《回荆州》
左起：沈世超饰张飞、姚世茹饰赵云、李世芳饰孙尚香、刘世勋饰刘备

富连成社出身的部分京剧名家

马连良
《白蟒台》饰王莽

侯喜瑞
《芦花荡》饰张飞

裘盛戎
《草桥关》饰姚期

马富禄
《群英会》饰蒋干

于连泉
《红梅阁》饰李慧娘

开始的前夜，同时又贯穿了京剧艺术本身从成长到繁盛，又到衰微的各个阶段。它为社会的需求和事业的接续，培养了大量优秀人才，其中不少是出类拔萃者，如侯喜瑞、马连良、于连泉、谭富英、叶盛章、叶盛兰、高盛麟、裘盛戎、袁世海等。他们在京剧艺术的继承、革新、创造上，作出了前所未有的业绩，为祖国的剧坛增辉添彩，堪称艺术大家，大大推动了京剧艺术的发展与繁荣。20世纪20年代以来，几乎无时不见活跃于新剧舞台上的富连成社弟子。特别是国家进入社会主义革命和建设时期，一批出色的戏曲表演人才也出自该社，这些人成为50年代和60年代前期的舞台中坚、剧坛砥柱，包括现代戏的创作中，也有不少新的建树。该社还为中华人民共和国的戏曲艺术教育事业准备了一批优秀教师，如雷喜福、王连平、萧连芳、方连元、梁连柱、茹富兰、宋富亭、陈富瑞、钱富川、高富远、孙盛文、李盛荫、李盛泉、王世续、阎世喜等，他们犹如辛勤的园丁，耕耘于戏曲的苗圃。富连成社科班提供的可资借鉴、行之有效的丰富的施教经验，起到了承前启后、继往开来的历史作用。富连成社在京剧剧目的传承、积累和京剧行业规章的整理、订立上，做了有功于世的大量的规范性的工作。40多年的连续演出活动，在客观上熏陶和培养了京城几代人的欣赏能力和艺术审美趣味，它以自身的演出实践，通过富有吸引力的整体艺术，培养了一批批京剧观众。不少人都是通过看富连成社科班的戏而爱上了戏曲的，甚至于有些当时的青年，由于迷恋富社的戏而投身戏剧事业，走上了艺术道路，后来成为戏剧家。对于中国戏曲艺术教育史的研究，富连成社科班是一个可资探索、剖析的典型实例。至于科班开创人的艰苦创业、兢兢业业、殚精竭虑的办学精神，教师间的真诚团结、互相切磋、同甘共苦、认真传艺的作风以及在施教中重视艺德、学用一致、从严要求、强调实践的做法，开一代风气之先。

（钮骠）

中国京剧百科全书

Gai Jiaotian

盖叫天 (1888～1971) 演员。工武生。盖派艺术创始人。本名张英杰，号燕南。直隶高阳（今属河北）人。盖叫天8岁时与其四兄张英俊同入天津隆庆和科班学戏，习武生。翌年，在天津以“小金豆子”艺名登台。清光绪二十六年(1900）八国联军入侵，戏班解散，流落街头，由同行帮助偕四兄同赴上海投奔在天仙茶园演唱的大哥张英甫(武旦，艺名赛阵风)。初随大哥习武旦，后从陈福奎习老生，初次在沪登台是在老天仙茶园扮演《打金枝》中的唐王。后随班赴汉口演出于天一茶园和满春茶园，以《定军山》一剧为观众欢迎。在汉口学会老旦戏多出。汉口归来在苏州、杭州登台，易名盖叫天，头一天在打炮戏《天水关》中演诸葛亮，第二天在《翠屏山》中演石秀，第三天在《断后龙袍》中演李后，第四天在《十八扯》中演妹妹。4天分饰老生、武生、老旦、花旦，显示了这个十几岁孩子的多才多艺，一时声名鹊起。当时王鸿寿主持天仙茶园，正在物色角儿，特聘他来沪参加演出。初演《白水滩》甚获好评，不久倒仓，从此渐改演武生，常演剧目有《伐子都》、《金雁桥》、《界牌关》、《花蝴蝶》、《长坂坡》、《武文华》、《蜈蚣岭》等。并先后与周春奎、汪笑侬、吕月樵同台演出。在《目连救母》中与汪笑侬和吕月樵分饰刘氏，吕月樵演《杀狗开斋》，盖叫天演《滑油山》，汪笑侬演《救母》。他14岁在杭州演《花蝴蝶》时折臂，偶路过九里松，见“学到老”牌坊，深受启迪，遂奉为座右铭，终身矢守不渝。1912年第一次到北京，继谭鑫培之后演出于北京文明园，深受北京内外行赞誉。1914年加入上海天蟾舞台，演出达5年之久。先后创排《年羹尧》、《劈山救母》、《智取北湖州》、《天宝图》等，同台演出的有冯子和、赵君玉、小杨月楼、林树森、何月山等。杨小楼先后两次来沪，与他同台合演《莲花湖》、《义旗令》等，二人相交甚厚。1920年创排《七擒孟获》，冯子和、白牡丹、筱翠花、尚小云分饰公主，他饰孟获。1921年排演《楚汉相争》(又名《乌江恨》)。1922年在上海亦舞台与马连良、荀慧生同台演出《宝莲灯》，饰沉香。1923年创排头、二、三本《西游记》。1934年于演《狮子楼》时不幸折腿，被庸医误接。为保持艺术生命，他咬牙以腿猛击床栏，使腿再断，延医重接。两年后伤愈重新登台，首演仍是《狮子楼》，充分表现了他坚强不屈的精神。盖叫天生性耿直，刚正不阿，终生勤学苦练，视艺术如生命，坚持艺人品德，有所为有所不为。他曾拒绝参加张作霖做寿、曹锟贿选的庆祝演出。敌伪时期他拒演向日方献媚的《十演铁公鸡》，伪统税局长邵式军30岁生日，重金邀请堂会演出，他不为所动，拒金不纳，但对各种兴办学校、施舍冬衣、筹募伶界基金等义演，却热情参加。中华人民共和国成立后，更积极参加戏曲界救灾、抗美援朝、捐献飞机大炮等多次演出。1950年皖北水灾举办义演，他与梅兰芳、周信芳等合演《龙凤呈祥》饰赵云，传为剧坛佳话。田汉高度评价他是“一个忠于艺术的人，同时也是一个忠于人民，忠于祖国的人……宁愿挨饿，保卫他艺术的尊严，保证他作为一个中国人的民族气节”(《盖叫天表演艺术》第1页)。1952年，他荣获第一届全国戏曲观摩演出大会文化部颁发的荣誉奖。1956年文化部为之举办盖叫天舞台生活60年纪念。次年去各地巡回演出及讲学，历时数月。1961年应邀到北京传艺并作示范演出，北京武生演员大都参加了这次活动。著名演员李少春、张云溪正式拜他为师。

他的表演艺术先后摄成影片《盖叫天的舞台艺术》(黑白片)及《武松》(彩色片)。他的舞台艺术经验，由何慢、龚义江整理成《粉墨春秋》一书，于1958年出版。盖叫天历任上海京剧院顾问和中国戏剧家协会浙江分会主席。“文化大革命”时期，他经受种种残酷迫害，于1971年含恨逝世，葬

盖叫天在练功

《乾元山》饰哪吒

《拿谢虎》饰谢虎

于西子湖畔。

盖叫天是南方京剧武生的一代宗师，对京剧武生艺术作出卓越的贡献。在继承京剧早期武生流派之一的著名短打武生李春来表演艺术的基础上，进行了创造性的发展，形成了独树一帜的盖派艺术。青壮年时期，在继承传统基础上创演一系列新戏，并对武生艺术的各个方面进行革新与创造。在刀枪把子的运用上创造了六合枪、莲花枪、回马枪、滴水枪等称为“张家108枪”的枪法，还创造了太极剑、三刀剑、钟馗剑、白鹤慕云剑等剑法，以及单刀、双刀、拐子、三节棍、九节鞭、二头刀、梢子棍等兵器的新打法。许多新打法是他首次运用到京剧表演中的。在《年羹尧》中，他清装打扮，首创要辫子，用二头刀开打，要大旗，被不少人仿效。《劈山救母》中创演黄绸舞，《乾坤圈》中创造巧舞乾坤圈，《七擒孟获》中采用民间狮子舞，创汉调新腔，一时成为流行唱段。《西游记》中首创巧舞双鞭与怀抱琵琶弹奏［夜深沉］及脚舞乾坤圈的绝招，开创了不同于北派及南方郑（法祥）派猴儿的造型与表演方法。《双夺太平城》中他首创撑竿跟头过城。在《楚汉相争》中又创造与众不同的特有的霸王枪及身段、扮相。

盖叫天50岁后，由博返约，集中精力为塑造人物，创造美的形象，从更高层次表现戏曲真、善、美的意境而努力。在剧目中他逐渐筛选出能代表他表演特色的一些代表作，如《武松》（包括《打虎》、《狮子楼》、《十字坡》、《快活林》、《鸳鸯楼》、《蜈蚣岭》6出戏）、《一箭仇》、《恶虎村》、《洗浮山》、《鄚州庙》、《劈山救母》、《乾元山》等。由于他扮演的武松艺术形象最为典型，被誉为“活武松”。他的《武松》戏文武并重，处处以人物性格为依归，分别人物在不同环境中的不同表现，使6出戏既有统一风格，又有不同特点，从不同侧面刻画人物，从而汇聚成一个完整的活生生的草莽英雄形象。为了更恰切、深刻、生动地塑造人物，他为武松创造了许多既优美又富有性格特征的身段与动作，如《打虎》中的亮相造型，《打店》中的睡态，与孙二娘对打中的“乌龙探爪”、“虎抱头”、“拧麻花”和“剁攮子”等绝技，在《快活林》中的风摆荷叶似的“醉步”，风飘落叶似的“脱褶”等。他的《一箭仇》堪称箭衣戏典范，戏中揉肚子、枪架子、髯口功堪称一绝。他的《恶虎村》可算武戏短打精品，其中夜行“走边”和“鹰展翅”等身段创造，精彩绝伦，为后人争相仿效。他的《洗浮山》与北派不同，充分发挥髯口、马鞭、双刀、罗帽以及其他服饰等作用，组合成美妙生动的舞姿。

《一箭仇》饰史文恭

《武松·打虎》饰武松

盖派艺术重视生活，重视人物性格与思想感情，这是他创造的出发点。盖派艺术最鲜明的特点，就是在“真”的基础上追求“美”。他在美的创造上所采取的方法之一是“师法造化”，也是他的美学原则。他善于观察和借鉴烟云、鱼虫、花鸟、墨龙、佛像、泥塑以及生活中的种种景象素材，通过他原有的深厚武功基础和坚持不懈的锤炼、升华，构成深具魅力、前所未有的表现形式，从而形成风貌独特的表演艺术。

盖叫天不仅在表演艺术的实践上取得了巨大成就，在表演理论上也有卓越建树。他在《粉墨春秋》、《燕南寄庐杂谈》及《盖叫天表演艺术》等著作中，系统地总结了数十年舞台实践经验，阐述了他对表演艺术的美学思想，其中有很多独到、深刻的见解，常为人们借鉴与运用。

盖叫天之子张翼鹏、张二鹏、张剑鸣（小盖叫天），孙张善麟、张善洪、张善元，曾外孙张帆，均为京剧武生演员。（龚义江）

Gai Jiaotian Biaoyan Yishu

《盖叫天表演艺术》 京剧文集。浙江文艺出版社1984年10月出版。汇集了盖叫天在世期间（主要是1958年定居杭州后至1971年逝世前）本人谈戏曲表演的文章（其中有一部分是未发表过的文稿）36篇，盖叫天生前及逝世后各报刊所载探讨盖派艺术的论文29篇，是一部系统总结京剧盖派表演艺术的专集。盖叫天本人的文章有：《冰冻三尺，非一日之寒——漫谈练基本功》、《技巧和生活》、《像和不像》、《一元复始，万象更新》、《别让灵魂跑了——谈谈戏曲表演的精气神问题》、《日日新又日新——谈谈我对〈武松〉的革新》等，从艺术与生活的关系、怎样提炼戏曲程式动作、通过戏曲表演塑造人物形象、戏曲表演形与神的关系、如何练就扎实的基本功等方面，根据自己的实践经验总结出一系列很有见地的观点和看法。许多论点涉及戏曲美学的根本原理，对舞台表演实践具有一定的指导意义。其他研究者的论文有戴不凡《忆盖老》、王朝闻《访问盖叫天》、沈祖安《试论盖派表演艺术》、杜钦《心明自明——初探盖老的“默戏”》、彭兆棨《盖老在中央实验话剧院谈艺记》等。在书的前言里，王朝闻说，在了解了盖叫天所谈的“许多有关表演的精辟见解后，不仅更加明白活武松这样完美的舞台形象是怎样创造出来的，而且更加觉得我国传统文艺资料非常丰富”，“其中有着必须继承，但尚未普遍为人们所掌握与重视的规律”。

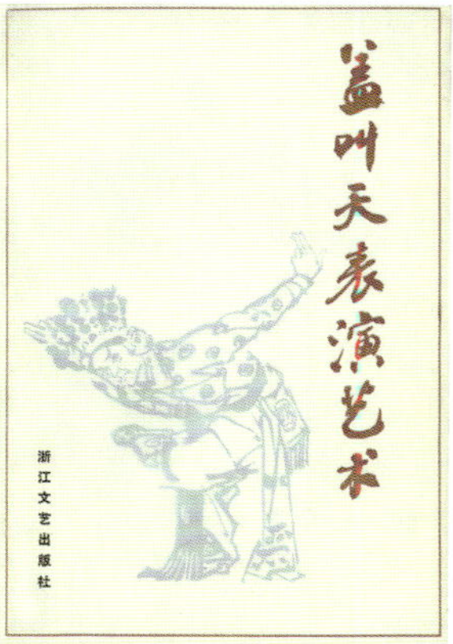

（周巩平）

Gai Jiaotian Wutai Shenghuo 60 Nian Jinian

盖叫天舞台生活60年纪念 中华人民共和国文化部、中国戏剧家协会主办。1956年11月10日在上海举行纪念大会，文艺界和戏剧界人士数百人参加。文化部艺术事业管理局局长田汉作题为《向卓越的表演艺术家盖叫天先生学习》的发言，并代表文化部将荣誉奖状授予盖叫天。盖叫天致答词，《戏剧报》发表时题为《生我者父母，知我者共产党》。会后举行两场纪念演出，11月10日为《快活林》、《鸳鸯楼》，11日为《恶虎村》。会场入口大厅里，展览了盖叫天的剧照和生活照，他早年设计的行头、用的各种刀枪把子。11月13日举行盖叫天表演艺术座谈会。在纪念活动期间，田汉还咏诗以贺：“断肢折臂只寻常，练出张家百八枪。抗节不随魔鬼舞，耐冬真识菜根香；湖上柳青迎怒马，江南蟹老举霞觞，大虫又饮尼罗水，正待人间武二郎。”自注：“盖叫天先生舞台生活六十年纪念，汉由广州赶来祝贺。时英法侵埃及，举世愤怒，先生当亦有披发缨冠之意也。”欧阳予倩发表《戏曲艺术的斗士盖叫天》一文为贺，均载1956年第12期《戏剧报》。 （简畅）

田汉（前排右）代表文化部授予盖叫天荣誉奖状
后排左为熊佛西，右为丁是娥

gaikou

盖口 戏曲术语。两个角色对口唱念的相互衔接处，称为盖口。旧时京剧剧本分总讲、单篇两种。前者有完整的唱词、科白，后者为某一个脚色自己的台词。在单篇中，其他脚色的对白，已被省略，就以斜杠来表示，称为盖口。如《打严嵩》中严嵩与邹应龙的对话。严嵩：“心腹人，你来了，你来得好哇！”邹应龙：“太师为何这等模样？”严嵩：“老夫我打坏了哇！”邹应龙：“哪一个大胆，敢打老太师？”严嵩：“心腹人，是你不知，待老夫慢慢告诉与你。”邹应龙：“太师请讲。”如果是严嵩的单篇，那就只有严嵩的念白，而将邹应龙的念白用一个斜杠代替。盖口有死、活之分。活盖口内容因戏情不同而不同，如上述《打严嵩》例；死盖口指一些通用的“水词”，如：“不知××驾到，未曾远迎，望乞恕罪”，“来鲁莽，××海涵”之类。在表演时，演员要注意为同台交流的对手作出交代，留有余地，也叫留盖口。 （刘玉来）

Gai Sansheng

盖三省 （1882～1954） 演员。工彩旦。原名杨春林。天津人。早年师从张国泰，学梆子花旦，后改唱评剧。20世纪30年代随戏班到上海，演出于大世界。不久改演京剧，定居沪上，在中国大戏院、天蟾舞台、黄金大戏院做基本演员，专工彩旦（包括丑婆），不演其他丑脚戏，这在京剧史上很少见。又因其表演风格独特，故被誉为刘赶三之后彩旦的代表人物。他功底扎实，嗓音脆亮。念词缓慢、清晰，念［数板］节奏分明，富于感染力；又善于即兴发挥，插科打诨，出语诙谐。他不仅面颊能动，连耳朵也能颤动，常用面部的各种技术性表演引起哄堂笑声。他有自备的各种行头，袖口特大，与众不同。经常主演的剧目有《探亲家》、《看香头》、《送亲演礼》等。曾傍梅兰芳演《凤还巢》中丑小姐程雪雁，傍黄桂秋演《春秋配》中继母贾氏，傍张君秋演《三娘教子》中大娘张氏，傍周信芳演《董小宛》中掌宫婆等。还为许多著名花旦演员配演过《拾玉镯》中的刘媒婆和《得意缘》中的丫头，均受欢迎。他最负盛誉的代表作是《六月雪》中的禁婆一角。程砚秋对他演的禁婆评价很高，撰文写道：“过去扮演这个角色的，我最喜欢上海的盖三省老先生。他所刻画的禁婆非常合乎那个人物的身份。”程砚秋历年来沪贴演《六月雪》，多次专门邀请他扮演禁婆。遇有名角合演《大溪皇庄》，他常应邀参加剧中的“十美跑车”饰金头蜈蚣窦氏，而总以滑稽的圆场，轰动全场。当时社会名流举办喜庆堂会，常邀他参加助兴，多则一天赶两三处。他诚笃信佛，心地善良，与舞台上扮演的三姑六婆判若两人。妻王俊峰（小俊峰），曾是髦儿戏班武生演员。 （张展业）

Gan Ning Baiqi Jie Weiying

《甘宁百骑劫魏营》 京剧作品。杨小楼、郝寿臣、清逸居士（执笔）据《三国志演义》第68回改编。孙权攻合肥，曹操率部驰援。孙权欲乘曹兵初到，挫其锐气。凌统与甘宁争夺立功机会。凌统得先领命，被曹将张辽战败。甘宁讨令，孙权赐猪羊美酒壮行。甘宁借以犒军，晓以大义，鼓舞士气。遂率百骑夜袭曹营，大获全胜。孙权为之庆功，叹为奇人。事见《三国志·吴书·甘宁传》及注引《江表传》。1934年7月15日永胜社首演于北平吉祥剧院。杨小楼饰甘宁，郝寿臣饰曹操，主要演员还有钱宝森、迟月亭等，为杨小楼晚年的代表剧目之一。载《京剧汇编》第7集。该剧情节虽简单，表演和服装颇多创造，当时北平观众认为有外江派风格。甘宁晓喻军士的大段念白长达数百字，中有“身为武夫，理当马革裹尸，须以战死沙场为荣，休学那勇于私斗，怯于公战之辈”，“自古国家一体，国在家也在，国破家也亡，岂不知国家兴亡，匹夫有责”等语。编演该剧在“九一八”事变之后，值国家危亡之际，自有寄寓。1952年，张铁华改编的《甘宁百骑劫魏营》，主要情节与杨小楼演出本相同。1960年，中国戏曲学校实验京剧团又据旅大市京剧团演出本改编，同年4月首演于北京人民剧场。主要演员钱浩梁、袁国林、李长春、朱秉谦等。改编本参考《三国志演义》第67回，叙张辽率兵南下，欲侵东吴。孙权遣甘宁取皖城，断张辽粮道。甘宁得胜而归，孙权设宴庆功。凌统宴上行刺甘宁，欲报杀父之仇，甘宁正言相劝，孙权晓喻大义，方使作罢。继后孙权率军攻合肥，败于水师桥，凌统得甘宁相救，结成生死之交。既而甘宁率百骑夜袭魏营，孙权率军接应，大获全胜。 （张燕鹰）

杨小楼饰甘宁

Gansu Sheng Jingjutuan

甘肃省京剧团 京剧演出团体。始建于1949年。前身系中国人民解放军第一野战军政治部文工团京剧队，当时分为两个队，一在青海省西宁市，一在甘肃省兰州市。主要演员有武生费世威、老旦萧剑秋、花脸夏荣庭、老生刘逢春、红生葛燕亭等。1952年甘肃兰州演出队与青海西宁演出队合并成立西兰京剧院。1955年改建为甘

《夏王悲歌》陈霖苍饰李元昊

肃省京剧团至今。花旦陈永玲、武生李大春、老生杨韵钟均在团任主要演员。20世纪50年代以来，相继调进了中国戏曲学校及甘肃省戏曲学校的一批毕业生，1961年兰州新兴京剧团并入，演员阵容不断得到充实和提高。逐渐形成了一个以花脸陈霖苍、刀马兼武旦陆淑绮、武净刘刚、老生段玉华、武生宋惠良、丑行汪玉祥、青衣花衫卢美珠、武丑周凤友和司鼓吴继秋等为主要演职员的中青年表演团体。中华人民共和国成立以来积累了一批具有不同流派的保留剧目：传统戏有《战宛城》、《四郎探母》、《连环套》、《霸王别姬》、《乌龙院》等，改编创作排演的现代戏有《南天柱》、《八一风暴》等。京剧《原野》1988年在全国京剧新剧目汇演中获新剧目奖，陈霖苍获优秀表演奖。1993年该团创作的西部京剧《夏王悲歌》获第五届文华奖中的4个奖项。1996年5月《夏王悲歌》、《原野》演出团应邀赴台北进行了为期10天的演出交流活动。1998年剧团和江苏省京剧院联合创作演出《骆驼祥子》，获第二届中国京剧艺术节金奖。2001年在第三届中国京剧艺术节上演出《西域星光》，获剧目奖。2008年将民族舞剧《丝路花雨》改编为同名京剧，编剧杨舒棠、胡豫川、王景恒，总导演谢平安，作曲朱绍玉、杨长春，主演马少敏（饰英娘）、杜喆（饰张恩）、姜肃泉（饰神笔张），参加第五届中国京剧艺术节，获新编历史剧一等奖。该剧又于2009年获第十一届“五个一工程”奖。

（段玉华）

Gansu Sheng Xiqu Xuexiao

甘肃省戏曲学校 艺术专业学校。1959年在甘肃省华剧、眉户、秦剧、京剧、陇东道情训练班的基础上组建而成，后又增设音乐班。学员最多时达600多人，学制5～6年，教学采取以课堂教学为主、演出实践为辅的方针，并强调政治课和文化课的学习。王焰、陈光先后任校长。京剧班的教师有萧剑秋、黄元忠、高媚兰等。1963～1964年学员大部分毕业。1970年该校并入甘肃省陇剧团。1974年成立甘肃省艺术学校，成为综合性的中等艺术专业学校。

（刘文峰）

ganchang

赶场 戏曲行话。戏曲演员的一种演出活动方式。起于清末。光绪九年（1883）北京京剧戏班由年包银制改为日份制，部分演员在不影响本班演出的前提下，可外串赶场，到他班搭演，有时一天赶场数处。赶场表现为演员个体的流动性演出习俗，以个人技艺为支撑，既可提高收入，也对艺术交流、技艺切磋有所促进。梅兰芳《舞台生活四十年》中有“赶场”一节，其中讲道：“又有一天我在馆子下来赶堂会，唱的是《穆柯寨》。金老板（秀山）的孟良。好像还是第一次跟他合演这出戏呢。他见我就说：‘今儿我已经赶了三个地方了。’我听了，心里真着急。我想今儿这出戏，是唱不好的了。赶场的怎么都凑在一起了呢。谁知道到了台上，我看他从容不迫的，一点都不露出他是赶过三场的角儿。进了后台，他的神态还是那样安闲自得。我对这位老艺人赶场的能耐，真是佩服得五体投地了。”后来金秀山又与梅兰芳交流赶场的经验，使青年梅兰芳“体会到演员在台上要懂得‘善用其长，不可过火’。遇到几处赶场，是要在事先有计划地支配自己的精力的”（《舞台生活四十年》第197～198页，中国戏剧出版社1987年版）。

（戴申）

Gao Baisui

高百岁 （1903～1969） 演员。工老生。字幼斋，号智远，又名伯绥。北京人。童年拜名票吕正一为师，习铜锤花脸。后又从师朱四龙学习“三斩一碰”等刘（鸿昇）派剧目，旋即登台演出，因

嗓音高亢激越，遂有“小刘鸿昇”之誉。12岁带艺入富连成社科班学艺。14岁以挑梁老生应上海丹桂第一台之聘，首次在沪上露演，获得行内外好评。满师后，自己组班演唱于北京、天津、沈阳、大连、长春、哈尔滨、海参崴（今俄罗斯符拉迪沃斯托克）等地。其间逢变声期，乃改学靠把老生兼武生。嗓音恢复后，复至上海第一台、更新舞台及天蟾舞台演出而大受欢迎，驰誉南北。25岁拜周信芳为师，潜心学习麒派艺术而卓有成就。同时，不断向其他前辈请益。1928年参加田汉组织的南国社，积极参与旧剧改良，曾与欧阳予倩、周信芳等合排《潘金莲》，引起强烈反响。1937年参加上海戏剧界救亡协会，曾为抗日将士进行慰问演出和募捐。上海沦陷后，参加周信芳排演的旨在激发人民爱国主义思想的新编历史剧，以致遭到敌伪的横蛮干涉，乃愤然离开上海，至江南各地演出。抗日战争胜利后，返回上海，再次与周信芳合作。积极参加民主运动，为进步团体艺友座谈会主要成员之一，并掩护田汉在上海开展革命工作。1948年应汉口民众乐园大舞台之聘到武汉演出。1949年初去长沙演出。1949年秋，中南军政委员会文化部派人到长沙迎接高百岁返回武汉，参加筹建中南京剧工作团。1950年1月中南京剧团正式成立，高百岁任副总团长兼第一分团团长。1952年9月，该团移交武汉市文化局领导，改名武汉市京剧团，高百岁任团长。

高百岁功底深厚，戏路宽绰，除擅长老生外，花脸、武生、小生（大嗓）等行也均能应工。老生戏宗法麒派，但不单纯模仿，坚持从自身条件出发，并吸收谭、孙、汪、刘各派之长，融会贯通，灵活运用；演出麒派剧目，从不将高亮宽厚的嗓音压成暗闷沙哑的声调，而在咬字发音、行腔运气等方面发挥自己嗓音的长处，以满宫满调、酣畅淋漓、质朴苍劲、韵味浓郁取胜，形成了自己独特的演唱风格。擅长剧目有：《追韩信》、《徐策跑城》、《打严嵩》、《清风亭》、《赵五娘》、《乌龙院》、《逍遥津》、《甘露寺》、《骂阎罗》、《举鼎观画》、《投军别窑》等。中华人民共和国成立后，曾参加创作排演新编古代剧《三打祝家庄》、《逼上梁山》、《皇帝与妓女》、《屈原》、《秦香莲》、《郑成功》等及现代戏《柯山红日》、《豹子湾战斗》、《赠马》等。

《追韩信》饰萧何

《董小宛》饰顺治帝

尤其擅演老头戏，如《三打祝家庄》之钟离老人、《赵五娘》之张广才、《清风亭》之张元秀、《柯山红日》之麦力生、《豹子湾战斗》之朱老爷爷，无不栩栩如生。曾获第一届全国戏曲观摩演出大会奖状，湖北省第一届戏曲会演表演一等奖。曾任中南戏曲学校校长、武汉市戏曲学校第一副校长、武汉剧协副主席等职。 （周笑先）

gaobozi

高拨子 京剧唱腔中的一种腔调。亦称［拨子］。原为徽剧的主要腔调之一。其来源据说是明末清初西秦腔等乱弹声腔传至安徽，受当地的徽州腔、青阳腔、四平腔、太平腔等影响，在桐城、石牌、安庆、枞阳一带形成。其名称，一说是因开始用火不思（形制近似琵琶的古代西域弹拨乐器）伴奏，故称拨子。另一说，当地方言中的“梆”、“拨”同音难分，拨子即梆子。还有一说，高拨子出自高淳县（今属江苏），因该县被丹阳湖和石臼湖环绕，渔民多喜唱歌，行船时随拨随唱，故称拨子，由于出自高淳县，所以叫高拨子。清代中叶流入南北各地，被一些地方戏所运用。其主要伴奏乐器，初用火不思，后改唢呐双簧，或海笛（小唢呐）、胡琴，最后去掉海笛，只用胡琴。京剧中的［高拨子］，据说是由王鸿寿从徽班带入京剧的。

《徐策跑城》
林树森饰徐策

京剧［高拨子］节奏稳健，上下句起唱落腔均在板上（即板起板落）。上句基本落音为Sol，下句基本落音为高Do，旦腔与生腔相同，只是高八度，基本为宫调式。伴奏唱腔的主要乐器为特制的大筒胡琴（称拨子胡琴）定为Do、Sol弦，即里弦定Do，外弦定Sol。由于［高拨子］的调式特点和旋律中常出现以五声音阶为主的自然七声，既有级进又有大跳的句型，上下句唱腔板起板落，唱词节奏稳健有力，没有太紧促与跳跃的节拍、节奏，胡琴的定弦在伴奏中同唱腔形成低拉高唱，因而使人感到其曲调起伏跳跃，高亢挺拔，长于表现波动较大的激愤情绪。在传统戏中，为生、旦、净、小生所唱。既可单独运用于一个剧目，也可同皮簧剧目混用。［高拨子］的板式，在传统戏中由于运用得不够普遍，只有［原板］、［散板］、［摇板］和［导板］，而没有［慢板］、［快三眼］、［二六板］、［流水板］、［快板］等板式。中华人民共和国成立后，随着新内容的要求和京剧音乐革新，［高拨子］渐被广泛使用，并发展出了许多新的板式。

［高拨子原板］。［高拨子］的基本板式。一板一眼（2/4）形式。中等速度。以对偶式上下句组成曲式结构基本单位，并以上下句变化重复构成唱段。一般多用七字句，每句有2个分句。其上下句基本腔格大体如下：

上句 2/4 （……7656 | 1·235 2161 | 5 1 1 3 | 5356 135）| Ⅰ 3 5 6 6 |
一二三四
（6762 356）| Ⅱ 1 6. 3 | 5（6 1 | 5653 235）|
五 六 七，

下句 2/4 Ⅰ 5 6 1 3 2 3 |（3532 1 2 3）| Ⅱ 3 2. 6 | 1 （1 5 7 |
一二 三 四 五 六 七。
6 2 7 6 5 6 1）|

由此可以看出［高拨子原板］上下句的结构形式、各分句的落音、上下句唱腔板起板落的规格、旋律常用音区等基本形态。随着唱词表达的情绪与字音四声等的不同，其上下句主要应变手法为加腔扩展和提高、降低音位等。［高拨子原板］单独构成唱段的少见，一般多由上句第二分句唱散，以［摇板］或［散板］的下句结束，其前面还常加［导板］、［回龙］。在剧中主要用于戏剧情节比较紧张时的叙事。其代表性唱段有：《徐策跑城》（生）“湛湛青天不可欺”，《走麦城》（生）“旌旗不觉空飘荡”，《临江驿》（旦）“浑身的骨节痛实难忍”。

［高拨子散板］。无板无眼（节拍自由）形式。是将［高拨子原板］通过拆散手法而成。其伴奏特点与［二簧散板］相同，也是慢拉慢唱，以双楗子锣鼓开唱，每句之后有大锣一击。它的基本腔格，每句仍多为七字句2个分句，其唱腔和上下句2个分句落音与高拨子原板基本腔格的相同。曲谱如下：

上句サ Ⅰ 3 5 6 6 ∨ Ⅱ 1 6. 3 5 （3 2 3 5）
一 二 三 四 五 六 七，

下句サ Ⅰ 5 6 1 3 2 3 ∨ Ⅱ 3 2. 6 1 （6 5 6 1）
一 二 三 四 五 六 七。

［高拨子散板］变化腔格所用的应变手法，与［高拨子原板］的应变手法相同。［高拨子散板］唱段在剧中主要用于情绪激动的叙事与对话。代表性的唱段有：《斩经堂》（生）“从空降下无情剑”，《徐策跑城》（生）“一见薛刚咬牙恨”，《徐策跑城》（小生）“马不停蹄到柳林”。

［高拨子摇板］。是由［高拨子散板］派生而来。与［高拨子散板］的区别，同其他腔调的［摇板］与［散板］的区别一样，也是在伴奏上，即紧拉慢唱。另外，在整个唱段中，还用铙钹闷击和敲打广东板以一拍子进行伴奏。在剧中主要用于急促行路中的紧张叙事。其代表性唱段有：《徐策跑城》（生）“听说孩儿到来临”和（净）“翻身下马把话论”。

［高拨子导板］。无板无眼（节拍自由）形式。为［高拨子］的序引性板式。同其他腔调的［导板］一样，也是属于上句单句式的结构，一般在它的下面多接［高拨子回龙］。它是将［高拨子散板］上句加以扩充发展变化而成。唱词多为十字句，有3个分句，落音分别均为高八度的Mi、Do、Re。其基本腔格大体如下：

サ Ⅰ 3 3 2 5 3 Ⅱ 1 2 3 2. 1 6 1 （1 1 1 1）
一 二 三 四 五 六
Ⅲ 2 2 1 3 2 － 3 3. 5 2
七 八 九 十，

［高拨子导板］的变化腔格不多，主要是第一分句落音还可变为高Re或Do，第二分句落音也可变为Mi或Re，第三分句落音亦可变为Sol。［高拨子导板］的旋律高昂而激荡，一般多用于戏剧情节比较紧张的时候，作为综合板式唱段的引子，抒发人物内心非常激动的情绪。其代表性唱段有：《徐策跑城》（生）“忽听得家院一声禀”，《走麦城》（生）“恨孙曹大不该小反上”，《狸猫换太子》（生）“渺渺茫茫魂飘荡”，《临江驿》（旦）“大雨淋走无路身体寒冷”。 （张正治）

Gao Fu'an

高福安 （1874～1939） 演员。工武生。号竹轩。直隶盐山辛店

（今属河北孟村回族自治县）人。7岁入山东聊城河头镇子弟会学艺。出科后以擅演繁重武戏受观众欢迎。在天津享有盛名，与李吉瑞、薛凤池并称天津"武生三泰斗"。其演出风格突出一个"狠"字，尤擅短打戏。清光绪二十六年（1900）后，受聘于上海的春仙、天仙等戏园，与汪笑侬、孙菊仙等同台献艺。1910年10月1日上海《图画日报》专栏《三十年来伶界之拿手戏》有《高福安之〈鸳鸯楼〉》。称赞其所演武生戏"如天马行空，手足非常灵活"，演《鸳鸯楼》，"使真刀，有疾风卷雨之势。跳三张半高桌，以一字落地，亦殊毫不费力，见者莫不击节称赏"。他的拿手戏还有《翠屏山》、《莲花湖》、《蜈蚣岭》、《虮蜡庙》、《恶虎村》、《金钱豹》、《挑华车》、《长坂坡》、《界碑关》等。《京剧二百年历史》称之为"天津派武生"。1912年，高福安在天津南市创建第一台，是天津最早的新式剧场，以梆子、皮簧"两下锅"及演出连台彩头戏吸引观众。《中国戏曲志·天津卷》有高福安传，盛称其为人："极重同行义气，恪守戏德，从不争牌夺位；关心同业苦难，救贫济危，仗义疏财。为调解友人纠纷，曾变卖过家产。精于拳棒，性格刚直不阿，好打抱不平。由于义愤，打过砸戏园的地痞流氓；为解救被侮辱的妇女，在火车上打过气焰嚣张的日本兵。晚年穷愁还乡，卒于故里。"

（简畅）

Gao Fuyuan

高富远 （1905～1966） 京剧教师。曾为丑行演员。原名宗祥。北京人。出身梨园世家，祖父为清末名净高德禄，隶四喜、春台各班，与武生俞菊笙同台合演多年。幼入富连成社科班大三科习艺，师从萧长华、郭春山，工文丑。出科后得李寿山举荐入尚小云班，长年合作。在许多尚派戏中担任重要角色，如《汉明妃》之王龙、《金山寺》之法海、《青城十九侠》之郑颠仙、《十粒金丹》之哑巴任守志、《鞭打芦花》之闵岳、《比目鱼》之张二、《千里驹》之张大奇、《北国佳人》之万事通等，都十分生色。并擅演《逍遥津》之华歆、《独木关》之张士贵和《小过年》之煤铺掌柜、《打杠子》之娘家妈、《王春娥》之大娘、《朱痕记》之婶娘，以及昆曲《回营打围》、《借靴》等。他表演诙谐冷俏，隽永得神，念白厚重沉稳，不温不火，长于扮演颟顸傻气一类人物，独具特色。还曾搭俞振庭、杨小楼、筱翠花、程砚秋、李盛藻、李世芳、李少春、张君秋、叶盛兰的各班及在荣春社科班任教。20世纪50年代加入中国戏曲研究院京剧实验工作团，后调中国戏曲学校任教，在培养京剧丑行人才上作出贡献。张启洪、钮骠、刘长生、赵德芝、司痒、金立水、寇春华、郑岩等都是他的学生。在为学生作示范演出中，所演《一匹布》（饰驴夫官）、《涿州判》（饰张康侯）、《打严嵩》（饰严侠）、《独木关》（饰张士贵）、《文章会》（饰秋水）、《乌龙院》（饰张文远）等，深得赞誉。

《绒花计》饰崔华（左） 马富禄饰崔八

（钮骠）

Gaogao de Lianta

《高高的炼塔》 京剧作品。吉林省京剧团创作演出。工业建设题材的现代戏。东北某化工厂工程师苏雷是全厂的技术骨干，对工厂建设卓有贡献，然而厂里将唯一的高级职称名额给了连图纸也看不懂但有特殊关系的安全科长崔明达。这一打击，引起苏雷的家庭不睦和他内心的痛苦，想以"调离"为计，却被厂长蔡亮识破，最后还是在排除技术事故的过程中也排除了自己的心理不平衡，既把亲手设计的高高炼塔竖立了起来，精神境界也达到新的高度。此剧颂扬了新型知识分子的无私奉献精神和爱国赤诚，也大胆、尖锐地抨击了现实生活中的不正之风，以生动的艺术形象，呼吁"尊重知识，尊重人才"。1991年5月21日，时任文化部代部长的贺敬之看了此剧后说："很激动人心。这出戏没有回避生活中的矛盾，利用京剧这一传统艺术形式来反映工业题材，写知识分子，很新颖，是对京剧现代戏创作的一个新推动。"（1991年5月24日《文汇报》）编剧郝国忱、李学忠；导演李学忠；舞台设计吕也厚、董庆吉；作曲、指挥先后有孟庆华、史根源；唱腔设计先为李秀玉与崔永春，后为续正泰；灯光设计齐仕明。张健、倪茂才先后饰苏雷，李玮饰苏雷之妻亚兰，杨明海、邓沐玮先后饰蔡亮，张晨明饰崔明达。此剧演出顺畅、气氛热烈，与导演巧妙处理幕间戏有关。每当场次转换，场上灯暗，后场亮起，露出设在纱幕后面的乐队——他们都作工人打扮，成了工厂里业余俱乐部的排练现场，工人正在那里清唱。每场所选唱段，恰好与幕前戏的情节氛围与人物心理暗合，成为全剧有机组成部分。如苏雷原想用请调报告"要挟"厂长，未料到工于心计的厂长蔡亮竟一口答应，反使苏雷深感失落，幕间俱乐部里响起的歌声是《碰碑》[二簧慢板]："叹杨家秉忠心大宋扶保，到如今只落得兵败荒郊！"如此连接前后场，不仅使全剧浑然一体，而且传统经典唱段的艺术魅力有助于深化观众对人物命运的理解。此剧1991年5月参加文化部在扬州举办的全国戏曲现代戏观摩演出大会，引起轰动，后调北京演出亦获好评。1992年获第二届文华大奖，剧作、导演、音乐创作、舞台设计以及主演苏雷的张健，均获单项奖。此前，剧本曾获第六届全国优秀剧本奖。1995年冬参加首届中国京剧艺术节，虽在音乐和唱腔

倪茂才饰苏雷（左一） 邓沐玮饰蔡亮（左二） 梁树珍饰李光

上做了加工，演员阵容亦有加强，演出水平也相当高，但因所反映的社会问题已非关注热点，其反响不如以前强烈，由此引发一个理论话题：现代戏如何保持长久的生命力。（茂才）

Gao Hua

高华（1906～1986）　京剧票友。工旦。字秋实。江苏南京人。本富家子，曾在南京经营照相馆。后北上拜王瑶卿为师，学王派青衣、花衫戏，兼学程派。经王瑶卿介绍，结识程砚秋，两人关系在师友之间。因酷爱程派艺术，下过一番苦工夫，成为程派名票。曾请周长华为其操琴，并共同研习程派艺术。20世纪30年代与杨宝森合演，1938年，百代公司为之灌录《三击掌》、《碧玉簪》以及他与杨宝森合作的《桑园会》，唱片风行一时。抗日战争胜利后，在上海演出义务戏《碧玉簪》、《能仁寺》，班底皆是程砚秋剧团的原班人马，颇受赞誉。1947年，大中华公司灌录过他的《锁麟囊》、《沈云英》、《文姬归汉》等唱片。后去台湾定居。1959年在台北演出《六月雪》，这是他在台湾仅有的一次粉墨登场，王克图为其操琴。在台湾，他与章遏云、周长华、颖若馆主盛岫云（盛宣怀孙女）被称为当地程派的“四大天王”。高华在台湾自组场面，录制《荒山泪》、《锁麟囊》、《江油关》、《梅妃》、《文姬归汉》、《碧玉簪》等唱片和说戏实况，对程派艺术在台湾普及有较大影响。

《桑园会》饰罗敷（右）　杨宝森饰秋胡

（刘嵩崑）

Gao Langting

高朗亭（1774～？）　徽调演员。工旦。艺名月官。祖籍江苏宝应，生于安徽。早年在杭州、扬州等地演戏。清乾隆五十五年（1790）16岁时，随余老四率领的三庆徽班入京祝寿演出，三庆徽班是“四大徽班”最早进京者，高朗亭在三庆徽班声名最著。嘉庆八年（1803）任三庆班班主，其后则不常演出。高朗亭演剧，虽“体干丰厚，颜色苍老”，然“一上氍毹，宛然巾帼”，“一颦一笑，一起一坐，描摹雌软神情，几乎化境”（小铁笛道人《日下看花记》卷四）。人们将他与秦腔的魏长生相提并论。其名剧有《傻子成亲》等。他掌三庆班30余年，富管理才能。曾任精忠庙庙首，又曾参与主持重修安庆义园，在梨园界有“青蚨主妇”之称。高朗亭领三庆立足北京，被誉为“二黄之耆宿”。（讷言）

徒行拋卻璧人車憶逐輿兒競爽初郎[illegible]今日憑欄開笑口悵
春去也渺愁予
初日芙蓉比艷姿雛鬟銀甲異當時歌音激楚何堪聽搏檄人
今雪滿鬚
月官
姓高字朗亭年三十歲安徽人本寶應籍現在三慶部掌班二
簧之耆宿也體幹豐厚顏色老蒼一上氍毹宛然巾幗無分毫
矯強不必徵歌一顰一笑一起一坐描摹雌軟神情幾乎化境
即凝思不語或詬誶譁然在在聳人觀聽忘乎其為假婦人豈
屬天生未始不由體貼精微而至後學循聲應節按步就班何
從覓此絕技燕蘭小譜目婉卿為一世之雌此語兼可持贈朗
亭
清代燕都梨園史料　日下看花記卷四　十四　雙肇樓叢書

小铁笛道人《日下看花记》中对高朗亭的记述

Gao Made xiqu renwuhua

高马得戏曲人物画　高马得（1919～2007），祖籍江苏南京，生于江西赣州。江苏省国画院画家。少年时就读于天津，20世纪40年代以漫画见知艺坛。曾主编重庆《商务日报》“星期漫画”版、上海《大公报》“刀笔”漫画版，50年代起醉心于以速写、水墨画表现戏曲人物，代表作有《中国戏曲速写》、《画戏·话戏》等。《中国戏曲速写》由人民美术出版社于1990年11月出版。卷首有叶浅予《读高马得的戏曲速写》及作者《我画速写》二文。速写作品先以脚色行当编排，有生、旦、净、丑和龙套5组。其后，大致按剧目题材，分为《风云际会》、《儿女情长》、《英雄豪杰》、《灵怪痴魂》等7篇，每篇含剧目12～21个不等，每个剧目都有一组速写。全书画页234面，收入的戏有102出，速写戏曲人物2 000多个。《画戏·话戏》由江苏美术出版社1993年9月出版。卷首有高风《前言》，卷末有陆建华《漫评》及作者简介。为《新华日报》文艺副刊《新潮》上开辟的《画戏·话戏》专栏连载作品的结集，共收京剧、昆曲等174出戏的179幅画。叶浅予评述高马得戏曲速写的独到之处在于：“用心追踪剧情的发展，从中抽出关键性形象，不是孤立地只抓一鳞半爪或切取个别片段”，并“善于捕捉小人物的特殊身份与性格，如探马报军情，贪官显窘相，媒婆说风情，小卒翻跟斗，个个精到入神”。以洒脱、流畅的笔墨，表现出许多精彩的戏剧场面，且图文相映，更觉有趣。“话戏”并非“画戏”的简单说明，其内容有对戏剧主旨的解释和传统艺术美的评点，也有对社会生活的联想。如《斩马谡》一图，不仅画了跪地哀求的马谡和犹豫未决的诸葛亮，还画了正在喊堂威的龙套。所配文字则说，假如龙套“有看上面脸色办事的习惯，此时便不会喊什么堂威，而是顺杆爬，咋说咋好，那么就把诸葛亮给毁了”。高马得《我画速写》一文介绍了作者从事戏画的经历和心得体会，对于学画者有借鉴作用。

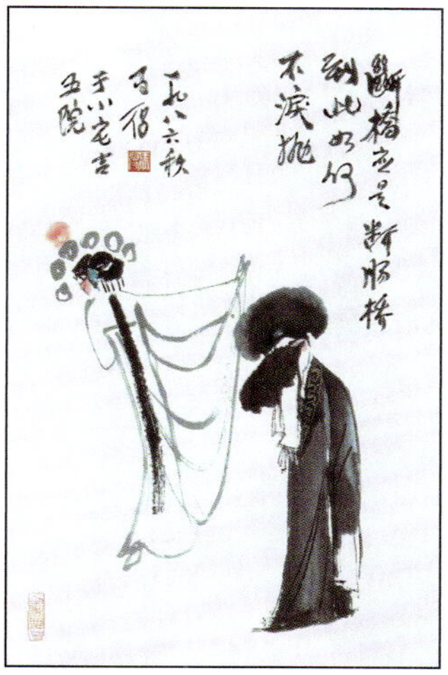
《断桥》

1998年7月，文化艺术出版社出版大型画册《马得戏曲人物画集》，8开，232页，陈汝勤主编。卷首有汪曾祺代序《好人　平安》及黄苗子《童心》、方成《马派的画》等文，收入画作180多幅，卷末有《马得艺术年表》。（谢涌涛）

Gao Mingliang

高明亮（1916～　）　鼓师。河北人。父高万德，梆子演员。高明亮自幼从关春伶学打小锣，后拜陆庆堂学打鼓。21岁满师后，佐任翠卿到山东烟台等地演出。23岁在北平拜汪子良为师，刻苦学艺，悉心钻研。其间搭鸣春社、富连成科班，操打生、旦、净、丑各行的文戏武戏，技艺不断提高。同他合作过的演员有李万春、奚啸伯、李盛斌、梁慧超、李洪春、谭元寿、言慧珠、童芷苓、李砚秀、徐碧云、王玉蓉、云燕铭等。1952年参加上海新民京剧团，后并入上海京剧院。1964年随中国艺术团赴法国、联邦德国、意大利、瑞士、比利时、荷兰等国访问演出。

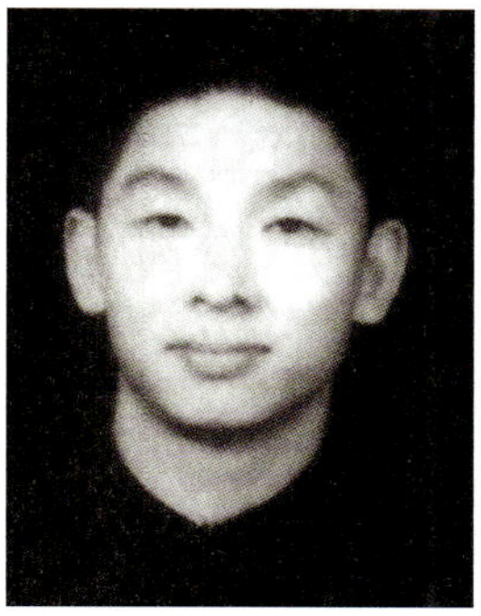

1992年应邀赴美国洛杉矶杨光国剧社为专练锣鼓的票房担任指导老师。高明亮司鼓经验丰富，戏路较宽，演奏细腻，几十年的司鼓生涯中曾为各种不同风格流派的演员打鼓，节奏鲜明，尺寸准确，对烘托戏的气氛有独到之处。1994年发表了《锣鼓漫谈》的文章。

（钱有忠）

Gao Qingkui

高庆奎　（1890～1942）　演员。工老生。原名**镇山**，字**子君**，号俊峰。祖籍山西榆次，生于北京。清末名丑高四保之长子。幼从贾丽川学老生，后带艺入庆祥和科班学艺，该科班为清内务府太监王祥（人称“祥王老爷”）创办的二簧梆子“两下锅”班，与梁庆鸿、李庆森、王庆乐、王庆棠、徐庆虎等为师兄弟。12岁登台，为谭鑫培配演娃娃生。18岁变声后，在艺术上颇受贾洪林（贾丽川之侄）的影响，并从李鑫甫练武功习把子。初宗谭派，嗓音复原后，更加甜脆宽亮、高亢激越。他博采众长兼容并蓄，吸取孙菊仙、刘鸿昇之特长，并借鉴老旦龚云甫、花脸裘桂仙之唱法，融会贯通，形成自己的艺术特色，创造了酣畅、刚劲、质朴的高派演唱风格。其演唱满宫满调，气足神完，善用长腔拖板一气呵成，以抒发人物情感。念白铿锵有力，顿挫有致。精于做表，重视刻画人物，所演之戏各具特色，绝不雷同。演出从不惜力，务使观众过瘾。因其腔兼各派，剧目丰富，有“高杂拌”之称。“杂拌”为北京新年食物，“集各样干果蜜饯搀合而售之，五光十色，以充实富丽为丰穰之兆”(徐凌霄语)。高庆奎的擅演剧目有传统、有新编，如《辕门斩子》、《斩黄袍》、《斩马谡》、《碰碑》、《逍遥津》、《胭粉计》、《赠绨袍》、《哭秦庭》、《七擒孟获》、《乐毅伐齐》、《梨花记》、《芦花河》、《青梅煮酒论英雄》、《浔阳楼》、《铁莲花》、《信陵君》、《史可法》、《庆顶珠》、《乱楚宫》、《重耳走国》、《割麦装神》、《黑驴告状》、《马陵道》、《应天球》、《豫让桥》、《平陆浑》、《苏秦张仪》、《吴越春秋》等。亦能关羽戏《华容道》、《战长沙》，花脸戏《白良关》、《铡判官》，老旦戏《目连救母》、《掘地见母》及武生戏《连环套》、《骆马湖》等。曾与诸如香二人反串《桑园寄子》，高演青衣金氏，诸饰老生邓伯道。1919年随梅兰芳赴日本演出，还曾参演过梅氏的时装戏《孽海波

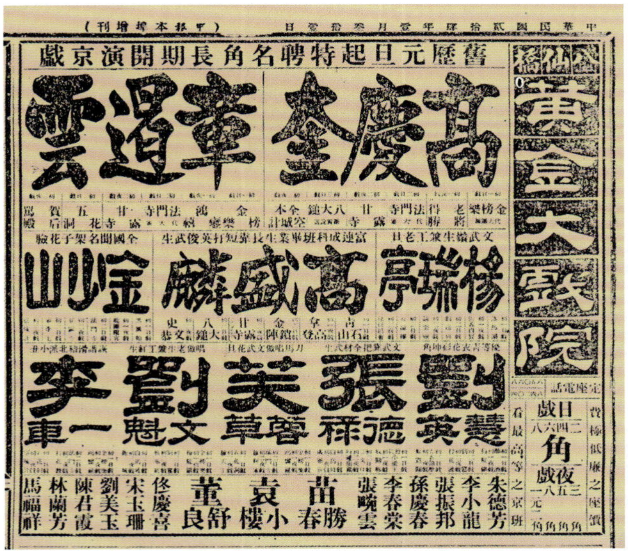

高庆奎在上海黄金大戏院演出的广告（1935年1月31日《申报》）

《信陵君》饰信陵君

《掘地见母》饰姜氏

《铡判官》饰包拯

澜》。1921年与赵世兴组建庆兴社，任班主，演于华乐园，并率团赴上海演出，自此享誉剧坛。他与余叔岩、马连良被誉为须生“三大贤”。45岁后因病败嗓。1938年至中华戏曲专科学校任教。1940年随李盛藻赴沪，上海观众盼其嗓音复原再次登台，在沪多方求医亦未见功效。后至富连成社任艺术顾问。1942年病情加重，经中医诊治无效，于1942年2月4日在北平寓中病故。生有五子二女，次子盛麟、三子世泰、四子世寿、五子韵笙均为京剧演员。弟子有白家麟、王斌芬、宋宝罗、虞仲衡、马少襄、范钧宏、王仲亭、李和曾及大女婿李盛藻等。

（刘松崑）

Gao Shenglin

高盛麟　（1915～1989）　演员。工武生。原名春发，又名仲麟，字晋麒。祖籍山西榆次，生于北京。出身梨园世家，祖父高士杰（四保），为京剧名丑。父亲高庆奎，为京剧高派老生创始人。5岁拜张增明、张鸣才为师，开始练功学戏，习文武老生及武生。6岁登台，为言菊朋配演《汾河湾》之娃娃生薛丁山，引起行内外瞩目。9岁进入北京富连成社第四科，排名盛麟，习文武老生兼武生，师从王连平、刘喜益、王喜秀（金丝红）等学习《定军山》、《战太平》、《南阳关》、《卖马》、《问樵闹府》、《打棍出箱》、《连环套》、《骆马湖》、《独木关》、《洗浮山》、《恶虎村》、《翠屏山》、《长坂坡》、《挑华车》、《战冀州》等。科班学艺演出期间，已崭露头角。出科后，拜丁永利为师，专攻杨（小楼）派艺术，又得到杨小楼亲炙，技艺大进。19岁随父亲演戏，后与毛世来等合作并同赴上海黄金大戏院，以武生挂三牌，演出成绩颇佳，后升为二牌。20世纪30～40年代，曾先后与梅兰芳、马连良、言菊朋、奚啸伯、李盛藻、金少山、侯喜瑞、裘盛戎、周信芳、盖叫天、林树森、唐韵笙等合作演出于北平、天津、上海、南京等地，声誉日重。1950年初至武汉参加中南京剧工作团，1952年该团改名为武汉市京剧团，为该团之主要演员并担任领导职务。此后，长期与高百岁、陈鹤峰、郭玉昆、高维廉、关正明、杨菊蘋等人合作演出。1953年赴朝鲜慰问演出。1956年又随中央代表团赴西藏演出。1957年赴柬埔寨访问演出。1973年调北京中央五七艺术大学戏曲学校任教，后转为中国戏曲学院，任顾问，直至逝世。

高盛麟扮相英武，嗓音高宽亮厚而兼具虎音、炸音，基础坚实，

唱、念、做、打等功夫深厚，且识多见广，舞台经验丰富。在武生表演艺术上宗法杨派，经过刻苦学习钻研，深得其精髓。他又不拘一格，广撷博采，兼容并蓄，取黄月山、王鸿寿、周信芳、盖叫天、林树森等诸家之长，融会贯通，自出机杼，经过反复锤炼，终成一家。其艺术有四大特点：①凝重稳健。以所扮角色多为有一定身份和地位者，因而在唱、念、做、打诸方面，力求凝重稳健，以增加人物的分量。唱腔大开大合，干板垛字，挺拔刚劲、沉雄浑厚，显得格外凝重大气；同时又注意抑扬顿挫，避免平铺直叙，于高亢激越中见韵味。他的念白讲究口锋，字真音实，不飘不散，无论三言两语，抑或大段念白，均念得如金石掷地，语音铿锵，沉稳有力，响堂打远。同时又能在语气声调中透出韵致。在唱念方面，他还特别注意两点区别，即演俊扮武生与老生区别开来，演勾脸武生与花脸区别开来，既保持武生行所讲究的气势、力度，又合乎人物所要求的稳健、分量，其表演特别坐实，哪怕是一戳一站，也敦实厚重。他身材不高，但有台风，能压台。在与一些高个子演员同场中，能不被“欺”、“压”，尤具威仪。②严谨大派。高盛麟武戏艺术的一个突出表现，是特别的“整”，具体体现为：一有章法，二有尺寸，三有气度。他对武戏中的武打布局了如指掌，并善于从总体上加以把握。十分注意起、承、转、合的武打章法，层次分明，张弛有致。对于每个武打动作，讲究准确性，一拉一亮，一举一动，一枪一刀，一拳一脚都有准地方、准尺寸。讲求准确却不呆板，而是于规矩中求自由，于自由中见规矩。他在表演中还特别注意格调高雅，表演大派，而从不单纯追求剧场效果。他摒弃“洒狗血”、“卖噱头”的末技，决不使自己的表演艺术流于野气、俗气和小家子气。这种气度、大派的表演，对他刻画塑造姜维、赵云、高宠等人物，起到了决定性作用。③简洁流畅。他的武打艺术的突出表现为干净利索，流利酣畅。这既得益于他掌握了武戏的3个基本要素，即脚底清楚，手里头干净，善于控制武打节奏，同时也得益于他的艺术思想的主体在于力求精练紧凑，以少胜多。他在台上不走废步，不出废招，不论多么繁重复杂的开打、舞蹈，都演得不蔓不枝，如行云流水。他还善于积蓄力量，合理运用，即根据剧情规定和武打章法掌握节奏，把劲头使在刀刃上，从而给观众以浑然一体的美感。他对于武打、舞蹈中的高难动作，当露则露，该藏则藏，决不堆砌。表演动作，求精不求多，如《挑华车》在“走边”之后，他不常用通常走的“串鹞子翻身”，而仅用一个“倒步鹞子翻身”，以少许胜过多许，寓繁于简。④含蓄蕴藉。他善于武戏文唱，讲求神韵。其表演耐咀嚼，有回味，不是一览无余。突出表现在两个方面：一是平中见奇，常而不常。他的表演技巧一般无特别惊险之处，多为通大路的玩意儿，但能将那些极平常的传统程式锤炼成没有特技的“特技”，充满美感，令人百观不厌。像靠功、厚底圆场功等，都是武生行中极常见的技巧，可经他一演，便成了超乎寻常的绝活儿。他的靠旗不乱，飘带不缠，圆场轻快自如，不摇不晃，看似简单，其实蕴涵着深厚的功力。其给人的审美愉悦，亦来自看似平常却不寻常的韵味之中。二是把握火候，适可而止。他十分善于掌握火候，表演不贫不厌，不温不火，恰到好处。他不求外表的花哨、火爆，而是注重内在的气质、神韵。他不特意卖弄，搞高难技巧“大集锦”，而是把表演的重点放在有意味的工架、气度上，从而引导观众的审美关注并给他们留下充分的欣赏余地。他十分重视艺术的辩证法，寓静于动，寓文于武，避免武戏的“一道汤”、“一功劲”，在相反相成的艺术处理中见出戏的韵味。他的武戏，是在炽热的武打中见含蓄，在平凡的技巧中有蕴藉。综合以上4个特点，高盛麟以杨派武生艺术为基础，兼取其他各家之长，并在长期的舞台实践中，融进了自己的表演风格，从而形成了以雄浑、质朴为总体艺术特征的高派武生艺术。

高盛麟认真继承传统，刻意求新，尊重广大观众的审美意识，对京剧艺术从内容到形式，进行了严肃而又大胆的改革；同时在不断加工整理、丰富提高的过程中，使许多常演的传统剧目在思想性和艺术性上均达到新的高度。他的戏路宽绰，除了擅长武生外，兼精红生、文武老生及武净等其他行当。擅演剧目有：《挑华车》、《长坂坡》、《艳阳楼》、《铁笼山》、《连环套》、《骆马湖》、《独木关》、《洗浮山》、《恶虎村》、《一箭仇》、《霸王别姬》、《走麦城》、《古城会》、《华容道》、《汉津口》、《战太平》、《定军山》、《问樵闹府》、《打棍出箱》、《卖马》、《打渔杀家》、《芦花荡》等。他所塑造的高宠、赵云、高登、姜维、黄天霸、史文恭、项羽、花云、黄忠、秦琼、萧恩等舞台艺术形象，神形兼备，各具风采。他的关羽戏，在王鸿寿、周信芳、林树森等名家的关羽戏基础上，又做了加工提炼，丰富创新，遂别具一格，为广大观众所喜爱，有“活关公”之誉。《古城会》、《汉津口》、《挑华车》、《独木关》等剧已摄制成戏曲艺术影片，《古城会》、《走麦城》的部分唱腔，《霸王别姬》(与言慧珠合作）的全部唱腔已灌制成唱片。20世纪50年代以后，他还积极参加排演《郑成功》、《戚继光》、《闯潼关》、《文天祥》等新编古代剧及《豹子湾战斗》、《血泪仇》等现代戏，均有建树。他还为许多报刊撰写文章，阐述艺术见解，总结演剧心得，如《京剧姓京》、《我怎样

《挑华车》饰高宠
（游振国摄）

《铁笼山》饰姜维
（张祖道摄）

《连环套》饰黄天霸（右）
王正屏饰窦尔墩 （吴钢摄）

《华容道》饰关羽（中）
张关正饰周仓（左） 江长春饰关平

演走麦城的关羽》等文，深受读者赞许。其中多篇文章，已收入《高盛麟表演艺术》一书。

自20世纪70年代起，他专心致力于戏曲教育工作，在教学中坚持继承已有的教学方法，并进行革新，注重言传身教，主张示范教学。他对学生要求严格，强调基本功训练，讲求质量，因材施教。不仅悉心教授校内学生，对全国各地前来求教问艺的中青年演员，也认真给予指点，受到学生爱戴。（周笑先）

Gao Shenglin Biaoyan Yishu

《高盛麟表演艺术》 京剧文集。周笑先、蒋锡武编。武汉出版社1998年12月出版。分上、下两编。上编为高盛麟自述，谈从艺经历和演剧心得，较为系统地论述了《挑华车》、《长坂坡》、《铁笼山》、《艳阳楼》、《走麦城》、《古城会》、《一箭仇》、《洗浮山》等剧的演出体会、感受和认识。下编系专家、观众对他的评论，涉及表演特点、艺术风格、美学价值、历史地位等，周至翔实。文集不仅是高盛麟一生的艺术经验总结，而且旁及京剧艺术，特别是武生艺术的不少史实，记录了许多前辈艺术家的风采，从一个侧面反映了京剧武生艺术的发展状况。如《从革新与创造说表演艺术》、《我是怎样演走麦城的关羽》、《艺无止境》等，发表之初即已为读者瞩目。编者之一的周笑先（1925～2004），原名周孝先。湖北黄冈人。原为武汉市京剧团副团长，长期从事京剧编剧、理论研究工作，曾著有《闯潼关》、《乱世王》、《豹子湾战斗》（与人合作），以及《班曰徽班调曰汉调》、《咬文嚼字》、《试论余三胜在京剧形成中的历史作用和地位》、《京剧知识与欣赏》等。（江东）

Gao Weilian

高维廉 （1914～1976） 演员。工小生。原名仲清。北京人。童年时喜爱戏曲，稍长即向京剧票友学戏，经常登台串演小生。14岁考入北平国剧传习所学艺，由程继先、冯蕙林授以小生剧目。同年拜金仲仁为师，为入室弟子。16岁时为筱翠花配演《红梅阁》，初露头角。满师后，与筱翠花、荀慧生、程砚秋、高庆奎、谭富英、李少春等人合作，演出于北平、天津、上海、沈阳、长春等地，享誉南北。1948年与李少春共同组建群众剧社。中华人民共和国成立后与赵燕侠至武汉演出，参加中南京剧工作团。1951年9月，受中南军政委员会文化部委派，与高盛麟率中南京剧工作团部分成员，前往广州迎接马连良、张君秋等自香港返回内地，并以马连良、张君秋为主组成中南实验京剧团（即中南京剧工作团第三分团），与高盛麟先后任团长。同年11月，高维廉率该团到天津、北京巡回演出，因北京文化部门挽留，遂与马连良、张君秋及大部分成员留在北京。他与张君秋共同组建了联谊京剧团（后改名为北京市京剧三团），任副团长。1953年底返回武汉，参加武汉市京剧团。此后，长期与高百岁、高盛麟、关正明、杨菊蘋、李蔷华、王婉华等人合作。1963～1966年，任武汉市京剧团附属实验剧团团长。

《群英会》饰周瑜　　《春闺梦》饰王恢（右） 李蔷华饰张氏

高维廉扮相英俊，嗓音宽亮，功底深厚，表演凝练细腻。擅演扇子生、雉尾生、穷生，如《红娘》之张珙、《悦来店》之安骥、《金玉奴》之莫稽、《打侄上坟》之陈大官、《玉堂春》之王金龙、《群英会》之周瑜、《四郎探母》之杨宗保等。以穷生戏为金仲仁嫡传亲授而尤其精到。其唱念表演，均能根据人物身份、性格在特定环境下的心理状态而予以细致入微的刻画。1936年荀慧生首次排演《红娘》，由他扮演张珙，在《逾墙》一场中，根据剧情规定，躲在红娘的棋盘后面蹑足而行，创造了小生走矮子步的表演技巧，并为后演者效仿。他具有一定的文化修养，且识多见广。中华人民共和国成立后，除演出传统剧目外，还参加《侠义鸳鸯》、《评雪辨踪》、《二子乘舟》等剧目的创作整理改编工作。兼任导演的作品有《杨继盛》、《亡蜀鉴》、《蔡文姬》、《三关排宴》、《党的女儿》、《赤卫军》等。曾获湖北省第一届戏曲观摩会演表演一等奖、导演奖、优秀老师奖。（周笑先）

Gao Xueqiao

高雪樵 （1900～1978） 演员。工武生。直隶武清（今属天津）人。自幼随父高俊亭、兄高月秋学艺，专攻武生。15岁在哈尔滨代父演出，一炮走红。1930年他自组班去中苏边境伯力演出。1934年，首次到上海在共舞台登台，4天戏码是《驱车战将》、《铁公鸡》、《螺蛳峪》、《广泰庄》。因其在戏中有独特的创造，轰动申城，以后长期在上海演出。因其靠把戏出色，与当时北方武生高盛麟并列，人称“南北二高”。先后与梅兰芳、周信芳、盖叫天、程砚秋、李万春、林树森、金少山等合作演出。20世纪50年代被邀请去湖南，担任常德市京剧团团长。

高雪樵功底深厚，能文能武，又能改革出新。他主演《驱车战将》一剧，饰南宫长万与众不同。南宫长万原是扎大靠，他穿一身由他妹妹设计制作的紧身黑乌绒改良靠，手持自己设计制作的特大双头方天画戟，夸张地表现出南宫长万骁勇威武、力大无穷，一出场就给人崭新的印象。最后一场上桌战四将，在“扫头”锣鼓点中打掉一将射来的箭，接住另一将射来的箭，一将上桌，他掷箭将该将刺死，再一枪刺死另一将，最后接住一将射来的箭亮住。这一系列繁重的动作都在“扫头”中节奏分明地完成，然后从桌子上翻下，脍炙人口，实为其代表作。他对其他剧目也有出色创造，《长坂坡》讲究演出赵云的大气与稳重，“掩井”一场首创赵云抓帔、上椅后“倒扎虎”翻下。在短打戏《铁公鸡》中首创张嘉祥“翻城”动作，城墙布景由2米左右高的硬片制作。他用几个轻快的“小翻”翻到城下时，突起一个“前扑”，高高跃起，一跃而过，极受观众欢迎。弟子有韩云峰、罗云亮、谢英庭等。其侄儿小高雪樵幼年由他养育授艺，得其真传。

（尚晶智）

Gao Yiming

高一鸣 （1943～　　）　作曲家。江苏靖江人。自幼酷爱京剧。7岁随陈秀华学老生，倒仓后改学京胡，拜黎秋觉为师。他刻苦学艺，博采众长，先后得徐兰沅、杨宝忠、王瑞芝、李慕良等名家指教。17岁登台操琴，先后为黄桂秋、迟世恭、纪玉良等著名演员伴奏。1974年在中央音乐学院作曲系进修。1976年毕业后任上海京剧院作曲，曾参加过《智取威虎山》、《龙江颂》、《磐石湾》等戏的唱腔设计，并先后担任《大闹宁国府》、《乾隆下江南》、《曹操与杨修》、《刑场上的婚礼》、《郑板桥》及京剧电视剧《曹雪芹》、《郑后绝叹》、《孟光与梁鸿》等剧的唱腔设计。

高一鸣设计的唱腔，着眼于戏剧矛盾发展脉络的各个环节，深入挖掘人物的特定心理、情绪，进而调动多种表现手段来进行形象刻画。他善于运用主题贯串的手法，在主要人物的唱腔中，将其创作的主题曲调，通过各种变化手法贯串使用，力求达到人物的音乐语言在全剧中有其音调特色和鲜明的形象感。在唱腔创作中，他对音乐素材的选取和行腔的发展，也都有其独到之处。如《乾隆下江南》中，“风送清歌来别院”一句所出现的向下7度大跳的腔，就是汲取了苏州评弹曲调因素而形成的；在《曹操与杨修》中，他突破了花脸行当不用［慢板］的常例，而创作了［西皮三眼］“慨当以慷，忧思难忘”、［反二簧慢板］“寂寞三更人去后，”这些新唱腔得到了广大观众的赞许。

（钱有忠）

Gao Yuqian

高玉倩 （1927～　　）　女演员。原工花旦，改工老旦。原名高晨。北京人。原系孤儿，4岁时被高姓夫妇领养。不久，养父出走，靠养母缝穷度日。母性暴戾，常遭打骂。8岁时先入王泊生所办山东省立剧院低级部学习京剧，与徐志良（荣奎）、张延祺（元奎）同班。她幼而聪颖，不到一年即唱正戏。抗日战争爆发后返京入中华戏曲专科学校，排名永倩，后改玉倩。先后师事王瑶卿、于连泉、韩世昌、雪艳琴、欧阳予倩、程玉菁等。中华戏校解散后，曾受李少春提携，搭入该班演出。因生活所迫，还曾学过英文打字以谋生。1947年，加入焦菊隐主办的北平艺术馆中华戏校校友剧团，演出新平剧。曾饰《铸情记》（据莎士比亚《罗米欧与朱丽叶》改编）之朱丽叶、《桃花扇》之李香君、《新蝴蝶梦》之田氏、《九件衣》之夏玉蝉等角色。1950年加入新中国实验京剧团，后改为中国京剧院。曾饰演《彩楼记》之刘翠屏、《摘星楼》之妲己、《生死牌》之黄秀兰、《人面桃花》之杜宜春、《凤凰二乔》之大乔、《金田风雷》之洪宣娇等。后因塑造角色的需要，改工老旦，饰演现代戏《红灯记》之李奶奶、《平原作战》之张大娘等。晚年，除为青年演员教戏、说戏、排戏外，还参加各种纪念演出、评奖活动，并为电视台主持老年节目等。

《红灯记》饰李奶奶（右）　刘长瑜饰李铁梅

高玉倩的代表作为《评雪辨踪》之刘翠屏、《红灯记》之李奶奶。《评雪辨踪》系由川剧移植改编《彩楼记》中一折，是表现穷书生吕蒙正见破窑外雪地里男人足印而疑其妻刘翠屏不贞的一场误会喜剧。以小生、旦脚的念、做表演为特色。江世玉饰演的小生吕蒙正，于穷气、酸气中，内蕴傲气、儒气；高玉倩饰演的刘翠屏，于贫贱不移的志气和一往情深的忠贞中，又时时流露出千金小姐的天真娇嗔与富贵仪态。吕由生疑而妒而愤，由释疑而窘而愧；刘由被疑而羞而屈，由戏夫而黠而谑。最后，在丈夫的赔情、哄逗下，破涕为笑，于半嗔半喜中更见娇媚。江世玉、高玉倩演出中交流默契、情感细腻，且分寸适度、不温不火，堪称珠联璧合。高玉倩戏路宽、见识广，具备演老戏、新戏的全面素养，是一位富于创造性的演员。其饰演的《红灯记》之李奶奶，非常精彩，得到内外行的一致好评。尤其“痛说革命家史”一场，她融合京白、评书、话剧、朗诵的念法，创造了李奶奶的大段独白，声美、情美、韵美三者兼具，为探索现代京剧的念白作出了突破性的贡献。

（朱文相）

Gaoyaozhang

《膏药章》　京剧作品。湖北省京剧团（今湖北省京剧院）创作演出。故事梗概：清末，某县一个卖狗皮膏药者，人称“膏药章”。偶于坟场救了触石自尽的小寡妇，误被官府当成“革命党”捉去，虽以“风化案”作结，却被罚得倾家荡产。真的革命党受重刑生命垂危，帮会人物大师兄拟以重金请膏药章到狱中为其治伤，被

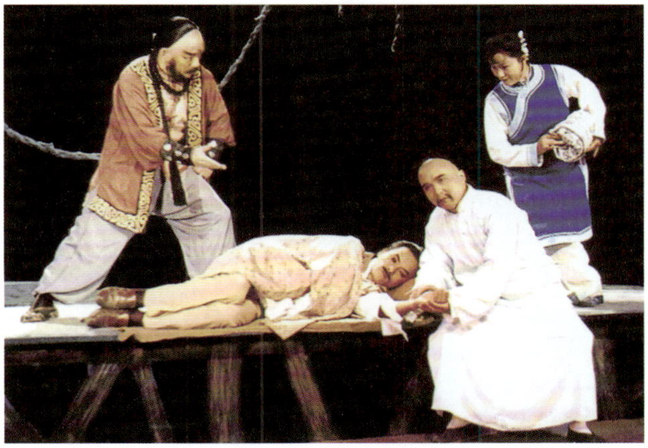

朱世慧饰膏药章（前右）　李春芳饰小寡妇（后右）
罗会明饰革命党（前左）　舒建础饰大师兄

膏药章拒绝。“文请”不成改为“武请”：大师兄杀了对小寡妇图谋不轨的族公和洋帮办，公堂“指证”与膏药章有关，膏药章遂被关进死囚牢房。在牢房中，膏药章半推半就治好了革命党的伤。小寡妇对膏药章愈加爱慕，前来探监。由革命党为媒、大师兄作证，膏药章与小寡妇在狱中订下鸳盟。辛亥革命爆发，膏药章被判死刑，小寡妇到法场活祭膏药章，并举行“婚礼”。革命军打进县城，小寡妇被仓皇逃窜的县官开枪打死。膏药章终于觉醒，毅然割去辫子，要求参加革命，革命党告之：“你是好人，现在没事了，回家去吧！”此剧为纪念孙中山诞辰120周年而作，戏剧结构略有借鉴传统戏《胡奎卖人头》处。写出社会变革对一个小人物命运的捉弄。悲剧喜演，性格鲜明，语言生动，“嘻笑怒骂，皆成文章”(张庚评语)，在丑行表演上也有新的拓展。编剧余笑予、谢鲁、习志淦，导演余笑予，唱腔、音乐设计李连璧、谢鲁，舞台设计田少鹏。朱世慧饰膏药章，李春芳饰小寡妇。1988年冬参加文化部举办的全国京剧新剧目会演，获优秀京剧新剧目奖，余笑予获优秀导演奖，朱世慧获优秀表演奖并获第六届梅花奖。剧本获第五届全国优秀剧本奖。1989年，湖北省京剧团与武汉电视台合作，拍成4集同名电视连续剧，1990年获第十届中国电视剧飞天奖戏曲片一等奖。2001年，该剧参加第三届中国京剧艺术节，获保留剧目创新奖，朱世慧饰膏药章、张慧芳饰小寡妇，获优秀表演奖，罗会明饰革命党、舒建础饰大师兄，获表演奖。2002年12月，该剧获中国戏曲学会奖，颁奖演出后召开学术研讨会，2003年1月1日《光明日报》以《锲而不舍，历久弥新》为题，刊发研讨会纪要。2004年，又成为2003～2004年度国家艺术精品工程入选剧目。（谢鲁）

Ge Ming Juzuo Xuan

《戈明剧作选》 京剧作品集。戈明著。中国戏剧出版社2009年1月出版。戈明，本名林戈明（1930～2006），福建建瓯人。为福建省京剧团编剧，一生致力于戏曲文学创作。全书收有11个剧本。其中京剧剧本9个：《北风紧》、《东邻女》、《五颗明珠》、《求骗记》、《郝摇旗》、《楚歌凄》、《雷锋之歌》、《烽火陈嘉庚》、《袁庭钰》，大都由福建省京剧团演出。另有歌剧《虎门长啸》和话剧《雄风烈》。除《雷锋之歌》写得较早外，其他作品都是20世纪70年代末至90年代末之间写的主要作品。王评章为该书作序，称道其《郝摇旗》是“人物性格刻画与行当意识的紧密结合”，郝摇旗是架子花应工，作者“在于程式化脸谱化的浓彩重墨描绘之下，依然有细致妩媚的个性生动和情趣”；《楚歌凄》“从刘邦攻入咸阳写到项羽垓下自刎”，“情节复杂，

内容丰富，线索众多，却写得有条不紊，疏密繁简得当，充分显示了他对传统戏曲编剧技巧的理解和熟悉”；谈到《北风紧》，认为可从主角施宜生“痛苦分裂的迷离摇晃中隐约感受到戈老散乱的身影。他一生坎坷，大生大死，经历比他戏中的情节、人物的命运还复杂、诡异”，剧中人物“或多或少有着他的印记”。《北风紧》后经雪翔修改加工，由福建省京剧院再度推出，在第五届中国京剧艺术节上获新编历史剧一等奖。选集中的《东邻女》曾参加过全国戏曲现代戏会演；《求骗记》由台湾宜兰县歌仔戏剧团移植演出，受到好评；《五颗明珠》、《求骗记》还改拍成戏曲电视剧。（简畅）

Gechang Xinyue

《歌场新月》 戏剧期刊。王笠民主编。1913年11月创刊于上海。民友社发行。分设《名伶小影》、《剧谈》、《伶人事略》、《梨园琐志》、《论说》、《文艺》、《脚本》、《小说》等栏目。该刊积极参与当时关于新旧剧问题的讨论，发表了许多丹桂第一台、大舞台、春柳剧场上演的新、旧剧目的观感及评论文章，登载了当时新旧剧代表人物欧阳予倩、吴我尊、马绛士、冯子和、贾璧云、谭鑫培、梅兰芳等人的剧照，对新剧的兴起及对旧剧形式的影响、旧剧如何改革等问题做了有益的探索。对当时文化界发生新、旧剧之间的有关“冯、贾”之争，该刊曾发表过一系列文章，如《贾璧云与冯子和》、《贾冯丛谈》、《贾璧云与春航之比较观》等，参与讨论。该刊还记载了积极参加辛亥革命活动的剧界人士和当时活跃在舞台上的著名剧界人物如潘月樵、汪笑侬、夏月珊、毛韵珂、孙菊仙、杨小楼等的生平事略。在《脚本》栏，发表过新剧《社会钟》等一些有影响的剧本。该刊主要撰稿人有王笠民、冯叔鸾、周瘦鹃、轻尘、醉侬等。1915年2月停刊，共出版3期。（周巩平）

Gewutai

歌舞台 清代戏曲演出场所。址在北京天桥南大街路东。现已不存。始建于清宣统二年（1910）。由郭慎斋、刘春甫等4人集资筹建，席棚结构。1912年、1916年两次失火。1917年，商界刘兴周、刘万达等8家股东集资重建为砖木结构，白铁皮罩顶。门楼悬“歌舞台”黑底金字匾额。观众席为两层，楼上女座，楼下男席，可容纳千人左右。舞台宽8米，进深6米，顶高8米，无副台，乐队露于台侧。该舞台多接待京剧、梆子“两下锅”的演出团体。1923年，崔德荣（艺名崔灵芝）在这里组建了群益社科班，以“益”字排名，梆子、皮簧兼学，共培养演员60余名。1941年左右，再次失火烧毁，此后不复再建。（吴增彦）

Geming Yangbanxi Juben Huibian (Di-yi Ji)

《革命样板戏剧本汇编》(第一集) 京剧作品集。人民文学出版社1974年12月出版。收入上海京剧团演出本《智取威虎山》、《海港》、《龙江颂》，中国京剧团演出本《红灯记》、《红色娘子军》、《平原作战》，北京京剧团演出本《沙家浜》、《杜鹃山》，山东省京剧团演出本《奇袭白虎团》9个京剧剧本及舞剧《红色娘子军》剧本。此集是“文化大革命”时期大搞“革命样板戏”的产物，书中附有插页10面，每面有一幅剧中主要人物彩色剧照，并在每一剧本前印有与剧作主题相关的毛主席语录。（王佩孚）

Gesa'erwang

《格萨尔王》 京剧作品。1960年青海省京剧团集体创作，阮光平、金放、张冠玉执笔。据著名藏族神话史诗《格萨尔王》改编。选择“霍岭之战”这一重要情节铺排结构，既有精彩的武打场次，又有载歌载舞的抒情场面，塑造深受藏族人民爱戴的格萨尔王形象。故事描写年轻的格萨尔王初登上花花岭国王位，即遇到霍尔国与黑山魔国的袭击。格萨尔告别新婚妻子珠牡出征。内奸晁同与霍尔国勾结，引狼入室，百姓饱受蹂躏，珠牡王妃被掠。侍女李琼被敌人杀害，化作孔雀，寻找格萨尔。格萨尔战胜黑山魔国后，重跨战马，踏上征程，拯救水深火热中众百姓。一路上险阻重重，妖魔作祟。格萨尔战胜一切艰难，来到了霍尔国，乔装进入王宫，杀奸臣晁同，救出珠牡。一场霍岭之战结束，两国重修旧好，孔雀开屏祝贺。年轻勇敢的格萨尔王战胜邪恶，为百姓赢得了和平安宁，使花花岭国与霍尔国共同走向繁荣昌盛。此剧经过加工，于1979年进京参加庆祝

中华人民共和国成立30周年献礼演出，获集体表演一等奖，剧本创作二等奖和音乐设计奖、舞台设计奖。（谭志湘）

genbao

跟包 戏曲行话。泛指主要演员随带的侍从人员，专管该演员的私人行头、着装、卸装等。清咸丰、同治以后，随着京剧的盛行和演员的走红，主要演员流动演出于各个戏班，往往自备行头服饰，由专人服侍穿扮，甚至备带茶叶、水壶，负责饮场、检场等杂务，此类私人侍从谓之“跟包”。（周华斌 戴申）

Gengxin Wutai

更新舞台 现代剧场。址在上海市闸北蒙古路西藏北路西口。现已不存。美利公司集资30余万元兴建，初名**春华舞台**。建筑仿欧式，钢筋混凝土结构，座位约800个，为当时上海市北唯一之豪华剧场。1922年夏竣工，翌年2月16日农历春节开业。著名武生尚和玉和李瑞九联合主持，盖叫天、黄玉麟、冯子和、刘玉琴、韩长宝、李吉来、应宝莲等首演大型灯彩戏《洛阳桥》(又名《天下第一桥》)。其旋转舞台、机关布景及满台灯彩均风靡一时。后因生意清淡，转由台记公司接办，改名更新舞台，意在超过当年的新舞台。1924年5月24日开张，先后排演连台本戏《飞龙传》、《山东响马》、《跨海东征》等，其中《飞龙传》开场即由5条电龙从前台台顶直落台上。演员王虎辰、筱月红、筱月香、筱菊红等长期为基本阵容。1926年5月底改称**更新大戏院**，兼映电影。1928年1月称林记更新舞台。1930～1931年，由王虎辰主演多集连台本戏《西游记》，因经理兼布景设计周筱卿在每集的机关布景上构思奇特，制作巧妙，加上注重广告宣传，轰动上海。仅第一集就连演4个月，客满3个月。周筱卿本人由此被戏曲界称为“机关布景大王”。剧场在1932年淞沪战争中毁于大火。此外，1930年开幕的三星大舞台由周筱卿接手后，也叫过更新舞台。（林明敏）

更新舞台门首

Geng Jinqun

赓金群 (1921～2008) 鼓师。北京人。满族。11岁考入中华戏曲专科学校音乐科，从师汪子良学板鼓，打下扎实基础。毕业后搭班荣春社，与尚小云合作演出。曾为梅兰芳、程砚秋、傅德威、李玉茹、白玉薇、童芷苓等司鼓。1949年加入中国京剧院，与李少春、袁世海、叶盛兰、杜近芳等长期合作。赓金群功底扎实，六场通透，戏路宽广，尤熟谙梅派艺术。他打文戏稳健舒展，打武戏明快洒脱，伴戏富于激情，有感染力，善于调动乐队及演员的情绪。参与中国京剧院演出的《柳荫记》、《白蛇传》、《野猪林》、《白毛女》、《谢瑶环》等新剧目的武场创作。1959年参与中国京剧院、北京京剧团合作演出的《赤壁之战》、《西厢记》新剧目的武场创作。1960年，李少春、袁世海、杜近芳等演出的《野猪林》搬上了银幕，他参加了该剧的音乐设计工作。在《红灯记》的演出伴奏中，他敢于吸取西洋乐队的指挥方法，成为以手势、鼓槌子指挥中西混合大乐队的第一人。多次随中国京剧院出访欧洲、亚洲、非洲、拉丁美洲的国家和地区，晚年课徒传艺，并参加了中国京剧音配像工作。（晓耕）

Geng Mingyi

耿明义 (1897～1980) 京剧教师。曾为武戏演员。原名**耿鸣义**。北京人。7岁入鸣盛和科班学艺，工梆子武生、武净。13岁出科，由于梆子衰微，班社无几，改演京剧，在北京、天津、济南等地流动搭班。他以坚强的意志和过人的记忆，对于能接触到的剧目、角色都潜学默记，终于成为“武戏没挡”、合格胜任的道才演员。但终因不堪忍受班主的专横和武行头的刁难，毅然离开舞台。1921年投身戏曲教学，先后在小庆乐、太平社、长庆社等科班执教。1937～1949年任教于荣春社科班13年，受主办者尚小云委托，担任排戏“掐总”。1952年调北京戏曲实验学校，长期参与新戏编排，致力于群体舞蹈的开拓与创新。所编排的《天河配》、《莲花山》的“走灯”，营造出如梦如幻的意境；《崔猛》中完全情节化舞蹈化的“过会”，展现出多姿多彩的风情。特别是创造性地开拓了群体舞蹈形式之一的“大操”，即以各种造型画面为主体，用身段动作做联结，表现演兵、布阵、晏乐、嬉戏等情境，设计创造出《林四娘》、《孙武子演阵斩美姬》的“女兵操”，《九曲黄河阵》、《九里山》的“列阵操”，《蛮荒少女》的“藤甲兵操”，《飞叉阵》的“洋兵操”，还有《水帘洞》、《唐王游月宫》、《天河配》、《十龙探海岛》诸剧的“猴操”、“兔操”、“喜鹊操”、“海操”等，画面精巧，动作流畅，根据不同的内容，寻求特定的意蕴，完成动静结合、剧舞融一的戏剧场面，从而极大地丰富并提高了大操的艺术表现力。

耿明义在戏曲武打的研究和革新方面造诣深厚，掌握传统把子百余套，谙熟南北两派打法，创造编排了许许多多新戏中的新档子。在武打教学上，对学生要求轻巧、矫健、灵活、逼真。从科班到戏校，被公认为排武戏、教把子最具权威性的教师之一。（贯涌）

Geng Qichang

耿其昌 (1947～) 演员。工老生。北平（今北京）人。10岁入中国戏曲学校，习老生。由陈斌雨开蒙，从雷喜福、贯大元、王连平、宋继亭、杨韵青等老师学过《定军山》、《击鼓骂曹》、《四郎探母》、《逍遥津》、《捉放曹》、《空城计》、《武家坡》、《莲花湖》等文武老生戏。他嗓音高亢脆亮，唱念韵味纯正，是老生行当中能文能武的出色人才。1966年毕业留校。1968年分配到北京京剧团，曾主演《逼上梁山》等戏。1973年转入中国京剧

《瘦马御史》饰钱南园（王宇摄）

院。先后主演过《红鬃烈马》、《逍遥津》、《连营寨》、《四郎探母》、《浔阳楼》，并排演了《李清照》和现代戏《智取威虎山》、《红灯记》等。1985年在文化部举办的现代题材戏曲观摩演出中，主演现代戏《恩仇恋》，饰赵泉生，获表演奖。他的《四郎探母》、《李清照》、《恩仇恋》、《宝莲灯》等剧均与夫人李维康合演，二人配搭默契，相得益彰，传为剧坛佳话。2001年主演新编历史剧《瘦马御史》，饰钱南园，在表演和唱腔上都有创新，获得成功，在第三届中国京剧艺术节中获优秀表演奖。耿其昌曾赴西欧、北美演出，为文化交流作出贡献。（秋枫）

Geng Shizhong

耿世忠（1916～1984） 京剧教师。曾为老生演员。原名**耿明缘**。北京人。出身梨园世家。其父耿永山初为花脸、小花脸演员，后为鼓师。其兄耿少峰曾为谭富英操琴；五弟耿世华为京剧老旦演员，

曾与张君秋同台演出。1927年经名丑王长林介绍入富连成社科班，为“世”字科，排名耿世忠。初学青衣、花旦，后改老生兼演老旦。1935年学习期满留科演出，兼做剧务。1941～1947年间搭李世芳承芳社班演老生，兼做后台管事。李世芳飞机遇难后，搭叶盛章、杨荣环、李少春班，先后在全国各地演出。1948年又搭毛世来、裘盛戎班。1951年随新中国实验京剧团参加中国戏曲研究院京剧实验工作一团。1953年调北京戏曲实验学校（今中国戏曲学校）任教。1955年担任1952级专业班主任，李光、李玉声、马玉璋、李仲鸣、刘玉林、王小蓉等均为该班学生。他是很难得的京剧老生开蒙教师，唱念发音、表演动作规范严谨，能够把人物性格、剧情戏理讲得清晰明白，在口传心授中重视启发式教学。他精通锣鼓，可亲自操琴为学生吊嗓，使学生打下了坚实基础，为培养京剧老生人才作出了贡献。（王世勋）

gongzhuang

宫装 剧中贵族女性极庄重之服。旧称**舞衣**。齐如山《行头盔头》中称作**宫衣**。

款式为圆领对襟，宽衣阔袖（带水袖），长及足，腰间以波形装饰带连接上衣下裳。上衣绣凤凰牡丹，袖口有五六道不同色彩的波形锦绣镶滚。下裳由短、中、长3层五色相间的绣花飘带组成，中间蔽膝较宽，绣凤凰牡丹，3层底端均有黄色排须穗。装扮时领上加大云肩，腰系衬裙。此衣色彩华丽，线条流动，使用规格略低于女蟒。为剧中后妃、公主、郡主、显宦家小姐等所用，如《贵妃醉酒》杨玉环、《状元媒》柴郡主、《彩楼配》王宝钏等。（谭元杰）

Gongwangfu Xitai

恭王府戏台 清代王府戏曲演出场所。址在北京什刹海之后海南侧，地名三座桥。保存完好。此地原属庆王府，清道光三十年（1850），道光第六子奕䜣受封为恭亲王，次年搬入庆王府东侧，另建为恭王府。咸丰、同治年间重修王府，在府中添建萃锦园（今恭王府花园），园中建厅堂，内设戏台。殿堂东西向，顶部为三重卷棚式，筒瓦。内镶天花板藻井。其平面设置，自南往北依次为门厅、观戏厅、观戏阁（称“怡神所”）3个部分。观戏厅为主体，东西宽16.15米，南北长17.2米，南侧设戏台及后台。戏台高0.5米，宽7.92米，进深7.1米。台口二柱，四周设矮栏。观戏阁北侧的怡神所与戏台等高，5楹，以木制落地罩相隔，留有门位、窗位。怡神所区别于厅堂内的“池座”，与戏台同高，又处于正面，是看戏的最佳位置。恭亲王世家嗜好昆曲、京剧。《清稗类钞·戏剧》载：“恭亲王溥伟喜观昆曲，能自唱。其左右亦能和之。每遇小饮微醺，辄歌舞间作。偶倦，即令左右赓续

恭王府戏台内景

以为乐。曲罢，恒赐以酒。又尝召伶演武剧，忽顾左右曰：‘尔曹亦可与之厮打。’众不谙武艺，莫敢应，则力促之，谓当赏百金。时孙菊仙在侧，起而言曰：‘君等宜努力，王爷固有人各一锞之赏，或且可得膏药一张也。’王顿悟，令止之。”同治、光绪时，恭王府蓄有戏班，著名旦脚陈德霖9岁学戏，即入恭王府之全福班（昆腔科班），后于12岁时入程长庚之三庆班。程长庚之孙程继仙习文武小生，亦曾入恭王府当差，赏五品顶戴。据周明泰《道咸以来梨园系年小录》，清光绪十一年（1885）八月初七，恭王府堂会，附“四喜部及外串戏单”，参加演出的有何桂山、余紫云、杨月楼、王九龄、钱宝峰、金秀山、时小福、孙菊仙、谭鑫培、陈德霖等。（周华斌）

Gong Guotai

龚国泰（1946～ ） 作曲家。祖籍河南，生于重庆。1960年考入上海音乐学院附中，主攻小号，辅以作曲配器。1967年毕业，分配到上海京剧院任作曲。他勤奋好学，钻研了大量古今中外经典作品，又具有扎实的理论基础，对民族戏曲和西洋音乐的作曲都较熟悉，能够融会贯通、应用自如。多年来曾为几十部京剧舞台剧和电视剧作曲、配器，如京剧《智取威虎山》、《海港》、《杜鹃山》、《火

凤凰》、《曹操与杨修》，电视连续剧《曹雪芹》、《盘丝洞》，艺术片《李逵探母》以及专题片《京剧万里行》等。他善于将西洋音乐的创作手法用于京剧，将鲜明的京剧主题音乐贯串全剧。如《智取威虎山》就吸收了西洋歌剧创作手法，丰富了人物的音乐形象；他创作的交响叙事曲《长恨歌》吸收了京昆的音调和节奏音型，大大丰富了音乐气氛。龚国泰的音乐创作具有独特的艺术风格：旋律简单，动听易记，富有民族特色。配器手法层次分明，讲究剧情意境。他还涉猎沪剧、越剧、滑稽戏、桂剧、评弹及各种样式的电视剧、交响音乐作品的创作，如沪剧《姐妹俩》、桂剧《泥马泪》、电视剧《第九个售货亭》、舞蹈《英雄的心愿》、京歌《充满希望的中国》等，均有较出色的成绩。（高怡郇）

Gong Xiaolan

龚啸岚（1915～1996） 京剧编剧、导演、戏曲理论家。湖北房县人。1929年就读湖北省立师范学校，课余参加戏剧活动。1932年被聘为汉口《戏世界报》编辑、记者、副主编。1936年编写京剧《卧薪尝胆》、《文天祥》，改编汉剧《斩经堂》，创作汉剧《上海血战录》。1938年，他在国民政府军事委员会政治部第三厅任职，负责戏曲工作。其间，与洪深共同编写戏曲《新天河配》，导演了田汉创作的京剧《新雁门关》，在田汉、洪深领导下为保护和转移戏剧界大批人士做了许多工作。在长沙、桂林等地又导演了田汉创作的京剧《土桥之战》、《江汉渔歌》，与田汉共同编写并导演京剧《新儿女英雄传》，协助田汉组建了实验平（京）剧宣传队。后转至重庆，创作并导演京剧连台本戏《岳飞》。中华人民共和国成立后，当选文化部戏曲改进委员会委员，担任中南戏曲改进委员会副主任。历任中国戏剧家协会武汉分会副主席、湖北省戏剧家协会名誉主席，《戏剧新报》、《长江戏剧》主编，《中国大百科全书·戏曲曲艺》卷、《中国戏曲志》编委。创作了楚剧《宝莲灯》、《金田村起义》，并与朱衣共同编写汉剧《二度梅》等，共30余种。1953年导演了京剧《易水寒》。他知识渊博，熟悉京剧和湖北地方剧种艺术特点，能编能导，富有创新意识。1939年导演《江汉渔歌》时，与田汉共同设计出“四渔翁”、“四渔婆”、“四渔郎”、“四渔童”，运用京剧“四人成行”的程式，丰富了群众场面。晚年致力于戏曲改革实践活动和戏剧理论研究，著有论文集《舞台行脚》。（邓家琪）

Gong Yunfu

龚云甫（1862～1932） 演员。工老旦。名瑗，又名世祥。北京人。满族。早年在北京前门外廊房二条宝珍斋玉器铺学琢玉手艺，嗜爱戏曲，暇时常学唱以自遣。24岁时，陈毓成在元明寺组织京剧票房，邀他加入，自此常前往玩票（一说为南宫园孙华亭所组的华兰习韵票房），学须生兼老旦。后经伶界果桐来、迟韵卿邀入陈丹仙主持的小鸿奎班客串演唱，贴名“龚处”（旧时票友出身的演员演唱时，按例多不用全名，只在姓氏下面加一“处”字，至清宣统年间始称名号）。

初师刘桂庆，学老生，曾演出于天津。回京后，正值孙菊仙主持四喜班。这年他31岁，正式加入四喜，转为职业演员，颇得孙菊仙器重。当时缺乏老旦人才，孙菊仙见他身材、扮相、嗓音都不宜唱老生，便劝他改唱老旦。当时戏班与票界分野极严，票友能入班演唱已属不易，更何况又受到孙菊仙的提掖，他感激弥深，便不再演须生而专攻老旦。孙菊仙命他从熊连喜学戏，授《钓金龟》、《游六殿》、《滑油山》等剧，因其声音、相貌颇肖老妇，歌音充沛，表做得神，一经出台，便博得观众称赏，声名日起。后又搭玉成班，正式贴名龚云甫。清光绪三十年（1904），选入清昇平署任民籍教习，开始搬演《太君辞朝》、《徐母骂曹》、《雁门关》诸剧，能戏日多，无不精妙。曾南下淞沪，出演于天蟾舞台、丹桂第一台各园，东走津沽，献艺于河北兴华茶园诸所，由是，名传大江南北。后来又曾与谭鑫培、王瑶卿、陈德霖、刘鸿昇、杨小楼、金秀山、德珺如、萧长华诸家同台合作，享有盛誉。晚年与梅兰芳合演的《六月雪》、《探母》、《大登殿》，与陈德霖合演的《孝义节》、《母女会》，都是珠联璧合的佳作。

他嗓音清脆苍劲，朗润醇厚，富于韵味，有时略带暗哑，却能善运其腔，如云中月，时隐时现，而愈唱愈亮，调亦越高，一波三折，极尽音声之美。一字一句从不率尔为之，均能淋漓尽致，［二簧导板］之纡徐妩媚，［正板］之清新绵邈，［反调］之呜咽凄凉，均令人回肠荡气，玩味无穷。穆辰公在《伶史》中说：“其唱绵远蕴蓄，长于抑扬顿挫，而沉痛之致不为所掩，刚健婀娜各极其妙，以是顾曲者乐其声而不倦。”他的唱腔的突出特点是，行腔和用嗓都介于老生和青衣之间，于接近老生之中，融进青衣的腔调和唱法，从而生发出老旦唱腔自有的一种“劲儿”和“味儿”，既有娇而脆的雌音，又有苍而颤的衰音，酷似老妇人声调，因此别开生面，独树一帜，新腔迭出，堪称绝唱。他的唱腔，新而不怪，花而不俗，大方灵俏，不矫揉造作，切合剧情及人物思想性格。代表作《徐母骂曹》中，以声情并茂的唱功，塑造了一位义正词严、凛然不屈的有身份的老妇人形象，令人起敬。在［西皮二六转快板］一段中，毫不留情地历数曹操的家丑，唱得斩钉截铁，不用宛转流利的花腔，具有一泻千里之势。唱到“曹贼”的“贼”字，使用一个突兀而起的“嘎调”，把人物激动的情绪，推向高潮，宣泄无遗。《钓金龟》中的著名唱段［二簧原板］则使用了很多垛句，节奏紧促，字字铿锵，表现了一个穷苦老妪对儿子叮嘱、絮叨的口吻，但不落于平淡板滞，收到了明朗熨帖之效。

他的念白，吞吐有力，柔中见刚，气口安排得当，《骂曹》、《训子》中的大段话白极见功力。他不拘泥于一般的音韵法则，许多处“纯用京腔大字”，有些尖音字念团音，上口字不都上口。这种变革是大胆的，他不顾非议，无所畏

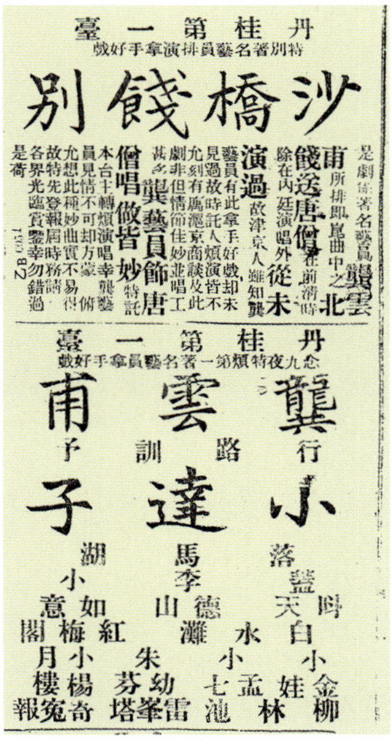
丹桂第一臺
特別著名藝員排演拿手好戲
沙橋餞別
丹桂第一臺
念九夜特煩第一著名藝員拿手好戲
龔雲甫
行路訓子
小達子

龚云甫在上海丹桂第一台演出广告
（1912年12月7日《申报》）

蒽，终于赢得了人们的认可，并得到了“云甫略通文义，能读书史，故其说白清晰，无讹字。演《训子》引《毛诗》句，尤足动听，非俗伶所能企”（见《伶史》）的评价。

在表演上，讲求以表情传神刻画人物。他演《雁门关》的佘太君，对杨家将露出慈祥可亲的面容；对萧后、韩昌，显出一派肃煞的威严；对青莲、碧莲两公主，虽是敌方却是自己的儿媳，所以又于和善中见分寸。他的许多身段，都是采自青衣变化而出。如《母女会》、《钓金龟》的出窑进窑身段，《滑油山》的甩发蹉步，《行路训子》中夜见张义魂灵，精神恍惚，闪转迷离的舞蹈身段，无不带戏。他坚持创新，把老旦表演艺术提高到了一个新的水平，为老旦一行开创了新路。在他之前，老旦从不为人所重，多充配演，处于附庸地位，自他开始才有了这一行当的新天地。罗瘿公在《鞠部丛谭》一书中记：“自龚云甫采青衣调自成一家，为老旦始重……老旦戏唱后三出者，独龚云甫耳。”齐如山也说：“百余年来，以老旦演大轴者，只他一人。”

《太君辞朝》饰佘太君

最为可贵的是，他在唱念做表上的创树，都是经过自己的苦心研练而成，时人评述他：“以票友为伶界所重，贵能别创新声，自成宗派，不屑依人学步，卒能久享大名。”他所演的剧目有《钓金龟》、《行路训子》、《托兆哭灵》、《母女会》、《大登殿》、《四郎探母》、《辕门斩子》、《雁门关》、《太君辞朝》、《徐母骂曹》、《徐母训子》、《断太后》、《打龙袍》、《游六殿》、《滑油山》、《甘露寺》、《孝义节》、《望儿楼》、《药茶计》、《金水桥》、《胭脂虎》、《三进士》、《六月雪》和《沙桥饯别》等。

他为人敦厚重义，对艺术上的合作者眷念不忘，尽力照抚。鼓师扎顺卿年老后手不灵敏，司鼓常出差错，有人劝他另延鼓师，他不肯。后来顺卿因病不能登场，他每出演必为其另开一份酬金，供以维持生计。凡有人约他参加演出赈灾济困的义务戏，从不推辞，他说：“凡慈善之举，在吾辈伶人，自应一尽绵力，万不可自抬身价，见善不为。”后人宗其艺者，有卧云居士、松介眉、文亮晨、李多奎等。（钮骠）

Gongwutai

共舞台　京剧演出场所。共舞台有新老之分。老共舞台初名**新剧场**，址在上海法大马路（今金陵东路）卜邻里口。京剧艺人王鸿寿筹资创办，清宣统元年十一月二十二日（1910年1月3日）开演。因生意清淡，半年后易名**凤舞台**。次年建成转台，改称**群舞台**，聘群仙、吉庆两班演出。1913年一度称**朝阳凤舞台**。同年由青帮大亨黄金荣接手，先称天声舞台，继改名共舞台。文武花旦小金铃、花旦张文艳、北京女伶王克琴、梆子坤伶小香水都曾在此走红。后让与京剧艺人吕月樵，改称沪杭共舞台。1917年复归黄金荣，易名沪江共舞台，吕月樵、路凌仙、梁一鸣等在此主演《目连救母》。又先后改名为公和共舞台、共舞台、中华影戏园等。1919年春，聘得坤角老生露兰春充任台柱，营业大盛。1923年12月，梅兰芳、王凤卿、言菊朋、陈彦衡等在此登台。20世纪20年代末因房屋过旧，改为民房。

新共舞台原为上海大世界游乐场附设的大京班剧场。1917年由黄楚九创办。20世纪20年代首次邀请北方著名坤伶金少梅到此演出，改称**乾坤大剧场**，取男女合演之意。琴雪芳、孟小冬、粉菊花、碧云霞、汪碧云、童信卿、张少泉等均出身于此。1926年剧场失火，

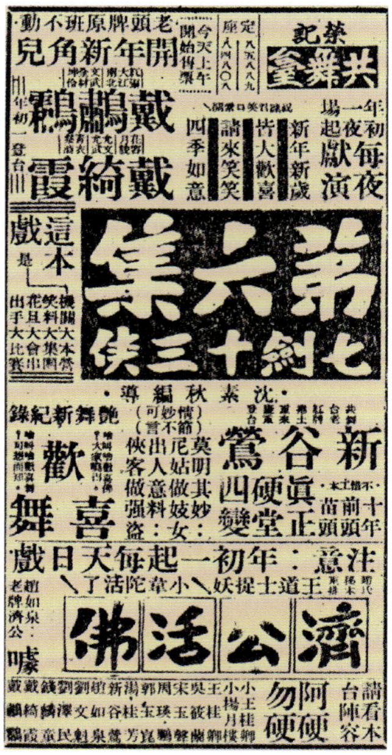

荣记共舞台广告
（1947年1月20日《申报》）

改建为独立之剧场。正门位于爱多亚路（今延安东路）433号。原计划开台由“小活猴”郑法祥主演连台本戏《西游记》之头本《齐天大圣》，因而取名**齐天舞台**。后于1930年10月6日中秋节开幕。1931年，黄楚九病故，改由顾无为接办。顾无为以夫人卢翠兰为台柱，演《七巧织女星》等一批所谓新京剧，其间穿插跳舞、魔术、滑稽等噱头，并改革旧习，取消小账、茶堂、果盘，但观众反应冷淡。1934年10月，大世界新主人黄金荣将剧场收回自办，改名**荣记共舞台**，俗称**新共舞台**，以区别于不复存在的老共舞台。又将舞台改建成转台，生意仍无起色，让与张善琨经营。张善琨取消“荣记”二字，以大排机关布景连台本戏吸引观众，名声大振。1936年3月9日，美国喜剧大师卓别林在梅兰芳和影星胡蝶等陪同下到此观看王富英、童月娟主演的京剧连台本戏《火烧红莲寺》，卓别林对中国式武打技巧颇为赞赏。上海沦陷时期，曾演出《白蛇传》，用人造电蛇从三楼观众头上弯弯扭扭游到台上，演员手抓活蟒上台，用鼓风机制造“水漫金山”场景，借对面四明药房的大蟒蛇标本放在门口做广告等，轰动一时。1944年，转给周剑星等。1949年，周剑星携款逃跑，由前后台演职员自行管理。1954年5月8日，市文化局派于福钦等人接管。1955年下半年内部翻修。1956年初将后台班底划出，成立新华京剧团，不久又划归“大世界”为一号场。1958年重新划出，仍称共舞台。1967年“文化大革命”初期改名**延安剧场**。20世纪80年代初恢复“共舞台”原名。剧场建筑为4层钢筋混凝土结构。占地面积1 874平方米，建筑面积51 755平方米。舞台宽115米，深14米，总高度133米。台口高745米。副台上场门87平方米，下场门26平方米。改建后现有两层座位计1 799个。

此外，上海另有大新街（今湖北路）三马路（今汉口路）口的新桂茶园，民国初年一度亦改名共舞台，时间极短，影响不大。

（林明敏）

Gu Zhenfu

辜振甫　（1917～2005）　票友。工生。字**公亮**。台湾彰化人，祖籍福建惠安。1940年毕业于台湾大学政治学系，后赴日本深造，研究财政及工商管理。1975年获韩国高丽大学荣誉经济学博士学位。辜氏为台湾工商巨子、政界要人。其爱好广泛，懂诗文、能绘画、喜好文物收藏，尤醉心于京剧艺术，是著名的余（叔岩）派票友，拿手戏有《空城计》、《文昭关》、《洪羊洞》、《二进宫》、《状元谱》等。1990年出任台湾海峡交流基金会董事长。1993年4月，辜氏受权与海峡两岸关系协会汪道涵会长在新加坡举行举世瞩目的“汪辜会谈”，迈出两岸关系发展的历史性一

《文昭关》饰伍员

步。1998年10月，辜振甫赴上海会晤汪道涵会长，随后到北京拜会国家主席江泽民，海峡两岸关系协会于10月17日在长安大戏院特举办欢迎台湾辜振甫先生京剧晚会，李世济、梅葆玖、叶少兰、张学津、于魁智、孟广禄、蓝文云等参加演出，辜振甫应邀登台清唱《洪羊洞》“为国家那何曾半日闲空”一段，受到热烈欢迎。辜振甫颇热心文教事业，1987年成立辜公亮文教基金会，执行长为其女辜怀群，在她推动下，于1992年成立京剧组织，其后诞生了以李宝春为团长的台北新剧团，演出《野猪林》、《曹操与杨修》等许多名剧，并常邀大陆名家新秀赴台演出，“使两岸京剧进入‘深度交流，实质合作’境地”。台北新剧团的主要演出场所为新舞台，由辜氏企业信托商业银行兴建，1995年竣工。此剧场以“新舞台”命名，含有传承深意。因辜振甫之父辜显荣曾于1909年接办日本人的淡水戏馆后，经移址改建，取名“新舞台”。1945年毁于美军轰炸中。此番重建，是酷爱京剧的辜振甫希望给京剧多一个演出场地，以丰富台北的文化生活。“在戏迷心目中，‘辜公亮文教基金会’、‘李宝春京剧’、‘新舞台’像是三位一体”，成为20世纪90年代以来台湾京剧的一大亮点（详见王安祈《台湾京剧五十年》）。1998年11月，辜振甫借出席东亚经济会议机会，以81岁高龄，与台北新剧团在日本公演《空城计》等3出余派名剧。中国京剧艺术基金会成立后，于1993年10月聘请辜振甫任名誉会长。基金会组织的中国少年京剧艺术团多次赴台演出时，都受到辜振甫的关注和鼓励。（龚和德）

1915年改建的台北新舞台

1995年兴建的台北新舞台 （辜公亮文教基金会提供）

Gu Zhongguo de Ge Jingju Yanchang Yishu Shangxi

《古中国的歌——京剧演唱艺术赏析》 京剧研究著作。宝文堂书店1988年5月出版。32开本，10万字。作者秋文，本名叶秀山。本书从中国戏剧与中国文化的关系着眼，通过中西戏剧对比，指出以京剧为代表的中国古典戏剧对生活不是表面模仿，而是以诗、乐、舞的综合形态，表达真的思想和真的感情。戏剧的共性是再现，中国古典戏剧由于音乐、舞蹈的作用，融再现与表现于一体，又偏重于表现。由此，京剧演员的表演要揣摩人物的音容、性格、心思，且需把体验凝聚于音乐和舞蹈的形式之中。作者认为，唱给京剧演员留下更为广阔的创造天地，京剧主要是根据唱工来划分流派的。程长庚的徽调，张二奎的京调，余三胜的汉调，形成早期老三派；汪桂芬近程，孙菊仙近张，谭鑫培近余，仍以唱工划分流派；余叔岩、言菊朋、杨宝森宗谭，又各有发展，形成余、言、杨派，也主要从唱工区分。作者还阐述了京剧演唱艺术的特点。首先是曲调程式化，一曲多用，艺术家的任务就在于把具体的剧情、唱词与程式化的曲调结合起来，使其相得益彰，在确定性与不确定性之间展现才能。其次，京剧唱腔的设计原则是因字行腔，以字正腔圆为评价标准。京剧字韵是在湖北语音的基础上，兼取北京、安徽、昆曲的语音，经选择加工而成。有生活根据，又与生活语音保持一定距离，形成“生活幻觉”与“历史幻觉”。京剧行腔，在抑扬顿挫中自有规律，自始至终有一贯风格。复次，京剧演唱讲究韵味，不以内容直接动人，而在形式中品味内容，寻求一种含蓄的不是一次经验能够穷尽的音乐上的美的境界。再次，京剧各行当的演唱也各有特征。老生腔调较平和，大方朴实，刚柔相济；青衣唱腔早期刚多于柔，王瑶卿、梅兰芳以后，以柔美为主，比老生柔和、曲折；小生唱法得自昆曲者多，比青衣刚，比老生柔，用小嗓唱，嗓音处于一种过渡状态；老旦用大嗓，唱腔接近老生，但比老生泼辣，有气势；花脸唱腔较粗犷，以朴直、奔放、实大声宏为特点，具有崇高因素。全书视角独特，对京剧演唱艺术条分缕析，是学术著作，于赏析也有助益。（曹其敏）

Gu Zhongguo de Ge Ye Xiushan Lun Jingju

《古中国的歌——叶秀山论京剧》 京剧研究专著。叶秀山著。中国人民大学出版社2007年3月出版。16开本，39万字。本书是作者1962年出版的《京剧流派欣赏》、1988年出版的《古中国的歌——京剧演唱艺术赏析》以及《京剧论札》（其他戏剧论文、随笔的首次结集）的合集。《京剧论札》的篇幅超过全书的一半，内有《今人当自受》、《论艺术的古典精神——纪念艺术大师梅兰芳》、《古典的和时尚的》、《余叔岩艺术的启示》、《京剧的不朽魅力》、《程砚秋艺术的启示》等33篇，大多为20世纪90年代以来的新作，表达了作者对于京剧的深层思考。**叶秀山**（1935~　　），笔名**秋文**（《京剧流派欣赏》、《古中国的歌——京剧演唱艺术赏析》均以笔名发表）。祖籍江苏镇江。1956年

毕业于北京大学哲学系，中国社会科学院哲学研究所研究员，著有《苏格拉底及其哲学思想》、《思·史·诗》、《美的哲学》等。蒋锡武为本书作序认为，哲学家叶秀山“将那些掩藏、遮蔽而我们浑然不知的京剧中的艺术的、美学的以至哲学的价值阐发出来，从而让我们这些‘只缘身在此山中’而习焉不察的‘行家’、‘里手’，能见出自家的一番新天地”。（简畅）

guzhuang

古装 塑造古代女性形象、区别于传统装扮的新式服装和化装。梅兰芳创制。发端于1915年10月31日演出神话剧《嫦娥奔月》中所作的实验。奔入月宫后的嫦娥，不再穿戏箱中的服装，而“从画里去找材料”，设计出新式戏衣头饰，以塑造观众理想中的月宫仙子。珍重阁《梅讯》称：“盖自皮簧盛行百余年来，旦角之改装易服，此其嚆矢。”（1922年6月3日《申报》）以后，梅氏又在《黛玉葬花》、《千金一笑》、《天女散花》、《霸王别姬》、《西施》、《洛神》、《廉锦枫》、《太真外传》等剧中继续进行创新设计，渐成旦脚装扮的崭新系统。这类戏，遂名古装新戏。古装是参考古代仕女画、雕塑，结合着歌舞并重的演出风格来设计的，“并非形式上合乎古式，不过京朝派戏中，初无此种装束，无以名之，故曰‘古装’”（九畹室主《化装谱》）。据欧阳予倩回忆，古装最早在凌怜影、李悲世、汪优游等的文明新戏中出现过，“而且很华丽整齐”，他本人编演的红楼戏《葬花》也曾做过类似的试验，“可以算是在上海第一次的古装京戏”，但“当时没有什么人注意，及至梅兰芳第二次（应是第三次，1916年冬——引者）到上海，以新装号召，然后相习成风，盛极一时，这可以说是京戏界一个大波澜”（《自我演戏以来》第58页，中国戏剧出版社1959年版）。

古装不同于传统的程式装扮，“各剧有各剧之研究，各剧有各剧之样式”，齐如山《梅兰芳之古装衣》一文列出名目40多种。与传统扮相作比较，古装的基本特点为：①发式多样化。在传统京剧中，除老旦、丑旦外，表现汉族女性的发髻有两种：一是大头，多用于夫人、小姐一类中青年妇女；一是抓髻，多用于丫环及民间少女。这两种发髻都梳于脑后。古装解放了京剧舞台上的妇女发式，梳裹出吕字髻、品字髻、海棠髻、编髻等多种样式，统称古装头。其共同点是梳在头顶，脑后则多用长发代替传统的线尾子。头饰亦随之富于变化，这为表现古代女性高髻云鬟的美提供了广阔的可能性。②服饰强化女性体态的刻画。传统女性角色的上衣如女帔、女褶子，都较长而宽大，裙子系在上衣的里面。这种扮法掩盖了女性体态，梨园界戏称之为“一统山河”。古装则相反，上衣略短，裙子加长，裙子系在上衣的外面，从而加强了胸腰部位的线条刻画，有利于表现女性形体的美，更显修长婀娜。古装的袖子有宽有窄，其宽袖也不同于传统衣袖的肥而且直，而是从袖口一路往上窄，窄到抬肩，做成斜角形，虽裙子束在上衣外面，袖子仍可自由舞动。古装的水袖也比一般略长，也有不用水袖的。③装饰风格焕然一新。传统戏衣铺锦列绣，色彩浓重，图纹精细，是一种“错采镂金，雕缋满眼”的美。古装则由绚烂之极趋向天然、淡雅。如扮葬花的林黛玉和浣纱的西施，头部讲究髻形自身的美，头饰用得很少，服装剪裁合度，用料轻柔，用色清淡，使人物显得格外清丽、潇洒。扮《太真外传·窥浴》的杨贵妃，除了高髻上一支水钻立凤、两鬓有一点绢花，颈间挂几串珍珠链之外，全身以薄纱披裹，不用一点花纹。这一类新式扮相，使人有“清水出芙蓉，天然去雕饰”之感，对于传统的装饰风格是一个突破，也是一种补充，为京剧人物造型带来一股清新、活泼的空气。

梅氏创制的古装，不仅以形式的新颖别致吸引观众，主要还是为了丰富京剧舞台对古代女性形象的创造，包括神话人物、历史人物或传说人物，以及小说中的人物。早在清嘉庆年间。就有人开始改编小说《红楼梦》，但多为案头作品，极少场上演出。王瑶卿说，清末北京票友曾排演过红楼戏，黛玉的扮相是“梳大头穿帔，如同花园赠金一类的小姐的打扮”，“每逢黛玉出场，台下往往起哄，甚至于满堂来个敞笑。观众认为这不是理想的林黛玉”（《舞台生活四十年》引语）。梅氏也认为：“前人的不排红楼戏，服装的不够理想，恐怕是最大的原因。”而梅氏用新式古装扮演，观众就接受了。周剑云在《梅兰芳之〈黛玉葬花〉》一文中这样描述：“兰芳饰黛玉，衣古美人装，梳盘云髻，略缀珠翠，淡抹脂粉，柳眉含黛，星眼流波，长裙曳地，莲步姗姗而出，扮相之佳，无出其右，观者千百人，不期同声一好！”（《菊部丛刊》）其他如梅扮虞姬，从费晓楼的《虞美人图》中得到启示，设计出如意冠、鱼鳞甲，极符合角色的妃子身份和戎马生涯。扮洛神，则按《洛神赋》里“披罗衣之璀璨兮……曳雾绡之轻裾”的描写，在神女的肩上、腰间挂有珠子璎珞，身上披着3幅轻盈透明的长纱，表现出天风吹袂、烟水苍茫的意境。这都是个性化追求的成功例子，是审美观念的变化在京剧舞台装扮上的生动体现。受梅兰芳影响，荀慧生等人在新式古装上也有自己的创造。古装在京剧界风行之后，“大衣箱中只略备数件，聊以充数而已”（徐慕云《中国戏剧史》），因为它是属于私房行头，多由演员自备。（龚和德）

《洛神》 梅兰芳饰洛神

《廉锦枫》 梅兰芳饰廉锦枫

《红线盗盒》 梅兰芳饰红线

《太真外传》 梅兰芳饰杨玉环

guzhuang xinxi

古装新戏 辛亥革命后，由梅兰芳等首创演出的旦脚梳古装头、穿改良古代仕女服装的新编剧目。广义则指一切穿着古代服装的新编戏。

古装新戏是在戏曲改良运动影响下出现的。1913年、1915年梅兰芳先后两次由北京赴上海演出，他在上海的所见所闻激发了其创新意识，回到北京后开始编演时装新戏。1915年中秋前夕，北京各大戏班纷纷上演"应节戏"。梅兰芳所在的双庆社在齐如山和李释戡的帮助下，编演《嫦娥奔月》，借鉴仕女画设计嫦娥的头饰、服装，取得成功。此剧被人称为"畹华古装新戏鼻祖"。其后，梅兰芳和他的合作者们又陆续根据历史传说、佛经故事、古典小说等编演了《黛玉葬花》、《千金一笑》、《天女散花》、《西施》、《洛神》、《廉锦枫》、《麻姑献寿》等古装新戏，备受欢迎。1926年编演了《太真外传》，1927年编演了《俊袭人》之后，梅兰芳的古装新戏暂告一段落。此外，素有"北梅南欧"之称的欧阳予倩、享名在梅兰芳之前的冯子和，以及当时或稍后的名伶徐碧云、朱琴心、程砚秋、尚小云乃至老生马连良、高庆奎也都曾编演过古装新戏。欧阳予倩的红楼戏最富特色，多用古装扮演。冯子和的不少古装新戏如《冯小青》、《杜十娘》、《花魁女》时称"醒世新剧"，改进了旦脚化妆贴片子的部位，并试图以画眼圈的方法进一步美化旦脚形象。

古装新戏的题材多为神话故事和历史传说，艺术形式上的特点主要表现为：

①其人物造型参照古装仕女图，对传统旦脚的装扮特别是头面和服饰进行改革。如《嫦娥奔月》中的嫦娥梳顶髻，着拖地长裙，裙腰加宽且靠上，用小银钩束于胸前，更显出腰细身长，动作婀娜。《黛玉葬花》中的黛玉化妆成鹅蛋型脸，头上正面3个髻，上下叠成"品"字形，佩以珠翠鬓花。上身穿三色大襟软绸短袄，下系白色绣花长裙，腰间加软纱短围裙，外系丝带，两边加玉珮，清新淡雅，风姿绰约。《天女散花》中的天女梳海棠髻，着淡青色袄裙，披真孔雀翎子做的云肩与小腰裙，胸前左右露两根风带，风带长一丈七八尺，宽一尺余。《洛神》中的洛神梳美人髻，上插水钻小凤凰，头上缀以各种珠饰，颈戴镶钻项圈，外加一串巨珠项链，胸挂珍珠瓔珞。身着白色绣袄绣裙，两腕戴着翠镯，身上披着蝉翼般的五彩薄纱，上有亮片闪闪发光，左肩头打一绣球结。内有白色轻纱横过胸前，绕于腰间，曳于地上。手持云帚，帚端饰以珠网。颇似曹植《洛神赋》所描绘："披罗衣之璀粲兮，珥瑶碧之华琚。戴金翠之首饰，缀明珠以耀躯。践远游之文履，曳雾绡之轻裾。"禅翁《平剧古装衣之区别》说，梅兰芳所创之古装衣"各剧有各剧之式样，各人有各人之身份，如《黛玉葬花》之装束，不能用之于《上元夫人》剧中也"(《申报》1939年3月30日)。

《嫦娥奔月》 梅兰芳饰嫦娥

②梅兰芳的古装新戏，强调戏曲的歌舞性。如《嫦娥奔月》中设计了花镰舞，《黛玉葬花》中设计了花锄舞，《上元夫人》和《洛神》设计了拂尘舞，《麻姑献寿》设计了杯盘舞，《天女散花》设计了袖舞和绸绶舞，《廉锦枫》设计了钓纶舞及刺蚌舞，《霸王别姬》设计了剑舞，《西施》设计了羽舞……这些舞蹈都是传统剧目表演中所没有的，但又不是凭空杜撰，而是广泛借鉴，自出新意。如《嫦娥奔月》中的花镰舞便是在传统戏《虹霓关》东方氏与王伯当对枪程式的基础上，在尺寸、情绪上加以改变而成。有时把花镰耍一个花并高高举起，有时把花镰横放在胸前，作童子拜观音状，有时左手斜背着花镰，右手顺镰杆往上指，或表示蜂喧蝶舞，或表示含苞待放，或表示攀枝摘花。末场的袖舞在［南梆子］唱腔中进行，渲染出人间合家团聚的温馨，情景交融，颇富特色。再如《天女散花》中的天女，其扮相与动作均吸收了敦煌飞天的形象。"云路"、"散花"两场的大段舞蹈时疾时缓，变化多端，明显看出继承借鉴胡旋舞的踪迹。《廉锦枫》中的刺蚌舞在［将军令］曲牌的唢呐、锣鼓伴奏下，单剑飞舞，寒光闪闪，与蚌精配合默契，其唱腔韵律之美和形体塑造美融为一体，显然接受了传统剑舞的影响。

《俊袭人》 梅兰芳饰花袭人

《千金一笑》 梅兰芳饰晴雯

③头面服饰的改革和舞蹈动作的设计均紧紧围绕着人物塑造。《嫦娥奔月》的"采花"活现出月宫仙子、尘外美姝的典雅、娇媚。"思凡"的惺忪醉态，则又透露出几多缠绵……《黛玉葬花》中的黛玉准备下花帚、花锄、花囊，在［导板］、［慢板］、［二六］中且唱且舞，舒缓娇弱的身段动作和忧郁凄惨的表情中透出借落花以自比寄人篱下的孤苦无依。同时，在刻画她的多愁善感、弱不禁风中又突出了她那倔强的性格和独立而丰富的内心世界。《洛神》则调动诸多艺术手段，勾勒出洛神女超凡脱俗、含而不露的风神，传递出她若即若离中的缠绵惆怅之意，达到"欲哭还颦，最断人肠"的境界。"把中国式的谈情说爱，与人神之间的契合，发挥得如水银泻地般无孔不入"(齐崧《谈梅兰芳》，宝文堂书店，1988年版)。

如果说以梅兰芳为代表的古装新戏在题材内容上主要是继承传统，情节结构上趋于单纯简明，那么在它的表现形式及表现手段上则极力追求一个美字。尽管每一出戏各有特点、各有侧重，但对美的追求是一致的。古装新戏以其清新脱俗的风格、创造性的表演、革新后的服饰及音乐伴奏（加用二胡）和彩色灯光，吸引了广大观众，其中不少古装新戏成为艺术精品。梅兰芳古装新戏凝聚着艺人和文人的心血，是艺人和文人共同创造的结晶。齐如山、李释戡以及罗瘿公、陈墨香、清逸居士（爱新觉罗·溥绪）都为古装新戏贡献出了不少智慧和才华。

（周传家）

gushi

鼓师 京剧乐队的指挥。又称**司鼓**，旧时称**鼓佬**。鼓师以鼓板领奏的方式（包括击打鼓板点子和引领手势）指挥文武场为舞台表演伴奏。剧中的每个表演环节及依据情感而生的节奏、力度、速度的变化，还有戏剧气氛的渲染、场次间的转换等，都需由鼓师运用锣鼓来开导、调节、配合、烘托，他是体现京剧艺术的形式风格和保障演出质量的关键人物。

鼓师除要娴熟、完备地掌握鼓师演奏技巧外，还要善于把握整体，具有机敏、灵活的洞察反应力，有很强的控制节奏章法的能力，有丰厚的锣鼓打击乐演奏基础和对表演艺术的全方位理解。鼓师要全神贯注于整个伴奏过程，思路清晰、眼明手捷地以严密周详、变换明确的各种“开、转、收”的领奏手法，统领乐队，共同完成全剧的音乐伴奏。优秀的鼓师常为杰出的演员所倚重，与琴师同被视为其艺术上的左膀右臂。他们在长期的合作中，相互切磋，密切配合，从而形成了以表演艺术的流派特色为主要标志的完整的艺术风格。同时，优秀鼓师的个人演奏风格也会在同行中产生深远的影响。

在京剧发展的各个历史时期，都曾涌现过技艺超群的杰出鼓师。距今较远者为清咸丰、光绪年间由民间戏班进入清宫昇平署担任伴奏和教习的鼓师，高手如陈瑞、潘来喜、殷仲林、唐阿招、张松林、刘兆奎、陈益廷、郝春年、杨玉福等，他们多属昆曲乐师，却也谙熟当时正趋兴盛的皮簧戏，是最早出现的昆乱不挡的鼓师。

京剧在其形成发展中，从较其先成熟的昆曲、梆子中汲取了大量的艺术养分。昆曲、梆子的很多锣鼓打法、用法均为京剧所移用和保留。在当时还出现过昆腔、梆子、黄腔（或称徽派）三派并存的情况，名鼓师沈宝钧、李奎林、侯双印、赵嵩绶、刘长顺、札大立、唐春明、何斌清、郭德顺、王景福、鲍桂山等即是此时三派中的显赫人物。沈宝钧早年受艺于清同治、光绪年间名重一时的刘兆奎，对昆曲、皮簧皆学有所成，打昆腔造诣尤深，能戏数百出。其艺术影响甚广，后成大器之汪子良、郭德顺、唐宗成、鲍桂山、杭子和等皆出自其门下。梆子派在当时曾有“京东数（张）福增，京南数陆平，北京城里要数侯双印”之说。侯氏鼓艺功力殊深，善于在极快的节奏内打出疾缓顿挫的变化来；伴奏武戏时，调动锣鼓烘托气氛非常火炽，放“撕边”可达数分钟而腕力不减。他还率先把很多梆子锣鼓移用到京剧中来，打法新颖，别具风范。他的3个儿子秉承家传，长子长山、次子长青先后成名。黄腔派的早期代表人物是李奎林，与琴师梅雨田深为谭鑫培所倚重，形同左膀右臂。其打文戏节奏稳健，手法精湛，气度大方；配合演唱催、撤应变，严密自如；与文场之间配合也能丝丝入扣，浑然一体。李氏鼓艺的高雅风范经后人继承、发展而成为后来京剧鼓板演奏的主导风格。在南方，深为谭氏所钦敬者为赵嵩绶，其后享名者有张润泉、顾宝庆等。

自20世纪20年代至40年代末，各地的京剧鼓板演奏艺术在不断发展的过程中，逐渐形成了各自颇具特色的打法风格。其中主要有以北平为中心的京朝派、发祥于天津的卫派和在上海、东北都很兴盛的海派，可谓异彩纷呈，蔚为大观。出现了周悦先、乔玉泉、魏希云、侯长山、何斌奎、杭子和、周子厚、刘有林、王燮元、白登云等杰出人物，其中杭子和、白登云高超的鼓艺风范被世誉为杭派和白派，且对后世产生了深远影响。杭子和师出沈宝钧门下，又深受李奎林的影响，打法工整、洗练，风格质朴、大方，韵味醇厚，其与余叔岩、李佩卿及杨宝森、杨宝忠两代间的默契合作，均享有唱、鼓、琴“旷世三绝”之誉。白登云的艺术生活直至20世纪80年代，他在长达70年的司鼓生涯中，集前贤之大成，锐意进取，把鼓板演奏艺术推向了新的境界。其打法讲求刚柔相济，准确圆润，注重以锣鼓音乐表现人物的内心世界，创造艺术的风采神韵。20世纪50年代，白登云多次随团出国访问，向国外观众展示了京剧鼓板及打击乐艺术的独特魅力，博得各国音乐界人士的赞赏。

（王硕）

gutaozi

鼓套子 鼓师为指挥各种唱腔伴奏、过门、锣鼓、曲牌，以檀板和鼓楗在单皮鼓或堂鼓上奏出的各种成套鼓板点子。每一鼓套子由若干鼓板点子组合而成。不成套的鼓板点子称鼓簧。鼓师根据不同节奏的曲调和锣鼓，把与之相适应的多种鼓板点子有机地连接起来，成为各唱腔、过门和锣鼓、曲牌的组成部分。通过鼓套子的演奏，鼓师可以控制演奏的速度、力度，起到调整舞台表演情绪的作用。鼓套子既有程式的规范，又有很大的灵活性，可做繁多的变化。例如［二簧原板］过门中的鼓套子：

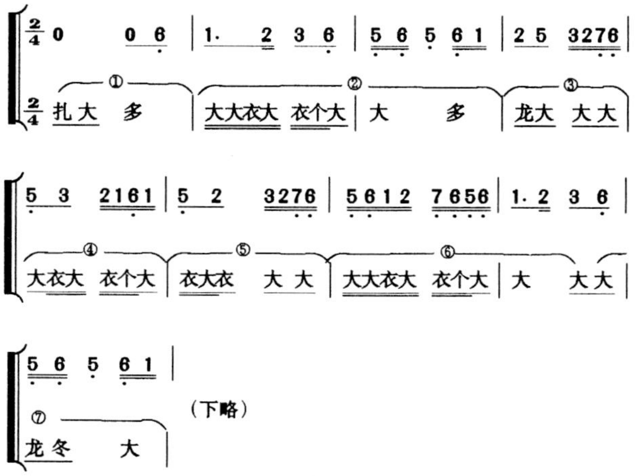

上例［二簧原板］过门由7个鼓板点子组成，除了第一小节和结尾处的鼓板点子基本上是固定不变的之外，其余中间5个鼓板点子都可以根据节奏和过门旋律的进行做多种变化演奏。

（刘越）

Guqu Jinzhen

《顾曲金针》 京剧知识著作。薛月楼著。作者生平不详。新天津报社1928年7月出版。书中讲述了京剧中的嗓工、别相（扮相）、色相（各种脸谱的勾画方法）、寻声（上口字）、表形、审节、发字、叶声、辙口、表曲（以锣鼓曲牌表示出文武角色的喜怒）、顾声、大同等问题，并辑皮簧各类名词约百余条，逐条从音乐角度加以诠释。如在解释老生、小生、武生、娃娃生、正旦、闺门旦、武旦、刀马旦、正净、黑净、红净、大花脸、二花脸、毛花脸、架子花脸、摔打花脸、苏丑、文丑、方巾丑、彩丑、旦丑诸行脚色时，对其装扮特点，特别是唱念方法、唱腔特点一一详注；对于文武场面的名词，诸如冲头、回头、碰头、抽头、滚头、扫头、尖字头、帽儿头、七字头、长字头、万字头、云字头、大点头、小点头、三换头、四击头、五击头、硬脆头、倒板头、叫头、哭头、夺头、开头、入头、长锤、扭丝锤、单锤、急急风、串锣、排子、合头、头点子、断头、急三腔，以及曲牌［粉蝶儿］、［普天乐］、［醉太平］、［朝天子］、［五马牌子］、［水龙吟］、［赏花时］（即［句句双］）等均解释其内容及在剧中的用法，有的附工尺谱及锣鼓谱加以说明，例句中的戏词，采用老正剧本，对戏班中鄙俗不通之词概行删免。该书凡例中云“本书总名为《顾曲金针》，都凡十二集：一、识曲凡要；二、开场戏部；三、正工生部；四、正工旦部；五、正工净部；六、正工老旦部；七、正工小生部；八、靠背生部；九、花旦丑部；十、对戏部；十一、群戏部；十二、武戏部”。现只见第一集，其他各集未见。

（戴霞）

Gu Tiehua

顾铁华 （1937～ ） 票友。工小生。祖籍江苏无锡，生于上海。少年时代居香港，20世纪50年代初期随家返沪，毕业于上海交通大学土木工程系。受家庭和义父汪剑耘（梅派名旦）影响，

酷爱京剧和昆曲艺术。甘贡三为其开蒙昆曲，得授《断桥》、《惊梦》、《望乡》等，复随红豆馆主门人张树声学京剧，持续7年，得授《九龙山》、《群英会》、《贩马记》等，并随张赴苏州彩串。后结识京剧演员薛正康，尊为师兄，向其系统学习小生表演艺术。参加上海业余曲社清唱，得曲家许伯遒、陆雾明等指导。1962年赴香港，1967年去联邦德国深造，专攻工商管理学，1975年回香港定居。1979年在北京正式拜俞振飞为师，得俞亲授京剧《黄鹤楼》、《红鸾喜》等及昆曲《哭像》、《断桥》等。20世纪70年代以来不断在香港、台湾、北京、上海、苏州、南京等地彩串演出，如京剧《白蛇传》、《监酒令》、《飞虎山》、《春闺梦》、《龙凤呈祥》等，昆曲《百花赠剑》、《惨睹》、《定情》、《絮阁》、《惊变》、《埋玉》等。摄制成电视戏曲艺术片的剧目有《琴挑》（与蔡瑶铣合作，中央电视台1983年摄）、《西厢记》（与华文漪、梁谷音合作，上海电视台1988年摄）、《牡丹亭》（与张继青合作，江苏省电视台1995年摄）等。20世纪90年代初与薛正康、周志刚、顾兆琳等组

《飞虎山》饰安敬思（前中） 尚长荣饰李克用（后右）

成创研集体，创作并主演了昆曲《顾曲周郎》，改编并主演了昆曲《浣纱记·合纱泛舟》等，坚持昆曲创编剧目的“移步不换形”，获好评。1994年3月中国戏曲学会在北京授以金兰奖。1996年9月出资设立顾铁华振兴昆曲基金，方针是面向全国，照顾重点（俞派艺术），精留资料，创戏育人，对专业和业余昆曲事业项目多有资助。1997年4月起，重点开展《中国昆曲精品集萃》剧目录像工作。为纪念其师俞振飞百年诞辰，辑印俞派唱法的《粟庐曲谱外编》。个人著述有《昆腔水磨调和俞派唱法》等。 （朱复）

Gu Zhengqiu

顾正秋 （1929～ ） 女演员。工旦。原名丁兰宝，一名小秋。江苏南京人。幼随母亲到上海，5岁时拜顾剑秋做干妈，因改姓顾。后向吴继兰学习京剧旦脚技艺，8岁时在上海伶界联合会国难后援会举办的播音义演中，唱了《刺汤》，受到好评。1939年11月报考上海戏剧学校，被录取为女生第一名。入校后偏重学习青衣，取名顾正秋。从此，刻苦练习基本功，如跷功、腰腿功等。曾从芙蓉草学《樊江关》，从魏莲芳学《霸王别姬》和《廉锦枫》等。

1941年参演了民华影业公司摄制的戏曲片《古中国之歌》，在《王宝钏》、《彩楼配》等剧中担任了主要角色。1943年秋与同学100多人组班去南京中央大舞台公演，演出《玉堂春》、《扈家庄》、《四郎探母》、《红鬃烈马》、《贺后骂殿》、《五花洞》、《荀灌娘》等。同年冬，张君秋在上海中国大戏院演唱，顾正秋偶然去看，对张的嗓音和唱腔极为欣赏。旋被学校指定向张君秋学习《汉明妃》，后又学《金山寺》等。她还曾随黄桂秋学习《春秋配》、全本《双官诰》和《朱痕记》。《朱痕记》本是程砚秋的代表剧目，但黄和程的唱法不同，“磨房”那场戏，黄只唱［南梆子］，不唱［流水］，［流水］那段骂宋成的唱词，黄是用说白来代替的。顾正秋到台湾后，此戏就是按黄桂秋当年所教授的演唱。1944年秋天，顾正秋正式拜梅兰芳为师，但恰逢梅息影舞台，一时并未真正观摩到梅派艺术。1945年顾正秋在戏校毕业前，黄桂秋和纪玉良在上海皇后大戏院演唱，中途黄桂秋突然嗓子闹毛病，哑得一字不出，顾正秋被商借替黄与纪玉良同台演全本《四郎探母》、《玉堂春》、《春秋配》等。顾正秋从入校第一次登台演《五花洞》起，6年期间曾先后演出共六七百场，在上海剧坛上崭露头角。

1945年顾正秋毕业后，在上海皇后大戏院为谭富英配演了《四郎探母》、《武家坡》、《大登殿》、《御碑亭》、《桑园会》等剧。在黄金大戏院与李宗义合作挂双头牌，曾演《打渔杀家》、《翠屏山》、《龙凤呈祥》、《二进宫》，与俞振飞合演《贩马记》。并先后与梅兰芳、周信芳、谭富英、盖叫天等同台合演《龙凤呈祥》，与杨宝森、裘盛戎、芙蓉草合演《法门寺》等。

1948年11月率顾剧团胡少安、李金棠、高德松、储金鹏、张正芬、周金福、于金骅、于玉兰及场面王克图、侯佑宗等人赴台北永乐戏院演出。到台后，又接下南派武生张翼鹏和筱刘玉琴在当地演出的班底，如王质彬、夏玉珊、赵君麟等。第一天打炮戏为《起解会审》，第二天是《武家坡》、《银空山》、《大登殿》，第三天是全本《四郎探母》。初到台湾时，顾正秋与戏院仅订一个月的演出合同，因数十天的演出，上座很好，深受台北观众的欢迎，院方盛意再邀，合同一续再续。1949年春节，按规矩在台演出了《天官赐福》、《黄金满台》、《红鸾天喜》等吉祥戏。同年中秋之后，李桐春昆仲、李凤翔、刘玉麟等又加入剧团，演出生意不错。不久，永乐戏院刘经理因故无心照管戏院，顾正秋只好挺身而出接管，事实上成了老板。1949年6～7月间，

《汉明妃》饰王昭君

《汾河湾》饰柳迎春

中国广播公司将顾正秋的演唱实况，每晚由电台转播。后来又给她灌了《汉明妃》的昆曲部分和［二簧慢板］,《西施》的“水殿风来秋气紧”、“夜叹”的二簧,《朱痕记》“惊闻噩耗”的西皮,《凤还巢》的［导板］和［慢板］,《荀灌娘》的改装小生的唱,《白门楼》吕布的唱,《女起解》的［反调］,《玉堂春》的［流水］,《香妃》的［慢板］和《宝莲灯》的［慢板］等10个戏的唱片。1951年起，又先后排演了一些新戏，如《董小宛》、《香妃》、梅派《西施》、荀派《勘玉钏》、张派《银屏公主》等。1953年夏正式宣告结束舞台生活。1963年11月曾为台湾中国文化学院义演《白蛇传》、《玉堂春》、《四郎探母》，风姿不减当年。1973年起定居美国洛杉矶。1990年元月，顾正秋与张君秋在纽约林肯艺术中心同获美华艺术协会所授的终身艺术成就奖。

记录顾正秋舞台生活的书有两种：一是顾正秋口述、刘枋执笔的《顾正秋的舞台回顾》，15万字，宝文堂书店1987年出版；二是顾正秋提供资料、季季整理撰写的《休恋逝水——顾正秋回忆录》，25万字，上海文艺出版社1999年出版。 （韩希白）

Guazhonglanyin

《瓜种兰因》 京剧作品。又名《波兰亡国惨》。汪笑侬编剧。取材于波兰历史故事。17世纪，波兰历遭俄国、瑞典等强敌的侵略。1672年，土耳其入侵，波兰兵败，国王割地赔款乞和，由贵族组成的议会则拒予承认。剧情即以此为背景。1904年8月7日首演于上海春仙茶园。上海《新闻报》广告称：“《头本瓜种兰因》系外国故事。本园按战史排成，加以损益。凡应有者，无不采择，共成十六本。先排前部四本。顾曲之君，聆音之余，可以生爱国之心，知有国之福，可以明救国之难。世道人心，诚有益也。”同年8月14日、9月4日，相继演出了第二、第三本。据徐半梅《话剧创始期回忆录》：“汪笑侬借用洋装戏《波兰亡国惨》来痛骂清朝政府，当然得到观众们的热烈的鼓掌，但清朝官僚，勾结了租界洋人，竟把这出戏禁演了。”故未如预告演完。此剧由汪笑侬、何家声、夜来香、李连仲、沈韵秋等主演。了翁《汪笑侬传补遗》中写道：“汪饰贵族院院长，演说沉痛，观者动容。何家声扮汉奸，亦佳。”(《戏杂志·京剧》第7期，1923年4月)《瓜种兰因》第一本，同年刊载于《警钟日报》，复印单行小本计13场：庆典、祝寿、下旗、警变、挑衅、奉诏、遇险、卖国、通敌、廷哄、求和、见景、开场。晚清朝政腐败，外患频仍，1904年2月，日本和俄国竟在中国东北地区摆开了战场。《瓜种兰因》的创作、演出，灌注了汪笑侬忧国忧民的爱国深情。这种感情也流露在他《自题〈瓜种兰因〉新戏》绝句十首中：“国香散尽野兰芳，七月食瓜热血凉。请就前因谭后果，感情焉得不心伤！”“多少人才难救国，却因众志未成城。一家犹自分门户，无怪强邻界限争。”(载《大陆》第2卷第7、8期，1904年）这出洋装新戏意在借题发挥，促人警醒，发愤自强，用意非常清楚，也产生了应有的影响。三爱（陈独秀)《论戏曲》中写道：“听说现在上海丹桂、春仙两个茶园，都排了些时事新戏。春仙茶园有个出名戏子，名叫汪笑侬的，新排的《桃花扇》和《瓜种兰因》两本戏曲，看戏的人被他感动的不少。我很盼望内地各处的戏馆也排些开通民智的新戏唱起来，看戏的人都受他的感化，变成了有血性有知识的好人，方不愧为我所说的世界上第一大教育家哩！”(《安徽俗话报》第11期，1904年10月18日)。 （颜长珂）

Guan Dongtian

关栋天 （1956～ ） 演员。工生。原名关怀，2002年改今名。祖籍浙江杭州，生于湖北武汉。其父关正明、其母李蔷华都是京剧演员。自幼酷爱京剧，随父学艺，1978年考入武汉市京剧团。

1983年，在父亲的带领下到上海演出，连演了《打金砖》、《红鬃烈马》、《战太平》、《四郎探母》等几出传统戏，潇洒的台风和良好的表演素质颇得上海观众好评。1984年正式调入上海京剧院，并在上海举行的中青年演员会演中获得红花大奖，成为他艺术道路的一个新起点。在新编连台本戏《乾隆下江南》中塑造的乾隆形象，影响广泛。其后又在《潘月樵传奇》中饰演潘月樵，荣获1988年全国京剧新剧目会演优秀表演奖。1992年，关怀暂时离开京剧舞台，赴香港从商。1999年，以特邀签约主演的身份加盟《贞观盛事》剧组，成功塑造了唐太宗李世民的形象，把唐太宗在马球场上的英武潇洒、到国舅府赴宴时家人般的亲切随和、在金殿处理国事时的帝王威严、转入后宫面对已疯宫女的仁恻情怀，都表现得恰如其分，特别是对魏徵进谏的恼怒，以及此后的反悔自责等心理变化，表现得十分生动，相当深刻地揭示了人物丰富的内心世界。这一成功，使他获得第六届中国艺术节优秀表演奖、第三届中国京剧艺术节优秀表演奖和第九届中国戏剧节优秀表演奖。他成功塑造的另一个新

《廉吏于成龙》饰康亲王

《贞观盛事》饰李世民

（刘海发摄）

角色是《廉吏于成龙》中的康亲王，在第四届中国京剧艺术节上获优秀表演奖，并获文化部第十二届文华表演奖。他在不断演出新编剧目的同时，也不放弃传统剧目的演出，他把演传统戏看做艺术革新的基础。关怀擅演的京剧传统剧目有《武家坡》、《打金砖》、《空城计》、《文昭关》、《战太平》、《击鼓骂曹》、《乌盆记》、《华容道》等，曾与尚长荣合作整理恢复演出《赠绨袍》、《青梅煮酒论英雄》等。其音色宽亮醇厚，行腔自如飘逸，富于艺术感染力。 （赵徽娜）

Guan Liqing

关丽卿 （1907～1970） 京剧教师。曾为旦脚演员，艺名黑牡丹。满族。北京人。自幼爱好京剧，习旦行，后因嗓音变化，专心钻研程派演唱艺术，并收徒传艺，成绩显著。1935年应王泊生邀请，至山东省立剧院任教，传授《六月雪》、《宝莲灯》、《贺后骂殿》、《武家坡》、《二进宫》、《刺汤》、《朱砂痣》、《彩楼配》、《战蒲关》、《御碑亭》、《宇宙锋》等剧，是赵荣琛的启蒙老师。抗日战争爆发后，随同剧院南迁，经武汉入四川。1946年，剧院解散后，在四川、

贵州一带巡回演出、教戏。1949年底，在四川万县（今重庆万州区）参加中国人民解放军。1950年调至山东青岛海军基地政治部文工团前哨京剧团工作。1952年剧团建制撤销，大部分演职员并入青岛市京剧团，他转业返回北京。1954年受山东省京剧团聘请担任教师。后又调至新建立的山东省梆子剧团从事艺术辅导。1960年，山东省戏曲学校成立，调至京剧科任教，后任副校长，继续进行教学传艺，对推广和发展程派艺术作出一定贡献。（建中　鲁志）

Guan Liang jingju renwuhua

关良京剧人物画　关良（1900～1986），字良公，广东番禺人。1917年留学日本，在东京太平洋美术学校学习西洋画法，并接触西方现代派绘画。1923年回国，执教于上海东方艺术研究会、上海美术专门学校，开始学习中国画。1926年去广州教书，随即参加北伐战争，任国民革命军总政治部宣传科艺术股股长。1927年后继续在上海、昆明、成都、杭州等地从事美术教育及绘画创作。晚年任上海画院画师、浙江美术学院教授、上海美术家协会副主席等职。关良少年时代即与戏曲结缘，自11岁至17岁去日本之前，一直跟随其经商的父亲住在南京的两广会馆。馆内设戏台，经常有戏曲演出，这给他留下深刻印象。20世纪20年代在上海常去各大戏院观赏京剧，尤喜爱谭派老生罗筱宝，并从尧伯麟学唱京剧。1928年起，尝试以中国水墨画技法表现京剧人物。为加深对京剧的理解，1935年暑期，向富连成出身的周某学习整出《捉放曹》。1942年先后在成都、重庆举办戏曲人物画的个人画展，郭沫若在《中央日报》副刊上发表《关良艺术论》为之揄扬。1956年得到齐白石支持，在北京举办画展，展出京剧人物画数十幅，梅兰芳等亲临参观。1957年赴民主德国参加文化交流，并举行画展。其后莱比锡伊姆茵采尔出版公司为关良编选出版了一本京剧人物画册。该画册被列为《世界美术丛书》第692号，柏林艺术科学院李特克教授为画册作序。1981年去香港中文大学演讲，题为《我对于创作京剧人物画的一些体会》，并在香港富丽华大酒店举行由博雅艺术公司主办的关良画展。关良是在戏曲人物画上用力甚勤、收获极富的现代画家。1941年，郭沫若在关良的一幅画上题词：“旧剧脸谱及装束，本身已富有画意。良公取此以为画材，为国画别开一生面，甚觉新颖可喜。其笔意简劲，使气魄声容活现纸上，尤足惊异。”（《关良回忆录》第74页）关良水墨写意京剧人物画的基本特点，是以“钝、滞、涩、重”的笔法，达到稚拙、率真的艺术效果，富于童趣，“不失其赤子之心”。晚年还尝试用油画的工具、颜料，按照水墨画的画法，画出《钟馗图》、《贵妃醉酒》等作品，造型简洁，色彩明快，富有中国气派。其国内出版物有《荣宝斋画谱·关良写意人物画》(1994年出版)、《关良回忆录》(关良自述，陆关发整理，上海书画出版社1984年出版）等。（谢涌涛）

《贵妃醉酒》（关良画）

Guan Shengming

关盛明　(1913～1996)　京剧教师。曾为老生演员。北京人。满族。幼年入富连成社科班学戏，从师叶春善。因嗓音洪亮，扮相英俊，加之天资聪明，努力好学，深受老师的厚爱。曾因与裘盛戎合演《断密涧》一剧而崭露头角。后又和叶盛兰、裘盛戎、李盛藻等盛字辈师兄弟通力合作，以演三国戏而出名，有“活鲁肃”之称。出科后立志深造，经常求教于李适可、钱宝森，钻研余派唱腔，技艺大进。后因嗓音失润，在搭奚啸伯班社时就以教戏为主。抗日战争时期，在重庆厉家班担任老生主教，学生有厉慧良、厉慧兰。在上海戏剧学校任教时，学生有关正明、陈正岩、程正泰、周正荣等，尤其对关正明的培养更是身教言传。中华人民共和国成立后，在华东戏曲研究院戏曲实验学校、东北戏曲学校、中国戏曲学校、北京市戏曲学校等先后担任老生教师，培养出不少有成就的艺术人才，如杨韵清、冯志孝、李春城、叶蓬、李枢、尹培玺等。在中国戏曲学校曾挖掘、整理、排演《南天门》、《失印救火》、《取南郡》、《三顾茅庐》等剧目。（关静茹）

Guan Sushuang

关肃霜　(1928～1992)　女演员。工旦。曾名关素贞、戴鹔鹴、关鹔鹴，小名大毛。祖籍湖北荆州，生于湖北武汉。满族。父亲关永斋是武汉新市场大舞台的场面头、京剧鼓师。她自幼深受家庭

和环境的熏陶，初从父亲学唱《女起解》、《贺后骂殿》等戏。8岁起同赵燕侠、赵韵秋等一起练功，十分刻苦，长进极快。逢年过节，大舞台贴演《洛阳桥》(即《天下第一桥》)，她与赵燕侠都参加串演。10岁左右，首次登台主演了《捉放曹》的陈宫。12岁左右，与赵燕侠在《空城计》中扮演琴童，《宝莲灯》中扮演沉香、秋儿，还在业余剧社陪人唱过《贺后骂殿》，人们都夸她扮相好、嗓子好，是个有培养前途的好苗子。后拜新艳云为师，练功、学戏。15岁在汉口又拜在名旦戴绮霞、武生王韵武夫妇门下，随师娘的姓，取名戴鹔鹴。拜师学艺为期6年，边学边演，以花旦、武旦为主，兼学老生、小生、武生、花脸、老旦戏。16岁在汉口天声舞台第一次正式出台，演唱了《虹霓关》，前饰夫人，后演丫鬟，展现了演剧才能。此后随师出演于武汉、信阳一带，又陆续演唱了《楚汉相争》、《祭塔》、《玉堂春》、《大英杰烈》、《红娘》、《甘露寺》、《穆柯寨》等戏。1945年曾在田汉组建的前卫剧社参演《江汉渔歌》、《还我河山》等剧。1946年随师至上海搭班，在连台本戏《七剑十三侠》、《蜀山剑侠传》中饰演侠女，唱做翻打出众，引起观众的瞩目，名传沪上。1948年随师到长沙演出，是年满师，恢复姓关，用名关鹔鹴。出师后，与高百岁合作演唱，1949年应

《铁弓缘》饰陈秀英

《伯牙摔琴》饰俞伯牙

邀到昆明出演，自此定居昆明，先后在西南大戏院、云南大戏院、昆明京剧团和云南省京剧院任主要演员。1958年后历任昆明京剧团团长，云南省京剧院副院长、院长等职。1959年10月在北京拜梅兰芳为师。

关肃霜表演技艺全面，功底深厚，允文允武，唱念做打各功俱佳，旦行中青衣、花旦、刀马旦、武旦兼能。几十年来，在认真继承传统的基础上，借鉴兄弟艺术，勇于革新，多有创造，建树颇丰。她成功地塑造了白素贞、穆桂英、陈秀英、杨排风、高夫人、青儿等中国古代性格各异的妇女形象和黛诺、椰枝、叶娘等景颇族、哈尼族、佤族等少数民族的现代妇女形象，展现了她出众的艺术才能和稳健、明快、爽利、洒脱的表演风格。所演诸剧中都有独自特色，如《战洪州》中穆桂英的“靠旗打出手”，《铁弓缘》“待嫁”一场中陈秀英的“叠披”表演，《盗仙草》与《盗库银》中白蛇与青蛇不同的打出手和《黛诺》中糅进了景颇族民歌音乐的“山风吹来一阵阵”的[南梆子]唱段等，无不令人赞赏叫绝。

传统戏，她文能《宇宙锋》、《玉堂春》，武能《泗州城》、《扈家庄》，花旦能《花田错》、《辛安驿》，闺门旦能《人面桃花》、《吕布与貂蝉》；现代戏还演过《白毛女》、《红嫂》、《党的女儿》。并兼通其他行当，能武生戏《丧巴邱》、《连环套》、《铁公鸡》，小生戏《吕布与貂蝉》、《白门楼》、《四郎探母》(杨宗保)，老生戏《辕门斩子》、《马鞍山》，老旦戏《钓金龟》、《四郎探母》(佘太君)等，表明了她驾驭戏曲表现手段之广博熟谙。她从汉剧、楚剧、杂技、鼓书、话剧、电影的表演中也汲取艺术营养，加以借鉴。作家冯牧著文评述说：“关肃霜是京剧表演艺术之一个坚持不渝的、永远不知疲倦的追求者和钻研者。”(《关肃霜表演艺术散论》第81页)她主演的《铁弓缘》拍成彩色戏曲故事片，荣获第三届电影百花奖最佳戏曲片奖。生前曾任中国戏剧家协会副主席、云南省文联副主席等职。弟子有邢美珠、侯丹梅、李佩红、李萍、乔丽、范英、李晓玉等。郭锦华、许嘉宝、李静文等曾从其问艺。

《多沙阿波》饰椰枝

（钮骠）

Guan Sushuang Biaoyan Yishu Sanlun

《关肃霜表演艺术散论》 京剧文集。云南省戏剧创作研究室编，云南人民出版社1982年10月出版。该书收入中华人民共和国成立以来发表在全国各地报刊上有关关肃霜表演艺术生活的文章共32篇，其中关肃霜自己撰写的14篇。有的回忆她从小刻苦学艺的情景，如《练功和学艺》；有的介绍她的代表剧目的创作过程和演出情况，如《我怎样演黛诺》、《关于黛诺的唱腔创作》、《关于〈战洪州〉的改编及演出》、《写在电影〈铁弓缘〉上映之前》等；有的是她对戏曲改革以及深入生活、巡回演出的心得体会，如《京剧必须推陈出新》、《努力演好现代戏》、《西北巡回演出记》等；在《周总理教我演戏》中，记述了周恩来总理对她的亲切关怀，热情鼓励和谆谆教导；《访问西欧五国散记》写了她出国演出的盛况。本书还收录了文艺界、戏剧界、新闻界人士对关肃霜舞台艺术的评论文章共18篇，文艺评论家冯牧在《看关肃霜演出有感》中赞誉关肃霜是一个“‘多面手’的优秀演员”，要人们学习“她那种时时刻刻都在坚韧不拔地勤学苦练的精神”。并且说在《战洪州》、《白蛇传》这些技术难度很高的戏中，“她能够和敢于突破前人窠臼，通过尽可能丰富和独具特色的艺术表演，在舞台上再现了使人耳目一新的人物形象：白素贞的深情、善良和刚强，穆桂英的端庄、英武和豪爽，都被赋予了如此优美而崭新的艺术形式，而成为令人永志难忘的艺术形象”。在《铁弓缘》中“善于通过变化急剧的情节、运用京剧中不同的艺术手段（包括不同的行当和手法）来刻画人物性格和心灵的本领，都给观众带来深刻的印象”。书中有1961年9月郭沫若题诗手迹：“梅花谢后又逢君，声艺果然可轶群。舞态轩昂回落照，歌喉嘹亮遏行云。身披铁锁温侯活，水涌金山白氏真。努力加餐多自重，为民为国为传神。”并附关肃霜演出《多沙阿波》后，周恩来总理上台祝贺以及她的化装、生活、出国、下乡、练功等照片29幅。该书既总结和反映了关肃霜的艺术成就和表演经验，又为进一步研究关肃霜提供了资料。

（傅淑芸）

Guan Yanong

关雅浓 (1933～) 作曲家。生于江苏南京。满族。自幼酷爱音乐，早年曾参加过北平广东音乐社。1946年考入北平国学社国乐传习所。得到管平湖、王君僅、刘吉典、周希文的教益，在民族音乐方面打下了坚实的基础。1947年入四维儿童戏剧学校，在马竹青、何启佑、阎宝泉指导下学习京剧音乐。后转入中国戏曲学校音乐科，在校学习与任教期间，参加了《牛郎织女》、《党的女儿》等戏的音乐创作。1956年去天津音乐学院学习。1959年调任中国京剧院四团乐队队长，先后参加了《红色娘子军》、《彩虹》、《山村花正红》等京剧现代戏的唱腔音乐创作。1976年后，其创作更加成熟，曾在不少新剧目如《蝶恋花》、《李清照》、《八一风暴》、《于无声处》、《对花枪》以及戏曲广播剧《杨

柳青青》等剧中创出了各具特色的优秀唱段及配乐。1983年调任中国戏曲学院音乐系主任，又为《赵王与无容》、《晨钟惊梦》、《契丹英后》等历史故事剧创作了全剧的音乐。他从艺以来，参与创作的剧目（包括唱腔创作、音乐设计、配器）约有80余出。其代表作有《蝶恋花》、《李清照》、《对花枪》等，多次获得全国及省市大奖。

关雅浓勤奋好学，博览群艺，不但谙熟京剧音乐，对地方戏曲剧种音乐、民间音乐及现代音乐也有一定素养。由于他在京剧作曲技法上的不懈追求，对京剧发展规律不断探索，故而他的创作思维方式相当开放。为了适应时代的需求，适应广大群众审美情趣的发展变化，他的作品清新别致，旋律优美、流畅，感情也很丰富。他善于运用多样节奏和多种板式、调性的变化手法，常将某种曲调因素插入或融化在京剧唱腔及音乐之中，用以刻画形象、深化意境。其大型唱段结构严谨、层次分明，富有激情，有很强的感染力，如《蝶恋花》中的“古道别”、“情难舍”、“向朝阳”等唱段及《李清照》中的“声声慢”、《对花枪》中的百句［反二簧］唱段，已成为脍炙人口的佳作。

（王健）

Guanyu Xiqu Gaige Gongzuo de Zhishi

《关于戏曲改革工作的指示》 中华人民共和国成立后向全国发布的第一个关于戏曲改革的政府文件。根据全国戏曲工作会议《关于戏曲改革工作向文化部的建议》，经政务院制定，并于1951年5月5日由周恩来总理签署颁布。简称“五五指示”。文件规定：“戏曲应以发扬人民新的爱国主义精神，鼓舞人民在革命斗争与生产劳动中的英雄主义为首要任务。凡宣传反抗侵略、反抗压迫、爱祖国、爱自由、爱劳动、表扬人民正义及其善良性格的戏曲应予以鼓励和推广；反之，凡鼓吹封建奴隶道德、鼓吹野蛮恐怖或猥亵淫毒行为、丑化与侮辱劳动人民的戏曲应加以反对。各地文教机关必须根据上述标准对上演剧目负责进行审查，不应放任自流，而应采取积极改革的方针。”这个文件明确了任务与审查剧目的标准。文件要求各地文教机关“对人民有重要毒害的戏曲必须禁演，应由中央文化部统一处理，各地不得擅自禁演”。指出“目前戏曲改革工作应以主要力量审定流行最广的旧有剧目，对其中的不良内容和不良表演方法进行必要的和适当的修改”。提出“中国戏曲种类极丰富，应普遍地加以采用、改造与发展，鼓励各地戏曲形式的自由竞赛，促成戏曲艺术的‘百花齐放’”；“今后各地戏曲改进工作应以对当地群众影响最大的剧种为主要改革与发展对象”；明确“戏曲艺人在娱乐与教育人民的事业上负有重大责任，应在政治、文化及业务上加强学习，提高自己”，对“旧戏班社中的某些不合理制度，如旧徒弟制、养女制、‘经励科’制度等，严重的侵害人权与艺人福利，应有步骤的加以改革，这种改革必须依靠艺人群众的自觉自愿”。这些指示，是“百花齐放，推陈出新”方针的具体体现，得到广大戏曲工作者和广大艺人的衷心拥护，在各地得到贯彻执行。当时，被人们习惯上称作“改戏、改人、改制”，又简称为“三改”。

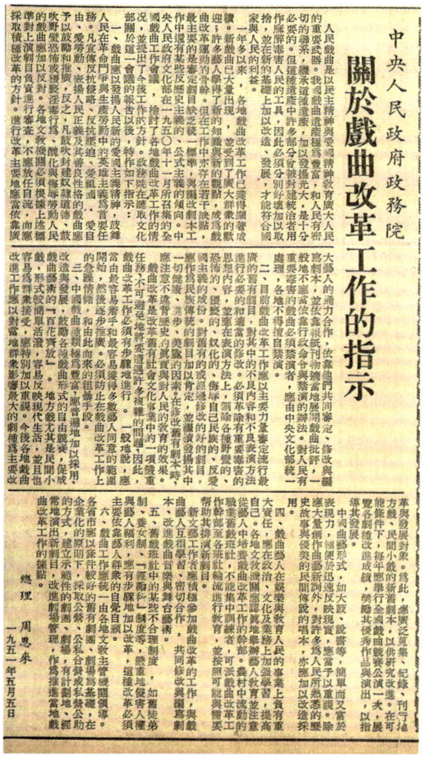
中央人民政府政務院

關於戲曲改革工作的指示

……

總理 周恩來

一九五一年五月五日

载1951年5月7日《人民日报》

（余从）

Guanyu Zhubu Huifu Shangyan Youxiu Chuantong Jumu de Qingshi Baogao

《关于逐步恢复上演优秀传统剧目的请示报告》 1977年，文化部开始为迅速改变因“四人帮”推行极左文艺路线所造成的文艺作品匮乏的情况，为进一步扩大上演节目，丰富群众的文艺生活，邀请北京京剧界、戏曲界的领导、艺术家、评论家，就恢复上演优秀传统剧目问题进行了多次座谈讨论，并根据一些省、直辖市、自治区反映的情况和观众的意见，于1978年5月1日由文化部党组向中央提出了《关于逐步恢复上演优秀传统剧目的请示报告》。5月24日，中共中央宣传部转发了这个请示报告。在请示报告的一个附件中列举了京剧备选参考剧目：《三打祝家庄》(修改本)、《定军山》、《猎虎记》、《连营寨》、《武松打虎》、《芦花荡》、《打渔杀家》、《胭粉计》、《林冲夜奔》、《除三害》、《群英会》、《将相和》、《失街亭、空城计、斩马谡》、《追韩信》、《长坂坡》、《破洪州》、《三岔口》、《赠绨袍》、《杨排风》、《秦香莲》、《八大锤》、《秋江》、《穆桂英挂帅》、《盗仙草》、《罢宴》、《虹桥赠珠》、《挑华车》、《小放牛》、《战金山》、《战太平》、《雁荡山》、《宝莲灯》、《文姬归汉》、《赤桑镇》、《英台抗婚》、《罗成叫关》、《九江口》、《金山寺、断桥》、《望江亭》、《闹龙宫》、《四进士》等，共计41出。中宣部文件下达后，推动了各地恢复上演优秀传统剧目的工作。

（黄菊盛）

Guan Yu Xiji

《关羽戏集》 京剧作品集。根据京剧演员王鸿寿和李洪春演出本，由李洪春、董维贤、长白雁整理编辑。上海文艺出版社1962年11月出版。收入剧本27个。红生戏（红净戏）在京剧剧目中极具特色，为历代观众所喜爱，也是许多演员的拿手好戏。作品集所收王鸿寿演出剧目，由其门生李洪春传承下来。其中除《白马坡》、《古城会》、《战长沙》与各地演出基本相同外，其余剧目都较珍贵、少见。如《斩熊虎》、《造刀投军》、《阅军教刀》、《收周仓》、《收关平》等，久已绝响舞台，几近失传。《关羽戏集》主要是王鸿寿在传统三国戏基础上，又借助小说《三国志演义》和民间传说加以改编创作的。经他和李洪春等数十年的舞台实践，不断丰富加工，成为比较完整的系列。剧本按关羽生平的先后编排，可以单折演出，也可以连演几折或全部演出。

徽剧《水淹七军》
章其祥饰关羽（左） 谷化民饰周仓

在整理编辑过程中，力求去芜存菁，并维持其原貌。书前附有王鸿寿《过五关》、夏月润《古城会》、瑞德宝《战长沙》、林树森《水淹七军》、李吉来《华容道》、周信芳《单刀会》、李洪春《阅军教刀》、《古城会》、《收关平》、《水淹七军》等剧照，以及杨小楼、刘奎官饰演关羽的照片和湘剧演员周圣希《水淹七军》、徽剧演员章其祥《水淹七军》的剧照。另有京剧红生北派、南派、河南派、关东派四派的关羽脸谱。后附长白雁、董维贤《关羽戏和关羽的艺术形象》一文。

（李红石）

Guan Zhengming

关正明（1926～2009） 演员。工老生。原名宝永，又名应立。浙江杭州人。满族。1940年考入上海戏剧学校，排名正明。从师关盛明，学艺10个月后，登台演唱《二进宫》。1941年与顾正秋参加影片《古中国之歌》(即《薛平贵与王宝钏》) 的摄制。毕业后，复从师李文骙学习余派，兼及谭派剧目。1947年后，与李玉茹、黄桂秋、杜近芳、赵燕侠、刘美君等人合作演出于上海、南京、南昌、天津、西安、郑州等地。中华人民共和国成立初期，与上海戏剧学校正字科同学陈正岩、程正泰、王正堃、张正芳、黄正勤、孙正阳、张正娟等共同组建红旗青年京剧团，任团长。1951年又与李慧芳合作组建常州红星京剧团。稍后，与李蔷华组建剧团并共同领衔主演。1954年加入武汉市京剧团，同年拜马连良为师。此后，长期与高百岁、高盛麟、陈鹤峰、高维廉、杨菊蘋、李蔷华、陈瑶华、王婉华等人合作演出。

他嗓音宽亮，表演稳健大方，在演唱方面，讲究音韵，注重四声，在以余派唱腔为骨干的基础上，兼取杨派、马派、言派等名家的唱腔技巧，不断融合，加工锤炼，大胆创新，致其唱字正腔圆，细腻委婉，声情并茂、韵味浓厚，逐步形成了独特艺术风格。擅长剧目有《失街亭、空城计、斩马谡》、《二进宫》、《四郎探母》、《文昭关》、《碰碑》、《举鼎观画》、《二堂舍子》、《乌盆记》、《战太平》、《红鬃烈马》、《桑园会》等。其中《二堂舍子》已拍成戏曲艺术片，《举鼎观画》灌制成唱片。参加武汉市京剧团后，积极参加创作整理排演新编古代剧如《杨继盛》、《两狼山》、《宋江题诗》、《哭祖庙》、《二子乘舟》、《关汉卿》、《三关排宴》、《金山战鼓》等及现代戏《柯山红日》、《赠马》、焦裕禄》等。其中尤以《宋江题诗》为观众所欢迎。《杨继盛》和《柯山红日》部分唱腔已灌成唱片。曾获湖北省第一届戏曲观摩会演表演一等奖。曾任湖北省戏剧家协会副主席。

（周笑先）

Guanjudaoren

观剧道人（1786～？ ） 京剧作家。又署**情园主人**。姓名、生平不详。作有《**极乐世界**》，是迄今发现保存完好的最早的京剧剧本，完稿于清道光二十年（1840）九月十六日，时年54岁，刊刻于光绪七年（1881）。全剧8卷82出，情节取自《聊斋志异》中《夜叉国》、《罗刹海市》、《织成》等篇，描写马骏乘舟出海经商的传奇故事。马骏先与海神女儿柳星星定亲，继至罗刹国，与栖凤山女酋龙凤及罗刹国公主龙珠成婚，历尽波折，建功立业，后炼丹修道，终成正果，登极乐世界。剧中反映出作者富贵神仙的人生理想。全剧线索清晰，情节曲折，不乏生动机巧之处，尤其是人物心理刻画入微。唱词全用十字句，多用京音，“以悦京师之耳”。作者在自序中写道：“二簧陋矣，而吾谓非二簧之陋，作者之陋也。”他认为刚刚风靡京城的京剧文学性不够，号召“锦绣才子”介入剧本创作，“以掩梨园所演之陋”。自己身体力行，创作了这部作品，但结构上受传奇剧本体制的影响，篇幅太长，头绪较多，文辞“雅驯”，当时未曾上演。清末，李钟豫将此剧改编为《**龙马姻缘**》，由王瑶卿主演。此后，福寿班和同春班也曾演出过。再由罗瘿公改编，1922年10月程砚秋在上海演出，颇受欢迎。

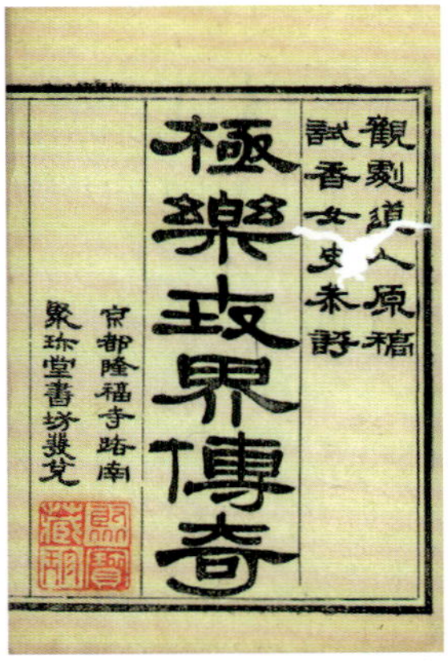

清光绪七年（1881）聚珍堂刻本

（秦华生）

guanyi

官衣 京剧舞台上一般文官通用的官服。圆领大襟，宽身阔袖（带水袖），两侧胯下开衩，腋下有插摆，衣长及足，通身无花绣，惟前胸后背缀有一块方形补子。装扮时腰间悬挂玉带。此衣仿自明代职官公服，明代杂剧中已有，《脉望馆抄校本古今杂剧·穿关》称**补子圆领**，是高级与中级文官的通用戏衣，等级区别在冠帽，低级文官穿无补子的圆领。到了昆曲中，高级文官穿蟒袍，中低级文官穿官衣，杂职小官穿无补子的黑色官衣。京剧沿袭昆曲规制。

明代官衣以色彩、补子纹样等来区别等级。《明史·舆服志》载：“一品至四品，绯袍，五品至七品，青袍，八品九品，绿袍。”补子纹样有文武之别，文官补子以仙鹤、锦鸡、孔雀、云雁等标志品级。戏台上的补服，因观众看不清补子纹饰，已失去了考究的必要，其大体的等级区分主要靠色彩。官衣色彩有红、紫、蓝、黑、月白等。女官衣有红色和香色。用途较广，职位较高的是红官衣。如《清官册》寇准由霞谷县令擢升西台御史，即由蓝官衣改穿红官衣。《打严嵩》邹应龙由外帘御史加封为内帘御史，亦由蓝官衣改穿红官衣。新科状元并非职官，剧中亦穿红官衣。紫官衣用得较少，《盗宗卷》张苍、《群英会》鲁肃穿之，其官阶并不低。齐如山《行头盔头》指出：“明朝最重纱帽圆领大红袍，故仍将紫官衣列于红官衣之次。”蓝官衣多用于知县，如《捉放曹》中牟县令陈宫、《法门寺》郿邬县令赵廉。黑官衣是官衣中最低等级，《战宛城》张绣穿此，有降将待罪之意。门官、驿丞亦有穿黑官衣者，或穿无补子的黑官衣。月白官衣为《进蛮诗》李白所穿，亦

蓝官衣

改良紫官衣
（鲁青摄）

名学士衣，这是昆曲旧例，京剧用得较少。女官衣略短，丑脚穿红色女官衣以增加调弄或讽刺意味。香色官衣为老旦所穿，如佘太君，“近则不穿蟒即穿帔，故此服亦不恒见矣”（齐如山《行头盔头》）。近世有改良官衣，改方补为圆补，或在领口、袖口、下摆略加纹饰。（谭元杰）

Guan Gongheng

管公衡（1916～1967） 作曲家。江苏武进人。自幼酷爱戏曲。1936年毕业于武昌艺术学校，抗日战争期间奔赴重庆，从事救亡歌咏、戏剧活动，并在业余京剧票房教戏多年。抗日战争胜利后返回武汉，任《新快报》戏剧编辑等职。中华人民共和国成立后，1951年参加中南京剧工作团从事作曲，后随团转至武汉市京剧团。系中华人民共和国成立后湖北京剧界第一代专职音乐创作人员。武汉市京剧团排演的新戏，如《屈原》、《十五贯》、《戚继光斩子》、《文天祥》、《郑成功》、《蔡文姬》、《关汉卿》、《崖山烈》以及现代戏《豹子湾战斗》、《接龙桥》、《党的女儿》等，均由他担任唱腔、音乐设计，在“古为今用”、“洋为中用”的思想指导下，既认真继承传统，又大胆突破传统程式，创作了许多新颖别致的唱腔。如在《崖山烈》中，他将［十三咳］的曲调因素糅进［西皮二六］中；在《关汉卿》中，将昆曲曲调融进［蝶双飞］的唱腔之中；在《豹子湾战斗》等现代剧目中，唱腔音乐创作也有不少新意。管公衡艺术修养深厚，热心剧团艺术建设。在演员、乐队的识谱能力、演唱技巧、音乐伴奏等方面都给予了热情的帮助。（周笑先）

guanhouchangzhuoren

管后场桌人 演出中后台砌末管理者的旧称。或称后场桌人。其职务是：演出前在后台靠近上场门处设置后场桌，根据剧情需要，按使用先后顺序摆放小型砌末，如腰刀、宝剑、牙笏、扇子、马鞭、令箭、印盒、酒具、茶具、烛台、文房四宝等，便于演出时演员及检场人就近取用；必要时，还需主动帮助演员拿递这些物品，或赶到下场门从演员手中收回某些物品，重新放回后场桌，以保证演出顺利进行。管后场桌人这一称谓现已很少使用，改称道具管理，其所司职务基本未变。（谭元杰）

Guan Shaohua

管绍华（1901～1981） 演员。工老生。满族，姓瓜尔佳氏，谱名关广耀，改为管家骏。字少华，后习用绍华。北京人。青年时为药剂师，酷爱京剧，嗓音天赋出众，经老艺人陈少五、王福山开蒙，参加公余雅集社等票房演出活动，曾与奚啸伯、邢君明、陶畏初并列为北京四大老生名票。1933年转为职业演员，初在杨小楼、筱翠花班中任二牌老生，后经王瑶卿点拨，与王玉蓉合作演出《四郎探母》等剧，声名鹊起。唱法基本宗谭，多年向言菊朋的琴师张紫宸问艺，并经李洪春、李喜龙教授身段、做工及靠把戏。常演剧目有：《四郎探母》、《红鬃烈马》、《大保国、探皇陵、二进宫》、《失街亭、空城计、斩马谡》、《捉放曹》、《南阳关》等。灌制唱片甚多。他的嗓音高、宽、脆、亮皆备，唱法在规矩、严谨的同时，善于发挥自身清亮峭拔、履险如夷的天赋优势，行腔明快清新，流畅自如，给人以行云流水般的愉悦感。喜用京音，吐字清晰，注重体现人物的情绪激荡，高潮处唱得酣畅淋漓、声情并茂。曾先后与程砚秋、荀慧生、黄桂秋、华慧麟、章遏云、言慧珠、毛世来、赵燕侠、新艳秋、吴素秋等合作。1949年参加中国人民解放军第四野战军南下平剧团，与南铁生、郭玉昆、董俊峰等合作演出于武汉，后又在北京和东北部分省市出演。“文化大革命”前息影舞台。1981年病故于北京。（刘连群）

guanxiangren

管箱人 戏箱管理者的统称。称箱倌。又称箱工。戏箱有大衣箱、二衣箱、三衣箱（靴包箱）、盔头箱、旗把箱之分，各箱口都有专人管理。从清末戏班花名册上可知，旧时戏班的管箱人少者四五名多者十余名不等。他们都经过拜师学艺，掌握一技之长，方能胜任工作。各箱口管理人之间有分工也有协作。为首者称箱头，也称领箱人，对箱主与班主负责，招用管箱人员，领取、发放箱份（管箱人的包银）。箱头多由箱倌中最有经验者担任，临场演出，“倘有管箱人一时不明了者，则归箱头代找”，“偶排一出新戏，各脚应该怎样穿戴，也要问他……如此穿戴出去，则行家不会挑眼”（齐如山《戏班》、《国剧艺术汇考》）。

箱倌的职能和技艺主要有三方面：①妥善管理。如大衣箱的管理技术要求很高，入箱、出箱都有讲究，折叠方法分软叠、硬叠、大叠、小叠、正叠、翻叠，以适应不同的行头；折叠得法，使用时稍加烫熨，即可保持平整美观。入箱时，戏衣摆放严格有序，遇到临时急用，即使翻叠的行头也能迅速准确地取出。出箱时按照戏码所需，分类摆放，务使取用方便。各管箱人平日对所管理物件注意保养。护领、水袖经常洗涤更换，用大白粉刷新靴底，保持“三白”，为舞台形象增加美感。箱倌一般粗通修缮技术，有的还兼擅盔头、砌末的制作。②规范运用。箱倌协助演员装扮角色，戴何种冠帽，穿何种戏衣、戏鞋，执何种器物，无明文规定，却有严谨的规范要求。谙熟传统剧目的装扮规制，是箱倌规范运用其管理之物的前提，这是他们自幼随师学艺，并在后台工作实践中不断充实、巩固的基本业务知识。优秀的管理人，还从熟悉剧目、剧情、行当、角色性格、演员表演中，明了装扮规制的内在依据，既能维护规范的稳定性，又能从剧情需要和箱中物件的实际状况出发，斟酌变通，以至帮助演员创造新的扮相。③熟练操作。衣箱、盔箱的管理人，不仅向演员提供所需之物，许多场合，还要直接帮助演员穿戴，要经过管箱人的装扮技术加工，才能体现出造型美来，如扎靠、绊胸、拾箭衣、袭蟒、打腰包等。其中扎靠难度尤大。扎靠讲究四根靠旗匀、平、挺、紧。匀是靠旗的高度、宽度要根据具体演员的身量体型而定，做到比例适当；平

正在忙碌的盔箱师傅（选自《中国京剧衣箱》）

是靠旗不偏左倚右，呈平衡的扇面形；挺是靠旗不前伏后仰，要挺拔，有放射感；紧是牢固，既适应激烈武打，靠旗不倒不乱，又使演员紧而不迫、不喘，唱念自如。靠归二衣箱，扎靠需要技术也需要气力，故二衣箱倌多年轻力壮者。盔头箱倌帮演员勒头、勒盔，也是重要技术。有经验者能做到稳、准、快。稳是确保不掭头；准是适合演员头型，松紧适度；快是手法敏捷，能赶时间，遇群戏或赶场，不至于慌迫。（谭元杰）

Guan Dayuan

贯大元　（1897～1969）　演员。工老生。字昱明。直隶顺义（今属北京）人。武旦贯紫林长子。幼从贾丽川、姚增禄学老生，后与梅兰芳、周信芳等同在喜连成科班借台演戏，继续学艺，故幼工

扎实，戏路甚宽。成年后与票界人士交往，向范濂泉、恩禹之等谭派名票求教；又经王瑶卿、贾洪林指点，且常与余叔岩切磋艺事，遂得谭派艺术之薪传。46岁以前，先后与杨小楼、梅兰芳、尚小云、程砚秋、荀慧生、徐碧云、金少山等合作，并与黄桂秋、郑冰如等组班演出。后因严重失音被迫辍演，乃专心以课徒授艺为业。中华人民共和国成立后，于20世纪50年代初任教于戏曲改进局戏曲实验学校，全身心投入教学，成为该校生行教学的奠基人之一，对造就青年一代演员作出显著贡献。

贯大元虽艺宗谭派，但从贾丽川受业，继承了不少传统老戏。在《上天台》、《困曹府》中保存了若干王九龄一派的唱腔，在以汪派唱法为主的《让成都》、《朱砂痣》中则糅入谭派声腔和风格。《甘露寺》(乔玄)、《连营寨》、《哭刘表》诸戏皆得自贾洪林亲传，而《别母乱箭》、《铁莲花》等剧又为余叔岩所亲授。自少年时代即演出于京津之间，声誉鹊起。1919年，曾随梅兰芳赴日本公演，演出《空城计》、《文昭关》、《御碑亭》等戏，甚博好评。其唱功质朴醇正，间用京音；身段峭劲边式，举手投足，悉有准谱。当时剧评家评论贯大元的表演是“许荫棠之堂皇，李鑫甫之功力，贾洪林之做派，兼而有之”。“许之堂皇”指能唱王帽戏，如《上天台》、《骂殿》、《打金枝》、《金水桥》等，多为一般谭派老生所不敢轻动者；“李之功力”，指他擅演靠把老生戏，如《战长沙》、《定军山》之黄忠，《战太平》之花云，《南阳关》之伍云召等；至于“贾之做派”，则因他念白、身段都极讲究，如《乌龙院》、《盗宗卷》、《审头》、《铁莲花》等，亦当行出色。故“兼而有之”之说，实非过誉。

贯大元能戏甚多，经常上演的剧目，除上述诸戏外，尚有《打渔杀家》、《黄金台》、《雪杯圆》、《桑园寄子》、《碰碑》、《击鼓骂曹》、《阳平关》(曾与杨小楼、俞振庭合演)、《举鼎观画》、《桑园会》、《翠屏山》、《汾河湾》、《捉放曹》、《游龙戏凤》、《芦花河》、《辕门斩子》、《法门寺》、《黄鹤楼》(曾与杨小楼合演)、《问樵闹府、打棍出箱》、《珠帘寨》、《失街亭、空城计、斩马谡》、《搜孤救孤》、《八大锤》(曾与杨小楼合演)、《断密涧》(曾与金少山合演)、《状元谱》、《清风亭》、《二堂舍子》、《天水关》、《金沙滩》、《探母回令》、《洪羊洞》、《武家坡》、《卖马》、《乌盆记》、《二进宫》、《万里缘》(曾与王瑶卿合演)、《虮蜡庙》(曾与杨小楼合演) 等。此外，在新排本戏中，参加过杨小楼的《大闹花灯》、程砚秋的《文姬归汉》、荀慧生的《鱼藻宫》、徐碧云的《绿珠》和《褒姒》(演《焚烟墩》一折中的申侯) 等剧的演出。贯大元有武功根底，有些独到的表演久为内外行所称道。如《战长沙》黄忠扎靠提刀走反抢背，《打渔杀家》受刑后出场走

《游龙戏凤》饰正德帝（右） 雪艳琴饰李凤姐（王家熙提供）

《芦花河》饰薛丁山

反抢背，《王佐断臂》的“断臂滚背”，《焚绵山》的桌上摔吊毛等，皆堪称绝活。

二弟贯盛吉工丑，三弟贯盛习工老生。子贯涌（1935～　），1956年毕业于中国戏曲学校。长期从事戏曲教学和研究工作，曾任中国戏曲学院教务处主任、附中校长、戏曲文学系主任、副院长。著有《戏曲剧作法教程》等。（吴小如）

Guan Shengji

贯盛吉　（1912～1955）　演员。工丑。字昱昉。曾名盛籍，后改盛吉。直隶顺义（今属北京）人。出身京剧世家，武旦贯紫林之次子。兄大元、弟盛习均为老生演员。他11岁入北京富连成社科班学艺，初从王喜秀学老生，萧长华让他改习文丑，得萧、郭（春山）二师所授各工丑脚戏百余出，尤以婆子、彩旦戏最为出色。如《变羊计》的贾妈、《蝴球山》的窦氏、《梅玉配》的黄婆、《四进士》的万氏、《送亲演礼》的陈氏、《铁弓缘》的陈母、《浣花溪》的鱼氏、《能仁寺》的赛西施、《拾玉镯》的刘媒婆等。亦常饰演《群英会》的蒋干、《审头刺汤》的汤勤、《法门寺》的贾桂、《女起解》的崇公道、《珠帘寨》的老军、《琼林宴》的樵夫等。出科后，曾搭荀慧生、程砚秋、筱翠花、金少山、孟小冬、杨宝森、谭富英、徐东明、童芷苓、言慧珠、叶盛兰、王玉蓉、吴素秋、黄玉华等各班奏艺。戏路宽广，除常为老生、小生配戏外，尤擅与旦脚合作演出。

他幽默诙谐的表演，以冷隽、含蓄、深沉、淡雅出之，呈“冷

《英台抗婚》饰媒婆

面滑稽”的特色。作家汪曾祺称他为“滑稽之雄”，说他的念白：“每一句话都是高起低收，好像一个孩子在被逼着去做他不情愿做的事情时的嘟囔”，他“绷着脸逗”，并不存心逗人乐，“哏”是淡淡的。“他的笑料，在使人哄然一笑之后，还能想想，还能回味。”(汪曾祺《艺坛逸事》) 他在台上善于抓哏打诨，每每出人意料地突然脱口而出，令人捧腹，具有李笠翁所说的“我本无心说笑话，谁知笑话逼人来”的情致。他表演中的面部表情、身段动作，总是那样沉稳不躁，不温不火，在展现人物的内心世界上见功力。如他演

《孔雀东南飞》的焦母，不像一般演法那样怒容满面、凶狠毕露，而是面目阴沉，略带愠色，出语阴阳怪气，冷气袭人，步法缓慢，神色矜持，有处处令人难以捉摸、无所适从的感觉，深入地刻画出了焦母那种带有几分嫉妒，心理十分复杂而又难以言表的情态。他继承了前辈丑行演员在舞台上利用插科打诨随戏寓讽的传统，常在演剧中借角色之口对流俗时弊予以冷嘲热讽。20世纪30～40年代，东北沦陷期间，一次他随班演戏，在《法门寺》中饰贾桂，问赵廉："你认字不认字啊？"赵廉答："我乃二甲进士出身，焉有不识字之理。"他加白说："不是呀，我当你念惯了日语，把汉字忘光了哪！"因而触怒了当局，遭到抓捕。经过一番周折，才被释放。这件事，表现出他鄙夷汉奸走狗的爱国情怀。 （钮骠）

Guan Shengxi

贯盛习 （1914～1991） 演员，工老生。字昱旭，直隶顺义（今属北京）人。出身京剧世家，父贯紫林为武旦伶工，长兄贯大元是老生演员，次兄贯盛吉为丑行演员。10岁入富连成社科班，初学老旦，后改文武老生，得萧长华、叶春善、蔡荣桂等名师授艺。11岁登台演出，12岁演主角。在《群英会》饰诸葛亮，《伐东吴》中饰黄忠，颇受赞誉。出科后，得钱宝森、王凤卿指教，尊崇余（叔岩）派艺术，苦心钻研，技艺大进。先后与金少山、程砚秋、尚小云、李世芳、张君秋、李盛藻等在京、津、沪、杭、宁、鲁、冀等地同台演出，显露出艺术才能。他的嗓音宽亮圆润，基本功扎实，在宗谭、余的基础上，借鉴马派潇洒飘逸、麒派稳健浑厚的表演，注意人物的刻画，形成自己的风格。中华人民共和国成立后，加入河北省京剧团任演员、副团长。经常演出的传统剧目有《断密涧》、《红鬃烈马》、《四郎探母》、《失街亭、空城计、斩马谡》、《定军山》、《战太平》、《战长沙》等。并能演《连环套·拜山》之黄天霸及红生戏。他还参加排演了新编古代剧《洪宣娇》，现代戏《战洪图》、《红旗谱》等。晚年致力于京剧表演艺术革新发展的研究及教学工作。 （金力）

《战太平》饰花云

Guangdelou

广德楼 清代戏园。址在北京前门外大栅栏西口内路北。始建于清乾隆、嘉庆时，系合股经营。地产属陈姓，房东钟志谨。钟为绥远将军贴谷之子，后因事被刑部拿问，将房产押抵，又以一万八千两银卖给私人作坊果香蒌，武生演员俞菊笙曾入股为股东之一。戏台坐东朝西，台高约1米，台口宽6米，高5米，进深6米，有天花板。上下场门分设"出将"、"入相"匾额。京剧形成时期，徽班多在此演出。清杨静亭《都门纪略》载咸丰年间广德楼一个月内入园演出的戏班："初一至初四，四喜；初五至初八，瑞和成；初九至十二，三庆；十三至十六，四喜；十七至二十，春台；廿一至廿三，三庆；廿四至廿七，全顺和；廿八至三十，春台。"同治、光绪时，程长庚、余三胜、梅巧玲、汪桂芬、余紫云等京剧名角均曾在此献艺。光绪末，喜连成科班在此演日场达两年之久。1912年广德楼有两场演出轰动京城：一场是义务戏《蚻蜡庙》，名角荟萃，为一时之盛。由谭鑫培饰褚彪，杨小楼饰费德功，俞振庭饰黄天霸，张毓庭饰施公，贾洪林饰院公，梅兰芳饰小姐，王蕙芳饰丫鬟，阎岚秋饰张桂兰。另一场是坤伶老生恩晓峰入京，在广德楼首场反串《盗御马》之窦尔墩，黄钟大吕，令观众赞叹。1914年，演员丁剑云等集资聘杨韵谱为总导演，邀李荣奎任经理，在广德楼筹建坤班"志德社"，主要演员同负盈亏，俗谓共和班。中华人民共和国成立后，改称前门小剧场，曾为曲艺、曲剧团的专用场地。后恢复旧称广德楼，于2001年6月修缮后重新开张，除演曲艺外，偶亦有京剧演出。 （吴增彦）

广德楼门首

广德楼内景 （选自《清代以来的北京剧场》）

guangdongban

广东板 打击乐器。常用绳系于单皮鼓架左侧。以红木制成，为长约20余厘米、宽约10余厘米、高约6厘米的长方体。其两面边沿各有音槽，鼓师以鼓楗击打而发音，音色宽厚、圆润。用其伴奏［高拨子］唱腔，作用与板相同，也用于乐曲的节拍击打。 （王硕）

（刘海发摄）

Guangdong Huiguan Xilou

广东会馆戏楼 清代会馆戏楼。址在天津市旧城鼓楼迤南，今南开区东门里大街257号。现存。由粤籍天津海关道唐绍仪倡议，凌润苔、梁炎卿等44人发起，秦常风、盛祥发、源德泰、裕记、捷茂等商号捐资建造。清光绪二十九年十二月二十七日（1904年2月12日）破土动工，光绪三十三年正月十四日（1907年2月26日）落成启用。占地面积6 619平方米，建筑面积2 333平方米。戏楼为2层木结构建筑，是整体建筑的主要部分，约占会馆总面积的2/3。戏楼内部装饰典雅，木雕精巧。厅堂顶端裸露在外的大梁纵贯南北，粗大结实，由美国定购进口。厅内戏台坐南朝北，两侧各有耳房一间，用于演员更衣化装。台口高11米，周边精砌雕花矮栏。顶部周边饰以木雕戏出。前后台用雕花木板相隔，正面中央雕“天官赐福”图案，上方悬挂“熏风南来”匾额。戏台三面凸出，台面进深8米，宽不足9米，近于正方形。台口无立柱，观众视线不受遮挡，在古典式戏楼中独具特色。舞台顶部悬空处用百余根变形木条榫接为拱形，螺旋而上，状似鸡笼，俗称“鸡笼式藻井”。据称，此藻井似回音罩，与木制台面相配，有拢音传声效果。台下一层为池座。东、西、北三面回廊铺木地板，高出池座尺许，为散座。北端回廊两侧有楼梯通向二层。二楼南侧与舞台相对处设包厢5间，系主宾坐席，其后依次排列散座若干排。东西两侧亦各辟包厢5间，为嘉宾坐席。上下二层可容纳观众500人左右。

广东会馆戏楼内景（夏放摄）

广东会馆戏楼启用后，不以赢利为目的，演出以堂会居多。一般特邀名伶前来为某种活动助兴，另聘班底担任配角，如1914年京都同仁堂药店在天津估衣街设立分号，特邀谭鑫培、王瑶卿等在广东会馆演出。20世纪20～30年代，孙菊仙、杨小楼、梅兰芳、尚小云、荀慧生、龚云甫、谭富英、王凤卿等京剧演员和韩世昌等昆曲演员均曾来此作过类似演出。天津票友亦常借用此处票戏。此外，戏楼亦用于其他集会，如1912年孙中山第一次赴北京，路过天津，曾于8月23日在广东会馆戏楼向公众发表时政演说。1919年五四运动期间，邓颖超等曾在此演出过《安重根击毙伊藤博文》、《花木兰》等话剧。日本侵华期间，广东会馆被日军占用。抗日战争结束后，一度由国民党天津警务部门接收。1949年以后，改作天津市第三女子中学。1985年4月，天津市政府拨款修复，辟为天津市戏剧博物馆。1986年元旦，正式对外开放。开馆以来，除戏剧史专业展览外，举办多种形式的戏曲演出活动。此外，还曾用作《程长庚》、《梅兰芳》、《李叔同》等20余部影视片的拍摄景地。

（甄光俊）

Guanghelou

广和楼　清代戏园。①址在北京市前门外鲜鱼口内肉市，原为“查楼”。②址在天津市广益大街（今南市东兴大街和荣吉大街转角处）。现已不存。约建于19世纪末。原为两层楼式砖木结构，内有简易转台，人工推转。民国初，不少京剧、梆子演员在此演出。1915年，凤鸣班（梆子、京剧“两下锅”）出演，双阔亭（票友下海）、小子和、金月梅、小凤奎、张蕴秋等为主要演员。所演除一般常见剧目外，又有《狗报恩》等新戏。1915年6月天津报纸载文称6月5日白天，全班艺人合作演出，包厢票价1元。晚场因年逾花甲的“老乡亲”孙菊仙助演，票价骤增至6元，加50大枚铜圆。1920年前后，孙菊仙仍不断在此园演出，合作者有花中秀、盖春来、刘永奎、李宝林等。1919年，演员林颦卿据小仲马名著改编的《茶花女》连台本戏在广和楼演出，林颦卿、林心卿、李瑶卿、王少奎、牡丹花、小金仙等担任主角，引来众多观众，但反响平平。20世纪30年代初，戏园多处残破，房主将楼顶拆除，改为平房。此后多邀评剧戏班演出，偶有京剧。抗日战争爆发后，广和楼停业，后湮没无闻。

（甄光俊）

Guangxi Zhuangzu Zizhiqu Jingjutuan

广西壮族自治区京剧团　京剧演出团体。1937年春，冯玉昆率领醒华剧社（主要演员有旦行金素秋、小生董俊楼等）由广州进入桂林，更名四维平剧社。次年又分设柳州四维平剧社。1942年夏在柳州招收部分梨园子弟与沦陷区孤儿成立四维平剧社儿童训练班。1944年湘桂大撤退时，由田汉带领，以四维儿童剧团名义辗转演出于都匀、贵阳、曲靖、昆明。1945年依附于青年军第二〇七师，随军移住北平，称四维儿童戏剧学校。1948年参加中国人民解放军，1949年进驻南宁。1950年组建为**广西军区政治部京剧队**。1955年转为地方，改称**广西京剧团**。1958年广西壮族自治区成立，改称广西壮族自治区京剧团。建团初期的主要演员有旦行王堇玲（易维芝）、冰洁（曹维莲），老生杜蘅（杜维蘅），老旦葛文辉（葛维菁），架子花脸刘志刚（刘维良），小生饶育德（饶维德），武生陈苏仁（陈维仁）、高维礼，武丑伍全心（伍维心）等，均是原柳州四维儿童训练班学员。同时南下的还有老生关化鹏、张连仲，净郝化山、范艺斌，丑任万春、李希瑞，武丑范元濂、田本乐等。1950年陆续调入的有花旦新素秋、武丑徐文中、武行张有方等。1959年以广西戏曲学校名义招收学员随团培养，1963年又委托河北省戏曲学校代训，培养出武旦满秀云、文武花旦王三玲、老生蒋贤等人。1960年先后从艺术院校分配来的有生卢春涛、武生赵宝庆、旦刘淑华、花旦孙小玉等人。历年来除演出传统戏外，改编和移植的剧目有《九件衣》、《闯王进京》、《虎符》、《孔雀胆》、《花木兰从军》、《满江红》、《屈原》、《杨门女将》、《穆桂英》、《武松与潘金莲》、《玫瑰花》、《西厢记》、《白蛇传》、《八一风暴》、《战斗在南方》、《奇袭白虎团》、《红灯记》、《沙家浜》等。创编剧目中较有影响的有《十万大山飞虎兵》、《烈火里成长》、《苗山颂》、《瑶山春》、《烦恼中的笑声》、《南关魂》等。1955年以改编剧目《铸剑》和《猎虎记》参加广西第一届戏曲观摩会演获奖。1964年6月以《烈火里成长》参加全国京剧现代戏观摩演出。1965年7月以《苗山颂》参加广州举行的中南区戏剧观摩演出。1970年以《沙家浜》参加广州军区“革命样板戏”调演。1970年10月，以广西文艺工作总团学员队名义招收学员，培训京剧表演人才30多名，有老生于建平、饶晓利，武生吴杰、罗善文，青衣张慧君，花旦张丽萍、陈建霞，武旦赵雪君，刀马旦孔兰芬，老旦苗幼敏、刘丹，花脸刘卫星，文丑李勇，武丑李青等。1974年以《瑶山春》赴北京参加上海、广西、湖南、辽宁四省、直辖市、自治区文艺调演。1987年3月改称广西艺术辅导团，以辅导为主，演出为辅。曾辅导巴马

《霸王别姬》（现代戏） 张丽萍饰虞姬（右） 张祖强饰霸王

瑶族自治县民族艺术团演出《格鲁花》。1990年纪念徽班进京200周年时，恢复使用广西京剧团名称，形成“一个剧团两块牌子”。1991年以改编的《甘罗十二为使臣》在广西第三届戏剧展览中获桂花二等奖。1998年，由北京戏曲学校培养的广西京剧班94届学生学成归来，有旦陈慧、张曼莉，净蒋金波，丑谢德兴，武生唐德辉等。2000年又回来一批，有老生郭毅、赵洪强，旦黄小方、何玲、欧阳玉凡等。2001年创排历史故事戏《风雨南关》(与广西桂剧团合作)，参加第七届中国戏剧节，获优秀演出奖。2004年创排现代戏《霸王别姬》，参加第四届 中国京剧艺术节，获剧目奖，主演张丽萍、张祖强、梁建国获表演奖。2008年，创排《御赐玉棋》，编剧杨戈平，导演龙杰锋、赵雪君，唱腔设计张荣藻，主演郭毅、张祖强、饶晓利、张丽萍，参加第五届中国京剧艺术节，获现代戏二等奖。（顾乐真）

Guangxingyuan

广兴园 清代戏园。址在北京崇文门外东茶食胡同路北，南向。现已不存。清道光七年（1827）《重修喜神殿碑序》所列的赞助名单中已有广兴园（《清代燕都梨园史料》第915页，中国戏剧出版社1988年版），其始建约为清嘉庆年间。因戏台较小，只能作皮簧、梆子中的小班演出，或用于演出曲艺、杂耍。光绪二十二年(1896)，旦脚余玉琴（艺名“余庄儿”）购为己业，加以修缮、扩建。因不处繁华地区，名班名角儿不愿到此演出。谭鑫培出于同行之谊，偶尔演出，但必须主演双出才勉强满堂，如：前边演一出《洪洋洞》，大轴演一出《虮蜡庙》；前边演一出《碰碑》，后边演一出《五人义》。1917年余玉琴邀昆弋班同庆社到此演出，班中有郝振基、徐廷璧、朱玉鳌等昆曲名家，尤其郝振基的猴戏与杨小楼风格不同而同享盛誉。1918年，以王益友、侯益隆、韩世昌为主演的荣庆昆弋班进京演出于鲜鱼口之华乐园，广兴园营业大受影响，终于停业，将戏园出租给外城警察厅，作为警察训练所。（吴增彦）

guifa

鬼发 舞台上扮鬼时的标志性装饰。鬼发实系一挂白纸长条，故又名鬼纸条。一般男角色饰左鬓，如《托兆碰碑》杨七郎、《乌盆记》刘世昌；女角色饰右鬓，如《活捉三郎》阎惜姣、《红梅阁》李慧娘等。亦有左右鬓双挂者。晚近为美化女鬼形象，改用白绸或银色纸细条作鬼发，然其舞台效果均不及用白纸条阴气森森。（龚和德）

Guifei Zuijiu

《贵妃醉酒》 京剧作品。本事出自明钮格《磨尘鉴》传奇。清朱廷镠、朱廷璋合编的《弦索调时剧新谱》及叶堂《纳书楹曲谱补遗》中有《醉杨妃》。京剧据汉剧改编。唐明皇宠爱贵妃杨玉环，曾约定在百花亭一同饮宴。杨玉环久候明皇不至，原来是驾转西宫去会梅妃了。杨玉环无可奈何，只得自己饮酒解烦，直到沉醉，独自回宫。清光绪年间，汉剧演员吴竽卿（吴红喜、月月红）进京，带来此剧，授京剧演员路三宝等人。梅兰芳学自路三宝，常年演出。经梅兰芳反复研究，变动了戏的主题，突出描绘古代宫廷里贵妇人的抑郁、苦闷的内心感情，删除了原有酒后思春的身段，并将唱词、念白略作修改。又经过琴师王少卿创编曲牌，使之成为一出融唱念、表演、舞蹈、音乐为一体的古典歌舞剧，受到观众的欢迎。作为梅派的保留剧目，流传甚广。此外，筱翠花（于连泉）也师从路三宝，按花旦老路子演出，造型冶艳妖媚，演法略有不同。

梅兰芳饰杨玉环（右） 孙盛武饰高力士

剧本收入《京剧丛刊》及《梅兰芳演出剧本选集》。言慧珠、李玉茹、李胜素等也擅演此剧。（刘乃崇 蒋健兰）

Gui Junqing

贵俊卿 （？～1939） 演员。工老生。北京人。满族。行二，同行尊称贵二爷。约生于清同治年间。青年时期就读于北京同文馆，精通俄文，兼能英、德文等。后任华俄道胜银行经理，业余酷好京剧，专学谭鑫培，虽然嗓音沙涩，但颇具谭派神韵。曾应田际云之约，以客串的名义在北京天乐园演出《洪羊洞》，一鸣惊人。不久便投身剧界以演戏为业，先演于北京，后定居上海，先搭鹤

《贵俊卿之〈打棍出箱〉》（选自清末上海《图画日报》）

仙茶园，后隶春仙茶园、丹桂第一台、亦舞台、更新舞台等，还自开贵仙茶园，享有盛名。擅长剧目有《洪羊洞》、《卖马》、《王佐断臂》、《打棍出箱》、《打渔杀家》、《盗宗卷》、《乌盆记》、《清风亭》、《舌战群儒》、《群英会》、《失街亭》等。因他有较高文学修养，又受上海改良戏剧影响，故做戏逼真，念白讲究语气。20世纪20年代末脱离舞台，到哈尔滨定居，以教戏糊口。弟子有安舒元，艺名小俊卿。（刘新阳）

Guiren Yixiang

《贵人遗香》 京剧作品。江西省京剧团1992年创作演出。编剧姜朝皋、李景文，导演李维鲁、余卓凡。安史之乱后，唐皇李隆基偶得一梦，杨贵妃诉说马嵬坡落葬时遗失锦袜一只，玉趾受寒甚感凄苦。痴情的李隆基下诏张榜寻袜，遣内廷总管方辰到民间

察访。马嵬坡有一酒家正悬挂一只锦袜，久称贵妃遗物，生意十分热闹。书生李暮擅自揭榜献袜，卖酒女上官秋告李暮，此袜非真，乃假借杨娘娘盛名以招徕顾客。二人情知惹祸，连夜出逃，却被总管方辰追得，不但不问罪，反而请旨确认，封赏赐婚。婚庆时，有商人崔某引来一名自称当年埋葬贵妃的民工宋守善，他曾拾得一只锦袜，收藏至今，特来奉献。方辰与县官刘嘉升堂审理，判定双方所献之袜都是真品，唯民工所献是从贵妃墓中盗出者，用酷刑迫之成招。酒家女上官秋受良心谴责，冒死自认造假。是夜，县衙失火，所有人犯全都葬身火海。方辰回朝交旨时，闻上皇李隆基驾崩，遂赶往帝陵送葬，当即被执。原来县官刘嘉未死，已抢先向朝廷告发方辰以假乱真、欺君罔上、杀人灭口。面对朝廷审讯，方辰直陈所作所为只为维护皇家体面。朝廷恕之，重加犒赏。方辰为严密封锁案情亦饮鸩自杀。唐代诗人刘禹锡《马嵬行》有“空见凌波袜……传看千万眼”。清初洪昇《长生殿》有《看袜》一折。《贵人遗香》据此线索，重新创作，构思奇特又合情合理，尖锐地触及到“为尊者讳”这一封建心理痼疾，尤其方辰这个形象的塑造蕴涵了相当深刻的批判力量。青衣罗媛媛饰上官秋，花脸时铁军饰方辰，小生陈雪松饰李暮。此剧于1992年6月在第三届江西玉茗花戏剧节获优秀剧目一等奖。是年冬进京演出，受到好评。剧本获第七届全国优秀剧本奖。1994年又获第四届文华新剧目奖，剧作者获文华剧作奖。剧本收入1996年出版的《姜朝皋剧作选》。

姜朝皋的京剧作品还有《长剑魂》(江西省京剧团演出)、《蔡文姬》(北京京剧院演出)。其他戏曲作品有《梦断婺江》、《胡风汉月》、《红星谣》、《雀台歌女》等。2007年8月中国艺术研究院举办姜朝皋剧作研讨会，文化艺术出版社2008年1月出版《姜朝皋剧作研讨会评论集》。

（惟毅）

Guiyang Jingjuyuan

贵阳京剧院　京剧演出团体。原贵州军区文工团京剧队于1955年转业到地方后，更名为贵阳市京剧一团；原贵阳市黔光京剧社于1956年易名为贵阳市京剧二团。1959年4月一、二两团正式合并，命名为贵阳市京剧团。剧团党支部书记李振贵，团长蒋冰杰、马骏骅。主要演员有马骏骅（老生）、周素兰（青衣）、周瑞华（武生）、李鸿韵（老生）、朱美英（花旦）、秋步云（青衣）、张启良（铜锤花脸）、张宗耀（铜锤花脸）、郭宏华（架子花脸）、邢再春（丑）、王馥砚（花旦）、孟元伟（丑）等。从20世纪50年代以来，该团演员阵容不断扩充和更新。先后调入陈少卿（老生）、苗溪春（文武老生、红生）、刘松甫（老生）、陈世鼎（架子花脸），同时又派骨干演员到北京、上海、昆明等地向名家学习。如陈少卿、李俊昌、朱俊麟、阎亚君到中国京剧院学习，马骏骅赴上海拜周信芳为师，侯剑敏往云南省京剧院师从关肃霜，送侯剑光、张筱凤到中国戏曲学校进修等。提高了演员的总体素质，形成了多种表演流派并存的良好艺术局面。20世纪50年代末期，该团招收学员，以团带班方式培养了两批演员，在20世纪60年代初相继登上舞台，出现了韩桂林、张行、古福增、陈少云（女）、古大勇、孙浩烈、张新、汪精敏等一批新秀。20世纪70年代以来，该团又培养了张晓虹、李爱萍等青年演员，并调入曹剑文（老生）、侯丹梅（旦）两名优秀演员。

《范仲淹》 曹剑文饰范仲淹（左） 侯丹梅饰吟秋

《巾帼红玉》
侯丹梅饰梁红玉（左） 曹剑文饰韩世忠（中） 张行饰长老

贵阳市京剧团始终坚持贯彻传统戏、新编历史剧、现代戏三并举的方针，20世纪50年代曾演出《白毛女》、《九件衣》、《闯王进京》、《阿黑与阿诗玛》、《猎妇歼仇记》、《武松》、《碧血扬州》等剧目，博得观众赞赏。20世纪60年代，上演《满江红》、《海瑞上疏》、《谢瑶环》、《血染陈家谷》、《滴水天波楼》、《智擒惯匪座山雕》、《赵氏孤儿》、《野猪林》、《孙庞斗智》等剧目。苗溪春、陈少卿、马骏骅、李鸿韵、周素兰等在剧中均有出色的表演。该团的重要建树是创作演出了以解放军进军苗岭，与苗族同胞携手共歼残匪为题材的现代戏《苗岭风雷》。1964年该剧进京参加全国京剧现代戏观摩演出大会演出，引起强烈反响。全国130多家剧团上演了此剧，1977年，由峨嵋电影制片厂拍成戏曲影片。该剧在京剧音乐、京剧表演和少数民族音调、少数民族歌舞的融合方面取得了可喜的成功。

20世纪80年代以后，该团又先后创作、改编了一批新剧目：《明月清风》、《南疆恩仇记》、《李白与琮瑛》、《倩女离魂》、《吕四娘刺雍正》、《侗家春》、《范仲淹》、《龙冈悟道》、《巾帼红玉》、《布衣女人》等。其中《明月清风》1988年参加了文化部在天津举办的京剧新剧目会演，获新剧目奖。《范仲淹》于1994年获第四届“五个一工程”奖，1995年参加在成都举行的第四届中国戏剧节，获演出、创作、导演、主演等8个奖项。青年演员侯丹梅获第十届梅花奖。《巾帼红玉》2001年参加第三届中国京剧艺术节，获优秀剧目奖；《布衣女人》获2006~2007年度国家舞台艺术精品工程提名。2007年改团建院，称贵阳京剧院。贵阳京剧院历年来创作、演出的成果，不仅在贵州，而且在西南地区享有盛誉，成为在西南地区传播京剧艺术的一支重要力量。2008年12月，与贵州省京剧团合并，整合重组为贵州京剧院，侯丹梅任院长。

（陈泽恺）

Guizhou Sheng Jingjutuan

贵州省京剧团　京剧演出团体。其前身为中国人民解放军广州军区的南海京剧团，1958年奉命调入贵州，于1959年元旦在贵阳正式成立。当时旦行有雪又琴、刘映华、诸效兰、许湘生，生行有朱云鹏、史彤、方福利、楚蔚秀、黄菊卿、杨延庭、刘飞云、聂玉凌、郑蔚涛，净行有王金锋、郭宏华、郭蔚山，丑行有胡立纲、孟元伟。琴师马利云、姚宝兴，鼓师唐凤鸣、丁惠泉。后继人才有卢晓玉、周百穗、姚萍、杨嘉陵、李可甜、杨金欣，以及杨德宝、

《吏治惊天》
杨嘉陵饰刘统勋（右一） 郑少普饰乾隆（右二）
李可甜饰皇太后（左二） 朱连阳饰五王爷（左一）

张艺能、陈建良、童康、李根祥、赵露霞、田雨凡、马英琪、周刚、周扬、刘萨、马良等，其中部分演员毕业于贵州省戏曲学校，并在中国戏曲学院、北京市戏曲学校进修过。1978～2001年，曾巡演于广西、湖南、四川以及温州、南通等地，并10次进入上海。1985～1986年，先后邀请厉慧良、童芷苓、孙正阳、黄正勤、吴素秋、姜铁麟等来团示范教学并作短期领衔演出，去过武汉、南京、杭州、天津、烟台、北京等地，受到欢迎。卢晓燕主演的《勘玉钏》、周百穗主演的《乾坤福寿镜》尤获观众好评。1994年，部分演员参加"中国贵州艺术团"赴南非约翰内斯堡，演出《闹天宫》、《盗库银》等。1995年编演《水西遗恨》，参加在天津举行的首届中国京剧艺术节，获程长庚演出奖。2000年编演《吏治惊天》，参加在南京举行的第六届中国艺术节，获优秀演出奖。常演剧目有《红楼二尤》、《王宝钏》、《玉堂春》、《红娘》、《状元媒》、《秦香莲》、《探阴山》、《姚期》、《四郎探母》、《乌盆记》、《大保国、探皇陵、二进宫》、《将相和》、《辕门斩子》《失街亭、空城计、斩马谡》、《除三害》、《李逵探母》等，以及现代京剧《红灯记》、《沙家浜》、《智取威虎山》、《杜鹃山》的选场。另有英语京剧《霸王别姬》、《打瓜园》等，曾参加2002年9月由国家民族事务委员会组织的"中国民族艺术团"，赴韩国演出。2008年12月，与贵阳京剧院合并，重组为贵州京剧院。（金贵）

Guo Chunshan

郭春山 （1876～1945） 京剧教师。曾为丑行演员。北京人。幼入小荣椿科班，与郭春翠、叶春善、蔡春桂（荣桂）、程春德（继先）、杨小楼等同科，习文丑，师事裕云鹏、唐玉玺，并从场面先生浦阿四学昆腔戏，《扫秦》、《拾金》、《醉皂》、《借靴》等均能，艺兼昆簧。出科后搭班以应二丑为主。为人配戏烘托严谨，周密妥帖。所演《奇双会》的胡老爷、《四进士》的杨青、《湘江会》的齐景公、《打曹豹》的曹豹、《黄一刀》的愣儿、《打渔杀家》的丁郎、《甘露寺》的乔福、《连升店》的崔老爷、《连环套》的厨子、《金钱豹》的土豹（俗名杜保）、《赵家楼》的济公、《恶虎村》的丁三把、《英雄会》的孙立、《临江会》的中军及昆曲《醉打山门》的卖酒人、《金山寺》的小和尚、《醉皂》的皂隶、《风筝误》的戚友先等，演来均十分生动传神，独具机趣。嗓音响亮而不卖弄，念白吐字考究准确，尤擅苏白，身段举止稳练大方，于冷隽脱俗中使人感到诙谐自然。常为杨小楼、陈德霖、梅兰芳、尚小云、马连良、郝寿臣等配戏，与同时的名丑萧长华、慈瑞全并称"丑行三大士"。他腹笥渊博，经验宏富，曾在喜（富）连成科班、长春班、荣春社等科班及中华戏曲专科学校任教多年，桃李盈门，对京剧丑脚艺术的传承有突出贡献。除以上各科班、戏校的丑行学生皆得其教泽外，门人还有张春山、刘斌昆、曹二庚、李四广、贾多才、朱斌仙等。长子元汾，工净；次子元祥，亦工文丑。（钮骠）

Guo Hancheng

郭汉城 （1917～ ） 戏曲理论家、剧作家、诗人。浙江萧山人。中国艺术研究院研究员。中国戏剧家协会顾问、文化部振兴京剧指导委员会副主任。1935年进浙江省立杭州农业职业学校读书。1938年至陕甘宁边区关中分区陕北公学分校学习。1939年转晋察冀边区华北联合大学社会科学部学习。毕业后，分配在晋察冀边区第五中学教书。1949年调察哈尔省人民政府教育厅任文化处副处长，1950年改任察哈尔省文化局副局长兼省文联主任，1952年迁任华北行政委员会文化局艺术处副处长。1954年调中国戏曲研究院，相继任剧本创作处副处长、剧目研究室主任、中国戏曲学院戏曲研究所所长。1973年参加筹建文化部所属文学艺术研究机构，相继出任中国艺术研究院副院长，中国戏剧家协会副主席、顾问，国务院学位委员会学科评议组成员，中国戏曲学会副会长、顾问，中国艺术研究院终身研究员。著作和作品有《戏曲剧目论集》、《郭汉城诗文戏曲集》、《淡渍堂诗抄》、《师友集》（与章诒和合著）、《当代戏曲发展轨迹》，主编《中国古典十大悲喜剧集》、《中国戏曲经典、精品》（10卷），并与张庚共同主编《中国戏曲通史》和《中国戏曲通论》，此外，还参与《中国大百科全书·戏曲曲艺》卷的编纂领导工作，是编委会副主任之一。郭汉城的戏曲理论主要体现于《戏曲剧目论集》一书，以理论联系实际，辩证地阐释戏曲实践提出的诸多问题为最显著特点，对戏曲"百花齐放，推陈出新"的经验、传统剧目整理和改编的经验、历史戏和现代戏创作的经验更给予了热情关注和科学总结。《戏曲艺术推陈出新的成就和经验》、《戏曲推陈出新的三个问题》、《传统剧目整理改编的几个问题》、《现代戏编剧继承与发展传统的几个问题》、《有关传统剧目教育意义的几个问题》、《谈衡量改编传统喜剧剧目》、《道德、人民性及其他》等是其中有代表性的篇章。他的戏曲批评也多有名篇，《蒲剧〈薛刚反朝〉的人物、风格和技巧》、《〈团圆之后〉的出色成就》、《绍剧〈斩经堂〉的历史真实与思想意义》等文章，选择思想和艺术上佳的剧目或者有争议的剧目，论证了具有普遍意义的创作理论问题，对中国戏曲的民族特点多有阐发。在京剧研究和京剧评论方面也

《郭汉城文集》护封

卓有建树。《戏曲剧目论集》所收《论侠与义》、《论清官和清官戏》、《黄天霸戏产生的时代原因及其思想倾向》等论文，对京戏传统剧目中清官戏和侠义戏所涉及的理论问题，诸如它们产生的社会条件、时代背景、阶级基础及其现实作用等皆作出深刻剖析，并且指出区分其精华与糟粕、进行推陈出新的必要性。对《曹操与杨修》、《唐太宗》、《膏药章》、《六号门》、《高高的炼塔》等新编京剧剧目，也通过深入、细致的评论，指出它们的思想和艺术特色，总结了它们的创作经验。郭汉城的戏曲剧作《海陆缘》、《合银牌》及与人合作的《青萍剑》、《琵琶记》等4部，均系根据古典名剧或传统戏曲重新编写，有独到的理解和处理。郭汉城的旧体诗词，包括京剧在内的戏曲剧目吟咏，均为真情涌流之作，而且蕴藉深远，给读者以广阔的审美想象空间。2004年10月，中国戏剧出版社出版《郭汉城文集》，共4卷，120万字，是作者迄今已发表著述最完备的结集。

（沈达人）

Guo Jixiang

郭际湘 （1884～1938） 演员、教育家。工花旦。又名春翠、际云，乳名五十，号蕊卿，艺名水仙花。祖籍山东，生于北京。父亲为昆曲伶工。幼入杨隆寿主办的小荣椿科班学艺，与杨小楼、

程继先、叶春善、郭春山等同科；后又入小天仙科班，师从李紫珊（万盏灯），工花旦、刀马旦。出科后，先搭入复出三庆班，又搭宝胜和班，得到同班侯俊山（十三旦）的提携，向他传授了《辛安驿》、《小放牛》等戏；又拜月月红（吴丽卿）为师。常演的戏有《虹霓关》、《小放牛》、《红鸾喜》、《双沙河》、《铁弓缘》等。尤擅《贵妃醉酒》、《刺巴杰》、《翠屏山》等戏。剧评家张聊公在《听歌想影录》中说，《刺巴杰》“九奶奶一角，自以余庄、水仙花为绝作”（第66页）。《醉酒》一剧能传乃师月月红衣钵。35岁以后已不常出演，偶与孙菊仙同时登台，歌《醉酒》一剧，轰动九城。他演的《醉酒》与余玉琴、路三宝三家并秀，极负盛名。他“跷功”精熟，演《画春园》饰九花娘，踩跷开打，迅捷凌厉。在《翠屏山》中所饰潘巧云一角，颇得谭鑫培青睐。谭演此剧，巧云一角，以田桂凤、郭际湘为最佳人选。他曾先后到扬州、汉口、天津、上海及江南各地献艺，所到之处，深得称赏。当时，北京剧坛曾出现“三旦一花”，即十三旦（侯俊山）、毛毛旦（杨秀云）、元元旦（高喜玉）和水仙花，与“四灵芝”（崔、丁、李、任）有群芳争妍之势。后被小长春科班聘为教师。清光绪三十四年（1908）自起鸣盛和科班，招收生徒100余名，造就出张鸣才、李鸣玉、李鸣美（李一年）、郭鸣雷等一批人才，其中尤以于盛琴（于连泉，当时艺名小牡丹花）最为享名。于之《铁弓缘》即为郭际湘所授。1911年鸣盛和科班停办后，他先后在北平中华戏曲专科学校、济南山东省立剧院任教，李玉茹、高玉倩均得其教益。1936年在济南出演过一段时期，后卒于济南。晚辈中，郭仲福、郭文龙、郭文俊皆为著名京剧武剧教师，堂孙女郭锦华工武旦。弟子有孙砚亭（小凤凰）、刘砚芳（小梧桐）等。

（钮骠）

《雁门关》饰萧太后（中）
朱琴心饰青莲公主（左）
任凤侣饰碧莲公主

Guo Jinguang

郭金光 （1922～2010） 演员。工武丑。北京人。9岁考入中华戏曲专科学校，师从陆喜才，学武丑。从小极为刻苦，练就一身武功，身手矫健，动作敏捷。其跟头技巧高人一筹，如在《伐子都》、《古城会》等戏中扮演马童，在［四击头］锣鼓里，一口气完成5个“小翻”一个“提”接回“按头”、“小翻岔”、“乌龙搅柱”等十余个高难的小跟头，不仅速度快、角度准、姿势美，而且体轻如燕、落地无声，每每到此台下掌声雷动。年轻时在京沪间，有“跟头大王”之誉。常演剧目有《三岔口》、《时迁偷鸡》、《闹龙宫》（饰龟帅）、《金钱豹》（饰悟空）等。他所主演的武丑角色，无论大小，都有自己鲜明的风格，不但刻画人物生动、诙谐，而且高超的武功技巧，更是艺惊四座，受到行内外的高度赞赏。1952年加入中国人民解放军总政治部京剧团，1955年随团转入中国京剧院四团，曾随团多次出访东欧和亚洲各国。1958年9月随团调往宁夏。几十年里，在担任剧团主要演员的同时，还为本团和兄弟剧种培养了大批青年演员，艺高德劭，深得人们的敬重。

（刘连伦）

Guo Jinhua

郭锦华 （1939～ ） 女演员。工武旦。曾名郭维锦，幼名铁链儿。祖籍山东，生于北平（今北京）。出身梨园世家。祖、父辈多人都是京剧演员。伯祖父是清末民初著名花旦郭际湘。父亲

郭文龙，工武净。锦华受家庭熏陶，幼入四维儿童戏剧学校第三分校，从陈月梅习花旦，并由其父为之练武功。1949年转为北平平剧实验学校（中国戏曲学校前身），为第一期学生。从方连元、范富喜学戏。毕业后，留校实验剧团，再调中国京剧院四团，为主要武旦演员。又从宋德珠、阎世善、李金鸿、关肃霜问艺。她武功坚实，台风大方，翻跃扑跌，矫健爽利，武打迅捷，规矩准确，无论是耍下场、打出手及靠把功都见功力。《扈家庄》、《杨排风》、《芦林坡》、《红桃山》、《娘子军》、《武松打店》、《打瓜园》、《挡马》、《虹桥赠珠》等剧皆所擅演，亦能《穆柯寨》、《棋盘山》、《樊江关》等刀马旦戏。在《杨门女将》中成功地塑造了杨七娘，有彩色影片行世。与李景德合演的《武松打店》拍成了彩色影片。在现代戏《蝶恋花》中扮演的孙嫂也很生色。20世纪80年代到香港定居，后至台湾，除常登台演唱外，先后在复兴、国光剧校执教，致力于传艺育人。

（钮骠）

Guo Qixian

郭启先 （1918～ ） 乐师。司大锣。北京人。13岁开蒙学小锣，后带艺拜著名鼓师侯长清为师习武场，早期曾傍其师为茹富兰、孙毓堃、尚小云打铙钹。1938年加入荣春社，与金少山、孙毓堃、宋德珠、尚长春等合作，前期演奏铙钹，后期开始打大锣。1949年参加中国京剧院任大锣演奏员。先后参加了赴大西北慰问演出，

出国赴印度、缅甸、印度尼西亚和日本演出。1958年以后在一团为李少春、袁世海、杜近芳、叶盛兰的演出演奏大锣。1988年退休。

郭启先演奏大锣的方法规范大方，声音瓷实且又富有韵味，文、武戏均擅长。在舞台上，能够根据剧情和人物的要求，准确把握轻重缓急；在细微之处，善于控制大锣余音或长或短的手法，烘托演员的表演情绪，配合念白语调的变化。演奏时能够兼顾鼓师的领奏和舞台上演员的身段动作，积极主动地辅助鼓师的指挥。李少春、杜近芳拍摄的电影《野猪林》、现代京剧《红灯记》的电影录音，均由他担任大锣演奏。（许瑾忠）

Guo Shao'an

郭少安（1897～1962）　鼓师、教师。山东临清人。少时曾习梆子老生，后因嗓败，20岁时在天津拜周悦先为师，由习小锣、铙钹至司鼓，艺事精进，曾佐周悦先随李吉瑞赴上海演出。及长，在天津操司鼓之业。1929年后，任天津稽古社场面头、鼓师。这期间，曾为尚和玉打武戏多年。其后，稽古社子弟班成立，受聘为科班教师。稽古社科班几乎全部场面学员，均由郭少安开蒙、授业，为稽古社科班培养了许多音乐伴奏人才。稽古社解散后，郭少安在天津法租界内当各戏院的场面头，常邀名角来津演出献艺，为场面派活理业。1933年，在春和戏院将场面位置移至下场门一侧，此后天津戏曲舞台场面位置遂向左移。20世纪50年代，郭少安曾联络艺人，参与组织天津共和社。不久即退居家中，1962年病故于天津。郭少安鼓技娴熟，演奏富于激情，尤善于为少年学员启蒙、授艺。他司奏铙钹的技艺在天津也享有一定声望。他在天津收徒甚多，主要有王起斌、王书成、倪世文、娄云阁等人。其子郭立昌、郭中昌均为天津市京剧团（今天津京剧院一团）司鼓。（吴同宾）

Guo Wenlong

郭文龙（1912～1995）　京剧教师。曾为武净演员。原名子清，又名德宝，艺名益忠。祖籍山东，生于北京。伯父郭际湘是著名花旦伶工，曾创办鸣盛和科班。父辈昆仲六人，皆从业梨园。1921年

入北京群益社科班学艺，后随家移居天津，由叔父郭凤岩练功，从景玉奎学戏，工武净。1928年出台。此后多年在天津搭班，出演于天桂、春和、新民、大舞台、天华景各戏院。1936年应天津稽古社子弟班之聘，出任武剧教师，担任抄筋斗、教把子、排武戏等项教习，开始教学生涯。蔡宝华、张春华、贺永华、徐俊华、刘武华等都是当时的学生。1940年在天津转入由李桂春主持的鸿春社科班任教，并随科班巡回演出于上海、无锡、芜湖、蚌埠各地。学生有秦鸿声、秦鸿良、马鸿麟、黄鸿甫等。1942年回天津搭班演戏。是年年底受李万春之邀，到北平鸣春社科班任教，学生有王鸣仲、张鸣禄、谷春章等。1947年5月到四维儿童戏剧学校第三分校任教。曾参加田汉所编《琵琶行》一剧的公演。1949年初，同四维三分校全体师生转归北平平剧实验学校（中国戏曲学校前身），成为该校的建校元老、首批教师。他积极参加武剧教学的改革，编写教材，创研新教学方法，曾参加《江汉渔歌》、《白蛇传》、《牛郎织女》等新戏的武打设计，对武剧程式多有创树。柏之毅、钱浩梁、谢锐青、刘秀荣、张春孝、侯正仁、刘洵、袁国林、杨启顺、郭世华、贺春泰、唐铁林、梁九荣等，均得其亲传。长子鸿田工武生，女锦华工武旦，现均在台湾从事京剧教学工作。次子锦春，为武丑演员。（简华　钮骠）

Guo Xiaozhuang

郭小庄（1951～　）　女演员。工旦。祖籍河南，生于台北。1959年进台湾大鹏国剧训练班，习花旦、刀马旦、花衫，师从刘鸣宝、苏盛轼、李金和。1966年毕业后入大鹏剧团，得到白玉薇、

马述贤等名家指导。演出剧目有《马上缘》、《棋盘山》、《红娘》、《大英杰烈》、《金山寺》、《王魁负桂英》等。曾先后进台湾“中国文化大学”、美国纽约朱利亚学校进修深造。1979年，郭小庄脱离大鹏剧团，自创戏剧研究中心，画家张大千为之取名“雅音小集”并题字。其成员只有郭小庄一人，另有一名琴师朱少龙，演出时根据需要临时组班。先后演出的新剧目有《白蛇与许仙》(编剧杨向时)，《感天动地窦娥冤》、《梁祝》、《韩夫人》(以上三剧的编剧为孟瑶)，《刘兰芝与焦仲卿》(编剧杨向时、王安祈)，《再生缘》、《孔雀胆》、《红绫恨》、《问天》、《潇湘秋夜雨》(以上五剧的编剧均为王安祈)，《归越情》(编剧罗不臻)，郭小庄主演并自任导演。在雅音小集成立之前，台湾京剧（军中的或戏校的）“一直严守传统，连新编戏都很少，不用说新风格的新京剧了”。雅音小集的崛起，在艺术观念的更新、创作队伍的组织、观众结构的改变、文化品位的提升等方面，都对台湾京剧界有开创性的影响。1979～1994年，持续了整整15年，“其中至少有十年以上的声势锐不可当，几乎到了独领风骚的地步”(王安祈《台湾京剧五十年》第7章《转型蜕变期》第2节《“雅音小集”为京剧转型》)。郭小庄的表演风格，“以自我情感体验为第一动力，不受流派艺术的规范”，“身段动作念白表情俱为一流，而唱腔却不够深沉内敛，这点是雅音新戏唱腔表现上较有争议之处。不过整体而言，新风格新戏原不宜以流派程式规范为评价准则，诠释情感的‘深度、力度’和舞台上的‘亮度’，才是郭小庄最值得被肯定之处”(王安祈语，同上)。1994年演出《归越情》之后，全家赴国外定居，淡出舞台。（龚和德）

《归越情》饰西施

Guo Yukun

郭玉昆（1919～2010）　演员。工武生。天津人。出身梨园世家。

5岁开始从其父郭永福练功学戏。稍长，则向郑子玉、张连洲等学习《南阳关》、《打渔杀家》、《定军山》、《战太平》、《战马超》、《赚历城》、《战冀州》、《长坂坡》、《挑华车》、《潞安州》等戏。6岁登台，10岁正式搭班演出。15岁进入变嗓期，乃专攻武生戏，曾向李兰亭、董月山等请益，技艺大进，受到观众欢迎。曾先后与其岳父小杨月楼及陈鹤峰、李少春、袁世海等合

《雅观楼》饰李存孝

作演出于青岛、大连、沈阳、哈尔滨、天津、上海、苏州、宁波等地。在上海期间，曾参加进步团体艺友座谈会及反内战签名和游行等活动。1949年初，应陈鹤峰邀请，同至汉口演出。中华人民共和国成立前夕，参加中国人民解放军第四野战军南下平剧团，与南铁生、管绍华、董俊峰等合作。1950年1月，参加中南京剧工作团，并担任第二分团副团长。1952年转为武汉市京剧团，为该团主要演员。此后，长期与高百岁、高盛麟、陈鹤峰、高维廉、杨菊蘋、关正明等同台演出。1953年赴朝鲜慰问演出。1957年赴柬埔寨访问演出。郭玉昆基础坚实，功底深厚，筋斗飘冲，把子娴熟，尤擅长出手，创造了"宝剑入鞘"等多种出手特技，有"出手大王"之称。长靠短打兼优，演猴儿戏更为精到，膺"南猴王"之誉。擅演剧目有《螺蛳峪》、《雅观楼》、《乾元山》、《战马超》、《四杰村》、《恶虎村》、《快活林》、《闹天宫》、《水帘洞》、《十八罗汉斗悟空》、《金刀阵》等。参加排演过新编整理戏《宝莲灯》、《五百年后孙悟空》、《真假美猴王》、《三打白骨精》等及现代戏《红色娘子军》、《山乡风云》等。曾获多种奖项及武汉市劳动模范称号。曾任武汉市京剧团副团长、团长职务。（周笑先）

Guo Yuanfen

郭元汾（1923～1962） 演员。工净。北京人。系京剧名丑郭春山之长子。1930年入北平富连成社科班，学文武花脸。先后从郝喜伦、段富环练毯子功，从沈春奎、刘喜益、宋富亭、孙盛文等学戏。在科班期间，曾与李世芳、李元芳、杜元田等合演《龙凤阁》，与马元禄、时世宝等合演《遇皇后》、《打龙袍》，单独主演《御果园》、《锁五龙》等戏。18岁出科，先后与马连良、谭富英、李盛藻、毛世来、尚小云、程砚秋、荀慧生等合作，为各班中的主要花脸演员。1952年加入中国人民解放军总政治部京剧团任主要演员兼教员。1955年随中国艺术团参加第五届世界青年与学生和平友谊联欢节，在《闹龙宫》一剧中扮演龙王。同年，随总政京剧团转为中国京剧院四团，任主要花脸演员。1958年9月，随团奉调宁夏回族自治区，为宁夏回族自治区京剧团主要演员之一。郭元汾艺宗金（少山）派，所演剧目以金派戏为多，如《飞虎山》、《白良关》等，并曾得到侯喜瑞亲传，也经常演出侯（喜瑞）派剧目。他天赋极佳，声若洪钟，嗓音宽厚，韵味浓郁。念白铿锵有力，吐字清晰。唱工行腔酣畅淋漓，气势磅礴，高低宽窄，游刃有余，尤其脑后立音，十分动听。《空城计》之司马懿、《法门寺》之刘瑾、《除三害》之周处、《捉放曹》之曹操、《连环套》之窦尔墩、《龙凤阁》之徐彦昭、《金水桥》之秦英，以及现代戏《林海雪原》中扮演的解放军战士刘勋苍等，都给观众留下了深刻印象。他对脸谱勾画也颇有研究，如《闹龙宫》之龙王，传统的画法是勾白三块瓦，他重新设计成以水蓝色为基调的脸谱，图案中勾画龙角、龙须，金色脑门上绘红色火焰，布局漂亮、新颖，很有特色，已成为宁夏回族自治区京剧团独有脸谱之一。1963年，宁夏人民出版社将其绘制的63幅脸谱分单页印刷出版。1962年病逝于银川。所收弟子有高长清、梁嘉禾等。（刘连伦）

Guo Yuanxiang

郭元祥（1927～1990） 演员。工丑。北京人。出身梨园家庭，系京剧名丑郭春山之次子。9岁随父学演《张三借靴》、《回营打围》、《疯僧扫秦》、《祥梅寺》等京、昆丑脚主演的剧目，并曾受教于一代名丑萧长华。12岁开始边搭班演出边学习。1949年始，先后与毛世来、言慧珠、谭富英、杜近芳、赵燕侠、徐东明等合作。1956年参加由赵燕侠领衔的北京燕鸣京剧团，其间不仅在大量传统剧目中担任主要丑行角色，还曾在新编神话剧《碧波仙子》中反串由铜锤花脸应工的假包公，在现代戏《白毛女》里扮演黄世仁。1960年随团并入北京京剧团，此后长期与赵燕侠、谭元寿、马长礼、张君秋等人合作。郭元祥嗓音清脆响亮，口齿清晰伶俐，戏路宽阔。常演剧目有《群英会》(饰蒋干)、《审头刺汤》(饰汤勤)、《法门寺》(饰贾桂)、《昭君出塞》(饰王龙)、《拾玉镯》(饰刘媒婆)、《女起解》(饰崇公道)、《春秋配》(饰贾氏)、《望江亭》(饰杨衙内) 等。他主演的《打面缸》、《打樱桃》、《打灶王》、《荷珠配》等玩笑戏尤为出色，其表演轻松自然，挥洒自如。"文化大革命"之后，为张君秋在艺术上的主要合作者之一。1990年因心脏病突发，在北京病逝。其弟子有白其麟、马增寿、张永生、郎石林、杨金声等。（刘连伦）

Guo Yuejin

郭跃进（1958～　） 女演员。工老旦。山东济南人。1971年考入山东省五七艺术学校学习京剧表演，师从孟丽君、韩玉春，学习了现代戏《红灯记》、《沙家浜》、《龙江颂》、《杜鹃山》、《磐石湾》等剧。1976年毕业，入泰安市京剧团任演员。1978年回校任教，向王元清学习老旦戏《行路训子》、《哭灵》、《洪母骂畴》、《药茶计》等，同时向李文娟学了武旦戏《扈家庄》、《泗州城》、《打焦赞》、《武松打店》等。随校实验剧团演出了《钓金龟》、《遇皇后、打龙袍》、《对花枪》、《武松打店》等戏。1986年考入中国戏曲学院表演系，师事李金泉，学习《李逵探母》、《太君辞朝》、《徐母骂曹》、《罢宴》、《八珍汤》等剧。1990年正式拜李金泉为师，得到悉心传授，剧艺精进。1994年又以《对花枪》、《八珍汤》二剧夺得梅兰芳金奖。赴日本演出《杨门女将》饰佘太君，也受到日本各界观众的欢迎。她还在现代戏《石龙湾》中成功地塑造了张大娘这一人物形象。郭跃进嗓音高亢圆润，韵味醇厚，继承了老旦李（多奎）派的"一口气"唱法，声情相融，颇见功力。表演中文武兼备，做表得神，成为同辈老旦演员中的佼佼

《杨门女将》饰佘太君

者。她还是一个出色的戏曲教育工作者，在山东艺术学院开办了戏曲专业高等教育的戏曲表演、戏曲学等5个专业学科的本科班，以及戏曲表演、戏曲声韵等4个专业的硕士研究生班，努力为国家培育高等戏曲人才。现为山东艺术学院副院长、教授、硕士研究生导师，山东省文联副主席。（捷之）

Guo Zhongfu

郭仲福 （1908～1980） 京剧武功教师。原名郭小官，曾用名郭文清。1918年入北京福清社科班，修业6年，主攻武戏。1924年出科后在天津第一台、明星大戏院等地搭班演戏。此后曾先后

受聘天津稽古社子弟班、鸿春社、北京鸣春社任武功教师。1948年到四维儿童戏剧学校第三分校任教，直至集体转为北平平剧实验学校，一直从事武功教学。他在多年执教中对跟斗的翻法、开法、抄法研习深透，有着丰富的实践经验。拿鼎、蹓虎跳、跑趋步，他都在红色地板上用白漆画上按手、落脚标志线，保证动作准确规范、不歪不斜。他按照初、中、高3个不同年龄段学生的生理和心理特点，摸索出因人而异、因材施教、灵活掌握的原则，做到：眼勤，勤观察每个学生动作优劣和精神面貌；嘴勤，勤讲解要领；手勤，勤动手抄保学生，准确细致。积极参加教学改革，面临教学内容繁多、课时不敷应用之际，主动压缩课时，加大运动量和耐力，提高课堂训练周转率。1959年始，先后为全国兄弟院校举办两届武功教师进修班，为各地戏校培养武功教师。中国戏曲学院编著的《戏曲表演毯子功教材》包含了他的教学思想，电影《含苞待放》和《中国戏曲艺术表演教材·京剧篇》影片中，留下了他示范各种跟斗抄法的技艺和严格执教的身影。（陆建荣）

Guoguang Jutuan

国光剧团 台湾京剧演出团体。1995年7月1日，由原隶属于陆光、海光、大鹏3个京剧队与飞马豫剧队的艺术人才，经过甄选组建而成，归属文教系统。剧团的演出业务，有年度公演、季度公演、教育推广、文化交流多种。季度公演以传统剧目为主，年度公演要展示创作新成果。演员队伍除基本成员外，还有客席特聘演员，阵容优秀整齐，主要有青衣、花衫魏海敏，老生唐文华，武生朱陆豪，小生高辛坪（原名高蕙兰），还有李光玉、朱安丽（原名朱胜丽）、刘海苑、陈美兰、孙丽虹、刘复学、刘嘉玉、汪胜光、马宝山、王冠强等。国光剧团为开创台湾戏曲的新篇章，强调灵活运用现代剧场的新观念，通过多元化的途径，开发戏曲舞台的多样风貌。既强调传统，又突破保守，讲求创新，同时亦不失艺术规范。除搬演传统剧目外，不断锤炼、创排出不少精彩的新戏，如《新编陆文龙：十六少年时》、《修编花木兰：时代女性的故事》，昆曲《钗头凤》(特邀华文漪参与主演），从台湾民间文学传说吸取新的题材发展成的台湾三部曲《妈祖》、《郑成功在台湾》和《廖添丁》，还有《大将春秋》、《地久长天钗钿情——唐明皇与杨贵妃》、《天地一秀才——阎罗梦》、《王熙凤大闹宁国府》、《李世民与魏徵》，小剧场京剧《王有道休妻》，据张爱玲同名小说改编的《金锁记》等。为加强海峡两岸京剧交流，除与大陆梅兰芳京剧团合作新编神话剧《龙女牧羊》外，1996年还与中国京剧院进行海峡两岸京剧名角联合大公演，使两岸京剧交流进入实质阶段。新剧目《天地一秀才》、《王熙凤大闹宁国府》、《金锁记》等都到大陆展演过，特别受到大学生的欢迎。此外，为达到艺术社区化的发展方针，于每周末下午开办国光剧场，以不同的剧目提供民众假日休闲活动的选择，兼具带动剧团所在地区艺文风气与推广传统戏曲的双重功能。《国光艺讯》双月刊的出版，发挥了与戏迷朋友间双向沟通的作用。国光剧团积极扩充展演场域，不论是堂皇的都市剧院还是僻壤野台，或西部走廊，或东部海岸，国光剧团将京剧一步一脚印地生根台湾。（张秋萍）

《四郎探母》
魏海敏饰铁镜公主
（选自《国光五年》）

《郑成功在台湾》 唐文华饰郑成功（右）
（选自《国光五年》）

Guojia Jingjuyuan

国家京剧院 文化部直属演出团体。原名中国京剧院。成立于1955年1月10日。建院宗旨和主要任务是：组织京剧剧本的创作、改编和整理，经常上演优秀剧目；积极慎重地、有步骤、有重点地进行京剧舞台艺术的改革实验；改造旧型剧团为新型剧院，建立正规化的科学管理制度；继续提高演员的政治思想文化艺术素质，并积极培养青年京剧艺术人才，建设成为京剧改革示范性的国家剧院。2007年5月，经中央机构编制委员会批准，更名为国家京剧院，对外称中国国家京剧院。

剧院前身是中国戏曲研究院所属的中国京剧团（其历史沿革详见中国戏曲研究院、文化部戏曲改进局、延安平剧研究院诸条）。

20世纪50年代中国京剧院的学习生活
前排左起为李和曾、梅兰芳、杨秋玲、李少春，袁世海（前排右一）

1955年1月，从中国戏曲研究院中分离出来，成立中国京剧院。梅兰芳任院长，马少波任副院长兼党委书记，阿甲任总导演。总导演室（后改称艺术室）下设文学、导演、音乐、美术、辅导教练和图书资料各组，分别以范钧宏、郑亦秋、刘吉典、张末元、白家麟、王颉竹为组长。剧院共有4个演出团体：一团团长叶盛兰、副团长叶盛章；二团团长张云溪、副团长夏虎臣；三团团长李少春，副团长袁世海、李和曾；原西南军区京剧院与中国人民解放军总政治部歌舞团京剧队合并，集体转业为中国京剧院四团，团长石天、副团长贺进禄。

1958年起剧院机构变动频繁。是年7月，文化部所属中国京剧院等42个单位下放北京市，原四团调属宁夏回族自治区。1959年4月，以中国戏曲学校优秀毕业生组建青年剧团，一年后改称中国京剧院四团，团长由阿甲兼任，副团长于光主持常务。1960年7月，北京市行政会议通过，任命阿甲为副院长，原三团下放支援北京其他剧团；8月招收学员90名，成立学员班，两年后陆续分配到本院各团；11月与北方昆曲剧院合并，对外保留两院原名，对内实行统一领导和管理；与此同时，北京市戏曲学校实验京剧团划归中国京剧院领导，但仍保留原名称和原建制。1961年文艺整风后，张东川接任副院长兼党委书记，王紫非、李宝光、郭瑞等相继调任剧院党委副书记。1962年经国务院批准，中国京剧院回归文化部领导。1964年，剧院新编剧目《红灯记》、《红色娘子军》等参加全国京剧现代戏会演，社会各界颇多好评。1965年10月，中国戏曲研究院实验京剧团调入中国京剧院，补编为三团，团长张冶，副团长王彤，任桂林随团调任副院长。

剧院继承了延安平剧研究院的光荣革命传统，吸收了各解放区其他进步京剧艺术团的革新经验，由各流派表演艺术家、社会知名的戏曲艺术家，组成京剧舞台艺术创作群体，在频繁的出国访问演出的同时，创作、改编历史题材剧目167部，整理改编传统剧目206部，创作、改编现代题材剧目76部，艺术质量不断提高，演出剧目日趋繁荣。

“文化大革命”期间，剧院遭受了严重摧残，剧目停演，机构解散，有的创作人员惨遭迫害。剧院改组为中国京剧团，在张永枚、阎肃、郑小瑛、张君秋等作家、艺术家和全团演职员共同努力下，加工排演了《红灯记》、《红色娘子军》、《平原作战》等剧。1978年4月恢复原来建制，阿甲为名誉院长，张东川为院长兼党委书记，简朴为副院长、副书记，李和曾、袁世海、夏革非、袁广和为副院长，重新排演了部分优秀保留剧目，并选拔吸收了中国戏曲学院中专班和首届大专班优秀毕业生，以弥补演员队伍的老化和不足，同时着手筹划体制改革，积极投入剧目创作，上演了《红灯照》、《蝶恋花》、《刘志丹》、《大明魂》、《李清照》、《沉海记》、《锦车使节》等新编剧目。

1985年，以王一达为艺术顾问，吕瑞明为代理院长，夏虎臣为副院长，调整充实了原有4个表演团体，并重新组建青年剧团。1987年，吕瑞明任院长兼党委书记，林毓熙任副院长，剧院按“三团一部”的构想，试图充实健全3个阵容整齐的表演团体，并增设研究部，以京剧舞台艺术为核心，侧重对创作实践经验进行理论概括与创新探索，促进京剧艺术的振兴和发展。1988年剧院以《甘棠夫人》、《香港行》、《调寇审潘》等剧参加全国京剧新剧目汇演，其主创、主演均获优秀奖和新剧目奖。1989年，以中日两国艺术家共同编演神话剧《龙王》为开端，京剧和歌舞伎进行了联合创演尝试。中国的哪吒和日本的海彦，在反对强暴的斗争中互助友爱，勇于自我牺牲的高尚品格和抗暴精神，不仅体现了两国人民的友谊，也反映了两国艺术家携手并进的愿望。与此同时，又与日本新制作座商定，以京剧艺术形式，联合改编上演日本著名话剧《坂本龙马》。此后，还派员参加了日本新歌舞伎座《吾剑染热沙——成吉思汗》的演出。这些合作，已从两国互访演出步入民族文化的深度交融。1990年，在徽班进京200周年纪念演出中，剧院以重排优秀保留剧目《红灯记》、《杨门女将》和新编剧目《宝莲灯》、《目连救母》、《玉树后庭花》、《武则天轶事》以及10出折子戏参加演出，其中《目连救母》、《武则天轶事》获首届文华新剧目奖，李世济、郑子如获文华表演奖，唐在炘获文华音乐奖。

1994年，以吕瑞明为艺术顾问，苏移为院长，林毓熙为党委书记兼副院长，魏学策为副院长，丁海鹏、杜振宁为党委副书记，初步推行体制改革，改党委负责制为院长负责制，实行全员考评聘任制和结构工资制。1996年2月，以苏移为院长，刘长瑜为第一副院长，丁海鹏为代理党委书记兼副院长，戴英禄、魏学策为副院长，刘孝华为党委副书记兼副院长，章普新为党委副书记，完成了布局调整、考评聘任人事制度和分配制度。在剧目建设上，完成了《北国红菇娘》、《八仙斗白猿》、《宝马圆情》等新编剧目，其中《北国红菇娘》获第五届“五个一工程”奖和1996年全国戏曲现代戏会演表演奖，《宝马圆情》获第三届中国戏剧节优秀剧目奖。同时还整理复排了剧院的优秀保留剧目《杨门女将》、《红灯记》、《白蛇传》、《响马传》、《将相和》、《佘赛花》、《李逵探母》、《宝莲灯》、《锁麟囊》、《桃花村》等，并重新调整演员阵容，恢复排演了80多

《穆桂英挂帅》
梅兰芳饰穆桂英

《野猪林》（电影）
李少春饰林冲（右） 杜近芳饰林娘子

《九江口》
袁世海饰张定边（左） 叶盛兰饰华云龙

《逍遥津》
李和曾饰汉献帝

《三打祝家庄》
张春华饰乐和（右）（张娟美摄）

《武则天轶事》
李世济饰武则天（右）

《汉宫惊魂》
李光饰刘秀

个大中小型优秀传统剧目，送戏到工矿、农村、部队、学校等基层。

2002年2月，以吴江为院长，刘孝华为党委书记兼副院长，刘惠平为党委副书记兼副院长，宋官林为副院长，刘长瑜为艺术指导，领导剧目建设获得丰收。其中改编自同名滇剧的《瘦马御史》获第八届“五个一工程”奖和第三届中国京剧艺术节金奖。改编自外国戏剧的《图兰朵公主》获第十一届文华大奖，导演曹其敬，作曲朱绍玉，舞台美术设计高广健、胡耀辉，两位主演邓敏、黄炳强均获文华单项奖，又获2004～2005年度国家舞台艺术精品工程提名。以古典小说《三国演义》中“诸葛亮七擒孟获”的基本素材，并借鉴河南越调《七擒孟获》部分元素而创作的《泸水彝山》获第四届中国京剧艺术节金奖、第十一届“五个一工程”奖和第十二届文华新剧目奖，导演高牧坤，舞台设计苗培如，3位主演张建国、袁慧琴、耿巧云均获文华专项奖。此外，与西藏自治区藏剧团合作创排的京剧藏戏《文成公主》获第十届“五个一工程”奖，并入选2006～2007年度国家舞台艺术精品工程，为十大精品剧目之一。与山西省京剧院、中国戏曲学院、山西省歌剧舞剧院联合创排的《晋德裕》，在第五届中国京剧艺术节上获新编历史剧一等奖。据同名歌剧改编的京剧《江姐》，也在第五届中国京剧艺术节上获得现代戏二等奖及名著改编奖（含编剧与唱腔设计）。

2010年3月，宋官林任院长，刘孝华任党委书记、副院长，尹晓东任副院长，于魁智任副院长兼艺术指导，刘长瑜任艺术指导，赵书成任顾问。下设3个演出团，李胜素、李海燕、张建国分任一团、二团、三团团长。

剧院创建以来，人才济济，实力雄厚。以梅兰芳、李少春、袁世海、叶盛兰、杜近芳、李和曾、叶盛章、张云溪、张春华、李盛藻、王泉奎、李宗义、云燕铭、雪艳琴、黄玉华、侯玉兰、孙盛武、李洪春、王玉让、赵文奎、王鸣仲、景荣庆、李金泉、王玉敏、李慧芳、高玉倩、江新蓉、阎世善、李金鸿、萧盛萱、娄振奎、骆洪年、谷春章、李世霖、李世章、曹韵清、徐和才、江世玉、贾松龄、周金莲以及四团的李鸣盛、班世超、李丽芳、郭元汾、俞鉴等为第一代艺术中坚力量。中华人民共和国成立后，由戏曲学校培养的优秀毕业生刘秀荣、钱浩梁、杨秋玲、孙岳、刘长瑜、冯志孝、李长春、王晶华、张曼玲、刘琪、吴钰璋、李嘉林、毕英琦、俞大陆、萧润增、寇春华、郑岩、柯茵婴、刘长生、萧润德、李光、李欣、李维康、耿其昌及20世纪80年代初调属剧院的李世济、杨春霞、高牧坤、齐啸云、李岩等，汇合成新的表演艺术群体。当前，活跃于舞台的于魁智、刁丽、张建国、陈淑芳、陈真治、江其虎、赵永伟、孙绍东、吕昆山、徐美玲、董志华、李红梅、李海燕、张火丁、李文林、袁慧琴、耿巧云、宋小川、李胜素、邓敏、管波、魏积军、黄炳强、王润菁、甄建华、吕慧敏、张威等，在艺术实践中锻炼成长，在各种艺术竞赛中屡屡夺魁折桂，是振兴京剧的未来和希望。还有那些艺术造诣深湛的鼓师、琴师白登云、赓金群、

《春草闯堂》
刘长瑜饰春草（右） 司骅饰王喜

《谢瑶环》
李维康饰谢瑶环

《满江红》
于魁智饰岳飞

《穆桂英挂帅》
李胜素饰穆桂英

《泸水彝山》
张建国饰诸葛亮

任子衡、沈玉才、靳文山、唐在炘及李广伯、李门、万瑞兴、唐继荣、孙仲濂、冯振霄、潘永玲、苏焕学、李超、李祖铭、李亦平、李金平、赵建华、苏广忠、熊承旭、叶铁森、张顺翔、谢光荣、张景霖、李朝阳、费玉明、马忠昆等和舞台艺术技师们。剧院先后拥有编剧翁偶虹、范钧宏、马少波、王颉竹、吕瑞明、景孤血、祁野耘、吴少岳、陈延龄、齐致翔、戴英禄、邹忆青、高文澜、吴江，导演阿甲、李紫贵、郑亦秋、樊放、邹功甫、王一达、任凤坡、荀皓、孙元意、夏永泉、郭自勤、李学忠、高牧坤，作曲刘吉典、傅雪漪、张复、关雅浓、张建民、林鑫涛、张延培，舞台美术设计张末元、安振山、江里、赵金声、郭大有、李文培、李兴海、张希娥，灯光设计吴长海、许贻休、蒋士林、陈佩鑫、王鲁民，研究和评论苏移、林毓熙、王清辉、徐城北等。他们在创作中，广泛开拓不同题材、体裁和艺术风格的剧本570余部，投排上演了430余部，其中100余部已成为剧院的优秀保留剧目，而且大都出版了剧作单行本。院外著名戏剧家郭沫若、田汉、欧阳予倩、马彦祥、吴祖光，舞蹈家贾作光，美术家钟灵、幸熙等，为剧院编导、设计了《江汉渔歌》、《白蛇传》、《柳荫记》、《人面桃花》、《桃花扇》、《三座山》、《谢瑶环》、《西厢记》、《武则天》、《八仙过海》等优秀剧目，是同剧院亲密合作多年的良师益友。院内剧作家创作改编的《三打祝家庄》、《宋景诗》、《将相和》、《野猪林》、《猎虎记》、《李逵探母》、《九江口》、《杨门女将》、《响马传》、《赤壁之战》、《摘星楼》、《凤凰二乔》、《初出茅庐》、《金田风雷》、《满江红》、《三盗令》、《强项令》、《孙安动本》、《罢宴》、《春草闯堂》、《红灯照》、《李清照》、《大明魂》、《锦车使节》、《甘棠夫人》、《调寇审潘》、《武则天轶事》、《宝莲灯》、《承天太后》、《目连救母》、《玉树后庭花》、《火醒神州》、《瘦马御史》、《泸水彝山》等新编历史剧和历史故事剧，《白毛女》、《白云鄂博》、《林海雪原》、《安源大罢工》、《柯山红日》、《红灯记》、《南方来信》、《平原作战》、《红色娘子军》、《蝶恋花》、《恩仇恋》、《香港行》、《宋庆龄》、《北国红菇娘》、《江姐》等现代戏和《三座山》、《龙王》、《坂本龙马》等国际文化交流剧目共236部；整理改编《三岔口》、《武松打虎》、《周仁献嫂》、《大闹天宫》、《桃花村》、《秋江》、《虹桥赠珠》、《赠绨袍》、《敬德装疯》、《三盗九龙杯》、《水漫金山》、《无底洞》、《战昆阳》、《挡马》、《放裴》等优秀传统剧目240余部，其中140多个剧本已编入50集《京剧丛刊》行世，创作改编剧作10种，并结集出版《中国京剧院演出剧本选集》。此外，马少波、范钧宏、翁偶虹、吕瑞明、高文澜、齐致翔、张东川、戴英禄、邹忆青等已出版自选剧作集或剧本评论集10余种。还有许多剧本被选载于《京剧汇编》、《京剧大观》等总集中。另有一些剧目，如《野猪林》、《杨门女将》、《红灯记》、《红色娘子军》、《平原作战》、《春草闯堂》、《红楼二尤》、《燕燕》、《谢瑶环》、《契丹英后》等，拍摄成影片或电视录像等，流传海内外，产生了广泛深远的社会影响。

20世纪50年代以来，剧院不断派团出访了德国、波兰、匈牙利、罗马尼亚、奥地利、法国、意大利、英国、瑞典、西班牙、朝鲜、蒙古、印度、日本、智利、巴西、阿根廷、加拿大、美国、新西兰、澳大利亚、埃及、希腊、以色列、阿尔及利亚等50多个国家和地区，足迹遍布五大洲，向世界剧坛广泛展演京剧艺术，深博广大外国观众和国际著名艺术家高度赞誉，增进了中国同世界各国人民之间的团结与友谊。 （王清辉）

Guojia Wutai Yishu Jingpin Gongcheng

国家舞台艺术精品工程　由中华人民共和国文化部、财政部组织实施的一项繁荣中国舞台艺术事业的重要举措。2002年初，国务院总理朱镕基观看中国京剧院名家名段贺岁演出后，与京剧艺术家们谈话，勉励他们努力创作演出更多更好的优秀剧目，其所需经费，政府可以给。经文化部、财政部会商落实，于2002年7月，国家舞台艺术精品工程获准立项，并制订了精品工程的实施方案、项目管理办法、专项资金管理暂行办法等配套文件，成立了由文化部、财政部两部部长出任组长的领导小组，下设办公室与专家委员会。该工程的宗旨，是要用国家的力量，扶持能够体现民族特色和国家水准的艺术作品的创作与生产，以丰富人民群众的精神文化生活。实施办法，鼓励艺术家和表演团体创作反映现实生活和表现时代精神的优秀新剧目，也可以挑选一批改革开放以来具有较大影响、基础较好、尚有潜力的舞台艺术作品，经过进一步修改、加工、提高，力争打磨出一批精品力作。第一个五年，计划推出50台精品剧目。其艺术形式涵盖京剧、昆剧、地方戏曲、话剧、歌剧、舞剧、音乐剧、儿童剧、木偶剧、皮影戏、大型交响乐、大型民族音乐，以及有整体构思的非组团组合的大型歌舞、杂技、曲艺等。财政部每年拨出4 000万专项资金，有关的地方政府和部门也以相同数额的资金配套投入，以支持优秀作品的生产。遴选办法，自下而上申报，经文化部组织的专家组评选和领导小组审定，每年有30台作品初选入围。经过数月加工打造后，再组织评委到初选入围作品的所在地与观众一起观看演出，进行终审。最后以专家组投票的方式，按照专家意见与观众评价分别占65%和35%的比例计分，由此产生的前10名，即为国家舞台艺术精品工程年度精品剧目。评选工作结束后，举行隆重的授牌仪式，并以组织巡回展演、发行演出录像等方式，让人民群众充分享受艺术成果。文化部艺术司编印《国家舞台艺术精品工程论评》文集，一年度出一本，由文化艺术出版社出版，书中收入相关文件、领导人讲话、创作人员经验总结以及大量评论文章。2002～2007年入选的50台精品剧目中，有京剧6台，它们是：

（2002～2003）《宰相刘罗锅》(北京京剧院)、《贞观盛事》(上海京剧院)、《华子良》(天津京剧院)

（2003～2004）《膏药章》(湖北省京剧院)

（2004～2005）（空缺）

（2005～2006）《廉吏于成龙》(上海京剧院)

（2006～2007）《文成公主》京剧与藏戏，(中国京剧院、西藏自治区藏剧团)

其中获得精品工程提名的京剧剧目有：《骆驼祥子》(江苏省京剧院)、《杜十娘》(中国戏曲学院)、《凤氏彝兰》(云南省京剧院)、《图兰朵公主》(中国京剧院)、《狸猫换太子》(上海京剧院)、《梅兰芳》(北京京剧院)、《布衣女人》(贵阳市京剧团)。 （尹晓东）

Guoju Biaoyan Gailun

《国剧表演概论》　京剧研究著作。魏子云著。台北国立复兴剧艺实验学校1994年6月出版。魏子云（1918～　　），安徽人。因有深厚国学根基，多年从事国文教学。自幼热爱京剧，为资深票友，编撰有《魏子云戏曲集》4集，以及《中国戏剧史》、《国剧的舞台》、《看戏与听戏》等戏剧史论著作。他还是《金瓶梅》研究专家，先后刊行有关《金瓶梅》专著十余部。另有文艺评论及长短篇小说多种。《国剧表演概论》的研究对象虽包括所有中国传统戏曲，行文立论却以京剧为主。书中《歌唱艺术》一章，介绍了京剧唱念的尖团分界、上口字的韵律、交接字音的关键，又拈出李渔在《闲情偶寄》中提出的“解明曲意”，强调歌者应首先了解歌词文意，唱时把感情融会进去，通过旋律和节奏把人物的种种神情传达出来。《舞蹈》一章，指出京剧有一套“身段”基本功的锻炼方法，要求演员掌握这套基本功，运用虚拟的舞蹈动作，在表现“无中而实有”的舞台形物的同时，揭示人物的特定心理活动。诸如《御碑亭》所表现的孟月华在风雨中行路时的心情，《秋江》所表现的陈妙常在风浪中追舟时的心情，皆为传统表演艺术独具特色的创造。《四功、五法》一章，认为四功通指唱、做、念、打，五法应指手、眼、身、发、步。其相互关系为：四功是经，五法是纬。四功中的唱、做是主文，念、打是但书；五法是执行主文和但书的细则。京剧演员谙熟四功、五法，才能根据戏情戏理，在舞台上尽善尽美地塑造人物。《舞台时空艺术》一章，着重剖析传统戏剧的舞台空间，指出京剧不排除刀枪剑戟等“景物的实象”，又有桌椅、水旗、风旗等“景物的假象”，同时创造了开关门窗、行船走马等“景物的意象”。因此，京剧演员必须切实体会舞台空间的当场构架，才能在虚实结合的景物间，做到“带戏上场、带戏下场”。最后要求京剧演员关注舞台上的学理和艺理，如同梅兰芳、周信芳等艺术大师那样，高水平地完成自己的表演艺术创造。（沈达人）

Guoju Fengcai

《国剧风采》 京剧知识读物。陈培仲、胡世均著。吉林美术出版社1999年1月出版。约12万字。有4个部分：①《古老而年轻的“国剧”》，是对京剧起源形成和发展脉络的简略回顾；②《独树一帜的表演体系》，是对京剧以表演为核心的舞台艺术面貌的概述，包括行当与人物、“有规则的自由动作”、表演四功（唱念做打）、虚拟表演和灵活时空以及精彩纷呈的流派艺术；③《群星灿烂的艺术王国》，介绍了程长庚、谭鑫培等16位京剧名家；④《丰富多彩的人物画廊》，介绍了32出久演不衰的京剧剧目及其人物形象。配有多幅图照。该书是吉林美术出版社为面向中国青少年素质教育而推出的《世界艺术教育文库》之一种。（尔冬）

Guoju Huabao

《国剧画报》 京剧刊物。北平国剧学会编辑出版，1932年1月15日创刊。每周五出版。以刊登有研究价值的戏曲图片、照片和文献资料为主，附以戏曲评论及研究文章。发刊词说：“本报以图为经，以文为纬，用忠实的态度，科学方法，对国剧为整理与研究之工作。”对于评论文章，则要求“悉以戏剧全部原理为标准之客观的平衡之批评，毫无派别及个人成见，纯以绝对的真善美为归宿”。该报刊登了许多珍贵的照片和图片，像齐如山拍摄的北平精忠庙梨园会所壁画8幅，梅兰芳缀玉轩珍藏明清戏曲脸谱，清昇平署扮相谱，沈容圃绘程长庚、徐小香、卢胜奎之《群英会》等，具有很高的史料价值，极为后人珍视。文字部分登载了齐如山的《京剧之变迁》、《论国剧中之笑》，懒公的《谭剧杂忆》，岫云的《鞠部佚闻》，清逸居士的《票友之艺术》等，是一份“图文并茂”，“不专注重腔调之变化、场子之改良”，同时注重于“搜集文献，保存图照”，以期造成“研究戏剧之新风尚”的重要专业刊物。1933年8月停刊，共出版70期。（周巩平）

第1卷第28期第1版

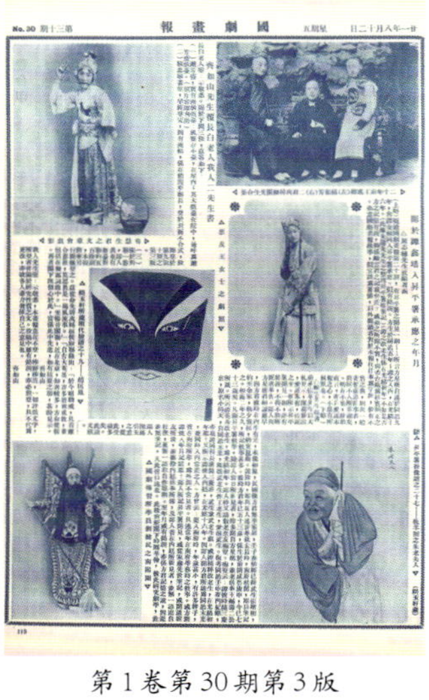

第1卷第30期第3版

Guoju Jianyao Tu'an

《国剧简要图案》 画册。齐如山著。北平国剧学会1935年7月出版发行，为“齐如山剧学丛书”之十。16开本，40页，彩印，平装。扉页有王凤卿题签。内容分7个部分。①行头图。彩版4页，每页8格，格内绘有戏衣蟒、官衣、帔、褶子、宫衣、靠、开氅、箭衣、马褂、袄裤、裙、斗篷及附件玉带、鸾带等37种。②盔头图。彩版1页，绘有各式冠、盔、巾、帽24种。③髯口图。彩版1页，绘有各式髯口24种。④脸谱图。彩版6页：前两页为梅氏缀玉轩藏明代脸谱摹本22种（人物脸谱与神怪脸谱各有11种），中间1页为梅氏藏清初脸谱摹本11种，后3页为现代京剧净丑脸谱35种。⑤砌末图。彩版2页，绘有布城、大帐、山石片、各种旗帜、马鞭、船桨、桌椅等32种。⑥兵器图。彩版1页，绘有长短兵器30种；兵器本属砌末范畴，此处单列。⑦乐器图。彩版1页，绘有各式乐器24种。图像绘制精良，颇存20世纪初期京剧衣物风貌。随图大多配有专页文字说明，用中文、英文、德文标明图案名称，未作其他解释。《齐如山回忆录》中述及此书时称：“因书中只有名字，没有意义，乃是与《中国剧之组织》一书相辅而行，要想明了各物之意义，还须看《中国剧之组织》，或他书。”周贻白《中国戏剧史长编》第九章论及“皮黄剧”的扮演，复刊其中行头、盔头、髯口、砌末等彩版9页作为插图。（龚元）

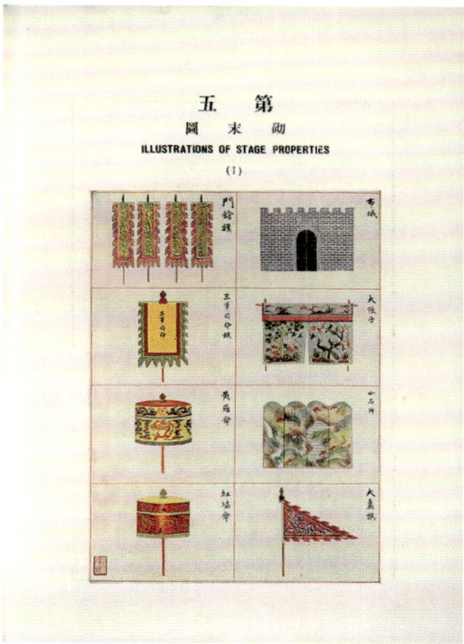

砌末图之一页

Guoju Jinliang

《国剧津梁》 京剧研究著作。稚青女士著。匡社票房1947年4月出版发行。稚青女士名魏新缘，号颐庐居士，为当时名票。20世纪40年代曾为电台播音员，专门讲授京剧，此书由广播讲稿结集而成。全书共分4部分：第一部分讲述了京戏脚色的分类（附脚色总表）、嗓音（包括怎样试嗓、练嗓、护嗓、治嗓等），介绍了皮簧的腔名、板别与行腔、声韵（包括切音、南尖北团、四声阴阳、十三辙、垫用虚字等）、念白（包括引子、诗与对联、报名、叫头、背供、哭与笑、大段念白与快白、扑灯蛾念白与干板）。第二部分为“颐庐剧谈”，收

作者《全本〈失街亭〉面面观》、《从〈飞虎山〉说到编剧的技巧》两篇论文。在谈《失街亭》的文章中，作者考证了街亭之战的历史真实情况，分析了马谡失败的根源，并指出剧本与史实的几个不同之处，还介绍了剧中人物的化装、服装、道具和戏词的调整，辑录了谭鑫培在演出该剧时的逸闻趣事。第三部分选收作者播讲的《搜孤救孤》、《战蒲关》、《桑园寄子》、《断机教子》4个京剧故事。第四部分为“剧艺集锦”，选登听众对作者播讲京剧的来信若干。书中还载有“戏园柱联”、“戏名巧对”、“戏目联句”、“名伶剧名联句”等作为补白。书前有徐凌云、沙大风、易君左、涂鼎元为该书所写序言。徐凌云在序中说：“稚青女士所辑《国剧津梁》一书，深觉条分例举，对平剧作系统之整理，历历如数家珍。关于平剧之著作，大率偏重于月旦，其融洽原理、规律、史实于一炉者，此书堪屈一指矣。”评价颇高。

（戴霞）

Guoju Lianpu Tujie

《国剧脸谱图解》 画册。齐如山编纂。又名《脸谱图解》(封面题签)、《国剧脸谱图表解》(版权页用名)。松竹梅商店1934年5月发行。本书为作者另一专著《脸谱》的配套读物。卷首《脸谱说明》云：“余著《脸谱》既成，恐所注解释之文字仍不易明了，特请人绘此图谱，以备参证。”全书分脸谱、脸谱表两部分。脸谱部分占6页，每页以红线划分12格，每格约8.4厘米见方，中

《国剧脸谱图解》第6页

间为图，右侧标注人物名称及顺序号，共收脸谱72幅，彩色木刻套印。表占10页，列表7种，依次为《颜色谱》、《奸脸谱》、《勾法谱》、《眉谱》、《眼窝谱》、《嘴谱》、《脑门谱》，横式排版，中法文对照。各表均以前面的脸谱为例子，并注明脸谱号码，方便检索。有的脸谱同时在几个表里作例，如关羽的脸谱。《脸谱说明》还要读者注意三点：“一，戏中人应勾脸者约有五六百人之多，性情各有不同，故每人须有每人的勾法，而理论不能出此范围。二，脸谱亦时有变迁，一代有一代之不同，一时有一时之风尚，而原则亦不能出此范围。三，各脚因五官面貌各有不同，故各人须有各人的勾法，而规矩亦不能出此范围。”可知作者本意，仅为探讨脸谱原理及谱式勾法提供若干图例，并非要给演员勾脸提供范本。

（刘效民）

Guoju Tupu

《国剧图谱》 普及京剧原理的画册。齐如山著。张大夏绘。台湾幼狮文化事业公司1977年9月出版。16开本，彩色印刷、精装。书前有齐如山《总说明》：“民国二十年曾把国剧的规矩及情形，

《国剧图谱》护封

绘了图式二百六十幅共两千零三十五图，携往美国去宣传，很有效力，详目载《游美记》中。回国后即张挂于国剧学会，见过者极感兴趣。惜该件都存于北平。到台湾后本想再绘一堂，但画手难觅。……吾国新旧学者对于国剧向多鄙视。殊不知国剧不但是极高超的美术，且也很科学，处处都有他的理论。……所以把各种都分门别类、提纲挈领的图绘出来，并把各门中之名词亦择要录出，或可引起多数人之注意及研究的兴趣。幸有张君大夏合作，他不但能画，且于国剧原理也很有研究。又约上陈君纪滢，三人商酌了许久，乃规定仅画了四十幅，虽不到从前所绘者五分之一，然于各门之理论还能该（概）括的住。且彼时因兼欲宣扬国乐故，只乐器一门便画了五百多种，其余亦多失之冗杂。此次所绘为数虽少，然已屡次易稿，很费斟酌的了。”此文作于己亥冬至日即1959年12月22日。从《总说明》前陈纪滢的《序》来看，齐如山与张大夏的合作始于1955年春，历时5年图谱完成。曾在台湾展出过，于1961年运往美国，“在东西两岸陈列多次，深受中外学术界的重视”，后由任职于西雅图造船厂的齐如山之子齐熙（字子熙）收藏。齐熙亦有一篇《序》指出：“这些图谱，是先父遗作中，唯一尚未出版的珍贵资料”，因“回国任职，才筹划出版”。从图谱绘成到出版相隔18年。张大夏在《后记》中说：“完成了这些幅挂图，每幅上面，都由齐先生亲笔题字，并分类加以说明。另外，齐先生又书写了一部分国剧名词——如上下场、须舞、翎舞——连字带画一共六十五幅。”

本书内容先是各种名词表格。包括脚色名词、指点法名词、须舞名词、翎舞名词、袖舞名词、笑法名词、步法名词、武功名词、上下场名词共9种。接着又将齐著《清代皮簧名脚简述》一书所述及的演员排列了一个名单，其中老生33名、武生18名、小生18名、青衣29名、花旦18名、老旦7名、武旦12名、净23名、丑18名、各行当票友34名，共计210名。以上名词表格，略有几幅配图，乃是本书出版时补充的，用黑白版，以示与图谱的区别。

名词表格以下为图谱。依次为扮像23图，行头38图，盔头25图，脸谱60图，在脸谱后又有“元朝关于人员之脸谱”11图、“元朝关于神怪之脸谱”11图、“明朝脸谱”11图，砌末23图（含旗、帐、布城、山石片、刀枪等47种），舞（含《散花》、《葬花》、《游园》、《醉酒》中的各种舞姿）54图，最后为乐器23图。

本书是齐如山晚年在台湾为普及京剧所作努力的一部分。但其规模、质量，已难同20世纪20年代包括梅兰芳在内的一群人花了七八年工夫所得的成果相比了。1930年随梅兰芳访美演出携往美国的图谱，现藏中国艺术研究院，2006年5月，由文化艺术出版社出版，王文章主编，书名《梅兰芳访美京剧图谱》。

齐如山在《总说明》中说，当年绘制图谱有260个条幅共2 035图，“详目载《游美记》中”。检之《梅兰芳游美记》，实得15类191个条幅。其中舞目、宫谱、脚色3类18幅属于名词表格和乐谱，正式图谱共计12类173幅1 807图。其中1 000多图已收入《梅兰芳访美京剧图谱》中了。

在本书脸谱中列入的所谓“元朝”人员、神怪脸谱22种，“明朝”脸谱11种，完全是根据齐如山《国剧简要图案》(1935年出版）中所列的“明朝人员脸谱”、“明朝神怪脸谱”、“乾隆以前脸谱”摹绘

的，但在标题和文字说明中，把这些脸谱产生的年代各自提前了一个朝代。这不是齐如山对脸谱研究有了新的收获所作的正确更正。以清初昆弋脸谱而言，现在已知，同一规格的传世之物，中国、日本、美国都有收藏，共107幅。据其自注 的声腔、剧目、角色，确是清代南府的勾脸谱式，是无法把它推向“明朝”的。梅氏缀玉轩世藏的明代脸谱，其中人物的脸谱十分古拙，有些角色如包拯、尉迟敬德、赵匡胤、关羽等，可能接近元代的勾法，但从整体看，20世纪30年代《国剧画报》、《国剧简要图案》发表时，题为明代脸谱是恰当的。（龚和德）

Guoju Xinshang

《国剧欣赏》 京剧文集。张大夏著。台湾明道文艺杂志社1980年1月出版。张大夏（1916～ ），直隶霸州（今属河北）人。曾师事齐如山，研究京剧。这是一本介绍京剧剧情知识的普及读物，并旁及历史考证、脚色剖析、人物评价及对舞台排场与演技的阐述等。文字详略据剧情繁简而异，体例不尽相同。全书共介绍了《斩经堂》、《投笔从戎》、《一门忠烈》、《忠孝全》、《二城复国》（据明代张凤翼所编《灌园记》传奇改编）、《四郎探母》、《鼎盛春秋》、《五台山》、《孔雀东南飞》、《盗御马》、《八义图》、《战宛城》、《四进士》、《儿女英雄传》、《双姣奇缘》、《投军别窑》、《玉堂春》、《卓文君》、《得意缘》、《凤还巢》、《琼林宴》、《群英会》、《断后、龙袍》、《龙凤呈祥》24个剧目的详细剧情，附有作者自绘彩色图像，神韵生动。作者还著有《细说国剧》一书，知识性、趣味性兼备，文笔流畅，通俗易懂，是普及传播京剧知识的上乘之作。（捷之）

Guoju Xuehui

国剧学会 学术团体。1930年，梅兰芳赴美演出，有感于“彼邦宿学通人，对吾国旧剧之艺术，有缜密之追求，深切之赞叹，愈信国剧本体固有美善之质，而谨严整理之责任，愈在我剧界同人”，归国后，与余叔岩洽商，取得共识，并获银行界人士资助，遂发起组建国剧学会。1931年12月21日正式成立。梅兰芳、余叔岩联名发表《成立国剧学会宣言》（见《国剧画报》第1卷第1期）。会址设北平前门外虎坊桥45号。参加者有社会各界名流、京剧研究家、京昆知名演员、乐师等。选梅兰芳、余叔岩、齐如山、清逸居士、张伯驹、傅惜华及当时的北平市长周大文任理事。理事会下设指导股、编辑股、审查股、总务组，分掌各项业务。另附设4个实体组织：一是图书馆，规模不大，以著述京剧内容的书报刊物为主。藏有余三胜本《空城计》、《教子》，程长庚本《七星灯》、《朱砂痣》、《临江会》、《状元谱》，王德胜本《镇潭州》，王九龄本《托兆碰碑》，史松泉《施公新传》12卷，汉剧《关公挑袍》等，均为珍品。二是陈列馆。收藏品类繁多，有戏班报庙花名册、京剧剧本、京剧盔头、髯口、脸谱、服装、靴子、文武场乐器、古戏台照片、名角唱片等珍贵资料10万多种。每周展出3天，供中外各界人士观览。三是编辑出版戏剧杂志、刊物。1932年1月出版《戏剧丛刊》第1期。同年5月、12月分别出版第2、第3期，1935年出版第4期；另有《国剧画报》刊载戏剧杂论、文物、剧照，以图文并茂的崭新面貌问世，该画报始于1932年1月，止于1933年8月，共出版70期，均为探讨、研究京剧提供了重要的参考史料。四是国剧传习所，于1932年5月12日正式成立，以素有戏学知识、文化水准的青年为对象。学员有老生组刘仲秋等35人，昆曲老生刘鹤鸣1人，旦组郭建英等13人，净组章铭鸿等3人，小生组高仲清（高维廉）等4人，武生组郑枢等2人，音乐组成耐如等16人，共74名。聘王泊生、徐兰沅为教务主任。聘王荣山、鲍吉祥、孙怡云、郭继香、冯蕙林、钱宝森、朱桂芳、朱玉康、徐兰沅、霍文元等担任各行教师，讲习剧艺。梅兰芳、余叔岩、齐如山、王泊生等，也经常参加讲授表演经验、戏曲组织、身段脸谱等课程。在各组习练念唱、身段的基础上，采取“大学习单元”方法，即以一剧为中心，各组共同完成之。该传习所学员经过4个月的基础训练，至9月即在址内新筑戏台首次习演《射戟》、《武昭关》、《武家坡》3剧。此后，每周习演一次，以促进学员习艺之积极性。学员在所习艺期间，每人至少可以在20个剧目中扮演自己行当的角色。1933年初梅兰芳迁居上海，理事会改组，会址移于琉璃厂海王村公园。同年12月，因经费关系，传习所停办。1935年，国剧学会迁入和平门内绒线胡同45号。1938年7月，理事会再度改组，会址改设西长安街华北广播协会内。先后成立昆曲研究会及中国音乐研究会。1941年3月，为研究、改进京剧，谋求恢复国剧传习所，特改设京剧研究会，召业余京剧爱好者入会，聘张荣奎、魏莲芳、诸如香、钱宝森、刘砚亭、李春恒等为教师，每周教习3次。能登场演唱者，有老生佟宝鑫、刘伯华（女），小生何建之（兼旦），武生樊子期（樊放），老旦朱嫱（女），青衣殷耀华（女）、梁蔚如、张岚（女），花衫李升辅，净脚杨玉铨、连墨庭、李卓人等。曾数次在长安大戏院举行公演。其时，国剧学会之研究、编纂工作及陈列馆展出等，皆已停顿。1947年8月，齐如山在各界敦促下，于北平重建国剧学会，址设霞公府南夹道67号。学会虽设研究组、搜集组，但未见成果，只将以前的陈列品再度展出。1948年初，又以国剧学会名义演出齐如山编剧、徐兰沅导演的《桃花扇》数场。同年冬，齐如山去台湾，国剧学会告终。（李宗白）

国剧学会陈列馆外景

Guomin Daxiyuan

国民大戏院 现代剧场。址在天津市东马路西侧。现已不存。1935年落成，由曾任内河航道股长的杨锡庆出面，邀约商界、士绅、名流邱奎章等集资创建。砖木结构，分上下两层，共1 100余座。开业之日，由徐东明、徐东霞领衔主演京剧《群英会》。不久，由尚小云领班接演，演出过《琵琶仙子》、《龙女牧羊》、《比目鱼》等新编剧目。后又有红净程永龙领衔，关盛良、张德发、宋玉茹等在此演出《粉妆楼》、《混元盒》、《红线盗盒》、《真假包公》、《三江口》、《刮骨疗毒》、《盗马关》、《千里走单骑》等富有特色的剧目。雷喜福领衔，主演过《四进士》。京剧女演员梁秀娟、李砚秀、赵燕侠等亦曾在此演出。20世纪30年代后期，旅津江西小学校校长童汉侠率子女童侠苓、童芷苓、童葆苓和当时尚在童年的童祥苓等，称“童家班”，在这里演出较长一段时间。1939年天津发生严重水灾，市内有多处民宅被淹，山霞社评剧团主演刘翠霞雇用船只，将社内演员和家属全部接到剧院内暂住，解私囊以高价购买粮食供大家食用。此举公诸报端，国民大戏院颇有声誉。灾后，戏院恢复营业，市民争相前往观看刘翠霞的演出。1949后，更名**新华戏院**。1955年，厉慧良离开重庆初到天津，在此首演。每场戏一人兼演文戏、武戏各一出，为天津观众所称道。1958年，以小白玉艳、陈金柏为主演的吉林省京剧团来到天津，在新华戏院演出现代戏《游击英雄》等剧目，受到好评。1997年因城市总体建设规划而被拆除。

（甄光俊）

Guo Shaoqing

国少卿 （1896～1961） 女演员。工文丑。艺名**一斗丑**。祖籍直隶安东（今属河北廊坊）。幼入老荣仙梆子班学旦脚，学成后常与元元红（郭宝臣）、崔灵芝、金钢钻、金月梅等同台奏艺。20岁后改演京剧文丑，尤以婆子、彩旦擅长，先后与章遏云、雪艳琴、福芝芳、王玉蓉等合作，演于京津一带。她嗓音脆亮醇厚，吐字清晰分明，唱念均见功力。在表演上，尚含蓄，去粗俗，不浅薄，是颇负时誉的一代坤丑。常演的剧目有《高三上坟》、《探亲家》、《红鸾喜》、《乌盆记》、《送亲演礼》、《浣纱河》、《玉堂春》等。曾与苏兰舫、刘玉琴等合演过《太虚幻境》，与黄玉华、苏维明、高世寿等排演过《阴阳宝册》等。曾由胜利唱片公司灌制过《探亲》、《演礼》、《奇冤报》、《红鸾喜》、《高三上坟》等唱片行世。1959年入吉林市京剧团，后调吉林市艺术学校任教，除教丑行外，亦教生行，为培养戏曲人才作出贡献。女佟爽秋为京剧旦行演员。

（钮骠）

Guoziguan Piaofang

果子观票房 京剧爱好者自娱组织。满洲贵胄子弟汪绍于1913年初秋成立，址在北京德胜门里果子市南口果子观内。汪绍工老生，拜王长林为师。参加该票房的著名票友有程茂亭、恩禹之、乔荩臣、张小山、张德趾、吕正一、赵芝香、翁麟声（翁偶虹）、董俊峰、小凤凰、于冷华、关醉蝉、来伴琴等。周裕庭为文管事，张焕庭为武管事，戏箱租自于云鹏。该票房以恩禹之演的《审头刺汤》和小生来伴琴、老旦松介眉、正旦宁子臣合演的《孝感天》最有名。后因果子观房产出售，票房解散。汪绍为玩票也落得倾家荡产，下场凄凉。之后，八旗贵胄振绍棠于1914年在地安门内慈慧殿南月牙胡同成立南月牙票房，参加活动的多为原果子观票房同仁。该票房每月分期排演，1920年解散。其同仁在后圆恩寺内又另立票房，每月农历逢五、逢十排演，一年后解散。

（李体扬）

guomen

过门 京剧唱腔的先导音乐以及唱句与唱句之间的衔接音乐，在唱腔演唱中有着起、承、转、合及衔接唱句的作用。过门有“起唱过门”、“大过门”、“小过门”以及“收头”之分。“起唱过门”即唱腔演唱前的先导音乐；“大过门”多为唱句与唱句之间的衔接音乐；“小过门”多为唱句中分句与分句之间的衔接音乐；“收头”即唱腔结束后，为强调唱腔曲调的终止而延续的伴奏曲调。京剧有不同的声腔、板式，由于曲调各异，节奏有别，过门也有不同的曲调。京剧有不同的行当，各个行当有不同的演唱特点，因此同一个声腔、板式，由于行当不同，它的过门旋律也相应有所变化。京剧演员中又有不同的流派，各个流派的唱腔演唱又有十分突出的特性，因此，同一行当的唱腔，由于流派不同，它的过门又有着表现这一流派特点的旋律特色。此外，由于剧目不同，所表现的剧情、人物情感有不同的内涵，也促成各种声腔、唱腔的过门的不断变化更新。

（安志强）

Ha Baoshan

哈宝山 （1913～1994） 演员。工老生。北京人。回族。9岁从蔡荣桂学老生，10岁开始登台演娃娃生。曾参加马连良的扶风社，

后又参加荀慧生、程砚秋、梅兰芳、谭富英、杨宝森等人的班社演出。他应里子老生，会戏多，演戏规矩，受到各班社的欢迎。1951年哈宝山随马连良、张君秋赴广州演出，在《群英会》中饰诸葛亮，《四郎探母》中饰杨延昭，《失街亭、斩马谡》中饰王平，《玉堂春》中饰刘秉义，受到马连良和张君秋的称赞。1955年与杨宝森筹建天津市京剧团，为杨配演的《文昭关》东皋公、《清官册》赵德芳等，十分默契；还与杨宝森合作改编了全部《秦琼》。1957年赴朝鲜慰问中国人民志愿军。后仍在天津市京剧团任

《捉放曹》饰吕伯奢（右） 谭富英饰陈宫（左） 王泉奎饰曹操

主要演员。1976年以后，参加演出了很多传统戏，并致力于教学工作，为天津市培育了一批京剧人才。 （金力）

Ha'erbin Jingju Pingju Yuan

哈尔滨京剧评剧院 戏曲演出团体。由哈尔滨京剧院与哈尔滨评剧院合并而成。**哈尔滨京剧院**起始于1947年7月东北军区政治部接收的旧京剧团体中央大舞台共和班，整编后称松江省军区政治部文艺工作团。1948年11月，文艺工作团的部分人员调往沈阳，留守

《革命自有后来人》 梁一鸣饰李玉和（中）
云燕铭饰李铁梅（左） 赵鸣华饰李奶奶

人员与东北人民剧院（又称东北文协平剧工作团）的留守人员合并，组成松江省平剧工作团。1951年3月，移交松江省人民政府文教厅，改名**松江省实验京剧团**。文武老生曹艺斌、花旦郝永慧，武生高亚樵等排演了《大禹治水》、《隋炀帝》、《郑成功》等宣传爱国思想的剧目。1951年夏，与新中国实验京剧团李少春、袁世海、叶盛章等联合募捐义演，为“鲁迅号”飞机捐献东北流通券1 300万元。1953年改隶于哈尔滨市文化局，称**哈尔滨市京剧团**。首任团长王树祥，主要演员金碧玉、高亚樵、杨月笙、梁一鸣、韩慧梅、吴蕊兰、张蓉华等，导演张津民、贾世华、史玉良，乐队高鹤年、于绍田、郇长苓、陈福林、蔡福林等。7月以新编《劈山救母》参加东北区第一届戏剧、音乐、舞蹈观摩演出。高亚樵、梁一鸣获优秀表演奖，韩慧梅、马纪良、杨月笙等获表演奖。1956年参加黑龙江省首届戏曲

《孔雀胆》 云燕铭饰阿盖公主（左）
孟广新饰段功

观摩演出大会，演出《孔雀东南飞》、《合州城》，获演出奖、集体表演奖及个人奖。同年剧团学员班组成青年演出队，壮大了剧团阵容。1958年云燕铭、任志林调到剧团，演出《打金枝》、《蝴蝶杯》、《临江驿》、《谢瑶环》及现代戏《红色的种子》、《南寨惊雷》，受到观众热烈欢迎，剧团的导演、排演、演出等各项制度得到进一步完善。1964年以现代戏《革命自有后来人》参加全国京剧现代戏观摩演出，获得广泛好评。1965年又以《一颗珠》、《让马》等参加东北地区京剧现代戏观摩演出大会。“文化大革命”中期，剧团解体。1971年恢复。粉碎“四人帮”后，一大批中青年骨干如老生孟广新、田占云，旦行王天蓉、王香兰、董桂玢、王连鹏、谷娜、于兰，小生萧润田，武生关胜利、赵永伟，花脸曲凤翔以及导演任宝琛、编剧魏云鹏等相继崛起。先后演出《小刀会》、《杨门女将》、《逼上梁山》、《打金枝》、《扈家庄》、《逍遥津》、《螺蛳峪》、《凤凰错》、《赵一曼》等剧。1979年参加黑龙江省庆祝中华人民共和国成立30周年献礼演出，以郭沫若同名话剧改编的《孔雀胆》获演出一等奖，云燕铭（饰阿盖公主）、张蓉华（饰王妃）获优秀表演奖、史玉良获优秀导演奖、韩慧梅获优秀伴唱奖。1982年，云燕铭、张蓉华、高亚樵领衔，赴上海、南京、北京、沈阳等地巡回演出，赢得各地观众、同行的赞许。1986年改为哈尔滨京剧院。1996年9月，与哈尔滨评剧院合并，改今名。2001年，创排历史故事剧《浑河堰》参加第三届中国京剧艺术节，获剧目奖。（王晓明）

Ha'erfei Xiyuan

哈尔飞戏院 见西单剧场。

Ha Yuanzhang

哈元章 （1923～1995） 演员。工老生。北京人。回族。哈宝山之侄。幼入北京富连成社第六科学艺，师从雷喜福、王喜秀、张连福。坐科时已崭露头角。学成后，在北京、张家口等地搭班奏艺，常演《琼林宴》、《九更天》、《四进士》、《乌龙院》、《打严嵩》、《清风亭》、《苏武牧羊》、《胭脂宝褶》、《群英会》等剧。1949年到台湾，成为大鹏剧队的首席老生。嗓音虽显低沉，而唱念俱见功力，尤以做工戏为人称道，与胡少安、周正荣、李金棠并列为台湾的四大须生。除登台演戏外，曾任小大鹏国剧队的实习主任，培育菊坛后人。（钮骠）

haibao

海报 戏曲演出之广告。又称戏报。清代茶园、戏园多采取水牌形式，将演出之时间、戏目、演员等告示于门外、廊下及堂上戏台边，或加溢美之词和其他说明。清道光二十二年（1842）《梦华琐簿》载：“《都门竹枝词》云：‘某日某园演某班，红黄条子贴通阛。’今日大书，榜通衢，名‘报条’，曰：某月日，某部，在某园演某戏，尚仍其旧俗。盖诸部赴各园皆有定期，大约四日或三日一易地，每月周而复始，有条不紊也（原注：广州城则每日梨园会馆悬牌，云某日某班在某处）。”其中悬挂或张贴于街头者称海报，喻市肆如海，茫无边际。挂贴于戏园门口者称门报。挂贴于园内厅堂上者称堂报。挂贴于场上（戏台边）者称场报。内容或有不同，但告示戏目及演员则一。海报告示近期演出，门报告示当日演出，堂报告示整场演出，场报告示各场演出。民国以后，剧目宣传品多以彩色印刷，张贴于公共场所，仍称海报。（戴申 周华斌）

上海大舞台海报

haidi

海笛 比唢呐形体小些的簧管乐器。其筒音为a'，常随曲笛一起为某些武戏中的昆腔伴奏，或在某些舞蹈场面中奏配乐用。（王镜海）

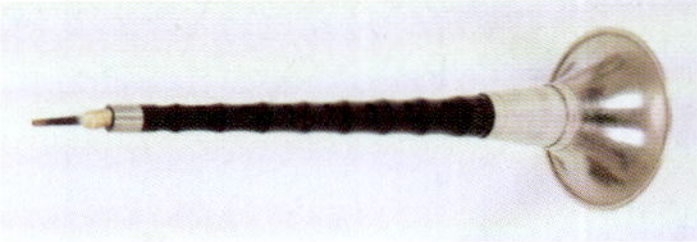
（刘海发摄）

Haigang

《海港》 京剧作品。初名《海港早晨》。何慢、郭炎生据淮剧演出本《海港的早晨》改编。青年工人余宝昌受仓库保管员钱守维的思想影响，不安心装卸工作，造成散包错包事故。装卸队支部书记金树英与老工人王德贵等以码头苦难斗争历史教育余宝昌，并带领大家连夜翻仓，查清散包，换回错包。1964年上海京剧院排演。杨村彬导演。主要演员童芷苓（饰金树英）、小王桂卿（饰装卸组长刘大江）、赵文奎（饰王德贵）、李永德（饰余宝昌）、艾世菊（饰钱守维）。演出借鉴电影手法，创造了“风雨追舟”的表演，颇有特色。1964年全国京剧现代戏观摩演出期间，在京内部彩排，因江青

李丽芳饰方海珍（左）
周卓然饰韩小强（中） 朱文虎饰马洪亮

指责其“突出了中间人物”而被否定。1965年，由何慢、郑拾风、闻捷、郭炎生、李晓民组成编剧组，开始修改。江青、张春桥插手其间，两年中三易其稿，加进阶级斗争，将钱守维改为暗藏的阶级敌人，剧名改为《海港》。1966年10月首演于上海。章琴导演。蔡瑶铣饰金树英，高韵洪饰刘大江。之后，剧中人物金树英、刘大江、王德贵、余宝昌分别改名方海珍、高志扬、马洪亮、韩小强。“文化大革命”中，《海港》等5个京剧现代戏作品被江青定为“样板戏”。1969年后，剧本在继续修改加工中进一步强调阶级斗争，突出方海珍的中心位置。钱守维被写成腐蚀青年、蓄谋制造事故的反革命分子。1972年1月最后定稿，署名“上海京剧团《海港》剧组”。主要演员李丽芳（饰方海珍）、赵文奎（饰高志扬）、朱文虎（饰马洪亮）、艾世菊（饰钱守维）、周卓然（饰韩小强）。该剧具有“文化大革命”时期的政治色彩，诠释“以阶级斗争为纲”的观点，剧情、人物公式化、概念化；以散包小麦中掺入玻璃纤维构成戏剧冲突，也缺乏生活真实。但全剧唱腔、表演颇有特色。剧中注重唱功，以音乐形象塑造人物。如方海珍的［二簧］“午夜里钟声响”、［反二簧］“进这楼房想起当年景象”，高志扬的［二簧］“一石激起千层浪”、［二簧］“听雷声战鼓声声催人紧”，马洪亮的［西皮］“自从退休离上海”，［二簧］“数九天大雪纷飞”，唱腔新颖。李丽芳、赵文奎、朱文虎的演唱亦见功力。1972年人民文学出版社出版单行本，北京电影制片厂、上海电影制片厂联合摄制成彩色戏曲艺术片。上海音乐学院据以改编成《海港弦乐五重奏》。（沈鸿鑫）

haipai

海派 京剧流派。“海”指上海，“海派”与北京的“京派”相对而言。上海在近代崛起后，成为京剧在南方扩展的重要据点。清同治、光绪年间，北京的皮簧戏南来上海，在都市戏园舞台上，经过了激烈的艺术竞争，先后吸收了徽戏、昆腔戏、梆子戏等某些因素，又接受了西方话剧、电影的影响，逐渐形成具有上海特色、近代文化特点的京剧流派，是为海派。它是京剧在上海的演变结果。

海派的主要特点是：①开创适应时代情绪，表现现代生活的风气。19世纪末20世纪初，因甲午战争和戊戌变法的失败，资产阶级民主革命思潮日益高涨，当时上海影响最大的剧种京剧，也在戏曲改良运动的狂飙中被推向唤起民众的前沿。关心和从事戏曲活动的知识分子如梁启超、陈去病、陈独秀、柳亚子等纷纷发表文章，号召戏曲艺人关心国家命运，进行戏曲改良。1904年，陈去病、柳亚子等在上海创办了中国第一种戏曲刊物《二十世纪大舞台》。他们在报刊上提出了戏曲改革主张：编演新戏，以新戏反映民族危机，宣传民主、爱国思想；革新艺术，“采用西法”来改进舞台艺术。随后，以汪笑侬、潘月樵、夏氏兄弟（月珊、月润）等为代表的上海京剧艺人把戏曲改良付诸实践。建造了中国第一座近代化剧场“新舞台”，又编演了《潘烈士投海》、《黑籍冤魂》、《瓜种兰因》等大量时事新戏。上海京剧舞台上的时事新戏对西方话剧（通过文明戏的中介）借鉴较多：旋转舞台上设彩色油画景或立体实景，人物着清装、时装或洋装，在表演上突破传统戏曲程式和京剧唱腔规范，增强了念白说理成分等，形成了演唱文辞通俗化、场景写实化、表演生活化的格局。洪深在《中国新文学大系·戏剧集导言》中评介这些现象时说：“那戏的性质，不知不觉地趋于写实一途了。”②与市民趣味、商品属性同生俱来的世俗化特性。辛亥革命后，京剧在上海由政治革命的工具还原到市民大众娱乐的形式，在为革命而呐喊的热情大幅下降后，海派把表现题材的重点转移到迎合市民观众的社会新闻、家庭伦理、言情故事上来，《枪毙阎瑞生》、《失足恨》、《黄慧如》以及取材于武侠

海派京剧名家周信芳（左）、赵如泉（中）、盖叫天 （陈莹摄）

小说、公案小说的剧目大量涌现，使海派的世俗化特性充分地反映出来。③标新立异的价值取向。海派高度的商品性与市场性引来了竞争意识的强化与竞争行为的激烈，标新立异成为海派又一鲜明特点。从舞台演出形式来看，先是以“新戏、新角、新彩、新砌”为争胜资本，偏重于新剧目、新演员阵容和技艺水平的较量，而后又以表现形式的出奇出新为竞争手段。20世纪20年代后新颖奇特的灯光布景、机关布景和真刀真枪、多音联弹等比比皆是。

海派是近代化大都市对传统文化改造的产物，也是传统文化在近代社会的转型，它的产生与兴盛对京剧艺术的发展起到了重要作用。海派以开掘时代生活的创作态度和实绩，实现了古典艺术与现代社会的连接，同时也造就了一批在京剧史上光彩夺目的表演艺术家，汪笑侬、潘月樵、夏月珊、冯子和、周信芳、盖叫天等为京剧艺术的提高发展作出了重要贡献。海派京剧重视革新借鉴，追求新的综合，虽然限于历史条件，往往粗糙、杂乱，缺少真正的消化、融合，但为京剧的现代转型提供了许多经验。而过分迎合市民趣味、过度追求新变奇巧也使海派在一定程度上远离了京剧艺术的本体精神。20世纪80年代以后，上海京剧《曹操与杨修》、《盘丝洞》、《狸猫换太子》、《贞观盛事》等一批佳作出现，既保留了传统海派的若干特点，又是对海派京剧的整体性提高，特色鲜明，表演精湛，受到南北观众的欢迎。（张泽纲）

Hai Rui Ba Guan

《海瑞罢官》 京剧作品。吴晗编剧。描写海瑞任应天巡抚，微服赴任，访得致仕首辅徐阶以“投献”为名，大量兼并土地，纵容子弟横行乡里，三子徐瑛抢占民妇，受到县官庇护，民怨沸腾。海瑞决心平反冤狱，处死徐瑛，并要徐阶退还强占的民田，因此被罢官离去。事见谈迁《枣林杂俎》“海瑞”及朱国祯《涌幢小品》“华亭归田”等。1961年北京京剧团首演。马连良饰海瑞，裘盛戎饰徐阶。“文化大革命”中，作者竟因此致祸。写作原委是：1959年4月，在一次党的会议上，毛泽东批评了当时干部中不敢讲真话的作风，讲到要宣传海瑞刚直不阿的精神，可以找几个历史学家研究一下。时任北京市副市长的吴晗便写了《海瑞骂皇帝》(《人民日报》1959年6月16日)、《论海瑞》(《人民日报》1959年9月17日)。同年9月，曾以饰演《大红袍》等剧中的海瑞著称的马连良转约吴晗，为他以海瑞事迹编写新剧。数易其稿，终于1960年底彩排。后将剧名由《海瑞》改为《海瑞罢官》。公演后，毛泽东在家接见了马连良，“同他一起吃饭，请他唱海瑞，并说：戏好，海瑞是好人。还称赞剧本的文字写

马连良饰海瑞（王家熙提供）

得不错”（袁溥之《忆吴晗同志二三事》，见《北京盟讯》1981年第3期）。《北京晚报》发表了繁星（廖沫沙）、常谈（侯外庐）、史优（孟超）等人的文章，祝贺历史学家“破门而出”，编写京剧，为此竟遭江青之忌。1963年，在她组织了署名梁璧辉批判繁星评论昆曲《李慧娘》（孟超编剧）的文章以后，便酝酿对《海瑞罢官》的批判。由于北京没人写，便于1965年去上海，在柯庆施支持下，江青与张春桥、姚文元秘密组班，由姚文元执笔，写成《评新编历史剧〈海瑞罢官〉》，1965年11月10日在上海《文汇报》发表。文章诬陷作品描写“退田”、“平冤狱”是影射现实，是反党反社会主义的大毒草。同年12月21日，毛泽东在和陈伯达等人谈话时说，《海瑞罢官》的要害是罢官，“嘉靖皇帝罢了海瑞的官，我们罢了彭德怀的官”。后来又说：“姚文元的文章也很好”，“但没有打中要害，要害问题是罢官”。对《海瑞罢官》的“批判”，成为发动“文化大革命”的一个信号。1969年10月11日，吴晗被迫害致死，不少曾仗义执言的人士也广受株连。粉碎“四人帮”后，吴晗及《海瑞罢官》冤案终得平反。（颜长珂）

Hai Rui Shangshu

《海瑞上疏》 见许思言。

Haishang Liyuan Xin Lishi

《海上梨园新历史》 戏曲史料。作者署名茗水狂生，真实姓名不详。写成于清宣统元年（1909）冬，宣统二年（1910）六月上海进步小说社出版。全书共6卷，依次是《名伶列传》、《遗珠补录》、《歌舞丛谈》、《剧名录》、《各名伶拿手好戏表》、《游戏文》。《名伶列传》记载了小叫天（谭鑫培）、刘鸿昇、孙菊仙、吕月樵、三麻子等清末民初活跃在上海舞台上的86位著名京剧演员的生平艺事。《遗珠补录》又补录周凤林等60余名演员的情况。《歌舞丛谈》评介了上海新剧和旧剧演员及其演出剧目，以及当时新旧剧场的舞台装置和布景。《剧名录》分类记载了此阶段的流行剧目，其中有不少是当时京剧舞台上的新戏。武剧有《花蝴蝶》、《长坂坡》、《挑华车》等95出，旦剧有《遗翠花》、《拾玉镯》、《汾河湾》、《玉堂春》等87出，须生剧有《空城计》、《九更天》、《文昭关》、《潘烈士投海》、《三门街》等106出，正旦剧有《彩楼配》、《三击掌》、《六月雪》等12出，小生剧有《白门楼》、《岳家庄》等10出，净角剧有《大保国》、《二进宫》、《打龙袍》等32出，红生剧有《华容道》、《古城会》、《战长沙》等14出，小丑剧有《请名医》、《瞎子逛灯》等14出。《各名伶拿手好戏表》则记录了71位演员每人擅演的几出剧目名称，如汪笑侬名下列了《骂阎罗》、《党人碑》、《朱砂痣》、《乌盆记》，小子和名下列了《三娘教子》、《阴阳河》、《梅龙镇》、《花田错》等。较详实地记载了上海开埠以来京剧舞台的繁盛情况。吴门伧楚所作序言说：“上海除旧戏院外，近有大舞台也，有新舞台也，有新剧场也”，“电火通明”，“笙歌竞奏”，“许多关目，以改良为宗旨，新剧频编，以劝善为关键”，而“茗水狂生之记载，大可观已”。（周巩平　朱荣琴）

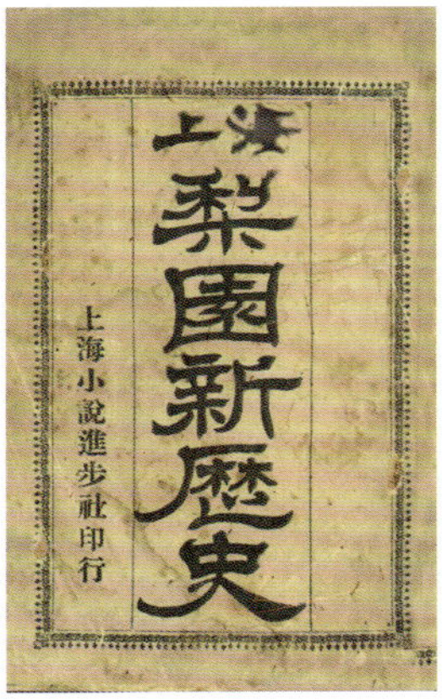

Haishang Liyuan Zazhi

《海上梨园杂志》 戏曲史料汇编。慕优生编。清宣统三年（1911）上海振聩社出版。共12卷。内容包括上海清光绪末至宣统“十数年来”散见于报章的文人谈戏文章，以及伶人小传、诗文杂谈等，“广摭博采”，将“不成片段”者汇成一集，故以“杂志”命名其书。书中较主要者有卷一《论说》收录的《剧场之教育》（天僇生）、《秦腔京调与昆曲优劣辨》、《论上海人之观剧》（藜床卧读生）、《论谭鑫培与孙菊仙》等文；卷二《名伶列传》所收小叫天、孙菊仙、想九霄、路三宝、吕月樵、李春来、小子和、三麻子、汪笑侬等120余名戏曲演员小传；卷四《新剧闲评》介绍《瓜种兰因》、《刑律改良》、《张文祥刺马》、《血泪碑》、《斗牛宫》、《铁公鸡》、《大少爷拉东洋车》、《梦游上海》等几十部当时新编的京剧剧目的剧情内容及演出情况；卷五《改良戏曲谭》所收之《新戏曲宜以动人感情为胜》、《新戏曲宜求高尚》、《新戏剧中之古衣冠不可废》、《提倡旧曲》、《伶人不宜改变曲之词句》等讨论戏曲改良的文章；卷七《歌舞志》所收《沪上梨园之历史》、《戏迷传》、贵俊卿之《乌盆记》、小连生之《南天门》、盖叫天之《狮子楼》、汪笑侬之《骂阎罗》、大舞台之《斗牛宫》等评述文；卷十二《词苑》所收文人观剧后所写的评剧评伶诗文等。实是清末上海剧评剧论的一部汇编。（周巩平）

Han Bu'an

韩补庵（？～约1935） 京剧作家。名梯云。直隶宣化（今属河北）人。曾追随天津近代教育家林墨青，任《广智星期报》主笔。辛亥革命后，积极参加戏曲改良活动，并著传奇《石壕吏》。受业师影响，酷爱京剧。五四运动期间，作有《双鱼佩》、《一封书》、《丐侠记》（一名《黄金与面包》）、《几希》（亦名《荆花泪》）、《洞庭秋》、《玉箫缘》等剧，曾由天津社会教育办事处结集印行。剧本前面多有作者所写编剧宗旨和杨韵谱代奎德社演出所作说明，后面则加有自注或严范孙的评语。韩自称这些剧本是“过渡新戏”，既从旧戏中脱胎，又志在“给大家另选一种模范人物的新人谱，把那李逵、黄天霸的势力完全推翻”。所著《补庵谈戏》（中华书局1924年6月出版）中表达了他的编剧思想，认为“演戏不是演说”，不能把演说“夹在戏里”，“要把想说的话，随戏中情节，偶然发挥几句，自不觉节外生枝”。他认为，新剧旧剧是有区别的，但都是生活的反映。新戏要编，但不要改旧戏。编新戏也不要编纯粹的新戏，要利用旧戏的方法，要有波澜，有插科打诨，要不新不旧，这样才能把戏本编得“够个戏”。书中对京剧演员三麻子、汪笑侬、杨小楼、陈德霖、德珺如、侯喜瑞、李春来、刘鸿昇、高庆奎、龚云甫等均有评论。谈戏中特别提出“戏不论为任何派，其要素为‘美’，为‘真’，为‘乐’，为艺术，缺一不可”。“苟可以使吾听之而乐者，则皆好戏也”，强调戏的娱乐功能。提出“惟有客观的批评法，较有把握。……一切形似语、空洞语，得避之则避之”，“吾所评价，对艺的多，不论其人”。反对评论中的派性之争。（张燕鹰）

Han Jinkui

韩金奎（1892～1984） 演员。工丑。原名韩戴祥，艺名小金奎。浙江慈溪人。9岁入秦腔科班，后拜张国泰为师，并受教

于张德福、刘永泰。16岁在湖南长沙挂过铜锤花脸“状元匾”。后因倒嗓，辛亥革命后到上海搭王鸿寿班。王认为他演丑更好，遂改丑行。又拜克秀山、郭春山、王洪等名丑学艺。他戏路宽广，多才多艺，能唱善做，善用各地方言演多种行当的角色，均能惟妙惟肖地刻画出人物特征。常演剧目有《丑表功》、《瞎子逛灯》、《戏迷传》、《打花鼓》等。中华人民共和国成立前，上海凡演《大名府》，李固角色非他莫属。他还在红极上海的《拾黄金》一剧中饰叫花子，用绍兴大班的声腔唱司马懿，用宁波方言表演诸葛亮，唱《二进宫》中的生、旦、净，嗓音清脆流利，十分精彩。他曾与众多名伶合作演出。例如：与梅兰芳演《金山寺》，饰小和尚；《四郎探母》，饰大国舅；《法门寺》，饰刘公道。与周信芳演《四进士》，饰绍兴师爷。与周信芳、金少山合演《打严嵩》，饰严侠。与林树森、陈鹤峰合演《血滴子》，饰年禄；与盖叫天演《武松打虎》，饰酒保等。由于他高超的演技，以及对小花脸脸谱的精湛研究，所以凡他参与演出的剧目，人物个个生色，为戏增辉。他还和刘筱衡合演一至四本《开天辟地》，由百代公司灌制了唱片。弟子有昆曲演员王传淞、京剧演员顾春燕。长子云峰工武生，次子锡麟工老生。（高怡郇）

Han Leqing

韩乐卿 京剧教师。曾为武净演员。小名二雕。生卒年月不详。清光绪九年（1883），已搭入嵩祝成班，其生年约与钱金福相近，与杨万清（杨小楼之师）等人是同时期人物。韩乐卿曾为谭鑫培配戏，在《战宛城》中饰典韦，尤擅长《八大拿》戏中的郎如豹等反座子角色。他是喜连成班科班第一科教师，担任开蒙和《八大拿》剧目教学。鉴于当时科班学生缺乏文化，他教戏时先给学生讲解剧情、人物、历史等知识，使学生懂得所学剧目的故事情节之后，才开始教戏。韩擅长勾脸。他把当时灯扇工艺美术中的图案融合到他的脸谱上，勾勒细致美观。他与清宫如意馆承差有交往，承差绘制戏曲人物时，常向他请教脸谱的谱式勾法。他曾绘制许多京剧净脚人物图像。其两个得意弟子为金少山和侯喜瑞。金、侯的勾脸就深受韩的影响。侯喜瑞生前对韩师的教学方法极为推崇与仿效。其子韩金福工小生，曾在北平各班演出，长期为杨小楼配演。韩金福亦擅长绘制京剧净丑脸谱图解，能掌握其父的脸谱笔法，曾给当年北平国剧学会绘制成套脸谱图解，说明京剧脸谱的谱式图案和应用惯例。齐如山编写脸谱著作时，韩金福的图稿是其重要的参考资料。（刘曾复）

韩乐卿手绘脸谱

《群英会》饰曹操

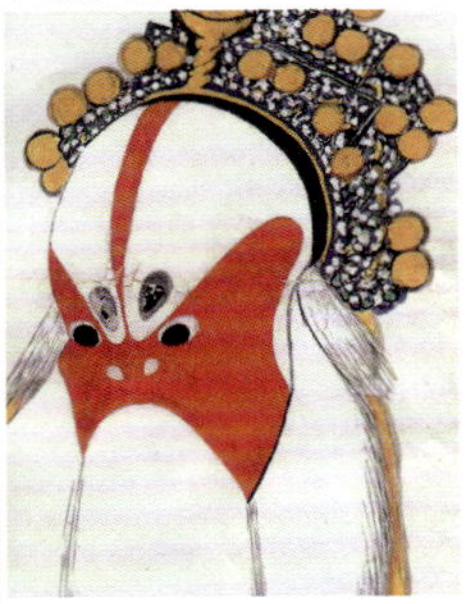

《群英会》饰黄盖

《刺王僚》饰姬僚

《刺王僚》饰专诸

（选自《梅兰芳藏戏曲史料图画集》）

Han Shenxian

韩慎先 （1897～1962） 票友。工老生。原名德寿，号慎先，别署夏山楼主。祖居北京。其祖父曾为清末吏部官吏。父名韩麟阁。韩慎先长期居住天津，善于鉴定古玩、字画。1950年任天津艺术博物馆副馆长，1962年病逝。自幼酷爱京剧，在津从陈彦衡研习谭派唱腔，成就斐然。与王瑶卿、王凤卿、王少卿、杨宝忠、高联奎（高庆奎之弟）、陈富年（陈彦衡之子）等过从甚密，互相切磋，唱法日臻精湛。他嗓音清、亮、劲、脆，能歌正工调。运腔圆润流畅，音域宽广，高低自如。早期神完气足，晚期韵味醇厚，对尖团字、阴阳四声分辨清晰准确，为内外行所服膺。生平灌制唱片21张，晚年还有数种录音资料，是灌制唱片最多的京剧老生票友。所灌唱段几乎囊括了谭派的代表剧目，如《定军山》、《朱砂痣》、《举鼎观画》、《洪羊洞》、《卖马》、《武家坡》、《击鼓骂曹》、《乌龙院》、《李陵碑》、《八大锤》、《捉放曹》、《二进宫》、《汾河湾》、《乌盆记》、《战太平》、《四郎探母》、《搜孤救孤》、《鱼肠剑》、《桑园寄子》、《打渔杀家》等。这些唱片和音响资料的影响，遍及海内外，收藏者视如珍宝。全国各地的老生演员到天津时，几乎无不专诚向他求教请益。

韩慎先在演唱艺术上，有很多独到的体会和见解。如主张“熟戏”也要往“生”里唱，不能因为是熟戏就漫不经心，随意为之，只有把“熟”戏当“生”戏唱，才能长期保持新鲜感。他还主张演唱时虽然应尽自己最大音量把一句唱足，但同时必须与字正腔圆相结合，不能因声害腔，因腔混字，亦即“该实的实，该虚的虚”。他晚年行腔，多用虚音，其道理一如书法中的笔断意不断，绘画中的从疏淡、空隙中见饱满充实，该唱足的地方固然要唱足，但应“空”的地方决不要填满它。在唱［快板］或［流水板］时，他有些地方也要着板唱，每从闪转腾挪处见功夫，唱腔（旋律）虽委婉微妙而气则贯穿到底。每一句唱腔的板眼能简则简，虽简而多变；每一腔的起承转合虽有始有终，但乍听去却无迹可寻。其演唱实践和艺术经验，在为保存、传播和发扬谭派演唱艺术方面，作出了较大贡献。（吴同宾）

Han Shengxin

韩盛信 （1909～1984） 京剧教师。曾为武净演员。北京人。出身梨园世家。其父韩明德、叔韩明智、兄韩富信均工净行。受家庭影响，韩盛信1918年入富连成社科班学戏，1927年出科。辅佐叶盛章、叶盛兰、李少春、杨盛春等演出。20世纪40年代初期赴上海演戏，长期坐包于更新舞台，兼向票界传授把子，并在上海戏剧学校授课传艺。1949年参加文化部戏曲改进局京剧研究院，参演《三打祝家庄》，后转为中国戏曲研究

院京剧实验工作团演员。1952年参加赴朝慰问团演出。1953年调到北京戏曲实验学校（后更名中国戏曲学校）任教。他工武净，不擅翻跌，而以工架优美、把子功深厚著称，能戏颇多。擅演《英雄会》之窦尔墩、《战濮阳》之典韦、《黄一刀》之姚刚、《三盗九龙杯》之周应龙、《长坂坡》之张郃、《挑华车》之兀术、《铁笼山》之司马师等。他身材魁梧，方头阔面，扮相雄伟，身段规矩大方，脸谱粗犷豪放，善于刻画不同性格的人物，展示气度不凡的英雄气概。他为人谦和、淳朴友善、大度憨厚，善与同行合作。对学生循循善诱，严格要求，经常叮嘱学生："咱们这行过去是傍角的，现在要当好配演，做个好绿叶。"言简意切，足见其艺德高尚。贺春泰、何冠奇、李景春、李广仁、张关正、刘金泉等都曾受教于他，得其真传。（陆建荣）

《英雄会》饰窦尔墩（左） 孙盛文饰黄三太

handiao erhuang

汉调二簧 京剧唱腔中的一种腔调。是从老汉调二簧的基本腔变化而来。京剧所运用的只是其中一板一眼（2/4）形式的曲调。原为生腔所用，后来净腔亦用。它同京剧老生［二簧原板］基本唱段的结构相同，主要区别在行腔上。整个唱段的旋律多活动于中、低音区，上句在正调上进行，下句在反调上（"以徵为宫"暂转调）进行交替旋法：

《七擒孟获》

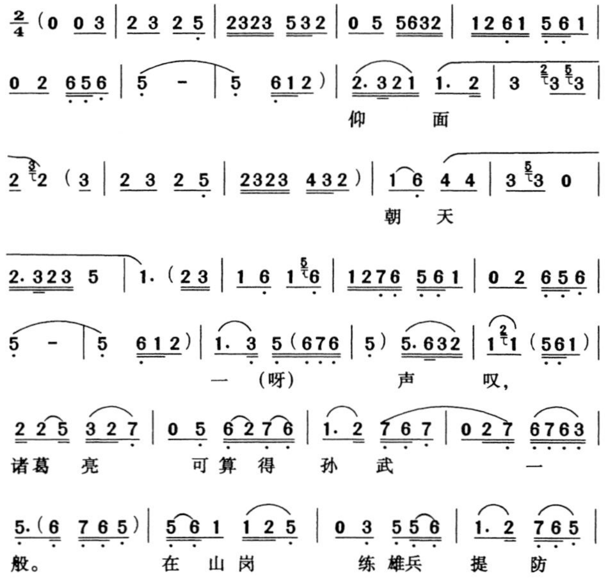

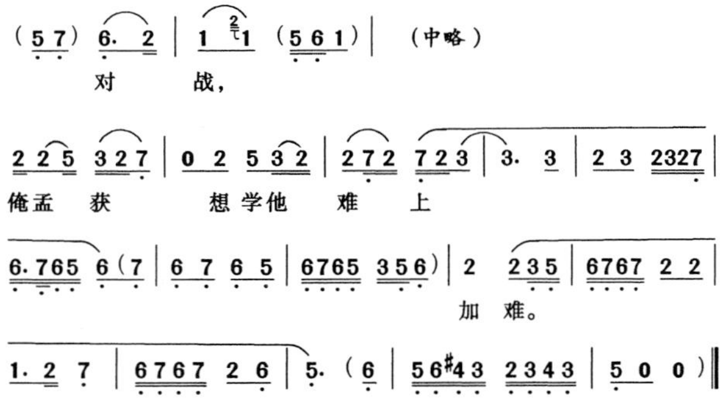

唱段中，上下句句尾均无拖腔，只是最后一句才有。除头句和末句外，基本都是五小节的紧缩句，上句落Do，下句落低Sol。另外，各种过门也有所不同。主要用于人物思索时的叙事。其代表性唱段还有新编历史故事剧《赵氏孤儿》(净)"我魏绛闻此言如梦方醒"，为裘盛戎名段。

另外，还有一种旦腔的［反汉调］一板三眼(4/4)形式。它是将［汉调二簧］上下句的部分唱腔采用"以徵为宫"暂转调，与旦腔［二簧原板］的旋律相结合，并将其板眼形式扩展一倍构成。上句落音为Re、Do、Sol，下句落音均为低Sol，胡琴以二簧弦伴奏。其用法基本与［汉调二簧］相同。代表性唱段为《红娘》"我小姐红晕上粉面"。（张正治）

Han Mingfei

《汉明妃》 京剧作品。本事见《汉书·匈奴传》。汉元帝竟宁年间，匈奴呼韩邪单于来朝，请求和亲，宫女王昭君自愿出塞。晋人葛洪《西京杂记》记述中，增添画工绘容索贿情节。昭君故事累见吟咏，亦是历代戏曲家钟爱的题材。元杂剧有《哭昭君》、《汉宫秋》、《月夜走昭君》等。明有《昭君出塞》等。流传在民间戏曲舞台的《昭君出塞》，大都出自弋阳诸腔的"饶戏"《王昭君和番》。京剧传统折子戏《**昭君出塞**》承自昆剧，昭君、王龙、马童3个角色载歌载舞，唱、做、舞并重。作品着重抒发王昭君去国离乡的哀怨，指斥汉家君臣的怯懦无能。《汉明妃》据此增饰首尾，由溥绪改编，为尚派代表剧目，有"文戏武唱"特点。在"出塞"一折中，尚小云创造了许多富有表现力的舞蹈动作，如"探海勒马前趋步"、快速"单腿立转大下蹲"、"怀抱琵琶马上弹"，以及"侧坐雕鞍左右扭身摆双臂"等。他还借鉴武生杨（小楼）派风韵及动作，吸收其富有弹性和内涵美的特点，上马时采取"提腿立腰身一颤"小动作，然后"大踢腿"、"大跨腿"、"大滑步"、"单手掏双翎子"，反握马鞭亮相，在马童翻跌滚扑的配合下，生动地展现"马上昭君"不畏艰险、与烈马周旋的形象，刻画出王昭君忍痛离开故土、决心出塞的刚毅性格，并在表演中体现出尚派寓俏丽于刚劲、大方中见洒脱、遒劲豪爽的艺术风格。剧本载《京剧汇编》第79集。（井玉贵）

尚小云饰王昭君

Hangzhou Di-yi Wutai

杭州第一舞台 近代剧场。始建于1913年，址在今杭州铁路工人文化宫，已不存。总面积为2 917平方米。主体为木结构，檐口高达10米；中央的木穹顶用木龙骨组成，镶有装饰图案之木板。观众大厅呈马蹄形，共3层，设1 039座，有包厢。舞台口宽11米，高7米，台唇伸出呈半圆形，两侧有圆柱。后台两侧有副台，为化

装、服装间。天幕区梁架下设有天桥。舞台有转台，系采用19米大跨度木架结构。转台设有圆形轨道，装有两只铁轮，用人工推动，铁轮可在钢轨上作360度滑动，带动舞台转动。舞台台面为富有弹性的洋松地板，厚4厘米。顶部设有照明灯具，音响传导较好。观众厅地面坡度有1米高差，剧场内柱精雕细刻。场内窗门呈上弧形，饰有浮雕，嵌彩色玻璃，大门上饰五线谱图案。1914年，谭鑫培等相继来此演出。1917年底，梅兰芳、姜妙香、王凤卿等在此演过《穆柯寨》、《黛玉葬花》、《嫦娥奔月》。1923年，马连良、尚小云、欧阳予倩等也都先后来此献艺。1926年，改为杭州影剧院。1946年后，改为铁路工人子弟学校。中华人民共和国成立后，改建为铁路工人文化宫。 （哲志）

Hang Zihe

杭子和 （1887～1967） 鼓师。原名学均。北京人。满族。家住在北京崇文门外南官园，附近有个京剧票房，杭子和常去玩耍，时间既久，对京剧产生了浓厚兴趣，尤其喜爱京剧武场。杭子和

对于京剧音乐具有很高的天赋素质，理解敏捷，颖悟强记，到八九岁时，一般武场乐器如大锣、铙钹等，就都能掌握。每逢票房排练，这位小票友常被邀请参加演奏。但杭子和已不满足总打“下手活”，遂模仿别人的样子，自己学习打鼓。及长，便常到剧场听戏学习。他选中了谭鑫培的同庆班。当时为谭鑫培司鼓的是著名鼓师李五（李奎林），杭子和对李五十分敬佩，刻意学习，这对于他司鼓艺术的成就影响深刻。当时由北京同仁堂乐家组织的华夏正声票房规模很大，常去的不仅有票友，还有著名花脸裘桂仙，著名琴师孙佐臣等人，杭子和也参加了票房活动。这段时期，杭子和曾得到著名琴师梅雨田和武场名家陈九的悉心指点，技艺大进。由于其学习勤奋刻苦，不久梨园内外就都知道有个“小打鼓的”杭学均了。杭子和16岁时，华夏正声票房的票友杨（小楼）派武生沈华轩准备下海，邀杭子和给他打鼓，子和欣然同意，两人一起搭入刘鸿昇的鸿庆班。杭17岁时拜名鼓师沈宝钧为师，同时又受到李五、刘顺、杨振亭、扎大力、王景福、侯双印及其师兄唐宗成、鲍桂山、郭德顺，还有名琴师陈彦衡、梅雨田、孙佐臣等人的教益。

杭子和的幼功坚实，技艺精湛，腕力充足匀称，司鼓平稳，朴素严谨，不崇尚花哨火爆，不使用废锣鼓点。他的戏路宽广，文武兼长，尤其擅长打老生戏。他能为不同行当、不同流派的演员司鼓，都很默契；在调动场面，配合舞台情绪，烘托气氛，掌握演唱尺寸等方面，精严、准确，恰到好处，一丝不苟，历来为观众和戏曲界所赞赏。他曾被许多有名的班社，如鸿庆班、双庆班、玉成班、小吉祥班及富连成等班社聘为鼓师。在60年的司鼓生涯中，他曾为著名演员汪桂芬、刘鸿昇、贾洪林、王又宸、王凤卿、陈德霖、吴彩霞、孙喜云、梅兰芳、王蕙芳、龚云甫、德珺如、黄润甫、金秀山、裘桂仙、马德成、田雨侬、瑞德宝、沈华轩、高月秋、余叔岩、孟小茹、杨宝忠、孟小冬、谭富英、夏山楼主、陈少霖、王少楼、杨宝森等人司鼓。1918年前后起，他为余叔岩司鼓，余氏倚重他为左右手，直到逝世。余叔岩一生共灌制了18张半唱片，共包括29出戏，其中26出戏都由杭子和司鼓。余叔岩故后，杨宝森聘他为专职鼓师，二人心领神会，配合默契，严丝合缝，相得益彰。1956年，杭子和随杨宝森一同参加天津市京剧团。1957年，杨宝森病逝后，杭子和遂与杨宝忠同至天津市戏曲学校任教。杭子和教学严格认真，为天津培养了一批京剧音乐人才。

（吴同宾）

Hao Chunnian

郝春年 （1830～1912） 鼓师。因行六，又称郝六。安徽人。为徽班世家。幼从周清泰习鼓，文武昆乱兼擅。清同治二年（1863），在万顺奎班为场面之首。同治三年，搭张二奎班。同治六年入阜成班。同治十年左右，被选入昇平署。光绪八年（1882）任小荣椿科班教习。光绪十八年在三庆班。光绪二十二年在喜庆班为谭鑫培司鼓。郝春年的鼓点爽利、帅脆，打法流畅，锣鼓的衔接手法巧妙、圆润。弟子多人，如鲍桂山、罗文翰、傅桂荣、王德瑞等。其子玉庆以打大锣享名。 （王硕）

Hao Lantian

郝兰田 （1832～1872） 演员。工老旦。安徽人。王瑶卿之外祖父。原为徽调演员，初学青衣，后工老生，以唱《祭风台》名遍都中。约在清道光、咸丰之间来北京，因与程长庚同乡而搭入

郝兰田戏装肖像
（沈容圃绘）

三庆班演唱。入班后，初演《天水关》之诸葛亮，声容并茂，气度不凡，颇受观众赞赏。在该班连演卢胜奎所编之“三国”故事连台本戏时，其中诸葛亮一角曾由郝兰田、卢胜奎分担演之。后因三庆班缺少老旦，郝自请改唱老旦（有时亦兼演丑脚）。当时老旦唱功较呆板，默无生气，不被重视，而郝兰田能综合各家老旦之特长，并以老生唱法融合旦腔韵味，而创制出老旦新腔。他与谭志道均为京剧老旦之奠基者。郝能戏很多，尤以《钓金龟》、《行路、哭灵》、《徐母骂曹》、《滑油山》、《目连救母》、《游六殿》、《遇皇后》、《打龙袍》等最为拿手。与张二奎、梅巧玲等合演的《四郎探母》，郝扮演佘太君，并为时小福配演《探窑》之王夫人，衬托得力，相得益彰，

堪称一绝。郝兰田唱腔高亢有力，苍劲深沉，念白质朴无华，后人学之者有谢宝云、龚云甫等。“同光十三绝”戏装肖像画中有郝兰田饰《行路》之康氏形象。（全桐）

Hao Shouchen

郝寿臣 （1886～1961） 演员、教育家。工净。谱名瑞，又名万通，艺名小夆禄，后改寿臣。祖籍山西洪洞，落籍直隶香河（今属河北），生于北京一个衣食维艰的木工家庭。6岁读私塾，不到两年，便因遭

际困窘而辍学。8岁，拜影戏艺人王德正为师，由出身小福胜科班的京剧净脚伶工吕福善开蒙，学铜锤花脸。他以勤勉自励，进益至速，当年便开始了舞台生活。出师后，正值倒仓期，又逢1900年八国联军入侵北京，不幸被德国兵营抓去充当苦力，达5年之久。这5年中，他潜心喊嗓练功，脱离苦役之后，再图搭班唱戏。碍于当时梨园界的行帮陋习及门户之见，他既非正规科班出身，又不是名师之徒，以至无门搭入京中各班，只得出走京师，闯荡江湖，足迹远及朝鲜的平壤和仁川（今属韩国）。漂泊的生活，使他扩大了视野，增长了阅历，并且得到与各种地方剧和京剧前辈艺人广泛接触的机会。他执著敬业和刻苦勤修的精神，深得一班老辈的关爱，加以谦抑成性，执礼甚恭，又先后得到朱子久、阎宝恒、唐永常、张凤台几位名净的指拨，受到梆子伶工冯黑灯、庄德贵演艺的熏陶。他边演边学，边吸收，边融化，剧艺日进。23岁回到北京，得与当时久负盛名的谭鑫培、杨小楼、梅兰芳等同台奏艺，与刘鸿昇、高庆奎、马连良、言菊朋、程砚秋等合作演唱，受到广大观众的称赏，声名与日俱增。他逐渐汲取不同派别之长，经过选择甄别，揣摩体会，从继承而进入发展与创造。除上演大量传统剧目外，并挖掘出许多久佚多年的老戏，如《赛太岁》（饰李七）、《打龙棚》（饰郑恩）、《黄一刀》（饰姚刚）、《打曹豹》和《瓦口关》（饰张飞）等，经他整理上演，得以流传。同时还创排了不少新戏，如《荆轲传》、《桃花村》、《飞虎梦》（又名《藕塘关》、《牛皋招亲》）等。先后与杨小楼合演了《野猪林》、《连环套》、《陵母伏剑》、《坛山谷》、《康郎山》、《九伐中原》、《灞桥挑袍》和《百骑劫魏营》等，与高庆奎合演了《赠绨袍》、《史可法》、《煤山恨》、《马陵道》、《除三害》、《八义图》、《鼎盛春秋》、《魏蜀吴》（《逍遥津》）等，与马连良合演了《天启传》、《火牛阵》、《鸿门宴》、全部《清官册》、《青梅煮酒论英雄》、《化外奇缘》、《串龙珠》等，与梅兰芳合演了《西施》、《宝莲灯》，与程砚秋合演了《红拂传》，与朱琴心合演了《无双传》、《陈圆圆》等。还曾参演过时装戏《孽海波澜》、《茶花女》、《血手印》、《春阿氏》等。他在这些剧中创造了一系列鲜明生动的人物形象，所师承者不限某一家数，所取法者不拘某一剧种，因而在花脸行当中形成了独树一帜的流派，世称郝派。

他在饰演“水白脸”脚色方面有特殊的艺术成就，尤其是曹操这一人物，由于他的富有创造性的表演手法和脸谱造型，获“活孟德”之美誉。他生平演出了17出曹操戏，虽非全是以曹操为主角，而却能生动地塑造曹操的性格特征，于同中有异。他晚年在总结表演曹操的经验时，曾说：“我所会的十七出曹操戏里，对于曹操这个人物性格的处理上都多少有些不同。”“一个人到了什么身份，就有什么作风；到了什么岁数，就有什么想头；到了什么景况，就有什么办法；不可一概而论，也不可能用一个死模子。如果在戏里扮演曹操，只是一味地表现他是一个大眼奸贼，那就全部拧了轴儿啦。”“无论他是得意也好，倒霉也好；愉快也好，憋气也好；胜利也好，失败也好；算计人也好，上别人的当也好；他总是一个基本的情况，就是有权，有势，有地位，成了气候。”（均见《〈捉放曹〉的人物创造》）他演的曹操戏，都能在展示曹操的不同年龄、不同身份和处在不同景况中，各呈意趣。如《白马坡》中迎接关羽上土山的殷勤，却不失丞相身份；《战宛城》中马踏青苗的力控惊马，却不失军事家风度；《长坂坡》中爱慕赵云的诚恳，却不失统帅仪态；《阳平关》中惊见子龙的意外张皇，却不失魏王气魄；《青梅煮酒论英雄》中描绘的是曹操胸藏城府、咄咄逼人的奸雄本色；《逍遥津》中突出的是曹操专横跋扈、锋芒毕露的佞臣嘴脸。在其他“水白脸”角色中，他演《清官册》的潘洪，突出了“强”、“傲”二字，在《胭粉计》中充分宣示了司马懿老奸巨猾的“猾”，《开山府》中严嵩的“奸”，《下河东》中欧阳方的“狠”，《骂王朗》中王朗的“庸”等，都能各见特色，把人物活现在舞台上。此外，他还获有“活李七”、“活周处”、“活鲁智深”的称号，与“活孟德”并称为郝派“四绝”。

郝派艺术以气魄胜，唱功宗金秀山，韵味浑厚，富于气势，在发音、吐字、酿韵、行腔上多有变化，创造出“架子花脸铜锤唱”的风格。念白凝重、深醇，给人以掷地作金石声之感，在“遏音”、“擞音”、“缀音”、“归音”、“组音”、“复沓音”的不同处理上，用以突出不同人物的性格特点，色彩明透。在做工上承黄润甫风范，以身段玲珑，造型漂亮，身手干净，眼神准确，作为刻画人物的手段，又有自己的创造，熔铜锤、架子花脸于一炉，结实凝练，细腻得神，表演浑然一体，化作郝派风采。他在脸谱的勾绘上也有独到的见解和造诣，作家老舍曾著文说：“他的笔墨时时变化，渲染则泼墨

《清官册》饰潘洪

《失街亭》饰马谡

《长亭》饰李七

《打龙棚》饰郑恩

《黄一刀》饰姚刚

《战长沙》饰魏延

《红逼宫》饰司师

《忠孝全》饰王振

《除三害》饰周处

《盗御马》饰窦尔墩

生晕，勾勒则惜墨如金。这是民族风格极强，务期充分表现人物性格的艺术。”（见《郝寿臣脸谱集》）郝氏在京剧花脸表演艺术的传承与创新上，作出了超越前人的重大贡献。

中华人民共和国成立后，出任中国戏曲研究院戏曲实验学校教授。1951年为支援抗美援朝运动，首倡京剧界老艺术家义演，起到带头作用。他先后亲自粉墨登场，演唱了拿手戏《法门寺》、《乐毅伐齐》、《打龙棚》、《逍遥津》、《巴骆和》，表现了高度的爱国热情。在校执教中，积极认真，一丝不苟，传授了《黄一刀》、《瓦口关》、《牛皋下书》、《四进士》、《逍遥津》各剧。1952年出任北京市戏曲学校首任校长，每日到校，风雨无阻，以校为家，恪尽职守。于10年间，向学生传授了《草桥关》、《牧虎关》、《沙陀国》、《刺王僚》、《审七长亭》等40出传统戏，多数被编成教材印行出版。20世纪50～60年代中，有《郝寿臣脸谱集》、《郝寿臣铜锤唱腔集》、《郝寿臣演出剧本集》、《〈捉放曹〉的人物创造——郝寿臣表演艺术之一》、《郝寿臣传》、《郝寿臣表演艺术》等书出版。他的弟子有樊效臣、王永昌、袁世海、周和桐、李幼春、王玉让等。 （钮骠）

Hao Shouchen Biaoyan Yishu

《郝寿臣表演艺术》 京剧文集。郝寿臣艺术整理委员会编。中国戏剧出版社1990年11月出版。“戏曲流派艺术研究丛书”之一。该书共分三编。第一编《郝寿臣艺术论》，由翁偶虹撰写，内分4章：《花脸在京剧中之地位》、《郝寿臣在京剧花脸中之地位》、《郝寿臣之所以成为郝派》、《郝派应称为郝氏学派》。分析了郝寿臣的唱、念、做、表以及脸谱特色，提出足以称为学派的理由是郝寿臣的舞台艺术已经达到了真、善、美、雅的艺术境界。指出京剧能称学派者为6人，即旦脚梅兰芳、程砚秋，武生杨小楼，老生余叔岩，净行郝寿臣，丑行萧长华。第二编《郝寿臣代表剧目的表演艺术》。郝寿臣一生共演200余出京剧，扮演过146个人物，编者从中精选了难度大、代表性强的6出，《赛太岁》(即《审七长亭》)、《捉放曹》、《连环套》、《除三害》、《伐齐东》、《红逼宫》，由翁偶虹、欧阳中石、樊效臣、张景山、海波、佟志贤、刘剑华诸人撰写各剧的表演艺术，兼及勾脸的谱法，扮装所用的盔头与服装，伴奏的锣经与曲牌，并附唱腔简谱。

第三编《郝寿臣其人其艺》收有5篇文章。其中台湾作者丁秉镃撰写的《郝寿臣评传》原连载于台湾《传记文学》，记叙了郝寿臣前半生的舞台生涯，并评估了郝寿臣在京剧花脸行中的地位。日本作家波多野太郎撰写的《日本人心目中的名优郝寿臣》一文，引用大量日本有关京剧艺术的文献，反映了20世纪20年代以来日本学者、艺术家对郝寿臣表演艺术的评价。邵曾祺撰写的《郝派花脸演唱艺术谈》一文，介绍了郝派艺术的渊源及发展历史，总结了郝派花脸艺术的特点。佟志贤、樊效臣的两篇文章则回顾了郝寿臣后半生在戏曲教育事业上的成就。该集由郭汉城作序，郝寿臣之子郝德元撰写《向读者报告——代前言》，介绍了本书的成书经过。 （戴淑娟）

Hao Shouchen Lianpu Ji

《郝寿臣脸谱集》 脸谱专著。北京市戏曲学校主编，吴晓铃纂辑，张正宇装帧设计。中国戏剧出版社1962年11月出版。封面由田汉题写书名，外有郝寿臣扮牛皋的彩照作护封；扉页书名为张正宇手迹。卷前有梅兰芳、老舍撰写的序言，吴晓铃的《郝寿臣先生传略》，卷末有吴晓铃的《后记》。本书的图像部分收入郝寿臣所扮43个剧中人物的59幅脸谱，全为装扮齐整的半身或全身照(多为彩照)，每页一幅，形象清晰、生动、真切。图像以脸谱的谱式分类排列，依次为：水白脸、三块窝脸、花三块窝脸、老三块窝脸、六分脸、十字老脸、喜鹊眼脸、蝴蝶脸、花碎皱脸、歪脸、太监脸、和尚脸、无双脸。文字部分有郝寿臣口述、吴幻荪记录的《脸谱说明及谱法》，约15万字，按图像顺序，对每个脸谱的名称、颜色、剧目、特征、谱法，逐一进行解说。其中谱法一项，尤为详细地介绍了每个脸谱的具体勾画程序和技法要点，是郝氏在勾脸艺术上一生经验的宝贵总结，对后学有示范作用。郝氏在叙述自己的脸谱艺术时，把师承关系和自己的改进、创造，都做了明确交代，对于已经取得的成果，他自己并不满足，如谈到邓艾脸谱的创作意图时说：“由于我眼高手低，这些意图并没有充分表达出来，特别是勾出的形象，自己就感觉出缺乏俊气。”谈到项羽脸谱

《郝寿臣脸谱集》护封

的寿字眉勾法时说："我还并不满意这样的勾法，因为为了填满脑门上边，这两个眉形勾得有点过分铺张，过分图案化，离开了眉子的形象。"这都表现出这位花脸艺术家严谨的创作态度和不倦的求索精神。作为花脸艺术家的脸谱专集，这是迄今最成功的一种，堪称精品，为国内外脸谱爱好者所珍视。本书的印刷原版已毁。1996年11月，中国戏剧出版社据王光美藏本影印复制出版，大16开本，卷首增加王光美题词，卷末增加郝寿臣艺术整理委员会撰写的《〈郝寿臣脸谱集〉新版后记》。（龚和德）

Hao Shouchen Yanchu Juben Xuanji

《郝寿臣演出剧本选集》 京剧作品集。北京市戏曲学校编辑。北京出版社1962年10月出版。收入郝寿臣演出代表作10种，按作品内容的历史年代顺序编排。剧本都经郝寿臣之子郝德元核订。张梦庚作序。每剧附有剧照、锣鼓经、舞台提示和选曲。曲谱由李庆森根据郝寿臣演唱录音或唱片记录整理。郝寿臣从事戏曲表演68年，共演出222个剧目，有许多是与杨小楼、梅兰芳、高庆奎、马连良等合作演出的。所选剧目都以花脸为主角或主角之一，集中体现了郝派艺术特色和表演风格，如《青梅煮酒论英雄》、《打龙棚》、《桃花村》等。（李红石）

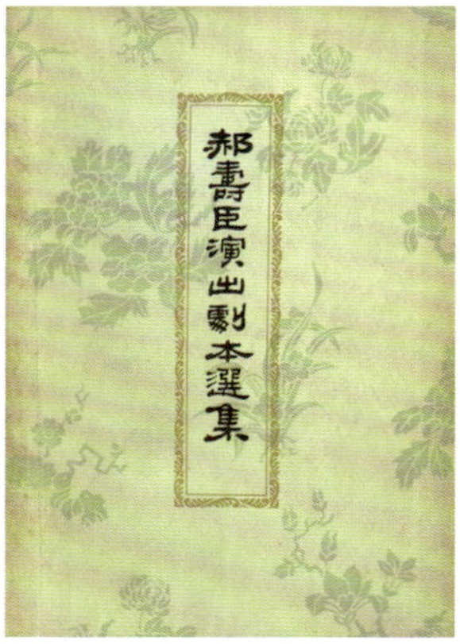

haotong

号筒 吹管乐器。京剧的效果乐器。铜制。体形粗长，发音浑厚。常用来增强戏剧气氛，如元帅升帐，唢呐奏［水龙吟］前，先吹号筒，舞台气氛便更为庄重。号筒也可用于烘托喜剧气氛，如表演娶亲花轿到门前时，在吹打乐声中加上号筒的吹奏，喜庆气氛更为突出。此外，号筒亦可奏出猛兽吼叫的效果，如虎形上场，即吹号筒。（安志强）

（刘海发摄）

hecheng

合成 导演术语。又称**大合成**。导演排戏的最后阶段。将表演、音乐、舞台美术（化装、服装、布景、灯光）等演出的全部构成因素，创造性地综合为舞台整体形象，是从排演走向舞台演出的关键环节。合成排练一般分为三段进行。第一段为排景排光，亦称排景对光，主要任务是检验和调整舞台设计和灯光设计在舞台实地体现的实际效果，并对一些技术性问题作出精心安排和处理。如布景与大小道具的摆放位置与更换，灯光的色调与照度、投射的区域与效果、变化的时间和方式等。此段落的排练，一般只围绕与光、景流动变化相关的部分进行。第二段为合成，在通排全剧的过程中，进行光、景处理的实际演练，以进一步发现问题，调整解决，并使操作人员在不断精确熟练的操作过程中，逐渐进入良好的创作状态。京剧导演与舞台工作者在合成排练中，不仅十分注意光、景与剧情和表演的关系，还特别强调光、景的流动变化与音乐节奏和旋律的契合，以此来强化光、景流动变化的音乐性和韵律感，保证舞台节奏的统一和鲜明的京剧特色。第三段为彩排，即演员穿正式服装并化装，各部门全部到位的排演。彩排以正式演出的要求进行，视情况也可带部分内部观众，以便于观察剧场效果。导演在彩排中的主要任务是把握全剧节奏，注意细部处理，包括服装、化装等人物造型的问题，并可随时调整，也可请场记记下，到下次彩排时再作修改。当彩排达到预期的效果后，即可完成导演的全部排练程序，面对社会公演。（赵伟明　刘淑兰）

heyue

合乐 导演术语。导演排戏步骤之一，指乐队参与、带乐排练的过程。主要解决音乐与表演的相互配合，是京剧导演深化人物形象，进一步完善和体现构思的重要排演步骤。一般分为三个段落。第一段落为初合。在导演的统一构思下，依据音乐工作者的设计，为演员的表演初步配上相吻合的锣鼓点和衬曲，使人物的整个舞台行动包括唱、念、做、打各方面，建立起可依循的音乐规范和较完整的音乐呈现。第二段落为细合，也称细排。俗称**抠戏**。对初定的音乐处理进行深加工，如对乐曲的长短抑扬、锣鼓点的轻重缓急等，依剧情和人物形象的需要，细致推敲，作出准确的删增、修订。同时，帮助演员以音乐为支点，更加深入体验角色的情感变化，细抠角色的心理活动，并配合音乐的节奏与旋律，适当调整表演的外部形态和内在节奏，以强化表演的节奏感和韵律感。一般情况，初合、细合期间不进大乐队，只带文场部分乐器如京胡、月琴、弦子等和必要的打击乐器，以便于在排练现场能灵活处理问题。第三段落为大合。在细合中，一切艺术处理都得到准确实施并被伴奏人员和演员掌握后，即进入乐队全体参加，包括场景音乐、伴唱等文武通奏的大合乐排练，亦即俗称的响排。响排期间，除要解决临时出现的技术问题以外，其主要任务在于帮助乐队指挥跟戏、进戏，在整体把握的基础上，处理好全剧的节奏变化，做好演奏与表演的细部处理，以及进一步加强乐队和演员的配合，使之更加熟练、默契。整个合乐的过程，实为音乐伴奏与演员表演不断磨合，逐渐成为水乳交融的过程。（刘淑兰　赵伟明）

He Binkui

何斌奎 （1876～？） 鼓师。直隶献县（今属河北）人。父名永宽，又名四把儿，以打皮簧戏著称。何斌奎10岁拜侯双印为师，14岁外出搭京东公顺和班，18岁返京搭保胜和演出。清光绪二十七年（1901）改入玉成班，兼搭小吉祥班。光绪三十四年（1908）侯双印故去，何斌奎补入昇平署。宣统三年（1911），梅兰芳在喜连成科班搭班学艺之后，改入小吉祥班演出，何斌奎为梅司鼓。与梅合作20余年，相交甚厚，先后随梅赴日本、美国演出。有子增福、增禄，皆拜师郭德顺，增福一度为梅兰芳司鼓。（王硕）

He Guishan

何桂山 （1841～1917） 演员。工净。名宝庆，又名**九林**，世称**何九**，行内尊称何九先生。安徽人。父喜福，从业梨园，先演花旦，后改老旦。何桂山18岁入保定清苑全庆班学花脸，得刘大头指授，又拜汪正士为师，学皮簧正净及昆净。清同治中叶进京，由汪引荐于程长庚，入三庆班。在同治十三年（1874）该班花名册中何桂山列净行第一。因其嗓音、工架均佳，昆乱兼工，颇得程氏青睐，合演过《龙虎斗》，二人皆唱乙字调，功力悉敌，神完气足，为一时绝唱。又与程长庚、胡喜禄合演《二进宫》，三家势均力敌，各显身手，听者无不叹为观止。他演《白良关》饰尉迟敬德，程长庚为他配演

何桂山（右）与刘春喜

尉迟宝林，时人视作不易多见的佳构。他的戏码常排在程氏之后，而台下向无“抽签”、“开闸”状况，至终场观众不走一人。何桂山“以长庚故，终程之世，未离三庆”（王芷章《中国京剧编年史》第1052页）。程氏去世后，他又搭入春台班，与俞菊笙合演多年，参加了许多本戏的演出，如《混元盒·闹判》的钟馗、《碧游宫》的通天教主等。晚年分搭各班，曾佐谭鑫培演唱《捉放曹》、《击鼓骂曹》、《闹府出箱》各剧。他常演的昆曲戏有：《钟馗嫁妹》、《醉打山门》、《火判》、《北诈》、《冥勘》、《功宴》、《十面埋伏》、《安天会》等。皮簧戏有：《大回朝》、《御果园》、《白良关》、《五台山》、《锁五龙》、《太行山》、《黄一刀》、《铡包勉》、《断太后》、《铡美案》、《双包案》、《大保国、二进宫》、《龙虎斗》、《取洛阳》、《捉放曹》、《击鼓骂曹》、《长坂坡》及全部《三国志》的庞统等。

他的嗓音天赋优厚，又加精研发声技巧，练就一副实大声洪、高亢浑壮的歌喉，被誉作“铁嗓”，高、宽、厚、亮俱备。其气息收放得法，音色峭拔凝重、坚实圆满，呈璞玉纯金之美；行腔吐字舒朗严谨，或唱或念，听之震耳。他唱时纯尚中声，不弄花腔，常用炸音，反对使用鼻音。不但胡琴戏唱得好，唢呐戏也擅胜场，《龙虎斗》、《大回朝》等都盖着唢呐唱，气壮声洪。昆曲戏则满宫满调，句句硬砍实凿。与张淇林合演《安天会》，他饰天王、张饰悟空，有“唱死何桂山，累死张淇林”之说。

他的表演功力深厚，讲求以形传神。扮相雄伟，脸谱简净，善用眼神，注重情态，身段亮相富于造型美。在不同的戏中根据刻画人物和展示剧情的需要，运用了许多独到的技艺，如《山门》中鲁智深醉拳的“十八罗汉式”，《嫁妹》中钟馗的二十四式门神架子和椅子功，《火判》中火部判官的舞蹈身段和喷火等都很有特色。时人评述他：“气派之正大，昆乱之兼长，为桂山所独步。”（许九埜《梨园轶闻》）“老何九为昆净第一，其《火判》、《山门》、《嫁妹》等剧，皆非他人所能及也。”（罗瘿公《菊部丛谭》）“何九为空前人材，即后世恐亦无人能及其佳妙也。”（徐慕云《说净》）他不但艺术好，品德也高，性情耿介，为人豁达，从来不争戏码

《葭萌关》饰张飞

《斩五毒》饰钟馗

的前后，不多拿戏份儿，年逾古稀仍常登台演唱，至老不衰。有子一人，名何佩亭，世称小何九，工武净，为当时武戏伶工中之俊彦，久为俞振庭配戏。所演昆曲各剧，颇得其父风范。桂山嫡传弟子有刘永春、金秀山，均能承其衣钵，裘桂仙亦宗其艺。何桂山有唱片存世。

（钮骠）

He Jiasheng

何家声 （约1844～？） 演员。工丑。苏北人。原为徽班名丑，改唱京剧。据传曾在太平军同春班中搭班，太平天国失败后，到上海演唱。清光绪十八年（1892），参加丹桂茶园演出，为早期上海京班名丑之一。他能戏甚多，扮演《送亲演礼》、《堂楼详梦》、《卖身投靠》等剧都有特色，演《大名府》的时迁也很擅长，尤以《滚红灯》深受观众欢迎。徐凌云曾著文谈他小时候看何家声演这出戏的情景：“他有一出绝作《滚红灯》，演一个惧内的丈夫，为其妻责罚顶灯。所谓‘红灯’是用一只粗糙的瓷质菜碗，碗内盛满白米，把一支小红烛插在米里，燃着，就作为灯。演时把碗顶在头上，依照其妻的吩咐，先后做出‘钻板凳、走天桥、拜四方、踢飞脚、跑圆场’等种种动作。……像这样身躯和四肢一刻不停地做出许多动作。最后的‘滚’更难了，头上顶了灯，身子躺在地上，从上场滚到下场，仍旧要保持灯不掉、烛不灭、米不倾的原状。戏很短，角色很少，丑脚非有真实功夫不可。”（《上海京戏班的五种丑脚》，载《上海戏曲史料荟萃》第2页）晚年转隶文明大舞台，因年老目力不济，上述各剧已不能演出，常与林步青、何金寿、诸寿卿、章瑞卿、金阿庆等合演《连升店》、《滑稽教育》等剧，列作每晚的送客戏。

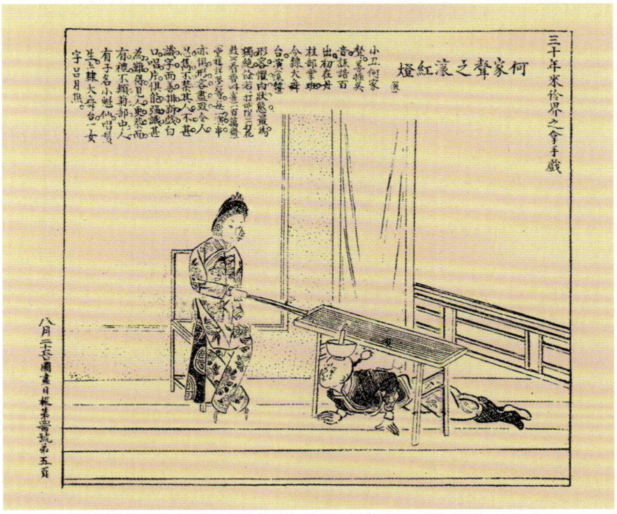

《何家声之〈滚红灯〉》（选自清末上海《图画日报》）

其弟何金寿（生卒年不详），亦为京剧丑脚演员，周来全得意弟子。《浣花溪》、《卖身投靠》、《堂楼详梦》、《打花鼓》等戏为其拿手杰作。《打花鼓》一剧，与金阿庆合演他扮公子，与马飞珠合演则扮卖艺人，这两个人物性格绝不相同，他演来各臻其妙。大舞台演《一匹布》，名丑荟萃，何金寿饰张古董，演出精彩迭出，给观众留下深刻印象。徐凌云看过此戏约50年后说：“……一连串全是笑料，迄今思之，犹觉忍俊不禁。”（同上，第3页）。其他如大舞台演《鄂州血》，饰瑞徵，刻画一个颟顸的大官僚，也极其传神。

（蔡世成）

He Jinhai

何金海 （1922～ ） 京剧教师。曾为武生演员。北京人。满族。1931年入中华戏曲专科学校，先从陈少五学老生，后改武生，

向沈三玉、诸连顺、钱富川学艺。毕业后又拜李洪春为师。先后加入马连良、金少山、李盛藻、宋德珠等班社演出。后与殷金振、陈世鼎、袁世涌、姜铁麟、贺永华、骆少翔联合组班至天津、张家口等地演戏。曾参加焦菊隐组建校友剧团排演《九件衣》等新戏。1949年末参加文化部戏曲改进局京剧研究院。由于他能戏多、造诣深、风格正、戏德好，除担任演员外，还被委以剧务股长、业务秘书等职。他多才多艺，文武昆乱兼擅，生旦净丑均能，无论大小角色，什么行当，都能挺身而出，有缺即补。积极参加新编历史戏、现代戏编导及武打、舞蹈设计工作，如《三打祝家庄》、《江汉渔歌》、《新大名府》、《杨家将》等。早在1942年赴上海演出时，即为上海戏剧学校顾正秋、张正芳、张正娟传授《打焦赞》、《扈家庄》、《金山寺》剧目。1949年为青年艺术剧院徐杰、李若君等教练基本功、把子课等。1951年为杜近芳、小王玉蓉排练《木兰从军》中“走边”武打。1954年、1959年中国京剧院先后招收两届学员班，均由他和李金鸿等执教。1973年调至中国戏曲学校任教，曾任研究室主任、表演系副主任，向学生、青年教师及校外进修演员教授了《截江夺斗》、《林冲夜奔》、《过五关》、《闹龙宫》、《状元印》、《金雁桥》等。此外还为《京剧选编》整理《状元印》、《挑华车》、《阳平关》、《穆桂英》、《金雁桥》等剧。发表《武打在戏曲中的作用》等论文。

（陆建荣）

He Runchu

何润初　(1886～1960)　演员。工老旦。祖籍山东，生于上海。幼从何彦蕊学戏，成名后，先后应聘至亦舞台、丹桂第一台、大舞台等戏园，长期担任二路老旦。他能戏众多，唱做不俗，表演认真，每登台，必一丝不苟，因而在梨园界颇负声名，南北名角皆喜与之合作。他在大舞台与陈筱穆、雪艳霞合演《刺惜姣》，饰惜姣之母阎婆，以次要角色而大受欢迎，其程度不亚于主要演员。20世纪20年代前后，凡四大名旦赴上海献艺，何润初都曾为他们当过配角，如为梅兰芳配演《凤还巢》、《御碑亭》、《生死恨》，为程砚秋配演《龙马姻缘》、《锁麟囊》，为尚小云配演《福寿镜》，为荀慧生配演《红楼二尤》等。马连良率扶风社到上海演出期间，亦参与《法门寺》、《春秋笔》等马派名剧的配演。他为人和善，乐于助人，深得同行敬重。1931年，被剧界同仁推选为伶联会执监委员，全面负责处理该会所有会务工作。他多次组织赈灾和助学的义演，恢复停办多年的艺人子弟学校榛苓小学。20世纪40年代，加入周信芳主持的移风社。在连台本戏《封神榜》和《诸葛亮出世》等剧中担任角色。中华人民共和国成立后，加入梅兰芳剧团。1952年，参加第一届全国戏曲观摩演出大会，在《龙凤呈祥》一剧中饰演吴国太，获得好评。

（侯硕平）

He Shixi

何时希　(1915～1997)　票友。工小生。上海青浦人。为中医世家。7岁从祖父学医，17岁开始临床。1935年毕业于上海中医学院。有60多年临床经验，尤擅内科、妇科，有多种医学专著出版。自青年时起即酷爱京剧。20世纪30～50年代，曾在上海主办或参加和鸣社、星六集、星集等业余京剧团社，并曾向姜妙香、张荣奎、瑞德宝等前辈请益。与俞振飞、叶盛兰等小生名家相交，经常切磋，技艺日进。擅演之剧有《奇双会》、《监酒令》、《玉门关》、《辕门射戟》等，颇得姜妙香真传。1981年出版《小生旧闻录》，张聊止写于1952年的序文谓：“于小生剧之考证，尤能元元本本，殚见洽闻，读后不胜折服。”其后，有《京剧小生曲谱六种》、《梨园旧闻》、《萧长华先生生平》、《赵桐珊自传》、《京剧小生宗师姜妙香》等著述陆续面世。1995年他80岁时，又有《京剧小生唱腔选集》出版，内分《二簧》、《反二簧》、《唢呐腔二簧》、《西皮》、《娃娃腔西皮》、《唢呐牌子》、《引子》共7章，收小生戏及配角戏72出的388个段目，集前辈名家50余家唱法。有知之者曰：“此诚京剧小生一门之词典也，岂局于唱腔之域哉？”

《京剧小生唱腔选集》封面

（芝滇）

He Shunxin

何顺信　(1924～2011)　琴师。北京人。其父何福泉为河北梆子琴师。自幼随父至呼和浩特一带演出，初谙文武场的伴奏。1938年，回北平投奔表兄张君秋，拜耿永泉为师，学习京胡演奏。1940年，为张君秋伴奏二胡。1943年加入谦和社，开始为张君秋伴奏京胡。1948年随张君秋赴香港演出，1952年回内地，1957年参加北京京剧团。何顺信的京胡演奏取法于王少卿为梅派唱腔伴奏的路数，兼取穆铁芬的细致绵密。他的指法灵活多变，揉、打、弹、抹皆擅。运弓技巧讲究臂力、腕力的交替使用，根据演唱情感的变化，控制、调整伴奏的力度，既可演奏出旖旎柔婉的乐句，又可转而大开大合，增强曲调的力度。在行腔的紧要之处，往往使用三连弓的技法，演奏出类似板胡演奏的“马蹄音”那样的节奏，使曲调的行进更具爆发力。他的快弓运用，则汲取了杨宝忠的运弓方法，长短弓、正反弓交替使用，使曲调的行进华彩迭出，形成了刚柔相济、绵密细腻的特色。何顺信是张君秋创作唱腔的得力助手，张君秋创作《望江亭》、《珍妃》、《秋瑾》、《诗文会》、《西厢记》、《状元媒》、《秦香莲》等代表剧目的唱腔，均得到他的配合。在同张君秋长期合作的艺术实践中，他深谙张君秋的演唱风格，并以娴熟的演奏技巧，烘衬演唱，尤以在长期的艺术默契中形成的唱筒拉繁的手法最具特色。他的过门演奏华彩亮丽，颇富新意，后学者趋之若鹜。何顺信的弟子有燕守平、宋士芳、孙宝媛、曹宝荣等。弟子王铁本著有《张韵琴声——我的恩师何顺信》，由百花文艺出版社于2009年8月出版，详述何顺信的从艺经历和艺术成就。孙毓敏为之作序。

（安志强）

He Yurong

何玉蓉　(1913～　)　女演员。工老生。江苏南京人。回族。出身梨园世家，父亲何颐馨、姑父伍月华均为汪笑侬弟子。何玉蓉6岁起随父学汪（笑侬）派老生，9岁在哈尔滨登台演出，初露才华。她既有扎实的汪派戏基础，又吸收马（连良）派艺术，丰富自己的表演。曾先后到上海、北京、天津、武汉、南京、

《哭祖庙》饰刘谌

南昌等地以演《珠帘寨》、《定军山》、《打登州》等唱做并重的靠把戏著称。中华人民共和国成立后，何玉蓉参加江西省京剧团，任主要演员。她嗓音高亢圆润，行腔苍劲有力、韵味醇厚，表演潇洒飘逸、身段边式。她对汪派艺术有较深造诣。汪派名剧《哭祖庙》中的［反二簧］有百余句，她一气呵成，唱得慷慨激昂，感情饱满，充分显示出她的功力。年逾七旬时，还在上海、南昌、北京各地演出《哭祖庙》、《刀劈三关》和《马前泼水》等，对汪派艺术的传承作出了重要贡献。　（杨祖愈）

Hechunban

和春班　清代北京四大徽班之一。据小铁笛道人《日下看花记·后记》称：“《看花记》剞劂将竣，和春新班初亮台。”《后记》作于“癸亥（嘉庆八年）立春前二日”。知和春班于清嘉庆八年（1803）初出现于北京剧坛，是四大徽班中组建最迟者。《长安看花记》又云：“和春为王府班，击刺跌掷是其擅场。中轴子为四部冠。今高腔即金元北曲之遗也，和春犹习之，又多作秦声。”这大体上反映了嘉庆、道光年间该班的主要演出特点。《看花记》还提到和春班亮台时演出的《收妲姬》，“其伶之艺（令人）拍案叫绝”，当为封神戏中的一折武戏，唱高腔。乾隆、嘉庆时期宫中大戏皆以昆、弋（高腔）合奏（生、旦文场多用昆曲，武打等热闹场面多用高腔），和春为王府班，重视高腔之传承，实与宫廷爱好相吻合。嘉庆十年（1805）《片羽集》、嘉庆十一年《众香国》、嘉庆十五年《听春新咏》诸书述及和春班旦脚，去其重复者共有44名，惜论色者多，论艺者少，有些仅是名录而已。其中仅知陆鉴桥“音韵铿锵，精神饱湛，与三庆部顾长松皆以技艺（主要指武技）擅长”；查双寿“专工武戏，每当戎装灿烂，雉尾飘摇，恍如红药翻阶，使人目炫”，是一位出色的武旦；郝双翠“技曲甚多，全本、杂出，美不胜收”，“尤专工苦戏，声情激烈，悲壮淋漓，能令敷座为之色动”。他如蒋韵兰、范玉生、朱凤青、王添喜，“并极一时之秀”。所演剧目如《反诳》、《戏凤》、《园会》、《胖姑》、《顶嘴》、《卖饽饽》、《雄黄阵》、《藏舟》、《背娃》、《缝衣》、《借扇》、《洛阳桥》等，昆乱兼有。因诸书对其他脚色和剧目未曾论及，故该班以高腔武戏驰名京师的实例尚难详加列举。嘉庆末年，和春班一度低落，张子秋《都门竹枝词》有“和春不似当年盛”句。杨懋建《辛壬癸甲录》也说：“今日惟和春尚是王府班，然吹律不竟久矣。”约有十余年，其班名不见于史载。道光中期，和春班重趋活跃。道光二十二年（1842）成书的《梦华琐簿》论及“四徽班各擅胜场”时指出：“和春曰‘把子’。每日亭午，必演《三国》、《水浒》诸小说，名‘中轴子’。工技击者，各出其技。”和春班花旦方松龄擅演的《翠屏山》，即出于连台水浒戏，“每一登场，神采流映，座客目为之眩，心为之动，歌喉一啭，座客无复喧呶者”（张肖伦《菊部丛谈》）。该班还“专演联（连）台《彭公案》、《施公案》中事迹，所谓短打戏也”（崇彝《道咸以来朝野杂记》）。武生沈小庆曾搭和春班，相传是他根据徽班武戏路子，将《施公案》中黄天霸的戏，安上高腔或昆曲曲牌，又将梆子班的打法与昆剧武戏的载歌载舞做了缜密的糅和，增添砌末，创出打法各异的新套子，人称“八大拿”。在连台《施公案》中，沈小庆饰黄天霸，扮相、身段、神情等都有新的创造，别具风范。萝摩庵老人《怀芳记》说：“四部虽齐名，和春独不为士大夫所与，衣冠公宴未有呼和春者。”所指当即此类武戏，然“市井小夫乃乐观之”。

和春班既坚持上演各种连台武戏，也颇重视折子戏的演出。张二奎为票友时，曾以客串身份在和春班演出《取成都》、《捉放曹》、《打金枝》等。道光二十五年（1845）刊本《都门纪略》载，其时王洪贵为该班首席老生，剧目有《让成都》、《击鼓骂曹》，其他演员和剧目有段二之《打渔杀家》、《太平桥》，黄玉林之《宫门挂带》，王先爵之《铁龙山》（司马师），陈花脸之《二进宫》，潘锡寿之《铁龙山》（姜维），阎老旦之《药茶记》，汪法林之《因果报》、《探母》（萧太后），龙小生（龙德云）之《辕门射戟》、《黄鹤楼》（赵云）等，脚色硬整，阵容充实，在与三庆（程长庚等）、春台（余三胜等）、四喜（张二奎等）的竞演中，维护了和春班作为四大名班之一的地位。道光末年，和春班报散。和春班以武戏为主，前后约40余年，积累了大批短打折子戏，成为京剧剧目的重要组成部分，在京剧发展史上，其功绩不可磨灭。　（李宗白）

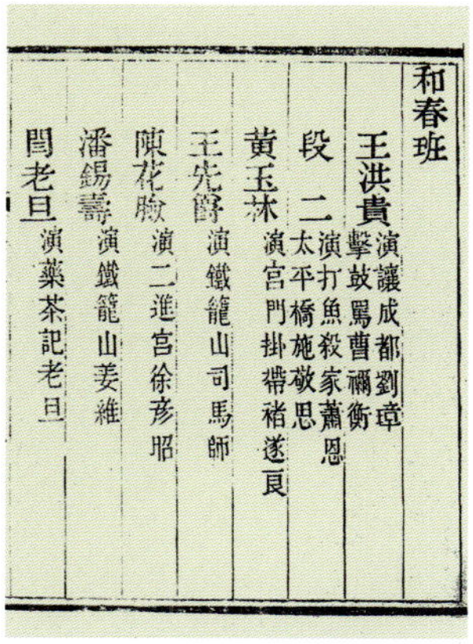
和春班
王洪貴 演讓成都劉璋 擊鼓罵曹禰衡
段二 演打魚殺家蕭恩 太平橋施敬思
黃玉林 演宮門掛帶褚遂良
王先爵 演鐵籠山司馬師
陳花臉 演二進宮徐彥昭
潘錫壽 演鐵籠山姜維
閆老旦 演藥茶記老旦

清道光二十五年（1845）《都门纪略》对和春班的记载

Hebei Sheng Jingjuyuan

河北省京剧院　京剧演出团体。1994年在原**河北省京剧团**基础上组建。首任院长李寿福，编制120人。前身是1946年成立的河间大戏院、冀中旧剧实验剧团，1947年夏合并为**冀中实验剧团**，该团为中国共产党冀中区委领导的文工团性质的剧团，演出京戏、河北梆子，主要任务是战地慰问演出和服务。主要演员有旦行却承鸾，老生王均衡，武生郭景春等。常演剧目有《花木兰》、《击鼓骂曹》、《失街亭、空城计、斩马谡》、《挑华车》、《白水滩》等。1948年6月，剧团曾在平山县西柏坡为中共中央领导人演出。年底，剧团进入保定，更名**培新剧团**。1950年更名**河北省实验剧院京剧工作团**。1953年，正式与河北梆子分开，定名河北省京剧团。旦行杨荣环，老生孟幼冬、贯盛习，花脸邹鸣述、陈茂春等先后来团，此时主要演出剧目有《汉明妃》、《乾坤福寿镜》、《金水桥》、《搜孤救孤》、《碰碑》、《定军山》等。1958年剧团下放承德，更名承德市京剧团，排演现代京剧《红旗谱》并进京演出。1960年奉调回省，与河北省昆曲剧团合并，成立**河北省京昆剧团**，团长陈国兴，副团长曹振华、贯盛习。艺术指导宋德珠、贯盛习。主要演员有罗惠兰、贯盛习、梁庆云、安荣卿、郭景春、邹鸣述、陈茂春等。剧团的任务是抢救、继承昆曲，演出京剧，以京带昆，并向北方昆曲剧院和上海昆剧团学演了一批昆曲剧目，如《游园惊梦》、《思凡》、《盗仙

《唐太宗》祝元昆饰李世民（右）萧月珠饰长孙无双

《钟馗》 裴艳玲饰钟馗（中）

草》、《金山寺》、《断桥》、《墙头马上》等。1961年春节在天津公演40余天，演出《玉堂春》、《生死恨》、《凤还巢》、《三娘教子》、《扈家庄》、《盗仙草》、《墙头马上》、《金山寺》、《贩马记》等。1965年排演现代京剧《战洪图》，参加在山西太原举行的华北区现代京剧会演，获得好评。“文化大革命”开始后，学演过《沙家浜》、《红灯记》、《智取威虎山》、《杜鹃山》、《平原作战》、《磐石湾》等现代戏。1977年传统戏恢复演出后，主要演出《金水桥》、《四郎探母》、《红鬃烈马》等，主要演员有罗惠兰、许嘉宝、萧月珠、梁庆云、祝元昆、陆惕明等。新编演的剧目有《唐太宗》、《八仙过海》、《八仙戏白猿》、《东陵盗宝案》等。1994年改团建院后，李寿福、李建锁先后任院长，裴艳玲任名誉院长。下设青年京剧团，主要演员为张艳玲、梁维玲、张慧芳、张君强等。建院后，一批中青年优秀艺术人才在剧目创新和艺术实践中脱颖而出，其中张艳玲、梁维玲先后获得第十四届、第十七届梅花奖。1997年河北省河北梆子剧院裴艳玲剧团调入河北省京剧院，称**河北省京剧院裴艳玲剧团**。该团演出京昆梆“三下锅”剧目，有《钟馗》、《林冲夜奔》、《武松》、《翠屏山》、《哭灵牌》、《四郎探母》等。2004年4月起，裴艳玲任河北省京剧院院长。2008年，创排近代故事戏《响九霄》，编剧杨舒棠，导演石宏图，斐艳玲饰响九霄，参加第五届中国京剧艺术节，获新编历史剧二等奖，裴艳玲获特别荣誉表演奖。剧院曾赴美国、加拿大、法国、日本、丹麦、新加坡、非洲六国演出，深受海外观众欢迎。（张松岩）

Hebei Sheng Yishu Xuexiao

河北省艺术学校 艺术专业学校。1955年12月6日在原察哈尔省少年晋剧团和河北省河北梆子少年学员队的基础上创建。初建时仅有晋剧和河北梆子两个专业，1959年设京剧科。1964年又增设话剧专业，校名遂改为**河北省戏剧学校**。1970年该校由河北保定迁石家庄，撤销话剧专业，增设音乐、舞蹈、杂技等专业，改校名为河北省艺术学校。申伸、翟翼、牛树新、贾桂兰、刘壮、里正等先后任校长或副校长。宋德珠、贯盛习、罗惠兰、齐兰秋、钟鸣岐、李斌华、安荣卿、陈茂春、张荣培、刘连香等任京剧教师。建校以来共培养出上千名戏曲人才，其中京剧演员有辛宝达、李胜素、李宏图、张艳玲、年金鹏、梁维玲、张慧芳、高颂等。2001年，经河北省政府批准，升格为**河北艺术职业学院**，设有音乐、舞蹈、戏剧、美术、艺术教育、文化管理、传媒7个系28个专业。（刘文峰）

Henan Sheng Jingjuyuan

河南省京剧院 京剧演出团体。其前身是中国共产党冀鲁豫边区政府于1946年7月组建的民友剧社。1949年为平原省民友剧社。1953年平原省撤销后为**华北民友剧社**。1954年建成**河南省京剧团**。团长高连荣，副团长李俊臣、许翰英、周云昆、吴韵芳。剧团脚色行当齐全，20世纪50～60年代的名演员各有拿手好戏，如女老生侯桂先的《甘露寺》、《四进士》，谭派老生宋又生的《失街亭、空城计、斩马谡》、《碰碑》，旦行许翰英的《红娘》、《红楼二尤》，吴韵芳的《玉堂春》、《红娘》，净行高连荣的《铁笼山》，周云昆的《霸王别姬》，阎涤华的《将相和》，武生李民华、刘仲林的《大闹天宫》、《长坂坡》等。其他演员如生行许振华、耿照芳、马顺德，旦行刘映华、佟娜、林玉珠等，也颇受欢迎。20世纪90年代以来又一批青年演员崭露头角。剧团的上演剧目有200多出。1956年参加河南省首届戏曲观摩演出大会，演出《阿黑与阿诗玛》、《四杰村》、《玉堂春》等剧目，周云昆、吴韵芳、许振华获演员一等奖。20世纪60年代先后参加全国京剧现代戏和中南区革命现代戏观摩演出大会，演出了《红管家》、《好媳妇》、《传枪》等现代戏，并由长春电影制片厂拍摄成戏曲艺术片。1982年剧团参加河南省青年演员会演，演出《闹龙宫》、《玉堂春》，张正春、何青贤获表演一等奖。同年，孔凡燕等编创了反映全国商业特等劳动模范赵春娥事迹的大型剧目《赵春娥》，由吴韵芳主演。随后又编创了《冯玉祥政变记》，由阎涤华饰冯玉祥，佟娜饰李德全。1987年先后从天津、北京聘请名演员张世麟、马少良等来团领衔演出，恢复排演了《四郎探母》、《玉堂春》、《杀四门》等传统戏，并编演了反映交通法规方面的现代戏《婚礼上的哭声》。20世纪80年代后期剧团多次参加河南省戏剧大赛，先后演出新编古代戏《荡寇悲歌》、《血染郑王宫》、《苏东坡》和现代戏《黑财神、红财神》、《戒子恨》等，并获得演出、导演、表演、舞台美术等多项奖。其中获表演奖的有旦行佟娜、李荣，生行王巧栋、车强等。1990年为纪念徽班进京200周年振兴京剧观摩大会，与来自台湾的名演员孙元彬、孙元坡及北京京剧院的宋丹菊、马玉璋同台，演出了《战宛城》，李荣、刘志杰演出了《苏三起解》。1991年陆宝林等参加了中央电视台举办的全国中青年京剧演员大奖赛，陆宝林在《小宴》中饰吕布，获小生行中唯一的最佳表演奖。1992年参加文化部在天津举办的全国京剧青年团队新剧目会演，演出新编古代戏《虎将雄风》，获演出奖，演员宫寿林、郑凤获表演奖。2003年更名为河南省京剧院，院长张振中。2008年，以新编神话剧《嫦娥》(张永和编剧，谢平安导演，特邀王怡、李岩分饰嫦娥、后羿）参加第五届中国京剧艺术节，获新编历史剧二等奖。（韩德英）

《嫦娥》 王怡（特邀）饰嫦娥

Hezhu Pei

《荷珠配》 京剧作品。改编者不详。本事出自明传奇《珠衲记》。描写财主刘志偕嫌贫爱富，悔弃女儿金凤与书生赵旭的婚约。金凤暗遣丫环荷珠花园赠金，刘志偕将荷珠逐出。后刘志偕家遭天火，沦为乞丐，与家人赵旺在破庙安身。赵旺偶遇新科状元赵旭，拜见了假冒金凤小姐的“状元夫人”荷珠。真假虚实，演出一幕令人捧腹的滑稽剧，极尽讽刺之能事。以一夫二妻大团圆结局。丑脚饰赵旺，花旦饰荷珠，为剧中主角。刘志偕夫妻亦经丑化，外号“窗户楞”和“鹌鹑”（“安人”的谐音）。萧长华曾演出此戏，扮演赵旺，恰当地把握了人物既狡黠又顽皮的童仆身份：在荷珠面前，于玩笑中表露出同情；在员外面前既不失主仆关系，又弄得主人哭笑不得。他在嬉笑怒骂中，刻画了这个喜剧人物。剧本见《京剧汇编》第2集、《京刊丛刊》第39集及宝文堂刊本。1961年老舍将此剧改编为同名话剧。

（崔长武）

Hehou Ma Dian

《贺后骂殿》 京剧作品。又名《烛影记》、《烛影摇红》。作者不详。宋太祖赵匡胤逝世，其弟赵光义继位。太子德昭上殿辩理，被逼触殿柱自杀。匡胤后贺氏携次子赵德芳上殿，痛诋光义篡位。光义只好多方抚慰，赐贺后尚方宝剑，执掌昭阳殿，封赵德芳

《京剧版画·骂殿》（王树村提供）

为八贤王。此剧搬演的是所谓“烛影摇红”的“千古疑案”。据《续资治通鉴》记载，赵光义在赵匡胤病死的时候，买通了内宫的贴身太监，才把皇位抢到手。作品揭开宫闱帷幕，把这件皇家总想掩饰、回护的丑闻公之于众，作出自己的评判和爱憎。内容精练，主要角色一生一旦，并在歌唱中进行，没有什么热闹的场面和曲折的情节，气氛较“冷”。直到20世纪初，陈德霖把它从箱底翻出，搬上舞台，后又传给程砚秋。经过王瑶卿指导下的改编创造，面貌一新。剧中贺后所唱的成套唱腔：［二簧导板］—［回龙］—［快三眼］，风靡一时。凡属程迷，几乎无人不会哼唱。程砚秋的《贺后骂殿》于1923年7月7日在北京首演，赵光义由郭仲衡扮演。20年代末，言菊朋下海演戏，精研唱腔，为赵光义设计的一段［二簧慢板］“自盘古立地天君主为重”，可与贺后的［二簧快三眼］媲美。从此，《贺后骂殿》传唱不衰，成为程砚秋、言菊朋的经典性作品。张君秋演出，则名《困龙床》。有《戏考》、《京剧丛刊》等刊本。

新艳秋饰贺后

（胡冬生）

He Yonghua

贺永华 （1922～2006） 演员。工净。原名贺文滨。直隶文安（今属河北）人。11岁时，因家庭生活困难，经贺瑞山介绍到天津拜郭少安为师，开始学习京剧。他和蔡宝华、张春华一起由韩富信、于大康、王德山老师教练基本功，长达4年，打下了坚实的基础。15岁入稽古社子弟班深造。他入科学架子花、武花，但他痴迷尚和玉派艺术。尚和玉很器重他，把拿手戏《铁笼山》、《拿高登》、《四平山》、《芦花荡》等戏都传授给他。同时他又得到程永龙、韩富信几位老师教《红逼宫》、《战长沙》、《赵家楼》、《武文华》等戏，技艺大为提高。他是带艺入科，因此师父郭少安提早一年把他和蔡宝华、张春华领出稽古社在天津中国大戏院演出，受到观众好评，因此有“三华”美称。他出科帮师一年后离开，先后与周啸天、李世芳、奚啸伯、吴素秋、刘汉臣等到济南、青岛、烟台、天津各地合作演出。20世纪50年代与王佩珠、王鸣仲等组织新风旅行剧团到开封、郑州、西安、石家庄、青岛等地演出。1953年初参加江苏省大众京剧团，11月调华东实验京剧团，1955年并入上海京剧院。除经常演出《铁笼山》、《拿高登》、《收关胜》等传统戏外，与陈大濩创演新戏《铸剑》。同周信芳演出《乌龙院》、《战长沙》及新编古代剧《澶渊之盟》。在现代戏《智取威虎山》中扮演座山雕。他功底扎实，工架稳练，举手投足，一丝不苟，表演朴实无华。

《智取威虎山》饰座山雕

（钱有忠）

hecai

喝彩 观众为演员表演助兴的一种方式。通常以叫好、鼓掌表示赞赏。或以怪声叫好拍掌，表示不满与指摘，称喝倒彩、鼓倒掌。清《燕兰小谱》注称：“北人观剧，凡惬意处，高声叫好。”徐珂《清稗类钞》“戏剧类”：“皮黄盛于京师，故京师之调为尤至。贩夫竖子，短衣束发，每至园聆剧，一腔一板均能判别其是非。善则喝彩以报之，不善则扬声以辱之。满座千人，不约而同。或偶有显者登楼，阿其所好，座客群焉指目，必致哗然。故优人在京，不以贵官巨商之延誉为荣，反以短衣座客之舆论为辱。”“名伶一出场即喝彩，都人谓之‘迎帘好’。以好之多寡，即知角色之高下，不待唱也。故有老手已不能唱，而每出仍举座欢呼，谓之‘字号好’，盖以其著名已久耳。”正当的喝彩称正彩，反常的喝彩称倒彩，演员出场亮相即喝彩又称碰头彩，全场喝彩称满堂彩。

（戴申　周华斌）

Heiji Yuanhun

《黑籍冤魂》 京剧作品。夏月珊据吴趼人同名小说改编。一说许复民编剧，夏月珊修订。富家子曾伯稼（或作甄弗戒），其父为防止他外出冶游，令其吸食鸦片，困于家中。伯稼成瘾后，其父懊悔不已，饮恨而亡。不久，伯稼之子误食烟药致死；老母因哀

新舞台演出《黑籍冤魂》的一个场面

伤过度，亡故。妻子张氏劝其戒烟，反遭毒打，吞生烟自尽。仅遗一女，又被人骗卖入妓院。伯稼孑然一身，流落街头，以拉洋车糊口。其女出堂差，恰坐伯稼之洋车，父女相见，悲恨交集，又为鸨儿冲散。伯稼伤心已极，乃窃一测字人纸笔，历数家破人亡始末，控诉鸦片之害。写完，掷笔而殁。该剧是清末京剧改良运动中影响较大的时装新戏之一。清光绪三十四年五月二十五日（1908年6月23日）上海丹桂茶园首演。夏月珊饰曾伯稼，毛韵珂饰张氏，冯子和饰女儿。潘月樵、夏月润、孙菊仙、刘培山等也参加了演出。同年冬，上海新舞台建立，夏月珊等转入，又以此戏作为常演剧目。演出当场出售戒烟丸，引起黑社会势力的嫉恨。夏月珊等曾收到恐吓信，但不为所动，仍坚持演出，得到社会舆论的好评，被誉为“警世而抗末俗”，“有功世道人心之悲剧”。宣统元年（1909），新剧家郑正秋将夏月珊等演出本整理成详细提纲，发表于《图画日报》。宣统三年九月出版单行本，题“夏月珊编，郑正秋录”。对于《黑籍冤魂》在新舞台的演出情况，海上漱石生（孙玉声）所著小说《续海上繁华梦》有具体描绘。后该戏流传到北方，民国初年，杨韵谱与女演员刘喜奎合作，排演此剧，演出于天津

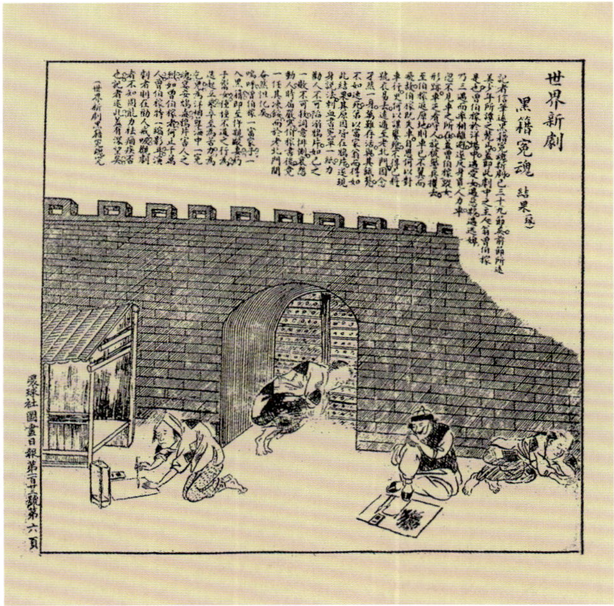

《黑籍冤魂·结果》（选自清末上海《图画日报》）

下天仙戏院。1912年刘喜奎至北京，在与鲜灵芝的艺术竞争中多次演出。1916年上海幻仙影片公司拍摄成电影，是中国早期故事影片之一。

（黄菊盛）

Heilongjiang Sheng Jingjuyuan

黑龙江省京剧院　京剧演出团体。前身为1969年成立于哈尔滨的黑龙江省革命样板戏学习班。1972年2月建立黑龙江省京剧团。1990年改今名。剧团初建时，成员主要由全省各京剧团抽调而来，有老生孟广新、田占云、赵鸣华，青衣花旦董桂珍，小生刘万斌等。演出《红灯记》、《智取威虎山》、《磐石湾》、《八一风暴》、《枫树湾》等现代戏。1976年末以后，恢复和新排演的剧目有《杨门女将》、《秦香莲》、《春草闯堂》、《十五贯》、《小刀会》、《红梅阁》、《红鳞仙子》、《神秘古城》等。剧院的主要编剧、导演、演员及音乐、舞台美术人员，绝大多数是省戏曲学校历届毕业生和中国戏曲学校部分毕业生。主要编剧有王毅、吕双义、杨宝林，导演王士、宋江泉、李宝柱。演员有旦行杨秀敏、邢美珠、林桂兰、于立齐、于训威、成秀玲，武旦高玲，老旦赵艳玲，言派老生王柏岩，文武老生张国泰，老生朱英春，文武生关胜利，小生贾喜林，净行李国瑞、赵立成，武花脸陈树君，丑脚朱文学，武丑孔德礼等；作曲宋士芳（琴师）、傅彦滨、刘宝山（琴师）；鼓师何忠仁、王吉利；舞台美术设计马骏、吕英斌等。剧院共演出各类剧目160余出，其中自己创作或改编的约50出，如新编剧目《闹葛岭》、《小侦察》、《鞭打赵匡胤》、《武当英豪》、《砸佛堂》、《江祭》、《打冤家》、《武则天与狄仁杰》、《梦断关山》以及整理、改编的传统戏《玉堂春》、《白蛇传》、《吕布与貂蝉》、《珊瑚传》等。长期的艺术实践，使剧院形成了严谨、淳朴、细腻的演出风格。剧团的一些中青年演员在全国或全省一些大赛中获得好成绩。邢美珠获第九届梅花奖。2001年剧院以创排的新编历史故事剧《完颜金娜》（邢美珠主演）参加第三届中国京剧艺术节，获优秀剧目奖（此剧经过2004年后的加工修改，更名《卢沟晓月》）。2008年，又以新创剧目《鞑鞨春秋》（倪茂才、邢美珠主演）参加第五届中国京剧艺术节，获新编历史剧二等奖。剧院先后到20多个省、直辖市、自治区巡回演出，并曾赴美国、哥伦比亚、委内瑞拉、墨西哥、俄罗斯、日本等国公演，受到国内外观众的热烈欢迎。

《完颜金娜》邢美珠饰完颜金娜（左）关胜利饰蒲鲜奴

（傅彦滨　吕双义）

Heilongjiang Sheng Yishu Xuexiao

黑龙江省艺术学校　戏曲专业学校。原名黑龙江省戏曲学校。1950年6月成立于齐齐哈尔市。首任校长王连平。教师多为黑龙江省京剧团的主要演员，如金碧艳、花艳云、任翠卿、王湘云、张德发等。招收学生周喜庆、高淑华、张国华、贾德林等59人。开设有京剧基本功、戏曲理论、政治、文化等课程。教学剧目有《野猪林》、《蜈蚣岭》、《艳阳楼》、《孔雀东南飞》等40多出。1953年以此班学生为主，组建黑龙江省少年京剧团，教学与演出相结合，边学戏边演出。1957年，黑龙江省少年京剧团迁至哈尔滨。1959年在原黑龙江省文化艺术干部学校的基础上重建黑龙江省戏曲学校，设有京剧、评剧、地方戏、舞台美术等专业，在校学生有600多人。学制京剧班为8年。校长史风。京剧教师有王桂林、王湘云

等。京剧教学剧目以生、旦文戏为主，如《贵妃醉酒》、《白蛇传》、《玉堂春》、《二进宫》、《甘露寺》等，也有少量净脚武功戏，如《芦花荡》等。学生在实习演出期间，还演出了一些移植和创作的现代戏，如《三少年》、《大兴安岭人》、《草原英雄小姐妹》、《让马》等。1964年，黑龙江省戏曲学校组建的实验京剧团创作演出《千万不要忘记》（据丛深同名话剧改编），进京参加京剧现代戏观摩演出大会。“文化大革命”初期，学校停办。1972年4月，在黑龙江省戏曲学校基础上创建黑龙江省艺术学校，设有京剧、评剧、地方戏、器乐、舞台美术、编剧等专业。其中舞台美术和编剧两个班为大专。1985年接管由黑龙江省文化厅兼管的12个校外办学点。2002年9月，经黑龙江省政府批准，与黑龙江省文艺干部学校合并，成立黑龙江艺术职业学院，这是以高等艺术教育为主、中等艺术教育及成人培训为辅的全日制综合性的艺术职业学院。

（志文）

Heinu Yutian Lu

《黑奴吁天录》 京剧作品。1907年6月，春柳社据美国同名小说改编为“新剧”在日本东京上演，曾孝谷改编。欧阳予倩称为“可以看作中国话剧第一个创作的剧本”。同年9月，王钟声等主持的新剧团体春阳社也在上海演出了同名作品，许啸天改编。演出采用了不少戏曲手法，如用锣鼓伴奏、以鞭代马等。1912年4月，上海新舞台演为京剧。剧情为黑奴哲而治不堪虐待，被迫逃亡。他的儿子小海留和老黑奴汤姆也被主人解而培抵押给奴隶贩子海雷。后小海留与汤姆逃走与哲而治在深山雪崖相遇，与前来追捕的奴隶贩子等奋力搏斗，获免于难。作品借美国黑奴惨痛遭遇激励国人，警俗劝世。据《丽丽所剧评》，夏月润饰哲而治，当妻子意里赛责其忍心弃家远遁时，说：“大英雄，大豪杰，作烈烈轰轰大事业，岂可恋恋于妻子。此行原拟拯同胞于水火。丈夫志已决，毋以儿女情短我英雄气也！”毛韵珂饰意里赛，“心不愿其遽离，口不敢为直道”，“一种莫可如何，以及一切难言之隐，尽在不言不语中，曲曲传出”。刘艺舟饰汤姆，当奴隶贩子逼行时，回顾主人侃侃而谈，情真意切，“记者闻之，两行热泪，竟夺眶而出”。夏月珊饰海雷，刻画其“一味狠毒”，最为擅长。张德禄饰小海留，也是难能可贵。其表演小海留逃亡时，在冰水中忽然发现父亲矗立山上，“一种又惊又喜之神情，描得甚是周到。尤佳者，叫爸爸后，更回首叫妈，且游冰上山，一切做工亦佳”。

（沈鸿鑫）

Heixuanfeng Li Kui

《黑旋风李逵》 京剧作品。写梁山泊李逵请罪的故事。元杂剧有《李逵负荆》。京剧传统剧目有《丁甲山》，收入《京剧汇编》第33集。钱宝峰、黄润甫、郝寿臣、侯喜瑞等工此剧，金少山有唱片行世。另有《真假李逵》（又名《闹江州》），写李逵知遇李鬼的故事。1952年，上海市文化局艺术处创作室根据《李逵负荆》，并参照《丁甲山》及《真假李逵》改编成《黑旋风李逵》，王征夫执笔。剧情为：李逵奉宋江之命下山，得知曹庄大户曹登龙囤积粮米，欺压百姓，欲请宋江发兵破庄除霸。路过杏花村，听说宋江、鲁智深抢走酒家王林之女满堂娇，怒回山寨，砍倒杏黄旗，大闹忠义堂。待到宋江下山对质，才知满堂娇原是被曹登龙冒名抢走。梁山兄弟，大破曹庄，救出满堂娇。李逵自愧鲁莽，身背荆杖，回山请罪。事见《水浒传》第43回、第73回。1952年5月上海市人民京剧团首演。总导演刘厚生，导演李仲林、郭坤泉、林鹏程。音乐设计王燮元。王正屏饰李逵，纪玉良饰宋江，李仲林饰燕青，王熙春饰满堂娇。1954年参加华东区戏曲观摩演出大会，获剧本一等奖及优秀演出奖。1956年获文化部优秀剧本奖。该剧在保持原作基本剧情和风格的基础上，人物、情节进行了较大改动，重新结构布局，在歌颂梁山英雄除暴安良侠义行为的同时，突出了他们与群众血肉相连的关系。剧中着力表现李逵痛恨压迫，同情人民的苦难，勇于正视自己的错误，以丰富的细节刻画了他疾恶如仇、憨直鲁莽、质朴天真的性格和美好的内心世界。全剧充满喜剧气氛，剧情富于变化，节奏明快，细节描写尤为生动。王正屏运用裘派技艺，并吸收麒派特色，通过优美的工架和精彩的唱念，成功地塑造了李逵的舞台形象。袁世海亦工此剧。1980年上海京剧院重排该剧，集体改编，何慢执笔，郭坤泉任艺术指导，7月演出于上海劳动剧场。主要演员王正屏、李仲林、汪正华、孙鹏志。

（沈鸿鑫）

王正屏饰李逵

Hongdeng Ji

《红灯记》 京剧作品。翁偶虹、阿甲根据上海爱华沪剧团同名沪剧改编。沪剧《红灯记》系据迟雨（沈默君）、罗静电影文学剧本《自有后来人》改编。1964年由中国京剧院首演。导演阿甲。李少春、钱浩梁饰李玉和，高玉倩饰李奶奶，刘长瑜饰铁梅，袁世海饰鸠山。同年，参加全国京剧现代戏观摩演出大会。中国戏剧出版社出版单行本。剧情为：抗日战争时期，东北某地，共产党员、铁路工人李玉和接受向北山抗日游击队传递密电码的任务，由于叛徒出卖，被日本宪兵队逮捕。宪兵队长鸠山软硬兼施，逼迫李玉和交出密电码。李玉和不为所动，鸠山又逮捕李奶奶和铁梅。一家三代，面对顽敌大义凛然，威武不屈。李玉和母子英勇牺牲。铁梅得邻居帮助逃出虎口，终将密电码送到北山，继承父志，完成任务。全剧以铁路工人的号志灯为贯串道具，故名“红灯记”。剧作表现中国人民同侵略者进行的前仆后继、英勇顽强的斗争，塑造出李玉和、李奶奶、李铁梅3个各具鲜明性格的艺术形象，同时刻画了鸠山狡诈凶残、色厉内荏的反面形象。李玉和祖孙三代本不是一家人，在革命的风雨中，深厚的阶级感情将他们联结在一起，感人至深。全剧行当齐全，唱、念、做并重，几个主要角

钱浩梁饰李玉和（左） 刘长瑜饰李铁梅（中） 高玉倩饰李奶奶

色均有重场戏。在运用京剧的艺术手段和传统程式的基础上，根据表现内容和刻画人物的需要，做了革新尝试。第五场“痛说革命家史”，唱、念转换随感情节奏流淌，场面动人。高玉倩的表演很有特色，其中两大段念白突破京剧原有京白、韵白的程式，从生活和人物感情出发，吸取说唱艺术精华，具有很强的感染力。“赴宴斗鸠山”一场，李玉和与鸠山针锋相对，嬉笑怒骂，义正词严，铁骨铮铮。“刑场斗争”以唱为主，成套的［二簧］唱段抒发了李玉和面对死亡的坚强意志和壮烈豪情。往复回环接唱的［二簧散板］唱段，将三代人的革命感情和亲情抒发得淋漓尽致。该剧在以京剧艺术形式表现现代生活上取得突出成绩，受到观众的欢迎和专家的好评。江青掠夺京剧革新成果，在“文化大革命”中，诬陷主要编导阿甲，施加迫害；以《红灯记》剧组的名义，对原本的某些细节和唱词做了改动，强占《红灯记》等作品为己有，定名“样板戏”，发表于《红旗》1970年第5期。同年，人民出版社出版单行本，八一电影制片厂摄成彩色戏曲艺术片。与《红灯记》题材相同的京剧作品还有《革命自有后来人》。王洪熙（执笔）、于绍田、

《革命自有后来人》 梁一鸣饰李玉和（中）
云燕铭饰李铁梅（右） 赵鸣华饰李奶奶
（崔彦勤摄）

史玉良改编。1964年，由哈尔滨市京剧团首演，导演史玉良，主要演员梁一鸣、云燕铭、赵鸣华、张春鸣。同年，参加全国京剧现代戏观摩演出大会。中国戏剧出版社刊有单行本。中国唱片社灌制唱片。1966年“文化大革命”开始后，该剧被《红灯记》取代，终止演出。

沈国凡著有《〈红灯记〉的台前幕后》，当代中国出版社2009年4月出版。16万字。详述此剧从诞生到被封为“样板戏”的过程。书中收有符挺军、符丏君的怀念文章《父亲阿甲》。（程炳达）

Hongfu Zhuan

《红拂传》 京剧作品。一名《风尘三侠》。罗瘿公编剧。本事见唐人传奇《虬髯客传》。程砚秋1923年首演于北京。剧情为：隋末，三原布衣李靖有兴国之志，往谒越国公杨素，因话不投机、政见相左遂辞出。杨府歌姬红拂女（张凌华）见李靖举止不凡，属意于他。当夜，张凌华盗得杨素令箭，改扮男装，混出杨府，寻到李靖，表明心迹以身相许。二人同去太原，投奔李世民。途遇虬髯公张仲坚，三人结拜，与虬髯公的至交徐洪客同见李世民。李靖决心与张凌华共佐李世民，虬髯公、徐洪客本准备自己起兵成事，见李世民雄才大略，必得天下，乃另谋自据一方的出路。临行，虬髯公将家财留赠李靖、张凌华，以助李世民成就帝业。张凌华感英雄知己，即席舞剑助兴。三侠分手。程砚秋塑造了张凌华文武全才、慧眼识人的女英雄形象。特别是在杨府歌舞时所唱［二六］，为虬髯公、李靖筵前舞双剑时所唱［南梆子］，尤见功力。初演时，李靖由老生郭仲衡扮演，后由小生王又荃、俞振飞扮演，各有创造。侯喜瑞演虬髯公，叱咤风云，磅礴大气，更是气势夺人。此剧为程派的保留剧目，新艳秋、章遏云、张君秋等均曾演出。剧本收入《程砚秋演出剧本选集》。王瑶卿参酌明冯梦龙《女丈夫》传奇、清《风云会》传奇编有两本《红拂传》，演李靖投李世民，东征立功，虬髯公于海外相助，张凌华亦荐徐德言、乐昌公主相助，三侠最后重逢事。由新艳秋演出。此外，《京剧汇编》第22集收有《风尘三侠》，内容包括头两本《红拂传》的故事，而剧本不同。杜丽云、侯喜瑞曾演出。

程砚秋饰张凌华（左） 郭仲衡饰李靖

（刘乃崇 蒋健兰）

Honglingyan

《红菱艳》 京剧作品。古装新戏。剧写明正德年间，兵部侍郎刘大夏被奸臣江彬谋害，其子夜兰逃往姑苏鲍若虚家。鲍女香云美而贤，表兄强甲甲对其垂涎已久，但香云却与夜兰友善。强怒，赴京告发。鲍若虚闻讯即将香云许嫁夜兰，并匿夜兰于采菱女乌凤姐家。乌亦爱夜兰，托以终身。当江彬率缇骑去捉夜兰时，恰值正德帝巡幸江南，误入乌家，察明真相，特赦夜兰，置江彬于法。1917年，冯子和根据同名昆剧本改编，同年6月6日首演于上海天蟾舞台。冯子和自饰乌凤姐，赵君玉饰刘夜兰，林树森饰正德帝（后王鸿寿也饰演过此角），盖叫天、小杨月楼、冯志奎参加演出。冯子和扮演的乌凤姐表演自然，念苏白，江南农村乡女打扮，布衣素服，头上辫子翘起，具有浓郁的乡野情趣。该剧是冯子和后期代表作，当时曾有人作《梨园竹枝词》：“人人争说小子和，善擅风琴婉转歌；老去徐娘余韵好，红菱艳曲彩声多。”（1922年《十月》旬刊第3期）后其他剧场也纷纷排演，有的改名为《乡下大姑娘》。1939年冯子和在黄金大戏院最后一次演出，由周信芳配演皇帝，之后即多年绝迹于舞台。上海图书馆藏有昆剧《红菱艳》旧抄本，不著撰者姓名，分《花护》、《劣抗》、《筹辟》、《采菱》等21出。冯子和演出的京剧本为幕表戏，没有剧本流传。1921年上海宏文图书馆出版东越颜五郎编著的《红菱

黄孝慈饰邬菱姐（吴赣生摄）

艳》，封面标作“新戏考”，实际只是详细提纲。在《红菱艳》绝响舞台60年后，冯子和之子冯玉琤根据自己早年所看演出的印象，从1986年开始酝酿改编此剧，1988年完成。改编本写刘夜兰因与江文炳（原称江彬）之子争娶吏部天官之女鲍香云（不出场）而遭江文炳陷害，逃往苏州奶公邬佬佬家避难，得邬菱姐收留，互订婚约。结尾则改为皇帝察明真相后，将江文炳罚俸三月，并亲自做主令刘夜兰娶鲍香云为妻，后经刘夜兰向其父再三恳求，才允许将邬菱姐纳为二房。当刘将此消息告知菱姐时，菱姐拂袖而去，返回姑苏山塘，做一个自食其力的采菱女。江苏省京剧院二团于1988年5月在南京人民剧场首演，石玉昆导演，黄孝慈饰邬菱姐，詹国治饰刘夜兰，葛德祥饰皇帝。同年12月赴天津参加全国京剧新剧目会演，获优秀剧目奖，黄孝慈获优秀表演奖。黄孝慈因演出此剧，获第十届梅花奖。冯玉铮改编本发表于1989年5月号江苏《剧影月报》。 （黄菊盛）

Honglou Er You

《红楼二尤》 京剧作品。取材于《红楼梦》。尤二姐、尤三姐为贾珍之妻妹，为贾珍及贾琏所垂涎。二姐懦弱，被贾琏纳为外室。

荀慧生饰尤三姐（左二） 金仲仁饰柳湘莲（右一）
张春彦饰贾琏（右二） 孙甫亭饰尤母

三姐烈性，反把他们弟兄戏耍一番。三姐属意于柳湘莲，湘莲曾以其家传鸳鸯剑为聘。嗣后，因宁府名声不好，所谓“除了那两个石头狮子干净罢了”，索回聘礼。三姐交还鸳鸯剑，自刎而死。湘莲悲痛惭悔，疯癫而去。其后，尤二姐亦被王熙凤设计害死。1914年初，欧阳予倩编演了《鸳鸯剑》，在春柳剧场演出。他在《我自排自演的京戏》一文中谈到：“还有我最爱演的一出就是《鸳鸯剑》。我很欢喜尤三姐那样的性格。贾琏那家伙想把她姊妹当粉头取乐，她敞开来一闹，闹得他弟兄只好夹着尾巴逃走。可见她是有主意的，斩钉截铁的。”“这个戏原来是我在长沙办文社的时候，用话剧的形式编的，改成京戏，话多而唱少，是个缺点。”1932年，陈墨香为荀慧生编为《红楼二尤》。荀慧生一人兼饰两角，前半部饰尤三姐为花旦演法，后半部饰尤二姐为闺门旦演法，表现出两个人物的不同性格。荀派传人荀令香、童芷苓、宋长荣、刘长瑜、孙毓敏等均擅演。童芷苓于1963年请陈西汀将此剧前半加部以改写，并经田汉修改润色，李紫贵导演，演出了舞台剧《尤三姐》，又由吴永刚导演，海燕电影制片厂与香港合作，拍成戏曲艺术片。荀慧生演出本载《荀慧生演出剧本选集》。 （刘乃崇 蒋健兰）

荀慧生饰尤二姐
（王家熙提供）

honglоumeng gushixi

“红楼梦”故事戏 根据小说《红楼梦》编演的京剧作品。据现有材料，早期有清光绪年间北京遥吟俯畅票房陈子芳等人排演的《黛玉葬花》、《摔玉》。清光绪十五年（1889），上海新丹桂园上演了“新排新戏灯彩《红楼梦》”，“盖以数事攒成一事，故关目不嫌其散漫。前半，以清虚观打醮，宝、黛因金玉二字两相龃龉。其关键全在袭人，以徐介玉为之，殊见娇婉动人，喜嗔合节。后半部则以刘姥姥游大观园，并杂以女伶演戏，牙牌宣令。其关键全在鸳鸯，以杨秀云为之，真个伶牙俐齿，如见当筵。指画时，至想九霄（田际云）之为黛玉，万盏灯之为宝钗，小桂林之为湘云，都摹绘入神”（《申报》1889年3月30日载《新戏述奇》）。此剧由梆子、昆曲、京剧演员合演。1915年，梅兰芳和欧阳予倩分别在北京和上海陆续演出的古装红楼戏，才真正成为气候，不少演员纷纷仿效。梅氏有《黛玉葬花》、《千金一笑》、《俊袭人》3出。欧阳予倩有《鸳鸯剑》、《宝蟾送酒》、《馒头庵》、《大闹宁国府》、《摔玉请罪》、《鸳鸯剪发》、《晴雯补裘》、《黛玉葬花》、《黛玉焚稿》9出。其后，有刘玉琴演出、清逸居士编写的《太虚幻境》，金友琴的《泣春饯红》，金碧艳的《黛玉伤春》，朱琴心的《王熙凤》、《摔玉负荆》，雪艳琴的《黛玉归天》。长演不衰的，则是荀慧生的《红楼二尤》，此外，他还演出了《晴雯》、《平儿》和《香菱》。欧阳予倩演出本对其他演员颇具影响，或据以改编，或在演出中掺以己意。1950年后，有吴素秋演出的《司棋》和童芷苓演出的《王熙凤》等。

梅兰芳的《黛玉葬花》，由齐如山、李释戡等编写。包括葬花、读曲、听曲等情节。改写的《葬花词》描绘了黛玉的孤傲与伤感。剧末[反二簧慢板]曲词系根据“红楼十二曲”第三曲“枉凝眉”改写，预示宝、黛二人的爱情悲剧。光绪年间票房演出此剧，黛玉用传统戏中的小姐打扮，梅兰芳认为不合时宜，便将在《嫦娥奔月》中独创的古装扮相用于黛玉，配以新编的花锄舞，显示出独特的审美情趣。《千金一笑》又名《晴雯撕扇》，亦由齐如山等编写。以晴雯为主角，围绕扇子铺叙喜剧情节，描绘一个心气高傲、嘴不饶人的婢女形象。新编扑萤舞，穿插其间，点缀舞台画面。

北梅南欧同一时期上演红楼戏，相映生辉。不同的是，红楼戏在梅兰芳的剧目中不占主要位置，数量也少。欧阳予倩的红楼戏却占有十分突出的位置，由自己动笔或参与编写。欧阳予倩于

《俊袭人》 梅兰芳饰花袭人（左二） 姜妙香饰贾宝玉（右一）

《晴雯补裘》 欧阳予倩饰晴雯

1913年编演了话剧《鸳鸯剑》，饰演尤三姐。剧中对贾琏之流的蔑视、奚落，对柳湘莲爱情之坚定、贞烈，以及待人处事的泼辣，都有相应的刻画。当时成为文社和春柳社的主要剧目。1916年在上海笑舞台与查天影合作，改为京剧。在结构上，适当集中故事情节于同一个场景，采用虚实结合的布景，注重舞台意境美的体现。1915年发表的《黛玉葬花》，系与张冥飞、杨尘因合编。首演于春柳剧场，是上海古装京剧的第一次演出。与梅兰芳同名剧本的不同处在于，情节集中于“葬花”，以花自况，描写黛玉之怨，强调诗的意境。全剧仅4场，人物少，结构单纯，文学性强。服装扮相接近时装，后步梅尘，改用古装。他称之为“高髻倩妆，翩翩翠袖”，与梅氏的“吕”字髻、长水袖大致相似。为此，欧阳予倩赠诗梅氏：“我似江南一顽铁，君如郑雪铸烘炉。不烦成败升沉感，许共瑜珈证果无。”显示对梅氏的敬重和自我谦虚的心境。在丹桂第一台重排演出时，贾宝玉由周信芳饰演。发表于1916年的《馒头庵》是一出中型爱情悲剧。小说第15回、第16回描写秦钟与尼姑智能在馒头庵幽会，不幸中了风寒，回家病殁。欧阳予倩对悲剧情节进行了改动：智能与秦钟真心相爱。她得知秦钟回家染了重病，放心不下，前去探病，被秦父发觉，认为他俩的行为辱没了秦家名声，把她押向官府问罪，对儿子严加看管，自己则一气身亡。秦钟既思念白发老父，又愧对薄命红颜。死前委托宝玉妥为关照智能，用以弥补自己的过失。智能在小说中交代不多，在戏里被塑造成一个多情善感、聪慧伶俐的少女。常年的庵堂生活，使她养成拘谨、稳重、恬静的性格。她不甘心一生幸福埋葬在经卷之中，把青春消逝在木鱼声里。但一个孤苦无依的尼姑，叛离礼教、清规，加以秦钟的懦弱无能，便注定了悲剧的命运。“万念俱灰”、“大限同归”的宗教命运观，又给智能寻求解放的个性，蒙上了消极的灰尘。1917年发表的《晴雯补裘》，系与张冥飞合作。剧写宝玉不慎将孔雀裘烧了个洞，多少裁缝束手无策。身患重病的晴雯连夜缀补孔雀裘，自己却累倒在床上。她性烈如火，又柔情似水。“一行行一点点花遭泪溅，一丝丝一缕缕线把愁牵。”她的巧手补不了惆怅，更补不了自己的生命与青春。同年发表的《黛玉焚稿》，是《黛玉葬花》的姊妹篇。剧写贾母、王熙凤策划的骗局，把一对青梅竹马、两小无猜的情人活活拆散。幕后成亲礼乐的喧闹，与潇湘馆的冷寂与凄凉，形成鲜明的对比，更加衬托出世态炎凉。黛玉欲哭无泪，眼前的诗稿，曾是爱情的见证，幻想与欢乐的真实记录。焚稿即焚心，以焚稿的火光，照亮自己光明磊落的心境。

《尤三姐》(电影)
童芷苓饰尤三姐（左） 王熙春饰尤二姐

荀慧生编演红楼戏始于20世纪30年代。他避开梅、欧围绕宝玉、黛玉编写的剧目，发挥荀派艺术之长，于1932年演出《红楼二尤》，1937年演出《晴雯》，两剧皆由陈墨香编写。后来还演出了《香菱》、《平儿》等剧。《红楼二尤》是荀派六大悲剧之一。柔弱善良的尤二姐和刚烈自重的尤三姐，两个性格迥然不同的同胞姊妹，先后遭到蒙骗与凌辱，一个死得窝囊，一个死得刚烈，有着很强的戏剧性和悲剧性。荀慧生在这个戏里前后扮演这两个人物，以花旦扮演尤三姐，以闺门旦演尤二姐，性格对比鲜明。加以剧本通俗易懂，戏剧性强，故一直流传于舞台。童芷苓演出的《尤三姐》据此改编（陈西汀执笔），曾摄制成戏曲艺术片。童芷苓主演的《王熙凤大闹宁国府》，以王熙凤为主角，演其害死尤二姐经过。童芷苓生动地演出了“凤辣子”的明是一盆火，暗是一把刀，明丽可人，蛇蝎其心，“一张脸上仿佛戴着许多面具，随时可以‘变脸’，真够得上出神入化”（香港《大成杂志》好好先生评语）。此剧为陈西汀“红楼”系列剧之一，作于1963年，童芷苓演红于20世纪80年代初。陈西汀另有《王熙凤与刘姥姥》、《元妃省亲》、《鸳鸯断发》，昆剧《妙玉与宝玉》，黄梅戏《红楼梦》，均收入其剧作选集《大音希声——陈西汀剧作选》。 （曲六乙）

Hongmeige

《红梅阁》 京剧作品。又名《阴阳扇》、《红梅记》、《游西湖》。全本载《京剧汇编》第20集。剧情为：南宋末年，贾似道携侍妾李慧娘（一作蕙娘）游西湖，见少女张秀英艳丽，命人强夺，被太学生裴玉莲拦阻。李慧娘慕裴玉莲品貌，暗赠手帕。贾似道闻知，杀慧娘后，骗裴玉莲至家。慧娘死后，因阳寿未终，且与裴玉莲有百日姻缘，阎君赐其阴阳宝扇，准其再回阳世。贾府家人苗义深夜持刀撞入书房杀害裴生，慧娘将他救出。全剧以李、裴遇合为中心，颂扬李慧娘为追求自由美好的爱情至死不屈、敢作敢为的反抗精神，抨击贾似道惨无人道的丑恶行径。爱憎分明的人物性格，一波三折的故事情节，人鬼相爱的浪漫色彩等艺术特征比较突出。故事源于明瞿佑《剪灯新话·绿衣人传》。明周朝俊作有传奇《红梅记》。明清两代弋腔、昆曲争相搬演，历久不衰。清代乾隆、嘉庆以后，梆子声腔取代昆弋而盛演，清末民初众多演员擅演此戏。《戏考·红梅阁·前言》中说：“此剧为花旦唱做兼全之剧，角斗一段，颇费力量，唱工纯用秦腔，声调激越，方能动听。沪上名角，如贾璧云、小如意等演此，颇餍观剧者之心理。”荀慧生回忆：“当年，我的太老师老十三旦侯俊山先生演这出《红梅阁》十分享名。”“我幼年学梆子时曾得老先生亲自指点，学会了这出戏，并在十几岁那一阶段经常演唱。”（《漫谈〈红梅阁〉的表演技巧》，《戏剧报》1962年第7期）民国初，于连泉（筱翠花）根据梆子折子戏《游湖阴配》移植为京剧（剧本见《戏考》第14册），开创了用皮簧腔演唱的先河。20世纪50～60年代，上海京剧院李玉茹、北京京剧院赵燕侠、沈阳京剧院汤小梅等分别上演了改编本，剧名《李慧娘》或《红梅阁》，在情节安排与表演唱做等方面，各有特点。“放裴”为剧中重心，有吐火、跌扑等技巧。1964年后，昆剧《李慧娘》遭江青、康生批判，京剧也受牵连停演。“文化大革命”结束后，北京京剧院赵燕侠重新排练演出，唱腔也做了许多创新。苏州京剧团在孟超昆剧本《李慧娘》基础上加以整理，胡芝风主演，借鉴兄弟剧种和芭蕾、杂技等姊妹艺术的唱腔表演，节奏明快，火炽热烈，摄制成彩色艺术片上映。台湾王凤云据赵燕侠的路子也曾将此剧改编上演。 （王卫民）

于连泉饰李慧娘

Hongniang

《红娘》 京剧作品。陈水钟据《西厢记》及昆曲《佳期》、《拷红》等折改编。荀派代表作之一。全剧以红娘为主角，赞美她在张生、莺莺婚恋过程中成人之美、见义勇为的品格。1936年10月首演于北平。荀慧生在舞台艺术上有不少创造，生动地塑造了红娘天真爽朗的艺术形象。《琴心》一场的［反汉调］、《佳期》一场中的［反四平］和《拷红》一场中的［西皮散板］转［快板］的唱腔，均富新意。《逾墙》一场，吸取了元末明初詹时雨《补西厢弈棋》的情节，表演时，红娘以棋盘掩蔽张生而行，边唱边舞，活泼有致。荀派传人多擅此剧，流传甚广。1949年以后，经荀慧生重新整理，删削了某些庸俗的词句，演出也更加完整。荀派传人荀令香、吴素秋、童芷苓、宋长荣、孙毓敏等均以此剧著称。剧本收入《荀慧生演出剧本选集》。（刘乃崇 蒋健兰）

荀慧生饰红娘（左图为初演时之造型）
（王家熙提供）

Hongsao

《红嫂》 京剧作品。山东省淄博市京剧团根据知侠同名小说改编，刘世勋、邵君诚执笔。1964年1月首演。同年参加全国京剧现代戏观摩演出大会，由淄博市京剧团和青岛市京剧团联合演出。主要演员张春秋（饰红嫂）、李师斌（饰彭林）。同年10月山东人民出版社出版单行本。1976年由八一电影制片厂拍摄成戏曲艺术片，改名《红云岗》。剧情为：解放战争时期，国民党军队进攻沂蒙山解放区。解放军排长彭林负重伤，与部队失去联系。国民党还乡团搜捕伤员。红嫂借挖野菜上山探风，遇到因伤重口渴昏迷不醒的彭林，用自己的乳汁将他救活，掩藏村外，精心照料。还乡团小队长刁鬼见红嫂形迹可疑，搜查盘问。红嫂巧与周旋，并说服胆小怕事的丈夫配合行动，由村支部书记和部队取得联系，消灭了还乡团匪兵。该剧塑造了红嫂这一农村普通劳动妇女形象，刻画出她淳朴开朗、勇敢机智的性格。第四场中，红嫂用蒙山柴、沂河水为伤员炖煮鸡汤的唱段，优美动听，抒发了人民群众对子弟兵的深情厚谊。全剧场次简洁，流畅自然，富于生活气息。该剧为1964年京剧现代戏会演中的优秀剧目之一。（程炳达）

张春秋饰红嫂（右） 李师斌饰彭林

Hongse Fengbao

《红色风暴》 见陈西汀。

Hongse Niangzijun

《红色娘子军》 京剧作品。剧演第二次国内革命战争时期，海南岛恶霸地主南霸天府中女奴吴琼花，为改变命运逃出虎口，但又被抓回打入地牢。幸有扮作侨商的共产党员洪常青的营救和指引，才得以参加革命武装娘子军连。在一次侦察任务中，路遇南霸天，由于报仇心切，开枪射击，暴露了目标，违犯军纪。经党代表洪常青的教育，开始懂得革命并非个人复仇，而是为了整个阶级的解放，必须依靠组织的力量。后经斗争的锻炼，成长为坚定的革命战士。在洪常青英勇牺牲后，肩负起党交给的任务，引领娘子军连，配合主力部队，打进椰林寨，消灭了南霸天为首的地主武装。此剧有两种演出本。一是田汉据同名电影改编。中国京剧院四团演出。导演郑亦秋，唱腔设计关亚农（雅浓）、姜文澄。杨秋玲饰吴琼花、萧润增饰洪常青、李嘉林饰南霸天、张曼玲饰符红莲。1964年参加了京剧现代戏观摩演出大会，受到好评。另一是1972年的演出本，中国京剧团根据同名舞剧集体移植创作，执笔阎肃。故事情节大同小异，女主人公改名吴清华。技导组有李少春、张春华、关肃霜。唱腔设计李金泉。乐队指挥郑小瑛。杜近芳饰吴清华、冯志孝饰洪常青、李嘉林饰南霸天、曲素英饰连长。1972年，此剧由八一电影制片厂拍成电影，导演成荫。剧本收入人民文学出版社1974年出版的《革命样板戏剧本汇编》第1集。2008年由中国戏曲学院的青年教师和学生复排演出，主要演员有贾劲松、郭霄、舒桐、王晓燕。（陈培仲）

杜近芳饰吴清华（左）冯志孝饰洪常青（中）
周宝奎饰小庞 （石少华摄）

hongsheng

红生 见生。

Hongshu Jimeng Shizhu

《红毹纪梦诗注》 京剧史料。香港中华书局1978年初版，宝文堂书店1988年3月重版。作者张伯驹一生热爱京剧艺术，精研余派唱演技法，得余叔岩亲授，工老生，能粉墨登场。张伯驹晚年回忆往事，从看戏、学戏、演戏、论戏到与艺友交游、剧坛掌故、剧人动态，兼及社会风貌，以近200首七言绝句的形式抒写出来，附以详细注释，而成是书。全书分三部分：第一部分，“余自7岁起所观昆乱演员及各地方戏演剧”有111首；第二部分，“所观票友戏”有28首；第三部分，“个人所学及所演之戏”有33首。后有“结语”5首。以上共177首。其后又有“补遗”22首。诗既明白晓畅，文亦清新可读。既保留了清末民初有关戏曲演出丰富

的第一手资料，又有作者自己对戏曲，特别是对京剧深入浅出的品评。读者可从中得到艺、史、诗的综合欣赏，戏曲史研究者亦可从中获得裨益。如书中有忆王蕙芳诗："早岁齐名共一坊，樊江关戏最擅场。余生坎坷垂垂老，今世何知有二芳？"诗注云："王蕙芳色艺并佳，清末民初，与梅兰芳同班。演唱《樊江关》，蕙芳饰樊梨花，兰芳饰薛金莲，有兰蕙齐芳之喻，以年衰名遂不振，后甚坎坷，于四川教戏，卒于成都，无复知当时有二芳者矣。"兼纪事、品戏、感怀于一体，即为有代表性的例证之一。书前的吴祖光、欧阳中石两序，书后的楼宇栋回忆张伯驹一文，有助于了解作者生平与本书成书经过。 （曹其敏）

Hongxian Dao He

《红线盗盒》 京剧作品。事见唐人小说《红线传》。齐如山据明《红线女夜窃黄金盒》杂剧与《双红记》传奇改编。梅兰芳1926年首演。剧情为：唐魏博节度使田承嗣蓄意侵占山东，潞州节度使薛嵩的侍婢红线请命前去探明田承嗣虚实，改装佩剑，午夜三更，驾风云到魏郡。在田承嗣酣睡中，盗取枕边金盒，飘然而返。田承嗣遣人追赶，为红线所败。次日，薛嵩命人将金盒送还。承嗣知潞州有异人，不可犯，乃息兵。梅兰芳曾演昆曲《双红记》中《摄盒》一折，演出时题《红线传》或《红线盗盒》，后因军阀间战乱不断，遂编演了皮簧的《红线盗盒》。此剧歌舞并重，剧中请命时唱的［二六］"红线女近前来一言告禀"，云路唱的［西皮原板］"谯楼上打三更月明人静"，盗盒时唱的［南梆子］"看承嗣在帐中和衣睡稳"，都是著名唱段。因剧情较简单，梅兰芳在20世纪30年代以后即很少演出，但其弟子魏莲芳、李世芳、言慧珠等仍有演出并教学，流传至今。1930年梅兰芳率剧团访美演出时，导演张彭春安排每场演出有一个舞蹈节目，都是从新排演的戏中摘出的独舞，其中的剑舞就是摘取《红线盗盒》或《霸王别姬》中的剑舞加工而成。演出采取的胸前斜系短剑的装扮亦是《红线盗盒》剧中所特有的。美国评论家威廉·鲍里索（William Bolitho）撰文说："我在看他表演《红线盗盒》的剑舞时，冷静地思考到他的舞蹈已经达到一种最高的境界。"剧本载《京剧汇编》第105集。 （刘乃崇 蒋健兰）

梅兰芳饰红线

Hongyang Haoxia Zhuan

《红羊豪侠传》 京剧作品。连台本戏。严独鹤、汪仲贤根据张恂子同名小说编成剧本轮廓，复请陈月楼、李振武详为分配，再会同主要演员商妥唱词道白，着手编成剧本。汪仲贤导演，张聿光绘景，应云卫担任置景兼灯光设计，黎锦晖编主题曲《天下太平歌》，宣刚编排新式歌舞并任指挥。1934年8月10日在上海荣记共舞台首演，主要演员有王虎辰、常立恒、潘雪艳、童月娟、周艳梅、徐剑鳌、陈雪琴、李君玉、袁桂春、周凤文、卢美秋等。广告称，此剧"志在纪念革命先烈，发扬民族精神"（1934年8月7日《申报》）。演太平天国事，内容自洪秀全设拜上帝会起，至太平天国覆亡止。对于洪秀全设教，自称为上帝次子等情节，向观众点明是借神道愚人。舞台美术采用机关布景和幻灯背景，如洪秀全、杨秀清欢迎韦昌辉一场，为表现几里路悬灯结彩，利用急速换景法，从郊外、村口、村中、门口至欢迎会场，一连变化5次布景。揭阳海盗罗大纲落草孤岛一场，先呈大海景，霎时换成山寨，古垒凉月，衬以遍地奇花，插天乔木。为便于表现某些舞台上难以再现的场景，首次采用了有声电影连环戏（即电影与舞台演出穿插进行，此前的连环戏均为无声电影），由孙镜海与美国维克通公司合作摄制。舞台上人与银幕中人可对唱。剧中穿插大量新式歌舞。如：第一幕40余人组成的苗民祈神，上身半裸，下身系草裙，载歌载舞；花中仙歌舞一场，多数歌女皆隐栖大森林中，花朵变作歌舞女，陆续下降，并加入童月娟与潘月山的双人滑稽歌舞。采用新歌曲调，并加入钢琴、小提琴等西洋乐器合奏，融为一种中西联弹新派皮簧。全剧不用旧戏行头，全部新制，歌舞场面所需舞衣数十袭，全由时装公司定制。因有以上特点，故号称此剧为"复兴新国剧运动之伟大贡献"。剧场后部装设扩音机，因在暑期上演，场内还添装了温度调节器，这在当时都是比较新颖的。公演后，连满一个多月。二本中有向荣出山后之数场大战，由洪深导演，摄制成有声影片，王虎辰、常立恒、潘雪艳、童月娟等均加入拍摄。把武打放在银幕表演，更为新奇。三本中，萧朝贵于攻长沙一役阵亡，王虎辰饰萧朝贵，"编者特别注意民族意识，故激昂慷慨，悲壮处不在项羽乌江之下，借以刺激观众，俾于外侮严重之今日，知所警惕。其萧朝贵出军洪宣娇饯别一场，名坤角童月娟拔剑起舞，不但舞术较《霸王别姬》别辟蹊径，且紧抓民族革命四字，意识尤远过之"（见1934年10月10日《申报》：《三本洪羊豪侠传开演》）。第八本主要表现小刀会起义，采用了写实布景，再现了上海的四马路、城隍庙、湖心亭、老西门、道台衙门等景，并有上海现实社会的描写，如"喝血酒"、"砍条斧"、"站木笼"、"坐飞机"、"捉小开"等，使观众倍感亲切。此剧原定排十六本，前八本演太平军之勃兴，表扬其武功，后八本演太平天国之覆亡，供后人殷鉴。后来虽只演至第十一本（十本、十一本一次演完），仍然揭示出太平天国革命运动失败之因，盖由于"革命领袖腐化，诸王内讧，自相残杀，使革命的朝阳转变到西山的落日"（1935年3月16日《申报》广告）。由于演出的成功，1935年春由新华影业公司拍摄成故事片，汪仲贤编剧，杨小仲导演，王虎辰、童月娟、徐琴芳、田方主演。上映时，前场加映王虎辰主演的《周瑜归天》和童月娟主演的《霸王别姬》两部京剧短片，以资号召。

（陈琥）

Hongzong Liema

《红鬃烈马》 京剧作品。又名《王宝钏》。作者不详。源自秦腔，本事见鼓词《龙凤金钗传》，正史无稽。全剧十余折，上演较多的有《彩楼配》、《三击掌》、《投军别窑》、《误卯三打》、《探寒窑》、《鸿雁捎书》、《赶三关》、《武家坡》、《算粮》、《银空山》、《大登殿》等。《京剧汇编》第21集载有全部《王宝钏》。《京剧丛刊》、《戏考》等载有全剧或选折。

此剧描写唐丞相王允，生有三女，长女金钏配户部官员苏龙，次女银钏嫁兵部侍郎魏虎。三女宝钏未适，为求佳偶，到花园焚香祈祷，发觉乞丐薛平贵倒卧园外，见其人品不凡，意有所属。在彩楼招婿时，将球抛予平贵。此折《彩楼配》为青衣唱工戏，陈德霖、孙怡云、梅兰芳有唱片行世。《三击掌》：王允嫌贫爱富，宝钏责父食言。王允与宝钏三击掌，以示决裂。宝钏毅然离府，至寒窑与平贵成婚。此折为程砚秋之代表作，有唱片行世。《投军别窑》：平贵降服红鬃烈马，被封为后军督府。值西凉作乱，苏龙、魏虎为正副元帅，故命平贵为先行。行期在即，平贵赶回寒窑，与宝钏告别。留下干柴十担，白米八斗，忍痛离去。此折为周信芳之

清宫《戏出画册·彩楼配》（故宫博物院藏）

清宫《戏出画册·探窑》（故宫博物院藏）

代表作，唱念做表均具特色，以与王芸芳合演为最佳搭档。有与李玉茹合作的录音带行世。《误卯三打》：平贵回营误卯，魏虎欲斩。苏龙劝阻，捆打四十。平贵与西凉交战获胜。魏虎借庆功酒，将平贵灌醉，缚于红鬃马上，驱至西凉被俘。西凉代战公主与之成亲。西凉王死，平贵继位。《探寒窑》又名《母女会》。宝钏苦守寒窑，贫病交加。其母前去探望，力劝回府。宝钏诓母出门，拒绝回家。此折为老旦、青衣戏。李多奎、卧云居士等有唱片行世。《鸿雁捎书》：宝钏终日望夫归来。一日，见鸿雁北飞，便写下血书，缚于雁足，冀其传与平贵。京剧舞台已很少演出。扬剧常单演此折，经整理加工，大段唱词生动优美，情深意切。《赶三关》：平贵继位18年。一日，得鸿雁传来血书，深为所动，乃灌醉代战公主，遗书逃回。代战醒后，领兵连赶三关。平贵向她哭诉衷曲，代战怜而放行，并赠其金翎鸽以传信。谭富英等有唱片行世。《武家坡》一名《跑坡》。平贵回到武家坡，寻访宝钏。夫妻久别，互不相识。平贵欲试妻子贞节，宝钏斥其非礼，逃回寒窑。平贵追至，以实相告。宝钏悲喜交集，夫妻重圆。此折为京剧骨子老戏，是老生、青衣必学的基础戏。谭鑫培与王瑶卿合演，誉为绝唱。在唱腔上，以谭（鑫培）派与梅（兰芳）派最为流行，王（瑶卿）派“跑坡”的圆场，程（砚秋）派“进窑”的水袖表演，尤具特色。剧本曾由G.C.斯坦特（1873，上海）、熊式一（1935，纽约）和陈绵分别译成英文和法文出版。《算粮》一名《算军粮》。王允寿辰，平贵、宝钏同赴相府，向王允、魏虎讨算18年军粮。此折唱做并重。山西梆子的演出更为细致生动。《银空山》一名《回龙鸽》。王允篡位，欲杀平贵。平贵逃走，王允遣高思继追赶。平贵放出金翎鸽求救。代战公主在银空山射猎，见鸽乃赶来救援，击败高思继。高降，引平贵、代战反攻长安。此折为刀马旦（饰代战公主）的应工戏，常与《武家坡》、《算粮》及《大登殿》连演。《大登殿》：薛平贵攻取长安，擒王允、魏虎，自立为帝。在金殿，分封宝钏、代战及苏龙；斩魏虎；经宝钏苦劝，赦免王允。迎请王夫人，共庆团圆。此折王宝钏、代战公主合唱的“十三咳”（亦作“十三嗨”）原为梆子曲调，以一句唱腔中包括十三个“咳”得名，颇有特色。《红鬃烈马》系以老生、青衣为主的唱工戏，音乐结构完整，板式齐全，唱腔丰富。该剧与《四郎探母》、《玉堂春》、《二进宫》等，同为研究京剧音乐的范本剧目。20世纪40年代，上海戏剧学校曾摄成影片。此剧演出，过去有“薛八出”或“王八出”之称，即泛指由老生或青衣挑梁，分别挑选以薛平贵或王宝钏为主的若干折连缀演出之谓。老舍改编的《新王宝钏》，载《北京文艺》1964年第3期，1981年北京京剧院公演。梅葆玥饰薛平贵，张学敏、蒋熙春分饰王宝钏。

（朱文相）

《武家坡》 马连良饰薛平贵（右）
王玉蓉饰王宝钏

《大登殿》 谭富英饰薛平贵（左一） 张君秋饰王宝钏（右一）
小王玉蓉饰代战公主（左二） 李多奎饰王母

Hongbiyuan

《宏碧缘》 京剧作品。据小说《绿牡丹》编演的连台本戏。作者不详。剧情以唐代将门之后骆宏勋与江湖侠女花碧莲的姻缘为线索，展开侠义传奇故事。有关折子戏，如《跑马卖艺》、《四望亭》、《扬州擂》、《嘉兴府》、《巴骆和》、《四杰村》等，清代均已流行，为著名的短打武戏，武生、武旦、武净、武丑均可一显身手。《巴骆和》等剧为黄（月山）派代表作。其徒李吉瑞以擅演此剧著称。1915年，吕月樵据李吉瑞演出本加以改编，增补穿插，于

9月26日在上海大舞台首演头本。主要演员有小达子（饰骆宏勋）、吕月樵（饰骆母）、贾璧云（饰贺氏）、赵如泉（饰任正诠）、何金寿（饰贺世赖）、孙绍棠（饰王伦）、沈韵秋（饰花振芳）、小如意（饰花碧莲）等。至1922年，断断续续编演至十六本。从第十本起则据庐陵王兴唐故事编演。演至第六本后，小达子退出，加入毛韵珂、白玉崑、姚俊卿、应宝莲、于振庭、张桂芬、苗胜春等。此剧采用机关布景，并以真刀真枪开打为号召，还穿插各种特技。如：头本花正芳卖艺一场，演拳弄棒，大舞绳索；第五本中四杰村"真械格斗，当场出彩，大转舞台，特别彩景"（《申报》1916年9月4日广告）；第十本的"遍地大火，大交锋特别阵图，真彩景盖世无双"（《申报》1919年4月28日广告）；第十一本中有数十人水中真刀真枪大交战等。小达子退出后，于1919年3月7日在天蟾舞台从第七本演起，主要演员还有赵君玉（饰鲍金花）、杨瑞亭（饰武三思）等。同时，共舞台亦演出此剧，主要演员有露兰春、筱桂红、筱金玲、筱月红、小宝义等。以后又有其他剧场分别上演此剧，均另行编排，长短不一。如1932年新新公司屋顶花园新声大剧场演了6本。20世纪40年代初，天蟾舞台演出24本，由赵如泉、赵松樵、陈鸿声、陈桂兰、王桂卿等主演。1947～1948年，共舞台演了5本。1962年6月，上海京剧院二团，由杜模编剧，马科导演，在上海中国大戏院首演上集。主要演员有张美娟（饰花碧莲）、刘斌昆（饰栾一万）、赵文奎（饰花振芳）、王宝山（饰骆宏勋，后改由沈金波饰演）、贺梦梨（饰朱彪）等。以花碧莲和骆宏勋故事为主线，删去鲍自安父女等人物及枝蔓，将鲍金花部分故事移给花碧莲。从花碧莲捉猴开始，包括扬州打擂、骆宏勋被朱彪击伤，至花碧莲伤朱彪一目，入四杰村盗药，铜网陷身止，留下了悬念。演出发扬海派特色，采用机关布景、空中飞人等特技，颇受欢迎。下集未演。1979年12月，上海京剧院一团在劳动剧场复演此剧上集，由齐淑芳饰花碧莲，邓立国饰骆宏勋，魏朔峰饰花振芳，陈正柱饰栾一万，贺梦梨饰朱彪。1980年9月推出下集，马科编剧，马科、霍鑫涛、贺梦梨导演。除上述主要演员外，还有王梦云（饰骆母）、熊志麟（饰卖烧鸡哑巴）等。下集故事为花碧莲在朱彪妻的帮助下从铜网阵脱身，众友人从卖烧鸡哑巴处找到伤药，治愈骆宏勋，花、骆完婚。齐淑芳能唱善打，除武打外，还有重头文场戏，如花碧莲身陷铜网后，梦中与骆宏勋相会，有大段唱腔。这是"文化大革命"后最早上演的连台本戏，北京等地不少剧团曾移植演出。

1962年上海京剧院演出
张美娟饰花碧莲（右上）

（陈琥）

Hongniguan

《虹霓关》 京剧作品。作者不详。隋末，瓦岗寨秦琼攻打虹霓关，隋守将辛文礼出战，被王伯当射死。辛文礼之妻东方氏武艺高强，上阵为夫报仇，擒获王伯当。王伯当仪表出众，东方氏爱慕不已，派丫环做说客，愿改嫁于他，归顺瓦岗寨。王伯当假意应允，在洞房中，斥责东方氏夫仇不报，反而阵前招亲，将其杀死。故事见《说唐全传》第38回。清咸丰七年（1857）有《虹霓关》抄本，谓辛文礼妻秦秀英为夫报仇，擒王伯当，慕其英俊，改嫁后归顺瓦岗（见《京剧汇编》第100集），没有王伯当洞房杀妻的情节。此抄本倒不存在对女主角形象的刻意扭曲和对妇女改嫁加以谴责的封建传统道德观念。剧中东方氏由刀马旦应工，丫环则青衣应工。名旦余紫云以擅演丫环一角闻名。王瑶卿向万盏灯（李紫珊）学得此剧，饰丫环，也红起来。按老路子，头二本《虹霓关》的东方氏由一人演到底，梅兰芳向王瑶卿学演《虹霓关》一剧后，认为自己性格不适合演第二本的东方氏，改成头本演东方氏，二本演丫环，由此形成定例，至今舞台上仍保持着这一演法。梅兰芳曾说《虹霓关》这类剧目不好演，"唱工少，说白多，重在表演和做派"。"二本《虹霓关》的丫头，是一个正面角色，要演得活泼娇憨，不能做出油滑轻浮的样子"（梅兰芳《舞台生活四十年》）。

1928年所摄之造型照 梅兰芳饰王伯当（右） 尚小云饰东方氏（中） 程砚秋饰丫环

二本《虹霓关》 梅兰芳饰丫环

（丁汝芹）

Honghuang Daliebian

《洪荒大裂变》 京剧作品。编剧习志淦。武汉市京剧团1988年首演。导演欧阳明，作曲李连璧，舞台美术设计张凯，主要演员何澍（饰大禹）、刘薇（饰女娇）。取材于大禹治水的传说。远古时期，华夏大地洪水为患。大禹担当治水重任，三过家门而不入，结盟天下部族，治水改堵为疏，触怒天帝，又发洪流，黎民百姓葬身鱼腹者不计其数，其妻女娇化石而死，其子启裂石而生。大禹重联九州部族，炼斧劈山，疏通河道，治水终于大功告成，使天下黎民重新安居乐业。该剧对演出形式做了大胆探索。1988年12月参加在天津举行的全国京剧新剧目会演，获优秀新剧目奖、创新探索奖。1991年3月获湖北省黄鹤文艺奖。1991年获文化部第一届文华新剧目奖。

何澍饰大禹（左） 刘薇饰女娇

（周笑先）

Hongmu Ma Chou

《洪母骂畴》 京剧作品。苏移、钮骠据闽剧《六离门》移植改编。故事出自《清史稿·洪承畴传》等处。明末，清军进取中原，蓟辽总督洪承畴率兵于松山（今辽宁锦州南）抵御，被俘降清。清封其为招抚江南总督军务大学士，率军南下，并返原籍福建探母。洪母闻讯，置“六离门”，以示“六亲不认，众叛亲离”之意，拒于门前，予以痛斥，妻子也与他决裂。洪母遣幼孙投义军抗敌，与儿媳举火自焚殉节。1960年中国戏曲学校实验剧团首演。先后由李鸣岩、王梦云饰洪母，李春城、王荣增饰洪承畴，张曼玲饰洪妻，萧润德饰洪子。此剧以老旦为主，几乎囊括了老旦唱腔中[西皮]、[二簧]、[反二簧]声腔的各种板式，如门前痛斥洪承畴的[西皮二六]转[快板]和祖先堂自焚的[反二簧导板]、[回龙]、[原板]都有新的创造，丰富了传统唱腔，成为一出老旦行当的保留剧目。20世纪60年代，上海市青年京昆剧团的孙花满曾排演此剧。80年代，北京风雷京剧团有增益首尾的改编本《英烈忠魂》上演，在人物刻画和唱腔安排上有所发展，李鸣岩饰洪母。有盒式录音带行世。

（钮骠）

Hong Peirong

洪培荣 （1924～1985） 盔头工艺师。江苏苏州人。生于盔头制作世家。其父洪新宝在上海五马路丰顺泰盔头店当技师，视力严重受损后返回苏州，令其子洪培荣在苏州李昌泰戏帽店学艺。4年学徒期满，又去无锡蒋永记盔头店做帮工。一年多后，父子二人在无锡开了洪记盔头店。1949年洪新宝去世。1952年、1954年洪培荣先后为无锡大众京剧团、常州京剧团制作全副盔箱。1956年加入江苏省京剧团。同年，该团有配合梅兰芳在泰州、上海等地的巡演业务，洪培荣有机会为梅兰芳制作了一项凤冠，饰有三只凤，新颖轻盈，受到梅兰芳的称赞。梅兰芳遂介绍洪培荣到上海有名的徐大个戏帽铺，学习领会梅派盔头的特色和制作要求，随后完成了梅兰芳与省京剧团合演所用的全堂盔头。此外，还为周信芳《徐策跑城》、赵松樵《斩颜良》等剧改进盔帽。1959年为省京剧团出访奥地利、瑞典、挪威诸国的演出剧目《虹桥赠珠》等制作全堂盔头。“文化大革命”期间，冒很大风险，保存全部盔头纸样和制作工具。他不断探索盔头制作的新工艺、新材料，形成“洪式盔头制作法”。1985年洪培荣去世。其子洪亮继承父业，供职于江苏省京剧院，亦是盔头制作的好手。

（洪鹭）

Hongyangdong

《洪羊洞》 京剧作品。又名《孟良盗骨》、《三星归位》。作者不详。杨继业为国捐躯后，遗骸被辽国藏于洪羊洞内。杨延昭夜梦其父嘱其取回骨殖，遂派孟良前往盗骨。孟良走后，焦赞亦私自尾随而去。守洞者为宋人程宣，先放孟良入洞。焦赞跟其后，孟良不知，误以为辽兵，将其劈死在洞中。孟良知误杀焦赞，悔恨不已，深感无颜回营交差，乃托程宣将老令公遗骸送回，自刎而死。杨六郎闻讯，悲痛成疾，与八贤王赵德芳、老母佘太君、妻子柴郡主、儿子宗保诀别，呕血而亡。事见《杨家府演义》第44回、第45回。元朱凯《昊天塔孟良盗骨》杂剧亦写此事，但无孟良误杀焦赞及孟良自杀的情节。此剧为老生唱工戏。据朱家溍编《清昇平署档案新辑》载，清咸丰十一年（1861），陈长寿、张三元、孙保和曾在北京合作上演此剧。程长庚、余三胜、谭鑫培、孙菊仙、汪桂芬、余叔岩、马连良、谭富英、杨宝森、奚啸伯等亦经常上演此剧。相传程长庚演唱的最后一出戏是《洪羊洞》，谭鑫培临终前的绝唱也是此剧。1917年4月28日，北洋军阀为迎接广西军阀陆荣廷，在那家花园举办堂会，强迫病中的谭鑫培演出《珠帘寨》，谭因体力不支，换演《洪羊洞》。他将自己的境遇融入剧中，杨延昭病危临终前的一段[二簧快三眼]，唱得如泣如诉。唱至[摇板]时，吐血不止，只得草草收场。十多天后，这位京剧泰斗与世长辞。剧本载《戏考》、《京剧汇编》等。

清宫《戏出画册·洪洋（羊）洞》（故宫博物院藏）

（刘文峰）

Hongmenyan

《鸿门宴》 京剧作品。秦末，义军纷起。沛公刘邦先入咸阳。楚项羽用范增计，在鸿门设宴，欲乘机击杀刘邦。张良陪同刘邦赴宴。席间，范增命项庄舞剑，意在沛公；项伯起身对舞，以身翼蔽。刘邦在樊哙保驾下，安然脱逃。取材于《史记》并参考传奇《千金记》中“鸿门”、“撇斗”等出编写。1925年，上海丹桂第一台演出连台本戏《汉刘邦统一灭秦楚》(简称《汉刘邦》)，其中第八本，即演鸿门宴故事。周信芳饰张良，高百岁饰项羽，刘荣升饰刘邦，刘汉臣饰樊哙。《申报》广告称“周信芳君主编、导演”。其后，剧中的一些精彩片段，常被作为折子戏演出。经不断加工，日臻完善。剧本以念白为主，是一出做工戏。在尖锐复杂的戏剧冲突中，刻画了项羽、刘邦、范增等各自不同的性格。张良处变不惊，从容应对，更具光彩，由老生饰演，不挂髯口，唱大嗓。1939年12月在上海天蟾舞台的公演中，周信芳也曾一改常规，饰演范增，而由陈鹤峰饰张良，李如春饰樊哙，高百岁饰项羽。20世纪50年代初，剧本经陈西汀整理，编入《京剧丛刊》及《周信芳演出剧本选集》。此外，马连良有同名作品演出，饰范增。剧本载《戏剧月刊》第2卷第2期。

陈少云饰张良

（王韵书）

Hongqingban

鸿庆班 京剧戏班。1912年6月成立于北京。承班人为李玉桂（贵），领班人王郁甫。演于前门外廊房胡同第一楼。三天打炮戏：第一天《五花洞》，第二天《虹霓关》，第三天《梅玉配》。该班阵容整齐、名家荟萃、剧目丰富、文武齐备。班中主要演员有：刘鸿昇、龚云甫、韩长宝、梅兰芳、王蕙芳、韦久峰、何佩亭、德珺如、朱幼芬、金秀山、阎岚秋、刘景然、姚佩兰、迟月亭、萧长华、郝寿臣、李顺亭、梅荣斋、沈华轩等。经常上演剧目有：《四郎探母》、《打龙袍》、《游六殿》、《太君辞朝》、《钓金龟》、《徐母骂曹》、《望儿楼》、《药茶计》、《沙桥饯别》、《未央宫》、《监酒令》、《雁门关》、《甘露寺》、《三进士》、《徐母训子》、《飞虎山》、《辕门射戟》、《孝感天》、《白门楼》、《断密涧》、《罗成叫关》、《忠孝全》、《法门寺》、《乌盆记》、《二进宫》、《捉放曹》、《审头刺汤》、《牧虎关》、《白良关》、《穆柯寨》、《草桥关》、《失街亭、空城计、斩马谡》、《群英会》、《鱼肠剑》、《辕门斩子》、《探阴山》、《斩黄袍》、《舌辩侯》、《敲骨求金》、《完璧归赵》、《碰碑》、《逍遥津》、《滑油山》、《赵州桥》、《华容道》、《春秋配》、《宇宙锋》、《贵妃醉酒》、《取洛阳》、《收关胜》、《胭脂虎》、《血诏带》、《泗州城》、《扈家庄》、《青石山》、《百草山》、《蟠桃会》、《娘子军》、《小放牛》、《英杰烈》、《翠屏山》、《取金陵》、《打焦赞》、《骆马湖》、《连环套》、《九龙杯》、《丁甲山》等。1914年前门外西柳树井第一舞台落成后，经杨小楼相邀，与之合作演出于第一舞台。第一天的打炮戏为占正亭的《回朝》，钱俊山的《镇潭州》，何桂山的《嫁妹》，韦久峰的《功臣宴》，李连仲、钱金福的《英雄会》，贾洪林、程继先的《群英会》，姚佩秋的《马上缘》，朱桂芳、许德义的《蟠桃会》，王又宸的《黄金台》及龚云甫的《目连救母》。夜戏为占正亭的《飞虎山》，陈玉林的《金钱豹》，许荫棠的《打金枝》，金仲仁、陈桐云的《玉玲珑》，沈华轩的《金锁阵》，王凤卿、朱幼芬的《朱砂痣》，路三宝、王瑶卿的《樊江关》等。1916年与杨小楼合作演出结束，鸿庆班随之解体。（吴增彦）

Hou Danmei

侯丹梅 （1965～　　） 女演员。工旦。出生于贵阳的一个梨园家庭，父亲侯剑光、母亲李雯敏都是京剧演员。她8岁入省体操队习练体操，在形体训练上打下了较好的基础。11岁入湖南湘潭市京剧团学员队，12岁入天津市戏曲学校。13岁考入中国戏曲学院附中，又升入表演系大专班，先后受教于程玉菁、阎世善、于玉蘅、谢锐青、宋丹菊等老师。1983年毕业，翌年拜关肃霜为师，有“小关肃霜”之称。她嗓音清亮朗润，扮相俊美，台风潇洒，允文允武，青衣，花旦、刀马旦兼能。擅演剧目有《破洪州》、《铁弓缘》、《霸王别姬》、《四郎探母》、《女杀四门》、《活捉三郎》、《改容战父》等。在新编古代剧《明月清风》、《范仲淹》、《巾帼红玉》、连台戏《宏碧缘》和现代戏《白山少年》、《侗家春》、《布衣女人》中担任女主角。还尝试用英语演出了《打瓜园》一剧，受到外国观众欢迎。她是第十届梅花奖获得者。在《巾帼红玉》中以主演梁红玉获第十一届文华表演奖。她主演的《布衣女人》，获2006～2007年度国家舞台艺术精品工程提名。多年来她一直是贵阳市京剧团的担纲主演。2007年贵阳市京剧团组建为贵阳京剧院，2008年又与贵州省京剧团合并，组成贵州京剧院。

《铁弓缘》饰陈秀英（右） 冯冠博饰匡忠

侯丹梅任院长。（捷之）

Hou Laiyi

侯来义 （1899～1970） 鼓师。原名侯宝元。直隶三河（今属河北）人。7岁随父侯玉亭学艺，乞讨卖唱于北京、通州（今属北京）等地。12岁时到天津，先在南市一带演唱梆子小戏。翌年，入升平茶园，拜李德启为师，学司鼓及武场乐器。艺成，以司鼓应活于大舞台和升平茶园数年。曾毛遂自荐，为李吉瑞之名剧《独木关》打鼓，名噪同业，时人昵称为“小打鼓的”。侯来义能戏甚多，文武昆乱，南北流派，无不擅长。1924年后，间或给小杨月楼、周信芳、孟小冬等人掌鼓板，演出于上海、杭州、蚌埠等地。20世纪20年代末期，名鼓师周悦先逝世后，侯来义继周给李吉瑞打鼓多年。20世纪30年代，是侯来义技艺最成熟的时期，与弟侯景山（侯老四）有“天津二侯”之称。20世纪50年代初期，侯携幼子侯国璋，随天津崔盛斌剧团辗转演出于西北各地。1954年参加乌鲁木齐市京剧团，任司鼓、导演。侯来义弟子有刘奎元、何奎路、何奎生、侯奎喜等。（吴同宾）

Hou Shuangyin

侯双印 （1867～1908） 鼓师。直隶河间（今属河北）人。其父侯秃儿，又名黑子，以打梆子鼓知名，曾搭瑞胜和班演出。双印自幼拜马六明为师，清光绪三年（1877），随师在双胜和班登台。光绪九年（1883），改入瑞胜和为侯俊山、田际云等司鼓。光绪二十年（1894），选入昇平署。光绪二十五年（1899），与李连仲、李金茂共组庆春班。双印有三子，长子长山亦为鼓师，曾为俞振庭、九阵风、周瑞安、孙毓坤等司鼓，其腕力、手法极好，如《金钱豹》剧中，配合豹精耍钢叉表演，“放撕边”可长达数分钟而腕力不减。其对武戏的锣鼓运用，颇多发明创造。次子长清为尚小云司鼓，三子长松以打大锣闻名。侯氏父子之鼓艺代表着京剧司鼓“梆子派”的风格特点，以严紧、火炽见长。（王硕）

Hou Xirui

侯喜瑞 （1892～1983） 演员。工净。字霭如。祖籍直隶衡水（今属河北），祖辈定居北京。回族。出身贫苦家庭。9岁入喜连成（后改富连成社）科班学戏，先学梆子老生，后从萧长华学丑戏，最后从韩乐卿习架子花脸。出科后，又拜黄润甫为师，《战宛城》、《连环套》等剧均得黄氏真传。他是架子花脸中戏路最宽广的通才，无论以架子花脸为主的本工戏，或为生、旦戏作烘衬的配角戏，无论哪种类型，哪种装扮，或是侧重于哪种表情性格（文、武、忠、

奸、庄、谐、阴险、阳刚），演来都能熨帖传神，入木三分。侯喜瑞一生演戏，无一不从人物和剧情戏理出发，对于每一出戏都覃思精研，对于每一个人物都反复揣摩，可说是一招一式苦琢磨，一字一句费推敲。侯喜瑞一生塑造的艺术形象数以百计。例如：曹操戏有《战濮阳》、《白门楼》、《击鼓骂曹》、《徐母骂曹》、《长坂坡》、《群英会》、《战宛城》、《阳平关》等；张飞戏有《三顾茅庐》、《博望坡》、《长坂坡》、《射戟》、《让徐州》、《黄鹤楼》、《回荆州、芦花荡》、《造白袍》、《古城会》等；焦赞戏有《穆柯寨》、《辕门斩子》、《洪羊洞》、《雁门关》等；李逵戏有《丁甲山》、《清风寨》、《大名府》、《闹江州》、《浔阳楼》、《李逵夺鱼》等；牛皋戏有《挑华车·下书》、《岳家庄》等；扎巾戏有《连环套》之窦尔墩，《失街亭》之马谡，《取洛阳》、《白蟒台》、《上天台》之马武，《红拂传》之虬髯公等；罗帽戏有《霸王庄》之黄隆基，《恶虎村》之濮天雕等；鸭尾巾、老脸戏有《十三妹》之邓九公，《巴骆和》之鲍自安，《鄚球山》之蔡庆，《英雄会》、《三盗九龙杯》之黄三太等；粉白脸戏有《打严嵩》之严嵩，《夜审潘洪》、《黑松林》之潘洪，《宝莲灯·打堂》之秦灿，《下河东》之欧阳方，《胭脂虎》之庞勋，《四进士》之顾读，《算粮》之魏虎，《宇宙锋》之赵高，《问樵闹府》之葛登云，《凤仪亭》之董卓等；太监戏有《黄金台》之伊立，《法门寺》之刘瑾，《凤还巢》之周监军等。此外还有《八大锤》之金兀术，《骆马湖》之李佩，《蔡家庄》之蔡天化，《七擒孟获》之孟获，《群英会》之黄盖，《五花洞》与《乌盆记》之包公，《朱痕记》之李仁，《取金陵》之赤福寿，《五人义》之颜佩韦，《荒山泪》之杨德胜，《春秋配、砸涧》之侯尚官，《黄一刀》之姚刚，《九更天》之闻太师（闻朗），《桃花扇》之苏昆生，《翠屏山》之杨雄（俊扮），《大名府》之张顺，《双沙河》之张天龙，《搜孤救孤》之屠岸贾，《西施》之夫差，以及反串角色《双摇会》之大娘，《杀狗劝妻》之焦氏等。其戏路之广，一般花脸演员难以望其项背。他不仅仅是以剧目的众多胜人，而在于塑造的每一个艺术形象，都是精雕细刻的精品，这才是侯喜瑞能够成为不朽的艺术家之关键所在。

侯喜瑞的天赋条件不算好。他的嗓子自从倒仓以后，就失去高音亮音，中年以后，渐趋喑哑，但他以坚忍不拔的毅力，寒暑无间，苦练7年，终于使唱白都达到高深的造诣。他的唱腔以平易质朴、简练醇厚见长。演唱感情真挚朴实，气势充沛饱满，每一个字都唱足字首、字腹、字尾，字字真切，清晰入耳。他的嗓音宽而沙，他利用两种声音的特点，创造出一种带有“炸音”的独特的念白和唱腔。他的念白具有强烈的表现力，口劲足，喷力大，字字真切。无论是京白、韵白，坐在剧场最后一排，都能听得清晰明白。例如《群英会》中黄盖与周瑜定计，在孔明与众将面前，佯作主和，在阳令时，黄盖猛然一声断喝：“慢喳！”真是声如裂帛。这里一般念法都是“且慢”。现在念成“慢喳”，且将“喳”字陡然戛起，念成“炸音”，用来突出表现黄盖强烈地反对周瑜进攻的决定，以激起周瑜更为强烈的反应，这就为后面周瑜的被激怒和“打盖”做了铺垫，比起平淡地念成“且慢”的艺术效果显然有天壤之别。

《战宛城》饰曹操

《丁甲山》饰李逵

《盗御马》饰窦尔墩 （吴化学摄）

侯喜瑞的身材不够魁伟，但他扮出戏来，却能威严英武，气度轩昂。不论是百万大军的统帅曹丞相，或是威震绿林的窦寨主，一出场就给人一种威严凝重、气势沉雄的肃穆感觉。为了克服自己天赋条件的不足，他运用了“神长，气长，腰长，缩小肚子，缩小臀部肌肉来使自己形体增高和增大”的技术，来改变观众的直观感觉；但更重要的是他能依靠内在精神的刻画，来塑造出完美的艺术形象。例如他扮演《连环套》的窦尔墩，在高大魁梧的武生扮演的黄天霸与他同台演出时，不但不能从台风、气魄上压倒他，反而被他那先声夺人的豪迈威猛的气势所震慑。侯喜瑞的武功基础坚实，工架、身段的功力十分深厚。手、眼、身、步的位置，交代精确到位。特点是不矜持，不造作，既沉稳大方，又妩媚美观。花脸很多身段，看起来非常妩媚俏皮，如张飞、牛皋、焦赞、李逵等人物，既有其粗猛鲁莽的一面，也有其淳朴天真的一面。最典型的身段，如《芦花荡》中张飞走边的“旦起净落”，就是人物内在性格的形体表现，夸张的具象化。

侯喜瑞运用各种表演程式，有其独到之处，同是马趟子，根据不同剧情和不同人物，其表演完全不同。例如《盗御马》的马趟子中，他的手、眼、身、步、髯口、鸾带、马鞭、单刀，都融为一个有机的整体，牵此动彼，互相应和，动作密合无间，是一套完整、繁难，节奏鲜明，层次清晰，身段优美的组舞。而《战宛城》中曹操马踏青苗的一段马趟子，则与《盗御马》不同。窦尔墩盗出御马后，得意洋洋，尽情驰骋，是一场完全“主动”的人控制马的趟马。而曹操则是马被惊吓，突然狂奔，猝不及防，惊慌失措，尤其马踏青苗，违反了自己宣布的军令，所以急于竭尽全力将马勒住，因此是一场“被动”的趟马。由于原因、目的不同，骑马人的情绪也迥异，所以两个马趟子的身段、工架、步法、节奏，以及骑马人的心情流露，完全不一样。侯喜瑞的工架、身段及对程式的运用，是和其他表演方法密切结合的，是他塑造艺术形象的有力手段之一。

侯喜瑞扮演的人物，很多不是主要角色，但他演来一丝不苟。许多冷门戏，或是观众司空见惯，似乎没有什么俏头的戏，经他上演，总会闪现出与众不同的色彩。例如《八大锤》的金兀术，只有两场戏和不多的台词，一般当做反面人物来演，而侯喜瑞饰演的金兀术，却通过与陆文龙的关系，揭示出他并不完全是一个与宋朝敌对的残暴的入侵者，还是一个把陆文龙当做亲生儿子，充

侯喜瑞绘制脸谱

《挑华车》牛皋

《庆阳图》李纲

《草桥关》姚刚

《回荆州》张飞

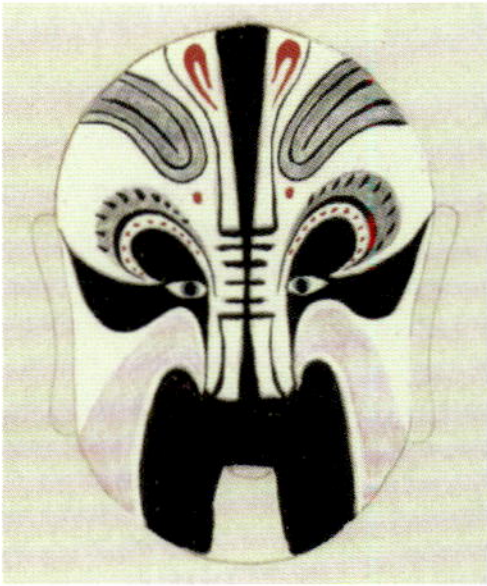
《摘缨会》先蔑

《牧虎关》高旺

《洪洋洞》焦赞

《金猛关》焦玉

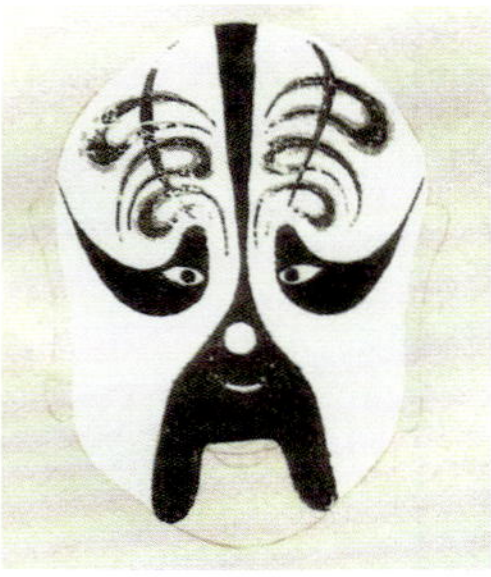
《取荥阳》项羽

《芦花河》乌礼黑

《状元印》李金荣

《采石矶》胡大海

《巴骆和》巴杰

《金沙滩》杨延嗣

《贾家楼》来护

《花田错》周通

《八大锤》狄雷

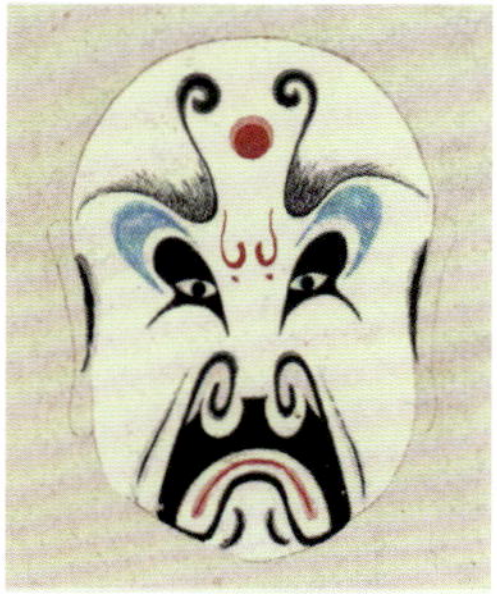
《能仁寺》虎面僧

《赵家楼》法元僧

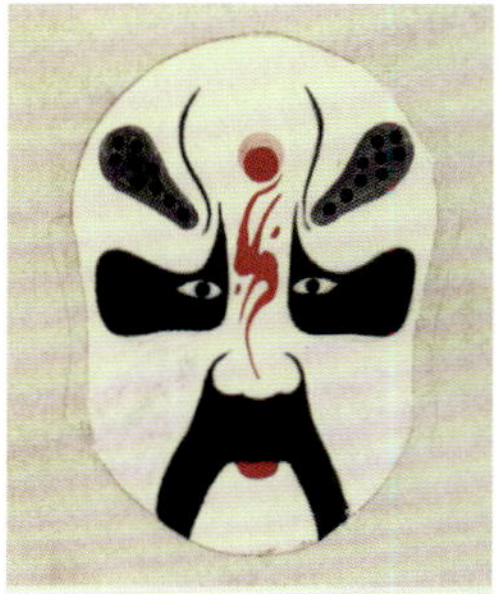
《弘门寺》法秉

《东昌府》郝文僧

《瑞草图》鹤童

《四平山》李玄（元）霸

《攻潼关》金吒

《青石山》周仓

（选自《梅兰芳藏戏曲史料图画集》）

满父爱，不避仇隙，通情达理，具有无私热情的常人。因此，金兀术的戏虽然很少，但却产生了不可磨灭的艺术效果。再如《朱痕记》中的李仁，这是一个在封建官僚羽翼下的小军吏，对上卑屈逢迎，对下仗势凌人，是这类角色共同的社会属性。侯喜瑞不仅演出了角色的共性，还着重刻画了另一个细节，当他看到两个饥寒濒于绝境的丐妇，居然发出恻隐之心，主动地施舍她们半碗剩饭，这一细微的行动，就在这个角色渺小的灵魂中，闪放了一个火花，给他平添了一点可爱的色彩。这个角色就立体、深化了，有了他自己独具的个性特征，从而成为一个成功的艺术典型。

凡是画粉白脸谱的角色，都是令人憎恶的奸臣恶相。但是他们各自有其不同的性格和行为，不能演得千篇一律。例如《算粮》中的魏虎，是一个害人利己，贪鄙猥琐的势利小人。《宝莲灯·打堂》中的秦灿，则是一个凶残横暴的老官僚，侯喜瑞在表现他的凶狠时，没有忘记其内在根据：他是由于痛失亲子，而激发出疯狂的复仇情绪。《下河东》中的欧阳方，由于要投降北汉，谋取更大的富贵，嫌呼延寿亭碍事，就不择手段地诬谤陷害，终于亲自动手将呼延寿亭杀死，进一步威逼赵匡胤，是一个彻头彻尾、翻脸无情、阴险毒辣的阴谋家。侯喜瑞刻画他，不是一开始就显露出他的凶狠残忍的性格，而是层层深入，逐步显示出他的伪装和阴险。等到最后亲手杀害呼延寿亭时，他那恶毒凶残的真相才彻底暴露无遗。魏虎只是一个戏不多的配角，秦灿只是在《打堂》一折里有一段表演，欧阳方则是《下河东》的主角之一。无论是主角或配角，侯喜瑞演来都是一丝不苟，正如他自己所说：“舞台上没有闲人。如果细琢磨一下戏情戏理，不管大小什么角色，都有戏演。”侯喜瑞几十年的舞台实践，就是这一朴素的艺术原则的体现。

北京出版社1961年版封面

自20世纪20年代末期至40年代后期，净行中的金少山、郝寿臣、侯喜瑞，由于表演独具特色，影响深广，蔚成流派，被称为金派、郝派、侯派。又被誉为“三大名净”或“净行三杰”。侯喜瑞一生曾与众多的京剧名家同台演出，20世纪20年代以后，几乎所有的京剧名家都曾经与他合作过。他早年曾在富连成社科班教戏，所以那一时期的净行俊彦，如刘连荣、陈富瑞、孙盛文、裘盛戎、袁世海等，均曾受过他的教益。晚年除偶尔演出外，主要执教于中国戏曲学校、北京市戏曲学校、天津市戏曲学校、中国戏曲学院等。这些院校的净行学员，大多曾经受过侯喜瑞的指点传授，不过能够全面传承其艺术真谛者并不多。其主要弟子有马崇仁、李荣威、袁国林、尚长荣等，票友则有王竹忱等。

1983年，侯喜瑞在北京病逝。侯喜瑞曾经口述他的艺术经验，由张胤德整理成《学戏和演戏》一书，内有5章：《在喜连成科班》、《架子花脸的基本功》、《谈曹操戏》、《谈连环套》、《杂谈》。北京出版社1961年出版。刘东升著有《京剧表演艺术家侯喜瑞》，内容包括艺术生平、表演特点、表演经验的总结。中国戏剧出版社1996年9月出版，12.7万字。（吴同宾）

Hou Xirui Yishu Pinglun Ji

《侯喜瑞艺术评论集》 京剧文集。张胤德编。中国戏剧出版社1990年10月出版。“戏曲流派艺术研究丛书”之一。全书共收论文15篇，其中，翁偶虹的《侯喜瑞艺术综论》、张真的《熠熠生光的侯派艺术》、许姬传的《论侯喜瑞先生艺术造诣——忆〈战宛城〉的曹操》和刘乃崇的《侯喜瑞的艺术创造漫忆》等文，从不同角度阐述了侯喜瑞的表演艺术特点。作为一名净行演员，侯喜瑞的天赋条件不算太好，但他以勤学苦练和勇于探索的精神，独辟蹊径地闯出一条艺术道路。他在艺术上扬长避短，身材不高却善用大工架，其做、打，力感强，富于塑型美，身段亮相具有四面交错和八面玲珑的美。这种令人耳目一新的优美工架，使创造的人物具有崭新而又鲜明的色彩。其嗓音虽不够洪亮，却讲究唱念，唱工性格化，吐字真切，喷口有力，使人听来沙棱有味，别具风格。他在舞台上创造出一系列人物，如曹操、马武、虬髯客、窦尔墩、刘瑾、马谡、焦赞、牛皋、李逵、张飞、严嵩、黄盖以及秦灿、李仁、倪荣、杨得胜等，开创了京剧净行的一个极富特色的艺术流派，与金少山、郝寿臣并列称雄。范钧宏的《“花边文学”忆侯老》、王雁的《严肃认真一丝不苟——忆侯喜瑞先生》、晓雄的《门外忆侯老》及马崇仁的《恩师教诲 终生不忘——怀念侯喜瑞老师》等文，回忆了侯喜瑞在20世纪30年代搭班时扶持票友、后学，对待徒弟亲如父子，耐心传艺、因材施教的种种事例，赞扬他德高望重，不以名角自居的长者风范及平易近人、朴实无华的生活作风。书中附录侯喜瑞口述的《学戏和演戏》的第三章《谈曹操戏》和第四章《谈〈连环套〉》(张胤德整理）及张胤德的《回忆和侯喜瑞先生相处的日子》一文，从中对侯喜瑞的京剧花脸艺术见解可窥见一斑。该书由冯牧作序，马少波作跋。（戴云）

Hou Youzong

侯佑宗 （1909～1992） 鼓师。直隶三河（今属河北）人。9岁起从长兄侯来义学京剧、梆子锣鼓。16岁随兄于上海傍周信芳演出全本《飞龙传》，后又搭先施、新新、永安三大公司游乐场大京班演出。21岁正式司鼓，演遍江南各城市及东北、青岛等地，后又得周悦先、鲍桂山、杭子和诸名家的指点，鼓艺更加精进。20世纪40年代，侯佑宗在天津梨园公会担任武场教习，因能融合南北打法而出新，很受欢迎。1948年到台湾，在顾正秋剧团、陆光国剧团司鼓。在艺术学院音乐系、亦宛然布袋戏团及大专院校文武场训练班任教，为台湾地区京剧艺术的传承作出了重大贡献。（王硕）

Hou Yulan

侯玉兰 （1919～1976） 女演员。工旦。本名侯景兰。北京人。出身梨园家庭，父亲侯月亭、姑母侯喜凤都是京剧演员。她幼入北平中华戏曲专科学校习艺，工青衣。初从何喜春、律佩芳学戏，以《二进宫》一剧开蒙并出台，受到瞩目。她性格沉稳恬静，心仪程砚秋的表演艺术，遂致志追摹程派。在校期间，得到程砚秋的亲传和吴富琴的指授，在广和等戏院的实习公演中主演过许多程派剧目，《孔雀东南飞》、《花筵赚》(又名

《打渔杀家》饰萧桂英（左） 李少春饰萧恩

《弓砚缘》饰张金凤（右） 俞振飞饰安骥

《玉镜台》)、《斟情记》、《鸳鸯冢》、《朱痕记》(又名《牧羊卷》)、《玉狮坠》、《碧玉簪》、《金锁记》、《花舫缘》、《贺后骂殿》(又名《困龙床》)等。还经常演出本戏《梅玉配》、《得意缘》、《雁门关》、《春秋配》、《化外奇缘》、《火云洞》、《盘丝洞》、《火牛阵》、《五花洞》以及新戏《三妇艳》、《火烧红莲寺》等。她在戏校玉字班学生中居于首席旦脚，与李玉茹、白玉薇、李玉芝并称“四块玉”。

毕业后，正式拜程砚秋为师，《玉堂春》、《王宝钏》各剧又得到程师的加工细说，艺业日臻成熟。当时社会上对她有“女砚秋”之号。成名后，依然勤修不辍，除继续钻研程派艺术外，并研习昆曲，读书习字。曾与言菊朋、谭富英、杨宝森、奚啸伯、李盛藻、李少春等合作演出。与老生合演的《四郎探母》、《红鬃烈马》、《龙凤呈祥》、《打渔杀家》、《苏武牧羊》、《二堂舍子》、《三娘教子》、《龙凤阁》、《南天门》、《汾河湾》、《珠帘寨》、《御碑亭》、《法门寺》等，与小生合演的《奇双会》、《十三妹》、《穆柯寨》、《虹霓关》、《拾玉镯》等，都是常演的剧目。

她为人质朴，洁身自好，不染靡俗，不重修饰，有“布衣女伶”之誉，又被昵称为“女侯爷”。当时有人在报刊上撰文说，中华戏曲专科学校“女生中，品行最佳，居全校之冠者为侯玉兰”(见1936年1月18日《戏世界》载文)。20世纪40年代与李少春结为伴侣。中华人民共和国成立后，参加中国京剧院，与李少春排演了《野猪林》、《探府记》，与江世玉排演了《玉簪记》，还参加了现代戏《白毛女》、《柯山红日》的排演。（钮骠）

Hou Zhengren

侯正仁 （1934～2000） 演员。工武生、武丑。上海人。幼入上海戏剧学校，1947年转入四维儿童戏剧学校第三分校，排名侯维公，习短打武生兼武丑，由郭文龙、郭仲福练武功，从韩长宝、梁连柱学戏。1949年初转入军管会北平平剧实验学校（后为中国戏曲学校）第一期学生，毕业后又拜叶盛章为师，并从郑法祥学习南派猴儿戏。能戏有《四杰村》、《潞安州》、《林冲夜奔》、《五人义》、《闹天宫》、《打瓜园》、《时迁偷鸡》、《三岔口》、《九龙杯》、《连环套》、《战宛城》、《三打祝家庄》、《金刀阵》、《三调芭蕉扇》等。

他功底扎实，身上轻捷灵快，武打严谨火爆，各种大小筋斗都翻得出色，尤以跺子踺子最为漂亮。作为“开口跳”，他不仅以翻跃扑跌见长，而且白口清爽流利。他演的猴儿戏，兼宗南北，演《闹天宫》遵循李（少春）派路数，演《金刀阵》又得自郑（法祥）派亲传；演武丑戏则承继叶（盛章）派衣钵。毕业后，先在母校实验剧团任演员，后调中国京剧院。20世纪80年代以后，在中国戏曲学院任教。（钮骠）

houtai

后台 与前台连接，为演员上场以前化装、扎扮、休息、放置戏箱行头、作各种演出准备之处。早期江湖戏班流动性大，随处作场，戏箱行头尽量少而精，演出场所不讲究后台。厅堂宴乐往往以屏风间隔表演区及后台。明清以来，随着戏曲的普及、戏班的扩大、脚色行当的拓展、剧目的丰富、戏箱行头的增多，后台渐渐受到重视。今存北京密云古北口关帝庙戏楼、海淀区上庄东岳庙戏楼，便有明清以来几次拓展后台的痕迹。清代宫廷大戏楼（三层）更在各层建造宽敞的专用后台。一般王府戏楼、会馆戏楼、茶园戏楼亦建有专用后台。又于前台设阁楼，用于存放日趋复杂的砌末行头。但旧时戏园不重视艺人生活待遇，后台大都没有什么设施，演出用品和生活必需品由艺人随身携带。20世纪初以来，随着西式剧场的引进和戏剧艺术的发展，后台不断发生变革。表现为：一是形制的变化，舞台整体由开放式（左、中、右三面面临观众）转化为半封闭的镜框式（正面临观众）。舞台左右两侧增设辅台；舞台前侧增设半地下的乐池，容纳乐队伴奏人员；舞台上部封闭，内设灯具和布景吊杆。二是设施的变化，后台科技含量提高，机械、灯光、音响设备的运用，转台、升降台的出现，相应地造就了一批后台专业人员。三是生活设施的改善，后台增设化装间、卫生间、休息室、美工组、设备操纵室等，演职人员受到尊重。（周华斌）

Hu Bilan

胡碧兰 （1909～1953） 女演员。工旦。祖籍浙江绍兴，生于北京。幼好音乐，七八岁时已能学歌。初从雷喜福学老生，一年后改学青衣，拜李宝琴为师。一说曾从刘宝云学青衣，学的都是老腔老调。后又师从王幼卿及琴师金子年学王瑶卿新腔，艺乃大进。15岁时，露演于北京三庆、开明、华乐诸园，坐客辄满。后去天津，亦受欢迎，遂移居沽上，不时登台，声誉益著。1928年7月7日，养拙轩主在《北洋画报》上发表《男女八旦记》，胡碧兰竟与梅兰芳、尚小云、程砚秋、荀慧生以及章遏云、雪艳琴、马艳云同列其间。评胡碧兰语有：“唱工——嗓音圆润，腔调能博采众长，新腔尤婉折入听。做派——端凝中有细致处。扮像——清雅绝俗。性格——恬静有深致。”同年12月27日，该报又发表王小隐《听兰记》，称其演《四郎探母》铁镜公主，“大方自然，俨然一八旗闺秀，而京语嘹亮，尤堪娱耳”。次夕又观其演《南天门》曹玉莲，“颠沛中之小姐乃迥异于昨日之公主，哀怨婉转之歌声，尤足使人回肠荡气”，“信乎天姿工夫兼臻并至，极声容之茂，女伶之天骄也”。1930年5月，《北洋画报》为出版《剧刊》100期称庆，举办“四大女伶皇后”选举活动，至6月21日公

《四郎探母》饰铁镜公主

布得票结果，胡碧兰以25 534票名列第一，以次为孟丽君、雪艳琴、章遏云。1934年3月10日，《天津商报画刊》编印《胡碧兰专刊》，8开两面，图文并茂，述及碧兰家世、从艺经历、性情喜好等。给人印象最深者有二：其一，以唱工著称。署名“津”者认为，“坤伶中之旦角，就余所见，二十年来，唱工之委婉多致，当无过于胡碧兰”，“偶弄花腔，不嫌其纤巧，间摹旧调，转觉其清新”，究其耐人咀嚼，全在“唱声”之中兼能“唱情”。署名“聊”者（疑为张聊止）亦以其知音识曲，能解“声音之道，情感为上”，而誉胡碧兰“殆今日女伶中之杨琼乎”。杨琼见唐代白居易诗：“古人唱歌兼唱情，今人唱歌唯唱声；欲说问君君不会，试将此语问杨琼。”其二，不流时俗，不染外江风味。署名“蜀珍”者认为，胡碧兰不争排新戏以资号召，却“独具卓识”，对“多年无人动之正工青衣戏，反精研之，以保旧戏精华”，“似《祭塔》诸戏，吃力而不易讨好，凡旦角无不视为畏途，而碧兰则时演之，从容大雅，古调新声，别有一种美感，所谓死戏活唱也”。约在1929～1933年间，胡碧兰灌有多种唱片，如《武昭关》、《三击掌》、《探寒窑》、《打金枝》、《六月雪》、《祭塔》、《汾河湾》、《战蒲关》、《女起解》等，均为其拿手戏。她出嫁后，又值战乱，遂脱离舞台。《中国戏曲志·天津卷》有其传。

（简畅）

Hu Xilu

胡喜禄　（1827～1890）　演员。工旦。原名胡国梁，又名长庆，字艾卿（或霭卿），号丹芬。江苏扬州人。幼年在董秀荣（小生演员）门下学青衣，十多岁即初露头角。清咸丰初在三庆班，有盛名，故《戏提调歌》有“小香到提调笑；喜禄病，提调跳”。后转入春台班，为余三胜配角，甚得余倚重，二人合演的《探母》、《武家坡》、《牧羊卷》等，珠联璧合，每贴必满。胡喜禄还擅演《三堂会审》、《玉玲珑》、《祭江》、《祭塔》、《彩楼记》、《二进宫》、《孝感天》、《五花洞》等。偶演梆子戏《血手印》，也极受欢迎。喜禄姿容浓丽，有华贵气质。其唱清越激楚，珠圆玉润，婉转抑扬，恰到好处。他虽工青衣，却文武兼擅，以做为重，善表现人物心理，细腻入微，“其妙处殆有难以形容者”（《梨园旧话》）。其武功扎实，能武戏出手，以抛接枪间飞手绢为绝活。京剧旦脚最早之唱腔不少为其新创。当时旦脚多用徽音唱法，故有些字难以听清，胡则改以鄂音为主，甚为难得。《玉堂春》的新腔和《五花洞》潘金莲唱腔的每句不同，以及以梆子腔［十三咳］用于《五花洞》，均为其创造。对《玉堂春》苏三和《因果报》孟瑞云的扮相，也做过大胆的改革。30岁左右接替余三胜，以旦脚主持春台班，在当时实属创举。此后，不再登台，晚年偶有露演。其所设西安义堂，收养弟子，培养了不少人才，如青衣陆春兰、孙心兰（孙怡云之父），花旦翟寿儿，昆旦何来福，武旦陈五儿，小生王秋兰，老生陈四儿、贾丽川，武生刘财宝等。

（讷言）

Hubei Jingju Juzuo Xuan

《湖北京剧剧作选》　京剧作品集。湖北省京剧团编辑。中国戏剧出版社1989年10月出版。辑录了湖北省京剧团创作演出并在全国获奖的4个优秀剧本：现代戏《一包蜜》（余笑予、谢鲁编剧），《药王庙传奇》（彭志淦、余笑予、谢鲁编剧），新编历史剧《徐九经升官记》（郭大宇、彭志淦编剧）、《膏药章》（余笑予、谢鲁、彭志淦编剧）。这几个剧本在题材开拓、艺术表现形式上都有创新。郭汉城为本书作序。

（李红石）

Hubei Sheng Jingju Ertuan

湖北省京剧二团　京剧演出团体。1950年成立。因由陈鑫芳、魏亚英二人组织创办，曾名“鑫亚京剧团”。后几经演变，从鄂城县工人京剧团到鄂州市京剧团。1997年经省政府批准，升格为湖北省京剧二团。团长卫杨柳。演职员共100多人，行当基本齐全，能排演大中型传统剧目和现代戏。先后招收7批学员，共200余名，为剧团和社会培养输送了一批文艺人才。创作剧目有《董家山》、《龙舟会》、《红山花》、《鱼花曲》等。《董家山》一剧获湖北省首届戏曲观摩演出大会优秀剧目奖，主演刘兰秋获表演奖。20世纪70年代中后期，排演《红灯记》、《沙家浜》等现代京剧，受到观众欢迎。80年代，改编、移植《四下河南》、《天宝图》、《假婿乘龙》、《狸猫换太子》等戏。90年代又培养出一批新秀，在省内外各种赛事中取得良好成绩。1995年与市艺术研究所一起创作排演儿童童话京剧《小凤》，于1998年10月晋京演出，受到好评，并于2000年荣获第九届文华新剧目奖、文华表演奖和文华舞台美术奖；青年演员朱荣利成为鄂州第一个文华表演奖获得者。建团以来，在河北、河南、安徽、湖南、江西、江苏、浙江、广东、北京、天津等10多个省市留下演出足迹，还曾为香港、澳门、台湾地区同胞以及日本、美国等外宾演出。

（倪娜）

Hubei Sheng Jingjuyuan

湖北省京剧院　京剧演出团体。始建于1970年9月，时称湖北省毛泽东思想宣传队二队，由湖北省戏曲学校1966届毕业生和由省内选拔的少数青年演员以及湖北省戏曲学校部分中青年教师组成。1973年改名湖北省京剧团，首任团长高颖。建团初期，除原任教于湖北省戏曲学校京剧科的陈鹤峰、贺玉钦、杨玉华、云艳霞、张啸庄、李炳南等少数京剧老艺人外，该团是一个无名气、无名戏、无名角的“三无”剧团。进入改革开放新时期后，该团明确“以创作为中心，出人出戏出风格”的办团指导思想，提出“三自一定”方针（创作人员自选题材、自报任务、自由组合，领导定夺），很快扭转了剧团形势。1979年据河南曲剧《卷席筒》改编的京剧《奇冤记》演出近300场，据同名吉剧改编的京剧《桃李梅》演出逾百场，大大提高了全体演职人员“求生存、图发展”的信心和勇气。

《一包蜜》朱世慧饰艾力（左二）徐明霞饰皮昭丽（右一）

《徐九经升官记》 朱世慧饰徐九经（后中） 叶云饰倩娘（前左）
罗会明饰并肩王（前右）

《法门众生相》 朱世慧饰贾贵（中） 舒建础饰刘瑾（左）
汪永龙饰小贵

创作演出现代小戏《一包蜜》参加文化部主办庆祝中华人民共和国成立30周年献礼演出，获创作一等奖、演出二等奖。1981年创作演出的古装《徐九经升官记》获第一届全国优秀剧本奖、电影优秀戏曲故事片奖、第一届中国京剧艺术节银奖。1984年创作演出的大型现代戏《药王庙传奇》获文化部颁发的全国现代题材戏剧观摩演出一等奖、编剧一等奖、导演一等奖、唱腔音乐一等奖、主演一等奖、字幕奖等6项大奖。1988年创作演出的大型清装戏《膏药章》获全国优秀京剧新剧目奖、第五届全国优秀剧本奖；1991年改编为同名四集电视连续剧，获第十届中国电视剧飞天奖戏曲片一等奖第一名；2001年参加第三届中国京剧艺术节，获优秀保留剧目创新奖以及优秀编剧奖、优秀导演奖、优秀舞台设计奖、优秀灯光设计奖、优秀化装设计奖、优秀服装设计奖；2002年获中国戏曲学会奖；后又入选2003～2004年度国家舞台艺术精品工程十大精品剧目。1992年改编的大型古装戏《法门众生相》获第二届文华大奖、第六届全国优秀剧本奖。由于《一包蜜》以来的连连获奖，被誉为“五连冠”剧团。1984年湖北省人民政府颁发嘉奖令为该团记集体一等功一次；命名该团由导演兼编剧余笑予、编剧兼作曲谢鲁、编剧彭志淦（今名习志淦）、郭大宇之组合为湖北省优秀戏曲创作集体；党委书记兼团长高颖获全国优秀党务工作者称号；余笑予获全国五一劳动奖章及国务院授予的全国先进工作者称号。余笑予、杨至芳、李春芳、谢鲁被授予“湖北省有突出贡献的中青年专家”称号，享受国务院政府特殊津贴。演员朱世慧两度获得梅花奖，杨至芳获梅花奖及梅兰芳金奖。涌现出导演欧阳明，舞台美术设计田少鹏，演员胡为之、罗会明、程和平、舒建础、陈国光、彭泽林等，演奏员余开泰、彭友和、陈更明、黄武进、李纯炎等一批在全国有一定影响的京剧艺术人才。1998年，湖北省人民政府颁发文件，将该团更名为湖北省京剧院，首任院长吕学炎。建院后创作演出的《粗粗汉靓靓女》参加第二届中国京剧艺术节获演出奖，古装戏《樊姬夫人》参加第四届中国京剧艺术节获优秀剧目奖及优秀导演、优秀音乐、优秀表演奖。新剧目还有《沧海作证》、《孟姜女哭长城》、《曾侯乙》等。改编整理演出《孙悟空三打白骨精》、《闹天宫》等传统剧目皆获省级奖励。演员张慧芳获第二十二届梅花奖，李兰萍、江峰、易燕、张小波等后起之秀也获得多项奖励。该院多次赴中国香港地区及日本演出；赴奥地利演出《徐九经升官记》，首次使京剧登上维也纳歌剧舞台。现任院长朱世慧。

《膏药章》 朱世慧饰膏药章（左） 张慧芳饰小寡妇

1989年12月，中国艺术研究院戏曲研究所、中国戏曲学会、中国戏剧家协会湖北分会、湖北省艺术研究所在武汉联合召开湖北省京剧团十年艺术道路暨余笑予导演艺术研讨会，有130多人出席。会后编印论文集《走向新的综合》，中国戏剧出版社1990年出版。26.6万字。文集分上下两编：上编《余笑予导演艺术》，收入文章27篇；下编《湖北省京剧剧团十年》，收入文章19篇。郭汉城为该书作序。

（余洁清　谢鲁）

Hubei Sheng Xiqu Xuexiao

湖北省戏曲学校　戏曲专业学校。1958年9月建立。设有京剧、汉剧、楚剧、音乐、舞台美术等专业，招收学员241人。学制5～7年。1960年开办戏曲理论编导大专班。1963年举办全省京剧青年演员进修班。校长黄振，副校长陈鹤峰、李慕白、阎恒凯。组建湖北省京剧团后，湖北省戏曲学校一度停办。1978年恢复建制，招收京剧和楚剧学员112人。1987年改建成**湖北省艺术学校**，为表演艺术团体定向培养京剧、汉剧、楚剧、话剧、舞蹈、音乐、美术等学员。湖北省戏曲学校京剧科师资力量，主要从武汉市京剧团抽调，有陈鹤峰、贺玉钦、杨玉华、云艳霞、叶盛茂、张啸庄及袁传璠、刘五立、魏希云、李炳南等。教学采取“送出去，请进来”的做法，丰富教学剧目，提高教学质量。如选派重点学员到中国戏曲学校、北京京剧团向雷喜福、骆连翔、小王玉蓉、陈少霖等学习20余出戏。同时，利用外来剧团演出的机会“雁过拔翎”，先后邀请周信芳、荀慧生、张君秋、杜近芳、李世济等，传授和指导排演了《海瑞上疏》、《红娘》、《望江亭》、《断桥》、《陈三两爬堂》等剧。1970年以京剧科及部分师生为基础组建的湖北省京剧团，在艺术实践中，涌现出一批富有创造能力的优秀人才，如演员朱世慧、李春芳、胡为之、罗会明、舒建础，编剧谢鲁、习志淦，导演余笑予、欧阳明，舞台美术田少鹏，鼓师黄武进，琴师余开太等。他们编创演出的剧目，多次获得国家级大奖。1999年与华中师范大学合作，成立华中师范大学艺术职业学院。2003年，经湖北省政府批准，升格为**湖北艺术职业学院**，设有中专和大专两种学历层次的艺术教育。

（岳耀民）

Huguang Huiguan Xilou

湖广会馆戏楼 清代会馆戏楼。址在北京西城区虎坊桥路口西南侧。现存。清嘉庆十二年（1807），湖南长沙籍在京官员刘云房相国、李小松小宰创议建湖广会馆，用以“联南北乡谊”。道光十年（1830），医会馆“规制未尽崇闳，又经风雨剥蚀，每岁团拜咸称不便”，遂于当年正月集资重修，“升起殿宇以供神灵，正建戏楼，盖棚为公宴所”，于五月竣工，费银五千余两（《重修湖广会馆碑记》）。光绪间，此会馆转为两广总督叶名琛的私宅。光绪二十六年（1900），八国联军入京，一度为美军提督司令部。辛亥革命前，梁启超曾在此发表“护法纲领”。1912年8月25日，孙中山在此主

修复后的戏楼内景（选自《中国戏曲志·北京卷》）

持国民党成立大会。20世纪30年代，正院廊房由会馆董事会租与华北大学，前院戏场及戏楼租与京华印刷局。50年代改为北京市制本工厂车间。1992年宣武区政府决定全面修复，1996年开业，主要用于京剧和昆曲演出。

戏楼南北向，面积约430平方米，可容纳观众近300人。双卷棚勾连之悬山式屋顶，四围展出重檐约4米许。戏台坐南朝北，高0.95米，6米见方，四角立柱。柱之上端以雕花额枋连接为正方形，额枋下端以木格组成垂花。有后台10间。一层中部为池座，设方桌茶座。东、西、北三面围以楼廊，进深均为3.75米。二层设为包厢12间。台口柱联原为：“魏阙共朝宗，气象万千，宛在洞庭云梦；康衢皆舞蹈，宫商一片，依旧白雪阳春。”现已复原。清末及民国时期，京剧班社多在此演出，如光绪二十二年（1896）二月十三日，玉成班演出剧目为《定军山》、《四郎探母》、《捉放曹》、《乌龙院》等，参与此次演出的京剧演员有谭鑫培、孙怡云、许处、罗百岁等。1947年《北京湖广会馆志略》则载：“戏楼：楼在正院之前，围以看楼。前清文人团拜时，演剧联欢，为一时盛会。他省喜庆彩觞亦多假此举行。民国以后，曾演义务戏数次。谭鑫培、余叔岩诸名伶亦楚人也，皆曾经出演。” （周华斌）

huguangyin

湖广音 以武汉音为代表的鄂（或西南）方言的四声调值，即京剧老生主体流派唱念吐字所采用的湖北声调。元明设湖广行省，辖今中南大部分和西南小部分地区；清将湖广分作湖北、湖南后，仍称两省总督为湖广总督。其首府一直在江夏（今湖北武汉）。作为京剧前身之一的楚（汉）调，以湖广官话（江夏话）为基础。余三胜、谭鑫培、王九龄等早期名伶都是湖北人，他们把湖广音带进了京剧。京剧创始人程长庚虽是安徽人，但他的家乡安庆潜山属于和湖北毗邻的地区，语言风格相近，而且程长庚进京后还拜汉剧艺人米应先为师，因此他的吐字声调中也有许多湖广音。湖广音的声调，阴平是高平调55，阳平是降升调213，上声是高降调41，去声是高升调35。实际运用中，阳平往往低出；去声可以是降升调，如同北京话的上声，具有鲜明的西南方言特色。这与皮簧草创时期的音乐家余三胜“融合徽汉之音，加以昆渝之调”有关。西南方言的四声调值，一般要比北京话的音域更宽，构成它在旋律和表现力方面的优势。湖广音由于清末民初老生“无腔不谭（鑫培）”而大行于世，后来以湖广音作为流派特征的是由谭派所派生的余（叔岩）派、言（菊朋）派以及由余派所派生的杨（宝森）派。青衣中以湖广音为规范的是程（砚秋）派。在这些流派中，一般称不按湖广音唱念者为“倒字”。然而余叔岩又在湖广音的基础上提出“三级（才）韵”，意谓用湖广音不能拘泥，可以因旋律需要，或念白时因前后字音搭配的需要，兼采京徽，在字调的上中下三级之间随宜转协，使之流畅悦耳，从而使湖广音更具活力。 （翁思再）

Hunan Sheng Jingjutuan

湖南省京剧团 京剧演出团体。1959年以原长沙市红星京剧团为基础成立。首任团长达子红（纪鸿春）、副团长潘松骏。主要演员：达子红、潘松骏、毛燕秋、娄慧珍、李梅林、童礼华、戴松年等。经常演出的剧目有《四进士》、《探阴山》、《秦香莲》、《十八罗汉斗悟空》、《蔡文姬》等。1959年创作演出新编历史剧《苏武》向中华人民共和国成立10周年献礼。1964年创作演出京剧现代戏《地下火焰》，参加中南区戏剧观摩演出。此后还创作演出了《大破老龙洞》、《山城战斗》、《井冈山的黎明》等一批京剧现代戏。1963年，以湖南省戏曲艺术学校京剧科学生为基础，从北京聘请徐东来、关韵华、李薇华、柏之毅、杨婉如、朱鸿声、赵都生等演员和琴师组建湖南省青年实验京剧团。常演剧目有：《红嫂》、《审椅子》、《奇袭白虎团》等现代京剧。“文化大革命”期间两团解散。1969年10月以两团骨干力量为基础组建湖南省文艺工作团京剧队。1974年恢复湖南省京剧团建制。此时以演出《红灯记》、《沙家浜》、《智取威虎山》、《磐石湾》等现代京剧为主，同时移植演出了《夜奔瑶寨》、《泖江湾》、《送货路上》、《春山坳》等现代小戏。1978年后恢复演出传统戏。涌现出陈少云（麒派）、闵玲娣、徐米弟、曹剑文（余派）、黄丽丽、刘小茹、潘铁刚、王春庭、黄建军、李煦等中青年骨干演员。1990年，陈少云主演《下书、杀惜》，赴北京参加纪念徽班进京200周年演出，获得好评。1991年，全国中青年京剧演员电视大赛，陈少云主演《徐策跑城》，获优秀表演奖；闵玲娣主演《岳母刺字》获表演奖。1993年，陈少云主演《杀惜》、《徐策跑城》，参加梅兰芳金奖大赛（生角组）决赛，获提名奖。1994年，闵玲娣主演《红灯记》第五场及《徐母骂曹》，参加梅兰芳金奖大赛（老旦组）决赛，获提名奖。1994年，陈少云主演《清风亭》，获第十一届梅花奖。1991～1995年，陈少云、闵玲娣、徐

《投笔记》 陈少云饰班超

《天家孽》
徐米弟饰吕雉

米弟、黄丽丽先后获湖南省戏剧芙蓉奖。1982年，翟海芳设计、制作的丹顶鹤等道具和谢惠钧的舞美设计《十八罗汉斗悟空》等赴北京参加全国首届舞台美术展览。20世纪80年代以来的创作剧目有：《投笔记》、《殷末遗恨》、《紫金锤》、《广陵散》、《寿诞风波》、《天家孽》等。其中，1982年创作演出的《投笔记》，参加湖南省戏剧节获二等奖；1994年创作演出的《广陵散》，参加1994年湖南新剧（节）目会演获剧目奖，徐米弟获优秀表演奖；1997年创作演出的《寿诞风波》获1997年湖南新剧（节）目会演田汉新剧目奖，闵玲娣、徐米弟、曹剑文获田汉表演奖；2001年创作演出的《天家孽》，参加第三届中国京剧艺术节获剧目奖。剧团先后有编剧黄湖、邱习畅、廖如一、王文永、邓友清、赵遂平、胡笑蓓。导演王俊鹏。编曲李福林、佘树林、刘振球。舞台美术设计翟海芳、谢惠钧、罗宣铁、裴道卫、刘采。鼓师邹福明、张坤、刘助阳、冯颖、胡金生、陈六顺。琴师王朝荣、万家欢、张再峰等。

（胡笑蓓　翟多麟）

huling

护领　表现角色衬衣领子的戏衣配件。白布制成，长约二尺半，宽约三寸，内衬白布缝制的薄棉垫，两端缝带。用时从演员项部围至颈下，于胸前交叠，线带经腋下于胸背处系住。剧中除穿小立领戏衣、围云肩的女性角色以及露脖的丑脚等外，都需用护领。其作用有三：①保护戏衣领子，防止油渍沾污。②护领的白色，同水袖的白色、靴底周边的白色，合称三白，在与铺锦列绣的戏衣之色彩组合中，是调剂，亦是鲜明的对比。故护领片子需经常浆洗、烫平，保持洁白、骨立，从各色蟒、靠、开氅等领口上露出来，才显得醒目、好看。③护领对演员的颈、肩、胸也有塑形功能，衬厚衬薄要因人因戏而定。杨小楼颈细，如演《霸王别姬》，“为了使脑后立起的护领不至于塌下去，他用整幅的白纻布叠成一条护领”（梅兰芳语，见《中国戏曲理论研究文选》下册第60页，上海文艺出版社1985年版）。穿古装或穿帔而不穿衬褶的女性角色，也可以不用棉垫，只围护领片子。这些不同处理，都是为了舞台形象的合度、美观。

（龚和德）

Hujiazhuang

《扈家庄》　京剧作品。原系昆曲剧目。又名《夺锦标》。事见《水浒传》。清《鸳鸯笺》传奇亦演此事，清宫廷大戏《忠义璇图》有此内容。演祝家庄与扈家庄结盟，与梁山为敌，宋江传令攻打，以王英为先行。扈家庄庄主之女扈三娘设“绷腿绳”擒王英（因王英系步将，有的演出设“绊马索”擒之，误）。梁山兵包围扈家庄，扈三娘力战，终被林冲所擒。今之演出为使舞台节奏紧凑，删除扈三娘以鞭、弓等“打八件”的表演。结尾则多改为宋江义释扈三娘，扈归顺梁山。此剧是一出典型的刀马旦本工戏。其表演着重于枪把子功和工架身段美。扈三娘表演难度较大：一是武中有唱。该剧的重点场子是四、六、七、九场，在第四场中，先后唱昆曲曲牌［醉花阴］、［喜迁莺］，在第六场中唱［刮地风］，在第七场中唱［水仙子］。在第九场中，林冲唱［西皮导板转快板］，然后与扈对唱［摇板］、［散板］（京剧演昆曲剧目，一般只唱昆曲曲牌，而此剧却是昆曲、皮簧“两下锅”）。从舞台演出效果看，在全剧高潮“大开打”前，唱［摇板］、［散板］，则显得结构松散、节奏拖沓，故今演出多删去。二是武中有舞。如扈三娘的“起霸”及且唱且舞的［醉花阴］、［喜迁莺］、［刮地风］、［水仙子］都是一组组身段优美、技巧繁难、节奏多变、造型各异的舞蹈。例如扈三娘上场“起霸”后，边舞边唱［醉花阴］，觑着自己的蝶盔绣甲，不由得摩拳擦掌，跃跃欲试，一个武艺高强、傲气冲天的女杰形象，在歌舞中突现出来。三是武中有人。此剧之情节编织，武打安排，都紧紧围绕着扈三娘的人物性格——突出一个“傲”字。与王英对阵时，因其身材矮小而始终不屑一顾，如猫戏鼠。遇李逵，初则因其高大凶猛而惊悚，然未战数合，即将其刺倒在地，故回首睥睨一瞥，撇唇、背手，拖戟而去。见林冲，生轻敌之心，加之求胜心切而中伏被擒。角色的心理变化，清晰可寻，而角色的性格主线，却一以贯之。四是武中有趣。王英以武丑扮演，“走矮子”，勾黄三块瓦脸，扎小靠，使一对棒棰，与扈三娘一高一矮、一俊一丑，相映成趣。李逵如庞然大物，其势汹汹，与扈三娘之亭亭玉立、矫捷婀娜，亦适成对照。迎战王英、李逵，富于喜剧色彩的轻松、调笑之“弛”，与林冲对阵，则急风暴雨、火爆激烈之“张”，节奏和气氛均形成对比。阎岚秋、朱桂芳均擅演此剧。以表演风格论，阎婀娜花哨，朱则稳健冲脆。阎之侄阎世善宗其风范，言慧珠则得朱之亲传。宋德珠之《扈家庄》，师承阎岚秋而又有所创造，成为其代表剧目。美、媚、脆、锐的艺术风格，在此剧得到集中体现。扈三娘原戴扎巾额子，宋德珠借鉴南派盔头改戴蝴蝶盔。所穿之青蓝色改良靠，则是王瑶卿专为宋所设计，以使扈三娘“一丈青”的绰号名实相符。王英本由武丑应工，王金璐与宋德珠合作时改为俊扮，持双刀，不“走矮子”，是王英“站起来”之第一人，故今武丑、武生两种戏路并存。袁世海与宋德珠合作，饰此剧之李逵，始在“私下山林”一场加唱［西皮垛板］等唱腔。

言慧珠饰扈三娘

另有新编《扈三娘与王英》。剧情为扈三娘与祝家庄祝彪成婚之日，祝彪为梁山所擒。扈三娘奋力将祝彪救出，自己又被捉去。梁山好汉欲招其入伙，乘酒醉，将她许配王英。洞房中，扈三娘酒醒，羞愤不已。王英遂放她下山。祝彪探得扈三娘在梁山招亲，将她父嫂杀害。扈三娘因而与梁山好汉一起大破祝家庄，手刃祝彪，与王英终成眷属。上海京剧院1982年10月首演。编剧黎中城、王涌石、刘梦德，导演孔小石、董绍瑜。史敏饰扈三娘，严庆谷饰王英，李军饰祝彪，唐元才饰扈成。此剧向观众传递了不能以貌取人的生活常理，在喜剧风格的开掘上有可取之处。

《扈三姐与王英》
史敏饰扈三娘（前左）　严庆谷饰王英（右）

（朱文相）

huadan

花旦　见旦。

Huaqian Tanyi lu

《花前谈艺录》 戏曲评论集。刘东升著。新华出版社2008年1月出版。63万字。刘东升为北京市艺术研究所研究员，20世纪50年代初曾参加编辑《京剧汇编》100多辑，剧本创作有《生死怨》、《张飞闯帐》等。该书收入作者改革开放以来撰写的戏曲评论100多篇，涉及多个剧种，以京剧为主要论述对象。分“理论评论”、“专访随感”、“遗闻轶事”3辑，内容互有联系又各有侧重。对剧作家罗瘿公、翁偶虹、马少波等，著名演员侯喜瑞、吴素秋、杜近芳、顾正秋等，均有较为详细的评述。对谭鑫培、王瑶卿、萧长华、杨小楼、金少山、梅兰芳、程砚秋、尚小云、荀慧生等的嘉言懿行、遗闻轶事，亦有不少记述与评论。对北京天桥地区著名马派演员梁益鸣，作者以饱含深情的笔触为之树碑立传。类似的专访和评论有数十篇，留下不少宝贵资料。作者另有《京剧表演艺术家侯喜瑞》、《优孟衣冠八十年》(侯玉山口述）等人物传记行世。

（陈培仲）

Huatiancuo

《花田错》 京剧作品。又名《花田八错》、《花轿娶和尚》。齐如山《京剧之变迁》称该戏为清同治时永庆和班方松林编演。据《水浒传》第5回鲁智深桃花村打周通事加以铺衍而成。有《戏典》、《戏考》等刊本。少女刘月英（一作刘玉燕）携侍女春兰游赏花田盛会，遇售画人卞济，一见钟情，故让春兰持扇请他题画。刘员外命家人前来邀请卞济，却误把小霸王周通邀到家里。周通强要三日之内迎娶月英。春兰密访卞济，嘱其乔装卖珠花女，入府与月英商议。周通抢亲，误将卞济抢去，藏于其妹玉楼房内。卞济以实情相告，玉楼愿以身相许，赠金赴试。周通被捕。玉楼假扮卞济，被迎至刘家。刘员外择吉日为女儿成婚。洞房中，玉楼尽吐实情，与月英以姐妹相称。周通得李忠的帮助出狱，又到刘家索亲。适值鲁智深路过，扮作新娘，打跑周通。因李忠与鲁智深相识，从中和解，刘员外设宴款待。卞济高中归来，同娶月英、玉楼与春兰。作品在编织故事和情节安排方面极尽匠心。所谓“花田八错”，即因游玩花田胜会而引起的八个错误。戏中有戏，一波三折，令观众目不暇接。在故事发展进行中，又充满噱头。花旦饰春兰，为剧中主角。“花田写扇”为常演的折子戏，亦名《花田错》。据此改编的《桃花村》则以净饰鲁智深为主。1929年郝寿臣编演，剧本载《郝寿臣演出剧本选》，是一短剧，仅取鲁智深乔扮新娘，痛打周通事。另有翁偶虹改编本，亦名《桃花村》，宝文堂1959年出版，中国京剧院袁世海等演出。基本上以《花田八错》为基础，去掉周通妹妹一条情节线，繁简适度，舞台上较为流行。

荀慧生饰春兰

赵燕侠饰春兰（中） 赵丽秋饰刘月英（左） 茹富华饰卞济

（王卫民）

Huaxu Jutan

《花墟剧谭》 京剧研究著作。竹於园著。(九龙）朱卷庐1954年9月发行，中华书局香港印刷厂承印。作者竹於园，真实姓名不详。该书王玉书序云：“竹於园主人，雅士也。富收藏，精鉴赏，兼喜京戏。于须生一道，深得谭氏三昧……濒年避地海隅，君居九龙……”贺兰是仪序云：“余始识竹於园主人于海上，第知为实业家……其于鞠部沧桑，历历如绘；而月旦艺事，尤为精审。盖主人虽爱好皮黄，与当世知名诸伶，了无往还。斯能率真扬抑，无所用其阿私。”从中可略知著者生平。全书共分8章：第一章京剧源流派别（附须生系统简表)；第二章须生（包括文武老生）附票友；第三章旦脚（包括青衣花旦、老旦、武旦）附票友；第四章武生小生；第五章净丑；第六章音韵；第七章胡琴；第八章其他。作者擅须生，全书论艺亦以须生为宗，旁及旦净丑行，虽有论列，要非主旨。在第一章里，作者论述了京剧的源流及派别，作者认为，“道光中，皖人程长庚至京。余三胜、王九龄复自楚往。逐渐演变，始有皮黄京剧”。并说：“‘二黄’出自鄂之黄陂黄冈。东传至皖而成徽戏；北传至京与徽剧合而成京戏；……‘西皮’不知出自何处。……予忖度之，黄陂较为近似。”又认为京剧可分为二系三派，即皖系、楚系和京派。“徽之长庚与楚之三胜、九龄为二系，并北京之二奎，又成三派。”这些看法，对于研究京剧的形成有一定的参考价值。该章所附须生系统简表，勾勒了老生行的师承关系，脉络清晰。第二章为全书重点，作者较详细地论述了京剧著名须生程长庚、汪桂芬、张二奎、孙菊仙、谭鑫培、言菊朋、余叔岩等人的艺术成就和不足。采用了择选实例边评边议，相互比较的方法，不仅限于个人感受，还不断引用名家评述加以印证。其中，对于“集京剧之大成”者谭鑫培作重点介绍，并总结其成功的原因为：①他能融会各派之长，非笃守一家门户，故此做功表情亦不雷同，一戏有一戏的唱法；②他原为唱武戏出身，靠把功夫甚深，其身段武功尤非他人所及；③他对于阴阳四声深有研究，行腔字眼、嗓音与腔调并重，但他在演唱时并不全恃嗓音，而是以气行之，有时意到而腔不到，有时腔到而意不尽，听之如神龙行空，故此深受人们喜爱。书中对刘鸿昇、马连良、周信芳、孟小冬、王鸿寿、红豆馆主的生平、师承、演唱也有所介绍。京剧其他行当的演员，如胡喜禄、陈德霖、王瑶卿、梅兰芳、程砚秋、龚云甫、杨小楼、罗百岁等诸多名伶的演技和生活轶事，亦有所提及。全书行文生动、简约，可读性强。

（戴云）

Huadong Xiqu Guanmo Yanchu Dahui

华东戏曲观摩演出大会 地区性戏曲会演。继1952年第一届全国戏曲观摩演出大会取得成功后，华东戏曲观摩演出大会于1954年9月25日至11月6日在上海举行。在上海大众剧院举行的开幕典礼上，由华东行政委员会文化局副局长刘雪苇致开幕词，华东行政委员会谭震林副主席讲话，大会副秘书长伊兵报告了华东区戏曲观摩演出大会的筹备经过，副秘书长刘厚生宣读了中国戏曲研究院院长梅兰芳、副院长程砚秋的贺信。各省市代表1 500余人参加了开幕典礼。大会历时42天，演出104场，包括36个剧种、

158个剧目。演出期间多次召开了由编剧、导演、主要演员及戏曲音乐、舞台美术专业人员参加的座谈会，还举行了专题报告会及戏曲文献展览会。此次大会的规模是华东地区前所未有的，它有效地促进了对传统戏曲艺术的发掘、整理、提高和推广工作。11月6日，在上海人民大舞台举行了闭幕式，中共中央华东局宣传部副部长夏衍做了总结报告，上海市人民政府副市长潘汉年讲话，评奖委员会宣布评奖结果，并向获奖的团体和个人颁奖。此次大会京剧演出获奖情况如下：上海市代表团演出的京剧《黑旋风李逵》获剧本一等奖（上海市文化局艺术处创作室改编，执笔王征夫）、优秀演出奖、导演奖（导演李仲林、郭坤泉、林鹏程）。华东戏曲研究院代表团演出的京剧《秦香莲》获剧本二等奖（华东戏曲研究院编审室改编，执笔严朴）、优秀演出奖、导演奖（导演洪谟）。华东戏曲研究院代表团演出的京剧《铸剑》获剧本二等奖（作者陈大濩）、演出奖。获演员一等奖的有华东戏曲研究院代表团的李玉茹、王金璐、陈大濩、金素雯、黄正勤、张美娟，上海市代表团的黄桂秋、童芷苓、言慧珠、纪玉良、李仲林、王熙春、王正屏、张二鹏、小盖叫天，山东省代表团的孟丽君，福建省代表团的李盛斌。获演员二等奖的有华东戏曲研究院代表团的沈金波、孙正阳、陈正薇、贺永华，上海市代表团的赵晓岚、李桐森、小王玉蓉，山东省代表团的周亚川，浙江省代表团的鲍毓春，江苏省代表团的李慧芳、王琴生、王正堃、王玉田。获演员三等奖的有上海市代表团的张洪奎、李秋森、刘云龙、赵德钰。获奖状的演员有华东戏曲研究院代表团的汪志奎、刘斌昆，上海市代表团的郑法祥。另外，华东戏曲研究院代表团的张森霖、张鑫海，上海市代表团的王燮元获乐师奖。

（王韵书）

Huadong Xiqu Shiyan Xuexiao

华东戏曲实验学校 戏曲专业学校。成立于1951年4月，校长周信芳（兼）、刘仲秋。分京剧、越剧、音乐3个班级，京剧班教师有芙蓉草、张少甫、关盛明、陈富瑞、吴富琴、李盛佐、朱德芳、陈斌雨、王少芳、马振奎等。先期招收25名插班生，大都来自原中国人民解放军第三野战军政治部文工三团，如梁斌、罗通明等。后期在北京、上海又招考新生55名，音乐班20名。1952年宣布解散，少数师生调华东京剧实验剧团，一部分新生由刘仲秋校长带领并入东北戏曲实验学校，其余师生外调转业。办学近一年，主要教学剧目有《打登州》、《截江夺斗》、《英雄义》、《石秀探庄》、《樊江关》、《江油关》、《大保国》、《断密涧》、《黄一刀》、《天水关》等。

（黄菊盛）

Hua Cuishen

华粹深 （1909～1981） 戏曲作家、教育工作者。姓爱新觉罗。北京人。满族。1931～1935年就读于清华大学中文系期间，即参加红豆馆主等人组织的昆曲社，并在朱自清指点下创作京剧《哀江南》(后在北平《新民报》副刊连载)。

毕业后，应聘到中华戏曲专科学校任文史教员，“德”、“和”、“金”、“玉”诸科学员均受其教益。抗日战争时期，严词拒绝在伪满洲国任“内务大臣”的祖父宝琛来信之召，甘于清贫的教书生涯，表现了凛然的民族大义。1946～1947年间在《新民报》副刊开辟《听歌人语》专栏，以随笔形式回顾亲身闻见的戏曲演出情状，提供了许多珍贵的梨园史料，对演员修养、流派继承、弊习改革等也不乏真知灼见。

1947年起在南开大学中文系任教，作为明清文学史的教授，一直不曾离开过教书育人的讲坛。中华人民共和国成立后，开设“中国人民口头创作”课，将民间文学作为大学生入学的基础课，在全国也是首创。教学之余，他还参加了天津市的戏曲改革工作，先后担任天津剧艺协会副主席、天津市戏曲改革委员会主任委员、天津戏剧编导委员会委员、天津市文化局创作室副主任，以及天津戏曲学校副校长。1952年任天津戏曲代表团团长，率团参加在北京举行的全国第一届戏曲观摩演出大会，从推荐演员、选定剧目，乃至筹措服装都尽心尽责，保证了演出的成功。华粹深一生创作和整理、改编戏曲剧本30余种，20世纪50年代更是创作、改编的丰收期。1951年，为配合抗美援朝，创作京剧《窃符救赵》，收入《抗美援朝戏曲丛书》(改名《虎符》)，周信芳改为《信陵公子》演出。此外还创作有《虎皮井》、《智赚解差》、《大泽乡》等京剧。1954年整理改编的河北梆子剧本《打金枝》，曾获天津市第一届戏曲会演剧本一等奖，同年整理改编的河北梆子剧本《秦香莲》，在《剧本》月刊上发表，并获1956年文化部一等剧本奖。1957年，为纪念汤显祖逝世340周年，为北京昆曲研习社整理改编《牡丹亭》，经该社社长俞平伯校订，又请来朱传茗、张传芳、沈传芷、华传浩等指导排练，公演于长安大戏院。《华粹深剧作选》(附“听歌人语”)已于1982年由中国戏剧出版社出版。

（黄克）

Hua Huilin

华慧麟 （1913～1964） 女演员。工旦。原名华月英，曾用名华慧琳。江苏无锡人。幼年在上海从李琴仙、冯子和学花衫戏。1930年1月北上求艺。先至天津，由李、冯二师陪护在王灵珠所办的天安戏院露演，成绩佳好。

当年6月进京拜入王瑶卿门下，深受厚爱，学得王门本派各戏。1931年1月1日在北平中和戏院出台首演王派名剧《丹阳恨》(一名《东吴女丈夫》)，博得观众赞赏。1931年6月赴上海参加杜家祠堂落成典礼堂会，与萧长华、马富禄合演《打花鼓》，排在中轴子第六个码儿上，可见其当时的艺术地位。回京后，10月组班，自挑大梁，合作者先后有谭富英、贯大元、程玉菁、芙蓉草、金仲仁、王蕙芳、马富禄、张春彦、孙甫亭、刘砚亭、蒋少奎、吴彦衡等，上演剧目有全本《十三妹》(全部《儿女英雄传》)、《棋盘山》和文武并重的全部《铁扇公主》等剧，以她的扮相好、嗓子好、身手好，文武兼备、色艺双全而赢得了跻身北平菊坛的声望。1934年6月在上海与孟小冬合演的《四郎探母》，相得益彰，也使她名声日重。1935年，应汉口和记大舞台之邀，与周信芳合作演出，5个月里贴演了大量佳剧。在《天雨花》中，周饰左维明，她演桓清闺，铢两相称，当时的报纸上评述云：“群称空前好戏，武汉三镇，举世若狂，连演多日，夕阳未下，已知满座，猗欤盛哉！”当年夏，随即移师上海，假黄金大戏院接连上演三、四本《天雨花》，连连满堂。同周信芳（饰张绣）、金少山（饰典韦）、杜文林（饰曹操）合演的《战宛城》也是好评如潮。还与周信芳合演了一至八本《雷峰塔》(《白蛇传》)，周饰许仙，她饰白娘子；《楚霸王九战章邯》周饰项羽，她饰虞姬；《大名府》周饰卢俊义，她饰贾氏；《天河配》周饰牛郎，

《四郎探母》饰铁镜公主

《铁扇公主》饰铁扇公主（左）（假牛魔王饰者失考）

她饰织女；《一捧雪》周饰莫成、陆炳，她饰雪艳娘；《虮蜡庙》周饰褚彪，她饰张妈；《临江驿》周饰崔文远，她饰张翠鸾；新编本戏《韩信》周饰韩信，她饰使女殷桃娘。还合演了大量生旦戏，如《南天门》、《桑园寄子》、《打渔杀家》、《美人计》、《四进士》等。其间，还曾与金少山合演《霸王别姬》。这一段沪上出演，使她的剧艺水平得到显著提高。20世纪40年代，回到北平长住，自行挑班出演。50年代伊始，经其师王瑶卿举荐，即被聘入戏曲实验学校（后名中国戏曲学校）任教。又拜梅兰芳为师。在戏校被尊为“茹（富兰）、雷（喜福）、贯（大元）、华”四大名师。她教学严谨认真，对学生一丝不苟，前三届的旦行学生无不受到她的教益，在传承王（瑶卿）派艺术上作出突出贡献。1951年积极参加抗美援朝捐献义演，与郝寿臣、谭小培、萧长华合演了《法门寺》(饰宋巧姣)，与李桂春、郝寿臣、张德俊合演了《巴骆和》(饰马金定)，与雷喜福、王福山合演了《打渔杀家》(饰萧桂英)，表现了高度的爱国热情。她的学生中许多人已成为当今京剧舞台和课堂上的名家，如谢锐青、刘秀荣、张曼玲、李开屏、杨秋玲、曹佛生、周长芸、曹毅琳、刘长瑜、汤晓梅、李维康等。（钮骠）

Hua Shixiang

华世香 （1921～1981） 京剧教师。曾为旦脚演员。祖籍天津。自幼酷爱京剧，先后拜沈玉斌、范富喜、王瑶卿、赵绮霞、雪艳琴为师，学习青衣、花旦。后自己购置戏装，下海演出。1943～1949年先后与孙毓堃、王金璐、沈金波、言少朋等组建正风社，担任主演，并曾与奚啸伯、侯喜瑞、高玉倩等人合作演出。后由于嗓音失润，退出舞台。1952年后任教于北京市戏曲学校，培养出李玉芙、李文敏、杨淑蕊、阎桂祥等。（王硕）

Hua Ziliang

《华子良》 京剧作品。天津京剧院2001年为庆祝中国共产党建党80周年首演。编剧卫中、赵大民。故事取自小说《红岩》。剧情是中华人民共和国成立前夕，共产党员华子良被关押在重庆白公馆中，以装疯的方式与敌人周旋，骗过敌人得到了做杂活和进出白公馆的机会，在极其危险的条件下与敌人展开斗争，而且忍受着暂时不了解真相的战友与亲人对自己的误解。他多次及时而巧妙地把情报送交狱外的党组织，同时把党的指示带到狱中，传达给在狱中坚持斗争的齐晓轩等，并主动投入到组织越狱的严酷斗争中去，有力地冲击了敌人秘密屠杀政治犯的罪恶阴谋。演出为京剧的开拓创新和表现现代生活题材积累了宝贵的经验，取得了重要成绩。剧本的选材与构思富于匠心，尤其是剧中所写华子良的形象既有高度的思想性，又有真实而独特的传奇性。剧院把《华子良》剧组建成为一个有较大创作实力的艺术群体，使该剧在表演艺术、音乐唱腔、舞台美术等方面基本达到了和谐统一的效果。该院5位主演（王平、杨乃彭、邓沐玮、李莉、李经文）都在剧中担任角色。王平在塑造华子良这一新的京剧人物形象的实践中具有勇于创新、文中有武、唱做兼优等特点，形象真实感人，又具备京剧形式美。该剧2001年获第三届中国京剧艺术节金奖，王平获优秀表演奖，卫中、赵大民获优秀编剧奖，谢平安获优秀导演奖，续正泰获优秀唱腔设计奖，李凤阁获优秀音乐设计奖，王卫中获优秀舞美设计奖，周正平获优秀灯光设计奖，杨乃彭、邓沐玮、李莉、李经文、马国祥获表演奖。其后又获得“五个一工程”奖及文华大奖等，并入选2002～2003年度国家舞台艺术精品工程剧目。天津电影制片厂拍成同名电影。（刘琦）

王平饰华子良（右） 郑子茹饰双枪老太婆

Hua Long Dian Jing

《画龙点睛》 京剧作品。北京京剧院据孙月霞同名吕剧（载《戏剧丛刊》1984年第4期）移植。唐太宗时，大将军常何不识文墨，一个偶然的机会，请怀才不遇的秀才马周代写治国条陈，并将马周所绘无眼瞎龙呈上。李世民慧眼识人，不以为忤，微服寻觅贤才。县令赵元楷对李世民百般敲诈，滥施淫威，直到认出真相，惊吓而死，李世民终于见到马周，委以重任。马周将瞎龙点睛，慨然接旨。作品通过马周先画龙后点睛、唐太宗明访贤暗察奸的曲折故事，揭示唐代官场和社会生活，塑造了李世民、马周、常何、赵元楷等人物形象。李世民为求治国栋梁微服私访，玉玺被夺，银两被诈，骏马被抢，锦袍被剥，险些丧了性命。这使他目睹了官场的腐败，体味到黎民百姓的艰辛苦楚，从而理解了马周的一腔忧愤，坚定了整饬吏治、选贤任能的决心。马周是牵动全剧的中心人物。书写治国条陈，显露出治国安邦的雄才大略；画龙无眼刺君王，表现出对皇权的蔑视和勇气；卖画、拒聘显示出他的傲骨；扶危济困，救李世民于危难，又见出他的侠肝义胆。新丰县令赵元楷自诩“庙小风大，官小权大，王法管人，我管王

张学津饰李世民（右） 黄德华饰赵元楷

法”，圣旨过手也揩油，是戏曲舞台上别具特色的贪官形象。该剧故事情节除马周代常何书写条陈略见于《旧唐书》、《贞观政要》，其余重要关目多系虚构。“访贤”是全剧基本动作线，“画龙”是缘起，“点睛”是结局，构思精巧，剪裁得当。运用喜剧手法表现正剧内容，将庄严与谐趣、雅致与通俗巧妙结合。京剧移植，对剧本做了适度调整，导演、舞台美术也进行了重新设计。譬如马周，吕剧由小生饰演，京剧改为花脸，有棱有角，悲壮豪放。1990年8月北京京剧院二团首演，参加了纪念徽班进京200周年活动。同年获北京市政府嘉奖、北京市新剧目演出一等奖及文化部首届文华大奖。该剧先后由王雁、宋捷、茹绍瑞等执导，张学津饰李世民，阎桂祥饰马周早年情侣四娘，王文祉扮马周，黄德华扮赵元楷。音乐唱腔设计张学津等，舞美设计郑传恩。1984年，云南省京剧院也曾将同名吕剧移植演出。（周传家）

Huaili Ouji

《怀梨偶寄》 京剧研究著作。作者许逸之（1919～ ），福建闽侯人。青年时就读于上海交通大学和英国爱丁堡大学。曾任台湾新竹交通大学机械系主任，晚年旅居英国。爱好京剧。还有《旧戏新说》及用英文写成的《京戏三昧探释》等著作问世。《怀梨偶寄》初稿写成于1977年，经整理、加工，1984年在台湾出版。1987年7月，宝文堂书店再版。全书共13节：《魏子云〈论《打渔杀家》中之四十板〉一文读后》、《论戏剧目的之不在像真》、《戏剧中之戏与剧》、《戏剧与梦寐之心理功效》、《舞台艺术之所以欲真则不实》、《角色分类之演化与结果》、《京戏中言文以外之表情》、《水袖之渊源与戏装之功用》、《说勾脸》、《京戏音乐论说之一——中西音乐之结构》、《京戏音乐论说之二——京戏声乐之特征》、《徐露——京戏中新旧之交界》、《京戏之已改坏与未改良者数则》。该书运用现代心理学、美学、社会学，从不同角度论述了京戏艺术的本质与特点。作者认为，京戏的心理价值就在“文不载道”，敢替观众演出在封建道德范围内不能演出的事。在包公戏、水浒戏、杨门女将戏中，礼教的控制部分清除，流露了人们本能的真情和欲望，可以说是过去时代“大众集体的梦”。当前京戏没落的原因之一，就是到做梦的地方去“背四书”，不能替现代观众做他们爱做的梦。又说，京戏中那些不需像真的演法，诸如以鞭代马、扶旗为车，与儿童游戏时的以凳代桌在心理上相通，是建立在演员和观众的想象力之上的。“想象的东西往往比直叙的又多又重又深又远。”作者还认为，京戏舞台有双重素质：一是演戏的地方，可谓上场；二是剧情发生的地方，可谓入景。戏是舞台、上下场门、文武场、行头、唱腔、台步等构成的给观众看的表演；剧是故事情节。演员上场不等于入景，比如上场念定场诗、通名等动作和台词，属于戏；入景以后，故事情节中的动作和台词，才属于剧。戏是真的，因为舞台是真的，演出时间是真的，不能改动；剧是假的，因为剧情发生地点是假的，剧情时间是假的，可以随不同剧而变易。“戏剧的目的是用戏以达剧情，不是去戏使剧逼真。”又指出，京戏的角色分类，是对某类人物特征的集中和夸饰，如青衣的端淑，小生的文绉绉，武生的英武。京戏服装中的水袖、帽翅、翎子、靠旗、冠上的绒球等，都起着放大体态和表情的作用。京戏脸谱也有两种作用：观众熟悉的人物，一见脸谱就如逢旧相识；观众不熟悉的人物，一见脸谱也大略知道他的素质和性格。此外，作者对西方音乐的结构美，中国音乐的线条美，京戏音乐的特征，京戏剧目的情节内容简单而情感内容丰富等问题，也有所论述。全书视角卓异，立论新颖，研究京剧与戏剧者皆可借鉴。（曹其敏）

宝文堂书店再版本封面

Huanhaichao

《宦海潮》 京剧作品。清装连台本戏。剧本载《京剧汇编》第43集。全剧34场，描写汉阳总兵郭盛恩与于天球、王如海为换帖兄弟。一日，天球妻霍氏携子少云赴校杨观操，郭见其貌美，遂起歹意，怂恿天球赴京谋官，把霍氏诓入府中，强逼成亲，并企图害死少云与其仆人于福。于福携少云逃出，进京寻找天球。途中于福遇难，少云流落异乡。于天球归家，告到官府，官府以“欺官傲上”痛责四十大板。天球赴京告状，郭派两位师爷在途中把其灌醉，推入江中。王如海偶遇少云，让他以乞讨为名，到郭府寻觅母亲，母子同往巡按大臣彭少保处诉状，又遭江夏知县阻拦。霍氏跳水自尽。最后，王如海带少云到彭少保处喊冤，郭盛恩及帮凶师爷被彭擒获正法。作品揭露清末官场的腐败与黑暗，故事性强，脉络清楚，宜于舞台演出；语言通俗流畅，少量的插科打诨可令观众破涕为笑，且具有很强的讽刺性。该剧据清末实事编写，但人名俱已更动。郭盛恩指湖北忠义前营副将谭祖纶，彭少保为彭玉麟。事见王闿运《衡阳彭公七十有五行状》。1908年，王钟声创立的春阳社即以文明戏形式编演于上海，1909年1月，上海丹桂茶园汪笑侬、三麻子、筱桂芬、夜来香等演出了头、二本《宦海潮》。1911年2月，夏月润、夏月珊、小连生等在上海新舞台上演头、二本及三、四本。欧阳予倩说：1912年，北京周铸民、史俊民、史醒民、王辅民等组织文明戏班牖民社，也演出过此剧，“京戏花旦诸茹香、荀慧生曾参加演出过”（《谈文明戏》，《中国话剧运动五十年史料集》，中国戏剧出版社1958年版）。民国初，河北梆子奎德社也曾上演，刘喜奎饰旦脚，杨韵谱饰生脚。1915年，齐如山为梅兰芳改编上演。据梅兰芳回忆：“《宦海潮》那出戏还是根据王钟声演的新剧改编为京剧的。”（《戏剧界参加辛亥革命的几件事》，《戏剧报》1961年17、18期）“我扮的余（于）霍氏，主要的场子是见到儿子的大段唱工。……这出新戏别的班社如富连成与维德坤社（这是由全体女演员演出的梆子班，小香水、李桂芬等角曾演出过此戏）都扮演过的。是各班社原有的剧本，我们不过略加修改而已。”（《舞台生活四十年》第2集）此外，秦腔、湘剧等均有同题材剧目。秦腔由高培友编写，易俗社演出，剧本收入《陕西传统剧目汇编》秦腔卷第3集。主要人物的姓名与京剧不尽相同，故事情节则大同小异。（王卫民）

Huangshanlei

《荒山泪》 京剧作品。一名《祈祷和平》。金仲荪编剧。程砚秋1930年首演于北平。描写明末河南济源县乡民高良敏与儿子高忠采药为生。高良敏老妻陈氏多病，高忠妻张慧珠织绢出卖，以补家用。高忠之子高宝琏，12岁，在家读书。是时朝廷穷兵黩武，苛捐杂税，民不聊生。高良敏父子为偿还赋税，明知山有虎，却入山采药，终致葬身虎口。官府又来逼税，家中财物悉被掠夺，宝琏又被军校抓走。陈氏惊恐急愤，一恸而绝。张慧珠孑然一身，神志恍惚，入山寻子访虎。逼税的差人赶至深山，张慧珠祈祷老天降与世间和平，然后自刎而死。此剧编演时，正值国内军阀混战，人民怨声载道。这出写官府逼税抓丁、百姓家破人亡的悲剧，直接抨击暴政给人民带来无限苦难的社会现实，反响热烈，演出获得极大成功。程砚秋在剧中饰演张慧珠，创作了许多优美的抒情唱段。侯喜瑞饰演抓丁的军

程砚秋饰张慧珠

程砚秋饰张慧珠

官杨得胜，戏虽不多，演得十分精彩。1957年，为了将此剧拍摄成彩色舞台艺术片，导演吴祖光对剧本做了修改，充实了剧本内容，程砚秋又进一步丰富了唱腔，对表演也做了细致加工创造，更准确、更艺术地表现人物在各种不同情况下的感情变化，其中仅水袖动作就用了200多个。新艳秋、赵荣琛等均有演出。剧本除出版了单行本外，还被收入《程砚秋演出剧本选集》。吴祖光改本亦有单行本行世。

（刘乃崇　蒋健兰）

Huangdi yu Jinü

《皇帝与妓女》　见宋之的。

Huang Baoyan

黄宝炎　（1919～1986）　京剧教师。北京人。出身梨园世家，父亲黄少之系京剧琴师。1931年黄宝炎在北平奎德社科班跟祁善华学习京剧文场音乐，并于当年开始登台弹月琴。13岁拜赵全福为师。

15岁以胡琴应工，在北平各剧场及外省市搭班演出。1938～1942年先后在西安夏声剧校、重庆歌剧学校任教，后在鹰扬剧团操琴。1948年在哈尔滨参加东北军区政治部胜利国剧团乐队。1952年随团赴朝鲜慰问演出。1954年转东北戏曲实验学校乐队，后至中国戏曲学校任教。黄宝炎技术多面，以胡琴为主，精通弦子、月琴、二胡、堂鼓、笛子、唢呐、铙钹的演奏，六场通透。他操琴稳健，功力深厚，弓法刚劲有力，擅长大拉大扯，手音极响，托腔平正大方，尺寸劲头准确，曾为严富华、鲍东生、刘仲秋、郭建英、雷喜福、程砚秋、赵世璞等操琴。黄宝炎教学严肃认真，一丝不苟，由于姿势、手法、弓法规范，所以特别适合为学生开蒙，为学生打下良好基础。

（王健）

Huang Dehua

黄德华　（1941～　　）　演员。工丑。北平（今北京）人。幼入北京市戏曲学校，习文丑，师从罗文奎。1959年毕业，先后在梅兰芳剧团、北京实验京剧团、北京京剧院任演员。又拜孙盛武为师，后从萧盛萱问艺。常演《群英会》之蒋干、《女起解》之崇公道、《乌盆记》之张别古、《失印救火》之金祥瑞、《审头刺汤》之汤勤、《四郎探母》之国舅及新剧《雏凤凌空》之杨洪、《画龙点睛》之赵元楷等。他嗓音宽厚响堂，表演恪守规范，不俗不厌，有萧（长华）派风范。常为梅葆玖、张学津等配戏。

（钮骠）

Huang Guiqiu

黄桂秋　（1906～1978）　演员。工旦。原名德铨，字荫清，号桂荫轩主。安徽安庆人。学生时代即爱好京剧，经常参加票房演出，后成为专业演员。于1923年拜陈德霖为师，成为陈的关门弟子。

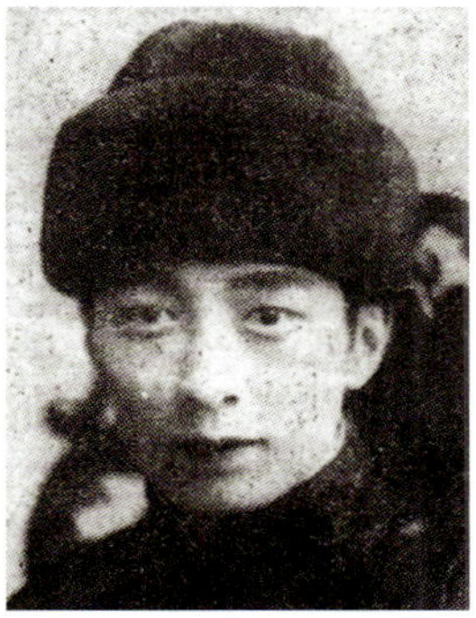

经过陈德霖的严格教导及自身的勤学苦练，于1926年正式搭班演出，首演《女起解》于三庆园。1927年搭余叔岩胜云社，在新明大戏院与陈德霖同台演出，专演“陈派”青衣戏。胜云社名角如云，如钱金福、裘桂仙、王长林等，获益颇多，艺事大进。由于当时二牌旦脚人才寥寥，故而黄乘势崛起，初露头角。此后，马连良的扶风社、高庆奎的庆盛社又相继邀他，使其技艺较趋成熟。他也不失时机，兼收并蓄，博采各家之所长，在艺术上打下了坚实的基础。1930年前后，黄桂秋开始在京自行组班正谊社，转演于湖北、河南、山东及东北等地。其间，他还向荣蝶仙学习了花旦、刀马旦，向章小山学习王（瑶卿）派表演艺术，所演剧目也不再完全拘泥于正工青衣和陈门本派戏。1938年，他辗转来到上海，演出于天蟾舞台，这是他独当一面在上海演出。由于当时梅兰芳、程砚秋息影舞台，尚小云、荀慧生无法南来，故而上海观众听到黄桂秋清脆高亢的嗓音、委婉动听的唱腔大为欣赏。20世纪40年代，他在皇后大戏院组班，演员有纪玉良、芙蓉草、裘盛戎、姜妙香等，后来又邀请俞振飞加入，二人合演《贩马记》，名噪一时。1942年春节起，与周信芳合作演出于黄金大戏院，此后二人又多次合作，黄就不再北上，定居上海。1949年后，为了培养新生力量，黄桂秋在上海创办秋荫集，公开招收学员并亲自教授，培养了一些戏曲人才。1954年在华东戏曲观摩演出大会上，他荣获演员一等奖。之后响应党的号召，组成剧团下农村演出，走遍大江南北8个省、72个大小城镇和许多偏僻的地区。回到上海后，他边演出边教学。1962年加入上海京剧院，担任教师，1966年退休。

黄桂秋在长达40年的舞台生涯中，与高庆奎合演过《窃符救赵》、《掘地见母》、全本《朱砂痣》、《鼎盛春秋》，与王又宸合演《襄阳城》、《三搜卧龙冈》，与马连良合演过《浣花溪》、《四郎探母》、《宝莲灯》和全本《清风亭》等剧。而最具特色的剧目有全本《春秋配》、

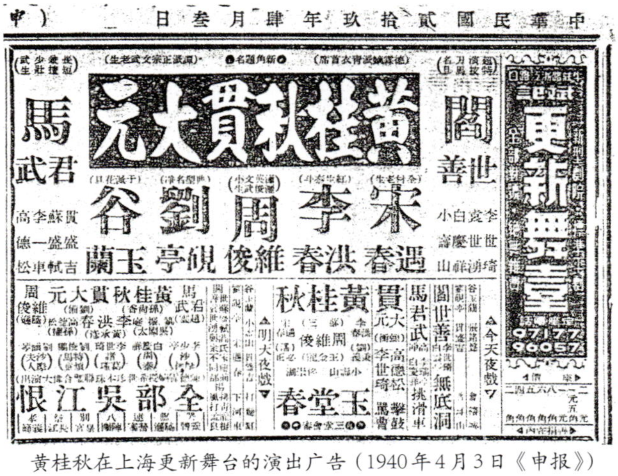

黄桂秋在上海更新舞台的演出广告（1940年4月3日《申报》）

《春秋配》饰姜秋莲

《宝莲灯》饰王桂英

全本《孙尚香》、《女起解、玉堂春》、《奇双会》、《雁门关》和全本《王宝钏》等。此外，还上演过《蝴蝶媒》、《姜皇后》、《冤禽恨》、《燕子笺》、《窦线娘》、《鞭打芦花》、《秋香三笑》等新戏，其中尤以《蝴蝶媒》效果最佳。该剧以明末清初小说为题材，通过赏蝶、扑蝶、画蝶的情节，描写了一对美眷的悲欢离合。在剧中，他发挥善于绘画的特长，当场作画，仅草草数笔，就画成一对栩栩如生的蝴蝶，笔墨娴熟，淡雅宜人。每有演出，观众中便有人拥至台前索画，名声大振。

黄桂秋早年继承陈德霖衣钵，专心致力于青衣一门。当四大名旦以各自的新腔问世而大获成功后，他也开始应声而起，另辟蹊径。他在继承陈德霖刚健、坚实的基础上，结合梅派的华丽大方、尚派的高腔低唱、程派的声情并茂、荀派的婉而多媚，融会贯通，有所发挥创造，加之自身高亢、刚劲、明亮、甜润的嗓音而蜚声剧坛。他本身对音韵亦颇有研究，特别强调湖广韵，在吐字行腔方面讲究技巧。20世纪40年代即收王熙春、金素雯、顾正秋为徒，言慧珠、梁小鸾、李玉茹、童芷苓等人曾向其请益。票界中朱永康拜黄桂秋为师，最得其神髓。次子黄正勤（1927～ ），1943年入上海戏剧学校，习小生。20世纪50年代为上海京剧院当家小生，与周信芳、童芷苓、李玉茹等合作，甚有成就。

《三笑》饰秋香（右） 黄正勤饰唐伯虎

2006年，黄桂秋诞辰百年之际，文化艺术出版社出版《黄桂秋先生纪念集》，16开本，硬面精装。内含纪念影集、纪念文集两个部分，收有黄桂秋遗墨多种。编者黄克，为黄桂秋之子（行四）。 （娄悦）

Huanghezhen

《黄河阵》 京剧作品。又名《混元金斗》。作者不详。梅巧玲曾演此戏。尚小云有改编本，名《九曲黄河阵》。小杨月楼有整理本，名《封神三霄》。剧演赵公明下山，辅佐纣王伐周。曹宝、萧升收去其定海珠与缚龙索。赵公明求援于妹云霄、碧霄、琼霄，借来金蛟剪，向姜子牙复仇。燃灯道人之梅花鹿被剪断。陆压道人用钉头七箭书射死赵公明。三霄女下山为兄报仇，摆下九曲黄河阵，用混元金斗将赤精子、广成子等十二真人收入阵中。老子与元始天尊下山，帮助子牙，打死三霄女，破黄河阵，救出十二真人。

尚小云饰云霄（右） 尚长春饰哪吒

本事见于《封神演义》第47～50回。尚小云和他创建的荣春社科班均曾排演此剧。尚小云饰云霄，唱、念、做、打均为上乘，尤其武打方面发挥更多。此剧使用机关布景，灯光彩头，热闹火爆，还设计了许多新型武打套路。该剧对于剧中人物和神仙妖魔的造型、化装、服装、道具及虎、鹿等塑形，都有改良和新的设计。 （吴同宾）

Huanghelou

《黄鹤楼》 京剧作品。又名《竹中藏令》。作者不详。周瑜于黄鹤楼设宴，邀请刘备过江。刘备心存疑惧，不敢前去。诸葛亮使赵云随行，以保无事。席间，周瑜索还荆州，赵云针锋相对，“还俺的东风来”。周瑜传令，没有令箭不许放走二人。赵云打开诸葛亮临行交付的竹筒，果有一支令箭，乃南屏山借风时所用。君臣得以逃出虎口。其后，可接演《芦花荡》，周瑜领兵追赶，被埋伏在芦花荡的张飞击败。《三国志演义》无此情节。元代朱凯作有杂剧《刘玄德醉走黄鹤楼》，姜维与刘备偕行。令箭是关键之物，杂剧从诸葛亮口中已有交代：“想当日赤壁之间，贫道问周瑜要一枝令箭镇坛，贫道留到今日。我将此箭藏在拄拂子里面，凭此

田际云饰周瑜（左） 许荫棠饰刘备（中） 朱素云饰赵云

箭着主公无事而回。”《三国志平话》及明传奇《草庐记》中也有黄鹤楼故事，情节与杂剧大同小异。此剧为群戏，小生饰周瑜，老生饰刘备、鲁肃，武生饰赵云，花脸饰张飞，均得在戏剧冲突中发挥表演技能。有《京剧丛刊》、《京剧汇编》等刊本。 （颜长珂）

Huangjin Daxiyuan

黄金大戏院 现代剧场。址在上海八仙桥附近的法租界敏体尼荫路、恺自迩路（今西藏南路、金陵中路）转角，坐西南朝东北。现已不存。原由青帮大亨黄金荣创办，1929年动工兴建，次年2月对外营业。英文名CRYSTAL PALACE。起初专映电影，后因荣记大舞台拆建，1934年2月2日夜起兼演京剧。第一期有梅兰芳、谭富英、李少春、金少山、姜妙香、王少亭等。1937年5月1日，马连良扶风社去上海参加黄金大戏院“开幕”演出，也是张君秋第一次赴上海，于此登台。剧场开业头15年中，协兴、同兴、大赉公司先后接手，陈荣生、龚纪良、金廷荪、孙兰亭、汪其俊、周翼华、吴性栽、张善琨、顾乾麟、周剑星（多为黄金荣徒弟）等相继主持。1940年11月请得北平富连成科班，黄金出版社曾出专号特刊，介绍上演剧目及叶盛章、叶盛兰、叶世长、李世霖、茹富兰、阎世善、袁世海等主要演员。1946年，周信芳、王芸芳、小杨月楼、董志扬、刘奎官等京剧演员及一些票友租赁该戏院共同管理。周担任前后台经理。1947年底，黄金荣将剧场收回。1948年2月起改映电影。1951年3月，由华东文化部以租赁方式接管，易名华东大众剧院，不久改称**大众剧场**，成为华东京剧院所属剧场。1958年划归卢湾区文化局管理。建筑物为3层钢筋混凝土结构，舞台宽12.5米，深10米，总高度17米。副台上场门18平方米，下场门8平方米。1958年改建，拆除三楼座位，留有底楼725座，二楼567座。1995年拆除。 （林明敏）

黄金大戏院外貌

Huang Jinlu

黄金陆 （1924～ ） 京剧教师、琴师。北京人。从小爱好京剧，学习京胡和京剧打击乐。16岁登台操琴，受到著名乐师姜伯等人的赏识。1948年拜白宗灏为师，学习三弦与竹笛。1949年3月参加中国人民解放军南下平剧队，参加新编剧目《九件衣》、《童女斩蛇》和《新四郎探母》的音乐创作。1950年转业到地方，先后为尚小云、杨宝森、张君秋、尚长春、赵荣琛、李鸣盛等操琴伴奏，掌握了多种流派剧目的演奏技巧，进一步提高了琴艺。在尚小云的主持和指导下，参加了《墨黛》、《夜归》、《洪宣娇》、《太原双雄》的音乐设计。由于有三弦、笛子、笙、唢呐和打击乐的全面基础，使操琴演奏的整体配合更加和谐默契。还曾向琴师朱家夔、王瑞芝、赵济羹、费文治、杜奎三及杭子和等同业求教，使琴艺日臻成熟精到。在操琴生涯中对他影响最大、启迪最深的当属杨宝森及杨派艺术。1954年入中国戏曲学校实验京剧团，任乐队队长，除伴奏外，还参加了《卖水》、《武则天》、《香罗帕》、《海瑞背纤》、《甘宁百骑劫魏营》、《洪母骂畴》等新编剧目的唱腔设计。1965年随团调入中国京剧院三团，任乐队队长。1981年入中国戏曲学院，任音乐系副主任，曾参与《智取威虎山》、《朝阳沟》、《惠嫂》、《战斗的南方》等现代戏的音乐设计。20世纪80年代以来，为中国京剧院的《红灯照》、《侠女十三妹》、《八仙过海》、《金锁恩仇》、《沉海记》，北京京剧院的《正气歌》，战友京剧团的《白衣渡江》，中国戏曲学院实验剧团的《李慧娘》进行了音乐设计。他的演奏特点是突出一个“伴”字，伴腔伴情，将人物未竟之情通过胡琴的伴奏再度得以延伸和升华。在伴奏中讲求“观其形、听其音、伴其情”。在烘托演唱技术技巧上力求符合剧情剧理，不尚花哨，使唱和伴二者水乳交融，相得益彰。在唱腔的设计上，除了对传统声腔进行选择、利用和改革外，还十分注意吸收民间音乐和地方戏曲的曲调、板式，进行大胆的探索与创造，从而使新腔既不失京剧的风格、神韵，同时也给人以清新舒朗的美感。他在演奏、创作和教学的同时还不断进行乐器的改革和研究工作，20世纪50年代为了解决京胡和京二胡音色尖、干的问题，与北京乐器厂合作研制了京胡和京二胡专用的钢丝弦，使弦音色透亮且耐用，很快在全国的京剧院团推广开来。从1970年起为了解决蛇皮性能不够稳定的缺陷，开始研制新型蒙皮材料，并为此研制了金属框架的小型专用工具，获得成功。1978年获全国科学大会和文化部的奖励。 （王佩宇）

Huang Jun

黄钧 （1932～ ） 作曲家。又名许生、顾言。北平（今北京）人。自幼热爱艺术，特别是音乐、戏曲。1948年参加革命，后就学于中原大学，又入该校文艺训练班接受培训，结业后即在中原大学文工团工作。1949年随军南下，1950年转入中南文艺学院音乐工作队，1952年转入中南人民艺术剧院任演奏员兼指挥、作曲。1955年调武汉楚剧团任作曲、指挥。1956年入上海音乐学院主修作曲，兼学指挥，毕业后留校教学并从事理论研究。1965年调上海京剧院任作曲兼指挥。1975～1979年调上海越剧院、上海歌剧院任作曲。1979年调上海艺术研究所。

黄钧早期主要从事音乐演出，1954年以后，专门从事作曲和理论研究。在此期间，曾与他人合作为戏曲电影《葛麻》（楚剧）编曲、指挥（1956）；为京剧现代戏《送肥记》（1964）、《海港的早晨》（1964）、《智取威虎山》（1965）作曲；为京剧新编古装戏《雪夜访贤》作曲（1985）；为戏曲电影《陈妙常与潘必正》（昆曲1986）、《潘金莲》（1987），京剧《三家村》（1989）、《霜重枫叶红》（1991）等编曲或作曲。1985年起，主持《中国戏曲音乐集成·上海卷》编撰工作，1988年获中华人民共和国文化部、国家民族事务委员会、全国艺术科学规划领导小组联合颁发的嘉奖荣誉证书。后致力于计算机音乐领域科技成果的借鉴与推广，并参与发起成立上海计算机音乐协会（1996年10月5日），任会长。2001年12月，与徐希博合作主编的《京剧文化词典》由汉语大词典出版社出版。 （庄永平）

Huang Kebao

黄克保 （1921～2000） 戏曲理论家。江苏宜兴人。1935年毕

业于江苏宜兴县立女中，当过教师、工人和职员，业余爱好京剧，曾参与《孔雀东南飞》、《三娘教子》、《宇宙锋》、《龙凤呈祥》、《锁麟囊》与《九件衣》等剧在常州、无锡等地的演出。1951年到中国戏曲研究院从事戏曲表演和导演研究。曾任中国艺术研究院研究员、中国戏曲表演学会副会长、中国戏剧家协会第四届艺术委员会委员，并任《中国大百科全书·戏曲曲艺》卷戏曲表导演分支副主编，参与编写了《中国戏曲通论》戏曲表演一章，是《中国戏曲志》湖南、广东、福建、江苏卷的特约审稿员。为北京市河北梆子剧团导演《蝴蝶杯》，获1954年北京市第一届戏曲观摩演出大会颁发的导演奖。又参加马彦祥导演、叶盛兰与杜近芳主演的京剧《柳荫记》创腔组，写成《王瑶卿先生怎样设计京剧〈柳荫记〉的唱腔》一文，发表后由上海文化出版社易名《王瑶卿与京剧〈柳荫记〉》出版单行本，在戏曲界产生较大影响。还应邀至中国戏曲学院、北京大学、南开大学等院校讲学。1980年起任硕士研究生导师。发表论文和评论多篇，中国戏剧出版社1992年出版的《戏曲表演研究》是其主要论文的结集，收论文10篇、评论2篇。该集以京剧表演为主要剖析对象，以舞台上最基本的表现手段——程式为切入点，从艺术形态、时空处理、程式技术、脚色行当、形象创造和舞台体验等方面，系统地论述了戏曲表演的审美特征及其规律。主要观点为：①戏曲表演是程式化、戏剧化的歌舞表演，是歌舞结合，唱白相间，造型鲜明，唱念做打多样化的统一。这种表演艺术经历了漫长的歌舞化、戏剧化和节奏化的改造过程而趋于成熟。程式就是在这个过程中形成和发展起来的艺术和技术规范形式，是演员体验生活、创造人物的结果，又可作为人物再创造的出发点。②生、旦、净、丑脚色行当体制是戏曲表演程式性在人物塑造上的反映，也是歌舞表演性格化的体现。它概括了不同类型人物的自然属性、社会属性、美学评价和技术专长等内容，具有鲜明的表现力和独特的形式美，因而成为演员联系生活与艺术创造的中介和桥梁。③以形传神、形神兼备是演员塑造形象的美学要求。这一要求体现在造型、表情、寓意、求美等方面。④戏曲舞台情感是演员在生活情感基础上经过再创造的、纳入了程式规范的艺术情感，情感节奏应与音乐节奏、舞蹈节奏相结合。这一特点形成了戏曲舞台体验方式的多元化，即体验的、表现的和纯技术表演互为消长，不断转化。演员与角色的转换就沉浮在这种体验与表现的矛盾统一的境界中。⑤超脱的舞台时空观与写景、写情、写人浑然一体的虚拟表现手法相结合，构成了一种既流动灵活又相对固定，既连续不断又相对间隔的分场结构体制，显示出戏曲舞台时空处理的独特性。此外，两篇关于京剧《红灯记》和《八一风暴》的评论，对京剧现代戏的艺术构思和人物创造及传统的继承与革新进行了探讨。

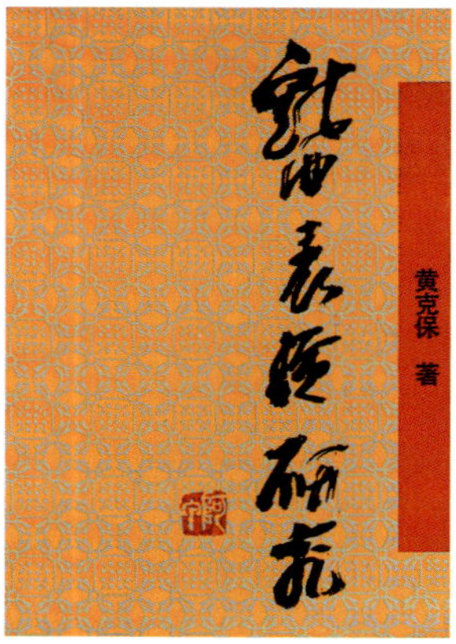

（贾志刚）

Huang Runfu

黄润甫　（1845～1916）　演员。工净。北京人。满族。因行三，故人称黄三。幼读诗文，懂音律，喜读古书。曾于清内务府当差，酷爱京剧，清同治年间，初为京城赏心乐事票房票友。曾拜以演《阳平关》曹操等著称的四喜班（一说春台班）朱大麻子（朱志学）为师学艺，后入南府胜春奎科班学艺。满师后曾演于内廷，得程长庚赏识，遂入三庆班边演边学。他学艺刻苦，博采众长，兼学徐宝成、钱宝峰、庆春圃之艺。尤喜私淑钱宝峰所演的张飞、牛皋、焦赞、李逵及庆春圃所塑造的黄三太、李七、窦尔墩、鲍自安等人物，故以后同仁常呼黄为“钱庆黄”。

《穆柯寨》饰焦赞（左）　德珺如饰杨宗保（中）　金秀山饰孟良

黄润甫唱念清脆，带有苍劲的沙音，口齿清晰，吐字铿锵有力，且擅用炸音而自成一家。他戏路宽，能演戏多，擅演《捉放曹》、《战宛城》、《徐母骂曹》、《长坂坡》、《群英会》、《横槊赋诗》、《华容道》、《逍遥津》、《阳平关》等戏之曹操，《黄鹤楼》、《芦花荡》之张飞，《牛皋下书》、《岳家庄》、《镇源州》之牛皋，《取洛阳》之马武，《失街亭、斩马谡》之马谡，《穆柯寨》、《辕门斩子》、《雁门关》、《洪羊洞》之焦赞，《丁甲山》、《清风寨》之李逵，《雄州关》、《八大锤》之兀术，《法门寺》之刘瑾，《黄金台》之伊立，《除三害》之周处，《下河东》之欧阳方，《贾家楼》之程咬金，《赵家楼》之王通，《取金陵》之赤福寿，《审七长亭》之李七，《金猛关》之焦玉，《英雄会》、《九龙杯》之黄三太，《连环套》之窦尔墩，《儿女英雄传》之邓九公，《骆马湖》之李佩，《霸王庄》之黄隆基，《殷家堡》之殷洪，《洗浮山》之于六，《恶虎村》之濮天雕，《五人义》之颜佩韦，《铜网阵》之卢方，《琼林宴》之煞神，《恶虎庄》之姚刚，《定军山》之夏侯渊等。无论主次角色，凡架子花脸应工，演来均精彩之至。因其有一定文化修养，对所演人物均要弄清身份与性格，反复琢磨，精心塑造，务使人物各异，诸戏有别，演来神态逼真，绝无千人一面之弊。他自己曾说：“凡吾所状之人，必度其品类，察其性情，考其身世，以传其似。”（穆辰公《伶史》第19页）

黄润甫不仅注重工架造型，更讲究念白之情感，尤其《八大锤》、《法门寺》，可称黄的京白代表作。他与徐小香合演《八大锤》，黄饰金兀术，徐演陆文龙，演至文龙归宋后，二人对话数语娓娓动听，不仅念得凄惨欲绝，而且跳着脚号啕大哭，观众无不为之泪下。他曾

黄润甫弟子董俊峰饰姚期

与钱宝峰分饰《混元盒》之白石怪和青石精，与程长庚、卢胜奎、徐小香合演《群英会》，甚得程大老板的赏识。程故后，常与杨月楼合作，颇享盛名。据传一次进宫演《战宛城》，把曹操刻画得淋漓尽致，慈禧看得兴起赞道："真乃活曹操也！"自此以"活曹操"享誉剧坛。

黄润甫虽然个子较矮，天赋欠佳，但他所展现的人物造型，都显得高大。这是他根据自己的不足，精心创造了缩腹、缩臀和长腰、长神、长气的"两缩三长"的诀窍，从而使人物威武有神。其所勾脸谱亦有独到之处，尤以"奸白脸"最佳。曾与谭鑫培、汪桂芬、何桂山、钱金福、陈德霖、张淇林、金秀山、杨小楼等合作演出。他与谭鑫培、郭宝臣、侯俊山、金秀山、俞菊笙、王瑶卿、杨小楼被誉为"梨园八杰"。

黄润甫晚年虽嗓音失润，但念白仍铿锵有力，工架神态颇有气魄。一次演出《取洛阳》，深深打动尚在富连成社的侯喜瑞，欲拜黄为师，得萧长华鼎力之助，六次到嵩祝寺黄府拜望，黄终为侯之心诚所感，首开山门收侯为弟子。黄不仅把艺术倾囊传授给弟子，而且还把自己的杰作《连环套》秘本总讲赠侯。另一弟子董俊峰，亦负盛名，并有剧照传世。另有李连仲、麻穆子、郝寿臣等亦得其教益。其孙盛仲，富连成社坐科，亦工净行，惜英年早逝。

（刘松崑）

Huang Sanxiong

黄三雄　（1813～1889？）　演员。工丑。原名扎拉熊布，字德山，号叔敏。行三，小名熊儿，故其名一作黄三熊。别名黄雄秀。蒙古旗籍。原为世袭云骑尉（按：云骑尉为勋官名。清代将勋、爵号合而为一，凡九等，以封功臣及外戚。此为第八等，正五品）。清道光初年，投入恩庆高腔科班，初学老生，后改丑行。满科后曾搭庆升平、崇庆、安庆、阜和等高腔班演唱。同时的著名高腔伶工有孝三丁、纳莫欢、沙二巴、玉子、惠二、纪大福等。后来，他改唱乱弹，先后搭过的戏班有三庆、重庆、广和成、嵩祝成、双奎、四喜、春台、春和等。他是高腔、昆腔、皮簧皆能，所唱高腔尤为脍炙人口，深得当时一班旗籍人士的赞赏。

黄三雄戏装肖像
（沈容圃绘）

他最擅长与花旦配戏，所演以玩笑戏居多。道光至光绪中叶，京班中的著名花旦，几乎他都与之合演过，如王长桂、方松龄、田桂凤等。与王长桂合演的《送盒子》（饰山东儿），铢两悉称，冠绝一时。另如《入侯府》（亦名《背娃入府》，饰李瓶儿）、《一两漆》（亦名《龙凤配》，饰苟阴阳）、《也是斋》（亦名《杀皮》，饰皮匠杨虎）、《顶砖》（亦名《赶考》，饰商天保）、《下河南》（亦名《罗锅抢亲》，饰胡伦）、《打杠子》（亦名《闹松林》，饰刘二混）、《小过年》（饰王小二）、《打砂锅》（饰吴伦）、《一匹布》（饰驴夫官）、《打面缸》（饰大老爷）、《双摇会》（饰邻居）、《恶虎庄》（亦名《黄一刀》，饰愣儿）等，都是他常演的拿手戏。另有一出由丑脚合演的说白戏《盗韩》，以高腔锣鼓伴奏，演一毛贼、一道人合伙去偷盗韩信府中的一颗夜明珠。行窃中，一人钻入墙洞，一人在外寻风，极尽插科打诨之趣。黄三雄扮演道人，和常春相所饰的毛贼，配合默契，笑料百出，是一出很有特色的丑戏。自黄谢世后，此剧已成绝响。他与谭鑫培合演《借扇》，谭饰孙悟空，他扮猪八戒，另有杨朵仙的铁扇公主、陆小芬的唐僧、李寿山的牛魔王、彭福凌的沙僧，配搭齐整，工力悉敌，成为一出珠联璧合的佳剧。他是京剧舞台上最早塑造猪八戒形象的演员之一。他还能扮演《四郎探母》中的萧太后，以清水脸戴草王盔，代表早期的扮相，有别于后来所流行的路数。

他的嗓音清亮娇脆，据亲聆过他演唱的前辈说：黄的嗓音有老人音儿、童子味儿。能操纯正的京白，出语诙谐，趣而不俗。他面形丰腴，宽而且短，上锐下丰，扮相滑稽可笑，天生一副喜剧人物的相貌，一出场即令人发噱。一些戏中的唱，他仍沿用高腔，如在《一两漆》中的唱法直传至今。他的表演具有高腔丑脚粗犷、质朴的特色，说明京剧初期的丑脚，是糅合、融会了高腔丑脚唱念做打技艺的。黄三雄作为这一表演风格的代表人物，与苏丑杨鸣玉、京丑刘赶三鼎足而立，他们共同奠定了京剧丑脚表演艺术的基础，为此后的发展开创了道路。他们是京剧丑脚艺术合昆、京、高为一的第一代演员，正如老生行当中之有程（长庚）、余（三胜）、张（二奎）代表徽、汉、京三支源流一样。黄三雄享年甚高，光绪十四年（1888）六月春和班报庙名单中还有黄雄秀（即三雄），其时虚龄76岁。据记载："他寿很长，大约嘉庆十八年生，光绪十几年才去世。"（《齐如山全集》）详年待考。他所擅长的戏中，不少至今仍有流传，惜无亲传弟子承继衣钵。清末民初间丑脚陆金桂虽为宋万泰弟子，却有"小黄三雄"之称，可见受其影响颇深。

（钮骠）

Huang Chang Lunju Zawen

《黄裳论剧杂文》　戏曲文集。黄裳著。四川人民出版社1984年6月出版。黄裳（1919～　　），山东益都（今青州）人。原名容鼎昌。交通大学工程系肄业。1940年起从事新闻工作，1945年入《文汇报》社。1946年冬任《文汇报》副刊《浮世绘》主编之一，自此开始了剧评生涯。中华人民共和国成立后仍任职于《文汇报》。梅兰芳《舞台生活四十年》是在黄裳提议下开始撰写的，曾在《文汇报》连载。《黄裳论剧杂文》收录作者30余年的所有论剧的文章，包括1948年出版的《旧戏新谈》，1952年出版的《谈〈水浒〉戏及其他》，1953年出版的《〈西厢记〉和〈白蛇传〉》。作者用杂文形式谈戏，甚为别致。作者的文章论及了京剧的许多代表剧目及著名演员。吴晗、唐弢等在《旧戏新谈》序跋中评价这些杂文说，它"常举史事，不离现实，笔锋带着情感，虽落墨不多，而鞭策奇重。看文章也就等于看戏，等于看世态，看人情，看我们眼前所处的世界"。1946年冬，作者开始在《文汇报》副刊《浮世绘》上以"旧史"笔名撰写《旧戏新谈》的论戏杂文时，吸引了很多读者，有人"每次拿到《文汇报》，总是先读'旧史'的文章"，"虽然对旧戏一无所知，却对'新谈'抱极大的兴趣"。作者也曾因在专栏中发表如《一捧雪》一文中"我最讨厌莫成"等尖锐的观点而遭到攻击，收到过许多抗议信。1949～1950年作者发表了一系列关于水浒戏的杂文，针对戏曲演出中反历史主义倾向表达自己的不同意见，便形成了1952年出版的《谈〈水浒〉戏及其他》。其中有几篇文章在1955年被认为是"唯成分论"的标本而遭批判，致使作者搁笔多年。作者写杂文谈

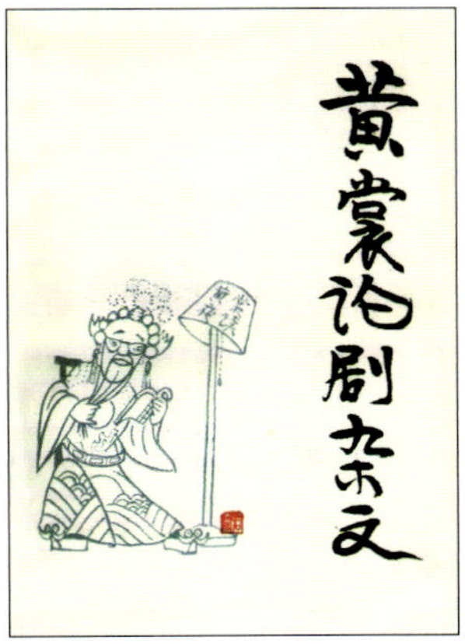

史论戏，往往渗入自己对社会的批判和认识加以发挥，直抒己见，言谈犀利。黄裳另有《远山堂明曲品剧品校录》问世，由上海出版公司1955年出版。1998年，上海书店出版社出版6卷本《黄裳文集》，其第2卷为《剧论卷》，收入《黄裳论剧杂文》。《剧论卷》中还收入了《读剧随笔》、《关于川剧》、《"人间说戏"及其他》，共近50万字。 （周巩平）

Huang Tianba Xi Si Zhong

《黄天霸戏四种》 京剧作品集。《传统戏曲剧目资料汇编》的第1集。中国戏剧出版社编辑部编辑。1981年11月出版。收入剧本4种：《连环套》、《恶虎村》、《殷家堡》、《骆马湖》。

编辑出版这部作品集的目的是为研究传统京剧剧目提供参考资料。所选为在思想内容上争议较多、在艺术上又有一定成就的剧目。其中有的剧目曾在舞台上广泛流行，后因长期辍演，行将湮没，为避免失传，特邀著名老艺人口述，并稍作文字整理，力求保持原貌。书后附有《关于黄天霸戏的讨论》，摘录了对所选剧目有关的争论文章要点。《黄天霸戏四种》是传统京剧剧目中武生、花脸、丑行的拿手戏，在表演艺术上各有独到之处。其中，《连环套》由李洪春、侯喜瑞口述，刘松岩记录；《恶虎村》由高盛麟、傅德威、王金璐、宋富亭、萧盛萱口述，陆建荣、龙文伟记录整理；《殷家堡》为萧长华的排演本，由钮隽、钮骠校订；《骆马湖》由王连平口述，陆建荣、张琪瑶、钮骠校订。 （李红石）

Huang Tianlin

黄天麟 （1924～ ） 琴师。上海人。自幼爱好胡琴。13岁随兄来到北平，18岁拜徐兰沅为师学习京胡。1943～1952年经常与言慧珠、童芷苓在上海、南京、天津及东北等地合作。与言慧珠合作演出的为梅（兰芳）派剧目《太真外传》、《西施》、《洛神》等，与童芷苓合作演出的为荀（慧生）派剧目《红娘》、《香罗带》等。1954年在北京市京剧四团为吴素秋操琴。1956年在中国京剧院为杜近芳、叶盛兰、李慧芳等操琴。1960年调梅兰芳剧团。1963年在北京实验京剧团，与张学津、李崇善、李玉芙等合作。黄天麟先后与许多著名京剧表演艺术家合作，积累了丰富的演出经验，戏路宽广，伴奏机动灵活，风格端正大方，这为他参加一系列新剧目的排演与音乐唱腔设计奠定了坚实的基础。他在言慧珠（《洪宣娇》、《春香传》、《梁山伯与祝英台》）、童芷苓（《陈妙常》）、吴素秋（《张羽煮海》）、李慧芳（《洪湖赤卫队》、《安源大罢工》、《程咬金招亲》、《回春记》、《芦花记》、《五侯宴》、《赠书记》）、王晓临（《丰收之后》）、李玉芙（《海棠峪》）、李崇善（《文天祥》）等排演的许多剧目中，参与了音乐唱腔的设计与创作。1979年、1982年曾先后随团到土耳其、希腊、突尼斯和日本等国家访问演出。黄天麟的学生有魏寅初等。 （张梓媛）

Huang Xiaoci

黄孝慈 （1943～ ） 女演员。工旦。北平（今北京）人。因其父黄伯棠曾给新艳秋等操琴，自幼耳濡目染，喜爱京剧。1957年初中毕业后始正式学戏。1958年考入中国戏曲学校青年演员进修班，得华慧麟、赵桐珊、李香匀等名师传授，艺乃大进。1960年分配到江苏省京剧院工作后，又得到过周昌泰、张世兰、新艳秋等指导。1989年拜杜近芳为师。其戏路基本上属于梅派、荀派，青衣、花旦都唱，偶亦反串小生。1964年全国京剧现代戏会演，在《耕耘初记》中饰梁志耘，初露锋芒。1988年文化部举办京剧新剧目会演，在《红菱艳》中，饰演邬菱妞，获优秀表演奖。该剧表演清新脱俗，尤其与微服私访的皇帝"对话"一场，运用踩脚、跪凳、托腮、晃脚丫等富有生活情趣的动作，把这个清纯、活泼、娇憨的江南采菱少女演活了。1989年，以《红菱艳》应邀赴京参加第二届中国艺术节之机，举办《三堂会审》、《拾玉镯》、《白门楼》表演专场，夺得第七届梅花奖。1999年，以饰演《骆驼祥子》中的虎妞，在第十六届梅花奖评选中荣获"二度梅"，

《骆驼祥子》饰虎妞（左） 陈霖苍饰祥子

并获第二届中国京剧艺术节优秀表演奖和第九届文华表演奖。虎妞这个角色对她更有挑战性，她在《撕碎自己演虎妞》一文中总结了成功塑造虎妞的经验，文载2002年第2期《上海戏剧》，获得当年揭晓的田汉戏剧论文二等奖。黄孝慈为江苏省劳动模范。 （艾牧）

Huang Yidao

《黄一刀》 京剧作品。又名《恶虎庄》、《姚刚发配》。作者不详。东汉故事。姚期之子姚刚与马清、杜明因殴杀奸臣，发配湖北，夜宿黄土冈客店。当地恶霸黄飞刚与胞弟飞龙、飞信横行乡里，借开肉铺欺压百姓，卖肉以一刀为准，有少无多，绰号黄一刀。姚刚誓除此霸，遂寻至肉铺，借买肉寻衅。黄一刀慑于姚刚之雄壮，命伙计极力承应，姚刚有意相激，终于动手厮打。飞龙、飞信到场相助，马清、杜明亦同时赶来，终将黄一刀合家杀死，黄土冈改名为恶虎庄。该剧以净脚饰姚刚为主。清道光二十五年（1845）的《都门纪略》亦载有《恶虎庄》剧名。黄润甫、何桂山、徐宝成、德珺如、金少山、郝寿臣等均工此剧。剧本载《京剧汇编》第9集（郝寿臣藏本，曾经苏连汉协助校正）。另有《戏考》、《郝寿臣演出剧本选集》

清宫《戏出画册·恶虎庄》（故宫博物院藏）

等刊本。 （井玉贵）

Huang Yuhua

黄玉华 （1926～ ） 女演员。工旦。山东人。自幼被卖与黄姓做养女。因她聪慧秀丽，养母便聘请程玉菁、朱玉康、韩世昌等名家教她练功，为之说戏，她还常向王瑶卿和尚小云请教，又拜了尚小云为师，艺事长进极快，青年时即享誉菊坛。20世纪40年代初，曾应邀拍摄戏曲影片《盘丝洞》、《红线盗盒》等。由她首演的新戏有《鸳鸯扇》、《茶山女儿》、《韩赛娥》（李寿民编剧）、《玉壶冰》（翁偶虹编剧）等。1950年，与李少春、袁世海、叶盛章等组成新中国实验剧团，在北京演出。不久，即加入中国戏曲研究院京剧实验工作团，后转为中国京剧院，与叶盛章合作演出的《秋江》，名噪一时。她饰陈妙常刻画得既羞涩又大胆，既热烈又含蓄，面对艄翁的玩笑调侃，尤能机智应付，把一个大胆追求爱情的小道姑，演得鲜明生动，饶有情趣。曾在罗马尼亚举办的世界青年与学生和平友谊联欢节上演出，获金质奖章。1962年为发扬尚派艺术，调尚小云剧团任主要演员。1963年为充实教学力量，调北京市戏曲学校任教，先后向学生教授了《秋江》、《豆汁记》、《桃花村》、《红娘》、《祭江》、《白蛇传》等。学生有欧明慧、徐佩玲、邢双喜、赵琳、王晶等。

《玉壶冰》饰蒋秋云

（剑华）

Huang Yulin

黄玉麟 （1907～1968） 演员。工旦。原名黄琼，字瑞生，别号**欧碧馆主**，艺名**绿牡丹**。祖籍贵州安平（今平坝），生于江西南昌一官宦之家。9岁时拜“绿牡丹”戚艳冰为师习花旦，次年取艺名黄玉麟。他聪颖好学，深得其师器重。11岁首演于南通，声誉鹊起。后随师赴哈尔滨、长春、沈阳、营口、大连等地演出，因扮相俊美，嗓音甜润，风姿妩媚，唱做俱佳而享誉东北各地。其师病故后，便袭用其师艺名。先后于宁波、扬州、杭州、上海等地演出，红极一时。当年，荀慧生之白牡丹与黄玉麟之绿牡丹为“同负社会上之嘉名者”（一得轩主语）。黄玉麟与赵君玉、小杨月楼、刘筱衡被誉为**江南四大名旦**。

1923年，黄玉麟应新明戏院经理姚佩兰之邀，北上进北京演出。后经金仲仁、郭仲衡举荐拜王瑶卿为师深造。次年返沪，演于上海各大戏院。曾与李桂春、周信芳、盖叫天、赵如泉等同台演出，排演了《风尘三侠》、《七剑十三侠》、《龙女牧羊》等本戏。1925年夏，应日本东京帝国剧场之邀，率团东渡。在帝国剧场演唱一个月，然后赴宝冢、福冈、长崎、西京演出十多天，6月20日离开日本归国。赴日期间专门出版《绿牡丹号》杂志。返回上海后，又与李吉瑞、孙菊仙等同台演出。黄玉麟雅好与名流唱和，有《欧碧馆吟集》行世。其崇拜者组织绿社，出版《绿牡丹集》。

黄玉麟戏路宽广，功底扎实，嗓音清亮，唱《南天门》等青衣戏，能唱工半调。他饰《战宛城》邹氏，不但表情细腻，而且《刺婶》一场，走“屁股座子”、“硬鬼谷子背”干净利落，裙衫不乱。特擅《花田错》、《梅龙镇》、《红鸾喜》等花旦戏。他跷工娴熟，刻画少女形象，憨态可掬，娇而不佻。一度辍演时，编写新戏，并与南铁生等切磋技艺，还曾演过电影。1930年后，重新组团赴昆明等地演出，后又至四川、湖北、湖南、东北及北京等地演出，虽与唐韵笙、李仲林、金少山、吴素秋等同台，但因染有吸食鸦片嗜好，其扮相与技艺均不如前。后来又与徐兰沅、白家麟、王少楼、李盛斌等组勤节社，于广德楼演出彩头戏招揽观众。抗日战争胜利后，曾弃艺从商。1948年返回上海，以授艺维持生计。

《梅龙镇》饰李凤姐

中华人民共和国成立后，黄玉麟重返舞台，曾与黄桂秋、陈大濩等合作演出。1952年组京艺京剧团，演于各地。1956年，应聘至上海戏曲学校任教。“文化大革命”期间受到摧残，1968年11月15日含冤去世。

（刘松崑 张泽纲）

Huang Yuanqing

黄元庆 （1922～1999） 演员。工武生。北京人。回族。8岁时入富连成社科班学习武生，受教于王连平、尚和玉。出科后在北平、天津、武汉、济南、南京等地流动演出。中华人民共和国成立后加入北京京剧团，随马连良、谭富英、裘盛戎、张君秋等同台演出。1953年与梅兰芳、程砚秋、马连良、周信芳、李玉茹等组团赴朝鲜慰问演出。1956年，他随北京京剧团赴香港演出，受到观众热烈欢迎。1957年随中国艺术团赴苏联，参加第六届世界青年与学生和平友谊联欢节演出，荣获金质奖章。几十年来，黄元庆刻苦钻研，精益求精，博采众长，形成了气质高雅的武生表演艺术。他

《铁笼山》饰姜维

所主演的《挑华车》、《白水滩》、《狮子楼》、《武松打店》、《连环套》、《恶虎村》等长靠、短打戏极见功力。他与张君秋曾合作首演《状元媒》，饰杨延昭。1979年加入哈尔滨京剧院。在演出之余，认真教戏，为培养青年演员作出了贡献。他的弟子有查良燮、李兴根、关胜利等，奚中路亦得其教益。（娄悦）

Huang Yueshan

黄月山 （1850～1900） 演员。工武生。绰号黄胖儿。天津人。与俞菊笙、李春来为早期的武生流派。幼随明娃娃（刘玉川）学梆子老生，并得武生任七的亲传。清同治末年曾在上海搭班演出，长靠、短打戏俱佳。长靠戏卓然有大将风度，短打戏则身手矫健，亮相稳定，无丝毫犷悍之气。当时以《伐子都》一剧最负盛名。他饰演公孙子都，在金殿庆功宴上见到颍考叔冤魂时，由座椅越桌扑地，干净利落；饮酒时容颜顿变，满面灰黑，很见绝技功夫。清光绪六年（1880）返回北京，初搭嵩祝班。光绪十三年（1887）与京剧名净李连仲、武旦李燕云同搭瑞胜和班，为梆子、皮簧“两下锅”。光绪二十一年（1895）又改搭田际云创办的玉成班，被倚为台柱。他不但武工精湛，而且嗓音洪亮，字音清朗。当时正值俞菊笙鼎盛之时，他利用自己嗓高音洪的特点，在表演艺术上别辟蹊径，在演唱上融会了老生的唱法，并掺以梆子音调，因此唱腔音节清越，苍凉悲壮，念白则酣畅激昂，特别擅唱［二簧摇板］与［反二簧］。他表演失意英雄最具特色，刻画人物性格深刻细腻。如《独木关》中的薛礼，屡建奇功却被张士贵冒领，满怀愤懑，抑郁成疾，黄月山在表演这一人物时，由老军扶持出场的挣扎晃身，淋漓酣畅的念白，以及叹月时的几句［二簧摇板］，将抱病英雄的悲凉处境做了生动渲染。又如《巴骆和》中的骆宏勋，在“投店”一场中，所唱的［二簧散板］凄凉宛转，动人肺腑。《独木关》与《巴骆和》两剧唱段，均曾在天津街头巷尾广泛传唱。他在《翠屏山》中饰演石秀，在被潘巧云栽赃诬陷和当面侮辱所激怒，抗声争辩的一段演唱，也是有代表性的唱段。黄月山扮饰老年英雄人物更属一绝，俗称武生中的“老头儿戏”。他在不同戏里创造了各种不同式样的表演特技。像《百凉楼》中吴祯的扑火，《剑峰山》中邱成的诈疯，俱见功力。尤其他在某些戏里独创的耍髯口功夫，更令人惊叹。像《绝燕岭》中的定燕平，扎硬靠，戴翎子，挂白满，着厚底靴，手执双枪交战。黄月山能在耍枪、耍翎子、耍靠旗的同时耍髯口，以示人物的愤怒与绝望，艺术效果极为强烈。黄月山常演剧目有《骆马湖》、《恶虎村》、《请宋灵》、《虮蜡庙》、《四杰村》、《画春园》、《三岔口》、《花蝴蝶》等。除武生、武老生本工戏外，还能兼演小生戏，如《黄鹤楼》、《群英会》、《岳家庄》，以及老生戏《四郎探母》、《捉放曹》、《二进宫》等。

《黄月山之〈伐子都〉》（选自清末上海《图画日报》）

他既是一位杰出的表演艺术家，还是位剧作家，所编剧本近20个，计有《反五关》、《二桃杀三士》、《东岭关》(又名《倒铜旗》)、《绝龙岭》、《凤凰山、独木关》、《黑狼山》、《铜网阵》、《大名府》、《精忠传》(包括《枪挑小梁王》)、《潞安州》、《请宋灵》、《百凉楼》、《剑峰山》、《莲花湖》、《贺兰山》、《洗浮山》、《侠义英雄图》、《拿万君兆》、《难中福》等。这些剧本大多写富有反抗精神的英雄豪侠人物。如《反五关》中反抗暴君纣王的黄飞虎，《潞安州》中为国捐躯的陆登，《百凉楼》中护朱元璋赴宴的吴祯，《黑狼山》中勇夺黑狼山寨、救出金牡丹的艾虎等。这些剧本虽然文采平平，但因他精通剧艺，唱、念、做、打安排妥当，都能取得良好的演出效果。由于黄派戏须唱、念、做、打无一不精始能胜任，因而学之者少，后继乏人。弟子中以李吉瑞、马德成为佼佼者，夏月润、瑞德宝、李桂春（小达子）、杨瑞亭也多有可取之处。尽管学黄派戏的人不多，但黄派艺术对京剧武生表演艺术的发展影响深远。像杨小楼以及孙毓堃、高盛麟、王金璐、宋遇春、富连成社出科的沈富贵，均从黄派艺术中吸收丰富的营养。特别是周信芳，他所演挂白髯的武老生戏，如《溪皇庄》、《虮蜡庙》、《剑峰山》等，其身段动作及髯口功的表演，极具黄派艺术的神韵，颇为观众赞赏。（王永运）

huangzi

幌子 戏曲演出习俗。沿用于早期京剧，相当于演出之广告、海报。宋元时称纸榜、招子、花招儿、报条，以彩色纸张或纸条书写戏目，以广宣传。清代亦然。佚名《都门竹枝词》云：“某日某园演某班，红黄条子贴通阛。”又有摆砌末、摆门等形式。张子秋《都门竹枝词》有“茶园切末摆来精”句，原注：“茶园于未演剧时，必先有陈设铺排戏园。”即在演出前将当日戏目的主要道具摆放在戏园门前或前厅，熟悉剧情的观众一看便知要演什么戏。如：摆出椅子，架一支大枪，即演《挑华车》；摆出护手双钩，即演《连环套》；摆出西瓜之形、油担挑子，即演《打瓜园》；摆出龙形、虎形以及蛇、蜈蚣、蝎子、蝎虎子（蜥蜴）、蛤蟆五毒之形，即演《五花洞》；摆出肉形、肉杠、肉刀，即演《黄一刀》；摆出镖形、酒坛、护手狼牙槊、护手狼牙刀，即演《恶虎村》等。这一习俗，进入20世纪后被废。（戴申　刘胥洲）

huiban

徽班 戏曲表演团体。有3种说法：一说为安徽班，一说为徽商经营的戏班，一说为唱徽调之戏班。3种说法各有所据。清代始合安庆、徽州两府设立安徽省。徽州商帮，从事盐、米、木材、茶等贸易，资力雄厚，善经营，且善结交官府，遍布南北，故有“无徽不成市”之说。不少徽帮商人出钱自组戏班，作为承应官府、商贸往来、自娱自乐之用。徽商所组戏班，有昆班、乱弹班，亦有昆乱合班，因其都由徽商所建，故均被称为徽班。这种戏班，大都人才济济，剧目丰富，装备优裕，深受人们的羡慕和赞扬。其中，只有乱弹班及昆乱合班里演唱徽调，徽商组织的昆班不唱徽调，故徽班之称，似不应等同于徽调戏班。徽调艺人多来自安庆府怀宁之石牌镇，故又有“无石不成班”之说。徽调艺人大多搭入徽班，除唱徽调外，也可兼及其他腔调，所以亦不能把徽班仅仅理解为是唱徽调的戏班。另外，徽商出资组班，不一定就在安徽境界，有的就在扬州等地，所以，不能说进京的徽班都来自安徽。从史料看，清乾隆以来进入北京的徽班（徽部），大多系以唱乱弹诸调为主，兼唱昆腔的戏班，艺人大多昆乱不挡。此外，徽班在京唱红之后，京中凡属大型的皮簧戏班大多自称徽班，以表示自己的戏班为阵容坚强、实力雄厚的大班或名班，相沿成习，徽班之称，也就含有泛指名班的意思。（余从）

huiban jin jing

徽班进京 京剧史用语。徽班进入北京，始自三庆班。清乾隆末年，京师禁秦腔，蜀籍秦腔名伶魏长生被迫一度搭入昆弋班，又于乾隆五十三年（1788）辗转到扬州、苏州演出，后回四川。据李斗《扬州画舫录》记载：“迨长生还四川，高朗亭入京师，以安庆花部合京、秦两腔，名其班曰三庆。”乾隆六十年（1795）刊刻之《消寒新咏》也记述乾隆末年三庆徽部在京的演出活动，并说与之齐名的还有四庆徽部、五庆徽部等。又有《批本随园诗话》记述乾隆五十五年（1790）举行大寿，浙江盐务承办皇会，伍拉纳命带三庆徽班入京祝釐。据此，戏曲史著均认为徽班进京始于1790年，第一个到北京的徽班是三庆班，被誉为京中“徽班鼻祖”。三庆班入京为徽班立足北京打开局面，随后相继进京或在京组班者，有四喜、春台、和春等。（余从）

Huiban Jin Jing Erbai Nian Ji

《徽班进京二百年祭》 京剧文集。颜长珂、黄克主编。文化艺术出版社1991年1月出版。收入论文12篇：《漫谈四大徽班》（邵曾祺）、《从徽班向京二簧嬗变中的若干问题》（陶雄）、《我所知道的徽剧》（吴白匋）、《从“徽班”看“徽戏”》（陆小秋）、《徽班与徽商》（汪效倚）、《晚清徽班在上海的演出活动》（侯硕平）、《五十年代徽戏调查》（刘静沅）、《论清代戏曲的两个主要腔调——徽调与皮黄》（王芷章）、《二簧考原》（马彦祥）、《“京师尚楚调”析——京剧史上的一个问题》（颜长珂）、《汉剧西皮探源纪行》（王俊、方光诚）、《京戏一知谈》（欧阳予倩）。文章大都由徽调、皮簧等声腔的演变入手，深入考察京剧形成的历史过程，试图勾勒出以京剧为代表的皮簧腔系剧种的来龙去脉。对于徽班、徽调、徽戏、楚腔、汉调、西皮、二簧、皮簧等一系列称谓，多做了重新厘定。关于二簧起源“安徽说”、“湖北说”抑或“江西说”的辨析，关于汉调西皮溯源的争议，论者已打破囿于一省一地的局限，将皮簧声腔的源头置于文化史、经济史、声腔发展史的相互联系中，进行综合研究，有较高的学术价值。另附万素所辑《徽班、徽调史料摘录》。该书出版，正值纪念徽班进京200周年、振兴京剧观摩研讨大会在北京隆重举行之际，受到学术界的关注。（万素）

huidiao

徽调 腔调名称。徽班进京时所唱之徽调，戏曲史界大致有两种看法。一种认为鄂东与皖西相邻，习俗相近，久有交往，所以两地戏曲艺人及其演唱的声腔也早有交流、借鉴和相互吸收，所以徽班进京时演唱的声腔中，已经包括二簧、西皮两腔。所谓“徽汉合流”是早在南方就已经实现了的事。一种认为三庆徽班入京时，所唱系“安庆花部合京、秦两腔”（《扬州画舫录》）。安庆花部，即是徽调，它包括吹腔（亦名石牌腔、安庆调）、拨子和二簧调。从早期京中徽班演出中有记载的剧目考查，二簧调实际上就是四平调（或称二簧平板、平板二簧、小二簧）。京中徽班之西皮、二簧，实由汉调而来，所谓“班曰徽班，调曰汉调”。两说均持之有据。（余从）

huidiao qingjiangyin

徽调清江引 京剧《扫松下书》一剧中的腔调名称。《扫松下书》不仅徽、汉二调中有这个剧目，而且高腔、昆曲中也有，但所用的腔调不同。在京剧《扫松下书》中所唱的腔调，据说是早期由海派名家王鸿寿在徽调平板二簧的基础上再度创作而成。其开头［导板］“黄叶飘飘”的曲调，来自昆曲《琵琶记·扫松》张广才唱的［步步娇］“只见黄叶飘飘把坟头覆”演化而来，被称之为［清江引］。其下句的唱腔便接上了徽调的平板二簧（或称四平调），故这个腔调就被人们统称为徽调清江引。又因为伴奏这个腔调的胡琴定弦是Do-Sol，是四平调反调的定弦，故这个腔调也有人称之为反四平调：

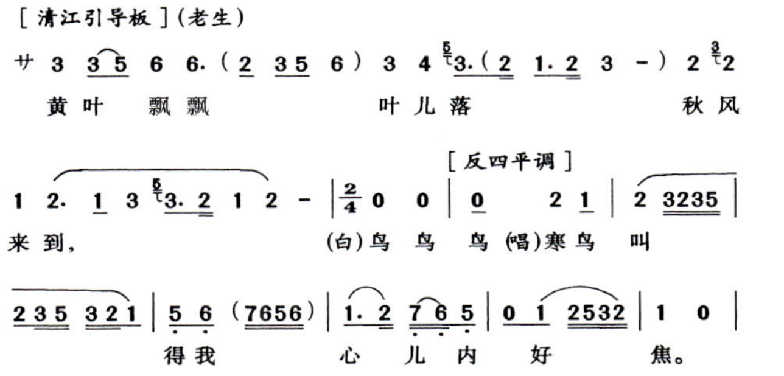

在剧中人张广才追述蔡家不幸的唱段中，又出现了一个反四平调［二六板］的板式，和西皮二六很近似，音调苍劲古朴：

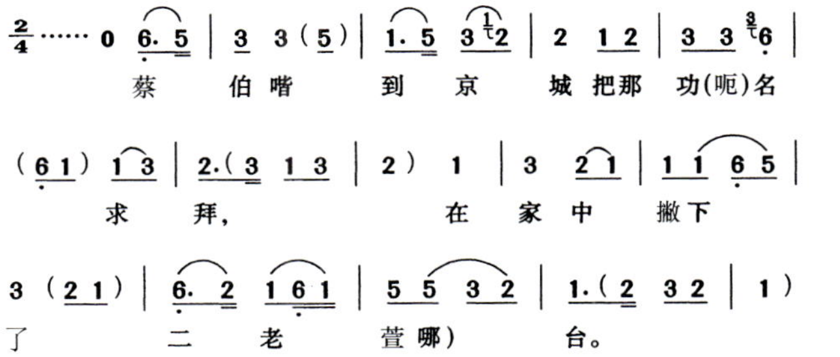

（刘吉典）

hui han heliu

徽汉合流 京剧史用语。清嘉庆至道光年间，汉调（楚调）艺人入京搭徽班演戏，先后有米应先（米喜子）、余三胜、王洪贵、李六、龙德云等，所唱为汉调（楚调）。米应先为春台班当家老生，继之者为余三胜、李六。王洪贵与李六同时享名，为和春班第一老生。龙德云工小生，与王洪贵同班。汉调（楚调）艺人搭入，其所唱为汉调皮簧戏。至于汉调（或楚调）在京中流传的记载则早于徽班进京，如作于乾隆四十八至五十年（1783～1785）的《燕兰小谱》“咏四喜官”条，就说他“本是梁溪队里人，爱歌楚调一番新”。在《金台残泪记》中记述到乾隆时京中艺人事，也称“当时蜀伶而外，秦、楚、滇、黔、晋、粤、燕、赵之色，萃于京师”。其所说之“楚色”，当指来自湖北或湖南的艺人，其所唱之腔当属楚调。又如安徽望江人檀萃，于乾隆四十九年（1784）督运滇铜赴京，曾写两首《杂吟》，咏北京剧坛事。其中一首云：“丝弦竞发杂敲梆，西曲二黄纷乱哤；酒馆旗亭都走遍，更无人肯听昆腔。”依据其原注所说诗中之“二黄”出于湖北（黄冈、黄安），属楚地之西曲，亦即京中流行的楚调二簧。不过，它的语音已有些杂乱。由此，不难看出，湖北的楚调（汉调）实际上比徽班带徽调来到北京的时间要早些。崇彝《道咸以来朝野杂记》一书也说，三庆来京，“徽人多彼时所谓新腔，因以前多汉调也”。但那时汉调仅为京中乱弹诸调之一种而已。而且，当时还没有关于西皮调的记载。直至1790年徽班进京，并站住脚跟之后，嘉庆、道光年间才有汉调（楚调）艺人来京搭入徽班演戏之举。把汉调（即西皮调、二簧调）带入徽班，造成徽汉融合、发展的新态势，使北京的徽班成为徽、汉艺人创造京调皮簧戏的基地。在嘉庆至道光年间北京出现的这种变迁，戏曲史家称为“徽汉合流”。

（余从）

huiyin

徽音　京剧音韵中具有皖西南方言特色的字调。安庆音的四声，阴平为低降调21，阳平为高升调35，上声为降升调213，去声为高降调52，它与湖广音的标志性区别是阴平低而阳平高。相传程长庚多阳平高唱，如他的学生汪桂芬《文昭关》“一轮明月”之“轮”字，即是明证。后来湖广音系统的杨宝森也采用了这种唱法。梅兰芳《坐宫》“听他言”之“听”字，为阴平低唱，也是运用徽音之典例。徽音的总体调值略低于京音和湖广音，有凝重感。有演员把唱腔低沉处的浊音处理，称为润腔方法上的徽音。

（翁思再）

Huixiantang

会贤堂　清末饭庄戏园。址在北京什刹海北岸，今西城区前海西街18号、19号。现已不存。原址为清礼部郎斌儒、工部郎福志的府第。光绪末，二宅合一，创为会贤堂饭庄（《道咸以来朝野杂记》）。或谓，清代中叶此处建有天香楼酒楼，后改名望苏楼，经营南味菜肴。光绪末，望苏楼倒闭后，有山东人集资买下原址，“扩大周围地域，建临水楼房多间，后有花园及戏楼，取王右军（王羲之）《兰亭序》‘群贤毕至，少长咸集’意，名‘会贤堂’”（《什刹海畔话沧桑》）。饭庄傍湖建楼，又以游廊连接各个院落。据1958年西城区房管局档案，整套建筑占地5亩5分1厘5毫，计6个庭院，楼房、平房120间，廊28间，罩棚1座。经调查，戏台设在主院的第二进院落内，坐南朝北，面向正房。故老谓台高约1.4米，台宽6米，进深6米。台口二柱，环台设矮栏。台额以木雕花装饰，顶部天花板饰方格图案。戏台及院落上方有木结构的铁皮瓦垄罩顶。该院落北房5间、东西厢房各3间，均为观剧处所，院内则相当于池座。清末、民国时期，会贤堂在京城属上乘饭庄，受到文人雅士、军界、政界青睐，驰名一时。张学良和国民党第二十九军军长宋哲元均曾在此为父母举办过祝寿堂会。京剧演员杨小楼、余叔岩、梅兰芳、马连良、程砚秋、谭富英等均曾在此演出。1942年歇业，随即为日本人佐原宪次购得。1947年6月21日，作为逆产，由辅仁大学购得大部分。1953年，辅仁大学并入北京师范大学，后又组建中国音乐学院，遂为中国音乐学院宿舍，另一部分改为北京卫戍区后勤部宿舍。

（周华斌　戴申）

Huitu Jingdiao Daguan

《绘图京调大观》　京剧作品集。许志豪编。上海世界书局印行，初版年月不详，中国艺术研究院戏曲研究所资料室藏有梅兰芳捐赠的1920年12月第17版（增补校正本）。全书共两集，辑存103

个剧本。每集有12幅戏图。每个剧本前都有剧情说明。剧本按生部、旦部、净部、丑部四大类编辑。大类中又分细类。生部细分为：“唱做并重戏”，如《珠帘寨》、《洪羊洞》；“唱工戏”，如《文昭关》、《逍遥津》；“做工戏”，如《跑城》、《九更天》；“红生唱之老爷戏”，如《古城会》、《单刀赴会》；“长靠武生戏”，如《冀州城》、《独木关》；“短靠武生戏”，如《恶虎村》、《狮子楼》；“小生戏”，如《辕门射戟》、《宝玉出家》。旦部细分为：“古装花旦戏”，如《黛玉焚稿》、《麻姑献寿》；“花旦戏”，如《红鸾喜》、《虹霓关》；“正旦戏”，如《玉堂春》、《探寒窑》；“秦腔花旦戏”，如《阴阳河》、《蝴蝶梦》；“老旦戏”，如《滑油山》、《望儿楼》。净部细分为：“大花面戏”，如《铡美案》、《大保国》；“二花面戏”，如《丁甲山》、《锁五龙》。丑部“小花面戏”如，《戏迷传》、《丑表功》等。还有“生旦合演戏”，如《武家坡》、《游龙戏凤》等。所辑剧目量大面广，除“古装花旦戏”中有诸如《童女斩蛇》等少量新编剧本外，其余多为传统老戏。

（葛士良）

Huitu Jingdu Sanqingban Jingdiao

《绘图京都三庆班京调》　京剧作品集。清末民初上海锦章图书局印行。石印袖珍本，宽7.2厘米，高11.7厘米。1函12册，每册为1集。初集：《四郎探母》；二集：《黄金台》、《桑园会》、《空城计》、《双官诰》；三集：《战北原》、《黑风帕》、《取城（成）都》、《彩楼配》；四集：《定军山》、《乌盆记》、《吊（钓）金龟》；五集：《渭水河》、《黄鹤楼》、《秦琼卖马》、《七星灯》；六集：《玉堂春》、《五雷阵》、《审刺客》、《鱼藏剑》；七集：《战樊城》、《三疑计》、《乌龙院》；八集：《六月雪》、《洪羊洞》、《桑园寄子》、《柴桑口》（《三气周瑜》）；九集：《三娘教子》、《芦花河》、《法门寺》；十集：《南天门》、《宝莲灯》、《铡美案》、《一捧雪》；十一集《牧羊卷》、《打龙袍》、《二进宫》、《文昭关》；十二集《濮阳城》、《长板（坂）救主》。共收剧本40个。每出戏前大多有图，《四郎探母》插图3幅，全套共有43图。所选剧目以生行戏为多，反映出以生脚为主的特点。其中，《四郎探母》题为“真正京都头等名角周春奎、常子和曲本”，《黄金台》题为“真正京都头等名角汪桂芬、黄三雄曲本”，《战北原》题为“真正京都头等名角周春奎曲本”，《定军山》题为“真正京都头等名角小连生曲本”，《玉堂春》题为“真正京都头等名角万盏灯曲本”，《三娘教子》题为“真正京都头等名角孙菊仙、马瑞仙曲本”，《南天门》题为“真正京都头等名角小叫天曲本”，这些当视为广告语，未足征信。另有上海文宜书局印行的同名刊本。中国艺术研究院、上海图书馆均有收藏。据《中国京剧史》（上卷）介绍，还有1906年铸记书局的石印本《绘图京都三庆班真正京调全集》，不著编者，线装10册，共收剧本43个。初集为“真正京都头等名角小连生曲本”，收《探母》、《回令》、《牧羊卷》、《出关》；二集为“真正头等内城府名角许处唱本”，收《桑园

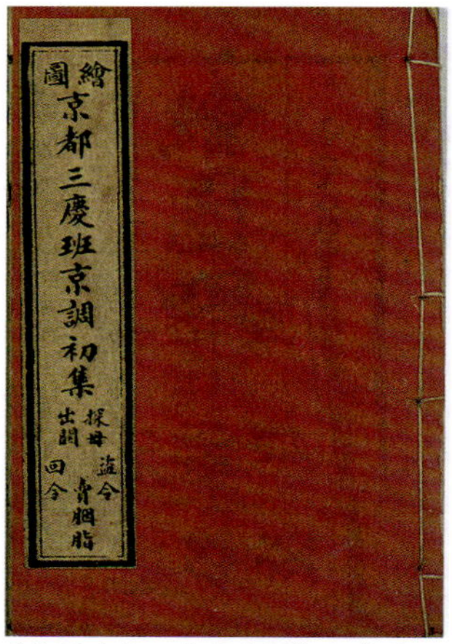

《绘图京都三庆班京调》初集封面

《空城计》

《桑园寄子》

《三娘教子》

《铡美案》

会》、《双官诰》、《荐诸葛》、《小上坟》、《打金枝》；三集为“真正头等内城府名角大奎官唱本”，收《黑风帕》、《取成都》、《前本取荥阳》、《五台山》、《后本取荥阳》；四集为“真正京都头等名角小穆生曲本”，收《乌盆记》、《钓金龟》、《定军山》、《大补缸》、《文昭关》；五集为“真正京都头等名角周春奎曲本”，收《五雷阵》、《一捧雪》、《玉堂春》、《阳平关》、《审刺客》；六集为“真正京都头等名角小叫天曲本”，收《渭水河》、《七星灯》、《黄鹤楼》、《秦琼卖马》、《告御状》；七集为“真正京都头等名角小连生曲本”，收《天水关》、《打龙袍》、《乌龙院》、《清官册》、《空城计》；八集收《洪羊洞》、《二进宫》、《桑园寄子》、《三气周瑜》；九集收《三娘教子》、《八郎探母》、《前本法门寺》、《芦花河》、《后本法门寺》；十集为“真正京都头等名角郭秀华曲本”，收《捉放曹》、《铡美案》、《南天门》、《清河桥》。当时，京剧演员的演出脚本一般是秘不示人的。这些演员也并不都是三庆班的名角，书贾自是借其声名以牟利，但将这些剧本编辑成集，无疑有利于京剧普及并具有史料价值。 （田志平）

Hui Xing Nüshi

《惠兴女士》 京剧作品。时装新戏。全剧35场。取材于杭州时事：清朝末年，张之洞发表《劝学篇》，下令各地开办新学和女学。寡居杭州的旗人惠兴女士，痛恨国势衰微、女界黑暗，强烈要求社会改良，创办贞文女学。开学之日，她向全体师生割臂为誓：“如此校中止，妾必以身殉之。”为筹办经费，她变卖衣箱、首饰，所得银两却被地痞流氓偷去。向衙门投诉并申报借款，反遭贪官污吏敲诈勒索。继之，书铺、钱庄纷纷登门讨债。为了成全学堂，她留下书信、禀帖，吞食鸦片而死。学子们持禀帖投诉于驻杭将军，惩办了贪官污吏及地痞流氓。众绅士看了惠兴女士的遗书，大受感动，纷纷解囊。剧中唱词和念白全是北京白话，谐音字、歇后语的运用，使语言更加通俗、生动，但结构松散拖拉，不够精练。剧本作于1906年。中国艺术研究院及北京市艺术研究所都收藏有手抄本。关于作者，说法不一。景孤血说：“光绪三十一年（1905），杭州贞文女校校长惠兴女士，因经费不足……吞食鸦片而死。不久有剧作家贾润田把这编成新戏（京剧）在报上发表。”（《由四大徽班时代开始到解放前的京剧编演新戏概况》，载《京剧谈往录》）吉水则说：“玉成部排《惠兴女士》、《孽海波澜》诸剧，虽杂用梆子，实皮簧为主，其脚本半出（彭）翼仲。”（《近百年来皮簧剧本作家》，载《剧学月刊》第3卷第10期）彭翼仲（1864～1921），名诒孙，字翼仲，号子嘉，江苏长洲（今苏州）人。清朝末年在北京先后创办《启蒙画报》、《京华日报》、《中华报》，提倡白话，致力于维新运动。1907年被判发新疆监禁10年，1912年才得回京。1913年恢复出版《京话日报》。贾润田生平不详，活动于清末民初北京报界，尚作有《孽海波澜》、《越南亡国惨》、《泾阳奇案》、《九命奇冤》等。1906年，梆子演员田际云自饰惠兴女士，于农历三月初五、初九、十二日，在北京前门外打磨厂福寿堂为惠兴女校筹款义演（后移至大栅栏广德楼）。班底为玉成班。另有名伶俞润仙、谭鑫培、汪桂芬、侯俊山、金秀山、罗寿山、余玉琴、郭宝臣、王楞仙、朱素云等67人，共襄善举（见景孤血《三十年前北京妇女医学会义务戏传单》，载《立言画刊》第16期）。其后，玉成班曾继续演出，演出前特请《京话日报》社长张展云、彭翼仲、王子贞“登台演说戏文”。共集银2 500余两，折合现洋3 600余元，全数汇寄该校。第二年3～4月间，惠兴女校派人专程赴京答谢，田际云又率玉成班在大栅栏广德楼连演4天。每当演至“服毒殉学”一场，观者莫不感涕。田氏演《惠兴女士》是用梆子、皮簧“两下锅”的形式演出的。1907年1月19日，上海丹桂茶园小子和、孙菊仙、小连生、夏月珊、夏月润等也演出了“新排杭州烈女自强新戏”《惠兴女士》。 （王卫民）

hunpa

魂帕 舞台上扮鬼或扮魂时的标志性装饰。清初孔尚任《桃花扇》第四十出《入道》，写道士张瑶星大建经坛，追荐亡灵，已殉难的史可法、左良玉、黄得功，登场时分别以黄纱、红纱、黑纱蒙面。这是魂帕运用的较早记载。清代嘉庆间刻本宫廷大戏《昭代箫韶》第二本第十五出中登场的死后勇士、将官，注明“戴魂帕”。道光间刻本《审音鉴古录》的《牡丹亭·冥判》，亦注明杜丽娘戴魂帕。民间戏班中魂帕只有黑色一种，大多以水纱替代。传统舞台上的有些鬼魂角色，魂帕可与鬼发并用，如《乌盆记》刘世昌、《红

《探阴山》 包拯戴魂帕（孟广禄饰）

梅阁》李慧娘等。而《探阴山》中的包拯，只可戴魂帕，不可挂鬼发，以表明这是在世者的游魂，非死者亡灵。《牡丹亭》中杜丽娘死后三年又复活，其死后形象舞台处理为戴魂帕，未见有挂鬼发者。现在新的舞台处理，杜丽娘的魂帕，改黑纱为白纱，增其美观。（龚和德）

Hunyuanhe

《混元盒》 京剧作品。又名《阐道除邪》、《五毒传》。连台本戏。鄱阳湖水神金花圣母与天师张捷有世仇，使青石精、白石怪破其避邪法宝。天师识破，烧死二妖。江西巡抚赵国盛未明真相，诬奏张天师左道害人，明嘉靖皇帝召天师入京质询。金花乘机遣群妖沿途困扰，加以谋害。天师用诸般法宝，得神将力助，杀红蟒，殛毒蝎，降伏白狐、蜘蛛、蛤蟆、壁虎、蜈蚣等精怪，终于金殿演法，将群妖收入混元盒，并劝皇帝阐道除邪。该剧源出清传奇《混元盒》及《五毒传》。清内府据以改编为宫廷戏《阐道除邪》，作"月令承应"。清道光末年《春台班戏目》中有《混元盒》(4本)。据传，同治时，俞菊笙在内廷承应，曾通过关节拿出《阐道除邪》总讲，翻成京剧。排演尚未及半，为内廷发觉，索回原本，乃以皮影戏中鄱阳湖会战"斗战圣佛"、《封神榜》中广成子进碧游宫情节补足全剧。全剧共8本，每本一两个妖魔害人，情节曲折，场面热闹。为武生、武旦、武净应工的大型闹妖戏。俞菊笙领衔的春台班演出，俞分饰蜈蚣精、广成子、斗战圣佛。为端午节的应节戏，连演8天。俞氏演出本以武戏场子为主。春台班向以专擅神话戏为号召，这时的演法属于昆、乱"风搅雪"，即有的唱皮簧，有的仍唱昆曲。黑狐精竟有整场唱《琴挑》，观众还颇为认可。余紫云执掌福寿班时，倚仗人才多阵容强也排出8本《混元盒》。因王瑶卿在班中，便增加旦脚戏，削弱花脸、武生戏。王将滦州皮影戏中有关蝎子精的故事植入皮簧作为第七本。写蝎子精吞食妓女苏巧云后肆毒于妓院，终被昴日星官（公鸡神）殛死。由于蝎子精形似琵琶，故单演时名为《琵琶缘》(又名《琵琶仙子》、《勾栏院》)，劝人戒嫖，这是第二阶段。1915年7月25日，梅兰芳首演此剧时更以旦脚为重心，其金花兼黑狐由陈德霖担任，齐如山还特为蝎子精增添两段唱工。1918年杨小楼经俞菊笙亲传初演该剧。1924年1月20日夜，尚小云亦贴演加工过的《刺红蟒》(即第三本)，尚饰红蟒精，马连良配演。

梅兰芳饰红蟒精

1927年4月，梨园公会举办义务戏，尚和玉、郝寿臣、梅兰芳、程砚秋、杨小楼、筱翠花、陈德霖、侯喜瑞、尚小云合演《金花聚妖》。1929年2月16日，徐碧云在上海演出文武兼备的《金针刺红蟒》。抗日战争时期，富连成社所排系由景孤血整理缩编的5本戏。该剧的演出，始终以追求新奇，注重特技为主要特征。春台班主要以脚色整齐，10个妖怪无一不精为标志。福寿班则更注重悬念迭出、曲折动人与主题警世相结合，如王瑶卿所饰琵琶仙子，从服装扮相到兵刃都经过他重新设计：额子、彩绸、褶子、斗篷、云帚均为绿色，开打用刀改为蝎子爪、红穗子，大刀也改成蝎子尾巴，用"满堂红"套子，别有气韵。名伶竞演时期也是各施所长，如杨小楼饰悟空，脸勾"一口钟"型儿，脑门上勾"佛"字，表明孙悟空此时身份已是"斗战圣佛"，表演时强调佛猴特有之猴气。作为大型应节戏，春台是为了与三庆班全本《三国志》争胜，平时也常露演。该剧砌末最具诱惑，据曹心泉《前清内廷演戏回忆录》记载，以往宫中演出必在热河行宫戏台、宁寿宫戏台、颐和园颐乐殿戏台，因这3台皆分3层，下有5口井，利于演出时往台上汲水。宫外演出时火彩别擅胜场。该剧有赵绮霞藏本，李丹林亦藏有《琵琶仙子》本。（王若皓）

清宫《戏出画册·五毒传》(故宫博物院藏)

houcai

火彩 舞台上各种传统烟火效果的统称。又作彩火。该技由汉代百戏"吞刀吐火"演化而来。唐、宋时已有火彩为神鬼舞蹈制造气氛。唐代周繇《梦舞钟馗赋》："烟云忽起，难留舞罢之姿"(《文苑英华》卷九五)，可知《舞钟馗》终了时要施放烟火，将舞者隐去。宋代孟元老《东京梦华录·驾登宝津楼诸军呈百戏》记《抱锣》、《硬鬼》、《七圣刀》等演出时，舞者或于"烟火大起"中出场，或"口吐狼牙、烟火"，或绕场数遭，"就地放烟火"。明代演出的目连戏，鬼神出没多有火彩，明万历刻本郑之珍《目连救母劝善戏文》可证，而目连戏在宋代已可连演七八天（《东京梦华录·中元节》)，则戏曲采用该种技艺或从宋时即已开始。明代弋阳诸腔中的火彩还用于某些历史故事戏，火彩功能由渲染鬼神扩展为刻画人物。明刊本《草庐记》第四十折注明"卒放火介"，乃用火彩表现火烧赤壁的战争场面。明刊本《古城记·受锦》一折，演曹操追关羽至灞陵桥，假意饯别，关羽疑其有诈，以酒滴刀，"刀上火起科"，由此判明酒中有毒。刀上出火彩，极富戏剧性，衬托出关羽不可侵犯的神威。清代的高腔、梆子系统剧种，都对火彩有所丰富，并将此技传入京剧。

火彩有两类：一类由扮者口吐，称喷火；一类由检场人施放，称撒火彩（一作洒火彩）。喷火又分两种：一种是将口衔火筒内的松香粉（或松香粉与其他易燃物细末的合成品）疾徐有致地喷到另一扮演者所持的火把上，引起腾腾烈焰，如扮演《红梅阁·放裴》之李慧娘；另一种是将口衔火筒内点燃的火纸灰细片，徐徐吹出，呈现火星闪烁，如扮演判官、钟馗等。撒火彩之法，以叠成折扇式火纸夹于手指间作为引火，再将手中握有松香粉和干锯末的混合物顺此撒出，其高低、浓淡、长短，依剧情与表演而定，通常有“神则烟云之高逸，鬼则随其矮足，着地放光，妖则半截”等区别（方问溪《梨园话·检场的》引检场师阎寿春语）。具体花式甚多，各有名称。如成一直立大圈者为“月亮门”；累累如贯珠，接连不断者为“连珠炮”；绕身如环，以示周遭火起者为“满堂红”；劈空飞掷，落地如虹者为“过桥”（或称“过梁”）；直上抛出，呈塔形火柱者为“托塔”；飞焰直坠台口托盘或瓦盆中，以引燃盘中纸钱或盆内烧酒者为“钓鱼”等。施放时错综变化，但以不过不遗为佳。过则易伤污衣物；遗为燃烧不充分，彩火微弱，但见许多黄色粉末遗落台毯上，内行讥为“洒杂合面”。掌握该种特技，为检场人的职务之一，非训练有素者不能得心应手。

火彩本质上为传统观念中神光、妖氛、鬼火以及各种火烧场景的象征性、写意性表现，且含有专门技巧，故为观众所欢迎。过去如谭鑫培演《问樵闹府》、杨小楼演《连营寨》等，都离不开该种技艺的配合、烘托，亦颇能增加演出的神秘或火炽气氛。随着舞台空间的扩大、照明程度的提高，无特殊效果的火彩已不甚引人注目；又因强调隐蔽检场和预防火灾，更使此种技艺的表现机会减少，有些高难度特技业已失传。（龚和德）

Huo Shao Hongliansi

《火烧红莲寺》 京剧作品。据平江不肖生（向凯然）小说《江湖奇侠传》改编。1929年10月8日上海大世界乾坤剧场演出，主要演员有盖天红、曹艳秋、汤桂芬等，只有一本。1932年天蟾舞台演出，又名《大破红莲寺》，主要演员有郭玉昆、王宝莲、王芸芳、高雪樵、粉菊花、陈鹤峰、林树森等，只演了两本。1935年11月9日共舞台推出第1集《火烧红莲寺》，李瑞来、赵松樵编导，主要演员有赵松樵、胡月珊、云艳霞、刘奎官、沈艳琴等。随后陆续编演至54集，演到1939年。相继参加演出的还有王椿柏、于素莲、国桐华、小小毛豹、小玲童、葛华卿、王福胜、刘全魁、周凤文、张韵楼、赵旭声、童月娟、王富英、郭少亭、白玉崑、杨菊蘋、毛韵珂、王少楼、小王桂卿、李雪枋、毛剑秋、小赵松樵等。该剧情节围绕伸张正义、维护清官的昆仑派和助纣为虐的崆峒派之间的争斗展开，环环相扣，悬念迭出，并以机关布景取胜，追求逼真，号称有真水、真火、真鹰、真熊、真驴，由福建著名布景师李荆设计。第1集有36堂布景，第2、第3集更多至40堂布景。第2集第一场即有大型灯彩水晶宫景，此景装置便需一小时。又添置全新服装，虽跑龙套之衣帽，亦力求新颖，颇能吸引观众。同时又以“牺牲色相”、“村姑裸浴”等招徕观众。演出后，轰动一时，是连台本戏中一个较有代表性的剧目。据1935年12月19日《申报》报道：共舞台自排演《火烧红莲寺》以来，“卖座极盛，因此种新型平剧，首重布景，该台经理张君善琨深知此点，特罗致专门人才，悉心研究，不但像真，且于机关灯彩方面，亦复注意，是以各界咸认该台为机关像真布景之总展览”。“所采神秘机关布景，悉由邓脱、吉佛罗诸大魔术家之魔术秘本中得来，奥妙玄秘，令人莫测”。1936年3月9日，卓别林抵上海，和影星宝莲·高黛同往观看该剧第4集。台上正演连台十四变一场，不拉幕换景，完全在熄灯一刹那变换，卓别林“极口称赞，并谓此种种Dark Change（暗中变换）在欧美舞台虽极盛行，但从未有如是变换之多”。这一场的情节是欧阳后成（王椿柏饰）和杨宜男（童月娟饰）因交战而成姻缘，卓别林对演员“转筋斗、旋燕子等武功及抑扬顿挫之唱工，竟惊为舞台上之创见，欲加以研究”（1936年3月17日《申报》：《卓别麟赞美红莲寺》）。（陈琥）

赵松樵饰陆小青（共舞台演出）

Huo Shao Wanghailou

《火烧望海楼》 京剧作品。来新夏、张文轩（执笔）编剧。取材于“天津教案”史实。1870年，天津的法国教堂神父谢福音唆使教民王三等人敲诈骗占穷塾师范永住房，扩大教堂地界，驱赶三岔河口一带摊贩。地痞安三、武二拐骗范永之子进教会“仁慈堂”，虐待致死，又打死棚匠刘黑之父。范永妻遭谢福音强暴，欲投河自尽。码头工人马宏亮带受害人至天津县衙告状，知县刘杰受通商大臣崇厚钳制，又慑于洋人势力，不敢秉公处断。马宏亮、刘黑、摊贩于麻子和崔大脚率领民众去教堂辩理，救出被拐骗的儿童，

厉慧良饰马宏亮（前右二） 周啸天饰刘杰（中） 张文轩饰神父（前左二）
（张朝玺摄）

揭露帝国主义分子罪行，法国领事馆秘书西门奉领事丰大业之命带兵开枪杀人。民众激愤，打死西门、谢福音及其爪牙，火烧望海楼教堂。1959年天津市京剧团首演。导演厉慧良、张文轩。厉慧良饰马宏亮，周啸天饰刘杰，程正泰饰范永，丁至云饰范妻，李文英饰崔大脚，包式先饰谢福音。1961年10月，天津市京剧团应纪念辛亥革命50周年筹备委员会邀请，曾在北京人民大会堂演出。该剧揭露帝国主义罪行和清廷的腐败软弱，歌颂了中国人民为反抗帝国主义欺压进行的英勇斗争和不屈于强敌的民族精神。剧中塑造了马宏亮这一反抗外侮的英雄形象，通过《驱贩》、《诡辩》、《勘尸》、《愤控》等主要场次，刻画了他见义勇为、不畏强势的性格和奋勇当先的斗争精神。崔大脚的形象也较鲜明，泼辣、爽朗，略带仗义行侠的性格。刘杰是个具有一定民族自尊心，同情百姓遭遇的下级官吏，作品揭示了他欲为百姓伸张正义，又害怕洋人势力，担心“引起边衅”的矛盾心理，和遇事瞻前顾后，畏缩不前的性格。该剧群众场面多，处理富于变化。语言比较生动，具有生活气息，根据人物身份性格，念白不拘一格，特别是崔大脚的念白，全用天津方言，具有地方色彩。剧本由天津百花文艺出版社出版单行本。（魏万鹏）

Huo Wenyuan

霍文元（1897～1965） 京剧教师、乐师。北京人。父亲霍明亮是清末咸丰、同治年间的著名木板大鼓演员，并擅长三弦，是

京韵大鼓创始人之一，京韵大鼓的首唱者、著名京韵大鼓演员刘宝全曾随其学艺。霍文元幼年曾在北京富连成社科班学小生，学名霍连明。后拜李庆喜为师改习京剧文场音乐。精通三弦、海笛等吹弹类乐器。谙熟昆曲，能演的戏300余出。出师后曾为杨小楼、梅兰芳、徐碧云、李世芳、尚小云等人伴奏。他曾在富连成社科班传教多年，富、盛、世三科学生都曾受益。同时，还在中华戏曲专科学校长期任教兼伴奏，并在鸣春社科班乐队工作。中华人民共和国成立后参加新疆生产建设兵团京剧团，1953年调中国戏曲研究院京剧实验工作团，1958年调中国戏曲学校音乐科任教直至退休。霍文元的三弦技艺高超，善于革新，他将伴奏京韵大鼓的过弦、转调、双弹、双挑、揉滑等技法，融于京剧、昆曲，丰富发展了京昆三弦伴奏的技巧，是内行公认的优秀弦师之一。他的笛子、唢呐的演奏，音调纯正，演奏手法纯熟，音乐感强，撮、点干净清晰，配合演员演唱气口、劲头、情感极为默契。从梅兰芳录制的唱片《玉堂春》、《廉锦枫》、《思凡》中，可以听到他三弦演奏的独到之处，在《抗金兵》中亦可听到他演奏海笛的高超技艺。教学认真细致，倾注心血。同时热心同行公益，1945年曾与沈玉斌、白登云、马连贵等人组织音乐委员会，为增加贫苦同业人员的收入，竭尽心力。曾多次随梅兰芳剧团出访日本、美国和苏联。1953年随中国京剧院出访东欧。

（王健　王镜海）

Huo Xiaoyu

《霍小玉》 京剧作品。事见唐人小说《霍小玉传》。陈墨香据明汤显祖《紫钗记》传奇改编。荀慧生1933年5月首演于北平。霍王庶女小玉，被家中人遣出，居长安。小玉素爱陇西才子李益之诗，经鲍十一娘介绍，两情缱绻。李母为李益订婚卢氏女。李益贪卢氏家资豪富，虽与小玉海誓山盟，去后，却杳无音信。李益携卢氏回长安，小玉侍婢浣纱执紫玉钗至李益家中，打动卢氏。卢氏劝李益纳小玉，李益不从。事为侠士黄衫客闻知，乃挟李益至小玉家。小玉病已垂危，一恸而绝。黄衫客欲杀李益，小玉苏醒过来，为李益求情，然后溘然长逝。荀慧生饰霍小玉，梳妆时，一段［南梆子］接几段［流水］，边唱边做，节奏越来越快，表现了霍小玉渴望见到心上人的急切心情；饯别时一段［二六］，唱出依依惜别之情；几段思念李益的唱段："叹红颜薄命前生就"（［二簧慢板］），"含辛茹苦病恹恹"（［二簧导板］转［四平调］），反复抒发相思之苦；最后数责李益喜新厌旧、负义背盟的［二簧原板］"曾记得定情私语话衷肠"，则凄婉哀怨，催人泪下。他的鼓师刘耀曾说："我给荀先生打这出戏时，他每唱到这一场戏时，我总是眼圈发酸、含着泪水的。"这段唱词也借鉴了长短句的特点，以便编创新腔。荀派传人荀令香、吴素秋、童芷苓、宋长荣等均演。剧本载《荀慧生演出剧本选》。

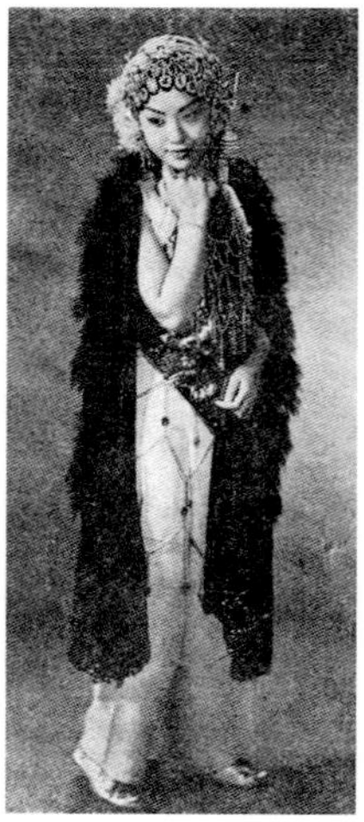

吴素秋饰霍小玉

（刘乃崇　蒋健兰）

Ji Gu Ma Cao

《击鼓骂曹》 京剧作品。又名《打鼓骂曹》、《群臣宴》。作者不详。祢衡素有才辩，尚气刚傲，好矫时慢物。孔融荐与曹操，曹不加礼。祢衡借题发挥，侮骂曹营百官。曹操大怒，命祢衡于翌日曹操大宴群臣时，充当鼓吏筵前击鼓以羞辱他。祢衡当众裸身击鼓，满腔愤怒借鼓声三挝宣泄而出。闻者无不动容。衡更痛骂曹操，历数其奸。曹操恐落杀贤之名，遂遣其赴荆州顺说刘表，以借刀杀人。经众人恳劝，祢衡乃行。故事取材于《三国志演义》第23回。明代徐渭作有杂剧《狂鼓史渔阳三弄》，写祢衡死后于阎罗殿上骂曹事。京剧以"击鼓"和"骂曹"，赋予祢衡以更撼人的冲击力。老生饰祢衡，除有繁重的唱、念、做外，击鼓的技巧分量极重，是烘染气氛、表现人物、制造效果的重要手段。此剧自程长庚、余三胜之后，谭鑫培、汪桂芬、孙菊仙等皆擅。余叔岩对此剧进行了加工整理，成为余派代表剧目。言菊朋演出结尾带"长亭"一场。孟小冬、李少春、谭富英、杨宝森等的演出均有美誉。赵炳麟《程长庚传》记有佚事一则，云："同治末年，一日都察院曾强使程长庚出演《击鼓骂曹》，程破例允诺。至登台后，演到祢衡击鼓三通，怒斥曹操的一段表演时，长庚气概激昂，指堂下怒骂曰：'方今外患未平，内忧隐患，你们一般奴党，尚在此饮酒作乐，好不愧也！有忠良，你们不能保护；有权奸，你们不能弹劾，你们一般奸党，尚在此饮酒作乐，好不愧也！'使台下端坐之官僚显贵，如坐针毡，怒愧难言。"剧本载《京剧丛刊》、《戏考》等书。清宫廷大戏《鼎峙春秋》中《席上裸衣充鼓吏》，亦敷演此事。

（马克郁）

清宫《戏出画册·骂曹》（故宫博物院藏）

孟小冬饰祢衡（右） 李春恒饰曹操

Jigushe

稽古社 京剧班社。创建于1929年，隶属于天津劝业场天华景戏院。清光绪中期，天津绅士顾海田在海大道（今大沽路）建有私宅花园一座，附设戏楼名天华景，组建戏班名稽古社，面向社会营业演出，在天津享誉一时。后天津租界地内娱乐场所激增，天华景一带逐渐沦为背巷，演出冷落，遂将戏园改建旅馆，稽古社艺人星散。1928年天津劝业场落成，四楼建设戏院一座，股东高星桥对若干年前天华景戏园和稽古社的繁荣景象记忆犹新，便决定以“天华景”三字为戏院命名。翌年，他又令其子高渤海经营天华景戏院，并邀聘艺人创建稽古社戏班。稽古社由京剧演员娄廷玉任经理，徐少林任副经理，李洪才任文行管事，贺瑞山、朱福山任武行管事，郭少安为场面（乐队）头儿，李德美为戏箱头儿。初建时，主要演员有绮鸾姣、赵韵声、娄廷玉、方连元。随后又有梁一鸣、孟丽君、赵化南、徐东明、徐东来、朱小义、张德发、陈莲芳等应聘加盟。20世纪30年代初，高渤海又把曾经在上海为小达子（李桂春）编导连台本戏的陈俊卿邀聘到稽古社，领导编演连台本戏。经陈俊卿推荐，著名女演员赵美英也被邀到稽古社任主要演员。稽古社在陈俊卿的指导和参与下，1932～1935年不间

高渤海（前排左二）与稽古社部分成员

断地上演了24本连台本戏《西游记》，其中包括《石猴出世》、《刘全进瓜》、《盘丝洞》、《三打白骨精》、《火焰山》、《女儿国》、《收大鹏》、《双心斗》等剧目。演出时，舞台为转台，采用新式灯光、道具和机关布景，重新设计服装，充实乐队伴奏。文武并重的演员阵容，新奇艳丽的彩头技术，情趣盎然的神话故事，一时间在天津引起前所未有的轰动。1933年前后，稽古社断断续续地收容了少数少年艺徒，随班培养。到1936年，这批随班少年已发展近40名。班主高渤海决定以这批少年为基础，吸收北平长庆社的80名少年加入，正式组建了科班性质的稽古社子弟班。与此同时，稽古社主要演员赵美英、陈莲芳等人因故相继辞班离去，导致稽古社号召力减弱。又由于一些艺人与股东间为工资待遇问题发生矛盾，稽古社遂于1937年2月26日宣布解体。自此至1944年9月，天华景戏院的营业性演出虽然仍以稽古社相标榜，而实际是稽古社的子弟班，与先前的稽古社不可同日而语。（甄光俊）

Jigushe Zidiban

稽古社子弟班　天津历时最长、实力最强的京剧科班。设于天津劝业场内。创办人高渤海。1936年春创建，在近40名梨园行子弟的基础上，并入北平长庆社而组成。原拟建立华、承、稽、古、博、学、通、今8科。1941年8月，前中华戏曲专科学校实习主任沈三玉重组之光华社滞留天津，曾一度为该班所吸收。后因时局艰难，管理失措，1944年9月停办，以只培养出华、承两科百余名学生之结果而告终。武生尚和玉为子弟班名誉社长，教师包括李吉瑞、李兰亭、程永龙以及富连成社出身者50余人。后期增聘匈牙利人巴罗泰担任舞蹈指导。该班奉行因材施教方针，既重艺术培养，又抓经济效益。学生中小有名气者为：老生孙正华，红生李阁华，武生徐俊华、蔡宝华、李岭华、李大春，小生丁玉华，青衣花衫纪美华，青衣张秀华，武净刘武华、贺永华，架子花脸陈利华，文丑刘律华、杨长华，武丑张春华等。该班既取富连成社功底深

学生的行当戏装像（非剧照）
左起：武丑王富华、武生蔡宝华、武旦董顺华

厚之长，兼学中华戏曲专科学校男女同校注重文化之新，在舞台演出实践上，坚持日场传统“老七出”（即老生花脸开锣戏、闹妖小武戏、小丑花旦玩笑戏、花脸唱功戏、短打武生中轴戏、老生青衣正工压轴戏、武生武净大轴戏），夜场连台本戏。继承原稽古社大班演出《西游记》之传统，发展了彩头班之优势，并创排了西洋故事剧《侠盗罗宾汉》、现代题材剧《侠盗燕子李三》等新剧目，在20世纪30～40年代中国京剧科班剧团的行列里办出了自家特色。子弟班所培养之武丑张春华在中华人民共和国成立后，以其代表作《三岔口》而享誉海内外。由于西洋剧、现代剧舞台实践的启蒙教育，稽古社人成为后来创作京剧现代戏的一支劲旅，在《奇袭白虎团》、《智取威虎山》、《八一风暴》、《苗岭风雷》等诸多剧目演出中取得富有创造性的成果。（魏子晨）

Jilin Sheng Jingjuyuan

吉林省京剧院　京剧演出团体。1958年8月以原北京和平京剧团为基础组建成吉林省京剧团。首任团长毛世来，副团长王玉蓉、王铭毅。建团初期，毛世来、王玉蓉领衔，各以《十三妹》、《王宝钏》等代表性剧目著称。马派老生丁英奇，余派老生万啸甫，青衣花旦倪兰萍，分别以《十老安刘》、《定军山》、《拾玉镯》等传承剧目为观众所欢迎。还有小生金妙声、朱鸣秀，武生常长生，老生祁树春，青衣刘桂蓉，老旦朱嫱，花脸成翼德、文涛、郝鸣超，丑刘鸣才以及青年骨干青衣花旦王小蓉、周秀兰，刀马旦李秀琴，老旦李重华，小生祁荣奎，武生李彬，花脸杨才、刘来发，丑陆佩英、慈金良等组成行当齐全的演员阵容。1961年扩建为京剧院，梅派梁小鸾加入并任副院长，以演《宇宙锋》等享有声望。剧院重视艺术改革，先后创作和移植了《杨家将十小

《弦高献牛》 裴永杰饰弦高（右） 李玮饰辣姑

战辽王》、《杨家将十女夺雁门》、《生死牌》、《双青天》等新编古代戏和《松江渡》、《红姊妹》、《梅河两岸》、《图们江之歌》等现代戏。1965年恢复团制，由吉林省戏曲学校调入文武老生张健等一批毕业生。1969年10月长春市京剧团并入，又调入个别青年演员，至1976年集中编创现代戏和移植"样板戏"，曾重排《五把钥匙》引起反响。1978年后，恢复演出传统戏和新编古代戏。20世纪80年代初期，由吉林市京剧团调入老生陈正岩、刀马旦王凤燕(小白玉艳)。至90年代中期，编演的古代戏有《五色埝》、《南北合》、《结发缘》、《一代巾帼》，现代戏有《肝胆图》、《伍豪之剑》、《世道无情》、《摩登老板》、《高高的炼塔》，儿童剧有《金童》、《寒号鸟》、《孙悟空上小学》，还有神话剧《火焰山》等。其中，《寒号鸟》、《金

《高高的炼塔》的一个群众场面

童》1982年获全国儿童剧观摩演出优秀创作奖、表演奖；《火焰山》1983年由长春电影制片厂拍成影片，当年获首部全国优秀戏曲艺术片奖。《高高的炼塔》1991年参加全国戏曲现代戏观摩演出，获文华大奖与"五个一工程"奖。1990年前后，赴印度、日本、俄罗斯等国访问演出，有《拾玉镯》、《天女散花》、《盗仙草》、《闹龙宫》、《三岔口》、《断桥》、《双下山》、《火焰山》和《虹桥赠珠》等一批精排剧目。1996年应邀赴韩国参加首届国际戏剧节演出。20世纪90年代中期，引进高派传人倪茂才、麒派传人裴咏杰、荀派传人王萍，和原有青衣花衫李玮、花旦周毓敏、小生姜立地、花脸杨明海与毕孝玉、武生董宏利、丑王权、青年骨干杨雪斌、张蕾蕾、陈宇等，组成新一代演员阵容，演出剧目《逍遥津》、《哭秦庭》、《古城会》、《徐策跑城》、《痴梦》、《红娘》等，富于流派特色。裴咏杰、倪茂才系中国京剧优秀青年演员研究生班学员，先后获得梅花奖。创演的新剧目《弦高献牛》在第三届中国京剧艺术节上获优秀剧目奖，《孙安动本》获第五届中国京剧艺术节整理改编传统戏一等奖。剧院先后有编剧林冷岩、苏宁、孙持正、齐铁雄等，导演刘鸣才、郝鸣超、关敏、王仁安等，编曲刘魁、刘乙、李秀玉、史根元等，舞台美术设计张海波、高俊伯、张富禄、于润涛等，琴师杨骥云、孟广亨、刘玉仲、扈之柽、崔永春、黄少余、黄迎强、王连忠等，鼓师贡振山、彭俊青、乔世佐、方国瑞、王粤、李平、刘磊、张娜等。1998年11月，恢复院的建制，欧阳甲仁任院长，2002年刘喜亮任院长，2008年范新弟任院长。

（毕凤岐）

Jilin Sheng Xiqu Xuexiao

吉林省戏曲学校 戏曲专业学校。1950年在原戏曲艺人子弟学校的基础上创建。校长高叶。只设京剧科，招收学生48人。教师有余德禄、吕慧君、于智敏、贾润仙等。除专业课外，还设有文化课和政治课。教学剧目有《玉堂春》、《甘露寺》等几十出。在实习期间还演出过《三打祝家庄》、《梁山伯与祝英台》等。该班优秀毕业生李冲元、刘美云、林璋等在观众中有一定影响。1953年大部分师生转入吉林省京剧团。1958年成立吉林省戏曲学校，设京剧、评剧、二人转、舞台美术4个专业及研究室。1978年增设吉剧科。学制分别为7年、5年、3年。京剧科主要教师有贾多才、王玉蓉、梁小鸾、安舒元、毛庆来等，师资力量雄厚，教学设施完善，建有一座能容纳500多名观众的排演厅。学校培养出一大批优秀戏曲人才，其中京剧演员有张健、周秀兰、李重华等。2000年，该校并入吉林艺术学院，成为学院附属中等专科学校。（志文）

Jixiangyuan

吉祥园 清代戏园。址在北京市原东安市场北门内路东。今已不存。始建于清光绪三十四年(1908)，由清末大公主府总管太监王德祥出资兴建，占450平方米，为棚式砖木结构老式戏园。台口宽5.5米，进深6米，台口顶高4米，台唇处有小栏杆，可容纳观众近800人。谭鑫培、孙菊仙、何桂山、黄润甫、陈德霖、王瑶卿、王凤卿、杨小楼、罗寿山、刘鸿昇、言菊朋、高庆奎等都曾在此献艺。梅兰芳的《嫦娥奔月》、《黛玉葬花》、《天女散花》等新式古装戏均首演于吉祥园。中华人民共和国成立后，改称吉祥戏院。1951年进行修建。1965年重建后，门面北向，占地近2 000平方米。钢筋混凝土结构，建筑面积3 200平方米。舞台呈镜框式，坐西朝东，总宽21.8米，分割为演出台和南北二辅台。演出台之台口宽12米，进深13.5米，台口檐高6米。舞台顶部设吊杆18道。南辅台仅能容十余人的小型乐队。北辅台40平方米。一层为音响室，二层为配电室兼灯光控制室和舞台美术工作室。后台占地172平方米，亦为两层，一层设服装室、道具室，二层设大化装室一间、小化装室两间。观众厅占地面积430平方米，观众席设楼上、楼下两层，有1 165个座位。20世纪50年代初改称吉祥戏院后，先后接待过梅兰芳、尚小云、程砚秋、荀慧生、马连良、谭富英、奚啸伯、杨宝森、张君秋、裘盛戎、吴素秋、赵燕侠等在此演出。是1952年全国戏曲观摩演出大会、1964年全国京剧现代戏会演主要演出场所之一。除京剧外，此剧场也是全国各地方剧种在京演出的重

1920年10月吉祥园演出《麻姑献寿》
([日]福地信世绘，日本早稻田大学演剧博物馆藏)

要场所之一。20世纪90年代初，王府井商业区被列为北京市建设的重点改造工程，东安市场(包括吉祥戏院)亦在计划内拆除重建。1993年10月1~4日该院举办告别演出。侯希三《北京老戏园子》书中《吉祥戏院的历史沿革》一文叙述甚详。

另有吉祥舞台，址在北京市天桥西市场东口路南。1912年始

建，是个简陋的席棚，约于1929年改建为砖木结构，可容800人。1940年停业。

（吴增彦）

Ji Yuliang

纪玉良 （1917～2002） 演员。工老生。原名纪云峰。北京人。自幼酷爱京剧，在中学时代，曾向魏公陶学过《四郎探母》等戏。又向刘盛通、王荣山问艺。原在北宁铁路局工作。1935年应吴素秋之约，在广德楼首次登台，演《奇冤报》。1936年拜马四立为师，艺名纪英甫。1937年转为职业演员，在北平搭班，边习艺边演出。复向陈秀华、瑞德宝、张少甫等学艺。1940年搭李玉茹、王金璐等中华戏曲专科学校毕业生组成的如意社赴上海演出，为顺从戏校只用“德、和、金、玉”排名，改名纪玉良。后与郑冰如赴上海，仍在黄金大戏院演出，风头更健，自此一帆风顺，先后与李世芳、毛世来、张君秋、宋德珠、言慧珠、童芷苓等同台演出。1951年参加上海人民京剧团，为该团主演之一。1955年并入上海京剧院。1964年，在《智取威虎山》中饰演少剑波（203首长），参加全国京剧现代戏观摩演出大会。1971年调到上海五七京剧演员训练班任教。1978年调回上海京剧院一团。他嗓音宽亮，宗谭学马，擅演剧目有《借东风》、《将相和》、《红鬃烈马》、《四郎探母》、《辕门斩子》、《大保国、探皇陵、二进宫》等。

《智取威虎山》饰少剑波（左） 李仲林饰杨子荣

（汶 甸）

Jinan Shi Jingjuyuan

济南市京剧院 京剧演出团体。原名济南市京剧团，2001年12月18日建院。其前身可追溯到20世纪30年代大观园第一剧场的京剧班社，主要演员有孟丽君、孟丽蓉等。1948年，编演《渔夫恨》、《好汉李逵》等。1949年3月，成立大众平剧团，团长马茂岭，副团长孟丽君。时负责筹建山东省文联的马少波，到团指导排演《闯王进京》、《关羽之死》、《木兰从军》。1954年，孟丽君以《贵妃醉酒》参加华东区戏曲观摩演出大会，获演员一等奖。1956年3月，定名济南市京剧团，团长孟丽君。同年，以《天仙配》参加山东省戏曲会演，孟丽君获示范纪念奖状，韩少山演出《扫雪打碗》饰刘子忠，获演员一等奖。剧团常演剧目，除大量优秀传统戏外，有现代戏《白毛女》、《甜蜜的事业》，古代故事戏《纣王与妲己》、《重审诗扇案》等，均获得过奖励。2004年，以新编京剧《李清照》参加第四届中国京剧艺术节，获优秀剧目奖，该剧的编剧、导演及主演李青（饰李清照）获单项奖。2008年，以新创的《辛弃疾》参加第五届中国京剧艺术节（李保良饰辛弃疾，戴和连饰孝宗，陈长庆饰党怀英，李青饰范玉娘），获新编历史剧一等奖。现有主要演员：奚派老生高锡禄、梅派青衣花衫李爱华，裘派花脸马济生、陈长庆，荀派花旦张兰芳，杨派老生李保良，张派青衣李青等。一级演奏员有何振清、杨黎明、杨广利、刘志远。院长于鹤咏。

《李清照》 李青饰李清照

（王新捷）

jipu

记谱 京剧唱腔和曲牌的记谱，有工尺谱、简谱和五线谱3种方法。京剧锣鼓的记谱，则有状音字谱和四线总谱等方法。工尺谱是中国传统的记谱法（因用工、尺等字标示唱名而得名），在民族民间音乐中广泛应用。从明、清以来，昆曲的工尺谱就已经有了相当完备的记谱规范。而京剧则由于皮簧唱腔属于板腔体音乐，各种板式只有大体格式，唱腔的旋律、节奏、装饰音等都有很大的可变性，所以京剧的皮簧唱腔，长期以来多是口传心授，不太重视记谱，即使有些工尺谱的记录（如现存《清蒙古车王府藏曲本》中的一些京剧早期工尺谱等），也是非常粗略难以视唱的。随着京剧的发展，唱腔在不少名家的精心设计下相对稳定下来，再加上留声机、唱片的问世，为京剧记谱提供了便利条件，于是，京剧唱腔便在一些音乐素养较高的人士参与下，有了比较完备的工尺谱出现。例如，20世纪初期（1917～1931）陈彦衡在《戏选》、《说谭》、《燕台菊翠》中所记录的谭鑫培唱腔，1930年刘天华的《梅兰芳歌曲谱》，1929～1930年郑剑西的《二黄寻声谱》、《二黄寻声谱续集》等。刘天华所记的《梅兰芳歌曲谱》，借鉴了简谱明确音符时值的方法，于谱侧加划了一些纵线；还吸收了简谱的附点、休止符、延长号等记法，对工尺谱有所革新。

进入20世纪，由于简谱、五线谱在中国的逐渐流行，也被京剧采用。用简谱记录的京剧唱腔出版物较多，用五线谱记录的京剧唱腔则较少。较早的京剧五线谱出版物有曾志忞《天水关》（中西音乐会刊，1915）、李华萱《皮黄曲谱》(1923)。《皮黄曲谱》两集，共有《坐宫》、《洪羊洞》、《祭江》、《托兆》等19个唱段，可能是京剧音乐史上最早出现的既记唱腔又记伴奏的双行五线谱。其后影响较大的是刘天华的《梅兰芳歌曲谱》等。中华人民共和国成立后，由于京剧又投入了一大批新音乐工作者，遂使简谱在记录京剧音乐方面又有了不少新的改进，并成为京剧主要的记谱方法。

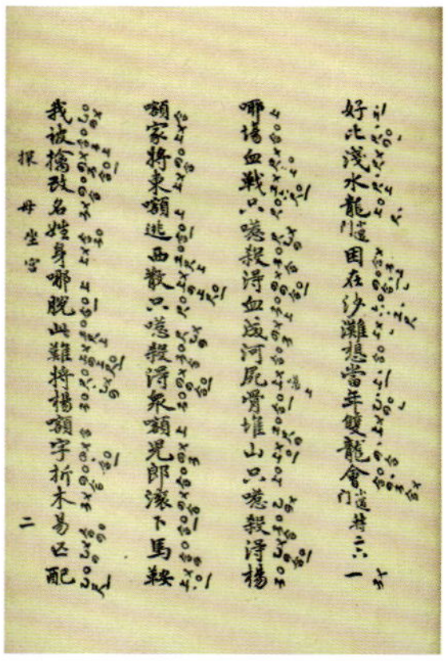

谭鑫培唱腔（陈彦衡记谱）

此时又出版了大量唱腔谱、曲牌谱、唱腔与胡琴的合谱，以及包括唱腔、胡琴、锣鼓、身段等在内的总谱（如《柳荫记》、《贵妃醉酒》、《雁荡山》、《人面桃花》、《打面缸》、《宇宙锋》），还有京剧锣鼓谱等。在这批曲谱中，除了使用简谱原有的符号外，根据京剧唱腔、唱法和器乐演奏上的特点，又创造了一些新的记法和新的符号。例如，对散板类型唱腔记法的改进。京剧的［导板］、［散板］和［摇板］属于散板类型唱腔，记谱比较困难。［导板］、［散板］是散

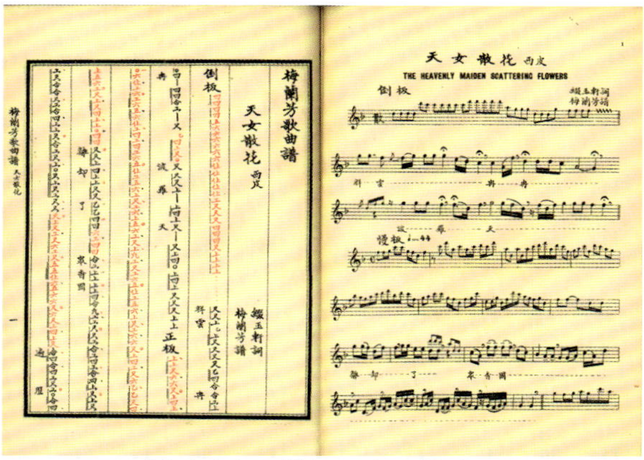

《梅兰芳歌曲谱》(刘天华记谱)书影

拉散唱，唱腔和伴奏有一定的伸缩性，强弱不明显，无一定规则。过去记谱比较粗略，很难反映唱腔的实际节奏。现在的记谱较为精细了，但节奏的伸缩性尚难完全体现。[摇板]是紧打(拉)慢唱的形式。唱腔和[散板]基本一样，节奏也有很大伸缩性；但[摇板]的过门是比唱腔加快加紧约一倍的。故目前[摇板]的记谱，一般是唱腔不加小节线，过门是按有板无眼1/4拍子来记的。

随着京剧艺术的革新和乐队编制的空前扩大，在京剧的音乐创作上，曾大量引用作曲、和声、复调、配器等新的技法，因此用简谱或五线谱而写成的管弦乐总谱，便成为京剧当时以及今后很必要的记谱方法了。70年代出版的《智取威虎山》、《红灯记》、《沙家浜》、《杜鹃山》等一批“样板戏”的五线谱总谱，可以说是京剧音乐工作者在一个特定的历史阶段中，所取得的革新实验的新成果。这种以京剧传统乐队为主，加上部分民族乐器和西洋管弦乐队所组成的混合编制，通过带有创造性的配器手法而出现的新成果，当是时代的要求。当然，在“百花齐放、推陈出新”，“古为今用、洋为中用”的方针指引下，京剧音乐革新尚有多种途径可走。如从实际出发，根据剧团不同的条件，对中、小型乐队加以提高和完善，其意义和影响面当是更为普遍的。由此，今后京剧的记谱方法也将会有更新的改进和发展。

总的说来，在京剧的记谱法中，工尺谱作为古老的记谱法，已完成了它的历史使命，但是在京剧音乐研究等方面，仍将发挥作用。简谱是京剧的主要记谱法，记录单旋律的唱腔、器乐曲最为适宜，简单的多声部音乐也可用简谱记录。五线谱适于记录大型的、复杂的多声部音乐。（张民）

Jinian Huiban Jin Jing 200 Zhounian Zhenxing Jingju Guanmo Yantao Dahui

纪念徽班进京200周年振兴京剧观摩研讨大会 以纪念徽班进京和振兴京剧为主题的艺术盛会。由中华人民共和国文化部、北京市人民政府、中国戏剧家协会、中国戏曲学会共同发起，京剧界及社会各界人士组成的纪念委员会主办，1990年12月20日至1991年1月12日在北京举行。这次活动的宗旨：回顾京剧艺术形成发展的历史进程，展现京剧艺术的时代风采和京剧界“四世同堂”、后继有人、团结合作的盛况，总结京剧发展过程中的经验教训，探讨振兴京剧的策略和途径，在群众中特别是在青少年中宣传普及京剧知识，并进一步加强中国大陆与台湾、香港地区和海外京剧人士的艺术交流与协作，共同推动京剧艺术的进一步繁荣发展。江泽民等党和国家领导人为大会题词。

这次大型活动的内容包括3个方面：一是京剧的大规模展演，与京剧有亲缘关系的徽剧、汉剧、秦腔、昆剧、婺剧等剧种也有作品参演；二是振兴京剧学术研讨会；三是纪念徽班进京200周年振兴京剧展览。

参加纪念演出的共有50台戏，其中大戏20出，折子戏128出，既有京剧的优秀传统剧目，也有中华人民共和国成立后尤其新时期以来整理改编或创作的新成果。如《龙凤呈祥》、《四郎探母》、《秦香莲》、《太真外传》、《锁麟囊》、《哭祖庙》、《大英杰烈》、《九江口》、《火烧裴元庆》、《古城会》、《白蛇传》、《赵氏孤儿》、《宝莲灯》、《武则天轶事》、《盘丝洞》、《洪荒大裂变》、《白毛女·扎红头绳》、《芦荡火种·智斗》、《红灯记》、《北国情》、《南疆血碑》、《西天飞虹》等。这些剧目的演出既展示了京剧博大精深的艺术魅力，也反映出京剧适应新时代、表现新时代的艺术生命力。参加演出的京剧团（包括来自港台地区的京剧团）和徽、汉、秦、昆、婺剧团共计50个，演职人员近4 000人。演出分3轮举行，历时24天，每天同时在4个剧场上演不同作品。演出场次合计166场，其中有34场是送至工厂、农村、学校。直接观看演出的观众人数总计达17万余人次，其中海外观众达1 700人次。中央电视台、中央人民广播电台的及时转播，使更多的人欣赏到演出盛况。演出期间，还为参演作品先后召开了16次评论会。

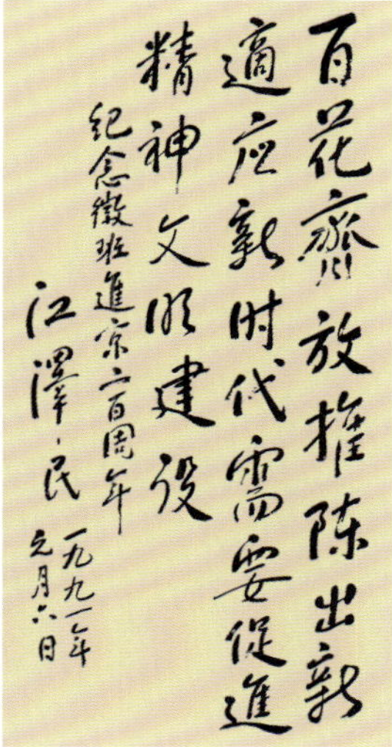

江泽民题词

与演出同时举行的振兴京剧学术研讨会也获得丰硕成果。参加会议的学术论文共40篇，讨论的范围相当广泛，主要包括：京剧的形成过程及兴衰的历史经验，京剧从美学、心理学、文化学、社会学等不同方面所显现的特定性质，京剧的文学、表演、导演、音乐、舞台美术等各艺术部门的状况和当前面临的创作问题，京剧青年人才的培养教育和京剧对当代观众的适应问题，与世界文化的交流关系等。12月25～26日，举行了大型专家座谈会，讨论振兴京剧问题，戏曲理论家、艺术家及管理家共80多人参加，发言者有纪念委员会顾问张庚及纪念委员会副主任郭汉城、马少波、刘厚生等。纪念委员会副主任、文化部副部长陈昌本最后做了题为《关于京剧艺术的继承与创新》的长篇发言。12月27日，中共中央政治局常委、书记处书记李瑞环在人民大会堂为学术研讨会做了长篇重要讲话，出席会议代表和有关方面领导共300多人。李瑞环在讲话中分析了京剧在当前面临的问题和机遇，就京剧传统的继承与发展、京剧艺术的普及与提高、京剧剧目的整理与创作、京剧人才的选拔与培养、京剧院团的调整与改革等问题提出了一系列重要的指导性意见。讲话最后要求社会各有关方面关心和支持京剧事业，要求京剧界也要齐心协力，使京剧这一中华民族文化的瑰宝在新的历史条件下振兴、繁荣起来。纪念委员会主任、文化部常务副部长高占祥于12月29日为会议做了题为《争取京剧艺术的新繁荣》的专题报告。研讨会还与鲁艺戏曲改

李瑞环在学术研讨会上讲话

《徽班进京二百周年振兴京剧观摩研讨大会纪念册》书影

革研究社和中国京剧院于1991年1月7日联合召开“延安和其他解放区京剧改革研讨会”，发布了关于抗日战争和解放战争时期在延安和其他解放区展开的京剧改革历程的史料和论文。

纪念徽班进京200周年振兴京剧展览由中国艺术研究院戏曲研究所承办，于1990年12月22日～1991年1月10日在北京恭王府后花园举行，展期20天，5 000多人参观。大量的历史实物、模型、照片等展品加上翔实的解说，形象地展现了京剧的曲折历程，给与会代表和各界参观者留下了深刻的印象。

这次观摩研讨大会，是京剧有史以来规模最大的一次艺术盛会，在全国乃至海外均引起强烈反响。这是京剧队伍的一次大检阅，是京剧艺术成就的一次大展览，是京剧创作经验和研究成果的一次大交流，也是海内外热爱京剧艺术的各界力量的一次大联合。这次大会为新时期京剧的发展掀开了新的一页，对京剧事业乃至整个戏曲事业都是一个有力的推动。

大会结束以后，文化艺术出版社出版了《徽班进京二百周年振兴京剧观摩研讨大会纪念册》，王文章主编，16开本，彩印精装。学术研讨会的论文和重要报告汇编为《争取京剧艺术的繁荣》，54万字，中国戏剧出版社1992年9月出版。另有演出摄影作品集《当代菊苑群英》，鲁青主编，8开本，彩印精装，北京出版社1991年5月出版。

（李宏）

jidao

技导　京剧技术指导的简称，是排戏中专为解决表演技术问题而设置的职务。京剧导演在排演过程中，往往会遇到一些较为复杂的表演技巧和场面需要处理。由于导演自身的局限，有时不能直接对演员进行指导，则委派对于戏曲表演艺术既熟悉又有相当创造力的人予以专题解决。其主要任务是按照导演的总体构思和具体要求，帮助演员进行这类表演技巧的设计和场面编排，并协助导演排好这些段落。技导有时是个人，有时是几个人组成的小组。所设计和编排的场面如果是武打场面，担任此项任务的人也被称为武打设计。剧中有时需要穿插一些集体性舞蹈场面，则另聘舞蹈工作者予以编排训练。承担这项工作的人，被称为舞蹈设计或“编舞”。上述各项设计职务，因戏而异，取决于导演在创作活动中的需要。

（刘小军）

Jigong Huofo

《济公活佛》　京剧作品。连台本戏。据清初小说《济公全传》改编，演南宋李修元出家成佛后，外号济颠，施法术惩恶济善、普度众生故事。据《申报》记载，早在1876年7月30日上海丹凤茶园便演出了新编戏《娶和尚》，鲁天宝、李永明主演；1877年10月，盈桂轩有单本《济公传》演出；1880年1～2月，天仙茶园演出了《济颠佳话》，共6本；1917年8月，小孟七、王佩兰、王文祥等在亦舞台演出了《济颠僧拿旱魃》、《济颠僧戏耍知县》等戏。1918年12月18日，新舞台开始上演连台本戏《济公活佛》。演至1924年，共计22本。在排演此剧之前，因谭鑫培在新舞台演出期满北归后，新舞台渐成衰势，难以支持，其间虽由邱治云排演半中半西之新剧以相号召，亦不见起色。该台总经理夏月珊乃决定排演济公戏。曹甫臣提议以“济公活佛”为剧名，由邱治云、汪优游编导。主要演员有夏月珊（饰济公）、夏月润、周凤文、汪优游、欧阳予倩、张德禄、潘月樵、赵文连、邱治云、赵君玉、夏良民等。“头本开演之日，居然风头十足，轰动一时，以后一本胜似一本”，“排至十八本，售座渐衰，而戏的材料，亦渐告枯窘，有人主张于此时另找题目，以图发展，周凤文力主排演《海市蜃楼》一剧，以新耳目。月珊与曹甫臣则以为另辟蹊径不如仍袭旧名之为愈，决计仍用原名，而另加十九本字样。……又卖三个月满堂，二十、二十一两本继续排演，亦俱不弱”（梅花馆主《新舞台排演济公活佛之前因后果》，载《戏剧月刊》第5期）。1924年8月，又排演第二十二本。此剧“盈余达八十万金，新戏售座之佳，当推此剧为首屈”（同前梅花馆主文）。同年10月11日夏月珊病逝，遂不复演出。此剧虽为神怪戏，主旨在劝善，所谓“把劝人为善的言语，放在许多笑话里面说”。机关布景的运用，恰合神怪变幻的剧情。表演讲究唱做。夏月珊信佛甚笃，平时热心于慈善事业，因此他演的济公，与众不同，立意和格调均较高。此前他曾演过济公故事戏《花轿娶和尚》（又名《洞房献佛》）。剧中“去济颠之丑角，亦甚紧要，须摹仿女儿口吻，形容入妙，观者方有兴味，沪上此剧首推夏月珊，洞房一段，袅袅婷婷，娇声细语，酷肖闺女出阁景象”（健儿《夏月珊演济公》，1912年3月12日《申报》）。因此演《济公活佛》更是驾轻就熟。除夏月珊外，其他演员亦有上佳成绩。欧阳予倩的长歌擅舞，也为此戏生色不少。1935年2月，天蟾舞台推出连台本戏《济公传》，演至1936年5月，共13本。主要演员有赵如泉（饰济公）、白玉崑、赵君玉、王芸芳、刘奎官等。剧情每与《济公活佛》不尽相同。赵如泉的济公，表演以诙谐、滑稽见长。此外，同类题材的连台本戏，还曾流传于各地京剧舞台。

夏月珊饰济颠

（陈琥）

Ji Yunlan

冀韵兰　（1929～　　）　演员。工旦。原名冀振魁。生于北平（今北京）。自幼酷爱京剧，1936年7岁时曾向胡盛岩学艺。同年，与其兄振武同入中华戏曲专科学校第五科“永”字班学艺，排名永琏，工花旦、刀马旦。1941年中华戏曲专科学校停办，转入富连成社继续学艺，初排于第六科，名元兰，工花旦、武旦，因其有嗓，兼学小生。后因第七科无旦脚主演，便将其编入“韵”字科，易名韵兰。曾师从萧连芳、刘喜益、王盛意、朱盛富、芙蓉草、陈丽芳、茹富兰等，不到半年便与“元”字科学生同台演出。曾与盖春来等排演彩头戏《乾坤斗法》，与李元芳分饰桃花女，1942年元月于华乐园演出，连演数十场上座不衰。1943年，富连成社元、韵两科赴上海演出，于天蟾舞台向魏莲芳学戏。入富连成社关书字据写为6年，因其技艺突出，仅学4年余便提前出

科。曾先后搭毅刚、大凤、鸿祥等班社，演于北平、天津、上海、杭州、武汉及东北各地。擅演《泗州城》、《无底洞》、《红桃山》、《取金陵》、《百草山》、《攻潼关》、《金山寺》、《朝金顶》、《焰火棍》、《抗金兵》、《湘江会》、《刺巴杰》、《青峰岭》、《马上缘》、《穆桂英》、《佘赛花》、《汉明妃》、《霸王别姬》等。亦能饰演罗成、吕布、陆文龙等武小生戏。1951年参加武汉市京剧团，后搭马连良、张君秋之联谊京剧团。1953年入北京市京剧三团。1955年至南京市京剧团，1956年入天津市京剧团，曾与厉慧良、杨宝森等同台演出。1957年至新疆生产建设兵团京剧团，曾与于鸣奎进京演《火烧余洪》，饰刘金定。1962年调入江苏省京剧团。1972年调至江苏省戏曲学校任教，曾任京剧科主任。他教学极为认真，常与同仁探讨教学方法及剧目。他改编并主教的《穆桂英招亲》，通过舞台实践深获好评。

（刘松崑）

《火焰山》 欧阳甲仁饰唐玄奘（中） 刘来发饰沙僧（左） 阎宗孝饰猪八戒

Jiamusi Shi Jingjutuan

佳木斯市京剧团 京剧演出团体。1952年8月成立。前身为佳木斯人民剧院，初名佳木斯市实验京剧团。团长王树祥。主要演员吴蕴兰、尚香蕊、张凤茹、宋魁英、王宝奎、于占鳌等。剧目有《竹林记》、《劈山救母》、《红娘》、《貂蝉》、《清官册》等。1955年，武生尚长春，老生赵麟童、赵云樵、王志英、赵玉林，青衣王红等先后加入，增强了演出阵容。1956年，以《吴国之灭》参加黑龙江省第一届戏曲观摩演出大会，获集体表演奖，尚长春获优秀表演奖。1958年创排《钢铁老人》(后改名《雪岭苍松》)受到各界好评。1960年在大庆油田慰问演出《雪岭苍松》，受到石油会战指挥部表彰，1964年又以此剧在北京公演，并慰问在京部队，归来后受到省文化局表彰。“文化大革命”初期，剧团瘫痪。1972年改名为合江地区京剧团，演出“样板戏”。“文化大革命”后期恢复原名，并充实了中青年艺术力量。1979年复排《雪岭苍松》庆祝中华人民共和国成立30周年，获现代戏保留剧目奖。20世纪80年代排演的新剧目有《平妖剑》、《白莲花》、《岳云》、《绿川英子》等。《绿川英子》多次为日本友人演出，并获省戏剧创作探索奖。1990年，新编历史故事剧《赵王与无容》，两度进京，参加黑龙江省戏剧进京展演和徽班进京200周年纪念演出，均获好评，编剧吕成、朱红赤获第五届全国优秀剧本奖。1992年，又以《霜剑摧花》参加在天津举行的全国青年京剧团队新剧目会演，获演出奖，主演王雨辰（饰申亥）获优秀表演奖。1996年8月，新编历史故事剧《魂断五国城》在省内获优秀剧目奖。

《魂断五国城》 王雨辰饰赵佶

（史穆佳）

jiasha

架裟 戏衣。源于佛教僧人做法事时的法服。其款式为方形红缎料，以两对金线盘绣之法，绣出长方形砖纹，共计81条金色砖线、99块砖形。用时在僧袍之外斜披于左肩，主要部分在左臂上，袒右臂，左胸前有如意钩，从右腋下环绕过来的部分有玉环，钩环相扣斜向固定。在戏曲中已不拘于做法事，而成为高僧的身份装，如《西游记》中唐玄奘、《白蛇传》中水漫金山一场的法海等。

（谭元杰）

Jia Biyun

贾璧云 （1890～1941） 演员。工旦。璧云又作碧云。艺名小牡丹花，又有小十三旦之称。江苏扬州人。9岁随父至营口，学梆子花旦，11岁登台，演于山东、河南及东北等地。在河南开封曾向京剧艺人牡丹花（宋志普）求教，逐渐转演京剧花旦。清宣统三年（1911）到北京三庆园演出，一炮而红，万人争看。连只有谭鑫培等伶界泰斗才能叫座的庆昇茶园，也邀他去演唱，引起谭鑫培的注意。他与初露头角的梅兰芳同时受到观众的热烈欢迎。评论界举办梅、贾才艺“竞选”，两人得票不相上下；后来贾璧云又在上海唱红，两人曾被誉为“南贾北梅”。他性情耿直，不畏权势，某王爷传璧云陪宴，被他拒绝，曰：“吾售艺耳，吾得罪贵人不过被出京，何至遽斫头。”(见《菊部丛谭》)不久，即离京去济南、武汉演出。1912年9月到上海，在大舞台搭班，与上海名旦冯子和齐名，且常与冯演唱相同剧目，互相争胜。观众捧角也有“冯党”、“贾党”之称。诗人柳亚子及南社同人捧冯，为冯出专集《春航集》。而贾自京至沪亦有许多捧角者，尤以报界为多，如狄楚青、包天笑、孙玉声、冯叔鸾、濮伯欣、罗瘿公等，假《小说时报》为其出专集《璧云集》。1917年，他再度赴京，搭杨小楼开办之第一舞台，杨以大轴相让，并与其合演《战宛城》、《宏碧缘》等戏。他还与韩世昌一起向赵子敬学昆曲，排演过昆剧《玉连环》(演杨玉环)。1919年返沪，仍隶大舞台，除演出其拿手传统戏外，也常演《杜十娘》、《占花魁》等新编戏，同时还在李桂春主演之《宏碧缘》、《狸猫换太子》中担任重要角色。

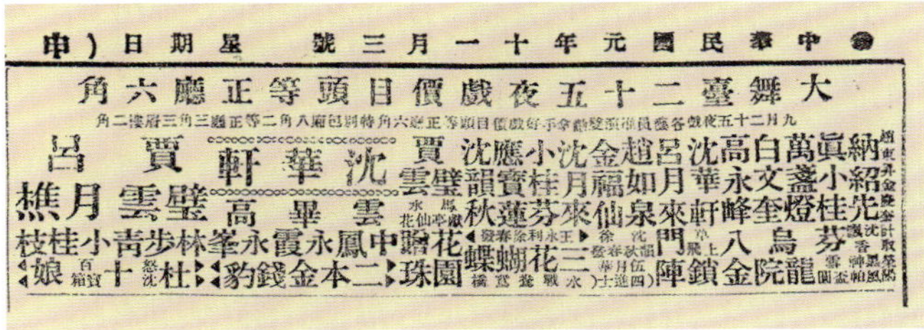

贾璧云在上海大舞台演出广告（1912年11月3日《申报》）

贾璧云（右）、刘慧琴戏装照
（剧目、角色失考）

贾璧云双目秀丽妩媚，扮相极佳。他幼工扎实，文武兼备，擅长的剧目有《战宛城》、《乌龙院》、《虹霓关》、《汴梁图》、《红鸾喜》等戏，尤以《小放牛》、《打花鼓》、《花田错》、《遗翠花》等花旦戏最享盛誉。当时上海《申报》常有剧评家载文赞誉，如，健儿评曰："贾璧云之《红梅阁》，唱做俱全，跌宕如意"，"《小放牛》，身段婀娜，丰神飘逸，宛如凌波仙子下凡尘"；玄郎评曰："贾璧云之《战宛城》'思春'一场，做工轻倩流利，传神在骨，咬巾等恶习俱删去，品格颇高尚"，评冯、贾二人的《梅龙镇》，"细较其艺，觉一则情意缠绵，一则风格清标。做工各有专长，未可轩冯而轾贾"。20世纪20年代后期，因年长体胖，技艺退化。30年代末转入天蟾舞台，已成二三路角色，但仍关心戏剧改进。除演戏外，还善绘山水画。弟子有梆子女演员碧玉花、李桂云等。有女贾小云，工京剧花旦，多年在共舞台演出。

（蔡世成　高怡村）

Jia Duocai

贾多才　(1905～1967)　演员。工丑。北京人。自幼坐科于梆子、二簧"两下锅"的庆寿和科班，与李多奎、王多芬、王多寿同科。工文丑，师从勾顺亮，出科后又拜郭春山、孙小华为师。他戏路宽广，尤擅演婆子、彩旦戏，嗓音尖锐而不刺耳，做表恣肆而不低俗，常能出人意外，令人捧腹。擅演戏有《能仁寺》的赛西施、《凤还巢》的程雪雁、《浣花溪》的鱼氏、《孔雀东南飞》的焦母、《春秋配》的贾氏、《铁弓缘》的陈母、《天河配》的嘎氏、《逍遥津》的华歆、《甘露寺》的贾华、《卖饽饽》的魏虎、《翠屏山》的海阇梨、《玉堂春》的沈燕林、《打樱桃》的秋水、《鸳鸯泪》的凤承东、《百鸟朝凤》的韩成、《比翼舌》的葛母、《珍珠扇》的白芳兰、《玉壶冰》的赛无盐等。曾搭梅兰芳、尚小云、程砚秋、荀慧生、筱翠花、高庆奎、宋德珠、吴素秋、黄玉华各班，在尚小云班时间最长，并在荣春社科班任教。20世纪50年代起，先后在天津市戏曲学校、吉林省戏曲学校任教，为培养京剧丑行人才作出贡献。汪荣汉、刘鸣才、赵春亮均为其弟子。子寿春，工武丑，出科于荣春社。另子少才，亦演文丑。

《比翼舌》饰葛母（中）　吴素秋饰葛小香（左）　张蝶芬饰云三碧

（钮骠）

Jia Honglin

贾洪林　(1874～1917)　演员。工老生。号朴斋。乳名狗子，人常呼为贾狗子。祖籍江苏无锡，生于北京。祖父贾增寿，号棣香，唱昆曲小生，后改文场乐师。父亲祥麟、三叔祥瑞皆为京剧文场乐师。二叔祥凤，号丽川，京剧老生演员。洪林幼年受到家庭熏陶，12岁在陈丹仙的春茂堂练功学戏，不久陈丹仙组成小鸿奎班，洪林转入科班学戏、演出。他嗓音好，唱念、文武俱佳。唱功戏学张二奎、孙菊仙的唱法，靠把戏能演《战太平》，有"小谭鑫培"之称。变声后未能完全恢复，遂在表演做工方面钻研，演《九更天》、《四进士》、《胭粉计》等戏，表演细致，动作既规范又洒脱自如。《甘露寺》一剧以前是以刘备为主角，乔玄为配角，"劝千岁"一段［西皮原板］唱词不多，贾洪林扮演乔玄，按照其叔贾丽川的编创，把这段唱丰富了内容，由［原板］转［流水］，增加了唱词，收到很好的效果，后为马连良传承、唱红。

贾洪林在京先后搭过一些著名的班社，与很多前辈、同辈名演员同台演出。他无论是演主角或配角都从人物出发，得到行内外称赞。他搭谭鑫培同庆班，拜谭为师，配演二路老生，《搜孤救孤》演公孙杵臼，《盗宗卷》扮陈平。《打侄上坟》中家院陈志是个最次要的角色，没什么台词，但他演得非常精彩。在《朱砂痣》中扮演吴惠泉（内行称这个角色为"病鬼"），台步蹒跚，动作有气无力，听到门外有人叩门，正要开门时听到是他妻子声音，倒退几步靠在桌前惊怕的神情，唱"你是人你是鬼快说分明"，一连贯的动作浑身是戏，堪称绝妙。这段戏被马连良记下，几十年后运用到《赵氏孤儿·说破》一场中。

贾洪林对新戏的创作很有才华，改编演出过《十五贯》、《孤注功》(潘镜芙编剧，澶渊之盟的故事)，与余玉琴合演过《金生色》(又名《循环现报》，聊斋故事，由陈墨香执笔编写)，还自排自演过《撤兵增灶》、《割麦装神》等。他在双庆社为梅兰芳配演过新排的《天

《贾洪林之〈搜孤救孤〉》（选自清末上海《图画日报》）

《桑园寄子》饰邓伯道（右一） 陈德霖饰金氏（左一）
张永成饰邓方（右二） 张荣奎饰邓元（左二）
（选自《我的祖父马连良》）

河配》，扮演牛郎的胞兄张有才，在分家一段戏中，唱［二簧散板］“分家不如同居好，大家捧柴火焰高”，用腔低回婉转，声情并茂，得到全场彩声。《木兰从军》，他演花弧，盼女荣归一场有几句唱是按［西皮原板］编写的，他认为太一般，很难抒发情感，就自己编写了唱词，用［高拨子］演唱，十分精彩，很有新鲜感。他对当时排演的时装新戏也积极参加，在《一缕麻》中扮知府林如智，在劝逼女儿上轿时有大段念白，经他修改，层次分明，急缓有致，感情真实，声泪俱下。周慧芳（上海夏家科班肄业，艺名小桃红）来京演出《法国血手印》，贾洪林演英国律师，西服革履，念白模仿西洋人口吻，台步、手势都有新的创造。在《双铃记》中他扮演都老爷，身着清代官服，京白中夹着南方口音，以半个丑脚塑造出这个人物。他是一位功底扎实、善于表演、勇于创新的好演员，对高庆奎、雷喜福、马连良等有极大影响。（迟金声）

Jia Shizhen

贾世珍　（1918～1994）　京剧教师。曾为旦脚演员。1926～1937年在富连成社科班学戏，师从苏雨卿、李连贞、苏盛琴、萧连芳、萧长华、郭春山、九阵风等，学戏百余出。1938～1951年先后搭李世芳、杨宝森、叶盛章等班演出。1948年曾在四维儿童戏剧学校任教。1952～1960年傍梅兰芳演出并参加拍摄了《宇宙锋》、《贵妃醉酒》、《抗金兵》等纪录影片。1955年正式拜梅兰芳为师，并被选为专门从事梅派剧目教学的教师。在梅兰芳的指导下，曾向杜近芳、梅葆玖、言慧珠传艺。教学中，由于掌握梅派剧目的表演规范、舞台要求，故效果突出。1961年调入北京市戏曲学校任教，培养学员近百人，突出者如李玉芙、杨淑蕊、阎桂祥等。（王硕）

Jia Songling

贾松龄　（1916～1986）　演员。工丑。曾用艺名贾永安。祖籍江苏无锡，生于北京。出身梨园世家。曾祖父贾增寿字棣香，清咸丰间昆曲小生。祖父贾阔亭，工音乐文场。二叔祖父贾丽川，为资深的老生教师。三叔祖父贾汇川，亦工文场。伯父贾洪林是清末民初名重一时的老生演员。松龄幼入北京斌庆社科班坐科，排名永安，工丑。不久，科班报散，遂拜师刘玉泰，继续学艺。学成后，在北京搭班演唱。1928年值梅兰芳率团赴上海、香港演出，班中缺少应工大丑演员，鉴于他是贾（洪林）氏子弟，乃破格录用，出演一期，颇为行内外人士所瞩目，名声日起。随后又搭荀慧生、尚小云、杨宝森各大名班。20世纪30年代末参加李少春领衔的班社，文丑武丑兼擅。抗日战争胜利后，程

砚秋复出组班，因班中的大丑曹二庚已故，急需物色人选。程看了贾松龄的演出，感到满意，遂邀请他加入自己的班社。

中华人民共和国成立后，1952年参加中国戏曲研究院京剧实验工作团，在新戏《猎虎记》、《三打祝家庄》、《三座山》、《摘星楼》、《火焰山》中担任重要角色。其后又致力于丑脚戏的挖掘整理、移植改编，主演《三不愿意》、《葛麻》、《新打面缸》、《三家福》、《打花鼓》等剧，受到好评。1959年协助赵荣琛整理演出一批程派剧目，并参加创作演出了程派新剧《火焰驹》、《羚羊锁》，从而调入北京市青年京剧团。1964年后，演出现代戏《洪湖赤卫队》、《千万不要忘记》等。他的表演文武兼擅，功底坚实，嗓音醇正，唱念俱佳；台风淳朴、大方，做表严谨自然；于诙谐、风趣中凸现人物的鲜明性格和精神世界，于形神并妙中，显出高雅、隽永，创不贫不俗的艺术格调。（钮骠　贾琦）

jiafa

假发　泛指京剧演出中各行角色梳扎各种发式的用品。以人发或牦牛毛、马尾、粗丝线、纱等制成。假发在古代生活中的原初意义，是头发稀少者对丰茂者的模仿。当戴假发成为时髦之后，它就由对自然的模仿变成一种有利于塑造脸型和表现高贵气派的美饰手段。京剧舞台上的假发，较诸生活的实际形态要夸张并富于装饰性，有的还能辅助演员完成节奏鲜明的身段动作。主要用品如下：

网巾。又称网子。以马尾或丝线编织而成。形似小圆帽，四周有网眼，利于透气离汗。顶部有圆孔，孔边有紧束用的绳子，可以按装水发、发鬏等。脑后有绷口，左右各缝长二尺扁带，作吊眉（牵引眼角眉梢）、勒头用。网巾原为明代男子的束发之物，入清后，清政府有薙发令，伶人也必薙发，然“演剧，皆不去网”（张岱《石匮书后集》卷五七《义人列传·周梨园》），无论男女角色，均需戴上网巾梳扎假发。网巾为黑色，晚近增出灰色、白色、红色，配用于戴灰色、白色、红色发鬏者。

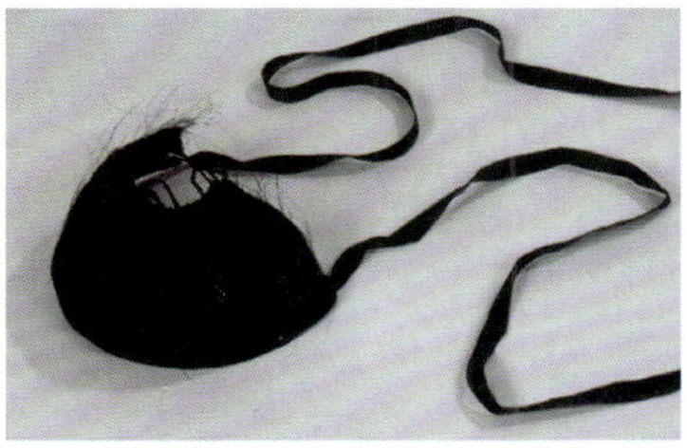

网巾（选自《中国京剧衣箱》）

水纱。丝织品，极薄，黑色。宽二尺许，长四五尺，用时以水浸湿，紧裹于网巾周围。其作用：①盔头戴在水纱上，然后系紧，比较稳固；②盔头外露出水纱的黑色边缘，可以勾勒演员的额部轮廓，并对面部化装起衬托美化作用；③不戴盔头时，网巾、水纱本身就表现为角色的发地；④便于旦脚固定头部所贴假鬓、所上假髻及插戴头面，便于净脚插戴飞鬓，生脚插戴面牌或茨菰叶等。宽幅水纱亦用作“魂帕”。

水发
《白门楼》吕布（关肃霜饰）

水发。梆子班称梢子，源自古人称头发为头梢。以人发制成，发根固

定在皮垫圆口内，近根处以丝弦扎成圆杆式，约二寸许，使根部挺立。使用时将长发以水湿润，防其散乱；根部圆形皮垫放入网顶圆孔内系住，再用水纱勒紧。这是古人长发的一种夸张的舞台表现，因演员可以舞动，又名**甩发**。多用于剧中人物败阵被擒、犯罪充军、颠沛流离、精神失常等情境。以行当不同，其长短粗细有别，一般武生所用较粗而长（约三尺许），老生、小生次之（二尺左右），丑行短而细（尺许）。剧中老者不戴盔头时用灰色或白色发鬏，故水发只有黑色一种。齐如山《国剧艺术汇考》谓："从前凡有罪之人皆戴此，不论男女，无不戴者，如今旦脚都不戴了，盖因其不美观也。然如《斩窦娥》、《女起解》等等，大头之旁都留一绺假发，即是代表此甩发。可是老旦还用之，如《滑油山》等，则必须戴之。"

发鬏。一作**发阄**。或有写作**发纠**者。昆剧称**发帚**。牦牛毛制成。其底座为一铜圈，四周束以假发。可分成三组：一组扎成蓬松发髻，呈半圆形，凸出于头顶；一组披散脑后，盖在网巾上，成发尾；另一组是左右各分出一绺，作为鬓发，垂于耳际。用时戴在网顶，以水纱扎紧。有黑、灰、白、红四色。黑色发鬏多用于净扮的青壮年角色，如《焰火棍》焦赞、《快活林》蒋门神、《杨门女将》西夏王；黪、白色发鬏用于老年男女角色，需在黑色水纱外，加裹一道浅橙色或蓝色包头绸条，然仍需露出水纱底边，使整个面部色彩有黑、白、红对比鲜明之美；红色发鬏必与红色髯口相配，如《白水滩》青面虎、《穆柯寨》孟良。

白色发鬏
《清官册》潘洪
（方荣翔饰，吴钢摄）

蓬头。一作**鬅头**。以人发或牦牛毛制成的头套，表现角色披头散发。有大小之分。大蓬头尾发长约一尺半。多用于僧道角色。如惠明、杨五郎、鲁智深、《蜈蚣岭》武松等均戴大蓬头，又称**头陀发**。用时头上需加金箍，一般僧为月牙箍，道为如意箍。亦用于天神天将，颜色有黑、白、红、绿等。用大蓬头表现大妖魔时，还需加**双鬏髻**（一作**双抓髻**），如《红梅山》金钱豹，《闹龙宫》牛魔王，《闹天宫》青龙、白虎等。鬏髻原为古时道家的一种发式，元杂剧《瘸李岳诗酒玩江亭》中李铁拐云："既然跟贫道出家去，更改了衣服，头挽双鬏髻，身穿着粗布袍……"。舞台上的鬏髻以铁丝为架，编上牦牛毛，用时勒在蓬头顶部，有表示兽妖双耳耸立之意。小蓬头多装扮小鬼、小妖，如《钟馗嫁妹》中的五鬼，颜色有红、黑、黄、绿、白。另有一种蓬头，用倒戴髯口替代，上加巾帽，任其披散脑后。《审七长亭》中的李七，在蓬头之上再加王八髯，以表现乱发；郝寿臣嫌其气势不足，特制一个"大滋毛子骆驼剃"，使乱发如漫长的乱草（见翁偶虹《忆郝寿臣谈头二本〈赛太岁〉》），这是演员对角色特殊的造型处理。

双鬏髻大蓬头
《金钱豹》金钱豹
（傅德威饰）

鬓发。除在发鬏中分出左右各一绺外，还有以下几种：①**长鬓发**。牦牛毛制成左右各一条，中间以线绳连接，挂于网顶，用水纱固定。其形态有自然下垂式，有盘成圈状式，有蓬乱一团式。以净行所扮戴苍满髯或白满髯的武角色所用鬓发最长，下垂可与髯口边缘相接，如《断密涧》李密、《牧虎关》高旺、《绝龙岭》闻仲、《九江口》张定边、《飞虎山》李克用等。灰、白色圈状鬓发多用于表现老妇、太监。老生、武生有用黑色圈状鬓发者，如宋江、武松。《乌龙院》宋江先用圈状鬓发，至丢失招文袋后，为表现其惊慌、焦急，将鬓发反捋，呈蓬乱状。②**飞鬓**。俗称**耳毛子**。以牦牛毛穿织于铜丝胎上，长五寸许。用时插于耳际水纱里面，表示鬓发倒竖。有黑、红二色。亦有黪色飞鬓，如清代昇平署扮像谱中《宝莲灯》的秦灿（灿，戏画误作燥），状其愤怒。飞鬓多用于净行所扮戴扎髯或一字髯的粗豪角色。飞鬓与髯口的颜色须一致。戴满髯角色，一般不用飞鬓，然亦有例外。如《除三害》周处，戴红满、插红飞鬓；《河伯娶妇》西门豹，戴黑满、插黑飞鬓。还有不戴髯口而用飞鬓者，如《打潘豹》之杨七郎。飞鬓也有扎在扎髯之耳钩两端者，较短，这可能是飞鬓的早期形态，现用于丑扮角色。如《打瓜园》之陶洪，戴小白扎，耳钩两端各有一撮白毛。③**鬓发绺**。用人发制成，细而长，中间以彩线或金银线缠扎一二节作为装饰，垂挂于耳际。多用于青少年角色，如《小放牛》牧童、《闹天宫》哪吒、《举鼎观画》薛蛟、《岳家庄》岳云、《挑华车》金兀术等。④**牵巾**。黑纱制成，一般宽近半尺，长四五尺。用时取中系结，置于网顶，以水纱固定，垂于耳际，代表浓密的鬓绺，实为一种极其夸张的装饰性造型处理，类似于旦脚代表脑后垂发所用的线尾子。以小生、武生、红生、花脸所扮的武角色用得较多，如《叫关》罗成、《独木关》薛仁贵、《四平山》李元霸、《古城会》关羽、《鞭打督邮》张飞等。牵巾也可系于颏下，如《闹天宫》中偷桃盗丹的孙悟空。⑤旦脚鬓发。见下文"片子"。

白鬓发
《飞虎山》李克用
（齐啸云饰，田京辉摄）

黪色飞鬓
《宝莲灯》秦灿
（选自清代宫廷戏画）

扎髯的耳钩上加扎飞鬓
《打瓜园》陶洪
（张春华饰）

大发。又称**大顶**。人发制成，形状略如水发而较粗，长约二尺，用以梳裹旦脚假髻。此法创自清代乾隆年间秦腔花旦魏长生（字宛卿，行三，又称魏三），时谓"梳水头"。《雨村曲话》作者李调元为魏长生好友，《童山诗集》收《得魏宛卿书》二首，内有"假髻云霞腻，缠头金玉相"句。《花部农谭》作者焦循的《里堂诗集》有《哀魏三》，诗序中亦提到魏氏"善效妇人装，名满于京师"。这些当时人的记述，都是魏长生创造性地改进旦脚扮相之证。梳水头是在面部化装之后，包括吊眉眼、贴片子、系线尾子、扎网巾、插大簪、加发垫、上大顶、裹水纱、戴头面、挂耳坠等一系列相当复杂的技术过程。长圆形发垫是假髻的衬托者。大顶是假髻的直接体现者，用时需先上油梳通，固定于脑后，可绾梳成两种基本样式：一为大头，一为抓髻。**大头**扮夫人、小姐等，髻形椭

大发、大簪、发垫
（选自《中国京剧传统舞台美术》）

侧看大头的髻形
《武家坡》王宝钏（程砚秋饰）

圆，髻心略凹；**抓髻**扮丫环或民间少女，髻呈小拳形，其上端略翘出于头顶。梅兰芳说，梳头要求高低厚薄合适，“髻的边缘要分明，特别上端更要清楚，让观众看清髻的造型美，同时要求抱紧而不要有单摆浮搁的感觉”（《梅兰芳谈舞台美术》，朱家溍记录整理，《上海戏剧》1962年第8期）。“若般演遭难妇女，必告梳头人于髻内别留发一缕，以便当场解散，谓之‘**留发**’”（陈墨香《说旦》，1931年7月16日《北京画报》）。留发又称**小甩发**。荀慧生饰《玉堂春》之苏三，为表现这一初入青楼的少女，既按一般闺门旦梳大头，又在头的右鬓间加了一个小发鬏：“将小甩发折上去，用一个压鬓簪别住，再将折叠之处横着扯松”，取名“**半边翘**”（见《荀慧生演剧散论》第161页）。

片子。以人发制成、一端固定的窄长发绺。分大片、小片，用以表现旦脚的鬓发、额发。一副片子，通常由一对大片、七个小片组成。大片宽寸许，长一尺五寸左右，因多贴于两颊鬓边，称**直条大鬓**或**水鬓**；小片宽寸许，长尺余，多折叠成半圆式贴于额

大开脸
《三娘教子》王春娥
（果湘林饰）

小弯
《玉狮坠》吴幻娘
（程砚秋饰）

花片子
《红鬃烈马》代战公主
（荀慧生饰）

际，称小弯。贴片子之前先要刮片子，即将片子在带有黏度的刨花水中浸透，再在板上梳通刮平，折叠成所需形状。片子贴的部位可高可低、可前可后、可直可曲，成为演员美化脸型的重要手段。其基本样式有三：①**大开脸**。用直条小片横贴额部，两侧各贴大片，其末梢弯向耳后。此式以脑门开阔为特点，鬓边有尖角，脸型近方，适于表现中年发胖或严肃古板的女性。②**小弯**。常见以七片小弯贴于额际，两鬓各贴大片，末梢向下颏中间弯曲。脸呈鹅蛋形，或称瓜子脸，适于表现端正而又秀丽的女性，为旦脚化装中最为普遍的样式。③**花片子**。主要用大片在额部贴出不对称的曲线，这是与上述两种样式的明显区别，并以拨花或挑花手法，使额部一侧的小弯有变化。此式多用于活泼、俊俏或轻佻、泼辣的女性。旗装青年女性亦用此式。

线尾子

线尾子。尾读yǐ（乙）。又称**线帘子**。以粗丝线制成，宽五寸许，长约四尺，垂于脑后，乌黑一片，为妇女垂发的极度夸张，给人以端庄、稳重的感觉。线尾子还需分出两绺垂在胸前，这两条黑线对于男旦来说，可以界破宽胸，使身材显得苗条，对女演员也有助于加强身段的婀娜多姿。

辫子。人发或丝线制成。扮清装角色如《火烧望海楼》马宏亮及传统戏中的番邦角色，用头套辫子；梳抓髻扮民间少女或丫环，用**辫帘子**，即线尾子加长辫；丑扮儿童，用**勒边小辫**，光头系一勒带，头顶粘贴小辫。

懒梳妆。又称**懒梳头**。以硬纸胎涂生漆制成的假髻头套。李斗《扬州画舫录》卷九述及翠花街首饰铺所买的各种“义髻”即假髻中有此名目，可知这是生活中与舞台上都有的饰物。因无须梳裹，戴在头上即可，故名。生活中所用的自然讲究，舞台上多为粗简的仿制品。自青衣、花旦等改用梳水头之后，这种假髻归丑扮的女角色用。

孩儿发。以粗丝线或人发制作的头套。前额齐眉，左右梳有两绺鬓发或小髻，脑后尾发长及肩，为扮儿童或童仆所用。另有一种尾发长及臀部的大孩儿发，用时头顶需加垛子头，前额加面牌，为扮贵族儿童或少年所用。

旗髻。又称**旗头**。源自清代满族妇女发式。梳绾时将头发平分两把，以铁丝为架，在头顶后部盘缠成一字形横长之髻，称**两把头**、**一字头**。至晚清，演变为一种假髻，以青绒或青缎制成高架，置于头顶，中饰像生花，侧垂流苏，脑后之发梳成燕尾式，称**大拉翅**。京剧扮少数民族青年妇女即仿此。王瑶卿饰《四郎探母》铁镜公主，其1895年和1907年剧照，均随时尚而变易。清逸居士《旗装戏考》称：“昔年戏班中扮旗装梳两把头，不得样”，“自王瑶卿在福寿班时，始将旗头梳好”（《国剧画报》第36期）。扮中年贵族女性，

旗髻的变化
《四郎探母》铁镜公主

1895年剧照（王瑶卿饰）

1907年剧照（王瑶卿饰）

2007年剧照（李洁饰）

梅兰芳创制古装头

饰杨玉环

饰晴雯

饰红线女

如萧太后，则戴钿子。梳旗头亦须吊眉、贴片子，其样式：青年多贴花片子；中年为大开脸，如陈德霖饰《雁门关》萧太后。

古装头。区别于旦脚传统发式（大头、抓髻）的各种新式头髻的统称。有正髻、偏髻两大类。正髻梳于头顶，不同于传统假髻梳于脑后；偏髻有偏于一侧的，也有两侧对称的。具体髻形与头饰多种多样，不拘一格，可按角色形象的需要自由设计。古装头一般由头套与假髻组合而成。头套以人发制作，脑后多扎辫根；假髻以牛尾绺或人发绾成所需样式，用时戴上。春醪《梅讯》云："畹华演古装剧，其假髻固制成者。常日庋诸木箧，演时携箧之后台，出髻加诸发上，缚之以绳即可矣。"（1920年4月29日《申报·自由谈》）京剧梳古装头大多贴片子，以大片勾勒俊俏的脸盘轮廓，额前多覆有看发，俗称刘海儿。（龚和德）

jiaxing

假形　京剧演出中各种全身性塑形装扮的统称。亦称形儿。假形来源极古。原始初民的图腾祭祀仪式及狩猎活动中就有模拟鸟兽的塑形装扮成分。1973年出土于青海大通县上孙家寨的新石器时代彩陶盆上的群舞纹样，舞者头上有羽饰，下体有尾饰，当是距今四五千年前先民们在图腾舞蹈中的一种假形。《尚书》中说的"百兽率舞"、"凤凰来仪"，可以想象为假形之舞。在汉代，用以娱人的假面、假形之舞颇为盛行。《汉书·礼乐志》称从事假形之戏者为"象人"。三国时孟康注："象人，若今戏蝦鱼狮子者也。"象人可装扮鱼龙狮子作"曼延之戏"，也可装扮神仙和世俗人物。

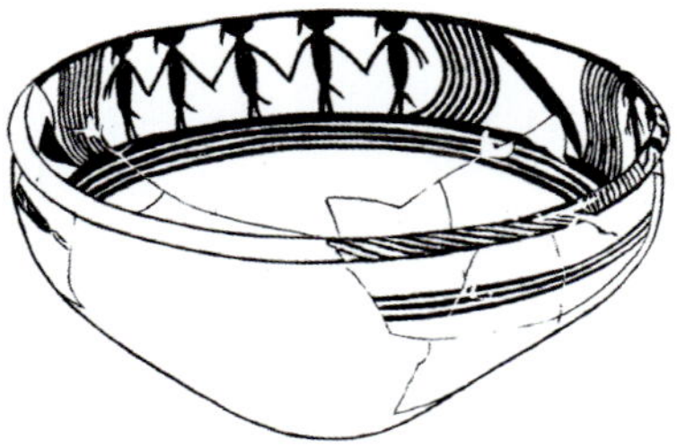

新石器时代彩陶盆上的群舞纹样

张衡《西京赋》描写在平乐观广场上演出的角抵百戏中有"总会仙倡"、"东海黄公"。三国时薛综注："仙倡，伪作假形，谓如神也。""东海黄公"中出现的黄公，可能戴假面，而与之角斗的白虎，用的是假形。山东沂南汉墓画像石对象人表演有生动反映。其中有个场面，当是"凤凰来仪"，扮凤凰的象人所用假形极为精致。这类全身性塑形装扮也保留在戏曲演出中。如明代《目连救母》，其中《观音生日》一出的鹤舞、虎舞是假形舞；《博施济众》中"占扮男子驮妇人"，即《哑背疯》，一人扮二人，"白首生来哑"的丈夫之前半身和"红颜自幼疯"的妻子之后半身，是与演员服饰有机结合的假形。这个节目流传民间，广受观众喜爱。清宫大戏中的形儿多得不计其数。有一出神怪戏，在热河行宫觐见乾隆的英国使节马戛尔尼说是表演"大地与海洋结婚之故事"，双方各夸其富，大地出示的有龙、象、虎、鹰、鸵鸟等，海洋出示的有鲸鱼、海豚、海狗、鳄鱼等"无数奇形之海怪"，"均系优伶所扮，举动神情，颇能酷肖"，最后在鲸鱼统带下"向皇帝行礼"，并喷水达数吨之多（《乾隆英使觐见记》）。这可以说是一出以精巧的塑形装扮取胜的祝寿喜剧。京剧中离不开形儿的剧目也不少，如《渭水河》的飞熊，《苏武牧羊》的羊，《除三害》的虎、蛟，《红梅山》的金钱豹，《飞虎山》的羊、虎，《风云会》的龙、虎，《琼林宴》的黑驴等。清宫戏曲画中有一幅《除三害》，可以看出当时假形的既精美传神又便于表演的制作技巧。演员穿上假形的舞蹈表演称"跳形"，例由上下手应工，"如跳龙形归上手，虎形归下手"（清逸《戏中角色旧规则》）。（龚和德）

汉代画像石上的"凤凰来仪"
（选自《沂南古画像石墓发掘报告》）

清宫《戏出画册·除三害》（故宫博物院藏）

jiantuanzi

尖团字　尖字和团字的合称。按广义理解，声母为z、c、s的是尖字，声母为j、q、x和zh、ch、sh的是团字。狭义理解则按清代满汉文翻译用《圆音正考》所列的尖团字汇，以声母z、c、s同i、ü或以i、ü开头的韵母相拼的字为尖字；以声母j、q、x同i、ü或以i、ü开头的韵母相拼的字为团字。如齐ci[iː]为尖字，奇qi则为团字；箭zian为尖字，剑jian则为团字；消siao为尖字，晓xiao则为团字。京剧音韵中所谓尖团字一般依此狭义理解。这既是"中州韵"尊奉传统正音的结果，也是一种舞台上的艺术需要。汉语一字一音，音节少，造成大量同音字和同音异义词。京剧音韵把北方语系中同一音节的字分作尖团两读，可以区别同音字词，如《御碑亭》唱词"我这里休妻修书信"，"休"读作xiu，为团字，"修"读作siu，为尖字，听者判然；另一方面，由于多了一批尖字的音节，使语言表现力更丰富了。尖字、团字交替出口时，声母之洪细、尖粗很明显，听众从中可得到参差错落、丰富多变的美感。（翁思再）

Jianrong yu Shanbian Xinshiqi Xiqu Daoyan Yishu

《兼容与嬗变——新时期戏曲导演艺术》　戏曲导演研究专著。冉常建著。中国戏剧出版社2003年11月出版。30万字。该书分析了传统戏曲的艺术特征及其缺陷，回顾了"样板戏"导演艺术的基本经验和历史局限。概括了新时期戏曲导演艺术革新的突出成就，即时代精神的阐发、人学研究的深入、哲理品格的增强和表现手法的多样化等。总结了新时期戏曲导演艺术革新的基本经验，即正确处理继承与革新的辩证关系，在戏曲美学精神的基础上发展导演的创新意识和创造新的表现形式，努力吸收现代艺术的美学成果和现代科技成果，在新的综合中确立戏曲表演艺术的核心地位，尊重观众的审美趣味等。重点研究了戏曲的传统与现代美质的契合点问题，指出戏曲艺术革新成功的关键因素，是新的生活因素与戏曲程式的契合点，共鸣与间离的契合点，传统戏曲节奏与现代观众心理节奏的契合点，新手法与戏曲韵律的契合点，写意美学原则与写实因素的契合点，戏曲剧种的特性与外来因素的契合点等。作者呼吁要培养一批勇于革新、善于革新的戏曲带头人，创建开拓性的新型戏曲理论体系，建立完善的戏曲演出市场机制。

冉常建（1966～　　），生于河北保定。1978年起学习京剧表演，1988年在中国戏曲学院表演系深造。1996年后，相继在中国艺术研究院和中央戏剧学院攻读导演硕士、博士学位。现为中国戏曲学院教授。继《兼容与嬗变》之后，又有新著《表意主义戏剧——中国戏曲本质论》，从基本特征、美学原则、创作方法、表现形式4个方面对中国戏曲的“表意主义”作了论证。徐晓钟为之作序。人民文学出版社2010年7月出版。（墨竹）

jianchangren

检场人　场上表演的辅助工作者。简称检场，一作监场。昆剧称走场或值台，川剧称打杂师。《扬州画舫录》述及昆剧乐队云：“场面之立而不坐者二：一曰小锣，一曰大锣。小锣司戏中桌椅床凳，亦曰走场。”可知在18世纪末的昆剧演出中，检场工作由乐队司小锣者兼管。京剧把此项工作专职化了，从19世纪末梨园会馆档案“戏班花名册”上可以看到，京班检场大多有2～4人。其内部分工大致为：“初学时先学管下场门帘，升为管上场门帘，再升便是监场人。国剧的规矩，没有人打门帘，则不许出场，所以管上场门帘的人非常重要。下场门多是演员进场，打帘的关系就小多了。检场人则尤为重要，各场有各场的情形，不要以为只有一张桌子，两把椅子，但稍一摆错，则全场乱矣。”（齐如山《国剧艺术汇考》第464页）

检场人职务主要有：①打门帘。演员出场亮相以及下场身段，均须合乎音乐节奏，需要门帘打得及时。②摆桌椅。各场桌椅摆法不同，且有基本程式如大座、小座等，起着为演员提供动作支点及组织动作空间的作用；剧中需用的帅帐、床帐等，亦由检场人架设。③撒火彩。情节中有火烧场面及鬼神出没，由检场人施放各种式样的松香火，此系制造氛围的一项特技。④递砌末。除随桌椅预设的砌末（如御案设香炉、书房设文具）外，剧中还有在表演过程中及时递送的砌末，如《汾河湾》丁山打雁的空中落雁，《八大锤》王佐断臂的剑起臂落。⑤助改装。剧中人有需当场改换衣冠者，如《取荥阳》刘邦与纪信互易衣帽，检场人需加协助。另有带技术性的改装，如《碰碑》，饰杨继业者有“卸甲又丢盔”的身段，所卸之靠、所丢之盔，需检场人稳稳接住，因双方配合默契，干净利落，亦能得“好”。⑥保安全。演员有些高难度动作，需要检场人托扶一把，以保无虞。又如在武戏中，搬“朝天蹬”和走“台漫”，演员是两种劲儿，检场人扶持桌椅也需要分类使力。

从事检场工作，须拜师学艺，通晓剧情，熟悉表演，掌握本职各项技术，动作敏捷、准确，才能使演出有条不紊，顺畅进行。民国初年，梨园公益会将戏界人士分为七行七科，检场人属于“剧通科”。“剧通”者，无剧不通之谓也。这是对这一门工作很高的要求。又因检场人“必须在台上全神贯注地照顾角儿”，故对角儿的“绝活”“看得最清楚，劲头和‘范儿’都说得上来”，为后学者所敬重，如久傍谭鑫培的刘十，成了余叔岩研习谭艺的顾问。刘十曾告诉余叔岩演《断臂》“吊毛”的窍门：“谭老板唱到‘……天作主张’，用剑砍臂后，宝剑扔得高，把观众的眼睛往上领，这时，趁势用手按桌子边，‘吊毛’就起得又高又稳又好看。”（贯大元语，转引自梅兰芳《舞台生活四十年》第609页）检场人有工作手册，翁偶虹曾得“检场提纲”3种（《洪羊洞》、《虮蜡庙》、《竹林计》），发表于《戏剧月刊》第3卷第9期（1931年7月出版）。

传统京剧是在三面敞开的伸出式舞台上演出的，演出以演员上下场形式连贯不停地进行，这都决定了检场工作的不可或缺。检场人身穿便衣，通常是当着观众的面在台上工作。只在特殊场合才隐蔽自身，如《大劈棺》里庄周化蝶，蝴蝶系在长藤杆上飞舞，要弄的检场人躲在棺材后面（《舞台生活四十年》第318页）。20世纪初新式剧场兴起，舞台上已有大幕、二幕设备，然演传统戏仍不隐蔽检场人，体现出京剧不企图在舞台上制造生活幻觉的原则。“欧洲观众在观看中国戏剧时，总是对那些穿着普通衣服的舞台工作人员在舞台上跑上跑下感到奇怪和不快，但对中国观众来说却毫无影响，就像剧场中的引座员偶尔挡住我们的视线一样，习以为常。”（[美]苏珊·朗格《情感与形式》第375页）其实，中国观众对于检场人虽然不会感到奇怪，却也有过不快。原因是检场人对观众有过一些并非剧务所需的干扰。1931年，怡翁（翁偶虹）在《舞台上之清洁运动》一文中说：“在昔科班演戏，一例不许饮场，遑论打扇子耶？今则名角一露，打扇饮场，各有专人。且炫耀其漂亮讲究之小茶壶，华美特出之大毛扇，以为不如是不足谓为名角。”因而提出应在舞台上搞“清洁运动”，以扫除“此种恶习”。这是检场人替名角受过。然检场人亦有自我炫耀之弊。齐如山就检场人“老在场上跟着裹乱”写道：“现在好角都自己带监场人，好角一上场，他的监场人不管有事没事，也就跟着上来，直到好角进场，他才跟着进去，样子像是要借此表明：‘瞧我是好角私用的监场人呢！’颇带些出风头的性质，惹得观众们都非常不满。”梅兰芳访美演出时就做了改进，“监场人办完（事）以后，赶紧进场，这样台上自然清静整齐多了”（《梅兰芳游美记》卷二）。为了场上清静，还对检场人的服装做过改进，例如1937年北平新新大戏院开台时，舞台上“用一块黄绫做为背景，检场人所穿的坎肩也以黄绫缝制，使检场人在场上若隐若现，另开生面”（李畅《清代以来的北京剧场》第178页）。到20世纪50年代以后，采用二道幕把检场工作彻底隐蔽起来。其出发点是净化舞台，然其对于演出也存在着干扰。阿甲曾以打油诗表述他对二道幕干扰的“讨厌”：“仅为搬道具，生怕露马蹄。将相轰出去，落幕强隔离。幕墙贴脊背，

杨小楼演《拿高登》，后站左右二人翻出白袖口者即为检场人

《宰相刘罗锅》洞房一场中的检场人 （黄海威提供）

横行不整齐。翎毛到此折，背旗倒东西。幕缝挤进去，落帽砸龙衣。检场改二幕，何曾解难题。‘无银二百两’，聊以慰心机。”（《戏曲表演规律再探》第39页）检场工作如何处理？是隐蔽还是不加隐蔽？各以何种方式为宜？这些问题都应从演出样式的整体来考虑，不拘一格地加以解决。在传统剧目演出中，此问题已经疲沓化了。在新剧目演出中，既有彻底隐蔽检场者，也有大胆运用明场检场者。北京京剧院连台本戏《宰相刘罗锅》是后者的一个最新例子。此剧有5个立体宫廷建筑物（亭子和廊子），需要一群穿灰色长衫的检场人推挪移动，组合不同的画面。而且，有时还“介入”动作，如头本末场，有4个检场人抛闪大型红盖头：“当刘罗锅好不容易得入洞房、新娘却在一方盖头的遮掩下娇羞闪避时，红巾既形成了美的舞蹈又暗示了姻缘的得来不易。”（王安祈《当代戏曲》第167页，台湾，三民书局2002年9月出版）如果换成4个侍女，那就成了“下人”对公主、驸马的捉弄了，只有运用检场人，才是表现人物心理的一种意象化舞蹈。检场人的穿梭戏内，游离局外，不论在何种演出样式中，都应是严谨的整体设计的一个有机部分。

（龚和德）

大红缎平金坐龙箭衣

粉红缎彩绣团龙箭衣

白缎团花箭衣

蓝缎折枝花箭衣

（鲁青摄）

jianyi

箭衣 京剧舞台上用途广泛的轻便武服。又称**箭袖**。款式为圆领（内衬护领），大襟，窄袖，衣长及足，自腰际以下左右前后开衩。此衣仿自清代同名服装。其窄袖为射手服装之袖，袖端有弧形袖盖，平时朝上翻起，行礼时放下，名箭袖，俗称**龙吞口**，又称**马蹄袖**。清代统治者崇尚骑射，礼服中亦用箭袖。李斗《扬州画舫录》记“江湖行头”，武扮服饰中即有“五色龙箭衣”。可知清乾隆年间的昆曲戏班已备此衣，并分黄、红、绿、黑、白五色。箭衣四面开衩，原为方便骑射，亦成为戏服长衣类中的独特款式。然其方便舞动，还得益于扎扮，即先收腰，将肥出部分向后掖住，以小带束紧，再将因收腰而重叠于臀部的一片下衣，斜向提至腰部系住，形成前开衩呈八字形左右分开，这就有利于双腿活动；最后腰系鸾带或扣带，带穗居中下垂，略如蔽膝的美化作用。这是箭衣经过扎扮后的完美形态。

箭衣有单独使用、与他衣配合使用两种。单独使用多在演武、作战、败阵等场合，如《野猪林》菜园拜结，林冲脱去褶子，穿着箭衣舞剑。《两将军》马超与张飞夜战，卸靠着箭衣，是轻装作战。《华容道》曹将穿箭衣带下甲，是丢盔弃甲的残兵败将。与他衣配套使用主要有：与敞着穿的花褶子组合，是武将的休闲装或江湖英雄的身份装；与马褂组合，是军事行动装（如《甘露寺》孙权、《回荆州》刘备）、军人出行装（如《汾河湾》薛仁贵、《断密涧》王伯当）、校尉家将的职务装；与卒坎肩组合，是解差、报子的职务装。

箭衣品种有：①**龙箭衣**。缎制，绣八团龙或四坐龙，加蟒水。有彩绣、平金绣。服色有黄、红、绿、蓝、黑、白、粉红等。黄色龙箭衣专用于剧中帝王。红色龙箭衣生、净脚色均用，生扮的如《战太平》花云、《四郎探母》杨延辉，净扮的如《打金砖》马武。蓝、绿、黑色龙箭衣多用于净扮武将或江湖人物，如《锁五龙》单雄信、《盗御马》窦尔墩等。生扮赵匡胤，勾红脸，在《送京娘》中也穿绿箭衣。白色、粉红色龙箭衣，多用于武生、武小生、小生所扮的青年武将。②**花箭衣**。缎制，绣八团花，并有二方连续纹样的边饰。如《艳阳楼》高登穿白色团花箭衣，《举鼎观画》薛蛟穿粉红色团花箭衣。另有绣折枝花的箭衣，用于《挡马》中女扮男装的杨八姐。③**素箭衣**。有缎制、布制，以黑、蓝、白色为多，黑色镶蓝边，蓝色镶黑边，白色镶蓝边或黑边。多用于落魄英雄以及衙门捕快等，如《夜奔》林冲、《响马传》秦琼等。青布、蓝布箭衣多用于丑行所扮衙役等，不衬护领，如《女起解》崇公道。白素箭衣多为丧服，如《文昭关》伍子胥。

（谭元杰）

Jianghan Yuge

《江汉渔歌》 京剧作品。田汉1937年10月作于湖北武汉。原名**《渔父救国》**。取材于南宋军民抗金史实，为抗敌剧《保卫大武汉》（由与武汉攻防军事有关的10个历史故事编成）的一则，由安舒元（饰阮复成）、王永泉（饰许禼）等演出。载《抗战文艺》第5卷第2～3期合刊（1939年1月）及第4～5期合刊（1940年1月）。1939年6月，于广西桂林扩编为36场大型作品，改今名。同年，由平剧抗敌宣传队首演于桂林。龚啸岚导演，徐敏初饰阮复成。剧本由桂林六艺书店出版。1944年3月，由四维平剧社儿童班排演，参加在桂林举办的西南第一届戏剧展览会演出。导演李紫贵。主要演员解维蓉（后名谢锐青）、沈维志、胡维芬、易维芝、郑维光。剧情为宋室南渡后，金兵大举南侵，汉阳危急。太守曹彦若招请乡贤赵观、许禼、党仲策共图抗金。老渔翁阮复成主动请战，联络两万渔户火攻敌营。军民配合，奋勇杀敌，大败金兵。作品结合抗日战争初期的斗争形势，歌颂了以阮复成为代表的江汉民众和爱

李宗义饰阮复成（右一） 云燕铭饰阮春花（左一）

国官吏、乡绅，同仇敌忾、共赴国难的战斗精神和斗争智慧，表现了“抗战就要动员民众”、“只有抗战到底，才能打破那敌人的迷梦”的主题思想。剧中还鞭挞了事敌卖国的汉奸和只顾个人安危的临难脱逃者。艺术表现形式在运用传统手法的同时，也做了新的尝试，尤以一些群众场面的处理较为生动活泼，具有生活气息。阮复成、阮春花父女的性格比较鲜明。1950年，田汉又对剧本修改加工，如汉阳太守曹彦若改作代理汉阳太守曹彦约，党仲策改作党仲升。原剧战死的是许禼，改为党仲升。同年，由中国戏曲研究院京剧实验工作团演出。执行导演李紫贵、郑亦秋。李宗义饰阮复成，云燕铭饰阮春花，李洪春饰赵观。1950年新戏曲书店出版单行本。

（程炳达）

Jiang Qihu

江其虎 （1963～ ） 演员。工小生。江苏淮阴人。1979年考入江苏省戏剧学校，毕业后，分配到淮阴市京剧团任演员。1985年到中国戏剧学院表演系进修，1988年考入该院表演系专修班（明星班）深造。毕业后入中国京剧院青年团。先后向毕高修、李德彬、江世玉、曲咏春、沈世华、李金鸿等老师学戏，后拜叶少兰为师，专攻叶（盛兰）派艺术。他的嗓子、扮相、身架均佳，具文武昆乱的基础，是一个兼能小生行各工角色的上乘人才，尤擅雉尾生戏，有阳刚之美。能演剧目有《吕布与貂蝉》、《辕门射戟》、《白门楼》、《黄鹤楼》、《临江会》、《群英会》、《镇潭州》、《八大锤》、《飞虎山》、《罗成叫关》、《白蛇传》、《评雪辨踪》、《打侄上坟》，以及昆曲戏《琴挑》、《雅观楼》，吹腔戏《奇双会》等。在新排的南戏《张协状元》、希腊悲剧《巴凯》、莎士比亚名剧《李尔王》中，均能应付裕如，场上生色。1987年获全国青年京剧演员电视大选赛最佳表演奖。1993年获梅兰芳金奖。1996～1999年入第一届中国京剧优秀青年演员研究生班学习。2001～2002年，在全国京剧优秀青年演员评比展演中获荣誉奖。

《群英会》饰周瑜（左） 寇春华饰蒋干

（寇春华提供）

（捷之）

Jiang Shisheng

江世升 （1917～1987） 演员。工武生。北京人。幼入北京富连成社科班第五科习艺，学武生，从宋起山、贾顺成练功，从刘喜益、王连平学戏。坐科时，就常主演《武当山》、《神州擂》、《乾元山》、《武家园》、《赵家楼》、《东昌府》、《水帘洞》等剧。他扮相英俊，武功出众，翻跌纵跃，干净利落，勤学苦练精神超乎一般，为该社“世”字班学生中武生行当的上选人才。长靠、短打兼擅，而短打戏尤精。学成后，常于老生、旦脚班社中挂二、三牌，也成为20世纪40～50年代每演“武生大会”所不可缺少的人物，在北京、天津、上海等地颇有名声。擅演剧目有《挑华车》、《铁笼山》、《状元印》、《贾家楼》、《闹昆阳》、《青石山》、《界牌关》、《神亭岭》、《连环阵》、《骆马湖》、《恶虎村》、《花蝴蝶》、《铁公鸡》、《五人义》、《东昌府》、《画春园》等。1960年底，响应国家支援边疆地区文化建设的号召，随北京新兴京剧团调往新疆，为新疆京剧团的主要演员，1979年退休。

（钮骠）

Jiang Shiyu

江世玉 （1918～1994） 演员。工小生。祖籍江苏，生于北京。原名宗德。出身梨园世家。父亲江顺仙是京剧旦脚名宿，章遏云为其亲传弟子。世玉9岁入富连成社科班学艺，初习旦，能演《五花洞》、《荡湖船》等剧，后改小生，受业于萧长华、郭春山、萧连芳。坐科7年，会戏百余出，常与李世芳、毛世来合演生旦对儿戏，如《打鱼舟配》、《独占花魁》、《红鸾喜》、《断桥亭》等。在其成长过程中，耳濡目染，颇受叶盛兰舞台风采的影响。18岁出科，先后搭李盛藻、谭富英、徐东明、毛世来、言菊朋、侯玉兰、杨宝森、马连良、李少春等班社演出。在北平、天津、上海及东北各地声誉日起，成为20世纪40年代京剧舞台上的小生出色人才。所演《群英会》、《奇双会》、《穆柯寨》、《三堂会审》、《白蛇传》，都很规范严谨，有声有色。1944年，经王少卿介绍拜在前辈姜妙香门下继续深造，使其在演技，特别在唱念功法上，更有长足进步。1951年随李少春参加中国戏曲研究院京剧实验工作团，经常与李和曾、侯玉兰、高玉倩、江新蓉等合作演出。除了传统剧目外，还排演了不少新编剧目，如《凤凰二乔》中之周瑜、《吟香钗会》中之梅良玉、《玉簪记》中之潘必正等。尤以扮演《智斩鲁斋郎》中之鲁斋郎、《彩楼记》之吕蒙正，得到内外行的好评。前者把一个皇帝的宠臣，演得骄横凶残，如恶魔再世，让人恨之入骨；后者在

《评雪辨踪》饰吕蒙正（左） 高玉倩饰刘翠屏

《评雪辨踪》一折中把一个穷酸秀才的疑妻、盘妻、怨妻、爱妻的复杂心情刻画得入木三分，使人忍俊不禁。在中国京剧院30余年，其演出足迹遍及祖国各地，并随团出访过日本等。

他扮相英俊，嗓音纯正，真假声和谐，唱念讲究，表演清新潇洒，有书卷气，尤擅演文小生及穷生戏。其代表剧目《评雪辨踪》已成为青年小生演员必修剧目。退休后，1985年受聘于中国戏曲学院，学小生行当的学生均向其问艺求教。（夏永泉）

Jiangsu Sheng Changrong Jingjuyuan

江苏省长荣京剧院 京剧演出团体。原名**淮阴专区京剧团**，创建于1960年12月，是以沭阳县京剧团为主，与宿迁、泗阳等6个县京剧团合并、整编而成。李本荣、王继绪任正副团长。主要演员有宋长荣、姜素娟、陈玉华、王瑶华、白剑华、王顷梅、曹云鹏、张长富等。后又聘、调周正雯、季鸿奎、曹正豹、王正良等演员，充实演出阵容。1961～1963年，先后加工排演《望江亭》、《满江红》、《锁麟囊》、《谢瑶环》等，深入苏北农村，并赴安徽、浙江、江西等省巡演，颇有影响。1964年排演现代戏《尖兵颂》、《送肥记》、《打铜锣》、《红灯记》等。创作《六塘河儿女》、《雪夜》，参加1965年江苏省京剧现代戏观摩演出大会，获得好评。“文化大革命”开始，剧团停演，30多人下放劳动。1970年2月江苏省戏曲学校分配16名京剧班毕业生到团，后又陆续调回下放人员，逐步恢复演出，排演《沙家浜》、《海港》、《龙江颂》、《杜鹃山》等“样板戏”。1978年，传统戏开禁，排演了《小刀会》、《逼上梁山》等剧，并在观众要求下，中断14年舞台生活的宋长荣排出荀派名剧《红娘》、《金玉奴》、《红楼二尤》等。1979年，剧团赴南京、常州、苏州、上海演出，“小剧团轰动大上海”。1980年北上徐州、济南、天津、北京，“红娘一曲动京华”。宋长荣主演的《红娘》由中央新闻纪录电影制片厂拍成彩色戏曲片，全国放映，并受到文化部奖励。1983年3月，淮阴“撤地改市”，更名**淮阴市京剧团**。1984年、1988年剧团两次赴香港演出，宋长荣“活红娘”誉满香港。1995年与江苏省京剧院联合赴台湾演出，亦有良好效果。1997年在淮阴文化艺术学校代培的学员学成归团，加上原有中青年演员逐渐成熟，演出队伍实现了新老交替。常演剧目达50余出，创演剧目《桃花酒店》、《鸳鸯帕》、《两家欢》、《葫芦架下》、《闪闪的红星》等，均有较好演出效果。1998～2000年3次赴上海演出，受到欢迎。2001年1月淮阴市改名淮安市，剧团随之更名为淮安市京剧团。2002年11月，经江苏省文化厅、淮安市编制委员会批准，改用今名，2007年创演历史故事剧《主仆奇冤》，获江苏省第五届戏剧节优秀剧目二等奖。2008年创演《扁担谣》(金长青编剧，廖寿儒、杜九红导演，赵润作曲，姚中文饰余国本、刘维青饰陶秀云)，表现当代城市搬运工的动人故事，在第五届中国京剧艺术节上获现代戏二等奖。宋长荣为名誉院长。（陈久江）

名誉院长宋长荣

《扁担谣》说明书

Jiangsu Sheng Jingjuyuan

江苏省京剧院 京剧演出团体。1960年5月以**江苏省京剧团**(1953年2月由苏南大众京剧团和苏北实验京剧团合并而成，先称江苏大众京剧团，后名江苏省京剧团）为基础，并入南京市京剧团、南京市青年京剧团和扬州专区京剧团部分演职员，在江苏南京成立。历任主要负责人郭铁松、金毅、陈惠忠、姜云昌、王培基、赵源、朱军、黄玉琪、周广乾、高舜英、陈霖苍、徐全心。

剧院演员阵容整齐，先后担任主演的有：老生王琴生、蒋慕萍、王正堃，武生张桂轩、周云亮、梁慧超，红生赵云鹤，小生张世兰、杨小卿，青衣新艳秋、沈小梅、李正芷、黄孝慈、黄晓萍、钟荣、董金凤、赵道英，武旦周云霞、冀韵兰，花脸金少臣、傅关松，丑行魏成武、朱鸿发等。其中沈小梅获首届文华表演奖，黄孝慈获第七届梅花奖。20世纪80年代以来涌现出一批中、青年演员。在1991年全国中青年京剧演员电视大赛中，龚苏萍、江燕获中年组优秀表演奖，艾金梅获青年组最佳表演奖。1993年，艾金梅又获文华表演奖，并于2002年夺得第十九届梅花奖。1996年李洁被中国京剧艺术基金会推荐为中国京剧之星，并于2001年又夺得第十八届梅花奖。主要编创人员有江蜇君、冯玉琤、毛宗良、姚明德、汪人立、石玉昆、姚呈远等。建院之初以整理、演出传统戏为主，也编演了历史剧《吴越春秋》等。1964年以后偏重于现代戏的创作，有《耕耘初记》、《再接鞭》，《革命家谱》参加1964年全国京剧现代戏观摩演出大会，《江姐》、《就是他》、《伏虎》、《英姑》、《枫林渡》参加1965年华东区京剧现代戏观摩演出大会。“文化大革命”中演出了《沙家浜》等“样板戏”。20世纪80年代恢复演出传统戏百余出，并新创现代戏《琵琶泪》、《姐妹花》。历史剧《宝烛记》获首届文华新剧目奖，《红菱艳》获

《宝烛记》 沈小梅饰长孙无双（中） 赵云鹤饰李世民（右） 龚苏萍饰太子

《骆驼祥子》
陈霖苍饰祥子（右） 黄孝慈饰虎妞

《飘逸的红纱巾》
李洁饰方斐（左） 严阵饰章迪

1988年全国京剧新剧目汇演优秀剧目奖，《青蛇传》获全国第三届文华新剧目奖，《西施归越》获1995年首届中国京剧艺术节铜奖。据老舍小说《骆驼祥子》改编的同名现代戏，获1998年第二届中国京剧艺术节金奖，主演陈霖苍、黄孝慈在1999年第十六届梅花奖评选中，双获“二度梅”。2001年创演历史剧《天下归心》，获第三届中国京剧艺术节优秀剧目奖。2008年创演革命历史题材剧目《飘逸的红纱巾》，获第五届中国京剧艺术节现代戏一等奖，主演李洁获2010年中国文化艺术政府奖文华表演奖。剧院在对外文化交流中也发挥了重要作用。1959年赴维也纳参加第七届世界青年与学生和平友谊联欢节，并去挪威、瑞典等北欧五国访问演出。20世纪80年代以来，先后赴澳大利亚、加拿大、墨西哥、韩国等多个国家演出。（汪人元）

Jiangsu Sheng Xiju Xuexiao

江苏省戏剧学校 戏曲专业学校。创建于1956年5月，初名江苏省戏曲训练班。1958年2月正式定名为江苏省戏剧学校。设置京剧、昆剧、锡剧、扬剧、话剧、戏剧文学、戏剧导演、舞蹈、音乐、舞台美术等专业。1959年，学校升格为大专性质的江苏省戏曲学院。设京剧系、地方戏曲系、歌舞话剧系和编导班，共计12个专业，在校学生近千人。1962年9月，学院停办，取消歌舞、话剧等专业，恢复戏剧学校建制。1969年12月，与南京艺术学院、南京师范学院音乐系和美术系合并为江苏省革命文艺学校，1972年改名为南京艺术学院。1977年10月，恢复江苏省戏剧学校建制。除原有专业外，又增设了越剧表演专业，成立了实验京剧团。1984年起，与剧团联合招生，改为定向培养。1993年以来，为适应社会人才需求，拓宽办学思路，先后增设了音乐教育、美术教育、群众文化、影视表演、实用美术、装潢设计以及民乐、声乐、键盘乐等专业，并与南京艺术学院联合举办了戏剧文学、音乐教育、美术教育大专班。2000年又举办了音乐、美术、锡剧表演专业五年制高职班，学校已从过去单一的戏剧学校发展成为一所以戏剧教学为龙头的多门类综合性艺术学校。专业设置近20个，学制3～6年。随着办学规模的扩大，学校办学条件不断改善，1997年在溧阳市创办了天目湖分校。

学校师资力量雄厚，一批国家一、二级演员和在全国享有盛名的表演艺术家先后在校任教。京剧教师有新艳秋、刘叔诒、赵贯一、李德彬、蒋慕萍、梁慧超、醉丽君、陈正薇、刘琴心、沈小梅、李砚萍、金少臣、费玉策、孙玉祥、冀韵兰、季鸿奎、王正龙、蔡鸣芬等。戏曲教学开设唱念、排练、武功、身段等专业课，坚持课堂教学与舞台实践相结合的方针，采取以功保戏，以戏带功的教学方法，训练和培养学生独立理解、创造角色的能力。在长期的教学实践中，各专业积累了教学剧目300多个。其中京剧主要有《春闺梦》、《战太平》、《法场换子》、《雅观楼》、《文昭关》、《杀四门》、《廉锦枫》、《天女散花》、《拾玉镯》、《大英杰烈》、《贵妃醉酒》、《霸王别姬》、《姚期》、《双李逵》、《野宴》、《战金山》、《游街》、《芦花荡》、《红桃山》等。学校为江苏省培养和输送了大批艺术人才，全省各级文艺团体的业务骨干大多是戏校培养的，其中不少人已成为全省乃至全国有影响的演员。京剧专业有尤继舜、王馥荔、江其虎、艾金梅、李洁等。由于学校办学成绩显著，多次受到上级政府和主管部门的表彰和嘉奖。1994年被确定为省部级重点学校。1995年被文化部、人事部授予“全国文化先进集体”称号。2000年5月被教育部确定为国家级中等专业学校。2003年11月，根据江苏省文化厅的决定，将江苏省文化学校并入。学校设有戏剧、影视、舞蹈、音乐、美术和文艺管理6个门类20多个专业，有中专和大专两个学历层次，并建有实验艺术团。

江苏省戏剧学校外景

（江苏省戏剧学校）

Jiangxi Huiguan Xilou

江西会馆戏楼 清代会馆戏楼。址在北京市宣武门外大街东侧。现已不存。清乾隆时原有江西会馆，址在前门外打磨厂，后毁。此馆另建于清末，1914年前后扩建，总面积为4 772平方米。建有中式楼房、瓦平房、罩棚、游廊等271间。内设花园，花园东侧为戏楼，戏楼整体为木结构囤顶式封闭厅堂，面积679.8平方米。戏台坐西朝东。台基高约0.85米，舞台6米见方，周设雕花栏杆，顶部为藻井。一层中央部位为池座，三面环设看戏之廊房；二层为包厢，前沿设雕花木栏。清末及民国时期，是军政要员的重要集会场所及堂会演出场所，如张勋每至京师，必招名角登场。戏曲界知名人士吴梅、袁寒云等曾以票友身份在此演唱昆曲。民国时，又曾上演评剧，著名评剧演员段桂舫、花迎春、白玉霜等均曾在此演出。民国时期，此处曾改“江西旅平同乡会”、“江西省馆”。1916年11月，国民党议员300余人在此举行“政学会”，同月26日举行“全国国民大会”，反对法国侵占天津。1918年10月12日，此处举办“中法协进会”，成立“中法学务联合会”，蔡元培、李石曾及法国公使在此作工作报告。中华人民共和国成立后，改为北京市服装防护制品厂，后又改为北京服装三厂。1987年全部拆除。（周华斌）

江西会馆戏楼内景 （曹鹏提供）

Jiangxi Sheng Jingjutuan

江西省京剧团 京剧演出团体。前身为南昌市京剧团，1955年，由艺人自愿结合的江西京剧团、南工剧院、群艺京剧团联合组成，起初仍分3个团，1957年才合并一起。演出以现代戏为主，除向中国京剧院学习演出《白毛女》外，自编自演了《强渡大渡河》。其后又排演了一批现代戏，如《八一风暴》、《李双双》、《苦菜花》、《丰

《贵人遗香》
罗媛媛饰上官秋（左） 陈雪松饰李暮

收之后》、《霓虹灯下的哨兵》等。也排演优秀传统戏和新编古代戏，如《梁祝姻缘》、《失舟巧嫁》、《杨门女将》、《满江红》、《谢瑶环》、《三打祝家庄》等。1959年和1961年，曾两次奉命上庐山为党中央的重要会议演出，诸多中央领导人到场观看，并受到鼓励。1964年，以《强渡大渡河》、《李双双》等剧参加全国京剧现代戏观摩演出大会。大会期间，有10多个剧团派人学演《强渡大渡河》。“文化大革命”时，剧团受到冲击。1969年改为江西省京剧团，归省级管理，演出“样板戏”。另有原省评剧团人员和从农村调回一些下放的京剧演员重组南昌市京剧团。江西省京剧团的首任团长为史庆文。主要演员有王苓秋（青衣、花旦）、李松年（小生，师从赵志秋、俞振飞等）、何玉蓉（女老生，汪笑侬流派的再传弟子）、王超群（武生，师从盖春来）、王全熹（麒派老生，赵麟童弟子）、刘丽芳（文武花旦，师从阎世善、李金鸿等）、邓薇薇（青衣，受教于黄咏霓、芙蓉草）、杲振邦（武生，受过傅德威、孙盛云等指导）、吴佩茹（文武花旦）、熊一华（刀马旦，关肃霜弟子，1991年全国中青年京剧演员电视大赛获优秀表演奖）、罗媛媛（花旦，宋长荣弟子）、周少华（花脸）。新时期以来，剧团先后赴北京、天津、上海、南京、武汉、台北等地演出。1990年以汪派名剧《哭祖庙》（何玉蓉饰刘谌），参加徽班进京200周年纪念活动，此剧绝响多年，受到欢迎。1992年创排的《贵人遗香》（罗媛媛饰上官秋、陈雪松饰李暮、时铁军饰方辰）获第四届文华新剧目奖。1994年以创排的《长剑魂》（王全熹饰秦始皇）参加梅兰芳、周信芳诞辰100周年纪念活动，又于1995年参加首届中国京剧艺术节，获演出奖。1997年，张斯栋任团长，把培养表演新人作为战略目标，先后于1999年、2000年招收两班学员49名，大班选送上海市戏曲学校深造，小班随团培养，亦取得好成绩，在2002年第六届少儿小梅花荟萃活动中，4名学员分别夺得两金两银。2004年新创作的儿童题材京剧《岳家小将》在第四届中国京剧艺术节上展演，并在第五届全国优秀儿童剧展演中获奖。（徐国强）

《长剑魂》 王全熹饰嬴政（右一）
李艳苹饰媛姬（左一） 白丹萍饰无齐

Jiangxi Sheng Wenyi Xuexiao

江西省文艺学校 艺术专业学校。1957年3月在江西省文化艺术干部训练班和电影训练班的基础上创建而成。设赣剧、采茶戏、京剧等专业和电影放映员轮训部。1960年扩建为江西省文艺学院，设戏剧系、音乐系、美术系、轮训部和附属戏曲学校。1962年秋改称江西文化艺术学校。1968年11月学校撤销。1973年恢复建制，改称现名。1976年以后，在原有的专业基础上，增设话剧、舞蹈、编导等专业，并在各地、市开设地方戏班。赵锡荣、刘恕忱、石凌鹤、李振和等先后担任校长。京剧专业教师有郑冰如、王其昌、金桂芳、刘庆云、李小龙、俞小豹、王瑶贞、赵维恒等。该校创办以来，为江西各文艺团体培养了近千名毕业生，其中京剧科毕业生邱桂兰、丁志鹏、王春林、黄贵风等已成为剧团的艺术骨干和主要演员。（刘文峰）

Jiang Xinrong

江新蓉 （1927～　） 女演员。工青衣。原名赵小凤，曾用名赵华。生于北京。满族。幼从滕雪楼、张筱霞学艺，6岁登台演戏。随母亲从山东莱山庙会上，一直演到烟台的大戏院。用六岁红、云燕霞为艺名，以其童伶戏，深得观众喜爱，遂拜名旦王芸芳为师。1939年投奔八路军五旅辛庄留守处，入胶东国防剧团任演员，改名赵华。1942年调胶东文协胜利剧团任主要演员。常演《武家坡》、《汾河湾》、《贺后骂殿》、《宝莲灯》等戏，并参演了新编古代剧《闯王进京》、《红娘子》、《木兰从军》、《关羽之死》（饰陆逊）等。中华人民共和国成立后到北京，用名江新蓉，任戏曲实验学校教导主任，得到王瑶卿的教益，参加排演了《新白兔记》，饰李三娘。后调中国戏曲研究院京剧实验工作团，又转为中国京剧院二团任演员。1955年拜程砚秋为师，专攻程派艺术，学习了《汾河湾》、《贺后骂殿》、《朱痕记》、《红拂传》、《鸳鸯冢》、《荒山泪》、《六月雪》、《三击掌》、《玉堂春》、《审头刺汤》、《二堂舍子》等剧，还排演了欧阳予倩编剧并导演的《人面桃花》。曾参加第五届世界青年与学生和平友谊联欢节，演出京剧清唱，获民族歌唱金质奖章。这一时期是她在艺术上走向成熟的阶段，与李和曾、张云溪、张春华、景荣庆等常年合作演出。

江新蓉台风严谨，表演沉稳，形成了娴静端淑、落落大方的舞台风貌，研习程派艺术成绩斐然。除经常演唱传统戏外，还参演了《三打祝家庄》、《生死牌》、《孙安动本》、《摘星楼》、《凤凰二乔》、《吟香钗会》、《智斩鲁斋郎》等新剧及《白云红旗》等现代戏。她口述的自传《五彩舞台——江新蓉艺术生涯五十年》一书，由四川人民出版社于1986年出版。（钮骠）

《白云红旗》饰李丹青（右） 李和曾饰朝克图
（游振国摄）

Jiang Yunlu

江云潞 （？～1938） 戏装工艺师。江苏苏州人。其父江步青，在苏州开设江恒隆戏衣庄，因与织造衙门有联系，经常承做内府所用戏衣。后家业败落，江云潞拜苏枝山之徒孙炳生为师，描绘戏衣纹样，并随师至上海，在南市四牌楼曲尺弯孙炳生所开的绘画庄继续学艺。1922年孙炳生去世，江云潞仍留在师傅家帮工，至1926年自开江记绘画庄，为卫顺泰、蒋顺兴等戏衣号绘制行头纹样。白玉崑、张翼鹏、陈大濩、王玉蓉等的戏衣图样，多有出自江云潞之手者。大舞台《西游记》、共舞台《火烧红莲寺》等连台本戏盛演期间，其改良行头也有不少是由江云潞设计的。其子江根泉，为徐毓敏（绰号"徐大个"）之徒，盔头制作师，曾于1981年5月以其制作的点翠蝴蝶凤冠，参加轻工业部工艺美术公司主办的展览评比活动，获得奖励。时江根泉57岁，在上海戏剧服装用品厂戏帽车间供职，能做不同样式的传统硬胎盔头一百四五十种。

（刘月美）

Jiang Fengshan

姜凤山 （1923～ ） 琴师。原名文亭、桐秋。北京人。8岁开始学戏，先后师从李福庆、张鑫奎，习净。16岁因倒仓而拜杜奎三为师改学胡琴。1942年随马连良、宋德珠到上海、南京一带演出，又曾先后与毛世来、童芷苓、言慧珠、杜近芳等合作。1949年成立梅兰芳剧团时，参加了梅剧团，长期在该团工作。1961年梅兰芳逝世后，继续在梅剧团的后身北京市实验京剧团工作，后该团与北京京剧团合并，曾先后为谭元寿、梅葆玖、梅葆玥、李慧芳、李宗义、马连良等操琴。

姜凤山与梅兰芳长期合作，对于梅兰芳排演的许多剧目的音乐、唱腔，深有心得。在梅葆玖演出的《霸王别姬》、《西施》、《太真外传》等剧目中，姜凤山都在音乐、唱腔上进行了加工改进。还参与排演了梅葆玖、梅葆玥等演出的《倩女离魂》、《生死牌》、《胭脂》等梅派新剧目。"文化大革命"结束后，在恢复上演传统剧目时，他为《穆桂英挂帅》、《霸王别姬》、《宇宙锋》、《生死恨》、《玉堂春》、《西施》、《洛神》等剧目的重新演出付出了许多心血。从1959年开始，他就先后代梅兰芳、梅葆玖教戏。许多梅派新人，如李胜素、董圆圆、张晶以及台湾的魏海敏等，都从姜凤山学习梅派唱腔。

姜凤山操琴稳重大方，指法、弓法洗练简捷，节奏准确。在梅派剧目的伴奏中，不断从剧情和人物出发进行改革，发展求新。先后收徒黄保光、魏桂德、赵连喜、虞化龙、王玉伯、卢志柽、许义方、陈正伟、吕玉勇、王福龙、王砚华等。（张梓媛）

Jiang Hongkui

姜鸿奎 （1920～2001） 琴师。祖籍江苏镇江，生于上海。父姜松亭（又名财宝）为京剧鼓师，叔父姜竹清为京剧琴师。6岁时由叔父姜竹清开蒙学艺。8岁登台为童伶老生演唱《辕门斩子》操琴而初露头角。14岁正式搭班演出，向赵济羹、张俊峰等前辈求教，潜心学习、钻研生、旦、净等行中各个流派的声腔艺术，伴奏技艺日趋成熟。先后为孟鸿茂、金少山、叶盛兰、芙蓉草、白玉崑等人操琴。24岁成为周信芳的专门琴师，合作达10余年之久。同时，还为高百岁、李玉茹、裘盛戎、高盛麟、言慧珠等人操琴。1949年周信芳与梅兰芳合演《打渔杀家》，他担任伴奏。1950年参加中

南京剧工作团工作。此后，长期为高百岁、陈鹤峰、高盛麟、关正明、杨菊蘋、李蔷华、王玉蓉、董少英等不同流派演员伴奏，为武汉市京剧团主要琴师。

姜鸿奎受过严格的基本功训练，功底深厚，悟性好，记忆力强，他的伴奏，运弓有力度，手音好听，滑、打、揉、碰、抖、拉、推、连等技巧，均能得心应手，运用自如，富有变化而又规矩大方。他一贯主张伴奏的重点是在托腔衬垫上，不喧宾夺主，更不随意乱耍花过门。除擅长京胡外，对鼓、小锣、大锣、铙钹、京二胡、月琴、南胡、唢呐、笛子等乐器亦能熟练操作演奏，有"六场通透"之誉。

（周笑先）

Jiang Miaoxiang

姜妙香 （1890～1972） 演员。工小生。名汶，字慧波，艺名妙香。祖籍直隶河间（今属河北），生于北京。父亲姜俪云乃四喜班的旦脚演员。母陈氏，是著名昆曲世家陈金雀的孙女，通音律。姜妙香幼时能唱一些旦脚唱段。7岁时拜谢双寿、田宝琳为师学青衣。由于家学渊源，又经名师教诲，进步很快，第二年初次登台演出《三娘教子》，便得到好评。9岁开始在戏班里效力。他嗓子好，会戏较多，而且身材较高（绰号"姜大个儿"），两年后，正式搭入宝胜和班，演出《落花园》、《孝义节》、《彩楼配》一类唱功戏。由于他的嗓音嘹亮，气力充沛，口齿清晰，引起了观众的注意。同时，他又向陈德霖、茹莱卿习昆曲及皮簧戏，特别是在唱法和念法上，得到了陈的传授。陈德霖在唱法上讲究提音（立音）、擞音（一般旦脚不用）、甩音及气口的运用，在劲头上着重轻重缓急，刚柔相济，在念法上要求四声尖团。他按照老师的教诲，勤奋锻炼，不仅在他唱青衣时得到发挥，后来改唱小生，在革新小生唱法上，也起到了重要作用。是时，王瑶卿由于嗓音关系极少演出唱功戏，40岁以后便脱离舞台。而比姜妙香年纪小的王蕙芳、梅兰芳也均未成名。就在这青黄不接的时候，姜妙香脱颖而出。15岁那年秋天，王凤卿、贾洪林、龚云甫、黄润甫、许荫棠等人邀他以应主要旦脚参加合组鸿奎班。他的演唱大获好评。后去天津，亦载誉而归。演出11个月之后，鸿奎班解散。16岁时与王凤卿、刘鸿昇一同加入田际云的玉成班。他与王凤卿合演《武昭关》、《南天门》、《战蒲关》

《断桥》饰许仙（右） 梅兰芳饰白蛇（中） 姚玉芙饰青儿

《借赵云》饰赵云（左） 王少亭饰刘备

《群英会》饰周瑜（左） 萧长华饰蒋干

《奇双会》饰赵宠（左） 梅兰芳饰李桂枝

等生旦对儿戏，与王凤卿、刘鸿昇合演《大保国、二进宫》都十分叫座。姜妙香的嗓子好，能连唱两个小时不觉吃力，因而赢得“姜八刻”的美誉。17岁是他青衣演唱艺术的高峰时期。这年他和王凤卿一同加入陆华云（小生）的长春科班。他除了与王凤卿合演外，还唱一些重头唱功戏，如《祭江》、《祭塔》等，而《玉堂春》最受观众赞赏。

姜妙香刚跨入他青衣表演的极盛时期，便因劳累过度而吐血辍演。他一病两年，病情见好后，嗓音恢复较慢。于是，他于21岁时拜了冯蕙林、陆杏林为师，改学小生，同时向原工武生的茹莱卿学《雅观楼》及武功身段，并请靳湘林来家陪他打把子。22岁时搭入俞振庭的双庆班，演一些唱功较少的如《五花洞》、《查头关》之类的短小剧目。每日晨起喊嗓子练功，白天演出，晚上学戏，在漫长的岁月中，战胜了重重困难，终于于1915年成为京剧小生演员。第一出戏是正月初八在吉祥戏园与高庆奎合演的《黄鹤楼》，他饰周瑜。这时，他那高亢嘹亮的嗓音已完全恢复，而当时好嗓子的小生并不多见，因此，他一鸣惊人。二月初六，在双庆班第一次与梅兰芳合作演出了《玉堂春》，从此，开始了梅、姜二人长达46年之久的合作，珠联璧合，传为艺苑佳话。在京剧界流派纷呈、新戏迭出、各行当争奇斗艳的新形势下，姜妙香兼收并蓄，博采众长，刻苦钻研，努力创新，创制了许多优美动听的小生唱腔及多种新颖别致的唱法，特色鲜明，耐人寻味，形成了脍炙人口的姜派。

姜妙香对小生传统唱腔，精雕细琢地进行了加工改进。他掌握“声随词变”、“按情行腔”的法则，确实做到了“板者活之，直者婉之，俗者雅之，枯者腴之”。不仅《白门楼》、《监酒令》之类的唱功戏，就连唱功较少的如《群英会》、《黄鹤楼》这类戏，他都或多或少地加以改进，使唱腔更加贴切地表达人物的情感，悦耳动听。梅派的全部新戏如《黛玉葬花》、《千金一笑》、《牢狱鸳鸯》、《洛神》、《西施》等剧中的小生唱腔，都是由姜妙香和著名琴师王少卿共同研究、创造的。此外，马派戏《三顾茅庐》、《四进士》以及程砚秋代表作《玉狮坠》、《花舫缘》、《鸳鸯冢》等剧中的小生唱段，姜妙香也均创有新腔。他70岁时，还为《穆桂英挂帅》一剧设计了小生唱腔。姜妙香在发展小生声腔艺术方面起了承前启后的重要作用，功绩卓著。姜妙香的著名唱功戏有《孝感天》、《监酒令》、《玉门关》、《罗成小显》及《飞虎山》等8出，所以人们称他为“姜八出”。他生前对这些唱腔反复地推敲加工，所创制的大量新腔受到人们的喜爱，并广为流传不衰。姜妙香对念白也非常重视，他最初向陈德霖学四声，改小生后又同余叔岩一起切磋。他主张念白不仅要让观众听清听懂，而且要以和谐悦耳为重要原则。在表演上，姜妙香技巧纯熟，格调高雅，对人物揣摩得十分细致，他所扮演的《奇双会》中的赵宠，《群英会》中的周瑜，《拾玉镯》中的傅朋，《借赵云》中的赵云，《虹霓关》中的王伯当以及《状元谱》中的陈大官等，不温不火，各有各的风貌，形象鲜明。姜妙香嗓音高亢，浑厚宽亮，吐字真切，口法讲究，歌来意境深邃，韵味醇厚，唱法、气口运用巧妙。这些可以说是姜派声腔艺术的主要特色。

姜妙香曾在全国许多城市的舞台上演出过，包括5次到香港，并3次到日本演出。他曾参加摄制《生死恨》、《洛神》、《宇宙锋》、《贵妃醉酒》等京剧舞台艺术影片。中央电视台为他拍摄过生活纪录短片《老当益壮》，并于1963年10月转播了他在电视台剧场主演的《群英会》实况。他早年唱青衣时，灌过《五花洞》、《战蒲关》、《白门楼》等唱片，此后灌过小生唱片《贩马记》、《群英会》、《西施》等约50多面，并录制过全本《辕门射戟》、《连升三级》、《监酒令》、《玉门关》、《玉堂春》、《打侄上坟》及《白门楼》等7种磁带。姜妙香在国内外报纸杂志上发表过36篇文章，内容为回忆梅兰芳，谈小生演唱艺术，谈现代戏等。

姜妙香为人敦厚善良、谦逊质朴。他对待学生和蔼可亲，教学认真，毫无保留。前后有弟子阎庆林、沈曼华、童寿苓、江世玉、徐和才、王春华、黄定、陈道进、刘雪涛、荀令香、田淞、祝宽、关韵华、杨小卿、季砚农等51人。他在中国戏曲学校任教期间，教过10个班级的小生课。学生有张春孝、赵慧笙、夏永泉、萧润德、马玉琪、叶少兰、孙元申、赵钰龙、杨明华、孙培鸿、韩世杰、于万增、王显和等40人。（黄定）

Jiang Junjia

蒋君稼（1901～1966） 票友。工旦。名正觉，别号星翠馆主，号玉笋词人。江苏常州人。祖父、大伯皆雅爱昆曲，素有研究，对其影响极大，使他年轻时即迷上了昆曲和京剧。1920年北上进京，投三伯父蒋维乔（竹庄），在中原银行任职期间，由一位姓罗的老师开蒙，学老生戏《雪杯圆》、《战蒲关》，因嗓音不适宜唱生，改从老伶工李宝琴习青衣，又向红豆馆主、赵子敬、钟秋岩学昆曲，渐与陈彦衡、袁寒云、言菊朋等名票结为知交，切磋艺事。后常从王瑶卿问业，成为入室弟子，学了《汾河湾》、《玉堂春》、《孝义节》、《宇宙锋》、《南天门》、《御碑亭》、《宝莲灯》、《武家坡》、《打渔杀家》、《五花洞》诸剧，于是艺业日臻精进，常登台串演。时人撰文说：“票友演戏既易犯急促之病，而动作又有时失之迟滞，虽好手亦有所不免。票友出身无此弱点，只有蒋君稼、朱琴心二

人而已。"(1926年3月7日《翰海》报)由于其艺超逸出群，声名遽振，被京中人士誉为票界"青衣祭酒"。京津凡有盛大堂会，都以能邀他参演为幸。许多名伶也乐于与他同台演唱。20世纪20年代，在北京的一次堂会中，与梅兰芳、杨小楼、程艳秋、龚云甫同台，他与姜妙香合演的《琴挑》排序列于陈德霖、言菊朋、裘桂仙所演戏码之后，可见其当时的声望。这一时期，他还和红豆馆主、言菊朋、高庆奎演过《梅龙镇》、《汾河湾》，和王又宸演过《四郎探母》，和余叔岩演过《御碑亭》等戏。当时京津报纸上说他"年来艺事益精，声名遍及大江南北……诚票界杰出人才也"(1929年4月22日《北京画报》)。他和同期的朱琴心、林钧甫、臧岚光被誉为京剧票界四大名旦。

蒋君稼与梅兰芳惺惺相惜，情谊深厚，剧艺上常有切磋。蒋在京彩唱，梅总是将最好的行头借给蒋用。蒋氏南归后，二人常有鱼雁往还。1945年蒋在常州领衔一次义演，梅氏特书"宏我夏声"横幅寄赠，并题有"君稼仁兄精研国剧有年，南归后不常爨弄，今以义举演出，书此志盛"语。1951年为抗美援朝捐献"鲁迅号"飞机，蒋氏偕常州票友举行义演，梅氏闻讯，也有"爱国精神"字幅寄奉，表示赞赏。

蒋君稼蜚声菊坛，名重一时，北京、天津、上海、武汉、常州、无锡各地报刊上，常有对他的评介。陈彦衡、郑子褒、张肖伧、舒舍予、刘豁公、华粹深等都对他有过品评。华粹深撰文说："君稼从红豆馆主游极久。时馆主演戏，选配角极严，花衫一角，票友中只肯与蒋君合演。"(《华粹深剧作选》第465页)能与有"票界大王"之誉的溥西园戎为旗鼓相当的舞台搭档，可见其剧艺水准之非同一般。他的同乡张肖伧也作过评述："蒋君之戏，不趋俗尚……其所造就，则在王瑶卿、陈彦衡等之指示，而陈德霖称其为票界之奇才，余叔岩亦称其远胜尚小云，内外行一致推崇，全由蒋君稼天赋歌喉，刚健而兼婀娜，故字字珠玉圆润，高下得宜，其最好处，尤在声细如游丝飘空，令闻者闭目神往，而声高时又绕梁有致。"(《毗陵曲坛掇录》第384页)1925年1月上海《新闻报》有报道云："蒋君稼为北京票友中后起之秀，唱青衣极可与小梅（兰芳）相抗，梅去香港时，京中爱梅者，群探蒋君堂会之所，一聆其清音，以过梅瘾。"(同上，第374页）他灌录有不少唱片行世，有高亭公司灌录的《战蒲关》、《五花洞》、《南天门》、《孝义节》(由陈彦衡操琴)，蓓开公司灌录的《探寒窑》、《二进宫》、《贵妃醉酒》、《五花洞》(唱段与前不同)、《南天门》(与苏少卿合演)，维克多公司灌录的《孝义节》、《虹霓关》、《醉酒》和谋得利公司灌录的《汾河湾》、《孝义节》、《梅龙镇》、《回龙阁》、《虹霓关》等。1938年南归故里，再未北上，主要以教戏安度晚年。

（钮骠）

Jiang Shilin

蒋士林 (1931～) 盔箱管理师。生于北平（今北京)。回族。出身梨园家庭。8岁拜箱倌老艺人沙振东为师，继之入荣春社科班学艺，主攻盔箱。在科期间即在本社及尚小云的福荣社等班社边学边干，后在北平、天津等地搭班。中华人民共和国成立后，先后在首都实验京剧团、新中国实验京剧团、北京市京剧一团、中国京剧院等院团工作。1953年入中国戏曲学校任教，1989年退休。在校和退休后一直未脱离舞台工作。在长达60余年的从艺生涯中，以一专多能、技艺全面、手法娴熟、敬业热情而深受京剧界推崇，

成为全国箱倌行业职称级别最高的技师。为演员勒头、换装，做到稳、准、快，尤其勒头手法出众，松紧适度，并且能从不同剧目、不同场子和不同演员的特点、要求出发，灵活掌握，变化调节，帮助演员以最佳形象和舒适状态投入演出。在实践过程中，做到"三熟"：熟练掌握本行技术；熟知剧情、场子和表演侧重，根据表演动作的幅度和激烈程度的变化而随时对演员勒头、着装的松紧度加以调整，有些大戏需几次调节，既保证演员在台上翻跌腾跃不致掭头，又能使演员在动作相对平稳的场子得到放松和休整；熟悉演员的头型、面容生理特征和表演习惯，掌握不同年龄学员的身体、功力和心理特点，因人而异，区别对待。在"三熟"的基础上，现场操作的手法、火候和速度有口皆碑，如厉慧良在《长坂坡、汉津口》中前饰赵云、后饰关羽，赵云下场后勾脸、改装，一般要求不超过7分钟，蒋与之合作，赶场仅用4分半钟，被同行传为佳话。还有一条至关重要的经验是爱护演员，尊重演员的劳动，真诚体谅演员的难处和需求，主动配合，周到服务，一切从保证舞台演出质量出发，甘于幕后默默奉献，因此广受演员倚重。退休后，除受院团、名家和票友特邀参与重大演出活动之外，还曾多次赴香港、台湾等地讲学。在长期的业务实践和教学活动中，言传身教，培养了众多行业新人，主要传人有吕锡春、王跃亭、吴跃、马家谊、于和、郭金怡（香港)、潘跃辉（台湾）等。《文汇报》等报刊曾发表介绍文章和照片，2001年中央电视台摄制播出了以其为主要人物的专题片《箱倌儿》。

（刘连群）

Jiang Xiang He

《将相和》 京剧作品。取材于《史记·廉颇蔺相如列传》及《东周列国志》。战国时，秦强赵弱。秦王索取赵国的和氏璧。蔺相如奉命捧璧入秦，完璧归赵。在渑池会上，秦王令赵王鼓瑟，相如也逼秦王击缶，免受其辱。归国后，相如被拜为上卿，老将军廉颇以其出身卑贱，徒以口舌之劳，位居自己之上，心怀不平。于是，多次在长街挡道，羞辱相如。相如以国事为重，一再退让。廉颇闻知，负荆请罪，将相和好。至今河北邯郸尚有回车巷等遗迹。取材于这段史实的作品，元杂剧有《相如府廉颇负荆》(高文秀)、《保成公经赴渑池会》，明清传奇有《连城璧》(李玉)、《完璧记》等。汪笑侬取"挡道"及"请罪"的情节，编演为《将相和》。剧本见《戏考大全》第3集。同书第2集载《**渑池会**》剧本(一名《**完璧归赵**》)，内容为蔺相如与秦王的两次较量，为孙菊仙、刘鸿昇的代表剧目。1950年，翁偶虹、王颉竹在以上两剧的基础上，改编为全本《将相和》，由李少春、袁世海和谭富英、裘盛戎分别在北京演出。根据主要演员不同的艺

谭富英饰蔺相如（右） 裘盛戎饰廉颇

李少春饰蔺相如（右） 袁世海饰廉颇

术特长，场次、唱词略有取舍或变更。改编本就原剧进行了较大改动，如：增加宦者令缪贤在私邸为廉颇贺功一场戏，突出廉、蔺二人地位的悬殊；将“完璧归赵”和“渑池会”两场戏加以扩充，增加蔺相如与秦王的交锋，表现相如的胆识与才能；改动了廉颇“负荆请罪”时二人的部分唱词并在舞台调度上给予新的安排等，塑造了两位真实可信、感人至深的主人公——有胆有识、不计私怨的蔺相如和胸怀坦荡、以国事为重的廉颇。改编本使剧情更为完整，人物形象更加丰满，团结御侮的主题得以深化。后来演出此剧的其他著名搭档还有：奚啸伯与苏维明，马连良与袁世海，杨宝森与王泉奎，李万春与景荣庆等。此剧演出曾蔚为风气，并成为京剧舞台的保留剧目。全国的许多京剧生、净几乎都演出过，留有“生净皆将相”的佳话。1951年被北京市文化局评为优秀剧目。1952年，在第一届全国戏曲观摩演出大会上获剧本奖，演出该剧的谭富英、裘盛戎获演员一等奖。剧本收入《戏曲选》第1卷（中国戏剧出版社，1958年版）、《中国地方戏曲集成·北京市卷》(中国戏剧出版社，1959年版)、《翁偶虹剧作选》。另有单行本及曲谱本行世。尚有严朴等同名京剧本。

（马海玲）

Jiangchun Zhuxiu Liang Jimo

《绛唇珠袖两寂寞》 京剧作品集。王安祈著。台湾印刻出版社2008年1月出版。收入作者2004～2006年编写的4个京剧剧本。其中《三个人儿两盏灯》和《金锁记》两剧，是王安祈和她就读于台湾“清华大学”博士生班的女弟子赵雪君合编的。本书取杜甫《公孙大娘舞剑器》诗之“绛唇珠袖两寂寞”为名，一则点出作者的女性身份与创作的孤寂，同时更借杜甫原诗“绛唇”下一句“晚有弟子传芬芳”，暗藏二人的师徒关系。《三个人儿两盏灯》虚构唐明皇时代梅妃身边3位宫女的故事，清新婉约，孤寂凄迷。3位女主角中，一位落井身亡犹不忍离去，躯壳游走宫中，所到之处遍地水渍；另两位因孤寂而相互眷恋，女性之间的情谊令人动容。《金锁记》改编自张爱玲同名小说，女主角曹七巧因受困于“金锁”、“情锁”两层枷锁而变态疯狂。魏海敏主演此剧，暂时卸下梅派的端庄典雅，演出了负面人物心底的颤抖哀音。2009年11月，此剧曾到北京演出，引起广泛关注。另外两部剧作《王有道休妻》和《青冢前的对话》是小剧场的实验性创作。戏曲小剧场新兴于20世纪末，除了剧场“小”使观众和舞台贴近之外，更主要的目的在于“以小搏大”，表达正统大剧场主流之外的思想情感。《王有道休妻》为传统京剧《御碑亭》的颠覆版，细腻倾吐女性情思；《青冢前的对话》演王昭君和蔡文姬跨时空的灵魂私语，表达女性相怜相敬又相嫉的幽微心事。这4部剧作都由李小平执导，原中国京剧院琴师李超编腔。书中还收录创作群理念阐述和演后剧评。

《三个人儿两盏灯》
陈美兰饰双月（左） 王耀星饰广芝
（刘振祥摄）

（安祈）

Jiaodong Wenxie Shengli Jutuan

胶东文协胜利剧团 京剧演出团体。全称胶东文化界救亡协会胜利剧团。1938年6月，龙口天宫大舞台的一批京剧艺人参加艺人抗日救国会，1939年2月，艺人朱瑞祥（架子花脸、老旦)、李云（老生)、鲁诰（花脸)、鲁继训（武生)、张青（文武丑、老旦)、李林（武生)、徐永凯（司大锣)、刘春（琴师）等，焚毁天宫舞台及戏装，只携带演《铁公鸡》、《康小八》等戏用的真刀真枪，随八路军撤出龙口，进入山区根据地，参加抗战剧团。曾演出现代京剧《唐官屯》、《张家店》和高洁编的《汪精卫的祖宗》(即秦桧)。后来整编为鲁迅剧团。1940年5月易名前线剧团。此时，王金茂（老生)、李吉章等先后参加剧团，演出阵容加强。1943年5月，改编为胶东文协文艺实验剧团。7月，实验剧团下乡体验生活，同时以剧团平（京）剧队为基础，吸收部分演员，成立平剧团，团长周保善，指导员张波。主要演员有周凤兰（旦)、张海（张金奎、老生)、李云、鲁诰、张青、王金茂（老生)、李吉章、王秀亭（小生)、高全胜（武生)、冯庆治（武生)、冯庆信（武生）及乐师徐永凯、刘春等。后又调国防剧团演员赵华（江新蓉，旦）参加演出。剧团经常演出整理改编的传统戏有《打渔杀家》、《四进士》、《追韩信》、《空城计》、《群英会》、《凤仪亭》、《芦花荡》、《风波亭》、《汤怀尽忠》、《王佐断臂》等。还曾演出过高洁编创的历史剧《仲秋节》、《将相和》及张波创作的《牙山英雄》(又名《牙山举义》)。

1944年2月，胶东文协平剧团排演马少波编写的《木兰从军》，赵华、姚翼（大净)、张海、李云、孙秋潮、王金茂、展明、张淑妍（旦）等参加演出。同年9月，胶东文协文艺实验剧团又与平剧团合编为胜利剧团，由胶东文协会长马少波兼任团长，江风兼任副团长。胜利剧团合编后，即着手排练马少波新编历史剧《闯王进京》，1945年元旦正式演出，先后在党政机关、部队、农村演出60余场。党政干部和八路军指战员观看演出、座谈讨论，从中接受教育。1945年8月抗日战争胜利后，剧团随军进入烟台市，连续演出《闯王进京》、《逼上梁山》、《三打祝家庄》等剧，历时两月。1946年4月，剧团又与胶东文协文艺工作团联合排演马少波的话剧《太平天国》。

1948年春，李富九（武生、红净)、鲁诰、李云、孙秋潮、赵华、姚翼、王宝山等演出马少波新编古装剧《关羽之死》。同年11月，胜利剧团参加山东省人民政府组成的以副省长郭子化任总团长、马少波任副总团长的山东人民淮海前线慰问团，与其他9个演

《闯王进京》的一个场面
（选自马少波文学艺术著作陈列室管理委员会编《书剑征程》）

出团体同赴前线慰问演出两个月，在中国人民解放军中原野战军、华东野战军的驻地徐州、蚌埠、郑州、开封等地演出《木兰从军》、《关羽之死》、《打渔杀家》、《宇宙锋》、《芦花荡》等剧，邓小平、刘伯承、陈毅、谭震林、粟裕、张际春等观看并接见演员，给予鼓励。1949年1月，剧团在徐州参加了淮海战役祝捷大会的演出后返回济南，改编为山东军区京剧团。2月，指导员王敏从旅大发展了部分演员，由原胜利剧团派出骨干，调整充实，保留胜利剧团名义，仍归胶东文协建制。主要演员有老生周亚川、王国英、啸奎童（姜源），旦行曾艳君、林玉梅等，演出《闯王进京》、《群英会》、《中山狼》、《打渔杀家》、《寇准背靴》、《秦香莲》、《追韩信》等剧。6月赴青岛演出。1950年中共中央山东分局决定撤销胶东区党委，胜利剧团除留下少数骨干成立青岛市文联京剧团外，大部分演员在王敏率领下赴济南和山东军区京剧团（原胜利剧团）会合，并与鲁中南区党委京剧团整编为山东省京剧团。（纪根垠）

Jiao Juyin

焦菊隐 （1905～1975） 戏剧导演、理论家。原名焦承志，笔名居尹、秦瑜等，艺名菊影、菊隐。祖籍浙江绍兴，生于天津。1924年考入北京燕京大学，毕业后任北平市立二中校长。1930年参加筹办北平戏曲专科学校，此校后改为中华戏曲专科学校，担任校长。教学上破除旧式科班陋习，废除拜祖师爷、饮场、抛垫子等，强调艺术教育与文化教育并重，培养出宋德珠、李和曾、王金璐、李玉茹等大批京剧演员，并为学生整理和导演了《孔雀东南飞》、《鸳鸯泪》、《凤双飞》、《汾河湾》等戏。

1935年留学法国巴黎大学，获博士学位。1938年博士论文《今日中国之戏剧》由巴黎德罗兹出版社出版。1938年回国，任广西大学教授。先后导演了《一年间》、《雷雨》、《明末遗恨》等话剧，并关注桂剧改革，发表《旧剧构成论》、《桂剧之整理与改进》等论文。20世纪40年代末创办北平艺术馆，导演了新京剧《桃花扇》、《铸情记》、《陈圆圆》、《九件衣》等。1950年，为北京人民艺术剧院导演《龙须沟》。1952年任北京人民艺术剧院第一副院长兼总导演，先后为该院导演《明朗的天》、《茶馆》、《三块钱国币》、《虎符》、《蔡文姬》、《武则天》、《考验》、《胆剑篇》、《关汉卿》等，其中《茶馆》享誉海内外。在长期舞台实践中，他潜心探索话剧民族化问题，将写意的布景，强烈的节奏如［冷锤］、［五击头］等锣鼓点运用于话剧舞台上，逐步形成民族化的导演学派，理论上提出蕴涵民族美学精神的“心象”学说。同时通过大量文章、讲话和笔记，探讨中国戏曲特点和话剧的民族风格，如《中国戏曲艺术特征的探索》、《守格、破格、创格》、《豹头、熊腰、凤尾》、《略论话剧的民族形式和民族风格》、《关于话剧吸取戏曲表演手法问题》等，明确提出中国戏曲和话剧相互借鉴的艺术主张，引起戏剧界的极大关注。已出版《焦菊隐戏剧论文集》、《焦菊隐戏剧散论》、《焦菊隐文集》（10卷本）。译作有丹钦科的《文艺、戏剧、生活》、左拉的《娜娜》、高乃依的《希德》等。（陈美英）

《焦菊隐文集》文化艺术出版社1986年3月版封面

jiaoban

叫板 戏曲演唱术语。演员在剧中起唱时，以念白的语气或动作向乐队交代，表示“开唱”（从音乐结构方面看，也是语言音乐性的一个升华），叫起锣鼓点或伴奏过门。例如：《武家坡》中薛平贵进窑前念“三姐、听了——”起唱“提起当年泪不干”。《连环套》中窦尔墩坐寨念“酒宴摆下——”起唱“将酒宴摆至在聚义厅上”。另有用表演动作示意“叫板”开唱者。如：《黄鹤楼》中周瑜在［快长锤］中出场切住一亮相，接［闪锤］、抖袖（叫板）起唱“水军冲破长江浪”。《将相和》中蔺相如在秦廷内唱“宝璧已然回赵径”，“大锣打上、四击头”，翻袖（叫板）向内一望，起［原板］过门唱“孤身拒暴在秦邦”。（傅雪漪）

jiaotou

叫头 念白程式之一。多用于起唱或大段念白之前，表现剧中人物感情激动，喜怒悲怨形于色，而诉诸高声呼叫，期望得到相应回响与关注。分为单叫头、双叫头。单叫头在剧中使用较为广泛。如《香罗带》唐通怀疑妻子林慧娘有私情，拔剑欲杀林，此时林拉住唐通双手高喊：“哎呀，官人哪”，解释自己的清白。这句高喊声，就是单叫头。双叫头用于人物重复呼喊时，常表现为独自感叹或情绪高涨时。如《搜孤救孤》法场，程婴高呼“公孙兄、赵公子”就是用双叫头。有时也可由两个角色各念半句。如《清风亭》望子，张元秀念“张继保”，贺氏念“小娇儿”，也为双叫头，突出了望子、盼子的急切心情。（李淑萍）

Jie Zhenguo

《节振国》 京剧作品。河北省唐山市京剧团集体创作，于英执笔。1958年唐山市京剧团首演。导演张先猷、孙鸣昆、任喜春、王长山、于英、徐荣奎、凌云霄。主要演员张海涛、徐荣奎并饰节振国，王长山饰胡志发，耿苓秋饰刘玉兰，冯振华饰耿三合。1964年参加全国京剧现代戏观摩演出大会。1965年长春电影制片厂摄制成彩色舞台艺术片。中国戏剧出版社出版单行本。剧情为：1938年初，唐山开滦煤矿工人节振国带领赵各庄矿工反抗英国资本家欺压剥削，包围“公事房”，举行罢工。同时，为使矿工们维持生活带头抢了煤场。矿方勾结日本宪兵队出兵镇压，杀伤工人。节振国刀劈日本兵，负伤躲避乡下，中共地下党员胡志发代

张海涛饰节振国（中）（游振国摄）

表组织鼓励他走武装斗争的道路。节振国领导东三矿游击队，组织工人暴动，除掉宪兵队长彬田、伪警察所长耿三合和叛徒夏连凤，投入抗日洪流。该剧以开滦五矿同盟罢工和矿山武装暴动的基本史实为主线，反映了中国共产党领导下的中国人民同帝国主义进行的英勇斗争。通过“挂队”罢工、卖剑还债、抢煤场、荒村盼引路、组织暴动等情节，描写节振国从“为了穷哥们不怕掉脑袋”的铮铮铁汉，到一个成熟的领导者的成长过程。全剧矛盾尖锐，情节繁复，脉络清楚，重点场子气势恢宏。“荒村养伤”一场，大段富于变化的［西皮］“刀劈鬼子离家门”唱段，抒发节振国于危难孤独中思念亲人，悔恨自己斗争不讲策略，忧心山河破碎父老受难，盼望党组织引路的心情，感人至深。群众场面的处理，打破了传统的龙套程式，具有艺术真实感和生活气息。 （程炳达）

Jiejiang Duodou

《截江夺斗》 京剧作品。《三国志·蜀书》卷六注文引《赵云别传》：“（孙）权闻（刘）备西征，大遣舟船迎妹，而夫人内欲将后主还吴，（赵）云与张飞勒兵截江，乃得后主还。”《三国演义》第61回《赵云截江夺阿斗》有具体描写。京剧故事即取材于此。陈墨香《京剧提要》云：“剧以赵云为正脚，般以生，尚说白姿势，唱不多，而行腔极高亢，所谓费力不讨好者。伶人多惮习此。但近三十年，京伶李顺亭、刘春喜、沈全奎均尚以之擅长。今则海上诸伶工，亦或能演唱，且收入留声机。天津戏报亦时有此戏目，因尚通行南北，非同冷僻。”赵云扮相，“刘春喜不挂髯口，李顺亭则长须，一剧而剧中人年龄老少无定凭，亦一趣谈。近二十年之清客般演《截江》者，不乏其人，扮相多从春喜”（《剧学月刊》第4卷第5期，1935年5月出版）。所云“收入留声机”者，指胜利公司灌录的林树森唱片两面，可知林树森亦擅演此剧（且有剧照流传，戴黑三髯）。厉慧良少年时从赵瑞春学会此剧，青年时代常演，后嫌其戏平，搁下了，至1961年一度恢复。1992年有天津市青年京剧团演出本，编剧丁振远，表演指导和导演厉慧良，主演王立军。旧本原有八九场，拖沓松散。新本以吴将周善（丑扮）念［扑灯蛾］吊场，主要情节基本上是“一场干”了。改旧本张飞夺斗为赵云夺斗；赵云夺斗也不是《三国演义》所写的从孙夫人怀中强夺，而是从周善手里智取。赵云在孙夫人面前重叙当年长坂坡救阿斗，不为表功，只为等待张飞接应，这都比旧本合理。剧中用的“大靠夹鞭”，原是厉慧良听前辈说，过去演《龙虎斗》有此动作，苦练成功后曾在《凤还巢》演洪功时用过，此次导演，用在赵云夺斗的系列动作中，发挥了很好作用。为塑造赵云性格，

王立军饰赵云（中） 谭艳饰孙尚香（右） 刘树军饰周善

全剧唱念、身段、高难技巧，进行了精心设计，使此剧面貌一新，成为精彩的可以流传的武生戏。在1992年底参加全国京剧青年团队新剧目汇演，厉慧良、王立军分别获得优秀导演奖、优秀表演奖。对此剧的改编、排演经过，厉慧良《〈截江夺斗〉导演札记》、丁振远《初识厉慧良》有生动的记述和回忆（见《厉慧良纪念集》，百花文艺出版社1998年4月出版）。 （龚和德）

Jie Zhao Yun

《借赵云》 京剧作品。又名《一将难求》。作者不详。东汉末年，徐州牧陶谦为抵御曹操攻打徐州，向刘备求助。刘备至公孙瓒处借兵，公孙瓒命赵云带兵往救。途中，刘备、赵云共话天下大势，

陆华云饰赵云（左） 王凤卿饰刘备

互相倾慕。抵徐州后，张飞见赵云年轻，颇轻之。张飞为曹将典韦所困，赵云战败典韦，张飞始拜服。本事出《三国志·蜀书·赵云传》、《三国志演义》第7回。赵云由武小生或武生饰演，刘备由老生饰演，张飞由净饰演。该剧以念白为主，做、打并重。著名小生演员徐小香演赵云，扮相俊美英武，嗓音宽厚响亮，擅名京师，时人称绝。赵云念白非常“吃功”，要兜着底气，声音扬起“翻着念”，很费内力，徐小香演来却运用裕如，给人以脆亮、悦耳之感，表现出赵云威武勇猛、有胆有识、聪慧敏捷的大将风度。据传，徐小香在三庆班时，偶与程长庚相忤，遂拂袖而去。经人调停，程、徐言归于好，而议及第一天的演出剧目，二人产生分歧，程欲演《镇潭州》，戏中写岳飞收服杨再兴事，徐执意改演《借赵云》，表述刘备相请赵云辅佐始成大业。程无奈只得应允，二人终于携手，三庆班艺事大进。王楞仙亦擅演此剧，常与《金锁阵》连演。杨小楼以武生饰演赵云，念白敲金戛玉、斩钉截铁，武功精深，功架稳健大度，为赵云增添一身英雄气概，别具神韵。德珺如、朱素云、陆华云、程继先、冯蕙林、姜妙香、叶盛兰、俞振飞等均工此剧。剧本载《京剧丛刊》第25集、《京剧汇编》第96集、《戏考》第13集。 （刘方正）

Jingui Chayuan

金桂茶园 清代戏园。又称金桂轩。址在上海今福建中路近广东路处。现已不存。清同治九年（1870）由京剧老生熊金桂创办。起初由徽、京两班合演，徽班名角有吕昭卿、四麻子、景元福、王九芝、钱星礼、朱湘其、应凌云、李铭顺、周松林、周来全等，京班有马六、林连桂、赵殿奎、赵祥玉、王喜寿、陈彩林、常子和、陈春元、黄月山、沈韵秋、徐世芳、孟七、张大黑、杨贵、黑儿等。武戏阵容甚强，颇受沪人欢迎，在相当一段时间内，与丹桂

茶园齐名。杨月楼初到上海时，亦在金桂搭班。光绪初年，金桂班底转归天仙茶园。光绪三年（1877）七月，金桂茶园由黄月山接手，改名“月桂轩”，次年转给天津人佟四，迁至满庭芳戏园旧址，仍称金桂轩。光绪五年（1879），邀谭鑫培首次到上海，营业依然不振。佟四常以胁迫手段邀角，人畏其狠，莫敢与争，时有“流氓戏馆”之称。后转让给李金鳌，又于光绪七年（1881）归翟善之。光绪二十一年（1895），于满庭芳旧址再开“金桂”，已不复当年盛况。后人将其与“丹桂”、“天仙”、“大观”并称为清末上海四大京班戏园。（林明敏）

Jinjujiang

金菊奖 鼓励对振兴京剧有突出贡献者的奖项。评选范围为非文化行政管理部门、非京剧界而对京剧事业有重要贡献的海内外社会各界人士及企事业单位、团体。奖励对象包括：在举办有重大影响的京剧活动中发挥重要作用或有巨大贡献者，在国内外对宣传和普及京剧艺术作出特殊贡献者，对京剧教育事业和京剧人才的培养有重大投入、成绩显著者，对京剧演出团体的基本建设、剧目创排或研究机构的科研项目有重大赞助者，对培养京剧观众、扩大京剧演出市场有突出成绩者等。首届金菊奖由文化部振兴京剧指导委员会和中国京剧艺术基金会主办，于1995年11月在首届中国京剧艺术节期间颁发。获奖的先进个人有陈廷骅、杨祥波、张雨文、李和声、金如新、钱江、李有强、张宇、黄坤、周亦卿夫人、何凤仪、李福新。获奖的先进单位有中央电视台、中央人民广播电台、北京电视台、上海电视台、北京市旅游事业管理局、宝山钢铁集团公司、江苏省扬子江药业集团公司、天津华联商厦、北京大学振兴京昆协会、北京市京昆振兴协会。

第二届金菊奖由第二届中国京剧艺术节组委会于1999年1月10日颁发。获奖的先进个人有张学书、李有强、赵培忠、魏莉莎（Elizabeth Wichmann）、杨叔子、曲福松、陈文秀。获奖的先进单位有中国有色金属进出口总公司、北京市东城区文化馆、北京军区工厂局出租汽车培训学校、天津市和平区文化宫、河北省群众艺术馆、江苏省扬子江药业集团公司、成都《商报》社、重庆市京剧爱好者协会、昆明市群众艺术馆。

第三届金菊奖由文化部振兴京剧指导委员会和中国京剧艺术基金会主办，于2001年12月在第三届中国京剧艺术节期间颁发。获奖的先进单位有：中央电视台戏曲音乐部、哈尔滨制药集团第六制药厂、云南红河实业有限公司、将军烟草集团有限公司、上海国际京剧票房、北京国际票房、南京市商业银行、南京市广告公司、上海东方电视台《东方戏剧》栏目、广东京剧艺术促进会、外交部京剧学会、新闻界京剧俱乐部、天津五市政治公路工程有限公司、兰州职业技术学院。获奖的先进个人有：潘寒操、刘恩良、张宝德、史艳芳。（简畅）

首届金菊奖部分嘉宾与获奖者
右起：张庚、李世济、李建国、张君秋、尚长荣、金如新、高占祥、王光英、钱江、张雨文、荣高棠、刘长瑜、李和声、李尤婉云、梅葆玖、张宇、叶少兰

Jinqianbao

《金钱豹》 京剧作品。作者不详。描写妖精金钱豹占据红梅山，要强娶乡绅邓洪之女。唐僧师徒前来投宿，愿代为除妖。孙悟空变作丫环，猪八戒变作邓女，在闺房中等待捉妖。豹妖战败，设“飞叉阵”以待。悟空请来天兵相助，擒获豹精。故事不见于小说《西游记》。剧本载《戏考》第13册。清宫廷大戏《昇平宝筏》有豹精故事。原名《红梅山》，唱昆曲，是以孙悟空为主的戏。后由俞菊笙重排，将金钱豹的戏加强，变成了以金钱豹为主，有耍叉、抛叉表演。俞振庭、尚和玉、杨小楼、高福安、李菊笙、周瑞安、傅德威、李少春等擅演此剧。又以俞振庭演得剽而且悍，“活是一只豹子”。为俞菊笙、尚和玉、杨小楼等配演孙悟空的，以张淇林（长保）、迟月亭、骆连翔等最有名。（骆正）

杨小楼饰金钱豹

Jin Shaoshan

金少山（1890～1948） 演员。工净。本名金义（一作金仲义）。北京人。满族。名净金秀山之子。幼年随父学艺，工铜锤花脸，承继家学，兼宗何桂山，并从韩乐卿（亦名二刁）习练武功、把子，学架子花脸戏。倒仓后又向何通海学《庆阳图》、《太行山》一类的开场戏，还从屈兆奎学了一些非正工花脸所演的诙谐戏《秦淮河》、《双沙河》等，后拜德珺如为“带道师”（将其引入梨园行的老师）。

初登台于杨香翠所掌的宝胜和班。1911年改入双庆班，经常出演于北京前门外珠市口文明园。1914年又搭鸿庆、永庆各班，与梅兰芳、朱素云、谢宝云演《岳家庄》，与王瑶卿演《金猛关》，与程继先、荣蝶仙演《秦淮河》，与韦久峰演《审刺客》，与其父演《白良关》、《洪羊洞》、《穆柯寨》。其父谢世后，他在北京几乎不能自立，遂往烟台等外埠演出，于1922年辗转到达上海，先后隶丹桂第一台、共舞台，任长期坐包演员（为外邀演员充当配演，俗称“班底”而非“底包”），绝少知音。在这里，遇上了许多艺事优秀的合作者，如林树森、白玉昆等。由于这种机缘，他又学会和新排了不少戏，戏路更宽。《审七长亭》就是在这期间向刘永春学的，后来成了他的代表剧目之一。

1926年冬，上海约梅兰芳旅沪公演，《霸王别姬》缺霸王一席，难于物色。正在为难之际，适王瑶卿由沪返京，他说此事不难，约金少山就行。踌躇间，齐如山说：“瑶卿不是轻易推许人的，他说成，一定错不了。”于是决定到沪后由大管事李春林为少山说戏监排。临期一经登场，金少山以其魁硕修伟的身躯，宽额丰颐的扮相，叱咤风云的气势，声若洪钟的唱念，活脱一个西楚霸王再

《断密涧》饰李密

《探阴山》饰包拯

《草桥关》饰姚期

《连环套》饰窦尔墩

《霸王别姬》饰项羽（右） 梅兰芳饰虞姬

现舞台，赢得了观众的一片盛赞。自此，声望与日俱增，直至1937年重返京华，自组松竹社挑梁秦艺，开花脸挂头牌之先例。1943年再到上海出演于皇后大戏院，门口的“客满”牌，6个月没有摘下来。直至辞世，他雄踞净行首席，誉满大江南北。

作为花脸演员，他得天独厚，具备全面条件。戏曲家翁偶虹说：“有人赞金少山的嗓音之高亢胜过何桂山，表作之精细不让黄润甫，身材之魁梧超出李寿山（绰号‘大个儿李七’），武功之娴熟甚于庆春圃。这四位都是净行中造诣深湛的前贤，说金少山能集众家之美，萃于一身，是当之无愧的。”武生前辈尚和玉生前也曾挑大拇指说：“金少山那样的大花脸，真是要哪儿有哪儿，实在是难得的全才，说得上前无古人。”这些由衷的评价，绝非溢美之词。金少山确是一位天赋优厚的全才。其声音洪亮响堂，实有声震屋瓦之势，高、中、低，宽、厚、亮，面面俱备，运用得心应手，游刃有余。他的唱腔朴直无华，不事雕琢，似乎平淡无奇，实则遒峭浑厚，于顺畅自然之中显现气势，不落小家派。他唱［快板］最见功力，吐字、气口、尺寸都驾驭自如，快而不乱，流畅清晰，字字入耳。如《锁五龙》单雄信痛斥李世民、徐茂公、罗成的三段，《断密涧》李密与王伯当的对口，都是有代表性的唱段。在继承金秀山、何桂山唱法的基础上有所发展，自成一格。他念白的功力也极为深厚，善于运用高、矮、宽、细各音，于轻重疾徐、迟急顿挫的变化中，刻画人物性格，揭示角色心理，收到达意传神之效。如《连环套》“拜山”窦尔墩与黄天霸的对白，《审七长亭》李七在公堂上的大段自白，均属精品。念京韵白的太监戏更有独到之长，如《黄金台》的伊立、《忠孝全》的王振、《法门寺》的刘瑾等，都是他的得意之作。

他的做表，实遵黄润甫路数。武功基础、腰腿功夫都好，工架严谨稳练，身段精细漂亮，“寓矫健于凝重之中，见端庄于玲珑之外”，《盗御马》的马趟子，《五台山》的罗汉像，《清风寨》的浪子步，以及《霸王别姬》项羽“力拔山兮气盖世”的威仪，《草桥关》姚期戎马半生、烈士暮年的老迈，都给人留下了深刻难忘的印象。特别是他突破了铜锤花脸与架子花脸严格区分的界限，推进了净行表演艺术的发展，形成自家风格，世称“金派”，与郝（寿臣）、侯（喜瑞）两派鼎立而三，居于首位。一时有“十全大净”和“金霸王”之美誉。他常演的剧目有《锁五龙》、《草桥关》、《御果园》、《白良关》、《牧虎关》、《飞虎山》、《断密涧》、《刺王僚》、《断太后、打龙袍》、《铡美案》、《探阴山》、《大保国、探皇陵、二进宫》、《盗御马、连环套》、《清风寨》、《取洛阳》、《审七长亭》、《忠孝全》、《法门寺》、《霸王别姬》。有些原为开场戏，经他搬演后也列为大轴，如与马连良合演的《八百八年》(即《渭水河》)，以及《太行山》、《大回朝》、《龙虎斗》、《庆阳图》等；还排演过新戏《砭砀山》，饰演张飞。他演《虮蜡庙》中的金大力、《双沙河》中的张天龙，也为人所喜爱。

金少山文化水平不高，却非常热爱生活，癖好广泛，喜听评书大鼓，爱看踢球摔跤，对花鸟虫鱼、茶馆庙会，都有浓厚兴趣。这对他认识生活、陶冶性情，从中悟出艺术创造的道理起到潜移默化的作用。他性格豪爽，仗义疏财，常常解囊助人，无所吝惜，但花钱无度，常有亏欠，以至晚景凄凉，贫病而终。传人有吴广治（松岩）、赵炳啸、徐世光。松岩之子钰璋亦宗金派。（钮骠）

Jinshuiqiao

《金水桥》 京剧作品。又名《乾坤带》、《秦英钓鱼》。作者不详。本事见《秦英征西》鼓词。唐太宗时，驸马秦怀玉领兵出征，被困边关。其子秦英在金水桥钓鱼，遇詹妃之父詹国丈路过，将鱼惊散。国丈斥责秦英挡道，秦英怒将国丈打死。詹妃向唐太宗哭诉。秦英之母银屏公主绑子上殿请罪。太宗欲斩秦英，银屏公主在殿上表述秦家功劳，詹妃则要代父雪冤，互不相让。长孙皇后出面调停，令公主向詹妃赔礼。恰在此时，程咬金进京搬兵，太宗便命秦英戴罪出征救父。此戏写皇朝内部纠纷，伦理冲突曲折有致，充满人情和世俗趣味。老生饰唐太宗，旦脚饰银屏公主，生旦并重。

清宫《戏出画册·乾坤带》（故宫博物院藏）

据《都门纪略》，薛印轩、张二奎均擅此剧。清末王瑶卿曾和谭鑫培在颐和园的德和园戏台演出。后经增加首尾，编演为侧重旦脚的《银屏公主》。张君秋21岁成立谦和社挑班唱头牌青衣后，王瑶卿曾向他提供剧本，并帮助他排练演出《银屏公主》。1982年，张君秋删去了过于冗长的场次，在秦英伤人后，尽快展开戏剧冲突，进入了高潮“金殿”一场，使得演出节奏更加紧凑。唱腔也经过细致的加工，例如“金殿”一场的“我父王不把那赦旨来降”一段，委婉曲折，板式转换自然流畅，成为张君秋代表剧目之一。剧本载《京剧汇编》第87集。 （丁汝芹）

Jin Suqin

金素琴 （1912～2003） 女演员。工旦。浙江杭州人。满族。8岁学戏，业师李金卿（小万盏灯），10岁在长沙登台。后在江浙闽粤流动演出五六年。1929年初到上海，隶三星舞台，随赵如泉演

连台本戏《水泊梁山》、《彭公案》足有三年。1932年下半年起，两度去武汉，又去东三省与平津演唱近两年。1936年初回上海，应聘黄金大戏院，与李万春合作三阅月，除与李合演大轴《石秀》、《武松》等外，主要以《红鸾喜》、《十三妹》、《骂殿》、《醉酒》、《送京娘》、《审头刺汤》、《玉堂春》、《六月雪》等戏压轴，同台演出者还有其妹金素雯以及金少山、马最良（后改名马三元）等。旋又转入共舞台、天蟾舞台演出。金素琴容貌端丽，身段苗条，嗓音宽亮脆，吐字清晰，青衣、花衫兼擅，时有“江南第一坤旦”之誉。1937年“八一三”事变，上海戏剧界救亡协会成立歌剧（京剧）部，金素琴、金素雯姐妹均加入，积极参与抗日救亡宣传活动。11月上海沦陷，租界成为“孤岛”。欧阳予倩组织中华剧团，发动京剧改良，先后在卡尔登戏院、新光影戏院和更新舞台演出由他编导的《梁红玉》、《渔夫恨》、《新玉堂春》、《桃花扇》、《杨贵妃》等，金素琴为该团台柱及实际领导人，历年积蓄充作剧团经费，合作者有李吉来（小三麻子）、葛次江等。郭沫若看了《梁红玉》后写诗赠金素琴：“昔有梁红玉，今看金素琴；千秋同敌忾，一样感人心。”金素琴有文化追求，对剧本有较深理解力，在新剧演出中，“很能把握各种不同性格”（醉芳评语，见1938年1月29日《戏》周刊第5期），被欧阳予倩许为“帮我作第一次试验的先驱者”（《从旧剧改革运动谈到金素琴》，1939年3月12日香港版《申报》）。金素琴颇以认识欧阳予倩太晚为憾，欧阳作诗慰之：“同舟莫恨相逢晚，暴雨狂风竞渡时。”（《欧阳予倩全集》第6卷《后台人语》）1938年4月，欧阳予倩由于环境险恶，离开上海经广西到香港，中华剧团宣告解散。是年冬，金素琴再进黄金大戏院，挂头牌，合作者有周啸天、于素莲、芙蓉草、刘斌昆等，冯子和为之编导新戏《好姊妹》。1939年3月，金素琴去香港，原拟继续追随欧阳予倩排演“救亡新京剧”，并有与林树森合作的设想，但未成功，只在香港利舞台做了短期演出。1940年夏，金素琴在上海重组中华剧团去越南演出，逗留108天，曾为援救流落在那里的梨园同行组织捐款义演。是年冬从越南辗转到了重庆。在重庆期间与杨畹农一起研究梅派艺术。抗日战争胜利后，在上海拜梅兰芳为师。1951年，华东戏曲研究院京剧实验剧团成立，金素琴是最早加入的名演员之一。曾与周信芳合演《信陵君》，饰如姬；与沈金波、王金璐合演《皇帝与妓女》，饰李师师。不久脱离，去了香港。1954年定居台湾，自行组班演出，被台湾观众“公认为‘青衣祭酒’”，“每回演出《宇宙锋》等梅派名剧时，行家皆视之为典范”（王安祈《台湾京剧五十年》）。晚年定居美国，高龄体健，偶尔还在票房活动，传授梅派艺术。 （蔡世成）

金素琴演出于黄金大戏院广告
（1936年1月19日《申报》）

Jin Suqiu

金素秋 （1912～1991） 女演员。工花衫。原名丁叔庸。直隶河间（今属河北）人。12岁开始登台演出，擅演梅派戏。1927年曾应邀赴日本参加福冈博览会的京剧演出，是中国第一个到日本

演出的京剧女演员。她在《天女散花》、《麻姑献寿》、《嫦娥奔月》等歌舞并重的古装神话剧里，以清秀洒脱独具风格的表演赢得了日本观众的赞赏。抗日战争初期到广西桂林，在田汉、欧阳予倩的引导下，积极参加抗日救国宣传以及戏曲改革活动，曾排演过《家》、《太平天国》、《新潘金莲》、《葛嫩娘》等剧目。在《葛嫩娘》中，运用大段演唱抒发爱国之情，特别是嫩娘被俘后忍痛咬舌，血喷敌寇一场，演唱得声情并茂，震撼人心。田汉曾有诗赞誉金素秋的表演。1944年参加在桂林举办的西南第一届戏剧展览会演出。她还是田汉名剧《金钵记》（后改为《白蛇传》）中白素贞的首演者。1950年参加中国人民解放军云南军区政治部京剧团。1957年随团转业至云南省京剧团。1960年后一直在云南京剧院工作，历任云南京剧院副院长、艺术顾问等职。

金素秋还是一位剧作家。几十年间，她伏案奋笔，先后创作改编的剧目有20多出。田汉说：“她是中国第一个在旧社会为自己写剧本演出的女艺人。”她的处女作《离恨天》（后改名《恩与怨》），是根据英国女作家艾米莉·勃朗特的《呼啸山庄》改编的。她署名丁叔庸创作的揭露旧社会黑暗的京剧《残年》，演出后就收到了恐吓信，但是恐吓者和追捕者却不知道丁叔庸就是金素秋。1950年，在中华人民共和国成立伊始的昆明舞台上，金素秋演出了她亲自改编的京剧《白毛女》。那时，以京剧的形式演出《白毛女》，在中国戏剧界是一次创举。她据少数民族民间传说编写的《阿黑与阿诗玛》（与吴枫合作），在云南省第一次戏曲观摩演出大会上获得剧本一等奖。1956年该剧被调到北京演出。她参加创作的《黛诺》和《多沙阿波》，为运用京剧形式反映兄弟民族历史和现实斗争生活，作出了新的贡献。著有自传《篱下菊》（与傅淑芸合作），20万字，云南人民出版社1989年出版、1997年再版，受到好评。刘厚生写有读后感《洁身自好，勇于进取的京剧艺术家》，发表于1991年9月14日《文艺报》。她编写的

《华丽缘》饰孟丽君（左）
李紫贵饰皇甫少华

《家》
（古装戏，角色失考）

代表剧目以及数篇总结表演艺术经验等文章，收入《菊圃一叶》(与吴枫合作）一书中。（傅淑芸）

Jin Suwen

金素雯 （1916～1966） 女演员。工旦，兼能编导。浙江杭州人。满族。自幼喜爱京剧，15岁随其姐金素琴入班学戏，17岁登台，曾得黄桂秋指导和传授。1937年抗日战争爆发，加入中华剧团，参演

了《梁红玉》、《桃花扇》等剧，积极宣传抗日救国；还参演了《同命鸳鸯》、《人面桃花》等新戏。1940年曾与周信芳、高百岁参加话剧《雷雨》的演出，为救济难民慈善义演。中华人民共和国成立后，加入华东戏曲研究院京剧实验剧团，曾演《皇帝与妓女》、《游龟山》等剧。1955年随团进入上海京剧院，参演过《智取威虎山》、《同心闸》等剧。她从20岁开始，即同周信芳长期合作演出，在《文素臣》、《信陵君》、《秦香莲》、《四进士》、《清风亭》、《文天祥》、《海瑞上疏》各剧中扮演重要角色。她的表演，功力深厚，善于刻画人物，唱念做表富于新意。曾改编、导演现代戏《送肥记》，参加1964年全国京剧现代戏观摩演出大会，获得好评。她的丈夫胡治藩从事银行业，是上海著名京剧票友，写过不少戏剧评论（笔名胡梯维、胡梯公）。因与周信芳交好，为之编《香妃恨》(由周信芳、王熙春主演），获得成功后，又为之编《文天祥》，自元兵围困临安起，至文天祥浮海归闽止，共13场，2万余字（胡梯公《〈文天祥〉书后》，载1939年1月10日出版的《半月戏剧》第2卷第2期），因迫于形势，未能公演。在“文化大革命”中，夫妻双双于1966年7月3日选择了一起结束生命。1979年得到平反。（钮骠）

《海瑞上疏》饰海夫人（左） 周信芳饰海瑞

Jin Xihua

金锡华 （1941～ ） 演员。工丑。生于北平（今北京）。受家庭影响，幼年随父金宗宪习艺，唱娃娃生。12岁拜包式先为师，习文丑，常活动于票界与电台。15岁考入上海市戏曲学校京剧班，

师从李盛佐、阎世喜。1961年毕业后，进入上海青年京昆剧团任文丑演员。1972年，随《龙江颂》剧组加入上海京剧院，并长期随艾世菊学戏。1979年又正式拜孙正阳为师。他好学不倦，博采众长。在北派文丑表演风格的基础上，大胆吸收南派文丑表演艺术的特色，逐渐形成了具有个性的表演特色。他戏路宽广，尤擅彩旦。表演生动灵活，不俗不脏，注重对人物的刻画。常演剧目有《群英会》、《审头刺汤》、《法门寺》、《乌盆记》、《拾玉镯》、《铁弓缘》、《孔雀东南飞》等。还在一系列新戏中塑造了多个性格鲜明的艺术形象。如头本《狸猫换太子》饰太监秦凤，戏不多却给人印象深刻，深受行内外的好评。（龚孝雄）

Jin Xiushan

金秀山 （1855～1915） 演员。工铜锤、架子花脸。北京人。满族。自幼喜爱京剧，曾入北京翠峰庵票房。经京剧小生名宿德珺如介绍，拜花脸名家何桂山为师，成为职业演员。先后搭阜成班、

《忠孝全》饰王振（中） 韦久峰饰秦洪（右） 德珺如饰秦季龙

长春和班、嵩祝成班、同春班、四喜班、宝胜和班等演出。在同庆班与谭鑫培合作时间最久，深受谭鑫培倚重。他嗓音洪亮苍劲，唱功基本宗法其师何桂山的黄钟大吕，又吸收了穆凤山的婉约流利，尤其演唱［二六］板时，以鼻音见长，圆润中带有棱角，格外古朴清丽，极富韵味。他对京剧一些剧目的唱词曾进行润饰，如《刺王僚》一剧中的“孤王坐至在打鱼一小舟”，他演唱时改为“孤王坐在打鱼小舟”，“口吐着寒光刺孤的二双眸”改为“口吐寒光刺孤双眸”。唱词虽然简约，但唱腔却老到刚劲，韵味醇美。他还擅用巧劲，表现在鼻音的轻重软硬的使用上，出神入化。如《草桥关》中，“慢转过百花亭”的“亭”字，纯用软鼻音，显得悠扬细腻，摇曳多姿，余音袅袅不绝于耳。他还擅长编创新腔。念白虽遵老例的实大声洪，但却增强了性格化的感染力，如演《黄金台》、《忠孝全》、《法门寺》等剧中的伊立、王振、刘瑾，虽然都是太监，全念京白，但他却因人物的性格、秉性不同，使之分别各具特色、神采，栩栩如生。他的做工细腻传神，饰演的白满老将，如《草

桥关》的姚期、《群英会》的黄盖、《空城计》的司马懿、《飞虎山》的李克用、《高平关》的高行周、《二进宫》的徐彦昭，皆能刻画入微，神采飞扬。他演的《白良关》、《捉放曹》、《穆柯寨》、《鱼肠剑》、《斩马谡》、《开山府》、《沙陀国》、《天水关》等戏，身段、做工娴熟精美，与唱功、念白风格一致。子少山，发扬了其父的艺术特点，成为京剧净行一代巨擘。另子仲麟，工老生。弟子有郎德山、讷绍先等，郭厚斋、增长胜、安乐亭等，亦宗法其艺。

（吴焕）

Jin Yunu

《金玉奴》　京剧作品。旧称《红鸾喜》，又名《豆汁记》、《棒打薄情郎》。事见《喻世明言·金玉奴棒打薄情郎》。书生莫稽（小生扮）风雪中倒卧于丐头金松（丑扮）门前。丐女金玉奴（花旦扮）赠豆汁救命。莫稽与金玉奴成亲后，衣食温饱，不求上进。玉奴力劝莫稽进京求取功名，得中进士，任德化县知县。上任途中，

筱翠花饰金玉奴（左）马富禄饰金松

莫稽嫌玉奴出身低贱，将她推落江中，赶走金松。玉奴为江西巡按林润（老生扮）所救，认为义女。林润设计，将义女许婚莫稽。莫稽喜滋滋入了洞房，被众丫环抡棒痛击。玉奴历数往事以责，莫稽认罪，夫妻团圆。此剧为田桂凤之成名作，扮金玉奴，穿黑色扎脚裤，踩跷，系汗巾，穿竹布褂或月白绸褂，表现情窦初开之小家碧玉，体态神情，皆臻妙境。筱翠花演此剧，做工之细，皆摹自田桂凤，唯演来略有近荡之憾。荀慧生演此，特别在莫稽得官之后马上摆谱，金玉奴委曲求全的表演，以及棒打时责骂莫稽的大段道白，脍炙人口。1959年，荀慧生将此剧改编，改团圆为不团圆。剧本收入《荀慧生演出剧本选集》。关于结局的处理，1949年以来一直存有争议。对荀慧生的改本也有不同看法。其弟子童芷苓、孙毓敏等均照荀本演出，但各有改动。

（刘乃崇　蒋健兰）

Jin Yuemei

金月梅　（1882～1924）　女演员。工旦。安徽合肥人（一说福建人，一说山西人）。本姓邵（一说姓褚），从金福仙习梆子后，改姓金。字雪绮，别署双清主人。幼年屡遭变卖。8岁卖于杜家为婢，

杜家有塾师喜其慧敏，教以诗文。后以父命，许定远兵船某武弁，甲午之役某武弁卒，落入八大胡同。在青楼以妓习艺，渐有才名，得与文人名士交往，并由妓改伶。1900年在天津演出《梵王宫》、《翠屏山》等梆子戏。后改唱京剧，演出于上海群仙茶园。其皮簧戏学于王琴侬、刘纫秋。1901年，李涛痕曾在群仙茶园看过她演的头二本《虹霓关》和《纺棉花》，“已觉其技术超迈于同辈，令人作三日思矣”（《论金少梅》，1921年）。1907年，隶天津东天仙茶园，“与活吕布排演《独占花魁》、《义婚孤女》等剧，翻新出巧，观者欢呼。月梅之名，始噪天津”（剑影

金月梅1908年戏装照，角色失考

客《天津名伶传》）。1908年，少年周信芳因“国孝”期间演剧困难而脱离北京喜连成，入天津东天仙，同台有苏廷奎、高福安、金月梅等，曾为金月梅配演《二县令》（即《义婚孤女》）之知县，“开始于新戏发生兴趣”（胡梯维《周信芳年谱》）。1909年，王钟声到天津，与商界联合，就大观戏园创建新舞台，更新舞台演出面貌，金月梅亦参与其事。1916年，李涛痕又在天津之江苏同乡会看她演《马前泼水》，“益惊叹其细腻传神，非特旧戏所无，亦新戏所罕见”，并在1918年创刊的《春柳》杂志上，允推“金月梅一人为女优，余者亦不过普通坤角而已”。月梅嗓音甜亮宏朗，字音清晰，“书家李采繁曾书‘玉磬声声澈，金铃个个圆’以赠，时人以‘金铃玉’呼之”（《中国戏曲志·天津卷》）。金月梅因有诗人李释戡之助，文学修养得以长进，能编演新戏，是京剧史上富于创新精神的早期坤旦。擅演之梆子戏和京剧还有《杜十娘》、《神仙世界》（即《宝莲灯》）、《宋金郎》、《一门富贵》、《富春楼》、《杀狗劝夫》等。

金月梅在青楼时与郑孝胥相识，郑“遂为之购地营宅，藏之金屋”。遭郑遗弃后，“乃售其宅，腰缠万余金”，嫁津伶李长山，并与长山一同赴沪。李长山艺名小七金子，是郝二明的梆子科班出

女金少梅

身，工武生，在沪期间曾搭熊文通所开之春仙茶园奏技，以《连营寨》赵云、《金雁桥》张任、《访白袍》薛仁贵、《怀杜（都）关》公孙子都等见赏于时，孙家振《三十年来伶界之拿手戏》有评述。1905年，月梅生女金少梅。少梅及长，月梅聘时小福之徒江顺仙教以皮簧青衣、花旦。母女曾联袂演出，名重一时。瘦庐《我之金少梅观》说：少梅“得金月梅之真传，故于《错中错》之神移，《美龙镇》之腼腆，《六月雪》之悲婉，《乌龙院》之淫悍，皆能应有尽有”。1920年，金少梅被报界捧为“文艳亲王”。1921年梅花道人为之编辑专集《金少梅》，诗文书画之赠甚多，参与评论者有马二先生（冯叔鸾）、张聊止、春柳旧主（李涛痕）、辻听花等。1924年金月梅病逝后，金少梅嫁一程姓薄幸男子，离异后改嫁小生演员马少山。“少梅之美，亦在柔媚二字，捧之最力者，首推斗山山人，特编《卓女当炉》、《婴宁》（又名《一笑缘》）、《焚稿》等二十余剧，排日公演……深得一般顾曲者所称道”（摩诃《金少梅之今昔》）。金少梅在上海演出于大世界乾坤大剧场及共舞台，后去济南、天津而归北京，出演于城南游艺园，与琴雪芳、碧云霞，有“坤旦三杰”之目。少梅患烟霞癖，艺事渐颓靡。1945年抗日战争胜利后的某夕，童芷苓在上

《思凡》金少梅饰色空

海皇后大戏院后台见过她，已穷困潦倒不堪（朱继彭《童芷苓》第169页，华东师范大学出版社1995年版）。（龚和德）

Jin Zhongren

金仲仁（1886～1950） 演员。工小生。本名爱新觉罗·春元。北京人。清代礼烈亲王后裔，世袭奉恩将军。自幼爱好皮簧戏，从张小山学戏，开蒙戏是《九龙山》的杨再兴。又从茹莱卿、姚增禄学得《雅观楼》、《石秀探庄》、《雄州关》，并从曹心泉学得《奇双会》等戏。初为票友，常在翠峰庵、肃王府票房串演。入梨园行后，正式拜德珺如为师。他与王瑶卿交谊甚厚，数十年如一日，在一起钻研艺术，合作演戏多年。王派名剧如《珍珠烈火旗》、《十三妹》、《乾坤福寿镜》、《梅玉配》、《得意缘》、《雁门关》等，都是由他饰演小生角色。又与马连良、程砚秋、尚小云、荀慧生等合作，由其辅佐荀慧生创排的新戏，就有30多出，其中以演《绣襦记》的郑元和、《钗头凤》的陆游、《香罗带》的陆世科、《婚姻魔障》的薛丁山、全部《十三妹》的安骥、全部《玉堂春》的王金龙、全部《得意缘》的卢昆杰、《红楼二尤》的柳湘莲、《晴雯》的贾宝玉、《霍小玉》的李益、《红娘》的张珙等，与荀功力悉敌，相得益彰。他的戏路较宽，勇于革新。

他的唱法宗德珺如，做、念则学王楞仙。他的唱不以巧腔取胜，而是每出戏各有其独特的唱腔，主张以剧中人物的个性和情节来安腔。同样是［西皮原板］，在《飞虎山》里用腔凄凉，《白门楼》里用腔悲愤，而《辕门射戟》里则是气胜质壮。他唱［摇板］或［散板］，同样讲求因戏谱腔，尤其注重节奏尺寸。例如演《梅玉配》的徐廷梅，等待家人徐佩（拐银潜逃）心中焦急，上场唱［西皮散板］“只因徐佩无踪影，一夜心中不安宁”，唱得紧凑，字间好像单摆浮搁，“不”字往上挑，“安”字落下低回，“宁”字用一“疙瘩腔”，音色非常圆润美听。又如演《悦来店》的安骥派二骡夫去红柳村送信，未见回来，上唱［西皮散板］“只见红日正西下，骡夫为何不还乡”，也是等人未回焦灼的情节，但是句尾“不还乡”，用平腔只在“乡”字上使一旋律挺拔的“疙瘩腔”，而为何玉凤出场铺垫、烘托气氛。他设腔不仅合乎剧情，而且照顾到突出主要人物，十分细腻。再如他演《玉堂春》的王金龙，在刘秉义、潘必正会审退下之后，他把“适才堂口把话论，句句说的是真情”，改为“手指苏三一声问，不该当堂攀大人”，是面向苏三，而不是采“背供”唱，这从剧情发展来说较为贴切。末句“此事托与刘大人”，边唱边写“请刘大人过衙一叙”的请帖，不像有的小生唱“刘大人”使嘎调翻高，这不符合王金龙急欲为苏三解脱，又碍于自己是巡按身份，而且又在公堂之上左右为难的思想感情。他唱［西皮原板］，优点是明白如话，圆润受听，大小嗓结合得没有忽高忽低跳跃之感。他唱［南梆子］，在小生唱法上也有突破创造。［南梆子］原是梆子剧种的板腔，京戏移植过来，《群英会·盗书》、《红鸾喜》的小生唱，多是用［西皮散板］过门起唱，唱腔平淡。他则不然，有所突破。他演《得意缘》“说破”一场，其中与狄云鸾对唱［南梆子］，是与王瑶卿合作设计的，“非是我无情义良心昧丧”一段，节奏快，行腔跌宕有致，唱出激昂的情调，很见功夫。

他的念白学王楞仙，但他小嗓宽而响堂，所以大小嗓结合得圆润。他的念法，从丹田托气，用雄音、虎音，字字有力，句句带神。尤其念京白，字字准确，如《马思远》的满都老爷和《秦淮河》的安道全，是艺术化了的纯粹京音，既标准又受听。这与王瑶卿、梅兰芳、金少山的京白有异曲同工之妙。

他的做工表情细腻，很善于把传统老戏中精彩的技巧运用到所创演的新戏里。如《关王庙》的王金龙，当苏三赠给三百两纹银之后，金哥送讯说鸨儿赶来了，叫他急忙躲避，他就移用了《打侄上坟》中陈大官被叔父陈伯愚痛责之后，家人陈志报信说陈伯愚上坟来了，吓得他急忙逃跑，把他婶母给的银子都掉在地下，同时他又忙着提鞋，又抓捡银子的表演，实际上是虚拟动作，可是他那“三抓”，随着锣鼓三番“撕边一击”，使人觉得他抓到的都是沉重的东西，然而台上，却是空无所有。这段表演移用到这场戏里非常合适，也很出色。他演《乾坤福寿镜》的林鹓显，在征伐海盗班师回朝途中，路遇生母胡氏，认母的悲痛急切的表情身段，就是吸收了《黄逼宫》的共叔段哀求郑庄公（寤生）的身段，用在这里非常紧凑。

他演爱情戏，很着力于用痴气、傻气、呆气来刻画人物，如《晴雯》的贾宝玉、《梅玉配》的徐廷梅和《悦来店、能仁寺》的安骥，就是运用痴、傻、呆三字诀，把人物演得典型可爱，使人同情。如《悦来店》中，当何玉凤问他姓什么，他谨记住奶公分别时嘱咐“逢人只说三分话，不可真情对人言”，而还要要小聪明，想了想只说三分：“安字有个宝盖头，只说三分，就说姓盖……”觉得挺得意，来了个傻笑，可是要回答的时候，看到身带刀弓的何玉凤又怔住了，张口结舌，傻呆之气十足，妙在不失书生本色。他演的这出戏，堪称精品。

《探庄》饰石秀

《三拉团圆》饰赵宠

《绣襦记》饰郑元和（右） 荀慧生饰李亚仙

金仲仁虽然出身贵族，但在学艺用功上不辞劳苦，武功扎实，经常和盟兄许德义（名武净）、荣蝶仙一起练武功，所以和荣蝶仙演《马上缘》、《虹霓关》等戏，对打时荣虽然踩跷，脚底下一拧就转身，速度飞快，但他穿厚底靴的转身仍能走到前头，可见其脚底下的步法功夫。他演《雄州关》的韩彦直，当其父韩世忠责他不遵军令，盛怒之下打他一个嘴巴，他头戴珠子头挂长丝线尾子，手持双锤，走一个高吊抢背，左手举锤，右手掖锤，长线尾子不散不乱，速度快而招式清楚。

1950年，金仲仁被文化部戏曲改进局戏曲实验学校聘为教授，与王瑶卿、王凤卿、尚和玉、马德成、谭小培、萧长华、鲍吉祥、张德俊并尊为“九大教授”。他的及门弟子都以维字排名，有高维廉、苏维明、关维芳、董维贤、洪维良、周维俊、王维秋、王维筠、朱维斌等。毕业于中华戏曲专科学校的李德彬、高金儒和中国戏曲学校的张春孝也是他的学生。 （董维贤）

Jin Zhongsun

金仲荪 （1880～1945） 京剧作家、教育家。原名金兆棪，字悔庐。浙江金华人。早年接受民主革命的思想，是北京京师大学堂的首批学员。1908年毕业后，回到家乡金华办学。1911年武昌起义爆发后，为维护地方治安，组织了临时军警事务所，在吕公望等人支持下，光复了金华及所属八县区，被金华父老推举为国会议员，曾任参议院财政委员会主席。袁世凯解散国会后，被迫出走。袁世凯称帝，金仲荪回到浙江策动起义，参加讨袁，并在广州参加了非常国会。南北议和后，金仲荪又回到北京参加了国会参议院的工作。目睹曹锟贿选总统的丑行，他气愤异常，顿生归隐之心，遂改号“悔庐”，离开政界。

金仲荪素好诗词，与罗瘿公有莫逆之交。1924年，受罗瘿公临终嘱托，为程砚秋编写剧本。先是继续罗瘿公未完成的《碧玉簪》，公演时盛况空前。这为他后半生从事戏曲事业奠定了基础。1925年，创作《文姬归汉》，褒奖爱国精神，彰显民族气节。20世纪20年代末、30年代初创作的《荒山泪》，描写避居深山的药农一家悲惨遭遇，阐述“苛政猛于虎”的主题。九一八事变后，针对国民党政府实行不抵抗政策，为激发国人抗战决心，根据川剧改编了京剧《亡蜀鉴》。在他的笔下，叛将马邈最终落得被敌人所杀的可耻下场（这与原作不同）。程砚秋巡回公演时，受到各地观众的热烈欢迎。此外，他还写了《聂隐娘》、《沈云英》、《斟情记》、《朱痕记》、《梅妃》和《春闺梦》、《小周后》等许多作品。在创作过程中，为了符合演员（主要是程砚秋）具体的条件，总是与演员密切合作，征询意见，不断加工和修订。如《荒山泪》从初稿到修改定稿竟历时一年之久，既体现了创作态度的严肃认真，又表现出日后成为戏曲教育家的良好素质。

1928年，程砚秋赴南方演出，金仲荪随行。在上海遇到当时任中国银行总裁的张嘉璈。张很欣赏程派艺术，又与金仲荪是旧友，遂与李石曾用法国退回的庚子赔款建立了中华戏曲音乐院南京分院，金仲荪任副院长，后又兼任该院北平分院研究所所长，并与徐凌霄等共同主编该所的《剧学月刊》，撰写了一批戏曲理论、评论文章。1935年，接任北平私立中国高级戏曲职业学校（后改名中华戏曲专科学校）校长。他注重学生的品德教育，严厉制止不良习惯和嗜好。对学生因材施教，给他们安排合适的老师，如李和曾、王金璐、李玉茹、侯玉兰等都因此受益匪浅。他注重对学生素质的培养，鼓励他们学习书法绘画，引导他们学好文化课。一次，王金璐在学昆剧《夜奔》时，金仲荪问他“听残夤漏”是什么意思，王金璐不懂，又问他什么是“漏”，还是不知道。金仲荪就让老师带他去故宫参观，王金璐从此知道了“漏”是什么，通晓了戏词。在排《五人义》时，金仲荪建议老师讲《五人墓碑记》，以帮助学生理解戏文。他还请人给学生们讲文学名著，讲曲牌，讲戏剧理论。在他的精心培育下，傅德威、宋德珠、李和曾、王和霖、周和桐、王金璐、李金鸿、储金鹏、李玉茹、侯玉兰、白玉薇、陈永玲等一批优秀演员脱颖而出。1942年，中华戏曲专科学校被迫解散，金仲荪闭门谢客。1945年3月9日在北平病逝。遗著《悔庐吟草》经其弟金兆梓整理后，以《陟冈集》之名由中华书局出版。 （张燕鹰）

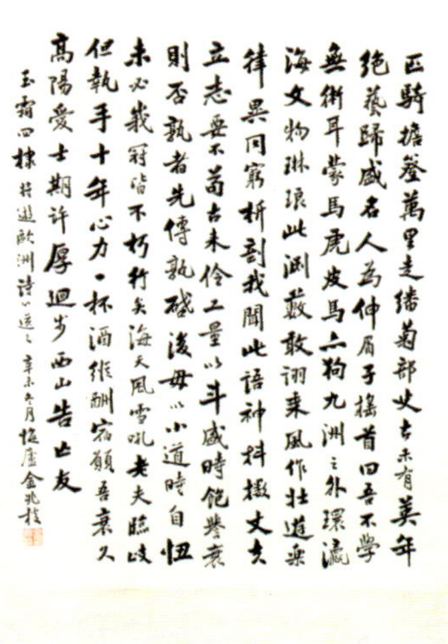

程砚秋赴欧考察，金仲荪题诗以赠
（选自《京剧大师程砚秋》）

Jinzhou Shi Jingjutuan

锦州市京剧团 京剧演出团体。1954年成立。其前身为辽西京剧院，由马秀峰、张庆元、李兰亭与辽西文工团京剧组的王奎生、刘岚云、薛中凡等人联合组成。1952年夏，东北军区空军政治部京剧队王佐川、孙韶军、韩桂生、张晓峰等一批武戏演员转业加入，剧院由民营公助改为国营，院长王立夫。1954年辽西与辽东合并为辽宁省，遂改用今名。主要演员有姚汉岳、黄金璧、刘会刚、赵菊扬、王奎生、刘雪艳、靳小仲、刘岚云、王佐川、周素英、张春亭、汤乐华、赵玉、范鸣焕、何鸣羽、张士英；司鼓薛中凡，琴师韩桂生，舞台美术李中雷等。演出剧目除传统戏外，先后创作、改编的历史故事戏有《李逵负荆》、《闹地府》、《闹龙宫》、《周仓请医》，现代戏《黄继光》、《杨靖宇》等。《李逵负荆》在东北地区会演中获剧目奖，主演王奎生获优秀表演奖。《闹地府》在辽宁省会演中获剧目一等奖。该团经常以武戏为主，深入工矿、农村、部队演出，1960年文化部授予全国红旗单位。“文化大革命”后，青年演员崛起，逐渐成为演出骨干。主要演员有李玉棠、陈鹿萍、黄幼鹏、王桂荣、姜玲、杨占昆、杨占凯、于清祥等；琴师王立元、韩需春，鼓师白涛、陈爱民，舞台美术赵之捷等。1989年以来创排剧目有《契丹太子》、《明月情》、《无名碑下》、《酒魂》等。《明月情》在辽宁省第二届艺术节获银奖，主演李玉棠、张士英获优秀表演奖，哈稚蓉获优秀导演奖。《无名碑下》在辽宁省第四届艺术节获银奖，主演杨占昆获优秀表演奖，王立元获唱腔设计奖，赵之捷获舞台美术制作奖。《酒魂》在辽宁省第五届艺术节获金奖，

《契丹太子》
李玉棠饰高云云（左） 张世英饰高父

《痴梦》
王桂荣饰崔氏

主演王桂荣、杨占昆、杨占凯同获优秀表演奖，陈爱民、王立元获优秀唱腔设计奖，赵之捷、张树林获优秀舞台美术设计奖；该剧还参加了第四届中国京剧艺术节，获剧目奖。王桂荣以电视艺术片《痴梦》获中国电视广播学会金奖，并以《痴梦》参加文化部举办的全国京剧优秀青年演员评比展演，获一等奖，又以主演《酒魂》和《痴梦》等专场演出，获第二十届梅花奖。1997年11月起于颖任团长，2005年6月起王桂荣任团长。（金进）

Jin Sui Pingjuyuan

晋绥平剧院 京剧演出团体。该院是在晋绥军区司令员贺龙倡议和扶植下，合并军区战斗剧社第二队（平剧队）和绥蒙军区解放剧社，集中了来自延安平剧研究院和张家口实验平剧团的一些艺术骨干，于1946年10月在晋绥边区首府兴县成立。经军区政治部任命，军区后勤部部长高士一兼任院长，张一然、王一达任副院长，解杰任政治协理员，孙震任副政治协理员，张梦庚任院部秘书（他离院后，由陈冲继任），张一然兼任研究室主任，邓泽任副主任（张免兼职后，邓任主任），郭瑞任演剧队队长，霍秉龄任副队长。1948年5月到延安，改称陕甘宁晋绥联防军区平剧院。1949年初，该院接收了山西临汾的国民党军队所属剧社的部分演员。同年5月，进驻西安，改称**西北军区政治部平剧院**，10月1日起改称京剧院。西北驻北平办事处奉贺龙司令员命创办的西北戏剧（京剧）学校此时奉调到西安，被纳入该院编制。这时机构和负责人有所变动，张一然任院长，孙震任副院长。演剧队改称剧团，霍秉龄任团长，孙秋田任副团长。该院附设戏校，王献舟任校长。在西安时，还吸收个别名演员参加工作。1950年4月，该院迁往重庆，改称**西南军区政治部京剧院**。在重庆接收了西南区公安部文工团部分人员，又吸收了散居在当地的一些京剧演员。1951年、1952年和1954年，该院所属剧团和剧校曾3次去西藏地区雀儿山、昌都和拉萨进行慰问演出，得到部队、汉藏广大群众的普遍赞扬，受到西南军区的通令嘉奖。1954年西南区撤销后，剧团多数人员由石天率领进北京，加入**中央军委总政治部文工团京剧团**，后成为**中国京剧院四团**。1958年，宁夏回族自治区成立并向中央提出要求，经彭真批准，该团被调往银川。现为宁夏回族自治区京剧团。

剧院创建初期，主要演员有：张一然（老生）、王一达（大丑为主，兼老生、老旦等）、孙震（花脸，后改小生），研究员中有任均（女，青衣、花衫兼刀马）、刘元彤（青衣）、张元奎（铜锤花脸）、张月楼（女，花旦兼武旦，并兼演河北梆子戏）、张德甫（武生）、李更生（老生）、殷元和（架子花脸，兼武花脸、文武丑、武生），在演剧队（后称剧团）中有朱晓霞（女，青衣、花衫兼刀马，并兼演河北梆子戏）、李玉安（老生兼老旦，并任教师）、霍鸣如（架子花脸兼武花脸，并任教师）、霍秉龄（文武老生）及后来的刘飞云（武生）、梁先庆（花衫，后改小生），在本院培养成才的有王献舟（老生，后改铜锤花脸）、孙秋田（武生）、许明（文武丑、彩旦）、刘长苓（文武老生）、刘燕贞（青衣、花衫兼刀马），剧校教师中兼演员的有朱盛富（武旦）。该院中后期最有影响的主要演员是王和霖（老生）、李蓉芳（青衣、花衫）和王吟秋（程派）。主要演奏员中，鼓师先后有梁德祥、宋德全和王惠生，琴师先后有马伯峰、陈芳卿和王味书。该院编剧有张一然、邓泽、石天；导演有王一达（兼编剧）、刘元彤、殷元和、孙震，另有张德甫、霍鸣如参与导演。

经该院继承、筛选、整理演出的传统戏不下百出。为创造新平剧，排演院内外的新编历史剧，如《嵩山星火》、《逼上梁山》、《三打祝家庄》、《廉颇与蔺相如》等；新排演出了《殊途同归》（张一然编剧、主演，刘元彤导演）、《古庙钟声》（邓泽编剧，刘元彤导演，刘燕贞饰刘妹子，殷元和饰和尚）。1947年12月，中共中央在陕北米脂县杨家沟召开重要会议。该院奉贺龙司令员命，渡过黄河，到达陕甘宁边区，向党中央、人民解放军总部和西北大区党政军领导机关汇报演出，并慰问西北野战军。该院只用了半年时间，连续新排演出4个剧目：《赖虎记》，编剧邓泽，导演王一达，副导演殷元和，张月楼饰顾大嫂，张德甫饰解珍，殷元和饰邹渊；《丹梁桥》，编剧张一然，导演王一达，副导演刘元彤，张一然饰张公，王一达饰张婆；《红娘子》，编剧石天，总导演王一达，执行导演刘元彤、殷元和，导演团成员张德甫、霍鸣如，张月楼饰红娘子，刘长苓饰李岩，许明饰王仁；《北京四十天》，编剧王一达、邓泽、石天，总导演、执行导演及导演团成员与《红娘子》相同，由张德甫、刘长苓、刘燕贞、殷元和、王一达、李更生、任均（任离院后，由朱晓霞接替）、霍秉龄分饰李自成、李岩、红娘子、刘宗敏、牛金星、宋献策、陈圆圆、吴三桂，此剧演出获得巨大成功。此外，由张一然创作了新编历史故事剧《窦尔墩》。该院进驻西安之后，新编并演出《武大之死》（编剧王一达，导演孙震，首演由刘燕贞饰潘金莲，后由李蓉芳扮演，殷元和、孙秋田、梁先庆、金玉恒分饰武大、武松、西门庆、王婆），也获得成功。迁至重庆后，又新编并公演《伯夷叔齐》（张一然编剧并主演）等。张一然还根据传统戏《三疑计》改编为《平地风波》（由王吟秋主演，饰李月英），是该院后期的保留剧目之一。（王军）

Jin Rongxuan

靳荣轩（1873～？）衣箱管理师。北京人。12岁拜方明祥为师，学习管理衣箱之技。初在小荣椿搭班，常为程继先等扮戏。小荣椿报散后改搭义顺和等班。清光绪二十一年（1895）六月二十八日被选入昇平署，“时钱粮处首领谓之曰，若用本名，仅支月俸二两，不如冒用旗人名号，则可得双份钱粮，而当差则一耳，是又何乐而不为者。荣轩乃如其言，以‘王福’名入档册”（王芷章《清代伶官传》）。光绪三十二年（1906）杨小楼初任内廷民籍教习，对署内规矩多不熟悉，靳荣轩除帮同扎扮外，多有指点。民国后恢复原名，小楼聘其管理衣箱20余年。1935年，梨园公益会改组，公推靳氏为剧装科负责人。1942年10月当选梨园公会监事。卒年不详。其门徒有宋占元、孙玉堂、刘润田、于国栋、王恩霖、赵殿卿、宋保喜、祁得才、张志丰、张守正、冯保林等。子文卿，习武场，为鲍桂山弟子。（龚和德）

Jingchen Zayi

《京尘杂忆》 回忆录。孙履安著。江苏省剧目工作委员会1957年12月编印，系“江苏戏曲资料丛刊”之一种。作者77岁时在书前《自序》中说，少年时，在京师“课余之暇，辄以观剧为乐。久之得与菊部之人相识，多所往还。又以独嗜丑角之戏，得罗寿山指点，遂亦略知大概”。后息影吴门，“将在京时所见所闻，偶有所忆，即随笔记之。此编所记之事，不分先后，不分片段，亦无体例，以菊部之逸闻轶事为多”。全书约3.6万字，无标点。述及的京剧生、旦、净、丑各行演员竟有170余人，另有琴师、鼓佬、管事、检场15人。言简意赅，文笔畅达，具有丰富的史料价值。在评价演员擅长，分析表演优劣，多有精辟、坦率之语。而梨园逸闻，更是琳琅满目。如：“犹忆孙（菊仙）在某宅堂会，演《洪羊洞》，硕大声洪，倾动坐客。谭（鑫培）适至后台，坐定向人笑曰：‘我看他怎样死法？’盖人至弥留，何能再有此充沛喉音。谭每演至见魂子时，辄若断若续，呜咽欲绝”。又如：“都中堂会，有‘三大件’之说，即梅杨余也。”可知“三大贤”一语之来源。书中指出《儿女英雄传》为河南人狄郁所编，非出自京师李豫如之手。狄郁号杏南，在河南有才子之称。喜与梨园人交往。“是时先兄摄祥符县篆，延狄司书启。予适在汴，眼见此君如醉如痴，为排此戏，并约梨园老角，安排场子，商量把子，将提纲打好，悬之室内，再编总讲，完成后在汴梁试演，大红特红”。黄桂秋曾有给女弟子论白口、唱法书信一封，书中全文录之，亦是难得材料，有益于后学者。

（陈义敏）

Jingdiao Xichu Daguan

《京调戏出大观》 京剧作品集。中华书局出版。中国艺术研究院戏曲研究所藏1946年第16版。辑有《阎瑞生》、《荡湖船》、《党人碑》、《双摇会》、《妻党同恶报》、《珊瑚传》等不常见的剧本。每册封面有名伶剧照，如尚小云、程砚秋、梅兰芳合摄的《西厢记》，郝寿臣《桃花村》，尚小云《摩登伽女》，高庆奎《哭秦庭》，侯喜瑞《战宛城》，马连良《白蟒台》，贯大元《南阳关》，荣庆社合演《青石山》等，以及程砚秋之军装照及王瑶卿、筱翠花年轻时的便装照等。

（葛士良）

Jingdu Guxilou

《京都古戏楼》 古代剧场论著。周华斌著。海洋出版社1993年9月出版。作者称：“都市是一个国家、一个民族的政治经济文化中心，都市的戏剧现象是衡量一个国家、一个民族戏剧特色及水准的主要标志。京都历史上的戏剧现象可以说是中国戏曲史的一个缩影。”（《前言》）序篇《中国早期剧场论》，重在阐述宋元时期中国戏曲形成阶段的各类演剧场所，分7节：“无处不歌舞”、“环境制约艺术特征”、“路歧人”、“堂会”、“乐棚·勾栏”、“露台·乐楼”、“中西比较”。全书主要部分共5章：第一章《唐辽北京地区的俳优散乐活动》，含“唐代俳优文物”、“辽代散乐文物”。第二章《金元京都的乐楼及妓馆勾栏》，含“金代乐楼遗址”、“元代京都妓馆勾栏”。第三章《明代京都演剧场所》，含“南京”、“北京”，各涉宫廷演剧场所、市肆酒楼、乡村戏楼及草台。第四章《清代京都演剧场所》，含“宫廷苑囿戏楼”、“王府私宅戏台”、“会馆演剧场所”、“酒楼及戏园”、“杂耍场馆”、“乡村庙宇戏台”。第五章《京都演剧场所旧迹一览表》，分项包括名称、地点、时代、保存情况、备注，列151处。共附照片44幅。其中第四章清代部分多涉京剧的各类演剧场所及剧场体制。

（戴申）

Jingdu Yishunheban Jingdiao

《京都义顺和班京调》 戏曲作品集。石印袖珍本。出版年月、编者不详。中国艺术研究院戏曲研究所资料室藏。1函12册（集），

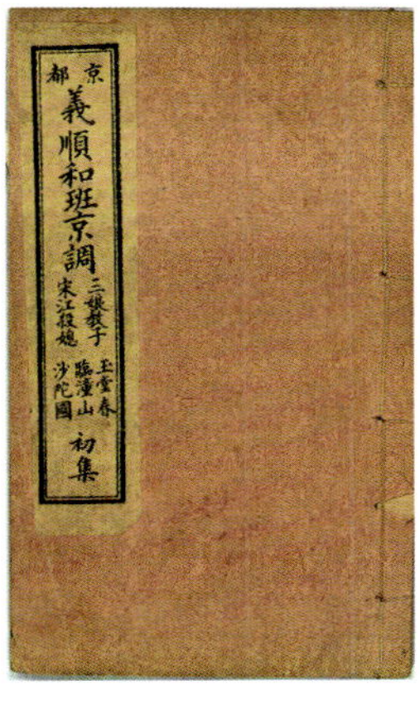

按一、二、三、四、子、丑、寅、卯、甲、乙、丙、丁顺序排列。每集5个剧本，共收剧本60个，秦腔、京剧兼收。各剧本前均有插图。上海图书馆亦藏有1函10集，无编排序号。京剧剧目有《孝感天》、《纪信替主》、《庆顶珠》、《子胥过江》等。“义顺和”为清末的梆子戏班，小隐《梨痕菊影录》载：“京师秦腔与徽调向来分支，从不相杂。光绪初年，以义顺和、宝顺和两班最为有名。其调有山陕、直隶、山东、河南之分，究以山陕为最道地。”这个著名的梆子班的演出剧目中包括不少“京调”作品，反映了当时梆簧“两下锅”的情况，为研究清末戏班及皮簧、梆子相互交流融合等情况提供了资料。

（王佩孚）

jing'erhu

京二胡 弦乐器。胡琴的一种，京剧乐队文场的演奏乐器。配合京胡伴奏唱腔和演奏曲牌。其结构仿京胡，比京胡大。琴筒直径约8～9厘米，为木制或竹制，一端蒙以蛇皮或蟒皮；琴杆为木制，上穿2轸，张弦2根，按5度关系定弦，比京胡定弦低8度。音色较宽厚柔和，多用在为旦行演唱伴奏，与京胡并行，或高低音翻用，或繁简互补。京剧伴奏原无此种乐器，1923年，为了增强京剧乐队伴奏的功能，由梅兰芳、王少卿、徐兰沅等始创，在新编京剧《西施》中首用，而后得以推广。后来在其他行当唱腔中，也有增加京二胡伴奏的，如周信芳的麒派唱腔。（安志强）

（刘海发摄）

jinghu

京胡 弦乐器。胡琴的一种，京剧乐队文场伴奏唱腔、演奏胡琴曲牌的主要乐器。独奏的机会少，多是由月琴、弦子、京二胡等乐器配合共同演奏。其主要构造有琴筒、担子、轴子、弓子、琴码等几个部分。琴筒以直径约5厘米的陈竹筒为原料，一端蒙蛇皮，是京胡的共鸣部位；担子为琴身，以长约50余厘米竹子为原料，竹有5节，垂直插在琴筒上；轴子两根，以黄檀木或黄杨木为原料，横穿在第一、第二节担子上。传统京胡的琴弦多用丝弦，20世纪50年代开始使用金属制作的琴弦。弦分里弦、外弦，各1根。里弦比外弦粗一倍（里弦使用的琴弦称作老弦，外弦使用的琴弦称作二弦），分别将一端固定在两根轴子上，另一端共同固定在琴筒底部突出的担子上，中间则以悬置在担子上的以金属制成的千斤钩住。里外弦音准按5度关系定弦。弓子长约70余厘米，两端弯曲，各穿小孔拴马尾。琴码为竹制，分尖码（底部实）、圆码（底部虚）两种，上有琴槽两道，琴弦通过琴槽将琴码压挤固定在琴筒蛇皮的中间部位。京胡演奏是用马尾（蘸松香）反复摩擦琴弦，通过琴码使蛇皮震颤，并由琴筒发出共鸣乐音，声音刚劲嘹亮。另有一种专门拉［拨子］的京胡，其担子略长于一般的京胡，琴筒的直径也相对大些。拨子胡琴的音质较为浑厚。

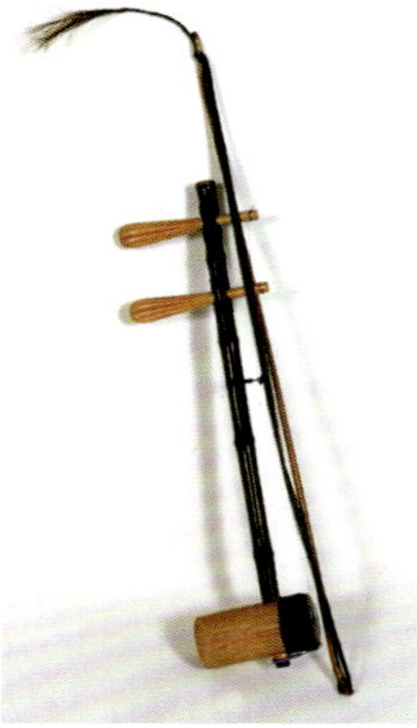

（刘海发摄）

京胡的担子较民族二胡的担子短，所以千斤到琴码之间的距离短，以至演奏的旋律只在10度左右的音域内活动，通常演奏的把位只用一个，个别高音较多的旋律可用第二个把位。同小提琴相比，京胡的弓子不是在琴弦外面运行，而是将马尾夹在里外弦之间，在有限的范围内运行，因此，马尾同琴弦之间的摩擦张力较大，这就决定弓的运弓比较短促，极少有一弓到底延长数秒钟的单音演奏。为了突破京胡音域小、运弓范围窄等局限，历代京剧琴师在演奏弓法、指法等方面不断探索、创新，如在弓法运行上，就有长弓、短弓、连弓、碎弓、顿弓、抖弓等技法，在指法上则有沾、打、揉、滑、泛等各种要领，以随、连、托、带、入、衬、垫、裹等伴奏方法配合演员演唱，其伴奏旋律，高低相间，繁简交织，

使得京剧的伴奏风格十分突出。京胡刚劲嘹亮的音色，为京剧唱腔音乐增添了绚丽的色彩，成为京剧演唱不可或缺的伴奏乐器。

（安志强）

Jingju Baixi Fuzhuang

《京剧百戏服装》 工具书。许艳萍著。天津市艺术研究所“艺术研究丛书”之一种，远方出版社1999年12月出版。16.2万字。2002年9月作者又写出《京剧百戏服装续集》，21.5万字，仍作为上述丛书之一种，由天津杨柳青画社出版。作者鉴于京剧舞台上“屡屡发生的穿错服装的笑话”，为了“给演员和‘箱倌’们提供点参考”，经过对京剧服装资料的努力搜集、核实、整理，终于先后编写出了这两本书。前者含100出戏的服装资料，多为当今舞台上经常上演的剧目，如《文昭关》、《凤还巢》、《龙凤呈祥》、《四郎探母》、《状元媒》、《杨门女将》、《钓金龟》、《空城计》、《霸王别姬》等；后者含116出戏的服装资料，既有经常上演的剧目，也有较多的在当今舞台上已罕见的剧目，如《大劈棺》、《打棍出箱》、《白良关》、《白蟒台》、《朱砂痣》、《南天门》、《徐母骂曹》、《借赵云》、《脂粉计》、《赠绨袍》等。在介绍每出戏的服装时，都分四部分进行：一为剧情简介；二为该剧人物表，每个人物都注明其所属行当；三为服装，即将剧中每个人物的着装分别具体列出；四为道具。实际上对同一个剧中人，不同名演员在演出中的着装有时也有所不同，对于这个问题，作者的原则是：“采取‘官中’做法，按大多数演员的着装记录。”刘梓钰为《京剧百戏服装》作序，李滨声为《京剧百戏服装续集》作序。在续集的书前还有作者所写的《京剧服装概述》一文，对于京剧服装的分类、特性及其改革创新的经验，做了整体性的论述。

（刘琦）

Jingju Banhua

《京剧版画》 图集。王树村编选，陶君起注解。北京出版社1959年9月出版。卷首有马少波《序言》、王树村《关于“京剧版画”》。收入杨柳青晚清戏曲年画100幅。书中每幅画的左页有陶君起注文，简述戏剧故事，介绍角色和擅演的名伶，并与近年舞台演出作比较，约略指出其异同。清代同治、光绪年间，京剧备受朝野欢迎，也成为民间年画的重要题材之一。杨柳青年画约始于明代后期，其产地在天津城西之杨柳青镇及其附近村庄。著名作坊有戴廉增、齐健隆等。因杨柳青离京畿不远，当京剧盛行时期，作坊不惜重金聘请画工，赴京津茶园观剧，以创制戏出年画。画工用记忆写生法，先将精彩场面勾出草图，归来后经过加工，创作出正式画样，再经雕工镌刻，以及印刷、敷色、裱褙等多道工序，制成精美年画，销售各地。有些作品一直印制销售到现在。旧时乡镇居民看戏的机会不多，看戏出年画成了他们的一种文化生活。马少波在《序言》中忆及童年时说：“一进腊月，家乡的集市上总要出现几家画摊的，墙壁上挂的琳琳琅琅，人们挤来挤去地欣赏它，饱尝眼福”，而且“每年总要买，年年要换样，因此这个册子里的‘戏出’，有不少是

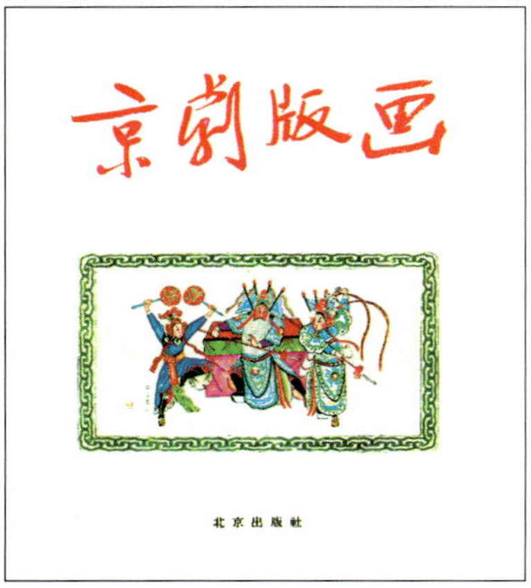

1959年版封面

《捉曹放曹》

《长江夺阿斗》

《牛头山》

《庆顶珠》
（均选自《京剧版画》，王树村提供）

我曾经买过、终年欣赏过的”。年画对于京剧的普及起过很大作用。这本画册中的作品，都是未经彩色套印、手工着色的墨印黑线版画，也可以称之为“京剧年画图谱”，出版时只衬以浅黄或浅绿底色，可看出其线条的简洁、流畅、传神。所画戏出，多为皮簧戏，间有少量梆子戏和昆曲，对于研究京剧剧目和舞台艺术的沿革，有一定参考价值。其中，场面典型、身段优美、表情生动的佳作甚多，熟悉戏曲者可一一指出何戏、何人、何情节。在布局方法上，已区别于清乾隆、嘉庆年间的戏曲年画，不再添配景物，只画必要的桌椅，在空白中使角色主体更显突出，其身段表情、服饰扮相以及砌末使用，都贴近舞台实际，这是晚清杨柳青京剧版画的重要特色。如《牛头山》(即《挑华车》)、《三疑计》、《伐子都》、《回荆州》、《庆顶珠》等，画面上也是以桌代山、以背椅示门，角色用的是马鞭、车旗、船桨，而非画上写实的马或车、船，忠实地体现了京剧表演的虚拟手法和写意精神。间亦有某种变通的画法，如《捉曹放曹》之布城，略作一点立体化处理，仍可看出舞台的假定原则。《连环套》则没有用马鞭而画了一匹“活马”，但又把天津大观茶园戏台上的门帘和大帐子画了出来，仍有较强的舞台感。王树村《关于“京剧版画”》一文，对中国戏曲版画历史做了概述，据其考定，这些作品大部分出自张祝三、高桐轩、王少田、阎玉桐等名画师之手。此书出版40年后，由黑龙江美术出版社推出改版本，书名改为《百出京剧画谱》。戏画编排稍有调整，使戏剧故事更合乎历史顺序；印刷上抽去初版本的彩色衬底，更显画谱本色。书后有王树村撰写的《改版后记》，略述此书出版的坎坷历程和重新面世的意义。王树村（1923～2009），天津杨柳青人，为著名民艺学者，皮影、玩具、石刻线画等，都有藏品和研究成果出版，而年画著述最丰。人民美术出版社1959年出版的《杨柳青年画资料集》中有清乾隆、嘉庆年间戏曲年画多种。1990年又有大型画册《戏出年画》，由台湾汉声有限公司出版，收入江苏、安徽、四川、山西、河北、山东等9省戏曲年画近200幅，棉纸彩印，蔚为大观。 （龚和德）

jingju biaoyan

京剧表演 京剧舞台艺术的主体。表演者以特定的歌舞为载体，在写意精神原则下，运用虚拟的表现方法，通过程式语言展示其所扮演的人物，并在与观众相互交流的过程中，完成角色创造和美感创造。

京剧表演体系的历史形成及其特征

京剧表演体系的形成，是戏曲近千年来不断发展又不断综合的结果。中国戏由的表演综合了歌舞、滑稽、说唱、傀儡、武术等因素。在京剧形成前，这种综合已使戏曲表演水平达到了很高的程度，特别是昆曲具有了一套相当完备、系统的表演体制。正是在这一基础上，京剧得以在一个不太长的时间里，进行更为广泛、深入的综合，从而在中国古典戏曲的范畴内，确立了具有完整体制形式和鲜明美学特征的表演体系，成为有代表性的中国古典戏曲。

京剧表演的这种综合，是集大成式的，它包含徽、汉、昆、秦等不同剧种，西皮、二簧等不同腔系，湖广音、京音、中州韵等不同音韵，从而使它在唱念做打等表演方面，具有了空前的包容度，积累了丰富的表现手段；同时，京剧艺术被引入清宫廷，并推及到文人雅士中，受到了他们的审美趣味的影响，使得京剧的美学品位空前提高。正是在这样一种历史条件下，京剧表演迅速发展，奠定了博大精深的艺术格局，形成了独具特色的表演体系。

歌舞为本的表现形态 与西方戏剧（发端于古希腊悲剧和喜剧的舞台剧）和东方一些民族的戏剧一样，中国戏曲的产生，亦源自于歌舞表演。所不同的是，在构成戏剧的重要因素即戏剧性的不断渗入和加强的过程中，西方戏剧的歌舞成分或被分化或被剔除，形成歌剧、舞剧或者话剧，中国戏曲则仍以歌舞表演为其基本手段，在充分彰显歌舞抒情性特点的基础上来完成“剧”的叙述。王国维将中国戏曲定义为“以歌舞演故事”，盖因于此。由于表演功能的不断扩大和美感效应的不断加强，使得这种歌舞日益强化，经昆曲而到京剧，更是一哭一笑也具“歌”的韵律，一戳一站也含“舞”的意味。这就是齐如山所概括的京剧原理：“无声不歌，有动必舞。”

中国戏曲和西方戏剧对待歌舞表演的不同态度，从根本上决定和派生出了两种不同艺术形态的戏剧样式，即写意型戏曲和写实型戏剧，表现出在艺术与生活关系的认识及处理上的审美取向的不同。戏曲因写意而不拘于生活对象的如实再现，便决定了它有可能取得戏剧舞台上的表现自由，这种可能则由虚拟性的表现方法获得。戏曲对生活现象的虚拟表现在舞台上是多方面的，但主要体现在表演上。有两个方面：一是作为角色自身的，其生活动作的虚拟，如宴饮、睡卧、开关门、上下楼等；一是作为角色之外的，其生活时空的虚拟，如几段［慢板］、［原板］唱罢一个长夜，一个“圆场”走出数里之地。虚拟性表现不追求一一复现生活原貌，便须对生活现象加以抽象、归纳、提炼、规范，从而形成一套以一当十的程式化表演语汇。这种程式化，同时也呈现于剧作、导演、音乐、舞台美术等其他方面，但其程式大多须与表演程式结合，才具实际效应。比如，角色上场的“引子”、“定场诗”、“自报家门”等剧本结构程式，同时也就是表演的程式，且通过表演程式而显现于舞台。

多重组合的有机整体 京剧表演体系是一个由不同序列及不同层面、成分和要素组合而成的有机整体。其序列有三，分别为：

①原则样式。它是京剧表演的质的规定性，包括上面所说的写意型、虚拟性、程式化，而分属精神层面、方法层面、体现层面。概而言之，是为写意精神，虚拟方法，程式语言。其中，写意居于最高层次，作为精神，统摄一切；虚拟属第二个层次，作为方法，它使抽象精神和具体形态之间的转换成为可能；程式为第三个层次，作为语言，它是可以感受和可供想象的物化对象。比如《贵妃醉酒》中杨玉环的“嗅花”动作，首先须有写意之精神前提，人们才会认同舞台的“无”中生“有”；其次是须以虚拟方法来诱发观者的想象，从而使“有”得以产生；最后则须运用“卧鱼”(又作卧云，是旦脚的一种优美的盘卧姿式）这一程式语言将其体现，接受者方能具体感受。

②物质手段。它是京剧表演的物质凭借。含有3个成分：行当、四功、五法。行当即生、旦、净、丑，是京剧表演类型化角色创演的特有凭借；四功即唱、念、做、打，是京剧表演形成载歌载舞之特性的基本手段；五法即手、眼、身、法、步（或口、手、眼、身、

《贵妃醉酒》中的“嗅花”
李玉茹饰杨玉环

步)，是京剧表演以人体为物质材料所需掌握的主要技法。

③功能效应。它是京剧表演的效应生成。由3个要素组成，即角色创造、形式传达、审美接受。三要素中，角色创造是表演功能效应产生的基点，形式传达则为连接角色创造和审美接受的枢纽，审美接受则是效应生成的完成。仍以“嗅花”为例：它首先是杨玉环这个角色创造中的一个细节，用以反映贵妃宫廷生活的精神苦闷；其次它是借助“卧鱼”这个形式动作来传达的；最后则是观者通过审美参与，来感受角色的心境并欣赏表演的美感。

在京剧表演体系中的这三个序列，既相互依存、相互包容，又互为因果、互为作用，从而构成一个有机的整体。比如，只有写意精神之统摄，才可能有类型化之行当的产生；又如，角色创造是程式性的创造，程式既从属于这种创造，又制约着这种创造；再如，审美主体在接受程式语言的表达时，也就同时接受着虚拟的方法、写意的精神等。

在京剧表演体系这个有机整体中，歌舞为其命脉和灵魂。所谓命脉，其标志是：作为京剧表演本源性因素的歌舞是贯穿所有方面的，它从一开始便赋予了京剧以写意精神而具抽象性，又在最后程式语言的体现中而被具体化，同时物化为行当、四功、五法，又涵融着角色创造、形式传达、审美接受等要素。换言之，京剧表演的整个构成，是以歌舞为它的出发点，其完整活动又是以歌舞为它的归宿处，是为一种前后呼应，又首尾关联的状态。

与作为命脉的歌舞所不同的是，其指说的是艺术手段（媒介形式），灵魂则是具体表现形态及其内在的意味蕴涵。事实上，同为歌舞性的艺术，而作为不同的品种，其具体形态总会相异，其内含之神韵、意味则更有别。以舞来说，会有动作、节律、构图等的不同，如“山膀”，京剧即与汉剧有异。就歌而论，则有声腔、音韵及其咬字、发声等的不同。因此对于不同艺术品种的最后判定，不仅仅要看其是否歌舞，更要看其歌什么，舞何物，又如何歌，怎么舞。所谓“京剧姓京”，正是在这一层面有别于一般戏剧以及不同剧种的形象表述。

综合完整的剧种效应 京剧表演集大成式的综合性与多重组合的完整性，构成了其独有的特点和优势。

首先表现在综合发展更加全面平衡，从而形成了大小、类型、层次不同的多个系统。像功法系统的唱念做打，各自都有一套完整的技艺而自成系统。这其中的每一系统又由更低一个层次的不同系统组成。如“唱”之下，有音韵、腔调、演唱等不同系统；“念”之下，有韵白、京白等不同系统；“做”之下，有生活动作、表情动作等不同系统；“打”之下，有把子、翻跌等不同系统。另如脚色行当系统的生旦净丑四大行，也都各有完整的表演套路，各行之下又有不同部分。如生之老生、武生，旦之青衣、花旦，净之铜锤、架子，丑之文丑、武丑等。除了这种系统的层次性外，各系统之间又相互交错而形成新的不同类型系统。如功法系统的不同功法与脚色行当系统的不同行当的组合，便形成了生的唱念以及旦的唱念等不同系统；而因不同行当的表演者的不同风格，又形成了表演流派的不同系统等。

其次表现在表演功能完备，表现力更强。比如，脚色行当的齐全，使它既可以演出《小放牛》、《开茶馆》一类的生活小戏，又能够演出《群英会》、《杨家将》一类的历史大戏，在题材上无所不包。功法手段的丰富，则使它既拥有唱念做打四功俱全的戏，如《响马传》、《白蛇传》等；又兼有偏工一门的戏，像唱工的《二进宫》、《捉放曹》，念工的《连环套》、《四进士》，做工的《坐楼杀惜》、《审七长亭》，以及武打的《挑华车》、《三岔口》等，在体裁上无所不备。

再次还表现在艺术风格兼容并举而多样。在总体上，它既具北方戏剧的豪放之气，又有南方戏剧的柔婉之风。这不仅体现在本身即源出于北、南两地的[西皮]、[二黄]等声腔方面，还体现在不同的行当和不同的做表、武打上。京剧表演历史中所形成的不同派别，包括地区性的，如北派、南派等，以及表演者个人的，如梅、尚、程、荀诸派等，十分丰富，都是其风格全面发展的结果。

京剧表演在均衡发展中，一方面在艺术品位上不断提升，加强它的形式感和规范化，使之雅驯严整，为人们品味赏玩；另一方面，又注意保持其通俗活泼的质素，雅俗共赏，让人们喜闻乐见。京剧表演雅中有俗、俗中趋雅的美感格局，让不同趣味的观众，都可以从中获得自己的满足和享受，而显现出其观众层次的宽泛性。

演员中心的特别凸现 一般说，戏剧都是以表演为中心，这是戏剧活动“当众表演”的根本性质决定的。但从比较看，在中国戏曲，特别是京剧艺术里，这种表演中心有着更为鲜明突出的表现，特别是演员中心的特别凸显。这首先表现在京剧的歌舞性上。如前所说，由于中国戏曲在增强戏剧性的发展过程中，非但未如西方戏剧那样剔除歌舞，反倒是着意强化，这就从根本上决定了京剧的表演性因素大于戏剧性因素。其次表现在京剧所具有的高度技巧性上。由于作为一般戏剧要素的动作、对话，在戏曲中分别是以舞蹈性和音乐性的形式表现，需要戏曲演员掌握能歌善舞的技巧，并使之产生特有的审美效应而诉之于观众。观众对于一个剧目的爱好程度，“往往决定于演员的技术”(《梅兰芳文集》第31页)。由是，作为一般戏剧特性的“表演的艺术”，在特殊的戏曲艺术里也就有了不同一般的表现，“中心”位置自然也就更为显要。可以说，在戏曲中技巧性愈强的剧种，演员中心也就愈明显，这就是为什么说“京剧舞台艺术中以演员为中心的特点，更加突出”(《梅兰芳文集》第14页)的一个重要原因。再次还表现在京剧表演欣赏的重复性上。从表演艺术说，戏剧表演不像有些艺术如电影那样表现为“一次性呈现”，而是“重复性呈现”，也就是它的每一次演出，都必须是演员的重复表演，这就给戏曲的重复欣赏带来了更大的可能。而就戏剧自身看，中国戏曲因其歌舞性的表演，比之话剧生活性的表演又具有更多可单独欣赏的成分而更具重复欣赏之魅力，这就更加强了演员的“中心”地位。

唱工戏《二进宫》 台湾国光剧团演出
（选自《国光五年》图册）

由于京剧作品的载体主要是作为表演者的人，其内容寄寓在人体表演的歌舞中，这不仅表现在剧本文学所要表述的思想内容要靠歌舞表演传达，而且作为歌舞表演的本身即含有作品的多方面信息，是文学剧本难以包容的。因此，京剧作品的传承方式主要不是靠剧本文学，而是依靠人体表演。所谓“口传心授”，正是因为这种传承性质而形成的特殊传授方式。

一个完整的戏剧剧目的演出，是综合艺术共同作用的结果。在这个综合过程中，表演起着枢纽、关键的作用，亦即种种综合功能的效应产生，都集中地展示在演员身上。在一度、二度创作中，剧本设定的剧情故事要靠演员“演出”，导演的构思大都要靠演员“表达”，音乐的声腔要靠演员“演唱”，舞台的环境多要靠演员“显示”。导演作为综合舞台各种因素的组织者，需要将这些因素有机组合，从而形成一个统一、协调的整体。表演者应服从导演的总体构思，将自己的创造纳入其中，但这并不妨碍其整体传达中的主体作用，亦即这些因素须经表演这个主要因素的参与、调动才能活起来。总之，“这种综合性的特点主要是通过演员体现出来的”(《梅兰芳文集》第14页)。从三度创作的接受过程看，作为审美主体的观众，也是通过演员的表演，来一一接受剧本等多方面的信息，一以贯之地体现出了表演—演员的中心作用。

京剧表演的角色创造

表演，从根本上说是为了创造角色。由于文化背景不同而形成的戏剧观的差异，带来了如何创造角色的不同的艺术主张。像西方写实戏剧，虽有体验派和表现派因演员和角色之间关系的认识不同而产生的不同的表现方法，但在制造生活幻觉，即模仿自然真实上，却是殊途同归。京剧则与之异趣，是取离形得似之法，求意会神合之致，从而达到以神传真的角色创造目的。

演员与角色 表演艺术是以表演者自身作为物质材料，直接去创造一个作为对象的角色。因此，在一般写实戏剧中，多要求达到“我即是角色”的主客同一的境地，而诉之于接受者。京剧因表情达意的手段均非生活之原态，从而带来作为演员和角色之间中介的表演的凸现，并公开承认“我在表演角色”，而告白于观众。王梦生在《梨园佳话》里，曾这样描述黄润甫的演出情形，说他“扮戏善作老奸，最能险狠。如《捉放》中之曹操，《下河东》之欧阳方，皆使人见之切齿，恨不生食其肉。及一发声、一作势，又不能不同声叫绝。即问之座人，亦不知此时之为好为恶”。这是“我在表演角色”的一个形象注脚。观者所以“为好”，是因为有“我”(演员)；又所以“为恶”，是因为有“角色”。布莱希特曾将中国戏曲的这种表演，概括地表述为“一个表演者与两个被表演者”(《论中国人的戏剧》)。所谓“两个被表演者”，即一个角色，一个演员。这就是说，一个表演者的表演，不仅仅是在“演角色”(对象)，同时还是在“演演员”(自我)，事实上是一种“双重表演”，并由此而引发了观者“为好为恶”的双重观照。京剧表演的这种双重性，作为一种演剧观的要素构成，其影响很大，并带来相应的一系列演剧特征。

①相融相离。京剧演员在创造角色时，虽然不像某些写实剧那样，自始至终要求“我即是角色”，把自己完全沉没于角色中，但也绝非自始至终排斥“我即是角色”，而是同样也要深入角色，去体验角色的情感、行为。即如黄润甫所说，“凡吾所状之人，必度其品类，察其性情，考其身世，以传其似”，故此，其所扮演的曹操才会“使人见之切齿，恨不生食其肉”。这是演员和角色相融的一面。与此同时，他又必须高度关注手段的运用，重视“发声”、“作势”的表现，而使“座人”(观者)“不能不同声叫绝”。这是演员与角色相离的一面。京剧的这种表演，既不是单纯地强调体验，又不是一味地只讲表现，它是既相融又相离的和谐统一，呈现出一种既深入角色，又保持自我的相反相成的表演状态。

②亦入亦出。由相融相离的表演特性，便带来了表演过程中的亦入亦出。这有两种情况：一则是入出的不间断性，随入随出，即在入乎角色其内心的同时，就伴随着出乎其外的手段表现。如《四郎探母》中杨四郎“老娘亲请上受儿拜”一段唱，演员在表演时，若不能对角色此时的特殊心境有一番深入的体会，是不足以感动人的；然演员在演唱时，若不能有效地处理好每一个字音及旋律，甚而唱得荒腔走板，则难以表达出杨四郎此时的复杂感情，

《十字坡》 盖叫天饰武松（右） 阎少泉饰孙二娘（陈莹摄）

动人也就无从谈起。一则是入出的间断性，而主要表现在出的方面，即在某些特殊技巧的表演中，演员须全力去完成。如《十字坡》中武松以攮子扎孙二娘的瞬间，若有半点疏忽，便有可能伤及孙二娘的扮演者，而难以顾及角色的体验。

③双重身份。由于表演者自身存在着两种因素，这就带来了作为角色的剧中人和非角色的评判者（或叙述者）之间相互转换的可能，从而形成双重身份。后者如《失街亭》中诸葛亮的出场“引子”词：“羽扇纶巾，四轮车，快似风云；阴阳反掌，定乾坤，保汉家，两代贤臣”，即有描述及评价性之因素，为他人之言，并非是孔明自道。

④直接交流。演员的这种非角色身份，又带来了其与观众直接交流的可能。这有两个方面：一是与戏情相关的，如一些独白、独唱，以及“打背躬”的唱念等。这些多半是角色内心活动，由演员直接向观众或介绍或倾吐。如《四进士》中宋士杰所唱“三杯酒下咽喉大事误了，眼见得信阳州无有好人”即是。一是与表现形式相关的，如观众单纯对演员的表演进行评价，而产生的喝彩、叫好等现象即是。

角色创造的基本手段 京剧有一套完整的表情达意的语言体系，这就是以技术运用为特征的程式语汇。凭着它，京剧演员创造出了众多的不同角色。

艺术创造离不开生活，京剧所以能凭借程式创造角色，正在于程式是将生活原态中的种种表现进行归纳、概括，并通过抽象变形，亦即艺术提炼，从而熔铸成一种特定的表现形式。基于此，京剧表演在创造人物的过程中，便特别注意运用不同的程式手段来表现不同的角色。比如念白程式，是依据不同年龄、性格、身份等因素而提炼出的，因有了韵白和京白的不同，其间便也就含有了人物资质的不同，而当以某种念白作为某个角色的语言形态时，该角色的人物基调也就大致确定了。如女性角色，有的归为青衣，有的划作花旦，前者念韵白，后者多念京白，即与此二行的人物资质不同有关。这种生活的程式化反映、表现，带来了京剧表演的极大活力。比如，以少儿演员扮作老人，或是高龄的艺术家演一个少女，所以被人们普遍认同，正在于不同年龄、性别人物的相关生活动作已被程式化了，只要表演者将这种程式复现出来，人们便承认这是某类人物，而并不去计较扮演者的实际年龄。京剧表演的非生活化，在生活程式化后被合法化了。

京剧表演程式，由一系列繁简不同、难易不等的技巧组合而成，表演者要想程式化地表现生活，并使之成为有机的整体，便须特别重视技巧的训练、掌握。京剧表演的角色创造，要求的是“内外找

准”，即除了对角色的内部心理依据要有准确的把握外，演员的外部技巧动作也要精熟，从而传达出来。事实上，京剧中有许多技巧，其本身即已情感化，像花脸行的“打哇呀呀”便是一种情感技巧，如果演员掌握不好，就难以鲜明地表达出这种感情。所谓“先技术，后感情”，“有技术才有人物”，即因于此。一个演员只有经过严格的技术训练，达到得心应手、运用自如的境地，才能做到神形相通、内外一致。戏谚“练死了，演活了”，正是对这种技术之于角色之重要性的艺术实践总结。

从对程式技巧的训练掌握，到创造演出一个生动、鲜明的角色形象，都离不开演员的修养。由于程式的形成本身，就是从个别到一般对生活现象进行概括、归纳的结果，而具有类型化的特点，所以一个演员在创造角色时，出现这种类型化的倾向，是难以避免的。这就需要演员特别加强自身的修养，“脱”出类型化之“壳”，达到既运用程式又不囿于程式的境域，而从一般到个别，创造出具有鲜明个性的角色来。

特殊的体验与表现 演员创造角色，离不开设身处地地去体验角色的思想、情感、行为等。对于这种体验，不同的艺术观则有不同的要求。一般说，写实戏剧主张的是“活生生的体验”，即力图真实、直接地把这种体验生活地表现出来。作为写意型戏曲的京剧，则由于其创造角色的基本手段是经过虚拟处理后的程式，而程式又是既蕴涵生活因素，又赋予形式技巧的双重性的特殊表现载体，因而其体验便离不开程式。仍以念白为例，一个演员是念韵白，还是念京白，其感受是绝不相同的，这种不同带来对角色体验的不同，从而准确地把握到人物的基调。比如花旦通常念京白，但也有例外，像《拾玉镯》中的孙玉姣，由于她的恋爱是与一个男子单独相处，表演必须腼腆、收敛，在念白上也就相应择用韵白（据荀慧生《花旦表演琐谈》）。而表演者一旦念出韵白时，其对角色的感受，便会与念京白判然有别，从而找到作为孙玉姣“这一个”的独特体验。总之，京剧是通过程式来间接体验生活的，是一种特殊的程式体验。

这种体验的特殊性，决定了京剧表演的体验不像写实剧那样是从生活出发，而须从程式入手。从艺术实践的过程看，说从程式入手，似与上述之反对类型化倾向相矛盾，其实不然。正因为需要先从类型化入手，才可能也才需要克服类型化倾向，否则，也就无所谓“克服”。像戏谚有“演人不演行”之说，无疑是针对“演行”的类型化倾向所提出的；但却不等于从一开始就排斥“演行”，“演行”在事实上是必不可少的。换言之，“演人不演行”须经“演行”来实现。这除了涉及作为表演者的演员须有一个艺术修养过程，而不可能一蹴而就外，更为主要的是，行当之所以有不同，正在于其程式中已预蓄了不同年龄、性别、性情、身份等生理的和生活的因素。一个演员首先要通过训练，掌握行当的程式，从而把那些预蓄的生理、生活因素“阐发”出来，这在一定的程度上自然也就表现出了某个类型人物的性格。如果单纯强调从人物出发去“演人”而不顾及“演行”，对一个京剧演员来说是没有价值的，而对一个初学者来说，则更为有害。

从程式的掌握、运用中去进行体验，是京剧表演角色创造的基点，这无论是在复演前人所创演的角色上，还是在新创演的人物形象中都是如此。就前者讲，像一些传统戏，其中的许多古代人物今天已无法看到，而难以直接摹拟其生活情状，惟其如此，程式体验才成为需要，成为重要的角色创造手段。也就是说，我们可以从当初艺人通过观察某类人物而创造的相关程式中去揣摩、体会，去想象地体验，从而表现出其人其貌来。比如陈德霖通过观察慈禧太后的生活特点，而创造了萧太后特有的台步，用在《雁门关》、《四郎探母》中，后人便也就在这台步中把握到了对于角色的体验。一个新编戏在分析、理解人物的过程中，会伴有某种程度的体验，并据此而选择相应的程式去表现。从这一点讲，也可以说是先有体验，后有程式；但从其所以选择某个程式加以表现来看，仍表明了这种角色创造须先从程式表现入手。如李少春在新戏《满江红》中，为了表现岳飞在听到议和消息时万分羞辱和愤恨的感情，便用了抓袖、拍案、情不自禁地猛然坐下三个动作，来加以渲染表达。李在谈到这一感情激变的创作处理时，就特别强调“在技术安排上也必须有突出的表现”。这是因为如果没有强有力的表现手段，体验再深刻也无济于事。所以，从程式入手，仍是新剧创作、角色体验的一个基点。所谓从程式入手，仍是根源于生活，因为程式是提炼生活后的产物；而所谓体验程式，实质上是通过还原，在程式的追溯中去体验生活。这是一个从生活到程式再到（亦即还原）生活的过程。

京剧表演所以出现这种特殊的体验，而非生活体验，根源于程式自身所具有的突出的表现性质。体验的特殊性与同样具有特殊性的表现是密切相关的。这首先在于，如同体验是程式的而非生活的体验一样，京剧的表现也是程式的而非生活的表现；其次则在于，表现与体验虽然同是共生于程式一体中的两个方面，但表现却又是相对独立的一个构成，而另具存在价值。

程式表现的这种独立性，从根本上说，仍归因于京剧表演的歌舞性。歌舞本身即是非再现（模拟）的表现（抒情）性艺术，突出了表现在京剧中的显赫地位。具体讲则主要是，在表现中并非始终伴随着体验，而是能够以至需要脱开体验而使之成为自在物。可以说是跳出角色外的非角色的表演，亦即“演演员”，这是非体验的单纯表现。因为从程式的实际运用过程看，表演者是不可能在表现的当时，处处发掘出人物情感中的某种内涵，而去加以体验的，那样势必影响到唱念做打等表演技巧的发挥。不能设想，一个生行演员在演唱《空城计》中“我本是卧龙岗散淡的人”的大段［西皮慢板］时，一会儿去体验诸葛亮的镇定，一会儿又去体验诸葛亮的内心紧张，并将其表现出来。这不仅使这段戏的演唱受到干扰，而且诸葛亮的艺术形象也会受到破坏。就程式自身说，也非个个程式都具有可供表演者进行体验的成分。一个程式形成之初，其内涵的生活依据是明显的，但随着以后的不断提炼发展，有些程式由于更具抽象、变形的特质，便在日益精粹的过程中，剔除了生活的实际内容，只留存了单纯的表现因素。于是便形成了两种程式，一是有明显内容寄寓的依存性程式，一是找不出什么生活原形的纯粹性程式。前者像一些表情程式，比如“笑”，就有实际内容，而又因内容的不同，便须加以不同的体验，从而表现出诸如“真笑”、“假笑”、“狂笑”、“怒笑”、“阴笑”等不同的“笑”来。后者则不然，比如“起霸”，其由一系列程式动作构成，虽然从整体上说，它给人们传达了武将即将出征而整盔束甲的信息，而不同的人物，表演者也须有整体上的把握，以及具体处理的不同，以表现出他们的不同身份，例如高宠和姜维。但就每个具体动作而言却“还”不出“娘家”来，作为表演者也就无从体验。还有一些属武打方面的程式动作，比如“下场花”，就更无任何生活根据了，纯属夸饰性表演，无体验可言，只剩下表现。至于体验和表现的关系，体验不能离开表现，不然，观众无从感受体验，表现则在特定情况下，可以以至需要脱离体验而独立存在。换言之，体验是阶段性的，表现却是持续性的，从这个意义上讲，表现大于体验。

应当指出，一个优秀的表演者在艺术实践中，不会总是受制于程式，而是要在全面掌握程式的基础上超越程式。其表现有二：一是在表现方面，不但达到随心所欲不逾矩的境地，在限制中大显身手，而且结合个人条件，在创造中融入自己的风格，从而形成具有美学个性的独特表演。京剧表演的许多流派所以产生，正赖于这一点。一是在体验方面，不但体现出程式中原有的生活内涵，而且在根据自身生活经历的认识、理解的基础上，对原有程式进行新的体验和运用，从而改变、发展程式。总之，这是一个从表现（程式）到体验（生活）再到表现（程式、生活）的丰富过程。程式作为一种"范本"，在其传承、模仿中是死的，但却可以在创造性的运用中被激活。优秀演员在预先的设计和即兴的运用中，总要依据生活而赋予程式以新的生命，从而保持程式的长久活力。

京剧表演的形式蕴涵

京剧表演作为一种媒介物，是京剧艺术的主体构成部分，但不等于就是京剧。换言之，它的功能既有与整个京剧相通的一面，同时又有着自身的特性。这种功能特性主要表现为，它不但传达着其他因素如剧本等多方面的内容，而且其本身就含有内容，而呈现出信息传达的非单一性，既具有外在内容，也有内在内容。表演内容的这种多重性同时带来了形式的非单一性，从而形成第一、第二形式。

"歌"的内容与形式 京剧表演的"歌"，作为一种演唱及念白形式，所传达的实际上是两方面的内容，一是唱念"转述"的台词内容，一是唱念在"转述"过程中其自身所产生的内容。比如"包龙图打坐在开封府"（《铡美案》）这句台词，表演者在演唱中，首先传达的是词面上所表明的意思，即包拯要在开封府对陈世美进行盘诘、讯问了。其次是用演唱的方式传述的，接受者在聆听的过程中所感受到的更有包拯不屈从于权贵的凛然正气，和压倒对方的夺人声势，以及不平则鸣的义愤之情。这就是演唱本身所产生的内容，与台词内容相较，它更为丰富深刻，因而也就更具感染力。

中国戏曲在"歌"的范畴内，早就有"词情"与"声情"之说。"词情"，即包含在歌的词句中的信息；"声情"，则是蕴藉于歌之形式（腔调）间的音讯。通常，在京剧中，"声情"是大于"词情"的。这是因为，作为媒介的"歌"，其在长期的艺术实践中，因某类情感的表达需要，必然吸纳并使之积淀其间，从而凝结成某种特定的音乐结构，而成为情感形式。京剧之所以有不同腔系，如［西皮］、［二簧］等，以及［原板］、［慢板］、［快板］、［散板］等的不同板式，正是不同情感、情绪因表达的需要而凝结成的。这种情感形式，作为"声情"，既是经过概括、提炼，其蕴涵相对抽象，则必然比之"词情"中所传达出的较为具体的含义要深广。可以说，那些"言"（词句）不尽意的"意"，是可以在"歌"（声腔）中得到"尽"的。

由此可知，京剧"歌"的内容，事实上是含摄在两个层面，一则词情，二则声情。其中，由于词情内容的词句，是外在于"歌"而独立存在，故可称作外在内容。如"包龙图打坐在开封府"，其作为"词"的存在，并不决定于歌唱的与否。而作为声情内容的声腔，因是内在于"歌"而依傍附丽的，则当视为内在内容，倘若不是用［西皮导板］的旋律唱出"包龙图打坐在开封府"，那么，包拯的凛然正气、夺人声势、义愤之情的这些"声"中之"情"，也就不复存在了。

比较内容，形式的情形更为复杂些。还是以"包龙图打坐在开封府"为例。在京剧声腔的腔调安排上，如前所说，这句唱词是以［西皮导板］的板式唱出的，其旋律跌宕起伏，摇曳多姿；而当接受者对此作出判断，称说"这个腔真好听"时，便是指说的第一形式，即腔调。不过，这还只是全部接受过程中的一个环节。一个声腔，要有"声"地传达给接受者，还离不开表演者的演唱，否则，便只能以腔调的形式存在于曲谱中。要演唱，则又关系到表演者的演唱水平，比如裘盛戎，每唱及此，必获满堂彩声，而当聆听者据此作出判断，赞叹"这个唱真有味"时，便是指说的第二形式，即韵味。

京剧歌唱中的形式美感，是京剧艺术魅力的重要构成，其主要存在于作为第二形式的韵味中。作为第一形式的腔调，其间存有美感，但它必须借助演唱者的演唱技巧，否则，好腔而唱不出味来，也是难有美感的。反之，倘若作为第一形式的腔本来就好，再加以作为第二形式的味也美，其美感自然便会得到格外的张扬。这正是王国维所说的"一切形式之美，又不可无他形式以表之，惟经过此第二之形式，斯美者愈增其美"了（《静安文集续编》）。

"舞"的内容与形式 与"歌"的构成一样，京剧表演的"舞"，同样也存有内在内容和外在内容，以及第一形式和第二形式，只是其层次的表现及其具体内涵，不完全与歌相同，而有自己的特性。首先，是在与剧本文学的关系上，构成舞的表情叙事的两个因素，即做和打。一般说，与剧本的台词不发生联系，而只与剧本的提示性语言，诸如"开门两望"、"勒马亮相"、"大枪下场"等相关。这就使得它必须以自身的表演去表达剧本无法写出的内容，而直接体现于舞台。因之，它的外在内容便不像歌那样，须依附于台词，而是具有独立性。其次，是在自身的涵盖上，由于构成舞的程式动作既依据生活，又经过了抽象变形、提炼装饰，且程度有异，由此也形成了其与歌的范畴不同。具体讲，则是其在反映、表现生活上所呈现的两种主要形态。一是直接模拟生活动作的，虽也虚拟、夸张，但接近原形，故观之不难理解。小者如上下楼、开关门等，大者如《打渔杀家》中萧恩父女的划船、行船，《拾玉镯》

虚拟表演行船
《打渔杀家》 谭元寿饰萧恩（右） 董圆圆饰萧桂英

中孙玉姣的喂鸡、做针线活等。这类舞的动作，因其表现为有形（生活之形），不妨称作"形的动作"。一是基本脱离生活原形的，其具体所指已模糊不清，叫人难以判断。比如趟马、起霸、走边等成套程式。这类由一系列单个程式组合而成的舞，由于无形（生活之形），只具象征性，则可视为"象的程式"。还有一种介于二者之间的，其舞之动作，具体所指，是明了的，但通过装饰夸张性表演后，离生活之形已有相当距离，故亦大体只具象征性，而接近于"象的程式"。比如耍水袖、耍髯口、耍翎子等。

京剧舞之形态的这些特性，便使得它在内在和外在之内容及第一、第二之形式的构成上，只存在于"象的程式"中，一般说来与"形的动作"无干。试以"趟马"为例。从总体上看，趟马所表现的内容，是剧中人在策马行进，然而细加分析就会发现，它实际上包含在两个层面上，这就是作为行进的驰骋内容和作为马的物象内容。驰骋内容当易理解。所谓"马"的物象内容，是因舞台上并无一匹真马，亦无模型之马，而是借助了一根鞭（即马的借代物），

《响马传》 于魁智饰秦琼

从而形成马在鞭中，亦即所谓“以鞭象马”特殊表现。京剧表演中的“象的程式”，是对生活中的某类对象进行抽象表现的结果，是在不断进化、完善的过程中，积淀了某种特定内容而形成的。“以鞭象马”，即是鞭的虚拟形式，积淀了马的特定内容。不难看出，此之内容与“行进”之内容是不同质的，其区别在于，它（马）是内在于形式（鞭），而同形式凝结成为某种固有关系的内在内容。“行进”之内容则不然，它是非固定的，而须以戏的情境来确定，关乎故事情节，而外在于鞭，属外在内容，与鞭无关。

理解这里的内在内容是要紧的。京剧艺术中这种特有的鞭（虚拟的表象）是马（实在的内容）的程式语言，其所以会产生，关键在于它需要判断。京剧中这类判断尚多，如桨是船、旗（方旗上画一车轮）是车等。写实艺术则不存在内在内容，也正是因为它的具体呈现即是马（马就是马），而不必借助鞭，亦即无须由鞭中推断出马来，自然也就无内在内容了。

上述为内容的两个层面。下面再看形式之第一、第二的含义及其体现。既然马是内在于鞭的，那么，便不能不在视其为马的内容的同时，而判定其又是鞭的形式。亦即鞭是马的媒介物，而当某个观众理解鞭是马，并津津乐道鞭中有马的这种表述方式时，其认知的便是鞭的第一形式（作为媒介物）。而当某个观众不斤斤于鞭是马的层面，而是径直观照其表现手段，亦即关注诸如上马、圆场、蹉步、亮相等程式动作来得是否干净、边式，并去感受蕴藉其间的意味、神韵，而聚焦到鞭是鞭的层面，从而获得美感满足时，其体认的便是鞭的第二形式（作为其自身）。

京剧舞中的上述构成，未包括“形的动作”，是因为其语言形态与“象的程式”不同。“象的程式”是指示性语言，未径直说出。比如以鞭象马，鞭作为能指，并不就是马，只是其所示者为马，遂构成鞭是马（判断）之层次。“形的动作”是模仿性语言，亦即直接说出。比如喂鸡动作，虽然舞台上也无鸡的实物，但观众可以从演员的模仿性再现，即一连串的呼鸡、点数、轰赶、撒米等表演中，领会其鸡之所指，而无须再去借助他物去象征。

京剧表演的审美接受

京剧是当众表演的艺术，其审美活动只能是在演者和观者的相互交流过程中实现，没有观者以审美接受的方式进行参与，表演便失去实际价值。

审美心理机制的调配 审美接受过程，离不开接受者的心理机制，诸如感知、情感、想象、理解等因素的调动配置。在京剧表演的接受过程中，像理解、想象机制的调配就十分重要，这主要是京剧表演形式的变异性，带来了审美主体接受的困难，必然要突出地诉诸观者的理解机制。人们常说观赏京剧首先要懂戏。懂戏，一般说的并不是剧情，而是针对表演形式所言，亦即只有理解了京剧表演的特殊语言符号，才能排除接受障碍，而懂得形式表演的蕴涵，从而引起观赏兴趣。同时，想象机制也不可或缺，没有想象作为载体，认识性因素就难以调动起来。像以鞭象马，如果缺乏想象机制的参与创造，就不可能理解这种虚拟、程式的表演形式。

审美心理机制的调配，还与不同观众对京剧表演的认知能力、认识程度相关。京剧表演的美感效应是雅中有俗、俗中趋雅，而促成了作为接受者的观众层次的宽泛性，亦即是不同心理机制作用的结果。审美心理机制调动配置的不同，其形成的观照点就会有异。比如一些对火炽热闹的武打、高难繁复的特技、奇异独特的装扮等感兴趣的观众，其审美心理的调动，便是处在感知（更多的是感觉）阶段。由于这类观众纯属看热闹，为其形式感所引动的只是严格意义上的快感，而非美感，因而其层次是较低的。再如一些喜欢看故事完整的大戏，而不大欣赏折子戏，喜欢离生活较为接近，而不大能接受形式感强的表演的观众，其调动的主要是情感机制。还有一类观众，他们一般不对戏的表现什么过多关注，因而较少动用情感机制，同时对如何表现也不用心琢磨，也就不需动用理解、想象机制。他们需要的只是要在与表演者提供的美的瞬间碰撞中去体认美，并以此为绝大的满足。由此，也就决定了其心理机制主要靠的是审美感知。这种审美感知，则是其在不断观照对象并获得审美经验的过程中形成的，即由感知出发，又以感知为归宿，是经过了情感、理解、想象后的回归，因而他们最能把握到京剧表演的美。

对表演形式的感知体验 在京剧艺术中，美既表现于作为戏剧性的内容，同时又表现为作为歌舞性的形式。就表演说，既有传达作品内容美的一面，也有释放其自身形式之美的另一面。而在作为三度创作的观众参与中，引发美感效应的，主要是作为审美对象的形式因素和作为审美主体的感知机制。像一些戏中的反面角色，如《艳阳楼》中的高登，其表演每每赢得彩声，观众着眼处，并非针对剧情，而是基于形式。在审美心理上，其所调动的是感知机制，作为憎恶其恶行的情感活动，则被抑制。

所以产生这种“没了是非”的现象，关键在于，形式感知有一个共同的前提，即非功利性。非功利性又是审美不可或缺的条件。因之，感知形式，是京剧观众接受京剧表演的一个重要审美参与。京剧中，一个作品的保留与否，实系于感知形式这一审美机制的能否形成。只有那些给审美主体以感知愉快的作品，才能进入保留的层次。而有些戏之所以遭淘汰，则在于它们所提供的审美对象，只能引动人们由感知到情感、理解、想象等机制的参与，而无法进入以感知为归宿的层面，自然也就阻止了观赏者重温该戏的欲望。这里的关键在于，这类戏在内容、形式的关系上，只注重了内容，使形式纯然成为一个传达内容的媒介物，而缺乏自身的审美价值，从而接受者难以深入、转移到对形式自身的观照。在这种情况下，接受者的感知活动是难以激活的，其感知形式的审美机制自然也就无法形成。

共鸣与欣赏 京剧观众在审美接受的过程中，由于表演者的出色表演，会产生共鸣和欣赏的不同心理现象。前者多是因表演传达的内容因素所引发，后者则是由表演自身的形式美感所激起。就审美心理机制而言，共鸣主要是因情感的参与，欣赏主要是依于感知的介入。一般说，在接受京剧的大多数观众中，由于在内容、形式两方面，他们兼容并包而不偏废，既观照人生，又欣赏艺术，因而是情感、感知以及理解、想象的多重心理机制的全面参与，其引发的美感心理反应，既有共鸣，又有欣赏。如同京剧的表演和角色的相融相离、亦入亦出的关系一样。京剧的观赏，在审美者来说，也是既有与角色情感交流的一面，又有保持自我而只对表演进行观照的另一面。前举黄润甫所饰之曹操、欧阳方，使观众既“见之切齿”，又“同声叫绝”，即是情感参与（为恶）和美感欣赏（为好）的双重审美效应的典型。然而，这却不等于在京剧表演的主体接受过程中，情感与美感及其引发的共鸣与欣赏，从来就是均衡对等的。事实上，二者之间同时还存有差别。这种差别，主要表现为欣赏的强态。

感知能力的培养 由于京剧表演形态的抽象变形，其形式感尤其强，便形成了一套较难接受的独特的语言符号系统。马克思说，“对于不辨音律的耳朵说来，最美的音乐也毫无意义”（《1844年经济学—哲学手稿》第79页）。我们先辈也说过“六律具存而莫能听者，无师旷之耳也”（《淮南鸿烈·泰族训》）等类似的话。可见，一种艺术的接受能力是需要培养的。京剧因其难懂，自然也莫能外。从实际看，这种培养有两种情形，一是有意识的，一是无意识的。其所以不同，总的来说，与京剧自身的存在状态相关。这首先决定于是否有一个与京剧文化相对应的文化环境。京剧历史上所以有过兴盛期，正是这种文化对应关系促成的。当时有一个足以形成特定的“皮簧”文化的文化环境，其间人们所受到的文化熏陶，与京剧文化对应、通约，自然也就较易受到感染而喜爱上京剧，从而造就了一个庞大的观众群体。这种造就即是一种培养，只不过不是着意的，而是一个自然形成过程。近许多年，京剧出现所谓不景气，具体表现是观众的减少。其中原因很多，但从根本上看，乃是文化关系失去对应所致，亦即衍变的社会文化形态，与固有的京剧文化形态之间出现错位。在这样一种文化环境中，期望京剧观众群自然形成，是不切实际的，因而有意识地培养具有接受、欣赏京剧能力的新观众，就十分必要。而从一个民族的欣赏水平的保持、提高来看，则需依靠相应的具有接受难度的艺术来维系、促成。我们这个民族，既需要京剧的大艺术家，同时也需要京剧的大鉴赏家。

京剧表演的创新发展

京剧表演是靠着杂取百家、兼收并蓄而孕育形成的，体大精深，这期间所经历的文化整合，从一开始便贯穿着创新发展的思想和行为。由于表演是每一个具体的人，即表演者的“演”而“表”而出之的，因而具有个体性特征。京剧表演的创新发展，也就离不开每个个体的创新发展，特别是那些作为代表性人物的大艺术家。应当说，京剧表演的不断丰富、日益完善，是他们创新发展的结果，反过来，这种创新发展，也成就了他们自身的价值和地位。这是一个双向创新、同步发展的历史过程。在京剧表演100多年的创新发展中，有许多成功者，更有不少遭受挫折的人，除了个人的禀赋条件外，其中的历史经验在于，处理好以下两个方面的关系，至为关键：

①发展与继承。发展总是在继承前提下的发展，继承则是在发展要求下的继承。发展是其主导面，继承则是其基础。一个追求创新发展的表演者，首先，在认识上，须明确继承的重要性，看不到这一点，单纯强调发展是没有意义的，那将是无本之木，无源之水，根本不能成立。其次，在实践中，应以老实的态度、刻苦的精神，打下多方面的坚实基础，这个基础的深厚与否，从根本上关系着以后发展的成就高低，所谓根深才能叶茂。同时还要广收博采，学习前人，并吃透前人，以期融各家之长于一身而求变通，达到“临百体而后无体”的发展目的。再次，在心理上，须有献身艺术的精神追求，急功近利，贪图侥幸成功，以所谓创新为攫取一时之轰动的手段，是难以真正推动京剧表演艺术发展的。表演艺术，作为一种精神生产，从继承到发展有一个相当的时间过程，这中间并无捷径可走。有些从业人员，其发展最终未能为人们接受，正在于耐不住一定时间的磨砺而求脱太早；反之，那些愈能在“慢工”中打下牢固基础的艺术家，最终反倒愈能取得发展的自由，从而别开生面，开创一片新的天地。

②创新与法度。发展总是与创新相联系的，表现为发展存在于创新之中，离开了创新，发展便无所依托，只能是空论。然而，这又不等于凡创新就必定正确，就必然成功，二者之间并无逻辑关系。从京剧表演自身发展的实际情况看，创新失败的例子并不少见。关键在于，创新不是任意的，而是受着法度的制约，所谓“出新意于法度之中”。法是法则，度是尺度。在创新中，首先是要尊重京剧表演的自身规律，也就是不能违背京剧表演的基本美学原则及其基本形式特征，从而在保持已有的特色和风格的基础上创新。这里应摒除的一种思想是，以为旧的便都是落后的东西，新的东西则都是进步的。其实，“艺术是没有新旧的区别的”（梅兰芳语），其价值判断并不总是以新旧、先后为取向。随之而来的还有鉴别能力问题，即在旧有的艺术中，何者该突破，哪个应保存，先须有正确的识辨。否则，治丝益棼，徒自增乱，反倒无益。其次是要把握创新的分寸，这涉及创作主体和接受主体两个方面。这是因为，每一个创新成果，都是在二者的共同参与下完成的。其表现为，不但作为创作主体的艺术行为直接关系到创新的能否产生，而且作为接受主体的承受、认同与否，事实上也在很大的程度上关系着这种创新的成败。就后者言，有审美习惯问题，即当创新的尺度与其审美习惯之间的反差过大时，接受者便会形成心理排斥，从而导致创新失败。这就决定了前者在创新的分寸上要有准确的把握，避免那种大刀阔斧、面目全非式的创新，而应求“适”，并由此而达到在新与旧之间保持一种具有相互牵引关系的张力，从而使接受者在熟悉中感受陌生，在不断地接受这种适度创新的过程中，去适应这种创新，而最终促成创新。

京剧存在一天，其表演就要发展一天。不过，今天的发展是在京剧质的规定性形成后的发展，与它此前的发展是不同的。概而言之，今天的发展，既有适应社会要求的一面，同时更有保持其自身价值的另一面。只有牢牢掌握住这一点，才能保证京剧表演艺术的健康发展，也才能使这种发展具有保存京剧艺术的实际意义。

（蒋锡武）

Jingju Biaoyan Yishu Zatan

《京剧表演艺术杂谈》 京剧研究著作。钱宝森口述，潘侠风整理，北京市戏曲编导委员会编辑。北京出版社1959年出版。该书分“身段谱口诀是怎么传下来的”、“我的学艺经过”、“京剧身段谱口诀”和“表演杂谈”4个部分。第一部分主要回忆了钱金福的

演戏经历和得到京剧身段谱口诀的经过。第二部分介绍了钱宝森的学艺和学习身段谱口诀的经过。全书重点是第三部分对京剧身段谱口诀的介绍。其中又分基本功、修养与运用、云手、起霸、其他共5个方面的32个口诀和一些忌讳。在讲述每一种功法和口诀时，作者都从它的性质、作用、动作的先后次序、形体各个部位的标准位置、具体的应用方法和应该注意的地方等加以详尽描述，并配以相应的照片（计110余幅），大部分都用实例加以说明。第四部分主要是对京剧身段表演方面的一些诀谚的解释。全书基本上是对钱宝森口述的记录，潘侠风在文字方面进行了一定程度的加工，通俗易懂，有很强的实用性和可操作性。作者钱宝森是清末民初著名京剧演员钱金福之子。钱金福虽然嗓子不好，但能以身段、架式跻于著名花脸演员之列，并能在清昇平署承差多年，除他本人的努力外，在很大程度上是受益于他在三庆班独得的这套京剧身段谱口诀。钱宝森在北京市戏曲编导委员会任职期间，把家传并珍藏多年的京

剧身段谱口诀整理成书，刊行于世，这对京剧表演艺术的传承与发展，具有重要意义。（张燕鹰）

jingju caisu

京剧彩塑 以京剧为题材的民间捏塑艺术。有泥人、面人、鬃人、绢人多种。民间彩塑起源甚古，题材广泛，旧时多用作敬神的“花供”或殉葬品，也有民间玩具。自京剧盛行后，亦以京剧人物、戏出为表现对象，爱好者用作居室点缀。著名的有天津“泥人张”，北京“面人汤”，以及无锡、苏州的手捏戏文等。

“泥人张”是天津张氏彩塑世家的俗称，享名已有一个半世纪。第一代艺人张明山（名长林）约生于清道光六年（1826），自幼随父学做泥塑，13岁时已能创作。道光二十三年（1843），余三胜到津演出，张明山为之塑像，神态逼真，自此声名大振。以后又为谭鑫培、汪桂芬、杨小楼等名角塑像。还捏塑了许多以二人或三人为一组的戏出，如《黄鹤楼》、《断桥》、《春秋配》、《回荆州》等。传说他在看戏时，“于人不知不觉中，袖中暗地摹捏，一出未终而伶工像成，归而敷粉涂色，衬以衣冠，即能丝毫不爽”（1947年3月24日《大公报》）。他与画家任伯年友善，赴上海造访时赠以彩塑《武家坡》。第二代传人为张明山之子张玉亭（名兆荣），所塑《黛玉葬花》颇得梅兰芳舞台风韵。第三代传人为张玉亭之侄张景祜，所塑《四郎探母》亦为传神之作。1959年，天津成立彩塑工作室，传人已不拘于张氏子弟。“泥人张”的作品，一般高不盈尺，用细泥塑制，手法有拍、捏、压、挑，风格写实，造型准确，姿态表情生动，衣纹细致自然，且有质感，设色明丽而又古朴，不涂清漆。画家徐悲鸿《对泥人张感言》一文云：“至其比例之精确，骨骼之肯定，与其传神之微妙，据吾在北方所见美术作品中，只有历代帝王画像中，宋太祖、太宗之像，可以拟之；若在雕塑中，虽杨惠之，不足多也。”（《大陆》1932年第1卷第1期）

泥人张作品《四郎探母》（选自《中国戏曲志·天津卷》）

“面人汤”以汤子博（名有彝，1882～1971）为代表人物。其弟汤子高亦为面人能手。面人系小麦粉、江米粉和防腐剂以开水调合成面团，经过加温，放入各种所需颜料后，用手捏塑而成。其大如手掌，小如果核，四体具备，五官清晰，形象鲜明生动。戏出多以二人或三人为一组，装在玻璃盒内，供案头把玩。京剧作家翁偶虹与汤氏兄弟颇有交往。翁氏青年时爱唱花脸戏，每演一个角色，就请“面人汤”捏一个面人留作纪念。因见面塑的“服装脸谱虽不离格，而姿势神态总不惬意”，乃亲自摆出身段，以供摹捏，并为其戏出作品设计构图，以表现最富有戏剧性的瞬间，“懂戏的顾客便争先恐后地购买而去”。翁偶虹在其回忆录中还记叙了1935年与高庆奎去隆福寺赶庙会，至汤子高面人箱座，请其当场为高庆奎捏塑《战长沙》的情景（详见《翁偶虹编剧生涯》第88～91页）。1956年，中央工艺美术学院设立汤子博工作室，专门从事面塑艺术的创作与研究。传人有汤子博的次子汤凤国等。

鬃人《四大天王》局部（白大成作）

在北京还流行一种鬃人，创制者为清末老艺人王春佩。鬃人以胶泥做人头，纸浆做身胎，再用各色绢纸做戏装，唯下身无脚，戏装之下竖粘一圈猪鬃，故名。戏出以二人、三人为一组，高约三寸；大型戏出以十数人为一组，高约六寸。鬃人放在铜茶盘内，用棍击盘，借铜盘的震颤力，鬃人可团团转动，其两只胳膊以铁丝贯穿，亦随之挥舞。老北京人呼此为“铜茶盘子小戏出”。制作者多深通京剧，鬃人的穿戴扮相以及把子均一如舞台演出。有大型鬃人戏出《八大锤》，山头岳飞观阵，山下陆文龙与四锤将交战，另有金邦四锤将，其盔、靠及脸谱无一不精，所用的八对锤也能精致地做出“大四件”和“小四件”的传统样式，熟悉者可一一辨认其名目（详见《翁偶虹编剧生涯》第82～84页）。

无锡惠山和苏州虎丘是泥人、绢人历史悠久的产地。惠山泥人分粗、细两类。粗货以单片模复制生产，“小板戏”为其产品之一。戏曲人物四文、四武各为一组，分插在泥板上，无故事情节，上色粗犷，图案简朴。细货即手捏戏文，艺人可运用其技巧，捏塑出极有个性特色的戏曲人物和演出场面，是惠山泥人中极有艺术价值的品类。初以昆曲为题材，清同治以来也取材于京剧。著名艺人有秦仁金、傅润泉、陈桂荣等。1954年9月成立惠山泥塑创作研究所，一度衰微的泥塑艺术得以恢复。老艺人蒋子贤（1884～1957）、陈毓秀（1896～1970）、王士泉（1903～1981）精心制作了一批京剧彩塑，有《贵妃醉酒》、《霸王别姬》、《断桥》、《拾玉镯》等。虎丘泥人也很有名，常以8出或16出为一堂，承之以盘架，供节日陈列，以代酬神演剧。苏州绢人为虎丘泥人的特殊品种，约始于清中叶，以虎丘山塘汪春记的作品最为出色。传世作品有《长坂坡》、《金雁桥》、《杨排风》等。绢人高约半尺，头与足用泥

惠山泥塑《贵妃醉酒》（钮骠提供）

捏塑，冠服用丝织物制作，又称绢衣泥人。“开相”细致传神，甲胄袍服、纶巾羽扇、丝绦流苏色色皆备，综合盘金、刺绣、贴花、彩绘多种手段，使作品达到绚丽精致、宛然若真的效果。

（夏冬　钮骠　简畅）

Jingju Changtan

《京剧长谈》　京剧回忆录。李洪春口述，刘松岩整理。中国戏剧出版社1982年10月出版。记述了作者对70多年舞台艺术生涯的回忆。共10章，前7章介绍了作者的家庭、科班生活、师从王鸿寿学艺、搭班组班及中华人民共和国成立后参加中国京剧院演出的情况，并叵忆了在国剧研究社、斌庆社、荣春社、中华戏曲专科学校、女科班正音国剧社、上海市戏曲学校、西北戏曲学校（1948年在北平成立，属西北野战军领导，1950年调往拉萨）和中国戏曲学院教戏及传授弟子李万春、袁金凯、王金璐、何金海、宋遇春、曹艺斌等技艺的往事；后3章论述了京剧武老生、靠把老生和关公戏的表演艺术，并记录了大量的梨园习俗和掌故。书中内容极为广泛，如谈王鸿寿时，详述他在太平军中编演《洪杨传》的经过及其在继承米喜子关公戏的基础上，从唱腔、表演、服装设计和脸谱等方面加以改革，使京剧舞台上的关羽不单是神的化身，而是展现出一代儒将英勇、刚毅的崭新形象。谈到搭班时期同台的著名演员高庆奎、周信芳、王瑶卿、杨小楼、梅兰芳、尚小云、程砚秋、荀慧生、绿牡丹、徐碧云、芙蓉草、筱翠花、李世芳、毛世来、张君秋、宋德珠、程继先、马连良、奚啸伯、李盛藻、金少山、郝寿臣、侯喜瑞等人时，除介绍他们的家世、从艺生活外，特别着重介绍他们独到的表演技艺及其流派风格。作者认为，表演流派的形成，是演员在师承的基础上根据自身条件，加以发展和创新的结果。没有继承就没有发展，没有发展就谈不上创流派。书中还提到近百年来部分演员表演的拿手剧目，其中相当一部分是现今京剧舞台上已绝迹多年或即将失传的剧目。全书史料丰富，是一本“研究京剧史以及京剧表演艺术的好书”（见马少波序）。（戴云）

Jingju Changshi Shouce

《京剧常识手册》　京剧常识读物的合集。中国戏剧出版社2002年1月出版。分上、下两册，合约50万字。上册有苏移《京剧简史》，陆松龄、安志强《京胡伴奏》；下册有涂沛《京剧表演》，景孤血《京剧行当》，叶仰曦、鲁田《戏曲龙套艺术》，黎新、朋弟《京剧化装》，王遐举、金耀章《戏曲砌末与舞台装置》。其中《京剧简史》、《京胡伴奏》、《京剧表演》是作者应出版社之约新写的。《京剧行当》、《京剧化装》、《戏曲砌末与舞台装置》曾于1960年出版，《戏曲龙套艺术》曾于1983年出版，都是中国戏剧出版社出版的知识性读物。作者均为有关方面专家，作普及性讲解，有益于初学者和业余爱好者了解京剧。（陈培仲）

jingju changpian

京剧唱片　京剧声乐、器乐的圆盘录制品。又称**唱盘**、**戏片**。用虫胶等物质制成，表面（先单面后双面）有刻录声音的螺旋式槽纹，经唱机发放音响。唱机又名话匣、留声机，是由带动唱片旋转的圆盘（下设手摇或电力驱动装置）、接受声槽振动的唱针、将唱针的振动转换成电脉冲的拾声器、使电脉冲增强的放大器和将经过放大的信号还原成声的扬声器等部件组成。声音的录制、放还技术，早在1857年已有试验性装置。1877年，美国爱迪生（T. A.Edison）发明了蜡筒留声机。1887年，爱弥尔·柏林纳（Emil Berliner）改进为圆盘唱片和新式唱机，录音的长度有所增加，且播放简便并能长期保存。留声机和唱片的盛行时期延续到20世纪七八十年代，后被录音带、进而又被镭射唱片（CD）所取代。但老唱片仍然是爱好者和研究者的珍贵收藏品。

蜡筒留声机于1897年由英国谋得利（Moutrie）洋行输入上海。名票林老拙（约1875～1941）在1930年给《唱片剧词汇编》写的序言中说：“三十年前，市上甫有留音蜡筒，歌曲家每喜于此中聊寄讽咏，借留雅韵之共赏，初无代价之可言。彼时适庚子（1900）拳变，京华名伶大都南来，吾乃一一罗致之，统计所收百数十筒……不一二年霉烂无遗，至为痛心。”这种蜡筒，长约15厘米，套在旋转轴上可随时录放，票友乐于用来自娱。孙宝瑄《忘山庐日记》云：“自西人留声机器输入，于是凡精此技者皆大喜，以为吾辈所长，亦可不朽。”这段话写于1902年10月21日，所述即为当时票友心态。颐安主人《沪江商业市景词》有《留声机器行》二首：“伶人歌唱可留声，转动机关万籁生。社会宴宾堪代戏，笙箫锣鼓一齐鸣。”“买得传声器具来，良宵无事快争开。邀朋共听笙歌奏，一曲终时换一回。”（《上海洋场竹枝词》第133页）《沪江商业市景词》有作者清光绪三十二年（1906）四月序。其时，圆盘唱机和京剧唱片已开始在中国流行。

京剧老生“后三杰”中，1908年去世的汪桂芬有蜡筒传世。名票罗亮生在《戏曲唱片史话》中说他曾在北京同仁堂乐家听到过两个汪桂芬所唱的蜡筒，一是《朱砂痣》[二簧原板]“劝世人”一段，另一是《捉放曹》[西皮慢板]“听他言”两句，“蜡筒放音虽低，但还清晰，仍能保持汪调真味，其咬字行腔之精妙……声调品格之高，令人几乎会产生无从学起之感”（《上海戏曲史料荟萃》第1集第99～100页）。孙菊仙名下的唱片有40多面，出版时间在1903～1910年间，以物克多出品最多，其真伪存有争议。张肖伧《与求幸福斋主人论百代公司戏片》：“主人谓菊仙生平未唱留声片。愚亦亲闻孙老此说。……谋得利之孙片，或出诸冯二狗之口也。”（《倩倩室剧话》第41页，见《菊部丛谭》，大东书局1926年

上海百代公司旧址（柴俊为提供）

版）所谓“谋得利之孙片”，意指英国谋得利洋行经销的美国物克多出版的孙菊仙唱片。物克多（Victor）后来意译为胜利，是最早到中国本土来采录京剧、梆子、昆曲、大鼓等唱段的外国公司之一。其他唱片公司还有克伦便（Columbia，后译哥伦比亚）、倍克（Beka，后译蓓开）、利喊（Odeon，后译高亭）以及最有名的百代（Pathé）等。早期洋商在中国经营唱片业，因不懂京剧，大多雇些清唱班的人或一般伶人来唱，冒充名伶，以博厚利，尤以物克多、克伦便为甚。孙菊仙的40多面唱片，罗亮生、王庾生等行家一概视为赝品。吴小如说，赝品中“只有一张《乌盆记》反调还算‘唐临晋字’，不失楷模，余下者全不足取”（《吴小如戏曲文录》第796页）。然1928年出版的《梨园影事》，收有丁悚《谈唱片》一文，记徐乾麟所述孙菊仙在四马路金谷香菜馆为物克多录制唱片事甚详。操琴是小桂芬。公司先与孙菊仙的夫人、孙子接洽妥当，并预付酬金。孙初不允，“承其夫人向孙耳语”后，就录了《朱砂痣》、《骂杨广》等唱段。由此可以说明“物克多唱片，假冒孙名者虽有，但十二寸片多种，确系孙老所唱”。梅花馆主（郑子褒）亦认为，孙菊仙自称不拍照、不灌片是“荒谬”的，他见过孙菊仙的照片就有3张，至于唱片，“物克多所发行的十二寸片，固已为世人所公认矣，而北平富豪所藏之蜡筒，尤以老孙所留之音为独多。时智农（慧宝）因藏有孙氏之蜡筒，偶尔摹拟，便以‘孙派’二字相标榜”。又说：“按老孙为人，真挚笃实，又何至以巧言欺人，所以不认有照相、灌音之事者，殆有不堪告人之隐衷欤？”（《菊部脞志》，《戏剧月刊》第2卷第2期，1929年10月出版）究有何种“隐衷”，文中亦未言明。1997年出版的《京剧谈往录四编》收有刘鼎勋《孙菊仙唱片研究》一文，称孙的唱片有9张是假的，其余35张都是真的，且可分为4期。又推断孙自称不灌唱片的原因是因为1902年慈禧太后由西安返回京师后重召孙菊仙进宫承差，孙菊仙曾托人谎报“客死上海”，故不敢出头露面，直至慈禧去世，才重返天津。以上两种说法，都有待进一步证实。

谭鑫培的唱片有真有假。有些假片由其子谭小培代唱（《吴小如戏曲文录》第786页），但有7张半（15面）是公认的真片，均为百代公司出品，分两次录制。第一次只录了一张半：两面《卖马》［西皮慢板］“店主东带过了黄骠马”，至［散板］“但不知此马落在谁家”结束；一面《洪羊洞》［二簧快三眼］“自那日朝罢归身染重病”。梅雨田操琴，李奎林司鼓，是3位杰出艺人的珠联璧合之作。但其录于何年，有多种说法：吴晓铃推测为1906年秋，王家熙在《谭鑫培七张半唱片的历史价值和审美意蕴》一文的附表中题作“约1907年”，柴俊为主编的《京剧大戏考》定在1908年，宋学琦《谭鑫培系年小录》系于1909年12月谭鑫培第四次赴沪演出期间所录。此事涉及百代公司在华开展业务的经过。法文Pathé，旧译柏德，近译帕泰。经营电影及留声机业的法国帕泰兄弟公司，1896年创立于巴黎。其代理商乐浜生（Labansat，或译乐班萨）于1908年在上海开办了柏德洋行，聘请张长福为代理人。张长福又依靠名票乔荩臣、王雨田协助录制京剧唱片业务。原订1908年冬去北京为名伶录音，因光绪帝、慈禧太后相继去世，延至1909年3月成行（葛涛《“百代”沉浮》，2008年第5期《史林》）。据此，谭鑫培的一张半唱片当收音于1909年春夏之交。在巴黎制成唱片运

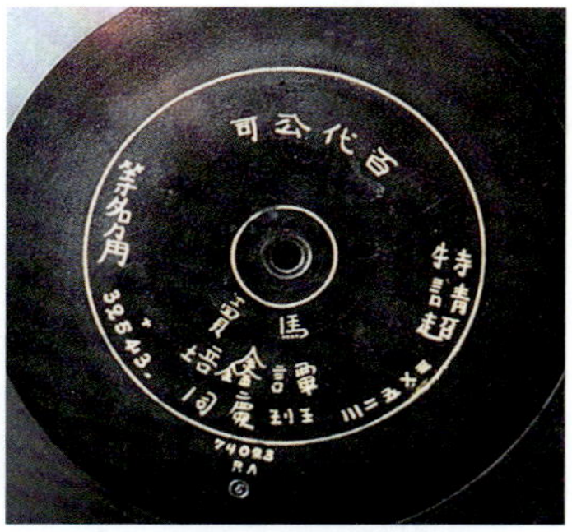
百代唱片谭鑫培《卖马》
（中国艺术研究院藏）

至上海销售，约1909年8～9月间。此前柏德洋行在《申报》的广告，只讲新发明的“金刚钻针头”、两面可用的唱片如何“与别家不同”等，至9月1日广告才登出“小叫天新片为本行独得之秘，诸名角妙音实四海无双之作”。至1910年4月19日广告称“百代公司即是柏德洋行”。百代公司为取信大众，在发行的唱片中附有宣传品，上面印着谭鑫培的便装照及其给百代公司的信。信文如下：

> 自话匣输入中国以来，总未克将真正名角收入。而贵公司此次由乔君介绍，将北京名角全行约唱。一系委托得人，一系机器之灵，引人入胜。敝人受诸君之托，演唱数段，略以塞责。今者阁下已得全豹，将来必独占胜场。此贺百代公司代表杜恺君财安！谭鑫培具。北京，十月廿四日。

信中“总未克将真正名角收入”语，点出京剧唱片中赝品之存在；“乔君”即乔荩臣，“委托得人”是肯定公司灌片需有懂京剧的人做中介；“将北京名角全行约唱”，据罗亮生《戏曲唱片史话》等有关史料，百代公司1909年赴京收音，除谭鑫培外，还有老生李顺亭、许荫棠、贵俊卿、王凤卿，武生李吉瑞，小生德珺如、朱素云，青衣陈德霖、孙喜云，花旦路三宝，老旦谢宝云、龚云甫，花脸何桂山、金秀山，票友乔荩臣、王雨田、讷绍先等。谭鑫培的信有地点、月日（时清宣统年间，所记当为农历）而无年份，似非灌片当年所写，因为谭鑫培应上海新舞台之邀，已于农历九月二十四日（1909年11月6日）离开北京，经天津而抵上海，十月二十六日（12月8日）起在新舞台演出20天，至1910年1月1日离沪返京。在这段时间内，百代公司请谭写信很方便也极有可能，但落款怎么会是北京呢？存疑待考。谭鑫培另6张唱片为民国初年出品，含《探母》两面、《捉放曹》两面、《寄子》两面、《乌盆记》两面、《碰碑》两面、《战太平》与《庆顶珠》各一面。其艺术质量大为减色。原因是：百代付6张唱片的酬金为5 000银圆，内含乐队开支，谭不愿利益外流，就叫次子谭嘉瑞操琴，何斌奎司鼓，外加洋技师有失礼举动，也使谭氏心里不痛快。事后，陈彦衡向谭表示，你名震中外，灌这几张片子应该好好计划，“就图省几个钱”，比以前灌的“差了一大块，我真替你难受”；谭亦有后悔之意（见《许姬传七十见闻录》第195页）。谭鑫培的《卖马》唱片，直径29厘米，片心刻字，唱针由内向外转，开唱前为谭鑫培报名的是王雨田。后来的百代唱片直径略有缩小，片心用红色雄鸡商标，唱针由外向内转。

由于百代产品信誉好、销售旺盛，“胜利公司曾一度停顿，民国十三年（1924）间重整旗鼓后，一改以前造假作风”（罗亮生《戏曲唱片史话》），请有知名度和交际能力的票界人士做唱片公司的业务顾问和同名伶打交道的中介，已经普遍。在这方面有过贡献的票友除乔荩臣、王雨田外，还有罗亮生、郑子褒、苏少卿、刘豁公、徐慕云、徐筱汀、丁慕琴、舒舍予等。有些唱片公司的经理本人就是票友，如大中华的王寿岑、长城的叶庸方。不过，这些被邀票友虽然待遇不菲却无权拍板，因而有些好主意得不到实施。1915年谭鑫培最后一次到上海演出，罗亮生很想把他的《珠帘寨》、《连营寨》、《失街亭、空城计、斩马谡》等名作收录，百代公司的经理张长福却以灌了新片会影响谭的老片销售为由“坚决不允”，两年之后谭鑫培就去世了。票友周子衡学程长庚奇肖，且已高寿，硕果仅存，陈彦衡曾向胜利公司建议给周灌片一张，主管人以“没有名气”不予采纳；1929年冬，罗亮生趁为开明公司灌片之机，又与陈彦衡探望周子衡，希冀了此夙愿，而周已卧病，只得作罢，致使一代宗师程长庚“连他的摹本也未能留传下来”（罗亮生《戏曲唱片史话》）。

从20世纪20年代初起，百代公司灌片的重点已从资深老伶转向新锐名角了。梅兰芳的第一批唱片4张半，是百代公司于1920年

5月下旬收录的，那时梅在上海天蟾舞台的演期快要结束，他的首次灌片与首次拍电影几乎同时进行。余叔岩以“小小余三胜”为艺名走红时，倍克公司灌过两张半，片上题名缺一“小”字，误作“小余三胜”。余氏成年后拟收回这些早期唱片，事实上已不可能。而他为世所重的18张半唱片，首批6张半也是百代公司于1925年录制的，录得较晚。其中有个故实：1920年余叔岩第一次到上海演出于丹桂第一台时，曾托罗亮生向百代公司表达灌片意向，且声明不计较代价，百代竟表示“不感兴趣”，令余叔岩“恨极”（罗亮生《戏曲唱片史话》）。1922年，百代已有收录余片的动议，又因余氏自定之价不肯稍让而作罢。至1925年，百代“以六千金得收余戏十三段”（详见悚即丁慕琴《余片试听第一声》，1925年7月26日《申报》）。这比梅兰芳1920年灌4张半的酬金3 500元（同年5月17日《申报·梅讯》）要高，是余氏对百代公司昔日轻慢的一种报复。注意这些细节，可以感受到当时京剧唱片市场的火爆。梅兰芳是灌片最多的京剧演员。1920～1936年的17年间，有8家公司（包括东京的日本蓄音器公司）为梅灌了19批唱片，共167面（不含四大名旦合灌的两面《四五花洞》，详见柴俊为《梅兰芳的老唱片》，《中国京剧》2004年第11期）。20世纪20～30年代正是京剧进入20世纪后最为繁盛的时期。有些前辈名家还健在，一批新流派的创始人，除梅兰芳、余叔岩外，还有尚小云、荀慧生、程砚秋、高庆奎、言菊朋、麒麟童（周信芳）、马连良、谭富英、郝寿臣、侯喜瑞、金少山、李多奎等，大多正当盛年。马连良1922年首次为百代灌片，酬金较低，6张唱片共1 200元。唱片发行后，包括《清官册》的两面念白，销路很好，于是各公司竞以重金相邀，“从此他在灌制唱片中，为数之多，堪执须生行之牛耳”（丁慕琴《歌场忆旧录》，《半月戏剧》第6卷第8～9期）。唱片公司的激烈竞争，各抒机谋，正好把这一代艺人的声乐成就，做了相当丰富的记录。在录制技术、产品质量上也有各种改进。徐筱汀《唱片剧词汇编·序》云：“有以发音清亮获盛誉者，高亭是也；有以时间放长博美评者，蓓开是也；有也制造精良著令名者，胜利是也；有以历史悠久树远声者，百代是也；有以片质耐用收佳果者，开明是也；有以价廉音响投时好者，大中华是也。各有所长，营业称鼎盛焉。”1937～1948年间，仍有新片问世，然其数量已远少于战前，唯翻版唱片一直不断。中华人民共和国的唱片业，是在收购百代公司的基础上起步的。

早期唱片的每面录音长度一般不过3分钟左右，受此限制，片中唱段与台上演唱每有出入。长段要分两面录，前段被动中止，后段重新开始，需加锣鼓、过门，或者裁减唱词甚至改变唱腔。

1931年12月21日在北平欧美同学会，长城公司为《霸王别姬》灌片后留影
左起：郑子褒、德国技师汉柏、杨小楼、梅兰芳、长城公司经理叶庸方

如谭鑫培《捉放曹》第二面“又谁知此贼……”本应归板，因为开头拉了过门，不得不改腔；结尾“真个潇洒”也因为突然要结束，下意识地改了腔，“谭老在台上从来没有这样唱过”（《梅兰芳文集》第170页）。刘曾复《余叔岩的“十八张半”唱片》一文中就有“余叔岩唱片唱段与台上演出情况的比较”，专门谈到“两者不同之处”。唱片虽有局限性，但能把名伶歌声保存下来，对于京剧的传播以至这门艺术的提高，都起了不可估量的作用。在留声技术刚输入时，伶人有“株守自秘心得之陋习，多不愿一试”，随着技术的改进和影响力的彰显，他们重视起来，“相率以字斟句酌之杰作，蓄音其中”（徐筱汀《唱片剧词汇编·序》）。虽然从每一面唱片来说，都是全剧中唱念的一个片段，但由于多家公司的约请灌录往往起到互补作用，有不少最受观众欢迎的戏，唱片之间可以前后衔接，几乎成了全出。后来也有用多面灌录全出者，如梅兰芳的《玉堂春》（三堂会审）有6面，梅兰芳、杨小楼的《霸王别姬》有12面。京剧爱好者在剧场听戏，要听清唱词、记下唱腔是很难的，有了唱片，才可以潜心玩味，刻意揣摩，所以在20世纪20～30年代，票友增多，票房林立，“唱片之功，当居其十之三四”（郑过宜《戏考大全·序》）。评论界对于演员声腔技巧的研究，也因有唱片作依据，更加深入细致。唱片又借助于电台广播及商贾用以招徕顾客而深入民众，许多唱段，如“店主东带过了黄骠马”、“孤王酒醉桃花宫”、“劝千岁杀字休出口”、“好一个聪明小韩信”等，成了那个时代的流行歌曲。而对于京剧工作者来说，唱片也是重要的。峪云山人把唱片比作碑帖：“书法之变，见于碑帖；唱法之变，见于戏片。故戏片之可宝，若碑帖然，千古不朽矣。”（《唱片剧词汇编·序》）声腔的变化固由于时代之转移，然又是有规则的，不研究前辈典型，不结合自身条件，就会乱来，因而要像学习书法一样，以唱片为碑帖，细细把握宗师们的艺术精髓。梅兰芳在《舞台生活四十年》中谈到，有一天到余叔岩家里对戏，余叔岩正开着留声机听谭老的《洪羊洞》、《卖马》唱片。他从唱机上取下唱片对梅说：“这是我的法帖，必需‘学而时习之’，但到台上，我却不能完全照他这样唱，因为我的嗓子和老师不一样，得自己找俏头。”（第595页，中国戏剧出版社1987年版）名家唱腔既有依据又有变化，才可能产生个性特色，形成流派纷呈，其中轨迹，都生动地保留在唱片之中。　　（龚和德）

jingju changqiang

京剧唱腔　京剧音乐的主体部分，由人声歌唱本剧种不同腔调的唱段构成。对于剧中人物形象的刻画，主题思想的阐发，戏剧矛盾冲突的展开，以及全剧艺术结构布局等都起着极其重要的作用。它是京剧艺术形式中最富感情色彩并有很强艺术感染力的表现手段。它和一般歌曲不同，这种唱腔具有脚色行当、剧种演唱风格属性，有人物在规定情境下的思想内容与性格特色，是一种戏剧性的音乐。它在揭示人物内心思维活动，抒发各种感情方面的独到之处是其他艺术手段所不能代替的。京剧的唱腔也是区别于其他戏曲剧种的一个最为鲜明的标志。

京剧唱腔的体制结构　京剧唱腔主要使用的腔调，有［二簧］和［西皮］两种，这是中国戏曲四大声腔系统（［昆曲］、［高腔］、［梆子］、［皮簧］）中属于［皮簧腔］系最有代表性的两种腔调。这两种腔调各有自己的音调特性，一般说来，［二簧］比较柔和、平稳、舒缓、流畅，［西皮］比较活泼、明快、刚劲、有力，两者结合起来使用甚为得体，故人们常合称之为［**皮簧腔**］。京剧除皮簧腔调之外，尚有许多别的腔调，如［吹腔］、［四平调］、［高拨子］、［南梆子］和［昆曲］以及［南锣］、［柳枝腔］、［银纽丝］、［补缸调］等。

除［昆曲］是属于另一种声腔系统的腔调，还有［南锣］、［柳枝腔］等是属于杂腔小调类的腔调外，其他如［吹腔］、［四平调］、［拨子］、［南梆子］等都是和［皮簧］有很近血缘关系的腔调，其组成的结构形式大体也和［皮簧］类似。这许多腔调都因各有其独特的音乐风格和表现功能，故能和［皮簧腔］在京剧中长期地、有分有合地使用。

京剧的［西皮］与［二簧］，就其结构形式和结构方法来讲，都属于板腔体的体制。所谓板腔体，就是明末清初以来兴起于山西、陕西一带的梆子腔，参照民间说唱音乐所创出的一种唱腔新体制。这是梆子腔系统的剧种，在音乐上区别于近古以来昆曲、高腔一向沿用曲牌体体制的一项重大创造。它是以一种腔调的基本腔为基础，进行板式变化和曲调上的重复、变奏而出现多种不同板眼形式（即节拍形式）的新唱腔为其基本表现手段的。

板腔体是一种在一对齐言（七言或十言）上下句的曲调基础上，运用速度的变化，节拍、节奏的变化，旋律的变化等方法，来衍变、派生出一系列不同板式的曲体。不同板式中的［原板］、［慢板］、［快板］和［散板］是板式的4种基本类型。这是板腔体剧种唱腔所共有的，而京剧唱腔则将这种板腔变化的结构方法加以提高、发展，使之更为丰富、完备。

板腔体在［皮簧腔］中有高度的发展，它的板式种类比较齐全，旋律、调性色彩变化的手法丰富，曲调、演唱、伴奏的程式也很多，在形式上、技巧上都有精密的规范。

京剧［皮簧腔］的板式虽然很多，旋律变化也很复杂多样，但这些都是在某一种板式唱腔的基础上变化发展而来的。一般为了便于分析，即将一板一眼（2/4）的［原板］视为所有板式中的基本板式。以［原板］为基础，如将其节拍展宽，速度放慢，节奏舒缓，旋律加花，便能产生一板三眼（4/4）［慢板］板式的唱腔；如将其节拍缩紧，速度加快，节奏急促，旋律简化，即可变为有板无眼（1/4）［快板］板式的唱腔；如将其固定节拍拆散，在旋律、节奏、速度等方面，可以随意地发挥，又能形成“无板无眼”（节拍自由）的［散板］板式的唱腔。在上述4种板式唱腔的基础上，根据人物内心节奏变化的层次，还能派生出［快三眼］、［碰板］、［二六板］、［快二六板］、［流水板］、［摇板］与［滚板］等多种板式的唱腔来。

京剧各种不同板式的唱腔，在戏剧中的表现功能，虽各有其特性，但归纳起来，大致可分为3种类型：第一种为抒情性唱腔。这类唱腔包括［慢板］、［快三眼］和部分［原板］曲调，特点是速度较慢，旋律舒展，行腔委婉，字少腔多，以优美动人的曲调抒发人物的感情。第二种为叙事性唱腔。这类唱腔包括部分的［原板］和［碰板］、［二六板］、［快二六板］、［流水板］及［快板］曲调，特点是速度中等或略快，旋律紧凑，行腔平直，字多腔少，以平滑朴实的曲调叙述事物。第三种为戏剧性的唱腔。这类唱腔包括［散板］、［摇板］、［滚板］与［导板］曲调，特点是，速度的快慢，节奏的疏密，旋律的长短，有极大的伸缩性，唱词安排也可松可紧，情绪的表达不受固定节拍、节奏的约束，更适于表现戏剧矛盾冲突中强烈的激动情绪。京剧的全部唱腔，基本上就是由这些类板式唱腔分别组成的。

京剧各种行当唱腔的形成与男女分腔 京剧唱腔之丰富，除了在［原板］的基础上发展出各种不同板式作为基本表现手段外，为进一步适应戏剧性音乐的要求，又在各种板式的基础上，运用多种其他手段来丰富、发展唱腔，最重要的就是各种行当唱腔的创立。即根据不同行当所扮演人物的性别、年龄、身份、性格等区别和发声、用嗓等的不同，将各种板式的唱腔加以衍变，从而形成不同行当各有特色的唱腔。如老生腔的稳练苍劲、圆润流畅，旦腔的委婉缠绵、秀丽华彩，净腔的粗犷豪迈、宏亮壮阔，小生腔的峻峭爽朗、萦回纤细，老旦腔的高拔酣畅、醇厚柔美以及丑腔的诙谐夸张等。这种将各种板式唱腔进一步发展，使之具有不同行当特点的做法，也正是京剧在塑造不同人物的音乐形象时，所不能忽视的音调特色和表现手段的依据。

在各种行当唱腔中，生腔（老生腔）和旦腔（青衣腔）成熟得较早。其原因，一是由于老生和青衣在戏中常饰演主要角色，其唱工戏又较多，故在唱腔上容易得到优先发展。此外还有一个原因，是由于［皮簧］的生、旦腔（亦即男、女角色分别用大、小嗓，即真、假声来唱的唱腔），在早期构成时（具体时期待考）即采用了生、旦分腔的做法——这是一种在当时甚为先进的做法，也就是把原来生、旦同用的一种唱腔，通过“同宫异调”或“同调异腔”的手法，派生出能适应于用大、小嗓不同发声的两种唱腔来，使生、旦各有其合宜的音区，同时也便于充分发挥其演唱技巧。

生、旦分腔后，生与旦在音高上就不是同度和八度的关系了，而是四、五、八度的差别。这正是男女自然发声在音区上的差别，故此听来就很舒服、协调。如：

［二簧原板］

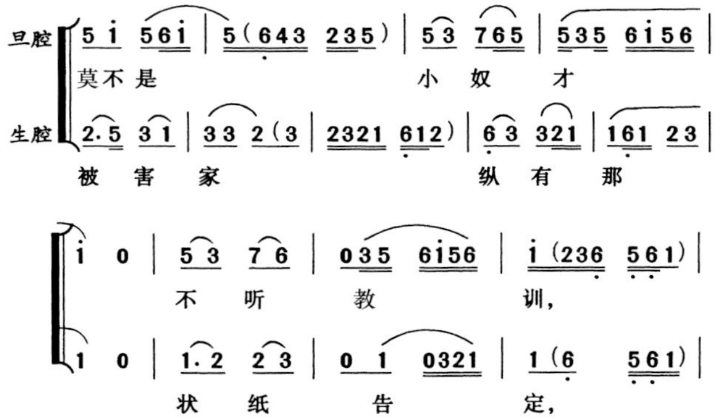

［西皮原板］

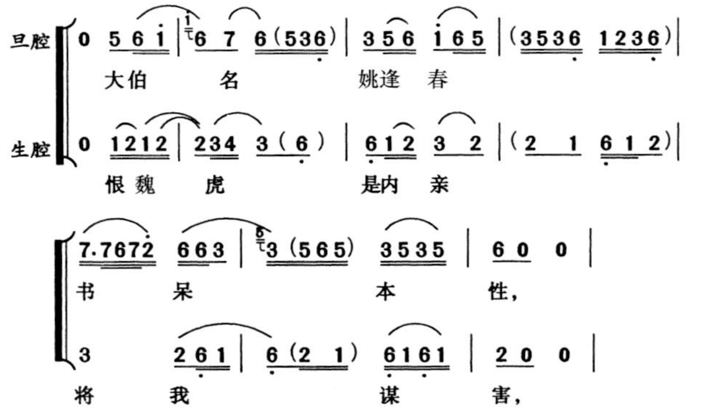

在［皮簧腔］中有了生、旦分腔法，于是其他行当按大、小嗓发声的不同，也都分别归属于生、旦的腔系之中。生腔系，包括老生、武生、净、老旦、丑和武小生（其中老旦虽为女性，但因要表现其年老声衰，故也用大嗓演唱）；旦腔系，包括青衣、花旦、武旦、文小生（其中文小生虽为男性，但为表现年轻声嫩，故也用小嗓演唱）。各种行当的唱腔，特别是在京剧中，他们互相之间在发声的音色上、行腔的高低上和旋律的繁简以及在运用特定腔型和润腔的技法上，都得到了各具鲜明特色的蓬勃发展。

京剧唱腔的转板与转调 京剧唱腔为适应戏剧矛盾的复杂性，在选择板式唱腔上，运用不同板式的转换和唱腔、调性变化上，更加丰富多彩。

京剧唱腔在戏剧某一特定环境下表现人物的某种情绪时，通常只选择某一种相应的板式作为塑造人物形象的基础手段。当人物性格发展，内心感情变得复杂起来时，如仅用单一板式来表现则难以胜任，便运用不同板式的转换来体现。不同板式的转换之所以能够表现人物思想感情内心节奏的起伏变化，将人物的性格展示得鲜明，是由于各种板式在节拍、节奏、速度上的不同，同时还包括各种板式在旋律进行的繁与简，行腔起伏的高与低，句式结构的长与短，唱词字位的疏与密等方面也有所差异。

京剧唱腔不同板式转换的形式极为丰富，但其基本转换形式是按“散、慢、中、快、散”（包括各种不同节拍、节奏、速度的板式）的顺序进行。具体运用时，根据实际需要，可进行不同处理，每种板式的数量可多可少。在传统戏中，凡是主要人物重点唱段的板式变化，常采用这种基本转换形式，如《洛神》“屏翳收风天晴明”唱段（[西皮导板]、[慢板]、[原板]、[二六]、[快板]、[散板]）。各种板式的转换手法也是多种多样的，总括起来有4种：锣鼓转、过门转、行弦转和唱腔转，即由前一板式唱完，通过以上4种中的某一种手法转入后一板式。

转调是京剧唱腔为体现戏剧情节的展开、矛盾冲突的发展、人物情绪的变化，在板式转换的基础上，发展出来的进一步适应戏剧性的表现手段。转调在京剧唱腔中的运用有两种情况，一种是正调转反调，另一种是暂转调。

正调转反调，是指在同一腔调中，将正调唱腔通过调性转换或调式转换派生出反调唱腔。如[反二簧]为[二簧]的反调，[反西反]为[西皮]的反调。反调为正调的下四度关系调（[西皮]的反调与[二簧]的反调有所不同：[二簧]的反调是将其正调的调高移低四度，属于调性转换；[西皮]的反调则是将其正调的调式移低四度，属于调式转换。此外，[反西皮]的板式也不如[反二簧]的板式那样完备，只有两三种板式）。其唱腔将正调移至反调后，在旋律上还要尽量加以发展变化，以充分发挥反调的特点，从而使其调性或调式的色彩、旋律起伏具有与正调不同的情趣。正、反调的转换，既可用于一个唱段的前后，如《卧龙吊孝》“见灵堂不由人珠泪满面”唱段，由[二簧导板]、[回龙]转[反二簧慢板]、[原板]；也可用于一场戏的前部和后部，如《女起解》第一场，苏三出监唱[二簧散板]，辞别狱神则唱[反二簧慢板]；还可用于一出戏的不同场次，如《六月雪》，“探监”一场用[二簧]，“法场”一场则转入[反二簧]。

《女起解》梅兰芳饰苏三

暂转调，是指在某一腔调的唱段中，将其上句或下句的某一片段或整句的旋律，以五声音阶（Do、Re、Mi、Sol、La）为基础，采用民间音乐半音转调法，将其一两个音降低或升高半音，便由原调暂时转入另一调。京剧唱腔采用的暂转调共有3种：①“以徵为宫”（或“变宫为角”）上五度暂转调，即将原调五声音阶的Do降低半音，变为Si、Re、Mi、Sol、La，以Sol音作为新调的Do音，便转入上五度调，变成Mi、Sol、La、Do、Re；②“以清角为宫”（或“以宫为徵”）上四度暂转调，即将原调五声音阶的Mi升高半音，变为Do、Re、Fa、Sol、La，以Fa音作为新调的Do音，便转入上四度调，变成Sol、La、Do、Re、Mi；③“以商为宫”（或“变徵为角”）上大二度暂转调，即将原调五声音阶的Do和Sol都降低半音，变为Si、Re、Mi、升Fa、La，以Re音作为新调的Do音，又转入上大二度调，变成La、Do、Re、Mi、Sol。如以下3例：

生腔［二簧原板］上句　　《八大锤》

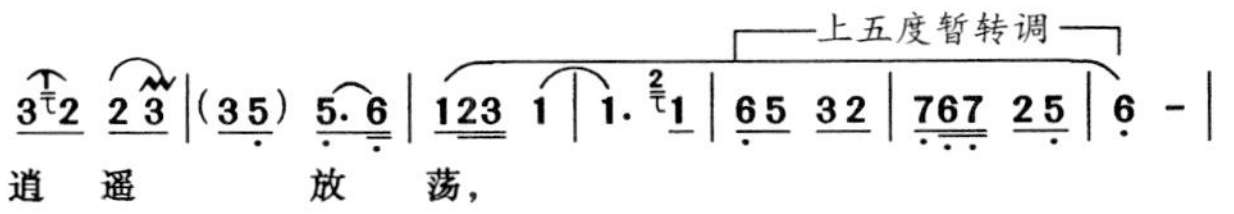

旦腔［西皮散板］下句　　《玉堂春》

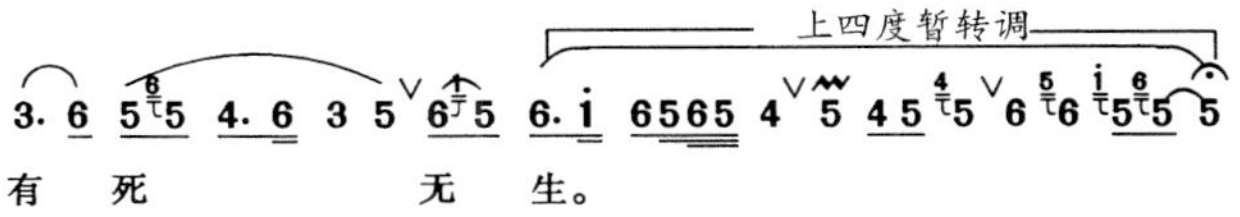

生腔［二簧散板］上句　　《洪羊洞》

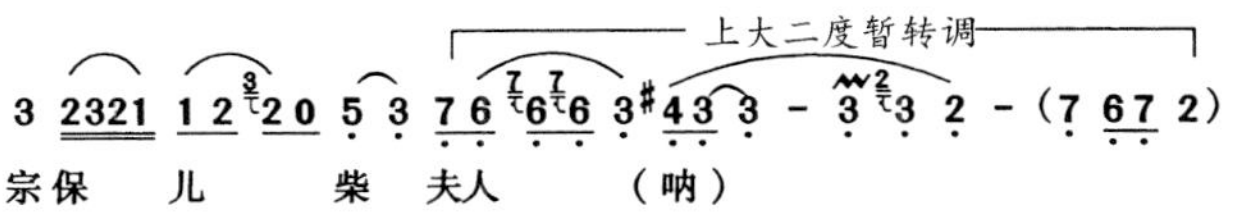

京剧流派唱腔的出现　由于板腔体的唱腔可变性很强，在其基本腔格的大体规范下，它既可以根据新的需要做节拍、节奏、旋律、调性等的多种变化，还可以在唱法技巧上做尽情发挥。故而在板腔体的剧种中，一些有高度艺术素养的演员，根据自己的声音条件和其独到的艺术见解，在新的创作中，便常能突破基本腔格，独辟蹊径，创出具有独特风格、韵味的新唱腔来。京剧从形成以来，经过成熟期、兴盛期至今，就曾出现过不少由某些擅唱的名家们创出的具有不同艺术风格的流派唱腔。这些新的流派唱腔，首创者就是其代表人物。以其在唱腔、唱法上独到的创造成就和声望，常会吸引和团结一些拥护者和追随者，于是他们便形成了一个大体相同的演唱艺术风格，并取得了观众的广泛承认。这样，一个名家的流派唱腔就确立了。流派唱腔对传统唱腔来讲，必须是既有继承性又有独创性，是广大观众认可的才行。它可以说是京剧艺术在发展的进程中，为适应时代的需求和在表演艺术上更进一步地完美，追求异彩纷呈、各展所长，而带有一定竞争性的现象。故流派唱腔的兴起也必会推动京剧艺术的不断更新和繁荣。

字声音韵对京剧唱腔的作用　戏曲唱腔讲究因字行腔，字的四声调值和出字、归韵、收声如何，都会直接作用于唱腔的起伏及韵味风格。京剧演员常把[皮簧]唱腔的字音读法叫念字，有辙口、四声和尖团、上口等许多讲究。因为京剧是由徽、汉二调在北京嬗变而成的剧种，故而它的字声音韵成分是相当复杂的。

京剧唱念的字声音韵近百多年来，在近代民间曲韵十三辙（这里指的是旧十三辙，并不是今天按普通话规范的新十三辙）的影响下，已经有过很大变化。近四五十年来，特别是京剧在进行艺术革新，大力发展现代戏的创作实践中，其变化就更大了。其间有不少现代语音因素被吸收，京剧的唱腔显然有了很新鲜的语言音调出现，这种趋向现在仍在不断地发展。　（刘吉典　张正治）

Jingju Changqiang Xin Fazhan

《京剧唱腔新发展》　京剧音乐论著。张正治编著。中国戏剧出版社2006年7月出版。16开本，530多页。作者在《引言》中说，近50多年来京剧音乐的改革，“不仅限于现代剧的唱腔，也贯穿于整理的传统剧和新编历史剧的唱腔，同新中国建立以前相比，有了明显的变化、发展，呈现出千姿百态，绚丽多彩的繁荣景象，取得了令人瞩目的成绩”。又说：“京剧唱腔新发展的作品，有些是比较成功的，受到观众的欢迎和肯定，有些则是带有探索、试验的性质，还须进一步加工、提高，但作为一种历史现象和研究资料，作为总结经验的参考，本书一并纳入。”全书分《新创作的腔调》、

《新创作的板式》、《旋律、调式、节奏和结构的革新》、《正、反调和不同腔调转换的新形式》等8章进行归纳和分析。本书为“中国戏曲学院高等艺术教育丛书”之一种。 （简畅）

Jingju Changqiang Yanjiu

《京剧唱腔研究》 京剧音乐论著。武俊达著。人民音乐出版社1995年出版。本书共分《概述》、《板式》、《调式》、《唱腔曲式结构》、《其它腔系唱腔》、《布局》6章，重点论述京剧唱腔的形式结构。系作者在20世纪50～80年代从事戏曲音乐教学工作期间所积累教材的基础上整理成书的，旨在将科学的音乐原理同戏曲音乐的实际联系起来，以探索、研究戏曲音乐的特殊规律。书中援引的唱腔资料除了人们熟知的如《空城计》、《贵妃醉酒》、《打渔杀家》等传统戏的曲谱外，还大量地援引了许多新创作的历史剧及现代戏的唱腔曲谱，如《红灯记》、《智取威虎山》、《奇袭白虎团》等。在研究、探讨京剧唱腔的形式结构的规律时，往往把传统的唱腔形式规格同新剧目唱腔的创新成果结合起来加以论述，因此，不仅从中可以了解传统唱腔的结构形式，同时也能够从中了解京剧唱腔的发展走向。书中“板式”及“唱腔曲式结构”部分所占篇幅较大，

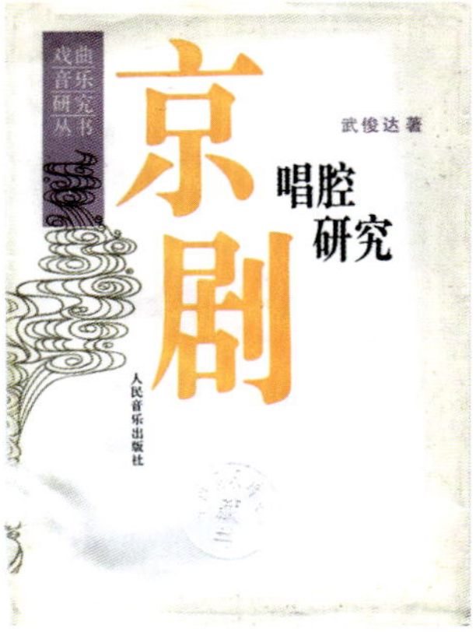

研究、分析比较细致。如在研究［原板］的板式结构时，作者从“加花”、“延伸”、“紧缩”、“附加”等4部分做了详细的论述；研究［慢板］的板式结构时，作者将［原板］、［快三眼］、［慢板］等3种唱腔曲谱平行列出，加以比照，使读者对各种板式结构之间的关系一目了然。作者还引用了大量的曲谱对上下句对偶式、四句式、单一板式多句式以及混合板式多句式的唱腔结构做了详尽的分析。根据京剧的唱腔特点，本书对曲调、结构的变换形式设定了一些特有的名词术语。如：曲调的装饰部分以“加花”名之；曲调的伸展部分以“扩腔”、“加腔”名之；唱词的“三、三、四”或“二、二、三”的字数结构同曲谱的对应关系则以“逗”字标明，称之“一逗”、“二逗”、“三逗”，既便于分析，又便于读者领会。“板式结构”部分所引曲谱为［二簧］、［西皮］两种声腔，［四平调］、［吹腔］、［高拨子］、［南梆子］等声腔单列为《其他腔系唱腔》另章分析。京剧中一些次要腔调如山歌、南锣、银纽丝等民间小曲以及昆腔等未列入论述范围。 （安志强）

Jingju Chuantong Jumu Xuan

《京剧传统剧目选》 京剧作品集。辽宁省文化局剧目工作室编，春风文艺出版社1981年8月出版。收入《陈州粜米》、《美人计》、《喜相逢》、《乔太守乱点鸳鸯谱》、《反徐州》、《海瑞背纤》、《三不愿意》、《唐僧化虎》8个剧本。这些剧本大多是在辽宁较受观众欢迎的改编本。每剧“前记”写有改编说明，并注明改编者。此书从一个侧面反映出东北地区京剧创作演出的情况，对于研究观众审美趣味的区域性变化，具有一定的参考价值。 （沈梅）

Jingju Chuantongxi Pihuang Changqiang Jiegou Fenxi

《京剧传统戏皮黄唱腔结构分析》 京剧音乐论著。张正治编著。人民音乐出版社1992年3月出版。约67万字。是作者1956～1985年在中国戏曲学校和中国戏曲学院授课所编的教材基础上写成。全面系统地分析了京剧传统戏［西皮］、［二黄］两大声腔各种板

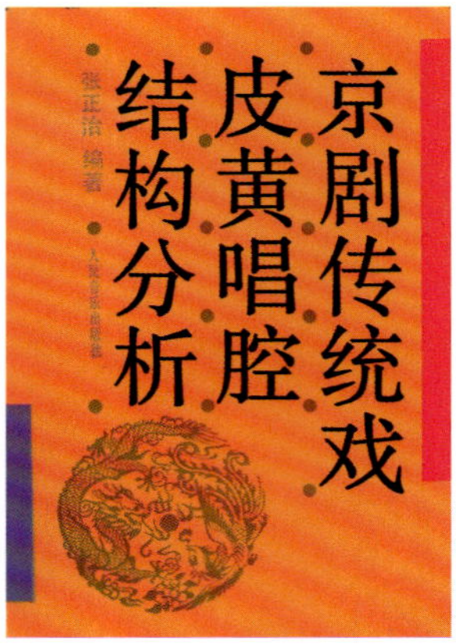

式的结构、旋律、节奏、调式等方面的基本特征及变化规律。全书分《绪论》和《二黄》、《反二黄》、《西皮》、《反西皮》4篇。绪论扼要地介绍了京剧唱腔的基本理论知识，包括声腔、板式、结构及旋律、调式。1～4篇是对皮黄声腔的分析。每篇一般包括概述和主要板式、派生板式、附属板式、附属专用唱腔、综合板式唱段。概述简要地介绍了本篇所包含的板式、上下句的落音、起落板的规律、胡琴的定弦、调式、各行当的定调和音域等。主要板式（如［原板］、［慢板］、［散板］等）按上下句的基本形式、上下句的变化形式、转句与结束句、唱段的构成分别加以分析。派生板式（如［快三眼］、［摇板］、［滚板］等）主要是分析其曲式结构。附属板式［导板］按基本形式，变化形式分别加以分析。附属专用唱腔（如［回龙］、［哭头］、［九连环］等）是对其构成、特点、类型、用途等作综合分析介绍。综合板式唱段是对一个多板式的唱段，不同板式的各种组合形式的分析，大致分为上板类板式的组合，散板类板式的组合，上板类与散板类各种板式的组合。全书包含曲谱和文字两部分，曲谱占大部分，非常丰富，多为作者本人记谱，翔实可靠，足以作为分析的例证。其中不少谱例一般很难见到，比较珍贵。文字部分比较简练。作者对京剧传统皮黄唱腔结构研究这一课题有自己的见解，如对板式的分类、板式结构分析方法的归纳等。

本书实为《京剧传统戏唱腔结构分析》的皮黄腔部分；另一部分《京剧传统戏辅助腔调结构分析》，中国戏剧出版社2006年7月出版。约40万字。内有《南梆子》、《四平调》、《高拨子》、《吹腔》4章。两书合璧，才是作者完整的“京剧传统戏唱腔结构分析”体系。

张正治（1931～　），辽宁辽阳人。1949年毕业于东北鲁迅艺术文学院音乐系。曾任中国戏曲学院作曲系副主任、副研究员。《中国戏曲音乐集成·北京卷》京剧编写组编辑、撰稿人，《京剧选编》副主编。曾为昆曲《断桥》唱腔配器（合作），配器在东北区第一届戏剧音乐舞蹈观摩演出大会上获奖。参与《洪湖赤卫队》、《武则天》等戏创腔。出版书籍还有《唢呐曲集》、《姜妙香唱腔选集》、《京剧唱腔新发展》等。论文有《学习梅兰芳创腔的经验》、《京剧传统戏唱腔中的共同旋律型及其贯串手法》、《京剧腔调［南梆子］来源研究》等。 （张民）

Jingju Congkan

《京剧丛刊》 京剧作品集。由中国戏曲研究院编辑1～32集，新

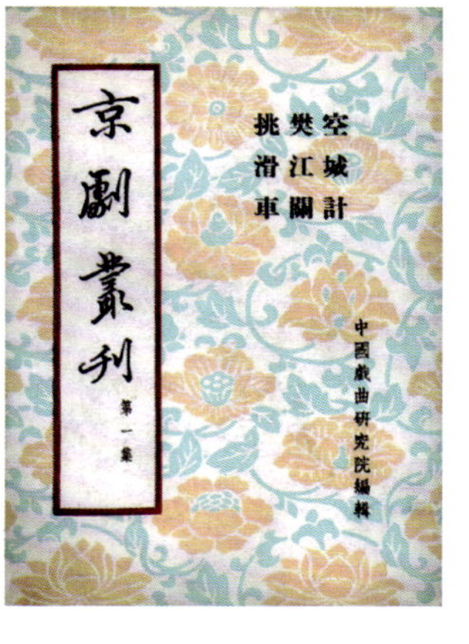

文艺出版社1953～1955年出版，并于1955年出版合订本；由京剧丛刊编辑委员会编辑33～50集，中国戏剧出版社1958～1959年出版。共50集，收剧本160种。剧本前简要介绍剧情及故事来源，并对剧中重要改动之处加以说明。这部作品集的编辑，是为整理优秀传统剧目、繁荣京剧演出而开展的一项文化工程，重点收入了当时较为流行的京剧传统作品，包括常演于京剧舞台的一部分昆

曲作品。对一些虽然流行不广但在内容与艺术形式上值得推广的剧本，也酌量选收。所选剧目都采用舞台流行的底本，并分别吸收对该剧有丰富表演经验的著名京剧演员参与整理，如《空城计》由谭富英、裘盛戎、袁世海、郝寿臣等共同整理，《穆柯寨》由王瑶卿、侯喜瑞等共同整理，以确保所选剧本的质量与权威性。同时，根据“去芜存菁”与“小改”的原则，对作品进行润饰或适当修改，并在“前记”或“附注”中加以说明。这部作品集，是中华人民共和国成立后对优秀京剧传统剧本的首次大规模整理与出版，对于丰富上演剧目、推动戏曲繁荣起到了积极作用，也对其他剧种整理出版传统剧目产生了一定影响。 （田志平）

Jingju Congtan Bai Nian Lu

《京剧丛谈百年录》 京剧文集。翁思再选编。河北教育出版社1999年12月出版。分上、下两册，65万字。以本书顾问王元化《京剧与传统文化》一文为绪论，下分“‘五四’论争”、“学人漫谈”、“艺人自述”、“重要议题”、“菊坛札记”5个部分，收集了百年来各时期散见于各处的较有代表性意见，在一定程度上反映了20世纪京剧评论、争论和理论建设的概况。绪论从文化背景入手，论述了京剧在传播传统伦理根本精神方面所起的积极作用以及京剧艺术体系的本质特征。5个部分作者共百名，作品逾百篇，以五四关于京剧问题的争论及其延伸为主线，从学术文化角度，围绕京剧艺术的传承与发展问题，诸说并存，体现出五四新文化运动对于京剧正负两方面的影响，有利于后人进一步深入探讨京剧艺术的本质及其走向。搜集一批学者论剧散文是本书的显著特色，还选辑了若干戏评家的文章和京剧艺术家对表演体系的论述。这是一部学术性和文献性兼备的京剧文选。2011年1月由中华书局出版增订本，该书顾问王元化在病榻上“耳提面命，亲自调整若干内容和排序”(《增订本跋》)。

翁思再（1948～ ），祖籍江苏，生于上海，毕业于华东师范大学。上海《新民晚报》高级记者，京剧票友，著有《余叔岩传》、京剧《大唐贵妃》等。 （陈竹）

Jingju Daguan

《京剧大观》 京剧作品集。①民国年间上海春明书店印行。留香馆主主编。封面印有“名伶秘本，标准戏考”字样，上下两集。所见下集辑《龙凤呈祥》、《钓金龟》、《得意缘》、《追韩信》、《探阴山》等30个剧本，为当时常见京剧演出剧目。②北京宝文堂书店编辑部编。1958年4月出版。全书6册，辑32个剧本，每册有演出剧照。此前，曾有单行本问世。收有《樊江关》、《五台山》、《连升店》、《岳母刺字》、《徐策跑城》、《搜孤救孤》、《周仁献嫂》、《真假李逵》、《十三妹》等剧。有些剧目如《打面缸》、《瓦口关》等已较少演出。每个剧本都有“前记”，介绍剧本渊源和故事情节。如《甘露寺》说明“是中国京剧院演出本”;《四进士》“这个本子是由周信芳先生与华东戏曲研究院编审室吕仲共同整理的”;《群英会》“这个本子是由萧长华先生整理的，中国戏曲研究院编辑处祁野耘参加帮助，底本是萧先生所藏的三庆班总讲”，“整理本根据原本作了一些文字上的润色”;《云罗山》则是由李少春、翁偶虹根据同名梆子戏改编，并把改编的地方做了重要说明等。“前记”还对剧本搬演的主要特点作简明扼要的介绍，如讲《贵妃醉酒》是“比较完整的古典歌舞剧”，《一匹布》是“一出流传很久的民间小戏，它以极其夸张的表现手法，显示了传统闹剧的独特风格”等。

（葛士良）

Jingju Dashi Cheng Yanqiu

《京剧大师程砚秋》 大型图集。为纪念程砚秋诞辰100周年编印。王文章主编。文化艺术出版社2003年12月出版。8开本，320页，彩印精装，外有盒套。全书10万字，收有图片600多幅。刘厚生作序，概述程砚秋一生的奋斗，既追求表演艺术的独创性，又追求环绕表演艺术的其他因素的提高，包括戏曲生存环境的改进；并称程砚秋是一位理想主义者，“京剧界真正称得上‘艺术大师’称号的极少数人之一”。序后有“程砚秋生平简介”及其代表剧目《锁麟囊》、《碧玉簪》、《红拂传》、《梅妃》、《青霜剑》、《荒山泪》、《文姬归汉》、《英台抗婚》等大幅剧照。分6个部分：①励志成才（1904～1921），含苦难童年、恩师赎身、崭露头角；②创立程派（1922～1932），含誉满沪上、独树一帜、培育新人、赴欧考察；③大师风范（1933～1948），含以艺会友、再创辉煌、高风亮节；④传承精华（1949～1958），含和平使者、寻根传艺、理想信念；⑤家庭交游，含家庭生活、良师益友、游览风光；⑥程韵流芳，含溘然长辞、艺德永存、程派传人。最后有“程砚秋生平大事年表”。所收图片，以舞台形象为主，又显示程砚秋广泛的社会交往，精神品格和文艺素养，“其中有大量过去少见的‘文物’，极为珍贵”(刘厚生《序》)。

（简畅）

Jingju Dashi Ma Lianliang

《京剧大师马连良》 大型图集。马龙主编。北京出版社、北京美术摄影出版社2009年6月出版。8开本，330多页，彩印精装，外有盒套。卷前有马连良肖像及《借东风》诸葛亮、《青梅煮酒论英雄》刘备、《摘缨会》楚庄王、《串龙珠》徐达、《临潼山》李渊等大幅剧照12页。主要内容有7个部分：①投身艺坛（1901～1922），含家庭熏陶、两次入科、朝阳出岫；②独树一帜（1923～1931），含博采众长、创演新剧、马派确立；③须生魁首（1932～1951），含鼎盛阵容、好戏连台、慈善义举、全面创新、南去北归；④登峰造极（1952～1966），含东山再起、无与伦比、再创辉煌、故地重游、晚霞辉映；⑤经典永存，集中介绍了《一捧雪》、《胭脂宝褶》、《四进士》、《苏武牧羊》、《十老安刘》、《春秋笔》、《群英会、借东风》、《龙凤呈祥》、《秦香莲》、《赵氏孤儿》等14出最有影响的马派代表作；⑥教戏育人，含传道授业、培育英才、桃李满门；⑦生活足迹，含京剧世家、胜友如云、流芳千秋。收入马连良与相关人士的剧照、舞台生活照500多幅，家庭生活、师友交往及社会活动照片250多幅，戏单、演出纪念刊、报端广告等文献资料图片70多幅，马连良手迹、戏服、剧本、唱片以及友人题赠等图照数十幅，其中有老舍题词“再集马派名剧”和蒋兆和绘马连良饰程婴的戏装肖像。卷末有“马连良年表”。结合图片的文字说明约5万字，均为中英文对照，英文翻译王寓帆。欧阳中石为本书写序，并以范钧宏在纪念马连良诞辰85周年座谈会的讲

蒋兆和绘马连良饰程婴
（选自《京剧大师马连良》）

话《马连良先生的八个“最”》作为代序。两篇序都讲到马连良“最重视形式美”。本书大量精美剧照正可让读者深深领会其艺术神采。

本书编者马龙，是马连良之嫡孙。2011年3月，其新作《马连良画传》，由作家出版社出版。（简畅）

Jingju Dashi Qiu Shengrong

《京剧大师裘盛戎》 传记。谭星宇著。中国画报出版社2005年9月出版。5万字，16开精装。内容包括《幼承庭训》、《科班生活》、《初出茅庐》、《〈姚期〉初唱》、《开宗立派》、《裘派经典》、《幸福十年》、《人生落幕》等章。另选辑翁偶虹、汪曾祺、袁世海、张君秋、石维坚、赵晓东、朱锦华、钳韵宏、于鸣奎、刘耀春、裘兰、杨振钢诸亲友评论、回忆文章10篇。附录有裘盛戎名作音配像目录、裘派传承表、裘盛戎亲属关系表。配有裘盛戎便装、戏装及有关人士照片约170幅。（简畅）

Jingju Dashi Shang Xiaoyun

《京剧大师尚小云》 大型图集。陕西人民出版社2003年6月出版。8开本，约270页，精装，有封套。卷前有尚小云部分代表剧目的大幅剧照9幅。基本内容分3篇，各篇又有若干标题。①“足迹篇”，含正乐三杰、坐看云起、广采博取、璀璨缤纷、四大名旦、毁家办学、志在千里、第二故乡；②“成就篇”，含大师风范、门墙桃李、芳信主人；③“流韵篇”，含修身以严、齐家以和、不绝如缕。全集以图文并茂的形式介绍尚小云从艺经历、艺术成就、教学和社会活动，以及深远的影响。选用肖像、交游、家庭生活及各种活动的照片200多幅，尚小云及有关人士的剧照近300幅，尚小云的化装、身段示范照片70多幅，各种文史资料（戏单、广告）以及书画文物等图片约120幅。各篇及各标题均有概略说明。内附荣春社教师和学生名单，尚小云捐献名人字画、玉器目录，尚小云1949年以前唱片资料目录。卷末有张伟品、钮骠《尚小云艺事年表草》。周鹏飞有《编后记》述成书经过。尚小云表演艺术研究会为本书作序，论该书出版的意义。（简畅）

Jingju Dashi Zhang Junqiu

《京剧大师张君秋》 大型图集。为纪念张君秋诞辰85周年编印。李瑞环题写书名并作序。天津市中华民族文化促进会、天津市张君秋艺术基金会编辑。叶厚荣主编。天津杨柳青画社2005年10月出版。8开本，350页，彩印精装，有盒套。卷首有“中央领导同张君秋”照片5幅，“张君秋艺术形象”大幅剧照23幅。分“求学篇”、“求索篇”、“创新篇”、“育人篇”、“配像篇”、“交游篇”、“流芳篇”7个部分，展示张君秋的艺术人生、艺术成就、艺术贡献。选用张君秋肖像、交游、艺术活动、家庭生活等照片310多幅，张君秋及其门人的剧照180多幅，张君秋书画手迹、戏装实物等图片40多幅，戏单、广告、书刊等文史资料图片30多幅。文字约3万字。图册的编辑思路，除突出张君秋创立张派艺术的辉煌成就外，还充分肯定他在培育京剧人才、参与组织指导京剧音配像工作等方面的卓越贡献。卷末有《张君秋生平大事年表》。（简畅）

Jingju Daxikao

《京剧大戏考》 京剧唱片、录音、影片、录像的戏词汇编。柴俊为主编，吴小如审订。学林出版社2004年12月出版。16开本，720页，154万字。布面精装。卷前有刘曾复《我需要唱词》（代序）、吴小如《唱片的版本学与校勘学》（代序）和蒋锡武《序》，精美剧照70余幅。所收戏词（唱词为主，间有念白）以正式出版或播出者为准，“详古略今”，尤其重视年代久远、不易查找者，对市场易见的当代资料择要收录。唱词均据实际资料审听校核，力求准确，且标明其录制年代、出处；原始记录缺失者，根据唱片模版编号及其他资料作出推断，以备参考。收录的演员、票友达880多名，辑录顺序为：①老生；②文武老生、红生；③武生；④小生；⑤青衣、花旦、花衫；⑥老旦；⑦花脸；⑧丑；⑨名家合作戏；⑩现代题材戏。每段唱词注明剧目、角色、板式或曲牌，以及伴奏者。列有按姓氏音序编排的“演员索引”，以便读者检索。卷末附录“剧情简介”。早在20世纪30年代已有相当普及的大型《大戏考》，然其中京剧唱词约占1/3，其余为地方戏曲、曲艺、流行歌曲。《京剧大戏考》是京剧有史以来收录演员、剧目、唱段数量最多，相关背景资料较全的专业性出版物，不仅是业内外人士学习、欣赏京剧声腔的必备工具书，对于京剧唱片史、唱片版本等的研究也有裨益。2009年7月出版的《艺坛》第6卷刊有柴俊为《〈京剧大戏考〉订误》一文。

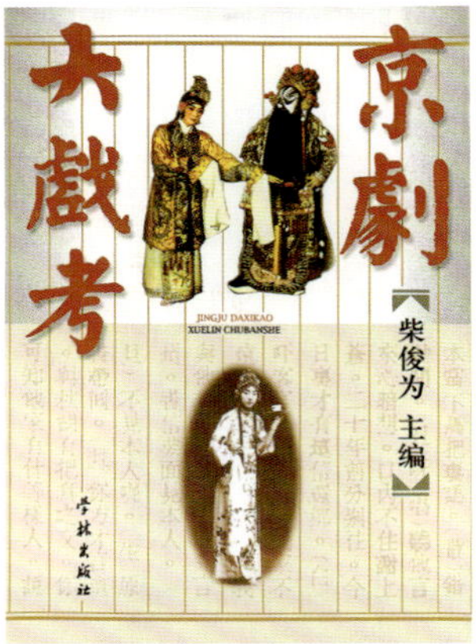

《京剧大戏考》护封

主编柴俊为（1962～ ），1984年毕业于上海师范大学中文系，是上海东方电视台戏剧频道制片人。柴俊为自幼爱好传统京剧，致力于京剧史、京剧文献学的研究，曾参与《中国戏曲志·上海卷》、《中国戏曲音乐集成·上海卷》的编撰，为梅兰芳、程砚秋、言菊朋、马连良、谭富英、李多奎等编辑出版过老唱片专集。2002年起，他把京剧文献研究成果与电视手段相结合，创意推出电视栏目《绝版欣赏》，兼任制片人和导演，以低成本、小规模的方式制作200多集。这个栏目交替运用口述历史、专家评析、情景模拟、以像配音等电视语言，整合老唱片、老照片、旧报刊等文献资料，摭谈京剧掌故，赏析京剧名家名段，在上海东方电视台戏剧频道播出后，赢得广泛好评，对京剧艺术的深化继承产生良好影响。中国唱片上海公司已出版10辑（VCD），每辑5片，每片2集，共100集。（伟品）

jingju daoyan

京剧导演 创造完整的京剧舞台演出的艺术。它是把文学剧本所描写的形象运用舞台艺术的特殊手段，创造性地体现为舞台演出的形象，并力求使舞台演出形象具有鲜明的审美感染力和完美的整体感。

京剧导演的历史传统 哪里有演剧活动，哪里便有导演艺术。然而过去的京剧班社，没有专门的导演职称和职务。导演的部分功能，主要是由会戏多、经验广的演员、鼓师、教戏师傅或“抱总讲”先生，通过“攒(cuán)戏”和“说戏”的方式来实现的。“攒戏”即根据剧本和人物的需要，按照传统程式的一般规律，大体上设计出演员的上、下场式和主要场面的调度、身段以及锣鼓点子等，至于更细致的表演，则由演员去考虑。有时也会请一些艺博识广的演员和教戏师傅来讲讲剧情、抠抠唱腔和身段，通常称作“说戏”。如京剧演员王瑶卿、萧长华等都做过这种指导性的工作。有些班社编演新剧目，特别是对某些场面有些新的想法和追求时，则延请对京剧素有研究并熟悉表演的剧作家、评论家来出谋划策乃至具体指导。譬如，梅兰芳创演的古装戏《嫦娥奔月》、《黛玉葬花》、《天女散花》等，其中的一些舞蹈场面便是请齐如山设计和帮助排练的。

在京剧领域，“导演”这一术语是从话剧中引进的，从文字记载上看，始于20世纪20年代中期。1925年周信芳在演出连台本戏《汉刘邦统一灭秦楚》时，广告上打出了“周信芳君主编导演两大本汉史破天荒文武机关好戏”的字样。1930年梅兰芳赴美国访问演出，为了适应外国观众的欣赏习惯，特聘请正在美国讲学的南开大学教授张彭春帮助整理和修改演出剧目。当时张彭春就是以导演的身份进行工作的。他不仅对演出剧目从情节上进行了统一的剪裁和修改，而且对有些场面调度、表情动作乃至演员之间的相互配合也进行了排练。不过，这在当时的京剧班社中为数不多，应视作特例。30年代后期到40年代，随着京剧改革的发展和需要，由导演组织排戏的创作方式和具有现代意义的导演在某些剧团和剧目的创作中相继出现。如欧阳予倩主持上海戏剧界救亡协会歌剧部时，导演了《梁红玉》、《桃花扇》、《渔夫恨》等戏。又如延安中共中央党校大众艺术研究社创作演出的《逼上梁山》，由齐燕铭导演，延安平剧研究院创作演出的《三打祝家庄》则由阿甲、魏静生、王一达导演。再如焦菊隐为中华戏曲专科学校导演了新编剧目《孔雀东南飞》，龚晓岚在平剧宣传队时，导演了田汉剧作《土桥之战》、《新雁门关》、《江汉渔歌》、《新儿女英雄传》，李紫贵导演了《葛嫩娘》、《六国封相》、《金钵记》等。这一时期的导演艺术开始具有表演、音乐、舞台美术综合构思和整体排练的特点，因而加强了舞台演出的完整性。但就整个京剧领域而言，仍是局部现象，普遍意义上的导演制度尚没有真正建立和形成。

中华人民共和国成立后，戏曲的社会地位和社会作用受到前所未有的重视，随着戏曲改革的全面展开，导演制的建立也变得日益迫切。1950年《新戏曲》月刊召开了“如何建立新的导演制度座谈会”，文化部戏曲改进局局长田汉提出在戏曲剧团建立“有效的导演制度”的意见。1952年10月至11月在北京举行的第一届全国戏曲观摩演出大会上，许多成功的创作实践，也证明了建立导演制的必要性和优越性。1952年12月26日文化部向全国发出指示：“戏曲剧团应建立导演制度，以保证其表演艺术上和音乐上逐步的改进和提高。”这为导演制的建立提供了组织上的保障。此后，各大剧院、剧团相继设置了专职导演，并逐渐形成了由导演组织和指导排戏的风气。多年来，京剧导演的队伍不断扩大，地位和作用不断强化，整体艺术水平不断提高，特别是阿甲、李紫贵、郑亦秋等老一辈艺术家们成功的艺术实践和理论思考，更为演出创造的美学把握和方法论的建设积累了经验，奠定了基础。进入80年代，京剧导演艺术又出现了长足的发展，一批中青年导演，在继承传统的基础上，进行了更加深入和全面的开拓与革新，使京剧导演艺术进入一个自我超越的新阶段。

京剧导演的职能与特点 作为创造完整的戏剧舞台演出的艺术，京剧导演的职能和其他的导演并没有本质上的区别，但是，不同的戏剧样式，各有不同的表现形式、舞台体制乃至美学观念，所以，京剧导演在履行职能时又有着自己的独特性。对文学剧本进行再创造是京剧导演的首要职能。京剧导演的创作活动不像文学家那样，可以直接从生活中去提炼、加工、创造典型，而是必须以文学剧本为中介来认识和反映生活。因此，自觉地接受文学剧本的制约，避免主观随意性是他工作的基本原则；而认真感受和理解剧作者笔下的生活和人物、准确把握剧作者的创作意图和剧本的艺术特点，则是京剧导演工作的起点和基础。但京剧导演的创作活动又不仅仅是给文学剧本以完全客观的舞台解释，更不是简单的形象直译和图解，而是要根据自己对生活的体验和认识，运用与作者不同的艺术手段和表现方法，对剧本中的文学形象进行一番新的创造，使其成为一种具有新的审美价值的舞台上的艺术形象。京剧导演既重视剧本的思想内涵，又非常看重剧本的舞台性，对其是否符合京剧表现形式的规范和能否充分发挥京剧表演艺术的特长，有着更为严格的要求。在具体的艺术构思中，不仅注重自身对剧本的独特理解和解释，而且要更善于发挥京剧的艺术表现力，用唱、念、做、打等艺术手段和表演细节去丰富、深化和发展文学剧本的内容与形象。如果把一些剧目的舞台演出，与原来的文学剧本加以对照，就能清楚地看到这一点，而在那些以做工和武打为主的剧目中，尤其如此。《拾玉镯》中，少女孙玉姣那纯真的情态、细腻的心理以及处处洋溢着的青春活力，之所以给观众留下了难以磨灭的印象，除了剧本所赋予人物的性格化的语言和鲜明的戏剧行动外，诸如喂鸡、做针凿、拾镯、藏镯等一系列生动活泼的表演细节，更起了不可忽视的作用。

《戏出年画·拾玉镯》（王树村提供）

而这些正是导演与演员于剧本的文字之外，生发和铺排出来的场面。在《三岔口》这类的武戏中，甚至连舞台上那些更为具体的人物行动和细致的情节变化也主要是由导演通过演员的舞蹈动作和武打技巧编织而成的。另外，他对文学形象的补充、丰富和发展也有与其他戏剧样式不尽相同的重点。在京剧舞台上，并不一般地去表现舞台事件以及人物在事件中的行动过程，而是着重去表现人物对所发生的事件的一系列细致的思想感情活动和内在态度。因此，凡是能突出人物内心活动的行动，都要浓墨重彩，精雕细刻，特别是内心冲突最激烈、情感蕴积最丰富的瞬间，更要作为人物形象的亮点和技巧安排的黄金点去着意处理，精心营造，或通过唱念，或化为舞蹈动作予以渲染和表现，使剧本看似单薄的地方变得更加丰满，看似偶然的地方能化作必然。京剧导演这种构思活动与剧作者的创作活动常常会呈现为相互渗透、相互交织的状态。比如，有些剧作者在动笔之前，往往要先与导演就舞台处理的设想以及演员技巧的发挥等问题进行磋商，然后才动笔。而有些剧本甚至就是在导演的直接参与下创作，在排演中不断修改完成的。即使那些已经完成的文学本，到了导演手里，往往也要对其做出相当的改动，其主要目的也是为了强化舞台性，充分发挥唱、念、做、打等艺术手段的能动作用和京剧艺术的独特魅力。

帮助和指导演员的形象创造是京剧导演的又一项工作职能。演员是戏剧演出的主体和基础，导演要在舞台上创造活生生的、有血有肉的人物形象，只有通过演员的表演才能实现。特别是京剧艺术，由于演员在其整体中的特殊地位，导演的审美感受和艺术创造几乎要全部融化到演员的身上。因此，能有效地帮助和指导演员认识角色、体验角色和体现角色，并处理好与演员之间的创作关系，是导演在整个创作活动中的一项最主要的工作内容。

对于导演来说，演员固然是进行演出创造的一种手段，但是，

排练场上的尚长荣与言兴朋（陈莹摄）

演员本身又是一个有着自己思想、个性、才能的创造者。所以，有经验的导演总是十分尊重演员的创造性，并善于调动和利用演员的创造性，来启迪、丰富和发展自己的构思。梅兰芳在排演《穆桂英挂帅》时，就明确地提出过这一点，他说："导演要做全剧的表演设计，应该有他自己的主张，但主观不宜太深，最好是在重视传统、熟悉传统的基础上进行创造，也让演员有发挥本能的机会，发现了问题，及时帮助解决，有时候演员并不按照导演的意思去做而做得好，导演不妨放弃原有企图，这样就能形成导演和演员之间的相互启发，集体的力量，比个人的智慧大得多。"（《梅兰芳文集》第92页）京剧演员不仅是一个创造者，而且还是带着技术特长和流派风格来参加创作的，这也是构成京剧演出的独特的审美价值的一项重要因素。观众看京戏，在看剧情、看人物的同时，总要匀出心思来看演员，不仅要看演员如何表演人物，还要看演员在表演人物时如何展现自己的技术特长和流派风格。这种具有鲜明的演员个性特征的戏剧形式和审美特点，对导演如何运用好演员这一创作手段，也提出了更高的要求。这就要求导演在构思伊始甚至在选择剧本时，就要考虑到演员的流派风格和技术特长。一是要考虑角色与流派风格的对位，以及如何发挥演员个人技术特长的问题；二是要考虑如何利用演员的流派风格和技术特长来深入挖掘人物与强化人物性格的不同侧面。《曹操与杨修》中，用言派老生言兴朋扮演杨修，这固然有演员阵容的原因，但更主要的还是由于创作者在准确地把握人物的同时，又深刻地领悟到言派唱腔在委婉、清丽中潜藏着桀骜不驯的深层特点，于是在人物与演员的流派风格之间寻找到了一种由表及里的契合点。既使演员在扮演人物时能充分发挥自身的流派特长，又使流派的运用为人物增添了更鲜明、更独特的性格色彩。

在形态上，京剧演员的表演又是一种唱、念、做、打与音乐伴奏严密配合，"锣鼓能打得下去，演员能动得起来"的具有严格技术规范的歌舞化形式，这样的外部表现，是很难在体验中自然形成的。它必须按照舞台的特殊规律，予以精心设计方能实现。所以，在全场演员的基本舞台构图还没有底稿、特别是主要演员的表现形式还没有找到的时候，导演是很少空泛地要求演员去体验和表现人物的内心世界以及深刻复杂的思想感情。一般说来，总是先从搭架子开始，对唱腔、基本的舞台调度和舞蹈动作先设计出一个大体的图谱，为人物先立起一个相对成形的物化基础，然后，才在进一步的排演实践中，通过由外向内的内外相互结合的细致排练，不断调整、深化和丰富演员对角色的认识和体验，并不断用角色的内心世界去继续充实和修订外在的表现形式，以求最后达到赋予灵魂，活以血肉，体验与表现，内与外相互统一的完美结果。因此，导演不仅要熟悉、理解现实生活中的各种事物，积累丰富的生活材料，更要熟悉舞台上的生活和构造这种生活的各种形象手段，掌握唱、念、做、打的表现性能和运用方法。唯有如此，才能在把握角色的前提下，有效地帮助和指导演员创造好角色。

充分发挥舞台演出的整体功能是导演的另一项重要职能。综合性，是各种样式的戏剧所共有的特性。京剧则更是一种形态特殊的综合艺术。从形式上讲，它主要包括演员的表演、音乐和舞台美术三个方面。而表演又分唱、念、做、打等不同形式；音乐则有"文场"、"武场"等区别；舞台美术又有化装、服装、布景、灯光、道具等不同部分。尽管在不同的剧目中，这些因素会有不同程度的侧重和变化，但任何一出戏的演出，都离不开这些因素不同程度的共同参与，都需要导演把这些不同类型的和复杂的因素组合成一种完整的结构，并通过各种艺术手段的相互作用、相辅相成的运动，产生出一种新的艺术语汇，为表现场景的内涵和意蕴服务，演出才有可能取得成功。戏剧演出的组成因素虽然是相当复杂的，但是它们在构成舞台演出这一形象整体时，各自的地位与作用并不完全相同。戏剧艺术的综合性与其他非戏剧性的综合艺术相比较，最本质的区别，就在于它的全部综合关系，是以演员扮演角色的创作活动为中心，以塑造有血有肉的舞台人物形象为目的。所以，舞台上的一切，必须以演员的表演为主体而相互结合起来，并纳入人物形象的整个创造结构中，才有可能形成一个具有戏剧意义的结构整体。在这一点上，京剧尤为特殊。因为京剧艺术所要表现的，更多侧重于人物内在诗情的形象化、氛围化，而在具体处理人及其赖以生存的时、空和其他物象的关系上，又有着自己独特的美学追求。尤其是传统戏的演出，导演对特定情景、舞台气氛的营造和表现，主要是靠演员自身的表演及其与音乐伴奏的结合来实现的，除此以外的物质手段，诸如布景、灯光、道具等，总是要压缩到最少、最必需的限度。即使是那些非常必需的物质手段，也往往是被作为表演的一种延长和辅助因素而发挥作用。

在京剧演出的整体构成中，音乐占据着十分重要的位置。从本质上讲，京剧也是一种音乐化了的戏剧。在整个演出的构成中，音乐不仅是表现人物内心世界和营造舞台气氛的重要手段，而且在统一舞台节奏、协调各种艺术手段乃至生发全剧意蕴方面也有着十分重要的作用。无论是唱、念、做、打之间的衔接与过渡，或是演员与演员之间的配合，还是表演与灯光布景的变化关系，甚至整个戏的演出结构也要受到音乐的制约。正因为如此，京剧导演在制订排演本时，便要考虑到全剧的音乐特别是唱段的安排和布局问题。一般说来，在完成了未来演出的总体构想后，并不急于下排演场，而是先抓音乐，与音乐设计者共同商定整个音乐的体裁、风格以及唱腔（包括伴唱）、重要的场景音乐、舞蹈场面的配曲等一些关系到全局的具体问题的构想和处理原则。有时要到唱段创作完成甚至演员大体上学会了唱段的演唱后，才开始下排演场排练。这种音乐先行的做法，目的就是为了给整个戏中的情绪和感情的发展变化先勾画出一个外在尺寸的轮廓，使演员的表演以及其他一切演出构成因素的协调运动，都能因音乐的节奏与旋律而找到一种外在的共同依据。此后，在不断的排练中，特别是经过合乐和响排阶段的不断调整与磨合，使整个舞台形象的构成，逐渐形成一个熨帖、有机的整体。

随着时代的变化，现代舞台技术的发展，特别是不同艺术样式之间的横向借鉴，舞台上的表现手段越来越丰富，而导演发挥整体功能的创造活动，也变得更为复杂。在这种情况下，京剧导演所追求的是：一方面要充分利用一切可以利用的现代舞台技术，去组织更多、更新的舞台语汇，以扩展整体构成的戏剧功能和表现力；一方面又要保持和发扬"京剧首先是演员的艺术"的传统美学特色，这也是今天的导演艺术家们正在不断实践、不断探索的新课题。

京剧导演的形象构思与独特的时空观念 不同戏剧样式的导演，在形象构思时也会有各自不同的感受和知觉方式。话剧是以生活化的语言和动作作为直接基础的戏剧，因此话剧导演的形象构思更接近生活本来的面貌。电影是利用现代摄影技术手段，通过银幕画面向观众传达戏剧动作的，所以电影导演的形象构思更注重视觉造型性，而且有着自己特殊的蒙太奇构思形式。而京剧，则是一种“以歌舞演故事”的特殊的戏剧形式，同时又具有明显的程式性，故京剧导演形象构思的最显著特点，是歌舞化、规范化的形象思维和知觉方式。在他的内心视象中，一切戏剧动作都是以具有鲜明的程式化特点即唱、念、做、打出现的。它很难做到像话剧、电影那样，直接从生活中去吸收、加工大量的艺术语汇，而且，不管有意无意，都要首先依赖自己所掌握的那些长期积累下来的程式语汇去进行形象的构思活动。比如，接到剧本后，总要考虑每个人物的行当归属；设计唱腔时，必然要先选择合适的板式和曲牌；安排身段时，往往又会联想到某些戏中类似的场面等。总是先从类型化入手，然后再进行个性化的创造。《穆桂英挂帅》“接印”一场，导演构思如何表现穆桂英的思想转变过程，就联想到《铁笼山》中姜维观星和《一箭仇》中史文恭战罢回营时都有的低头揉肚子的身段，于是也为穆桂英安排了一段类似的哑剧式表演。而在具体的排练中，又结合这一特定的人物和当时所处的特定情境，从打击乐的配置、锣鼓声的强弱到身段的一招一式都做了新的调整和安排，使之具有鲜明的个性化色彩。这种形象构思的方式，按照阿甲的说法：“即是将旧戏的那些具有表现力的身段动作，把它拆成一种材料，靠演员的体会能力，运用技术的能力，将它结合在角色的身上。”京剧导演在形象构思上的这一特点，不仅是一个方法问题，而且具有一定的美学意义。程式化不只是在京剧中客观存在的一种现象，同时也是京剧艺术的重要美学特色之一。倘若不借重程式，不把人物的行动概括为具有程式意味的艺术处理，恐怕舞台上的人物形象就很难有那么鲜明而独特的艺术色彩。在形象构思的过程中，京剧导演同样也是注重从生活出发的，要观察生活、体验生活，特别是优秀的导演，更善于用生活去化解程式，使程式变得更加灵动和生活化，更善于从生活中去提炼和创造新的程式化的艺术语汇，以丰富京剧的表现力。而京剧导演也正是在这种类型化与个性化、程式化与生活化的矛盾统一中，去逐渐完善自己的形象构思。

京剧独特的时空观念，也使导演的形象构思显示出了与其他戏剧样式的导演不尽相同的特点。京剧舞台上，人物所生活的物质环境，主要是通过演员的虚拟表演来体现的，应该说，它基本上是一种虚拟的环境。而且，即便是这种虚拟的环境，也只有在与戏剧冲突、人物行动发生紧密的联系时，才会被具体地强调出来。《三岔口》中，店房的门，店房内的床，甚至店房内的墙壁，都是因为与刘利华和任堂惠的打斗有着密切的关系，或者说是为了组织这场打斗，才被细致地描绘出来的。舞台上的具体时间概念和时间的流动，也是在特定情境的需要下，才被表现和强调出来的。更为重要的是，这种虚拟的时间和空间，往往带有鲜明的主观色彩。它不是对环境的客观摹拟，而是以人物的内心反应和感受为依据的表现。是人物主观世界中的客观世界，是经过人物心灵和情感点染过的“心境”和“情境”。这种虚拟化、主观化的时空观念，与其上下场的结构方式，相互依托，便形成了舞台时空更加灵活自由的特点。时间可以“有话则长，无话则短”；空间既可以相对固定，又可以流动，还可以出现双重或多重空间。所以，京剧导演构思舞台形象，不是每时每刻都考虑人物所处的物质环境的具象表现，只有在这物质环境与人物的行动发生关系时，才去做具体的构想。这种构想也不一定是全景式的，往往只具有组织动作的局部意义。更主要的是，这种构想常常是从剧中人的视角产生的，也可以说更多的是一种氛围性空间、体验性空间。从宏观的角度来看，这种空间把握，更具有“悬视”和“游观”的特点。所谓“悬视”，也就是从很高的视点俯瞰全局，在同一时间内发生在不同空间的事情可以使之聚拢来，并建立起一种可视的内在联系。所谓“游观”，则是在运动中观察空间，组织空间，像《清明上河图》一样。这种既入乎其内又超乎其外的时空视点，无疑为京剧导演的形象构思提供了更大的自由，但同时也带来需要特别解决的问题。如果说，有些戏剧样式的导演只需要在相对固定的舞台空间内来组织和安排人物行动的话，那么，京剧导演就更需要在把握整个戏剧冲突和人物行动的过程中，去合理安排和驾驭灵活多变的舞台空间。像《杨门女将》中表现战争的场面，之所以能够在一个小小的舞台上被处理得如一部宽银幕影片一样，既表现战争的全景，又刻画战斗的细部，既有激烈的对打，又展示人物心理活动，正是导演能够把握好舞台时间和空间的变化，并交代得层次分明、逻辑清楚的结果。同时，京剧导演还要善于利用舞台时间和空间灵活的特点，为强化戏剧冲突与突出表演服务。《药王庙传奇》、《高高的炼塔》等戏，如果离开了导演对舞台时空转换、衔接蒙太奇般的诗意经营，全剧的戏剧性乃至思想性就会大为减色。

《三岔口》
李少春饰任堂惠（右） 谷寿章饰刘利华
（吴化学摄）

京剧特殊的观众意识，对导演形象构思的影响也是不容忽视的。戏剧是当众演出的艺术，它的最终目的、最后的完成形式，乃是面对面地为观众进行舞台演出的创造。因此，导演的形象构思不能不考虑观众的需要，甚至可以说，整个舞台形象的构成，其本身就包括了观众的潜在要求和作用在内。但是，不同的戏剧样式虽然都以观众的欣赏为目的，都承认观众参与的重要性，但它们对待观众的态度、与观众的具体关系，以及适应观众审美心理的重点和途径，却不完全相同。而京剧在这方面的一个最明显的特点，就是坦白承认自己是为观众演戏。因而，京剧导演为观众的考虑就不像写实的戏剧那样，一定要把它隐藏到生活表象的背后，使其变成一种不经意的行为，而是敢于做出超脱生活表象的特意安排。在舞台上，演员表现听，并不完全是面对着舞台上的对象听，而是面向着观众听；演员表现想，也不是自己低着头想，而是向着观众或是利用服装、道具做出较夸张的动作，让观众看明白他在怎样想。同时，凡属观众特别需要了解的台词、行动细节，也都要用诸如铺垫、重复乃至特殊的调度等鲜明的手法与形式着意使它突出出来，力求使观众看得更清楚，听得更明白。俗话说：“别让肉埋在饭里。”如人物的上场，特别是主要人物，总是根据规定情境，用各种办法，或缓锣鼓，或搭架子，或大摆队，或闷帘导板，或马童翻上等，先造出气氛，以激起观众对将要上场的人物的高度注意。京剧导演在这方面积累了相当丰富的技巧。另外，在京剧导演的心目中，观众不仅是接受者，而且还是形象创造的合作者。

因此，在构思舞台形象时，总要充分估计和调动观众的生活经验与心理感受，并把这一切自觉地纳入到舞台形象的构成中去，使观众的参与也成为形象构成的一种重要因素。虚拟表演也好，时空灵活自由也好，一切导演手法的运用，都是建立在激发观众想象、调动观众审美经验的基础上的，都是通过观众的想象、理解等心理活动的补充、丰富和支持，才最终实现其完整的艺术效果。惟其如此，京剧导演的构思才显得那么大胆、丰富。与此同时，京剧导演还非常重视观众的情感态度，往往要有意识地把观众的情感态度纳入到形象构成中来，或是直接为观众的情感宣泄与释放安排必要的契机和适当的时空间。《孔雀东南飞》中，恶婆婆通过放一盏灯而百般刁难儿媳。当儿媳把灯放到织布机旁时，她说那会引起火灾。放到地上，她又说这是放灯的地方吗！弄得儿媳不知所措。于是她接过灯来，又照原来的调度重新摆放一遍，也是“不得其法”，只好自我解嘲地说：“这房子怎么盖的，连个放灯的地方都没有！”这种夸张的重复再现手法的运用，与其说是为了增加演出的情趣，不如说正是当时那些有实无名的导演考虑观众情感参与的结果，让观众的愤愤不平之气，能通过人物这种自我嘲弄的表演得到必要的宣泄。至于在整出戏的演出中，哪里要铺垫好，“叼”观众一口，哪里要定一下，为观众的掌声留出空当，也就是行话中说的“点得醒，定得住”，有经验的导演也都是要在构思中做出着意安排的。 （黄在敏）

Jingju de Lishi Xianzhuang yu Weilai

《京剧的历史、现状与未来》 京剧文集。中国戏剧出版社2006年8月出版。上、下两册，70万字。2005年5月15～17日，中国戏曲学院在北京召开“京剧的历史、现状与未来暨京剧学学科建设”学术研讨会。本书即为研讨会成果的结集，包括与会学者提交的论文及部分发言，共收入52篇。文章分4辑。第1辑京剧学学科建设，有朱文相《关于京剧学研究的几点建言》、龚和德《对京剧研究工作的期待》、傅谨《作为学科的“京剧学”》等7篇；第2辑京剧基础研究，有安葵《论京剧的文化性质》、蒋锡武《常者，长也——关于裘盛戎声腔艺术的对话》、丁修询《论京昆之别》等8篇；第3辑京剧史研究，有俞为民《略论昆曲对京剧形成的影响》，康保成、黎国韬《晚清北京剧坛的昆乱消长与昆乱交融——以车王府曲本为中心》，周传家《京剧个性化时代的开启者——王瑶卿》等19篇；第4辑京剧现实问题研究，有陈培仲《向梅兰芳、周信芳二位大师学习——正确认识和处理京剧的继承与革新》、陈多《由不见新流派出现想到的》、柴俊为《戏曲时尚化应当“叫停”》、刘福民《亲世俗、趋时尚、多戏说——对京剧传统的一种别样观瞧》等18篇。卷首有王元化贺词。中国戏曲学院院长杜长胜为本书作序，指出召开这次大型学术研讨会，意在“推动京剧学科建设，争取在此后若干时间里与学界同人通力协作，使京剧学成为戏剧研究领域最成功的分支学科之一”。 （简畅）

Jingju de Xingqi（1770~1870）

《京剧的兴起（1770～1870）》（*The Rise of the Peking Opera 1770～1870*） 京剧研究著作。马克林（Colin Mackerras）著。英国牛津大学出版社1972年出版。马克林1939年出生在澳大利亚悉尼市一个知识分子家庭。1960年到英国剑桥大学研读中国历史。获硕士学位后，于1964年来中国北京外国语学院教授英语，同时研习中国音乐、戏剧及各种表演艺术。1966年返回澳大利亚，在堪培拉的澳大利亚国立大学工作，并在柳存仁教授指导下取得博士学位，为研究中国戏剧和中国少数民族问题，曾多次访问中国。《京剧的兴起（1770～1870）》是他在自己博士论文的基础上编撰而成。全书分7章，绪言概述了明清地方戏的发展与当时的社会历史背景。其余各章分别介绍了中国16世纪到18世纪的戏剧（以准宗教剧、士绅的世俗剧归类加以介绍）、扬州戏剧、秦腔、安徽戏班、京剧、剧场与梨园行业，其中秦腔演员陈银官、魏长生，京剧演员程长庚、余三胜、张二奎及清道光中期的京剧演员均设专节。该书正文后有附录，内容包括清代各朝名号及年代，对一些戏剧论集的注解，对一些剧目的说明。附录后有与本书有关书目一览表，包括中、日、英文，既包括中国学者常引的中文著述，也包括西方著作及日文资料。书目后有中英文名词对照表。该书征引广博，叙述流畅，是一部学术价值较高的英文著作。该书第五、第六章的译文曾收入学林出版社1985年出版的《京剧史研究》一书。

马克林的其他主要著作还有《当代中国的表演艺术》（*The Performing Arts in Contemporary China*），伦敦罗特利与柯甘出版社1981年出版。《中国戏剧》（*Chinese Theatre*），美国夏威夷大学出版社1983年出版。《中国戏剧简史》（*Chinese Drama*），中国新世界出版社1990年出版。《中国现代戏剧——从1840年到现在》（*The Chinese Theatre in Modern Times: From 1840 to the Present Day*），伦敦泰晤士赫德逊出版社1975年出版，为《京剧的兴起》的姊妹篇。上述著作对西方人认识中国戏剧帮助很大，中国学者也可从中获得启发。 （胡冬生）

jingju dianshi

京剧电视 从电视屏幕上展示的各种京剧艺术形态的统称。电视是活动图像及其伴音的电传输。中国电视创始于1958年。电视既是传播手段，也是艺术表现的手段。京剧同电视的“联姻”，既极大地拓宽了京剧的传播空间，深入到千家万户，也产生了一些新的京剧艺术样式形态，丰富了电视播出的内容。京剧与电视的结合是多层次的，主要有以下5种形态：

①京剧演出直播或录播。较早的如1961年中央电视台转播周信芳的《打渔杀家》、《乌龙院》、《四进士》等。这是京剧最直接快捷的远距离、大范围的传播。

②京剧纪录片。包括电影胶片或磁带录制的京剧演出。较早播出的多为京剧的电影纪录片，如《梅兰芳的舞台艺术》、《洛神》、《宋士杰》、《武松》、《荒山泪》等。用磁带录制更方便经济。摄像者在剧场中多角度定位拍摄或移动拍摄，可以剪接选辑，力求精致。《中国京剧音配像精粹》可谓京剧电视纪录片代表作。

③京剧艺术片。多在摄像棚内拍摄，运用棚内灯光设备，适当配景，采取多方位、多镜头的形式拍摄，打破舞台时空的限制。这种形式始于20世纪60年代，如中央电视台果青导演的《审椅子》、《张飞审瓜》，莫宣导演的《燕燕》、《桃李梅》等。往后的艺术片越拍越精致，比较突出的有上海电视台1990年制作的《曹操与杨修》等。

④京剧电视剧。是京剧与电视深层次结合的产物，是以电视剧为载体表现京剧艺术美的新品种。其出现时间虽晚，也已有不少优秀作品，如江西电视台的《正气歌》，上海电视台的《潘月樵传奇》，武汉电视台的《膏药章》，北京电视戏曲研究会、上海电

视台联合摄制的《曹雪芹》，江苏电视台的《醒醉记》、《太平公主》，中央电视台的《契丹英后》等。它们有的突出电视写实的主体风格，生活气息浓厚；有的强调京剧的写意特色，有较强的程式性。

⑤京剧MTV。又称京剧音乐电视。MTV源于美国，是为包装歌手或推销商品而发展起来的一种电视音乐形式。多以摇滚乐为主，用快速的切换、变化多端的结构，强化视觉冲击效果。京剧MTV，通过运动摄影，表现多维空间，节奏明快，画面转换自由，并有特殊光效，将京剧艺术的唱做片段烘托得极富有时代气息而增强了观赏性，尤为青年观众所喜爱。如中央电视台谢桂昌导演的《上天台》(张建国演唱)、《我是中国人》(集体演唱)，湖电视台制作的《蝶恋花》(李维康演唱)，四川电视台制作的《白蛇传》(李胜素演唱）等。

京剧是民族艺术瑰宝，受到电视界的热情关注，除上述多种形态展示京剧艺术外，还有报道信息、传授知识、推介演员、指导欣赏、组织比赛，并且创办了许多受到观众欢迎的栏目，对振兴京剧发挥了重大作用。借助电视，京剧有了空中剧院，居室荧屏成为家家户户的小舞台。京剧电视的发展过程中还存在一些有待深入研究的理论问题和实践问题，如京剧电视周的美学定位、风格样式、虚实关系等。京剧电视的路子将会越走越宽，蕴藏着无限生机。 （钟鸿）

jingju dianying

京剧电影 以电影手段记录或以电影思维方式及语汇对京剧进行再创造的新的艺术品种，是京剧与电影相结合的产物。

1905年秋，由留日学生任景丰在北京琉璃厂开设的丰泰照相馆，首次拍摄了谭鑫培主演的《定军山》，内含“请缨”、“舞刀”、“交锋”片段。用的是法国制造的手摇摄影机，摄影师为该照相馆技师刘仲伦。利用自然光，露天拍摄。边演边拍，镜头不动，所以只有远景和全景。3天拍成3本，每本200尺，这是中国第一部默声片电影。此后，还拍摄了谭鑫培主演的《长坂坡》片段，俞菊笙和朱文英合演的《青石山》片段，俞菊笙的《艳阳楼》片段，俞振庭的《金钱豹》、《白水滩》片段，许德义的《收关胜》片段。虽然没有声音，在北京大栅栏大观楼影戏园和东安市场的吉祥园放映时，仍然深受观众欢迎。

1918年，上海商务印书馆鲍庆甲赴欧美考察印刷、电影事业归来，成立了“活动影戏部”。1920年，拍摄了梅兰芳主演的《天女散花》(在天蟾舞台)、《春香闹学》(在商务造片场)，以及周信芳主演的《琵琶记》“送别”、“赏荷”两个片段。为了克服无声的缺陷，特地增加了动作，如春香打秋千、扑蝴蝶、拍纸球等，并使用字幕。1921年，张謇创办的中国影戏制造公司首拍默片《四杰村》，由南通伶工学社学生演出。1923年，美国一家电影公司来华，为梅兰芳拍摄了黑白片《上元夫人》。1924年，上海民新影片公司将梅兰芳演出的《西施》、《霸王别姬》、《上元夫人》、《木兰从军》、《黛玉葬花》等5出戏中的“羽舞”、“剑舞”、“拂尘舞”、“走边”、“葬花”等片段拍摄剪辑成一部戏曲短片，题为《梅兰芳舞台艺术》。同年9月，梅兰芳到日本演出，应日本宝冢电影公司之邀，又拍摄了《廉锦枫》的“刺蚌”一场。默片时期的京剧电影片多达十余种，以“银幕即舞台”的观念，把摄影机当成想象的观众，记录舞台演出，实为京剧艺术保存了宝贵资料。

有声电影的出现，使电影发展成为声画合一的视听复合艺术。1930年2月26日，美国派拉蒙和福克斯电影公司为正在美国演出的梅兰芳拍摄了有声片《刺虎》中的“贞娥敬酒”片段。曾在国内以加片方式放映。1931年，中国的有声故事片《歌女红牡丹》(胡蝶主演）中穿插了京剧《玉堂春》、《穆柯寨》、《四郎探母》、《拿高登》等片段，使更多观众从银幕上欣赏到优美的京剧唱腔和念白。1933年，上海古代有声影片公司拍摄了由谭富英和雪艳琴主演的《四郎探母》，片长10米，声音清晰。此为中国拍摄的第一部有声京剧影片。花园、宫殿采用实景，但写实的空间难以展示戏曲虚拟性表演，四郎扬鞭跨马等动作在实景中显得不协调，暴露出京剧与电影两种艺术形式之间的矛盾。1935年3月，梅兰芳在苏联访问演出期间，应爱森斯坦邀请，由莫斯科电影制片厂拍摄《虹霓关》片段“对枪”。1937年，上海联华影业公司拍摄了京剧长片《斩经堂》，费穆艺术指导，周翼华导演，黄绍芬摄影，周信芳、袁美云主演。在利用电影特有的镜头转换和场景剪接方面，基本保持了京剧艺术本身的特定要求，又在一定程度上克服了京剧艺术与电影艺术在时空推移和场面调度上的某些矛盾。田汉撰写评论认为“银色的光，给了旧的舞台以新的生命”(《联华画报》第9卷第5期)。《斩经堂》后，费穆对戏曲片发生浓厚兴趣，又于1941年编导《古中国之歌》，内容包括瑞德宝的《水淹七军》、《朱仙镇》及上海戏剧学校学生顾正秋、关正明等演出的《王宝钏》等。有声电影提高了京剧电影的表现力，彩色电影则使京剧电影更上一层楼。中国试验拍摄的第一部彩色京剧影片，是1948年上海华艺影片公司投资拍摄的《生死恨》，由费穆执导，梅兰芳主演。尽管色彩有些偏差，部分画面与声音不完全对位，仍获得基本成功。导演注意将京剧虚拟表演与电影真实特性结合起来，对演员的眼神、身段、动作，做了银幕技术处理，使观众更好地感受到人物的内心世界和情感波澜。中国电影摄制是从京剧《定军山》开始的，彩色影片的摄制又首先通过《生死恨》

爱森斯坦（中）为梅兰芳（左）拍摄《虹霓关》片段

《斩经堂》(电影)
周信芳饰吴汉（右） 袁美云饰王兰英

第一部京剧彩色影片《生死恨》的说明书封面

同京剧结合起来，这都是很有意义的。京剧电影走过了从默片到有声、从黑白到彩色的历程，逐步走向成熟。

20世纪50～60年代是京剧电影的繁荣发展期。盖叫天、梅兰芳、周信芳、程砚秋等人的舞台艺术片纷纷问世。《群英会》、《铡美案》等片则汇集了萧长华、马连良、谭富英、叶盛兰、裘盛戎、孙毓堃、袁世海，张君秋等众多名家，极一时之盛，留下了京剧舞台艺术的典范。崔嵬和陈怀皑合作导演的《杨门女将》(杨秋玲主演)、《野猪林》(李少春、袁世海、杜近芳主演)、《穆桂英大战洪州》(刘秀荣、张春孝主演）和吴永刚导演的《尤三姐》(童芷苓、王熙春主演)等片均在京剧与电影的结合方面做了新的探索，取得可喜成就。崔嵬认为，京剧电影应服从京剧，保持并发扬京剧艺术特征。京剧做不到的，电影可以利用并发挥自己的特殊表现手段，帮助京剧发挥固有的艺术优势。京剧电影应该适当跳出舞台的限制，但不能没有舞台的概念。至六七十年代，被“四人帮”封为“样板戏”的《智取威虎山》、《红灯记》、《沙家浜》、《奇袭白虎团》、《海港》、《龙江颂》、《红色娘子军》、《杜鹃山》、《平原作战》等先后拍成电影。这些特殊历史条件下的产物，既留下帮风帮气的印记，又在京剧与电影的结合上积累了一些经验，值得分析、反思、研究。在“文化大革命”后期，还拍摄了一批传统剧目的纪录片，有高盛麟《古城会》、《汉津口》、《独木关》、《薛礼叹月》，李宗义《斩黄袍》、《逍遥津》、《空城计》，李和曾《辕门斩子》、《哭灵牌》，童芷苓《十八扯》，赵燕侠《红娘》、《辛安驿》，杜近芳《断桥》，张云溪、张春华《三岔口》，张学津、刘长瑜《游龙戏凤》，张美娟《火凤凰》、《八仙过海》，言少朋《柴桑口》、《让徐州》，刘秀荣《盗仙草》，马长礼《文昭关》等，已知有50多出，均未公开发行，当时只供少数特殊观众欣赏，却为京剧保存了极为珍贵的资料。

进入改革开放新时期，京剧电影又有了新的发展和突破。在保持京剧独特审美品格的前提下，电影艺术的表现语汇、表现手段的潜力得到进一步发挥，而且在风格样式的多样化方面也有了新的进展。如关肃霜主演的影片《铁弓缘》，无论从内容到表现手段都对原来的舞台剧进行了加工提高。傅超武导演、李炳淑主演

《宋士杰》周信芳饰宋士杰（右） 童芷苓饰万氏（中） 李玉茹饰杨素贞

《荒山泪》 程砚秋饰张慧珠（右二） 于世文饰鲍世德（左一）

《群英会》叶盛兰饰周瑜（中） 裘盛戎饰黄盖（左） 萧长华饰蒋干

《群英会》 马连良饰诸葛亮（右） 叶盛兰饰周瑜（中） 谭富英饰鲁肃

的《白蛇传》，创造性地运用了电影特技手段，营造出腾云驾雾、水漫金山的神奇氛围。胡芝风主演的《李慧娘》则大量运用慢镜头和特技，表现出人与鬼、阳与阴、隐与显、文场与武场的差异，电影化处理比较和谐。宋长荣主演的《红娘》和朱世慧主演的《升官记》也各具特色，受到观众欢迎。特别是郭宝昌导演的《春闺梦》(李佩红主演)、郑大圣导演的《廉吏于成龙》(尚长荣、关栋天主演)，在电影语汇上又有新的探索，引人注目。

京剧电影从无到有、从幼稚简单到成熟复杂，产生了不同的艺术样式，大致可分为3种类型：一是舞台纪录片；二是将京剧与电影的艺术表现手段尽可能结合起来的影片；三是京剧故事片。它们各有所长，可以适应观众的不同需求。在今后京剧电影的拍摄中，相信还会有更多新的创造与发展。

（周传家）

附：京剧影片一览表

年代	剧名或片名	主演或演出单位	导 演	摄 影	编 剧	摄制单位
1905	《定军山》(请缨、舞刀、交锋)	谭鑫培		刘仲伦		北京丰泰照相馆
1905	《长坂坡》	谭鑫培		刘仲伦		北京丰泰照相馆
1906	《青石山》(对刀)	俞菊笙 朱文英		刘仲伦		北京丰泰照相馆
1906	《艳阳楼》	俞菊笙		刘仲伦		北京丰泰照相馆
1906	《金钱豹》	俞振庭		刘仲伦		北京丰泰照相馆
1907	《白水滩》	俞振庭		刘仲伦		北京丰泰照相馆
1907	《收关胜》	许德义		刘仲伦		北京丰泰照相馆
1908	《纺棉花》	小麻姑		刘仲伦		北京丰泰照相馆
1909	《金钱豹》	杨小楼				法国百代公司
1909	《火判》	何佩亭				法国百代公司
1920	《天女散花》(众香国、云路、散花)	梅兰芳 姚玉芙 李寿山	鲍庆甲	廖恩寿		上海商务印书馆活动影戏部
1920	《春香闹学》	梅兰芳 李寿山 姚玉芙	鲍庆甲	廖恩寿		上海商务印书馆活动影戏部
1920	《琵琶记》(送别、赏荷)	周信芳 王灵珠 王鸿寿		杨小仲		上海商务印书馆活动影戏部
1921	《四杰村》	南通伶工学社学生	卢寿联	哥尔金(美) 卜万苍		上海中国影戏制造公司
1921	《铁公鸡》	南通伶工学社学生	卢寿联	哥尔金(美) 卜万苍		上海中国影戏制造公司
1921	《空城计》	南通伶工学社学生	卢寿联	哥尔金(美) 卜万苍		上海中国影戏制造公司
1923	《上元夫人》	梅兰芳				美国某电影公司
1924	《梅兰芳舞台艺术》(《木兰从军》走边、《霸王别姬》剑舞、《上元夫人》拂尘舞、《西施》羽舞、《黛玉葬花》片段)	梅兰芳		黎民伟 梁林光 罗永祥		上海民新影片公司
1924	《廉锦枫》(刺蚌)	梅兰芳				日本宝冢电影公司
1930	《刺虎》(贞娥敬酒)**(有声片)**	梅兰芳				美国派拉蒙、福克斯影片公司
1933	《四郎探母》**(中国首部有声京剧片)**	谭富英 雪艳琴 雪艳舫 吴继兰 翁梅倩	尹声涛		谭小培	上海古代有声影片公司(上海天一影片公司摄制)
1935	《虹霓关》(对枪)	梅兰芳 朱桂芳	爱森斯坦(苏联)			莫斯科电影制片厂
1935	《周瑜归天》	王虎辰	王次龙			上海新华影业公司
1935	《霸王别姬》	王虎辰 童月娟	王次龙			上海新华影业公司
1936	《林冲夜奔》	李万春	王次龙			上海新华影业公司
1937	《斩经堂》	周信芳 袁美云 汤桂芳 赵志秋 张德禄	周翼华	黄绍芬	费穆(改编兼艺术指导)	上海联华影业公司
1940	《三娘教子》	言慧珠 言少朋 言小朋	言菊朋 杨小仲			上海新华影业公司
1941	《古中国之歌》 《水淹七军》、《朱仙镇》 《王宝钏》	瑞德宝 梁连柱 顾正秋 关正明 周正雯 陈正岩 朱正琴	费穆 关鸿宾 (助理导演)	周达明	费穆	上海民华影业公司
1942	《孔雀东南飞》	王铁瑛 徐和才 朱斌仙	王瑶卿			北平燕京影片公司

续附表1

年代	剧名或片名	主演或演出单位	导　演	摄　影	编　剧	摄制单位
1943	《御碑亭》	张贯珠　金伯呤　李德彬	王瑶卿 林一民			北平燕京影片公司
1943	《十三妹》	吴素秋　赵金年　张金梁	林一民			北平燕京影片公司
1943	《盘丝洞》	黄玉华　朱斌仙				北平燕京影片公司
1943	《红线盗盒》	黄玉华				北平燕京影片公司
1944	《花田八错》	黄玉华　周和桐	王元龙			北平燕京影片公司
1945	《京剧精华》 《审李七》 《十八扯》 《空城计》 《红娘》 《连营寨》 《美猴王》	郝寿臣　马富禄　张春彦 萧长华　马富禄 李盛藻　苏维明 童芷苓　童寿苓 奚啸伯 李万春　李桐春	王元龙			北平燕京影片公司
1948	《生死恨》 （中国首部彩色京剧片）	梅兰芳　姜妙香　萧德寅 朱斌仙　王福庆　李庆山 何润初	费穆	黄绍芬（指导） 李生伟	齐如山（原著） 梅兰芳　费穆	上海华艺影片公司 （中国科学工艺公司代摄）
1948	《小放牛》	李玉茹　艾世菊	费穆			上海华艺影片公司 （中国科学工艺公司代摄）
1949	《铁笼山》	高盛麟	周翼华			上海华艺影片公司
1949	《拿高登》	高盛麟	周翼华			上海华艺影片公司
1949	《恶虎村》	高盛麟	周翼华			上海华艺影片公司
1950	《玉堂春》	张君秋　俞振飞　梁次珊	白沉			香港胜利影片公司
1950	《借东风》	马连良	白沉			香港长城影片公司
1950	《游龙戏凤》	马连良　张君秋	白沉			香港胜利影片公司
1950	《打渔杀家》	马连良　张君秋　梁次珊	白沉			香港胜利影片公司
1954	《盖叫天的舞台艺术》 (《白水滩》、《七雄聚义》、《茂州庙》、《劈山救母》、《英雄义》、《武松打虎》、《狮子楼》、《十字坡》片段）	盖叫天　王少楼　李仲林 阎少泉　李秋森	白沉	朱今明 王敏生	黄裳（解说词）	上海电影制片厂
1955	《梅兰芳的舞台艺术》 （上集:《宇宙锋》、《断桥》）	梅兰芳　刘连荣　姜妙香 俞振飞　梅葆玖	吴祖光	吴蔚云 （总摄影） 王德成 张沼滨		北京电影制片厂
1956	《梅兰芳的舞台艺术》 （下集:《霸王别姬》、《贵妃醉酒》）	梅兰芳　刘连荣　萧长华 姜妙香	吴祖光	吴蔚云 （总摄影） 王德成 张沼滨		北京电影制片厂
1956	《洛神》	梅兰芳　姜妙香	吴祖光	吴蔚云 （总摄影） 王德成 张沼滨		北京电影制片厂
1956	《荒山泪》	程砚秋　于世文　侯喜瑞	吴祖光	张沼滨		北京电影制片厂
1956	《宋士杰》	周信芳　李玉茹　童芷苓 沈金波　汪志奎　黄正勤 刘斌昆	应云卫 刘琼	黄绍芬	桑弧（改编）	上海电影制片厂
1956	《周信芳的艺术生活》 （艺术性纪录片）	周信芳			陶雄（编辑）	上海电影制片厂

续附表2

年代	剧名或片名	主演或演出单位	导　演	摄　影	编　剧	摄制单位
1956	《孙悟空大闹天宫》	李少春　袁世海　李和曾	王永宏			中央新闻纪录电影制片厂
1957	《群英会、借东风》	马连良　谭富英　叶盛兰 袁世海　裘盛戎　萧长华 孙毓堃	岑范	连城 吴生汉		北京电影制片厂
1957	《雁荡山》	柏之毅　袁国林　胡学礼 李玉声	岑范	陈国梁 吴生汉	岑范（改编）	北京电影制片厂
1958	《望江亭》	张君秋　刘雪涛　李四广 耿世华	周峰	黄绍芬 罗从周 沈维康		上海海燕电影制片厂
1958	《霸王别姬》 （出兵、舞剑）	梅兰芳	柯米萨尔 热夫斯基 （苏联）			
1960	《杨门女将》	杨秋玲　王晶华　梁幼莲 孙岳　冯志孝　毕英琦	崔嵬 陈怀皑	聂晶	范钧宏 吕瑞明	北京电影制片厂
1960	《游园惊梦》	梅兰芳　俞振飞　言慧珠	许珂	聂晶	汤显祖	北京电影制片厂
1961	《周信芳的舞台艺术》 （《徐策跑城》、《下书杀惜》）	周信芳　赵晓岚　王正屏	应云卫 杨小仲	卢俊福		上海天马电影制片厂
1961	《天雨花·对鞋》	曹艺斌　蓉丽娟				中央新闻纪录电影制片厂
1962	《野猪林》	李少春　袁世海　杜近芳 孙盛武　骆洪年	崔嵬 陈怀皑	聂晶	李少春	北京电影制片厂 香港大鹏影业公司
1962	《尚小云的舞台艺术》 （《昭君出塞》、《失子惊疯》）	尚小云　尚长春　萧盛萱 尚长麟　尚长荣	桑夫	连城（指导） 凌宣		西安电影制片厂
1963	《穆桂英大战洪州》	刘秀荣　张春孝　朱秉谦 王梦云	崔嵬 陈怀皑	黄心一	崔嵬（改编）	北京电影制片厂 香港繁华影业公司
1963	《尤三姐》	童芷苓　王熙春　黄正勤 童祥苓　刘斌昆　孙正阳	吴永刚	罗从周（顾问） 彭恩礼	陈西汀	上海海燕电影制片厂 香港金声影业公司
1963	《武松》	盖叫天　赵晓岚　艾世菊 李秋森　阎少泉　孙正阳	应云卫 俞仲英	沈西林		上海天马电影制片厂
1963	《杨门女将·校场比武》	李炳淑　齐淑芳　孙花满	王永宏	龙庆云		中央新闻纪录电影制片厂
1964	《铡美案》	张君秋　裘盛戎　马连良 李多奎　马长礼　谭元寿	郭维	葛伟卿		长春电影制片厂
1964	《红管家》	周善本　耿照芳　胡芝梅 宋又声	蔡振亚	方为策	林曾信	长春电影制片厂
1964	《好媳妇》	吴韵芳　高俊英　孙志远 李佩君	蔡振亚	方为策	蔡振亚	长春电影制片厂
1965	《传枪记》	张学敏　吴晓琳　王幼童 阎涤华	蔡振亚	方为策	高嘉麟（改编）	长春电影制片厂
1965	《节振国》	张海涛　王长山　金洪森 阎俊英	于彦夫 曾未之	李光惠 李怀禄	唐山市京剧团集体创作　于英（执笔）	长春电影制片厂
1970	《智取威虎山》	童祥苓　沈金波　施正泉 齐淑芳　王梦云　贺永华 孙正阳	谢铁骊	钱江		北京电影制片厂
1970	《红灯记》	浩亮（钱浩梁）　高玉倩 刘长瑜　袁世海　谷春章	成荫	张冬凉		北京电影制片厂 八一电影制片厂
1971	《沙家浜》	洪雪飞　谭元寿　马长礼 周和桐　万一英	武兆堤	舒笑言		长春电影制片厂
1972	《奇袭白虎团》	宋玉庆　方荣翔　谢同喜 沈健瑾	苏里 王炎	李光惠 王雷		长春电影制片厂
1972	《海港》 （1973年重拍）	李丽芳　赵文奎（李长春配音）　李文虎　艾世菊	谢铁骊 谢晋	钱江		北京电影制片厂 上海电影制片厂

续附表3

年代	剧名或片名	主演或演出单位	导　演	摄　影	编　剧	摄制单位
1972	《龙江颂》	李炳淑　周云敏　马名群 李元华　刘异龙	谢铁骊	钱江		北京电影制片厂
1972	《红色娘子军》	杜近芳　冯志孝　曲素英 李嘉林	成荫	张冬凉 韦林岳		八一电影制片厂
1974	《杜鹃山》	杨春霞　马永安　刘桂欣 王忠信　高牧坤	谢铁骊	钱江	王树元等	北京电影制片厂
1974	《平原作战》	李光　吴钰璋　高玉倩 李维康　袁世海	崔嵬 陈怀皑	张冬凉 韦林岳	张永枚（执笔）	八一电影制片厂
1976	《磐石湾》	李崇善　王梦云　齐淑芳 孙正阳　华文漪　施正泉	谢晋 梁廷铎	卢俊福	阿坚	上海电影制片厂
1976	《审椅子》	李炳淑　张达发　周云敏 罗通明	梁廷铎	卢俊福	阿坚	上海电影制片厂
1976	《红云岗》	张春秋　杨志刚	李昂 李文虎	黄夫翔 曹进云		八一电影制片厂
1976	《斩黄袍》	李宗义　王泉奎　徐玉川	陈怀皑 陈方千	黄心一		北京电影制片厂
1976	《辛安驿》	赵燕侠　萧盛萱　宋丹菊 钮荣亮	陈怀皑 陈方千	聂晶		北京电影制片厂
1976	《三岔口》	张云溪　张春华	陈怀皑	罗德安		北京电影制片厂
1976	《辕门斩子》	李和曾　王晶华　刘元汉 吴钰璋　张春孝	陈怀皑 陈方千	聂晶		北京电影制片厂
1976	《盗魂铃》	李宗义　李慧芳	陈方千	黄心一		北京电影制片厂
1976	《红娘》	赵燕侠　刘雪涛　宋丹菊 耿世华	陈方千	黄心一		北京电影制片厂
1976	《小放牛》	刘秀荣　张春华（黄占生配音）	陈怀皑	罗德安		北京电影制片厂
1976	《空城计》	李宗义　萧英翔　黄德华	陈方千	黄心一		北京电影制片厂
1976	《游龙戏凤》	张学津　刘长瑜（李世济配音）	陈怀皑	聂晶		北京电影制片厂
1976	《盗仙草》	刘秀荣　宋杰	沙丹	陈锦俶		中央新闻纪录电影制片厂
1976	《卖水》	刘长瑜　柯茵婴　萧润德	郑国权	费龙		中央新闻纪录电影制片厂
1976	《断桥》	杜近芳　萧润德（叶盛兰配音）　单体明	沙丹	陈锦淑		中央新闻纪录电影制片厂
1976	《借东风》	冯志孝	郑国权	费龙		中央新闻纪录电影制片厂
1976	《古城会》	高盛麟　袁世海　李世章	郑国权	费龙		中央新闻纪录电影制片厂
1976	《连营寨、哭灵牌》	李和曾	郑国权	费龙		中央新闻纪录电影制片厂
1976	《贺后骂殿》	张曼玲　孙岳	郑国权	费龙		中央新闻纪录电影制片厂
1976	《文昭关》	马长礼	沙丹	陈锦俶		中央新闻纪录电影制片厂
1976	《薛礼叹月》	高盛麟　郝庆海	郑国权	费龙		中央新闻纪录电影制片厂
1976	《独木关》	高盛麟　高盛虹　萧盛萱	郑国权	费龙		中央新闻纪录电影制片厂
1976	《五台山》	吴钰璋　李世章　张元智	沙丹	陈锦俶		中央新闻纪录电影制片厂
1976	《珠帘寨》	马长礼　倪启勋（李世霖配音）　张春孝　李玉芙 张学敏	沙丹	陈锦俶		中央新闻纪录电影制片厂·
1976	《武松打虎》	张世麟	沙丹	陈锦俶		中央新闻纪录电影制片厂

续附表4

年代	剧名或片名	主演或演出单位	导　演	摄　影	编　剧	摄制单位
1976	《蜈蚣岭》	张世麟	沙丹	陈锦俶		中央新闻纪录电影制片厂
1976	《挑华车》	张世麟	沙丹	陈锦俶		中央新闻纪录电影制片厂
1976	《恶虎村》	张世麟	沙丹	陈锦俶		中央新闻纪录电影制片厂
1976	《斩马谡》	李和曾　袁世海　李世霖	沙丹	陈锦俶		中央新闻纪录电影制片厂
1976	《伐子都》	钱浩梁				中央新闻纪录电影制片厂
1976	《谢瑶环·花园》	杜近芳				中央新闻纪录电影制片厂
1976	《战樊城》	马长礼				中央新闻纪录电影制片厂
1976	《长亭会》	马长礼				中央新闻纪录电影制片厂
1976	《闹天宫》	王鸣仲　娄振奎　刘元汉	刘玉和	陈光惠		长春电影制片厂
1976	《二堂舍子》	关正明　李蔷华　高德春 高兴瑞	刘玉和	陈光惠		长春电影制片厂
1976	《汉津口》	高盛麟　袁世海　俞大陆 李世章　李嘉林	刘玉和	陈光惠		长春电影制片厂
1976	《长坂坡》	俞大陆　袁世海　李嘉林	刘玉和	陈光惠		长春电影制片厂
1976	《雅观楼》	小王桂卿　蓝煜民 陆振声　　伊鸣铎				上海电影制片厂
1976	《狮子楼》	筱高雪樵　贺梦梨 陆正红　　奚玉凤	张天赐			上海电影制片厂
1976	《四郎探母·巡营》	陆柏平　李和曾	张鸿眉			上海电影制片厂
1976	《白蟒台》	张学津　王宝山　黄正勤	岑范			上海电影制片厂
1976	《打孟良》	齐淑芳　郭仲钦	岑范			上海电影制片厂
1976	《打焦赞》	齐淑芳　齐英奇	岑范			上海电影制片厂
1976	《打韩昌》	齐淑芳　蓝煜民	岑范			上海电影制片厂
1976	《逍遥津》	李宗义	岑范			上海电影制片厂
1976	《柴桑口》	言少朋（李家载配音） 黄汝萍　陆振声				上海电影制片厂
1976	《罗成叫关》	陆柏平	张天赐			上海电影制片厂
1976	《罢宴》	孙花满　周云敏				上海电影制片厂
1976	《挡马》	张美娟　孙正阳　孙正琦				上海电影制片厂
1976	《火凤凰》	张美娟　段秋霞　齐奭奇	岑范			上海电影制片厂
1976	《十八扯》	童芷苓　刘斌昆	张天赐			上海电影制片厂
1976	《八仙过海》	张美娟　陆道虹　萧润年				上海工农兵电影技术厂
1976	《武松打店》	李景德（李崇善配音） 郭锦华				上海工农兵电影技术厂
1976	《让徐州》	言少朋（李家载配音） 薛永康　王宝山				上海工农兵电影技术厂
1977	《苗岭风雷》	陈少卿　张晓红　李鸿韵	叶明	冯世林	李云飞（执笔）	峨眉电影制片厂

续附表5

年代	剧名或片名	主演或演出单位	导 演	摄 影	编 剧	摄制单位
1979	《铁弓缘》	关肃霜 高一帆 关肃娟 梁次珊	陈怀皑	聂晶	张宝彝 杨桐（改编）	北京电影制片厂
1980	《白蛇传》	李炳淑 方小亚 陆柏平 苏盛义	傅超武	黄绍芬（总摄影） 俞士善	田汉（原著） 赵莱静 黎中城（整理）	上海电影制片厂
1980	《盗御马》	裘世戎	马长书	文玉璋		昆明电影制片厂
1980	《姚期》	裘世戎	张宝来 马长书	文玉璋		昆明电影制片厂
1981	《红娘》	宋长荣 陈玉华 陈云秋	徐彬	徐彬 瞿金楼	荀慧生	中央新闻纪录电影制片厂
1981	《李慧娘》	胡芝风 詹国治 许鸿良 刘传海	刘琼（总导演） 邓逸民 沙洁	卢俊福 周福星	刘琼（改编）	上海电影制片厂
1982	《升官记》	朱世慧 万琼 谭长根 吴长福	萧朗	李月斌	郭大宇 志淦	北京电影制片厂 湖北电影制片厂
1983	《火焰山》	刘喜亮 王凤霞 阎宗孝 欧阳甲仁 徐枫	荆杰 黄延恩	孙挥	孙持正（改编）	长春电影制片厂
1983	《三打陶三春》	王玉珍 罗长德 张克让 黄文俊	张普人	李怀禄	吴祖光	长春电影制片厂
1983	《真假美猴王》	王金柱 徐大松 赵宇良 陈健军	方荧	阎序中	姚颖华 李幼斌	珠江电影制片厂
1984	《岳云》	徐伟伟 姜克诚 甄静娴 徐超 张远宁	汪宜婉	刘斌	奎生	北京电影制片厂
1984	《吕布与貂蝉》	叶少兰 许嘉宝 曹剑文 刘金泉 朱宝光	白夫今	白夫今		八一电影制片厂
1986	《孙悟空大闹无底洞》	丁伯禄 韩凤云 丁伯福 湛辉 孙爱珍	李则翔	李则翔	方翔龙 杨之举（改编）	中央新闻纪录电影制片厂
1986	《方荣翔的舞台艺术》（《将相和》、《铡美案》）	方荣翔	王俊洲	孙国金		山东电影制片厂
1990	《凤还巢》	杨春霞 萧润德 方荣慈	龙庆云	蒋祖武 王文华		中央新闻纪录电影制片厂
2002	《江姐》	张火丁	张元	张健	阎肃	西安电影制片厂 北京北奥广告公司 北京宝石影业投资公司
2002	《草原母亲》	内蒙古自治区京剧团 于兰	周玉鹏	那日苏	席明照 赵重光	内蒙古电影制片厂
2003	《华子良》	王平 杨乃彭 邓沐玮 李经文	萧朗 邱丽莉	汝水仁	卫中 赵大民	天津电影制片厂
2005	《春闺梦》	李佩红 刘子蔚	郭宝昌	侯咏	郭宝昌（改编）	大宅门影业公司
2007	《对花枪》	袁慧琴 李长春 张建峰	萧锋 保尔夫	彭巍	奎生	中央电视台电视频道
2007	《白蛇传》	张火丁 宋小川 徐畅 陈真治	黎涛	邹德隆 张伟	田汉	北京京剧院 北京文化艺术音像出版社
2008	《锁麟囊》	迟小秋 李海清 徐孟珂 黄世骧	黎涛	张伟	翁偶虹	北京京剧院 北京文化艺术音像出版社
2008	《泸水彝山》	张建国 袁慧琴 耿巧云 顾谦	黎涛	邹德隆、关兴	吴江 吕慧军 高牧坤	国家京剧院 北京文化艺术音像出版社
2008	《桃花村》	管波 张威 张连祥	黎涛	张伟	翁偶虹	国家京剧院 北京文化艺术音像出版社
2008	《廉吏于成龙》	尚长荣 关栋天 夏慧华 齐宝玉	郑大圣	王天麟（指导）	梁波 戴英禄 黎中城 王涌石	上海电影制片厂 上海京剧院

（制表：周传家　简畅）

Jingju Erbai Nian Gaiguan

《京剧二百年概观》 京剧史著作。苏移著。燕山出版社1989年6月出版。该书描述了京剧从形成到兴盛繁荣的发展脉络，分别介绍了1790年徽班进京前后的北京剧坛概况，1840年前后京剧的诞生期，清末京剧艺术的成熟期，五四运动以后京剧的繁荣期等4个发展阶段。在介绍徽班进京时，分析了徽班优胜于京秦腔诸班的种种特点，并且进一步阐明这一竞胜过程中，徽班在声腔、字音、剧目、行当和新型的演员等方面所发生的艺术“质变”。这成为京剧形成的特殊标志，时间大约在1840～1850年之间。对于京剧的繁荣发展，全书皆置于当时的社会条件下进行考察和分析。对于清同治、光绪年间的京剧，论述了当时社会上进步思潮的影响，北京地区暂时的安定，以及清统治者对京剧由禁止到爱好、京剧进入宫廷等社会因素，指出它们都为京剧的第一次繁荣提供了有利条件。对于五四运动以后的京剧，注意从经济的发展、人们在审美观和戏剧观上的变化、戏剧界的新风尚等方面进行分析，从而描述了京剧在20世纪20年代出现的新的繁荣景象。全书还以大量篇幅介绍了历代京剧表演艺术家164人，对他们的生平和表演艺术做了言简意赅的评介，对各时期代表性的艺术家余三胜、张二奎、程长庚、谭鑫培、王瑶卿、余叔岩、杨小楼、梅兰芳、程砚秋、尚小云、荀慧生、周信芳、马连良等，都从思想品德到表演艺术的各个侧面进行剖析，给人以明晰、突出的印象。全书还以一定篇幅介绍了京剧在各个时期创作演出的剧目，分析其思想倾向和艺术特色，并介绍了京剧作家36人。又独辟专章，论述民国以来京剧的艺术评论和理论研究状况，分别介绍了京剧理论家和评论家29人。对五四运动时期出现的民族虚无主义倾向和保守思想对京剧发展的影响，也都进行了介绍和分析。

苏移（1936～　　），生于北平（今北京）。满族。曾任中国戏曲学院常务副院长、中国京剧院院长。著有《京剧简史》，并参与编写《中国京剧史》，是上、中卷主编之一。又曾导演京剧《急子回国》、《洪母骂畴》、《耶律含嫣》，编写京剧《长平之战》、《宝马圆情》(与人合作)。

（吴毓华）

Jingju Erbai Nian Lishi

《京剧二百年历史》 京剧史著作。日本波多野乾一著，鹿原学人译。上海启智印务公司印刷，1926年9月1日出版。1928年上海泰东图书局再次出版，易名为《昆曲皮黄盛衰变迁史》。该书原名为《支那剧及其名优》，翻译后易名为《京剧二百年历史》。作者1925年3月序中说：“由京剧创成时代以至于今约二百年，其间几多名伶先后继起，名重一时。余则分门别类记其事迹。所取材料以中国人断片的著述记录及辻、井上、村田、黑根四氏之国文著书为主”，“又以余久住北京之关系，将一己见闻阅历所得者参加其内”。书按老生、武生、青衣、花旦、武旦、老旦、正净、副净、武净、丑等各行当分叙，共11章。每章概述该行当的艺术特点、流派发展情况，用分节的方式，或详或略地叙述该行当著名演员的生平、艺事活动及轶闻趣事。条分缕析，层次井然。计所叙老生演员自程长庚始共103人，兼记票友老生11人，女伶老生13人，小生自徐小香始34人，武生自俞菊笙、黄月山、李春来三派始90人，青衣自余紫云始58人，花旦自梅巧玲始47人，老旦自谭叫天始14人，武旦自杨二始20人，净自何桂山始11人，副净自黄润甫始15人，武净自钱金福始5人，丑自李百岁始26人。搜罗宏富，是一部极具参考价值的京剧历史资料。翻译者鹿原学人为上海久记票房票友，早年曾留学日本。翻译忠于原作外又博探群籍，网罗百家之说，斟酌损益。伶人事迹凡涉及1925年3月以后者，皆为其所加，特别是对原书中坤伶各节语焉不详之处，增补较多。书中之参考引证，均附以书名、人名，以明出处。书前有伶人剧照、画像10幅，书后附录三江村人的《剧话》、东邻的《鞠部拾遗》以及《京班规则》、《后台术语注解》。

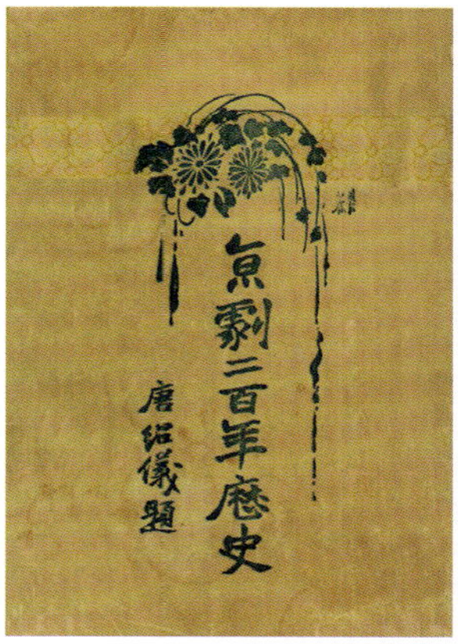

（陈义敏）

Jingju Erbai Nian Shihua

《京剧二百年史话》 京剧史著作。毛家华编著。1995年5月台湾出版。毛家华，祖籍福建闽侯，1915年出生于上海，国立上海复旦大学新闻学系毕业，曾任上海市参议员、台湾银行特约经济研究员等职。著名麒派票友。分上、下两卷，共5编22章。第一、二编历述京剧的渊源、形成、成熟和流布，清末京剧的发展，民国初年的京剧，抗日战争时期与抗日战争胜利后的京剧；第三、四编为本书重点，分别叙述了20世纪下半期台湾京剧与大陆京剧的传承和演变，开列了台湾京剧艺人的小传；第五编为龚云甫、萧长华、余叔岩、梅兰芳之后历代京剧名家的传记，包括大陆著名中青年京剧演员的小传。第一编至第四编是毛家华本人撰写，第五编由海峡两岸马少波、陶雄、潘侠风、龚义江、苏移、魏子云、张大夏等分别执笔。该书对南派京剧及其代表人物夏氏兄弟、潘月樵、林树森、周信芳有较详细论述，并用专节介绍了1949年以前上海的票房和票友以及1949年以后上海的业余京剧活动。关于南通伶工学社和更俗剧场的始末，也设节做了重点介绍。对1949年以后的台湾京剧，既突出了军中京剧的创作和演出，于初期和新生代的杰出人才皆有简介，又强调了齐如山对台湾京剧的贡献。关于京剧在台湾电视台的演播、台湾京剧书刊的出版、台湾的业余京剧活动，均有叙录；并设节历述1937年以后美国华盛顿、纽约、旧金山、洛杉矶、西雅图、休斯顿、夏威夷等7个城市的京剧票房和票友活动。对1949年以后的大陆京剧，客观地论述了20世纪50年代的戏曲改革运动、传统剧目的发掘和整理、京剧名家和后起之秀的贡献，对京剧“样板戏”的成就和“三突出”理论的危害也有允当的评析，还介绍了“文化大革命”结束后京剧的重建、京剧走向现代化的尝试与争议、海峡两岸京剧界的艺术交流、纪念徽班进京200周年的活动、中国戏剧梅花奖的举办等。对京剧脸谱和中国剧场的发展历史，则各设专章做了论述。

（沈达人）

Jingju Fazhan V.S. Liupai Yishu

《京剧发展V.S.流派艺术》 京剧流派研究专著。林幸慧著。台湾里仁书局2004年1月出版。本书有5章，依次为：《流派形成的基础》、《流派形成的条件》、《流派宗师在京剧初创期的贡献》、《民国初年流派纷呈对京剧繁荣所起的推动作用》、《由流派与编导的消长看京剧在当代剧坛的转型》。

该书所讨论的并非“各个流派的演变”，而是“流派在京剧整体活动中的重要性”，以及随着京剧的发展而产生的“流派本身质性的转变”。前者是横向的、着眼于市场平面的探讨，后者则是纵向的、以历史演进为观察的依据。作者认为，京剧市场与其他任何市场一样，分为“生产者”与“消费者”，共计有剧团、剧本、观众、剧评等重要环节，在1949年以前，这些环节都绕着演员运转。因此，一部京剧史确实可以将流派当做书写的轴心。至于“流派”质性的转变，则是由形成期的“以地域立派”、成熟期的“以人立派但不拘一格”，到鼎盛期的“以人立派且独具一格”。经过20世纪50年代戏曲改革后，京剧从业人员的身份由独立于市场的艺术工作者转变为国家体制内的艺术工作者。当时已成名的演员虽能与剧作家维持均势，但演员不再是京剧活动唯一的主角，京剧的“演员中心”已经开始转变。“文化大革命”期间，编导居于京剧表演活动中绝对的强势。演员由于必须长期遵循“固定的、未必都出于艺术考虑的”演出模式演出极少数固定的剧目，致使流派形成的基础——“个人的表演风格”无由开创、积累，流派发展因此终止。其后，两岸先后出现的“导演中心”、“编剧中心”或“编导中心”，取代了演员的重要地位，京剧以流派为代表、以演员为市场机制中心的时代已然远去。其实，前辈演员积累而成的表演艺术才是今日京剧转型的丰厚基础。

书前有王安祈长篇论文《京剧梅派艺术中梅兰芳主体意识之体现》作为本书代序。（幸慧）

Jingju Gaige de Xianqu

《京剧改革的先驱》 京剧史料。南通市文联戏剧资料整理组编。江苏人民出版社1982年12月出版。该书搜集和整理了戏剧家欧阳予倩1919～1922年间在江苏南通创办伶工学社、筹建更俗剧场的史料。全书分6部分：①“欧阳予倩的戏剧改革理论”。包括欧阳予倩《予之戏剧改良观》等文，指出必须改革剧本和剧评，提倡正确的戏剧理论，以扶助真戏剧，并主张要开办“俳优养成所”，培养改革戏剧的演员。附有田汉和洪深所写对这些改革主张的评论摘录。②“欧阳予倩新编剧目及其演出”。包括欧阳予倩的《我自排自演的京戏》(节录)，梅兰芳、汪家惠、杨谷中、吴我尊、田汉等人对欧阳予倩所排演的新剧目的评论，以及当时社会上的反映，认为这些剧目体现了反封建、提倡妇女解放的思想，塑造了诸多性格鲜明的女性形象，并在舞台艺术方面进行改革，使观众耳目一新。③“回忆南通伶工学社”。包括学社的学员、教师等人的回忆文章，介绍学校的办学宗旨、教学方式、课程设置、学员管理等，显示了南通伶工学社与旧科班的区别，体现了欧阳予倩在培养演员上的改革。④“南通更俗剧场”。包括伶工学社的学员和教师等人的一组回忆文章，以及更俗剧场的场规、广告、联语等资料，涉及更俗剧场在社会教育上所起的作用、对旧剧场陈规陋习的破除，以及各地名演员来剧场演出的情况等。还介绍了当时由张謇提议建立“梅欧阁”，以纪念梅兰芳与欧阳予倩在南通同台演出的盛况。⑤“欧阳予倩在南通”。包括欧阳予倩、欧阳山尊、顾曼庄等人的几篇文章，反映了欧阳予倩在南通进行戏剧改革所得到的好评和支持，也记述了他在改革中所遇到的困难和阻力。⑥“梅兰芳在南通”。梅兰芳在南通的演出，以及他与张謇、欧阳予倩等人交往的资料，反映了梅兰芳对南通戏剧改革实践的关心和支持。欧阳予倩在南通进行的戏剧改革实践，是现代戏剧史上的一次重要活动，《京剧改革的先驱》一书对它做了较为全面的介绍，是研究欧阳予倩改革京剧的重要资料。

（吴毓华）

jingju gailiang

京剧改良 近代戏曲思潮。戊戌变法（1898）前后至20世纪初期，具有维新改良与民主革命思想的文人，通过撰写文章和编写剧本（有传奇、杂剧或地方戏本，均属案头之作），倡导运用戏曲形式启迪民智，警世易俗，同时，他们还提出旧剧改良的具体主张，归纳起来有：①认为旧戏锢蔽智慧，阻遏进化，欲风气之广开，教育之普及，必须改良戏本。提出应该编演反映民族危亡、反抗侵略、政治维新或革命故事的新戏，用以激励大众救亡图存的民族观念。②采用西法改进舞台艺术，戏中可用演说讲道理，增长人的见识，采用光电技术改进舞台演出条件。③采用通俗易懂、令人动情的西皮、二簧和梆子腔调编演新戏，反对用使人费解的昆曲。④反对把演戏视为贱业的封建观念，认为“戏园者，实普天下之大学堂也；优伶者，实普天下之大教师也”(三爱《论戏曲》)，对伶人要平等相待；优伶也不可自贱。培养新演员，应在教戏之外，要讲授普通知识，激励爱国思想和自尊、自爱的精神。⑤“有志之士”要敢于与艺人为伍，不怕指责，投身戏曲改良事业，从事组织团体、培养人才、设立剧场等工作。他们的主张体现了时代要求，注入了西方进步的思想和民主、平等、自由的观念，又表达了运用戏曲进行普及教育的目的。这些认识与主张对京剧艺人产生了深刻影响。

戏曲改良由理论倡导、案头剧作发展为舞台创作实践。京剧改良活动最早始自上海，出身文人而后“下海”的汪笑侬和于1908年组建的新舞台是当时最有代表性的人物与演出团体。汪笑侬于1904年10月与陈佩忍（去病）等创办《二十世纪大舞台》，它是最早的戏剧期刊，也是专门提倡京剧改良的舆论阵地。这一年，汪笑侬首演《瓜种兰因》于春仙茶园，借异国沦亡之惨剧，激励炎黄子孙的民族精神。接着编演《哭祖庙》、《博浪椎》等，借古讽今，抨击时弊，借戏抒怀，沁人肺腑。他还应邀在北京、天津、济南、营口、大连等地演出，并从事改良活动。汪笑侬以京剧改良为己任，为后来者所效法。上海新舞台是民族资本家与名演员潘月樵、夏氏兄弟建立的股份制新式剧场。新舞台始建于南市十六铺，后曾六次迁移，四次易名，但人们始终称其为“新舞台”。1924年告散。新舞台大量编演时装新戏，设转台，配布景，台口改为半月式，是中国最早接受西方剧场影响而建成的新式舞台。在剧场管理上，废除茶园经营的“案目”制，开始采用售票入座的营业方式。曾一度搭入新舞台演戏的欧阳予倩说：“南市新舞台是在中国第一个采用布景的新式舞台……他们最受欢迎的戏有《新茶花》、《明末遗恨》、《波兰亡国惨》之类。当时种族观念正从国民间觉醒过来，这种戏恰合时好，如是潘月樵的议论，夏月珊的讽刺，名旦冯子和（原名小子和）、毛韵珂（原名七盏灯）他们的新装、苏白便成为一时无两。”(欧阳予倩《自我演戏以来》第78页)

《新茶花》 潘月樵饰陈少美（左一） 毛韵珂饰辛瑶琴（右二）

辛亥革命时期，潘月樵、夏氏兄弟等率领伶界商团，攻打江南制造局，为光复江南立下战功。孙中山曾请人代书“现身说法”赠与上海伶界联合会，祝贺成立，表彰他们为宣传革命所作出的贡献。

在北京，由梆子名旦田际云主持的梆子、皮簧“两下锅”的玉成班，积极编演新戏，并多方开展改良活动。1906年排练演出《惠兴女士》，以现实为题材，写杭州贞文女校校长惠兴，因办学缺资，求助于清廷将军瑞兴，反受其辱，服鸦片而亡的实事。他联合谭鑫培等一批名角，成立“妇女医学会”，并饰主角惠兴，在福寿堂连演3场，所得3 600多元全部汇往贞文女校。他与文明戏（早期话剧）的名演员多有交往。1910年田际云邀请王钟声、刘艺舟来京，在其天庆园出演新戏《爱国血》、《黑奴吁天录》等，并组织京中各行名角协同演出，轰动一时。辛亥革命后，积极参与改良行业组织，建立正乐育化会，任副会长，会长为谭鑫培。参与革除陋习，废除“私寓”，建“戒烟会”。改“班”为“社”，改“戏子”为“艺员”，改变梨园界和从业人员一向被歧视、被压迫的地位。他改玉成班为翊文社，又排练演出取材于时事，揭露、控诉娼妓制度的《孽海波澜》时装戏，宣传“济良所”对妓女的挽救、教养。当时，他特邀崭露头角的梅兰芳扮演妓女孟素卿，颇获社会各界的好评。他为培养女演员，在北京办起第一个女科班崇雅社。

辛亥革命后，各级政府开始把戏曲改良纳入政府的社会教育工作范畴，北洋政府教育部设立“通俗教育研究会”，组织人员编写新戏，审定旧戏，向戏剧界推荐剧目，表彰改良团体。并派员赴外地审看演出的新戏，例如当时在教育部任职的周树人（鲁迅）就曾被派往天津观剧。他在日记中写道：“夜仍至广和楼观新剧，仅一出，曰《江北水灾记》，勇可佳而识与技不足。”（见《鲁迅日记》）此外，各省虽仍处于各地军阀政府统治之下，但也因社会改良风尚十分行时，多有提倡改良戏曲，组建机构，支持改良团体的举动。一般均以“普及社会教育”、“移风易俗”为宗旨。随着孙中山的让位，袁世凯等复辟势力的猖獗，民主共和的期望被列强势力支持的军阀割据与混战所替代，京剧改良也就失去了革命年代的锐气与热情。

（余从）

jingju geming

京剧革命 京剧在“文化大革命”10年（1966～1976）中，经历了一个被称之为“京剧革命”的特殊时期。“京剧革命”作为“文化大革命”在文艺领域的一个重要组成部分，是自上而下推行的。在此期间，以京剧作品为主的10来部“样板戏”被封为当时“无产阶级革命文艺路线的光辉成果”，垄断全国剧坛，享尽殊荣；同时，京剧以往的几乎所有作品都被视为“封资修黑货”而受到严厉批判，10年间除“样板戏”一枝独秀外，京剧舞台一派萧杀，京剧事业乃至全国的文艺事业都遭受了极大的损害。

1965年11月10日《文汇报》发表的姚文元文章《评新编历史剧〈海瑞罢官〉》，既是“文化大革命”前奏，也是“京剧革命”的舆论前导。《海瑞罢官》系吴晗于1961年写成的一部京剧作品。该剧将海瑞作为一位为民请命、不为强权所屈的“清官”予以歌颂。姚文元的文章却以歪曲历史、为无产阶级的敌人“翻案”等罪名，将该剧打成“毒草”。“文化大革命”的烈火由此首先在文艺领域点燃，京剧成为首当其冲的“革命”对象。1966年5月10日《人民日报》发表江青文章《谈京剧革命——1964年7月在京剧现代戏观摩演出人员的座谈会上的讲话》，被视为“向修正主义文艺路线宣战的檄文”，江青随即被奉为这场“革命”的“旗手”。江青等认为，20世纪50年代至“文化大革命”前是“修正主义文艺路线专政”时期，“整个文艺界充满了厚古薄今、崇洋非中、厚死薄生的恶浊空气”，文艺舞台上“几乎全是封、资、修货色”，京剧更属“地主资产阶级在意识形态领域中的顽固堡垒”，因此“无产阶级文艺革命选择京剧作为突破口”。这场“京剧革命”的直接目标，是“把曾经霸占舞台几百年的帝王将相、才子佳人、牛鬼蛇神之类赶下舞台，让当代工农兵英雄形象成为舞台的主人”。其具体做法包括两个方面：一是将若干部现代题材的京剧作品树为“样板戏”，向全国推广；二是禁演京剧所有的传统作品和“文化大革命”前创作的作品。

京剧“样板戏”包括《智取威虎山》、《奇袭白虎团》、《沙家浜》、《红灯记》、《海港》、《龙江颂》、《红色娘子军》、《平原作战》、《杜鹃山》、《磐石湾》等，此外同属“样板戏”的交响音乐《沙家浜》、《智取威虎山》和钢琴伴唱《红灯记》，都是分别根据同名京剧“样板戏”的音乐改编的。“样板戏”还包括舞剧《红色娘子军》、《白毛女》、《沂蒙颂》、《草原儿女》等。京剧“样板戏”被奉为“京剧革命”的主要“成就”。在“文化大革命”10年中，加工、创作和上演“样板戏”的剧团（或剧组）又被江青等封为“样板团”。它们均由江青指派的亲信组建并领导，对在艺术创作问题上持有不同见解的文艺工作者予以粗暴排斥乃至进行政治迫害。但京剧“样板戏”并非全属“文化大革命”的产物，它们中的绝大多数作品的前身，在此前均已问世，如《智取威虎山》和《奇袭白虎团》1958年已出现于京剧舞台，《沙家浜》（原名《芦荡火种》）和《红灯记》1963年已由沪剧移植为京剧，《海港》也于1964年初从淮剧移植为京剧。但“文化大革命”开始后，江青很快将《智取威虎山》、《奇袭白虎团》、《沙家浜》、《红灯记》、《海港》等京剧现代戏的成果窃为己有，并按自己的意见对这些作品进行修改后，把它们封为第一批“样板戏”，随后江青又指挥于会泳等陆续加工改编了后几部京剧“样板戏”。“文化大革命”末期，还有一些以反“走资派”为题材的“样板戏”已进行创作，因“文化大革命”结束而未出世。

江青等染指并利用“样板戏”是出于政治功利目的，故这些京剧作品都打上了鲜明的政治印记。京剧“样板戏”全部取材于民主革命时期中国共产党领导的革命斗争和中华人民共和国成立后的“在无产阶级专政下继续革命”，并极端强调反映“阶级斗争”，以“塑造无产阶级英雄典型”为创作的“根本任务”。由此出发，这些作品在修改和创作过程中，都极力贯彻所谓“三突出”原则，即“在所有人物中突出正面人物，在正面人物中突出英雄人物，在英雄人物中突出主要英雄人物”。因而在这批作品中，不仅反面人物的处理常过于简单化，而且英雄人物的形象在一味追求“高大完美”的同时，也不同程度地存在着概念化和缺乏真实感的弊端。艺术方面，强调“对原有的艺术形式进行彻底的改造”，以至于创作中有不少过于简单、生硬的做法。与此同时，作为“无产阶级文艺革命的标志”，京剧“样板戏”在10年间始终被赋予极特殊的政治身份，强制向整个文艺界和全社会推广普及。《人民日报》、《红旗》杂志等报刊，经常以显要版面和大量篇幅发表以“保卫样板戏”之类为题的社论和重要文章，并登载每一部京剧“样板戏”的剧本及其创作体会和学习体会。“样板戏”的剧本、主旋律谱、唱段谱、京胡伴奏谱、总谱及评论文集等大量出版。京剧以外的其他戏曲剧种，必须以移植“样板戏”作为自身“革命”的方式，而且规定在移植过程中一招一式都不能离开“样板戏”的模式，即所谓“学样板戏不准走样”。另外，曲艺、美术等艺术门类还把从“样板戏”的故事改编为本门类的作品作为重要任务。

在寥寥几部“样板戏”占尽风光的同时，其他所有京剧作品都未能幸免于难。“文化大革命”开始后，在“横扫文艺界牛鬼蛇神”、“把帝王将相才子佳人统统赶下舞台”等口号的喧嚣中，所有京剧传统戏和20世纪50年代以来编演的作品都被认为充斥着“封资修”毒素，全部停演，并不断受到批判。甚至那几部“样板戏”在“文化大革命”前的原作也未逃脱被批判的厄运。故而“文化大革命”期间，只有几部“样板戏”在舞台上来回重复，此外没有一部真正的新作品问世，更没有任何一部传统戏在舞台上重现风采。对“样板戏”的做法稍有不同意见的人，还会被扣上“与样板戏对着干”、“反对江青”之类的大帽子，甚至以“反革命”论处。全国京剧队伍七零八落，除少数剧团偶尔学演“样板戏”外，多数剧团完全停止了京剧的创作和演出活动。大批京剧工作者以“宣扬封资修黑货”之类罪名受到批判，许多人被迫离开京剧队伍，周信芳、马连良、盖叫天等许多表演艺术家和田汉、孟超等剧作家都被迫害致死。对京剧传统艺术的研究、教学和对20世纪50年代以来京剧创新经验的总结等项工作，也都全部停止，人才大批荒废流失，多年积累的大量艺术资料毁于一旦。“京剧革命”对其他戏曲剧种的破坏更为严重，不论什么剧种的剧团，只要是不能移植演出“样板戏”，便只能完全停演，以致全国大量戏曲剧团被解散或变相解散。“文化大革命”后期尝试编演的地方戏新作——晋剧《三上桃峰》、湘剧《园丁之歌》，因与“样板戏”的某些做法不甚相符，还被打成“大毒草”，受到公开批判。直到1976年江青等人倒台，这场声势烜赫的“京剧革命”才戛然而止。

综观这场“京剧革命”，艺术上并非全无所得，但从全局而言损失却要巨大得多。“样板戏”在题材的拓展和舞台艺术的革新方面均有一系列探索，也取得了不少有积极意义的成果。由于“文化大革命”前京剧在编演现代戏方面已获得许多重要经验，并早已涌现出不少好作品(部分作品即为后来“样板戏”的前身)，“文化大革命”中参与“样板戏”加工创作的众多文艺工作者也付出了艰苦的努力，故“样板戏”在形式表现上力求精益求精，在剧本、导演、音乐、表演、舞台美术等诸方面都积极进行了创新尝试，在改造京剧传统形式以适应现代生活的表现方面取得了显著的成就。为了体现特定内容所要求的时代特征，在音乐方面还引进了不少西洋音乐的手段，从音乐创作手法到乐队伴奏，都在“洋为中用”方面迈出了较大的步子，成果尤其突出。然而作为“文化大革命”的直接产物，这场“京剧革命”也给京剧事业乃至全国的文艺事业带来了极大的危害。总体看，10年间京剧事业一直处于极度畸形的状态。除了几部“样板戏”精心制作并取得一定艺术成就而外，京剧从其他方面看却经历了一场空前浩劫。从全国的文艺事业发展角度来说，由于完全以“样板戏”所代表的极狭隘的政治标准来苛求古今中外一切文艺创作，故无数优秀文化遗产和中华人民共和国成立以来的创作成果都被判为“封资修黑货”而遭无情“横扫”，损失之大更无可估量。虽然留下了几部艺术上尚有相当水准的京剧作品，但10年“京剧革命”也充分显露出推行文化专制主义，将文艺绝对政治化、工具化而无视其自身特殊性质的巨大危害，在中国文艺史上留下了极为深刻的教训。

（路应昆）

Jingju Hangdang

《京剧行当》 京剧著作。景孤血著。该书原名为《京剧的行当》，北京宝文堂书店1960年3月出版。中国戏剧出版社将其编入“戏曲知识丛书”，于1981年12月第2次出版。该书简略论述了京剧行当的产生和沿革，并系统地介绍了京剧行当的分类及其在剧中的地位。依据京剧舞台表演的实际，分生、占（旦）、净、丑4大行当，对各个行当所扮演人物的不同类型，如生行中的须生、红生、小生、武生、娃娃生，占（旦）行中的青衣、花衫、武旦、刀马旦、老旦，净行中的铜锤花脸、黑头、老脸、架子花、武花、摔打花脸、油花，丑行中的文丑、武丑、丑婆与彩旦等，在扮相、服饰、唱念做打各个方面的艺术特点和基本表演程式，做了深入浅出的介绍。并对京剧演出中的“应工”和“反串”做了详细的解说。作者特别指出京剧中的人物是多种多样的，行当只是举其代表性分类，绝不能把京剧中的所有人物包括殆尽，即使同一行当中同一类型的人物，随着剧情的发展，对原所属行当也会有不同程度的突破；面对京剧将不断创造新的人物的现实，更需在原有“行当”的基础上进行新的创造。全书举例较多，有益于普及京剧常识，提高观众的欣赏能力。

（陈义敏）

Jingju Huadan Biaoyan Yishu

《京剧花旦表演艺术》 京剧研究著作。筱翠花（一作小翠花，原名于连泉）口述，柳以真整理，北京市戏曲编导委员会编辑，北京出版社1962年5月出版。本书以主要篇幅记述了作者演出《乌龙院》、《活捉》中的阎惜姣和《拾玉镯》中的孙玉姣的艺术经验。在谈《乌龙院》一文中，作者对此剧所包括的“宋江闹院”、“坐楼杀惜”这两折戏中的表演，尤其是阎惜姣的表演做了相当具体细致的讲解。在讲解中作者还对花旦行当中的同类型角色的不同演法、念白和舞台语言，以及艺术革新等问题提出了自己的见解。如他说：“老先生教导我，演戏要‘半新半旧’。”“‘半新半旧’的意思，是要求我们的表演既要继承一定的传统特色，又要随着时代的变化进行改革和创造。只有这样，艺术才能保持它的青春。”在谈《活捉》时，作者依次讲述了戏的情节、对阎惜姣鬼魂形象的两种不同处理方法以及他塑造阎惜姣形象的全部过程。在谈《拾玉镯》时，作者讲述了对孙玉姣这个人物的理解和具体演法。除上述3篇文章外，书

中还收录了《谈谈花旦的几种步法》和《学艺生活》两文，前者对花旦的几种台步的走法做了诠释，后者夹叙夹议地简述了作者本人学戏和演戏的经历，对旧社会科班办学为了营利而过分地增加学生演出场次的做法提出了批评，对于有些人认为“传统的老的‘玩意儿’总是好的……现在的艺术总是‘不如从前’”的看法也提出了不同意见。该书是京剧花旦表演艺术的重要教材，也是研究筱派艺术的重要文字资料。（刘琦）

Jingju Huibian

《京剧汇编》 京剧作品集。北京市戏曲编导委员会编辑1～96集，北京市戏曲研究所编辑97～109集。北京出版社1957～1985年陆续出版。共109集，收剧本499种。每剧附剧情提要、藏本提供者以及剧本别名等。该作品集以保留京剧剧本遗产为目的，收入许多不常上演或几近失传的剧本。对同一剧目的几种不同底本加以校勘、整理，并请有关老艺人协助订正。对年久失传，暂时无法考证的孤本，则照原本刊出，以保持原貌。对错别字及不通顺词句认真进行改正，对过分冗杂、没有保留必要的字句则略作删节。它是迄今收集京剧传统剧目最为宽泛的出版物。后又经过重新编辑，更名《京剧传统剧本汇编》，仍由北京出版社于2009年11月出版。16开本，共30卷。剧本以剧情朝代先后排序。附剧名拼音索引、剧名笔画索引。许嘉璐为新版作序。（田志平）

第一集封面

jingju huihua

京剧绘画 以京剧演出场面或角色形象为题材的绘画作品。把戏曲作为表现对象的绘画存在已久，宋代《眼药酸》等杂剧册页，元代“大行散乐忠都秀在此作场”巨幅壁画，明代传奇、杂剧刊本中《连环记》、《蝴蝶梦》、《葫芦先生》等演出图，均为著名例子。京剧既兴，绘画与之联系更为密切，从宫廷到民间，从北方到南方，从近代到现代，都有画家以不同形式描绘京剧，工笔重彩、木版年画、石印插图、水墨写意、舞台速写以及借以漫画人生，品类甚多，传播颇广。

京剧受到宫廷重视，始自清代咸丰年间，至慈禧统治中国近半个世纪，宫中更以京剧为第一娱乐对象，御用画师绘制大量戏画以供“御赏”。内廷戏画主要有两类：一类画戏剧场面，场面中角色多寡不一，而各剧所画场面亦有多有少，画得较多的有《群英会》、《四郎探母》等，通常称之为“戏出画”。另一类画戏中角色，一幅只画一人（仅见画《铡美案》，把金哥、东妹合为一幅），一出戏少者画两幅，多者有20多幅（如《普天乐》），这类画不妨称之为“角色画”。在角色画中又有两种格式：一画全身，一画大半身。后一种大半身角色画已知有350多幅，其特点是在每剧首幅画右侧，大多加有一行小注：“穿戴脸儿俱照此样。”这批画约在民国十年（1921）左右流散宫外，公私多家收藏，齐如山在刊物上发表梅兰芳藏品时，题《昇平署扮像谱》。其他全身角色画100幅和戏出画175幅，均藏故宫博物院。以上两类三种戏画，各有统一规格，绢本工笔设色，所画之戏剧场面和角色的服饰扮像，多以宫中演出为依据。

清宫戏出画
《清人戏出册·芦花河》（故宫博物院藏）

清宫全身型角色画
《性理精义·五台山》（故宫博物院藏）

在京城市廛之间，也有多种戏画风行一时。最集中者为前门外廊房头条一带，有灯铺、画铺数十家，戏出人物为其热门画题，尤以伶工戏装肖像画为世所重。京师画家给名伶写真，清道光年间《梦华琐簿》中就记有一位姓杨的画家，对“诸伶之色艺擅名者，必为写照，装为巨册，凡百六十余人矣”。他画的可能多是昆曲演员。为京剧名伶写真的记载，首见于光绪二年二月七日（1876年3月2日）《申报》发表的《图绘伶伦》一文，内云：“去腊，方铺于旧额之下，新增一额，绘时下名脚五人。小生徐小香作周公瑾装束，老生张喜儿着武乡侯巾服，花旦范松林、正旦时小福、丑脚刘赶三，皆各作登场模样。惟小香、松林尤为酷似，真可谓传神之笔。”文中“方铺”即廊房头条的诚一斋画铺，主人为方学圃；

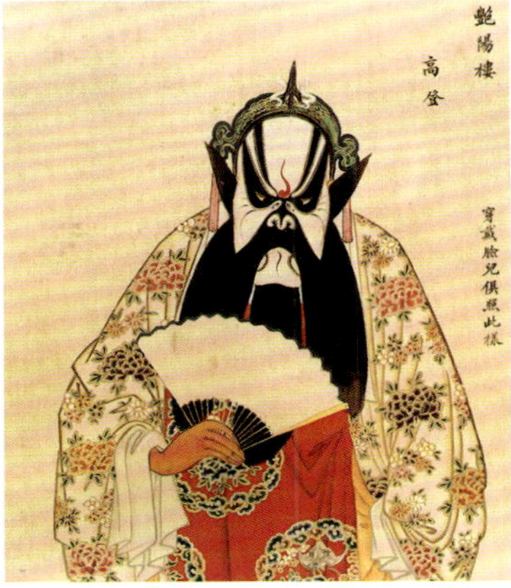

清宫半身型角色画
《昇平署扮像谱·艳阳楼》
（梅兰芳纪念馆藏）

名伶戏出肖像画《群英会》 沈容圃绘
程长庚饰鲁肃（左） 徐小香饰周瑜（中） 卢胜奎饰诸葛亮

名伶戏出肖像画《虹霓关》 沈容圃绘
时小福饰丫环（左） 梅巧玲饰东方氏（中） 陈楚卿饰王伯当
（两图均选自《梅兰芳藏画集》）

“旧额”指由贺世魁所绘之“京腔十三绝”，见道光二十五年（1845）刊本《都门纪略》。《图绘伶伦》的作者可能是南方人，把方松林误记为“范松林”。诚一斋毁于庚子（1900）大难，旧额、新额今无一存。除诚一斋画铺外，“又齐家胡同某裱画店，亦有梨园十三绝图，为程长庚、杨月楼、庐台子、梅巧玲、刘赶三、谭叫天（此为谭鑫培，时称小叫天，亦有误用其父艺名谭叫天者——引者注）及小香、小福等。皆近时人，已尽先后物化矣”（柴小梵《梵天庐丛录》卷十四，中华书局1925年影印出版）。此裱画店所挂的“梨园十三绝图”，当为沈容圃作品，旧题《同光十三绝》。沈容圃的名伶戏装写真传世较多，有程长庚、徐小香的《镇潭州》（《梨园影事》刊有黑白影印本），程长庚、徐小香、卢胜奎的《群英会》，梅巧玲、时小福、陈楚卿的《虹霓关》，刘赶三、李宝琴的《探亲家》，徐小香、杨鸣玉、朱莲芬、时小福、余紫云、刘赶三等的《思志诚》等。以上几幅，大多属于名伶戏出肖像画，既画了一个戏剧场面，又逼肖于名伶所扮的角色。另有一幅梅巧玲《雁门关》萧太后的单人角色肖像，绘者不详。据翁偶虹说，沈容圃还画过何桂山、钱宝峰、俞菊笙等勾脸人物的戏装肖像，作品未见。关于《同光十三绝》，溥侗（红豆馆主）认为，“是把沈容圃所画的单人册页拼凑成图的”（翁偶虹《泛谈“十三绝”》，《中国京剧》1992年第2期），此说可信。但这个拼接工作是沈氏画铺自己做的，而且还在门首悬挂过。沈容圃作品有不同传本，如《群英会》，梅兰芳、王洁忱两家所藏，画面布局相同，而神态、服饰均有一些差别，王本诸葛亮八卦衣的画法更有明显失误。《同光十三绝》亦有多种传存。1929年，马连良于一老式府第见过一种，画幅宽大足占满半边墙壁，曾缩小影印一万张以赠友好（《马连良艺术评论集》第265～266页）；1943年，朱复昌主持《三六九画报》社时影印一种，附刊于《同光朝名伶十三绝传略》，称其“得珍迹于故家”；而梅兰芳藏有多种沈容圃作品，近已发表于梅兰芳纪念馆所编《梅兰芳藏画集》（长江出版社1998年版），“十三绝”是其中之一，梅氏说，这幅画是1951年“从一个朋友手里收购过来”（梅兰芳《东游记》第76页）。此3种“十三绝”是何关系待考。沈容圃的名伶戏装肖像，至今无出其右，堪称瑰宝，然对于画家本人所知甚少。1942年2月出版的第177、第178期《立言画刊》，载有谭鑫培与董三虎、徐殿甲的《蚆蜡庙》，俞润仙与李顺德的《挑华车》两幅戏出肖像画，惜为单色影印，不甚清晰。据收藏者杨啸谷称，此为“内廷如意馆戏画……为当时内廷演戏写真”，然在已经面世的清宫戏画中，尚未见有此类作品。在民国年间其他戏剧刊物上还发表过谭鑫培的《空城计》、《打渔杀家》等戏装肖像，都是单色影印本。晚清京城戏画中还有一幅无名氏的重要作品，不妨称之为“同庆班茶园演剧图”，首都博物馆藏，首次发表于《中国大百科全书·戏曲曲艺》卷。画面正中为带柱方台，有演员6人、乐工4人正在演出，其中饰黄天霸者疑为谭鑫培。台口两侧水牌上分别写着：“今日同庆班早演，代演失街亭”；“明日同庆班早演，烦演奇冤报”。并画出楼上下局部观众60多人。此图约作于光绪二十五至三十四年（1899～1908）间，所绘观演关系，是旧式茶园的真实写照。综观晚清北京宫廷内外的京剧绘画，各有特色：宫内注重戏出场面和角色扮相，宫外注重名伶风采和戏场氛围。它们都是京剧成熟时期珍贵的形象资料。

名伶戏出肖像画《挑华车》（清宫如意馆作品）
俞润仙饰高宠（左） 李顺德饰兀术
（选自《立言画刊》第178期）

京城之外的民间年画，也把京剧作为重要描写对象。天津

《戏出年画·回荆州》（王树村提供）

清光绪年间同庆班茶园演出图 （首都博物馆藏）

等登场角色，还对舞台布置有所描写。台口两侧各有一牌，书“特请京都新到清客串”、“本园今日准演失街亭”，台口上端及两柱挂有燃烛的玻璃灯十数盏。京剧一到上海就演夜戏，烛灯正是当时照明条件。另一幅《绒花计》，为上海泰兴画店出品，两柱牌上书有“本园特请京都杨月楼回申”、“特请周春奎、秃扁儿、沈二小出演绒花记”，舞台照明已由两柱的成串烛灯，变为台口上下两排的煤气灯了。

杨柳青与苏州桃花坞的作品，可以作为北方与南方的两大代表。在清乾隆、嘉庆年间，杨柳青年画多以戏曲或小说故事为题材，参酌昆弋的戏场装扮，添配自然景物、房舍、车马，尚非严格意义上的戏曲绘画。至同治清光绪年间，戏出年画大兴，所绘多为京剧、梆子，一般不添绘背景，角色的舞台位置、身段表情、服饰扮相，以至上下场门、桌椅砌末，多参照舞台实际，是地道的戏画。有一幅《黄鹤楼》，刘备、周瑜、赵云的饰演者注明为达子红、高福安、薛凤池，正反映了清末天津舞台梆簧“两下锅”的演出情况。杨柳青年画套印加手绘，设色明丽雅致。惜其绝大部分套色版已毁，现存多为墨线版样，王树村将其藏品选出100幅，题名《京剧版画》，1959年由北京出版社出版；另有十多幅彩印藏品，收入1990年由台湾出版的《戏出年画》中。苏州年画早期有重手绘及纯以版印两种。顾禄《桐桥倚棹录》卷十云：“山塘画铺，异于城内之桃花坞、北寺前等处，大幅小帧俱以笔描，非若桃坞、寺前之多用印板也。”太平军兴，咸丰十年（1860）清军退出苏州时，举火一焚，七里山塘繁盛之区变为焦土。战后画业集中于桃花坞，全为套版彩印，用色强烈，风格粗放。苏州画工有不少迁移上海，形成桃花坞年画的一个分支——上海年画。如上海沈文雅画店所印的《大四杰村》，其绘制风格，与姑苏王荣兴的作品《忠义堂》毫无二致。苏州和上海年画的一个重要特色，是反映了京剧南下初期的若干剧场景象。如《失街亭》，不仅绘有诸葛亮、马谡

《京剧版画·下河东》（王树村提供）

19世纪70年代，石版印刷术传入上海，木版年画受此冲击渐趋衰落，而京剧版画又通过石印技术得到延续。创刊于光绪十年（1884）的《点石斋画报》（旬刊），取材中外奇闻逸事，间亦涉及戏场风波。一幅《和尚冶游》，描绘了上海老丹桂戏园的内景：观众席为藤椅，椅前有桌，观众有男有女（女观众多为妓女，当时有召妓观剧的习尚），座位已改侧对舞台为面向舞台；台口下部的煤气灯装有反光碗，近似后来的脚灯。此图发表于1884年秋，比“同庆班茶园演剧图”早十多年，可知剧场中观众席和观演关系的改进是上海先于北京。另一幅《巾帼须眉》，非常生动地描绘了京剧坤伶在后台装扮的情境。类似作品，在《申江胜景图》、《申江时下胜景图说》、《吴友如画宝》诸画册中还有多种，如《华人戏园》、《女伶得庇》等。1909年《图画日报》创刊，其《世界新剧》专栏，对始建于1908年的新舞台所演新戏《新茶花》、《黑籍冤魂》、《明末遗恨》等，做了图文并茂的连续性介绍；又于1910年4月10日起，开辟《三十年来伶界之拿手戏》专栏，由孙玉声撰文、刘伯良绘图，连续发表186幅作品，介绍的京剧演员约有125名（行当区分大致为老生41名，武生、花旦各16名，青衣、武旦各9名，文武花脸15名，文武丑角13名，小生6名），其中绝大多数来自北方京津一带，同治、光绪年间京剧南下时人才之盛、剧目之多、技艺含量之高，于此可得概略，虽绘画技巧不及杨柳青画师，然其史料价值实不亚于北方的戏出年画。清末民初，戏剧评论在报端兴起，随之出现戏评插图。较早的有民国元年（1912）《民权画报》的《丽丽所剧谈》、《菊部春秋》，评论作者郑正秋，沈

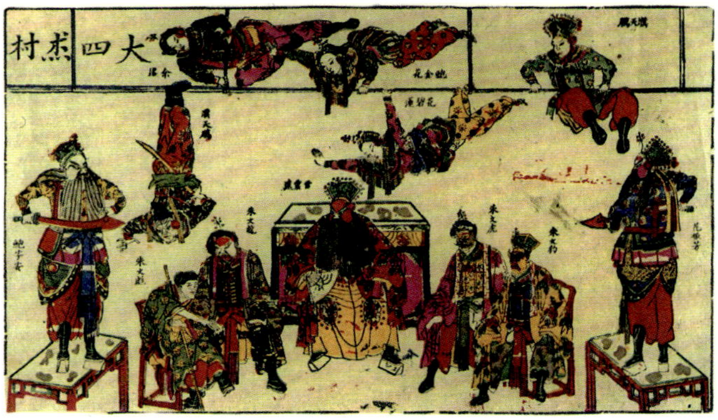

桃花坞戏出年画《大四杰村》
（上海沈文雅画店印行，王树村提供）

桃花坞戏出年画《斩马谡》（选自《戏出年画》，王树村提供）

上海戏出年画《绒花计》（选自《中国戏曲志·上海卷》）

伯诚为之配图。同年11月，又有《图画剧报》，创办人郑正秋，戏画主笔亦是沈伯诚。“如谭鑫培、金秀山的《捉放曹》，孙菊仙的《逍遥津》，龚云甫的《钓金龟》，刘鸿声的《敲骨求金》，盖叫天的《武松打店》以及潘月樵、小子和、毛韵珂、小达子、贾璧云、吕月樵、小杨月楼、林步青……都是描绘的对象。”（《梅兰芳文集》第153页）沈伯诚又字泊尘，自学成才，31岁去世后，友人孙雪泥为之选编《沈泊尘先生画宝》，可能是石印时代的戏画中唯一的一本画家专集。1917年《民国日报》有京剧副刊《剧评画》。图文互见的戏曲评论，除见诸报刊外，还有演员专集印行。如《杨小楼》，集中评点和描绘了1918年杨小楼第二次赴上海演出的10出戏，冯小隐为主要评论者，绘图者可能是钱病鹤，文图都有较高质量。1920年，戈公振首创用道林纸铜版精印的《图画时报》问世，以此为标志，中国画报开始进入铜版时代，京剧的石印版画渐次消歇。上海马启新书籍美术发行所、徐胜记美术社、陈茂记印行等出版过一批铜版彩印戏出年画，其画面有接近于传统戏出年画的，也有受灯彩戏和海派京剧影响配有各种背景的，特别是出现了连环画性质的大幅戏画，如《二十四（世）纪新茶花》，分前后本，两大张12个画面，《狸猫换太子》四大张24个画面。这类铜版戏出年画，日本池田文库藏有71种，国内已不易看到。

20世纪京剧绘画的新局面，是由一批著名画家开拓的。1918年，应罗瘿公之邀，青年画家徐悲鸿（1895～1953）为程艳秋画《武家坡》戏装像，为梅兰芳画《天女散花图》。新式古装戏《天女散花》首演于1917年12月。1918年春，徐悲鸿看了演出，又据梅氏送的戏装照画成宣纸挂幅，开脸参用西法写真，衣纹飘带的线条勾勒是中国画法，部位准确，色彩调和。梅氏说：“最有趣的是，面貌像我，而眼睛的‘分眼’又像徐先生自己。”（许姬传、许源来《忆艺术大师梅兰芳》第326页）画上画家有题词：“花落纷纷下，人凡宁不迷。庄严菩萨相，妙丽藐神姿。甘心坠尘障，莫复问禅机。戊午暮春，为畹华写其风流曼妙、天女散花之影。江南徐悲鸿。”梅氏向罗瘿公索诗，罗为题七绝一首：“后人欲识梅郎面，无术灵方更驻颜。不有徐生传妙笔，安知天女在人间。”时徐悲鸿23岁，刚游日本归来，蔡孑民聘为北京大学画法研究会导师，梅长徐一岁，这幅画可谓两位20世纪艺术大师青

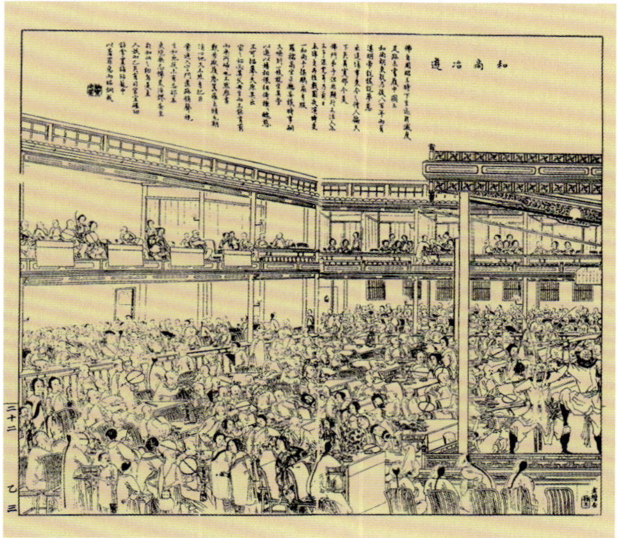

《和尚冶游》清光绪十年（1884）八月上旬第十五号《点石斋画报》

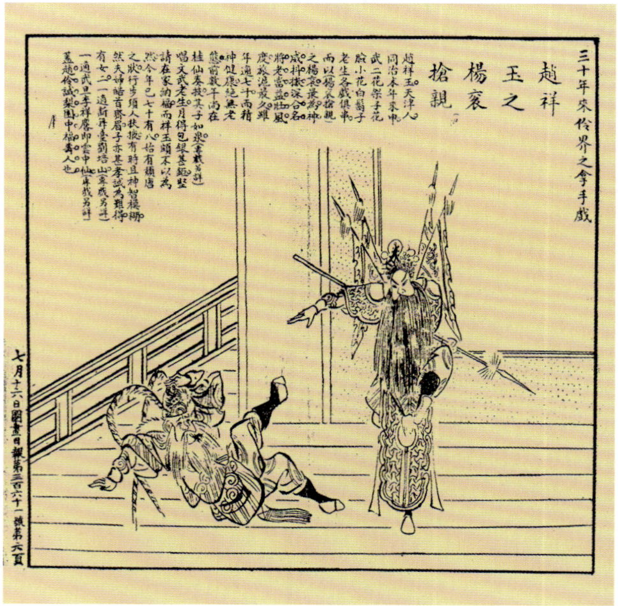

清末上海《图画日报》专栏《三十年来伶界之拿手戏》

《天女散花》 徐悲鸿绘
（选自《梅兰芳藏画集》）

年时代交往的一个纪念品。梅将此画一直珍藏，至1950年始装裱悬挂，现已收入《梅兰芳藏画集》。1920年梅氏在上海演出时，画家赵安之也画过一幅《天女散花像》，“靓仪妙曼，迥异时下所绘，见者莫不称善，且谓大有郎世宁笔法”（春醪《梅讯》，1920年5月15日《申报》），未详此画尚在人间否？梅兰芳是中外画家画得最多的京剧演员。在20世纪二三十年代，外国画家作品有印度难达婆薮的油画《洛神》（现藏梅兰芳纪念馆）、日本佐藤大宽的水墨画《贵妃醉酒》（已收入《梅兰芳藏画集》）、美国某画家的舞台速写《盗盒》（载1930年5月10日《北京画报》），尚有知其线索而未获一睹者。京剧绘画进入20世纪后，品种与风格多样化了。照相术的普及，使石印戏画、铜版彩印戏画抵不过名伶戏装照之广受爱好者欢迎。于是画家的画戏，更加重视发挥自己所掌握的画种特色，且多为个人遣兴之作，凸显各自的艺术风格。关良、林风眠、叶浅予、程十发、高马得、李滨声等贡献尤多。文人写意画过去只出现在昆曲戏画中，如咸丰年间李涌的《山门》等8幅戏出画、同治年间宣鼎的《三十六声粉铎图咏》等。京剧写意画之受到关注，以关良（1900～1986）为开端。关良自幼受戏曲熏陶，在日本留学，打下西画基础。后为表现京剧人物，一方面看戏、学戏，一方面经常观察、研究国画的用笔用墨。1942年秋，关良在重庆举办个人画展，首次将长期积累、苦心求索的水墨戏曲人物画大量公开披露，郭沫若、茅盾、叶圣陶、老舍等纷纷在其画作上题词，为之揄扬。关良戏画不拘泥于如实表现舞台上的某一瞬间，而着力于传达自己的独特感受。如画《乌龙院》的宋江与阎惜姣，一坐一立，并非舞台上实有的场面调度，匆匆一看，仿佛一对情人的和谐合影，“再一看，坏了，其实是一点和谐也没有的，是一种猛烈的冲突即将爆发之前的潜伏阶段”；“在仿佛和谐的结构中，更鲜明地显示出两人之间不可调和的矛盾”（王朝闻《关良戏剧人物画小引》）。关良笔墨率直，勾线似在有意无意之间，追求天真的童稚趣味，有寓巧于拙的特点，仿造者甚多，《荣宝斋》总第18期有专文论鉴别真伪。作品集有上海人民美术出版社1980年出版的《关良戏剧人物画》等。1984年出版的画家回忆录，保存丰富的史料和创作经验。关良以戏画名世，画戏为其一生喜好，而林风眠（1900～1991）是到了50岁以后才涉笔戏曲人物。从学林出版社1988年出版的《林风眠》及天津人民美术出版社1994年出版的《林风眠全集》中，可得戏画《南天门》、《秋江尼姑》、《霸王别姬》、《黑旋风》、《宇宙锋》、《芦花荡》、《闹天宫》、《武松》、《捉放曹》等近20幅。比之关良来，林风眠更加“任性”地同舞台形象拉开距离，其作品，与其说是表现戏曲人物，不如说是借表现戏曲印象以建构线和色的形式美。比较例外的是《秋江尼姑》和《戏剧人物》之一，尤其后者，线条流畅，水墨淋漓，很生动地画出了一个左手提鸾带、右手执马鞭、戴着白满的角色，是地道的写意人物画。其他戏剧人物多作较大的变形处理，近似立体派的抽象分割，又带有皮影味道。然如《宝莲灯》、《闹天宫》、《火烧赤壁》诸画，读来觉得有一股冲击力，“他吸取西方色彩光影变化的华丽，服役于自己画面的装饰效果，他用块面与线的有机结合，创造了错综复杂、瑰丽多彩的形象世界”（吴冠中《寂寞耕耘七十年》，《林风眠论》第41页），这种融合中西的画风，为戏画开了新生面。在20世纪五六十年代，传播最广的戏画是舞台速写。速写本是画家的创作素材，由于报刊提倡，画家热情投入，佳作迭出，成了群众欢迎的戏画新品种。夸张凝练、带有装饰风的张光宇，线形柔婉、富于抒情性的郁风，造型准确、笔法简洁的阿老，都是报刊读者熟悉的速

美国某画家绘《盗盒》
（载1930年5月10日《北京画报》）

《乌龙院》 关良绘

《戏剧人物》 林风眠绘

《戏曲人物》 林风眠绘

《双怕婆》 李滨声绘

写名手，而叶浅予，更是量多而质高的舞台速写大家。叶浅予（1907～1995）由漫画转入国画，勤于速写，数十年不辍。1935年在长安戏院画过杨小楼、郝寿臣，1937年在哈尔飞戏院画过荀慧生，20世纪50年代后又画了梅兰芳、程砚秋、周信芳、马连良、盖叫天、李少春、厉慧良、袁世海、裘盛戎、赵燕侠、关肃霜等，那时活跃在舞台上的许多京剧名家，都通过他的画笔留下了传神的舞台身影。其作品的一个难以企及的特点，是在寥寥数笔中，能把舞台艺术家们各自的扮相、神情，极富于动感地表现出来，至今读之，仍能激起对当年精彩演出的亲切回忆。在舞台速写深入群众的同时，淡彩或重彩的水墨戏画也有新的创作。1962年，程十发作《梅花喜神谱》在《文汇报》上连载。宋代有宋伯仁《梅花喜神谱》，写梅花意态。程十发借用此题，以梅花喻梅派艺术，喜神即画像，宋时俗称画像为喜神。画家将梅兰芳生前的京、昆名剧《霸王别姬》、《宇宙锋》、《断桥》等十几出，一一描绘出来，在梅兰芳逝世一周年之际，让读者仿佛重睹大师的绝世丰神，寄托深切怀念。在此前后，还画了周信芳的《坐楼杀惜》、《清风亭》和大量昆曲人物画。程十发的画风讲究真与趣的有机统一，其写意笔墨的机趣，不脱离形象的真实、亲切。1963年，张光宇画有一幅《金钱豹》，画上题曰："此戏余甚爱之，今日不得再看，故就记忆所及，约略画成。小丁行家正之。"其时，极"左"之风甚烈，要"大写十三年"了，传统剧目开始封杀，"不得再看"，画家遣兴为之，融写意、漫画、装饰于一体，炉火纯青，堪称神品。赠与好友画家丁聪，未毁于"文化大革命"，幸甚，1999年在"迎接首届中国上海国际艺术节名人名作艺术展"上展出，并收入这次展览的作品选集中。"文化大革命"期间，为普及所谓"革命样板戏"，出过《智取威虎山》、《红灯记》、《沙家浜》等一批连环画（俗称"小人书"），图像生动，销路极广。

《击鼓骂曹》 高马得绘

进入改革开放新时期，京剧绘画创作重新活跃起来，健在的老画家继续挥毫，新起者不可胜记。高马得自1942年受叶浅予影响开始画速写，1957年起画戏，先是速写，继以水墨，经数十年磨炼，成为新时期收获最丰的戏曲画家。1984年5月始，他在南京《新华日报》的《新潮》文艺副刊上开辟《画戏·话戏》专栏，赢得读者好评。1999年，大型画册《马得戏曲人物画》由文化艺术出版社出版，收入戏画188幅，是其作品的集粹。汪曾祺为之作序云："马得是一个抒情诗人。他画戏是画戏中之诗，不求形似。画《牡丹亭》人物，只用单线勾成，线如游丝，随风宛转，略敷淡色，稍染腮红，使人有梦境之感。"又云："马得的一部分画，骨子里是一把辛酸和悲愤。其内涵的悲剧性，就使他的画有较大的深度和力度，不是一般的'游戏笔墨'。"马得的画是淡彩水墨画，董辰生则是重彩水墨；马得的水墨极为洒脱，"笔才一二，像已应焉，离披点画，时见缺落，此虽笔不周而意周也"（张彦远《论画》），而董辰生的作品，在兼及写意与传真之中，更侧重传真，讲究构图的戏剧性，用墨浓重，用色鲜亮，"更接近于舞台的真实"（吴祖光评语）。李滨声常以梨园客为笔名，戏画带有漫画色彩，尤善捕捉丑角神态，耐人寻味。他还利用戏曲人物作素材，创作不少"内部讽刺漫画"，如《丫环带路》，画中丫环靠着小姐坐的椅背，只顾低头织毛活，小姐回顾丫环，见其不听使唤，惊愕不已。此画可以说是延续了早期作品《穷小姐、阔丫头》、《喧宾夺主》、《谁叫你没文化》、《两个皇上》等的讽刺与幽默，给戏画开辟了一个新的分支。以油画画戏曲，林风眠、沈天万等作过尝试，流传作品不多。2001年在第三届中国京剧艺术节上，刘令华举办了京剧油画个人展，引起许多参观者的兴趣。世纪之交，天津画家张天翼用4年多时间创作了大型京剧艺术史画《鼎盛三十六家图卷》。作者以20世纪20～60年代的50年为京剧的鼎盛时期，遴选出创造了独特艺术风格、在这一历史时期"起着支柱和脊梁作用"的36位表演艺术家，以高1.2米、宽45米的长卷，绘出他们各自一出代表剧目的扮相、身段、表情，作供世人瞻仰的"凌烟之列"。这是京剧绘画的一个创举。与《同光十三绝》相比，人物的选择是建立在作者充分研究的基础上，比较慎重，而"十三绝"局限于若干画作的拼接，并未把京剧开创时期颇可称"绝"的名伶，如余三胜、张二奎、俞菊笙、方松林、胡喜禄、钱宝峰、何桂山等都包括进来，荟萃一图；"十三绝"是比较静止的半身像，而图卷所画为全身的带有动感的舞台造型，更有难度，唯沈容圃之肖像功力，尚难企及耳。

《金钱豹》 张光宇绘

《丫环带路》 李滨声绘

（龚和德　谢涌涛）

Jingju Jiazihua yu Zhongguo Wenhua

《京剧架子花与中国文化》 京剧研究著作。袁世海、徐城北合著。文化艺术出版社1990年10月出版。全书分上下两编。上编以袁世海和徐城北对话的形式漫论京剧架子花的源流。将其

发展划分为3个阶段，第一阶段以黄润甫为代表，第二阶段以郝寿臣、侯喜瑞为代表，第三阶段以袁世海为代表。书中对金少山、郝寿臣、侯喜瑞和袁世海等人的艺术特色、艺术主张和对架子花艺术的贡献做了阐述。值得注意的是，该书在论述了架子花艺术“纵向继承”的同时，还以较大的篇幅阐述了旦脚尚小云，生脚马连良、周信芳、盖叫天、李少春以及铜锤花脸裘盛戎等对架子花艺术发展的影响。上编采用的对话体，话语亲切，行云流水，潇洒闲适。下编由徐城北从美学角度审视京剧架子花的艺术特色，计有《性格与符号》、《清晰与模糊》、《大度与小气》、《扮相与动作》4章，把京剧架子花艺术特征放到中国文化大背景下加以论述，注意了宏观与微观的结合，既有对戏剧史的描述，又有思辨性。该书集中论述的是京剧架子花的艺术，但比较注意概括各行当所共有的规律性，既分述架子花的各流派特性，又注意梳理许多流派的共性。

（许祥麟）

Jingju Jianwen Lu

《京剧见闻录》 京剧文集。作者槛外人，本名吴性栽（1904～1979），字鑫斋。浙江绍兴人。1923年开始在上海经营企业，曾在北京、上海、香港三地先后主持建立了华乐戏院、天蟾舞台、卡尔登戏院、文华影业公司、龙马影业公司，为民族戏剧、电影事业的发展作出重要贡献。1948年迁居香港。曾与梅兰芳、周信芳等人交谊甚厚，对京剧艺术精于鉴赏，多有独到见地。《京剧见闻录》收录了他多年观剧所得文章9篇：《伶界大王谭鑫培》、《京剧大宗师杨小楼的风范》、《在〈舞台生活四十年〉以外谈梅兰芳》、《沉痛中的怀念——再谈梅先生》、《聪明而浑身是戏的周信芳》、《谈周信芳的〈四进士〉》、《不难相与的盖叫天》、《戏剧革命世家——夏氏兄弟》、《出色当行的后台经理——谢月奎》。这些文章陆续发表于香港报纸，1973年结集在香港出版，1987年4月由宝文堂书店再版。他评论谭鑫培演戏“能在京戏最基本的规律之中，不断

宝文堂书店1987年
再版本封面

创造发展”，手、眼、身、法、步与音乐打成一片，并且从这种唱念做打中高度地表现出剧中人物。所演《打棍出箱·问樵》，范仲禹那种妻离子散、丧魂失魄的情绪，可以“现于面，盎于背”。谭派传人不应只注重格律、声韵、唱念做打等手段，而应学习谭鑫培如何借助各种手段揭示戏的内容和剧中人的感情。他说杨小楼演戏之所以“气度凝重而从容”，不仅得之于天赋，且由于有修养、有文化。他有昆曲底子，加以口劲、字眼、情感等综合作用，于是念白冠绝一时，尤须重视他的戏“不是演出来的”，而是从内心“流出来的”，“不着力，而真力自然充沛运行”。他的表演已是“起落无迹，臻于化境”。他说梅兰芳的表演，集动作美、姿态美、唱相美之大成，是京剧发展里程碑中，继程长庚、谭鑫培以后的第三人。最值得学习的，是他对艺事“永远不满，永远改进”的精神。而且，创造性的改革虽多，但不故意突出，又持之以慎，最后距原出发点很远，观众却觉不出他的改革。作者认为，梅兰芳的艺术特点是不走偏锋，“中正平和，不峭不险，中规中矩，没有突出违众之点”，所以学梅并不容易。他说周信芳的表演，由于多半从生活中吸收和加工，特别富于人情味，戏与人生打成一片，身段、动作、一切技艺都为表现人生而服务。他的唱，气口、唱法受孙菊仙影响为多。他的做表，学无常师，融会贯通，一举手，一投足，一抬头，一挑须，无处不是戏。所论十分精辟。此外，对盖叫天的器识，夏月珊、夏月润的经营新舞台，谢月奎作为后台经理的调度有方，皆有所介绍。本书行文流畅、生动可读。

（曹其敏）

jingju jiaoyu

京剧教育 培育京剧人才的专业教育。这种专业教育有它独特的发展历史和教育方式，为京剧艺术培养各种人才，也是京剧艺术自身发展的基石。

传统戏曲教育的继承和发展 中国戏曲艺术形成于12世纪末、13世纪初叶，在它形成之时，就已寄寓着独特的教育机制，出现在3种戏曲组织机构之中，这就是“冲州撞府”的民间演出班社、贵族豪门的家班和皇家的教坊。在戏曲“科班”出现之前的漫长的戏曲历史发展进程中，不存在专业的戏曲教育机构，都是在演出机构中以口传心授的方式培养演员或继承人。民间戏曲演出戏班，或叫露台子弟、路歧人。他们来自社会底层，多以亲属为纽带，代代相传。南戏《宦门子弟错立身》、元杂剧《蓝采和》的内容都是描绘戏由班社生活的，是家庭班社的生动写照。这些民间艺人“冲州撞府”、“沿村转庄”流动演出，山陬海隅，到处可见他们的足迹。他们来自人民群众，密切联系生活，并从各种民间技艺中不断吸取营养，提高他们的演出技艺。明代中叶以后达官贵人、富贾豪绅追求声色之乐，家班逐渐兴起，不惜以重金延请名师传授技艺。著名的戏曲家如明代的屠隆、潘之恒、祁彪佳、顾大典、阮大铖、沈璟、吴炳、李渔等都曾参与其事。明末名士侯方域父子家班，尤以其童优，“里中乐部”名噪一时（见胡介祉《侯朝宗父子传》）。冒辟疆家班，“十余童子，亲教歌曲，成班，供人剧饮”（《同人集》卷三）。明清两代的家班主要演唱昆曲、弋阳腔，发展了生、旦戏。宋、元、明、清的宫廷教坊戏曲地位逐渐突出。清康熙年间，选部分太监，习艺于南花园，隶属于内务府，后习称“南府”，道光七年（1827）更名为昇平署，成为管理宫廷戏曲演出的专门机构。皇家教坊不断地从民间选取优秀艺人充当“教习”，并以丰厚的物质条件保持演出的华美，在客观上对戏曲艺术的整体素质的提高起到了不容忽视的作用。在这3种戏曲组织中，民间戏班是戏曲创造之源，联系群众最为广泛，既是戏曲艺术的传播者，又是戏曲教育的摇篮，在中国戏曲教育史中占有重要地位。在漫长的晚期封建社会里，上述3种演出机构，各自联系一个社会层面，形成一个相互联系、影响、补充，又发挥各自作用的有机整体。

京剧形成于道光二十年（1840）前后。京剧教育经历了咸丰、同治至清末，民国时期和中华人民共和国成立以后的3个发展阶段。

咸丰、同治至清末时期 这一时期的京剧教育除了班社随班带徒这种通常的教育形式之外，科班已成为培养京剧人才的主要组织形式。科班是童伶习艺之所，“犹如文人之科举，乃伶人出身

之正途”（张肖伧《科班漫谈》）。它是戏曲发展到一定历史时期的产物。北京的京剧科班最早出现在清咸丰年间，据叶龙章撰写的《喜（富）连成科班的始末》一文中称：“咸丰、同治年间有双庆班、全福班、小和春、小福胜、得胜奎、小金奎等六个班。”方问溪《梨园话》“科班”一节则谈得更为具体：“夫科班，在清代极多，今则寥如晨星。即以北京一隅而言，如庆升平、庆和成等班成立最早，皆以昆剧为主。继之者为双庆、双奎、全福、小福胜、小嵩祝、三庆、四喜等班，约在同治、光绪之间；他如小荣椿、福胜、玉成、小和春、得胜奎等科班，则较迟矣；小洪奎、长春等科班，又其次矣。”同治十三年（1874）程长庚创办的“小三庆”四箴堂科班，以练功习艺要求严厉称著一时。学员均以“林”字排名，培养出许多著名演员。再如杨隆寿、沈景丞、范福泰等人于光绪八年（1882）创办的小荣椿科班，光绪十八年（1892）头科毕业，二科肄业中，因经费问题而解散。头二科均以“春”字排名，是同治、光绪以来最负盛名的科班，任教的大都是名重一时的教师，培养出一批优秀的京剧演员，如杨小楼、程继先、郭际湘等。此外，造办处总管太监黄三创办的胜春奎科班、陆华云创办的长春班、太监李莲英之侄李际良创办的三乐科班，都是被人称道的科班。清宫亦随时尚，成立了以学演皮簧为主的科班，朱家溍《清代乱弹戏在宫中发展的有关史料》一文称：“自光绪九年（1883）从戏班挑进一批名演员，以后直至清末陆续挑进，西皮二簧戏逐渐增长，蒸蒸日上。除昇平署民籍教习、学生和太监演戏之外，又增设本宫太监科班，以学演皮簧戏为主。”这个名叫“普天同庆”的科班，习称“本家儿”，不在昇平署编制之内，而归属慈禧直接管辖，直至清王朝崩溃才解体。此外，以京剧清唱为主的娱乐场所，即私寓（又称私坊、堂寓、堂子），也为京剧舞台培养出不少优秀人才。

上海是南方京剧的发展中心，同治、光绪以来上海的京剧教育有两种形态：一种是附设在戏园内，由表演艺术经验丰富的演员任教，艺徒经过一段时间的基本功训练，学会若干出戏后，便在本戏园搭班演唱，边与成人同台串戏，边继续练功学艺，直至出科。如丹桂茶园的夏家科班、天仙茶园的小金台科班，它们都为京剧培养了一批优秀演员。另一种是闯江湖的原始形态的科班，由一两名老演员带领一班艺徒，组成童伶戏班，边练功习艺，边作营业性演出。这类科班的班主均以营利为目的，所收艺童都是贫苦家庭的子女，习艺和生活条件大都十分恶劣，如李毛儿京剧女伶科班和来自直隶境内的张国泰永胜和梆子科班，这类梆子科班定居上海后，逐渐南方化、京剧化，成为京班。

民国时期 民国时期的京剧教育，一方面传统的科班教育仍在继续，而且达到了新的规模，取得了新的成就；另一方面，出现了吸收近代教育思想的新型的戏曲学校。随着京剧已成为风行全国的大剧种，北方以京津地区为主、南方以上海为主都涌现了大量科班。至于其他地区，如山东、东北、江苏等地，也出现一定数量的京剧科班。但总体上看，科班大都属于私营性质，生存能力比较脆弱。由于资金不足，或管理不善，有的办一年，有的办两年三年，便自生自灭。北京京剧科班造就人才最多、影响最大的，首推由牛子厚出资、叶春善创办、萧长华长期执教的富连成社。该社初名喜连陞、喜连成，创办于光绪三十年（1904），停办于1948年，按“喜”、“连”、“富”、“盛”、“世”、“元”、“韵”、“庆”（“庆”字未结业）排行，八科学生共700多人，培养了大批的优秀京剧艺术人才，其中有不少人成为杰出的京剧表演艺术家，成为多半个世纪京剧舞台艺术的支柱，对京剧的发展作出了巨大贡献。成就较大的还有：1917年由京剧演员俞振庭、果仲连创办的斌庆社，学生以“斌”、“庆”、“永”三字排名。俞振庭在经营和艺术上厉行改革，如施行男女同台合演，武场加用铙钹，皆开风气之先。上演剧目以武戏、连台本戏见长。1937年尚小云创办的荣春社，招收梨园子弟。只招两科学生，学文戏以“荣”字排名，学武戏以“春”、“长”、“喜”字排名。这个科班认真贯彻“因材施教”的原则，最大限度地发挥学员的特长，以重金聘请优秀教师授业，并革除了科班的某些陋习。1939年李永利创办的鸣春社，以武戏、猴戏、红净戏、彩头戏见长，培养出不少这些行当的优秀人才。清末民初，坤伶兴起。1916年由田际云在京创办的崇雅社，是北方京剧唯一的女子科班。办学之初有女艺徒50余人，其中以谭文玉、梁花侬、梁春楼、金桂枝、许桐仙、冯淑佩等较为知名，也给京剧教育史留下弥足珍贵的篇章。

在北京之外较为有名的科班有：1933年由京剧演员宋文起创办于山东乐陵的山东富连成社。该社训练严格，基本功扎实，上演的剧目为传统戏和连台本戏，主要活动于山东、华北及东北的大城市，在这些地区颇有影响。成立于1936年的厉家班，班主厉彦芝，原为家庭子弟班，后广招学员，并延请名师教学，在北平、天津、上海等地演出颇有影响。抗战后撤至武汉、贵州、四川等地演出，排演了大量鼓动群众抗战热情的剧目，颇受群众爱戴。1936年高渤海创办的天津稽古社子弟班，善排演外江本戏，以其机关布景称著一时。

科班是中国独有的职业化和专业化的戏曲教育组织，在京剧领域得到了充分发展，科班最突出的特色表现在3个教学原则上：一是因材施教；二是系统、严格的基本功训练；三是学艺与演出实践的密切结合。同时一些较好的科班还十分重视品德教育。这些教学原则是科班教育使人才得到迅速良好成长的根本原因。

因材施教。这是最大限度地开发被教育对象特殊才能的教育指导思想。这种教育思想并不是外加的，而是寄寓在戏曲行当表演机制的内部，是戏曲艺术得以顺利地传宗接代的重要原因。李渔在《闲情偶寄·声容部》“习技第四·取材”一节中说：“取材为何？优人所谓配脚色是已。喉音清越而气长者，正生、小生之料也。喉音娇婉而气足者，正旦、贴旦之料也。稍次则充老旦。喉音清亮而稍带质朴者，外、末之料也。喉音悲壮而略近噍杀者，大净之料也。至于丑与副净，则不论其喉音，止取性情活泼、口齿之便捷

富连成社童伶反串《普球山》
左起：李盛斌饰杨香武、仲盛珍饰万君兆、叶盛兰饰李桂兰、高盛麟饰李佩、叶盛章饰蔡庆、袁盛戎饰窦氏、朱盛富饰蔡金花、孙盛云饰张耀宗

而已。”他不同意“选女乐者，必至吴门”。燕姬赵女，越妇秦娥，只要“教之有方，导之有术，因材而施，无拂其天然之性”，就能取得良好的教学效果。李渔对以行当作为选材标准的戏曲教育“因材施教”的内涵做了相当深刻的阐述。京剧科班吸取了昆曲、梆子、徽班科班的教学经验，以行当为基础，因材施教，用以开发、挖掘学员的特殊天赋。

严格的基本功训练。京剧表演艺术可以说是用众多高难技艺熔铸而成的，没有坚实的唱、念、做、打的基本功，不可能成为优秀的京剧演员。京剧科班对基本功训练要求十分严格，它在昆曲、梆子科班的基础上，做了全面的发展和进一步规范。唱、念、做、打成为专项的教学科目，而且不断吸收其他姊妹艺术的艺术滋养和经验，使京剧演员以及文武场的基本功训练不断提高。这种专业的科班教育同传统的随班带徒的教育相比较，其效果不可同日而语。

学艺与演出实践相结合。科班教育取得良好效果的重要原因之一，是学员的习艺与演出实践密切结合。它与随班带徒不同，前者以学习为主，而后者以演出为主。这种习艺与演出实践相结合的教育方式，在京剧科班中得到了进一步的发展，摸索出一套行之有效的方法。它是循序渐进的：低班偏重于基本功的训练，演出时担当龙套。分行当之后，生、旦、净、末、丑都有各自成套的“开蒙戏”，把唱、念、做、打的基本功训练与开蒙戏结合起来。高班便在对外演出中担任主要角色。这种循序渐进的习艺与演出实践相结合的教学方法，在京剧科班教育中得到了相当完美的体现。

在一些有成就的科班中，十分重视“艺童”的品德教育。如富连成科班“训词”中的“四要”、“四戒”。“四要”指“养身体”、“遵教训”、“学技艺”、“保名誉”；“四戒”是“抛弃光阴”、“贪图小利”、“烟酒赌博”、“乱交朋友”。它相当全面地规范了“艺童”生活学习、为人处世的准则，因此在一些科班中培养出不少德艺兼备的优秀京剧人才。

在科班教育中出现了一批有成就的京剧教育家。其中，对京剧教育作出卓越贡献的有叶春善、萧长华。优秀的京剧教师，较早的有沈景丞、柏如意、朱廷贵、姚增禄、谢双寿、杨隆寿、范福泰、贾丽川、戴韵芳、宋起山、唐宗成、苏雨卿、雷喜福、萧连芳、王连平、孙盛文等人。柏如意执笔写定谱的皮簧剧本作为教材，成为京剧教育工作的创举。

京剧科班的出现，是京剧艺术发展、成熟的重要标志之一，它又为京剧的进一步繁荣兴旺，提供源源不断的人才。然而，不能不看到科班这种教育组织形式毕竟是封建社会诞生的，它不能不带有若干封建主义的糟粕。在旧社会，由于戏曲艺人的社会地位极其低下，到科班来学习的不是“梨园子弟”，就是贫苦的孩子。由于科班的私营性质，缺少资金，以及承办科班的老板多数是以营利为目的，科班艺童生活大都十分清苦。20世纪20～30年代的新闻媒介经常为科班学员的健康问题向社会呼吁。即使像富连成社这样著名的科班，也不能免除某些封建陋习，入科时要立下字据（俗称“关书”），写明“倘有天灾疾病，各由天命”。教学过程“夏楚”（体罚）是经常使用的手段，更有甚者，如1936年秦昆山在南京创办的鸿春社（秦家班），所招学员一律改秦姓。入学时就立下字据，写明学戏9年，帮演1年，在10年中打死不管，病死不管。学员经常被打、罚跪、饿饭，学习条件极差，在石头地上练抢背、扑虎。1948年初秦昆山赚足了钱，又把科班卖出。尽管有些科班做了某些改进，但是不能从根本上消除这些封建陋习。

辛亥革命以后，在戏曲改良风潮影响下，一时出现了不少新型戏曲教育机构。1913年天津成立的改良戏曲练习所，是最早出现的以戏曲改良为旗号的现代京剧教育机构，由当时当地的教育司主办，著名京剧改革家汪笑侬任所长，专门培养戏曲改良人才。除戏剧专业科目之外，设有喉音练习、说白、演说学、拍歌、国文、体操等课程。汪笑侬亲自编写教材。1919年由欧阳予倩在南通创办的南通伶工学社，除学习京剧、昆曲外，兼重话剧、音乐和文化知识的教育。这些新型的戏曲学校，废除了旧科班的封建性规章制度，倡导人格平等，施行文化学习、艺术教学并重。它们办学时间有长有短，教学体制也不尽健全，却开辟了戏曲教育的新风气，成为现代戏曲教育的开端。1930年由程砚秋主持创办的中华戏曲专科学校是在近代戏曲教育史上很有影响的学校，焦菊隐、金仲荪先后任校长，聘请王瑶卿、曹心泉、高庆奎等著名艺人为教师。学校既继承了科班优良教学传统，又吸收了若干近代的教学思想，施行男女合校，开设系统的文化课，学习文、史、算术、英文。组织学生观摩话剧，提倡学生自治，设有学生自治会。这是一所以现代教育思想办学延续时间最长、成就最高的培养京剧人才的学校，培养出“德”、“和”、“金”、“玉”、“永”五科学生，其中不少人成为京剧名家。它与富连成社成为这一历史时期戏曲教育的双璧。

在五四新文化运动思潮的影响下，上海由伶界联合会负责人潘月樵、夏月珊、夏月润创办了中国戏曲史上第一所子弟学校——榛苓学堂，第一任校长是上海新闻界著名人士孙玉声（海上漱石生）。除聘请文化教师外，专业教师大都是早年来沪的造诣较深的京剧艺人，凡艺人子弟一律免费入学。施行文化课、专业课并重的教学原则。学校开办以来得到梅兰芳、王凤卿、金少山、周信芳、盖叫天、冯子和、俞振飞等著名演员的支持和关照。从20世纪20年代至40年代初，培养出不少优秀的京剧人才，如李瑞来、林鹏程、吕君樵等。由潘月樵、冯子和自行出资创办的春航义务学校，是一所成人文化艺术学校，冯子和自任校长，凡艺界的文盲半文盲，不分男女老少均可免费入学，白天学戏，夜间学文化，前来就学的大都慕名而来，以学习旦脚为多。1934年，济南有山东省立剧院，王泊生任院长，学员分高级部、低级部，也培养了一批人才。抗日战争爆发后，部分师生到重庆，经过重建，改称国立歌剧学校。1939年上海中法大药房总经理许晓初等人创办上海戏剧学校，陈承荫任校长。它的办学宗旨是整理传统戏曲，培养京剧人才，吸收科班的长处，摒弃其封建陋习，文化课与专业课并重。学习7年，全部走读，不供食宿。该校只招生一届，培养了“正”字辈一批名家。活跃于抗日战争后方的有两所戏

中华戏曲专科学校副校长林素珊（右二）与女生们郊游留影
后排左起：冯金芙、邓德芹、赵金蓉、金和茗、侯玉兰
前排坐地者：胡玉华、王金兰

曲学校：夏声戏剧学校和四维儿童戏剧学校。夏声戏剧学校以流亡儿童为招收对象，以“培养人才，研究戏剧艺术，实行改良中国戏剧”为宗旨，贯彻“以学文化为前提，以学戏剧为基础，二者兼顾，同时并举”的教学方针。学校规定学生不许演封建迷信和淫荡色情戏，不为达官贵人、土豪乡绅唱堂会，提倡重视集体荣誉、团结友爱。在极度困难的办学条件下，学校辗转于西安、汉中、重庆、成都等地。封至模、刘仲秋先后任校长，梅兰芳一度任名誉校长。1949年上海解放后划归人民解放军建制，编入第三野战军政治部文工团第三团。四维儿童戏剧学校于1942年由冯玉昆创办于柳州，原名四维平剧社儿童训练班，除练功、学戏、排戏、演出外，还上文化课。在极度艰苦的战乱环境中度过8年，辗转于桂林、独山、都匀、贵阳、昆明、长春、沈阳、保定等十余个城市，跋涉数千里，历尽艰辛，坚持艺术革新，宣传爱国主义思想。一面培养人才，一面演出，鼓舞战士，联系群众，并在流动中不断扩大队伍，由一所学校扩展为一所总校、四所分校。

民国时期不存在高等戏曲教育机构，但是辛亥革命前后，在一股重视戏曲的思潮鼓动下，一些学者参与戏曲舞台实践活动，一些学者以戏曲为研究对象，以近代学术思想从事戏曲史、戏曲理论的撰著，取得了不少开创性的研究成果，并将他们的研究成果引入高等学府的课堂，为戏曲教育提供了史论教材。

京剧教育的新阶段 中华人民共和国成立后，中国共产党和人民政府十分重视戏曲艺术，戏曲艺人的社会地位得到了真正的提高，在“百花齐放、推陈出新”方针的指引下，戏曲艺术得到了全面健康的发展。戏曲教育破天荒地被纳入国家正规教育的范畴。1950年1月文化部戏曲改进局直属的戏曲实验学校诞生了。戏曲改进局局长田汉任第一任校长。设八年制京剧表演和六年制京剧音乐伴奏两个专业，是年夏季招收了第一批学生。1951年4月该校划归中国戏曲研究院领导，更名为中国戏曲研究院戏曲实验学校，由王瑶卿接任校长。1955年1月定名为中国戏曲学校，直属文化部领导，任命晏甬为校长，萧长华、史若虚、刘仲秋为副校长。1951年秋，北京市演艺界名流倡议自筹资金，开办了北京私立艺培戏曲学校，由梅兰芳任董事长，郝寿臣任校长。1952年初招收第一批学员。1953年由北京市人民政府接办，改名北京市戏曲学校。

文化部戏曲改进局戏曲实验学校首次招生的考试现场一侧
坐藤椅者右起：王瑶卿、尚和玉；第一排右起：马少波、梅兰芳、罗合如、史若虚

中国戏曲研究院戏曲实验学校捐献飞机义演戏单
（1951年6月17日在大众剧场）

两所新型的戏曲学校彻底地废除了旧科班中的包身制、打骂制，师生之间建立了民主平等、尊师爱徒的关系。在教学组织上确立了面向社会招生考试的制度，对学生要求德、智、体全面发展。在课程设置上以专业课为主，同时开设政治、文化课和艺术史论课，确保学生成为新型的京剧艺术人才。在这两所戏曲学校中保留了几乎旧中国的全部京剧教育人才，包括著名的京剧教育家，以及各个行当的专业教员。他们把科班的因材施教、严格的基本功训练、学习与演出实践相结合的教学原则继承下来。强大的专业教学人才阵容，是学校能够培养出大批优秀京剧人才的关键所在。1952年的第一届全国戏曲观摩演出大会，不仅推动了戏曲艺术的改革与发展，而且促进了戏曲教育的发展。会后全国大部分省市建立了戏曲学校，不少学校设有京剧科，在全国形成了京剧教育网络，培养了大批不同层次的京剧人才，特别是上海成立了上海市戏曲学校，成为全国第三所具有一定规模的以培养京剧人才为主的学校。

在这个新的历史时期，京剧教育贯彻了中共中央制定的教育方针和文艺方针。在批判地吸收旧科班教学经验的基础上，贯彻了全面发展与因材施教相结合，口传心授与启发教学相结合，基本功训练与成品教育相结合，课堂教学与舞台实践相结合的教学原则。在课程设置上，增设了政治、文化、理论课，注重学生的思想品德教育，逐步形成了崭新的戏曲教育体系。长期担任科班教学的老教师的艺术修养和教学方法都有很大的提高，补充了一批掌握现代艺术理论的教师，培养了一大批青年教师，充实教师队伍。

1955年戏曲界的有识之士提出创办戏曲高等教育机构的议案。1956年文化部将这一议案上报国务院，得到了周恩来总理的批准，并指示：“在培养人才上要走自己的路。”文化部在传达周总理指示的同时，指定欧阳予倩为中国戏曲学院筹备委员会主任，晏甬为副主任，委员有田汉、史若虚、刘芝明、萧长华、李紫贵、罗合如、阿甲、周信芳、周巍峙、郝寿臣、马少波、马彦祥、张庚、程砚秋、梅兰芳等28人。确定的办学宗旨是：“培养在政治上具有马克思列宁主义观点，在业务上通晓中国古典戏曲专业，并能贯彻戏曲为人民服务的戏曲导演、戏曲文学、戏曲音乐、戏曲舞台美术及戏曲表演方面的高等人才。”1958年招收第一届编剧进修班、导演进修班、舞台美术研究班、戏曲音乐研究班。1959年后，相继开办了戏曲表演艺术研究班、戏曲编剧讲习会等短期训练班，对全国的戏曲院团的主要演员、编剧进行短期培训，收到了良好的效果。1960年经过全国统一考试，招收戏曲文学、戏曲表演、戏曲音乐、戏曲舞台美术第一届本科生，这也是中国戏曲教育史上首批戏曲专业大学生。在这期间还招收了两期研究生班。这些毕业生大多分配到京剧院团、戏曲学校或研究机构从事创作、教学或研究工作。

“文化大革命”期间，全国的戏曲学校大都被打乱或撤销，粉碎“四人帮”以后才得以恢复。1977年12月，中国戏曲学校恢复原名。各地亦相继恢复或新建，使戏曲教育在20世纪80年代再度出现蓬勃发展的景象。新时期的新的表演力量逐渐从各地戏曲学校中涌现出来。1978年10月经国务院批准，在中国戏曲学校的基础上成立中国戏曲学院，由史若虚任院长。设京剧表演、戏曲文学、戏曲导演、戏曲音乐、戏曲作曲、戏曲舞台美术等6个系，一个干部、教师专修科，一所附属中等戏曲学校。学制本科4年，专修科3年或2年。学院经常举办表演、导演、音乐、编剧、舞台美术、师资等专业进修班，培训全国各地的在职人员。

学院提出以培养学生基本理论、基本技能、基本知识和艺术创造能力为主的“三基一创”的教学方针，确立以培养“艺术创造能力”为核心的教学组织机制。经过多年的努力，学院有着悠久教学传统的表演系，已积聚了相当雄厚的师资力量，比较完备的教材和教学设备。而新建的戏曲文学系、导演系、舞台美术系、戏曲音乐系以及新媒体艺术系、教育系等在师资、教材等方面也都初具规模。1994年起，学院已被列为硕士学位授予单位。1996年10月开办首届中国京剧优秀青年演员研究生班，经过3年学习，通过论文答辩取得结业证书。这是中国戏曲教育史上的一个创举。至2007年，已开办四届，毕业学员共139名，其中京剧演员111名。学院还招收了来自美、英、法、德、瑞典、西班牙、日本、新加坡等国的留学生以及中国台湾、香港等地的学生。总之，学院在提高京剧队伍的整体素质和扩大京剧艺术的影响方面起到了十分重要的作用。

20世纪50年代以来的台湾京剧教育也令人瞩目。京剧人才的培育，主要以学校的教学体制承担，如大鹏、陆光、海光戏剧实验学校，复兴剧艺实验学校，国光剧艺实验学校，台湾戏曲专科学校等，为台湾的京剧艺术的延续、发展作出了贡献。

以上所述为传统科班与新型戏校。贯穿于各个历史时期的个人拜师学艺，也是京剧艺术教育的重要途径。在个人拜师（或科班结业）基础上的多师承继，为新流派的产生创造了契机，如杨小楼、高庆奎、言菊朋、刘奎官、周信芳、马连良、杨宝森、李少春、程砚秋、张君秋等，都是多师承继，博采众长，融会贯通，形成自己独特风格的大家。另外，未经正式拜师，主要依靠自己对所崇拜的艺术偶像的刻苦模仿学习，即所谓“私善于贤人”的“私淑”子弟，也是京剧艺术成才的一种特殊方式，如新艳秋等。

中国戏曲教育在世界戏剧教育领域中独树一帜。京剧教育是中国戏曲教育的典范。京剧教育的特征主要体现在演员的培养上，必须从少年时抓起。京剧演员的培养是建立在中国戏曲独有的行当表演体制的基础之上的，它有利于贯彻先进的因材施教的教育原则，这是包括京剧教育在内的戏曲教育容易见成效的重要原因之一。今日的京剧教育是历代戏曲教育经验累积的成果。历代的宫廷教坊，明清的家班，晚清昆曲、高腔、梆子的科班，为京剧教育提供了丰厚的历史经验。它经历了清末、民国的京剧科班，民国时期新兴的京剧学校和各种形式的教育机构，特别是经过中华人民共和国成立后由京剧中等教育到京剧高等教育的发展，已经形成了相当完整的教育体系，它必将对中国戏剧乃至世界戏剧作出更大的贡献。

（傅晓航）

附：19世纪至20世纪40年代主要京剧艺术教育机构表

年代	名称	地点	主办人	教师	学生	附注
清道光年间	嵩祝科班	北京	仪亲王府出资		任七十、姚增禄、杨振刚、沈小庆、徐宝成、刘万义（大奎官）、王攀桂、刘永春、沈景丞、叶中定等	
清道光年间	双庆科班	北京			刘吉庆	
清咸丰年间	小金奎科班	北京			谭鑫培、叶中兴	
清咸丰、同治年间	双奎科班	北京	张二奎、大奎官	沈景丞	杨全（双全、隆寿）沈玉莲、谭鑫培、李寿山	
清同治年初	小福胜科班	北京	朱廷贵	李兴太	王福寿、范福泰、彭福凌、陈福胜、彩福禄、许福雄、宋福泰、许福英、孟福保（孟七）、沈福山、沈福海、吕福善、王福连、张福魁等	
清同治年间	胜春奎科班	北京	太监黄三出资	张三福、王文隆、小锣张、于双寿、张金柱（富有）	李连仲、陆连贵、王长林、钱长永、杨永元、牛长宝（松山）、董智斌、崔禄春、陆金桂、德润芝、冯志奎、王洪全、李燕云、李顺德等	
清同治年间	小和春科班	北京	庄亲王允禄后人出资		吴和吉、蔡和祥、樊和珍、蔡和如、宋赶生、李顺亭、高士杰、孙和清、韩和明等	
清同治四年（1865）	永胜和科班	天津（宝坻）	张国泰	张国泰	张云卿（一盏灯）、张永玉（两盏灯）、张锦珂（三盏灯）、周永棠（四盏灯）、三贵山（五盏灯）、程永龙、刘永奎、李永利、李永美（桂春）、宋永珍、王永广、潘永贞、吴永顺等	宝坻县当时属直隶（河北）
清同治十三年（1874）	*四箴堂科班					
清同治、光绪年间	夏家科班（丹桂茶园小科班）	上海	夏奎章（前）夏月珊（后）	景四宝、周长山、陈吉太、沈韵秋、黄月山	夏月珊、夏月润、夏月华、夏月恒、邱治云（小保成）、朱惠元（小保珊）、周慧芳（小桃红）、张松涛（小桂芳）、赵珍玉（小珍玉）、马飞珠（小赶儿）、小胜奎、小九龄、潘月樵（小连生）、张英杰（盖叫天、小旋风）、吴彩霞（小喜禄）、冯子和（小子和）等	
清光绪八年（1882）	*小荣椿科班					见小荣椿班

续附表1

年代	名称	地点	主办人	教师	学　生	附注
清光绪十一年(1885)	小玉成科班	北京	田际云、李诚玉	刘永桂、李祥、尚恩荣、刘庆喜、曹二官	李玉贵、梁玉德、崔玉楼、刘玉芳、李玉凤、李玉奇、张玉鹏、李玉亭等	
清光绪十四年(1888)	小鸿奎科班	北京	陈丹仙后由赵宝田出资	姚增禄、吴连奎	陈六十、陈七十、贾洪林、王永利、杨四立（据高盛麟述：扎金奎、赵砚奎、高庆奎、高联奎等亦在此科班坐科）	
清光绪十五年(1889)	小丹桂科班	北京	刘赶三、黄三雄		吴彩霞、李德成	
清光绪十九年(1893)	小天仙科班	北京	杨隆寿、刘吉庆、迟玉泉等	曹允杰、沈永庆、沈景亟	谭小培、迟月亭、张增明、鲍吉祥、杨长林、杨长喜、阎岚秋、裘桂仙等	本班为小荣椿科班的改组延续
清光绪十九年(1893)	小福寿科班	北京	余玉琴	陈德霖、余玉琴、唐玉玺、贾丽川、范福泰、吴和吉、陈春元	许德义、范宝亭、茹锡九、朱湘泉、余幼琴、余小琴、李寿安、董德春、朱德芳、孙德祥（棣珊）等	还有排名的陈福奎、夔德奎、古连奎、任春奎、王丽奎（丽卿）
清光绪二十七年(1901)	小吉祥科班	北京	田际云、李连仲、何景云		张玉峰、王玉吉、陶玉政、陶玉芝、陶玉树、李玉安（春恒）、乔玉泉（乔三）、乔玉林、李玉龙、郃玉成、高玉元、陈葵香、罗小宝、韩长宝、高月秋、田雨农等	本班为小玉成班的改组延续
清光绪二十九年(1903)	*小金台科班					
清光绪三十年(1904)	*喜（富）连成科班					
清光绪三十一年(1905)	*长春科班					
清光绪三十二年(1906)	德胜奎科班	天津	靳庆云（靳六）、张二	赵春瑞、王喜虎、王春泉	白玉崑、苗胜春、苏春科、余叔岩、赵胜玉、朱胜奎等	
清光绪三十三年(1907)	承平科班	北京	李翼（豫）臣、吴和吉、陈春元	冯蕙林	王福山、刘砚亭、陈少五、张永奎、方玉珍、项玉芬（鼎新）等	
清光绪三十四年(1908)	鸣盛和科班	北京	郭际湘	郭际湘、张增明	张鸣才、李鸣玉、马鸣海（富禄）、李鸣美（一车）、蒋少奎、于盛琴（连泉）、耿鸣义、于永利、刘砚芳、霍鸣如、双鸣鸿、孙砚亭、郭鸣雷等	1911年报散
清光绪三十四年(1908)	祥庆和科班	北京	胡海平		李多奎、贾多才、王多寿、王多芬、杨多顺等	
清光绪年间	芳字科班	杭州迁至上海	李谷香		王全芳、王玉芳、张志芳（铭轩）、张桂芳（韵楼）、张顺芳（远亭）、张奎芳、姚兰芳、刘韵芳、王小芳、张艳芳、景琴芳、陆刚芳、王少芳等	王少芳即改演黄梅戏的王少舫
清宣统元年(1909)	*三乐科班（后改名正乐社）					
1916	*崇雅社科班					
1917	*斌庆社科班					
1918	福字科班（孙家科班）	上海	孙老太太	上海新舞台演员	陈福赍、王福英（富英）、朱福瑞（百岁）、夏福芳（松雪芳）、万顺利、薛德春、张君庭、徐福生、王福胜、周福喜等	朱福瑞为云燕铭之父，夏福芳为夏美珍之父
1919	*伶工学社					

续附表2

年代	名称	地点	主办人	教师	学　生	附注
1920	福清社科班	北京	朱幼芬		满福山、李福久、林福岩、孟福海、张福昆、唐福顺、王福庭、李福庆、朱福涛、章福升、陈丽芳等	叶盛章曾入此科班；妙银童、妙林山随此班演出
1923	*群益社科班					
1924	小荣华科班（后名小玉华科班）	北京	刘砚芳		陈少霖、姜少香、王少芳、冯宇兰、吴碧兰、刘宗杨、钱紫云、钱少仙等	杨宝森曾在此班外串
1930	*中华戏曲专科学校					
1930	喜临堂科班	上海	张远亭	杨菊笙、吴清山、张铭轩、董月红、董明艳、张铭声、应宝莲、粉菊花、张文贵、贾宝山	盖叫地（周赐喜）、陈鹤昆、许昆童、李少奎、李少楼、曹艺铸、小张远亭、张春秋、张素秋、张义奎、张义礼等	
1932	*北平国剧传习所					见国剧学会
1933	志兴成科班	北平	张玉峰、庞德云、焦承志		黄志庆（元庆）、任志秋、李志良、张志芳、佟志林、孙志友、赵志铮、郭志珍、黄志祖、周志邦、李志春、郭志臣、王志亭等	见国剧学会
1933	*山东富连成社					
1933	*山东省立剧院					
1934	文林社科班	北平	张玉亭、任富宝	陈富瑞、张连升、计砚芬、张鑫奎、高连甲、陶玉政、陶玉树	戴文德、张文麒、张文麟、景文魁、景文星、朱文奇、计文龙、苏文声、田文芳、王文斌、李文龙、冯文贵、王文处、田文莲、殷文宗等	
1936	太平社科班	北平	陈富瑞、赵春锦、张鑫培	高连甲、张连升、任富宝、计砚芬、陶玉政	姜铁麟、方少泉、陆振英、李永华、白永贵、李永年、宋永芬	吴素秋随此班演出
1936	*稽古社子弟班					
1936	*厉家班					
1937	宝兴社科班	北平	任富宝、杨韵谱		何宝童、殷宝忠、方宝才、朱宝奇、刘宝玉、蔡宝芬、苏宝声、李宝林、刘宝福、刘宝云、钱宝庆、孙宝奎、蒋宝全、娄宝锁、阎宝元、柳宝安、段宝环、王宝羽、王宝亮、孙宝金、刘宝霞、李宝永等	1938年11月由杨韵谱接手主持。杨少谱、鲜蕊芳随此班演出
1937	长庆社（太平社易名）	北平	陈富康		常长升、王长立、李长依、尚长春、陈长秋、孙智良（瑞春）、常富华、姜铁麟等	张君秋随此班演出
1938	*荣春社					
1938	*夏声戏剧学校					
1938	崇林社科班（文林社易名）	北平			马崇君、蔡崇芬、刘崇霞、苏崇安、王崇亮、李崇华、刘崇福、张崇元、冯崇贵、孙崇奎、张崇禄、李崇斌、雷震东、高月明等	
1939	长升社科班	北平			常长升、萧长洪、焦长祥、马长义、夏长明、刘长奎、汪长远、邱长友、陈长荣、夏长林、王长琪、陈长博、张英舫、张英琴、李菊茹等	

续附表3

年代	名称	地点	主办人	教师	学生	附注
1939	荣玉社科班	天津，后至沈阳	田鸿儒	韩长宝、阎喜增、徐文田、邢德月、李妙兰、王虎山	田中玉、田文玉、范成玉、李俊玉、杨麟玉、田美玉、李良玉、王明玉、江秀玉、邢双玉、邢喜玉、沈连玉、刘祥玉、张美玉、田彬玉、刘和玉、孙银玉、宋金玉、张来玉等	1946年转为四维儿童戏剧学校二分校；1949年为中国人民解放军第四野战军政治部接管改编
1939	*鸣春社					
1939	*上海戏剧学校					
1940	鸿春社科班	南京 天津	秦昆山 李桂春	先后有阎喜林、韩长宝、关盛明、孙盛云、郭文龙、陈富瑞	秦鸿云、秦鸿声、黄鸿甫、张鸿秋、朱鸿发、张鸿文、马鸿麟、秦鸿良、陆鸿燕、秦鸿铃等	此班几经易主换名。李桂春主持，为其中一段
1940	*中华国剧学校					
1942	*四维儿童戏剧学校					
1942	聚祥社科班	天津	朱寿山	韩长宝、娄廷玉、满福山	周铁豪、王宝来、朱玉清等	1946年停办
1946	麟祥社科班	青岛	周麟昆	陈富瑞、周金铭、王多寿、王宗喜、邢惠清、宋崇门、张新金、姚云吉、王万福	宋玉庆、陈玉申、邢玉民、宋玉蕴、牟玉芳、王玉坤（长青）、刘玉汉、王玉珍、牟玉凤等	于1949年6月参加中国人民解放军
1947	*咏风社					

本表所列科班、剧校按创立先后为序，注有*者设有专条。（制表：钮骠）

Jingju Jingcheng Xiqu Wenhua de Zhenghe

《京剧——京城戏曲文化的整合》 京剧研究专著。吴毓华、宋波合著。中国书店2002年4月出版。18万字。该书作为“京华博览丛书”之一种，着重论述京剧艺术在北京地区的形成和发展历程，试图从文化学和美学角度，探讨京剧的文化内蕴和价值。全书共11章，由史和论两个部分组成。前7章纵向说史，后4章横向论艺。第一部分是史的叙说，从京城历代的元杂剧、明清传奇和清代的花雅角逐中，考察京剧的历史底蕴和对复杂的戏曲文化的整合。书中具体分析了京城3种文化（即宫廷文化、精英文化和市民文化）的区别和联系，探讨了它们共同孕育京剧胚胎、抚育京剧成长的重要作用，有利于读者从更深的文化层面上认识京剧的价值。书中还简约地描述了京剧从初露峥嵘、光耀天下，成为“国剧”，以及兴衰与复苏的过程。虽泛览流观，也能达到寻源溯流，从正反的经验中看到京剧发展的规律性。第二部分是对京剧艺术本体的介绍，包括京剧的美学特征、剧本文学、演唱艺术和舞台美术等，能使读者对京剧的艺术风采有所了解，并可从中看到京剧在不断的吐故纳新中所具有的艺术生命力。作者吴毓华，系中国艺术研究院戏曲研究所研究员，著有《古代戏曲美学史》、《戏曲美学论》，编有《中国古代戏曲序跋集》、《古典戏曲美学资料集》(合作）等。宋波为中国艺术研究院戏曲研究所副研究员，著有《昆曲的传播流布》等。（玉书）

Jingju Jingshen

《京剧精神》 京剧研究著作。蒋锡武著。湖北教育出版社1997年5月出版。**蒋锡武**（1948～　），研究员。湖北省文艺理论家协会副主席、《艺坛》主编。毕业于武汉市戏曲学校京剧科，工净行。1966年入武汉京剧团任演员。1980年以来在各级报刊发表学术论文及文章百余篇。《京剧精神》为其专著。全书8章，是系统探究京剧本体性和现实存在价值的理论之作。全书从“认同危机”入手，在肯定京剧已具古典戏曲典范性和终极性的基础上，提出京剧的原道返本问题。作者认为，京剧之“道”，乃是在儒、道文化思想浸润下所生成的“和”、“玄”、“游”的古典精神，并据此将京剧定位于古典艺术；所谓京剧“危机”，正源于对其古典精神的是否认同。京剧这种文化精神的艺术表现，在作者看来，具体涵盖在演员表演、形式意味、审美感知3个层面。又通过对表演与剧作、导演等关系的比较分析，认为京剧是演员中心特别凸现的艺术。作者从古典艺术范畴的层面，确认了京剧表演中所具有的中正之声，并在这种古典精神的观照下，分别对梅兰芳、杨小楼、余叔岩表演艺术的美学思想与艺术

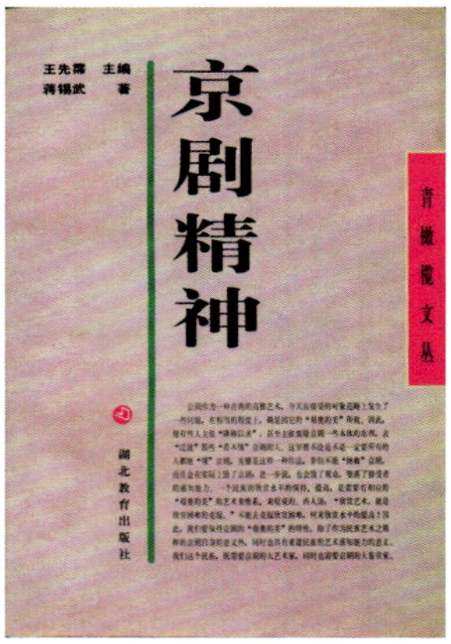

特质做了阐述，重估了他们在中国文化中的美学价值和在艺术史上的地位。作者论述了梅兰芳的演剧中和观，以为梅兰芳作为中国古典戏曲范畴内终极意义上的人物，实为中国之“剧圣”。作者从辨析“武戏文唱”的角度，提出杨小楼与道家思想有着深厚的关系，其艺术构成为京剧中道家精神的一个主干。作者对余叔岩艺术所呈现的超越性做了精微的抉发，指出其在澄怀得道中，将艺术与人生、天道相接，给人以无穷的宇宙之感、不尽的生命体验。作者还分别从美感创造和审美接受两个方面，探求京剧的本体特征、美学原则。作者以为，京剧的形式感十分突出，具有不依存内容而单独成为观照对象的独特审美价值；这种审美价值，在接受主体的心理机制配置中，则主要靠的是对审美感知的把握来获取。在探讨作为古典京剧的现实存在价值方面，作者提出了文化视野和文化心理问题，即无论是在艺术多元的构成方面，还是在精神多重的需求方面，古典京剧都有其现实的存在（价值）合理性，从而对其现代转换的必要性提出质疑。作者批评那种抽取京剧古典精神，否定其文化价值系统所具有的超越性，而仅仅只看到现实的文化功能层面的浮躁心理、短视行为，以为这无异于是京剧的自毁。基于此，作者主张返本，即回到京剧之道的基础上发展京剧，将这种发展界定为不脱离古典精神的“后发展”。本书的学术贡献在于超越了对京剧的一般性描述，以新的方法、视角，全面审视京剧的文化内涵、美学思想，并在以艺术的心灵去感受京剧生命的过程中，对具有古典精神的京剧艺术作出了较系统的理论探讨，提出了独特见解。（江东）

jingju juchang

京剧剧场 京剧的观演场所。在中国剧场史上，京剧观演场所的变革具有典型意义。京剧是在徽调、汉调、昆曲、梆子的基础上形成的，早期的演出场所与传统戏曲没有太大的区别，总体表现为因地制宜，随处作场，适应性强。京剧成熟于北京、天津、上海等都市的茶园，茶园的观演氛围给京剧艺术带来重要影响。20世纪初，西方式剧场引进。京剧在与话剧、歌剧、舞剧等交叉演出的过程中相互影响，剧场形态、舞台装置、演出设备、观演关系均发生了很大变化，由此带来京剧艺术的一系列革新。

沿革

戏曲源于歌舞，素来“以歌舞演故事”。歌舞场即戏场。自12世纪中叶（宋金时期）戏曲成熟之时起，就形成了“因地制宜，随处作场”的表演传统。传统戏曲演员的基本队伍是江湖“路歧人”，他们以流动性的“打野呵”方式出没于闹市村场、厅堂宴集、瓦肆勾栏。宫廷、王府、豪门、大宅亦蓄养艺伎，以厅堂、院落为演剧之地。流动的演出方式，随意性的、多样化的演出场所，与戏曲本身的诸多写意特征相辅相成，如戏剧时空灵活，虚拟性、技艺性强等。只要有一方空场或一方空台，就可以有声有色地表演一个个戏剧场面，扮演上下数千年、纵横天地间的各种故事。

传统的乐舞戏曲向来有雅俗之分，这与演出环境相关。露天广场和室内厅堂的演出环境常常呈现出不同的特点。唐代白居易《立部伎》诗称：“堂上坐部笙歌清，堂下立部鼓笛鸣。笙歌一声众侧耳，鼓笛万曲无人听。”其中坐部伎演出于室内厅堂，环境安静，宾客专注，故而轻歌曼舞、琴瑟伴之，优雅而抒情。立部伎演出于露天广场，环境嘈杂，观众游散，故而百戏呈技，鼓笛齐鸣，热烈而红火。宋代吴处厚《青箱杂记》称：“今世乐艺亦有两般格调，若朝庙供应，则忌粗野嘲哳；至于村歌社舞，则又甚焉。”可知演出环境、演出氛围以及观众层次、观赏心态必然带来艺术特征、艺术风格的差异。传统戏曲演出场所的室内和室外之分、堂会与野台之别，遂有雅乐与俗艺之说。宋代以来，城市里的商业化演艺场所如勾栏、茶园、戏园相继出现，意味着戏曲的演出重心由室外转向室内，渐渐形成专业剧场及相应的演剧体制。同时，在艺术上雅俗并蓄，交融互补，获得了整体提高。

传统戏曲的多样化的演出场所包括：

露天广场——如露台、庙台、群众性集会场所。

室内厅馆——如宅第、酒楼、饭庄、茶园、会馆、戏园。

其中，茶园、会馆、戏园渐渐以观演戏曲为主，转化为商业性的剧场。

京剧形成于清代道光时期的帝王之都北京，由进京留驻于京城的民间戏曲以及传统戏曲荟萃而成。清康熙、乾隆、嘉庆、道光历代朝廷曾三令五申内城不准开设戏园。前门以南的外城虽不在禁限，但不准八旗子弟和官员等潜往戏园看戏（《钦定大清会典事例》、《钦定台规》）。这种特定的社会政治环境，使民间的演剧场所被限定在外城的市民商业区。然而，宫廷贵族并非绝对排斥戏曲，相反，宫中自设有演剧机构（南府、昇平署），建造了豪华辉煌的大、中、小型戏楼和戏台，并设有各种宴戏之所。王府贵邸起而效之，或专设戏班，或在宅院内建设戏楼、亭阁、厅堂，雇请戏班登堂演出。

乾隆以后，北京外城商业区的演剧日见其繁。特别是前门、宣武门地区，官宅、别墅集中，文人荟萃，戏曲艺人多流寓于此。演剧场所有大有小，或以“楼”名，或以“园”名，或以“馆”名，或以“堂”名，大抵与茶园酒楼相融合，成为市民的重要文化娱乐场所。乾隆、嘉庆年间，仅前门外270米长的大栅栏胡同内外，就有三庆园、中和园、庆乐园、庆和园、广德楼、同乐园6座戏园。乾隆以后中国戏曲史上著名的“花雅之争”就呈现在以茶园、戏园以及会馆堂会为中心的京都剧坛上。

在以茶园为代表的演艺场所和复杂的市民文化氛围中，京剧雅俗交融，文武兼备，上接宫廷，下达黎民。它以皮簧戏的形态脱颖而出，渐渐辐射到天津、上海、沈阳、武汉等城市，乃至全国。

类型

京剧形成前后，形形色色的演剧场所程度不同地留有足迹。

宫廷及皇家园林演剧场所 清康熙时，宫中即设有专门的演剧机构，称南府，道光七年（1827）改为昇平署。南府（昇平署）本署设有戏楼，大抵用于排戏、审戏。除宫中设有大、中、小型各式戏楼和看戏亭阁外，各处行宫和皇家园林亦有昇平署的行在衙署，包括圆明园、热河行宫（承德避暑山庄）、张三营行宫（河北木兰围场）、盘山行宫（天津蓟县）、颐和园等。演艺场所随处而设，颇多变化，供皇室人员、官宦、贵宾观赏戏曲和各种表演。最为壮观的是三层大戏楼，计5处：紫禁城内东路寿安宫大戏楼、紫禁城内西路宁寿宫畅音阁、圆明园内同乐园清音阁、颐和园内德和园大戏楼、承德避暑山庄内清音阁。今尚存紫禁城内畅音阁、颐和园内德和园戏楼两处。二层楼阁形态的中型戏楼有昇平署戏楼、紫禁城内漱芳斋戏台、中南海纯一斋戏楼、颐和园听鹂馆戏楼、承德避暑山庄烟波致爽戏楼和如意洲一片云里的浮片玉戏楼等。此外，宫中起居殿内还搭设有小型戏台和戏亭，如风雅存戏台、倦勤斋戏台、景祺阁戏台、丽春轩戏台；南海有颐年殿戏台、八音克谐乐亭；北海有晴栏花韵戏台等。道光后期，昇平署恢复“外学”（民间艺人入署承差，称“民籍学生”或“民籍教习”），其时京剧业已形成。尤其咸丰、光绪时期，京中皮簧大盛，优秀演员

避暑山庄如意洲浮片玉戏楼 （选自《趣谈中国戏楼》）

多有入署承应者。据载，咸丰十年至十一年（1860～1861），英法联军占据北京，咸丰皇帝逃往热河。承德避暑山庄的烟波致爽戏楼、如意洲浮片玉戏楼是上演京剧的主要场所。选入宫廷演剧机构昇平署当差的京剧老生陈嵩年、张三元，小生汪竹仙，武生陆双玉，老旦杨瑞祥，正旦陆翠香、陆双喜，小旦曹玉秀，武旦乌松寿，净脚方镇泉，丑脚韩双顺等，在此演出过京剧《群英会》、《辕门斩子》、《战成都》、《叫关》、《白水滩》、《望儿楼》、《祭塔》、《穆柯寨》、《红鸾喜》、《演火棍》、《白良关》、《太师回朝》、《请医》、《打面缸》、《时迁偷鸡》等，凡100出。光绪年间，慈禧太后当政，长春宫的怡情书室小戏台、重华宫的漱芳斋戏台、宁寿宫的畅音阁戏楼、中南海丰泽园的纯一斋戏楼、颐和园的听鹂馆戏楼、德和园戏楼等处上演京剧最多。京剧演员杨月楼、孙菊仙、谭鑫培、汪桂芬、杨隆寿、杨小楼、王楞仙、时小福、陈德霖、余玉琴、王瑶卿、金秀山、龚云甫、王长林等，在这些戏台上演出京剧300余出（朱家溍《清代乱弹戏在宫中发展的有关史料》，载《中国京剧史》1990年版上卷附录）。

王府私宅演剧场所 旧时私宅宴戏之风颇盛，演剧方式主要是在厅堂内举办堂会。京城王府或设有演戏之所，如郑王府戏台、醇王府戏台、恭王府戏台、那王府戏台（俗称那家花园戏楼）等。今存之恭王府戏台，咸丰、同治年间建造在恭王府花园“萃锦园”之厅堂内。恭亲王世家喜好昆曲、京剧，蓄有戏班。据周明泰《五十年来北平戏剧史材》前编“戏簿”载，某次恭王府堂会，“春台班外串全包代灯”，京中著名京、昆演员俞菊笙、杨月楼、张胜奎、汪桂芬、许荫堂、朱莲芬、张紫仙、陈德霖、杨桂云、余玉琴、穆凤山、何桂山、钱宝峰、黄润甫、刘永春、德子杰等荟萃一堂，连演五六天，演出京剧和少数昆曲共72出。又，光绪十一年（1885）八月初七，恭王府堂会，“四喜部及外串戏单”载何桂山、余紫云、杨月楼、钱宝峰、金秀山、时小福、朱素云、孙菊仙、金秀山、王楞仙、陈德霖、侯俊山、谭鑫培等著名演员演出京剧和昆曲《十面》、《恶虎村》、《芦花荡》、《草桥关》、《雅观楼》、《搜孤救孤》、《奇双会》、《放牛》、《战太平》、《八大锤》等，凡22出（见周明泰《道咸以来梨园系年小录》）。那王府戏台建造在清光绪年间外务大臣那桐的私家花园中，戏台所在的厅堂名乐真堂。民国初年，新花园落成，那桐为其妻过生日，谭鑫培、杨小楼曾在此演出。民国时期，北洋军阀政府常借用此处设宴赏戏，到场者有曹锟、张作霖、吴佩孚、冯国璋等军政要人。著名京剧演员谭鑫培、杨小楼、余叔岩、侯喜瑞、梅兰芳、程砚秋等均曾在此演出。

会馆戏楼 会馆是官绅及商界同科、同乡、同行联谊结社聚会的场所。北京的会馆起于明代，清代则会馆林立，多在外城。据《顺天府志》记载，清光绪年间京城会馆多达445所。较大的会馆设有演戏之所，或在厅堂内临时分隔表演区和观众区，或在厅堂内搭设戏台，或专建戏楼。这些会馆，为“花部乱弹”进京交流创造了条件。今存之会馆戏楼以明末清初山西籍商绅建造之平阳会馆（或称阳平会馆）为最早、最大。此外又有康熙、乾隆时浙江籍金银商人建造的正乙祠戏楼和清代后期官绅合建的安徽会馆戏楼、湖广会馆戏楼等。它们是山西梆子、昆曲、徽剧、汉剧在京驻留的重要依托。此外，在雍正前后，京城已见梨园界（戏曲艺人）的同行会馆，又有精忠庙梨园子弟公所，均设有演剧场所。梨园界同行会馆的设立，说明各地的“花部乱弹”艺人渐渐留驻北京。在共同的演艺生涯中，同行切磋，取长补短，为适应京城观众的需求而日趋融合，从而为京剧的形成奠定了基础。据今所知，乾隆、嘉庆时期徽班进京后，三庆、四喜等班社及京剧名宿程长庚、梅巧玲、谭鑫培、王瑶卿、余叔岩、梅兰芳等均曾在正乙祠、安徽会馆、湖广会馆演出过。

平阳会馆戏楼内景 （选自《中国戏曲志·北京卷》）

茶园、戏园 茶园、酒楼、饭庄古来是饮宴休闲的娱乐场所，以茶点、酒肴为主，佐以乐舞、曲艺、戏曲演唱。随着城市的发展，观赏表演技艺逐渐成为重要娱乐项目，清代都市内的茶园，转化为以赏艺为主、饮宴为辅，或称戏园、戏庄、戏馆。功能转换，呈现为完备的商业性剧场体制。道光八年（1828）《金台残泪记》载：“听歌而已，无肆宴也，则曰‘茶园’。园同名异，凡十数区，而大栅栏为盛。”茶园观剧仅备茶点，亦有由周边酒馆饭庄备送酒食者。“茶园左右前后皆有酒馆，又曰‘酒庄’。一食万钱，诚销金帐耶。嘉庆间曾禁挟优入馆，未几复故。”《京尘杂录》载：“有戏庄，有戏园，有酒庄，有酒馆。戏庄曰某‘堂’，曰某‘会馆’，为衣冠揖逊、上寿娱宾之所，清歌妙舞，丝竹迭奏。戏园则曰某‘园’，曰某‘楼’，曰某‘轩’。偶然茶话，人海杂沓，诸伶登场，各奏尔能，钲鼓喧阗，叫好之声往往如万鸦竞噪矣。”北京除了始建于明代的著名酒楼兼戏园查楼（后改称广和戏园、广和楼）外，清初又有月明楼、方壶斋，皆在宣武门外。乾隆、嘉庆时期，茶园式戏园蜂拥而起，至少有20余家，如万家楼、广和楼、裕兴园、长春园、同庆园、中和园、庆丰园、庆乐园、三庆园、庆和园、广德楼、天乐园、同乐园、庆春园、庆顺园、广兴园、隆和园、阜成园、德胜园、芳草园、万兴园、六和轩、广成园等（见精忠庙《重修喜神祖师庙碑志》、《重修喜神殿序》所载乾隆三十二年、嘉庆二十一年赞助重修之戏园名单）。清代后期，内城不再禁戏，饭庄附庸风雅，多以“堂”称，兼用于堂会演戏，如宴汇堂、燕喜堂、禄寿堂、汇元堂、天寿堂、会贤堂、福寿堂、聚贤堂等。清末和民国时期，类似的茶园式剧场天津有中华茶园、下天仙茶园、东天仙茶园、升平茶园、协盛茶园，上海有满庭芳、丹桂茶园、金桂茶园、天仙茶园、大观茶园、群仙茶园等。

杂耍场馆及综合性游艺场 杂耍场馆或称小戏园，表演技艺较杂。除了戏曲外，又用作曲艺、杂技表演。杂耍场馆的档次比较低，多由西班（演唱“西曲”）、小班（演唱小曲）及曲艺杂耍艺人表演，不唱大戏。京城杂耍场馆以前门外珠市口以南的天桥地区为最，是底层市民的娱乐场所。自清末起，此地多有商人或艺人建茶园、设落子馆、搭戏棚，不下数十处。民国时期，渐有较为固定的演剧场所，如歌舞台、乐舞台和综合性娱乐场所城南游艺园等，其中亦唱京剧。除天桥外，京城三大庙市——东城隆福寺、西城护国寺、南城土地庙，乃至地安门、什刹海、东四、西单、花市、菜市口等集市也是杂耍艺人撂地为场和杂耍馆子随设之处，不乏穷困潦倒的京剧艺人及票友在此间徘徊。实际上他们同样起到了普及京剧的作用。天津、上海等地，简易的杂耍场在平民市场及周边地区随起随落。民国时期，天津的大罗天、陶园、张园等游艺场已以演戏为主。上海综合性游乐场所以1917年黄楚九创办的大世界最出名，址在今西藏南路1号，规模之大为全国之最。其中有专演京剧的大京班剧场，后以提倡男女合演定名乾坤大剧场。

上海大世界外景

乡村庙宇戏台 京都地区的庙宇戏台多留存于乡间，绝大部分附属于乡祠小庙，如龙王庙、娘娘庙、关帝庙、菩萨庙、瘟神庙等。庙宇周围既有随意设置的戏场，又有临时搭设的草台，也有永久性的戏楼。清代的京郊乡村，俗谓有村必有庙，有庙必有台，有台必有戏。永久性戏楼多建于山门处或庙门外，呈殿阁式，兼用于酬神和娱人。庙宇相对集中之处，或以数庙共一台（如北京密云古北口关帝庙戏楼，与相邻之药王庙、龙王庙、菩萨庙共用一台），或在村落街口单设戏楼（如北京门头沟三家店戏楼，道光八年由商家赞助兴建）。清末和民国时期，随着酬神意识的淡化，观赏戏曲成为民俗节令时的重要娱乐活动，京剧艺人亦常参与其间。如门头沟西胡林村九圣庙戏楼，重修于咸丰七年（1857），梁间绘有戏折，列40余出梆子、京剧戏名，其中有京剧《三岔口》、《定军山》、《四郎探母》等。妙峰山碧霞元君庙，俗称娘娘庙，有喜神殿（亦供戏神，今存遗址）。旧俗每年农历四月初一至十五，朝山进香的四方乡民多达数万，沿路搭设临时戏台，延请戏曲艺人唱戏。庙前现存民国时期“梨园艺人捐助碑”，列有著名京剧演员周信芳等人之名。庙内尚存京剧演员尚小云等人捐助的铁香炉。此外，20世纪30年代，北平兴义社演员郭凤池、郭凤岐、郭凤鸣擅演梆子、京剧，常流动演出于乡间。今古北口关帝庙戏台之后台尚留有“咸丰十一年庆春班”、“同治十二年吉庆班”、“光绪十九年四月二十三日安庆班”、“民国二十八年北京兴义社演员郭凤池、郭凤岐、郭凤鸣”等演出题迹。

形制

京剧演出场所虽以多种形态出现，但基本上未脱离传统戏曲演出场所的3种模式：开放性广场、封闭性厅堂、专业性剧场。

宫廷及皇家园林的大中型戏楼均为广场式演出。与乡间庙台异曲同工。其外部形态虽为三层或二层楼阁，建制豪华，实际上大部分剧目只在底层戏台上表演，可与民间热烈、喧闹的广场百戏相联系。三层大戏楼以一层为主要表演区，台面宽敞，14米见方，有活动地板5处，称地井，与台下相通，且可扩大音响共鸣。台顶四角及中央设5个天井，通向二层。一楼内墙挂帷幕，设上下场门。帷幕前搭设阁楼，称仙楼，可排列神仙。仙楼另有上下场门，演员可通过搭垛从台面登上仙楼，再从仙楼上通过搭垛或天井登上二层。二层上面又有天井通往三层。因台下观众视角的关系，二、三层仅以台口的一小部分为表演区，且逐层递减。大部分楼面用作后台。此类戏楼用于宫中盛大仪典，或演出承应大戏。演出时，场面浩大，天地人三界交错，神鬼杂出，台下庭院内亦设仪仗。二层楼阁式的中型戏楼同样以一层为表演区。台顶中部有天井通向二层。二层之楼阁以窗扇封闭，主要用于放置砌末道具。此类戏楼，唯颐和园之听鹂馆较为别致，上下两层均可用于表演。一层台面之表演在听鹂馆庭院内观赏；二层亭阁则三面敞开，单设上下场门及后台，可在对面山坡上观赏表演。从坡上称作“画中游”的景点向听鹂馆和昆明湖望去，但见天光水色，画舫穿行，琼楼玉宇，乐舞并举，颇有天、地、人三界交融的浪漫情趣。

宫中的室内演剧场所与王府私宅及会馆戏楼的演剧体制类似，为厅堂式。厅堂式的演出，在大厅内划出表演区，或设置小戏台。戏台三面突出，有上下场门。堂内设方桌、座椅，为观众席。其中，会馆内的戏曲演出带有一定的商业性，可租赁。主要在厅堂设宴，以边宴饮边观赏演出的方式接待宾客，称堂会。戏台顶部往往设阁楼，有天井与舞台相通，主要用于放置砌末、道具、服装和其他用品。

平民的专业化剧场以茶园为模式。旧时用于戏曲演出的茶园或称戏园，其厅堂设施与会馆戏楼相仿，仅观众层次、观赏氛围不同。清代后期，会馆戏楼如正乙祠、安徽会馆、湖广会馆等亦向公众开放，从而转化为平民戏园。乾隆间蒋士铨《京师乐府词》“戏园”诗称：“三面起楼下复廊，广庭十丈台中央。鱼鳞作瓦蔽日光，长筵界画分畛疆。童仆虎踞预守席，主客鱼贯来观场。充楼塞院簪履集，送珍行酒佣保忙。衣冠纷纭付典守，酒胡编记皆有章。砧刀过处雨毛血，酒肉臭时连士商。台中奏技出优孟，座上击碟催壶觞。淫哇一歌众耳侧，狎昵杂陈群目张。雷同交口赞叹起，解衣侧弁号呶将。”由此看来，戏园因营业的需要，由厅堂扩展出楼廊，成为广庭大厦。只要交钱买票，五行八作、三教九流均可入场看戏，其中的官座不乏缙绅、豪客。观众随心所欲，以至于“击碟催壶”之声塞耳、“狎昵杂陈”之态满目。

茶园表演区。戏台三面突出，高不及1米，台面约6米见方，四围设矮栏。后墙以隔断方式处理，或用绣花帐幕作为装饰，按左上右下的传统习惯设上场门、下场门。帐幕前放置乐器桌，为乐队伴奏区。戏台四角有立柱，支撑顶部阁楼。台口二柱饰以对联，称戏联。台顶之天花板饰藻井，中央开设天井，与阁楼相通。为

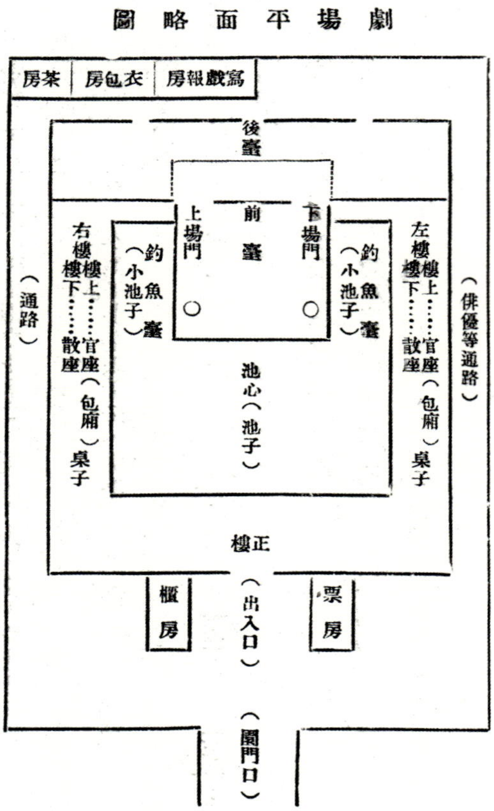

茶园的表演区与观众区平面示意图
（选自青木正儿《中国近世戏曲史》）

茶园楼上包厢（选自《吴友如画宝》）

了武戏的需要，台柱及台口上方设置栏杆，可结合剧情表演“栏杆技”。厅堂四周，墙体上部开设天窗，以解决白天照明问题。演出夜戏时，称“带灯”演出，或于台口挂灯笼，或于台口二柱设油灯，后改汽灯。

茶园观众区。《金台残泪记》载：“凡茶园皆有楼，楼皆有几，几皆曰‘官座’。右楼官座曰‘上场门’，左楼官座曰‘下场门’。狎旦色者曰‘斗’，争坐下场门。楼下左右前方曰‘散座’，中曰‘池心’。池心皆坐市井小人。凡散座一座百钱，曰‘茶票’。童子半之，曰‘少票’。池心无童子座，署曰‘池心不卖少’。乐部登场，坐者毋许径去，署曰‘开戏不倒票’。官座一几，茶票七倍散座。二‘斗’每据一几，虚其位，待旦色入座问安。立于仆竖之间无茶票者曰‘听栏杆戏’。”道光二十二年（1842）《梦华琐簿》载：“戏园客座分楼上楼下。楼上最近临戏台者，左右各以屏风隔为三四间，曰‘官座’，豪客所集也。官座以下场门第二座为最贵，以其搴帘将入时便于掷心卖眼。《竹枝词》：‘楼头飞上迷离眼，订下今宵晚饭来。’……官座而前，短几鳞次，曰‘桌子’，渐远戏台，价亦递杀。唯正楼不横桌，盖旧例也。楼下周围设长案，观者比肩环坐，曰‘散座’。其后亦设高座，倚墙跷足，可以俯视。中庭设案如楼下，而坐者率皆市井駔侩、仆隶舆抬，名之曰‘池子’。……夹台基曰‘钓鱼台’，亦以下场门为贵。至于上场门，鸣钲喤聒，目眩耳聋，客不愿坐也。”

综合各种史料和图片，可知茶园式演剧场所形制为：观众区分上下两层。下层厅堂的中央是“池心”，设茶桌、靠椅，上置茶具、点心，为“池座”。或在池心部分设长条桌、长条凳，纵向排列，与舞台呈“T”字形，同桌观众相对，侧向舞台。池座周围称散座。环厅有二层楼廊。楼上设包厢，又称官座，其余亦为散座。旧时代妇女不得入场看戏，唯官座等级最高，可带女眷。楼下为散座。厅堂边缘之高凳，较为简陋，称“兔儿爷摊”；其次站票，称“蹭栏杆戏”。为了近距离观赏演员上下场之亮相，靠近上场门或下场门之小池子的座位称“钓鱼台”。

旧式戏园内观众的无序和嘈杂的氛围，使京剧在相当程度上保留有民间广场艺术特征，如唱腔高亢、造型明确、动作夸张、锣鼓喧嚣等。同时，又因演出于室内剧场，吸收了长期演出于厅堂的雅部昆曲的长处，从而趋于抒情、细腻、典雅，渐渐达到雅俗共赏的艺术境界。

变革与发展

辛亥革命前后，西方文化渗透中国，西方式剧场（旧称新式戏院）开始在中国出现。首先在中国建立的西式剧场是清同治六年（1867）始建于上海英租界圆明园路的兰心戏院（Lyceum Theatre，现已不存，后又改建，仍称兰心），由英国侨民建造，演出外国戏剧。真正属于中国演员和中国观众的第一个专演京剧的新

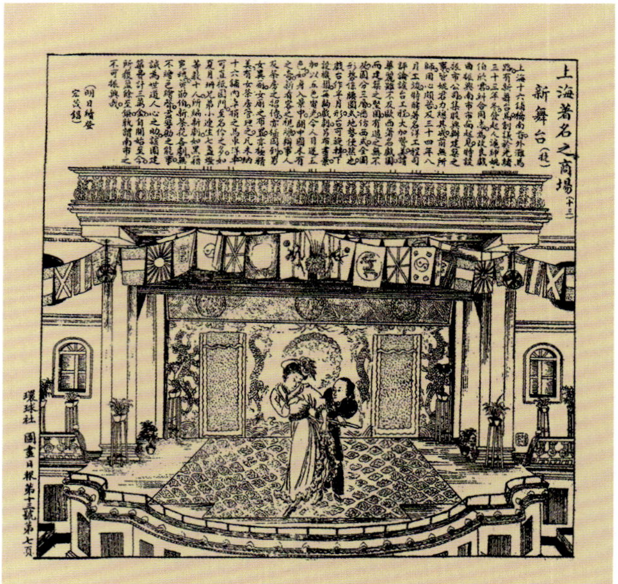

京剧版画中的新舞台（选自清末上海《图画日报》）

式戏院，是清光绪三十四年（1908）农历十月在上海南市十六铺落成开业的新舞台。该戏院以改良京剧为目的，由开明商绅合股集资，联合京剧演员夏月珊、夏月润兄弟及潘月樵等人共建。剧场在设计时曾考察过欧洲、日本的剧场，建造时以兰心戏院为参照。整个剧场的平面呈椭圆形，舞台为镜框式。台面宽敞，取消台口二柱。台唇呈半月形，适当照顾到观众环临戏台的传统习惯。又吸收日本舞台的特点，增添转台，可同时搭设两台布景。观众席分3层：一层取消茶桌、池座，改为排座，称正厅。二、三层亦为排座，另设包厢，允许男女同厢观剧。新舞台落成之后，上海又有文明大舞台（宣统元年，1909）、新新舞台（老天蟾，1912）等一批新式戏院相继开业，形制与之相近，均以演出京剧为主。北京的新式戏院则以1914年落成于前门外柳树井的第一舞台为始，舞台有转台设备。观众席分3层，设包厢，能容2 000～3 000名观众，亦以演出京剧为主。五四运动（1919）以后，新文化运动形成规模。20世纪20～30年代，各大城市纷纷建立新式戏院。以京、津、沪为例，北京有新明戏院（1919）、开明戏院（1921）、真光剧场（1921）、华北大戏院（原文明茶园，1930）、瀛环大戏院（1932）、新新大戏院（1937）、长安大戏院（1937），天津有新明大戏院（1925）、春和戏院（1927）、天华景戏院（1928）、东方大戏院（1931）、北洋戏院（1931）、国民大戏院（1935），上海有更新舞台（1922）、中国大戏院（1930）、黄金大戏院（1930）等。这一时期的新式戏院仍然以演出京剧为主，间或演出歌舞、话剧、地方戏曲剧种和其他表演技艺。相对传统戏园来说，新式戏院具有革新意义，主要表现在：

①舞台的革新。改三面突出的开敞式舞台为一面观赏的镜框式舞台，或加大台唇，舞台平面呈扇面形。镜框式舞台有利于布景的设置。台面左右设辅台，演员可由辅台出入，不拘于上下场门。乐队可隐匿于辅台，或仅以主奏者显露于台侧（讲究者以纱帘相隔），舞台画面得以净化。以上海为始，新式戏院很快被模仿和推广，出现了五彩布景、机关布景等舞台美术追求，开始摆脱古典题材的模式，探索接近现实生活的“改良京剧”。受话剧影响，京剧的舞台形态、舞台装置与之叠合。辅台、后台和台顶空间使表演区呈现为话剧所谓的“黑匣子”。随着科学技术的发展，“黑匣子”内陆续增添灯光照明、布景吊杆和转台等机械设备，剧场内声、光、电并用，增强了演出效果。舞台技术于是成为剧场艺术的重要组成部分。

②观众区的革新。改革带有尊卑等级观念的池座、官座、兔儿爷摊，统一设置为规范的排座，或带包厢，以票价区分座次优劣。根据条件，场内开辟太平门，增设安全消防设备、卫生设备等。这样一来，既有利于增大观众量，提高票房收入，又有利于整肃剧场秩序，使观演关系趋于民主、平等。鉴于传统习俗忌讳妇女入场看戏，因此，新式戏院的男女同厢亦可视为一种进步。

新舞台观众厅一角

③管理的革新。新式戏院改善演员演出条件，增设化装室、休息室等设施，甚至与演员、剧团共管。如：上海京剧演员夏月恒、夏月珊、夏月润兄弟及潘月樵等以董事身份参与新舞台董事会，戏院除正常演出外，又创办《新舞台》杂志，开设小科班培养演员。北京第一舞台落成后，延请杨小楼、刘鸿昇、姚佩秋、许荫堂等为主要演员的陶泳社协办。钱金福、高庆奎、郝寿臣等为主要演员的京剧科班桐馨社亦曾参与。由此，剧场与演员、剧团程度不同地建立了相对稳定的契约关系，渐渐改变了演员漂泊无定的状态，有利于促进京剧艺术的发展。

中华人民共和国成立后，从20世纪50年代起，剧场纳入政府文化部门管理，某些剧团由政府配备相对固定的专门剧场，如北京的人民剧场（属中国京剧院）、北京市工人俱乐部（属北京京剧团）等。作为文化娱乐设施，新式剧场大量建立，专业性管理加强，设备不断改善。其时，京剧、地方戏曲、话剧、歌剧、舞剧、电影等多种艺术形式并起。艺术形式的多样化，使剧场由单一化走向综合性、多功能。20世纪80年代以来，现代化剧场层出不穷，多成为会堂、宾馆、旅游文化设施、电视演播系统不可或缺的重要构成部分，且与国际性剧场建筑艺术接轨。20世纪90年代以后北京新建的长安大戏院、保利剧院、梅兰芳大剧院、国家大剧院等均有京剧演出。随着经济的发展、科技的进步，观众文化娱乐需求的增长，剧场的灯光照明设备、音响设备、幕景设备、舞台机械设备、演员化装和洗浴设备、观众坐席、休息厅、卫生设备、防火安全装置等得到全面改善。剧场和舞台形式进一步趋于多样化，大、中、小型的各种剧场，堂会式馆所，露天演剧场所，以及三面突出的开敞式舞台、镜框式舞台等同时存在，京剧均占有一席之地，其演出样式也将趋于多样化，并不断地出现新的探索。

（周华斌）

Jingju Jumu Cidian

《京剧剧目辞典》 工具书。曾白融主编。中国戏剧出版社1989年6月出版。收录京剧剧目5 300多条，150万字。内容按剧情的历史时代顺序排列，始自上古，历商、周秦、两汉、三国、两晋南北朝、隋唐、五代、宋、元、明、清，以迄近现代。另列“朝代不明”、“剧情不详”、“外国”数类。收入剧目的编写时间最迟为1984年的新编、改编剧目。选目主要根据京、津、沪等地报纸中的戏曲演出广告、各种戏曲刊物及有关书目，个别剧目为老艺人的口述记录。释文主要包括“剧情提要”和“考略”两部分。“剧情提要”多根据剧本故事内容写出，一小部分根据有关资料摘编或改写。“考略”主要包括剧情提要所依据的剧本来源或资料来源，剧作者情况，剧情本事的出处，剧本沿革，首演或擅演的演员，其他剧种的类似剧目，有关唱片的行世情况，不同版本情况等，虽有一些讹错，但收罗宏富，记述较为详细，是查考京剧剧目的重要工具书。

（马海玲）

Jingju Lianpu

《京剧脸谱》 脸谱图集。郭元汾编绘。宁夏人民出版社1963年3月出版。纵12.3厘米，横8.5厘米，彩印单页。每页一图，共收脸谱63幅，背面附戏名、人物名和谱式类别说明。内容按故事朝代顺序排列，分一、二两折套装。末尾印有《出版者的话》，对作者及此集做了简介。作者郭元汾系富连成六科学生，前辈名丑郭春山之子，家学渊源，攻铜锤花脸，擅画脸谱，并有所发挥，集中所收《封神榜》辛环、《将相和》白起、《窃符救赵》晋鄙、《登台笑客》郤克等谱，比较罕见。因作者英年早逝，三国戏脸谱繁多，只发表了夏侯渊一谱，其他未能画出，殊为可惜。 （傅学斌）

Jingju Lianpu

《京剧脸谱》 脸谱图集。赵梦林、阎继青撰文，赵梦林绘图。朝华出版社1992年出版。16开本，120多页，彩印，软面精装。核心内容为《京剧脸谱图录》，占68页，收入京剧脸谱272个。每页4图，有统一尺寸，采用正面画法。画法有图案化平涂与加光影两种。所收净、丑脸谱，不分某家某派，侧重于多见常用者，包括传统勾法与新编历史故事戏或传统剧目改编演出中的脸谱，如《赵氏孤儿》魏绛、《将相和》廉颇等。其排列顺序，大体按剧目题材的历史朝代。本书的特色，重视神怪与像形脸谱的保存，约占总量的五分之一。总体来看，绘制精致，少数脸谱还达不到作者“择优选入”的标准。为帮助读者了解脸谱与服饰、髯口、盔头的关系，完整地把握京剧人物造型，选用了近30幅彩照和扮相图。文字部分，卷前有《京剧脸谱杂谈》，略述脸谱源流、色彩与性格、构图分类、象征手法、勾画技巧；卷末有《脸谱人物、谱式和剧目简介》，对272个脸谱逐一加以说明。 （张连）

Jingju Lianpu

《京剧脸谱》 脸谱图集。颜少奎编绘。江苏人民出版社1995年出版。开本18.7×20.5厘米，近50页，彩印，软面精装。全书分历史溯源、

古代脸谱（明代与清代）、近代脸谱、脸谱流派（以关羽、孙悟空脸谱为例）、脸谱常识（分黄脸、紫脸、蓝脸、绿脸、白脸、鸟形脸、英雄脸、丑脸、神怪脸）、综合脸谱、变形脸谱、脸谱勾画、脸谱演变（以包拯脸谱为例）、名剧脸谱（含《三打祝家庄》、《将相和》、《野猪林》、《群英会》、《恶虎村》、《闹天宫》、《五鼠闹东京》）。脸谱图例200余种，大半画于脑门放大的石膏模型上，虽缩小制版（约2.5×3厘米），亦清晰传神。其中包拯、关羽、专诸、马武、赵高、项羽、李逵、廉颇、高俅、张飞等十多幅角色的大半身彩照，均为作者自己所饰，脸谱勾法规范。文字编写杨文玉。中英文对照，英语译者罗长炎。颜少奎于1960年毕业于中国戏曲学校，为江苏省京剧院花脸演员，业余追随翁偶虹钻研脸谱多年。翁氏在卷前撰文，称道作者所画脸谱，“都是在忠实于舞台化装的原则下”，运用精致的画技，升华为具有资料性、观赏性的艺术品。 （张连）

Jingju Lianpu Tushuo

《京剧脸谱图说》 脸谱研究专著。刘曾复著。北京市政协文史资料研究委员会编。北京燕山出版社1990年8月出版。大16开本。扉页由荣高棠题写书名。卷前有冯牧、朱家溍序文两篇。另有叶祖孚《刘曾复和他的京剧脸谱》一文，对作者及本书内容做了介绍。正文《京剧脸谱图说》，分“京剧脸谱的基本类型”、“早期京剧脸谱”、“京剧净角脸谱笔法的分化”、“京剧丑角脸谱笔法的分化”、“京剧传统剧目常用净角脸谱”5个标题，总结了作者研究京剧脸谱的经验和见解。在脸谱笔法的论述中，分析了钱金福、杨小楼、许德义、范宝亭、韩乐卿、金少山、郝寿臣、侯喜瑞、马连昆、刘砚亭、王长林诸名家的脸谱笔法，其中对钱金福说得尤为详细。传统剧目常用脸谱的解说，大体以脸谱主色分类。本书有彩图42页，收入230多出京剧的424幅脸谱，均以统一格式绘制，以黑色衬底，每页12幅。其分类标题及编排顺序，与正文相对应，便于读者文图互参。作者为京剧名票，自幼喜爱听京剧、学京剧、看脸谱、画脸谱。他不但在台下观摩，还常到后台认真观察过许多名家的勾脸技法，并从绘画、剧照及各种书刊中广泛收集脸谱资料。在深入研究过程中，曾向钱宝森、王福山、侯喜瑞等多有请益，故其所绘脸谱“都是有根有据，准确无误，没有杜撰”，“勾钱派侯派无不逼肖”（朱家溍《序》）。此书出版8年后，又有《京剧脸谱大观》一书由台湾辜公亮文教基金会出版，收入京剧脸谱666幅。作者关于脸谱的著述还有：《京剧净角脸谱图说》（附图24幅，《戏曲艺术》1980年第3期）、《“钱”派脸谱及其在京剧净角脸谱发展中

名家笔意图例

钱金福之李虎

钱金福之杨林

钱金福之鲁智深

杨小楼之姜维

尚和玉之李元霸

俞振庭之高登

范宝亭之青面虎

许德义之费德功

金少山之姚刚

马连昆之孟良

侯喜瑞之周通

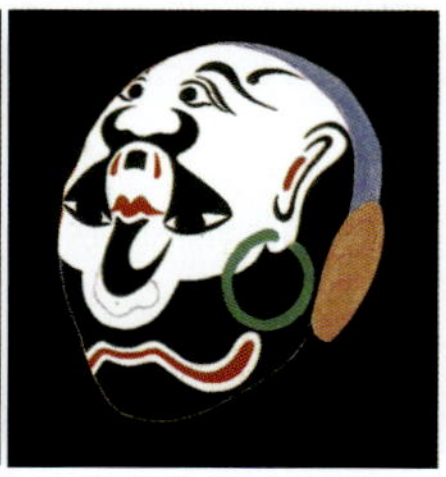
侯喜瑞之巨灵神

的历史地位》(与鲁青合作，附图32幅，《戏曲艺术》1986年第3期)、《京剧脸谱图案刍议》(《戏曲艺术》1988年第3期)、《京剧脸谱记问》(原载《燕都》杂志，后收入《古都艺海撷英》，北京燕山出版社1996年版)、《京剧脸谱三题》(附图8幅，《艺坛》第1卷，2000年3月出版）等。

（龚和德）

Jingju Lianpu Yigai

《京剧脸谱艺概》 脸谱研究专著。刘曾复著。中国书店2006年12月出版。8开本，900多页，重磅亚光纸彩印，瓷青色烫银绢面精装，外有影印清宫戏画护封，共4册，合一涵套。卷首有钟敬文、季羡林等15人题词。继之以作者自20世纪20～70年代临摹脸谱的各种原始资料。以下为吴小如、冯其庸、郭汉城、刘厚生、爱新觉罗·启骧5人序文。本书前两册为论述，后两册为图谱。论述部分有《京剧脸谱综述》、《京剧脸谱图案》、《京剧脸谱流派》、《京剧脸谱各家笔法》、《研究京剧脸谱的指导思想》等，其内容，基本上是作者已发表的各种有关论述的重新编纂。全文用行楷书写，共415页，每页7行，每行15～19字不等，合计约5万字。此非作者手迹，乃该书编纂者陈超所书。图谱部分有《基本类型》、《抹脸体系》、《勾脸体系（净角)》、《揉脸与破脸体系》、《脸谱主色》、《脑门花样》、《不同人物谱式》、《京剧谱式与其他剧种谱式的比较》、《净角流派谱式》、《前辈丑角谱式及丑角流派谱式》、《京剧脸谱的颜色》、《一出戏中的脸谱配合》、《曹八将脸谱》、《八大拿脸谱》、《侯喜瑞讲演中的四黑脸、四抹脸》、《三刚脸谱》、《名演员谱式专页》等。后有《图谱索引》，据此可知本书共有401个角色的817幅脸诗，比作者以前出版物《京剧脸谱图说》、《京剧脸谱大观》更为丰富。卷末有朱家溍《跋语》(移录自朱家溍为刘曾复《京剧脸谱图说》、《京剧新序》所写的《序》)、孔宇《后记》。吴小如《序》对作者京剧脸谱研究的优势大体有以下几点概括：①作者的本职工作是研究生理解剖学的，对人的头部和面部结构、形状有深刻了解，"勾画出的脸谱都有立体感"；②作者见多识广，亲见过很多艺术大师和著名演员所绘脸谱"各具有何种特色，其同异何在"，并得到过他们无私的指点和教导，"这种受到亲炙的机遇不是人人都能有的"，这正是其脸谱"与众不同的原因所在"；③作者注意与其他剧种脸谱的比较研究，"指出其间的得失优劣"；④作者还把眼光扩及神将、小妖、武行、下手们等次要角色脸谱的勾绘上，"只有把这些琐碎而一直不大为业内人士所注意的方面都能掌握要领，我们才可以说，这是真正的学术研究"。

《京剧脸谱艺概》护封

（龚和德）

jingju liupai

京剧流派 京剧表演艺术在独特风格的追求与传承上形成的一种特殊现象。每一流派，都有一位在表演艺术方面独树一帜并取得很高成就的宗师，同时又有相当数量的门徒和追随者传承其衣钵，发扬其特色，从而在表演艺术领域中衍成派系。开创门派的演员，首先要很好地继承其前辈的艺术成就，但更重要的是在此基础上形成自己独创的艺术风格，并在行家和广大观众中确立独特的品位。传其衣钵的后继者们也特别需要继承其宗师的独特风格和成就，以保持本门特色，使之流而成派。京剧流派的特征通常涉及舞台表演艺术的唱念做打等一系列方面，但往往首先体现在唱腔艺术上。不同流派通常也各有一批千锤百炼的"看家戏"，能够集中体现其本派特色。关于流派的形成过程，茅盾在为周信芳舞台生活60年的题词中有比较准确的概括："艺术流派之创始与形成，非一朝一夕之事。最初是某一艺术家创造了独特的风格，这个风格在艺术实践中逐渐臻于完善和成熟，于是在群众中建立了威望——这时，所谓某派某派者是经过群众批准的了。艺术家之独创的风格之所以能形成，是一个艺术锻炼的问题，然而不光是一个艺术锻炼的问题，这在很大程度上和艺术家的文化修养、艺术修养，乃至世界观都有关系。同时，个人风格也不是向壁虚造出来的，而是艺术家在广博地观摩、钻研许多前辈和同辈艺术家的卓越成就以后，再融会贯通而创造性地发展之结果。"京剧在不同的发展阶段中，流派的出现有不同的特点。最早的京剧流派，出现在老生行当。在经过徽、汉合流，京剧成为独立剧种之后，出现了"老三派"：程长庚的徽派，唱腔脱胎于徽调，以徽音为主；余三胜的汉派，唱工以楚调为基础；张二奎的北派（又称京派)，唱念中运用北京字音。清朝末年，又出现了"新三派"，即谭鑫培的谭派，汪桂芬的汪派，孙菊仙的孙派。他们三人均师承程长庚，又各有创新，风格迥异，在京剧发展中起到继往开来、革故鼎新的作用。其中，尤以谭鑫培影响最大，后辈老生演员有"无腔不学谭"之说。此后，在老生行当中根据各自的条件创新发展、卓然成派的，还有余叔岩的余派，言菊朋的言派，高庆奎的高派，马连良的马派，周信芳的麒派，唐韵笙的唐派，杨宝森的杨派，奚啸伯的奚派等。在旦脚行当中，清末民初，王瑶卿突破传统规范进行了革新，师出王门的梅兰芳、尚小云、程砚秋、荀慧生，在20世纪20年代相继形成各自的艺术流派，即梅派、尚派、程派、荀派，使旦脚艺术发展到一个崭新的阶段。其中，尤以梅派影响最大，对中国京剧整体的发展提高起了重要作用。后来旦脚中被公认的还有张君秋的张派。在净行中，有金少山的金派，郝寿臣的郝派，侯喜瑞的侯派，裘盛戎的裘派和袁世海的袁派等，武净中有钱金福的钱派。小生流派中，北有姜妙香的姜派、叶盛兰的叶派，南有俞振飞的俞派。武生流派有俞菊笙的俞派、杨小楼的杨派、尚和玉的尚派、盖叫天的盖派。丑脚流派中，成派的有萧长华等，武丑有叶盛章的叶派。

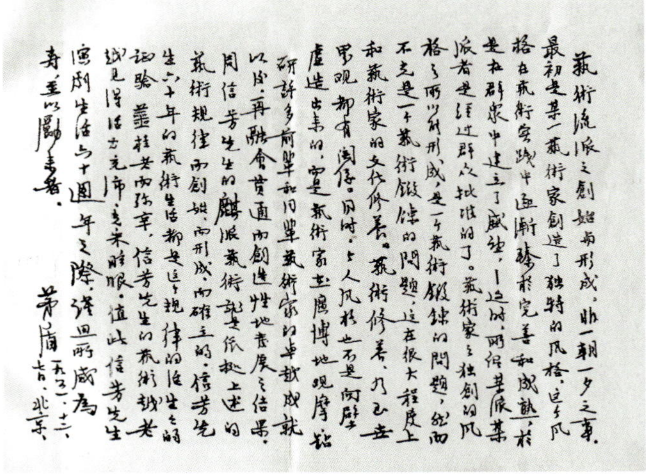

茅盾论艺术流派手迹（选自《周信芳文集》）

京剧流派的丰富，体现着剧种的成熟和繁荣。流派繁多，增强了艺术表现力和魅力，也可以满足观众多方面的欣赏需求。从美学的角度审视，流派体现着继承性与独创性的统一，稳定性与变异性的统一。但流派在保持其不同于他派的整体特色的同时，在本派内部，也容易出现后辈传人唯知“吃祖宗饭”而自己缺乏独创的弊端。

（高义龙）

Jingju Liupai

《京剧流派》 京剧研究著作。董维贤著。文化艺术出版社1981年10月出版。董维贤（1919～2008），原名董恒山。北京人。自幼喜爱京剧，唱小生，曾拜金仲仁为师，搭班演出过。后从事编辑、研究工作，为中国戏剧出版社资深戏曲编辑。该书的绪论部分论述了流派的形成、作用及其局限性。

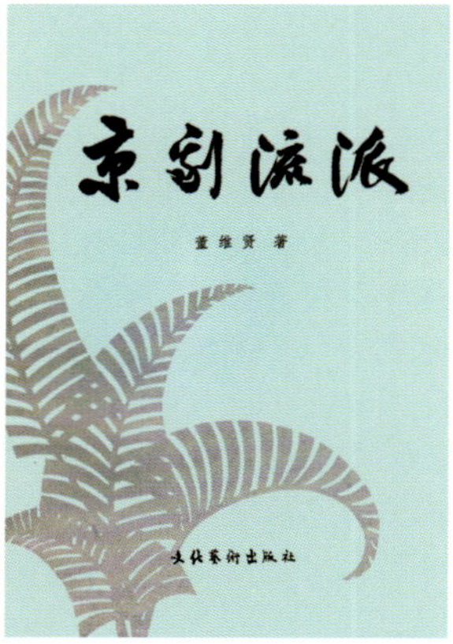

提出并分析了京剧流派形成的5项条件，即师承有自，后继有人，同业赞许，专家肯定，观众支持。论述了京剧流派对于京剧的推陈出新、繁荣发展所具有的积极作用。作者基于一切流派艺术无不具有一定的局限性的认识，因而主张对待流派要持既尊重、倡导，又要进行分析的态度。该书以主要篇幅对京剧各主要流派创始人的艺术经历和艺术成就进行述评，共4章，依次为生行、旦行、净行、丑行。所论及的对象生行43人，旦行19人，净行12人，丑行11人，共85人。正如张庚在为本书所写序中所说，作者“对于许多演员的表演风格、师承关系、拿手剧目以至于艺术的长短得失都说得十分具体而且扼要”。作者曾经是一个专业京剧演员，见闻丰富而真切，加之治学态度严谨，使该书具有资料翔实可靠、评价力求客观精当的特点，从而较好地反映了100多年来京剧流派的发展状况，是不可多得的力作。综观全书除介绍流派创始人的生平业绩、戏德、修养等外，在艺术思想方面主要贯串了如下两个要点：一是用大量事实表明，任何京剧流派的形成都必须以对艺术遗产的继承为基础，如作者在“谭鑫培”一节便称赞谭派艺术创始人谭鑫培是一位“善于继承、勇于创造的表演艺术家”；二是用京剧流派发展的史实表明京剧艺术的繁荣发展来自众多京剧艺术家的革新创造精神，如作者在“梅兰芳”一节就对梅兰芳在剧目、情节、唱腔、动作、服装扮相等各方面的革新创造做了评介。

（刘琦）

Jingju Liupai Jumu Huicui

《京剧流派剧目荟萃》 京剧作品集。文化艺术出版社1989～1996年陆续编辑出版，共出10辑，收入剧本38种。其中，有梅兰芳演

第10辑封面

出本《宇宙锋》、《奇双会》（与俞振飞）、《贵妃醉酒》、《生死恨》、《霸王别姬》、《苏三起解》（与萧长华）、《凤还巢》，尚小云演出本《三堂会审》、《乾坤福寿镜》、《汉明妃》，程砚秋演出本《荒山泪》、《锁麟囊》，荀慧生演出本《香罗带》，黄桂秋演出本《春秋配》、《祭塔》、《别宫祭江》，王瑶卿演出本《十三妹》、《棋盘山》、《孔雀东南飞》、《樊江关》，余叔岩演出本《断臂说书》，孟小冬演出本《搜孤救孤》（与裘盛戎）、《洪羊洞》，马连良演出本《清官册、夜审潘洪》、《打渔杀家》、《打严嵩》（与裘盛戎），言少朋演出本《卧龙吊孝》，裘盛戎演出本《铡包勉、赤桑镇》（与李多奎）、《姚期》、《铡美案》，李多奎演出本《钓金龟》，萧长华演出本《连升店》（与姜妙香），茹富兰演出本《车轮大战》、《林冲夜奔》等。编辑中力求忠实于流派剧目的所谓“秘本”，注重谱写唱腔、记载锣鼓经以及服装扮像和特有的身段。为此，出版社特邀有关专家和流派传人、戏校教师等参加整理编辑工作，以保证该书质量。每一剧目后都刊有评论家的赏析文章。

（李红石）

Jingju Liupai Xinshang

《京剧流派欣赏》 京剧文集。秋文著。上海文艺出版社1962年6月出版。该书是作者以美学观点研究中国京剧艺术的一本开创性著作。共收论文15篇，分别论述了戏曲与美学的关系，传统戏曲的美学特征，京剧流派欣赏与评价中的美学问题，并深入到生、旦、

净行当的一些具体流派，如梅派、程派、余派、言派、麒派、马派、谭派、杨派、裘派进行论述。既概括地阐述、分析了京剧流派产生的历史过程和发展规律，又具体论述了一些著名京剧演员所创建的艺术流派的特点和风格。诸如梅派作为旦脚表演艺术的里程碑的典型美，余派韵味的豪壮风格，程派唱腔的含蓄深沉，麒派表演风格的真与美等。该书理论分析的突出之处是从一个欣赏者的角度对京剧流派艺术的形成及规律进行了有益探索，认为艺术欣赏是艺术品客观现象和欣赏者主观思想感情的统一。欣赏过程离不开理性的指导，但基本上属于情感领域，是一种艺术活动，而不是科学活动。艺术欣赏的选择性较强，人们可以按照自己的趣味来选择自己所喜爱的艺术流派。提倡各艺术流派的自由竞赛，正是为了满足广大观众在欣赏兴趣上的多样性。京剧之所以有各种艺术流派，各艺术流派又都有自己的长处和优点，满足人们艺术欣赏的需要是其重要原因。

（曹其敏）

Jingju Liupai Yishu Lun

《京剧流派艺术论》 京剧文集。秦华生主编。京华出版社2001年10月出版。31万字。2000年1月4～7日，北京市艺术研究所主办了“京剧流派继承发展暨荀慧生、尚小云百年诞辰学术研讨会”，来自全国各地的荀派、尚派弟子及戏曲理论工作者撰文发言，参与研讨。《中国文化报》以《新世纪京剧流派流向何方》、《中国艺术报》以《京剧为何难出新流派》为题，报道了研讨会。《中国艺术报》记者张海君专程采访京剧表演名家及流派传人，以《代表委员说流派》、《流派传人说流派》为专题，集中报道，并为京剧流派的传承发展献计献策，在京剧界形成了一股关于京剧流派发展讨论之风。此书首先收录了《首都戏剧界隆重纪念荀慧生尚小云百年诞辰》、《朱镕基总理讲话鼓舞人心》等新闻报道和《中国艺术报》的专访；其次选录了吴

江、朱文相等人论文51篇，对京剧派派产生、发展、传承的历史与现状等方面，从艺术实践到理性思考，发表了各自的见解。如李崇祥《京剧流派功过说》，充分表彰京剧流派发展过程中对京剧艺术的重大贡献，并客观分析其某些局限；黄在敏《京剧流派的美学品格与创作实践》，从理论上阐述京剧流派的美学特征及对京剧表演实践的影响；陈培仲《个人流派与地域流派》，提出京剧流派发展中从个人流派向地域流派的转移。周桓《何以难出新流派》和骆正《漫谈京剧新流派难产》，分析新流派难产的诸因素；而张晓晨《关于京剧新流派的思考》和宋爱录《创造京剧新流派》，极力催生新流派。许多论文具有深入思考后的真知灼见，颇具理论创新价值与艺术实践价值。书后有两则附录：荀慧生、尚小云艺术研究室人员名单，荀慧生家属捐赠荀慧生珍藏手抄秘本说明。

（秦华生）

jingju luogu

京剧锣鼓 京剧音乐的重要组成部分。亦称武场。京剧锣鼓主要由打击乐器鼓板、大锣、铙钹、小锣组成，另有堂鼓、镲锅等数件辅助打击乐器，必要时使用。鼓板是单皮鼓和檀板两件乐器的合称，由鼓师（即乐队指挥）一人掌握。鼓师运用鼓点子和手势的辅助以指挥乐队的演奏。大锣、铙钹、小锣各有专人掌握，配合鼓师的指挥，共同演奏系列锣鼓点子。京剧锣鼓以鲜明的节奏和独特的演奏效果配合唱念做打，烘托感情、渲染气氛，同时又在严格地制约和调节着舞台节奏韵律，贯串全剧的始终。

功能 京剧锣鼓具有丰富的表现力，不仅长于表现排山倒海、气势磅礴的激战场面，而且还可以辅助刻画人物的性格和内心活动，衬托多种不同的舞台气氛，甚至夜阑更深的特定环境也可以通过锣鼓的作用在灯光炫目的舞台上展现出来。京剧的唱念做打和各种身段动作都不能离开锣鼓的辅佐。唱腔的开始和结束要以锣鼓作为引导或表示终结。锣鼓还能在演唱中起到转换板式、节奏，联结不同唱段和加强唱腔激情的作用。京剧念白是富于音乐性的舞台语言，锣鼓的配合能够突出念白的语气，增强韵律感，也起到了标点符号的作用，使人物的语言更加生动。角色上下场时，锣鼓不仅用来配合步履行动的节奏，还衬托了人物的身份、性格和情绪，甚至在角色登场之前就已经通过锣鼓的渲染，营造出相应的氛围。以锣鼓伴奏武打场面，节奏鲜明，风格协调。通常根据不同的剧情和武打的形式，选择与之相适应的锣鼓点子及灵活多变的演奏手法，达到统一节奏、烘托气氛，突出武打表演语汇和舞蹈造型的作用。京剧锣鼓有时也可演奏出某些效果音响，如风声、水声等。

锣鼓组合 在京剧传统戏里，常常使用不同的打击乐器组合，配合不同的剧情内容、人物感情和场景气氛。锣鼓传统的组合有4种形式：①小锣锣鼓。用小锣和鼓板两件打击乐器合奏，其音色柔和明朗、音量较小，多用于平缓悠闲气氛中配合文雅端庄的妇女、风度翩翩的少年、态度安详的老者、活泼伶俐的小姑娘以及诙谐人物的表演、歌唱和上下场。小锣锣鼓加快演奏速度，又可表现欢快活泼的节奏和焦急紧张的情绪。②大锣锣鼓。用大锣、铙钹、小锣、鼓、板5件打击乐器组合演奏，在京剧里运用最为广泛，声音雄浑饱满，音色变化丰富，适于烘托主帅升帐时庄严雄伟的场面，表现两军对垒时一触即发的紧张气氛，配合、渲染戏剧冲突白热化时各种较为剧烈的表演情绪，精彩的武打也都使用这种组合形式。惊心动魄的大开打，还要增添小堂鼓或大堂鼓，以展现金戈铁马、战鼓喧天的场景。同样是此种组合，如果换用低音的大锣、铙钹、小锣合奏，并适当削减演奏力度，又可产生平静舒缓或忧愁悲伤的戏剧效果。③铙钹锣鼓。用鼓板以及音调较低的铙钹、小锣的合奏，音色暗淡、情调相对低沉，主要用于衬托凄楚绝望的情感。《洪羊洞》一剧的［二簧三眼］唱腔里，运用铙钹锣鼓配合了杨延昭积郁成疾、忧心如焚的情感以及浑身颤抖、步履踉跄的表演动作。④镲锅锣鼓。鼓板、镲锅、小锣的组合形式，声音尖脆爽利，用于短装打扮的武生、武丑等一类角色的“走边”舞蹈。《艳阳楼》剧中，伴衬花逢春等英雄豪侠深夜蹑足潜入高府时的“走边”舞蹈，就使用镲锅锣鼓。锣鼓的组合形式，可以根据剧情发展而转换、交替使用，通过锣鼓音响效果的变化，帮助刻画不同性格特征的人物形象，衬托不同场景，并为戏剧的矛盾冲突铺垫层次。

节奏分类 传统业已规范定型的京剧锣鼓点子有数十种，变化繁多，按其结构分，大体可划分为4种基本类型。

①［冲头］节奏类型。这是以大锣的“仓”音与铙钹的“才”音相间节奏的反复为特点。通常使用2/4节拍或紧缩成1/4节拍的记谱方法，如｜仓　才｜或｜仓才｜。

在［冲头］节奏基础上，通过固定节拍、延长变化铙钹的演奏位置等手法，又发展出了［住头］、［五击头］、［长尖］等锣鼓点子：

【冲头】 2/4 八　嘟 ｜仓　才｜仓 才｜仓 0‖

【住头】 2/4 0 大台｜仓　才｜仓 0‖

【五击头】 2/4 0 大台｜仓　才｜仓 才｜仓 0‖

【长尖】 2/4 0 大台｜仓才 才才｜才 才｜仓 才｜仓 才｜仓 0‖

②［长锤］节奏类型。此种节奏类型的锣鼓点子都是把大锣安排在强拍位置，小锣安排在次强拍位置，铙钹演奏弱拍位置，多用4/4节拍或紧缩成2/4节拍的记谱方法：

｜仓　七　台　七｜或｜仓七　台七｜

［快长锤］、［慢长锤］、［摇板长锤］、［一锤锣］均属于［长锤］节奏类型的锣鼓点子：

【快长锤】 2/4 ｜仓七　台七｜

【慢长锤】 4/4 ｜仓　七　台　七｜

【摇板长锤】 4/4 ｜仓　七　台　七｜

【一锤锣】 4/4 ｜仓才 才才 台才 才才｜

③［闪锤］节奏类型。这是调换了［长锤］的小锣和铙钹的演奏位置而形成的，一般采用2/4节拍的记谱方法，如｜仓台　才台｜。由这种节奏发展而来的锣鼓点子有［纽丝］、［抽头］：

【闪锤】 2/4 ｜仓台　才台｜

【纽丝】 2/4 ｜仓 台　七 台 台｜

【抽头】 2/4 ｜仓 台 台　七台台｜

④［马腿儿］节奏类型。是3拍子节奏的锣鼓点子，往往用3/4节拍或6/8节拍的记谱方法。

如｜仓　台才　乙台｜或｜仓　台　才　台｜。［马腿儿］节

奏发展出来的锣鼓点子有［收头］、［夺头］:

【马腿儿】$\frac{3}{4}$ | 仓 台才 乙台 | (00)

【收头】$\frac{3}{4}$ 龙冬 乙大 乙台 | 仓 令才 乙台 | $\frac{2}{4}$ 仓 0 ‖

【夺头】$\frac{2}{4}$ 龙 冬 | 大大 大台 | $\frac{3}{4}$ 仓 令才 乙台 | 仓 大扑 台 | $\frac{2}{4}$ 仓 0 ‖

京剧锣鼓［一锣］也有多种变化形态，如［冷锤］、［撕边一击］、［三锤］等。此外另有一些结构更为复杂的锣鼓如［扫头］、［原场］、［走马锣鼓］等，均是综合了多种节奏而组成的锣鼓点子。

锣鼓演奏 锣鼓演奏直接关系到剧目表演的成败。清代戏曲家李渔在《闲情偶寄》“锣鼓忌杂”一节写道：“戏场锣鼓，筋节所关。当敲不敲，不当敲而敲，与宜重而轻，宜轻反重者，均足令戏文减价”，即是对锣鼓演奏在戏曲演出中重要作用的总结。锣鼓演奏时的轻重缓急、张弛起伏，甚至是余音长短的控制等细微的变化，都直接影响到演出的艺术质量。前辈艺术家再三强调“打戏打情”，只有真正能做到与剧情表演配合得恰到好处，才有可能达到锣鼓演奏艺术的最高境界。

著名琴师徐兰沅总结的“武戏暴躁能稳，文戏稳中不温”，是对锣鼓演奏的高标准要求。这是说武戏锣鼓要打得强劲有力，但又不能只是讲快、讲冲，要打出身份、打出气派；文戏锣鼓则既要舒展流畅、沉稳雅致，又不能流于松散拖沓、轻飘平淡。著名鼓师鲍桂山在为武生泰斗杨小楼打武戏时，就特别注重对人物感情的表达，一直被后人称赞为“武戏文打”的典范。锣鼓与念白、演唱衔接时，节奏必须紧凑、连贯。著名鼓师白登云特别注重锣鼓的圆浑流畅，他在司鼓时采取“鱼咬尾”的手法，锣鼓紧咬着念白或演唱的尾部，这样使唱念与锣鼓的节奏结成一体。反之，就会破坏了全剧演出节奏的整体性。

锣鼓的轻重缓急都是相对而言的，演奏中有弱才有强，能徐便显疾，只有把握住递进、贯串和对比的原则，才能把戏打活。京剧锣鼓从始至终都参与了人物艺术形象的塑造，锣鼓不仅要配合人物外部的动作节奏，而且还要有意识地揭示人物的内心节奏，从而把锣鼓演奏得出神入化、不落窠臼，表达出京剧锣鼓深层的内涵。

（许瑾忠）

jingju nianbai

京剧念白 京剧声乐的组成部分。是具有音乐性的舞台艺术语言，是刻画人物形象、揭示角色内心世界、表现戏剧矛盾冲突的主要手段之一。

京剧念白有韵白、京白、京韵白、方言白等，它们都不是一般生活语言的再现，而是赋予不同程度的乐感，熔铸了一定的音调因素，是韵律多变、节奏感强的艺术性语言。即便是比较接近生活语言的台词，由于演员能依据人物的需要，充分运用表情、身段、服饰、造型等手段，在打击乐伴奏的烘托下，念出极强的节奏感，显示出悦耳悦目的音响美和造型美，形成京剧表演艺术的独特风格。

京剧唱腔在其形成过程中，能将与其性质类同的、或差别很大的其他类型的音调兼容并蓄，为己所用，衍变改革，取得统一谐和的效果。京剧念白是随着唱腔的变革而逐渐完善的。溯其源，清乾隆五十五年（1790）徽班进京演出时，剧中的唱和念均以徽音为主，安徽的乡音土味较深；至清道光十年（1830）左右，湖北汉调进京，唱念以楚调为基础，又吸收了徽调等腔调，但仍以鄂音为主，这就是所谓“湖广音”的由来；其间出生在北京的艺人加盟徽班，在唱念中常用北京字音，遂形成了三大流派：这就是程长庚的徽派，余三胜的汉派，张二奎的京派。他们在念白中的发声吐字、放音收韵上，必须顾及北京观众的欣赏习惯，适应他们的审美情趣，又难免夹杂着各自的乡音俗字，故当时的声韵比较混杂。到了19世纪末叶，谭鑫培采用以湖广音夹京音读中州韵的方法，形成了京剧念白新的方法，逐渐形成比较统一的京剧声韵，这是谭氏在吸收并综合前辈艺人舞台实践经验后，在四声调值上进行梳理、规整，使之成为演员和观众都能接受和遵循的艺术法则，是他在京剧声韵上取得的卓越成就和贡献。到1949年后，为使观众更易听清听懂，京剧念白又逐渐向普通话语音靠拢，在四声调值和发声吐字的认识与方法上，朝着贴近时代，符合今天观众的审美要求方向探索与突破。

京剧念白作为与唱腔并列的艺术手段，具有其独到和特定的表现力，它与唱腔既有分工、独立说表，又互为联系、相辅相成。唱念结合运用得当，表演更臻完美。《审潘洪》中寇准历数潘洪罪状的大段念白，从天齐庙打擂结仇始，到两狼山谋害杨家将止的慷慨陈述，语言犀利，音调铿锵，爱憎分明，起伏有序，极富艺术表现力。穆桂英大破天门阵的事迹，在《穆桂英挂帅》中是唱出来的，而在《破洪州》中却是以念白表现的，同样具有很强的艺术感染力。在《群英会》中周瑜和蒋干，《四进士》中宋士杰，《审刺客》中闵觉，《舌战群儒》中诸葛亮，《一捧雪》中莫成，《悦来店·能仁寺》中何玉凤，《九江口》中张定边，《连升店》中店家等都有大段的对白或独白。这些念白通过音乐性的语言，体现出剧中人物不同的性格和情绪。这些念白剧目或段子，是京剧演员从小要学习的必修课目，以打下扎实的基本功；也是青年演员经常要练习的，以提高念白的功力。正如王骥德在《曲律》中所言：“虽不是曲，却要美听。”足见京剧舞台上的念白，是艺术家经过音乐化加工的艺术语言。

京剧念白的分类，主要是依据人物性格及在剧中的身份、剧情的需要而决定的，同时也是从古典戏曲继承下来的传统做法。如古典戏曲中昆曲是以中州韵为主的大剧种，它为了让观众能听懂剧情内容，就特别规定让某些丑、杂、副净、花旦等类脚色的念白，用当地的语音或本地区的官话，京剧念白就是这个传统的延续，故亦有不同类别念白的区分。

韵白，是京剧传统剧和历史题材剧中念白的主体，是韵律化、富有音乐性、节奏感很强的舞台语言，给人感觉比较严肃、沉稳、庄重、矜持。为使其与唱腔的旋律起伏和音调高低和谐一致，要经过复杂的加工，在字音的四声调值和发声方法上、技术上与唱腔非常贴近，抑扬顿挫。剧中老生、小生、武生、青衣、花衫、老旦、铜锤花脸、部分架子花脸、方巾丑、袍带丑等行当基本上都念韵白。韵白和唱一样讲究字头、字腹、字尾的规范，注重发音、收声、归韵的准确，符合“四呼”——开、齐、撮、合的规律，严格尖团字和上口字的运用。如念“武乡侯”的“乡”字，就必须有“西—衣—央”的过程，最后归韵到“昂”上，哪一个环节、口形错了，即会变成另外的字。无论词句的长短，都要在气口、强弱、轻重、虚实、快慢、高低等技巧上安排得当，合情合理，做到字清、气顺、明快、连贯、情真、味儿浓，达到悦耳感人的目的，给人以美的享受。韵白也讲求尖、团分明，讲究上口字。和唱不同之处，在于唱腔可依其旋律用乐谱记录下来，有相对固定的音高，韵白念时虽近似歌唱，却很难或不能用乐谱标出。

京白，亦称散白。是京剧传统戏、历史题材戏中部分角色和现代戏中角色念白的主要类型。这是在节奏上、音调上经过一定艺术加工的，比较接近日常生活的舞台语言，但比生活中的说话有所夸张和变形。京白虽不像韵白那样严格规范字音的头、腹、尾，但也很讲究念白的技术技巧，讲究节奏感和京味儿。如传统戏《连升店》中店家，《十三妹》中何玉凤，《四郎探母》中铁镜公主和萧太后等角色的念白，在技术上要求做到吐字清晰明快、爽利流畅，感情真挚，合乎北京语音的四声调值，最忌倒字、吃字儿、连片嘴儿，京剧界常说要像“小葱拌豆腐——一青二白”，不能像“葡萄拌豆腐——一嘟噜一堆”，即是此理，要传情达意于轻重疾徐、抑扬顿挫之中，富有音乐性和韵味美。

现代戏一些主要角色的念白，有的较接近传统京白的念法，如《红灯记》中李铁梅，《智取威虎山》中座山雕和栾平、常宝等；有的则是依据北京语音结合韵白节奏性强和强化尾音的念法，如《红灯记》中李玉和、李奶奶，《智取威虎山》中杨子荣、少剑波，《沙家浜》中郭建光、阿庆嫂，《海港》中方海珍，《杜鹃山》中柯湘，《奇袭白虎团》中严伟才、王团长等；有的又是依据人物的性格特点，用咬文嚼字的念法，如《沙家浜》中刁德一，《红灯记》中鸠山等。他们的念白类型虽都是京白，又风格各异，彼此呼应，相辅相成。

京白中还有一种类型是以有板眼、或曰有固定节奏又相对自由，并有打击乐伴奏的念法，这就是数板和干牌子。数板是以鼓板为伴奏，像自由流畅的流水板，讲求字音的高低强弱，一般是板起板落，间有闪板，最后以贯口的形式出现，如《打龙袍》中灯官，《黄金台》中守城官侯栾，《打城隍》中启良、雷不击、闪不照等皆如是。干牌子是在原曲牌的节拍和时限内连续念出的，如《昭君出塞》马童在［马夫赞］中的念白，《时迁偷鸡》时迁在［水底鱼］中的念白均是。

京韵白，亦称北京官话。是京剧传统戏和历史题材戏中部分角色的念白类型。这是一种韵律化、节奏化、朗诵化了，亦即夸张化了的、依北京语音为基准的舞台念白，因其介于京白和韵白之间，故称京韵白。凡扮演太监（不论什么行当应工）或某个特定角色都念京韵白。如生行应工的《狸猫换太子》之陈琳，《贵妃醉酒》之裴力士，《逍遥津》之穆顺等；净行应工的《法门寺》之刘瑾，《连环套》之梁九公，《黄金台》之伊立等；丑行应工的《法门寺》之贾桂，《选元戎》之程咬金等。这些皆以京韵白塑造特定的人物性格，调剂亦庄亦谐的戏剧气氛，突出其幽默诙谐的角色风格。在念法上讲究技术技巧，吸收了清朝宫廷贵族说话的习惯，保留了少量满族的方言词汇，如把“去”念成“克”，在语句中或句尾延长字音，使其独具特色，更有美听效果。

在新编的现代戏中，为表现特定人物的性格身份和思想感情，另创一种将韵白生活化，去掉严格的尖团字和上口字的念法，亦可称京韵白。如《白毛女》之杨白劳，《黛诺》之文帅等即是，这种念白符合人物的性格和心境，与人物的唱腔、动作亦协调，与其他角色形成鲜明的反差，取得较好效果。

方言白，是京剧剧目中少数角色的念白类型，依据人物的性格特征强调其所属地域的特色，有意安排在念白中说该地方言，为全剧增加地方色彩。这种念白虽然接近生活语言，也须在节奏、音调上经过一定的艺术加工和夸张，以增强其谐趣和幽默。京剧舞台上的方言白以山东白出现较多，如《野猪林》之董超，《武松打店》中解差等都是。其次还有山西白、苏州白、绍兴白、四川白等。如《打瓜园》中陶洪、郑子明，《藏珍楼》中徐良念山西白；《金山寺》中小和尚、《醉打山门》中卖酒人念苏州白；《连升店》中崔老爷、《四进士》的师爷念绍兴白；《秋江》中艄翁念四川白。在有些剧目中，遵照剧本的安排及人物的需要，还有天津白、冀东白、广东白、河北定兴白等。

风搅雪，是京剧剧目中少数角色以韵白和京白交互使用的一种念白类型。在一出戏中，甚至一场戏里，根据人物和情节的需要，因身份、思想感情或关系的变化，灵活而恰当地交替使用韵白和京白，以展示特定情境的神韵与风采，称之为风搅雪。此类型的念白以旦行居多，如《万里缘》(即后来的《苏武牧羊》）中胡阿云，《珍珠烈火旗》中双阳公主，《金玉奴》中金玉奴等均是。其他行当如丑行《失印救火》中金祥瑞，净行《李逵探母》中李逵，小生行《破洪州》中杨宗保等。在表现不同语气时，分别以韵白和京白出口，是风搅雪念白的典型例子。

引子，是指京剧中出现较多、被各行使用的一种半念半唱，属韵文结构的念白，是指角色第一次登场时做自述心境、抒发情志等所用之形式。一般前半部分为念，后半部分为唱；念为韵白，唱则相对有固定的节奏和旋律，虽无管弦乐器伴奏，但可以曲谱记录。这和有些人物首次上场时唱［点绛唇］、［粉蝶儿］曲牌相似，区别在于前者是无管弦器乐伴奏的念，后者是有器乐伴奏的唱，都具有很强的音乐性。引子有短长之分。常用的为短引子，如《击鼓骂曹》中祢衡念的“天宽地阔，论机谋，智广才多”，《宇宙锋》中赵艳容念的“杜鹃枝头泣，血泪暗悲啼”等；长引子亦称*虎头引子*，常用于场面宏大、气氛庄严，地位官阶较高的人物，如《失街亭》中诸葛亮和《战宛城》中曹操的引子，长达20多字，均属此例。另有［哭相思］引子，则完全是唱出来的，原属唢呐曲牌，常用在人物穷困潦倒、凄惨悲凉的时候，如《清风亭》中张元秀的引子，《秦琼卖马》中秦琼的引子即是，用原曲调，无乐器伴奏。还有二人以上的各念一段的双引子和集体引子等特殊形式。

此外还有和引子相似的既念又唱的形式。如《女起解》中苏三出场前念的“苦哇”，《击鼓骂曹》中祢衡念“未逢真名主，有愧栋梁材”的后三字“栋梁材”等都是唱出来的，均在起唱之前作为叫板或引唱所用；再如《空城计》中诸葛亮念“天哪！天！汉室兴败就在这空城一计也”；又如在唱［哭头］之前的念，如《李陵碑》中杨继业目送杨延昭下场后念“六郎！延昭”，也是有唱有念，高低抑扬，情之所至。

京剧表演中的笑和哭是塑造人物的重要艺术手段，虽无管弦乐器伴奏，却有极强的音乐性。不同的笑声，可以表现不同角色、不同意境、不同性格的大喜、大怒、冷嘲、嗔斥等。如《野猪林》中林冲和鲁智深初识后对笑；《审头刺汤》中陆炳的假笑、冷笑；《群英会》对火字后，周瑜的阴笑，诸葛亮的蔑笑，鲁肃的狂笑。这些同是笑，但心境截然不同，达到了艺术上的不同效果。哭则用不同音调揭示人物的悲叹、哀怨、凄凉、痛悼等。如《文昭关》中伍子胥念的“爹娘呀”由低至高，悲壮的叹息，加之美听的音色，艺术效果颇佳。这些笑与哭有较难的技术技巧，讲究气息运用、音量控制、音色圆润，非经刻苦训练不能达到。

念者诵读也。以上几种京剧念白，都要以一定的声音和技巧，艺术地朗诵给观众，运用其不同的特点和表现方法，准确地塑造不同的人物性格和揭示思想感情。要懂法用功，即要懂唇、齿、舌、鼻、喉几个发声部位的关系和不同的发声方法，部位不准，所念之字即会变形走音。《乐府传声》中说：“凡物之秘，根乎气，发乎声。”因此，还必须学会用气，明白存气、换气、偷气、提气、打气等用气方法，才能巧妙用气，念出高低轻重、抑扬顿挫，情绪饱满，一气呵成，才会念出语气，念出道理，念出韵味，感染观众。

念白功从小要进行训练，凡唱功所需的练习和技术技巧，念功同样要具备，且较之唱功更难。唱有固定的腔调旋律，依托管弦乐伴奏可以不出规范，念却无此种借助，调门高低，字距安排均要恰当贴切，送远响堂，无管弦乐伴奏，亦应感情真切又富于韵律美，有度有节，又多变化。 （陈国卿）

jingju piaofang

京剧票房　京剧业余演唱活动场所。

票房源流 有关票房名称的来源，说法不一。一说八旗子弟喜唱子弟书以消遣娱乐。子弟书的词曲都是由具有较高文化素养，精诗词、善文墨、擅书画的贵胄子弟所编。有抒情的散曲小段，也有章回故事的长篇。据《天咫偶闻》记载："旧E鼓词有所谓子弟书者，创于八旗子弟，其词雅驯，其声和缓。"唱者只一人，鼓腔八面，一角缀有以红、黄、蓝、白颜色的长穗以示八旗。八旗子弟集会演唱必有内务府颁发的执照，执照上印有两条金龙，俗称"龙票"，并写明发给××票房。八旗子弟集会的处所名为票房。子弟票房名称都取用四字名，如"赏心乐事"等。齐如山《彭词小调》则说清康熙时，山西人多开票号（钱庄），以放款、汇兑为业。票号中的伙友常为数百人。假时，于票号中演唱自娱。后为不碍营业，乃于别处租房作为演奏场所。外人遂将票号租用之房，简称曰"票房"（见《戏剧旬刊》第7期）。

清道光十年（1830）前后，习唱皮簧戏的票房业已出现，如北京海淀的群贤票房，张二奎青少年时曾在此习艺（《北平戏剧报》）。天津的群雅轩票房，余三胜则是主要成员之一（《道咸以来梨园系年小录》）。待京剧形成，名票老生张子久曾在北京火器营创立京剧票房，其名称不详（《国剧画报·鞠部轶闻》）。最初京剧票友只三五同好拉起胡琴，不用锣鼓，唱零散唱段，同好逐渐增多，则唱整出戏，用全套文武场面伴奏。或唱清音桌，或仍穿随身衣裳走走场子，或着布制简单戏衣，使用练功用的刀枪坯子。如排戏，也有租赁衣箱，粉墨登场作彩排，但仍以唱清音桌为多。

票房设施 票房多设在贵显或富户家中非正院内宅的宽敞厅堂之内，室内一侧，正中摆屏风一座，前置一桌摆设"戏规"一具，系花梨或紫檀木制作成如插屏状，上有骨制长方形小牌排列于上，上写当日演唱剧目。"戏规"上方设有"翼宿星君（祖师）"塑像或牌位的神龛。"戏规"桌左右各有一个带横梁的木架，左侧木架摆挂胡琴、三弦、月琴、唢呐、海笛、横笛等文场乐器，右侧木架摆放锣鼓等武场乐器。"戏规"桌前设座为文武场乐师的位置，再前竖放长方形油桌，桌前铺挂有彩绣围桌，唱者对坐于桌之两侧，以侧身向观众，以示纨绔子弟不牺牲色相。桌上前端左右摆方形桌灯各一，演唱者活动地区与观众席位分界处，有设隔离短栏者，原名为"勾栏"（并非妓院之别称）。演出之始与戏班无异，也是三通鼓打台，然后依次按"戏规"唱戏。

票房组织 票房为首者不过一二人或二三人，俗称"**把儿头**"或"**攒儿主**"。负责主持、安排活动内容，规定戏码，配备脚色。也负责对外联络，更要提供和筹措活动费用。各票房都有骨干票友为梁柱，各行当脚色都有，他们都有较高的演唱水平，在社会上也有名声，票房活动都靠他们支撑。各票房还必须有乐于当边配角色如院子、宫女、丫环、龙套、上下手的班底，俗称为"戏包袱"。他们腹笥宽广，几乎无戏不会，在票友演唱时能搭话接"盖口"，他们也是票友，乐当底色，纯粹玩票，如票房物色不出这样的票友，则必须聘用潦倒艺人充任，只付糊口费用，多为长期合作者。

票友活动自由，流动性强，一人可作几个票房的骨干。各票房活动时日尽可能交错进行，互不干扰。

票房经费与开支 票房的经费由"把儿头"出资或筹集。也有富人喜爱京剧，自己又不能演唱，情愿赞助资财支援票房活动的，称之为"**老牛**"。他们以好财买脸为乐。票房开支由主持人负责。开支项目有：①票房设备；②租用寺庙闲房作活动、练功场所的租金；③日常活动所用煤火、饮水，租赁桌椅茶具的用费；④杂役人的工资；⑤夏天搭凉棚的费用；⑥租用戏箱及扮戏人员的费用。所以人们议论票房为耗财吉地，不是生财宝地。

票房活动概况 票房活动依其成员能量而定，大体有以下几种：

①清音桌。是在本票房厅堂内按规制让票友进厅，应先向"翼宿星君"龛前作揖致敬取尊师敬道之义，然后按戏规所列，次第清唱，有条不紊。活动时日固定为每周一、二次或三次，或按每逢某日活动，何时开始、何时结束，都有明确规定。也有些票房票友应茶楼、茶馆之邀，每日有清唱活动，店主借以招徕顾客，票房也得以扩大影响，提高知名度。

②钻筒子与钻框子。有些票友也给名为托偶的大型木偶戏配唱。托偶戏台高大，长可达4米，高有1.5米多，木偶人也大如真人。台上有布幔遮挡，要木偶人的演员和配唱的票友都在布幔里面，演者只耍不唱，唱者只唱不耍。观众只可听其唱，不能见其人，如在筒子里唱一样，所以俗称"**钻筒子**"。给皮影戏唱的叫做"**钻框子**"，皮影戏舞台为框式木架，糊以白粉莲泗纸或白绢作影屏，两旁围布幔，所以名为"钻框子"。有身份的票友不肯去"钻框子"，因为有人把"钻框子"叫"披驴皮"，因为影戏人都用驴皮制作，故皮影戏又名驴皮戏。

③响排与彩排。有些府第、豪门大户所立票房，由于府第宅院内有戏台，也有戏箱，彩唱很方便，所以常进行定期或不定期彩唱。也有些票房平时除在本票房所在地教习、吊嗓、排练、清唱外，也常租用正式戏园，赁行头，找底包，作正式彩唱；或在本票房内，穿上简制衣蟒布靠等，为正式演唱作响排练习，大家观摩，并作评说，互教互学，提高欣赏与技艺水平。

④**走局**。京城大户人家遇有嫁娶、寿诞、小儿弥月、官吏升迁等庆贺之举，常请票房票友来清唱作堂会。办事本家需派人持请帖奉请，订好日期与时间，票友诸公何时到某处聚集，本家派人到时去迎接，引进家门。票友应邀外出演唱叫做"走局"。票友走局便有专人安挑桅子，即本票房特置挑担，到请局事主家安排布置，挑担一端是一把大茶壶，壶中沏好茶水，一头为红漆木箱或桅子，内放文武场乐器。木箱上或桅子上以及大铜壶上都写有本票房名称，木箱、桅子上覆盖绣花围桌，以示票友走局的规矩，即对办事之家茶水自带，酒饭不扰，更不接受馈赠，纯粹玩票。原来主持票房者或票友多为富豪，见过世面，普通酒饭不屑一顾，故茶水自带，酒饭不扰。之后，票友并非都是豪门纨绔子弟，社会各阶层人都有，也有潦倒败落者，逐渐受本家酒饭招待，主人必由邀请人带领到席前作揖致谢敬酒。再后又有暗中接受主人所谢钱财者，如今日之拿红包，名为拿"黑杵"，则为人所耻。

票房如林、票友如云 晚清同治、光绪以降，京剧兴盛，北京票房相继出现。较著者如北京翠峰庵内的"赏心乐事"、天津的"雅韵国风社"、上海的"铁路同人会京剧部"等。民国后，北京许多机关、团体、学校、企业纷纷建立票房。如北京邮政局、电话局、京汉铁路局、电车公司、盐业银行、金城银行、协和医院、青年会、清华大学、辅仁大学、中国大学等都有京剧组织，定期活动。爱好京剧者有遗老遗少，有现任官员、教授、学生、商人，也有一般劳动者，还有专业演员，在演唱活动时，不分彼此，一视同仁，无社会地位的差别。

此时期北京票房活动有以下特点：票房除票友活动之外还有内行参加，因而促进内外行之间的联系，彼此切磋琢磨，有助于艺术的提高。专业演员在票房中可学到在科班或拜师所学不到的技能，票友中有高深文化的人很多，专业演员可从他们那里学到不少文化知识；票友亦能从专业演员中学到不少技艺。票房为专业演员提供了练功的场所。在戏班中唱不上的戏可在票房中演唱，又学到一些理论知识，有助于提高艺术修养。与此同时，票房为戏班培养一批演员，由票友而成为名演员者大有人在。

中华人民共和国成立后，全国许多城镇的文化馆、机关、学校、工矿企事业单位，陆续建立了规模不等的业余京剧团队。他们的排演场所由本部门提供，服务对象主要是本部门的职工大众。经过多年实践，各地区都培养出不少有一定艺术造诣的业余京剧演奏队伍。新时期以来，城市公园、广场，仍有锣鼓铿锵，丝竹绕耳，自娱自乐。（李体扬）

jingju qiyue

京剧器乐 唱腔伴奏、曲牌演奏以及锣鼓器乐演奏的总称。器乐演奏同声乐演唱是京剧音乐的两大组成部分。

器乐的组合 京剧的器乐是由文场（管弦乐）、武场（打击乐）组合而成的。在所有的器乐中，鼓板不仅是器乐当中极富特色的主要打击乐，更重要的是鼓板的演奏者——鼓师通过敲击出来的鼓点子以及“领、撤、扬、抄”等手势，配合舞台上演员的表演，指挥乐队进行演奏。他同大锣、小锣、铙钹等武场乐师发生联系：武场乐师根据鼓师击出来的不同鼓点，演奏不同的锣鼓点，配合舞台上演员的表演；他同京胡、京二胡、月琴、三弦等文场乐师也发生联系：文场乐师根据鼓师击出来的节奏，以与之相宜的节奏演奏出引导、垫托演员演唱的过门、旋律。鼓师在演员演唱的全过程中，以其富有特色的鼓套子同演员的演唱及琴师的伴奏相配合，共同完成舞台上演唱的艺术创造。总之，舞台上演员的唱念做打无不是通过鼓师的协调来与乐队配合，最终完成舞台的整体艺术创造。京胡是京剧文场器乐中的重要乐器，除了少数昆曲、吹腔以及杂腔小调之外，所有的皮簧声腔演唱的主奏乐器都是京胡，京胡的嘹亮刚劲的音色在京二胡、月琴、三弦等乐器的烘托下更加富有特色。以京胡来伴奏的京剧唱腔艺术已经成为京剧艺术特色的显著标志之一。京剧的曲牌音乐依据剧情的需要，可以用不同色彩的乐器为主做不同的器乐组合。如以笛子为主奏乐器的器乐组合可以奏出幽深典雅的意境，以唢呐为主奏乐器的器乐组合可以奏出庄重肃穆的舞台气氛。甚至锣鼓的演奏也因主奏乐器的变化而产生不同的艺术效果。如小锣为主的鼓点子可以点染平静幽雅的氛围；大锣为主的鼓点子则可以造成庄重热烈的场景，堂鼓的加入可以增强战斗的气氛等。

器乐的作用 京剧器乐是为了介绍剧情、展开矛盾、塑造人物、抒发感情、渲染气氛所设置的，它的演奏时刻同舞台上的表演紧密结合。其主要作用为：①决定全剧的演出节奏。京剧舞台上的表演，无论唱念做打都贯串着一种节奏的律动，由此形成艺术的整体感。这种节奏的律动则是通过器乐的演奏加以协调、贯串的。这不仅表现在剧情的起始结局，场次之间的连接，唱与唱、唱与念，以至各种身段同唱念之间的过渡、衔接上，都需要器乐的演奏来加以贯串，更为微妙的是，舞台上人物情感的反差、对比，情绪的变化，整个剧情的起伏跌宕乃至重大转折，也都要借助于器乐演奏的过渡、衔接，加以凸现，使舞台上的整体演出有声有色，引人入胜。②伴奏唱腔，增强念白的韵致。器乐伴奏不单单是为演唱定调以及作为演唱的陪衬而设置的，事实上，它首先要为唱腔的起唱作必要的情感铺垫，把唱腔引入到规定情境之中，而在演唱过程中，器乐伴奏不仅时刻在调控着演唱的节奏，同时也时刻发挥着烘托、渲染演唱情感的作用，成为唱腔艺术不可或缺的重要组成部分。京剧念白语调的抑、扬、顿、挫以及语音上的轻、重、缓、急都需配合以器乐的伴奏，使之更富有节奏感和韵律感。③配合身段动作。京剧的身段动作，如正冠、捋髯、投袖、甩发、搓步，以至走边、起霸、趟马等舞蹈动作，甚至小到演员的一个细微的眼神，都有鲜明的节奏感，而这些身段动作的节奏感是依靠器乐的伴奏来加以突出的。④点染环境，制造气氛。舞台上的规定情景除了通过舞台道具、布景显示之外，主要是通过器乐中的锣鼓和多种曲牌音乐的演奏来完成的。

器乐的演奏特点 京剧的表演是通过程式化的演唱、身段、舞蹈以及表情、动作等形式进行的。与此相适应的是，京剧的器乐伴奏也有其相应的表现程式。京剧使用的曲牌大多数来源于昆曲，还有一部分曲牌则来源于其他兄弟剧种或民间器乐曲，这些曲牌的演奏都有其相应的舞台表演程式。譬如昆曲所用的曲牌就有6种类型：神乐类，如［万年欢］、［朝天子］；宴乐类，如［傍妆台］、［川拨棹］；舞乐类，如［锦庭乐］、［老八板］；军乐类，如［水龙吟］、［将军令］；喜乐类，如［山坡羊］、［汉东山］；哀乐类，如［哭皇天］、［北正宫］等。京剧曲牌的演奏基本上沿用了这种分类方法。不同性别、性格、身份、年龄的人物在各种不同的环境气氛中也都有相应的锣鼓点子为之伴奏，如大将、武士的表演适于用大锣为主的锣鼓点子为伴奏，而小姐、丫鬟等女性的表演则更多使用小锣为主的锣鼓点子来伴奏。在唱腔演唱上，不同声腔、不同板式的不同唱句都有相应的“过门”来伴奏。

程式化的器乐演奏不是固定不变的，而是因人因情因景而有相对灵活的变化处理，或在器乐配置上重新组合，或在曲调上删繁就简，或在节奏的快慢疏密上加以调整。如同是［夜深沉］，既可在《霸王别姬》中当做舞乐伴奏舞蹈，又可在《击鼓骂曹》中当做宴乐，同剧中人物祢衡击鼓的鼓点相配。有些曲牌适用范围十分广泛，如用胡琴演奏的［小开门］和用唢呐演奏的［小傍妆台］，不但适用于上述6种演奏类型，甚至可以配合日常生活中更衣、洒扫等琐碎动作。曲牌因不同乐器的演奏而产生不同的效果。如同样是［柳青娘］曲牌，用唢呐演奏就形成了一种雄壮奔放的气势，适合于表现战争场面；而用胡琴演奏则形成了一种委婉缠绵的情调，适宜表现富有生活情趣的场景。还有些曲牌在昆曲中原是“大字牌子”，如［泣颜回］原为昆曲中《连环计·起布》中的专用唱曲，在京剧中则普遍适用于起兵兴师的场合。

夸张、简练是京剧器乐演奏的另一显著特点。传统京剧乐队的组成十分简练，仅由演奏京胡、月琴、弦子、板鼓、大锣、小锣等乐器的成员7～8人组成。乐队的成员除了演奏专职乐器之外，还要兼操其他乐器，如京胡要兼笛子和齐钹，月琴要兼笛子和唢呐，弦子要兼唢呐、笛子和小堂鼓等。乐队组成虽然简练，但演奏出来的器乐效果却是极为夸张的，如雄伟壮烈的战争场面，以强烈的［急急风］来渲染，惊慌失措的内心活动通过［乱锤］的击奏得以充分表现，甚至蹙眉眨眼都能用［小锣一击］来加以点染。

传统的器乐演奏也有一定的局限性，在京剧艺术发展历史中，器乐演奏也在不断革新发展，并不断取得新成就。如在乐器编制上吸收了一些民族乐器和西洋乐器，逐渐形成了更庞大的民族器乐编制或中西混合乐队编制。为了更好地点染环境和制造气氛，乐队的演奏除了适当地运用原有曲牌音乐之外，还大量地使用了由作曲家创作的场景音乐，配合演奏的伴奏过门也有了进一步的改革和丰富，这一切都使京剧乐队的器乐演奏的表现力更加丰富多彩。（安志强）

Jingju Qianbei Yiren Huiyilu

《京剧前辈艺人回忆录》 京剧回忆录。苏雪安著。上海文化出版社1958年4月出版。*苏雪安*（1896～1966），满族人，原姓苏完瓜尔佳氏，汉名苏石，曾用名苏希渊、吴秉钧。生于浙江杭州。其父为杭州驻防将军，12岁丧父后随母居上海。原学法律，因酷爱京剧而辍学，曾下海唱老生，倒嗓后入上海法政学院修完法律学业，获律师资格。抗日战争胜利后以写小说为生。1951年入华

东戏曲研究院，任创作员。1955年转入上海京剧院，任编剧。参与改编或创作的京剧有《皇帝与妓女》、《宝莲灯》、《鸦片战争》等。他在青少年时代观看过许多著名京剧演员的舞台演出，并与孙菊仙、余叔岩、言菊朋、钱金福、王长林、陈彦衡等人有交往。此书是作者回忆当时看戏所见所闻，记述了孙菊仙、谭鑫培、李春来、何桂山、刘永春、龚云甫、谢宝云、王长林、余玉琴、田桂凤、侯俊山、汪笑侬、夏氏昆仲、潘月樵、王鸿寿、钱金福、陈德霖、李顺亭、刘鸿昇、苏廷奎、杨小楼、王瑶卿、王凤卿、程继先、尚和玉、冯子和、余叔岩、李桂芳、赵君玉等32位著名京剧演员的表演风格及艺术成就，并详细分析了孙菊仙的《三娘教子》、《逍遥津》、《鱼肠剑》，谭鑫培的《文昭关》、《朱砂痣》、《辕门斩子》、《打鼓骂曹》、《洪羊洞》、《定军山》、《琼林宴》、《秦琼卖马》、《四郎探母》，李春来的《白水滩》、《伐子都》，刘鸿昇的《斩黄袍》、《空城计》、《托兆碰碑》，杨小楼的《长坂坡》、《铁笼山》、《恶虎村》、《艳阳楼》，余叔岩的《四郎探母》、《珠帘寨》、《失印救火》、《南阳关》、《战太平》、《状元谱》、《审头刺汤》诸戏中独特的表演手段、演唱技巧、念白特点。作者认为，这些演员成功之所在，除天资聪颖外，大部分都在原有扎实的艺术功底基础上，根据自身的条件发挥与创造出许多前人所没有的东西，并得到观众的认可。全书还收入艺坛轶闻10则作为补白，涉及汪桂芬、余三胜、盖月楼、俞菊笙、刘赶三、谭鑫培、徐小香等人的演出趣事，具有可读性和史料价值。但由于年代久远，作者在书中一些地方尚有误记之处。1975年11月，景孤血曾就此书的舛误和不足之处做了若干札记，后以按语的形式发表在《京剧谈往录》中，对该书进行了有益的补正。苏雪安对京剧音韵有所研究，著有《京剧声韵》。 （戴云）

Jingju Qiao he Zhongguo de Xingbie Guanxi

《京剧·跷和中国的性别关系》 京剧研究著作。黄育馥著。三联书店1998年12月出版。黄育馥（1945～ ），生于北平（今北京）。京剧演员黄玉华之女。1967年毕业于北京大学西语系，1982～1983年在美国哈佛大学进修，1995年在日本御茶水女子大学获人文博士学位，中国社会科学院文献信息中心研究员。多年从事以女性为重点的社会学研究。此书介绍了京剧中的跷及其运用，指出19世纪京剧中的武旦、刀马旦、花旦都要踩跷。跷的技术功能是使角色的身材更显修长，使演员的动作更加自如，在打

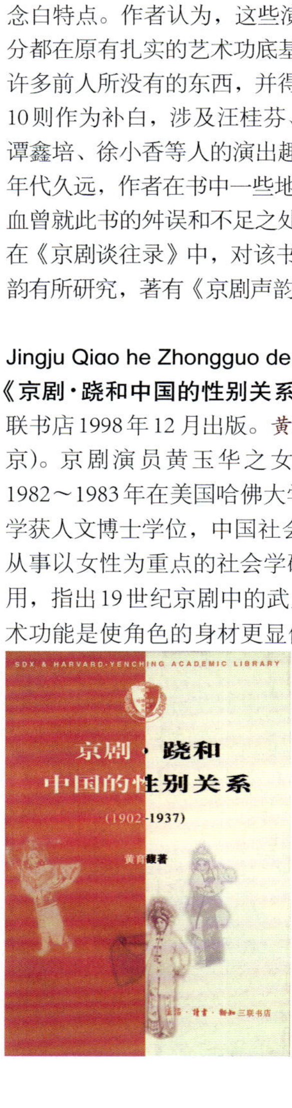

出手时可以保护表演者的足部。跷的象征功能是作为中国封建社会妇女缠足的艺术再现，成为分辨角色性别的重要标志，体现了女性的美和柔弱，显示女性是男性的性目标，还在表现女性人物武功时起到以弱胜强的衬托作用。又指出20世纪初，以王瑶卿为首的一部分京剧演员废弃跷功，是时代的需要，反映中国妇女开始觉醒，缠足成为耻辱和落后的表征，受到社会的普遍冲击。因此，20世纪20～30年代的京剧舞台，刀马旦踩跷不再是不能改变的规定，可以由演员自己作出选择。花旦踩跷也出现两极分化：一些演员将花旦的跷功发展到新的顶峰；更多演员背叛了花旦必须踩跷的旧规，而且创造出花衫这一新行当，塑造了一系列女性新形象，促使京剧旦行艺术发展到极盛时期。此书还从女演员的大批出现，跷作为性别标志和性目标功能的丧失，论证了跷的存在必要性的动摇。又从女性观众群的形成，男性观众审美观的改变，京剧作家女性观的改变，说明跷功的逐渐废弃不是一个孤立的艺术现象。作者最后强调，跷是中国封建父权制社会的产物，20世纪初的废跷现象是多种因素共同起作用的结果。至于当前少数京剧女演员恢复跷功，是因为跷能弥补演员身材矮小的缺陷，看重的是跷的技术功能，跷已不再具备昔日的象征功能。在附录中有作者访问程玉菁、李金鸿、周金莲、赵德勋、秦雪玲、马玉秋等人的谈话记录，张美娟、王荣增等人的信函摘要，以及余玉琴和王瑶卿艺术生活年表，跷在京剧中的使用及相关历史事件对照表，以备读者参考。 （沈达人）

jingju qupai

京剧曲牌 京剧音乐的组成部分。曲牌，或称牌子，本是传统填词制谱用的曲调调名的统称，而在京剧里，曲牌则是指皮簧等唱腔以外的，为配合剧情、表演需要的配曲音乐而言。亦即戏中所用的器乐曲、群唱曲、插曲和幕前、幕尾的乐曲等。这是戏剧进行中承上启下以及点染环境场景、反映特定生活情趣、刻画人物内心活动、配合表情动态、烘托舞台气氛等不可缺少的一些乐曲。在京剧传统戏里，凡是需要配曲的地方，绝大多数都是从昆曲或梆子戏以及民间音乐里摘取一些合适的曲牌加以改编来用的，并且常是一曲多用，而为不同剧情专门创作的新配曲是很少的。

京剧曲牌按其所用主奏乐器的不同，共有唢呐曲牌、笛子曲牌、海笛曲牌和胡琴曲牌4种类型。他们的用项各有不同，在戏中根据不同需要来选择使用。

唢呐曲牌 是以一对大唢呐为主奏，配以锣鼓和击节乐器所奏的曲牌。其间在曲牌进行中按旋律节奏配上锣鼓的就称之为“混牌子”，不配锣鼓只以齐钹等击节者即称为“清牌子”。在传统戏里唢呐曲牌用量很大，凡是比较宏大的场面如：升帐、点将、发兵、行军、战斗、演阵、围猎、出巡、迎送、设宴、喜庆、祭祀以及开戏前的吹台和结束时的尾声等，都需要吹奏唢呐曲牌，故唢呐曲牌是京剧中最为重要的配曲音乐。京剧唢呐的筒音为$^{b}E^{1}$，以筒音作Do即称凡字调，以筒音作Re即称小工调，以筒音作Sol即称乙字调。京剧的唢呐曲牌常用以上3个调门，而以凡字调用得最为普遍。

吹台用的唢呐曲牌 早年的京剧在开戏之前，都要由乐队先吹打3次以招徕观众。前两次是用锣鼓演奏称为“打通”，第三次是用一对唢呐吹奏曲牌称为“吹台”。这类吹台用的曲牌都是比较大型的器乐曲，雄壮、豪迈、华丽、热烈，非常动听。常用的吹台曲牌有［将军令］、［一枝花］、［哪吒令］、［柳摇金］等。像［将军令］这支曲牌，音调庄严、雄伟，全曲从开始至结束意境逐步展开，并利用了多次转调和节奏变换的手法，连音与顿音对比甚为灵巧。击节乐器如大堂鼓在乐曲的长拖音中，浪头迭起，翻滚奔腾，声势浩荡。全部曲调既活跃流畅，又紧迫急促，异常震撼人心，可以说是一支极为出色的民族器乐曲。此外如［哪吒令］、［一枝花］、［柳摇金］等也都各有特色，均为戏曲配乐中的上品。这些曲牌除做吹台用之外，在戏中也常有改变一下主奏乐器，用它做舞蹈、迎请、排宴等的配乐来用。如《廉锦枫》中斗蚌的对舞，就用海笛、笛子、月琴、二胡等奏［将军令］来配合；在《西施》中的羽舞，就用胡琴、二胡和笛、笙奏［哪吒令］来配合。

主帅升帐用的喷呐曲牌　京剧中是凡主帅升帐时都用［大开门］和［水龙吟］(或称［大开门合头］) 这两支曲牌，通常合称之为［发点］(发兵点将的简称)。这两支曲牌和锣鼓配合起来，再结合舞台上大将们的起霸，众龙套的列营站门和主帅的登场升帐宏大场面，能把舞台气氛渲染得非常庄严肃穆。［大开门］是先由大堂鼓和大锣引出乐来，开头散起，然后进入2/4节拍，口速的乐曲。

大开门

主帅在［大开门］乐中上场，上场后到台口乐止. 主帅开念大引子，或唱引子类的曲牌，念毕转身升帐，此时乐奏［大开门合头］(［水龙吟］)：

大开门合头

([水龙吟])

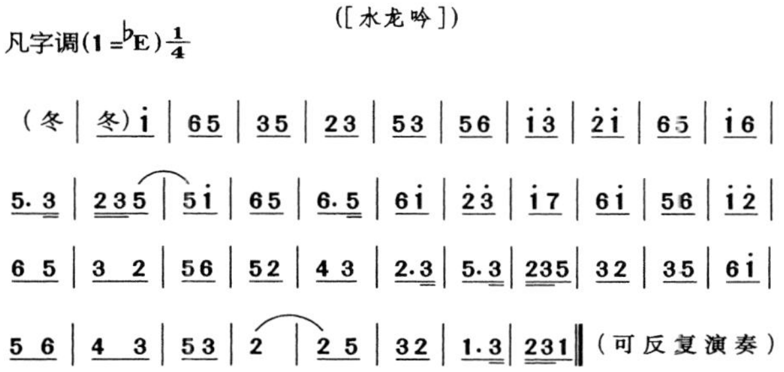

引子类的喷呐曲牌　京剧人物首次出场后，有多种多样做引子用的程式。有的念两句对儿，有的是唱两句皮簧的散板唱腔，有的是干念和吟唱一段引子类的曲牌，再者就是用喷呐半唱一支引子类的曲牌，如［点绛唇］、［粉蝶儿］等。［点绛唇］和［粉蝶儿］是两支散板类的曲牌，并且多是元帅、大将或番王、山大王以及江湖豪杰乃至大恶霸或神仙、妖怪之类的人物，在升帐、起霸、坐寨、升座时所唱的。［点绛唇］常被简称为［点绛］ 是从昆曲摘来的牌子，大体格式是这样的：

点绛唇

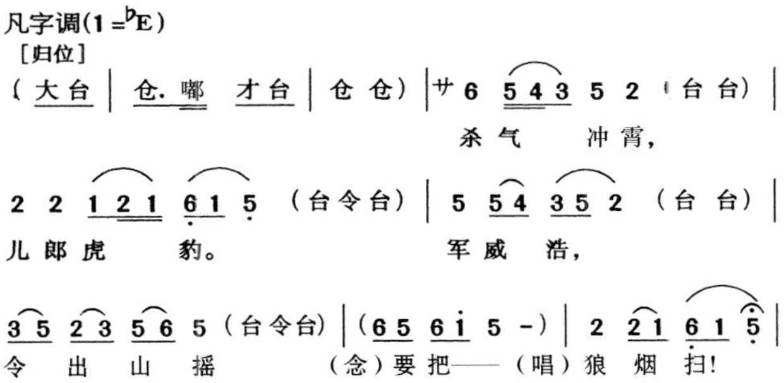

在不同的需要下，这支牌子也可处理成上板的牌子，称为［上板点绛唇］。在不少剧目中，当妖怪或山大王登场时，月［急急风］锣鼓打上，到台口比画一番，只吹不唱的牌子称为［快点绛唇］。［粉蝶儿］也是武将起霸或主帅升帐所唱的牌子，也来源于昆曲，由于［粉蝶儿］起调高，故听来要比［点绛唇］高亢、昂扬些。

粉蝶儿

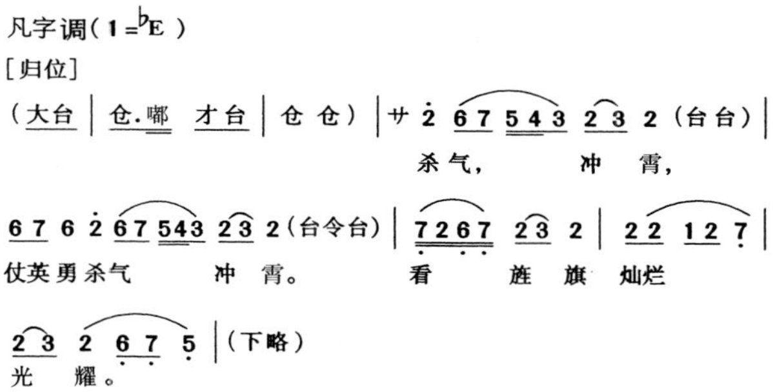

发兵、行军和打道、过场用的喷呐曲牌　传统戏里多为龙套群唱并有锣鼓配奏的“大字混牌子”。这类曲牌数量很多，几乎全部都是从昆曲摘过来的。如［泣颜回］、［粉孩儿］、［出队子］、［五马江儿水］、［一江风］、［朝元令］、［朱奴儿］、［六幺令］、［香柳娘］等。一般地说，这类发兵、行军之类的曲牌常是行进地2/4节拍形式的乐曲，但随着场合的不同，各有不同的声势气派。比如在《长坂坡》第一场曹操发动大队人马去追赶刘备所用的［泣颜回］，听来就很威风，有庞大的气势。

张郃：下面听者，大队人马追赶刘备去者!(传令毕)

曹操：起兵前往!(起［泣颜回］)

泣颜回

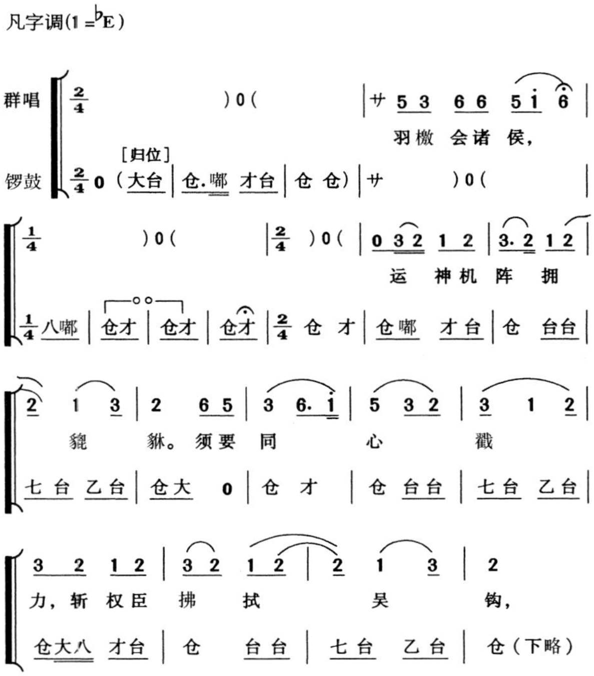

(此谱的曲词是昆曲《连环计·起步》中［泣颜回］的原词)

再如常用于打道过场的曲牌［香柳娘］，听来就平稳、舒缓一些：

香柳娘

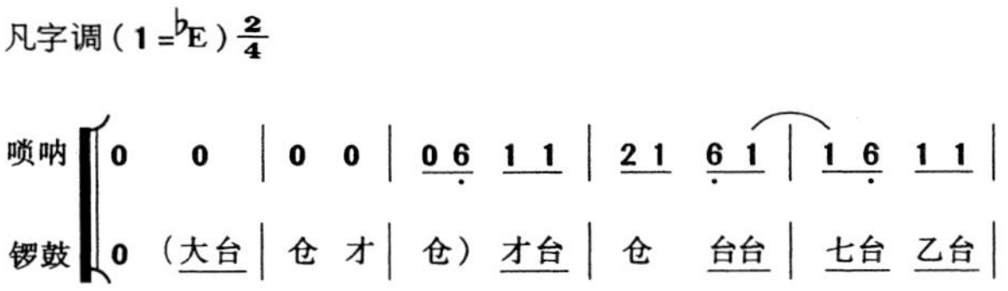

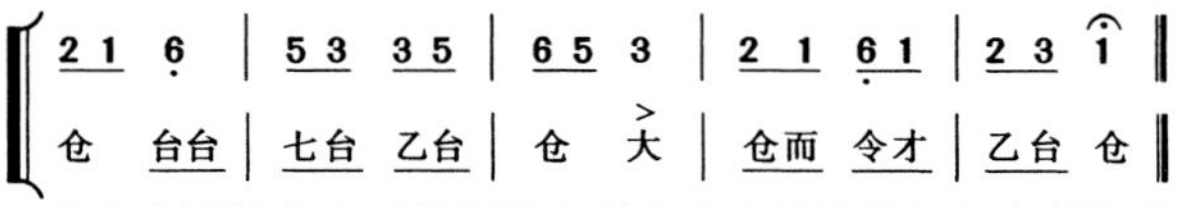

本来京剧的龙套（特别是老科班出身的演员）都会唱各类大字群唱曲牌，后来由于龙套演员的条件不齐，同时也因原来的大字多与新戏的情境不合，于是这类群唱的曲牌就一律不唱大字而成为器乐的"混牌子"了。

宴会、庆功用的唢呐曲牌　传统戏里多是比较欢快喜悦的牌子，根据具体情况，大概有以下几种类型：

①在摆筵的大场面中，需要渲染盛大气氛时，就用大型器乐曲牌。如［一枝花］、［傍妆台］等。

②在定席后，宾主举杯和笙歌助兴的时候，就用［园林好］、［画眉序］、［大玉芙蓉］这类带有欢畅情绪的曲牌。如《群英会》周瑜宴蒋干时用的［园林好］：

周瑜：子翼兄——喂，子翼兄，请！

蒋干：请！（起［园林好］）

园林好

凡字调（1=♭E）$\frac{2}{4}$

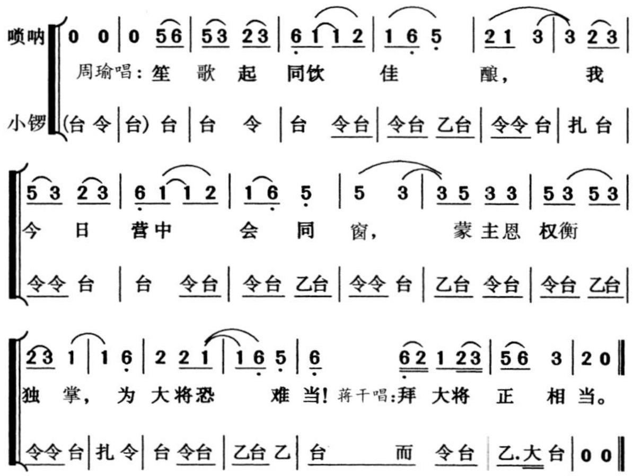

③得胜回营把酒庆功时，常用［江儿水］这支比较畅悦的曲牌。如《阳平关》刘备为黄忠庆功时：

刘备：看筵来，待孤把盏。

黄忠：这就不敢。

刘备：众卿请！（起［江儿水］）

江儿水

凡字调（1=♭E）$\frac{2}{4}$

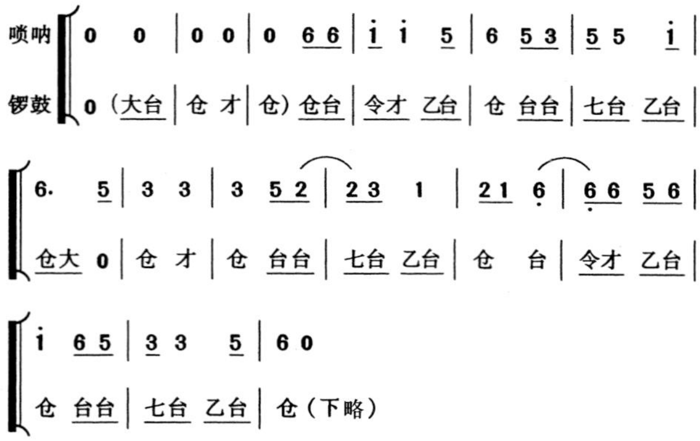

围猎用的唢呐曲牌　传统戏有一套群唱曲牌［醉太平］、［普天乐］、［朝天子］是很精彩的。这是从昆曲《浣纱记·打围》一折中摘取来的。3支曲牌集成一套，节奏变换很有层次，把古代的统治者们骄纵、喧嚣行围狩猎的场面描绘得甚为生动。这3支曲牌在京剧《盗御马》梁九公行围时曾被使用，在《西施》中也被使用。下面只把其中的［朝天子］节录一段，其奔腾、跳跃的围猎气氛可见一斑。

朝天子

凡字调（1=♭E）$\frac{2}{4}$

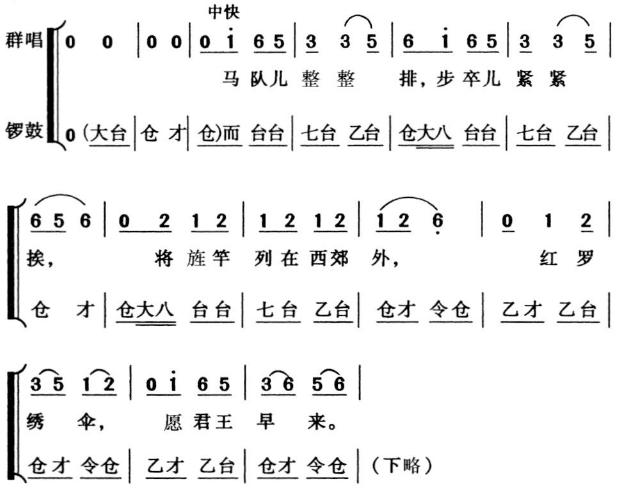

烘托战斗气氛的唢呐曲牌　京剧里有战斗气氛的曲牌很多，其间有带大字的如［二犯江儿水］、［上小楼］、［叠字犯］、［水仙子］，也有纯器乐曲的如［将军令］、［柳青娘］等，多是很矫健雄壮的乐曲。［二犯江儿水］是由昆曲《金山寺·水斗》一折中摘来的，本是众水族去攻打金山寺的群唱，纷纷扰扰很有些水战气氛。

二犯江儿水

凡字调（1=♭E）

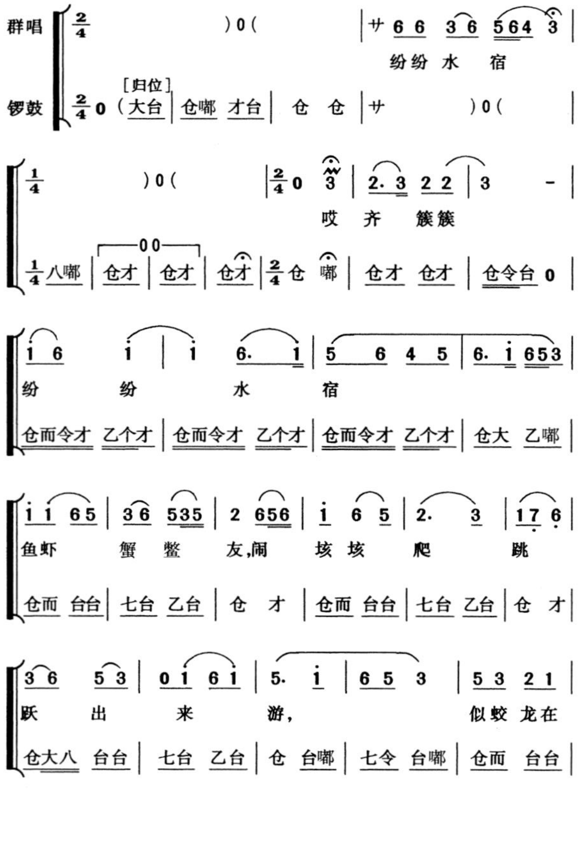

再如［柳青娘］，则是一支很流畅又轻快的牌子，在京剧里凡是比武、打擂、对刀、对锤等起舞对打的场面，都用它作配乐。演奏时一方面要靠齐钹拍板和大堂鼓烘托气氛，更重要的则是锣鼓在乐曲中根据对打的需要所加打的各种点子，如撕边、一击、两击、四击头等，有了锣鼓的配合，战斗气氛才更显浓烈。

柳青娘

凡字调（1 =$^\flat$E）$\frac{1}{4}$

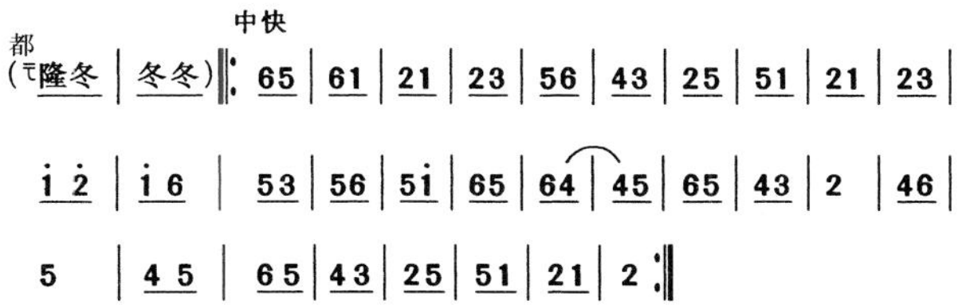

一曲多用的唢呐曲牌　京剧里有几支曲牌用途甚为广泛，如［急三枪］、［风入松］、［工尺上］、［江儿水］等。

①［急三枪］，在传统戏里可以作为写信、看状、饮酒、行路等行动的配乐，也可以作烘托人物的惊讶、感叹等情绪用。最妙的是它能替代剧中人说话，如在很多戏里常见到的，一个探子上来向主帅报告军情时，在一句简要的报告之后乐队便起［急三枪］，探子于乐中比画一个身段就算把话讲完。

探子：那贼的人马犹如潮水一般，好不威严也！（起［急三枪］）

急三枪

凡字调（1 =$^\flat$E）$\frac{2}{4}$

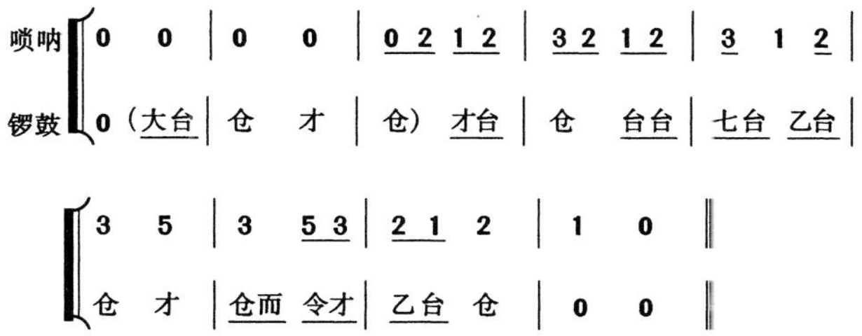

再如《空城计》中，诸葛亮在看王平送来的地图时也用［急三枪］，至诸葛亮发现问题、感到事态严重时，便紧接着又重复了一遍快速强奏的［急三枪］。这个烘托人物情绪激化的手法是很有效的。

②［风入松］，是从昆曲《千钟禄·搜山》一折中摘取的。这支牌子在京剧中除《群英会》周瑜的舞剑是边舞边唱外，一般都不唱大字，已成为一支用项非常广泛的“混牌子”了。如在《草船借箭》中，曹操吩咐弓箭手向草船乱箭齐发就配奏这个牌子。此外发兵、行军、回操、过场，甚至写信、观图等也都可用。运用时，看场上的需要也可以分段演奏。

风入松

（分段用法）

凡字调（1 =$^\flat$E）$\frac{2}{4}$

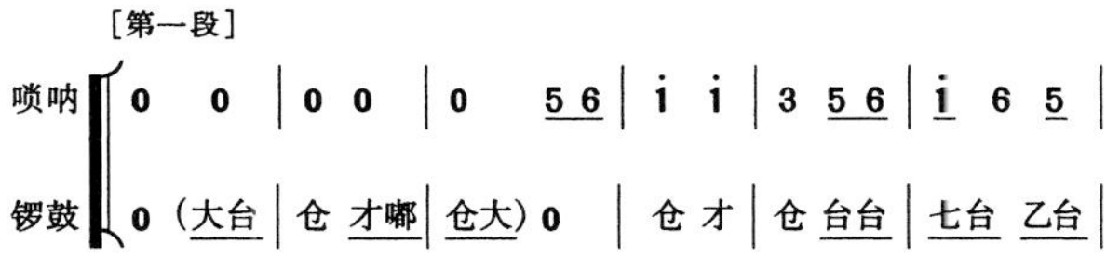

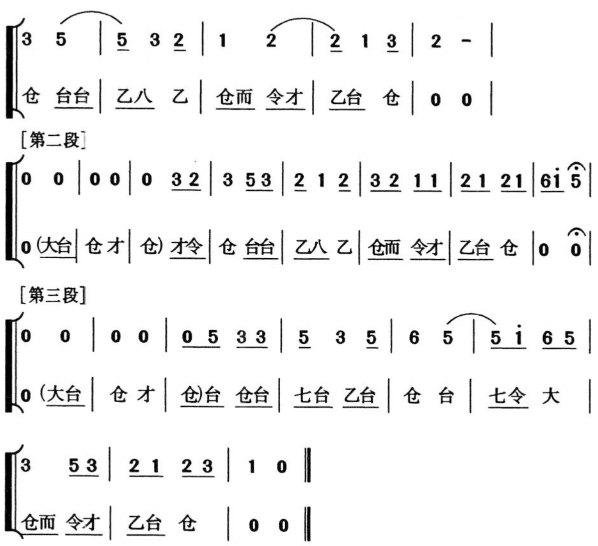

③［工尺上］，或称［小傍妆台］，也叫［吹打］。“工尺上”是指曲牌开始的3个音（即简谱的Mi、Re、Do）。这支牌子曲调上虽然起伏不大，但节奏非常活泼，特别是经过齐钹强、弱和反、正拍的打法，增添了牌子的红火气氛。［工尺上］在戏中被广泛运用，举凡迎送宾客、娶亲拜堂、设宴、庆贺以及升帐、坐堂等都能用它。舞台上常用的是一种变体［工尺上］，听来更为简便、火炽。

工尺上

凡字调（1 =$^\flat$E）$\frac{1}{4}$

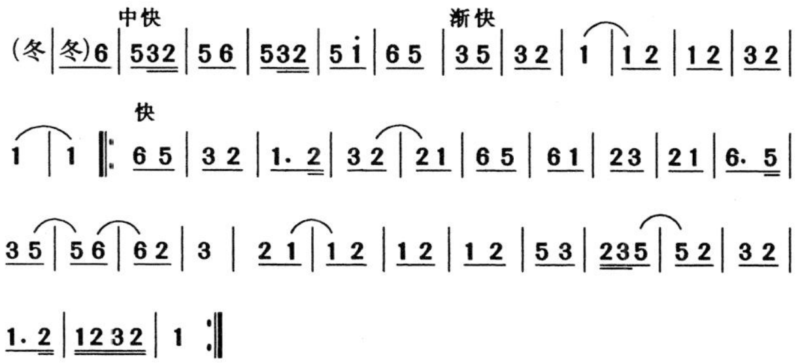

④［江儿水］，除前面举过用它作为庆功祝酒的例子外，它和［急三枪］一样，也可代替叙述前事或作过场用等。

专用于特定场合的唢呐曲牌　这类曲牌主要有［哭相思］、［哭批］、［脱布衫］、［尾声］等。

①［哭相思］，是在久别重逢、悲喜交集的情景下常用的曲牌。源于昆曲《长生殿·埋玉》。在京剧中如《奇双会》李保童与姐姐李桂枝重逢时即奏此曲。

李保童：姐姐不要害怕，我是你兄弟保童在此。

李桂枝：哦，你是我兄弟保童？

李保童：保童。

李桂枝：李泰？

李保童：李泰。

李桂枝：哎呀，兄弟呀！（起［哭相思］）

哭相思

凡字调（1 =$^\flat$E）散板

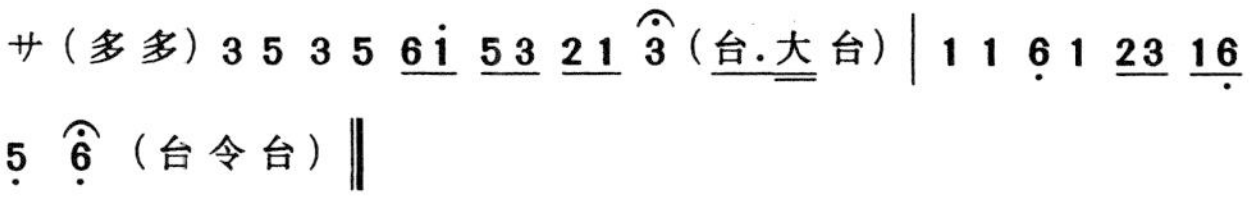

②［哭批］，是在吹腔里的一种调子［批］的中间，加上［哭头］而成。在京剧中常在一个人要自尽时配用此曲。如《碰碑》中杨继业自尽时奏此曲。

杨继业：……不免拜谢宋王爵禄之恩，就碰死在这李陵（顷仓）碑下！（起［哭批］）

哭　批

凡字调（1＝♭E）2/4

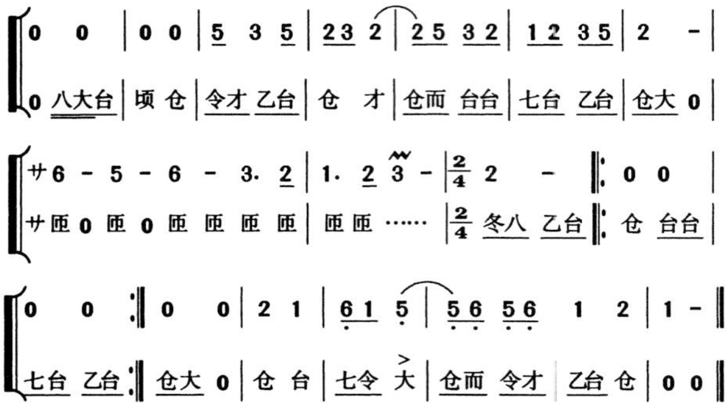

③［脱布衫］，根据昆曲《一捧雪·代戮》中［红绣鞋］曲牌改编而成，专用于法场上。如《姚期》中姚期全家绑赴法场时奏此曲。

姚期：罢了哇（顷仓）罢了！（起［脱布衫］）

脱 布 衫

凡字调（1＝♭E）

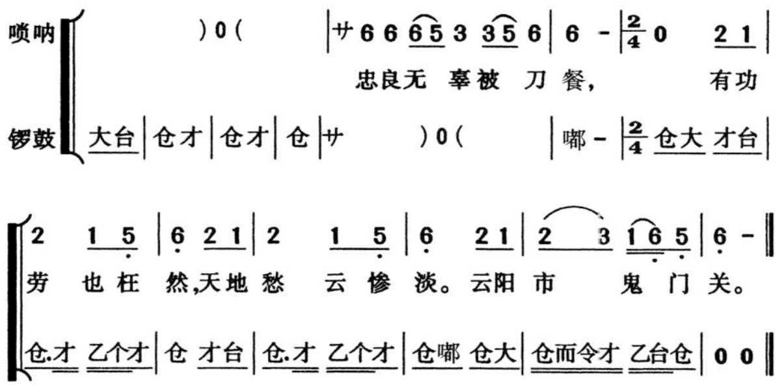

④［尾声］，专用于剧终吹奏。其全曲是这样的：

尾　声

凡字调（1＝♭E）2/4

有的戏如没有吹一个整曲的必要时，只吹一个“合头”也可结束全剧。

用唢呐吹奏的效果乐　在戏中大凡马嘶、娃娃哭、乌鸦叫、鸟鸣等效果，都是用唢呐或唢呐哨子吹奏的。此外还有一种状水声的效果乐，是用唢呐和锣鼓吹奏的。如《草船借箭》鲁肃和诸葛亮上船后，催促开船时奏此曲：

水　声

凡字调（1＝♭E）1/4

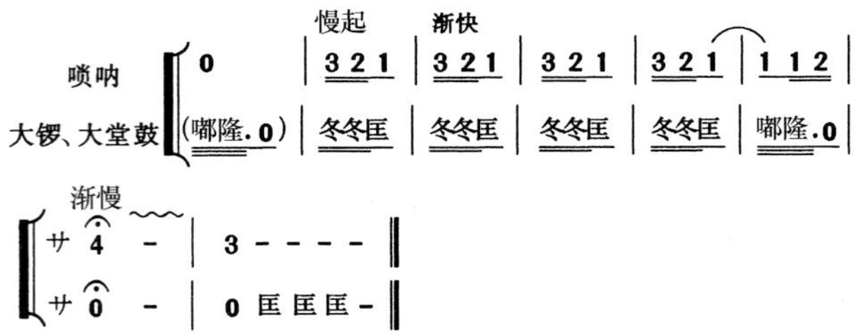

笛子曲牌　总称为细吹牌子。绝大部分都保留在京剧的昆曲剧目和吹腔、小调剧目里。虽然在皮簧剧目中也用这类牌子作配乐，但因皮簧的主奏乐器是京胡，故这类细吹牌子就都改编为胡琴牌子了。笛子曲牌在昆曲等剧目里多用在过场、打扫、更衣、梳妆、行礼、宴会、歌舞等处。常用的曲牌大约有三四十支。如［山坡羊］、［汉东山］、［小开门］、［万年欢］、［雁儿落］、［北正宫］、［川拨棹］、［春日景和］、［傍妆台］、［哪吒令］、［朝天子］、［哭皇天］等，都是些非常悠扬的、来自民间和古典戏曲中的小器乐曲。演奏时以笛主奏，视乐队条件可配以笙、二胡、三弦等，以板和大堂鼓（或小堂鼓）、齐钹（或碰钟）、小汤锣击节。京剧所用的笛子为曲笛，筒音为a¹。曲牌所用的调门以小工调（D调）、正宫调（G调）、乙字调（A调）较多。

海笛曲牌　海笛是比唢呐小些的喇叭，它的筒音音高和曲笛一样都是a¹。海笛在京剧里常和曲笛配合起来为昆曲某些武戏的唱腔伴奏，如《挑华车》、《夜奔》等。另外还有一个从梆子戏移过来的腔调［娃娃］(或称［要孩儿］）也是用海笛和曲笛来吹奏的，夹打锣鼓演奏起来很火炽热烈。如《三岔口》刘利华夫妻开店挂幌子时就用它。还有在一些戏里两个人比武，或趟马等舞蹈动作也常用［娃娃］来配奏。

娃　娃

乙字调（1＝A）1/4

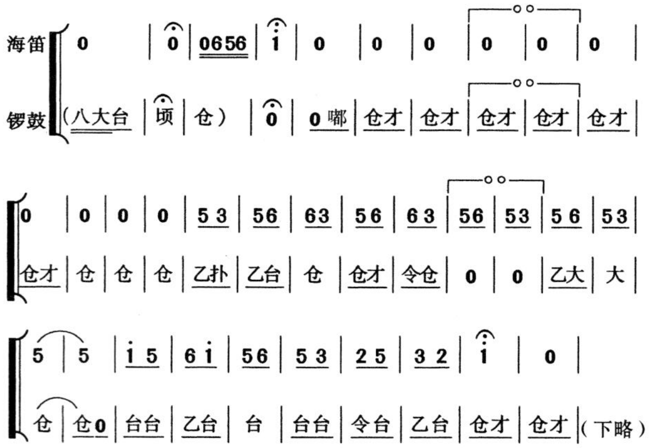

胡琴曲牌　是以一把京胡为主奏，配以京二胡、月琴、三弦以及鼓板等击节乐器所演奏的曲牌。这是皮簧戏里用得最多的一种配乐。凡打扫、更衣、梳妆、设宴、庆贺、祭奠、行路、过场以及升殿、歌舞等场合都要用它，配合哑剧式的表演动作也常用它。因为胡琴等弦乐器，操作起来灵便自如，适应力强，所以胡琴曲牌在舞台上的运用要比笛子曲牌灵巧得多。胡琴曲牌的调门不固定，主要是根据场上皮簧唱腔所用的调门来定。一般地说，［西皮］、

［二簧］常用的调门，不外是凡字调或趴半调（即^{b}E或E调）、六字调或六半调（即F或$^\#$F调）、正宫调（G调）。个别情况下也有用更低些的调门，如小工调（D调）、尺字调（C调），或更高些的调门，如乙字调（A调）。

胡琴曲牌的来源，绝大部分也是昆曲的笛子或唢呐曲牌，如［小开门］、［万年欢］、［柳摇金］、［山坡羊］、［哭皇天］、［傍妆台］、［川拨棹］等。另外也有来自民间丝竹乐曲的，如［欢乐歌］、［八板］、［八岔］等。还有如［花梆子］、［东方赞］、［小看房］、［海青歌］等多是从梆子戏的牌子移过来的。这些曲牌改用京胡演奏之后，由于［西皮］、［二簧］正、反调各种定弦上的不同和演奏时弓法、指法、把位的运用以及和京二胡、月琴、弦子等的配合，在色彩上的变化还是相当丰富的。

①［小开门］是一支用量最大的胡琴曲牌。凡戏中帝王的摆驾、文武官员的参拜以及行路、过场、打扫、设宴等都要用它。这支曲牌如在西皮戏中使用，就用西皮低La–Mi定弦演奏，亦可用反调Re–La弦演奏。如在二簧戏中使用，就用二簧低Sol–Re定弦演奏，亦可用反调Do–Sol弦演奏。这4种［小开门］由于空弦音不同和把位的不同，再加上演奏者的加花变奏，演奏起来就会出现一些不同调性色彩变化的新样子。比如西皮小开门：

西皮小开门

低La–Mi定弦

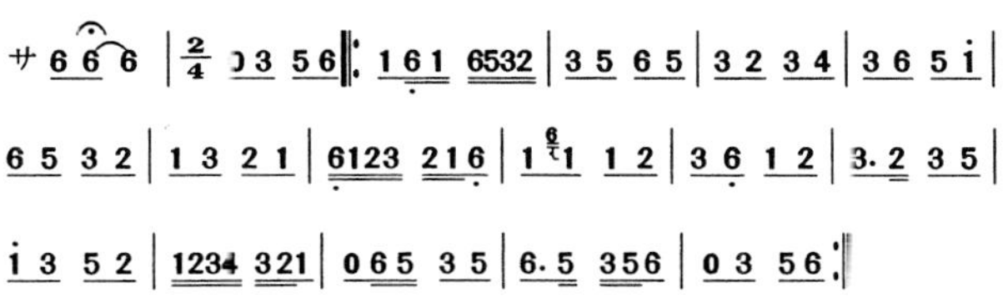

若将其改用反西皮Re–La弦来演奏，曲谱仍按低La–Mi定弦来记，就别有一番新鲜的色彩。

反西皮小开门

按低La–Mi定弦记谱 $\frac{2}{4}$

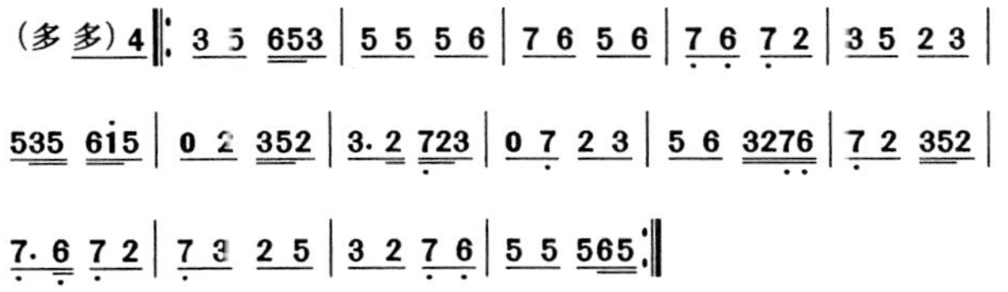

至于用二簧低Sol–Re弦和反二簧Do–Sol弦来演奏的［小开门］，也因异宫系统的转调关系而各有情趣。

②［柳青娘］、［海青歌］、［东方赞］等，这类曲牌轻快、活泼，饶有喜悦情趣，故在戏中常能联起来交替使用。多用于“三小”戏里（即小旦、小生、小丑的戏）。在女孩子做针线活及操作家务，或是男女青年表现相互爱慕，像哑剧似的表演动作中，配上这类曲牌是很有效果的。但只奏曲牌还不够，为了更细致地配合表演动作，除用原曲牌或再转接其他新曲牌外，还必须补充一些机动灵活的［行弦］、［花梆子］（即在某一个音上的加花无限反复）和长、短颤音之类的句型，再加上必要的鼓板、小锣音响才能完成。比如《拾玉镯》中孙玉姣习针凿和喂鸡一段戏的配法。

③［夜深沉］，是京剧里很有名的一支胡琴曲牌，常作舞蹈的配曲用，如《霸王别姬》中虞姬的剑舞等。这支曲牌因为节奏变化很丰富，所以也常常是大堂鼓得以发挥打鼓技巧的牌子。在《击鼓骂曹》一剧中，祢衡击鼓也用这支牌子来配。［夜深沉］本来是由昆曲《思凡》里的［风吹荷叶煞］唱腔曲牌变化发展而成的。因为这支牌子的起句是从［风吹荷叶煞］“夜深沉独自卧”的唱腔开始改编的，故胡琴曲牌便以这句曲词的前三字“夜深沉”为曲名了。下面把曲牌原谱和［夜深沉］胡琴谱二者对照列出：

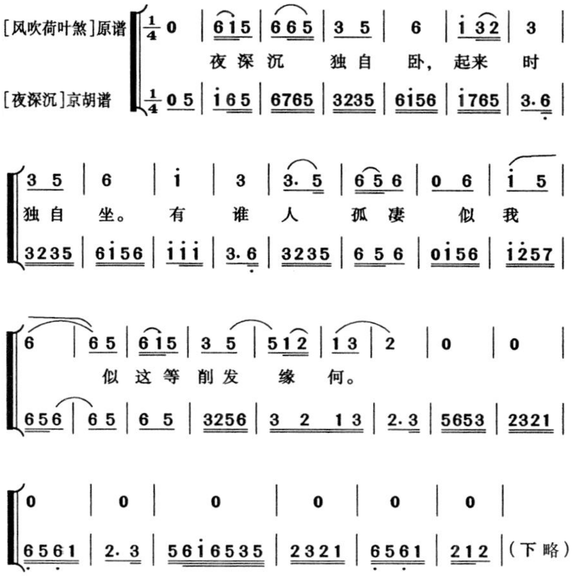

很明显，胡琴曲牌［夜深沉］就是从［风吹荷叶煞］加花变奏而来的。至于“削发缘何”以后的乐句，便是胡琴自己引申发挥了，像［行弦］那样的手法，围绕一个乐句加花装饰循环往返。京剧中类似［夜深沉］这样的改编曲牌尚有一些。如名琴师徐兰沅改编的［碎葫芦］（据徐说是根据昆曲曲牌［油葫芦］改编的）、［回回曲］等，也是一些相当成功的作品。

④［正、反万年欢］接［反、正八岔］，胡琴曲牌转调演奏和与其他曲牌联奏，也是个很重要的变化手法。比如名琴师杨宝忠演奏的转调和联奏曲牌［万年欢与八岔］，就是一支很出色的作品：

开始的［万年欢］是在（F调）低Sol–Re弦上起奏的，→转入（C调）Do–Sol弦再奏一遍［反万年欢］，→以此反弦接奏［反八岔］，→再转回（F调）低Sol–Re弦再奏一遍［正八岔］结束全曲。（此曲音响见胜利唱片公司54234A唱片，曲谱从略。）

一般地说，京剧曲牌的转调并不复杂，多为正转反（转属调）、反转正（转下属调）。另外在梅兰芳《贵妃醉酒》中，徐兰沅、王少卿演奏的［柳摇金］曾用过翻转5次调门的做法，可以说是相当大胆的尝试：

（B调）低Fa–Do弦→（A调）低Sol–Re弦→（G调）低La–Mi弦→（F调）低Si–升Fa弦→（E调）Do–Sol弦。

⑤去工添凡的曲牌，民间乐曲有一种去工添凡的变奏法，也被京剧所采用。去工添凡就是把曲牌中所有的“工”（工尺谱的工就等于简谱的“Mi”）去掉，都改换成“凡”（即简谱的“Fa”），这样改实际就是用了移宫犯调的手法，而使得乐曲出现新色彩。比如［八板］的原曲是这样的：

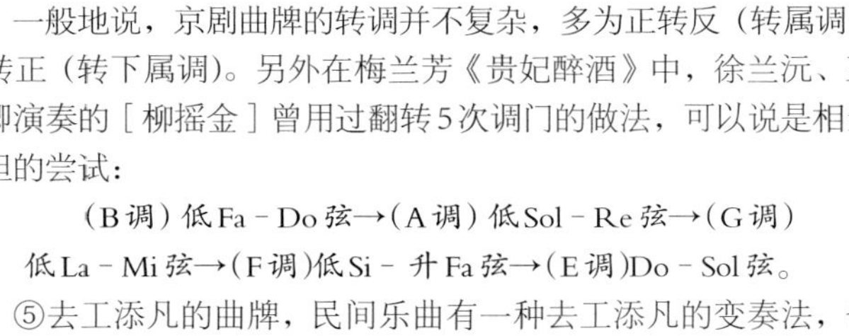

去工添凡后便成为：

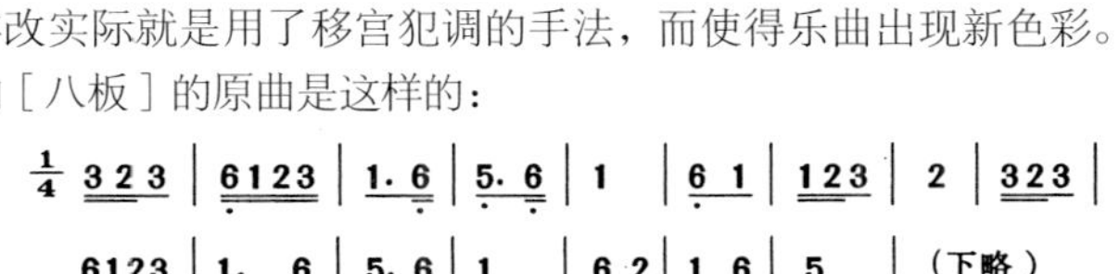

在京剧中以此法改成的曲牌并不多，著名琴师王少卿改编及演奏的去工添凡［傍妆台］，当是一首精彩杰作。

通过上述各类曲牌，大体可以说明京剧曲牌的风格、用法和变化的手法。由于昆曲是中国传统戏曲集大成性质的剧种，各类性质、体裁的曲牌几乎都有，又因为早期京剧一直是和昆曲剧目混合演出，乐师们都是兼通昆曲的，所以京剧一遇到新编剧目需要添制配曲时，乐师们就往往要从昆曲中搜寻类同的东西。昆曲中有的是情境完全相同，或大体相同的，就直接搬到京剧中使用；也有些和所用的新场面并不完全吻合，但只要音乐气氛和节奏大体能适应新的需要，就能移过来用。实在从昆曲中找不到相适应的东西时，便向邻近的剧种或比较熟悉的民间乐曲中去找。被移用过来的曲牌，为了适应新的需要，如不宜于搬用整个原曲，就进行改编，改动的手法归纳起来有：①运用原曲牌或改换新曲词；②用原曲牌不唱大字，改为纯器乐曲；③把原曲牌截成数段，分段使用；④在原曲牌中夹用行弦及长音等手法；⑤把同一曲牌换用不同的主奏乐器；⑥把同一曲牌进行加花装饰，或约略简化，或伸长、缩短改变其节奏、节拍，或提高、降低改变其曲调音区；⑦转调处理（包括去工添凡法等）；⑧摘取两个以上的曲牌片段集成一曲；⑨联奏，把两个以上曲牌连起来演奏；⑩改编，在某一曲牌的基础上进行新的改编，包括运用些单旋律的配器手法等。

传统曲牌给我们留下了极为丰富的资料，今天看来，这些资料受过去条件的局限，在反映不同时代生活方面，尚有不少欠缺之处，但作为文化遗产，我们首先应该认真地继承下来。中华人民共和国成立后，在京剧改革的进程中，广大戏曲音乐工作者就曾做过不少努力，无论是新编历史戏还是现代戏，以传统曲牌为基础，推陈出新，予以创造性的运用和发展，或完全使用新的素材和运用新的作曲手法、配器手法而创作的配曲音乐都取得了非常辉煌的成就。（刘吉典）

Jingju Renwu Zhuangban Baichu

《京剧人物装扮百出》 工具书。万如泉、万凤姝、白秉钧、吴泽东等编著，陈国卿校正。文化艺术出版社1998年5月出版。32开本，300多页，20多万字。所选多为京剧舞台上常见的剧目共124出戏的人物装扮，包括每个角色的化装谱式、假发、髯口、盔头、戏衣、靴鞋和道具。京剧史上类似的文字记载，较早的是上海大东书局1926年出版的《戏学汇考》，在收入的108出演出文本之前，分别列有“全剧角色剧中人名装饰用具及擅长名伶剧情考略一览表”，这是一份研究20世纪初期的京剧扮演状况的重要资料。本书则是装扮记录的专集，对于演员、戏箱管理者、检场者，均有实用价值。卷前有曲润海《序》。卷末有赵振邦《试谈传统京剧服装的规律》。（龚元）

Jingju Shenghang Yishujia Qianlun

《京剧生行艺术家浅论》 京剧研究著作。王庾生讲述，吴同宾、李相心整理。中国戏剧出版社1981年10月出版。书中记述了7位京剧生行艺术家及作者本人的表演艺术：①谭鑫培，叙述其奋发图强、基本功深厚、博采众长、勇于创造、全面发展的成功经验。论及谭鑫培善于分析剧情，掌握角色的身份、性格、心理状态。其演唱字正腔圆，板式的运用、节奏的控制及念白的处理均依人物的处境及感情而转移，并为京剧四声的运用奠定了规范化的基础。他善用眼神、道具和繁难身段进行表演，动作和台词能紧密配合。谭鑫培的艺术影响深远，但也有一定局限性。②余叔岩，简述其家世及刻苦学艺经过，论及余叔岩注意观摩学习并转益多师，终于成为谭派艺术的主要继承人，并对谭派艺术有所发展。他的演唱音量、音色、吐字、节奏的运用都极为成熟，唱段的艺术结构完整。其演唱韵味醇厚的主要原因是唱腔内涵的思想感情曲折深厚，耐人咀嚼与回味。③杨小楼，指出他是俞（菊笙）派传人。首创武戏文唱，即重视人物性格与感情的刻画，很少用武功技巧讨好观众，而是把它作为表现人物的手段。《长坂坡》为其代表作，在剧中能展现赵云的神勇气概。他的短打、箭衣、勾脸戏也各有特长。在不同的剧目中，猛巧兼备。他的成功源于下苦功学习并用心揣摩。④尚和玉，叙其人品好，重戏德，基本功炉火纯青。其艺术风格威猛、刚劲。⑤汪桂芬，叙述其在旧社会遭遇不幸、饱受欺凌、性格乖僻。其演唱在继承程长庚艺术的基础上，以高腔取胜。《文昭关》、《取成都》等戏为其代表作。⑥孙菊仙，其演唱行腔朴实、深沉有力，唱腔别具特色，但有随便、粗糙之嫌。⑦汪笑侬，有较高文化修养，愤世嫉俗。他认识到戏曲有移风易俗作用，唱腔不尚花巧，能恰当表现人物，为京剧表现现实生活做了有益尝试。⑧整理者以“一得之愚”为题，阐述王庾生本人的表演经验及艺术见解。如强调表演动作的目的性、规格化、真实感、形式美及道具的应用，演员的动作与感情的配合等，都要因剧情、人物而异，以细腻地表现人物性格。（吴大徵）

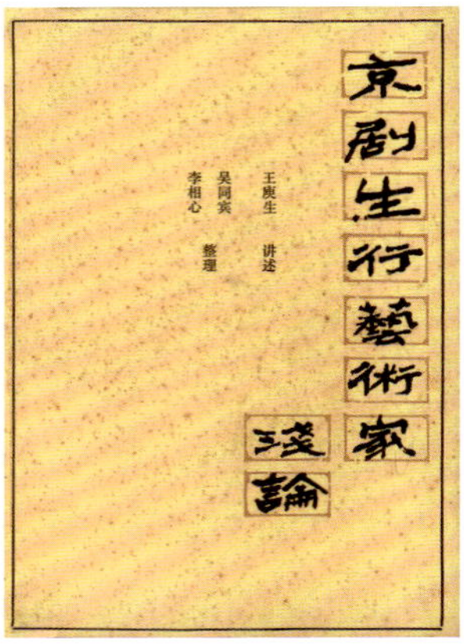

jingju shengyue

京剧声乐 京剧表演里唱和念的艺术，同属声乐范畴。为展开戏剧情节，推进矛盾，抒发人物思想感情，刻画人物性格的重要手段。唱念与京剧文学和唱腔的关系极为密切，剧本文学和唱腔是唱念的基础，而它们又只有通过演员的唱念，才能将词、曲的含义诉诸观众的听觉；同时更可通过演员的积极性再创造，利用声乐艺术在音区、音色、力度、速度、节奏等的变化对比及多种表现手法的运用，去体现甚至丰富、加深和补充词、曲原作的内涵和艺术构思，将人物鲜明生动的艺术形象树立在舞台上，从情感上给观众以巨大的感染，产生京剧文学和唱腔的实际意义和艺术价值。唱念的这种特殊功能，为声乐艺术的本质所决定。

京剧的唱和念虽然形式不同，但念白中无论是韵白、京白、京韵白，或吟诵式的诗、对联以及干牌子、数板，乃至一声叫板、叫头，或哭或笑，都具有不同程度的音乐性。故京剧一向有“像唱一样地念和像念一样地唱”之说。正由于唱念二者在声乐上有着若干共同规律，使得唱、念两种形式的过渡、转换十分自然、谐调，毫无生硬之感。

京剧声乐的特征

京剧声乐的戏剧性 戏剧性是所有戏曲声乐总特征之一。京剧声乐表现戏剧所达到的高度成就，使它成为这一方面最具代表性的剧种。它和其他声乐种类的区别在于：纯抒情性歌曲只是抒发词、曲作者本人在特定生活中所引起的感受；叙事性歌曲或夹抒夹叙的说唱音乐，则是歌者对事物或长篇故事进行的客观描述；而京剧声乐则是以戏剧为中心，无论抒情性、叙事性或戏剧性的唱腔，都围绕剧情的发展而被运用，演员则是人物的化身，以声音和形体，在舞台上直接塑造人物形象，从而引起观众的爱憎之情，揭示出戏剧本身的思想和艺术意义。

戏剧性主要表现在以下两个方面：①行当唱法的划分与全面建立。行当唱法是民族声乐进入戏剧领域与戏剧结合后的产物。从戏曲史的角度看，行当唱法与行当体制的建立并非同步并行，实际上它经历了一个漫长的历程。最初可能只是出于个别演员对所扮人物声音的模拟，取得成功后逐渐推广运用于同类型人物，并逐步稳定下来成为某一行当唱法的技术规范而得到传承。元夏庭芝《青楼集》记珠帘秀："杂剧为当今独步。驾头（扮皇帝类型人物，为今之老生）、花旦（女性）、软末泥（今之小生）等，悉造其妙。"可以想见元杂剧时期尚未按行当体制形成唱法上的细致分工。但分行是戏剧的需要，行当唱法的分工是戏剧发展的必然趋势，经过历代演员的舞台实践、创造和积累，直到昆山腔进入成熟时期，由于昆曲行当分工的日益细密，唱法上才有"阴调"、"阳调"、"小堂调"（清徐大椿《乐府传声》），或"阔口"、"细口"（杨荫浏《中国古代音乐史稿》）之分。"阳调"、"阔口"，即今之大嗓（真声），为生、净、老旦等行所用；"阴调"、"细口"，即今之小嗓（假声），用于旦；"小堂调"（或称"小阳调"）即"阴阳互相渗透"，为今之大小嗓结合时，大小嗓过渡音的唱法（俞振飞《习曲要解》），用于小生。昆曲行当唱法的分工，对其他剧种影响甚广，更为京剧行当唱法的建立奠定了基础。但京剧并非将它生搬硬套地全盘继承过来，而是根据自己的需要，兼收徽、汉、梆的优点，有吸收，有融化，也有发展；直到京剧进入成熟时期，才按京剧的分行建立了全面的行当唱法，成为现今所有剧种中行当唱法最完备的剧种。行当唱法的全面建立，无疑是戏曲声乐在戏剧化进程中一个必要而重大的发展。行当唱法是按角色的自然属性（性别、年龄）、社会属性（地位、职业）及性格属性（如正直、威严、柔婉、活泼、刚毅、粗率）等类型划分的类型化人物的声音造型，能使观众从听觉上感知人物上述的一般属性，产生艺术的真实感和可信性。各行的声音造型既须从生活中进行提炼、概括，又须符合声乐艺术规律而运用当时民族声乐传统的技术成果。此外更不能不受到当时的社会观念及演员主客观条件的约束（如旦行之用小嗓，在很大程度上取决于由"男旦"扮饰所致，并作为一种传统被沿用下来），以及传统美学对各类型人物的审美评价等的影响，从不同的用嗓、不同的音色，以及不同的吐字、行腔、"劲头"和不同的要求等去进行划分。行当唱法是各行唱法的技术基础，也是进一步塑造各类型人物中的典型人物和典型性格的技术出发点。②演员是角色的代言人。演员既是角色的扮演者，亦即成为角色的代言人，必须时时处处置身于事件的进程之中，想人物之所想，唱人物之所唱，以人物自居，做到忘"我"的地步，始为至善。但艺术真实毕竟不等于生活真实。生活中人在悲哀时会痛哭流涕，而演员在台上如果真实到泣不成声或声嘶力竭，就不仅会影响美观、美听，更会影响下面的唱念无法进行。因此京剧又要求演员有控制感情的能力，而以艺术手法去加以表现。杰出的艺术家都能在把握感情的基础上，抓住关键性的几个字、几个音，加以感情色彩的点染，而使观众深受感动。京剧音乐虽大多于大段唱腔中，以多种板式的转接来刻画人物思想感情的发展层次，但有时却常以二句或四句唱词来交代比较重要的情节，如《贺后骂殿》中，当贺后得知大皇儿上殿与叔王辩理不成，一头撞死金殿后，便在［急急风］的锣鼓声中，携次子上场时唱的［二簧散板］"一见皇儿把命丧，怎不叫娘痛断肠。（对左右）把尸首搭至在白虎堂上，（对次子）随娘到金殿去骂昏王"，就是仅通过起、承、转、合的4句唱词，对事件的来龙去脉做了交代，以便将戏剧迅速引入"骂殿"的主要情节和主要唱段。这时演员如果要在这4句唱腔规定的时限内，将人物各句唱词中不同的激情、口吻和语气完善、饱满地表达出来，唱得动情，唱得感人，就不仅是一个体验的问题，同时更需要具有操控感情的本领和高超的表现力。

京剧声乐的民族性与京剧风格的独具性 京剧声乐是民族声乐下属戏曲声乐支流中一个重要的组成部分。它生长在中华民族的土壤中，受到人民生活、民族语言、风俗习惯、心理状态乃至民族文化、民族审美观等的培育，在数千年的历史长河中逐步形成、发展。因此京剧声乐虽然直接继承其前身徽、汉、昆、梆等剧种的唱念技艺，但追本溯源，则传统更为深厚，源远流长。无论发声、吐字、行腔、润腔、表现手法，还是行当唱法，无不打上民族的烙印，并自成体系，而与欧洲声乐、欧洲歌剧声乐迥异，成为具有中华民族鲜明的民族特征与民族气派的戏曲声乐。

戏曲中各剧种的区别主要是音乐，特别集中反映在唱腔上。各剧种由于声腔源流及其在流变中与各地方言、民间音乐、人民心理性格特征、艺术表现手法等结合后产生的差异，构成了各剧种不同声腔或同一声腔下所具有的各自的音乐风格。这种复杂的纵与横的关系，形成在共同的民族特征下剧种风格的多样化。京剧虽属皮簧声腔系统，但自清中叶徽、汉班入都并在北京扎根后，一方面在语音上逐步统一采用湖广音兼京音读中州韵，另一方面，由于京都文化集中、人才荟萃，使它有条件多方面吸收，便在原皮簧声腔的基础上，有了很大的革新和发展，从而使它又区别于皮簧腔系的其他剧种而风格独具。

京剧的音乐风格当然首先反映在它的唱腔，即其所惯用的一套音乐程式：皮、簧两种声腔及其各种板式的基本组织结构，多种板式组合的逻辑结构，音乐语言、节奏及其他表现手段、手法和创腔原则（如"以字行腔"）等诸多方面，但作为体现唱腔意图的演唱，对音乐风格的体现具有极其重要的意义。京剧声乐在长期与唱腔结合的艺术实践中，也逐步积累了一套与唱腔诸手段、手法、原则相适应的演唱技艺。因此，只有演唱与唱腔的风格相融谐时，才能使整个音乐风格得到完美的体现。这便是无论以歌曲、歌剧的方法唱京剧，或以京剧的唱法唱歌曲、歌剧，都不是"味儿"的原因所在。

表演艺术的综合性 京剧表演是唱、念、做、打诸种手段与戏剧的结合。即所谓"情动于中而行于言。言之不足故嗟叹之；嗟叹之不足故咏歌之；咏歌之不足，不知手之舞之足之蹈之"（《毛诗序》）。唱念做打四者在京剧中并非孤立地存在，而是视需要有选择地进行综合。如《宇宙锋》中女主人公赵艳容装疯的一段表演，就在［西皮散板］的演唱和与父亲赵高的对白中配合了一系列优美的象征性身段，其手、眼、身、步的运用都和唱、念有条不紊地组织于音乐、鼓点的节奏之中，使人物形象有声有色，既使观众大饱耳福、眼福，又大大增强了戏剧的表现力。这种综合性极强的表演艺术，即使专攻唱功的演员，也必须具有做表的扎实功底，才能胜任。

京剧声乐的构成要素及艺术创造

构成要素 包括声、字、腔、节、情5个方面。如果仅从技术上说，前四者属于外部技术与艺术技巧，后者则为内心体验和内部技巧。只有外部技术技巧与内心体验、内部技巧相结合，才能产生京剧所需要的完美的演唱。

声、字、腔、节，每一个字都包含着很多复杂繁难的技术和美学要求，必须认真掌握和锻炼。以声而言，尽管各行当用嗓不同，要求各异，但都必须按科学的发声原理，重视气息对声音的支持作用，以丹田为气息的支点，以气托声，并重视声音与语言的结合，如果有音无字，形成音包字，则声音再响亮，也不足取。

从唱字来说，民族声乐传统极其重视语言的清晰，认为它是表情达意的基础，是与观众沟通思想感情的重要桥梁。如字音不清，就会“令人闷煞”（清李渔《闲情偶寄》）。京剧中汉字的唱法，是在继承汉文化中音韵学研究成果的基础上形成的，它有民族唱法中吐词唱字的一套技术，京剧谓之“口法”。汉语虽为单音节字，但每一个字音的构造，实际分为声（声母、辅音）、韵（韵母、元音）、调（四声调值）3个部分。不同的辅音，决定着字头发出时的瞬间，气息在喉、舌、齿、牙、唇等处受阻的部位，传统谓之“五音”。京剧中的“口劲”和“喷口”，即指出字时辅音在受阻部位除阻时的力度。韵母是字音的主要部分，声音的爽朗全在韵母（字腹）。不同的韵母，有“开、齐、撮、合”等4种口形，传统称“四呼”（现代汉语语音学对传统的“五音”、“四呼”部分有更详尽、更科学、更准确的分解）。由于有的字含有两个以上的韵母，或由元音与辅音尾组合而成，故韵母又有韵头、韵腹、韵尾之分。京剧将韵母的唱法，按十三辙归类而有“归韵”、“收声”之法。这一套“出字、归韵、收声”的唱字技术，对语言的清晰、准确、美化及表现等都有着重要的意义。调，即指字音的调值。由于语言中存在四声调值的差异，音同调值不同含义差别极大，故“以字行腔”便成为京剧创腔和演唱都必须遵守的原则之一，如果字位上的唱腔走向与调值不符，产生“倒字”；字尾收音不对，产生“飘”（俗念piǎ）音，都是犯忌。

腔，演唱上称行腔，指歌唱时旋律的进行。从技术上说，要使唱腔动听，就要注意虚实结合，刚柔相济，利用抑扬顿挫、轻重缓急及断、连、气口等，使曲之柔婉处能圆润，刚劲处有棱角，将唱腔唱得跌宕生姿而具表现力，忌讳平铺直叙“一道汤”的唱念。对字少腔多的抒情性唱腔，行腔要圆活流动，防止板滞；叙事性唱腔要声调爽朗，字字铿锵；对字多腔少的快板，虽疾而无腔，也要在短处找“绝”，最快时要声如明珠走盘，唱则如纵马奔驰，无可阻挡。

至于节奏（尺寸），则是戏剧进行中戏剧节奏与人物内心节奏的体现，因而唱者均须掌握全曲节奏、句间转板节奏、段落节奏以及各种“催、撤、扳”等。各板式虽在结构上已有节奏上的区别，但同一板式在不同的戏剧情节中，其时值速度的伸缩仍有较大幅度的弹性，故要求与鼓师、琴师密切合作，起唱或转板时将尺寸开准。尺寸不合，则有“全局皆失”之说。节奏一经开出，就要求板稳、板正，节拍、节奏准确无误。对各种板式的节奏掌握，则要求慢板宜紧（避免松散拖沓），快板宜稳（快而从容）、散板要准（虽节奏自由，仍须井然有序）。

情感表现与艺术创造 京剧中声、字、腔、节等技巧，都紧密围绕着人物感情的表达而被运用。这些技术一经与剧情和人物的思想感情结合，便赋予了它们各种不同的感情色彩，获得外部技术技巧与人物内心体验、感受的高度统一，产生演唱艺术的生命。技巧与体验的能否结合统一，是唱念艺术的匠气与灵气的分水岭。而演唱者的成就，亦视其对人物思想感情、性格及对词情、曲情等理解的深度和表现手法的准当，技术、技巧的熟练程度如何而定。因此京剧唱念艺术中，技术技巧与人物体验是一个事物的两个方面，二者缺一不可。只有技术而缺乏内心体验，就会使唱念苍白、乏味；仅有内心体验，缺乏完美的技术技巧等表现形式作为它的载体，就会缺乏艺术性，更缺乏感染力；而过火的唱念，则只会使人生厌。故京剧声乐既重视唱、念功的技术锻炼，又反对仅为炫耀自己的声音而做纯技术的卖弄，或仅为要腔而要腔。它们均非声乐艺术之正道，应该力避。

京剧声乐的成就

京剧从孕育、形成的初期起，即以它的新颖、充满活力和演出实力受到广大观众的热爱。在声乐艺术上，当时戏班以唱功老生为台柱，其中程长庚、余三胜、张二奎3人即以唱功争胜鼎足而立，人称老生“前三杰”。其后通过代代相传和艺术家们不断的革新、创造、发展，不仅声乐艺术更加突飞猛进，整个京剧都得到了各方面的相应发展，逐渐进入艺术上的成熟期和鼎盛期，在全国数百个剧种中独领风骚。声乐上各行都涌现出不少杰出的唱家，他们或单独以唱或以唱做俱佳、“文武昆乱不挡”而享盛名，其中不少名家，更以独树一帜的演唱风格创立了自己的艺术流派，从而使京剧舞台长期以来，呈现出名唱家人才辈出、流派纷呈的鼎盛局面。这些名唱家和各流派的创始人，在不同的历史时期对京剧各行唱念艺术的发展都作出了程度不同的卓越贡献，大大丰富、推进、提高了京剧声乐艺术的唱、念水平。很多脍炙人口的京剧唱腔，通过他们的演唱，在群众中得到广泛流传；不同时期曾有生行“无腔不谭（鑫培）”，旦行“无腔不程（砚秋）”，净行“无腔不裘（盛戎）”之说。梅兰芳的唱腔，更以其优美和“平易近人”而被广泛传习。

京剧还处于孕育时期时，老生“前三杰”中的程长庚、余三胜、张二奎就因唱念时各带乡音而有徽（程）派、汉（余）派和京（张）派之称。这时的“流派”与其后的“流派”具有含义及实质上的区别。流派的成立，必须具备下述4个条件：①艺术上有鲜明的个人风格；②为群众承认，命名；③业内人士赞许、认可；④受同行宗法。其中，个人风格是主导方面。京剧流派众多，几乎涉及表演艺术的各个方面，但却以音乐和声乐上形成的流派尤夥。如生行中的谭（鑫培）派、孙（菊仙）派、汪（桂芬）派、刘（鸿昇）派、高（庆奎）派、余（叔岩）派、言（菊朋）派、麒（周信芳）派、马（连良）派、杨（宝森）派，旦行中的梅（兰芳）派、程（砚秋）派、尚（小云）派、荀（慧生）派、张（君秋）派，老旦行中的龚（云甫）派、李（多奎）派，净行中的金（少山）派、郝（寿臣）派、裘（盛戎）派，小生行中的姜（妙香）派、俞（振飞）派、叶（盛兰）派等，都是个人特点鲜明、风格成熟，被一致公认或广泛承认的代表性流派。

流派的形成，一般都认为是艺术家在继承前人唱念技艺的基础上，既深入宗法一派而又广泛吸收，根据个人嗓音条件展其所长，发挥独创性的结果。这是有理有据的论断。如果从演唱上形成的流派要比做、打等艺术手段所形成的流派为多这一现象看，则与京剧音乐程式的可变性关系密切。过去演员大多集创腔与演唱于一身（个别有作曲者，也往往经过双方的融合），而演唱艺术本身所带有的能动性、多样性（根据个人嗓音条件、生活修养、艺术修养、美学情趣及个人惯用表现手法的差异等），使演唱家自然地流露出自己的艺术个性来。当这种艺术个性自觉地在其所有上演的剧目中都得到体现时，即形成个人独具的风格。如以四大名旦所创立的流派而论，梅兰芳充分发挥了他嗓音所独具的甜、脆、圆、润、水等特点，唱腔多展示其中、高音的优势，唱腔优美，唱法华美大方，风格明快妩媚，以扮饰雍容华贵的贵妇为主。程砚秋音色较暗，低音浑圆，故唱腔低回宛转，缜密绵延，唱法外柔内刚，行腔藕断丝连，更善于将高音控制在细若游丝的范围内，以表现人物复杂的内心世界，风格含蓄、凝练，以擅演悲剧著称。尚小云也从自己的嗓音条件出发，唱法刚健婀娜，峭拔简洁。荀慧生虽为花旦，以做功为主，但唱法讲究，以柔媚旖旎、活泼俏丽独具一格。由于风格各具，各流派不仅都有各自擅长的剧目（这并不排斥同一剧目、同一人物的不同刻画，它们仅表现为侧重面或表现手法有所不同而已），更有与本流派风格相适应的专职琴师。如谭鑫培之有梅雨田、陈彦衡，余叔岩之有李佩卿，梅兰芳之有徐兰沅、王少卿，程砚秋之有周长华、钟世章。他们都经过长期的合作，才能使唱与奏的艺术构思、情趣、风格，达到完全默契、相得益彰、相映成趣的境界。卓越的流派艺术家在音乐、演唱上的个人风格特色，自然也会体现在他的念、做等艺术方面，形成统一完整的个人艺术风格。京剧音乐、声乐流派的出现，开辟了京剧声乐发展的多种多样途径，使京剧声乐各呈异彩，争妍斗艳。

京剧声乐的美学要求

在京剧发展史上，随着京剧音乐、声乐与戏剧结合的程度及成就，群众欣赏水平、审美趣味的提高等，其美学要求也经历了一个演变过程。孕育期各行唱法可以老生为代表，讲究实大声洪，“真力弥满”。“腔调也是一时有一时的风尚，光绪初年最时兴宏亮”（齐如山《京剧之变迁》）。调门用到正宫（G）、乙字（A），旋律基本在高音区活动，唱腔“平直”，风格古朴；各板式之间缺乏鲜明的节奏对比，不仅影响了唱腔的优美，更影响到戏剧的表现力。故当时的声乐虽也注重唱字，却更用“以声夺人”争胜。据《梨园旧话》所载，程长庚嗓音能“穿云裂石”、“虽无花腔，而充耳餍心，必人人如其意而去”。张二奎更以嗓音宏大辉煌，无与伦比，加之气宇轩昂，仪表不凡而擅演王帽戏。在程长庚、余三胜、张二奎3人鼎足争胜中，曾有诗打趣曰：“春台一句‘把王催’，三庆长庚也皱眉。怜他四喜余三胜，《捉放》完时饶《碰碑》。”足见以“穿云裂石”享名的程长庚，或以“花腔”取胜的余三胜，都无法与张二奎的王帽戏相抗衡。这种追求高亢洪亮、“以声夺人”的风尚，一直到后三杰中的孙菊仙、汪桂芬，均可为其代表。自谭鑫培崛起，京剧进入成熟、鼎盛时期后，京剧声乐的美学要求，才进入另一新时期。

字正腔圆，声情并茂 谭鑫培的崛起，与他在京剧音乐、声乐上所进行的一系列革新紧密相关。论其声音本质，确不及同辈孙（菊仙）汪（桂芬）之高亢豪放，却独具清润甘甜的特点，因此他力避高亢，而用己之所长，即人称“云遮月”的嗓音。用调不过正宫，音域却向下扩展，使唱腔有了宽广的活动余地；对旧有声腔板式的节奏加以舒展或压缩，增强各板式在节奏上的鲜明对比；旋律在继承余三胜“花腔”的基础上，大胆吸收京剧各行甚至姊妹艺术的音乐素材，经过精心融化，一改过去直朴古拙之风，而以曲折优美、悠扬宛转的唱腔及唱法上的巧妙、富有神韵取胜；并以中州韵湖广音兼用京音，基本上统一了京剧唱念的字韵，字音清晰、四声准当。他取法博、变化多，技巧娴熟，将字、声、腔、情全融入于人物性格的刻画，唱一人，像一人，精雕细镂，既传情又传神，从而大大加强了唱念艺术对戏剧的表现功能，达到字正腔圆，声情并茂的境界。对此，梅兰芳曾说他在《捉放宿店》中，“将大段二簧愈唱愈高，真像‘深山鹤唳，月出云中’，陈宫的一腔悔恨怨愤，都从唱词的音节和面部表情，深深地表达出来。满园观众……心灵上都到了净化的境地”（《舞台生活四十年》）。程砚秋也曾说观众暑伏天听他唱《碰碑》中的大段反二簧，不因天气闷热，

《四郎探母》 谭鑫培饰杨延辉（右） 祝惺元饰杨延昭

戏园人多而越听越热越挥扇，反倒全然为他的艺术所吸引，而有“毛骨萧然六月寒”之感。他将杨继业为奸臣所害被敌人围困，盼兵不到、盼子不归、饥寒交迫的情境，表达得悲而且壮，活脱脱地揭示出这一老英雄在绝境中的精神面貌，而使观众深受感染。谭鑫培的艺术革新在初期时也遭到一些行家的非议，却为广大内外行赞誉，终于有“伶界大王”之称。自此，京剧声乐便一改旧时风尚，而以字正腔圆、声情并茂，为京剧声乐美学的全面要求一直延续下来。

韵味 属中国古典美学范畴。戏曲中韵味一词的运用，较绘画、书法、诗词中的同类词汇为迟，约始自对谭鑫培唱念艺术的品评。它指艺术家在唱念中通过各种技巧、手法的运用，表现出人物的神韵、气韵、字韵时，所具有的深邃的情趣、意境等，时而情景交融，极富诗情画意，时而表达出词、曲之外的言外之意，弦外之音，而引人入胜，耐人寻味。韵味是超越字正腔圆、声情并茂之上的唱念艺术的最高魅力所在，也是艺术家努力追求和观众对唱念艺术的最高审美理想和最高审美评价。京剧卓越的演唱家中，堪称富于韵味者不乏其人，谭鑫培、余叔岩、梅兰芳、程砚秋等，尤以韵味隽永著称。

京剧声乐的源流与发展

京剧唱念虽直接继承徽、汉、昆、梆诸戏的技艺，但源流可上溯至古代民歌中的职业歌手、乐工。唐代歌舞大曲及说唱音乐，特别是北宋诸宫调等的唱念技艺及形式等，都为元杂剧的声乐做了技术上和形式上的准备。元杂剧形成，民族声乐便开始与戏剧相结合，进入了戏曲化的进程。元燕南芝庵所著《唱论》一书，对发声、吐字、用气、行腔等都提出了简扼的要求，如“声要圆熟，腔要彻满”。要“字真句笃”；用气“有偷气、取气、换气、歇气、就气；爱者有一口气”；唱曲要注意“起末、过渡、揾簪（装饰）、攧落（乐句结束音的唱法）”，并注重“抑扬顿挫、顶叠垛换、萦纡牵结、敦拖呜咽，推题（提）丸（宛）转、捶（摇）欠遏透”等。它既是当时戏曲声乐实践经验的总结，也是后世戏曲声乐继承发展的基础。其中某些名词及唱法，至今仍为京剧界所熟知，可见其一脉相承的关系。

明嘉靖起，南方昆山腔经魏良辅等人在南戏唱法的基础上，吸收北方元杂剧声乐艺术的成就，对昆腔唱法进行了一系列重大的革新，讲究“气无烟火”、“启口轻圆”、“出音必纯”，唱字注重“头腹尾”的过渡与“毕匀”，“收音纯细”，行腔则重视乐曲和字音的“宛协”等，形成委婉细腻、流丽悠远、格调典雅

的“水磨调”，流布极广。魏良辅等艺术家们对昆曲声乐艺术的贡献，是戏曲声乐发展史上的第一座丰碑，对其后戏曲声乐的影响极为深远。

由于种种原因，晚清时昆曲逐渐凋敝，乱弹（包括京剧的前身皮簧和多种地方戏曲）兴起。不少京剧演员或直接由昆剧转来，或本来就是“昆乱兼擅”，或因昆曲唱法法度极严，其后不少杰出的京剧艺术家，均曾以学唱昆曲作为提高本身唱功的手段等，因此昆曲的发声、吐字、行当唱法等技术，对京剧的影响实际较徽、汉、梆等尤重。由于京剧所反映的生活面更为宽广，人物性格更加多样、复杂，戏剧矛盾更为尖锐，这些基本功在与京剧的声腔板式、字韵及与京剧所表现的内容相结合后，便在原有唱念的基础上，有了多方面的吸收、融合、发展和创造，特别是经过谭鑫培的全面革新，带动了京剧各行整个声乐的革新与发展，使京剧声乐在戏剧化的道路上进入了一个崭新的时代。以谭鑫培为代表的一大批杰出艺术家对京剧声乐艺术及其在戏剧化上所作的贡献，是戏曲声乐发展史上的第二座丰碑，影响也极其广泛深远。

京剧虽以它兼收并蓄、不断革新的精神，赢得了百余年的兴盛时期，京剧声乐也在各方面取得了相当高的成就。但由于它生长、成熟于封建社会末期，所反映的大多为那一个时代的历史题材，因此，在新编的历史故事剧目中，特别是在反映现代生活时，如何适应今天的社会需要、满足广大观众日益提高的审美要求，是一个既艰难而又十分严肃的课题。

中华人民共和国成立后，在“百花齐放，推陈出新”及传统剧目、新编历史剧目和现代戏“三并举”的方针指引下，京剧不但在传统戏的整理、新编历史戏的改革上，取得了很大成绩，就是现代戏的创作，通过不断的实践、探索和革新，也积累了不少新的经验，产生了一批优秀的现代剧目，如《白毛女》、《黛诺》、《红灯记》、《沙家浜》、《奇袭白虎团》、《智取威虎山》、《杜鹃山》及《蝶恋花》等。随着这些剧目的排练、上演，京剧声乐便围绕着如何提高其反映现实生活的能力问题，对传统唱法进行分析、研究，对那些仍能反映新时代的丰富内容和富有表现力的技术技巧和美学要求予以继承和发扬，对某些与反映现代生活不相适应的部分予以革新，对不足的部分则予以尝试性的创造和补充，从而使京剧声乐在塑造现代人物的声音形象、刻画现代人物的性格和精神面貌方面取得了可喜的成绩。但这只是一个良好的开端，如何进一步满足新时代、新生活、新观众的审美需求，如何进一步继承、发扬传统中的优点，吸收国内外声乐艺术的先进经验并加以融化而为我所用，如何根据群众丰富多彩的生活，进行不断的革新、创造而又保持鲜明的民族风格和剧种特色，仍是京剧声乐长期面临的重大任务，有待于在不断的实践中，逐步寻求正确解决的途径。

（萧晴）

jingjushi

京剧史 京剧俗称京戏，清代道光二十年（1840）前后形成于北京。京剧是以南方进入北京的徽班为基础，融合徽、汉二调，吸收昆腔、京腔、梆子腔（亦名秦腔）、琴腔、柳子（杂腔小调）的艺术成分，在花部乱弹诸调与雅部昆腔的竞争中衍变而成。它是以唱［二簧］、［西皮］为主的剧种。艺人自称“乱弹”，京中人称“黄腔”“二簧”或“皮簧”，外地人又称“京调”、“京二簧”、“京腔大戏”、“京班”、“京戏”。清光绪二年（1876），“京剧”之称始见于上海《申报》。1928年国民政府南迁，北京改称北平，京剧改称平剧；1949年中华人民共和国成立，定都北京，仍名京剧。

京剧的形成

清乾隆五十五年（1790），三庆班入都，为徽班进北京之始。

三庆徽部进入北京，初始班主余老四。该班演戏“以安庆花部，合京、秦两腔”，旦行名伶高朗亭为“二簧之耆宿”，又“工南北曲，兼善小调”，为诸腔杂陈的戏班，受到观众的欢迎。随后，进京或在京组班的徽班迅速增多。至嘉庆、道光时期出现了“四大名班”（即“四大徽班”）称盛的局面。四大名班是三庆、四喜、春台、和春。此外，尚有重庆、金钰、嵩祝三小班，也各有杰出之人、擅场之技。

形成的历程 徽班进京以后，处于与昆班争胜、和西班（梆子戏班）竞演的状况。经过十几年的竞争，北京的剧坛发生了新的变化。嘉庆八年（1803）成书的《日下看花记》“自序”中记述：“迩来徽部迭兴，踵事增华，人浮于剧，联络五方之音，合为一致，舞衣歌扇，风调又非卅年前矣。”最明显的变化是徽调兴而昆腔衰，出现了“梨园子弟多皖人，吴儿渐少”的情形；至道光年间，“戏庄演戏必徽班。戏园之大者，如广德楼、广和楼、三庆园、庆乐园，亦必以徽班为主。下此则徽班小班、西班相杂均适矣”。一度称盛的梆子戏也处于下风。徽班在北京兴盛的原因，一是既有它自己的优势，并以兼收并蓄，诸腔杂呈，形成声腔与表演艺术的多样化。同时，接纳、吸收昆、京、秦腔及汉调（楚调）艺人入班，集中人才，交流技艺，提高了演艺水平。尤其是在嘉庆末至道光年间，汉调艺人相继来京搭入徽班演唱，促成京调皮簧的产生。二是徽班戏文出于民间，取材广泛，主要来自小说、历史演义、唱本、民间故事以及传奇、杂剧的改编，颇能表达百姓的是非观念和爱憎感情，且戏路多样，有花有雅，有文戏，有武戏，有唱工戏，有做工戏，有靠把戏，有短打戏等。三是当时戏班采用“轮转”各个戏园的方式演戏，每三四天跑一个台口。这在当时北京交通不便的情况下，可使各处的观众都感到满意。四是每天演戏由中午开锣至下午六时左右煞戏，其间分早轴子、中轴子、大轴子。早轴子招徕观众；中轴子演昆曲、武戏、生旦对儿戏，均为名角佳作，每有玩笑调情一类戏，多为官贵豪商所喜观，其意也并不全在看戏；最后上演的大轴子戏，属本戏或连台本戏，多唱皮簧，情节复杂，场上热闹，为平民百姓所欢迎。由此可知，徽班演戏在声腔、剧目、演出方式等方面，适应了各个阶层观众不同的欣赏需求，这是徽班赖以生存的群众基础，并促使徽班博采众长，成了文武昆乱齐备的大戏班，为演化成京中皮簧戏班奠定了基础。

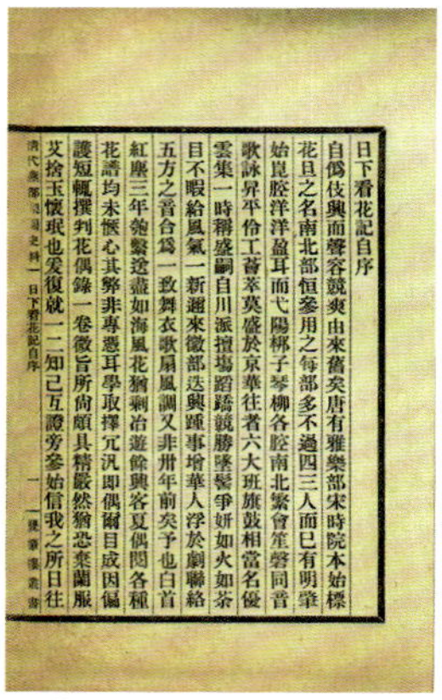
日下看花記自序
自優伎興而聲容競爽由來舊矣唐有雅樂部宋時院本始標
花旦之名南北部恒參用之每部多不過四三人而已有明肇
始崑腔洋洋盈耳而弋陽梆子琴柳各腔南北繁會笙磬同音
歌詠昇平伶工薈萃莫盛於京華往者六大班旗鼓相當名優
雲集一時稱盛嗣自川派擅場蹈蹻競勝墜髻爭妍如火如荼
目不暇給風氣一新邇來徽部迭興踵事增華人浮於劇聯絡
五方之音合爲一致舞衣歌扇風調又非卅年前矣予也白首
紅塵三年兔繫途盡如海風花猶剩冶遊餘興客夏偶閱各種
花譜均未愜心其弊非專憑耳學取擇冗汎即偶爾目成因偏
護短輒撰判花偶錄一卷微旨所尚頗具精嚴然猶恐棄蘭服
艾捨玉懷珉也爰復就一二知己互證旁參始信我之所日往

双肇楼刊本《日下看花记》
小铁笛道人自序

汉调艺人入京搭徽班演戏，时在嘉庆、道光年间。这时期的汉调，已然包括有［西皮］、［二簧］及其［反调］、［平板二簧］，并已采用胡琴、月琴、弦子“三大件”作为伴奏乐器。其中，［平板二簧］出自徽调，它可说明此前的汉调已经与徽调发生过交流并有所吸收。汉调艺人来京搭入徽班，发生新的交融。并且于道光年间出现了“京师尚楚调，乐工中如王洪贵、李六以善为新声称于时”（《燕台鸿爪集》），以及“时尚黄腔喊似雷，当年昆弋话无媒；而今特重余三盛（胜），年少争传张二奎”（道光二十五年《都门纪略》）这样的新局面。恰在此时，成书于道光八年（1828）的《金台残泪记》中出现了“西皮调”名称，可以说明京中“西皮”之称来自汉调。

在汉调艺人苻来“西皮”调名之前，张际亮在《金台残泪记》有“谓甘肃调曰‘西皮调’”，又提到“《燕兰小谱》记甘肃调即‘琴腔’，又名‘西秦腔’。胡琴为主，月琴为副。工尺咿唔如话”的记载。并且着意补充说：“此腔当乾隆末始蜀伶、后徽伶尽习之。道光三年，御史奏禁。”从这些记载中可以看出，“琴腔”的“琴”，是指胡琴。蜀伶所唱之“琴腔”，也就是“胡琴腔”。后被徽伶学习，成为他们演唱的腔调。这说明在北京尚无“西皮调”名称之前，事实上徽伶已经学唱了“琴腔”戏。西皮调除由汉调艺人传至北京以外，还有来自蜀伶所唱“琴腔”的一脉，被徽班艺人吸收运用。在徽、汉艺人合作，“西皮”的叫法为徽班使用以后，才取代了原来“琴腔”的叫法。其间也可能有“御史奏禁”的缘故。此外，京中皮簧也有传自西北的说法，认为嘉庆到咸丰时期，与徽派、汉派皮簧同时存在的张二奎之“北派”，是在徽、汉之前由秦腔班苻入京师的，当时虽无“西皮”的称谓，实际上已有相似的唱调流传演唱。它与徽、汉在语音、唱法上也有所差异。清代后期，京师西皮、二簧的来路虽然有几种说法，但是京中皮簧由徽、汉为主体，融合“北派”而成的基本事实，是不能轻易否定的。

最终在北京形成了以唱皮簧为主的京剧，经历了一个复杂的演变过程，大体在道光二十年（1840）前后至同治年间，即19世纪30～60年代这个阶段。同治年间，戏班与演员的状况又发生了新的变化。据同治三年（1864）翻刻的《都门纪略》记载，有三庆班、四喜班、春台班，原四大名班中已无和春班。除三庆首席老生仍为程长庚外，春台之周春奎、四喜之王九龄则属道光之后的名家。其他各行均有后起之秀崭露头角，如春台之青衣胡喜禄、老旦郝兰田、武生俞菊笙，四喜之青衣梅巧玲、时小福、正净叶中定、文丑刘赶三、昆丑杨鸣玉等，均属受京中观众欢迎的演员。另外还记有久和班、小福胜班、嵩祝班等。这些名家与戏班，也为由徽班演化以唱皮簧为主而兼及吹腔、昆曲、杂调等的京班作出了贡献。

形成的标志 京剧的形成，主要表现在上演剧目、声腔抉择、戏班转化、行当规范四个方面。京剧剧目是继承徽、汉两调，吸收一些昆腔和杂曲小调，移植、改编一些梆子腔的戏文组合而成，并且还创作了一批新戏。早期京剧剧目的基本情况，迄今所见资料有：道光二十五年（1845）刻本，杨静亭著《都门纪略》中所记之69个剧目；道光年间抄本《花天尘梦录》卷九“燕台花镜诗”中所记38个剧目；朱家溍辑纂《清昇平署档案新辑》所记之咸丰、同治年间昇平署档案中的86个剧目。相互比照，略其重出，计有158个。按故事题材的朝代为序，计有殷周15个，秦汉7个，三国19个，两晋、南北朝3个，隋唐27个，五代3个，宋39个，元3个，明23个，清3个，朝代不明的16个。从这份剧目的内容考查，可看出当时京剧舞台上流行的剧目，已基本上构成了以历代演义、传奇故事为题材，反映朝政、征战生活为主体的格局。

再看声腔，徽班已由诸腔杂呈而演化为皮簧为主的戏班，上演的主要是唱西皮、二簧调的皮簧戏。在上述150多个剧目中，初步考知有98个是唱皮簧腔的。这种状况，是由观众好恶而促成的。正如徐珂《清稗类钞》中说：“皮簧盛于京师，故京师之调为尤至。贩夫竖子，短衣束发，每入园聆剧，一腔一板，均能判别其是非，善则喝彩以报之，不善则扬声以辱之，座满千人，不约而同。”影响所及，道光以来在津、京两地，先后都有了演唱皮簧的票社。票社，多有贵胄、文人、官吏中喜好皮簧的人主持或参加，其中有些通文墨、懂声韵、晓音律的能人，对京剧演唱艺术的提高与普及也起到了重要的促进作用。西皮、二簧调也在演出实践中不断完善其自身板腔结构的音乐体制。由徽调、汉调融会演变为京调皮簧的过程，关键在于唱的“北京化”。它体现在语音的变化上，也体现在接受北京观众审美观念与欣赏情趣对演唱技艺所产生的影响上。这一点，在“北派”皮簧中已先有所体现。这种变化，发生在道光、咸丰年间余三胜、张二奎、程长庚这一代演员身上。皖人、徽派的程长庚“熔昆、弋声容于皮簧中，匠心独造”；鄂人、汉派的余三胜“融合徽、汉之音，加以昆、渝之调，抑扬转折，推陈出新”；北人张二奎则“采取二派而搀以北字”被称为北派。由此可以看出京中皮簧虽有来路之别，存有地域派别之差异，但在共处于徽班之中的情况下，经过彼此吸收、融合，京中皮簧演员在演唱、念白的字音、声调、韵味上，与原来的徽调、汉调相比，已经起了明显的变化。北京语言的特点，已经逐渐融于皮簧之中。京剧的“十三辙”，具有独特声调的韵白、上口字、尖团字等的形成和京白的使用，就是从徽班逐渐过渡到京班，演变为北京皮簧戏，在语言上“北京化”的一种变革结果。这种“北京化”的变化，虽仍然保留着不少原有的鄂音（湖广音）、徽音的成分在内，但它已为北京的观众所接受。就是外地观众听起来，北京的皮簧也与南方的徽、汉二调有所不同。

京中皮簧的伴奏乐器，曾有过一段废胡琴而用笛伴奏的经历。据齐如山的记述：“名武生尚和玉，曾对我说过，尚在科班时，教师高老四云：曾听他哥哥高太和说，皮簧从前原是用胡琴，在嘉庆元二年间，皇帝以为腔调既名为二簧，与二皇音相同，彼时正有太上皇，戏中所用胡琴，又系两根弦，一名老弦，一名子弦，名字的声音，又与‘老贤’、‘子贤’相同，无论那一条弦断，说来都不吉利，故特旨废去胡琴，改用笛子，大家不敢不遵，于是北京的戏班，就都改用笛子了。一直用到了同治元年，皇帝自己会唱，以为笛子不能发展腔调，又命改用胡琴。所以到现在，又都用胡琴了。”（《齐如山全集·胡琴与笛子》）这段记述，可以聊备一说。这一变故尚无其他佐证，若有此事，也仅仅发生在嘉庆至同治以前的京中。不过，用胡琴伴奏，也确实为“发展腔调”创造了条件。行腔由直率结实发展为宛转灵活，伴奏托腔也因胡琴的恢复使用而变得熨帖和谐。又经过琴师们对胡琴的几番改进，创制了京调专用的京胡，这对形成京剧音乐的特有风格更起到了重要的作用。

京剧戏班，是由北京的徽班过渡而来。从上述声腔与剧目变化的状况可以看出，道光末年，徽班不再以安庆花部诸腔与昆曲为号召，而演化为以唱皮簧腔为主的戏班，并且还以皮簧剧目为主占据了戏剧舞台。所以，北京的观众虽然在习惯上仍把三庆等叫“徽班”，但从北京戏班报官具结的材料看，在同治、光绪、宣统时期，绝大多数的戏班不再将“徽”字冠于班名之上。但也没有冠写“京”字或冠以“二簧”与“皮簧”的。据咸丰“国丧”停戏后，同治二年（1863）开禁，戏班又始报班的史料看，三庆班领班程椿（即程长庚）报班，就未注名是属何种腔的戏班；四喜班领班人袁听泉、张发祥报班，则写做“自攒琴腔戏班，也不写徽班”字样。待到同治六年（1867）开始，陆续有津、京艺人与戏班被聘赴上海演出后，沪上观众才有“班”称“京班”，“调”曰“京调”的称呼。之后又由班名转化为剧种名，始称“京剧”或“京戏”。戏班、剧种既被冠以姓“京”，说明它已成为被各地观众认可的独立剧种了。

徽班是孕育京班的基础，其班中的行当体制也被沿袭下来，并在京班中得以发展和完善。尤其是行当体制的规范，更是剧种舞台表演艺术形成并逐步走向成熟的标志。从道光末期至同治年间，京剧的行当已逐步规范为生、旦、净、丑四大行。在四大行中，又有各行的不同脚色之分，初步形成了京剧自己的行当脚色体制。京剧对徽调、汉调、昆曲、梆子的行当脚色体制以及各个行当在唱念做打的技艺、程式，与服饰、装扮等方面均有所吸收、借鉴，但它并非因袭，而是融化，用以完善自己的行当脚色体制，丰富自己的表演艺术。以上所述剧目、声腔、戏班、行当四个方面的变化情况，正是京剧形成的明确标志。

在京剧形成的历史阶段，生、旦、净、丑四大行当都涌现一批有代表性的演员。如老生行的张二奎、余三胜、程长庚、王洪贵、李六、王九龄、薛印轩、卢胜奎，小生行的龙德云、曹眉仙、徐小香，旦行的胡喜禄、陈宝云，老旦行的郝兰田、谭志道，净行的朱志学、庆春圃、钱宝峰、徐宝成，丑行的杨鸣玉、刘赶三等。其中，最驰名的是被誉为老生“三杰”或“三鼎甲”的张二奎、余三胜、程长庚。他们代表“北”、“汉”、“徽”三个具有原来地域特点的派别，在熔铸为“京调”的过程中有着不可替代的历史功绩。其中，尤以程长庚的艺术生涯最久，他曾掌三庆班，任精忠庙庙首，影响最大。叶德辉于1917年为刊印《秦云撷英小谱》所写之“序”中，论及京中二簧时说：“咸、同之交，徽人程长庚于湖广调中，精求所以调声运气之法，一唱三叹，听之使人荡气娱神，世称‘京二簧’。”故世人称他为“京剧鼻祖”。

京剧的成熟与发展

经过上述一代演员对皮簧等声腔的熔铸，按地域特点分派的观念在人们的心目中渐渐地趋向淡化。艺人的分派则以师承为宗，如杨月楼之师承张二奎，孙菊仙与汪桂芬之宗程长庚，谭鑫培之拜师程长庚又师法余三胜，可见京剧已从形成阶段走入了成熟与发展的时期。

走向成熟 京剧的成熟，经历了大约19世纪60年代至20世纪头10年，也即晚清同治、光绪、宣统至1911年辛亥革命后建立中华民国之初的50年光景。这一时期，京剧舞台人才济济，各个行当出现了一批很受观众欢迎的演员，如老生谭鑫培、汪桂芬、孙菊仙、许荫棠、汪笑侬，武生俞菊笙、杨月楼、黄月山、李春来，小生德珺如、王楞仙、朱素云，青衣或花旦时小福、余紫云、杨桂云、陈德霖、田桂凤、余玉琴，老旦龚云甫、谢宝云，净行黄润甫、何桂山、穆凤山、金秀山，丑行罗寿山、德子杰、王长林等。他们不仅受到北京和外地一般观众的爱戴，有一些演员还受到清廷帝后及贵胄们的喜爱，得到他们的奖赏。

京剧戏班被选入宫中演戏，始自咸丰十年（1860）六月间，为咸丰帝三十寿祝釐，召三庆、四喜进宫演出。光绪年间，慈禧当政，宫中召民间戏班进宫演戏之风渐盛，光绪十九年（1893）形成定制，至光绪二十七年（1901）改为单选演员入宫承应。宫中演戏，光绪初年皮簧戏尚只占乱弹诸腔剧目的一部分，昇平署挑进的只有杨隆寿、李顺亭、孙菊仙、时小福、王桂花（愣仙）、谭鑫培、陈德霖等。到后期挑进汪桂芬、金秀山、王瑶卿、钱金福、龚云甫、杨小楼等大量的名角，［西皮］、［二簧］戏逐渐增加。到后来［西皮］、［二簧］戏占全部戏目的十之八九。这个时期皮簧戏才算真正完备成熟，占稳阵地。光绪三十四年（1908）昇平署库存戏本目录的分类，除昆腔、梆子类外，有乱弹类300余出，连台本戏31部，全是［西皮］、［二簧］戏，不再像以前“乱弹”的含义是泛指昆弋以外的各种腔调了。宫中演出，选点名角，脚色搭配十分考究，对各行演员的唱念做打、服饰装扮均要求严格，并呈有专用之承应底本（称安殿本）供太后、皇上御览。帝后经常会有所赏赐，也会有挑剔与责罚，对演员的声誉与地位颇多影响。上行下效，王府、官邸的堂会演出，也多邀名角唱皮簧，这也使戏班、演员能与上层人物交往，获得比戏园公演高出几倍的收益。由于清廷及社会上层对戏班与演员的观赏需求，也对京剧艺术的进一步提高、规范产生了积极的影响。同时，京师也是五方杂处、举子云集、人文荟萃的首善之地，在京的文人、学子们，已经从喜好昆曲而转向了皮簧，他们出入戏馆，学唱皮簧，以能与名角有所交往为时尚。名演员也从文人、学子们那里获得文辞、音韵、书画等方面的知识，受到传统文化的熏陶。正因为有这样的社会、政治环境和文化氛围，对京剧上演剧目的特点与演员表演艺术的风格的形成产生了特有的影响，从民间步入京师，皮簧终于演化成为雅俗共赏的剧种。

这一时期，随着各个观众阶层审美需求与欣赏情趣的变化，舞台演出也发生了逐步的转化：从戏班以脚色齐全演出连台大戏（大轴子）转化为重在欣赏名角演出其擅长剧目；从以故事情节吸引观众转化为以表现人物的神形韵味感动观众；从以集体制名班为号召力转化为以名角挑班为号召力，自然而然地促使京剧更强化了以演员表演为中心的艺术特征。由此，也带来了戏班体制的变化，以名角挑班组合演出团体的体制在北京应运而生。

谭鑫培

名角挑班，前面提到的一批名家，有的起到了承前启后、革新京剧艺术的作用，有的创造了个性鲜明的表演艺术流派，他们的出现恰恰标志着京剧艺术的成熟。老生谭鑫培、孙菊仙、汪桂芬三人，被誉为“后三杰”、“后三鼎甲”。而相比之下，最具革新精神与艺术成就的是谭鑫培。谭鑫培先演武生，开“武戏文唱”之先河；又工老生，集前辈老生技艺之大成，文武昆乱俱谙。在剧目的加工、改编，表演的规范、提高，唱腔音韵、声调的创新发展，以及表现人物性格、情感、神韵等方面都作出了卓有成效的全面的革新创造，成为京剧史上出现的第一个个性鲜明的表演艺术流派，世称谭派。从京剧老生表演艺术的总体说，谭鑫培已经打破了固有的唱工老生、做工老生、靠把老生之分的格范，将其融为一体，把老生艺术推进到一个新的、前所未有的高度。

王瑶卿

同治、光绪年间，戏班由老生当家，京班的演出又讲究由老生戏、旦脚戏、武打戏“三大块”构成，因之旦脚以及净、丑等各行演员的配置也颇为重要。当时，旦行以青衣、花旦、刀马旦、武旦分脚色，其应工戏的表演规范相当严格，不容逾越。如青衣以唱工戏取胜，在演唱上“同谭鑫培是有一比的”陈德霖，就是当时观众心目中钦佩的“青衫泰斗”。然而，时尚所趋，旦行各色的格范也势必要被打破。于是师承陈德霖的王瑶卿成为顺应时势的旦行艺术的革新家。王瑶卿的表演技艺，除学演青衣外，兼学演花旦、刀马旦，集前辈之长，融会贯通，擅演人物，很快就成为折戏、本戏以及新编连台戏的主要演员。光绪三十一年（1905）他搭同庆班演出，与谭鑫培合作默契，也接受了谭鑫培革新精神的影响。宣统初年（1909）王瑶卿出演于丹桂园，成为旦脚挑大梁的第一人。他打破行当的局限，兼取旦行各工之长，丰富、发展了旦行艺术的表现手段，开创新的“花衫”行当，确有奠基之功，被誉为“非青衣、非花旦，卓然自成一家”（徐凌霄《京师老伶工近况》）。更重要的是，他育人有方，为京剧旦行艺术的发展开拓了道路。谭鑫培、王瑶卿被人们称作“梨园汤武”。

流传与海派 京剧在逐步走向成熟的同时，也开始流传外地。其流传并能立足发展的原因主要在于：①中国自1840年鸦片战争之后，民族工商业、海内外的交通事业得到迅速发展，南北各地出现了一些畸形繁荣的新兴城市。这种近代社会经济发展不平衡的状况，为京剧的流传、立足于新兴城市，提供了条件。②自清初以来，乱弹诸调流布全国，当地群众早已经习惯与熟悉了这些腔调及其剧目。京班或艺人再度传入皮簧戏，对他们并不陌生，倒有似曾相识之感，为它提供了基本的观众群。③京剧皮簧，在京都的人文环境中形成，集昆弋、乱弹诸调之精华，演员的唱、念、做、打以至服饰装扮都较地方皮簧戏优越，自然能够吸引观众，占领娱乐市场。

当年京剧形成，与在京、津乃至直隶的艺人、名票有着密切的关系。同治、光绪时期，应邀或成班至外地出演的艺人，绝大多数也来自于京津等地。在上海，同治六年(1867)，英籍华人罗逸卿开办京式茶园满庭芳，邀天津一批京剧演员出演。上海人第一次观看京剧艺术，出现了“趋之若狂”的情景。同年，浙江定海人刘维忠建丹桂茶园，亲自北上邀京中三庆、四喜等班名角演出，有老生铜骡子、夏奎章、熊金桂、景四宝，武生咩咩羊儿，青衣王桂芳，花旦冯三喜，花脸董三雄、宁天吉、大奎官等，获利丰厚。之后，又有金桂轩、大观、天仙等茶园相继崛起，邀请周春奎、孙春恒、杨月楼、任七、黄月山、李春来、谭鑫培等南下，孙菊仙也到上海正式“下海”。除京剧由北方南下外，南方的江苏、浙江、安徽、广东、湖北等地剧种的戏班、艺人也时来时去，云集沪上，使上海成为戏曲文化在南方的集散地。就上海戏曲变迁的大势而言，是先昆班后徽班，最终为京班所替代。又因徽调与京调有渊源关系，徽戏艺人或改唱京调，或只能充当班底。然而，也使京、徽、昆的艺人，再度于上海的舞台上共同切磋、交流技艺，成了京都的戏班、艺人所不可能有的机遇。继京班之后，梆子亦进入上海。后来上海京剧旦行、武生之名角，就有出身梆子而改唱京剧者。京剧在上海，由于社会环境、观众对象的不同，以及剧种之间的交流影响，与京师首善之地大有区别。加之光绪年间，社会改良的思潮愈演愈烈，倡导改良京剧用以启迪民智、救亡图存、移风易俗的舆论，对戏曲界也产生了影响。上海又得风气之先，故在南方的京剧艺人敢于追求时尚，突破陈规，编创新剧，革新舞台，形成了自己的特点与风格。这时的代表性人物有：忧国忧民，编演新剧，借歌台以抒怀，立志“手挽颓风大改良”的汪笑侬；有出身徽班，编演关羽戏，在京剧舞台上创造南派红生的王鸿寿；有演剧妙趣横生，尤爱插入时事新闻、诙谐逗乐的老生孙春恒；有率先革新体制，建立新型剧场新舞台，编演时装新戏、连台本戏的潘月樵、夏氏兄弟等；有昆乱兼擅，力行改良，编演时装戏的青衣、花旦冯子和；有梆子、皮簧皆能，以时装京戏驰名，多才多艺的毛韵珂等。由于上述原因，上海京剧演出的剧目、表演特色、服饰装扮与演出形式都和京都的京班有所差别，而被人称之为“海派”或“南派”。地域性的京剧派别——“海派”出现以后，人们也就把北京的戏班、演员及其演出风格，称作“京派”或“京朝派”了。海派与京派因地域与所受之社会、文化影响不同，在发展中各辟蹊径，虽有剧目、表演、演出形式及特点、风格的不同，但就其本质而言，京、海两派都体现了一种追求革新的精神。尤其是海派的崛起，也促使京、津演员思变求新，并对各地京剧班社的艺术实践发生了积极的影响。

汪笑侬

《夏奎章之〈审头〉》（选自清末上海《图画日报》）

海派演员继京津艺人南下之后，为京剧的广泛流布作出了极为重要的贡献。这是因为上海的演出团体的建制发生了新的变化。经营者们改变了戏班（演出团体）与戏园（演出场所）分别设置、自主经营的“班、园分离”体制，发展为戏班与戏园统一经营管理的“班园合一”体制。不再使用班名，而以戏园的名称统一相称。从艺的演员、乐师等由经营者约聘组成班底，一方面为邀请的名角配戏，一方面可保持经常性的排练演出。至光绪以后，京剧逐步遍及各地，终于发展成为全国性的剧种。清末民初，京剧除北京、天津、直隶与上海为北南之中心外，主要的活动地域还有山东的济南、烟台、青岛，河南的开封，东北的奉天（沈阳）、大连、营口、吉林、哈尔滨，江浙的南京、杭州、嘉兴、湖州、宁波、温州，湖北的汉口、沙市，福建的福州、厦门等。内蒙古的王府戏班，于光绪年间也由昆弋而改唱梆子、皮簧，随民间京班进入归化城（今呼和浩特），成为北线京班传入银川、兰州等地的中转站。此外，京班还远至海参崴（今俄罗斯符拉迪沃斯托克）与汉城（今韩国首尔）演出，影响及于域外。

京剧改良 随着辛亥革命的失败而陷入困境，日趋衰败。戏曲的现状，引发了反对旧道德、旧文化、旧文学，提倡科学与民主，主张新文化、新文学的知识分子的不满，于1917～1918年的《新青年》杂志上，发表“戏剧改良专号”，批判旧剧，开展论争。所谓的“旧剧”，即指京剧。胡适、陈独秀、钱玄同、周作人等对以京剧艺术为代表的戏曲，从内容到形式来了个全盘否定。当时，虽然也有人提出中国戏剧自身的规律性与美的价值，反驳他们的错误观点和主张，也有人提出戏曲发展的症结在于革新，而不主张废弃，坚持从事改良京剧的艺术实践。但是，在当时的形势下，一些正确的理论与主张却并未也不可能产生很大的影响。直至20世纪20年代，余上沅、赵太侔等才从美学理论的角度，对京剧的形式特征与规律进行了科学的、有创见的分析与认识。至1928年，田汉又从应该使京剧“成为民众全体的东西，而不应该成为某一阶级的‘消闲品’”的动机出发，提倡“新国剧运动”，批评歧视京剧为“旧剧”的偏见，阐述京剧前辈程长庚以及汪桂芬、孙菊仙、谭鑫培“真能创造地演出他们所与的性格，不专做前人的孝子贤孙”，“真是我们的好模范”，充分肯定了京剧的革新传统，与它存在、发展的价值。但这些正确的理论、主张，也未能消除文化人中轻视京剧，甚至要铲除旧剧的错误思潮。

革新与繁荣 京剧艺术仍然走着自己发展的道路，既没有抱残守缺，裹足不前，也没有自暴自弃，全盘否定，而是坚持思变求新，不断吸收新的观念，借鉴外来的文化艺术，开创了一个京剧艺术繁荣的新局面。这大体又经历了民国初期，即20世纪10年代初至30年代后期的20余年光景，直至日本帝国主义的入侵与抗日战争的爆发，京剧在这种情势下才又发生了新的变化。

京剧走向繁荣，有其主客观的条件。第一，清末和民初成长起来的一批演员，继承了京剧成熟时期的艺术成就。尤其是谭鑫培与王瑶卿的革新精神及其创作思想与方法，或亲自传授，或潜移默化，直接、间接地培育了后起的名家。诸如武生杨小楼和老生余叔岩、言菊朋、高庆奎、周信芳、马连良等之与谭鑫培，梅兰芳、程砚秋、荀慧生、尚小云等之与王瑶卿，就是实例。第二，新的名家及许多演员经历了辛亥革命与军阀混战的变迁，在改良京剧思想的直接影响下，增强了演员应有的时代感与使命感。因之，新思潮中反对封建迷信，主张民主、自由、个性解放，“为人生而艺术”，追求“真善美”的观念以及可以借鉴、吸收、融合西洋戏剧、音乐因素用以丰富自己的认识，也被演员在编演剧目时所接受，体现或运用于艺术创作之中。第三，清王朝的覆灭，结束了京都演员入宫的“宠遇”与“殊荣”。近代大中城市的畸形繁荣，“班园合一”的文化娱乐市场，把京剧演员推向了更加激烈的市场竞争。演员之间的艺术竞争，促成了演员对个人表演艺术特点与风格的追求。而艺术上的优胜劣汰，又促使演员必须以自己的优秀剧目，去争取更加广泛的观众与舆论界的支持。第四，清末民初，社会改良，提倡女权，戏园从此向女性开放。女性观众更取向于以旦行为主的剧目和表演，无形中就对旦行演员的崛起，对京剧舞台由老生为主转向生、旦并重或以旦脚为主挑班的状况，起着相当重要的促进作用。第五，自京剧改良以来，已有一些“志士”和文人参与了京剧的编剧活动，并与名角建立了各种协作关系。近代印刷出版业的发展，也涌现出一批从事评价剧目、演出、演员表演和史论研究的记者、剧评家、理论家。他们与演员有交往，视捧角与鼓吹流派为己任。此外，长期以来，还有许多名票与演员切磋表演技艺，甚至“下海”从艺，成为名角。这些，都使戏曲（京剧）艺术及其演员实现了与文人的结合。这对演员文化素养的提高、戏剧观念的更新、舞台艺术的创造，都在不同程度上产生了重要影响。在中国戏剧史上，也就自然而然地促成“花部”戏剧发展高峰的到来。京剧舞台上，名家辈出，流派纷呈，京剧艺术由成熟发展而进入了一个繁荣的新时期。

杨小楼（右）与余叔岩

从民国初至20世纪30年代后期，京剧各行出现的名家或流派创始人，首推被人们誉为“三大贤”的武生杨小楼、老生余叔岩、旦行梅兰芳。他们都是各自行当名家中的第一人，也是代有传人的表演艺术流派的创立者，在继承与革新中充分体现了民族传统文化的中和之美，代表了正宗的京剧表演艺术。杨小楼，有“武生宗师”之誉。余叔岩，继承了谭派艺术之精髓，勤学苦练，独辟蹊径，创立余派。梅兰芳，继王瑶卿之后集旦行艺术之大成，进一步完善了花衫行。他广开戏路，擅长革新，坚持精与美的创作原则，编演新戏，尤以创演古装歌舞剧，开一代之新风，名扬海内外。其时，与梅兰芳并称四大名旦的还有尚小云、程砚秋、荀慧生。他们也都以自己特有的剧目与独特的表演风格，为人所师法，形成了各自的流派。在南方与梅兰芳可以并提的，是被称作“南欧北梅”的欧阳予倩。他以个性解放的思想编演“红楼”新戏、《潘金莲》等，多有创新而驰名南北。这时期的旦行名家还有徐碧云、筱翠花（于连泉）、芙蓉草（赵桐珊）、朱琴心、黄桂秋、贾璧云、赵君玉、小杨月楼、刘筱衡、张文艳、黄玉麟等。武旦有九阵风（阎岚秋）、朱桂芳；老旦有李多奎、卧云居士（赵静尘）。这时期的生行中，老生有四大须生余叔岩、言菊朋、高庆奎、马连良，“南麒北马关外唐”的麒麟童（周信芳）、唐韵笙及林树森、谭富英、杨宝森、奚啸伯，红生李洪春等；武生除杨小楼外，有尚和玉、俞振庭、张桂轩、李吉瑞、盖叫天（张英杰）、郑法祥、白玉崑、李兰亭等；小生有程继先、金仲仁、姜妙香、俞振飞等。净行中，正净（铜锤或架子花脸）有金少山、郝寿臣、侯喜瑞与生净兼演的赵如泉；武净有钱金福、刘奎官等。丑行中，文丑有萧长华、慈瑞泉、张文斌、马富禄、刘斌昆等。在女性演员崛起以后，也出现了一些优秀的女演员。老生中如文武兼擅、充任上海共舞台台柱的露兰春，拜师余叔岩而成为余派名家的孟小冬。旦行中如张文艳、雪艳琴（黄咏霓）、新艳秋（王玉华）等。在上述各个行当的名家中，有的也发展为代有传人，成为观众喜爱的艺术流派。

《黛玉葬花》 梅兰芳饰林黛玉（左）姚玉芙饰紫鹃

在19世纪末至20世纪30年代的剧界，还出现了演员或演员与剧作者合作编写，竞相上演新戏的热潮。新戏的繁盛，促成了京剧导演的萌生和京剧唱腔与伴奏的革新发展。京剧的繁荣也带动了京剧教育事业的发展，新秀迭出，为20世纪30年代末至40年代末这段艰难困苦的岁月里京剧的生存与改革，提供了丰富的人才资源。

京剧的生存与改革

生存在沦陷区的京剧 九一八事变后，日本关东军占领中国东北，次年组成傀儡政权伪满洲国。七七事变后，日军相继侵占华北、华东、中南的城市与部分地区，并建立了汪伪政府。以城市为演出活动基地的京剧陷入困境，致使大多数艺人，处境艰难。直至市面逐渐有所恢复，才使京剧的营业演出趋于正常。

在东北，日本关东军与伪满推行控制舆论、控制文艺的方针，对戏曲采取了排斥评剧、梆子戏和利用京剧的政策，并增加演出场所，扩充班社，招徕关内名角演戏，组织票社，极力扶植京剧。同时，建立以京剧为主体的官办戏剧社团，监督班社，审查剧本，甚而假借"改良振兴旧剧"之名编演效忠日伪、诬蔑抗日联军的时事戏。也正因为有这种背景，加之京剧艺术原本就有自己的群众基础以及伪皇室、官宦子弟对它的嗜好，虽有强化的日伪统治，也并不能阻扼群众的好尚。因此，关内名角与当地名演员在官办、营业等各种演出场合上演的传统戏、流派戏，均受到了观众的热烈欢迎。这种主客观条件下出现的盛演情况，应该说是一种畸形的特有的现象。

北平、天津与上海，在沦陷时期仍然是全国京剧活动的中心，名家与流派的创始者大都滞留于当地。由于战事的原因，名家辈出、流派纷呈的繁荣局面，一度萧条。梅兰芳由港返沪，蓄须明志，拒绝为敌伪演戏；杨小楼曾拒为伪冀东政府演出，七七事变后也再未演出营业戏；余叔岩在事变后，仅以科徒传艺为业。享名最盛的"三大贤"都离开了舞台。名净郝寿臣于1939年谢绝演出。四大须生之高庆奎、言菊朋于1942年相继去世。四大名旦之程砚秋也因屡遭加害，于1943年荷锄务农。同时，由于京剧繁荣时期在人才、剧目、流派表演艺术等诸方面已经奠定了坚实、深厚的基础，科班、戏校不断增加，剧坛新人不断涌现，前辈对后辈大力提携，才使得京剧艺术在极其艰难困苦的社会条件下，得以继承和发展。这时期的京剧舞台，主要表现为下述3个方面：一是流派艺术的发展与传承。如马连良，以扶风社为基地，一边演出，一边坚持编排上演新的剧目，《串龙珠》、《春秋笔》、《十老安刘》等在场次与念白、唱段、做派、服饰上做了精心的安排与设计，注重舞台艺术的整体性，成为马派艺术的代表作。又如程砚秋，建立秋声社，编演了《锁麟囊》、《女儿心》，集程派唱腔、表演之大成。20世纪40年代初，已颇有名气的谭富英、杨宝森、奚啸伯，被誉为以马连良排名第一的"后四大须生"。他们另辟蹊径，成为新的老生流派。这时，还有以武丑担纲主演的叶盛章创立了武丑表演艺术流派叶派，旦行中涌现出四小名旦李世芳、张君秋、毛世来、宋德珠，小生中有叶盛兰，又呈现出新秀迭出的景象。在流派艺术的传承方面，首先是流派名家的收徒传艺。如由杨小楼或杨派教师丁永利教授的杨派武生孙毓堃、李万春、高盛麟、王金璐等；余叔岩教授的李少春、孟小冬等；梅兰芳教授的言慧珠、李世芳等；程砚秋教授的王吟秋、赵荣琛等；荀慧生教授的吴素秋、童芷苓、赵燕侠、李玉茹等；尚小云教授的赵啸澜、梁秀娟、毛世来、杨荣环等；筱翠花（于连泉）教授的陈永玲等；马连良教授的王和霖、言少朋、李慕良（后改为琴师）等；高庆奎授徒李和曾；麒麟童教授的高百岁、陈鹤峰等；尚和玉授徒傅德威、侯永奎等；程继先授徒俞振飞、叶盛兰等；裘桂仙在富连成亲传的裘盛戎；郝寿臣授徒袁世海等；叶盛章授徒张春华等。同时，有"通天教主"之誉的王瑶卿，培养出以演"王派"剧驰名的坤旦王玉蓉，并向张君秋、宋德珠、梁小鸾、杜近芳、荀令香等人授艺。这些传人，或出身科班、戏校，或先已从师习艺有成，基础扎实，所以在接受流派的技艺培养之后，几乎都成为20世纪40年代以来京剧舞台上的中坚、台柱，有的还成为新流派的创始人。其次，由于演员大都遵从流派艺术，也就培养了热爱和欣赏流派艺术的观众，因之上演流派戏就成为剧场演出剧目的重要组成部分。其中，既有新编本戏，如梅派的《霸王别姬》、《凤还巢》、《洛神》，程派的《碧玉簪》、《青霜剑》、《锁麟囊》，麒派的《萧何月下追韩信》、《徐策跑城》，马派的《胭脂宝褶》、《苏武牧羊》等，又有经过流派创始人加工、整理过的具有艺术个性与流派特色的传统戏，如余派的《捉放曹》、《搜孤救孤》，马派的《甘露寺》、《借东风》，筱派（于连泉）的《战宛城》、《花田错》，以及四大名旦各具特色的《玉堂春》等。这就使得各个流派的剧目、表演艺术保存和流传下来。二是流派剧目和名角上演的传统老戏及连台本戏，由于艺术质量上的优势，向为北平、天津、上海等城市的京剧观众所喜爱。但是，这些城市日益出现的经济萧条，加剧了社会的两极分化，广大市民日趋贫困，挣扎在饥饿线上，而日伪官贵、奸商以及社会恶势力，成了特殊的富裕阶层。京剧观众的构成产生了明显的变化。剧场的老板们对此不能不考虑观众的取向和自身的利益。以艺谋生的京剧艺人，为了招徕观众，也不得不迎合某些观众寻求离奇荒诞的趣味以及特殊富裕阶层之所好。因此，相继在上海、天津、北平的舞台上出现了两种倾向：一种是大量编排上演机关布景的"彩头戏"，连台接演，招徕观众。诸如上海的《火烧红莲寺》、《济公活佛》，天津的《唐王游月宫》、《侠盗罗宾汉》(西洋戏)，北平的《济公传》等。这类戏，以情节性、趣味性、刺激性、娱乐性而博得一般观众的喜好，但有的也渲染一些荒诞、色情的成分，尤其在海报上肆意渲染，从而产生极其有害的影响。另一种是在进入20世纪40年代后，剧场开始大演"玩笑戏"，如《纺棉花》、《十八扯》、《戏迷传》、《新戏迷传》、《戏迷小姐》、《戏迷县官》等，剧目虽不多，但上演率高，反复出台，引逗观众，背离了京剧艺术。这两种倾向，愈演愈烈，直至20世纪40年代末，对京剧艺术的继承与发展造成了不同程度的危害。三是组织名角演出义务戏与合作戏的活动，也很频繁。在这类公演中，名家联袂的传统戏，成了流派表演艺术的展示。如马连良与程砚秋的《宝莲灯》，言菊朋与郝寿臣的《击鼓骂曹》，尚和玉、荀慧生与郝寿臣的《战宛城》，金少山与王凤卿的《战长沙》，马连良、金少山、张君秋、萧长华的《法门寺》等。有的还以"丑脚大会"、"花脸大会"、"花衫大会"、"武生大会"等合作演出的方式，同行当的名角，共聚一台，各显其能，展开竞赛，使观众大饱眼福。这对后辈年轻演员来说更是难得的学习机会，客观上也起到了继承与发展京剧艺术传统的积极作用。在京剧上演剧目存在混乱现象的情况下，对热爱京剧的观众来说，这种演出无疑是一种难得的机遇。但是，这类活动，往往由某些势力来操纵或操作，所以，对参演者来说并非都是欣然前往的好事。

改革初期与"新平剧" 土地革命时期，红军为开展宣传、鼓动工作和战士的文娱活动，即明确规定可以演唱花鼓与旧剧（京剧），还曾有随军剧团编演京剧时装小戏，反映部队战争生活。戏曲与革命战争的结合，使京剧开始成为革命文艺事业的一个组成部分。同时，九一八事变后，在上海等地的左翼文化与戏剧运动，正面临着建立文艺界抗日民族统一战线。文艺界一方面开展大众化的讨论，植根于广大群众中的民族民间文艺，开始得到重视，"利用旧形式"、"旧瓶装新酒"等主张，也成为针对民族戏曲（京剧）的重要议题；另一方面，革命的、进步的戏剧家田汉、欧阳予倩等，团结京剧界的名家，提倡改写旧有剧本为新的"歌剧"，面向大众，并为抗战戏剧及包括京剧界人士在内的戏剧界的统一战线作出贡献。这时，反对投降、主张抗日的民主运动，进一步激励了广大京剧艺人的爱国热忱。梅兰芳、周信芳、程砚秋、杨小楼等

《徽钦二帝》 周信芳饰宋徽宗

先后编演了激励爱国精神的名剧，充分体现了广大京剧艺人抗击侵略的使命感与爱国热忱。这也为京剧与革命文艺的结合创造了条件。

“八一三”淞沪抗战后，田汉、夏衍、阳翰笙、欧阳予倩、周信芳等组成了上海戏剧界救亡协会，开展抗日救亡活动。欧阳予倩主持该会的歌剧（京剧）部，组织中华剧团，编写《梁红玉》、《桃花扇》、《渔夫恨》，并指导排练。周信芳重组移风社，编演《徽钦二帝》。七七事变后，武汉成为政治、文化的中心，军事的战略要地。1937年12月31日，中华全国戏剧界抗敌协会在武汉光明大戏院召开成立大会。选举产生的99名理事中有京剧界的梅兰芳、程砚秋、周信芳、高百岁4位理事，王泊生、赵小楼2位常务理事。赵小楼兼平剧组组长。它成为团结全国戏剧界，推进抗敌戏剧运动统一战线的组织。1938年初，国民政府军事委员会设立政治部，周恩来出任副主任，4月1日成立第三厅，郭沫若出任厅长，主管抗日宣传。4月7～13日，举行扩大宣传周，11日为戏剧日，举办“抗敌剧总动员”，有5家戏院演出京剧，由厉家班、山东省立剧院与黄桂秋、安舒元等分别上演《岳飞》、《梁红玉》、《卧薪尝胆》、《木兰从军》、《万里长城》等，民众乐园演出连台本戏《民族英雄朱洪武》。三厅为组建从事抗日宣传的戏剧演出队伍，在汉口举办战时歌剧演员训练班，进行了3个月的形势教育。之后，组建了汉、楚、平（京）等剧种的宣传队，奔赴各地。京剧团体也在重庆、桂林、昆明等大、中城市营业公演，或作慰问将士的流动演出。战争时期，各个战区、各级政府、部队，为宣传、娱乐，大多组织京剧演出团、队，作巡回或随军演出。他们成为京剧改革与宣传抗战救国的生力军。

1938年，在武汉组建的平剧宣传队，上演田汉编写或改编的作品有七八种之多，其中《江汉渔歌》(初名《渔夫报国》) 始作于1937年，屡经加工、上演，成为传世之抗战名剧。1938年底，第二战区文化抗敌协会歌剧队成立，开排上演的第一个戏就是欧阳予倩编剧的《梁红玉》。由厉彦芝于1936年在上海组织的厉家班，是民间私人戏班，抗战开始，先赴武汉，后转移到重庆、贵阳等地，除演出传统戏外，还积极编演新戏，如龚啸岚创作的《岳飞》头、二本等。

战争时期，经济拮据，举步维艰，有志之士为救助难童，培育新人，仍千方百计兴办京剧学校或训练班。1941年皖南事变后，革命的、进步的演剧队不断地遭受迫害。他们坚决反对投降，宣传持久抗战。在时任广西省立艺术馆馆长的欧阳予倩主持领导下，田汉等于1944年2～3月在桂林举办了西南第一届戏剧工作者大会和西南第一届戏剧展览会。会上演出了京剧29出京剧剧目，展示了新平剧的成就，还介绍了京剧的传统。抗日时期，由于战事的转移，不少京剧团体和演员，从北平、天津、上海等地撤退，转移到西南、西北地区流动演出。在西南，形成了京剧以重庆、桂林、昆明等城市为主要活动中心的状况。在西北，京剧则以西安为中心，并远涉兰州、迪化（今乌鲁木齐）等地。这种被迫的迁移、流动，反而又起到了积极宣传抗日爱国和在西南、西北地区普及京剧艺术的作用。

划时期的开端 中国共产党党中央所在地延安、陕甘宁边区和晋冀鲁豫、苏皖等抗日根据地的京剧团体，其演出活动与改革工作，是在各级党和民主政权、文化（戏剧）协会以及部队（八路军、新四军）的具体领导下进行的。从20世纪30年代末至40年代末的10余年间，京剧改革主要表现在3个方面：一是指导思想；二是创作实践；三是人才培养。抗战初期，京剧在边区、根据地，既有专业的团体，也有业余自娱的组织。在演出团体中，既有政府机关、部队、学校公办的剧社或剧团，也有私营的班社。在公办团体中，

《松花江上》的一个场面（延安鲁迅艺术学院演出）
（选自《旧剧革命的划时期的开端》）

既有专门上演京剧的，也有综合性的文工团兼演京剧。在上演剧目中，既有观众熟悉的传统戏，也有以古鉴今的新编的历史故事戏和反映抗战内容的现代戏（时事戏、活报剧）。1938年抗战一周年纪念日，延安鲁迅艺术学院演出新戏《松花江上》，就是采用传统戏《打渔杀家》的结构和表现形式，表演了松花江上的老渔翁父女与群众英勇抗敌的故事。同时期，还有西北战地服务团编演的《白山黑水》。随着为抗战服务的需要，京剧工作者又开始了新的实验与探索。正如毛泽东所说：“宣传上要做到群众喜闻乐见，要大众化。现在很多人谈旧瓶新酒，我看新瓶新酒、旧瓶新酒都可以，只要对抗战有利。”(转引自陈明《西北战地服务团第一年纪实》) 这正是抗战初期京剧改革的特点。

京剧的传统形式与手段，有着表现历史故事题材的先天的优越性。从20世纪30年代后期，田汉、欧阳予倩等京剧改革家就从事这方面的创作活动。边区、根据地的文艺工作者，则在这方面取得了历史性的成就。1943年，延安中共中央党校研究员杨绍萱等编写了《逼上梁山》，在该校俱乐部的大众艺术研究社主持下，由齐燕铭担任执行导演，同年12月20日首演于中央党校大礼堂。该剧的主题，在林冲被官府逼迫上梁山的事件中，突出群众所起的作用及对林冲思想变化的积极影响。1942年10月毛泽东为延安平剧研究院正式成立亲笔题写的“推陈出新”，蕴涵的正是这些科学的文化思想，它成为京剧改革的指导方针。1944年，刘芝明出任延安平剧研究院院长后，传达毛泽东关于把《水浒》中三打祝家庄的故事编成平剧演出的建议。平剧院指定编导室的任桂林、魏晨旭、李纶合作编写。经由王一达、魏静生等导演，新平剧《三打祝家庄》于1945年正式公演。该剧着重表现梁山英雄对敌斗争的策略与机智勇敢的战斗精神。延安的两本新编历史故事戏，在边区、根据地广为流传、上演，直至解放战争的胜利，演遍了全国各地。面临抗战胜利的前夕，中共中央和毛泽东推荐郭沫若的《甲申三百年祭》，要求全党同志学习，以李自成的失败为鉴，不要被胜利冲昏头脑，骄傲自满，犯失去民心、导致失败的错误。许多京剧团体，以此编为剧目上演，配合学习活动。1944年10月马少波编写《闯王进京》，12月由胶东文协胜利剧团首演于山东莱阳。边区、根据地在历史题材剧目的编演方面，取得了最为突出的成就。其历史经验主要有3条：一是学习与运用正确的历史观点指导创作；二是结合现实，以古鉴今，为政治、为人民大众的需要服务；三是建立导演制，从现有演员、演出条件的实际出发，进行舞台艺术的革新与创造，探索新的表现形式。这些经验，对新编历史剧的创作产生了深远的影响。

组建机构与培养骨干是推进京剧改革的必要条件。京剧改革是顺应时代发展的新事物，既要研究，又要实验，两者相辅相成，相得益彰。除了一般的演出团体外，还必须建立研究与创作实践相结合的组织机构。在延安，鲁迅艺术文学院戏剧系曾率先研究中国戏，1938年8月鲁艺成立实验剧团，主要演话剧，也演京剧。几经变动，1940年鲁艺成立了平剧团。1942年2月中共中央决定建立延安平剧研究院，公布筹备启事："为团结全边区旧剧工作者，从事旧剧研究工作，延安鲁艺平剧团、延安业余平剧团、一二〇师平剧社、胶东平剧团，近正进行筹备成立平剧研究院，计划设立研究室、剧场、教学三部。"4月由鲁迅艺术文学院平剧团与八路军一二〇师战斗平剧社合并，筹建完成。10月10日在新建的杨家岭中央大礼堂举行开学典礼，直至1947年3月撤离延安后结束。5年间，上演传统戏（包括整理、改编）、新编历史题材剧目和现代戏，形成了三者并演的格局。这种格局，几乎是全国范围内京剧改革演出团体共同发生、存在的事实，成为后来戏曲改革中制定剧目政策的参照系或依据。

抗日战争胜利，举国欢腾，全国的京剧界也沉浸在欢乐的海洋里。蓄须明志的梅兰芳，洗黛归农的程砚秋，重新登上舞台。各地京剧团体和艺人举办庆祝胜利的演出活动。许多名家奔走于上海、南京、北平、天津等城市，或公演，或堂会，一度出现了竞争演出的繁盛景象。然而好景不长，国民党破坏和谈，发动内战，进步的文化、戏剧界人士屡遭迫害，京剧重又陷入困难境地。

大西南和西北地区的文化、戏剧工作者，京剧演出团体、戏校和艺人，有的陆续返回上海或北平、天津等地，也有的留在当地。回到上海的戏剧家田汉等，于1946年初，为维护演员的尊严、权利，拒绝当局强令戏曲演员与妓女一起登记的法令，组织"上海市剧艺界拒绝艺员登记委员会"，坚决抵制并获得胜利。京剧界的周信芳、吕君樵、李瑞来、林鹏程等代表参加了这次活动。同年，重庆、上海京剧界还举行了"抗增税"、"反对高税额"的斗争，以维持低收入演员的生计。为继续从事京剧改革，上海的田汉、洪深于1946年间发起组织了"京剧改革座谈会"，参加的主要成员有安娥、欧阳予倩、焦菊隐、熊佛西、俞珊、梅兰芳、程砚秋、翁偶虹、周信芳、高百岁、吕君樵、李瑞来、姜椿芳等。他们以提倡和发展民族的、健康的、进步的戏曲为宗旨，就改革的方向、内容、唱腔的革新发表了很多见解。主持北平艺术馆的焦菊隐，在艺术馆上演了新平剧《桃花扇》、《铸情记》、《陈圆圆》。四维儿童戏剧学校第三分校在北平，仍然坚持演出田汉的抗战名剧《江汉渔歌》及《金钵记》、《武则天》等。1948年3月，在马彦祥主持下，由四维儿童戏剧学校总校、第三分校、第四分校的师生联合演出田汉新作《琵琶行》，李紫贵导演，特邀名角白家麟、李宗义、梁小鸾担任主演。他们被誉为"新平剧运动的生力军"。

延安、陕甘宁边区与各个抗日根据地的戏剧工作者、京剧团体，也随着部队、机关的转移，开赴华北、东北、华东及中原等新的解放区。他们把京剧改革与解放战争联系在一起，在部队中演出，并开展宣传、鼓动工作；把戏曲改革工作与政权建设、文化管理结合在一起，从组建新型京剧团、改造旧戏班，到组织艺人学习政治文化与戏改方针政策、改造人生观，直至剧目、表演的审定和新戏的排演，可以说较为全面。1946年秋，晋绥军区贺龙司令员提议，组建成立了晋绥平剧院。随着部队的挺进，剧院由西北又开赴了大西南，进入重庆。1946年12月东北文化部成立，任命张庚为组长的旧戏改造领导小组，着手改造旧戏。1947年7月东北文协在哈尔滨，以新舞台和玉华京剧社为基础，组建东北文协平剧工作团，审定剧目，教育艺人，编演新戏。1948年3月，为东北文艺工作会议献演了创作剧目《九件衣》。在华北，1947年延安平剧研究院部分人员抵达河北束鹿，划归华北联合大学领导，改为华北平剧研究院。次年秋在石家庄与冀南民主剧团合并。在华东，1947年11月，中共华东局宣传部决定山东省实验京剧团与渤海行署宣传队合并，组成华东平剧团。该团随军南下，1949年初，开赴淮海战役前线慰问，演出《白水滩》、《群英会》、《借东风》等。上海解放后，在天蟾舞台等处公演《红娘子》、《打黄狼》、《九件衣》，与群众一起庆祝解放上海的重大胜利。

随着解放战争的节节胜利、解放区的不断扩大，全国范围内的京剧乃至各种地方戏的改革，已是迫在眉睫。在中共中央的直接关怀下，华北人民政府于1948年9月在石家庄组成华北戏剧音乐工作委员会，进行对旧剧的审查、修改、编写工作。主持和参与其事的有周扬、周巍峙和从北平去石家庄的马彦祥等。11月23日，《人民日报》（华北版）发表专论《有计划有步骤地进行旧剧改革工作》。专论认为旧剧改革的第一步工作是审查旧剧目，以京剧为实例，分析排队，把旧剧目分为"有利"、"无害"、"有害"3类。所依据的原则是"要以对人民的有利或有害决定取舍"。这一专论及其对旧剧目的审查原则与分为三类剧目的办法，对全国的戏曲改革工作产生了广泛影响。

1949年初，北平和平解放。在筹备中华全国文学艺术工作者代表大会的过程中，周恩来代表中共中央于6月27日召集周扬、田汉、阳翰笙、刘芝明、马健翎、柯仲平、阿英、崔嵬、马少波、陆万美等参加座谈会。会上，听取了各解放区戏改情况的汇报及要求开展全国戏曲改革运动、成立全国性的戏曲改革机构和研究机构的建议。7月2～19日，在北平召开了中华全国文学艺术工作者代表大会，梅兰芳、周信芳、程砚秋等作为戏剧界的代表出席了大会。周恩来的政治报告，全面讲述了革命的形势、任务，文艺工作的方向、方针政策与任务，并且专门就旧剧改造问题指出："凡是在群众中有基础的旧文艺，都应当重视它的改造，这种改造，首先和主要的是内容的改造，但是伴随这种内容的改造而来的，对于形式也必须有适当的与逐步的改造，然后才能达到内容与形式的和谐与统一。"他要求新、旧文艺部队组成巨大力量，"动员起来积极地参加这个改革运动"。周扬在《新的人民的文艺》的报告中，也专门谈了"旧剧的改革"，他强调这是一个重要的任务，也是一个复杂的思想问题。他指出：旧剧把中国民族的历史通俗化了，但由于封建统治阶级的意识将历史歪曲了，颠倒了。我们的任务是要恢复历史的本来面目，用历史唯物主义的观点来创作新的历史剧，使群众得到科学的历史知识。他明确《逼上梁山》、《三打祝家庄》等的价值，主要在于标志着向新的历史剧发展的方向。他还强调：要改革旧剧，必须团结与改造旧艺人。这一报告，成为全国开展戏曲改革工作的指导思想。在戏曲机构的建立方面，1949年7月29日成立中华全国戏曲改进会筹备委员会，这是一个由中央领导的全国性的戏曲改革行政机构。筹委会主任委员欧阳予倩，副主任委员田汉，秘书长马少波。后因欧阳予倩调出，主持筹建中央戏剧学院，筹委会主任由田汉接任，马彦祥、杨绍萱为副主任，马少波仍为秘书长。这就为中华人民共和国成立后，戏曲改革行政机构的设立，做了组织上的准备。

京剧事业的新发展

十七年的京剧 中华人民共和国成立，京剧事业进入了一个新的历史时期。1949年10月2日，成立了中华全国戏曲改革委员会，并于11月1日改为文化部戏曲改进局，田汉任局长。戏曲改进局的任务是：制定戏曲工作政策，进行戏曲剧目和演出的调查，拟定上演剧目的审定标准；组织力量整理、改编、创作戏曲剧目，团结、改造、关心戏曲艺人，培养新生力量；改革戏曲班社制度等。1950年9月11日，文化部邀请部分戏剧家、名演员、戏曲工作干部组成全国戏曲改革工作的高级顾问性机构——文化部戏曲改进委员会，周扬为主任委员。1950年4月3日，成立了研究实验机构——中国戏曲研究院，梅兰芳任院长。毛泽东为建院题词："百花齐放，推陈出新"。这为改革发展戏曲事业指明了方向。

为制定统一的戏曲改革方针、政策，1950年11月27日～12月10日，文化部召开了全国戏曲工作会议。田汉做了《为爱国主义的人民新戏曲而奋斗》的报告，总结一年来戏改的成绩和问题。代表们就如何制定和贯彻戏曲改革政策进行了深入的讨论，成果集中反映在《全国戏曲工作会议关于戏曲改进工作向文化部的建议》中。依据这个建议，由周恩来总理签发了政务院制定的《关于戏曲改革工作的指示》(1951年5月5日)。其中心内容是：改革戏曲艺术的内容与形式，改造戏曲艺人的世界观和改革戏曲剧团的管理体制。被人们简称为"改戏、改人、改制"。

就"改戏"而言，1949～1952年中央文化部根据当时社会政治情况，经戏曲改进委员会研究决定，先后有26出戏被停演或作重大修改后演出。其中京剧有《杀子报》、《九更天》、《滑油山》、《海慧寺》、《双钉记》、《双沙河》、《大香山》、《铁公鸡》、《引狼入室》、《大劈棺》、全本《钟馗》、《薛礼征东》、《八月十五杀鞑子》、《奇冤报》、《探阴山》。为审定、修改旧有剧本，从1953年开始集中人力进行京剧传统剧本的整理工作，编辑出版了《京剧丛刊》，共收剧本160种。大多为舞台演出本，在整理过程中，演员与专家、整理者通力合作，在内容上剔除了迷信、色情的曲词和情节，在形式上主要是净化舞台形象，逐步废除了旦行的"跷功"和其他落后、庸俗、丑恶的表演，从而使舞台面貌一新。对戏曲艺人，主要是组织短期训练性质的讲习班，进行政治思想与文艺思想的启蒙教育。通过学习，明确文艺为工农兵服务的方向，增强主人翁的意识，积极从事改革旧戏与创演新戏，热情参加各项民主改革和社会公益活动，如深入工厂、矿山、农村、部队演出或慰问。文化部还委托中国戏曲研究院于1955年、1956年、1957年举办3届戏曲演员讲习会，1960年又举办表演艺术研究班，使一大批中、青年演员在思想品德、文化素养、表演技艺诸方面都得到了很大的提高。而在"改制"方面，20世纪50年代初期，首都北京和各大区、省、市建立了一批国营剧院和剧团，在经营管理、艺术建设方面为广大民营剧团树立了榜样。同时，在民营剧团内，革除封建制度，取消班主制、经励科、养女制，反掉封建把头等。剧团实行民主管理，按照个人的艺术能力，分等分级，按劳付酬，成了合作社式的集体所有制。在1956年所有制社会主义改造高潮中，又有部分民营剧团改为国营。新的体制，对导演制的建立与推广以及剧作家、演员、音乐、舞台美术多方面成员的团结合作创造了条件，促进了整体演出水平的提高。但是，在1958年"大跃进"的风潮中，剧团盲目改制，纷纷改为国营，也给剧团的经营管理、艺术生产造成了混乱和负担。

梅兰芳在1960年表演艺术研究班上
左起：(前排) 蒲剧王秀兰、湘剧彭俐侬、粤剧红线女、越剧袁雪芬
(中排) 川剧刘成基、昆剧徐凌云、梅兰芳、粤剧马师曾
(后排) 汉剧陈伯华、豫剧常香玉、昆剧俞振飞

为了展示戏曲改革的初步成果，中央文化部于1952年10月6日～11月4日在北京举办了第一届全国戏曲观摩演出大会。参加会演的有来自各地的23个剧种的30多个表演团体，1 600多名演员。其中京剧演员380人，共演出整理的传统戏11出，新编及改编的戏6出。梅兰芳、周信芳、程砚秋、王瑶卿、盖叫天获荣誉奖。《将相和》获剧本奖。《雁荡山》、《三岔口》获演出一等奖，《白蛇传》获演出二等奖，《兵符记》获演出三等奖。获演员一等奖的9人、二等奖9人、三等奖13人。获奖状的13人。获编导奖的2人。这次会演，不仅展示了成果，而且打破了各剧种长期隔绝的状态，实现了相互交流，相互促进。并且，使人们进一步认识到了民族戏曲的优秀传统，鼓励人们学习优秀艺术遗产，学习戏曲改革的正确经验，以促进戏曲事业的发展。

随着以电影《武训传》批判为发端的一系列批判运动的到来，文艺思想也出现了混乱。戏曲剧目工作受到了许多清规戒律的束缚与影响，配合运动，图解政策，公式化、概念化的错误倾向，导致了上演剧目贫乏、单调、质量不高。因此，剧目问题成为戏曲进一步发展的障碍。对此，文化部于1956年6月1日～15日在北京召开了戏曲剧目工作会议。会议得出的共识是：剧目贫乏的根源，在于庸俗社会学盛行所造成的清规戒律。它的突出表现是不恰当地强调艺术为政治服务，抹杀艺术创作和戏曲规律而去追求直接的宣传效果。为了改变现状，会议指出对戏曲艺术事业必须按照它本身的特点去领导和工作；提出打破清规戒律，端正衡量戏曲剧目的标准，扩大和丰富传统戏曲上演剧目。在创作新剧目的同时，必须有计划、有组织地全面进行传统剧目的发掘、整理和改编工作。会后，全国各地出现了挖掘、整理、改编和上演传统剧目的热潮。1957年4月10～24日，文化部又在北京召开第二次戏曲剧目工作会议，交流各地挖掘、整理传统剧目与扩大丰富上演剧目的经验。文化部领导要求"大胆放手开放戏曲剧目"，并提出对传统剧目应采取全面挖掘，分批整理，结合演出，重点加工的办法。这次会议，起到了进一步推动戏曲剧目工作的积极作用。会后不久，文化部于5月17日发出了《关于开放"禁戏"问题的通知》。通知下达后，各地戏曲舞台上曾一度出现混乱，先后明令停演的26出戏如《杀子报》、《马思远》等纷纷出笼，社会效果极坏。7月21日，梅兰芳、周信芳、程砚秋等7位艺术家联合投书《戏剧报》，向戏曲界提出不演坏戏的倡议。25日《人民日报》发表《有毒草就得进行斗争》的社论。为此，文化部8月10日向各省、自治区、直辖市文化局(厅)发出通知，请立即组织有关部门和戏曲剧团学习社论和倡议。著名艺术家的倡议与读者的批评，及时制止了戏曲舞台上的混乱状况。

1957年席卷全国的整风运动与反右斗争，也使京剧界的部分演员如奚啸伯、李万春、叶盛兰等都被错划为右派分子。"左"的错误严重影响了"百花齐放、百家争鸣"方针的全面贯彻与落实。为使戏曲剧目均衡发展，贯彻"两条腿走路"的剧目政策，1958年4月周扬在对杭州市越剧团和浙江绍剧团演员谈话时，提出表现新时代与继承老传统不能偏废。"一方面提倡戏曲反映现代生活，一方面重视传统；一方面鼓励创造新剧目，一方面继续整理、改编旧有剧目，双管齐下，既保持了好的传统，又发展了新的东西。"但在"大跃进"的风头上很难做到，时隔3个月，于七八月间"以现代戏为纲"被确定为戏曲工作方针，事实上取代了"两条腿走路"。把编演现代戏绝对化，追求高指标、快速度，堕入到粗制滥造的境地。

《赤壁之战》
谭富英饰刘备（左） 马连良饰诸葛亮（中） 李少春饰鲁肃

为庆祝中华人民共和国成立10周年，文化部在北京举办献礼演出。京剧的参演剧目，既有整理改编的传统戏《将相和》、《贵妃醉酒》、《九江口》、《除三害》、《伐子都》，又有新编历史剧《赤壁之战》和京剧现代戏《白毛女》等。各种不同风格、不同流派的戏更以新的姿态与观众见面。梅兰芳新排的《穆桂英挂帅》，荀慧生重排的《荀灌娘》，尚小云新排的《双阳公主》，程派传人赵荣琛重排程派名剧《汾河湾》和李世济演出的程派名剧《英台抗婚》，赵燕侠新排的《碧波仙子》，中国京剧院与北京京剧院的名家共同演出的重点剧目《赤壁之战》和《西厢记》尤为观众所欢迎。当时，上海的周信芳再展麒派风采，排演了新编历史剧《海瑞上疏》。京剧的演出，仍然体现着"两条腿走路"的精神。

1960年齐燕铭在现代题材戏曲汇报演出大会上代表文化部提出，在"两条腿走路"的基础上，加上提倡新的历史剧的内容，明确主张"现代剧、传统剧、新编历史剧三者并举"。戏曲剧目政策的调整，使戏曲创作出现了均衡发展的态势，形成了多种剧目上演的生动局面，同时也带来了现代戏的丰收。1964年举办的京剧现代戏观摩演出大会，就是20世纪60年代初京剧现代戏成就的集中展现。这次会演以及随后东北、华东、中南、西北等几个大区的京剧现代戏观摩演出大会，使现代戏的演出形成了高潮，这对现代戏的发展乃至京剧艺术的发展都具有十分重要的意义。

《豹子湾战斗》 高盛麟饰丁勇

"文化大革命"前后的京剧 20世纪60年代是中国政治风云多变的年代。1962年9月，毛泽东在中国共产党八届十中全会上提出"千万不要忘记阶级斗争"，并强调指出要抓意识形态领域里的阶级斗争。1963年12月12日，他在中共中央宣传部文艺处编印的一份材料上进行批示，1964年6月27日，他又在中国文联和各协会的整风报告上做了第二个批示，这两次批示，对中华人民共和国成立以来文艺界（尤其是戏剧界）的工作和队伍的状况做了错误的估计，为全盘否定文艺工作的成绩、打击广大文艺工作者，提供了理论根据。文艺界开展了整风运动，夏衍、田汉等人被批判、撤职，过火的政治斗争在文艺界、戏剧界蔓延开来。江青、康生插手1964年夏的京剧现代戏观摩演出大会，粗暴否定优秀作品，打击文艺工作者。大会前，江青分别以"歌颂错误路线"和"形式不伦不类"的罪名，专横否定原要参加会演的中国戏曲学院实验剧团排演的《红旗谱》和《朝阳沟》。在会演的座谈会上指责戏曲舞台"都是帝王将相，才子佳人，牛鬼蛇神"、"破坏社会主义经济基础"。康生在会演总结大会上，肆意攻击田汉的京剧《谢瑶环》、孟超的昆剧《李慧娘》等是"大毒草"。1965年11月10日，由江青一伙策划，姚文元署名的《评新编历史剧〈海瑞罢官〉》在《文汇报》发表，污蔑剧中所写的"退田"与"平冤狱"是煽动地富反坏右和牛鬼蛇神"同无产阶级专政对抗，使他们再上台执政"，断言《海瑞罢官》是"一株毒草"。自此，一场以攻击《海瑞罢官》为开端的政治批判运动迅速展开，掀起了"文化大革命"的序幕。这场内乱，传统京剧被当做"旧文化"，京剧队伍被视为"牛鬼蛇神"，都在"横扫"之列，京剧事业遭到的摧残是毁灭性的。京剧界绝大部分的演员、乐师被赶下舞台。许多名演员、剧作家、导演、音乐等创作人员，被加以种种无端的罪名。有的被关"牛棚"，有的被无休止地批斗，有的被逮捕，受尽凌辱。不少杰出的艺术家被迫害致死，有的因不堪忍受残酷折磨而自杀。这一时期，是京剧和京剧从业者们有史以来最艰难、最黑暗的年代。传统戏、新编历史剧和绝大多数的现代题材剧目绝迹舞台，只剩下几出被称作"样板戏"的现代戏独霸舞台。

戏，称为"样板"，始见于1965年5月《解放日报》署名"本报评论员"之《认真向〈红灯记〉学习》短论。1966年11月28日中央文化大革命小组召开"首都文艺界大会"，组长康生宣布：京剧《智取威虎山》、《红灯记》、《沙家浜》、《海港》、《奇袭白虎团》，芭蕾舞剧《白毛女》、《红色娘子军》，交响音乐《沙家浜》8部作品为"革命样板戏"，可说是"样板戏"的正式命名。1967年6月《红旗》第6期刊登江青《谈京剧革命》一文，同期社论《欢呼京剧革命的伟大胜利》说："样板戏"不仅是京剧的优秀样板，而且是无产阶级文艺的优秀样板，也是"无产阶级文化大革命"各个阵地上"斗、批、改的优秀样板"。自此，这一原本就缺乏科学性的词语，带上了政治术语的属性。京剧"样板戏"，都是"文化大革命"前产生的优秀现代戏，被江青看中后，巧取豪夺，纳入他们的轨道。随后则对许多曾为这些戏作出过贡献的艺术家扣上"不听话"、"反对革命样板戏"等罪名加以打击、迫害。1967年6月18日《人民日报》社论，发出"把样板戏推向全国去"的号召。以普及"革命样板戏"，推动文艺革命的发展，人人学唱"革命样板戏"，成为"巩固无产阶级专政的大事"。最终形成了文艺舞台上8亿人民8出戏，荒唐、怪诞、贫乏的局面。

"文化大革命"后期，毛泽东、周恩来对当时"样板戏"一花独放的现状提出了批评。1975年邓小平重新主持中央工作。他指出，现在百花齐放不提了，没有了，是割裂了文艺方针，"样板戏"不能“一花独放”。然而，这些调整文艺政策的观点，未及实行，就在“四人帮”发动的“反击右倾翻案风”运动中被当做“右倾翻案”，再次受到批判。1976年2月6日，江青策划写“与走资派作斗争”的作品，3月6日于会泳召开文化部创作座谈会，鼓吹写与“走资派”斗争的戏，布置、落实将《春苗》、《第二个春天》、《战船台》、《决裂》改编为京剧的任务，并计划10月上演以纪念“文化大革命”10周年。10月6日，中共中央政治局代表全国人民的意愿，一举粉碎“四人帮”，结束了“文化大革命”这场空前的灾难。京剧界拨乱反正，开始了新的历程。

关于真理标准的讨论和邓小平代表中共中央和国务院在中国文学艺术工作者第四次代表大会上的祝词，为迎接京剧艺术的复苏与振兴奠定了坚实的思想基础。为在“文化大革命”中受迫害的作家、作品进行平反，是促进京剧艺术复苏、发展的重要措施。其中，《海瑞罢官》、《谢瑶环》、《海瑞上疏》的平反，最为引人注目。全国各地被迫解散的京剧团体，陆续得到恢复，流离失所的艺人纷纷归队，重登舞台，精心传艺，要把失去的时间夺回来。各地的研究、教学机构也得以恢复或重建，戏曲教育与理论研究为培养人才，继承传统，繁荣创作，建立戏曲学学科，迈出了新的步伐。

恢复上演传统戏和编演新戏，是京剧舞台的当务之急。1978年5月24日，中共中央宣传部转发了由文化部党组向中央提出的《关于逐步恢复上演优秀传统剧目的请示报告》。在请示报告的附件中列举了京剧备选剧目41出。文件下达后，推动了各地传统剧目的上演。到1979年下半年各地上演的传统剧目已普遍占了全部演出剧目的大多数，1980年全国上演的京剧剧目共103出，其中传统戏94出，占上演剧目的90%以上。在上演的传统戏中，也出现了少数倾向不好的剧目和坏戏，引起了观众的不满和舆论的关注。

1979年1月～1980年2月，文化部在北京举办了庆祝中华人民共和国成立30周年的献礼演出活动。参加演出的京剧剧目有大戏7个、小戏2出，其中有恢复演出的《海瑞罢官》、《谢瑶环》，新编历史剧《红灯照》、《司马迁》，现代戏《佤山雾》、《南天柱》、《一包蜜》、《下主任》，取得了较好的成绩。

1980年7月12日～31日，中国戏剧家协会、文化部艺术局、文学艺术研究院戏曲研究所联合召开戏曲剧目工作座谈会，29个省、自治区、直辖市和文化部下属单位的200余名代表出席了会议。与会者一致认为“百花齐放、百家争鸣”、“推陈出新”、“古为今用”的方针和“两条腿走路”、“三并举”的剧目政策，是正确的，是经得起历史考验的，在新时期，这些方针政策也应继续坚定地贯彻执行；不应把继承与革新对立起来，戏曲艺术的发展不能脱离民族历史和传统的艺术基础；要解决剧目创作，提高剧目质量，建立队伍，改革剧团体制，争取观众，加强科研以及加强党对戏曲工作的领导，按照艺术规律办事等问题，戏曲事业才能繁荣发展。会后，各地京剧院团创作、改编、加工整理演出一批新剧目或久未演出的优秀传统戏。

振兴京剧 进入20世纪80年代，由于多种原因，京剧观众的上座率迅速下降，出现了十分不景气的状态，许多京剧院团不稳定，有一种难以为继之感。1982年，在“振兴中华”的口号影响下，“振兴京剧”就成为振兴戏曲活动的一个重要组成部分，采取了许多切实有效的措施，其荦荦大者有：

①纪念徽班进京200周年振兴京剧观摩研讨大会。文化部、北京市政府等主办。1990年12月20日～1991年1月12日在北京举行。活动内容包括观察演出、学术研讨、史料展览。有京剧和与京剧有亲缘关系的徽剧、汉剧、秦腔、昆剧等50个院团参演，各类剧目的演出场次达166场。参加各种研讨会、评论会的专家和有关人士300多人。李瑞环为学术研讨会做了长篇讲话，就京剧面临的困难和机遇，京剧的继承与发展、普及与提高，人才培养，剧目建设，院团的调整与改革等问题提出了许多指导性意见。会后，相继成立了文化部振兴京剧指导委员会和中国京剧艺术基金会。文化部振兴京剧指导委员会创办了《中国京剧》杂志。

②梅兰芳、周信芳诞辰100周年纪念活动。文化部、广播电影电视部、北京市政府、上海市政府等主办。这项活动于1994年12月20日在北京开幕，1995年1月10日在上海闭幕，包括观摩演出、学术研讨和图片展览。江泽民在戏曲界代表座谈会上发表题为《弘扬民族艺术，振奋民族精神》的重要讲话，号召戏曲工作者学习和发扬梅兰芳、周信芳两位京剧大师深挚的爱国主义精神、自觉的奉献精神、强烈的革新进取精神，使戏曲艺术更好地顺应时代的进步、社会的发展和人民的需要，焕发出新的活力。其后，又分别举办了程长庚、谭鑫培、马连良、俞振飞、程砚秋等京剧大师的百年诞辰纪念活动。

③梅兰芳金奖大赛。文化部振兴京剧指导委员会、中央电视台等主办。比赛按不同行当分3年进行。1992年为旦行组，1993年为生行组，1994年为净、丑、老旦组。有30名演员获梅兰芳金奖，25名演员获提名奖。此前与此后，中央电视台还组织过多次中青年京剧演员的电视大赛，包括梅兰芳金奖大赛共有6次。文化部于2000～2001年间也举办过全国京剧优秀青年演员评比展演。这些比赛，对促进中青年演员的成长和提高，扩大 京剧艺术的欣赏范围起了很大作用。

④中国京剧艺术节。文化部与有关单位主办。首届中国京剧艺术节于1995年11月在天津举行。其后，于1998年12月～1999年1月、2001年12月、2004年12月、2008年11月，在北京、南京、上海、济南，共举办了5届中国京剧艺术节。展示京剧界的新作品并进行评比和交流，是中国京剧艺术节的主要特色。从这个角度来看，1988年文化部在天津举办的京剧新剧目汇演，可以说是中国京剧艺术节的“前奏”。历届中国京剧艺术节向广大观众推介了一批优秀之作，同时还开展了多样化的业余爱好者活动，成为举办地区人民群众亲近和享受京剧艺术的盛大节日。

⑤中国京剧音配像精粹。利用过去京剧名家的录音和唱片，配以现在中青年演员表演的录制，成为音像兼备的形象资料，这是李瑞环创议并组织实施的一项文化工程。实验工作始于1985年，1994年正式启动，至2006年底，已录制了460出（折）京剧。这为濒于失传的京剧艺术找到了长期生动展现的有效形式，既有利于京剧艺术的普及，也给京剧新人的培养提供了教学、研究材料。

⑥中央电视台空中剧院。在中共中央宣传部指导下开办的以京剧为主播对象的戏曲栏目。2003年1月1日开播。中央电视台11频道固定播出，每周首播、重播约15个小时。这为京剧界拓展了演出空间，把当前最精彩的京剧演出送到千家万户。节目组织立足北京，放眼全国，调动了各地京剧人才的积极参与并提高了他们的知名度。

⑦中国京剧优秀青年演员研究生班。京剧演员进修深造的新教育模式。丁关根创议，经教育部批准，1996年起开办。文化部、北京市政府主办，中国戏曲学院承办。学习期3年，演出淡季集中学习，演出旺季回团实践。其教学特点为：给每个学员“量身定制”进修计划，为之聘请表演实践导师和艺术理论导师，分别负责其专业指导和论文辅导。整个进修过程，实行课堂教学与艺术实践并举，继承与创新并举，技能培训与艺术研究并举。毕业时有演出汇报和论文答辩。至2008年，已开办4届，毕业学员139名，其中京剧演员111名。从各地院团担纲主演的情况来看，京剧正在进

入“研究生时代”。

⑧实行院团评估，实施国家重点院团保护和扶持规划。2005年，文化部制定了《全国重点京剧院团评估办法》和《评估指标体系》，并据此组织专家分别对27个省、直辖市、自治区申报的37个京剧院团进行全面评估验收，经文化部研究确定，有11个国家重点京剧院团、17个省级重点京剧院团，于2006年2月8日发文公布。国家重点京剧院团为：中国京剧院、北京京剧院、天津京剧院、上海京剧院、湖北省京剧院、天津市青年京剧团、山东省京剧院、云南省京剧院、沈阳京剧院、黑龙江省京剧院、江苏省京剧院。省级重点京剧院团：重庆市京剧团、大连京剧团、陕西省京剧团、河北省京剧院、甘肃省京剧团、浙江京剧团、湖南省京剧团、吉林省京剧院、福建省京剧团、山西省京剧院、青岛市京剧院、武汉市京剧院、广西壮族自治区京剧团、成都市京剧团、贵阳市京剧团、内蒙古自治区京剧团、宁夏回族自治区京剧团。这次评估受到各地文化部门的高度重视，促进了京剧院团建设。2007年，文化部制定了《国家重点京剧院团保护和扶持规划》，规划以4年为期，内容包括重点新剧目创作、表演和创作人才培训、京剧艺术进校园、对国家指定性演出和公益性演出的补贴、赴境外演出和进行艺术交流活动的补贴等。为此，财政部、文化部制定了《国家重点京剧院团保护和扶持专项资金管理办法》。这项规划要求国家重点京剧院团所在地的相关省市制定相应的政策措施和资金投入，共同来保护、扶持好体现民族特色和国家水准的重点京剧院团。

除了以上8项举措直接关系京剧事业之外，中共中央宣传部的“五个一工程”奖、文化部的中国艺术节和文华奖、中国戏剧家协会的中国戏剧节及梅花奖与优秀剧本奖等，都为京剧的优秀作品、优秀人才提供了展示平台，推动着京剧艺术的继承和发展，在中华艺术的百花园中含芳吐蕊，尽展风姿。

2010年11月16日，联合国教科文组织保护非物质文化遗产政府间委员会在肯尼亚首都内罗毕审议通过，将中国申报项目京剧，列入“人类非物质文化遗产代表作名录”。（余从 黄菊盛）

Jingjushi Yanjiu

《京剧史研究》 京剧文集。北京京剧史研究会供稿，北京市艺术研究所编辑。学林出版社1985年12月出版。24万字。收入论文17篇，是一部以研究京剧形成问题为侧重点的专题论文集。有《京剧的渊源与流变》（马彦祥）、《京剧是怎样形成的》（李大珂）、《京剧的形成》（刘静沅）、《京剧何时形成小议》（张胤德）、《清代乱弹戏在宫中发展的史料》（朱家溍）等。其中马彦祥《京剧的渊源与流变》一文，是据马彦祥1982年7月14日在北京京剧史研究会成立大会上的发言录音整理而成。文中论及京剧与徽剧的关系，从徽剧到京剧的演变过程，对京剧史研究中多年有争议的问题，如徽、汉合流，伴奏乐器等，都提出了独到的见解，是马彦祥50多年研究、探索、实地调查京剧形成心得的结晶。文中“到谭鑫培京剧才形成”的观点，在京剧史学界虽存在争议，然影响广泛。以京剧史为专题的书刊，特别是学术论文集，在20世纪80年代初期较为少见，故该书对京剧发展史的研究起到了推进作用。（胡冬生）

Jingju Shizhao

《京剧史照》 大型图册。鲁青主编。北京燕山出版社1990年7月出版。8开精装，近300页。收入图片1 153幅，多为剧照，间有少量演员便装照和演出说明书（戏单）等。自19世纪50年代至20世纪80年代，分6个历史阶段加以编排。编者在《综述》中对历史阶段的分法进行了说明，并认为，这本史照对整个京剧艺术的历史长河来说，“只能是近百年来北京京剧发展历史的一个梗概”；南方京剧的发展面貌较少反映。每个历史阶段的京剧状况均有简要叙述，每张图片也有具体说明。全书中英文对照，英文翻译为本书编委之一胡冬生。该书顾问马少波在序言中说：“人们可以从这些珍贵的图片资料中看到灿若群星的京剧演员的艺术形象，以及他们的扮相服饰、表演身段，以至京剧艺术的演变与发展”，“可与《中国京剧史》相得益彰，互为参补”。卷末有《演员小传》，对190多名演员和乐师做了简介。（金丽）

Jingju Taidou Zhuanji Congshu

《京剧泰斗传记丛书》 以京剧艺术发展过程中所涌现的杰出表演艺术家为描述对象的传记丛书。马威、吴乾浩主编。河北教育出版社出版。至2002年8月，已出12册。传主12人及传记作者为：《程长庚传》（刘强、杨宏英著），《谭鑫培传》（周传家著），《杨小楼传》（吴同宾著），《盖叫天传》（龚义江著），《余叔岩传》（翁思再著），《梅兰芳传》（刘彦君著），《周信芳传》（沈鸿鑫著），《荀慧生传》（谭志湘著），《马连良传》（张永和著），《程砚秋传》（陈培仲、胡世均著），《裘盛戎传》（刘琦著），《张君秋传》（安志强著）。

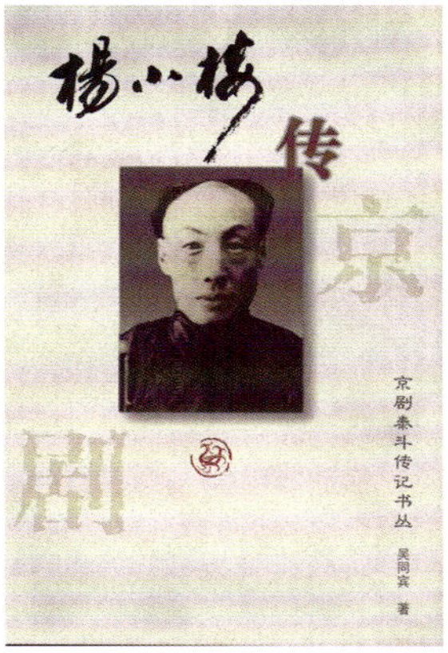

丛书之一《杨小楼传》封面

卷首有张庚、郭汉城《序》称：“从纵向来看，这十二位表演艺术家分别处于京剧形成、发展、高峰各个时期；从横向来看，也包含了京剧的主要行当和流派。在京剧形成、发展的过程中，名家辈出，流派纷呈，仅这一辑丛书，显然不能十分完整地展现其全貌。但纵览宏观，从中可以看出大致的源流、脉络，具有相对的完整性，为我们提供了中国戏曲发展史上这一重要时期的宝贵资料和有益的借鉴。”并称这是多辑丛书，存在的不足以后还可以弥补。丛书力求材料翔实，描写生动，能适合专业戏剧工作者与广大戏剧爱好者阅读，做到雅俗共赏。丛书通过描写京剧代表人物的一生，以总结他们的宝贵经验，“其现实意义更在于让京剧顺应时代的进步、社会的发展和人民的需要，焕发新的活力，谋求新的兴盛和发展。”（《前言》）（重天）

Jingju Tanwanglu Congbian

京剧谈往录丛编 京剧史料。中国人民政治协商会议北京市委员会文史资料委员会编。北京出版社自1985～1997年间先后出版4编，共收入文章90篇，169万字。

《京剧谈往录》，1985年2月出版。收入22篇文章。分3部分：第一部分是对京剧科班、学校和学术机构的回忆。叶龙章在《喜（富）连成科班的始末》一文中，介绍了该科班成立的经过、变迁、内部组织、规约，学生入学程序和坐科生活等，总结其能连续办学40余年的原因及办学经验，并列有该科班喜、连、富、盛、世、元、韵、庆共8科学生的名单。王金璐的《回忆中华戏曲学校》，则是通过回忆在中华戏曲专科学校学艺、演戏的生活，展现该校为培

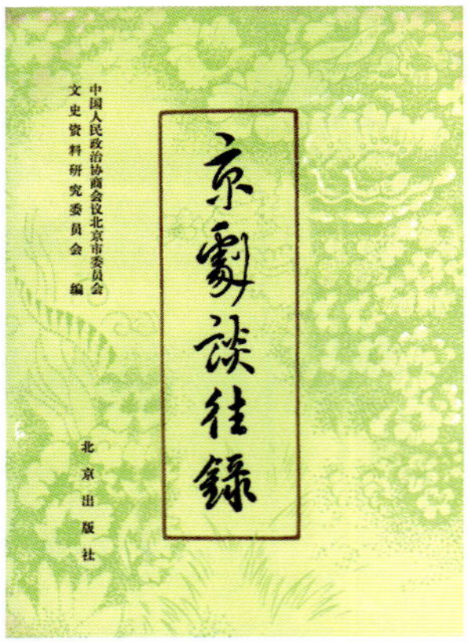

养京剧人才所作出的贡献。这部分还收有张伯驹的《北京国剧学会成立之缘起》。第二部分主要辑录了回忆著名京剧演员生平事迹的文章，间涉京剧某些流派的形成过程、代表剧目和表演艺术特点。这些演员有孙菊仙、陈德霖、陈少霖、余叔岩、程砚秋、马连良、荀慧生、金少山、侯喜瑞、裘盛戎、姜妙香、言慧珠等。迟金声的《马连良与马派》和张伟君的《荀慧生传略》，分别介绍了马连良和荀慧生把地方戏中的优秀剧目移植成京剧，将地方戏的音乐有机地融于京剧的唱腔，并将地方戏的身段表演借到京剧之中，不但丰富了京剧艺术，而且也使自身的表演与众不同，使人耳目一新。第三部分辑录5篇文章，有叶龙章的《清朝同、光名伶“十三绝”简介》、王芷章的《清朝管理戏曲的衙门和梨园公会、戏班、戏园的关系》和景孤血的《精忠庙首琐谈》、《由四大徽班时代开始到解放前的京剧编演新戏概况》、《读〈京剧前辈艺人回忆录〉札记》。

《京剧谈往录续编》，1988年6月出版。收入26篇文章。分6部分：第一部分收尚长春的《尚小云与荣春社》和李庆春的《回忆鸣春社》两篇文章，分别介绍了荣春社和鸣春社的创办经过及教学情况，学员生活、学习、训练及演出剧目等。尚文中还介绍了尚小云的生平、学艺、演出及尚派艺术的特点。文后附有“荣春社教师名单”、“荣春社两科学生名单”及“荣春社演出的剧目”。第二部分至第五部分的文章分别介绍旦脚演员梅兰芳、刘喜奎、王瑶卿、荀慧生、赵桐珊、于连泉，生脚演员言菊朋、谭氏一门、奚啸伯、杨宝森、孟小冬，武生演员杨小楼、尚和玉、马德成、李少春、丁永利、李万春，老旦演员李多奎等人的艺术生涯和表演艺术特点，以及一些流派形成的经过。其中，梅兰芳的《中国戏曲的表演艺术》一文，是作者结合自己的演戏经验论述京剧表演的唱、做、念、打的规律，及其与手、眼、身、法、步的关系。现居香港的名票郑星垣（荥阳少主）在《我随尚和玉先生学戏》一文中，阐述了尚和玉对京剧表演艺术的见解：演员要尽量发挥自身的特长，不能死学别人。艺术大师们都是在学习过程中加进自己的特点，从而创立了新的流派。好的演员要做到控制台上的气氛，把握观众的情绪，使观众投入到戏中来。戏曲表演的技术与艺术是不同的，全才演员要不断探讨研究，在艺术上精益求精。成熟的演员应当演与自己对路子的戏，才能形成自己的风格。这些见解在今天看来，仍有一定的借鉴作用。李万春的《我是怎样演武松与关羽的》，对这两个人物的性格特点做了深刻的分析，并通过自己对剧中人物的理解，谈到在舞台上如何塑造这两个性格不同的英雄形象。第六部分收翁偶虹的《记忆所及的几场义务戏》和傅耕野的《堂会戏》两文，介绍了民国初年至中华人民共和国成立前北京所演的部分义务戏和堂会戏的剧目及参加演出的主要演员。该书由冯牧作序，论述了京剧发展的历史，并谈及当前京剧艺术中存在的问题。

《京剧谈往录三编》，1990年9月出版。收入17篇文章。与前两编不同的是，在内容上不仅论述了中华人民共和国成立前北京京剧界的状况，而且对江南的京剧组织及演员有较多的介绍。张正芳的《回顾上海戏剧学校》一文，介绍了上海戏剧学校的创办缘起及教学、演出情况，并详述该校“正”字辈学生的主要艺术成就。吴石坚的《忆京剧表演艺术家麒派创始人周信芳》和朱永康的《黄桂秋老师和他的黄派艺术》两文，分别介绍周信芳和黄桂秋的艺术生活，从理论上总结了麒派和黄派艺术的成就。书中还收刘斌昆的《我的梨园家世及从艺恩师》一文。文章揭示3位艺术家的主要艺术生涯均在江南，但其成长都离不开北京。文章还表述了京剧在南方的发展状况。该书还选收了现旅居海外人士的文章，如白玉薇撰写的《我在中华戏校的前前后后》，回忆了20世纪30年代她在中华戏曲专科学校学艺、演戏及后来赴台湾教戏的经过，字里行间流露了对大陆的思念之情。钱培荣的《忆先师孟小冬夫人》，则介绍了孟小冬拜师学艺及赴港定居以后的生活。书中收齐如山在台湾撰写的戏剧著作3篇：《谈四角》介绍了谭鑫培、陈德霖、杨小楼、余叔岩的艺术经历及成就，其间穿插着他们的轶闻趣事。值得提出的是，作者在评论其成就的同时，也不客气地指出他们艺术上的不足之处。《我所认识的梅兰芳》一文，回忆了与梅兰芳的交往，并以具体事例论述了梅兰芳仁慈自爱、谦和、讲信用及其高尚的民族气节。《戏界小掌故》记载了京剧掌故30余则。另外，书中还收入马宝铭的《梅兰芳首次东渡纪实》，何时希的《萧长华先生生平》和《梨园旧闻》，许姬传的《我所知道的陈彦衡老师》，刘曾复的《忆余叔岩演的堂会戏和义务戏》，白宝华的《一代名琴杨宝忠》，吴小如的《罗亮生先生遗作〈戏曲唱片史话〉订补》等文。

《京剧谈往录四编》，1997年10月出版。收入25篇文章。分5部分：第一部分有高盛麟、孙盛云、李慧芳的回忆文章，叙述了幼年学艺、成名后搭班演戏的生活，及中华人民共和国成立后在舞台上大显身手、为人民演戏的喜悦。孙盛云的《学艺演戏忆当年》的后一部分《谈艺篇》，其中谈到余叔岩、程继先、郝寿臣、尚和玉等对京剧艺术的精辟见解。厉慧森的《厉家班创业录》详细记录了由厉彦芝创建的厉家班，从创业建基到闯荡江湖，抗战时又辗转西南，坚持排演爱国主义剧目的经过，并详细介绍了厉慧斌、厉慧良、厉慧敏、厉慧兰、厉慧森的生平事迹及表演风格。文末附录《厉家班教师、科生名单》和《厉家班演出的剧目》。第二部分刘北茂的《刘天华与〈梅兰芳歌曲谱〉》一文，介绍了当年刘天华为梅兰芳演出剧目中的代表唱段记谱的经过。第三部分12篇文章，由朱家溍、刘乃崇、周桓、李麟童、唐玉薇、刘迎秋等13人撰写，为一组回忆著名演员、票友从艺生活，叙述其表演艺术经验的文章，包括高庆奎、盖叫天、唐韵笙、谭富英、王和霖、徐碧云、李世芳、梁小鸾、赵燕侠、梁连柱、樊棣生等人。毕谷云、朱永康的《徐碧云老师的舞台生涯》一文，介绍了徐碧云的家世，早年习艺及出科后成为最受人们欢迎的演员之一的经过；论述了徐派唱腔和表演艺术的特点；选登了20世纪20年代的部分戏单和剧评，列出了徐碧云1925～1930年在京演出代表剧目的首演日期和演出地点，以说明当时演出的盛况和徐碧云出色的演技。第四部分收文4篇。陈富年在《京剧名演员的演唱艺术》中论及汪笑侬、余胜荪、李顺亭、王又宸、尚和玉、薛凤池、俞振庭、李吉瑞、程继先、朱桂芳、何翠宝、胡碧兰、王幼卿、徐碧云、谢宝云、罗福山、钱金福、王长林的演唱艺术。江上行的《海派京剧名角点将录》介绍了活跃在江南一带的京剧班社及演员，有夏奎章和夏家班、吕月樵、毛韵珂、冯子和、潘月樵、赵君玉、小杨月楼、苗胜春、白玉崑、欧阳予倩和南通伶工学社。此外，刘曾复的《我所见过的一些京剧配角老生演员》和潘治武的《北京京剧界的“流行”头儿施启沅》二文，使人们对一些鲜为人知的配角和龙套演员有了更多的了解。第五部分收刘鼎勋的《孙菊仙唱片研究》、《高聘卿和他经手灌制的京剧唱片》和柴俊为的《周信芳的老唱片》(附周信芳唱片目录)。

（朱葆伟）

Jingju Tiyao

《京剧提要》　工具书。陈墨香著。今存《剧学月刊》连载本和中国艺术研究院收藏的稿本。

《剧学月刊》自第3卷第3期（1934年3月出版）起，至第4卷第12期（1935年12月出版）止，间有中断，共连载约86个京剧剧目的提要。开篇有《例言》，述其收入剧目的范围、编排体例以及提要内容。所收剧目以北京戏班所演的京剧为主，由京剧伶人编制并恒演的少数昆曲，亦予收入；梆子腔旧本，仅取数出久为京剧所演唱且稍有更易者；来自申江，出于海上名伶手笔的京剧，只收在北京演唱已逾20年的剧目。编排方式分通行、偶演、专有、晚出4类，各类均按故事内容的时代排列。提要内容包括剧情描述与考证。京剧取材多来自说部，往往与史策不合，凡遇此种情况，皆摘录史料原文，并引旧说，以资考核。此外，与演剧有关的伶人言行，以及作者观剧时的见闻，亦作记录。《剧学月刊》连载的京剧提要，起自殷代故事戏《渭水河》，迄于三国故事戏《铁笼山》，约8万字。

稿本有3种，分别为1册本、5册本、12册本，主要用南京戏曲音乐院北平分院研究所朱红色界栏稿纸及中国戏曲音乐院绿格稿纸抄写，其字迹不一，有托人誊清者。1册本是目前所见较早的稿本，除了列于卷首的《灵官》、《加官》、《财神》、《童子》、《神戏》5个剧目未发表以外，《例言》及殷代故事戏《渭水河》至东汉故事戏《三门关》40余个剧目，均已于《剧学月刊》发表。其《例言》文字与发表者略有改动。5册本内容与12册本的部分内容重复，收录两晋故事戏至宋代故事戏的90个剧目。12册本除去内容重复的2册，实际内容只有10册，共收剧目近250个，汰去《剧学月刊》连载者，尚有两晋故事戏《除三害》至宋代故事戏《八大锤》等160余个剧目的提要，约29万字未发表。其第11册中的《枪挑小梁王》云："此剧始自申江，所谓外江派也。北京玉成部首为般演，余方九龄，见之于虎坊桥湖广会馆。今余年五十九，则此剧久已在京通行矣。以出于五十年以外，故不得目为晚出焉。"陈墨香生于1884年，虚龄59岁时为1942年，即于是年亡故，由此可知《京剧提要》一直写到他离开人世。按其计划，剧分4类，第一类通行剧只写至宋代故事戏《八大锤》，尚未写完，其他3类均未见，是未完成的著作，殊为可惜。

提要篇幅长短不一，短者不到100字，长者洋洋数千言。叙述本事、摘录史文、旁引旧说外，对剧本源流或作者有所考证，对剧情描写得失亦有点评，还涉及擅演的戏班、名伶、表演和装扮等情况。如《铁笼山》，"剧为四喜部屈氏所创，春台部俞润仙亦般之。俞年近而名高，世遂无知屈氏者矣。闻老伶曹心泉述之如此。屈兄弟皆以净著名，曰屈三屈四，今亦罕道其人"。如《别窑》，"旧本甚松懈，后由周信芳增改，演于申江，传至北平，较旧本精整多矣。……旧平贵系小生，今乃改属老生焉。然虽老生乎，頷下无须如故。剧极短，而颇有声色。平贵作壮士音，胜之小嗓亦不啻十倍"。如《武家坡》，"王九龄为四喜名角，凡生之演此剧，皆以为宗"，"自王九龄殁，《武家坡》已渐不为坐客所重。光绪乙巳(1905)甲辰(1904)之际，谭鑫培、王瑶卿演之于北平中和园，声容并茂，《武家坡》于是中兴，其流风余韵，迄今三十年犹未衰歇。凡著名生旦，无不习之者。第谭之系马，在台栏外角。今多稍向内，王三姐遁时，往往与马股相撞，场上无马，旦不自觉，坐客以生系马身段测之，知其如是。此则谭胜于后人之处"。如《斩子》，"仅一场耳。生般杨延昭，既登场矣，则无复下场时。梆子腔则生三入戏房，每出必易服，故谓"三换衣"。"皮黄则不尔，生始终着白蟒。唯刘鸿昇演之，亦三入三出，且三易服色，由蟒而易紫官衣，由紫官衣而易杂色开氅。此鸿昇师法梆子腔之处，非旧例。老伶如谭鑫培、孙菊仙、龙长盛、李顺亭、沈全奎、刘桂庆、刘春喜、王仙舟，均无易衣之举"。凡此，对研究京剧作品来源、场上流变，均有史料价值。

（刘效民）

Jingju Wenhua Cidian

《京剧文化词典》　工具书。黄钧、徐希博主编。汉语大词典出版社2001年12月出版。32开本，约138万字，图片100多幅。收入词目6 000条，按"源流"、"行话"、"行当"、"脸谱"、"服装"、"髯口"、"道具"、"唱腔"、"伴奏"、"乐器"、"表演程式"、"把子功"、"毯子功"、"龙套"、"流派"、"传统剧目"、"连台本戏剧目"、"新编古装戏剧目"、"现代戏剧目"、"演员"、"乐师及其他"、"票友"、"演出团体"、"教育团体"、"演出场所"、"票房"、"著述、书刊"、"舞台称谓"、"戏谚"等46个门类编排。参与撰稿者有27人。卷首以王元化"关于京剧与文化传统丛谈"一文代序。附录有"京剧大事年表"，沈鸿鑫制。书末为"词目笔画索引"。

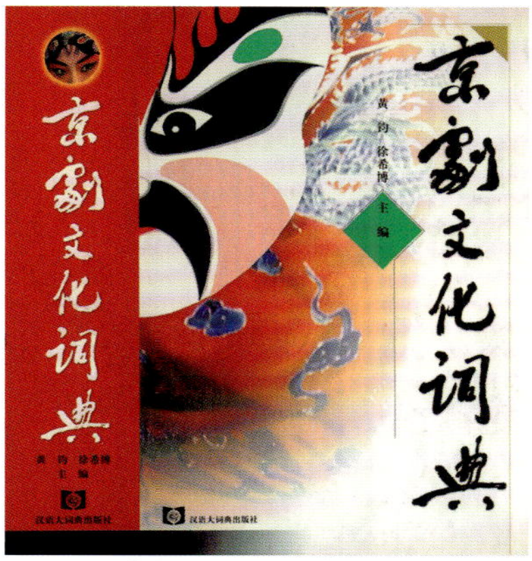

《京剧文化词典》护封

（简畅）

jingju wenxue

京剧文学　戏剧文学体裁之一，京剧演出的基础。它继承戏曲文学的传统，运用唱词、念白、动作等手段，叙说故事情节，刻画人物，表达一定的思想内容。它的艺术形式较诸古典的杂剧、传奇更自由，更通俗易懂，增强了戏剧性和剧场性，而较少注重案头的可读性。相对于近现代萌生的一些地方戏曲剧种，京剧的舞台表现手段更为丰富，具有较为严格的规范，形式也更为严谨和多样。当然，京剧文学的个性仍然蕴涵于戏曲文学的共性之中。

作品概述

京剧演出继承了徽调与汉调的大量剧目。同时，由于皮簧与梆子两种声腔的历史渊源，京剧与秦腔又曾同班或同台演出，有些演员甚至兼习京剧、秦腔，或由秦腔改习京剧，故有不少梆子腔作品被移植为京剧。徽班进京，"联络五方之音，合为一致"(清·小铁笛道人《日下看花记》)，曾经盛演于北京的昆曲、京腔、柳枝腔、罗罗腔等声腔剧种的一些作品，也被吸收容纳于京剧舞台。这些，构成了京剧传统剧目的主要内容。在前代的戏曲文化中，它主要并更加直接地继承了花部乱弹的传统。因此，它也曾被称为"乱弹"。京剧文学更多地具有民间文学的特色。流传于京剧舞台的昆曲剧目，也多为《安天会》、《挑华车》、《昭君出塞》、《金山寺》等更为通俗的、动作性较强的作品，而《游园惊梦》等典雅的名剧，虽然也曾是京剧艺徒必修的课程，在舞台演出中却是不多见的。京剧文学以板腔体音乐结构的皮簧文学为主，兼有曲牌、时调等不同样式，呈现出丰富多彩的面貌。这些作品，大都反映古代的生活内容。王公贵胄、市井小民乃至神魔妖怪，各色人等，莫不登台亮相。家庭伦理，公案传奇，忠奸斗争，男女恋情，江湖侠事，田野牧歌，形形色色，题材广泛。

京剧传统剧目中，历史故事剧占有非常醒目的地位。"唐

清宫《戏出画册·定计》（故宫博物院藏）

三千，宋八百，数不清的三、列国。”这句戏谚概括地指明了这种现象，虽然其中数字未必准确。这些作品，大都受到宋、元、明以来流行小说的影响，如《封神演义》、《东周列国志》、《三国志演义》、《隋唐演义》、《飞龙传》、《杨家府演义》、《水浒传》、《说岳全传》、《英烈传》等。戏曲历来与讲唱艺术有密切的联系，宋代“说话”四家之一的“讲史书”，对戏曲的形成有其重要的影响。宋人灌圃耐得翁《都城纪胜》关于“影戏”的记述中说道：“其话本与讲史书者颇同，大抵真假相半。公忠者雕以正貌，奸邪者与之丑貌，盖亦寓褒贬于市俗之眼戏也。”宋元话本如《新编五代史平话》、《宣和遗事》、《三国志平话》、《薛仁贵征辽事略》、《吴越春秋平话》等，曾为元明杂剧、传奇提供不少故事来源；而戏曲作品的创作，又丰富了这些相关小说的内容。它们你中有我，我中有你，相互渗透。京剧的历史故事戏并非仅仅直接取材于小说，也是对前代戏曲创作成果的继承。以“三国戏”为例，以擅演历史故事剧著称的弋阳腔中，即有《桃园记》、《古城记》等多种。虽然略输文采，却有其顽强的舞台生命力。京剧《群英会》的情节结构与《三国志演义》中的描写略有出入，却与弋阳腔《草庐记》颇为相近，即是一例。又如京剧《黄鹤楼》故事不见于小说，而元杂剧已有《刘玄德醉走黄鹤楼》，虽然剧中为刘备保驾的将军是姜维，而不是京剧中的赵云。历史戏中的故事，有些可见于相关的演义小说，有些则不见于这些小说。这正是由于这些舞台剧不一定直接来自某一特定的小说。除“三国戏”外，其他历史故事剧亦当作如是观。

京剧初登舞台，即以“袍带戏”为其擅长，生、净等男脚色成为班社的中坚。这也是历史故事剧得以发展的重要条件。中国悠久的历史文化为戏剧创作提供了丰富的素材。广大观众对此也有浓厚的兴趣。宋人说话“讲史书”，就是“讲说前代书史文传、兴废争战之事”。京剧的历史故事剧，也多着重于兴废征伐中的事件和人物：武王伐纣，五霸七雄，楚汉相争，光武中兴，三国鼎立，隋末群雄并起，乃至残唐五代以来国家从分裂到统一的一场场争斗等。朝代的更迭，各种势力之间政治、军事的较量，波诡云谲，风雷激荡，造就了一代又一代富于传奇色彩的人物，出现了不少惊心动魄引人入胜的故事，成为“说话”和戏曲艺术共同关注的热点。在京剧舞台上，几乎展现了一部简略而又生动的几千年的历史图卷。作品的描写，虽然未必完全符合历史的真相，常常糅合了创作者们自身的体验和想象，真假虚实，观众也难分辨，剧中主要人物，大都是帝王将相、英雄儒士，其作品流露的爱憎情感，关于是非善恶、忠奸美丑的评价，历史文明与智慧的渗透，在观众中影响颇深，起着潜移默化的作用。

随着演出市场的不断开拓与需要，京剧剧目也逐渐丰富，各个班社多根据其主要演员阵容的特长编演新剧。清代，三庆班以程长庚、徐小香、杨月楼等为主，就多排生脚戏；四喜班有梅巧玲、时小福、杨桂云等，就多排旦脚戏；春台班以俞菊笙为首，就多排武打戏……这是大体而言。作品的取材，除历史演义外，其他流行的小说、评书、宝卷等，也受到了更多的注意。特别是清人说部，如《大红袍》、《小红袍》、《聊斋志异》、《彭公案》、《施公案》、《绿牡丹》、《荡寇志》、《粉妆楼》、《三侠五义》、《儿女英雄传》等，其中的不少人物和故事都被搬上了舞台。有的则改自明清传奇，如《九莲灯》、《蜃中楼》、《十五贯》等。也有取自“南府秘本”，如《混元盒》(来自《阐道除邪》，并吸取皮影剧本)、《乾坤福寿镜》等。三庆班的名剧《三国志》的改编，也曾参考清宫的承应戏《鼎峙春秋》。总之，作品的选材是更加广泛了。

编演新剧离不开剧作者的参与。那时，编剧称为“打戏”，也叫“打本子”。如萧长华所说：“那么打戏靠谁呢？靠那些落第的文人、老学究们。他们最初都是由于嗜爱戏剧，常与艺人交往，后来便愿意与艺人合作，帮助戏班编些新戏。”“每打一出戏，打戏的人必要先与演员在一起商议研讨一番。把戏的布局、情节的发展、场子的穿插……商量妥当，然后动笔写出戏来，再由唱戏的去‘油漆彩画’。”(《萧长华戏曲谈丛》第135页）京剧表演的技艺性很强，讲求唱念做打的功夫与形式感。文人作者大都对戏剧缺乏更深入的了解，艺人则大都不通文字。双方取长补短，珠联璧合。这时的京剧作者中，有的是艺人，如三庆班的卢胜奎，原来也是文士出身。他参与编排《三国志》、《鼎盛春秋》等剧，为世称道。也有潦倒文人，如为四喜班编写《雁门关》、《梅玉配》等剧的候补知县杨镜秋；狂名震都下，为福寿班编写《粉妆楼》、《十粒金丹》等剧的李钟豫；曾充户部书吏，遣戍释还，为俞菊笙等重编《施公案》的史松泉等。由于剧作者未受重视，往往成为班社或演员的附庸，很难有自己的艺术个性或理想追求，有的甚至连名字也不曾留下。

清末民初，19世纪与20世纪之交，在变法维新的时代思潮影响下，兴起了戏曲改良运动。一些有识之士如梁启超、柳亚子、陈去病、三爱（陈独秀）等进行了理论的鼓吹，主张以戏曲改良社会，启智识，明国耻，作民气，描摹社会现状。上海京剧艺人得风气之先，先后献演了大量改良新戏，如汪笑侬“手挽颓风大改良”(《自题肖像》)，自编自演了不少作品。以潘月樵、夏月润兄

新舞台演出《黑籍冤魂》（黄菊盛提供）

弟、毛韵珂、冯子和、刘艺舟等为骨干的新舞台更是改良运动的产物。其他如丹桂第一台、新新舞台、歌舞台以及赵君玉、王鸿寿、林颦卿等演员也都有演出。这些作品中，既有反映现实的时装戏，如《潘烈士投海》、《黑籍冤魂》、《张文祥刺马》、《秋瑾》、《徐锡麟》、《新茶花》、《鄂州血》、《血泪碑》等，也有取材海外的洋装戏，如《瓜种兰因》、《越南亡国惨》、《黑奴吁天录》等，还有借题发挥的历史剧，如汪笑侬编演的《党人碑》、《哭祖庙》、《博浪椎》等。这种风气同时影响到北京、天津等地。梅兰芳1913年赴上海演出后，深感“如果直接采取现代的时事，编成新剧，看的人岂不更亲切有味？收效或许比老戏更大”（《舞台生活四十年》第211页），陆续编演了《邓霞姑》、《一缕麻》和《童女斩蛇》等剧。欧阳予倩从1915年开始投入京剧活动，除演出传统剧之外，也编演了时装新戏《哀鸿泪》以及一系列取材于《红楼梦》的作品，如《宝蟾送酒》、《馒头庵》、《鸳鸯剑》、《晴雯补裘》等，具有浓厚的民主意识。这时的新戏，有的写成了剧本，有的则只有幕表（提纲），艺术上大都比较粗糙，思想上未必成熟。但由于演出贴近观众的思想感情以及他们关心的热点，“皆能洞悉人情，通达世故，颇具有对症发药之手段”（《海上梨园新历史》）。它们的作者，既有汪笑依、刘艺舟等演员，也有南社诗人陈去病以及小说作家陆士谔等人，但大都不以剧作名于世。他们本来志在宣传，并非以此立身求名，而且京剧作者历来不受社会重视，也是造成这种现象的一个原因。据《中国京剧史》上卷不完全统计，“辛亥革命前后在舞台上所演时装新戏剧目，超过200种”。

随着资产阶级民主革命的失败，改良新戏渐趋消沉。上海京剧舞台连台本戏的演出则日趋兴盛，影响及于全国。《封神榜》、《西游记》、《铁公鸡》、《狸猫换太子》、《宏碧缘》、《济公活佛》、《华丽缘》、《文素臣》、《天雨花》、《三侠剑》……数量之多，难以厌数。据《潘月樵自传》（《半月戏剧》第1卷第2期），潘月樵仅在天仙茶园演唱的22年中，就排演连台本戏300多本。有人统计，在周信芳的演剧生涯中，演出剧目600多出，其中新编戏就有二百七八十出，包括不少连台本戏。这些作品，或据说部、弹词等故事改编，或将有关老戏串连，补充情节，增强悬念。只要剧场上座，就可连续编演下去，哪怕剧情已经离开了原来的题目，故有长达数十本的。这些连台本戏大都带有浓重的商业色彩，良莠不齐。其中有些精彩的段落，则已成为保留剧目，作为折子戏或小本戏流传。

随着表演艺术的发展，主要演员的地位日益突出，逐渐形成了名角中心制。不少主要演员纷纷编演新剧，作为独家之秘，称为**私房本戏**。如四大名旦的称号，就是20世纪20年代报刊评选“头牌”旦脚及其本戏后产生的。他们和徐碧云、朱琴心以及其后的黄桂秋、章遏云、李世芳、张君秋、宋德珠、王玉蓉等旦脚演员，杨小楼、高庆奎、马连良、唐韵笙、叶盛兰、李万春等生脚演员，也都或多或少地各有自己的本戏。其中不少作品在长期的演出中，经过淘洗磨炼，日趋完整，对于一些艺术流派的形成，起到过不可忽视的作用。这些作品，或从说部、传奇乃至笔记小说等处取材，或据兄弟剧种改编移植，或将传统折子戏增头添尾，拆旧翻新，如全本《宇宙锋》、《春秋配》和《十老安刘》之类。这时，已有更多知识阶层人士出于对戏剧和演员的感情，为一些著名演员编剧。如齐如山、李释戡等之于梅兰芳，罗瘿公、金仲荪等之于程砚秋，溥绪、徐汉生等之于尚小云，陈墨香等之于荀慧生；还有吴幻荪、陈水钟、翁偶虹等，则已接近于职业或半职业作家。他们的社会身份不完全相同，有的并不以此为业，大都与演员交往甚厚，亦师亦友。但在具体的艺术实践中，实际上仍是演员的附庸。齐如山在《五十年来的国剧》中说：“彼时编剧之人，品德似乎都较高，编出戏来，交给戏界，能演固好，不排演他也不好意思再问，演出之后，不但不要报酬，且不要名。”（《齐如山全集》卷五第89～90页）翁偶虹则更有感慨：“戏曲界原有一个先天性的‘不公道’——从来不提剧本作者的姓名。造成这样的恶果，最初当然是受了时代的局限，在思想上更表现出浓厚的封建意识。”（《翁偶虹编剧生涯》第301页）关于剧本的创作程序，梅兰芳在《舞台生活四十年》中这样记述：“我排新戏的步骤，向来先由几位爱好戏剧的外界朋友，随时留意把比较有点意义、可以编制剧本的材料，收集好了，再由一位担任起草，分场打提纲，先大略的写了出来，然后大家再来共同商讨。有的对于掌握剧本的内容意识方面是素有心得的，有的对于音韵方面是擅长的，有的熟悉戏里的关子和穿插，能在新戏里善于采择运用老戏的优点的，有的对于服装的设计，颜色的配合，道具的式样这几方面，都能够推陈出新，长于变化的；我们是用集体编制的方式来完成这一个试探性的工作的。”（第255页）荀慧生在谈到他与陈墨香的合作时说：“我与墨香创作剧本时，总是由他先打出提纲，作好初步设计，然后我们两人逐一研究剧中人物的性格，以及重要的场子，再把唱念做打一一安排。经过一再研究、增益、修改，算做初稿。”（《荀慧生演出剧本集·后记》）这种方式，体现了以主要演员为中心的特点，也是由于京剧艺术特别注重技艺性、形式感，更加需要编剧与演员合作的默契。上海的剧场，有的设编剧主任。名演员冯子和晚年就曾在黄金大戏院担任此职。《申报》1928年9月8日有文谈到：“舞台编剧，例由主任负责，独天蟾舞台尚合作制，诸如麒麟童、小杨月楼、王芸芳、刘奎官、高百岁等，所主演之场子，分由各该本人自编。主任之责，仅为此外男女艺员安位置，撰词章，藉与其他场子相贯串，若无缝之天衣。天蟾两年来历排连台剧，佥收事半功倍之效。故出品迅速，幕幕饶精彩，人人富精神也。”（秀卓《天蟾佳剧〈封神榜〉》）那时，剧本创作的方式可能各有不同，但大都很难完成于一人之手，需要集思广益，并且往往是众星捧月般地服从于主角表演的需要，这无疑可以保证较好的演出效果。

在一个较长的时期内，京剧舞台虽曾不断编演新剧，以适应时代的变化和观众的需要，却并未汇入新文化运动的主流，而被称为“旧剧”，受到一些激进的知识分子的排斥。抗日战争爆发前后，这种情况开始得到改变。欧阳予倩、田汉等倡导“改良平剧”，面对日益严重的民族危机，分别编写了《梁红玉》、《桃花扇》、《渔夫恨》以及《土桥之战》、《新雁门关》、《江汉渔歌》、《新儿女英雄传》、《岳飞》、《双忠记》、《琵琶行》等。梅兰芳、周信芳、程砚秋等著名演员和京剧作家先后创作或改编上演了《抗金兵》、《生死恨》、《洪承畴》、《明末遗恨》、《徽钦二帝》、《亡蜀鉴》、《荒山泪》、《文姬归汉》等作品。其他作家、演员和剧团，也不乏这样的新作，蔚为风气。借古喻今，激励抗敌爱国、弘扬民族精神。在中国共产党直接领导下的抗日根据地及敌后游击区，更是在“推陈出新”方针指导下，力图运用历史唯物主义观点认识和处理历史题材，创作了《逼上梁山》、《三打祝家庄》、《闯王进京》等剧，并且进行了京剧反映当代现实斗争生活的尝试，编演了《白山黑水》、《松花江上》、《松林恨》等作品。

中华人民共和国成立以后，包括京剧在内的戏曲艺术受到党和政府空前重视。各地京剧院团大都建立了自己的创作队伍。其中，有王颉竹、翁偶虹、吴幻荪等多年从事编剧的作者，也吸收、培养了不少新人如景孤血、范钧宏、许思言、汪曾祺、陈西汀、吕瑞明、袁韵宜、郭启宏、戴英禄等。老舍、吴晗、华粹深、吴祖光、黄宗江等知名作家、学者，也进入了京剧作者的行列，京剧艺术面貌一新。这时的作品，有经过整理改编的传统剧目、新编历史故事剧和现代戏。开始是以更多的力量从事传统作品的整理改编，发挥其民主性精华，剔除其封建性糟粕，在艺术表现上加工润色，使之更加精练充实，适应时代与观众的审美需求；一些古典名剧和兄弟剧种的优秀作品，也被改编移植于京剧舞台。历史故事历来是京剧作者钟情的题材，这个时期的新编历史故事剧取材范围仍然相当广泛，或见诸史载，或取自传闻、说部。作品大都力求以新的历史观审视历史，重视思想内容的现实意义。早在1949年7月，文化部戏曲改进委员会成立时，便曾提出："(会议)认为历史剧应忠实地反映历史真实，不应将历史人物'现代化'，将历史事迹与现代中国人民的斗争事迹作不适当的类比。会议认为，对中国历史上的英雄人物，应根据他们在当时历史条件下所具有的进步性、人民性和高尚的民族品质，予以应有的评价。"(新华社1949年7月27日电) 1951年5月5日政务院《关于戏曲改革工作的指示》则明确提出："戏曲应以发扬人民新的爱国主义精神，鼓舞人民在革命斗争与生产劳动中的英雄主义为首要任务。"确定了戏曲创作、演出的主旋律。新编历史故事剧大都着意体现这种精神，赋予新的时代气息。至于如何处理历史真实与艺术真实的关系，则是艺术家们在理论与创作实践中不断关注的问题。京剧现代戏的创作困难较多，由于内容与演出形式存在的矛盾，开始一般采取比较审慎的态度。经过不断提倡与尝试，也取得了一些成绩和经验，出现了一些经受舞台和观众考验的作品。经历了"文化大革命"，拨乱反正，改革开放以后，剧坛逐渐恢复生机，新的政治氛围为创作提供了更加广阔的天地。剧作家解放思想，无论历史剧、现代剧，都出现了一些新作，在思想内容、艺术表现方面，有着更为大胆的追求和探索；而以现代意识审视历史，寻求与表现历史和现实的联结，更是不少新作共有的特点。总之，中华人民共和国成立以来，改编创作了不少颇具影响的优秀作品，如《将相和》、《白蛇传》、《白毛女》、《响马传》、《野猪林》、《黑旋风李逵》、《六号门》、《杨门女将》、《赤壁之战》、《官渡之战》、《海瑞罢官》、《赵氏孤儿》、《望江亭》、《状元媒》、《穆桂英挂帅》、《猎虎记》、《义责王魁》、《强项令》、《谢瑶环》、《正气歌》、《徐九经升官记》、《节振国》、《奇袭白虎团》、《沙家浜》、《红灯记》、《智取威虎山》、《曹操与杨修》、《狸猫换太子》、《骆驼祥子》、《风雨同仁堂》、《石龙湾》、《华子良》、《成败萧何》……难以尽举，丰富了人民的精神文化生活，为京剧艺术增添了光彩。

剧本结构

戏曲因其"以歌舞演故事"的特点，剧本结构与音乐结构有着密不可分的联系。京剧以板腔体为主的唱腔体制，较诸古典的杂剧、传奇曲牌联套的音乐结构，更为灵活自由，较少约束。根据剧作内容，作品可长可短，既不必如元杂剧那样，限于"四折一楔子"，也无须每剧数十出，冗长如明清传奇。剧中场次，也是有话则长，无话即短。每场戏里，可有或多或少的唱段，也可全由念白或做表、武打构成。这也是近世舞台诸多地方剧种共有的特点。中国戏曲的形成和发展，曾经受到说唱艺术的直接影响。戏曲剧作的结构，也明显地保留了说唱艺术的某些痕迹，比如垂直地连贯地有头有尾地叙说故事，以及唱念相间的特点。从说唱到戏曲，是从"讲故事"到"演故事"的转变。对观众来说，则是从"听故事"到"看故事"的转变。戏曲作品的故事性因而有其不可忽视的地位。随着舞台艺术的发展和日趋成熟，仅仅平铺直叙地展现某些奇闻逸事的进程，已难以满足观众欣赏戏剧的愿望，而更加看重"有戏"、"没戏"，也就是在对戏剧冲突的摹写中，是否发挥了戏曲唱腔、念白、身段等表现手段的特长，刻画剧中人物的个性和此时此刻特有的思想感情，使之成为看得见听得着的审美对象，从中得到艺术欣赏的愉悦。戏剧的故事则更多地成为提供这种戏剧冲突的背景，发挥表演艺术的载体。京剧继承和发展了前代诸多戏曲声腔剧种的艺术成果，成为近世戏曲舞台上集大成的艺术形式，舞台艺术方面的成就尤为显著。演员的表演，无论语言或形体动作，都形成了较为严格的规范，技巧更臻完备。唱念做打，各具特色。剧本的结构既可根据内容的需要，在不同的作品或场景中，综合或分别地使用这些表现手段，描写戏剧冲突，刻画剧中人物，也可偏重于某些技巧的运用，形成唱工戏、做工戏、武打戏等不同风格的作品。而折子戏的出现既是表演艺术得到更高发展的结果，也是和观众重视对舞台艺术的欣赏，相对忽略了作品的故事性分不开的。在传统的京剧作品中，经过长期舞台磨炼的折子戏有着更高的艺术成就。

戏曲将讲唱艺术的故事搬上舞台，尤其是类如《封神演义》、《三国志演义》、《西游记》等充满幻想或史诗性的题材，往往是在广阔的时空背景下展开，有些情节几乎难以在舞台上表现，却又是戏剧冲突中必不可少的，需要克服许多限制和矛盾。俗话说："说书的嘴，唱戏的腿。"说书人凭着自己的一张嘴，上下五千年，纵横数万里，尽可说得天花乱坠。至于戏曲演出，观众则是从演员的"腿"上——亦即从他们的身姿步态中，看到时空的流动。戏曲正是以其特有的美学原则，将舞台时间与空间的观念建立在假定性的基础上，使艺术创作获得较大的自由，能够利用有限的舞台表述各种事件，结构故事情节，既能表明地点的转移，也能说明时间的变换。正如有副戏台联语所说："小小乐楼，一圈圆场，风雨关山千万里；声声锣鼓，数板唱腔，悲欢离合几多年。"它讲求戏情戏理，肯定作品内容是对社会生活的真实反映；在艺术表现上，则不要求与生活表象的逼真，不追求在舞台上制造生活真实的幻景。就这个意义来说，戏就是戏，不必胶柱鼓瑟，拘文牵义。它的舞台表现手段，都经过特殊的艺术加工，与生活中的自然形态有了不小的距离，是虚拟的假定的动作和语言。京剧的唱念做打等艺术手段得到了更为全面和综合的发展，其戏剧结构就有可能更好地突破舞台的限制，以更为丰富的艺术表现力，多姿多样地表现广阔的社会生活内容。纵横捭阖的政治军事斗争，金戈铁马的厮杀，才子佳人的旖旎风情，羽化登仙的奇特想象，上天入地，劈波斩浪……无不可以得到生动的艺术描写。擅于表现沉雄刚毅之美，更是京剧的特点。

京剧继承古典戏曲从叙事性中发挥戏剧性的特点，重视故事情节的连贯性。因果分明，脉络清晰，遵守时间的顺序。戏剧的构成，采取自由分场的形式。每场戏的内容，主要是以情节单元而不是以地点或时间的变化来划分的。如《白蛇传·游湖》是在西湖断桥到清波门的广阔背景中，描述了白蛇与许仙从邂逅到萌生爱情的细腻过程。又如《清官册》第三场，描述霞谷县令寇准从投宿馆驿，熬过一个难眠之夜，直到清晨上朝，擢升御史，时间与地点的跨度也是很大的。虽然如此，每场戏的中心内容则是明确的，所有戏剧动作都围绕它展开。由于以情节单元划分场次以及时空处理的自由，京剧作品的"场"与"景"不一定都是统一的。这是由于戏曲演出过去一般不设布景，也就不受到舞台景物的限制。它的舞台空间，不是固定于布景规定的地点，而是通过表演艺术与适当的砌末（道具）配合时所能摹写的戏剧环境。所谓舞台时空的灵活性，是与话剧艺术相对而言的。一般说来，京剧作品的每一场戏，亦即每个情节单元，大体上还是发生在某一相对固定的地点与时间之内的。不过，它与舞台的实际面积（或写实布景所能表现的空间）以及剧场演出的时间长度，不一定完全一致，有时延伸，有时压缩，但都是

清宫《戏出画册·宝莲灯》（故宫博物院藏）

观众可以理解和相信的。有些戏的环境较为具体，如《辕门斩子》的辕门、《玉堂春·会审》的公堂等，但与写实的舞台空间仍有出入。以前者为例，戏剧事件虽然大都发生于辕门内的白虎节堂，而杨宗保则是被绑在辕门外的广场上，八贤王、穆桂英等还要下马和他讲话。又如《宝莲灯·二堂放子》，剧情虽然主要在刘府的“二堂”展开，但创作者心目中的舞台，并不局限于此，它也是整个刘府；正当刘彦昌、王桂英夫妻为以哪个孩子抵命相持不下时，秦府兵丁在台前“抄过场”，表现他们正在包围刘府，搜寻缉捕，加剧了紧张气氛。在另一些戏里，戏剧事件则是在更为宽广的背景中展开的，如《白蛇传·游湖》和《玉堂春·起解》，前者是杭州西湖，后者则是从洪洞县监狱到太原府，数百里发配程途中的故事，浓缩在短短几十分钟的一场戏里。整场戏的地点仍是单纯而明确的。剧本结构的“场”与“景”就是这样既有区别又有统一。至于有些戏中的多重空间，如《一匹布》中，台上同时出现洞房和月城两个地点，则是并不多见的特殊的艺术手法。

京剧继承传统戏曲的特点，剧本结构大都采取追踪主要人物的行动和命运，以及由此构成的戏剧冲突和事件，以纵向的情节线贯串全剧；在行进中写戏，在叙事清楚中求得重点突出，做到点与线的结合，而不是将全剧内容压缩在几个固定的场面中，以

清宫《戏出画册·捉放》（故宫博物院藏）

形成板块结构。由于历史的原因，京剧整本大戏的结构往往流于松散和拖沓。这种现象，已在当代舞台得到不同程度的改进。一部京剧作品，总是由或大或小、或轻或重的若干场次所组成。那些小场或过场戏的作用，不仅使全剧贯串，要言不烦地交代情节，为重点场面的到来铺平垫稳，同时也可在叙事中恰如其分地发挥其戏剧性。如《四进士》的结构，是大小、轻重结合得很好的一个例子。又如《捉放曹》中陈宫与误杀了吕伯奢一家的曹操一起逃走，路遇沽酒回家的吕伯奢，强抑悲痛，欲言又止，短短几句唱，动人至深；曹操进而杀死吕伯奢，更给他以强烈的刺激。这场小戏，酝酿了后面“宿店”时陈宫内心剧烈矛盾的大段抒情。而这凝结在情节线上戏剧冲突的焦点，则是观众最感兴趣、也是京剧的唱念做打诸般手段最能得到发挥的场面。每部成功的作品中，剧作者总要抓住几个这样的重点，极力发挥到极致。剧中的重点场面有如江河上自然形成的深潭，而不是大坝拦成的水库；而那些较小的次要场子，也是整体结构中不可缺少的部分。全剧结构，繁简、轻重、明暗、主次分明，节奏流畅，有如一江春水。

人物塑造

京剧作品中的每个出场人物都属于一个特定的表演行当。行当是戏曲刻画人物的一种特有的艺术手段，也是一种程式。戏曲行当的形成和发展，经过了由粗到细、从分工过细到大体归类的历程。京剧继承前代艺术成果，生旦净丑各门脚色的表演艺术都有比较充分和均衡的发展，而武生、武旦等武戏脚色成为独立的行当，更是自京剧发端。这些，对京剧作品反映更为广阔的社会生活内容、刻画多样的舞台形象，提供了有利的条件。行当是表演艺术的分工。每个行当相对独立，唱念做打各有不同的技术规范，形成了各自不同的表演特色，有助于作品塑造轮廓鲜明、神采生动的艺术形象。京剧舞台上不少为观众熟悉的人物，总是与他们所属的行当联系在一起的。《群英会》中，周瑜雄姿英发、锋芒毕露，诸葛亮沉着老练、胸有城府，分别由小生和老生饰演，形成鲜明的对照，突出了剧中人物不同的性格特点。虽然历史人物周瑜实际较诸葛亮年长，但作为戏曲作品，《群英会》的描写并未严格地遵从历史的真实，而是体现了创作者对人物的认识与态度。剧中的曹操，固一世之雄，却由粉净饰演，显然寓有贬义；而以丑脚饰演的蒋干与之相互映衬，约略可见参军、苍鹘插科打诨的遗迹，却又充分地戏剧化了。行当的划分与运用，有着悠久的传统，往往包含了艺术家对剧中人物道德、美学的评价，却也并非简单地将脚色行当作为划分是非善恶的标准。孔尚任在《桃花扇·凡例》中说：“洁面、花面，若人之妍媸然，当赏识于牝牡骊黄之外耳。”行当将剧中人物划分为若干类型，并不必然地导致类型化。隶属于同一行当的剧中人物，既有其共同之处，也可具有不同的个性。同是雉尾小生，周瑜风流倜傥，吕布骄横刚愎；同是方巾丑，自作聪明的书呆子蒋干不同于阴险刁滑的中山狼汤勤；同是架子花脸，张飞、李逵、焦赞也各有不同性格。西方歌剧以歌唱作为刻画人物的主要表现手段，故以“声部”区分不同的剧中人物；戏曲以歌唱、富于音乐性的念白和舞蹈动作作为表现手段，故有行当的划分。京剧表演歌舞化程度较高，各行脚色特色鲜明。剧本创作不但要为每个出场人物选择、设计适当的行当，也很注意全剧中不同行当的组合，搭配整齐。生旦净丑，各就各位，从舞台形象到声音的组合，构成多声部的和谐统一，花团锦簇，绚丽多姿。

唱念做打各具特性，用以塑造剧中人物形象，也各有长短。歌唱长于抒情，善于探索和发掘人物心灵的奥秘；念白叙事清晰，

犀利明确，更有利于通过戏剧冲突摹写复杂的个性；武打偏重于技艺，以可见的视觉形象展现人物孔武英俊的精神气质，是言语难以代替的。京剧作品根据内容与不同的戏剧情境，发挥各自的特长，塑造丰满的艺术形象。如《白蛇传·水斗》一场以念白和武打为主，表现白蛇从向法海苦苦哀告直到不得不以武力相向；《断桥》中重遇负心的许仙，仍有割不断的缕缕柔情，就更须借助歌唱来表达了。有些作品也可偏重某种表现手段，形成唱工戏、武打戏和以念白为重的做工戏。它们的人物塑造也有各自不同的特点，如以唱工为主的作品中，形象的丰满往往表现在对人物感情的细致描绘和摇曳多姿的色彩变化，通过思想感情的活动，使观众认识和了解他们。《四郎探母》是一出著名的唱工戏，便是从夫妻、

清宫《戏出画册·探母》（故宫博物院藏）

母子、兄弟、翁婿等人物关系中，爆发了有关人情、伦理、道德等方面的感情冲突。作品充分发挥音乐唱腔的长处，集中抒发杨延辉因去国怀乡引起的种种感情波澜。而以念、做为主的作品，如《四进士》、《坐楼杀惜》、《审头刺汤》等，更着重于从人物彼此的联系、对立乃至斗争等复杂的纠葛中，展开戏剧冲突，刻画性格，有着更多的细节描写，个性也更为鲜明。

京剧发挥演员唱念做打的功夫塑造人物形象，具有鲜明的形式感，因而更加重视在行动中刻画人物。剧作总是要求迅速展开冲突，将戏剧事件以及剧中人物在冲突中所处地位、所持态度，乃至关于他们的是非善恶的判断，清楚地告诉观众。为此，常常采用自报家门之类的方式，这虽然是一种比较简单的办法，却有其合理的成分。然后，从矛盾冲突比较集中的几个重点场面，通过强烈的戏剧行动摹写性格。这样的戏，也未必都是大锣大鼓，剑拔弩张。戏谚说得好："松戏多锣鼓。"扣人心弦的好戏，常常是从不同一般的人物关系和际遇中，从矛盾冲突的特殊性中，揭示人物独特的性格、命运和心理。《杨门女将·寿堂》一场，女主人公穆桂英的处境便是如此：正在阖家为杨宗保遥祝寿辰的时候，边关传来他已阵亡的噩耗，为了不使年迈的佘太君遭受同样的打击，她不得不强忍悲痛，继续主持寿宴，在应该戴孝的头上勉强簪上大红绒花，接受不懂事的儿子的祝福，饮干难以下咽的苦酒……周围的人和事，一再给她以难以克制的刺激。在这欢乐与悲伤、感情与行动的矛盾中，观众认识了这个人物和她坚强美好的心灵，不能不为之动情。优秀的京剧作品总是将人物推入生活的漩涡，使之在感情或事件的纠葛中，处于相当尴尬甚至难于自拔的困境，以其特有的行动，显示他们的个性、灵魂。同时，充分发挥戏曲表现手段的特长，以演员的唱做功夫，摹绘出人物在矛盾冲突中流露的思想感情，成为观众看得见听得着的视觉形象、听觉形象。这就成了观众爱看的好戏。《捉放曹》中，陈宫为曹操弃官逃走，却见他滥杀无辜，甚至声言"宁可我负天下人，不可天下人来负我"，是以大段唱腔抒发他心灵的创伤与悔恨。《徐策跑城》中，老徐策眼见惨遭迫害的薛家将威风又起，多年的积愤和此时此刻无比兴奋的感情，从他步行上朝载歌载舞的表演中喷涌而出。京剧作品总是力求运用自己特有的表现手段，形象地刻画人物难以言状的心理状态，给观众带来艺术美的享受。

京剧以歌舞化的表现手段反映一定的生活内容，作品的描写因而力求精练。人物性格的刻画也要突出重点，在关键处落墨，警醒而不烦琐，给人以深刻印象。有些作品的人物描写，也许因此会缺乏立体感。然而，单纯并不等于简单化。一些优秀的作品总是能从单纯中表现复杂多样的社会内容、人物心态，做到两者的有机统一，主次、繁简恰当处理。《铡美案》突出包拯铁面无私、执法如山的品格，但他也有过片刻的犹豫，嘱咐受屈的秦香莲："这是纹银三百两，拿回家去度饥寒。教你儿女把书念，千万读书莫做官。你丈夫倒把高官做，害得你一家不团圆"；承受着来自皇室的巨大压力，面对秦香莲"官官相护"的指责，包拯的内心也是充满矛盾的。《四进士》中，正直、老辣的讼师宋士杰，一状告倒两员封疆大吏，按律发配充军，不禁感叹："我三人从来不相认，宋士杰与你们是哪门子亲？""可叹我年迈苍苍离乡井，谁是我披麻戴孝人！"《空城计》中，诸葛亮挥泪斩马谡，流露了他对失守街亭的并非虚伪的自责和对马谡的同情。惟其如是，这些人物的性格更为丰满和真实了。京剧作品在人物塑造中，常常渗透了作者的爱憎感情和是非判断，将之坦直地公之于众，并把这种道德的、思想的、美学的评价，赞扬与批判，歌颂或鞭挞，通过形象给予观众直接的感受。

每部京剧作品的内容与情节的容量是有限的。在人物描写中，一般是将一个或几个主要人物置于中心地位，调动一切有用的表现手段，浓墨重彩，渲染刻画，以表达作品的主题思想。对于一些比较次要的人物，则采取更为精练的笔法，勾勒出主要的轮廓。如《逍遥津》中，华歆追随曹操逼宫，剑劈穆顺，杖毙伏后，进而提醒曹操斩草要除根，杀死汉献帝的两个小儿子。曹操心生怜悯，征询司马懿的意见，回答是："杀也在丞相，不杀也在丞相。自古云：饶人是福。"华歆却说："放也在丞相，杀也在丞相。有道是：放虎容易擒虎难哪！"甚至在曹操已经决定饶其性命时，他还继续进言："丞相忘怀了春秋战国屠岸贾搜孤救孤之故事耳。"同时掏出了随身携带的毒酒。寥寥数语，勾画出这个帮凶狠毒的面目，也有别于曹操和司马懿。京剧作品就是这样抓住人物的要点，在关键时刻，以准确生动的语言和动作描绘他们的形象，一针见血，而不是满幅设色。这也是简练与简单的区别。

文学语言

京剧和其他戏曲剧种一样，其文学语言包括唱词和念白两种成分。明代曲家臧晋叔有"曲白不欲多"的说法，京剧尤其如是。一些优秀的作品，演出时满台是戏，印成文字只有薄薄的一本。唱词和念白是富于音乐性的艺术语言，感情容量大，具有口语所无法比拟的艺术感染力，可以用较少的文字表达更多的内容。同时，唱与白既然出之以歌唱和朗诵，演出时要占用更多的时间，这也要求文字的精练。京剧皮簧唱腔由上下句组成，往返回环，早期唱法比较简单，变化不大，故唱词较多，有的竟可长至100多句。余三

胜、王九龄演《凤鸣关》，赵云自叙功勋一段［二六］，也有40余句。经过时间和演出实践的淘洗，唱词渐趋精简。如清光绪初年刻印的《梨园集成》中，收录有《四郎探母》，第一场杨延辉“自思自叹”，唱词达28句，民初出版的《戏考》本仍有24句，现在的演出本则只有20句，删去了分别以“我好比”、“只杀得”开头的一些排比句，并未影响内容的完整。陈彦衡《旧剧丛谭》中写到：“老角剧词有多至数十句者，则腔调有时而穷，难免重复之诮。谭鑫培每于剧中减裁变化，使一句一腔，绝不相犯，此其善学前辈处”，“名角之胜人处，正自贵精不贵多也”。京剧唱腔由简到繁，由粗到精，讲求润腔，旋律、节奏更加丰富和富于变化，因而相应要求文学语言的精练。唱词如此，念白也是这样，都须统一于音乐性的结构，只取戏剧性中最必需的几句，力避烦琐。《四进士》中，两个公差奉田伦差遣，给顾读送银求情，夜宿宋士杰店中，喝酒时泄露秘密，对话只有几句：

甲　伙计，你看田、顾、刘三位大人，谁是清官，谁是赃官？

乙　伙计，管他谁是清官，谁是赃官，我们喝酒吧。这个年头，就是酒酒酒，终朝有。有钱的在天堂，无钱的下地狱。

甲　对，喝酒。

乙　时间不早啦。吹灯，睡觉。

话虽简单，却足以引起宋士杰的怀疑了。京剧作品重在写“戏”，而不求与生活自然形态的肖似。观众已经知道或无须知道的事情，就不必费词。如剧中的写信、读信，有时只奏一支［急三枪］曲牌，不着一字便已交代过去。

唱词和念白是形诸文字的戏剧语言，而与唱、念并列为“四功”的做与打，也是京剧语汇中重要的组成部分。当作品需要以这种无声的动作语言表达一定内容的时候，有声的文字语言就可以适当减少，有时甚至成为多余的了。京剧作品文字的精练，这也是一个原因。动作是刻画人物的重要手段，有其独到的艺术表现力。京剧作品中，有不少精彩的戏剧场面，便主要是通过表演动作而不是语言来构成的。《战宛城》中，曹操马踏青苗、割发代首，趟马的表演渲染了曹操的奸雄形象。《拾玉镯》中，孙玉姣的刺绣、喂鸡、拾镯等舞蹈动作，透露了少女天真羞涩的爱情。这种例子是很多的。

“曲白不欲多”并非一切从简，一味追求快节奏，使之袖珍化、简单化。精练与酣畅是相辅相成的。明代曲家王骥德《曲律·论剧戏》中指出：“传中紧要处，须重著精神，极力发挥使透。……若无紧要处，只管敷演，又多惹人憎厌：皆不审轻重之故也。”剧中繁简、快慢、轻重、强弱、动静……合乎规律地交替出现，构成作品丰富的节奏变化。上述《四进士》公差酒后醉语，引出宋士杰的“盗书”，取得田伦行贿的证据。这是剧中的关键，便着意安排了宋士杰读信：“上写田伦顿首拜”这个主要唱段。《萧何月下追韩信》中，萧何看到韩信弃官逃走的题诗，只有一句：“嘿嘿，韩信去了！”人物此时内心的激动，是从演员背部的动作语言传达出来的。当他追上韩信，则以酣畅的唱念，表达企求韩信回心转意、共创大业的强烈意愿，成为全剧的重点场面。《群英会》中，诸葛亮祭东风是剧中的要点。《楚曲十种·祭风台》的这场戏中没有唱。三庆班当年的演出也只唱6句，草草终场。萧长华说：“难怪观众看到这里就坐不住了。”他便“仿着《雍凉关》孔明唱的那段［二簧导板、回龙、原板］的路子，写了一段唱词，编了唱腔，安在‘祭风’这场”（《萧长华戏曲谈丛》第75页），至今脍炙人口。

京剧版画《节义廉明》（又名《四进士》）（上海图书馆藏）

京剧语言有说有唱，不仅唱词是和音乐密切结合的，念白也是如此。京剧演出以打击乐作为节奏骨干，以锣鼓经贯串全剧，使之凝成整体。这就要求包括唱词与念白在内的文学语言富于音乐感，甚至具有节奏的外部形式的。京剧的念白，既有音乐性较强的韵白，也有比较接近于口语的京白，还有介于唱念之间的韵文朗诵，如“数板”和“上场引子下场诗”之类。多种样式的念白与唱词统一于全剧的节奏，各具特性，构成不同层次，在生活真实与艺术真实之间搭成巧妙的阶梯，层层递进，丰富了反映生活的艺术手段。一般说来，唱词长于抒情，念白则容易做到叙事清晰，说理明澈。不过，歌唱与抒情、念白与叙事也不是简单的等式。无论唱念，它们的功能都是多方面的。有时，歌唱可能是一种比念白更为简练的叙事手法；有些唱段，则更多地是为了保持全剧艺术结构的完整而安排的，如一般的“唱上”、“唱下”之类。在这类程式中，当然也可能写出富有韵味的佳句、优美的唱段。同样地，念白有时也可作为抒情的工具。如《清风亭·望子》一场，张元秀与贺氏盼子不归：

张元秀　张继保！

贺　氏　小姣儿！

张元秀　你由此道而去。

贺　氏　为何不从此道而回！

张元秀　为父的在此盼你。

贺　氏　为娘在此想你。

张元秀　儿怎的不归？

贺　氏　儿怎的不回？

正如徐凌霄《皮黄文学研究》中所说：“一个老头子，一个老婆儿，桑榆晚景，老境凄凉，一递一声分念的，真是实际传神，情文并茂。”又如《打渔杀家》中，萧桂英定要追随父亲过江复仇，别家时却一再回顾：“这门还未曾关呢。”“这门么？关也罢，不关也罢。”“家中还有许多动用的家具呢。”“唉，门都不关，还要什么动用的家具呀。不省事的冤家呀！”父女简短的对白，不仅刻画了萧桂英未谙世事和萧恩饱历风霜的艺术形象，更蕴涵了多少凄怆。家破人亡的命运已迫在眉睫，此时无声胜有声。船行半江，桂英又扯下篷索，询问爹爹：“此去杀人，是真是假？”“唉，这杀人哪有什么假的呀！”“如此，孩儿心中有些害怕，我不去了。”父亲拨转船头，

《清风亭·望子》
周信芳饰张元秀（右）　刘斌昆饰贺氏

要送她回去，她又将船反拨，喊出：“孩儿舍不得爹爹！”撕心裂肺，将剧情推向高潮。

京剧继承地方戏曲重视戏剧性和平民性的传统，当初是带着野性和土气，蓬头乱服，登上京师首善之区的舞台，与历史上的一些文人剧作比较，可以说是别有家门的。毋庸讳言，它的一些传统剧目中，语言粗糙芜杂的现象时有出现，却也不是完全缺乏文学性的。由于戏剧性的发展，念白则有了更高的成就。诸如《四进士》、《群英会》、《连环套》、《审头刺汤》、《连升店》、《清风亭》等剧，或则明快犀利，语夹风霜，或则突梯滑稽，妙趣横生，或则情深意切，竟可以白代唱。这样的作品并不少见。有些作品中的唱词不够讲究，甚至以讹传讹，错了也照唱，也是由于唱腔易于“以声掩词”的缘故。这类问题早为有识之士所注意。晚清孙春山酷嗜京剧，便曾润饰过《孝义节》、《祭江》、《二进宫》、《孝感天》、《监酒令》等剧的剧词和唱腔。何时希《小生旧闻录》称“他不但词句改得恰切剧情，而且韵律铿锵，便于唱念”。如《监酒令》中刘章的唱段：“微风起露沾衣钟鼓漏响／披残星戴斜月巡查宫墙／站立在金水桥举目观望／但只见紫雾腾旋绕建章／这龙廷与凤阁俱还一样／只不见当年的创业高皇／到如今扶社稷谁是良将／不由人心酸痛泪洒千行。”中夜彷徨，苍凉悲切之情溢于言外。也有人说这段唱词是出自大学士徐桐的手笔。京剧唱词的修改润色常需与音乐设计同时进行，因此增加了一定的难度。这也是有些传统剧目演出时，明知欠通，却陈陈相因的缘故。至于当代新作，都不同程度地重视了语言的锤炼。田汉、欧阳予倩等大家的作品，更是诗情洋溢，雅俗共赏。

唱词是韵文，接近于诗词，却不宜婉曲深奥。对此，古代曲家多有论述，如李开先《西野春游词序》中说：“词与诗，意同而体异。诗宜悠远而有余味，词宜明白而不难知。”这里的词，指的是曲文。李渔《闲情偶寄》则有“能于浅处见才”的说法。这是作为舞台剧的戏曲文学的共同特点。京剧艺术则更具通俗性，“所以，戏词又宜浅不宜深。要浅显易懂，莫深奥费解”（《萧长华戏曲谈丛》第67页）。“唱词要观众听得懂，要有文有白，别有趣味，观众才乐于欣赏。”（《荀慧生演出剧本集·后记》）这是艺人的经验之谈。动人的京剧唱段往往是从平易中露真情，从寻常口语中提炼诗意。谭派名剧《卖马》中秦琼的著名唱段：“店主东带过了黄骠马／不由得秦叔宝两泪如麻／提起了此马来头大／兵部堂黄大人相赠与咱／遭不幸困至在天堂下／欠下了店饭钱只得来卖它／摆一摆手儿你就牵去了吧／但不知此马落在谁家。”把叙事与抒情自然地交织、糅合，使观众感到秦琼心灵的颤动。剧作的抒情，既是戏剧事件的结果，又要推动矛盾冲突不断前进。因此，唱词的内容总要较为具体，多少带有叙事的成分，而力戒空泛。当然，有些大段的静场独唱，主要是人物某种情绪的渲染和延长，不一定包含更多的转折或戏剧性，而是处于一种相对静止的状态，如上述《监酒令》中刘章的唱段，也可铺陈华丽，略施文藻。

注重声韵格律是戏曲艺术的传统，根源于汉民族语言固有的特征。较诸古典戏曲，京剧格律较为自由。所谓声韵，主要包括韵脚、平仄、音节等内容。汉语一字一音，每字由声母、韵母组成。京剧唱词继承古典诗歌押韵的方法，采用脚韵。这不仅便于记忆和歌唱，也加强了语言回环和谐之美。京剧采用的“十三辙”出自民间，较古代诗韵、曲韵为宽。唱词一般每句用韵，也可仅下句用韵。所谓平仄，是指字音的高度。平仄声调不同，有规律地交替出现，对立统一地存在于语言之中，形成抑扬顿挫，高低起伏，错落有致，增加了语言的旋律性和节奏感。但是，京剧不同于杂剧、传奇，并未形成严格的格律。运用之妙，存乎一心。唱词上下句对称，一般要求落字上仄下平，偶有例外。京剧唱词继承民歌、说唱传统，以七言、十言为主。每句唱词包含若干词组和语音节奏单位，形成音节，也就是语音的自然停顿。七言句的音节安排一般为二二三，十言句一般为三三四；也有少数五言唱段，音节为二二一或二一二。在基本句式的基础上，可加衬字、叠句或作其他音节变化，大体仍为一句三顿。一般说来，五、七言更为紧凑生动，十言句则更具从容的特点。语言节奏源于生活，是剧中人物思想感情外在的形态；由于生活与人物思想感情的复杂多样，表现形式也非一成不变。《空城计》中，司马懿兵临城下，诸葛亮唱的却是十言的［西皮摇板］：“小马谡失街亭令人可恨，这时候倒教我难以调停”。紧打慢唱，刻画其临危不惧、内紧外松的心理状态。在五、七、十言的基础上，剧作者又常常吸取长短句的长处，或用叠句的手法，突破呆板的框架，增强语言的表现力和音韵美。如《朱砂痣》，“我救你的急、救你的难、救你的贫困／全你的节、全你的义、全你的婚姻”，每句由3个平行的短语组成，节奏短促明快，表达主人公善行终得善果时的欣悦。田汉《白蛇传·断桥》中，白蛇重遇许仙，青儿举剑欲杀，许仙跪求原谅。白蛇唱道：“你忍心将我伤／端阳佳节劝雄黄／你忍心将我诓／才对双星盟誓愿，又随法海入禅堂／你忍心教我断肠／平日恩情且不讲，怎不念我腹中怀有小儿郎／你忍心见我败亡／可怜我与神将、刀对枪、只杀得我筋疲力尽、头晕目眩、腹痛不可当，你袖手旁观在山岗／手摸胸膛想一想／你有何面目来见妻房。”以七言为基础，中间三联的下句均由两个垛句组成，第四联的下句还堆垛了一串短语，形成循序渐进的变化。一连4个“你忍心”的排比句，倾吐出白蛇满腔怨愤。此外，作为散文的念白，同样是音乐性的语言，讲求精练、夸张，注意平仄间错、声调和谐，以表现戏剧冲突，并由此获得美感。如《审头刺汤》中，陆炳斥责汤勤的大段念白：“我方才问道那严爷他是狼，你说他不是狼；我又问道他可是虎，你又说道他不是虎。纵然是狼，我有打狼的汉子；纵然是虎，我有擒虎的英雄。想我陆炳乃是二甲进士出身，为官以来，一不欺君，二不傲上，三不贪赃，四不卖法。我做官，做的是嘉靖皇上的官，又不曾做他严府的官，也不是他严府的家人走狗、使用的奴才！”句式的排比，节奏的安排，都经锤炼推敲。即使语言的声调，也有压倒对方的气势。现代剧《红灯记》李奶奶说家史的大段念白，也是精心结撰，吸取了说书的手法，有铺叙，有强调，尽量利用短句，使之符合口语特点和舞台气氛，构成紧张跳跃的节奏，好像一首无韵的叙事诗。

（颜长珂）

Jingju Wenda Sanbai Ti

《京剧问答三百题》 京剧知识普及读物。曾迺平编撰。文化艺术出版社2007年5月出版。40万字。全书300题，共分7个方面：

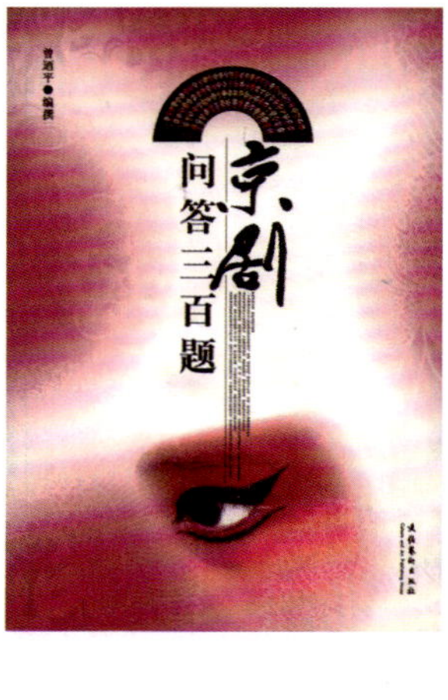

①历史知识25题；②名词解释56题；③剧目介绍25题；④唱腔音乐77题；⑤表演74题；⑥化装及扮相31题；⑦行规艺谚12题。京剧剧目极为丰富，何以“剧目介绍”只有25题？这是由于其中的题目内容并非剧情介绍，而是“‘四大徽班’进京时编演的京剧剧目有哪些”、“清末民初京剧界编演了哪些剧目”、“北京第一个新式建筑的戏园——第一舞台曾编演过哪些剧目”、“杨韵谱组织的‘奎德社’曾排演过哪

些新编剧目”、“与‘奎德社’同时期的‘北京城南游艺园’排演了哪些剧目”，如此等等。这样的剧目演出史料还是比较少见的。作者在《后记》中说，自幼酷爱京剧，尤爱收集各类京剧资料，沉迷成癖，以古稀之年，为之整理摘编，以便读者索求，不至湮没。

（简畅）

Jingju Wutai Fushi Yingyong Huibian

《京剧舞台服饰应用汇编》 工具书。王佩林著。北京市戏曲艺术学校2000年编印。16开本，550多页，约90万字。封面有欧阳中石题签。卷前有孙毓敏《序》，介绍作者从事道具管理、检场等

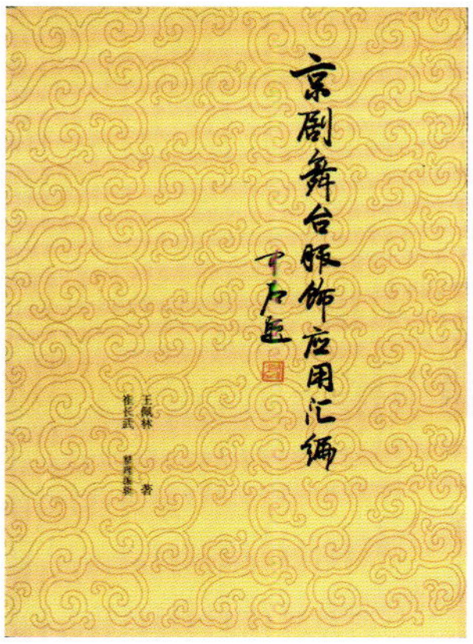

工作40多年，“事业心强、心细手勤”，“艰辛地记录了二百多万字的传统京剧演出的服装、道具、装置等舞台应用文字，历经坎坷保存至今”，“是戏校教学中不可多得的教材，也是京剧史论研究中不可缺少的资料”。该书为避免与《京剧人物装扮百出》所选剧目重复，从400多出资料中选了302出京剧，内容包括剧情简介、角色穿戴、应用道具。其体例特点，写明每个角色穿戴的戏箱归属。以《甘露寺》刘备为例。

大衣：紫色绣团龙蟒，红风帽，红斗篷，换红绣团龙蟒、玉带，再换黄色绣团龙帔。

二衣：红龙箭衣，青或黄绣团龙马褂，三肩，黄大带。

三衣：红彩裤，水衣子，胖袄，护领，厚底靴。

盔箱：包头网子，王帽，黪三，后换黑三，再换九龙冠。

这样具体的记录，对于演员、戏箱管理者都是切实有用的。其剧目排列，大致以戏剧故事的历史朝代为序，朝代不明者列在最后。卷前有《传统京剧舞台服饰应用概述》，为参与此书整理编辑的崔长武（北京市艺术研究所研究员）所撰。另有《京剧服饰构成》一文，系李洪春述、刘松岩整理的《京剧长谈》一书有关部分（第369～384页）的移录。

（龚元）

jingju wutai meishu

京剧舞台美术 京剧演出中各种造型因素的统称，是京剧舞台艺术的一个组成部分。19世纪末以前，其构成因素，除临场化装、火彩等外，均可概括于广义的行头（含衣、盔、杂、把）一词中。清末一度盛行的灯彩，是部分演出的特殊装点。进入20世纪，传统的造型因素及其运用规范继续保持，并在新条件下有所完善；受西方戏剧观念和中国话剧艺术影响，非传统因素纷纷介入，既带来支离赘疣，也出现一些有价值的新创造，丰富了京剧艺术。在称谓上，盔头、砌末等传统名称仍然使用，新的专用名词如化装、服装、道具、布景、灯光等也通用于京剧界。

沿革述略

京剧由在京演出的多声腔表演团体徽班孕育而成。清道光年间，徽班以汉调（皮簧腔）为主要声腔，并按京都观众口味加以提高，标志着京剧史的开端。《旧都文物略》有“自程长庚整饬装具，完全改革旧式，绘样制图，指导监工”等语。该书出版于1935年，离程氏已远，究竟如何整饬、改革，未得其详。从沈容圃所绘同治、光绪年间伶工戏装肖像画来看，程长庚等所用衣装及其扮法，多自昆剧得来。程长庚执掌三庆班时期，若有“整饬装具”之举，其重点，当是把清初以来逐渐规范化的昆剧装扮经验融入到皮簧演出之中。作这种推断的依据有二：一是徽班有“带演”昆剧的传统，“带演”离不开扮相上的继承；二是同程氏“昆剧最多”（吴焘《梨园旧话》）、“字谱昆山鉴别精”（芝兰室主人《都门新竹枝词》）的艺术造诣相一致。《燕尘菊影录》上说，程长庚“熔昆、弋声容于皮黄中，匠心独造，遂成大观”。在声腔、表演上进行花雅熔铸时，扩及衣装戏具是完全可能的。1932年，曹心泉、陈墨香、王瑶卿、刘守鹤合写的《程长庚专记》中，对“熔昆、弋声容于皮黄中”一语作解释：“那时徽班虽有了较大的社会势力，而小部分学士大夫尚孜孜于昆曲之高雅，小部分贵人豪客又津津于梆子之流丽……撷取昆弋声容的优点而合冶于一炉，乃是生活的结果。”（《剧学月刊》第1卷第1期）其实，此非不得已而为之，而是新生的京剧谋求艺术发展所必需；皮簧得以京朝化，是同高雅与流丽的双向追求分不开的。这种态势，也存在于舞台美术的发展过程中，表现为规范化与趋时化的并存。京剧自身并未创立多少新的规范，但经过许多具体改进，完善和提高了主要来自昆剧的传统规范的艺术表现力。京剧不像昆剧那么古板，它保持着花部的活泼性格，不拒绝对时尚因素的吸纳。规范化与趋时化的相互补充，建构了京剧舞台美术比昆剧新颖又比一般地方戏严谨的艺术面貌，在西风东渐的历史条件下，还作出过不少创纪录的新尝试。

从呢布派到绸缎派 哀梨老人《同光梨园纪略》述及，同治初上海女徽班“行头既欠鲜明，衣料半多呢布”。此非上海女徽班贫穷所致。“衣料半多呢布”实是南北徽班的一个历史阶段。1934年徐凌霄《说“行头”》把戏衣用料分作三派：呢布、绸缎、洋货。呢布派不单是乡土班，“京朝之最老派”亦如此，“此派凡华贵文绣之服如蟒袍、官衣、靠子等用‘呢’——中国呢，素者则用布”；绸缎派“指北京的宫府班及近来之营业班而言”，“至近数十年之戏园行头，绸缎众多，布衣尚有少数，呢质久矣已绝迹”（《剧学月刊》第3卷第6期）。可知京班戏衣质料的变换是清末民初数十年间事。京班有不少名伶被选为“民籍教习”，常去内廷演出，内廷戏衣比王府戏班还要阔绰，多有用贡缎（又称库缎，为名色多样的提花缎织品）裁制者，这在清宫戏画上也反映出来，如渔民萧恩、吹箫乞食伍员，衣上满缀金花。京班艺人改进戏衣质料时会受宫廷影响，但又作出了不同于宫廷的选择，即以各色软硬素缎为主体，突出刺绣花纹的表现性能，而所用刺绣实为绣法多样的“糙绣”。这是有意避开了宫廷织锦戏衣和昆剧“顾绣”行头都因花纹繁缛或绣工太细容易带来的弊端：台下看去反而芜杂模糊。《清稗类钞》云：“戏衣缎绣，皆极粗糙，而色彩特艳，与面色相配，均与常人不同。若衣之以行通衢，虽在剧场以为美观，亦将骇而却走。盖宜于灯光远视，非真颜色动人也，此亦光学审美学之别科也。”正是由于这个缘故，清朝被推翻后，宫中有不少戏衣流入市场，因其质料绣工之贵重精雅，多作“绣货”售给古董爱好者或外国游客收藏，极少有伶工购作私房行头的，或因价廉，“某名伶将大部分南府

《性理精义·庆顶珠》萧恩
（故宫博物院藏）

衣选去亦只供配角之用”（徐凌霄《北平的戏衣业述概》，《剧学月刊》第4卷第5期）。

行头改进与改良行头　戏装名目变更甚少而具体式样屡有改进。旧式蟒袍腰身肥近五尺、袖宽二尺半，花纹为小行团龙，空隙处缀云头花朵，满满当当，而且生净皆同，缺少变化。有些蟒袍还在下摆镶有如开氅之宽边。开氅或八卦衣不用云龙海水，自可镶边；蟒袍镶边，使云龙海水尽被拘揽而失却气势。旧式靠亦肥短，靠旗矮小，靠肚为软件扣在靠身，下端护裆只有一块倒三角形绣片，而无可以披拂于靴面的裳甲。还有一种玻璃靠，镶嵌无数镜片，分量极重。盔头方面，旧式大额子包括女式都甚高大，闹腾腾的珠子绒球有几层，如梅兰芳早年饰《金山寺》白蛇所用。类此者都在京剧艺人的舞台实践中得到不断修改，才成晚近的样子。20世纪后的改进，常以“改良行头”为名。徐凌霄云：“‘改良’二字，庚子（1900）后流行甚久，凡有所‘改’辄曰‘改良’”，“其行头改良之惟一有据者曰肖真”（《北平的戏衣业述概》）。肖真即写实化，是受西方戏剧观念影响所致。化装上有改勾脸为揉脸，服装上大多从小说图像或名人遗像中找参考，改得靠近生活些，更多的是轻巧化、新颖化。改而不良者固然有，佳者亦自美观。

马连良在《胭脂宝褶》中饰永乐帝创制的箭蟒

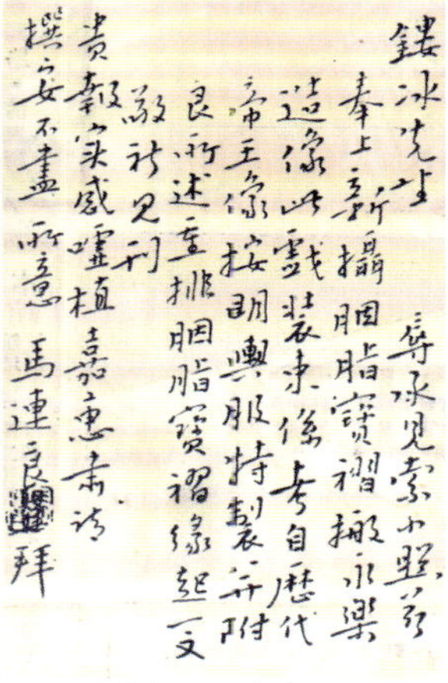

鏤冰先生　昨承見索小照，茲
奉上新攝胭脂寶褶搬永樂
造像此戲裝束係考自歷代
帝王像按明輿服特製并附
良所述並排胭脂寶褶緣起一文
敬祈見刊
貴報[illegible]
撰安不盡所意　馬連良拜

马连良致天津商报馆总经理王缕冰的信

比较突出者为南方周信芳、北方马连良。“现在名角里最为行头铺口碑载道的，生角是马连良、净角是郝寿臣。马连良常创新样，郝寿臣常换新装。”（同上）有不少改良行头已纳入京剧衣箱体制之中。如改良蟒又称简式蟒，改良官衣又称花官衣，多为原式“改样”，在色彩、用料和花纹的繁简布局上寻求新颖美观，有此补充，可以增加文官的表现层次。改良靠比较写实，拦腰一束，全身皆僵，起霸不能，亮相亦觉小气，但可给偏将使用，亦为戎装多了一个层次。有的改良行头已是流派艺术的构成因素，为后继者所宗。

旦行服饰的时尚化　此风源自花部。乾隆年间由魏长生掀起的“蹻跷竞胜，坠髻争妍”，亦在徽班盛行。舞台上弄假妇人，模仿的多半是当时的青楼女子。三庆班高朗亭、金双凤、沈霞龄等“扮勾栏院妆，青楼无出其上者”（《消寒新咏》卷四），其时髦可见一斑。在“粉戏”中，“亵裳袒服，丽冶罕俦”（包世臣《都剧赋》）。对戏剧欣赏中含有的性爱成分，花部比雅部率真、大胆得多。京剧是花部新秀，旦脚装扮的斗巧争新有过多种表现。①旗装。清装入戏始于康熙、乾隆之际。京剧则把旗装用作“番扮”。创始者，据清逸居士说是梅巧玲。同治间，梅巧玲演《雁门关》，让辽代萧太后穿旗蟒、挂朝珠，“于八本献城，候余太君入城时，自坐于下场台脸，用仙鹤腿之水烟袋吸食水烟，便能得哄堂的好。盖其姿式动作，模仿慈禧太后惟妙惟肖，故旗门中人尤表欢迎也”（《梅巧玲君萧太后画像识语》，《国剧画报》第35期）。这就成了“例”。其后，非汉族女性角色，不论何朝何代，都穿旗装，朝会时，太后、公主着旗蟒，居闲着旗袍。至20世纪二三十年代，因有坤伶参与，旗袍款式、尺寸、花样变化甚多，成为“一种最趋时的服装”（《国剧画报·旗装专号引言》）。②时装。此指花旦所用的袄裤。齐如山《中国剧之组织》说：“裤袄两物，从前本名曰时装，乃花旦趋时之专用品。”“光绪初年以前，衣箱清单尚无此种衣服，盖公中不预备，所穿者尽系脚色自制之物也。”梅兰芳也谈到，演《五花洞》，真假潘金莲要穿一样的袄裤，“所以只要换一个人跟我唱，衣服就得另做了”（《舞台生活四十年》第228页），“式样常常因时代变化，吸收当时社会妇女服装，予以加工”（《梅兰芳文集》第20～21页）。上面提到的“亵裳袒服”，京剧舞台上也屡见不鲜。如梅兰芳饰《混元盒》红蟒精、荀慧生饰《盘丝洞》蜘蛛精，下身穿裤，上身小袄可脱，只穿肉色紧身衣，戴一块红肚兜。昔时《盘丝洞》之热演，与伶人有此艳装有关。最有趣的是，本属丑扮角色，因旦脚反串，例亦时装。如《法门寺》刘媒婆，前面《拾玉镯》由丑扮，后面“带大审”，可换女演员穿时式袄裤上场。1947年，言慧珠与电影界明星严俊、韩非等为李世芳飞机失事遇难义演此剧，饰后刘媒婆，头上波形烫发，插一朵小红花，右颊嘴边点一黑痣（角色的唯一标志），项戴银色锁链，身穿黑印度绸袄裤、黑缎绣花鞋，手上钻戒光头闪烁，拿的是燃着香烟的象牙烟嘴，完全是当时上海石库门里时髦少妇的装束，引得台下好声鸦乱。此类时装，与清末民初出现在时装戏中的时装有性质上的不同。时装戏及后来的现代戏，都要参照该剧所表现的社会生活进行装扮。而出现在传统剧目中多为花旦所用的时式袄裤，已“一变而成为一种规定之行头”（《中国剧之组织》），它的使用原则，如同蟒、靠、旗装一样，成了穿戴规制中的一种程式、惯例。③古装。1915年由梅兰芳首创。此前欧阳予倩等人也有过类似尝试，未引起注意，及至梅氏以新装号召，盛极一时，成了“京戏界一个大波澜”（欧阳予倩《自我演戏以来》第58页）。梅派之得名，实由古装新戏始。新式古装以发髻多样化、表现女性体态的美、装饰风格的清新自然为基本特征。初出时，评论界有人批评：“要知今之戏装，即古装之代表也。舍戏装而别求古装，实觉标奇过甚。”（冯小隐《尊谭室言戏》）梅氏未加理会，坚持创制、改进，终于为京剧舞台开辟了美化古代女子的新的造型系统。批评者未理解，此非考古意义上的古装，它是要表现一种新的审美观念，是要把古代美女打扮得更合乎现代人的想象和趣味，实际上也是一种趋时，是更高层次上的更加曲折的趋时。至今，新

荀慧生在《盘丝洞》中饰月霞仙子

梅兰芳在新式古装戏《西施》中饰西施

式古装仍在梅派戏中流传，且已成为戏曲中古代女性装扮的“第二传统”，在不少剧种和新戏中继续得到发扬。

不同趋向的化装艺术 京剧旦行俊扮与净行勾脸都有重大改进而趋向不同。旧式旦行化装为大开脸，涂“樱桃小口”。上海“唱旦的革新家”冯子和等人受西风东渐的影响，改点樱唇为涂口红，并运用直条大鬓以美化脸型。梅兰芳吸收了上海演员的化装方法，又加改进，完成了旦行俊扮的历史性转变。旦行涂口红、画黑眼圈、贴成鹅蛋脸型，都是适应社会美饰风尚的趋时性改进。而净行勾

“钱家脸谱”（钱金福饰演的6个角色）

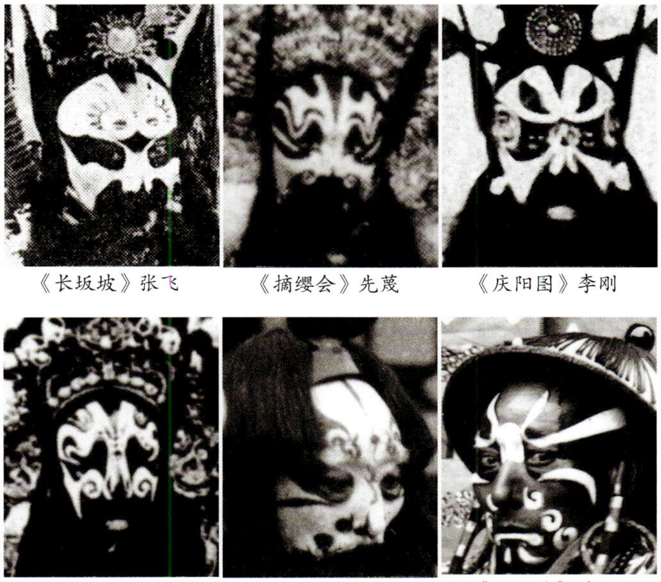

《长坂坡》张飞　《摘缨会》先蔑　《庆阳图》李刚

《定军山》夏侯渊　《山门》鲁智深　《雁门关》韩昌

脸艺术的精致化，则加重了京剧的古典色彩。齐如山《脸谱》说，“从前净脚勾脸，各人有各人的长处”，大体为何桂山长于勾整脸，钱宝峰长于勾三块瓦脸，徐宝成长于勾花脸。京剧脸谱同昆剧脸谱相比，变化较多的是武角色所用的三块瓦、十字门等谱式，对此，钱宝峰贡献尤多。翁偶虹认为，何桂山与钱宝峰年龄资望相当，“然桂山懔遵老谱，宝峰独创新格”，“脸谱至钱宝峰时期，已足称为乱弹脸谱独立之时期。凡出钱氏手者，尽脱秦剧昆剧之积习”（《脸谱论释》，《戏剧月刊》第3卷第10期）。后之传钱氏风格者为钱金福，梨园行称之为“钱家脸谱”（《郑逸梅选集》第3卷第265页）。然在精致化过程中亦有齐如山所批评的“越来越花头多”，“太花哨而无道理”的流弊。其反拨者，当首推郝寿臣，他的工细而又简约、外朴而又内秀的风格，是勾脸艺术的一种创新。

新光源的运用 直到清末，北京除偶有带灯堂会外，戏园都在白天演出，雨天阴暗的傍晚或散戏迟了，台上无所睹，但能听唱；戊戌（1898）以后，始解戏园用火之禁，可在台口站两个人举着火把以终场。1914年始有夜戏。京剧于同治六年（1867）进上海就演夜戏，先是舞台两侧悬挂成串烛灯，至光绪初改用煤气灯，台口上下各有一排“奶子火”。光绪八年（1882），上海与美国纽约同为最早能用电灯的城市；然电力不足，戏园只在门口、正厅悬一二电灯，已觉“通明如白昼”，演出仍需用煤气灯。煤气灯由总门控制，遇演神鬼戏，“将火之总门略闭，即令各火光焰低缩，作惨碧色，满台顿呈阴森之气，观者谓为得未曾有”（海上漱石生《上海戏园变迁志》）。新式剧场兴起，已以电灯为新光源。20世纪上半叶，电光在京剧演出中起过3种作用：①突出名角。除一般把全台照亮外，至名角登场再加亮度。梅兰芳回忆初登上海舞台，台前装的一排电灯，“等我出场，就全部开亮了”（《舞台生活四十年》第132页）。此风也传入北京，《京华百二竹枝词》：“名脚登场特优异，电灯不点不挑帘。”还有在武生盔帽、花旦胸花等处装小灯泡，“以手捩之，倏明倏暗，借以摄取观客之眼光”（刘豁公《上海竹枝词》注）。这种噱头来自粤剧。青年梅兰芳以为新奇，曾向广东定制“电灯行头”，“门帘桌帏等共装小灯千余盏”（春醪《梅讯》，1920年5月13日《巳报》）。大概缀玉轩的高参们不会赞成，未见使用记载。②表现天象。上海采用“风声呼呼，雷声隆隆，云则有片，雨则有丝”的天象效果灯，始于民国初年的新新舞台，机械购自日本，操作者为日本人坪田虎太郎，首用于周信芳、江梦花主演的《御碑亭》避雨一场；谭鑫培在新新舞台演此剧时亦用之。后由中国人自己操作，各舞台相继仿制。③渲染氛围。梅兰芳可能是较早的尝试者之一。1915年演《嫦娥奔月》，在“采花”场，用“一道白光”追照嫦娥；1917年演《天女散花》，在“云路”、“散花”两场，“都打五色电光”；以后的《霸王别姬》，至项羽醉卧帐中、虞姬出帐步月时，为表现月色和四面楚歌的凄凉，把场灯压暗，用淡蓝色追光照射虞姬。在20世纪二三十年代，不仅灯具品种极少，有时电力不足，还得租用“水月电”（纱泡煤气灯）以补充照明。1934年，程砚秋自欧洲考察戏剧归来，欲在《春闺梦》中用灯光以象征剧意、抒发剧情，然寻遍北平城，才买到两只五百支光聚射灯泡（见《剧学月刊》第3卷第11期），创新意向未能实现。齐如山《梅兰芳游美记》附录《谈西洋剧之用电光》一文中谈到梅氏在纽约时，曾请一位导演卡罗尔（Earl Carroll）来配置灯光，卡罗尔“手指目示，力竭精疲”，换光十余种，“结果仍用白光，始终不换”。齐如山写道：“盖中国剧为象征办法，无论昼夜晦明，皆以举动神色表现之，倘佐以电光，则不但无益，且足有伤剧情。即以各种物件论，如门帘台帐、桌围椅披、行头妆饰等等，大致皆极深重之色，无论何种光线，一经影射其上，必尽失其效力。”此处所论，均指色光。京剧传统的服装、化装都在白光条件下配色，已具浓重之装饰性，再经色光照射，“必尽失其效力”。所以传统剧目的演出，不用色光已成共识。但不能说京剧只能用一般照明。齐如山说得很对：“以后中剧，亦应采用电光，但须全盘另有一种组织法耳。”这是近数十年间的新课题。

从灯彩到布景多样化 灯彩源于民间纸扎工艺，最先用于宗教题材的《目连救母》，后出现于私人家乐、宫廷戏曲和城市商业演出。同治、光绪年间，北京四喜班、天津泰庆恒班、上海天仙茶园等，都在部分剧目中以此炫耀，争夺观众。其流行约有40多年，渐为新兴布景所代替。布景最先出现于同治年间上海的西人戏院，是一种用绳索横向拉动的屏风式绘景。光绪二十三年（1897）为演广东戏的同庆茶园所效仿，“实开剧中背景之先，盖其时京戏只新年略有灯彩，尚未发明布景也”（海上漱石生《沪壖菊部拾遗志》，《心声》第2卷第5号）。京剧采用布景，始自光绪三十四年（1908）上海新舞台，台顶有拉吊设备，用的是大幅软幕画景。其时绘制者多仿西人照相馆背景，“所绘景物，亦多为西洋式。厅堂桌椅无论矣，乃至古树矮屋，小桥曲径，其形色姿态，亦异中土”（《清稗类钞》）。清末民初的名伶戏装照多在照相馆西式背景前拍摄，不以为怍。布景在京剧舞台上有过多种形态：①**值班布景**。这个概念是引进的，用以表述写实布景的幼稚形态，只有田野、厅堂、卧室、街道等几种“拉洋片”式的软景，在不同的戏里重复出现。②**机关布景**。以平面布景的迅速迁换为主要特征，另有一些奇巧的特技处理。广告上称为“幻术布景”或“魔术布景”，多用于侦探戏、武侠戏。20世纪20年代初，上海有四五家戏院竞演侦探时事戏《阎瑞生》，布景以新舞台最受好评，因主其事者、画家张聿光重视到事发地点写生，使历来凭空点缀的布景向剧情靠拢了一步。然粗制滥造、怪诞离奇者居多，评论界抨击为“布景术的堕落”。③**有个性的写**

实布景。这是写实布景中比较成熟的一类，如三四十年代的《文素臣》，翁偶虹评论曰："此种布景，用之何伤？即入银幕，亦不能不谓为好镜头也"（《半月戏剧》第3卷第9期）。这个传统一直延续到60年代的《红灯记》、80年代的《曹操与杨修》等，当然不断有所提高。④单纯化布景。如1927年欧阳予倩与周信芳合演的《潘

《文素臣》古庙双栖一景

金莲》，用帷幕装置，配合若干必用之道具，体现了田汉的艺术主张："以布及木片等'单纯的'材料，造成'暗示的'、'激荡的'、'美的幻影'，不尚华丽的写实。"（《田汉文集》第14卷第193页）⑤实用性立体装置。著名例子是梅兰芳的《洛神》。末场"川上相会"，借鉴传统的"摆台开山"，搭了3层象征仙岛的高台，结合云童仙女的服饰道具，"构成一幅立体色彩洛神图的画面"。梅氏创造了一套新的舞蹈姿势，"是每层、每个角落都要走到的"，离了3层高台，"我就不能演这出戏"。梅氏使用布景的时间将近20年，认为只有此剧"用的比较恰当"（《梅兰芳文集》第125～126页）。⑥有个性的中性布景。程砚秋在1933年发表的《赴欧考察戏曲音乐报告书》中，带来了德国导演马克斯·莱因赫特（Max Reinhardt）对京剧的建议："如果可能的话，最好是不用布景，只要灯光有威力就行；否则，要用布景，也只可用中立性的。"（《程砚秋文集》第207页）这个建议的精神，中国人也悟到了，而在舞台上付诸实践是很晚的事，这与舞台装备、可控技术、艺术观念各方面条件的成熟程度有关。

上述种种演进，同京剧的历史文化地位有关。在旧时代，京剧既是民族艺术，又是流行艺术；到了新时代，它是古典艺术，也是一种正在发展中的现代艺术。京剧舞台美术的历史演进，既有作为古典艺术的相对稳定性，又有作为现代艺术的探索性、不确定性，都需要加以总结。

古典精神

贯穿于京剧各种造型因素的基本精神，可从虚拟、实用、装饰、程式几个方面加以把握。因其存在的完整形态是在传统剧目的演出之中，属于古典艺术范畴，故把此种艺术精神称作古典精神，但这并不意味着它只属于过去、不属于现在和将来。

虚拟方法 京剧传统剧目是在空舞台上演出的。舞台是表演场所，无演出时，只是一个可以提供三向度空间的实体，到了演出中，它才是虚构角色的活动天地，成为观众的审美对象。从表演场所到虚构世界的转化有不同的方法。依靠布景灯光，先把表演场所变成视觉化的剧情地点，角色就在其中"生活"，这是通常用来同中国戏曲作对比的西方戏剧的写实方法。中国古典戏曲用的是虚拟方法，主要依靠演员的表演，空荡荡的舞台，一样可以"生天生地，生鬼生神，极人物之万途，攒古今之千变"（《汤显祖集》第1127页），成为生动的虚构世界。焦菊隐把这两种方法简括为：一个"从布景里产生表演"，一个"从表演里产生布景"（《焦菊隐戏剧论文集》第347页）。梅兰芳把戏曲的虚拟方法表述为"活的布景就在演员的身上"（《戏剧报》1954年第12期第27页）。焦菊隐、梅兰芳所说的从表演里产生的"活的布景"，其实是指角色世界的时空特征。

为什么表演能够产生时空特征？其原因在于：时间与空间乃是一切行动的必然伙伴，而观众是有想象力的。只要演员能把角色的具体行动和在行动中的具体感受真实地表演出来，与之相伴的时空特征就会自然而然地被"带"出来，"出现"在富有生活经验和观赏经验的观众的想象之中。这是中外演剧共有的古老传统。试看莎士比亚《哈姆莱特》，一开场，弗兰西斯科与勃那多的十来句对话，观众就能感受到：这是城堡一角，夜已很深，天气很冷，一片昏黑，万籁俱寂。比莎翁年长10岁的锡德尼（Philip Sidney）在1583年左右写的《为诗辩护》中，描写英国民间剧场的演出情况，有这样的话："你这一会见到三位女士走来采花，因而必须认为那舞台是一个花园；……同时用四把剑四个盾代表的两个军队飞奔进来了，于是哪种硬心肠敢不把它当阵地来接受？"（人民文学出版社1964年版，第61～62页）锡德尼瞧不起民间演剧传统，故以嘲弄口吻描述之。其时透视布景已经发明，西方舞台从意大利开始，讲究按绘画的形式来设计和布置，至19世纪自然主义思潮兴起，其布置之酷肖自然达于极致。而中国戏曲是把这个中外共有的传统发展成为自己特有的传统，那就是创造了虚拟方法。虚拟方法的核心是虚拟表演。有的外国艺术家称虚拟表演为"造型手势"，这是把它狭隘化了；虚拟表演包括唱念做打。20世纪初，接受了西方写实方法的中国文化人，对民族戏曲的虚拟方法，不仅瞧不起，还要痛诋："跳过桌子便是跳墙；站在桌上便是登山；四个跑龙套便是一千人马；转两个弯便是行了几十里路……这种粗笨愚蠢，不真不实，自欺欺人的做作，看了真可使人作呕！既然戏台上不能演出这种事实，又何苦硬把这种情节放在戏里呢？"（《胡适学术文集》第83页）

民族戏曲的虚拟方法没有被骂倒，是因为它有自己的美学特色和艺术上的相对优势。①用歌舞化动作所虚拟的外部世界，其意义不在外部而在内部，不在物质而在心灵，其中所包含的角色内心世界的外化，实为艺术家审美体验的曲折投射，可谓"一切景语皆情语也"。②因虚拟方法的主要手段是歌舞，是高度技巧化了的，其本身就具有观赏价值。③由于时空特征是从表演中产生的，因而也是随着表演的变化而变化的，这就有利于戏曲自由、广阔地表现社会生活。"欧洲的剧作家们完全明白，在剧院中什么是办得到的，什么是办不到的，所以他们不会让剧中的主人公们在观众面前游泳过河，翻山越岭或作许多公里的漫步"，而在中国戏曲中，"剧情发生的地点实际上是没有任何限制的"（谢·奥布拉兹卓夫《中国人民的戏剧》第67页）。④它会造成观赏心理的双重活跃：品味演技的意识十分活跃，体验角色内心世界和重构动作外部世界的想象十分活跃。

在戏曲中，虚拟方法是全局性的，也包括舞台美术。由虚拟带来自由的前提是舞台的虚空；虚空的体现要靠舞台美术。舞台上如何把虚空物化？笪重光《画筌》云："空本难图，实景清而空景现。"（《历代论画名著汇编》第310页）从旧式茶园的门帘台帐到新式舞台的各种幕幔，就是京剧舞台上的"空景"，就是虚空的虚拟形式。这类帐幔在元杂剧时代已有，其原初动机是把后台杂事隐蔽起来，起到净化舞台的作用，故有"净幔"之称。实际上它

既把舞台净化了，也把舞台虚空化了。由于几百年来它已是舞台陈设的一种惯例，人们熟视无睹，不去思考其意义了。到京剧用了写实布景之后，就被改良家潘月樵称作“守旧”。它“守”的是什么“旧”呢？是传统舞台的虚空原则。它要向观众提供这样一种观照方式：舞台不是某个剧情地点，而是容纳、表现一切剧情地点的虚空。这是审美的虚空。帐幔上的两个门是所有角色的出入口，也就成为审美空间生成、连续、切断、跳跃的标志。演员走出上场门，围绕角色的空间特征才逐渐显露出来。只要演员不进下场门，戏剧空间就保持稳定或流动的连续。这种流动的连续，既可以是剧情地点的急遽变化（如《四进士》中宋士杰想搭救杨素贞时，街道与店堂的频繁转换），也可以是空间概念十分模糊的长途跋涉（如《女起解》）。等到演员一进下场门，空间即被切断。演员再从上场门出来，就是空间的跳跃性转换了。

门帘台帐或各种幕幔是静态的虚拟陈设，一桌二椅则是与之配套的动态的虚拟陈设。传统舞台上的桌椅，乃是角色世界中避免具象化的各种三维实物的虚拟品。“有了桌椅，就能干戏。”桌椅本是最普通的日常用具，为了赋予虚拟品质，也给穿上“戏装”——桌围椅披。它们由检场人保证“招之即来，挥之即去”。正是虚拟陈设的动静结合，使舞台始终保持空灵。阿甲曾以联语赞美之：“无穷物化时空过，不断人流上下场。”

虚拟方法也体现在人物装扮上。胡子可以“挂在空气中”。净扮角色可以“粉墨青红，纵横于面”。穿在演员身上的很有古代感的戏装，只是对于历代衣冠的一种虚拟，它们不具备历史细节的精确性，从而获得了不为某个朝代所拘的自由。

实用性能　各种戏剧演出样式都以演技为中心，而京剧，由于以歌舞手段创造角色和暗示外部世界的双重任务都集中在演员身上，使得演技的中心地位格外突出，这就决定了舞台上各种造型因素的取舍和艺术加工，都很强调对于演技的意义，强调能为演员所用。表现在与演员关系最直接的服装、化装上，就是具有可舞性。西方芭蕾舞剧的服装也重视可舞，如男性服装大多紧贴身体，女性常穿的一种舞裙是连着背心的短裙，手臂与大腿都裸露着，以突出演员形体之美为基本特征。京剧则不同。京剧里也有紧身衣裤，但较少，大量戏衣长而宽，还要加上各种附件，如翎子、帽翅、靠旗、鸾带、水袖等，角色的外部造型不是西方的“收紧”，而是放射、扩展、延伸，身段的边式，动作线条的美，要从对这一切身外之物的轻松而准确的驾驭中体现出来，越是运用自如，越显功力深厚。不但服装可舞，化装也可舞，如髯口、水发，都要像服装及其附件那样，成为演员非有机的躯体，成为加强、延长、美化动作的有效手段，并注意到把这种技巧同揭示角色的心理活动、精神状态结合起来。

京剧舞台上有许多临时性造型元素，包括武器、仪仗、交通工具、生活用具等，统称砌末。为了有利于表演，各种砌末的式样、质料、轻重、大小、长短都与对应的生活实具有所不同。其中有一部分可以称作舞具，如刀枪、马鞭、船桨、水旗等。水旗的创制，更是贯彻了虚拟精神的一种巧思。白娘子与许仙相遇时的风雨西湖，是用船桨与身段来作间接描写；到了水漫金山，用舞动水旗，把汹涌波涛动作化甚至情绪化了。有些砌末算不得舞具，仍有演技的意义，如烛台、灯笼。烛台是接近原物的木制品，没有火苗，只有特殊场合才点上真蜡烛（如《四进士》盗书）；灯笼用红布做外壳以表示光亮。看盖叫天演《十字坡》武松，投店之后，睡前举着烛台察看门户时，要用手挡住蜡头，是怕走动中烛火被风吹灭。周信芳演《群英会》鲁肃，藏完书信，提灯走出周瑜后帐时，听到蒋干将至，随即拎起官衣一角，用衣摆挡着灯笼一步一步退着下场。这些表演中的眼神、身段都非常好看。砌末帮助他们完成了动作，同时，由于演员对砌末的态度是具体的、真实的，使得没有点亮的烛台或灯笼，能在观众的想象中闪出亮光来。

在演出中，随时可移动的桌椅，既为演员提供动作支点，又是对动作的一种组织、规定。其组织形式即桌椅的摆法有多种多样，归纳起来，无非要处理好两种关系：一是演员与观众的关系，一是演员与演员即角色与角色的关系。传统演出中桌椅的摆法及与之相关的场面调度，多是围绕舞台中轴线作对称或平衡的处理，就是为了让尽可能多的观众把演出场面看得完整些。桌椅的摆列样式所规定的演员位置和他们之间的距离，本质上就是规定情境中的人物关系的空间表现。如演《三击掌》，王允父女在内厅叙话，用“小座单跨椅”，王允居中坐，王宝钏是女儿坐“小边跨椅”（靠上场门一边）；因婚事发生争执后，“跨椅”移作“门椅”，就把父女反目的心理距离空间化了。在《锁麟囊》中赵守贞对薛湘灵三让座，椅子由“小边”、“大边”到“正场”的每一次移动，都极富于戏剧性地表现了薛湘灵在赵守贞心目中地位的改变。《击鼓骂曹》中，曹操坐“小边斜场大座”，祢衡的鼓、椅安排在“大边”，中间靠后用两份“双大座”摆成一排，坐着曹操的下属官僚。这个“复合斜场大座”，表现的是宴会大厅的横切面。其巧妙处就在：从角色之间的关系看突出了曹操，从演员与观众的关系看又突出了主角祢衡，既合乎生活逻辑又合乎艺术逻辑。除了平面组织外，还有立面组织，戏班称作“摆台开山”，就是利用桌椅的不同叠法，把戏台平面改造成有高低落差的空间。旧时戏台台口上端横一铁杠，名纡棍，专备演员表演飞檐走壁之类的高难动作，新式舞台无此设备，多集中在高桌上展示技艺。京剧舞台上的桌椅，同20世纪20年代苏联兴起的构成主义装置有性质上的相通之处。张庚在《戏剧艺术引论》中说，构成主义三次方的“积”和所谓“舞台建筑”，“和中国旧剧舞台上的桌椅是尽着同样功能的。第一，同样是为了演员去‘弹奏’而设，所以同样是以演技为中心。第二，这些‘装置’的本身，在形象上并不十分确切地具有多少自足的说明性。第三，全是按照演技的预定计划而加以设置，不过，前者是把各个需要的‘键盘’装配成一个整体‘建筑’放在舞台上，而后者却是由一个检场的人临时搬动的”。从实用性质来说，戏台上的桌椅，是一种朴素的构成主义装置。

装饰风韵　实用性桌椅的明显弱点是缺少“自足的说明性”，所以京剧艺人又要根据剧情的需要，对桌椅作说明性的形象补充。例如酒具、笔砚、印匣、香炉之类，都是在桌子仍然表示桌子时，为了动作的需要和区别酒桌、书桌、公案、御案而临时增入的。而更大的形象补充是在桌椅不表示桌椅之时。如演《长坂坡》，甘、糜二夫人乘车，后随二车夫各手持两面车旗，至荒郊夜宿时，“用两面车旗覆在‘倒椅’两旁。这是说明她们露宿时睡在车上”（《梅兰芳文集》第28页）。在这里，“倒椅”的实用性是为演员好坐，覆上两面车旗作形象补充，说明角色“睡在车上”。至当阳桥，用两把椅子放在桌子两端以像桥形，还要在桌椅前加一桥片，“桥片上书该桥之名”（齐如山《戏中建筑》）。同类性质的还有《空城计》的布城等。这些地方，又表现出同构成主义的差别。构成主义只讲实用性，只重视做动作的机器，而拒绝形象和装饰。京剧则既要发挥虚拟方法的巨大魔力，又要借重大小砌末，作适当的形象补充，以提高虚拟的清晰度。对此，既可批评京剧运用虚拟方法之不彻底，也可肯定源自民间戏曲的京剧在面向民众时的一种通达。这就看观赏者个人的趣味了。但是，形象的补充是有危险的。上海新舞台初建时期，演《长坂坡》，糜夫人跳井时，不用传统的“空椅”（无椅披谓空椅），“台上设一井栏，人向井栏跃下，即可从地窖出”

(海上漱石生《上海戏园变迁志》)。这样一来，不但饰糜夫人者跳井时不能使身段，饰赵云者，抓帔、倒插虎、掩井都难以表演了。实践的经验是：形象的补充必须适度；在对实用性的补充中，装饰性要比写实性来得宽泛些。

京剧舞台堪称纹饰的世界。重视装饰性缘于两种要求：其一，区别于生活的自然形态。京剧"无声不歌，无动不舞"(齐如山语)，而与之相联系的化装、服装、砌末，也必须在色彩、线条上表现出鲜明、强烈的节奏感来。净行脸谱是图案化的传神化装。就是生旦化装也有图案意味，生扮之英武者要在眉宇间画一红色"枪尖"，若扮年少风流者，则画"过桥"即弧形红晕，这就对文武之别做了装饰性处理。旦行用大小"片子"把妇女额发、鬓发图案化了，具有勾清、衬托面部轮廓和修改、美化演员脸型的作用。这些化装同玲珑精致的盔头和文彩炳焕的戏衣一起，构成了京剧人物造型独特的形式美，即使在一块素幕前面演出，仍能让观众感到色彩缤纷、场面绚丽。马鞭用丝穗，船桨用彩画，桌围椅披及大帐等软件砌末用刺绣，使它们从生活实具中抽离出来，变成舞台上的艺术品，既与虚拟的、歌舞化的动作相协调，又作用于观众的欣赏意识："神到意会，无须责其形似者。"(徐珂《清稗类钞》第11册第5033页，中华书局1986年版）其二，赋予实用以意义。舞台上的色彩、花纹，不光是为了视觉欢娱，更是为了视觉含义。有了装饰性的桌围椅披，实用性的桌椅也获得了一定的表现性能。旧式桌围的用料是红呢或红布，横额为绿色呢布，无花绣，镶有黑边。间亦有绣花的，包括大帐、小帐，用法多较随便，如清宫戏画《盗书》，周瑜军中后帐用浅色绣花大帐，与情境、人物均不协调。装饰的自觉有个积累过程。光绪四年（1878），天津泰庆恒戏班演《打金枝》，"桌围椅披门帘，俱用黄缎绣龙"，演《牧羊卷》，"缘内有祭奠各节，台上又换白缎盘金房帘并椅桌披围各件"(《续记演戏情形》，1878年6月24日《申报》)。这种排场，昆剧称作"全堂"，即用统一的色彩、装饰来强化特定的氛围，乾隆年间"盐务自制"的"内班行头"中即有这类陈设（《扬州画舫录》卷五），京剧把它普及到了茶园营业演出之中。以后凡条件许可者几乎成为惯例，即使不用全堂，也要讲究色彩、花纹，以提高桌围椅披对角色身份或某些情境的暗示力。而其中的色彩观念、花纹含义，都由服饰延伸而来，并在风格上取得一致。

清宫《戏出画册·盗书》（故宫博物院藏）

京剧戏衣的基本款式不过二三十种，是靠色彩、花纹（含刺绣工艺）的变化，才获得丰富的艺术表现力。乾隆年间昆剧已有五色蟒服、五色顾绣披风（帔)、五色龙箭衣等。"上五色"概念已在昆剧中确立。宫廷戏衣尤其是蟒袍，用色已达十多种。京剧就在这个基础上把戏装用色大体规范为上五色、下五色和杂色三大类。色彩分上、下，源自古代把色彩分正、间。古人把对金、木、水、火、土五种物质要素（称"五行"）观察而得的五种颜色，即白、青（蓝)、黑、赤（深红)、黄，定为正色；又将它们邻近相杂而得的碧（白与青，淡蓝)、绿（青与黄)、骝（黄与黑，深褐)、紫（黑与赤，暗红)、红（赤与白，浅红）定为间色。古时重正色轻间色，并把它们伦理化了，形成历代相沿的色彩习俗。舞台上的上下五色同古代的正间五色大体对应，差别主要是调换了蓝与绿的位置。青，在戏台上多指黑；青黑互用。从色相来看，戏装上的黄、红、绿、蓝，既非色光中的红、绿、蓝三原色，亦非颜料中的红、黄、蓝三原色，而是经过调配的装饰性色彩，具有明净、饱和、鲜亮的特点。京剧不但把上下五色用得比较规范，还拓宽了杂色的运用。杂色相对于纯色而言，由多种纯色相混而成，作为上下五色的近似色起补充、丰富的作用，使人物描写的色彩语汇超越了上下五色的限制，这是色彩运用上的近代精神。戏装的绚丽多彩还来自纹样。戏装纹样属于再现成分很重的一种装饰风格，举凡天象人文、花木禽兽，都可作为装饰素材。"花之于牡丹芍药，禽之于鸾凤孔翠，必使之富贵；而松竹梅菊、鸥鹭雁鹜，必见之幽闲。至于鹤之轩昂，鹰隼之击搏，杨柳梧桐之扶疏风流，乔松古柏之岁寒磊落，展张于图绘，有以兴起人之意者，率能夺造化而移精神，遐想若登临览物之有得也。"(《宣和画谱》）这段宋人的花鸟画论中所表述的创作思想，也贯穿在戏装的纹样设计之中。素材要变成有象征意义的主题，再加上构图布局的多样，刺绣工艺的富于变化，确能"夺造化而移精神"，使观赏者领略到舞台虚构世界的装饰风韵是积淀了丰厚的文化内涵的；理解其秩序感与意义感的统一，直接有助于欣赏戏曲艺术的魅力。在舞台上，装饰与实用是互助的：装饰使实用获得表现意义，实用使装饰获得舞台生命。但装饰也不是没有危险的。它最容易让我们眼花缭乱而不加适当考虑就接受了。这种弱点，演员与观众都有。北方梨园界常把装饰上的失范归咎于海派，而他们又喜欢在上海定制行头。既要强化美饰，又要防止失范，其间的调节机制主要靠艺术家的自律。举清末民初遭到批评的两个小例子："黄天霸之罗巾，珠缨遍耀；武二郎之板带，金绣齐辉。黄官副戎，武为戍犯，其必不相称，属想可知。"(《清稗类钞》第11册第5034页）今之台上，黄天霸戴花硬罗帽已无人觉得"必不相称"，而武松所系之带的"金绣齐辉"早被剔除，杨小楼与盖叫天都是起了示范作用的。

程式中介　京剧舞台美术以其虚拟性为演出营造自由空间，又以实用性和装饰性积极地作用于演员的创造，这中间的经验、手法、技巧，多以程式作为中介形态得到积累、传承并继续发展。如桌椅有各种摆法、化装有许多谱式、服装有一套穿戴规制，都是戏曲的程式性在舞台美术上的具体表现。程式的对面是生活。程式得以成立，是以它的相对于特定生活现象具备观众可以理解的艺术表现力为前提。因这类手法、技巧得来不易，故常常被当做范式传授、模拟，使宝贵的艺术经验不至于流失。严格的程式教育是从业者懂得尊重、维护自己剧种之品格的必要条件。但只模拟不理解，又容易产生对程式的盲目崇拜。

程式的逐渐积累和变化、创造，可用脸谱作例子。表现正面形象的脸谱，初起时只有夸张肤色的整脸。三块瓦脸是由整脸的白色"眉间纹"从界分眉眼演变为既界分眉眼又衬托眉眼才产生的，然后再分化出老三块瓦、花三块瓦。十字门脸是在六分脸成熟之后，取其“立柱纹”再与三块瓦的眉眼窝勾法综合而得。其间的演进和积累，可从史料上大略得之。然而这是几百年的实践成果。所谓谱式，原初只为某个角色而设，因其成功，别的角色就稍作改动加以运用，这样的做法多了，就形成了某种基本谱式。谱式名目，只是对于构图相近者的一种概括性称谓。落实到角色的脸上，属于同一谱式的各个脸谱会有若干具体而微的区别。所以，京剧脸谱的基本谱式只有十几种，而老艺人记得起来的脸谱却有几百个。这几百个脸谱都有角色名称，但真正出色地表现了角色神态、能给观众留下深刻印象的角色谱式，只是一小部分。角色谱式—基本谱式—角色谱式，这是不断往复的动态过程，也是趋向个性化的过程。基本谱式作为一种程式，可以为一类人物的勾法提供大致样式。其功能，是“作为一种组织方式，它给了艺术家的想象一个起点，在一种极为朴素的意义上诱导着创作”（[美]苏珊·朗格《情感与形式》第82页）。如果不把程式当做“起点”，只是套用，就不可能创造出新的传神的角色谱式来。这个错误的责任不在程式，而在对待程式的态度。相反，无视前人创造的成果，丢掉必要的“起点”，也会造成失范，因其随意性和缺少表现力而不被观众承认。如20世纪50年代初某剧团演《霸王别姬》，项羽扮相的盔、靠等都是传统的，只是脸谱由勾脸改揉脸，趋向写实化，结果观众“不认”，后又改了回来。而《将相和》廉颇的脸谱改得很成功。廉颇的传统勾法有紫色六分脸、三块瓦脸两种，是比较一般化的脸谱。袁世海把它改成老红（粉红）脸，谱式介乎老三块瓦与六分脸之间，脑门的主色比三块瓦要窄，比六分脸的“立柱纹”要宽，两眉似连非连，印堂有眉头皱纹直入脑门，锋芒毕露，以黑笔勾长眉，略似飞凤。衬以白满髯、挂红缨的八面威、红靠，威风、傲气、豪迈、赤诚，兼而有之。裘盛戎演《将相和》，廉颇的勾法以姚期的十字老脸为基础，在斗蛾眉子上加画上扬的飞蝠纹。对此两种改进，不妨试作比较。裘的勾法因“起点”太明显，变化较小，对廉颇的性格表现仍嫌不足；袁的勾法，“起点”隐蔽，既合乎章法，又是一个全新的“无双脸”。裘、袁二位塑造廉颇形象可谓各有千秋，然在这个脸谱的创作上，袁优于裘。继承程式，对于初学者来说，有个被迫的过程，一旦融化成为自己艺术思维的一种“有机天性”，结合新的体验和表现意图，可以转化成为一种原创。袁世海的廉颇造型，就是一个很好的例子。

《霸王别姬》项羽
王玉让饰

《将相和》廉颇
袁世海饰

《将相和》廉颇
裘盛戎饰

戏曲是个复杂的程式系统。但程式的命运是以程式的存在形态为转移的。一般地说，视觉程式比之听觉程式，其局限性要大；作为方法的程式比之形象的程式，更具宽泛意义。到了程式的对面——生活本身发生重大变革之后，听觉的、方法的程式还可以继续发挥作用，而视觉的、形象的程式，如穿戴规制、化装谱式，都难以沿用；勉强套用，必定会歪曲生活。然而，隐藏在这些程式背后的虚拟性、实用性、装饰性等艺术经验，仍会贯穿到新的造型设计之中。

现代探索

从戏曲传统的造型因素及其运用规范的保存和完善来说，京剧所达到的水平，堪称古典美的出色代表。在现代美的创造上，京剧起步最早，其探索步伐踉踉跄跄地走过了整个20世纪，至今仍在艰难曲折地行进着。

京剧舞台美术的现代探索，是个有争议的话题，尤其是布景的运用。1918年，《鞠部丛刊》发表马二先生（冯叔鸾）《旧戏不宜用背景说》认为：“旧戏之格律至为谨严，而在今日则破坏无余矣！其最无理者，莫如添用背景一事。”“背景”即布景。文中列举了许多同表演相抵触的实例，对布景的幼稚病指摘得体无完肤，然后指出：“上海自用背景以来，其旧戏并未因以有何进步，徒使演戏者增加若干困难，观戏者多观几张油画而已。”当时用布景最出名的是上海新舞台，在出国游学归来的戏剧研究者宋春舫看来，“全是学了外国人一点皮毛”（《宋春舫论剧》第285页）。类似批评，可谓史不绝书。但论者自论，用者自用，观者自观。到了20世纪末，已不能忽视“布景灯光的正式全面加入，是当代戏曲中公认的事实现象”（王安祈《当代戏曲》第114页）。原先“最无理”的介入者，变成了“当代戏曲创作中不可或缺的一环”，不但“剧作家在编剧构思之初，即必须考虑舞台转换的多变性以提供剧场设计发挥的空间”，而且成了导演“提升‘画面处理’的重要性”的手段、资源（同上，第112页）。这个巨大变化是怎样产生的呢？

走向新的综合　我们通常把布景灯光的采用归结为受了西方戏剧的影响，其实，除了外因之外也有戏曲自身的深刻原因。早在17世纪前期，戏曲鉴赏家张岱就对传统舞台上景物形象的单调、贫乏，判断为“从来梨园之缺陷”，因而对于刘晖吉家班演出《唐明皇游月宫》所用的灯彩表示赞赏，称其“境界神奇，忘其为戏也”（《陶庵梦忆》卷五）。对传统舞台的这种“缺陷”感，并非从西方写实剧的比照中得来的，应当说，这是戏剧本体特征的一种自然引发。戏剧不同于诗、音乐或绘画，它的特有的感性媒介是“整个的人”，是要把人的行动按照其现实情况表现出来，同时诉之于观众的听觉和视觉，“所以它在本质上需要一种完全的感性表现”（[德]黑格尔《美学》第3卷下册第282页，商务印书馆1981年版）。一般观众的欣赏心理，既同戏剧的舞台程式有约定俗成的各种默契，却又常常“忘其为戏”地追求“完全的感性表现”，“耳朵满足了，眼睛也要提出要求”，“眼睛要求的是一幅完整的图景”（同上，第273～274页），故对于视觉形象上的种种丰富抱欢迎态度。这大概是灯彩戏之必然产生的一种心理原因。及至有了西方写实戏剧的参照，这种自发倾向更显活跃。近代较早接触西方戏剧的中国人，最令他们惊奇羡慕的，是“以双眼千里镜望之，真假难辨”的布景灯光。反映在理论上，就是胡适的痛诋虚拟方法和陈独秀提倡的“采用西法”，“演光学、电学各种戏法”（《论戏曲》）。于是出现了从“值班布景”开始的京剧布景史。

布景作为一种戏剧因素，运用中历来充满矛盾。在西方，也少不了对布景的抱怨。如18世纪的狄德罗在《论戏剧诗》中专门写了《布景》一节，批评布景“离开高尚趣味及真实还远”，并要求布景只表现“诗人有意激起的印象”。斯坦尼斯拉夫斯基在《同美术家的争论》中，毫不掩饰他对那些把舞台当成画框来展示自己画作的美术家的愤怒，并把他们称作“喧宾夺主的房客”。布景是在解决同诗人（剧作）、演员（表演）等的复杂矛盾中，逐渐增加它在戏剧中的有机性和艺术表现力。比西方布景晚了几百年的中国布景，面对成熟的戏曲演剧体系，很难一蹴而就地把各种矛盾处理得体。1926年，赵太侔在《国剧》一文中说道：“就旧剧的程式化来讲，它是不需要布景的。不要说新式旧剧中不三不四的布景，和上海魔术式的布景要不得，就是极有讲究的写实布景也不能相容。好像没有一种布景可以不伤它的简洁，妨碍它的动作，复杂它的空气，分了观众的注意。”但他没有把路堵死，接着说道：“假使能够顾虑到这些条件，而且能有积极的好处；能同旧剧的象征精神打成一气，能增加本剧情绪上的紧张，表现上的美满，局势上的衬托，这样布景，自然可贵。并且是一块极有趣极丰美的试验地。”（《国剧运动》第17～18页，新月书店1927年版）赵太侔与余上沅、闻一多等人，都是1925年回国的留美戏剧研究者，亲见过西方剧场反写实主义的革新运动，对于中国戏曲虚拟方法的价值有充分认识，对于布景与虚拟之间的矛盾也看得并不那么绝对，认为仍有探索的余地，“并且是一块极有趣极丰美的试验地”。他的预见是正确的。几十年来的“试验地”，虽说不上收获丰美，也并非一片荒芜。新的京剧布景，不可能发明一种方式全面实现赵太侔的艺术要求，它的个别成功只是相对于具体的戏而言。例如20世纪80年代出现的《曹操与杨修》的布景灯光，就起到了“增加本剧情绪上的紧张，表现上的美满，局势上的衬托”的作用。所以台湾的京剧作家、研究家王安祈十分热情地写道：“抓住全场注目焦点的是大陆设计的布景，舞台设计近乎完美，时而古雅幽峭，时而空灵晶映，浮雕式龙壁状的二道幕，象征着权力威势，又予人沉重的历史感。明月松岗石阶平台一景在首尾两场重复的出现，更使全剧的内在意义具象化：明月依旧，当年肝胆相照促膝谈心初识之所，而今竟成杨修之刑场！多年来有关传统戏曲是否该用布景的诸般争论，终于在这出戏里找到了完美的答案。”（《当代戏曲》第183页）

所谓“完美的答案”，并不是说京剧布景可以以此为模式，找到了“完美”的解决方法，而是指传统戏曲转换为当代戏曲，此剧的“近乎完美”，极有说服力地证明了布景灯光已是“不可或缺的一环”。京剧艺术的综合不能走到19世纪末为止，也不能走到梅兰芳为止。京剧走向现代、走向未来，除了应当保持它的自成体系的古典形态之外，还必须继续进行新的综合，以创造多样化的更有艺术力量的现代形态。别出心裁的导演构思，精妙的舞台美术设计，为现代戏剧开辟了新的艺术境界。这是20世纪中外戏剧的基本事实。京剧焉能自外于这种历史趋势？而且，布景艺术本身也在不断地进行着新的综合，包括感性材料、科技手段、创作理念等，都是戏剧中极为活跃的因素，会给现代京剧的演出面貌带来许多新的可能性。

多样化与整体化 受到赞扬的《曹操与杨修》的舞台设计，实是写实布景的一次胜利。它解决得最好的是同诗人的矛盾。这出戏打动观众的是“现代化的人性剖析”，而布景把“全剧的内在意义具象化”了。它同京剧的虚拟表演的矛盾，最容易发生在曹

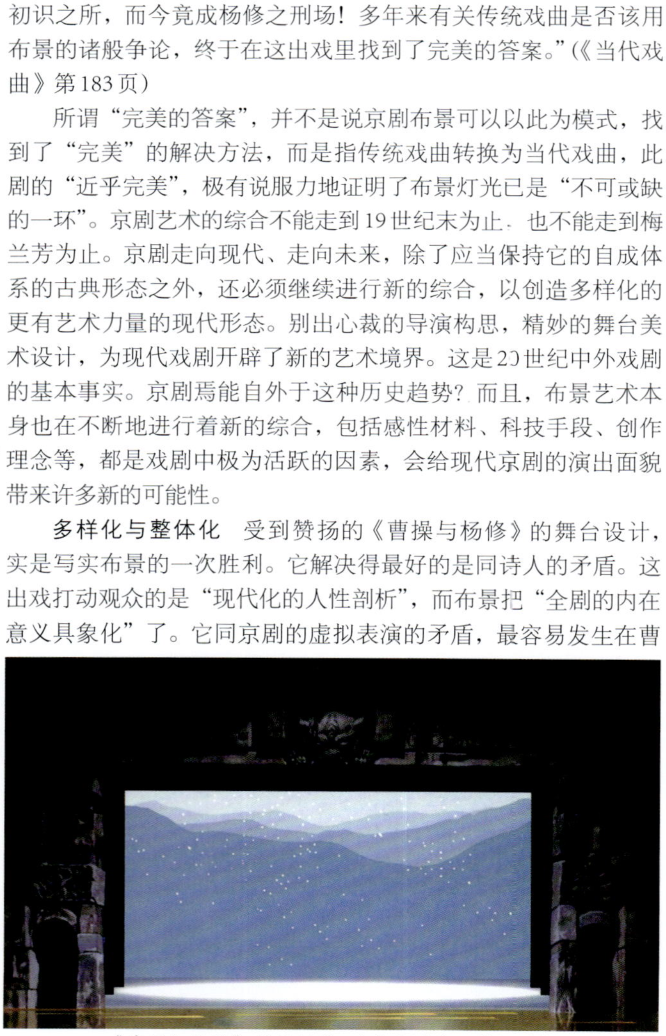

《曹操与杨修》斜谷巡营 （舞台设计：徐福德）

操与众将斜谷巡营一场，设计者巧妙地利用表现雪天雪地的感觉，把外景搞得比较空灵，所以连阿甲也认为“不管是纵队迎面而来还是横队大兜圈子，都无妨碍”（1989年3月21日《人民日报》）。赵太侔说的京剧对“极有讲究的写实布景也不能相容”，不完全符合后来的舞台实验。关键是与戏的需要是否贴近，写实因素的运用是否适度。阿甲在总结传统京剧的虚实关系时说过：“室内的门、窗和楼台阶梯可虚，而桌椅不可虚。”（《戏曲表演论集》第8页）而他导演《红灯记》时，不但桌椅是实的，门窗也是实的。这是从具体戏的需要出发的妥当选择。李玉和家的窗及窗上的剪纸红蝴蝶，是地下工作的信号，难以虚拟化。门同样也是难以虚掉的：地下工作的隐蔽性；敌特的窥探与监视；李和玉听到“外面有狗”时的掩门“亮相”；抓走李玉和之后，铁梅捧着围巾的追出……都同门密切有关。正是实的门、窗都有“戏”，确定了这出戏的布景格调倾向于洗练的写实。

写实布景以景物形象的丰富具体、真实生动取胜。它同传统的虚拟方法和一桌二椅的中性装置，是相反的两极。在这两极之间，还有广阔的中间地带。这个中间地带，是在对两极感到不满足的心态下逐渐开拓出来的。对传统的不满足已如前述，除非京剧只演传统剧目，如果它有新的创作，不论历史题材或现代题材，都难以拘守传统的一桌二椅了。对于写实布景的不满足也很明显：它总要以表演上的虚拟性和时空灵活性的淡化为前提。正是看清楚了传统装置和写实布景各有局限性，才积极地去探索新的形式、新的原则。中间地带的形态，大体上有3种类型：单纯化，装饰化，新的中性化。这3种类型又同两极有着或近或远的内在联系。单纯化和装饰化的布景，都是在写实布景的基础上又削弱其写实性，努力从传统装置中吸收暗示的精神和装饰的风韵；而新的中性化布景，则是在传统装置中性原则的基础上又克服其纯中性的弱点，努力选择、提取某些现实因素，以获得自己的个性特色。这3类形态本质上是一种双向性的逆反追求。“当我们离开一个极端时，就开始了向另一个极端的靠近”，“不管一种艺术品介于这两个极端之间的什么位置上，它必须从一个极端中吸取营养，而从另一个极端中吸取智慧。”（[美]鲁道夫·阿恩海姆《艺术与视知觉》第195～196页）

在中间地带的3种类型中，得到较早较多发展的是单纯化和装饰化的布景。两者都要削弱写实布景的写实性，区别在于：单纯化主要解决形象的繁简问题，尽量以简略繁，以少胜多；装饰化主要在形象的感性形式上通过各种装饰手法使之同自然形态有明显距离。两者往往交错互用，只是侧重点不同而已。这是写实布景“戏曲化”的两条比较近便的途径，因而成了比较流行的两种基本倾向。但这两种倾向，一般都未改变由写实布景带来的一个根深蒂固的观念——必须把剧情地点具体化，碰到时空变化大、虚拟化程度高的戏剧场面，仍要暴露出尖锐矛盾来。而姗姗来迟的新的中性化设计，在布景观念上有个重要突破——不再拘泥于剧情地点的具体表现了。新中性力图创造能够适应整个演出动作需要的空间结构体，并以局部因素的变动或增减来关照各个场面的特殊需要。新近的例子是《骆驼祥子》和《宰相刘罗锅》。《骆驼祥子》的主体形象是古老、倾斜的城墙与门洞；为强化其倾斜，连城门外的石狮也倾斜得以至悬吊空中。城墙的制作用浮雕替代绘画，在灯光照射下，厚重、残破，很逼真，而对它的运用却是写意的。它已超越剧情地点的刻画，成为故事背景的一种概括，也是对造成祥子悲剧的那个黑暗时代的象征、控诉。这个景对观众有很强的视觉冲击力，其含义能为观众所理解，同整个悲剧的风格也结合得较好，不

《骆驼祥子》的一个场面（舞台设计：黄海威）

足之处是对动作过程的适应性较弱，悬吊的石狮时间一长就构成视觉干扰，这面大墙也未能随着情节的发展，借助临时性元素特别是灯光的变换，获得灵动的艺术语言。《宰相刘罗锅》的舞台设计由两个部分组成：一是10只大灯箱，总的宽度约20米、高8米作为底幕，从观众席上看去，像是10块带有透明感的国画条屏；另一部分是可以分散推移、变化组合的5个亭子、廊子，高约5米，宽窄不等，是很有质感的立体宫廷建筑物。这两个部分给演出提供了古典绘画的高雅风韵和宫廷建筑的辉煌氛围。它与传统的门帘台帐、一桌二椅，在美学精神上是一脉相承的，保持了演出场所的高度假定性和时空处理的自由。它不描绘地点，但在给动作以若干支点时，不失其一定的暗示力——来自亭廊的多样组合、演员的唱做和观众的想象。在艺术形态上则给人以全新的感受，是古典感与现代感的浑然一体。古典感来自宫廷建筑和条屏的写意山水；现代感来自宏大的气魄和对时尚因素灯箱的吸收。如果不用现代广告灯箱和彩喷国画，而用传统的软幕绘景，舞台效果不会这么好。这是对新感性材料的综合所带来的一种美感。《骆驼祥子》与《宰相刘罗锅》的布景，在通用于全剧这一点上是中性的，而在具体的艺术形态上又只

《宰相刘罗锅》棋馆（舞台设计：黄海威）

《宰相刘罗锅》贡院门口（舞台设计：黄海威）

属于各自的剧目演出，又是个性化的，是有个性的中性处理。20世纪京剧舞台装置的形态，若以出现先后来排列，大体为：传统的中性化——写实化——单纯化与装饰化——新的中性化。它们不是一个替代一个，而是历时性演变与共时性并存的统一，是不断积累、不断改进的过程，这才会构成越来越丰富多彩的艺术面貌。

在布景多样化的过程中，还包含着一个更高的艺术追求：演出的整体化。整体化有别于一般的综合。综合有可能是各种因素与功能的平行性集合，而整体化是要“发现一种把演出诸因素结构在一起的最好途径，以使戏剧的表现力达到最高点”（[法]德尼·巴勃莱《20世纪舞台设计之革新》）。从综合到有机结构，实现整体化，是由量变走向质的飞跃。其感性形态就是高度完整、鲜明独特的演出风格。在传统京剧中，有唱工戏、做工戏、武打戏等若干区别，也有张扬演员个性的表演流派，但没有严格意义上的演出风格这个概念和这种追求。这种追求只有在新的综合条件下，特别是有了演出的创造者——导演之后才逐渐自觉化。对于布景、灯光的综合，其意义不仅增加了戏剧表达的手段，还在于它也是整体化的一种强力因素，它可以从视觉上把演出风格个性化、鲜明化。所以，衡量布景灯光的得失，不能孤立地去看，要看戏的演出是否以整体同观众对话，使“表现力达到最高点”。有了整体化的不倦追求，多样化才能不断提高其艺术含量。

“戏以人重，不贵物也。” 此语引自1915年商务印书馆出版的《梨园佳话》。作者王梦生看到清末天津名班泰庆恒只在灯彩砌末上讲究“新奇诡丽”，结果弄得“班中唱做无人，未久旋废”，于是发出了这样一句很有理论意义的感慨。“唱做无人”的背后是名演员的不合作和观众的厌弃。把由布景、灯光、服装、道具等构成的物质形象，称作“包装”，是极其蹩脚的比喻。在演出中，人的表演范畴、物质的形象范畴，“这两大范畴综合在一块，便成为整个的演出形象”（《焦菊隐戏剧论文集》第205页）。而包装只是保护和美化商品的外壳，与商品本身不存在“综合”关系，并非不可分离的有机结构。若用搞包装的心态来对待舞台上的物质形象，必将背离整体化要求。在多样化的现代演出形态中，自然也包括质朴与豪华的不同意趣。有些审美聚会的高档场所，演出空间大，观众结聚多，票价门槛高，加以题材包含的戏剧场面的某些特殊需要，确也简朴不得。但舞台上外观的所谓豪华，还是要同演出内容存在着有机的联系，而不是堆砌无度的无生命的浮华外壳。“不贵物也”，决非轻视物质手段、科技条件所营造的物质形象的重要性，只是相对于表演所要表现的人的形象来说是第二位的，它的价值的最终认定，要体现在对“人”所起的作用上。“感性方面的富丽堂皇往往是已经到来的真正艺术衰颓的标志”（[德]黑格尔《美学》第3卷下册第281页），“人”与“物”的主次关系是颠倒不得的。

在演剧的整体化追求中，处理好“物”与“人”的关系实际上有3个方面：“人”既是创造的主体——演员，也是表现的主体——角色，还是欣赏的主体——观众。王梦生提出“戏以人重”，是强调高水平的演员（名角）在京剧欣赏中有无可替代的重要性。这当然千真万确。其实，其他戏剧样式也是“戏以人重”的，京剧只是把这一条普遍规律格外突出了。瑞士舞台美术革新家阿庇亚（1862～1928）比王梦生更加斩钉截铁地指出：“有一条法律将永远统治着它们，这就是：演员在布景空间中的不容争辩的最高地位。必须向他提供一切，其他的一切必须为他而牺牲。”（《艺术是一种观念》，《舞台美术与技术》第2期）阿庇亚的切入点是重新发现人体的表现价值。“人体是活的，运动的和造型性的，它具有三向度。

为人体而设置的空间和物体必须审慎地把这个事实考虑在内。”（吴光耀译《西方演剧艺术》第103页）正是出于这种考虑，他要推翻平面绘景对舞台的统治，要把演员从画布中解放出来，代之以立体性的“节奏空间”，并强调运用灯光“使演员与舞台空间获得整体造型的意义”（同上，第104页）。然而，布景同演员的关系，也不是单方面“为他而牺牲”所能概括的，这是一种包含着限制与自由的比较复杂的相互关系。舞台虚构世界的真实感和美感，主要靠演员艺术来创造，其他因素只有同演员艺术产生了有机联系才能获得生命力。从这个角度来说，必须清除一切与演员艺术发生冲突的东西。而能够同演员艺术联系起来的物质形象，又不同于作为独立艺术的一般绘画或雕塑。例如，画在画布上的桌子将永远只是桌子，而作为舞台中性装置的桌子，如我们在传统演出中经常看到的那样，由于演员对它有不同的用法而获得不同的意义。其原因在于，舞台上的物质形象是以演员艺术为语境的，它可以从语境的变化中获得某种表现自由。这个原理在《宰相刘罗锅》的演出中也体现了出来。棋馆、贡院、金銮殿、妓院、监狱……都蕴藏于表演与物质形象的关系之中，主导因素是表演语境，舞台装置则相应地做了一些不同的组合，虽然有点费事，要由若干检场人忙碌一阵，但在观众的感受中情境的转换是清楚的，演出是顺畅的。再进一步说，演员艺术具有时空双重性，因而同演员艺术的结合，亦可使空间的表现“时间化”。这有两种情况：一是可以借用时间因素（音乐、音响）对空间形象作间接描写。例如看《双下山》，小和尚背着小尼姑蹚水过河，台上没有描写河水的布景，但当演员赤着脚，刚一伸腿，乐队里响起一声水锣，无论在演员的观念中还是在观众的心目中，光秃秃的台板成了潺潺流水。这种借用，是靠表演作中介才能实现。另一种情况是利用时间过程来改变空间形象，使布景灯光成为时间流动中变化的空间艺术。如《贞观盛事》第五场，从李世民返回后宫到“月儿如钩，下照无眠”时后宫与魏宅两个空间的并存，再到隐去后宫、独存魏宅，最后转换为释放宫女的宫门，布景灯光一直适应着动作而变化，它自己也就成为“织在时间上的图画”了。

处理布景同演员艺术之间这种限制与自由的关系，必须因戏制宜，不拘一格。其参照系当是如何更有利于塑造角色和征服观众。阿庇亚说得好：“任何戏剧的演出有一个目标：使观众相信在这个戏中闪光的生活真实。”（吴光耀译《西方演剧艺术》第52页）这“闪光的生活真实”是要由能够深深打动观众的人物性格、人物命运体现出来的。演员在演出中的“不容争辩的最高地位”，就因为他是人物性格的直接的感性显现。对于演员来说，创造出活生生的角色形象，才使他的形式技巧不致流于空泛。而这种创造，又是在剧本赋予的文学形象的基础上进行的。演员对文学形象可以有自己设想的特点，但又不能脱离剧作的“指令意义”。“这互相关联着的自由和依赖，不但是自然的，并且也是必要的：只有通过这两个极端的结合，演员才可能是伟大的。”（《别林斯基选集》第1卷第517页）同样，舞台美术家的创造也存在着对于剧作的依赖与自由。在物质形象与演员艺术的结合中，时常会有矛盾，这就要靠导演用严谨的整体构思加以协调。不重视协调，造成各自为政的局面，是导演的失职，也就创造不出高度完整的演出形象来。趟马、走圆场这类时空自由的虚拟表演，最容易同布景抵触，那就要从角色创造的角度来衡量得失。如《曹操与杨修》中斜谷巡营一场，曹、杨性格冲突的趋向白热化，就是在趟马、圆场中表现出来的，布景的空灵化，“真有数十里茫茫大漠的感觉”（阿甲语），看似对演员表演的“退让”，其实是在积极地完成着剧本的“指令意义”。反之，如果无关于人物塑造，有没有趟马、圆场，都无碍于京剧之为京剧。英国导演彼得·布鲁克一方面认为莎士比亚时代的戏剧没有布景“正是它的一个最大的自由之处”，另一方面又认为“这还不只是个布景的问题”，还有一个实质“没有被充分认识”。“如果认为只要现代戏剧演出很快的变换场次，就算是从旧戏院里学到了精髓，那可就太容易了。基本事实是，这种戏院不但允许剧作家漫步世界，而且还可使他自由地从行动世界走向内部感受的世界。我认为就在这里，我们发现了今天对我们来说最重要的东西。”（《空的空间》第93～94页）布鲁克的这个“发现”，既是莎士比亚的优良传统，也是中国戏曲的优良传统，对于现代京剧的创造者同样也是“最重要”的。运用虚拟方法，不能满足于表现“行动世界”的自由，还要“自由地从行动世界走向内部感受的世界”，在这一点上建立起表演与造型艺术的有机结构，才是更加深刻地发扬了“戏以人重”的精神。

京剧走向新的综合，不仅带来艺术自身的变化，也带来欣赏京剧艺术的趣味的变化。观众的趣味是随着艺术的发展而不断拓宽的。有的研究者把京剧观众的欣赏趣味看得相当凝固，果如其说，实非京剧之幸。因为趣味的凝固，意味着这种艺术的凝固。但趣味的拓宽却是一个不断提高的过程。20世纪20年代余上沅在一篇文章中谈到，他在上海丹桂第一台看《狸猫换太子》，内有画在画布上的金殿布景，“画匠的技巧总算不错”，“一层一层，越看越远”。等到小生扮的皇帝登场，检场人设下一把椅子。于是他失望了。“为什么皇帝不登宝座，偏偏要坐在台中间呢？”他挖苦道：“中国人看戏是随身带着两副眼睛的：一副看布景，一副看演员！”（《余上沅戏剧论文集》第94～95页）余上沅在美国留学时，是舞台美术家诺曼·贝尔·盖地斯（Norman Bel Geddes）的学生，受过专业训练，自然容不得这种严重的不调和。然而，“两副眼睛”也是不易克服的，直到所谓“样板戏”的《智取威虎山》“打虎上山”一场，仍赫然存在。90年代再看全新的《狸猫换太子》，也有“一层一层，越看越远”的透视布景，“两副眼睛”就不那么明显了，较为舒服了，特别是火烧冷宫一场，情节氛围与布景特技的相互作用，引起全场掌声雷动。迄今，一般观众还是倾心于优美的、抒情的、比较具象化的布景。这种情况表明，写实布景的艺术水平确实有了提高，另外也说明，导演和舞台美术家的“招数”确实还不多。有些较好的京剧布景所以称之为写实布景，主要因为它的具象因素较多，但它同话剧中的写实主义布景还是有明显区别的。把具象因素较多等同于写实主义，并夸大其同京剧表演的矛盾，看做解不开的“死结”，是一种理论现象；从实践上说，这个矛盾已有所缓解，创作者与欣赏者都有相当范围的认同。但对于这种状况仍然不能满足。“招数”不多的一个重要原因，历来戏曲舞台设计者比较注意借鉴写实的经验，而对于非写实的艺术经验缺少研究。甚至还有一种误解，以为西方戏剧经验就是写实主义。事实上西方戏剧的反写实主义，比之有悠久写意传统的中国戏剧，要激烈、深刻得多。他们把写实与反写实都推向极致，既有自然主义，也有象征主义、构成主义、表现主义等，并逐渐地趋向于各种“主义”的并存和相互渗透，所以他们的经验特别丰富。借鉴非写实的经验比起写实经验来要困难得多，因为越是非写实的作品，越难从静止的画面上看出其在演出中的作用。宋春舫写于1922年的《剧场新运动》，表述了他在西方考察之后的感受，他把“新运动”的方法概括为3点：简单，暗示，融洽。对此有如下解释：“戏台上不是单把背景给人家看。还有演剧的人，最是重要的分子。旧式布景，太把演剧的人遮住了。所以要求他简单。和简单两字相辅而行的，便是暗示。简单只管简单，总要把精神上的美质，尽量表现出来。用的物件虽然不多，内容总要很丰富的。这却非暗示不可。真正艺术家的暗示，自然方面，抽象方面，事实方面，情感方面，都有方法可以表现出来的。最后却还要他融洽。背景啊，光线啊，演剧的人啊，只能有一种特质，看不出有东拼西凑的痕迹，才能使人满意呢。”(《宋春舫论剧》第10～11页）与其把这些话看做是对西方剧场新运动的总结，不如看做以西方经验为背景对中国戏剧尤其戏曲的一种期望。这些话至今仍然很有现实意义。如果京剧布景能在“简单，暗示，融洽”上好好下工夫，并同民族艺术中的情景交融、虚实结合以及意境创造等美学思想结合起来，现代京剧的布景艺术和演出风貌，将更有中国特色、中国气派。优秀的舞台空间设计，应当是开放的，既包含着表演语境，也包含着观众的体验与想象。“它可以眼见，但它又要意会，这是一种感受，也是一种唤醒。”([美]埃德蒙·琼斯《西方演剧艺术》第151页，上海文化出版社2002年版）欣赏这种布景，就不是单纯的视觉经验了，“当它激发着观众的情绪时，它也像一本书那样需要观众阅读和理解”([法]巴勃莱《20世纪舞台设计之革新·引言》)。艺术家总是想为理想的观众创作，而理想的观众又是由艺术家通过高水平的艺术作品培养出来的。他们之间的互相砥砺、互相塑造，永无止境。

（龚和德）

Jingju Xiqu Daguan

《京剧戏曲大观》 京剧作品集。柳村轩主编。上海震华图书局印刷出版，现存1931年第10版。中国艺术研究院藏有第1册，共辑23个剧本，除《探亲相骂》、《钓金龟》、《八大锤》外，多为老生戏，如《南阳关》、《马前泼水》、《桑园会》、《捉放曹》、《逍遥津》等，剧前有剧情说明。附小桂花、五龄童《武家坡》，张铭才、王又荃、高联奎《群英会》，俞步兰、杨宝森《三娘教子》，坤伶刘少珍《摩天岭》等剧照。

（葛士良）

jingju xiandaixi

京剧现代戏 以1919年五四运动以来的现代社会生活为题材的京剧作品。在中国戏曲发展史上，不同的发展阶段都有反映现实生活的剧目问世。如宋元南戏《祖杰戏文》，元代杂剧《闺怨佳人拜月亭》，明清传奇《鸣凤记》、《清忠谱》、《桃花扇》等，都是这些剧本产生时期名副其实的现代戏。京剧在趋于成熟时也曾出现以清代社会生活为题材的剧目。辛亥革命前后，从事京剧改良活动的演员、作家，直接取材于现实政治斗争和事件，编演出一批时装新戏。其中不少作品针砭时弊，宣扬民主思想，歌颂英雄人物，在表现形式上也做了一些大胆的革新尝试，但没能解决它所表现的时代新内容与京剧旧形式之间的矛盾。从五四运动时期起，为了解决这一矛盾，即从利用旧形式到创造新形式，使之与新内容逐渐和谐，经过了半个多世纪艰难曲折的漫长历程。

京剧现代戏的发展历程，可分为两个阶段。前一阶段，即由1919年到中华人民共和国成立的新民主主义革命时期。这个时期的现代戏，在缺乏理论指导的情况下起步，沿着近代京剧改良活动开创的道路，跟随时势，直接描写现实生活和政治斗争。同时，在艺术实践中逐渐对内容与形式的矛盾有所认识，并开始尝试这一矛盾的解决，取得了一定的成绩。后一阶段，即中华人民共和国成立以来的社会主义革命和建设时期，是京剧现代戏的成熟与发展期。

新民主主义革命时期的京剧现代戏 京剧改良活动到五四运动前夕已经落入低潮，京剧界的有识之士接受了新文化思潮的影响，继续京剧改良的未竟事业，编演现代戏，反映面前的新生活、新思想。开始一段时间，京剧现代戏的情况比较复杂。一方面，后期时装戏的余波仍在流行，出现《新骂阎》、《家庭恩怨记》、《三妇艳》一类剧目。一些剧作家继续以京剧改良为己任，如天津的韩补庵，作有《双鱼珮》、《荆花泪》、《洞庭秋》等新剧多种，自称其为从旧戏中脱胎的“过渡新戏”。这些作家的作品虽然以现实生活为题材，却多是写儿女姻缘、世态风情，思想内容仍停留在五四运动以前的水平。另一方面，一部分剧作者更靠近时代，直面现实，其作品内容多是揭露社会黑暗，反映中国人民反抗帝国主义侵略和封建压迫，宣扬爱国主义精神和民主思想。如五四运动时，任天知编剧、周信芳演出的《学拳打金刚》，反映爱国学生的革命情绪，矛头直指卖国贼。改良剧社编写的《五卅惨案》，歌颂学生、工人共抗外侮，揭露了帝国主义屠杀中国人民的罪行。欧阳予倩编演的《哀鸿泪》，杨韵谱编写的《渔光曲》、《二烈女》，分别反映军阀混战给人民造成的灾难、人民对官府黑暗的反抗。丁兆一编写的《七夕泪》，则表现了劳苦大众在封建统治下图生存，只有在共产党的领导下走革命道路的主题。1931年九一八事变后，在日益严重的民族危机中，出现描写抗日斗争、颂扬抗日人物的剧目，如幻空道人编写的《战淞沪》、1931年上海齐天舞台演出的《铁血将军》(写马占山组织义勇军抗日)、1933年齐天舞台演出的《万里长城》(写东北义勇军血战赤峰和二十九军御敌喜峰口)。这段时间，京剧发展的主要问题是创造新的艺术形式以表现现代生活的条件尚未成熟。所以，现代剧目在表现形式上未能脱出旧套，仍然停留在近代京剧改良活动时一些时装新戏的水平上。

1937年抗日战争爆发，在这民族危亡关头，表现这场中国人民的反侵略斗争，激励民族精神，鼓舞抗敌斗志，便成为各种文艺形式紧迫的历史任务。广大爱国戏曲工作者或去前线，或在后方，利用戏曲为抗战服务。京剧现代戏随之兴盛，在国民党统治区和中国共产党领导的抗日根据地都有一批剧目出现。尤其是在陕甘宁边区等各抗日根据地，普遍地运用戏曲来反映现实斗争。在已知的亢战时期的50多个京剧现代作品中，抗日根据地编演的有40余个。这些作品的创作演出以宣传抗日为宗旨，紧密配合形势，迅速反映前线战斗和抗日根据地的斗争生活，发挥了团结大众、教育大众、鼓舞抗日军民斗志的作用。如武汉光明大戏院演出的表现抗战将领殉国的《卢沟落日》，徐莉昌编剧、野火剧社演出的《小白龙》(写东北义勇军指挥员白乙化事迹)，丽尼编剧、国防剧社演出的《战临沂》，晋冀鲁豫根据地旧剧研究委员会与兄弟部队宣传队联合演出的《战陈庄》，中国人民抗日军事政治大学总校文工团编演的《横岭战斗》，建军剧团演出的《百团大战》，陶德康编剧、鲁迅艺术文学院实验剧团演出的《夜袭飞机场》，拂晓剧团编演的《送军粮》和《傻小子打游击》，老舍编剧、二战区文化抗敌协会歌剧队演出的《忠烈图》，王震之编剧、鲁迅艺术文学院实验剧团演出的《松花江上》，阿甲编剧、鲁迅艺术文学院实验剧团演出的《钱守常》，野战政治部实验剧团根据马健翎所编秦腔同名剧目移植的《血泪仇》，中国人民抗日军事政治大学总校文工团编演的《荡家恨》(写动员坚壁清野）等。为及时适应战时宣传需要，抗战期间京剧现代戏不拘形式，除本戏外，更有不少时事短剧和活报剧。如田汉组织的平（京）剧抗敌宣传队在湖南、广西演出的《流亡卖艺》、《主仆逃难》、《投军别妻》，鲁迅艺术文学院编演的《学不够》等。

抗日战争初期，由于形势紧迫，要求各种文艺形式为抗战服务，京剧现代戏采取了套用传统形式表现抗日救亡新内容的办法，被称为“旧瓶装新酒”。如《战临沂》，剧中抗战将领李宗仁、张自忠穿蟒扎靠。二战区文化抗敌协会歌剧队演出的《李小七》，写一店家对抗战军人的前倨后恭，套用了传统戏《连升店》的模式。延安鲁迅艺术文学院实验剧团编演的《刘家村》、《赵家镇》和《松花江上》、《夜袭飞机场》，则是分别套用传统戏《乌龙院》、《清风寨》、《打渔杀家》、《骆马湖》的模式。当时的指导思想是“新瓶新酒、旧瓶新酒都可以，只要对抗日有利”。京剧改良活动中一直未得到解决的旧形式与新内容之间的矛盾，到这时就表现得更为突出了。人们已开始注意到这一矛盾，对利用旧形式的问题进行了讨论，并尝试着从生活出发变革旧形式。延安平剧研究院成立后，实践京剧改革，如阿甲编演的《钱守常》、李纶创作的《难民曲》、张一然创作的《上天堂》等，开始走出“旧瓶装新酒”的阶段。

解放战争期间，创作演出活动以表现反内战、反封建压迫、反霸剿匪和歌颂新生活为内容，配合政治形势教育。如张家口旧剧联合会创作演出的《日寇离张记》，李纶创作、华北平剧研究院演出的《四劝》，吴英林编剧、佳木斯人民剧院演出的《活捉谢文东》等，都是受到观众欢迎的剧目。

社会主义革命和建设时期的京剧现代戏 如何按照京剧艺术的规律，在继承传统艺术的基础上革新创造，使其表现形式与现代生活内容和谐地结合起来，在中华人民共和国成立后，仍然是个难题。初期，戏曲改革的领导者对京剧表现现代生活抱着慎重的态度。文化部戏曲改进局在《有关戏改政策的三个问题》中指出，京剧等古老剧种“由于他们的演出方法已臻于程式化，有的程式化已到了凝固的程度，就更宜于表现历史故事。这一类的地方剧，在他们的舞台动作和音乐还未能改进到可以恰切地表现现代的生活节奏的时候，要表现现代的生活故事是有一定的局限性的”。京剧现代戏一直在探索、实践，社会主义革命和建设时期的京剧现代戏，便是从继续突破这一局限开始的。

在评剧、沪剧等年轻剧种出现成功的现代戏创作的同时，东北等地也进行了编演京剧现代戏的尝试。1950年前后，便出现新编剧目20余种。如丁涛根据鲁迅小说《祝福》改编、1950年吉林省实验京剧团首演的《贞节坊》，杨步云编剧、1951年黑龙江省京剧团首演的《圣人道》，受到观众欢迎，在全省推广，被移植为评剧、皮影戏。继后，陈伯元编剧、1956年齐齐哈尔市京剧团首演的《罗盛教》曾参加全国现代戏调演，被许多省市剧团移植。1958年在大跃进运动中，提出“以现代剧目为纲”，各地剧团争放“文化卫星”，编演新戏，却因违背艺术创作的规律，大都难以经受时间的考验。一些受到观众喜爱的作品，如《白毛女》、《柯山红日》、《节振国》、《红色风暴》、《赵一曼》、《绿原红旗》、《青春之歌》、《八一风暴》等，则是付出了更多的艺术劳动，有的更是经过多年锤炼的成果。在总结前段经验的基础上，文化主管部门明确提出传统戏和现代戏“两条腿走路”，传统戏、新编历史剧和现代戏“三者并举”的方针，把现代戏放到了一个比较适当的地位。1960年全国现代题材戏曲会演举行，有中国戏曲学校演出的《四川白毛女》。1964年文化部举办京剧现代戏观摩演出大会，全国19个省、自治区、直辖市的29个剧团演出了35个戏。其中出现一批在思想、艺术上都取得较高成就的作品，如《智取威虎山》、《红灯记》、《芦荡火种》、《奇袭白虎团》、《红嫂》、《草原英雄小姐妹》，以及哈尔滨市京剧团演出的《革命自有后来人》、天津市京剧团演出的《六号门》、云南省京剧院演出的《黛诺》、南昌市京剧团演出的《强渡大渡河》、上海京剧院演出的《审椅子》、江苏省京剧院演出的《耕耘初记》、陕西省京剧团演出的《延安军民》、贵阳市京剧团演出的《苗岭风雷》、河南省京剧团演出的《红管家》、北京市实验京剧团演出的《箭杆河边》、乌鲁木齐京剧团演出的《红岩》等。

《奇袭白虎团》（山东省京剧团演出）
宋玉庆饰严伟才（右） 邢玉良饰韩大年（左）
栗敏饰李大娘 （游振国摄）

1958～1965年，京剧现代戏创作演出最为活跃。它们的水平参差不齐，但从文学创作，到唱腔音乐、舞台美术、表导演艺术都有了较大的发展。这段时间的京剧现代戏，尤其是1962年以后，是在传统戏被否定、新编历史剧动辄受批判的情况下被大力提倡而畸形发展的。“文化大革命”期间，10年当中新编剧目寥寥无几。能在舞台上流行的，只有不同程度地经江青插手，冠以“样板戏”称号的《沙家浜》、《杜鹃山》等剧，以及“文化大革命”期间编演的《红色娘子军》、《平原作战》、《磐石湾》、《龙江颂》等。这些戏虽然曾被江青一伙借以搞政治阴谋，或多或少地受到极“左”思潮的影响，但都是各方面京剧工作者辛勤劳动的成果。

粉碎“四人帮”以后，人们长期积郁的愤懑化为创作激情，在两年多的时间里便出现一批揭露“四人帮”罪行、颂扬人民反抗精神和缅怀革命先烈的优秀剧目。如王绍志创作，云南省京剧院演出的《佤山雾》；贺照、吴云心、赵万鹏、张步虹、崔远志创作，天津市京剧三团演出的《清明雨》；吴石坚、白东吾、李春亭、金煦（执笔）编剧，苏州市京剧团演出的《血冤记》；冯玉琤等编剧，江苏省京剧院演出的《琵琶泪》；赵凤岐、史宝珊改编，内蒙古自治区昭乌达盟京剧团演出的《谁之罪》；中国京剧院演出的《蝶恋花》等。1979年中国文学艺术工作者第四次代表大会召开以后，京剧现代戏有了新的发展，新剧目不断出现。如单澄平创作，兰州市青年京剧团演出的《南天柱》；张啸宇、成滴石、李冲元编剧，吉林市京剧团演出的《杨靖宇将军》；朱云鹏（执笔）、章骥改编，浙江京剧团演出的《孙中山》；杨履方编剧，武汉部队胜利京剧团演出的《千秋节》；林戈明创作，福建省京剧团演出的《东邻女》；吕瑞明、陈延龄编剧，中国京剧院演出的《恩仇恋》；李仲鸣改编，内蒙古自治区京剧团演出的《查干庙》；余笑予、谢鲁编剧，湖北省京剧团演出的《一包蜜》；习志淦、余笑予、谢鲁编剧，湖北省京剧团演出的《药王庙传奇》；盛和煜编剧，北京京剧院演出的《黄金树》；戴英禄、邹忆青创作，中国京剧院演出的《北国红菇娘》；山东省京剧院演出的《石龙湾》；郝国忱、李学忠改编，吉林市京剧团演出的《高高的炼塔》；陈欣欣编剧，福建省京剧团演出的《山花》；王新纪、徐春兰编剧，北京京剧院演出的《圣洁的心灵》等。京剧现代戏在新时期的发展特点表现为：题材范围扩大，包括了1919年以来不同时期社会生活的许多方面，加强了作品的时代感和表现生活的深度；在表现形式的现代化、戏曲化方面有新的突破，京剧艺术形式与时代内容的结合进一步和谐；更为自觉地适应新时代观众的审美情趣和精神需求。如江苏省京剧院演出的《骆

驼祥子》、天津京剧院演出的《华子良》，为京剧现代戏最新成就的代表。（程炳达）

Jingju Xiandaixi Guanmo Yanchu Dahui

京剧现代戏观摩演出大会 文化部主办，1964年6月5日至7月31日在北京举行。有18个省、自治区、直辖市的29个京剧团参加演出，共演出35个剧目，244场。参加的演出人员和观摩代表达2 400余人，毛泽东、周恩来等国家领导人观看了演出，并接见了他们。周恩来为这次大会发表了重要讲话。有一批思想性、艺术性都较高的优秀剧目展示在观众面前，如中国京剧院的《红灯记》、北京京剧团的《芦荡火种》、上海京剧院的《智取威虎山》、山东省京剧团的《奇袭白虎团》、云南省京剧院的《黛诺》、天津市京剧团的《六号门》、唐山市京剧团的《节振国》、内蒙古自治区京剧团的《草原英雄小姐妹》、哈尔滨市京剧团的《革命自有后来人》、青岛市京剧团的《红嫂》、陕西省京剧院的《延安军民》等。会演前后，理论界还就京剧演现代戏问题展开争鸣和讨论。这次会演推进了创作实践的提高与发展。随后，东北、华东、华北、中南、西北等大区的京剧及地方戏现代戏的观摩演出陆续举行，形成高潮，吸引了新的观众，尤其是青年观众。这对现代戏的发展乃至京剧艺术的革新都具有重要的意义。在现代戏会演取得巨大成绩的同时，由于江青、康生等人的插手与破坏，也出现了蛮横否定优秀剧目、蓄意打击文艺工作者的情况。在会演之前，江青就横加罪名，以歌颂错误路线为借口否定了原定参演的改编剧目《红旗谱》，以所谓的形式不伦不类等原因否定了原定参演的移植剧目《朝阳沟》。康生在会演总结大会上，攻击京剧《谢瑶环》、昆剧《李慧娘》等是“大毒草”，使前所未有的盛会蒙上不祥乌云。（金石）

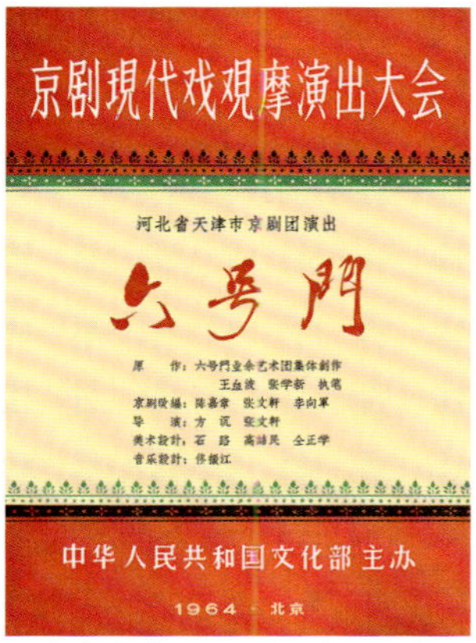

演出大会统一规格的说明书
（张正宇设计并题写剧名）

Jingju Xinbian

《京剧新编》 京剧作品集。潘侠风编。北京达文书局印行。1953年11月出版。共2集。第1集辑《玉堂春》(苏三起解、三堂会审)、《盗御马》、《白马坡、斩颜良》；第2集辑《包龙图》(铡美案)、《范仲禹》(问樵闹府、打棍出箱)、《白良关》(父子会)。这些剧本都是根据名家演出本编辑的，如《玉堂春》为张君秋1953年5月份演出本，《范仲禹》为谭富英1953年5月份演出本，《白良关》为裘盛戎1953年6月份演出本等。每个剧本前面有剧情介绍，台词按照京剧音韵做了必要的注音，对舞台布置、剧中人物的服饰、表演身段和表情都有适当提示，净脚附有脸谱，并加勾脸说明。（萬士良）

Jingju Xin Jumu Huiyan

京剧新剧目汇演 文化部主办，1988年12月15～30日在天津市举行。8个省市12个京剧院团共演出了18台25个剧目，获优秀京剧剧目奖的有：上海京剧院《曹操与杨修》、中国京剧院《甘棠夫人》、武汉市京剧团青年实验剧团《洪荒大裂变》、上海京剧院《潘月樵传奇》、天津市京剧团《金翅大鹏》、湖北省京剧团《膏药章》、中国京剧院《香港行》、江苏省京剧院《红菱艳》。获优秀京剧新剧目（折子戏）奖的有北京京剧院《晨钟惊梦》、天津市青年京剧团《天女散花》、上海京剧院《六月雪》。获优秀编剧奖的有陈亚先（《曹操与杨修》编剧）、范钧宏（《调寇审潘》编剧），获优秀导演奖的有马科（《曹操与杨修》总导演）、余笑予（《膏药章》导演），获优秀表演荣誉奖的有张春华（在《草莽劫》中饰阮小七），获优秀表演奖的有冯志孝、朱世慧、关怀(栋天)、杨淑蕊、何澍、言兴朋、张幼麟、张曼玲、陈霖苍、尚长荣、黄孝慈。获优秀青年演员奖的有王蓉蓉、李占华、李佩红。此外还设有京剧新剧目奖、京剧新剧目（折子戏）奖、优秀配角奖、优秀作曲奖、优秀舞台美术设计奖、优秀服装设计奖、优秀灯光设计奖、优秀音响设计奖、优秀伴奏集体奖等。（黄菊盛）

说明书封套

Jingju Xinxu

《京剧新序》 京剧论著。刘曾复著。燕山出版社1999年5月出版。刘曾复（1914～ ），字俊之。生于江苏南京，长于北京。1937年毕业于清华大学生物学系，历任北京医科大学、首都医科大学生理学教授。自幼热爱京剧，及长又向王荣山、王凤卿等名家学习京剧，多所请益，对京剧老生行当和京剧脸谱有深入研究。本书就是他积70余年观剧、学戏、研究所得，对京剧艺术所作的全面论述。全书共分4章：第一章《京剧体系》；第二章《京剧艺术》；第三章《先贤语注》；第四章《名家论赞》。作者认为，京剧既有中国戏曲的一般属性，又有其自身的特点；北京的京剧既有京剧的一般风格，又有其自身的品格。他认为，北京京剧艺术特点的奠基者是程长庚。他说：“程长庚出身于昆腔科班，他在演出和办学上，都遵循传统老昆腔法则，他的艺术思想和实践都体现在北京的京剧舞台上，是北京的京剧艺术体系的基础，也可以说，北京的京剧艺术风格是传统老昆腔艺术法则在北京的京剧中的体现，传统老昆腔艺术保存在北京的京剧当中。”他认为，从程长庚到谭鑫培，再到杨小楼、余叔岩、梅兰芳，他们的风格是一个完整、连续的体系。20世纪20年代在北京京剧界鼎足而三的杨、余、梅表演风格十分一致，对京剧艺术他们有着共同的哲理和法则，精练、顺溜、含蓄、适度是他们的艺术共同点，他们的演出则代表着北京地方的京剧传统艺术特点。在这一总的前提下，作者在书中分门别类地全面阐述了京剧艺术的唱念做打的基本艺术法则，京剧表演艺术就是通过唱念做打的不同排列组合，展示出千变万化的社会生活。全书由史及论，甚备精要，条分缕析，细致入微，具有较高的学术性、知识性。无论是京剧工作者或是爱好者都能从中得到启迪，从而去领略传统艺术的点点滴滴，进而窥其堂奥。（曹其敏）

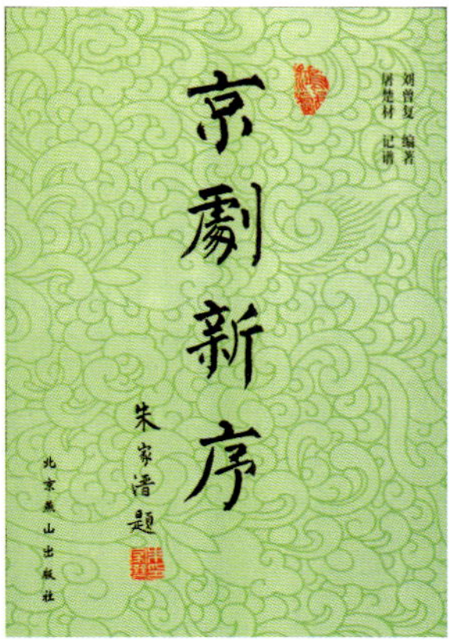

Jingju Xingtou

《京剧行头》 京剧服装专著。刘琦著。百花文艺出版社2008年1月出版。15万字。分为官服篇、常服篇、武装篇、女装篇、盔帽

篇、靴鞋篇、其他篇、创新篇共8个部分，扼要介绍蟒、官衣、褶子等数十种京剧行头的形制、面料、色彩、图案、历史渊源、审美内涵及其各适用于何种人物。该书还通过《导言》以及结合对各种行头的介绍所撰写的42则随笔，对京剧行头的总体审美特征、主要艺术特色和某些特定行头的功能及渊源进行了论述和考证。该书在《导言》中提出：京剧行头“既不奉行唯美主义，也不采用写实的表现手法，而是兼顾生活的真与形式的美，并以美为主导，可以说遵循的是一条尚美的原则”。“京剧行头的特点主要表现在程式性、可舞性、色彩鲜明性等方面”。作者还指出：京剧行头不仅是“一个完整的体系”，“是一份非常珍贵的文化遗产”，而且它“又是一个动态的系统，在京剧发展史的历程中，它并不是一成不变的，而是随着社会审美情趣的变迁和审美水平的提高而不断有所变化，有所改进，有所创新……而在这个渐变的过程中，京剧行头的那些基本的特点及其所遵循的尚美原则却丕没有改变”。该书在“创新篇”中专门对京剧行头创新的范例做了介绍和分析。书前有孙其峰《读京剧行头》一文为代序。全书有44幅彩色插图，起到了图文对照的作用。（李啸晨）

Jingju Xuanbian

《京剧选编》 京剧作品集。中国戏曲学院编。中国戏剧出版社1990年11～12月间出版1～10集，2003年10月，又出版11～20集。共收入京剧作品98种。编印目的是“为了供戏曲艺术院校的剧目教学和各地剧团的排练、演出参考使用，也供读者作为文学剧本阅读”。剧前附“前言”、“人物（行当）”，随文有“锣经”、“曲牌”及表演提示、语词注释，剧后附选曲乐谱。若同一剧目因各流派演法、唱腔、词句不同，则再选另一流派的主要选段附上，以备对照、参考。此书编选态度审慎，所收剧目主要是具有教学和演出价值的传统剧本，以及一些经过教学或演出实践，已有一定影响的移植、改编及创作的优秀剧本。前10集主编钮骠，副主编陈国卿、陈宜玲、张正治。后10集主编钮骠、陈国卿，副主编陈宜玲、张正治、王佩孚。多位专家参与整理、记谱、校注。

《京剧选编》1~20集目录

集	剧　目
1	《挑华车》、《连升店》、《赤桑镇》、《卖水》、《打渔杀家》
2	《战马超》、《罢宴》、《罗成叫关》、《拾玉镯》、《杨排风》、《失街亭、空城计、斩马谡》
3	《截江夺斗》、《取洛阳》、《贺后骂殿》、《卧龙吊孝》、《望江亭》
4	《穆桂英》、《甘露寺》
5	《碧波潭》、《白蛇传》
6	《虹桥赠珠》、《洪羊洞》、《岳母刺字》、《春秋配》、《长坂坡》
7	《棋盘山》、《徐母骂曹》、《失印救火》、《法场换子》、《状元印》
8	《四郎探母》、《董家山》、《打严嵩》、《艳阳楼》
9	《大保国、探皇陵、二进宫》、《钟馗嫁妹》、《搜府盘关》、《英雄义》
10	《战樊城》、《长亭会》、《文昭关》、《浣纱河》、《鱼肠剑》、《专诸别母》、《刺王僚》、《金玉奴》
11	《鱼藻宫》、《姚期》、《金雁桥》、《贵妃醉酒》、《战金山》
12	《断密涧》、《女起解》、《玉堂春》、《阳平关》
13	《花田错》、《取金陵》、《问樵闹府》、《打棍出箱》、《辕门射戟》
14	《朱痕记》、《铁笼山》、《捉放曹》、《太君辞朝》
15	《金沙滩》、《射七郎》、《李陵碑》、《告御状》、《审潘洪》、《黑松林》、《悦来店》、《能仁寺》
16	《四进士》、《孔雀东南飞》、《恶虎村》
17	《宇宙锋》、《击鼓骂曹》、《岳家庄》、《探阴山》、《汾河湾》、《扈家庄》
18	《三娘教子》、《战太平》、《金水桥》、《林冲夜奔》、《小上坟》
19	《遇皇后》、《打龙袍》、《乌龙院》、《时迁偷鸡》、《女杀四门》
20	《雅观楼》、《桑园寄子》、《红楼二尤》、《钓金龟》、《行路训子》

（沈梅）

Jingjuxue Qianyan

《京剧学前沿》 京剧文集。傅谨著。文化艺术出版社2007年11月出版。30万字。收入《作为学科的“京剧学”》、《京剧崛起与中国文化传统的近代转型——以昆曲的文化角色为背景》、《戏剧命运与传统面面观》、《身体对文学的反抗——解读李玉声的16条短信》、《东方艺术的身份确认——梅兰芳1930年访美的文化阐释》、《进入非物质文化遗产名录的京剧》、《用第三只眼看“戏改”》、《“先生”们的改革》、《文人与艺人：谁有权改革京剧？》、《现代戏的陷阱》、《“样板戏现象”评议》、《李瑞环和“京剧音配像”的文化贡献》、《主流美学与上海京剧院的成就》、《传统与市场是京剧重振的两翼》等文章33篇。作者在《后记》中自述：“这些文章长短不一，多数是直接探讨京剧问题的，也有些虽非纯粹的京剧研究，但是都与京剧的历史、现状及未来有密切关系。一些文章在发表时就受到同行的关注，引起过一些讨论，并成为京剧研究领域内令人感兴趣的前沿话题。”作者傅谨（1956～　　），1991年毕业于山东大学中文系文艺学专业，获文学博士学位。先后在浙江省艺术研究所、杭州大学（浙江大学）、中国艺术研究院工作。2004年以特聘教授调中国戏曲学院。著有《新中国戏剧史》（湖南美术出版社2002年出版）、《二十世纪中国戏剧导论》（中国社会科学出版社2004年出版）、《老戏的前世今生》（人民文学出版社2007年出版）等。

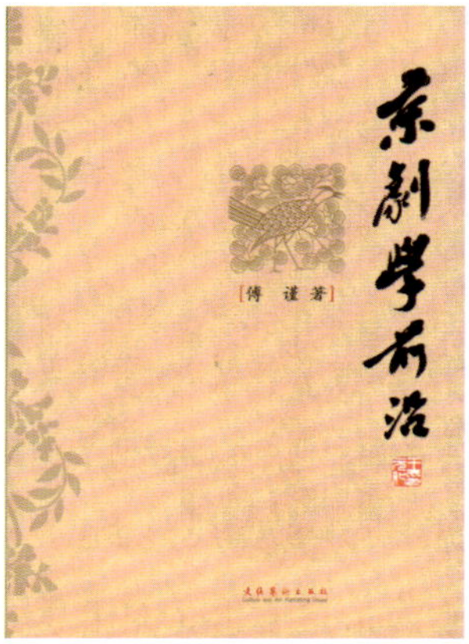

（简畅）

jingju yanjiu

京剧研究 以京剧发展历史及现状、京剧文学和京剧舞台艺术为主要研究对象的一门学科。京剧自形成直到清末民初的文化定位属于非主流文化，被视为达官贵人、名流雅士消遣解闷的玩意儿，从业艺人也摆脱不了“娼优”并列的卑贱地位，因而不可能对它有真正理论意义的研究，只在文人的笔记和品评风花雪月的诗作中可以窥见他们对京剧艺人歌唱、表演、“色相”以及一些轶闻趣事的记载。及至晚清的文学改良运动到五四新文化运动时期，发展已相当成熟的京剧艺术才受到在社会变革中思想感情发生急遽变化的一些知识分子的关注。他们认识到，“戏曲者，普天下人类所最乐睹、最乐闻者也，易入人之脑蒂，易触人之感情”(三爱《论戏曲》)，要改良社会，广泛开启民智，就必须利用戏曲作为宣传工具。陈佩忍在《论戏剧之有益》一文中说：“我青年之同胞，赤手掣鲸，空拳射虎，事终不成，而热血徒冷，则曷不如一决藩篱，遁而隶诸梨园菊部之籍，得日与优孟、秦青、韩娥、绵驹之俦为伍，上之则为王郎之悲歌斫地，次之则继柳敬亭之评话惊人，要反足以发舒其民族主义，而一吐心中之块垒；此其奏效之捷，必有过于劳心焦思，孜孜矻矻以作《革命军》、《驳康书》、《黄帝魂》、《落花梦》、《自由血》者殆千万倍。”这种看法虽然对戏曲改良社会的作用估计偏高，但也正是在这些带有鲜明时代特点的理论影响下，以京剧为代表的戏曲的社会地位才得到确认，出现了有较高学术价值的论著。同时，也有一些民族虚无主义的论调产生，直到毛泽东提出批判地继承优秀文化传统，明确“推陈出新”的方针，指明了发展方向，才对戏曲研究工作起了正本清源的作用。特别是中华人民共和国成立后，戏曲这一带有鲜明民族特色的传统的大众文艺形式，受到中国共产党和中央人民政府的关怀和扶持，从艺者的社会地位有了根本性的转变，戏曲研究工作也受到高度重视。在北京、上海相继成立了中国戏曲研究院、华东戏曲研究院，各地方也成立了相应的研究机构，还组建了中国戏剧出版社。中央文化部，各地文化厅、局和社会团体，经常性地组织、举办包括京剧在内的戏曲调演、会演和著名艺术家的纪念演出专场，并组织召开各种类型的研讨会。由于有了专门的研究机构，有了组织起来的稳定的研究队伍，全国的戏曲研究工作翻开了新篇章，京剧研究也迈上了新台阶。京剧研究历经了一个世纪的风雨，在史论资料的汇集出版、史论专著的问世、京剧评论的大量涌现等诸方面都达到了前所未有的高度。

京剧史论资料 清乾隆、嘉庆以来，在系统的京剧史论著作产生以前，有关京剧方方面面的记述不断出现，为京剧史论研究提供了大量珍贵资料。其中，1915年出版的王梦生《梨园佳话》，介绍了清末北京京剧的演剧活动，对程长庚、余三胜、汪桂芬、谭鑫培、孙菊仙、龚云甫等著名演员的表演艺术均有翔实记述，并且涉及当时的流行剧目、演出风尚、梨园规制。1918年问世的有周剑云主编的《鞠部丛刊》，分列《霓裳幻影》、《剧学论坛》、《戏曲源流》、《伶工小传》、《粉墨月旦》等12个栏目，辑录民初冯叔鸾、郑正秋、刘豁公、周剑云等人的文章，论述了京剧的历史、剧目、表演及部分名演员的生平，为京剧研究提供了丰富的资料。1932年，刘半农、周明泰所辑《五十年来北平戏剧史材》刊行，该书记述了清光绪八年(1882)至1931年，包括京剧在内的北平各戏曲班社的演出剧目、演出地点、出演演员。同年刊行的周明泰《都门纪略中之戏曲史料》、《道咸以来梨园系年小录》，也记述了100多年间以京剧为主的演员、乐师和票友的生卒年、事略、艺事活动、流派师承，以及一些戏曲班社、茶园、上演剧目的情况。1933年，周明泰辑录、刊行的《清昇平署存档事例漫抄》，则记述了包括京剧演出在内的清廷演剧与婚丧庆典等情况。1936年出版的王芷章《清代伶官传》，以清昇平署档案为依据，记述了乾隆至宣统年间

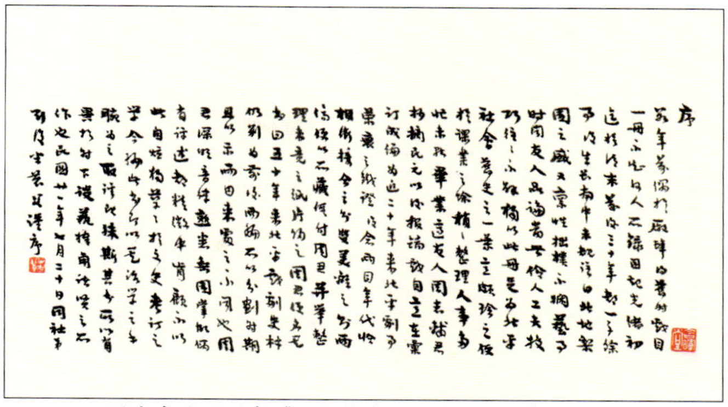

刘半农为周明泰《五十年来北平戏剧史材》写的序

供奉内廷，包括京剧在内的演员、乐师、检场人的小传。尤其是于1934年、1937年出版的张次溪《清代燕都梨园史料》正、续编，收录清代和民国时期有关戏曲的著作51部，涵容丰厚，诚如郑裕孚序所云：“综菊部之珍闻，垂艺苑之故实。”程砚秋在该书《序》中也说：“预料此书出版之后，对于我国学术界，尤其是研究戏剧史的人们，其贡献一定很大。假使读了此书的人们，能因本书和本书以外的材料的帮助，从速编出一部国产的《中国近代戏剧史》来，作为研究我国戏剧的指导，也不辜负张先生辛勤搜集的一番苦心了。”《清代燕都梨园史料》正、续编刊行后，确已成为中国戏曲史和中国京剧史研究者案头必备的参考书。清代和民国期间刊行的京剧史论资料著作，为戏曲史论家所关注的还有苕水狂生《海上梨园新历史》、刘豁公《戏学大全》、上海国华书局版《乐府新声》、罗瘿公《鞠部丛谈校补》、齐如山《梅兰芳游美记》、张乙庐《老副末谭剧》等，以及《老乡亲(孙菊仙列传)》、《梅欧阁诗录》、《谭鑫培全集》等演员小传、专记、专刊。这些著作都为京剧史论研究提供了重要资料。1933～1934年刊登于《剧学月刊》的陈墨香《观剧生活素描》，则以纪实文学笔法留下了京剧演员艺术活动的材料。

20世纪50年代以来，随着戏曲艺人社会政治地位和思想文化水平的提高，许多京剧演员开始了本人从艺生涯的记述和艺术经验的整理。随之，一些戏曲工作者也相继进行了京剧演员传记的撰著。最早问世且影响最大的是梅兰芳于1952年始陆续出版的《舞台生活四十年》1～3集。梅兰芳在该书《前记》中说，他的几位老朋友一致认为，撰著这部回忆录，“不但能总结我个人四十年来舞台生活的经验，也会保留下近代戏曲发展的许多史实，是可以供今后戏曲工作者参考的”。于是记录者许姬传与其弟许源来“旁搜博采，征引补充”，并如该书《编写说明》指出的，以“艺术为主，生活次之”的方式，编写了梅先生的艺术生涯回忆录。梅兰芳《舞台生活四十年》的写作路数，多为其他京剧演员和传记作者所效法。赓续其后，影响较大的有盖叫天口述，何慢、龚义江整理的《粉墨春秋》，侯喜瑞口述，张胤德整理的《学戏和演戏》，李洪春口述，刘松岩整理的《京剧长谈》，以及张胤德著《裘盛戎与京剧花脸艺术》，张钊、殷波著《燕舞梨园——赵燕侠艺术生活》等。欧阳予倩继1933年出版他的回忆录《自我演戏以来》以后，也撰有《我怎样学会了演京戏》、《我自排自演的京戏》，记述了他学京剧的经过和自编、自排、自演京剧的情景，这些文章都集中在1959年出版的《自我演戏以来》的增订本之中。湖南文艺出版社与河北教育出版社先后推出的《艺海春秋丛书》、《京剧泰斗传记书丛》，更以较大规模刊行了程长庚、谭鑫培、杨小楼、盖叫天、余叔岩、梅兰芳、周信芳、荀慧生、马连良、程砚秋、叶盛兰、裘盛戎、张君秋、赵燕侠等人的传记。其他如生行的姜妙香、奚啸伯、叶盛长、厉慧良、

李少春、李鸣盛、王金璐、张学津，旦行的陈德霖、王瑶卿、金素秋、章遏云、赵荣琛、童芷苓、顾正秋、陈正薇、宋德珠、毛世来、李世芳、梁小鸾、宋长荣、沈小梅、胡芝风、孙毓敏、刘秀荣、李玉茹，净行的刘奎官、郝寿臣、袁世海、尚长荣，丑行的张春华等，也都有单独刊行的传记或有关其艺术生活回忆的文集问世。这些不同时期、不同行当的演员传记，为大家了解其人其艺与他们所经历时代的京剧发展状况，留下了丰富资料，对京剧研究特别是京剧史和京剧表演研究起了重要作用。蒋健兰、刘乃崇的《袁世海的艺术道路》，宁殿弼的《唐韵笙评传》，沈鸿鑫的《周信芳评传》，朱继彭的《童芷苓》，陈云发的《吟啸菊坛——大写尚长荣》等，已不限于单纯传记，还能启发人们对传主的艺术道路作深入的理性思考。

除演员传记、评传外，以回忆录方式记述京剧历史状况的著作，当以北京出版社1985～1997年间出版的《京剧谈往录》1～4编为代表。冯牧在《京剧谈往录续编·序》中说："我认为这是一本很有价值的著作，一本不仅大有益于我国戏曲史研究工作，而且大有助于京剧艺术的振兴和发展的著作。"这部书的作者有齐如山、许姬传、翁偶虹、何时希、朱家溍、刘曾复、吴小如、欧阳中石以及侯喜瑞、梅兰芳、赵桐珊、刘斌昆、奚啸伯、李万春、王金璐、言慧珠等人，他们的忆旧谈往，显示了对京剧艺术的多角度审视和京剧历史给人们留下的多方面印象。《京剧谈往录三编》还刊载了侨居美国的白玉薇、香港同胞钱培荣的回忆文章，体现出中华儿女以京剧为纽带的骨肉亲情。其他如《齐如山回忆录》，苏雪安《京剧前辈艺人回忆录》，《徐兰沅操琴生活》，《许姬传七十年见闻录》，许姬传、许源来《忆艺术大师梅兰芳》，梅绍武《我的父亲梅兰芳》，《翁偶虹编剧生涯》，张伯驹《红毹纪梦诗注》，李紫贵《忆江南》等，也采取不同体裁和写法，以回忆的方式，记述了不少鲜为人知的宝贵资料以及京剧历史上不同领域的独特生活印迹。一些演员的纪念文集，如纪念程砚秋的《御霜实录》、《程砚秋百年诞辰纪念文集》等，都保留了不少珍贵史料。

京剧史研究 1912年，被誉为近代古典戏曲研究"开山之作"的王国维《宋元戏曲史》问世以后，影响也及于京剧史研究领域。至20世纪40年代末，陆续出版了一些京剧史著作。1917年，穆辰公《伶史》首先刊行。该书以"本纪"、"世家"分类，编写了清末民初程长庚、孙菊仙、梅巧玲、俞润仙等近30名京剧著名演员的传记。作者在《凡例》中声明："于各伶之艺术初无轩轾，特就其声望、资格、品行、身世诸点略示区别，以清眉目。"从而对近代梨园的变迁与征歌选色的社会风气皆有所反映，实为一部略具社会史性质的早期京剧伶人列传。1920年，日本辻武雄（辻听花）的《中国剧》出版，其中第一部分记述了从古代至近代的戏曲历史，第二部分至第六部分记述了戏曲的特色、种类、音乐、脚色、剧目、优伶、剧场等，是一部史论兼容的著作。日本波多野乾一著、鹿原学人译的《京剧二百年历史》于1926年出版，原名《支那剧及其名优》，大部分取材于周剑云主编的《鞠部丛刊》。下限截至1922年，译者逐译时补入1922～1926年间部分人物与事实，改易了书名。全书以京剧的老生、小生、武生、青衣、花旦、老旦、武旦、正净、副净、武净、丑等11门行当分列11章；各章首先概述该行当的定义、分类、流派，然后分述该行当各个演员的情况，仍是一部京剧伶人的列传式历史著作，具有一定文献价值。徐慕云《梨园影事》、唐友诗《平剧二百年》沿袭列传的记述方式，未越出前人所创体例。唯《梨园影事》图文并重，收有多帧演员戏装照、便装照、画像、塑像及彩色剧照、彩色脸谱等。上卷辑入京剧生、旦、净、丑等行当概述及各行当名伶的小影、小传以及京剧票界名宿、名琴师、名鼓手的小影、小传。下卷辑秦腔、昆弋、粤剧名伶的小影、小传以及作者本人与徐筱汀、祁景颐、朱耀文等人多篇京剧论文。

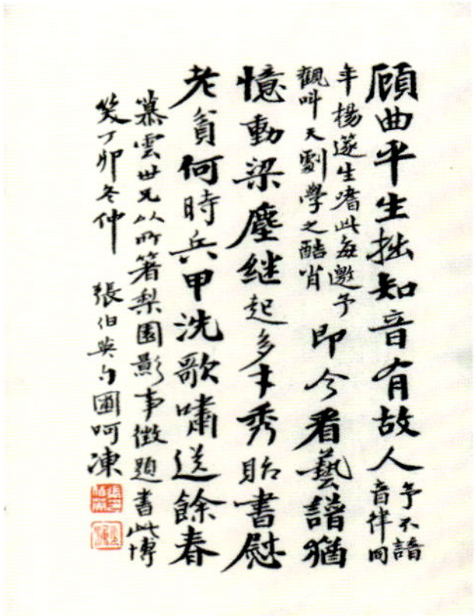

张伯英《梨园影事》题词

唐伯弢《富连成三十年史》与周贻白《中国剧场史》则另辟研究领域。前者对著名京剧科班富连成的历史、组织机构、人员设施、规章制度、师生情况、坐科生活、演出剧目等分别做了介绍，并收有班社师生多幅珍贵照片；后者通过剧场形式、剧团组织、戏剧演出3个方面，考索了从古代歌舞到近代皮簧的演出场所，论述了中国剧场的演进。齐如山《京剧之变迁》突破专门史的范畴，研讨了清嘉庆、道光以后百余年来京剧剧目、脚色、戏园、戏班的变化。该书还对一些指责创新者"不遵先正典型"的保守言论提出批评，认为谭鑫培在腔调、词句、身段等方面可以"变更旧制"，其他人自然可以效法，主张京剧应随时代而变迁。

1951年刊行的张厚载《京戏发展略史》，承前启后，从演员、剧本、技艺、形象、剧场等方面综合论述了京剧的演变过程，又辨析了京剧剧目的思想内容，阐释了京剧唱念做打的写意方法，是一部史中见论的京剧史专著。1962年初版、1982年再版的陶君起《京剧史话》，以不同时期著名京剧演员的演出剧目和音乐唱腔为主线，简略勾勒了京剧发展的历史，是一部易为读者接受的普及性读物。此后，周贻白著《中国戏剧史长编》与张庚、郭汉城主编《中国戏曲通史》，均在清代地方戏章节对京剧的孕育与形成做了扼要论述。吴小如著《中国戏曲的发展讲话》与周妙中著《清代戏曲史》，也都特辟专讲、专章介绍京剧，并以剧目为重点，简述了京剧的兴起、鼎盛、变革。进入20世纪80年代以后，京剧史研究更上一层楼，推出多部力作。1984年出版的刘静沅《京剧艺术发展简史》，以各时期的京剧表演艺术家为主线，从剧本创作、舞台演出、表演艺术、舞台美术、科班和学校教育等方面综合论述了1845～1937年间京剧的发展变化，并打破1937年的断代，对王瑶卿、梅兰芳、周信芳等卓越表演艺术家做了全面介绍。1985年学林出版社出版了北京市艺术研究所编辑的《京剧史研究》，是北京京剧史研究会讨论京剧形成历史的专题论文集。继之，苏移著《京剧二百年概观》于1989年问世。该书断至1949年以前，从徽班进京、京剧形成至清末京剧的繁荣、五四以后京剧的发展变化，在不同历史时期的社会条件和文化背景中，论述了京剧100多年来的演变过程。同时介绍了各个时期京剧的剧目、表演艺术家、剧作家、史论家，已是初具规模的京剧史专著。其后，余从《戏曲声腔剧种研究》与于质彬《南北皮黄戏史述》先后刊行。前者以一系列文章论述了京剧的形成与发展以及与京剧发展有关的戏曲改良、旧剧论争、田汉改革戏曲的活动等问题；后者既纵向论述了徽班的嬗变，京剧的形成，安徽、江苏、浙江等省徽戏的发展，南派京剧的出现，又横向论述了湖南、湖北、江西、福建、广东、四川、广西、云南、贵州各地的徽班活动和皮簧腔系剧种的形成和发展，是一部颇有特色的京剧史著作。1995年，台湾印行了毛家华编著的《京剧二百年史话》，为海峡两岸京剧史研究者通力合作的成果，书中对20世纪50年代以来台湾和大陆的京剧发展状况均有较客观的述评，由此也构成该书最醒目的特色。1990～1999年，马少波、陶雄等主编的《中国京剧史》上、中、下3卷陆续出版。该书是京剧史研究的集大成之作，对京剧的孕育、形成、成熟、鼎盛以及抗日战争年代、中华人民共和国成立后至1995年的京剧做了系统论述，涉及200年来各个时期的历史文化背景，演出剧目、表演、音乐、舞台美术的发展状况，人才培养，演出体制等，并且编撰了各个时期有代表性的演员、乐师、剧作者、评论家、教育家、活动家、票友、后台管理人员的传记。全书史料丰富，在史的全方位叙述中又蕴涵着理论分析，是规模最大、水平较高的一部通史性质的著作。2002年，王安祈《台湾京剧五十年》出版。其中“演进篇”分20世纪后半期的台湾京剧为“奠基期”、“发展全盛期”、“转型蜕变期”、“大陆热与本土化交互冲击期”，论述了台湾京剧的发展历史。书中的“访谈篇”则以访谈录或立传方式，介绍了台湾的一些资深京剧演员和个别京剧新秀。同年出版的《北京戏剧通史》，在明清卷、民国卷介绍了京剧在北京形成与发展的历史。此外，还出版了一些京剧的专门史，如刘沪生、张力、任耀翔合著的《京剧厉家班史》，对厉家班的发展过程及其特点，不同时期的演出历史做了系统介绍。2005年出版的颜全毅的《清代京剧文学史》，不但有填补空白的意义，还传达了作者的一种观点：“说京剧脱离了文学的范畴，是对文学本身意味的误解和模糊。”

围绕1990年徽班进京200年学术研讨而出版的《京剧与时代》(天津市纪念徽班进京200周年暨振兴京剧学术研讨会论文集)、《徽班进京二百年祭》、《徽班与京剧》，对京剧的形成、京剧的艺术成就、京剧的现状与走向等问题，进行了广泛而有益的探讨，有助于京剧史研究的进一步拓宽和深化。

京剧舞台艺术研究 概观研究京剧的理论著作，当以研究京剧舞台艺术的著作占据着最重要的位置。五四时期，在《新青年》上展开的“旧剧论争”中，张厚载即以《我的中国旧戏观》一文，驳斥了胡适、钱玄同等以西洋的写实戏剧取代中国旧戏的主张，提出“中国的旧戏用假象会意的方法，是最经济的方法”，也就是“描写一切事情和物件”，是用“指而可识”的方法，比如“一拿马鞭子，一跨腿，就是上马”。这是最早从美学层面阐释京剧艺术特征的理论。以后，余上沅、赵太侔又在1926年的北京《晨报》上相继发表文章，探讨中国旧剧的美学特征。他们鸟瞰世界戏剧，用比较的方法指出，中西戏剧的不同乃在：“一个重写实，一个重写意。”“写实派偏重内容，偏重理性；写意派偏重外形，偏重情感。只要写意派的戏剧在内容上能够用诗歌从想象方面达到我们的理性的深邃处，而这个作品在外形上又是纯粹的艺术，我们应该承认这个戏剧是最高的戏剧，有最高的价值。”(余上沅《旧戏评价》）他们对戏曲表演的虚拟、程式等美学特征也有阐述：“中国那种不变的、营造的、虚拟的舞台，十分像莎士比亚时代的形式。”“旧剧中还有一个特出之点，是程式化。挥鞭如乘马，敲门似有门，叠椅为山，方布作车，四个兵可代一支人马……等等都是。”“旧剧中的程式同旧剧的各种技术已经融成一气。我们见了，并丝毫不怀疑的承认它是代表某项事物——实在，连代表事物这件事也好像不曾注意。必须如此，才能经济，才能集中我们注意到更高更重要的地方。”(赵太侔《国剧》）此外，他们还研讨了京剧对歌（诗）、乐、舞的一体化追求，化装与服装的图案精神，编制的线段结构特征，行当所创造的多种舞台色彩等，触及京剧美学的各个方面。这些见解不仅在当时处于领先地位，即使在数十年后的今天也未失去应有的价值。

齐如山另辟蹊径，对京剧舞台艺术从最基础的分类考订和论证做起，在1927～1935年间，陆续刊行了《戏剧脚色名词考》、《中国剧之组织》、《脸谱》、《国剧身段谱》、《上下场》、《行头盔头》、《戏班》、《国剧简要图案》等著作。其中的《中国剧之组织》一书，即对唱白、动作、衣服、盔帽靴鞋、胡须、脸谱、砌末物件、音乐等分类考订和作出论证。故而冯叔鸾在《序》中说：“今读齐子之书，实获我心。盖庶几于立足于学者地位，而从事于整理中国之戏剧，使之蔚然成为一种学科者矣。”齐如山对中国京剧学的建立的确作出了不小的贡献。在皮簧声腔和音韵的研究方面，较重要的著作有王芷章的《腔调考原》和张伯驹、余叔岩的《近代剧韵》。前者指出二黄之黄字系由“湖广”二字切合而成，西皮不出于湖北而出于甘肃，虽不尽完善、准确，但对以后的皮簧声腔研究颇有启迪；后者则讲述了切音、阴阳、平仄、尖团、粗细的要旨，而且分韵编排了五音和尖团的辑要。

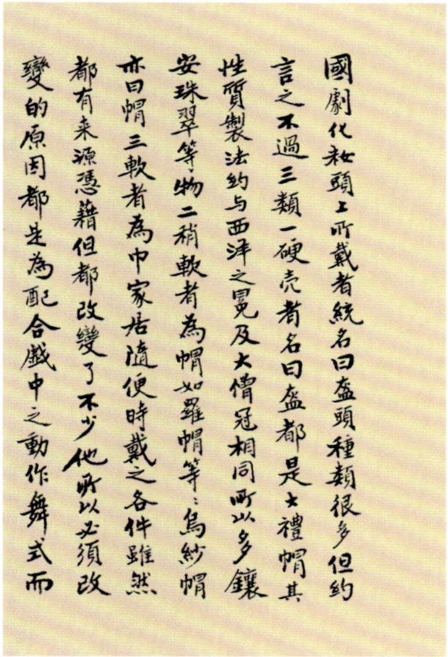

齐如山手迹（选自《国剧图谱》

其他值得提及的京剧理论著作是1941年出版的潘光旦所著《中国伶人血缘之研究》。作者用生物遗传的眼光，系统整理了清末至1934年见载于文献的几千名京剧演员的传记资料，排列出京剧演员人种遗传的10个主要血缘网脉络，共70个家系的情况，绘制了详细的血缘图。作者认为婚姻方面的“类聚配偶”和生物遗传基因是造成艺人奕世蝉联的主要原因。只要提高伶人地位，使其在婚姻、择业上有自由，并引社会人士加入伶界，更好地发挥“类聚配偶律”的作用，便可增多第一流和第二流的伶人。该书角度新颖，别开生面，拓展了京剧研究的领域。

20世纪下半叶的京剧舞台艺术研究，在过去学术成果的基础上，规模不断扩大，专业性不断加强，比较突出的成果是以阿甲为代表的表演、导演理论。阿甲在学习斯坦尼斯拉夫斯基的理论时，不赞成生搬硬套的教条主义学习态度，主张在尊重中国戏曲自身艺术特征的基础上，吸收外来的有益经验。他的专题论文《生活的真实和戏曲表演艺术的真实》就是在这种思想指导下撰写的。其后陆续撰写了《戏剧艺术的真和美》、《关于戏曲舞台艺术的一些探索》、《后记有感——续谈戏曲表演艺术的问题》、《伟大的时代必然产生崭新的戏曲——论戏曲艺术革新的几个问题》等一系列论文，在戏剧界产生了广泛的影响。阿甲指出，不能否认中国戏曲在长期的艺术实践中，基本上确已形成自己的体系，只是理论上的阐明，远远落后于实践所达到的成就。阿甲所作的努力就是从自身演出京剧和其他戏曲表演者的表演实践中揭示这个体系。他的系列论文，对于生活真实与艺术真实、戏曲程式与生活、戏曲表演的体验与表现、戏曲与观众的关系等富于辩证精神的论述，为中国戏曲表演、导演理论的建设奠定了基石。他对戏曲美学品格所作的概括“虚拟的时空，严格的程式，写意的境界”，也很精辟。《李紫贵戏曲表导演艺术论集》、黄克保的《戏曲表演研究》等著作，以京剧为主要研究对象，从不同角度、不同层面以及从丰富的排演实践经验总结中，为完善中国戏曲表演、导演理论作出了贡献。陶君起《京剧的角色分行及其艺术特点》、徐慕云《京剧杂谈》、景孤血《京剧行当》、秋文《京剧流派欣赏》、董维贤《京剧流派》、王庾生《京剧生行艺术家浅论》、吴小如《京剧老生流派综说》、《翁偶虹戏曲论文集》等著作，更以对京剧行当和京剧流派的论述，丰富了京剧表演艺术的研究。此外在一些演员的回忆录中也含有一定的对京剧表演的理论思考。

在京剧音乐的研究上，继王芷章《腔调考原》之后，流沙的《宜黄诸腔源流探》以腔调发展为主线，结合剧目、文献、口传材料，对二簧腔的源流进一步做了综合考索，涉及楚调、汉剧的皮簧腔，襄阳腔与西皮腔的关系，徽调在南方的流变等问题。在京剧音乐理论方面，刘吉典所著《京剧音乐概论》全面论述了京剧唱腔、打击乐、曲牌音乐的内部结构和风格特点，并按二簧、西皮、南梆子、四平调、吹腔、高拨子、南锣、娃娃、插曲、杂腔小调等序列，对京剧唱腔做了系统辨析，附录部分介绍了京剧现代戏唱腔的新发展，是一部既有理论价值，又对实际操作有益的专著。其后，又有多部著作对京剧唱腔从不同侧面进行了研究。安禄兴《京剧音乐初探》分析了京剧唱腔的基本结构、基本曲体、基本腔调及其发展以及板式派生的规律。武俊达《京剧唱腔研究》从大量感性资料出发，运用科学的音乐原理研究京剧唱腔的音乐设计和创腔经验，从形式结构方面探索了京剧唱腔的若干规律。汪人元《京剧"样板戏"音乐论纲》比较全面地论述了这批京剧现代戏在音乐创作上的新鲜经验和高度成就，同时又指出了它们的致命伤，态度客观，讨论深入，对于现代京剧的音乐创作当有裨益。秋文《古中国的歌——京剧演唱艺术赏析》采取艺术赏析的方式，阐述了京剧曲调的程式化及其运用，因字行腔的设计原则，京剧演唱的韵味，京剧音韵的源流，京剧咬字的技巧和艺术性，京剧行当和流派的唱工艺术等问题。马铁汉的《京胡伴奏》、张民的《京胡伴奏研究》，则对京胡伴奏的原理、基本功、弓法、指法、伴奏手法、如何塑造音乐形象等做了介绍。此外，研究京剧音韵的著作有邵振古的《京剧尖团音韵谱》、徐慕云和黄家衡合著的《京剧字韵》、苏雪安的《京剧声韵》、陈小田的《京剧音韵概说》等，或介绍了京剧读字辨音的基本知识和运用方法，或进一步从理论上论述了京剧音韵的若干规则。

对于京剧舞台美术的研究，《郝寿臣脸谱集》、《刘奎官京剧脸谱集》、刘曾复的《京剧脸谱图说》等著作，或总结个人经验，或采用综合研究，论述了京剧脸谱的勾法和特点以及京剧脸谱的源流和派别。栾冠桦的《角色符号——中国戏曲脸谱》，借鉴西方符号学、传播学部分理论，阐述了脸谱同宗教信仰、伦理道德、平话小说、民间艺术等的复杂联系。王遐举和金耀章的《戏曲切末与舞台装置》、谭元杰的《中国京剧服装图谱》，则分别对京剧的砌末和服装做了具体的形象的介绍。在舞台美术理论方面，龚和德的系列论文《中国戏曲舞台美术历史概说》、《戏曲人物造型概说》、《戏曲景物造型概说》、《戏曲穿戴规制》、《有个性的中性处理》以及他在《中国戏曲志》舞台美术、演出场所编纂工作会议上的学术报告《结构框架及其他》，对戏曲舞台美术历史演变、艺术特征及其发展趋向，都做了比较系统的探讨。他的专论《梅兰芳与舞台美术》，总结了梅兰芳在舞台美术方面的革新精神和创造成果，从中也可窥见京剧艺术在梅兰芳时代对化装、服装、灯光、布景与后幕等不断改进的轨迹。

京剧文学研究　较之京剧舞台艺术研究，京剧文学研究相对薄弱一些。20世纪40年代以前，徐凌霄独树一帜，相继刊行了《皮黄文学研究》和《京剧词典释例》两部专著以及多篇剖析京剧剧目的思想、人物、分场体制等问题的文章。《皮黄文学研究》称道京剧文学是一种"合言语、动作、文词、音节而为一"的"戏台上的立体文学"，是"真正的活文学"，并从语言形式、音韵节奏、雅与俗、案头与场上等方面，探讨了京剧文学的特点和规律。《京剧词典释例》是一部实用性的技术理论专著，全书搜集105例京剧舞台常用戏词，就其在声韵上的要求与动作的关系，引导或结束人物对话的作用，联系乐队及同场演员的作用等，分别做了阐释。20世纪50年代以后，京剧文学理论研究首推由沈达人执笔、郭汉城审定的《戏曲文学综论》。该文最早作为长江文艺出版社出版的《戏曲粹》的前言发表，后收入沈达人的《戏曲的美学品格》一书中。文章在总结传统戏曲文学在思想内涵、人物塑造、体制和结构、文学语言等方面存在的美学特点的基础上，对梆子、皮簧剧种的文学特点也做了分析。作者指出戏曲文学作为文学的一种样式，具有相对的独立性，其在塑造人物上的特点表现为传情、传神，保存叙述性的独唱、独白、旁白、自报家门、上场引子、下场诗等模式，并注意发挥行当的特点。在剧本体制及其结构形式上，戏曲在发展中确定了梆子、皮簧的板式变化体的分场剧本体制，这种戏曲文学结构形式的特征越来越明显，以点线组合、繁简相间与隐显结合、时空自由显示了自己的特色。作者在总结传统戏曲追求语言的本色、当行、入律后指出，以皮簧和梆子为代表的剧种，格律比较自由，但也要求注意字音和字韵、句法和句式。这些具有普遍意义的论述都是有助于深入研究京剧文学的。此后，在京剧文学理论研究方面影响较大的是马少波的《看戏散笔》、《写戏偶得》和范钧宏的《戏曲编剧论集》和《戏曲编剧技巧浅论·结构篇》。范钧宏是著名的京剧编剧，他结合自己切身的创作体会，总结出戏曲剧本文学的3个要素为结构、语言、程式，唱念安排也十分重要。并把制定戏曲结构要领概括为"统筹全局，突出重点，结合表演，面向舞台"，简称"十六字令"。"统筹全局"即在选择、处理选材过程中，以人物为核心，从内容到风格到技术布局种种进行鸟瞰而作出相应的战略部署；"突出重点"即为纵的方面突出全剧主线，横的方面突出重点场景，作战术性的安排；"结合表演"，即在既定的场面中为表演提供方便，从表演出发，但情节、技术都依附于人物；"面向舞台"，即从案头想到舞台，从平面看到立体，从台上透视台下。这些论述均为范钧宏编剧实践的理论升华，现实性强，对戏曲作者颇具影响力。

20世纪90年代，京剧理论研究向美学与文化的层面提升，出现了一些别具风采和格调的著作。周姬昌所著《梅兰芳与中国文化》，首先叙述了在中国文化氛围中成长的梅兰芳，再论及梅派剧目中所包孕的人文主义内涵，最后剖析了梅兰芳表演艺术所具有的鲜明中国文化特色。全书还尽量引用梅兰芳的原话，力图使读者真切感受这些话语中所包含的文化意蕴。蒋锡武所著《京剧精神》，认为京剧是中国古典戏曲的"最高形式"和"最终形式"，其古典精神体现在"和"、"玄"、"游"3个方面。京剧的演员艺术有优美派与壮美派之分，

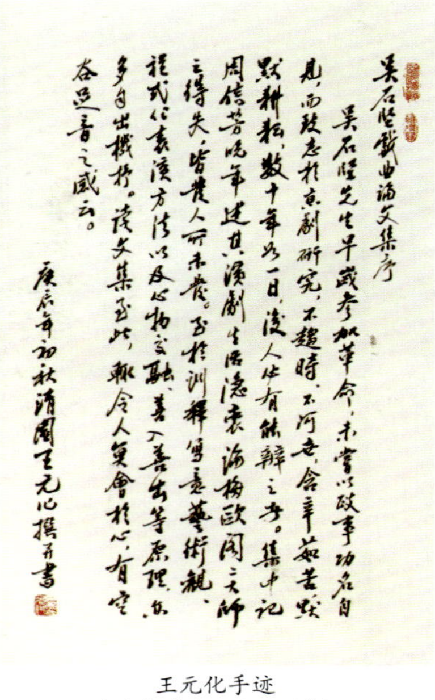

王元化手迹
（选自《清园谈戏录》）

而优美派始终居于主导地位，梅兰芳、杨小楼、余叔岩是其代表人物。该书还论述了京剧的审美、京剧的改良等问题，强调不脱离古典精神的发展。王元化的长篇论文《关于京剧与文化传统答问》(载《中国文化》第12期，1995年12月出版)，阐释了京剧所表现的传统伦理的精神实质，京剧不同于西方模仿艺术的写实方式，以及它所达到的“善入善出”的“心物交融”境界，论及京剧的“假象会意”、“自由时空”、“以神传真”，分析了一些成功的例子。还特别提示，振兴京剧的关键在培养有敬业精神的好演员。王元化这篇文章曾为多个出版物转载，后收入他的专著《清园谈戏录》，文章题目为《京剧与传统文化丛谈》。1999年1月人民出版社出版了徐城北的《京剧与中国文化》，该书分四大章——京剧艺术特征中的文化因子、京剧原理法则的基本归纳、京剧与其他古典艺术的规则对比、京剧行进轨迹的文化探讨。每章下均设10节，在考察京剧百年历程的基础上，条分缕析地论述了京剧发展与中国文化之关系。徐城北是多产作者，还撰写了《梅兰芳与二十世纪》、《梅兰芳百年祭》、《梅兰芳与二十一世纪》(以上三书合称《梅兰芳三部曲》)、《京剧架子花与中国文化》、《京剧一百题》、《品戏斋夜话》、《梨园风景线》等。

港台与海外的京剧研究 20世纪50年代以后，香港和台湾的学者在京剧研究方面也取得不少重要成果。齐如山赴台湾以后，从1949年到1962年逝世，陆续撰写了《国剧概论》、《国剧要略》、《国剧的原则》、《国剧艺术汇考》等专著以及《谈平剧》、《国剧漫谈》(1～3集)等论文集。这些著作具有汇总他在二三十年代京剧研究成果的意义，同时对京剧的艺术规律进行了较系统的理论探讨。他以“有声必歌，无动不舞，不许真物器上台，不许写实”四句话，对京剧的艺术规律做了总体概括，又分别进行了具体阐述。这是他长期调查研究的理论结晶。俞大纲的《戏剧纵横谈》于1979年出版，收论文33篇，内容包括对明末清初戏曲史料的钩沉、民间传说与戏曲关系的探讨、古典戏曲价值的重估，关于京剧舞台表演和京剧剧本的讨论等。在《泛论梅兰芳、程砚秋对剧曲音乐艺术的造诣》一文中，作者认为京剧唱腔由简朴而繁复，再由繁复而归于平实。简朴唱腔接近语言规律，繁复唱腔为超语言的音乐旋律，见解颇有独到之处。曹聚仁的《听涛室剧话》刊行于1985年，收录118篇在香港发表的研讨戏曲的文章，采取漫谈、随笔形式，清新活泼，流畅自由，表现出老报人在语言艺术上的功力。全书对梅兰芳、欧阳予倩、周信芳、盖叫天、汪笑侬、夏氏兄弟的艺术生涯和对京剧艺术所作贡献，皆有比较中肯的评价。齐崧的《谈梅兰芳》于1980年由台北传记文学出版社出版，1988年北京宝文堂书店重印发行。该书收文17篇，对梅兰芳尊重观众、忠于艺术的高尚品格做了生动描绘，并对梅兰芳擅演剧目进行品评。特别赞扬梅兰芳虚心学习他人之长，不断改进自己演出艺术的进取精神。还介绍与之合作的主要演员之表演艺术特点。吴性栽的《京剧见闻录》于1987年出版，全书收入作者1961～1965年发表在香港报刊上的京剧论文9篇。文章认为，伶界大王谭鑫培不只唱得好、做得好，而是“整个儿的戏演得好”。大热天演出《南天门》，能使观众“飕飕有寒意”。《卖马》、《桑园寄子》、《李陵碑》的唱，“浑厚醇朴，不矜才，不使气”，不是什么人都能模仿得了的。杨小楼的戏“不是演出来的”，而是从内心“流出来的”，“不着力，而真力自然充沛运行”，表演已是“起落无迹，臻于化境”。对梅兰芳、周信芳的表演艺术也有精辟、独到的见解。

许逸之的《怀梨偶寄》1985年首由台湾商务印书馆出版，再由宝文堂书店刊行于1987年。全书13节，含有《论戏剧目的之不在象真》、《戏剧中之戏与剧》、《戏剧与梦寐之心理功效》、《舞台艺术之所以欲真则不实》以及《中西音乐之结构》、《京戏声乐之特征》等内容。作者认为，京戏的心理价值在“文不载道”，“敢替观众演出在道德范围内不能演的事来”，是“大众的梦”。对西方音乐的结构美，中国音乐的线条美，京剧剧目的情节内容简单而情感内容丰富也有评述。立论新颖，方法卓异。1976～1979年，丁秉鐩辑录发表于香港和台湾报刊的京剧论文，先后出版了《国剧名伶轶事》、《孟小冬与言高谭马》、《青衣·花脸·小丑》等3部著作。《菊坛旧闻录》是这3部著作的合集，1989年由台湾大地出版社出版，1995年再由中国戏剧出版社刊行。作者以“不够名伶的不写，知之不深的不写，前人写过的不写”为原则，论及金少山、杨小楼、雪艳琴、叶盛兰、王长林、叶盛章、孟小冬等20多位京剧表演艺术家，对他们的家世、个性、学艺经过以及运腔技巧、表演情态、吐字发音、武打身段、角色间的配合，均如数家珍，有具体而切实的述评。施叔青的《西方人看中国戏剧》于1988年由人民文学出版社出版。该书分上、中、下三部分，上部专论京剧，由7篇文章组成。在《西方人看中国戏剧》一文中，作者分析了近现代西方人对中国京剧狂热爱好的原因。又在《京剧的剧本》一文中指出，由于京剧介于东方印度戏曲的超写实与西方戏剧的写实之间，因而“表演抽象艺术化，体裁意识人间化”是京剧的本质。此外，对京剧《白蛇传》、《红鸾喜》、《拾玉镯》以及京剧演员郭小庄的成长，也做了研究和介绍。国学大师钱穆的《中国文学讲演集》中有一篇《中国京剧中之文学意味》的专论，认为京剧的特点是“动作舞蹈化，语言音乐化，布景图案化”，是“把人生艺术化了而在舞台上去演”，因此是“假戏真做”。“把太刺激人的真实人生来加以戏剧化，要其冲淡了一些真实性，但暂时冲淡反而会保持了更深的感染”。又说京剧戏台无布景，“只是一个空荡荡的世界，锣鼓声则表示在此世界中这一片喧嚷”，这正是“人生之大共相”。对中国京剧做了有诗意、有哲理的阐释。林幸慧的《京剧发展V.S.流派艺术》和王安祈的《为京剧表演体系发声》，是21世纪初出版的台湾学者的新研究成果。前者着重探讨京剧发展过程中流派的性质转变，认为京剧形成期是“以地域立派”，成熟期“以人立派但不拘一格”，到鼎盛期“以人立派独具一格”，再往后以编导为中心，“京剧以流派为代表、以演员为市场机制中心的时代已然远去”。后者认为京剧是以“‘表演程式规范’与‘流派典范谱系’二者相乘，共同确立京剧表演稳固的体系与传承发展的严谨脉络”。“当表演体系不被认识时，是京剧的式微。当表演体系不再是创作的主要依据与内涵时，是京剧的质变。”对于质变，作者又认为，“大批成功新编戏的成绩，显示质变的成果是可观的”。

西方学者对中国京剧也进行了研究，目前所知的专著有澳大利亚马克林所著《京剧的兴起》、《当代中国的表演艺术》，美国司考德所著《中国古典戏剧》、《梅兰芳—— 一个京剧演员的生活与时代》，美国魏莉莎所著《听戏——京剧听觉艺术》。此外，苏联戏剧家梅耶荷德和德国戏剧家布莱希特也都写过论述中国戏曲和京剧的文章，分别收入中国戏剧出版社出版的《梅耶荷德谈话录》和《布莱希特论戏剧》等书中。西方人对中国京剧的看法，可以成为中国京剧研究的有助益的参照。

京剧常识读物及京剧工具书 陶君起著《京剧剧目初探》、曾伯融主编的《京剧剧目辞典》，比之以前的同类著作有很大发展。《京剧剧目初探》涉及1 220余出京剧故事及其源流和艺术特点；《京剧剧目辞典》进一步扩大为对5 300余出京剧剧目的剧情提要以及剧作者、剧本沿革、刊本等的考略。其他如杨貌的《京剧常识》，潘侠风的《京剧艺术问答》，吴同宾的《京剧知识手册》，吴同宾、周亚勋主编的《京剧知识词典》，曾遒平的《京剧问答三百题》，中国艺术研究院戏曲研究所资料室编著的《中国戏曲研究书目提要》，傅晓航、张秀莲主编的《中国近代戏曲论著总目》，《中国大百科全书·戏曲曲艺》卷，《中国戏曲志》等，这些著作或系统介绍了京剧艺术的各个方面，或介绍了京剧的演员、剧作家、音乐家、导演、史论家、活动家和京剧剧目、京剧著作，均为了解京剧、研究京剧的必备书籍。其中，《京剧知识手册》系统介绍了京剧的历史、艺术特点、艺术流派、行当、龙套、道具、砌末、表演、程式和特技、基本功、科班、行科及后台设施、演出习俗、谚诀、术语、剧目、演员，并附录《近50年京剧大事记》和《1949年后逝世的著名京剧艺术家》。《京剧知识词典》于2007年7月出版了增订本，内容有调整、改写和增补，收入条目约4 300个，有附录《异名对照表》，颇切实用。

京剧评论 伴随着晚清的文学改良运动和五四新文化运动的蓬勃发展，思想文化界空前活跃，各类文艺报刊雨后春笋般涌现于全国一些大城市。据不完全统计，季刊、月刊、半月刊、旬刊、周刊、日刊达百余种。其中，刊载京剧评论较多的报刊，重要的有《二十世纪大舞台》、《春柳》、《戏杂志》、《戏剧月刊》、《梨园公报》、《剧学月刊》、《戏剧旬刊》、《十日戏剧》、《半月戏剧》、《北洋画报》、《国剧画报》、《立言画刊》、《晨报·副刊》、《申报·自由谈》、《益世报·别墅》、《大公报·副刊》等。民国初年以来，散见于全国各报刊的京剧评论日渐增多，20世纪二三十年代达极盛，发表了孙玉声、徐凌霄、姚民哀、冯小隐、苏少卿、刘豁公、张古愚、郑过宜、郑子褒等人的文章，结集成书的还有郑正秋《丽丽所剧评》，冯叔鸾《啸虹轩剧谈》，宗天风《若梦庐剧谭》，陈彦衡《说谭》与《旧剧丛谭》、张厚载（聊公）《听歌想影录》与《歌舞春秋》，朱瘦竹《修竹庐剧话》等。这些文章较多地评论了京剧演员的表演艺术，同时涉及京剧艺术的其他方面，反映了20世纪上半期京剧评论的面貌。

其中有代表性的如陈彦衡，对谭鑫培就有深入研究。他的《说谭》不仅评估了谭鑫培在四声、尖团、声调、板眼、说白、身段、神情等方面所达成就，还对这位伶界大王在《武家坡》、《清风亭》中的唱腔、念白、表情逐段逐句进行分析，显示了对谭鑫培表演艺术的透彻了解。缘于此，张镠子（厚载）赞曰："谭氏之绝学，陈君则已登其堂而入其室。"（《说谭·序》）张镠子（厚载）更是以毕生精力用于评论京剧。他的评论文章融记事与批评于一体，不只对民国初年至抗日战争爆发前一些京剧名伶的演出有翔实记载，并且通过对诸伶的品评，反映了这一时期京剧艺术所达成就和水平，影响颇大。故而李秋斋的《歌舞春秋·序》有云："镠子先生，壮游北部，历观名家之作，不可胜数，凡有记述，举国传诵，一字之褒，荣逾华衮，故并世论京剧者，莫不以镠子为坛坫也。"郑正秋的《丽丽所戏评》有对京剧传统剧目的评论，更突出的是对上海京剧改良新戏的评论。后者涉及《黑奴吁天》、《蓝天蔚》、《血泪碑》、《黎元洪》、《秩序自由》、《国民大会记》、《猛回头》、《秋瑾》、《鄂州血》、《新茶花》、《双茶花》等新戏的成就与弊病。对刘艺舟、潘月樵、夏月润、夏月珊、夏月恒、冯子和、毛韵珂、赵君玉、林颦卿、周凤文等演员的演技也有颇见锋芒的臧否意见。这本评论集为当时上海剧坛演出改良新戏的状况留下珍贵史料，也显示出当时京剧评论的真挚和犀利。张肖伧的京剧评论也具有自己的个性特点，他坚持言论自由的宗旨，不作违心之论，即使对名伶的演出，也是褒贬出自肺腑。他的《菊部丛谭》中的一些京剧评论文章还具有理论色彩，对剧本的文学性和表演的情感内涵，时有具美学意味的揭示。20世纪上半期的京剧评论，主流是健康的、多彩的，也是京剧评论中值得继承的优良传统。

20世纪下半叶的京剧评论广泛发表于《戏曲报》、《新戏曲》、《中国戏剧》(其前身为《人民戏剧》、《戏剧报》)、《戏剧研究》、《戏剧论丛》、《上海戏剧》、《戏曲艺术》、《戏曲研究》、《中华戏曲》、《剧坛》、《中国京剧》与一些省市的文艺、戏剧刊物以及中央和一些省市的报纸副刊。这些文章中的优秀篇章，能够放眼全国戏剧的创作和演出，以开阔的视野评说京剧，又能够站在时代的高度，反思过去，考察当今；并且能够融会中西剧论，以丰厚的理论解析京剧。这些文章中的优秀篇章，多用结集方式再度面世。如马少波自20世纪50～90年代，连续出版了《戏曲改革论集》、《戏曲改革散论》、《戏曲艺术论集》、《戏曲新论》等一系列论文集，阐释了戏曲改革政策，对一些京剧的创作和演出做了有力度的评析，对王瑶卿、盖叫天、梅兰芳、周信芳、程砚秋、荀慧生、马连良等的表演艺术以及京剧的流派、行当问题，也有不少很见深度的论述。陶雄于1983年、1987年先后出版了《黄花集》、《红氍毹上》。《红氍毹上》收文章32篇，有对京剧美学的探讨，有对京剧遗产的议论，有对京剧名家表演艺术的评析，并就《智取威虎山》、《芦荡火种》等剧表现现代生活经验有所总结。方面虽多，题旨唯一，如作者在该书《题记》中所说："为推陈出新，为京剧和戏曲的日益繁荣昌盛而奔走呼号。"《黄花集》收文章58篇，作者以散文、随笔的形式，通过对一些传统剧目和艺术家的评述，介绍了有关的历史传统、思想文化、民情风俗等方面的知识。1993年百花文艺出版社出版的刘琦《京剧艺术论》，是作者自80年代初至90年代初，有关京剧的论文、短论、随笔的结集。虽为论文集，而全书通体从京剧艺术的基本特征立论，对京剧的内容与形式、传统与革新、优势与局限等问题进行了理论探索。其中对京剧艺术的观赏性，以及微观节奏、宏观节奏的命题，颇具新意。1995年出版的《吴小如戏曲文录》，辑录作者在80年代刊行的《台下人语》与《京剧老生流派综说》两本著作，又把大抵发表于20世纪80年代的文章分为《台下人新语》、《菊坛知见录》、《津门乱弹录》、《看戏温知录》、《唱片琐谈》、《戏迷闲话》几部分，纳入本书，集成一本洋洋大观的评论集。这些文章对学术问题进行了深入探讨，对演员和流派的表演艺术作出了切实的剖析，陈述了菊坛的种种史实，品评了剧目的方方面面，辅以若干杂谈、随感，因而内涵丰厚，可读性强，受到读者的欢迎。

还应该提及的是中国戏剧出版社刊行的"戏曲流派艺术研究丛书"。最早一本是1982年出版的《周信芳艺术评论集》，依次为裘盛戎、王瑶卿、杨小楼、余叔岩、谭鑫培、萧长华、梅兰芳、马连良、侯喜瑞、郝寿臣的艺术评论集以及《周信芳艺术评论集续编》，至1996年出版了《程砚秋艺术评论集》。1998年百花文艺出版社出版了《杨宝森纪念集》、《厉慧良纪念集》。这些著名京剧表演艺术家的评论集，主要选收中华人民共和国成立以后的评论文章，又选收此前的若干评论文章，并以结集方式形成规模，因此影响较大。其中于1990年出版的《谭鑫培艺术评论集》，是编者从晚清至1984年有关报刊和专著中辑录70余篇而编成（也有疏漏，如周信芳1928年发表于《梨园公报》的两篇谈理解和学习谭派的文章，均未收入），反映了谭鑫培艺术上广泛吸收，不断磨砺以至成为大家的基本历程。1994年出版的《周信芳艺术评论集续编》，选收1985年、1990年为纪念周信芳诞辰90、95周年而召开的两次研讨会中的部分文章，留下了周信芳的艺术合作者、亲友、麒门弟子回忆周信芳艺术生活的第一手资料，也集中展示了一些专家、学者对麒派艺术的形成和发展、时代特点和美学价值的理论探讨成果，成为进一步研究周信芳及其艺术的重要参考材料。此外，1992年、1995年、1998年，《程长庚研究文丛》3种相继问世。《论坛歌台唱剧神》是1991年召开的"纪念程长庚诞辰180周年学术研讨会”的论文集，共收学术论文26篇，内容涉及程长庚的家世、生活道路、艺德人品、艺术成就以及程长庚在声腔、剧目、表演、人才培养、组织管理等方面所作出的杰出贡献。《古今中外论长庚》是有关程长庚与京剧形成研究的资料集。《长庚精神照后人》是1996年召开的“纪念程长庚诞辰185周年学术研讨会”的论文集，收学术论文33篇，进一步对程长庚在京剧形成期所作贡献，京剧形成的背景、时期、源流以及程长庚等杰出艺术家的艺术道路所提供的历史经验进行了研讨。这套文丛是自京剧有史以来，研究程长庚所取得的比较全面、系统、深刻的成果。1992年9月，中国戏剧出版社出版的《争取京剧艺术的新繁荣》，是“纪念徽班进京二百周年，振兴京剧观摩研讨大会”的学术研讨论文集，内容有领导讲话，专家座谈，学者交流三组文章，涉及问题的范围相当宽泛，有京剧形成标志和历史过程的探索，京剧历史的反思，京剧文学、表演、导演、音乐、舞台美术各部门艺术成就和当前创作问题的论述，有从美学、心理学、文化学等角度对京剧艺术的审视，京剧现代化和京剧走向世界的研究和展望等，在一定意义上体现出京剧理论研究的新角度、新水平。1996年10月中国戏剧出版社出版了纪念梅兰芳、周信芳百年诞辰文集《梅韵麒风》，收录了江泽民在纪念梅兰芳、周信芳座谈会上的重要讲话，充分肯定了两位京剧艺术家深挚的爱国主义精神及为京剧和戏曲艺术发展所作的彪炳千秋的贡献。纪念、研究两位大师的意义，在于弘扬民族文化，振奋民族精神。文集还收录了研究梅兰芳和周信芳艺术的评论、专著摘录、怀念文章等43篇，多层次、多视角地阐述了两位艺术家的艺术成就和艺风、艺德，为京剧和中国戏曲的发展繁荣提供了宝贵的启示。上海京剧院自1988年创排《曹操与杨修》取得巨大成功之后，又有《狸猫换太子》、《贞观盛事》、《廉吏于成龙》等新作问世，上海京剧成为评论和理论研究的一个热点，见诸报刊的文章甚多，其出版物先后有《上海京剧发展战略论集》（1997年出版）、《京剧〈曹操与杨修〉创作评论集》和《京剧〈贞观盛事〉创作评论集》（均于2005年出版），这些集中于一个剧院和一出戏的评论集，是以前京剧研究史上比较少见的。

京剧的孕育、形成，意味着古典戏曲的终结，又拉开了近现代戏曲演进的序幕。100多年来，京剧的创作和演出实践不断发展，改革开放以来仍在向前延伸，这将促使京剧研究进一步开拓自己的广度和深度，创造出崭新的局面。（沈达人 陈义敏）

jingju yanchang

京剧演唱 京剧表演艺术中的歌唱艺术。简称“唱”，与“念”同属京剧声乐范畴。在京剧唱念做打4种表演手段中，唱，具有抒发感情、叙述事件情节及表现戏剧性激情的特殊功能。

京剧的唱，专为表现戏剧的需要而设。为区分各类型人物声音的自然属性、社会属性及一般性格属性，乃有按人物类型划分的行当唱法，从不同的用嗓、不同的音色及不同的表现手法上加以体现。不同的用嗓，不外大嗓（本嗓、真声）、小嗓（假声）及大小嗓（真假声）结合3种；不同的表现手法，主要指吐字行腔的刚柔、劲头（力度）等搭配的比例而言。行当唱法既是各行当演唱技术的统一规范，也是各行当演员必须掌握的基本功。

行当唱法 京剧一般分为生、旦、净、丑四行，其下又可细分为多种行当。各行当唱法具体区分如下：

生 一般分老生和小生。老生大多扮演中年以上男性中的正面人物。在京剧的孕育、形成时期及其后一个相当长的历史时期内，唱功老生始终处于剧团的领衔地位，至今仍为京剧主要行当之一。唱用真声，以具有响亮的膛音或“云遮月”嗓音者为最佳。白髯老生音色较为晦暗而带有“苍音”色彩，黪髯及黑髯老生，则视年龄的高下调整其嗓音的明亮度；行腔稳练老到，遒劲挺拔，如《文昭关》中的伍员、《李陵碑》中的杨继业、《捉放宿店》中的陈宫等。小生扮青少年男子，传统戏中用真假声结合（现代戏中多改用真声），二者变化频繁；声音宽厚明亮，上下统一，衔接自然，发声技术难度较大。在言情戏中，如《洛神》的曹子建、《柳荫记》的梁山伯等，人物唱腔抒情成分较重，行腔刚柔相济。《辕门射戟》中的吕布、《罗成叫关》中的罗成，唱腔高亢雄壮，唱法则须发音嘹亮，中气充沛，行腔刚劲峭拔，刚多于柔，以表现人物之英武。

旦 一般分青衣、花旦、闺门旦及老旦等。前三者扮青年或中年妇女。青衣多扮正剧或悲剧中的正面人物。初期专重唱功，后始兼重念、做。自四大名旦崛起后，旦行往往成为剧团的主要台柱。唱用小嗓（现代戏中女旦或用大小嗓结合），发声清脆明亮，如珠圆玉润般纯净无瑕；唱腔最具装饰性和华彩性，字少腔多，迂回曲折，唱法宛转细腻，在刚柔相济中棱角较为含蓄；忌讳一味追求柔媚，导致产生“烂腔”（俗称“棉花腔”）。如《西施》中的西施、《窦娥冤》中的窦娥、《宇宙锋》中的赵艳容等。老旦扮老年妇女中的正面人物，如《徐母骂曹》中的徐母、《罢宴》中的刘婆等。唱用本嗓，要求嗓音宽厚高亮，行腔既有老生的稳练苍劲，也有女性的柔婉和细腻。

净 一般分铜锤与架子花两种，铜锤（包括黑头及其他以唱功为主的大花脸）多扮德高望重或极富权威的朝廷重臣，如《二进宫》中的徐彦昭、《铡美案》中的包拯、《姚期》中的姚期等。唱用阔口膛音，行腔凝练，气度恢弘。架子花多扮勇猛豪放，性格直率、粗鲁的人物，也扮奸雄佞官之类，前者如《李逵探母》中的李逵，后者如《群英会》中的曹操等。重念重做。唱腔简练，行腔豪放粗犷，以气势胜。有时也可以“炸音”表现其豪爽不羁的性格和激情。

丑 扮正面或反面的滑稽人物，也扮旧社会中的地位低下者。以念及做为主，要求嗓音清脆，口齿爽利。偶然有唱，行腔也多以超乎寻常的夸张手法，给人以诙谐滑稽之感。前者如《苏三起解》中的崇公道，后者如《审头刺汤》中的汤勤等。

京剧演唱的基本要素 包括发声、吐字、行腔、节奏及唱情等5个方面。

发声 京剧各行当虽有用嗓的差别，但发声原理和方法是相通的。民族传统唱法极其重视气息对发声的重要作用。早在唐段安节的《乐府杂录》中就曾指出：“善歌者必先调其气。氤氲自脐间出，至喉乃噫其词，即分抗坠之音。既得其术，即可致遏云响谷之妙也。”“脐间”，即京剧俗称的“丹田”处。要求吸气深，呼气时利用腹肌的内收上提作用，使气息能有控制地、平稳地流出，无论站立、坐、行甚至跪、卧，唱时都要保持上身正直的正确姿势，即“气沉丹田，头顶虚空”（头部顶着太空）、“两肩轻松”，并打开喉咙（传统称“打开上下牙箱”），使下丹田（脐下）、中丹田（两乳正中）与上丹田（两眉之间）三点连成一线，当气流振动声带后，即将声音送入各共鸣腔（京剧谓之“音膛相聚”），达到“以气托声”、“以气托腔”的目的，并使“声出一线”，如一串贯珠。为照顾舞台形象的需要，一般（特别是旦行）均以开内口为宜，而不太开大外口。不同的声区，京剧要求“高音嘹亮不窄细，平（中）音坚实不偏枯，低音沉厚不板滞”，“必高中低三音皆备”始为上乘（陈彦衡《论唱工》）。这些原理和要求，由于人体发声器官的构造和机能的共性以及声乐艺术的共同规律，使民族传统发声法（包括京剧）与欧洲传统发声法基本相同，但具体运用时，受语言、风格和审美差异的影响，又使京剧声乐在声音的色彩和各母音的音型上具有自己的个性。

京剧各行当对共鸣腔体的运用，虽与各行唱腔所用的声区有关，但也与各行当人物的声音造型有关。如老生与净，虽同用本嗓，老生以口腔、鼻腔共鸣为主，高音（特别是“衣斯辙”的字）则用头腔共鸣（俗称“脑后音”）；净行中的铜锤、黑头等，为取得黄钟大吕、浑厚沉雄的发声效果，则用胸腔、鼻腔和头腔三者的混合共鸣，且喉咙开度均较其他各行当为大。从总体说来，各行均须将声音竖立起来，不能用横嗓。

吐字 吐字是京剧唱功中的一项重要技巧。它追求清晰的字音与良好的舞台发声相结合，二者不能偏离，更不能只重声音而置字音于不顾而产生“音包字”。从单纯的吐字来说，要使字音清晰，必须理解汉字的语音结构。汉字虽为单音节字，但每个字音的构造，实际又可分为声、韵、调3个部分。“声”即声母（辅音），为吐字时的字头。普通话中，21个辅音声母，决定字头发出时的瞬间，气息分别在喉、舌、齿、牙、唇5个咬字器官受阻的部位，传统谓之“五音”。京剧的“口劲”，即指辅音在受阻部位除阻时所需的气息量和力度。演唱时，辅音虽不占时值，但这个出字过程必须明确交代，它不仅有利于字头的清晰无误，更有利于将其后的元音带入正确的声音位置，并使声音结实而富有弹性。但是如果将字头咬得过重过死，则会使发声板滞，并产生不必要的“字疣”。因此京剧传统中说：“咬字犹如猫衔耗子，又要衔住，又不能咬死。”得“叼着玩儿”。而这，就是唱字的艺术了。

“韵”即韵母（元音），是结合辅音发出的字音的主体，声音响亮，时值最长；是为“字腹”。传统将元音分为开、齐、撮、合等4种口形，称“四呼”。行腔时任字音的旋律千回百转，均须保持该元音音型不变。由于韵母中含有2～3个元音或元音与辅音组成的复合韵母，故韵母又有韵头、韵腹及韵尾之分。根据不同的组合，以i、u、ü为韵头的复合韵母在长短不同的时值中各有不同的唱法；属于鼻韵母（-ong、-ang）的字，则须具有鼻音色彩（普通话为-ing、-eng等构成的字音，京剧一律上口为-in或-en）。根据不同的单韵母及韵尾（包括元音尾、辅音尾和无韵尾的开尾韵母），均可按皮簧十三辙分别归韵、收声；其收声之法，民族声乐传统有6种，京剧因无“闭口”音（收m），故实际应用中只有“展辅”（-i韵尾）、“敛唇”（-ao、-u韵尾）、“抵颚”（-n韵尾）、“穿鼻”（-ng韵尾）及直喉（除单韵母外，尚有复合韵母中的-ia、-ua、-ie、-üe、-uo）5大类。收声亦不占歌唱时值，仅为字音结束时为使字音完满的一种不可缺少的唱法，故仍须“隐而不显”。

音韵学中的“调”，即指字的调值，音同调值不同，即产生不同的字音字义，故“以字（调值）行腔”，便成为创腔和演唱二者都必须遵守的原则。唱腔上的“以字行腔”，体现在字位上的腔头部分，其旋律线必须与京剧所用的字调值走向相符，否则即出现京剧忌讳的“倒字”。演唱上的“以字行腔”，则体现在字位上一字多音时的实唱与虚唱和帮助体现字调的装饰音的有规律的运用上。京剧中的“逢上必滑”与“逢去必挑”（实际应用时应是“可滑”、“可挑”），便是对京剧上声字与去声字的唱法，如运用适度，可使行腔灵活生动，并表现出语言音调的美。

声、韵、调是一个完整的字音所不可分割的3个组成部分，民族传统声乐论著中对此论述甚详，京剧亦要求甚严。不少杰出的唱家都曾钻研过音韵学，他们的演唱不仅做到字音清晰和富于美感，更能将字的韵味和人物的神韵体现得十分完美。此外，京剧中尚有尖团字之分及上口字之别，其中尖字及上口字是京剧历史上形成并遗留下来的一部分与现行普通话读音不同的字音；从唱念的角度说，尖字与团字的区别，主要在字头，即出字时辅音着力部位的差异。现在由于尖字和上口字与普通话距离较远，为使观众易于听懂，它们已有逐步向普通话靠拢的趋势。

行腔 指歌唱时唱腔的进行。它包括字调进行时的唱法和整个旋律线进行时的唱法两个部分。京剧唱腔除字位上体现调值的一字多音外，还有很多附着于字后的长短不同的唱腔（京剧谓之“大腔”及“小腔”）：它们或由于板式结构的需要（如字少腔多的抒情性慢板，夹抒夹叙的快三眼、原板等）；或为调节前后字音，使过渡衔接时唱腔更加流畅、美听的需要；更多的是为发挥词意、刻画人物的需要。因此在整个行腔中，首先要注意字调的体现和词句的完整，使体现字调的虚唱与实唱，能与旋律的进行自然谐调，行腔流畅优美（即所谓“字正腔圆”）；在处理字与各种大小腔的关系时，应以“字为主，腔为宾”，字重腔轻的唱法，使唱句不因各种大小腔的存在而将词句、词意割裂。在处理整个唱腔时，必须使行腔有虚有实，有刚有柔，轻重有致、顿挫得宜。长于抒情的慢板要唱得宛转细腻，荡气回肠；长于叙事的板式要节奏铿锵，字字珠玑；快板则要唱得如“珍珠脱线”。在处理全剧的唱腔时，要根据剧情和矛盾的展开而分清主次，突出重点。一般交代情节的唱，不妨轻描淡写，一带而过；对重要情节或关键性的唱段、唱句，甚至一词一字的腔，都要着力刻画；对全剧中的重点唱段，更要精雕细镂，必要处，更要淋漓尽致地予以抒发、刻画，务使人物形象鲜明生动，深刻感人，达到足以使观众动情的地步。故传统说：“词山曲海，千生万熟”（元燕南芝庵《唱论》），又说：“唱曲贵虚心玩味”（明魏良辅《曲律》），只有在无数遍专心致志的揣摩和琢磨中，才能品味、体现出乐曲的情趣，才能将唱腔唱活，唱得好听、动听、传情、传神。

节奏 节奏或曰尺寸，在京剧演唱中具有不容忽视的特殊作用。京剧中各种板式的唱腔，就是在唱词七字句、十字句分逗、分句的板式结构的基础上，分别与二簧、西皮两大声腔相结合，作节奏上疏密繁简、紧急快慢的多种处理而成。它们具有表达各种戏剧节奏、人物内心节奏，形成抒情、叙事及表现戏剧激情的多种功能。生活中，人在心情平静，消闲或沉思等时，内心节奏自然舒缓；而在紧张、焦虑、愤怒等时，节奏自然也随之变化。但有各种不同程度的平静、闲散、沉思，也有各种不同程度的焦急与愤怒，因此演唱时，即令是同一板式，不同剧目、不同人物在不同情境中运用时，节奏速度也会有很多档次。如在《空城计》的念白中，当诸葛亮听到探子接连三次报道，从“马谡失守街亭”，到“司马懿领兵夺取西城”，再到“司马懿大兵离西城不远”后，就用了三种不同节奏的语调念出了“再探”二字，表现出他三次听报时的不同心情。在演唱中，如《文昭关》里，伍员有一个36句唱词的大型唱段，虽仅用了［二簧慢板］及［二簧原板］两种板式，却以各段落节奏速度的层层递进，刻画出伍员在昭关受阻、无计脱身时复杂、焦急的心情。利用板式节奏速度的变化，刻画人物思想感情发展的层次，是京剧唱腔惯用的，也是最具表现力的手段之一。因此演员演唱时不仅要与鼓师、琴师一道共同开好每一段唱腔的尺寸，更要掌握好各中、大型唱段中板式转接时的尺寸，以及为突出某句、某词、某字时临时采用的“催、撤、扳”等。对字多腔少的快板，唱腔经常以变节奏的形式出现，演唱者像是要着板唱，但在快速中不能脱板。对各种板式，要唱得有板有眼，节奏鲜明，秩序井然。如有身段配合，更须将身段的节奏统一于鼓点和演唱的节奏，在有限的时间内完成繁难的动作，并在强烈的节奏中稳住、亮相。因此京剧要求演员必须锻炼到有“心板”的地步，做到一腔一调、一招一势都符合节奏的要求。

唱情 是京剧演唱中发声、吐字、行腔、节奏等各种技术的总归宿和总目的。这个情，是戏剧的情，是人物的情。因此演员必须处处洞察、体会剧中人物在全部事件进程中思想感情发展的层次和人物之间的关系，入情入理、恰如其分地唱。唱时全神贯注，始终保持原神不散，一气呵成。做到有技术而不显技术，有“做腔”而不显做腔，有艺术安排而不显矫揉造作，不温不火，自自然然，仿佛一切都是人物发自内心的倾吐，不仅唱者出神入化，几乎忘了在“度曲”，也使观众在感情上得到升华和高度审美愉悦。这就是京剧对演唱所要求的“字正腔圆，声情并茂”。（萧晴）

jingju yanchu tuanti

京剧演出团体　京剧演出活动和创作活动组织管理机构的统称。由管理人员和业务人员组成。业务人员是演出团体中的主体，包括演员和其他艺术人员；管理人员也不可或缺，其性质与作用，随体制而有变化。演出团体有职业与业余两类。职业演出团体又有“官办”、“民营”之分。官办如在清代有昇平署，中华人民共和国成立后各地有国营剧院团。民营有在城市戏园挂牌演唱的戏班、流动于乡镇演出的草台班、水路班等，其中在城市戏园演出的戏班，艺术素质、辐射力度及社会影响均占突出地位。

沿革

京剧戏班，由清乾隆五十五年（1790）进京之徽班嬗变而来。北京的徽班，如三庆、春台等，为营业竞争需要，于嘉庆至道光年间吸收湖北艺人入班，纳入湖北西皮调和二簧调（包括反二簧）作为自己声腔主体部分。经过北京徽班艺人不断精求，逐渐衍化，于道光末年出现口音、唱念技法、腔式、韵味等有异于湖北西皮、二簧的京西皮和京二簧。它标志着京剧在徽班中已经完成嬗变，独树一帜。京剧戏班伴随着京剧的形成而产生。然而，从道光末至辛亥革命前的六七十年间，北京观众仍把三庆等班呼之曰“徽班”。纵观清代同治、光绪、宣统时期北京戏班报官具结，虽绝大多数不再将“徽”字冠于班名之上，但亦无自书“京剧戏班”者。这一特殊的历史现象，与京剧嬗变于徽班、京剧名称晚出等有直接关系。关于三庆等班确实存在一个徽京划期、明确分立的问题。若以道光末年分期，将三庆等班纳入“京剧戏班”系列，较为切合实际。

京剧形成后，以异常迅猛之势取得京师剧坛霸主地位，戏班也随之勃然兴起。据不完全统计，从道光末至宣统末年，著名或比较著名的京剧戏班有：三庆、春台、四喜、和春、嵩祝、新兴金钰、大景和、双奎、广和成、小福胜、阜成、镒胜、永胜奎、德胜奎、久和、胜春、同春、小荣椿、小洪奎、玉成（梆簧兼唱）、宝胜和（梆簧兼唱）、小天仙、小丹桂、福寿、春和、同庆、庆寿、春庆、双庆、鸿庆，以及上海的金台、天津的重庆等班。有的因历史长久，声名远播；有的时间短促，方兴未艾。总之，皆以“寓教于乐”的特有艺术功能，劝惩讽喻，感化人心，作出自己的贡献。辛亥革命后，北京京剧演出团体，为区别妓院中的“清音小班”，提高自己的社会地位，于1914年正月初一一律改“班”为“社”，如清代的玉成班改为翊文社，双庆班改为双庆社等。新出现的演出团体（包括国内各地区、各剧种）全部以“社”命名。1914～1928年，有杨小楼的永胜社、梅兰芳的承华社、余叔岩的胜云社、高庆奎的庆盛社、程艳秋的鸣和社、尚小云的协庆社、荀慧生的庆生社、言菊朋的民兴社、徐碧云的荣华社、叶春善主持的富连成社等30余社。此后，其中不少戏社的名称有所变更，亦有中途散去者。1929～1937年，新社又有：朱琴心的忠信社、俞振庭的斌庆社、马连良的扶风社、李万春的永春社、新艳秋的庆和成社、孟小冬的庆成社、章遏云的庆盛社、雪艳琴的成庆社、谭富英的扶春社、李盛藻的文杏社、麒麟童（周信芳）的移风社、金少山的松竹社、王玉蓉的福庆社、华慧麟的荣庆社、奚啸伯的忠信社、叶盛章的金升社、程砚秋的秋声社等。1938～1945年，新社又有李少春的群庆社（后改名起社）、毛世来的和平社、宋德珠的颖光社、吴素秋的秋文社、言慧珠剧团（后名心声社）、童芷苓的苓社、李世芳的承芳社、徐东明的明琴社、李玉茹的如意社、杨宝森的宝华社、张君秋的秋社、徐兰沅的勤节社、侯玉兰的兰社、叶盛兰的育化社等。上述戏社，绝大部分由老生、旦脚或武生挑班，但也出现了武丑挑班的金升社、净脚挑班的松竹社、小生挑班的育化社，这是京剧形成后所罕见的。这一阶段，经过京剧的广泛传播，京剧的称谓已被全国各界所认同，但诸社仍沿清代习惯，只书社名，不标剧种。1937年淞沪抗战后，金素琴在欧阳予倩指导下，于上海组成中华剧团（见1939年《申报》香港版），是国内京剧演出团体以“剧团”命名的先驱。将“京剧”或“平剧”（1928～1949年间因北京改称北平而随之改称）字样最先标明于演出单位名称上的，是1939年春田汉在湖南长沙组建的平剧宣传队。1942年延安成立的延安平剧研究院，简称延安平剧院，京剧演出团体始有剧种加地区之全称。中华人民共和国成立后，以此全称，推广全国，如北京京剧团、上海京剧院等，统一了京剧演出团体名称的确切称谓。

组织

清代京剧戏班所有权，大致分4种：一种是名角个人出资，如同治、光绪时期程长庚的三庆，梅巧玲的四喜，俞菊笙的春台等。一种是名角多股集资，如谭鑫培、田际云、王楞仙、朱文英、路三宝等复出的三庆，迟韵卿、余玉琴、陆华云、陈德霖组建的福寿班等。一种是外界人出资，依靠邀角，自我经营演出，如同治、光绪年间庞太监的嵩祝班；也有外界人士只出资当股东，委名角代为经营者，如光绪中期田文三（退庵居士）的四喜班。一种是由富于管理经验的一般角色、鼓师、箱头、琴师、管事人等联合出资经营，如同治二年（1863）朱廷贵（咸丰时充双奎班箱头）等人建立的小福胜班，光绪十九年（1893）一般角色刘吉庆、张玉贵等人合组的小丹桂等。以上4种，以名角个人出资承班持续时间较为长远，如程长庚的三庆等班。名角合组诸班往往不易久持，如谭鑫培等人3次复出三庆班，每次只一二年即散；福寿班总共不过10年，承散4次。其他如田文三的四喜大约办了7个年头亦易主。辛亥革命后，各戏社的所有权，与上面情况大致相仿。

清代，凡成立戏班者，皆由承班人聘请班内一二人为领班人，代理承班人掌管对外事务，直接向官府负责（也有承班人自为领班人者）。另设后台总管一人，代理承班人主持后台事务，例如安排上演戏码，脚色分配等项。在总管之下，各行再设小管事一人，具体掌管本行演出秩序。负责与戏园方面联系的，由领班人兼代，倘承班人自为领班人，则另设前台管事代为查看人数、分账等事。有关脚色、各行人等之配备状况，以光绪二十一年（1895）北京同春班花名册为例：“头等生脚三人、二等生脚九人、三等生脚十人；头等小生二人、二等小生五人、三等小生三人；头等旦行五人、二等旦行九人、三等旦行七人；老旦四人（未分等）；二等净脚十一人、三等净脚十二人；头等丑脚一人、二等丑脚五人、三等丑脚七人；场面十六人；上下手八名；流行十六名；检场三名；梳头三名；管箱十六名；交作二十名；头目五名；管帐二名；共一百七十余名。”（流行即龙套；管旗包箱、后场桌、打门帘、管彩匣、催戏、管水锅六种，统称交作。见齐如山《戏班》。）京剧戏班规模大小不一，各行、各等之人数可增可减，但各行、各等、各门类之设立，必如同春班，不能缺少。辛亥革命后，在正乐育化会规划下，戏社由七行（老生行、小生行、旦行、净行、丑行、武行、流行）七科（音乐科、盔箱科、剧装科、容妆科、剧通科、交通科、经励科）组成。中华人民共和国成立后，经励科不再保留，各种专业名称也渐有变化。

戏班内的各类人员，统由承班人聘用。被确定之各等演员，须将自己所能之戏列一清单，送交后台总管存留，以备派戏之用。演员约期，通常以一年为限。规定约期内，承班人不得无故辞退演员，演员亦不得擅自另搭别班，如有违犯，可投诉精忠庙裁决。此种规定，有利于戏班稳定，使舞台能正常演出、排演新戏，特别是连台戏，可获充分保证。

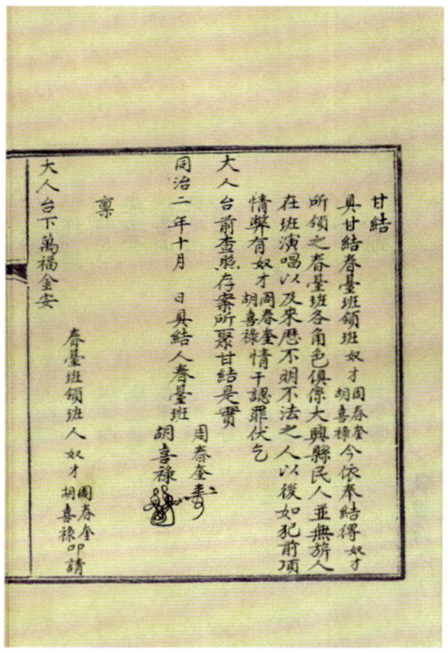
甘結
具甘結春臺班領班奴才周春奎 胡喜祿今依奉結得奴才
所領之春臺班各角色俱係大興縣民人並無旂人
在班演唱以及來歷不明不法之人以後如犯前項
情弊有奴才周春奎 胡喜祿情甘認罪伏乞
大人台前查照存案所聚甘結是實
同治二年十月　日具結人春臺班　周春奎　胡喜祿
稟
大人台下萬福金安
春臺班領班人奴才周春奎 胡喜祿叩請

清同治二年（1863）春台班甘结（几礼居抄本）

承班人将团体组成后，需报官批准。报官手续需4种：①禀帖（向主管司官问安）；②承班人、领班人甘结（即申请保证书）；③全班花名册；④全班上演剧目。备齐后，一并送交精忠庙审阅，经精忠庙首同意后，出加结（担保书）一份，连同戏班上报4种，呈报管理民间戏班的“管理精忠庙事务衙门”（内务府派设机构），再经该衙门的坐办堂郎中（官名）批准，戏班始可正式挂牌演出。无此手续，属于非法。甘结和加结的主要内容，均需写上“无别班邀来之角色，以及来历不明、不法之人在班演唱”的字样。民国初年至1928年，凡新出的北京戏社，改向北洋政府内务部所辖京师警察厅呈报。呈报内容：具报人姓名、年龄、职业、籍贯、住址，最重要的一条是必须写明在某戏园演唱。另附铺保、全班花名册各一份。1930年以后，戏班又改向国民政府地方机关的社会局、公安局备案（日伪统治时期相同）。备案手续、内容与前期类似，但具体规定，时有变更。例如，1930年后戏班花名册须将其每一成员的年龄、性别、籍贯、住址写明，1945年后又增写梨园公会证明书排号等。清代北京戏班的承班人，改“班”为“社”后，称社长。此时期组社者多是名角，他们须登台演戏，对官、对外事务，只好委任一亲信之人担任名义社长代为操持。如梅兰芳承华社的姚玉芙、尚小云重庆社的赵砚奎等均是。也有组社人自任社长者，如荀慧生的留香社、李万春的永春社等，不过比较少见。延安京剧演出团体的组织形式、名称等都与私人成立的班、社不同。负全责者，鲁迅艺术文学院平剧团称团长，延安平（京）剧院称院长，均由上级委任。1949年后，京剧演出团体主要有3种性质，即国营、私营、民营公助。1957年后，只剩国营、民营公助，私营团体已不存在。关于剧院团的组建与管理，均归各级政府的文化行政部门，其组织形式、名称等，多参照延安院、团建制予以设置。根据戏曲改革需要，条件较好的剧团设有编剧、导演、音乐、美术等固定的创作部门，这对于提高京剧艺术总体水平，发挥了积极的作用。到了改革开放新时期，又有民营剧团的涌现。

演出

京剧戏班在清道光末年出现后，仍沿徽班旧制，继续采取演出“轮转制”，即各戏班共同议决某班某日在某戏园演唱，大园演4日，小园演3日（清代，北京戏园演戏皆在白天，无夜戏）。各戏班按此轮回上演，不得擅自变更。某班转至某园，某园即将轮转的演出费，提前支付戏班一部分，演毕结清。同治年间及光绪初年，

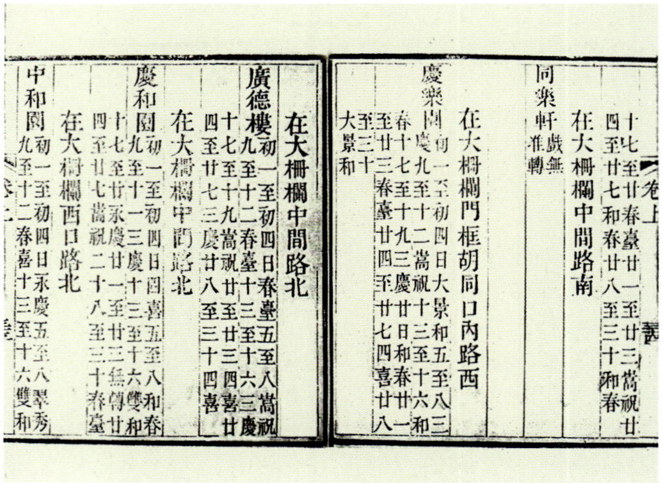
卷上
十七至廿春臺廿一至廿三萬祝廿四至廿七和春廿八至三十和春
在大柵欄中間路南
同樂軒 戲無准轉
在大柵欄門框胡同口內路西
慶樂園 初一至初四日大景和五至八三慶九至十二萬祝十三至十六和春十七至十九三慶廿日和春廿一至廿三春臺廿四至廿七四喜廿八至三十大景和
在大柵欄中間路北
廣德樓 初一至初四日春臺五至八萬祝九至十二春臺十三至十六三慶十七至十九萬祝廿至廿三四喜廿四至廿七三慶廿八至三十四喜
在大柵欄中間路北
慶和園 初一至初四日四喜五至八和春九至十一三慶十三至十六雙和十七至廿永慶廿一至廿三無傳廿四至廿七萬祝二十八至三十春臺
在大柵欄西口路北
中和園 初一至初四日永慶五至八翠秀九至十二春喜十三至十六雙和

清道光二十五年（1845）版《都门纪略》所载戏班在各戏园中演出的轮转日程

三庆、春台、四喜等大班，轮转任何一园，池子座一律一吊三百文，不准擅自增减。各大班的演出费，均以上座多寡与戏园按成分配。上座儿多，收入亦多。因此，提高演出质量，排演新戏，追求上座率的竞争，一直坚持不断，艺术得以提高，剧目愈加丰富。光绪二十六年（1900）庚子之乱，北京大栅栏内诸戏园被火烧毁，光绪二十九年（1903）陆续修复。各戏班为争取演出自主，节省衣箱、砌末反复搬运的费用，减少与各戏园的事务纠葛，仿上海演出方法，改轮转制为一班一园的固定制。按每日演出收入，戏园分二成，戏班分八成，也有三七分成。演出固定制，首先突破划一不变的座儿钱，各班根据自己实力，或提高或降低。谭鑫培的同庆班占了中和戏园，池子座涨到一吊六百文。汪桂芬偶尔演出，池子座涨至二吊钱。名角作用，愈加突出。1914年后，普遍采用灵活的班、园合同制，约期、分成等重要事项，皆以协商办法解决。期满可再续，戏社也可与他园签订新约。此种固定与流动相结合的演出制，中华人民共和国成立后仍参用之。

舞台演出的戏码安排，基本上是三段式：一般演员演前三出，艺术水平较高的演中三出，优等角演后三出，后三出之最末一出，由最佳演员，即“台柱”演唱，叫“压轴”。清代往往在压轴后，再演一出送客戏，如光绪三年（1877）三月初八日，三庆班转广德楼，程长庚的《天水关》压轴，下演送客戏《红桃山》（小武戏）；三月十五日，四喜班转三庆园，梅巧玲的《破洪州》压轴，下演送客戏《神州擂》（小武戏）。辛亥革命后，送客戏渐被淘汰。京剧演出的“三段式”源于徽班的“三轴子”。“大轴子”即全部戏码的最后一出，都是分日接演的连台戏。京剧形成后，这类连台大轴戏的演出逐渐减少，同治、光绪年间，只于年底上演一次，平时演出的折戏，即以压轴为蹲底戏。此时，蹲底戏各班皆以最佳演员轮演，非一人专司，三庆班的程长庚、徐小香、陈宝云、杨月楼，四喜班的梅巧玲、王九龄、时小福、余紫云等，都曾分别演唱过。演员的戏码排列，趋向灵活。辛亥革命后，往往有两个齐名的演员在一个戏社里演出，如桐馨社中的杨小楼、刘鸿昇，中兴社的杨小楼、余叔岩，崇林社的杨小楼、梅兰芳等。于是，在“压轴”之后，又出一“大轴子”，以“大轴子”为蹲底戏，两人分任之。此时的“大轴子”已与徽班连台戏的概念有所不同。20世纪20年代后，名角挑班制渐兴，挑班的名角（即组建者）为保持自己的身价、荣誉，大轴子戏由其独揽，俗称头牌。其余二牌、三牌及班众，皆因受雇于挑班人，除在前面独演一出之外，根据需要，还须为挑班人充当配角，即使在承华社挂二牌的老生王凤卿，亦必遵循，

不能违制。名角个人挑班制，在某些新本戏中不恰当地突出个人，使其他主要角色的艺术发挥受到扼制，影响到全剧艺术质量的提高。上海戏园，从同治六年（1867）始，京剧至沪演唱即演夜戏，为适应巨商款客（均坐于票价昂贵的包厢）无暇久留，以及大部分观众急于早归的特殊心态，将最受欢迎的名角如黄月山、孙春恒、孙菊仙等人的戏码，均排列于中间位置，无“压轴”、“大轴”之说。庚子（1900）后，王鸿寿、李春来偶以武戏蹲底，但绝大多数戏园的戏码仍遵前法。光绪二十七年（1901），孙菊仙再度去沪演唱，其戏码经常蹲底，北风南渐。至民国后，头牌名角专演蹲底戏开始普遍。

京剧戏班演出体制，始终以老生戏、旦脚戏、武生戏为骨架，俗称“三大块”。把武戏列为三大块之一，是京剧演出的一大特色。同治、光绪年间，程长庚的三庆班以老生戏为主，另有旦脚陈宝云、武生李小珍，与之同台共演；梅巧玲的四喜班旦脚戏驰誉京师，少不了老生王九龄、武生杨隆寿，为之辉映；俞菊笙的春台班武戏称雄，离不开老生张玉奎、旦脚胡喜禄，与之相偕。至民国初，各戏社演出仍然重视三大块的组合：1914年北京俞振庭的永庆社，有老生谭鑫培、旦脚王瑶卿、武生俞振庭；1917年的桐馨社，有武生杨小楼、老生刘鸿昇、旦脚王瑶卿，都是三美鼎立，观众无不称道。20世纪20年代后，有不少老生或旦行的名角本人组社，他们只注重本身技艺作用，往往着眼于节省开支，尽量压缩用人最多的武戏。1922年梅兰芳的承华社，虽有老生王凤卿辅助，却无著名武生相佐，点缀性的武戏，只以朱桂芳的武旦戏承之。1925年营业竞争受挫，始邀尚和玉入社，三大块齐整，演出日盛。尚小云的戏社很重视武戏，开支浩繁，不夺其志。他的戏社三四十年代在北平演出最为红火，与武戏的和谐搭配不无关系。抗日战争期间，出现不少青年好角，如宋德珠的颖光社有老生李和曾、武生王金璐，张君秋的秋社有老生贯盛习或纪玉良、武生孙毓堃，三大块的搭配，也很齐整。老生、武生独立剧目丰富，旦脚、老生合演戏亦有厚实积累；文唱武打、生旦交辉，更有利于调剂观众欣赏情趣。历代组班者，对以上3种名角，格外见重，所费亦多。演出戏码排列，是戏班中一门学问。排列方法，首先确定蹲底戏码，然后安排其余角色的戏目。讲究文武插花，行当间隔，一台戏多姿多彩。齐如山在《戏班》中，对派戏人（即后台总管）有过议论，认为必须通达业务，善于掌握各角儿的劳逸相间；同一时代的剧目，须按年代先后排列；不派别班近日已演之戏；根据别班戏码之软硬，加以变化应对；一日之戏码、扮相，不许重复等。上演戏码之排列优劣，关系着戏班的上座率，派戏人之运筹至关重要。

经济

钱财收支关系着演出团体的兴衰存亡。凡收支平衡的则延续长久，入不敷出的则迅即解体，百余年来，无不如此。班、社的收入来源，大致有以下4个方面：

①清道光至光绪年间，北京私寓（个体授徒形式）甚多，他们都分别隶属各戏班。当私寓子弟学会演唱之后，还有一个进入戏园、登台练艺、接触观众的实验阶段。每当此时，私寓主人须向隶属戏班交纳一年费用，多者一千吊，少则数百吊。练艺次数多者，4日登台演唱一次，少者，8日轮演一次。因一戏班中隶属私寓子弟颇多，孰先孰后，只好“抓阄”定之。这笔收入，俗称“阄费”。同治年间，四喜班所隶私寓甚夥，所入阄费亦多，大约每年可得银数千两，梅巧玲即以此项收入开发包银。其他戏班亦以此作为一项固定收入。辛亥革命后，废除私寓，此项收入断绝。

②班、社正常收入是每天在戏园演出所得之款项。道光末年北京戏园的池座，每人一百九十三文，咸丰、同治时期八百文，光绪九年至二十六年（1883～1900）为一千三百文，光绪三十年（1904）谭鑫培的同庆班增至一千六百文。这一阶段，主要戏班都在大栅栏的三庆园、庆乐园、庆和园、同乐轩、广德楼或粮食店的中和园演出，每一戏园的容量都在800人左右。卖一千三百文时期，官座、大小池子全满，戏班分成所得大约白银五十两。平时演出不过七八成座，每日收入约三四十两。光绪初年，上海戏园正厅（相当于北京的池座）每座五角，后降至四角、三角，高出北京数倍。然经常邀请京角演唱，如光绪元年（1875）孙春恒、孙菊仙在丹桂演出，年包银皆一千四百两。光绪二十七年至二十八年（1901～1902）上海各园聘孙菊仙、谭鑫培去沪，月包银高达二千元，开支亦甚繁。1914～1940年，北京（平）戏园戏价以一元为准，各戏社根据自己实力自由浮动。1923年杨小楼、梅兰芳、余叔岩的票价同为一元二角，满堂时可分得八百元左右（戏园座位较前稍增），一般情况下，可收五六百元。1941年太平洋战争爆发，物价高涨，戏价亦由二三元骤增至五元、十元。1945年2月1日，马连良在北京开明戏院首演《十老安刘》，最高票价达一百七十元。戏社的收入在数目上虽大有增加，而开支亦相应增长，实则勉强维持而已。抗日战争胜利后，许多演出团体皆因入不敷出而瓦解。京剧戏班自出现以来，在戏园营业演出，所得甚微，单此一项收入，可够开发包银者少，亏空者多，承班人自无盈余可言。

③演唱堂会戏是各班、社一笔大宗收入。道光末年，唱一次堂会戏，可得百余吊，折银十两左右。咸丰至同治年间由十两递增至百两。光绪十一年（1885）十一月十四日，北京四喜班（孙菊仙、谭鑫培、时小福等）为先贤祠行礼演出团拜堂会，收戏价一百五十八两又钱三十四吊（李慈铭《越缦堂日记》）。光绪初至庚子年，凡乡试、会试、各科同年团拜、同乡团拜、满汉大员老亲寿日等堂会，其戏价（包括“例给”、“专给”、“普给”）均与李慈铭所记的数目大致相同。光绪三十年（1904）谭鑫培的同庆班，每次堂会戏价增至二三百两。总之，演堂会戏的收入均较同期的戏园演出高出两倍，相当戏园演出两个满堂的总和。堂会里演出，遇有重要人物到场，戏班即停锣“跳加官”，到场人必赏八吊、十吊或白银一二两、四五两不等。一次堂会往往要“跳加官”十几次甚至几十次，所得赏钱亦不在少数。王府、内务府、步兵统领、

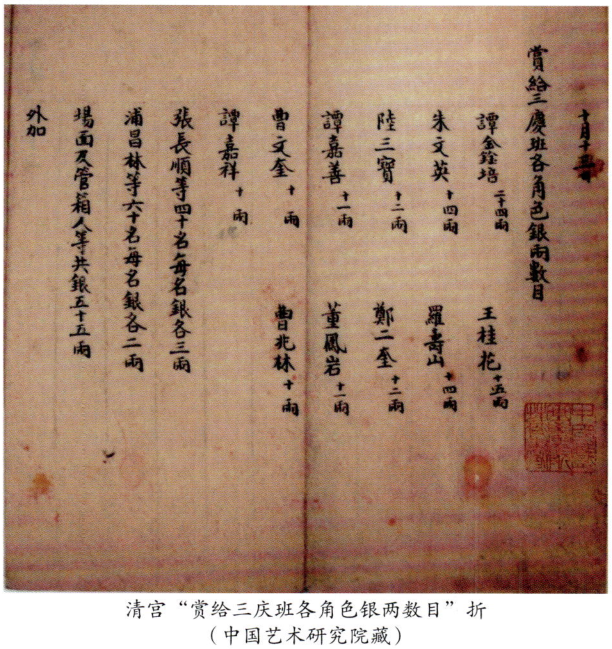
賞給三慶班各角色銀兩數目
譚鑫培 二十四兩 王桂花 十五兩
朱文英 十四兩 羅壽山 十四兩
陸三寶 十二兩 鄭二奎 十二兩
譚嘉善 十一兩 董鳳岩 十一兩
曹文奎 十兩 曹兆林 十兩
譚嘉祥 十兩
張長順等四十名每名銀各三兩
浦昌林等六十名每名銀各二兩
場面及管箱人等共銀五十五兩
外加

清宫“赏给三庆班各角色银两数目”折
（中国艺术研究院藏）

御史衙门等处之“传差”（实即唱堂会），每赏一二百两或三四百两，王府亦有赏赐千两者。上列各类堂会，每年各戏班可接数十起，除开销全班人员应得之外，承班人的盈余仍很丰盛。光绪十九年（1893）北京各著名戏班时常被召进宫中承应（全班），至光绪二十六年（1900）八国联军侵入北京始停。这一期间，各戏班轮流入宫演唱次数虽不很多，如光绪二十二年（1896）四喜班（孙菊仙等）承应十次，同春班（谭鑫培等）承应五次，三成班（田际云、黄月山等）承应四次，福寿班（余玉琴等）承应两次，但每次所得赏银数目极为可观。同年正月初一，四喜班151人入宫演唱一次，获赏银四百三十两，为戏园满堂收入的八倍。上列诸班，进宫承应前后达八年之久，累计大约少者有一二万两，多者有三四万两收入。辛亥革命后，每次堂会所得仍保持戏园演出的两倍以上，且官商私人堂会几乎每日皆有，各社演唱堂会骤增，收入自然随之亦丰。1921年后，杨小楼、梅兰芳、余叔岩被视为堂会中之“三大件”，缺一不足慰嘉宾。他们的“外串”演出，应酬不暇，每演一出大戏（占人较多）得八百元，中、小戏六百元，双出加倍。直、奉军阀统治的十数年间，各戏社依赖堂会演出，获资甚丰。这是民国以来京剧演出最活跃繁荣的鼎盛时期。1928年北伐军进驻北京后，清代贵族官僚、北洋军阀、权贵、资本家，恐被整肃，举办堂会之风稍杀，戏社收入，少一主要来源。

④外埠演出收入。北京京剧名角，从同治年间起，即不断应邀去上海、天津、汉口等地演出，都是名角个人或携带配角数人前往，无全班行动者。1923年，梅兰芳率其新组承华社80余人，应邀演出于上海共舞台40天（时为票友的言菊朋应上海名人特邀偕行），开全班去外埠之先例。此次演出，除共舞台班底薛银麟、小孟七、李桂芳三人参与配演外，承华社包揽了共舞台全部演出戏码。外埠演出与在京演出稍异之处，即约期内须连日演唱，不得间断；期满后再续演三天，名曰“帮忙”，全部收入皆归戏园。1926年10月15日，梅兰芳应上海丹桂第一台之邀，率承华社第二次去沪出演大新舞台（天蟾舞台前身）40天。戏份分配：梅兰芳二万元（包括场面七千、梳头三百、跟包五十元），王凤卿八千六百元（场面在内），李万春五千元（蓝月春及场面在内），姜妙香二千元，姚玉芙二千元，侯喜瑞一千五百元，朱桂芳一千四百元（其弟朱湘泉在内），萧长华一千二百元，张春彦一千二百元，李寿山七百元，魏莲芳、李斐叔、李春林各六百元（见《戏世界》1947年10月16日第5版），加上其他零碎角儿的支付，总收演出费约五万元。当时，梅兰芳的承华社在北京每周只能上演两次（社多园少），一次满堂约分八百元。40天内，可上演12次，总收入不过一万元。于是全班去外埠演出成为京班增收又一个新来源。此后，程砚秋、马连良等都曾率全班去外地演出，以增加收入。京剧班社百余年的历史一再证明，多方开辟求财途径，积极争取社会各界的支持，是其生存、发展的首要条件，行之则盛，漫之必衰。当然，这一切都离不开人才与技艺力量的储备。

班、社的主要开支是添置衣箱物件、日常应用砌末等项。排演新戏，花费尤多。杨隆寿创办小荣椿科班和小荣椿班，把一生积蓄几乎全部用于制作大小砌末上。辛亥革命后，绝大部分戏社不再自备衣箱，每日演出，行头外赁，当日租用，当日付款。戏班规模大小不等，行头赁费亦有差别。最少者，每日数元，最多者，如梅兰芳的承华社，每日需四十元。每排新戏，须另制一批大小砌末，又是一笔较大开支。这些花费，统由承班者负担。除此之外，大宗开销是全班各角的包银。道光、咸丰、同治及光绪七年（1881）以前，北京各戏班均在年底发放各角包银，次年三月十八日补齐。光绪初，头等名角如程长庚、徐小香等，年包银约二百两；二路角谭鑫培等，年包银一百三十两左右（每日六吊钱）；等而下之，有百两、数十两、十余两等。三庆、四喜、春台等大班皆百余人，年包银总需三四千两，皆由银号借支，以后逐日从演出费中扣还。除付年包银外，每日演出尚付车钱，头等角六吊，下为三吊，拿五百文者居多，每年亦需支出二三千两。总之，各戏班的年包银和车钱两项开支，一般均与戏园演出收入相抵，班主无大盈亏。光绪七年（1881）慈安太后殁，国服期间，北京各戏班演员杂凑一起“说白清唱”。每日演出所得，按等级分成多寡不一的戏份，在当日演戏完毕后分发给个人。光绪九年（1883）开禁，各戏班恢复正常演出，废了年包银制，公立“日份制”。三庆班台柱杨月楼每日拿戏份四十吊，为京中京剧戏班之冠。当时四十吊钱在京津可购大米160斤左右。各班每日赚一吊钱的小角甚多，只能购大米4斤，生活自然清苦。光绪十一年（1885）谭鑫培由三庆改搭四喜，日份十六吊（孙菊仙二十四吊）。光绪十三年（1887）谭鑫培自组同春班，以台柱子角色取日份三十四吊。庚子时七十吊，后至一百吊，光绪末年达一百五十吊，为北京戏班日份之极致。日份制的诞生，使戏班原有成规产生一些变化，如以前一个角儿只准搭一班演戏，一年期满始能更张。此时，除各班的台柱子角色外，二等角以下只要不影响本班演出，可以兼搭别班增加一些收入。日份制以一日演出为核算单位，演者得份，辍者停份，并可根据艺人叫座能力的消长，随时调整日份，这对促进艺人勤奋上进，有很强的刺激作用。此种工资制度，又可使戏班演员时出时入，不断更迭，保持戏班阵容历久长新。光绪二十六年（1900）庚子事变后，有一个时期戏班疲软，入不敷出。一些承班人因支付加重，难以承受，而想出一个“打厘”的办法来。即在营业收入不够开发班众的情形下，对班内头等角的日份加以折扣，以保证“零碎角”的日份照发。若上座特别冷清，二三等角亦被列入打厘之内。班内头二三等角都是依靠唱戏生活，对于承班人的“转嫁”只得应允。但兴一利，增一弊。不久，一些承班人在营业状况好转的情况下，仍虚称亏空，无理打厘。于是，班内头等角提出自己可以打厘，但请求将自带之鼓师、琴师、跟包人的工钱，统由戏班支付。承班人也只好默许。这笔开支，就写在分“份”清单（俗称“卡子”）中被打厘角色姓名的头顶之上，称“脑门儿钱”。打厘、脑门儿钱这些新规章，把承班人与头等角、主要演员及下层演员的经济利益，做了一些比较适度的调整，使戏班达到一定程度的稳定，不致成后即散，诸人失业。从这个意义上讲，此规章仍是值得肯定的。但是，无论如何调整，等级之间，仍存在明显的差距。1917年11月17日，俞振庭的双庆班在北京广德楼演出，与戏园分账后实收三百八十元（银元）。头等角梅兰芳日份五十元、脑门儿钱三十元，王凤卿日份四十五元、脑门儿钱四十吊（折银元一元七角五分），占该日演出实收的三分之一。年老的名净范福泰只拿四吊钱（折为一角七分五厘），与梅日份相较，相差近130倍。头等名角需自添行头及其他应酬，花费亦多。1942年4月，张君秋的谦和社（实为其岳父赵砚奎所组）在北京开明戏院演出《四郎探母》，二八分成，净收二千元，以一千三百元发放诸角日份，自取七百元。个人所得占全班总收入的三分之一，其他角占三分之二。这个比例是这一时期的普遍标准，高于清代的等级差别。20世纪三四十年代，北京“赶包”（又称赶场，同一演员一日之内去几个戏场演出）现象益增，小角普遍疲于奔命，其原因除当时的国情因素外，也与当时的分配标准有直接关系。中华人民共和国成立以后，国家规定京剧演出团体普遍采用月薪制，演员工资为1～13级，另有固定补助津贴，演员之间的工资差额最高约6倍，较清代民国时期大幅度缩小。演职员偶有生活困难者，可向单位组织申请临时补助。1956年后，京剧专业剧院团，逐步转化为国营体制，演出收入、演职员工资、舞台演出的各种设备，皆由国家统一管理，成为国家文化事业的一个组成部分。改革开放后，出现个人或集体承包以及个人承班、外寻资助等经营形式。随着改革开放的深化，京剧演出团体的各项经济体制亦在不断变革中。

经营

北京的京剧戏班与戏园，在清政府“不准兼营”的法令制约下，一直是相互依存，而又自成系统。两者之间，只有营业协作，决无从属关系，“班、园分立”是北京娱乐组织的一大特点。清代咸丰以前，除北京、天津外，全国各地尚无商业性戏园建筑。各地、各剧种戏班，均以庙宇、会馆、茶馆中之戏台或临时支棚为演出场所。清同治五年（1866）、六年，上海始建满庭芳和丹桂两座专供商业演出的固定戏园。用上海原有徽班的一般演员充当班底，另邀天津、北京名角在一定约期内领衔唱京剧。班底人员、京津名角，都直接受雇于戏园业主。戏园盈亏，皆由园主个人承担。名角期满，或去或留，亦由园主裁决。从此以后，京剧演员去沪演唱者，日渐增多，但不见“戏班”名称，搭某班改称隶某园，“以园代班”已成普遍现象。京剧演员与戏班、戏园的隶属关系，在上海发生根本性的变化。“班园合一”、“以园代班”的经营体制，可以采取去一批、又邀进一批，不断流动的邀角方式，促使戏园的名角、声腔、剧目等不断更新，观者心悦，效益增多。由此，全国广大地区的中小城市，均以上海戏园的经营体制为模式。这种经营方法，行之通畅，从业者乐此不疲。从清代至民国，各地延续不断。独立的京剧班社并以京剧班社名义进行演出的，在1949年前，除北京外，全国各地已不多见。所以，凡论“京剧戏班”者，无不把视点投向北京。中华人民共和国成立后，全国各省市陆续建立京剧院、团，京剧演员的隶属关系，不再由戏园控制。20世纪50年代，出现剧场附属于剧院团的新建制，如北京的人民剧场附属于中国京剧院，北京市工人俱乐部附属于北京京剧团等，全国各地也都普遍推行这一新建制。“班园合一”的内涵，至此发生倒转。建立戏园归属剧团的体制，使京剧艺术生产和演出活动都得到前所未有的物质保证。“文化大革命”中，这种体制受到冲击。改革开放以来，各大中小城市，普遍地实行剧场自主经营，脱离剧院团而隶属于上级主管部门的企业管理体制，绝大多数的剧院团不再有所属的剧场，需要演出，则应付场租费用，或签订合同，租赁演出。这又是一种“班、园分立，自主经营”的体制。但在京剧界要求剧场归属剧院团的呼声很高。至2005年，文化部对全国京剧院团进行全面评估时，已明确要求剧场是国家重点京剧院团基础设施之一，所以一些新旧剧场又都有了院团的归宿。（见附表）

（李宗白）

附：中华人民共和国京剧院团名录

——辑录自《中国戏曲志》列有专条者（时间下限为1982年底）

卷　别	名　称	成立时间	备　注
《北京卷》（1999年版）	首都实验京剧团	1950年	◇1952年改称北京市京剧一团 ◇1960年调至西藏
	新中国实验京剧团	1951年	◇由起社、金升社合并组成 ◇1955年与中国戏曲研究院所属二、三团合并组成中国京剧院
	新兴京剧团	1951年	◇1959年调至新疆乌鲁木齐市
	北京市京剧二团	1952年	◇由太平京剧团改组而成 ◇1955年与马连良京剧团合并为北京京剧团
	北京市京剧三团	1952年	◇1956年并入北京京剧团
	北京市京剧四团	1952年	◇由人民京剧团、天津青年京剧团合并组成 ◇1960年调至沈阳
	中国戏曲学校实验京剧团	1954年	◇1962年调归中国戏曲研究院 ◇1964年并入中国京剧院
	中国京剧院	1955年	※（见“国家京剧院”条）
	北京京剧团	1955年	※
	北京青年京剧团	1957年	◇以春秋京剧团为基础组建而成 ◇1959年成为发展“程派”京剧团 ◇1963年与梅、尚、荀京剧团合并为北京京剧二团
	北京实验京剧团	1963年	◇1960年由北京市戏曲学校1959年毕业生组成 ◇1985年并入北京京剧院
	北京京剧二团	1963年	◇由梅、尚、程、荀四个流派京剧团合并而成 ◇1971年改为北京市京剧团 ◇1979年与北京京剧团合并成立北京京剧院
	北京风雷京剧团	1964年	※
	战友京剧团	1970年	※
	北京京剧院	1979年	※

续附表1

卷别	名称	成立时间	备注
《上海卷》（1996年版）	华东京剧实验剧团	1950年	◇1951年属华东戏曲研究院 ◇1955年与上海市人民京剧团合并成立上海京剧院
	上海京剧院	1955年	※
	新民京剧团	1956年	◇前身为1950年组成的天蟾实验京剧团 ◇1962年并入上海京剧院
	新华京剧团	1956年	◇前身为1954年成立的共舞台京剧团 ◇“文化大革命”中解散
	黄浦京剧团	1958年	◇由民艺、德义京剧团合并而成 ◇1972年解散
	上海青年京昆剧团	1961年	◇多由上海市戏曲学校第一届毕业生组成 ◇“文化大革命”中分为“样板戏”剧组
《天津卷》（1990年版）	红风京剧团	1949年	◇1956年调山西太原市
	共和社	1950年	◇由中国大戏院京剧班底演员组成 ◇1956年与北京宝华京剧团合并组成天津市京剧团
	扶新京剧团	1951年	◇1958年改名天津塘沽京剧团 ◇1970年解体
	建新京剧团	1951年	◇1970年解体
	建华京剧团	1951年	◇1970年解体
	天津市京剧团	1956年	※（见“天津京剧院”条）
	前进京剧团	1958年	◇1964年解散
	天津市京剧二团	1974年	◇前身为1970年由塘沽、建新、建华三团组建的《海港》剧组
	天津市京剧三团	1974年	◇前身为1970年组建的《红灯记》剧组
《重庆卷》（1991年版）	中国人民解放军西南军区政治部京剧院	1950年	◇前身为1946年组建的晋绥平剧院 ◇1955年取消
	重庆市京剧团	1955年	※
《河北卷》（1993年版）	石家庄市革新京剧社	1947年	◇1951年剧社分为革新、启新两个京剧团 ◇1955年两团合并为新新京剧团 ◇1960年划归石家庄地区
	张家口市京剧团	1949年	※
	沧州专区实验京剧团	1952年	◇1958年改名为天津市渤海京剧团 ◇1961年改名为沧州县京剧团 ◇1970年解散
	河北省京剧团	1953年	※（见“河北省京剧院”条）
	唐山市京剧团	1953年	※
	赵县京剧团	1953年	◇前身为1949年组建的大众剧团
	保定市京剧团	1953年	◇1960年后又重建
	元氏县京剧团	1954年	◇前身为峰峰矿务局曙光京剧团 ◇“文化大革命”中解散
	束鹿县京剧团	1955年	◇前身为北京市红光京剧团
	邯郸市京剧团	1956年	◇前身为评剧团，接收河北省戏曲学校京剧科学生后改现名
	高阳县京剧团	1959年	◇前身为1944年冀中军区建立的复兴剧社 ◇1954年改为保定专区京剧团 ◇1959年复归高阳县
	衡水地区京剧团	1969年	◇由景县、安平县等京、评剧演员组成
	沧州地区京剧团	1970年	
	承德地区京剧团	1970年	
	承德市京剧团	1970年	◇前身为承德市文工团 ◇1981年撤销
	栾城县京剧团	1972年	◇前身为毛泽东思想文艺宣传队 ◇1982年解散
	石家庄地区京剧团	1977年	※（见“石家庄市京剧团”条）

续附表2

卷别	名称	成立时间	备注
《山西卷》（1990年版）	山西省京剧团	1968年	※（见“山西省京剧院”条）
《内蒙古卷》（1994年版）	林西县京评剧团	1955年	◇1970年解散
	海拉尔市京剧团	1955年	◇前身为1947年公私合营的大众剧院 ◇1953年由市工商联接管，改名人民戏院
	森工京剧团	1955年	◇1958年改称大兴安岭京剧团 ◇1966年改为文工团 ◇1980年恢复
	昭乌达盟京剧团	1955年	◇前身为热河省京剧团 ◇“文化大革命”中改为“样板戏”学习班 ◇1975年恢复
	包头市京剧团	1958年	◇前身为太原铁路局京剧团 ◇1962年调呼和浩特市与内蒙古京剧团合并
	内蒙古京剧团	1960年	※（见“内蒙古自治区京剧团”条）
	内蒙古新华京剧团	1960年	◇前身为北京新华京剧团 ◇1968年与内蒙古京剧团合并
	乌兰察布盟京剧团	1975年	◇前身为1970年组成的“样板戏”学习班 ◇1973年更名京剧队 ◇1978年改建为盟晋剧团
《辽宁卷》（1999年版）	新声剧团	1947年	◇前身为山东威海新威京剧团 ◇1951年更名旅大市文教局实验京剧团
	东北文协平剧工作团	1948年	◇1950年改称东北京剧实验剧团
	辽南军区政治部国剧队	1948年	◇1952年解散
	东北京剧实验剧团	1951年	◇1954年改为辽宁戏曲剧院京剧团
	沈阳市京剧团	1953年	※（见“沈阳京剧院”条）
	旅大市京剧团	1953年	※（见“大连京剧院”条）
	本溪市京剧团	1953年	
	抚顺市京剧团	1953年	◇前身为抚顺市矿务局京剧团
	丹东市京剧团	1954年	◇前身为1952年成立的辽东省京剧团
	锦州市京剧团	1954年	※
	鞍山市京剧团	1954年	※
	辽宁京剧团	1956年	◇前身为东北京剧实验剧团
	阜新市京剧团	1956年	◇“文化大革命”中解散 ◇1976年重建
	营口市京剧团	1956年	◇前身为鞍山市京剧团演出二队 ◇“文化大革命”中解散 ◇1979年恢复
	沈阳京剧院	1959年	※
	辽宁青年京剧团	1960年	◇1964年并入沈阳京剧院
	辽宁京剧院	1960年	◇前身为北京市京剧四团 ◇1962年撤销
	辽宁省革命委员会革命样板戏学习班	1969年	◇1972年改称辽宁省京剧团 ◇1978年解散
《吉林卷》（1993年版）	长春市京剧团	1949年	◇1969年并入吉林省京剧团 ◇1972年重建
	辽源市京剧团	1952年	◇前身为1949年成立的西安市儒汉京剧团
	吉林市京剧团	1954年	
	吉林省京剧团	1958年	※（见“吉林省京剧院”条）
	通化市京剧团	1960年	◇前身为通化市红星评剧团京剧队
	白城地区京剧团	1978年	◇前身为1970年成立的白城地区文工团京剧队

续附表3

卷别	名称	成立时间	备注
《黑龙江卷》（1994年版）	佳木斯人民剧院	1946年	◇1952年改为佳木斯市实验京剧团
	松江平剧院	1947年	◇1951年改为松江省实验京剧团
	牡丹江市京剧团	1948年	※
	黑龙江省京剧团（省会齐齐哈尔）	1949年	◇1954年改名为齐齐哈尔市京剧团
	哈尔滨市京剧团	1951年	※（见“哈尔滨京剧评剧院”条）
	佳木斯市京剧团	1952年	※
	齐齐哈尔市京剧团	1954年	◇前身为1949年成立的黑龙江省京剧团
	鹤岗市京剧团	1954年	◇前身为中国人民解放军东北军区政治部解放军官教导团第四团京剧队 ◇1970年改称“样板戏”学习班 ◇1977年恢复
	黑龙江省少年京剧团	1957年	◇前身为1953年成立的黑龙江省戏曲学校少年剧团 ◇1960改称黑龙江省戏曲学校实验京剧团
	鸡西市京剧团	1957年	◇前身为1953年组建的鸡西县桓山笑岩京剧团
	伊春市京剧团	1958年	◇1967年解散 ◇1978年恢复
	黑龙江省戏曲学校实验京剧团	1960年	◇前身为黑龙江省少年京剧团 ◇1968年改名为哈尔滨市青年京剧团 ◇1969年解散
	双鸭山市京剧团	1960年	◇前身为双鸭山市评剧团京剧队 ◇1982年撤销
	黑龙江省革命样板戏学习班	1969年	◇1972年解散
	黑龙江省京剧团（省会哈尔滨）	1972年	※（见“黑龙江京剧院”条）
《江苏卷》（1992年版）	淮海实验京剧团	1943年	◇1946年改名为华中文协实验剧团第二团 ◇1947年与山东省实验京剧团合并为华东平剧团 ◇1949年改名华东京剧团，进驻上海 ◇1952年改名为华东戏曲研究院实验京剧团 ◇1955年并入新成立的上海京剧院
	马金和班	1946年	◇1952年改名为新安京剧团
	孙柏龄班	1947年	◇原名龙凤大舞台 ◇1955年改为吴江县京剧团
	苏北实验京剧团	1951年	◇前身为1948年建立的苏北军区文工团京剧队 ◇1953年大多数演员调往江苏省京剧团，该团不复存在
	中国人民解放军总高级步兵学校京剧队	1952年	◇前身为1949年成立的中国人民解放军第八兵团文工团京剧小分队 ◇1954年并入山东省京剧团
	南通市更俗京剧团	1952年	◇1959年部分人员并入刚建立的南通专区京剧院
	江苏大众京剧团	1953年	◇1955年改建为江苏省京剧团
	五图河农场京剧团	1954年	◇由农场劳教人员组成，“文化大革命”中解散
	江苏省京剧团	1955年	◇1960年改建为江苏省京剧院
	南京市京剧团	1956年	※
	南京市青年京剧团	1956年	◇前身为1948年建立的苏北孤儿院光荣童子京剧团 ◇1950年更名为苏州市少年京剧团 ◇1955年调归江苏省民政厅管辖，更名为江苏省少年京剧团 ◇1960年并入江苏省京剧院
	镇江市京剧团	1957年	◇前身为1955年成立的镇江市群利京剧团
	扬州专区京剧团	1959年	※（见“扬州市京剧团”条）
	苏州市京剧团	1959年	※
	徐州市京剧团	1959年	※

续附表4

卷别	名称	成立时间	备注
	江苏省京剧院	1960年	※
	盐城专区京剧团	1960年	◇由文工、同艺、工艺三个京剧团合并组成
	淮阴专区京剧团	1960年	※（见“江苏省长荣京剧院”条）
	连云港市京剧团	1961年	◇由新海连市人民京剧团和海州京剧团合并而成
	常州市京剧团	1962年	◇前身为鸿记京剧团 ◇1950年改名常州市红星京剧团
	南通专区京剧团	1962年	◇前身为1958年组建的南通专区京剧院
	江苏省戏剧学校实验京剧团	1978年	◇1981年并入江苏省京剧院
《浙江卷》（1997年版）	浙江军区京剧团	1950年	◇原为中国人民解放军华东野战军第九纵队政治部平剧团 ◇1958年调宁夏
	合心京剧团	1950年	◇前身为韩树棠1943年创办的韩记大连升京班 ◇1956年韩树棠去世后改为宁波市京剧团
	杭州京剧团	1956年	◇前身为1952年组建的杭州人民京剧团 ◇“文化大革命”中解体 ◇1977年重建 ◇1982年撤销
	宁波市京剧团	1956年	◇前身为合心京剧团
	浙江京剧团	1968年	※
《安徽卷》（1993年版）	滁县地区京剧团	1954年	◇前身为中国人民解放军川西军区政治部文工团三队 ◇一度与宿县文工团合并，改称蚌埠专区京剧团
	淮南市京剧团	1956年	◇前身为1951年组建的淮南红风京剧团
	安庆市京剧团	1959年	◇前身为建于1946年的安庆班 ◇1951年改为安庆市人民京剧院
	安徽省京剧团	1960年	※
	徽州地区京徽剧团	1978年	◇前身为建于1938年的屯溪之江大舞台 ◇1950年改称群力京剧团 ◇1957年改组为屯溪市京剧团 ◇1978年增添徽剧表演
	六安市京剧团	1979年	◇前身为1889年创立的洪福班 ◇1949年改名为六安新新戏院
《福建卷》（1993年版）	福建省京剧团	1953年	※（见“福建京剧院”条）
	永安县京剧团	1954年	◇前身为永安京剧研究社 ◇“文化大革命”中撤销 ◇1978年恢复
《江西卷》（1992年版）	南昌市京剧团	1955年	◇由江西、南工、群艺三个京剧团联合组成 ◇1969年重建
	景德镇市京剧团	1955年	※
	抚州地区京剧团	1955年	◇前身为宁都专区群众剧艺工作团 ◇1952年名抚州专区京剧团 ◇1968年撤销 ◇1971年重新组建
	宜春地区京剧团	1960年	◇由清江、宜春、新余等县的京剧团组建而成，原设一、二团 ◇1963年二团调到萍乡市 ◇“文化大革命”初期改为宜春地区红色文艺工作团京剧演出队 ◇1973年恢复
	萍乡市京剧团	1963年	◇前身为宜春地区京剧二团 ◇“文化大革命”期间合并为萍乡市文艺工作团 ◇1972年恢复
	江西省京剧团	1969年	※
	上饶地区京剧团	1970年	◇由正风剧社、春秋剧社、上饶市京剧团等合并而成

续附表5

卷 别	名 称	成立时间	备 注
《山东卷》（1994年版）	冀鲁豫边区京剧团	1945年	◇1948年改名为光明剧社 ◇1952年改为德州行署实验京剧团
	渤海军区京剧团	1947年	※（见“滨州市京剧团”条）
	鲁中南区党委歌剧团京剧队	1948年	◇1950年与胶东文协胜利剧团合并为山东省实验京剧团
	德州地区京剧团	1949年	※（见“德州市京剧团”条）
	山东省京剧团	1950年	※（见“山东省京剧院”条）
	青岛市京剧团	1950年	※（见“青岛京剧院”条）
	高唐县京剧团	1950年	
	沂水县京剧团	1952年	
	潍县京剧团	1952年	
	博兴县京剧团	1953年	◇前身为1950年在滨县建立的滨县爱国京剧团 ◇1952年由滨县城迁往北镇，改名惠民地区人民京剧团 ◇1953年迁往博兴
	蓬莱县建国京剧团	1953年	◇1983年撤销
	茌平县京剧团	1956年	◇前身为1950年建立的茌平胜利京梆剧团 ◇“文化大革命”中撤销
	文登县京剧团	1956年	◇前身为1951年建立的文登专区人民剧团
	临沂地区京剧团	1956年	◇前身为1952年建立的临沂专区人民剧团，分京剧、柳琴两队 ◇1953年柳琴独立
	惠民地区京剧团	1956年	◇前身为渤海军区政治部京剧团
	烟台地区京剧团	1956年	※（见“烟台市京剧院”条）
	济南市京剧团	1956年	※（见“济南市京剧院”条）
	平原县京剧团	1956年	◇前身为北京市群力京剧团
	泰安市京剧团	1956年	◇前身为1950年成立于济南、后迁入泰安的共和班 ◇1958年东平县京剧团调来合并 ◇1962年与新汶市京剧团合并，成立泰安地区京剧团 ◇1963年由泰安地区下放为泰安市京剧团
	淄博市京剧团	1956年	※（见“淄博市京剧院”条）
	莱阳县京剧团	1958年	◇前身为1952年建立的莱阳县新新京剧团
	安丘县京剧团	1958年	◇由开明京剧团与坊子光明京剧团合并而成 ◇1966年改名为毛泽东思想宣传队 ◇1969年恢复
	烟台市京剧团	1959年	◇前身为1958年由牟平、福山两县京剧团合并而成的烟台市京剧二团
	招远县京剧团	1960年	
	济宁市京剧团	1960年	◇前身为1956年由曲阜、薛城、峄县三个京剧团合并而成的邹县京剧团
	潍坊地区京剧团	1960年	※（见“潍坊市京剧院”条）
	聊城地区京剧团	1969年	※（见“聊城市京剧团”条）
	威海市京剧团	1970年	◇前身为1945年成立的新威剧团 ◇1947年迁往大连，与大连京剧团合并 ◇1948年组成威声剧团 ◇1952年部分演员并入文登京剧团 ◇1954文登京剧团到威海，成立威海市大众剧团 ◇1966年剧团解散 ◇1970年重建，用今名
	枣庄市京剧团	1971年	

续附表6

卷别	名称	成立时间	备注
《河南卷》(1992年版)	河南省京剧团	1954年	※（见“河南省京剧院”条）
	郑州市京剧团	1958年	◇前身为交通部文工团京剧队
	信阳地区京剧团	1960年	◇前身为1950年信阳市政府接收的中和剧社 ◇1955年更名信阳市人民京剧团 ◇“文化大革命”开始剧团瘫痪 ◇1972年恢复，用今名
《湖北卷》(1993年版)	武汉市京剧团	1950年	※（见“武汉京剧院”条）
	沙市京剧团	1953年	◇前身为1951年由新生京剧团组成的沙市京剧队 ◇1970年并入沙市毛泽东思想宣传队 ◇1973年恢复
	宜昌市京剧团	1956年	◇前身为1950年成立的胜利京剧团
	松滋县京剧团	1957年	
	湖北省京剧团	1970年	※（见“湖北省京剧院”条）
	孝感地区京剧团	1971年	◇前身为红星京剧团 ◇1951年改建为孝感专区京剧工作团 ◇1959年改为孝感县人民艺术剧院京剧团 ◇1961年名为孝感专区京剧团
《湖南卷》(1990年版)	湖南省京剧团	1959年	※
《广东卷》(1993年版)	广州京剧团	1953年	◇前身为长江京剧团 ◇1986年解散
《广西卷》(1995年版)	广西京剧团	1955年	※（见“广西壮族自治区京剧团”条）
《海南卷》(1998年版)	南海京剧团	1954年	◇1958年移交贵州省
《四川卷》(1995年版)	西南军区政治部京剧院	1950年	◇前身为晋绥平剧院 ◇1948年改为陕甘宁晋绥五省联防军区平剧院 ◇1949年改为西北军区平剧院 ◇1955年与中国京剧院合并，部分人员调昆明军区国防京剧团
	南充市京剧团	1954年	◇前身为1951年成立的川北行署文工团京剧二队，后改川北剧社 ◇1952年改为南充专区大众剧社 ◇1971年改为南充市毛泽东思想宣传队的京剧队 ◇1978年恢复
	雅安地区京剧团	1955年	◇前身为1944年崇庆县的康春京剧团 ◇1949年收编为中国人民解放军六十二军文工团 ◇1951年编为西康军区文工团第三队 ◇1980年与渡口市京剧团合并
	成都市京剧团	1955年	※
	泸州市京剧团	1956年	◇前身为1951年成立的泸州市大众京剧院
	万县地区京剧团	1960年	◇前身为1950年成立的新生京剧团 ◇1951年改组成立万县市京剧团 ◇1960年属专区领导，更名万县京剧团 ◇“文化大革命”中改为万县地区京剧团
	达县地区京剧团	1972年	◇前身为湖北省荆州福顺班 ◇约1950年更名为达县京剧改进社 ◇1953年迁往渠县 ◇1959年调回达县
	渡口市京剧团	1975年	◇1980年雅安地区京剧团调渡口，并入渡口市京剧团
	内江地区京剧团	1978年	◇前身为1951年建立的茂县机关业余京剧社 ◇1955年并入阿坝藏族自治州文工团后，组建为和平京剧团 ◇1960年改为绵阳专区京剧团 ◇1961年改为甘孜藏族自治州京剧团 ◇1963年改为内江专区京剧团
	凉山彝族自治州京剧团	1978年	◇前身为中国人民解放军一八四师政治部文工队第三区队 ◇1954年改名为西康省文化处文工三队西昌分队，后更名为西昌专区京剧团

续附表7

卷别	名称	成立时间	备注
《贵州卷》（1999年版）	贵阳市京剧团	1955年	※（见“贵阳京剧院”条）
	安顺专区京剧团	1956年	◇前身为1950年成立的安顺群立京剧社
	黔南自治州京剧团	1956年	◇前身为1951年成立的都匀人民京剧社
	黔东南自治州京剧团	1957年	◇前身为光明京剧社 ◇1980年改为话剧团
	贵州省京剧团	1959年	※
	遵义市京剧团	1960年	◇前身为1958年调入的成都群众京剧团
	毕节专区京剧团	1960年	
	铜仁地区京剧团	1978年	
《云南卷》（1994年版）	云南大戏院京剧团	1943年	◇1958年改名为昆明京剧团 ◇1960年与云南省京剧团、昆明劳动人民京剧团合并，成立云南省京剧院
	中国人民解放军昆明军区国防京剧团	1950年	◇前身为中国人民解放军云南军区政治部京剧团 ◇1957年集体转入地方，组成云南省京剧团
	昆明劳动人民京剧团	1951年	◇前身为1950年成立的春明大戏院剑佩平剧团和后来成立的昆明劳动剧团 ◇1960年并入云南省京剧院
	文山州京剧团	1957年	◇1980年撤销
	玉溪地区京剧团	1957年	◇前身为云南省公安厅组建的和平京剧团
	东川市京剧团	1958年	◇1970年撤销
	楚雄州京剧团	1959年	
	云南省京剧院	1960年	※
	昭通地区京剧团	1960年	◇前身为1953年建立的昭通群众剧团 ◇1970年组建为昭通地区毛泽东思想文艺宣传队 ◇1980年恢复
	个旧市京剧团	1961年	◇前身为建于1950年的群萤剧社 ◇1952年改名为群众京剧团
《西藏卷》（1993年版）	西藏京剧团	1960年	◇1963年撤销
《陕西卷》（1995年版）	陕西省京剧团	1958年	※
《甘肃卷》（1995年版）	甘肃省京剧团	1949年	※
	八师京剧队	1951年	◇1952年并入中国人民解放军第一野战军后勤部文工团
	新兴京剧团	1954年	◇前身为1951年组建于陕西延安县桥儿沟劳改队的新生京剧队 ◇1961年与甘肃省京剧团合并
	中国人民解放军新疆农垦建设兵团十一师京剧团	1964年	◇1971年解散
	兰州市青年京剧团	1973年	◇前身为1970年建立的“样板戏”学习班京剧队
《青海卷》（1998年版）	青海省京剧团	1952年	※
	柴达木京剧团	1958年	◇前身为以上海乾坤大剧场为基础的群联京剧团 ◇1962年并入青海省京剧团
	海南藏族自治州京剧团	1958年	◇前身为上海京艺、大众京剧团 ◇1962年和青海省京剧团合并
《宁夏卷》（1996年版）	新生京剧团	1952年	◇1954年调往兰州，更名为新兴京剧团 ◇1958年解体
	宁夏京剧院	1958年	※（见“宁夏回族自治区京剧团”条）
	石嘴山市京剧团	1966年	◇前身为1962年建立的宁夏京剧二团 ◇1979年并入宁夏京剧团

续附表8

卷　别	名　称	成立时间	备　注
《新疆卷》（1995年版）	中国人民解放军新疆军区京剧院	1950年	◇新疆军区委托梁花侬在北京组建 ◇ 1956年组成新疆建设兵团京剧院一团
	中国人民解放军二十二兵团京剧团	1950年	
	乌鲁木齐市京剧团	1955年	※
	兵团京剧院	1956年	◇前身为新疆军区京剧院和兵团实验京剧团 ◇ 1970年缩编为兵团文工团京剧队 ◇ 1975年京剧队撤销 ◇ 1978年重建新疆京剧团
	察布查尔锡伯族自治县京剧团	1956年	◇ 1963年撤销
	新疆京剧团	1961年	※

备注中加※号的剧院团，本书有专条。　（制表：龚和德　吴秀慧）

Jingju Yangbanxi Yinyue Lungang

《京剧“样板戏”音乐论纲》　京剧音乐理论专著。汪人元著。人民音乐出版社1999年3月出版。张庚为之作序。该书是较早全面论述“样板戏”音乐的学术专著。全书共分8章：《关于“样板戏”》、《音乐的戏剧》、《刻画人物为本》、《东西方音乐文化的撞击》、《泛剧种化的超越》、《综合艺术中的音乐》、《新传统与专业性》、《失败的模式》。该书认为，“样板戏”是中国现代文艺史上的一个畸形产物，同时又是戏曲改革历程中特别是现代戏创作中的一个重要现象。“样板戏”的音乐在艺术上脚步迈得最大，得与失最为显著，成就也相对突出。这一辩证认识贯穿全书，有利于将“样板戏”的政治与艺术非正常扭结作出必要的剥离，对艺术上的得失作出客观分析。书中就“样板戏”的音乐创作，在改变传统声乐与器乐的不平衡状态、现代戏中唱与白的统一、东西方音乐文化的交流与撞击、剧种风格的自觉把握与发展、作品个性化的追求、戏曲音乐民间性向专业性的健康发展诸方面所作的实践及其取得的经验做了比较全面的论述，并指出政治对艺术的极度扭曲，给“样板戏”音乐带来了致命的伤害，其“三突出”论给“样板戏”音乐创作打上了难以磨灭的公式化、概念化的印记，“样板”的道路越走越窄，预示了“样板”模式自身的必然终结。该书的特点是：全面从艺术上对“样板戏”音乐进行了深入分析，而不是离开艺术本身作浅表的一般性的评论；从音乐角度入手，但又与分析戏曲的整体创作现象相结合，基础理论与专业技术理论相结合，使研究具有很强的理论性与实践性。

作者汪人元（1949～　），生于上海。1984年毕业于中国艺术研究院研究生部，获硕士学位。先后任职于江苏省文化艺术研究所、江苏省文化厅。专著还有《戏曲音乐论探》等。为中国戏曲音乐学会副会长、江苏省戏剧家协会主席。　（路黎）

Jingju Yizhi Lu

《京剧一知录》　京剧文集。赵晓东著。文化艺术出版社1990年12月出版。收入文章近60篇，多为短文，共约17万字。作者从小看戏，且与京剧界人士颇多交往，曾担任过《戏剧电影报·梨园周刊》主编。所论言之有物，洋溢着真情实感。他特别关注花脸艺术，书中有《裘盛戎声腔艺术特色浅探》、《裘派吐字管窥》、《〈赤桑镇〉欣赏》、《〈姚期〉概说》、《裘盛戎与〈赵氏孤儿〉》、《三代〈锁五龙〉》、《侯喜瑞念白浅说》、《方荣翔的出新——京剧〈铡判〉观后》等。谈李如春的《江南活包公》是深入调查研究之作。《李一氓与京剧》也是难得的史料。《氍毹“扫边”》记录了他观看许多名家演出历久难忘的珍贵“镜头”。《龙套的美学》为前人少有论及者。曹禺为之作《序》称：“书中有欣赏京剧流派与美学特征的学术论文，有分析京剧舞台时弊的杂文、随笔，还有京剧名流的特写、素描，细读起来，犹如在面前展开了一副多姿多彩的京剧画卷。这些文章不论是京剧专门家还是一般京剧爱好者都可以读下去，并从中获得不同的收获。”　（简畅）

Jingju Yishu Lun

《京剧艺术论》　京剧文集。刘琦著。百花文艺出版社1993年5月出版。刘琦（1939～　），研究员。北京人。1963年毕业于河北大学中文系。曾任天津市艺术研究所副所长，为天津戏剧家协会理事、周信芳艺术研究会理事。发表戏曲论文、文艺评论百余篇，1990年出版《京剧诀谚辑释》等。该书选编了作者从20世纪80年代初至90年代初所写有关京剧的论文、短论、随笔48篇，着重从京剧艺术的虚拟性、程式性、赏玩性等特征立论，对其内容与形式、传统与革新、优势与局限等问题进行了深入的理论探索。论文部分对京剧的艺术传统、理论建设、形式美、赏玩性品格、武戏表演的艺术原则、京剧诀谚、戏曲节奏、戏曲艺术的规范性、戏曲演员的角色体验

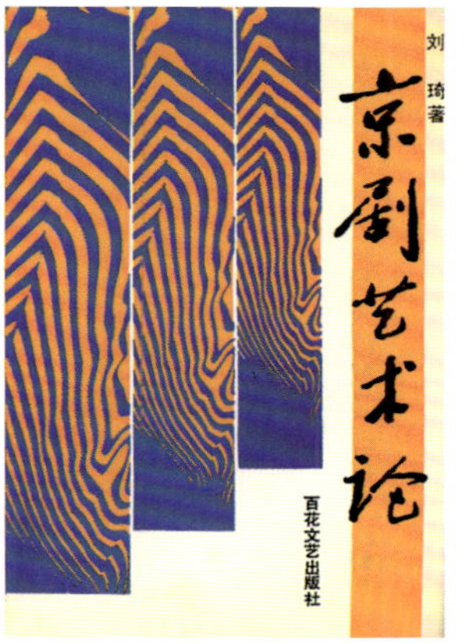

等诸多问题进行了论述，并提出了一些带有原创性的见解，如对京剧具有赏玩性品格的观点所作的论述，提出“微观节奏”与“宏观节奏”的命题等，并对麒派和裘派表演艺术的特色做了理论上的阐述。短论部分从不同角度提出了作者对京剧的程式化、戏曲批评、雅俗共赏等问题的思考与见解，如针对鲁迅批评男旦的文章，作者认为，鲁迅当时所写的是政治性很强的杂文，并不是关于男旦问题的学术论文，因而必须历史、辩证地看待鲁迅的观点。随笔部分多从京剧表演的微观细节入手，对京剧表演中存在的一些具有共性的问题提出独到的看法，并从美学角度对京剧艺术的形式美做了挖掘和探讨。观点明确，立论谨严，所谈问题往往能发时人所未发。刘琦20世纪90年代的谈戏论文236篇结集为《津门谈戏》，于1999年12月由远方出版社出版（天津市艺术研究所《艺术研究丛书》之一）。（万镜明）

Jingju Yishu zai Tianjin

《京剧艺术在天津》 京剧史料。黄炎智主编。天津人民出版社1995年11月出版。收入文章43篇，40万字。1995年11月，第一届中国京剧艺术节在天津举行，天津市政协文史资料委员会为向京剧艺术节献礼，编辑了本书。有天津京剧名家赵松樵、张世麟、杨慕兰、杨宝忠艺术生活回忆录4篇，有关于孙菊仙、尚和玉、杨小楼、梅兰芳、李桂春、杨宝森、杨荣环、丁至云、厉慧良、盖叫天、李宗义、周啸天等京剧名家在天津的活动或成长过程的回忆及评价12篇，有京津名票张伯驹、王君直、王庾生、袁寒云、韩慎先、周铨庵的介绍文章6篇，还有关于天津乐师、天津堂会戏、天津票房、天津科班、天津戏园、天津近百年昆曲活动等回忆文章20多篇。文章作者如潘侠风、吴同宾、朱经畬、许姬传、甄光俊、王永运、马同驹、郑立水等，都是京剧的资深研究者、爱好者，其中赵松樵等的艺事回忆、高渤海的《天津稽古社及稽古社子弟班》等文章，都是难得的第一手资料。黄炎智在《序》中说：“在梨园行有句俗话：‘北京学艺，天津唱红，上海赚钱。’这充分说明了天津在京剧艺术发展中的重要地位。”“相信读者在看了这本书后，会对京剧艺术在天津的传播、发展以及演出活动有更深入的了解。”（简畅）

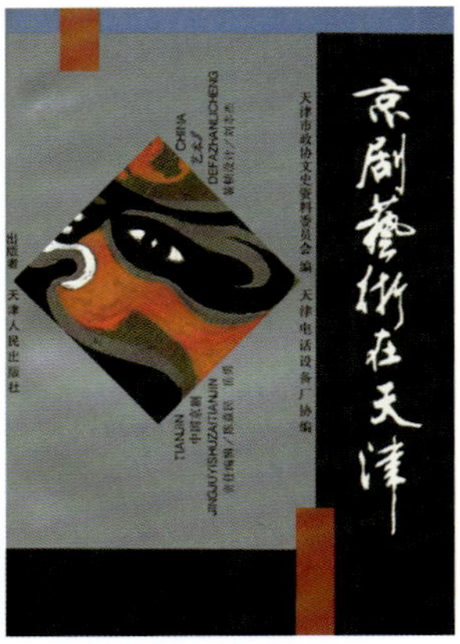

Jingju Yishu Zhongguo Wenhua de Yi Duo Qipa

《京剧艺术——中国文化的一朵奇葩》 京剧知识普及读物。石呈祥著。河北大学出版社2003年5月出版。35万字。石呈祥1964年毕业于北京大学，从事图书馆学专业。由喜爱京剧，进而研究京剧、主动宣传京剧，在大学里开设京剧课程。作者在《引言》中说，愿做一名热心的向导，和想了解京剧的青年人一道去那绚丽多彩的京剧艺术百花园中漫游一番。该书就像京剧的导游手册，不过不是单纯地介绍入门知识，还力图从中国文化的高度来剖析京剧，提高对京剧艺术的欣赏水平。全书共有9章：《悠久的历史》、《丰富多彩的剧目》、《独特的艺术形式》、《京剧之歌——优美的唱腔和音乐化的念白》、《京剧之舞——精彩的表演和奇特的武打》、《分工精细的京剧行当》、《异彩纷呈的京剧流派》、《美妙动听的京剧音乐》、《绚丽多彩的京剧舞台美术》。卷末有《著名京剧表演艺术家生卒年表》（共收入77名）、《京剧传统名剧百出剧情简介》、《京剧名段唱词选辑》（共收入100个选段）作为附录。（简畅）

jingju yinyue

京剧音乐 京剧的重要艺术因素，它同京剧文学、表演、舞台美术等有机结合，构成完整的京剧艺术形式。

京剧音乐的组成

京剧音乐由声乐和器乐两大部分组成。声乐包括唱腔和念白两个方面（京剧的念白有很强的音乐性，很讲求语调的抑扬、顿挫、清晰、美听，和歌唱有着若干共同的规律，故而常被人们与唱腔并列）。器乐包括锣鼓、管弦曲牌以及演唱的伴奏等。

由于唱腔和念白是以台词及曲调为依据的，故用它来表达故事内容和人物的行为、思想最为明确有力；同时，唱腔、念白在综合的艺术形式中还有其独特的功能，能最为有效地揭示出人物的思想和感情世界，这一点是其他艺术手段所难以替代的。因此唱腔和念白在演出中常居于主体地位，担负着剧中人物的形象刻画、主题思想的阐发和戏剧矛盾冲突的推进等任务。京剧锣鼓是京剧演出中的一个具有统领性的重要环节。通过鼓师以其鼓、板的音响（结合手势）指挥全局，贯串全剧，用以调节并配合唱、念、做、打和整个舞台的节奏韵律，可以说是决定舞台上精神气势最为重要的关键所在。京剧曲牌属于配合和加强锣鼓作用的一种配曲音乐，它在烘托舞台气氛，点染规定情境中的情调、意境方面，要比锣鼓更细致和具体，在戏中也起着配合表演的作用。以上几项与整个演出结成了不可分割的整体，但这几项在每出戏里的分量，则要根据各个剧目不同内容和不同风格而定，有的戏偏重唱工，有的戏偏重念白，有的戏侧重做工或武打，其间声乐、器乐自会有不同的调配。

京剧音乐体制及其腔调来源

中国的戏曲剧种在音乐体制上，大体分为两种：一是曲牌体，一是板腔体（或称板式变化体）。曲牌体是一种将若干支能歌唱的曲牌，依据各自不同的宫调、性能等，按一定的章法组合起来，为不同剧目中人物使用的体制，如昆曲及高腔系统中的一些剧种均属这种体制。板腔体则是在一对有某种特性的上下句基本腔的基础上，运用节拍、节奏、速度、旋律及调性的变化，繁衍派生出一系列不同的板式唱腔，为不同剧目中人物使用的体制，京剧和梆子腔系统、皮簧腔系统的很多剧种均属这种体制。

京剧是从清代中叶以来，徽、汉戏班先后进京，带来的皮簧戏在京扎根之后，逐渐发展衍变而形成的一个剧种。这是一个以唱［西皮］、［二簧］腔调为主的戏曲剧种。［西皮］、［二簧］是两个来源不同、性格不同的腔调。概括地说，［西皮腔］是明末清初以来受新兴的山陕梆子的影响，在湖北的襄阳及武昌、汉口一带和当地某种腔调结合逐渐形成的，曲调中音程跳跃起伏较大。其风格比较刚劲有力、活泼明快，具有北方音乐性格。［二簧］的来源说法尚无定论。一般认为它也是在板腔体的梆子腔盛行后，受其影响而出现的一种腔调。它的基本腔是从安徽的［四平腔］、［吹腔］中提取，在长江中下游的安徽、湖北、江西等地区逐渐发展

四平调《贵妃醉酒》 李胜素饰杨玉环

形成的，曲调中级进的音型较多。其风格比较圆润流畅、平稳柔和，具有南方音乐性格。[西皮]、[二簧]这两种腔调一刚一柔，抒情、叙事以及引发多种情绪变化的手法各有所长，在流传过程中，民间戏曲艺人将其配合起来使用，逐渐构成了一套表现功能相当完备的戏剧性的音乐。皮簧腔除京剧、徽剧、汉剧外，在赣剧、桂剧、湘剧、滇剧、川剧等剧种中，也都结合当地语音特点普遍地使用着，各有不同的特色。

从徽、汉戏班带到北京的腔调，除皮簧腔外尚有很多随着不同剧目而来的其他腔调，有[吹腔]、[高拨子]、[四平调]，以及一些小戏中的[南锣]、[柳枝腔]、[银纽丝]、[花鼓调]、[补缸调]等杂腔小调。这些腔调中，[吹腔]、[高拨子]、[四平调]，本是在[西皮]、[二簧]形成之前就有的老调子。[吹腔]过去也叫[枞阳腔]、[石牌腔]、[安庆梆子]，是从江西的弋阳腔发展出来的。[四平腔]又受昆腔影响，在安徽枞阳一带形成，是一种能唱长短句也能唱对偶上下句的非常机动灵活的腔调。后来的[平板二簧](又叫[四平调])就是由[吹腔]演变而来。[高拨子]是受秦腔的影响在安徽桐城一带形成的腔调。可以说，这些腔调和皮簧腔或近或远都有些血缘关系。故而在皮簧戏形成后，它们除在几出传统剧目中，如《奇双会》的[吹腔]、《贵妃醉酒》的[四平调]、《徐策跑城》的[高拨子]等仍保留其独立使用外，在新编的剧目中，这些腔调就作为辅助腔调和皮簧腔配合使用了。应该说明，京剧中常用的[南梆子]，并不是由徽、汉戏班带来的，这是一种结合河北梆子[导板]、[小安板]与京剧的[西皮原板]、[西皮二六]而合成的新腔调，在京剧中最早于1915年梅兰芳的《嫦娥奔月》中用过它，随后在旦行唱腔以及小生的唱腔中都竞相采用，但其来源尚缺文献可查。

京剧音乐中吸收昆曲音乐某些成分的情况比较复杂。昆曲历史悠久，在京剧形成之先，是全国极有影响的一个戏曲剧种。在舞台艺术上，它总结了古典戏曲的创作经验，积累了极其丰富的艺术财富，对后世新兴的戏曲剧种是取之不尽的艺术宝库。

昆曲《游园惊梦》
梅兰芳饰杜丽娘（右） 梅葆玖饰春香

在京剧形成的过程中，昆曲曾是演员、乐师们练功的必修课，至今在京剧的传统剧目中，尚存有不少为各种行当打基础的昆曲剧目，如《夜奔》、《探庄》、《水斗》、《游园惊梦》、《嫁妹》等，还有《回营打围》、《十面》等剧中的大量群唱曲牌也为京剧所吸收。对京剧演员、乐师的艺术修养，一向是要求“昆乱不挡”(“乱”指皮簧等)的，就是在唱念中对字声、音韵的掌握和运用也要向昆曲学习。京剧的老前辈们在唱、念上就特别重视以昆曲的曲韵为准的要求，京剧奠基人之一程长庚，就因其唱念“字谱昆山鉴别精”(艺兰室主人《都门竹枝词》)，而被人们尊为楷模。

在语音曲韵方面，京剧虽然吸收和沿用昆曲曲韵，但还是有很多复杂的其他语音因素融汇其中。自从京剧在北京生根后，北京语音对京剧唱、念的影响愈来愈大。久而久之，京剧的字韵就形成了湖北方音、北京语音、曲韵三者有机结合的体系。后来，京剧在近代民间曲韵，以北方官话规范的十三辙的影响下，又有了一个比较简便的按十三辙的归韵法，这是个很大的进步。此外，京剧的唱、念中还有一些上口字、尖团字等读法。这些也都是京剧演员必须熟谙的。

总之，与京剧皮簧长期合作的这些腔调，它们之间都有着相当深厚的历史渊源。它们结合的方法，一是融合，即由两种或两种以上的曲调因素融合而成一种新腔调（像[南梆子]那样），和皮簧腔调相辅相成地在戏中使用；一是联合，像很多剧目那样，以皮簧腔为主，联合多种腔调来配合使用。

京剧音乐的特征

戏剧性和民族性 京剧音乐是一种戏剧性的音乐。它和一般歌曲、乐曲不同，因为这种音乐，无论是声乐还是器乐，都是作为戏剧性的表现手段而出现的。演员的歌唱，乃是以剧中人的身份在进行表演，其唱腔有不同性别、行当之分和不同性格特征。他们的念白、动作、表演等也都和歌唱的节奏、韵律相适应，都是为了刻画人物形象以及表达戏剧内容所需要的。因此，它和歌唱家的艺术歌曲演唱不同。京剧器乐同样属戏剧性的音乐，因为它在戏中要担负着描写环境、渲染气氛和配合表演、舞蹈等多项任务。虽然它的器乐曲牌的表现功能还不很完备，并常有一曲多用的现象，但它所用的配乐曲牌也是有军乐、宴乐、舞乐、神乐、喜乐、哀乐之分，在戏中配用是面面俱到的。除此之外，京剧舞台上所需要的音响效果，如更鼓、钟声以及风声、雨声、水声、马嘶、鸟鸣等，也多是由乐队用锣鼓、吹管、弦乐的音响配出。

京剧是中国民族戏曲形式中最有代表性的一个剧种。它的声乐、器乐自成体系，都具有鲜明的民族特性，是长期以来无数艺术家在传统的音乐思维方式指导下集体创造，一代代传下来的产物。如京剧唱腔在组合上所沿用的板式变化体的结构体式，它所归纳出的[慢板]、[原板]、[快板]、[散板]4种板式类型，在运用中虽然通过多种手法，变化无穷无尽，但仍万变不离其本剧种的音调特征；京剧的唱、念所特有的一套在字声、音韵上的规范，在演唱上表达曲意声情的高度技法，以及锣鼓的组合、用法和表现特技等，都具有很鲜明的民族特性。

民间性和程式性 京剧原本植根于民间，其所有的腔调、曲牌、锣鼓等，大都是由徽、汉、昆、梆等古老剧种中继承而来，是无名的民间艺人长期创造累积的成果。其艺术思想、风格情趣乃至音乐语汇都体现了中国老百姓的习惯爱好，有很深的群众基础，成为中国民间文化的重要组成部分。而在其长期流传积累过程中，为适应群众的喜闻乐见，逐渐在表现形式上和技法上形成了多方面的成系列的规范程式。京剧音乐的程式同表演、文学等方面的程式和谐一致，互为表里。而反映在创作方法上的程式性，也是一个很重要的特性。

京剧中的唱腔、曲牌、锣鼓等，处处都是有程式的。正因为有了程式的规范，京剧的音乐才能显示出它的特性和其独具的艺术风格。比如伴奏皮簧唱腔的京胡，在伴奏［二簧］、［反二簧］和［西皮］、［反西皮］的唱腔时，各有不同定弦的程式——［二簧］定低Sol-Re弦，［反二簧］因是调高移低四度的调，定弦则改为Do-Sol；［西皮］定低La-Mi弦，［反西皮］因不是将［西皮］调高移低四度，而是将［西皮］调式移低四度，上句落Do，下句落Sol，调高未变，故定弦仍为低La-Mi。另外，［反西皮］还有一种情况，因其下句常有“以徵为宫”属于暂转调的句子出现，虽然落音为Sol，实则已是上方五度调上的Do了。京剧在正、反［二簧］和正、反［西皮］中，这3种定弦法和相应的伴奏法，就常会对这4种唱腔在明确不同的调性上、推动不同的旋律走向上、活跃音程跳动的幅度上以及形成不同的情调特色上，起到非常重要的作用。善于编曲的琴师们，也都会在不同的需要下巧妙地调配其表现手法。再如［二簧］唱腔“板起板落”、［西皮］唱腔“眼起板落”的程式规范，对两种腔调（一个平稳、庄重，一个激越、活泼）的特性起着明显的作用。此外，京剧的锣鼓点子，之所以有那么多不同组合的既定程式，在运用中又有那么多对既定程式的发展变化手法，都是为了舞台表演节奏鲜明和发挥锣鼓统领全剧独特的效用而定的。

京剧音乐的高度成就

京剧音乐经过北京这个人文荟萃的国都一二百年的滋养，同时又在全国各地流传，不断地创造发展，其板腔结构形式、结构方法，以及在演唱、伴奏上的表现技法，都已有了很高的艺术成就。它已成为许多板腔体剧种中，最富有艺术表现力的一个大剧种。它在音乐上的成就，概括地说有以下几个方面：

①形成了相当完备的唱腔板式格局。［西皮］、［二簧］都各有长于叙事兼抒情的、旋律较为简练的［原板］(一板一眼2/4)，长于抒情和细腻刻画内心活动、旋律比较华彩的［慢板］、［快三眼］(一板三眼4/4）和长于抒发激情的［散板］、［滚板］、紧打慢唱的［摇板］，以及只有一个上句作为引发激情用的［导板］等板式唱腔。在［西皮］中尚有比［原板］的节奏更加紧凑，长于叙事或争辩用的快、慢［二六板］(一板一眼2/4）和［流水］、［快板］(1/4）等板式唱腔。这些板式不同的唱腔，都是长期来为更加细致地刻画形象和表达感情而不断充实起来的。比如，早期京剧的［二簧］，在［慢板］和［原板］之间没有［快三眼］这种板式，后来在《洪羊洞》的“自那日朝罢归身染重病”和《宝莲灯》的“昔日里有一个孤竹君”两个唱段中就出现了［二簧快三眼］(这个板式由谭鑫培首创)。板式的多样化，是唱腔音乐表现能力大大丰富起来的必然成果。

②发挥了主奏乐器（京胡）新的表现力。［西皮］、［二簧］各有不同的情调色彩和在演唱上的独特功能，而其功能的形成，除演员们在歌唱艺术上的创造外，也和其主要伴奏乐器（京胡）在构造上的改进和乐师们伴奏技法创造性的提高有很大关系。过去徽、汉二调初进京时，主要的伴奏乐器胡琴，和现在的京胡并不一样。过去的胡琴琴杆、琴筒均为木制，琴弓短，马尾松，琴码细长，所发音响是尖、细、闷哑。后来胡琴经过在京的不少前辈琴师的改造，把琴杆、琴筒、琴弓均改为竹质，放在蛇皮面上的琴码也改成了镂空的小竹码，琴弓加长，马尾加粗，松紧合宜。经过这种改造而成的京胡，声音清脆、嘹亮，产生出一种崭新的色泽。再加上指法、弓法以及在伴奏上多种手法的发挥，对京剧唱腔艺术的提高起到了很大的促进作用。另外，在梅兰芳的剧目中，由于歌舞的成分加重，歌唱又有了新的发展，因而在乐队伴奏上，便又有了加厚音层、丰富其表现能力的新要求。为此，与梅兰芳密切合作的两位琴师徐兰沅、王少卿，极有胆识地在原有伴唱的京胡、月琴、弦子3件乐器外，增添一件比京胡低八度定弦的京二胡。这种新乐器的增添，在王少卿和后来的许多琴师的掌握中，出现了很多前所未有的新变化，对京剧旦行唱腔艺术的丰富提高，作出了很大贡献。

③开掘出发展反调唱腔的新手法。皮簧的唱腔为了适应戏剧情节的展开、矛盾冲突的变化和不同人物在情绪上的起伏，除了常用组合不同板式和［西皮］、［二簧］调换使用的办法外，尚有通过调性转调和调式转调而派生出反调唱腔的办法（这是在汉调中已创出的办法，进京后又有新的发展)。［反二簧］就是把正二簧的曲调转入下方四度的调上来唱的曲调（是属于异宫系统的转调)。因为转调后的［反二簧］等于把正二簧的调门降低了四度，相应的唱腔活动的音区也就加宽了，故［反二簧］的唱腔就比正二簧唱腔的起伏跌宕大，曲调性更强些。用它来表现悲壮、慷慨、苍凉、凄楚以及哀婉、

《宇宙锋》 沈小梅饰赵艳容（左） 傅关松饰赵高

缠绵的情绪甚为有效。［反二簧］传进京以后，除老生外，旦行戏中也有了相当充分的发展，也有［原板］、［慢板］、［快三眼］、［散板］以及［导板］、［回龙］等一整套板式，是皮簧腔为丰富旦腔表现能力而开掘出的新板腔。在西皮腔调方面，［反西皮］则不是异宫系统的转调，只是调门不变，唱腔的调式移低了四度，属于同宫系统的转调，虽然不如［反二簧］的板式那么完备，只有［二六］和［散板］、［摇板］等3种板式，但也是一种后来开掘出的表现悲伤、凄楚情绪的新板腔。在梅兰芳的剧目中反调唱腔用得最充分，如《宇宙锋》中的［反二簧慢板］、《三娘教子》中的［反西皮二六］、《太真外传》中的［反四平导板］和［反四平碰板］等。

④确定了在声乐上生、旦的分腔，开拓了各种行当不同唱法的发展途径。［西皮］、［二簧］的演唱按照生、旦、净、丑各种行当，分别用大嗓、小嗓（即真、假声）或大小嗓兼用。因不同发声、唱法而出现的行当唱腔，也是形成京剧音乐丰富多彩、结构精巧的一个重要因素。京剧唱腔以生、旦为代表的大、小嗓的分腔唱法，对戏曲声乐发展有很大贡献。用大嗓歌唱的生腔和用小嗓歌唱的旦腔，实际是由一种腔型派生出来的。旦行用小嗓唱的腔型，是在老生腔型的基础上，运用“同宫异调”手法唱出来的，旦和生的唱并不是同腔、同高度或八度的关系，而是在不同调式结构下，相差四、五、八度的关系。这种差别很适于真、假发声的有效音区，和生活中男女发声自然音区的差别关系很相似，故京剧的生、旦唱腔听来很舒服、和谐，并能发挥出各自声乐上的优势。

京剧各种行当的唱腔，以大嗓为主的有老生、武生、花脸（即净）、小花脸（即丑）、老旦；以小嗓为主的有青衣（即正旦）、花旦；还有兼用大小嗓的小生。他们之所以在声乐上都有高度的发展，各种行当都有著名演员并能创出异彩纷呈的流派唱腔，也多是和生、旦分腔的科学用嗓方法密切相关的。

京剧艺术发展到20世纪20～30年代，已经取得了相当高的成就，各个行当都涌现出不少名家，群星灿烂，流派纷呈。在全国的戏曲剧种中，已表现出强大的优势。但从另一方面来看，京剧音乐尚存在着不少弱点。京剧在过去因受其所表现的生活内容的局限和艺术传统在一定时期内所形成的相对的保守性，再加上与近代已经有高度发展的音乐理论与技法极少接触，致使其在发展到一定程度后，出现了很难再前进一步的现象。尽管30年代的京剧，在某些技艺手段上也取得了若干成绩，但在京剧艺术本身，在程式上所形成的高度严谨性和趋于僵化的某些现象，在当时就没有能力去彻底解决，京剧音乐方面也同样处于停滞状态。

在新的历史阶段中京剧音乐的新发展

中华人民共和国成立后，戏曲艺术跨入了一个新的历史阶段。社会的巨大变革，各艺术门类在革新创造上的竞相发展，现代审美意识的相互渗透、影响，必然会促使戏曲的旧形式去适应新内容而发生剧烈的变革。

为发展民族戏曲事业，很多戏曲剧种都投入了不少编剧、导演、作曲、舞台美术等新的创作力量，京剧有了专业作曲工作者，正是在这个历史阶段中出现的。这批新的作曲工作者和编、导、美术工作者及演员、乐师等在一起，在创作实践与理论研究相结合的工作进程中，曾陆续创作了不少带有实验性、开拓性的新作品。这些作品无论是在京剧的音乐语言、表现形式以及表现手法上，都发生了极深刻的变化。一些新作品的音乐创作，在新的历史阶段中迈出了极为可贵的第一步。京剧音乐随着对传统优秀剧目的挖掘、整理，特别是对新编历史题材剧目和现代题材剧目的开拓、创造，全国各地京剧团体和京剧音乐家都作出了不少新的贡献。先有《三座山》、《白毛女》等实验剧目的出现，随后又涌现出许多表现新时代、新人物的优秀作品，如《芦荡火种》(后改名《沙家浜》)、《奇袭白虎团》、《红灯记》、《六号门》、《箭杆河边》、《洪湖赤卫队》、《黛诺》、《智取威虎山》、《红嫂》、《杜鹃山》、《蝶恋花》、《香江泪》、《骆驼祥子》和历史题材剧目《满江红》、《西厢记》、《将相和》、《李逵探母》、《桃花扇》、《红灯照》、《正气歌》、《徐九经升官记》、《曹操与杨修》等。京剧音乐的创作思维有了新的发展，自然会极大地丰富其艺术上的表现能力。因此，许多优秀剧目中的精彩唱腔和配曲音乐，都出现了能适应时代需求的新音调、新形式和新的表现手法，从而也涌现出不少具有先进音乐科学知识的专业戏曲作曲家、演奏家、指挥家和具有高度声乐素养的优秀演员。在京剧乐队编制和配器上，也突破了旧格局的约束，创造性地组成了以京剧传统乐器为主的中、西混合编制的乐队，还出现了崭新的配器手法。这一切，都体现了京剧音乐新的历史性进展和具体成就，得到了广大观众的承认。

京剧是民族艺术的瑰宝，京剧音乐是京剧艺术重要的构成要素之一。京剧音乐今后的发展尚有一些重大课题需进一步研究，主要是：①京剧音乐既要保持住民族传统戏曲的艺术特色，又要吸收借鉴现代音乐文化中有用的东西，这项复杂的课题，需要理论结合实践进行深入探索；②京剧音乐已形成了一整套艺术体系，有自己的发展规律，但尚需进一步从理论上给以系统、科学的解释，从而建立相应的理论体系。（刘吉典）

Jingju Yinyue Gailun

《京剧音乐概论》 京剧音乐理论专著。刘吉典编著。人民音乐出版社1981年出版。本书是编著者在他1960年出版的《京剧音乐介绍》一书的基础上，经过修订、增删、重写而成。与前书相较，

本书加强了对京剧音乐的理论阐述，特别是对京剧音乐的某些基本规律进行了学术性的初步探索，是一部较为全面、系统地论述京剧音乐的专著。京剧音乐传统深厚，在长期发展中，积累颇丰，成就甚高。该书除有《绪言》和《后记》外，主要分为两大部分。一是"京剧乐队和它的器乐部分"。下设3章:《京剧乐队的文、武场》，综述京剧打击乐（武场）和管弦乐（文场）的来源、乐器配置、组合、用途及乐队编制等。《京剧的打击乐》，提出京剧常用的五六十种锣鼓点子，皆由［冲头］、［长锤］、［闪锤］和［马腿儿］4个基本鼓点发展或彼此结合而来，总结出打击乐在戏中的10种用法，并结合戏剧分别介绍举例。《京剧的曲牌音乐》，共分4类：①唢呐曲牌；②笛子曲牌；③海笛曲牌；④胡琴曲牌。①、④类是京剧曲牌音乐的主体，为该章论述重点。总结唢呐曲牌在戏中的10种用法，胡琴曲牌则着重介绍同一曲牌的多种变化方法，并通过名琴师所翻新改编的曲牌予以示范，归纳出曲牌变化翻新手法11种。二是"京剧的唱腔部分"。这是该书论述的重点。除以分节形式概述与唱腔有关的行当划分和行当唱法，字韵，尖、团字与上口字，十三辙和唱腔的上、下句结构等诸多方面外，还划分13类：①二簧；②反二簧；③唢呐二簧；④西皮；⑤反西皮；⑥南梆子；⑦四平调；⑧吹腔；⑨高拨子；⑩南锣；⑪娃娃；⑫插曲——吟诗、山歌、琴歌；⑬杂腔小调。并对其分别做了论述。对京剧上演的昆剧曲牌，因篇幅过大，且非重点，予以略去。13类中，①～⑨类为板腔体音乐，各有板式系列，且有行当唱腔之分，故均按各类声腔板式系统，分行当论述其上、下句的基本组织结构、旋律进行特征及落音规律，并结合论述，精选一些唱段。共有完整唱段94个，其中不乏京剧传统音乐宝库中的精品和各行当的流派唱腔，也有部分中华人民共和国成立后新编历史剧中的优秀唱段，大都于唱段后有详略不等的分析、说明。附录编著者所作《京剧现代戏唱腔的新发展》一文，初步探讨、展示了中华人民共和国成立后部分优秀现代戏中，唱腔创新的多种新手法和新成就。由于作者以创腔者的身份来论述其中对传统程式的突破和创新，故言之有物，切中实际，而非泛泛之谈。本书实用性较强，它的出版不仅提高了广大京剧爱好者对京剧音乐的理解力和鉴赏力，更对京剧音乐的教学、研究、创作均具有参考价值，影响甚广。（萧晴）

jingju yinyue shuji

京剧音乐书籍 对京剧音乐艺术进行分析研究、资料整理、曲谱记录的各种出版物。京剧是以唱皮簧戏为主的剧种。由于［西皮］、［二簧］都是属于近世新兴的板腔体腔调，音乐素材简练、变化手法灵便自如，要比一直流传着的古老的昆曲（曲牌体唱腔）平易近人得多。故而它传进北京之后，在这个人文荟萃的帝都很快地得到了提高发展，广泛地受到了朝野人士的欢迎。

在京剧形成的初期，皮簧唱腔的音调高亢、平直、明朗、酣畅，是很有魅力的。经过一些前辈奠基人的再度创造，唱腔艺术也有

了不少新的发展。但在当时的社会，人们在欣赏之余还没有细读曲谱的要求，同时也没有出现过什么较有系统的理论研究读物。直到京剧的成熟时期，在剧坛上涌现出集大成的人物，能开拓性地创出带有独特艺术风格的流派唱腔之后，社会上才有了读到这些流派大师们精确、细致曲谱的要求；相应地对主奏乐器——京胡，也产生了能将一些名琴师的技法和曲谱记录下来的强烈要求。于是，便出现了几部相当有分量的曲谱出版物。如1917～1931年间陈彦衡在《说谭》、《燕台菊萃》中用工尺谱所记录的谭鑫培唱腔；1930年由刘天华用工尺谱和五线谱所记录的《梅兰芳歌曲谱》；1929～1930年由郑剑西在《二簧寻声谱》中用工尺谱记录的京剧各个行当名家在钻石唱片中所灌制的唱段曲谱（其间也包括些理论研究和唱腔评介的文字）。

中华人民共和国成立后，有不少爱好戏曲音乐的学者投入到戏曲音乐研究的专业中去，京剧音乐有了系统研究的学术机构，京剧界的演员、乐师写了不少有关京剧音乐的书籍，从事戏曲音乐教育的教师们也编著了不少京剧音乐的专业教材。总之，京剧音乐的各类出版物相当丰富，其内容大约有以下几个方面：

①对京剧音乐各组成部分如唱腔、锣鼓、曲牌等，进行较有系统的研究分析；对演唱上各种行当不同唱法以及对字声、音韵规范所作的概括论述；对京剧唱腔、音乐设计和京剧音乐革新的研究等。这类书籍有《京剧音乐介绍》、《京剧音乐概论》、《京剧〈柳荫记〉音乐研究及总谱》、《京剧音乐初探》、《京剧“样板戏”音乐论纲》等。

②对京剧唱腔基本结构及其变化手法等进行较为详细的分析。包括对皮簧等各种板式腔型板眼起落、旋律进行、句尾落音和唱词的安放位置等方面格律的研究和旋律的扩展、紧缩、升高、降低以及转调、暂转调、调式交替等的处理方法；还有对单一板式与综合板式唱段的构成法则等的研究。这类书籍有《京剧唱腔研究》、《京剧传统戏皮簧唱腔结构分析》、《西皮二簧音乐概论》、《京剧唱腔音乐研究》等。

③对京剧声乐在字声、音韵和演唱技法上的专门论述。包括从传统曲韵到皮簧十三辙的分析研究，字的四声、尖团、上口，以及五音四呼、出字归韵收声等的论述。还有演唱上用嗓、呼吸、共鸣、掌握韵味等方面的技法研究等。这类书籍有《京剧字韵》、《京剧声韵》、《京剧音韵概说》、《京剧声乐研究》、《京剧名家的演唱艺术》等。

④对京剧器乐如京胡、鼓板、锣鼓、唢呐、笛子等演奏技法以及所属的各类器乐曲牌和各种锣鼓点的研究。有的有京胡伴奏、唱腔相对照的简谱与工尺谱。这类书籍有《袖珍京剧胡琴谱》、《京剧胡琴研究》、《京胡演奏基础》、《杨宝忠京胡演奏经验》、《徐兰沅操琴生活》、《京胡伴奏研究》、《京剧唱腔鼓套子》、《京剧打击乐汇编》、《京剧锣鼓演奏法》、《京剧曲牌简编》、《京剧群曲汇编》等。

⑤对京剧著名流派演员有代表性的唱腔曲谱的介绍与研究。包括对其流派唱腔概括地论述或对每段曲谱的唱法及革新发展等方面进行具体艺术分析。这类书籍有谭鑫培、余叔岩、马连良、周信芳、杨宝森、梅兰芳、程砚秋、荀慧生、尚小云、张君秋、郝寿臣、裘盛戎、姜妙香、叶盛兰等的唱腔选（集）及《京剧老旦名家唱腔赏析》等。

⑥以总谱形式记录京剧传统戏、新编历史戏和现代戏著名剧目全出戏的曲谱；或以简谱形式记录各种行当著名唱段的曲谱，并有剧情内容、演员经历、师承关系、演唱特点等的简介。这类书籍有《京剧〈贵妃醉酒〉总谱》、《京剧〈宇宙锋〉总谱》、《京剧〈雁荡山〉总谱》、《京剧〈柳荫记〉音乐研究及总谱》、《京剧〈红灯记〉总谱》及《京剧唱腔》(1～3集)、《京剧著名唱腔选》(上、中、下) 等。

⑦以简谱形式记录的传统戏、新编历史戏、现代戏的曲谱和“样板戏”主旋律的乐谱。前者包括一出戏的全部唱腔或选段，或将若干剧目的唱腔选段汇编；后者包括全出戏的唱腔、器乐曲、锣鼓谱。这类书籍有《京剧曲谱集成》(1～10)、《京剧〈杨门女将〉唱腔集》、《京剧〈红灯照〉唱腔选集》、《京剧〈白毛女〉选曲》、《1964年京剧现代戏观摩演出唱腔选集》(1、2、3) 及《革命现代京剧〈沙家浜〉主旋律乐谱》等。

京剧音乐出版物内容不断充实，质量不断提高，既丰富了人民的精神生活，也对戏曲音乐艺术的创作革新和理论研究起到了非常重要的作用。(见附表)

（张正治）

附：京剧音乐书目表

书　名	编著、记谱者	出版单位	出版年月
《京调工尺谱》	程焕卿　编	北京中西书局	1913
《〈天水关〉译谱》	曾志忞　高砚耘　编辑 白承典　邹振元　制谱	中西音乐会刊	1915.6
《京调工尺谱》三卷	慨志生　著	上海天宝书局	1915
《京调工尺谱续编》	知音俱乐部编	北京中亚书局	1917
《京调工尺谱》	怡情轩主　江天一　编辑	上海世界书局	1921
《京戏工尺指南》	张德福　口述 胡憨珠　整理	东亚书局	1924.9
《皮黄曲谱》第一集	李华萱　编辑		1926.6
《皮黄曲谱》第二集	李华萱　编辑		1926.10
《二黄寻声谱》	郑剑西　编	大东书局	1929.2
《梅兰芳歌曲谱》	刘天华　记谱 齐如山　徐兰沅　马宝明　参订		1930
《皮簧锣鼓秘诀》	许志豪　沈憬然　编	大东书局	1931.6
《京剧秘笈》第二集	中乐研究社　编	中乐研究社	1932
《京剧秘笈》第一集	中乐研究社　编	中乐研究社	1933
《近代剧韵》	张伯驹　余叔岩　著	北平京华印书局	1933.2
《皮簧谭声》	唐舞　著	中华石印局	1934.2
《京剧歌谱三百首》	张云鹤　编	上海中国出版社	1936

续附表1

书　　名	编著、记谱者	出版单位	出版年月
《国剧场面图解》	张笑侠　著	北平戏曲研究社	1936.12
《京调工尺谱》	许幼谦　编	上海国光书店	1937
《京调工尺谱大全》	不详	（北平）泰山堂书店	1938
《近代皮簧剧韵》	郭文生　著	中华书局	1938.8
《胡琴研究》	方问溪　著	文岚簃印书局	1938.9
《京调工尺指南》	冯子胡　著	大通书社	1941
《平剧歌谱》第一集	颜显庭　程寅伯　主编	上海中央书店	1947.4
《平剧歌谱》第二集	颜显庭　程寅伯　主编	上海中央书店	1948.11
《平剧歌谱》第三集	颜显庭　程寅伯　主编	上海中央书店	1948.11
《京剧锣鼓入门》	陈作元　著	戏学书局	1949.1
《程派名剧全部〈锁麟囊〉歌谱》	蔡其明　编	上海中央书店	1949
《京剧尖团音韵谱》	邵振古　著	民主报社	1950.12
《袖珍京剧胡琴谱》	胡塞风　编	北京书店	1951.2
《怎样学习京剧锣鼓》	张笑侠　著	自强书局	1952.11
《京剧唱谱》(1～6)	苏行　编辑	工农兵读物出版社	1952～1954
《京剧曲调》(1～3)	李栋梁　陈道莽　编校	自立书局	1953
《京胡初学法》	叶仁山　李学文　编著	汇文书店	1953.3
《京胡学习手册》	浦梦古　编著	国光书店	1953.7
《梅腔谱》(1～2)	储挠梅　编著	北京文达书局	1953.8
《京剧基本常识第一种舞台实用唢呐曲牌谱》	吕中　尚可　编著	北京宝文堂书店	1954.4
《京剧基本常识第二种舞台实用胡琴曲牌谱》	林亚　著	北京宝文堂书店	1954.5
《京剧锣鼓经谱》	栾俊　张家相　著	戏学书局	1954.11
《京剧锣鼓谱简编》	张宇慈　屠楚材　吴春礼　编写 何为　校阅	北京宝文堂书店	1955.10
《京剧胡琴入门》	张笑侠　编	上海文化出版社	1956.1
《京剧选曲》	中国戏曲研究院　编	音乐出版社	1956
《京剧〈柳荫记〉音乐研究及总谱》	中国戏曲研究院　编 何为　执笔 王瑶卿　唱腔设计 何为　屠楚材　刘吉典　傅雪漪　张复 张宇慈　记谱	音乐出版社	1956.6
《京剧〈雁荡山〉总谱》	中国戏曲研究院　编 刘颖华　音乐设计 吴春礼　屠楚材　记谱	音乐出版社	1956.6
《〈贵妃醉酒〉总谱》	中国戏曲研究院　编 屠楚材　记谱 屠楚材　张宇慈　吴春礼　整理	音乐出版社	1956.10
《京胡演奏法》	晏甬周　著	音乐出版社	1956.11
《京胡演奏法》(增订本)	晏甬周　著	人民音乐出版社	1999
《京剧曲调》	倪秋平　编著	上海文化出版社	1957.1
《京剧胡琴研究》	倪秋平　著	上海文化出版社	1957.4
《京胡演奏基础》	厉不害　编著	音乐出版社	1957.8
《京剧曲谱〈人面桃花〉》	欧阳予倩　编导及唱腔设计 傅雪漪　配曲及谱中舞台注释 刘吉典　张复　配曲及配器 刘吉典　傅雪漪　记谱	音乐出版社	1957.10
《京剧曲谱〈打面缸〉》	刘吉典　音乐设计 张复　助理设计 张复　刘永一　那荣艳　曲谱整理	音乐出版社	1957.12
《京胡曲集》	朱紫云　编	音乐出版社	1957.12
《京剧旦角唱念浅说》	陈小田　著	上海文化出版社	1957.12

续附表2

书　　名	编著、记谱者	出版单位	出版年月
《京剧打击乐汇编》 （总谱及运用说明）	中国戏曲研究院　编 张宇慈　吴春礼　何为　屠楚材　编写	音乐出版社	1958.3
《京剧胡琴奏法例解》	倪秋平　编著	上海音乐出版社	1958.3
《京剧唱腔选集》第一集	中国京剧院总导演室音乐组　编	音乐出版社	1958.4
《京剧唱腔选集》第二集	北京市戏曲编导委员会　编	音乐出版社	1958.6
《徐兰沅操琴生活》第一集	徐兰沅　口述 唐吉　记谱整理	中国戏剧出版社	1958.7
《徐兰沅操琴生活》第二集	徐兰沅　口述 唐吉　记谱整理	中国戏剧出版社	1960.3
《徐兰沅操琴生活》第三集	徐兰沅　口述 唐吉　记谱整理	中国戏剧出版社	1962.2
《京剧唱片曲谱选》（青衣）	中国唱片社　编	上海文化出版社	1958.8
《京胡曲谱集成》	赵喇嘛　口述 范石人　整理记谱	上海文艺出版社	1958.11
《程砚秋唱腔选集〈荒山泪〉》	中国戏曲研究院　编 萧晴　记谱 张宇慈　吴春礼　萧晴　整理	音乐出版社	1958.11
《京剧字韵》	徐慕云　黄家衡　编著	上海文艺出版社	1959.1
《京剧唱腔》第一集·上编（老生）	中国戏曲研究院　编 张宇慈　吴春礼　选辑	音乐出版社	1959.5
《京剧唱腔》第一集·下编（老生、小生）	中国戏曲研究院　编 张宇慈　吴春礼　选辑	音乐出版社	1959.6
《京剧唱腔》第二集·上编（青衣）	中国戏曲研究院　编 张宇慈　吴春礼　选辑	音乐出版社	1962.1
《京剧唱腔》第二集·下编（青衣、老旦）	中国戏曲研究院　编 张宇慈　吴春礼　选辑	音乐出版社	1962.1
《京剧唱腔》第三集（花脸）	中国艺术研究院戏曲研究所　编 屠楚材　吴春礼　选辑	人民音乐出版社	1982.6
《京剧〈白毛女〉选曲》	中国京剧院导演室音乐组　编	音乐出版社	1959.6
《谭鑫培唱腔集》第一辑	中国戏曲研究院　编 陈彦衡　订谱 郑隐飞　陈富年　整理	音乐出版社	1959.8
《谭鑫培唱腔集》第二辑	中国戏曲研究院　编 陈彦衡　订谱 郑隐飞　陈富年　整理	音乐出版社	1960.8
《谭鑫培唱腔集》第三辑	中国戏曲学院研究所　编 陈彦衡　订谱 郑隐飞　陈富年　整理	音乐出版社	1962.4
《梅兰芳演出剧本选集曲谱》	中国戏曲研究院　编 熊有容　记谱、整理	人民音乐出版社	1959.9
《京剧锣鼓谱简编》	中国戏曲研究院	音乐出版社	1960
《京剧音乐介绍》	刘吉典　编著	音乐出版社	1960.2
《京剧曲牌简编》	中国戏曲研究院　编	中国戏剧出版社	1960.2
《京剧曲牌简编》（增订本）	吴春礼　张宇慈　编著	中国戏剧出版社	1983
《京剧锣鼓》	中国戏曲研究院　编 吴春礼　何为　张宇慈　编著	中国戏剧出版社	1960.2
《余叔岩唱片曲谱集》	中国唱片社　编 范石人　记谱	上海文艺出版社	1960.2
《程砚秋唱腔选集〈玉堂春〉》	中国戏曲研究院　编 潘仲甫　记谱	音乐出版社	1960.3
《刘鸿昇的声腔艺术》	徐兰沅　口述 唐吉　记谱、整理	音乐出版社	1961.9
《京剧〈宇宙锋〉（总谱）》	中国戏曲学院研究所　编 萧晴　潘仲甫　屠楠　记谱	音乐出版社	1961.10

续附表3

书　　名	编著、记谱者	出版单位	出版年月
《程砚秋唱腔选集〈青霜剑〉》	中国戏曲研究院　编 吴春礼　记谱、整理	音乐出版社	1962.3
《郝寿臣铜锤唱腔集》	北京市戏曲学校　编 李庆森　记谱	北京出版社	1962.10
《京剧表演专业剧目辅助教材唱腔选集》第一辑	中国戏曲学校　编	中国戏剧出版社	1963.2
《京剧表演专业剧目辅助教材唱腔选集》第二辑	中国戏曲学校　编	中国戏剧出版社	1963.3
《杨宝忠京胡演奏经验谈》	中国戏曲学院戏曲研究所　编 杨宝忠　著	音乐出版社	1963.6
《京剧声韵》	苏雪安　著	上海文艺出版社	1963.11
《1964年京剧现代戏观摩演出唱腔选集》1	中国戏曲研究院　编	音乐出版社	1964.8
《1964年京剧现代戏观摩演出唱腔选集》2	中国戏曲研究院　编	音乐出版社	1965.2
《1964年京剧现代戏观摩演出唱腔选集》3	中国戏曲研究院　编	音乐出版社	1965.5
《京剧现代戏唱片曲谱选》1	上海文化出版社　编 卢文勤　记谱	上海文化出版社	1965.6
《京剧现代戏唱片曲谱选》2	上海文化出版社　编 卢文勤　记谱	上海文化出版社	1965.7
《京剧〈红灯记〉(总谱)》	刘吉典　音乐设计 李金泉　刘吉典　李少春　沈玉才 李广伯　周国兴　郭根森　唱腔设计 王德元、赓金群　锣鼓设计 刘吉典、张　复　关亚农　李广伯 曲谱整理	人民音乐出版社	1965.10
《京剧现代戏〈红管家〉演唱集》	河南省京剧团　乐队	中国电影出版社	1965.12
《革命现代京剧唱腔选集》	中国戏曲学校　编	人民音乐出版社	1967.10
《革命现代京剧〈智取威虎山〉主旋律乐谱》	上海京剧团《智取威虎山》剧组 集体改编	人民出版社	1970.8
《革命现代京剧〈红灯记〉主旋律乐谱》	中国京剧团　集体改编	人民出版社	1970.9
《革命现代京剧〈沙家浜〉主旋律乐谱》	北京京剧团　集体改编	人民出版社	1970.9
《革命现代京剧〈海港〉主旋律乐谱》	上海京剧团　集体改编	人民文学出版社	1972.5
《革命现代京剧〈龙江颂〉主旋律乐谱》	上海市《龙江颂》剧组　集体改编	人民文学出版社	1972.5
《革命现代京剧〈红色娘子军〉主旋律乐谱》	中国京剧团根据同名舞剧　集体移植创作	人民文学出版社	1972.7
《国剧音韵及唱念法研究》	余滨生　著	(台北) 中华书局	1972
京剧音乐常识 (音乐第四册)	天津市中、小学教材编写组　编	天津市新华书店	1972
《革命现代京剧〈奇袭白虎团〉主旋律乐谱》	山东省京剧团《奇袭白虎团》剧组	人民文学出版社	1973.6
《京胡伴奏》	马铁汉　编	黑龙江人民出版社	1973.9
《革命现代京剧〈平原作战〉主旋律乐谱》	中国京剧团　集体创作	人民文学出版社	1974.1
《革命现代京剧〈杜鹃山〉主旋律乐谱》	北京京剧团	人民文学出版社	1974.1
《革命京剧音乐常识》	冯光钰　著	四川人民出版社	1974
《革命现代京剧主要唱段选集》	国务院文化级文艺创作领导小组　编	上海人民出版社	1974
《革命现代京剧短小唱段选集》	国务院文化组文艺创作领导小组　编	人民音乐出版社	1974
《京胡演奏法》	庄永平　顾永湘　编	人民音乐出版社	1974.9
《革命现代京剧音乐介绍》	许国华　著	河北人民出版社	1975.11
《革命现代京剧音乐学习札记》	许国华　著	河北人民出版社	1976
《革命现代京剧唱段选集》	吉林人民出版社　编	吉林人民出版社	1976
《革命现代京剧〈磐石湾〉主旋律乐谱》	上海京剧团	上海人民出版社	1976.5
《周信芳唱腔选》	许锦文　记谱整理	上海文艺出版社	1979.7

续附表 4

书　名	编著、记谱者	出版单位	出版年月
《京剧〈杨门女将〉唱腔集》	唱腔设计　集体创作 音乐设计　集体创作 张复　曲谱整理	人民音乐出版社	1979.8
《京剧传统唱腔选集》	人民音乐出版社　编	人民音乐出版社	1979.12
《国剧武场研究：锣鼓经》	费啸天　陈小潭	（台北）复兴剧校	1980
《京剧〈红灯照〉唱腔选集》	张建民　刘吉典　张君秋　万瑞兴 黄勇　编曲 张复　曲谱整理	人民音乐出版社	1980.1
《张君秋唱腔选集》	张建民　编	人民音乐出版社	1980.10
《张君秋唱腔选集》增订本	张建民　编	人民音乐出版社	1985
《京剧音乐概论》	刘吉典　编著	人民音乐出版社	1981.4
《裘盛戎唱腔选集》	方荣翔　编选 田富年　记谱	中国戏剧出版社	1981.12
《平剧锣鼓影响现代乐曲创作之研究》	赖德和　著	（台北）全音出版社	1982
《京剧音乐初探》	安禄兴　著	山东人民出版社	1982.5
《杨宝森唱腔选》	许锦文　选编、记谱	上海文艺出版社	1982.5
《京剧传统曲牌选》	马玉玺　编 吴春礼　校订	人民音乐出版社	1982.8
《荀慧生唱腔选集》	荀令香　选辑 万凤姝　万如泉　记谱	中国戏剧出版社	1982.10
《梅兰芳唱腔集》	卢文勤　吴迎　整理、记谱	上海文艺出版社	1983.12
《平剧〈二进宫〉乐曲结构的研究》	郭月如　著	（台北）台湾师范大学音乐研究所	1984
《京剧名家的演唱艺术》	陈富年　著	四川人民出版社	1984.2
《京剧声乐研究》	卢文勤　著	上海文艺出版社	1984.3
《京剧著名唱腔选》上篇	吴春礼　张建民　孙以森　常静之　编	人民音乐出版社	1984.3
《京剧著名唱腔选》中篇	张建民　吴春礼　孙以森　常静之　编	人民音乐出版社	1985.8
《京剧著名唱腔选》下篇	孙以森　吴春礼　张建民　常静之　编	人民音乐出版社	1985.8
《京剧音韵概说》	陈小田　著	学林出版社	1984.8
《广播京剧唱腔选》(1)(2)	北京人民广播电台文艺部　编	中国戏剧出版社	1985
《国剧唱腔谱集》(一)(二)(三)(四)(五)	张大龙　编著	（台北）幼师文化事业公司	1985
《梅兰芳平剧唱腔研究》	林珀姬　著	（台北）台湾学生书局	1985
《戏曲音乐研究》	何为　著	中国戏剧出版社	1985
《国剧剧本—曲牌》	复兴剧校	（台北）复兴剧校	1986
《国剧武场（锣鼓）乐器伴奏研究》	复兴剧校	（台北）复兴剧校	1986
《国剧曲牌》	复兴剧校	（台北）复兴剧校	1986
《程砚秋唱腔集》	郑大同　夏邦琦　徐寿星　许锦文　整理、记谱	上海文艺出版社	1986.11
《周信芳演出剧本唱腔集》	许锦文　编选、记谱	上海文艺出版社	1986.11
《京剧〈太真外传〉唱腔选》	夏桢臣　记谱、整理	人民音乐出版社	1987.3
《古中国的歌——京剧演唱艺术赏析》	秋文　著	北京宝文堂书店	1988.5
《程砚秋唱腔选集》	萧晴　记谱、整理	人民音乐出版社	1988.6
《京剧音韵探究》	［日］稻叶志郎　著	学林出版社	1988.7
《国剧锣鼓经》(附录音带)	鍾炳宜　编	（台中）台湾省立交响乐团	1988
《国剧文场研究——胡琴的初学与练习法》	复兴剧校　编	（台北）复兴剧校	1988
《京剧锣鼓演奏法》	王燮元　口述 范石人　许锦文　整理	上海文艺出版社	1988.10

续附表 5

书　名	编著、记谱者	出版单位	出版年月
《京剧音乐欣赏漫谈》	李庆森　著	人民音乐出版社	1988.12
《平剧歌谱初集》	李白水　编辑	（台北）文化图书公司	1989
《平剧中武场音乐之研究》	温秋菊　著	（台北）学艺出版社	1989
《平剧锣鼓结构与应用之分析》	温秋菊　著	（台北）学艺出版社	1989
《京剧余派老生唱腔集》	徐锦文　范文硕　整理、记谱 范石人　校订	上海文艺出版社	1989.6
《马连良唱腔选》	许锦文　编著、记谱	上海音乐出版社	1989.6
《京剧群曲汇编》	沈玉斌　编著 沈宝璐　整理	上海文艺出版社	1989.10
《西皮二簧音乐概论》	刘国杰　著	上海音乐出版社	1989.11
《京剧老旦名家唱腔赏析》	鸣迟　张梓媛　著	中国戏剧出版社	1989.12
《京剧〈对花枪〉》	雅浓　韵青　音乐设计	人民音乐出版社	1989.12
《京剧失传剧目唱腔选集》	李庆森　主编 李庆森　张正治　张复　丁汝芹　孙颖 张梓媛　记谱 王元芝　刘建华　撰文	中国戏剧出版社	1990.3
《京剧唱腔研究》	杨予野　著	春风文艺出版社 辽宁教育出版社	1990.6
《叶盛兰叶少兰父子唱腔选集》	万如泉　万凤姝　选编	中国戏剧出版社	1990.8
《尚小云唱腔选集》	尚小云艺术编辑整理委员会　主编 许俊德　编选记谱 安志强　撰文	中国戏剧出版社	1990.11
《北管与京剧音乐结构之比较研究——以西皮二黄为主》	王一德　著	（台北）师大音乐研究所	1991
《京剧音韵知识》	杨振淇著	中国戏剧出版社	1991
《京剧打击乐浅谈》	鲁华　著	人民音乐出版社	1991.11
《京剧流派唱段荟萃》	中国戏剧出版社　编	中国戏剧出版社	1992
《侯佑宗的平剧锣鼓》	温秋菊　编	（台北）文建会	1992
《京剧传统戏皮簧唱腔结构分析》	张正治　编著	人民音乐出版社	1992.3
《中国京剧系列演唱伴奏带唱腔谱》	冯赣勇　编	中国广播音像出版社	1992.7
《京剧曲谱集成》（1～10）	上海文艺出版社　编	上海文艺出版社	1992.7～1998.12
《李慕良操琴艺术谈》	李慕良　著	北方文艺出版社	1992.12
《京剧音乐概论》	刘吉典　编著	人民音乐出版社	1993
《京剧现代戏唱段荟萃》	中国戏剧出版社　编	中国戏剧出版社	1993
《京胡伴奏研究》	张民　著	文化艺术出版社	1993.8
《何顺信琴谱》	何顺信　口述 董从杰　曹宝荣　整编	大连出版社	1993.10
《京剧二黄腔调——样板戏中二黄腔调的调式结构分析》	李文心　著	（台北）文大艺研所	1994
《国剧的发声与唱念》	敖凤翔　著	（台北）复兴剧校	1994
《国剧音韵》	复兴剧校　编	（台北）复兴剧校	1994
《司鼓伴奏京剧唱腔技巧》	杨晓辉　著	中国戏剧出版社	1994.3
《京剧唱腔音乐研究》	庄永平　潘方圣　著	中国戏剧出版社	1994.4
《梅兰芳唱腔选集》	泰州市梅兰芳史料陈列馆　编 储晓梅　记录、整理	人民音乐出版社	1994.10
《京剧唱腔研究》	武俊达　著	人民音乐出版社	1995.1

续附表6

书　　名	编著、记谱者	出版单位	出版年月
《杨宝森唱腔选集》	许锦文　编著、记谱	人民音乐出版社	1995.11
《李刚京剧音乐作品集》	李刚　著	白山出版社	1996
《京剧音乐欣赏漫谈》	李庆森　著	中国少年儿童出版社：中国青年出版社	1996
《京胡学习及欣赏》	刘正辉　著	中国书籍出版社	1996
《谭门五代老生唱腔赏析》	万如泉　万凤姝　万如海　编著	人民音乐出版社	1996.3
《马连良唱腔选集》	张慧　潘仲甫　徐文　编	人民音乐出版社	1996.6
《京剧流行唱段集粹》	蔡宛柳　纪钧能　编	山东文艺出版社	1996.10
《京剧流行唱段集粹》(续)	蔡宛柳　纪钧能　编	山东文艺出版社	1999.3
《京剧唱腔鼓套子》	刘越　编著	人民音乐出版社	1997.4
《京剧名唱118》	李心　武彬　金祐　编	人民音乐出版社	1997.4
《京剧传统唱腔荟萃》	张秀章　稽茵　编	大连出版社	1997.4
《姜妙香唱腔选集》	黄定　编订 张正治　记谱	人民音乐出版社	1997.8
《京剧音乐论》	傅彦滨　著	黑龙江人民出版社	1998
《余叔岩与孟小冬唱腔集》	余慧清　刘曾复　顾问 许锦文　主编记谱 王思及　邱正坚　翁思再　审校、注释	同济大学出版社	1998.2
《传统京剧名段选》	刘慧芬　李宏　选编	大众文艺出版社	1998.5
《现代京剧名段选》	刘慧芬　李宏　选编	大众文艺出版社	1998.7
《京剧曲谱精选》	何彬　厉不害　编	上海音乐出版社	1998.11
《京胡音乐演奏教程》	吴华　张素英　编著	中国青年出版社	1998.12
《京剧“样板戏”音乐论纲》	汪人元　著	人民音乐出版社	1999.3
《京胡演奏法》(增订本)	晏诵周　编著	人民音乐出版社	1999.6
《孙毓敏唱腔伴奏曲谱集》	周志强　编撰	中国戏剧出版社	1999.12
《京胡伴奏选段》	燕守平　编	人民音乐出版社	2000.8
《京剧音乐百问京昆曲牌百首》	万凤姝　万如泉　杨凌云　孔祥昌　编著	中国戏剧出版社	2000.11
《京胡基础教程》	孟宪德　编著	中国戏剧出版社	2000.12
《京胡演奏教程》	刘正辉　编著	中国戏剧出版社	2000.12
《京剧唱腔欣赏》	庄永平　编著	上海音乐出版社	2001
《程派唱腔琴谱集》	万瑞兴　王志明　编著	人民音乐出版社	2004
《刘吉典戏曲音乐作品选集》	刘吉典　编著	人民音乐出版社	2004
《关雅浓京剧音乐唱腔创作选集》	关雅浓　著	中国文联出版社	2006
《京剧音乐述论》	李刚　王喜太　编著	辽宁人民出版社	2007
《宋士芳京剧演奏艺术与琴谱集》	宋士芳　编著	中国戏剧出版社	2007.8
《李少春唱腔琴谱集》	许俊德　编著	人民音乐出版社	2009

（制表：张正治　万素　李小菊）

jingju yinyun

京剧音韵 京剧唱念的字音规范。它是一种具有历史积淀，兼收并蓄，并经过提炼和集中的艺术音韵体系。汉语音韵在周代就分成方言、雅言两个系统。孔子云：“《诗》《书》，执礼，皆雅言也。”雅言与地域性的方言之不同，在于是一种“官话”，一种书面语言或艺术语言。元代泰定元年（1324），周德清根据当时北曲的创作、歌唱规律，撰就《中原音韵》一书，时人说：“德清之韵，不独中原，乃天下之正音也。”因此后来它成为南北许多剧种，包括作为京剧前身的徽、汉、昆、弋、秦、梆所共同遵循的正音念字依据，被称为“曲韵”。从元曲到明清传奇再到昆曲，不同时期、不同地域的戏曲音韵虽有差异，但其原则、主体面貌和约定俗成的“舞台腔”却因循下来，即所谓“中州韵”。皮簧草创时期的各路代表性人物，多数出生于安徽西南部与湖北东南部地区，相邻的两地口音本有许多近似，在舞台上的融合过程中，更易向中心城市江夏（武汉）的湖广官话（属于北方方言区内西南方言系统）靠拢。自清代以降，学皮簧者都以昆乱不挡为能，这与朝廷一度“扶雅抑花”、昆曲艺术确实优秀有关，使得京剧艺术在字韵上形成进一步重视曲韵的风尚。京剧在北京落户生根后，北京语音对京剧唱念的影响愈来愈大。久而久之，京剧音韵就形成了鄂皖方言、北京语音、曲韵三者有机结合的体系。早年戏班把这一特殊的音韵结构称为“梨园家法”。

作为“正语之本、变雅之端”的《中原音韵》包括：十九韵、韵谱字汇和正语作词起例；确定四声，在平声中分出阴阳两类，不用入声；并分出尖团字音。吴梅（1884～1939）的《顾曲麈谈》是近代的昆曲理论专著，包括原曲、制曲、度曲、谈曲4章。第一章第二节论音韵，列出二十一韵部字汇，并注明各韵部所包括的《集韵》各部，例如曲韵第一部东同韵，即合《集韵》平声的一东、二冬、三钟，上声的一董、二肿，去声的一送、二宋、三用而成者，余皆如此。此书度曲章中谈及掌握五音（喉、舌、齿、牙、唇），四呼（开、齐、撮、合），四声（平、上、去、入），出字，收声，归韵以及曲情之法。此章附录引用明代魏良辅《曲律》部分内容，作为学练昆曲歌唱途径和技术的参照。承此曲韵传统，张伯驹以《乱弹音韵辑要》总结京剧音韵，包括卷一总论、卷二五声辑要、卷三尖团辑要。卷二、三分别为五声（阴平、阳平、上、去、入）和尖团字的音韵字汇，均按皮簧十三辙（韵）分组排列。书中列的参考文献有《广韵》、《集韵》、《玉篇》、《毛氏韵增》、《中原音韵》、《古今韵会》、《李氏音鉴》、《音韵阐微》、《康熙字典》等。根据相关韵书和舞台上的实际情况，可以从声、韵、调三方面来描摹京剧音韵的面貌。

声母方面，包括汉语拼音的所有声母。此外，还有声母ng[ā]和v，前者是部分零声母的变读，如我（wo）作nguo。声母上的一个重要特征是分尖团，造成一部分字音与一般北方话不同。尖字系指把声母为j、q、x的字音，改读声母为z、c、s，如即（ji）作zi[iː]、妻（qi）作ci[iː]、西（xi）作si[iː]、取（qu）作cü、绪（xu）作sü等。［参见尖团字］

韵母方面，把曲韵的十九或二十一韵归并为皮簧十三辙，即钟东（ong）、江阳（ang）、医欺（i）、灰堆（ei）、姑苏（u）、怀来（ai）、人辰（en,in）、言前（an）、乡条（ao）、梭波（uo）、发花（a）、爷茄（ie）、尤求（iu）。从表1中可见皮簧十三辙与曲韵的关系。

表1 皮簧十三辙与曲韵的关系

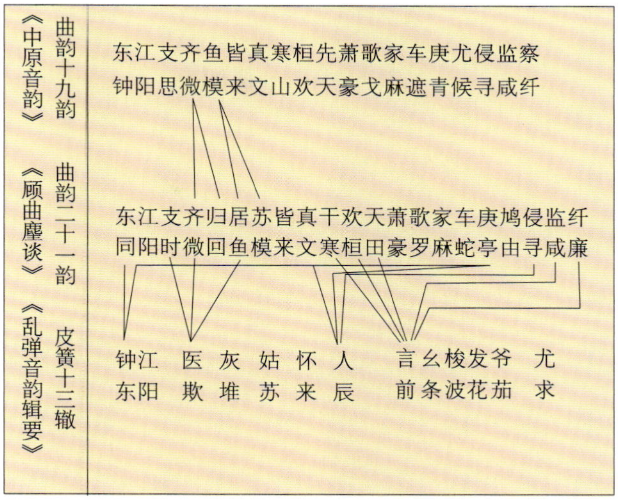

从押韵、分辙来看，《中原音韵》的齐微、鱼模两韵到了后来的曲韵，各自分成齐微、归回和居鱼、苏模两韵，这就从《中原音韵》的十九韵成为后来的曲韵二十一韵。把曲韵二十一韵和皮簧十三辙进行比较，可以看出：①曲韵全部东同韵和部分庚亭韵的字归入皮簧十三辙钟东辙；②曲韵支时、齐微、居鱼三韵的字均归皮簧十三辙医欺辙；③曲韵庚亭大部分和真文、侵寻二韵的字归入皮簧十三辙人辰辙；④曲韵干寒、欢桓、天田、监咸、纤廉五韵的字归入皮簧十三辙言前辙；⑤曲韵江阳、归回、苏模、皆来、萧豪、歌罗、家麻、车蛇、鸠由各韵的字，各自整体归入十三辙的江阳、灰堆、姑苏、怀来、乡条、梭波、发花、爷茄、尤求各辙。曲韵庚亭部的字绝大部分归入皮簧十三辙人辰辙（少数归钟东辙），这与鄂皖方言一致。由于鄂皖方言（北方话同）不读闭口音，因此在皮簧十三辙中，曲韵监咸、纤廉两部归言前辙，侵寻部归入辰辙。曲韵天田、干寒、欢桓三部虽出字不同，然而按收韵都归入皮簧十三辙言前辙，与湖北方言读音不冲突。曲韵居鱼、支时两部的字虽归入皮簧十三辙医欺辙，但戏中仍按原居鱼、支时字音读法。对于语音中韵的分部，历史上一度越分越细，例如中古韵书中的《切韵》有193部，《唐韵》是195部，《广韵》、《集韵》都是206部。韵的细分虽有其科学性，然而随着语音的变化，在实用上就不一定合适，这就出现了对邻近韵“通用”的许可。作诗用的平水韵成了106部，京剧又把曲韵的21部合成皮簧十三辙。皮簧十三辙的韵部，在应用上有许多便利和好处，因此延续至今。

声调方面，京剧音韵的方言基础属于北方音系，四声分为阴平、阳平、上声、去声。入声字多数派入阳平，少数派入上、去二声，这就是所谓“入派三声”；个别仍读作短促的入声，如马（连良）派唱念中的“不”字。其阴平的调值一般与北京音相仿，阳平、上声和去声的读法，与北京音有递转关系。阳平近似于京音的上声，上声近似于京音的去声，去声近似于京音的阳平。

为了全面了解京剧音韵的内容，还必须探讨它与传统正音的关系。过去读书讲究读正音，不能说地方土音，一般按《康熙字典》之类的字汇注音作为正音。这类注音是以《唐韵》、《广韵》、《集韵》等韵书的反切音为准，所以实际是中古音，不是今天的现代汉语注音。诗韵、曲韵有韵的通用、合并，却仍以这种中古韵作为正音。皮簧十三辙医欺辙的字，分别按曲韵支时、齐微、居鱼三部之字音来读，便是重视曲韵正音、矫正方言土音的表现。京剧步正音后尘，为何还能保持地方风味？原来其所谓讲究正音与一般各地情况相似，实际是在其地方话语音基础上来读。京剧“乐为文章之事”，学习昆曲的出字、收音讲究，就产生尖团、上口之分。这也是要求读传统正音的一种结果。现取一些字例，可见一斑（见表2）。

从表中所列之字的读音来看，皮簧十三辙中，字的四声、尖团、上口、归韵的区分和归属：①原则上与曲韵一致（包括韵的同用问题）；②根本上与遵循传统正音读法有关（特别是尖团、上口问题）。

表2 皮簧十三辙与传统正音的关系

（现代汉语用汉语拼音字母注音。《康熙字典》根据《唐韵》、《广韵》、《集韵》、《韵会》、《正韵》等切音注音，过去以这种切音作为正音，今可称之为传统正音。）

字	读音		皮簧十三辙				曲韵归韵
	现代汉语	康熙字典	四声	尖团	上口	归韵	
宗	zōng	作冬切	阴平	尖		钟东	东同
中	zhōng	陟弓切	阴平	团		钟东	东同
随	suí	旬为切	阳平	尖		灰堆	归回
谁	shuí	是为切	阳平	团		灰堆	归回
尖	jiān	子廉切	阴平	尖 ziān		言前	纤廉
兼	jiān	古甜切	阴平	团		言前	纤廉
四	sì	息利切	去	尖		医欺	支时
是	shì	承纸切	去	团		医欺	支时
日	rì	人质切	入作去		rì[i:]	医欺	齐微
如	rú	人诸切	阳平		rű	医欺	居鱼
歌	gē	古俄切	阴平		guō	梭波	歌罗
封	fēng	府容切	阴平		fōng	钟东	东同
捧	pěng	敷唪切	上		fǒng	钟东	东同
亭	tíng	特丁切	阳平		tín	人辰	庚亭
界	jiè	古拜切	去		jiài	怀来	皆来

研究京剧音韵的著作，最早是余叔岩与张伯驹合著，于1931年由北京京华印书局出版的《近代剧韵》。然而余叔岩恐有不妥，收回所出之书。张伯驹对此修改后以其个人名义，用《乱弹音韵辑要》为题，在《戏剧丛刊》上分期发表。其他主要出版物有徐慕云、黄家衡《京剧字韵》(1959年上海文艺出版社)、苏雪安《京剧声韵》(1963年上海文艺出版社)、陈小田《京剧音韵概说》(1984年学林出版社)、[日]稻叶志郎《京剧音韵探究》(1988年学林出版社）等。此外，20世纪以来从事这方面研究的，主要有罗常培、陈彦衡、苏少卿、薛观澜、郑剑西、王琴生、刘曾复、吴小如、叶秀山、杨振淇以及台湾学者李炳莘等。其中，以身兼王荣山、王力弟子的刘曾复之学说最为精到实用，学者、伶人询之者众。

（翁思再）

Jingju Yinyun Gaishuo

《京剧音韵概说》 京剧音韵专著。陈小田著。学林出版社1984年代理出版。陈小田(1901～1986)，自幼受父亲陈道安影响，酷爱京剧，票戏生涯达80年之久。1960年，陈小田根据陈道安从梅雨田学琴的手抄摘录材料以及自己积累50余载的唱念材料，并翻阅大量有关音韵学的书籍，又同苏雪安、罗亮生、罗合如等相与研讨，历时6年，草就了《京剧音韵》一书。《京剧音韵概说》是其中的一部分；其余三部分为音韵学常识、京剧音韵规律、京剧音韵检字，均未面世。

《京剧音韵概说》计5万余言，书中第一章对什么是京剧字韵做了明确的回答，认为京剧的语言是具有北方特色的中州音韵系统的艺术语言，京剧音韵“是遵从中州音韵的普遍原则，接合北方方言可以适合的某些特色的一种音韵”。对于“湖广音”的运用，以最具代表性的谭鑫培演唱为例，认为谭只采用“湖广音”的“上、去”二音，“阴平”则燕楚无二致，“阳平”谭只采用了“湖广音”的低出部分，但未摈弃高唱的方法。以此说明，“湖广音”不是京剧音韵所包含的部分，京剧音韵只是借鉴采用了符合中州音韵普遍规律的湖广音。对于“京音”的运用，以最具代表性的王瑶卿、刘鸿昇的演唱为例，指出他们的演唱仅是偶用“京音”，整体演唱皆未脱离中州音韵的普遍原则。说明“京音”是京剧音韵结合的部分，虽违反中州音韵的字音，也允许偶用，但不允许喧宾夺主或反客为主地频用。作者对普遍流行的有关“尖团字”、“中州韵—湖广音”、“十三辙”等失之片面的说法做了言之有据的辩驳。作者还翻阅了大量的韵书，对隋代陆法言之《切韵》至元代周德清之《中原音韵》，直至清代周少霞之《增订中州音韵》，作了较详尽的考据，认为中州音韵是一种综合古今南北的艺术音韵，是一种普遍原则，既不完全遵守某一部韵书的具体规定，也不是某一地区生活语言的音韵。并对京剧音韵的“声、韵、调”做了详细的论证。书中的第二、第三章着重论述了研究京剧音韵的实践意义，以及研究京剧音韵应确立的科学态度。

（安志强）

jingju youpiao

京剧邮票 以京剧艺术为画面的邮资凭证，包括纪念邮票、特种邮票、特种邮资明信片等。

中华人民共和国第一套京剧邮票，是为纪念梅兰芳逝世一周年发行的。题为《梅兰芳舞台艺术》，共8枚，分有齿、无齿两种。画画内容为：梅兰芳像、《抗金兵》梁红玉、《游园惊梦》杜丽娘、《霸王别姬》虞姬、《穆桂英挂帅》穆桂英，《天女散花》天女、《生死恨》韩玉娘、《宇宙锋》赵艳容。另有小型张一枚，为《贵妃醉酒》杨玉环。发行日期，前4枚为1962年8月8日，后4枚为同年9月1日，小型张为同年9月15日。设计者：邮票孙传哲，小型张吴建坤。

纪念梅兰芳逝世一周年发行的小型张

1966～1976年“文化大革命”时期，所谓“革命样板戏”占领舞台，京剧邮票主要有：《毛主席的革命文艺路线胜利万岁》。共9枚。其中5枚的画面为京剧现代戏《智取威虎山》、《海港》、《红灯记》、《沙家浜》、《奇袭白虎团》戏剧场面。发行日期为1968年1月30日。设计者分别为万维生、孙传哲、李大维、陈晓聪、孙明春。《钢琴伴唱〈红灯记〉》。共2枚。画面一为李玉和，一为李铁梅。发行日期为1969年8月1日，设计者李大玮。《现代京剧〈智取威虎山〉》。共6枚。画面内容为：杨子荣剧照和深山问苦、穿林海、发动群众、胸有朝阳、胜利会师5个戏剧场面。发行日期：第1、3枚为1970年8月1日， 第2、 第4、第5枚为同年10月1日，第6枚为1971年12月24日。设计者杨白子。《纪念〈在延安文艺座谈会上的讲话〉发表三十周年》。共6枚。其中第5枚为“深入农村为贫下中农演出《红灯记》”，发行日期为1972年5月23日。设计者张克让。

《智取威虎山》

进入改革开放新时期，为弘扬民族优秀文化艺术，京剧邮票更加丰富。例如：

《京剧脸谱》。共8枚。画面分别为孟良、李逵、黄盖、孙悟空、鲁智深、廉颇、张飞、窦尔墩8个角色的脸谱及头部造型。发行日期为1980年1月25日。设计者刘硕仁。这套脸谱邮票是在1963年设计的，1964年第1期《集邮》杂志曾有预告。将要发行时，京剧大演革命现代戏之风已起，只得压下。至“文化大革命”中，把已印好的邮票以及设计原稿全都销毁。后由设计者根据仅存的7种邮票样张重加绘制，又补画了已无样张的鲁智深脸谱图稿，才得正式发行。邮票设计在角色的头饰附件上小有失误：第7枚张飞的草帽圈前发际应插戴“茨菰叶”而非“铲刀头”。

《京剧旦角》

《京剧旦角》。共8枚。画面是角色的大半身造型，分别为孙玉姣（《拾玉镯》）、陈妙常（《秋江》）、白素贞（《断桥》）、十三妹（《能仁寺》）、秦香莲（《铡美案》）、杨玉环（《贵妃醉酒》）、崔莺莺（《西厢记》）、穆桂英（《破洪州》）。发行日期为1983年7月20日。设计者李为。

《京剧丑角》。共6枚。画面是角色全身造型，分别为汤勤（《审头》）、刘利华（《三岔口》）、高力士（《贵妃醉酒》）、蒋干（《群英会》）、杨香武（《三盗九龙杯》）、时迁（《偷鸡》）。发行日期为2001年2月15日。设计者姜伟杰、李庆发。

其后，2007年又发行《京剧生角》特种邮票1套6枚，2008年发行《京剧净角》特种邮票1套6枚。2009年发行《马连良舞台艺术》特种邮票1套2枚等。此外，1994年10月22日、1995年1月10日，为纪念梅兰芳、周信芳诞辰100周年，先后发行两套特种邮资明信片。题为《梅兰芳京剧艺术》的1套4枚，明信片右上角的特种邮票画面是角色头像，分别为《太真外传》杨玉环、《生死恨》韩玉娘、《贵妃醉酒》杨玉环、《断桥》白娘子，其反面各为同一剧目的全身剧照；封套为《贵妃醉酒》彩照。设计者卢天骄、潘可明。题为《周信芳京剧艺术》的1套4枚，明信片右上角的特种邮票画面是角色头像，分别为《乌龙院》宋江、《徐策跑城》徐策、《澶渊之盟》寇准、《投军别窑》薛平贵，其反面各为同一剧目的全身剧照；封套为《状元谱》彩照。设计者王世安。

《京剧丑角》

中国的香港、澳门、台湾地区亦有京剧邮票问世。如1998年7月28日澳门邮电司发行一套《中国戏曲脸谱》，共4枚，画面分别为廖锡冲（《四杰村》）、尉迟恭（《白良关》）、金钱豹（《红梅山》）、李逵（《青风寨》）；另有小型张一枚，画面为孙悟空（《闹天宫》）。发行日期

《中国戏曲脸谱》及小型张

1998年7月28日。设计者吴卫坚。这套邮票的构图特点：脸谱为主体，辅以角色全身造型，使局部与整体相互对照。其中身段、服饰，除孙悟空外，均取自清代宫廷戏画，纹饰繁富。但在脸谱勾法上又不拘于宫廷戏画，依据的是晚近京剧、梆子的勾法。小型张的孙悟空盗丹形象，摹自李少春剧照。新加坡、奥地利、澳大利亚、越南等国家亦发行过多种京剧邮票。（李大珂　李大玮）

Jingju yu Zhongguo Wenhua

《京剧与中国文化》 京剧研究著作。徐城北著。人民出版社1999年1月出版。共分4章：《京剧艺术特征中的文化因子》、《京剧原理法则的基本归纳》、《京剧与其他古典艺术的规则对比》、《京剧行进轨迹的文化探讨》。每章下各设体态均匀、文字对称的10节。

例如第一章设立“生旦净丑、唱念做打、出将入相、字声味韵、歌舞戏功”诸标题。第二章则是“有声必歌与无动不舞、武戏文唱与文戏武唱、虚实相悖与虚实相生、心物交融与善出善入、意在笔先与画尽意在”等名目。第三章包含“静则合道与动必适变、写石之法与写树之法、泼墨如雨与无墨求染、一画落纸与万画随之、海有洪流与山有潜伏、茶禅一味与戏曲同源”各论题。第四

章则从“思新量旧：想到了橘枳之辨；脸谱春秋：两步到位的塑造手法；何物为‘角儿’：成也萧何败也萧何；逆锋行笔：在皴擦中求得韵味儿；振兴转型：危难与机遇同在”等不同角度展开思辨。作者以随笔的方式侃侃而谈，使读者能在轻松的文化氛围中，体认作者的理性思考。该书另一个特点是在书前通常应该摆放照片的位置，作者构思出八整页加宽的“梨园八阵图”作为全书开篇。此外，该书还插入了数十幅梨园人物的“画配诗”。画为叶浅予、丁聪作，诗是作者配写的七言律诗。2001年该书由台湾“商务印书馆”再版，易名《京剧春秋》；2009年由当代中国出版社再版，易名《京剧的知性之旅》，内容略有修改。（塞外）

Jingju yu Zhongguo Wenhua Chuantong

《京剧与中国文化传统》 京剧文集。杜长胜主编。文化艺术出版社2008年9月出版。上、下两册，75万字。2007年5月，中国戏曲学院为推进京剧学的学科建设，继2005年第一届京剧学研讨会之后，又召开了第二届京剧学国际学术研讨会。出席会议的代表有110人。本书为研讨会成果的结集。收入的文章分作4辑。第1辑京剧理论研究，有龚和德《漫谈京剧》、蒋锡武《看戏看什么——京剧欣赏漫谈》、牛川海《论京剧舞台之传统》等16篇；第2辑京剧历史钩沉，有傅谨《京剧崛起与中国文化传统的近代转型——以昆曲的文化角色为背景》、赵山林《徽班在北京的发展及其历史经验》、谷曙光《构建京剧学研究的良好文献基础》等19篇；第3辑京剧创作规律，有李玉茹《花旦刍议》、李维康《京剧发展要走大路——我演梅派戏的点滴认识与体会》、王安祈《台湾新编京剧的女性意识——从女性形象为何需要重塑谈起》等13篇；第4辑京剧现状剖析，有徐城北《京剧的来处与去处》、苏移《京剧议题》、翁兴利《台湾地区京剧观众观赏行为之研究》等14篇。中国戏曲学院院长杜长胜在本届研讨会上的致辞，作为本书代序。卷首还有刘忠德、王民忠、郭广生3位有关方面负责人的即席发言。卷末收有赵锡淮、吴新苗对研讨会的两篇综述。（简畅）

jingju yuedui

京剧乐队 为京剧表演伴奏的乐队。乐队中弦乐、管乐部分称**文场**，打击乐部分称**武场**，统称**文武场**，又称**场面**。

文场的作用主要为演唱伴奏，并演奏为配合表演而用的曲牌音乐。传统京剧乐队的文场乐器包括京胡、京二胡、月琴、三弦（小三弦）、笛子、笙、海笛、唢呐、九音锣等。其中以京胡为主加上京二胡、月琴、三弦共4件乐器被称做“**四大件**”，这是很有代表性的一组乐器，用来伴奏二簧、西皮、四平调、高拨子、南梆子等唱腔，演奏胡琴曲牌；以笛子、笙为主加上月琴、三弦、京二胡的一组乐器用来伴奏京剧中的昆曲、吹腔、山歌、小调等唱腔，演奏笛子曲牌；唢呐用来伴奏群唱的大字曲牌以及唢呐二簧、南锣等唱腔，演奏唢呐曲牌兼吹马嘶等音响效果。武场的作用主要是配合身段动作、舞蹈、武打以及唱、念进行伴奏，衔接唱、念、做、打以及场次上的转换、渲染气氛等。传统京剧乐队的武场乐器包括鼓板（檀板和单皮鼓以及击鼓用的双楗）、大锣、铙钹、小锣等。为了不同情节的需要，武场的乐器还有不同的组合。其一是以大锣为主，铙钹、小锣为辅的组合，因其音响强、色彩明亮、声音丰满，故常用于大场面的伴奏，表现出强烈的节奏；其二是以铙钹为主加以小锣为辅的组合，因其音响较暗，多用在表现低沉气氛、具有悲剧色彩的戏中；其三是小锣的击奏，其音响较平淡、单一，多用于平静、安详的表演环境中。

上海大舞台之场面
（柳湖生绘，李畅提供）

传统的京剧乐队编制非常简练，不过八九个人，故一人要兼奏几样乐器。如打鼓的鼓师兼打大堂鼓和小堂鼓；小锣兼打碰钟、小汤锣；京胡与京二胡兼齐钹，有时还要吹笛子；月琴、三弦兼吹大唢呐和海笛，打九音锣，开打时兼打大小堂鼓。20世纪50年代以来，京剧乐队得到了新发展。由于新文艺工作者的参加创作，乐队加入了一些民族乐器和西洋乐器，如琵琶、二胡、大提琴、单簧管等。在音乐创作思维、乐队配置方法、演出音响效果等各方面都有了新发展。20世纪60年代以来，京剧现代题材的剧目开始增多，根据内容的需要，在乐队编制和使用方法等方面，都有不同的尝试和改革。总的趋势是丰富音色，拓宽音域，增设乐器，加强表现力。

1970年，上海京剧院组建了一个中西混合乐队，在《智取威虎山》、《海港》两出现代戏中率先使用。按管弦乐队配器法标准要求为单管乐队，配备木管乐器长笛、双簧管、单簧管、大管各一支。按单管制的比例配备弦乐组（提琴）和铜管乐器的数量。弦乐组为一提4把，二提3把，中提2把，大提1把（简称“四三二一”）；铜管组为小号2支，圆号2支，长号1支。这种乐队的编制共21件乐器（人），加上传统京剧乐队的文场（京胡、京二胡、月琴、三弦和琵琶、唢呐、大阮等）和武场（鼓板、锣、铙钹、小锣等）共32人。这种乐队颇具优势，音色多样，浑厚丰满，声部清晰，强弱幅度大，音域宽，可以充分发挥配器技法。20世纪80年代开始，随着京剧题材的拓宽，京剧乐队的组成有了新变化。有的剧团在乐队中使用了电声器乐，如电子琴、合成器、电贝司等，追求丰富音色，增加厚度，拓宽音域。有的剧院组建了民族管弦乐队。吸收单管制乐队的编制长处，用民族二胡加大提琴、低音提琴组成弦乐群，再加上民乐吹管乐器笛子、改革笙（比传统笙音域宽）、两支唢呐，以及琵琶、中阮、大阮，与京剧的传统文武场相结合，共22人的编制。这种编制人员少于单管制乐队而比单管制乐队在风格特色方面更接近京剧。京剧乐队编制无固定模式。可以因戏而异，因条件而异。但无论怎样变化，京剧乐队编制中的主要乐器“四大件”（京胡、京二胡、月琴、三弦）和锣鼓等是不能或缺的，这是京剧音乐特色的主要体现。（张建民）

jingju zai haiwai

京剧在海外 中国的戏曲艺术是随着华侨的足迹走向海外的，京剧在海外的活动也随着中国人民和各国人民交往的不断增加，遍及世界各地。京剧从清光绪年间第一次走出国门以来，在海外的活动大致经历了3个阶段。

第一个阶段为清光绪年间至1949年中华人民共和国成立前。

清代末叶，京剧虽称鼎盛，但当时中国处于半封建、半殖民地时期，经济落后，社会封闭，外国人对中国的文化艺术知之甚少。由于缺乏国家的支持和政府的组织，京剧在海外演出，仅限于民间个别演员，活动的国家和地区也多局限于华侨聚居区。京剧最早在海外演出的记载是光绪十七年（1891），京剧武生演员张桂轩应华侨邀请，随一个戏班到日本演出。此班在日本的长崎、大阪、东京、神户等地演出了3年多。离开日本以后，张桂轩还于光绪二十一年（1895）到朝鲜的汉城（今韩国首尔）演出，光绪二十二年（1896）到海参崴（今俄罗斯符拉迪沃斯托克）、伯力（今俄罗斯哈巴罗夫斯克）、双城子（今俄罗斯乌苏里斯克）等地演出，光绪三十四年（1908）始回国。张桂轩是第一个将京剧介绍到海外的京剧演员。在他之后，光绪二十九（1903）年至民国年间，先后到海参崴和伯力演出的京剧演员有杨月楼、黄月山、王鸿寿、绿牡丹、唐韵笙、高百岁、李多奎、高庆奎、周信芳、王宝魁、王洪涛、王少奎、周喜增、周桂轩、刘竹友、碧玉蝉等。当时在海参崴和伯力的华人较多，海参崴建有颂竹舞台，伯力建有大戏院，常年演出京剧、河北梆子、评剧等。演员多从祖国大陆邀请，以满足华侨观看家乡戏的需要。

除海参崴和伯力外，新加坡也是京剧在海外活动时间比较久远的地方。宣统二年（1910），新加坡庆昇平戏院建成后，从福州邀来新和祥班（一说新祥和班）演出京戏。班主陈新官，演员有花旦白牡丹，女小生如月樵，红生李荣芳，武生金丝猴、五岁红，武行张金山等80多人。因当地人听不懂普通话，故演出剧目多为《水帘洞》、《金刀阵》、《金钱豹》、《四杰村》、《花蝴蝶》等做工戏和武打戏。后来，新和祥班班主陈新官去世，庆昇平戏院由雷文光接办，易名为庆昇平新舞台，在马真街的怡园演出。雷文光曾三次从厦门等地聘请演员，常演剧目有三本《铁公鸡》、《路遥知马力》、《连环套》、《骆马湖》、“三斩一碰”等。1923年雷文光病故后，由其子雷江岩（一作雷相南）接办。雷江岩从上海聘来一批女演员，演出采用了新式布景，使观众耳目一新。1931年，新加坡新世界游艺场建了一座京剧舞台，俗称大舞台。在此演出的剧目多为海派戏，如连台本戏《目连救母》、《粉妆楼》、《少林寺》、《火烧汉阳城》，时装戏《枪毙阎瑞生》以及《天雨花》、《临江驿》、《玉堂春》等。1940年，新加坡的大世界游艺场被原籍上海的邵氏兄弟购得，从北京、上海邀请来文武花旦白玉艳，老生白叔安，花旦徐碧霞，武生盖俊廷等，演出《荒江女侠》、《女侠红蝴蝶》、《白蛇传》、《大英杰烈》、《狸猫换太子》等剧目，很受观众欢迎。抗日战争胜利后，东南亚的京剧艺人云集新加坡，组成东方大京班在大世界内的重庆戏院演出，演员有白玉艳、筱如珍、穆春华、盖俊廷、潘月红、孟小培、钱惠兰、赵美珍、白叔安等80多人。

第一个将京剧带出海外华侨圈子之外的是京剧表演艺术家梅兰芳。1919年4月21日至5月27日，梅兰芳应大仓喜八郎之邀率团（35人）赴日本演出于东京帝国剧场，后又去大阪、神户演出，共演出17场。剧目有《天女散花》、《御碑亭》、《黛玉葬花》、《虹霓关》、《贵妃醉酒》、《琴挑》、《游龙戏凤》、《嫦娥奔月》、《春香闹学》、《游园惊梦》等。日本戏剧界对京剧艺术和梅兰芳的表演反映强烈，日本汉学家内藤虎次郎、狩野直喜博士，戏剧家青木正儿等著文介绍中国戏曲的历史和梅兰芳的艺术成就。日本著名歌舞伎演员中村歌右卫门还将《天女散花》移植上演。1924年10～11月，梅兰芳仍是应帝国剧场经理大仓喜八郎邀请，再度率团到日本演出，共演出21场，剧目除保留上次演出的《天女散花》、《御碑亭》、《黛玉葬花》、《虹霓关》、《贵妃醉酒》外，又增加了《麻姑献寿》、《洛神》、《廉锦枫》、《红线传》(即《红线盗盒》)、《奇双会》、《审头刺汤》等。《新演艺》1924年12月号载评论家南部修太郎题为《梅兰芳的〈黛玉葬花〉》一文，称梅兰芳“不是一般中国戏曲常用的那种夸张的线条和形态表现出来的情形，而属于写实的并且是心理的或精神的技艺。我想，这是梅氏对原有的中国戏曲的技艺感到不足，而在这种古装歌舞剧的新作里开拓出来的新的艺术境界”。

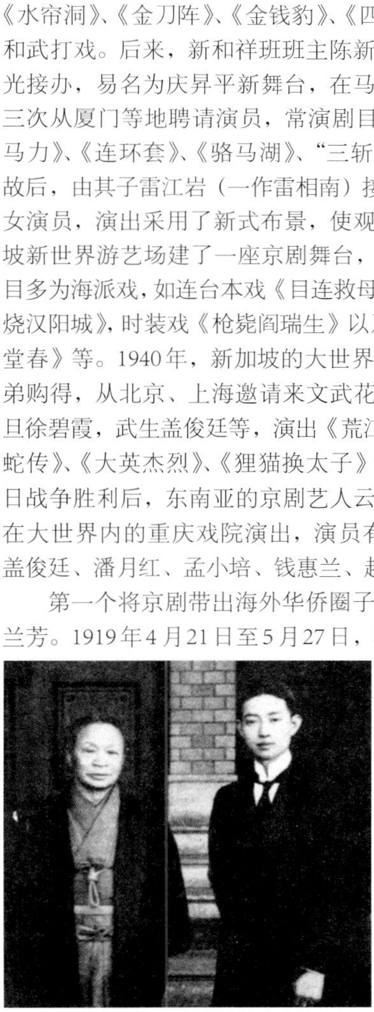

1919年在日本演出时的梅兰芳（右）
左为邀请者帝国剧场经理大仓喜八郎

继梅兰芳之后，到日本演出的著名京剧演员还有黄玉麟（艺名绿牡丹）和小杨月楼。1925年7月1日至8月11日，黄玉麟应日本东京帝国剧场邀请，演出剧目有《春香闹学》、《武家坡》等。他的演出受到日本观众的赞誉，日本各报争相报道，誉其为“中国剧界杰出之才”，还出版《绿牡丹号》专刊。著名学者野宇四郎特地撰写《支那剧解说》一书，高度赞誉黄玉麟的表演技艺和京剧艺术。1925年4月，上海天蟾舞台老板许少卿组成以京剧名旦小杨月楼为主演的衡兴班，东渡日本，先后在东京、大阪、神户等地演出数月。随团演员有郑法祥、张玉峰、董志扬、筱九霄、马金凤、蒋月楼等140人。演出剧目有《虹霓关》、《花木兰》、《八宝公主》、《大英杰烈》、《芸娘》、《昭君》、《麻风女》、《李十娘》、《石头人招亲》等。他的演出，扩大了京剧在日本的影响。但因剧团人员过多，开支过大，入不敷出，负债而归。

梅兰芳和他的合作者齐如山等经过充分准备，于1930年1～8月，率团到美国演出。演出剧目有《汾河湾》、《贵妃醉酒》、《打渔杀家》、《春香闹学》、《刺虎》、《虹霓关》、《廉锦枫》、《天女散花》、《霸王别姬》及《红线盗盒》中的剑舞、《西施》中的羽舞、《麻姑献寿》中的杯盘舞、《嫦娥奔月》中的镰舞、《上元夫人》中的袖舞等。从2月16日开始，在纽约、芝加哥、华盛顿、旧金山、洛杉矶、圣地亚哥、西雅图等城市演出72场，时间达半年。梅兰芳所到之处，受到政界、文艺界、学术界的热烈欢迎。美国政府官员、各国驻美使节、文艺界知名人士均观看了演出。美国戏剧家贝拉斯考、斯达克·扬，著名电影演员卓别林、范朋克、玛丽·璧克馥，舞蹈家露丝·丹尼、斯泰德·肖恩等与梅兰芳交流表演技艺。哥伦比亚大学、芝加哥大学、旧金山大学邀请梅兰芳讲演，南加利福尼亚大学和波摩拿学院授予

1930年梅兰芳访美演出，与旧金山市市长一起乘敞篷汽车，
受到美国朋友夹道欢迎

1935年梅兰芳（左）在苏联与梅耶荷德（右）交流（后为张彭春）

他文学博士荣誉学位。美国《纽约世界报》、《新共和》杂志等报刊发表了许多著名文艺评论家的文章，盛赞梅兰芳的表演艺术。

梅兰芳在美国演出获得成功后，又于1935年，应苏联对外文化协会的邀请，赴苏联访问演出。演出剧目为《汾河湾》、《刺虎》、《打渔杀家》、《宇宙锋》、《虹霓关》、《贵妃醉酒》，以及《红线盗盒》中的剑舞、《西施》中的羽舞、《麻姑献寿》中的袖舞、《木兰从军》中的戟舞、《思凡》中的拂尘舞、《抗金兵》中的戎装舞，还有《青石山》、《盗丹》、《盗仙草》、《夜奔》、《嫁妹》中的片段。原计划在莫斯科演5场，在列宁格勒演3场，因观众空前踊跃，应苏方要求，改为在莫斯科演6场，在列宁格勒演8场。最后苏联对外文化协会又请他在莫斯科大剧院加演1场。苏联党政领导人和包括高尔基、托尔斯泰、斯坦尼斯拉夫斯基等著名文学家、艺术家观看了梅兰芳的演出。梅兰芳是第一个将京剧艺术带给欧美观众的，通过他的精彩演出，欧美的观众感受到了中国戏曲的艺术魅力，西方的戏剧家认识到了中国戏曲不同于西方戏剧的艺术特点。梅兰芳的这两次出国演出，为中华人民共和国成立以后的中国戏曲大规模走出国门、挺进欧美剧坛开辟了道路。

第二个阶段为中华人民共和国成立以后至改革开放前。中国共产党和中央人民政府非常重视戏曲在社会生活中的作用，把戏曲作为一项重要的文化事业来发展，不仅要求戏曲满足国内人民群众的娱乐需求，而且将戏曲作为对外文化交流的重要内容。这一时期的出国演出，主要有以下3个方面。

一是参加国际性的文化交流演出。如1951年8月，京剧演员张云溪、张春华参加在柏林举行的第三届世界青年与学生和平友谊联欢节演出的京剧《三岔口》，获东方古典舞及哑剧一等奖。1953年7月3日，以周巍峙为团长、李凌为副团长的中国青年艺术团一行240人，赴罗马尼亚参加第四届世界青年与学生和平友谊联欢节，娄振奎京剧清唱获三等奖，李少春等演出的京剧《闹天宫》、《雁荡山》，获集体一等奖，黄玉华演出的京剧《秋江》获个人一等奖。1955年5月，以张致祥为团长、赵沨为副团长的中国艺术团应邀赴法国巴黎，参加第二届国际戏剧节，随团京剧演员有叶盛兰、杜近芳、张云溪、张春华等，演出剧目有《三岔口》、《秋江》、《闹天宫》、《雁荡山》、《断桥》等。1955年7月12日至8月14日，以马少波为团长、李凌为副团长的中国青年代表团，赴波兰华沙参加第五届世界青年与学生和平友谊联欢节演出，其中云燕铭等演出《水漫金山》，张振武等演出《闹天宫》，沈金启、张玉禅演出《猎虎记》，云燕铭、王清乾等演出《闹天宫》获集体一等奖，云燕铭、王清乾演出《双射雁》获个人一等奖，徐玉川、罗喜钧演出《挡马》、《小放牛》，李金鸿演出《盗仙草》获优秀表演奖，江新蓉京剧清唱获一等奖。1957年7月，在第六届世界青年与学生和平友谊联欢节举行的艺术竞赛中，关肃霜、张韵斌演出《打焦赞》，杜近芳、李金鸿演出《拾玉镯》，李小春等演出《哪吒闹海》，均获一等金质奖；杜近芳、杨鸣庆演出《嫦娥奔月》，关肃霜等演出《猪婆龙》获银质奖；杜近芳、马长礼、郝庆海清唱均获金质奖，李世济清唱获银质奖。1958年7月，在维也纳举行的第七届世界青年学生与和平友谊联欢节上，刘秀荣、万连奎主演的《春郊试马》，周云霞、周云亮、张春孝主演的《虹桥赠珠》，沈小梅、朱云兰演出的《游园惊梦》获金质奖。1962年7月27日，京剧演员刘秀荣、谢锐青、侯正仁、苏雅、刘习中、王威良、谢超文、林云琛、任枫、方贵元、刘长生等参加以王兆华为总团长、张东川为分团长的中国青年代表团，在芬兰首都赫尔辛基举行的第八届青年与学生和平友谊联欢节上演出《三岔口》、《水漫金山》、《拾玉镯》、《春郊试马》等剧目。

二是作为文化使者出国访问演出。1954年12月6日，以郑振铎为团长、周而复为副团长的中国文化代表团应邀到印度访问演出，随团的京剧演员有李少春、张美娟、袁世海、叶盛章等，演出剧目有《将相和》、《闹天宫》、《泗州城》、《秋江》、《三岔口》、《盗仙草》、《除三害》等。1955年6月2日，以郑振铎为团长、周而复为副团长的中国文化代表团应邀到印度尼西亚访问演出，随团的京剧演员有袁世海、叶盛章、张美娟等，演出剧目有《闹天宫》、《三岔口》、《盗仙草》、《雁荡山》、《白蛇传》等。1956年5月至7月，应日本朝日新闻社等团体的邀请，中国京剧代表团访问日本。梅兰芳任团长，欧阳予倩任第一副团长兼总导演，马少波任副团长兼秘书长，刘佳、孙平化任副团长，欧阳山尊任副秘书长，团员有李少春、李和曾、袁世海、姜妙香、江世玉、侯玉兰、江新蓉、梅葆玥、孙盛武、谷春章等。代表团对东京、福冈、八幡、名古屋、京都、大阪等大城市进行了访问演出，剧目有《贵妃醉酒》、《霸王别姬》、《奇双会》、《断桥》、《野猪林》、《空城计》、《闹天宫》、《三岔口》、《拾玉镯》、《秋江》、《人面桃花》等20多出。访问演出取得巨大成功，受到日本国会和各界的盛情招待，对促进两国人民的友好发挥了重大作用。这是梅兰芳第三次赴日演出，有《东游记》记载了他访日期间的活动，并连载于《新观察》，1957年由中国戏剧出版社出版单行本。1956年11月至1957年1月，根据中苏文化合作协定，以周信芳为院长的上海京剧院一行74人，在苏联6个加盟共和国的9个城市演出53场，剧目有《雁荡山》、《拾玉镯》、《盗仙草》、《三岔口》、《打渔杀家》、《投军别窑》、《四进士》、《十五贯》等。苏联观众看了《打渔杀家》，亦有为之流泪者。1956年12月15日，由中国京剧院、空政文工团组成的中国艺术团，在团长吴为人、副团长黄河率领下，随周恩来总理、叶剑英元帅到缅甸访问演出。1960年4月5日，以陈忠纪为团长，徐俊卢、张东川、林平为副团长，李少春、李尼为艺术

1956年中国京剧代表团飞抵东京羽田机场

周信芳在莫斯科劳动人民欢迎上海京剧院联欢大会上致词

指导的中国艺术团一行101人赴委内瑞拉、哥伦比亚、古巴访问演出，并应邀赴加拿大参加温哥华戏剧节，主要演员有李少春、袁世海、杜近芳、孙盛武、王鸣仲、娄振奎、谷春章等，演出剧目有《白蛇传》、《野猪林》、《虹桥赠珠》、《拾玉镯》、《霸王别姬》、《三岔口》、《小放牛》等。1960年7月6日，以文菲为团长、王振濂为副团长的中国青年艺术团随陈毅副总理率领的政府代表团访问阿富汗，随团的京剧演员有刘秀荣、谢锐青、侯正仁、杨少亭、刘习中、王威良、王仲伟、张启洪、苏雅等，演出剧目有《春郊试马》、《雁荡山》、《三岔口》等。1960年12月22日，以张致祥为团长，李伟、于光、彭华为副团长的中国文化艺术代表团随周恩来总理率领的政府代表团赴缅甸参加缅甸联邦独立10周年纪念活动，随团的京剧演员有孙岳、王晶华、杨秋玲、朱锦华、李丽等，演出剧目有《探谷》、《岳母刺字》、《虹桥赠珠》、《猎虎记》、《除三害》等。

三是慰问演出。20世纪50年代的抗美援朝战争中，京剧界的许多著名演员随祖国慰问团赴朝鲜慰问演出，如1952年9月，由中国戏曲研究院京剧实验一团、中国戏曲研究院新中华评剧团、东北军区胜利京剧团等组成的第二届中国人民赴朝慰问团文工团到朝鲜慰问演出。随团演出的著名京剧演员有叶盛兰、李和曾、杜近芳等。1953年10月，梅兰芳、周信芳、程砚秋、马连良、谭富英、裘盛戎等著名京剧演员随中国人民第三届赴朝慰问团到朝鲜慰问演出。

从20世纪50年代到70年代，京剧访问演出的国家有朝鲜、印度、法国、比利时、荷兰、捷克斯洛伐克、瑞士、意大利、英国、南斯拉夫、匈牙利、印度尼西亚、波兰、越南、埃及、苏丹、埃塞俄比亚、叙利亚、黎巴嫩、日本、智利、乌拉圭、巴西、阿根廷、柬埔寨、缅甸、新西兰、澳大利亚、苏联、卢森堡、奥地利、委内瑞拉、哥伦比亚、古巴、阿富汗、加拿大、阿尔及利亚、美国等，共计33次，38个国家和地区。其中主要集中在20世纪50年代。“文化大革命”期间最少，仅3次，分别为：1971年9月2～30日，北京京剧团到朝鲜参加朝鲜民主主义人民共和国国庆，演出了《沙家浜》、《智取威虎山》；1974年10月29日～11月28日，北京京剧团到阿尔及利亚访问演出了《杜鹃山》、《智取威虎山》、《沙家浜》和《海港》片段；1976年5月11日～6月29日，中国上海京剧团到日本访问演出了《智取威虎山》、《审椅子》、《津江渡》、《磐石湾》。这一时期，京剧到海外演出的国家和次数显然比民国时期增加了很多倍，演出的剧目也扩大了，不局限于几出武打戏和以做功见长的传统戏，现代戏也走上国际舞台。参加演出的演员也不局限于少数几名演员，中青年演员备受欢迎，并在国际比赛中屡屡获奖。

第三个阶段为1978年到20世纪90年代末改革开放时期。结束“文化大革命”以后，传统戏曲逐步恢复演出。随着对外开放政策的贯彻执行和中国在世界上影响的扩大，京剧在海外的活动日益频繁，并突破了以前单一出国访问演出的模式，除继续作为文化交流应邀出国演出外，还与国际演出市场接轨，进行商业演出。1978年6月28日至9月3日，以赵启阳为团长，康岱沙、张东川、周小燕为副团长的中国艺术团应美中关系全国委员会、香港联艺公司邀请，到美国和中国香港、澳门地区演出。这是一个综合性的艺术团，其中京剧主演有李小春、刘秀荣、李维康、谷春章、李光、张春华等，演出的剧目有《闹天宫》、《秋江》、《三岔口》、《雁荡山》、《挡马》等。在美国纽约、华盛顿、明尼阿波利斯、旧金山、洛杉矶演出30场，在香港演出19场，在澳门演出8场，观众达173 000人。这是中华人民共和国成立以来，京剧第一次到美国演出，美国总统卡特在白宫接见了全体成员并合影留念。美国观众对演出反映强烈，文艺界、新闻界对演员的精彩表演给予很高的评价。时隔不到一年，1979年4月23日至8月23日，以江岚为团长，言行、李玉茹为副团长的上海京剧团到联邦德国、比利时、英国、卢森堡、荷兰演出。主演演员有齐淑芳、李炳淑、孙正阳、张学津、李长春、朱文虎、夏慧华、孙花满等，演出剧目有《杨门女将》、《三岔口》、《雁荡山》、《火凤凰》、《秋江》、《贵妃醉酒》、《除三害》、《拾玉镯》、《挡马》等。在德国汉堡、法兰克福、斯图加特、慕尼黑、路德维希港、西柏林演出22场，谢尔总统观看了演出；在比利时的布鲁塞尔、奥斯坦德、列日、安德卫普4市及卢森堡共演出22场，比利时国王及王后、首相迈尔斯及夫人观看了演出；在英国的利物浦、伯明翰、伦敦、诺丁汉4市演出22场，英国前首相卡拉汉、希思及所到市的市长观看了演出；在荷兰的海牙、阿姆斯特丹、鹿特丹、乌特勒支4市演出18场。总共演出84场，观众达10万人次。1979年5月29日至8月6日，由北京实验京剧团组成的中国北京京剧团到希腊、土耳其、突尼斯演出。主演演员有李玉芙、李崇善、李浩天、叶红珠、张少华、岳惠玲、李翔等，演出剧目有《白蛇传》、《闹天宫》、《三岔口》、《秋江》、《雁荡山》、《昭君出塞》等。在土耳其的伊斯坦布尔演出13场，观众7 300人次；在希腊的雅典、萨洛尼卡、比雷埃夫演出16场，观众约21 000人次，希腊前总统夫人、议长、外长、商务部长及前首相观看了首场演出；在突尼斯的尼斯迦太基、比赛大、哈玛麦特、马赫地亚、苏斯、凯鲁万、加贝斯、莫纳斯提尔、杜卡、达巴卡10市共演出11场，观众约30 000人次，突尼斯总统顾问、文委主席、文化部长、贸易部长出席了首场演出。1979年7月7日至11月16日，以贺敬之为团长，朱明、张治、袁广和为副团长的中国京剧院三团到朝鲜、日本、加拿大演出。演出剧目有《大闹天宫》、《拾玉镯》、《秋江》、《三岔口》、《霸王别姬》、《水漫金山》、《野猪林》等。7月17日至8月18日在朝鲜平壤、元山、咸兴、新义州演出19场，观众20 000人次；8月27日至10月4日在日本东京、大阪、神户、福冈、名古屋演出24场，观众40 000人次；在加拿大多伦多、蒙特利尔、渥太华、汉密尔顿、里贾纳、埃德蒙顿、温哥华、维多利亚演出28场，观众70 000人次。朝鲜劳动党总书记金日成、加拿大总理克拉克观看了演出，日本首相大平正芳接见了剧团领导和主演演员。

进入20世纪80年代，京剧在海外的演出市场越来越繁荣，国内的京剧院团纷纷走出国门，到海外演出，如中国京剧院、北京京剧院、上海京剧院、天津市京剧团、云南京剧院、武汉市京剧团、大连京剧团、宁夏回族自治区京剧团、山东省京剧团、烟台市京剧团、锦州京剧团、江苏省京剧院、青岛市京剧团、重庆市京剧团、黑龙江省京剧院、内蒙古自治区京剧团、浙江京剧团、黄石市京剧团、吉林省京剧团、沈阳京剧院、安徽省京剧团、南京市京剧团以及中国戏曲学院实验京剧团等，都到过国外演出。出国演出的次数超过了20世纪70年代前总和的数倍。中国京剧院、北京京剧院、上海京剧院等在20世纪80年代中叶以后，每年都有数次出国演出的机会，如上海京剧院1990年出国演出4次，北京京剧院在1994年出国演出3次，其中还未将个人搭班出国演出计算在内。演出的剧目也日趋多样化，除重武功和做功的剧目外，一些古典名剧和新编剧目在海外演出也受到欢迎，如《将相和》、《龙凤呈祥》、《凤还巢》、《野猪林》、《雏凤凌空》、《曹操与杨修》等。京剧以它特有的艺术魅力，克服了语言的障碍，感染了国外观众。1985年7月北京京剧院到英国参加伦敦第三届国际戏剧节演出后，英国的《泰晤士报》、《亚报》、《金融时报》等称赞："京剧是世界最宝贵的财富"，"京剧服装之美，令人叹为观止，给人们带来无穷的欢乐"，"《三打陶三春》是最优秀、最朴实的了不起的戏，演员的出色表演，扫除了一切语言障碍"。1980年8月北京京剧院到美国纽约、费城、华盛顿、洛杉矶、旧金山等地作商业演出，《纽约时报》、《华盛顿邮报》等发表评论和刊登大幅剧照，高度赞扬京剧"是世界上第一流的艺术"。1987年3月23日至5月25日，中国辽宁青年京剧团到苏联、捷克斯洛伐克、保加利亚演出了《穆桂英下山破天门阵》、《三岔口》、《柜中缘》、《醉打山门》、《虹桥赠珠》等剧。在12个城市共演出27场，场场爆满，观众以"迷人的"、"神奇的"、"不可思议的"、"无与伦比的"等形容词来赞美演出。1990年10月，一位苏联戏剧学者在看了《曹操与杨修》在莫斯科音乐剧院的演出以后说："我是搞戏剧理论的，刚刚完成一部介绍世界各国艺术的书稿，但我一定要把京剧加进去，因为它是属于全世界的。"（1990年11月29日《文学报》）随着中国国力的增强，中国人民与世界人民交往的日益增多，京剧不仅是中国戏曲艺术的出色代表，而且会成为一种世界性的戏剧艺术，对世界戏剧文化的发展产生越来越大的影响。

（刘文峰）

Jingju Zhishi Cidian

《京剧知识词典》 京剧工具书。吴同宾、周亚勋主编。吴小如、钮骠为顾问。徐礼娴、陈慧敏、周春玲为副主编。天津人民出版社1990年出版。收录有关京剧知识条目4 500条，分为"行当"、"音乐·声腔"、"声韵·念白"、"行头"、"化妆"、"脸谱"、"砌末"、"基本功"、"程式·特技"、"龙套"、"戏班行科·戏箱·扎扮·检场"、"后台班规·演出习俗"、"演出场所·团体·科班·戏校"、"流派"、"历史"、"术语"、"谚诀"、"著作·期刊·电影"、"人物"、"剧目"共20部类。全书100万字。书前印有李瑞环为该书所写题词："弘扬民族文化、普及京剧知识"。吴小如以《京剧兴衰匹夫有责》为题为该书撰写了序言，指出编纂这部词典的目的在于普及京剧知识，借以弘扬民族文化，并认为该书如有重印机会，当本着精益求精的精神，使其更臻完善。收入该书的京剧演员词条，主要是指1959年以前在科班或戏曲学校毕业、积有30年以上艺龄，并在全国影响较著者。这部词典知识比较全面，及时地满足了社会上渴求学习京剧知识的客观需要。该书曾获1991年华北地区图书奖。2007年出版增订版，16开本。约110万字。内容有调整、有节删、有增补。全书条目约4 300个。卷前有各种图片30页。卷末有附录两种：一为《异名对照表》，一为《富连成社教师、学生名录》。

增订版护封

（刘琦）

jingju zuoqu

京剧作曲 为京剧新戏进行整体性的唱腔、器乐曲等的创作。又称京剧唱腔设计、音乐设计。它在京剧综合艺术形式中，处于比较突出的地位，并起着相当重要的作用。一出新戏，唱腔、音乐创作的质量高下，常常关系到该剧（特别是唱工戏和歌舞并重的戏）在艺术上的成败。

京剧的唱腔、音乐设计，与一般歌曲、新歌剧的作曲有所不同。它是借助一种独特的思维方法来进行的。在创作中，设计者根据剧本新的需求，主要是靠选用程式和发展变化其表现手法来适应的。只有这样编出的新唱腔和设计出的曲牌、锣鼓，才能有效地调动起演员、乐师们运用其熟练的基本功，共同完成具有京剧剧种特色的音乐形象刻画任务。运用程式变化发展的创作方法，有一个很重要的特征，就是能使同一种基本腔调，通过不同的变奏手法，或是横向借鉴的方法等，创造出多种多样变化无穷的新腔和新的表现形式来，这也就是中国属于板腔体音乐体制的剧种所普遍采用的作曲方法。

京剧过去没有专业作曲人员，也没有"作曲"这一称谓。新剧目的唱腔设计和配乐曲牌、锣鼓的安排，基本上都是由一些舞台经验丰富的演员、琴师、鼓师等来承担。中华人民共和国成立后，为了适应新时代的需求，在戏曲中又投入了一大批新的创作力量，这时音乐创作方面，便也有了音乐设计、唱腔设计专业作曲人员。由于戏曲音乐创作的程式性很强，剧种的风格特色和程式上的规范都很严谨，故京剧的音乐创作一般多称之为唱腔设计、音乐设计，对有些新作品因突破程式较大，新的作曲技法增多，也可称之为作曲。

京剧传统戏的唱腔、音乐设计

早期在排京剧新戏时，戏里的唱段、曲牌如何安排，大体上多是由编剧者在剧本上先标出的。进入排演时，面向舞台的需要，唱段的安排和腔调、板式、调性的布局等，还得由兼负编腔及曲牌、锣鼓设计之责的某些演员、乐师等做具体的调配。

关于唱腔设计 京剧过去虽然在唱腔创作方面没有专业人员的配备，但在演员、乐队中和社会上善唱兼能编京剧唱腔的人士还是有一些的。特别是以唱为主的不同流派唱腔的创始人和与他们长期合作的琴师、鼓师等，可以说他们就是京剧大量优秀的传统唱腔的设计者，京剧传统剧目唱腔设计的路子，也多是由他们开拓出来的。这些前辈艺人们，创作经验大体上有以下几个方面：

①对［二簧］、［西皮］和其辅助腔调［四平调］、［南梆子］、［高拨子］、［吹腔］等代表性腔调的性能、音调特性、各适合表现什么情感都很了解。对这些腔调的内部结构也有深刻的认识，知道各种腔调的基本格式、曲调特征和七字格、十字格上下句的落音规格，起唱、落腔的规格，各种板式唱腔是

梅兰芳（后）与徐兰沅（右）、王少卿

怎样从一个基本腔格发展变化出来的，也知道唱腔通过对基本腔格的扩展、紧缩、移高、降低和转调、转板等多种手法处理所取得的效果是怎样的。这些专业素质，对权衡全剧唱段的安排和腔调、板式、调性的布局妥当与否都会起到很大的作用。

②会的戏多、见识广，能从丰富多彩的传统剧目（也包括当代的创作剧目）中，领会出前人和当代人在唱腔的形式上和技法上所规范出的各项程式的精髓。这就是他们进行新剧目唱腔设计时最为重要、最为实际的参考依据，根据不同类型剧目的需要，来安排唱段和进行腔调、板式、节奏、调性的布局。唱工戏以唱腔为音乐结构的主体，做工戏以唱腔、配乐作为辅助性艺术手段，武打戏以锣鼓、曲牌为结构主体，布局各有不同。从一出戏的音乐结构方法来看，根据不同的戏剧情节，对腔调、板式、调性，音乐的起伏、高潮，作出不同的处理。此外，重点唱腔前的铺垫和起唱后又如何递进、贯串、呼应和对比等多种手法，很多名家们不同流派唱腔的独到成就等，都是启发唱腔设计者们非常实际又可贵的参考资料。具体说，用同一种程式在不同的剧目、不同的唱词情境下，通过不同手法刻画出多种不同的形象来。例如，同是［西皮慢板］，《空城计》诸葛亮唱的“我本是卧龙岗散淡的人”和《秦琼卖马》秦琼唱的“店主东带过了黄骠马”，以及《捉放曹》陈宫唱的“听他言吓得我心惊胆怕”的3个唱段中，根据剧情人物内心情绪与唱词语气字音等不同，采用不同的手法，进行不同的细致处理，从而刻画出诸葛亮的镇定自若、秦琼的一筹莫展、陈宫的无限懊悔。这类范例在京剧传统戏中数不胜数。简单地说，唱腔创作最重要的任务在于深入发掘唱词语言中的音乐性和戏剧性。

③能熟练地掌握京剧唱腔的字声音韵，使新编的唱腔字正腔圆，并能保持剧种的独特韵味风格。这一点可以说是京剧唱腔设计者很难掌握的一环。因为戏曲的唱腔，都是以字行腔，以文理统领曲理的。字的声韵处理妥当与否，会直接对唱腔的起伏、走向、韵味起着很大作用。梅兰芳的琴师徐兰沅，就曾在他的编腔口诀中这样写道：“编腔由老而翻新，腔调高低找字音，字音难离四声韵，声韵即是曲折根。”可知精于编腔的前辈艺人，都是很精于字声音韵的。

④擅长运用吸收变化唱腔的手法，即京剧这一行当吸收另一行当的唱腔和借鉴其他剧种及说唱音乐等某些音调，来丰富自己唱腔的表现手段。如谭鑫培为了发展老生唱腔，吸收了旦脚、老旦和花脸唱腔的音调；梅兰芳在其唱腔中融合了昆曲音调及老生腔；程砚秋在其唱腔中也曾糅进某些说唱音乐，甚至是某些西洋歌曲的因素。这种吸收和借鉴，已成为京剧与板腔体剧种发展其唱腔卓有成效的技法了。

⑤为了丰富唱腔的表现能力，前辈艺人们还很重视京胡、锣鼓等器乐伴奏多种手法的配合运用。这一点也正是舞台表演艺术最为实际、有效的做法。

⑥唱腔设计中还包含唱法的设计。精于唱腔设计的前辈艺人很多都是擅长唱工的各流派名家，他们根据自己对人物的理解以及自己的嗓音条件和演唱功力设计唱腔。这也是戏剧性的音乐创作中很重要的一个方面。

总之，京剧传统戏的那些丰富多彩、优美动听的唱腔，可以说都是由那些舞台经验异常丰富，又富有创造性的前辈艺人运用程式和发展程式的方法创作出来的。这种创作方法有深厚的群众基础，运用这种创作方法最大的效用有二：一是能保持本剧种的音乐特征，二是能把传统的创作经验，在形式上、表现技法上巩固下来，发展下去。对后代艺人来说，能不断学习、提高自己的艺术水平；对观众来说，能不断地听到“又新鲜、又熟悉、又好听、又好学”（程砚秋语）的唱腔，喜闻乐见，便于流传。

配乐曲牌与锣鼓设计 配乐曲牌过去在传统戏里用量不大，运用的手法也比较简单，多从昆曲、梆子戏和民间音乐中搬来或摘取现成曲牌，按照剧目内容需要选用。有些是原封不动加以运用，有些是做了多种多样的改编，如几种曲牌联奏，或某一曲牌采用不同定弦和变调手法演奏等，而为新戏专门创作的配乐是极少的。

京剧的锣鼓自成体系，约有百种锣鼓点子。这些锣鼓点也多是从昆曲、河北梆子和民间器乐曲中的锣鼓中吸收过来的。在排新戏时，根据剧目的不同类型（唱工戏、做工戏、武打戏等）来安排锣鼓，一般多是选用或改编原有的锣鼓点，而新创的锣鼓较少。

京剧作曲的新发展

中华人民共和国成立后，戏曲跨进了新的历史阶段，京剧音乐在一批新的专业作曲人员与演员、乐师等人的密切合作下，发生了一场异常深刻的变革。这批新生力量在充分继承传统唱腔、音乐设计的经验和手法的基础上，对京剧传统唱腔与配乐曲牌等进行了一系列的革新，在创作上有了极为明显的变化发展，丰富了许多新的表现手段，增强了反映广阔生活的能力，取得了令人瞩目的成就。

唱腔创作的新发展 在唱腔创作方面，多是从以下3方面着手。

吸收新音调 在新编历史戏，尤其是现代戏中，如何使唱腔的音乐语言具有时代感，是京剧作曲的首要问题。特别是在现代戏中，如果人物造型、表演、念白都是新的，唯独唱腔的音乐语言是旧的，使人一下子就联想到诸葛亮、王宝钏，这样的作品当然不能适应新需求。要使音乐语言富有生活气息、时代感，同时还具有京剧剧种的风格特色，就非把新的语言音调吸收进来不可。在这个问题上，是有不少成功实例的。

在创作中只要作曲者能认真地体会剧中人物的思想感情，能准确地把握人物的性格特征和语言的音调气质（当然首先剧本文学语言应该提供必要的条件），则在运用传统唱腔程式时，就有可能创造出带有新的语言音调的唱腔来。比如《红灯记》中，李铁梅猜“表叔”是什么人的那段“我家的表叔数不清”，这个新音调唱段的产生，关键就在于作曲者抓住了铁梅这个小姑娘猜到大人心事时的那种得意的神情语态上。像“我家的表叔数不清，没有大事不登门”的唱句中，把“数不清”和“大”字的强调，以及“这里的奥妙我也能猜出几分”，对“奥妙”和“也能猜出几分”语言内涵的透露，都是将特定人物的机智、善于思考的性格，通过唱腔的语言音调反映出来的。再如《沙家浜》中阿庆嫂的那段“风声紧”，从这段唱腔中也可以听到不少很符合这位深谋远虑老共产党员心境的语言音调来。像“昨夜里派七龙与阿祥去送米面，为什么到如今不见回还”，作曲者于句尾“不见回还”处使了个不太稳定的小拖腔，显然这是一种悬念、纳闷语言音调的反映；在“我本当去把亲人见，怎奈是难脱身、有鹰犬、刁德一他派了岗哨又扣船”几句，把现实困难用了一连串非常紧促的［垛板］来唱，这也都是生活语言情绪所决定的；特别是在处理一连三个“怎么办”的句子时，唱腔的语调、声势步步加紧，逐层上升，把人物的忧虑不安、不知所措的复杂心境，反映得极为真切生动。

现代戏中如能恰当地把生活语言音调吸收进来，就可能摆脱传统唱腔音调中的某些陈旧感，就可能突破旧程式、格律，刻画出新鲜生动的形象来。吸收新音调固然会促进音乐语言的革新发展，但这并不意味着排斥对传统唱腔素材的运用。现代戏中有不少成功的范例，其唱腔素材并不完全是新的，有的甚至完全用的是传统素材，但这些素材并不是从传统的某个唱段硬套下来的，而是经过编曲者选择、加工和再创作，而且演唱时在润腔、唱法以及字声音韵上也加进了不少新的因素，使得唱腔的音调气质有了新的变化，同样也能塑造出新的形象。像《智取威虎山》少剑波和《红灯记》李玉和的不少唱腔，就属这种做法。

此外，在现代戏的唱腔中，对京剧原来字声语音加以改革，也是个非常重要的课题。京剧由于历史上的原因，它的唱念语音带有相当浓重的“湖广音”(即武汉官话语音）特色，就四声来讲，和普通话或北京话是不大一样的，特别是阳平低出，上、去二声正和京音相反的情况，和现代戏用普通话的念白是很不协调的。为此，在京剧现代戏的唱腔中，普遍注意到了适当地增添些京音和现代音韵成分的做法，使得唱、念的语音协调起来，适应时代新的欣赏需求，这也是增强京剧生命力的一项重要的措施。

京剧现代戏在反映某些特定生活时，还常有在唱腔中吸收进一些民歌、革命歌曲以及生活中的叫卖、呼号音调等做法。生活气息浓，特定人物、特定环境就会点染得更加真切。

创造新形式 京剧在新的历史阶段中，由于反映的题材内容开阔，人物的思想感情及其表达的方式也与旧京剧有了很大差别，因此便创造出不少新的形式以求适应。包括新的唱腔形式、新的唱腔板式和新的演唱形式。

①新的唱腔形式，一般多是为了解决不同行当在同场唱腔相互衔接时存在的各种矛盾（如大小嗓、调高、音域、音区和胡琴定弦等）而创作出来的。比如《红灯记》的说家史，李铁梅在奶奶大段［二簧］唱腔之后所唱的［反弦二簧原板］和［二簧快板］，就是个新创造的唱腔形式。这个新形式的产生有两个原因：一是因为李铁梅接受家史教育之后震动很大，为描绘她的激动心情，唱腔感情需要强烈，节奏要加快上去才行。而传统的［二簧］或［反二簧］唱腔，悲怆有余而强劲不足，其中也没有像［西皮快板］那样的板式来适应它。因此，这里就创造出一个［二簧］或［反二簧］的新形式来。二是因为旦脚（小嗓）唱腔的活动音区和老旦（大嗓）不一样，如果在李奶奶唱的［二簧］之后，铁梅唱的［二簧］也沿用老旦的调门（正宫调，即G调），就会因调门太高无法开唱。因此这里就用了一个移宫转调的办法，将老旦唱的［二簧］胡琴定弦低Sol-Re改为Do-Sol，用这个反弦来伴奏［正二簧］的旦脚唱腔，等于调门降低了四度（成为小工调，即D调），然后在曲调上再加以改动、润色，就产生了这个与一般［二簧］不同的新腔调来。

②新的唱腔板式，是为了表现在特定情境中人物思想感情变化的层次，由于所用的某种传统腔调板式不够齐全，为此而补充进来的新板式。例如《红灯记》李玉和唱的［二簧二六］“党教儿做一个刚强铁汉”，《平原作战》李胜唱的［二簧快二六］“霹雳一声春雷响”，《奇袭白虎团》王团长唱的［二簧快板］“趁夜晚出奇兵突破防线”，《蝶恋花》杨开慧唱的［反二簧］最后部分的［快二六］“岳麓山枫叶如火层林尽染”，还有新编历史戏《红灯照》林黑娘唱的［反二簧］最后部分的［快板］，《谢瑶环》苏鸾仙唱的［四平调二六］，《西厢记》红娘唱的［四平调流水］、［南梆子二六］等。在传统戏中，［二簧］、［反二簧］、［四平调］、［南梆子］、［高拨子］等腔调原是没有［二六］、［快二六］、［流水］、［快板］这类板式的。

《红灯记》 刘长瑜饰李铁梅（左） 高玉倩饰李奶奶

20世纪后半期，京剧还创造出一些过去没有过的板式，如［清板］、［一板二眼］等。［清板］是从某些地方戏借鉴过来的，以吟唱为主不用伴奏，或用一些极为清淡的伴奏，多是在人物抒发内心深情时使用。如现代戏《洪湖赤卫队》中韩英唱的［四平调清板］，《蝶恋花》中杨开慧唱的［二簧清板］，不只是运用了一种新的板式，而其间唱腔语言的使用也很新颖，曲调进行有不少是突破［四平调］或［二簧］的旧格。［一板二眼］即三拍子的形式，并分为慢、快两种，是从新歌剧、舞剧、歌曲中的节拍形式借鉴来的。如《洪湖赤卫队》中韩英、秋菊唱的［南梆子一板二眼］，《奇袭白虎团》中崔大娘唱的［西皮一板二眼］，《红云岗》中英嫂唱的［二簧慢二眼］和［快二眼］，新编历史戏《雏凤凌空》中杨排风唱的［四平调一板二眼］等，这些将不同腔调的唱腔创造性地与三拍子形式巧妙地结合一起，或抒发内心的细腻情感，或表达热烈欢快的激情，或展示英姿飒爽的精神面貌，使唱腔的内容和形式达到了相当程度的统一，对人物形象的刻画起了很大作用。

新板式的创作，不仅扩充了原有腔调的板式数量，增加了新的表现手段，同时由于加进了很多新的因素，从而也引起了唱腔的旋律、节奏、调式和结构等方面的变化，但它们仍然保持了原有腔调的特征。

③新的演唱形式。在现代戏和新编历史戏中，还出现了不少新的演唱形式，大约有5种。“背躬”对唱：多用于一个板式唱段之中，来描写几个人物各自的内心活动，如《沙家浜·智斗》中，阿庆嫂和刁德一、胡传魁三人［反西皮摇板］的对唱。幕后伴唱：用于主要人物重点唱段的前、中、后，多由幕后伴唱队帮腔所唱，其作用或描写人物内心活动，或加强感情抒发，或渲染舞台气氛，或交代情节发展，或对人物进行评论等。其帮腔句数多少不等。如《节振国》，在节振国唱的［西皮］转［二簧］唱段中的男声帮腔。重唱：多用在二人对唱时，为表现人物彼此共同的心愿，而在某一两个唱句处，出现的同时各唱不同旋律的重唱。如《杜鹃山》杜妈妈与雷刚在［反二簧原板］对唱最后一句的二重唱。轮唱：为男、女声二部，多用于深情悼念的肃穆场合，如《红岩》中，众难友在监牢里追悼龙光华烈士唱的［四平调］中间的轮唱。合唱：多为二部合唱，主要用于表现壮阔的群众场面或渲染庄严肃穆的舞台气氛，如《满江红》第六场，岳飞在风波亭就义时的幕后合唱。又如《蝶恋花》尾声合唱曲“我失骄杨君失柳”。

运用新手法 京剧新编历史戏和现代戏的唱腔中，在反映人物复杂的思想活动时，运用多样的节奏和多变的板式已成为普遍采用的手法。其次，运用灵活多变的各种转调手法以及新的作曲手法，也比较普遍。运用这些手法常会产生很新鲜、感人的效果，比如《蝶恋花》中杨开慧唱的那段［反二簧］“将碧血化云霞飞向朝阳”，开始是心潮激荡的［慢板］，然后转入［中三眼］，进而又转入［原板］，于此又以［摇板］形式插入一段带有湖南民歌《浏阳河》音调的唱腔，新的意境展现之后，唱腔又进入了［清板］，节奏也进一步加紧，唱腔再进入［快二六］，最后以［散板］结束。这里不只是板式多样，而其中唱腔语言也相当新颖，特别是在［慢板］中，还出现了在一小节中容纳八九个字唱词的处理手法，这也是在传统唱腔中很少见的。这段唱腔虽然没有运用多少转调手法，但调式交替手法、暂转调手法还是运用得相当充分的。另外，像《黛诺》中黛诺唱的［南梆子］"山风吹来一阵阵"，《杜鹃山》中柯湘唱的［反二簧中板］、［原板］转［二簧摇板］、［原板］、［流水］"家住安源"等，则是完全运用新的作曲手法创作出来的。

在新编历史戏和现代戏的唱腔创作中，为了开拓皮簧类型的腔调品种，还有一些是运用"嫁接法"而创造出的新腔调。就是选择某些有特性的但同时与皮簧也有某些共性的唱腔，同皮簧唱腔融合起来，通过作曲手法而创作出的一种新腔调。如在新改编的《打面缸》中，周腊梅所唱［梆拨调］，是把河北梆子和京剧的高拨子融合而成的新腔调；在新改编的小戏《风雪配》中，钱万选所唱的［西皮四平调］，是把京剧的四平调和西皮腔融合起来的新腔调；在新编历史戏《红灯照》中，林黑娘所唱的［卫调反二簧］，是把天津时调的音调与京剧［反二簧］融合而成的新腔调；还有在现代戏《刘志丹》中，刘志丹所唱的［吹簧反调］，是把反调的［吹腔］和［反二簧］融合而成的新腔调。这些新腔调因含有两种腔调的因素，作曲者在运用时巧予安排，听来别有一番情趣。

在现代戏的唱腔创作中，还有一个借鉴西洋歌剧主题音乐手法所创的特性音调贯串于全剧的手法。所谓特性音调，就是根据剧中主要人物的性格气质等概括出来的一个旋律片段，将它夹用在主要人物的唱腔或伴奏器乐曲中，通过各种变化手法来贯串使用。这种特性音调的运用，在加强人物全部音乐语言的内在联系上，使旋律音调增添了特色。

配曲创作的新发展 由专业作曲者按照特定的戏剧内容，在继承传统配曲的基础上，对传统戏的结构有所突破，又借鉴了新歌剧等音乐形式所创作的唱腔以外的插曲、群曲和器乐曲等。

插曲 在传统戏中，插曲运用的不多，一般均为剧中人物的独唱，如《霸王别姬》项羽唱的［悲歌］，《群英会》周瑜唱的［琴歌］，《廉锦枫》吴士公唱的［山歌］，《蔡家庄》郑天寿唱的［莲花落］等。它们多是从昆曲或民歌小调借用过来的，在运用中，有的原样未动，有的加以改编。新创作的插曲在新编剧目中运用得较多，既有独唱，又有对唱与群唱，还有领唱及有唱有念等。按其旋律和结构特点，大致有5种类型。①吟唱型：多为散板的吟诵体，如《西厢记》张珙与莺莺的吟诗曲"月色溶溶夜"，《初出茅庐》诸葛亮的唱诗曲"凤翱翔于千仞兮"；也有散板与"一板一眼"相连的，如《赤壁之战·横槊赋诗》曹操的饮酒作歌曲"对酒当歌"等。②民歌型：多为"一板一眼"的山歌、小调、歌谣。如《蝶恋花》中向旭唱的山歌"穷人苦"。再如《红灯照》林黑娘、田小雁、田福宽唱的歌谣"可笑胡儿"等。③歌舞型：既有散起上板，有唱有念，有领有合的，如《摘星楼》龙环等唱的［连相曲］，也有从始至终为"一板一眼"或"一板三眼"齐唱或一唱众和的，如《王昭君》舞蹈伴唱曲"马蹄踟蹰"等。④说唱型：既有散起上板，有说有唱的，如《春雷》潘大爹唱的［采莲女］，也有只唱不说"一板一眼"的，如《春雷》满妹子、叶小荣唱的［三棒鼓］等。⑤歌曲型：多为2/4或3/4拍子，如现代戏《三少年》童声合唱"牡丹江畔"和《箭杆河边》夏花唱的［双眼调］"红领巾"等。

群曲 群曲在传统戏中均是龙套（群体演员）所唱的齐唱曲，绝大部分都是从昆曲某些剧目中的群唱曲牌搬用过来的。新创作的群曲则多是由作曲者根据新的剧本唱词而创作的，与传统的群曲相比，在演唱者、运用场合、曲式结构、演唱形式和伴奏乐器等方面都有了很大的发展。按其结构与旋法大致有7类。①唱腔类：采用昆曲或京剧（或两者结合）的唱腔旋法与结构创作，如《王昭君》女声齐唱曲"呦呦鹿鸣"和《蝶恋花》序幕合唱曲"茫茫九派"等。②曲牌类：根据传统群唱曲牌的结构与旋法创作，如《红灯照》女战士齐唱曲"蓦地惊风"和《沙家浜》众战士唱的"要学那泰山顶上一青松"等。③古曲类：参照古歌的结构与旋法创作，如《李清照》［反二簧］唱段前的女声伴唱曲"声声慢"和《满江红》领唱与众唱的主题歌"怒发冲冠"等。④宗教曲类：参考宗教音乐的某些音调而编写，如新编历史戏《西门豹》大巫、小巫及众百姓唱的神曲"天地三界"等。⑤民歌类：吸收某些地区民歌的结构与旋法创作，如《刘志丹》带有陕北地方特色的合唱曲"山丹丹开花"、《三座山》带有蒙古民歌特色的群唱曲"一千匹马"和《恩仇恋》带有湖南民歌特色的罢工齐唱曲"做工难"等。⑥歌曲类：借鉴群众歌曲（多为进行曲风格）的结构与旋法创作，如《红灯照》的幕后合唱曲"中华民族不可侮"和《洪湖赤卫队》赤卫队员齐唱曲"太阳一出闪金光"等。⑦歌舞曲类：借鉴歌舞曲的结构与旋法创作，如《柯山红日》群众唱的胜利舞曲"柯山顶上"等。

器乐曲 根据新剧目的需要，随着整个京剧音乐的革新，在继承传统曲牌、行弦的基础上，由专业作曲者按照特定的内容所创作。与传统器乐曲相比有了以下几个方面的发展：①扩大了表现范围。传统戏中，乐曲多是表现古代生活的，并且是一曲多用。新创剧目中的乐曲既有反映古代和现代生活的，又有展示不同民族与外国生活的，基本都是专曲专用。②增加了使用数量。传统戏中，有些剧目根本不用乐曲，有些剧目虽用，数量也有限。新创剧目乐曲则大量运用，远远超过了传统戏。③丰富了乐队编制。传统乐曲使用的乐器比较少，配置形式也不多。新创乐曲所用的乐器，除保留了传统乐器外，不同程度地吸收了民乐乐器或西洋乐器，并构成了多种多样的配置形式。④运用了多种曲体。传统乐曲的曲体结构，只有曲牌、行弦两类。新创乐曲除了以上两类外，还借鉴了新歌剧、舞剧和管弦乐曲中的曲体结构，增加了歌曲类、舞曲类及管弦乐曲类的各种结构。⑤采用了多样创作手法。传统乐曲基本都是选用现成的昆曲、地方戏的曲牌或民间乐曲，或原样未动，或加以改编。新创乐曲则都是重新谱写的，作曲手法也较多样。有些仍保持传统乐曲单旋律特点，根据传统曲牌、行弦的旋法和结构，谱写新曲调；也有些采用某些传统曲牌、行弦的旋律作为素材加以改编或变奏，并进行一些配器，加上简单的和声、复调；还有些是借鉴现代作曲的多声部与主题音调发展的技法，有机地在全剧加以延伸、展开，形成不同方面的对比。⑥赋予了特定称谓。传统乐曲不论在何种场合，都是沿用原曲牌的名称，行弦则冠以腔调或某音行弦而已。新创乐曲则是借鉴新歌剧或舞剧按照人物、运用场合等标名方法，给以具体的称谓。大致有：序曲、开幕曲、幕间曲、闭幕曲，以及配合人物上下场、场上、过场的动作、舞蹈和衬托念白、对话、朗诵与渲染戏剧情绪、描写事物或景物、烘托舞台气氛等的音乐。

乐队编制的新发展 随着京剧音乐革新的需要，京剧乐队的编制已有了很大的变革。在某些现代戏演出中，中西混合大乐队的编制（即京剧原有的传统乐器，加上部分民族乐器，与一个西洋单管乐队的混合编制）发挥了很大作用，已被观众所肯定，但由于剧团的条件不同，以及创作题材、体裁的多样化，故也有其他多种不同的中、小型的乐队编制（包括电声乐器在京剧乐队中的用法）。

由于京剧在大剧院乐队的乐器已有了多声部的配备，故在创作中，除在歌唱上各种行当间组成的重唱、合唱的实验还不够充分外，在唱腔伴奏和器乐配曲中，运用和声、复调及配器手法还是相当充分的。特别是在探索民族化、戏曲化的创作道路上，作曲家、指挥家和广大乐队成员，都作出了非常出色的贡献。

京剧的音乐创作随着时代的需求和人们在认识上的不断深入，已经创造出不少新的业绩，其间有些经验也已成为京剧音乐新的传统，对今后京剧音乐更进一步的发展有着非常重要的参考价值。

（刘吉典　张正治）

jingkun

京昆　保留在京剧中的昆曲声腔。昆曲，是一个历史悠久、文辞典雅、曲调异常丰富的大剧种。它原是元代末期在江苏昆山以当地语言、音乐风格歌唱南北曲的昆山腔，后经明代中叶以音乐家魏良辅为首的艺术群体予以改革创新，风靡南北，简称昆腔。随之又由以梁辰鱼为首的第二个艺术群体进一步加工，并撰写了《浣纱记》等传奇，将昆曲搬上舞台，遂形成了一个压倒其他南戏声腔的新兴剧种。

《夜奔》 茹富兰饰林冲

《芦花荡》 袁世海饰张飞

明万历初，昆曲传入北京，与弋阳腔并称为京中的大戏。京师士大夫宴集必唱昆曲，称之为官腔，由于昆曲长期在京演出，必然要依附京都的语言、声韵，而且日常与弋阳腔互相浸润交流、潜移默化，昆曲也逐渐"京化"，特别是徽、汉二调的皮簧戏在北京形成京剧的过程中，因昆曲常与皮簧穿插演出，故而又形成了具有一定特色的"京昆"来。

昆曲与皮簧合流后，在相当长的一段时期内，对皮簧演员、乐师要求"昆乱不挡"（"乱"主要指皮簧），即对某些昆曲的器乐曲牌、群唱曲牌等必须要会唱、会用，昆曲某些行当打基础的剧目必须掌握。从唱、念上讲，昆曲所依据的字声、音韵，以及演唱上的五音四呼及出字、归韵、收声等，皮簧演员更应熟练掌握。过去京剧奠基人之一程长庚，就有极深的昆曲造诣。他演唱的昆曲《钗钏记·大审》和《醉菩提·伏虎》均曾得到观众的高度赞赏。他的皮簧唱腔也因他"字谱昆山鉴别精"（清芝兰室主人《都门新竹枝词》），而得到公众的普遍赞许。京剧的许多老前辈如徐小香、王楞仙、何桂山、陈德霖、李寿山、乔惠兰和梅兰芳等，都有很高的昆曲素养。历来的京剧科班如富连成、中华戏曲专科学校等，也都极为重视昆曲的学习。京剧舞台上的昆曲剧目大致如下：《回营、打围》、《铁笼山》、《卸甲、封王》、《梳妆、掷戟》、《雅观楼》、《探庄》、《醉打山门》、《夜奔》、《蜈蚣岭》、《闹学》、《游园、惊梦》、《水斗、断桥》、《宁武关》、《麒麟阁·三挡》、《火判》、《嫁妹》、《功宴》、《芦花荡》、《青门盗绡》、《偷鸡》、《盗甲》、《醉皂》、《借靴》、《思凡、下山》、《乾元山》、《淮安府》以及《偷桃、盗丹》等猴戏，以载歌载舞者居多。

（傅雪漪）

Jing Kun Ju zhi You She

京昆剧之友社　上海京昆剧业余组织。隶属于上海市黄浦区文化馆。1980年成立，原名京剧之友社，1981年更为现名。由范肇鹏（社长）等7名京昆爱好者发起。首任名誉社长俞振飞。先后聘王正屏、许思言、郑传鉴、钱英郁、何慢、王家熙等为顾问。该社以普及京昆剧为主旨，举办京昆艺术讲座130余次，开办京剧研习班、声训班5期，定期举办京剧演唱会、京剧沙龙、京剧茶座，放映京昆剧录像，开展京剧知识竞赛等。该社还把活动扩大到学校，派员在上海师范大学、上海市第六中学开设京剧艺术欣赏选修课，帮助复旦大学、光明中学、浙江中路小学等大中小学开展普及京剧的活动。1994年社内组建了青年演出队，成员年龄均在45岁以下，最小的只有7岁。参加了外滩广场等处的戏曲演唱活动。1995年首次彩排演出《霸王别姬》、《红灯记》等剧，引起行内外专家的注意。1991年、1993年、1996年3次组团代表上海参加在天津举办的和平杯全国票友邀请赛，并有社员参加在北京举办的国际京剧票友邀请赛，均获得好成绩。社员中李健（梅派）、汪国镇（武生、老年）获金龙奖和十佳票友奖，张留萍（老旦）获金龙奖，毛建丽（旦）获十佳票友奖，赵卫（言派）、许顺令（张派）、汪平（文武老生）获优秀票友奖，胡慧春（净）获第一届新苗杯全国少儿京剧邀请赛一等奖。该社还有一定的评论、研究力量，范肇鹏、叶舫瑞、陈琨、颜兆鹤、张世蕃、陈琥等人多次在报刊上发表评论文章，编撰《周信芳演出剧目表》、《上海业余京昆剧团体一览表》及《昆曲艺术特色》等讲义及编印《京昆之友》小报等。

（陈琥）

jingpai

京派　京剧流派。又称京朝派或北派。19世纪60年代京剧到了上海，当京剧的另一个流派——海派在上海出现后，有了比照，北京京剧的特点更鲜明地显示出来。

京派重视基础功夫的锻炼，唱念做打都有严格的技术要求和程式规范。在唱念上讲究音准、字正、腔圆，抑扬顿挫，韵味醇厚。身段动作力求洗练、美观，举手投足都有规矩尺寸。其美学追求为中正平和，雍容贵雅，鄙薄烦琐拖沓，矜奇涉怪。这种艺术风格，从发生到成熟有个过程。京剧形成之初，余三胜、张二奎、程长庚时期，表演技巧比较朴实浑厚，还谈不上统一的艺术风格，到清末谭鑫培时代，京派风格渐趋成熟。20世纪20年代以后，杨小楼、梅兰芳、余叔岩等出现，使京剧艺术达到了一个新的高峰。

京派不单是个地方流派，而且还是整个京剧存在的根基。它的发展和成熟，使京剧艺术形态保持稳定状态。徐凌霄在论"皮黄之派别"时说，"皮黄一向是以京朝派为中心的"，"京朝派的皮黄，即在全国占有最高势力的皮黄。它的流行区域极广。别的皮黄只在当地能行，到旁处去则不能持久。惟京朝派皮黄到北省亦行、南省亦行，甚至言语不通的福建亦行"（《皮黄文学研究》第37页，第27～28页）。但京派也有某些流弊，徐凌霄就挑剔过："京派演薛保、张元秀，有内廷大员的贵格"，"扫边龙套（如）槁木死灰"等（《戏与技》，《剧学月刊》第1卷第4期）。由于演员所处的具体环境、艺术修养不同，有的人推动了京剧艺术的发展，有的人则以"正统派"自居，故步自封，接受新鲜事物比较迟缓。中华人民共和国成立后，京、海两派的门户之见渐趋淡化，南北交流得到加强，各自的艺术面貌均有深刻变化。

（黄菊盛）

Jinshi Liyuan Congshu

京师梨园丛书　京剧史料。含《京师梨园世家》、《京师梨园轶事》、《京师梨园故居》3种。刘嵩崑著。江西美术出版社2007年5月出版。3书从不同角度所描述的"京师梨园"实为近代以来的北京京剧界。

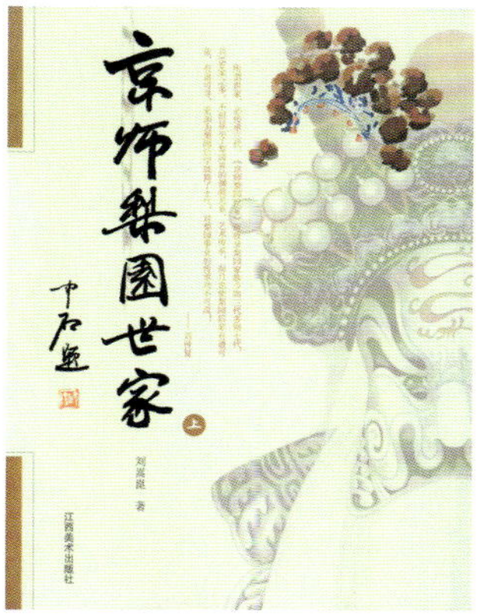

《京师梨园世家》护封

《京师梨园世家》。上下两册，记述了150个北京梨园世家，86万字。书前有刘曾复以及京剧界人士联名写的序言共3篇，一致推崇本书。该书基本上写清楚了这150个梨园世家中众多京剧从业者之间千丝万缕的亲属关系和师承关系；对于那些知名度较低，甚至已不被今人所熟悉的梨园世家，也大多囊括其中，因为他们虽非京剧界的望族，却也有功于京剧事业，不应遗忘。对于这些世家中重要成员的生卒年月、天赋条件、师承关系、艺术经历、拿手剧目、技艺特长、弟子传人以至乳名别名、堂号故居、誉称雅号、长眠墓地等，都有较翔实的记述。该书中不仅有文字叙述，还列出了150份家谱表，使这些京剧世家成员之间的亲属关系、辈分关系更为直观地显示出来；另附有许多照片，也不乏一些罕见的形象资料。由于书中内容浩繁，难免疏漏。如《胜春堂余》一篇中述及余伯钦为余紫云长子，原工老生后为琴师，曾为其三弟小小余三胜（即余叔岩）操琴，但在家谱表中漏列；《家鸿君秋》篇中，只说张君秋有赵玉蓉、吴励箴二位夫人，在文字及附表中均不提京剧旦脚演员谢虹雯曾是张君秋的第三任夫人，并相伴到老，对张君秋事业也有很大帮助。

《京师梨园轶事》。收入各自独立的京剧史料70篇，45万字。“轶事”多为记述某一演员的切入点，其重点依然是尽可能使读者了解对象的整体面貌，并非只为介绍某件奇闻而已。其中如汪笑侬在演出时亲自撰写“自我介绍”、“说明书”以及艺术“宣言”的事迹，尚和玉关于“耍锤”的论述等，都是很有意义的史料。对于京剧史上某些重要事件，如刘鸿昇之死、叶盛章之死等，力图弄清原委。

《京师梨园故居》。述及百位京剧名家寓所，48万字。如梅兰芳在北京的寓所先后共有10处之多，书中一一叙明。在写到某名家故居时，诸如坐落何处、院落房间多少、建筑有何装饰、室内陈设如何、挂何剧照、大门对联是何词句，多有描述。作者还尽量将演员生平与故居联系起来写，说明哪些事情是在哪种居住条件下发生的。书中列有《300条街巷之名伶故居》，分宣武区、崇文区、东城区、西城区，可以清晰地了解北京梨园界的主要聚居之地。另有大量故居图片，多是作者走街穿巷，亲自拍摄的。

刘嵩崑（1937～　），北平（今北京）人，满族。自幼酷爱京剧，业余从事京剧史料的收集、研究，此前曾有《梨园轶闻》、《梨园史缀》等著述出版。作者为撰写上述三书，查阅文献、实地调查、采访口述史料，寒暑不辍，才完成了这套涉及面广、准确性强、内容丰富、笔法流畅的史料丛书，对于研究北京梨园界的生存状态大有裨益。

（刘琦）

Jingxi Daguan

《京戏大观》　京剧作品集。有多种同名印刷品。中国艺术研究院藏有上海大文书局本（1938年3月第3版），扉页注明“最近重编”，共4册，收剧本42种，多是当时在上海常演的剧目。剧前印有简单说明，介绍剧情及故事来源，有些还扼要介绍剧本特点及艺术特色。如介绍《嫦娥奔月》，京剧“向无此剧，始于京伶梅兰芳”，“专以古装舞蹈，迎合观者厌故喜新之心理”；介绍《新十八扯》，“系最近北京某些艺员新编之本，所收各剧，皆以前人缺憾事翻案，故甚有兴趣，能使人耳目一新”；介绍《大香山》，此剧是慈禧太后常点爱看的一出戏，别名《妙善出家》，亦名《火烧白雀寺》，又名《观音游十殿》，已成孤本，是从徽班老艺人那儿觅得。所收《霸王别姬》注有“一名《垓下围》，又名《乌江自刎》”，与梅兰芳的演出本不同，以项羽为主角，戏至项羽乌江自刎止。书中还收集了《童女斩蛇》、《明末遗恨》、《怕老婆》（又名《背凳》）、《三戏白牡丹》、《醋中醋》、《倒门点元》等已不常演出的剧本。

（葛士良）

Jingdian Jingju Juben Quanbian

《经典京剧剧本全编》　京剧作品集。陈予一主编。中国国际出版公司1996年2月出版。全一册。共收剧本57个，主要面向对京剧有兴趣的青年观众。所收剧本主要为经常上演的优秀传统剧目，如《赵氏孤儿》、《将相和》、《宇宙锋》、《萧何月下追韩信》、《霸王别姬》、《群英会》、《甘露寺》、《卧龙吊孝》、《空城计》、《汾河湾》、《贵妃醉酒》、《王宝钏》、《红娘》、《四郎探母》、《杨门女将》、《秦香莲》、《钓金龟》、《乌盆记》、《赤桑镇》、《打渔杀家》、《八大锤》、《白蛇传》、《望江亭》、《拾玉镯》、《法门寺》、《凤还巢》、《四进士》、《金玉奴》、《御碑亭》、《玉堂春》、《锁麟囊》等。根据读者对象的定位，编者在选择剧目时，放弃了一些唱功繁重、全剧不常演出及以舞蹈或武打为主的作品，如《捉放曹》、《六月雪》、《嫦娥奔月》、《闹天宫》、《三岔口》等。每个剧本附有剧情简介和剧中人物表，标明剧中人物的身份及人物之间的关系。剧本正文中，保留了唱腔板式和衔接剧情所必要的舞台提示，没有一般演出台本关于表演程式、舞台调度的说明和鼓乐谱。

（马海玲）

Jingzhongmiao

精忠庙　本为祭祀宋将岳飞之庙，后又成为清朝管理戏曲界事务衙门。吴长元《宸垣识略》卷九称，精忠庙“康熙年建，有乾隆戊子（三十三年，1768）大学士刘统勋碑。……旁有喜神庙，为梨园子弟公所，有乾隆丙申（四十一年，1776）詹事刘跃云碑”。另有一说，精忠庙“前明建立”（见张次溪《北京梨园金石文字录》中《重修天喜宫祖师像碑记》，《清代燕都梨园史料》第922页，中国戏剧出版社1988年版）。庙址在北京今天坛路西口路北之精忠街，其建筑已于20世纪50年代初拆除。精忠庙大殿左旁之天喜宫，因奉祀梨园祖师，又称**喜神庙**或翼宿星君庙。梨园祖师与喜神，原各有所指，医均为面白无须之像，“为一小儿状，故又将祖师与喜神，误合而为一矣”（齐如山《戏班》）。庙内绘有十二音神及相传为梨园祖师的唐明皇事迹壁画，齐如山曾将所摄照片发表于《国剧画报》，题为《北平精忠庙梨园会所壁画》，大小共7幅。清廷在精忠庙设立衙门，除管理精忠庙祭祀活动等事务外，还兼管在同一院

精忠庙壁画之一（局部）

落中由喜神庙（梨园子弟公所）所联络的戏曲界。这个衙门的设立，据王芷章《清朝管理戏曲的衙门和梨园公会、戏班、戏园的关系》一文推定，大约在雍正七年（1729）清廷撤销教坊司的时候（《京剧谈往录》第516页）。管理精忠庙事务衙门在行文中常以“本司”自称，正可体味其为教坊司后身，但它又不同于教坊司之隶属于礼部，而是内务府所辖的司监之一。其长官称“堂郎中”，例由旗人任职。道光以前，内廷演剧由南府、昇平署承应。咸丰以来，渐有北京民间戏班进宫演唱，其传召渠道，即由精忠庙堂郎中向精忠庙会首直接布置。**精忠庙会首**一词，较早见于咸丰十年（1860）五月二十四日的一份昇平署档案：“堂郎中谕：著传昇平署狄达，传精忠庙会首，并三庆班、四喜班、双奎班掌班程椿、袁双喜、张发祥，务于本月二十五日准卯刻到园，各堂有紧要交派事件，万勿迟误。此交。”（见上引王芷章文，《京剧谈往录》第520页）此精忠庙会首，就是指由管理精忠庙事务衙门堂郎中领导的梨园会首，省称**会首**或**庙首**。齐如山《戏班》一书中收有同治二年（1863）九月初八日内务府交精忠庙的堂谕一件，可知内务府是通过精忠庙堂郎中及精忠庙会首来控制、管理北京梨园界的。堂谕正文如下：

> 现届国服期满，经堂郎中呈回王爷大人，准于十月十六日，各梨园开场演戏。查应行禁止各腔，仍应遵照道光二年示谕，严行禁止；并开园馆之人，不准自行立班，旗人不准入班登台唱戏，等因在案。所有在京各戏班，现系何人，愿为何班领事头目，著会首程椿等，带领该头目谒见堂帮班处，方准为某班掌班。至优人等，愿在某班唱戏，或由某班归入别班者，该会首等，亦应注册呈报堂帮班处，以备查核。如有新立班名，著会首程椿等，随时呈报，不得私行立班演唱，该优人等亦不得随意入班，致多紊乱。倘有此等情事，以及该会首程椿等扶同徇隐，定行回堂，分别惩办。至诸会首等，如敢借端勒索，或因挟嫌任意留难，一经查出，定行回堂，从严惩办，决不宽贷。此交精忠庙。

精忠庙会首（庙首）的工作大致有两项：一是“传办”，传达并执行各项法令、规定，如堂谕所示，并完成各种“传差”，主要是进宫演出；二是“讲庙”，梨园行业组织以解决本界同仁“生而有业，死而有托”为宗旨，其内部纠纷，则靠“诉庙”。“讲庙”就是在喜神庙里由会首召集各戏班“言公人”开堂公断的会议。例如同治六年（1867），庙首之一的刘赶三，在三月十七、十八日，私应内务府堂郎中马嵩林宅堂会，按梨园行规矩，三月十八日为梨园界祭祀祖师之日，要停止演出活动，刘赶三触犯行规，“讲庙”拟将其革出梨园行，注销其保身堂名号，后经刘的徒弟恳请马嵩林出面调解，罚银五百两、重修精忠庙旗杆两座，此事才算了结。精忠庙会首实是梨园界半官方的领导人。其人选，或由堂郎中从有名望的民间艺人中挑选指派，或由梨园界公推及现职会首举荐，都要经过内务府认可始能履职。名额4人。程椿（长庚）、刘宝山（赶三）、周启元、杨久昌（月楼）、徐炘（小香）、俞光耀（菊笙）、时庆（小福）、谭鑫培、田际云、余玉琴等，都曾先后担任会首。辛亥革命后，精忠庙管理职能解体，由1912年成立的正乐育化会取代。因同治以来戏班成立须先报精忠庙，故庙内存有大量戏班花名册及其他报批文件（统称**报庙单**），清亡后渐次流失，经齐如山、周明泰等收集、抄录，整理出若干册，是研究戏班史的重要资料。

（李大珂　周华斌）

Jingdezhen Shi Jingjutuan

景德镇市京剧团　京剧演出团体。前身为组建于1951年2月的中共浮梁地委文工团京剧分团，一度名浮梁专署京剧实验剧团，1955年始用今名。演员有汪（笑侬）派老生金桂芬，武旦芙蓉花（邹佩英）、白玉琴，老生王少培、巴天池，后又邀来老生张铭声（任团长）、武生刘五立（任副团长）、花旦陈啸兰（任副团长）、武旦董明艳、小生韩湘文等。1958年12月，周信芳弟子王富英亦来参加。此外还有花脸彭青奎，老生童玉昆、王晋尘，老旦陶凤君，丑脚陈松龄、于清华、王子有，武生陈志鹏、陈少林、许震庭等。一时人才济济，好戏连台，在省内外均有影响。剧团还经常特邀一些名角来团联袂演出，如新谷莺、高雪樵、张二鹏、陈筱穆、鲍毓春等，很受观众欢迎。1958年创作演出《英雄杨春增》（编剧赵英年，主演张铭声、陈志鹏），在江西省第二届戏曲会演中获创作、演出奖，刘五立主演《林冲夜奔》同获演出奖。1959年8月，剧团奉调上庐山为中共中央重要会议演出，剧目有陈啸兰《红娘》、刘五立《夜奔》、张铭声《徐策跑城》、董明艳《八仙飘海》、王富英《黄忠带箭》等，受到领导人好评并合影留念。1960年8月在全省首届青年演员会演中，张金龙、张玉龙、刘珠玲、袁鸣云分获表演奖。新创作的小型现代戏《五岔口》影响较大。1962年王富英主演《海瑞上疏》也获好评。1963年1月，田汉、周贻白、安娥等在景德镇观看了剧团演出的《打銮驾》、《古城会》、《红娘》、《长坂坡》，对刘五立的表演艺术倍加赞赏。“文化大革命”期间，一度改为市文工团下属的一个连，1971年恢复建制，专演“样板戏”。1978年起复排很多优秀传统剧目，备受欢迎。一出《宝莲灯》连演60余场。剧团自20世纪50年代末和60年代，以随团学戏、家传子弟的形式，培养了一批青年演员，至新时期成为主力。80～90年代，王全熹的麒派戏《宋士杰》、《清风亭》、《独木关》等，张玉龙的《千里走单骑》、《打銮驾》，刘珠玲的《红娘》、《凤还巢》、《勘玉钏》，以及群戏《龙凤呈祥》、《群英会》、一至四本《封神榜》等，在周边地区以及武汉、黄石、大冶、温州等地巡演，都有良好收获。改编、创作的《北魏魂》、《女囚》、《风雨督陶路》、《秋风赋》、《景德镇》等，在省会演中获得过多种奖励，青年演员周莉莉的《宇宙锋》，胡彩萍、刘利民的《打焦赞》，张双林的《小宴》，陈丽的《断桥》、《坐宫》，许锁弟的《徐策跑城》，张耀鸿的《麻姑献寿》等，都在省内外赛事中取得好成绩。

（德金）

Jing Guxue

景孤血　（1910～1978）　编剧、评论工作者。本名增元，字叔伟。北京人。满族正黄旗籍，旗姓瓜尔佳氏。幼年家境贫寒，师事名儒马述古，攻读诗文。又拜清末民初著名诗人樊樊山（增祥）为师，

研修诗词，因署**拜樊室主**。17岁始担起家计重担，以鬻文糊口。未满20岁即被邵飘萍之夫人聘为《京报》编辑，投身于新闻评论界。此后多家报刊为他开辟戏曲评论专栏，被聘为《北平新报》特邀撰述，《立言画刊》则辟有“孤血谈剧”栏目。自20世纪30年代始，在报刊上发表了大量戏曲评论文章。同时从事戏剧写作，与梨园界多有交往，帮助演员整理、改编剧本。40年代为李世芳改编了《百花公主》，为富连成社科班改编了五本《混元盒》、头二本《普天乐》，抗日战争胜利后编写了《还我河山》等。偶尔粉墨登场，串演京剧丑脚。

20世纪50年代，相继在文化部戏曲改进局、中国戏曲研究院和中国京剧院任文学编辑。曾将《四郎探母》改编为《杨四郎之死》，

为叶盛章改编了《十三太保反苏州》，又编写了《香炉回家》等剧本。参加了《京剧丛刊》的剧本整理工作。还先后改编、创作了《无底洞》(李金鸿主演)、《锯大缸》(阎世善、孙盛武主演)、《五侯宴》(与马少波合作，李宗义、李慧芳主演)、《佘赛花》(杜近芳、叶盛兰主演)和《花灯案》(与祁野耘合编)、《六郎探母》(与祁野耘、吴少岳合编)、《南海长城》等，并与翁偶虹合作为李少春改编了《大闹天宫》。专著有《京剧行当》，论文有《京剧故事来源的初步统计》、《精忠庙首琐谈》、《由四大徽班时代开始到解放前的京剧编演新戏概况》、《读〈京剧前辈艺人回忆录〉札记》等。（钮骠）

Jingqige Xitai

景祺阁戏台 清代宫廷室内戏台。址在北京故宫宁寿宫花园倦勤斋内。保存完好。阁南向，宽5楹，上下两层，下层西侧为演戏处。平地无台，唯以木隔断辟为表演区。表演区平面呈“凹”形，凹进处相当于戏台，后墙以写实手法绘为廊柱及婴戏图，类似西洋式布景。左右两侧突出处之内侧设上下场门，其正面又有二小门，门上有乾隆御题匾额，上额“澄观”，下额“静听”。布景上方有乾隆四十四年（1779）高宗御制诗：“葺治拟菟裘，有亭亦有楼。景祺祝苞茂，荒耄待优游。此日犹勤政，他年谢先忧。带之未敢必，静以俟天庥。”署“已亥仲夏上瀚御题”。表演区对面设宝座，座后有联：“亭饶芳毯铺生意，座有芸编结古欢”。台后为静室一楹，有门通向院落。此戏台是帝王勤政后休息和娱乐养心之处，主要演出折子小戏。清后期昇平署亦在此承应演出，不乏反篑。据《清昇平署存档事例漫抄》记载：道光十九年（1839）十二月二十一日，“景祺阁赏饭吃，伺候戏（原注：王大臣退出，戏毕）。”又据慈禧近侍陈子田回忆，慈禧居宁寿宫时，每于晚膳后命太监在此演戏数出，有时不必化装。又称原有小台，不知何时移往他处。可见这里原有可以移动的戏台。（周华斌）

Jing Rongqing

景荣庆（1925～2009） 演员。工净。河南开封人。本名端成。13岁考进北平中华戏曲专科学校末班，排名永成，习花脸，由师兄傅德威、萧德寅开蒙。16岁转入尚小云创办的荣春社科班，改名荣庆。主攻武花、架子花，从耿明义练武功，主要向陈富瑞、宋富亭、孙盛文学戏，又得范宝亭真传。从学演昆曲戏《芦花荡》、《醉打山门》、《钟馗嫁妹》、《火判》入手，全面学习武花、架子花、铜锤戏《铁笼山》、《状元印》、《金沙滩》、《盗御马》、《取洛阳》、《牛皋下书》、《大回朝》、《上天台》和多出“曹操戏”等，在文武各方面都打下了坚实基础。他刻苦用功，富有灵气，深受尚小云器重。尚师按杨小楼路数亲授《霸王别姬》，并对其学演的许多戏进行加工。出科前后，又得到尚和玉、金少山、郝寿臣、侯喜瑞等名家的指授。1957年，张伯驹动员钱宝森恢复《青石山》，并举荐景荣庆代他演出周仓，钱宝森亲自到景家为之说戏。在钱宝森记录、整理“钱金福身段谱口诀”期间，景荣庆常在钱家，受到钱派艺术的深刻熏陶。

景荣庆先后参加过谭富英、言慧珠、唐韵笙、杨荣环、奚啸伯、李万春、李盛藻等班社演出。1953年加入中国戏曲研究院京剧实验工作团（1955年改建制为中国京剧院），常年与李少春、叶盛兰、杜近芳等同台演出。1958年起，在中国京剧院二团与李和曾、张云溪、张春华长期合作。亦为院长梅兰芳配戏。梅兰芳曾在文章中赞扬景荣庆演的《钟馗嫁妹》不仅形神兼备，而且在喜庆场面中“演出了内在的悲剧性”。梅兰芳晚年演出《穆柯寨》，多次邀景荣庆扮演焦赞。

至20世纪60年代，景荣庆不仅是京剧武花的首选人才，而且在艺术上独创一格，深受行内人推崇。《白水滩》、《通天犀》中，景荣庆从“打滩”的摔打到“坐山”的椅子功，全面继承了范宝亭的高难度技巧，既保留了范派的玲珑、矫健，又融入了钱派的大方、凝重，使青面虎的种种身段造型的精美程度得到进一步提升。景荣庆的眼神功堪称一绝，在白脸戏里更有突出表现。如《逍遥津》，景荣庆运用富于变化的眼神、表情，将曹操狡诈、多疑的个性特点表达得纤毫毕露。他塑造的艺术形象总有一种厚重感。如《除三害》中的周处，看似暴躁甚至强霸，而实际内心抑郁、性格深沉，在“砸窑”等场次中的表演，已为其知过即改铺垫了感情基础。“路遇”一场，在时吉陈述“三害”的大段唱腔中，景荣庆以多种手持折扇的身段，与老生组成许多美不胜收的动态画面，不仅有很强的感染力，亦增强了这出戏观赏价值。

《逍遥津》饰曹操（陈莹摄）

《将相和》饰廉颇（高长德摄）

在新剧目中，景荣庆也有不少新的创造。如《彝陵之战》中，他塑造的张飞形象能“让观众同情他的一举一动”(钱英郁评语)。《孙安动本》后半部《徐龙打朝》，运用武花、架子花传统技法，以翎子、水袖、工架等各种表现手段，把这位明代少王爷刻画得栩栩如生。他勾画的徐龙脸谱，是脸谱研究家们称赏为新脸谱中少有的成功之作。他还用批判色彩演出了新戏《三座山》中的王爷巴拉干。在古稀之年，他以《洛神赋》中的曹操，获得第三届中国京剧艺术节的荣誉表演奖。

景荣庆早年入室弟子有贾士铭等，晚年学生有舒桐等。长子景琏琏、幼子景宝琪均工京剧花脸，承继家学。

（王家熙 钮骠）

Jingtai Chayuan

景泰茶园 清代戏园。址在北京东四牌楼隆福寺东街中段路北，现已不存。始建于清同治年间，由古玩铺财东孙喜华集资兴建。园前设有牌坊式黑大门，戏台坐南朝北，宽5米，深5米，台口上檐高4米。可容观众300人。清代一度规定京城内城不准设戏园，故此园称“茶园”，除售茶外，演出曲艺杂耍，并接待票友清唱。同治九年（1870），因彩唱被御史季文德参奏受罚。民国初，茶园扩建，称“隆福寺电影院”，一度专映电影，后又恢复原名。1921年再次扩建，可容观众800余人，改名“来福戏园”。票友王寿山、白德一、顾赞臣、包丹庭、铁麟甫、怡悦堂、于冷华、宗子衡等经常在此清唱或彩唱，剧目有《连环套》、《闹江州》、《失街亭》、《法门寺》、《黄鹤楼》、《八大锤》等。1925年4月，以戏曲改良为宗旨的奎德社应邀到此演出，剧目有《锯碗丁》、《汾河湾》、《寄子》、《黑驴告状》、《慕艳惊莺》等。1930年中华戏曲专科学校初建，常以此园排戏和演出。戏校负责人焦菊隐、金仲荪广约京中名流和京剧界前辈往观。1942年，来福戏园改建为专门放映电影的蟾宫影院。（吴增彦）

jing

净 京剧表演主要行当之一。俗称**花脸**。以面部化装运用各种色彩和图案勾画脸谱为突出标志，演唱音色洪亮宽阔，风格粗壮浑厚，动作大开大阖、顿挫鲜明，表现性格气质豪迈或粗犷的人物形象，如包拯、张飞和曹操等。是戏曲舞台上具有独特风格的性格造型。如按扮演人物的身份、性格及其艺术、技术特点，大致可归纳为正净和副净、武净、毛净四种类型。

正净。以唱功为主。亦称**铜锤**或**黑头**，即因《龙凤阁》的徐彦昭手捧御赐铜锤、包拯须勾黑色脸谱，两者都以唱功为主而得名，后来成为对唱功花脸的别称。扮演的人物有《草桥关》的姚期、《御果园》的尉迟恭、《将相和》的廉颇、《断密涧》的李密、《飞虎山》的李克用、《大回朝》的闻仲、《锁五龙》的单雄信等，多为朝廷重臣，故造型上以气度恢弘取胜，唱、念、做派要求雄浑、凝重。

副净。以做功为主，重身段工架和念白，又称**架子花脸**。多扮勇猛豪爽的正面人物，如《盗御马》的窦尔墩、《取洛阳》的马武以及鲁智深、张飞、李逵、焦赞、牛皋等。唱念中有时夹用炸音，以点染特定人物的威势和性格的刚烈。奸雄佞幸一类人物例由架子花脸扮演，为抹粉白脸的角色，如曹操、严嵩、潘洪、赵高、欧阳方、董卓、顾读等形象。有些太监人物，如《法门寺》的刘瑾、《忠孝全》的王振、《搜府盘关》的伊立、《凤还巢》的周监军，也由架子花脸扮演。另有红净，极近红生，表演风格略异，偏重工架，例由架子花脸应工，如《临江会》、《白门楼》的关羽等。

武净。即**武花脸**，以武功为主，又称**武二花**。分两类：一类重把子工架，扮演人物如《金沙滩》的杨七郎、《嘉兴府》的鲍自安、《收关胜》的关胜、《定军山》的夏侯渊等；一类重跌扑摔打，多扮交战双方的下手或战败的一方，须摔“抢背”或“锞子”等，故又称**摔打花脸**，如《白水滩》的青面虎、《竹林计》的余洪、《打瓜园》的郑子明等。《战宛城》有3个净扮的人物，其中曹操为架子花脸，典韦为武花脸，许褚为摔打花脸；《牛皋下书、挑华车》的牛皋为架子花脸，金兀术为武花脸，兀术部将黑风利为摔打花脸。

正净
金少山饰《打龙袍》包拯

副净
侯喜瑞饰《丁甲山》李逵

武净
钱金福饰《青石山》周仓

毛净。俗称**油花脸**。多用垫胸、假臀等塑形扎扮（叫做扎判），以形象奇特笨重、舞蹈身段粗犷而妩媚多姿为其特点；有时用喷火、耍牙等特技。源于昆曲，《天下乐·嫁妹》的钟馗即油花脸的代表性形象。京剧中的此类角色，有《闹天宫》的巨灵神，《单刀会》、《青石山》的周仓，《琼林宴》的煞神，《乌盆记》的判官等，但不另分油花脸一行，而由架子花脸或武花脸应工。（黄克保）

Jing zhi Yun Jingju Hualian

《净之韵——京剧花脸》 京剧净行研究专著。常立胜著。学苑出版社2007年6月出版。21万字。分8章：《花脸的艺术特征》；《花脸剧目与花脸角色》；《色彩斑斓性格化的京剧脸谱》；《花脸演员魁元谱》；《花脸行的代表剧目》；《两种类型戏》；《几个有特色的角色》和《几个有特色的唱段》。

作者1966年毕业于中国戏曲学校，师从孙盛文、宋富亭、郭庆永、骆连翔、韩盛信、林盛竹、侯喜瑞等，学过8年花脸，正待分配工作，被“文化大革命”打断。后弃戏从文，立志要写本书，把他“对花脸行的了解、理解记录下来”。在《花脸演员魁元谱》中对50名在京剧史上有过重要作为的花脸演员做了介绍和点评，其中包括很少谈及的4名坤净；在《花脸行的代表剧目》中，分别对铜锤、架子、武花脸的11出代表剧目的表演特点做了描述；《两种类型戏》专谈曹操的7出戏和有关太监的两出戏；《几个有特色的角色》是对架子花和武花饰演的《定军山》夏侯渊、《战宛城》典韦、《问樵闹府》煞神、《失街亭》马谡、《骆马湖》李佩、《听琴闯帐》张飞、《群英会》黄盖、《取金陵》赤福寿8个角色的表演“劲头”、“俏头”有比较细致的讲解；《几个有特色的唱段》附有曲谱。书前收入刘曾复手绘脸谱36幅，书中对其勾绘特点也做了介绍。（东辰）

Jiujiangkou

《九江口》 京剧作品。又名《忠义臣》、《火烧陈友谅》、《张定边》、《鄱阳湖》。原是京剧武老生或武二花应工的传统剧目。作者不详。元末，北汉王陈友谅派部将胡兰迎请吴王张士诚之子张仁与己女完婚，并约期合攻朱元璋。胡兰、张仁被朱元璋军师刘伯温设伏擒获。张仁被杀，胡兰叛降。刘伯温派大将华云龙乔扮张仁，随胡兰赴陈友谅处诈亲取事。北汉元帅张定边识破骗局，苦谏陈友谅不听，反被罢黜。后陈友谅中计兵败，张定边驾舟救驾九江口，方才脱险。事见小说《英烈传》第36～39回，但

袁世海饰张定边（右） 叶少兰饰华云龙

颇有出入。该剧具有传奇色调，间架粗线条勾勒，手法明快。张定边不计个人得失、百折不挠的形象尤为突出。《京剧丛刊》第18集，载李洪春、景孤血、何异旭整理本。情节场次仍依原貌，充实了华云龙对张定边的舌战，细节和对白做了适当的修改。1959年，范钧宏根据传统剧本进行改编，由23场压缩为15场，减掉张士诚一线，增加《渡江》、《闯宫》两场戏；张仁被杀改为押监，胡兰被张定边拷问由挺刑改为招供自杀，加强了细节描写，弥补了原本的疏漏。作品结构严谨，围绕敌对双方和北汉内部的矛盾，展开张定边、华云龙、陈友谅之间的冲突。通过"席前三盘"、"大闹花堂"、"闯宫对质"、"帅府摘印"、"孝服拦驾"等重场戏，塑造了孤忠激愤、老辣沉毅的张定边，机警善辩、冷静沉着的华云龙两个人物形象。陈友谅主观麻痹、贪功拒谏的性格也较为鲜明。1959年由中国京剧院首演。导演郑亦秋。袁世海饰张定边，叶盛兰饰华云龙，苏维明饰陈友谅。1959年、1962年，中国戏剧出版社先后出版两种单行本。收入《范钧宏戏曲选》。（程炳达）

Jiulongbei

《九龙杯》 京剧作品，又名《庆贺黄马褂》、《三盗九龙杯》。清康熙时，帝玄烨出猎，为虎所窘，幸得黄三太飞镖毙虎，因以脱险。帝嘉其忠勇，钦赐黄马褂。黄三太受荣宠后夸下海口："从今以后，皇家若失一草一木，俱在某三太的身上。"不意皇家国宝九龙杯不翼而飞，立命三太访缉，若不追回国宝，全家问斩。三太以庆贺获赏黄马褂为名，邀请各路绿林好汉赴宴，以寻找破案线索。席间，计全当众夸耀三太"乃天下第一英雄"，激使杨香武说出九龙杯为其所盗，只是中途失窃了。而偷得此杯的王伯燕亦在座，告以将玉杯转送周应龙。三太乃求杨、王至周应龙处索杯。周为窦尔墩师弟，窦与三太有隙，坚不与杯。杨香武用调虎离山计，先缚周妾以惑周，将杯盗出。周追赶，为三太击退，并和好。传统演法多到此为止。1958年中国京剧院整理演出，增出黄三太、杨香武得杯之后，入朝请罪，达木苏王不信，令杨香武入府盗杯，以试其技。王伯燕乔装府中差役，协助香武盗杯成功，达木苏王始惊服。剧名《三盗九龙杯》。任子衡改编，张春华饰杨香武，景荣庆饰黄三太。此剧故事源于《彭公案》。剧本载《戏考》等。同治三年(1864)刊本《都门纪略》已记有久和班张宽擅演《九龙杯》杨香武。武丑戏有"三盗一偷"之说，"三盗"即《时迁盗甲》、《杨香武盗杯》、《朱光祖盗钩》，"一偷"指《时迁偷鸡》。各有绝技。王长林、叶盛章、张春华等，均以擅演这些剧目驰名。（简畅）

张春华饰杨香武（登高者）
叶庆先饰周应龙（左） 曹世才饰王伯燕

jiulongkou

九龙口 旧时戏台上鼓师所在的位置，在上场门前侧。齐如山《戏班》称："九龙口者，打鼓者所坐处也。"传统戏曲演出时，脚色初次出场均在九龙口前展示风采，称"九龙口亮相"。"九龙口"又是鼓师的代称。鼓师通过锣鼓点来把握整场演出的场面节奏，场上纠纷常由鼓师主持公道，判定是非，称"九龙口言公"。（周华斌）

Jiujishe

久记社 京剧票房。创建于清宣统三年(1911)。前身是宜楼票社（曾有几位热心京剧者合资在上海新闸路太平坊租屋为活动场所，取名"宜楼"）。用"久记"名后，社址始在上海北京路紫阳里，1913年4月迁至芝罘路东顺兴里。首任社长钱琴东，副社长顾锡元、何家镛，主要成员有吴我尊、许黑珍、周剑云、郑正秋、郑鹧鸪、赵醉梅、同梓章等。址内设有小戏台，供日常排戏之用。1915年，白克路的"歌庐"票房，在爱俪园与久记社合演义务戏后并入该社，会员遂由20余人增至40余人。除研究戏曲外，还热心为社会服务。1921年在闸北设立一所义务学校，每年举行彩排义演。1923年召开第一次董事会议，选周剑云为义务学校校长，唐成昌为剧务主任。社内定期发行《戏剧周刊》(后改为月刊)，刊载戏剧活动情况报道和戏剧理论研究文章。是年6月8日为辅助义务学校经费和为夏季施诊送药筹款，假座九亩地新舞台举行义演一天，剧目有：赵介慕《白门楼》，晋阳之、罗曲缘、陈培根、李少胜《宝莲灯》，庐江墉樵《徐母骂曹》，张四可《潞安州》，张少亭、樊云卿《新编戏迷化子》，陶少鲁《黄金台》，张四可、戎伯铭《汾河湾》，裘剑飞、汪朴厂、朱栋君、马隐鹤《新长坂坡》，冯雏凤、朱示其《牡丹亭》，李剑侯、戎伯铭、朱示其《四郎探母》。1924年3月，迁入宁波路新址，适值该社创立13周年，于5月3日在宁波同乡会举行社庆彩排演出。迁址后，新会员增加甚多，会员分特别会员、普通会员两种，大多为商界名人。该社还曾应东方商业学校和南方大学之邀，义务参加会串。在早期京剧票房中，久记社颇负盛名，1923年8月的《戏杂志》载文说："该社虽较雅歌集设立为迟，然今日已势均力敌，其声名竟或驾雅歌集之上。"20世纪30年代后渐少活动。（张展业）

Jiugai

《酒丐》 京剧作品。又名《清白居》。还珠楼主编剧。故事为明代义丐范大杯，好饮酒，人称"酒丐"，曾在青白居酒馆拾金不昧，为人称赏。壮士文奎与妓女苏兰娘成婚，旋即赴京应试。鸨儿逼迫兰娘重操旧业。兰娘不从，被鸨儿拷打致死，弃尸荒郊，夜半复苏，为范大杯所救，代她鸣冤于官，鸨儿被治罪。范念兰娘孤苦无依，不惜跋涉长途，寻觅文奎。是时，文奎从舅父王正成将军出征，王女翠娥只身出战被擒。适酒丐过此，夜入山寨救出翠娥，助官兵扫平山寨。王正成感念酒丐，招他为婿。文奎亦往迎兰娘重圆。此剧由富连成社科班首演于1935年，叶盛章主演，是一出有文有武的群戏。范大杯由武丑应工，俊扮，有舞剑、盘纡棍和空中飞人等技艺表演。关于此剧排演的缘起和经过，翁偶虹曾有记述："《酒丐》的剧本，是还珠楼主为尚小云编写的，原名《清白居》，是个群戏，并非以酒丐为主。经叶氏兄弟与尚小云先生共同研究，挖掘出此戏的潜力，由李世芳、毛世来、袁世海、艾世菊、李盛佐等人众星捧月般地突出酒丐这个角色，更加上后面的大盘'轴杆'、'空中飞人'等技巧，使观众

叶盛章饰范大杯（左）
吴素秋饰王翠娥

耳目一新，成为富连成当时的‘看家戏’。从此，盛章就以‘大梁’身份，维持着富连成的营业。一九三六年，盛章才在亲友的怂恿下，成立了金升社，自挑大梁。”（《翁偶虹戏曲论文集》第186页）这出戏成为叶盛章挑班的先声，代表剧目之一。其弟子张春华等皆承袭搬演。20世纪80年代，又有何永泉改编本《义侠酒丐》，由天津市京剧团演出，李英杰主演。原本收入《京剧汇编》第63集。

（钮骠）

Jiuju Geming de Huashiqi de Kaiduan

《旧剧革命的划时期的开端》 文献资料集。中国京剧院编。中国戏剧出版社2005年7月出版。含《延安平剧研究院纪念文集》、《延安平剧研究院演出剧本集》两种各一厚册，合约150万字，32开本，硬面精装。

延安平剧研究院成立于1942年10月10日。2002年10月11日在北京全国政协礼堂召开延安平剧研究院成立60周年纪念会。在延安平剧研究院工作过的老同志，同首都艺术界同仁欢聚一堂，回顾延安平剧研究院实践毛泽东提出的“推陈出新”方针对京剧艺术事业所作出的积极贡献。12日又在人民剧场举行纪念演出，有创演于延安时期的京剧《逼上梁山》、《三打祝家庄》及根据同名歌剧改编的京剧《白毛女》的选场。会后，成立了以吴江为主任的《旧剧革命的划时期的开端》编辑委员会，主编简朴，副主编任葆琦、张琪瑶。经过两年多努力编成此书出版。

《旧剧革命的划时期的开端》护封

《延安平剧研究院纪念文集》列有“在革命圣地诞生”、“领袖亲切关怀”、“学习研究探索”、“宣传队在乡下”、“在战斗中成长”、“讨论批评争鸣”、“实践改革创新”、“群众夸、名人赞”、“代表人物阿甲”、“戏曲改革先驱者”、“群星映照宝塔”、“四十周年纪念”、“六十华诞欢庆”等栏目，收入文章140多篇。文集保存了许多珍贵的历史文献和图片。郭汉城为文集作序。

《延安平剧研究院演出剧本集》所收剧本，除了延安平剧研究院创作或改编的演出剧本如《三打祝家庄》等之外，还包括延安平剧研究院成立之前1938年延安鲁迅艺术文学院平剧小组编演的《松花江上》，1940年延安鲁迅艺术文学院平剧团演出的欧阳予倩的《梁红玉》，延安平剧研究院演出的田汉的《岳飞》，1944年延安中央党校俱乐部创作的《逼上梁山》，以及1947年延安平剧研究院撤离延安、转到晋察冀边区改组为华北平剧研究院以后演出的剧本。延安平剧研究院只存在5年（1942～1947），而剧本集收入的18个剧本，涵盖了1938～1949年12年间比较有代表性的演出剧本。卷末有任葆琦《新编京剧现代戏简介》、《改编、新编历史剧简介》、张琪瑶《传统剧目及扮演者》。刘厚生为剧本集作序说：当时虽没有“三并举”的明确政策，而延安京剧的多样性“事实上是体现了这一正确思想。建国后文化领导部门提出‘三并举’政策，必定是吸取了延安时期的积极经验”。

（简畅）

Jiuju Jicheng

《旧剧集成》 京剧作品集。潘侠风编辑。最初由天津博雅书局出版，1939～1940年由天津巴黎书局陆续印行16集。华新书局于40年代再版，文达书局、宝文堂书店又分别以《京剧舞台演出本》和《京剧集成》的书名再版。华新书局再版本具体剧目如下：第1集，头二本《连环套》；第2集，《游龙戏凤》、《捉放曹》；第3集，《打渔杀家》、《黄金台》；第4集，《击鼓骂曹》、《贺后骂殿》；第5集，全部《四郎探母》；第6集，前部《红鬃烈马》；第7集，后部《红鬃烈马》；第8集，全部《玉堂春》；第9集，《二进宫》、《失街亭》；第10集，全本《法门寺》；第11集，全部《龙凤呈祥》；第12集，全部《借东风》；第13集，全部《乌龙院》；第14集，全部《霸王别姬》；第15集，《开山府》、《宇宙锋》；第16集，《洪羊洞》、《锁五龙》。剧本前附曲谱说明、剧情说明、剧中人物行当及服饰表。剧中唱词皆配有曲谱。“剧尾附谈”对此剧特点、渊源及各家不同演法加以介绍。此作品集以整本戏为主，附有所选作品演出所需的参考资料。1989年起，潘侠风在《旧剧集成》基础上拟再编《京剧集成》30集，收100个剧本。由新世界出版社推出6集后，因潘侠风去世终止。

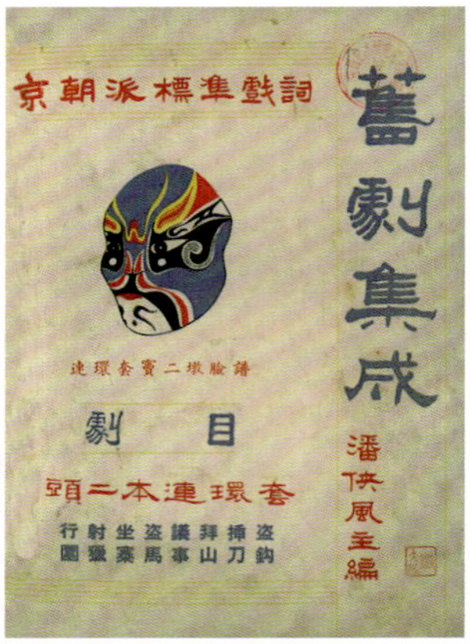

《旧剧集成》初版本第1集封面
（天津博雅书局出版）

（田志平）

Jubu Congkan

《鞠部丛刊》 戏曲史论汇编。周剑云主编。上海交通图书馆1918年11月初版，1922年11月再版。共两册，收录了清末至民国初年分散刊载于上海报刊上冯叔鸾、郑正秋、刘豁公、周剑云、杨尘因等人的剧评、剧论、剧史研究文章及诗词等，也有不少文章是特为此书而作的。70余万字。内容以论述京剧历史、剧目、表演以及部分名演员的生平为主，兼及昆曲、话剧（时称新剧）和少量曲艺等。从刊分12个门类编排，一册含“霓裳幻影”、“剧学论坛”、“歌台新史”、“戏曲源流”、“梨园掌故”、“伶工小传”6门，另一册为“粉墨月旦”、“旧谱新声”、“艺苑选萃”、“骚人雅韵”、“俳优轶事”、“品菊余话”6门。“霓裳幻影”系影集，刊有何桂山、谭鑫培、汪桂芬、陈德霖、梅兰芳、汪笑侬等著名演员及票友的剧照、便装照、合影102幅；“剧学论坛”多为论京剧改良之文章，但以《三国剧论》30篇殿后；“歌台新史”收有姚民哀的《南北梨园略史》，汪切肤的《丹桂第一台历史》，菊园的《久记票房七年记》，义华的《上海票友调查录》等共17篇；“戏曲源流”有剑云、景麟所撰基本知识《不可不知录》，余为剧目溯源，如《一捧雪考》、《三国演义之京戏考》、《洛阳桥考》等共21篇；“梨园掌故”收演出趣事和轶闻，如诗樵之《京华菊部琐记》等共12篇；“伶工小传”则收入曾在上海演出过的121名艺人的传略，其中冯小隐《近世伶工事略》占101名；“粉墨月旦”多为一剧一评，如《谭鑫培之〈空城计〉》、《尚小云之〈玉堂春〉》，另有《大鼓闲评》等共48篇；“旧谱新声”专收剧本，如汪桂芬之《文昭关》、汪笑侬之《博浪椎》、刘宝全之《乌

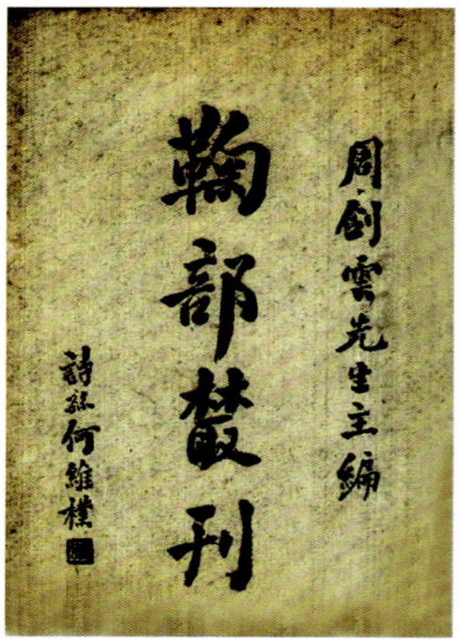

龙院》、《活捉三郎》等共19出。余如"艺苑选萃"、"骚人雅韵"、"佚优轶事"、"品菊余话"均为杂谈和赠答诗文。全书内容宏富，是了解清末民初上海京剧史论研究概况的一部有价值的资料专集。

（陈义敏）

Jubu Congtan Jiaobu

《鞠部丛谭校补》 戏曲史料。罗瘿公遗编，李释龛校补。1926年涉园刻本，无边华盦藏版。写于1919年，记载了清末民初50余名戏曲演员（绝大部分为京剧演员）学艺、演出情况，对其家世血缘、亲属关系、业余爱好、性格特点等方面亦有所涉及。还记述了清末旧臣和民初权贵与戏曲演员的交往、堂会外串名角的标价、清宫演戏习俗、南府弟子的来历及部分名票事略等。史料颇丰，是"晚近谈剧有数文字"之一。曾被张次溪收入《燕都梨园史料》。由于作者早逝，对文中所记不及核实，故有语焉不详或失实之处。其友李释龛（号阿迦居士）对该书逐段加了按语。一是对失实之处予以订正：如罗记"瑶卿、蕙芳、妙香、兰芳、玉芙皆德霖弟子"，李释龛在按语中更正为"皆未拜德霖门下，但因其齿高，群以老夫子尊之而已"；罗记梆子花旦贾璧云不怕得罪权贵，严词拒绝庆王之子的无理要求，以及杨小楼出科后常为同业所欺，愤而赴永定门外自沉于河，遇救而免二事，李云两事均传闻之误；罗记清光绪末年，谭鑫培在中和园演《辕门斩子》，配角如何整齐，并列举扮佘太君、杨宗保、穆桂英等角色的演员，李指出这些演员所扮之角，"瘿庵盖误记也"，除逐一加以纠正外，还有所补充；罗记金秀山为黄润甫之弟子，李曰金"为老何九之弟子非学黄三"，而后来的郝寿臣、侯喜瑞之唱法皆模仿黄润甫；罗记肃亲王贝子溥伦擅演《翠屏山》之潘巧云，李则云溥伦擅小生或丑脚，不能花旦，擅演潘巧云者，为肃王之弟善旌等。二是在原文的基础上，校补者做了适当的说明和补充，如罗在介绍徽班子弟罗小宝事迹时，只寥寥数语，云其"以梆子高响入云，后倒嗓改皮黄须生"，李除介绍其生平、师从、擅演剧目及后来潦倒的生活外，还补记了罗瘿公数年前经小宝故居时有感而发，题在扇面之诗词等事；罗记项城（即袁世凯）曾令人编剧骂革命党，并使伶人在第一舞台排演，但剧名忘却，李除指出其剧名《孽镜台》外，还指出剧中的主要人物为孙中山、黄兴、张勋、段祺瑞、秋瑾等，贾洪林、李顺亭、杨小楼、钱金福、金仲仁、姚佩秋、慈瑞全等参加排演，并说该剧"结构至鄙俚可笑"，"盖浅人迎合其意而为之者也"，故只在第一舞台试演过一回，在某府内部演过一回外，再无上演；罗记梁任公（梁启超）为谭鑫培渔翁装画像题诗有"四海一人谭鑫培"句，李将任公全诗记录其中。这类按语约有50余条，对研究京剧史及其演员、表演均有珍贵的史料价值。

《鞠部丛谭校补》扉页（李释龛题）

（戴云）

Juhuaguo

《菊花锅》 戏曲史料。刘炎臣著。三友美术社1941年10月出版。作者在20世纪30年代经常观剧聆曲，曾主编一些报纸的游艺版，并编辑出版《名伶影集》（1941年7月）。该书收1931～1940年作者在《银线画报》、《影戏春秋》、《新天津画报》、《剧影报》、《天风画报》、《影戏三日刊》等20多种报刊上所发旧作227篇，涉及皮簧、

昆曲、梆子、曲艺等方面，有关京剧的文章140余篇。内容有：①评价1936～1941年间天津京剧舞台上演的部分剧目。简介其剧情，对部分新编剧目着重介绍其编演特点，主要演员的表演"绝活"。有叶盛章的《酒丐》，毛世来的《十二红》，马连良的《盗宗卷》和《春秋笔》，程砚秋的《梅妃》、《文姬归汉》，荀慧生的《柳如是》，尚小云的《飞霞女》和《梅玉配》，章遏云的《燕子巢》和《战蒲关》，新艳秋的《春闺选婿》，奚啸伯的《甘露寺》，贯大元的《南阳关》，徐东明和徐东霞的《王粲登楼》，金少山的《断密涧》，萧长华的《连升三级》等。②作者对戏曲界的一些常见现象和存在问题发表了自己的见解，如戏园子中的起堂（演出未完，观众离席而去）、喝倒好、捧戏角、组戏班等，至今仍值得借鉴。作者还认为，不能对稍有些小名气的童伶恣意乱捧，"小这个"、"小那个"的乱加徽号，这对尚在成长过程中的童伶是极为不利的；一出戏整体美才算美，红花要靠绿叶扶，因而不能轻视底包；不能生搬硬套地模仿名角，要根据自己的特点表演；演员要多读剧本，读透剧本，多琢磨剧情和人物性格，这样在表演中才能自然浑成、得心应手；"棉花未尝不可纺"（指《纺棉花》剧），但必须将前后穿插的那些带淫邪的不健康内容去掉；演员表演要顾及剧情需要，不要单纯卖弄技巧，表演不能太火，也不能太温。他还谈到戏曲锣鼓的作用，梨园行封箱祭神的旧习惯，旧剧艺术之美超过新戏，整理旧有戏本胜于乱排新戏。③书中还对曾到天津演出的部分京剧演员，如程永龙、王又宸、王清尘、田鸿儒、杨宝森、王文源、宋宝罗、言菊朋、言少朋、杨宝忠、李万春、陆凤山、王又荃、金仲仁、俞振飞、姜妙香、程继先、萧长华、朱斌仙、张君秋、宋德珠、朱琴心、黄玉麟、胡碧兰、刘又萱、孟小冬、孟幼冬、吴素秋、尚和玉、侯玉兰、童芷苓、杨小楼、李吉瑞、吴彩霞、俞振庭、余玉琴、马连昆、孙菊仙、时慧宝等人的生平、师承、个性特点、生活趣事等，有所记载。文章长短不拘，均标有发表日期，为研究20世纪30年代天津的戏曲演出情况提供了翔实的资料。

（戴霞）

Jutan Jiuwen Lu

《菊坛旧闻录》 京剧评论集。丁秉鐩著。中国戏剧出版社1995年10月出版。丁秉鐩（1916～1980），京剧评论家，笔名燕京散人。出生于天津，毕业于燕京大学新闻系，曾是20世纪60年代台湾广播电台节目主持人。幼年即酷爱京剧，数十年乐此不疲。1937年开始，陆续为北平、天津、上海、香港、台湾的报章杂志撰写京剧评论文章。1976～1979年，辑录发表于香港和台湾的《大人杂志》、《国剧月刊》、《传记文学》、《大成》和其他报刊的剧评，先后出版了《国剧名伶轶事》、《青衣、花脸、小丑》、《孟小冬与言高谭马》等京剧论文集。《菊坛旧闻录》是这3部著作的合集，首由台湾大地出版社1989年出版。作者以"不够名伶的不写，知之不深的不写，前人写过的不写"

《菊坛旧闻录》作者丁秉鐩（左一）与章遏云（中）等友人合影（选自《大雅》第6期）

为原则，论及金少山、杨小楼、雪艳琴、李少春、李万春、李世芳、张君秋、毛世来、宋德珠、叶盛兰、程砚秋、侯喜瑞、郝寿臣、王长林、萧长华、叶盛章、孟小冬、言菊朋、高庆奎、谭富英、马连良等多位表演艺术家，对他们的家世、个性、学艺经过以及运腔技巧、吐字发音、表演情态、武打身段、角色间的配合，以及新戏的编演等，皆有具体而切实的述评，如数家珍，见解独到。如比较花脸中的侯喜瑞与郝寿臣，认为两人各有所长，以《战宛城》来说，曹操的“马踏青苗”，无论步法、身段、对道具和穿戴的控制，侯喜瑞以深厚、精湛的腰腿功夫，演得妙到毫颠，郝寿臣只是点到而已。“校场观操”以后，郝寿臣表演熨帖，处处顾及丞相身份，侯喜瑞就失之稍微过火了。采用夹述夹议写法，生动形象，可读性强，如描述在庆贺张伯驹四十寿辰堂会上演出的《失街亭》、《空城计》、《斩马谡》，王凤卿（饰赵云）、程继先（饰马岱）起霸后，余叔岩饰王平上场起霸，循规蹈矩，云手、转身、一举手一投足，都干净利落，边式好看，赢得台下不断掌声和热烈喝彩。杨小楼饰马谡继之上场，虽是半霸，却急如雷雨，骤似闪电，威风凛凛，气象万千，引发出的观众掌声里夹杂着“炸窝”的“好”。该书为京剧史研究提供了翔实资料，也是一本可以提高京剧演员艺术修养的著作。

（曹其敏）

Juyuan Gengyun Lu

《菊苑耕耘录》 戏曲教育文集。张逸娟主编。中国文联出版社2005年12月出版。16开本，71万字。为纪念中国戏曲学院的前身中国戏曲学校建校55周年和戏曲学院附中成立20周年而编辑出版。

分“缅怀篇”与“教育教学篇”两大部分。“缅怀篇”收入文章27篇，有史若虚、姜妙香、雷喜福、荀令香、黄金陆、何金海的口述史料，有对于萧长华、姜妙香、贯大元、白登云、迟景荣、茹富兰、程玉菁、华慧麟、雪艳琴、赵桐珊、李紫贵、阎宝泉、史若虚、赵荣琛、尚长春、郭仲福、黄定、王玉敏诸名师的回忆。“教育教学篇”收入文章93篇，大多为老师的教学经验总结，内容比较宽泛。如王金璐《京剧武生概谈》、李金鸿《谈京剧武旦》、陆建荣《谈京剧武戏档子》、叶荣生《浅谈京剧小生行当》、朱唯《浅谈京剧的婆子和彩旦》、张正芳《荀派艺术的两条线、三个对象》等文，都是对京剧某行当或某流派表演的概述；叶蓬《谈杨派〈伍子胥〉》，吕兆芳《浅析王（瑶卿）派〈虹霓关〉》，张逸娟《〈小上坟〉教学体会》与《浅析〈金玉奴〉》，谯翠蓉《教授〈锯大缸〉随想》等文，是传授具体剧目表演的体会；音乐方面有吴炳璋《京胡教学八法》、孔祥昌《关于培养京剧月琴、三弦、笛子、唢呐专门演奏人才的探索与实践》等文；舞台美术方面有赵振邦《试谈传统京剧服装规律》、孔祥芸《试谈戏曲服装人才的培养》等文；还有若干专题研究文章，如葛士良《梅兰芳戏曲教育思想初探》、杨海冬《浅谈中国戏曲学院附中的历史课教学特色》等。

（陈培仲）

Jupinghua

《剧评画》 上海《民国日报》京剧副刊。创刊时间约在1917年3月，休刊时间不详。石印，版框为21.9厘米×13.6厘米，版心标刊物名称及其期号。与另一副刊《成绩画》合为一页，二者各占一面。现存合订本从其版心对折，装订成册。以第94期为例，版心上端题《民国日报》，下端题“民国六年六月六日”、“第九十四号”，中部A面题《剧评画》，B面题《成绩画》。中国艺术研究院藏有1917年6月6日第94号至1917年8月31日第180号合订本，略有残缺，实存75期。其中一期为逸民画，一期为倜厂画、剑云识，其余都是记者孙寄沧画评。《剧评画》作者一般是将前日观剧所见精彩之处用墨笔画出，并附短语加以评述，内容涉及演出时间、地点、演员及其演技。演出剧场主要有上海的大舞台、新舞台、丹桂第一台、天蟾茶园和贵仙茶园。画评以京剧为主，也有个别文明新戏。京剧有麒麟童的《九更天》、《清官册》、《斩莫成》、《南天门》、《打严嵩》、《青风亭》，三麻子的《战长沙》、《斩貂蝉》，毛韵珂的《斩黄袍》、《辛安驿》，王益芳的《收关胜》，林树森的《战蒲关》、《搜孤救孤》，贵俊卿的《琼林宴》、《群英会》、《堂楼详梦》、《八大锤》，王桂卿的《连环套》、《花蝴蝶》，华阳道人的《戏迷传》，王又宸的《桑园寄子》、《四郎探母》，杨瑞亭的《徐母骂曹》、《潞安州》、《空城计》、《打棍出箱》、《风波亭》，朱素云的《临江会》，汪笑侬的《马前泼水》，金少山的《黄鹤楼》，盖叫天的《恶虎村》，赵如泉的《铁莲花》，贾璧云的《阴阳河》，赵君玉的《白门楼》、《妻党同恶报》，张桂轩的《翠屏山》、《刺巴杰》、《一箭仇》、《独木关》、《长坂救主》、《金枪传》、《伐子都》、《武松杀嫂》、《盗御马》、《割发代首》等。《剧评画》图文并茂，记录了民国初年上海京剧舞台演出情况，具有史料价值。

（刘效民）

Jutan

《剧坛》 戏剧期刊。中国戏剧家协会天津分会主办。1981年11月创刊，1987年6月终刊。16开本，每期正文64页。先后辟有《粉墨春秋》、《戏剧百家》、《谈艺录》、《名家说戏》、《舞台新人》、《著名唱段欣赏》、《戏剧故事》等栏目，内容包括京剧研究、评论、回忆录、名家传记等多种。杭子和的《司鼓生涯》，刘斌昆的《麒麟童赴津演出二三事》，杨宝忠的《艺事鸿爪》，翁偶虹的《我与谭富英》，赵松樵的《我与周信芳》，厉慧良、骆玉笙等《评论杨乃彭的老生表演艺术》，杨鹤年的《京剧艺术的奇葩——试论李慕良操琴艺术》等，都是很有价值的资料。在当

1983年第4期封面

时众多戏剧刊物中是在京剧研究方面贡献和影响较大的刊物。

（刘琦）

juwu

剧务 协助导演处理有关排练演出事务的专职人员。排练前，提前把排练日程、时间、地点、人员、场次、导演指示以及排练时所使用的代用服装、道具、布景等通知所有参与排练的部门和人员。在排练时集合演员排戏，关照参与排练的人员提前做好技术方面的准备，保证排练顺利进行。进入演出阶段后，在舞台监督的领导下，监督音响效果、布景道具、服装等方面的工作；在演出中，监督拉幕、领幕及大道具、布景的搬换以及提醒即将上场的演员做好准备等。剧务虽属事务性工作，但他是导演和舞台监督不可缺少的助手。在京剧尚未建立导演制时，演出团体中也设置过类似剧务的职务，称之为“文管事”或“武管事”，协助总管分管文戏和武戏方面的演出事务。

（阎骏）

Juxue Yuekan

《剧学月刊》 戏曲期刊。徐凌霄、金悔庐先后任主编。1932年1月创刊。南京戏曲音乐院北平分院研究所出版，自第3卷第9期起改由北平中国戏曲音乐研究院研究所编辑出版。月刊。1936年6月停刊，出至第5卷第6期。主要撰稿人有金悔庐、徐凌霄、陈墨香、刘守鹤、王泊生、邵茗生、焦菊隐、程砚秋、曹心泉、杜颖陶等。首期《发刊词》、《剧学月刊概述》、《补充悔庐的话》等文称其办刊目的有二：一是“本科学精神，对于新旧彷徨、中西糅杂之剧界病象，疑难问题，谋适当之解决”；二是“用科学方法，研究本国原有之剧艺，整理而改进之，俾成一专门之学，立足于世界学术之林”。认为中国自汉武帝独尊儒术，两千年来戏剧被视为“小道”，故历来只有剧业、剧艺而无剧学，但戏曲历史悠久、内容丰富、组织严密，是“民众的历史之万有文库”，“其功用什佰于教育”，确有成立专门学问的必要。而作为一门独立的艺术学科，其研究就应当“不凭主观、不尚意气、不执一偏”，应忠于事实、凭证据、有系统的科学态度和方法。该刊学术性强，态度严肃。分设论文、专记、研究、曲谱、古今剧谈、京剧提要等栏目，载有长篇学术论文、译著或重要剧本，发表了大量关于京剧历史、舞台艺术、剧目、角色分析、脸谱等方面有分量的研究文章，如陈墨香的《京剧提要》、《墨香剧话》、《观剧生活素描》，徐凌霄的《皮簧文学研究》、《戏剧词典释例》、《我与中国戏剧》，刘守鹤的《谭鑫培专记》、《胡喜禄专记》、《时小福专记》及其他伶工专记，张次溪的《近六十年故都梨园之变迁》，马肇延的《旧剧之产生及其反封建的色彩》、《戏剧大众化问题》，杜颖陶的《玉霜簃藏曲提要》，王瑶卿的《论历年旦角成败之原因》，程砚秋的《我之戏剧观》等，是中国近代最有影响的戏剧学术刊物之一。

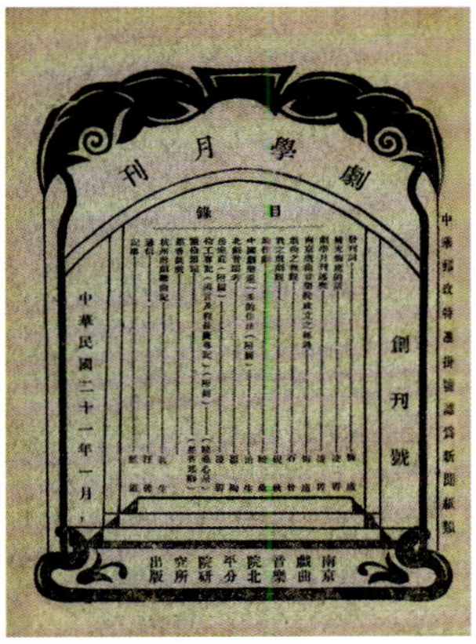

创刊号封面

（周巩平）

Juyi Shijinhui

剧艺实进会 戏剧研究组织。20世纪30年代初，徐凌霄与金仲荪等人在北平西单横二条甲30号成立。每星期六彩排一出，参加者都是当时内行名家，如程砚秋、荀慧生、吴富琴、王泊生、徐凌霄、金仲荪、沉正元、刘守鹤、焦菊隐、周大文、张体道等。该会以学术研究为主，不是一般娱乐性质的票房，从不对外宣传，1934年解散。

（李体扬）

Ju Dagang

《锯大缸》 京剧作品。又名《百草山》、《大补缸》、《王家庄》、《百鸟朝凤》。作者不详。百草山中的旱魃化身王大娘（殷凤珠）兴妖作怪，观音差土地前往收降。王大娘有一个黄瓷缸，可大可小，能隐能显，可以藏身其中，躲避雷劫。此缸被巨灵神撞裂。土地幻化为补锅匠，前来补缸，与王大娘调笑周旋，借机把缸打碎。王大娘现出原形与土地争斗。观音命天兵天将斩除旱魃。明佚名所作传奇《钵中莲》第14出《补缸》与此剧内容相似。所唱［诰猖腔］曲词格式，也与今本［锯缸调］相近。补缸一段，为颇具风趣的小旦、小丑打闹调笑的民间小戏。《燕兰小谱》载清乾隆时“保和武部”郑三官在京演出此剧：“吴下传来补破缸，低低打打柳枝腔。”这位演员以玩笑戏见长。光绪丙午年（1906），铸记书局刊印的《绘图京都三庆班真正京调全集》第4集“真正京都头等名角小穆生曲本”中收有《大补缸》。另有上海文宜书店发行的《绘图京都三庆班京调全集》第9集亦收有此剧。作者及首演时间已不可考。李洪春《京剧长谈》谈到，此剧系由皮影戏移植，讲述的是观音派白鹦鹉、金翅大鹏鸟、绿孔雀等收伏黑狐精的故事。三个鸟神多由武花扮演，勾白、黄、绿鸟型脸，戴蓬头、翎子，最后还有抛叉表演，尤以杨小楼（演孔雀）与傅小山（演黑狐化身）的抛叉最为精彩。现在所见的演出本，情节已经有了较大变化。武生前辈俞菊笙爱唱勾脸戏，并擅演神怪戏，此戏中的大孔雀等即为其所长。因为此戏既有花旦、小丑的玩笑，又有神怪开打，比较热闹，故旧时班社常以此戏招徕观众，在戏园子门口摆上山石片和一个挑子做广告。1917年8月24日，北京第一舞台为京兆水灾举办的第三场义务戏中，派的就有这出，杨小朵演“锯缸”的王大娘，朱桂芳演开打的王大娘，王长林向以补缸匠为其一绝，所以三人联袂演出，极受欢迎。此剧武旦戏吃重，九阵风以打出手为佼佼者，其他如余玉琴、朱桂芳以及慈瑞泉的丑脚等亦因此戏享名。翁偶虹曾将《锯大缸》增益后边武戏场子，排出整本《百鸟朝凤》，宋德珠前演花旦后改武旦，再加上眼花缭乱的打出手，名噪一时。

《童双喜之〈大补缸〉》（选自清末上海《图画日报》）

阎世善饰王大娘（左） 尚长春饰孔萱

剧本刊《戏考》第4集。北京市艺术研究所藏有《百草山》剧本。

（王若皓）

juese hangdang

脚色行当 京剧的表演体制。史称脚色、部色，昆曲称家门，通称行当，简称行。有双重含义：它既是戏曲中艺术化、规范化的性格类型，又是带有性格色彩的表演程式的分类系统。这种表演体制是戏曲的程式性在人物形象创造上的集中反映。戏曲表演在创造人物形象时，既要求性格刻画的真实、鲜明，又要求从程式上提炼和规范，因而唱、念、做、打各类程式无不带有性格的色彩；经过长期的艺术磨炼，性格相近的艺术形象及其表演程式、表现手法和技巧逐渐积累汇集而形成行当。

京剧行当在继承昆曲及其他剧种的基础上，初始分为生、旦、净、末、丑五行，后将末归为生行，因而形成生、旦、净、丑四大行当。每一行当下，又有细分，如生部有老生、武生、红生、小生、娃娃生等，旦部有青衣、花旦、刀马旦、武旦、花衫、老旦等，净部有正净、副净、武净等，丑部有文丑、武丑等。

行当包含的内容比较复杂，就其主要方面说，大致有如下4个方面：①人物的自然属性，包括性别、年龄等因素。②人物的社会属性，包括身份、地位、性格、气质等因素。③创作者的审美判断。在戏曲表演中，形象的美丑，风格的庄谐，常常寄寓着创作者颂善惩恶的审美评价，正如孔尚任所说："脚色所以分别君子小人"。④表演技术专长。生旦净丑所属的各行脚色中，有的重唱，有的重念，有的重做或重武打，或数功兼备而着重一功或两功，在技术上各有不同的发挥。各个行当在声乐技巧、身段工架乃至化装服饰等各种造型手段上，都有一套不同的程式和规制，具有鲜明的造型表现力和独特的形式美。

行当的作用如下：①舞台形象作为审美的对象，分行的方法有助于开门见山、单刀直入地表现特定人物的性格特征，是帮助观众认识人物性格的一种比较直观的形式。京剧舞台上许多脍炙人口的艺术形象如关羽、周瑜、白娘子、穆桂英、张飞、曹操、汤勤等，只要一出场，几乎不用太多的介绍，观众就能从外部造型上对他们的身份、地位、性格、气质乃至品性的善恶等各方面有一个鲜明的印象，有着强烈的剧场效果。②在京剧表演中，没有抽象的程式，只有带一定行当特色的程式。唱、念、做、打，生旦净丑演来各有不同，造型准确，风格鲜明。因此，行当可以作为演员进行形象创造的造型基础。③表演艺术是集创作者、创作材料和创作成品于一身的艺术。就演员作为创作材料而言，没有纯粹处于自然形态的演员，只有从属于一定行当的戏曲演员，每个演员至少必须掌握某一行当的表演程式、技术和手法，才有可能进入具体形象的创造。从这一点说，行当又是演员的专业分工。这种专业分工是戏曲表演发展到一定高度的产物，而这种分工一经形成，又使演员有可能和有必要去专门从事某个行当或某一类人物形象的钻研和创造，转而又促进了演员专业技巧的提高。

行当的划分是严格的，生、旦、净、丑，一行有一行的程式规范。但从演员掌握和运用行当的角度说，又是灵活的，可以专工一行，也可以兼及其他。京剧界在演员的分工上有本工、应工等说法，就是既要遵循表演的分行体制，又要适应演员专工和兼扮以及角色分配上的具体需要。京剧表演的实践表明，行当划分的严格性有利于准确刻画人物和发挥演员的创造才能，如《空城计》的诸葛亮为老生的本工，经过多少代演员的磨炼，已经成为戏曲舞台上的艺术精品。演员分工的灵活性又有利于广收博采，融会贯通，丰富演员的艺术创造，乃至带动整个行当的发展。如花衫和勾脸武生的产生都是明显的例子。京剧中有一批原属武净本工的人物形象如《铁笼山》的姜维、《艳阳楼》的高登等，后来由长靠武生兼扮，保留了勾脸的艺术而表演风格有所变化，逐渐形成了一种介乎武生与净之间的勾脸武生，从而丰富了武生的行当。这种融合不同行当的表演程式来刻画某一特定人物的形象，已经成为演员的常用手法。

勾脸武生

《铁笼山》姜维（奚中路饰）

（黄克保）

junban

俊扮 泛指生、旦行当的美化化装。相对于净、丑行当的勾画脸谱（大花面、小花面化装），又有洁面、净脸等称谓。清初，孔尚任在《桃花扇·凡例》中已将"洁面"与"花面"对举，以区别生旦与净丑两种不同的化装类型。京剧界称不勾脸为净脸或本色脸（见梅兰芳《舞台生活四十年》）。早期生旦化装都较清淡，这与演出多在白天自然光下进行有关。20世纪新式剧场兴起以后，采用电灯照明，舞台光线由弱到强，化装色彩也相应加重。化妆品亦多由粉彩改为油彩。俊扮的特点是不用夸张的色彩、线条来改变演员的本来面目，为达到美化效果，其扑粉抹红、描眉画眼、牵引粘贴，颇具装饰性。又因剧中人物有男女、老幼、文武以及生活境遇等种种差别，虽同属俊扮，仍有许多具体而微的不同处理。

生行除红生和勾脸武生外，其他老生、武生、小生都用俊扮。化装程序大致为：扑粉打底，眉心、眼眶、两颊抹红，以黑色勾画眉眼，不戴髯口者还需涂唇，最后为勒头吊眉。在古代生活中，男子也有涂脂抹粉的，但被视为不正派行为，所以在传统观念中，老生的扮相，以气象苍劲为贵。本色脸之称，源自老生早先连粉都不拍。如余叔岩的化装，"既不拍粉也不扑粉，是真正的本色"；"洗脸之后，用绒扑在胭脂上擦一擦，先扑印堂的一道红，然后两颊轻轻掸过，用开水蘸过拧干的热毛巾，盖在脸上约半分钟，拿下来之后，脸上的红非常匀净而鲜润"。其画眉，用圆头秃笔蘸点烟子，"在真眉毛的范围内，淡淡地一层一层描"。演扎靠戏，不但印堂

清同治、光绪年间旦行的俊扮（选自沈容圃绘《思志诚》）

王彩琳　孙彩珠　吴燕芳

王瑶卿、梅兰芳、尚小云的早期旦行俊扮

王瑶卿《樊江关》樊梨花　梅兰芳《汾河湾》柳迎春　尚小云《桑园会》罗敷

荀慧生的旦行俊扮

《穆天王》穆桂英　《玉堂春》苏三　《飘零泪》朱婉贞

《铁弓缘》陈秀英　《钗头凤》唐蕙仙　《盘丝洞》月霞仙子

梅兰芳改进后的旦行俊扮

《生死恨》韩玉娘

程砚秋的旦行俊扮

《战蒲关》徐艳贞　《碧玉簪》张玉贞　《青霜剑》申雪贞

《打渔杀家》萧桂英　《四郎探母》铁镜公主　《游园惊梦》杜丽娘

当代旦行新秀的俊扮

《珠帘寨》二皇娘（赵群饰）　《锁麟囊》薛湘灵（吕洋饰　许正摄）　《谢瑶环》谢瑶环（王艳饰）

红较重，还要“用淡墨在下眼皮轻描一笔”(朱家溍《学余随笔》,《故宫退食录》第788页)。余叔岩的化装经验，包括勒头的部位、吊眉的方法，教给了爱徒李少春、孟小冬，故此二人“在扮相上和老师也有虎贲中郎之似”(丁秉鐩《菊坛旧闻录》第359页)。在生行中，小生最需打粉底，但也不宜过白，“因脂粉气乃小生之大忌也”(《曹心泉谈二黄今昔》)。名小生德珺如某日扮《群英会》周瑜，“以两颊多髯，浓施厚粉以掩之”，被谭鑫培讥为“母都督”(孙履安《京尘杂忆》第4页)。印堂红的形状、浓淡或有无，是生行内部互有区别的重要标志。一般武生画得较重且长，可自印堂（眉心）直画至脑门。其形状，先是上宽下窄，有点像大花面中六分脸的立柱纹，不过不是勾的，是用干胭脂扑抹而成，边缘淡出，《同光十三绝》中谭鑫培饰黄天霸的扮相可证；其后改为下宽上窄，形似枪尖。若武生以俊扮饰神将，则眉心勾金，如杨小楼《金山寺》饰伽蓝。小生的俊扮，沈容圃所绘《群英会》、《思志诚》中的徐小香，《虹霓关》中的陈楚卿，都不画印堂红。当是后来才以印堂红分出雉尾生、扇子生、穷生：雉尾生所画似武生；扇子生在眉心画弧形红晕（称过桥）；穷生弧形红晕画得极淡或不画，以状其饥寒落魄。娃娃生则在眉心上方画一红色圆点。对老生的俊扮，马连良说，要根据“戴什么髯口，穿什么行头，来决定怎样抹彩和彩的浓淡”。如扮《战太平》花云，挂黑三、戴荷叶盔，是武将，“彩可以重一些，头勒得高一些”，显出英武精神；扮《御碑亭》王有道，虽亦挂黑三，然戴高方巾，是书生，“彩可以淡一些，头可以勒得低一些”，要有儒雅风度；而《审头刺汤》陆炳，挂苍三，“抹彩就更要淡”，至于挂白满的薛保，不但彩很淡，还要注意眉毛不能再抹黑，“不然，雪白的胡子，配上两道浓黑的眉毛，就会损害人物的形象”(《古历轩谈艺录》)。要言之，老生印堂红的文武之别，只在长短浓淡之间，不能画成武生的“枪尖”和小生的“过桥”。俊扮具有明显的程式性，却又讲究对规定情境的适应而作变化。周信芳演《清风亭》张元秀，自“盼子”以后，就把印堂红洗掉，敷点白粉，表示人物的血气衰败和失子后的神情凄苦；演《扫松下书》张广才，要在两颊加点红、抹点油，以表现老人在秋风中扫松，被风吹久了，脸上泛出红晕，也是对他向投书人李旺叙说蔡家不幸遭遇时激愤心情的衬托（李桐森《麒派服装、造型》)。杨小楼演《连营寨》赵云，“脸上扑粉不揉红彩，从脑门到鼻梁抹一道油，夫子盔右边压一缕水发，随着［急急风］锣鼓，在火彩中出场一亮，一看就是一个风尘仆仆、心急似火的常山赵云，这时，听戏人的心中好像比刘备还痛快，痛快得能使人落泪”(刘曾复《继往开来的武生宗师——杨小楼轶事》)。

旦行俊扮有过较大演变。早期青衣扮相是按昆剧正旦的路子，不擦粉，不贴片子，用牛犄角髻，戴勒子。花旦扮相因受秦腔花旦魏长生梳水头的影响，已有改进。这种反差，常使观众不满意青衣的老式扮相，而产生“哭杀正旦（演苦戏），笑杀看客”的不正常的演出效果，迫使青衣演员除保持不擦粉（称清水脸）的规矩外，也梳水头、贴片子。但早期旦脚贴的片子只有大绺三片（额上一片，两鬓各一片），故梨园界对旦脚有“三块片”之称（陈墨香《说旦》，1931年7月16日《北京画报》)；小弯当是后来增加的。直到梅兰芳的祖父梅巧玲时代，无论青衣、花旦，大片、小弯贴的部位都“又高又宽，往往会把脸型贴成方的”(梅兰芳《舞台生活四十年》第224页)，青衣的标准扮相还必须在鬓边贴出一个尖角，内行谓之“大开脸”。从沈容圃所绘《思志诚》中12位旦脚来看，那时他们勒头而不吊眉，也不讲究画黑眼圈，淡淡画上几笔就算了事，在眼睑上下和两颊抹较淡的胭脂红，上唇不画、下唇涂一红色圆点，所谓樱桃小口。对这种扮法的改进，是清末民初首先从南方演员开始的。梅兰芳1913年第一次去上海演出，对冯子和、毛韵珂等的化装留有深刻印象，回京后就与梳头师韩佩亭细细研究，“采取了一部分上海演员的化装方法”(《舞台生活四十年》)，后又经过反复试验、改进，才完成了旦脚贴片由方形到枣核形、再到鹅蛋形的转变，并加强了吊眉和眉眼的描画，点樱唇也改为涂口红了。

徐小香《思志诚》戏装肖像（沈容圃绘）

以旦行俊扮与生行相比，因无印堂红所标志的文武、老少等的变化，在化装的样式感上不如生行丰富，但对演员脸型的美化却能发挥很大作用。其关键在大片、小弯的用法上。早先北方旦脚把片子贴得高而且宽，对大片的使用又局限于耳垂，往往将大片发梢绕过耳垂贴于耳后，这样，片子除了代表额发、鬓发之外，几乎没有修改、美化脸型的意义。把大片从额际一直贴至下颌，成为可以改动脸型的直条大鬓，是南方旦脚的创造。经过南北经验的综合，片子的运用，不但形成了大开脸、小弯、花片子三种基本样式，而且有了“前、后、高、低各种不同的贴法”(详见《舞台生活四十年》第224～225页)，成为演员在脸型上实现自己美的观念的重要手段。梅兰芳说，一个人的五官难免有某种不足，只要认清自己脸上的缺点，都有法子补救（《梅兰芳文集》第49页)。这种信心在相当大的程度上来自对大片、小弯的灵活运用。荀慧生主要用大片勾勒脸型，也别具一格，尤擅表现活泼浪漫的女性或风尘女子。与脸型改进同步的是面部化装色彩对比度的强化，以及在眉、眼、唇的描画上更加趋时——适应社会美饰风尚的改变。此风发端于华洋杂处的上海，美饰观念中包含了外来因素，并由南而北，大约在20世纪二三十年代，已使旦行俊扮焕然一新。拿《同光十三绝》与现代舞台演出相比，其中老生、武生、小生的俊扮大端未易，而青衣、花旦扮法已有时代不同的明显感觉。旦行俊扮涵盖了少女、少妇和50岁上下的中年妇女，以及贫富贵贱等不同生活状况，其变化主要在两颊的拍红面积大小和色泽深浅之间，一般花旦、花衫较丰满、鲜艳，青衣则相反；传统的清水脸现多用于老旦扮的贫苦角色（因为光照很强，也要画淡装)。其他区别概由发式、头面、服饰去表现。旧时演《活捉三郎》阎惜姣，虽是花旦应工，只用干黄擦脸，作枯死相，今已趋同于一般美化。《宇宙锋》赵艳容装疯时的“抓花容”，是用眉心画出兰花瓣式的二三道红彩加以表示，绝不损害俊扮特有的装饰美。

（龚和德）

kaichang

开氅 京剧舞台上的高级便服。旧称出摆或直摆。款式为斜襟大领，宽身阔袖（带水袖），衣长及足，腋下有插摆。大缎制。袖口及衣身周边有四寸左右异色波形镶边，身上纹绣多为狮、虎、象、豹、麒麟等。色彩有黄、红、紫、绿、蓝、白、黑、古铜等。黄缎开氅为帝王出行之服，如《取洛阳》、《草桥关》中之刘秀。开氅在戏衣系列中低于蟒袍，但与蟒一样可文可武。作为便服，与帔相近，帔侧重于文，开氅侧重于武。剧中将帅，朝会服蟒，作战扎靠，闲居穿开氅，这是基本定例。开氅在用色上与蟒、靠相应，如三国戏中刘备穿红蟒，关羽穿绿蟒、绿靠，张飞穿黑蟒、黑靠，赵云穿白蟒、白靠，《夺小沛》之刘备、关羽、张飞分别穿红、绿、黑开氅，《甘露寺》之赵云穿白开氅。除将帅外，宰相闲居、游玩或下野，戴相巾穿开氅，如《宇宙锋》之赵高、《凤仪亭》之董卓、《战宛城》之曹操、《琼林宴》之葛登云等。这些都是花脸扮演的人物，若穿帔，气势不足，故穿开氅。但也有老生扮而穿开氅者，如《盗宗卷》之陈平，戴相巾穿白缎开氅。此衣也泛用于江湖豪杰、绿林寨主，如《盗御马》之窦尔敦。齐如山《行头盔头》云："在从前皇帝官员上路，皆可穿此。如今有新添之硬面褶子，文人多用之，于是不大用开氅矣。"另有一种中军开氅，红地绣团花，缘饰为平金露地绣，无异色镶边，气派较小，适合帅帐中传令官的身份。（谭元杰）

紫缎绣狮开氅

kailuoxi

开锣戏 戏曲演出习俗。又称帽儿戏。"帽儿"是头前的意思。一场戏的演出时间往往长达四五个小时，由若干个戏码（戏目）组成。戏园环境嘈杂，观众入场后心神不易安定。开锣后的第一个剧目往往安排情节简单、热闹风趣的小戏，如《天官赐福》、《百寿图》、《小放牛》等。演出开始后的第一个戏目称作开锣戏或帽儿戏。另，女子演剧，也有帽儿戏之称。（周华斌）

Kaiming Daxiyuan

开明大戏院 现代剧场。址在江苏苏州北局。1928年由苏州振兴地产公司顾再康等集资，郁老二水木作承造。首由范养吾承租，1929年春节开张。始名东吴乾坤大戏院。前台经理由范养吾自任，后台老板是上海新舞台的夏月润。盖叫天等参加开幕演出。其后承租者与后台老板多次易人，戏院名称亦先后改为大观园、乾坤大戏院、发记大舞台、东方大戏院。1931年整修，正厅改铁面翻板座椅，两厢仍为木质长条凳。1933年由原无锡中南电影院经理部郭子颐承租，始改今名。当年1月13日开幕，梅兰芳、马连良、金少山、萧长华等，应吴县筹募公益经费义演之邀，作开幕演出。1951年该院由苏州市人民政府接管。1953年，李慧芳、梁慧超、关正明等在原开明大戏院班底基础上组建开明京剧团，1954年解散。1957年在原址重新翻造。建筑面积为2 354平方米，设有门厅、

开明大戏院外貌

前后楼、观众厅、票房、休息厅、地下室等。观众厅呈扇形，高10.5米，深25米，宽35米，设有1 067座。楼厅345平方米，设有578座。舞台台口宽12.8米，高6.8米，深12.34米，台前有乐池。该院自兴建伊始，就是苏州市京剧演出的主要场所。1977年起兼放电影。为迎接第六届中国艺术节，又进行全面维修改造，功能齐全，面貌一新。 （周庆祥　宋苏霞）

Kaiming Xiyuan

开明戏院　现代剧场。址在北京前门外西珠市口大街路南，北向。现存。始建于1921年，由复兴工程有限公司施工。钢筋水泥结构，封闭式。两层，可容观众1 200人。舞台为镜框式，台基高1.05米，台唇呈小半圆形，台口宽6米，进深6米，檐顶高5米。上下场门处有两根水泥方柱，上场门有辅台5平方米，通地下室，下场门有辅台7平方米，通向40余平方米之化装室。1922年7月17日启用，由梅兰芳演出《贵妃醉酒》，龚云甫、萧长华演出《钓金龟》，王凤卿演出《让成都》，郝寿臣、李寿山演出《真假李逵》，朱桂芳演出《演火棍》，朱素云、诸如香演出《马上缘》。1924年5月19日，梅兰芳在开明戏院首演《洛神》，来华访问的印度诗人泰戈尔应邀观赏。此处除梅兰芳的承华社经常演出外，还时常接待杨小楼、余叔岩组建的永胜社等，为京城市民所瞩目。荀慧生原用艺名“白牡丹”，从上海载誉回京，经杨小楼、余叔岩建议，在开明戏院演出时首用本名。1937年七七事变后，评剧演员白玉霜一度在此演出。1938年，开明戏院改名市立剧院。中华人民共和国成立后，改名**民主剧场**。1971年，更名珠市口电影院。 （吴增彦）

20世纪70年代开明戏院外貌
（选自《北京老戏园子》）

kaitai

开台　戏曲演出习俗，沿用于早期京剧。每年旧历年底，戏班封箱，春节期间陆续恢复演出。首场演出前要举行仪式，称开台。首先隆重地启封打开戏箱，换贴“开锣大吉”、“新喜大发”等吉庆语条。正式开演前先进行“跳灵官”，由净行演员扮作灵官，人数成双，或2人，或4人，或8人，皆手持灵官鞭，跳灵官舞。其间包括撒火彩、燃纸马及钱粮、放鞭炮等程序。舞毕，由末色扮作两名童子，一称“扫台童子”，一称“净台童子”，登场清扫鞭炮纸屑，谓之“净台”。净台后，摆放台毯，由老生或小生扮作“加官”，戴加官面具及相纱帽，服加官蟒（红、黄、绿色），腰围玉带，手持牙笏和缎制条幅，上书“天官赐福”、“福禄臻祥”、“指日高升”、“加官进禄”等喜庆吉祥语，表示对观众的祝福。加官舞毕，将条幅置于舞台正中之高台上。高台上有两顶盔头，上首为纱帽，下首为金貂。盔头下有一红盆，置一副对联。加官展示上联：“开市大吉”，置于金貂下，下场。又由净脚或丑脚扮作五财神上场，手持大型金元宝舞蹈。舞罢，置元宝于高台，展下联：“万事亨通”，退场。戏班班主、大管事及戏园掌柜、总柜头上台，向同仁发“彩钱”，将对联贴于戏园后排的两根柱上。总堂头高喊：“开戏啰！”礼仪毕，正式演出开始。其戏目一般均为吉祥戏，如《大赐福》、《龙凤呈祥》、《七子八婿满床笏》(即《打金枝》)、《拾黄金》、《百鸟朝凤》、《摇钱树》等。 （刘胥洲　戴申）

kai

铠　京剧舞台上的侍卫之服。又名**大铠**、**站堂铠**。近似靠，不同处在于靠肚不凸起，绣虎头，裳甲方阔，正中开衩，不需另系靠腿（下甲），不扎靠旗。缎面金绣。此为剧中金殿或帅府等站堂军士所用。金殿御林军用黄铠，其他场合多用红铠。《霸王别姬》的楚霸王军帐用黑色大铠。纹饰简化、缀镀银泡钉者，称**铆钉铠**。穿铠武士多头戴罐子盔，足穿黑薄底靴，手执荷包枪。 （谭元杰）

旧式漳绒铠（承德避暑山庄藏）

kanjian

坎肩　穿在主服之外的无袖戏衣。又称**背心**、**背搭**、**比甲**、**马甲**。元明杂剧演出中已有比甲，用于侍女、村姑。昆曲扩及小妾、夫人、郡主等。京剧用途更广，可与袄裙、袄裤、褶子、蟒袍等相配。其款式有大小男女之别，品种较多。大坎肩为对襟开身，直大领。男女之别在长度和领式，男式衣长及足，齐头直领；女式长仅过膝，如意头直领。男式大坎肩有花有素。绣花大坎肩的纹样有飞龙、团龙等。《赵氏孤儿》中的晋灵公、《渑池会》中的秦王，都在蟒袍外加罩杏黄色飞龙大坎肩，看似富丽堂皇，因坎肩无袖而削弱了庄重感，含有贬义。《状元媒》中赵德芳，在杏黄色团龙帔之外，加罩红色团龙大坎肩，适合于表现后宫行走的情境，且与柴郡主的宫装、吕蒙正的红官衣相映，益增喜剧色彩。《晴雯撕扇》中，贾宝玉（姜妙秀饰）外穿绣花坎肩。素色大坎肩，自直领下端起，沿门襟、下摆至左右开衩，一般镶有缘饰。服色多为低明度的深蓝、烟色等，多用于身

男式大坎肩
《野猪林》陆谦

女式大坎肩
《罢宴》刘媪

卒坎肩
《盗御马》更夫

女式绣花小坎肩
《游园惊梦》春香

女式绣花大坎肩
《锁麟囊》薛湘灵

道姑坎肩
《秋江》陈妙常

份较低的门客、学究、塾师、江湖郎中，装扮时腰系丝绦。另有一种肩开式圆领大坎肩，镶边、绣花，腰束软带，属于改良行头，为《鸿门宴》之张良、《天雨花》之左维明等所穿，称**学士坎肩**。

女式大坎肩也有花、素两种。花坎肩的纹饰多为对称折枝花，为扮丫环者所穿，也用于侍妾、妓女，如《乌龙院》之阎惜娇、《玉堂春》之苏三等。她们之间的区别在于丫环多穿袄裤，侍妾、妓女可穿褶子、裙子，含夫人装成分，显出地位高于女婢。黑色绣花女坎肩用于中年女佣，如《锁麟囊》中沦落为佣时的薛湘灵。女式大坎肩中有一种水田纹坎肩，由三种或两种异色绸料拼制而成，多用于带发修行的年轻道姑、尼姑，故称**道姑坎肩**，如《秋江》之陈妙常、《思凡》之色空等均穿此。素坎肩有浅色镶深色边的，如《杀庙》一场的秦香莲；有在直领上加花饰的，如《望儿楼》中的窦太真。黑领者用于老道姑，全黑者用于禁婆。

小坎肩也有男式与女式。男式小坎肩对襟直领，有卒坎肩、僧道坎肩等。**卒坎肩**有红色、绿色等，前后心有团花，罩在青箭衣外，用于报子、更夫、老军等。僧道坎肩有水田纹，或在底摆缀黄、绿二色走水，罩在青快衣外，用于勇猛的僧道角色。女式小坎肩分大襟、琵琶襟两种，均有花绣。大襟绣花小坎肩与袄裙配套，用于大丫环，如《花田错》春兰、《卖水》之梅英等。琵琶襟坎肩与旗装配套，用于异邦女子，如《四郎探母》之铁镜公主等。（谭元杰）

Kang Ruilin

康瑞林（约1864～？） 乐师，司铙钹。北京人。初在北京为梆子班场面，曾佐鼓师侯双印司奏铙钹。清光绪中期，到天津搭班，与赵广顺（鼓师）相配合。后与鼓师周悦先合作多年，极得周之倚重。康瑞林一生专攻铙钹，技艺精湛。梆簧“两下锅”时，康在天津开始将铙钹用于京剧场面，为武场生色不少，对京剧剧坛很有影响。康瑞林在天津首用“揉钹”之技，操奏之妙为时人所不及。在［九锤半］的点子中，将铙钹穿插其间，奏来音响极为繁富火炽。［夺头］中“卜”之闷音，亦为康瑞林始用。他在《大名府·挂榜》中［回头］的击奏，扣人心弦。康瑞林的铙钹技艺，多为后人所师法。康平素对同行艺术要求严格，偶有不满意处，即显露于面部表情，故有“脸子”之绰号，但同业因而更敬重之。1928年周悦先逝世之后，其亦因年老返归故里。（吴同宾）

kao

靠 戏班用语，指剧中武将的铠甲。古代军人的铠甲，由藤、革或金属制成，坚固硬挺可以护身。戏曲为美观和发挥演员歌舞表演，将铠甲艺术化为靠。靠这个名称明代已有，见《脉望馆抄校本古今杂剧·穿关》，项羽穿乌靠。清代乾隆年间《扬州画舫录》记“江湖行头”，称**扎甲**。道光年间清宫《穿戴题纲》记昆曲装扮，靠已有上五色等多种色彩。京剧对靠又有改进和丰富。

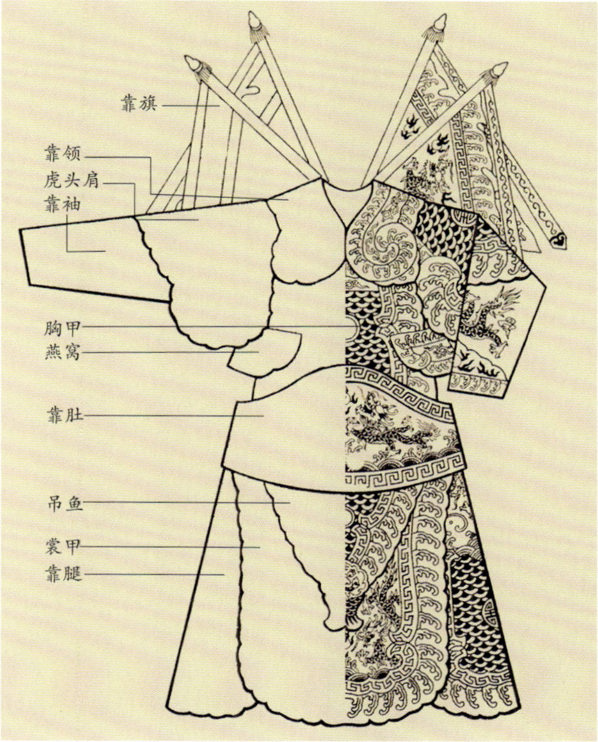

男靠样式与组件名称

靠的形制为上衣下裳连为一体，圆领窄袖，长及足。靠身自腋下起分前后两片。其上部称**胸甲**，呈正梯形，中饰护心镜；两侧有半圆形绣片，称**燕窝**（一作**腰窝**），是铠甲护腋部分的装饰物，亦有前后靠身相连之意。中部称**靠肚**，略阔，内实以棉，使之凸起。下部称**裳甲**，长方形，波纹边，裳甲外层有一倒三角形绣片，称**吊鱼**。靠身肩部形似蝶翅，肩头突出部位镶有浮雕式虎头，称**虎头肩**，下连窄袖，紧口齐腕。靠有三个配件，一为靠领，又称苫肩（俗称三尖）；一为**靠腿**，又称**下甲**、**靠牌**，长方形，长度与裳甲齐，系于腰际，盖在双腿外侧；一为**靠旗**，三角形四面，背于身后。马连良、周信芳都尝试过用方形靠旗，未能流行。靠是戏衣中结构最为复杂者。穿靠通常需用靠绳（又称勒甲绦）结扎靠旗，紧固靠身，故称**扎靠**。其紧束部分为胸甲及双袖，胸甲以下诸件已由紧束变为分离，可在演员舞动中随之翻飞。**靠绸**为靠的附件，有遮盖靠绳及装饰前胸的作用，亦可辅助演员做紧固战甲的程式性表演。男用靠绸多红色，穿白靠时，靠绸有压粉红或黑、白者，视情节而定。女用为粉红、浅绿、淡蓝。

用方形背旗的改良靠
《临潼山》李渊（马连良饰）

靠的纹样，在胸甲、吊鱼、虎头肩、下甲这些属于铠甲的基本部分，均用平金绣法，绣出鱼

靠图例

旧式靠（承德避暑山庄藏）

红靠

绿靠

红女靠

白靠

秋香色靠

红女靠的靠旗、靠腿

杏黄色靠

霸王靠

明代刊本《水浒全传》插图

鳞甲纹或丁字甲纹，是甲片的装饰化，有金属光泽。胸甲中心旧有护心镜，今多以平金绣团寿纹代之。靠肚旧式多绣虎头，与肩上虎头，含塑形成分，有浮雕感，用以强化战将的魁梧、威猛。今之靠肚多绣坐龙或二龙戏珠。其他外沿部分大多有双层缘饰，称大边、小边，起勾勒形状的作用，多绣海水江芽，亦有杂以寿字纹等吉祥图案的。靠的面料为大缎，色彩与蟒袍相同，上五色、下五色俱全，戏班合称十靠。其用色观念亦与蟒同。

靠的品种与装束形态主要有：①**硬靠**。即扎上靠旗的靠，又称**大靠**，是靠的完整形态。靠旗在《扬州画舫录》中称“**背旗**”，清嘉庆十八年（1813）内府刻本《昭代箫韶》中称“**背令旗**”，道光间《穿戴题纲》称“**背壶旗**”。背令旗系从其生活来源而言，周剑云、沈景麟《不可不知录》说，令旗“原只一枚，备行军时中途发令之用，或接令后立时出马，无暇安置，带之而行。今伶人习用四旗，无非作装饰而壮观瞻”。这个说法似可取。明代刊本《忠义水浒传》插图中即有“带之而行”的具体描绘，插于腰间或插于脖后。到了舞台上，令旗的性质起了变化，已非军中实用之物，而是以壮观瞻的装饰品。背壶是指插靠旗的皮夹，其形似壶，故名。后来艺人称“背虎”、“背护”，音虽近，本义已失。“背护”又衍变出“护背”，更悖于情理，旗子岂能护背？（参见龚和德《舞台美术研究》第398～399页）在戏台上，靠旗有助于表现武将的威风，演员舞动时，靠旗与旗上飘带随之招展飞扬，增加了舞姿的美，演员还利用靠旗发展出一些高难度的表演技巧。②**软靠**。即不扎靠旗的靠。一般说，软靠不及硬靠威武，在特定场合有暗示军威不振之意（如《碰碑》杨继业）。但关羽、项羽都穿软靠，由于盔头及其后兜特大，不仅威风不减，反在扎硬靠诸将中显得独特。靠身亦有特别讲究，靠肚下端增出一排黄色丝穗，并将有此种增饰的黑靠称**霸王靠**，绿靠称**关公靠**。③**改良靠**。1916～1917年间，周信芳参演汪笑侬名剧《张松献地图》，饰刘备，用红靠，去掉硬靠肚，将虎头腰箍系紧，靠腿左右对调，下端卷角向里。其特点是紧身适体。此为改良靠的滥觞（详见李桐森《麒派服装、造型》，《周信芳艺术评论集》第401～402页）。此后又加改进，进入衣箱，多用于偏将。后又有缀泡钉、出风毛的改良靠，用于异邦将领。④**女靠**。与男靠不同处在于靠肚略小，裳甲改为五彩飘带，以彩绣凤凰为主。颈部围垂穗云肩，腰间不系下甲。亦有软、硬之分，如《穆柯寨》之穆桂英、《樊江关》之樊梨花，扎硬靠，《樊江关》之薛金莲穿软靠或改良女靠。⑤**改良女靠**。无靠肚，腰间束软带，护肩、吊鱼、裳甲边缘多以短穗为饰，如扈三娘所穿。另有一种女改良靠，黑地平金绣铜镜片，镶蓝边点缀镀银泡钉，如花木兰所穿。⑥**鱼鳞甲**。款式简洁、装饰富丽的新式女甲。内衬袄裙，因云肩、胸甲、裳甲、下甲都以鱼鳞纹为主体，故名。胸甲绣平金护心镜，甲身镶蓝边、缀泡钉，周边缀红丝穗。此为梅兰芳演出《霸王别姬》之后创制，专用于虞姬。

泡钉甲
《木兰从军》花木兰（阎桂祥饰，吴钢摄）

鱼鳞甲
《霸王别姬》虞姬（梅兰芳饰）

（谭元杰）

kenao
磕脑 泛指演出中具有假形特征的盔帽。一作**膪脑**，又称**形磕脑**。磕脑一词源于古代生活用语，如《水浒传》第51回“只见一个老儿裹着磕脑头巾”。磕脑头巾是一种兜帽，“以质地厚实的布帛或兽皮为之，左右两侧及脑后有下垂的帽裙，使用时套在头上，仅露出脸面”，“士庶男子偶亦用之，尤以骑士、猎户为多见”（《中国衣冠服饰大辞典》第71页）。其样式起源，或与远古猎人为了迷惑猎物而戴的假头有关。假头有以猎物的头皮制作的，也有仿制品。这两种假头，露出脸面的称磕脑；反之，则称套头。南戏《张协状元》写张协赴考途中，路过一处山林，“只见一个猛兽”，吓得魂不附体，再定睛一看，“不是猛兽是个人”，此人的打扮是“虎皮磕脑虎皮袍”。作此打扮者“林浪里假装做猛兽，山径上潜等着客人”，是为狩猎，或者为抢劫。虎皮磕脑是用虎头之皮做成保持虎头形的兜帽，简称虎磕脑。这是比较原始的形磕脑。还有一种类型，是加工成带有假形的头盔，如《三国志平话》卷上：“帝见一人带狻猊磕脑，龙鳞铠、青战袍、抹绿靴。”狻猊是传说中的猛兽，龙是想象中的神物，狻猊磕脑与龙鳞铠组合，既带有假形特征，又是已经人文化了的、制作精致的武将盔甲。以上两类磕脑，都是戏曲舞台上所用磕脑的现实依据。在元杂剧中，李存孝戴虎磕脑（见《邓夫人苦痛哭存孝》），到了明代杂剧中，李存孝所戴的虎磕脑称作虎磕脑盔，另外还有马超、马武戴的狮磕脑盔等（见《脉望馆抄校本古今杂剧·穿关》）。加一盔字表明，这些磕脑已按照武将所戴的头盔做了艺术加工。昆剧《雅观楼》有张照片，方传芸饰李存孝，戴的虎磕脑，背后连着虎皮、虎尾，当是形磕脑比较早期的形态。清代宫廷大戏中用磕脑最多，文献中多写作膪脑。如《昭代箫韶》

昆剧《雅观楼》李存孝
（方传芸饰）

《昇平署扮像谱·青龙棍》（中国艺术研究院藏）

有虎、豹、豺、狼、鹿、羊、狗、蟒、虾、蟹、龟、鸟等（见嘉庆十八年内府刻本）。据道光二年（1822）档案，保存在宫内和圆明园内盔箱中的各样磕脑，分别有78顶、325顶（王芷章《清昇平署志略》第268页、第278页）。其中除了动物形、植物形的磕脑外，还有佛、四大菩萨、大目犍连等磕脑（同治五年档案，同上书，第248页）。在宫廷演出中，动植物假形磕脑，大多是作为精灵之化身的一种造型标志，与南戏中强人、元明杂剧中李存孝所戴的虎磕脑有不同的含义。如昇平署演出的昆剧《青龙棍》，青龙化身即戴龙磕脑。这顶龙磕脑颇能反映清宫制作的精致水平，龙形为三蓝色，与额子面牌上的大红绒球不但色彩对比鲜明，而且形象组合也十分生动，好像龙正要夺这个红球。这顶龙磕脑，也可称为龙磕脑盔。从兜帽式磕脑向盔式磕脑的转化，一是缩短或取消了两侧帽裙，二是加饰了前扇额子——这是武将头盔比较普遍的造型元素。到了京剧中，用得最多的是《飞虎山》之李存孝、《战宛城》之典韦、《八大锤》之岳云等戴的虎头盔，《群英会》之太史慈、《逍遥津》之华歆等戴的狮子盔，《樊江关》之薛金莲、《扈家庄》之扈三娘等戴的蝴蝶盔等，这些头盔已不具有精灵化身的含义，又因充分头盔化，连磕脑二字也省略了。

（龚和德）

《清人戏出册·空城计》（故宫博物院藏）

《斩马谡》 孙岳饰诸葛亮（左） 景荣庆饰马谡 （柴俊为摄）

kechuan

客串 戏曲行话。串与爨字通，即指歌舞表演，如宋元时之“五花爨弄”。戏曲演出以梨园行的专业演员为“主”，非本专业演员为“客”，或以本戏班演员为“主”，他班演员为“客”。因此，票友等非专业人员及话剧、歌剧等非戏曲界演员参加戏曲演出均称客串。其他戏班的演员参加本班演出则称搭班，有时亦称客串。因票友演出多不取报酬，又称清客串。未入班的儿童参加演出者，称小客串。

（周华斌）

Kongchengji

《空城计》 京剧作品。包括《失街亭》、《空城计》、《斩马谡》三折，简称《失、空、斩》。作者不详。本事见《三国志演义》第95回、第96回。诸葛亮初出祁山，因街亭为汉中咽喉要地，拟遣将镇守。马谡请命前往，但违背将令，在山顶扎营，失守街亭。司马懿兵逼西城，诸葛亮设空城计退敌。为严肃军纪，诸葛亮挥泪斩马谡，并上表自贬。《三国志》有马谡失街亭事，“空城计”出自《三国志·蜀书》裴松之注，所谓“郭冲四事”。诸葛亮的交战对手是曹真，而不是司马懿。戏曲舞台的情节系从小说推衍而来。诸葛亮平生谨慎，此剧则描述其关键时刻敢于弄险，处变不惊，终致转危为安，虽是一场失败的战役，仍不失指挥若定的统帅风度。老生饰诸葛亮。余三胜、王九龄、卢胜奎均以此剧见长。谭鑫培在继承前辈的基础上，改订剧本，表演亦有创新，为后世宗法。如原本《空城计》“三报”一场，诸葛亮上场时有大段唱词，内容较为平淡。谭鑫培觉得这不但与“坐帐”时的［西皮原板］“两国交锋龙虎斗”雷同，对后面“城楼”的重点唱段［西皮慢板］“我本是卧龙冈散淡的人”也有影响。况且在《失街亭》战场的锣鼓喧天之后，应略事清静，故删去了这段唱，只念两句上场对：“兵扎祁山地，要擒司马懿。”这场戏中，诸葛亮闻听探子三次报告军情时不同表情的精彩表演，也就更加突出了。此外，在危急时改为速调赵云回营，而不是老本的杨仪。赵云的戏虽不多，因其在观众的心目中有着不同寻常的分量，因而增强了空城弄险的稳定感。全剧三个段落中，诸葛亮心态表情各异：遣将时谆谆教诲，亲切稳重；失守街亭后的焦虑、悔恨，城楼上内紧外松，从容自若；斩马谡既有难以遏制的愤怒，又有自责和对马谡的怜惜，也有浓郁的人情味，着墨不多，颇为动人。剧本见《京剧丛刊》、《戏考》、《旧剧集成》等。《国剧画报》载有齐如山藏《失街亭》，据称为王九龄旧本。《剧学月刊》第4卷第12期陈墨香《京剧提要》谈到：“今《失街亭》已风行海内，皆用卢胜奎本，而词句则多谭鑫培所改，非卢之旧矣。四喜部王九龄另有一本，与卢本大异。司马懿、马谡皆老生。当日扮谡者为董文，懿则吴连奎也。卢本始皆用净。谡旧苍髯，后以三十余人，髯不宜苍，始改黑。”

（颜长珂）

Kongque Dongnan Fei

《孔雀东南飞》 京剧作品。又名《庐江恨》、《刘兰芝》、《焦仲卿妻》。题材取自同名古乐府诗。欧阳予倩旧作，1953年修订，载《京

赵秀君饰刘兰芝（左） 刘树君饰焦母

剧丛刊》第32集，原名《同命鸳鸯》。另有陈墨香编剧、王瑶卿改编本，较为流行。天津市青年京剧团演出的是李瑞环的整理改编本，名《刘兰芝》，剧本收入《李瑞环改编剧本集》。事为东汉献帝建安年间，庐江郡小吏焦仲卿娶妻刘兰芝，夫妇情真意笃。刘兰芝虽贤惠勤俭，仍遭焦母虐待，焦仲卿被迫休妻。二人忍痛分别，相约各自不再嫁娶。刘兰芝回娘家后，其兄贪图聘礼，谎称焦仲卿已另订婚，强逼刘兰芝嫁给太守之子。婚期将至，焦仲卿闻讯赶到与兰芝相见，二人互诉衷情，一同投水而死。欧阳予倩本结尾处根据原作处理为刘兰芝投水后，焦仲卿自缢于刘兰芝坟前。这一动人的爱情故事东汉末年即已在民间广为流传。作品通过刘兰芝、焦仲卿的婚姻悲剧，揭露了封建家长制的罪恶，歌颂了刘兰芝、焦仲卿的坚贞爱情，有着强烈的反封建色彩和很强的艺术感染力。　（张燕鹰）

Kong Xiaoshi

孔小石（1936～　　）　京剧导演。原名孔繁鼎。山东曲阜人。1949年4月参加宋庆龄创办的儿童剧团，曾在儿童剧《哪吒闹海》、《小白兔》、《马兰花》、《灰姑娘》和歌舞剧《孙悟空三打白骨精》中扮演主要角色。执导过《草原英雄小姐妹》、《双双和姥姥》、《一代新人》、《夜袭》等歌舞剧。1969年调入京剧现代戏《龙江颂》剧组。历任上海京剧院导演、院长助理、副院长、副艺术总监。导演了《战海浪》、《仙女下凡》、《岳云》、《日月雌雄镖》、《镜狮子》、《七侠五义》(二本)、《智取生辰纲》、《大渡河》、《扈三娘与王英》(与人合作、执行导演)、《宝莲灯》等剧目。他具有深厚的舞蹈功底和丰富的演剧经验，导演风格清新流畅，节奏鲜明，善于运用设计精致的形体动作来展示人物内心世界，铺排带有戏剧性的舞蹈场面来加强演出的观赏性。如在现代戏《战海浪》中，其把来自现实生活的动作舞蹈化，使之与京剧表演技巧融合起来，体现出新时代劳动人民的精神风貌。在《七侠五义》中，其既保持了连台本戏注重情节的特点，又适当增加抒情成分，使京剧连台本戏有了较新面貌。根据日本歌舞伎剧目改编为京剧的《镜狮子》，在糅合中、日两种艺术形式方面，亦做了大胆而有益的尝试。　（王涌石）

Kou Chunhua

寇春华（1936～　　）　演员。工文丑。原名步连陞。生于北平（今北京）。满族。1951年考入上海华东戏曲研究院京剧实验学校（该校1952年并入沈阳东北戏曲研究院戏曲实验学校，又于1954年划归中国戏曲研究院，为中国戏曲学校沈阳分校，1955年迁至北京与中国戏曲学校合并）。他在校习文丑，先后师事王盛如、李一车、高富远、汪荣汉等，并得到萧长华的指授。毕业后，分配到中国京剧院四团任演员，拜孙盛武为师，并向川剧名丑周企何问艺。他嗓音清亮，口齿清楚，唱念兼工，做表洒脱，追求高雅格调，方巾、袍带、婆子各工均能，常年与刘长瑜、杨秋玲、王晶华等合作出演。擅演剧目有《群英会》、《审头刺汤》、《选元戎》、《小上坟》、《连升店》、《辛安驿》、《问樵出箱》、《秋江》各戏，以《春草闯堂》的胡进、《杨门女将》的王辉、《红灯照》的卞宗等最为出色。曾多次赴香港、台湾献艺，博得赞誉。退休后，除仍不时参加演出外，还曾在上海市戏曲学校兼课授艺。　（钮骠）

《拾玉镯》饰刘媒婆（右） 刘长瑜饰孙玉姣（王申摄）

Ku Qinting

《哭秦庭》　京剧作品。亦写作《哭秦廷》。又名《七日七夜》。潘镜芙原作，清逸居士（溥绪）改编整理。高庆奎1924年11月首演。楚国伍员为复仇，借吴兵伐楚。楚大夫申包胥当年曾与伍员有誓："子覆楚，我必兴楚"，故星夜徒步入秦求援。秦哀公迟疑不肯发兵，申在秦廷一连七日七夜水米不进，泣血痛哭。秦王为其忠心感动，出师助其复楚。本事见《左传·定公四年》。元郑廷玉有《楚昭公疏者下船》杂剧，明孟称舜有《二胥记》传奇，清张国寿有《申包胥》杂剧。京剧传统剧目有《伍申反目》(《战郢城》)。《长亭会》中，申包胥由花脸饰演，勾红三块瓦脸谱。高庆奎在此剧中改由老生俊扮，唱工繁重：西皮有［原板］、［快板］，二簧有［散板］、［原板］，哭秦廷时还有大段的反二簧。在用气、吐字、行腔方面，大多采取孙菊仙、刘鸿昇声唱法，运用京字京音，明白晓畅，运用大气口的"满宫满调"和漫长的拖腔，抒发悲壮、激越之情，更显有力。丁秉鐩《菊坛旧闻录》认为在高庆奎的新编戏中，这是最成功的一出："秦廷之哭，恳挚呼吁，一片忠忱，不用说秦王，就是台下的观众，都被他感动了。精彩绝伦，极受观众激赏。"高庆奎在胜利公司灌有唱片两张。弟子李和曾、再传弟子辛宝达等有演出。高庆奎演出本经李和曾、李殿华、高登甲整理，

高庆奎饰申包胥

宝文堂出版，另有《戏典》、《戏学顾问》等刊本，各本内容略有不同。

（王若皓）

Ku Zumiao

《哭祖庙》 京剧作品。汪笑侬编演。取材于《三国志演义》第118回。魏将邓艾偷渡阴平，大破绵竹，逼近成都，蜀后主刘禅听谯周之策，决心降魏。禅五子北地王刘谌竭力谏阻，被逐出宫门，遂带剑回府，以殉国之志告夫人崔氏。崔氏为绝丈夫眷顾之念，触柱先死。刘谌杀死三子，割下人头，哭祭于祖庙，伏剑自刎。全剧共6场，以末场哭祭昭烈帝灵位最为吃重，有大段［二簧］转［反二簧］，多达82句。历数先人创业之艰难。唱至当年长坂坡救阿斗（即刘禅），有“吾皇祖长坂坡又遭大难，皇祖母乱军中命丧井泉。好一个赵将军他浑身是胆，百万军中救主还。出重围撩铠甲低头细看，那时节吾皇父睡怀中，昏昏沉沉睡梦间，直到如今睡了几十年”，抨击刘禅昏庸，诙谐而又沉痛。此剧为汪笑侬1910年离沪北上后的作品，1912年在天津唱红。后去大连演出，也大受欢迎。剧中刘谌语“国破家亡，死了干净”，“大连全市，人人皆善述此两语，殆成为口头禅”（佚名《汪笑侬之事迹》，转引自鹿原学人编译《京剧二百年历史》）。1916年汪重返上海搭入丹桂第一台，此剧亦为其常演剧目之一。因能号召观众，且第一台演员阵容整齐，有三麻子（王鸿寿）、麒麟童（周信芳）、张德俊等同台助演，将此剧扩展为前后本，名《渡阴平》。1938年，周信芳又据此改编为《亡蜀恨》，自邓艾暗渡阴平起，至姜维殉难止。周前饰邓艾，后饰姜维，高百岁饰刘谌。而宗汪（笑侬）派之男女老生苗鑫茹、石月明、金桂芬、盖筱侬、高三奎等，多按原本演出或只演“哭庙”一折。筱月红有唱片行世。1990年，江西省京剧团女老生何玉蓉以演出此剧参加徽班进京200周年纪念活动。剧本最早发表于1918年12月在天津创刊的《春柳》杂志，时距汪笑侬去世仅3个月。其后又收入《戏考》、《修订平剧选》及《汪笑侬戏曲集》等。

何玉蓉饰刘谌（前跪者）李鸣华饰刘禅（左坐者）

另有《英雄恨》，亦名《哭祖庙》，为清代故事剧。演绿林人物谢虎赴“天齐圣会”，被黄天霸发现，即欲缉拿。格斗间，谢虎幼子为施仕伦手下杀害。谢虎一怒，尽散家财，哭别祖庙，火焚居室，独身往刺施仕伦，镖伤黄天霸。此为王鸿寿旧本，李洪春、盖叫天、吴彦衡演过。谢虎扮相如《一箭仇》之史文恭。

（龚和德）

kuitou

盔头 戏班用语。泛指京剧人物装扮的首服，是舞台角色所戴各种冠帽的统称。其形制都有一定的历史生活依据，经过艺术加工，既适应歌舞化表演，又与戏衣、化装相互协调，共同构成京剧人物造型整体。

盔头约分冠、盔、巾、帽四类，包括了戏台上各种社会身份的礼服、军服、便服。按制作工艺，又有软件、硬件之分，定套、活套之别。软件多为缎面制品，有花有素；硬件以纸板或铁纱做成胎子，胎面蒙缎、绒等织物，或用雕镂、堆粉方法，使胎子有透空和浅浮雕花纹，施以点翠（贴翠鸟羽毛或蓝绸）、圈金或圈银，再饰以可颤动的珠子、绒球。装配固定者为定套，可拆动改变者为活套。一般分前后两扇，中间有插口，视头形而有伸缩，戴上后用盔绳于脑后系紧。盔头除主件外，还有面牌、金花、套翅、翎子、狐尾等附件。主件与附件的不同组装，产生同中有异的丰富变化，在形式美上具有放射、悬垂、延伸等因素，强化了京剧人物造型的装饰性、可舞性。盔头的运用，同戏衣一样，有相对稳定的程式规范。传统剧目中常用的盔头，大体以宫廷、官场、军旅、民间为序，主要有以下品种：

平天冠。又名平顶冠、玉皇冠。由古代冕冠美化而成。冠顶为一长方形平板，上绘日月七星，称冕板，前后两端垂有玉珠数串，称旒。冠身圆如笔筒，前额正中饰有黄色大绒珠，左右有龙尾耳子，挂长丝穗。冕在汉代即有平天冠之称，在古代生活中为帝王、诸侯、卿大夫的祭礼之冠，以旒的多寡示冠者身份（参见宋代洪迈《容斋三笔》卷二《平天冠》）。戏台上多用于神话剧中天宫地府的最高统治者，如玉皇大帝、阎罗王等。《青石山》中奉命降妖的“协天大帝”关羽亦戴此冠。历史故事戏中多用于受贬的君主，如《完璧归赵》的秦王、《西施》的吴王夫差。新编历史故事戏中用此已无贬义，如《画龙点睛》中的李世民，其样式是重新设计的。另有女平天冠，为剧中女皇武则天所戴。

平天冠
《画龙点睛》李世民
（张学津饰）

王帽。一作皇帽，又称唐帽，《扬州画舫录》卷五记“江湖行头”作堂帽。帽式前圆后方，前低后高，背有朝天翅一对，与定陵出土的明代万历帝陪葬品金冠（用金丝编成的乌纱折角向上巾）相似。硬胎黑漆底，以点翠圈金的龙纹为饰，龙口高衔珠子，熠熠生辉。正中面牌，顶端有大绒球。左右龙尾耳子挂杏黄色丝穗。此为戏台上帝王通用的礼帽，多出现于金殿议事场合。王帽绒球分黄、红二色，用时需与所穿的蟒袍颜色相配。穿黄蟒、戴黄绒球的王帽，如《逍遥津》之汉献帝、《斩黄袍》之赵匡胤；穿红蟒、戴红绒球的王帽，如《大登殿》之薛平贵、《甘露寺》之刘备。这是用色彩来区别是否已经承继大统。另有以白绒球、白丝穗为饰的，称素王帽，与穿白蟒相配，专用于丧祭场合，如《连营寨》哭灵牌一场的刘备。

反王帽。又称草王盔。其式与王帽基本相同。不同处：王帽为黑地，此为金地；帽上龙纹略少于王帽，只盘八条龙。此帽可插翎子，两侧龙尾耳子不挂丝穗。所谓反王、草王，为剧中含贬义的诸侯王或割据一方的擅自称王者。用于《甘露寺》之孙权、《九江口》之陈友谅、《刺王僚》之姬僚、《收关胜》之宋江等。《闹天宫》的孙悟空亦戴此。以上诸角色，除孙权外，均加插翎子。

九龙冠。其式前扇低圆、后扇高平，有黄缎加绣和铁纱圈金点翠两种。冠身饰有龙纹九条，龙口皆高衔珠子，正中缀有黄色大绒球，左右龙尾耳子挂黄色长丝穗，冠背有朝天翅一对。剧中称王称帝者，无论正反，均可使用。宜于燕居、出行。燕居时常与黄缎龙帔合用，如《打金砖》之刘秀、《红逼宫》之曹芳、《甘露寺》之刘备。出行时常与开氅或箭衣、马褂合用，前者如《摘缨会》之楚庄王，后者如《九江口》之陈友谅。另有白色九龙冠，《伐东吴》的刘备用。

九龙冠
《甘露寺》刘备
（谭正岩饰）

皇巾。又称**帝巾**。其式与九龙冠相近，亦前低后高，背有朝天翅一对，黄缎绣龙，饰物简略。用于帝王睡眠、卧病场合，《白帝城》托孤一场时刘备戴此。

紫金冠。又名**太子盔**。圆形盔顶，顶端加**垛子头**（一作**多子头**），前口为额子，饰绒球、珠子，两侧龙尾耳子挂长丝穗，冠后缀一如意形垂穗硬片，名**后口**（亦称**遮根**）。戴此冠者为青少年，故需在脑后垂黑绢片，表示“尾发”。此冠分金、银色两种。戴金色者为太子，见《贺后骂殿》；戴银色者，除太子外，可泛用于青少年将领，如《穆柯寨》之杨宗保、《八大锤》之陆文龙，并加插翎子，更显英武。垛子头亦可单用，戴于孩儿发上。

垛子头
《杨门女将》杨文广
（李春饰）

凤冠。式如打开的折扇扇面，为无帽胎之冠。齐如山《行头盔头》称：“凤冠与明朝真者无大异。”有翠凤冠、珠凤冠、老旦凤冠多种。翠凤冠以玲珑的点翠立凤为主要饰物，前口饰小凤九只，顶上饰大凤五只，凤嘴衔有珠串，两侧凤尾耳子挂排子长穗，冠后缀有遮根短穗，用者如《大保国》之李艳妃、《逍遥津》之伏后。珠凤冠由前者变化而来，前口有五层蝴蝶，每层各有蝴蝶七只、光珠七对，两侧蝴蝶耳子挂排子长穗，冠后缀遮根短穗，用者如《贵妃醉酒》之杨玉环、《甘露寺》之孙尚香、《状元媒》之柴郡主。凤冠穗子色彩，后妃用黄，其他贵妃或新妇用大红、粉红等色。老旦凤冠略小，前口饰七只凤头，各衔珠串，顶上饰大凤，两侧镶小凤挂“挑”(珠串)，用者如《打龙袍》之太后、《杨门女将》之金殿一场的佘太君。

珠凤冠
《状元媒》柴郡主
（雷英饰）

过翘。一作**过桥**，或称**过梁**。呈半月桥形，戴于头顶。有大小多种，纹饰繁简不一。大过翘缀有翠凤或珠凤，旁挂排子穗或花篮穗，有**翠半冠**（见清宫《穿戴题纲》）或**半凤冠**之称，用于妃子、公主、大宫娥；小过翘相对简化，饰有绒球、穗子，为一般宫女、仙女所用。

如意冠。冠顶呈如意形，后端曲折上翘，周围垂珠串。装扮时与古装头合用。昆剧《千金记·别姬》之虞姬戴凤冠，至京剧《霸王别姬》虞姬始用如意冠。

如意冠
《霸王别姬》虞姬
（姜亦珊饰）

太监帽。源自明代中官帽。帽顶呈圆形，有高后沿向前两侧环抱，正中饰面牌绒球。分金、银、黑三种。金色、银色为大太监帽，饰有衔珠龙纹，左右挂黄丝穗。黑色为小太监帽。

罐子盔。形如圆罐，顶部立叉，无额子前扇，盔后有三块瓦式后兜。为剧中御林军所戴。

鞑帽。一作**达帽**。硬胎，如翻边毡帽，黄缎面，正中饰面牌绒球，帽檐两侧饰双龙，故又名**双龙鞑帽**。帽顶凸起的荷叶瓣上挂两条绣龙的杏黄色飘带垂于帽后。周剑云、沈景麟《不可不知录》称此帽“为毡帽变相”，当由毡帽增饰美化而成。剧中多为番王或番邦高级将领出行之服，如《汾河湾》平辽回乡之薛仁贵、《武家坡》西凉王薛平贵、《挑华车》之黑风利、《金沙滩》之韩昌等。

鞑帽
《武家坡》薛平贵
（王珮瑜饰）

钻天盔。式如鞑帽，圆形，铁纱为胎，贴金点翠，缀珠球，盔顶饰莲花瓣。另有一式，黄缎面，绣黑色旋毛图案。为《闹天宫》之孙悟空专用。

侯帽。平顶方形，正面饰面牌绒球，左右龙纹，龙口高衔光珠。两侧上口有向下外翘的宽翅，呈八字形，翅上镂云龙纹，缀珠子，周边垂凤毛穗。此帽因有宽翅掩耳，俗称**耳不闻**。剧中大多用于花脸扮演的公、侯一类人物，如《二进宫》之定国公徐延昭。有改良侯帽，两翅周边不缀凤毛穗，花脸、老生均可使用。兼任军事统帅者，可在侯帽顶上加戟头、红缨，称**台顶**。这是运用帅盔的造型元素（戟头）增饰侯帽，使之更显威武。如《白良关》中主帅秦琼即戴此，其他元勋尉迟恭、程咬金则戴金色或银色侯帽。

新式侯帽加台顶
《文天祥》文天祥
（周信芳饰）

汾阳帽。俗称**文阳**。帽形近方，前扇低、后扇高，铁纱胎，金地龙纹，后扇背面插一对立翅，又横插一对金色镂龙如意翅。因是硬件，亦称**汾阳盔**。《扬州画舫录》记“江湖行头”即有汾阳帽，当是昆剧《满床笏》中特为剧中汾阳王郭子仪而设，后泛用于《鸣凤记》之严嵩等。京剧沿用之，如《逍遥津》之曹操、《草桥关》之姚期、《打严嵩》之严嵩等皆戴此帽。

相纱。亦称**相貂**。源自宋代展脚幞头。帽形近方，前低后高，硬胎，以黑色绉绸或平绒蒙面，帽后插一对长翅，翅面朝上，微微上翘，翅端有曲折。无纹饰，简朴庄重，由宰相专用而得名。《群英会》之曹操、《铡美案》之包拯等均戴此。另有改良相纱，前扇正中缀白玉一块（称**帽正**），前后扇四角各镶抱角龙纹，在两根平翅上各饰立体行龙一条。这类改良相纱，又称**花相貂**，有立体行龙者称**龙相貂**，多用于老年宰辅，帽色有秋香、古铜、月白等多种，需与所穿蟒袍的色彩相统一。如《追韩信》之萧何、《甘露寺》之乔玄、《徐策跑城》之徐策、《铡美案》之王延龄等，均戴花相貂。

相巾。方形软帽，巾上缀有梁数道（梁为金绣垂直纹，古时以梁的多寡表示等级），前口或有白玉一块，巾后竖朝天翅一对。缎制，用色需与服色一致。属宰相便服，如《将相和》廉颇负荆一场的蔺相如、《宇宙锋》修本一场的赵高均戴此，《问樵闹府》中的告老太师葛登云亦用此巾。另一种**硬相巾**，实由员外巾改制而来，较富丽，更适于花脸所扮的下野高官。

相巾
《将相和》蔺相如
（于魁智饰）

八卦巾。方形软帽，帽顶分向前后倾斜、探出，似屋顶，上绣八卦和太极图，前口镶玉一块，巾后有飘带两根。缎制，有蓝、黑、紫色，需与八卦衣一致。为军师一类角色所用，如《空城计》之诸葛亮、《火烧百凉楼》之刘伯温。八卦巾之简朴者即**道士巾**，前绣太极图，无飘带，用于道士。

纱帽。仿自明代的职官公服乌纱帽。帽体两层，前低后高，略呈圆形，以黑色绉绸或平绒蒙面，左右各插一翅。剧中通用于各个朝代除宰相以外的不同品级的文官。纱帽的**帽翅**（又称**帽展**）有长方形、菱形、圆形、桃叶形多种，适用于不同的行当与角色。

方翅纱帽又称**忠纱**，多用于由生扮的为官清正者，如《群英会》之鲁肃、《清官册》之寇准、《大红袍》之海瑞。小生所戴的方翅纱帽，多有帽正（正中缀一块玉），如《玉堂春》之王金龙、《奇双会》之赵宠、《望江亭》之白士中。尖（菱形）翅纱帽又称**奸纱**，其后扇略高，呈尖圆形，多用于净扮的为官奸诈者，如《一捧雪》之严世蕃、《四进士》之顾读。圆翅纱帽简称**圆纱**，后扇略矮，昆剧称**矮围**，多为丑扮的官员所戴，门官等小吏亦戴此，如《审头刺汤》之汤勤、《打严嵩》之严侠。桃叶形翅纱帽又称**学士帽**，月白色，为《醉写》中李白所用。

学士帽
昆剧《醉写》李白
（俞振飞饰）

判官纱帽。简称**判帽**。形同纱帽，惟后扇有棱角，帽身以红色光缎蒙面，正面饰有白玉帽正，背后插一对飞蝠式桃叶形立翅，翅根弹簧较长，便于舞动。用时加红绸彩球。为地府判官所戴，《嫁妹》之钟馗亦戴此，故又称**钟馗帽**。判帽还有蓝色、绿色，随角色所穿之官衣而定。

判官纱帽
《钟馗》钟馗（裴艳玲饰）

荷叶巾。方顶软帽，顶部四周有檐探出，似荷叶覆盖，故名。以绿缎绣花者为多。用于丑扮之幕僚、文人，如《群英会》之蒋干。此巾外形有四个棱角，又名**四棱巾**。

沙锅浅儿。圆形帽顶，宽帽檐，如倒扣的沙锅，故名。以黑色绉绸或平绒蒙面。为高贵府第中的吏役所戴，如《甘露寺》之乔福、《杨家将》之杨洪。

荷叶巾
《群英会》蒋干（黄德华饰）

沙锅浅儿
《甘露寺》乔福（徐孟珂饰）

大板巾。又名**大叶巾**，一作**大页巾**，齐如山《行头盔头》作"**披巾**"。帽胎圆形，后扇高且宽，呈正梯形，云纹抱角，两侧垂飘带，背面有后兜。旗牌、校尉、家将所用，为显威武，加戴小额子，如《铡美案》中王朝、马汉等。另有略小而无后兜者称**小板巾**或**小叶巾**，用于站堂的龙套。巾色随衣，有红、蓝、白等多种。

皂隶帽。长方形，青缎面料，正面绣一篆体寿字，帽侧插一根短孔雀翎，亦有插金花者。为衙门皂隶所戴。帽侧所插雀翎或金花，按旧例，人站在左边者插于右侧，人站在右边者插于左侧（见齐如山《行头盔头》）。

皂隶帽
昆剧《醉皂》许仰川
（华传浩饰）

帅盔。形似覆钟，顶端吞口竖戟头、红缨，盔后有绣龙小披风（后兜），盔前加大额子，分金色、银色两种。为剧中饰主帅者所用，如《霸王别姬》之韩信、《抗金兵》之韩世忠、《风还巢》之洪功。另有女帅盔、老旦帅盔。**女帅盔**式同帅盔，饰凤凰、珠子，后兜绣凤，盔前加额子，如挂帅出征的穆桂英戴此。**老旦帅盔**系在老旦凤冠基础上加戟头、后兜而成，用于挂帅出征的佘太君。

扎镫。又作**踏镫**、**达镫**、**大镫**。平顶，其形近方，前扇低后扇高，背后立一对朝天翅。为剧中武将所戴。有黑、金、银三种。黑扎镫，明代《脉望馆抄校本古今杂剧·穿关》称**铁幞头**，清代宫廷大戏《昭代箫韶》称**黑貂**，为尉迟恭、呼延赞等所戴。京剧袭此，《白良关》之尉迟恭、《七星灯》之魏延等即戴此。金、银色两种都由此增饰而成，胎子镂花，加绒球、珠子。《扬州画舫录》记"江湖行头"中即有**金扎镫**、**银扎镫**。金扎镫又称**金貂**。明代王圻《三才图会》有金貂巾，称其即幞头缀金，"疑优伶辈傅粉时所服，非古今通制也"。说明金貂是舞台加工的产物，所附图亦与戏装相近。金扎镫用于《李陵碑》之杨继业、《群英会》之黄盖等，银扎镫用于《空城计》之司马懿等。按戏班行头的经济原则，金扎镫与汾阳帽可以互用，插上如意翅即为汾阳帽，拆去如意翅即为金扎镫。前属文扮，后属武扮。

荷叶盔。前扇偏圆，正中面牌，左右龙尾耳子，缀绒球、光珠，后扇形如两瓣荷叶相对，背后有一对立翅。有金、银色两种。此为武将用得较多的一种盔。《战太平》之花云，穿红靠，戴缀有红绒球的金荷叶盔。《枪挑穆天王》之杨延昭，穿白箭衣，戴缀有蓝绒球的银荷叶盔。宫中总管太监如《逍遥津》之穆顺、《法门寺》之刘瑾，亦戴此盔，两侧龙尾耳子需挂长丝穗，武盔文用。

倒缨盔。用紫金冠圆形盔顶加荷叶形帽圈、倒缨及额子组装而成。帽圈前部上翘，盔顶吞口处装铜弹簧，缀红缨一束向后倒垂为其特征，故名。盔为金色，盔后有黑缎后兜。为慓悍大将所戴。倒缨盔基本形制衍变出**林冲盔**、**马超盔**。帽圈以黑缎为面，镶蓝色云头小边者，为林冲盔。帽圈银色，后兜白色，绒球、倒缨黑色或白色者，为马超盔。另有**女倒缨盔**，式同倒缨盔，帽圈黑绒为面，镶蓝边，缀银色泡钉，小额子的两侧耳子为弯月形，盔后有黑绒后兜。用于女扮男装的女将，如花木兰、荀灌娘等。

八角盔。前低后高两层，因其中间低凹，呈八角形，故名。分银色、金色两种。银八角盔，缀白绒球，用于《走麦城》之关平。金八角盔，缀蓝色或白色绒球，用于《锁五龙》之程咬金。另有一种金八角盔，缀红绒球，后扇饰火焰，名**二郎盔**，又称**二郎叉子**，为神话剧中二郎神杨戬所戴。

周仓盔。合倒缨盔与八角盔二者之特点而成。主体八角形，盔后垂倒红缨一束，有后兜。为周仓所戴。周仓亦有戴黑倒缨盔者。

八面威。又名**霸王盔**。盔顶套八角形大荷叶片，八个角各缀小铃、丝缨。顶端吞口插弹簧，缀喇叭形红色倒缨。盔后有特大的缎料后兜，绣平金走兽，缎料色彩与身穿之靠相同，《霸王别姬》之项羽为黑色，《将相和》之廉颇为红色。

扎巾。原为演出前临时扎成，故名。由扎巾布、撑子、火焰等组成。后固定化为软扎巾、硬扎巾两种。软扎巾为缎制绣花，前圆形，后有一板竖起（内以铁丝为骨架），高出头顶，略向前倾，饰有大火焰（绒球架子），额前加插茨菰叶或面牌。为武将、武士所戴，如《一箭仇》之史文恭、《艳阳楼》之高登、《盗御马》之窦尔墩、《失街亭》之马谡等。硬胎扎巾称**扎巾盔**，以铁纱为胎，分金、银色，后扇高突，形似扎巾的大火焰，盔背立双翅，前加大额子。亦是武将用得较多的一种盔，如《辕门斩子》之孟良、焦赞，《挑华车》之高宠、牛皋等均戴此。戴扎巾盔而插翎子、挂狐尾者多为含贬义的人物，如《古城会》之蔡阳。

扎巾
《一箭仇》史文恭（王立军饰）

夫子盔。实为硬扎巾的进一步装饰化。绒球满密且高挑，顶部大火焰两侧特饰卷曲珠须向左右展开，大额子两边的龙尾耳子特大，挂大穗及寿字纹飘带，后兜亦特大。此盔有高、大、满、密的特点，尤以关羽所用的绿夫子盔为最。另有白夫子盔，形制略简，为岳飞等角色所用。

夫子巾。齐如山《行头盔头》云："式如老人巾，带火焰，绿色。关公戴之。"此是较早期的关羽专用盔帽。清宫《穿戴题纲》称**关公帽**。

虎头盔。又称**虎头额子**。前扇为额子，后扇为虎形，盔背有虎皮纹后兜。有多种颜色，与武将所穿之靠的色彩相配，如《战宛城》之典韦，《八大锤》之岳云、何元庆、狄雷、严正芳四将，均戴此盔。

狮子盔。前扇为额子，后扇为狮形，盔背有绣狮后兜。《群英会》之太史慈、《逍遥津》之华歆等戴此。

蝴蝶盔。前口正中为大绒球，左右对饰小蝴蝶，顶上饰大蝴蝶，双须高挑。两侧耳子挂长丝穗，盔背为蝶形垂穗硬片。全盔贴银点翠，绒球或红或蓝，丝穗多为红色。《樊江关》女将薛金莲戴此。

额子。由古代武士的额饰美化而来。形似头箍，饰有绒球、珠子，正中镶面牌，两侧有耳子和翎子插管。额子有大小。**大额子**有绒球两层，面牌两侧饰龙，口挑光珠，与若干硬质盔头组合使用，成为帅盔、紫金冠、扎巾盔、虎头盔等的前扇。也可单独使用，如《群英会》之许褚，前戴大额子，后为黑蓬头。小额子饰物减少，又名**一字额子**，为校尉、刽子手使用。另有**七星额子**，饰有两层大绒球，每层七个，故名。两侧凤尾耳子挂排穗，为女将所用。梅兰芳演《断桥》中白娘子，创制一种**软额子**，正中用白绸扎一个结子，配以面牌，上顶红绒球，左右各缠绕犄角数圈。这种软额子，后来又演变为蛇形套，圆箍式，正中面牌，左右各镶蟠蛇九圈，上缀光珠、绒球，白色者称**白蛇额子**，蓝色者称**青蛇额子**，为白蛇、青蛇所用。另有一种软额子，有红、蓝等色，为女兵所用。

白蛇额子
《白蛇传》白素贞
（史依弘饰）

青蛇额子
《盗库银》青蛇
（张淑景饰）

麻冠。形似小额子，正中有白色面牌(亦有不用面牌者)，缀白色小绒球，两侧无耳子。为武将戴孝之冠。

麻冠
《九江口》张定边(杨赤饰)

将巾。近似夫子巾，尺寸略小，前低后高，后扇扁平，缎制加绣，正中牛心倒缨，左右缀光珠，有耳子、飘带、后兜。多用于武将闲居场合，如《野猪林》菜园结拜一场的林冲。

中军盔。形似元代蒙族的钹笠。圆柱体，上小下大，有宽沿，状若覆盆，顶端有戟头，金色。为剧中帅帐的中军（传令官）专用。

倒缨帽。黑缎料制，帽檐上卷，缀有银泡钉，前沿正中高挑鸡心式火焰，帽顶竖倒缨，有小后兜。用于兵卒。

学士巾。又称**解元巾**。由唐巾仿制加工而成。圆形软胎，前低后高，顶端左右各有挖角，巾后插一对呈八字形软翅。缎制，色彩与花绣随衣而定。用于已取得功名的文人。

学士巾
《谢瑶环》袁行健(宋小川饰)

文生巾。又称**小生巾**。圆形软胎，后扇高，形似打开的扇面，两端为如意形耳子，巾后垂两条飘带，缎制绣花。多用于富家公子、秀才。

武生巾。式样与文生巾相同。不同处：后扇正中加饰绸制火焰，如意形耳子加挂丝穗，巾后无飘带。用于尚武的富家公子。《文昭关》之伍员戴的武生巾，因满门被斩，饰黑色火焰。

方巾。来自明代儒生所戴的"四方平定巾"。帽体方形，顶部分向前后倾斜，青缎制成，无花绣。帽身较高者称**高方巾**，正面缀一块玉，为书生或微服私访的官员所戴。帽身略矮者称**矮方巾**，多为丑扮的书生所戴。不缀玉者用于穷书生，常与青褶子或富贵衣相配。

桥梁巾。由方巾美化而成。顶部前后倾斜而探出，侧视似桥形，故名。巾后垂飘带，色缎绣花，用于青年书生、秀才。

棒槌巾。帽形近圆，后扇扁平，抹角，巾后斜竖一对桃叶形小翅。多以绿缎或红缎制成，加花绣。用于丑扮的衙内恶少、纨绔子弟。

棒槌巾
《铁弓缘》史公子
（石晓亮饰）

员外巾。仿宋代东坡巾而略加变化。帽为斜方形，前后左右各以角相向，缎制，绣团花寿字纹或云鹤，巾背后缀云头软翅，垂飘带两根。为员外、乡绅所戴。

罗帽。基本式样为高帽身，六面体，顶缀圆球。有软、硬、花、素之分。**花硬罗帽**分缎面绣花和铁纱镂花两种，帽身挺立，六面分明，下口圆形，缀以绒球、珠子，为江湖豪强、侠士所戴，如《连环套》之黄天霸、窦尔墩，《除三害》之周处。素硬罗帽名**大罗帽**，纯黑色，以青缎或平绒蒙面，多用于衙门都头、捕快，如《打登州》之秦琼；亦用于院公，如《义责王魁》之王中。花、素软罗帽，帽顶可以拉歪、甩动、挺立（结合动作），其用法与硬胎花、素罗帽大致相同。如《三岔口》之任堂惠戴花软罗帽，《十字坡》之武松、《洗浮山》之贺天保戴青素软罗帽。青素软罗帽亦可用于家丁、庄丁。鹅黄色绣猴毛旋纹者称**猴罗帽**。

青素软罗帽
《洗浮山》贺天保
（李少春饰）

毡帽。毛毡制成，有多种：

①**哨子帽**。又称**檐毡帽**。圆顶，顶端缀云纹或寿字纹，戴时帽檐翻高。有黑、白二色。黑者镶蓝边，白者镶蓝边或黑边。用于报子、老军、解差、更夫、狱卒等。

②**红毡帽**。又称**青椒帽**。椎形，红色，似红椒朝天。用于穿青袍的龙套。

③蓝、白毡帽。帽体高，上部窄，顶端有一片小须，因无硬衬，顶部向下曲折。蓝毡帽用于年轻平民，白毡帽多用于老年平民。

白毡帽
《时迁偷鸡》时迁
（严庆谷饰）

鸭尾巾。由毡帽演化而来，毡制改为缎制，顶部小须放大，呈半圆形，近似鸭尾，故名。正面缀白玉一块，多为店主、商贾所戴，如《四进士》之宋士杰、《秦香莲》之张三阳。鸭尾巾之较为小巧者，又称**许仙巾**，为《白蛇传》之许仙专用。另有一种**硬鸭尾巾**，顶部排须放得更大，并缀有珠子、绒球，为花脸所扮江湖老英雄所戴，如《龙潭鲍骆》的鲍自安。

许仙巾
《白蛇传》许仙
（朱福饰）

老人巾。形似学士巾而无八字形软翅，巾背有后兜，缎制，无花绣，只在巾前正中镶玉一块。有古铜、黑、紫等色，为剧中老人所戴。

棕帽
昆剧《通天犀》许世英
（侯玉山饰）

贼盔。前扇形如弯月，后扇挖圆，侧视呈桃形（桃嘴朝前），色缎蒙面，盔背缀一排黑兔毛或白兔毛绕过盔顶，有后兜。多用于江湖武士，如《大破铜网阵》的欧阳春、蒋平等。

棕帽。俗称蛐蛐罩。黑色，圆锥形，中空如罩。近世又有硬花棕帽，即在棕帽上加一帽套，以铁丝编成，满缀蓝白色绒球、珠子。均为江湖武士所用，如杨香武、朱光祖等。

五佛冠。源于佛寺四大天王（俗称四大金刚）塑像的冠饰，冠上前沿绘有五佛。后演化为民间高僧做法事时用。引入戏曲演出中，用于《西游记》之唐僧、《白蛇传》之法海。

僧帽。又称毗卢帽。椭圆形，中间略凹，侧视近似元宝。后部有沿，向前回绕，贴缀于两侧。正向绣一佛字。深黄色僧帽用于方丈，灰色僧帽用于小和尚。做法事时，加戴五佛冠，左右有飘带。

月牙箍
《蜈蚣岭》武松
（张幼麟饰）

月牙箍。铜制束发之物。正中竖一月牙形，故名。戴蓬头的和尚用。如《蜈蚣岭》之武松、《野猪林》之鲁智深。

二龙箍。铜制束发之物。正中为面牌式饰物，左右有对称之双龙，两侧有耳子，为戴蓬头的道家所用，如《借东风》之诸葛亮。

道姑巾。又称妙常巾。缎制如意勾，绣花，下有云层式多片丝穗，用时套在大头之上。为年轻道姑、女尼所戴，如《秋江》之陈妙常、《思凡》之色空等。

风帽。缎制，上尖下阔，前口翻边，左右有白飘带，剧中为行路御寒之服。男风帽如《捉放曹》中曹操所戴。女风帽有花绣，如《十三妹》中何玉凤所戴。

观音兜。略似风帽，硬壳，有后兜，白缎制成，绣竹叶。为扮观世音菩萨专用。

草帽圈。有帽檐而无帽顶，缎料蒙面，有夹衬。前沿向上翻卷，正中饰团寿字纹，左右饰蝠纹，纹饰繁简不一。用时帽圈内口套在发鬏、甩发或毡帽上。多用于渔父、樵夫、艄公，如《打渔杀家》之萧恩、《白水滩》之十一郎等。

渔婆罩
《廉锦枫》廉锦枫
（李洁饰）

渔婆罩。女性角色所用的草帽圈，比男式略小，缎料蒙面，前沿上卷，饰花草纹，正中高挑一个大绒球，帽沿周边缀凤毛穗或小珠串，用于《廉锦枫》之廉锦枫、《小放牛》之村姑。装饰素洁者，用于《打渔杀家》之萧桂英。

盔头附件。与盔头相关的饰物。主要有以下几种：

①面牌。又名正容。武角色的额前饰物。圆形，旧时镶嵌圆镜，近多饰团寿字纹，旦脚面牌有以大光珠为中心，四周缀多瓣珠花或绒花，上端连一大绒球。面牌既可镶于武将头盔或大额子的正中，也可单独使用，如《战太平》之花云战败被俘后，戴甩发，额前插一面牌。

②茨菰叶。武角色的额前饰物。呈人字形，以铁丝为骨，蒙青缎，似茨菰叶，故名。可与罗帽、扎巾、渔婆罩等配合使用，插于额前。如《三岔口》之任堂惠、《一箭仇》之史文恭、《打渔杀家》之萧桂英均插茨菰叶。旦脚茨菰叶有粉红、翠绿等色，净脚或有在茨菰叶上缀细珠子者。

③铲刀头。老年武角色的额前饰物。形似铲刀，故名。多为土黄色，也有香色、蓝色等，各配以同色绸条，如《将相和》之廉颇、《八蜡庙》之褚彪即戴此。铲刀头和茨菰叶都是带子结纽的装饰化。

方翅纱帽加驸马套、插翎子
《四郎探母》杨延辉
（陈少霖饰）

④金花。桃叶形，金地镂花，以一对分插于纱帽后扇的两侧，代表御赐宫花，是状元身份的标志。

⑤驸马套。扁圆形，饰有绒球、珠子，两旁龙尾耳子加挂红色丝穗，背后有一对立翅，套在纱帽上，为驸马身份的标志，如《铡美案》的陈世美。

⑥翎子。即雉鸡的长尾，又称雉尾。古代武士戴鹖冠，插双鹖尾，《后汉书·舆服志》云："鹖者，勇雉也，其斗对一死乃止。"插鹖尾，以表勇武。元代杂剧《虎牢关三战吕布》中张飞唱"吕布那三叉紫金冠上翎插着那雉鸡"，可知戏场用此甚早。京剧扮吕布、周瑜这类青年将领以及出身草莽的女将如穆桂英、樊梨花等均插雉翎，番邦人物、山大王、非正统的将帅、神话剧中妖魔等亦有插雉尾者。刽子手用时多插单翎，且较短。

狐尾
《文姬归汉》蔡文姬
（李世济饰）

⑦狐尾。以白兔皮仿制成毛茸茸、长约5尺的尾状物，成对垂于肩前，尾部系于身后。原是御寒用品，剧中多用于番邦及非正统人物。另有一种短狐尾，呈黑白相间的花节状，系于冠帽，垂于肩前，表示身处寒冷地域或作为番邦装扮的标志，如《昭君出塞》的王昭君、《文姬归汉》的蔡文姬等。

黑彩绸
《三打白骨精》白骨精（中，张慧芳饰）

⑧彩绸。有红、白、蓝、黑等色。扮神道角色如钟馗、判官、韦驮、财神等，需在盔头上加一道红绸，下垂两侧中间扎结成球。扎红绸的冠盔，简称扎红盔。扮妖怪，如《红梅山》之金钱豹、《无底洞》之白猫、《混元盒》之红蟒、《三打白骨精》之白骨精等，多加白绸或黑绸，两侧亦带彩球。《虹桥赠珠》之水母用红绸，《金山寺》之青蛇用蓝绸，为晚近所改。（谭元杰）

盔头图例（一）

王帽

九龙冠

（选自《中国京剧传统舞台美术》）

紫金冠

夫子盔

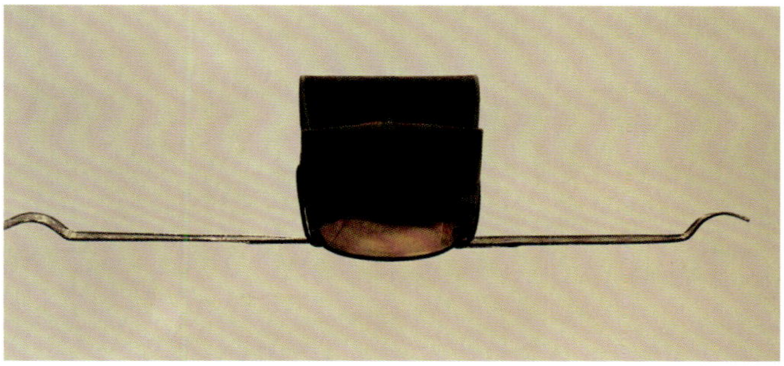
相纱

花相貂

汾阳帽

侯帽加台顶

侯帽

黑扎镫

（选自《中国京剧传统舞台美术》）

银扎镫

反王帽

鞑帽

（本版图片除注明者外，均为鲁青摄）

盔头图例（二）

银帅盔

金帅盔

银荷叶盔

金荷叶盔

虎头盔

狮子盔

八面威

改良八面威

皇巾

相巾

硬相巾

太监帽

林冲盔

马超盔

（选自《中国京剧衣箱》）

大板巾

（选自《中国京剧衣箱》）

小板巾

钻天盔

判官纱帽

中军盔

麻冠

（本版图片除注明者外，均为鲁青摄）

盔头图例（三）

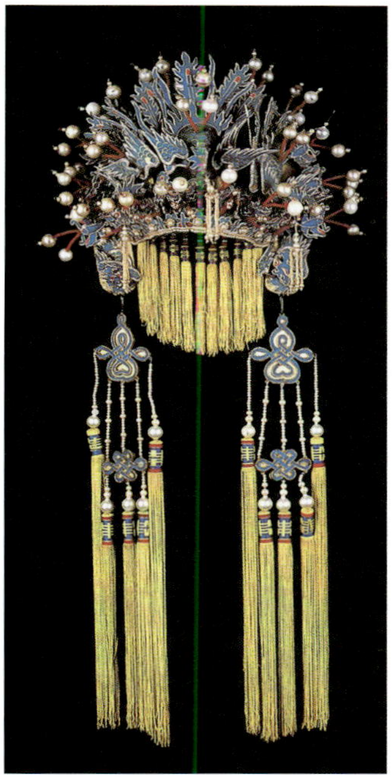

翠凤冠
（选自《中国京剧服饰》）

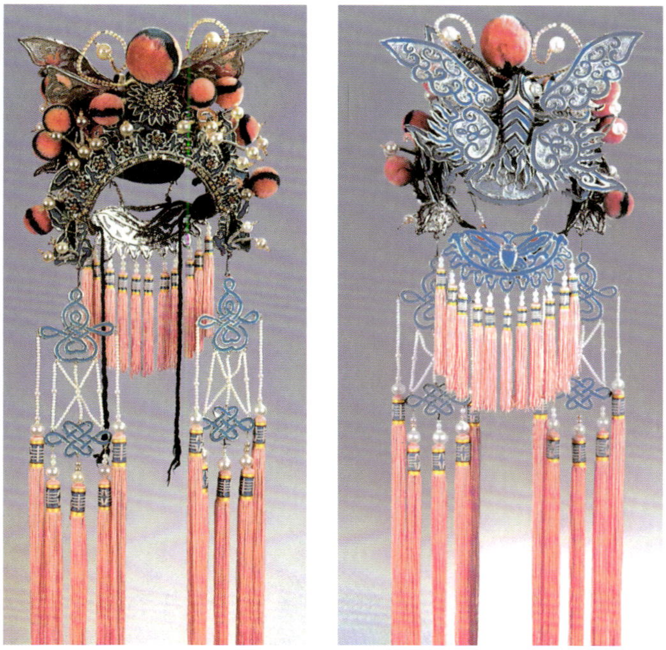

蝴蝶盔的正面与背面
（选自《中国京剧衣箱》）

七星额子
（选自《中国京剧衣箱》）

老旦帅盔

老旦凤冠
（选自《中国京剧衣箱》）

大过翘（大宫娥所戴）
（鲁青摄）

过翘（宫女所戴）
（鲁青摄）

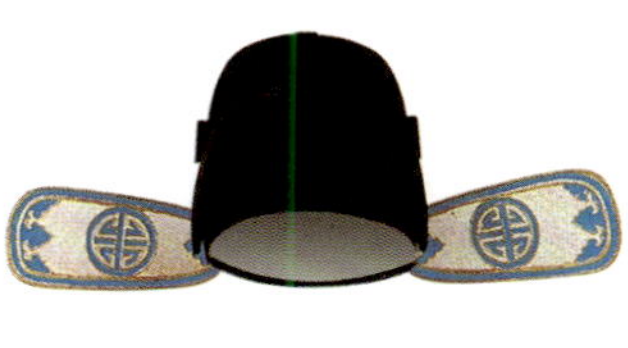

方翅纱帽（老生用）

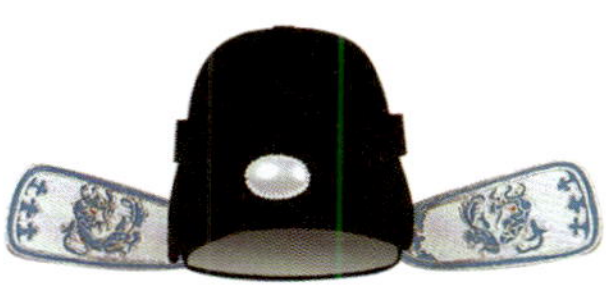

方翅纱帽（小生用）

尖翅纱帽（净脚用）

圆翅纱帽（丑脚用）
（选自《中国京剧传统舞台美术》）

盔头图例（四）

扎巾

扎巾盔

鸭尾巾

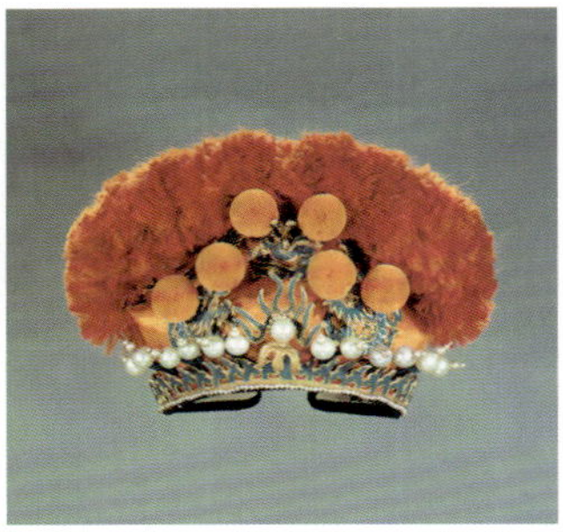
硬鸭尾巾

青素罗帽

花软罗帽
（选自《中国京剧传统舞台美术》）

花硬罗帽

花硬罗帽

毡帽

哨子帽

棒槌巾

草帽圈

文生巾

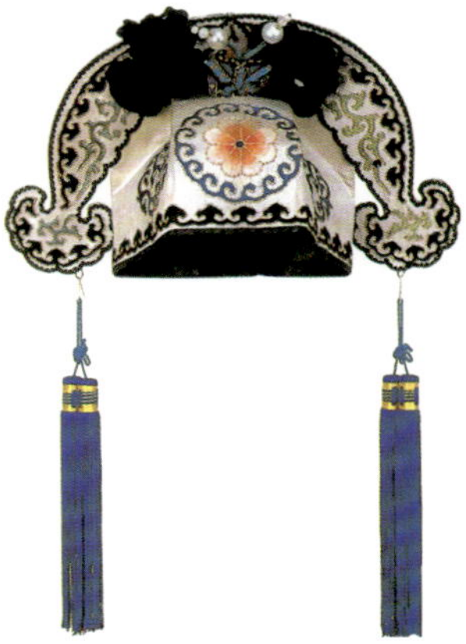
武生巾
（选自《中国京剧衣箱》）

八卦巾

五佛冠
（本版图片除注明者外，均为鲁青摄）

Kui Sheng Juzuo Xuan

《奎生剧作选》 京剧作品集。奎生著。长春出版社1996年1月出版。收有《东郭先生》、《对花枪》、《血泪清宫》、《岳云》、《董氏传枪》、《秦琼表功》、《阴阳河》、《王昭君》8个剧本。奎生（1935～ ），1956年毕业于中国戏曲学校，后留校任教，教授表演专业和戏曲文学专业。担任过学校实验剧团副团长、戏曲文学系副主任、京剧表演系主任等职，是一位在戏曲教育园地耕耘30多年，既懂表演又能编剧的辛勤园丁。其剧本多由整理改编或移植而来，目的是给教学实验提供排练剧目，亦讲究表演技巧的训练、传承，有很强的舞台性和观赏性。8出戏中除《王昭君》外，都由学生和青年教师首演。《东郭先生》据《中山狼传》改编，刘勉宗饰东郭先生，言（菊朋）派传人言少朋为之设计唱腔，中央电视台播放此剧达10年之久。《对花枪》据豫剧传统剧目改编，唱腔设计关鞊浓，剧中有长达百句的唱段，且有扎靠开打，是对老旦戏路的拓宽，郑子茹饰姜桂枝，曾演出300多场，红遍大江南北，后起老旦多有演此者。《董氏传枪》据李洪春藏本《乳娘传枪》改编，亦由郑子茹演出。《血泪清宫》改编自曲剧《珍妃泪》，陈淑芳饰珍妃，唱腔设计温如华。《岳云》据《说岳全传》第40回及传统剧《岳家庄》改编，先由将要毕业的表演系和音乐系学生联合演出并拍成电影（获首届儿童电影童牛奖），后由天津市青年京剧团重排，阎巍饰岳云、张克饰岳飞、赵秀君饰岳夫人，在首届中国京剧艺术节上获程长庚铜奖。《秦琼表功》由同名汉剧改编，周龙设计表演身段并自饰秦琼，成为一出武生教学剧目。《阴阳河》由梆子传入京剧，主角李桂莲有踩跷、挑担换肩不用手扶的高难动作，已数十年不见演出。改编后，由在中国戏曲学院学习的广东汉剧青年演员李仙花演出，成为她争取梅花奖的一出新戏。本书还收有长文《戏曲剧本的整理改编》，原是作者讲稿，后参与编写《戏曲编剧概论》，经过补充整理，成为该书的一章。此文生动地论述了整理改编的重要性、艰巨性及其多种形态、多种方法。卷首有高占祥、张云溪、周传家分别为之作序。 （陈培仲）

kunban

坤班 由女演员组成的演剧团体。京剧女子戏班初起时称毛儿戏，辛亥革命后称坤班。

女子演剧古已有之，称女戏或女乐。明末清初，江南士大夫有养优之风，如张岱《陶庵梦忆》所记的“朱云崃女戏”、“刘晖吉女戏”等，均为明末的私家女班，唱昆腔或调腔，技艺精湛，排场豪华。清初，李渔曾携其自养女乐，游走于燕楚秦晋闽及“江之左右，浙之东西”的缙绅宅第间，博取酬金，带有半职业性质。清乾隆末年，吴门顾阿夷在扬州“征女子为昆腔，名双清班”，是商业性戏班，有女演员18人，得名师指授，赵翼《瓯北集》有“百年红粉递当场”句，以咏其盛（《扬州画舫录》卷九）。清同治年间，上海“间有女班，唱皆徽调”（哀梨老人《同光梨园纪略》）。而杏花楼，则为上海昆曲女班的演出场所。同治十一年（1872）六月四日《申报》载《戏园竹枝词》云：“帽儿新戏更风流，也用刀枪与戟矛。女扮男装浑莫辨，人人尽说杏花楼。”红豆馆主人《沪上女伶题词》谓：“迨至杏花楼，观昆剧数折，始叹沪上风光于斯为甚。”（同年九月二十一日《申报》）《戏园竹枝词》中帽儿戏一词，可以追溯到道光年间宫廷演剧档案。如道光三年（1823）十二月《恩赏日记档》“祥庆传旨：于三十日申初多些，着内学在养心殿后殿，伺候帽儿戏三出，不必用行头”（周明泰《清昇平署存档事例漫抄》卷四）。帽儿戏又称帽儿排，为宫中习艺太监（内学）不穿行头、略作装点的简易性戏曲演出。市井茶楼酒馆的早期女戏，装扮也极简易，故沿用了这个称谓。帽儿戏俗称“髦儿戏”，亦见于同治年间《申报》。“髦”之本意为幼儿下垂至眉短发，亦作才俊、时髦解。金奇中曰：“‘髦儿戏’者，意谓伶之年龄皆幼，技艺皆娴，且皆由选拔而得，无一滥竽者也。”（转引自《清稗类钞》第5051页，中华书局版）这是爱护者的一种解释。姚公鹤《上海闲话》云：髦儿“寓有时髦之意。然时髦者何仅女子之演戏者？人云亦云，亦以不求甚解解之而已”。帽儿戏后来又指开场戏。

京剧女班起自上海，创始者为李毛儿。海上漱石生《沪壖菊部拾遗志》称：“至毛儿戏，则始自京伶小丑李毛儿。购三五女童，令之习戏，以应公馆绅商喜庆堂唱之需。初时并无剧场，只临时于喜庆之家，搭一小台，演剧四五出，服装亦不甚研（讲）究。自‘大脚’银珠班、宝树胡同谢家班并林家班等竞起，渐见人才辈出。于是有二马路美仙、郑家木桥霓仙、四马路群仙等戏园之设。”（《心声》第2卷第4号，1923年7月19日出版）李毛儿是京剧“南下之初”的“丑脚三杰”之一（另二人为秃扁儿、朱二小），擅演《群英会》之蒋干、《一捧雪》之汤勤、《小磨房》之孔怀哥，“惟当时包银甚微，所入不敷所出，彼乃异想天开……创成女剧一班”，“无以为名，即名之曰‘毛儿戏’”，其后银珠班、谢家班、林家班等，“爰皆仍以‘毛儿戏’名之”（漱石《海上百名伶传·李毛儿》，1929年4月23日《梨园公报》）。可知沪上京剧女班之起，约在光绪十年（1884）左右，晚于昆曲、徽调女班。其取名虽与创办人名字有关，实亦是帽儿戏、髦儿戏的一种因袭。光绪十六年（1890），毛儿戏一度遭禁，禁令侮称为“猫儿戏”（同年1月27日《申报》）。未久禁弛，毛儿戏不但照演，且有了专门的戏园。最早为美仙茶园，开设于光绪二十年（1894），而以光绪二十五年冬（1899年12月2日）开办的群仙茶园（在四马路胡家宅大诚茶园旧址）为最有名，历时也最久（长达17年）。早期女班所演“大都截头弃尾之唱工戏”，“固无板辙音韵声调之研究”，至“光（绪）宣（统）间，群仙（茶园）教授之女伶……对于剧情及唱念，亦稍知改良”，且有“郭少娥之女凤仙，习武旦而兼演武生剧，武功尚称精熟，工架亦极老练，开坤伶武行之新纪元”（味莼《坤伶兴衰史》，《戏剧月刊》第1卷第5期，1928年10月出版）。光绪三十四年（1908）《沪江色艺指南》刊有各戏馆著名之男伶与女伶名单。其女伶部分，须生有小兰芬、郭少娥、小莲英、王雅琴、翁梅倩、筱桂芬、凤处，花旦有红菊花、陆菊芬、万翠娟、筱菊仙、白兰花，刀马旦有郭凤仙，净脚有小奎官、金处。何荫柟《鉏月馆日记》载，宣统二年（1910）十一月初五日，“晚饭后，同到群仙，看妙儿戏，尚属楚楚，观者亦众。吴新宝、林

女伶在后台化装（选自《吴友如画宝·巾帼须眉》）

黛玉皆在演串，亦此中之巨擘焉”(《清代日记汇抄》第359页，上海人民出版社1982年版)。妙儿戏一词最晚出，是毛儿戏、髦儿戏的谐音美称，不甚流行。

北方在同治、光绪年间也有女伶，尤以天津为盛，所唱多梆子而少皮簧。瀛仙《女伶之发达》云：“名伶之产著，燕京为佳；女伶之产著，津沽为多。”并说：“今之关外三省暨燕京等处，舞台之有男女合演者，莫不由津沽输入之文明耳。”(1912年9月12日《申报》)天津创为男女合演，约在20世纪之初，所演为梆簧“两下锅”。输入北京是在民国元年(1912)，俞振庭之双庆班首开其端。同年又有富连成、太平和班相继邀进天津女伶同台合演。周明泰编纂的《五十年来北平戏剧史材》有具体记录。民国二年(1913)年元旦，警厅下令禁止男女合演，限自8月1日起男女分班演出。于是单由女伶组成之戏班纷纷成立，称为坤班。在齐如山辑录的《戏班花名册》中，1913～1917年间，上报成立之坤班即有27个之多。1915年3月28日《顺天时报》发表听花《最近各园之台柱子》称，“现时都下开演之戏园凡十四处”，其中属男伶者五处，属女伶者五处，属童伶者四处。“女伶之台柱子：中和园——小香水(青衣)、七盏灯(花旦)、金玉兰(花旦)、金刚钻(青衣)；三庆园——刘喜奎(花旦)、赵紫云(武生)、于小霞(青衣)；同乐园——富竹友(青衣)、张秀琴(青衣)；天乐园——筱楼(武生)、鲜灵芝(花旦)；福寿堂——李紫卿(青衣)、李月卿(老生)、王素兰(花旦)。”上列14人，除七盏灯(非上海之毛韵珂)、筱楼(非反簧女武生郭小楼)、李紫卿3人不详外，唱梆子者7人，唱皮簧者仅赵紫云、于小霞、富竹友、李月卿4人。据1930年7月发表的《十年前平市坤伶题名录》，1912～1920年间，在北京露演过的坤伶将近200人，其中皮簧坤伶及梆簧兼唱者近80人，还是以唱梆子者居多(详见《戏剧月刊》第2卷第11期)。这是北方坤班最活跃的时期。京津向无髦儿戏之称。坤班在京崛起后，沪上报刊亦渐改称髦儿戏为坤班。除京津沪外，汉口、济南及东北三省、江浙一带，以至南洋群岛，均有京剧坤班的演出活动。

对于坤班的兴起，听花分析其原因有四：“一曰男剧之厌饱；二曰好尚之新奇；三曰戏价之少廉；四曰男女之情绪。”(1915年3月31日《顺天时报》专栏《壁上偶评》)其中当以“男女之情绪”为最根本的原因。女伶习艺时间一般较男伶为短，多以粉白黛绿之青春美吸引观众，观众中亦多重色轻艺者。对于女伶“演剧即不认真到家，人无不以其女而恕之；不但恕之，且更乐就之”(《女戏将盛行于沪说》，1899年12月9日《申报》)。且有“莘莘学子、赳赳武夫，以及失意名流、浪漫政客，日以捧坤角为正事，揄扬褒贬之诗文，刊满报章”(味莼《坤伶兴衰史》)。坤班得势时，曾使男班处于冷落地位。张聊公《听歌想影录》谓：“男角所成立之班，类似风花一瞥，聚散无常，能长持而不敝者，寥寥不可多得。而女角之班，则往往能措磐石之安，树久长之计，当时剧界情形，诚有足使须眉抱惭者矣。”然而这种局面并不长久，不过五六年而已。在北京，至1918年，坤班势力重心渐移于城南游艺园等综合性娱乐场所。上海女戏起来得较早，其衰落也较北京为早。1916年女戏馆群仙茶园改建之后，坤伶“即散处于各游戏场及男女合演之剧场中，未有能自组班底，特设剧场，再为独立之营业者”(菊屏《二十年前沪上坤班之概况》，1925年3月4日《申报》)。其原因主要是男女合演合法化，使坤班难以持久独立。从《戏班花名册》来看，1916年，北京已有正式报批之男女合班成立。上海在光绪末年即有男女合演，但这种“合演”，“男剧中未尝有女，女剧中亦未尝有男”，男女各演各戏，“只可谓之合班，而不能谓合演”，未几亦遭禁止。进入民国以后，先租界后华界，先公益义演后营业演出，才逐步实行“男女合串”。大约

群仙茶园之《断桥》 周德诠(赛吕布)饰许仙(左)
红菊花饰白素贞(中) 饰小青者失考

在春华舞台改为更新舞台的1923年以后，“上海各剧场中，乃无一不男女合演”(漱石《上海之男女合演》，1929年1月20日《梨园公报》)。这种风气开通以后，坤班虽然衰落，而女性演员的演技则得到了更快的提高，最终使京剧完成了由清一色男子戏班，经过男班与坤班并存，以及男女合班而不合演，向着健全的男女合演之戏班合理过渡。

(龚和德)

Kunju Taidou Yu Zhenfei

《昆剧泰斗俞振飞》 大型图集。为纪念俞振飞诞辰100周年编印。龚学平主编。上海辞书出版社2002年8月出版。8开本，330多页，彩印精装。全书分7个部分：①魏曲梁词，叶堂正宗；②转益多师，京昆并举；③滞留香港，苦心经营；④焕发青春，艺入化境；⑤欣逢盛世，老骥伏枥；⑥弘扬国粹，走向世界；⑦幽兰倩影，俞艺流芳。选用俞振飞肖像、生活照、艺术活动和教学活动照片约330幅，舞台、电影、电视各种剧照约440幅，各类文史资料、名家题赠、俞振飞手迹等图片130幅。文字部分收入俞振飞自叙七绝诗34首。如幼时习曲：“义巷深深月上阶，蛎窗蜗屋远长街。邯郸一曲催眠稳，不在娘怀在父怀。”与程砚秋合作：“记得秋声海上来，当时清誉重歌台。牡丹亭畔惊幽梦，兰苑同心赏别才。”困居香港：“香岛茫茫忆旧游，客中灯火海中鸥。白云无尽思乡国，贳酒貂裘第几楼。”与梅兰芳合摄艺术片《断桥》：“烟雨西湖认断桥，千年野语亦魂销。辛勤不惜留银影，应许人间有义妖。”这些诗作贯穿其中，使图集文化气氛格外浓厚。亦有画家戴敦邦的5幅彩墨人物画，描写俞振飞少年习曲情境，也为图册增色。此书确如卷首周巍峙《序》称：“生动地反映了俞振飞一生光辉的艺术生涯，为我们提供了一份珍贵的文献，遗惠后人，功德无量！”

俞振飞幼年习曲图 (戴敦邦绘)

(简畅)

Lan Wenyun

蓝文云　(1965～　)　女演员。工老旦。天津人。1981年毕业于天津市戏曲学校，先后受教于王玉敏、孙玉祥等。她嗓音宽厚有味，擞音尤佳，且少雌音。在校时即苦学李（多奎）派唱法。1984年拜与李多奎合作多年的著名琴师周文贵为师，悉心专攻李派，学有所成。演出的《钓金龟》、《康氏哭灵》、《遇皇后、打龙袍》、《秦香莲》、《赤桑镇》、《望儿楼》、《目连救母》等均具李氏风貌，韵味醇正，行腔老到，在气口儿、劲头儿上，掌握妥帖适度，高、厚、亮音兼备，无嫩弱之弊。是天津市青年京剧团的主要演员之一。曾为李多奎生前的演出录音《钓金龟》、《行路训子》、《康氏哭灵》、《遇皇后、打龙袍》、《赤桑镇》、《太君辞朝》、《秦香莲》、《四郎探母》、《大登殿》、《望儿楼》各剧配像。1987年在全国青年京剧演员电视大选赛中获最佳表演奖，1992年在全国青年京剧团、队新剧目会演中获优秀表演奖，1994年获梅兰芳金奖，1996年由中国京剧艺术基金会推荐为第二届中国京剧之星。她还是第二届中国京剧优秀青年演员研究生班学员。

《四郎探母》饰佘太君

（捷之）

Laodong Juchang

劳动剧场　露天剧场。址在北京市天安门东侧劳动人民文化宫三层大殿西侧，坐北朝南。1950年始建，1951年5月1日投入使用。总占地面积12 000平方米，观演场地宽40米，长100米，设木条座椅，可容观众3 800人。表演区及后台均为砖木结构。舞台南向，为镜框式。台基高1.4米，台口宽13米，进深8米。后台设三间化装室，一大二小。1953年曾进行过一次修缮，舞台前加设乐池，可容中型乐队，同时加设了舞台台面的面光照明区。此剧场建成后，梅兰芳曾每年到此为工人和教育工作者义务演出三天。中国京剧院、北京市京剧团、战友文工团等在京演出团体均曾在此演出。上海京剧院和外省市演出团体、国际访华演出团体亦经常在此演出。

（吴增彦）

laodan

老旦　见旦。

Lao Fumo Tan Ju

《老副末谭剧》　京剧文集。张乙庐著。上海戏学书局1938年5月初版。张乙庐，浙江宁波名士，京剧名票，宁波京剧票房创始人。1937年春移居上海，除加入菊社演唱京剧，还应《戏报》之聘，以“老副末谭剧”为题，撰写关于京剧身段、表情、锣经、音韵、京剧之变迁及梨园之掌故等方面的文章。后经整理结集，纳入“戏报丛书”，编为第1辑出版。该书收文14篇，其中《京曲总书编制述略》是作者拟撰写一部“精深博大之皮黄专门书”的提纲，设有通论、京曲源流考、伶工列传、京曲音韵学、腔调考、身段谱、脸谱、锣鼓经、琴谱、服装砌末考、后台组织、梨园行当等12个纲目，于每一纲目中有所应包括的内容，也有言简意赅的论述，具有较高的学术价值。《内地玩票之不易》一文，作者就本人在宁波开办票房的经历，对票房组织及票友学戏、唱戏之甘苦情状，做了生动的描述，亦为不可多得之史料。“作者能戏，熟习京剧氍毹，虽卷帙无多，而发挥乐理，阐扬剧风，率皆道人所未道”（见刘慕

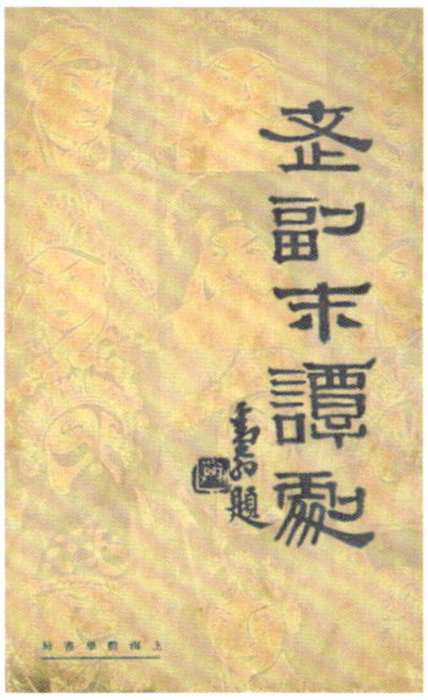

耘《序》)。该书对普及京剧史论知识极为有益。（陈义敏）

laosheng

老生 见生。

Lao Xijujia Wang Yaoqing ji Qita

《老戏剧家王瑶卿及其他》 京剧史料。魏泯著。平明出版社1953年6月出版，收入“新时代文丛”第4辑。全书辑录作者记述著名演员王瑶卿、尚和玉和刘喜奎生平和表演技艺的文章3篇。在《老戏剧家王瑶卿》一文中，作者总结了王瑶卿在长期的艺术实践中，改革服装扮相、废除跷工、编导新戏、创造新腔等对京剧艺术作出的贡献，指出王瑶卿是赋予京剧旦脚以新的表演方法的第一人。他使青衣不单纯表现唱工，而在舞台上出现崭新的造型、生动的面部表情、细致的身段及不拘一格的水袖。刀马旦的表演也从单纯卖弄腰腿功夫到注重刻画人物性格。他还使青衣、刀马旦吸收花旦的念白，熔青衣、刀马旦、花旦的诸种表演程式于一炉，给角色注入新的血液。在其中年嗓音失润以后，便全心授艺。他能因材施教，反对死板模仿，让弟子们根据个人的实际情况各展其长。正因如此，他门下的梅兰芳、程砚秋、荀慧生、尚小云才能在京剧旦脚的表演中各成一派。文中还赞扬了王瑶卿晚年不顾疾病缠身，全身心致力于戏校教学的敬业精神。《名武生尚和玉》介绍了尚和玉在中华人民共和国成立前的坎坷经历和成立后被聘为文化部戏曲改进局戏曲实验学校教授、选为全国戏曲工作会议代表的情况，记述他80高龄还在为抗美援朝义演的动人事迹。文中还摘录了尚和玉对武生表演的独到看法，如“武生戏离不开脆、狠、帅三字，一勒马，一加鞭，身段动作灵活利落是脆，发头卖相是狠，踢腿打云手，做到干净、清爽，叫人看了心里痛快是帅。单一个帅字上的功夫，就美得很”。“会做戏的第一讲究扮像，要像剧中人，不要像本人才行”，“戏要演到好字，不光是有硬功夫，还要懂得戏理（剧情）才算真的”等。《优秀的女艺人刘喜奎》介绍了刘喜奎的身世及学艺过程，并详述她在旧中国不向权贵屈服、洁身自好的高贵品格，以及由于恶势力的迫害不得不离开戏曲舞台的情况。又叙述了中华人民共和国成立后，人民政府聘之为戏校教师，刘喜奎对党和政府的感激之情。附录有周信芳的《我所知道的刘喜奎》一文。（戴霞）

Lei Xifu

雷喜福 （1894～1968） 京剧教师。曾为老生演员。生于北京。本姓李，因母去世被卖与雷家，后雷氏夫妇又相继过世，3岁时由雷氏岳父张九家收养，改姓张。11岁时入喜连成科班，起名张喜福。

初从李玉贵学青衣，又受教于罗燕臣学武生，一年后改工老生，从师叶春善、萧长华、蔡荣桂、谭春仲等。14岁时经师傅同意，恢复雷姓，自此沿用雷喜福之名。坐科7年，与王喜秀、侯喜瑞、康喜寿等同为头科学生主要演员。1912年5月16日满师，仍在科班效力。3年期满，被正式聘为教师，边教边演，历时30余年。传授弟子如马连良、谭富英、李盛藻、叶盛长、谭元寿、白元鸣等。先后搭班或挑班演出，与尚小云、程砚秋、荀慧生、金少梅、金又琴、方连元、李盛藻、钟鸣岐、孟丽君、徐碧云、李盛斌、童芷苓、董玉苓等合作，在天津、上海、北京、

《打严嵩》饰邹应龙（右） 侯喜瑞饰严嵩

哈尔滨、青岛、济南一带颇有声誉。1947年被邀赴西安组班演出，沿路西行，流落到新疆乌鲁木齐市。1950年新疆解放，经军管会安排，辗转护送，于1951年5月回到北京与家人团聚。后经萧长华荐举，由方连元、萧盛萱介绍到中国戏曲学校任教。

他会戏多，戏路宽，长于念白和做工戏，饰演耿直、刚烈、淳朴的人物尤为出色，如《审潘洪》之寇准、《审头刺汤》之陆炳、《四进士》之宋士杰、《十道本》之褚遂良等，道白口齿清楚，节奏明快，起伏跌宕分明，轻重疾徐有致。做工戏如《打棍出箱》之范仲禹、《坐楼杀惜》之宋江等，感情充沛，眼中有神，身段洒脱，技巧突出。尤善“老头儿戏”，如《清风亭》之张元秀、《走雪山》之曹福、《扫松下书》之张广才等，表情真挚，动作协调，塑造了很多贫苦老人的悲剧性格，感人至深，催人泪下。教学上师德高尚，严格执教，尽己所知，倾囊相授，立足为学生打好扎实的基本功，无论唱念做打，都亲身示范，并经常参加校内外演出，增强学生的直观效果。任教几十年，学生百余名，教戏百余出。早年徒弟有刘荣生、德仁祉、宋玉声、王占一等。中华人民共和国成立后其所授学生突出的有朱秉谦、孙岳、童祥苓、萧润增、逯兴才、陈国卿、苏移、金桐、耿其昌等。（陈国卿）

Limao Huan Taizi

《狸猫换太子》 京剧作品。连台本戏。叙宋代真宗时，刘妃妒李妃产子，用太监郭槐计，以狸猫换出，遣宫女寇珠抛入金水桥下。寇珠与太监陈琳救出太子，送至八贤王府。李妃被贬入冷宫。太子长成继位，全案大白。此案未见史载，却事出有因。据《宋史·李宸妃传》，宋仁宗赵祯为李氏所生，为真宗刘皇后所养。赵祯即位，刘氏以皇太后临朝视政，李氏则从守真宗陵墓。“人畏太后，亦无敢言者”。直到刘太后死，才有人告知真情。仁宗号恸累日，下诏自责，追尊李氏为皇太后。

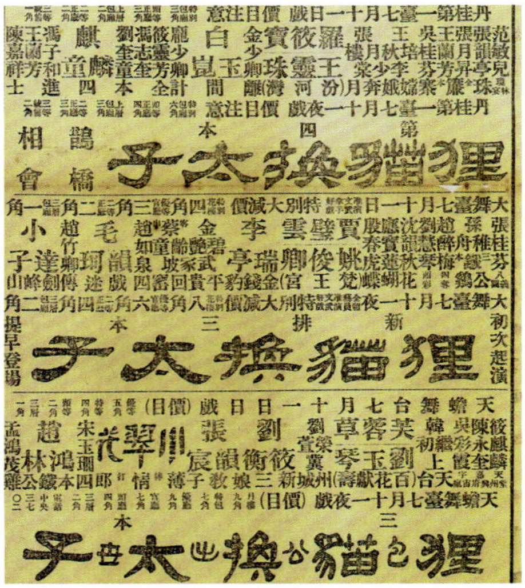

丹桂第一台、大舞台、天蟾舞台同演《狸猫换太子》（1922年9月2日《申报》广告）

《戏考》收有此剧头、二、四本，卷前王大错《述考》云：“历观史实各节，虽无换主事，而换主事亦未必无之，盖史本未便直书也；蛛丝马迹，

可于言外寻之矣。”元杂剧有《金水桥陈琳抱妆盒》，明传奇有《金丸记》，对陈琳、寇承御“救主”事，都已有相当生动的描述。至于“狸猫换太子”情节，大约是在清嘉庆间成书的《万花楼杨包狄演义》中才出现。在京剧舞台上，北方有《遇皇后·打龙袍》；在上海，1872年丹桂茶园曾演出《拷打寇承御》，1879年大观茶园徐德全、阎全福等主演《陈琳救主》，1890年天成茶园上演前、后本《狸猫换真主》，1906年天仙茶园上演由万盏灯、大奎官、马飞珠主演的一至十本《狸猫换真主》，均演此事。1921年，上海天蟾舞台台主刘凤翔托人觅得旧本《抱双盒》，认为“最合沪人心理，大可排演”，将剧名改为《狸猫换太子》，于该年7月2日首演头本，以“内廷脚本，由刘永春（刘筱衡之父）编演”名义相号召。刘筱衡饰寇珠，常春恒饰陈琳，芙蓉草饰刘妃，刘玉琴饰李妃，顾炳文饰包拯。演出后十分卖座，常春恒向台主提出以后广告上不用刘永春编演名义，台主又不便得罪刘筱衡，“乃在广告及门匾上，用刘筱衡、常春恒合编字样”。“《抱双盒》之旧脚本，仅有二本，一经改名《狸猫换太子》后，居然大出风头，天蟾舞台以前所亏之本，全恃此剧反蚀为盈。台主见此剧号召力如此之大，遂请常春恒自第三本起继续排演下去”（退庵《〈狸猫换太子〉脚本之出处》，载《戏杂志》第8期）。由俞振庭帮忙合作编剧。常春恒、刘筱衡等主演。一直编至十二本，演至1924年。在天蟾舞台推出此剧而哄动上海后，1922年6月3日，丹桂第一台也演出此剧，自第四本演起，周信芳饰包公、狄广，白玉昆饰陈琳、狄青，王灵珠饰寇承御、狄母，冯子和饰李后，王培秋饰刘妃，罗小宝饰仁宗、隐修和尚，刘四立饰展昭、孽龙，刘奎童饰八贤王，李庆棠饰王钦若，金少山饰郭槐。1923年演至七本，1924年又演出《后部狸猫换太子》，周信芳已退出北上。1922年9月，大舞台亦排演此剧，广告上称为“新排黄月山孤本”，实为陈俊卿编剧（头几本采用旧本和天蟾舞台本改编）。主要演员有小达子、毛韵珂、贾璧云、黄玉麟、赵韵声、赵如泉、李瑞亭、小杨月楼等，共计36本，演至1927年（后天韵楼戏班续演至四十本，至1928年）。各班所演头四本大致相同，艺术处理和细节安排略有差异，后面则大不相同，名为《狸猫换太子》，实已离题。天蟾是接《呼家将》、《金鞭记》故事，并杂以《三侠五义》。丹桂第一台后接狄青平南故事。大舞台后接《七侠五义》、《小五义》、《续小五义》故事，把有关的许多老戏如《余良出世》、《铜网阵》、《智化进君山》、《蒋平捞印》、《探阴山》等都包容进去（演法亦不尽相同）。各班均以剧情复杂曲折取胜，集忠奸斗争、公案戏、侠义戏、神怪戏于一体，每本都有两三条情节线交织进行，巧设悬念，前后呼应，具有强烈的戏剧性。剧中塑造了包拯、寇珠、陈琳、展昭、范仲华等忠臣义士的形象，人物善恶忠奸分明，也符合当时观众的审美要求。此剧采用机关布景，尤以光电幻术取胜。表演上注意唱念做打俱全，“九曲桥”陈琳的一段［流水］：“有什么心腹事何必泪悲伤”，成为当时颇为流行的唱段，还采用了五音联弹、七音联弹等形式。陈琳劝说寇珠救太子时的一段念白，铿锵有力，满怀激情。武打用真刀真枪。每本中均有几场唱做繁重、情节紧张、做工细腻、可看性强的场次，如头本中的“抱妆盒”和“拷打寇承御”，二本中的“陈琳查火场”和“寇珠托兆”等。“九曲桥”一场，跳九个土地，表演幽默，可谓别出心裁。大舞台所演持续时间最久，演员阵容强大，尤以小达子塑造的火爆炽烈的南派包公形象影响最大，南派之演包公者多奉为典范。在不到一年的时间里，上海三个舞台先后推出三套《狸猫换太子》，立即形成一股“狸猫热”，大小戏班纷纷仿效。大舞台在演出上述一套的同时，还曾插入另一套《狸猫换太子》，林树森饰包公，张文艳饰柳金蝉，曹宝义饰呼丕显，李桂芳饰颜查散。江浙等南方各地京班也常以此剧为号召。这股“狸猫热”也波及北方，1923年初，白玉昆与人合股，在天津组织天蟾舞台，男女合班，以排演此剧为号召。同年秋，北京亦由十三旦、碧云霞等主演此剧。20世纪40年代以后，李如春所演之连台本戏《包公》，实脱胎于此剧，表演上艺宗小达子，但也吸收周信芳的演法。

《九曲桥》 常春恒饰陈琳（中立者） 刘筱衡饰寇承御（中坐者）

1994年，上海京剧院为参加纪念梅兰芳、周信芳诞辰100周年纪念演出，重新编排了头本《狸猫换太子》，以狸猫换太子为中心事件，剔除了包公出世等枝蔓和土地呵护太子等迷信神怪成分。刘梦德、程惟湘、董绍瑜编剧，董绍瑜导演，陈少云饰陈琳，史敏（依弘）饰寇珠，陆义萍饰刘妃，沈琦琅饰李妃，张达发饰郭槐。1995年底，剧团赴天津参加首届中国京剧艺术节，轰动津门，被誉为新时期京剧通俗化的成功之作，获演出奖第一名。后半部李妃由老旦胡璇扮演。1996年又推出了第二本和第三本，编剧加入黎中城。第三本特邀李家耀担任导演，唐元才饰包公。这套连台本戏被选入京参加纪念程长庚诞辰185周年演出，1997年作为上海京剧院“京剧走向青年”活动的剧目，受到青年观众的欢迎。后又加工修改为上、下两本，进入2004～2005年国家舞台艺术精品工程提名剧目。　（陈琥）

陈少云饰陈琳（左） 熊明霞饰刘妃（右）
张达发饰郭槐

Liyuan Gongbao

《梨园公报》 戏曲报纸。上海伶界联合会机关报。1928年9月5日创办于上海。3日1期。由夏月润、李桂春、赵如泉、周信芳、欧阳予倩等人倡导发起，聘孙玉声为主编。“发刊词”称其办报宗旨有三：“一曰研究艺术，二曰宣传事实，三曰纠正谬妄”，主要有《名伶事迹》、《梨园掌故》、《戏曲知识》等专栏。各期发表重要的理论文章有《伶界应有根本的戏剧运动》、《新腔与老调》、《谭派戏争论之商榷谈》、《论戏剧与社会》、《最苦是中国伶人》、《中国旧剧价值与社会教育美学》等。专栏曾连载京剧史料的专题文章，如《海上百名伶传》、《历代名伶事实考》、《梨园珍屑》、《剧本考实》、《顾曲琐谈》等。作为机关报，它还系统地报道了伶界联合会的组织、剧务、义演等各项活动。梅兰芳赴美期间，该报特辟《海外梅讯》

专栏进行报道。1930年7月14日王雪尘接任主编，对版面进行了调整，增加部分专栏，如《各埠剧讯》、《票房消息》等。1931年5月再由张超接编。该报于1931年12月29日停刊，共出396期。此报虽然历史不长，但所载史料丰富翔实。主要撰稿者如孙玉声、欧阳予倩、周信芳、李劼庵、葛华卿、王芸芳等，在京剧界颇具影响，因此在当时很受戏曲界，尤其是京剧界的重视。（周巩平）

Liyuan Gongsuo

梨园公所　京剧艺人行会组织。以联络同业感情、保障伶人利益为宗旨。清同治十一年（1872）设立于上海县城老北门内洗马桥（今露香园路、大境路交汇处）。初期建有祖师殿五间，祀奉老郎神。清光绪八年（1882）续建前殿、厢房。光绪三十一年（1905）由丹桂茶园总管事夏月恒发起迁址修建，改设于方浜中路榛苓街593号。公所下设梨园山庄（公墓）、恤寡会、长生院以及榛苓学堂等福利、教育机构。其常年活动经费由艺人按各自包银数每月提交五厘（千分之五）充助，名曰“五厘捐”，超支及特需经费则由各戏班演“会串戏”筹集。1912年，上海伶界联合会成立后，梨园公所撤销，其福利教育机构由伶联会接办。

梨园公所外景
（选自清末上海《图画日报》）

榛苓学堂（校址在梨园公所内）于光绪三十三年（1907）创办，后改称榛苓小学，孙玉声为校长。办学目的是要解决伶人子弟受教育问题，而入学者又不限于梨园子弟，教学内容以文化课为主，也教唱京剧。李瑞来、李桐森、林鹏程、李如春、吕君樵等曾是该校学生。（蔡世成）

Liyuanhua

《梨园话》　京剧词典。一名***《皮黄班语》***。方问溪著，张次溪校订。中华印书局1931年8月出版。1940年7月中国剧社重订出版时，将书名改为***《京剧辞典》***。该书汇辑当时戏班（主要是京班）中的术语名词300余条，并逐条予以注释，但不仅仅限于解释梨园行话，“凡梨园之变迁与掌故，源源本本，缕述无遗。虽为梨园话，亦可作梨园掌故读矣”（张次溪序）。如在解释“科班”之后，附记了科班的历史，介绍清同治、光绪年间京城主要的皮簧科班、资金和学员的来源、进班立约内容、科班规矩、学习内容等，并节录富连成社科班的大段训词；释“后台”，附记后台各种规则，如各样砌末摆放的位置，各行脚色以及跟包、杂役人等应处的座位，并记录当时后台规则32条、违犯者的处罚条例22条，后台各行脚色的责任若干；释“破台”，则附记梨园新建舞台首次演戏必请高腔班伶工破台，扮男女鬼魅、念咒语、杀雄鸡血溅台上，鸡身封于罐内，而后五鬼燃鞭炮并撒五谷杂粮等习俗种种；释“戏德”，附记已故名净李连仲不忍夺同行戏份而婉言谢绝演出，以及有些演员虽演艺中上，但戏德欠佳，为同行不齿之事；释“检场”，附记撒火彩之法及清宫演剧规矩。凡此附记，全书约百余条。作者在写作中，除搜集各种文字资料外，还多方请教曾在清内廷供奉的老伶工，如范福泰、李寿山、杨长喜、阎寿春等，故其资料翔实珍贵。该书正文前有谢苏生、张缪子、张次溪等6人序，另有宗子威、王泊生、陈墨香等11人题词，对作者家世及生平事迹有所介绍。（朱筱伟）

Liyuan Jicheng

《梨园集成》　皮簧剧本选集。清李世忠（？～1881）编。1880年刊印。扉页题“遵班雅曲”，“光绪庚辰新刊”，“板存安（徽）省倒扒狮竹友斋刷印”。收录剧本47种，依剧情的朝代先后编排。

商朝：《闹天宫》、《摘星楼》

周朝：《百子图》、《大香山》、《火牛阵》、《双义节》

战国时：《焚绵山》、《湘江会》、《鱼藏剑》

汉朝：《刚王莽》

三国：《长坂坡》、《战宛城》、《祭风台》、《反西凉》、《取南郡》、《濮阳城》、《骂曹》、《鲁肃求计》

晋朝：《麟骨床》

南北朝：《因果报》

隋朝：《蝴蝶媒》、《临江关》、《战山》、《南阳关》

唐朝：《摩天岭》、《朱砂印》、《药王传》、《芦花河》、《桃花洞》、《回窑》、《观画》、《天开榜》、《沙陀颁兵》

五代：《风云会》

宋朝：《斩黄袍》、《碧尘珠》、《双龙会》、《求寿》、《红阳塔》、《探母》、《闹江州》、《五国城》

明朝：《红书剑》、《捡柴》、《观灯》、《双合印》、《走雪》

这些作品，大都流传于近世京剧舞台，情节、语言也大体相近，其差异处，则可看出发展变化的轨迹。以上剧目，有的是折子戏，也有成本大套的大戏，如《双义节》21回，《麟骨床》19回，《碧尘珠》6段；《祭风台》演赤壁之战故事，则起自孔明过江，直到破曹为止，与清道光时汉口书坊刻印的《楚曲十种》中同名作品基本相同。书中有些剧本的唱词已标有“西皮”、“倒板”等文字。编者**李世忠**，原名李昭寿（兆受），河南固始人。咸丰三年（1853）聚众起事，为捻军一股，曾随太平天国忠王李秀成转战于安徽一带。咸丰八年降清，官至江南提督，驻滁州，掳掠大量财富，“乃极意声色宫室，购梨园三部，曰玉笋班、玉兰班、长春班，各百余人。玉貌珠喉，锦衣画栋，极一时之盛”（张瑞墀《两淮战乱记·李世忠归诚录》）。同治三年（1864），以“回籍养亲”解职，居扬州，购苏州民间童男女数十人，教其演戏，号“昭寿班”。每遇镇江、上海、苏州、杭州等地缙绅巨室贵官衙署有喜庆类事，便应堂会，厚取其值。最早赴上海演出的京班演员王桂喜曾到其处掌班，并邀杨月楼至镇江演出。杨月楼还曾在李世忠办的科班中任教。时人为李家戏班中一位武旦演员韩双喜赋《韩郎歌》中有句：“韩生佼佼玉为骨，楚曲秦腔中音律。”（《墨香剧话》，载《剧学月刊》第1卷第10期）当时，正值京剧开始传入南方，京、徽、汉班相互交融，乃至同台演出，在京剧发展中，是一个重要的历史阶段。李

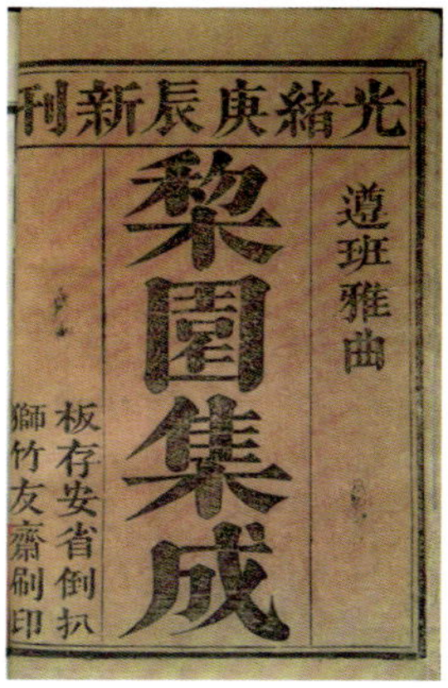

世忠的家班也反映了这样的特点。在《梨园集成》序言中，他谈到自己对民间戏曲的偏好，“及当闲散江湖，欲补遗亡放佚”，“迩来频约善才，删除赝本”，编成此集。书中收录的剧本，都是当时演出的实录，有着珍贵的史料价值。（颜长珂）

Liyuan Jiahua

《梨园佳话》 京剧史著作。王梦生撰。商务印书馆1915年9月出版。此书所述内容，在时间上“以前清人为断，后出有名，概不甄录”，而且“各埠名伶……专以京师为限”，凡民国建立后的与京师无关的人物及事件都不再叙述。作者认为“后进之乐，皮黄大宗，弋调秦腔，附庸小国”。因此“是书专叙徽调”。可以说，这是一部专述早期京剧历史的著作。全书共分4章：第一章《总论》，分列明清戏剧之盛、弋腔为昆曲皮黄之过渡、徽调之兴、京师最讲皮黄声调等细目，概谈历史沿革及艺术特征。第二章《诸剧精华》，分列老生唱法，《文昭关》为生唱最难之剧，老旦唱《钓金龟》、《行路》、《哭灵》等剧，全本戏，应时戏诸细目，介绍了清末流行的一些著名剧目及其唱做表演的精彩之处。第三章《群伶概略》，分列徽班世家、程长庚为戏中山斗、张二奎、汪桂芬、谭鑫培、梅雨田、陈彦衡、孙菊仙等细目，叙述了清末徽班、皮黄的主要著名演员。第四章《余论》，分列戏之佳处、戏之劣处、排场、情节、词句、字音、行头、砌末、规矩等细目，泛谈戏曲舞台演出的各种因素及艺术鉴赏观点。该书是了解早期京剧历史的重要参考书，书中的一些观点对后人撰写戏曲史及京剧史有相当的影响。此书也有一些观点，如关于“皮黄”的解释，认为：“皮为黄陂，黄为黄冈，皆鄂地名。此调创兴于此，亦曰‘汉调’介两黄之间，故曰‘二黄’。”此种说法在后世引起过很大的争论。（周巩平 朱荣琴）

Liyuan Kuaiyu

《梨园快语》 京剧评论集。周桓著。文物出版社2004年3月出版。12万字。收入文章85篇，多为千字短文。文章内容大致分为3类：一是对前辈京剧名家艺术和品德的缅怀、赞扬；二是对观众如何“看门道”的点拨，帮助观众更好地欣赏京剧；三是“挑毛病”，从针砭时弊，到剧本、演出、报刊评论，看到不合适的，“有话就得说”。文章虽短，但观点鲜明，可谓快人快语。作者另有《菊海竞渡——李万春回忆录》等人物传记行世。周桓从1956年开始从事戏剧工作，包括编剧、评论。本书即为其评论的一个选集。其退休后仍热心戏剧活动，曾策划、组织并由自己出资举办不少专场演出，如1994年纪念关肃霜逝世两周年演出，1999年纪念李万春诞辰90周年演出，2002年祝贺吴素秋80大寿演出等。（陈培仲）

Liyuan Shengjia Lu

《梨园声价录》 戏曲史料。作者署“皖北游戏道人”，真实姓名为孙默，字顽石。该书撰于清光绪二年至三年（1876～1877）间，以稿本行世。全书按行当分类记载了同治、光绪年间作者在上海所见所知的150多名京剧、梆子、徽戏演员情况，并以上、中、次三品划为三等。胡子生有周春奎、孙春恒、孙菊仙、熊金桂等30人；青衫旦有常子和等23人；花面有大奎官等16人；武生有任七、杨月楼、黄月山、李春来、三麻子等18人；武丑有田黑等10人；花旦有盖三省、十三旦等28人；武旦有韩桂喜等7人；小生有杜蝶云等7人；老旦有冯玉春等4人；小丑有周来泉等12人。所载演员均标明字号、艺名、籍贯（不详者阙如）、拿手剧目和扮演角色、所隶戏院等。上品演员并有赞语诗一段，概评其艺术特色。作者在小引、凡例中自称：“海上京班自熊氏创始……十余年来……各班脚色人数极繁”，“珠玉当前，未闻评骘”，因此才“留意梨园，旁咨博访”撰为一集。正文前有云间小玉溪生、皋顽艳生所作序文，正文后附《梨园声价录续序、题词汇稿》，另收序、跋、诗文若干篇。对正文品评演员的标准有不同议论，有说“任是诸伶多变态，但凭妙艺下真诠”，有讥之“优孟不求留姓字，周郎何事缀论评”。其品评演员的名单和赞语诗还曾于清光绪三年四月初七日、七月廿二日（1877年5月19日、8月30日）在《申报》刊登，然演员人数及品次排列与传世稿本略有不同。稿本现藏上海艺术研究所。（周巩平）

Liyuan Waishi

《梨园外史》 章回体长篇纪实小说。30回。陈墨香、潘镜芙著，张绪、王云鹏校点。宝文堂书店1989年6月出版。此书大部分是陈墨香所作，写于1920～1930年间，有北京京华印书局1925年印制单行本，仅12回，署名“作剧先生”、“观剧道人”。书前有辟公、包丹庭、曹心泉、陈墨香、陈两石、荀慧生所写6篇序。又有天津百城书局1930年出版上、下册本，共30回，署“吴县潘镜芙、安陆陈墨香合著”，书前有吴梅、李释戡所写两篇序，及壶园主人（万萸翁）所写《读〈梨园外史〉漫笔》。宝文堂书店1989年6月版，书前收录上述两版本所有序及漫笔。《梨园外史》以清末名伶、票友的生活为素材，反映了他们处于动荡不安的社会背景下的不同心态和生活遭遇。书中所描写的名伶如程长庚、卢胜奎、杨月楼、谭鑫培、徐小香、梅巧玲、余紫云、郝兰田、刘赶三、余三胜、米喜子、沈小庆、王瑶卿、曹春山等，都是中国京剧史上不可或缺的人物，其中不少人都是京剧流派的创始人，为京剧的形成、发展作出了贡献。本书记述了他们擅长的剧目和艺术特长，以及有关他们的趣闻轶事。涵盖的生活面较广，如对王小玉、孙大个从军的经过及其军旅生活的描述，以及对清朝官吏及其家属的生活、命运的描写。书中还涉及不少北京的民俗，尤其是戏曲界一些独特的习俗。书中人物语言生动，演员的言语都是地道的北京方言，符合人物的性格特征。与同时代的小说比较，本书的文学成就不算太高，但由于采用纪实性的创作手法，虽有虚构部分，仍是研究中国近代戏曲史、北京方言不可多得的资料。宝文堂书店1989年6月版在《梨园外史》后，附陈墨香所著《观剧生活素描》。《观剧生活素描》原载《剧学月刊》第2卷第3期至第3卷第8期，共10部。本书收第一部至第九部。每一部分都有一个相对集中的主题，记述了作者从幼年开始几十年来听戏、看戏的所见所闻，以及与名伶的交往。其中有关湖广会馆被拆、重建的缘由和经过，福寿班、福庆班等名戏班的兴衰过程，四大名生（汪桂芬、谭鑫培、孙菊仙、许荫棠）演出的盛况，王瑶卿及四大名旦成名的经过，一些名剧的创作、改编、演出过程，以及票房、票友“走票”，评

天津百城书局1930年版
（李释戡题名）

剧家评剧等种种景况，不仅印证了《梨园外史》中的有关情节，而且较之《梨园外史》有更高的史料价值。（刘建芳）

Liyuan Yihua

《梨园轶话》 京剧史料。唐友诗编辑。放庐斋室1938年6～8月分两集出版，为《放庐斋丛书》中的两种。第一集辑录京剧演员的逸闻趣事共72则，主要内容有：谭鑫培未成名前受人冷眼，离京闯荡12年后终于功成名就；陈德霖在嗓音塌中的逆境中，毅然戒去不良嗜好，刻苦训练，在重返舞台后声名大振；杨小楼在母亲的督促教导下一举成名；汪桂芬面“碑”10年喊嗓练嗓，终成一派。介绍侯喜瑞有戏德，尚小云和余叔岩热心地方公益，余叔岩曾任武官等，并辑录王凤卿封侯之由来、汪笑侬弃官唱戏等趣事。第二集内容有：①辑京剧界轶闻掌故近50则，涉及张二奎由票友唱戏到正式下海，马连良被称为戏界伶圣及富连成社不演《连营寨》、《逍遥津》、《九曲黄河阵》的原因，还辑有当时著名京剧演员的外号；②辑秋江的《剧韵浅说》一文；③刊尚和玉的秘本《对刀拜恳》全剧；④观剧指南，介绍《马鞍山》、《胭脂褶》、《审头刺汤》、《宝莲灯》、《御碑亭》、《铁笼山》、《艳阳楼》、《白良关》、《黑风帕》、《法门寺》10出戏的角色、剧情梗概及评论（用一两句话说明该剧表演要点）；⑤全文刊登富连成社珍藏多年的《梨园条例》，包括惩罚事项、最忌事项、后台责任等内容；⑥后台术语详解，共收名词术语80余条，并解释其词义；⑦北京戏院兴废调查，作者将当时存在的广和、中和、庆乐、天乐、同乐、三庆、广德、文明、开明、真光、吉祥、哈尔飞、长安、新新共14所戏院的地址、名称沿革、剧团在此经常上演的剧目及名演员成名之所一一详注，并将已废的庆和、裕兴、阜成、景泰、庆升、德和、德泉、天和、德华、广兴、民乐、福寿、新明、丹桂、西安、人和、大舞台、中华舞台、第一舞台共19所戏院的原址，现改为何用也均注明。书前有徐凌霄、张艳藜、景孤血之序及作者自序。（戴云）

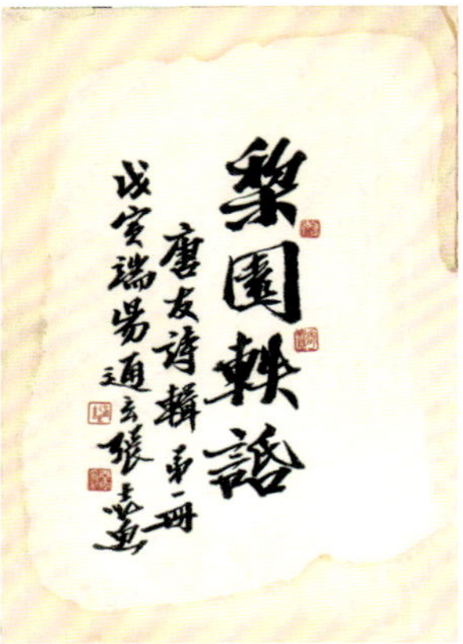

Li Zhongcheng

黎中城（1941～　　）京剧作家、戏剧活动家。祖籍广东顺德，生于上海。1961年毕业于上海师范学院中文系。1963年毕业于上海戏剧学院戏曲创作研究班后，任上海市戏曲学校研究室编剧。1973年起，历任上海京剧院编剧、副院长、院长（兼天蟾京剧中心总经理）、艺术总监。兼任周信芳艺术研究会副会长、会长等职。独立创作或合作编写京剧、电视及其他舞台剧近30部，较有影响的是现代剧《杜鹃山》（与王树元、汪曾祺、杨毓珉合作）、《飒爽英姿》（与陈文华、周玑璋合作）、《映山红》（据电影《党的女儿》改编，与王涌石、程惟湘合作），神话剧《盘丝洞》，连台本戏《狸猫换太子》（与刘梦德、程惟湘、董绍瑜合作），历史故事剧《扈三娘与王英》（与刘梦德、王涌石合作）、《孽缘记》（与王祖鸿合作）、《香壶案》（与谢雨青、陈文华合作）、《慈母吟》、《汉宫春秋》（与赵莱静、王涌石合作）、《黑水英魂》（与王炼、赵莱静、王涌石合作）、《霸王与虞姬》（与赵莱静合作）、《廉吏于成龙》（与梁波、戴英禄、王涌石合作）等。影视创作有戏曲故事片《白蛇传》（与赵莱静合作改编）、4集京剧电视连续剧《潘月樵传奇》（与程惟湘合作改编）、4集京剧电视连续剧《孽缘记》、12集京剧电视连续剧《狸猫换太子》、11集电视连续剧《三侠五义》（与王炼合作）等。其创作追求思想性、艺术性、观赏性相结合，既注重剧本的文学性，又重视舞台的表演性，具有雅俗共赏、适应市场的特色。多部作品成为新时期以来上海京剧院最有代表性的保留剧目。戏曲故事片《白蛇传》曾获1983年《大众电影》百花奖和文化部优秀戏曲片奖。京剧电视连续剧《潘月樵传奇》曾获1990年全国优秀戏曲电视剧黄河奖一等奖和优秀编剧奖。神话剧《盘丝洞》获首届文华新剧目奖。《狸猫换太子》获1997年“五个一工程”奖、文华新剧目系列奖、1998年中国曹禺戏剧文学奖剧本奖、中国戏剧节曹禺戏剧剧目奖、上海文学艺术优秀成果奖，全国许多剧种剧团相继搬演，影响广泛。《廉吏于成龙》进入国家舞台艺术精品工程2005～2006年度精品剧目。在从事剧本创作的同时，黎中城积极参与各种有利于推动京剧事业的活动。在担任上海京剧院负责人期间，除直接领导剧目创作、人才培养等艺术建设工作外，还参与组织了该院文艺体制的改革，为逐步形成竞争机制、激励机制、经营机制跨出第一步。同时，积极倡导京剧普及推广工作，组建上海京剧院业余京剧学校，开办学生京剧演出专场，参与组织“上海京剧万里行”等。

2005年5月，上海社会科学出版社出版《梦里春秋——黎中城剧作选》，含《慈母吟》、《盘丝洞》、《扈三娘与王英》、《映山红》、《廉吏于成龙》、《潘月樵传奇》、《狸猫换太子》7个剧本。主编毛时安为之作序。该书为“海上风艺术文丛”之一。（依容）

Li Baochun

李宝春（1950～　　）演员。工老生兼武生。原名李宝宝。祖籍河北霸县（今霸州），生于北京。出身梨园世家。祖父李桂春（艺名小达子）为享名的梆子及京剧伶工，父亲李少春、母亲侯玉兰都是著名京剧演员。宝春9岁开始练武功，11岁入北京市戏曲学校，习生行，文戏师从王少楼、杨菊芬，还得到过校长马连良的指授，武戏师从徐元珊、钱荣顺、茹元俊等，文武技艺均有较好功底。毕业后参加现代戏《杜鹃山》演出，饰李石坚。后调入中国京剧院。1986年到美国，1987年在美国获美华艺术中心颁发的亚洲最杰出艺术家奖。后去台湾与辜公亮（振甫）文教基金会合作，以搬演乃父名作《野猪林》、《打金砖》等获得观众口碑。1991年排演上海京剧院创排的名剧《曹操与杨修》，赢得观众激赏，一举奠定了李宝春个人和辜公亮文教基金会的艺术信誉，几年后又邀得尚长荣来台合演，曹操原创现身，更轰动一时。其后，在台湾排演的新剧有新编《孙膑与庞涓》，据同名昆剧改编的《十五贯》，据中国京剧院演出本《孙安动本》改编的《孙安进京》，据《白毛女》改编的《仙姑庙传奇》，据同名川剧改编的《巴山秀才》，以及《三打祝家庄》、《宝莲神灯》等。上演的传统剧目有《将相和》、《战太平》、《击鼓骂曹》、《捉放曹》、《龙凤阁》、《群英会》等老生戏，《连环套》、《挑华车》、《长坂坡》、《陆文龙》等武生戏，《灞桥挑袍》、《古城会》、《汉津口》、《华容道》等红生戏，《闹天宫》等猴儿戏，还据《雁荡山》编成的“舞

《宰相刘罗锅》饰刘墉（中）
李胜素饰霞儿格格（右） 马增寿饰六王爷

与武”。其戏路宽广，扮相、嗓子、台风，均有乃父艺术风范。1997年成立台北新剧团，李宝春任团长、主演。促进两岸京剧的交流、合作，成为该团的一个重要特色。薛亚萍、李经文、孙正阳等名家和新秀赵群等都曾赴台与之合作演出。2001年，李宝春应北京京剧院之邀，参加贺岁连台戏三、四本《宰相刘罗锅》的演出，饰刘墉，获得好评。他曾多次率团赴欧洲以及美国、日本等国展演，弘扬京剧艺术，颇有影响。（捷之）

Li Baokui

李宝櫆 （1908～1987） 演员。工老生兼老旦。曾名李宝奎。祖籍安徽祁门，生于北京。曾祖李福临为皮影艺人，有子寿峰、寿山、寿安、寿臣。寿山即曾入内廷昇平署的“李七”，前室浦氏生子凤鸣（菊笙），幼时过继寿峰为子，生宝奎。李宝櫆幼承家学，9岁首演于满洲里，艺名九岁红。12岁随父演出于东北各地。工汪（笑侬）派老生，改艺名小宝奎、李少筠。他天资聪慧，勤奋好学，功底深厚，生、旦、净、丑、老旦均能。又能编剧且擅钻锅救场，深受同仁钦佩，争相邀其合作，昵称其宝二爷。金少山、唐韵笙、筱翠花、言慧珠、李玉茹、俞振飞等均喜与他合作。20世纪30年代初，尚小云一次演出《贩马记》，扮演李奇的李寿山因病不能登场，宝櫆自告奋勇替演，这是由于他常认真观看其祖父演出偷学的，后经李寿山过细指拨，李奇一角使他誉满大江南北，有“活李奇”之誉。曾随谭富英赴开封演出《群英会》，姜妙香偶染微恙，宝櫆毛遂自荐，以大小嗓结合扮演周瑜，圆满完成演出。1938年李少春组群庆社，邀他入班。在哈尔滨演《两将军》时，少春饰马超，突感不适，前场下来欲稍歇息，但场上宝櫆饰演的刘备只几句［原板］，为延时，他遂编词连唱了［二六］、［垛板］等，才未使戏脱节。他曾编演了《十八罗汉斗悟空》、《智激美猴王》、《真假猪八戒》等戏，设计了太上老君与十八罗汉的扮相、身段与打法。在此之前，搭李万春班时，曾为李万春编写连台本戏《三侠剑》等。他于20世纪40年代抵沪，后入上海新民京剧团。1956年根据多种版本改编了《狸猫换太子》，头本名为《陈琳与寇珠》，久演不衰，本欲续编，适逢整风运动而搁浅。1957年将《普天乐》改编成《探阴山》，周信芳为剧本题写了

《战蒲关》饰刘忠

剧名。1958年后又改编《洪湖赤卫队》、《平原游击队》，正当动笔编写《黄继光》时，被送往安徽劳动。1961年调至南通工作，完成了二本《狸猫换太子》的改编。

自20世纪30年代始，大江南北的京剧名家几乎都邀他合作。作为一名多才多艺的演员，他以绿叶自居，甘为红花增色，一生为人做嫁衣，为戏而捧人。对向其问艺者，从来都是倾囊相授，不图报酬。他一生惜时如金，忙的都是编戏、演戏、说戏、排戏，致使一只眼因脑出血而失明。1987年3月22日病逝。（刘松崑）

Li Binsheng Huaji Jingju Juan

《李滨声画集·京剧卷》 京剧画集。李滨声绘。民族出版社1998年5月出版。12开本，170多页，软面精装。卷首有作者串演京剧剧照5帧，自序《苦乐“梨园客”》，略述与京剧结缘始末。书中收入戏画近200幅，共分4个部分。第一部分“画戏”，选辑一些相关剧目，按十二生肖、五行（金木水火土）、五色（红黄蓝白黑）、五金（金银铜铁锡）等顺序排列，以提高读者赏画兴味。第二部分“粉墨”，画作者演过的戏、扮过的角色，以供旧友新朋对其票友资历的回顾。第三部分“速写”，均为观剧时所画，归家后整理、落墨而成。第四部分“百花”，画有川剧、秦腔、豫剧、评剧等的演出。全书戏画首列《跳加官》，末幅为《红人送客》，犹存戏场旧俗。李滨声（1925～ ），祖籍辽宁本溪，生于黑龙江哈尔滨。字浴非，号梨园客。1949年毕业于华北大学三部美术班。1952年秋调入刚创办的《北京日报》社，任美术编辑，随后开始“内部讽刺漫画”的创作。1956年华君武著文评述其作品“和社会生活有着紧密的结合”，“具有浓厚的幽默感”（《使人发笑的画》，《漫画》1956年第69期）。就在其创作旺盛时期，因一幅《“老实干部奖”获得者——没嘴的人》，在1957年风暴中罹祸。1979年被落实政策，得以改正，重续漫画事业。1988年以《迎客松》在首届中国漫画展上荣获金猴奖。现为北京市文史研究馆研究员。作品集有：《喧宾夺主》（北京出版社1956年出版）、《李滨声漫画选》（天津人民美术出版社1982年出版）、《李滨声画集》系列。《李滨声画集》系列除《京剧卷》外，还有《漫画卷》、《民俗卷》、《综艺卷》（民族出版社1997～2000年出版）。另有《我的漫画生涯》（北京图书馆出版社1996年出版），自述风雨人生。京剧是作者业余的第一爱好，十来岁即登台串戏，先唱花脸，后唱文武小生。晚年常在电视台、艺术院校讲授京剧知识，有不少见解、掌故形诸文字，见

《四郎探母》

于报刊。曾与李舒、朱文相合著《叶盛兰与叶派小生艺术》(北京出版社1992年出版)。所作戏画，以夸张而富于幽默感为特色，尤以画丑脚戏最得神似，盖作者是漫画家，善于捕捉各种滑稽神态。其画中题词亦有趣。如画《四郎探母》，画上题杨四郎唱词“虽然分别一夜晚，为人必须礼当先，辞别公主跨走战”，画中人物的身段、神情，恰是这个顷刻，颇能引发爱好者之戏瘾。画《忠孝全》，题“京剧中小生戴耳不闻者，大约只此一出”，是给读者以戏场知识。作者还有不少以京剧为素材的漫画，收入《漫画卷》中。

（龚和德）

Li Bingshu

李炳淑 (1942～　　) 女演员。工旦。安徽宿州人。14岁入安徽省宿县京剧团，习青衣，后调至蚌埠京剧团。1959年入上海市戏曲学校京剧班深造，受业于梅派传人杨畹农、言慧珠，后又拜魏莲芳为师。1961年毕业后，入上海青年京昆剧团任青衣演员，后随《龙江颂》剧组加盟上海京剧院。在艺术上，宗法梅派，又兼取张（君秋）派之长，根据自身嗓音条件，加以融合，唱腔颇具特色。其嗓音清亮甜润，唱腔委婉流畅。表演淳朴细腻，注重对人物的塑造，为新中国培养出来的优秀旦脚演员之一。擅演剧目有《白蛇传》、《宇宙锋》、《凤还巢》、《杨门女将》、《三娘教子》、《望江亭》、《龙凤呈祥》和现代戏《龙江颂》、《审椅子》等。《白蛇传》、《龙江颂》和《审椅子》均已被拍成影片，其成功地塑造了《白蛇传》之白素贞和《龙江颂》之江水英等艺术形象，深受广大群众喜爱，在国内外颇有影响。曾随上海京剧院多次出国访问演出，深受好评。

《龙凤呈祥》饰孙尚香（右） 王树芳饰吴国太

（龚孝雄）

Li Changchun

李长春 (1939～　　) 演员。工净。生于北平（今北京）。1951年考入文化部戏曲改进局戏曲实验学校，由宋富亭开蒙，并得到赵荣欣、李春恒、苏连汉、骆连翔、侯喜瑞、郝寿臣、孙盛文、李桂春、刘奎官、白家麟等悉心传授，学习了《上天台》、《御果园》、《大保国、探皇陵、二进宫》、《打严嵩》、《失街亭、空城计、斩马谡》、《审七长亭》、《芦花荡》、《通天犀》、《刺王僚》、《战濮阳》、《取洛阳》、《黥球山》、《战宛城》、《赠绨袍》以及南派《打銮驾》等戏，在唱念做表诸方面都打下坚实基础。1959年毕业后，分配到中国戏曲学校实验剧团，为主要演员。1961年拜裘盛戎为师，

习《铡美案》、《坐寨盗马》等戏，又一招一式、一字一句地学习《锁五龙》、《铡判官》、《牧虎关》、《白良关》、《姚期》、《赤桑镇》等，得到裘师的亲授真传。以后，他又先后调入中国京剧院四团（1962）、上海京剧院（1969）、北京军区战友京剧团（1984），均为主要演员。他嗓音纯正醇厚，演唱富有韵味，工架稳重凝练，较为全面地继承了裘盛戎的表演风格，是承传裘派艺术的佼佼者。除常演传统戏外，还参与新编剧目的创排演出，如古代戏《甘宁百骑劫魏营》(饰孙权)、《碧波潭》(饰假包公)、《海瑞背纤》(饰张彪)、《强项令》、《满江红》、《大风歌》等，以及近现代戏《海港》、《苗岭风雷》、《黑水英魂》、《谭嗣同》等。在这些新编戏中，他不拘一格，运用多种艺术手段塑造人物，如张彪一角，以架子花应工，吸收侯派的表演技巧，刻画人物，淋漓尽致。2001年，他主演新编历史剧《沧海忠魂》，饰施琅，在第三届中国京剧艺术节上获优秀表演奖。他出版有多种个人唱腔专集。近年为裘盛戎的《姚期》、《除三害》等10多出戏的演出录音做了配像。他曾先后到日本等国家以及中国香港、台湾地区演出。1994年赴纽约接受中国华侨基金会林肯中心颁发的杰出艺术家奖，并应邀在哥伦比亚大学、纽约大学、哈佛大学讲授中国京剧及花脸艺术。近年受聘为中国戏曲学院中国京剧优秀青年演员研究生班导师、上海师范大学表演艺术学院客座教授。为杨赤、孟广禄、邓沐伟、康万生、陈俊杰等传授技艺，又收台湾等地学生为徒。

《赤壁之战·壮别》饰黄盖（左） 叶少兰饰周瑜

（常立胜）

Li Chongshan

李崇善 (1940～　　) 演员。工老生。生于北平（今北京）。回族。1959年毕业于北京市戏曲学校。在校期间得陈少五、孟小如、王少楼等精心传授，学习了《四郎探母》等40余出传统老生剧目。毕业后分配到梅兰芳京剧团，与梅葆玖、梅葆玥、李玉芙等合作演出。1960年调入北京实验京剧团，得李盛藻亲授。1962年10月正式拜谭富英为师，学习谭派艺术，先后学习、排演了谭派名剧《将相和》、《失街亭、空城计、斩马谡》、《定军山》、《乌盆记》、《碰碑》、《桑园寄子》等。另外还得到余（叔岩）派琴师王瑞芝传授，学习《搜孤救孤》等戏。1969年调上海京剧团《智取威虎山》剧组，为参谋长少剑波B角，与童祥苓、孙正阳、沈金波等合作演出。1975年成功地排演了现代京剧《磐石湾》，饰陆长海。1977年调回北京市京剧团，排演了《逼上梁山》，饰林冲，

《正气歌》饰文天祥 （王振东摄）

颇有影响。1981年排演《正气歌》，饰文天祥，其表演和演唱声情并茂，气势磅礴，正气凛然，催人泪下。该剧曾获1981年全国优秀剧目奖。1993年任北京京剧院三团团长兼主演。1995年在新编现代戏《圣洁的心灵——孔繁森》中成功地饰演了孔繁森形象，该剧获第六届文华新剧目奖，他本人也荣获文华表演奖。1998年排演《风雨同仁堂》，李崇善饰演剧中重要人物大掌柜，把一个忠诚守信、老辣自尊、深明大义而又拘泥小节的老药铺里的倔老头刻画得活灵活现。李崇善嗓音明亮、音域宽广、韵味纯正，演唱高亢挺拔、细腻，富于激情。他师承谭派又博采众长，兼收并蓄，并结合自身条件加以融会贯通，从而形成了自己的演唱风格。在演出剧目上也不拘泥于某个流派，而是以创造人物、表现人物思想感情为目的。他曾随团出访过土耳其、突尼斯、希腊和日本等国家。 （娄悦）

Li Chunheng

李春恒 （1889～1970） 京剧教师。原名李玉安。北京人。8岁进玉成班学戏。该班系梆簧“两下锅”的班社。后转入长春班，出科后曾搭班到天津演出。1910年后回到北京，先后曾与高庆奎演《赠绨袍》，饰须贾，与孟小冬演《捉放曹》、《搜孤救孤》、《洪羊洞》，分别饰曹操、屠岸贾、孟良，与谭富英演《定军山》、《阳平关》，分饰夏侯渊、曹操，与马连良演《四进士》，饰顾读，与程砚秋演《红拂传》，饰虬髯客张仲坚，与言菊朋演《二进宫》，饰徐彦昭，与张春彦演《失街亭》，饰马谡，与李洪春演《单刀会》，饰周仓，与李桂春演《狸猫换太子》，饰郭槐，与张君秋演《凤还巢》，饰周监军等。据当年报界评论：高庆奎、孟小冬演出如离开郝寿臣，则非他不可。他的嗓音宽亮，铜锤、架子均能，戏路宽广。1950年经萧长华介绍到文化部戏曲改进局戏曲实验学校任教，直至1961年中风倒在课堂上。教授的学生有袁国林、贺春泰、李嘉林、马名群、马名骏、李长春、李欣、张关正等，为培养新中国的京剧净脚演员、教师作出了贡献。女儿李婉云为京剧青衣花衫演员，后在安徽省艺术学校任教。外孙女薛亚萍为山东省京剧院青衣演员。 （王世勋）

《赠绨袍》饰须贾（左） 高庆奎饰范雎

Li Chunlai

李春来 （1855～1925） 演员。工武生。字起山。直隶新城（今河北高碑店）人。11岁入北京喜春台科班习艺，初习武丑，后改武生。17岁出科，先后演出于天津崇庆、凤仪等戏园和东北各地。

21岁入京演出，不久抵沪，首演于丹桂茶园，继入升平、留春等戏园，以其武艺精绝、翻打勇猛而得到上海观众的赏识。之后留沪8年。清光绪十年（1884）一度北上奉母，有孝子之称。其间与梆子老生郭宝臣合作组织顺和班，并向皮簧老艺人林连贵（林树森祖父）请教念白、吐字技巧。3年后母故，复归上海定居，先后开办桂仙、春桂、春仙等以武戏见长的戏班。

他仗义明理，奖掖后进，艺事上虚心求索，刻苦自砺。演出时一招一式讲究边式，化装、服装要求整洁和美观，即便一根飘带、一个道具也决不马虎。如他对《恶虎村》中黄天霸所戴硬罗帽，《白水滩》中十一郎所戴草帽圈、大带以及礼担等都做过改良并加以美化。晚年在天蟾舞台和大世界乾坤大剧场演出时，已年近古稀，仍动作敏捷，开打紧凑，工架稳练，精神抖擞，全力以赴，绝无丝毫松懈。杨小楼、尚和玉看戏后，都赞不绝口。他选择配角十分严格，与他长期合作的伙伴有数十人，有所谓“哼哈二将，四大金刚，三十六筋斗虫”之说，其中如武老生沈韵秋，武净刘廷玉、李德山，武旦王瑞云、祁彩芬，武丑云中燕、王洪，都是腹笥渊博、技艺精湛的人才。为他打鼓的顾宝庆，“撕边”有江南一绝之称。行头王来富、检场陈福林也都是本行中的佼佼者。对这些合作者，他宽严结合，台上不容稍有懈怠，只要拿出真玩意，不用本人开口，即主动给涨包银，故人人心悦诚服。上海“武行”这个有别于“上、下手”的特殊行当，也由他创始。他要求“武行”化装认真，穿戴整齐。官将“抹彩”，英雄“揉脸”，官将穿抱衣、抱裤，英雄穿侉衣或箭衣。一律束绦子，扎鸾带，筋斗要翻得勇猛、漂亮，非常重视舞台演出的整体性。

他技艺精纯全面，尤擅短打武生戏，代表剧目有《花蝴蝶》、《白水滩》、《恶虎村》、《狮子楼》、《界牌关》、《伐子都》、《金雁桥》等。在《花蝴蝶》中，穿厚底靴在栏杆上做“卷帘”、“挂蜡”等高难动作，姿势敏捷优美；上三张桌子“拿鼎旱水”，翻“台漫”落下时，从起翻到落地过程中，在空中随翻随拔出插在背上的单刀，堪称一绝。演长靠戏《伐子都》坠马翻“倒扎虎”，见颍考叔

《李春来之〈白水滩〉》（选自清末上海《图画日报》）

《恶虎村》饰黄天霸

魂时穿硬靠翻“吊毛”，后在金殿穿蟒靠“窜扑虎”过桌子“变脸”。演《界牌关》翻“跑马锞子”，首创双手轮换耍鞭、耍枪，开武生出手之先河。另外，他甩发一丝不乱，把子疾徐有序，吊毛的高、飘、帅和《白水滩》的扔草帽圈的百发百中均脍炙人口，得到内外行的一致称道。中年以后，艺术日趋成熟，创出了风格独具、蜚声剧坛的李派武戏。与俞菊笙、黄月山齐名，成为江南武生一代宗师。

清光绪三十四年（1908），他与某官之妾私情泄露，被拘两年，出狱后重登舞台，对艺事仍然精进不怠。1922年，应华乐园之聘重返北京作短期演出，台上照样翻、打、跌、扑，一丝不苟。回沪后仍隶大世界乾坤大剧场。1925年，时年70岁，演《伐子都》时，翻“吊毛”未过，乃息影舞台，不久抑郁病殁。

李春来对南派武生艺术的发展作出过突出贡献，许多名角如高福安、张德俊、盖叫天等，虽未正式列入门墙，但在演出风格上大多受其影响。周信芳13岁时曾执弟子礼。传人中最能得其神韵风貌者，当推盖叫天。（庞曾涵）

Li Debin

李德彬　（1920～　　）　演员。工小生。北京人。1929年考入北平中华戏曲专科学校，习文武小生，由冯蕙林开蒙，学《岳家庄》、

《黄鹤楼》、《玉门关》、《磐河战》、《借赵云》、《破洪州》、《状元谱》、《连升店》、《秦淮河》等。后又从包丹庭学《石秀探庄》、《雅观楼》、《八大锤》及昆曲《断桥》，从曹心泉学《游园惊梦》、《奇双会》、《长生殿·小宴惊变》、《千金记·卸甲封王》等戏，并得到唐荣祥、石小山、蔡荣桂、狄春仙诸师的教益。《雁门关》、《得意缘》、《十三妹》、《貂蝉》、《琵琶缘》、《天香庆节》各剧都得到王瑶卿的亲授，并被王氏收作义子，又介绍他拜金仲仁为师深造，学了《梅玉配》、《棋盘山》及《香罗带》、《鱼藻宫》、《钗头凤》、《晴雯》、《香菱》等荀派戏中的小生脚色。还投在李洪春门下，学了《小商河》、《雄州关》、《临江会》各剧，并陪同演出。另外还在《忠义臣》、《九龙山》、《斟情记》、《鸳鸯冢》、《盘丝洞》、《火云洞》、《四进士》、《九莲灯》、《化外奇缘》等戏中扮演配角。

《比翼舌》饰周洛（右）吴素秋饰葛小香

他师承各家名师，根基深厚，戏路宽广。小生中的雉尾生、纱帽生、扇子生、穷生、武小生各工兼能，允文允武，昆乱不挡。

1937年毕业后，曾陪同程砚秋、荀慧生、金少山诸名家演出，先后参加过李万春、李少春、谭富英、杨宝森、奚啸伯、李盛藻、赵燕侠、李砚秀、吴素秋，以及四小名旦李世芳、张君秋、毛世来、宋德珠的班社，演出于全国各地。中华人民共和国成立后，加入北京市京剧四团，长期与吴素秋合作，排演了《陶学士醉写风光好》、《张羽煮海》、《春香传》和《团圆之后》、《司棋》等。自20世纪50年代始，间或从事教学，曾于中国戏曲学校、西北戏剧学校任教，学生有柏之毅、张春孝、赵慧笙和韩长生等。1962年后，专心执教，先后在江苏省戏剧学校、中国戏曲学院任教，李宏图、江其虎、宋小川、靳学斌、于向伟、萧岱青、张威等都曾从他受业。他为京剧艺术的传承，作出了重要贡献。（钮骠）

Li Duokui

李多奎　（1898～1974）　演员。工老旦。本名李万选，字子清。直隶河间（今属河北）人。二伯父李宝云是河北梆子琴师，人称“胡胡子”。父亲李宝珍为河北梆子鼓师。他4岁时随父来到北京，8岁

入庆寿和科班学艺，系“多”字辈，与贾多才、艾多生、王多寿等同科。曾向贾志臣学梆子和京剧老生。9岁即登台演唱，12岁便以《打金枝》、《朱砂痣》唱大轴。出科后由于变声，拜程春禄为师学习京胡，后来嗓音恢复，由于唱音中带有适合唱老旦的“雌音”，遂于26岁时拜罗福山为师，改唱老旦，并经常问艺于龚云甫。其间，李多奎请龚云甫之琴师陆砚亭操琴并为之说戏，内行称之为胡琴师父。后李多奎随程砚秋到上海演出，一出《钓金龟》轰动上海滩。1932年后，又先后搭高庆奎、尚小云的班社演出，名声大噪。1937年，陪金少山合演《遇后、龙袍》，二人都是声震屋瓦的嗓音，棋逢对手，相得益彰，被观众誉为“双绝”。抗日战争胜利后，梅兰芳在上海重登舞台。李多奎与他合作了40场，同梅兰芳、姜妙香合演《孝感天》、《龙凤呈祥》、《红鬃烈马》、《四郎探母》等剧。20世纪50年代初，加入谭富英、裘盛戎领衔的太平京剧社。1953年，太平京剧社改为北京市京剧二团，不久赴朝鲜前线慰问演出。

进入北京市京剧二团后，李多奎除了演唱一般老旦剧目《钓龟、行路、哭灵》、《望儿楼》、《遇后、龙袍》、《滑油山》、《游六殿》、《徐母骂曹》、《太君辞朝》、《雪杯圆》、《桑园会》外，还与马连良、裘盛戎排演了《海瑞罢官》，与张君秋、马连良、谭富英排演了《状元媒》，与裘盛戎排演了《赤桑镇》，与高宝贤排演了《漂母饭信》。这4出戏的唱腔都是李多奎精心设计的，收到了良好的艺术效果。1963年，他随团到长春电影制片厂，与张君秋、裘盛戎、马连良、马长礼等拍摄了他唯一的影像资料《铡美案》，为他近一个花甲的粉墨生涯画上了圆满的句号。

《行路训子》饰康氏

李多奎的嗓音被金少山称为“中锋嗓子亮膛音”，对他的唱腔韵味称之为

"蜂蜜滋味秋凉韵"。所谓"中锋嗓子"，就是说声音从声带中间发出来，不偏不倚，如书法家下笔使用中锋，圆润刚劲。"亮膛音"即声音洪亮，爽朗响堂，能灌满整个剧场。"蜂蜜味"是谓韵味甜润如蜜。"秋凉韵"，则是唱腔韵味既苍凉缠绵，又清澈响亮。他与裘盛戎重新整理演出《赤桑镇》，唱腔更臻丰富，表演更加老到，可谓炉火纯青。这出戏中，[西皮]、[二簧]两种腔调俱备，而且还有接口对唱，十分精彩。李多奎在接裘盛戎[二簧汉调原板]时不用过门，顶板唱"听包拯"三个字，"听"字他使用了拖腔，接着"一席话"三字又使用了拖腔，婉转迂回，甜、润、醇、亮，颇具功力。末句"倒不如我碰死在赤桑"的"在"字，用长腔拖出，是雌音、衰音的和谐音，将吴妙贞当时的心境表现得淋漓尽致。20世纪30年代后龚云甫先生谢世，李多奎即大红特红，登上老旦行当之首座，名噪全国。他不但在主演老旦单折戏中具有极大的号召力，就是在扮演配角时，也给观众留有绕梁三日之感。

《太君辞朝》饰佘太君

在演戏的同时，李多奎还经常给学生说戏。他亲自操琴，让学生们练习唱段，认真负责，一丝不苟。他告诫学生：唱得好坏跟气口运用有关，有些演员嗓子很响亮，可就是没味儿，毛病就出在不会用气上，把气都横到脖子上了。唱戏一定要会用丹田气，要懂得偷气、换气。他要求学生坚持吊嗓子，要想台上唱一出，私下就得吊两出，并且得比台上高一个调门儿，这样上台才能绰绰有余；特别要在唱之前，领会剧本的故事内容，对于每个故事的时代背景、情节，以及角色的身份环境和场合，均应详加分析，以便契合剧情。李多奎一生桃李盈门，学生遍布全国，其中有李盛泉、姚炳维、李金泉、刘子元、朱正琴、赵鸣华、林丽娟、李鸣岩、何佩森、哈鸿宾、王梦云、王晓临、李重华、吴世泉、刘桂欣、朱嫱、程静华、徐东祥等；王玉敏、孙玉祥、王晶华、王竹铭、金煜辉、林雅雯、万一英等均得其教益。（娄悦）

Li Fuchun

李甫春　（1928～　　）　京剧教师。曾为老生演员。北京人。祖父李荣奎早年在小荣椿科班学艺，后与杨韵谱合办奎德社，培养了大批女演员。受家庭熏陶，李甫春6岁时即跟随祖父学戏。9岁入荣春社科班，初学武戏，后改习老生，师从蔡荣桂、王少芳、王凤卿、李盛藻、孙盛文等，并得到马连良、孟小冬、鲍吉祥等的指点。在坐科8年期间，学习和演出的剧目有《群英会》、《借东风》、《华容道》、《伍子胥》、《一捧雪》、《四进士》、《清风亭》等，并主演《唐王游月宫》、《铁冠图》。为尚小云主演的《李三娘》配演窦公、《汉明妃》配演汉元帝、《乳虎飞仙传》配演陈福等，深受内行器重和观众好评。1945年出科后，与杨荣环带领师兄弟们组班演出。1949年春参加北京新兴京剧团，与李盛藻、白家麟、安舒元等合作演出连台本戏《水泊梁山》。1950年初，到文化部戏曲改进局戏曲实验学校任教。1953年4月调到中国戏曲研究院京剧实验工作团，

《古城训弟》饰刘备（右）　李洪春饰关羽（中）　马名群饰张飞

与叶盛兰、李盛藻、李洪春等合作演出。1962年9月重回中国戏曲学校（后改为中国戏曲学院）任教。除教授大量传统剧目外，还教授《智取威虎山》、《红灯记》、《箭杆河边》、《节振国》、《借牛》、《上任》等现代戏。孙岳、冯志孝、朱秉谦、萧润增、毕英琦、李春城等历届学老生的学生，均受其教益。1987年退休后还应聘担任北京西城区春芽少儿艺术团的业务团长，尽心竭力培植京剧幼苗，取得了显著成绩。（尔冬）

Li Guang

李光　（1941～　　）　演员。工武生，兼工老生。祖籍天津，生于北平（今北京）。自幼受家庭影响，学习京剧艺术，9岁登台，和父亲李宗义同台演出。1952年考入中国戏曲研究院戏曲实验学校（后名中国戏曲学校），习武生、文武老生，得到贯大元、茹富兰、孙毓堃、孙盛云、刘砚芳、高盛麟、盖叫天、张云溪、李少春等名家的悉心指授。1961年，分配到本校实验剧团，1965年调中国京剧院。李光天赋条件优越，功底深厚扎实，不仅能演文戏，更精于武戏，允称文武昆乱不挡。在继承优秀传统剧目及创排近现代剧目中，他锐意革新，是中国京剧院创排新剧目最多的主演之一。李光经常上演的剧目有《汉宫惊魂》、《野猪林》、《大闹天宫》、《八仙过海》、《连环套》、《三岔口》、《十八罗汉收大鹏》，以及现代京剧《朝阳沟》、《战斗的南方》、《八一风暴》、《草原兄妹》、《刘志丹》、《恩仇恋》等。1971年，他在现代京剧《平原作战》中，成功地塑造了赵勇刚的艺术形象。在对外文化交流的演出中，他也作出了突出的成绩，并多次率团赴美国、德国、加拿大、西班牙、法国、比利时、瑞士等国家及中国香港、澳门、台湾地区进行演出、讲学，被媒体誉为"文化使者"。其先后13次赴日本演出，进行文化交流，在日本享有较高的知名度。1989年

《大闹天宫》饰孙悟空

《坂本龙马》饰坂本龙马（右） 田冰饰君江（左） 徐美玲饰御良

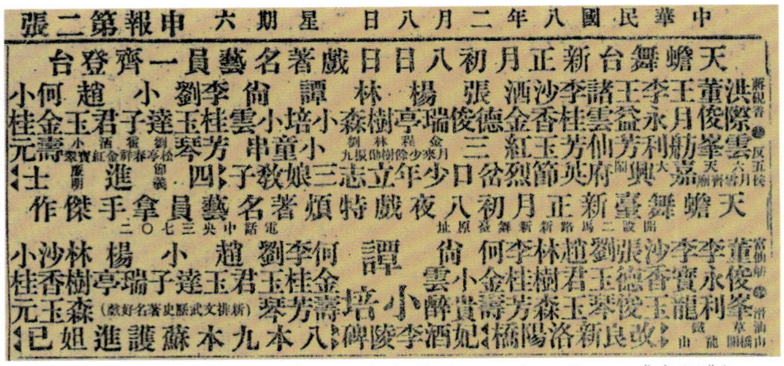

中華民國八年二月八日 星期六 申報第二張

天蟾舞台新正月初八日日戲著名藝員一齊登台

天蟾舞臺新正月初八夜戲特煩著名藝員拿手傑作

開設二馬路新新舞臺原址 電話中央三七〇二

小达子在上海“老天蟾”演出广告（1919年2月8日《申报》）

和日本歌舞伎艺术家市川猿之助共同创作排练，同台演出大型神话剧《龙王》，他担任中方导演及主演，充分发挥京剧唱念做打的传统技巧，成功塑造了哪吒的形象，在日本连演110场，轰动剧坛。1991年，他又在另一个中日文化交流剧目《坂本龙马》的排演中，担任京剧导演并主演坂本龙马，成功地塑造了日本民族英雄的形象，为京剧艺术走向世界作出有益的探索。他是第三届梅花奖获得者，又以坂本龙马一角获第二届文华表演奖。

其妻沈健瑾（1945～ ），工旦。上海人。1965年毕业于中国戏曲学校，为中国京剧院优秀演员，第六届梅花奖获得者。

（娄悦）

Li Guichun

李桂春 （1885～1962） 演员。工文武老生。艺名小达子。直隶霸州（今属河北）人。出身雇工家庭。幼年迫于生计，帮助母亲卖豆腐，喊出了一条好嗓子。13岁入永清县永胜和科班学梆子戏，学得《南天门》和《桑园会》，登台一唱初露锋芒。经10年艰苦磨炼，练就一身扎实的功底。23岁正式出科到天津后，因人地两生，还没能踏上舞台，就被当做革命党人而拘捕。保释后，经人介绍进了天津丹桂第一台。丹桂第一台内名角很多，根本轮不到他唱正戏，他仍每天练功不辍。一面向高福安请教短打武生戏，一面又偷偷学李吉瑞的黄（月山）派戏，不到两年工夫，学会了京剧《凤凰山》、《独木关》、《风波亭》、《刺巴杰》、《连环套》、《骆马湖》诸戏，加上他从科班里学来的《回荆州》、《蝴蝶杯》等梆子戏，成为一名功底扎实、戏路宽广、文武兼长的梆簧“两下锅”演员。后在票友杨玉芳的资助下，与师兄崔永年同闯关东，到了哈尔滨，找到了会司鼓、拉琴又能编剧的陆乐平，在陆的扶掖下，搭入哈尔滨大舞台。首演《凤凰山》，后陆续演出了《骆马湖》、《连环套》、《刺巴杰》、《剑峰山》及新排剧目《姜子牙卖面》，均得到观众的好评。李桂春在关外唱红后，回到天津，在杨玉芳等支持下，慎重地接下傍过小元元红的全堂场面，又邀请著名旦脚小香水等同台合作。在升平剧院打炮戏为京剧《凤凰山》和梆子《回荆州》，其一人演两出，轰动天津卫，声名大振。他嗓子响亮，唱来满宫满调，神完气足，做派炽烈，开打火爆，严谨缜密。比如《凤凰山》仁贵救驾一场中，盖苏文叫他通名，他唱：“你老爷姓薛名礼啊！——”只唱半句，就彩声四起，接下来唱“字仁贵啊！”一个长腔，又是一个满堂好。在《风波亭》里，他把岳飞的浩然正气，精忠报国，爱部将、爱百姓的坦荡胸怀，抒发得十分感人，使观众看了无不动容。

李桂春与他的儿子李少春（右一）、李宝琛（右二）、李幼春（左一）

《狸猫换太子》饰包拯

1916年、1919年李桂春两次应邀至上海演出，搭过大舞台和天蟾舞台。后来扎根上海11年，除了演红的几出戏外，大部分精力花在连台本戏上。《宏碧缘》是其在上海演出的第一个连台本戏，除了吸取北派的精华部分外，又采用机关布景，排演了一部具有南派特色的连台本戏。1916年4月8日，《宏碧缘》在大舞台首演，演员阵容有赵如泉、姚俊卿、贾璧云、小如意等，整齐的搭配，精湛的演技，赢得观众的赞赏，剧场爆满。几家剧团为此相继搬演，互争短长，竟出现一天三台《宏碧缘》的盛况。继天蟾舞台的常春恒、刘筱衡、芙蓉草之后，李桂春也排演了《狸猫换太子》。在该剧中，他前饰陈琳，后饰包拯，一连排了32本，先后连演9个年头，从剧情到唱词、身段、服饰、脸谱都有革新和创造，尤其成功地塑造了一个刚正不阿、执法如山、抗衡权贵、勤政爱民的包青天形象。他以稳、准、狠的风格，见称于同行，被誉为“活包公”。抗日战争爆发后，愤然离开上海，从此息影舞台，迁居北平，闭门课子，培养了李少春等一批后起之秀。

中华人民共和国成立后，他曾任中国戏曲学校教授、河北省戏曲学校校长，虽年逾古稀，还曾热情参加抗美援朝捐献义演和勤工俭学义演，演出了拿手戏《逍遥津》、《巴骆和》和《独木关》等，功力不减当年。

（袁文彬）

Li Haiyan

李海燕 （1964～ ） 女演员。工青衣。河北秦皇岛人。1977年考入唐山地区戏曲学校，1980年保送到北京市戏曲学校学习，受教于李文敏、周金莲、李喜鸿、张玉英、贾世珍等师。1985

年毕业，分配到唐山市京剧团，在团排演了马少波编剧的《白娘子出塔》，颇得称许。1991年拜李世济为师，专攻程（砚秋）派艺术，长进极快。1994年调入中国京剧院。常演剧目有《女起解、王堂春》、《贺后骂殿》、《六月雪》、《三击掌》、《朱痕记》、《锁麟囊》、《荒山泪》、《英台抗婚》、《陈三两爬堂》、《梅妃》及新剧《宝马圆情》、《杜十娘》等。她扮相端庄娴静，嗓音醇厚得味，表演温文大气，在研习、承继程派艺术演唱风格的神韵上，十分努力，艺有所成，并在新排剧目中能有新创。在1987年全国青年京剧演员电视大选赛中获最佳表演奖。1998年获第十五届梅花奖，同年入第二届中国京剧优秀青年演员研究生班学习。2001年在全国京剧优秀青年演员评比展演中获荣誉奖，同年12月在第三届中国京剧艺术节上以主演《杜十娘》获优秀表演奖。2010就任国家京剧院二团团长。（捷之）

Li Hesheng

李和声（1928～　）　票友、琴师。祖籍浙江宁波，生于上海。青年从商，擅书法，尤嗜京剧。现任香港大唐金融集团董事会主席、香港上海总会名誉会长。李和声从小随父看戏，常流连于共舞台、

大舞台、天蟾舞台，耳濡目染，渐渐入迷，那时他最喜欢的是主演《济公传》、《怪侠欧阳德》的赵如泉（兼能生、净、丑）。后到上海证券交易所第一号经纪人“鸿兴行”做练习生，常在证券界票房走动，学唱花脸，饶有神味，受到老板鼓励。20世纪50年代初移居香港，然对京剧之痴心有增无已，励志追摹裘（盛戎）派艺术，以《二进宫》、《铡美案》、《坐寨盗马》诸剧，粉墨登场，显露才情。后因嗓败改学操琴，仍沉醉于皮簧韵律之中。为了练琴，竭力说动夫人尤婉云学唱青衣，经数年勤学苦练，妇唱夫随，已具规模。1977年以来，伉俪多次同台合作，连获好评，票界传为佳话。香港《中华文摘》(1995年2月号）发表过一篇李和声专访，内有这样一段报道：“‘对生意我不紧张，对京剧我就很紧张。’李和声是这样形容主业和业余爱好关系的。或许京剧已不是他的业余爱好，用‘准主业’形容似乎来得更恰当。”香港有振兴、宇社、华风三家票房，李和声是主客，每周有四五个晚上准在那里活动，故琴艺日精，弓指谐和，刚柔兼备，嘹亮爽利。每于临场演出，十分投入，尽情发挥，专业琴师姜凤山、倪秋平等亦颇赞许。

李和声热心社会文教事业，曾为教育、出版、慈善机构募集基金，多次组织义演，为人称道。自改革开放以来，京剧在海外的演出机会增多，每逢内地剧团到达香港，他必定号召亲友出钱出力，联络友好和新闻界人士观摩、宣传，倾心扶持，周密关照。近年更关注京剧振兴之途，主持研讨会，征求方略。他认为最要紧的是，无论演员和观众，都要从小培养起。为此，倡导在中小学开设京剧社，撒播京剧种子，给京剧储备后续人才。1994年3月，中国少年京剧艺术团赴香港演出之际，李和声与中国京剧艺术基金会名誉理事长陈廷骅、理事张雨文合力出资，设立发展少儿京剧专项基金。作为香港票界巨擘，李和声对京剧的支持卓有成效。现任中国京剧艺术基金会名誉理事。1995年11月荣获文化部振兴京剧指导委员会和中国京剧艺术基金会颁发的首届金菊奖。（舒之）

Li Hezeng

李和曾（1922～2001）　演员。工老生。北京人。1932年考入中华戏曲专科学校，初学刀马旦、武生，并为程砚秋配演娃娃生。此后为高庆奎器重、培养，专工老生。1940年毕业后正式拜高庆

奎为师，得其亲授《赠绨袍》、《哭秦庭》、《辕门斩子》、《掘地见母》、《碰碑》、《坐楼杀惜》、《浔阳楼》、《斩黄袍》、《胭粉计》、《七星灯》、《逍遥津》、《斩马谡》等高派名剧。后经常在北平、天津、上海等地演出，以高派戏享誉剧坛。1945年进入晋冀鲁豫解放区慰问演出，在山东临清县参加第七军区宣传队，次年转入冀南军区第四分区民主平（京）剧团，任副团长。1947年，民主平（京）剧团与华北野战军六纵队前锋平剧团在石家庄并入延安平剧研究院，改称华北平剧研究院，李和曾任副院长。自此他积极投身“推陈出新”的戏曲改革事业，排演了《三打祝家庄》、《嵩山星火》、《中山狼》、《李逵夺鱼》、《李自成进长安》等新戏，深受革命老区军民的欢迎。1949年北平和平解放后，任文化部戏曲改进局京剧实验工作一团副团长，同年8月加入中国共产党。1955年中国京剧院成立，历任副团长、团长、副院长等职。20世纪60年代初，他又拜周信芳为师，既保持了高派演唱艺术的高亢流畅、慷慨激昂，又吸收了麒派艺术凝练浑厚、大气磅礴的演唱风格，从而增加了刚强苍劲的表现力度，戏路也更加开阔，正、悲、喜剧都能成功地演出。曾先后随团赴苏联、印度尼西亚、日本、新西兰、澳大利亚等国家访问演出，颇受欢迎。

《辕门斩子》饰杨延昭

1978年，李和曾重新回到阔别十几年的舞台，全身心投入到排练和演出中，与赵燕侠、袁世海合作演出了《闯王旗》。改革开放后，他坚持带团到基层为广大群众演出。1991年南方发生特大洪灾，他抱病在夫人李忆兰的陪同下参加了在人民大会堂举办的抗洪救灾义演，彩唱了京剧《逍遥津》。以后，他又参加为京剧录音的配像工作，指导配录了高派剧目十几出。自20世纪80年代始，他除偶有示范演出之外，坚持为高派传人辛勤授业，辛宝达、李文林、倪茂才、吴平、单佑安、刘少华等为其弟子。（李新　娄悦）

《胭粉计》饰诸葛亮

Li Hongtu

李宏图（1960～　）　演员。工小生。河北安次（今属廊坊）人。

1976年入河北省艺术学校京剧科，习小生。1979年考入中国戏曲学院表演系大专班学习，先后受教于祁荣妥、李德彬、江世玉、张春孝、李金鸿老师。1982年毕业，分配到北京京剧院实验京剧团任演员。1994年拜入叶少兰门下。他有一副天赋的好嗓子，高亢响亮，演唱气力充沛，游刃有余。表演无脂粉气。常演《吕布与貂蝉》、《辕门射戟》、《罗成叫关》、《岳家庄》、《群英会》、《周仁献嫂》、《四郎探母》(饰杨宗保)、《打侄上坟》等，及新编剧《西厢记》、《周仁哭坟》、《晨钟惊梦》、《拜相记》等。曾与广东汉剧演员李仙花用京剧、汉剧两种曲调合演了新本《蝴蝶梦》，饰庄周、楚王孙两个角色，这一尝试取得了良好艺术效果。在京剧交响剧诗《梅兰芳》中饰松井，亦给观众留下很深印象。1987年在全国青年京剧演员电视大选赛中获最佳表演奖。1992年在全国京剧青年团队新剧目会演中获优秀表演奖。2001年获第十八届梅花奖及全国京剧优秀青年演员评比展演一等奖。1996年入首届中国京剧优秀青年演员研究生班学习。2001年任北京京剧院一团团长，2004年任北京京剧院梅兰芳京剧团常务团长。

(捷之)

《罗成叫关》饰罗成 (吴钢摄)

Li Hongchun

李洪春 (1898～1990) 演员。工文武老生。祖籍江苏南京，后迁山东武定(今惠民)。祖父李友明曾到北京为程长庚三庆班的武术教师。

父亲李春福幼年入曲阜衍圣公府办的科班学艺，与路三宝、李连仲等同科，先搭谭鑫培的同庆班唱老生，后为该班管事。李洪春7岁入陆华云办的长春科班学艺，工武小生，名春才，与张春彦、荣春善(荣蝶仙)等同科。11岁拜谭鑫培弟子刘春喜为师，学谭派剧目，后又从师姚增禄、葛文玉学武生戏，向丁连升(丁永利父)、赵春瑞学黄(月山)派戏，向谭春仲学靠把老生和武老生戏。为了艺术上的深造，他拜在武术名家孙文奎门下学武术，其"关王十三刀"对他日后的表演有很大影响。20岁在江苏扬州平山堂拜王鸿寿为师，随师5年，一面陪师演戏，一面将自《斩熊虎》起的30多出关羽戏，自《岳母训子》至《风波亭》的全部岳飞戏，以及《扫松下书》、《雪拥蓝关》、《梁灏夸才》等徽调剧目全部忠实、扎实地继承下来。他不但继承了王鸿寿的表演艺术风格，而且根据历史传说编演了《新野慈放》、《走范阳》、《三许云阳》、《阅军教刀》、《收姚斌》、《教子观鱼》、《破羌兵》等戏，使关剧达到了40多出。剧目的增多，表演也随之丰富。除师承外，他广泛吸收其他演员、其他剧种的表演方法，又从绘画、塑像和马术、武术等多方面汲取营养，在舞台上塑造出一个凝重、威武、儒雅、高傲的关羽形象。他对这一角色有歌颂、有批判，而不是完美无缺的神。其表演熔京剧、昆曲、徽调、汉调的唱法和文武老生、花脸、武生的各种艺术手段于一炉，被誉为关剧宗师。

李洪春青年时嗓音高亮，由于演出过多，致使声带变得不及初时，而成为浑厚、沉实、苍劲，略有沙音，但客观上又为他唱关羽形成适合身份的音色。在《华容道》中的唱腔，虽不高亢响亮，却韵味浓厚，情感充沛。无论是昆曲的《单刀会》，还是"风搅雪"的《走麦城》，都能表现人物喜怒忧思的心情。李洪春的念白很有特色，他把武老生的古朴刚毅，文老生的庄重淳厚，花脸的粗犷豪迈，武生的英武果敢综合起来，形成一种特殊的红生韵白；根据剧情的环境、人物的心情，使用不同的音调，起伏有致，断延分明地把人物情感念了出来。他演的关羽，在武打上突破了"关公未遇三合之将"只有举刀、戳刀、托刀的传统演法。他把"关王十三刀"演化为"劈、砍、抹、剁、横、撩、扫、推、涮、闪、攻、挡、展"十三招，每招又分三式，每式又重于工架造型的优美，使武打更重舞蹈美，亮相造型更儒雅肃穆。如果说王鸿寿在文的方面突出了关羽的性格，李洪春则从武的方面增强了关羽的气度，他演的关羽戏没有火爆开打。中华人民共和国成立后，李洪春较早地参加了国家剧团。1955年，其在中国京剧院排演《关羽之死》新剧中，演技得到了充分的发挥。他认为"开打看工架，大刀看刀式，关公是不适合大开打、要大刀的"。相反，他演的黄忠戏的大刀，胜英和褚彪戏的砍刀，要得各有千秋，极为精彩。不只关戏，他演的岳飞、赵云、秦琼等也同样为人称道。李洪春与众多的不同行当、不同风格、不同流派的名家同台演出，既演主角，也演配角，兼作导演，并根据自己的表演风格塑造出各种不同的艺术形象。

《水淹七军》饰关羽(右)
范宝亭饰周仓

李洪春还是戏曲教育家。在北京国剧研习社、斌庆社、荣春社、中华戏曲专科学校、中国戏曲学院、陕西正音国剧社及上海市戏曲学校任教时，培育了不少有成就的艺术人才。李万春、宋遇春、王金璐、曹艺斌、奚啸伯、张玉禅、袁金凯等皆出其门下。李少春、高盛麟、傅德威、梁慧超、尚长春、茹元俊等亦请益于他。王少楼、李和曾、马长礼以及台湾的周正荣、香港的李少华也都执弟子礼向其学艺。他是一位桃李满天下的长者，耄耋之年，仍毫无保留地把戏教给求艺者。他根据《三国志平话》编演了《张飞战古城》。出版专著有《京剧长谈》；并对《关羽戏

《英雄恨》饰谢虎

《三侠五义》饰展昭

集》中增添剧目外的每出戏的表演进行订正整理，为后学留下了完整的艺术资料。86岁时为中国少年儿童基金会义演《古城会》，90岁高龄时又为残疾人连续义演《古城会》和《刮骨疗毒》，真正达到德艺双馨的境界。

二弟李洪福是与马连良合作多年的二路老生。其子李金声、李玉声、李润声均为生脚演员。女儿李素茵是中国唱片社京剧编辑，其孙李孟嘉亦是武生演员。（刘松岩）

Li Huifang

李慧芳（1924～2011） 女演员。工旦。曾用名李淑棠。北京人。9岁师从李玉龙学老生戏，13岁登台，先后在天津、上海、南京、温州、武汉等地搭班演出。不满20岁即因主演《群英会》、《一捧雪》、《失街亭、空城计、斩马谡》、《四郎探母》等戏渐为观众熟知。1941年在上海大舞台先后与林树森、张翼鹏合演连台本戏《三门街》、《西游记》、《年羹尧》、《秦淮世家》等，并参加新编剧目《信义村》的演出。1943年应邀在费穆导演、刘琼主演的话剧《长恨歌》中扮演杨贵妃。1946年经周信芳建议改演旦行，与周信芳同台演出了《坐楼杀惜》、《四进士》、《徽钦二帝》等戏。1947年在上海国泰影业公司拍摄电影《吕四娘》、《黑河魂》。1951年加入苏州市开明京剧团任主演，曾演出荀派戏《红娘》、《钗头凤》、《红楼二尤》，程派戏《锁麟囊》、《荒山泪》，尚派戏《汉明妃》，梅派戏《西施》、《洛神》、《生死恨》、《宇宙锋》、《三娘教子》等。1955年调中国京剧院，以后又相继转入梅兰芳京剧团、北京市京剧二团、北京京剧院。主演剧目有《木兰从军》、《蝴蝶杯》、《穆柯寨》、《白蛇传》、《穆桂英挂帅》、《赠书记》及现代京剧《洪湖赤卫队》等。曾师从程玉菁、赵桐珊，后又拜入梅兰芳门下。她扮相俊美大方，嗓音甜润洪亮，行腔刚柔相济，声情并茂。且多才多艺，如在《吕布与貂蝉》中前饰貂蝉后饰吕布，《五侯宴》中先后以青衣、老旦扮演同一人物，显示了她在青衣、小生、老旦等多种行当里的出色才华。演出的老生戏《大登殿》、《上天台》等韵味浓郁，也深得人们喜爱。李慧芳曾带领其妹李丽芳学戏成名。1989年，姐妹俩在上海合作演出一期，剧目有《四郎探母》、《法门寺》、《十三妹》、《玉堂春》等，引起轰动。（刘连伦）

《慈母泪》饰孙淑林

Li Jilai

李吉来（1902～1968） 演员。工老生。上海人。出身梨园世家。祖父李永福是著名盔箱师傅，清同治年间从北京到上海定居。父亲李少棠先演小生，后改丑行。李吉来6岁从刘吉庆学老生戏，10岁登台，12岁时经其师引荐，又求艺于王鸿寿，得其真传。王收他为徒，为取艺名“小三麻子”，亲授《水淹七军》及《扫松下书》、《斩经堂》等传统徽戏，并支持他向李长林学演了不少文武老生戏。李吉来身材修长，扮相英俊，唱念铿锵豪迈，演关羽戏注重气度，造型肃穆端庄，显现智勇双全的大将风范，深得王（鸿寿）派红生戏之精髓。演《斩经堂》、《扫松下书》等剧既承袭老徽调固有的质朴浑厚的风格，又注重表情细腻，以揭示人物内心情感，塑造舞台艺术形象。20世纪20年代后曾参加连台本戏《七剑十三侠》（饰徐鸣皋）、《飞龙传》（饰赵匡胤）的演出。1937年抗日战争爆发，李吉来参加上海戏剧界救亡协会歌剧部，在田汉带领下，与周信芳、高百岁等奔赴市郊前沿阵地，慰问抗日将士，并参加为救济难民筹款的义演。同年冬，加入欧阳予倩组建的中华剧团，在卡尔登大戏院与金素琴先后合作，主演欧阳予倩编剧的新平剧《梁红玉》、《渔夫恨》等。1938年欧阳予倩离沪去广西，中华剧团随之解散。1940年6月金素琴出面恢复中华剧团，李吉来又随团经越南辗转至川、贵等地演出。抗日战争胜利后，应聘到汉口大舞台与袁美云、陈鹤峰等合作，主演《古城会》、《灞桥挑袍》等传统红生戏，还参加演出了《董小宛》、《阎瑞生》和连台本戏《太平天国》等。中华人民共和国成立后，李吉来先后在北京中国京剧院和昆明军区国防京剧团演出，并曾在中国戏曲学校任教。其后转入安徽省艺术学校和上海市戏曲学校从事教学工作。胞兄李东来、堂弟李瑞来、李顺来（李紫贵）均为京剧演员或编导。（黄菊盛）

《华容道》饰关羽

《彭公案》饰邱成

Li Jirui

李吉瑞（1868～1938） 演员。工武生。字星甫，号芝祺。直隶新城（今河北高碑店）人。8岁入雄县史各庄小吉利科班，初学老生后改武生。随小吉利科班迁至天津西马路营门口后，习艺期满留科一年，于1884年出科，由田际云推荐到北京玉成班搭班，充任武行班底，逐渐升为二路武生。后经田际云介绍，拜黄月山为师深造，同时私淑同班老生陈福胜，学老生戏。1888年返回天津，入双顺合班，挑梁演出于聚兴茶园，除武生戏外，兼演老生戏。当时的常演剧目有黄派戏《独木关》、《巴骆和》、《骆马湖》、《溪皇庄》、《请宋灵》、《风波亭》及老生戏《秦琼卖马》、《打渔杀家》、《宫门带》、《文昭关》、《桑园寄子》等，均受观众欢迎。1900年庚子事件后，离津去山东各地演出，至青岛，遇薛风池、程永龙等，同台演出，结为莫逆。

他在山东烟台等地与尚和玉、张黑合作演出达8年之久，享誉齐鲁。1910年左右再度返津，偕程永龙、薛凤池等出演于下天仙茶园，每日座无虚席。尤以《巴骆和》一剧，他扮演骆宏勋，程永龙扮演鲍自安，薛凤池反串胡理，最负盛名。天津大街小巷到处传唱骆宏勋的“坐在了招商店”和《独木关》中薛礼的“在月下惊碎了英雄虎胆”等唱段，风靡一时。1912年秋，同尚和玉、高福安南下淞沪献艺，于新新舞台贴演黄派诸剧。《申报》载文评述其表演“纯以神气雄壮、做工传神胜”。演《翠屏山》之石秀“轩昂磊落，不卑不亢，极合石三郎身份”，“唱尤激昂慷慨，响遏行云”，“跌宕风流，丰神摇曳，最惬人意”(1912年9月28日9版)。又说演《请宋灵》之岳飞，“武工、架子、道白、唱功，色色俱佳”，“白口自始至终，字字清绽，跌宕生姿”，“唱‘为国家秉忠心’一段二簧，将几十字一气奔放而出，不衰不竭，如长江大河一泻千里，天生一副幽怨清艳之好歌喉，唱悲壮苍凉之戏，洵推独步”(1912年10月15日10版)。后定居天津。

《恶虎村》饰黄天霸

他天赋佳喉，既高且朗，成为以唱取胜的黄派武生代表人物。他亦排演过连台本戏，如《风尘三侠》、《宏碧缘》、《粉面金刚》、《铜网阵》等，但由于不善活口（活台词），因此较程永龙、张黑、薛凤池等所排新戏为少。其为人谦恭谨慎，有长者风范，对内外行皆持友善态度，威望很高。1913年春被选为天津正乐育化会会长。在任期间，为梨园同业福利事业广为奔走，不遗余力。1926年2月，上海新建大新舞台开幕，邀他与荀慧生、高庆奎等南下奏艺。2月8日他与王芸芳贴演谭派戏《打渔杀家》，因非正宗正派，为台下观剧的一些票友所不满，连喝倒彩不绝。李遭此大辱，遂愤而辍演，抑郁北归，誓不再往沪上，自此息影歌场，不再登台。1938年春，天津天华景戏院稽古社子弟班班主高渤海力约入该社执教。同年病逝。 （马同驹）

Li Jie

李洁 （1972～ ） 女演员。工旦。宗梅（兰芳）派。江苏睢宁人。1981年考入江苏省戏剧学校京剧科，师从梅派传人陈正薇。1988年戏校毕业后，进入江苏省京剧院，为该院青年演出团主要演员。李洁扮相俊美，嗓音甜润，基本功扎实，唱做俱佳。常演剧目有《天女散花》、《廉锦枫》、《霸王别姬》、《生死恨》、《穆桂英挂帅》、《穆柯寨》、《白蛇传》、《杨门女将》等。尤以《天女散花》、《廉锦枫》等古装歌舞戏见长，袁世海曾在《人民日报》文艺版撰文，深为赞许。1995年，在新编古代故事剧《西施归越》中饰演西施，清新脱俗，参加首届中国京剧艺术节，受到好评；后又以此剧，获上海白玉兰戏剧表演艺术奖。1996年，由中国京剧艺术基金会推荐为第二届中国京剧之星。1998年，进第二届中国京剧优秀青年演员研究生班深造，得杨秋玲、李金鸿等名家亲授。2001年，在全国京剧优秀青年演员评比展演中获一等奖，同年又获第十八届梅花奖。研究生班毕业后又得杜近芳指点，并于2002年为杜近芳主演的《白蛇传》完成音配像工作。2008年，主演现代戏《飘逸的红纱巾》，参加第五届中国京剧艺术节，她饰演的方斐，获得广泛好评。2010年获中国文化艺术政府奖文华表演奖。她曾随江苏省京剧院、中国京剧院、上海京剧院赴墨西哥、韩国、意大利、法国、日本、英国、德国等国家及中国香港、澳门、台湾地区演出，为海内外观众所欢迎。 （苏全）

《西施归越》饰西施

《飘逸的红纱巾》饰方斐

Li Jinhong

李金鸿 （1923～2010） 演员。工武旦兼刀马旦、花旦。原名李士芳。祖籍直隶武清（今属天津），生于天津。1930年考入北平中华戏曲专科学校，从张善亭、阎岚秋、诸如香学武旦、刀马旦及花旦戏。1939年毕业后，又得到王瑶卿、萧长华、李凌枫、韩世昌、包丹庭诸师指授。1942年先后拜尚小云、梅兰芳为师。在校修业期间，常演《摇钱树》、《百草山》、《小放牛》、《盘丝洞》、《乾元山》等剧，得“科里红”之誉。毕业后历搭李万春、叶盛章、李世芳、张君秋、杨宝森等各班，出演于北平、天津、上海等地，后又在上海与黄桂秋、言慧珠、周信芳合作演出。他功底好，戏路宽，扮相秀丽俊美，身手稳练迅捷，出手功、跷功尤见功力，有嗓子，能文戏，为20世纪40年代菊坛众小名旦中技艺全面的上乘之材。擅演剧目有《金山寺》、《扈家庄》、《虹霓关》、《小上坟》、《穆柯寨》、《盗仙草》、《杨排风》、《打樱桃》、《拾玉镯》、《双合印》、《得意缘》、《战宛城》、《翠屏山》、《泗州城》、《无底洞》等剧。1947年与王金璐、高玉倩等一起加入焦菊隐主持的北平艺术馆，参加演出了许多新编剧目，如《桃花扇》、

《虹霓关》饰东方氏（左）
叶盛兰饰王伯当

《陈圆圆》、《新蝴蝶梦》、《九件衣》和根据莎士比亚剧作《罗米欧与朱丽叶》改编的《铸情记》等。

20世纪40年代末至50年代初，先在永春京剧团，后入中国戏曲研究院京剧实验工作团一团，仍以武旦、刀马旦、花旦应工。后改演小生，常演剧目有《群英会、借东风》、《桃花扇》、《佘赛花》等。同时兼任对青年演员的教学工作，杜近芳、李慧芳、云燕铭、李世济、小王玉蓉、郭锦华等都得到过他的教益。曾随团先后出访苏联、波兰、加拿大及北欧五国、南美诸国，并以京剧《拾玉镯》的表演获第六届世界青年与学生和平友谊联欢节的金奖。后调至中国戏曲学院任教，先后任表演系主任，实验剧团团长等职。1986年退休继续任教，还担任了中国京剧优秀青年演员研究生班的导师，向史敏（依弘）、张火丁、李海燕、邓敏、赵秀君、李洁、张晶、刘桂娟等授艺。及门弟子有赵红珠、叶红珠、俞砚霞、刘琪、李玉棠、张春明、汪蜀云及韩国的李光馥等。（钮骠）

Li Jinquan

李金泉　（1920～　　）　演员。工老旦。原名李景泉。祖籍安徽，生于北京。1933年入中华戏曲专科学校，初习老生，后改老旦，从文亮晨、刘俊峰、徐寿琪、时青山等学《钓龟、行路》、《遇后、龙袍》、《游六殿》、《龙凤呈祥》等传统剧目。

1941年毕业，搭李玉茹如意社，演出由翁偶虹编剧的《美人鱼》中的云婆，甚受欢迎。1942年，被李多奎先生收为义子，《钓龟、行路》、《四郎探母》、《红鬃烈马》等戏深得真传。此后，一边跟李多奎学戏，一边搭班演出，先后搭杨宝森、奚啸伯、李盛藻等人的班社演出。1951年加入中国戏曲研究院实验京剧工作团，后转为中国京剧院，与李少春、叶盛章、袁世海、侯玉兰等同为三团主演。这一时期，他除了主演老旦传统剧目外，还参加了许多新编剧目的排演。1952年，与李世霖演出根据传统剧目改编的京剧《岳母刺字》，在剧中饰岳母，全部唱腔由他创编，获得了强烈的演出效果。1956年，翁偶虹和袁世海在传统戏《闹江州》的基础上改编了一出《李逵探母》，李金泉为李母设计了一段［反西皮二六］的新板式，并成功地塑造了这一人物形象，唱腔亦深受观众喜爱。1957年，他又主演了一出由地方戏改编的京剧《罢宴》，为主人公刘婆设计了一段［二簧碰板三眼］的板式，并吸收其他流派的唱腔旋律，舞台效果强烈。

《穆桂英挂帅》饰佘太君（中）

梅兰芳饰穆桂英（左）　杨秋玲饰杨金花

（张祖道摄）

1959年，庆祝中华人民共和国成立10周年献礼演出中，梅兰芳演出了根据豫剧改编的京剧《穆桂英挂帅》，李金泉在剧中饰佘太君。另外，他在李少春主演的新编历史剧《响马传》中塑造了秦母的形象。他有着扎实的老生基础，曾在《黑旋风》中扮演宋江，《大闹天宫》中扮演太上老君，《金田风雷》中扮演冯云山等。

《清风亭》饰贺氏

（李思光提供）

李金泉不仅在表演、演唱方面善于钻研，勇于创造，而且在唱腔设计方面不断探索，为老旦以至其他行当的唱腔发展起了重要作用。1958年，李少春、杜近芳、袁世海等创排现代戏《白毛女》，李金泉饰大春娘。这出戏中的老旦唱腔全由他自己设计。“文化大革命”期间，实行“男演男，女演女”，李金泉不能上台表演，这恰好成为他搞唱腔创作的黄金时段。他为现代戏《红灯记》中的李奶奶、铁梅、李玉和，《平原作战》中的赵大、赵勇刚、小英，《红色娘子军》、《沙家浜》等现代戏设计唱腔，成绩突出，影响深远。“文化大革命”后，赵葆秀演出的《三关排宴》、《金龟记》、《八珍汤》《风雨同仁堂》，刘莉莉演出的《一饭千金》、《焚绵山》、《清风亭》，袁慧琴演出的《北国红菇娘》等新编、改编剧目，在创腔上都倾注了李金泉的大量心血。

李金泉不仅是一位老旦表演艺术家，而且是一位老旦教育家。“文化大革命”前，王晶华、王梦云、王晓临、李鸣岩、施璋、孙花满等老旦演员都得到过他的指点，王晶华正式拜其为师。其后，他又收赵葆秀、刘莉莉、袁慧琴、郭跃进等老旦演员为徒。晚年在中国戏曲学院执教期间，李丽萍、胡璇、谭小令等得其教益。谭小令于1997年拜李金泉为师，成为关门弟子。（娄悦）

Li Jinsheng

李金声　（1924～2009）　京剧教师。曾为武生演员。祖籍江苏南京，生于北京。自幼随父李洪春练功、学戏。后入荣春社，名荣萱。出科后，继续向父亲学武生、红生戏，又向丁永利学杨派武生戏。

先后拜雷喜福、林树森为师，学演老生、红生戏。出科后，在李万春、叶盛兰、赵燕侠等剧团随父演出。自20世纪30～50年代，多次参加“武生大会”，与高盛麟、李盛斌、贺玉钦、梁慧超、姜铁麟等同台，合演《挑华车》、《武松》、《金钱豹》等。20世纪50年代初在北京成立燕声京剧团，任团长，演出于北京、天津、上海、济南等地。在武老生、红生戏方面，既承家学，又得林树森传授。老生戏以雷喜福传授为主，长靠武生戏则宗法杨小楼。擅演剧目如《古城会》、《水淹七军》、《走麦城》、《汉津口》和《磐河战》、《长坂坡》、《小商河》、《截江夺斗》、《战宛城》、《秦琼表功》、《连环套》、《审头刺汤》、《坐楼杀惜》、《四进士》、《生死板》等。20世纪60年代初曾在中国人民解放军艺术学院任教，20世纪70年代末任教于北京市戏曲学校。教学细致认真，成绩显著。20世纪90年代参加京剧音配像录制工作，有其父的《临江会》等。（王硕）

Li Jingwen

李经文　（1947～　　）　女演员。工旦。天津人。1966年毕业于天津市戏曲学校。师从杨荣环。1980年拜赵慧秋为师。1987年

再拜入杜近芳门下，研习梅派艺术。她嗓音清润纯净，表演细腻大方，唱念中规中矩，注重刻画人物性格，展示神情意态。常演的传统戏有《宇宙锋》、《玉堂春》、《四郎探母》、《大保国、二进宫》、《王宝钏》、《秦香莲》、《西施》、《凤还巢》、《刘兰芝》、《铁弓缘》和新编、改编剧目《三休三请樊梨花》、《春草闯堂》、《穆桂英挂帅》、《黄莲圣母》、《清宫秘史》、《清明雨》、《红灯女儿》、《浊世恩仇》、《三娘教子》等。在现代戏《华子良》中饰刘老板，表演出色。她是第十届中国戏剧梅花奖获得者，为天津京剧院主要旦脚演员。（钮骠）

Li Jingde

李景德　(1937～　　)　演员。工武生。祖籍河北献县，生于江西景德镇。出身梨园家庭，祖父李荣年（艺名草上飞）是著名武丑伶工。父亲李秉恒（亦名李雪樵），工武生，初从艺于江南，后入中国京剧院。母亲谢钰铭，年轻时是享誉上海的女武生。景德8岁随祖父练功，从父母学戏。1950年考入文化部戏曲改进局戏曲实验学校，习武生，受教于茹富兰、张德俊、钱富川、赵雅枫诸师。学得《林冲夜奔》、《八大锤》、《状元印》、《长坂坡》、《麒麟阁·激秦三挡》、《武松打店》、《白水滩》、《蜈蚣岭》、《三江越虎城》等长靠、短打昆乱各剧，技艺全面，功底深厚。

1958年毕业后，分配到中国京剧院，主攻短打武生戏，拜张云溪为师，常演《武松打虎》、《四杰村》、《三岔口》等剧。还曾从小盖叫天（张剑鸣）学《洗浮山》，得到盖叫天的亲自点拨。他身上边式漂亮，轻捷灵快；武打，手里脚下清楚干净，严谨有法。与郭锦华合演的《武松打店》，成为他的拿手好戏，并摄制成彩色影片。与其弟武净李景春合演的《战马超》、《白水滩》、《三江越虎城》，与高盛麟、王金璐合演的《八蜡庙》（饰黄天霸），与钱浩梁合演的《艳阳楼》（饰花逢春）等，都受到高度评价。1971年调中国戏曲学校（后为中国戏曲学院）任教，培养了众多成绩优良的青年武生演员。20世纪80年代重返舞台，调回中国京剧院。1996年应台湾复兴戏剧学校邀请，前往讲学，深受台湾行内外的好评。（钮骠）

Li Jingwen

李静文　(1953～　　)　女演员。工武旦、刀马旦。辽宁辽阳人。1972年入沈阳京剧院少艺班学习。毕业后，于1984年入中国戏曲学院进修班深造，受教于阎世善、李金鸿等名师，剧艺精进。1984年在沈阳市首届艺术节上，主演《护花神》，获优秀演出奖。1987年拜关肃霜为师。同年在全国青年京剧演员电视大选赛中，主演《两狼关》（饰梁红玉），获最佳表演奖。1990年获第七届梅花奖。她武功扎实，身手稳健，把子、出手、扑跌功夫均臻上乘，能舞能唱。擅演剧目还有《盗库银》、《盗仙草》、《挡马》、《扈家庄》、《女杀四门》、《取金陵》、《青石山》、《无底洞》、《虹桥赠珠》、《大破天门阵》、《木兰从军》等。经常出国展演，广受好评。为沈阳京剧院主要演员，2003年任该院副院长。2004～2007年间，就读于第四届中国京剧优秀青年演员研究生班。（捷之）

Li Jun

李军　(1961～　　)　演员，工老生。祖籍北京，生于山东济南。1978年考入中国戏曲学院表演系，1982年毕业进山东省京剧院，1992年调至上海京剧院。1996年入第一届中国京剧优秀青年演员研究生班学习，1999年毕业。李军就读大学时，曾受教于叶莲、王世续、刘盛通、李世霖、傅德威诸名师，后拜梁庆云、马长礼为师；在研究生班修业期间，再拜入李鸣盛门下，得到悉心指授。他的唱念做打基本功扎实，嗓音条件好，专工余（叔岩）派、杨（宝森）派，唱念有味，字清音亮，表演真切传情，注重刻画人物，工架稳练大方。擅演剧目有《伍子胥》、《杨家将》、《失街亭、空城计、斩马谡》、《击鼓骂曹》、《珠帘寨》、《战太平》、《三家店、打登州》、《打金砖》、《乌盆记》、《洪羊洞》、《红鬃烈马》、《捉放曹》和新戏《郑板桥》、《宋江题诗》、《宝莲灯》、《生死界》、《梅妃》等。他爱读书，习书法，刻意提高文化素养，充实自己，适应当今观众的审美需求，开拓演艺天地。1991年获全国中青年京剧演员电视大赛最佳表演奖。1993年在梅兰芳金奖大赛中获金奖。1996年由中国京剧艺术基金会推荐为第二届中国京剧之星。2001年在全国京剧优秀青年演员评比展演中获荣誉奖。（捷之）

《梅妃》饰李隆基

Li Kuilin

李奎林　(1857～1914)　鼓师。北京人。因行五，人称李五。长兄春元，在四喜班司鼓。四兄春泉为琴师。奎林幼年师从和春班鼓师潘阿巧。潘去世后，由其兄春泉为其授课。清光绪十一年(1885)，随兄搭四喜班。光绪十二年，为杨隆寿、姚增禄等打武戏，技艺日长，渐与郝春年齐名。光绪十六年被选入昇平署，时郝春年已年迈，遂由奎林为谭鑫培、孙菊仙司鼓。光绪二十二年，谭鑫培加入喜庆班，特约奎林担任鼓师，此后，十余年未曾分手，开专任鼓师之先例。谭鑫培传世唱片《卖马》即由奎林司鼓。他作为"簧腔班"（亦称"二簧派"）司鼓的代表人物，其特点是尺寸严谨、准确，打法熨帖入情。其鼓艺风格为后来的杭子和所继承。弟子有唐宗成、耿永山等。李奎林有三子，长子玉秀、三子玉亭皆习司鼓，素有"李一窝"之称。（王硕）

Li Kui Tan Mu

《李逵探母》　京剧作品。李逵回沂州欲搬取老母至梁山奉养，途遇李鬼冒名李逵行劫，被李逵击倒后谎称家有九旬老母，恳求饶命。

李逵念其孝心，赠银释放。是夜投宿处正是李鬼居所。李鬼与妻谋，欲害李逵，未得逞，终被李逵所杀。李逵回到家中，见母双目失明，生活无靠。其兄李达贪图赏金，向庄主告密。李逵见兄行迹可疑，匆忙背母误走沂岭。在李逵寻觅山泉为母解渴隙间，母丧虎口。李逵循迹至虎穴，力杀四虎。庄主带人追至，精疲力尽的李逵被擒。梁山耳目得讯，约同众好汉将李逵救回山寨。1956年中国京剧院首演。翁偶虹、袁世海编剧，樊放导演，袁世海饰李逵、李金泉饰李母。李逵探母事见《水浒传》第43回。旧有《沂州府》（又名二本《闹江州》）敷演此故事，早年富连成社演之，唯见母、杀虎，情节都很简单。改编此剧实由袁世海发起，求助翁偶虹，合作完成。《翁偶虹编剧生涯》有专节述及经过甚详。全剧以见母一场，表现母子之情最为生动。袁世海生平孝母，创作中融入自己亲身感受，设计细节感人肺腑。他在家中排戏时，究竟喊“娘”亲切，还是叫“妈”动人，一遍一遍地喊，来回摹绘，形同疯魔。至1980年，又做加工精炼，删去有关李鬼情节，并完成了哭母的［反二簧］唱段。李金泉创造了见李逵时的［西皮导板］接［反二六］转［二六］，用［跺板］作结，效果亦佳。尚长荣与王梦云、罗长德与赵葆秀等均工此剧。（简畅）

袁世海饰李逵（右） 李金泉饰李母（李思光提供）

Li Lanting

李兰亭 （1888～1955） 演员。工武生。直隶永清（今属河北）韩村人。幼年爱好武术，经常在乡间练功比武。8岁时遇有一流动戏班来村演出，班中主要演员张吉罗见他幼功很好，遂收为弟子。入班后，初学梆子文武老生，后专工京剧武生。由于他幼功基础扎实，又刻苦钻研，很快崭露头角。后在天津又得到名武生薛凤池指点，技艺大进。民国初年到杭州演出时，又拜南方著名武行头刘全瑞为师。刘曾长期担任李春来的武管事，李兰亭从他习艺后，在表演风格上，宗法李春来，演技以剽悍勇猛见称，善于用高难度武工技巧表现人物。他还把传统的气功，运用于武打，在猛烈的厮杀格斗中，不仅动作急速、准确，而且驾轻就熟，面不改色。李兰亭成名后，对原来武打程式和把子功颇多创新，耍刀枪下场时往往加出手，显得新颖别致。

李兰亭被重金礼聘到天津、上海、北京、青岛等地演出，尤其在东北地区享有盛名，曾以武生挑大梁。他能戏甚多，代表作有长靠戏《挑华车》、《赚历城》、《战冀州》、《界牌关》、《杀四门》，短打戏《金钱豹》、《狮子楼》、《蜈蚣岭》、《武文华》、《乾坤圈》以及用真刀真枪开打的《铁公鸡》、《塔子沟》等。1924年在北京第一舞台，与盖叫天合演四本《铁公鸡》（《双夺太平城》），他饰张玉良，翻城时走“踩子漫”，过两张半桌子的精彩技艺被观众叹为绝技。20世纪30年代初，李兰亭在上海演《宏碧缘》时摔伤，此后主要精力用于授徒传艺。他教徒宽严相济，十分得法，其学生一般学艺不久，即能登台演出。1938年被天津稽古社子弟班聘为教师。弟子甚多，著名者有关砚农、樊幼亭、张世麟、徐菊华、李大春、李元春、郭景春、杨声华、郑永春、梁慧超、袁金凯等。1944年稽古社解散，李偕李元春、杨声华赴东北演出。中华人民共和国成立后，在齐齐哈尔市戏曲学校任教。1954年患中风，返乡养病，翌年去世。（黄菊盛）

《连环套》饰黄天霸

Li Lifang

李丽芳 （1932～2002） 女演员。工旦。生于北平（今北京）。自幼跟随胞姐李慧芳学戏。12岁从师新丽琴学花旦、刀马旦，后随程玉菁专攻青衣。14岁在上海登台，崭露头角。此后，在上海、香港、江苏、湖北等地与李慧芳、江佩君、关正明、王琴生、李盛斌等合作演出，声誉渐起。1952年参加中国人民解放军政治部京剧团，后转为中国京剧院四团，1958年随团调宁夏回族自治区。1965年调入上海京剧院。曾出访苏联、罗马尼亚、波兰、缅甸、巴基斯坦、斯里兰卡、埃塞俄比亚、朝鲜、日本等国演出，受到广泛欢迎。

李丽芳戏路宽广，艺宗梅派，兼取其他流派之长。常演剧目有《贵妃醉酒》、《霸王别姬》、《凤还巢》、《玉堂春》、《吕布与貂蝉》、《穆桂英大破天门阵》、《穆桂英挂帅》、《棋盘山》、《花木兰》、《十三妹》、《佘赛花》、《孔雀东南飞》、《秋江》、《红娘子》、《大顺春秋》、《武大郎之死》及现代戏《白毛女》、《林海雪原》等。因在全国京剧现代戏观摩演出大会上成功地扮演了《杜鹃山》中的贺湘，1965年被调到上海京剧院并主演现代京剧《海港》。20世纪70年代后主演新编剧目有《侠女十三妹》、《大风歌》，现代戏《宝剑出鞘》等。其嗓音高、厚、宽、亮，表演细腻爽利，善于刻画人物。《海港》中方海珍一角，演唱难度高，表演质朴生动，获得各界认同；

《大风歌》饰吕雉

《海港》饰方海珍

在《吕布与貂蝉》一剧中运用小生、青衣两个不同行当的表演，塑造出的吕布、貂蝉，形象生动，性格鲜明；在《穆桂英挂帅》中一人饰演萧太后、杨宗保、穆桂英三个角色，个个当行出色。李丽芳录制的唱片与盒磁带有《海港》、《吕布与貂蝉》、《宇宙锋》、《生死恨》、《凤还巢》、《佘赛花》、《十三妹》、《法门寺》、《女起解》、《四郎探母》等，拍摄电影有《海港》，录像有《吕布与貂蝉》（前貂蝉后吕布）、《宝剑归鞘》、《法门寺》、《女起解》、《白门楼》等。1998年身患癌症后，仍情系京剧，积极辅导青年演员。（刘连伦）

Li Li

李莉 （1946～ ） 女演员。工旦。生于天津。1958年入天津市戏曲学校，工花旦，由谷玉兰开蒙，又得到于紫仙、杨荣环、孙荣蕙的教益，并曾从杜富隆、张连昌学小生戏。1965年毕业，入天津市京剧团任演员。她嗓音清亮刚劲，唱念激昂爽利。表演允文允武，技艺全面。花旦戏能《铁弓缘》、《小放牛》，刀马戏能《樊江关》、《穆柯寨》、《破洪州》、《佘赛花》、《十三妹》、《辛安驿》，另有《谢瑶环》、《白蛇传》、《李慧娘》、《吕布与貂蝉》、《宝莲灯》等剧，并能兼演小生，如《白门楼》之吕布、《四郎探母》之杨宗保等。1982年拜孙荣蕙为师后，侧重习学尚派各剧，所演《汉明妃》、《乾坤福寿镜》及《探母回令》之萧太后，颇具尚派柔中寓刚、矫健挺拔的风韵。在现代戏《芦花淀》、《江姐》、《沙家浜》、《海港》和新编戏《香妃》、《司马执剑》、《三探圆明园》中的表演也较为出色。1991年在全国中青年京剧演员电视大赛中，以《失子惊疯》获最佳表演奖。她是天津市京剧团主要演员。

《失子惊疯》饰胡氏（左） 张重华饰寿春

（钮骠）

Li Lianbi

李连璧 （1949～ ） 作曲家。湖北武汉人。1959年考入武汉市戏曲学校学艺，工老生。1965年参加武汉市京剧团，改学编导及作曲，后从事专业作曲。主要创作活动有京剧《岳飞夫人》、《王昭君》、《樱恋长安》、《乱世王》、《祁奚》、《巧凤凰》、《灰栏记》、《水龙吟》、《春江月》、《洪荒大裂变》、《徐九经升官记》、《膏药章》、《法门众生相》、《百花赠剑》、《梅颂情》、《楚江擂》、《七彩环》、《吉庆街生活秀》的音乐、唱腔设计。他还参加过一些广播剧、电视剧的音乐创作，并为昆、豫、越、楚、汉、黄梅、花鼓等剧种担任过音乐唱腔设计，在长期实践中积累了丰富的经验。

李连璧的京剧唱腔设计，因戏求新，因人制宜。他在继承传统声腔的基础上，大胆创新，创作了［京梆调］、［反调南梆子］、［二簧南梆子］、［四平调拉滚曲］、［高拨子慢板］、［反西皮四平调］等新板式唱腔。这些唱腔以京剧传统声腔为骨干，将民歌、歌曲的旋律因素创造性地糅合在一起，既新颖别致，又熟悉动听。李连璧还为台湾京剧团创作改编的《阴阳河》、《射雕英雄传》、《钟馗》、《刘海传奇》、《大义千秋》、《君臣鉴》、《美女涅槃》、《潘金莲》、《阿Q正传》等剧担任作曲，均获好评。现为国家一级作曲，中国戏剧家协会会员、武汉文艺家联合会理事、武汉市戏剧家协会副主席。

（周笑先）

Li Lianzhong

李连仲 （1862～1920） 演员。工武净、架子花。北京人。幼入胜春奎科班，是头科学生，与黄润甫同学。出科后搭入永胜奎班。后又加入瑞胜和梆子班，与花旦田际云、老生达子红、武丑张黑同班演出，事见《都门续略》。清光绪十二年（1886）与孙菊仙、时小福、李燕云一同选入昇平署，在宫中演出剧目有《打焦》、《火棍打昌》、《快活林》、《淮安府》、《溪皇庄》、《铁笼山》（与俞菊笙）、《长坂坡》（与俞菊笙、黄润甫）等。光绪十六年（1890）搭入小丹桂班。光绪二十五年（1899）与何景云重组玉成班，同年又与侯双印、李金茂合组庆春班，都是皮簧、梆子“两下锅”的戏班。未几因义和团事起，与自幼随其学艺的武生瑞德宝去上海。光绪二十八年（1902）搭入桂仙茶园演出，不久改搭李春来开办的春仙茶园，与孙菊仙、金秀山、朱素云、德珺如同台献艺。孙玉声在《图画日报》专栏《三十年来伶界之拿手戏》中说，李连仲演《丁甲山》之李逵、《贾家楼》之程咬金、《取洛阳》之马武、《穆柯寨》之焦赞等，“虽音不甚宏，而架子之工，无出其右。尤以《忠孝全》之三宝太监最为拿手，与孙菊仙、朱素云同演，有三绝之誉”。清末民初，在京搭庆寿、玉成、升平、陶咏、春合、双庆、桐馨、裕群、停云诸班社，演出极为活跃，剧目有《九龙杯》、《殷家堡》、《下河东》、《独木关》、《大蟒山》、《阳平关》、《战宛城》、《华容道》、《夺小沛》、《碰碑》、《失街亭》、《捉放曹》、《击鼓骂曹》、《四杰村》、《草桥关》、《宏碧缘》、《能仁寺》、《法门寺》等，能戏极多。齐如山《清代皮簧名脚简述》称，李连仲“除没有铜锤嗓音外，其余架子花脸戏都好，尤长于四黑，戏界老辈管张飞、焦赞、牛皋、李逵四人叫做‘四黑’……他演来却都非常精彩，脸谱勾的也好，他一排（掀）门帘，永远有碰头好，但大部分是对脸谱来的……晚年收的徒弟，总有几十个人，足见他的名望了”。郝寿臣曾拜他为师。子李福久，工武净。

《李连仲之忠孝全》（选自清末上海《图画日报》）

（简畅）

Li Ling Bei

《李陵碑》 京剧作品。又名《两狼山》、《托兆碰碑》。作者不详。北宋时，杨继业奉命御辽，遭奸臣潘洪陷害，兵困两狼山。杨七郎奉父命突围回营求援，继业久久盼兵不到，望子不归。梦中，七郎向他诉说自己已被潘洪乱箭射死。于是又派六郎突围求救。六郎走后，风雪交加，杨继业受苏武神灵点化，入苏武庙。庙中

清宫《戏出画册·碰碑》（故宫博物院藏）

竖李陵碑，杨既恨李陵叛汉，又伤感于自己人马冻饿的绝境，遂碰碑而亡。事见《杨家府演义》和《昭代箫韶》第2本第15出。据清道光二十五年（1845）《都门纪略》，余三胜擅演此剧中的杨继业，以唱工取胜。他在“碰碑”一场中所唱大段［反二簧］长达100多句，抒发杨继业沉痛悲愤、凄凉绝望的心情。余三胜之后，擅演者有谭鑫培、孙菊仙、刘鸿昇、高庆奎、孟小冬、余叔岩、杨宝森、奚啸伯等，均以唱工见长。谭鑫培在继承余三胜演唱艺术的基础上，对此剧情节拖沓、叙述性唱段过长的缺点加以改进，将杨继业“碰碑”时的大段［反二簧］进行了适当的压缩，并创造出杨继业和杨六郎离别后悲怆欲绝的“哭头”，加进了“碰碑”前的“大刀花”、“卸甲丢盔”等身段表演，使剧情精练紧凑，由原来一出纯唱工戏，成为以唱为主，唱、念、做俱佳的剧目。曾言《记谭鑫培》称，谭“末次出场，寒冷之状，侵之毛骨，一变而为沉衰之音，与前大不相同。舞刀一场，力不胜气，翻刀花之后，横刀于腹，唱‘叫老军看宝刀’一段，于颓迈之中，音见精彩，真能揣摩英雄末路苍凉悲壮之意也”（1912年1月12日《申报》）。中华人民共和国成立后，该剧删去了神示杨继业归天的情节，突出了杨家父子尽忠报国、不屈不挠的爱国精神，使之成为一出主题鲜明、结构严谨、情节感人、气氛悲壮的好戏。杨七郎鬼魂“托兆”一场曾一度停演。《戏考》、《戏典》、《戏学汇考》、《京剧汇编》等均刊有此剧本。

（刘文峰）

Li Mingsheng

李鸣盛 （1926～2002） 演员。工老生。本名士琳。祖籍湖北武昌，生于北京。幼年从张连福、沈富贵学艺，又得雷喜福、刘盛通、宋继亭、沙世鑫的指授，后拜蔡荣桂为师。1939年登台，

艺宗余派，兼取马、谭二派之长。先后与吴素秋、毛世来、梅兰芳、程砚秋、尚小云、张君秋、叶盛兰、杨荣环等同台演出，艺业大进。他更心仪杨宝森，潜心研习，颇有心得，人皆以杨派视之。1948年组建进步剧团。中华人民共和国成立后，曾在上海与裘盛戎、高盛麟、童芷苓、王玉蓉合作演出。后参加中国人民解放军总政治部京剧团，又并入中国京剧院，成为该院四团主演。1958年整团调往宁夏，更名宁夏回族自治区京剧团。李鸣盛嗓音清亮圆润，唱念吐字清晰，韵味醇厚，委婉耐听。经常演出剧目有《失街亭、空城计、斩马谡》、《伍子胥》、《捉放曹》、《法门寺》、《三家店》、《洪羊洞》、《碰碑》、《除三害》、《定军山》、《宋江题诗》等。新编古代戏有《大顺春秋》、《孙安动本》，现代戏有《林海雪原》、《杜鹃山》、《白毛女》、《智取威虎山》、《红灯记》、《红旗谱》等。退休回京后，以主要精力课徒授艺，弟子有陈超、朱小希、黄秉强、张国泰、李军等。有《李鸣盛艺术生涯》（刘连仑、赵兵著）述其艺事。另有杨毅平记谱、编著的《李鸣盛唱腔选集》，收入《失街亭》、《空城计》、《文昭关》、《鱼藏剑》等18个剧目的45个唱段，宁夏人民出版社2001年8月出版。

《汾河湾》饰薛仁贵（右） 赵荣琛饰柳迎春
（吴钢摄）

（钮骠）

Li Mingyan

李鸣岩 （1934～ ） 女演员。工老生、老旦。曾名李维艳。生于北平（今北京）。出身梨园家庭，父兄姐妹都是京剧工作者。她幼入四维儿童戏剧学校，分在第三分校，从其父李连甲和徐鸣策、

刘子元学戏，工老生兼老旦。对外演出中，许多正工老生戏都由她担纲，如《四郎探母》、《辕门斩子》、《龙凤阁》、全部《红鬃烈马》、《法门寺》、《捉放曹》、《定军山》和老旦戏《钓金龟》、《遇皇后》，以及新剧《桃花扇》的侯朝宗、《江汉渔歌》的赵母、《葛嫩娘》的郑母等。1949年初，转入军管会北平平剧实验学校（后中国戏曲学校），为第一期学生。继续习老生，师从谭小培、安舒元、贯大元、雷喜福诸前辈。实习公演中，常演谭派戏《战太平》、《击鼓骂曹》、《搜孤救孤》、《二堂舍子》、《汾河湾》、《打渔杀家》、《卖马》和《取帅印》、《木兰从军》、《珍珠烈火旗》、《江汉渔歌》、《白蛇传》等。还从贯大元学习全本《鼎盛春秋》和昆曲《别母乱箭》剧目。20世纪50年代初期，因推行“男演男、女演女”的做法，她转为老旦兼彩旦，出演《拾玉镯》的刘媒婆、《四进士》的万氏、《孔雀东南飞》的焦母等，均得萧长华、王瑶卿亲授。1956年毕业后，留校实验剧团任主要老旦演员，又拜李多奎为师。《望儿楼》、《康氏哭灵》、《赤桑镇》等戏得李师亲传，还曾演新剧《洪母骂畴》。后随夫曲咏春调往青海省京剧团及新疆军区生产建设兵团京剧团。1977年回北京，在风雷京剧团任主演。常演剧目有《罢宴》、《岳母刺字》、《赤桑镇》、《打龙袍》、《目连救母》等，曾排增益首尾的《洪母骂畴》，易名《英烈忠魂》，在人物刻画和唱腔安排上都有发展。她嗓音高亢醇正，气力充沛，唱老生无雌音，唱老旦有韵味，演丑婆能洒脱，况有靠功，善做表，在同辈中是

《穆桂英挂帅》饰佘太君

《大溪皇庄》饰二姐

一个多才多艺的演员。晚年以主要精力从事教学工作，在中国戏曲学院、上海市戏曲学校、北京市戏曲学校都兼任课程，并收有弟子多人。曾赴台湾讲学。（钮骠）

Li Muliang

李慕良　(1918～2010)　琴师。字孟谔，因仰慕马（连良）派艺术，改名慕良。湖南长沙人。父李赶三，京剧丑行演员。李慕良7岁学老生，9岁习琴，12岁在长沙登台演出。一次偶然代人为到长沙公演的马连良操琴，深得马的赏识，遂于15岁被马连良收为弟子，并将他带回北平深造。其间，马连良曾介绍他为言菊朋操琴吊嗓。1937年，又经马连良介绍拜徐兰沅为师，琴艺大有提高。1940年以后，专为马连良操琴伴奏。20世纪50年代中期以来，长期在北京京剧团（院）从事演出和创作工作，曾任该院艺术委员会副主任。

李慕良在京胡演奏艺术上造诣高深，又勇于创造。他深慕马连良的唱腔艺术，对其研究精深，以自己的琴艺，为马派艺术的发展作出了贡献。他的伴奏，追求心手相印的艺术境界，刚劲挺秀、潇洒大方，在平正大方的旋律和鲜明多变的节奏中，以烘云托月的方式托腔保调。因此，他的京胡演奏艺术与潇洒灵逸的马派唱腔水乳交融、相得益彰。其京胡演奏，作为京剧舞台艺术整体中的一部分，注重从剧中人物的内心情感出发，通过演奏树立人物的音乐形象，形成了李慕良独特的京胡流派。

李慕良在多年的舞台伴奏中，积累了丰富的艺术经验，并参与了许多著名剧目的音乐唱腔创作。他的唱腔创作不拘一格，富于新意，又紧紧地围绕着剧情和人物的塑造，突出演唱者的艺术风格。其中如马连良的名剧《赤壁之战》、《赵氏孤儿》、《海瑞罢官》等剧的唱腔创作都渗透着李慕良的智慧、心血和汗水。在《赵氏孤儿》中，他不但同马连良共同创作了一系列精彩唱段（其中“观画”一场大段［反二簧］成套唱腔早已脍炙人口），还同裘盛戎共同创作了魏绛的著名［汉调原板］唱腔，成为裘派铜锤花脸的代表唱段。在京剧《白蛇传》中，同赵燕侠共同创作了“合钵”一场里白素贞与许仙及刚满月的孩子诀别时的［徽调三眼］唱腔，既新颖动听，又富于京剧艺术的韵律美，既深刻地刻画了人物悲愤的感情，又突出了演员的声乐特色。在京剧现代戏《沙家浜》中，“智斗”一场里阿庆嫂、刁德一、胡传魁三人著名的“背躬对唱”一段，更是运用京剧音乐艺术的传统手段表现现代生活、现代人物的杰作，也是李慕良唱腔创作中的精品。他还创作了不少京剧的曲牌音乐和剧中的配乐。1959年创作的新京剧曲牌《万年欢庆》、《新东方赞》，尝试了运用京剧音乐来歌颂新中国、新社会、新生活。中华人民共和国成立30周年时，他创作了用京剧音乐表现中国共产党人和中国工农红军战斗历程的大型京胡协奏曲《长征颂》，成为以京剧音乐独立表现人民革命斗争生活的第一次尝试。李慕良晚年致力于培养京剧音乐艺术的接班人。其长子李祖铭承继父业，亦为著名琴师。（张梓媛）

Li Peihong

李佩红　(1966～　)　女演员。工青衣、刀马旦。天津人。1973年考入天津市戏曲学校，习刀马旦。1981年毕业，分配到天津市青年京剧团。曾师从朱宝义、马祥麟、吴祥珍、刘秀荣、李金鸿、阎世善、冀韵兰、崔荣英；1988年拜关肃霜为师；1995年又拜入程（砚秋）派传人王吟秋门下，专攻程派艺术。她身材挺健，扮相大方，功底扎实，戏路宽广，允文允武，擅演巾帼女将一类角色，腰腿、翎子、把子、圆场各功技艺均显功力，高台翻下轻捷稳当，耍刀、耍枪下场迅猛干净。由武转文后，潜心研习程派艺术，勤修苦练，唱念做表更臻细腻讲求，在传承程派艺术上成绩斐然，于众多程派后学中，她是能动刀枪把子、擅演武戏的少有人才。演出剧目有《扈家庄》、《刘金定》、(《竹林计》)、《穆桂英》、《凤吉公主》、《大英杰烈》、《棋盘会》、《破洪州》、《金山寺》、《盗库银》、《昭君出塞》和程派戏《锁麟囊》、《春闺梦》、《荒山泪》、《朱痕记》、《英台抗婚》、《红鬃烈马》、《六月雪》等。1988年在全国京剧新剧目会演中获优秀青年演员奖。1991年获全国中青年京剧演员电视大赛青年组最佳表演奖。2001年获全国京剧优秀青年演员评比展演一等奖，同年又获第十八届梅花奖。1998年入第二届中国京剧优秀青年演员研究生班学习。2004年，主演的《春闺梦》拍成电影，由郭宝昌导演。（捷之）

《春闺梦》(电影）饰张氏

Li Peiqing

李佩卿　(1897～1932)　琴师。字玉森，艺名吴长顺。祖籍山西。10岁来北京，拜姜妙香学青衣，后因嗓败改学胡琴。16岁左右赴天津，在雅韵国风票房结识了名票王君直、韩慎先（夏山楼主）等。1918年，王君直推荐李为余叔岩操琴，经调音试唱二人一拍即合。余遂携李返京，日夜砥砺、潜心钻研，终于1919年在京一演而红，余从此如虎添翼，雄才尽展，李为余增色生辉亦声誉日高。后又拜方秉忠为师，名琴师地位遂为内外行公认。

李佩卿的京胡功底深，且富于创新精神。他在悉心揣摩余叔岩演唱特点，深入掌握余派唱腔内涵的基础上，不囿于贴腔粘调的严密，而是另辟蹊径，创出一种有异于唱腔旋律、同唱腔旋律相辅相成的胡琴套路，熨帖处似梅雨田之绵密，简洁处若孙佐臣之奇伟，形成一种神清骨峻、洗练飘逸的艺术品格。李佩卿的京胡伴奏，已经同余叔岩的唱腔融合成余派唱腔艺术不可分割的整体。1922年和1924年余叔岩两次灌制的12张唱片，如《战樊城》、《鱼肠剑》、《搜孤救孤》、《法场换子》、《卖马当锏》、《李陵碑》、《洪羊洞》、《战太平》等，均为李佩卿伴奏，对后世有着深远的影响。　（王硕）

Li Qianghua

李蔷华　（1929～　）　女演员。工旦。生于湖北武汉。抗日战争爆发，随母亲逃难到了重庆。9岁开始学戏，开蒙老师是他继父李宗林（曾为程派琴师），初学老生，也学过刀马旦、花旦，后

改青衣，学会了不少程派名剧，打下了扎实的基础。12岁登台演出。14岁在成都搭班，挂二牌。15岁与妹妹李薇华组成“蔷薇剧团”，挑大梁。17岁时由程砚秋的琴师周长华亲授程派演唱技艺，达3年之久，其间由吴富琴、芙蓉草、徐碧云等名家加工身段表演。19岁拜王瑶卿为师，得以进一步深造。1947年初，梅兰芳为飞机失事而去世的爱徒李世芳募捐义演，召集在上海的言慧珠、童芷苓、李玉茹、顾正秋、李蔷华等，亲自为她们排了《八五花洞》、《八美跑车》两出大戏，并将李蔷华也列入梅门弟子。然而，李蔷华最心仪的是程派艺术。那时，凡有程砚秋的演出，她必定赶去观摩学习，曾由徐慕云介绍去拜见程砚秋，但程不收女弟子，言：拜师只是个形式，你想学什么，只管来学。长期与李蔷华合作的名角如高盛麟、郭玉昆、高百岁外，小生有高维廉，后有储金鹏，又有俞振飞，他们都曾与程砚秋搭档，因此，李蔷华在合作中更加深了对程派艺术的体会。1955年李蔷华在南京演出《荒山泪》，程砚秋看后大为称赏。1959年在程砚秋逝世一周年的纪念演出会上，李蔷华演出了《春闺梦》，受到周恩来总理的接见和宴请。荀慧生看了《春闺梦》也十分赏识，后他主动教李蔷华《金玉奴》和《卓文君》两出荀派名剧。1983年在纪念程砚秋逝世25周年时，李蔷华与新艳秋、赵荣琛、王吟秋、李世济等同台献演了《锁麟囊》。

《春闺梦》饰张氏（右）　高维廉饰王恢

李蔷华1953年加入武汉市京剧团。1980年调入上海市戏曲学校任教，直到退休。1947年由周长华操琴，在大中华唱片公司灌制了《女儿心》唱片3张（这出程派名剧此后无人演过），以及《梅妃》唱片1张。1958年由中国唱片公司灌制了《春闺梦》。1960年由中国唱片公司灌制了《六月雪》。1962年由中国唱片公司灌制了《亡蜀鉴》（又名《江油关》）。1976年由长春电影制片厂拍摄了彩色戏曲艺术片《二堂放子》。　（唐葆祥）

Li Qingzhao

《李清照》　京剧作品。戴英禄、邹忆青编剧。取材于宋代女词人李清照、金石学家赵明诚夫妻的有关生平史料。1978年中国京剧院首演。导演郑亦秋。主要演员李维康（饰李清照）、耿其昌（饰赵明诚）、李欣（饰陆崇礼）、刘长生（饰张汝舟）。宋徽宗朝，太学生赵明诚、陆崇礼、张汝舟仰慕李清照才名，到李府求亲。清照父李格非为女比诗择婿，赵明诚得配良缘。张汝舟怀恨，投靠奸相蔡京，谋害李、赵两家。清照、明诚被祸返归青州故里，屏居“归来堂”，搜求古碑文物，编写《金石录》。宋室南渡，张汝舟转投右相黄潜善，为其通敌，将赵家被抄之玉壶暗送金邦，并趁赵明诚奉诏赴江南效命之机，遣强徒劫杀，又焚烧“归来堂”。李清照南行寻夫，得陆崇礼帮助，在玄武湖夫妻相会。“玉壶颂金”事发，张汝舟嫁祸明诚，致使含恨而死。金兵再陷建康，清照于逃难途中遇张汝舟威逼，幸得陆崇礼救助，明诚沉冤大白。剧中人物李格非、蔡京，《宋史》有传。剧作依据李清照家庭遭受政治祸难、战乱中漂泊江南的基本史实，进行艺术虚构，将时代的苦难与个人的不幸交织在一起，围绕李清照、赵明诚、张汝舟展开戏剧冲突，再现了李清照一生的遭遇。作者着力于唱词的优美，并将李清照的词作化入唱段，选用其诗词作伴唱，以营造意境，展现人物情怀，使全剧抒情格调浓郁。该剧使中国一代女词人李清照的形象第一次出现在京剧舞台上。宁夏人民出版社1982年出版单行本。

李维康饰李清照（右）　耿其昌饰赵明诚

同一题材的还有罗怀臻创作的《李清照》，由越剧移植为京剧，济南京剧院2004年演出，李青主演。　（程炳达）

Li Rongwei

李荣威　（1926～2011）　演员。工净。原名李华，曾用艺名李振奎。北京人。回族。1938年入北平荣春社科班，从孙盛文、宋富亭学花脸，出科后曾向裘盛戎问艺。1942年拜苏连汉为师。同年与李万春同台演出。1943年与黄玉华、徐荣奎合作。1945年到南京入宋宝罗班社，演出于上海、武汉、长沙、贵阳等地。1949年到昆明入剑佩平剧团，后任副团长。1954年在北京参加新宁实验京剧团，与尚长春合作演出。1956年参加奚啸

《六号门》饰胡二

伯京剧团，后入天津市京剧团，与杨宝森、厉慧良、杨荣环等合作。1964年参加全国京剧现代戏观摩演出，在《六号门》中饰搬运工人胡二，1965年参加华北地区京剧现代戏会演，主演《三条石》，1981年在《汨罗怒潮》中塑造了彭德怀的形象，均受到好评。1981年拜侯喜瑞为师，学习侯派艺术。代表剧目有《连环套》、《九江口》、《取洛阳》、《野猪林》、《古城会》等。（全力）

Li Ruchun

李如春（1911～1998）　演员。工文武老生。上海人。出身梨园世家。父李长胜为南方名净。李如春自幼随父学艺，初工净行，后兼工文武老生。曾用艺名小李长胜与盖利廷。13岁时应上海永安公司天韵楼之约，排演《狸猫换太子》，饰演包拯。当时李桂春的《狸猫换太子》正红遍上海，李如春演出刻意模仿，博得观众好评，称之为“小老包”，由此奠定他以包公戏为主的艺术道路。后参加共舞台，受到前辈赵如泉的青睐，为提携后进，特为之排演《探阴山》，李如春饰包拯，赵配演油流鬼。李如春的包公戏在继承前辈传统的基础上，发挥独创精神，从剧本、人物造型到唱念表演都自出机杼，别具一格。他演《铡美案》杀庙一场：韩琪先去旅店寻杀秦香莲，秦香莲母子已辞店出门，韩琪执刀追下。心地善良的店家张元彪恐有不测，也随后紧追，三人圆场走“三插花”，舞台气氛火炽紧张。最后韩琪并未自刎，而是挺身为秦香莲作证，与陈世美当堂对质。他的《铡包勉》，不同于《赤桑镇》。嫂娘与包公的冲突，不在铡死包勉之后，而在未正法之前。嫂娘以昔日抚育之苦，恳求包公顾念私情，宽宥包勉，加上八贤王的求情，更增强包拯剧烈的内心矛盾。他的唱吸收李桂春的高亢激昂，念白融入常春恒的刚劲有力，做表工架则兼容周信芳的节奏鲜明。脸谱勾法与老戏不同，两道白眉较细，两腮着色清淡，脑门不画月牙，而是在右上方画一右向的新月形。髯口不戴黑满，改戴黑色加长加厚的改良五绺。因此，他饰演的包拯与众不同，赢得“江南活包公”的赞誉。李如春1935年拜周信芳为师，擅演麒派戏。又向前辈应宝莲学习文武老生，《风波亭》、《打金砖》、《火焚绵山》、《目连救母》等也是他常演的拿手戏。中华人民共和国成立后，任江西省庐山京剧团团长。1985年退休后曾为上海麒派进修班教学，传授麒派艺术。1987年应上海京剧院之邀，以76岁高龄演出唱做并重的麒派名剧《路遥知马力》。（龚义江）

《打銮驾》饰包拯

《路遥知马力》饰路遥（王家熙提供）

Li Ruihuan Gaibian Juben Ji

《李瑞环改编剧本集》　京剧作品集。作者李瑞环。中国文史出版社2005年1月出版。收入经过作者整理改编的新编古代故事戏《西厢记》(原作者田汉，据元代王实甫《西厢记》杂剧改编）和传统戏《金山寺、断桥、雷峰塔》、《刘兰芝》、《楚宫恨》、《韩玉娘》，共5个剧本。每个剧本后附有编者附记或剧评，对改编本做了介绍、评述。卷末有编者后记，略谓：京剧经过多少代艺术家的刻苦钻研和精心创造，成长为深受海内外观众喜爱的民族艺术瑰宝。但由于历史的局限，许多剧目不同程度地存在剧情拖沓、节奏缓慢、

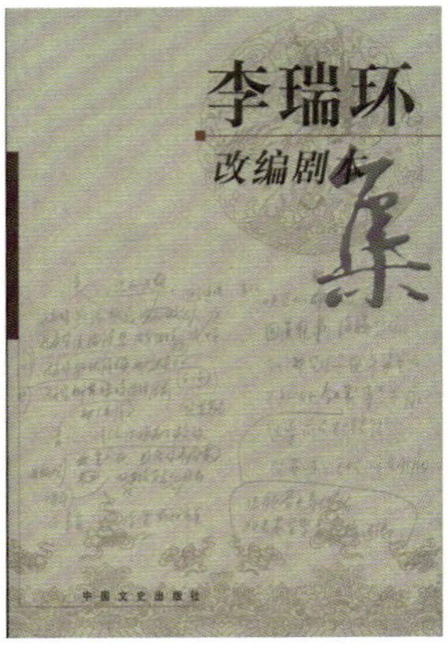

演出冗长、词句欠通等缺陷，致使当代观众难以适应，有些很有内容也不乏精彩表演和唱段的剧目，长期停演甚至濒临失传。为此，作者曾多次呼吁，要重视传统剧目的整理加工。他本人身体力行，早在20世纪80年代抓天津市青年京剧团“百日集训”时，就致力于剧本修订。这部改编剧本集所收录的只是其中的一部分。在改编工作中，他对不同版本反复比较，取长补短，千方百计保留原剧的优点和特点，同时在结构上巧为剪裁，芟除枝蔓，文字上精雕细刻，力求主题突出，人物形象更加鲜明，并大大压缩演出时间。经过天津市青年京剧团演出和录制光盘后，受到京剧界和广大观众的欢迎。这不仅使这些戏获得新的舞台生命，也为传统剧目的高水平传承提供了宝贵经验。《西厢记》在第二届中国京剧艺术节上获示范演出奖；《金山寺、断桥、雷峰塔》、《楚宫恨》先后在第三届、第四届中国京剧艺术节上分别获得优秀保留剧目创新奖和荣誉改编奖；《韩玉娘》参加第五届中国京剧艺术节，作者获特别荣誉改编奖。全书约13万字，附有彩色剧照及作者活动照多帧。（黄宁）

Li Ruilai

李瑞来（1914～1986）　京剧编剧、导演、演员。上海人。出身京剧世家。自幼学戏，工文武老生、红生，兼文武丑、架子花脸。1927年3月在上海永安公司游乐场首次登台演出。后陆续在大舞台、中国大戏院、共舞台等处边演边学。

20世纪30年代在田汉、姜椿芳、欧阳予倩等帮助下，投身爱国进步活动。1943年，参与组织上海京剧界进步组织艺友座谈会，从事京剧改良活动。1946年参加由中国共产党领导的文艺界拒绝艺人登记委员会工作以及反内战签名运动。1949年，他带头组织共舞台共和班，并组织成立同仁管理委员会，坚持演出。后改为新华京剧团。1976年入上海京剧院任编导。李瑞来以革新精神创作剧目，尤以编导连台本戏著称。从20世纪40年代起，编导了《年羹尧》、《大侠英烈传》、《太平天国》、《信义村》、《人民英雄传》、《水泊梁山》、《西游记》、《张汶祥刺马》、《封神榜》、《唱戏的人》、《黎明的河边》、

《黄飞虎反五关》、《龙江颂》等连台本戏和单本戏70余出。他编导的剧目继承了海派京剧情节曲折、人物生动的特色，摒弃庸俗噱头，体现出积极健康的主题。1943年，编导反映团结起来抵御外敌的改良京剧《信义村》。1945年在《光复河山》中担任主演。这两出戏在当时产生了积极影响。1950～1951年编写的《水泊梁山》，获华东文化部奖。1956年编导连台本戏《封神榜》，1957年10月进京演出，受到好评。他是京剧早期导演之一。导演的特点是舞台节奏明快，调度合理，能充分发挥演员表演才能，并借鉴电影、话剧手法有所创新。他饰演《西游记》中猪八戒、《封神榜》中纣王、《太平天国》中洪秀全等形象受到观众欢迎。《黄飞虎反五关》、头本《封神榜》均出版了单行本。其中《封神榜》被收入《中国地方戏曲集成·上海卷》。（蔡世成）

Li Shaochun

李少春（1919～1975） 演员。工武生、老生。原名李宝麟，小字二田。祖籍河北霸县（今霸州），生于天津。父亲李桂春是梆子兼京剧演员，艺名“小达子”，对幼年李少春影响深远。1926年，

李少春随父旅居上海。李桂春一面演出，一面请上海著名武功教师沈延臣、朱宝康为少春武功开蒙，训练正规严格，并请由北京去上海演出的名武生杨瑞亭教《石秀探庄》，霍春祥教《林冲夜奔》，使少春初具武功基础。同时少春和其三弟幼春不时参加天蟾舞台的连台本戏演出，扮演临时小角色，如《西游记》的小猴和《封神榜》里的哪吒等。1930年初，李桂春携子回到天津自寓“达子楼”（今庆安街25号），不惜重金，造访名师，先后请满福山、李大秋、邢德月为少春练武功，使其功力猛进，跟斗翻得又高又飘，四门跟斗样样规矩。李桂春又专程到北平聘请谭派名师陈秀华执教。陈秀华教学经验丰富，以格局工整著称，授徒甚众，如谭富英、杨宝森、杨宝忠、孟小冬、宋继亭、黄楚宝、陈世良、刘宗杨等。陈秀华由《黄金台》和《挡谅》入手为少春老生戏开蒙，不久又授以《捉放曹》和《击鼓骂曹》，使之熟练地掌握和理解了老生的基本唱法及行腔规范。尔后又学习二簧唱腔为主的《大保国》、《探皇陵》、《二进宫》和板式丰富、唱腔复杂的西皮戏《四郎探母》。经陈秀华推荐，14岁的李少春有幸与梅兰芳合演《坐宫》，并灌制了唱片。此后，陈秀华又授以侧重表演和身段的剧目《打渔杀家》、《打侄上坟》、《打棍出箱》以及《战樊城》、《法场换子》、《碰碑》、《哭灵牌》、《失街亭、空城计、斩马谡》、《南阳关》、《当锏卖马》、《王佐断臂》、《定军山》、《伐东吴》等。通过这些剧目的学习，李少春对于老生唱腔中各种不同板式和富于变化的音乐结构有了新的收获，同时还向著名武生李兰亭学习武生戏。李氏武生戏的特点是技巧性强，开打的套路和兵器使用有很多创新，丰富了各种把子的技巧，如《林冲夜奔》中飞脚上桌紧接转灯蹿丫急变卧鱼等，既不改变原有设计结构，又能区别一场“走边”之内打两个平地飞脚雷同的俗套，别具一格。李还向其教授了《乾坤圈》、《杀四门》、《丧巴丘》、《战冀州》、《诈历城》、全本《武松》、《翠屏山》、《恶虎村》、《鄚州庙》、《神州擂》、《贾家楼》、《金雁桥》、《画春园》、《三岔口》、《金钱豹》，以及用真刀真枪勇猛开打著称的《铁公鸡》、《塔子沟》。特别是《金钱豹》，成为李少春红遍南北的成名作。稍晚于李兰亭进入“达子楼”教学的是从北平特请的杨派武生教师丁永利。丁氏对少春的教学从《八大锤》开始，接连授以《霸王庄》、《英雄义》、《两将军》。长靠武生戏《挑华车》、《长坂坡》、《铁笼山》，完全以杨小楼的戏路作为教学依据，特别是《恶虎村》、《连环套》和悟空戏《安天会》对李少春武戏“宗杨”的表演风格产生了决定性的影响。1936年初，少春在上海向李吉来学关羽戏，深得关戏要领。先后向尹凤鸣和金丝猴学习悟空戏，其中《闹地府》、《水帘洞》、《金刀阵》成为李少春早期经常上演的猴儿戏精品。1938年初回到天津。同年6月25日，李少春首先在天津中国大戏院打炮，剧目是《两将军》、《击鼓骂曹》、《水帘洞》、《闹地府》、《打渔杀家》、《恶虎村》、全部《八大锤》（前饰陆文龙，后饰王佐）及独有剧目《打金砖》。四天五场戏圆满成功，得到尚和玉、李吉瑞好评，叫响津门。7月又在中国大戏院主办的“夏季游艺会”和旧历七月初七再次露演，其中除上演正宗传统文武双出剧目以外，新编猴戏《智激美猴王》、《十八罗汉斗悟空》、《天河配》顿使戏院上座率盛况空前。经万子和极力推荐，1938年10月7日，李少春开始在万子和主持的北平新新大戏院演出，打炮剧

李少春与师余叔岩

《水帘洞》饰孙悟空

《八大锤》饰陆文龙

《四郎探母》饰杨延辉（右）侯玉兰饰铁镜公主

《空城计》饰诸葛亮

目以《击鼓骂曹》、《两将军》文武双出获得成功。1938年10月19日李少春拜余叔岩为师，学习余派艺术，得到余氏亲授，学得余派名剧《战太平》，同年12月3日在新新大戏院贴演，并由余叔岩亲自把场。李少春的表演艺术在北平引起轰动，并从此移居北平，长期在新新大戏院和华乐戏院轮流演出。1939年夏，与魏莲芳、毛庆来、李宝奎及其弟幼春到东北沈阳、长春、哈尔滨巡回演出，在哈尔滨道外五道街中央大舞台打炮即红，与在哈尔滨华乐舞台天天爆满的李万春形成了双峰对峙、势均力敌的对台局面。李少春有幸在哈尔滨同他的师伯程永龙学习关羽戏并司台献艺，为程永龙配演《走麦城》之关平，获得程永龙的关戏真谛和许多秘本。由东北回北平后，组建自己挑班的群庆社，同毛庆来、李宝奎、张连廷、苏连汉、陈富康、程玉菁、袁世海、阎世善、艾世菊、宋遇春等密切合作，加之向余叔岩、丁永利等学习，艺术造诣不断提高。20世纪40年代是李少春艺术生涯的黄金时期，除多次到上海演出外，还到杭州、宁波、武汉等地出演，红遍江南。尤其是他同李世芳演出的《红鬃烈马》，与毛世来演出的《翠屏山》，和高盛麟演出的《战宛城》，同叶盛兰演出的《狮子楼》，同叶盛章演出的《三岔口》，同于连泉演出的《翠屏山》、《阴阳河》，同周信芳演出的《八大锤》，同李玉茹演出的《梅龙镇》，同白玉薇演出的《乌龙院》，同李万春演出的《铁公鸡》，同梅兰芳、马连良、谭富英、李多奎、袁世海、叶盛兰、周信芳合演的《龙凤呈祥》等高品位的艺术合作，使上海观众欣赏到“人间难得几回闻”的好戏。李少春在上海的艺术影响很快波及全国，远在四川的厉慧良曾专程两次到上海、武汉观看李少春的演出。在上海共舞台随师学艺的关肃霜几乎成了天蟾舞台李少春演出剧目的固定观众。1948年春末，他回到北平，创编新戏《野猪林》。同年秋，重组班社，进一步强化了演出阵容，剧团更名为起社。在北平华乐、长安戏院轮转演出了《打金砖》、《跨海征东》(即《凤凰山》、《独木关》)、《五百年后孙悟空》、《隔江斗智》、《定军山》、《战太平》、《十八罗汉斗悟空》、《长坂坡》等戏。他创演的新戏《野猪林》于1948年9月28日同观众见面，场场客满。1949年11月李少春率领他的起社到上海天蟾舞台演出，并同叶盛章合作演出了《连环套》，他主演的《打金砖》、《十八罗汉斗悟空》再次轰动天蟾，《野猪林》连满66场。回京后，赶排由翁偶虹改编的新戏《夜奔梁山》，又称二本《野猪林》。1950年6月，李少春率先同叶盛章参加国营剧团，将他挑班的起社，同叶盛章创建的金升社并入新中国实验京剧团，后为中国戏曲研究院京剧实验工作团，又改为中国京剧团。1952年他在第一届全国戏曲观摩演出大会上演出的《宋景诗》，获得演员一等奖。1953年随中国青年艺术团赴罗马尼亚演出《闹天宫》，荣获第四届世界青年与学生和平友谊联欢节金奖。1954年随中国文化代表团出访印度、缅甸，演出了《三岔口》、《将相和》、《雁荡山》。1955年5月随梅兰芳出访日本，演出了《三岔口》。1956年8月又出访智利、阿根廷、巴西、瑞士等国家，演出《闹天宫》、《雁荡山》。1958年，他除排演新编古代剧《探府记》外，还参与现代戏《白毛女》、《林海雪原》、《柯山红日》的创编和演出。1960年4月出访拉美和北美国家，先后在委内瑞拉、哥伦比亚、古巴、加拿大演出了《野猪林》、《三岔口》、《闹天宫》，其艺术倾倒观众，被誉为“世界猴王”。1962年《野猪林》被北京电影制片厂和香港大鹏影业公司合作摄制成彩色影片，保留下李少春唯一完整的舞台艺术作品。1963年他参加创编现代京剧《红灯记》并扮演剧中李玉和。《红灯记》从唱腔设计到表演形式，整个基础和艺术框架都灌注了他的心血和才华。

李少春是京剧史上承先启后的人物。其父李桂春不囿于门户之见，本着“谁好学谁”的原则，不惜重金聘请各行当的名师，故少春的文戏武戏均得各家真传。从他的唱工中可以领略到字正腔圆、音韵规范的演唱技巧，感到韵味醇厚、甜润动人。他的念工，尖团、四声、字韵极为分明，而且不嘶不懈，声情并茂。他在许多戏中的大段念白，节奏鲜明，吐字清晰。他演武生是标准的武生念法，演老生是规范的老生念法，并能在感人的关键之处博得观众的彩声，如在《独木关》中薛礼叙述三次投军的遭遇，《连环套》拜山时黄天霸与窦尔墩唇枪舌剑的交锋，乃至《击鼓骂曹》中祢衡与曹操针锋相对的激烈辩论，都念得激情饱满，沁人肺腑，特别是《野猪林》“白虎堂”一场的大段念白，更是他多年在舞台上锤炼出来的精品。他的做工尤为不同凡响，做到准确地把握人物性格和内心世界，吸取不同行当的名家表演之长，融会贯通，逼真传神，刻画人物真切，一举一动光彩照人。他在演出文武双出剧目的时候，文戏是纯粹的老生表演神韵，不露丝毫武生表演痕迹；演武戏是正宗武生表演的规范，一派大将风度，气势凝重。他的武功精湛，开打所运用的各种把子均能得心应手，规矩漂亮，既符合传统又有奇特巧妙的创新，如《挑华车》的大枪，《长坂坡》的样枪，《铁笼山》的七星大刀，《雅观楼》的槊，《蜈蚣岭》、《狮子楼》、《恶虎村》的单刀，《洗浮山》的双刀，《夜奔》的宝剑，《战濮阳》的画戟，《打登州》、《卖马》的双锏，《金钱豹》的叉，《十八罗汉斗悟空》的猴棍以及《打店》使用的匕首和手扭开打，《铁公鸡》的板凳开打等，都驾驭纯熟，无一不精。他展现于舞台上的绝技甚多，如《十八罗汉斗悟空》中的“化学把子”新奇出手，《金刀阵》里的“刁斗顺风旗”高难动作和同时操纵棍、刀、锤、圈的四种把

《响马传》饰秦琼

《野猪林》饰林冲

《红灯记》饰李玉和（左） 袁世海饰鸠山

子“耍三样”，在《杀四门》中展示的出手枪花，在《金钱豹》中“叉花”的变化多端。用飞速响亮的三个飞脚蹁越三张分列的桌子和用一个大跨度的单飞脚蹁越三张合并的桌子如履平地，在《闹地府》中戳棍直上两张桌，轻松自如，《智激美猴王》中的“过桌上椅子”，桌上酒壶果品在蟒袍、厚底的跨越下纹丝不动，都堪称绝活。他早期演出的《武松打店》中在一张桌的面积上精确完成的“飞脚蹁腿台漫”下桌，《铁公鸡》中趟马运用的“射燕腾空变叉”都是后无来者。他在长期的艺术磨炼中继承和发展了余派、杨派艺术，逐步形成了自己独有的艺术风格。他擅演连文带武的剧目，能把靠功繁难的《潞安州》及腿功着重的《八大锤》和唱念并重的《断臂说书》三出连演，一赶三游刃有余。他在《伐东吴》、《连营寨》、《白帝城》连演中，分饰黄忠、赵云、刘备，在《隔江斗志》中前演鲁肃，中饰周瑜，后赶孔明，文武并重。他在上海很红的一至四本《金钱豹》中就是把勇猛开打的《金钱豹》和唱工为主的《盗魂铃》两出连演，在《百战兴唐》中他前演雷海青，中饰南霁云，后赶郭子仪，文武昆乱一气呵成。在上海的一场义务戏里，他前饰《白蛇传》之鹿童、许仙，中饰《铁公鸡》之向帅，后饰《坐楼杀惜》之宋江，一人连演三出赶扮四个角色，观众爆满。他在《吴三桂与陈圆圆》中前演田寿，后赶吴三桂，在山海关进兵之后有精彩的开打，别致新颖。他自导的《云罗山》既保留原本梆子的精华，又创编了甜润悦耳的唱腔，他演出的《将相和》与《文天祥》都堪称文戏的力作。他的杰出成就展现在《野猪林》中，唱念做打熔于一炉，历经14年反复提炼加工和舞台考验，从剧场走向银幕，成为千锤百炼的精品。20世纪50年代他演出的《灞陵桥》、《满江红》和现代戏《白毛女》、《柯山红日》以及依据传统戏《洗浮山》并化入梆子《观阵》的表演程式创演的《响马传》等，都极富欣赏价值。他演出的猴儿戏独树一帜，不仅是民族艺术瑰宝，而且被誉为国际舞台珍品。他被公认是20世纪中在京剧艺术领域里影响大、成就高、文武兼备的全才演员。

20世纪60年代中期，他的命运从巅峰下降，《红灯记》首先由他扮演的李玉和被他人替演。“文化大革命”中被批斗、检查、抄家，十年岁月，再未允许重返舞台。1975年9月1日因患脑血栓综合征不治去世。

他的传人有俞大陆、孙震林、李小春，向他请益的有谭元寿、钱浩梁、祝元昆、马鸿麟等。四子二女中，浩天、宝春均从业京剧。

李仲明著有《博美精新——李少春传略》，北京出版社1996年6月出版。11万字。作者是李少春生前好友李光灿的儿子。李光灿为前辽宁大学副校长，在李少春去世后建议“一定要给少春立传，写本书”。李仲明为天津南开大学法学研究所名誉所长，用5年时间搜集资料，并得到吕瑞明、袁世海、翁偶虹、俞大陆等人的帮助，写成此书，实现其父亲的遗愿。吕瑞明为该书作序。由许俊德编著的《李少春唱腔琴谱集》，人民音乐出版社2009年9月出版。16开本，250多页。是作者依据李少春20多出戏的音响资料记录、整理而成。在后记中，作者还介绍了李少春的乐师李铁三、沈玉才、王德元、赓金群。

（陈大中）

Li Shaochun shuxi

李少春书系 李少春研究丛书。包括《李少春文集》、《李少春画传》、《李少春研究》（上、下册）3种4册。李少春祖籍河北霸州。李少春书系是霸州市人民政府所组织的“李少春文化建设系统工程”中继2006年11月建成李少春大剧院和李少春纪念馆之后的第三个项目。魏子晨主编。河北教育出版社2008年10月出版。时任霸州市长的杨杰在书系序言中说：“霸州能够拥有凸显于京津冀都市圈的文化影响力，是与少春先生以及众多他一样的历史文化名人的影响分不开的。文化是城市的精神和灵魂，是区域竞争的制高点，最终决定城市的历史地位。”“在建设李少春大剧院和纪念馆的基础上，推出李少春书系，正是我们实施大文化战略，打造‘戏曲之乡’文化品牌的重要举措，也是我们迈向文化名城目标的扎实一步。”

《李少春文集》封面

《李少春文集》。收有李少春文章30篇，按发表时间的先后排列。内容含学习心得、演剧体会、理论总结、戏剧评论、出访纪要、异域家书等。其中如《“堂堂胆气，耿耿丹心”——谈〈满江红〉中岳飞形象的创造》、《新——关于表演问题的通信》、《从“不是这里的事”说起》、《谈京剧现代戏表演的几个问题——兼评〈八一风暴〉演出的成就》等，比较集中地反映了李少春的表演经验和审美思考。文集附有其代表作《野猪林》1951年的演出文本。

《李少春画传》。魏子晨著。借助李氏家族提供的第一手资料以及翁偶虹、袁世海等的口述史料，分《霸州本色》、《京海风尘》、《中华气象》、《世界胸襟》4章15节。描述了李少春的艺术人生和创造精神，涉及剧目有《野猪林》、《将相和》、《大闹天宫》、《赤壁之战》、《响马传》、《满江红》、《白毛女》、《红灯记》等，配有剧照及相关文献图片200余帧，是一部图文并茂、好看耐读、颇有文化含量的传记文学。画传附有《李少春演剧一百例》（演出剧目与扮演的角色）、《李少春年谱》。

《李少春研究》。上册以评述李少春的艺术道路和舞台艺术形象的创造为重点，收有回忆、评论、研究文章60多篇。如石挥的《与李少春谈戏》、丁秉鐩的《李少春》、袁世海的《博大精深的艺术家——李少春》、翁偶虹的《李少春的孙悟空》、阿甲的《李少春的表演艺术》、龚和德的《为京剧“增值”的艺术家》、刘吉典的《李少春的歌唱艺术》等。黎舟的《〈红灯记〉座谈纪要》是详述《红灯记》创作过程的一篇很有价值的历史记录。下册有以论述李少春赴欧洲、亚洲、美洲15国演出京剧为中心的一组文章，如［苏联］谢·奥布拉兹卓夫的《没有任何一个欧洲演员，能像李少春……》、刘秀荣的《东欧之旅》、周而复的《〈闹天宫〉众望所归》、马少波的《泛舟沧海，立马昆仑》、彭松的《〈兰陵王〉舞在中国又成了绝唱》、资华筠的《恩师李少春》等；亦有围绕《野猪林》及其电影拍摄的一组文章，如范钧宏的《“戏胆”·“戏核”·“蹲底戏”》、冯其庸的《〈野猪林〉——戏曲片的新成就》、赵景勃的《谈京剧〈野猪林〉》等。共有文章40篇。下册还设有专栏《霸台抚琴》，主要为当代戏曲界著名演员及后辈对李少春的怀念、题词。最后有书系主编魏子晨专论《李少春“全能型”舞台艺术，作为“20世纪遗产”》。

书系收有李少春生前同其有过交往的党和国家领导人、文化艺术界知名人士的亲笔题词，散见于各卷卷首。冯其庸为书系作序。书系装帧格调精雅，内容极其丰富，是全面、深入研究李少春的必备读物。

（布衣）

Li Shengsu

李胜素 （1967～　） 女演员。工青衣、花衫。河北柏乡人。幼入河北省艺术学校学习，师从齐兰秋、宋德珠、何君英、王凯、周以荣、周长芸等，1986年毕业。20世纪90年代初调入山西省京

剧院，任主要演员，又向刘元彤问艺，拜刘秀荣为师。1995年拜入梅葆玖门下，专攻梅派艺术。能戏《白蛇传》、《扈家庄》、《武家坡》、《二堂舍子》、《四郎探母》、《秦英征西》等，尤以梅派戏《廉锦枫》、《红线盗盒》、《霸王别姬》、《生死恨》等演得出色。其扮相端庄明丽，俊美大方，身材修短合度，文武功底扎实，表演细腻自然，舞、做身手灵捷。嗓音宽亮甜润，舒放自如，唱做均有大家风范。1996年6月，山西省成立了以李胜素为领衔主演的梅兰芳青年京剧团，由梅葆玖任名誉团长，李胜素任团长。除经常贴演梅派名剧外，还参排了多部新编古代剧，有《孟丽君》(饰孟丽君)、《精卫填海》(饰精卫)、《海誓》(饰沈扬眉)、《金谷园》(饰绿珠）等。她在扮演各剧的主要角色中，都融入了梅派艺术的风格特色。1991年在全国中青年京剧演员电视大赛中获青年组最佳表

《野猪林》饰林娘子

《霸王别姬》饰虞姬

演奖，1992年参加全国京剧青年团队新剧目会演，以主演《孟丽君》获优秀表演奖，1996年获第十三届梅花奖。2001年在全国京剧优秀青年演员评比展演中获荣誉奖，同年正式调入中国京剧院，与于魁智搭档，合演了新编古代剧《弹剑记》、《满江红》和《野猪林》、《坐宫》等剧。还在北京京剧院的贺岁京剧连台本戏《宰相刘罗锅》第三、第四本中扮演格格一角，在京剧交响剧诗《梅兰芳》中饰福芝芳，均有新的创造。因饰演福芝芳获第十二届文华表演奖。她于1998年入第二届中国京剧优秀青年演员研究生班学习。曾出国或到中国香港、台湾地区演出，广获佳誉，被认为是梅派艺术第三代传人中的出色人才。2010年任国家京剧院一团团长。（钮骠）

Li Shengbin

李盛斌　(1911～1990)　演员。工武生。原名文斌。北京人。8岁入富连成社第四科习艺。初从王连平习武丑，学演《霸王庄》、《战宛城》、《十字坡》等，后改武生，师从王连平、刘喜益等。练功极为刻苦，基本功瓷实，其翻跌功夫极为精湛，能扎靠从三张半桌上“云里翻”、“台漫”翻下，落地极轻。尤精短打武生戏及猴儿戏。能戏甚多，在科内以演《伐子都》之子都、《花蝴蝶》之姜永志、《四杰村》之余千、《三侠五义》之白玉堂、《安天会》之孙悟空等最得称许。16岁满科后留社效力3年，离社后搭班演出，最初仅充任武行下手，后搭臧岚光班社贴演《花蝴蝶》等戏，声誉渐起。后赴东北演出数年，载誉返回，出演于北平、天津两地。曾演《巧连环》、《盗王坟》、《盗银壶》、《白泰官》、《三岔口》等武丑戏。1944年与张德发于天津国民戏院合演《白水滩》、《伐子都》等，轰动津门。后从李洪春学艺获益匪浅。他在正春社与李洪春、宋遇春、袁金凯、贺玉钦等合演《铁公鸡》饰张嘉祥，开打火爆，颇为叫座。后为重修松柏庵，正春社于长安大戏院演出武生大会，义演了全部《马超》，他与傅德威、袁金凯等分饰马超。

20世纪40年代曾应邀至夏声戏剧学校执教。1949年于苏州参加中国人民解放军第三野战军十兵团政治部京剧团，同年随军南下至福建，自此落户福州。曾导演《三打祝家庄》、《闯王进京》等。1953年随团转业，任福建省京剧团副团长。1954年，于华东区戏曲会演中演出《武松打虎》，获表演一等奖。1959年，参与创办福建省京剧学校，任校长。自此，他以炽烈的热情、充沛的精力，投入到戏曲教育事业。他细心观察，因材施教，常深入课堂观摩教学，并亲自任教，传授他的拿手剧目。他不仅熟悉生、旦、净、丑各行之戏，亦精通场面，常为学生演出司鼓。为培养新一代京剧人才，不遗余力，深受戏校师生与学生家长的赞誉。同年，应中国戏曲学校之邀，赴京为戏校实验京剧团钱浩梁等传授其代表剧目《伐子都》、《界牌关》等。其弟世斌、子幼斌均工武生。

《白水滩》饰十一郎

为纪念李盛斌诞辰90周年，《京剧名家李盛斌》一书由中国戏剧出版社于2000年11月出版。主编霍大寿，收入评论6篇，怀念文章7篇，李盛斌遗著15篇，附录有《伐子都》演出教学本等，共20万字。书前有生活、演出照片多幅。（刘松崑）

Li Shengfang

李盛芳　(约1921～？)　演员。工丑。北京人。因父酷爱京剧，令其投师丑脚名宿罗文奎，边学艺边搭班演出。中华人民共和国成立后，参加太平京剧社，后为北京京剧团。后又调北京市戏曲学校任教直至病故。李盛芳嗓音清脆，念白吐字清晰，表演轻松自然，戏路宽广，文丑戏基础扎实，在各班社搭班担任二丑，是个能上能下的丑行配角演员。他广采博取，吸取各家之长，并根据自身的条件取长补短，逐渐形成表演规范、幽默风趣、烘托严谨的表演风格。他与各流派演员搭档演出时，由于他演技娴熟，配合默契，衬托得当，深受各主演的赏识和称赞，因此各班社都争相聘用，有时他一晚上要赶两三个班社。他的婆子戏演得尤具特色，如《孔雀东南飞》的焦母、《铁弓缘》的陈母、《挑帘裁衣》的王婆、《六月雪》的禁婆等，都演得不温不火，恰到好处。王瑶卿对他饰演的焦母就十分赞赏。他在表演中很注重对人物性格的刻画，形象鲜明，有声有色，不贫不厌。当时他在北京各班中的二路丑脚里是佼佼者。（王元芝）

Li Shengquan

李盛泉　(1916～1987)　京剧教师。曾为老旦演员。学名李树芝。

北京人。1925年入富连成社科班，师从叶春善，学艺8年。出科后因嗓音变坏，留在该科班任老旦教师。1941年随该科班到东北及天津、济南等地演出。1943年到上海献艺。1944年起加入上海天蟾京剧团。1954～1958年任新民京剧团副团长兼演员。中华人民共和国成立后，兼任华东戏曲学校的老旦教师。1957年到上海市戏曲学校任教。他教学注重唱念中的声、情、气、韵起伏张弛的丰富变化和高潮的蓄势、递进、爆发，使人物塑造个性鲜明，层次清晰，激情饱满。上课时，他亲自操琴伴奏，强调行腔的关键所在，使学生便于掌握。经他整理加工后施教的《罢宴》、《赤桑镇》、《岳母刺字》等剧，演出效果甚佳。他还擅长在新剧目中为老旦行当谱曲。1970～1971年，《龙江颂》剧中盼水妈唱段即由他创作谱写。他所教学生有孙花满、田金萍、胡璇等。李金泉、王玉敏等也受过他的教益。（张中英）

Li Shengzao

李盛藻　（1912～1990）　演员。工老生。原名李凤池，字翰如。祖籍安徽祁门，寄籍直隶永清（今属河北），生于北京。出身梨园世家。父亲李寿峰，工老生，擅昆曲。二叔李寿山、三叔李寿安均工花脸，四叔李寿臣（鑫甫）工文武老生。盛藻深受熏陶，幼随兄盛荫同入富连成社科班盛字科学艺，排名盛藻。社长叶春善见他天资聪慧，领悟力强，除随萧长华、蔡荣桂等学戏外，还特意指定雷喜福为他授艺。又另聘高庆奎亲自传授了《斩黄袍》、《辕门斩子》、《逍遥津》等剧，演出后深得好评。高庆奎本是盛藻舅父，又招其为婿，悉心栽培，艺事日进。盛藻又私淑马连良，凡马有演出，他多前往观摩学习，尤以身段边式、台风潇洒近似，被誉为“小马连良”。坐科期间即以擅演《四进士》、《定军山》、《空城计》、《借东风》、《四郎探母》、《浔阳楼》、《除三害》等戏驰名，是富连成社“科里红”学员之一。出科后，仍留科班效力，于1934年与同科裘盛戎、陈盛荪、刘盛莲、杨盛春、贯盛习等应邀赴沪演出，誉满上海。返京后自组文杏社，常年演出马派与高派剧目《一捧雪》、《龙凤呈祥》、《苏武牧羊》、《胭脂宝褶》、《火牛阵》、《坐楼杀惜》、《青梅煮酒论英雄》、《哭秦廷》、《信陵君》、《赠绨袍》、《生死板》等。在与贯盛习、孙盛武、高盛麟、袁世海、李世霖、江世玉等合作演出的八本《三国志》中，先后分饰刘备、诸葛亮、鲁肃、董承、邓艾等主要角色，称著一时。

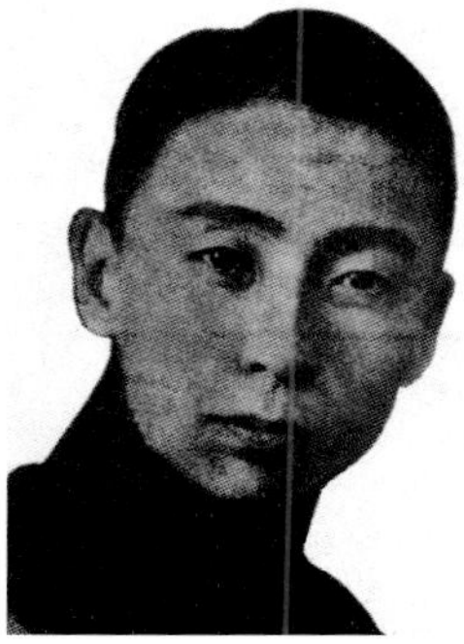

中华人民共和国成立后，李盛藻参加新兴京剧团，排演了彩头戏《黄飞虎与纣王》、《姜子牙与哪吒》、《广成子错收殷郊》以及《鹤惊昆仑》等。后参加北京市京剧一团，与李万春排演新编古代剧《廉吏风》。1955年，参加中国京剧院演出《借赵云》、《黄鹤楼》、《龙凤呈祥》等戏。1961年至北京市戏曲学校任教。在教学中，能按不同的流派特色授艺，如教高派的《斩黄袍》，马派的《打渔杀家》，谭派的《定军山》，都能因材施教，培养出一批优秀学生。1965年提前退休。“文化大革命”期间，《廉吏风》遭到无情的批判，拨乱反正后，与李万春复排此剧，再次演出。此间，将《借赵云》、《松棚会》录像，留下了为数不多的形象资料。晚年还在中国戏曲学院任教。（马铁汉）

《甘露寺》饰乔玄

Li Shifang

李世芳　（1921～1947）　演员。工旦。祖籍山西太谷。父李子健系著名晋剧演员，母李翠芬为河北梆子演员。幼年时随父母在北京、天津、山西、察哈尔等地巡回演出。10岁定居北平，1931年7月24日进富连成科班学戏，萧长华为他取名李世芳。入科后由苏雨卿教青衣戏，萧连芳教花旦戏。1934年富连成社的“盛”字科学员多数出科离社，影响演出上座率。此时年仅13岁的李世芳被推到主要演员位置。请来张彩林（张盛利之父）先教《花田八错》，又教《骊珠梦》，演出效果甚佳。张见李世芳的扮相和嗓音非常像年轻时代的梅兰芳，若能演出梅派剧目定受观众欢迎，经社长同意由张盛利、袁世海同李世芳于1935年春合演于广和楼。自梅兰芳、杨小楼合作演出《霸王别姬》后，北平很少有人演出此剧。而科班学员能演此戏的，李世芳是第一人。演出后，轰动九城，连演多日，场场客满。各家报纸纷纷发表评述并赠予“小梅兰芳”的称号。齐如山阅读报纸后，驱车广和，一睹“小梅”风采，果然很像。遂又邀尚小云一起去看，尚惊喜不已。再一次演出《霸王别姬》时，尚小云亲自把场，并在虞姬舞剑奏曲牌［夜深沉］时登场击打南堂鼓。应萧长华之邀，尚小云特来富连成社传艺。时值旧历六月，赶排新戏《天河配》，又教《昆仑剑侠传》、《娟娟》和《金瓶女》。李世芳得遇良师，受益匪浅。

1936年梅兰芳来京演出，看了李世芳《贵妃醉酒》、《霸王别姬》两场演出后，提出收世芳为徒。因梅久居上海，富连成便请魏莲芳（梅之弟子）来社，教李世芳梅派剧目。同年冬北平《立言报》应读者要求举办“童伶选举”。1937年1月揭晓，李世芳获18 414票，当选为“童伶主席”。两年后，《立言报》效仿20世纪20年代评选四大名旦之举，评选出四小名旦，依次为李世芳、毛世来、张君秋、

《宇宙锋》饰赵艳容

《百花公主》饰百花公主

宋德珠。

1937年李世芳从富连成社出科后，又师从梅兰芳琴师王少卿，学梅派唱腔、唱法、行腔、吐字，如是者3年。1940年组织承芳社，首演于三庆戏院，演出《廉锦枫》，一炮打响。接着连续演出梅派剧目多出。他有意识地选演《抗金兵》、《生死恨》、《西施》、《木兰从军》等表现爱国主义精神的剧目，以抒发爱国深情。又应天津、济南、青岛、上海及山西等地之邀，外出献艺，所到之处大受观众欢迎。在天津中国大戏院演出时正值盛暑，挥汗如雨，连演24天，场场客满。济南观众更是热情，票已售完，观众要求买站票，站着看戏。

李世芳在名誉面前并不满足，而是扬长避短，排演新戏。第一出新戏是从晋剧《百花亭》改编过来的《百花公主》，有文有武，他在“赠剑”中唱做考究，“点将”时工架稳健，“凤凰山”的武打精美。继之又排演了《天国女儿》。内容为韩宝英舍命救翼王石达开的故事。表现出韩宝英的英勇无比，才智过人。此剧唱做并重，文武兼备，特别是创造出“一马双跨”的趟马是传统戏中没有过的。李世芳为人忠厚朴实，温和善良，乐于助人，肯吃苦，有理想，明是非。在日寇侵华时期，他对当时日伪组织的各种义务戏拒不参加，坚决回绝了日伪当局点名要他以使者的身份去伪满洲国的演出，因而遭到日本特务的迫害。1947年，他正处在艺术上突飞猛进大有可为的年华，不幸在乘飞机离沪返京途中失事罹难，年仅26岁。

（姚保瑄）

Li Shiji

李世济 （1933～ ） 女演员。工旦。祖籍广东梅县，生于江苏苏州。就读于彼得小学和圣玛丽亚中学，自幼酷爱京剧，5岁能学唱《女起解》。13岁正逢抗日战争胜利后程砚秋赴沪演出，有幸得识，因她面容与程相似，又聪颖好学，深得程之喜爱，遂收为义女，并传授《贺后骂殿》。自此她痴迷程派艺术，还曾向赵桐珊、王幼卿请益，从朱传茗学昆曲，向陶玉芝学把子功。由于她勤奋好学，又有名师指教，因而打下了扎实的基础。

1950年考入上海第二医学院。肄业后，于1953年初组李世济京剧团赴各地演出。年底抵京，演出《荒山泪》、《玉堂春》、《六月雪》等剧，声誉鹊起。1956年参加北京京剧团，与马连良、谭富英、裘盛戎等同台演出，获益匪浅，技艺大增。1957年，被选入中国艺术代表团，赴苏联莫斯科参加第六届世界青年与学生和平友谊联欢节，演唱程派名剧《春闺梦》，获古典歌舞表演银质奖章。1959年，与谭元寿、闵兆华排演根据豫剧移植的《陈三两爬堂》，其中一段20多句的［垛板］唱段，是借鉴地方戏的板式而创造的，成为脍炙人口的唱段。1961年，与谭元寿、周和桐等排演了据彩调整理改编的《刘三姐》，进行有益的尝试，后又演出了《杜鹃山》、《党的女儿》、《南方来信》等现代戏。1976年重返京剧舞台，1979年调入中国京剧院。1980年，改编演出了程派名剧《文姬归汉》，并由其夫唐在炘为新增的“胡笳第十二拍”和“惜别才知君情长”两段唱词，分别设计了［南梆子］和［反西皮］唱腔，演唱真切感人。

李世济在继承程派艺术上，又有所创新发展。根据自身条件，通过多年的舞台实践，从剧本到唱腔，都认真地进行了新的探索，创出自己独树一帜的艺术风格。她擅演的《锁麟囊》、《梅妃》、《王

《英台抗婚》饰祝英台

《武后轶事》饰武则天

昭君》、《碧玉簪》、《英台抗婚》等，深受观众喜爱。其弟子有刘桂娟、吕洋等。

（刘松崑）

Li Shike

李适可 （1892～1959） 票友。工老生。名堪，字适可，号止庵。北京人。李适可以行医为业，但精通音韵。他自幼酷嗜京剧，后经人介绍得识余叔岩，遂成为余门常客，引为莫逆。余叔岩教授张伯驹时，他在一旁全神贯注，仔细默记，久之深得余派真谛。由于李适可对余派发声、唱腔、字音、口法、节奏、韵味、擞音等研究有素、造诣极深，故宗余派者多愿向其请教，如孙养农、杨宝森、赵贯一等均受其教益。孟小冬正是先求教于他，而后才拜余叔岩为师。他对传播余派声腔艺术、培育老生人才颇有贡献。于世文从富连成社出科后已搭班演唱有年，但在其父于连泉的带领下仍拜李适可为师，得以深造。李适可除指点于世文在富连成社所学的剧目外，还陆续传授给他一些其他余派剧目。不仅工余派者经常向李适可请益，其他流派演员也向其问艺，奚啸伯就曾一度在其门下学习。李适可善于编排唱腔，有些剧目经他加工改进后，从不起眼的小戏而成为重头戏。像《三击掌》中王允，原本是由里子老生应工，经过他的研究改编，竟成为生、旦并重的对戏。程砚秋晚年演出此剧时，由于世文饰演王允，效果颇佳。

李适可虽然很少吊嗓子，但其嗓音天赋极佳，调门之高、气力之足令人称奇。早年他曾与有“南京梅兰芳”之称的杨畹农合灌过《坐宫》唱片，销路甚好。他个人所灌的《沙桥饯别》唱片，影响更为广泛。当余叔岩修改词句、编创新腔后再灌录此戏时，曾对人云“听听我比李适可唱得如何”，可见李适可颇得余叔岩重视。20世纪50年代，李适可又陆续做了《清官册》、《八大锤》、《桑园寄子》等剧目的录音。1949年，阿甲曾登门拜访李适可，敦请他出山，因他年高体弱未果。

（吴焕）

Li Shoumin

李寿民 （1902～1961） 京剧作家。原名李善基。重庆人。祖上累代为宦，其父李元甫清光绪时曾在苏州为官，因不满官场黑暗，弃官归里，以教私塾为业。李寿民幼承家教，长大后北上天津谋生。七七事变后，拒任伪职，被日寇以“涉嫌重庆分子”抓入宪兵队严刑拷打。李终不屈，熬了70余天，经保释出狱。为谋生，以还珠楼主为笔名，撰写武侠小说40余部，著名的有《蜀山剑侠传》、《青城十九侠》等，还创作过言情小说《轮蹄》等。据景孤血《由四大徽班时代开始到解放前的京剧编演新戏概况》等资料记载，他参与了为尚小云编写京剧剧本《青城十九侠》、《九曲黄河阵》、《虎

乳飞仙传》、《十二金钗》、《北国佳人》、《兰陵女儿》等，并参与改编《飞侠女》、《燕子笺》、《一粒金丹》等剧本。他还为女演员黄玉华编写了《鸳鸯扇》、《翡翠园》、《茶山女儿》、《赛韩娥》等。无论是改编自己的小说《青城十九侠》或前人的传奇《燕子笺》、《比目鱼》，还是新编剧目，都能做到情节生动，人物鲜活，舞台演出效果颇佳。中华人民共和国成立后，李寿民在北京市戏曲编导委员会从事编辑工作，著有小说《杜甫》。（秦华生）

Li Shunting

李顺亭 （1847～1919） 演员。工老生。排行第五，梨园通称**大李五**。北京人。幼时坐科小和春（王芷章《中国京剧编年史》第205页谓其“坐科双奎”），出科后先搭入春台班，以后又搭过三庆班、四喜班、天仙班、双庆班、喜庆班等。清光绪九年（1883）选入清廷昇平署承差。他功力深厚，能文能武，多才多艺，有“戏篮子”之称。演《风云会》的赵匡胤，无人可及；演《铁笼山》之姜维，仅次于俞菊笙，前有《探营》一折，为他人所不能；演《凤鸣关》之赵云，所唱并无特别之腔，然铿锵苍劲，令人回味无穷；更善唱唢呐二簧，与何桂山合演《龙虎斗》声震屋瓦，大有叱咤风云之概。他为人配角尤显功力造诣。杨小楼在内廷演出《长坂坡》，必由他扮刘备，谭鑫培演出《失街亭》，多由他扮王平。晚年更为余叔岩所倚重，或请益，或配戏。1919年，随余叔岩南下，未及演出病逝于汉口。（讷言）

Li Siguang

李四广 （1903～1981） 演员。工丑。原名玉广。祖籍北京。出身梨园世家。父亲李顺德，工武净，伯父李顺亭，工老生，均为清廷昇平署的民籍教习，曾与俞菊笙、谭鑫培同台奏艺。四广昆仲5人，皆业梨园。长兄玉成习武行，次兄玉安给余叔岩管事，三兄三星演二路武生，五弟玉泰工小生。四广幼入三乐科班学艺，工文丑，又拜董智斌、郭春山为师，并从师兄慈瑞全问艺。学成后，先后搭余叔岩、言菊朋、高庆奎、马连良、谭富英、梅兰芳、尚小云、荀慧生、金少山、裘盛戎各大班演唱。1920年后，长期为程砚秋配戏。20世纪50年代为张君秋的常年搭档。

他戏路宽广，除常演《一匹布》、《荷珠配》、《打城隍》一类剧目外，无论大丑、二丑角色均能胜任，尤擅婆子戏。程派戏《锁麟囊》中之胡婆、《朱痕记》之宋氏、《金锁记》之张妈妈、《春闺梦》之孙氏、《碧玉簪》之顾妈妈、《青霜剑》之姚妈妈及《荒山泪》中的王四香、崔德富等都演得十分出色。他的表演，以其对社会生活的细微观察和深刻体味，作为雕琢舞台人物的依据，通过丑行风趣诙谐、自然本色的表现形式，将各色各样的角色演得深邃质朴，入情入理，意趣纷呈，亲切感人。在他演剧的一生中，与旦脚合作最多，旦脚中又以青衣为多；塑造的人物形象，又以市井生活中的三姑六婆为多。他演好人比演坏人好，有独到之处，胡婆即其一例。他为人配戏，从不喧宾夺主，不抢戏，不搅戏，烘托陪衬，恰到好处。他与程砚秋、张君秋合作摄制的影片《荒山泪》(饰王四香)、《望江亭》(饰杨衙内)、《铡美案》(饰张三阳)，留下了他的艺术音容。他为人谦和，诲人不倦，热心传道授业，培育后学。长子少广及弟子刘世亭、郭韵和、甄韵福、苏世詹、邱贵友、左世钧、陈博裕、刘广义均得其教泽。还曾到北京市戏曲学校任教。（钮骠）

《诗文会》饰车步清（右） 张君秋饰车静芳

Li Wanchun

李万春 （1911～1985） 演员。工武生。名伯，字鸣举。祖籍直隶雄县（今属河北），生于哈尔滨。满族。自幼随父亲、名武净李永利学戏。4岁时随父转到上海，先后由崔凤鸣、徐德增、项鼎新传授老生戏，由名琴师厉彦芝操琴吊嗓、练唱，武功基本功由其父亲自训练，故奠定了扎实的文武功基础。7岁初登舞台时以“客串李”为艺名，在荀慧生主演的新戏《三戏白牡丹》中扮演仙童。此后即在上海、芜湖、扬州、苏州等地演出。1920年，在杭州演出，一位爱好京剧的老中医，取万年长春之意，以“万春”之名相赠，从此改用李万春为艺名。1921年听马连良建议，北上津、京，以求艺术深造，开阔眼界。12岁正式参加斌庆社科班，与师弟蓝月春分饰马超、张飞，演出《战马超》，被誉为双绝。李万春获“童伶奇才”的美称，以后此戏改称《两将军》。在斌庆社，与尚小云同台演出《井台会》，很得尚小云青睐，遂与俞振庭共同介绍给杨小楼学武生戏，向余叔岩学老生戏。斌庆社以他为主演排出一至三本《佟家坞》，成为后来他独有的代表作。在他15岁时，梅兰芳邀他一同赴上海演出，而且让他在生旦“对儿戏”《宝莲灯·二堂舍子》之后，扮沉香，以《劈山救母》压大轴。李万春由此享名沪上。4年之后，他19岁时再度随梅兰芳在上海演出，被挽留下来，担当主演，直到1931年。两年间，遍访上海名武生何月山、杨瑞亭、张德俊、小桂元、李吉瑞、赵如泉、刘奎官等人，问艺求教。又与盖叫天合演《三岔口》，反串刘利华，学得盖氏的脚步，可谓博学广纳。

从上海回到北平，于1932年自己组成**永春社**，从此挑班主演，

《九纹龙史进》饰史进

《马跳檀溪》饰刘备

巡回于大江南北，以及东北几省。1948年，演出市场萧条，为维持收入，永春社一分为二，一部分由其二弟李桐春、四弟李圜春率领赴台湾演出，一部分由自己与三弟李庆春率领从上海南下演出。中华人民共和国成立后，北京市市长彭真派人把他这部分人员接回北京，于1950年建立首都实验京剧团，由他担任团长。1953年，改称北京市京剧一团。1960年，李万春担任西藏自治区京剧团艺术顾问。后去内蒙古自治区京剧团，任团长。1978年调回北京。次年，建立北京京剧院二团，在以后的七八年里，不断恢复演出其拿手杰作《闹天宫》、《武松》、《古城会》、《廉吏风》、《铜网阵》、《独木关》、《水淹七军》。临去世前几个月，还不顾年高多病，应李翰祥之邀，在北京录制代表作《连环套》、《骆马湖》、《恶虎村》以及《林冲发配》等戏。终以积劳病重，在录像过程中突发肝硬变腹水，于1985年9月12日去世。

《闹天宫》饰孙悟空　（吴钢摄）

李万春还是位教育家。在北平兴办鸣春社科班，一直坚持到抗日战争胜利前夕。7年间，先后培育出“鸣”、“春”两科（班）学生，如李鸣俊、李鸣杰以及王鸣仲、张鸣禄、吴鸣申、徐鸣策、于鸣奎、谷春章等。

二弟**李桐春**（1929～　），排名鸣俊，工武生兼红生，尤以红生戏闻名，《古城会》、《华容道》、《走麦城》等剧均具自家风格，在台湾得“活关公”之誉，“武松戏”及《霸王别姬》等戏亦好。五弟**李圜春**（1931～2004），亦工武生，身材扮相、武功嗓音都够水准，短打、长靠各工均能，如《挑华车》、《两将军》、《三岔口》、《翠屏山》、《伐子都》等都是常演剧目，还擅长“猴儿戏”，具“李门本派”的特色。1949年，二人随王振祖的中国剧团，与李蔷华、言少朋等同到台湾。后转入顾正秋剧团，又分别参加大宛、陆光、海光各剧队，并任教于海光、国光等戏剧学校。

中国文史出版社1990年4月出版《菊海竞渡——李万春回忆录》，周桓编著，近20万字，以章回体叙述了李万春一生艺事。

（周桓）

Li Weikang

李维康　（1947～　）　女演员。工旦。生于北平（今北京）。自幼受家庭熏陶，喜爱京剧艺术。1957年考入中国戏曲学校，师从赵桐珊、华慧麟、程玉菁、雪艳琴、于玉蘅等。12岁第一次登台，饰演《二进宫》的李艳妃，甚受好评。在校期间，学习了王（瑶卿）派剧目《汾河湾》、《三击掌》、《玉堂春》、《万里缘》、《十三妹》，梅（兰芳）派剧目《霸王别姬》、《贵妃醉酒》、《穆柯寨》、《宇宙锋》，荀（慧生）派剧目《红娘》、《红楼二尤》，张（君秋）派剧目《望江亭》、《春秋配》等。另外，她还学过一些传统剧目，如《孔雀东南飞》、《铁弓缘》、《拾玉镯》、《得意缘》等。1966年毕业后，分配到中国京剧院参加了现代戏《红灯记》的排演，扮演李铁梅B角。她虚心向刘长瑜学习，但不一味单纯模仿，而是根据自身条件去塑造人物。她还在现代戏《平原作战》中扮演过农村姑娘小英。“文化大革命”后，她排演了现代京剧《蝶恋花》，饰杨开慧，做到了声情并茂。另外，她在现代戏《恩仇恋》中，将青衣、花旦、刀马旦等行当艺术融为一体，塑造了女主角凤妹子形象。在《秦香莲》一剧中，她在继承传统的基础上，进行了有益的尝试，把秦香莲弹唱《琵琶词》的唱腔，以［反二簧原板］为基调，糅进了［四平调］，唱来一字一泪，十分感人。

《谢瑶环》饰谢瑶环

《恩仇恋》饰凤妹子

李维康嗓音甜亮，扮相端丽，台风淳朴清新，注重以形传神，如《李清照》、《玉堂春》、《宝莲灯》等，在唱腔上熔梅、程、张于一炉，糅进地方戏曲与歌曲的演唱方法，形成了自己的艺术风格。她曾多次赴欧洲、北美诸国和中国香港、台湾地区演出，受到中外观众的喜爱。她是首届梅花奖获得者。20世纪80年代，她在电视连续剧《四世同堂》中成功塑造了韵梅这一善良的女性形象，于1986年5月获第四届大众电视金鹰奖最佳女主角奖。1992年获梅兰芳金奖。1998年12月任中国戏剧家协会副主席。2004～2009年，为中国戏曲学院特聘教授，在该院召开的第二届京剧学国际学术研讨会上发表长篇论文《京剧发展要走大路》，总结了她演梅派戏的艺术经验。2006年11月任中国文学艺术家联合会副主席。

（娄悦）

Li Wenmin

李文敏　（1938～　）　京剧教师。曾为旦脚演员。生于北平（今北京）。外祖父李顺德系清末名伶。父李春林为梅兰芳剧团“大管”。1952年考入北京私立艺培戏曲学校，17岁始得熊承旭的指导，并由熊引荐，于1958年拜赵荣琛为师。此后30多年，求艺不辍，勤学苦练。1960年入北京市青年京剧团，随师左右，尽得薪传，并演出《武家坡》、《朱痕记》、《贺后骂殿》、《火焰驹》等。1963年始回北京戏剧专科学校任教。从教以来，将程派的表演规范与基础教学有机结合，取得显著成绩。其教法规矩细腻，更注重学生艺术素质的全面培养。培养出李海燕、张火丁、曹曼、郭伟等多位程派新秀，为程派艺术的继承作出了贡献。1996年曾赴台湾复兴戏剧学校传艺。

（王硕）

Li Xihong

李喜鸿　（1930～2007）　京剧教师。曾为旦脚演员。北京人。7

岁入荣春社坐科，初学武生、老生，后改工青衣、刀马旦。1945年拜苏盛琴为师。1946～1947年随尚小云在天津与尚长麟一起学戏。1947～1949年搭班演出。1949年加入尚小云剧团，为尚配戏，如《十三妹》之何玉凤、《金山寺》之小青、《乾坤福寿镜》之寿春、《红鬃烈马》之代战公主等。协助尚小云教学，曾指导吴韵芳、李树芳、李翔、宋静媛和中国戏曲学校毕业生刘秀荣、谢锐青、鲍绮瑜等多人。1963年调北京戏剧专科学校任教，以教授尚派戏为主，教学严谨。杨淑蕊、王玉珍、刘山丽等均得其教益。（王硕）

Li Xiangyun

李香匀（1911～1969） 京剧教师。曾为旦脚演员。原名李桂林。北京人。回族。1917～1929年先后在保定、北京读小学、中学，后入大学，肄业。读书期间便酷爱京剧艺术。1929年正式登台演戏，

并拜陈德霖为师，改名李香匀。与陈德霖次子陈少霖同龄，交往甚密。1931年二人曾合作演出《审头刺汤》一剧。1929～1939年是他舞台演出的黄金时代，先后与陈少霖、贯大元、奚啸伯、邢威明、李盛斌以及杨宝忠等合作演出于北平、天津、济南、上海、汉口以及东北各地。20世纪40年代以后，嗓音变坏，不能演出，在北平赋闲。为了生计，1946年参加国民党第五十二军第二师的励勇平（京）剧队，虽偶登台，但以教戏为主。1948年东北鞍山解放，经罗烽、李纶等介绍参加哈尔滨人民剧院。1950年参加东北戏曲实验学校任青衣教师。1955年来京，任中国戏曲学校教师。他能戏很多，经常演出与教授的剧目主要有：《凤还巢》、《审头刺汤》、《生死恨》、《霸王别姬》、《宇宙锋》、《天女散花》、《春秋配》、《黛玉葬花》、《评雪辨踪》等。他有较高的文化水平与艺术修养，教学中注意克服注入式，重视启发式，重视对剧情与人物的分析，为培养新中国的京剧青衣演员作出了贡献。（王世勋）

《廉锦枫》饰廉锦枫

Li Xiaochun

李小春（1938～1990） 演员。工武生，兼工老生。乳名福来。祖籍河北雄县，生于北平（今北京）。李万春之长子。自幼随父练功学戏，打下坚实的武功基础，兼学文戏，由祝荫亭教余派老生戏，也取得相当成绩。不足10岁时，便随父亲演出，先是在《闹天宫》里扮演哪吒，其后自己主演《哪吒闹海》、《乾坤圈》等，其后又演出其父路数的《战马超》、《三岔口》、《闹天宫》、《十八罗汉收大鹏》等。演出的文戏有《击鼓骂曹》、《将相和》等。1957年，参加在莫斯科举办的第六届世界青年与学生和平友谊联欢节，演出《哪吒闹海》，获金质奖章。以后，又问艺于其舅父李少春，学习了《野猪林》、《打金砖》等戏。他的扮相、嗓音条件接近李少春，故多按他的戏路子演出，如《闹天宫》等猴儿戏，皆遵李少春的路数。20世纪60年代初，为支援西藏和内蒙古，随团前往。1978年，其父调回北京，更独自担任内蒙古自治区京剧团的领衔主演，排

《打金砖》饰刘秀（左）（陈莹摄）

演《逼上梁山》和现代戏《王若飞在狱中》等。其间，曾参与拍摄影片《人猴》，与李长春录制京剧艺术片《连环套》及《十八罗汉收大鹏》。1978年参加中国艺术团出访美国，演出30余场。李小春具有天赋的个头、扮相、嗓音等好条件，又有从小练就扎实功底，更得父亲、舅父的亲身传授，又向其他名师请益，成为一个文武全才、昆乱不挡的优秀演员，却不幸英年早逝。（周桓）

Li Xuezhong

李学忠（1948～ ） 京剧导演、编剧。吉林扶余人。1959年考入长春市京剧团学员班，工净行，师从陈世新。毕业后从事导演、编剧工作。编写的第一个京剧剧本是新编历史剧《泰山铁

罗汉》，由吉林市京剧团演出，获1982年吉林省优秀剧本一等奖。1988年，编导新编历史剧评剧《契丹魂》，获第一届中国戏剧节优秀剧目奖。1991年，与郝国忱共同编写并由他执导的京剧现代戏《高高的炼塔》，获第一届“五个一工程”奖和第二届文华大奖，他本人获编剧、导演两项文华奖。1994年为天津青年京剧团导演新编历史剧《曹操父子》。此外，还导演了花灯戏《情与爱》，吉剧《一夜皇妃》、《关东雪》，蒲剧《关公与貂蝉》，祁剧《甲申祭》，晋剧《油灯开花》，闽剧《贬官记》等。他导演的特点是注重写意，突出气势，宏大场面处理得当，强调疏密相间，层次鲜明。对于历史剧的排演主张文戏武唱和武戏文唱，节奏明快，好听好看。1995年调任中国国家京剧院导演，退休后仍活跃于剧坛。（贾志刚）

Li Yongfu

李永福（1845～1913） 盔箱管理师。直隶大兴（今属北京）人。其先人在北京大栅栏开首饰店，人称“金子李”，后家道中落。李永福16岁入三庆班学盔箱操作手艺，满师后即以盔箱管理为业。清同治六年（1867），刘维忠在上海开设丹桂茶园，进京邀角。永福是同治年间随京角南下的最早的京班箱倌之一。初到沪尚不能立足，曾去苏州谋生，后又进上海定居，在丹桂、天仙等茶园中给许多名角扮过戏。因其人勤手巧，技艺娴熟，为演员们称道。他对上海早期京剧的盔帽头饰有过不少改进创造。如《辛安驿》中所用的青椒帽、《滑油山》中所用的大鬼帽，是他的创制；武角色用的茨菰叶，原是演员扮戏时用水纱现打的，经他改进，成为事先做好的一种头饰，勒头时掖在水纱下即可。其孙李紫贵在《忆江南》

中说："上海早年多数'箱倌儿'都是我爷爷的徒弟。"1913年李永福病逝于上海，葬苏州外跨塘横山头。旧时上海伶界联合会供奉各行祖师牌位，李永福列在盔箱行最高层。永福弟永禄，自幼随兄在三庆班学衣箱管理，又随兄到沪，也较有名，早年丧偶，无嗣。而永福则子孙繁茂，且多在梨园行，成为南方京剧界的一大世家。

李永福长子**李少棠**（1874～1948），原学小生，拜沈砚香为师。1901年12月，谭鑫培在上海天仙茶园演《八大锤》，饰王佐，汪笑侬饰乳娘，少棠配演陆文龙。后来改工丑行。次子**李庆棠**（1885～1963），先工武生，后改小生；庆棠之妻周德诠，上海群仙女科班出身，艺名赛吕布，为文武小生。三子**李春棠**（1888～1977），为汪笑侬弟子，后改丑行。大女婿张双凤，为有名武旦，也是武术家，在武戏中常用真刀真枪开打。二女婿孙鹿鸣，是孙菊仙长孙，常年给孙菊仙跟包，见多识广。三女婿张英杰（1888～1971），艺名盖叫天，为南派武生宗师。少棠长子李东来（1900～1966）唱花脸；少棠次子李吉来（1902～1968），艺名小三麻子，是著名红生、文武老生。庆棠之子李顺来即李紫贵，为著名京剧导演。春棠之子李瑞来，演员兼编剧、导演。张双凤的大女婿，即永福的外孙女婿王桂卿（1900～1950），为著名武生，擅长猴儿戏。东来长子**李桐森**（1918～1994）是麒派老生；东来次子李秋森（1921～1992），为武生，私淑盖派；东来大女婿王维秋（1913～1995），曾任蚌埠京剧团团长；东来三女婿**熊志麟**（1927～　　），为熊文通之侄，工丑。吉来长子李松鹤（1923～1976），先学武生，后改小生。顺来次子李峻森，在江苏省京剧院从事京剧导演工作。瑞来长子李双英，曾任浙江京剧团副团长。李氏一门，四代人多以京剧为事业，在早期南下艺人中颇为少见。（龚和德　刘月美）

Li You Wanyun

李尤婉云　（1933～　　）　票友。工旦。祖籍江苏无锡，生于上海。父尤菊笙为沪上殷商，武生名票。20世纪60年代末，其丈夫李和声为练习京胡觅搭档，鼓动婉云学青衣，作伉俪唱和之想。

情不可却，婉云勉为"配琴"而学唱。一俟领略京剧之美，遂引为雅好，心血倾注于斯，得窥门径，渐臻佳境，成为当今颇有影响的梅派名票。婉云取法上乘，师事秦慧芬、任莘寿、姜凤山、梅葆玖、小王玉蓉，潜心学梅。每当登台排演，往往反复数十遍，一丝不苟地研习唱念做舞，其恳挚好学、严格求进的精神为师友们感佩。1977年开始彩唱，在新加坡演出《武家坡》，信心倍增。1987年在上海市府大礼堂演出《四郎探母》，由汪正华、程正泰、马长礼、张文涓分饰杨四郎，童芷苓饰萧太后，黄正勤饰杨宗保，孙正阳、艾世菊饰二国舅，婉云饰铁镜公主一人到底，座无虚席。其后继续与内地京剧名家联袂登场。20世纪90年代，每遇京剧界有重大活动，几乎无不应邀参与。1990年10月，在香港为纪念徽班进京200周年，与谭元寿、景荣庆、马长礼、叶少兰、李庆春合演《凤还巢》。1994年10月在香港为纪念梅兰芳诞辰100周年，兼办筹建梅兰芳艺术专项基金，与谭元寿、马长礼、尚长荣、刘长瑜、叶少兰、王树芳合演《穆桂英挂帅》；12月又作为全国性梅周诞辰百年纪念演出的剧目之一，呈献于北京人民剧场。此剧为梅兰芳大师的最后杰作，《捧印》一场，"唱得多，动作表情多，思想转折多"，而且要把青衣、刀马旦"两类行当融化在一起"（梅兰芳语），极为难演，而婉云演得规矩大方，不温不火，声情并茂，圆满适意，末场扎靠执鞭的舞姿更显矫健稳练，挥洒自如，绝非浅尝辄止者所能为之。又得各位名家助演，直如众星捧月，极一时之盛。当年12月30日以《捧印》片段，在中南海怀仁堂的新年京剧晚会上亮相，受到国家领导人的观赏、接见。1995年11月在天津举行的首届中国京剧艺术节，1997年7月香港的"庆回归京剧大汇演"，婉云又重演《穆桂英挂帅》，表演愈加娴熟，深得称赞，尤其庆回归演出，有56个国家400多位外国观众参与观赏，盛况空前。1997年，她还为梅兰芳的《凤还巢》录音作配像演出。她登台均由李和声操琴主奏，夫妇二人为振兴京剧作出许多贡献。（舒之）

《穆桂英挂帅》饰穆桂英

Li Yufu

李玉芙　（1938～　　）　女演员。工旦。黑龙江哈尔滨人。出身梨园世家。幼年曾随马宗慧、诸如香等学习《春香闹学》、《得意缘》等戏，后加入哈尔滨市京剧团。1952年，梅兰芳赴哈市演出，解囊资助，让她就学于北京私立艺培戏曲学校习青衣。入校后，从华世香、李金鸿等学习《打金枝》、《思凡》等戏，并得到赵绮霞等教益。1957年学生时代即参加第六届世界青年与学生和平友谊联欢节，主演《刺蚌》一剧，大获好评。由于她嗓音甜润清脆，表演端庄大方，1959年以优异成绩毕业，加入梅兰芳剧团，并成

李尤婉云在首届中国京剧艺术节上祝贺演出《穆桂英挂帅》时的助演阵容
前排左起：叶少兰饰杨文广、王树芳饰佘太君、刘长瑜饰杨金花、谭元寿饰杨宗保、尚长荣饰王强、马长礼饰寇准

为梅兰芳弟子。梅氏除亲自指导外，又指派张蝶芬、贾世珍向其授艺。1960年，她代表梅剧团参加梅、尚、程、荀四大流派联合专场演出，以《贵妃醉酒》一剧，被目为梅派传人中的新星。1961年，她与张学津、王晓临、李崇善、孟俊泉等同班同学首演新编古代剧《雏凤凌空》，饰杨排风，轰动一时。之后又相继在《海棠峪》、《风雨千秋》、《箭杆河边》、《东方夫人》、《山村姐妹》、《正气歌》等新编剧目中分饰主要角色。1979年，她参加国际悲剧节，主演《白蛇传》，雅典五千人古城堡剧场连日爆满。1982年纪念中日建交10周年，一出《白蛇传》在东京国际广播剧场演出成功后，在日本20多个城市连演两个多月，轰动日本。之后又相继赴法国、巴西、土耳其、缅甸、突尼斯等国演出，受到海外人士的热烈欢迎。1983年在北京市举办的中、青年演员调演中，获特别奖，同年在中青年京剧演员振兴杯电视大赛中获十优演员称号。

《东方夫人》饰东方氏

李玉芙演戏规矩大方，柔中有刚，表演端庄稳重，寓深情于淡雅，文不温、武不躁，唱腔纯净优美，嗓音清脆甜润，具有梅派神韵。她先后录制、出版了《雏凤凌空》、《太真外传》、《李玉芙唱腔集》、《梅魂芳韵》等音像制品。

（娄悦）

Li Yuru

李玉茹　（1923～2008）　女演员。工旦。北京人。满族。李玉茹自幼家贫，受邻居著名老生李盛藻的影响对戏曲发生浓厚兴趣，8岁时开始向票友李墨香学习京剧老生，曾在北平西单清音桌演出娃娃生。1933年，李玉茹考入中华戏曲专科学校，始学青衣，师从王瑶卿、律佩芳、吴富琴、江顺仙等。在长达4年的配演生涯中，李玉茹始终刻苦钻研、勤学苦练、用功不辍。1936年，在校长金仲荪的建议下，李玉茹改工花旦，与王和霖首次合作《游龙戏凤》，便一鸣惊人。此后又跟随王蕙芳、诸如香、郭际湘分别学习《拾玉镯》、《贵妃醉酒》等刀马旦、花旦戏。在一次《四郎探母》演出中，临时顶替侯玉兰出演铁镜公主，从此受到学校的重点培养，成为旦行学生中的佼佼者，与侯玉兰、白玉薇、李玉芝并称“四块玉”。在校期间，李玉茹演出了全本《穆桂英》、《红鬃烈马》、《英杰烈》、《十三妹》等传统戏和《三妇艳》、《花筵赚》、《鸳鸯泪》、《凤双飞》、《美人鱼》等新编戏。

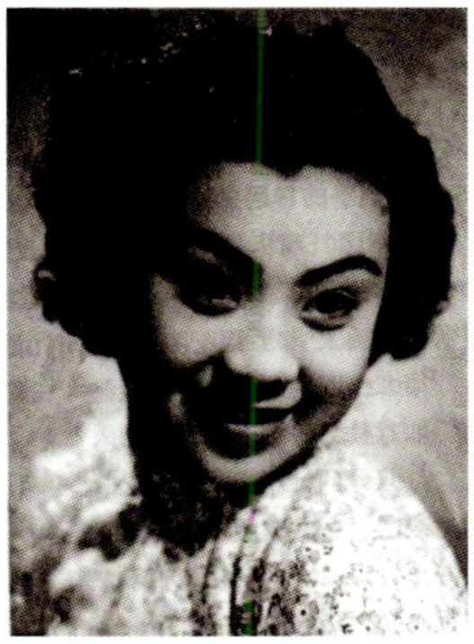

1940年，李玉茹毕业后组织了如意社，成员基本都是戏校同学，如王金璐、赵金年、张金梁、储金鹏、李金泉、王玉让等，在长安戏院首场演出《琥珀珠》，大受欢迎。1941年，李玉茹率如意社赴上海演出，在黄金大戏院连演40余天，得到了赵桐珊、苗胜春的垂青，并拜师赵桐珊。1942年，李玉茹应邀参加扶风社，与马连良合作演出《苏武牧羊》、《坐楼杀惜》、《游龙戏凤》、《打渔杀家》、《宝莲灯》、《四进士》、《汾河湾》等传统戏及马派新编本戏《串龙珠》、《春秋笔》、《十老安刘》等，艺术更加精益求精。1943年后，李玉茹陆续与谭富英、杨宝森、奚啸伯、李少春、金少山、侯喜瑞、裘盛戎、袁世海、高盛麟、姜妙香、叶盛兰、俞振飞、刘斌昆、马富禄、萧盛萱、孙盛武等名家合作，演出《大保国、二进宫》、《翠屏山》、《战宛城》、《浣纱河》、《潇湘夜雨》、《霸王别姬》、《四郎探母》、《红鬃烈马》等传统剧目。1943年，李玉茹在上海拜梅兰芳为师。1946年后，定居上海，与周信芳开始长期合作，演出了《平贵别窑》、《赵五娘》、《坐楼杀惜》、《打渔杀家》、《四进士》、《董小宛》、《临江驿》等。1950年在上海组织李玉茹剧团，成员有赵桐珊、朱兰春、王金璐、郑正芗、曹和雯等，赴全国巡回演出，同年在南京拜尚小云为义父，学习《汉明妃》。1952年，李玉茹和唐韵笙、梁慧超合作演出。1953年，参加华东戏曲研究院实验京剧团，并参加赴朝鲜慰问演出。在这段时期里，李玉茹移植、整理、改革了许多剧目。如向方传芸、汪传钤学习濒临失传的昆曲《挡马》，整理后使之成为当今舞台上久演不衰的名剧；又将弋阳腔老艺人章佩秋的《百花赠剑》，梆子旦脚王庆福的《红梅阁》、《阴阳河》、《锁云囊》，昆曲名家郑法祥的《三盗芭蕉扇》，汉剧名家陈伯华的《柜中缘》等代表作移植为京剧；并新排了京剧《铸剑》、《宝莲灯》、《三姐下凡》。1958年，李玉茹拜师荀慧生。1960年，李玉茹赴北京专程向梅兰芳学习《穆桂英挂帅》。1954年，李玉茹参加华东地区戏曲观摩演出，在《铸剑》中饰演莫邪，获演员一等奖，并示范演出《拾玉镯》、《小放牛》。1964年参加全国京剧现代戏观摩演出大会，演出《审椅子》。1978年后排演了《日

《同命鸟》饰燕香（左）　李金泉饰赵夫人（中）
张金梁饰赵芳

《游龙戏凤》饰李凤姐（右）
马连良饰正德帝

《打渔杀家》饰萧桂英（右）
周信芳饰萧恩　（夏道陵摄）

《送肥记》饰钱二嫂（左） 黄正勤饰钱二哥

月雌雄镖》、《梅妃》等剧目，并根据日本歌舞伎剧目改编为同名京剧《镜狮子》。1984年她参加创作并指导排演的京剧《青丝恨》在北京、上海等地演出，得到戏曲界的热烈欢迎。

李玉茹还积极地将京剧艺术介绍给世界。1955年随中国京剧团赴波兰参加世界青年与学生和平友谊联欢节，演出《霸王别姬》、《秋江》。1956年与周信芳等组成上海京剧团到苏联访问演出。1958年随中国艺术团赴法国、瑞士、英国、比利时访问演出。1979年率上海京剧团赴德意志联邦共和国、英国、比利时、卢森堡、荷兰等国访问演出，享誉世界。李玉茹在长达半个世纪的艺术实践中，转益多师，博采众长，形成浓郁的个人表演特色。她的扮相俊秀端庄，演唱声情并茂，表演细腻传神，并且戏路宽广，艺兼青衣、花旦、刀马旦为一身。李玉茹曾任上海京剧院三团团长，1981年后曾任上海京剧院副院长、艺术指导。著有《李玉茹谈戏说艺》。（吴焕）

Li Yuru Tan Xi Shuo Yi

《李玉茹谈戏说艺》 京剧文集。李玉茹著。上海文艺出版社2008年5月出版。33万字。收入文章37篇，大致有三方面内容：第一方面的《论花旦表演艺术》、《谈三个花旦角色——孙玉姣、金玉奴、陈秀英》、《传承的楷模：学习程派，理解程砚秋》、《〈贵妃醉酒〉：学习、继承与发展》等6篇文章，占本书一半以上篇幅，集中论述荀派、筱（翠花）派、程派、梅派的表演艺术，对于《拾玉镯》、《辛安驿》、《杜十娘》、《铁弓缘》、《碧玉簪》等剧的旦脚表演，有详细讲解。由于作者同这几位大家有密切接触，受过他们的亲炙，她本人又有丰富的舞台经验，到了晚年更勤于学习思考，故这些文章，既有具体细致的形象描绘，也有抽象逻辑的理论发挥，显得格外扎实、生动。第二方面的《京剧和京剧演员》、《学戏》、《入学的第一天》等20多篇文章，记叙了她一生从艺经历，述及家庭、学校（中华戏曲专科学校）、校长（金仲荪）、校友、班社（如意社）和她的重要合作者（马连良、周信芳）；在谈与周信芳的合作中，以《四进士》、《投军别窑》为例，讲述了麒派艺术的某些特点。第三方面的文章主要是对亲人的怀念，从中可以看到一些曹禺的晚年情况。刘厚生、黄宗江分别为本书作序。卷末有本书整理者李如茹写的代后记《这就是我的妈妈》，传递了作者的一个心愿："我的这本书就是要为传承和再创传统出一点点力。我们一定要把还存在的传统传承下去，至于丢失了的传统，如果有可能，老、中、青一起使劲，就可能'再创传统'，让京剧在二十一世纪进入新的境界。"（简畅）

Li Yusheng

李玉声（1940～ ） 演员。工文武老生。祖籍江苏南京，生于北平（今北京）。出身梨园世家。祖父李春福、父亲李洪春、叔父李洪福、兄长李金声均为著名京剧演员。自幼受家庭艺术熏陶，1951年考入文化部戏曲改进局戏曲实验学校，师从贯大元、孙盛云、孙毓堃等，并从袁金凯、王金璐、张云溪问艺。在校学习期间，曾多次演出《十字坡》、《一箭仇》、《雁荡山》等。1960年毕业后分配到浙江京剧团任演员，又得盖叫天教益，并从陈大濩学老生，收益甚多。他功底扎实，文武皆能，擅演《小商河》、《挑华车》、《一箭仇》、《恶虎村》、《八大锤》、《野猪林》、《击鼓骂曹》、《定军山》、《搜孤救孤》等，以及关羽戏《古城会》、《斩华雄》、《斩颜良》、《封金挑袍》、《过五关》、《汉津口》、《华容道》、《单刀会》、《水淹七军》、《走麦城》等。1989年中央新闻纪录电影制片厂为其主演的《小商河》拍摄影片。1990年应中国唱片公司之邀录制了《十八名家京剧现代戏大联唱》盒式带。1998年应北京电影制片厂之邀，参加中美合拍影片《西洋镜》，扮演谭鑫培。曾整理改编演出《隔江斗智》、《齐天大圣》等。编写《苏东坡判案》、《取雒城》、《鹰愁涧》等。改编《关云长出世》、《白猿教刀》、《陆登殉忠》、《灞陵桥挑袍》等。通过几十年的舞台艺术实践，总结出京剧武生表演十二字诀："简而美、疾而稳、脆而帅、柔而威。"他还爱好书画，从绘画中吸取艺术营养，将其糅进戏中人物表演。绘画师承吴昌硕弟子诸乐三，其国画作品于浙江多次参展获奖。（刘松崑）

《走范阳》饰关羽

Li Zhenwu

李振武（1908～1970） 京剧作家、导演。江苏南通人。1919年进入南通伶工学社，成为该校的第一批学生，习武生。作为南通伶工学社更俗京剧团的骨干，曾随欧阳予倩赴汉口演出。1924年毕业。1929年冬，在上海大世界大京班编排了《江湖奇侠传》、《西游记》等戏，从此开始了编导生涯。擅长连台本戏，曾编导过《彭公案》、《宏碧缘》、《血滴子》、《乾隆下江南》、《惊天动地》、《大明英烈传》、《风尘奇侠传》、《藏龙卧虎》、《包公》、《七侠五义》等数十部剧目。1953年10月加入常州市红星京剧团（后更名为常州市京剧团），创作了《还我台湾》、《修枪记》等新编历史剧和现代戏作品。新编历史剧《唐荆州歼倭记》，1962年由江苏人民出版社出版了单行本。（张燕鹰）

Li Zhongyu

李钟豫 京剧作家。字毓如，号江淮散人。因其左眼失明，用"一目了然"之意，自号"了然先生"，又因排行第五，人称"李五瞎子”。清同治、光绪时人。生卒年不详，仅知他活了70余岁。祖籍江苏。其父曾为三河县令。他自幼随父来京读书，喜交游，个性清高，讨厌官场，尤嗜戏曲。其父见其迷恋京剧，恐误终身，遂出资捐为兵部司员。李钟豫勉强到任后，仍旧出入戏园，并常于公务之际手执剧本，推敲唱词，惹恼上司，旋被解职。他也乐得清闲，潜心剧本创作。由于看戏多，熟悉舞台，因而所撰剧本适宜搬演，被同春班、福寿班所采用。其主要作品有连台本戏《高廷赞》、《粉妆楼》、《荡寇除奸》、《龙马姻缘》等。《**高廷赞**》依弹词《十粒金丹》改编，故又名《**十粒金丹**》，表现宋神宗时镇国王高廷赞与女高梦鸾、子高双印悲欢离合的故事。《**粉妆楼**》根据同名小说改编，演罗灿、罗盘兄弟结识义士胡奎，同游满春园，遇恶少沈廷芳强抢民女，三人路见不平，痛打恶少，解救民女的故事，亦名《**满春园**》。《**荡寇除奸**》又名《九阳钟（头本）》，是依小说《荡寇志》第70~84回故事改编，表现陈希真父女剿灭梁山泊事。《龙马姻缘》据观剧道人《极乐世界》改编，演马骏与柳星星的婚恋故事。他创作的剧本，故事性强，结构紧密，情节曲折，引人入胜。（秦华生）

Li Zigui

李紫贵（1915~1999） 京剧导演。曾为演员。原名**李顺来**，曾用名李群。上海人。出身梨园世家。先后师从周咏泉、刘景田、朱德芳等，工武生兼演做工老生。艺术上受周信芳、盖叫天影响较大。8岁登台，演出《打渔杀家》和《南阳关》。1923~1937年在上海和杭州、嘉兴、湖州一带演出，其间开始兼做导演，排过《绝龙岭》(小三麻子主演)、连台本戏《彭公案》等。抗日战争期间，在桂林、重庆等地演出，结识田汉、欧阳予倩等，受其影响，进行平（京）剧改革，导演过《江汉渔歌》、《金钵记》、《武则天》、《梁红玉》、《武松与潘金莲》、《徽钦二帝》等。抗战胜利后，在北平四维儿童戏剧学校任导演，所导剧目有《琵琶行》、《牛郎织女》等。1948年，在石家庄华北戏剧音乐工作委员会旧剧组从事戏曲剧目审定工作。中华人民共和国成立后，长期从事导演、教学和表导演理论研究工作，先后导演了《红娘子》、《新白兔记》、《三打祝家庄》、《白蛇传》、《破洪州》以及《红旗谱》、《红灯照》等。除京剧外，还导演过豫剧《破洪州》，昆曲《白蛇传》、《西厢记》、《长生殿》，河北梆子《蝴蝶杯》，粤剧《昭君公主》，淮海戏《儿女情》，川剧《双青天》、《巴山秀才》等，共40余出，并为中国戏曲学院导演系及江苏、上海、湖北、四川等地导演训练班授课。1951年加入中国共产党。历任中国戏曲学院副院长兼导演系主任、中国文学艺术界联合会委员、中国戏剧家协会理事、中国戏曲学会理事、中国戏曲导演学会会长。1999年12月病逝于北京。

少年时演《打渔杀家》饰萧恩（左）
李桐森饰大教师

李紫贵熟悉京剧艺术传统，又有革新精神，他的导演艺术的主要特点是：从生活出发，从人物出发，并采取启发与示范相结合的导演方法，创造性地帮助演员塑造新的人物形象，追求艺术的完整性和演出的不同风格。1952年，他重排由《金钵记》改编的《白蛇传》，在以前多次导演该剧的基础上，进一步突出白娘子与法海的矛盾以及白娘子争取自由的反抗精神，创造出全剧细腻含蓄、富于诗意的风格。他导演的《红灯照》，其演出风格气势磅礴，强烈明快，演员表演具有威武粗犷的美感。在昆曲《长生殿》的导演过程中，他熟练地运用戏曲表现形式，深刻揭示李隆基、杨玉环的内心世界，使得整体风格苍凉哀怨。他还大胆借鉴、吸收电影和话剧等姊妹艺术的手法，对原有的京剧群众场面进行改造，如《白蛇传》中的水旗舞和《牛郎织女》中的云牌舞，就是从电影画面的构图中得到启发而在传统基础上加以革新创造的结果。《白蛇传》参加1952年在北京举行的第一届全国戏曲观摩演出大会获演出二等奖，其本人获文化部颁发的奖状。其中《断桥》等已成为许多旦行演员的常演剧目。

1954年3月~1956年4月，李紫贵参加了中央戏剧学院导演干部训练班的学习，对斯坦尼斯拉夫斯基体系有了较全面的了解，并受到启发。在此后排戏实践中，他将斯坦尼斯拉夫斯基的体验方法与戏曲传统表现形式有机地融合在一起，取得了显著成绩。如在《红旗谱》的排练中，他要求演员在创造人物时采取从生活到艺术、从类型到典型的方法，使表演既有现代生活气息又符合京剧特点。李紫贵在从事导演实践和教学的同时，对戏曲表演、导演理论进行探索，先后发表《戏曲导演点滴体会》、《戏曲表演的舞台真实——试谈戏曲艺术借鉴斯坦尼斯拉夫斯基演剧体系问题》、《试谈斯坦尼斯拉夫斯基体系与戏曲表演艺术的关系》等论文数十篇，比较系统地总结了戏曲的上、下场，舞台调度，群众场面的多种形式和作用，阐述了导演的职责、导演与演员的关系、如何运用程式和把握舞台节奏等。他的理论既是从舞台实践中得来又在实践中不断地丰富完善，因此具有较高的实用美学价值，对于演员和导演起到较大的指导作用。中国戏剧出版社先后出版了他的论文集《**李紫贵戏曲表导演艺术论集**》和回忆录《忆江南》。《忆江南》记录了20世纪20~40年代南派京剧一些演员的艺术活动，对于了解作者本人早期艺术生涯及研究南派京剧历史经验有重要史料价值。（贾志刚）

《李紫贵戏曲表导演艺术论集》
中国戏剧出版社1992年版封面

Li Zishan

李紫珊（1863~1903） 演员。工花旦、刀马旦。紫珊又作子山或芷衫，艺名**万盏灯**。天津人。清光绪初到上海演出，葛元煕《沪游杂记》(1874年成书）卷末“丹桂、大观、天仙各茶园名班脚色”，已列有万盏灯擅长之剧目与角色：《小上坟》之小寡妇、《双摇会》之二娘、《翠屏山》之潘巧云、《乌龙院》之阎婆惜。其时，紫珊年甫十二，“演花旦戏，如小鸟依人、娇花媚客，令人有我见犹怜之慨”。因其部分花旦戏“以工部局禁唱”，乃兼习刀马旦。光绪七年（1881）秋再度到沪，演出《珍珠烈火旗》、《虹霓关》、《七星

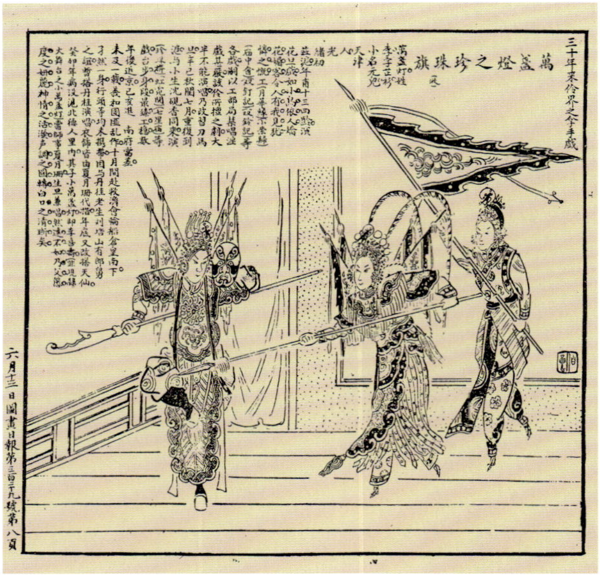

《万盏灯之〈珍珠旗〉》（选自清末上海《图画日报》）

庙》等刀马旦戏，“台步身段，最臻工稳”（孙家振《三十年来伶界之拿手戏》，1910年7月19日《图画日报》）。黄式权《淞南梦影录》（1883年成书），把他列为沪上最负盛名的旦脚之一。光绪十三年（1887），杨隆寿组织小荣椿班，将李紫珊与余玉琴（旦）、龙长胜（老生）一起从上海邀请到北京参加演出，一年后仍赴上海，录入《重修沪游杂记》（1889年成书），拿手之作有《浣花溪》之任蓉卿、《花田错》之丫环、《延安关》之双阳公主、《万法扫北》之穆桂英。其后，再次进京，搭玉成班，住百顺胡同，自立玉华堂（见《新刊鞠台集秀录》）。光绪十九年（1893），加入三庆班、小丹桂班，在宫内演出《玉玲珑》、《破洪州》、《贪欢报》，合作者有罗寿山、陆杏林等。后又搭入喜庆班、天福班，及大小鸿奎班等。在鸿奎班演《虹霓关》时，李紫珊曾向王瑶卿仔细传授丫环演法，王瑶卿在回忆录《我的戏剧生活》中说：“我同李先生唱了之后，观众欢迎得很，我就因此而红起来。后来我三堂弟丽卿就拜李先生为师了。”光绪二十六年（1900）正月初六日，李紫珊与武旦朱文英、花脸李寿山同时选入昇平署。义和团事起，“十月间，赴救济会轮船仓皇南下。孑然一身，行头等均未携带，因与丹桂老生刘培山有郎舅之谊，暂搭丹桂演唱，衣饰皆由夏月珊代措。年底又改搭天仙。癸卯年（1903）病殁沪北”（孙家振语，同上）。

李紫珊擅演剧目除上述外，还有《胭脂虎》、《马上缘》、《烟火棍》、《闺房乐》、《喜荣归》、《拾玉镯》、《红鸾喜》、《得意缘》等。漱石（即孙家振）《海上百名伶传》言万盏灯之艺云：“扮相花嫣，跷工莲瘦，表情以细腻熨帖胜。唱则如珠走玉盘，既圆且润。最擅长者为《卖胭脂》，王月英首段词句，别翻新调，其声多花、海二字，俗乃谓之曰‘花海调’，一时花丛姊妹争效之。他如《小荣归》（当为《丑荣归》，即《小上坟》）之浪步如飞，《红鸾喜》之柔情若水，《翠屏山》的泼悍，《打樱桃》之娇憨，《虹霓关》之刀马娴熟，《闺房乐》之仪态幽娴，所谓一戏有一戏之作工，一人有一人之身份者，庶几足以当之。”（1929年6月25日《梨园公报》）齐如山《清代皮簧名脚简述》中有万盏灯，谈到光绪年间社会上爱说“万盏灯的《小上坟》”这句话。其出名不只是他的技术，也因为彩火。特别的一手，是萧素贞把盛纸钱的托盘放于下场门口柱子旁边，身子跪下，腰随意往后一撒，监场人从下场门帘内撒一把彩火，正落在托盘内纸钱上，纸钱登时烧燃（彩火这种撒法，名“吊鱼”），萧素贞接着起唱行礼，极为美观而有趣。其他旦脚不敢如此，是怕撒的稍歪，便撒到自己头上、脸上，而万盏灯恒与监场人一同用功练习，相信不会撒歪，因而得了大名。齐如山《京剧之变迁》还说：“从前刀马旦所穿衣裤袄，只穿裙子，后由万盏灯才添系绣花战裙两片，于是风行一时，现时都穿了。”

紫珊子李金寿，亦工花旦，艺名小万盏灯；一说小万盏灯为其徒赵竹卿。（龚和德）

Li Zongyi

李宗义　（1913～1994）　演员。工老生。天津人。自幼喜爱京剧，小学时，即入天津同志国剧社为少年票友。天赋好嗓，爱艺好学，渐为人知。16岁，参加少年票友义务戏演出，铁嗓钢喉，才华出众，一鸣惊人。父亲早逝，家境贫寒，17岁被迫退学。先后在天津颐中烟草公司、正昌烟草公司任职，18岁入河北电影院为职工。自此，寒暑三年，利用影院上午不营业，舞台空闲，勤奋练功、吊嗓，日日不断。受影院之邀，票友配合，每周演出京剧两场。观众喜爱，知名津门。1936年拜天津名票王庾生为师深造。年24岁，正式组班演出。先去北平，打炮戏《四郎探母》，继之《群英会》、《杨家将》，以高亢挺拔的嗓音，情韵并美的唱腔，舒卷自如的表演，誉满名家荟萃的古城。翌年拜鲍吉祥为师。所演各派剧目有《四进士》、《甘露寺》、《借东风》、《苏武牧羊》、《乌盆记》、《白帝城》、《辕门斩子》、《逍遥津》、《斩黄袍》等，唱宗高（庆奎）派，别有独到之处。1939年定居北平后，与郑冰如、李玉芝、顾正秋、傅德威、姜妙香、李多奎等合作演出。抗日战争胜利后，积极参加进步戏剧活动，主演了田汉编剧的《琵琶行》。

《斩黄袍》饰赵匡胤

中华人民共和国成立后，参加中国戏曲研究院京剧实验工作团二团，演出《江汉渔歌》、《三打祝家庄》、《新大名府》、《兵符记》等。1953年赴朝鲜慰问演出。1955年、1956年，随中国艺术团赴苏联和西欧、东欧、南美等多国演出。1958年后，在中国京剧院演出《蝴蝶杯》、《芦花记》、《十三陵畅想曲》、《洪湖赤卫队》等。1960年调北京京剧团。1979年随团并入北京京剧院。一生精诚治艺，年逾古稀，犹能登台。为人谦和热诚，敦朴宽厚。长子李光工武生兼老生，长媳沈健瑾工旦，次子李欣工净，四子李岩工武生、老生，均为京剧界之优秀演员。（刘辛原）

Li Ya Juzuo Ji

《俚雅剧作集》　京剧作品集。戴英禄、邹忆青著。含戏曲卷、电视剧卷各两册。中国戏剧出版社2002年4月出版。戏曲卷收有京剧剧本20种。其中现代戏《蝶恋花》、《宋庆龄》、《北国红菇娘》，古代戏《王昭君》、《李清照》、《沉海记》、《智取生辰纲》、《李凤姐》、《玉树后庭花》、《魂断巴丘》等，均由中国京剧院首演。其他《契丹英后》由中国戏曲学院排演，《吕布与貂蝉》由安徽省徽剧团演

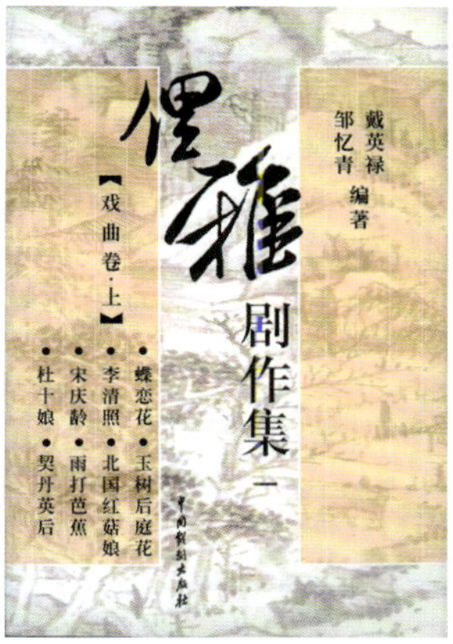

出。电视剧卷主要收有电视连续剧《西游记》38本。《俚雅剧作集》只收戴、邹二人合作及二人共同与他人（范钧宏、蔡景风、杨洁）合作的作品。二人独自创作或各自与他人合作的戏剧作品均未收入。卷前有马少波、王季思、郭汉城、冯其庸的评论4篇。卷末有作者《后记》，对作品产生的时间、背景、演出状况、社会影响做了简略介绍。戴英禄1965年毕业于黑龙江大学中文系，到中国京剧院从事戏剧创作，历任艺术室主任、青年团团长、副院长和文化部艺术司副司长等职。其作品还有《甘棠夫人》（与何明敬合作）、《洛神赋》、《贞观盛事》（与梁波合作）、《廉吏于成龙》（与梁波、黎中城、王涌石合作）等。邹忆青1961年毕业于武汉大学中文系，到中国京剧院从事戏剧创作，曾任文学组组长、艺术室主任等职。二人长期共事，合作默契。作品尊重历史，关注现实，追求诗剧风格，始终与演出实践密切结合，既有较强的文学性，又有舞台感，更以剧院导演、表演、音乐创作力量雄厚，大多获得良好的演出效果。

（云海）

戴英禄（中右）、邹忆青（中左）与范钧宏（右）、李维康（左）为创作《蝶恋花》去湖南深入生活时的合影

Li Huiliang

厉慧良　（1923～1995）　演员。工武生。祖籍北京，生于江苏海门。满族。父亲厉彦芝，京剧琴师。母亲韩凤奎（后改凤绮），坤伶老生，名噪南洋。1928年，厉彦芝入上海更新舞台，佐周筱卿，任后台协理。厉慧良的舞台生涯即由更新舞台扮演小猴儿开始。1932年，父为其延师学艺，以文戏为主、武戏为辅。文戏教师孟宏垣，以《捉放曹》开蒙，武戏教师张福通，以《杀四门》开蒙。由于教

师皆“北派”功底，慧良自幼接受了正宗京剧传统的良好教育。1934年，在南京陪小达子演《狸猫换太子》中小侠艾虎，不怯阵，有激情，一举成名。在上海被誉为“厉家神童”，与慧斌、慧敏、慧森、慧兰兄妹并称“厉家五虎”。1936年10月厉家班正式成立，慧良挂头牌。抗日战争爆发，厉家班沿长江一线演出。在汉口演出《抗金兵》，慧良饰韩世忠，受到田汉等人的表彰。1938年夏秋之交入四川，并远走云贵，终在重庆驻扎下来。1939年变声，遂改为以武戏为主，文戏为辅。其后，大排爱国抗敌新戏，如《班超》、《吴越春秋》、《戚继光歼倭记》等，并开始练习导演。身居大后方，观摩“京角儿”尤多，慧良多向名票讨教，从敖伯言学余派，从周志彬学盖派，从罗孝可学谭派、马派与杨派，以学马派为多，这对他的杨派“马”化作用甚大。1945年8月，毛泽东飞抵重庆与蒋介石举行和平谈判。“和谈”期间，蒋介石请毛泽东看戏，其中之一便是慧良主演的《群英会、借东风、华容道》（一赶三，前鲁肃、中诸葛亮、后关羽），成为梨园佳话。抗战胜利后，为提高技艺，他只身东游，在汉口观摩李少春，在上海观摩高盛麟，尤其看到程砚秋与梅兰芳第二次打对台，深受刺激。回重庆后，把“李少春”三字写在天花板上，发誓与强者竞争。慧良武学尚、学盖，但更认准了杨派；文学谭、学余，但更认准了马派，在“武杨文马”中不断前进。1947年，与老旦演员薛慧萍结婚。中华人民共和国成立后，先后执导兼主演了《大破东平府》、《锦囊机密》诸剧。他创造十大绝技，如《钟馗嫁妹》的飞岔下桌，《铁笼山》的跳椅子等。借鉴优秀传统，强化整体意识，追求综合效应，成为一代新型大武生。1954年，离川回京。1956年参与组建天津市京剧团，任副团长。天津市京剧团以杨宝森、厉慧良双头牌阵容赴北京、石家庄、武汉、上海巡回演出，引起轰动。1957年5月，他应命“救场”，为毛泽东招待苏联最高苏维埃主席伏罗希洛夫访华，代中国京剧院李少春演出名剧《野猪林》，保证了演出的成功。1959年首排近代史剧《火烧望海楼》，饰马宏亮，观众给予高度评价，肯定其博采众长的独创精神，期望他成就自己的流派。他刻苦熔铸，突破武生行当因袭（杨派）之风，终于形成自己华美灵脱的艺术风格，与李少春的雍容儒雅、高盛麟的稳健英拔相异。1964年，助演现代京剧《六号门》，饰党代表丁占元，参加全国京剧现代戏观摩演出大会，受到好评。

1979年初，冤狱平反，慧良回天津市京剧团。旋即演出《闹

《长坂坡》饰赵云　（游振国摄）

《艳阳楼》饰高登

《钟馗嫁妹》饰钟馗

《火烧望海楼》饰马宏亮

天宫》，并相继恢复演出其代表作。20世纪80年代是他最为活跃的年代。1985年，应邀率贵州省京剧团巡回演出于武汉、南京、杭州、上海诸地，广受欢迎。随后，接受香港京鼎影业有限公司李时蓉邀请，作为领衔主演，赴港演出，剧目为《长坂坡、汉津口》、《艳阳楼》、《钟馗嫁妹》、《挑华车》，引得美国、泰国、日本、新加坡以及中国台湾地区的“厉迷”乘飞机前往观剧。至此，他的艺事步入高峰。由于慧良主张“南功北戏、艺不宗一、博采众长”，从创作思维到表演法则走的是一条“以反循正”之路，积累了一批异于前辈的代表作。影响所至，天津马少良、王立军、王平，上海奚中路，台湾汪胜光等皆从其习艺。人称其美学特征为“逍遥游”。晚年，除演出外，他热心传艺，不论内行、票友一视同仁，尽心尽力，从严求精。凡义演有请必到，更不论电视剧、电视戏曲晚会，只要能为戏曲艺术出力，无不以满腔热情全力投入，表现了一位老艺术家的精神境界。1994年初，参加电视连续剧《大老板程长庚》拍摄，饰程师米喜子，为慧良第一个也是最后一个屏幕形象。其后，又在中央电视台《综艺大观》第81期以《珠帘寨》露面，携王玺龙在1995年春节戏曲晚会以《白猿教刀》亮相。是年元宵节期间，又赴沪演出《战宛城》。返津后，于2月27日，以心脏扩张猝死津门。厉慧良在60余年舞台生涯里，演出了200多出戏，代表作有长靠戏《长坂坡、汉津口》、《挑华车》，箭衣戏《一箭仇》、《八大锤》，勾脸戏《艳阳楼》、《铁笼山》、《钟馗嫁妹》，出手戏《雅观楼》，猴儿戏《闹天宫》，老生戏《盗宗卷》、近代戏《火烧望海楼》等。

魏子晨、厉畅合著《厉慧良传》，23万字，中国戏剧出版社1997年7月出版。（魏子晨）

Li Huiliang Jinian Ji

《厉慧良纪念集》 京剧文集。谢国祥主编。百花文艺出版社1998年出版。收文44篇，分为4辑。第1辑《艺术经验》，大多是厉慧良本人对其几个主要代表剧目与人物塑造以及教学经验的叙述和总结，也有后人对其表演特色的概括；第2辑《艺术评论》，是艺术家、作家、评论家从不同的角度对厉慧良表演艺术的探讨，结合剧目剖析其表演特色和风格形成的历史原因，概括其表演艺术的美学特征，有的进一步探索了京剧武生流派如何继承、发扬等问题；第3辑《成材之路》，收集了两篇传记性文章，叙述早年厉慧良所在的厉家班在复杂多变的社会环境中的生存、发展状况，描述了厉慧良幼年时期艰苦、坎坷的从艺生涯以及他在各种困境中对艺术的执著追求；第4辑收集了厉慧良的同行、友人、学生、爱好者等人的纪念文章，均从各自的回忆中表达了对厉慧良艺术的怀念和赞扬。书末附有厉慧良演出剧目和厉慧良艺术评论文章篇目索引。（万镜明）

Lijiaban

厉家班 京剧班社。1936年11月，琴师厉彦芝在林记更新舞台童伶班基础上，创办**厉家童伶班**，简称厉家班。组建后即辗转宁波、杭州、镇江、南京、南昌、芜湖等地，边练功、边学戏、边演出。1937年抗日战争爆发，上海和南京局势紧张，滞留在芜湖的厉家班，被迫随迁徙内地的人流，11月底到达武汉。除营业性演出和赈灾义演外，参加了1938年1月中旬由中华全国戏剧界抗敌协会主办的抗敌宣传周。同年7月中旬，武汉局势转危，厉家班历经艰辛溯江而上到达重庆。厉家班的影响不断扩大，“慧”字科学员增加到近80人。教师除初创时的郭三增、潘奎祥、崔韵喜等人外，沿途又有赵瑞春、戴国恒、白凤英、王蕙芳、关盛明、孟燮卿、吴永桐、孟宏恒、吴芷香等人加入，黄桂秋、杜富隆、杨畹农、许振寰、赵君玉等人也兼课传艺。此时厉家班已发展成为有师生员工100多人，设施完善的科班。在重庆的一年间，参加了由中华全国戏剧界抗敌协会主办的第一届戏剧节及各种义演。1939年7月到1944年10月之间，相继在贵阳和昆明各地演出。厉慧良、厉慧敏、陈慧霖、秦慧芬、厉慧斌、邢慧山、陈慧君等大“慧”字学员满师出科，于1940年8月在昆明组建**斌良国剧社**。沿途招收的一批小“慧”字学员也开始脱颖而出。1944年前后又招收一批“福”字科学员，并设想按慧、福、天、来排字，坚持长期办下去。厉家班的学员通过参加频繁的捐款、捐物义演和营业性演出，羽翼渐丰，在演出大量传统戏的同时，配合抗日形势，演出了由戴国恒创作的《太平天国》、《木兰从军》、《荀灌娘》、《吴越春秋》，敖伯言创作、厉慧良导演兼主演的《班超》，张子明创作、厉慧良导演兼主演的《火烧松明楼》、《戚继光歼倭记》等。1944年底，厉家班历经千辛万苦返回重庆，与当时云集在重庆的吴天保的汉剧抗敌宣传队，沈云陔的楚剧抗敌宣传队，钰灵芝的洪盛评剧团，王泊生的山东省立剧院，赵荣琛的大风国剧社，金素秋和李紫贵的四维平剧社，俞珊等人的青年平剧队以及新生票社、雅集平剧社、当地的川剧剧团等，时常联合演出，开阔了视野。在特殊的成长环境中，逐渐形成厉家班艺不宗一，融贯南北的班风。1945年春夏间，厉家班斌良国剧社上演由龚啸岚创作的一、二本《岳飞》，评论认为此戏“内容更接近了现实，而技术上也更臻于完善了”，是“田汉、欧阳予倩倡导的改良平剧的范例之一”。1945年秋，国共谈判期间，蒋介石邀请毛泽东、周恩来、王若飞等观看了由厉慧良主演的《群英会、借东风、华容道》和厉慧敏主演的《十三妹》。抗日战争胜利后，厉家班斌良国剧社为了维持百十口人的生计，自1946年7月至1949年11月连续上演十五本《西游记》。厉家班在重庆迎来了中华人民共和国的成立，排演了《九件衣》、《红

厉家童伶班《二进宫》
左起：厉慧良饰杨波、厉慧森饰杨小姐、厉慧敏饰李艳妃、厉慧兰饰徐小姐、厉慧斌饰徐延昭

《京剧厉家班史》封面

娘子》、《大破东平府》、《三女夺夫》、《锦囊机密》、《苏州怒火》、《墨子》、《紫山义师》、《猎妇歼仇记》、《春香传》等新剧目。1956年5月，在厉家班基础上建立重庆市京剧团，20年间，培养了"慧"、"福"两科学员，为京剧在中国大西南扎根发展作出了重要的贡献。北京图书馆出版社1999年1月出版了刘沪生、张力、任耀翔撰写的《京剧厉家班史》，按编年顺序，对厉家班做了全面记述。（刘沪）

Li Yanzhi

厉彦芝（1896～1972） 京剧教师。原名立泉。北京人。满族。13岁从师罗福山习老旦。14岁登台时始名厉彦芝。曾在天津通乐茶园与汪笑侬等同台演出《药茶计》、《行路哭灵》、《钓金龟》等，并和李桂春合演《回荆州》（饰吴国太）。18岁因变声倒嗓，拜董凤年为师改习京胡。1915年师从孙佐臣。两年后，相继为普幼安、金少山、孟小冬、高三奎、刘天红等操琴，声名渐起。后随韩玉山班演出于杭州、嘉兴、湖州一带，并先后两次赴南洋小吕宋（今菲律宾）等地献艺。1928年，携全家进入周筱卿在上海创办的更新舞台，任琴师兼后台管理。20世纪30年代后协同周筱卿组成更新童伶班，参与舞台演出，观众反映良好，尤以厉氏兄妹等人的上乘演出，名噪一时。随后组成厉家童伶班，脱离更新，边教学边演出，至抗日战争爆发后到武汉时，连同"慧"字科生70多名，全班已达100余人。因战局关系，1938年又率领全班溯江至渝，后辗转于云南、贵州、四川三省。任凭环境恶劣、条件窘困，他仍然坚持其教学育人的主旨，继续招收"福"字科学员。1958年重庆市京剧团成立学员训练班，厉彦芝任该班业务教学组组长兼老旦和京胡组教师。

作为琴师，厉彦芝技艺精湛，颇富孙（佐臣）派手风，刚劲豪华，特擅老生、老旦唱腔伴奏。他在主持科班工作中，倾注毕生精力，且善于团结教师，长于管教艺徒，治班严谨，勤于实践，积累了以功促戏，以戏促功，以班养科，以科壮班等宝贵经验。历时20年，培养出众多京剧优秀人才。（张力）

Liyan Huakan

《立言画刊》 游艺周刊。金达志主编，金受申、李政贤编辑。立言画刊社发行。16开本。1938年10月1日创刊，周六出版。约于1945年8月终刊。共出版356期。该刊由《立言报》改组，其中京剧占了相当的版面，设有许多评剧名家的专栏，如红叶的《静心斋戏话》，景孤血的《孤血谈剧》，徐凌霄的《凌霄汉阁剧话》，小织帘馆主的《歌场摭旧录》，又载有谭鑫培、孙菊仙、汪桂芬、孙春恒、王鸿寿等人从艺旧事的文章，以及四戒堂主人的《旧剧丛考》，翁偶虹的《偶虹论剧》。连载《脸谱勾奇》，详细介绍京剧各种脸谱的勾画方法。还有《四树堂谈戏》、《霜红楼谈剧》、《敦彝堂说戏》、《侠公谈剧》等专栏，并连载黎朔的《金狐室脸谱藏珍录》、陈墨香的《余叔岩遗事及其世系》等。该刊还辟有"戏剧问答"专页，编者就读者提出的有关剧目和演员（大部分为京剧）等问题予以解答。图文并茂，内容丰富，集知识性、娱乐性于一身，深受读者欢迎。（戴霞）

创刊号封面

Liyan Huakan Jingju Ziliao Xuanbian

《〈立言画刊〉京剧资料选编》 京剧史料。陈志明、王维贤选编，钮骠审稿。学苑出版社2009年11月出版。大16开本，上、下两册，1 400多页，约200万字，布面精装。当时北平正处日伪统治时期，文坛一片死寂，游艺性刊物却有多种，《立言画刊》是其中之一。其内容相当芜杂，有不少迎合低级趣味的文字和漫画，却也保存了这个时期有关京剧生存状态的相当丰富的信息，更发表了一批专家很有见地的评论和研究文章。刊物上的名伶照片甚多，由于纸张粗糙，加以"字如蚁聚，图似蜂屯"，多不清晰，只有封面上的照片较好。这些缺点都掩盖不了这本刊物珍贵的史料价值。陈志明、王维贤非京剧界人士，出于对京剧艺术的喜爱，在他们退休后，用8年多时间进行复印、选录、编辑。曾于2005年11月，自费印刷了有88万字的选编本，受到有关专家、演员和戏迷朋友的欢迎，并希望扩充内容，公开出版。在中国京剧艺术基金会和学苑出版社的支持下，以原选编本为基础，补充了一倍多内容，终于正式面世。所选文章近2 000篇，以刊登先后为序。书前有配图60多幅。书后附有包括伶人、场面、票房、票友、科班戏校、剧目、脸谱、茶园戏院8个项目的索引，各项均以拼音排序，给这份资料的运用者提供了方便。（简畅）

Lilisuo Xiping

《丽丽所戏评》 京剧评论集。郑正秋著。《民权画报》石印本。现存1912年4月19日～9月9日部分，有残缺。初以《丽丽所戏评》为栏目，5月26日后改为《鞠部春秋》。排日刊登手稿，体例不一，多为观剧随感。郑正秋（1888～1935），本名伯常，别署药风，丽丽所为其室名。广东潮州人。自幼与家人客居上海，14岁时肄业于上海育才公学。爱好京剧，经常在各报上发表剧评，"为着一个腔可谈上几个星期"（欧阳予倩《自我演戏以来》第217页）。曾主办《图画剧报》，1912年11月9日创刊，戏画由沈伯诚执笔。后热心新剧（文明戏），当过演员，也是中国早期电影的有名编导。本书所收剧评文章，系作者对上海新舞台、新新舞台、丹桂第一台、歌舞台等上演的新剧《黑奴吁天录》、《蓝天蔚》、《血泪碑》、《黎元洪》、《鄂州血》、《秋瑾》、《猛回头》、《国民大会记》及传统戏《空城计》、《长坂坡》、《战马超》、《斩黄袍》、《杜十娘怒沉百宝箱》等演出的评介，以及对著名京剧演员孙菊仙、杨小楼、潘月樵、冯子和、赵君玉、刘艺舟等演技的评论。如评论杨小楼扮演的赵子龙，威而不猛，言皆中节，体贴入微，手脚有力。评论冯子和演《血泪碑》则"一颦一笑，一动一静，一步一趋，一言一语，无不在情表上用功夫"。针对当时新剧演出的弊端，郑正秋在剧评中特别强调"唱旧戏宜体贴身

作者郑正秋

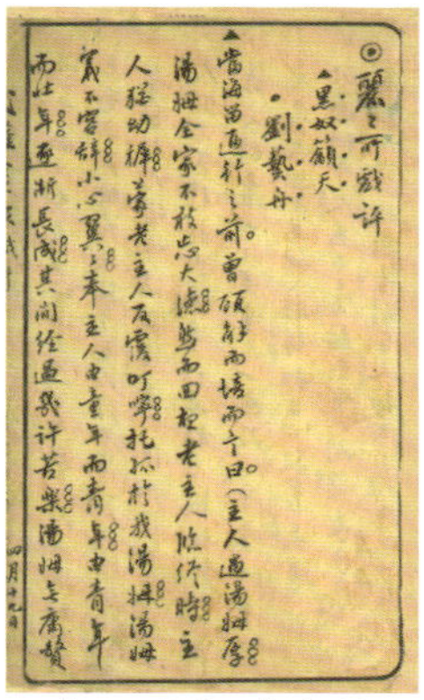
《丽丽所戏评》书影
（1912年5月1日）

份，演新戏更宜体贴身份”，并对新剧演出“议论多而演艺少……一出新戏短者十余场，长者几达二十场，至少须费时间二小时。其久当四倍于旧戏。尽多说白，独少做工。戏中人只觉省力，不觉厌闷也，殊不知座上客听之咸觉味同嚼蜡，耳不耐烦矣”，认为“说白自以极简切、极概括为宜，表情自以愈深切，愈微细为宜”。上述内容为我们了解上海清末民初戏曲改良状况提供了珍贵的史料。书中有沈伯诚绘制的演员表演插图83幅，如“写杨小楼作赵云支手擎枪作仰面翻身，身轻如燕之状”，“毛韵珂饰周瑜激励黄盖，又怜其老不胜苦，掀髯慨叹之神气”等，对我们了解当时的表演场面、舞台状况、演员扮相服饰等均有参考价值。（陈义敏）

Lianhuanji

《连环计》 京剧作品。作者不详。东汉末年，董卓专权，其义子吕布为虎作伥，百官怨恨，必欲除之而后快。司徒王允与义女貂蝉定计，先将貂蝉许婚吕布，后再献于董卓，促成董、吕父子反目成仇。为从董卓处夺回貂蝉，吕与王允密计，诈称迎董入朝受禅，将其杀死。本事出《三国志·魏书·董卓传》及《三国志演义》第8回、第9回。宋元南戏《貂蝉女》(佚)、元杂剧《锦云堂暗定连环计》、明传奇《连环记》均演此故事。该剧是唱、念、做兼重的旦脚小生戏。1926年2月4日，筱翠花曾在开明戏院演出全部《貂蝉》。为演好此剧，他屡到王瑶卿府上求教，由王研究剧本，删改场次，设计唱腔与身段，悉心指导。经过筱翠花苦心揣摩，把一个有忧国之心、除奸之志的貂蝉，演得独具风采，颇获好评。王瑶卿弟子新艳秋（王玉华）亦演此剧，颇有建树。此剧以旦脚为主时，称《貂蝉》；以小生为主时，则称《吕布与貂蝉》。名《王允试环》或《王允赐环》者，写王允欲除董卓，花园遇貂蝉，二人共定除奸计事；名《谢冠》者，写吕布至王允府答谢相赠之金冠，结识貂蝉，甚爱慕，王允以貂蝉许之；名《凤仪亭》者，有的只写董卓纳貂蝉为妾，董、吕反目，董以画戟掷吕布后，偕貂蝉移居郿坞。另有《梳妆掷戟》剧，为昆曲剧目。小生叶盛兰、高维廉、俞振飞，旦脚言慧珠、李玉茹、王玉蓉、蓉丽娟、张文艳、杜丽云均工此戏。新艳秋、蓉丽娟、张文艳、杜丽云、王玉蓉均有唱片行世。剧本载《京剧丛刊》第15集、《京剧大观》第2集、《戏考》第9集等。（刘方正）

《吕布与貂蝉》
叶少兰饰吕布（右） 许嘉宝饰貂蝉
（吴钢摄）

Lianhuantao

《连环套》 京剧作品。原作者不详，曾经清末武生演员沈小庆加工润色。本事出自评书《施公案》。清代，太监梁九公替康熙口外围猎，乘骑御马一匹。“连环套”寨主窦尔墩潜入御营，盗走御马，留言“若要追问盗马人，飞镖三泰便知情”，嫁祸于夙敌黄三泰。此时三泰已死，官府严限其子现任漕标副将的黄天霸寻马拿贼。黄天霸怀疑是窦尔墩所盗，探寻至连环套，自称镖客上山拜望，访得真情。双方约定明日山下比武，如窦胜，则黄天霸代父受过，黄胜，则窦尔墩献马见官了案。朱光祖恐天霸不敌，当夜潜至连环套，盗走窦尔墩的虎头双钩，并将黄天霸使用的钢刀插在桌上。窦尔墩以为黄天霸所做，为其“插刀盗钩的恩情厚”所感，甘愿献出御马，戴上刑具，随黄投案。武生饰黄天霸，花脸饰窦尔墩，武丑饰朱光祖。剧中主要关目为《坐寨盗马》(单演题《盗御马》，为花脸重头戏)、《天霸拜山》和《盗双钩》。清末，俞菊笙、黄月山均擅演黄天霸，风格不尽相同。俞的弟子杨小楼丰富了表演，无论唱、念、做与服装都有所改革，后世演出大都宗法杨派。《连环套》虽是武生正工戏，除黄天霸上山前与喽啰略有交手，却不见刀光剑影，重在人物塑造。黄天霸身在官衙，当差不自由。当他面对巴永泰宣诏，参见彭朋，表现得战战兢兢，诚惶诚恐，谨小慎微。杨小楼的表演刻画入微，却非故意丑化。他曾供奉清廷，接触过不少奴颜婢膝的人物，自是有助于对角色的创造。“拜山”一场，只身探虎穴，机警而不乏霸气。剧作矛盾尖锐，层层递进，以念白为主，富于戏剧性。黄天霸的狡诈与窦尔墩的粗豪，形成鲜明的对照，两个角色铢两悉称。徐宝成、黄润甫、钱金福、金少山等曾以擅演窦尔墩著称。齐如山《漫谈杨小楼》文中谈到：“故光绪年间贴戏报，往往只写黄三（即黄润甫）、王长林（分别饰演窦尔墩、朱光祖），而天霸的名字，往往不写。”(《齐如山全集》第4册）窦尔墩实有其人，见清乾隆二十六年（1761）修《献县县志》。《连环套》剧本有《戏典》、《戏考》、《戏学汇考》等刊本。《盗御马》载《京剧丛刊》第20集，郝寿臣、陶君起整理。此外，溥绪曾续编三、四本《连环套》。剧情为：施仕纶将窦尔墩入狱。窦的友人梁大刚等路上劫夺，反遭窦斥责。黄天霸求梁九公免窦死罪。窦在麒麟峪削发为僧。杨小楼、郝寿臣演出，李万春亦曾演过，效果不如前部。（颜长珂）

杨小楼饰黄天霸

周瑞安饰黄天霸（中） 金少山饰窦尔墩（右） 王福山饰朱光祖

Lianshengdian

《连升店》 京剧作品。一名《连升三级》。由文丑与小生主演，以说白为主的小型讽刺喜剧。编写于清代，作者无考。每遇科考之年，殿试点元后，几乎必演此剧，谓之“状元戏”。剧中店家以趣语穿凿附会歪讲本年的考题，博观者一笑。故事写穷举子王明芳进京赴试，三场后，来到连升店投宿。势利的店家以衣帽取人，对他百般奚落，虽目不识丁，却开讲四书，信口雌黄，笑话百出。

寇春华饰店家（左） 萧润德饰王明芳
（张祖道摄）

次晨，报录人来报王明芳得中进士，店家立改昨日面孔，极尽阿谀谄媚、逢迎吹捧之能事，展露了一副市侩嘴脸。店家由丑脚饰演。这出戏最早上演于清代道光年间，自刘赶三、罗寿山到萧长华、赵仙舫诸家均擅演不衰。1945年抗日战争胜利后，当接收大员飞奔各地急于“劫收”之际，萧长华在上海演出此剧，剧中王明芳向店家说：“我就住在这上房吧！”店家答道：“不成，那是重庆飞来的老爷们住的，你不配。”在轻松的嬉笑中，针砭时弊。萧长华与程继先，或与朱素云，或与姜妙香合演的此剧，颇负时誉，成为萧氏表演的代表剧目。《京剧丛刊》载有萧长华演出本，萧盛萱、吕瑞明整理。文化艺术出版社出版的《京剧流派剧目荟萃》第1辑收有重校补订的萧长华、姜妙香演出本，记有舞台表演部位、身段、曲谱、锣鼓经、装扮、道具，并附有赏析文章。萧长华的学生钮骠与萧润德合演此剧，已录为电视艺术片。（钮骠）

liantaibenxi

连台本戏 戏曲演出形式之一。一部情节连贯、有头有尾的戏曲作品称为本戏。剧情比较复杂、篇幅较长、需要若干次连续演出才能展现全貌的作品，称连台本戏。据《东京梦华录》，宋代开封便有连演数日的《目连救母》杂剧。元代杂剧一般为一本四折，《西厢记》有五本二十一折，《西游记》六本二十四出（折），就分别要演五次或六次。清代雍正、乾隆时，宫廷根据《三国志演义》、《西游记》和杨家将故事等小说、戏曲编演的《鼎峙春秋》、《昇平宝筏》、《昭代箫韶》等昆弋大戏，均为长篇巨著，需分集演出，曾对京剧产生直接或间接的影响，虽然演出形式不尽相同。本戏是京剧剧目中重要组成部分。“昔年戏班最讲究唱连台本戏。一唱若干天，有首有尾。直至光绪末季，单出戏方始抬头，逐渐将本戏打倒。”（田戒堂主人《谈本戏》，载《立言画刊》第48期）清代剧场受昆曲折子戏盛行的影响，每场演出分三个段落，称为“轴子”，每个“轴子”演若干折子戏，而在最后的“大轴子”上演本戏。一部本戏即使不是很长，也难一次演完，必须分为若干本，连续演出，每次演出一至两本。每本篇幅不长，大都包含相对完整的一段情节，一两个比较精彩的场面。当时，北京的戏班没有固定的剧场，需在城内各个演出场所轮流演出，称为“九门轮转”，每“转”四天。所以，那时的连台本戏多为四的倍数，如八本《雁门关》、三十六本《三国志》等。爱看本戏、希望了解全剧面目的观众，便需追踪戏班的脚迹，各园轮转。杨懋建《梦华琐簿》载：“大轴子皆全本新戏，分日接演，旬日乃毕。每日将开大轴子，则鬼门换帘，豪客多于此时起身径去。”“其徘徊不忍去者，大半市井贩夫走卒。然全本首尾，惟若辈最能详之。盖往往转徙随入三四戏园，乐此不疲，必求知其始讫。亦殊不可少此种人也。”故最受普通观众欢迎。每当演出淡季，各戏班更是争相以看家本戏招徕顾客。寒香亭主《北平梨园岁时记》载：“六月，梨园谓之热洞，各大班多开连台戏，如《三国志》、《龙门阵》、《五彩舆》、《德政坊》、《富贵全》、《福寿镜》、《十全福》、《错中奇》、《五雷侠》、《得意缘》、《碧云湖》、《胭脂判》、《梅玉配》、《降麒麟》、《三侠五义》、《香莲帕》、《奇巧循环报》、《九头案》、《十粒金丹》、《儿女英雄传》、《普天乐》、《合欢图》、《粉妆楼》、《雁门关》、《孤注功》、《荡寇志》、《施公案》、《循环现报图》、《十五贯》等，无虑数十折，连日接演。”（载《剧学》月刊，第4卷第2期）

京剧传入上海，连台本戏同样受到喜爱。清同治时人所作《续沪北竹枝词》中有：“自有京班百不如，昆徽杂剧概删除。街头招贴人争看，十本新排《五彩舆》。”早期演出形式与北京大体相似，“一般都是前面演传统的折子戏，最后头要有一出新戏。这个新戏，一本可以演几天，这就是连台本戏的起源。这新戏开头都是一本，后来发展成上下本，一二三四本，最后才发展成好多本”（李紫贵《忆江南·周信芳三进丹桂第一台》）。由于上海戏班长期在固定戏园演出，仅靠传统折子戏难以持久。作为商业城市，上海观众与古都北京的欣赏趣味也不尽相同，仅靠原有的本戏，已经难以满足。他们更加爱好新奇，不是讲究“听戏”，而是要“看戏”。从光绪初年开始，各戏园纷纷编演“全本新戏”。或是旧戏翻新，将折子戏串连首尾，逐日上演，如《五虎平西》、《杨家将》、《降天鹏》等；或改编小说、弹词、传说故事，如《珍珠衫》、《三笑姻缘》、《四怪刺天师》、《玉兔传》、《文武香球》等；其后，更从清代时事、社会新闻汲取题材，如《铁公鸡》、《破腹验花》、《火烧第十楼》等。有的经过舞台演出的不断磨炼，成为连台本戏的代表性剧目，如《封神榜》、《三侠五义》、《铁公鸡》等。清光绪十六年（1890），黄月山领衔主演《三侠五义》，“自首至尾，一气联络，接演四十八本”。其第一本“狸猫换真主，南侠遇文曲”，开《狸猫换太子》之先河，与京朝派杨隆寿、姚增禄等演出的同名作品，已不尽相同了。光绪十三年（1887），太平天国天京陷落23年后，三麻子（王鸿寿）、小连生（潘月樵）等即在天仙茶园上演了《旗开得胜·马到成功》，

清宫《戏出画册·梅玉配》（故宫博物院藏）

分前后两本。光绪十九年至光绪二十年（1893～1894），小连生、三麻子、赵小廉等首演十二本《铁公鸡》，光绪二十一年（1895）续演后本，敷演鲍超故事，又名《鲍公十三功》。同时，夏月润等演出《左公平西》，李春来、牛松山等演出《僧王平匪》，亦称《后本铁公鸡》。光绪二十四年（1898），小连生等复演《铁公鸡》时，夏氏兄弟则以新排《湘军平逆传》相抗衡。一时，取材时事、标榜忠义成为风气，并以“真刀真枪”的凶猛开打，“簇新军装时式行头”，号召观众。

光绪二十六年（1900）前后，在维新、改良思潮影响下，上海京剧舞台编演了不少针砭时事、借古喻今的新戏，同样采取连台本戏的形式。汪笑依、小连生、三麻子、夏氏兄弟、小子和（冯子和）、孙菊仙等著名演员均曾参加演出。三爱（陈独秀）《论戏曲》文中写到：“听说现在上海丹桂、春仙两个戏园都排了些时事新戏。春仙茶园有个出名戏子，名叫汪笑依的，新排的《桃花扇》和《瓜种兰因》两个戏曲，看戏的人被他感动的不少。我很盼望内地各处的戏馆也排些开通民智的新戏唱起来，看戏的人都受他的感化，变成了有血性有知识的好人，方不愧我所说的世界上的第一大教育家哩。”（1904年10月18日《安徽俗话报》）此类连台新戏，还有《党人碑》（1903）、《女君子》（1904）、《女子爱国》（1906）、《立宪镜》（1906）、《黄勋伯》（1907）、《黑籍冤魂》（1908）、《涂锡麟》（1909）、《二十世纪新茶花》（1909）、《血泪碑》（1910）、《拿破仑》（1911）等。北京，田际云等也于光绪三十二年（1906）上演了《惠兴女士》（梆、簧合演），乔荩臣编剧并主演了《潘烈士投海》。小子和、小连生、孙菊仙等也在上海丹桂茶园演出了这两部作品。1911年武昌起义后，上海歌舞台便于同年11月11日上演了“新排连台民国新戏”《重兴大汉》。1912年，大舞台相继演出了《鄂州血》（小说家陆士谔编）、《女英雄秋瑾》，新舞台演出了《光复旧土》、《蓝天蔚》（刘艺舟编）、《黎元洪》以及《黑奴吁天录》等剧。1913年3月，革命党人宋教仁被刺不久，麒麟童等主演的《宋教仁遇害大出殡》便在新新舞台上演。这时的连台新戏自然不止如此。参加演出的主要演员，除前述诸人外，还有刘艺舟、毛韵珂、林颦卿、赵君玉、王九龄等。随着辛亥革命的失败，也因新戏本身思想、艺术尚嫌粗糙，艺人和观众对它的热情逐渐减退，传统题材的连台本戏，如《泥马渡康王》、《再生缘》、《顾鼎臣》、《御猫》等才更多地登场。1915年小达子（李桂春）等演出《宏碧缘》引起的轰动，更是此后连台本戏盛行的一个标志。《申报》有文写到：“海上舞台，自《宏碧缘》风行以来，盛行本戏。于是，《济公活佛》、《红蝴蝶》、《电光目》、《王华买父》等，追踪以起，均可叫座。”（1921年4月21日，《两舞台〈七擒孟获〉比较》）仅以1925年3月8日《申报》广告“今日各舞台戏目一览”为例，当天上海演出的连台本戏，就有《狸猫换太子》、《汉光武复国走南阳》、《飞龙传》、《阎瑞生》、《七擒孟获》、《诸葛亮招亲》等多种。连台本戏自从在上海盛行以后，逐渐流行于全国。各地班社、演员都仿效和排演了不少此类作品，名目繁多，不胜枚举。它们大都没有成文的脚本，思想、艺术水平良莠不齐，自不待言。

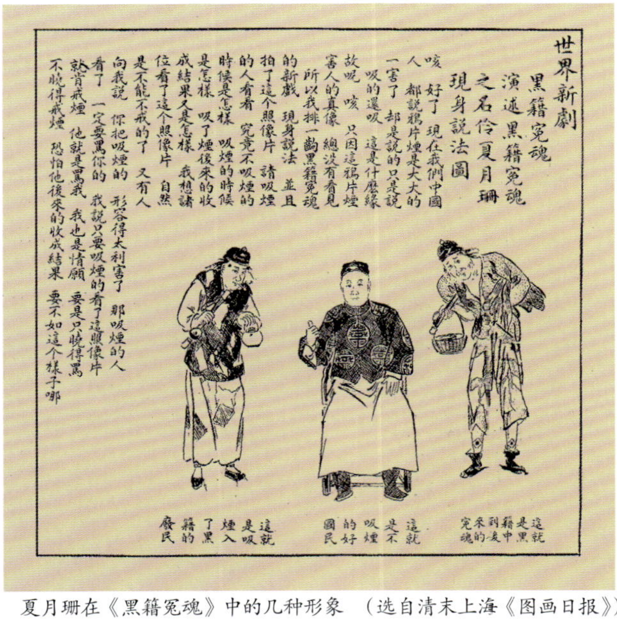
夏月珊在《黑籍冤魂》中的几种形象 （选自清末上海《图画日报》）

《汉刘邦统一灭秦楚》
周信芳饰刘邦（左） 陈嘉祥饰樊哙

连台本戏在流行和发展中逐渐形成了一些新的特点，即以通俗性赢得观众。它的剧情连贯、曲折、传奇，每本留下悬念，引人入胜；演唱明白易懂，有文有武，火炽闹猛；生旦净丑，各展所能。在灯彩戏盛行之后，更采用各种“机关布景”，炫人耳目；服装化装多采用“改良”扮相。连台本戏也锻炼和培养了演员具有塑造多种不同角色和临场发挥、即兴创造的能力。有些连台本戏的精彩段落，已成为保留节目在舞台流传，如周信芳的代表作《鸿门宴》便源自《汉刘邦统一灭秦楚》。抗日战争前后，田汉创作的《新儿女英雄传》、《岳飞》、《琵琶行》等剧，也曾借鉴了连台本戏的形式。需要指出的是，在20世纪30～40年代连台本戏发展的后期，由于社会恶势力的控制和影响，也曾编演了一些内容不健康的作品，表演低级庸俗，导致“恶性连台本戏”的膨胀，质量江河日下。中华人民共和国成立后，连台本戏受到冷落。只在50年代，有些剧团演出过《太平天国》、《水泊梁山》、《西游记》等剧。“文化大革命”后，上海京剧院尝试改编演出了《宏碧缘》（上集）。90年代，该院改编上演的《狸猫换太子》（上、中、下）更是广受欢迎，获得多种奖项。连台本戏这种艺术形式重新受到人们的关注。 （颜长珂）

Lianyingzhai

《连营寨》 京剧作品。又名《哭灵牌》、《火烧连营》。作者不详。关羽、张飞相继遇害，刘备为报仇统兵伐吴，大败甘宁。孙权遣诸葛瑾议和，刘备不允。孙权封陆逊为帅。刘备轻视陆逊为一介书生，中火攻计，七百里连营被烧得片甲无存。诸葛亮得到刘备扎营图形时，已来不及挽救，于是，派遣赵云迎接刘备至白帝城。本事见《三国志》、《三国志演义》第84回，清宫廷大戏《鼎峙春秋》中有“探得连营火可攻”与“侦羽书屯营一炬”。此剧原以武生（饰赵云）为主。梆子剧目有《大报仇》。据传，谭鑫培

陈少霖饰刘备

与擅演此剧的梆子演员薛固久（十二红）交谊甚厚，薛教谭此戏，谭教薛《斩马谡》。谭将这出戏改为以老生为主，删去原本张苞、关兴争当先锋，二人比武等情节，加强了刘备哭关羽、张飞的戏。“哭灵牌”时的唱词、念白、表演、唱腔均有很多创新，如［西皮摇板］转［反西皮二六］之“点点珠泪往下抛”一句，是从青衣腔演化而来，却全无脂粉气，唱起来如泣如诉，表现痛彻心脾的哀恸。其余［反西皮散板］、［反西皮二六］等类［反西皮］板式，都是谭鑫培在老生“直腔直调”、“高音大嗓”的旧声腔旧唱法基础上，精心变化创造的成果。清光绪二十四年五月十八日（1898年7月6日）），他与杨小楼在清宫颐乐殿承应演出此戏，慈禧赏银260两。其后演出大都宗法谭派。王又宸、言菊朋、王少楼、程君谋、许良臣等有唱片行世。剧本载《戏考》、《戏典》、《京剧丛刊》等。

（刘方正）

Lianhuatang

《莲花塘》 京剧作品。又名《庆安澜》、《拿火龙》。莲花塘赤发虬龙到天仙圣母处祝寿，其子小龙看守洞府，趁父亲离府之便，化成道童至涿州城化缘，与富户金钱子的妻子勾搭成奸。金钱子出外归来，小龙用法术凶狠地将其残害。玉帝察知，命雷电殛之，小龙逃回莲花塘求救。虬龙夫妇非但不管束逆子，反而兴起妖风浊浪，淹没大批田园。玉帝极为震怒，急敕诸神将并孙悟空一道，将莲花塘各路水族悉数擒拿归案。原系和春班创演。据景孤血考证：“和春班主何耕畬，因虐待徒弟，被关在刑部狱里，烦心无聊，他就编出这本《莲花塘·拿火龙》，后因演出两次失火，才又加上去一个剧名叫做《庆安澜》。其中水判官唱的一只曲牌名［灞陵桥］，他说：‘世事有高低，命中该着急。人争一口气，为的是名与利。’也就说明了何耕畬的消极思想。”（《由四大徽班时代开始到解放前的京剧编演新戏概况》）陈墨香《梨园外史》中说：“此剧原名《拿火龙》，曾在宫中演出。沈小庆重排，改今名。”清光绪九年（1883），为庆贺西太后五旬生日，清宫举办的承应戏中，作为“寿戏轴子”点有这出戏。此剧由全武行会串，以布景灯彩取胜。这出戏在清宫中曾多次演出。据朱家溍考证：光绪三十四年（1908）正月十三日、十八日，三月二十三日、二十四日及九月初一日分别在紫光阁和颐年殿的承应戏中演出。除十八日这一天的《莲花塘》排在倒第二位置以外，其余都为蹲底的大轴子。宣统时期恢复承应后的7个月间，共在宫中演出74场戏，其中有两次《庆安澜》和一次《莲花塘》（见《清代乱弹戏在宫中发展的有关史料》）。剧本载《戏考》第8集。

（王若皓）

Lianli Yu Chenglong

《廉吏于成龙》 京剧作品。上海京剧院2002年创演。编剧梁波、戴英禄、黎中城、王涌石。导演谢平安。作曲高一鸣、尤继舜、龚国泰。舞台设计徐福德、刘福升。灯光设计伊天夫（后为朱光武、孙浩）。服装造型翁丽君。主演尚长荣（净）饰于成龙、关栋天（生）饰康亲王、夏慧华（青衣）饰邢氏、齐宝玉（生）饰勒春。于成龙是个历史人物，《清史稿》有传，传中引康熙皇帝语：“朕博采舆评，咸称于成龙实天下廉吏第一”，“居官如成龙，能有几耶？”剧本据王永泰长篇小说《清官于成龙》的部分章节进行再创造而成。情节梗概为：新任福建按察使于成龙到任后，发现前任铸就的“通海通贼”案实系冤假错案，累及数千平民入狱，田园荒芜，怨声载道。于成龙不顾自身安危，向驻节东南、总揽军政的康亲王进言重审此案。经过曲折，终于赢得康亲王的信任，获准重审，数千平民得以解救。此剧不走公案戏路子，重在表现人格较量。

尚长荣饰于成龙（前左） 关栋天饰康亲王（前右） 齐宝玉饰勒春

其中查狱、斗酒、思妻、验廉等段落都很有戏，引人入胜；一位具有儒家情怀、墨家风范的机智倔强的廉吏形象鲜明地树立在舞台上，留在观众心目中。尤其于成龙与康亲王的对饮，是尚长荣与关栋天的对手戏，更是精彩，尽显京剧艺术魅力。尚长荣根据这出清装戏的特点，用素扮、京白，唱腔中糅入梆子声韵，把这个亲民的带有乡土气质的布衣高官，刻画得惟妙惟肖。舞台设计用一棵大榕树作为背景的主体形象贯穿全剧，既简洁、富于概括力，又具有寓意，可以说是于成龙的精神意象。这是上海京剧院在改革开放新时期继《曹操与杨修》、《贞观盛事》之后又一出成功的新编历史剧。因这三出戏都由尚长荣主演，圈内人士称之为“尚长荣三部曲”。该剧演出后不断听取意见，加工打造，进入2005～2006年度国家舞台艺术精品工程十大精品剧目。此前又获得第四届中国京剧艺术节金奖（榜首）、第十二届文华大奖、第十届“五个一工程”优秀作品奖。2008年11月，中国戏曲学会为之颁发中国戏曲学会奖，并召开专题学术研讨会，12月19日《光明日报》刊发研讨会纪要《游弋在历史与现实之间》。

（周传家）

lianpu

脸谱 泛指净、丑行当的涂面化装。旧时称此类化装为**勾脸**或**开脸**、**打脸**。因其色彩、线条表现角色面貌颇多夸张、变形，故有花脸之称。净、丑行当之称大花脸、小花脸，实由其化装特征而得。随着化装经验的积累嬗递，形成若干相对稳定的谱式，遂称这种涂面艺术为脸谱。王梦生《梨园佳话》：“从前师弟授受，有专谱备载其式，谓之‘脸谱’。”此为脸谱一词较早见于记载者。脸谱的主要功能是传神，有助于角色的性格塑造，亦称性格化装。生、旦行当只有少数角色勾画脸谱。

源流概略

脸谱起源颇有异说。有追溯至先秦民俗“文身”、“雕题”者（刺刻身上额头，以丹青涅之。见《礼记》卷一二）。如董每戡《说脸谱》：“其实这些（脸谱）都止不过改刺绘在脸上而成涂抹在脸上罢了。”（《说剧》第327页）有把脸谱导源于面具者。如姚茫父认为，脸谱“出于隆古武备、礼俗之遗”（转引自齐如山《中国剧之组织》第77页）。即把古代战争面具和傩仪面具当做脸谱的源头。持此类说法者较多。另有一说，面具与涂面各有起承。王国维有《面具考》和《涂面考》，各述其见于载籍者，未论二者有何渊源关系。任半塘更明确地反对把戏剧化装说成是“由面具到脸谱”的“演进”，他认为：“实则因剧情之要求不同，自古迄今，皆涂面与面具同时并用。”（《唐戏弄》第242页）诸说相比，还是王氏与任氏所说近乎史实。

宋金杂剧涂面

山西侯马出土文物

侯马董氏墓戏俑（黎新摹本）

脸谱是古代涂面在戏曲中的特殊发展。涂面起于何世，今不可考。有的研究者认为，齐国田单用火牛阵败燕军“以五千壮卒‘五色涂面’”。这是对于《史记·田单列传》的误读。《史记》所述的“为绛缯衣，画以五彩龙文，束兵刃于其角，而灌脂束苇于尾”，都是对千余头牛的“武装”。壮士五千人作何装束，《史记》未作描述，岂可把牛衣上的“五彩龙文”移作涂面？或把《三国志》中曹植“傅粉”，说成是“俳优的粉墨涂面传统自汉魏以来就见诸记载”的证据，也值得商榷。《三国志》卷二一关于邯郸淳的注文引《魏略》云：“植初得淳甚喜，延入坐，不先与谈。时天暑热，植因呼常从取水自澡讫，傅粉。遂科头拍袒，胡舞五椎锻，跳丸击剑，诵俳优小说数千言。”怎见得这个“傅粉”不是天热洗澡后的爽身而是扮演角色的粉墨化装？明胡元瑞《庄岳委谈》将“傅粉”改成“傅粉墨”，说曹植做了“优家者流妆束”，并推定“后世所为副净等色，有自来矣”，实在是把想象当做了事实。对以上二证提出质疑，并不否认涂面有很悠远的历史，只是未见记载，难下判断。涂面见于记载是在唐代。孟郊《弦歌行》：“驱傩击鼓吹长笛，瘦鬼染面惟齿白。”古时驱傩逐疫之舞都戴面具，至唐代，间亦以“染面”（即涂面）来化装疫鬼形象。温庭筠《乾䐁子》记有舞者“墨涂其面，著碧衫子作神，舞一曲慢趋而出”。到了宋代，鬼神舞蹈杂用面具与涂面的记载就更多了。如《东京梦华录》卷七记《抱锣》、《舞判》，舞者戴假面，而《硬鬼》、《哑杂剧》中的鬼魂形象，则为“面涂青绿，戴面具金睛”，或“以粉涂身，金睛白面，如骷髅状”。要之，在唐宋时代，涂面的主要领域还是滑稽表演。《资治通鉴·后唐纪一》：“帝或时自傅粉墨，与优人共戏于庭。”后唐庄宗李存勖与优人“共戏”的是“弄参军”，以粉墨涂面，作滑稽表演。而宋杂剧、金院本中的滑稽角色，就是沿着这种路子来化装的。在戏词中，**粉墨化装**又称“**抹土搽灰**”，土指黑，灰指白，然其用色不限于黑白二色。《宋史·奸臣列传》述蔡攸“得预宫中秘戏”，“短衫窄裤，涂抹青红”。从出土的宋金墓葬砖雕上可以看到，其时的演剧涂面，有的在面部中心涂一块白斑，额头抹两道贯通双眼的黑线，有的画两个白眼圈并涂乌嘴，有的在白眼圈外再勾画黑色花纹，有的画红眼圈、红嘴圈等，比较随意，不拘一格，总的效果是滑稽调笑或讽刺。与这类滑稽化装作对比的，是略施彩墨以描眉画眼的美化化装。这两类形态的涂面，就是后来戏曲中净丑脸谱和生旦俊扮的直接渊源。

元杂剧脸谱

山西洪洞明应王殿壁画

脸谱有净、丑之分。比较起来，丑行的基本谱式“**粉鼻凹**”（语见《汉钟离度脱蓝采和》杂剧），俗称**豆腐块脸**，在宋金元杂剧中已经相当普遍。丑这个名称首见于南戏；南戏中亦有净，与丑性质相似，“一样搽灰抹土，一样插科打诨”（钱南扬《戏文概论》第232页）。净行脸谱由简单、稚拙到多样、精致，经历了漫长的发展过程。不过，最早为剧中正面形象勾脸的，不是插科打诨的净或副净，而是正末或外。元杂剧如《单刀会》之关羽、《陈州粜米》之包拯、《李逵负荆》之李逵等一批性格豪放、刚正、勇猛、粗犷的正面形象，只要主唱，都归正末扮演。演员需要根据传说、话本及剧词的描写，创造出新的涂面样式。现在保留下来的最早的正面形象的脸谱，是山西明应王庙的元代杂剧壁画中后排居中戴满髯者。这不是主唱的正末，很可能是外，所扮角色不详，勾的是粉红脸，双眉用黑墨作浓重描画，眉眼之间用一道白粉分界（戏班称为**眉间纹**）。其勾法简洁，开创了脸谱中的整脸谱式，也是后来三块瓦谱式的雏形。在这幅完成于元泰定元年（1324）的壁画上，还有一个副净扮的角色，画了两个白眼圈和一双黑色锯齿形浓眉，戴短扎髯，这与粉红色整脸，都是戏曲形成之后早期脸谱的仅存实例。需要指出的是，1993年出版的《中国民间美术全集》第11卷《游艺编·面具脸谱卷》中题为《元明杂剧脸谱摹本》的9个脸谱，除李天王、程咬金据梅兰芳所藏明代脸谱改画外，其余的樊哙、关平、李逵、二郎神、判官、庞涓、周仓7个脸谱，纯系伪造，不能作为研究元明杂剧勾脸艺术的依据。

伪造的所谓《元明杂剧脸谱摹本》

脸谱艺术的发展是同传奇体制的确立、净丑行当的地位得到调整与提升有密切关系。早期戏曲末旦或生旦所扮角色“多美鲜恶”，“下流之归，悉在净丑”（《王国维戏曲论文集》第242页）。这种状况到了昆曲和弋阳诸腔中才逐渐有了改变。反映在《扬州画舫录》所记的“江湖十二脚色”以及演员技艺的描述中，不但正净、副净和丑这三个行当有了明显区别，而且正净中又分化出红面、

“梅氏缀玉轩世藏”明代脸谱　（龚和德摹本）

黑面和白面，可以扮演众多不同品行、不同气质的人物形象。这对勾脸艺术的进步起了很大促进作用。其时，开脸格局大体为正净勾全脸，副净勾半张脸，丑角勾脸更小，集中于面部中心，从化装上强化了行当的区分，故又有大面、二面、三面之称。昆弋盛行时期的脸谱资料主要有以下几种：

“梅氏缀玉轩世藏”明代脸谱。未注明声腔剧种，合传世实物及书刊上的单色影印本、彩色摹本，汰去重复，共得56幅。

《清代杂剧扮装图》。日本佐佐木信纲藏有14幅，傅惜华见过其单色照片，在1931年初第147期、第151期《北京画报》上著文介绍，并发表其中两幅，一净一丑。

《清代杂剧扮装图》

清代纪实性绘画中所反映的脸谱。如康熙《南巡图》(1694)、《康熙庆寿图》(成画年代不详)、《康熙御赏万寿图》(1717)、《乾隆御题万寿图》(1757)等均有戏曲演出场面，脸谱样态依稀可见。

《康熙御赏万寿图》中的脸谱

汉钟离　　铁拐李

清南府昆弋脸谱。梅兰芳藏有15幅；中国艺术研究院藏27幅，题《清南府彩绘脸谱残页》；美国芝加哥自然历史博物馆藏40幅，为该馆亚洲研究员劳费（Bethold Laufer）于清末在北京收集者；日本池田文库藏22幅，1939年流入日本。以上4处收藏共计104幅，据其绘制规格及剧目、角色，当同为清南府演出的勾脸图谱。

梅兰芳藏清南府昆弋脸谱　（栾冠桦摹本）

关羽　　包拯　　孟良　　牛皋

廉颇　　马武　　尉迟敬德　　黄巢

清代戏出年画中所描摹的脸谱。杨柳青年画始于晚明，入清后增加戏出内容，其中乾隆嘉庆年间作品，多同昆弋演出面貌有关，可资参照。

清乾隆、嘉庆年间杨柳青年画中描摹的戏曲脸谱

秦英　　赵高　　司马师

魏延　　赵匡胤　　尉迟敬德

综合上述各种形象资料，所得印象为：人物脸谱大多简朴、稚拙，神怪脸谱趋向花哨。就人物脸谱而言，在这个历史阶段，最重视的是肤色的夸张，不仅有红脸、黑脸、粉红脸，还有赭脸、蓝脸、绿脸，许多角色在脸谱上的色彩定位，大多延续至今。在开脸的方式上，与元杂剧壁画所示可谓一脉相承，但有三点重要进步：一是新谱式的酝酿。在白色眉间纹上，既保存元代的界分眉眼的画法（如关羽、赵匡胤），又把这道白色扩大为包容眉眼，使眉眼描画由白色衬托而更加清晰（如马武、铁勒奴、牛皋、焦赞、孟良）。正是这个变化，向后来的三块瓦谱式又靠近了一步。尉迟敬德的黑脸，为夸张其白眉，把脑门黑色压缩，已接近于后来的六分脸了。二是表情纹的加强。如关羽印堂已有生动的黑色表情纹；包拯的白色双眉，由直变曲，正在向着后来的紧锁双眉过渡；单雄信、马武的红眉采用不同形状的火焰，显然是要象征其火爆性格。三是符号化的启动。如焦赞、孟良、廉颇、屠岸贾的眉眼部分，有≠纹、$纹、虎尾纹及黑色圆点、三角，都是符号化点缀，其含义多不明显；而黄巢脸谱的“眉横一字面金钱”，已把说部中描写的形貌特征（两眉相连，面有麻点）图案化了。但整个说来，对人物脸谱的勾画仍是比较拘谨的。相比之下，神怪脸谱则要大胆得多，注意到了对脑门、双颊、鼻窝、嘴岔各部位的利用。钟馗脸谱的额头、两颊和双眉都以蝙蝠作装饰主题，寓意为“恨福来迟”。部分象形脸已达到较高水平，如云神，脸部两侧为五色彩云，由鼻端至脑门，以黑色为底，画有10只白色飞雁作倒“人”字形飞翔，表现出民间艺人丰富的想象力。在象形脸中也有受面具影响的痕迹。涂面与面具的并行发展，不排除其间的相互影响。也有一种可能：“有些组织不完全的戏班子，箱上不曾预备这些特制的脸子时，遇到这种角色，也只有用脸谱来代替。”（翁耦红《脸谱的分析》，《剧学月刊》

“梅氏缀玉轩也藏”明代脸谱

钟馗　　云神

（选自《国剧简要图案》）

第5卷第8期）这种代替面具的脸谱，很容易画得象面具，如狮精、虎精。昆曲后期脸谱因缺少比较集中的历史资料，难以描述，只能在早期京剧脸谱中略窥一二。

把脸谱艺术推向新高度的是京剧。京剧是乱弹（清代地方戏）的后起之秀。乱弹兴起后，脸谱也有发展，勾法粗犷，谱式以花而碎者为多。京剧对昆乱传统两皆吸纳，甄别熔铸。净行在京剧中又有新的分化，重唱者称黑头、铜锤，重做者称架子花，重把子及跌扑摔打者称武二花等；另又发展出一批勾脸武生戏。其中工架子、武花者尤多精于勾脸，因其角色对象最为宽泛，大凡权奸巨憝、草莽英杰、枭雄悍将、恶霸土豪、神灵鬼怪，咸有其份，且又注重身段表情，势必于化装时揣摩情性、写意传神，为脸谱的多样化、精致化作出更多贡献。京剧脸谱的演进脉络，可从数量众多的清宫戏画、晚近出版物和演出实况中得知。

谱式分类

京剧脸谱讲究形式感，在变化多端中仍有规范可循，其具体表现就是谱式的丰富多彩。谱式又称谱子，如何分类，各家说法互有异同，同一脸谱也有不同的谱式归属。谱式虽然多样，性质无非两类：一是基本谱式，由构图和用色特点抽象得来，每一种基本谱式均为若干角色所用；二是角色谱式，所有脸谱，几乎都与角色相连，然艺术水平颇有差异，其中优秀者，能在刻画角色上取得观众普遍认同。两者呈交错状态。其原因在于基本谱式实由成功的角色谱式衍生而来，稍加改动的勾画者多了，遂成一类；而优秀的角色谱式，经过名家的精心创造，才避免雷同，求得鲜明个性。这两类谱式各有意义：前者带有程式性，既是规范，又可作新创造的起点，它的定式总是相对的；后者最能显示脸谱的艺术魅力，比较固定地属于某个角色，只是各家思致不一，常会有若干同中有异之处。

京剧脸谱的基本谱式大概有15种。

整脸。脸谱中色彩、构图最单纯者。全脸一色，或红或黑。红脸以白笔或黑笔画眉，以黑笔画眼或加表情纹；黑脸则画白眉。其特点是强调肤色的夸张。这当是最古老的一种谱式，保留至今最有代表性的角色是关羽（红）、赵匡胤（红）、包拯（黑）。在流传过程中略有变化，如包拯脸谱不仅在额上勾出白色月牙，两颊亦揉入紫红色。整脸一词还有一个广义解释：“凡不歪不破之脸，亦皆名曰整脸。”（齐如山《脸谱》）

整脸

《古城会》关羽
（李桐春饰）

水白脸。又称**粉脸**、**大白脸**。齐如山称之为**奸脸**。翁偶虹将此谱作为整脸之一种。面涂白粉，以黑笔勾画眉、眼、鼻和表情纹，印堂点有红晕。用于养尊处优、多疑善诈的权贵卿相，如曹操、潘洪、严嵩。“满脸石灰，更着些黑道儿抹”（《庄家不识勾阑》），本是净行由来已久的化装传统，只是到了昆曲中，由滑稽调笑转为对奸邪者的揭露，令观者有“戏场粉笔，最是利害”（《桃花扇·骂筵》）的感慨。早期京剧沿昆曲画法，粉脸开得很高，后改为低脑门，相貌也戴得较低。老年奸脸，改画灰色浓眉。

水白脸

《骂曹》曹操
（清宫戏画）

《群英会》曹操
（郝寿臣饰）

《清官册》潘洪
（郝寿臣饰）

三块瓦脸。是用黑色把眉、眼、鼻窝夸张地勾画出来，给人以粗眉大眼或竖眉立目的感觉；额部与两颊像三块比较匀整的瓦片，并以额、颊统一用色作为该谱的主色，故名。郝寿臣称之为**三块窝脸**。此谱用途很广，主色有白、红、紫、黄、蓝、绿、金。印堂脑门纹有胆形、梭形、匕首形、圆光、天眼、太极、七星等多种。以油白为主色者，部分角色需套勾肉红色脸蛋。此谱由整脸演进而来。整脸、水白脸都是单色平涂，至三块瓦脸的发明，戏曲脸谱在色彩的视觉效果上，才真正有了光线照耀的立体感。代表性角色有：马谡（油白）、姜维（油红）、专诸（水紫）、杨戬（金）等。

三块瓦脸

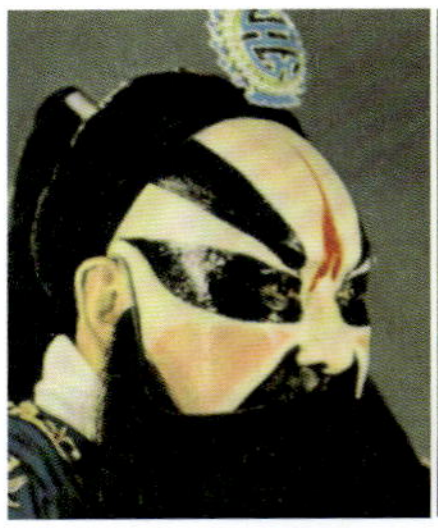

《失街亭》马谡
（郝寿臣饰）

《别母》专诸
（郝寿臣饰）

老三块瓦脸。又称**三块瓦老脸**。以画眼梢圆笔向下，作垂云式为特征。用于老年角色，如鲍自安（油白）、邓九公（老红）、姬僚（油黄）。

老三块瓦脸

《刺王僚》姬僚
（裘少戎饰）

《十三妹》邓九公
（郝寿臣饰）

花三块瓦脸。三块瓦之图案变化、花纹增繁者。其变化程度亦有不同。如高登、须贾、张定边，只在眉、眼、鼻窝的勾法上各有特点，用色仍与

花三块瓦脸

《艳阳楼》高登
（高盛麟饰）

《赠绨袍》须贾
（郝寿臣饰）

六分脸

《探皇陵》徐延昭

《高平关》高行周

（选自清宫戏画）

《二进宫》徐延昭

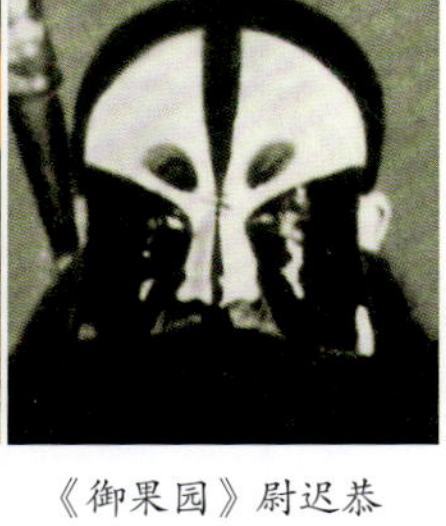

《御果园》尉迟恭

（选自《郝寿臣》脸谱集）

一般油白三块瓦一样简洁。而窦尔墩，不仅眉眼鼻窝有更大变化，用色也杂多而又跳跃。但其额、颊为三块水蓝主色，保持了三块瓦的基本特征。此谱与比较单纯的高登、须贾脸谱，同为花三块瓦脸的出色代表。

六分脸。其特点是把整脸的脑门主色压缩在额头中间，呈长条形，直通脑门顶，郝寿臣称之为立柱纹。其两侧为大片白色（作为辅色），眉头处，用深浅墨色画一对斗蛾式的眉子。立柱纹与脸的下半部主色约占全脸十分之六，故得此名。明代与清初的尉迟敬德脸谱是其雏形，清乾隆、嘉庆年间戏出年画中反映的是一种过渡形态。在同治、光绪年间的清宫戏画中六分脸已基本形成，然其两颊主色多由眼下画起，是早期形态的遗留，后来改为从上眼睑画起，包括整个眼部，这样，主色才真正占得六分。此谱作为一种老脸，还由于眼梢作圆角垂云式，耳旁有白色鬓绺纹。代表性角色有尉迟敬德（油黑）、黄盖（油红）、徐延昭（原为黑，后改紫）、杨林（老红）。六分脸还有一种勾法：白脑门下连白鼻形，黑色立柱纹自鼻端至脑门顶，黑脸蛋一直画到耳旁，不勾白色鬓绺纹。此谱用于壮年角色，如《御果园》之尉迟恭。

十字门脸。特点为自鼻端至脑门顶的黑色立柱纹与约略相连的黑色眼窝近似“十”字形，故名。此谱两大要素立柱纹与眼窝分别取自六分脸、三块瓦脸。其形成当晚于上述诸谱，在清中叶以前的脸谱形象资料中未曾得见，至同治光绪年间清宫戏画中才涌现出来。其时的十字门脸，眉部处理正在作多样化探索，额部的立柱纹有宽有窄，宽者多用“？”式云纹装饰。京剧艺人又在这个基础上创造出十字老脸、花十字门脸，尤其后者变化极多，成为脸谱中的一大类别。翁偶虹认为，十字门脸的出现，“已属脸谱艺术上的伟大进步了”（《脸谱的分析》）。

十字门脸

《白蟒台》姚期　《取荥阳》项羽

《洪羊洞》焦赞　《借赵云》张飞

（选自清宫戏画）

十字老脸。在立柱纹与眼窝呈黑色“十”字形基础上，以白脑门的一对小圆眉子表现老年特征。眼窝处理有两种：眼梢平挑者挂黪髯，如《牧虎关》之高旺；眼梢下垂者挂白髯，如《草桥关》之姚期。

十字老脸

《牧虎关》高旺（郝寿臣饰）　《草桥关》姚期（郝寿臣饰）

（选自《郝寿臣脸谱集》）

花十字门脸。十字门脸之“花”有三种趋势：①大体上保持黑色“十”字形，而变化其眉、眼、鼻的具体勾法。由此产生项羽、焦赞、牛皋、李刚、姚刚、张飞等脸谱。②立柱纹由黑色变为红色或紫色，产生司马师、屠岸贾、魏延、李密等脸谱；清宫戏画中有蓝色立柱纹的马武脸谱，亦属此种变体。③立柱纹本身也起了变化，如孟良脸谱已非立柱纹加宽、内加某种纹饰，而是变化成红色葫芦形，不知其来由者难以辨识为花十字门脸。有的研究者把项羽、焦赞、司马师、孟良等都归入花三块瓦脸，这是需要商榷的。一是它们都不符合三块瓦脸的基本特点：额头与两颊三块主色必须保持一致；二是以上诸谱，除孟良外，都有明显的立柱纹，都勾着通天黑或通天红、紫。在三块瓦或花三块瓦中，印堂、脑门有多种纹饰，也有画得很高、接近脑门顶的，但非通天之立柱纹，只有六分脸和十字门脸才有代表主色的立柱纹，这是谱式分类中的重要标志之一。

花十字门脸

《别姬》项羽　《挑华车》牛皋　《穆柯寨》焦赞

《回荆州》张飞　《红逼宫》司马师　《搜孤救孤》屠岸贾

《战长沙》魏延　《断密涧》李密　《穆柯寨》孟良

（选自《京剧脸谱图说》）

碎花脸。来自花三块瓦、花十字门，又因谱式错综而越出其规格者。如李逵、周处脸谱分别源于花十字门、花三块瓦，因其脑门、眉窝、鼻窝勾法，变化大而用色多，遂有研究者别称之为花脸（如翁偶虹）。在两颊勾法上，都是白底套勾肉红脸蛋，虽花而未碎。另有花而且碎者，如杨七郎脸谱，其黑色立柱纹上端加宽，草书

碎花脸

《探母》李逵（尚长荣饰）　《除三害》周处（袁世海饰）　《取洛阳》马武（郝寿臣饰）

一白色“虎”字，落笔直至鼻端，鼻翼勾红色翻鼻窝，眼窝加皱，纹连两颊，确难称作花十字门了。其他如马武、单雄信等脸谱，更有过之者，故郝寿臣称此类脸谱为**花碎皱脸**。

元宝脸。自双眉以下勾粉脸，上露肉脑门（涂近似色），形似元宝，故名。此谱源自昆曲副净所勾的半张脸。齐如山在《脸谱》中论及元宝脸时说：“前清西后（慈禧）因此种脸谱不美观，特降旨禁勾，于是宫中演戏，永不见此种捡谱矣。”然从清宫戏画看，仍有勾此者，如三国戏中的太史慈、《打花鼓》之李小虎等。晚近京剧中的元宝脸，都以浓重黑色勾画眉、眼、鼻窝，脑门涂浅赭色，所扮角色，有奸猾之流，如严世蕃、侯尚官，差官、校尉如李仁、马汉，另有下层义士颜佩韦。

清宫戏画中的元宝脸

《群英会》太史慈　《打花鼓》李小虎

（选自清宫戏画）

花元宝脸。脑门涂红、蓝或金色，下半截脸花纹繁细，略似元宝形。翁偶虹在1936年发表《脸谱的分析》时，称此类谱式为碎脸；晚年发表《脸谱艺术》，改称花元宝脸（《翁偶虹戏曲论文集》第479页），甚当。代表性角色有钟馗（油红脑门）、周仓（水蓝脑门）。《铡判官》阎王（金脑门）等亦可列入。

花元宝脸

《华容道》周仓（饰者失考）　《铡判官》阎王（郝寿臣饰）

和尚脸。齐如山曾向戏界人请教和尚脸的特点，名净胜庆玉告诉他：“棒槌眉腰子眼窝，才是和尚，平常人不许用。”后来遍看各戏，都是如此（《齐如山回忆录》第94页）。此谱实由白三块瓦改造而来，用于净行所勾僧脸，如鲁智深、杨五郎等，不包括丑扮和尚。腰子眼、棒槌眉都是圆起圆收，带有锋芒内敛之意。脑门画一红色圆光，称舍利珠，由庙中佛像得来。另如《淮安府》之蔡天化，是个道士，亦用此谱，僧道不分，故又泛称**僧道脸**。

和尚脸

《野猪林》鲁智深（郝寿臣饰）

太监脸。多为揉红脸，黑色枣核眉、菜刀形阔眼窝，唯眉眼间无白色眉间纹，与红色三块瓦有明显区别。太监不戴髯口，不勾鼻窝，但须勾好三笔腮纹，以强化其骄横之态。嘴形多作菱角形大撇嘴，上唇涂紫、下唇抹白。下巴勾黑色“八”字纹，要勾出瘪嘴的样子。脑门画紫色舍利珠。“这类圆光在脸谱上只有和尚和太监才有”（郝寿臣语），盖以太监净身比之和尚受戒。清宫戏画中有《法门寺》之刘瑾，揉红部位在面部中心，然后淡出，脑门无红色圆光，黑笔勾画眉、眼、嘴，有飞扬跋扈之色。以后太监脸就越揉越红，加上了象征向善的红色圆光。用油红太监脸者，除刘瑾外，还有王振、梁九公；另有油白太监脸，如《黄金台》之伊立。

太监脸

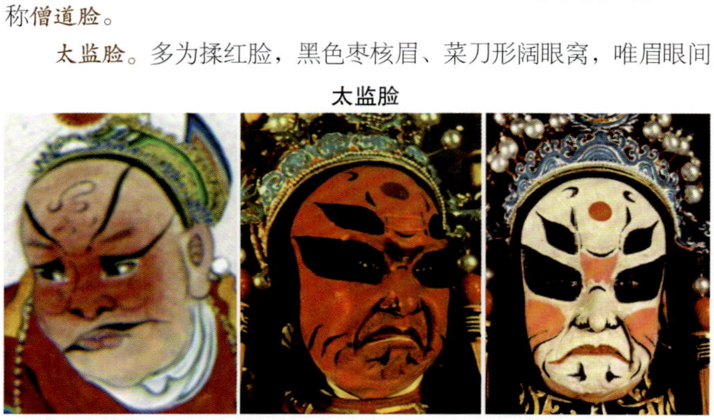

《法门寺》刘瑾（选自清宫戏画）　《法门寺》刘瑾　《黄金台》伊立（选自《郝寿臣脸谱集》）

歪脸。谱式纹样之不平正、不规则者。有局部歪斜和整体不对称的区别。前者多扮下层为非作歹者或为恶势力充当杀手者，如《法门寺》之刘彪、《红梅阁》之苗义等，涂粉脸，有歪邪的肉脑门。后者的代表性角色如郑子明、李七，状其面貌受伤害后的极端丑陋。郑子明勾“雌雄眼”，脑门为椭圆形盘龙纹。李七左右眉眼作上下移位，脑门有血窟窿。这两个脸谱都以十字门脸作变化基础，郑子明的黑色立柱纹已歪成盘龙纹的左侧边缘，与左眉窝相连；李七则歪向右脑门，与右眼窝相连。

歪脸

《打龙棚》郑子明　《审七》李七（选自《郝寿臣脸谱集》）

除上述15种基本谱式外，还有揉脸、破脸、神仙脸、精灵脸、象形脸、鬼脸、妖怪脸、英雄脸、无双脸等多种称谓。然这些名称，严格说来，均非谱式概念，难以从谱式上作出概括性描述，但又各有所指，包含有脸谱创作的许多信息与具体成果，故需略作解释。

揉脸。特点是脸上主色需用手指揉匀者。揉时有厚薄之分，主要用于夸张肤色，然后用墨笔、粉笔勾画眉眼神气。揉脸区别于整脸处，必须在边缘部分淡化，露出皮肤的天然色泽。清宫戏画中《法门寺》之刘瑾、《盗印》之金大力、《阴阳界》之鬼卒都是揉脸代表作。

揉脸

《盗印》金大力　《阴阳界》鬼卒（选自清宫戏画）

破脸。元人夏庭芝《青楼集》云：“凡妓，以墨点破其面者为花旦。”这是化装上的一种道德评价手法，也贯穿在脸谱勾画中。齐如山解释破脸说：“其中坏人较多，虽是好人，亦必稍有可议之点。”他认为，最下等的破脸，即是刽子手等所勾之歪脸；在三块瓦脸的额间有他种颜色花纹者是“意义最宽之破脸”；也有演员对所装扮之角色表示敬意而将脸点破，如关羽，“不敢真像其脸，故点一黑痣”（《脸谱》第23～24页）。

神仙脸。庄严者如北斗星、太乙真人勾三块瓦脸，赵玄坛勾六分脸，脑门或两颊各有象征性图案，可用金、银色装饰。狞厉者如巨灵神、煞神等有独特脸谱。

象形脸。用于装扮精灵角色，也称**精灵脸**。或兽形，或禽形，均依据其本形创造出面部图案，如孙悟空、猪八戒（也有戴面具的）、

神仙脸

《闹天宫》太上老君（李欣饰）

《闹天宫》巨灵神（何勇军饰）

《琼林宴》煞神（饰者失考）

象形脸

《闹天宫》孙悟空（李少春饰，游振国摄）

《闹天宫》孙悟空（李万春饰，吴钢摄）

《西游记》孙悟空（筱九霄饰）

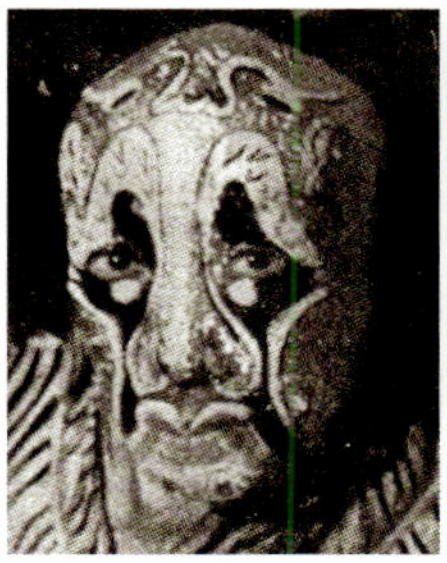
《金钱豹》金钱豹（杨小楼饰）

《金钱豹》金钱豹（李菊笙饰）

《拿花蝴蝶》花蝴蝶（清宫戏画）

金钱豹、《盗仙草》之鹿童、《百草山》之孔宣等。在人物脸谱中也有若干象形因素，明显的如《四平山》之李元霸，为表现其“大鹏金翅鸟下凡”，要勾“鸡眼雷公嘴”，雷公嘴即鸟嘴，但其象形是局部的，还不是象形脸。清宫戏画中有一幅采花大盗花蝴蝶的脸谱，真正称得上蝴蝶脸，是少见的人物象形脸。

其他扮小鬼、小妖及打英雄者所勾脸谱，多无定谱，自由度较大，但也要求“出像带神”，方是佳作。梅兰芳说，武行扮演的番将、小妖等，也有些简单鲜明的脸谱是演大花脸者所不掌握的，为了脸谱艺术的积累，希望“各抒所长地画出来”（《梅兰芳文集》第182页）。

无双脸。《郝寿臣脸谱集》将项羽、姚刚、包拯三个属于不同基本谱式的脸谱列为无双脸。所谓无双脸，当是在刻画角色上独具特色而不可混同、替代者。它们大多是包含于各种基本谱式中的角色谱式。除项羽、包拯外，关羽、曹操、黄盖、高登、须贾、窦尔墩、张飞、孟良、司马师、杨七郎、钟馗、鲁智深、郑子明、孙悟空、金钱豹等，都给观众留下了鲜明而又深刻的印象，称得上京剧脸谱的经典之作。脸谱艺术既有基本谱式，又有角色谱式，正体现了程式与个性的辩证统一。

丑行脸谱有文丑、武丑、老丑、彩旦、丑婆几类。文丑面部中心白块有豆腐块式、圆饼式、馒头式、窝头式、腰子式等多种。在京剧丑扮人物中，有些仍属昆曲副净范畴，这类人物“身份比小丑高，而性格比小丑坏”（鲁迅《二丑艺术》），如《西施》之伯嚭、《独木关》之张士贵等，白块较大，要抹过眼梢，又称**小奸脸**。一般善良小人物的白块画得较小，集中于鼻凹，富于幽默感。画好白块后，要用墨笔点染眉眼神气，并在白块下缘勾一细线，显出立体感来。老丑须勾白色眉纹、额头皱纹和眼梢鱼尾纹，近似蟹形，以线条流利干净为上。武丑脸谱比文丑花样多，有枣核形、燕子形、龟形等，大多在鼻梁、眉眼之间求得生动变化。丑脚也有勾彩色大脸的，如《刺巴杰》之胡里。《蝴蝶梦》之二百五则模仿纸扎童男。扮《凤还巢》丑小姐，作“俊扮”，以夸张其颊红（称“欢喜团”）和点黑痣为特征。媒婆、禁婆及《锁麟囊》之胡婆等，沿着刘赶三《探亲家》的装扮传统，化装较接近生活形态。

丑行脸谱

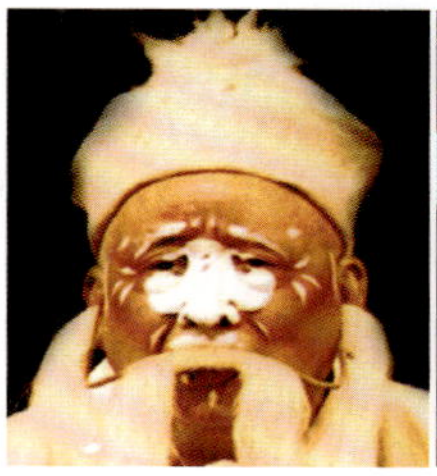
《乌盆记》张别古（艾世菊饰）

《连环套》朱光祖（张春华饰）

《刺巴杰》胡里（张春华饰）

《能仁寺》赛西施（钮骠饰）

艺术精神

脸谱作为一种舞台化装，同它所要表现的人的现实外貌存在很大距离。它同一般话剧的肖真化装，正好处于艺术的两极：一个力求逼真，一个极度夸张。20世纪初，崇尚西方写实派话剧的人，既彻底否定民族戏曲，自然也对脸谱大加挞伐，什么“离奇”、“野蛮”、“不近人情”等，不一而足。其实，脸谱的“离奇”，自亦有它的艺术精神在，这可以用六个字来概括：变形、传神、象征。变形是它的方法、手段，传神、象征是它的目的，是它的审美趣味、审美效果。

戏曲“以歌舞演故事”就是对所表现的现实人生的一种变形。在实际生活中根本不会有说话用唱工、行动用身段的，构成戏曲尤其是艺术积累丰厚的古典戏曲的任何一种艺术要素，都是经过了变形的，因而带有很强的形式感和技巧性。观众对于戏曲，既要求它真实生动，通过悲欣憎爱，提高对人生的感悟，同时又要求它有可以品味的形式技巧之美。即使一个花脸演员装扮坏人，观众“见之切齿”，“及一发声、一作势，又不能不同声叫绝”（王梦生《梨园佳话》）。这里“叫绝”的，包括唱念、身段，也包括有助于花脸演员“作势”的化装。焦循《剧说》卷六引《书陈优事》，讲述“村优净色”陈明智，临时被一名班找去补缺，串演《千金记》项羽，班中人对他能否胜任持怀疑态度，及见他“援笔揽镜，蘸粉墨，为黑面，面转大。群优仍稍释，曰：‘其画面颇勿村！’”那是清康熙年间的事，勾脸艺术尚未达到成熟阶段，然已有了形式技巧的评价：“村优”勾脸“颇勿村”，显示了艺术功力，怀疑得以“稍释”。戏曲也讲“装龙像龙，装虎像虎”，但这个“像”，不在步趋形似之间。焦循《花部农谭》有一段关于司马师扮相的议论。剧中司马师“雄冠剑佩，跋扈指斥于天子之前”，演的当是《逼宫》。焦循说，如果司马师不是“大净为之，粉墨青红，纵横于面”，而按照《晋书》上描写的“饶有风采”来装扮，“幅巾鹤氅，白面疏髭”，“谁复信为司马师乎”？可知戏曲通过“装”而获得的“像”，乃是一种想象的真实。这种想象，来自历史传说和话本等民间艺术的悠久熏陶。演员勾脸的灵感源泉，往往得自民间的“标准传说”，是“一种公认的故事，而加以批评过的”（藕红《脸谱的产生》，《剧学月刊》第4卷第5期）。所谓“批评过的”，就是有了爱憎态度的。鲁迅认为，舞台构造和观众程度已和古代不同，对脸谱就“无须扶持它的存在了”，但他对脸谱有个重要论断：“士君子常在一门一门的将人们分类，平民也在分类，我想，这‘脸谱’，便是优伶和看客公同逐渐议定的分类图。”（《且介亭杂文·脸谱臆测》）投射在脸谱上的含有爱憎态度的民间想象，要外化为可以品味的形式技巧，就需要超越模仿和写实，需要“分类图”，需要艺术上的变形。

脸谱中的变形，包括互相联系的两个方面：一是离形，二是取形。离形是不拘于生活的自然形态，敢于夸张，敢于装饰；取形是讲究章法，把脸谱的色彩、线条，巧妙地组织到一定的图案中来，使所要表现的角色神态，取得“有意味的形式”。通过取形来达到“离形得似”、“遗貌取神”，是脸谱创作的基本方法。取形有多种多样。齐如山在《脸谱》中“只凭记忆力所及”就开列420多个应勾脸的角色，而谈到谱式不过20多种。脸谱可以分类，能够形成若干基本谱式，就是取形的经验、技巧的一种结晶。但，只有“类”是不够的，艺术讲究的是“无双”，是“这一个”，为此，就要在许多细节上不断地进行离形与取形。例如眉窝的勾法，就有虎尾眉、凤尾眉、飞蛾眉、螳螂眉、云纹眉、火焰眉、剑眉、宝刀眉、枣核眉、棒槌眉、寿字眉、蜗牛眉、阴阳鱼眉等多种。这就是借用各种可以图案化的“形”来对自然的眉进行改造，使之形态各异而又具有浓厚的装饰趣味。其他眼窝、脑门、两颊等部位也是如此。“若夫眉图相法之诙奇，山经水志之诡异，三教搜神之狰狞，四夷爨弄之调笑，一是网罗，毕集于粉墨。更有增益，则器刻雕文，彩饰花样，勾交茂美，涂泽绚烂，用而多幻，莫得悉名。”（姚茫父语，转引自《中国剧之组织》第77页）中国戏曲不尚肖真，从不回避“作假”，而且“非假不真，非假不美”（盖叫天语），故而敢于把各种人文资源、自然素材，经过搓捏戏弄，绘之于面，借以形容角色的性格心情，达到茂美绚烂、奇幻多变的艺术效果。这究竟是中国人的“野蛮”，还是一种“游于艺”的潇洒呢？

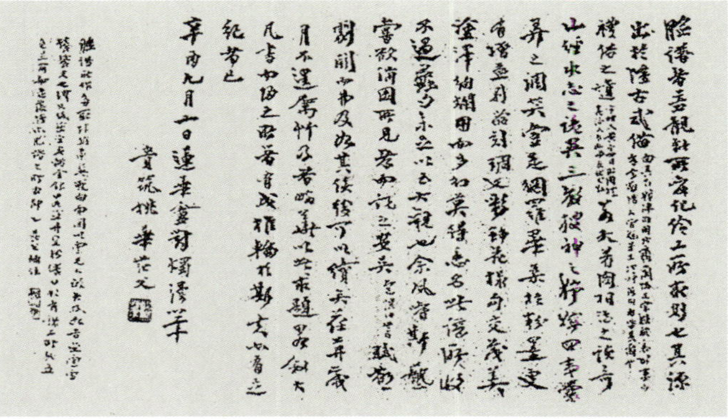

姚茫父论脸谱手迹（1921年，为梅兰芳藏清昇平署戏画题跋）

在我们民族的审美观念里，“神”是“君形”的，是“形”的主宰。经过变形而强化的装饰美，其价值如何，还要用是否传神来衡量。传神包含性格化。说脸谱是性格化装，并不是要求把性格画在脸上，这是根本不可能的。角色性格只有在动作中、在矛盾冲突和情节发展中才能充分表现出来。脸谱的性格化要求，无非是要表现出一种符合这个角色性格的形貌特征、神态特征，简言之，即传神。这是整个脸谱的色彩、纹样的综合效果，并非只以某种色彩或某种基本谱式就能表示某种性格。如马谡、高登、须贾，是油白三块瓦或花三块瓦，冷峻是主色决定的共同基调，由于眉、眼、鼻及印堂脑门纹有不同处理，又把他们的神气区别了开来，特别是马谡的骄傲、须贾的虚伪，给人印象深刻。以黑色为主的脸谱中，项羽的哭、张飞的笑、包拯的愁，亦是脍炙人口的例子。有许多优秀脸谱，需要结合着情节和表演仔细琢磨，才能获得具体而微的生动感受。一个脸谱能够达到传神水平，不知道耗费了多少艺人的心血。以包拯脸谱为例：明代的两道直挺挺的白眉，是强调刚正坦直；清初的白眉是波形曲折，似乎要表现包拯的思考。到了后来的梆子、皮簧中，又作出两点改进：一是画了一对紧锁的白眉，眉头拧成一个大疙瘩，取的是太极图中的阴阳鱼形，对称并列又加以变化，突出地刻画了他为审理不完民间冤案而发愁的神态；另一点是在脑门上加了白色月牙。这是包拯脸谱的一次飞跃式进步，成了许多剧种通用的角色谱式。但这个脸谱在京剧界内部又流传着两种路子：裘桂仙的勾法，眉梢上挑到脑门以上，显得武气，传说这是从梆子戏里来的，有“梆派”之称；金秀山、刘永春则把两条宽眉勾得较平，保持肃穆沉静的文官风度。现在流行的是前一种路子，这与包公戏多宗裘派有关。由于脸谱是图案化的，可以把某种神情表现得格外鲜明、强烈，这是它的优越性。同时也带来了局限：越是把某种神情表现得非常明确，就越是不适宜于用同一个脸谱表现人物神态的重大变化。演员的面部表情虽然可以使脸谱显得生动而有所变化，但不能完全消除这种局限性。这就是脸谱不可能一个人物只有一种勾法的根本原因。钱金福勾的张飞笑脸，很适合《芦花荡》，而演《战马超》，似乎尚和玉强调张飞威猛的勾法更有表现力。项羽的乱眉、低眼、哭鼻子，用于《霸王别姬》中的这个末路英雄是极精彩的，但要表现他当年叱咤风云的气概，就不大合适了，所以郝寿臣说，演《鸿门宴》和《取荥阳》，“应该再创个霸王耀武扬威神气的脸谱”（《郝寿臣脸谱集》第100页）。

《铡美案》包拯（裘桂仙饰）

《秦香莲》包拯（裘盛戎饰）

《铡美案》包拯（郝寿臣饰）

《铡判官司》包拯（高庆奎饰）

脸谱中的部分取形是有寓意的象征符号。传统戏曲既有很强的游戏精神，也有很强的伦理精神。柏拉图说：“不包含善或恶的愉快，就是游戏。”（《法律篇》）戏曲当然不是这种游戏，它在本质上是一种伦理型文化，是要把善恶、美丑集中对比起来展示给观众，打动观众的心灵。这就决定了脸谱中会有象征符号以暗示其褒贬意图或传递某种思想观念。但是象征的符号与意图之间往往具有模糊性、随意性。例如包拯黑脑门上的白月牙，艺人与观众中就有不同说法：一说这是包拯幼年放牛时被马所踩留下的伤痕；一说这是他能下阴司断案的标志，有的剧种，包拯脸谱上既画月亮又画太阳，表示“日断阳、夜断阴”；还有一说，这是吏治黑暗时代，“人民仰望他犹如天空的皓月一般”（《郝寿臣脸谱集》第103页）。脸谱中还有用文字来示意的，如在额头写“忠”字或“孝”字，宣教思想毫不含糊，艺术意味丧失殆尽。这种低级象征在京剧中已基本消除。但在清宫戏画中《风云会》之呼延赞、《青峰岭》之李虎的黑脑门上草书的白色“虎”字，还保留在杨七郎的脸谱中。其原意是要象征他为“黑虎星下凡”，是宣扬宿命论。问题的复杂性在于，这个草书的“虎”字已成了抬头皱的变形，既有装饰之美，又把这个青年虎将的"愣头青"的神态表现得十分出色。类似的例子还有项羽的"寿"字眉。项羽自刎乌江时才30岁，为暗示其"没寿"，就取形篆书"寿"字以勾其乱眉，且有不同勾法，比较起来，杨小楼的最为传神，郝寿臣走的是昆曲老路子。脸谱中也有不涉及封建迷信思想的象征，如郝寿臣勾的鲁智深脸谱，把一般和尚脸的棒槌眉略加变化，成为大肚螳螂眉，再利用眉头皱纹，就像两只举臂螳螂怒向相斗，以象征鲁智深路见不平、拔刀相助的好斗性格，不但立意好，而且是难得的传神之作。总的说来，沾染了封建意识的脸谱是大量的，这是旧时代艺人无法摆脱的历史局限。对此，应不以立意上是否有缺陷作为取舍标准，还是要从是否传神，是否有助于角色性格的刻画来区分精粗美恶，审慎地扬弃。

《风云会》呼延赞
（清宫戏画）

杨七郎脸谱的不同勾法

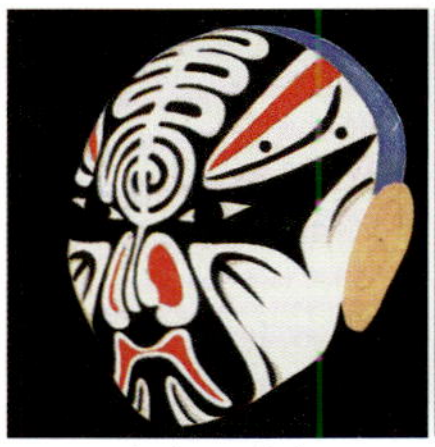

许德义笔意

范宝亭笔意
（选自《京剧脸谱图说》）

《打潘豹》杨七郎
（袁世海饰）

技巧操作

把前人积累的勾脸经验变成舞台上生动传神的脸谱艺术，要靠演员的精湛技巧。京剧史上出现过不少勾脸大家，限于当时条件，没有留下他们的技法示范和经验传授，只能从齐如山、翁偶虹、刘曾复等研究家的作品摹绘、印象评析中得到许多知识，常使后学者悠然神往而又有难以确切把握的遗憾。所幸还有一本1962年出版的《郝寿臣脸谱集》。此书不仅有郝氏装扮43个角色的59张照片，还有他对每个脸谱勾法、用意的详细讲解，可谓操作性极强的技巧传授，是一份特别值得重视的脸谱教材。勾脸的技巧操作应是从立意到体现的创造性动态过程，从前人经验中试作归纳，约有以下几个要点：

①不能把用意勾丢了。40年前，郝寿臣惊呼："由于勾法力求图案化和匀整化，脸谱的发展乃一天比一天地远离了艺术的真实性，到现在几乎把原来创造时的用意完全勾丢了。"（《郝寿臣脸谱集》第52页）这个告诫应当记取。不能以为，只要把现成谱式勾到自己脸上，注意到了图案化和匀整化，就算掌握了勾脸的艺术技巧。一个花脸演员，若把勾脸当做一门艺术创作，需要在返果为因、化他为我上用一番工夫。谱式是前人之"果"，"因"是产生此谱的缘由、依据。如果不把理解谱式的原创意图及其包含的艺术表现力（或强或弱），作为掌握勾脸技巧的出发点或基础，只是依样画葫芦地画下去，真会"五祖传六祖，越传越糊涂"，终将导致脸谱艺术的僵化、衰退。现在脸谱的出版物很多，这为我们继承前人经验提供了好条件。一些重要角色的谱式，随手翻翻就可以找到多种版本，粗一看好像差不多，细一看则笔笔有异、个个不同。这里既有师承路数的区别，也有摹绘水平上的良莠不齐。就是好的摹本，比起艺术家当年的舞台创作来，总会有或多或少审美信息的逸失，这是难以避免的。只有靠自己充分的比较、研究，才有可能择善而从。郝寿臣谈他40多个角色的脸谱勾法时，提到了10多位前辈艺人对他的启发、影响，受益最多的是金秀山、黄润甫、李连仲，其他只要有益于他的，一概不忘，讲清来龙去脉，绝不掠人之美。对于前辈艺术，既有宗法，也有适当的吸收或者综合、改造，在理解的基础上化他为我。他所宗法的也不只是京剧前辈的作品，其他剧种的优秀之作一样要拿过来。他在1933年47岁时同高庆奎创排《赠绨袍》所勾的须贾脸谱，是20来岁在哈尔滨看梆子班花脸庄德贵演出时"记住的"，相隔20多年才用上。对脸谱之美的敏感和惊人记忆力，来自年轻时已对勾脸纹样的用意有相当深刻的理解，"读"懂了庄德贵勾弯弯曲曲的"挖心眉窝"、"挖心眼窝"同须贾虚伪成性的对应关系，才使他一直"很珍惜这个脸谱"。对于曹操脸谱的传统勾法的改造，能打破"怕得罪同业，又怕观众不批准"等顾虑，是同他抱着《三国演义》"死啃"，"一面通读，一面找研究材料"，有比较充分的文化准备和对角色独到的心理体验分不开的。于是，枣核眉改成了直飞入鬓的剑眉，三角眼改成了眯起来似笑非笑的凤纹细眼，他不是给曹操"翻案"，只是希望能贴近一点这个人物的雄才大略和文采风流。早在1930年，翁偶虹就称赞郝寿臣的勾脸："落墨不多，而所欲言欲写之意境，已于此寥寥数笔中，盎然涌出。究其所宗，仍以老谱为依皈，不过自下剪裁，汰言求谛，以卓然不群之见识，幻出卓然不群之脸谱！"（《脸谱论释》，《戏剧月刊》第3卷第1期）有艺术表现力的脸谱，是从"卓然不群的见识"中"幻出"的；有了"欲言欲写之意境"，笔下的脸谱才有可能勾得神采飞扬。对于出版物中或舞台上的各种勾法，不可轻言何者为是、何者为非，梨园中不乏明达，增减变化各随其意。重要的是自我体认。择善而从的"善"，是自己返果为因、化他为我中确实把握到的见识、意蕴，自己被它所征服，才有可能征服观众。

②抓住表情显著度与远看明显度。对于角色来说，脸谱是其形貌、神态；对于演员来说，脸谱是其表情的助力。只有勾画得有利于表情，并懂得利用脸谱来做表情，角色的形貌、神态才真正"活"起来。这要从审视自己的脸盘做起。各人脸盘不同，勾法有异，不能机械照搬。一般来说，脸盘阔大者勾脸容易得样，然如侯喜瑞、裘盛戎，脸型瘦小，开脸之后，俨然气势沉雄。脸盘包括五官形状、骨骼结构、肌肉纹理多种因素，《郝寿臣脸谱集》中附有"面部地位图"，列出36种名称，剖析极细，目的就是要利用自身条件，既勾画好角色的形貌特征和神态特征，又要在经营位置、用笔设色的细节处理上，找到表情的显著度和适合台下观众远看的明显度。而表情的显著度，实是角色亦即演员内心活动、神经活动的有形化和夸大化。所以郝寿臣勾脸时总要对着镜子，反复做出与所扮角色之神态特征相关的各种表情，观察肌肤动态，找出"动力尺度"，作为有形化和夸大化的依据。例如他勾曹操水白脸的几笔脑门纹，要比自然皱纹加宽、加长了，但因为找到了神经牵动点，"眉心一皱一挤、一抬一耸，所有纹理都能够连带颤动"；他勾的印堂表情纹，用取形斜蝠加以夸大，既要勾得像皱出来的肉纹那样自然生动，又要避免（如果采用正蝠纹）被表情所生的肉折掩盖住，并以少许银朱作斜蝠纹的衬托，使眉攒有凸起之感，以吸引观众注意曹操"眉头一皱，计上心来"。对于方方正正、厚厚重重、图案性极强的三块瓦脸，郝氏强调要"化呆板为生动，化匀整为灵活"。一个重要办法就是"在留肉缝上面下番细致工夫"。孙履安《京尘杂忆》说起过何桂山勾脸"往往有色不掩肉者指许，而不损其威严"，可知留肉缝久已有之。郝氏用得更自觉，并把其必要性说清楚了：以红、紫、蓝等为主色的三块瓦或花三块瓦，因主色深重，不宜与眉、眼、鼻三窝的黑色相靠，需要适当间隔；再者，所留肉缝要有宽窄肥瘦之别，眉尖眼角处细些，至眼梢、腮边，则可宽劲奔放。这样一来，台下观众远看，会觉得色彩关系利落清楚，眼眉部位凸出浮起，呆板的谱式有了灵动感。对于

色彩纹路复杂的脸谱，郝氏极重视白色的运用。如单雄信的水蓝碎花脸，他说，勾好这个脸谱的“窍门”，就是“白纹勾得宽绰”，白色“要占去脸上面积约三分之二，蓝色不过占三分之一”，当然各种白纹还要“勾得是地方”，“才能把眼部表情和嘴的表情透露出去。否则黑蓝模糊一片，不但令人难以表演，而且变成一个死板板的面具”。人的色彩感觉是随色彩关系的变化而变化的。在曹操的水白脸上，一点印堂红会引人注目，而到了五色斑斓的脸谱中，作为“无色之色”的白，反倒鲜亮起来。运用好白，既使纹路密集或深色相靠的部位不显挤迫、乌涂，又能在一些重要部位帮助演员透露表情、强化表情。如勾窦尔墩的蓝花三块瓦脸，郝氏谈道：“蓝脸的颜色重，妨碍面部表情，所以把眉间白纹、眼窝的白纹、红法令纹的白地和黑眼窝中的白眼珠都勾得加宽加大，才能把眼部和嘴部的动态明显表达出来。”尤其法令纹的白色，嘴部动态表情的显著度就全靠它了。而黑眼窝中的白眼珠一定要“点到眼梢下面，颧骨上面”，“因为眼梢下皮的活动力较大，表情时眼皮眨动，这个白眼珠形象也随着转动”。对眼珠作如此移位性夸张，是郝氏晚年勾脸艺术的神来之笔，台下观众看去，不单觉得眼形阔大，且能领略到此谱所表现出来的天神般的凶猛。但在窦尔墩眼窝的勾法上颇有分歧：有在白眼珠中再加画黑眼珠，有把白眼珠变成“云环套月”。从艺术趣味来说无可争辩，然而这里是否也有把“用意”勾丢了呢？

《连环套》窦尔墩（郝寿臣饰）

③非有笔法，不能显精神。这是齐如山的话（《脸谱》第42页）。勾脸有程序，垫底、定位，指揉、笔勾，浅色、重色，大体循序操作，即有错处亦可补可救。手指的揉、抹，在垫底、定位时起重要作用，而脸谱的最后完成，大抵靠笔的勾、涂，尤需讲求笔法。勾脸笔法同艺术家的个人风格、各种谱式特性以及角色谱式各部位的不同需要都有密切关系。勾脸大家的个人风格涉及面很广，笔法只是一个侧面。孙履安《京尘杂忆》谓：“二钱一何之勾脸，予常戏拟二钱（宝峰、金福）为仇十洲之工细，何（桂山）则八大之豪放。”画家张大千也有类似说法：“郝寿臣勾脸，极工细，一笔不苟，似仇十洲之界划画。金少山则反之，勾脸至神速，大刀阔斧，寥寥数笔，近看极粗，似八大山人之画。但二人出台上场，均神采奕奕，无分上下也。”（《郑逸梅选集》第3卷第31页）齐如山在《脸谱》中也以工笔、写意比拟过勾脸大家的不同风格，可见带有一定的普遍性。但在个人风格内部，也会因谱式不同而有相应变化。试看金少山勾的杨七郎、司马师脸谱，并非“大刀阔斧，寥寥数笔”，杨七郎的额头“虎”字、司马师的转环式鼻窝，都勾得相当工细。郝寿臣就说过，水白脸的一切纹理都是钩、弯、尖、刺，六分脸处处要圆、不许勾出一点棱角，三块瓦脸的纹理则要直、坚、宽、厚（详见《郝寿臣脸谱集》第33页），笔法自会不同。对于角色谱式，更得因人而异。如勾包拯用的是“严正谨饬之笔”，与勾单雄信的“粗纹粗笔”大异其趣。勾须贾的红色印堂纹，要两头尖细，“象一把血淋淋的尖刀样儿”，同勾专诸脑门的匕首纹一样，用“尖锐锋利的笔姿”；而勾李逵的眉间纹，“要用脆快荒率之笔，越不整齐，才越像皱纹的样子”。对于老脸的小圆眉子以及有些脸谱需套勾的印堂彩、粉红脸蛋等，应作多层次处理，要求柔和、活润，有立体感。“肉缝”之所以称“留”，是由勾黑色、红色或紫色时给空出来的粉底，但在视觉效果上是流利有力、“一扫而成的笔锋儿”。郝氏风格被列为工细一派是有道理的。他简洁大方，“有外朴内秀的气度”（刘曾复《京剧脸谱图说》），他不喜欢太过“工艺化”的花纹，但确实严谨、细致。如勾鲁智深的鼻须纹，要把墨笔从鼻孔里向外掏着勾；李克用左额的三道红色雕伤纹，还要用紫色在起笔处添上三点疤痕，故而格外生动有致。在这本脸谱集中，他一再叮嘱不能漏抹眼皮圈、鼻底、上唇边，以防露出肤色。梨园界对眼皮四周露有肤色者嘲为“白眼狼”，今之剧场中仍可见到。勾脸是在凹凸不平的脸上画，要用正反手，须经艰苦锻炼，才有指劲腕力，下笔成章，不烦篡易。若能达到“头脸与手笔相迎相纵，如书谱所谓‘智巧兼优，心手双畅’”（姚茫父语，引自黄濬《花随人圣盦摭忆》第7页）这样的境界，真可谓神乎其技矣。

（龚和德）

Lianpu

《脸谱》 脸谱研究专著。齐如山著。文岚簃印书局1934年5月出版。卷首有作者《弁言》及《凡例》。全书共10章。第一章总论。认为脸谱起源于面具，“盖因当年演员只为动作，没有唱白”，可戴面具；“后来演员亦须念唱，则面具不能再用，又改将各种面式，图于面上，是为脸谱之初步”。脸谱的含义“贬多褒少”，“大致脸上一抹颜色，则其人必有可议之点。好的也不过果敢激烈、粗莽勇壮而已，坏的则残暴凶猛、阴险奸诈，无所不有”。因“善恶有大相悬殊的，所以于勾脸之时，又用颜色、勾法分别之”。脸谱在繁衍中又可分“表现性质类”、“遗传性质类”、“摹仿性质类”、“姓名字面类”、“袭衍性质类”、“误会性质类”6种，每种各有例子说明。第二章论颜色。分红、紫、老红、黑、蓝、黄、绿、粉红、油白、灰、赭、金、银、淡青、蟹青15种颜色脸谱，加以论述。第三章论奸脸。认为奸脸“不用勾脸而用抹脸”，“抹脸与勾脸之情形、来源、性质、意义皆不相同”：“勾脸乃用颜色表现人的性质气色，抹脸乃掩盖其本来面目。从来有心计之人，恒现一种凝炼阴森肃杀而不露血性之气象，故在脸上薄饰铅粉，将真面目掩住，而成一种惨澹阴险之神气，是即涂抹粉脸之原义。”抹脸又有大白脸、元宝脸、腰子脸、豆腐块脸、枣核脸之分。第四章论勾法。主要谈谱法分类，包括揉脸、整脸、三块瓦脸、花三块瓦脸、碎三块瓦脸、花脸、碎脸、老脸、蝴蝶脸、钢叉脸、象形脸、元宝脸、歪脸、破脸、僧脸、太监脸、神仙脸、精灵脸、妖怪脸、英雄脸、随意脸，共21种。自第五章至第九章，分论脸谱各部位的具体勾法，有论眉、论眼窝、论嘴、论脑门、论鼻窝。第十章有附言40余则，保存不少有关史料，另有应行勾脸者题名略录，举出422个角色应勾何种脸谱。全书近3万字（不含标点），无图。齐氏写作此书时，已研究脸谱20余年，见过梅氏缀玉轩所藏明清脸谱及清宫戏曲人物画，访问过百余艺人，接受了胜庆玉、钱金福、沈三元、尚和玉、朱玉康、侯喜瑞、韩金福、韩佩亭诸内行名家指点，故写来内容比较系统、充实，可谓京剧脸谱研究的开山之作。齐氏唯恐读者只看文字不易明了，又于同年编辑出版《国剧脸谱图解》以资参照。齐氏晚年完成的《国剧艺术汇考》中设有脸谱一章，除源流问题略有发挥外，其他内容多沿用《脸谱》所述。

（龚和德）

Lianpu Daquan

《脸谱大全》 戏曲脸谱史料集。张笑侠编。戏曲研究社1938年

3月出版。套色石印，线装本。纵31.4厘米，横22.5厘米。书套及各册均由名家题签。卷首列名家题词57则，金兆棪、哈杀黄、张次溪、翁麟声（偶虹）序文4篇及张笑侠《脸谱总论》。全书共收戏曲脸谱1 008幅，其中皮簧净部558幅、丑部207幅，昆腔净部81幅、丑部45幅，秦腔净部90幅、丑部27幅。每面线印9格，每格一谱；凡净只画头形，丑则加画冠巾髯口。总目、例言及关于戏名、角色名、脸谱名等文字说明，有法文对照，译者王梦曾。1996年6月，由中国书店影印重版，删去序论，无中外文对照，仅留名家题词和各部脸谱，开本略小于原书，一函一册。卷前有翁偶虹作于1988年的《影印〈脸谱大全〉前言》，介绍该书出版经过：1936年张笑侠创办戏曲研究社，出版戏曲图书十数种，内有脸谱挂屏、脸谱月份牌、脸谱扇面、脸谱贺年片，因颇得众赏，亦复赢利，乃阔展范围，出版《脸谱大全》。绘制者为张地山。张地山出入剧场数十年，当场临摹，心中记忆，所绘均有所宗，为京、昆、秦三个剧种的脸谱艺术留下了初步总结资料。但其中昆曲脸谱只限于北昆，未及南昆；秦腔脸谱亦只限于在京演出的河北梆子和山西梆子，未能概括整个梆子系统。翁氏鉴于“传统老戏，凋零殊甚，剧既失传，脸谱自随剧而泯灭。加以一般演员，狃于颓风之渐，勾画脸谱，潦草从事，粉墨敷衍，谱式乖谬者，常见于红氍毹上”，因而重视此书的重版，并以“是即是之，非即非之，但求负责于读者，不顾失仪于友谊”的精神，对“书中的注解及谱式，有不得不正其误者”，一一分条缕述，共提出意见164则。这篇《前言》，为读者做了有益导读。此书还以袖珍卡片盒装出版。（傅学斌）

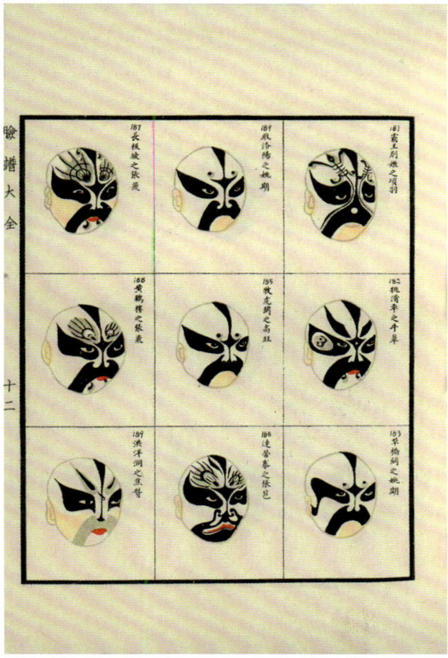
《脸谱大全》内页书影

Lianpu Gou Qi

《脸谱钩奇》 脸谱图集。傅学斌编绘。中国书店2000年出版。16开本，170多页，彩印，软面精装。朱家溍题签。卷首有周华斌序、盛华序和作者自序。全书收入净、丑、生行脸谱300幅。自序称，此书取名“钩奇”，“主旨是从奇谱入手”，汇集了前辈艺术家的实用谱和收藏家的藏品。画法包括盔头、髯口。每页图两幅，配以有关剧名、角色名、谱式赏析、谱式依据等文字说明。取材十分广泛，得自翁偶虹、刘曾复的收藏谱式有80多幅，取自清宫戏画10多幅，从《立言画刊》、《三六九画报》旧报刊上钩稽而得者20多幅，其余多摹自名角笔意，以侯喜瑞、钱金福的实用谱式最多，近60幅，他如庆春圃、杨小楼、尚和玉、许德义、范宝亭、韩乐卿、金少山、郝寿臣、刘奎官、刘砚亭、王长林、慈瑞全、朱斌仙、马富禄、王又宸、刘鸿昇等用谱、藏谱均有涉猎。作者从独特的鉴赏角度出发，收集了许多京昆“冷戏”的脸谱，角色包括神妖鬼怪、打英雄以至掌刑、马童等，使这易于失传的谱式得以保存。作者傅学斌与脸谱结缘，始于1961年调入梅兰芳京剧团从事舞台美术工作，1981年后成为脸谱研究家翁偶虹的入室弟子，并得到刘曾复实授，曾为北京、天津火柴厂设计绘制《水浒》、《三国》、《闹天宫》、《京剧丑角集锦》等成套脸谱数百枚，发表脸谱研究文字多篇。1995年获中国民间文艺家协会授予“中国民间工艺美术家”称号。周华斌序文说，“在令人眼花缭乱的脸谱园地里，有场上脸谱、案头脸谱、工艺脸谱之别”，《脸谱钩奇》作者“着力点在场上”，“总体而言，其精细、精确、慎重、严谨，可赏玩，可研究”。（龚和德）

《脸谱钩奇》图例

《泗州城》赵玄坛（朱斌仙笔意）

《逍遥津》夏侯渊（摹自《三六九画报》）

《盗魂铃》猪八戒（王又宸笔意）

《狮驼岭》沙悟净（刘斌寿藏谱笔意）

Liang Huichao

梁慧超 （1920～2007） 演员。工武生。生于北京。出身梨园世家。1929年春在天津拜李兰亭为师。1931年冬，首演于天津，剧目为《三江越虎城》（一名《杀四门》）、《八大锤》、《白水滩》、《乾元山》等长靠、短打武戏，深受欢迎。后赴河北、山东各地演出，陆续学会《长坂坡》、《挑华车》及《八大锤》等武戏。15岁以后，一直演出于东北各大城市，仍是边演出边学戏。1937年春，学成出师，又拜李洪春为师，同时搭班演出。时逢抗日战争爆发，北平沦陷。1938年搭班南下，演出于上海各大剧场，受到沪上观众激赏，引起戏曲评论界的注意。《申报》发表署名剧评，对梁慧超主演的《挑华车》评论说：“慧超为后起武生之一，年仅十九，腰腿工夫极佳”，虽“嗓子尚系童子音，但尚不失一人才，能待以时日，有厚望焉”（1939年9月28日《申报》第14版）。他的技艺与日俱进，长靠、短打及悟空戏皆所擅长。20世纪40年代初，曾有一篇评论文章把他的悟空戏，与李万春、李少春、张翼鹏、张云溪、李仲林等人相提并论（1941年4月9日《申报》第12版）。中华人民共和国成立后，梁慧超继续活跃于全国各大城市的京剧舞台，他的表演已形成剽悍勇猛、

《杀四门》饰秦怀玉

快速敏捷的个人风格。如《金钱豹》的胸脯擦台板“涮腰”、《挑华车》中的身躯后仰靠旗划台板沙沙作响的“涮腰”、《三江越虎城》中枪花、“出手”的超常高速度，都为他所独有。他的腰腿功过硬，还表现在下场亮相上。如在《挑华车》、《战马超》、《白水滩》等戏中，开打之后抬腿、转身、造型，颇能显示人物经过恶战而气不喘出的英雄本色。20世纪60年代初，参加江苏省京剧院。“文化大革命”后调至江苏省戏剧学校任教，仍不时在北京、天津、上海、南京及香港演出，南北观众惊叹其艺不减当年。　（于质彬）

Liang Lianzhu

梁连柱　（1901～1980）　京剧教师。曾为花脸演员。直隶通州（今属北京）人。出身贫苦，幼入北京喜（富）连成科班第二科学艺，习花脸。1918年出科，在北京先后搭同庆、协庆、庆兴、承华等班社，为俞振庭、杨小楼、崔灵芝、梅兰芳、尚小云、程砚秋、高庆奎等配演。1936年在天津搭李桂春、唐韵笙的班社，又随唐韵笙出关到东北各地演唱。1938年搭李仲林班南下，出演于上海大舞台。翌年应上海戏剧学校之聘任教师，教授“正”字班学生。1945年该校停办，遂入四维儿童戏剧学校第三分校执教。1948年在北平参加了田汉所编《琵琶行》一剧的公演。1949年初北平和平解放，同三分校全体师生转归文化部戏曲改进局戏曲实验学校，成为该校首批教师，为培育新一代京剧艺术人才倾注心血，并参加过《新白兔记》、《三打祝家庄》等新剧的演出。1950年冬曾随校组队赴鸭绿江畔演出，慰问中国人民志愿军。1951年又积极参加了该校老教授们同全校师生为捐献飞机的多场义演，参演了《乐毅伐齐》(饰乐毅)、《黄鹤楼》(饰张飞)、《搜孤救孤》(饰屠岸贾)、《巴骆和》(饰花振芳) 等剧。梁连柱自幼勤奋好学，潜心习艺，文化程度虽不高，却博闻强记，许多大小文武剧目都能通背全本，是一位难得的“掐总”教师。中国戏曲学校演于20世纪50年代的许多剧目都是由他主持和参加排练而成的，如全本《花蝴蝶》、《五人义》、《时迁偷鸡》、《四杰村》、《取南郡》等。在教学中做到因材施教，特别是对禀赋条件差的学生更能尽心尽力，加倍督导，使之成材。对学生爱如己出，无私传艺，学生亲切地称呼他“梁大爷”。1959年为支援祖国西北建设，随子女赴宁夏回族自治区京剧团戏曲训练班执教。在40年的教学生涯中，为培育京剧艺术人才作出了贡献。杨启顺、袁国林、许德福、柏之毅、侯正仁、贺春泰等都是他的学生。子仁华、女九荣皆从事京剧工作。　（钮骠）

Liang Xiaoluan

梁小鸾　（1916～2001）　女演员。工旦。原名梁迺鸣。直隶安新（今属河北）人。在春明女子中学读书时即爱好京剧。1928年拜师程丽秋学京剧，打下良好基础。后又从芙蓉草学花旦戏。1940年经金仲仁介绍拜在王瑶卿门下深造。1943年又经韩佩亭介绍拜梅兰芳为师，并向阎岚秋、迟景荣、沈玉斌，诸如香等学把子、昆曲、刀马旦戏。梁小鸾以“认认真真演戏，老老实实做人”为座右铭。常演剧目多为王、梅两派名剧，如《红鬃烈马》、《女起解》、《玉堂春》、《大保国》、《二进宫》、《刺汤勤》、《御碑亭》、《西施》、《洛神》、《生死恨》、《凤还巢》、《霸王别姬》、《春秋配》等。她曾组织梁小鸾剧团，入同庆社与谭富英合作多年。1947年演出《琵琶行》，同年《世纪报》投票选“四大伶后”，位居首位。中华人民共和国成立后，剧团更名太平剧团，后并入北京京剧团二团。1960年调吉林省京剧院任副院长。先后与梁小鸾合作演出的京剧艺术家有萧长华、姜妙香、金少山、谭富英、马连良、杨宝森、奚啸伯、裘盛戎、李宗义、李和曾等。她的嗓音宽亮、甜美圆润、韵味浓重，扮相端庄典雅，做派俊美大度。她为人清正，急公好义，助人为乐，谦恭有礼，热心公益，尊师重道。退休后不忘教育事业，热心培育年轻一代，以艺交友，为振兴京剧艺术作出了贡献。　（姚保瑄）

《十三妹》饰何玉凤

Liang Xiujuan

梁秀娟　（1920～2000）　女演员。工旦。祖籍安徽望江，生于北京。出身梨园家庭。母亲梁花侬是出科于田际云主办的崇雅社女科班的著名坤丑，为高庆奎之父、清末民初的名丑高士杰（四保）的弟子；姨母梁桂亭也是出科于崇雅社的京剧小生演员。秀娟先名檀秀娟，后从母姓。5岁开始练功，7岁上学后仍坚持练功。11岁学戏，习青衣、花旦，由李玉龙开蒙。后又向张彩林学青衣及小生，向阎岚秋（九阵风）和朱桂芳学武旦和刀马旦戏，向丁永利学武生和武小生戏，并向韩世昌学昆曲。又拜王蕙芳为师，学花旦。诸师为她打下了全面而坚实的文武基础，使她戏路宽广，成为文武昆乱不挡的全才旦脚演员。15岁拜入尚小云门下。常演剧目有：《汉明妃》、《梅玉配》、《杏元和番》、《杜丽娘》、《雷峰塔》、《木兰从军》、《穆柯寨》、《盘丝洞》、《战宛城》、《巴骆和》、《扈家庄》、《十三妹》、《得意缘》、《霸王别姬》、《大英杰烈》、《玉堂春》、《乌龙院》、《杀四门》、《娘子军》、《小放牛》和昆曲戏《思凡》、《刺虎》、《春香闹学》，吹腔戏《贩马记》，武生戏《林冲夜奔》、《八大锤》等，还有从程玉菁所学的王（瑶卿）派戏《棋盘山》、《乾坤福寿镜》。排演的改编新戏有《饯春泣红》(《黛玉葬花》)、《活捉王魁》、《蓝桥会》、《人面桃花》、《蝴蝶杯》(用名《人头鱼》）等。她出台于北平，又到天津、济南、青岛、开封、郑州、汉口及沈阳、大连、哈尔滨各地献艺。1935年在上海与周信芳合作，演出过全本《骊珠梦》、《宝莲灯》、《战宛城》、《薛平贵与王宝钏》等。回到北平后组班，有李洪春、贯盛习、高盛麟、苏连汉、哈

《盘丝洞》饰蜘蛛精（右） 梁花侬饰猪八戒（左） 梁桂亭饰唐僧

宝山、王盛如等，更有其姨母梁桂亭、母亲梁花侬相助，时有“梁氏三杰”之誉。1941年在西安演唱，1945年回到北平，1948年至南京，1949年从上海去台湾定居。在台除演剧外，以主要精力投入课徒授艺。1955年台湾艺术专科学校创办国剧科，聘请她主持教学事务，颇受倚重。后又任台湾“中国文化大学”教授和华冈艺术学校国剧科主任。著有《国剧表演艺术论》(1972年出版)、《手眼身法步——国剧旦角基本动作》(1982年出版)。其妹梁雯娟，亦工旦行。子白其麟，工文丑；白其龙，习京剧文场（月琴师）；媳杨莲英，工武旦，供职于台湾。（钮骠）

Liang Yiming

梁一鸣 （1903～1991） 演员。工老生。原名梁海涛。祖籍江苏无锡。幼随父母于上海当童工。8岁入隋希豪班社学老生，师从产保福、金友亭等。9岁登台演出。1915年带艺入富连成社科班深造。他嗓音高亢清亮，艺宗汪（桂芬）、刘（鸿昇）两派。20世纪20年代初便组班演于江苏、浙江、湖北、湖南、江西、山东、河南等省，深受赞誉。1924年率乐胜京班应邀赴台湾参加永乐戏院开幕演出。1927年与李吉瑞组织天津梨园公会，为贫困同仁筹集慈善基金。1929年应高渤海之邀与赵美英、朱小义等加入天津稽古社班，演于天华景戏院。1937年2月成立国剧公会，郭仲麟任会长，梁一鸣任副会长。后由国剧公会发起组建共和班社，梁一鸣与陈俊卿先后担任社长。黄玉麟、张德发、朱小义等均曾参加该班演出。同年中秋节，于上光明戏院成立迪音社，赵鸿林、梁一鸣均曾任社长，日场演传统戏，夜场演彩头本戏。中年后吸取各家之长，逐渐形成自己的艺术风格。擅演《斩黄袍》、《辕门斩子》、《失街亭、空城计、斩马谡》、《胭粉计》、《七星灯》、《朱砂痣》、《碰碑》、《哭祖庙》、《桑园寄子》、《清官册》等。曾与杨小楼、金少山、刘永春、盖叫天、周信芳、俞振飞、程永龙、尚和玉、高静轩、梅兰芳、尚小云、筱翠花、高庆奎、郝寿臣、欧阳予倩、黄桂秋、赵美英、姜妙香、言慧珠、高盛麟、裘盛戎等合作。20世纪30年代末与林树森负责上海伶界联合会。1946年担任上海伶界联合会会长时，曾积极参加反对当局的“艺员登记”和“抗捐”运动。1952年入松江省实验京剧团，参加了《打金枝》、《劈山救母》、《海瑞背纤》及现代戏《白毛女》等剧的整理、创作和演出。1953年在《劈山救母》中饰刘彦昌，获东北区戏剧、音乐、舞蹈观摩演出大会优秀表演奖。1964年京剧现代戏观摩演出大会，梁一鸣与云燕铭主演《革命自有后来人》，颇受赞誉。曾灌有《七星灯》、《碰碑》等唱片留传于世。

（刘松崑）

liang Han gushixi

“两汉”故事戏 表现汉代历史故事的京剧作品。现存元刊话本《全相平话五种》中，有《吕后斩韩信前汉书续集》一种，叙汉高祖刘邦统一天下，吕后屠戮功臣的故事。明代有《全汉志传》及《两汉开国中兴志传》、《西汉通俗演义》、《东汉通俗演义》等说部。这些，对古典戏曲以至京剧中的相关故事剧有着直接影响。宋吴自牧《梦粱录》称：“讲史书者，谓讲说《通鉴》、汉唐历代书史文传、兴废争战之事。”说话人所讲的故事，虽说是取自“书史文传”，其实夹杂有不少来自民间耳食之词，大抵虚实并存，历经渲染，真假难分。至于“兴废争战之事”，则是书中最为引人的重要内容。京剧两汉故事剧的题材，主要集中于刘邦立国以及光武中兴这两个历史时期。

秦末群雄并起，刘项争强，为戏剧创作提供了生动的素材。在京剧舞台上，终成帝业的刘邦并没有成为最为抢眼的角色，那些在战争中立下功勋的将军、谋士，却受到艺术家和观众的瞩目。其中如运筹帷幄、才识过人的张良、萧何（《博浪椎》、《圯桥进履》、《萧何月下追韩信》等），为保全刘邦性命、舍身替死的纪信（《取

清宫《清人戏出册·取荥阳》（故宫博物院藏）

清宫《戏出画册·十面》（故宫博物院藏）

清宫《戏出画册·取洛阳》（故宫博物院藏）

荥阳》)，乃至为使儿子安心事汉、不惜一死的王陵之母（《陵母伏剑》)。项羽作为失败者，刘邦逐鹿中原的主要对手，却以其高贵的品格和豪迈的霸气，赢得更多的同情；在四面楚歌声中，英雄美人悲壮的生离死别，更带来无限的惋惜之情（《九战章邯》、《霸王别姬》等）。20世纪20年代，上海剧场据《西汉演义》及清宫大戏《楚汉春秋》等材料，编演过连台本戏《汉刘邦统一灭秦楚》。各集主要人物随剧情发展而有所不同。主要演员有周信芳、欧阳予倩、小杨月楼、高百岁、芙蓉草等。

韩信与萧何、张良并称为汉初三杰。京剧作品中的韩信，在《萧何月下追韩信》和《霸王别姬》等剧中，还只是一个配角。将他推向舞台中心的，是他那令人遗憾的悲惨的结局。韩信辅佐刘邦，功高盖世，竟不能保全自身性命，终遭杀戮，才是最为震撼人心的英雄悲剧（《未央宫》，又名《斩韩信》)。由此也衍生了一些相关或类似的故事，如谋士蒯彻曾以“兔死狗烹”进劝韩信，险些下了油鼎，后以舌辩解脱、封侯（《蒯彻装疯》)；屡立战功的大将彭越、英布则是得到与韩信同样的下场（《斩彭越》、《斩英布》)。只有张良，识得韬晦之道，功成身退（《张良辞朝》)。当初纪信冒充刘邦替死，却以僭越获罪，便有了纪母责骂刘邦负恩的《封侯恨》。由于所谓“成也萧何，败也萧何”，韩信一生成败，几乎完全与萧何有关，便有了一出纯系虚构的《秋生造律》，又名《斩萧何》，可算泄愤之作。吕后的阴毒残狠，历来深遭谴责。荀慧生等演出的《鱼藻宫》，刻画她残害戚姬、赐死赵王如意，几可令人不寒而栗。

《未央宫》赵麟童饰韩信（左）卞韵声饰萧何

西汉末年，王莽篡位，红巾、绿林等揭竿而起，战乱纷纷，刘秀终成大业。刘秀帐下战功卓著，后来图画于云台的28位传说如星宿下凡的将军，成为叙说这段征战杀伐故事的京剧作品的中心人物。着墨较多的，有马武、岑彭、吴汉、姚（铫）期、王霸等。在描写大闹武科场的《新莽闹》以及《取洛阳》、《飞叉阵》等剧中，从战斗引发的戏剧冲突中，塑造马武、岑彭、马援等人物的艺术形象。还有一些作品，则从忠孝等家庭伦理的矛盾，刻画这些将士扶刘兴汉的艰难历程。姚期、岑彭都是遵奉母命，追随刘秀，走向反对王莽的战场，姚母甚至因而自尽（《鬼神庄》、《收岑彭》)；吴汉为此亲手杀死了恩爱贤德的妻子，只因她是王莽的女儿（《斩经堂》)；王霸为坚守城池，竟然杀妾犒军（《战蒲关》)。后来光武中兴，恢复帝祚，这些人物却不得善终。描写“伴君如伴虎”的全本《姚期》，以及“二十八宿归天”后，鬼魂索命，吓得刘秀魂飞魄散的《打金砖》等剧，便集中抒发了对君主杀戮功臣的怨愤。《姚刚发配》、《三打王英》等剧则是叙说姚期等人的子弟遭受家难后的故事。此外，连台本戏则有上海天蟾舞台1924～1925年首演的《汉光武复国走南阳》。主要演员有常春恒、刘筱衡、刘松亭等。

“两汉”故事戏有些是根据有关史料或前人创作的杂剧、传奇编写而成，如《缇萦救父》、《苏武牧羊》、《张敞画眉》、《马前泼水》、《卓文君》、《汉明妃》、《婕妤当熊》、《玉门关》(班超投笔从戎事)、《孔雀东南飞》、《春闺梦》、《渔家乐》(据清朱佐朝同名传奇改编，演豪门梁冀故事）等。这些，大都出现于20世纪前半叶，为某些主要演员的“私房戏”。1950年以后，根据汉代史实创作演出较有影响的作品为《强项令》、《司马迁》、《锦车使节》、《成败萧何》等。

（颜长珂）

Liangkou Erhuang

《两口二黄》 京剧文选集。翁思再编。山东画报出版社2008年9月出版。选入文章44篇，约合17万字。分成6辑，题为：意味、技艺、人影、春秋、戏品、杂谈。“意味”有王元化《模仿说与比兴说》、钱穆《中国京剧中之文学意味》、梁漱溟《谈戏剧》、宗白华《中西戏剧比较及其他》等6篇；“技艺”有苏少卿《现代四大名旦之比较》、石挥《与李少春谈戏》、盖叫天《身段与生活》、刘曾复《余叔岩、梅兰芳、侯喜瑞讲演》等8篇；“人影”有丁玲《毛泽东与京剧》、黄正勤《张学良谈余叔岩》、苏玉虎《会拉京胡的李可染》、汪曾祺《裘盛戎二三事》与《关于于会泳》等11篇；“春秋”有齐如山《谈皮簧与皮人影的关系》、启暻《堂会戏闻见录》、徐慕云《伶人与鸦片》等6篇；“戏品”有刘兴化《我看梅兰芳的〈全本宇宙锋〉》、曹明《〈霸王别姬〉为何成为传世之作》、王家熙《谭鑫培的七张半唱片》、蒋勋《谈〈四郎探母〉》等8篇；“杂谈”有翁偶虹《说脸谱》、焦菊隐《京朝派与外江派》、邓友梅《说戏》等5篇。这些文章是从编者的阅读视野和喜好中选出来的，选择角度侧重欣赏性、趣味性、知识性。编者说：“早年清华园多见业余研习书法唱皮黄者，以能为贵，遂有‘一手书法，两口皮黄’之流行语。本书即以‘两口二黄’为名”，希望知识分子的这个自我陶冶的精神“代代相传”。

（简畅）

liang tiao tui zoulu yu san zhe bingju

“两条腿走路”与“三者并举” 表述戏曲剧目政策使用的术语。1958年中共中央宣传部副部长周扬在对杭州市越剧团和浙江绍剧团演员谈话时，提出“两条腿走路”的剧目政策。他认为表现新时代和继承老传统都不能偏废，指出“一方面要提倡戏曲反映现代生活，一方面重视传统；一方面鼓励创造新剧目，一方面继续整理、改编旧有剧目，双管齐下，既保存了好的传统，又发展了新的东西”。1960年面对“以现代戏为纲”口号下，戏曲创作背离“两条腿走路”政策所出现的粗制滥造的倾向，5月3日，文化部副部长齐燕铭在现代题材演出大会上，代表文化部提出要在“两条腿走路”的基础上，加上提倡新的历史剧，要求戏曲剧目工作必须“大力发展现代剧目；积极地整理、改编、上演优秀的传统剧目；提

倡以历史唯物主义观点，创作新的历史剧目三者并举”。亦称：现代剧、传统剧、新编历史剧三者并举。（金石）

liangxian

亮弦 京剧音乐术语。由乐队演奏出来的节拍自由的简单旋律，作为演员演唱中的过渡形式。演员带戏上场，锣鼓切住这个间隙中，乐队配合演员的表情动作，进行亮弦演奏。一方面衬托了人物的表情动作，一方面预示了即将开唱的腔调和调门。其落音与脚色行当所唱上下句行腔落音同。如生腔西皮的亮弦：

［西皮摇板］ （亮弦）
サ 1 25 31 2 2 1 3 2 - - （仓）（4 31 2 -）
刘备唱：来 到 宫 门 用 目（哇）望，

［快板］
（闪锤）$\frac{1}{4}$（7 | 6 | 5 | 55 | 36 | 55 | 32 | 11 | 65 | 55）| 32 |
刀

3 | 01 | 02 | 3 | 12 | 1 | （略）
枪 剑 戟 摆 列 齐。

此为《龙凤呈祥·洞房》一折中刘备所唱，刘备唱完上句“来到宫门用目望”，大锣一击切住，接胡琴亮弦，用来配合刘备见到洞房内刀枪密布后的惊恐神情，然后经［闪锤］转入［快板］的演唱。（安志强）

Liaoning Sheng Xiqu Xuexiao

辽宁省戏曲学校 戏曲专业学校。1959年7月创办于辽宁沈阳。首任校长田少伯。前身为1956年创办的文艺干部训练班。学校坚持“三并举”的剧目教学原则，以培养能古能今、一专多能的戏曲人才为宗旨。分京剧科、评剧科、音乐科，设表演、音乐、舞台美术、戏剧理论、戏曲史等专业课和文化课。京剧表演专业学制8年。教师有：旦行吕慧君、张觐文、马元禄，生行杨元勋、关盛明、张玉鹏、何辉，净行王奎升、王连奎，丑行李福有、全盛福等。用于教学的传统剧目有《贵妃醉酒》、《打渔杀家》、《罗成叫关》、《钓金龟》、《小上坟》、《夜奔》、《扈家庄》、《挑华车》等。培养出徐培成、宫静、郭芙容、张辉、李刚、董少朋、胡江、刘宝成等一批京、评剧演员及教师、戏曲理论工作者，活跃于辽宁省各地的戏曲岗位上。学校师生曾以辽宁省青年京剧团、辽宁青少年京剧团、中国少年儿童艺术团等名义，先后赴俄罗斯、捷克、斯洛伐克、保加利亚、意大利、奥地利、日本、韩国等国进行文化交流或商业性演出，博得各国艺术家和广大观众的高度赞扬。1978年改名辽宁省戏剧学校。1993年改名辽宁省艺术学校。2002年该校整体并入沈阳师范大学，建成沈阳师范大学戏剧艺术学院及附属艺术学校。依托于沈阳师范大学这所综合性大学的优势，可以填补辽宁省戏曲、戏剧高等教育的空白，形成由附小、中专到本科教育的多层次教学体系。为了适应表演艺术人才的成长规律，进一步加强艺术中专、小学的基础教育，自2008年起，艺术学校又从戏剧艺术学院中独立出来，直属沈阳师范大学管理，称沈阳师范大学附属艺术学校，新建的教学设施达3.5万平方米。（任光伟）

辽宁省戏曲学校外景 （佟绍璞提供）

Liaocheng Shi Jingjutuan

聊城市京剧团 京剧演出团体。组建于1969年。其前身是1943年起活动于冀鲁豫边区的民生剧社，主要演员有李和曾、李忆兰，演出剧目有《借东风》、《逍遥津》、《小二黑结婚》等。1945年与边区解放剧团合并为文工团，在多次战役中获宣传鼓动奖。1949年转归临清市，名临清市前进京剧团。1958年改为临清市京剧团。1969年，以临清市京剧团为主，合并部分大笛子戏演员和聊城县文工团演员，组成聊城地区京剧团。1971年赴连云港慰问中国人民解放军，同年排演现代戏《飞云崮》，参加山东省戏曲会演。1978年新编历史剧《乌三娘》获山东省新创作戏剧会演二等奖，并整理《战铜台》、《走麦城》、《四进士》等，成为常演剧目。1998年变更为聊城市京剧团。历任团长有李恒聪、刘石林等。主要演员有鲁艺峰、鲁霞、杨世琢等。演奏员有张澄清、张文瑞等。保留剧目有《玉堂春》、《秦香莲》、《四郎探母》、《红鬃烈马》、《吕布与貂蝉》、《柳荫记》、《金玉奴》、《望江亭》、《遇后龙袍》、《三岔口》、《龙凤呈祥》等。排演的现代戏有《红土情》、《孔繁森》、《红梅》等，自创的历史剧《王安石》，在省内获奖。（赵长胜）

liaozhai gushixi

“聊斋”故事戏 根据小说《聊斋志异》编写而成的京剧作品。《聊斋志异》问世后，曾被改编为杂剧、传奇20余种，基本上都是昆曲，只有少量被搬上舞台，大都作为案头剧流传。真正把“聊斋”故事改编成舞台剧并大量上演，则是始于清末民初的京剧和各地方戏，约100余种，其中京戏有40余种。就其内容，大致可分为4个方面：其一，讴歌青年男女的纯真爱情，如《花姑子》、《粉蝶》、《婴宁一笑缘》、《聂小倩》、《龙马姻缘》、《松雪缘》、《莲香传》、《连琐》、《诵诗缘》、《晚霞》、《伍秋月》、《莲花公主》、《荷花三娘子》等。它们的主人公都是青年男女，对美好幸福的爱情无限向往，虽然遇到重重阻力，但经过顽强不屈的斗争，“有情人终成眷属”。其二，表现夫妇、兄弟、婆媳之间关系的家庭伦理戏，如《庚娘》、《马介甫》、《江城》写夫妻关系，《姊妹易嫁》写姐妹关系，《青梅》与《双妻鉴》写妻妾关系，《孝妇羹》与《金生色》写婆媳关系，《青风传》与《宫梦弼》写翁婿关系，《胡四娘》写姐姐、姐夫与妹妹、弟弟之间的关系，《孝友泪》写兄弟关系，《细柳》写后妻与前妻之子的关系。这些戏涉及家庭关系的各个方面，颂扬孝道真情，表彰宽厚仁慈，抨击嫌贫爱富，讽刺势利眼者。其三，反映社会生活中错综复杂的人际关系，如《奇异传》、《西湖主》、《梅女》、《画皮》、《田七郎》、《崔猛》、《义烈奇缘》、《仇大娘》、《菱

《西湖主》 荀慧生饰西湖主 （王家熙提供）

角》、《大力将军》、《穷得福》等。表彰遇恩知报，歌颂仗义勇为，赞扬妇女的聪明才智、坚贞不屈，告诫人们不要以貌取人，揭露贪官、恶霸、豪绅鱼肉百姓的罪恶行径，把错综复杂的社会人际关系展现在人们面前。其四，公案戏，《胭脂判》、《孝子复仇记》(《席方平》) 等是这一方面的代表性剧目。《胭脂判》写县官主观断案，把无辜者判为杀人凶犯，后经上司细察详审，方得平反冤狱；《孝子复仇记》写席方平魂入地狱，代父申冤，周城隍、郡司、冥王均受财主贿赂，他反遭痛打、火烙。最后告到二郎神处，才得以平反昭雪。两剧的被害者虽然获得了最后胜利，却付出了沉重代价。这类戏在揭露封建社会黑暗腐败和官场贪赃枉法的同时，对受冤枉被迫害的平民百姓表示了极大的同情。

“聊斋”故事戏的艺术特征有以下几个方面：第一，故事情节曲折离奇。故事戏在继承原作的基础上，往往又加以发挥，使故事情节更丰富、更复杂、更离奇。《奇异传》、《庚娘》、《龙马姻缘》、《姊妹易嫁》、《仇大娘》、《胭脂判》、《松雪缘》等即是这类剧目的代表。如小说《庚娘》只有2 000字左右，京剧改编本长达21场，人物和情节都有较多的增饰。小说《罗刹海市》和《夜叉国》的故事已相当曲折离奇，而剧作家更把两组人物和两组故事情节巧妙而紧密地交织在一起，编成《龙马姻缘》，故事情节更加神奇怪诞和复杂多变。《奇异传》则用换心的方法让诚实正直、傻头傻脑的男主人公变得聪明智慧，用换头的办法让丑陋的女主人公变成倾国倾城的美女，从而成为幸福美满的一对夫妻。第二，人物形象鲜明，富于浪漫气息。在40多种聊斋京剧剧目中，约有2/3以上的主人公是妖狐、仙女、女鬼、神女、花神。她们的人情味浓浓，名为妖、仙、鬼、神，实则人类的化身。即使反映阴间冤案的《孝子复仇记》，也是把人世间不平事以鬼世界作比罢了。剧中的城隍、冥王、郡司、二郎神，不过是封建社会各级官僚的化身。这些戏不受人间真实生活的拘束，上至天堂，下至地狱，海阔天空，人鬼交织，神话色彩相当浓郁。而每个人物的个性特征也非常鲜明，像婴宁的善笑、小翠的戏谑、青凤的多情、庚娘的坚贞、仇大娘的宽厚、田七郎的遇恩必报、崔猛的义勇、厉鬼的凶残等，都给人留下不可磨灭的印象。第三，讽刺性强，喜剧色彩浓厚。其中以《婴宁一笑缘》、《虞小翠》、《姊妹易嫁》、《双妻鉴》、《胡四娘》、《宫梦弼》最为突出。《婴宁一笑缘》中的婴宁经常憨笑，见情人笑，见公爹笑，甚至在严肃的婚礼上也大笑不止。《虞小翠》中的小翠爱开玩笑。她不但自己扮成丞相嘲笑大臣，而且让丈夫扮作皇帝对大臣加以戏弄。《姊妹易嫁》中的姐姐嫌贫爱富，不愿嫁给中了状元而假装穷酸的毛纪。其父抓耳挠腮，又气又急。忠厚善良的妹妹挺身而出代替姐姐。毛纪露出真相，姐姐后悔莫及。《双妻鉴》则是妻妾互易其位，与《姊妹易嫁》有异曲同工之妙。《胡四娘》中胡四娘的丈夫因穷而屡受丈人家兄妹婢仆的嘲弄，后来中试授官，兄妹相顾失色，举家向四娘献媚。这些戏自始至终都在讽刺、嘲笑、欢快、热烈的气氛中进行，令人忍俊不禁。

（王卫民）

lieguo gushixi

“列国”故事戏 以东周列国诸侯争霸时期故事为题材的京剧作品。据不完全统计，约有200余种。取材广泛：一是源自史传文学，如《左传》、《史记》等；二是来自历史小说，如《列国志传》、《东周列国志》等；三是取自鼓词、宝卷和民间传说，如《雌雄杯》、《英烈春秋》等；四是参照古代戏曲创编，如元杂剧《晋文公火烧介子推》、明清传奇《八义记》、《七国记》、《芦中人》等；五是由其他剧种改编移植而成，如《孙膑装疯》、《商鞅考试》翻自弋腔，《钟子期听琴》本于昆曲，《大劈棺》源于秦腔，《棠棣之花》和《屈原》则是根据话剧改编。

《戏出年画·文昭关》（王树村提供）

由于列国时期历史跨度大，事件众多，社会复杂，因而“列国”故事戏的内容也就十分广泛。这一时期，诸侯争霸，战乱频仍，这类剧目多以战争为题材，如描写长勺之战的《曹刿扶国》，记述城濮之战的《战城濮》，以马陵之战为题材的《马陵道》，描写齐燕对抗的《火牛阵》，表现长平之战的《长平之战》，以及以战争为背景的《窃兵符》等。除了直接反映战争题材的剧目外，还有一批塑造列国时期的特定时代的特定人物的剧目。“刺客”在这一历史时期中有着特殊的含义，他们的所作所为在历史上留下了许多可歌可泣的事迹。京剧有不少以刺客为题材的剧目，其中最为人们熟知的就有《荆轲刺秦王》、《要离刺庆忌》、《专诸刺王僚》、《棠棣之花》(写聂政刺侠累故事) 等。门人食客也是这一历史阶段一个很特别的群体，他们平时被主人所养，一旦主人有事便能奋不顾身，《搜孤救孤》中的程婴舍子，公孙杵臼捐躯就极具代表性；《孟尝君》中的鸡鸣狗盗之徒也为人们耳熟能详。反映孝道的剧目有《鞭打芦花》、《孝感天》等，反映功成身退的有《介子推》、《西施》、《功臣泪》等，反映友情的有《管鲍分金》、《俞伯牙摔琴》、《羊角哀》等。表现百家诸子的剧目有《夹谷会》、《困陈蔡》、《孟母三迁》、《兴秦图》、《商鞅考试》、《大劈棺》、《敲骨求金》、《度白俭》、《墨子》、《伐蔡斗宝》、《双义节》、《六国封相》、《苏秦张仪》等。表现名将良相的有《将相和》、《晏子使楚》等。此外，爱国诗人屈原(《汨罗江》)，礼贤下士的燕昭王(《火牛阵》)，怀有家仇国恨的伍子胥(《武昭关》、

清宫《戏出画册·海潮珠》（故宫博物院藏）

《战郢城》、《伍子胥》）和越王勾践（《卧薪尝胆》），由于妒忌而杀死同僚冒功领赏的公孙阏（《伐子都》），以臣弑君的南宫长万（《驱车战将》）和崔杼（《海潮珠》）等人物，都有所反映。这些作品使两千多年以前的历史事件和历史人物得到艺术的再现。

京剧“列国”故事戏虽然剧目繁多，艺术特点各不相同，但总体上来讲仍有一些共性。首先，这些剧目是反映重要历史事件或重要历史人物的，因而基本上是以悲剧或正剧形式出现，喜剧色彩很淡；其次，这些作品的人物形象绝大多数是放在重要历史事件中进行塑造的，较好地揭示了在大是大非面前人物性格的主流趋势；第三，主要人物多为男性，为生、净等脚色行当提供了广阔的表演空间，对京剧表演艺术的发展起到了促进作用。（张燕鹰）

Lie Hu Ji

《猎虎记》　京剧作品。范钧宏编剧，樊放导演。中国京剧团1953年底首演。剧情据古典小说《水浒传》第49回“解珍解宝双越狱，孙立孙新大劫牢”改编创作。万华山有猛虎为害。猎户

张云溪饰解珍（左）　云燕铭饰顾大嫂

解珍、解宝在府衙领受杖限文书，进山猎虎。至第三日，射死的猛虎滚落于里正毛善后园。兄弟二人上门索取，毛善抵赖，反诬二人入室行劫。知府包庇毛善，强逼二人招供，打入死囚牢中。狱卒乐和向解氏兄弟的表姐顾大嫂报信。顾大嫂见说理营救无效，乃联络登云山好汉邹渊、邹润，并说服她丈夫孙新的哥哥登州兵马提辖孙立，里应外合，从狱中劫出解珍、解宝，杀死毛善，反出登州，一同投奔梁山。顾大嫂是组织起义的核心人物，由云燕铭饰演。她以花旦表演为基础，综合运用刀马旦、泼辣旦表演因素，塑造了一个富于正义感的机智、豪爽的女性形象，给人印象深刻。解珍、解宝由张云溪、沈全启分饰，武工出色。此剧上演后不久，山东、河南及沈阳、哈尔滨等地京剧团纷纷来京观摩，并把此剧带回各地演出。1956年，《猎虎记》获文化部颁发的戏曲剧本一等奖。剧本收入《范钧宏戏曲选》。同一题材的京剧本还有《八义反登州》（刘文魁藏本）、《赖虎记》（邓泽编剧）、《歼虎双英》（龙文玮编剧，北京京剧团1953年演出，李万春前饰解宝、后饰孙立，毛庆来饰解珍）等。（简畅）

Lin Chong Ye Ben

《林冲夜奔》　京剧作品。唱昆曲。为明李开先《宝剑记》中的一出。描写林冲遭高俅陷害，愤而投奔梁山。剧本刻画林冲天涯流落的悲愤和“专心投水浒，回首望天朝”的矛盾心理，感情充沛，有很强的文学性。早期演出悉据昆曲旧制，为林冲的独角戏，这种演法称为“小夜奔”。因歌舞繁重，又不够火炽，在京剧演出中，增添了徐宁奉命追赶林冲，梁山寨主王伦派遣杜迁、宋万接应林冲上山，在黄河渡口，打败徐宁，人物、情节、武打均有所增饰，此为“大夜奔”。此剧载歌载舞、身段繁重，有“男怕《夜奔》，女怕《思凡》”之说。杨小楼擅演，传自名教师牛松山。其后，诸多武生演员大都宗依杨派。剧中林冲原扮相是戴软罗帽，挂黑三。杨小楼改为戴倒缨盔（亦称“夜奔盔”），不挂髯口，形象更为英武。河北梆子演员裴艳玲得侯永奎等传授，擅长此剧。《京剧丛刊》载有《林冲夜奔》剧本，据茹富兰演出本整理，主要删去伽蓝托梦情节。（王卫民）

杨盛春饰林冲

Lin Shaoqin

林绍琴　（？～1919）　票友。工青衣。约生于清同治初年。福建福州人。因行七，人称七爷。早年在北京，民国初年后迁居上海。在京习余紫云的青衣唱念风格，颇得其神韵。兄林季鸿，对青衣腔调十分熟稔，喜爱揣摩，不少新腔出自其手。林常与其兄及陈德霖、王瑶卿等研习京剧音韵声腔，造诣较深。林绍琴南下后，上海京剧青衣演员，以林的演唱、吐字、韵味为最高标准，伶票两界都有大家向他请益，如欧阳予倩、小杨月楼、陈小田、吴我尊等。林与陈道安（琴师）合作，有珠联璧合之誉。因其演唱调门介入六字调与小工调之间，称为“林调”。约在50岁左右因病去世。（讷言）

Lin Shusen

林树森　（1897～1947）　京剧演员。工老生、红生。字守宽。祖籍福建，生于上海。出身梨园世家。祖父林连贵原系徽班演员，清同治年间由北京到上海隶丹桂茶园，工文武老生。父亲林宝奎，工老生，以擅演纱帽生戏而著称。树森系宝奎第三子，幼年随父习老生，父殁后，由舅父、名武净王益芳抚养，教他练功，打下扎实的幼工基础，又为他延请名宿陈椿元教文戏，所以树森当时艺名“小益芳”。清末，专程去北京，与梅兰芳等在喜连成科班搭班学艺，受到严格的规范化训练。1912年南返。在新舞台演出期间拜王鸿寿为师，学演关公戏及徽调剧目，在共舞台演出期间，又得到吕月樵的指点和提携，艺业精进。后长期在天蟾舞台等剧场演出，曾与王鸿寿、李桂春及梅兰芳、程砚秋、荀慧生、尚小云、金少山等南北名家同台合作。他文武兼擅、技艺精湛、戏路极宽，因而备受重视。1935年5月他首次去武汉演出，6月间梅兰芳在上海演《抗金兵》，特邀他专程返沪配演韩世忠一角。20世纪30年代中叶，他同王益芳父子带班辗转演出于青岛、天津及东北等地。20世纪40年代由中国大戏院请回上海，此后长期自行挑班。

林树森嗓音高亢洪亮，演唱质朴雄浑，表演深沉大方，工架凝重稳健。代表作有以徽调演唱的《雪拥蓝关》、《扫松下书》，以［高拨子］演唱的《举鼎观画》、《徐策跑城》和以皮簧演唱的《武昭关》、《龙虎斗》、《太行山》、《孙庞斗智》等，还有《截江

《徐策跑城》饰徐策

《华容道》饰关羽

夺斗》、《金钱豹》及《打金砖》等武生或文武老生戏。他的武戏“手里有尺寸，脚下有地方”（朱瘦竹语），尤以擅演关公戏而负盛名。他的关公戏，全面继承了王鸿寿的表演特长，又有自己大幅度的创造发展，从而独树一帜，在《千里走单骑》、《华容道》、《战长沙》、《单刀会》、《水淹七军》、《走麦城》等代表剧目中，所塑造的关羽形象器宇不凡，威严而儒雅，身段造型富于雕塑美，故博得“红生大王”之美誉，成为南派京剧最具代表性的人物之一。他有一定的文化素养，平日热心公益，曾4次当选上海伶界联合会主席。1947年9月在武汉大舞台领衔演出，11月3日演《古城会》时心脏病发作，次日下午逝于汉口华商饭店。20世纪20～30年代，他在百代、胜利、高亭、大中华公司灌制唱片30张，有《收周仓》、《月下赞貂蝉》等10出关公戏选段，还有《雪拥蓝关》的徽调唱段。其中《徐策跑城》、《萧何月下追韩信》、《路遥知马力》与周信芳的风格不同，对欣赏和研究南派京剧是有价值的艺术资料。

（王家熙）

Linggong Xueshe yu Gengsu Juchang

伶工学社与更俗剧场 戏曲改良活动。张謇（1853～1926），江苏南通人，清光绪二十年（1894）“特恩科”状元，后在家乡办实业、办文化教育。他认为改良社会，文字不及戏曲之速，故倡导改良戏曲，创办戏校和剧场，开展通俗教育。1919年，张謇在南通创办京剧学校，聘请欧阳予倩任主任兼管教务，以新型教学方式，取代旧科班的体制，定名伶工学社。张謇任董事长，其子张孝若任社长。开办费两万银圆，年经费一万两千银圆，均由张謇筹措。校址先在南公园的与众堂，1920年7月迁入南门望仙桥新建校舍。先后任教的有昆曲教师薛瑶卿、陈灿亭、吕筱卿、周庆恩、施桂林、张荣奎，京剧及文化课教师有李琴仙、吴我尊、水上飘、常月峰、李桂英、张彦堃、冯子和、赵桐珊（芙蓉草）、苗胜春、文容寿、赵玉珊、程君谋。为有舞台实践基地，又在张謇的创议下，欧阳予倩考察日本东京各大剧场，参观京、沪舞台，博采众长，聘请设计师，审定图纸，占地206 814平方米，造价七万银圆，于1919年11月建成更俗剧场，以及演员宿舍、救火会停车场等附属建筑。观众厅呈半圆状，纵短横长，分上、下两层，设1 200个座位。台底有十几只特大号砂缸用作共鸣音响。舞台上空装有横向天桥3道，台底有3条纵向通道，用作表演“上天入地”等特技。台口上方安置有铁栏杆，为武戏上栏专用。舞台上还可行船、开汽车演戏。为更换老式戏院的习俗，时任剧场经理的欧阳予倩，制定改良规约，加以施行。更俗剧场还辟出一室，题为“梅欧阁”，用以纪念梅兰芳与欧阳予倩的各树一帜又和衷共济。

更俗剧场外貌

梅欧阁

欧阳予倩在1918年发表《予之戏剧改良观》，陈述自己对戏剧改良的抱负，针对时弊，提出扬弃糟粕，改良戏曲的种种设想。其中即主张培育新人，组织“俳优养成所”，募集十三四岁的儿童，除授以戏剧及技艺外，要进行文化知识及世界变迁的教育，并相信四五年办去必见好成绩，以转变剧场中腐败的情形。1919年，在伶工学社，他亲自拟订简章、建立制度、设置课程，学制为七年，五年学习，两年实习。欧阳予倩宣布：学社是为社会效力之艺术团体，要造就戏剧改革演员。不是科班，不是私家歌童养习所。设有戏剧班、舞蹈班、音乐班。设置的课程有：戏剧、国文、历史、地理、英文、体操、音乐、舞蹈、图画等。他亲编教材，亲自授课，并做示范表演。除课堂教学外，尤注重舞台实践，给学生观摩和演出实习的机会。曾赴南通更俗剧场演出的京剧著名演员，有梅兰芳、程砚秋、王凤卿、杨小楼、余叔岩、谭富英、赵桐珊、盖叫天、魏莲芳、姜妙香、潘月樵、夏月润等70余人。学生不仅观摩学习，也适当参与同台配戏，经受锻炼。1921年，欧阳予倩带领学生赴长沙、汉口进行实习演出，在汉口与西安易俗社相遇，交流教学经验，彼此获益，在戏剧界产生了深远影响。回到南通后，“由于少数人对欧阳予倩在伶工学社推行的种种改革措施持不同意见，欧阳予倩自感难以为继，遂于同年辞职回沪”（《中国戏曲志·江苏卷》第615页）。欧阳予倩在南通的戏剧改革也就此结束。1926年9月，在张謇已于8月间逝世的情况下，张孝若遂解散了学社。学社培育的佼佼者有葛次江、林秋雯、李斐叔等。同年11月底，张孝若将更俗剧场改名为南通剧场。

（金石）

伶工学社学生演出《摔玉请罪》

Lingjie Dawang Shilüe

《伶界大王事略》 京剧史料。吴秋帆编辑。文艺编译社1917年5月印行。“伶界大王”是1912年谭鑫培（艺名小叫天）在上海新新舞台演出时，该台主事者为号召观众而加给谭氏的尊号。谭鑫培逝世于1917年5月10日，本书即在当月出版。全书正文2万余字，46节。内容大致可分3类：一是述其生平事略，称其“一生际遇，莫盛于慈禧时代”；二是论其唱法、做工、白口、武艺的卓越造诣，以及与同时期伶工汪桂芬、孙菊仙、俞菊笙的比较；三是谈其为人处世和私生活。书中颇有一些他书少见的资料。谭氏到上海演出，一般记有6次，本书漏写1909年在新舞台的20天演出，其他5次都写得比较详细，涉及赴沪的不同背景，上海剧场之间的激烈竞争和对谭的接待规格，观众对谭氏艺术的接受过程等。记谭在新新舞台因演《盗魂铃》被看客李本初叫倒好，剧场主管处理不当而激起众怒，致使谭鑫培“登报取消大王尊号，以谢社会”的经过，亦相当翔实。《小叫天之包金》载有1879年以来，谭氏在京、津、沪演出酬金的数额变化，并透露1916年上海天蟾舞台经理许少卿已聘定谭鑫培于1917年4月南下，“定价每月二万四千元，外加火食房金杂项八百元”，因谭病逝而未能实现。《小叫天之挥霍》称其“家中房屋之清洁，器具之精良，服役之众多，陈设之富丽，均与亲贵府第不相上下”；又雅爱文物收藏，“闲行经骨董家，见有汉器，无论鼎炉、佩玉、带钩、笔筒、砚池，若看得中意，虽数百金购之勿吝”。《小叫天之文学》讲谭氏幼时失学，老年好学，“自五十（岁）后，见伶界中如时慧宝能书、汪笑侬能文、朱素云能画、刘永春能相、周凤林能大篆、林宝奎能医术、贵俊卿能英文，皆于戏剧之外，各擅一艺为酬应之技，独自己在王公亲贵之间，均视为上宾，声价之高胜于若辈百倍，顾一尺之书亦须假手于人，颇引为深耻。乃不惜重金，聘得徐州秀才于某在家，名为掌司会计，实则指教笔墨。（小）叫天于是暇辄观书习字……自此致亲友书函，皆是亲笔无代”。本书笔者亲见过谭氏1915年秋致其幼婿王又宸的函件。本书开卷《缘起》说谭去世后，“各日报载之以专电，刊之以肖像，各埠伶人之追悼，戏迷之惋惜，一若国家重要人物下世景象”，在此气氛中编写本书，却把谭氏逝世之日5月10日（农历三月二十日）记作5月7日，当是过于匆忙之误。然其写作心态自由，见闻观察有独得之处，不失为后人了解谭鑫培的一份宝贵资料。其刊本流传甚少，学苑出版社2010年7月出版的“民国京昆史料丛书”第8辑以初版影印本收入。 （龚和德）

Lingshi

《伶史》 戏曲史料。穆辰公著。1917年5月（北京）宣元阁印刷，（北京）汉英图书馆总发行。穆辰公，北京人，曾“负笈东瀛，精研法律……学成返国，値国是日非，怀才不遇，退而投身报界”。由此而“郁郁不得志，一腔热血，满腹牢骚，无宣泄地。由是借优孟衣冠，以泄其愤”（见该书章希夷《序》）。从中可知其生平之一斑。该书记述清中、末叶至民国初年活跃在戏曲舞台上32位著名戏曲演员的生平事迹，其中，绝大多数为京剧演员。该书体例仿《史记》，分为“本纪”、“世家”两大部分。作者称这样分类“于各伶之艺术初无轩轾，特就其声望、资格、品行、身世诸点略示区别，以清眉目”（见该书《凡例》）。

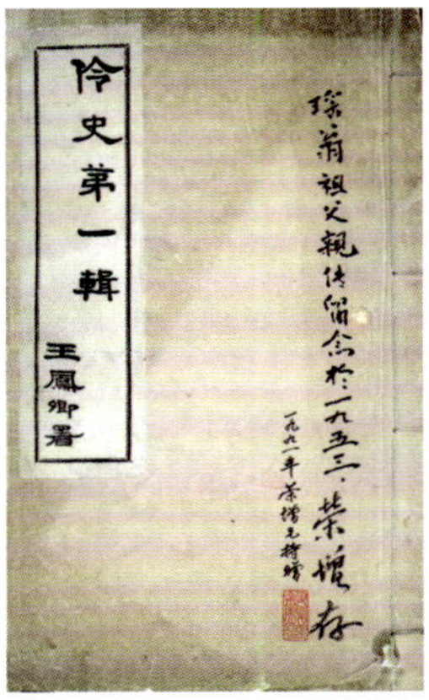

《伶史》封面（钮骠提供）

“本纪”中有程长庚、孙菊仙、何桂山、金秀山、谭鑫培、郭宝臣、侯俊山、刘鸿昇、黄润甫、德珺如、陈德霖、龚云甫12位演员，“世家”中有梅巧玲、俞润仙、余三胜、杨月楼、杨桂云、余玉琴、王攀桂、田际云、汪桂芬、朱文英、阎金福、罗巧福、张云亭、陆长林、李寿峰、陆玉凤、叶忠定、姚增禄、刘永春、许荫棠20位演员。无论“本纪”或“世家”，均详细记述了每个演员的家世、师承、擅演剧目、演出场所、演出逸闻，兼及个人性格特点、人品优劣等，文后也仿《史记》，附有“赞曰”，表明作者对该演员的评价及对世事的慨叹。如作者在叙述程长庚为三庆班主时，宽厚待人，轻财好义、恤孤怜贫、提携后学的事迹，然后赞曰，程长庚“操行特著，后人称道弗衰。察其言行，虽古之贤宰相不是过也。则其得名，岂偶然哉……今世尚有其人否，吾愿为之执鞭焉”。另外，在记述中还兼及该演员的徒弟和子孙后代从事梨园行的情况，这在“世家”部分，显得尤为突出，如“梅巧玲世家”中，作者对梅巧玲舞台演出和火焚债券的情况及其子大琐、二琐的生平均一笔带过，而对二琐之子梅兰芳幼时学戏及少年登台演出一举成名，观众对其演出的强烈反响等，则记述得较为生动。在“杨月楼世家”中，作者更是以大量篇幅记述了杨小楼在清末民初学戏及演出的情况。另外，在记述叶忠定时，作者还以大量笔墨记述忠定义子叶春善得吉林富绅牛子厚之助创办喜连成（后更名富连成）科班的经过。这些，为了解清末民初的京剧演员生平表演、演出场所及演出剧目等提供了珍贵的资料。书中有些记载与他书有异，如梅巧玲、余三胜，作者均记为“皖人”。而大多数史料记载梅巧玲为江苏人，余三胜为湖北人。该书正文前有谢素声、罗愁秋、章希夷、刘韬伯、李啸天、何德铨诸人序言及自序，首页有作者小像。《伶史》仅存一辑。

（戴云）

lingzigong

翎子功 表演功法之一。翎子是人物冠戴饰物，为雉鸡尾翎，也是演员的表演工具。以生、旦、净行用翎子表演较多。特别是小生尤为注重，故有“雉尾生”的专工。如周瑜、吕布、杨宗保、陆文龙等武小生戏，借助翎子的表演，刻画人物的心情和神态。翎子的表演技巧分为搬翎和要翎两大类。搬翎，是用手舞动翎子，包括中指、无名指和拇指的三指掏翎，食指的反掏翎、正掏翎、旁掏翎、交叉掏翎、掏双翎、翻手掏翎等。翎子花的运转趋向，随脚步和身段表演各种翎花和各种执翎亮相，如二龙戏珠、蝴蝶穿花、怀中抱月、白鹤亮翅、燕子蹁跹、挽转云手、抚翎颤抖，以及转、甩、扬、绕、绞、栽、摆、搓等动势，丰富多姿。要翎，一般不用手，是运用颈、牙、腰、脚的活动和内在气息的转换以及外部体态重心的移动，聚各部的力量于脑后，用内劲去运转翎子。耍翎的方式，有站功和坐功的区别。站功耍翎难度较大。翎子特技常用涮、滚、挑、晃、抖、点、扫、立、打等动势。

（王诗英）

Liu Binkun

刘斌昆 （1902～1990） 演员。工丑。原名桂虎，曾用艺名小客串、小幼童、自大必。祖籍直隶丰润（今属河北），生于上海。7岁随其父京剧艺人刘燕云在镇江登台唱娃娃生。8岁从梆子名丑童紫红学丑脚戏，10岁从任长海学老旦戏，11岁随大伯刘祥云（艺名九仙旦）演出，为周信芳配戏，又辗转演出于南北各地。1916年拜徽班名丑赵桐顺学艺，并在徽班演出。1921年满师赴南京搭京班，拜克秀山为师，改唱京剧，与马连良、琴雪芳、盖叫天等同台，后赴长沙、香港等地演出。1925年回上海，先后进更新舞台、

天蟾舞台演出，陆续拜郭春山、萧长华以及昆曲名家陆寿卿，名票孙履安、徐凌云，汉剧名丑李春森（大和尚）等人为师。1928年上海伶界联合会举办14班大会串，10位丑脚会演《拾黄金》，他唱大轴。前面9位已尽数表演了他们的拿手杰作，刘斌昆上场时，吸收杂耍、连厢、数来宝等多种技艺，连歌带舞，与众不同，受到热烈欢迎。1932年参加周信芳主持的移风社，与周五宝同为移风社主要丑行演员，赴北平、天津、济南、沈阳等地演出，受到内外行称赞。在北平期间，叶春善令其子叶盛章拜刘斌昆为师。他鉴于与盛章同是萧长华弟子，在拜师仪式上，以替父收徒名义收盛章为师弟。1934年随移风社演出回沪后，拜关中名医侯尧夫为师，经考试合格，一度改行挂牌行医。1935年复入黄金大戏院演出。以后即与周信芳长期合作。1939年与筱翠花合演《大劈棺》，创造了纸扎人“二百五”形象，时有“江南第一名丑”之誉。后与吴素秋合演《纺棉花》，把卓别林艺术形象搬上京剧舞台。1949年前，与周信芳、俞振飞、李玉茹、芙蓉草等合作演出于中国大戏院。1950年与杨宝森、姜妙香等赴香港演出。1951年加入华东京剧实验剧团（后并入上海京剧院）。1953年参加第三届赴朝慰问团赴朝鲜慰问演出。1954年参加华东戏曲观摩演出会演，获演员奖状。1955年曾随上海京剧院赴苏联访问演出。

刘斌昆好学不倦，博采众长，文武兼擅，功底深厚并富于创造，为海派京剧丑脚代表人物之一。他拜众多名家为师，开蒙戏就学了《小磨房》、《顶灯》、《跑楼》等需要过硬功夫的戏。在徽班学艺时，从赵桐顺学了丑行24手基本功，在以后的艺术生涯中，他把这些独到的基本功运用于塑造人物，创造了许多鲜明的丑脚人物形象。他能戏甚多，熟悉200多出丑脚戏的“总讲”。他的丑脚艺术熔徽、汉、昆、梆于一炉，表演注重人物内心世界的挖掘，灵活化用基本功，于滑稽突梯中表现各类丑脚的性格特征，并从生活中和各种艺术形式中吸收借鉴。他善于观察生活，化用所学的艺术原则，运用到人物塑造上，创造出有特色的形象。如《打渔杀家》中的大教师，其用夸张的手法表现这个人物的外强中干；《六国封相》中的苏母，是其观察生活中的老太太，塑造了一个对儿子前倨后恭的人物形象；《玉堂春》中的崇公道，他的念白内容贴切而有讽喻性，独具特色。他对丑脚艺术有独到的见解，主张用“俊”的手段体现“丑”。《乌龙院》中张文远，属于文丑范围，他根据“逢丑必俊”的艺术原则，注意表达这个角色“俊”和“丑”的统一。他重视丑脚艺术在戏中的独特作用，认为丑行在戏中虽然演配角较多，同样要用各种艺术手段塑造人物，演好配角更能使戏生色。如他在《大劈棺》中饰演纸扎人二百五，惟妙惟肖，以至有的观众不说去看《大劈棺》，而说看“二百五”。《活捉三郎》中集中了京、昆、徽的特色塑造张文远的艺术形象，戏中最后一场有三次变脸。这些人物形象都受到上海观众热烈欢迎。当时上海《十日戏剧》上载文评为：“《活捉》是动中有静，看二百五是静中有动。”“《活捉三郎》一出台就那么连做带唱的一忽儿不让停息，从始至终气不喘、汗不流；二百五是照沉住气的那股子劲儿，书童把他抱出来，掏耳朵、通鼻孔等种种的教人痒痒的难受，那时就不能动一点点，还把他摇摇身子，他就颤颤巍巍的像纸人那么的丝毫无二。”又如在《四进士》中饰演刘二混、看堂人、师爷三个角色，他用三种语言演出了三个人物不同特色。南北方诸多名角均乐于找他配戏，为梅兰芳配演《龙凤呈祥》中吴国太，程砚秋第一次演出《锁麟囊》，指定请他饰梅香等，均在演出中起到绿叶配红花作用。许多文人、名家如周贻白、翁偶虹、黄佐临及琵琶名家魏仲乐等都和他时相过从。袁世海曾向他学过耍牙，李金泉与袁世海演《李逵探母》，老旦有些地方走的是《六国封相》中苏母的路子。

《打渔杀家》饰大教师　（游振国摄）

刘斌昆在舞台美术和音乐上都有创新，脸谱化装干净俊俏，服装比较短小轻便，适应南方观众喜爱舞蹈动作灵活的需要。音乐上把卖梨膏糖调等南方地区民间乐曲也运用到京剧中来。他还与滑稽戏创始人之一的王无能有过交流，创造演出过《苏北马前泼水》、《扬州空城计·绍兴司马懿》这一类与滑稽戏共通的、有南方特色的丑脚剧目。他参加拍摄过京剧艺术片《尤三姐》、《宋士杰》、《十八扯》。早年还参加过《程咬金打牙牌》、《洛阳桥》的唱片灌制。他的学生有商四亮、熊志麟、马科、陈正柱、王岭森、王德昆、华传浩、郑岩、魏小云等。晚年退休后仍诲人不倦，生旦净丑各行当青年常去问艺，他都予以悉心辅导。　（蔡世成）

Liu Changshun

刘长顺　（1870～1922）　鼓师。亦称刘永顺，艺名**刘顺**。北京人。为梳头人刘四之子，其父在四喜班多年。生有三子，长子长顺，次子刘有，在小荣春班学演开口跳，三子刘生，学梳头，后改拉胡琴。长顺自幼入全福科班二科，艺名成喜，学演文丑，变嗓后改学场面。经陆昌立介绍，拜沈宝钧门下。刘长顺开始随其师在四喜班献技，清光绪二十五年（1899）改搭同庆班时，已列该班场面第二，以板鼓享名，昆乱兼能，会戏一二百出。民国以后，继王景福、李五（奎林）之后，为已近晚年的谭鑫培司鼓，与谭鑫培在艺术合作方面非常默契。由于他的辅佐，谭的演唱艺术达到更高的境界。

他打戏安排、运用锣鼓很是讲究，注重结合戏剧情节与人物感情。使用入转收锣鼓点子，伴奏唱腔与过门的鼓套子，花样翻新，变化繁多，从不重复。使用曲牌锣鼓，他能结合剧情与人物巧妙地编排变化，灵活自如地使用。司鼓板眼、尺寸稳健，开收鼓点准确，双手交代清楚，起落干净，力度均匀，音色圆润。他善于吸收、融会各家之长，使自己司鼓技艺丰富，文武戏全能。弟子有罗二、谭竹坡、方七泰等，以谭竹坡较为知名。　（孔祥昌）

Liu Changyu

刘长瑜　（1942～　）　女演员。工旦。原名**周长瑜**。祖籍江苏无锡，生于北平（今北京）。其父为原北平市长周大文。幼入小学读书，1951年考入中国戏曲研究院戏曲实验学校，师从于连泉、芙蓉草、华慧麟、程玉菁等，学青衣、花旦及刀马旦。次年首次登台演出《御林郡》之马夫人。在校期间曾主演《碧波潭》、《玉堂春》、《扈家庄》等。1958年得荀慧生传授《辛安驿》、《红楼二尤》等。1959年毕业后分配到中国戏曲学校实验京剧团，曾

《红灯记》饰李铁梅（左） 右钱浩梁饰李玉和

随团赴东北演出《拾玉镯》、《贵妃醉酒》、《武则天》、《三关排宴》等。1960年，谢锐青将其在全国优秀青年演员学习班向蒲州梆子名演员王秀兰学的《卖水》移植为京剧，重新设计身段传授给长瑜，并由黄金陆设计唱腔，成为刘长瑜的代表作之一，1976年中央新闻纪录电影制片厂将《卖水》拍摄成彩色戏曲片。1962年刘长瑜调中国京剧院四团，又向雪艳琴、李玉茹、陈伯华等问艺。她博采众长，丰富自己的表演，大大提高了演技。在根据莆仙戏移植、改编的《春草闯堂》中，又成功地塑造了春草这一性格鲜明的人物。她扮相俊美，嗓音甜润，吐字清晰，表演独具特色。1964年，借调至一团扮演《红灯记》中的李铁梅，这一形象给观众留下了难以忘怀的印象。1979年，在《红灯照》中扮演田小雁，以精彩的演出获文化部颁发的表演一等奖。1980年，重新整理演出了荀派名剧《红楼二尤》，前后分饰性格不同的尤二姐和尤三姐。1983年，与夏永泉等排演《燕燕》，

《春草闯堂》饰春草（吴钢摄）

《燕燕》饰燕燕（陈莹摄）

又塑造了一个崭新的少女形象。《桃花村》(《花田错》)也成为她的代表剧目。1984年获首届梅花奖，1992年获梅兰芳金奖。曾任中国京剧院副院长，现为国家京剧院艺术指导委员会主任，中国戏剧家协会顾问、中国京剧艺术基金会理事长。（刘松崑）

Liu Gansan

刘赶三 (1817～1894) 演员。工丑。本名**刘宝山**，号芝轩，字韵卿。艺名赶三，晚年通称**“老赶”**或**“赶公”**。因其寓所堂号“保身”，时又以**“保身堂主人”**为代称。天津人。先世经营药业，赶三自幼刻苦读书，青年时即以才名蜚声乡里。因常往戏园观剧，渐成癖好。清道光年间，入天津侯家后群雅轩票房，初学老生，专工余三胜一派，后改丑行投身梨园，为职业演员。进京先入永胜奎班，后搭三庆，得程长庚指导，从郝兰田学老生，更私淑张二奎，常演王帽戏，如《大登殿》、《金水桥》、《打金枝》等。另如《三娘教子》、《桑园会》、《赶三关》、《武家坡》、《天水关》、《捉放曹》等亦常搬演。唯当时剧坛须生如林，难与争雄，遂专演丑。他先后搭过老嵩祝、和春、双奎、春台、四喜、嵩祝成各班，同当时有名的花旦都合演过，与红极一时的著名花旦方松林（田桂凤之师）合演最多。常演角色有《绒花计》之崔八、《请医》之刘高手、

戏装肖像画《探亲家》
刘赶三饰乡下妈妈（右）
李宝琴饰城里亲家母
（沈容圃绘）

《连升店》之店家、《十八扯》之孔怀、《拾黄金》之花子、《瞎子逛灯》之瞎子、《入侯府》之李瓶儿、《龙凤配》(又名《一两漆》)之苟阴阳、《下河南》之胡伦、《双摇会》之邻居、《闯山》之周鼎、《贪欢报》(亦名《秦淮河》)之张旺、《红鸾喜》之金松、《胭脂褶》之金祥瑞、《双沙河》之魏小生、《卖饽饽》之魏虎、《红门寺》之皂头、《虹霓关》之家将等。尤其擅长丑婆子戏，如《探亲家》之乡下妈妈、《送亲演礼》之陈氏、《变羊计》之贾妈、《浣花溪》之鱼氏、《拾玉镯》之刘媒婆、《铁弓缘》之陈母、《鞠球山》之窦氏、《玉玲珑》之鸨儿、《金玉坠》之店婆、《思志诚》之老妈儿，演来都异常出色，逸趣纷呈，各极其妙。在他之前，丑婆戏向无人介意，经他一演，始为人瞩目，出现了“菊部而今重丑婆”(后人诗句)的局面。他的许多杰作传为后世的典范，影响深远，成为开创京剧丑婆行当艺术天地的一代宗师。

他演的《探亲家》，曾名噪京师，冠绝一时。为演好此剧，他家畜一驴，取名墨玉（又名“黑卫”），平时常在墨玉项上系一大鼓，并以大锣于驴耳旁敲击。日久，习以为常，驴不畏锣鼓之声，又常于散戏后被牵到台上，久之则毫不惊惧。赶三每演《探亲家》骑真驴上台，墨玉扬首帖耳，立于戏台柱旁，虽锣鼓喧阗而不惊恐。每贴此戏，满堂喝彩，赶三亦以此剧得享盛名。后入内廷演此，也被破例允准牵驴进宫。赶三的乡下妈妈形象，被画师沈容圃绘入图谱中，列为一绝。他演的《绒花计》亦出名，描摹崔八的淳朴、智慧，有声有色。戏中凡唱都伴以舞蹈身段，唱舞和谐，自然天成，虽憨态可掬，而绝无丑化乡下人之嫌。

他嗓音清亮响堂，讲究唱功，得力于所能老生戏甚多，研练有素，驾轻就熟，常在各剧丑行角色中，编加唱词，展示所长，如《请医》、《刺汤》、《逛灯》、《拾金》和《法门寺·行路》(饰刘媒婆)、《虹霓关·城楼》中的唱段都有他的精心创造。近人评述他和罗寿山时说：“二人虽长于口才，唱功亦自不弱，赶三神似三胜，百岁善学桂芬，引吭一歌，彩声雷动，其能引人入胜，固具有真实本领，非徒以诙谐见长也。”(见陈彦衡《旧剧丛谈》)

他的表演技艺之精，出语寓意之深，在于他有较高的文化素养，善于揣摩神理，白口爽利，清晰无讹。在台上面冷工谑，敏慧过人，时人评他：“雄辩多才，不伤大雅”(陈彦衡语)，“尽扫陈言，独标新谛”(徐珂《清稗类钞》)，还有的说：“赶三身小，面又清癯，诙谐杂陈，道白往往推陈出新，一语中

《探亲家》饰乡下妈妈

《拾玉镯》饰刘媒婆

的，奇趣恣足。……惟喜刺人隐恶，尖刻不留余地。口齿之犀利，如一寸之匕，所摘必中要害。”(张肖伧《燕尘菊影录》)他继承和发扬了中国喜剧艺术警世讥俗的优良传统，做到了“执艺以谏”、“随戏寓讽”，善于在舞台上借题发挥，嘲讽权贵势要，抨击时弊流俗，留下许多为后人传诵的趣闻。

同治十三年（1874），同治帝病死，赶三适在阜成园演《请医》一剧，即兴打诨说：“东华门我是不去的，因为那门儿里头，有家阔哥儿，新近害了病，找我去治；他害的是梅毒，我还当是出天花呢，一剂药下去就死啦！我要再走东华门，被人家瞧见，那还有小命儿吗？”(张次溪《燕都名伶传》）赶三此语，令闻者咋舌，有人“愕然语赶三曰：‘是国君也，虽诚如尔之所言，为人民者，亦当为之掩饰，不宜宣扬于众。幸坐者无亲贵，不然，尔死不知其所矣！’赶三正襟曰：‘穆宗在位，不因民困而求救拯之方，乃花天酒地，致酿恶疾，祸由自取，可以蒙一隅之听闻，不可蔽万方之耳目。’闻者辄目为疯人。”(张次溪《刘赶三传》)后人评曰：“清优人之大胆，无过赶三。‘闻者咋舌，目为疯人’，乃时人确有之心理。……赶三反抗封建时代之元恶大憝，一往直前，从无顾虑，斯无愧我国古优传统之气魄！”(任二北《优语集》）戊戌维新后，慈禧与光绪结怨，待帝极苛，每观剧，慈禧坐堂中，而令光绪侍立于侧，视同仆妾。赶三见此情状，甚为不平，在演《十八扯》时，加了一段话白：“别瞧我是假皇帝，还有个座儿，那真皇帝连座儿也没有。”此语正好刺中慈禧隐恶，但又使她欲怒无从，欲责无由，为掩众口，只得自此准许光绪入座看戏。光绪初年，赶三在宫里演《思志诚》(写嫖院故事）一剧，饰老妈儿，演至嫖客来时，恰巧惇王、醇王、恭王进来看戏，他在场上便大声呼唤：“老五、老六、老七，出来见客呀！”一时台下哗笑，哄堂不止。当时京中妓院的妓女均以排行相呼，而无名字。因惇王奕誴行五，恭王奕䜣行六，醇王奕譞行七，故赶三以此相谑。是时，奕譞大怒，痛惩赶三。“而赶三之气犹不稍衰，出，尝语人曰：‘贵人之暴横如此，非善征也！’”(张次溪《燕都名伶传》）后世关于刘赶三借舞台上的插科打诨讽世讥俗的遗闻逸事记述甚多。刘赶三对本行的班规一向认真奉行。同治六年（1867）三月十八日，为梨园界“祭神”日，照例不准演戏。刘出于疏忽，竟在这天应了一场堂会戏，事被精忠庙首程长庚等闻知，坚欲将其革除梨园。刘知错认错，情愿领罚，结果被罚五百两银子，用来重修精忠庙的旗杆，并于杆上镌下“同治丁卯夏季津门弟子刘宝山敬献重修”字样。鉴于他在剧界的声望和能力，曾被推选为精忠庙首。年逾古稀后仍献艺于舞台。

赶三的弟子只有罗寿山（百岁）一人。为他抚养墨玉的小孩名琐儿，因常随往后台看戏，耳濡目染，心有所得，后来也投业梨园，唱丑，即在梅兰芳承华社演小花脸的李敬山。虽嫡传弟子不多，但刘赶三在艺事上的建树，足以垂范后世，成为清同治、光绪年间京剧舞台上第一代丑行演员的代表人物。（钮骠）

Liu Hongsheng

刘鸿昇（1875～1921） 演员。工老生。字子馀，号泽滨。北京人。原是刀剪铺的学徒，自幼喜爱京剧，常模仿穆凤山的花脸唱腔，曾在北京翠峰庵票房票演。后拜师常二庄，遂正式转为职业演员，专工花脸，并取法金秀山等名净。曾为谭鑫培配演过《捉放曹》的曹操、《失街亭》的司马懿、《黄金台》的伊立、《李陵碑》的杨七郎等角色。后搭入玉成班常演大轴，因主演八本《铡判官》为世瞩目，曾应邀赴上海演出，以《牧虎关》一剧享誉沪上。后患恶疾，虽经治疗，终致腿残。于清光绪三十四年（1908）改演老生，初以《失街亭、空城计、斩马谡》广得好评，声誉日隆后，遂组鸿庆班。他的老生戏演唱技巧宗法张二奎，又吸收了孙菊仙的特色，像孙派的代表剧目《完璧归赵》(《渑池会》)、《敲骨求金》、《逍遥津》、《雪杯圆》等均驾轻就熟。他嗓音高亢嘹亮、甜润流畅，并富有难得的水音，使人感到清澈透明。唱腔挺拔刚劲、爽脆流利，尤擅长运用气口及以气催音、以字缓气、以腔偷气等技巧，唱来一气呵成，酣畅淋漓。他更擅“楼上楼”式的翻高唱法，拔高时声如裂帛、一拔钻天，始终气力充足，绝无松懈。他还吸收了花脸的虎音、炸音，及小生、老旦的演唱特点，并采用北京地方的字音字韵，最终创出独具特色的演唱风格，世称刘派。兴盛之时，曾与谭鑫培分庭抗礼。代表作为“三斩一探”，即《辕门斩子》、《斩黄袍》、《斩马谡》及《四郎探母》。他在《辕门斩子》中独创新腔，如“见老娘施一礼躬身下拜”一句便采用了［娃娃调］和［回龙腔］的结合，尤其“拜”字跌宕起伏、一波三折，收尾依然余韵袅袅。又如《斩黄袍》中的“孤王酒醉桃花宫”一段，原来的唱词长达14句，他精简为仅唱6句，却句句唱腔新颖别致、优美动听。他还擅长大段的唱腔，如《上天台》中的“一百单八句”及《逍遥津》中的数十个“欺寡人”，始终高昂刚劲、精神饱满。他的戏路宽广，除张二奎、孙菊仙派的剧目，也演唱谭派戏，亦曾演过《华容道》、

《上天台》饰刘秀（右） 讷绍先饰姚期

《钓金龟》等红生、老旦戏，并兼演《探阴山》、《五花洞》等铜锤花脸戏。在演包拯时，创造出一种细嗓的铜锤唱法，韵味醇厚，沉着耐听。他还擅长《舌辩侯》、《审头刺汤》等念白戏，并有许多独有的剧目，如《打窦瑶》、《小尧天》、《拷打吉平》等。他的弟子遍布各行当，如老生陈福寿、花脸白福山、青衣马福仙、老旦文荣寿等人。宗法刘派最有成就者当数高庆奎。天津票友刘叔度则兼学汪桂芬、刘鸿昇二家。刘鸿昇所灌的唱片有《辕门斩子》、《斩黄袍》、《空城计》、《御碑亭》、《完璧归赵》、《四郎探母》、《乌龙院》、《敲骨求金》、《骂杨广》、《苏武牧羊》、《法场换子》、《探阴山》、《铡美案》等（后两出系铜锤花脸唱段）。（吴焕）

Liu Housheng

刘厚生　(1921～　　)　戏曲评论家。祖籍江苏镇江，生于北京。1937年考入南京国立戏剧学校，1940年毕业后在重庆、成都、上海、台湾等地从事话剧工作。1949年上海解放后，在上海市文化局担任戏曲行政和戏曲创作组织工作以及戏剧报刊编辑工作。1950年参与组织上海人民京剧团，1955年参与组建上海京剧院。1957～1959年任上海京剧院领导成员之一。其后调至中国戏剧家协会上海分会，任副主席兼秘书长、《上海戏剧》副主编。1964年调中国戏剧家协会，历任剧协副主席、《中国戏剧》主编。20世纪50年代在上海组织创作上演的京剧新剧目有《黑旋风李逵》、《李逵与燕青》、《吴用赚华州》、《七侠五义》、《智取威虎山》、《海瑞上疏》等。

撰写戏曲评论多篇，主要文章结集为《刘厚生戏曲长短文》，1996年5月由中国戏剧出版社出版，其中京剧评论约占半数。在多年所写京剧评论中，作者阐述了“百花齐放　推陈出新”的内在关系，认为“‘百花齐放’是‘推陈出新’的基础，又是‘推陈出新’的结果；‘推陈出新’是‘百花齐放’的手段和过程，又是‘百花齐放’的生命体现”。它是“中国戏曲历史发展规律的最根本的概括”，是包括京剧在内的所有戏曲都应遵循的方针。对于京剧艺术，作者一方面充分肯定它100余年来的高度成就，认为是“极具中国特色的舞台艺术”，是“世界戏剧群山中的瑰丽高峰”，同时又指出“京剧在它的发展过程中，没有经历充分的资产阶级民主革命和文化整理的阶段，它带着较多的半封建半殖民地气息和伤痕进入新天地”，因此必须以“京剧艺术，一分为二”的观点，对京剧艺术的两重性进行具体分析。他举出京剧在剧本、表演、舞台美术等各方面的许多芜杂、粗俗、松散的例证，认为必须予以整理、革新，京剧才能发展提高，适应新的观众要求。作者着重指出，最根本的有两条：“大力提高现有京剧工作者——重点是主要艺术骨干的科学文化和艺术水平，使他们知识化，成为高级知识分子；同时，继续发动外面的知识分子投身京剧事业，要求他们努力学习，达到专业化，成为京剧各方面的专家，成为京剧的‘自己人’。”要使这两个力量相结合，促使京剧这个大板块加速运动变化，京剧才会有前途。作者在书中反复强调培养新的京剧作家、创作新剧目的重要性，同时又在多篇文章中着重指出对传统剧目进行挖掘、甄别、整理加工和改编的必要。认为“如果不对发掘出来的和常演的那些精粗并列、美丑杂陈的传统剧目真正下一番大工夫，为京剧整理出远较现在为多的一批精品和常用品，那么不仅对不起祖先，也对不起今天的观众，更严重的是新作者无从接受传统的营养，使京剧的提高和革新越来越艰难”。

《刘厚生戏曲长短文》封面

该书还有多篇分析探讨当代著名京剧演员梅兰芳、周信芳、盖叫天等人艺术的文章。如指出梅兰芳的艺术风格不止于一般公认的属于华美、柔美的“雍容华贵，端庄大方”，更应看到他还有属于壮美的“英气袭人，外和内刚”的一面。对周信芳则指出他“注重选择能表现时代的声音、表现人民思想感情的剧目，用来回答时代对一个艺术家所提的问题”，“注意艺术的真实性”，“重视说与做在京剧表演中的作用”，是他的现实主义演剧思想的重要特征。

（金子文）

Liu Huogong

刘豁公　戏曲评论家。名达，号梦梨，别署哀梨室主。安徽桐城人。生卒年不详。先后就读于安徽陆军学校、保定军官学校。辛亥革命时期，担任过南京铁血军、福建警备队连长等军职。后脱离军界，到安徽办报，开始从事戏曲评论与小说创作，不久到上海。为南社成员。他以演剧场所为活动中心，广交梨园界朋友，一面给报刊撰写剧评，一面为各舞台编写新戏。1917年张勋复辟，他给天蟾舞台编写《复辟梦》(又名《恢复共和》)予以讽刺、抨击，大受上海人士欢迎。他还作有《沧桑记》等旧派小说多种。1918～1920年，由他编撰的《戏剧大观》、《京剧考证百出》、《戏学大全》相继出版，其名声遂为戏剧界所知。《戏剧大观》为上海交通图书馆1918年2月出版，收有刘豁公《歌曲沿革考》、《歌场谭屑》、《俳优别传》(97名)、《京剧考证》(25出)及剧本《香妃恨》等，另有布雷、剑云、木公、脉脉、半狂、小隐等的评论、考证。《京剧考证百出》为《戏剧大观》中已有的《京剧考证》的扩充，上海中华图书集成公司1919年4月出版，为刘豁公专著，除有京剧100出考证之外，还有脚色定名之意义以及唱工、做工、武工等知识讲解。《戏学大全》更侧重于知识。此后长期定居上海，从事京剧评论和戏曲报刊的编辑工作。其评论多以《哀梨室戏谈》、《哀梨室随笔》或《学哼哼室偶谈》、《学哼哼室谈戏》为栏目发表，散见于20世纪二三十年代的《申报》、《游戏世界》、《新声》、《戏杂志》、《心声》、《戏剧月刊》等报章杂志，数量甚多，很受圈内外读者注意，与孙玉声、郑子褒、冯叔鸾、苏少卿等，同为颇有影响的剧界文人。由他主编或参与主编的出版物有《心声》(1922～1924)、《雅歌集特刊》(1925)、《兰社丛刊》(1927)、《戏剧月刊》(1928～1931)、《时事新报》副刊《戏曲》(1932)、《神州日报》副刊《戏剧》(1946)等。其中尤以《戏剧月刊》内容丰富，质量较高。1930年该刊发动“现代四大名旦之比较”征文活动，至1931年1月第3卷第4期评选揭晓，苏少卿、张肖伧、苏老蚕获前三名，堪称公允。刘豁公在按语中作总结：“此次征文，共得七十余篇。而言论持平，文笔老练，则当以上列三篇为最。……丁成之、朱子卿、王元礼、朱家宝、陈少梅、张容卿、黄子英、施病鸠，其文亦多可取，限于篇幅，恕不发表。此外十之八九，均阿私一人，而于其他三人，肆意丑诋，不遗余力，是实有伤忠厚，后此幸勿尔尔。”这是京剧评论史上的一件盛事。20世纪40年代末刘豁公去台湾，晚年情况不详。

（蔡世成）

Liu Jidian

刘吉典　(1919～　　)　作曲家。学名德岐。天津人。自幼酷爱戏曲、曲艺、民族民间音乐。1936年入河北省天津师范艺术科，攻读初级乐理课程。1940年在北平中国大学政治经济系求学，但对音乐的爱好有增无减。课余又投师进修琵琶和音乐基础课程，

并在当时国剧学会的昆曲研究会及北京大学曲社，得到亍伯维、侯瑞春、许雨香、王义山等名家传授。1946年任北平市国学社国乐传习所讲师。1949年任天津市南开中学音乐教员。1951年任中央戏剧学院崔承喜舞蹈研究班音乐组长及该院歌剧系器乐组长。1953年随马可转入中国戏曲研究院，从事京剧和地方戏曲音乐的理论研究工作。1955年转入中国京剧院，从事专业戏曲音乐创作工作40余年。

刘吉典主持的京剧音乐创作很多，如1951年为中国戏曲研究院戏曲实验学校首创京剧舞剧《春天的喜悦》作曲。1955年为中国京剧院实验新剧目《三座山》作曲。1958年、1964年为中国京剧院新创京剧现代戏《白毛女》、《红灯记》进行唱腔音乐设计，此外尚对《白云红旗》、《柯山红日》、《洪湖赤卫队》、《金田风雷》、《高亮赶水》、《西厢记》、《满江红》、《恩仇恋》、《红灯照》、《平阳公主》、《宝莲灯》等共50余出京剧现代戏和历史故事戏进行唱腔音乐设计。他在戏曲音乐创作实践中，始终坚持同演员、乐师密切合作的原则。由于他对京剧音乐做过较为系统的研究，能够从戏曲创作的宏观角度，全面把握京剧传统音乐的创作规律，并清醒地认识到剧种自身存在的历史局限性，因此他能有效地运用传统的程式，适度地借鉴、吸收些新的手段和音乐因素，与编、导、演密切配合，创出了不少品位较高又雅俗共赏的戏曲新作。

他的京剧音乐作品、在场景音乐方面，根据新剧目的需要，无论是新创作的乐曲还是改编传统的曲牌，都有浓郁而又新鲜的音乐特色。如在《三座山》中，为了表现猎人们满载归来，纵马奔驰的豪情和与家人们相聚时无比欢快的情景，便把传统的海笛牌子［梆子娃娃］进行了改编和配器，既保留了轻快活跃的节奏特色，又增添了更为欣慰、亲昵的情趣。再如《红灯记》中“痛说革命家史”等处的配乐，也多是将戏曲曲牌及民乐等素材，经过再度创作而成。在唱腔创作方面，刘吉典所编的京剧唱腔，也有浓厚的生活气息，如《红灯记》中铁梅猜“表叔”是什么人的一段［西皮流水］“我家的表叔数不清”，从语言音调到板式、唱法，都做了相当灵活的变化发展，成为一段家喻户晓的名作。在说家史的成套唱段中，为了解决老旦和小旦同场唱［二簧］在调门上的矛盾，他还创作了旦行用［反二簧］的定弦唱［正二簧］的新唱腔“听奶奶讲革命英勇悲壮”。刘吉典在创腔实践中，为了开拓皮簧声腔的品种和丰富其表现能力，还创出了不少把某些曲调因素和皮簧融在一起的新腔调。如新编《打面缸》中的［梆拨调］(把河北梆子的某些曲调因素融在［高拨子］中)、《风雪配》中的［西皮四平调］(用［西皮］定弦唱［四平调］)、《刘志丹》中的［吹簧反调］(反调［吹腔］和［反二簧］的融合)、《红灯照》中的［卫调反二簧］(［反二簧］融合天津卫老时调的曲调因素)，都曾取得了很好的舞台效果。另外，刘吉典在新剧种北京曲剧的音乐创作上也有很多建树，他参与创作的《杨乃武与小白菜》、《啼笑因缘》、《曹雪芹》等均已成为该剧种有代表性的剧目。《刘吉典戏曲音乐作品选集》由人民音乐出版社于2004年12月出版。收入京剧《白毛女》、《红灯记》、《西厢记》等21种，曲剧4种，作品内容包括不同类型的场景音乐，不同风格的插曲，以及大量新创作的唱腔。卷前有寒声代序《志存高远，开拓创新——戏曲音乐家刘吉典的人生价值》，卷末有王清辉《试论刘吉典的戏曲音乐创作》等评介文章多篇。刘吉典所著的《京剧音乐介绍》、《京剧音乐概论》是系统分析介绍京剧音乐较早的两部专著，此外还发表了京剧、曲艺音乐的学术论文40余篇。他是中国音乐家协会民族音乐委员会委员，中国戏曲音乐学会、中国曲艺音乐学会顾问，中国戏曲学院名誉教授，文化部振兴京剧指导委员会委员。

《刘吉典戏曲音乐作品选集》封面

（安志强）

Liu Jingyuan

刘静沅 (1911～1988) 戏曲史家、戏剧教育家。北京人。早年就读于京兆高级中学。1928年考入国立北平大学艺术学院戏剧系，专攻话剧表导演，1932年卒业。1933～1935年在上海大东、联华等影业公司担任编导，同时担任《电影世界》主编。抗日战争爆发前后数年，相继在太原西北剧社、南昌江西省推行音乐教育委员会所属话剧团和京剧班、南昌县剧团、抗敌剧团担任编导兼演员，编写和导演了《芦萝二村女》、《海潮红》、《血印碑》、《桃叶渡》、《新花鼓》等抗战戏剧，主演了田汉的话剧《名优之死》。1938年入川，先后在四川省立戏剧教育实验学校、国立戏剧专科学校任教。1949年至北京，在中央戏剧学院任教和从事研究工作，撰写了《台词研究》、《评剧简史》等著作。1953年调上海华东戏曲研究院任编审，先后去安徽、浙江、山东等省进行戏曲剧种调查，为剧种史的撰写提供了珍贵资料。1955年调上海京剧院任导演，同时对京剧作重点研究，完成《京剧艺术发展简史》初稿。此后调安徽艺术学校任教30年，讲授表导演课及戏曲史课。曾为徽剧团进京汇报演出导演《巧姻缘》、《百花赠剑》、《叫关》、《淤泥河》、《端午门》等剧，获得成功。又为安徽艺术学校师生排演黄梅戏《杨门女将》，演出轰动一时。1981年应聘为《中国大百科全书·戏曲曲艺》卷编委，参与“戏曲声腔剧种”和“戏曲表导演”分支的编审和撰写工作。

1984年，《京剧艺术发展史简编》定稿，由安徽文艺出版社出版。全书分《京剧的形成》、《京剧的成长》、《京剧的兴盛》、《京剧在上海的发展》、《京剧的极盛到渐衰》5章，以各时期的京剧表演艺术家为主线，综合论述了京剧的剧本创作、舞台演出、表演艺术、舞台美术、科班和学校教育等发展状况，反映了1845～1937年间京剧历史的概貌。对王瑶卿、梅兰芳、周信芳等卓越表演艺术家则打破1937年的断代，做了全面介绍；对1937年以前初露头角的俞振飞、叶盛兰等，只作简略介绍；对1937年以前未享盛名的张君秋、李少春等，则未作介绍。该书经6次修改，取材审慎，论述严谨，有较高学术参考价值。刘静沅还撰写了《徽戏的成长

《京剧艺术发展史简编》封面

与现状》、《再谈徽戏声腔的演变和徽戏的形成》、《婺剧》、《婺剧杂谈》等文章，对徽州的徽班，安庆、当涂、常州、苏北里下河的徽班，婺剧和赣剧中的徽戏，一一做了切实论述，展示了徽戏在南方的发展状况。这些文章与有关京剧行当、京剧演员、京剧剧目、评戏历史、川剧唱腔的一些文章，以及评论话剧和电影的一些文章，皆收入安徽文艺出版社1997年出版的《刘静沅文集》。（沈达人）

Liu Kuiguan

刘奎官 （1894～1965） 演员。工净。字春霖，艺名小奎官。山东历城（今属济南）人。出身艺人家庭。3岁随父刘长清迁居河南开封。6岁练功，8岁登台演娃娃生。9岁时向张连柱学第一出花脸戏《锁五龙》，半个月后，就登台演出。初拜义父刘寿臣、继拜张仲福为师，并向梁俊甫学铜锤、架子花脸戏。1910年，改习武戏。由刘寿臣及有“河南杨小楼”之称的葛文玉教授架子花、武二花的正、反“座子”（指在剧中占正反两面地位的主要角色）及武生、文武老生戏。1912年，有“三亭一楼”（迟月亭、何佩亭、范宝亭、杨小楼）盛誉的“铁人”范宝亭到开封献艺，遂再拜范宝亭为师。京梆子《通天犀》就是由范亲授的，后刘奎官与鼓师李良臣多年研究，将之改为皮簧演唱。在北京演出期间，还得到前辈杨小楼的指点。关羽戏，得益于李桂芳、王福连、俞振庭、王鸿寿。常与李洪春、林树森切磋关戏技艺，互补短长。艺从多师，戏路宽广，文武昆乱不挡，生净皆能。1913年，范宝亭北归后，刘奎官正式挂牌“武生兼武净”，以《通天犀》、《九江口》、《金钱豹》、《取金陵》、《铁笼山》等及一些真刀真枪的武戏到各埠演出，声誉日隆。与葛棣华、王喜瑞被并称为“中原三杰”。1922～1931年，搭班上海丹桂第一台、天蟾舞台、共舞台。时人以梅兰芳、周信芳、马连良、赵如泉、刘奎官、林树森、赵君玉、白玉昆八位齐名，赞誉为京剧界的“八骏马”。徐慕云著《中国戏剧史》中说：武净人才，“范之弟子刘奎官，小楼之副手刘砚亭，扮相嗓音，武功身段，亦有足取”。曾先后在开封、洛阳、郑州、济南、太原、北平、天津、汉口、上海、徐州、成都、兰州、汉中、漯河、灵宝、西安、贵阳、昆明等地演出。同台演出演员有曹宝义、董志扬、唐韵笙、盖叫天、高庆奎、李洪春、李永利、李万春、程砚秋、荀慧生、黄玉麟、刘筱衡、雪艳琴、关肃霜、金素秋、李雅琴、筱毛剑佩、范宝亭、侯喜瑞、裘世戎、李荣威、周福珊、陈佩卿、李鑫培、徐敏初、梁次珊等。他身材高大，扮相魁梧，功底深厚，嗓音高亮，戏路宽广，腿功见长。善于以目传神，三起“哇呀”尤为拿手。以铜锤的气魄、架子花的工架，武生英武善战的大将风度来充实武净。勾画脸谱，注重装扮与色彩搭配，使人物在威武中流露妩媚，故又有“摩登花脸”、“妹妹花脸”之称。其关羽戏融各派之长，别具一格。有一次，在更新舞台演出伶界会戏，五演《过五关》。由王鸿寿、夏月润、赵如泉、林树森，刘奎官五人分饰关羽，各过一关，最后杀秦琪一场，五个关羽、五个马童同时上台，满台红脸大刀，集体收场，确是一次精彩演出。他演出的主要剧目有《通天犀》、《拿高登》、《状元印》、《醉韦》、《芦花荡》、《古城会》、《单刀会》、《水淹七军》、《走麦城》等。

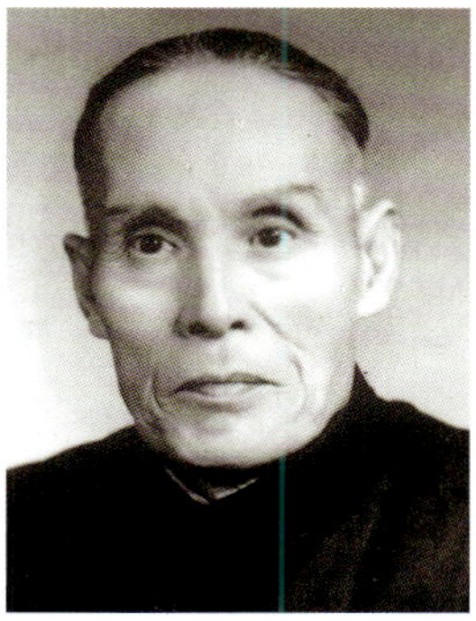

《黄忠十三功》饰赵云

《通天犀》饰许世英

中华人民共和国成立后，1952年10月，在全国第一届戏曲观摩演出大会上主演《通天犀》获得奖状。历任劳动人民京剧团团长、昆明戏曲改进协会筹委会主委、中国戏剧家协会云南分会副主席。1963年，《刘奎官脸谱集》由云南人民出版社出版。1982年中国戏剧出版社出版了《刘奎官舞台艺术》。该书上编谈武净戏，含《状元印》之常遇春、《拿高登》之高登、《芦花荡》之张飞、《醉韦》之典韦、《通天犀》之青面虎；下编谈关羽戏，含《古城会》、《单刀会》、《水淹七军》、《走麦城》。共18万字。刘奎官晚年体弱多病，很少演出，全部心血倾注于培养京剧人才。学生有邢海庭、李松涛、李春仁、武占寿等30余人，厉慧良、王正屏、袁国林等都曾得到他的亲授。（赵凤池）

Liu Kuiguan Jingju Lianpu Ji

《刘奎官京剧脸谱集》 脸谱图集。刘奎官指导、廖丽勇绘图、张宝彝说明，中国戏剧家协会云南分会、云南人民出版社合编，云南人民出版社1963年4月出版。16开本。扉页有刘奎官近照和《走麦城》关羽剧照。卷首《前言》和卷末《绘制者的话》，对本书和刘奎官的脸谱艺术做了评介。全书共收脸谱188幅。第一部分是刘奎官经常扮演的角色脸谱，有30幅；第二部分是一般的净脚脸谱，有48幅；第三部分是神怪和象形类脸谱，有110幅。每页彩印4幅，并配有出处、类别、装扮的说明，颇具参考价值。其中关羽、张飞、徐世英、蒋忠和老式廉颇、青龙、铁拐李等角色谱式，都较有特色。书中所选脸谱多取材于舞台实用，又经刘奎官亲自鉴定，不同于案头杜撰之作。（傅学斌）

Liu Lianrong

刘连荣 （1899～1979） 演员。工花脸。北京人。15岁入喜连成科班（后改富连成社），先学梆子老生，后习京剧，从姚增禄学武生，最后改学花脸。师从萧长华、丁俊等。刘连荣嗓音洪亮，工架稳健，虽以演架子花为主，但戏路宽，唱、念、做兼擅。出科后留在科班演戏。后长期搭梅兰芳班，梅颇为倚重。中间亦曾搭马连良班，与马相得益彰。刘连荣为人忠厚，不计名利，人均愿与之合作。常演剧目有《群英会》的曹操、黄盖，《四进士》的顾读，《串龙珠》的完颜龙，《打严嵩》的严嵩，《临江会》的关羽，《宇宙锋》的赵高，《凤还巢》的周监军，《抗金兵》的金兀术等。此外，张飞、牛皋、焦赞、潘洪一类角色，演来亦皆精彩。与梅兰芳合作演出《霸王别姬》，影响最为显著。（芝滇）

《群英会》饰黄盖

Liu Mengde

刘梦德 (1930～2005) 京剧作家。生于北平(今北京)。12岁小学毕业后即失学。1944年到北平梨园公会投考河南京剧育化社，被录取，随即到河南开封学戏，工老生，业师王少芳。1945年10

月在江苏淮阴参加苏皖边区政府京剧实验剧团，主演过《二进宫》、《下河东》等。1947年调去山东海阳投考华中建设大学文艺系，学习戏剧表演，主教老师赵慧深。后调中国人民解放军华东军区京剧团任演员。1948年在剧团的编剧股中任干事，学习编剧。1949年5月随军进入上海。1950年调上海市文化局文艺处，1955年上海京剧院成立后，任该院编剧。

曾参加编写的剧本40余个，其中经过排演并有一定影响的有：神话剧《八仙过海》，历史传奇剧《红旗魏胜》、《樊梨花》、《日月雌雄镖》，现代戏《赵一曼》、《审椅子》、《智取威虎山》、《津江渡》等。“文化大革命”结束后，编有《包公出朝》、《岳云》、《乾隆下江南》(上、下集)、《潘月樵传奇》、《扈三娘与王英》、《狸猫换太子》(头、二、三本)等。其中《乾隆下江南》(上集)获上海市第三届戏剧节创作演出奖，《潘月樵传奇》获全国京剧新剧目会演优秀剧目奖，《扈三娘与王英》获上海市委宣传部特别嘉奖，头本《狸猫换太子》获第六届文华新剧目奖，刘梦德与合作者董绍瑜、程惟湘同获文华剧作奖。(补之)

Liu Muduo

刘木铎 (1913～1990) 京剧导演。原名刘双楫。湖北人。1921～1936年，先后师从杨得禄、王素云学习京剧、汉调，工武生、老生、小生。同时随父刘艺舟在湖北、湖南、江西、四川等地演

出京剧《空城计》、汉剧《磐河湾》等传统戏以及《石达开》、《新华宫》等新剧。抗日战争和解放战争时期，先后参加上海救亡演剧第二队、抗敌演剧一队和华北大学文工三团，从事话剧表演和导演工作。从1953年起，在中国戏曲研究院、中国戏曲学校、中国艺术研究院戏曲研究所从事戏曲导演、教学和研究工作。1956年进入中央戏剧学院导演师资进修班，系统学习了斯坦尼斯拉夫斯基表导演理论，并在戏曲导演实践中加以应用。他的导演特点是，引导演员从生活出发，挖掘人物的内心情感，运用戏曲的形式和技巧加以体现，以此完成对角色的创造。导演的剧目有京剧《林海雪原》、《红色风暴》、《四川白毛女》、《朝阳沟》、《三关排宴》、《正气歌》、《黑旋风李逵》、《牛郎织女》、《武则天》、《峥嵘岁月》等，以及曲剧《彩凤飞翔》、桂剧《太平军》等，共20余出。其中《四川白毛女》、《朝阳沟》，在京剧表现现代生活方面做了尝试。《正气歌》获北京市1981年度剧本创作、演出一等奖。晚年主要从事导演教学，在北京、上海、吉林、山西、四川、湖北、湖南等地导演训练班授课。他将多年舞台实践经验融于教学，注重从生活小品过渡到戏曲小品，通过排练，使学生从理论和实践两个方面掌握导演艺术，为导演教学的系统化和科学化积累了经验。论著有：1960年在《戏剧报》上发表的《我们对京剧艺术革新的尝试——排演京剧〈四川白毛女〉的体会》，1963年中国戏剧家协会安徽分会编印的《关于中国戏曲导演的几个问题》，1984年湖北省戏曲学校编印的《导演元素十讲》等。(刘效民)

Liu Naichong

刘乃崇 (1921～2011) 戏曲评论家。曾用名刘贵，笔名阿贵、徐铁等。祖籍天津，生于北京。北京师范大学(辅仁大学)中文系毕业。1943～1948年，参加爱国业余话剧活动，在北平《新民

报》戏剧副刊《天桥》发表戏剧评论等文章百余篇，为戏剧工作争民主、争自由，呼吁减免过重的娱乐税，抨击反人民的戏剧演出，宣传民主、进步的话剧和电影。《为梨园界的贫苦同业呼吁》一文，在京剧界影响颇大。1948年9月，在中共地下党统一组织下进入解放区，先后在石家庄市戏剧音乐工作委员会新剧组、华北戏剧音乐工作委员会旧剧组工作。在马彦祥、周巍峙领导下，进行京剧剧目审定。1949年2月返北平，在北平市军事管制委员会文化接管委员会文艺部旧剧处工作，参与接管四维儿童戏剧学校第三分校，兼任文化课教员，参与领导北平的戏曲和曲艺艺人演出新节目、改造旧班社、发起组织艺人讲习班工作。5月调华北文化艺术工作委员会旧剧处，参与中国戏曲改革委员会筹备委员会工作。中华人民共和国成立后，在文化部戏曲改进局曲艺处工作，同时参加《新戏曲》月刊的编辑。记录整理了王瑶卿《我的戏剧生活》，为深入研究王派艺术积累了丰富的史料。1951年以后，先后在艺术局戏曲改进处、戏剧处、戏曲剧目组工作，参加《京剧丛刊》36集、《评剧丛刊》14集的编辑工作。转入中国戏剧家协会后任《剧本》月刊编辑、戏曲组长，《戏剧报》戏曲组长、编辑部主任，并参加《戏剧论丛》、《戏剧研究》的编辑工作。参加编成《剧本·戏曲特刊》3集，组织梅兰芳《舞台生活四十年》第3集部分文章在《戏剧报》连载，记录整理的李紫贵《戏曲导演点滴体会》成为多年来戏曲导演培训工作的教材，《记京剧作家陈墨香》则是研究京剧作家的颇具影响之作。

离休后，虽受疾病困扰，仍积极参与戏剧界的社会活动，并为《中国大百科全书·戏曲曲艺》卷、《中国京剧史》、《中国戏曲曲艺词典》、《京剧知识词典》撰稿。任《京剧史照》编审，编成《李紫贵戏曲表导演艺术论集》(约40万字，一半内容为代作者执笔整理成文)，与蒋健兰一起编成《中国新文艺大系·戏剧卷(1949～1966)》，任《文科知识百万个为什么·戏剧卷》副主编。为史学家白寿彝主编的《中国通史·现代卷》撰写梅兰芳、周信芳小传。并写了大量研究、评介戏曲演员、导演、编剧的文章，如谭鑫培、王瑶卿、梅兰芳、周信芳、程砚秋、侯喜瑞、高庆奎、高盛麟、刘秀荣、杨至芳、赵葆秀、马金凤、李紫贵、翁偶虹、杨兰春等。出版了与蒋健兰合写的《袁世海的艺术道路》。在《戏剧电影报》上连载的《爱戏如命》、在《中国戏剧》上连载的《与戏结缘》，均因叙事

《老两口谈戏》扉页
(华君武题绘)

生动，极富史料价值，受到读者欢迎。著有《老两口谈戏》系列丛书，含《京剧、昆曲》、《梆子及其它》、《川剧》三种。其中《老两口谈戏——京剧、昆曲》，列入“中国文联晚霞文库”，中国戏剧出版社2004年10月出版，28万字，收入评论京剧演员及编剧翁偶虹、导演李紫贵的文章共40篇。（华玉）

Liu Qi

刘琪 （1938～ ） 女演员。工武旦。祖籍山东，生于安东（今辽宁丹东）。9岁时在安东入刘兆祺创办的咏风社学艺，排名咏霄。工武旦、刀马旦。师从徐盛达、马宗慧、邢威明、耿庆武、张和元等。

她勤奋好学，因属旧科班，须练踩跷，学艺仅7个月，便能上演《五花洞》之女妖，其“乌龙绞柱”及“快枪”下场深获好评。1950年咏风社改名东北戏曲实验学校，迁至沈阳。1953年赴朝鲜慰问演出了《小放牛》、《打焦赞》等。1955年随校并入中国戏曲学校，迁至北京。在戏校期间又先后受教于邱富棠、赵桐珊、李香匀、萧连芳、方连元等，不仅在武功上打下了坚实的基础，还学演了《风还巢》、《三击掌》、《宇宙锋》、《贵妃醉酒》、《霸王别姬》、《春香闹学》、《金山寺》、《十三妹》、《穆柯寨》等青衣、花旦、刀马旦剧目。1959年分配到中国京剧院，又向阎世善、李金鸿问艺。1961年又投师宋德珠，并从李玉茹学《拾玉镯》，从阳友鹤学川剧《秋江》，从陈伯华学《柜中缘》等，进一步提高了自己的演技水平，曾多次出国访问演出。

她扮相俊美，身手矫健，出手准确，开打火爆。但从不单纯卖弄技巧，而是通过唱、念、做、舞塑造人物，以念白语气、表演情感来刻画剧中人的性格和内心世界。擅演《虹桥赠珠》、《扈家庄》、《小放牛》、《小上坟》、《杨排风》、《武松打店》、《挡马》、《盗仙草》及《杨门女将》等。在现代戏《草原英雄小姐妹》中饰玉荣，《智取威虎山》中饰常宝，充分展现了她文武皆能的深厚功底。作为一名武旦演员，她深知武功的重要，不管寒暑，数十年如一日，坚持凌晨练功，深为同仁钦佩。《扈家庄》一剧曾受益多师，后有幸又得宋德珠传授。为使此戏演出更臻完美，她一度天天至北海公园反复磨炼，终于成为她的代表作之一。1992年以54岁演出唱舞繁重的《扈家庄》和《小放牛》，荣获梅兰芳金奖。刘琪自20世纪60年代收张玲为徒，从其学艺者有郭红玉、王丽华、孙丽、刘丽珍等。（刘松崑）

《虹桥赠珠》饰凌波仙子

Liu Quanhai

刘泉海 （1907～1979） 乐师。司大锣。北京人。幼年拜郭德顺为师，习武场。先随鼓师周子厚打小锣。1942年张君秋组谦和社时，周子厚为其司鼓，刘泉海开始改为打大锣，后又与白登云合作。1951年参加中国京剧团。他演奏的大锣规矩大方、淳朴自然，节奏准、韵味好，且又讲究大锣的轻重缓急，善于准确把握余音的长短，文、武戏均擅长。京剧中临场演出鼓师有时要在锣鼓中演奏鼓点子，不可能完全腾出手来指挥每一细微的锣鼓抑扬顿挫的变化，刘泉海在这种时候善于灵活运用“加锣”、“捂绝音”等手法，主动配合舞台上演员的表演动作，突出武打和舞蹈中的重点动作，不但很好地辅佐了鼓师的领奏，又积极地弥补了鼓师无暇顾及时的不足，成为鼓师不可缺少的左膀右臂。刘泉海艺德高尚，顾大局，肯于扶植水平较差的鼓师和其他打击乐的合作者，备受同行的尊敬。曾参加了中国京剧艺术团赴古巴和南美洲演出。（许瑾忠）

Liu Shengtong

刘盛通 （1911～1989） 京剧教师。曾为老生演员。原名刘连仁。祖籍直隶丰润（今属河北），生于北京。其父刘景然工老生，姐夫王盛意、妹夫高盛虹、王静波均为戏曲演员。1922年经萧长华介绍入富连成社科班“盛”字科，排名刘盛通。从师雷喜福、王喜秀、阎喜林等，习老生。1931年学习期满后留科边演出边助教。1938～1942年先后搭梅兰芳、马连良、杨宝森、毛世来、李盛藻、于连泉、李世芳等班社演出。1942～1949年以收徒教戏为主，如谭元寿、马长礼、童祥苓、纪玉良、万小甫等均为他的弟子。1949年后又搭奚啸伯、李洪春、李少春、叶盛兰班边演出边教戏。1951年赴天津演出，不久参加燕鸣京剧团。1960年随燕鸣京剧团参加北京京剧团并在北京市戏曲学校兼课。1964年参加《沙家浜》剧组，又曾在现代戏《海港》中扮演老工人马洪亮。1971～1973年到北京中央五七艺术大学任教，后转至中国戏曲学校、中国戏曲学院任教。翟建东、杜镇杰、陈俊、杜鹏等青年老生演员均受过他的指教。（王世勋）

Liu Shudu

刘叔度 （1894～1942） 票友。工老生。原名刘伟。祖籍浙江绍兴，后居北京。幼入北京青年会习英语。18岁考入天津邮政局，供职30年，遂落户天津。他天赋佳嗓，艺宗刘鸿昇，兼演汪（桂芬）

派戏。不仅擅唱，且能操琴、打鼓。曾自置戏装及文武场面，不时邀集同好登台演出。早年曾参加雅韵国风社票房。1928年与孙菊仙创办鹤鸣社票房。20世纪30年代前后，主要在邮务工会国剧社活动。1941年六吟国剧社成立，任名誉社长。他能戏甚多，擅演剧目有《辕门斩子》、《斩黄袍》、《骂杨广》、《文昭关》、《打窦瑶》、《取成都》、《御碑亭》、《战长沙》、《华容道》、《完璧归赵》、《断密涧》等。间或串演老旦戏《行路训子》等。其唱腔委婉动听，嗓高擅翻嘎调，吐字发音亦颇为讲究，惜做工与面部表情相对较弱。他为人平和诙谐，性喜交游，名伶如四大名旦及高庆奎、马连良等，均有交往。30年代后期因多病演出较少。（马同驹）

Liu Wanyi

刘万义 （？～1884） 演员。工净。小名傻奎，艺名大奎官，或有称作奎官者。北京人。周明泰《道咸以来梨园系年小录》称大奎官与程长庚、杨鸣玉是同在昆曲和盛科班坐科的师兄弟。程长庚生于清嘉庆十六年（1811），杨鸣玉生于嘉庆二十年（1815），刘万义生年当与此二人相近，他与生于嘉庆二十年的徐宝成同为京剧净行早期代表人物。清咸丰年间，刘万义与张二奎同组双奎班。同治二年（1863）又与任春廷（任七）同组万顺奎班。同治三年（1864），与徐宝成同搭嵩祝成班。徐宝成以唱架子花脸戏为主，刘万义则以铜锤为主，是年重刻的《都门纪略》录其擅演《铡美案》、《断双钉》之包拯，《御果园》之尉迟恭。同治七年（1868）应邀赴上海丹桂茶园演出。同治十二年（1873）秋丹桂亏闭，刘万义返回北京，搭入阜成班。未久，杜蝶云（北京四喜班小生，亦唱青衣，同治间到沪）续开丹桂，再邀大奎官加入，同台合作者有老生孙菊仙、孙春恒，武生黄月山、李春来，武丑田黑儿，武旦韩桂喜，花旦谢宝林、刘凤林，青衣李棣香、陈双喜等。袁祖志有《丹桂九枝吟》，赞其人才之盛，写大奎官："群推花面大奎官，声若洪钟滚舌端。不信但看台下客，人人洗耳倚阑干。"光绪四年（1878）春，杜蝶云退出丹桂，孙春恒接手，大奎官仍在丹桂演唱。据哀梨老人《乐府新声》，光绪十年（1884）刘万义卒于上海。

刘万义初到上海时已50来岁，至光绪三年（1877）已60出头，故是年发表的最不羁生《梨园竹枝词二十首》有这样的句子："是翁矍铄更精神，叱咤风云迈等伦。欲向此中参上乘，大奎以外更无人。"翌年游戏道人《梨园声价录》把刘万义评为唯一的"花面上品"，并列其戏目与角色有：《取洛阳》之马武，《草桥关》之姚期，《白马坡》之颜良，《九龙杯》之黄三太，《盗御马》、《连环套》之窦尔墩，《落（骆）马湖》之李佩，《请宋灵》之兀术，《锁五龙》之单雄信，《御果园》、《白良关》之尉迟恭，《法门寺》之刘瑾，《黄金台》之伊立，《天水关》之姜维，《双包案》、《铡美案》、《铡包勉》、《打龙袍》、《打銮驾》之包拯，《捉放曹》之曹操，《断密涧》之李密，《二进宫》之徐延昭，《斩黄袍》之郑子明，《黄鹤楼》之张飞，《取荥阳》之楚霸王，《战北原》之郑文等。据此可知，他是铜锤、架子兼能，唱做俱佳的全才花脸。他还有两出有名的戏：一是《解宝收威》（又名《沙陀国》，后改为老生戏称《珠帘寨》）饰李克用，为其成名作；另一是《铡判官》，他饰包拯，徐宝成饰阎君，"极能哄动一时"（见张肖伧《燕尘菊影录》）。宣统二年（1910），孙家振在上海《图画日报》做专栏《三十年来伶界之拿手戏》，内有《大奎官之〈芦花荡〉》，称其"魄力雄厚，口齿英爽，状貌更异常威武"，"剧中善使马鞭，摹绘上马下马各势，观者尤彩声雷动"。齐如山《京剧之变迁》也谈到刘万义："咸丰年间，双奎班中有一位唱花脸的，叫张奎官，演《落（骆）马湖》水擒李佩，在水中身没，左扑右湧，

《大奎官之〈芦花荡〉》（选自清末上海《图画日报》）

如同真在水中一样，非常之佳。看客都说在台下看着，仿佛真有许多水浪头在李佩身边绕转……如今那能还有此等脚色？因为台下专看黄天霸，谁还说李佩呢？奎官又叫傻奎，因与老生张二奎共同成班，所以名双奎班。后来小穆、金秀山等，都是学张奎官的。"这个"张奎官"显然系大奎官之误。张奎官为张胜奎别名，唱老生。齐如山没有亲见过大奎官，得之传闻，故有此笔误。刘万义有子刘来宝，艺名小奎官，随其父在上海演唱。另有艺名大大奎官者，是少年时唱过黑头的赵君玉。大奎官的得意弟子是票友出身的穆凤山（小穆）。（简畅）

Liu Xizhong

刘习中　（1936～　　）　演员。工武丑。曾名刘咏富。山东蓬莱人。1948年入安东（今辽宁丹东）咏风社科班学戏，后转入东北戏曲实验学校。1956年毕业于中国戏曲学校，先留校实验剧团，

后调中国京剧院，曾师从王连平、王福山、刘世亭、华传浩、王传淞诸名家。他功底扎实，身手灵捷，翻打出色。擅长剧目有《三岔口》、《挡马》、《小放牛》、《连环套》、《战宛城》、《八仙过海》等戏。曾整理演出不少武丑戏，如《起布问探》、《盗甲》、《打瓜园》、《盗王坟》、《燕青卖线》等。参加过《巧县官》、《八仙戏白猿》、《蓟州三雄》、《智取生辰纲》等新戏的编创，多次获得嘉奖。还试用英语、日语演出《三岔口》、《八仙过海》，得到好评。20世纪80年代以后，应聘到中国戏曲学院任教。（钮骠）

Liu Xiaoheng

刘筱衡　（1901～1969）　演员。工旦。别名竹轩。直隶大兴（今属北京）人。为名净刘永春之子。3岁随父迁居上海。幼拜董福民、邵寄舟为师，11岁正式登台献艺于上海新舞台。唱老生。翌年随

其父赴北方各大城市演出。19岁改学青衣、花旦。1921年夏，加入上海天蟾舞台，排演连台本戏《狸猫换太子》。在剧中饰演寇承御，深得观众喜爱。1924～1925年与常春恒合作主演《汉光武复国走南阳》等剧。1928年在丹桂第一台演出与孟春帆合编的连台神话剧《开天辟地》，饰女娲等角色。1930年，又演出《惊天动地》。刘筱衡嗓音高亢甜润，具有穿透力，扮相端丽大方，腰腿功底扎实。常演的传统剧有《玉堂春》、《武家坡》、《贵妃醉酒》等。古装戏有《天女散花》、《嫦娥奔月》。尤擅绸子舞，曾用于三本《狸猫换太子》，一时称盛。刘筱衡在上海与赵君玉，黄玉麟、王芸芳齐名，并列为南方四大名旦。后离沪，至山东、湖南、湖北、四川、福建等地演出。中华人民共和国成立后，曾在南昌参加戏改工作。1952年，任上海大众京剧团团长。1958年赴青海，任海南藏族自治州京剧团团长。1969年病逝于西宁。（侯硕平）

Liu Xiurong

刘秀荣　（1935～　　）　女演员。工旦。祖籍浙江绍兴，生于北平（今北京）。出身梨园家庭，父亲刘绍全是京剧老旦演员，为李多奎弟子。刘秀荣12岁与妹妹、弟弟同入北平四维儿童戏剧学校第

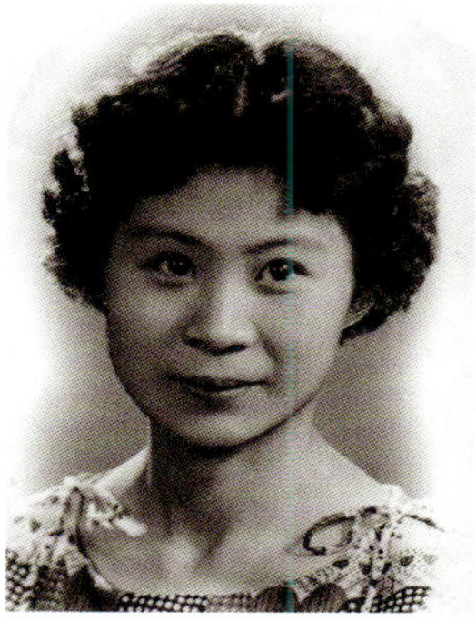

三分校，排名维蔓，学旦。1949年转为平剧实验学校（后为中国戏曲学校）继续修业。最初多演花旦戏，如《下河南》、《小上坟》、《小放牛》、《豆汁记》及昆曲戏《下山》、《闹学》等。经向王瑶卿、华慧麟、方连元学《三击掌》、《十三妹》、《扈家庄》、《樊江关》等戏，开拓了戏路。1952年以扮演由田汉编剧的《白蛇传》中白素贞，头角崭露，遂得王瑶卿器重，将他的代表作《珍珠烈火旗》、《棋盘山》、《貂蝉》、《孔雀东南飞》、《玉堂春》、《万里缘》、《穆柯寨、穆天王》、《打渔杀家》、《得意缘》、《汾河湾》、《审头刺汤》、《二堂舍子》、《长坂坡》、《回荆州》等，一一传授给她。这些戏囊括了青衣、花旦、刀马旦、闺门旦各类型脚色，唱念做打兼容并有，使她打下了全面的深厚基础。她演出的《白蛇传》、《牛郎织女》的全部唱腔也是由王瑶卿亲自为之编创的。刘秀荣被公认为20世纪50年代始，受王瑶卿教益最多，将王派艺术展现在舞台上最好的一位青年传人。

《白蛇传》饰白素贞

1956年毕业后，先后在中国戏曲学校实验剧团、中国京剧院、北京京剧团任主要演员。又拜尚小云为师，同时并得到梅兰芳、荀慧生、萧长华、叶盛兰、俞振飞诸前辈的指拨，学习了大量京剧、昆曲优秀传统剧目。在认真继承王派艺术的基础上，广撷博采，大大丰富了艺能，排演了许多新戏，塑造了许多新角色，在《木兰从军》（马少波改编本）、《战洪州》、《游西湖》、《碧波潭》、《香罗帕》、《金锁恩仇》、《沉海记》和现代戏《四川白毛女》、《沙家浜》等剧中都有许多创新。如《战洪州》一剧，表演上不仅继承了王派风格特色，而且在深化主题、刻画人物性格上，有了新的发展。穆桂英在剧中既是一个英勇矫健、顽强杀敌的女将，又是一位纯真质朴、娇态可掬的少妇；既是一个庄严稳重、威风凛凛的三军统帅，又是一位贤德活泼、热情体贴的年轻妻子。刘秀荣熟练地运用各种京剧程式，形象地把穆桂英几种不同的情感恰如其分地表现了出来，塑造了一个人情味很浓的巾帼英雄形象。该剧于1963年由香港繁华影业公司和北京电影制片厂联合拍摄成彩色戏曲艺术片，名《穆桂英大战洪州》。她还从萧长华学过《拾玉镯》、《大英杰烈》，从尚小云学过《失子惊疯》，从俞振飞、言慧珠学过《百花赠剑》、《奇双会》，并演出过梅派戏《霸王别姬》、《贵妃醉酒》等。还向秦腔、川剧、湖南花鼓戏汲取艺术营养。

《穆柯寨》饰穆桂英（左） 张春孝饰杨宗保
（吴钢摄）

她基本功扎实，嗓音圆润，表演洒脱、细腻。她的唱，刚柔相济，以声传情；念，口齿清晰，京白最佳；做，准确传神；打，长短兼优：是一个唱念做打兼备、文武昆乱不挡的全才演员。刘秀荣是中国戏曲学院客座教授，中国京剧优秀青年演员研究生班导师。弟子有李胜素、李萍、于兰、王晓燕、王玉兰、王艳、奚鸣燕、赵鸿等。2006年9月，中国文联出版社为她出版自传《我的艺术人生》，约34万字，其中对其代表作《白蛇传》的创排经过及演出体会记述尤详。书前有赵景勃序《母校的荣耀，学院的标高》。 （钮骠）

Liu Xuetao

刘雪涛 （1922～ ） 演员。工小生。字伯英。河南开封人。自幼随父刘俊亭（武旦、刀马旦，艺名腾云凤）学艺，12岁登台。17岁拜徐碧云为师，攻小生。得小生名宿徐斌寿、吴彩云、俞步兰等传授；又经常观摩姜妙香、金仲仁、陈盛泰演出，并受到指点。曾与马连良、雷喜福、李洪春、李万春、赵晓岚、谭富英、梁小鸾、李盛藻、李玉芝、白玉薇等同台演出。常演剧目有《群英会》、《得意缘》、《奇双会》、《御碑亭》等。20世纪50年代初期，曾与荀慧生、程砚秋合作，同时又与于连泉（筱翠花）、杨宝森、奚啸伯、徐东明、李宗义等同台。1952年拜姜妙香为师，深得其传。1953年参加北京市京剧三团，开始与张君秋长期合作，排演的剧目有《南山化蝶》、《刘兰芝》、《彩楼记》、《望江亭》（1958年拍成戏曲艺术片）等。1956年冬并入马连良、谭富英、裘盛戎的北京京剧团，1960年又与赵燕侠的剧团合并。合团后与张君秋新排剧目有《珍妃》、《秋瑾》、《西厢记》、《状元媒》、《姜秋莲》、《怜香伴》、《诗文会》等，都成为保留剧目。1963年随北京京剧团马连良、姜妙香、张君秋、裘盛戎、赵燕侠等赴香港、澳门演出两个月，获得成功。1977年与赵燕侠合作恢复传统剧目《白蛇传》、《红娘》（1975年拍成戏曲艺术片）、《碧波仙子》、《红梅阁》、《花田八错》等，又与张君秋合作恢复《望江亭》、《西厢记》、《诗文会》等。1980年与赵燕侠等应邀赴美国十大城市巡回演出3个月，受到观众欢迎，获得6项荣誉证书。退休后，仍为京剧事业献力，培养京剧艺术人才。 （刘宏）

《望江亭》饰白士中（左） 张君秋饰谭记儿

Liu Yaozeng

刘耀曾 （1924～2000） 鼓师。天津人。就学于天津汇文中学期间，即酷爱京剧艺术，参加诸多票房的演唱活动。1947年拜杭

子和为师。曾先后为荀慧生、杨宝森、奚啸伯、李玉茹、赵慧秋、张学津、孙毓敏等司鼓。他深得杭子和真传，又有较高的文化素养，对京剧音乐有深入的研究和整体的把握，尤其对余（叔岩）派的伴奏音乐钻研透彻，以调度场面之严谨、准确而享盛誉。1953年起，为荀慧生司鼓直至1963年。这期间荀慧生创作《秦香莲》、《卓文君》和较大幅度加工修改《金玉奴》、《荀灌娘》、《杜十娘》、《辛安驿》、《大英节烈》等剧目，他均参与音乐设计。他在司鼓技艺方面有许多新的创造，为荀派伴奏音乐的建设作出了贡献，同时也形成了他个人独特的演奏风格。1954年之后，荀慧生的所有唱片、室内录音、演出实况皆由他司鼓。1959年以后他还对荀剧团青年演员孙毓敏、张学津等给予了很多指导，并为他们司鼓，帮助他们掌握荀派和余派、马派艺术。"文化大革命"后，刘耀曾调至北京市戏曲学校任音乐主教老师。曾获得教学成果特等奖。他培养的新一辈京剧打击乐人才，已成为当今京剧舞台上的业务骨干。

（王家熙）

Liu Yizhou

刘艺舟　(1875～1937)　戏曲活动家、剧作家、演员。一名霖，原名必成，艺名木铎、艺舟。湖北鄂城（今属鄂州）人。自幼喜爱戏曲，关心时事。青年时留学日本早稻田大学，结识了黄兴、宋教仁等，加入同盟会，并与当时留日学生组织的新剧团春柳社联系密切。回国后与王钟声等合作演出了《国会血》、《碧海花》、《大陆春秋》等新剧，宣扬爱国思想，揭露清政府的黑暗统治。1911年，率剧团在奉天（今辽宁沈阳）、营口、安东（今辽宁丹东）、大连、辽阳、威海等地演出，适逢辛亥革命爆发，即率全体艺友乘船从海上攻占了登州府治所蓬莱以及黄县，被推举为山东军政府临时大都督。孙中山就任临时大总统后，派胡瑛任山东都督，刘艺舟改任烟济登黄都督，后又改任登黄司令。袁世凯篡夺大总统后，刘艺舟愤然离任，拟赴广州投奔孙中山。途经上海时，被潘月樵、夏月珊、夏月润挽留，在上海新舞台演出改良新戏《波兰亡国惨》、《吴禄贞》、《蓝天蔚》、《黎元洪》、《新茶花》、《猛回头》以及《黑奴吁天录》等，饰演主要角色，"都督演戏"一时传为佳话。编有《蓝天蔚》等剧。当时的教育部曾致函邀他进京，"组织最新之戏，以资教育之辅助"（见1912年6月25日《顺天时报》），但未能成行。1913年，

刘艺舟（右）与潘月樵

他在汉口大舞台演出《先烈吴禄贞》等剧。反袁斗争失败后，流亡日本，以演戏维持生活并接济革命党人。所演《林冲》一剧很受欢迎。1915年，作为留日学生请愿团代表回国，反对签署丧权辱国的"二十一条"，不久被捕入狱。袁世凯死后获释。出狱后编演了京剧《皇帝梦》（又名《新华宫》），讽刺袁世凯复辟称帝。该剧在汉口满春戏院演出，自饰袁世凯，轰动一时。袁世凯余党湖北督军王占元密令缉捕，他被迫逃离汉口，辗转于湖北、江西、河南等地，过起了漂流无定的生活。他又编写了京剧《石达开》，自扮石达开，通过太平天国内讧的史实，讥讽民国初年革命党人的争权夺利。1927年，他在汉口血花世界（今民众乐园）组织了火焰剧社，演出革命戏剧，与李之龙、傅心一等人倡导戏曲改革。此后为汉剧演员朱洪寿、陈伯华创编了传奇剧《风尘三侠》，改编了《霸王别姬》，将文明戏《妻党同恶报》改编成汉剧《空门媳妇》。他还编写过《黄龙血》、《隔帘花影》、《伍员伐楚》等剧本。剧作内容多与现实社会生活紧密联系，切中时弊，文笔犀利，可惜剧本多在战乱中散佚。在表演上，他从不墨守成规，常常见景生情，借题发挥，展现高台教化的功能，借助戏剧形式宣扬革命。1937年5月，病逝于武汉。

（张燕鹰）

Liu Yongchun

刘永春　(1862～1926)　演员。工净。初名刘春，字鉴衡。直隶大兴（今属北京）人。出身皮影艺人世家。幼入嵩祝成科班学艺，拜师大奎官（刘万义）工铜锤花脸，后受业于刘明久、沈春奎。清

光绪九年（1883）搭永胜奎班登台奏艺。光绪十四年（1888）搭春台班为净行首席。后又搭三庆、四喜班。光绪十七年（1891）应召为清廷昇平署民籍学生，在宫中与孙菊仙、谭鑫培合作演出《断密涧》、《天水关》、《捉放曹》、《取荥阳》等。孙家振《三十年伶界之拿手戏》称刘永春光绪初年即已来沪，隶天仙部，时正少年，"惜为谢云奎所掩，乃郁郁返北"，庚子年（1900）与谭鑫培重又莅沪，"声誉大噪，所演各戏，以《探阴山》最为拿手"（1910年9月24日《图画日报》）。光绪二十七年（1901）举家南迁，定居上海。先后搭班天仙、丹桂等茶园。此后，转赴苏州、青岛、烟台、海参崴（今俄罗斯符拉迪沃斯托克）、双城子（今俄罗斯乌苏里斯克）等地演出。民国初，俞振庭办双庆社时，厚聘刘永春到京演两月余，旋又南下。

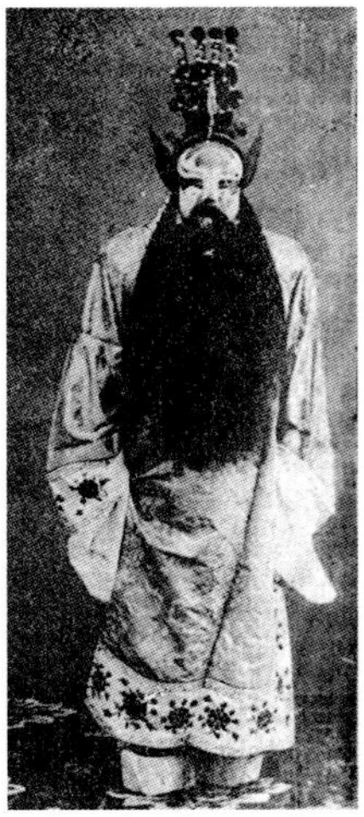

《洪羊洞》饰孟良

刘永春身材魁梧，面色黑紫，其唱力厚声洪，气势磅礴，虽为铜锤花面，亦曾向李春来学过不少武戏，举手投足，注重刻画人物。孙家振说他演《草桥关》之姚期，接旨一场，他伶"皆作龙钟状，刘则飞身下马，迅捷如少年，谓《草桥关》后即《鸳鸯阵》，姚琪（期）尚有一场大战，乌得稍有衰迈之态？其善体戏情如此，人皆服之"（见《三十年伶界之拿手戏》）。擅演剧目还有《白良关》、《锁五龙》、《李七长亭》、《御果园》等。他在《探皇陵》中首创净脚唱［二簧慢板］。他在《铡美案》中，唱［原板］字斟句酌，而［快板］则快得连打鼓佬都难以跟上，然咬字清楚准确，观众即便坐在后排亦能字字入耳。刘永春性豪爽，善星相，能画金鱼水草，《忘山庐日记》作者孙宝瑄引为"谈友"。其次子刘筱衡，为"南方四大名旦"之一。

（捷之）

Liu Youlin

刘友林　(1904～1978)　鼓师。山东章丘人。12岁拜董庆海学艺，在其师爷承办的戏班中应小锣、铙钹、大锣，尤以大锣更为出色。

8年届满出科后，开始在科班效力，后在济南北洋剧院和大众剧场，成为“场面”（乐队）负责人。刘友林是属于梆簧“两下锅”的鼓师，在山东、天津、上海及东北等地颇具影响。他不仅很好地继承了董庆海的司鼓技艺，并取各家之长，形成自己独特的风格。他天赋条件优越，戏路宽广，能戏甚多，善于钻锅、抓戏，擅长武戏、本戏。手中单双楗技巧，刚柔相济，窜点儿圆润，音色饱满。在他的司鼓生涯中与众多的演员进行合作，去济南演出的演员凡不带司鼓者一般全是请他司鼓，其中的京剧名家有奚啸伯、尚小云等。与著名鼓师杭子和、周子厚、白登云，琴师杨宝忠、沈玉才等，进行艺术合作，并在艺术上互相学习、切磋，从而促使刘友林在司鼓技艺方面日臻完善。1952年，刘友林随北洋剧院一民营剧团并入山东省立实验剧团，任该团鼓师。1960年，山东省戏曲学校成立，他被调往戏校任教，为京剧音乐事业培养了众多的人才。（孔祥昌）

Liu Yulin

刘玉麟 （1925～2004） 演员。工小生。江苏苏州人。10岁习艺，先学武生、老生，打下扎实的文武功底。17岁从阎福才改学小生昆乱各剧，兼学梆子戏。演出于无锡、苏州、南京、上海、南通、扬州各地，名声日起。1945年，在常州大戏院与陈鹤峰之女陈瑶华合演《人面桃花》，饰崔护，要在台上当场题诗写字。他先请人写好，贴在布景上，再用白纸盖上，写时右手做书写动作，左手将白纸往下拉。台下观众先是笑，后叫倒彩。引为一生难忘的耻辱，发誓不写好字不演此戏。后在台湾与程景祥合作此剧，当场挥毫，字还未写完，掌声震耳，以至有人出价买其字。他好学不倦、勤修苦练，小生中的雉尾、扇子、穷生各工兼能，尤以《群英会》之周瑜、《白门楼》之吕布、《九龙山》之杨再兴、《虹霓关》之王伯当、《雅观楼》之李存孝、《八大锤》之陆文龙、《罗成叫关》之罗成等最为见长，《贩马记》、《白蛇传》等剧亦佳。1948年同妹妹玉琴、玉霞随张翼鹏剧团到台湾演唱，在《西游记》中饰唐僧。半年后，张翼鹏回上海，他被戏院留下，又与顾正秋合作多年。20世纪50年代，曾与其妹刘玉琴组团演出。刘玉琴出嫁后，剧团解散。1959年后参加海光国剧队，为当家小生，达34年之久。在台湾有“全材小生”之称，久居当地小生行当首席。海光戏剧职业学校成立后，任总教习，在演剧的同时，负起培育后学的重任。后起小生演员张海珠、吕海琴、王海兰等皆为其高足。退休后定居美国。（钮骠）

《状元谱》饰陈大官

Liu Yuantong

刘元彤 （1924～1997） 京剧导演。曾为旦行演员。天津人。1935年入北平富连成社学艺，师从苏雨卿、魏莲芳、尚小云。1936年拜梅兰芳为师。1943年出科后在北平、绥远等地教戏。1945年8月参加革命。1946年10月在晋绥平剧院任演员、导演、研究员。1949年7月起任中国人民解放军第一野战军第三军文工团京剧队副队长，总政文工团舞蹈队副队长、京剧团艺术室主任。1972年任山西省戏曲研究室副主任。1978年任山西省文化局副局长、艺术委员会副主任。曾任中国戏剧家协会山西分会副主席。1984年离休后担任山西省京剧院名誉院长。1947年冬，演出京剧《霸王别姬》、《春秋配》等戏，受到毛泽东的接见。共演出过京剧《杀惜》、《奇双会》、《宝莲灯》等60余出。导演京剧《闹龙宫》、《打焦赞》、《猪婆龙》、《孟丽君》、《太真外传》等以及9个剧种100余出戏。编写、改编30余部剧本并发表数十篇戏曲理论文章。《闹龙宫》、《打焦赞》、《猪婆龙》分别获第五届、第六届世界青年与学生和平友谊联欢节金质奖章。《孟丽君》、《在法律面前》获省级导演奖。1996年为台湾国光剧团导演《龙女牧羊》。（贾志刚）

Liu Zhaokui

刘兆奎 （1825～1905） 鼓师。江苏江都人。祖父天桂以昆曲司鼓而享名，于清嘉庆初来京，创办“传艺堂”传授鼓艺于后学。随后由兆奎父正祥继主传艺堂。兆奎幼承家学，又得名师周清泰教益，鼓艺益精。同治十三年（1874）被选入昇平署。光绪八年（1882）在小荣椿科班任教习，一日与名家郝春年先后接打十番乐《喜遇》，以其腕法灵巧、鼓音清越而博得同行盛赞，遂名噪京师。同治、光绪之际，俞菊笙主春台班，以武戏演大轴，与三庆班之程长庚、谭鑫培，四喜班之梅巧玲、时小福等分庭抗礼，即由刘兆奎司鼓，助力不少。刘兆奎于光绪三十一年（1905）十一月十二日卒。弟子有贾祥瑞、姬文杰、沈永福等。（王硕）

Liu Zhongqiu

刘仲秋 （1905～1972） 京剧教师。曾为老生演员。原名葆祥。江苏徐州人。自幼酷爱京剧，1924年加入由谭派名票苏少卿所主持的徐州民众俱乐部京剧研究班，从苏学老生，常演《失街亭、空城计、斩马谡》、《洪羊洞》、《南天门》等，甚得好评。后组织“正风社”业余剧团演出，收入均用于赈灾和公益事业。1931年北上求学，就读于中国大学中文系，后考入梅兰芳、余叔岩创办的北平国剧学会国剧传习所，得到余叔岩、钱金福、鲍吉祥、陈彦衡、曹心泉等名家指教，并拜李洪春为师。学成后下海。其嗓音浑厚圆润，演唱古朴流丽，念白讲究语气，表演富于感情。以《琼林宴》、《镇潭州》、《一捧雪》、《定军山》、《失街亭、空城计、斩马谡》、《翠屏山》、《坐楼杀惜》、《打渔杀家》等擅长。演出于南京、镇江及浙江、安徽、河南各地，颇负声誉。他以借古讽今、移风易俗为目的，致力于京剧艺术改革的探索，力主摒弃陋习，净化舞台。1938年他与封至模、郭建英、任桂林在西安创办夏声戏剧学校，以“振兴民族艺术，传扬华夏之声”为宗旨，培养京剧人才。抗日战争期间，与剧校辗转于西南，编演富有爱国思想的剧目，配合抗战。1945年至上海。1949年率领全校师生欣然参军，投身革命。历任中国人民解放军第三野战军政治部文工

《镇潭州》饰岳飞

团第三团副团长、华东戏曲实验学校副校长和东北戏曲实验学校校长等职。1955年任中国戏曲学校副校长。在长期的教学工作中，兢兢业业，一丝不苟，培养了众多学生。他以深厚的造诣和丰富的经验，为戏曲教育事业作出了重要贡献。（刘胜利）

Liu Zongsheng

刘宗生 （1919～1996） 京剧教师。北京人。自幼家贫失学。14岁时拜汪子良为师，习京剧打击乐。16岁登台打小锣。1938年始以司鼓为主，先后在北平天桥、广德楼等剧场搭班演出。曾先后为徐东明、王又宸、新艳秋、孙盛芳、阎世善、尚长春、陆蕊芳、袁金凯、姜铁麟、杨盛春、梁益鸣、章遏云、宋德珠、梁慧超等伴奏，担任打击乐或司鼓。鼓艺精湛，功力扎实，舞台经验丰富，文戏武戏俱佳，尤对武戏更为见长。1952年到北京戏曲实验学校任教，主教鼓板专业兼教合奏课，严格要求，认真负责，直到1987年退休。退休后仍继续在学院及附中任教。先后培养了京剧鼓师和打击乐伴奏员百余人，其中佼佼者有任枫、王诚、唐济荣、苏焕学、张景霖、耿连军等。曾参加编写《京剧打击乐》、《唢呐曲牌》等教材，使教学更加系统化、科学化。20世纪80年代曾参加制定《京剧打击乐（合奏专业）教学大纲》及《京剧鼓板专业教学大纲》。（王健）

liushui changzi

流水场子 戏曲术语。传统戏曲作品大都是分场结构，以剧中人物的上下场划分情节单元。通常以从人物登场至所有人物下场为一场戏。有时，上一场的演员尚未下场，下一场的演员已经登台，故事情节也已向前推进，称为流水场子。一些表现战争、格斗的场面，往往采用这种结构方法。例如《挑华车》中，高宠观阵，看到岳飞与金兀术交战，几败几下，高宠愤而上阵，与金兵反复冲杀，就是以流水场子表现的。流水场子有利于叙事连贯，剧情紧凑，但也容易流于平铺直叙。（刘玉来）

Liuyinji

《柳荫记》 京剧作品。马彦祥根据同名川剧高腔剧目移植。祝公远之女祝英台女扮男装，赴杭州尼山求学，途中与同去读书的青年梁山伯结为兄弟。二人同窗三载，情深谊厚；英台暗自爱上山伯，山伯却未曾料想英台为女子。英台奉父命归家，送别路上，托言为家中九妹做媒，向山伯自许终身。待山伯按约期至祝家求婚，始知九妹即英台，已被许配太守之子马文才。山伯悲愤成疾，回家后含恨而亡。马家迎亲之日，英台至山伯坟墓哭祭。坟墓开裂，英台跃入穴中，与山伯化蝶双飞。1953年由中国京剧院首演。导演马彦祥，主要演员叶盛兰（饰梁山伯）、杜近芳（饰祝英台）。剧本收入《京剧丛刊》第47集。1955年北京宝文堂书店出版单行本。祝英台死嫁梁山伯的故事发生在东晋，南朝乐府诗《华山畿》歌咏其事。唐代张读《宣室志》和梁载言《十道四蕃志》亦有记载。此后历代地方志乘和笔记中多有涉及，以多种艺术形式广泛流传于民间。梁祝故事搬上戏曲舞台早见于宋元，盛行于明清。近代以后取材于梁祝故事的地方戏曲作品更多，其中影响较大的有越剧《梁山伯与祝英台》和川剧《柳荫记》等。诸本大都以别家、结拜、书馆、访友、哭坟为剧情主干，但具体的情节处理和人物描写各异。京剧整理本在保持原作面貌的基础上，将《山伯殉情》改为暗场处理，《祭坟化鸟》改为《哭坟》、《化蝶》，场次处理较为简洁。剧中祝英台，是在梁祝故事长期流传过程中，被人民理想化了的封建社会中具有独立人格的女性形象。梁山伯则是一个纯洁、痴情、为爱情殉身的青年代表。死后化蝶的传说，将梁祝爱情悲剧推至高潮，以神话式的美丽的结尾，表达了人民群众的感情愿望。王瑶卿为此剧设计唱腔，突破原有格律，使演唱更为活泼，富于创造性。如祝英台“思兄”：“自从别兄转家乡”的［四平调］唱段等，脍炙人口。此外，言慧珠也有根据川剧高腔《柳荫记》改编演出的《梁山伯与祝英台》。取材于梁祝故事的京剧作品还有1953年江上行改编，北京同和京剧团虞俊芳、虞俊声演出的《梁山伯与祝英台》；1954年程砚秋改编、演出的《英台抗婚》，其中《观礼》、《拒婚》、《祭坟》三场独具风格；李纪编剧，张君秋演出的《南山化蝶》；孙秋潮、栾少山、姚翼等根据京剧同名传统剧目改编的《双蝴蝶》等。（程炳达）

杜近芳饰祝英台（左） 叶盛兰饰梁山伯

《英台抗婚》程砚秋饰祝英台（左） 李丹林饰梁山伯

Liu Hao Men

《六号门》 京剧作品。陈嘉章、张文轩、李向军根据同名话剧改编。1964年1月天津市京剧团首演。导演方沉、张文轩。主要演员李荣威（饰胡二）、厉慧良（饰丁占元）、林玉梅（饰胡二妻）、张韵啸（饰马金龙）。同年6月，参加全国京剧现代戏观摩演出大会。中国戏剧出版社出版单行本。1949年天津解放前，东货场六号门搬运工人胡家父子三人，在封建把头马金龙的脚行卖力。胡大运货被车轧死，为殓葬，胡家受骗背上马家的阎王债。胡二和工人们要求脚行付清拖欠的工资，被马金龙辞掉，并限期还债。除夕夜，胡二忍痛出门卖子，回来时父亲已被前来逼债的马家狗腿子踢死。悲愤已极的胡二持刀找马金龙报仇，被地下党员丁占元劝阻。丁占元启发胡二和工人们的阶级觉悟，组织他们罢工，同封建把头进行斗争。胡二在斗争中锻炼成熟，带领工人保护货场，迎接解放。1949年初天津解放，马金龙父子被逮捕法办。作品以胡二一家人的悲惨遭遇为线索，反映受封建把头剥削欺压的搬运工人，在中国共产党领导下进行的革命斗争；集中笔力塑造了搬运工人胡二的艺术形象，刻画了他淳朴、刚毅、坚强的性格，真实地展现出他由自发反抗到自觉革命的性格发展过程。“卖子”一场，在浓郁的悲剧气氛中，渲染胡二卖子还债，人穷志不短的血性。运用虚

李荣威饰胡二（左） 林玉梅饰胡二妻 （游振国摄）

拟手法，通过门里门外对唱、背躬唱，描写人物起伏跌宕的内心活动。 （魏万鹏）

Liushi Nian Jingju Jianwen

《六十年京剧见闻》 京剧史料。江上行著。学林出版社1986年12月出版。收入《我所知道的余叔岩》、《盖叫天与杭州》、《且说言家三代人》、《回忆周信芳的移风社》、《欧阳予倩与金素琴》、《从髦儿戏到"四大坤旦"》、《王玉蓉忆秦淮往事》、《近代上海的票房与票友》等回忆、访谈、史料研究文章34篇，共13.5万字。书题中的"六十年"，是指20世纪20～80年代之间的60多年，而文章大多是在该书出版之前不久写的。本书出版后，又有《京剧票友》一书，收入《"皇二子"袁克文》、《言菊朋与陈彦衡的离合》、《陈大濩拜师公案》、《票界"小翠花"戎伯铭》、《票友中的盖派武生》等有关各个时期票友活动的文章32篇，约10万字，古吴轩出版社1994年10月出版。江上行为北洋官僚家庭出身，其先人于1924年摆脱政务之后，"以在野之身顾曲为乐"，使他有机会"随老人出入于歌场戏园之间"，饱览杨小楼、余叔岩、陈德霖、裘桂仙、王长林等众多名家演出，从此成为京剧爱好者。后来在北京、上海广交名伶、名票，他自己也成了一名票友，曾串演过《狸猫换太子》之陈琳、《打严嵩》之邹应龙等。1937年起，在周信芳"身边工作"有年，"对'移风'成立之始末知之较详"。在20世纪30年代末、40年代初，曾以王唯我、唯我、唯唯等笔名，在《申报》上发表过许多篇京剧通讯与演出评论，并设有《孤岛菊语》(后改《孤岛剧话》）专栏。1950年，他在上海开过一家餐馆，"每天晚上打烊收市以后，店里成了艺人、票友聚会之所"。1952年在上海红旗青年京剧团任编导。"文化大革命"结束之后，更积极采访过一些老艺人，伶界老友也很乐意找他叙谈往事及从艺的种种感受。他对上海的票房历史有专门研究。两书中所收文章，虽很简短，但都言之有物，保存了伶票两界不少生动具体的史实。 （龚和德）

Long Changsheng

龙长胜（1851～1900） 演员。工老生，兼唱梆子。字友云。满族。曾经做官，因登台演戏被参革职，遂改业为伶。30来岁时已在上海唱红。孙家振（海上漱石生）《三十年来伶界之拿手戏》专栏中有龙长胜之《九更天》，谓其"天津人。初隶大观部，后隶天仙（茶园）。工须生，一唱三叹，饶有余音，如行文家擅'清刚隽永'四字之妙"。拿手戏除《九更天》之外，《桑园寄子》、《桑园会》、《捉放曹》、《文昭关》、《四郎探母》等，亦颇见赏于时（载1910年5月26日上海《图画日报》）。清光绪十三年（1887）杨隆寿在北京组建小荣椿班，将龙长胜聘为该班首席老生。翌年返回上海，《重修沪游杂志》记其演出有《取荥阳》之刘邦、《天水关》之诸葛亮、《除三害》之王锷、《打金枝》之唐肃宗。光绪十六年（1890）再到北京，入四喜班，名列生行第二（仅出孙菊仙下）。光绪十八年（1892）十月，选入昇平署。在宫中演出梆子戏《三疑计》(与田际云合作)、《海潮珠》(与侯俊山合作)，京剧有《骂曹》、《定军山》、《下河东》、《胭脂虎》(与余玉琴合作)、《满床笏》(与陈德霖合作)、《天水关》(与刘永春合作)等。王梦生《梨园佳话》有"荣长盛"(荣、盛为龙、胜之谐音误记）一条说："其唱极精，高尖处神味渊永，惟喉少狭，气少短，不能胜巨唱，若《九更天》，若《庆顶珠》，若《南天门》，皆表表者。"张肖伦《燕尘菊影录》说："长胜唱须

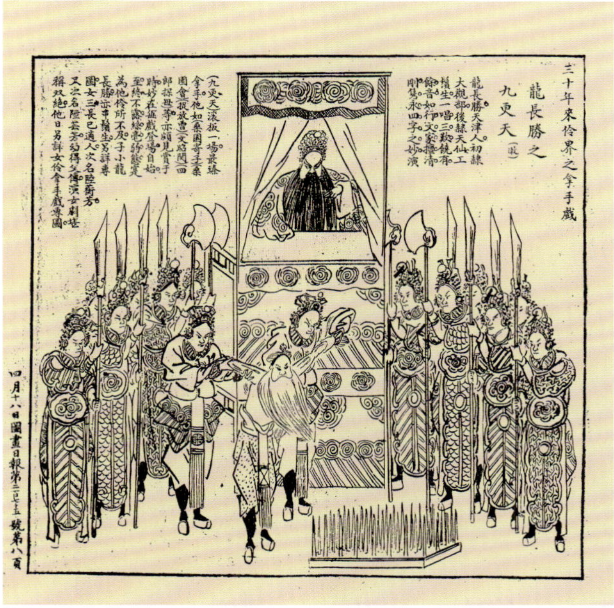

《龙长胜之〈九更天〉》（选自清末上海《图画日报》）

生，身材魁梧，其音高可凌霄，而不免带窄。善唱《战太平》、《风云会》、《江东桥》、《庆顶珠》、《断密涧》、《九更天》等戏。扎靠戏亦可充场。当时名角如林，长胜为人所压，使置诸今日梨园中，恐已名重一时矣！"

龙长胜有子二人，名小云、少云，都唱老生。有女三人，二女陆蘅芳、三女陆芸芳，"幼得父传，演女剧堪称双绝"(孙家振语)。龙长胜的外孙女碧云霞（1901～1968），为京剧名旦。本名谢慧侠，祖籍江苏吴县（今苏州吴中区、相城区）。1914年随养父谢玉山（即梆子花旦谢翠兰）习艺。后延师改唱京剧，曾受益于吴菱仙、欧阳予倩、冯子和等，并拜王瑶卿门下。孙樗尘《坤伶艳史》(上海宏文图书馆1924年5月出版）述及碧云霞在广州东关戏院演出，其时年事约十八九，"挟梅派之名以来，演《嫦娥

龙长胜外孙女碧云霞

奔月》、《黛玉葬花》、《宝蟾送酒》、《晴雯撕扇》、《天女散花》等所谓梅派剧者，上场未久，轰动全城"。又说："计碧伶两次来粤，声名之盛，几与苏、李（苏州妹、李雪芳，粤剧名伶）并驰。粤中外江人至有刊为专集，任意揄扬。"在天津，曾与盖叫天合演于天福、大舞台等戏院，成为当时天津观众心目中最受欢迎的女演员。1926年，碧云霞与曾在北洋政府军界任过要职的寇永初（又名寇英杰）结婚，婚后息影舞台（见《中国戏曲志·天津卷·碧云霞》）。碧云霞长女谢虹雯，亦为京剧旦脚，先适杨宝森，后适张君秋。

（龚和德）

Long Feng Cheng Xiang

《龙凤呈祥》 京剧作品。取材于小说《三国志演义》第54回、第55回。演刘备与孙尚香缔亲事。在京剧之前，曾有元杂剧《两军师隔江斗智》、明传奇《试剑记》和清乾隆间"百本张"钞本传奇《锦囊记》(又名《东吴记》）演此故事。最初上演此剧，称《甘露寺》或《美人计》、《回荆州》。至民国以后，才常以《龙凤呈祥》为名，喻刘备为龙，东吴郡主孙尚香为凤，两家缔结良缘，喜庆吉祥。傅惜华《皮黄剧本作者草目》谓：《甘露寺》，毓五撰。"毓五，清宗室，佚其名。以票友下海，入丹桂班。各门脚色，文武皆通，尤擅丑剧，且善编制剧本"。除《甘露寺》外，还有《跳驴子》、《胭脂褶》、《樊江关》等。《甘露寺》由福寿班初演，"许荫棠扮刘备，孙怡云扮孙夫人，全子（票友，佚其姓）扮孙母，李顺亭扮赵云，陆华云扮周瑜，贾洪林扮乔国老，毓自扮乔之家人"(《傅惜华戏曲论丛》第364页)。故事写孙权用周瑜之计，诈称将胞妹孙尚香许配刘备，诓其过江招亲，以为人质，索还荆州。诸葛亮洞察其谋，将计就计，派赵云随行，并授以锦囊妙计。刘备过江后，按计，拜谒东吴元老乔玄，得其襄助。乔玄进宫 禀知吴国太。太后向孙权问出真情，怒加斥责，于甘露寺相亲后，做主招刘备为婿。周瑜不甘失败，用声色享乐使刘备迷恋忘返。赵云又按计，假报曹操兴兵攻打荆州。刘备急切思归，孙尚香辞母同行。周瑜派兵追赶，被孙尚香斥退。周瑜又赶至芦花荡，遭遇张飞的伏兵，不得已愤而收兵。此剧生旦净丑脚色行当齐全，是一出可以将诸行名角聚集一台、各显身手的群戏，故而成为义务戏、合作戏、会串戏中常演剧目。梅兰芳曾说："每遇到在第一舞台演三天义务戏的时候，(《龙凤呈祥》）常常是三天中一天必演的戏码，也就是说成了合作戏的保留剧目之一。"如1931年9月13日北平梨园公益总会在第一舞台为十六省水灾急赈演出的义务戏（见当日戏单），由梅兰芳、程艳（砚）秋同扮孙尚香，杨小楼、尚和玉同扮赵云，王凤卿、谭富英同扮刘备，龚云甫、李多奎、孙甫亭同扮吴国太，其余均为当时上选名伶，如马连良的乔玄，郝寿臣的张飞，程继先的周瑜等。由于这是一出名角荟萃的戏，故又成为吉庆盛典上的常演剧目。1951年4月3日，中国戏曲研究院成立典礼，当晚也演出了《龙凤呈祥》，梅兰芳、郝寿臣、萧长华、贯大元、谭富英、叶盛兰、李吉来、时青山、李春恒、萧盛萱、曹连孝诸名家均粉墨登场，并由阿甲扮演鲁肃，李紫贵扮演赵云。1951年7月，上海京剧改进协会在人民大舞台举办京剧老艺人抗美援朝捐献义演，梅兰芳、周信芳、盖叫天、姜妙香、赵如泉、张少甫等也合演了《龙凤呈祥》。

马连良饰乔玄（刘玉茗摄）

梅兰芳饰孙尚香（左） 谭富英饰刘备

据朱瘦竹《修竹庐剧话》，此剧早年上海只有梆子演出，名《回荆州》，也叫《美人计》，或贴《龙凤呈祥》，从洞房起至芦花荡止。京剧始自老天仙茶园，潘月樵饰刘备、周咏棠饰孙尚香、赵小廉饰赵云，名噪一时。他还谈到，从前安工老生不唱乔玄，可演刘备、鲁肃。从高庆奎搭丹桂第一台，饰刘备，麒麟童饰乔玄、鲁肃，才开了这个头。"好角儿饰乔玄，也是麒麟童作的俑，顾曲界冲他渐渐重视乔玄这个角色。等到马连良《甘露寺》饰乔玄，一段'劝千岁杀字休出口'，音节铿锵，倾倒南北马迷，至《甘露寺》一变而为乔玄的正戏，甚至只唱'相亲'，不带'美人计'"。此外，南派路子，在乔玄进宫途中，边走边唱［高拨子］；"相亲"一场，乔玄、刘备、吴国太、孙权、赵云联唱［五音联弹］，均为［二簧］。甘露寺相亲时，乔玄"劝千岁"［西皮原板转流水］的著名唱段，除以马派唱法最为脍炙人口外，言菊朋、奚啸伯、汪正华在唱腔、板式变化上，都另具特色。周信芳则唱［西皮二六转流水］，别具一格。剧本曾收入《戏考》、《戏典》、《旧剧集成》、《戏学顾问》。20世纪50年代始，又陆续收入《京剧丛刊》、《京剧大观》、《京剧汇编》、《京剧选编》、《马连良演出剧本选集》等，并有单行本行世。

（钮骠）

Long Hu Dou

《龙虎斗》 见《下河东》。

Longjiangsong

《龙江颂》 京剧作品。李瑞来等据福建省话剧团同名话剧改编。1963年春，东南沿海某地遭遇特大干旱，县委决定在龙江大队堤外堵江，引水救灾。龙江大队党支部书记郑强接受任务，说服有本位主义思想的大队长李志田，承担最大牺牲与风险，带领群众堵江截流，把水送到后山，使旱区农田得救。1964年上海新华京剧团首演。王少楼饰郑强，施正泉饰大队长。后由张成之、汤草元、李瑞来、王维多等组成创作组，对剧本作加工修改。1965年，由舒适导演，李瑞来协助，重新排演。该剧以人与自然斗争中集体主义思想与本位主义思想的矛盾构成戏剧冲突，结构比较完整。"探水"一场载歌载舞，很有特色。江青观看演出后，强令上海京昆剧团、上海京剧院抽调人员组成剧组，于会泳负责，由刘梦德、余雍和、赵兴国、戚永芳、李根宝、王寿英、宋捷文等组成编剧组，进行修改。修改本加进阶级斗争内容，添设暗藏的地主分子黄国忠破坏抗旱的情节；删去"探水"一场；支部书记改为女性。

《龙江颂》的一个场面

1971年赴北京演出。导演蔺德海、李仲林、孔小石、钱祖武。主要演员李炳淑（饰江水英）、马名群（饰李志田）、周云敏（饰阿坚伯）、孙美华（饰盼水妈）、李元华（饰阿莲）、罗通明（饰常富）、刘异龙（饰黄国忠）。该剧的特点是有完整的主题音乐，赋予人物以鲜明的音乐形象。黄国忠及其破坏活动的增添，是“文化大革命”时期宣扬“以阶级斗争为纲”观点的产物，使剧情旁出枝蔓，影响了作品的真实感和结构完整统一。1972年，人民文学出版社出版单行本，北京电影制片厂摄制成彩色戏曲艺术片。（沈鸿鑫）

longtaoyi

龙套衣　剧中龙套专用之衣。款式为小立领，对襟开身，大袖阔口带水袖，衣长及足，左右胯下开衩，后身腰以下开隙，前身自第三个纽襻起向下沿着下摆作周边镶饰。纹样为前胸后背绣团龙，其余部位为小团龙，间以流云，下摆有简化的海水江牙。一般以四件为一堂，既用于随文官站堂（头戴小板巾，徒手），亦用于为武将列阵（头戴大板巾，手执门枪旗）。色彩有红、绿、蓝、白等多种，须与官员、将领之服色相配使用，有整体感，起烘托气氛的作用。（谭元杰）

绿缎龙套衣（选自《中国京剧戏衣图谱》）

Longwang

《龙王》　京剧与日本歌舞伎合演作品。大型神话剧。吕瑞明、[日]奈河彰辅编剧。取材于《封神演义》中哪吒闹海等章节及日本关于渔民首领海彦夫妻的民间传说。陈塘关总帅李靖之子哪吒仙山学艺归来，与师弟鹤童去富士山游玩，路过倭国平户海岛，遇东海龙王敖光选美，抢走渔民海彦之妻天道。哪吒杀死龙王太子敖丙，抽其龙筋，救出天道，与海彦结拜为兄弟。敖光发兵陈塘关，以水漫关城勒逼李靖献子抵罪。哪吒不忍连累父母、百姓，给海彦写下血书后挥剑自刎。鹤童传书海彦，海彦夫妻决心与母亲渡海访师救友。敖光遣海妖兴风作浪，途中阻挠。母亲为助儿成行，投身祭海，感动观音、势至二菩萨现身伏妖，并授予海彦莲花一株，嘱告育莲三年，哪吒即可借莲花复活。海彦夫妻到中国后，得捕快雷开等人帮助，在翠屏山顶筑庙育莲。三年后莲花盛开，在哪吒即将复活前夕，敖光察觉，派巡海夜叉等逼令海彦毁庙献妻。天道假意顺从，舍命骗得哪吒失去的宝物，送回翠屏山。哪吒复活，在观音、势至菩萨帮助下，与陈塘关兵将和海彦等日本渔民合力抗暴，打败四海水族，打败敖光。该剧由[日]市川猿之助策划，日本松竹株式会社出资制作。1989年3月，中国京剧院、日本歌舞伎演员联合首演于日本东京。总导演市川猿之助，京剧导演李光，歌舞伎导演[日]佐藤浩史。中方主要演员李光（饰哪吒A角）、董志华（饰哪吒B角）、袁国林（饰敖光）、李欣（饰李靖）、沈健瑾（饰李夫人）、寇春华（饰雷开、龟大臣）、常贵祥（饰鹤童），日方主要演员市川猿之助（饰海彦）、市川笑也（饰天道）、市川门之助（饰母渚）、市川段四郎（饰巡海夜叉）。剧作尝试以中日两国的传统戏剧形式同台合演一神话故事。京剧和歌舞伎的艺术特长各得发挥。剧中的中国场景由京剧表现；日本场景用歌舞伎表现；同一场景中有两国人物出现，各用自己的戏剧形式表现；中间以两种戏剧形式的打击乐为联结点，统一为和谐的艺术整体。1989年、1994年，日本NHK电视台曾先后两次通过卫星向世界播放。（程炳达）

李光饰哪吒（右）
[日]市川猿之助饰海彦

Lou Zhenkui

娄振奎　(1923～1980)　演员。工净。北京人。自幼喜爱京剧，专工花脸，由于嗓音好，拜李德奎为师，钻研金（少山）派艺术，成为金派传人。后又拜陈富瑞为师，练习武功，戏路渐宽。曾先后与谭富英、杨宝森、李少春、李和曾、叶盛兰等合作演出。中华人民共和国成立后，成为中国京剧院净行主要演员之一。他嗓音宽厚响亮，唱腔气势雄浑并有所创新，在他首演的《敬德装疯》一剧中，兼唱[西皮]、[二簧]很有特色。在《宋景诗》中饰僧格林沁，《白毛女》中饰虎子，均有好评。常演剧目有《空城计》、《群英会》、《飞虎山》、《打金砖》、《打龙袍》、《五台会兄》等。（秋枫）

《二进宫》饰徐延昭（右）　言慧珠饰李艳妃（中）　沈金波饰杨波

Lu Shengkui

卢胜奎　(1822～1889)　演员，兼能编剧。工老生。人称“卢台子”。江西人（一说安徽人）。出身仕宦之家，因考试不中而流落北京，常入戏园观剧，日久得与剧界人士相识，旋即入梨园行以演剧为业。为程长庚赏识，被约入三庆班。卢入剧界后隐去真名，胜奎是其艺名。当时正值张二奎红极之时，故取“胜奎”之名。

卢胜奎戏装肖像
（沈容圃绘）

卢的演唱特点是平整无华，但颇注重做工，演戏讲究剧情戏理，尤擅演诸葛亮。他在三庆班上演的《三国志》连台本戏中饰诸葛亮，老练而不油滑，机敏而不狂傲，稳重大方，刻画出一个政治家的气度，时有“活孔明”之誉（当时，在该戏中程长庚饰鲁肃，有“活鲁肃”之称；徐小香饰周瑜，有“活公瑾”之称；黄润甫饰曹操，有“活曹操”之称）。在京剧史上，卢胜奎不仅是一位著名的老生演员，而且是京剧早期剧作家之一。三庆班所演出之连台本戏《三国志》，就出自他的手笔，或传《龙门阵》、《法门寺》也系卢氏所编。《三国志》共36本。取《三国演义》刘表托孤至取南郡一段故事编撰而成。萧长华（萧为卢胜奎义子）藏有《舌战群儒》至《华容道》8本手抄本。据萧云：卢之手本，曾赠与三庆班唱须生之周长山，萧之藏本系当年从周长山处手抄而来。该本又经萧长华多次排演，几经修饰，最后于1957年石印成册，剧名《赤壁鏖兵》，并收入《萧长华演出剧本选集》(中国戏剧出版社1958年出版)。最后四本《取南郡》亦有流传。《龙门阵》一剧演薛仁贵征东事。京剧舞台上的《取帅印》、《风火山》、《汾河湾》、《三箭定天山》等戏，即从《龙门阵》剧中有关片段演化而成。《法门寺》又名《郿坞县》或《朱砂井》，该戏亦是老三庆班首创演出，程长庚饰刘瑾，杨月楼饰赵廉，剧中有孙寡妇出家情节。由于卢胜奎熟读史书，钻研文学，通透戏场，而且在编剧上又多吸收了地方戏曲形式灵活的特点，在结构编排上，敢于突破传奇剧本的陈规旧律，故所编剧本结构严谨，情节精巧，人物生动，文辞顺畅，颇宜登台扮演。其一生所编剧本，大多成为京剧优秀传统剧目而流传至今。（苏移）

Lu Shui Yi Shan

《泸水彝山》 京剧作品。中国京剧院创演。编剧吴江、吕慧军、高牧坤。导演高牧坤。唱腔设计续正泰。舞台设计苗培如。灯光设计沙晓风、李竟成。主要演员张建国（生）饰诸葛亮、袁慧琴（老旦）饰孟齐、耿巧云（花旦）饰祝融、顾谦（净）饰孟获。诸葛亮七擒孟获源自古典小说《三国演义》的著名故事。此剧根据河南越调《七擒孟获》改编创作。剧情从彝王孟获第四次被擒获释开始。

张建国饰诸葛亮（左） 顾谦饰孟获

保留了原剧“大帐”、“洞府”、“祭江”等场景，增加了“饮毒泉”、“孟齐之死”等新的情节。孟获之姐孟齐为新增人物，是个历尽沧桑的老人，深感诸葛亮屡释孟获之诚及用仅有一瓶灵药解救彝将祝来之德，力劝孟获改弦易辙，最后因阻挡籐甲兵死于乱箭之下，场面悲壮。这个人物的设置使彝族内部和与战的分歧更加形象化，也增强了全剧的戏剧性。剧中描写诸葛亮在这场战争中智、勇齐全，然更突出了他的仁，又不同于传统戏的神化，而赋予他政治家的博大胸怀。最后战争胜利结束，诸葛亮深责自己无才辅汉鼎，无能阻刀兵，无德安百姓，无智救苍生，祈求苍天为他火烧籐甲兵降罪惩罚，终于感动得孟获愧悔不已，立誓彝汉永远和好。张建国、袁慧琴、耿巧云三位梅花奖获得者倾情投入，通力合作，达到很好的演出效果。剧中武打场面既有少见的高难度技巧，又很新颖别致，成为演出的一大亮点。此剧获文化部第十二届文华新剧目奖。导演高牧坤，舞台设计苗培如，演员张建国、袁慧琴、耿巧云，分别获得文华专项奖。在第四届中国京剧艺术节上此剧又获金奖。

本剧作者之一吴江（1949～ ），北京人。北京大学中文系专业。1985～1987年在中国艺术研究院戏曲理论进修班学习。曾任北京市戏曲学校副校长、北京市文化局副局长、中国京剧院（今称国家京剧院）院长。京剧作品还有《八珍汤》、《管仲拜相》(均由北京京剧院演出）等多种。北京京剧院的《风雨同仁堂》，中国京剧院的《瘦马御史》、《江姐》、《兵圣孙武》等的创作演出，都同他主持策划分不开。他还重视京剧走向青年，到大学讲演。（周传家）

Lu Xun Yishu Wenxueyuan Pingjutuan

鲁迅艺术文学院平剧团 京剧演出团体。简称鲁艺平剧团。该团成立前，学院教、职、学员和原鲁艺实验剧团团员中就有少数会些平剧演唱或演奏者，在院外平剧爱好者的参与下创作并排演平剧现代戏。1938年7月首演了以传统戏《打渔杀家》为基础创作的《松花江上》，王震之编剧，阿甲饰渔民领头人赵瑞，江青饰赵女，金仲鸣饰大教师，李纶、张东川分饰张恩、孔武，崔嵬（后由张治接替）饰丁团总，成荫饰丁郎，演出获得成功。之后，连续编演了《松林恨》，王震之编剧，阿甲主演；《夜袭飞机场》，陶德康编剧并主演；《刘家村》，李纶编剧，张东川主演；《赵家镇》，罗合如编剧，阿甲、方华主演；《学不够》，王地子编剧并主演。1939年春，集中少数平剧活动的参加者组建了第一个平剧研究并演出的专业单位“旧剧研究班”。该班由罗合如任指导员（艺术），张东川任班长（行政）。在此前后，鲁艺曾两次以现代人的服饰和装扮演出传统戏。第一次演前半出《红鸾喜》，任均（女）、石畅、展宇主演；第二次演《打渔杀家》，阿甲、任均、石畅主演，李纶、张东川、崔嵬等参加演出；1939年9月又演出了现代戏《钱守常》，阿甲编剧兼饰钱守常，任均饰钱女，王一达饰汉奸地主，石天饰狗腿子，任桂林饰游击队长，罗合如饰日本军官。在以上几次演出中，参加文武场伴奏的有卜三、王久晨、王震之、邓玉成、刘沛、刘炽、刘介之、李纶、陈叔亮、金紫光等。从西安购置回戏箱后，于1940年元旦开始正式穿戴戏装演出传统戏。第一出是全本《法门寺》，陈冲负责排练，阿甲饰赵廉，任均饰宋巧姣，石畅饰刘瑾，王一达饰贾桂。此后又演出一些传统戏。如《群英会》，阿甲饰鲁肃，罗合如饰孔明，陶德康饰周瑜，石畅饰黄盖，王一达饰蒋干，张东川饰曹操；《棒打薄情郎》，任均饰金玉奴，陶德康饰莫稽，王一达饰金松。当时乐队由陈冲司鼓，华君武操琴，刘炽、陈叔亮、樊清章分掌各种打击乐器。

1940年4月5日，鲁迅艺术文学院院部发出“鲁字第七号公告”：“为集中旧剧人才，从事旧剧之研究与改革工作，本院决定成立平剧团（先从平剧着手），以符律衡同志为团长。其内部组织与干部配备如下：①研究科，科长符律衡兼任；②教练科，科长陶德康；③演出科，科长罗合如；④指导科，科长陈冲。”从此，鲁迅艺术文学院平剧团宣告成立。符律衡是阿甲的原名。一年后，增设副团长，由罗合如担任，石畅继任演出科科长，免去阿甲兼职，李纶继任研究科科长。成立之初，只有30余人，如果没有团外及院外京剧爱好者参加，不能演出角色较多的大戏。不久，鲁艺第三期学习结业，戏剧系同学石畅、任均、展宇和美术系同学刘笑生（石天的原名）被分配到团工作，后又从院外陆续调来一些演员、演奏员等。1941年冬，曾在第三期音乐系学习的专业京剧工作者任桂林从国民党统治区重返延安，参加该团。1942年春，原第三期戏剧系同学王异（王一达的原名）从实验剧团转调该团。至此，全团增至42人。

主要艺术创作人员（以姓氏笔画为序）有：卜三，鼓师；王一达，编剧、导演、大丑兼老生、老旦；王铁夫，文武老生兼演其他行当；方华（女），花旦兼青衣；石畅，编剧、导演、花脸兼丑；朱革，老旦兼丑；任均（女），青衣、花衫兼刀马旦；任桂林，编剧、导演、小生；李纶，编剧、琴师兼老生和丑；阿甲，编剧、导演、老生；陈冲，导演、鼓师；罗合如，编剧、老生；袁石铮，琴师；陶德康，编剧、导演、小生武生两门抱兼演其他行当；简朴，小生。此外，石天、孙震、阿良、陈怀平（女）、张梦庚、李碧岩、展宇等都是团内比较重要的人员。

由于该团原定计划是约在三年内的第一阶段，着重学习京剧技术，因而演出剧目绝大多数是传统戏，共计30余出。在传统戏中，对部分剧目进行了整理改编。作为重点整理的为全本《一捧雪》，由阿甲整理并饰莫成，任均饰雪艳，罗合如饰陆炳，王一达饰汤勤，孙震饰严世蕃。作为改编的剧目有：《宋江》，由阿甲、李纶、石畅改编，陶德康、陈冲、石畅导演，阿甲饰宋江，方华饰阎惜姣；《玉堂春》的前半部，由石畅改编，王一达导演，任均饰苏三，简朴饰王金龙。这两出戏的改编，都力图做到“去其糟粕，取其精华”，使演出的水平有所提高。在排演《宋江》时初步试行了导演制度。在排演《玉堂春》前半部时正规的导演制度开始建立起来。在延安以新的手法导演京剧，由此开端。

建团前后上演的新编历史剧目有：王一达、石畅编导的《吴三桂》，王一达饰吴三桂，任均饰陈圆圆，石畅饰多尔衮；欧阳予倩编写的《梁红玉》，陶德康导演并饰韩世忠，任均饰梁红玉，张东川饰金兀术；徐筱汀编写的《陆文龙》，陶德康导演并饰陆文龙，阿甲饰王佐，张东川饰金兀术，王一达饰乳娘。此外，还有由陈冲导演，王一达（饰岳母）与院外金毅夫（饰岳飞）协同演出的《岳母刺字》。1942年4月，该团与八路军一二〇师战斗平剧社合并，组建延安平剧研究院。

（任逸）

Lu Dianguo

陆殿国　（1920～1979）　鼓师。山东乐陵人。自幼随父陆庆堂学武场。他聪慧好学，广泛接触京剧、梆子、评剧，京派、海派、外江派，见好就学，使他在武场中很快就初露锋芒。17岁开始演出，长期活动于奉天（今辽宁沈阳）、哈尔滨、长春、安东（今辽宁丹东）等地。1948年随东北文协平剧工作团到沈阳。陆殿国是比较全面的鼓师，京剧、梆子、评剧三大块都拿得起来，与之合作的京剧演员主要有王汇川、俞华亭、郑义亭、秦友梅等，梆子演员有云笑天、小香水、蔡桂凤等，评剧演员有王金香、李淑艳、刘鸿霞、刘艳霞等。他司鼓时，舞台的总体节奏流畅有序，快而不乱，慢而不拖，向有“严、圆、连”之说。他能很快地掌握演员的特点，善于应付舞台上随时出现的变化，使文武场的

演奏能与演员的表演配合默契。他善于创新，常根据剧情需要设计一些新的伴奏音乐或锣鼓点。他尤其擅长文戏伴奏，对唱腔、表演的处理非常细腻。他对戏曲音乐改革持积极态度，是东北较早参加戏改工作的鼓师之一。他参加了《九件衣》、《美人计》等戏的音乐设计和司鼓，这些剧目在音乐上、表演上都有一定改革，在东北影响很大。1952年，他参与音乐设计和司鼓的《梁祝哀史》获文化部颁发的奖状和戏曲改革奖。

（胡江）

Lu Songling

陆松龄　（1936～2009）　作曲家。生于北平（今北京）。出身梨园世家，其父陆永福是京剧鼓师，母赵伴云（艺名鑫小樵）为京剧老旦演员，姐陆蕊芳、陆蕊芬，妹陆淑祺均为京剧旦行演员。

9岁开始学胡琴，先后师从李德山、祁善华，随师李德山为言慧珠、南铁生、丁至云、梁小鸾、杨荣环等操京二胡。1950年参加北京京剧团乐队，从王瑞芝学京胡，参加京胡伴奏。1963年毕业于中国戏曲学校音乐系，受教于马可、舒模、何为、刘吉典、张宇慈、施正镐等。1974～1976年，就读于中央音乐学院，受教于吴祖强、李德伦、黎英海、王震亚、吴世凯、段明泰、陈培勋、耿生廉、袁静芬等，学习作曲、和声、复调、曲式、钢琴及民族音乐。长期在北京京剧院从事音乐创作及指挥工作。陆松龄参加音乐设计、配乐、配器及兼任指挥的剧目有50多个，如《沙家浜》(《芦荡火种》)、《逼上梁山》、《望江亭》、《东邻女》、《三打陶三春》、《药王庙传奇》、《焦裕禄》、《中国公主杜兰朵》、《石龙湾》、《风雨同仁堂》、《司马迁》、《少帝福临》、《雪映古城》等。陆松龄的创作视野比较开阔，既有深厚的京剧传统音乐基础，又较系统地学习了西洋音乐的创作手法，能够在继承京剧传统艺术的基础上，广泛吸收歌剧、曲艺以及地方剧种音乐的素材，创作出具有浓郁的剧种特色和鲜明的时代特色的作品，深受观众喜爱。曾因担任京剧《焦裕禄》、《少帝福临》和《风雨同仁堂》的作曲工作，三次获得文华音乐创作奖。著有《〈芦荡火种〉音乐设计札记》等多篇论文，其中《谈戏曲音乐的节奏》一文获华北五省戏曲理论研究会优秀论文奖。

（安志强）

Lu Sujuan

陆素娟　（1914～1941）　女演员。工旦。曾名鸿素娟。江苏苏州人。少时因家贫在北京落入青楼，盐业银行经理、北平国剧学会理事会主任王绍贤（寿彭）为之出籍。她自幼嗜爱京剧，12岁就开始学唱，初从方宝泉习老生。据报载：她“初学须生戏，擅长者达五十余出，扮相雍容大雅，嗓音苍老悠扬，每一奏演，观者无不赞诩”。而她自己却认为：“献身舞台假托须眉，虽博社会欢迎，何若露我庐山真面，还我女儿之身。”遂决定弃须生而习青衣花衫（详见1932年4月27日北平《群强报》）。先从程玉菁问业，后又得到徐兰沅、朱桂芳、姚玉芙的指授，专攻梅（兰芳）派。她“嗓音充畅，平日专模仿兰芳腔调，颇能酷似，人每以浣华第二目之”（1933年8月6日北平《群强报》）。1933年组

班和平社出演，得到了梅氏承华社中一班主要成员，如姜妙香、萧长华、刘连荣、朱桂芳、王少亭和贯大元、尚和玉、杨盛春以及文武场面徐兰沅、王少卿等众人的合力相助。当时梅兰芳南下，长住上海，北平观众思梅若渴，见陆素娟率承华社原班人马出演，自然呈现争相一睹之势，况且陆之剧艺确乎出色，不同凡响，故能得到行内外首肯。1934年正式拜入梅氏门墙。1937年10月2日、12月4日先后与杨小楼、金少山合作演出了《霸王别姬》，每次都列为名伶荟萃的义务戏的大轴，使她声名益盛。她演出的传统戏《四郎探母》、《御碑亭》、《玉堂春》、《审头刺汤》、《虹霓关》等，皆遵循梅派路数；更贴演过梅派代表剧目《太真外传》、《廉锦枫》、《西施》、《洛神》、《俊袭人》、《凤还巢》、《牢狱鸳鸯》和全本《宇宙锋》等及时装戏《邓霞姑》，颇传梅氏神韵。陆素娟资质极佳，身材修短适度，扮相靓丽出群，嗓音清亮甜润，唱念均见功力。评者说她，演“头二本《虹霓关》，前饰东方氏，身法劲捷，枪花利落，其于王伯当一见钟情，而演来颇有分寸，不同荡妇；后扮丫环，则察颜观色，伶俐聪明，又属青衣（花衫）本色。演《廉锦枫》，上场唱西皮慢板，字正音圆，新颖之至。大段说白，吐字亦殊凝炼。……末场海底采参，载歌载舞，尤见功力。刺蚌剑法娴熟，身手娇捷，较《霸王别姬》之耍剑，更为繁重，于此应付裕如，确为难能”。《西施》中的［二簧］唱段，“月下抒情，悠扬静穆，似乎把听众引入了古殿曲廊之中，使人心驰神往”。“他如《凤还巢》之程雪娥，闺门少女；《霸王别姬》之虞美人，沙场英雄；《女起解》之苏三，遭冤犯妇；《太真外传》之杨玉环，深宫贵妃，陆素娟唱做皆精，使脚色与演员融而为一。学梅至此，可谓得其神髓。”她扮演的邓霞姑“便装登场，愈觉光艳照人”，“刻画一个比较开通的深闺少女，极为切合身分，唱做非常自然。”（以上均见刘叶秋《学海纷葩录》，中州古籍出版社1992年出版）当时报纸上说，当下坤伶“以陆素娟、孟小冬为最红”，陆有“女兰芳”之誉。可憾，正当她的艺业如日中天之际，抗日战争爆发后，她不堪日寇和汉奸们的困扰，毅然南下，行至汉口不幸染时疫而殁，年仅27岁。有女王志怡，亦工旦行，也拜入梅兰芳门下，曾任职于中国京剧院、宁夏回族自治区京剧团。退休后，在中国戏曲学院任教。

《御碑亭》饰孟月华

（钮骠）

Lu Xinglin

陆杏林　（1862～1917）　演员。工小生。名库。籍贯不详。父陆佩湘，亦工小生。陆杏林幼年入四箴堂科班（又称小三庆），与钱金福、陈德霖等同堂学艺，昆曲、京剧兼修。出科后即在三庆班演出。以后又搭洪福胜、椿台、复出三庆、福庆、玉成、双庆等班演出。清宣统三年（1911）正月选入昇平署，五月因病革退。张肖伧《燕尘菊影录》谓：“陆可林，唱小生。壮时昆乱兼长，文武咸能。《祝家庄》、《蔡家庄》、《对刀步战》、《乾元山》演来皆动中绳尺，具见精采。三十（岁）以后，因久病面色灰暗，歌音亦不能胜亶唱，乃专演寒酸小生。”像《红鸾喜》的莫稽、《连升店》的王明芳、《关王庙》的王金龙、《打侄上坟》的陈大官等，水准最高，在梨园有“第一件富贵衣”之称。他与谭鑫培合演《打侄上坟》，被责时，谭举板之范儿（一作泛儿，京剧术语。是指表演某种技巧性身段时准确的节奏和完美的神态。身段起动的瞬间称起范儿，因慌迫而做得不到位称恍范儿），与杏林之“屁股坐子”严丝合缝，打者会打，挨者会挨，每演至此，总得满堂彩声。常演的剧目还有《玉玲珑》（饰韩世忠）、《御碑亭》（饰柳生春）等。其与谭鑫培配演的《盗宗卷》，与陈德霖合作的《跪池》，与梅兰芳合演的《虹霓关》，均当行出色。姜妙香曾向陆杏林问艺，小生戏、昆曲都受过他的传授、指点。

（讷言）

Lu Yanting

陆砚亭　琴师。又名陆五。砚亭一作彦廷。生卒年不详。幼年时在杨隆寿开办的小荣椿科班坐科学戏，后转学文场，专攻孙（佐臣）派。曾为奎派老生许荫棠和老旦名家龚云甫操琴。他的演奏技巧纯熟，且在托腔、垫字上富有创造性。其伴奏较孙佐臣流利、繁密，宜于为老旦唱腔伴奏，遂为龚云甫所倚重。龚云甫自成一家，得益于陆砚亭的辅佐。晚年受李多奎之请，为之伴奏、说戏。直至当今，凡京剧老旦腔的伴奏，多沿袭陆砚亭的路数。后为李多奎操琴之周文贵即陆砚亭之弟子。

（安志强）

Lu Yangchun

陆阳春　（1909～1991）　舞台美术家。别号白云山人，晚年又号休息尊者。浙江温岭人。幼时家贫，读私塾3年后，辍学务农。13岁时学油漆彩绘，为乡里塑佛像、描妆奁。19岁赴上海谋生，在三星舞台随文明戏演员沈泪天学画戏曲舞台布景，第一个戏是《水泊梁山》。后又师从国画家方涛，在大世界、齐天舞台为《西游记》等绘制布景。20世纪30年代陆阳春以他机敏的头脑和出众的技艺，为《封神榜》、《济公传》、《荒江女侠》、《西游记》等设计和制作了一批很受观众欢迎的机关布景。此后，他在黄金大戏院为周信芳、金少山、盖叫天、梅兰芳、程砚秋、李万春等的演出剧目作舞台设计。在为程砚秋演出的《荒山泪》绘制守旧时，采用了国画构图“平沙落雁”，且用西画中的灰色调代替了惯用的强烈对比的色彩，使之与悲剧的故事情节有一定的联系，打破了守旧的单纯的装饰传统。1935年，为周信芳演出的《明末遗恨》无偿设计和绘制布景。上海沦陷后不愿在日寇的刺刀下生活，转赴香港。1938年，为梅兰芳抗战募捐义演的《洛神》捐赠全部布景。香港沦陷后应金山之邀，赴重庆参加中国艺术剧社，结识了众多革命者，并阅读进步书刊，思想境界大开。抗日战争胜利后重返上海，参加反饥饿、反内战大游行，为进步话剧《升官图》和电影《群魔》作布景的设计和绘制工作。1948年在上海加入中国共产党，曾任上海戏剧技置业工会主席。1949年底应金山、吴雪之邀进京，参与中国青年艺术剧院的创建，从此由戏曲转向话剧的舞台美术设计和绘景工作，代表作有《上海屋檐下》等。1979年，当选为第四届全国文艺工作者代表大会代表。

（孙家铨）

Lu Sanbao

路三宝 (1877～1918) 演员。工旦。名振铭，科名祥慧，字厚田，号芷园，又号玉珊、莹仙。山东历城（今属济南）人。三宝幼年坐科于章丘祥庆和科班，初从文武老生刘和坤习老生，后改

花旦。由于嗓音欠佳，遂以演玩笑戏为主，并能刀马旦，戏路与杨朵仙相近，“貌美而慧，登台未久，声誉鹊起，大为当地士夫所赏识”。“坐科既满，出演于京师某园，赖孟四力联络京中各大商店，竭力捧场，三宝之名大震，数梨园名旦，殆无人不知有三宝者”（剑云《路三宝传》，载《菊部丛刊》）。路三宝曾与谭鑫培合演过《坐楼杀惜》、《翠屏山》等。辛亥革命以后，路三宝还为梅兰芳配演了一些时装京戏，如《孽海波澜》、《宦海潮》、《邓霞姑》、《一缕麻》等。

路三宝扮相俊美，唱做兼能，文武并重，戏路十分宽广，如重唱功的《四郎探母》，唱做并重的《贵妃醉酒》、《乌龙院》，武功、做派兼重的《穆柯寨》、《樊江关》等戏，皆所擅长。特别是一些泼辣、刺杀旦的戏，更为路三宝所精到，如《战宛城》、《坐楼杀惜》、《翠屏山》以及《杀子报》等。他的表演特点是表情变化多，做工细腻，扑跌矫健，能抓住剧中人物的思想感情和性格发展，尽情发挥，并且敢于创新。他京白爽脆，别具一格。所演《梅玉配》、《儿女英雄传》、《五彩舆》等，与三瑶卿配戏，十分和谐。还能反串小生，如《虹霓关》中的王伯当。《菊部丛刊》赞路三宝之“花旦，兼闺门、玩笑、刀马三派，并有可观，其精不逮桂凤，而博则过之。自桂凤辍业之后，能与谭氏配《乌龙院》、《翠屏山》等戏，厥推路氏。近20年来，花旦界中第一流人物也”（燕山小隐《近世伶工事略》）。路三宝所擅演剧目还有《小上坟》、《幽界关》（又名《查头关》）、《浣花溪》、《花田错》、《得意缘》、《采花赶府》、《胭脂虎》、《秦淮河》、《打花鼓》、《春秋配》等。曾从路三宝学花旦戏的，除了梅兰芳、尚小云、荀慧生、于连泉外，还有黄润卿、臧岚光等。 （蓝凡）

《幽界关》饰尤春风（左）（饰刘唐建者失考）

Lu Lanchun

露兰春 (1898～1936) 女演员。工生。江苏扬州人。幼在天津学艺，初习梆子武生，后学唱皮簧，工文武老生。12岁开始登台。后与翁梅倩、玻璃翠、小桃红同隶宝来坤班，出演于天津升平茶园，以《桑园会》、《文昭关》、《战蒲关》等剧初露头角。1912年，应上海新开设的天仙合记髦儿戏茶园之邀，与小桃红等人南下搭班，与林黛玉、粉菊花等同台合串。露兰春以扮相秀挺，唱口响亮，文武兼能而赢得观众。此后又接连上演了《桑园寄子》、《天水关》、《四郎探母》等30余出戏。翌年，又先后应聘于群舞台、群仙舞台，将汪（笑侬）派名剧《马前泼水》、《哭祖庙》等搬上舞台，以迎时好。

1914年，露兰春离沪赴汉口、天津等地演出。1919年再度到沪，应聘于新式剧场共舞台，充当台柱。她音色高亮滋润，运腔饱满奔放，武技功底扎实，表演真切感人，文宗汪笑侬，武效黄月山，成为当时男女合演中引人注目的女演员。她在与小宝义、张文艳、吕月樵合演的连台本戏《宏碧缘》、《妻党同恶报》中，以演唱颇得汪派神韵而取胜；在《骆马湖》、《盗御马》、《独木关》等武戏中，则以身手矫捷、动作美观，能使用真刀真枪与男演员开打而深受观众喜爱。1921年，主演时装新戏《枪毙阎瑞生》（合演者有张文艳、林树森、吕月樵等），轰动申城，自此声名益盛。同年，即被青帮头目黄金荣纳为侧室，时年23岁。此后除了在某些公益性活动中偶尔露演外，很少登台。直至1935年9月，共舞台排演机关布景连台本戏《宏碧缘》，露兰春复出领衔主演，合作者有筱桂红、筱金铃、筱月红、张文艳、小宝义、吕月樵等，演至第十六本时，因露兰春体力不支而中断。1936年露兰春病逝，时年38岁。百代、高亭、胜利公司为她灌制的唱片有《骂毛延寿》、《枪毙阎瑞生》之“梦警”、《宏碧缘》之“探山”，一时广为传唱。 （侯硕平）

《连环套》饰黄天霸

Lü Junqiao

吕君樵 (1915～1996) 京剧导演、编剧。祖籍北京，生于上海。出身梨园世家，父亲吕顺奎是新舞台的演员。幼年随父出入新舞台，观摩前辈艺术家的表演。8岁拜伍月华为师，习汪（笑侬）派老生戏。9岁参加《张松献地图》、《空城计》的演出。13岁随父在宁波、上海以及杭州、嘉兴、湖州等地演出。抗日战争前后参加青年读书会、上海戏剧界救亡协会歌剧部、中华剧团，演出《梁红玉》、《桃花扇》、《长恨歌》等。1943年发起组织艺友座谈会，演出《信义村》，后又编写《光复河山》。中华人民共和国成立后，历任上海京剧改进协会副主任、华东京剧实验剧团副团长、上海京剧院领导小组成员、上海市戏曲学校顾问、中国戏剧家协会上海分会副秘书长、中国戏曲导演学会顾问等。1955年赴京与郑亦秋合作导演《白蛇传》，获得好评。他先后导演了京剧《九件衣》、《信陵君》、《皇帝与妓女》、《南海长城》、《宝莲灯》，淮剧《女审》、《探寒窑》、《官禁民灯》、《五星红旗下》，苏剧《钗头凤》以及越剧、沪剧、锡剧等共50多出戏。他经验丰富，知识面广，导演的戏内容充实，人物丰满。 （吕君武）

吕君樵戏装照（剧目、角色失考）

Lü Ruiming

吕瑞明 (1925～) 京剧作家。山东青岛人。学生时代喜好文学，酷爱京剧。1949年在青岛组建京剧团，与吴素秋合作编写了《节烈千秋》。曾任北京市京剧四团编剧。1953年调入中国戏曲研究院编辑处，参与编辑《京剧丛刊》。1955年为中国京剧院编剧。独自

或与人合作改编、创作了《夏完淳》、《三盗令》、《杨门女将》、《满江红》、《南方来信》、《红灯照》、《恩仇恋》、《锦车使节》等。1983年与日本歌舞伎作家合作编写了大型神话剧《龙王》，嗣后又根据同名日本名剧改编演出《坂本龙马》。为纪念徽班进京200周年，与人合作改编了《宝莲灯》，李维康、耿其昌主演。吕瑞明曾任中国京剧院院长、《中国京剧》主编。他长期与范钧宏合作，两人剧作风格、艺术特点颇多相近之处。有《范钧宏吕瑞明戏曲选》，中国戏剧出版社1990年7月出版，收入两人合作的京剧剧本《满江红》、《杨门女将》、《夏完淳》、《锦车使节》和河北梆子剧本《蝴蝶杯》。后有《新时期京剧剧作集》，口国戏剧出版社2006年12月出版，收入《恩仇恋》(与陈延龄合作)、《龙王》(与奈河彰辅合作)、《坂本龙马》、《全本宝莲灯》(与高文澜、刘亮、李舒合作)、《承天太后》(与高文澜合作)、《弹剑记》、《草泽郎中朱丹溪》、《福寿镜传奇》，共8个剧本。附林毓熙等人的剧评4篇。刘厚生为之作《序》，称吕瑞明作品中"辉耀着一种开阔、明朗、豪放、刚健的风格"，"是自觉地接受我们时代精神哺育的结晃"。

（葛士良）

Lü Yueqiao

吕月樵 (1869～1923) 演员。工老生、武生。名仲麟。天津人。出身北京清恭王府所办之全福科班。初演青衣，清光绪二十年(1894)首次到上海搭桐记丹桂茶园，演出《彩楼配》、《宇宙锋》等戏。扮相俊美，嗓音清脆，为班主周凤林所倚重，但包银甚低。两年后转隶天仪茶园，改演武生和文武老生。此后数度返津，并遍历武汉、南昌、苏州、杭州等地，所至均以多才多艺受人称道。代表作有武生戏《莲花湖》、《八蜡庙》、《翠屏山》、《狮子楼》，老生戏《四郎探母》、《打渔杀家》、《九更天》、《请宋灵》等。光绪二十九年(1903)与孙菊仙、朱素云、王鸿寿合开云仙茶园，自编自演《戏迷传》4本，把生旦净丑冶于一炉，模仿名伶拿手戏70余出，其中以模仿孙菊仙、朱素云唱腔最为神似，曾有一星期内连演7场《戏迷传》而上座不衰的纪录。同时又将传统老旦戏《滑油山》、《游六殿》增加头尾，排演成全本《目连救母》，作为打炮戏。该剧唱腔宗法汪桂芬，又穿插跌扑、接叉等高难度武技，是武生兼演老旦的创举，此后杨瑞亭、应宝莲、何月山等起而仿效，均以此剧享名。此外拿手戏还有《拾黄金》、《十八扯》、《黑驴告状》等。

《莲花湖》饰韩秀（右） 郎锦堂饰胜英

光绪中叶后，他在天津先后参加了双盛合、忠和等班，及法租界聚兴茶园和奥租界东灵仙茶园，除《目连救母》、《戏迷传》外，还参加了新戏《吕大人拿混混儿》、《乾隆出巡》、《三门街》的演出。宣统二年(1910)上海大舞台开张，他莅沪被聘为老生台柱。辛亥革命时曾与潘月

《吕月樵之〈目连救母〉》（选自清末上海《图画日报》）

樵等参加攻打江南制造局之役。演过《新茶花》、《孤儿泪》等新戏，在时事新戏《鄂州血》中，扮演孙中山。他还在各地多次开办过戏院。晚年返回故里天津定居，1923年春病故。长女吕美玉演旦脚，20世纪20年代隶上海共舞台，继王芸芳之后，以时装戏《失足恨》名噪一时。子吕玉堃为电影、话剧演员。

（黄菊盛）

Lü Zhong

吕仲 (1906～1973) 戏曲作家。别名次维。江苏武进（今属常州）人。

生于铁路职员家庭，毕业于苏州工程学院。学生时对戏剧、书法、绘画均有爱好。抗日战争时期全家到上海避难，进南洋烟草公司任职员，业余票演京剧，对海派京剧脸谱研究有素。1942年参加雪声越剧团、东山越艺社等剧团任编剧并主持剧务部，编导新越剧。1950年参加华东军政委员会戏改处工作，1951年调华东戏曲研究院，任院属大众剧院经理。后调编审室京剧组任编剧。1955年转入上海京剧院艺术室任演出科副科长，继续编剧，并参与周信芳舞台艺术记录整理工作。他的剧作颇有文采，曾被誉为越剧十大编剧之一，编导了《侠骨柔肠》、《家庭怨》、《真假夫人》、《桃花扇》等越剧。1950年后，致力于京剧工作，编写过《劈山救母》、《三姐下凡》、《义责王魁》等剧。帮助周信芳整理了

《义责王魁》 周信芳饰王中（右） 齐英才饰王魁

《清风亭》、《打渔杀家》、《宋士杰》、《文天祥》、《打严嵩》及《凤凰山独木关》等剧文本。《义责王魁》是周信芳晚期代表剧目之一，根据评弹演出本改编。改编前，吕仲曾和周信芳多次交换创作意图，取得一致意见。作品描写王魁高中，入赘相府后，休弃恩深情重的敫桂英。剧本紧紧围绕主题，集中写老家人王中义责王魁负桂英，充分运用传统戏曲手法，慷慨陈词，淋漓尽致，发挥了麒派表演的特长。女主人公敫桂英虽未出场，但前因后果已交代明白，使观众同情她的悲惨遭遇，深恶王魁忘恩负义。剧本收入《周信芳演出剧本选集》续编。（蔡世成）

Lüyuan Hongqi

《绿原红旗》 京剧作品。青海省京剧团集体创作并演出，张武明执笔。描写藏族青年昂加曾是头人吉朋的牧工，9年前因不堪虐待和剥削，参加了中国人民解放军。1958年，昂加在合作化运动中回到家乡吉密部落，参加草原的民主改革工作。吉朋和公保头人等与残匪马建昌勾结，破坏民主改革。他们劫持了昂加的未婚妻，私设公堂，审讯拷打。接着又召开部落大会，捏造罪名，加害昂加。县委书记、藏族干部加旺闻讯赶到寺庙，阻止了敌人的暴行，救出昂加。马建昌指使部下向加旺书记开枪。工作组的汉族干部刘文刚掩护加旺，不幸中弹受伤。追查凶手时，公保头人交出的却是无辜的小喇嘛桑巴。加旺书记与昂加识破了敌人的阴谋伎俩。他们做桑巴的工作，使他认识到头人的阴险残暴。桑巴终于觉醒，揭露公保等人制造“天降花雨”、“经堂讲话”等谎言，蛊惑欺骗群众，阻挠民主改革的行径。敌人的阴谋被粉碎，在工作组的带领下，修渠引水，草原显现出一派水美草旺的繁荣景象。敌人策动暴乱，人民群众配合解放军平乱，彻底摧毁了千百年来压在牧民头上的封建特权和剥削制度，残匪终被消灭，牧民真正成了草原的主人。1959年进京演出。1959年1月宝文堂书店出版单行本。（谭志湘）

Lüzhu

《绿珠》 京剧作品。陈水钟编剧。晋代，合浦女子梁绿珠丧父，母女前往洛阳，路遇劫匪。出使交趾（今属越南）归来的散骑常侍石崇将其救下，以一斛珍珠为聘，将绿珠带回洛阳。平日与石崇交往甚密的潘岳、张载至郊外相迎。潘岳属下孙秀见绿珠貌美，忘形失态，激怒石崇。孙秀被斥，投靠赵王司马伦。司马伦阴谋篡位。淮南王司马允举兵勤王，司马伦用孙秀计，除掉司马允。孙秀乘机诬陷石崇，奉命将正在金谷园中与王恺斗富的石崇斩首，欲将绿珠抢走。绿珠殉情坠楼而死。后成都王拥兵进京，擒司马伦，斩孙秀。绿珠坠楼事《晋书·石崇传》即有记载，但与剧情略有出入。宋人乐史有《绿珠传》传奇，对绿珠“不知书而能感主恩”大加赞赏。清人毕万侯《竹叶舟》传奇综合了各种有关绿珠的传说，全剧只是石崇的一场梦。京剧《绿珠坠楼》受到上述作品不同程度的影响，赞颂绿珠的殉情死节，对孙秀之流予以抨击。1925年7月17日徐碧云在北京的中和戏院首演。同台演出的有谭富英（饰石崇）、萧长华（饰孙秀）、尚和玉（饰司马允）、马连昆（饰司马伦）及诸如香、朱桂芳等。该剧是徐碧云独有剧目，有新颖的唱腔、轻盈的身段和翎子舞。采用立体布景。“坠楼”时，演员翻抢背下，身轻如燕，显示了演员的深厚功力。其后，毕谷云曾演出。剧本载《京剧汇编》。曲润海有同一题材的京剧本《金谷园》，1995年山西省京剧院首演，从兆桓导演，李胜素饰绿珠，参加首届中国京剧艺术节，获程长庚演出奖。（张燕鹰）

《绿珠坠楼》 徐碧云饰绿珠

《金谷园》 李胜素饰绿珠（右）

Luantan Ji

《乱弹集》 戏曲文集。龚和德著。中国戏剧出版社1996年3月出版。龚和德（1931～ ），江苏启东人。中国艺术研究院研究员。任中国舞台美术学会顾问、中国戏曲学院荣誉教授、中国戏曲学会副会长。书中涉及京剧的论文《略谈徽班与京剧》、《徽班的历史贡献》、《试论徽班进京与京剧形成》、《试论海派京剧》等，运用丰富的史料，对徽班从“联络五方之音”到京剧形成这一复杂历史进程，做了比较清晰的勾勒。作者认为，徽班的历史贡献，在于它完成了中国戏曲史上一次新的综合，即南北花雅的综合。在北京形成的京剧，从时间上说，其社会分期应属近代范畴，但从文化性质来看，它是古代戏曲的终结。京剧的走向近代化是从上海开始的。海派京剧不是一个单纯的地域性概念，它还包含新的质，就是京剧的近代化。对于海派京剧的正面与负面及其今后的走向，作者也作出分析与探讨。书中还收有《中国戏曲——西方戏剧的重要参照》，结合梅兰芳访问美国、苏联演出，谈了京剧在西方的影响。并着重讨论了中国戏曲在西方升值，根源于西方戏剧自身的变革要求，在参照上形成一条主线：反写实主义；4个热点：召回古老剧场的假定性、创造自由时空、调动观众参与、追求质朴中的全能化。作者系舞台美术专家，另著有《舞台美术研究》，中国戏剧出版社1987年出版。其中《梅兰芳与舞台美术》一文，对梅兰芳在化装、服饰、灯光、布景诸方面所作的创新与探索，做了考证、评论。尤其对梅氏创制的新式古装，总结出解放戏曲舞台上妇女发式，注意表现女性体态的美，形成了由“错采镂金，雕缋满眼”趋向“清水出芙蓉，天然去雕饰”的崭新装饰风格等基本特点，并进一步论定这是旦脚装扮的“第二传统”，影响广远。这两本书中，还收有《中国戏曲舞台美术历史概说》、《框架结构及其他》、《戏曲人物造型论》、《戏曲景物造型论》、《戏曲穿戴规制》、《有个性的中性处理》等篇，系作者为构建中国戏曲舞台美术学科所作的基础性理论研究，所据实例多为京昆艺术，对京剧舞台美术的研究也有裨益。（李黎明）

Luobinhan

《罗宾汉》 文艺小报。主要内容为戏曲和电影。历任编辑有朱瘦竹、周世勋、詹禹门、汤笔花、王雪尘、邱馥馨、卢继影等。1926年12月创刊于上海。当时正放映美国电影《侠盗罗宾汉》，该报标新立异，遂以“罗宾汉”命名，由此走红。该报由周世勋主持电影，朱瘦竹主持戏剧，二人才思敏捷，用“铁手”、“唯唯”、“观海生”、“保罗”、“腓力”、“雅谷”等笔名，包办了该报大部分稿件。朱瘦竹供职于天蟾舞台，每日往来于各戏院、游乐场，与班主、名伶，至龙套、跑堂，均很熟悉，因此对舞台动态、梨园界的趣闻佚事、各种掌故均了如指掌，辟有《京剧传声筒》、《名伶现形台》、《坤角着衣镜》等栏目，内容生动，深受读者欢迎。该报除了刊登全国各地、各剧团在沪演出及梨园界的种种消息外，发表的剧评剧论也有一定的影响，曾连载近百篇戏曲史料长文，如《伶称一览表》、《各舞台汇志》、《伶界全体大会记》等。几乎所有京剧名角都在该刊发表过自己的剧照。在20世纪30年代的上海发行过数不清的小报，以报道戏曲消息和内容闻名的也不少，如《晶报》、《金钢钻报》、《大报》等，而在演剧界、剧评界最具影响的便是《罗宾汉》，它被公认为是“戏报之冠”、“戏报鼻祖”，并列作报界“四大金刚”之一。销路也雄居各小报之首，达2万余份。此后在1942年、1946年几度革新版面。该报历时23年，是上海戏曲专业报纸中出版时间最长的一份报纸。于1949年7月9日停刊。 （周巩平）

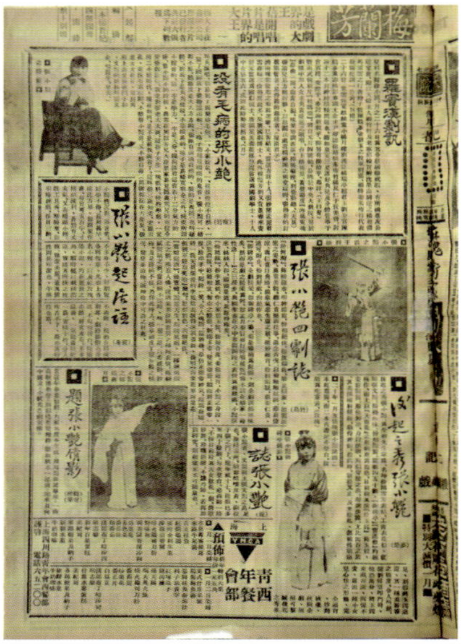

1930年12月29日的一个版面

Luo Cheng

《罗成》 京剧作品。又名《淤泥河》、《周西陂》。包括《叫关》、《托兆》、《小显》等折。作者不详。叶盛兰改成自罗成探监至罗成被乱箭射死为止，中间删去《托兆》、《小显》，定名《罗成》。剧情为：唐初，罗成前往探视被囚禁的李世民时，遇到齐王李元吉。正值高丽国王派苏烈出征唐朝，为了削弱李世民的实力，李元吉故意举荐罗成为先锋，随其出征。罗成连连取胜，李元吉不但不予奖赏，反而诬陷他通敌，责打四十军棍，逼令他将敌兵马斩尽杀绝方许进城。罗成苦战归来，却见四门紧闭，无法入城。罗成咬破手指写下血书，交给义子罗春去搬救兵。然后再次出战，战马陷入淤泥河，被乱箭射死。李世民得讯后，与秦琼、徐懋功等前往祭奠。罗成显魂，向他们诉说受害经过，并嘱托后事。事见《大唐秦王词话》及《说唐全传》第61回。京剧源自清代花部剧目《淤泥河》，《缀白裘》录有《番衅》、《贩房》、《屈辱》、《计陷》、《血疏》、《乱箭》、《哭夫》、《显灵》诸折。京剧以小生饰罗成，为德珺如、朱素云代表作。程继先、姜妙香、叶盛兰等都擅演此剧。文武兼重，以演唱唢呐二簧为其特色。《叫关》一场的“黑夜里闷坏了罗士信”一段，高亢激扬，回肠荡气，其中的[嘎调]和高腔更是悲壮苍凉，为京剧唱腔中的佳作。罗成在城楼前写血书时所唱的“勒马停蹄站城道”一段由[唢呐二簧导板、原板]转唱[西皮娃娃调]，而且是上句[二簧]，下句转为[西皮]，转接十分自然。这种由[二簧]、[西皮]两种板式连缀而成的唱腔在传统戏中极为少见。罗成在临死前要在桌上做两个“鹞子翻身”、“朝天凳”、“劈叉”下桌，最后起“抢背”，以“硬僵尸”死去，均为高难动作。《戏考》载有《罗成叫关》、《罗成托梦》两折。 （丁汝芹）

《德珺如之〈罗成叫关〉》（选自清末上海《图画日报》）

Luo Fushan

罗福山 （1865～1929） 演员。工老旦。乳名庚儿。祖籍江苏吴县（今苏州吴中区、相城区），生于北京。出身梨园世家。其父罗巧福为京剧青衣演员。兄罗寿山，即名丑罗百岁。幼入科班学艺，工老旦，出科后搭四喜班数年之久。他腹笥渊博，戏路极宽，且昆乱不挡，是与龚云甫同期的著名演员。他嗓音较细，酷似老年妇女，但极富韵味，极适合扮演憨厚诚朴的老年妇女，如真挚善良的《春秋配》之乳娘，《桑园会》之秋母，《朱痕记》之朱母等，沉着老练的《雁门关》之佘太君，注重身份的《樊江关》之柳迎春，豪壮之气的《得意缘》之祖母，亦能跌扑繁重的《焚绵山》之介母，其他如《八大锤》之乳母，《别母乱箭》之周母等，均为其杰作。尤精于昆曲，曾与谭鑫培、田桂凤、陈德霖、王瑶卿、梅兰芳、杨小楼、余叔岩、高庆奎等配演。他是做工老旦中不可多得的人才。其门人有文亮臣、松介眉、李多奎、孙甫亭等。长子文奎，工丑行，罗门大排行为四，同仁称之“罗四爷”。次子早夭。三子文田，精工武场大锣，曾傍杨小楼、梅兰芳等，人称“罗六爷”。四子文元，工丑行，人称“罗八爷”。 （刘松崑）

《得意缘》饰祖母

luohanyi

罗汉衣 剧中十八罗汉专用衣的统称。戏曲舞台上的十八罗汉常被塑造成为战神，受如来佛派遣到下界来收妖降魔，如《十八罗汉斗悟空》、《十八罗汉收大鹏》等。罗汉衣均为便于武打的轻便装束。款式为大襟，斜大领，阔袖（小袖头）或窄袖，衣长过膝，近似褶子类中的短跳。服色有土黄、铁灰等。由于十八罗汉形体各异，有长臂、长腿、高矮胖瘦等区别，一堂罗汉衣亦同中有异，以适应假臂、踩高跷、楦肚等种种特殊的塑形需要。装扮时腰束丝绦，左肩斜披袈裟，项挂大佛珠串，头部则戴形貌各异的面具。

《十八罗汉收大鹏》之伏虎罗汉
（选自《中国京剧艺术人物造型》）

（谭元杰）

Luo Huilan

罗惠兰 （1933～　　）　女演员。工青衣。原名秦兰英，曾用艺名玉芙蓉。祖籍北京，生于江苏南京。满族。12岁在南京从潘奎芳夫妇学戏，16岁登台演唱。1949年后在北京与李鸣盛合作演出。

1950年拜在任志秋门下。翌年冬，搭入马连良剧团，开始为马连良配演各剧，先后有4年之久，深得马氏看重。马派诸剧如《苏武牧羊》、《三娘教子》、《审头刺汤》、《胭脂宝褶》、《春秋笔》、《清风亭》、《桑园会》、《四进士》、《龙凤呈祥》等剧中的主要旦行角色均由她扮演。在前辈名家的提掖帮带下，剧艺进步极快，为业内外称道。1955年随团赴朝鲜慰问演出，又去香港地区献艺，遍受赞许。同年在上海拜梅兰芳为师，得到亲授《贵妃醉酒》、《霸王别姬》、《凤还巢》、《宇宙锋》、《三娘教子》等剧。她嗓子宽亮甜润，音纯味厚，做表落落大方，无小家气，颇具梅氏风范，口碑甚佳。在京、津、沪各地名声日起，还曾去西北新疆等地演出。1961年调入河北省京剧团任主演，与马最良、贯盛习、梁庆云等同台合作。常演剧目有《玉堂春》、《大保国、二进宫》、《红鬃烈马》、《审头刺汤》、《法门寺》及梅派戏《凤还巢》、《宇宙锋》、《春秋配》、《贵妃醉酒》等。在现代戏《沙家浜》中扮演过阿庆嫂。1974年调河北省艺术学校任教，时而参加演出。她在培育戏曲新生代方面，卓有成绩。（钮骠）

Luo Liangsheng

罗亮生 （1889～1971）

票友。工老生。广东大埔人，旅居上海。先后任职于金星保险公司业务部、中国上海保险公司。自幼酷爱京剧，20岁左右加入京剧票房，后主持雅歌集。20世纪20年代问艺于陈彦衡，系陈十大弟子之一。研习谭派尤为用力，虽登台不多，偶演《举鼎观画》，则轰动上海。1925年在高亭公司灌制谭派名剧《镇潭州》、《空城计》唱片，深得谭派神韵，获伶、票两界赞许，被尊为“票界老谭”。又与孙菊仙、余叔岩等交厚。1920年余叔岩莅沪演出，罗为提调，并介绍百代唱片公司邀余灌制唱片。30年代中期，与江子诚（梦花）、徐凌云等组织谈戏聚餐会，研究、评议戏曲。他热心助人，性情耿直，尤对票界追名逐利之陋习深恶痛绝。有多种回忆文字存世，如《谭鑫培六到上海》、《上海京剧票房及票友》、《戏曲唱片史话》等。内中存有大量第一手材料，弥足珍贵。（讷言）

Luo Shoushan

罗寿山 （1859～1912）　演员。工文丑。名树德，字朗臣，号寿山，乳名百岁。祖籍江苏吴县（今苏州吴中区、相城区），生于北京。父罗巧福（1835～？），名阿顺，号笑仙，幼入“福盛堂”

罗寿山戏装肖像
（沈容圃绘）

杨三喜门下习昆乱青衣兼花旦，人称“嘎嘎旦”。曾出资将梅巧玲从夏白眼处赎出，精心培养使其成才。巧福生有四子，有两子从艺，寿山行三工丑行，四子福山，工老旦。

罗寿山幼入韩家潭“德春堂”杨五门下学艺。初习老生，后改文丑。又从华福山（华虎）习艺，后拜刘赶三为师。清同治十年（1871）出台搭四喜班，后搭三庆、玉庆、同庆等班。他具有天赋佳嗓，念白脆亮清朗，语言简洁风趣，善用大小声音轻重配合，诙谐不俗。虽貌瘦但双眸有戏极能抓住观众，尤善插科打诨临场抓哏。面部表情讲究冷隽，能一语双关讽刺时政，又在戏理之中，为他人所莫及。梅兰芳曾说：“有些演员在台上随口乱说，喜欢抓低级庸俗的哏，台下反映也觉得讨厌而无好感，我所看过的丑脚老前辈以罗百岁为第一。”相传当年慈禧西逃后，从西安返回京城时，他正演《卖绒花》饰一长工，在门外看见大小姐回来后，便借题发挥临场加词：“大小姐不是逃跑了吗？怎么又回来了？噢！我明白了，现在已经讲和了，所以她又回来啦！”这语涉双关的尖锐讽刺，剧场效果反映极为强烈。学谭鑫培、汪桂芬之唱腔惟妙惟肖，每引吭一歌，必彩声雷动。常与田桂凤合演《双钉记》、《贪欢报》、《小上坟》、《翠屏山》、《红鸾喜》等。与谭鑫培、田桂凤合演《乌龙院》，为一时之绝。与谭鑫培演《秦琼卖马》、与黄润甫演《法门寺》、与迟韵卿演《胭脂虎》、与杨朵仙演《双铃记》和《十二红》、与汪桂芬和王楞仙演《群英会》、与余玉琴演《眼前报》等，均享誉一时，擅演剧目尚有《百万斋》、《连升店》、《定计化缘》、《老黄请医》、《打杠子》、《打灶王》、《打面缸》、《小上坟》、《双摇会》、《拾黄金》、《入侯府》、《偷诗》等。《清风亭》之贺氏，早年归老旦扮演，罗百岁以丑行应工，演来逼真传神，自此贺氏成为两门抱的角色，其丑行应工之传统，延续至今。光绪十六年（1890）五月二十五日，与谭鑫培、陈德霖、孙秀华四人同被选入升平署，自此声望更重。《青石山》所饰王半仙的精湛表演，即在内廷承差

《探亲》饰胡媪

《绒花计》饰崔八

时，看到宫廷内及日常所见的道士举止行动，经过仔细观察和反复模仿并加以提炼，融化于表演之中。又根据梆子腔调将其糅进剧中所唱（南梆子）调中，使其具有“二音”，别具风格。一次在宫内与杨小楼、余玉琴合演此剧，临场抓哏道：“我把神仙给您请来了！”“在哪儿哪？”他特意来了个手指慈禧太后的身段道：“那中间坐的就是！”为此博得慈禧大悦，即令“看赏”。晚年因吸鸦片，身体更加消瘦，1911年辛亥革命前，便极少演出。

其弟子有慈瑞全、张文斌等。百岁有四子一女：长子文森工武场面，为贯大元、张鑫奎、慈永顺等之岳父；次子文林为琴师；三子文翰工武场面，为琴师孙佐臣之门婿；四子文瑞亦工武场面；女为名旦孙怡云之续室。（刘嵩崑）

Luo Wanjin

罗万金　（1919～1990）　月琴琴师。祖籍江苏吴县（今苏州吴中区、相城区），生于北京。系晚清著名京剧老旦演员罗福山之孙，大锣名手罗文田之子。7岁拜陆宝林为师学习月琴。由于聪慧、刻苦，少年时即开始为诸多名家伴奏，如言菊朋、马连良等。不到20岁便以出类拔萃的技艺而获得“月琴大王”的美称。曾陆续为马连良伴奏录制的剧目有《胭脂宝褶》、《南天门》、《十老安刘》、《苏武牧羊》、《失空斩》等。1948年冬随马连良赴香港演出，并参加由马连良主演的《借东风》、《打渔杀家》、《游龙戏凤》等京剧影片的拍摄工作。1952年加入中国人民解放军总政治部京剧团。先后为童芷苓、谭元寿、李鸣盛、李丽芳、郭元汾等人伴奏。1958年9月随中国京剧院四团调宁夏回族自治区，为宁夏回族自治区京剧团主要月琴琴师。他演奏月琴指法稳准、灵活，弹拨有力、迅疾多变、刚柔相济，琴音清脆、响亮，节奏疾徐有致，并富有创造性。如在《空城计》一剧中，诸葛亮［西皮慢板］“我本是卧龙岗散淡的人”唱段里的“琴歌”，他便突破了传统弹法，在乐句中，创造性地运用三连音的快速弹法，效果甚佳。20世纪80年代初，一度应北京京剧院、北京市戏曲学校邀请，在京课徒传艺。（刘连伦）

Luo Wenhan

罗文翰　（1887～1923）　乐师。司小锣。祖籍江苏吴县（今苏州吴中区、相城区），生于北京。为名丑罗寿山之第三子。自幼拜郝春年（郝六）为师。清宣统三年（1911），与陈祥瑞、耿永清等同时被选入昇平署当差。数月后，清朝灭亡，即退出昇平署在外搭班，后随荀慧生班合作演出多年，并与该班前往天津、上海、武汉等地演出。其妻为孙佐臣之女，有子盛公工丑、盛远工净、世鸣工小生、世保工丑，均坐科于富连成科班。（孔祥昌）

Luo Yinggong

罗瘿公　（1880～1924）　京剧作家。名惇曧，亦作惇融，字掞东，号瘿庵，晚年又号瘿公。祖籍广东顺德，生于北京。父罗家劭，晚清翰林院编修。早年入广雅书院，师从康有为。清光绪二十九年（1903）中副贡，此后屡试不第。捐赀，官至邮传部郎中。曾与林纾等共结诗社，著有《瘿庵诗集》。辛亥革命后历任总统府秘书、国务院秘书、礼制馆编纂等职。1913年，参与梁启超发起的万牲园修禊会。袁世凯称帝，他虽是其子袁寒云的老师，因鄙视复辟，不受官禄。他与王瑶卿、梅兰芳等友善，热心支持、帮助程砚秋习艺和演剧，亲自为其编剧，邀请王瑶卿设计唱腔并参与排练，对程派的形成，起过重大作用。从1921年起，罗瘿公为程砚秋创作改编了许多剧本。如反映隋末“风尘三侠”李靖、红拂女和虬髯客故事的《红拂传》，成为程砚秋早年长期演出的剧目；表现谢招郎与王五姐私订终身，由于封建家长的阻挠，造成生离死别的爱情悲剧《鸳鸯冢》；描写申雪贞为夫报仇，洞房中以家传青霜剑刺死仇人，自刎于丈夫坟前的社会悲剧《青霜剑》；根据元代关汉卿《窦娥冤》杂剧、明代叶宪祖《金锁记》传奇改编的《金锁记》等，这些作品对程砚秋艺术风格的形成具有重要的影响。他还先后编写了喜剧剧本《花舫缘》（又名《三笑缘》）、《花筵赚》（又名《玉镜台》）、《风流棒》、《赚文娟》、《玉狮坠》等，故事曲折，情节生动，创造了许多性格各异的人物。此外，他还为梅兰芳编有《西施》。其他著述有《鞠部丛谭》及《瘿庵诗集》、《太平天国战记》、《戊戌德宗之密诏》、《庚子国变记》等。1924年以贫病逝世。程砚秋遵其遗嘱，葬于京郊西山四平台，并停演数月志哀。（秦华生）

luogu ganpaizi

锣鼓干牌子　京剧曲牌。来源于昆曲，即将本来可以唱的曲牌（多为群唱的，带管乐、锣鼓伴奏的混牌子）去掉唱和管乐，改唱为念，只用锣鼓伴奏的曲牌。锣鼓加干念的牌子，因强调了曲词的句式、音节，听来铿锵有力，甚为明快，故常用于行军过场或配合舞蹈动作之中，如昆曲剧目《麒麟阁·三挡》中贺方、杨林、程咬金等过场，和众军士同念的［滴滴金］、［鲍老催］、［双声子］以及京剧《青石山》中，为周仓边念边舞所配的［四边静］等。京剧里过去使用干牌子都要念出曲词，后来为求简便，或因原有的曲词与新戏的内容不合，于是干牌子就连曲词也不念，而变成纯用锣鼓奏出。如现在舞台上常用于急速行走的锣鼓［水底鱼］，原来就是带曲词能念的干牌子。

水 底 鱼

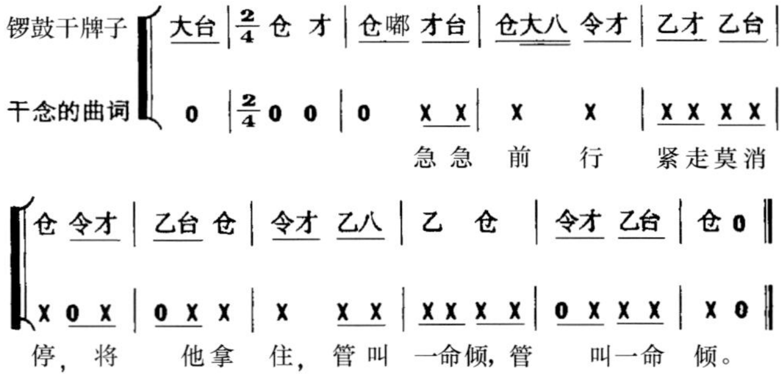

（许瑾忠）

luogujing

锣鼓经　京剧锣鼓点子的总称。以口念出或用手奏出者皆称锣鼓经，简称锣经；将之记录成谱即为锣鼓谱。口念的锣鼓经常以打击乐器的击奏音响为依据，结合打法上的不同情绪色彩和力度、速度奏变化而如实念出。如大锣的单击一锣即念“匡”，与铙钹、小锣齐奏一击即念“仓”，单击轻打即念“孔”，念来生动、灵便，十分上口。常用的“锣鼓状音字谱”，即是根据口念的锣鼓经而记录下来的。由于口念锣经随意性很强，因人而异，故所记录的“锣鼓状音字”尚无统一规范。兹将一般采用的“锣鼓状音字”说明如下：

大——鼓单楗击奏（右手持楗击奏）
多——鼓单楗轻击
龙冬——鼓单楗轻两击
多罗——鼓单楗颤奏
八——鼓双楗齐奏（或指左手持楗击奏）
八大——鼓双楗先左后右击奏
嘟儿——鼓双楗滚奏
扎——板独奏
乙——休止拍
匡——大锣独奏
孔——大锣独奏轻击
仓——大锣、铙钹、小锣齐奏或大锣、小锣齐奏
顷——大锣、铙钹、小锣齐奏轻击
七——铙钹独奏
才——铙钹、小锣齐奏
扑——铙钹闷音独奏
台——小锣独奏
令——小锣独奏轻击
匝——小锣闷音独奏或与大锣、铙钹的闷音齐奏
冬——堂鼓单锤独奏
嘟隆——堂鼓单锤颤奏

状音字虽不能包罗万象，但涵盖面极强，且念来传神，用之有效，故长期被沿用。此外，尚有以拉丁字母（即状音字的声母）来标记锣鼓的简写谱，书写更为简捷。

以上两种记谱虽则简便，却也有着以单行谱式记录多种乐器音响组合的不足，无法表明整体的音响及声势特点。故又有分行式总谱的出现，其以四线和五线谱音符分别将鼓板、大锣、铙钹、小锣所击奏的时值记录下来，使锣鼓的组合清晰可见，虽书写烦琐，却较为科学。如［慢长锤］的总谱：

［慢长锤］总谱

（王硕）

Luoshen
《洛神》 京剧作品。齐如山编剧。梅兰芳1923年首演。事据三国时曹植的《感甄赋》(后改名《洛神赋》)和明汪南溟《洛水悲》杂剧。演三国时，袁绍兵败，其儿媳甄氏被曹丕纳为妃子。曹植与甄氏相悦。曹丕即帝位后，甄后被谗致死。曹植入朝觐见，曹丕将甄后遗物玉缕金带枕赠之。曹植出都，夜宿洛川驿，倚枕而眠。梦中，见洛川神女飘然而至，水珮风裳，姿容绝世，竟似甄后模样，约他在川上相会。次晨，果见川上仙女脉脉含愁，盈盈欲语，互诉衷情，昔日两相爱慕，如今仙凡路殊。赠珠报珮，依依惜别。此剧为梅兰芳所创造的古装神话剧，为了表现神仙世界意境，设计了仙女的古装服饰、旗帜旄节、高台布景、彩色灯光等，更有诸多与唱词相结合的舞蹈。演出后，吸取印度诗人泰戈尔的意见，加强了全剧的诗意。1955年，拍摄成彩色影片，编入《梅兰芳舞台艺术》。梅派传人言慧珠、梅葆玖等均曾演出。剧本收入《梅兰芳演出剧本选集》。

京剧电影《洛神》 梅兰芳饰洛神

（刘乃崇 蒋健兰）

Luoshen Fu
《洛神赋》 京剧作品。北京京剧院梅兰芳京剧团2001年首演，获第三届中国京剧艺术节金奖。编剧戴英禄，导演石玉昆，唱腔设计朱绍玉，作曲配器谢振强，舞台设计黄海威。为梅派经典《洛神》的演绎。剧情是：三国时期，曹操意欲一统天下。在铜雀台落成的典礼盛宴上，曹丕、曹植兄弟即席挥毫献赋。曹丕之妻甄宓奉命当众点评，抑丕扬植，引起夫君不悦。曹植与甄宓偶于荷塘相会，倾诉情怀，引为人生知己。曹丕加冕登基为魏帝，欲置曹植于死地，并逼甄宓溺水自沉。曹植被黜，赴封地途经洛水，由洛神的传说引起对甄宓的深切思念，感慨悲怀，踯躅难行……作品以三曹父子与甄宓之间的情感纠葛为主线，围绕着立储即位过程中的惨烈人生际遇，生发出一个“水做成的”绝代佳人——甄宓和“性情中人”建安才子——曹植，因恪守精神家园的真实自我而走向毁灭的悲剧，开掘出“权欲”和“人欲”之间冰炭难容，皇权社会的道德法统对人性的扭曲、对爱情的扼杀这样具有现代人文观照的主题内涵。全剧四幕。唱词对白凝练典雅，有相当的文学品位。导演注重从现代美学出发，激活京剧传统的表现形式。刻意营造出一派灵动缥缈“在水一方”的舞台呈现，既与古典诗剧意境相符，又与梅派《洛神》原作的艺术底蕴暗合，为演员提供了可供驰骋的舞台时空。梅葆玖弟子董圆圆扮演甄宓，她把梅派艺术风格的雍容华贵、中和冲淡的神韵，灌注在每一个具体细节里，流派的继承已不只是单纯的对经典的描摹。叶少兰塑造的曹植，建安才子的书卷气、性情中人的痴气、悲剧性格的复杂微

董圆圆饰甄宓（左） 叶少兰饰曹植

妙浑然一体，让人感受到传统京剧艺术语汇的活力与生机。计镇华塑造的曹丕，发挥昆曲细腻传神的演技特长，又融进影视表演的某些生活化实感，同时打破行当界限，化用不少花脸的表演程式，把权欲浸润下人性扭曲、精神濒于分裂边缘的角色，刻画得有声有色。景荣庆扮演曹操，雄浑苍劲的嗓音，沉稳叱咤的气度，把“烈士暮年，壮心未已”的性格特征，表现得酣畅淋漓。在音乐唱腔方面，《洛神赋》采用的是现代音乐整体间架包容传统板式布局和流派腔调韵味的构思，给人以耐听、耐品的听觉美感。幕间曲的主旋律，用音色独特的古乐器埙演奏，如泣如诉，为渲染全剧的悲剧效果，起了强烈的烘托作用。（刘福民）

Luo Hongnian

骆洪年 （1919～1998） 演员。工丑。原名骆英，曾用名骆广通。北京人。幼年拜小福喜为师，习丑戏。后入斌庆社、鸿连盛科班学戏，并拜刘玉泰为师。先后随李万春、李少春、叶盛章、童芷苓等赴各地演出。后参加李少春、袁世海的新中国实验剧团，1951年参加中国戏曲研究院京剧实验工作团，后转入中国京剧院任演员。他塑造的丑脚人物，有自家风格，擅演剧目有《野猪林》(饰陆谦)、《敬德装疯》(饰程咬金)、《三不愿意》(饰崔八儿)、《葛麻》(饰葛麻)以及现代戏《白毛女》(饰穆仁智)、《林海雪原》(饰刁猴头)和小戏《烘房飘香》等。他还参加过一些新戏的导演工作。（金力）

《白毛女》饰穆仁智（右） 袁世海饰黄世仁

Luomahu

《骆马湖》 京剧作品。一作*《落马湖》*，又名*《拿李佩》*、*《望江居》*。吉水《近百年皮黄剧本作家》中说，该剧旧本为沈小庆所编，久佚，后因宫廷索之甚急，无以应，有人乃撰赝本进献，即今之所传者。描写施仕伦乘黄天霸等攻打殷家堡时，偕王殿臣乔装视察运河，为船夫于亮擒获，献至骆马湖寨主李佩处。李欲为毛如虎报仇，准备将他杀害。其义子李大成曾受仕伦之惠，故竭力劝止，并藏仕伦于山洞。黄天霸等分头访寻仕伦数日，毫无端倪，焦急万分，历经曲折，救出施仕伦，擒获李佩。本事见《施公案》。陶君起《京剧剧目初探》说：“原戏有‘公堂’一场，写黄天霸不负前言，代李佩求赦事，现演出已删去。”该剧为黄月山、杨小楼的代表作。瑞德宝与王长林合演的《骆马湖》亦称一时之选。据《菊部群英》、《都门纪略》、《燕尘菊影录》、《梨园旧话》、《十日戏剧》可知，朱小元、杨孝方、庆春圃、金少山、迟月亭、李洪春、慈瑞全、刘宗扬、刘砚亭、李吉瑞等均工此剧。北京市戏曲研究所有藏本。另有《戏典》、《京调大全》、《戏考》、《戏学指南》、《小戏典》、《戏典大全》、《京剧大全》、《京调大观》等刊本。（井玉贵）

宋富亭饰李佩

Luotuo Xiangzi

《骆驼祥子》 京剧作品。根据老舍同名小说改编，以纪念老舍辰100周年。江苏省京剧院演出。改编钟文农。导演石玉昆。1999年1月首演于第二届中国京剧艺术节，获金奖。故事发生在20世纪20年代军阀混战的北平。主人公祥子是一个善良勤劳的人力车夫。他自苦自贱，苦熬苦攒，买车丢车，三起三落，历尽坎坷。在黑暗势力压榨下，只落得家破人亡，沦落街头。他的爱情体现在他对虎妞从被动到接受，直至虎妞难产死亡，以及他对小福子的由怜到爱，直至小福子被穷困逼死。祥子对爱情的追求和生活信念因此彻底破灭。剧本刻画老实、清白、要强的祥子长期在困境中挣扎、抗争，却一步步走向沉沦、末路。老舍的小说原作为京剧改编提供了丰厚的基础。此前，同名话剧、电影的演出也可作为借鉴。这些既是有利的条件，也为京剧的改编演出树立了标尺，增加了困难。江苏省京剧院演出后，受到观众广泛的好评，认为确是京剧的《骆驼祥子》。陈霖苍、黄孝慈分别饰演的祥子和虎妞，运用京剧艺术富于形式感和节奏感的表演手段，成功地塑造了这两个主要角色，光彩照人。幕开，祥子拉着新车出场的“洋车舞”立即吸引了观众。虎妞走路大步流星，说话风风火火，突破了行当，仍是京剧的旦脚。剧中大胆地描写了男女的情爱，如虎妞对祥子的诱惑，祥子在虎妞怀孕后“听胎音”，感情炽热而含蓄。虎妞与父亲决裂时，当面跳到祥子怀中，动作干脆，极具表现力。陈霖苍、黄孝慈因在此剧中的精彩表演，再次获得梅花奖，即“二度梅”。评论认为，《骆驼祥子》是京剧表现现代生活的新成就。老舍的儿子舒乙说：“京剧《骆驼祥子》改变了过去‘话剧加唱’的简单模式，是真正的改编。渗透于其中的现代符号能让青年一代接受，既是现代舞台装饰又是京剧的传统象征形式，满足不同观众的审美需求。表演非常成功，别出心裁，男女主角的创造性表演使得他们甚至超过了前辈艺术家的成就。”(见1999年3月12日《中国文化报》)2000年，该剧获第九届文华大奖。（颜长珂）

陈霖苍饰祥子（右一） 黄孝慈饰虎妞（右二） 傅关松饰刘四爷（左一）

陈霖苍饰祥子

M

中国京剧百科全书

Ma Bomin

马博敏 (1947～　　) 女演员、艺术管理家。江西景德镇人。1959年就学于上海市戏曲学校京剧二班，师从杨畹农、魏莲芳学习青衣和刀马旦。后又师从尚长麟研习尚（小云）派表演艺术。其嗓音清亮，幼功稳练，文武兼长，擅演《杨门女将》穆桂英、《雁门关》萧太后、《乾坤福寿镜》胡氏、现代京剧《海港》方海珍等。马博敏1984年任上海京剧院常务副院长，走上组织管理工作岗位。1986年任院长。1991年调任上海市文化局副局长，1997年任局长。2000年任上海市文化广播影视管理局艺术总监。2008年起任上海京昆艺术发展咨询委员会主任。2011年任中国京剧艺术基金会副理事长。

在其主持上海京剧院工作和在局领导岗位分管京剧工作的近20年间，对于上海京剧艺术的创新、发展和文化品位的提升，生存状态的改善，发挥了重要作用。她的工作特点和显著成效表现在：①以锲而不舍、精益求精的精神，组织创排了一批优秀作品。由尚长荣推荐，经马博敏组织论证并决定投排的《曹操与杨修》，是改革开放以来京剧界最具影响力的新编历史剧，先后获得首个中国戏曲学会奖和首届中国京剧艺术节的唯一金奖；神话剧《盘丝洞》久演不衰，创新编京剧演出场次之最；连台本戏《狸猫换太子》赋予旧剧以新生命，受到新老观众的热烈欢迎，并被其他剧种移植演出，1996年获第六届“五个一工程”奖戏曲组第一名；新编历史剧《贞观盛事》几经打磨，不断提高，获第三届中国京剧艺术节金奖榜首和第十届文华奖榜首。上海京剧院在新剧目建设上有“七稿八稿，没完没了”的优良传统，是同马博敏坚韧细致的工作作风分不开的。②打破地域限制和门户观念，大力引进优秀人才，实行优化组合。如《曹操与杨修》，编剧陈亚先是湖南的，导演马科是上海的，主演尚长荣来自陕西，这种剧目生产的组合模式，在20世纪80年代可谓开风气之先。由于上海京剧院在艺术创作上成功率较高，创作氛围良好，对于艺术人才具有很大吸引力，如尚长荣、言兴朋、陈少云、关栋天、唐元才、奚中路、李军等，大多通过剧目建设所取得的成就，彼此了解，结下友谊，纷纷加盟上海京剧院，构筑起上海京剧事业新的人才高地。上海京剧院艺术家公寓的建成，极大地改善了艺术家的生活条件，也增加了艺术队伍的凝聚力。③培育青年观众，拓展演出市场，探索京剧艺术可持续发展之路。在马博敏倡议和具体策划下，1995年冬，在北京向高校学生推出了为期十多天的“京剧走向青年”系列演出，青年学子在座谈时说，与京剧真有“相见恨晚”之感。1996年9～11月，又举办“上海京剧万里行”，跨越五省八市，行程两万里，观众达61 000多人次，沿途还继续开展“京剧走向青年”活动，《人民日报》为此发表长篇报道，称“万里行”为“振兴京剧的壮举”。这两大举措已成为上海京剧院大型演出活动的重要品牌，相继举办过多次。此外还坚持在中小学校普及京剧知识，十几年来收获颇丰。④实现场团合一管理机制，开辟后备人才培育基地。经马博敏等的积极努力，1989年中共上海市委、市政府决定将天蟾舞台划归上海京剧院管理。此时，天蟾舞台已是危房，经过5年多改建，焕然一新的老天蟾更名为“天蟾京剧中心·逸夫舞台”，实现了剧院与剧场一体化管理，既使上海京剧院有了经常演出和艺术实验的基地，也成为全国各地京剧艺术在上海的一个交流中心，并使国际化的东方大都会上海有了京剧同海内外观众固定的联结点。1999年10月，上海市文化局和上海师范大学合作开办上海师范大学表演艺术学院，弥补了上海市长期没有培养高层次戏曲舞蹈人才的专门学校这个空白，马博敏任该院首任院长。根据马博敏的创意，该院还举办以京昆艺术家命名的表演艺术培训班，推

《四郎探母》饰萧太后

动老艺术家总结表演艺术，使已有舞台经验的中青年演员能得到老艺术家的亲自传授、点拨，有利提高。

马博敏对于党和国家的艺术事业，顽强拼搏，甘于奉献，卓有建树，自1978年以来多次获得上海市三八红旗手称号、1987年获得全国三八红旗手光荣称号。在其主持上海京剧院工作期间，该院被文化部和人事部评为全国文化工作先进集体。现兼任上海戏剧家协会副主席。（徐幸捷）

Ma Changli

马长礼 （1930～ ） 演员。工老生。原名崇礼，号孝冬。生于北平（今北京）。出身工人家庭。幼从李洪春学戏，随张玉禅练武功。8岁入荣春社科班，从王少芳、蔡荣桂、张盛禄学老生，后拜刘盛通为师学余派剧目。1945年出科后和姜铁麟组班在天津、保定、张家口、太原等地边演出边寻师访友，以求深造。1949年入姜铁麟组织的青年京剧团。1952年入北京市京剧四团，与姜铁麟、吴素秋合作演出新编古代剧《伊帕尔罕》。1953年入北京市京剧二团，与马连良、谭富英、裘盛戎、张君秋诸名家长期合作演出，为他们配演二路老生，如《定军山》严颜、《捉放曹》吕伯奢、《铡美案》陈世美、《断密涧》王伯当、《失街亭、空城计、斩马谡》王平以及《姚期》的刘秀等，演艺精进，为名家器重。1954年始受到马连良的精心指点。学得的主要剧目有《四进士》、《十老安刘》、《胭脂宝褶》、《一捧雪》、《赵氏孤儿》、《苏武牧羊》、《打登州》、《群英会》、《甘露寺》等。1955年拜谭富英为师，学习谭派剧目《大保国、探皇陵、二进宫》、《红鬃烈马》。同时又学了杨宝森的《文昭关》、《清官册》、《捉放曹》、《失街亭、空城计、斩马谡》、《李陵碑》等，同时还得到李少春、奚啸伯的指教。他师法诸家，广征博采。他的嗓音清脆高亮，立音好，与马连良在音质上有所不同。在马派剧目中，他既保持马派飘逸潇洒的神韵，又增加了清新明亮的成分。在《赵氏孤儿》中所扮演的程婴，宗马派，但在有的唱腔中又根据自身的条件做了不同的艺术处理，“白虎大堂奉了命”一段唱，在吐字发音上就吸收了余派唱法的特色。《文昭关》宗杨派，但由于其具有音清域宽的条件，因此演唱起来甜润明亮，隽永雅致。他又善于从话剧、电影和其他艺术形式中吸收营养，不断丰富自己。他勤于思考，具有创造性和开拓精神，在现代戏《智擒惯匪座山雕》、《青春之歌》、《草原烽火》中的成功表演，为观众所称赞。最能展现他艺术才华的是在《芦荡火种》(后名《沙家浜》）中扮演的刁德一这一反面人物形象。《智斗》一场，“适才听得司令讲”、“新四军久在沙家浜”唱段，唱得舒展流畅、韵味十足，脍炙人口。他将刁德一外表温文尔雅、“不阴不阳”，内心却“毒如蛇蝎狠如狼”的阴险性格刻画得淋漓尽致，真实可信。1958年曾获世界青年与学生和平友谊联欢节银质奖章。他主演的《文昭关》、《珠帘寨》及《沙家浜》拍摄成彩色影片。

《苏武牧羊》饰苏武（右）杨淑蕊饰胡阿云

《沙家浜》饰刁德一（右）赵炳啸饰胡传魁

（王佩孚）

Ma Decheng

马德成 （1880～1953） 演员。工武生。字云鹏。祖籍直隶定兴（今属河北）。出身梨园家庭，父亲马泰玉是梆子小生兼武生演员，与侯俊山（十三旦）为同时人物。德成自幼从父学戏，先习梆子小生，后改武生，又入宝胜和科班学文武老生。出科后随父演出于河北、山东及东北一带，在北京、天津、上海和关内外负有盛名。后拜于黄月山门下，专宗黄派，与李吉瑞同门，与瑞德宝、于德芳并称“黄派武生三德”。他武功坚实，身上边式，以唱念见长，尤重唱功，唱功中又擅［二簧］，尤以武生戴髯口的老头儿戏最为著称。他有一条天赋的好嗓子，高亢浏亮，清越激昂，唱念做表自具一格。擅演戏有《连环套》、《骆马湖》、《独木关》、《巴骆和》、《翠屏山》、《铜网阵》、《大名府》、《百凉楼》、《莲花湖》、《剑峰山》、《溪皇庄》、《定燕平》、《请宋灵》等。与名净侯喜瑞合演《连环套》，脍炙人口。有时亦演老生戏，宗贵俊卿，如《逍遥津》、《失街亭》，皆见精彩。中华人民共和国成立后，1950年被聘为文化部戏曲改进局戏曲实验学校名誉教授，与王瑶卿、尚和玉、萧长华、王凤卿、金仲仁、谭小培、鲍吉祥、张德俊共称“九大教授”。曾与萧长华示范演出《骆马湖》。1951年积极参加义演活动，以古稀之年剃须登场，演出《百凉楼》、《黄鹤楼》，表现出炽烈的爱国热情。

《莲花湖》饰胜英（左）姚喜如饰韩秀

（钮骠）

Ma Fulu

马富禄 （1900～1969） 演员。工丑。本名汉忱，字寿如，小字三海。祖籍陕西扶风，生于北京。幼入郭际湘创办的鸣盛和科班，从罗福山学老旦，艺名鸣海，后转入富连成社第三科，排名富禄，

先学老旦，后改文丑，师从萧长华。他有一条天赋的好嗓子，响堂打远儿。口齿干净爽脆，唱念俱佳。方巾、官衣、褶子、茶衣及彩旦、婆子诸戏均能，戏路极宽，还能演些武丑脚色。他的表演松弛自然，简洁明爽，不矫揉造作，不故意卖弄噱头。在台上为人配演，不搅戏，不抢戏，不喧宾夺主，陪衬烘托得力，使全台增光生色。表达人物的神精意态，鲜明准确，恰到好处，声容并茂。与于连泉、马连良、荀慧生都是多年的搭档，还曾为杨小楼、梅兰芳、尚小云、金少山、郝寿臣和王又宸、谭富英、高庆奎等配戏，都收到红花绿叶之效。大江南北，享有盛誉。他演的方巾丑戏有《群英会》的蒋干，《一捧雪》的汤勤，《乌龙院》的张文远；与马连良合演的有《胭脂宝褶》的金祥瑞、《十老安刘》的栾布，《四进士》的万氏，《清风亭》的贺氏，《串龙珠》的花婆，《范仲禹》的樵夫及屈申，《打严嵩》的严侠，《三字经》的温韬，《庆顶珠》的大教师等；与荀慧生合演的有《荀灌娘》的荀常，《棋盘山》的程咬金，《钗头凤》的不空，《勘玉钏》的韩臣，《辛安驿》的李氏，《大英杰烈》的陈母，《三春结婚》的陶洪，《盘丝洞》的猪八戒，《红楼二尤》的前薛蟠、后秋桐，《玉堂春》的前沈燕林、后崇公道，《杜十娘》的孙富，《霍小玉》的鲍十一娘，《绣襦记》的乐道德，《十三妹》的前包成功、后赛西施等；与于连泉合演的有《小放牛》的牧童，《活捉三郎》的张文远，

《清风亭》饰贺氏（左）
马连良饰张元秀

《挑帘裁衣》的王婆，《打刀》的吴衍能，《扫地挂画》的马忠，《荷珠配》的赵旺，《打樱桃》的秋水，《探亲家》的胡氏，《红鸾喜》的金松，《打灶王》的田二，《下河南》的胡伦，《一匹布》的驴夫官，《双怕婆》的不长坐，《梅玉配》的黄婆，《翠屏山》的潘

《审头刺汤》饰汤勤（右） 马连良饰陆炳（后） 张君秋饰雪艳

老丈等，都配合得犹如一把锁一把钥匙，严丝合缝，铢两悉称。同其师萧长华合演的《十八扯》、《戏迷传》等唱功戏，尤为精彩。武丑戏能演《连环套》的朱光祖，《溪皇庄》的贾亮；老旦戏常演《断臂说书》的乳娘，《龙凤呈祥》的吴国太，《桑园会》的柯氏，《得意缘》的狄母，《焚绵山》的介母，《雪杯圆》的莫夫人等；花脸戏演过《打龙袍》的包拯，《空城计》的司马懿，《洪羊洞》的孟良，《渭水河》的姜尚等。20世纪50～60年代还参加过现代戏《杜鹃山》、《雪花飘》的排演。他为人爽快热诚，尊师道，重友情，喜爱北京曲艺，从中汲取艺术营养。有子小禄，演老生，幼禄工丑行。弟子有艾世菊、詹世辅、张永禄、张金梁、吴世衡等。

（钮骠）

magua

马褂 罩于箭衣之外的短式上衣。源自清代行褂，便于骑马，故名。原有对襟、大襟、缺襟（琵琶襟）3种款式，并有小立领，袖口平齐，长者至腕，短者至肘，衣长及腰，两侧小开衩。引入

马褂

戏曲舞台的马褂，只取对襟一款，袖长至腕，并改小立领为圆领。经过用料及纹样的选择加工，主要有3个品种：①团龙马褂。黑缎彩绣，前后心及两肩有4个团龙，袖口、下摆有海水江芽，用于王侯武将的行路场合，如《回荆州》刘备、《四郎探母》出关见娘之杨延辉、《汾河湾》薛仁贵等。②团花马褂。黑缎彩绣，只在胸背、两肩饰有团花，无其他纹饰，用于文武官员的武职侍从，如《铡美案》开封府的张龙、赵虎等。③黄马褂。黄缎制，无纹饰。按清朝制度，此为皇帝巡行时扈从大臣及侍卫长官的例穿之衣，职任结束后不得再穿，故又名职任褂。另有立

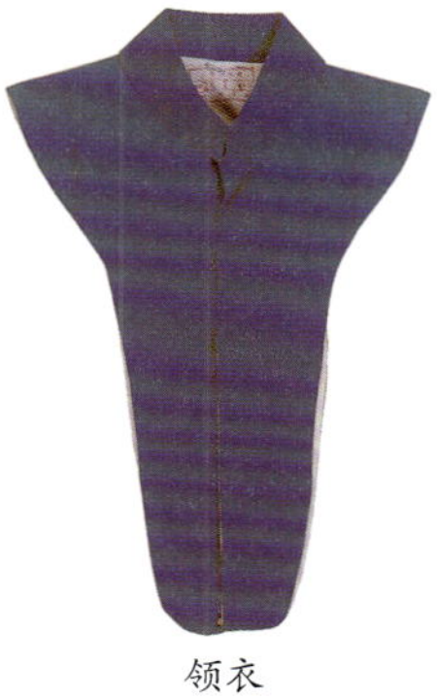

领衣

功者，也可特赐黄马褂。在舞台上，除作皇家侍卫之服外，亦作个别人物的军用行褂，如《甘露寺》孙权，原穿紫蟒，至指挥伏兵拟劫杀刘备时，改穿紫箭衣，外罩黄马褂。《飞虎山》李克用、《晋楚交兵》楚庄王亦有类似装束。马褂也有其他色彩，如孟良穿红。还有绿、白诸色，用者甚少。因马褂已无小立领，穿时颈间加围靠领（俗作三尖），不围靠领之角色，含有贬义。颈部加穿领衣（形似马甲而特窄，俗称牛舌头），只用于“番邦”人物。马褂亦可斜穿，偏袒右肩臂，如《叫关》罗成。在现实生活中，清亡之后，马甲仍继续服用，1929年《民国服制条例》规定男子中式礼服为长袍、马褂。此制20世纪50年代后渐衰。反映20世纪上半叶社会生活的京剧，亦有穿马褂者，如《白毛女》黄世仁、《红灯记》鸠山、《智取威虎山》座山雕等，其款式、纹样均与传统衣箱中的马褂有别。

（谭元杰）

Ma Ke

马科 (1930～　　) 京剧导演、演员。河北深县(今深州)人。1942年考入私立夏声戏剧学校，学京剧武生，受到刘仲秋、郭建英、钱宝森、李盛斌等名家指授。1949年毕业，随校编入中国人民解放军第三野战军文工团，后并入华东实验京剧团、上海京剧院。1954年，在周信芳主演的《文天祥》中，马科既扮演群众角色（守城兵和义兵），又参与导演工作，其时24岁，是他京剧导演生涯之始。1956年入上海戏剧学院表演师资进修班学习。其后导演过的戏有：京剧《红色风暴》、《赵一曼》、《海瑞上疏》、《武则天》、《战海浪》、《海港》、《宏碧缘》、《乾隆下江南》、《曹操与杨修》、《盘丝洞》、《程长庚》、《岐王梦》，越剧《西园记》，粤剧《潮涨潮落》及黄梅戏《红楼梦》等，成就突出，具有广泛影响。1981年获上海市劳动模范称号。1988年，带领上海京剧院演出团赴日本演出。1990年，随上海京剧院访问苏联，任总导演。历任中国戏曲学院客座教授、上海表导演研究学会会长、瑞典斯德哥尔摩戏剧学院客座教授、中国戏曲导演学会副会长等职。马科系统地接受过斯坦尼斯拉夫斯基体系训练，在实践中，将斯坦尼斯拉夫斯基的理论运用到京剧导演中，形成自己的风格。他导演的许多戏，情节场面生动紧凑，人物个性鲜明，注重演出的艺术完整性。如《红色风暴》上演后，受到戏剧界广泛关注，认为既有浓郁的京剧特色，又有生活气息和人物内心活动。他在导演《曹操与杨修》时，先让演员做小品，深入体验人物情感，然后进入规定情境。他的导演构思也体现在音乐、舞台美术等各方面的创作中，充分发挥舞台艺术的综合优势。该剧在1988年全国京剧新剧目会演中获优秀剧目奖第一名，他本人获最佳导演奖。1993年，与瑞典皇家戏剧学院院士彼得·奥斯卡尔松互相拜师，其后，两人在瑞典共同导演了话剧《仲夏夜之梦》、《亨利四世》，受到瑞典观众的赞扬。由他编剧或参加编写的共有十多个剧目，并发表了《试谈京剧演员接受斯坦尼心理训练的可能性》、《让京剧与世界接轨》等论文。2000年3月，上海文艺出版社出版了他的艺术生活回忆录《马科回忆》，33万字。余秋雨为之作序，称马科为“生长于民间土壤，扎根于传统艺术，陶冶于国际学派，奋斗于坎坷岁月，大成于改革盛世，享誉于海内海外”的戏剧家。

（蔡世成）

Ma Lianliang

马连良 (1901～1966) 演员。工老生。字温如，号古历轩主(因家藏明代隆庆历书)。北京人。回族。虽不是出身京剧世家，但其父马西园爱好京剧，曾在阜成门外开设马家茶馆，设有京剧清唱，聚集了当时不少京剧名家和名票。父辈中亦有京剧演员，如三叔马昆山工老生，六叔马沛霖为丑脚。二叔之子马春樵在上海小金台科班学艺，工武生，后改花脸。春樵之弟马庆云工武生。三叔之子马最良工老生，四叔之子马四立则工丑。在环境的熏陶下，马连良幼时就爱上了京剧艺术。他8岁入喜连成科班，先练基本功，一年后学习行当，初学武小生，由茹莱卿为其开蒙，习《石秀探庄》中的石秀、《淮安府》中的贺人杰、《取洛阳》中的刘秀等，并参加了演出。1910年，谭鑫培、陈德霖、贾洪林、谢宝云在北京文明茶园演出《朱砂痣》，商借马连良扮演娃娃生，为人瞩目。这也是马连良首次亲见谭鑫培演出，甚为惊异。此后，马连良改学老生，

先学了一些二、三路老生的配角戏，如《骆马湖》中王殿臣、《连环套》中彭朋等，而老生戏的第一次演出则是《金雁桥》中饰孔明。斯时，高百岁正在富连成社搭班演出，马连良为他充当配角，如《斩黄袍》中的苗广义、《朱砂痣》中的吴惠泉等。苗广义在《斩黄袍》里虽只有四句唱腔，却赢得了观众的彩声。自此，马连良在科班中得到了重点培养。叶春善、萧长华、蔡荣桂亲自为他授课，并让他边学戏边实践演出，唱功戏有《雍凉关》、《骂王朗》，念白戏如《审头刺汤》、《失印救火》，做工戏有《一捧雪》、《九更天》、《清风亭》，靠把戏有《磐河战》、《定军山》等。在萧长华排演的连台本戏《三国志》、《取南郡》、《五彩舆》中，也由马连良扮演主要老生脚色。如《三国志》中他扮演诸葛亮，《借东风》一场原来诸葛亮只有六句唱，萧长华特意为马连良编了［二簧导板］、［回龙］、［原板］20多句唱词。马连良唱得顺畅有味，显示出他卓越的艺术才华。而在《五彩舆》中扮演的海瑞，唱、念、做并重，演得酣畅淋漓，挥洒自如，连擅演此剧的贾洪林都视为后生可畏。

1917年3月2日（农历二月初九）是他满科的日子，此时恰好马昆山在上海组织一批演员去福建演出，内有武生张桂轩、名旦芙蓉草挂双头牌，马连良则为二牌老生，这是他首次在外搭班演出。福州的首场演出是与他二哥马春轩合演《借赵云》，重在念白，原因是正值他变嗓后的恢复期。同时，排演现代题材新编剧目《箱尸案》，马连良首次尝试以大嗓小生演出。福州之行，连演数月，1918年返回北京。他深感必须继续锤炼，于是向富连成社长叶春善提出重回科班学习的要求。叶春善很高兴地答应了他，这也成为富连成社科班中出科之后重回科班学习的第一个。是年10月1日他重回富连成社科班首场广和楼演出，与茹富兰合演《八大锤、断臂说书》。此后除学戏外，基本每天日场都有演出，陆续增加一些演出剧目，如唱念并重的《云台观》(《白蟒台》一折)，与筱翠花合演《坐楼杀惜》、《梅龙镇》，与马富禄合演《清风亭》、《焚绵山》、《失印救火》、《审头刺汤》，与谭富英合演《珠帘寨》等。其间他坚持每日清晨去西便门外喊嗓，午饭后到天桥迟家胡同迟景福（富连成社琴师）家吊嗓，然后去广和楼演出。晚场他常到其他戏院观摩前辈们的演出，余叔岩是他

《青梅煮酒论英雄》
饰刘备

《白蟒台》
饰王莽

《要离刺庆忌》
饰要离

观摩学习最多的一位。如是者有两年之久。两年后的马连良，嗓音大为好转，舞台经验更为丰富。这时他三叔介绍他去上海演出。当时曾流行这样两句话："天津戏难演，上海出好角儿。"这是说天津的观众最内行，唱得好，真捧；唱不好就叫倒彩。上海的打炮戏不出问题，以后越演就越好演。1922年春节将过，马连良应约到上海，在亦舞台上演。以白牡丹（荀慧生）为头牌，他以谭派须生挂二牌。3月2日（农历二月初四）头天演出，大轴是白牡丹《天女散花》。马连良在倒数第二演谭派名剧《打棍出箱》。前面有杨瑞亭《请宋灵》，还有绿牡丹《花田错》，张德俊、李永利《四杰村》。其时上海有8个戏院都演出京剧，每家的演员阵容都非常整齐，竞争激烈。马连良一连演出数月之久，头牌旦脚曾更换过小杨月楼，而他一直位于二牌老生。他除演谭派老生的传统戏外，并参加上演了当时新编的本戏《对金瓶》，他演大嗓小生韩文瑞；《石头人招亲》扮李克用，剧中有传统戏《珠帘寨》，前文后武，展示了谭派靠把戏的功力。马连良首次去沪公演，得到了行内外的好评。由沪返京不久，尚小云的双庆社约他参加为二牌老生。他与尚小云合演过《红鬃烈马》、《游龙戏凤》、《二堂舍子》等戏，并参加了尚小云新排剧目《刺红蟒》、《乾坤福寿镜》、《红绡》等的演出。这是他自离开科班后在京首次搭入大班社演出。1924年他再次被上海约去与白牡丹二次合作演出，始于农历正月初一。演员中有名武生盖叫天。排演新戏有《宝莲灯》、《七擒孟获》、《韩湘子九度文公》。马连良仍以大嗓小生扮演韩湘子。这次演出约三月有余，接着马连良又受老天蟾舞台之约，与周信芳合作演出。剧目有《群英会、借东风、华容道》（马连良扮全部孔明，周信芳前鲁肃后关羽），《十道本》（马演李渊、周演褚遂良），《战北原》（马扮诸葛亮、周扮郑文），《鸿门宴》（马扮范增、周扮张良）。这一短期演出，盛况空前，轰动申城，南北两位做工老生同台公演，成为一段菊坛佳话。马连良三年中两次南下收获极大，当时上海京剧无论在表演、服装、新编排剧目上都有很大的突破。他和南方一些名演员合作演出，又参加了新排的本戏，他善于接受新鲜事物，这对他后来在剧目、服装、表演等方面的革新都有极大的影响。

马连良回京后与朱琴心合作，轮换演大轴。演员阵容齐整，老生有王凤卿，花脸为郝寿臣，武生是尚和玉。此时的马连良嗓音已恢复，能够演出《四郎探母》和谭派的《辕门斩子》。他除演传统戏和参加朱琴心的新戏《陈圆圆》、《秋灯泪》外，自己也整理了新的剧目，如《广泰庄》、《化外奇缘》、《流言计》、《玉镯记》等。曾与朱琴心去天津明星大戏院演出，朱琴心上演《阴阳河》所带鬼发（白纸穗）不慎引火，烧伤面部，回京治疗，由马连良独演头牌，自此回京后马连良正式组班领衔头牌。1927年农历正月初十首场演出是在庆乐园，剧目是谭派名剧《定军山》，并约请过去与谭鑫培配演过的两位老前辈钱金福和王长林分别扮演夏侯渊、夏侯尚。二牌旦脚是王幼卿。花脸有郝寿臣，丑脚则为马富禄，小生姜妙香，阵容强大。其间，整理、新排了四本《取南郡》、《武乡侯》、《秦琼发配》、《鸿门宴》、《要离刺庆忌》、《火牛阵》、《白蟒台》、《苏武牧羊》、《范仲禹》、《清风亭》、《血带诏》、《青梅煮酒论英雄》、四本《大红袍》等。由于他有自己的剧目，在表演和舞台其他方面突破了固有的谭派风格，按剧情刻画人物，逐步创新，形成了独特风格。1929年梅兰芳赴美国访问演出前夕，在上海大舞台作临别演出，马连良与梅兰芳合作演出数场，二人灌录唱片《探母回令》、《打渔杀家》、《二堂舍子》，留下了一份宝贵的资料。次年马连良与武生宗师杨小楼去沪演出。杨小楼参演马连良新排剧目《要离刺庆忌》中的庆忌。这是杨小楼对后进的提携，马连良对此深为感动。他说当时未能合影留念甚为遗憾。此次演毕回京后他组建了扶风社，亲任社长及头牌老生。1931年天津春和戏院开幕，他与周信芳二次合作演出，此次比第一次合作的剧目更为丰富。《火牛阵》，马连良扮田单，周信芳扮田法章，是大嗓小生。《一捧雪》，马扮莫成，周信芳扮陆炳。《摘缨会》，马扮楚庄王，周演唐狡。《八大锤》，马演王佐，周演陆文龙。其他传统戏尚有《十道本》、《群英会、借东风、华容道》、《战北原》等。效果奇佳，"南麒北马"之称，由此妇孺皆知。

1935年由马连良集资，在北平西长安街兴建了新新大戏院，成为扶风社演出的基本剧场。在20世纪40年代前后，由于马连良已有自己独创剧目，风靡大江南北，于是一个新的京剧流派——马派，应运而生。不仅唱腔、表演风格突出，而且整体展现出新的面貌，净化了舞台，为乐队人员制作了一致颜色的服装，文乐中突出了月琴，武乐增添了铙钹，使观众耳目一新，欣赏到京剧的整体美。在剧目上排演了《安居平五路》、《苏武牧羊》、《假金牌》、《楚宫恨》、《胭脂宝褶》、《串龙珠》、《春秋笔》、《临潼山》、《十老安刘》等。他在20世纪20年代末、30年代初排演的新戏较多，流传至今的却微乎其微。30年代以后他排演的新戏在数量上明显下降，但基本上都流传下来。而在20世纪60年代开始，他与谭富英、张君秋、裘盛戎等合作排演的《秦香莲》、《赵氏孤儿》等剧目，至今仍上演不辍。这突出反映出他早期排演的大批剧目是

《串龙珠》饰徐达

《清风亭》饰张元秀

《大红袍》饰海瑞（右）马崇仁饰鄢贵

《审头刺汤》饰陆炳

《四进士》饰宋士杰（右）马富禄饰万氏

马连良（左）与周信芳合影

马连良（右）与谭富英（中）、裘盛戎研究《三顾茅庐》剧本（陈莹摄）

艺术上的实践和积累，也是为后期准备条件，产生出高艺术水平剧目的自然过程。

在京剧老生行当中，有唱功老生和衰派老生（做工老生）之分，马连良所演出的剧目是唱、念、做三者统一。在他演出的剧目中有些戏以念白为重，如《十道本》、《四进士》、《失印救火》、《审头刺汤》，而《赵氏孤儿》中的“说破”一场和《淮河营》顺说刘长一段都以念白达到戏剧的高潮。京剧传统戏都是韵白，它与唱的音韵有协调性，唱与念同有韵律。马连良的念白力争观众能听清听懂，使念白不失韵律而生活化，掌握每出戏中所扮演不同人物的情绪、语气，变换不同的节奏，抑扬顿挫。如《打严嵩》、《盗宗卷》都是以念白为主，但又没有大段的念白，多是短句，对话式的；《审头刺汤》与《夜审潘洪》有大段的“贯口”式的念白，则由慢到快，干板跺字，铿锵有力。观众听到《借东风》诸葛亮的唱段和《甘露寺》中乔玄唱的“劝千岁”，就知道是马派唱段。他的唱不仅明快、流畅，而且有人物的内在情绪。他曾说“要使相同的曲调唱出不同的‘味儿’来”，不同的味儿正是根据人物的感情、个性，在唱腔中展现出来。他的唱法是以谭派为基础，融会了孙菊仙、刘景然的唱法，又根据他本身的条件和他扮演人物的需求，逐渐形成他自己独特神韵，即酣畅中见俏丽，细腻中现洒脱，清朗委婉，张弛自如。

马连良所演的剧目大部分是侧重于动作性较强的人物，在表情与形体（身段）上浑然天成，细致传神，不仅有亮相的造型美，而且在一招一式一指中，也达到行动中美的动感造型。他的形体动作既是规范的，也是自如的。京剧不像昆曲中的手势都是比较固定的，而具有灵活性，但必须有它的工架规范，马连良完全做到这一点。他演出《四进士》的宋士杰，在“盗书”一场，通过拨门、盗书、抄书、还书这一连串的动作，表现出人物紧张的情绪而又精心细致，从始至终以饱满情感呈现在规定情景的舞台上，这一系列的身段都是有规范的美的造型。他演出《打棍出箱》，扮演失去妻儿、受到极大刺激后精神失常的范仲禹和《清风亭》中贫病交加、思儿成疾的老人张元秀，动作繁多，在做表中既表现人物内在心情，又不失舞台艺术的美感，这正是马派艺术风格的特有优点。

马连良在舞台美术方面的创新，也是较为突出的。20世纪30年代，他把门帘式的“守旧”改为三片式的衬幕。他在服装的面料、颜色、花纹图案等方面都突破了传统，如《借东风》孔明穿的法衣，他几次改动颜色和花纹，最后是银灰色，外加紫色宽边。《群英会》中的孔明，他专做一件蓝色八卦衣，另有一件鹤氅。他排演《胭脂宝褶》，为扮演永乐帝，他仿明太祖画像的服装特制一件，取名为“箭蟒”。他在创新中仍然继承了优良传统，并力保京剧老生固有的特点。谭派老生的服装是“短水袖”，配合“薄髯口”，看起来人物清朗、干净、利落，在这方面马连良守成不动。他在服装上的革新，不仅影响京剧界，对其他剧种也有不小的影响。

一个艺术流派形成，要走过几十年的艰辛历程。马连良在京剧艺术上的多方面创新，灌注了他一生的全部心血，有欢欣，有苦恼，有曲折，但从不气馁，而是严肃认真，刻意求精。20世纪20年代，新闻界前辈邵飘萍对马连良的创新曾大力支持，并为他题词“须生泰斗，独树一帜”，以此鼓励。

马连良有子女多人，多为京剧演员，如子崇仁，女儿小曼等。马派传人亦遍及全国，延绵不断，有李慕良、言少朋、迟金声、马长礼、张学津、冯志孝、朱秉谦等。

马龙著有《我的祖父马连良》，团结出版社2007年1月出版。20万字。内设《学艺生涯》、《独树一帜》、《步入辉煌》、《惨淡经营》、《艺海沉浮》、《困居香港》、《东山再起》、《夕阳余晖》、《身后之事》

《借东风》饰诸葛亮

《淮河营》饰蒯彻

《苏武牧羊》饰苏武

《胭脂宝褶》饰永乐帝

《秦香莲》饰王延龄

《汾河湾》饰薛仁贵（右）梅兰芳饰柳迎春

9章。马龙还主编了大型图集《京剧大师马连良》，2009年出版。

（迟金声）

Ma Lianliang Danchen 100 Zhounian Jinian

马连良诞辰100周年纪念 以马连良为主题的学术、演出活动。中华人民共和国文化部、中国文学艺术界联合会、北京市人民政府主办。2001年4月27日在北京人民大会堂召开纪念座谈会，全国人大副委员长王光英、全国政协副主席李贵鲜、中国文联主席周巍峙、北京市委副书记龙新民、北京市副市长刘敬民以及首都文艺界、戏剧界人士150多人出席。文化部部长孙家正以《继往开来一大家》为题作长篇讲话，高度评价了马连良对京剧艺术的卓越贡献，全文刊载《中国戏剧》2001年第5期。5月4日起在长安大戏院有为期4天连续6场纪念公演，马派艺术传人马长礼、张学津、冯志孝等及南北京剧名家、新秀联袂登场，演出剧目有《赵氏孤儿》、《群英会、借东风》、《龙凤呈祥》以及《清风亭》、《清官册》、《春秋笔》、《苏武牧羊》、《海瑞罢官》等选场。全国政协主席李瑞环出席观看。其后在天津、上海也举行了纪念演出。为配合纪念活动，中国文联出版社出版了《马连良演出剧本选》和《马连良艺术评论集》(增订本)。《马连良演出剧本选》收有《四进士》、《胭脂宝褶》、《二堂舍子》、《打渔杀家》、《清官册·夜审潘洪》5出戏，附有曲谱、人物扮相说明及迟金声、刘辛原、马崇仁、孟兆祯、欧阳中石等相关评论。《中国京剧》2001年第2、第3两期，开辟专栏发表了一批纪念文章。

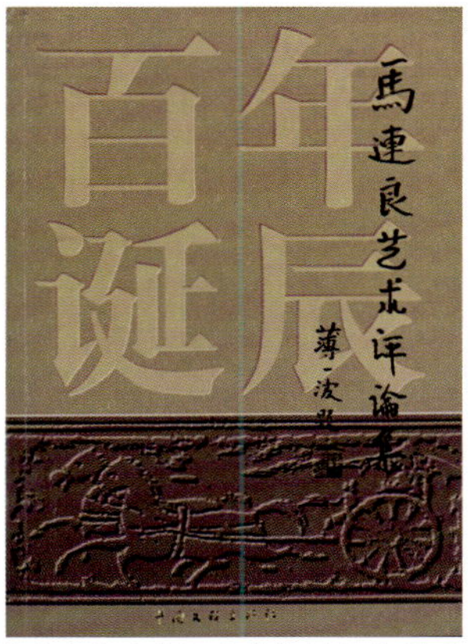

《马连良艺术评论集》增订本封面

（陈惠敏）

Ma Lianliang Yanchu Juben Xuanji

《马连良演出剧本选集》 京剧作品集。中国戏剧家协会编辑。中国戏剧出版社1963年出版。收入剧本5种，按马连良演出时序排列。老舍作序。每一剧本都注明该剧最早上演时间、编排和演出的合作者。选集的整理得到北京京剧团李慕良、迟金声、马盛龙、周和桐、谭世秀及王金璐等的大力协助，并由吴晓铃担任总纂，李墨婴编订。每出戏都加了全部锣经和重要演出提示和选曲乐谱。所选剧目《群英会、借东风》、《甘露寺》、《十老安刘》、《串龙珠》、《赵氏孤儿》，都是展现马派表演艺术的代表作。

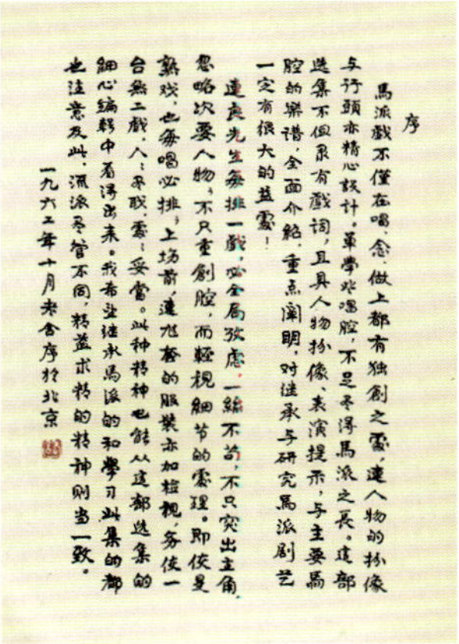
序

马派戏不仅在唱、念、做上都有独创之处，连人物的扮像与行头亦精心设计。单学马派唱腔，不足尽得马派之长。这部选集不但录有戏词，且具人物扮像、表演提示，与主要唱腔的乐谱，全面介绍，重点阐明，对继承与研究马派剧艺一定有很大的益处！

连良先生每排一戏，必全局考虑，一丝不苟，不只突出主角，忽略次要人物；不只重唱腔，而轻视细节的处理。即使是一出熟戏，也每唱必排；上场前，连龙套的服装亦加检视，务使一台无二戏，人人严肃、妥当。此种精神也能从这部选集的细心编辑中看得出来。我希望继承马派的和学习此集的都也注意及此。流派尽管不同，精益求精的精神则当一致。

一九六二年十月老舍序于北京

老舍手迹——《马连良演出剧本选集》序

（李红石）

Ma Lianliang Yishu Pinglun Ji

《马连良艺术评论集》 京剧文集。吴晓铃、马崇仁编。中国戏剧出版社1990年10月出版。“戏曲流派艺术研究丛书”之一。该集分两部分：第一部分是专家学者和马连良弟子的文章，共32篇。文章从不同角度论述了马派艺术的形成、发展、艺术特色及影响，分析了马连良在京剧艺术的继承、革新和创造方面的成就、贡献，

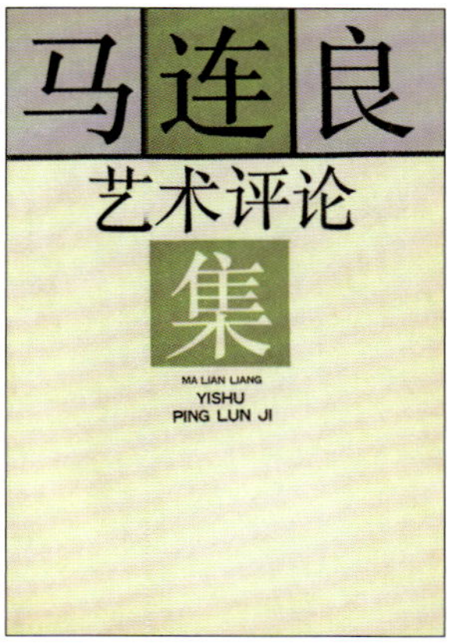

结合马派的著名剧目，深入地论述马连良创造的表现老生行不同年龄、身份、性格人物的唱、念、做艺术。如《甘露寺》中的乔玄，《借东风》中的诸葛亮，《群英会》中的鲁肃，《赵氏孤儿》中的程婴，《四进士》中的宋士杰，《审头刺汤》中的陆炳，《夜审潘洪》中的寇准，《秦香莲》中的王延龄等。这一部分还收录了回忆马连良主演《海瑞罢官》，遭受林彪、江青反革命集团诬陷，含冤辞世，后得以平反昭雪的缅怀文章。由阿甲撰写的《马（连良）派——京剧杰出的表演艺术（代序）——兼谈戏曲表演的创作》，被编者认为是“一篇全面分析马连良先生表演艺术的力作”，而放在卷首。文章指出，马连良的唱“洒脱、飘逸、圆润中不失苍劲，行腔换气讲究顿着”。他的[流水]、[快板]“特有风味，在一定尺寸里，唱得稳练而有变化”。马连良的念白“经过刻苦的训练，吐字明晰有味”，“开、齐、合、撮，运用自然。使唇、齿、喉、舌包括鼻腔在内，组成一套口腔器乐，弹出一腔丰富多彩的语调音律”。马连良的身段表演“讲究恰当和自然”，“忌粗俗而尚雅致，追求形式美不悖乎情理”，而且重视“刻画个性”，“很注意人物与人物之间的关系”。又着重指出，马连良的“风格特征”大体可以归结为，“避重就轻而不浮，避浊就清而不浅，避方就圆而不软，避直就巧而不靡”。第二部分由马连良撰写的16篇文章与吴晓铃、传陶、闰水撰写的2篇文章组成，其中有记述他早年编排《春秋笔》、《十老安刘》的情况，传艺教学的体会，对传统撒火彩的各种不同用法的描述，谈跑龙套、练嗓换气的经验，扮演程婴、海瑞等人物的认识等。其中的《心情舒畅话传艺》一文，强调学流派“必须有瓷实的基本功打底子”，还要看“本身条件是否合适”，既“要学早年的‘足’，又要学晚年的‘深’，善于选择糅合，不能有所偏废”，都是有价值的经验之谈。2001年4月，为纪念马连良诞辰100周年，中国文联出版社再版此书的增订本，新增纪念评论马连良的文章25篇，卷末列有《马连良年表》。

（戴淑娟）

Ma Mingjun

马名骏（1939～ ） 演员。工净。湖北武汉人。回族。1950年考入文化部戏曲改进局戏曲实验学校，师从宋富亭、孙盛文、侯喜瑞、李春恒、赵荣欣、韩盛信等，习铜锤、架子花脸。12岁开始登台演出。1958年毕业后分配到新疆乌鲁木齐市京剧团，曾任副团长、团长。1985年调回北京，一度任教于中国戏曲学院，后调入中国京剧院一团。在几十年的舞台艺术实践中，除经常上演《姚期》、《连环套》、《将相和》、《大保国、探皇陵、二进宫》、《霸王别姬》、《遇皇后》、《打龙袍》等传统剧目外，还勇于开拓，参与创作排演多个新编古代戏和现代戏，担任主要角色，如《西门太守》、《胆剑篇》、《长平之战》、《血泪树下》、《葡萄人家》、《红岩》、《天山红花》、《柳枝记》、《毛泽民》、《高山下的花环》、《调寇审潘》、《敬德装疯》、《武则天轶事》以及《夜莺》等。《红岩》一剧在参加1964年京剧现代戏观摩演出大会演出时颇受好

《胭脂河》饰李苍（右） 张克饰高子谦

评。《天山红花》在运用京剧形式反映少数民族生活以及唱腔的创新上均有突破，在1965年西北五省区现代戏会演中得到赞扬。2001年，应南京京剧团邀请在新编历史剧《胭脂河》中饰李苍，在第三届中国京剧艺术节上获得优秀表演奖。马名骏在戏曲教育中亦成就显著。他被中国戏曲学院聘为客座教授，并到上海师范大学表演艺术学院任课，培养出不少优秀青年演员。他还三次应邀赴台湾复兴剧院执教，成绩斐然。

（娄悦）

Ma Mingqun

马名群 （1936～　　） 演员、京剧教师。工净。湖北武汉人。回族。1950年与其弟名骏同考入文化部戏曲改进局戏曲实验学校，受教于李春恒、宋富亭、赵荣欣、孙盛文、侯喜瑞诸师。他嗓子、

工架均佳，铜锤、架子兼能。擅演剧目有《御果园》、《白良关》、《铡美案》、《遇皇后、打龙袍》、《姚期》、《芦花荡》、《醉打山门》，以及《群英会、华容道》、《长坂坡、汉津口》的曹操，《失街亭、空城计、斩马谡》的马谡、司马懿，《将相和》的廉颇，《除三害》的周处，《回荆州》的张飞，《白蛇传》的法海等。1958年毕业后，分配到内蒙古包头市京剧团任主要花脸演员。1962年调回中国戏曲学校任教。1965年入中央戏剧学院进修导演专业。1970年调上海京剧团，参加演出现代剧《龙江颂》，饰李志田，并摄制成彩

《醉打山门》饰鲁智深

色影片。曾与同台合演的老一辈演员有吴彦衡、高盛麟、厉慧良、王金璐、尚长春、朱鸿声、王玉敏等。参加排演过的现代戏有《红管家》、《小保管》、《春苗》、《焦裕禄》、《六号门》、《智取威虎山》、《津江渡》等。1977年调回中国戏曲学校任教。1978年，中国戏曲学校升格为中国戏曲学院后，马名群历任表演系主任、实验剧团团长和副院长等职。曾应邀赴英国、奥地利等国讲学和指导排演。撰有戏曲教学研究论文多篇。

（钮骠）

Ma Qian Po Shui

《马前泼水》 京剧作品。又名《朱买臣休妻》。汪笑侬编演。元有无名氏杂剧《朱太守风雪渔樵记》，明人臧晋叔编入《元曲选》。清初有无名氏传奇《烂柯山》，散出见《缀白裘》，为昆曲擅演。汪笑侬依据昆曲及鼓词改编为京剧，1914年首演于北京丹桂园。剧情为：书生朱买臣家贫好学，迫于生计，上山打柴。妻崔氏不耐清贫，逼买臣写下休书，改嫁泥瓦匠张三；旋又被弃，沦作丐妇。后买臣官会稽太守，上任途中，遇崔氏跪请收留。买臣命人泼水马前，令其收水入桶，方允所请。崔氏羞愧，撞死街口。朱买臣为汉代名儒，《汉书》卷六十四有传，述其夫妻离异事略谓：买臣虽负薪在道，亦不废吟诵，妻羞之求去，改嫁他人。一日，买臣

《陈四之〈泼水〉》（选自清末上海《图画日报》）

担柴坟茔间，适故妻与夫家扫墓，见买臣饥寒，呼饭相济。越数年，买臣得官入吴界上任，遇故妻与其夫正奉命清扫道路，遂驻车相见，并呼令后车载其夫妇至太守舍，置养园中。居一月，妻自经死，买臣给钱令其夫葬之。元杂剧已有马前泼水情节，然无改嫁事，妻子强索休书，乃丈人预设圈套，用以激发女婿进取功名；买臣赴考时，丈人又暗中接济。后经买臣义兄说明原委，夫妻和好。清传奇始把买臣妻写成铁心改嫁，得知买臣做官后又幻想重聚，对其市井气及患得患失心理有细致入微描写，《痴梦》至今流传。京剧删繁就简，词意通俗，科诨入时，写人物不及昆曲深刻，重在抒发文人困顿不平之气。汪笑侬自饰朱买臣，“于未遇时，毕肖穷儒状态；至得意时，俨然显官口吻。执卷咿唔，书声朗朗，非聊以塞责者所可比拟”（王大错评语，见《戏考》）。其嗓音带枯，犹合剧中人身份，唱［西皮导板］“朱买臣提笔泪不干”句，有无限悲愤之概；接唱［原板］“一霎时拆散好姻缘！崔氏女未把七出条犯，怎奈书生手无钱”等句，“如泣如诉，宛似回肠寸断，令人拍

朱强饰朱买臣（右） 张笠媛饰崔氏
（吴赣生摄）

案叫绝”（乐理评语，见1925年1月13日《申报》）。末场大段［二六］，“票友学之，歌妓习之，为最脍炙人口”（柳遗评语，见1918年10月11日《申报》）。爱我生有题汪笑侬《马前泼水》诗：“风神却是朱买臣，泼水悲歌警世人。一色一声都化境，演来无处不酸辛。”（1915年5月13日《顺天时报》）此剧曾盛行各地，演者多宗汪笑侬。汪氏及恩晓峰、刘天红、金小楼等均有此剧唱片行世。剧本收入《戏考》、《戏学汇考》、《汪笑侬戏曲集》。

2000年，北京京剧院有小剧场京剧《马前泼水》，编剧盛和煜，导演张曼君，作曲朱绍玉，主演朱强、高彤饰朱买臣，张笠媛、李晓兰饰崔氏，7月23日首演于北京人民艺术剧院小剧场。该剧力图从传统故事的道德评判中摆脱出来，寻找撞击当代观众心灵的共鸣点，吸引了众多青年观众。（龚和德）

Ma Qiang

马强（1928～1989） 舞台美术家。字英秋。祖籍山东安丘，生于沈阳。幼年丧父，其母出身民间工艺美术世家，擅长手工制作民间工艺品，对马强志趣有深刻影响。1945年，进四维儿童戏剧学校，接受传统京剧的教育。1948年考入东北鲁迅文艺学院第八期文艺干部培训班，打下良好的美术基础。在鲁艺边学习边工作，成为一名活跃的美术宣传干部。1953年从鲁艺毕业，分配在东北戏曲研究院研究室工作，开始潜心研究戏曲服装图案，并与夏阳、鲁华合作编绘大型画册《中国戏曲服装图案》，梅兰芳为之题写书名，于1957年5月由人民美术出版社出版，曾在莱比锡国际博览会上展出。马强在中国戏曲学校、中国戏曲学院任教10多年，积累了大量资料和经验，编写教材多种。1977年调至北京电影制片厂工作，任一级美工师，参加历史巨片《马可·波罗》的服装道具设计和制作，担任中菲合拍的电影《苏禄国王与中国皇帝》和36集电视连续剧《红楼梦》的美术设计，都取得成功。电视剧《红楼梦》的美术设计（与刘宝俊、风雷等合作）荣获第七届中国电视剧飞天奖的优秀美术设计奖。他以数十年的勤奋钻研，并组织全家搜集、整理、编绘的《戏剧电影美术资料汇编》，共19集，5 000多页，有3万多幅图稿，成为戏剧电影美术工作者的一部非常有用的“形象辞典”。另有《中国戏曲服装图集》，包括蟒、帔、褶子、鹤氅、开氅、八卦衣、法衣、官衣、宫装、鱼鳞甲、古装衣、靠、改良靠、大铠、箭衣、马褂、袄裤等样式，共有彩图118幅、彩照71帧，花纹、色彩鲜丽而规范，是京剧传统服装首次比较集中、精致的介绍，既有资料价值，又有观赏价值。此书完成于20世纪60年代初期，“文化大革命”期间被弃置于某出版社仓库中，1981年找回时已水渍斑斑、破损严重，经作者等多人奋力补救，才得于1994年由山西教育出版社出版。马强曾为中国舞台美术学会顾问。妻于巧兰，子女马宽、马葵，都师从马强，成为亲密合作者。

《中国戏曲服装图集》扉页

（兰文）

Ma Shaobo

马少波（1918～2009） 剧作家、戏剧理论家。山东莱州人。1931年九一八事变爆发投身抗日爱国学生运动，创办天外社，主编《天外》文学周刊（1932年改版为半月刊）。1937年7月参加中华民族解放先锋队，1939年3月参加中国共产党。自1938年起，历任胶东抗日救国军游击第三支队支队部秘书主任、胶东抗日救国军第三军司令部机要秘书、八路军山东纵队第五支队司令部秘书长、八路军五旅司令部秘书长、胶东文化协会会长兼胜利剧团团长，《胶东大众》、《胶东文艺》等刊主编。在戎马倥偬中创作了大量散文、小说、杂文、诗歌等。尤以1938年发表的报告文学《从征拾零》和1939年发表的中篇小说《生还》影响最大。1941年，以亲身经历为生活依据创作了以反投降为主题的五幕话剧《指挥》，获1941年胶东文艺评奖戏剧第一名。1943年整理改编了《打渔杀家》、《王佐断臂》等7个京剧传统剧目，同年9月写成京剧《木兰从军》，此8剧结为《胶东戏剧集》出版。1944年10月写成京剧《闯王进京》，自1945年元旦由胜利剧团在胶东抗日根据地演出60余场。1946年4月创作话剧《太平天国》，1948年4月创作京剧《关羽之死》。同年11月，他作为山东人民淮海前线慰问团副总团长，率领胶东文化协会胜利剧团、山东军区歌舞团、话剧团等10个演出团体奔赴淮海战役前线，曾演出《木兰从军》、《关羽之死》，受到总前委和广大指战员的高度评价和欢迎。

1949年6月，他作为副团长率华东代表团进京参加第一次中华全国文学艺术工作者代表大会。6月26日，他参加了周恩来主持召开的各解放区从事旧剧改革的主要党员领导干部座谈会。他首先建议中央成立戏曲改革的领导、研究、实验机构，开展全国范围的戏曲改革运动，得到周恩来和全体与会者的赞同。6月29日又经毛泽东召见，表示首肯。7月19日文代会闭幕后，党中央便宣布成立中华全国戏曲改革委员会筹委会的决定，以欧阳予倩为主任、马少波为秘书长。10月2日，以田汉为主任、马少波为秘书长的中华全国戏曲改革委员会在京正式成立，11月1日改称文化部戏曲改进局。他协助周扬筹建文化部。历任文化部第一届党组成员，戏曲改进局党总支书记、办公室主任兼新戏曲书店经理，文化部戏曲改进委员会秘书长，中国戏曲研究院党总支书记、副院长兼中国京剧团团长，中国京剧院党委书记、副院长，中国京剧院与北方昆曲剧院联合党委书记等职。他还当选为中国文学艺术界联合会全国委员。

中华人民共和国成立之初，他协助田汉承担起戏曲改革运动的领导重任，连续发表了《正确执行“推陈出新”的方针》、《清除病态、丑恶、歪曲的舞台形象》、《迷信与神话的本质区别》等多篇具有指导意义的文章，有力地推动了戏改工作的健康发展。在主持中国京剧院工作期间，他以开拓者的才智和气魄，使剧院形成了全新的思想氛围和艺术生产机制，整理、移植、改编、创作了近千个剧目，演出了100多出新戏，有许多剧目推广到全国。他除为创作人员提供各种指导帮助外，还亲自深入生活，创作了现代题材京剧《白云鄂博》，并与人合作改编或创作了京剧《白毛女》、《赤壁之战》、《初出茅庐》、《满江红》、《五侯宴》、《智斩鲁斋郎》、《摘星楼》、《金田风雷》、《卧薪尝胆》等。他严格执行导演负责制，坚持在演出实践中精益求精，积累了大批高质量的剧

马少波戏剧人物速写 （李滨声作）

《闯王进京》

《正气歌》

《宝烛记》

《白云鄂博》

《关羽之死》

目，在全国树立了典范，被公认为中国京剧院的黄金时代。

1955年7月他作为中国青年艺术团团长，率团赴波兰华沙参加第五届世界青年与学生和平友谊联欢节，与楚图南率中国古典艺术团访苏联、芬兰、瑞典、挪威、丹麦、冰岛。1956年6月与梅兰芳、欧阳予倩等率中国京剧访日代表团赴日演出近两月，任副团长兼秘书长，胜利完成搭起中日人民友好新桥梁的任务，得到周恩来总理的高度评价。同年10月与徐光霄率团访新西兰、澳大利亚、缅甸，为中国京剧艺术走向世界和国际文化交流作出了重要贡献。1957年6月曾获国际舞蹈协会、瑞典王国戏剧家协会授赠的功勋奖章。这期间还创作了《千年冰河开了冻》(话剧、评剧，与人合作)，京剧《正气歌》、《白娘子出塔》，话剧《岳云》，越剧《小忽雷》(与人合作)等。出版的著作有《戏曲改革论集》、《戏曲改革散论》、《花雨集》、《看戏散笔》，散文集《更红集》、《东行两月》、《在南极的边缘》及剧作单行本多种。主编了《京剧丛刊》。

“文化大革命”期间，他遭迫害被迫停笔。拨乱反正后，仍以强烈的责任心、使命感投入到振兴京剧的事业中，创作了历史题材京剧《明镜记》、《宝烛记》、《蝴蝶梦》，现代题材京剧《宝剑归鞘》(据话剧《战犯》改编)，据古典名著改编的昆曲《西厢记》，清唱剧《窦娥冤》，京剧电视连续剧《十五贯》，据日本歌舞伎、话剧改编的《赖家将军》、《坂本龙马》京剧剧本等。20世纪80年代发表了9个剧本，有6台戏公演于南北舞台。这期间出版的著作有《戏曲艺术论集》、《戏曲新论》、《马少波剧作选》、《马少波新剧作》、《马少波戏剧代表作》、《马少波近作选》、《从征拾零》(散文小说集)、《乐耕园诗词二百首》(与妻李慧中合集)以及总结其创作经验的《写戏偶得》等。1984年12月获中国戏剧家协会主办的首届全国戏剧理论著作奖的荣誉奖。剧作《宝烛记》获第一届文华剧作奖。他担任总顾问的电视连续剧《蒲松龄》、《曹雪芹》、《梅兰芳》均获成功。他与章力挥、陶雄、曾白融合作主编的《中国京剧史》(共3卷4册）获第八届“五个一工程”奖、首届全国优秀艺术图书奖，并获第十二届中国图书奖。1988年6月，中国戏剧家协会等北京14个文艺单位联合举办了祝贺他文学创作、戏剧活动55周年研讨会，对他的人品与文品给予很高的评价。1997年4月，首都各界600余人举行了祝贺他文学艺术生涯65周年暨收藏品捐赠仪式。他的家乡山东烟台成立了马少波文学艺术著作陈列室。他对戏剧事业的贡献得到党和国家领导人及文艺界的高度赞扬，肯定他“呕心沥血弘扬民族文化，睿智大勇坚持继承创新”。阳翰笙在《马少波全集序》中写道：“在党领导戏曲改革半个多世纪的征途中，既担负着组织领导的重任，又能继抗日战争初期开始的戏曲创作生涯，不断有高水平的新作问世的，我认为唯有田汉和少波。”评价他的诗文剧作“其思想的深刻、艺术技巧的娴熟、文采的优美，在当代是不多见的”，“形成了深沉而豪放、坚毅又典雅的马少波风格”。晚年还担任中国京剧艺术基金会副会长、文化部振兴京剧指导委员会副主任、中国戏剧家协会顾问、中国戏曲学会顾问、中国书画家研究会名誉会长、中国戏曲学院荣誉教授、中国唱片总公司艺术顾问等。2009年10月，在庆祝中国戏剧家协会成立60周年之际，荣获首届中国戏剧奖终身成就奖。

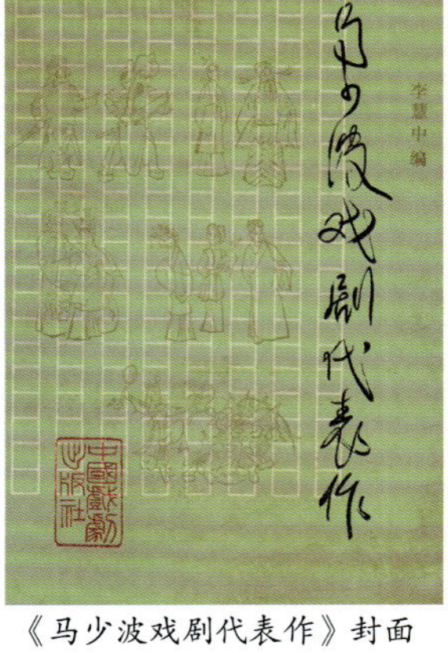

《马少波戏剧代表作》封面

（刘英华）

Ma Shaobo Xiju Daibiaozuo

《马少波戏剧代表作》 见马少波。

Ma Shaobo Yanjiu Wenji

《马少波研究文集》 戏曲文集。李慧中编。北京出版社1997年4月出版。共收入150余位作者撰写的文章近200篇，分别就马少波的文论、剧作、散文、诗词等进行评析，涵盖了对马少波文品、人品两方面的研究和评价。文集的第一部分为张庚、郭汉城、吴雪、翁偶虹、刘吉典、张云溪、杜近芳等在1988年6月举行的马少波剧作研讨会上的发言，以及关于马少波在戏曲组织领导工作、艺术语言研究工作方面的评论文章，兼及他的散文小说集《从征拾零》和《马少波剧作选》、《马少波新剧作》、《马少波戏剧代表作》、《马少波近作选》、《戏曲新论》。着重论述了马少波的创作道路、治学态度、忧患意识和他的历史使命感、社会责任感。文集的第二部分，就他创作或改编的部分剧作，如20世纪40年代的京剧《闯王进京》、《关羽之死》，评剧《千年冰河开了冻》(与人合作)，话剧《太平天国》，20世纪50～60年代的京剧《白云鄂博》、《正气歌》、《白娘子出塔》，越剧《小忽雷》(与人合作)，话剧《岳云》，20世纪70～90年代的京剧《明镜记》、《宝烛记》、《双枪李小虎》、《宝剑归鞘》、《蝴蝶梦》，昆剧《西厢记》以及戏曲电视剧《再起清风楼》、《十五贯》等，从不同视角加以评论，内容涉及艺术构思、人物塑造、戏剧结构、艺术语言、细节处理等。这一部分还收入田汉于1950年为剧本《千年冰河开了冻》出版所写的序。马少波从事戏剧创作之外，兼擅诗词和戏剧理论，著有《戏曲艺术论集》、《乐耕园诗

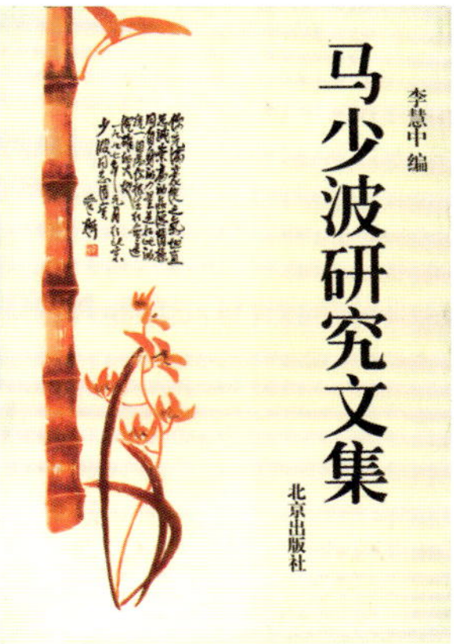

《马少波研究文集》封面

词二百首》(与李慧中合著)、《马少波近作选》及主编《中国京剧史》(全书3卷),并曾担任传记体电视连续剧《蒲松龄》、《梅兰芳》的总顾问。文集第三部分就此进行了多方面的评介，并以评论、记叙、回忆和访问记、谈艺录等形式论及马少波作为戏剧活动家对于深化戏剧改革、造就青年戏曲人才、培养青年戏曲观众、扶持地方戏曲剧种、发扬京剧艺术流派以及加强京剧院团建设等方面的观点和业绩。（梁冰）

Ma Shaoliang

马少良 （1943～　　）　演员。工文武老生。天津人。出身梨园世家。11岁起随父马玉良练功习艺，学《群英会、借东风》、《苏武牧羊》等马派剧目。16岁带艺进入天津市京剧团，向徐盛昌、程正泰、曹世嘉、郭仲霖学戏，功底更加扎实。1961年拜李少春为师，学了《观阵》、《定军山》等，同时还得到茹元俊的指授。1981年又拜师李万春，学《走麦城》、《火并王伦》、《闹天宫》、《连环套》等重头戏。还向厉慧良、张世麟、赵松樵、程正泰诸师求教．广泛吸取各派名家之长，技艺日进．成为一名允文允武、昆乱不挡的演员。他戏路较宽，技艺全面，如老生戏《群英会、借东风》、《将相和》、《清风亭》，红生戏《走麦城》、《古城会》，武生戏《长坂坡》、《挑华车》、《一箭仇》、《艳阳楼》、《林冲夜奔》，武小生戏《八大锤》等。因其基本功坚实，唱念做打均得心应手，娴熟准确，洒脱优美。在近代史剧《火烧望海楼》和现代戏《六号门》、《三条石》、《青山》中，塑造了马宏亮、丁占元、铁头、卫华等英雄形象。1982年曾随团出访加拿大、美国，演出《宝莲灯》、《雁荡山》，受到好评。1988年荣获第五届梅花奖。1993年荣获梅兰芳金奖。（陈国卿）

《响马传》饰秦琼 （吴钢摄）

Ma Siyuan

《马思远》　京剧作品。又名《双铃记》、《海慧寺》。据清代北京实事编演。作者不详。清道光末年《春台班戏目》即有此剧。《菊部群英》载，同治十二年（1873）以前，四喜部刘赶三、梅巧玲、曹春山擅演。中国艺术研究院戏曲研究所藏《五十年前观剧日志》（手抄本）有1876年四喜班演出的记载，梅巧玲、姚增禄、杨三等主演。剧情为：王龙江在马思远菜馆当厨，每年三节才能回家。其妻赵玉儿不甘寂寞，在庙会与卖杂货的贾明勾搭成奸。年终，王龙江回家途中，遇见游手好闲的相识甘子谦向其借贷，王只给一百大钱。甘子谦嫌少，欲跟踪偷窃。王龙江到家时，赵玉儿把贾明藏在缸内，甘子谦也钻入室内，藏在桌下。赵玉儿与贾明合谋将王龙江杀害，被甘子谦看得清清楚楚。数日后，赵玉儿主动往马思远店中要人，诬陷马思远谋害其夫。南城兵马司衙门送都察院审理。都察院满汉两御史正在审问因犯夜被捕的甘子谦。甘子谦将亲眼所见说出，案情大白。剧本载《戏考》第19集。剧中人名略有出入。该剧主要描写淫乱情杀，内容不太健康，艺术上却有些可取之处。《半月剧刊》第11期载文谈到：“剧本的编制，十分精彩。幕次的分配，除去《城隍赴会》一幕外，可说无一废幕。剧情的穿插，可说无一处不紧张。剧理的观察，可说无一处不真实。至如科诨对白之妙，妙在语意含蓄，一语双关。”（持公《马思远剧本与毛世来艺术》）赵玉儿词锋犀利，凶狠刁滑。路玉珊、筱翠花、毛世来等擅演。贾明与巡城御史署的书吏毛先生，照例由同一丑脚扮演。审案时，主要由汉御史主持，讲兰青官话，描摹官僚形状，惟妙惟肖。全剧或有分上、下两本演出的。北京市艺术研究所所藏抄本，情节与《戏考》大同小异。1950年文化部曾把《马思远》列为禁演戏之一，1956年10月5日开禁。1957年筱翠花曾演出一次。（王卫民）

筱翠花饰赵玉儿（左）

Ma Yanxiang

马彦祥 （1907～1988）　戏曲理论家、导演。祖籍浙江鄞县（今宁波鄞州区），生于上海。早年就读于北京，1925年考入复旦大学中文系，在校期间曾参加复旦剧社和辛酉剧社。1929年起先后主编《现代戏剧》、《戏剧》。1931年改编京剧《打渔杀家》为独幕话剧《讨渔税》。1932年任天津《益世报》副刊《语林》主编，先后出版《戏剧概论》、《戏剧讲座》、《彦祥漫谈》等书。1936年与曹禺、戴涯组建中国戏剧学会。抗日战争期间，任上海救亡演剧队第一队队长。1938年参加国民政府军事委员会政治部第三厅工作。1939年任中国电影制片厂编导。1943年任中央青年剧社社长，坚持演出进步戏剧。他自幼喜爱京剧，曾参加永兴国剧社，并粉墨登台。他先后发表了《秦腔考》、《二簧考原》、《地方剧演技溯原》、《论地方剧》等论文。1948年任华北戏剧音乐工作委员会主任兼石家庄戏剧音乐工作委员会主任。其间，审定旧剧剧目433出。1949年任文化部戏曲改进局副局长兼大众剧场经理。同年，被聘为文化部戏曲改进委员会委员，主编《新戏曲》月刊，编辑《大众戏曲丛刊》、《中国戏曲理论丛书》等。1951年任文化部艺术事业管理局副局长，主管戏曲工作。先后导演了京剧《柳荫记》、《三座山》、《武则天》、《逼

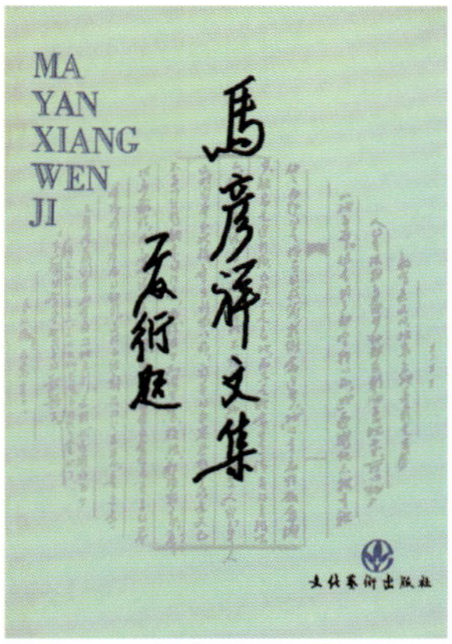

《马彦祥文集》封面

上梁山》等。他在创作中吸收话剧的长处，注重京剧特点，大胆革新，如《柳荫记》保留川剧高腔长短句唱词，突破京剧唱词传统格式，并且增加幕间曲等。他的导演风格简洁、流畅、清新、和谐。20世纪80年代初，领导筹建北京京剧研究会，筹建梅兰芳纪念馆。先后发表《谈戏曲改革的重点问题》、《试论戏曲表现现代生活和继承戏曲艺术传统问题》、《有关京剧表现现代生活的若干问题》、《杨月楼杨小楼父子姓氏新发现》、《京剧向何处去》、《"京剧"概说》等文章数百篇。曾任中国戏剧家协会书记处书记、副主席等。1995年文化艺术出版社出版《马彦祥文集》，共3卷，其中第1卷为《戏曲论文卷》选收戏曲文章54篇。

（刘英华　陈美英）

Ma Yong'an

马永安　（1941～2007）　演员。工净。生于北平（今北京）。1952年入北京私立艺培戏曲学校，从校长郝寿臣学《二进宫》、《沙陀国》、《醉打山门》、《黄一刀》、《牛皋招亲》等戏，深得真传。1959年毕业分配到荀慧生剧团任演员。1960年入北京实验京剧团，演出过新编京剧《红羊峪》、《于谦》等。其后，曾分别问艺于侯喜瑞、裘盛戎、苏连汉、樊效臣、翁偶虹、刘曾复、郝鸣超诸名家，在铜锤、架子、武二花各方面打下了坚实的基础。1964年底调北京京剧院一团，在《杜鹃山》中饰雷刚，后又演出根据莎士比亚名著《奥赛罗》改编的同名京剧，饰奥赛罗。他在演出中，充分调动京剧花脸及其他行当的表演手段，以塑造不同的人物。不墨守京剧的固有程式，大胆探索，力求深刻、细腻地表现人物的思想性格和心理变化。尤其他所创造的雷刚这一形象，为人们熟知和喜爱。20世纪80年代后，潜心学佛，息影舞台。

《杜鹃山》饰雷刚

（娄悦）

Ma Yufa

马玉发　（1928～1997）　作曲家、琴师。河北安次（今属廊坊）人。1944年开始跟父亲马守惠（琴师）学习京剧文场，随后在黑龙江省各地搭班演出。1949年到齐齐哈尔加入黑龙江省京剧团（后改为齐齐哈尔市京剧团）操琴兼作曲。1955～1984年，共为54出新戏担任唱腔音乐设计。代表作品有《罗盛教》、《嫩水雄鹰》、《交班》、《园丁之歌》、《青梅》、《火焰山》等，其中《罗盛教》获1956年黑龙江第一届戏曲观摩演出大会编曲奖。马玉发勤奋好学，接受新事物快，他参加创作演出的《罗盛教》，是中华人民共和国成立后较早的京剧现代戏之一。其中罗盛教与香菊、香菊母亲三人唱的"从你们离开石田里"一段唱腔，以［吹腔］为基础，吸收朝鲜民歌音调，三拍子二拍子交替运用，并采用对唱及重唱形式，新颖别致、自然流畅，表现了特定的内容。

（张民）

Ma Yushan

马玉山　（1909～1961）　鼓师。北京人。7岁随父马登伦在天桥的小戏班里搭班学习司鼓，同时拜昆曲名家汪子良为师学习昆曲。马玉山学习司鼓艺术极为刻苦，在9年中，不论严冬酷暑，每日苦练不辍，十几岁时便开始到河北梆子戏班伴奏。以后，先后在北京吉祥、丹桂等戏园为李万春、李少春、李洪春、宋德珠、梁慧超、班世超等诸多名家司鼓，在京剧界享有很高声誉。马玉山艺宗侯（长山）派，以擅打武戏著称。其司鼓具有火爆、劲头冲、力度强、节奏鲜明、声音脆亮、鼓点清晰等特点，与演员配合默契，以饱满的激情结合娴熟的技巧，为武戏的演出起到强烈的烘托作用。他为著名武旦演员班世超伴奏《泗州城》中所表演的旱水功，［撕边］击奏时间长达十多分钟，鼓点越打越快、越击越响，颇见功力。1952年，马玉山率弟玉芳、玉河参加中国人民解放军总政治部京剧团，该团以武戏精湛享誉国内外，这和马玉山的司鼓伴奏分不开。马玉山兄弟在开演前每每合奏的缓锣，异常精彩，帷幕刚刚拉开，台下已掌声四起。20世纪50年代，马玉山曾随团出访过苏联、波兰、罗马尼亚、捷克斯洛伐克、缅甸、朝鲜、越南等国。1958年，随中国京剧院四团调至宁夏，在宁夏回族自治区京剧团任司鼓。

（刘连仓）

Ma Zengshou

马增寿　（1940～　　）　演员。工丑。生于北平（今北京）。回族。1952年考入北京私立艺培戏曲学校习丑脚艺术，师从罗文奎。在校期间，学习、演出了《群英会》、《铁弓缘》、《拾玉镯》、《法门寺》、《凤还巢》等剧目。1959年毕业后分配到荀慧生剧团，向朱斌仙学习深造，得其亲授《荀灌娘》、《红楼二尤》等剧目。并同荀慧生等同台演出，艺事大进。其间，他在新编京剧《三打祝家庄》中分饰祝小三、老五、二混子三个不同人物，性格鲜明，获得好评。1960年到北京实验京剧团，与李崇善、李玉芙演出《凤还巢》、《四进士》，与张学津演出《四进士》、《打渔杀家》，与王晓临演出《钓金龟》等，并在新排剧目《雏凤凌空》中饰老马夫。这一时期，他还向叶盛章、李四广、慈少泉、张春华等名家问艺，还曾于1963年从川剧名家周企何学习川剧《迎贤店》、《投庄遇美》、《秋江》等剧目的表演。1964年在现代戏《箭杆河边》中饰二赖子，由于刻画人物生动鲜活，受到好评。1976年恢复北京实验京剧团，马增寿再次与李崇善、李玉芙等合作，演出《望江亭》、《柜中缘》、《女起解》、《乌盆记》、《金钱豹》、《杨八姐游春》等，后又参加北京京剧院一团，与谭元寿、马长礼等同台演出《打棍出箱》、《群英会》、《打渔杀家》、《龙凤呈祥》等剧目，其间他又拜郭元祥为师。马增寿戏路宽广、能戏颇多，不仅能演文丑、武丑、婆子及老头、小孩等人物，而且能扮演同一剧目中的不同角色，如《法

《宰相刘罗锅》饰六王爷（右） 董圆圆饰霞儿格格

门寺》中的贾桂、刘媒婆，《打渔杀家》中的丁郎、大教师，同时能反串老生、花脸、老旦等脚色。曾先后赴缅甸、希腊、伊朗、日本、韩国、土耳其、突尼斯、阿尔及利亚等国演出。2001年春节，马增寿在退休之后重又参加了大型新编连台本戏《宰相刘罗锅》的演出，饰六王爷，这个人物的风趣幽默被他刻画得淋漓尽致。 （娄悦）

Ma Zonghui

马宗慧 （1913～2003） 京剧教师。曾为青衣、刀马旦演员。曾用艺名金慧麟、小白牡丹。祖籍北京，生于浙江杭州。满族。11岁拜孙庆芬为师。14岁正式登台演出于上海、杭州、南京、武汉、长沙等地。22岁又从舅父金碧艳（王瑶卿入室弟子）学王派青衣、刀马旦剧目。23岁又拜小杨月楼为师，并成为主要传人之一。1934～1947年是他演出的鼎盛时期，先后与金碧艳及盖叫天、小杨月楼、李万春、白玉崑等演出于大江南北与东北各地。他的表演既吸收海派京剧的优长，又重视京剧传统、讲究表演程式规范。1947年始任教于安东咏风社科班，开始了教学生活。1950年在东北戏曲实验学校任教。1955年后为中国戏曲学校、中国戏曲学院教师。从教40余年，在科学选才与精心组织专业教学上有着丰富的经验，既注重讲究传统规范，又借鉴话剧表演，并积极推进京剧现代戏的教学。刘琪、侯丹梅等都出自他的门下。 （王世勋）

Mai Ma

《卖马》 京剧作品。全称《当锏卖马》，又名《天堂县》。作者不详。隋末，秦琼押解18名江洋大盗到潞州天堂县投文，由于途中死亡了一名，因而得不到批票回文，被迫滞留在王老好旅店中。店主王老好追索房租饭钱，秦琼无可奈何，只得忍痛卖坐骑黄骠马，恰遇单雄信，又慷慨借他骑去。秦琼又欲卖锏还债，幸遇王伯当与谢映登出资相助，并代秦琼讨要回文，返回山东。故事取材于《隋唐演义》第69回。余三胜擅演此戏。谭鑫培承其衣钵，加工锤炼，唱做并重，刻画出好汉秦琼一时落难被势利小人欺辱的困苦与窘迫。他的舞锏技巧，也被后世的京剧演员学习仿效。剧中“店主东带过了黄骠马”一段［西皮慢板］，苍劲悲凉，表达了秦琼在落魄中不得已要卖掉心爱骏马的无奈心情。清末民初，“市井小儿、缙绅士夫，有口，口谈《卖马》；有耳，耳听《卖马》，其风靡一时，可以概见”（瘦庐《谭鑫培〈当锏〉不同之点》，《谭鑫培艺术评论集》

《京剧版画·秦琼卖马》（王树村提供）

第199页）。百代唱片公司为谭鑫培录有此段。剧本见《京剧汇编》第91集。 （丁汝芹）

Mai Shui

《卖水》 京剧作品。中国戏曲学校实验剧团根据蒲州梆子《火焰驹》中《卖水》一折移植。1960年，中国戏曲学校实验剧团首演。唱腔由史若虚、黄勇设计。主演刘长瑜（饰梅英）、萧润德（饰李彦贵）。兵部尚书李长寿长子彦荣领兵边关抗敌，遭奸臣诬陷通敌。李长寿获罪入狱，全家被抄。次子李彦贵投岳父礼部尚书黄璋求救。黄璋乘机毁弃婚约。李彦贵只得卖水为生。黄璋之女桂英久慕李家忠良，不肯退亲，多次与父争吵，心中忧郁寡欢。丫环梅英为解小姐之愁，并促成他们相会，便请小姐去花园赏花。适值李彦贵卖水园外，梅英将他引入园内与小姐会面。故事来源于宋元南戏《林招德》。该剧保持了原作情节、人物和喜剧风格，描绘了一个有正义感，热情聪明的小丫环梅英的形象。虽为一场短剧，却唱、念、做、舞并重，充分发挥了京剧的艺术特长。其中长达70句的［南梆子］“表花名”唱段，载歌载舞，优美动人。剧本收入《京剧选编》第1集。 （蔡运长）

刘长瑜饰梅英（右） 徐畅饰黄桂英

Mantingfang

满庭芳 清代戏园。址在上海今福建中路近广东路处。现已不存。此为上海第一家京班戏园，也是上海租界内的第一家中国戏园，由英籍华人罗逸卿（绰号罗四虎）仿照京式茶园建造。清同治五年（1866）破土兴建，次年落成开业。园主“派人赴津邀角，置办锦绣行头”，“此京班到申之破天荒。楼上楼下，统售一元。沪人初见，趋之若狂”（姚民哀《南北梨园略史》）。后被丹桂茶园挤垮。原址周围一段长期被称作“满庭芳”（或满庭坊），先后开过“天仙”、“金桂”等多家京班戏园。 （林明敏）

mangpao

蟒袍 京剧服装。又称蟒衣、蟒服。简称蟒。圆领大襟，宽身阔袖（带水袖），衣长及足，胯下开衩，腋下有插摆，面料大缎，

蟒袍图例（一）

黄蟒

红蟒

绿蟒

粉红蟒

白蟒

紫蟒

（本版图片均为鲁青摄）

蟒袍图例（二）

裘派黑蟒

梅派女蟒

马派改良蟒

老旦蟒

（上述图片均为鲁青摄）

旗蟒

旗蟒（尚小云饰铁镜公主用）

通身纹绣。为剧中帝王后妃、公侯将相的礼服，“朝贺、办公、行礼、宴会等郑重事务时穿之”（齐如山《中国剧之组织》）。用时领上加苫肩（穿女蟒加云肩），腰间多悬挂玉带。

明代《脉望馆抄校本古今杂剧·穿关》中有“蟒衣曳撒”，仿自受宠宦官之服，是宫廷杂剧中的一种武扮服饰，专用于高级将领。范濂《云间据目抄》记万历年间松江乡镇迎神赛会，“演剧者，皆穿鲜明蟒衣”，可知当时民间舞台亦有了绣蟒的戏衣。衣上所绣蟒纹与龙相似，只比龙的五爪减少一爪。近现代蟒服可绣五爪金龙，而名称依旧。蟒袍上的纹样，则称龙，如团龙、行龙。

蟒袍色彩例有上五色、下五色之分，戏班合称一蟒。黄蟒为帝王专用。红蟒兼有华贵与喜庆，用途最广，丞相如《群英会》曹操，皇族如《甘露寺》刘备，驸马如《四郎探母》杨延辉，巡按如《四进士》毛朋，元帅如《抗金兵》韩世忠，均穿红蟒。绿蟒侧重于武职官员，如《二进宫》兵部侍郎杨波、《审头刺汤》锦衣卫指挥陆炳。另有勾红脸的大将亦多穿绿蟒，此例创自小说中的关羽形象，《铁笼山》姜维、《斩经堂》吴汉（原勾红脸，后改揉红，俊扮）等因袭之，红绿的强烈对比，极显威武。白蟒以鲜亮的中性色彩泛用于老中青年的重臣名将，老年如生扮的王延龄、净扮的司马懿，中青年如生扮的岳飞、杨延昭，武生扮的赵云、马超，小生扮的周瑜等。黑蟒用于净扮的性格刚直、豪放、勇猛、粗犷者，如包拯、尉迟恭、项羽、张飞等。下五色中，紫蟒亦极贵重，但较红蟒深沉，如《法门寺》刘瑾台词中虽有“腰横玉带紫罗袍”，艺人还是选择喜庆热烈的红蟒。紫蟒多用于花脸扮的角色，如《甘露寺》孙权、《九江口》陈友谅。粉红蟒色彩浮艳，用于小生扮的吕布等角色。蓝蟒近绿而较绿蟒静穆，可与绿蟒、黑蟒通用。湖色蟒可代白蟒。香色蟒用于老年宰辅，如《甘露寺》乔玄、《跑城》徐策、《追韩信》萧何等。

蟒袍的纹样，大致是上有类龙形的蟒，下有云水。早期蟒袍的水纹在膝间略有点缀，不甚显眼，至清代，下摆处的立水、卧水不仅面积大，而且绣得光华灿烂。蟒袍上的水纹，戏班称为**蟒水**。进入20世纪，龙纹的形态多样，还把青铜器上的夔龙引入戏衣，布局上也有新的讲究。

综合款式、色彩、纹样诸因素，蟒袍主要分以下品种：①**团龙蟒**。周身绣团龙10个（前胸后背各3个，呈现品字形，左右肩袖各2个），前后正中的两个团龙为**坐龙**，又称**正龙**，余者为左右对称的**偏龙**。下摆及袖口为**海水江牙**（一作**姜芽**，形容浪花）。团龙蟒在蟒袍中最为严谨文静，多为彩线与金线混合绣（团龙金绣为主，蟒水彩绣为主），分上五色、下五色，用得最为宽泛。②**行龙蟒**。龙纹多寡不拘，姿态活泼，富于动感。有双龙戏珠式：蟒袍前后身各有两条龙，左右或上下共戏一珠；有行团结合式：主体龙纹为行龙，配以若干小团龙。如裘盛戎饰包拯、姚期的黑蟒，有一横式行龙，行于海波之上，托领、袖口、下摆蟒水中各有小行龙共12条，另有小团龙16个，还有团式福寿字纹20个分布于大托领周围，在蟒袍中最称花哨富丽，为裘门弟子所喜穿。③**大龙蟒**。一般为前后身各一条大龙，也有独龙盘绕全身，龙头在前、龙尾在后。此类款式以气势胜。行龙蟒、大龙蟒，面料多为黑、蓝、紫等深色大缎，以平金为主，彩绣为辅，适合花脸所扮角色。④**改良蟒**。特点是纹饰简化，又名**简式蟒**。只保留胸背中心部分、领口、袖口和下摆的纹饰，把传统蟒袍满地的云头、花朵、吉祥图案统统删去，显得清新飘逸。大多为秋香、古铜色，用于萧何、蒯彻、乔玄、徐策、王延龄等老臣形象。⑤**箭蟒**。兼有蟒袍和箭衣的特点，圆领袍，袖式窄如箭衣，前后身绣团龙。为马连良所创，用于《胭脂宝褶》扮微服私访的永乐帝朱棣，戴武生巾带后兜，束软带。⑥**太监蟒**。与团龙蟒相似，不同处在于下身开隙，周边镶有七寸宽的缘饰，腰部缀络子穗。有红、绿色两种，为有权势的太监所用。⑦**女蟒**。式同男蟒，不同处：较短，长仅过膝，腋下无插摆，绣团凤、牡丹及海水江牙，周边镶有蓝底云鹤纹等缘饰。中青年后妃、公主、郡主、诰命夫人、女元帅多用红蟒。《祭江》孙尚香穿白蟒。女蟒中亦有黄色绣团龙者，用得较少。⑧**老旦蟒**。长仅过膝，绣龙团，下有蟒水。有杏黄、秋香色两种。杏黄色用于太后，腰挂玉带，如《甘露寺》吴国太；秋香色用于老年诰命夫人，腰束丝绦，如《辕门斩子》佘太君。⑨**旗蟒**。衣长及足，绣八团龙，下摆绣蟒水，袖长及腕。原为清代皇后的朝袍，引入京剧后，由黄色改为红色或黑色等，泛用于表现少数民族的青年贵妇，如《四郎探母》铁镜公主。用时腰间不束带，项挂朝珠。

（谭元杰）

Mao Jiahua

毛家华 （1915～2007） 票友。工老生。生于上海。5岁起随长辈观看京剧，成为戏迷。17岁进上海复旦大学读书，值校庆日登台演出《捉放曹》（饰陈宫）以助兴。18岁加入湖社票房，结交梅派名票包小蝶、包幼蝶昆仲，时常同台演出堂会，颇有影响，当时上海票界遂有“二包一毛”之谓。其间认识了马连良，马介绍师弟曹连孝给毛说戏，如《一捧雪》、《群英会》、《打侄上坟》、《法门寺》等。大学毕业后，从事金融业，仍对京剧的观摩与研究情有独钟。抗日战争胜利后，以商界身份被选为上海市特别参议员，与京沪名角时相过从，每至深夜仍弦歌不断。亦有堂会及义务戏演出，曾和俞振飞合演《打侄上坟》，与小生名票王震欧合作《群英会》等。1949年举家迁居香港，曾参与马连良、杨宝森、张君秋在香港大道中娱乐戏院之义务戏《虮蜡庙》和俞振飞之《群英会》等。对他一生影响最大的是麒派宗师周信芳，由看戏而结识，关系密切。他敬慕麒派艺术的深厚和质朴，爱其不泥古守旧，随时代变化而历久不衰。他在学和演的历程中，力求学其劲头、气口、尺寸、神韵等诸方面，去塑造有血有肉的古代人物。1953年由香港迁台湾，因身体渐胖，嗓音由窄而宽，一变过去唱法，专工麒派做功戏，如《坐楼杀惜》、《四进士》、《赵五娘》、《徐策跑城》、《路遥知马力》等剧，如此者九年如一日。1962年在台湾演出《义责王魁》。1967年、1986年相继灌录了《文天祥》、《打严嵩》、《姜子牙休妻》、《连营寨》、《四进士》、《斩经堂》的整出或片段；有与别人合录的《华容道》、《宝莲灯》、《清风亭》、《打渔杀家》等26出，编成《麒派名票毛家华京剧选集》共10辑。1991年应邀到上海演出《打侄上坟》和《四进士》。1993年（78岁）参加中央电视台举办的第一届国际京剧票友电视大赛，荣获金龙奖。后在上海定居，仍热心京剧活动。

《审头刺汤》饰陆炳

（陈国卿）

maojing

毛净 见净。

Mao Shilai

毛世来 （1921～1994） 演员。工花旦。原名**毛家宝**，字绍萱。祖籍山东掖县，生于北京。排行第六。长兄庆来，二兄家乐，三兄盛荣，均曾入斌庆社学艺。7岁补入富连成社第五科学艺，排名世来。初习小生，从萧连芳学《举鼎观画》、《岳家庄》等。后经萧长华建议改习花旦，师从萧长华、刘喜益、王连平、于连泉等。由于他刻苦用功，次年便于灯市口瀛环戏院首次演出《铁弓缘》，一炮而红。1935年拜尚小云为师，得亲授《天河配》、《娟娟》、《金瓶女》、《昆仑剑侠传》等戏。1936年9月，与李世芳、张世孝和刘元彤4人同拜梅兰芳为师。1936年底《立言报》举办的童伶选举，被选为旦部冠军，奖杯上刻有“旦部冠军毛世来艺员”，中间为“娇媚天成”4个大字，落款为京报社。满科后留社效力一年多，在科内已学戏百余出。1938年出科后随李万春永春社首次赴上海演出，载誉而归。得徐兰沅和韩佩亭青睐，将徐碧云原和平社社名给了世来，又经其三兄盛荣出面组班，社内有徐兰沅及其子元珊。徐兰沅为其排演了《虞小翠》、《绿珠坠楼》、《邓霞姑》等。1939年于上海拜赵桐珊为师，得其传授《辛安驿》等。1940年，被公认为四小名旦之一，并于长安大戏院与李世芳、宋德珠、张君秋4人联袂演出《白蛇传》。1942年，拜荀慧生为师，当场得荀师赠《红娘》、《红楼二尤》、《香罗带》、《勘玉钏》剧本作为见面礼。20世纪40年代，毛世来与李世芳为一时瑜亮，并有“小筱翠花”之誉。1950年，与荀慧生于三庆园师徒合演《棋盘山》，荀饰窦仙童，毛演薛金莲。1958年，毛世来随团调往长春，成立吉林省京剧团，荀慧生特意为其送行。1959年6月，任吉林省戏曲学校副校长。1961年8月任吉林省戏剧家协会副主席。省广播电台为其录制了《十三妹》、《棋盘山》等音响资料。1962年底演出《白门楼》，次年初为学生示范演出了《虹霓关》，此后再未登台。1979年任吉林省戏曲学校顾问，在传授《穆柯寨》一剧时，因过度劳累突患脑血栓，半身不遂。1999年，吉林文史出版社编辑出版了《一代名伶毛世来》，介绍了他的艺术生涯。弟子有邢美珠、王继珠等。

（刘松崑）

当选“旦部冠军”的颁奖场面

《花田错》饰春兰

《大英杰烈》饰陈秀英

Mao Yunke

毛韵珂 （1885～1941） 演员。工旦。本名**毛仲林**，字少珊，早期艺名为**七盏灯**。出身梨园世家，其父毛海珊系清光绪初年来上海的青衣演员。毛韵珂幼入永胜玉梆子科班，从张国泰习梆子老生，兼习花脸、雉尾生，后又投师余伯清门下，学演皮簧戏，并问艺于文武小生牛松山，以此打下扎实基础。后改演花旦。光绪末年加入丹桂茶园，以旦脚挂牌，在《辛安驿》、《花田错》、《英杰烈》、《富春楼》等剧中自然流丽的唱功与活泼细腻的做派赢得大量观众。清末民初，受社会进步思潮影响，与其弟毛仲琪加入新舞台，投身京剧改良，排演新戏。辛亥革命中，曾参与光复上海攻打制造局的战役；上海军政府草创期间，积极参加筹饷义演活动，并亲自解囊，捐款一千元。沪军都督陈其美特写信致谢，称赞他“千金助饷，出自热诚”，“深明大义”。在京剧改良活动中，他是新舞台的主力之一。清宣统元年四月（1909年6月）新舞台上演西装新剧《新茶花》，女主角辛瑶琴由小子和（冯子和）饰演，冯子和离开新舞台后即由毛韵珂扮演。也获得成功。宣统三年三月二十一日（1911年4月19日）又演出《拿破仑》，毛韵珂饰演皇后约琴芬，更是声名大振。此后，他还在据萧伯纳同名剧作改编的《华伦夫人》和时装家庭悲剧《空谷兰》等剧中担任主演，时人以其“西装做派，从容自然”而冠之以“西装旦”的雅号。他在本工旦脚戏方面的出色表演，与同时期的冯子和、贾璧云鼎足而立。此外，兼擅生、净诸行表演而被公认为“剧界全才”。芙蓉草（赵桐珊）在自传中说，1915年在杭州城站第一台与毛韵珂同台献艺，“当时毛韵珂是生、旦、净、丑、武生、时装戏无一不唱的。我受他的影响很大，也就什么都学，而且从梆子转向皮簧”（《京剧谈往录续编》164页）。毛韵珂常演的老生戏《空城计》、《逍遥津》，深得谭鑫培、孙菊仙等前辈神韵；花脸戏《牧虎关》、《御果园》、《锁五龙》兼取铜锤、架子之长，演唱节奏铿锵，掷地有声；小生戏《辕门射戟》、《白门楼》承袭朱素云风范；老旦戏《探寒窑》等的表演亦声情并茂，神态逼真。这都显示出他多方面的艺术功力与创造才能。他中年辍演，居家研述戏艺，并延名师悉心培育

《活捉潘璋》饰刘备

《拿破仑》饰约瑟芬

幼女毛剑秋饰潘金莲

子女。20世纪40年代初，因伤于鸦片与女色，穷愁潦倒，死于安徽。

毛韵珂子毛燕秋，从白玉崑、韩长宝学艺，工武生。长女毛剑佩，曾投师王瑶卿门下，工青衣，不幸早逝。幼女毛剑秋（1918～1947），工旦行，天赋聪颖，扮相华美，嗓音甜亮。1933年毛韵珂率子女组毛家班赴汉口演剧期间，梅兰芳应毛韵珂邀请，观看毛家班的《四郎探母》，对饰演四夫人的毛剑秋（时年15岁）颇为赏识，遂收为弟子。此后，剑秋潜心梅派艺术。抗日战争前夕，在上海一次堂会戏中，毛剑秋以一出《宇宙锋》，引起票界、报界瞩目，不久即应聘加入共舞台，主演过《梁红玉》、《玉堂春》、《四郎探母》等传统剧目，并参与长达三年半之久的连台本戏《火烧红莲寺》的演出。20世纪40年代初，与文武老生王春柏结为夫妇，女小毛剑秋亦为沪上名旦。

（张泽纲）

Mei Baojiu

梅葆玖　（1934～　　）　演员。工旦。祖籍江苏泰州，生于上海。梅兰芳幼子。自幼受家庭熏陶，父亲为他专请老师，王幼卿教青衣，朱琴心、陶玉芝教花旦及武功把子，朱传茗教昆曲，在严格要求

中打下了坚实的基础。先后学会了《六月雪》、《大保国》、《虹霓关》、《三娘教子》、《桑园会》、《祭江》等青衣、花旦戏和《思凡》、《断桥》、《惊梦》等昆曲戏。10岁第一次登台，扮演《三娘教子》的薛倚哥，在台上颇有灵气，受到称赞。第一次在《三娘教子》中扮演王春娥则是16岁时，大段［二簧慢板］唱得稳重凝练，［快三眼］、［碰板］的运腔吐字，都有梅派神韵。17岁时，演出了由陶玉芝教授的头本《虹霓关》和由梅兰芳亲授的《玉堂春》。还陪同父亲和俞振飞演出了朱传茗教授的《断桥》，饰青儿。20世纪50年代梅葆玖跟随父亲到湖北、山东、广东、江苏、山西、浙江、江西、湖南、福建等地演出，在演出中观摩学习父亲的表演。这一时期他认真学习了《穆柯寨》、《枪挑穆天王》、《贵妃醉酒》、《霸王别姬》、《女起解》、《龙凤呈祥》、《奇双会》、《宇宙锋》、《断桥》、《游园惊梦》、《洛神》、《西施》、《凤还巢》、《抗金兵》等梅派戏。同时跟随父亲到朝鲜战场、福建前线进行慰问演出。1956年还随父亲参加京剧代表团赴日本演出，历时53天。梅兰芳演出的《贵妃醉酒》、《霸王别姬》、《奇双会》和梅葆玖演出的《天女散花》轰动了日本。梅葆玖学习继承梅派有着得天独厚的条件，他嗓音清亮甜润，运腔松弛自如，甚至优于其父晚年，成为梅派的优秀传人。从1978年开始，在十多年的时间里，他先后恢复上演了《霸王别姬》、《贵妃醉酒》、《生死恨》、《凤还巢》、《奇双会》、《玉堂春》、《太真外传》、《洛神》、《西施》、《金山寺、断桥》、《穆桂英挂帅》、《宇宙锋》、《御碑亭》等十多出梅派戏。1995年北京京剧院恢复成立了梅兰芳京剧团，梅葆玖任团长。1996年他对几出梅派精品戏进行加工编排，推出了一台以《梅韵》为名的晚会，综合表现了梅派剧目的精华。2001年，与编剧翁思再、导演郭晓男等合作创排了《大唐贵妃》，他与李胜素、史依弘饰演杨玉环。他曾多次出访美国、日本及中国香港、台湾地区，或演出或教学，为传承、弘扬梅派艺术，作出了新的贡献。弟子有李胜素、魏海敏、董圆圆、胡文阁等。

《霸王别姬》饰虞姬（左）　袁世海饰项羽

（鲁青）

Meifei

《梅妃》　京剧作品。事见唐人小说《江采苹传》(即《梅妃传》)。金仲荪编剧。程砚秋1925年首演于北京。唐明皇李隆基宠幸江采苹，因其性爱梅花，赐号梅妃。不久，又册封杨玉环为贵妃，喜新厌旧，使梅妃有失宠之叹，写《楼东赋》抒怀。明皇偶念梅妃，召至翠华西阁相会，不料杨贵妃闻讯赶来，明皇只得将梅妃藏在阁后。其后，明皇命人送来明珠一斛，梅妃题《一斛珠》诗以拒。安史乱起，梅妃死于乱军之中。乱平，明皇回到长安，寻梅妃不见，信步梅亭，凭几而寐，梦见梅妃来诉离情。程砚秋在此剧中创造了梅妃的惊鸿舞，手持白玉笛，边唱［二六］边舞，令观众一新耳目。写《楼东赋》时所唱的［南梆子］“展鸾笺不由得寸心如剪”，写《一斛珠》诗时所唱的据原诗谱成的［散板］(原唱［南梆子］)“柳叶双眉久不画”，听别院笙歌笑语、感孤苦一身时所唱的［二簧慢板］“别院中起笙歌因风送听”，在乱兵喊杀声中逃入梅林时唱的［西皮导板］转［快板］“纵横胡虏登金殿”，托梦时唱的［西皮流水］“想当时承眷顾深情如海”等唱段，都曲尽人情，哀婉动听。新艳秋、李玉茹、李世济等都曾演过此剧，李玉茹、李世济演出时有过整理、修改。剧本收入《程砚秋演出剧本选集》。

程砚秋饰江采苹

（刘乃崇　蒋健兰）

Meihuajiang

梅花奖　中国戏剧界表演艺术的最高奖项。中国戏剧家协会主办。创始于1983年。当时，经历“文化大革命”浩劫的戏剧舞台刚刚复苏，表演人才青黄不接，中国戏剧家协会由《戏剧报》(今《中国戏剧》前身）出面创设此奖，以“梅花香自苦寒来”为寓意，倡导德艺双馨，激励、表彰优秀的中青年演员，繁荣中国社会主义戏剧事业。1984

梅花奖奖牌（吴作人绘）

年评出首届15名获奖者之后，在全国产生很大影响。梅花奖在发展中不断改进、完善。第十一届起设二度梅，第十九届起设梅花大奖（即梅花奖三度获得者）。自2005年起两年评一次。第二十三届梅花奖改称首届中国戏剧奖·梅花表演奖。至2009年第二十四届（即第二届中国戏剧奖·梅花表演奖），已评出涵盖全国各省、自治区、直辖市和港台地区的戏曲、话剧、歌剧、舞剧、滑稽戏等获奖演员共566名、608人次。其中获得梅花奖的京剧演员共89名、97人次。名单如下：

届次	获奖者
第一届（1984）	叶少兰、刘长瑜、李维康
第二届（1985）	杨淑蕊、迟小秋、尚长荣、孙毓敏、张学津
第三届（1986）	王立军、阎桂祥、李光
第四届（1987）	雷英、王玉兰
第五届（1988）	杨至芳、马玉璋、宋丹菊、赵葆秀、马少良
第六届（1989）	叶金援、沈健瑾、邓敏、朱世慧、杨春霞
第七届（1990）	黄孝慈、于魁智、辛宝达、言兴朋、王树芳、李静文、周龙、张幼麟
第八届（1991）	杨乃彭、薛亚萍、杨赤、邓宛霞、王继珠、王海波
第九届（1992）	邓沐玮、邢美珠、
第十届（1993）	关静兰、李经文、陈淑芳、侯丹梅
第十一届（1994）	史敏（依弘）、陈少云、王蓉蓉、秦雪玲
第十二届（1995）	陈霖苍、李萍、孟广禄
第十三届（1996）	尚长荣（获二度梅）、鞠小苏、李胜素、魏海敏
第十四届（1997）	唐元才、张艳玲
第十五届（1998）	王平、李海燕
第十六届（1999）	陈霖苍（获二度梅）、黄孝慈（获二度梅）、董翠娜、赵秀君
第十七届（2000）	朱世慧（获二度梅）、张火丁、李雪梅、张克、梁维玲
第十八届（2001）	李宏图、裴永杰、董圆圆、赵永伟、李洁、耿巧云、李佩红、李鼎
第十九届（2002）	尚长荣（获梅花大奖）、宋昌林、张建国、艾金梅
第二十届（2003）	王桂荣
第二十一届（2004）	张慧芳、石晓亮、袁慧琴
第二十二届（2005）	王平（获二度梅）、常东、杜镇杰、刘薇、张慧敏
第二十三届（2007）	于兰、张军强
第二十四届（2009）	裴艳玲（获梅花大奖）*、孟广禄（获二度梅）、田磊、倪茂才、王润菁、刘桂娟、马少敏

*裴艳玲此前作为河北梆子演员曾两度获得梅花奖，本表限于京剧演员，故未列入。

（曹其敏 晓耕）

Mei Lanfang

梅兰芳 （1894～1961） 演员。工青衣、花衫、刀马旦。名澜，字畹华（一作浣华），别署缀玉轩主。祖籍江苏泰州，生于北京。1894年10月22日（清光绪二十年九月二十四日），出生于北京梨园世家。祖父梅巧玲为京剧名旦。父梅竹芬（1874～1897）也是京、昆旦脚演员。母杨长玉（1876～1908）是著名武生杨隆寿之女。伯父梅雨田是与谭鑫培长期合作的著名琴师。梅兰芳父母早亡，由伯父抚养成人。他幼时以常人所不及的刻苦和认真，撞开了艺术殿堂的大门。他8岁开始学戏，一出旦脚开蒙戏的唱词，久久不能成诵。老师失望地说："祖师爷没给你这碗饭！"从此罢教。梅兰芳并没有因此灰心堕志，反而更加以勤补拙，决心继承其祖遗泽，重振家声。后来他成名了，那位老师愧恧地说："我那时真是有眼

不识泰山！"梅兰芳笑答："我受您的益处太多，当初要不是挨您一顿训，我还不懂得奋发上进呢！"他6岁时正值八国联军侵扰北京，目睹侵略者奸杀焚掠的种种兽行，使他幼小心灵蒙受巨大伤害，从而激发了其爱国感情。

9岁从吴菱仙学艺。吴菱仙是名旦时小福的弟子，早年曾搭过梅巧玲的四喜班，与梅家旧谊深厚，故对梅兰芳倍加关切，细心诱导，艺术上倾囊相赠。时小福的唱法讲究字音、喷口有力。梅兰芳学的是《三娘教子》、《二进宫》、《祭塔》、《彩楼配》、《别宫》、《祭江》等一些正工青衣戏。他11岁第一次登台演出，在斌庆班七夕贴演的昆曲《长生殿》中串演"鹊桥密誓"的织女，由吴菱仙抱着他走上鹊桥。14岁搭喜连成班，借台练戏，在向吴菱仙学青衣戏的同时，向姑父秦稚芬、伯母的弟弟胡二庚学花旦戏，向伯父梅雨田学了《武家坡》、《玉堂春》等戏，向武生演员出身的琴师茹莱卿学打把子，奠定了坚实的武功基础。他先后受业于许多前辈艺术家，如王瑶卿、陈德霖、路三宝，昆曲名家乔蕙兰、丁兰荪、谢昆泉、陈嘉梁，并曾向精通武工的钱金福、架子花脸李寿山等问艺。

1912年梅兰芳18岁时，受到谭鑫培的提携，合作演出过《汾河湾》、《四郎探母》、《桑园寄子》等剧。19岁时，首次应邀到上海演出，名生王凤卿为头牌，他为二牌。王凤卿热心提携后进，在此次沪上演出行将结束之前，向戏院老板极力推荐梅兰芳主演大轴戏压台。梅兰芳会的全是青衣折子戏或生旦对儿戏，单挑大轴是困难的，在王凤卿的支持下，临时向琴师茹莱卿学了人物活泼、色彩丰富的《穆柯寨》，演出之后，声名大噪。老一辈的推挽之力，使梅兰芳得展其才，崭露头角，这体现了前辈艺术家爱才惜才的传统美德。而梅兰芳对待艺术的勤奋好学精神，洵属难能。他幼年眼皮肿垂，且有轻度近视，眼珠转动不灵活，颇以影响眼神表演为忧。17岁时偶然养了几对鸽子，每天早起放鸽高飞，仰望云天，愈望愈远，持之以恒，从不间断，终于恢复了视力，练出了眼神，后来，他在舞台上一双大眼睛灵动明亮，神采飞扬。他的眼神最能传达人物内心的细腻感情，一颦一笑，秋波流动，光彩照人。废除帝制的辛亥革命的新思潮对于梅兰芳的思想和艺术产生了深刻影响。他在青年时代结交了一批知识分子，如留学日本的冯幼伟（耿光）、吴震修、许伯明、李释戡，留学德国的齐如山等。他们对梅兰芳早期的艺术发展，或在政治、经济方面扶持，或在剧本创作方面合作，都起了重要的辅助作用。

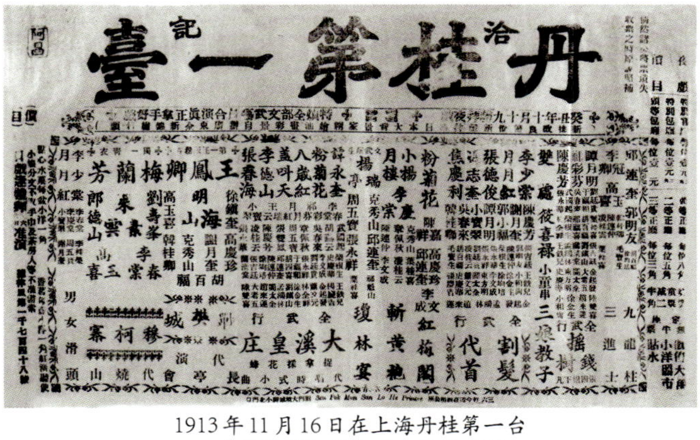

1913年11月16日在上海丹桂第一台以《穆柯寨》首次唱大轴的戏单

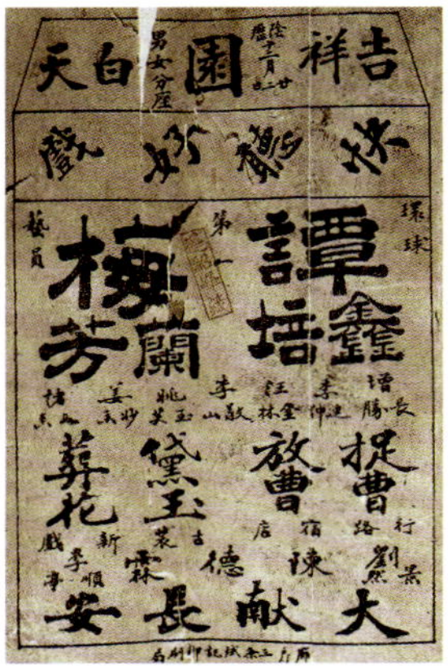

1917年在北京吉祥园与谭鑫培同台演出戏报

1913年，梅兰芳首次到上海演出期间，观察了上海以表现近代和当代题材为主的新戏，如夏月珊、夏月润经营的新舞台演出的《黑籍冤魂》、《新茶花》、《黑奴吁天录》，欧阳予倩的春柳社演出的《不如归》、《茶花女》、《陈二奶奶》等话剧，使他很感兴趣，并和欧阳予倩等戏剧革新家交往，颇受启发。他还参观了上海新式舞台的灯光和一些演员化装方法以及服装式样的设计，这对他的艺术思想产生了积极影响。他由沪返京后，搭翊文社演戏，便排出了第一个时装新戏《孽海波澜》。1914年秋，他再次应邀赴沪演出，上座经久不衰，盛况空前。两次南下演出，奠定了他艺术上独树一帜的基础，并开始了大量新剧目的排演和艺术的革新。

从1915年4月到1916年9月，梅兰芳排演了新剧目11出。其中有时装戏《宦海潮》、《邓霞姑》、《一缕麻》，穿老戏服装的新戏《牢狱鸳鸯》，古装新戏《嫦娥奔月》、《黛玉葬花》、《千金一笑》，还有昆曲传统戏《孽海记·思凡》、《风筝误·前亲、逼婚、后亲》、《南西厢·佳期、拷红》等。时装戏中的《孽海波澜》、《一缕麻》、《邓霞姑》，申诉了妇女受压迫与婚姻不自主的命运；古装戏中的《黛玉葬花》、《千金一笑》(又名《晴雯撕扇》) 系取材于小说《红楼梦》。在此后数年间，他又继续排演了大量古装新戏，如《廉锦枫》、《霸王别姬》、《天女散花》、《麻姑献寿》、《洛神》、《西施》、《太真外传》等，并整理演出了《宇宙锋》、《贵妃醉酒》、《奇双会》、《金山寺》、《断桥》、《樊江关》、《打渔杀家》、《二堂舍子》、《审头刺汤》等传统剧目。1931年九一八事变后，东北沦陷，他自北平移居上海，在上海排演了《抗金兵》、《生死恨》等剧，倾注了他的爱国热情。这时期演出的剧本多为齐如山、李释戡等执笔。

梅兰芳在半个世纪的舞台生活中，创造革新了多种艺术形象，其中有大胆反抗昏君佞臣的赵艳容（《宇宙锋》），为追求爱情自由敢与邪恶势力搏斗的白娘子（《金山寺》、《断桥》），随父英勇抗暴的渔家姑娘萧桂英（《打渔杀家》），在民族侵扰的战乱中饱受颠沛流离之苦的韩玉娘（《生死恨》），牺牲于封建礼教下的少女林黛玉（《黛玉葬花》）、晴雯（《千金一笑》），英勇抗敌的巾帼英雄梁红玉（《抗金兵》）、花木兰（《木兰从军》）、穆桂英（《穆柯寨》、《穆桂英挂帅》），还有西施（《西施》）、虞姬（《霸王别姬》）、王宝钏（《红鬃烈马》）、王桂英（《二堂舍子》）、甄氏（《洛神》）、杨玉环（《太真外传》、《贵妃醉酒》）、程雪娥（《凤还巢》）、柳迎春（《汾河湾》）、天女（《天女散花》）、杜丽娘（《游园惊梦》）、嫦娥（《嫦娥奔月》）、苏三（《玉堂春》）、邓霞姑（《邓霞姑》）、孟素卿（《孽海波澜》）、李寄娥（《童女斩蛇》）、林纫芬（《一缕麻》）、费贞娥（《刺虎》）、陈妙常（《琴挑》）、李凤姐（《梅龙镇》）、春香（《春香闹学》）、李桂枝（《奇双会》）、红线（《红线盗盒》）、麻姑（《麻姑献寿》）、东方氏（《虹霓关》）、薛金莲（《樊江关》）、王春娥（《三娘教子》）、孟月华（《御碑亭》）等。这些性格鲜明的艺术形象，有的端庄淑静，有的英武豪放，有的娇憨活泼，有的聪慧机智，这一切性格特征，又融化在美的形象之中，体现了中国妇女的传统美德。他善于运用歌唱、念白、表情、身段、舞蹈等技艺把人物的心理状态刻画入微。他运用艺术手段自然、和谐、洒脱、出神入化，富有节奏感和塑形美。他的表演艺术特点是质朴中见华贵，端庄中含俏丽，淑静中蕴情致，妩媚中显大方。

梅兰芳一生的艺术活动，体现了不断革新、精益求精的精神。他的艺术经历了3个阶段：自他从事舞台活动至1915年前后，是他艺术活动的早期。这一时期是以继承传统为主，演出剧目多为传统唱工戏，如《祭江》、《二进宫》、《三娘教子》等。这时他在艺术上虽如同描红临帖，却是一个重要的准备阶段，为他后来的成就奠定了坚实的基础。在崭露头角的初期，就已显示出众的才华。自1915年至抗日战争前夕，是梅兰芳艺术活动的中期。这时他的创造精力最为旺盛。由于辛亥革命后时装新戏的深刻影响和一些文人的推动，他力图使舞台艺术能符合时代潮流，连续排演了一些时装新戏，对于京剧表现当代题材进行了初步探索。此后，他致力于古装新戏的创造、传统剧目的整理和历史剧的编演。在这期间，他完成了京剧旦脚艺术的重大革新。卓有成效地突破了传统正工青衣专重唱工，不很讲究身段、表情的局限，从不同人物出发，把青衣、花旦、闺门旦以至刀马旦的表演技巧、风格融化运用，实践了前辈旦脚演员特别是王瑶卿的未竟之功。他还排演了一些歌舞成分较重的新剧目，并在其中创作了与剧情相适应的舞蹈，如《天女散花》的绸舞、《麻姑献寿》的袖舞、《黛玉葬花》的锄舞、《廉锦枫》的刺蚌舞和《霸王别姬》的剑舞等。这些舞蹈，或取材于武工，或取材于旦脚传统的舞蹈身段，或取材于姊妹艺术，或直接从生活提炼而成。他把唱、做、念、打、舞结合成有机的

《汾河湾》饰柳迎春（左）王凤卿饰薛仁贵

《穆柯寨》饰穆桂英

《一缕麻》饰林纫芬

《黛玉葬花》饰林黛玉

《天女散花》饰天女

整体，塑造典型的人物形象。他的唱功力求切合人物感情而不过分追求腔调的新奇，字正腔圆，明快大方；做工以细腻、熨帖、恰合身份见长；道白圆润脆甜，独具特色；武工不仅步伐严整，节奏准确，疾徐多变，姿态优美，而且内在含蓄，把原有的“把子”加以提炼，化为美妙的舞蹈。在舞台美术方面，他通过实验，改变了京剧旦脚的老式化装方法，使旦脚的面部造型大为改观。现代戏曲旦脚的古装打扮，大都采用梅兰芳首创的造型方法。与之相适应的服装、布景、舞台装饰，都力求革新，增添了美感。他对京剧音乐的发展，也作出了卓越的贡献。他很重视唱腔的创造，在传统唱腔的基础上，编制过大量新颖的具有独特艺术个性的唱腔。某些传统唱腔板式，如［四平调］等，由于他的创新而在舞台上广为流行。他咬字清晰、音色甜润与婉转妩媚的唱腔相互辉映，更为悦耳动听。为了丰富乐队伴奏，他作过大胆的革新，以二胡辅助京胡伴奏旦脚唱功，是他和琴师徐兰沅、王少卿合作实验的成果。从抗日战争胜利重返舞台以后，是梅兰芳艺术活动的晚期。这个时期他着重加工一些优秀传统剧目和从事著述，总结艺术经验。《舞台生活四十年》是他晚年的主要著作。此时经常上演的是《宇宙锋》、《贵妃醉酒》、《断桥》、《奇双会》、《抗金兵》、《霸王别姬》、《游园惊梦》等最具有梅派特色的剧目，曾拍成艺术影片，并曾与周信芳合演《打渔杀家》、《二堂舍子》、《审头刺汤》，与姜妙香合演《洛神》、《穆柯寨》等剧。《穆桂英挂帅》是他晚年唯一的一部新戏，当时中国京剧院考虑排演新剧目最好与他的年事相称，易收事半功倍之效，组织力量根据豫剧《穆桂英挂帅》改编为京剧本。他饰演的晚年穆桂英，气度凝重，感情深沉，唱、做艺术卷舒自如，精湛大方，令人叹为观止。他晚年的艺术风格不似中期那样色彩浓艳，而趋于清淡含蓄，更富有内在的魅力。这同时也标志着他的舞台艺术达到了炉火纯青的境界。他的表演不是在模仿女子，而是在艺术创造中，力求传达中国女性温柔、刚烈、含蓄、高雅等特征。他认为善于辨别精、粗、文、野、善、恶、美、丑，是一个演员应该具备的素质与修养，致力于美的追求。《宇宙锋》里的装疯，或《贵妃醉酒》里的醉态，这些在生活中并不美好的现象，在他的表演中，不但深刻地揭示了人物的内心状态，也唤起观众心灵深处的美感。他所创造的艺术形象，在端庄温柔中赋予刚烈的反抗性格。从他艺术创造的起点《穆柯寨》，到终点《穆桂英挂帅》，对穆桂英的总体形象有了更深层次的把握，尤其是晚年那种刚强豪放、凝重深沉的气质和强烈的忧国之情与爱国之心，被刻画得淋漓尽致。他在半个多世纪中一贯保持与人民密切的精神联系，他演出的许多剧目，都紧扣时代的脉搏，九一八事变后排演的《生死恨》、《抗金兵》等剧，最能反映中国人民同仇敌忾的爱国感情。他一贯重视从观众的批评意见中吸取营养和智慧，精益求精。欧阳予倩曾著文赞誉他是“真正的演员，美的创造者”。苏联芭蕾舞大师乌兰诺娃推崇他为“美的化身”。梅兰芳真像一位散花使者，把美撒向人间。多少年来，他在中国人民心目中是美的象征。

1923年日本关东大地震时，梅兰芳曾发起义演，为日本灾民筹集赈济金。他是把京剧艺术推向世界的第一人，1919年和1924年曾两次应邀去日本演出，受到日本人民的欢迎。第一次访问日本，是由日本帝国剧场董事长大仓喜八郎出面邀请，到东京、大阪等地演出。此次同行的有演员贯大元、高庆奎、姜妙香、姚玉芙、赵桐珊等，并由留学日本的许伯明、舒石父陪同。演出剧目《天女散花》、《御碑亭》、《琴挑》、《思凡》、《乌龙院》、《空城计》等。日本文艺界许多知名人士如内藤虎次郎、狩野直喜、藤井乙男、丰冈圭资、风崎文夫、青木正儿等均著文介绍和评论。评论家认为梅兰芳的表演是无与伦比的高超艺术，一致称赞京剧只使用简单的道具，表演得有声有色，令人钦佩，并说看了梅兰芳的戏，纠正了他们过去对中国戏的一些错误看法。1924年10月第二次赴日演出，剧目有《贵妃醉酒》、《洛神》、《奇双会》等，并在宝冢电影厂拍摄了《廉锦枫》、《虹霓关》等影片。1929年12月，梅兰芳自己筹措经费率领剧团访问美国。同行演员有王少亭、刘连荣、朱桂芳、姚玉芙、李斐叔，乐队有徐兰沅等共20余人。在华盛顿、纽约、芝加哥、旧金山、洛杉矶等地演出《晴雯撕扇》、《汾河湾》、《刺虎》、《贵妃醉酒》、《打渔杀家》、《青石山》、《天女散花》、《春香闹学》、《霸王别姬》、《打城隍》、《空城计》及《西施》的羽舞、《霸王别姬》的剑舞、《麻姑献寿》的杯盘舞等。此行受到美国政府和人民的友好欢迎，并与卓别林欢洽会晤。在洛杉矶演出时，波摩那学院和南加州大学先后授予梅兰芳文学博士荣誉学位，推崇他的艺术成就。1935年3月，他应苏联对外文化协会之邀访问苏联，自3月23日起，在莫斯科正式公演6天，然后去列宁格勒（今俄罗斯圣彼得堡）。演出剧目有《宇宙锋》、《汾河湾》、《刺虎》、《打渔杀家》、《虹霓关》、《贵妃醉酒》等。他表演了《西施》的羽舞、《木兰从军》的走边、《思凡》的拂尘舞、《麻姑献寿》的袖舞、《霸王别姬》的双剑舞、《红线盗盒》的单剑舞。梅兰芳的演出受到苏联戏剧家、文学家和广大观众的高度赞赏。他在此行中结识了阿·托尔斯泰和斯坦尼斯拉夫斯基。聂米洛维奇·丹钦科说：“中国戏曲合乎舞台经济原则”，“凡是关心艺术向前发展的戏剧界人士，都

《思凡》
饰色空

《廉锦枫》
饰廉锦枫

《凤还巢》
饰程雪娥

《霸王别姬》
饰虞姬

《金山寺》饰白素贞（右）
梅葆玖饰青儿

梅兰芳与美国波摩那学院院长晏文士

可以在演技、节奏和创造象征诸方面从他那儿学到东西”。梅耶荷德认为，“应从梅兰芳的舞台艺术中，吸取最宝贵的、失去了它们戏剧生命就会枯竭的精华”。布莱希特兴奋地谈到他多年来所朦胧追求而尚未达到的，在梅兰芳却已经发展到极高的艺术境界。梅兰芳的苏联之行使京剧在欧洲产生了一定的影响。中华人民共和国成立后，中、日两国一衣带水，睦邻关系异常重要。在周恩来总理人民外交战略思想指导下，派出了阵容强大的中国京剧访日代表团。以梅兰芳为团长，汇集了许多著名演员，有姜妙香、李少春、袁世海等，演出剧目有《贵妃醉酒》、《霸王别姬》、《奇双会》、《白蛇传》、《三岔口》、《闹天宫》、《将相和》、《野猪林》、《拾玉镯》、《秋江》、《黑旋风李逵》、《除三害》、《人面桃花》、《二进宫》、《天女散花》、《盗仙草》、《辕门斩子》、《水淹七军》、《双射雁》、《猎虎记》、《小放牛》、《寇准罢宴》、《水漫金山》等25出。这是梅兰芳第三次访日，阵容之强大，剧目之多彩，前所未有。自1956年5月26日至7月17日，代表团遍访了东京、大阪、奈良、京都、神户、冈山、广岛、福冈、八幡、爱知、岐阜、名古屋等地。梅兰芳旧地重游，轰动东瀛，其他著名演员也使日本各界观众倾服。京剧增进了中日两国人民的友谊。以梅兰芳为首的这个文化和平使节集体，进一步把京剧艺术推向世界舞台，为世界和平事业建立了丰功。1957年6月6日国际舞蹈协会主席海格尔来华授予梅兰芳荣誉奖章。

抗日战争时期，梅兰芳保持了崇高的民族气节。1938年起，他就息影舞台，蛰居香港。1941年12月太平洋战争爆发，香港陷落，他蓄须明志，拒绝为敌人演出。后来回到上海，杜门谢客，典当度日，兼靠卖画糊口。上海的戏院老板纷纷怂恿他恢复营业演出，梅兰芳坚持不演。1942年，大汉奸褚民谊、日本华北驻屯军报导部部长山家少佐等多次出面胁迫他重返舞台，逼他担任团长率领剧团赴南京、长春和东京演出，以庆祝所谓“大东亚战争胜利一周年”。梅兰芳对褚民谊说：“我上了年纪，没有嗓子，早已退出舞台了。听说你一向喜欢玩儿票，大花脸唱得很不错，您当团长，

梅兰芳与斯坦尼斯拉夫斯基

不是比我强得多吗！”后来汉奸朱复昌(《三六九》画报社社长)献策：逼梅兰芳在电台上讲一段话。山家少佐当即授命他负责办理此事。在这一严重形势下，梅兰芳接连注射了3次伤寒预防针，冒着高烧摄氏40度的危险，佯称病重，严拒了敌人的要求，保持了崇高的民族气节，一直坚持到抗战胜利，才重返舞台。田汉有诗赞道：“八载留须罢歌舞，坚贞几辈出伶官。轻裘典去休相虑，傲骨从来耐岁寒。”

梅兰芳为人谦逊平和，从善如流，爱憎分明，刚正不阿，对自己要求十分严格，于1959年3月19日参加了中国共产党。1949年6月梅兰芳应邀从上海到北平出席第一次中华全国文学艺术工作者代表大会，并参加第一届中国人民政治协商会议。中华人民共和国成立后，先后当选为全国人民代表大会代表、中国人民政治协商会议全国委员会常务委员、中国文学艺术界联合会副主席、中国戏剧家协会副主席，先后任文化部戏曲改进局京剧研究院院长、中国戏曲研究院院长、中国京剧院院长。他于1952年冬出席了在维也纳召开的世界人民和平大会。1953年参加了中国人民赴朝慰问团，任副总团长。1955年，文化部、中国文学艺术界联合会、中国戏剧家协会联合为梅兰芳、周信芳举办了舞台生活50年纪念活动。并摄制了影片《梅兰芳的舞台艺术》、《中国访日京剧代表团在日本》。1957年11月，他参加了中国劳动人民代表团赴苏联参加庆祝十月革命40周年的庆祝活动。1961年

达摩面壁图 （梅兰芳作）

《宇宙锋》饰赵艳容

《生死恨》饰韩玉娘

《抗金兵》饰梁红玉

《贵妃醉酒》饰杨玉环（左）姜妙香饰裴力士

《穆桂英挂帅》饰穆桂英

我国当代卓越戏曲艺术家

梅兰芳逝世

新华社8日訊　我国当代卓越的戏曲艺术家、全国人民代表大会代表、中国人民政治协商会議全国委員会常务委員、中国文学艺术界联合会副主席、中国戏剧家协会副主席、中国戏曲学院院长、中国京剧院院长梅兰芳同志，因患冠状动脉梗塞症，經医治无效，于8月8日清晨五时在北京逝世。享年六十七岁。

梅兰芳同志患病期間，得到党和政府的亲切关怀，周恩来总理等領导人和他的生前好友，曾到医院探視。

梅兰芳同志是中国共产党党員，中国著名的京剧演員。他从事舞台生活五十余年，为人民的艺术事业貢献了毕生的精力。梅兰芳同志的逝世，是中国艺术界的重大損失。

梅兰芳同志的治丧委員会已經組成，治丧委員会决定在日內举行公祭。

梅兰芳同志病情和治疗經过

新华社8日訊　为梅兰芳同志治病的主治医师，向本社記者談治疗經过。

梅兰芳同志在7月30日下午由于胸部疼痛进入北京阜外医院治疗。經北京阜外医院心脏內科主任黃宛教授，北京协和医院內科主任张孝騫、副主任方圻，北京医院內科主任陶桓乐等会診，确定梅兰芳同志系患急性冠状动脉梗塞合并急性左心衰竭。北京医院中医科主任龚志賢、中医研究院郭士魁大夫也参加了診視。經过各种治疗，并加强护理后，左心衰竭病况略有好轉。但由于心肌梗死范围相当大，情况仍然严重。8月8日清晨四时許，病况突然惡化，心脏停搏，呼吸停止，虽經搶救无效，于今晨五时逝世。

梅兰芳治丧委員会組成

訂于明日上午举行公祭

新华社8日訊　梅兰芳同志治丧委員会由周恩来等六十一人組成，由陈毅任主任委員。治丧委員会訂于8月10日上午十时半在首都剧場举行公祭。

治丧委員会委員名单如下（按姓氏笔划为序）：

王子成　王昆侖　田　汉
老　舍　齐燕銘　沈雁冰
言慧珠　李愚如　呂　驥
吳荣樫　阳翰笙　周恩来
周　揚　周信芳　周巍峙
陆定一　林默涵　尙小云
陈　毅　陈叔通　陈克寒
陈其通　陈书舫　陈伯华
欧阳予倩　赵鼎新　姜妙香
姚玉芙　俞振飞　馬彥祥
馬少波　馬师曾　馬連良
郝寿臣　晏　甬　徐　冰
徐平羽　俞兰沅　徐凌云
荀慧生　夏　衍　袁雪芬
康　生　郭沫若　常香玉
曹　禺　盖叫天　张君秋
张　庚　张　苏　张奚若
馮耿光　彭　眞　程果素英
焦菊隐　黄舜民　蔡若虹
潘世倫　蕭长华　戴爱蓮
譚富英

1961年8月9日《人民日报》发表梅兰芳逝世消息及治丧委员会名单

7月，梅兰芳心绞痛突发，住进北京阜外医院，曾组织抢救，终于不治，于8月8日逝世。

梅兰芳一生以艺为本，以德为先，善于继承，勇于创新，塑造了众多优美的妇女艺术形象，积累了大量的具有自己独特风采的优秀剧目，传人众多，形成梅派。他是最早将京、昆艺术推向世界的先行者，为国际文化交流乃至世界和平事业作出贡献。他的人品、艺品，堪称杰出的楷模。梅派艺术传人有魏莲芳、李世芳、刘元彤、张君秋、白玉薇、言慧珠、李玉茹、杜近芳、梅葆玖、杨秋玲、沈小梅、陈正薇、李玉芙、胡芝风等。

梅兰芳1910年与王明华结婚，生有一子一女，幼年夭亡。王明华亦于1928年病故。1921年梅兰芳与福芝芳（1905~1980）结婚，生有子女9人，存活者仅葆琛、葆珍、葆玥、葆玖4兄妹。葆琛行四，为建筑工程师，著有《怀念父亲梅兰芳》（中国社会出版社1994年出版）；葆珍行五，改名绍武，为外国文学研究员，1976年始，对其父的艺术成就进行研究、译介，曾任梅兰芳纪念馆名誉馆长，著有**《我的父亲梅兰芳》**（侧重于梅兰芳与外国艺术家的交往及其广泛的国际影响，近20万字，百花文艺出版社1984年出版）等；葆玥行七，女，为京剧老生演员；葆玖行九，为京剧青衣演员，致力于梅派艺术的传承发扬。

关于梅兰芳的传记有多种。刘彦君著**《梅兰芳传》**，河北教育出版社1996年12月出版，24万字，收入“京剧泰斗传记丛书”。李伶伶著**《梅兰芳全传》**，中国青年出版社2001年12月出版。内分《初出茅庐》、《显山露水》、《名闻遐迩》、《偃旗息鼓》、《柳暗花明》5章，共50万字。李伶伶还著有**《梅兰芳的艺术与情感》**，团结出版社2008年3月出版，30万字。李仲明著**《梅兰芳的梅风兰韵》**，亦是传记性著述，东方出版社2008年12月出版，39万字。（马少波）

Mei Lanfang

《梅兰芳》　京剧研究著作。美国施高特（Adɔlphe Clarence Scott，1909~1985）著。1959年在伦敦初版，副标题为“梨园领袖”，1971年在香港大学出版社出版时副标题改为“一个北京演员的生活与时代”。施高特早在1946年就到中国南京，在英国文化处任职，开始与中国京剧接触，曾到过北平、上海。1950~1952年在香港也与京剧界人士交往。1956年又到北京访问梅兰芳。1963年起，在美国威斯康辛大学任教。《梅兰芳》一书是作者在大量采用梅兰芳《舞台生活四十年》回忆录的基础上，加上亲身采访所得成书。涉及梅氏家族，梅兰芳的幼年、青年与声誉鹊起的年代，以及梅兰芳访美，抗日战争时期及战后活动，是西方人较为全面记述梅兰芳的专著。施高特有关中国戏剧的著作还有英文本《中国戏曲剧本集》（*Traditional Chinese Plays*），由美国威斯康辛大学出版社分3卷出版。第一卷《四郎探母》、《蝴蝶梦》，1967年出版。第二卷《思凡》、《十五贯》，1969年出版。第三卷《拾玉镯》、《女起解》，1975年出版。每出戏都注明剧中人的服装、动作、演唱曲调及锣鼓点。《中国古典戏剧》（*The Classical Theatre of China*），英国伦敦阿兰安文出版社1955年出版。该书包括中国戏剧简史、京戏的音乐、演员与角色行当、演员的技艺、京剧的剧目、剧场等。《演员是疯子——一个戏迷在中国的札记》（*Actors are Medmen*：*Notebook of a Theatregoer in China*），美国威斯康辛大学出版社1982年出版。这是一本随笔式的回忆录，记述作者1946~1956年间有关中国京剧的见闻，生动有趣，可读性强。（胡冬生）

Mei Lanfang

《梅兰芳》　图集。中国艺术研究院戏曲研究所为纪念梅兰芳诞辰90周年而编，参与图集编制工作的有余从、李玉坤、祁厚昌、刘沪生。书目文献出版社1985年5月出版。硬面精装，12开本，12印张。卷首有张庚《序言》。编辑体例以摘引梅兰芳回忆自述为主线，配以相关图片。把梅兰芳生平事迹分为3个阶段：第一阶段（1894~1911），含出生、家世，学艺生活，搭班演出；第二阶段（1912~1948），含兼习刀马旦、贴旦，编演时装新戏，学演昆曲，创造古装新戏，舞台上的改革，国外演出，《抗金兵》、《生死恨》，蓄须明志；第三阶段（1949~1961），含为工农兵演出，梅兰芳、周信芳舞台生活50周年纪念，访日演出，社会活动、政治活动，《穆桂英挂帅》，总结经验、传授艺术，家庭、生活、友谊，艺术巨星的陨落。共收入梅兰芳剧照、便装照、活动照以及其他有关图片近260幅，均为该所藏品。（简畅）

《梅兰芳》图集护封

Mei Lanfang

《梅兰芳》　京剧作品。盛和煜编剧，陈薪伊导演。北京京剧院2004年5月初首演于北京长安大戏院。剧情起自梅兰芳在日本帝国剧场演出《天女散花》，播撒和平与友谊，受到日本人民和演艺界的热烈欢迎；终止于日本军国主义者侵略中国，梅兰芳蓄须明志，拒绝为敌伪演出，显示了艺术家的爱国情怀和人格尊严。故该剧的副题为“一个艺术家的抗战”。全剧有《散花》、《别姬》、《祭江》、《蓄须》、《醉酒》5个乐章。情节场面切换自由、笔墨凝练、境界

于魁智饰梅兰芳（右） 李岩饰杨小楼

空灵，富有诗的意蕴。在塑造梅兰芳形象上，采用“二重奏”方式：既表现生活中的梅兰芳，又表现舞台上的梅兰芳，一实一虚两条线若即若离、亦真亦幻地扭结着，映衬着，从而使梅兰芳的人格魅力和艺术魅力交相辉映。如第二乐章《别姬》，写杨小楼与梅兰芳话别。杨说：“畹华呀，咱爷儿俩演了多少回《霸王别姬》呀，今儿个真的要分别了！今日是你我分别之日了！”这最后一句话，用的是《霸王别姬》中的韵白，以舞台上杨小楼特有的洪亮、激越之音出之，一下子把当下情境二重化了：既是杨、梅之别，又是霸王、虞姬之别。舞台空间处理，破碎的大镜子前是杨与梅，镜子后面是《霸王别姬》“劝君王饮酒听虞歌”片段。同演别离，形分神合，益增其悲凉慷慨。这种“二重奏”，也贯穿于其他乐章。最后的《醉酒》，梅为抵御日寇逼迫他演出，注射伤寒预防针，正发着高烧，又饮了亲友壮行酒，神思恍惚间，他与他所创造的众多艺术形象——杨玉环、洛神、麻姑、梁红玉等，互相对象化了。她们拱卫着梅、依恋着梅；梅向她们倾诉，我深爱着你们，“就像幽谷恋爱着阳光”。这个动人场面似乎已从抗战情境中飘逸了出来，成为这位伟大京剧演员的一种历史性定格。生活中的梅兰芳由于魁智饰演，舞台上的梅兰芳即他所创造的女性形象群，由胡文阁等饰演。李胜素饰梅夫人福芝芳，赵葆秀饰福老太太，李岩饰杨小楼，孟广禄饰褚民谊，李宏图饰松井。演出用交响乐伴奏，有合唱队，因称“京剧交响剧诗”。指挥胡炳旭。作曲、唱腔设计朱绍玉。舞台设计刘杏林，灯光设计邢辛。该剧2004年在第四届中国京剧艺术节上获金奖。

（简畅）

Mei Lanfang Cang Xiqu Shiliao Tuhua Ji

《梅兰芳藏戏曲史料图画集》 戏曲人物画及脸谱图册。刘占文主编。河北教育出版社2002年1月出版。16开本，彩印折页线装，上下两卷，外有书套。卷前有刘曾复、朱家溍两篇《说略》。刘文谓“本集图谱原件系梅兰芳先生于二十世纪二十年代末和三十年代初，向北平‘国剧学会’所提供的个人珍藏名品，和建议特邀内行名家的专作”。现大多为梅兰芳纪念馆收藏，以结集出版纪念梅兰芳逝世40周年。

上卷内容：①明代脸谱24幅。多属神仙鬼怪脸谱，人物脸谱仅存焦赞、单雄信。据齐如山《国剧简要图案》，明代脸谱中，还有廉颇、铁勒奴、屠岸贾、马武、关羽、庞德、尉迟敬德、赵匡胤、包拯、杨七郎、杨志等多种人物脸谱。②清代戏出肖像画3幅，沈容圃作。画的是程长庚饰鲁肃、徐小香饰周瑜、卢胜奎饰诸葛亮合演《群英会》，梅巧玲饰东方氏、陈楚卿饰王伯当、时小福饰丫环合演《虹霓关》，徐小香、杨鸣玉、梅巧玲、时小福等21人合演《思志诚》。这3幅画曾收入梅兰芳纪念馆的另一出版物《梅兰芳藏画集》，长虹出版公司1998年出版。③清代乱弹戏单人戏画44幅，分属于《渭水河》、《取荥阳》、《借赵云》、《观山》、（又名《姜维探营》）、《南阳关》、《断密涧》、《四郎探母》、《艳阳楼》8出戏。这批单人戏画，与北京图书馆出版社1997年出版的《北京图书馆藏昇平署戏曲人物画册》，是同一种规格的宫廷戏画，只画剧中人物的大半身像，每剧的第一幅图上加一行小注“穿戴脸儿俱照此样”。以宫廷戏画而言，这是多种规格中的一种，它从故宫流散出来，梅兰芳是收购者之一。朱家溍《说略》称，曾听傅惜华转述齐如山的说法，“是庚子年他随德国兵进过皇宫，在一堆破烂东西当中有这部画册，他给太监一些钱就把画册带回来”。后来朱家溍就此事问过梅兰芳，梅答：“这是齐如山说着玩儿呢，没这回事，这部画册是民国十年左右的时候在琉璃厂德友堂买的，我还能不知道吗？”而齐如山在回忆录中说是得之于街头小摊，“宫中所绘的扮像谱一百多帧，就是由此处买到。此谱为乾隆年间奉皇帝命所绘，大致有两种意义：一是怕年久失传；一是各角勾脸法，虽有准谱，然亦偶有出入，恐勾的不一样皇帝见罪，所以画出此谱来，经皇帝过目后，各角都照此勾画，则无人敢挑眼了。不但脸谱，连穿戴等等，都有定型，所以每一出的人员都画上，且在第一页上注明‘脸儿穿戴都照此’等字样。画的极工细，石青石绿，描金描银，只按图画说，亦是极有价值之物”（《齐如山回忆录》第167～168页，宝文堂书店1989年9月出版）。然1932年齐如山在《国剧画报》上连载单色影印本时，仍注明“缀玉轩藏”。在此之前，1928年傅惜华在《北京画报·戏剧特号》上披露这批作品时，有按语明白指出：“缀玉轩主梅兰芳曾得多幅，今允假本报，每期刊登。”各种说法的分歧只在购得的具体细节上，是梅兰芳的藏品则由当年刊物为证，确凿无疑。至于画谱的绘制年代，齐如山说的“乾隆年间”显然有误；绘制的意义是给伶人作备忘录用还是给观赏者欣赏这

福小田所绘脸谱选例

《洪洋洞》焦赞

《洪洋洞》孟良

《挑华车》金兀术

《界牌关》王伯超

《界牌关》苏宝童

《挑华车》牛皋

《醉打山门》鲁智深

《四平山》李元霸

《白良关》尉迟宝林

（选自《梅兰芳藏戏曲史料画集》）

些新到宫中的戏出扮像用，当以后者的可能性大。由于朱家溍在《说略》及以前的有关论述中，一直坚持认为，这“穿戴脸儿俱照此样”一行小注，是倒卖者为了提高其史料价值而“做了手脚”，这次编辑出版，为落实朱家溍的说法，干脆把小注“做”掉了，如《借云》首幅刘备、《艳阳楼》首幅高登的画面上，都没有“穿戴脸儿俱照此样”。无论朱的判断是否准确，在当代出版物中这样改动历史遗存物的原来面貌总是不当的。④弋腔、秦腔、梆子、滇腔等地方戏脸谱98幅。

下卷的主要部分是京剧花脸演员画的脸谱图，其中，韩乐卿9幅，钱金福24幅，福小田78幅，侯喜瑞112幅。名家谱式，弥足珍贵。书的最后部分是戏出画，布局略似杨柳青戏出版画，剧目为《捉放曹》、《战北原》、《汾河湾》(2幅)、《游龙戏凤》、《春秋配》、《马上缘》、《得意缘》(2幅)、《西施》、《太真外传》、《青石山》、《连环套》、《白水滩》、《艳阳楼》。其中《西施》、《太真外传》是梅兰芳的古装新戏。下卷所收的脸谱与戏出画，当是为丰富国剧学会陈列室的展品而“特邀内行名家的专作”。（龚和德）

Mei Lanfang Dajuyuan

梅兰芳大剧院 现代剧场。址在北京西城区平安里西大街32号，官园桥东南侧。2004年10月起兴建，2007年11月28日竣工开业。隶属国家京剧院。建筑面积13 916平方米。主楼层高28.4米。内设剧场、贵宾接待厅、多功能厅、排练厅、展厅、录音工作室、办公及行政设施用房。大剧院为钢架支撑的扇形屋架，配以通体透明的玻璃幕墙，内部有红色立柱、红色大墙，镶嵌数十个金色木质圆形浮雕，体现着融时尚与传统为一体的设计理念。舞台高21米，台口高9米、宽18.4米、深20.3米（外有升降乐池）；两侧各有12米多宽的辅台。舞台前区有3台活动升降车，后区有6块升降台；高空有57道电动吊杆。这些技术装备，为演出形式的变化、创造提供了优越的条件。观众席有3层：一层池座有359个座位；

梅兰芳大剧院外貌夜景（国家京剧院提供）

二楼设5间豪华包厢，各有专用休息室、卫生间，共有86个座位；三楼有座位552个。音响设备先进，观众能欣赏到演员、乐队极其真切的声音。这个大剧院的建成，不仅使国家京剧院有了新的演出基地，也弥补了北京西部城区演出场所的不足，有利于丰富首都人民的文化生活。（简畅）

Mei Lanfang Fang Mei Jingju Tupu

《梅兰芳访美京剧图谱》 从视觉形象角度普及“国剧原理”的系统性图谱。王文章主编。文化艺术出版社2006年5月出版，彩印精装，8开本，402页。有外封套，装帧典雅，印刷精美。卷首有王文章《序》，论述图谱的来源和出版的意义。这套图谱的绘制过程，齐如山《梅兰芳游美记》、《齐如山回忆录》均有记述。

齐如山是图谱绘制的策划、组织、编纂者。为了将京剧发扬到国外去，早在梅兰芳1930年访美之前七八年，就已开始做各种筹备工作，其中包括编印三本书和编纂一套“戏剧图案”。三本书为《中国剧之组织》(齐如山著，亦有配图，即《国剧简要图案》)、《梅兰芳》(齐如山、黄秋岳参与编写，内含梅兰芳之家族及历史，旦脚之由来及其地位，梅兰芳之创造品，梅剧在中国剧之地位，外人眼光中之梅兰芳等)、《梅兰芳歌曲谱》(由徐兰沅、马宝明将梅氏著名唱段写成工尺谱，刘天华将工尺谱翻成五线谱)。一套“戏剧图案”，分剧场、行头、古装、冠巾、胡须、扮相、脸谱、舞谱、切末、兵械、乐器、脚色等类别，画成近200条立轴，每一条幅的图例多寡不一，总计大约有1 900个图。以上书籍和图谱的说明都是中英文对照。这套图谱在美国的展出情况，未见

梅兰芳新式古装戏衣图例

《霸王别姬》剑舞衣　《廉锦枫》刺蚌衣
（选自《梅兰芳访美京剧图谱》）

具体记载，此后70多年从未集中出版过。这次整理出版的是珍藏于中国艺术研究院的1 060多图例，分行头、古装戏衣、冠巾、脸谱、舞谱、砌末、兵械7个部分。其价值：①就京剧传统的衣装砌末来说，它是对20世纪初期舞台形态做了阶段性总结，是研究京剧造型演变史的宝贵资料；②从梅派艺术来说，它是对新式古装和梅兰芳舞姿，做了相当丰富的形象记录，是迄今其他京剧图集均未充分反映过的；③作为京剧最成功地走向西方世界的一种文化遗存，它见证了当年准备工作是如此全面、精致，体现出齐如山和梅兰芳“是何等的责任感！确实不能不令人钦佩”(王文章《序》)。本书于2008年获首届中国出版政府奖。（龚和德）

Mei Lanfang Jinianguan

梅兰芳纪念馆 京剧纪念场所。址在北京护国寺大街9号梅兰芳故居。1986年建立。邓小平题写馆名。梅兰芳故居系梅氏自1951年由上海迁回北京后的定居之所，迄1961年逝世，在此居住10年。1984年5月24日，北京市人民政府公布为北京市文物保护单位。辟为梅兰芳纪念馆后，将梅兰芳夫人福芝芳及子女于1962年捐献的有关文献、照片、信件、戏单、图书、书画、日用物品等，

梅兰芳纪念馆外貌

在此集中、整理、展出。内院正房按梅氏生前陈设布置，东西厢房及外院南屋为展览室，陈列梅兰芳一生活动的图片和其他文物，是瞻仰、研究梅兰芳的重要基地。馆藏文物3万余件，《一代宗师梅兰芳画传》即从藏品中选出千余件史料编辑而成，其后又有《梅兰芳藏画集》、《梅兰芳珍藏老像册》、《梅兰芳藏戏曲史料图画集》等多种出版物问世。（简畅）

Mei Lanfang Jinjiang Dasai

梅兰芳金奖大赛 京剧活动。文化部振兴京剧指导委员会、中央电视台、中央人民广播电台、《中国京剧》杂志社联合主办，1993年起中国京剧艺术基金会参与主办。以高占祥、刘习良为主任的梅兰芳金奖大赛组委会负责领导此项活动。赛事按不同行当分3年进行，1992年为旦脚组，1993年为生脚组，1994年为净、丑、老旦组。参赛条件：在全国有相当知名度或在全国性评选活动中获奖的京剧演员，年龄上限55岁，经个人申请、所在单位申报、主管部门推荐、最后由组委会聘请的艺术评审委员会评选出正式参赛演员。每人演出时间为30分钟，包括传统戏和展示个人创造性的两个剧目片段。评选方法：评委会投票与电视观众投票各占演员得票率的50%。据1995年第4期《中国京剧》报道，梅兰芳金奖获得者30名，提名奖获得者25名，名单均以姓氏笔画为序。

梅兰芳金奖获得者		
于万增（小生）	于魁智（老生）	马少良（老生）
方小亚（旦）	王立军（武生）	王树芳（老旦）
王继珠（旦）	邓沐玮（净）	叶金援（武生）
刘　琪（旦）	刘长瑜（旦）	孙毓敏（旦）
江其虎（小生）	朱世慧（丑）	李　军（老生）
李维康（旦）	孟广禄（净）	杨　赤（净）
杨乃彭（老生）	杨至芳（旦）	杨建忠（老生）
杨淑蕊（旦）	张建国（老生）	胡小毛（丑）
赵永伟（武生）	赵葆秀（老旦）	郭跃进（老旦）
奚中路（武生）	蓝文云（老旦）	薛亚萍（旦）

提名奖获得者		
王　平（武生）	王玉兰（旦）	王蓉蓉（旦）
叶江翔（丑）	白　涛（丑）	江　燕（旦）
李玉声（武生）	李宏图（小生）	安云武（老生）
闵玲娣（老旦）	杜镇杰（老生）	何　澍（老生）
迟小秋（旦）	陈少云（老生）	陆宝林（小生）
辛宝达（老生）	张　克（老生）	张幼麟（武生）
钟　荣（旦）	唐元才（净）	黄彦忠（净）
黄孝慈（旦）	黄晓萍（旦）	康万生（净）
程和平（武生）		

（黄菊盛）

Mei Lanfang Nianpu

《梅兰芳年谱》 京剧研究著作。王长发、刘华编著。河海大学出版社1994年7月第1版。该谱以梅兰芳艺术经历的3个阶段，即清朝时期、中华民国时期、中华人民共和国时期为经，以梅兰芳一生的艺术思想与艺术活动为纬，对梅兰芳的学艺成名、编演新戏、出国访问、电影生活、为民献艺、收徒传艺、参政议政以及社会文化活动等方面做了记述，与梅兰芳有关的京剧活动史实也都加以记载。这使读者对20世纪初、中叶的京剧发展流变有一定了解，对梅兰芳一代宗师的地位有深切认识。所辑史实系据梅兰芳本人的著述回忆、演出戏单、书信手札及同时代人的著作文章、报刊报道等，对全面了解梅兰芳的一生有重要的参考价值。其修订本作为附录收入《梅兰芳全集》。（江东）

《梅兰芳年谱》护封

Mei Lanfang Quanji

《梅兰芳全集》 梅兰芳回忆录、散文、演出剧本、唱腔曲谱汇编。梅绍武等编辑。河北教育出版社2000年12月出版。共8卷。第1卷为《舞台生活四十年》；第2卷为《梅兰芳演出剧本选》，较之前已出版的剧本选集，增添了《玉堂春》与《西施》两剧；第3卷为《梅兰芳戏剧散论》，增补了梅兰芳1945年在《文汇报》上发表的两篇文章：《登台杂感》、《我理想中的新中国》；第4卷为《东游记》、《我的电影生活》。自第5卷至第8卷，均为梅兰芳唱腔曲谱，具体有《梅兰芳四十三个剧目唱腔片断集》、《梅兰芳十出代表剧目曲谱》、《梅兰芳〈穆桂英挂帅〉曲谱演出本》、《梅兰芳〈生死恨〉曲谱演出本》、《梅兰芳唱腔选集音响整理本》等，以及1930年梅兰芳访美演出前出版的《梅兰芳歌曲谱》影印本。本书另有附录两篇：一为王长发、刘华编写的《梅兰芳年谱》(修订本)，一为姚宝莲、姚保瑄、宋培予编写的《梅兰芳剧作编年》。卷首有梅绍武《总序》，概述梅兰芳的生平事迹、艺术成就和世界性影响，并介绍了本书内容。（简畅）

《梅兰芳全集》护封

Mei Lanfang San Bu Qu

《梅兰芳三部曲》 对于梅兰芳的文化解说型专著。徐城北著。所谓“三部曲”，包含《梅兰芳与二十世纪》(生活·读书·新知三联书店1990年出版)、《梅兰芳百年祭》(奥林匹克出版社1995年出版)、《梅兰芳与二十一世纪》(中国社会科学出版社2000年出版)。最后一种书出版时，又把前两种书纳入，统一格式、插入图片，取名为《梅兰芳三部曲》一齐出版。

徐城北（1942～ ），生于重庆，成长于北京。其父徐盈、母彭雪珍（笔名子冈）都是著名记者。徐城北曾去新疆塔里木河垦区劳动锻炼8年，后在河北农村教书7年。1979年末调入中国京剧院，先后任编剧及研究部主任。剧作有《武则天轶事》(与李世济合作，并由李世济主演)，1991年获首届文华新剧目奖。1994年调入中国艺术研究院戏曲研究所。作者自20世纪80年代末以来，用了十多年时间三写梅兰芳。他在对京剧作文化思考时，一直在寻找一位最能代表京剧艺术的“人格神”，最后找到梅兰芳。

《梅兰芳三部曲》之一《梅兰芳与二十世纪》1990年版封面

《梅兰芳与二十世纪》第一编“梅氏坐标图”，写梅在不同时期的历史文化氛围；第二编“梅门艺术谭”，写梅兰芳艺术的文化贡献；第三编“梅派未来说”，展望梅兰芳艺术对未来的作用。1994～1995年间，值国家纪念梅兰芳、周信芳诞辰百年，遂有《梅兰芳百年祭》，用10章分10个方面论述梅兰芳的艺术实践和杰出贡献，并在最后总论中提出“品戏说”。2000年，作者又根据近期京剧发展的新情况，增写一本《梅兰芳与二十一世纪》，其中上编回叙世纪情思，设想有10种可能动摇梅兰芳艺术轨迹的非正常情形；中编写京剧作为古典艺术与世界文化的激烈碰撞；下编以平和心态，再谈“品戏说”。余秋雨为《梅兰芳百年祭》作《序》说：“作者用说故事的方式让当代读者饶有兴味地来靠近梅兰芳，多年来搜集的掌故轶事在这里全成了文化引导的感性符号，读者一旦被这些故事所吸引，也就不期而然地参与了徐城北的现代阐释。”这大体上概括了“三部曲”的基本特点和追求。　（塞外）

Mei Lanfang Shijiu Zhang

《梅兰芳十九章》　有关梅兰芳艺事的随笔、札记。徐城北著。中国城市出版社2008年1月出版。10余万字，有大量插图。所谓“十九章”，就是有19个话题，一题写一章，各章有标题，如《长夜难明·战争岂容躲避》、《民间与顶级之间·八出足矣》、《因何怅惘·“大李杜”今安在》、《新戏如旧·用心良苦》、《“移步换形”谈话·我本无心》、《流派亦难·如何再动起来》等。作者作为看过梅兰芳舞台演出的人，又作为至今还经常与梅派传人有接触的研究者，觉得有必要就某些问题再度发言。书中谈到为什么梅兰芳就能成为当时的“大李杜”而非“小李杜”，梅在新中国排演他唯一的也是他的最后一出新戏《穆桂英挂帅》时为何采取类似旧戏实又高于旧戏的形式，还谈到男旦艺术现象在整个京剧史上不可取代的历史作用等。行文夹叙夹议，似乎采用玩笑戏《十八扯》的戏路子，“扯到哪儿算哪儿”，很活泼也很诚恳，想对挚爱了大半生的京剧“说点最后的话”。卷前有作者母亲彭雪珍（笔名子冈）1955年采访梅兰芳的文章（节录），卷末还有3篇附录《天下真小》、《我在梅宅磕过头》、《今天的葆玖》。　（塞外）

Mei Lanfang Wenji

《梅兰芳文集》　京剧文集。梅兰芳著。中国戏剧出版社1962年8月出版。本书收集了梅兰芳在中华人民共和国成立后发表于全国报刊、专册的报告、论文、回忆、观感等文章和一部分未发表的手稿共53篇，计28.8万字。书中的大部分文章是介绍和总结作者几十年的表演艺术经验，包括对中国京剧艺术传统及特色的认识，自己学戏的经历，改戏和创造角色的经验体会等；另一部分文章记叙了作者在全国各地慰问演出的情形，特别是赴朝鲜慰问志愿军时许多令人感动的场面和作者的切身感受；还有一部分文章是作者对一些地方剧种、剧目、表演特色的观感和评论，也包括自己对表演艺术上的一些问题的见解，如怎样演好现代戏的问题等；还有几篇悼念已故的王瑶卿、程砚秋等人的文章和对萧长华、刘宝全等老艺术家的表演艺术所做的介绍及评价的文章；此外，也有相当数量的文章记叙了作者的对外交流活动，包括作者与苏联的斯坦尼斯拉夫斯基、印度的泰戈尔等人的友谊，作者参加一些国际性的活动的见闻和感受，作者观看其他国家艺术表演的观感等。书中的文章体现了作者的人生观和戏剧观，作为一个在旧社会生活了几十年的艺术家，作者认识到只有在中国共产党的领导下，在社会主义制度的国家里，以人民大众为服务对象，戏曲艺术才有生存和发展的根本保障。全书文章内容丰富，感情淳朴，文字流畅，既有史料价值又有现实意义。书前配有几幅作者的书法和绘画作品，书中也有多幅作者剧照、生活照、参加各种活动的照片插图。封面为郭沫若题字。　（万镜明）

Mei Lanfang Wutai Yishu

《梅兰芳舞台艺术》　京剧研究著作。许姬传、朱家溍编述。中国戏剧出版社1961年出版。1955年，北京电影制片厂为纪念京剧表演艺术家梅兰芳舞台生活50周年，拍摄了彩色纪录片《梅兰芳的舞台艺术》，包括《断桥》、《宇宙锋》、《洛神》、《贵妃醉酒》、《霸王别姬》等5出戏，本书以身段谱的方式逐一介绍梅兰芳在这5出戏中的表演艺术，并结合舞台演出加以叙述。书的开篇是题为《梅兰芳的艺术生活》一文，介绍梅兰芳的家世、经历、艺术成就及社会影响。在每个剧本前都有一段对该剧剧情、出处、人物性格特点、表演特色等方面的详细介绍。在剧本中逐段、逐句记录下梅兰芳在影片中的身段、表情、与其他演员的场面调度以及其他演员的一些身段、动作；在记录这些表演艺术的同时，还描述了梅兰芳如何处理剧中的唱腔、念白以刻画人物性格、揭示人物内心的情形；遇到有与舞台演出中的不同之处，书中也将舞台演出的情况记录下来以示区别；并把梅兰芳对某个情节或身段如何改进使之删繁就简、合情合理的过程做了详细说明；同时还有对影片中某些镜头和场景的处理所做的介绍。在每个剧本后面都有注解，对文中所提及的一些京剧舞台术语、历史人物或掌故、剧本唱词或念白中某些生涩难懂之处做了详细的解释。该书内容丰富翔实，对研究梅兰芳表演艺术有很高参考价值。　（万镜明）

Mei Lanfang Xiju Sanlun

《梅兰芳戏剧散论》 京剧文集。梅兰芳著。中国戏剧出版社1959年出版。本书选辑了作者在中华人民共和国成立后发表的有关对中共的文艺方针、政策的认识，对戏曲表演艺术的论述以及国内外戏剧活动的观感等共48篇。

《劳动人民使我的艺术创造有了新的生命》等一组文章，阐述了作者新的戏剧观，认为只有在共产党领导下，积极为劳动人民演出才能使艺术焕发出新的生命力；《谈谈京剧的艺术》等一组文章是作者对京剧艺术的传统及特色的论述，谈学戏、演戏、塑造人物的体会和经验，如何保护嗓子、如何提高表演水平等许多具体经验以及怎样演好现代戏等问题的见解；《继承着瑶卿先生的精神前进》等一组文章，对王瑶卿、程砚秋、萧长华、王少卿等人的艺术活动和道德品质做了回忆和介绍；《在和英雄的朋友和亲人相处的日子里》等一组文章，记叙了作者在全国各地巡回演出时的情景，反映了各地人民热火朝天建设社会主义祖国的动人景象，作者还特别叙述了自己到前线慰问中国人民解放军、赴朝鲜慰问志愿军的情形和感受；《回忆苏联》等一组文章主要是作者的一些文化交流活动的记叙，包括作者和苏联、印度、日本等国的一些艺术大师的交往，内容翔实，感情真挚。（万镜明）

Mei Lanfang Yanchu Juben Xuanji

《梅兰芳演出剧本选集》 京剧作品集。中国戏剧家协会编辑。

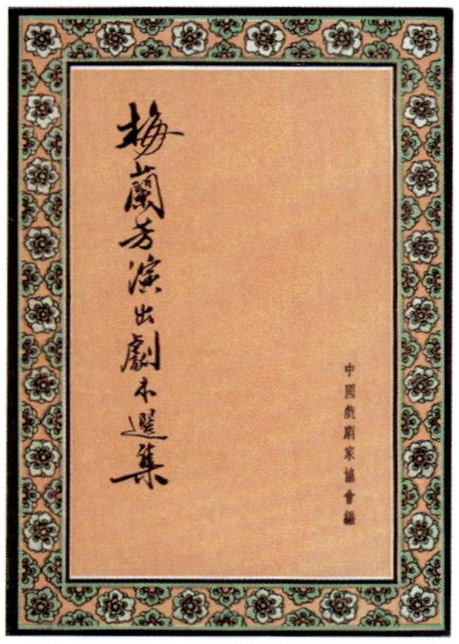

艺术出版社1954年出版。为纪念梅兰芳舞台生活50年编印。收入剧本10种，都经梅兰芳细心校订，中国戏曲研究院组织了许源来、许姬传、何异旭协助整理。次序按演出时期的先后排列。田汉作序，盛赞梅兰芳的艺术成就和高尚的品质与气节，高度评价梅兰芳为继承、改革、发展京剧事业和为观众服务所作的贡献。所选编的剧本都是最能体现梅派艺术特色的优秀剧目，有《宇宙锋》、《贵妃醉酒》、《奇双会》、《黛玉葬花》、《天女散花》、《霸王别姬》、《洛神》、《凤还巢》、《抗金兵》、《生死恨》，各剧均附剧照一帧。（李红石）

Mei Lanfang Yishu Nianpu

《梅兰芳艺术年谱》 京剧研究著作。谢思进、孙利华编著。文化艺术出版社2009年11月第1版、2010年4月第2版。37万字，配图75幅。编著者为梅兰芳纪念馆工作人员，他们是在逐卷、逐本、逐页地翻阅数万件馆藏文献资料的基础上编著本书的，比较充分地运用馆藏资料是本书的重要特点。例如，1930年梅兰芳访问美国的情况，过去国内学者主要依据齐如山的《梅兰芳游美记》来进行研究，而梅兰芳纪念馆中藏有梅兰芳的学生、私人秘书，也是这次访美演出团的秘书李斐叔的《梅兰芳游美日记》手稿，年谱编著者从中摘引了不少记述，可使读者对梅兰芳在美国的演出和社会活动的日程和内容有了更加具体的了解，关于张彭春对这

《梅兰芳艺术年谱》护封

次访美演出的成功所起的作用，也比齐如山所述有所丰富。1935年梅兰芳访问苏联演出的经过始末以及随后同余上沅对波兰、德国、法国、英国的戏剧考察，本书也提供了较多的资料。梅兰芳在国内的演出活动，因有《申报》影印本的出版，1949年前的上海部分容易查到，其他省市查起来就比较困难，本书根据馆藏戏单，向读者提供了梅兰芳在全国各地大量的演出信息，其中梅兰芳为各种公益善举所演的义务戏之多，给人印象深刻。本书在资料运用上也有不够严谨之处。1935年4月14日，梅兰芳通过苏联对外文化协会，邀请苏联文艺界召开座谈会，斯坦尼斯拉夫斯基及德国的布莱希特均未出席，本书所引的他们对梅氏和中国戏曲的评语，另有出处，不宜列入座谈会。这次座谈会的原始记录的译文见《中华戏曲》第14辑（山西古籍出版社1993年8月出版）。1936年卓别林抵达上海的时间为3月9日（非本书所记2月9日），当天，梅兰芳为尽地主之谊，特在国际艺术社举行茶会，热情接待这位电影喜剧大师，到会者有电影明星胡蝶等中外艺术界人士近百人。但晚间梅兰芳因临时有事，并未陪同卓别林去新光大戏院观看马连良主演的《双姣奇缘》(《法门寺》)，此事有翟关亮《与卓别灵半日游》一文可证（文载《良友》第115期，1936年4月15日出版）。本书两位编著者在《后记》中说，完成这本年谱，“既作为我们在梅兰芳纪念馆工作的纪念，也为自己日后更深入的研究打好基础，更意在为未来的梅兰芳史料合集的研究与编撰略尽绵薄之力”。可知她们不仅是馆藏文献的守护者，也是积极的研究者，艺术年谱只是成果之一。这些研究成果的出版，对于学术界进一步了解和运用馆藏资料亦有裨益。梅兰芳纪念馆馆长刘占文为本书作序。（龚和德）

Mei Lanfang Yishu Pinglun Ji

《梅兰芳艺术评论集》 京剧文集。中国梅兰芳研究学会、梅兰芳纪念馆编。中国戏剧出版社1990年10月出版。“戏曲流派艺术研究丛书”之一。汇集中华人民共和国成立以来散见于国内各报

刊的文章百余篇。全书内容分8个部分：①文艺界领导追忆梅兰芳生前对戏曲事业的重大贡献；②著名学者总结梅兰芳在戏曲艺术的继承、发展和革新方面的重大成就，有姜椿芳《梅兰芳与中国戏剧》、佐临《梅兰芳、斯坦尼斯拉夫斯基、布莱希特戏剧观比较》、翁偶虹《梅兰芳的意象美学意识》、戴不凡《走向新的道路上去寻求发展》等文；③郭沫若、田汉、萧三、邓拓、陈叔通、叶恭绰和王昆仑撰写的悼念和缅怀梅兰芳的诗词及阿英撰写的电影纪录片《梅兰芳》的解说词，介绍了梅兰芳的家世、师承、演出剧目、出访国外、民族气节及对艺术高峰攀登的精神；④周信芳、马连良、尚小云、荀慧生、于连泉、徐兰沅、萧长华、姜妙香等著名京剧演员、梅门弟子及传人的文章，对梅兰芳一生忠于祖国、忠于人民、忠于艺术的优

秀品质予以高度赞扬；⑤袁雪芬、筱文艳、丁是娥、严凤英等地方剧种著名演员怀念梅先生生前对他们热情帮助和谆谆教导的文章；⑥居涌撰写的《万人空巷看艺王》一文，详细记述了1956年春梅兰芳回到家乡泰州的演出情况；⑦梅兰芳的亲属回忆他生平事迹的文章；⑧译文三篇，[日]吉田登志子《梅兰芳1919、1924年来日公演的报告》、[美]斯达克·扬《梅兰芳》、[瑞典]拉尔斯·布莱堡《斯坦尼斯拉夫斯基、梅耶荷德、爱森斯坦、戈登·克雷、布莱希特等艺术大师论京剧和梅兰芳表演艺术》，从中可见梅兰芳在传播中国戏曲艺术和在国际文化交流方面作出的卓越贡献。书末附录《梅兰芳年表（未定稿）》和《梅兰芳著作及有关图书目录索引》。夏衍为该书作序。（戴淑娟）

Mei Lanfang yu Zhongguo Wenhua

《梅兰芳与中国文化》　京剧研究著作。周姬昌著。武汉大学出版社1994年9月第1版。该书以中国文化对梅兰芳所产生的重大影响为主线，多层面地阐述了梅兰芳与中国文化的关系。全书共分三编，第一编论述梅兰芳在中国文化氛围滋润、熏陶下的成长过程。作者把时代背景、家风师承、师友交往与个人的主体选择联系起来考察，指出作为京剧艺术大师的梅兰芳，是在中国文化的深刻影响下产生的，这种影响具体体现在与人民大众的联系上，具有中华民族文化最鲜明的特征。第二编通过对梅兰芳所创造的舞台形象、改革创新精神以及他的为人处世、政治态度等，对梅兰芳艺术思想与艺术实践的内在根源进行了开掘，指出其包孕着以人文主义为主体的深邃的文化内涵。同时指出，梅兰芳作为一个有才华的艺术家，他对自己的事业充满着理性思维的自信力和创造力。这是与他丰富的生活实践和自身的多种修养分不开的，也是他对生活实践和自身修养社会价值的认识能力的具体表现。第三编主要从舞台实践的角度，通过对优美的舞蹈身段、悦耳的唱腔音乐、妥帖的服饰色彩以及严谨的演出台风等方面的评述，阐明梅兰芳戏剧技艺中所蕴涵的中国文化的鲜明特色，并使人们由此而体察到梅兰芳艺术的博大精深。该书是一部以新的视角对梅兰芳的艺术作理论阐述的著作。（江东）

Mei Lanfang Zhou Xinfang Danchen 100 Zhounian Jinian Huodong

梅兰芳、周信芳诞辰100周年纪念活动　京剧活动。为缅怀梅兰芳、周信芳对京剧发展所作的杰出贡献，继承他们的艺术成果和革新精神，推动京剧和民族艺术事业的繁荣发展，由中华人民共和国文化部、广播电影电视部、北京市人民政府、上海市人民政府、江苏省人民政府，文化部振兴京剧指导委员会、中国文学艺术界联合会、中国戏剧家协会、中国京剧艺术基金会联合举办了梅兰芳、周信芳诞辰100周年纪念活动。纪念活动于1994年12月20日开幕，1995年1月10日闭幕，活动分设北京和上海两个主会场。纪念活动的主要内容包括：演出、学术研讨、资料展览等。

文化部、广电部1994年9月联合发出关于举办梅兰芳、周信芳诞辰100周年纪念活动方案的通知后，从10月起，一些地区已根据通知精神陆续以多种形式纪念两位艺术大师，从而拉开了大型纪念活动的序幕。北京市举办了纪念梅兰芳文化周，天津市组织了纪念梅兰芳诞辰100周年系列演出。梅兰芳、周信芳的故乡江苏泰州和淮阴也分别举办活动，隆重纪念两位京剧大师。10月下旬和11月上旬，香港分别举行纪念梅兰芳、周信芳的演出，并筹集设立了梅兰芳艺术发展基金。11月30日，纪念梅兰芳、周信芳诞辰100周年"首都京剧名家义演"在北京人民剧场举行，杜近芳、张春华、谭元寿等21位京剧名家参演。12月上旬，江苏省人民政府在南京举办了隆重的纪念活动，中共中央政治局常委、国务院副总理朱镕基出席。

1994年12月20日晚，梅兰芳、周信芳诞辰100周年纪念活动在北京中国剧院正式开幕。党和国家领导人江泽民、乔石、李瑞环、朱镕基等出席。开幕式后，从全国各地和海外选荐的30台京剧开始分别在北京和上海演出。其中包括：中国京剧院的《杨门女将》、《打渔杀家》、《凤还巢》等，北京京剧院的《太真外传》、《黄荆树》、《甲申祭》，上海京剧院的《狸猫换太子》、《清风亭》、《岐王梦》等，天津京剧团的《曹操父子》，江西省京剧团的《长剑魂》，吉林省京剧团的《霸王别姬》，山西省京剧院的《海誓》，甘肃省京剧团的《夏王悲歌》，湖北省京剧团的《膏药章》，北京军区政治部战友京剧团的《闯王进京》，烟台市京剧团的《甲午恨》，成都市京剧团的《少帝福临》，海外名家名票和大陆多家京剧院团联合演出的《穆桂英挂帅》、《群英会、借东风、华容道》以及中国戏曲学院、上海市戏曲学校、天津戏曲学校演出的折子戏等。12月24日，首都文艺界、戏剧界代表在中山纪念堂聚会，深切缅怀梅兰芳、周信芳两位大师，赞颂他们的高尚品德和卓越艺术成就。

12月27日，在中南海怀仁堂，中共中央总书记、国家主席江泽民，中共中央政治局常委、全国政协主席李瑞环，与部分戏曲界代表和梅兰芳、周信芳纪念委员会有关方面人员举行座谈。江泽民在会上做了重要讲话。他在讲话中高度评价了梅兰芳和周信芳深挚的爱国主义精神、自觉的奉献精神和强烈的革新进取精神。他说：振兴京剧和民族艺术需要一大批立志献身这一事业的优秀人才，要办好戏曲和艺术院校。振兴戏曲的标志是好戏迭出，必须大力抓好创作和演出。在发展社会主义市场经济的条件下，艺术表演团体在管理体制上要进行改革，建立一种民族艺术自我发展的新机制。座谈会上，戏曲界知名人士张君秋、郭汉城、红线女、梅葆玖、马博敏、刘长瑜、尚长荣、余笑予、陈书舫、孙毓敏、常香玉、袁雪芬、陈伯华、新凤霞、史敏等先后发言，就深化改革和繁荣戏曲事业等问题提出了一些建设性意见。李瑞环在座谈会上说：大家就如何搞好京剧和戏曲的问题发表了很多很好的意见，对此有关部门将作认真研究，逐步加以解决。

在上海举行隆重的闭幕式

梅葆玖（左）、周少麟在闭幕式上演出《打渔杀家》片段

学术研讨会于1995年1月7日至9日在上海举行，围绕梅兰芳、周信芳在京剧史上的地位和对当代京剧事业的启示这一中心议题，从以下几方面展开了深入讨论：①梅兰芳、周信芳在京剧史上的地位和贡献；②梅兰芳、周信芳的艺术思想和艺术经验对当今京剧创作的现实意义；③两位大师的艺术造诣和京剧艺术高峰形成的历史原因；④艺术管理机制的转换与艺术发展的关系；⑤抓住振兴京剧的良机，解决当今京剧面临的根本问题。高占祥在会上做了题为《再造京剧辉煌》的长篇报告，对梅兰芳、周信芳两位大师做了全面评价，并概述了京剧的近况，提出了将要采取的12条振兴京剧的措施。学术研讨会的成果，以《梅韵麒风》为题结集出版。纪念活动期间，在北京人民剧场、上海天蟾京剧中心逸夫舞台和北京梅兰芳纪念馆分别举办了纪念梅兰芳、周信芳的资料展览，多侧面地展示了两位京剧大师的生平事迹和对京剧艺术的划时代贡献，其中有不少首次面世的珍贵史料。有关单位还出版发行了两位大师的录音带、录像带以及论著、画册等。（李宏）

Mei Lanfang Zhou Xinfang he Jingju Shijie

《梅兰芳周信芳和京剧世界》 京剧著作。沈鸿鑫著。上海汉语大词典出版社2004年11月出版。约40万字，配图40余幅。作者将梅兰芳、周信芳两位京剧大师合于一书，通过对他们人生道路、艺术经历的共同与不同的描述，展现出他们各自的心路历程、艺术风范、人格魅力和两人之间的深厚情谊；又结合他们的代表剧目和重要艺术活动，向读者展示绚丽多彩的京剧世界。本书采用平列而有内在联系的篇目结构全书，既有两人的共同篇目，也有梅、周各自的篇目，并附《梅周年表》。沈鸿鑫（1939～ ），笔名洪欣、沈默。江苏苏州人。上海艺术研究所研究员。长期从事文艺评论和戏曲史论研究工作，是三卷本《中国京剧史》下卷的主编之一，著有《周信芳评传》等。（乙草）

Mei Lanfang Zhou Xinfang Wutai Shenghuo 50 Nian Jinian

梅兰芳、周信芳舞台生活50年纪念 京剧活动。中华人民共和国文化部、中国文学艺术界联合会、中国戏剧家协会主办。1955年4月11日下午，在北京天桥剧场举行纪念大会。由沈雁冰、周扬、钱俊瑞、夏衍、田汉、欧阳予倩、老舍、阳翰笙、洪深、曹禺、程砚秋、萧长华、马彦祥、张庚14人组成大会主席团，首都文艺界包括文学、戏剧、美术、音乐、舞蹈、曲艺等各界人士以及各国驻华使馆文化参赞、记者等1 400多人出席。文联秘书长阳翰笙致开幕词，文化部副部长夏衍讲话，剧协副主席欧阳予倩作关于梅兰芳的题为《真正的演员——美的创造者》的报告，剧协主席田汉作题为《战斗的表演艺术家——周信芳》的报告。程砚秋代表戏曲界致贺词时指出：政府和文艺界对梅、周两位先生50年来的卓越成就这样隆重地举行纪念，使全国戏曲界“受到了很大的感动”、“很大的鼓舞”。文化部部长沈雁冰代表文化部把荣誉奖状授予梅兰芳、周信芳。梅兰芳、周信芳分别致答词。会后举行6天纪念演出：4月12日，梅、周合演《二堂舍子》；13日，周演《乌龙院》、梅演《宇宙锋》；14日，梅演《断桥》、周演《清风亭》；15日，梅演《洛神》；16日，周演《文天祥》；17日，梅演《穆柯寨、穆天王》、周演《描容上路、扫松下书》。4月16日，中国剧协组织戏剧家们开了梅、周表演艺术座谈会。4月21日，北京市戏曲界也开了座谈会。中央纪录电影制片厂为纪念活动拍摄了彩色新闻纪录片，首都及各地报刊发表了许多评论和报道，中央人民广播电台播放了周信芳谈《文天祥》的创作经过。大会编印了纪念专刊。此前，中国戏剧家协会组织专家，协助梅、周整理校订了《梅兰芳演出剧本选集》、《周信芳演出剧本选集》，由艺术出版社出版。纪念活动结束后，上海京剧院举行旅京公演，周又演出了《萧何月下追韩信》、《四进士》、《打严嵩》、《徐策跑城》等拿手杰作。（金石）

梅兰芳（右）、周信芳在纪念会上接受献花

Meilongzhen

《梅龙镇》 京剧作品。又名《美龙镇》、《游龙戏凤》、《正德下江南》。作者不详。剧情叙明武宗朱厚照微服私游，在梅龙镇酒店见李凤姐美貌天真，遂加调戏，屡遭拒绝，以实相告，并封为妃。剧本载《京剧汇编》第87集。史载，朱厚照耽乐嬉游，所幸民间妇女，不可指数。此种“风流韵事”早有流传，演为小说戏曲，清有传奇《梅龙镇》。清乾隆时刊印的戏曲选集《缀白裘》中，有“梆子腔”《戏凤》，与京剧演出本相近。此剧一生一旦，唱做并重。敷衍风流天子与小家碧玉的情欲纠葛，颇具喜剧色彩。徐碧云、朱琴心等曾演出全本《白凤冢》（又名《骊珠梦》），始于朱厚照偕臣江彬出游，终于凤姐病逝。（骆正）

谭富英饰正德帝（左） 张君秋饰李凤姐

Mei Qiaoling

梅巧玲（1842～1882） 演员。工旦。名芳，字慧仙，别号蕉国居士，自号梅道人，堂号景和，故称为景和堂主人。祖籍江苏泰州，寄籍苏州。11岁入福盛班学昆旦，兼学皮簧，因不堪班主杨三喜虐待，改随夏白眼学戏，又跟罗巧福习花旦。他天资聪颖，学习刻苦，渐露头角，成为四喜班的主要旦脚演员。他技艺全面，戏

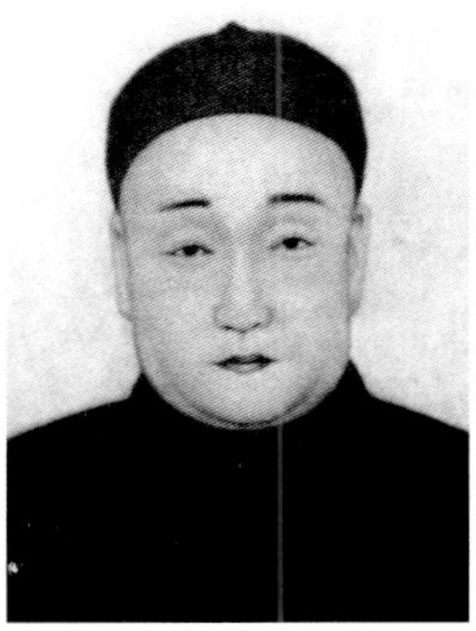

路宽阔，京昆不挡，以花旦著称，又兼工青衣、昆旦，破除了花旦只重念做、青衣专重唱功的界限，实为花衫行创造之滥觞。其唱做俱佳，表演细腻传情，念白更“文雅脱俗，听者无不神怡”（《梨园佳话》）。常演剧目中京剧有《闺房乐》、《盘丝洞》、《浣花溪》、《梅玉配》、《胭脂虎》、《虹霓关》、《彩楼配》、《玉玲珑》、《乘龙会》、《龙女牧羊》、《五彩舆》、《德政坊》，昆曲有《刺虎》、《折柳》、《思凡》、《小宴》、《絮阁》、《赠剑》等。尤以旗装戏如《雁门关》、《探母》、《梅玉配》、《闺房乐》拿手。梅巧玲好学不倦，言谈文雅，喜与文人墨客研究音韵、唱腔、书法，善写隶书。其为人正直，不尚奢华，急公好义，办事公道。30多岁担任四喜班掌班，规矩井然，两遇“国丧”，宁赔垫多年积蓄，也要为班内同行开全“戏份”；其救人危困“焚券”、“赎当”之义举，更广为梨园内外传颂，誉为美德。有二子：长子梅雨田，京剧琴师；次子梅竹芬，工旦，英年早逝。有孙梅兰芳，为梅竹芬之子。梅巧玲弟子众多，以余紫云声名最著，同列“同光十三绝”画像。（讷言）

《雁门关》饰萧太后画像
（绘者不详）

Mei Yutian

梅雨田 （1869～1914） 琴师。原名启勋，小名大锁（一作大琐）。祖籍江苏泰州，生于北京。清末名旦梅巧玲之长子，梅兰芳之伯父。早期京剧琴师“四大名家”（梅雨田、孙佐臣、陆砚亭、王云亭）之一。梅雨田最初拜四喜班的文场高手贾祥瑞（贾三）为师，兼学操琴及吹笛。贾祥瑞去世后，再拜李春泉（李四），后又向三庆班琴师樊景泰（樊三）和春台班琴师韩明德问艺，还曾向一位来自南方，精通文武场，又善吹笛的老曲师钱青望求教过笛艺。梅雨田善于博采众长，又能匠心妙运，在青年时期即已成为一位“六场通透”并“以胡琴冠绝都下”（见罗瘿公《菊部丛谭》）的著名琴师。清光绪十八年（1892），梅雨田进入三庆班为谭鑫培操琴。多年来他与鼓师李奎林（李五）一同被称为谭鑫培的左膀右臂，对谭派演唱艺术的创造颇多贡献。光绪三十二年（1906）梅雨田入选清宫昇平署为民籍随手（即乐队伴奏人员）。梅雨田对旦行唱腔也同样精通，不仅受到其父影响，在为谭鑫培操琴期间，也熟悉了与之合作的王瑶卿的唱腔，在梅兰芳学艺期间，梅雨田向其传授了《玉堂春》、《武家坡》、《大登殿》等剧目的唱腔，并为之操琴。

梅雨田的演奏大方规矩，音色圆润，托腔严谨，运弓稳健有力，指法准确流畅，不乱加花点。徐珂在《清稗类钞》中称梅雨田演奏“手指上下，急如风轮，密如蛇足。而某音应深按使切，某音应浅抚令泛，虽繁不胜记之中，而以耳会，以神通，无不入妙之微，曲尽其趣”。陈彦衡曾从梅雨田学习胡琴及京剧音乐，对其技艺十分钦佩，在《旧剧丛谈》中盛赞梅雨田的演奏：“刚劲而未尝失之粗豪，绵密而不流于纤巧，音节谐适，格局谨严，有时偶用花点，不必矜奇立异，自然大雅不群。其随腔垫字与唱者嗓音气口针芥相投，妙在游行自如，浑含一气，如天孙云锦，无迹可寻，洵可称胡琴圣手。”梅雨田兼善吹笛，能吹昆曲不下三百出。唢呐、鼓板无不能之，即胡琴之指法、曲牌之源流、派别之同异，亦莫不考据精详（见《旧剧丛谈》）。门徒有陈桐仙、茹莱卿、张富贵、陈寿昌、董凤年等人。（丁汝芹）

Mei Yu Pei

《梅玉配》 京剧作品。又名《柜中缘》。据同名昆曲改编。书生徐廷梅赴京应试，途中其仆挟银潜逃，被盗所杀。徐廷梅至京，住黄婆店中，不见仆来，至庙中求签决疑。遇新任吏部尚书苏旭之妹苏玉莲来庙降香。徐廷梅拾其诗帕，反复展玩，央黄婆从中牵线。时玉莲已许婚周琪芳，但怜徐廷梅之痴，应允见面。徐廷梅混入玉莲闺房，送还诗帕，并诉爱慕之心。因府门已闭未能出府，玉莲将他藏入柜中，被其嫂发觉。其嫂决定成全二人，与黄婆定计，待二人离开苏府后，火烧闺房，谎称玉莲被焚身亡。周家亦来人

王瑶卿饰韩翠珠（中）
王楞仙饰徐廷梅（右） 王丽卿饰苏玉莲

报周琪芳已死。徐廷梅考试夺魁，拜见主考官苏旭。黄婆讲明前情，徐廷梅与苏玉莲有情人终成眷属。本事见清人兰苕馆外史的《里乘·姮儿》。是清末四喜班的连台本戏（四本）。梅巧玲、余紫云等演出。中国艺术研究院有清同治、光绪年间“耿太监藏本”，剧中主要采用昆曲、吹腔等声腔。由松茂如改为皮簧。松茂如，“满州人。嗜戏剧，习小生，曾为票友。后入梨园，以未享盛名，乃改业戏班管事。四喜部梅巧玲旧有《梅玉配》一剧，昆乱合演，甚为风行。茂如尝取此本，易皮黄，付同庆班排演之。此剧脚色为：王瑶卿之少夫人，郭际湘之黄婆子，贾洪林之少老爷，德珺如之徐廷梅，狄畹龄之玉莲，配搭俱妙，洵称杰构”（傅惜华《皮黄剧本作者草目》）。其后，梅兰芳、王蕙芳、程砚秋均演过此剧。作品虽是郎才女貌的旧题材，但观念上颇有新意。苏玉莲虽已订婚，但非从一而终。《京剧汇编》第15集载有程玉菁藏本。（张燕鹰）

Mei Yun Qi Feng

《梅韵麒风》 京剧文集。梅兰芳、周信芳诞辰100周年纪念委员会学术部主编，中国戏剧出版社1996年10月出版。48万字。本书是纪念梅兰芳、周信芳诞辰100周年活动中发表的各类文章的结集。全书分为4个部分：第一部分收录了江泽民在纪念梅兰芳周信

芳百年诞辰座谈会上发表的重要讲话《弘扬民族艺术，振奋民族精神》和纪念活动的开幕词（刘忠德）、闭幕词（黄菊）以及纪念活动的主旨报告《再造京剧艺术辉煌》（高占祥）；第二部分是对梅兰芳、周信芳艺术的研究、评论和怀念文章及专著摘录，其中蒋锡武、叶秀山、廖奔等论梅兰芳文章21篇，刘厚生、龚和德、高义龙等论周信芳文章22篇；第三部分是中央有关部委负责人和部分省市自治区文化艺术工作负责人在上海与北京召开的纪念梅兰芳、周信芳座谈会上的讲话和文章、部分戏曲艺术家与专家在中南海座谈会上的发言和戏曲界人士学习江泽民讲话的感言；第四部分是对纪念梅兰芳、周信芳活动的一篇综述（李宏）。这本专集为这次隆重的全国性纪念活动保留了完整的文字资料，也是对两位大师彪炳千秋的艺术贡献的一次历史性总结。（苏明慈）

Meili de Jingju

《美丽的京剧》 京剧摄影作品集。作者吴钢。电子工业出版社2007年10月出版。彩印软精装，16开本，320余页。收入以京剧为主的戏曲摄影作品200多幅，按生、旦、净、丑分类编排，最后为“台前幕后”一组有关演剧活动的照片。作者拍摄了一批著名京剧演员在舞台上的神情姿态。如李万春《闹天宫》，厉慧良《挑华车》，高盛麟与王正屏《连环套》，俞振飞《太白碎写》，叶少兰与许嘉宝《吕布与貂蝉》，关肃霜《打焦赞》，童芷苓与宋遇春《坐楼杀惜》，赵荣琛《锁麟囊》，刘长瑜《春草闯堂》，袁世海《九江口》，张春华《三盗九龙杯》等。几乎每幅作品前，都有一篇拍摄散记，叙述了作品的产生背景。作者曾在《中国戏剧》杂志社任专职摄影记者，后去法国进修摄影，从事戏曲摄影达30年之久。他拍摄京剧艺术，兼顾整体形象、局部特写与演出场面的多种角度，尤其重视动感的捕捉，拍下了许多表情生动的精彩瞬间。有的拍成一组画面，如《斩经堂》、《坐楼杀惜》，有的用多次曝光把特技动作的过程记录在一个画面上，如《秦香莲·杀庙》一场韩琦自刎的“摔僵尸”。其作品曾在国内外多次展出，深获好评。这本书是他作品的一个选集。魏明伦为之作序，黄宗江写跋语。书中还收集了曹禺、翁偶虹、黄苗子、范曾等名家的题赠及散见于报刊的评语。（龚元）

menlian taizhang

门帘台帐 传统舞台装置。其来源可以追溯到元代戏曲演出中的**台帘**。元人张光弼《辇下曲》云：“教坊女乐顺时秀，岂独歌传天下名；意态由来看不足，揭帘半面已倾城。”诗中说的“揭帘”，指演员出场时须揭开台帘的一角。台帘或称**台幔**，设置的原初动机是要把前台与后台划分开来，以隐蔽后台杂事，起到净化舞台的作用，故又有**净幔**之称。具体形象可以从山西省洪洞县明应王庙元代戏曲壁画上看到。这是早期庙台的装置形式。在城市的瓦舍勾栏中，舞台建筑有固定的**上下场门**（戏班称为**鬼门**），促使台帘由整幅分为三块：中间一块大的挂在上下场门之间的板壁上，两边各有一块小的挂在上下场门上。这是典型的门帘台帐。因台帐与门帘并不毗连，遂称**三幅帘**。但亦有只用两幅门帘，中间不挂台帐而露出建筑本身的雕刻花纹；也有把三幅合在一起，是一种带有两个门帘的整幅台帐。京剧初兴时，

山西省洪洞县元代戏曲壁画中的台帐（来启斌摄）

在茶园演出，舞台装置沿用旧式，并无大的变化。门帘台帐以大红缎平金彩绣为多，这同戏台梁柱栏杆的油漆彩画和演区的桌围椅披等的装饰风格是协调的。

20世纪初，新式剧场兴起，三面开放的伸出式舞台已变成有半圆形大台口的镜框式舞台，台上不设固定的上下场门，演区后部挂大幕（称**后幕**），演员须从舞台两侧的边幕出入。对此，京剧演员感到不习惯，就在新式舞台上挂起一整块大台帐，并在台帐上“挖”出两个门帘来，演员仍可以像在旧式舞台上那样由检场挑帘出入。那时京剧舞台上已开始运用写实性画幕布景，上海新舞台的戏曲改良家潘月樵谓：“台上设备皆为新法，惟此尚属守旧，曷不以‘守旧’名之。”（海上漱石生《上海戏园变迁志》）自此，**守旧**成了门帘台帐的俗称。

以守旧指称的门帘台帐，虽源于茶园时期的整幅台帐，但两者之间是有若干变化的。挂在镜框式舞台演区后部的守旧，面积比过去的台帐大得多，梅兰芳称之为“**软片通景**”，且在电灯光的照耀下，其装饰效果也比过去强烈得多。守旧多半已成为名角私房行头的组成部分。有捧角者赠送的，上面绣有对演员的赞语以及某某惠存、某某谨赠之类字样；有商家利用来兼做广告的；也有演员花了心思，把它作为自己演艺活动或演艺风格的一种标志，在图案设计上各自标新立异，如梅兰芳以梅花孔雀为装饰，马连良以汉代画像石的车马人物为装饰，周信芳以大小麒麟为装饰等。这些装饰主题都与戏剧内容无关，而主体形象却十分突出，往往“盖过了台上的人物”（梅兰芳语）。这个通病，早在20世纪30年代已有人发觉，并主张“应改用素幕，对于表演艺术更能集中突出”（转引自梅兰芳《舞台生活四十年》第513页）。这种主张，一直到50年代才被普遍接受，沿用已久的彩绣守旧，终为素色后幕所取代。但素色后幕的运用也有自身的问题，一是“淡色则反射太强，深色又觉太沉暗”，二是“一般采用百折式的，从观众席上看去，是很强烈的一条一条下垂的直线……都落在角色的身上，好像台上的人都被这许多直线吊起来似的”。针对这些缺陷，梅兰芳主张采用满布暗花锦纹的平幕，“锦纹的线条要纤细一些，色调深浅要适中，

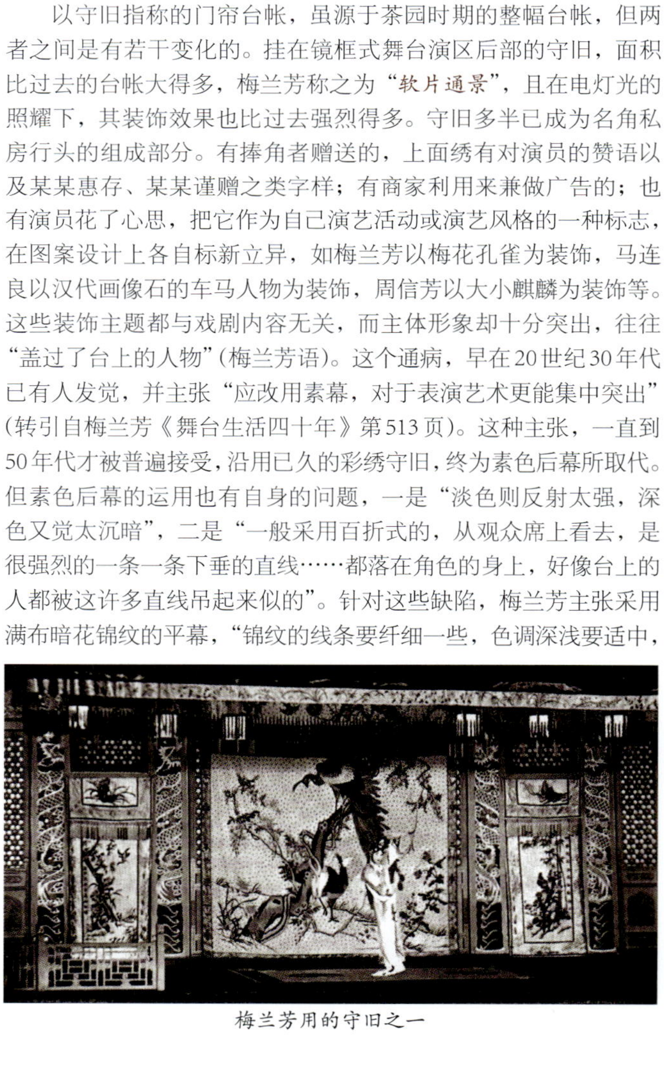

梅兰芳用的守旧之一

在不同颜色线条中要彼此反差不大”（《梅兰芳谈舞台美术》，朱家溍记录整理，1962年第8期《上海戏剧》）。这个建议很有实践价值，已被有些剧院团采纳。

（龚和德）

Meng Guanglu

孟广禄 （1963～ ） 演员。工铜锤花脸。生于天津。自幼考入中国戏曲学校学习，从孙盛文、王泉奎、张洪祥、赵荣欣诸师学铜锤花脸，打下了良好的基本功底。1981年毕业后，入天津市戏曲学校进修班，1984年转入天津市青年京剧团，任净行主演。在此期间又得李荣威、夏韵龙的教益。1987年拜裘（盛戎）氏门人钳韵宏为师，并受到裘派名净方荣翔的赏识，收为弟子，后又得到李长春、王正屏的指拨，使他剧艺大进。他天赋条件优厚，嗓音洪亮有味，气充力沛，在鼻音、额音、脑后音和胸腔共鸣的运用驾驭上研练得法。演唱时注重声情兼得，以情促声，做到厚而亮，宏而醇，气势雄浑，情绪饱满，使人听得过瘾解渴。擅演剧目有《铡美案》、《锁五龙》、《姚期》、《牧虎关》、《赤桑镇》、《遇皇后、打龙袍》、《大保国、探皇陵、二进宫》、《探阴山》、《刺王僚》、《连环套》、《断密涧》、《赵氏孤儿》等。曾主演创排的新编古代剧《曹操父子》（饰曹操）、《锦袍情》（饰刘国轩）、《梅兰芳》（饰褚民谊）、《郑和下西洋》（饰郑和）等，在唱腔上有新的尝试和创造。1991年在全国中青年京剧演员电视大赛中获青年

《打龙袍》饰包拯 （刘天祥摄）

《大保国》饰徐延昭

组最佳表演奖，1994年获梅兰芳金奖，1995年获第十二届梅花奖。2009年又获第二十四届梅花奖。1998～2001年入第二届中国京剧优秀青年演员研究生班学习。2010年获中国文化艺术政府奖文华表演奖。曾多次出国或赴中国香港、台湾地区演出，受到各界观众的热诚赞赏。孟广禄被海内外观众认为是当今京剧舞台上最有实力、最受欢迎的花脸演员之一。

（钮骠）

Meng Lijun

孟丽君 （1910～1991） 女演员。工旦。山东长清（今属济南）人。母筱翠玲系河北梆子艺人，父孟福田，为后台包头师。5岁学戏，即能登台演出娃娃生。后拜高喜玉（元元旦）、陈香甫学京剧花旦。8岁时，曾随父母赴中国香港地区及新加坡、印度尼西亚演出。父母离异，随父回国。1920年至上海投师王紫王，苦学三载。1923年在南京大舞台首次挂牌演出，受到注意。1925年应邀至

北京城南游艺园，由坤班奎德社陪同演出。她戏路极宽，除演唱青衣、花旦、刀马旦戏《御碑亭》、《红鸾喜》、《翠屏山》、《虹霓关》外，还上演梅派戏《嫦娥奔月》、《廉锦枫》，荀派戏《盘丝洞》，尚派戏《秦良玉》，并在连台本戏《再生缘》中饰孟丽君，改扮小生时，风流倜傥，“孟丽君演《孟丽君》”，一时传为佳话，梅兰芳、程砚秋等闻名前往观赏。在此期间，又向靳国瑞学习梅派《霸王别姬》，向郭际湘学《大英杰烈》，向荣蝶仙学《十三妹》、《红拂传》，之后又学昆曲《思凡》、《春香闹学》、《金山寺》及老旦戏《八珍汤》，兼收众家之长，文武昆乱不挡。1926年经程砚秋介绍，赴上海大舞台演出，曾与金少山合演《霸王别姬》，与李桂春合演《狸猫换太子》，演《木兰从军》由林树森饰元帅。后又二度进京，并巡回演出于南京、济南及江西、湖南、湖北、东北等地。在哈尔滨新舞台与周信芳合演《坐楼杀惜》，配合默契，在海拉尔与白玉合演《天雨花》，珠联璧合。1937年后，定居济南，长期在大观园第一剧场演出。济南解放后，积极组建大众京剧团，废除旧班主剥削制度，由马少波亲自指导排演新剧，在《木兰从军》中饰花木兰，《闯王进京》中，前饰李岩，后饰红娘子，《关羽之死》中，前饰关平，后饰陆逊。1954年华东区戏曲观摩演出大会期间，演出《贵妃醉酒》，获演员一等奖。之后，积极参加现代京剧《白毛女》、《智擒座山雕》演出。1960年调任济南市艺术学校副校长，1963年任山东省戏曲学校副校长，亲自授课，诲人不倦。晚年患脑血栓病，仍抱病指点教学。曾当选为山东省戏剧家协会副主席。

（纪根垠）

Mengshi fuzi

孟氏父子 孟七。演员。工武净、武生。本名孟福保。祖籍山东济南。生卒年不详。幼年入北京小福胜科班习艺。与范福泰、王福寿等同科。20来岁时，在太平军英王陈玉成主办的同春班中当教师。清同治末年到上海，光绪初年转入新建的天仙茶园，并任后台武管事，与王鸿寿、潘月樵、周来全等同台。其武艺精湛，

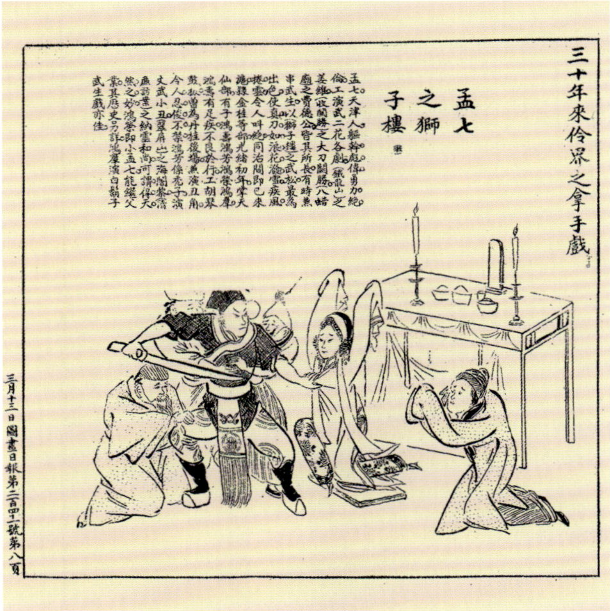

《孟七之〈狮子楼〉》（选自清末上海《图画日报》）

曾与著名武术家马永贞打擂比武，两人不相上下。尤擅编排武打套路和档子，在老天仙茶园排演的八本《绿牡丹》中饰演鲍自安，其中《嘉兴府》、《酸枣岭》、《刺巴杰》、《四杰村》、《巴骆和》的开打都由他设计，每套绝不相同，各具特色。后离沪北上，把这几出戏传到北方。其他擅演剧目还有《铁笼山》、《收关胜》、《银坑洞》(《七擒孟获》) 以及武生戏《武十回》，文武老生戏《大名府》等。他是在江南以演武松戏享名的第一人。孟七有兄孟六，也出身北京小福胜科班，演老生。

孟七中年后退出舞台，将技艺传授给5个儿子。

长子孟鸿芳，工武生。自幼随父习艺，性聪颖好学，喜读书，腹笥宽广，除武生外，老生、小丑无一不精。担任武行头时，曾改变单凭口头说戏的惯例，首创写武戏提纲的制度，对武戏套路的系统化起过一定作用。

孟鸿寿《八仙得道》饰李铁拐

次子孟鸿寿，身矮体胖，跛足。初习场面，曾在周凤林的丹桂茶园担任琴师，皮簧戏、梆子戏场面上的京胡、二胡均能胜任，不仅琴艺精湛，而且能戏颇多，故当时被沪上各科班相继聘为教师。民国初年，登台表演，工丑脚，搭班新新舞台，艺名“天下第一怪”。嗓音极佳，能模仿名家唱腔，以《拾黄金》、《戏迷传》、《十八扯》等唱功戏轰动一时。除唱功戏外，也能演武丑戏，翻、摔、跌、打均能应付裕如，几乎不像残疾人。

三子孟鸿荣，艺名小孟七，又名春帆，幼年拜王庆云为师习武旦，业成后复从父习武净兼老生、红生，文武兼擅，文戏熔汪（笑侬)、孙（菊仙)、谭（鑫培)、奎（张二奎）各派于一炉，武戏承家传外又吸收潘月樵、王鸿寿之长，唱念做打均有独到处。除演戏外，还擅编剧，他最早编的京剧本，是《滕大尹鬼断家私》。高百岁的打炮戏《鹿台恨》、白玉崑的保留剧目《脱骨计》(又名《探地穴》)即由他编剧而流行于世。他编写的剧本还有《八搜邹应龙》、《桃花女周公斗法》、《开天辟地》、一至五本《彭公案》等。

五子孟鸿群，自幼从父习艺，工武净兼武生，所演《拿高登》、《收关胜》、《通天犀》等戏，深得其父神韵。武生以演自胡子武老生戏见长，曾在民国元年为谭鑫培配演《连营寨》之赵云。其女为老生孟小冬。

六子孟鸿茂，坐科小金台科班，本工铜锤花脸，倒嗓后曾改工武净，最后以演丑脚著名。他的嗓音清脆响亮，是江南丑脚中有名的唱功小丑。

（黄菊盛）

Meng Xiaodong

孟小冬（1908～1977） 女演员。工老生。本名若兰，又名令辉，晚年自署凝晖阁主。祖籍山东济南，生于上海。祖父孟七（福保)，为北京小福胜科班出身，兼擅武净、武生。清同治间，由京去上海搭班演出。孟七之子鸿芳、鸿寿、鸿荣（艺名小孟七)、鸿群、鸿茂均为名演员。孟小冬为孟鸿群之女。另据作家沈寂撰文披露，孟小冬曾亲口告诉他：“我非孟氏所生。”有一种说法：孟小冬为

武汉董氏之女，本名董若兰。孟家班旅汉演出时，在董家包饭。若兰聪明俊俏，为孟鸿群喜爱，常带她到后台去玩。董家迫于生计，将若兰送给孟鸿群，带到上海。大家都称她“小董”，后来改名孟小冬。1953年，香港出版孙养农《谈余叔岩》，孟小冬为此书作序，文末署“宛平孟小冬”，则小冬当为北京人。

孟小冬9岁从孙（菊仙）派老生仇月祥学戏，3年满师后，赴无锡新舞台演出。继而长期在上海大世界与李春来、粉菊花、汪碧云、李长胜等合作演出。孟小冬年幼时有过一段演“髦儿戏”的经历。她早期戏路驳杂，既有“三斩一碰”、《逍遥津》之类高亢的孙派须生戏，也有《山东马》一类的海派连台本戏和时装戏，尤以在《宏碧缘》中饰骆宏勋享誉一时。从1922年起，延请老谭派名琴师孙佐臣为之操琴并说戏。1923年随武生白玉崑组班赴天津演出于新明大戏院，剧目以正宗须生戏为主，也演《狸猫换太子》等连台本戏。1925年定居北京，同年6月5日首次在京登台，与赵碧云合演《四郎探母》于三庆园，继而参加崇雅社、庆麟社等坤班演于城南游艺园、新明戏院等处。此后自己组班，辗转京津。在此期间，她先后向陈彦衡、陈秀华、王君直、苏少卿、程君谋等请益，得到言菊朋的帮助，进而延请杨宝忠操琴说戏，不时求教于李适可、鲍吉祥等。此时，已力图归依谭、余主流，由“海”入“京”，由驳杂而趋于专精。其间，多次与梅兰芳合演堂会戏《探母回令》、《戏凤》等，乾旦坤生，“梅王冬皇”，一时传为美谈。1927年，梅兰芳以孟小冬为侧室。然而此时在梅兰芳周围的人群中，分成了“捧福（芝芳)”和“捧孟（小冬)”两派，前者势力较大。1929年，梅与孟分手，孟有看破红尘之意，赴津寄寓某逊清皇戚家中，茹斋念佛，受戒于寺院，出入居士林。1933年复出舞台，在北平自组福庆社，赴津沪演出。这个时期最常演《失街亭、空城计、斩马谡》、《捉放曹》等几出安工老生戏。

孟小冬久有投师余叔岩之愿，1933年在陆军次长杨梧山府宴上，即恳请余叔岩指正过《骂曹》一剧。1938年10月21日，她紧随李少春之后，正式拜余为师。同年12月24日在新新戏院演出拜师后所学的第一出戏《洪羊洞》，由余叔岩为之把场，誉满京城。此后孟又获余亲授《乌盆记》、《搜孤救孤》、《御碑亭》、《二进宫》、《捉放曹》、《武家坡》、《失街亭、空城计、斩马谡》、《法场换子》等戏，以及《沙桥饯别》等唱段。李少春学习靠把戏《定军山》、《战太平》时，孟也获准旁听。与此同时，她还获得余叔岩晚年琴师王瑞芝的帮助。在余身边学戏5年，直至1943年余叔岩病逝为止。她是余派传人中学习时间最长、获得亲炙最多，而且在学习过程中受到干扰最少的一位，因此后来被视为余派艺术的活标本。1947年为祝杜月笙寿辰，孟小冬在上海中国大戏院连贴两天《搜孤救孤》，由赵培鑫、裘盛戎、魏莲芳分饰公孙杵臼、屠岸贾、程妻。

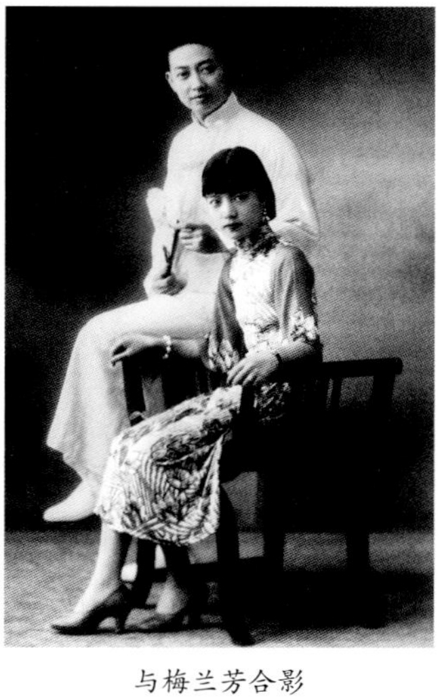

与梅兰芳合影

《四郎探母·坐宫》饰杨延辉

《空城计》饰诸葛亮

《盗宗卷》饰张苍

《碰碑》饰杨继业

演出时场内满坑满谷，在沪的所有老生名家均到场观摩学习，极一时之盛。

此前，孟小冬已获杜月笙多年资助。孟小冬与梅兰芳分手后，立誓“要么不嫁，要么就嫁一个跺地乱颤的”。孟小冬于1944年入杜家，1949年4月随杜去香港定居，1950年正式与杜月笙明确夫妻名分。1951年杜月笙故世后，周恩来总理曾派章伯钧赴香港游说孟小冬回内地，但未能成功。孟居港后不再登台，但时常向票友传授余派艺术。获得亲授的孟门弟子为：钱培荣、赵培鑫、蔡国蘅、赵从衍、丁宝麟、黄金懋、丁存坤、沈泰魁、李嘉有、龚耀显以及吴必彰、许密甫等。孟小冬于1967年秋赴台湾，1977年5月26日病逝于台北。

在京剧艺术之林，女老生一脉具有独立审美价值，孟小冬为其中当之无愧的首席。她的艺术，以拜余学戏后为一生中之最高境界。余叔岩曾评孟小冬：“唱学到了七成，念学到了五成。”这是余对孟小冬的艺术所作的很高评论和极大鼓励。如果说余叔岩的风格兼具豪放与婉约、气势和韵味，而孟小冬则主要从婉约和韵味方面继承了余派，并成为代表人物。她音色圆润饱满，唱得中正无疵、明白如话、不温不火、不嘶不懈。余叔岩是“涩中带滑”，孟小冬则是“滑中带涩”，于流丽中含云遮月。在表演时，孟小冬善于在余派的形式规范中塑造人物，更以清新脱俗为尚。在旋律、小腔的描摹方面，孟小冬比余略为写实，遂使余派艺术更易为一般观众所接受，便于模仿和学习。经过她和弟子的艺术实践，使京剧在港台和海外华人圈里得到了流播。

孟小冬逝世后，其弟子在台湾为之出版音带《凝晖遗音》两盒，搜集1947年《搜孤救孤》演出实况和晚年吊嗓录音；上海则出版《冬皇妙音》音带两盒与之呼应。天津还出版了孟氏说戏的录音磁带6盒。许锦文著有《梨园冬皇孟小冬传》，30万字，上海人民出版社2003年8月出版。万伯翱、马思猛著有《孟小冬——氍毹上的尘梦》，20万字，东方出版社2009年9月出版。（翁思再）

Mi Yingxian

米应先 （1780～1832） 楚调（今汉剧）演员。工正生。谱名应生，字石泉，号桃林。本地人称曰米喜子，亦名米戏官。湖北崇阳人。自幼入科习汉剧正生。满师后，在本地搭班演出，后出外搭江湖班四处流浪。他嗓音高亢，文武兼优，博学强记，技艺出众，尤擅关公戏。于清嘉庆四年（1799）进入北京献艺，为春台班之掌班老生。当时，清廷为了维护雅部昆弋摇摇欲坠的地位，于嘉庆三年（1798）颁下诏谕，禁止花部诸剧种在京师演出，即令是红极一时之三庆徽班亦在被禁之列，致使花部诸剧种在京师无立足之地。米应先是在这一严峻形势下进京的，但他以其别开生面之剧目（大多为表现帝王将相、忠臣义士等），新颖动听之声腔和精湛绝伦之演技而倾倒京城。他在京师的成功，为京剧形成建立了巨大历史功绩。一是扭转了花部被动局面，使徽调、秦腔等剧种得以复苏而重新活跃于京城，为京剧的形成营造了良好氛围；二是打破了北京戏曲舞台长期由旦脚占主导地位的一统天下，提高了老生艺术的地位，奠定了京剧形成之初的以老生为主的演出体制；三是使楚调得以在北京落地生根，为以楚调皮簧为主体的京剧形成打下了坚实基础；四是为湖北籍的大批楚调名角如余三胜、王洪贵、李六、龙德云、王九龄、童德善、谭志道、汪年保、吴红喜等人先后进京铺平了道路，从而为京剧及京剧的某些行当的创立提供了足够的人才保证。米应先实为京剧的奠基人。他在北京演出20余年，一直受到广大观众极大欢迎，也得到朝廷的赞许，曾有金菩萨、象牙笏等赏赐。他在北京内外皆建立了崇高的艺术声望，被尊称为米先生，连外来朝贡或留学的使者和学生，亦慕其名而要求与他结识。由于长年频繁演出，他积劳成疾，染上呕血之症，乃于1819年返回湖北崇阳故里养病。曾在家乡搭台为乡民演出关公戏《战长沙》。米应先的老生艺术造诣很深，善于刻画人物性格。他演关公戏，有“天神下界”之美誉，一直成为后学的楷范。宗法他的表演艺术而卓有成就者有丁四、程长庚、景四宝、王鸿寿等。（周笑先）

米应先雕像

mianju

面具 戴于演员面部的塑形化装。又称假面。多用刻木或纸浆脱胎等方法制作，再施彩绘。戏班称脸子、脸壳。塑形化装扩及整个头部称假头、套头，扩及全身称假形、形儿。假头、假形是假面的延伸，又统一于假面所要塑造的形象。

面具自新石器时代以来就流行于世界各地。其产生，同人类的狩猎活动、图腾崇拜、巫术仪式、部落战争、丧葬祭祀都有一定关系。面具的本质：遮蔽使用者本来面目，又赋予使用者以某种实用的或想象的功能——迷惑猎物、沟通神人、驱逐疠疫、威慑敌胆、栖息亡灵等。商代甲骨文中有一个字，似一人头戴面具以舞；面具为尖额头，两耳垂有饰物，眼部有方孔以供舞者窥视（见《殷墟书契前编》）。郭沫若解释为魌字。魌亦作䫏，东汉许慎《说文解字》：“今逐疫有䫏头。”这当是中国关于面具的最早的一种文字记载。

在戏曲漫长的孕育过程中，面具与歌舞百戏有过密切的结合。汉

殷墟甲骨文中关于面具的文字
（选自《殷墟书契前编》）

《三才图会·角觝图》

代是乐舞面具的勃兴时期。张衡《西京赋》描写的“角抵妙戏”，其中《总会仙倡》、《鱼龙曼延》、《东海黄公》诸节目，出场角色娥皇、女英、洪涯以及苍龙、白虎、豹、罴、大雀、白象、变龙的大鱼、化作仙车的舍利，都要作塑形装扮，而且大都是全身性塑形。汉代有一种“伪作假形”的专业艺人，称作“象人”，其技艺，除擅长假形之舞外，当亦精于假形、假头、假面的设计制作。他们不仅参与皇家组织的盛大演出，亦是富豪之家的娱乐对象（见桓宽《盐铁论·散不足》）。明代王圻《三才图会》有《角觝图》，画二人头戴牛角面具以舞，这是画师据历史记载的臆想之作。汉代“戏倡舞像”的历史风貌，要到山东、河南、四川、江苏等地的汉代画像石、画像砖上寻找。

魏晋以降，乐舞面具的世俗因素逐渐增多。晋代《文康乐》中的假面，表现的已非神怪禽兽，而是现实人物。《隋书·音乐志》称：此乐“本出自晋太尉庾亮家。亮卒，其伎追思亮，因假为其面，执翳以舞，象其容”。北齐的《兰陵王入阵曲》也是现实题材。崔令钦《教坊记》谓：“兰陵王长恭，性胆勇而貌若妇人，自嫌不足以威敌，乃刻木为假面，临阵著之。因为此戏，亦入歌曲。”长恭为文襄帝高澄第四子，《北齐书》有传。所谓“刻木为假面”，当指舞蹈面具，以模仿兰陵王入阵时所戴的金属战争面具，“效其指挥击刺之容”。段安节《乐府杂录》所记的《钵头》、《苏中郎》，是唐代最具代表性的戴面具的歌舞戏。《钵头》的情节是：“昔有人父为虎所伤，遂上山寻其父尸，山有八折，故曲八叠。戏者被发、素衣、面作啼，盖遭丧之状也。”《苏中郎》原名《踏摇娘》，演一个美丽的妻子常遭酗酒的丈夫殴打，引起邻里同情。流传中变化较大，任半塘《唐戏弄》有考述。对此剧男角的“面正赤，盖状其醉也”，研究者有不同解释。任半塘认为这是涂面，周贻白据刘宾客《嘉话录》“好事者乃为假面以写其状”，认为是面具。唐代乐舞面具在中国已失传，但曾传入日本，可从日本的《信西古乐图》、《舞乐图》中约略得之。

《信西古乐图》中的《兰陵王》、《钵头》

宋代是面具的极盛时期。陆游《老学庵笔记》卷一载，政和年间（1111～1117），京师大傩，“下桂府进面具。比进到，称一副。初讶其少，乃是以八百枚为一副，老少妍陋无一相似者，乃大惊”。宋时禁中大傩，主角已非“黄金四目”的方相氏，亦无十二神兽，而是由皇帝扈从与教坊艺人装扮的将军、门神、判官、钟馗、小妹、土地、灶神等，“共千余人”（见《东京梦华录·除夕》），所用面具不仅数量大，而且更富于娱人的世俗色彩。宋陈元靓《岁时广记》卷四十引《岁时杂记》：“除日，作面具。或作鬼神，或作儿女形，或施于门楣。驱傩者以蔽其面，或小儿以为戏。”所谓“作儿女形”者，是面具的一种写实倾向。这种倾向的不断加强，是面具消解的先兆。而“小儿以为戏”，当同儿童戴着面具参加一些舞蹈表演有关。宋画《五瑞图》、《大傩图》，画的就是儿童假面舞。从南宋宫廷画家朱玉所画的《灯戏图》来看，元宵节民间舞队中所用的假头、假面，既贴近现实，又有浓厚的滑稽成分，其表现手法受宋杂剧粉墨涂面的一定影响。

南宋朱玉《灯戏图》（局部）（周华斌摹本）

戏曲化装以涂面为主。由于塑形化装有涂面不可替代的长处，故亦适当采用以增强戏曲的造型表现力。塑形化装的长处主要有两点：一是可以对演员面部、头部以及全身作出夸张的雕塑性的改造，以利塑造若干特异的形象；二是便于改扮，在演出过程中，一个演员可以借助于更换面具兼扮若干角色。南宋僧人大觉禅师（俗名冉道隆）《南泉玩月》诗：“戏出一棚川杂剧，神头鬼面几多般。夜深灯火阑珊甚，应是无人笑倚栏。”北宋勾栏久已盛演《目连救母》。戏曲首先吸收面具，可能性最大的当是此剧。其演出氛围之阴森，直到散场以后还笼罩观众心头。明初，朱权《太和正音谱》分杂剧为十二科，其一即为“神头鬼面”，可以说明面具已稳定在

京剧面具

加官脸

雷公脸

魁星脸

八戒脸（半截脸）

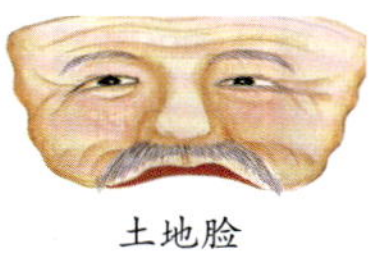

土地脸

（选自《梅兰芳访美京剧图谱》）

若干剧目的演出之中。到了清代宫廷的《劝善金科》(目连戏)、《升平宝筏》(西游戏)等连台大戏中,“有时神鬼毕集,面具千百”(赵翼《檐曝杂记》)。面具的缺点是表情的固定和妨碍演唱。这就决定了戏曲不能用面具作为主要化装手段。只有在傩仪基础上受说唱、戏曲影响而形成的傩戏中,才保持面具的垄断地位。京剧唱念做打繁重,加以勾脸艺术有高度成就,面具用量殊少。齐如山《脸谱》中只举出金刚、魁星、财神、加官、土地、小鬼等角色,“凡不开口说话者”才戴面具。然亦有既要开口又需戴面具的角色,大多采用两种办法:一是戴半截脸,与涂面化装结合着用,仍能夸张形貌,留出嘴部以便演唱;另一种是再加吊下颚,保留面具的完整感,由于上下颚分开处理,不妨碍演员嘴部自由开合,《封神榜》中商纣王即用这类面具。《盗魂铃》中猪八戒,有勾脸者,如王又宸所饰,一般多戴上下颚可开合的面具,既无碍于演唱,还能利用面具,强化滑稽调弄的气氛。古老的面具在当代京剧中仍有生命力。《曹操与杨修》第二场,曹操杀孔闻岱之前有一段“意识流”:匈奴、西蜀、东吴三路兵马杀来。这是他听信公孙涵诬告孔闻岱“通敌”后的一种错误判断和恐惧心理。舞台上的三路兵马都穿一样的红色战衣,戴一样的白色半截脸。这种纯白色面具是戏曲面具史上从未见过的。正是服饰面具之样式、色彩的单一,比较恰当地表现了刹那间意识过程中视像的模糊性,把曹操的多疑心理清晰化、形象化了。

《西游记》猪八戒(王永昌饰)

(龚和德)

Miao Shengchun

苗胜春 (1882～1971) 演员。工文武老生。直隶武清(今属天津)人。少年时曾加入义和团。不久,入天津德胜奎科班,先学梆子,后改皮簧,除工文武老生外,兼习武生、武净及文武丑。出科时逢慈禧、光绪“国丧”期,于是远走海参崴(今俄罗斯符拉迪沃斯托克)演出。后流动搭班于关内外各地,曾多次与昆班、梆子班“两下锅”同台合作,因而见多识广。他扮相好,戏路宽,文武俱佳,昆乱不挡,在东北、山东等地均赢得较高声誉,以“三关一城”(即《葭萌关》、《界牌关》、《怀都关》和《冀州城》)及《虮蜡庙》等武生、武老生戏最受欢迎;又在《请宋灵》(饰岳飞)、《巴骆和》(饰胡理)、《目连救母》(饰刘青提)、《打焦赞》(饰焦赞)等剧目中显现出兼擅多种行当的优势。1905年到上海,搭老天仙茶园,与盖叫天同台。1912年与周信芳一起加入新新舞台,合作创演过现代戏《宋教仁》,从此定居上海,在沪演出40余年。他除在少数剧目中担任主演外,长期担任配角,却将许多配角人物演成自己的绝活,技艺毫不逊色,又不喧宾夺主。他脚色行当不固定,以里子老生为主,同时跨越几个行当,代表作有《四进士》中的杨春(生),《失街亭、空城计、斩马谡》中的王平(生),《走麦城》中的关平(武生),《焚绵山》中的介母(老旦),《打渔杀家》中的大教师(丑)等。在杨小楼主演的《连环套》中配演朱光祖(武丑)、《恶虎村》中配演王梁(武丑),在荀慧生主演的《翠屏山》中配演杨雄(生),在高庆奎主演的《逍遥津》中配演穆顺(生)以及在李吉瑞《独木关》中配演老军(丑),程砚秋《锁麟囊》中配演赵禄寒(生),黄桂秋《春秋配》中配演乳娘(老旦),周信芳《清风亭》中配演贺氏(老旦)等。此外,马连良曾称赞他在《春秋笔》中扮演的陶二潜(生)是“最满意的配角”。在他主演的剧目中,《疯僧扫秦》是最负盛誉的一出。此剧由昆曲移植为京剧,是他的首创。他综合运用生、丑两个行当的表演方法,化装、台步、唱念、表情各方面都很特殊,塑造了别具一格的疯僧形象。文武老生演员后来纷纷上演此剧,皆奉苗为圭臬。

《连环套》饰朱祖

20世纪20年代后,他长期在杜月笙的票房中担任总教习,后又长期住在杜公馆内,教过杜月笙《骆马湖》等剧。但他从不倚势凌人,却借助这一身份,为京剧界做了许多排忧解难、济困扶危的好事,因而备受同行尊重。20世纪30年代以后,上海一些有影响的票房如和鸣社等,均以能邀他出任教习为荣。1952年他离开上海舞台到苏州市少年京剧团教戏。1960年任南京市戏剧学校副校长,为培养京剧人才作出了贡献。

(王家熙)

miaotai

庙台 戏曲演出场所。多建造在神庙前,非营业性,仅用于节令日及神诞之庙会。其形制多为广场高台,高逾人头,三面围观,乡民可自由来往,随意观赏。适应广场高台演出的需要,庙戏大都锣鼓喧闹,造型和动作夸张,声调高亢,技艺纷呈,具有粗犷热烈的广场艺术特征。明清之际,京城内的民间寺庙多属乡祠、会馆,是流寓京城的各方乡民祀神、集会的重要场所,其中往往建有神殿及庙台。地方性民间戏曲随之进入北京或留驻北京。为适应都市环境及市民文化娱乐旨趣,都市内的庙台设于院落之中,或在院落内加盖“罩棚”,转化为厅堂式的戏台,融为都市化的室内剧场。

京剧的初始形态徽剧、汉剧、梆子皆生成于庙台和草台(野台),具有鲜明的广场艺术特征。因长期留驻北京,在乡祠、会馆、戏园的演出环境中走向细腻、抒情、雅化,但仍然保持有一定的本色。根据北京现存的平阳会馆戏楼、正乙祠戏楼、安徽会馆戏楼、湖广会馆戏楼以及相关的碑刻文献,可以探知这样的历史足迹。乡间庙台多有留存,往往兼用于社火仪典和戏曲表演。京剧形成后,依然保持热烈的锣鼓、高亢的声腔、夸张的造型动作以及诸多历史性大戏和生活化小戏,可同样演出于都市戏园和乡村庙台。

清同治刊本《江南铁泪图》插图中庙台演剧图(选自《中国古代剧场史》)

(周华斌)

Minleyuan

民乐园 近代戏园。址在北京前门外王广福斜街原山西汾阳会馆内。现已不存。民国初，由金瑞泉提议，与汾阳会馆执事冯达三共同集资创办。金瑞泉任经理。原以演出曲艺杂耍为主，后见广和楼与富连成科班签订长期演出合同，获利颇丰，遂与三乐科班（后改名正乐社）签订长期演出合同，也给民乐园带来丰厚利润。未久，即遭到权势者嫉妒，任职于南城警察厅司法处的某山西人，以会馆为山西公产名义，查封民乐园，职工马墨林等被拘捕扣押，经理金瑞泉逃往天津避祸，因肝病复发死于津门。兴旺了三年的民乐园于1914年底被迫停业。（吴增彦）

Ming Dan Fengcai

《名旦风采》 京剧文集。北京市艺术研究所编。燕山出版社1996年6月出版。此书系1995年由北京市艺术研究所和北京市戏曲学校联合主办的“荀（慧生）、尚（小云）、筱（翠花）诞辰95周年学术研讨暨流派展演活动”的论文结集。除前言外，共收论文41篇，出自荀、尚、筱的亲属、门人及北京、天津、上海等地的戏曲史论学者之手。其中有关荀慧生的论文17篇，尚小云的论文9篇，筱翠花（于连泉）的论文6篇，探讨其他问题的论文9篇。有的缅怀了三位艺术家的人品风采，有的回顾了他们的艺术道路，有的总结了三派的艺术特征（包括剧目、唱腔、表演、风格诸方面），有的探讨了流派产生、形成的规律，有的讨论了男旦艺术，内容比较丰富。这本论文集以大量的事实证明：荀、尚、筱与梅（兰芳）、程（砚秋）等艺术家一起，共同创造了京剧旦脚艺术的辉煌局面。春兰秋菊，各有千秋。本书以对荀、尚、筱的研讨弥补了过去旦脚艺术研究之不足，提高了旦脚艺术的研究水平。（周传家）

Mingling Jingdiao Daquan

《名伶京调大全》 京剧作品集。CB生编。上海广益书局1920年出版。首都图书馆、中国艺术研究院戏曲研究所资料室有藏。共辑120个剧本（有些是折子或唱段）。封面标有“全国艺员剧本”字样。“编辑大意”谓：“悉从名伶专家秘本采录而来”，“均为名伶之拿手好戏，故特表出，以示模范”。内容按生行戏、旦行戏、净行戏、武行戏、丑行戏五部分编辑，每个剧本或唱段都标明是某演员的演出本，如：谭鑫培的《捉放曹》、《洪羊洞》，高庆奎的《击鼓骂曹》，马连良的《定军山》，余叔岩的《托兆碰碑》、《打渔杀家》，麒麟童的《投军别窑》，三麻子的《关公挑袍》，时慧宝的《上天台》，梅兰芳的《嫦娥奔月》，程砚秋的《文姬归汉》，尚小云的《摩登伽女》，荀慧生的《西湖公主》，陈德霖的《祭江》，龚云甫的《滑油山》，李吉瑞的《独木关》，郎德山的《草桥关》，金秀山的《铡美案》，马富禄的《十八扯》，孟鸿茂的《烟鬼叹》、《丑表功》等，集当时流行京剧之大成。其中包括少数昆曲、梆子剧本，如韩世昌的《思凡下山》，十三旦的《梵王宫》等。有些剧本还注有简单提示，如《捉放曹》“以谭鑫培（去主角陈宫）演来最佳”，《三堂会审》“唱做繁重，以梅畹华最佳，尚、程、荀、徐亦臻化境”，《四郎探母》以谭鑫培最佳，常请王瑶卿配演公主，“可称珠联璧合”，《贵妃醉酒》旦行中都能演，但荀慧生有独到处，以身段动作取胜。正文前配有24幅戏画插页，都是实地写生所得。其后，有《京调大全续集》问世，中央书店编辑所编，中国艺术研究院戏曲研究所资料室藏有1940年10月的第11版本，封面刻有“名伶秘本，学戏必读”。共辑51个剧本，每剧附剧情说明。剧本按行当剧目分类，较之《名伶京调大全》更细。其中生部又分“唱做并重戏”如《洪羊洞》，“唱工戏”如《逍遥津》，“做工戏”如《南天门》，“红生戏之老爷戏”如《华容道》，“小生戏”如《百寿图》；旦部又分“古装花旦戏”如《黛玉焚稿》，“花旦戏”如《虹霓关》，“正旦戏”如《芦花河》，“秦腔花旦戏”如《日月图》，老旦戏如《望儿楼》等。（葛士良）

Mingling Shixibiao

《名伶世系表》 京剧史料。宋凤娴编，张笑侠校订。北平戏曲研究社1936年12月30日出版，为“戏曲研究社丛书”第五种。作者曾在1934年天津《商报·游艺场》上陆续发表名伶世系的文章，该书系将其旧作重加整理结集而成。资料来源于当时各报记载及伶界各家红白喜事的请帖、讣告，并请知情人指教、核实。每表分上下两栏，上栏列名伶的祖、父、子（媳）、女、孙的姓名，下栏详注该伶及其亲属的姓名、字号、籍贯、生卒年月，在伶界的任职或行当等。全书共收自清咸丰、同治以来至民国年间88家名伶的世系表，他们是：程长庚、迟子俊、谭鑫培、余三胜、贾洪林、马连良、高四保、钱阿四、时慧宝、贯大元、叶春善、王少楼、苏雨卿、曹心泉、杨小楼、李万春、赵盛璧、茹富兰、周瑞安、孙毓堃、朱素云、陈金爵、姜妙香、朱霞芬、陆凤琴、吴霭仙、郝喜伦、梅巧玲、想九霄、杨小朵、汪桂芬、沈韵秋、罗小宝、王瑶卿、尚小云、荀慧生、王蕙芳、陈金雀、陆玉凤、吴彩霞、李金茂、吴富琴、徐碧云、五盏灯、刘盛莲、朱延喜、李紫珊、陈德霖、王琴依、陈丽芳、朱桂芳、九阵风、陈四儿、刘德海、李官保、朱桂元、王玉芳、钱秋凌、孙秀华、龚云甫、刘丙昆、金秀山、沈星培、高德禄、黄三、裘桂仙、郝寿臣、李顺亭、李寿峰、周天九、钱金福、王庆云、宋起山、范宝亭、罗巧福、钱喜保、刘赶三、张文斌、朱三喜、萧长华、马富禄、乔蕙兰、新艳秋、孟小冬、雪艳琴、刘喜奎、金少梅、秦凤云。上述名伶，大部分为京剧演员，对于研究京剧史及演员家世、生平有一定的参考价值。（戴霞）

mingchang

明场 戏曲术语。指通过剧中人物的表演，将戏剧情节直接展现于舞台。它是相对暗场而言。（刘玉来）

Mingmo Yihen

《明末遗恨》 京剧作品。演明崇祯亡国事。清道光二十五年（1845）刊本《都门纪略》载双合班生脚小徽州的拿手戏为《杀宫》，

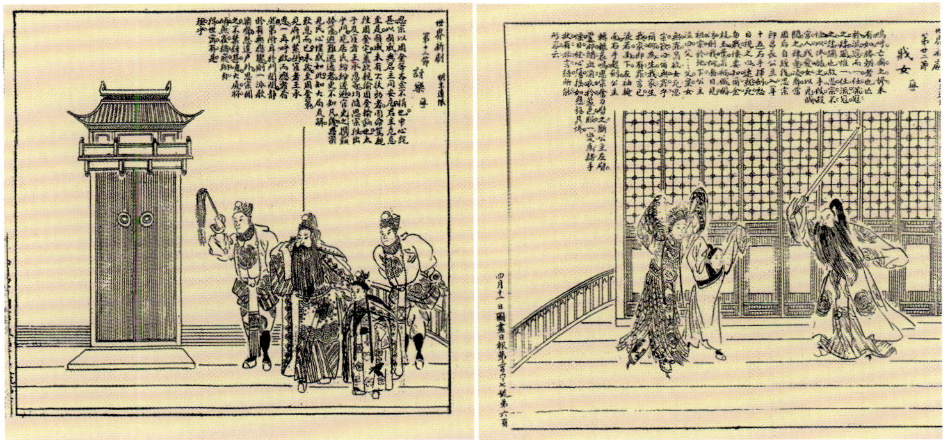

清末上海《图画日报》系列描述新舞台上演之《明末遗恨》

为这一题材在京剧舞台上的早期记录。其剧本与演出情况不详。同一题材的前期作品名称有《铁冠图》、《排王赞》、《煤山恨》，源自《缀白裘》、《昆曲粹存》中所收《铁冠图》的昆剧散出及同名小说。汪笑侬改编演出本《大铁冠图》，光绪三十四年九月三十日（1908年10月24日）首演于上海春桂茶园。全剧4场：一场崇祯观看“排王赞”（内容记述明代皇家谱系），追思列祖列宗；二场帝后商议，欲将太子托付国丈周奎；三场崇祯夜访周府，扣门被拒，转至五凤楼击动景阳钟召集群臣，进见者仅李国祯、杜文亭；四场崇祯杀宫，观看铁冠道人预言吉凶的图画后上煤山自缢。汪笑侬饰崇祯，为繁重的唱工戏，唱词多达260多句。剧本收入《戏考》第18集，将前三场题为《排王赞》，后一场题为《煤山恨》，总名《铁冠图》。《汪笑侬戏曲集》亦照此收入。继汪笑侬编演此剧的是上海新舞台。姚伯欣改编，首次用《明末遗恨》剧名。潘月樵主演崇祯，同台合作的有夏月润、夏月珊、夜来香、林步青、七盏灯，分饰李国祯、周奎、周后、王承恩、费宫人。宣统二年二月十三日（1910年3月23日）首演。主要关目有：李闯遣谍，崇祯闻变，君臣输饷，国戚吝财，杜勋通敌，崇祯夜访，国祯巷战，崇祯杀宫，哭辞太庙，自缢煤山，宫人刺虎，国祯死节等。吴下健儿评为新舞台所编新戏中“最为聚精会神，有声有色”者，第一夕排演，当场有人赠联：“国犹忍卖何论友，金不能捐况在躯！”（1911年11月13日《申报》）慕优生评云：“全剧中尤以《杀宫》、《辞庙》、《自缢》三段为最佳，淋漓尽致，凄惨辛酸，令人遥想当年国破家亡之惨，为之泪下。”（《海上梨园杂志》卷四）上演未久即遭清廷禁止。辛亥革命后复演，为潘月樵保留剧目。林树森亦主演过崇祯。新舞台演出本实为幕表戏。周信芳曾查考其单本，词近俚俗，“闻昔日演此剧时，词均随口而出，并无剧本，故有此敝；再者均念京白，更不合旧剧规则”（1935年5月12日《申报》）。1919年冬，北方昆剧名旦韩世昌旅沪演出于丹桂第一台，同台有高庆奎、周信芳。12月9日贴演《全本刺虎》，前面压轴为高庆奎《洪羊洞》。天亶（姚民哀）《丹桂闻歌》一文说，所谓《全本刺虎》，

《煤山恨》 高庆奎饰崇祯帝（右）

实即麒麟童饰崇祯帝，演完改良《明末遗恨》，然后韩世昌接唱昆曲《刺虎》（1919年12月13日《申报》）。此为周信芳演《明末遗恨》之始，可能走潘月樵路子。大约高庆奎受此次同台演出的影响，返京后约清逸居士改编此剧，名《崇祯煤山恨》或《煤山恨》，1932年10月30日初次公演于北平华乐戏院，配演有郝寿臣、李慧琴、李洪春、马富禄、范宝亭。当时有人批评高庆奎“拾南派的牙慧，毋乃盛名之累”。然高对此剧有个重要贡献，将京白改成中州韵，把它“演成典型京戏”，从此南北演者，一概用韵白而不再是京口了（《修竹庐剧话》）。高庆奎有《煤山恨》唱片行世，剧本未见流传。

1931年冬，周信芳在上海天蟾舞台编演连台本戏《满清三百年》，将潘月樵旧作《明末遗恨》重加编导，纳入第二本演出，首演于12月19日。1932年夏起，周组织移风社离沪赴天津、北平、大连、沈阳、长春、哈尔滨、营口等埠演出，长达3年之久。《明末遗恨》从连台本戏中摘出，作为单本戏经常献演。周本不带《刺虎》，演至崇祯自尽止。时值九一八事变之后，东北各省已沦为日本帝国主义殖民地，华北地区亦时受侵略威胁。周目击心伤，对《明末遗恨》边演边加锤炼。1935年返沪，于5月11日始，在黄金大戏院向上海观众隆重推出此剧，合作者有华慧麟、金少山、王兰芳、张德禄、刘韵芳等，一时沪上为之轰动。抗战期间，此剧颇为流传，演者多宗麒派。周演此剧的合作者甚多，以张德禄、高百岁之李国祯，刘韵芳之王承恩，最得红花绿叶之妙。《明末遗恨》是周信芳在民族危机时期“歌台深处筑心防”的代表作之一。剧中“骂贪污，责麻木，写民众苦痛，警亡国惨祸之处，都获得全场的击节称赏”，起到“唤起许多苟安者的梦幻，暴露许多肉食者的面目，刺戟许多麻木者的神经”的积极作用（《田汉文集》第14卷第497页）。在表演艺术上也颇多精彩，如上煤山时跣一足跑圆场，自缢时能将水发甩直，自然落下，以发覆面，以示羞见列祖列宗于地下。1951年，话剧、电影演员赵丹回忆周在《撞钟》一场的精湛演技，撰文做了具体描述（详见赵丹《周信芳的性格化表演》，收入《周信芳艺术评论集》）。对此剧的历史观念田汉也有批评：“《明末遗恨》告诉我们的大体上只是‘君非亡国之君，臣皆亡国之臣’。虽则写出一个同情‘百姓’，且能与社稷共存亡的君主之运命未尝不‘悲壮慷慨’，但客观上近于替皇室贵族们辩护，容易引起人们对于贤君明主一脉的幻想。”（《田汉文集》第14卷第498页）故1949年后，周未再上演此剧。20世纪90年代，周的私淑弟子赵麟童以经

《明末遗恨》
周信芳饰崇祯帝（左） 刘韵芳饰王承恩

过整理的《夜访》一折参加徽班进京200周年和梅兰芳、周信芳诞辰100周年纪念演出活动。周的演出本，见《麒麟童真本》之八、《小戏典》第7集、《戏典》第4集。《京剧汇编》第42集所收潘侠风藏本，为周本的节删本，文字上略有修润，末场《自缢》增加唱词30多句，为原本所无。周另有《夜访》一场唱片行世。1936年2月，田汉在南京福利大戏院看到周信芳演《明末遗恨》，“感动至于泪下，但于剧旨仍不能尽同意”，欲根据史料加以改订。1937年3月，高百岁旅宁演出，亦拟唱此剧，请求田汉加以改编。田“本拟三数日而成，以过于探寻史实，遂致旷日持久”，未及写完。高百岁在南京仍按周本演出。已写出的前6场，作为《明末遗恨》上集，发表于3月17～26日南京《新民报·新园地》；下集只写出《杀宫》一场，作为独幕剧，参加过1938年4月在武汉举行的“抗战扩大宣传周·戏剧日”的演出，这两个本子，均收入《田汉文集》第8卷。

（龚和德）

Mingxing Daxiyuan

明星大戏院 现代剧场。址在天津市新华路。1927年初落成，经理曹梁叔。初建时为两层楼式钢筋水泥建筑，楼下只有池座，为独立成排的木椅。楼上正面设包厢，左右两边为散座，总计可容800名观众。1927年3月23日开幕，首期有程艳（砚）秋偕郭仲衡、王又荃、李洪春、侯喜瑞、曹二庚等演员连演4天，剧目为《玉堂春》、《斟情记》、《聂隐娘》、《文姬归汉》。同年7月，尚小云偕王又宸、茹富兰、朱素云等演出《摩登伽女》、《御碑亭》、《芦花河》等。同年8月，梅兰芳偕王凤卿、龚云甫、陈德霖、程继先等演出《牢狱鸳鸯》、《奇双会》、《天河配》等。翌年4月，荀慧生偕谭富英、张春彦、马富禄等演出《英杰烈》、《荀灌娘》、《香罗带》、《贵妃醉酒》等。至此，明星大戏院开业一年间，四大名旦先后在此露演。余叔岩、筱翠花、马连良、郝寿臣、芙蓉草、李万春、周瑞安、吴富琴、钱金福、慈瑞泉等名角也经常到此演出。1927年，朱琴心在此园演《阴阳河》，头戴白纸穗做成的鬼发，在台上不慎起火，面部被大面积烧伤。20世纪40年代专映电影，偶尔才有戏曲演出。1949年后明星大戏院改名和平电影院，不再演戏。

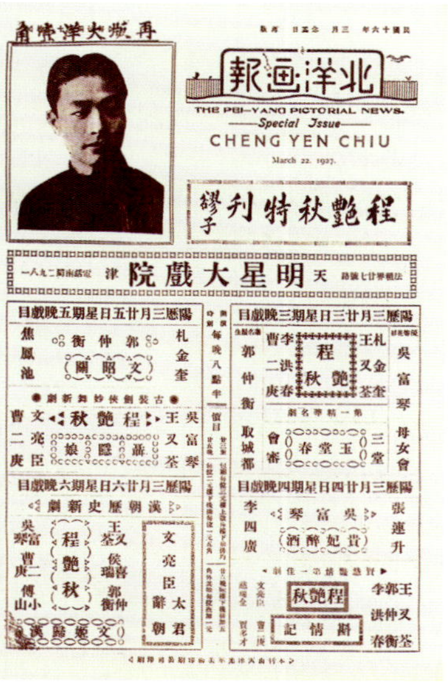

明星大戏院开幕，程艳（砚）秋登台献艺，1927年3月25日《北洋画报》出版《程艳秋特刊》

（甄光俊）

Ming yinglie gushixi

“明英烈”故事戏 本事见于明人小说《英烈传》的京剧作品。《英烈传》是一部叙述明朝开国故事的讲史小说，在情节和人物塑造上有模仿《三国志演义》等作的痕迹。它在民间的广泛流传，很大程度上是依靠了后来的评书《明英烈》。京剧等地方戏曲剧本的改编也更多地受到后者的影响。据统计，“明英烈”故事戏主要有《梵王宫》、《朱洪武出世》、《串龙珠》、《武当山》、《状元印》、《紫金锁》、《广泰庄》、《战滁州》、《智取北湖州》、《百凉楼》、《采石矶》、

清宫《戏出画册·五党（武当）山》（故宫博物院藏）

清宫《戏出画册·取金陵》（故宫博物院藏）

清宫《戏出画册·战太平》（故宫博物院藏）

清宫《戏出画册·挡亮》（故宫博物院藏）

《取金陵》、《铁岭关》、《王禹三踹牛塘峪》、《宁国府》、《战太平》、《九江口》、《挡亮》、《夺太仓》、《居庸关》、《八达岭》、《北海现金桥》、《游武庙》等出。大都表现元末群雄并起、征战杀伐故事，颇具阳刚之气，尤多武戏。《状元印》、《战滁州》、《宁国府》即为杨小楼、尚和玉的代表作，《取金陵》为余玉琴、九阵风（阎岚秋）等武旦演员所擅演。

《战太平》原系开锣戏，谭鑫培把它扩充成20余场的大戏，自《金殿》演起，至《自刎》止，发挥其文武兼备的特长，悲歌慷慨，塑造花云的英雄形象，成为谭派独有看家戏，并为余叔岩、谭富英、李少春所继承。《取金陵》以其扣人心弦的场面、性格鲜明的人物，吸引了广大观众；以打出手著称的朱文英擅演此剧，其婿阎岚秋亦以《取金陵》赢得"武旦第一"之美誉。马连良所排的第一个新戏《广泰庄》，又名《三请徐达》，原是一出不起眼的小武戏，经改编整理，由王瑶卿担任艺术顾问，蔡荣贵导演，徐兰沅音乐设计。马连良扮演徐达，郝寿臣扮演常遇春，使"观众慕名而来，初见徐达扮相的新颖美观便是一喜，又喜马连良唱得既新鲜又熟悉，武打打得有人物、有气派，因而获得内外行一致的赞扬。于是这出戏就成为马连良的保留节目"（张永和《马连良传》）。1938年，马连良从山西梆子《反徐州》移植成京剧《串龙珠》，于4月23日在新新大戏院首演，获得成功。因其反抗民族压迫的内容，次日即被日伪当局所禁演。（井玉贵）

Mingchunshe

鸣春社 京剧科班。1939年初夏，李永利、李万春父子创办。李万春本名鸣举，从其两名中各用一字，命名鸣春，亦取"一鸣惊人，春雷起动"之意。社址设在北平宣武门外大吉巷8、9号。李万春任社长，李永利总管教务，项鼎臣任总务主任。文剧教师先后有：老生宋继亭、陈喜光、张连福、李春义，旦脚俞步兰、律佩芳、刘凤林、刘连湘，小生张世孝、吴彩云、李玉泰，武生蓝月春、王德禄，花脸霍仲三、张富有、陈富瑞，文武丑郭春山、赵春锦、沈杰林、陆喜才、张永禄，老旦时青山，昆曲侯瑞春、霍文元，武功邢德月、郭文龙及武剧总教师方玉珍、袁辅庭、刘喜益等。李洪春、王连平、雷喜福、苏连汉、裘盛戎等都曾到社任课。原拟招收四科学生，以"鸣、春、佳、乐"四字排名，后因社会时局的变化，至1948年春，第二科尚未满科即行解散。排"鸣"字的第一科学生有：李鸣俊（桐春）、李鸣杰（庆春）、王鸣仲、张鸣禄、张鸣福、符鸣良、林鸣霄、蔡鸣棻、刘鸣宝、焦鸣蓉、降鸣兰、刘鸣霞、郝鸣超、徐鸣策、赵鸣岐、汪鸣辰、于鸣奎、刘鸣才、钱鸣业、朱鸣秀、萧鸣萱、吴鸣申、王鸣秋、王鸣咏、王鸣兆、徐鸣远、刘鸣啸、刘鸣发等。排"春"字的第二科学生有：谷春章、张春孝、谷春才、吴春奎（刘洵）、贾春生、王春喜、刘春芝等。

教学遵循一般科班的传统体制。学生入科后，按材分行，文武兼学，尤重武戏。教练严格，舞台实践从不间断，常年出演于前门外大栅栏庆乐戏院，日场演老戏，夜场演本戏。1941年1月12～15日，在庆乐戏院出台的4场演出，打炮剧目有《两威将军》、《水帘洞》、《五花洞》、《佟家坞》等28出戏，为观众瞩目。平时贴演的传统戏中，以红生戏和猴儿戏见长。为与当时对垒的其他科班竞争，贴演了大量彩头本戏，采用机关布景、灯光变幻，添加西乐伴奏，有时还在剧中加演电影，以招徕观众。上演的本戏有：《猴王闹地狱》、《猴王游月宫》、《骷髅山猴王击尸魔》、《十八罗汉斗悟空》、《降龙伏虎斗悟空》、《八仙斗白猿》、《猪八戒招亲》、《齐天大圣》、《大十万金》（《刘全进瓜》）、《唐王游地狱》、《五鬼捉刘氏》、《天下第一桥》、《狸猫换太子》、《石头人招亲》、《真假灵珠子》（《哪吒全传》）、《四雄一盏灯》、《金镖黄天霸》、《五虎平西》（《雪夜夺昆仑》）、《金斗一朵花》、《五鼠三侠闹鸳鸯》、《白菊花》、《九纹龙》、《云罗山》、《慈母泪》、《十十铁公鸡》（即上10个张嘉祥、10个向荣）、八本《钓金龟》、《红粉金戈》、《赵璧出世》、《新天河配》和连台本戏《济公传》等。

1948年春，因营业不振，难以维持，终于报散。一部分年幼学生转入四维儿童戏剧学校，余者各谋出路。科班办学9年，培养了100余名学生，其中尤以武剧人才突出。出科于该社的李桐春、李圜春、王鸣咏、王鸣兆、刘鸣宝、张鸣福、邵鸣皋、景鸣璧等，20世纪50年代以来服务于中国台湾地区，为传承京剧艺术作出贡献。（钮骠）

Mingfengban

鸣凤班 京剧戏班。清光绪二十九年（1903）天津日租界天仙茶园（下天仙）经理赵光顺及弟赵广义广邀名角，组成该班。演出京剧和河北梆子。班社成员时有变换，但均有名脚参加，恩晓峰、曹桂芬、小兰英、杜云卿、黄处、程永龙、薛凤池、元元红、刘永奎、小孟七、小杨猴（杨小楼）、尚和玉、李吉瑞、张黑、老乡亲（孙菊仙）、龚处（龚云甫）、刘喜奎、王克琴、小香水、汪笑依、高福安、小达子（李桂春）、还阳草（杨韵谱）等均曾搭此班演出。后期偶署"京都凤鸣班"名称。杨小楼曾在此班与尚和玉合演《长坂坡、汉津口》，与孙菊仙合演《铁笼山》。小小余三胜即余叔岩曾于此班演出《大报仇》、《打渔杀家》。1915年鸣凤班曾在天津市广和楼演出，演员有小子云、小子和、牡丹花、金月梅、双处等。此班为清末民初天津的名班，约于1915年解体。（李崇祥）

Mudanjiang Shi Jingjutuan

牡丹江市京剧团 京剧演出团体。1948年12月成立。前身是东北群众剧院，初名牡丹江市京剧工作团，1950年改用今名。团长王树祥。主要演员陆凤山、李鑫亭、孟兰秋、李玉书、刘瑞轩、金丽娟、任淑卿、李晓春等，编导吴清泉。1968年曾改名牡丹江地区文艺工作团，1970年又改名牡丹江地区"样板戏学习班"，1972年恢复原名。建团初，赴长春市演出《天国男儿》、《江汉渔歌》、《屈原与婵娟》、《九件衣》、《李闯王》、《白娘子》等剧，并为募集长春影剧工作者图书馆基金，与长春市新民剧院、胜利剧院联合义演，扩大了影响。20世纪50年代编演的新剧有《陈胜吴广》、《岳飞》、《黄巢》、《戚继光》、

《郑成功》、《林则徐》等，为配合抗美援朝，排演了《汉城烽火》等剧。1956年，以新戏《战长平》参加黑龙江省第一届戏曲观摩演出大会，获集体表演奖、伴奏奖，演员李晓春、徐云侯、刘瑞轩、任淑卿获表演奖。20世纪60年代初，乐师傅益湘、演员李晓春、舞台美术设计林庆森，与充实剧团的新文艺工作者于发和、罗丹、荀玉秋等，合作创排了《黑龙江的故事》、《黑奴恨》等新戏，受到观众好评。“文化大革命”期间，从哈尔滨、鸡西等地调入30多名人员，演出一批“样板戏”，涌现出王学民、邢慧珠等中青年艺术骨干。“文化大革命”结束后，剧团积极培养青年演员，演出剧目有《逼上梁山》、《雏凤凌空》、《春草闯堂》、《闹天宫》、《打金枝》、《谢瑶环》、《三打陶三春》、《徐九经升官记》、《六国封相》等。其中《逼上梁山》在市里演出100多场。新时期以来，为开拓演出市场，曾赴山东德州、河北沧州、北京、黑龙江哈尔滨等地巡演。并先后邀请李慧芳、刘秀荣、张春孝、云燕铭、黄元庆、张春鸣、张蓉华、汪庆元、刘琪、吴绛秋、邢美珠等来团参加短期演出，这对全团业务素质的提高起了促进作用，青年演员纷纷拜师学艺。经过演出实践的锻炼，一批青年演员脱颖而出，如吴波、马桂玲、宋秀波、孙丽珠、蔡军、韩玉军、刘小波等，他们的成长，为剧团注入新的活力。1996年，新

《黑奴恨》 徐云侯饰汤姆（左二）

编历史戏《渤海王大钦茂》参加黑龙江省新剧目调演，获优秀剧目奖。1999年现代戏《周总理与大庆人》，获黑龙江省新人新作展演优秀剧目奖，并赴广东、香港等地演出，受到欢迎。在《周总理与大庆人》中饰演周恩来的李鼎，于2001年获第十八届梅花奖。同年，剧团两次赴俄罗斯进行文化交流演出。剧团为市级文明单位。团长李鼎。

（茂文）

Mulan Congjun

《木兰从军》 京剧作品。又名《花木兰》、《代父征》。故事源于古乐府《木兰辞》。此诗产生时代有汉魏、南北朝、隋唐多种说法。王国维认为：“其诗云：‘策勋十二转，赏赐百千强。’按：隋以前，但有官品，未有勋级，唐始有之。《唐六典》‘司勋郎中掌邦国官人之勋级。凡十有二等：十二转为上柱国，比正二品。’则此诗为唐时所作无疑。又，诗中可汗与天子杂称，唐时惟太宗称天可汗，当是太宗时作。前人疑为六朝人诗，非是。”（《王国维学术随笔》第60页）诗中故事，大约以北魏与柔然（中国北方蒙古高原的游牧民族）之间的战争为背景。明代有徐渭《雌木兰》杂剧。清初褚人获《隋唐演义》把木兰从军写作隋末故事。清道光间，谢佩《春草堂集》谓：“李生玉郎，梨园善舞者也，尝扮《花木兰》、《冼国夫人》诸剧，窈窕中有一种英爽之气。”清末陈栩（天虚我生）《花木兰》传奇及地方戏《木兰从军》多种，阿英《晚清戏曲小说目》有著录。民

梅兰芳饰花木兰

国初，教育研究会编订了一本《花木兰》剧本，王瑶卿演出过。梅兰芳、齐如山又把它重新加以整理，“在适合舞台上种种技巧的原则之下，加强了不少抵抗侵略的气氛”，名《木兰从军》，1917年3月首演于北京第一舞台。剧情提要：北魏时，突厥作乱，魏主派贺廷玉为帅，四路征兵，以备抵抗。延安府尚义村有花弧者，名列军籍，当应征入伍。女木兰念其父年迈多病，决意代父从军，遂乔装男子，驰赴疆场。历时12年，贺廷玉与众将士终于击败突厥。木兰勇而智，屡建大功，升为将军，班师还朝后辞官归里。贺廷玉奉命押解朝廷犒赏至尚义村，见到的花将军竟是一位女子。梅兰芳说：“这出戏木兰的变化太多了。（一）服装要换六次，还包含着扎靠在内。（二）唱工是青衣小生都有整段的唱腔，还包含一种昆曲的牌子。（三）做工是文武并重，还包含着开打的场面。”（《舞台生活四十年》第405页）南方名旦小杨月楼亦有《木兰从军》，1922年2月8日上海《新闻报》有剧情介绍。欧阳予倩、马少波有改编本。言慧珠、李慧芳、杜近芳、阎桂祥等亦擅演此剧，演出中都做了精炼。

（龚和德）

Mulian Jiu Mu

《目连救母》 京剧作品。故事源于《佛说盂兰盆经》释迦牟尼弟子目犍连下地狱救母事。唐代有变文《目连缘起》。北宋时搬上舞台，开封“构肆乐人，自过七夕，般演《目连救母》杂剧，直至十五日止，观者增倍”（《东京梦华录》）。其后，目连戏在各地流行。明人郑之珍据民间演出编纂《目连救母劝善戏文》，共100折。剧情大致为：罗汉思凡，被贬凡尘，为傅罗卜。生而好佛，修成正果，法名目连。其母刘青提因打僧骂道，大开杀戒，死后被打入地狱受罪。目连历尽磨难，亲至地狱，得佛力相助，终将母亲救出。它虽源自佛教，却同时包涵儒、道、巫等多重影响，既有神道设教的内容，也有丰富的民俗文化，是一种相当复杂的艺术现象。民间大都演于酬神还愿。清宫廷大戏《劝善金科》以及京腔《目连记》等，对京剧有较直接的影响。1892年（清光绪十八年）12月17日，汪桂芬（反串老旦，饰刘青提）曾在上海天福茶园演出全本《目连救母》，“新扎异奇各色新彩”（见该日《申报》广告）。吴下健儿称：“沪上自舞台出现以来，多演全本，加以布景，一经点缀，更是骇人耳目，耸动人心。”（1911

《游六殿》 蓝文云饰刘青提（中）

年12月12日《申报》）吕月樵、七盏灯、杨瑞亭亦曾在上海演出此剧。但京剧演出的目连戏，较流行的多为折子戏。如以描述刘青提在地狱苦受折磨、目连前往搭救的《游六殿》（又名《目连救母》）及《滑油山》，是以老旦为主的唱工戏。剧本见《戏考》。郝兰田、谢宝云、龚云甫、李多奎等擅演，程长庚、汪笑侬、刘鸿声等亦曾反串。据《五十年来北平戏剧史材》，清末光绪、宣统年间，则有《刘氏望乡》、《盟誓》、《罗卜路》、《盂兰会》等剧演出的记载。同治初年，四喜班则曾新排《戏目连》（又名《四面观音》），演目连去西天拜佛求经，途中历尽艰险，文殊、观音菩萨幻化美女，考验其诚心。1923年冬，北京第一舞台“窝窝头会”，陈德霖、曹春山重排演出，姜妙香饰目连，王琴侬饰文殊化身，陈德霖、诸如香等饰四观音。有些穿插于目连戏中的短剧，如：描述乔装僧道的两个无赖到傅家行骗的《定计化缘》（又名《僧道骗》），曾是常见的丑戏，剧本见《京剧丛刊》；刻画僧尼不耐禅房寂寞、逃出佛门的《尼姑思凡》、《双下山》等，至今盛演，剧本分见《京剧丛刊》及《中国戏曲学校教材集》。此外，齐致翔、杨晓雄新编《目连救母》（刊《剧本》1991年第3期），全剧仅《别师》、《见母》两折，对刘青提寄予同情，开掘母子人伦之亲，1990年中国京剧院演出，郑子茹饰刘青提。（颜长珂）

Muhuguan

《牧虎关》　京剧作品。又名《黑风帕》、《背鞭认子》。作者不详。北宋时，杨继业一家屡遭奸臣潘洪的陷害，部将高旺愤而抛妻弃子，出关隐遁。后天堂六国侵宋，佘太君奉命出征，遣杨八姐女扮男装，请高旺回营一道破敌。八姐找到高旺，一起来到牧虎关。守关主将为高妻，高不知。高叫关，高妻命子出战。高出走多年，父子

清宫《戏出画册·牧虎关》（故宫博物院藏）

互不相认。子不敌其父，败回。高妻又命子媳出战，子媳使黑风帕困高。高精于此术，破媳法术。因见女将貌美，忽发狂态加以调戏，媳羞愧而回。高妻出战，认出高旺，放其入关。高见子媳大愧，其妻笑而解围，一家团聚。故事见《杨家府演义》。净脚饰高旺，唱、做并重，是一出充满情趣的喜剧。唱腔清新活泼，颇具特色。据朱家溍编《清平署档案新辑》，清咸丰十一年（1861），张保和在北京演出了此剧。此后名净穆凤山、金秀山、刘永春、金少山、何桂山、裘盛戎等常以此剧号召观众，穆、刘、何以做工见长，金秀山父子和裘盛戎则以唱工取胜。剧本见《戏考》、《京剧汇编》等。（刘文峰）

mubiao

幕表　戏剧术语。指演出提纲。20世纪初叶，受西方戏剧影响的新剧、文明戏及改良京剧曾通行于上海和北京、天津等城市。新剧、文明戏多采用西方题材和现实题材，着时装，运用幕表制，影响到改良京剧。演出时，后台上场口贴有幕表，即剧情梗概、人物关系、场次、脚色出场等提纲。台词、表演由演员自由拟定，即兴发挥。当时的新剧演员文化素质较高，有的曾留学于日本，有一定的编演和发挥能力。改良京剧亦在一定程度上运用过幕表制。幕表戏过于随意，甚或草率，随着戏剧艺术的提高，演出渐用“定词”的剧本，趋于规范。后台的幕表仅用于对演员的提示。（戴申　周华斌）

Mu Fengshan

穆凤山　（1840～？）　演员。工净。名长寿，字凤山。一名小穆，亦称穆子。北京人。满族。铜锤、架子、武二花兼能。票友出身，后拜师刘万义（即大奎官）。初搭永胜奎班，后入嵩祝成班，又入四喜班。曾入清廷昇平署承差。穆凤山是京剧净行的重要革新者，他创造了许多新颖别致的花脸唱腔。《阳平关》中曹操所唱的“莫不是常山的赵子龙”中的“龙”字，由去声翻归成平声的唱法，就由他所创，流传至今。他对花脸唱腔的板式有所丰富，以前净行没有［西皮二六］板，他在《刺王僚》剧中，创造了［西皮原板］转［二六］，再转［快板］，最后以［散板］收句，不但生动地表现出姬僚多疑的性格，而且唱腔美不胜收。在《断密涧》中，他为李密设计的［二六］板，传神地表现出李密失势后凄凉悲惨，及对瓦岗寨依依惜别的心情与境遇。这些唱腔经金秀山再加以丰富后，一直沿用至今。还善于吸收老生的唱腔，如《牧虎关》的［回龙］腔，《阳平关》的“透骨寒”的落腔，都是来自老生的唱法。对花脸唱腔板式的又一重要改革是，在一个唱句中间稍作停顿，然后再起锣鼓接唱。如《黥球山》中蔡庆唱“老夫老妻我就让着她”后接唱下面“但愿得”一整段［流水］板，而穆凤山却在唱完“让着她”后顿住，再起锣鼓接着唱，不但丰富了板式，而且为原本庄严肃穆的花脸脚色增加了灵活诙谐的气氛。又如《牧虎关》中

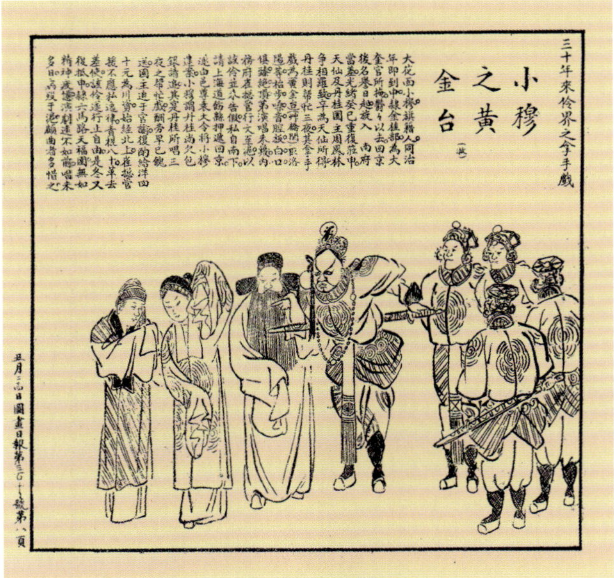

《小穆之〈黄金台〉》（选自清末上海《图画日报》）

高旺所唱“这就是你老爷疙里里疙瘩瘩打将鞭，要过儿的关”的［流水］板垛句，和“一见鞑婆出了城”的一整段唱腔，以及“得儿隆冬得儿隆冬的龙戏水”的“嘟噜腔”，还有“扭扭捏、捏扭扭”的三个字的“断头板”等诙谐的唱法，风趣幽默，灵俏可爱。生动灵巧的花脸唱腔，都是源自穆凤山的创造与启发。他还从一部连台戏中摘取其中精彩的一本作为单出戏来演，如现在单演的《探阴山》，就是穆凤山从《铡判官》中挑选出来的第五本。

（吴焕）

Mu Guiying Dazhan Hongzhou

《穆桂英大战洪州》 京剧作品。1956年，颜长珂根据川剧弹戏传统剧目《穆桂英》改编。初名《破洪州》，1957年由中国戏曲学校实验剧团首演。导演程玉菁、张盛禄。谢锐青、刘秀荣相继饰穆桂英，张春孝饰杨宗保，朱秉谦饰寇准，李春城饰赵德芳，王荣增饰杨延昭。1963年，北京电影制片厂、香港繁华影业公司联合摄制成彩色戏曲艺术片，改名《穆桂英大战洪州》。剧本发表在《长江戏剧》1984年第2期。辽兵犯境，北宋三关守将杨延昭被困洪州，杨宗保回朝搬兵。八贤王赵德芳、吏部天官寇准捧旨至天波杨府调兵往救，佘太君隐兵不发。寇、赵二人校场击鼓鸣金，诱出杨府兵将，用激将法使穆桂英接印挂帅，杨宗保为先行。宗保不服桂英，负气任性，擅自出战，违抗将令。穆桂英藏情用理，严行军法，并因鞍马劳顿，途中分娩后仍披挂上阵，力斩辽将白天佐，解洪州之围。事见《杨家将演义》第35回、第38回，但颇多变易。改编本精减了对杨家将往事的复述，加强了穆桂英与杨宗保的性格冲突和细节描写，扩充了宋辽交战的场次。全剧结构匀称，紧凑而富于变化，节奏明快。通过接印挂帅、辕门行令、上阵杀敌等重要场次和情节，塑造了巾帼英雄穆桂英的艺术形象。寇准、杨宗保性格鲜明，血肉丰满。激将挂帅一场，寇准、赵德芳和佘太君、穆桂英的双方交往回绕盘桓，丝丝入扣，于盎然情趣中见出寇准的老谋深算，穆桂英的好胜要强、不畏强敌。辕门行令一场，穆桂英强忍感情折磨严行军法，重责宗保，并令其带伤出战以施“骄兵之计”，表现出将帅气魄和提调三军的才能。其中［西皮］、［南梆子］独唱、对唱的连续唱段，见情见义，宛转动人。穆桂英由刀马旦应工，唱、念、做、打俱全。全剧行当齐备，老旦、老生、武小生均应工繁重。京剧传统剧目有《破洪州》，孙彩珠、路三宝、梅巧玲、王瑶卿等均工此戏。又名《背子破奇阵》。京剧改编本还有云南京剧院演出的《战洪州》。编剧赵慧聪、金素秋。关肃霜饰穆桂英。该剧突出武打部分，沿用了传统剧目中穆桂英背子上阵的结尾情节。

京剧电影《穆桂英大战洪州》
刘秀荣饰穆桂英（左） 张春孝饰杨宗保
（刘秀荣提供）

（程炳达）

Mu Guiying Guashuai

《穆桂英挂帅》 京剧作品。陆静岩、袁韵宜据同名豫剧移植。梅兰芳1959年首演于北京。佘太君率全家辞朝隐居，穆桂英也已年过半百，家居教子。西夏兴兵犯境，兵部王强举荐其子王伦为帅。天官寇准坚持要招揽贤才，比武夺帅。杨金花、杨文广闯进校场。金花箭射金钱落地，文广刀劈王伦。宋皇闻知，乃命其母穆桂英挂帅，其父杨宗保为副帅，他们姐弟为左右先行。穆桂英因朝廷刻薄寡恩，不愿领命。佘太君却以国事为重，定要桂英挂帅，并命金花、文广打起聚将鼓。霎时战马嘶鸣、鼓角声声，激起了穆桂英的壮志豪情。穆桂英终于捐弃私愤，重整戎装，慷慨誓师，兵发边关。梅兰芳曾看过豫剧马金凤演出，甚为欣赏，为庆祝中华人民共和国成立10周年，特意选定了这个剧目，由中国京剧院首演。梅兰芳饰穆桂英、李少春饰寇准、李和曾饰杨宗保、李金泉饰佘太君、袁世海饰王强、李嘉林饰王伦、杨秋玲饰杨金花、夏永泉饰杨文广。郑亦秋导演。不久转由梅兰芳剧团演出，由姜妙香饰杨宗保，并由梅葆玥饰杨金花，梅葆玖饰杨文广，故田汉有诗云：“新梅双护老梅根，恰似杨家一样有儿孙。”梅兰芳在这出戏里，调动了他几十年来积累的丰硕的艺术经验，成功地塑造了这位久居林下、重展雄姿的巾帼英雄形象。《捧印》一场，吸收了《铁笼山》、《英雄义》等戏里武生的身段，在［九锤半］的锣鼓点中，创造了崭新的舞蹈表演，突出其大将风度，被评论誉为“一个人演满台”。剧本收入《梅兰芳演出剧本选集》。

梅兰芳饰穆桂英（左二） 杨秋玲饰杨金花（左一）
夏永泉饰杨文广（右二） 李金泉饰佘太君
（张祖道摄）

（刘乃崇　蒋健兰）

中国京剧百科全书

（下卷）

中国大百科全书出版社

N

中国京剧百科全书

Najia Huayuan Xilou

那家花园戏楼　清代王府戏楼。址在北京东城区金鱼胡同东口北侧那王府内，现已不存。此处系清光绪年间外务大巨那桐的私宅。那桐曾随李鸿章与八国联军议和，宣统元年（1909）任军机大臣。那桐在其旧花园怡园的基础上向东扩建，始建成中西合璧的那家花园。主院正中为前后带廊的大厅，名乐真堂，习称那家花园戏楼。大厅南北向，5券大开间，东西两侧各连3券大开间耳房，用于演戏。戏台设于主厅和东耳房之间，以十几个隔扇区割为前后台，东耳房用作后台。大厅西侧以雕花木栏杆相隔，为女客坐席。西耳房则为休息厅，东西耳房的山墙各开一门，通向厅外游廊。戏台西向，高约1.3米，宽约7米，进深约6.5米。四角设柱，围以矮栏。戏台东南角凸出一块小方台，围以木栏杆，是文武场面的坐席。乐真堂南北两面均为落地玻璃隔扇，廊子和厅内均为洋灰花砖地，厅内明亮，内檐和戏台装修全系黄杨木本色，古色古香。与乐真堂相对，南侧有廊房5楹，堂名遂初盦，用于为男宾设宴。北侧亦有廊房5楹，用于为女客设宴。此屋西侧耳房3间用于收存演戏用的砌末，东侧耳房3间用作演员扮戏及休息之处。

戏楼外景

那家花园戏楼是官宦和权贵们宴集看戏的所在，花园落成，那桐为其妻过生日，谭鑫培、杨小楼等曾在此演出。民国时期，北洋政府常借用此处设宴唱戏，谭鑫培、杨小楼、余叔岩、侯喜瑞、梅兰芳、程艳（砚）秋等均曾在此演出，亦有票友串演。1917年，北洋政府在此宴戏，谭鑫培因病未到，由步兵统领强请带来。谭抱病演出《洪洋洞》，不久去世。这是谭氏平生演出的最后一场戏。该戏楼中的戏台于九一八事变后拆除，大厅打为隔断，改作住房出租。1950年，此宅分别由北京市东城区和空军某单位购买。20世纪80年代拆除，建为和平宾馆。张寿崮《那家花园往事琐谈》述及戏台，可资参考，载《天津文史资料选辑》第44辑。（周华斌）

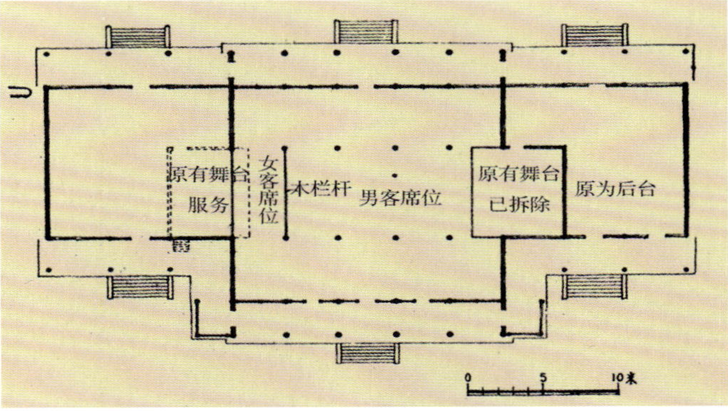

戏楼平面示意图（选自《中国会堂剧场建筑》）

nanbangzi

南梆子　京剧唱腔中的一种腔调。此调在皮簧系统诸剧种中为京剧所独有。其来源未见文献记载，可能是将直隶梆子（即河北梆子）中的导板腔借用过来，又将其小安板的唱腔与京剧旦腔［西皮原板］和［二六板］融合一起而成。介于京剧［西皮］与梆子之间颇具特色的腔调。1915年梅兰芳排演《嫦娥奔月》及其后的一系列古装新戏常加运用，且有发展变化，遂成为京剧唱腔中比较流行的腔调之一。由于其曲调秀丽明快，委婉旖旎，多为花旦、

《霸王别姬》杜近芳饰虞姬（叶华摄）

青衣及小生等表达比较细腻、柔美情趣所用。南梆子只有原板和导板两种板式，原板上下句的部分旋律、句尾落音、板眼起落规律和胡琴伴奏的定弦等均与西皮旦行腔相同，因而它只能在西皮戏中同西皮的唱腔配合使用，起到色彩对比的艺术效果，不能担负整出戏的唱腔。南梆子的主要特点是它上句和下句的开始部分常常出现带有梆子味的高音区旋律与落音为Sol的长拖腔。谱例如下：

《三娘教子》

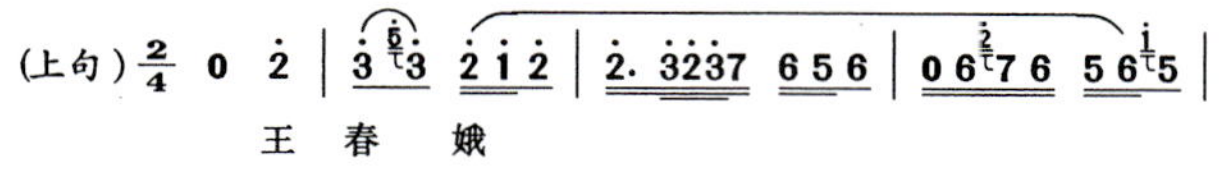

《铁弓缘》

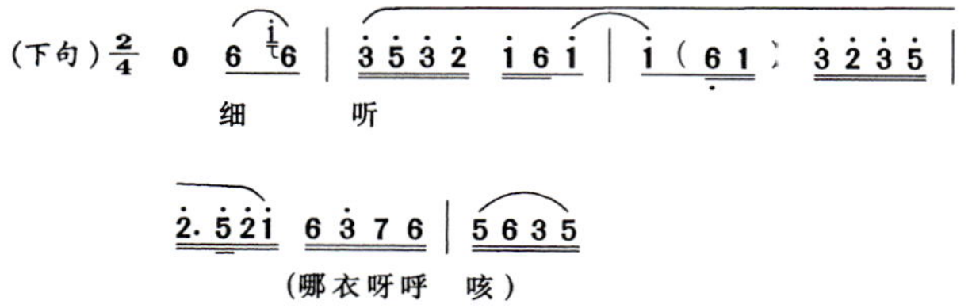

南梆子原板为一板一眼（2/4）形式，中等速度。由对偶式上下句组成曲式结构基本单位，并以上下句变化重复构成唱段。上下句的板眼起落均为眼起板落，上句基本落音为La，下句基本落音为Sol，基本为徵调式。每一唱句有3个分句（第三分句分为前节与后节）。其上下句基本腔、结构长度与唱词节奏位置谱例如下：

《红线盗盒》

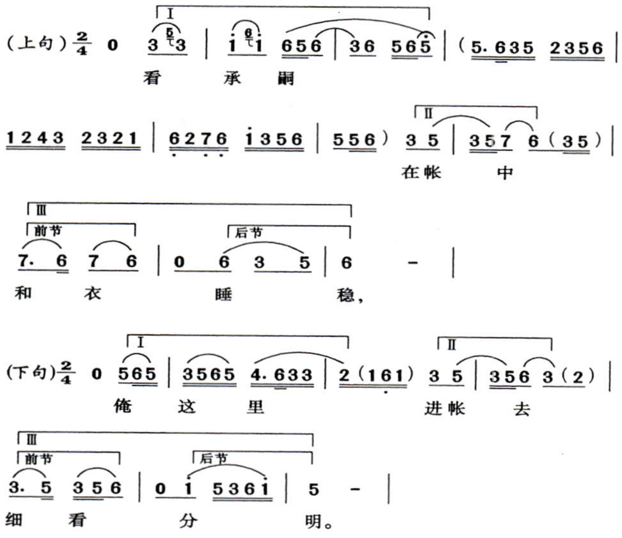

其基本腔的内部特点：上句的第一分句眼起落Sol，第二分句眼起落La，第三分句前节板起也落La，后节闪板起仍落La；下句的第一分句眼起落Re，第二分句眼起落Mi，第三分句前节板起落La，后节闪板起落Sol。

南梆子原板唱腔，根据唱词内容、情绪、字音四声和语气的不同，还有许多变化。如上句落音变为Re，下句落音变为Do，上句和下句的第一、第三分句加腔扩展以及各分句还有其他不同的落音等。另外，南梆子原板由于有些唱段腔繁节密，速度稍慢，因而一般都将一板一眼扩展一倍变为一板三眼（4/4）记谱。

南梆子导板：在板眼形式上与其他腔调的导板都为无板无眼（节拍自由）者不同，其开唱过门就上板，为一板一眼（2/4）形式，到句尾才唱散，最后落音为高八度Do。它也是由3个分句构成，第一分句板起落Sol，第二分句板起落Do，第三分句板起落高八度Do。其基本腔、结构长度与唱词节奏位置谱例如下：

《珍珠烈火旗》

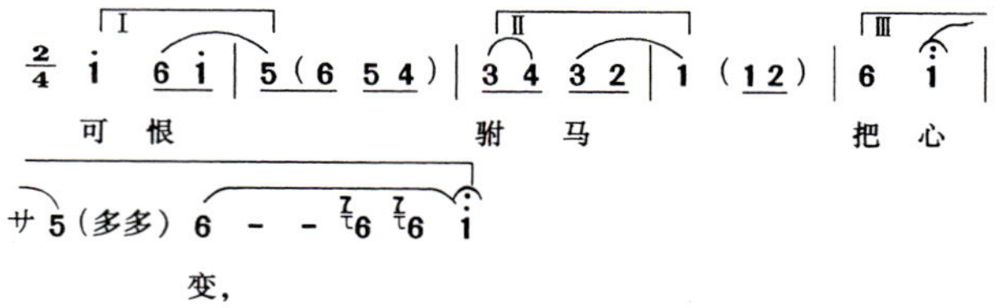

南梆子导板唱腔在传统戏中用得不多，其旋律和结构的变化也较少。主要用于南梆子综合板式唱段的第一句，表现人物的激动之情。南梆子代表性的唱段有：《霸王别姬》"看大王在帐中和衣睡稳"，《柳迎春》"蓦见他欲诉说心中忧怨"，《铁弓缘》"劝母亲不必泪嚎啕"，《汉明妃》"拭净几对明镜芳心舒畅"和《白蛇传》"离却了峨嵋到江南"等。

（张正治）

Nanbei Pihuangxi Shishu

《南北皮黄戏史述》 京剧史著作。于质彬著。黄山书社1994年1月出版。全书分为《皮黄戏的形成》、《进京徽班的嬗变》、《皮黄戏新秀——京剧》、《四大徽班进京后南方的徽班与皮黄戏》、《南方京剧史述》等5章。在《皮黄戏新秀——京剧》中，对几代名伶进行了考述，探讨了"全能型表演体系的形成"及其核心、本质与职能。在《四大徽班进京后南方的徽班与皮黄戏》中，对安徽、江苏、浙江、湖北、湖南、江西、福建、广东、台湾、四川、广西、云南、贵州诸省的徽班活动和皮簧腔系剧种进行了考察。在《南方京剧史述》中，更对南派京剧的形成做了细致描述，关注到上海之外的扬州里下河徽班与南方京剧的关系等。每章除了主题叙述外，往往还有一些"余论"或"附论"，或介绍与主题有关史料，或对主题进行外延性的讨论，或旁及主题之外的史事，或进行具体问题的重点研究等，使得本书的内容显得格外丰富多彩，较全面地分析、展示了作为近代戏曲主要体系之一的皮簧声腔、剧种的全貌。作者在本书的写作过程中，通过对皖、苏、浙许多地方的一系列实地调查，访问了许多徽、京戏班老艺人，从而取得了不少关于各地京、徽戏班活动的第一手材料，又参考一些有关的著述，"找回"了许多已往皮簧史研究中"失落"的环节，弥补了戏曲史著述中关于除京剧以外的各皮簧剧种或某些综合性剧种中皮簧声腔研究上的空白。

作者**于质彬**（1928～2009），辽宁绥中人。先后任职于江苏省文化厅剧目工作室、江苏省京剧院，长期从事戏曲史论研究，曾参加过《中国戏曲志·江苏卷》、《中国徽班》编撰工作，发表的论文有《京剧与江苏的历史渊源》、《梅派艺术与昆曲》等。

（苏明慈）

Nanjing Shi Jingjutuan

南京市京剧团 京剧演出团体。1956年12月20日成立，是由南京市民营公助的群力、习进、新宁和新宁实验4个京剧团合并组成。初名南京市实验京剧团，一年后改称今名。团长赵荣琛。主要演员有赵荣琛、许翰英、金少臣、蒋慕萍、孙玉祥、王多寿、季鸿奎、徐维廉、赵鸣慧、李越春等。杨宝忠曾一度在团内操琴。

《醒醉记》
续丽雯饰长孙皇后（中） 万连宝饰房玄龄（左） 程全饰尉迟恭

1957年4月，以《文姬归汉》、《鱼藻宫》、《封侯恨》、《过巴州》、《花子骂相》、《断密涧》、《探庄》参加江苏省第一届戏曲观摩演出大会，赵荣琛获演员一等奖，许翰英、金少臣等多名演员分获二、三等奖。1957年8月，赵荣琛离团，许翰英继任团长。演出剧目有《望江亭》、《绣襦记》、《杨家将》、《伍子胥》、《大保国、探皇陵、二进宫》等，并排演现代戏《冲破黎明前的黑暗》、《甩辫子的姑娘》。1959年奉命撤销，人员分别调到江苏省京剧团、南京市戏曲学校等单位。1970年重建，周惠生、陈家珏等先后担任领导工作，演员、演奏员大多来自南京市京剧学馆，江苏省戏剧学校和中国戏曲学校的毕业生。演员先后有郭天运、姜宁、万连宝、宛励新、乔海民、周洪武、续丽雯、章嘉禾、喻慧霞、李淑媛、陈辉、卢孝义、张建强、王善平、范乐新、郭贺军、周建等。编导人员先后有陈真、杨国梁、殷新华、周建筠、续正泰等。除演出“样板戏”《红灯记》、《沙家浜》、《智取威虎山》、《杜鹃山》等外，创作演出的现代戏有《红花荡》、《姑娘你爱谁》、《少帅受审》、《推车》，历史故事戏有《沈万山》、《杀子判》、《劈棺惊魂》、《乾隆断案》、《醒醉记》、《胭脂河》等，常演剧目还有《逼上梁山》、《白蛇传》、《红娘》、《赵氏孤儿》、《三请樊梨花》、《四郎探母》、《王宝钏》、《玉堂春》、《伐子都》、《狸猫换太子》、《霸王别姬》、《钟馗嫁妹》等。《醒醉记》创作演出于1993年，曾获“五个一工程”奖和第四届中国戏剧节优秀演出奖。《胭脂河》创作演出于1998年，2001年参加第三届中国京剧艺术节，获金奖第三名。这两出新戏已成为保留剧目。剧团常年坚持在各地城乡巡回演出，并先后赴澳大利亚、日本、印度尼西亚、英国、希腊、瑞典、挪威等国家以及中国台湾、香港地区作访问演出。

《胭脂河》 张克饰高子谦（左） 王善平饰于素秋

（李晓宁）

Nanjing Zhonghua Xiqu Yinyueyuan Beiping Fenyuan

南京中华戏曲音乐院北平分院 研究机构。1926年由国民党元老李石曾发起，1929年成立。初名**中华戏曲音乐院**，址设江苏南京。1930年11月改称**南京中华戏曲音乐院**。该院另设北平部，称北平分院。1930年6月开始筹设，包括北平中华戏曲专科学校、戏曲音乐研究所、戏曲音乐出版部、戏曲博物院（内分陈列、图书两馆）等4个实体。程砚秋任北平分院院长。院址设在北平崇文门外木厂胡同。北平戏曲专科学校（后改名中华戏曲专科学校）1930年6月筹备，9月1日开学。第一任校长焦承志（焦菊隐），副校长林素珊。以造就戏曲专门人才，改进戏剧，提倡艺术为办学宗旨。1934年7月，校内再设戏曲改良委员会，由李石曾、曹心泉、杨小楼、余叔岩、梅兰芳、程砚秋、徐凌霄、齐如山、金仲荪等21人组成。翁偶虹任办事机构主任，处理日常事务。戏曲音乐研究所，1930年成立。址设中南海福禄居。金仲荪任所长。陈墨香、徐凌霄、杜颖陶等为研究员。由程砚秋、金仲荪、焦承志、徐凌霄等人为编委，徐凌霄任主编的《剧学月刊》于1932年1月出版第1期，至1936年6月共出版3卷36期，是当时最有影响的戏曲研究刊物。为整理京剧，陈墨香仿《曲海总目提要》，编著了《京剧提要》。

戏曲改良委员会部分成员合影
前排左起：焦菊隐、程砚秋、程继先、曹心泉、溥侗、齐如山、余叔岩、王瑶卿、陈墨香
后排左起：王绍贤、梅兰芳、李石曾、金仲荪、周作民、徐凌霄、林素珊

按时代顺序，“穷其流变，正其谬误”，考其渊源，达38万言，是研究京剧剧目源流、衍变的一部力作。此外，陈墨香创作的《孔雀东南飞》，由戏校侯玉兰等演出。1935年10月28日程砚秋在北平中和戏院上演的爱国名剧《亡蜀鉴》（即《江油关》），也是研究所根据云南剧本重新修订的。该所对于传统剧目的整理工作，也很重视，在戏校戏曲改良委员会配合下，将《四进士》一剧酌情改良，根据艺术原理或删或增，渐趋完美。1937年七七事变，该所停办。南京中华戏曲音乐院及北平分院之经费，据说是以法国的庚子赔款为基金，另由中华戏曲音乐院同志会筹集之。北平分院成立10年，于北平戏曲专科学校停办后，亦即解体。关于戏曲音乐出版部及戏曲博物院，因情况不明，故略。

（李宗白）

Nan Qi Bei Ma Guanwai Tang

南麒北马关外唐 南方的麒麟童（周信芳）、北方的马连良、关外（指东北）的唐韵笙三位著名老生的合称。含义是评价周、马、唐三人在南、北、东北三个地区京剧须生中，最具审美创造、锐意开拓的代表性。麒麟童于辛亥革命后返回上海演戏，20世纪20年代形成鲜明的艺术风格，世称麒派。学麒者，遍及大江南北，

《徐策跑城》
周信芳饰徐策

《十道本》
马连良饰褚遂良

《闹朝扑犬》
唐韵笙饰赵盾

特别是长江以南的京剧须生，大都集聚在麒派的旗帜下。京剧界爱称之曰麒老牌。马连良幼年坐科于北京富连成社科班。马在坐科时已是须生行的佼佼者，20世纪30年代自组扶风社，形成独具一格的“马派”。1942年后，高庆奎、言菊朋、余叔岩先后作古，马连良在北平成为须生行中群英之首。此时，刊物、报纸上仿“南欧北梅”，遂出现了“南麒北马”一词，并逐渐流传开来。唐韵笙在青少年时期，经常去东北的大连、营口、哈尔滨等地演出，1926年后，开始演唱自编的《闹朝扑犬》、《好鹤失政》、《驱车战将》、《二子乘舟》等列国戏，在东北广大观众中，赢得很好的名声。1927年春唐去上海，与马连良、麒麟童同搭天蟾舞台合作演出。唐韵笙出于资历、年龄、声望等原因，每在马连良、麒麟童之前演出，多属武戏，如《冀州城》、《收秦明》、《骆马湖》、《连环套》、《剑峰山》、《溪皇庄》、《莲花湖》以及反串净脚的《义释严颜》、《呼延赞表功》等，有长靠、短打、箭衣、老头儿戏、净脚戏，斑斓多姿，光彩照人。最为难得的是马连良扮孔明、麒麟童扮关羽、唐韵笙扮赵云的《群英会、借东风、华容道》，麒麟童扮王佐、唐韵笙扮陆文龙的《八大锤》，麒麟童扮萧何、唐韵笙扮韩信的《萧何月下追韩信》。

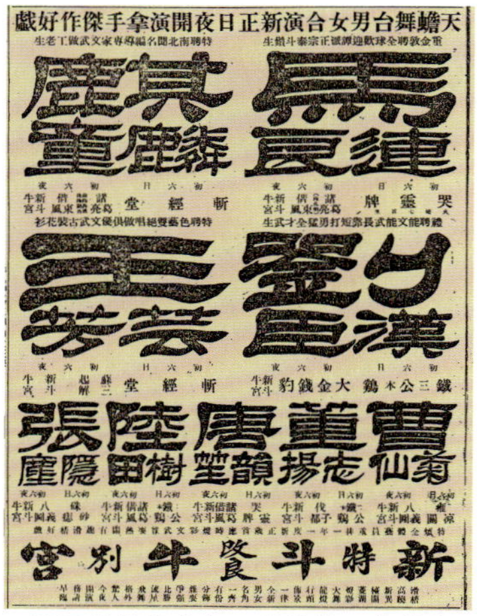

1927年春马连良、周信芳、唐韵笙在上海天蟾舞台同台演出广告（1927年2月7日《申报》）

惜无音像留存。1932年后，唐韵笙久占长春、沈阳，东北京剧界公认他是出类拔萃的人物。1947年，唐受天蟾舞台邀请，再次去沪，演出了经他改编的《困土山》、《赠袍赐马》、《取汝南》、《古城会》、《走麦城》以及由张云溪、张春华为配演的《艳阳楼》（饰高登），反串老旦的《目连救母》，连台本戏《十二支金钱镖》等。虽然遭到杜月笙等人操纵的小报肆意诋毁，4个月之久的演出，依然轰动了上海滩。京剧界的内外行，主持公道的报刊，为表彰唐在权贵面前不屈不卑的品格，艺术上多方位、多才华的深邃功力，将他的名字与麒、马并列，“南麒北马关外唐”即于此时出现。

（李宗白）

Nantianmen

《南天门》 京剧作品。又名《走雪山》、《广华山》。作者不详。本事出自弹词《后倭袍》。明宦官魏忠贤专权，阴谋篡逆。吏部尚书曹正邦守正不阿，辞官归里，遭魏党劫杀，夫人投井身亡。其女玉莲许配大同总兵之子，在老仆曹福护庇下，逃奔夫家。途中，历尽饥馁劳顿，又遇大雪，曹福脱衣与玉莲御寒，冻死在广华山，玉莲被救。为老生（饰曹福）、青衣（饰曹玉莲）并重的唱工戏。清道光二十五年（1845）刊本《都门纪略》载，薛印轩擅演曹福。其后，以崇天云演得最好（见齐如山《戏界小掌故》）。再后，谭鑫培与王瑶卿合演，并称杰作。《闻歌述忆》（《清代燕都梨园史料续编》）描述谭鑫培的表演令人“见之逼真”，“雪落衣单，怀手战慄，观者亦若触寒欲嚏”，但“死得好看，人且乐观其僵颤，而忘其死也”，带来的是美感而不是恐怖。谭氏甩罗帽的表演亦称绝技。曹福老眼昏花，临终看到八洞神仙前来迎接：“张果老倒骑驴洞宾背剑，韩湘子蓝采和手捧花篮……手拿鲜花对我笑，他笑我曹福保主不周全。他也笑来我也笑，三魂渺渺归九泉”。排除原有的迷信色彩，演唱真实生动地描绘了人物错乱昏迷的精神状态。齐如山《京剧之变迁》谓“《南天门》曹福数八仙一段，从前都是紧打慢唱，经谭鑫培才改为［二六］”。此剧有《京剧汇编》、《戏考》、《戏学汇考》等刊本。全本又名《官庄堡》，马连良曾以《天启传》贴演。

奚啸伯饰曹福（右） 侯玉兰饰曹玉莲

（颜长珂）

Nantianzhu

《南天柱》 京剧作品。单澄平创作。1979年3月，甘肃省兰州市青年京剧团首演。导演李启元。同年9月，晋京参加文化部主办的庆祝中华人民共和国成立30周年献礼演出，获剧本创作一等奖。中国戏剧出版社出版单行本。剧情为：1934年红军主力长征后，陈毅因伤留在中央革命根据地，化名刘高佬，潜入江西油山地区，在极端艰苦的条件下，分兵发动群众，排除“左”倾冒险主义的干扰，随机应变，与敌周旋。由于叛徒出卖，游击队误入敌人圈套，陈毅被困梅岭，面对生死危厄，写下了不朽诗篇《梅岭三章》。抗日战争爆发后，为团结抗日，陈毅大义凛然，揭穿余汉谋的阴谋，迫使其接受谈判。该剧取材历史，巧构情节，通过“油山永屹立”、“夜袭吴塘”、“赤胆临虎穴”、“梅

陈霖苍饰刘高佬（陈毅，右） 韩凤英饰兰嫂

岭留诗篇”等重场戏，刻画了陈毅无产阶级革命家的谋略胆识，对人民的深情，以及他特有的将军诗人的气质。剧作还塑造了淳朴爽朗、机智勇敢的兰嫂，以及由“左”倾冒险分子堕落为叛徒的反面形象潘林。为表现陈毅的诗人气质，安排了几处陈毅诗词唱段。《南天柱》为新时期戏曲舞台上开始出现老一辈无产阶级革命家艺术形象的作品之一。陈霖苍饰陈毅，韩凤英饰兰嫂。其他主要演员有宗建平、姜肃泉等。（程炳达）

Nan Tiesheng

南铁生 （1902～1991） 演员。工旦。名玉尧，以字行。祖籍湖北浠水。票友出身。其父南元超，辛亥革命后任武汉卫戍司令。1910年随父定居武昌，因受家庭影响酷爱京剧。在汉口平汉铁路局供职期间，结识程君谋、万奉一、吴伯清、荣蝶仙、关永斋等，曾在息社、既济水电公司、平汉铁路局、戊辰社和北平扶轮雅集等票社活动。1938年武汉沦陷，下海从艺，在汉口大舞台上演《玉堂春》。此后，在北平组福春社（1938～1945）、民生社（1945～1949）。先后同班的有陈少霖、管绍华、王琴生、孙毓堃、高盛麟、程继先、金仲仁、姜妙香、俞振飞、叶盛兰、王泉奎、刘连荣、裘盛戎、林秋雯、程玉菁、萧长华、马富禄等。1949年随中国人民解放军南下平剧工作团，出演《九件衣》等剧。返京后，成立南铁生京剧团（亦称民生京剧团）。南铁生是武汉早期著名票友，有“汉口梅兰芳”之称。凡京班各大名角来汉演出，均礼邀其联袂登台。1926年为北伐军义演，宋庆龄特予以奖励。1933年为湘鄂路妇女救国会募捐，与言菊朋演出《四郎探母》。1934年为汉口市冬赈，与马连良演出《回龙阁》。1937年为汉口市图书馆筹款，与梅兰芳双演《虹霓关》、《大登殿》。先后同四大名旦以及王凤卿、余叔岩、谭富英、孟小冬、奚啸伯、金少山等同台。与梅兰芳、言菊朋交厚。南铁生扮相端庄、嗓音纯正，以王瑶卿艺术为法，又具梅派风范，唱念规矩，做派大方。除常演梅派剧目外，另有《花田八错》、《战宛城》、《苏武牧羊》和《棋盘山》等60余出戏。1940年在北平贴演梅派名剧《宇宙锋》，《立言画刊》刊文称其唱、念、做、扮相均酷似梅，深佩其以一票友下海而立足于北平舞台，不可多得。南谦恭尚礼，敬业乐善，多接济境况拮据之同道，为人敬重。1957年后因病退隐。（岳耀民）

《乌龙院》饰阎惜姣

Nanyangguan

《南阳关》 京剧作品。作者不详。隋杨广篡位，太宰伍建章因当众谴责其无道而被害，其子伍云召镇守南阳关。杨广为了斩草除根，派遣大将韩擒虎前往讨伐。伍云召守城相抗，韩擒虎与其有旧，暗嘱其退兵，被拒绝。宇文化及遣子宇文成都为韩擒虎助战。伍云召难以对阵，其妻自尽，云召抱子突围出逃。后遇朱灿相助，逃出南阳关。故事见《说唐全传》。清末经谭鑫培演出后唱红，成为谭派名剧。他所扮演的伍云召穿文官袍服上场，以手提蟒袍的动作和斜身快步出场的步伐显示出骁勇善战的武将风范。城楼上“恨杨广斩忠良谗臣当道”一段演唱，声音苍劲激越，被誉为“无人能及”。谭鑫培设计“麻叔谋使长枪”一段唱腔时，曾征求京剧名票陈彦衡的意见，在陈的参与下，腔调设计得灵活新颖而又传情，以至于有人因喜欢这段唱腔而学习《南阳关》一剧。谭鑫培演伍云召，听到凶报后，悲愤填膺，眼神里透出哀痛和杀气，为观众称道。全剧武打不多，但谭鑫培表演极为出色，舞动令旗的表演简洁自如，富于变化，营造了舞台上杀气腾腾的氛围，夫人自尽后的一段蹉步干净利落。剧本载《修订平剧选》。1959年宝文堂书店出版单行本，并见《京剧丛刊》第44集。（丁汝芹）

清宫《清人戏出册·南阳关》（故宫博物院藏）

naobo

铙钹 打击乐器（铙和钹本为两种乐器，京剧中称铙钹者专指此一种乐器）。是京剧打击乐的骨干乐器之一。铜制，圆形，中心凸起似草帽状，直径约7厘米。中心有一小孔，以皮条穿出打结，再以布块折成缨子系于皮条结上，奏时用手提捏缨子，以两扇为一副，相击发音。铙钹音色脆亮而暴烈，因重量、形状大小不同，音色、音调则有薄厚、高低之分，重量一般分0.8千克、0.9千克、1千克、1.1千克几种规格不等。演奏有打、剁、揉、撮、颤、夹、搽等手法、技巧，节奏变化相当丰富。多与大锣、小锣配合，在鼓板引领下完成演奏。在某些苍凉、惨淡的场景中，如《洪羊洞》之“病房”、《三娘教子》之“机房”等折，则不用大锣，唯以铙钹与小锣相配，演奏效果别具特色。（王硕）

（刘海发摄）

naohouyin

脑后音 戏曲演唱上的术语。指当唱腔中某个高音随情感需要给以特殊表现时，将此字向软腭内收，气息挺起，沿咽后壁上行，结合头腔及鼻腔共鸣，发出声音。其音色虽不宽亮，但健挺苍劲，似乎从脑后发出，故名。例如《文昭关》中之“爹娘呵”，爹字的母音ie行腔即脑后音。另外齐齿呼（i音）诸字的高腔亦常使用，如《搜孤》中“老天爷必定降麒麟”之“麟”（lín）字的行腔。净角的唱腔中亦偶有用脑后音之处。（傅雪漪）

Nao Tiangong

《闹天宫》 见《安天会》。

Neimenggu Zizhiqu Jingjutuan

内蒙古自治区京剧团 京剧演出团体。1960年8月成立。首任团长东来（蒙古族），副团长侯铁山、王汝功。演员来自北京市属京剧团和中国戏曲学校1960届19名毕业生，并招收部分演员。剧团坚持深入牧区、林区、厂矿、农村和部队演出，为全区各族人民服务。1961年排演了孙珑创作的蒙古民族题材的现代戏《巴林怒火》。同年5月，自治区成立戏曲剧院，剧团归属剧院，改为内蒙古自治区青年京剧团。1963年初包头市京剧团并入，6月戏曲剧院撤销，剧团归属内蒙古艺术剧院，更名内蒙古艺术剧院京剧团。1964年3月，依据乌兰察布盟龙梅、玉荣在暴风雪中保护公社羊群的英勇事迹，创作演出了现代戏《草原英雄小姐妹》，6月赴北京参加了全国京剧现代戏观摩演出大会，获得好评。1965年编演了《雏鹰展翅》、《友谊之花》、《青山雷声》等现代戏，其中《气壮山河》参加了在太原举办的华北地区京剧现代戏会演。1966年9月艺术剧院撤销，恢复内蒙古自治区京剧团。1969年与内蒙古新华京剧团合并。新华京剧团原为北京市新华京剧团，20世纪50年代为北京市京剧一团。该团1960年底调往西藏拉萨，改名西藏自治区京剧团。1962年5月调入内蒙古呼和浩特，并入内蒙古自治区京剧团。两团合并后，加强了自治区京剧团的阵容，主要演员有著名武生李万春，架子花脸李庆春，文武老生李小春，青衣李砚秀等。排练演出了《红灯记》、《智取威虎山》、《沙家浜》、《平原作战》等。1976年末，剧团整理演出了《逼上梁山》。1978年6月李小春随中国艺术团赴美国及中国香港地区演出。同年在内蒙古自治区专业文艺会演中演出加工、修改后的《气壮山河》获创作奖。11月李万春复排演出《大闹天宫》。之后，剧团排演了《三打祝家庄》、《猎虎记》、《野猪林》、《十八罗汉斗悟空》、《玉堂春》、《望江亭》等剧目，并分两个队赴北京、上海、杭州、张家口和内蒙古林区演出。1980年，李小春应邀拍摄故事影片《人·猴》，扮演主角梁盛春。1984年剧团赴瑞士、荷兰、匈牙利、联邦德国、比利时等7国访问演出。后起的骨干演员有青衣林承云、曹毅琳，花旦鲍启瑜，刀马旦崔艺，老生刘玉林，短打武生吴荣喜等。主要创作人员有编剧赵纪鑫、石万英，司鼓王寿臣，操琴王韵石等。2001年创作排演了《草原母亲》(朱春来、李仲鸣编剧，李仲鸣导演，孙敬民、宋荣唱腔设计，特邀尚伟饰达力玛)，表现草原牧民达力玛为国分忧，抚养4个南方孤儿的故事，生动感人，在第三届中国京剧艺术节上获优秀剧目奖。2008年又以新创剧目《大漠昭君》(了之编剧，黄在敏、李杰导演，朱绍玉作曲，特邀姜亦珊饰王昭君）在第五届中国京剧艺术节上获新编历史剧二等奖。（马宝庆）

《草原母亲》 尚伟饰达力玛（中）

《大漠昭君》
姜亦珊饰王昭君（右）
李继春饰伊屠智牙师

Niehai Bolan

《孽海波澜》 京剧作品。1913年，梅兰芳第一次到上海，看到夏月润弟兄演的时装戏和欧阳予倩等演的文明戏，并与话剧家汪优游、陈大悲等结交，回到北京后也有意编演警世砭俗的新戏。从翊文社管事拿来的剧本中，选取此剧。经与同班艺人等修订、排练，于1914年10月首演于北京。取材北京实事，演清末恶霸张有，绰号张傻子，开有妓院，逼良为娼，虐待妓女。《京话日报》主编彭翼仲揭露其罪恶于报端。巡营帮统杨钦三讯究张有之罪，并采纳建议，设立济良所，收容妓女，教授读书、技能。孟素卿等被拐卖的妓女，得以由家属领回，骨肉团聚。全剧分前后两本。在艺术上做了各方面的尝试，无论化装、服装、表演、布景等都做了新的安排。演员阵容是：梅兰芳饰孟素卿、王蕙芳饰贾香云、李敬山饰张傻子、郝寿臣饰杨饮三、王小石饰老鸨子、陆杏林饰赵荫卿、刘景然饰彭翼仲。演出受到观众的欢迎。梅兰芳在《舞台生活四十年》中谈到，这是基于："（一）新戏是拿当地的实事做背景，剧情曲折，观众容易明白。（二）一般老观众听惯我的老戏，忽然看我时装打扮，耳目为之一新，多少带有好奇的成分的。"作为草创，"总不如理想中那样美满的"，以后就不再常演。

（刘乃崇 蒋健兰）

Niehaihua

《孽海花》 京剧作品。时装新戏。据曾朴同名小说改编。小说写清同治年间状元金雯青（影射洪钧）在苏州纳妓女傅彩云（后易名赛金花）为妾，奉命出使德国，带彩云同往。归国后，金雯青病死北京，傅彩云与家人返归苏州，旋赴上海，改名曹梦兰，重操旧业，成为上海滩的名妓。小说以金、傅的故事为线索，把复杂的历史事件和众多的历史人物编织在一起，表现同治末年至戊戌变法前30年间的历史面貌，鲁迅《中国小说史略》称为清末四大谴责小说之一。小说《孽海花》时写时续，1903～1907年仅发表前25回，便引起时人的重视。次年，袁祖光（名鐳，号瞿园）即改编为同名杂剧（又名《金华梦》，见《瞿园杂剧》），天宝宫人（姓名生平不详）则编串成同名时装京剧，共10幕，载1908年《月月小说》第21号，《晚清文学丛钞·说唱文学卷》（中华书局1960年出版）全文收录。此剧似未写完。从发表的部分看，编串者只是摘取小说前面的一小部分，以金、傅二人为中心，表现了当时的某些历史事件。语言幽默含蓄，讽刺性强，而结构松散，戏剧性差，仅为案头之作。1909年3月，上海天仙茶园演出"新排改良电光布景画彩新戏《头本孽海花》，演员有汪笑侬、赵如泉、王钟声、汶娱轩主、赵小廉等"。为当时盛演沪上的"钟声先生新戏"之一。1910年，王钟声偕刘艺舟曾在北京天庆园演出此剧，剧本没有流传。另据赛金花回忆："民国初年，上海石路一家剧场，曾将我的事演过文明戏，又小子和（冯子和）也曾在天蟾舞台演过我的戏，戏名《状元夫人》。”（见《赛金花本事》，岳麓书社1985年版）。1932年12月西安易俗社赴北平，于吉祥戏院演出秦腔《赛金花》（又名《颐和园》）前后本，赛金花曾前往观看，并认为：“唯对于余个人之幼年，为人所驱，因逛花灯而陷入娼寮，及识洪状元时鸨母之阻碍，弱女之流离困苦情形，未加详细描写，实为一大憾事。”（《赛金花本事》）荀慧生在20世纪30年代末也曾演出过《赛金花》，剧本未见流传。（王卫民）

Ningwuguan

《宁武关》 京剧作品。又名《一门忠烈》。原为昆曲《铁冠图》中的两出：《对刀步战》、《别母乱箭》。明崇祯十七年（1644），李自成攻陷代州，明总兵周遇吉退守宁武关。为让周遇吉免除后顾之忧，其妻、子先后自刎，周母亦自焚。周遇吉拼死力战，后中埋伏，被乱箭射伤，自杀身亡。剧本见清钱德苍编《缀白裘》（新集）、王季烈等人考订的《集成曲谱》（商务印书馆1925年出版），曹心泉藏本载《剧学月刊》第1卷第7期，另有《戏考》第20册及《修

余叔岩饰周遇吉（左） 钱金福饰李虎

订平剧选》第4集等刊本。周遇吉由老生或武老生饰演，唱念做打俱重。据《清代伶官传》，清道光七年（1827）内廷曾演此戏。道光以后，擅演此剧者首推张三福，后将此戏传给其子张淇林和谭鑫培。谭鑫培入昇平署当差后，曾在宫廷中多次演出该剧。红豆馆主精通此戏，师从张淇林。刘春喜、余叔岩、杨小楼等均擅演。1949年后，曾一度禁演，后开禁。（张燕鹰）

Ningxia Huizu Zizhiqu Jingjutuan

宁夏回族自治区京剧团 京剧演出团体。简称宁夏京剧团。原为中国京剧院四团，前身系中国人民解放军总政治部京剧团，1958年9月为支援西北地区文化建设，奉命划归宁夏，建立宁夏京剧院。石天任院长，贺进禄任副院长，下设一、二团和学员队。1962年院制撤销，改为宁夏京剧一、二团，1966年宁夏京剧一团易名宁夏回族自治区京剧团，二团改名石嘴山市京剧团。1979年10月两团合并，用今名。历任主要负责人有：孙秋田、张元奎、王宪周、班世超、李鸣盛、徐中年、李永华、曹世谋、俞鉴、杜彦良、段雨田等。演员阵容齐整，主要演员有杨派老生李鸣盛，马派老生王和霖，程派青衣王吟秋，青衣花衫李丽芳、李蓉芳，武旦班世超，金派花脸郭元汾，武生蔡宝华、俞鉴、王天柱、张元志，小生李荣安，架子花脸殷元和，武丑郭金光、张正武、茹绍奎，老旦田文玉，文丑金玉恒、徐鸣远等。导演殷元和、蔡宝华、刘元鹏、舒茂林、李韵章等。编剧秦志扬、萧维章、汪野航、赵孟祥、刘连伦等。主要鼓师马玉山、马玉河、王敏、王惠生及琴师钟世章、高月波、钱子龙、王鹤文、李门、李超、李富英、张小琪等，乐队中还包括素有月琴大王之称的罗万金。舞美设计孙九纶、徐岩、曹长宝等。学员队由梁连柱（花脸）、盖玉亭（武生）、樊富顺（武生）、李盛荫（老生）、苏盛琴（青衣花衫）、谭世英（花脸）、刘金声（花脸）、白元杰（武戏）、高永茂（文乐）、李樊图（文乐）等任教。创作和改编、整理的剧目有：《闹龙宫》、《乾元山》、《卧虎沟》、《陆文龙》、《红色卫星闹天宫》、《红娘子》、全本《秋江》、《平地风波》、《醉打山门》、《大顺春秋》、《双官谱》、《人鬼鉴》、《义和团》、《康熙访宁夏》、《秦琼让印》、《海瑞驯“虎”》、《吕布试马》、《红旗谱》、《杜鹃山》、《南海长城》、《六盘山》、《重生》、《团结颂》、《赛驼之后》、《敌后尖刀》等。《杜鹃山》于1964年参加全国京剧现代戏观摩演出大会，受到好评。《乾元山》于1985年参加第十三届迦太基国际民间艺术联欢节，获最佳集体奖。剧团足迹遍及自治区各市县，多次赴河北、湖北、山东、山西、辽宁、新疆、甘肃、云南、四川等省演出，并先后赴亚洲、非洲、欧洲、美洲30多个国家访问演出。剧团不仅为本团培养了人才，还为北京、甘肃、内蒙古、山西、广西、河南、青海、西藏等地的兄弟剧团，代培了百余名青年演员。2008年，以海峡两岸京剧人悲欢离合为题材的《海上生明月》参加第五届中国京剧艺术节，获现代戏二等奖。（刘连伦）

《杜鹃山》
李鸣盛饰乌豆（左） 李丽芳饰贺湘
（张祖道摄）

Niu Gao Zhao Qin

《牛皋招亲》 京剧作品。又名《藕塘关》、《飞虎梦》。溥绪编剧。小织帘馆主《北平梨园近事谈》则云“乃名悟冈子者所编”（《戏剧月刊》第2卷第12期）。本于小说《说岳全传》。金兵侵犯藕塘关，牛皋奉命前往救援，杀死金兵元帅，大获全胜。藕塘关总兵金节感其英勇超群，将妻妹戚赛玉嫁与牛皋。戚赛玉文武双全，洞房中先与牛皋比武，后又要牛皋吟诗对对。牛皋信口对答，妙趣横生。该剧由郝寿臣于1930年10月20日首演于北平华乐园，饰牛皋，芙蓉草饰戚赛玉。牛皋迎击金兵时，带醉上阵，以酒坛投打敌将，趁其推挡酒坛之时以锏杀之，鲁莽中带着机智。入洞房时，颇感羞涩，定要前来送亲的汤怀等将与他一起进去，憨态可掬。洞房比武时，几次败在妻子

袁世海饰牛皋（右） 刘长瑜饰戚赛玉

手下，“险些儿翱翔凤把虎来骑”，自嘲中充满风趣。对对子时用上“山药蛋”、“黑脸大汉”等俗语来对“海棠花”、“红粉佳人”，又让人忍俊不禁。全剧从不同的角度，将牛皋豪爽、率真、粗犷的性格活灵活现地表现出来。郝寿臣藏本有“飞虎入梦”的情节，袁世海整理本删去。剧本载《京剧汇编》、《京剧丛刊》及《郝寿臣演出剧本选》，另有单行本出版。（马海玲）

Niu Songshan

牛松山 （1861～1932） 演员。工小生。原名牛长宝。北京人。幼年入胜春奎科班，习武生兼小生，出科后曾在山东、河南等地演出，以演武生戏著名。陈彦衡《旧剧丛谈》云：“余在济南，见有武生牛长宝演《八大锤》，学徐小湘（香），叹为外间罕见。”清光绪十七年(1891)偕花旦张桂云同到上海，初演于老天仙茶园，此时已改演小生，并易名牛松山。因技艺精绝，文武昆乱不挡，

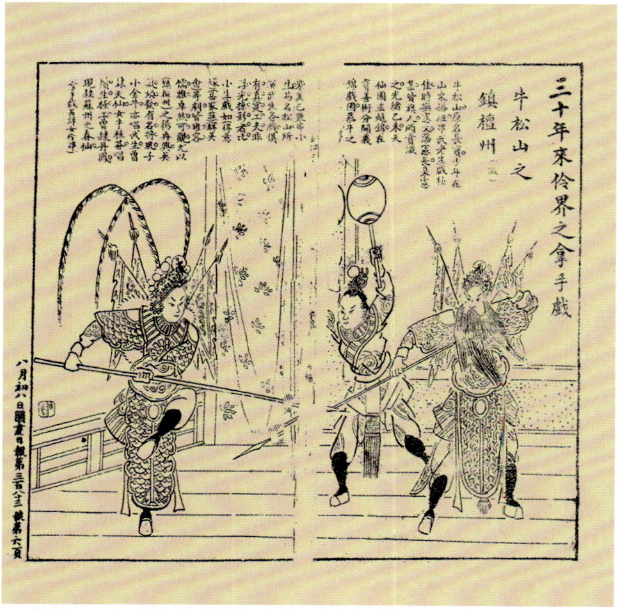

《牛松山之〈镇檀（潭）州〉》（选自清末上海《图画日报》）

享有盛誉。擅演《得意缘》、《岳家庄》、《群英会》、《黄鹤楼》、《镇潭州》等剧。他善于吸收各家之长，以丰富小生的表演，尤擅武工，每出戏均有自己的绝招。如演《八大锤》的陆文龙，他抬“朝天镫”，将双枪置放靴底之上，双手掏翎子，先做“射雁”，接做“探海”，然后以“魁星提斗”收住，身子转360°，仍恢复“朝天镫”，靴底上的双枪居然纹丝不动。又如演《莲花湖》的韩秀，穿厚底靴，戴大额子、翎子、狐尾，在栏杆上翻“倒提”下地。演《镇潭州》的杨再兴，也是英气勃发，具有大将风度。他演文戏能通过唱念和表情，塑造出栩栩如生的人物形象。如演《黄鹤楼》的周瑜，通过顿挫有致的念白，优美刚劲的水袖动作和生动多变的脸部表情，将周瑜的英雄气概和复杂心情表现得淋漓尽致；《状元谱》中的陈大官属穷生应工，全剧始终拖着鞋皮，演到打侄时，为表现陈大官的惊恐和遭责打的痛楚，他用了“爬虎”、“钻被窝”、“滚背”等一系列跌扑动作而鞋子始终不掉。40岁以后即息影舞台，以课子授徒为业。常云恒、毛韵珂、毛燕秋、小杨月楼、杨小佩等均拜于门下，杨小楼、李万春之《夜奔》、盖叫天之《乾坤圈》亦系牛所传授。此外，赵如泉、郑法祥、王虎辰均曾向其问艺。子鑫泉（小山）、女桂芬、孙富贵均系京剧演员，富贵拜郑法祥为师，艺名“小小活猴”，也有名于世。（黄菊盛）

Niu Biao

钮镖 （1933～　） 京剧研究家、教育家。京剧演员出身，工文丑。曾用名钮雄骠，字捷之。北平（今北京）人。满族。1948年入四维儿童戏剧学校学京剧表演，1950年转入文化部戏曲改进局戏曲实验学校（后为中国戏曲学校）。

先工老旦，师从时青山、刘子元；后习文丑，师从萧长华、高富远、萧盛萱、王传淞、华传浩，并得到王瑶卿、雷喜福、沈三玉、钱富川等指授。能戏有《群英会》、《审头刺汤》、《乌龙院》、《连升店》、《女起解》、《选元戎》、《棋盘山》、《能仁寺》(饰赛西施)、《六月雪》(饰禁婆）和昆曲戏《醉皂》、《扫秦》、《十五贯》，兼能老旦戏。又从周贻白、黄芝冈、李紫贵等进修戏剧史论及表导演课程。1956年毕业，留校任教。1962年又毕业于红旗夜大学中文系，并从吴小如攻古典文学。20世纪60年代主编京剧剧目教材40余种及《萧长华演出剧本选集》，有改编的京剧《牛郎织女》、《武则天》、《洪母骂畴》等剧本上演。80年代以来，参与编撰的书籍有：《萧长华戏曲谈丛》、《萧长华艺术评论集》、《京剧选编》20集、《京剧知识词典》、《中国大百科全书·戏曲曲艺》、《满族现代文学家艺术家传略》、《十大名伶·杨小楼》、《名家论名剧·论〈连升店〉》、《中国昆曲艺术》、《中国戏曲志·北京卷》、《中国京剧史》等。主编《戏曲艺术》季刊50余期。主演戏曲电视片《连升店》。曾出访联邦德国及赴中国台湾地区讲学，并为日、德、法、英、韩、瑞士等国留学生授课。经常在中央及省市电视台、广播电台播讲京剧知识。曾任中国戏曲学院副院长，离休后继续从事戏曲研究及教学工作。（晓晴）

《贵妃醉酒》饰高力士

O

Ouyang Yuqian

欧阳予倩（1889～1961） 戏剧教育家、理论家、作家、导演、演员。原名欧阳立袁，号南杰，艺名莲笙、兰客，笔名春柳、桃花不疑庵主。湖南浏阳人。出身书香世家。祖父欧阳中鹄是王船山学派的著名学者，曾任桂林知府。欧阳予倩自幼师从唐才常，12岁随祖父至北京求学，次年回乡，入长沙经正中学。1902年赴日本，入成城中学，1905年毕业回国。翌年，与刘韵秋（向秋）结婚，仅数月又东渡日本，先后在明治大学商科、早稻田大学文科学习。1907年参加了中国留日学生组织的话剧团体春柳社，演出反抗民族歧视的《黑奴吁天录》。1909年主演《热血》（《热泪》），饰女优杜司卡，名声大噪，奠定了他在中国早期话剧剧坛的地位。一生创作、改编话剧、电影剧本60余部。

《阎瑞生》饰王莲英

《家庭恩怨记》饰小桃红

《打渔杀家》饰萧桂英（后）刘汉臣饰萧恩

他多才多艺，话剧之外尤擅戏曲。1912年起，师从筱喜禄（陈祥云）、江紫尘（江梦花）学青衣，试演《彩楼配》，年底又演了《宇宙锋》。1913年在上海丹桂第一台连演三天，第一天打炮戏《玉堂春》获极大成功，促使他决心下海搭班，很快离开了春柳社，成为职业京剧演员。他转益多师，从林绍琴、克秀山、李紫仙、汤双凤、周福喜学青衣、刀马、花旦戏，又得薛瑶卿传授十几出昆曲戏，还不断受吴彩霞、梅兰芳、贾璧云诸家影响，打下了坚实的基础。由于他天赋嗓音极佳，文学素养又高，深得京剧表演的真髓，自编自排自演了许多新剧目。最具特色的是风靡一时的"红楼戏"，且多数在舞台上配置了迥异于传统"守旧"的灯光布景。这一时期，欧阳予倩新编演的红楼剧目有《黛玉葬花》（1915，与张冥飞、杨尘因合编）、《宝蟾送酒》（1915）、《馒头庵》（1916）、《晴雯补裘》（1917，与张冥飞合编）、《黛玉焚稿》（1917）、《鸳鸯剑》（1913，话剧剧本，后改京剧）、《王熙凤大闹宁国府》（1914，先演新剧，后改京剧）、《鸳鸯剪发》、《摔玉请罪》。此外，改编、新编的聊斋戏、水浒戏、历史剧和地方戏有《晚霞》、《青梅》、《嫦娥》、《仇大娘》、《申屠氏》、《卧薪尝胆》、《人面桃花》、《杨贵妃》、《百花献寿》（与张冥飞合编）、《最后知侬心》、《龙凤环》（根据绍兴文戏《龙凤锁》改编）、《软玉屏》、《是恩是爱》（又名《韩宝英》）、《潘金莲》等。他还编演了时装京剧《哀鸿泪》、《莲英惊梦》、《家庭恩怨记》（京剧版）等。他通过不懈的艺术实践，对京剧的表演、导演以及编剧、音乐、舞台术美都做了全方位的改革探索，积累了可贵的经验。一时声

《潘金莲》饰潘金莲（右）周信芳饰武松

为中国京剧院导演《人面桃花》时与高玉倩（右一）、汪世玉（左一）合影

名鹊起，有“南欧北梅”之誉。至于他上演的传统剧目，无论京剧、昆曲戏中的正旦、刀马、花旦脚色更是众美兼擅。在15年的职业京剧生涯中，他编演剧目达100出左右。之后，由他编剧、导演的京剧作品还有《荆轲》、《梁红玉》、《桃花扇》、《孔雀东南飞》以及改编的《玉堂春》、《渔夫恨》等。作为京剧演员，在舞台上塑造了众多女性艺术形象，如多愁善感的林黛玉，调谑恣肆的宝蟾，刚烈豪爽的尤三姐，阴狠泼辣的王熙凤，都给观众留下深刻的印象。他的作品大都具有浓烈的反封建色彩，主题鲜明，人物性格突出，在思想性及艺术处理上都有革新与创造。他善于博采众长，又有独创精神，自成一派，影响深远。他的导演风格细腻、严谨，吸收了话剧的某些特点，丰富了戏曲的表现手段。

1919年，他应张謇之邀，主办南通伶工学社，明确提出要造就戏剧改革人才的办学方针，进行了一系列具体改革措施，为戏曲教育事业开拓了新路。1929年又主办了广东戏剧研究所，培养了一批戏剧表演及音乐、文学人才。中华人民共和国成立后，他任中央戏剧学院院长，提倡戏曲和话剧互相借鉴，融会贯通，创造中国民族的演剧体系，为话剧表演、导演、文学、舞台美术创

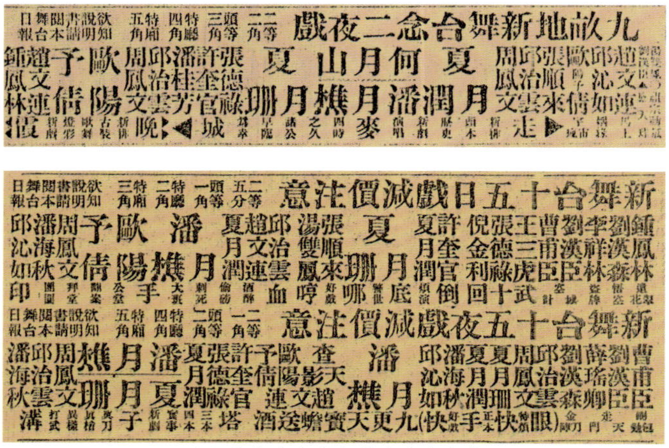

欧阳予倩在上海新舞台演出广告
（1918年3月4日、3月27日《申报》）

作队伍输送了大批生力军。在他主持下建立了中央戏剧学院实验剧场及中央戏剧学院实验话剧院，兼任话剧院院长，为提高话剧艺术水平作出了贡献。

他长期致力理论研究，总结戏曲艺术规律，论著有《自我演戏以来》、《民族剧之研究》、《动的艺术》、《戏剧改革之理论与实际》、《戏剧运动的今后》等。论文集《一得余抄》之外，译有《西洋歌剧谈》、《法兰西的歌剧》、《德国的歌剧》、《现代法国剧坛之趋势》等。另有《欧阳予倩文集》及《欧阳予倩论文选》出版。1990年出版有6卷本《欧阳予倩全集》。

中华人民共和国成立后，历任中国戏剧家协会副主席、中国文学艺术界联合会副主席。

（陈丁沙）

Ouyang Yuqian Xiju Lunwen Ji

《欧阳予倩戏剧论文集》 戏剧文集。欧阳予倩著。上海文艺出版社1984年1月出版。全书汇集了欧阳予倩所著《予倩论剧》、《一得余抄》和《自我演戏以来》等书中的部分论文，以及作者20世纪50年代在中央戏剧学院、中央实验话剧院讲课的讲稿等共27篇，由作者的女儿欧阳敬如编辑。全书包括有关传统戏曲的研究，当

代话剧的研究和对某些戏曲表演艺术家和作品的评论等三方面内容，对传统戏曲的研究是其主要部分。其中的《中国戏曲研究资料初辑序言》、《话剧、新歌剧与中国戏剧艺术传统》、《京戏一知谈》等篇，系统论述了戏曲艺术的起源、形成及其流变，戏曲的基本艺术特征和价值，区分了戏曲中的精华和糟粕，介绍了元杂剧、明传奇和清代地方戏，分析了弋阳腔、昆山腔、梆子腔和皮簧腔的特点。作者结合自己演京剧的切身体验，论述了京剧的形成过程、剧种特色，并对京戏剧目、音乐唱腔、乐器、服装、布景等做了介绍和剖析。同时指出京剧产生于北京，受到宫廷影响，偏重于形式的发展，因之日益趋向于纤巧，脱离生活和观众。流传到上海后，出现了商业化倾向，又随商品流通而传播到全国各地。作者还提出，“京剧发扬光大的路，就是要善于运用它的技术积累，着重体现生活的真实”，“在今天必须大力发扬它的现实主义传统”，在传统的基础上进行改革，表现现代生活。又指出，“为京戏的将来设想，保守之为害，并不亚于粗暴”。颇多精辟见解。以《真正的演员——美的创造者》为题，全面评价了梅兰芳一生的杰出贡献。对荀慧生、盖叫天的表演艺术也做了评论。还对话剧《关汉卿》、川剧《打神告庙》、昆曲《十五贯》、《长生殿》、《红霞》等剧的演出做了评论。本书对研究传统戏曲，尤其是京戏的改革和发展，具有重要的理论价值。

（吴毓华）

Ouyang Yuqian Yanjiu Ziliao

《欧阳予倩研究资料》 史料集。苏关鑫编辑。“中国现代作家作品研究资料丛书”之一。中国戏剧出版社1989年1月出版。此书力求真实地搜集和整理戏剧家欧阳予倩一生从事戏剧活动和著述的情况，并着重他在戏剧创作和理论方面的建树，同时包括各个年代有关人士对他的研究和评论。全书分为5部分：第一部分，“欧阳予倩传略与年表”。第二部分，“欧阳予倩生平与文学戏剧活动”。包括欧阳予倩的3部专著：《自我演戏以来》（存目）、《电影半路出家记》（存目）、《我自排自演的京戏》，以及田汉、李伯钊、

瞿白音等人在20世纪40年代及60年代所写的8篇评论欧阳氏戏剧活动的文章。第三部分，“欧阳予倩创作自述及其主张”。包括自20世纪20年代到中华人民共和国成立后，欧阳氏为《潘金莲》、《清明时节》、《忠王李秀成》、《欧阳予倩剧作选》、《桃花扇》、《黑奴恨》等10部自己的作品的创作构思、演出和修改情况所写的前言和附记，以及《戏剧改革之理论与实际》、《怎样完成我们的戏剧运动》、《民众剧的

研究》、《中国艺术界的救贫运动》、《戏剧之布帛菽粟化》、《予之戏剧改良观》、《二黄戏改革的可能性》、《关于旧剧的改革》、《改革旧戏的步骤》等17篇戏剧论文。其中强调要推进平民戏剧、戏剧改革，“戏剧是群众面前的艺术”，“决没有个人欣赏的戏剧”，戏剧要“替民众喊叫，使民众自觉”；又指出历史戏“究竟是戏不是历史”，“要注重戏剧的部分，注重舞台上效果，要使全部戏剧化”，历史戏反映现实“就是要使观众因过去的事迹联想到目前的情况”；且认为“我们为生活，同时也为艺术，决不能为生活而忘了艺术”。这些见解都是针对不同时期戏剧存在的问题而发，切中肯綮。还从京剧的发展变迁，京剧和昆曲在艺术上的比较，分析了京剧在京城得以发展壮大的原因，以及京剧在变化发展中的得和失，因而认为京剧“改革是可能的”，“要大声疾呼的加以改革”；并就京戏作为歌舞戏的艺术特征，提出“拿写实的眼光来批评中国旧戏是根本错误”的。所论皆有很强的针对性。第四部分，“关于欧阳予倩的评论”。包括易庸、田汉、绀弩、钟惦棐、孙维世等人在20世纪40年代和中华人民共和国成立后所写的评论欧阳予倩的创作和论著的文章13篇。第五部分，“资料目录索引”。包括编者编写的“欧阳予倩著译系年目录”、“欧阳予倩著作书目”和“欧阳予倩评论文章目录索引”等3个专题性资料。此书不仅是研究欧阳予倩和现代戏剧史的重要资料书，而且具有重要的理论价值和现实意义。　（吴毓华）

Ouhongshi lianpu jicang

偶虹室脸谱集藏　戏曲文献。翁偶虹搜集摹绘。1954年由中国戏曲研究院购得，现藏中国艺术研究院图书馆。作品绘成于20世纪三四十年代，从未结集出版。收录内容包括清朝末年至民国初年内廷演剧机构和京剧、昆弋、晋剧、梆子等民间戏班所用脸谱，其中有不少名家谱式，有些脸谱的演出剧目已失传，尤显珍贵。作者在搜集摹绘这批脸谱的同时，曾撰写文章对其中一些谱式作过分析和介绍，文章刊载于20世纪三四十年代的《立言画刊》和《三六九画报》等刊物上。偶虹室脸谱集藏作品共770帧，分为以下5种：

《偶虹室戏剧脸谱》。一函，册页式，计50帧。所用稿纸为绵纸，印有红色双线版框和题款。版框高18厘米，宽12厘米。版框外右侧上方题“昇平署秘传脸谱”，左侧下方题“偶虹室戏剧图案室摹绘”。脸谱高约5厘米，宽约3.6厘米，工笔设色，位于稿纸上方。脸谱右下方用墨笔分两行书写角色名和剧名。此集所收脸谱，均为清朝内廷演剧所用，以京剧为主，也有昆弋、梆子等剧种的脸谱，如《断密涧》李密、《刺虎》卞庄、《探獐山》侯霸、《昙花记》洪判、《飞虎山》李克用、《洞庭湖》杨么、《黄泉记》骷髅精、《黑风观》玄化道人、《五寿图》达摩老祖、《下书》惠明、《战芒山》徐虎、《太平桥》朱温、《铁旗阵》呼律海、《大破孟州》丑姑、《子午寺》半脸和尚、《坐化》鲁智深、《穆柯寨》孟良、《九花洞》假天师、《幽界寻亲》阎王等。其中人物脸谱30余个，其他为僧道神怪脸谱。

《偶虹室脸谱集珍》。一册一函，计100帧，经折装，木护封，首尾钤“翁偶虹印”。版框高约20.5厘米，宽约15厘米，四周用磁青洒金宣纸装裱。脸谱用工笔设色，高约6.5厘米，宽约4.8厘米，位于版面中央，其右上方用墨笔书写角色名和剧名。所收脸谱以京剧为主，也有昆曲、秦腔、晋剧脸谱。其中包括《春秋笔》檀道济、《将相合》廉颇、《渑池会》秦襄王、《摘缨会》先蔑、《桃花村》周通、《白水滩》夏副将、《精忠传》关铃、《牛头山》金蝉子、《状元印》常遇春、《大红袍》严世蕃、《黄一刀》姚刚、《九莲灯》阴阳判官、《琼林宴》煞神，以及《忠义堂》陈达、童猛、李衮、皇甫端等11人的脸谱，《四梦记》财魔、白日偷、黑日偷的脸谱，《芦花荡》、《回荆州》、《打曹豹》、《博望坡》、《黄鹤楼》5个剧目中的张飞脸谱，京剧《金沙滩》、晋剧《砸木笼》两剧的杨七郎脸谱，《穆柯寨》、《白虎堂》两剧的焦赞脸谱，《白良关》尉迟宝林的5种脸谱，《峰剑春秋》王翦的4种脸谱，《龙虎斗》呼延赞的2种脸谱。此外，《生辰纲》、

《偶虹室脸谱集珍》选例

《将相和》廉颇

《桃花村》周通

李逵（黄润甫谱）

李逵（侯喜瑞谱）

李逵（金少山谱）

《忠义堂》童猛

《忠义堂》郝思文

《生辰纲》杨志

《祝家庄》孙新

《荡寇志》宋江

（中国艺术研究院藏）

《曾头市》、《打三庄》、《祝家庄》、《夜奔》等水浒戏脸谱占一定比例，其中李逵的脸谱，有金少山、黄润甫、侯喜瑞的各1种，晋剧的2种。《荡寇志》中宋江被勾成丑脚，极为奇特。

《偶虹室藏花雅五十丑扮相谱》。一册一函，计50帧，经折装，木护封，首尾钤“翁偶虹印”。版框高约20.6厘米，宽15.3厘米，四周用磁青洒金宣纸装裱。扮相谱包括脸谱和上半身服饰，高约7.8厘米，宽约6.5厘米，工笔设色，位于版面的中下方。右上方用墨笔书写角色名称和剧目名称。所收脸谱包括京剧、昆曲、梆子等剧种丑脚脸谱，如《南柯记》丑驸马、《宝剑记》高世德、《桃花扇》柳敬亭、《精忠记》疯僧、《大红袍》鄢富、《探亲家》傻小子、《赤龙须》张鬼熟、《梅玉配》杨先生、《银盆记》马回回、《送穷记》穷神、《草木春秋》黑山药、《小雷音》猿僧、《寿荣华》杜有用等。

《偶虹室秘藏脸谱四集》。四函，册页式，计400帧。第一、第二集函套有吴幻荪题签，第三、第四集有叶仰曦题签。每页A、B两面对折。版框高约21.5厘米，宽约12.8厘米。每集100帧，首尾页钤“翁偶虹印”。第一、第二集版框四周用浅蓝宣纸装裱，A面题剧名和角色名，有的还附一行短语加以注释；第三、第四集版框四周用磁青洒银宣纸装裱，A面题剧名、角色名或短语。第一至第四集的B面是脸谱。脸谱高约6.5厘米，宽约4.5厘米，工笔设色，位于版面的中下部。收录的脸谱有清内廷独用谱，如《宝德宫》太极菩萨、《降四魔》酒魔、《收四魔》气魔、《水晶宫》鲛怪、《绿云记》莲花仙女、《云崩山》山神、《旋风山》蓝月和尚、《盗天书》蛋子和尚、《刺逆》猪儿、《太阴朝元》昴日鸡、《梅花观》梅花道人、《医判》判官等；清内廷勾用谱，如《取金陵》胡大海、《草桥关》姚期、《九花洞》老天师、《青石山》狐狸嘴子、《阴回朝》闻仲、《焚宫》项羽、《战渭南》许褚、《蜃中楼》水判官、《混元盒》狼精等；收录的京剧名家脸谱有金秀山《捉放》曹操，裘桂仙《斩黄袍》郑子明、《双带箭》李密，黄润甫《五人义》颜佩韦，何桂山《取洛阳》马武、《神示》火判、《激孟良》孟良、《长亭》申包胥，杨小楼《晋阳宫》李玄霸，金少山《取洛阳》马武、《鱼肠剑》姬僚等谱式。其他还有老昆弋班谱式和昆弋名家侯益隆、唐益贵、郝振基、侯永奎、刘兆兰、崔连和所用谱式，以及老梆子班的旧用脸谱和梆子戏名家马武黑、李荣黑、说书红、庆四、大狮子黑、延章黑、牛头黑、徐良黑、吃瓜黑、杜占奎所用谱式。此外，还有根据清末著名画师沈容圃画稿摹绘的《忠义堂》焦挺脸谱。

《偶虹室藏〈武王伐纣〉脸谱集》。一册一函，计170帧，经折装，木护封，首尾页钤“翁偶虹印”。版框高约20厘米，宽约15厘米，四周用磁青洒金宣纸装裱。脸谱高约6.7厘米，宽约4.5厘米，工笔设色，位于版面的中部。其右上方用墨笔书写角色名。收录人物脸谱40余帧，如纣王、闻仲、李靖、蒋雄、邓九公等，僧道神怪脸谱120余帧，如燃灯古佛、通天教主、金光圣母、老猿怪、猪怪、羊怪、蜈蚣怪等。所收脸谱中，申公豹的脸谱分昆谱、黄谱、秦谱3种，马善脸谱分昆谱、秦谱2种。（刘效民）

paijing paiguang
排景排光 见合成。

Pan Jingfu
潘镜芙 (1875～1928) 京剧作家。本名潘志蓉，以字行。江苏吴县（今苏州吴中区、相城区）人。民国初年，曾在教育部下设的通俗教育研究会任编剧。所编剧本数量不详，据现有资料统计，有《醉遣重耳》、《哭秦庭》、《木兰从军》、《缇萦救父》、《长葛狱》、《郭汾阳单骑见回纥》、《焚台计》、《窃符救赵》、《谋产奇闻》、《孤注功》、《金牛山》等，大部分有通俗教育研究会油印本传世。《醉遣重耳》又名《重义轻别》，取材《左传》中齐姜与晋重耳故事，1921年2月28日由崇雅社初演于新明戏院，金少梅饰齐姜，李伯涛饰重耳。潘镜芙生性好佛，曾拜净土宗兴慈和尚为师，法名净源。晚年重看年轻时所作的《金牛山》剧本（失传，内容不详），认为关目“淫杀太甚”，因此“请于当路，禁止演唱”。一个朋友要以潘金莲为题材编剧，在潘镜芙极力劝阻下罢手。他虽然相信佛教，但从不在剧本中涉及天堂地狱，为鬼神铺张。他和王瑶卿等京剧演员和票友交往甚密，在剧本编写过程中，常常向他们请教之后才下笔。他根据长葛旧闻编写的《长葛狱》，就是在一个票友协助下写成的。剧中女主人公瑶华，是取王瑶卿、梅畹华（兰芳）名中各一字而成。该剧曾由一坤班排演，但改皮簧为梆子演唱。他编剧多据正史，不愿按演义一类的故事去写，如交俞振庭的《郭汾阳单骑见回纥》即是，因故事呆板冗长，关目重复，仅［急三枪］一个曲牌就用了11次之多，所以斌庆社学员只演一次就作罢。但也有例外，如《孤注功》中，杨延昭、刘金定等人物均于史无征。由于他熟读诸如《法苑珠林》等佛教书籍，因此，一些新编的与佛教有关的京剧作品虽不是出自他的手笔，却极有可能是由他提供素材。有人认为梅兰芳的《童女斩蛇》就属于这一类。此外，他还和陈墨香合写了小说《梨园外史》，记载了许多梨园掌故。 （张燕鹰）

Pan Lieshi Tou Hai
《潘烈士投海》 京剧作品。时装新戏。作者白云词人。作于1905年底，有《小说七日报》和改良戏曲社刊本，封面标“立宪预备，改良社会新戏《潘烈士投海》”，《晚清文学丛钞·说唱文学卷》（中华书局1960年出版）收录。该剧共4本。直隶通州（今北京通州区）志士潘英伯留学日本。途经上海，应商会邀请演讲。到日本后，往拜留学生陈天华，谈起国事，悲愤填膺。清政府下令留学生回国。陈天华痛心疾首，愤而投海。潘英伯途经仁川，闻讯后，写下遗书一封，条陈14条，亦投海身亡。潘英伯利用一切机会指斥清末社会的各种弊病、陋习，鼓吹政治及社会改良；当理想不能实现时，便愤而投海，以唤起国民的觉醒，表现了强烈的爱国主义精神。全剧在激越和悲壮氛围中进行，具有浓厚的悲剧色彩，剧中人有大段的演说词，唱词也带有明显的宣教成分，显然受早期话剧的影响。当时，北京、上海、天津等地争相演出。清光绪三十二年（1906）三月上旬，

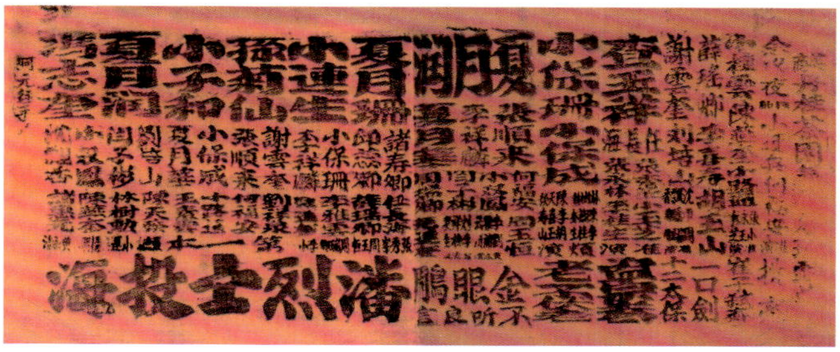

清光绪三十二年七月二十九日（1906年9月17日）丹桂茶园演出《潘烈士投海》戏单 （龚和德藏）

田际云等在北京演出《惠兴女士》时，票友乔荩臣曾自编自演了潘烈士投海事（见景孤血《三十年前北京妇女医学会义务戏传单》、《由四大徽班时代开始到解放前的京剧编演新戏概况》）。同年七月二十三日（1906年9月11日），上海丹桂茶园首演第一本《潘烈士投海》，小连生（潘月樵）饰潘烈士，“演来慷慨激昂，声泪俱下”（高梨痕《忆京戏革命先驱夏氏兄弟》），参演者还有孙菊仙、小子和（冯子和）、夏月珊、夏月润、冯志奎等。全剧共七本。后丹桂茶园全班移至新舞台也多次上演。在天津，严范荪、李琴湘于1907年前后也编了一本《潘公投海》，邀上海王鸿寿北上演出。以上诸演出，是据白云词人本，或另立炉灶，由于没有可靠材料，已难断定。 （王卫民）

Pan Xiafeng

潘侠风 （1914～1993） 京剧研究家、剧作家。字寿恒。北京人。自幼喜爱京剧，并向骆连翔学习武花脸戏。组织票友剧社，取名群侠社，共20余人，行当齐全，经常在广和楼彩唱大戏，并借用富连成社科班的学生助演。他在《白水滩》中饰青面虎，工架优美、开打利落。中学毕业后，在北平、天津创办戏曲报刊《游艺画刊》、《国风画报》、《游艺报》等，任主编。1937年主编《旧剧集成》16集。1952年任宝文堂书局剧本编审负责人。1957年起参与编辑《京剧汇编》，至1965年共搜集、整理老京剧剧本400多种。此间还改编京剧剧本《一箭和》、《义狐传》、《三侠五义》等。1959年记录整理出版了京剧名家钱宝森的谈艺录《京剧表演艺术杂谈》。1978年退休后应北京京剧院之邀，先后编写剧本《溜须老店》、《鉴湖女侠》、《侠骨柔情》等，由吴素秋、姜铁麟、李世英首演。晚年撰写的《京剧艺术问答》一书，分设京剧史料、表演艺术、脸谱、戏衣、盔头、道具、梨园术语等项，以问答方式作出解释，1987年由文化艺术出版社出版。后又由世界知识出版社以英文版 *THE STAGECRAFT OF PEKING OPERA*（《京剧艺术欣赏》）在海外发行。

《京剧艺术问答》
文化艺术出版社1987年版封面

（常立胜）

Pan Yueqiao

潘月樵 （1870～1928） 演员。工老生。清同治九年五月十五日（1870年6月13日）生。祖籍江苏扬州，生长于北方。实龄6岁丧父，托身伶界。初学梆子，8岁登台，以小连生为艺名。约于光绪十一年（1885）到上海，在义锦茶园（天仙茶园分馆）唱梆子；光绪十二年（1886）十月转入天仙茶园演出，改唱皮簧，为文武老生，以《定军山》、《坐楼杀惜》等戏打炮。自此，在天仙长达19年（间有短期外出）。除演《九更天》、《虮蜡庙》、《一捧雪》、《节义廉明》、《伐子都》、《战长沙》等老戏外，还排演连台大戏300多本，其中以光绪十九年十月至二十年十一月（1893年12月～1894年12月）演出的《铁公鸡》最为轰动。此剧共12本，一年多时间中演出190多场。潘月樵饰张嘉祥，王鸿寿饰向荣。“沪人士正厌旧剧之陈腐，得此红顶马褂、满台飞舞之新戏，耳目一新，趋之恐后，而潘氏之名，由是大震。”（菊屏《三十年来上海戏剧变迁之一斑》，载1925年2月13日《申报》）其后又排出后部《铁公鸡》（又名《鲍超十三功》）及前部《铁公鸡》（又名《玉粒生香》）各若干本，风头都不如前。

光绪三十一年（1905）冬，应夏月珊昆仲之邀，进丹桂茶园。同台演员除夏氏兄弟外，还有孙菊仙、小子和（冯子和）、七盏灯

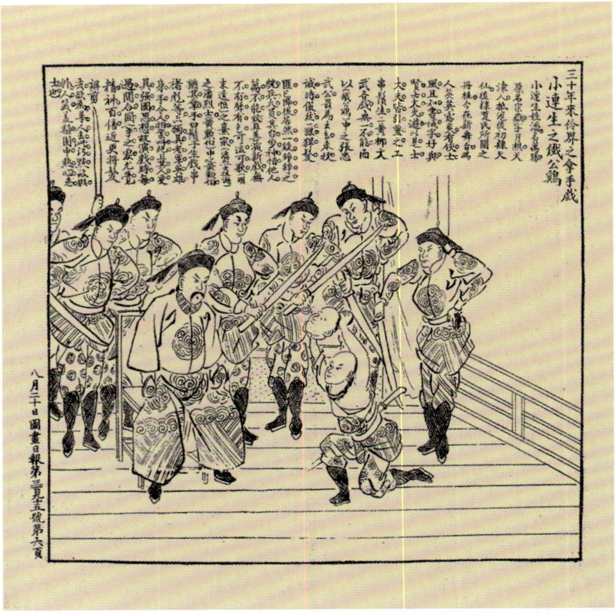

《小连生之〈铁公鸡〉》（选自清末上海《图画日报》）

（毛韵珂）等。先后演出时事新戏《潘烈士投海》、《爱国青年》、《惠兴女士》、《黄勋伯》、《黑籍冤魂》等。光绪三十三年（1907），上海南市商绅为振兴华界市面，拟在十六铺建一新式戏院，得到潘月樵、夏月珊支持。戏院名字，“或曰‘振市’，或曰‘兴市’，莫衷一是，月樵倡用‘新舞台’三字”（《潘月樵自传》）。该台于1908年10月26日开幕，中国戏院由旧式茶园改为新式剧场，即由此始。丹桂茶园原班人马迁入新舞台，夏月珊与潘月樵同为园主。潘在新舞台演出的新戏，以《新茶花》、《明末遗恨》、《拿破仑》、《波兰亡国惨》等最受欢迎。从丹桂茶园到新舞台，这一阶段的新戏，比之天仙茶园的《铁公鸡》，已有明显进步。《铁公鸡》据《平定粤匪纪略》改编，基本倾向是歌颂太平军叛将张嘉祥，为行将崩溃的清王朝张目。菊屏《清季沪上新剧之三派》云：“《铁公鸡》以清廷为正统，而洪杨为叛逆，是岂提倡新剧者之初志？”“潘派之剧，设以严格绳之，既不如汪（笑侬）剧之注重家国，又不如王（钟声）剧（早期话剧）之启发新知；三派之中，此为下乘。惟其情节之热闹，穿插之新奇，又为三派之冠，因是反能独得观众之称许。”（1925年4月1日《申报》）迨至20世纪初，社会革命气氛已浓，戏曲改良呼声日高，潘月樵、夏月珊均为富有思想者，新戏之取材与倾向，自亦切近时势之需要。

潘氏热心社会活动，起步于在天仙茶园演出时。他看到班底多为来自苏、皖腹笥极宽的老伶工，恐技艺失传，建议园主赵锦华创办小金台科班，自任经理，招收京、津、苏学生60余名，经过一年多训练，于光绪三十年（1904）三月“择吉试演”（1904年5月11日《新闻报》）。这当是上海最早的京剧科班，为南派京剧培养了一批功底扎实、颇有影响的班底人才。潘月樵搭入丹桂不久，又与园主夏月珊发起在梨园公所开设榛苓学堂（后改名榛苓小学），给伶界子弟实行义务教

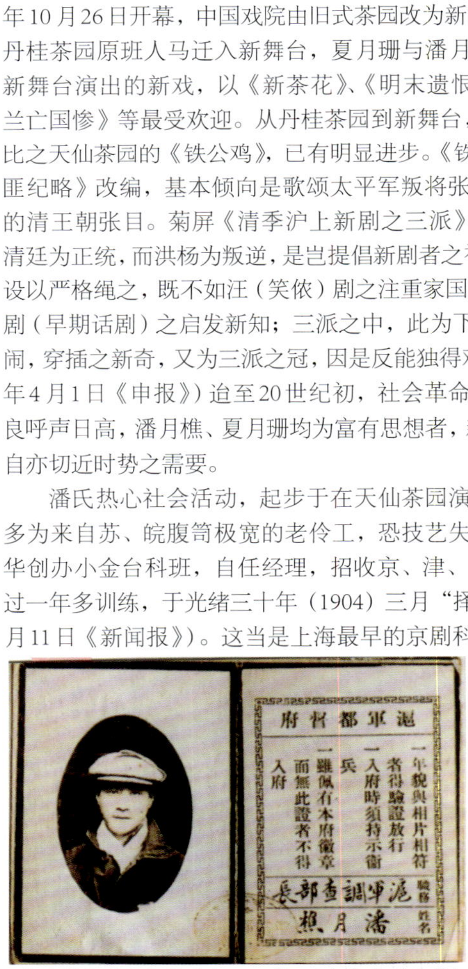

潘月樵在沪军都督府任职证件 （上海京剧院藏）

育，开学时间为光绪三十二年正月（1906年2月）。此外，还在苏州阊门外开办菁莪学校，专收贫家子弟，不取学费。两地学校初设时经费拮据，潘以演戏所得扶持之。在与夏月珊主持新舞台后，遴选同业有志之士，参加了由同盟会领导人宋教仁发起成立的中国商团，潘月樵为伶界商团负责人之一。武昌起义，上海同盟会响应，由陈其美率部于11月3日攻打江南制造局（清廷军火工厂），伶界商团参与战斗。胡恨生曾看见潘月樵骑马到南市毛家弄商团司令部报告战况，“他的装束很特别，黑布包头，身穿黑缎裤衣，耳边挂两条白彩绸，外罩黑斗篷，腰佩指挥刀，就像戏台上的太平军的装束一样”（梅兰芳《戏剧界参加辛亥革命的几件事》）。战斗中，他左足中弹，仍坚持到攻下制造局。上海光复后，陈其美任军政府都督，招募新兵，需饷甚巨，潘月樵与毛韵珂各捐千元，并为筹饷义演。是年，潘还为奉天蓝天蔚筹措饷械，助其起义。民国元年（1912）春，潘月樵由沪军都督府任命为调查部长，曾赴南京晋见临时大总统孙中山，“面禀拟倡办中华剧界共进会”（见潘月樵致沈缦云书），回上海后改名伶界联合会，于3月间获得批准。1913年1月，伶界联合会在九亩地新落成的会所召开正式成立大会。27日开选举会，到会代表600余人，潘当选为会长。未逾一月，又受汉粤川督办岑西林识拔，任铁路混成旅旅长，潘即脱离新舞台，赴湖北上任。不意湖北军队已为袁世凯笼络，潘知不可久留，且有足疾，遂回常熟（其妻常熟人）养病。袁世凯曾欲罗致潘月樵，因未得手而衔恨，适其沪上爪牙在伶联会所发现军火，疑潘参与“二次革命”，下令搜捕，幸有人送信，改装和尚逃脱。潘家产被抄，伶联会亦遭查封。后经上海、常熟两地绅董交涉剖白，始解除通缉，准予唱戏。

1914年4月，潘月樵回到上海后，先在丹桂第一台演出，广告称为“伶界第一伟人”。翌年重进新舞台（已是迁址九亩地，火后重建），演至1918年5月，又被岑西林招去，任西南总稽查长。此后忽伶忽官数年，屡次官场受挫后仍回上海唱戏。新舞台成员见其反复无常，多有厌恶者。然夏氏兄弟颇以公义私交为念，且潘为“可新可旧之须生”，还无人能承其乏，故每次归来都欢迎加入。而新舞台“自从迁到九亩地之后，渐渐的台上的变化少，表演粗滥，唱功更不注意，只剩有滑稽和机关布景在那里撑持”（欧阳予倩《自我演戏以来》第78页）。潘月樵后期参演的连台本戏中，最卖座的是侦探戏《就是我》、《看勿出》，以及由夏月珊主演的《济公活佛》之类，昔时关注社会变革的激情已经减退。比较有意义的是《徽钦二帝》，潘月樵先后扮演过耶律淳、李刚、韩世忠、李若水等角色。1927年，潘虽疾病缠身，仍坚持演出《群英会》、《坐楼杀惜》、《御碑亭》、《别寒窑》、《黑水国》等一批拿手戏。是年冬，夏月润带了新舞台的若干主要演员赴京演出于第一舞台。潘月樵则返回常熟，于1928年2月4日在常熟家中病逝。

潘月樵是新旧剧兼擅的老生演员。在新剧中，因受早期话剧的影响，注重议论说白，采用写实布景。欧阳予倩在回忆录中论及新舞台的新剧时说：“潘月樵的议论，夏月珊的讽刺，名旦冯子和、毛韵珂他们的新装、苏白，便成为一时无两。”（《自我演戏以来》）但是他即兴演说的做法，只适合在社会大变动中观众希望多知道一点新事实、多懂得一点新道理的时候，而一旦平静下来，仍满口议论反而使人厌倦。到欧阳予倩搭入新舞台时（1918），“潘月樵的言论也收了”（欧阳予倩《谈文明戏》）。新舞台是最早引进写实布景的，潘月樵把它看做是改良戏曲的一种“新法”，因而由他开始称传统的舞台装置门帘台帐为“守旧”（海上漱石生《上海戏园变迁志》），不仅新剧，包括若干旧剧都配上布景演出。如《海潮珠》，“房中铺设甚为精雅，应有尽有，遥望之几忘其为空中楼阁也。当

《明末遗恨》饰崇祯帝

时扮崔子之小连生，倘非和衣穿靴大踏步跨至床中，则自始至终，即不露一毫假扮形迹矣”（慕优生《海上梨园杂志》卷七）。可见这种布景只能“遥望”，一与演员动作接触，就露出“假扮形迹”了。当时只以视觉新奇号召观众，还考虑不到艺术上的和谐问题。

潘月樵最为人称道的是做工。他是唱梆子出身，有嫌其表演过火者，然“演急杀戏，世无其匹”，“如《九更天》中之马义，《一捧雪》中之莫成，《战蒲关》中之刘忠，《战宛城》中之张绣，《玉堂春》中之刘臬司，《九件衣》中之县尹，神情周到，入彀之至”（玄郎《沪伶演最相宜之角色》，载1912年10月2日《申报》）。《明末遗恨》是新舞台所编新戏中“最为聚精会神，有声有色”者，潘饰崇祯帝，“借饷时，扣门不应，惶急无措，冷嘲热骂，讥刺一般贪官污吏，意在言外；分宫时，逼周后，杀公主，语语酸心，淋漓尽致，一种呜咽之声悲惨之状，令人耳不忍闻目不忍睹；至太庙题诗，则沉郁苍凉，泪随声下；至万岁山（景山）自缢，出场一跌，即赤足散发，踯躅而前，此段演得万分悲痛，做工为全剧之冠”（吴下健儿《戏考·明末遗恨》，载1911年11月13日、14日《申报》）。有些配角戏，他“都能唱出好来”（朱瘦竹语），最有名的是《杀庙》韩琪扳左脚朝天镫磨刀，《三疑计》唐通跪步赔罪，《玉堂春》刘秉义对苏三的喝打，眼神、脸上、身段，处处是戏。潘嗓音甚沙，念白却响堂挂味，“间唱几段摇板或原板，亦颇娓娓动听，舌头虽大，未为病也”（豁公《哀梨室剧话》，《菊部丛刊·品菊余话》）。朱瘦竹称潘是清末民初“南派做工老生的首座”，“他以前的做工老生，讲究板板六十四，直顾直憹；他以后的做工老生，讲究脸上带戏，表情自然。他这个一代宗匠的功德，实是不朽”。“南边做工老生，嗓子不求其亮，反求其沙，也是他留下的例”。学潘月樵最像的是小孟七（鸿荣）、赵如泉（《南派做工老生的古今两宗匠》，载《半月剧刊》第1卷第1号，1936年7月）。周信芳有些戏亦受潘的影响，“特别是《战宛城》张绣，败阵飞头盔，阅兵耍令旗、摆纱帽翅，窥奸的瞪眼、逼脸，刺婶的咬牙、甩发、蹉步、抖枪和悲愤神色，无一不是以潘月樵为模本”（张古愚《梨园旧事二题》，载《上海戏曲史料荟萃》第3集）。

潘月樵“行年五十八岁”（实龄57）时作自传（载《半月剧刊》第1卷第2号，1936年8月出版）。其弟少棠，京剧演员。月樵有女惠陵，适粤东苏氏。有义子二人，潘海秋唱旦，潘鼎新唱生。（龚和德）

Panzhihua Shi Jingjutuan

攀枝花市京剧团　京剧演出团体。1975年11月12日，由攀枝花市歌舞团京剧队与四川省艺术学校京剧班学生组建而成。团长陈君普。1980年底，原雅安地区京剧团并入，演出力量进一步加强。主要演员有孙盛辅、李慧桐、吕慧春、王鸿春、范少康、高福春、张鹤、马子豪、吕铁光、何淑祥等。演出剧目有《杜鹃山》、《红灯照》、《沙家浜》、《红灯记》、《朱德过江》、《百花公主》、《深宫欲海》、《盘丝洞》等。1991年，送往天津艺术学校代培的41名学生毕业回团，他们经过7年严格训练，演艺技能均达到一定水准，如段晓羚、马翔飞、张健雄、高枫、王婕等，皆为优秀后继人才。随即以刚毕业的青年演员为主体，排出新编藏族神话剧《雪宝公

《雪宝公主》 段晓羚饰雪宝公主（左）
王金国饰雪山王 （段晓羚提供）

主》，于1992年底，参加在天津举行的全国京剧青年团队新剧目会演，获优秀剧目奖，董雯、程悦获编剧奖，谢平安、查丽芳获优秀导演奖，陆松龄获作曲奖，潘天祥获舞台设计奖，赵志珍获服装设计奖，饰雪宝公主的段晓羚获优秀表演奖，饰卓玛的王霞、饰达戈的马翔飞均获表演奖。1993年，段晓羚获“四川省十佳演员”称号。其后，剧团又陆续排演《英雄在我身边》、《虎门销烟》、小品《派出所的故事》、据话剧《父亲》移植改编的《老杨这家子》等，在省内获得“五个一工程”奖等多种奖励。1998年8月，四川省举办中青年生、净演员比赛，马翔飞《打金砖》获一等奖，张健雄《失印救火》、杜建川《拿高登》、黄德云《打酒馆》均获二等奖。剧团经常上演的剧目还有《锁麟囊》、《金山寺》、《八仙过海》、《醒醉记》、《状元媒》、《玉堂春》、《霸王别姬》、《贵妃醉酒》、《挑华车》、《秦香莲》、《徐九经升官记》等。2001年该团被文化部评为全国文化工作先进集体。2007年11月，攀枝花市京剧团与攀枝花市其他市属专业剧团整合组建成**攀枝花艺术剧院**。

（孙跃）

Pansidong

《盘丝洞》 京剧作品。取材于小说《西游记》第72回、第73回。故事为唐僧取经途中，被蜘蛛精月霞仙子擒至盘丝洞，逼其成亲。孙悟空救走唐僧，月霞请来金头仙战败悟空；悟空求得昴日星官，现出鸡形，将蜘蛛精、蜈蚣精尽行啄死。罗瘿公《菊部丛谭》中说：“《盘丝洞》一剧，以梅巧玲为最擅长。樊山翁曾观之。其后杨小朵亦演之，他人不敢演也。盖是剧作露体装，非雪白丰肌不能肖耳。”清光绪元年（1875），上海金桂轩茶园开始演出此剧。原唱吹腔，1923年、1925年，荀慧生改为皮簧，公演于上海。其弟子李玉茹、童芷苓亦常演此剧。雪艳琴、宋德珠等亦工此戏。因以出浴袒露招徕观众，20世纪50年代后几绝响舞台。原小说中的女妖全都美丽、清纯、可爱，只以蛛丝纠缠、防御，并不伤害唐僧师徒性命，与其他妖精恶魔大不相同。吴承恩意在通过这个故事点出“七情迷本”，以省世人。而所有的《盘丝洞》改编本似乎均忽略了这一点，突出强调了善恶的主题和神怪色彩。

荀慧生饰月霞仙子

1984年起，上海京剧院重新改编上演，亦有两种版本。先由董绍瑜、王祖鸿编撰，1984年9月、1985年10月分别公演于大舞台和共舞台。此本以蜘蛛精与蚕仙姑正邪两方争斗为情节主体，摒弃原剧之糟粕，发挥了方小亚、赵国华的出手武功，甚得观众欢迎。1986年起，由黎中城改编，打破原有各种版本的框架，重新构思，另辟蹊径，糅合小说中有关盘丝洞、女儿国、琵琶精的情节，加强技艺性、文学性和观赏性，突出神话色彩与海派风格，配合以魔术、机关布景、歌舞技巧，成为保留剧目。1987年2月、1992年9月两次赴香港演出，获得盛誉。1991年初，被选进京参加全国纪念徽班进京200周年演出，获文化部文华剧目奖。主演方小亚（饰蜘蛛精）因演此剧获文华表演奖、上海白玉兰戏剧表演艺术奖主角奖。赵国华（饰孙悟空）获上海文学艺术中年演员奖。导演马科获文华导演奖，吴明耀、徐福德、张惠康、孙耀生、翁丽君、徐平平、景万玉等获文华舞台美术奖。1997年，上海京剧院携此剧到日本十几个城市展演，受到日本观众热烈欢迎。此剧演出已超过700场，参与主演的青年演员有史依弘、熊明霞、冯蕴（饰蜘蛛精）、严庆谷（饰孙悟空）等。为适应海外演出，又名《**孙悟空大战盘丝洞**》。2009年10月此剧获文化部首次颁发的全国优秀保留剧目奖。

方小亚饰女儿国王（蜘蛛精化身，左）
缪斌饰唐僧

（蔡世成 骆正）

pang'ao

胖袄 塑形内衣。形如坎肩，长及腹，肩略宽出，斜襟，前胸与后背两扇在肩头相连，穿上后用腰间布带束紧。白布制作，中实棉絮，厚薄不等。尤以花脸所用，实棉最厚，故戏班有“热不死的花脸”一语。胖袄在明代为军中之服，“长齐膝，窄袖，内实以棉花”(《明史·舆服志》)，衬在军服内，以壮军容。戏班沿用此名。戏曲演员重视塑形由来已久，而见诸记载者，较早为清代康熙年间昆剧名净陈明智。陈为“村优”，“形眇小”，经常在农村草台演出，以束“帛抱肚”于腹部和脚穿“下厚二寸余”的靴子，来弥补自身形体条件之不足。他把这两种塑形物件藏于布囊，随身携带，以备临时搭班演出。由于演技卓绝，曾就聘于苏州寒香班，后被选入南府，充当内廷昆剧教习20年。事见清代焦循《剧说》卷六引史承谦《菊庄新话》中王载扬《书陈优事》一文。类此扎扮技巧，可能由民间流入宫廷演剧机构，经改进而成惯例，再影响于民间戏班，三衣箱中遂有胖袄之设。胖袄穿于戏衣与水衣之间，虽为内衬之服，然作用于舞台形象的完美，关系不小，其宽窄厚薄的设计制作，亦为精于装扮的演员、箱倌所关注。胖袄依据行当、角色与演员形体，有大、中、小及女用之分。大胖袄的肩头特宽厚，近乎方形，适用于花脸演员，穿上后要能挑起宽大的蟒袍、开氅。中胖袄肩头呈圆弧形，适用于花脸所扮穿箭衣、扎靠的武角色。小胖袄肩头亦呈圆弧形，宽厚度递减，为武生、老生所穿。刀马旦扎靠，穿的女用胖袄，除肩头略厚外，其他部分如同夹衣。经过塑形，舞台形象更显魁伟、雄健，或饱满、英挺。胖袄还可用于特型人物，如水浒戏中武大郎，演员走矮步，用胖袄束于腹部，楦成大肚。也有外穿胖袄以替代衣箱中不设的棉坎肩，用于丑扮的下层人物，如《能仁寺》驴夫等。

（龚和德）

Pei Yanling

裴艳玲 （1947～ ） 女演员。工京剧及河北梆子武生兼老生。原名裴信。河北肃宁人。出身梨园家庭，父亲裴聚亭是京剧武生演员，继母袁喜珍是河北梆子旦行演员。她自幼随父母流动，

演出于河北、山东一带的县城乡镇，常年生活在剧团里，耳濡目染，深受熏陶，5岁即能登台演戏。初从乃父学武生戏《柴桑关》、《战马超》，老生戏《徐策跑城》等。父亲对她习艺要求极严，她也肯于勤修苦练。在深县（今河北深州）拜李崇帅为师，学习并演出了《伐东吴》、《闹天宫》、《四杰村》及《群英会》（前饰鲁肃，后饰周瑜）、《龙凤呈祥》（连演乔玄、鲁肃、周瑜三个角色），颇得观众赞赏。1959年，随束鹿京剧团到天津献艺，贴演了《金刀阵》、《水帘洞》、《闹天宫》、《弼马温》、《十八罗汉斗悟空》等猴儿戏，轰动津门。正当此时，河北省河北梆子青年跃进剧团组建就绪，调他父女参加新团，由

《夜奔》饰林冲

《钟馗》饰钟馗

此裴艳玲转为梆子演员。到天津后，又从崔盛斌学戏。1960年始由著名武生郭景春担任她的指导教师，亲授了《林冲夜奔》、《八大锤》、《石秀探庄》等剧。这年，她参演《宝莲灯》，饰沉香。又往北京拜在李少春门下，学了《闹天宫》一剧；并向侯永奎学了《林冲夜奔》。“文化大革命”期间传统戏遭到禁锢，她先后排演了《红色娘子军》、《杜鹃山》、《红灯照》、《洪湖赤卫队》等剧。1977年

《响九霄》饰田际云

后才又拾起搁置多年的传统戏，首先恢复了《林冲夜奔》，重演了《宝莲灯》，新排了改编的《南北合》及《哪吒闹海》、《钟馗》等剧。1985年9月，河北省河北梆子剧院一团进京参加国庆展演，她主演的《林冲夜奔》、《钟馗》、《南北合》、《哪吒闹海》，以其出色的表演，征服了首都观众。尤其是《夜奔》一剧，突出刻画了林冲在奔逃的路上，悲愤、焦急和“此身无可托”的复杂心绪，唱得满宫满调，曲曲传情，舞得干净利落，表做层次鲜明，把一折老戏演出了新意，赢得了行内外观众的一致称道。随后又赴上海、苏州、深圳、香港及丹麦、日本等国家演出，获得极大成功。先后拍过《宝莲灯》、《哪吒闹海》两部艺术影片和《人·鬼·情》故事影片。20世纪90年代，她回归京剧舞台，出任河北省京剧院裴艳玲剧团团长。2004年4月起任河北省京剧院院长。演出的传统戏有《武松》（饰武松）、《陆文龙》（饰陆登、陆文龙）、《闹天宫》（饰孙悟空）、《火烧连营》（一赶四饰黄忠、关兴、刘备、赵云），主演的新戏《响九霄》，在第五届中国京剧艺术节上获新编历史剧二等奖，她本人获特别荣誉表演奖。裴艳玲在做梆子演员时，曾两度获得梅花奖。2009年因在《响九霄》中成功饰演田际云，获梅花大奖，同年又因此剧获上海白玉兰戏剧表演艺术奖特殊贡献奖。2010年获得中国文化艺术政府奖文华表演奖。现任中国戏剧家协会副主席、中国文学艺术界联合会副主席。 （捷之）

pei

帔 京剧中上层社会人物通用的常服。昆剧称披风（见《扬州画舫录》卷五“江湖行头”）。直领对襟，宽身阔袖（带水袖），领式底端有飘带两根垂于胸前，左右胯下开衩。相对于蟒袍而言，“此为戏中次庄重之衣服，于平常聚会办事等时穿之”（齐如山《行头盔头》）。

帔正音读Pèi（配），京剧中俗读Pī（批）。其款式源于明代的褙子（一作背子），图见明代王圻《三才图会》。褙、帔音近，帔疑为褙之讹。清乾隆、嘉庆间宫廷戏衣即有男帔、女帔（见《中国大百科全书·戏曲曲艺》彩图第54页），领式一律直平，花绣繁密，生活服装的痕迹很重。演化至京剧中的帔，已成为艺术性很强的一种戏衣系列。男帔长及足，领端平。女帔长仅过膝，领端为如意头形。色彩、面料、纹样变化颇多。帔保持了古代长衣的宽身阔袖形制，穿此者具有身份感，然不同于蟒袍的封闭，以正中的两襟对开，直通上下，造成开合自由的宽松感觉，垂直线条修长流畅，缀以团花、折枝花等纹样，兼有华美与闲适的特点，适用于燕居场合。

帔的品种主要有：①对儿帔。专用于夫妻间，以男女帔色彩同一、纹样相同或相称，使夫妻关系得到明确体现。这是帔系列中的主要部分。黄色对帔用于帝王后妃，男帔绣十团龙，女帔绣十团凤，如《逍遥津》汉献帝与伏后、《打金砖》刘秀与郭妃。红帔绣团花，用于新婚及其他喜庆场合，如《奇双会》赵宠与李桂枝、《望江亭》的白士中与谭记儿。紫帔、蓝帔，绣团蝠、团鹤或团寿纹，寓福寿延年之意，多用于老年官员、中年官员、乡绅及其夫人，如《法场换子》徐策与徐夫人穿紫色对帔，《二堂舍子》刘彦昌与王桂英穿蓝色对帔，天青帔不绣花或绣白花，带有素服性质，用于《牧羊卷》朱春登、赵锦堂。其他还有秋香色、黑色对儿帔。对帔也可单独使用。②闺门帔。多用于未婚的大家闺秀。面料不用大缎而用较柔软的绉缎，纹样多以花卉为装饰主题，不用团花而用对称或均衡的折枝花，显得自然生动，衬托青春少女的秀雅娇媚。有粉红、白、水绿、天蓝、雪青等鲜艳柔和之色。如《游园惊梦》杜丽娘、《西厢记》崔莺莺等。女花帔之清雅者亦可用于端庄少妇。③老旦帔。用于老夫人。其领式底端平直同男帔，

清代宫廷戏衣 男帔
（选自《中国大百科全书·戏曲曲艺》）

帔图例

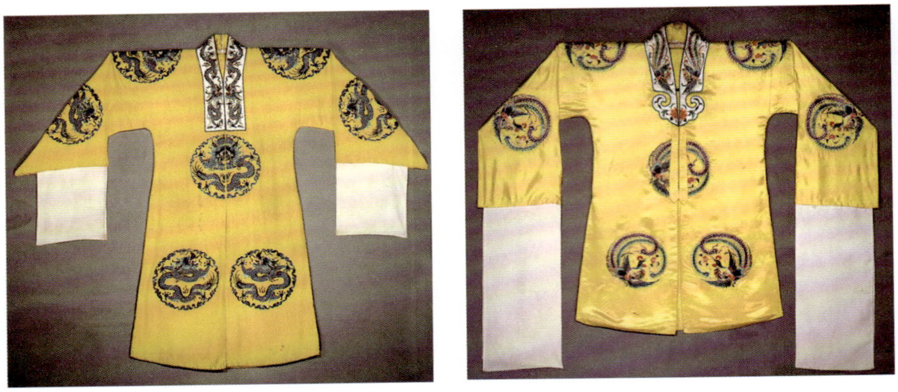

黄色团龙团凤对儿帔

闺门帔

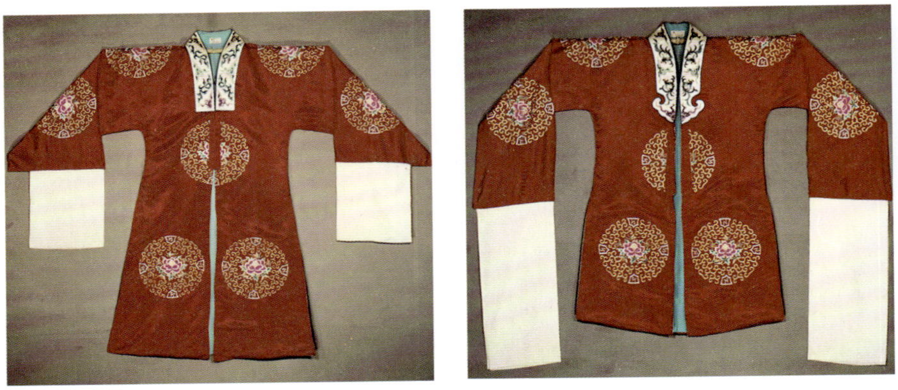

大红团花对儿帔

闺门帔

蓝色团花对儿帔

女花帔

黑色花边女帔

白色花边素帔

新式老旦帔

（鲁青摄）

纹样为团蝠、团寿，色彩为秋香、古铜，如《西厢记》崔老夫人所穿。《甘露寺》吴国太，穿黄色老旦帔，绣团式龙凤纹。④观音帔。专为神话剧中观世音菩萨而设。南海大士居紫竹林中，故此帔多以白地绣蓝竹或墨竹，折枝竹或整竹均可。⑤新式女花帔。如《赵氏孤儿》中的庄姬公主，穿黑色花帔，绣折枝玉兰花，静穆雅致，符合剧情需要。（谭元杰）

penhuo

喷火 表演特技之一。多用于戏中的神鬼角色，以增加神秘色彩。有含筒与含粉两种喷火。含筒喷火由铜制成长约4厘米、直径约2.5厘米的双层套筒，后端有一大孔，前端有若干小孔，将燃灭之火纸（不可燃烧过乏）松散置于筒内，为避免烫灼演员口腔，在筒外包裹隔热物品，复用香火从后孔插入，使死灰复燃后取出香火，含于口内。出场时灯光压暗，人物在特定的出场造型中，伴着“三锣”，在响脆的“撕边”声中，向外喷火。如是3次（先左、后右、再中），在气的推动下，释放出的火星群由弱而强，可远达1米左右。此种喷火多用于《九莲灯》之火判，《钟馗嫁妹》之钟馗，《乌盆记》、《李慧娘》之判官以及《青石山》之周仓等。含粉喷火是用薄棉纸将松香末及香末混合，粉末包成鸭舌状的长三角形，尖角处剪一小口，喷火前含在演员口内，尖头朝外，上场后借助对手火把的明火，用力往外喷气吹出，产生火柱。含粉较多和功底较深者能连续喷吐十多口或更多，功夫难度完全在气口控制。此种喷火用于《李慧娘》（或称《红梅阁》）之“放裴”等戏。（王展云）

《李慧娘》
李玉棠饰李慧娘（中，喷火者）
陈家和饰裴生（右，托举者）
黎凡饰廖寅宗（左，举火把者）

penkou

喷口 戏曲演唱上的术语。有一定语调色彩，需要重念、重唱表现技巧之字，必须将丹田气提至口腔中（喉、舌、牙、齿、唇，包括腭）构成一定子音（声母）准确的“受阻”部位，有韧性地“持阻”后，再“除阻”发声，吐字时清晰有力，要特别强调气流达到咬字“受阻”部位后，气流与字音同时迸发，不能先漏气，也不许口腔松弛浪费气，这种准确有力的吐字方法即是喷口。（傅雪漪）

Penggong'an

《彭公案》 京剧作品。演清代彭朋办案故事。“彭朋”原型为康熙时彭鹏、朋春，二人《清史稿》俱有传。民间编为评书，情节多有虚构。清光绪间，贪梦道人撰有小说《彭公案》。京剧编演为连台本戏。剧情为：三河县知府彭朋为惩治恶霸左青龙而开罪亲王，被罢官。在镖客黄三泰与众绿林好汉的资助下，赎回官职。后因查得九龙御杯被盗案有功，深受康熙帝赏识，由河南巡抚晋升至礼部尚书。其间，由于欧阳德、高通海、胜奎、邱成等侠客协力相助，在河南、山西等地，先后查办了尹亮强抢民女、大同总镇谋反、石涛盗马等案件多起，惩处了为害一方的恶道马道玄、劣绅张联、淫僧飞云僧、悍妇九花娘、叛逆傅国恩等，并奉命出征西夏，剿灭“八卦教”、“天地会”。齐如山《京剧之变迁》谓：张胜奎在春台班时曾排演整本《彭公案》。上海舞台有一至十八本的幕表制连台本戏，李春来、杜文林、李万春等先后排演。多从发挥各类武行演员技艺才能，设置机关布景，营造惊险的武打场面出发，撷取小说中部分章节，加以增删、连缀敷演。每本戏的剧情既相互关联，又自成一完整故事。内容与结构多有雷同，各本戏里必有几处热闹火爆的开打。20世纪30年代，以彭朋与欧阳德故事为题材编演的剧目有：《彭公案》（一至三十四本），杜文林编演于上海三星舞台，合演者为赵如泉、白玉崑、王芸芳、郑法祥、刘云珍、赵君玉、刘奎官等。《后集彭公案》，陈鹤峰编演于上海大舞台，合演者有杜文林、韩金奎、高雪樵、粉菊花、云艳霞等。《欧阳德》（一至八本），赵如泉将《贺兰山》、《尹家川》等剧串联，并杂采《彭公案》一剧中与欧阳德有关的情节编排而成。《佟家坞》（一至十二本），李万春编演，永春社同仁合演。出自《彭公案》故事的折子戏、小本戏则有《左青龙》、《武文华》、《普球山》、《英雄会》

清宫《戏出画册·打墩》（故宫博物院藏）

清宫《戏出画册·九龙杯》（故宫博物院藏）

(《打墩》)、《九龙杯》、《剑峰山》、《溪皇庄》等。 （侯硕平）

pengchang

捧场 戏曲演出习俗。对场上演出喝彩助兴等积极支持的各种行为的统称。捧场常采用包购戏票、组织观众、当场喝彩、海报宣传、撰文赞誉等方式，起到营造声势、左右舆论、抬高戏班或演员身价地位的作用。只以演员为目标的各种支持行为谓之捧角。民国初《京华春梦录》载：“斗方名士，饱嬉无聊，长日盘踞戏园，作牛吼怪态，名之曰‘捧角儿’。”捧角者出于对某演员的偏爱或其他动机，手段甚多，除组织观众捧场喝彩外，有的还为演员投资组织班社，特制行头，赠送花篮或门帘台帐等礼品。不正当的捧场、捧角均为旧时之陋习，有时效果适得其反。 （戴申　周华斌）

pengzhong

碰钟 京剧的辅助性打击乐器。又称碰铃、碰星。其形如铃，口径约4～5厘米，以两个为一副，相击发音。在以大堂鼓击打节奏的唱腔（如旦行的［反二簧］唱腔）及一些细吹曲牌中，即用碰钟随板位击打节拍，以衬托其深沉、悠扬的情调。 （王硕）

（刘海发　摄）

pijian

披肩 系于颈、覆于肩的领饰。男女角色多有此用者。女用披肩戏班称云肩。绸缎制，通常裁为菱形或圆形，中部挖出领窝，缀以小立领，领口正前开襟，以纽襻系结。其装饰多绣双凤牡丹，周边为云钩纹，缀彩穗。云肩之名，即由云钩纹缘饰而得。云肩有大小之分。大云肩用于贵族女性，小云肩用于宫女、仙女。旧时昆弋戏班称云肩为宫装。如《扬州画舫录》卷五记“江湖行头”有“女扮则舞衣、蟒服、袄褶、宫装……”，此处“宫装”即指云肩。清宫《穿戴题纲》中，云肩亦与宫装互用。这都来自明清时代的实际生活。叶梦珠《阅世编》卷八：“内装领饰向有三等：大者裁白绫为云样，披及两肩，胸背刺绣花鸟，缀以金珠、宝石、钟铃，令行动有声，曰宫装。次者曰云肩。小者曰阁鬟。其绣文缀装则同。”到了京剧中，宫装一词专指舞衣。云肩多用于穿女蟒、宫装、女靠、古装的角色，其色彩多与其衣相配。穿女帔而加云肩属特例，如《赵氏孤儿》中庄姬公主，燕居时戴凤冠，穿黄色女花帔，为强调其公主身份加用云肩。扮宫娥，穿女花褶，戴小过翘，用如意头小云肩。

大云肩
（选自《中国京剧衣箱》）

苫肩
（选自《中国京剧衣箱》）

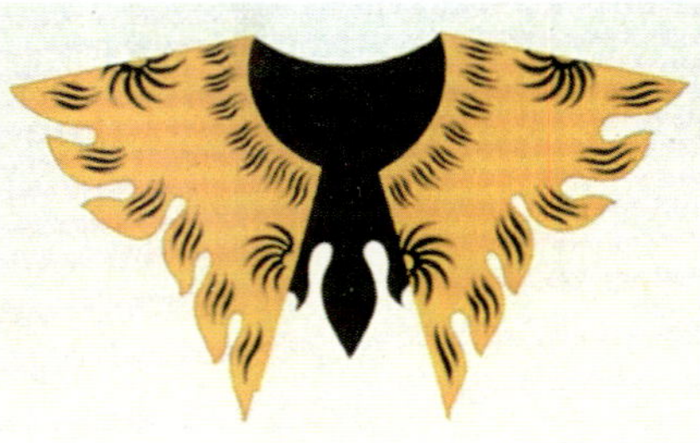

猴毛披肩
（选自《中国京剧衣箱》）

男用披肩多称三尖，或作苫肩、帅肩。与靠为配又称靠领。靠领源自古代戎服的项护。其原始样子为一块方布的对角斜折，形成三个明显的尖角，披搭于颈肩，一角在后，另两角在前颈下绾系。有人以为三尖之名由此而来。在古代生活中，称盖东西的草编器物为苫；苫又作动词，遮盖之意。故又有一种意见：三尖实为苫肩之俗写。舞台上的靠领，缎制，左右裁成对称的双鱼形，当中挖出领窝，前面断开，用纽襻相连。绣海水，色彩与靠色相同。其他穿马褂、箭衣的角色，亦需加苫肩。家将一类下层武职人员，苫肩多不加绣活。另有穿蟒的角色，加戴绣龙大披肩，又称帅肩，如《单刀会》关羽。此外还有一些特制的树叶披肩、莲花披肩、猴毛披肩，多用于神话人物；用于小鬼的虎皮披肩又称小鬼披肩。 （谭元杰）

pihuang shisanzhe

皮簧十三辙 对于京剧唱词押韵的规定。它是在近代鄂皖方言音韵的基础上，有选择地以北京读音、昆曲曲韵和传统正音组合起来的一种艺术性的韵部系统。皮簧十三辙多年来习用于京剧的舞台演唱，已经约定俗成。从历史上看，大体可以说，传统作诗词用的“平水韵”是中古音，元朝出现的“中原音韵”是近古音，京剧所遵循的皮簧十三辙是近代音。皮簧十三辙分别为：钟东、江阳、医欺、灰堆、姑苏、怀来、人辰、言前、乜条、梭波、发花、爷茄、尤求。皮簧十三辙在实际运用中，还有一些特殊规定。（参见上口字。） （翁思再）

Piling Qutan Duolu

《毗陵曲坛掇录》 戏曲研究文集。中国戏剧出版社1995年4月出版。主编夏芦庆，副主编蒋柏连、史曼倩。该集收文章21篇，对常州（古称毗陵）的常锡剧、滑稽戏等戏曲剧种和近现代的戏曲活动、戏曲人物、戏曲评论分别做了叙录。其中有关京剧的文章有《清末民初常州地区京昆活动资料散辑》、《京剧水路班杂忆》、《民国时期常州戏曲评论概况与存目》、《常州京剧票社活动纪实》、《〈三打祝家庄〉资料汇编》、《荆玉堂和庆升堂戏班》、《常州歌坛缤纷录》、《蒋君稼艺坛摭闻》、《戏曲评论家张肖伧》、《常州近代戏曲家传略》等10篇。由蒋振武笔述，刘金城、蒋柏连整理的《京剧水路班杂忆》，

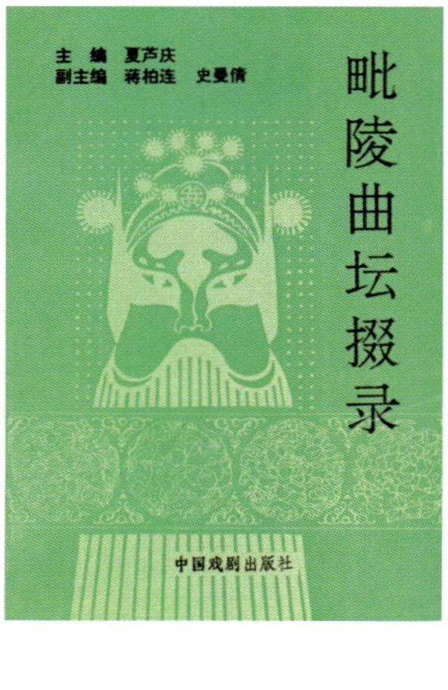

记述了京剧水路班的船上生活、学徒生活、艺人生活、演出情况，以及以武戏为主的表演技艺，内容丰富详明，为京剧水路班的独特生活和高超技艺提供了珍贵资料。华瑛楠撰写的《民国时期常州戏曲评论概况与存目》，简要介绍了20世纪10～40年代常州戏曲评论群体形成、发展的状况和余信芳、张颠、张肖伧、余尧坤、邱仲元等京剧评论家的生平与活动，《存目》部分辑录了《商报》、《武进新闻》与《武

进报》、《晨钟报》、《新报》、《新武进报》等12种常州报纸刊载的京剧评论篇目。戴博元、苏少英所作《戏曲评论家张肖伧》和《蒋君稼艺坛摭闻》，对京剧评论家张肖伧的生平与著述、京剧名票蒋君稼的生平与演出，均有翔实记载。（沈达人）

Piaoyi de Hongshajin

《飘逸的红纱巾》 京剧作品。据音乐话剧《青春涅槃》改编。江苏省京剧院演出。抗日战争时期，从南洋归国的华侨女学生方斐参加新四军战地服务团，因无战斗经验，为援救战友而被捕。在敌伪工作的表兄冯子彦热恋方斐，方斐即以释放同时被捕的战友为条件，愿随表兄去上海结婚。随即又设计摆脱冯子彦，回到部队。敌伪盗用她的名义登报声明脱离新四军，遭到部队对她的怀疑和审查。然方斐经受住了考验、磨砺，成长为坚定的革命战士。

李洁饰方斐

在被敌寇包围的危急关头，她挺身而出，舞动红纱巾引开敌人，保全了队伍，自己却献出了年轻的宝贵生命。全剧充满了革命的浪漫情怀，紧扣“青春的价值”这一主题，揭示青春不仅是美、是爱，更是理想和奉献。演出场面大气、流畅，闪动着凄美与壮美的色彩。编剧蒋晓勤、姚远、邓海南、高舜英（执笔），导演郭晓男、郭学文，唱腔设计汪人立，音乐设计吴小平。梅派花衫李洁饰方斐，小生盛海宁饰冯子彦，严阵饰队长章迪，董源饰教导员邓秀兰。音乐设计将江苏盐阜地区民歌《送夫参军》的曲调作为主题音乐素材，突出了时代感和地域特色。唱腔设计为表现方斐参军后的喜悦和急于投身战斗的冲动，创造了两段［新西皮原板］。小生唱腔中糅进了言派老生的韵律，较好地刻画了角色酸腐、阴鸷的心理，盛海宁的这一尝试，为小生在现代戏中拓宽表现力迈出了可喜的一步。李洁以其青春亮丽与能歌善舞，塑造了令人印象深刻的方斐这一艺术形象。此剧2008年11月获第五届中国京剧艺术节现代戏一等奖第一名，2009年9月又获第十一届“五个一工程”奖。（叶娱）

Pingju Erbai Nian

《平剧二百年》 京剧史著作。唐友诗著。1948年6月20日出版，北平大成书社印刷，放庐斋室发行。全书共分11章49节，按生、

小生、武生、青衣、花旦、老旦、武旦、正净、副净、武净、丑，依次论述，后缀皮簧各词、戏词发源、板眼概略、戏班规则、锣鼓名词等13节。主要介绍自清乾隆二十五年（1760）以来200年间，各行当、各流派的发展过程，艺人、戏班的演剧活动，并扼要地解释了京剧的基本常识和名词术语。该书取材，多为友人及梨园诸伶所供给，余则参考书报所载，如程长庚一节，作者从《中国戏剧史》、《中国戏曲》、《梨园旧话》、《清稗类钞》、《异伶传》、《伶工琐记》、《剧学月刊》等14种书刊中摘引有关程长庚的资料加以综合介绍，表达了作者搜罗宏富，不厌精详，取善从长之意。（陈义敏）

Pingju Huikan

《平剧汇刊》 京剧作品集。由期刊汇编成集。共40期，每期一

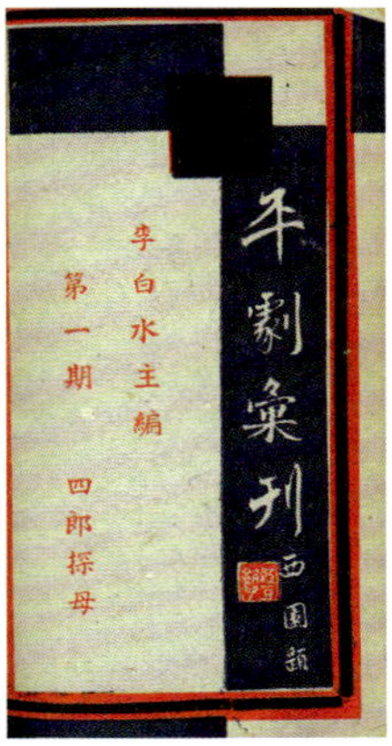

个剧本。第1～32期由李白水主编，第33～38期由沈乃葵主编，第39、第40期仍由李白水主编。上海戏学书局出版。第37期有沈乃葵1941年3月1日所作自序，据此可知各期出版时间在此前后。所刊剧本为当时著名京剧演员的常演剧目，至今大都仍在舞台演出。每剧有剧情介绍。有的还有说明、提示，如《玉堂春》点明“以梅腔为宗”，唱段标工尺谱。书中还详注尖团字音、板眼等，标榜“标准剧本”和“原胡琴的蓝本”，是为京剧爱好者提供学戏参考的出版物，保留了一些与剧本相关的演出资料。（葛士良）

Pingju Xinbian Ji

《平剧新编集》 京剧作品集。胶东文化协会主编。华东新华书店胶东分店1948年8月出版。共两辑，收京剧剧本19种。剧前附剧情说明及思想意义分析。这是当时解放区政府借民众喜闻乐见的京剧艺术实施新思想教育的一项工作，是在原有剧目基础上，由马少波等改编的剧本合集。在剧目选择与改编方向上，尤其强调对封建意识与行为的批判。如《亡乌江》一剧末尾，吕马童、周勃二将抢夺项羽人头争功，张良等人对他们晓以大义，以“全军之功”、“元帅之功”，再推衍到“咸阳约法三章”以及“萧丞相荐贤用才”等使汉军致胜的因素，终使二人自愧，“晓得功在全军”的道理。这部作品集，在特定历史时代，强调教育民众认识封建意识的危害，使之提高觉悟，有鲜明特色。（沈梅）

Pingju Xuanchuandui

平剧宣传队 抗日战争时期的平剧演出团体。1928年以后，北京改称北平，京剧遂有平剧之称。直至1949年中华人民共和国成立，方统称京剧。1938年武汉外围保卫战紧张进行时，在“军委会政治部”三厅领导下平剧（即京剧）宣传队成立。周恩来、郭沫若指定田汉领导并常驻该队。主要演员有徐敏初、李雅琴、陈月楼等。龚啸岚任导演。宣传队成立后，首先集训3个月，白天训练，晚上演出。集训中，田汉亲自给队员上政治课，史东山上文化课，任光教唱抗日歌曲。宣传队要求军事化（严申纪律，戒除过去不良习惯和嗜好）、学校化（教学员读书报，批判解释每日新演之剧）、单位化（队员责任独立，经济独立）。剧本内容要求发扬民族精神，鼓吹抗敌情绪，消灭汉奸思想，铲除宗教迷信。为了宣传抗日，宣传队演出时不用“出将”、“入相”的“守旧”，代之以抗战的口号和诗句。两壁上的一副对联是：“为光明而舞蹈；为自由而歌唱。”墙上的标语是：“把舞台当作炮台！把剧场当作战场！”桌帷上绣着田汉手书的诗句：“演员四亿人，战线一万里，全球作观众，看我大史剧。”宣传队主要演出田汉为宣传抗日而编写或改编的作品，如《江汉渔歌》、《土桥之战》、《岳飞》、《卢沟桥》、《新儿女英雄传》、《新雁门关》、《新铁公鸡》等。《土桥之战》是一出歌颂民族英雄史可法忠贞谋国的历史剧。《岳

飞》一扫悲观灰暗的气氛，从岳飞练兵鄂州奉诏讨贼起，写到朱仙镇大捷为止，观后使人振奋不已。宣传队还排演了由田汉改编的揭露汉奸丑恶面目的《疯僧扫秦》。在宣传队演出的剧目里还有许多经过改编的传统戏，如《对金瓶》、《新四进士》、《玉堂春》、《三娘教子》、《红鬃烈马》等。1938年8月初，宣传队在广西桂林一带演出。敌机连日狂炸桂林，田汉目睹敌机暴行，义愤填膺，赶写了一出活报剧《怒吼吧，漓江》。该剧由宣传队突击排练，就在当晚为救济本市被炸难胞的义演中演出。全剧取材于当时当地实事，演来慷慨激昂，观众大为感动，群情激愤，剧场一时成为声讨日本侵略者的“战场”。（傅淑芸）

Pingju Xunkan

《平剧旬刊》 戏剧电影期刊。1942年7月创刊于重庆，1943年12月停刊。蔡光德主编。除了报道重庆戏剧舞台的情况外，还大量报道南京、北平、上海、成都、衡阳、贵阳、桂林等城市的戏剧活动。刊载的重要论文有《记余叔岩》、《改良平剧的建议》、《中国歌剧的妙用》、《十三道辙与韵书》、《皮黄戏演员之双重性格》、《皮黄起源之质疑》、《坤伶开始至平之略历》等。除了论文，还专设有剧本栏，曾刊登《全本〈战蒲关〉总讲》等。其《影剧沙龙》、《影与剧》、《梨园长篇实事说部》等栏目均有一定特色，尤其是《影与剧》栏，多刊载一些戏剧理论短文，三言两语，观点鲜明，常能一语中的。限于当时物质条件，该刊的纸张及印刷质量较差，且办刊时间较短，未能真正在全国形成影响。（周巩平）

Pingpingshe

平平社 京剧票房。1933年北平报界人士组成。参加者多为报社编辑、记者、经理部门人员以及特约撰稿人。1933年7月21日，该社在哈尔飞戏院公演，演员、剧目如下：吴菊痴、叶荣庭《独木关》，唐友诗、马绍襄、徐君豪、叶卓如、魏翠痕、林向荣《庆顶珠》，李松声、范钧宏、徐春羽《审头刺汤》，陈裔孙、霍仲三、于云鹏《上天台》。8月25日又在此二次公演，以范钧宏扮张绣、李松声扮邹氏、翁麟声扮曹操的《战宛城》墩底。1934年9月范钧宏自组班营业演出，即不见该社活动。（李体扬）

Pingyuan Zuozhan

《平原作战》 京剧作品。中国京剧团集体创作，张永枚执笔。抗日战争相持阶段，太行山区八路军为粉碎日寇进攻山区的计划，派排长赵勇刚率领小分队下山，深入平原。在张庄群众支援下，破坏交通、切断电线、智取县城炮楼、运走粮食、炸毁军火库，配合主力部队并以地道战打败日伪军，击毙龟田。此剧于1968年首演。李光饰赵勇刚，高玉倩饰张大娘，李维康饰张大娘之女小英，袁世海饰龟田。剧中表现军民鱼水情深，八路军神出鬼没与敌寇智勇周旋，以及歼敌大开打，都有精彩表演。1974年，此剧由八一电影制片厂拍成彩色电影，崔嵬、陈怀皑导演。剧本收入人民文学出版社1974年12月出版的《革命样板戏剧本汇编》第1集。2005年，中国京剧院复排此剧，复排导演孙桂元，表演指导李光，李阳鸣饰赵勇刚。（陈培仲）

李光饰赵勇刚（左） 袁世海饰龟田

Ping Hua

《评花》 戏曲史料。缉香氏撰。作者生平不详。清嘉庆刻本。此书是作者在清嘉庆二十年（1815）寓居京师所撰。书中记录了当时北京地区四喜部、三庆部、春台部、和春部4个戏曲班社36名演员的籍贯、年龄、隶属班社、擅演剧目以及对其演技水平的简单评价。这些演员是：双桂、法庆（姓胡）、四喜、五福（字梅仙）、小天禄、天龄（姓钱）、天然、天福、喜龄（以上为四喜部）、天喜（姓张）、连喜、庆龄、双全、翠兰、福喜、采龄（姓陈，字浣云）、金保（字漱玉）、翠喜（以上为三庆部）、天喜（姓张）、金宝、桂喜、天禄、金龄（字妙云）、长寿、三喜、天元（字花依）、桂龄（以上为春台部）、四喜（姓朱，字肖云）、小全福（姓谢）、桂喜（姓程，字小香）、桂兰（字凝香）、福宝、双喜（字亦鞶）、鹤龄、全喜（姓王字云卿）、翠元（姓詹，字小环，以上为和春部）。演员中，年龄最大的20余岁，最小的仅12岁，一般是十五六岁。其籍贯一半以上为扬州人，其次为苏州、安庆及关东人。从书中可看出，当时三庆班常演的剧目有《赐婚》、《寄柬》、《拷红》、《湖船》、《吃醋》、《打更》、《木兰从军》、《困曹》等，四喜班的剧目有《祭泸》、《鹊桥》、《卖花》、《背娃》、《花鼓》、《碧玉钏》、《湖船》、《橄榄》、《赶驴》、《搬家》等，春台班的剧目有《琴挑》、《碧玉钏》、《点化》、《拷桃》、《五彩舆》、《脚鱼》、《雪夜》、《琵琶》等，和春班的剧目有《荷珠》、《赶妓》、《十二红》、《捉奸》、《茶叙》、《和番》、《赠剑》、《拜月》、《访友》等。该书是研究清嘉庆时北京戏曲班社、演员和演出情况的重要资料。（戴霞）

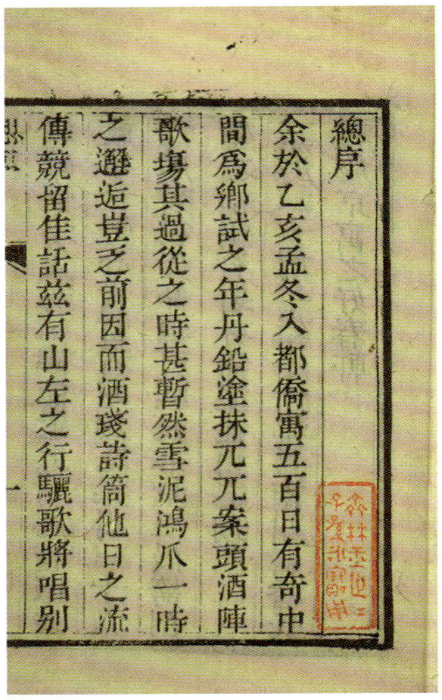

總序

余於乙亥孟冬入都僑寓五百日有奇中間爲鄉試之年丹鉛塗抹兀兀案頭酒陣歌場其過從之時甚暫然雪泥鴻爪一時之邂逅豈之前因而酒箋詩筒他日之流傳競留佳話茲有山左之行驪歌將唱别

内页书影

potai

破台 戏曲演出习俗，沿用于早期京剧。凡新戏台落成，或者为频出事故的旧戏台除邪，通常要举行驱鬼纳吉的仪式，称破台，或称**净台**、**镇台**。此类仪俗可远溯商周傩仪，长期流传于民间戏台。其仪式常以净脚或武生演员扮成天师或灵官，杀鸡洒血，追索四周之鬼魂，以求该台演出确保平安吉祥。清末和民国时期，京剧戏园戏班之破台习俗一般在午夜开始。开场时“打闹台”，锣鼓三通，灯火通明，演员分别扮为女鬼或五鬼，由后台奔出（称“跳鬼”）。灵官（或女灵官）持鞭追索全场（称“跳灵官”），甚至遍及戏园周围之街巷。女鬼（或五鬼）隐匿，灵官找到纸制之鬼形，鞭之，烧毁。又由戏班管事到戏台上焚香、燃烛、烧纸钱，灵官（煞神）杀鸡滴血，将符条悬钉于舞台，用彩绸裹鸡首，燃放鞭炮。然后戏班经理及全体演职员上台，灵官（煞神）撒五色粮米，以宝剑剁碎五个黑碗，拧开鸡脖，在戏园各个角落和门口抹洒鸡血。全体欢庆，仪式结束。旧俗破台时不得有外人参与，进行过程中不得说话、交谈，否则将“引鬼上身”。参加破台的人员口中衔朱砂包，以示避邪。因此俗属于迷信，民国后渐被废止。（戴申 周华斌）

Pu Tong

溥侗 （1871～1950） 票友。字厚斋，号西园，别署红豆馆主，为人作书画时常以“懒侗”署名。人们也称他溥西园或侗厚斋。北京人。满族。清宗室出身，旗姓爱新觉罗氏，清道光帝旻宁之孙载治的第五子。光绪七年（1881）受封二等镇国将军。光绪三十三年（1907）加辅国公衔。自幼爱好戏曲，但当时清室亲贵登台演唱是被严格禁止的，“玩票”也只能在极小范围内秘密为之。入民国后管禁废弛，才出演于堂会，或在梨园公演，一年之内不唱翻头戏（即重复的剧目），以示能戏之多。1918年与袁寒云同组言乐会昆乱票房，经常出演于北京宣南江西会馆。包丹庭、言菊朋、书子元、赵逸叟、朱杏卿、刘孟起、张小山、载阔亭等均为该会成员。伶界加入者，则有陈德霖、钱金福、程继先、陆金桂、梅兰芳、韩世昌等。曲学大师吴瞿安也时来参加。集伶票俊彦于一堂，极一时之盛。他虽非专业演员，由于嗜剧成癖，从小就苦学苦练剧艺基本功，遍访名师求教，谁演这出戏最好就请谁教，故文武昆乱不挡，生旦净丑皆工，并且淯谙文武场面，吹打弹拉无所不能。他成为民国以来戏曲票友中造诣最深、名望最高的一位代表人物，被尊为“票界大王”。清逸居士说他：“可谓票界中空前绝后之人。”（见1932年4月《国剧画报》第1卷）

他的昆曲得自梅雨田、陈寿峰、王阿巧、王楞仙、陈德霖、方星樵诸名家的亲传，皮簧各行剧目，则是由谭鑫培、黄润甫、钱金福、王福寿、李顺亭、姚增禄、李寿峰、罗寿山、余玉琴各著名伶工所亲授。他见闻广博，师承有自，又兼通晓辞章音律，精于文玩鉴赏，能书会画，亦擅篆刻。多才多艺的深厚素养，使他能够广撷博采，互为贯通，对剧情文辞理会深刻，对所演不同角色的性情神态描摹入微，一登歌台，便能把戏演得惟妙惟肖，出神入化。有人认为，当时皇族中能事粉墨者，不独溥侗一人，“但厚斋色色精到，音乐之外，词翰、绘事、赏鉴，无不精能。盖兼有唐庄宗、李后主之长，又非其他天潢所能企及耳”（见罗瘿公著《鞠部丛谭》）。

他能演的戏之多，在票友中首屈一指。昆曲中，如生脚戏《长生殿·弹词》之李龟年，《铁冠图·别母、乱箭》之周遇吉，《千忠戮·搜山、打车》之程济，《九莲灯·火判、闯界》之富奴，《三国志·刀会、训子》之关羽；小生戏《玉簪记·琴挑》之潘必正，《牡丹亭·拾画、叫画》之柳梦梅，《紫钗记·折柳、阳关》之李益，《金雀记·乔醋》之潘岳，《渔家乐·藏舟》之刘蒜，《雷峰塔·断桥》之许仙；吹腔戏《奇双会》之赵宠；净脚戏《西川图·花荡》之张飞，《虎囊弹·山门》之鲁智深；丑旦戏《风筝误·惊丑、婚闹（前亲）》之詹爱娟；旦脚戏《雷峰塔·水斗》之白娘子。皮簧戏中，擅演小生戏《群英会》、《黄鹤楼》、《八大锤》、《九龙山》，武生戏《挑华车》、《铁笼山》，老生戏《定军山》、《阳平关》、《击鼓骂曹》、《空城计》、《清风亭》、《梅龙镇》、《乌龙院》、《盗宗卷》、《除三害》、《珠帘寨》、《南天门》、《琼林宴》、《汾河湾》、《碰碑》及《二进宫》之徐彦昭，《战宛城》之曹操等。还能演丑儿戏《连升店》、《双摇会》、《打樱桃》、《荷珠配》、《青石山》等。这些戏中，他最为得意、也是得到最高评价的有《群英会》，评家认为他“扮周公瑾，潇洒出尘，风流绝世，与梨园俗伶，迥然有别。与蒋干把臂言欢，及夜起与黄盖诡言，种种作派，均极精妙；与诸葛亮、鲁肃坐谈时，频示鲁肃勿声，神态亦佳；与黄盖言‘东吴无人诈降于那曹操’句，声色俱厉；‘打盖’一场，愤怒神气，演来尤妙”。舞剑一节，描摹伪作醉态，更能“将公瑾酒酣拔剑起舞种种神理，形容淋漓尽致”（见张聊公著《听歌想影录》）。《别母乱箭》演来唱调苍凉，做工浑厚，神情庄严，不失身份，声情异常悲壮。《九莲灯》“火判”一场，演富奴焦灼忠义之情，溢于言表，“闯界”时之摔锞子、硬抢背等跌扑功夫，尽善尽美。演《清风亭》刻画张氏二老，穷苦衰老之状，境遇悲惨之情，处处学谭（鑫培），而不落痕迹，确得其神髓。《战宛城》的曹操，坐帐的念白，雄浑醇厚，气度昂然，“马踏青苗”一场的趟马，干净严谨，处处有戏，均能神似黄三（润甫）。《琼林宴》中，与樵哥问答，身段灵动，而灵动中又全无火气；“闹府”一场所唱［二簧原板］及［四平调］，几许曲折，几许悲凄，一派怆叹之声容，动人心脾。《弹词》一剧以“故国王孙，扮演白发供奉，甚合身份，而黍离麦秀，感喟甚深，凄凉婉转，哀怨幽扬，真不啻现身说法也”（见华粹深著《听歌人语》）。在他极为厚爱的《风筝误》一剧中，他扮演的詹爱娟“扮相虽丑化，而行动不撒野，适可而止。赋诗和句，极现痴状，而不失闺秀身份。其‘惊丑’、‘婚闹’两场，由他演来，改为重点”（吴丰培撰《红氍毹上的载涛和溥侗》）。而演《奇双会》所饰赵宠，温文都丽，风流蕴藉，不温不火，“‘写状’一场，做工细致，将一对新婚不久的青年夫妻，忽喜忽悲，情好靡笃，表现得极为细腻。‘三拉’一场，惊吓呆傻，更为精彩”（同上）。演《青石山·卖符捉妖》的老道王半仙，抓眼逗趣，也灵巧脱俗。

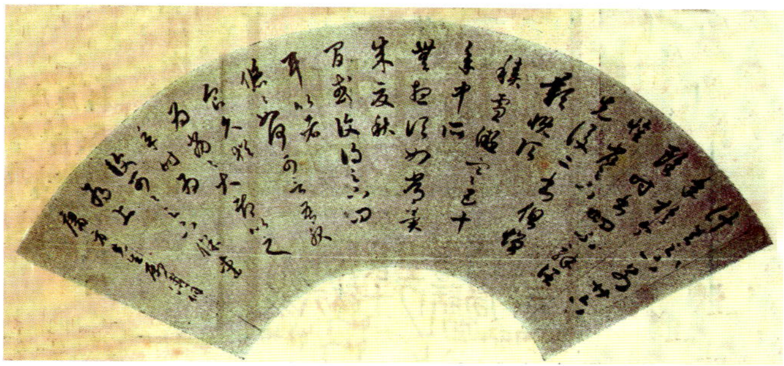

溥侗书扇

由于天赋所限，他的嗓音略带沙哑，不甚浏亮，往往运转不能尽意，但唱念不失韵味，具有一种一般演员所难以企及的清新高逸的气质。这种气质弥补了嗓音的不足，使观者能够沉浸在他所表演的角色之中，悲喜随之，甚至还觉得他那沙哑的嗓子别有一番意味。晚年少演皮簧而多奏昆曲。他的艺术之精，深为内外行敬服，许多名伶趋前向其请教，余叔岩、言菊朋、奚啸伯、李

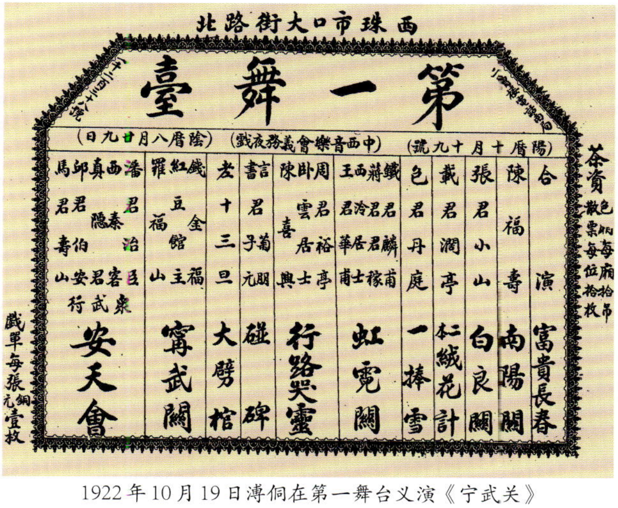

1922年10月19日溥侗在第一舞台义演《宁武关》

万春及票界中的陈竹隐、廖书筠、陶重华、袁敏宜、叶仰曦等均得其指授。1930年起，应邀先后在清华大学、北京大学、女子文理学院、北平艺术专科学校教习昆曲，在高等学府推广昆曲艺术，培养了众多学生。1933年应南京国民政府蒙藏委员会之聘，赴宁任委员。因是闲职，空余时间仍多用以主持业余曲社活动。曾组织成乐社、阳春社、公余联欢社等。抗日战争开始，北返以鬻书卖画维持生计，后又回到南京。20世纪40年代末去上海就医，于1950年6月病故，遵其遗嘱，葬在昆曲发祥地苏州的灵岩山。

（钮骠）

Pu Xu

溥绪　京剧作家。爱新觉罗氏，袭封庄亲王。民国之后，以庄为姓，自号**清逸居士**，又名**庄清逸**。北京人。满族。生卒年不详，约20世纪30年代病逝于北平。其祖上庄亲王允禄，清乾隆时撰写清宫四大连台本戏之一的全本三国戏《鼎峙春秋》，参与编纂《律吕正义》、《九宫大成南北词宫谱》。其伯父载垣，于慈禧“祺祥政变”时被害，家族受株连。溥绪不问政事，潜心顾曲。光绪末年，曾粉墨登场，以“**金伴菊**”名，如《狮子楼》武松、《黄鹤楼》赵云、《艳阳楼》高登，均为其佳作。民国政府优待清室政策取消后，他以撰写京剧剧本为业，为杨小楼编写了《野猪林》、《陈圆圆》等，为尚小云创作有《五龙祚》、《空谷香》、《秦良玉》、《婕妤挡熊》、《婉婳将军》、《前度刘郎》、《峨嵋剑》、《花蕊夫人》、《白罗衫》等，为郝寿臣编有《牛皋招亲》，为高庆奎撰写《崇祯归天》，为马连良编有《苏武牧羊》、《羊角哀》，又为杨小楼和尚小云编写《楚汉争》，为杨小楼和郝寿臣编写《连环套》的三、四本，根据《红楼梦》编写的《太虚幻境》，刘玉琴演出。他编写的京剧剧本，取材于历史故事、话本小说和明清传奇。如《**婕妤挡熊**》根据《汉书·外戚传》，演汉元帝宠妃冯婕妤奋力刺熊救驾事；《**五龙祚**》演刘知远、李三娘故事，改编自《白兔记》传奇，剧名指后梁、后唐、后晋、后汉、后周之意；《崇祯归天》（又名《煤山恨》）演李自成攻入北京，崇祯自缢煤山事；《秦良玉》演明末女帅秦良玉勤王事；《陈圆圆》（又名《吴三桂》、《楚汉争》）等，都取材于历史故事；《**峨嵋剑**》本事出自清人王韬《淞隐漫录·剑仙聂碧云》，演术士聂元之女聂碧云为父报仇之事；《**婉婳将军**》（又名《**林四娘**》）根据清人杨恩寿传奇《姽婳封》和《红楼梦》第78回改编，演林四娘为父赎罪、替夫报仇的故事；《**前度刘郎**》，本事见清人纪昀《阅微草堂笔记》，演商人李伯平与妻子张淡梅悲欢离合的故事；《**空谷香**》根据蒋士铨同名传奇改编，演钱塘进士顾瓒园与姚萝兰有情人终成眷属事；《牛皋招亲》（又名《飞虎梦》、《藕塘关》），本事见《说岳全传》第32回，演牛皋与戚赛玉联姻故事；《**白罗衫**》是依据《警世通言·苏知县罗衫再合》及同名传奇改编，演苏云一家的悲欢离合。其代表作《野猪林》（又名《英雄血泪图》）根据《水浒传》及明人李开先传奇《宝剑记》和陈与郊传奇《灵宝刀》改编，演林冲被逼上梁山的遭遇和与鲁智深的友情。他还是一位剧评家，辛亥前后为京师各报撰写剧评，并著有介绍清代宫廷演戏的《**南府之沿革**》一文，载《戏剧丛刊》第2期。

（秦华生）

《虹霓关》饰王伯当（左）
方连元饰东方氏

《黄鹤楼》饰赵云

中国京剧百科全书

qihang qike

七行七科 清末和民国时期京剧戏班的组织机构。“行”指演员行当，“科”指后台人员的职责分工。此前，演员表演有生旦净丑等行当区分，后台人员俗称“场面”、“监场”、“四支”、“交作”。“四支交作”或为“四执交场”，以管旗包人为首领。“四支”（四执）指监场人、管衣箱人、管盔箱人、梳头人；或谓“四执”，指大衣箱、二衣箱、盔帽箱、旗把箱四箱的执事人员。“交作”指管旗包箱人、管后场桌人、打门帘人、管彩匣人、催戏人、管水锅人；或谓“交”，指交通。“场”指场面，即音乐伴奏。清末民初，诸事维新，戏班改为戏社，前后台人员各有明确的分工职责，并立以相应的名目，称“七行七科”。“七行”指生行、旦行（占行）、净行、丑行、流行（龙套）、上下手（武行之配角）。或以生行分为老生行、小生行，以上下手归入武行。“七科”指音乐科、剧通科、剧装科、盔箱科、容装科、经励科、交通科。（周华斌）

qibo

齐钹 京剧的辅助打击乐器。又名水镲。两扇一副。它比铙钹形制略大，直径约18厘米；钹片很薄，约为铙钹的1/4；钹面齐平，音色沙哑。在吹打曲牌时，由琴师掌握，击打花点，活跃曲牌节奏。又因用于伴奏“跳加官”舞蹈，亦称加官钹。（王硕）

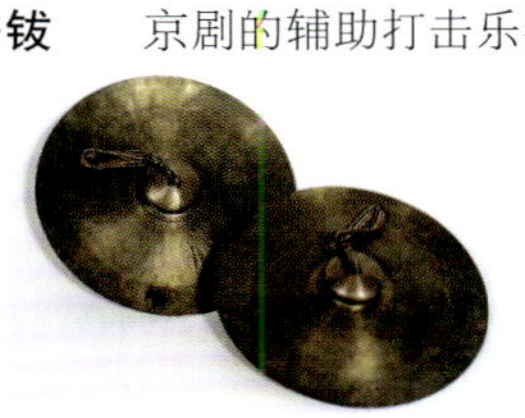

（刘海发摄）

Qi Rulao yu Mei Lanfang

《齐如老与梅兰芳》 传记。陈纪滢著。黄山书社2008年12月出版。本书内容由两个部分组成。一部分是陈纪滢发表于中国台湾地区《传记文学》杂志的6篇文章：《一出〈汾河湾〉建立了毕生关系》、《编戏与排戏》、《梅兰芳这个人》、《齐梅之友》、《缀玉轩访问记》、《国剧学会与国剧陈列所》。这6篇文章合计约6.4万字，台湾传记文学出版社将其汇集成书，题《齐如老与梅兰芳》。原书中还有一篇《从信札中所见》，黄山书社编辑本书时将其删去，而将齐如山著述中有关梅兰芳的言论，以《齐如山谈梅兰芳》为题（内含《编戏》、《国剧发扬到国外》、《梅兰芳游美别记》、《艺术探讨在北平》、《堂会戏单》、《梅兰芳艺术一斑》，合计约5.3万字）作为附录，成为本书的另一部分。卷前有照片42幅。陈纪滢（1908～1997）是1946年春结识齐如山的，曾协助齐如山恢复国剧学会、修订剧本及研习演出等事。看过《齐如山回忆录》的读者，会对本书陈著的后三篇文章感兴趣，因为这都是作者的亲历。《齐梅之友》中写到徐兰沅、王瑶卿、王凤卿、萧长华、尚和玉、侯喜瑞、马德成、郝寿臣、杨荣环、张永玲诸人，虽是20世纪40年代后期这些艺人生活的一鳞半爪，却相当生动真切。《缀玉轩访问记》是作者1948年5月间经齐如山书面介绍，在上海梅宅对梅兰芳一次专访的谈话内容和所得印象，涉及梅、齐南北分开后所保持的友谊。《国剧学会与国剧陈列所》披露了齐如山去台湾之后想在台湾恢复国剧陈列、与张大夏合作制作国剧图谱的情形。这些图谱在60年代初展出过几次，至1977年9月由台湾幼狮文化事业公司出版。（龚和德）

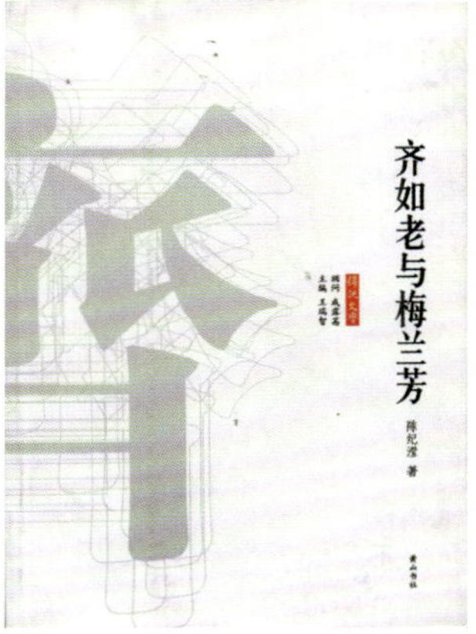

Qi Rushan

齐如山 （1876～1962） 京剧编剧、导演、研究家。主要活动于20世纪20～60年代，在大陆各省和台湾省的京剧界皆有较大影响。

生平 又名齐宗康，生于清光绪二年十一月六日（1876年12月21日），直隶高阳（今属河北）人。出身书香、仕进的大家庭。九世祖齐国琳（林玉）与颜元、李塨交谊深厚，常以道德、学问相切磋；曾祖齐正训（竹溪），嘉庆时进士，为阮元门生；父亲齐令辰（禊亭），光绪甲午进士，为张裕钊受业学生，翁同龢、李鸿藻门生。齐如山兄弟三人，兄竺山，弟寿山，自光绪二十九年（1903），全家30余口在北京共居一宅，50余年始终保持着和睦的家庭关系。

齐如山4岁入私塾读书，至17岁读完“四书”、“五经”以及古文选、唐诗、天文、算学、地理书籍，习作八股文。约于光绪二十一年（1895）进入设于北京的同文馆，习德文、法文，直至庚子年（1900）同文馆停办。其后，齐如山经商8年，多做外国军营及洋行生意。光绪末年（1908）及宣统三年（1911），两次去巴黎为其兄竺山经营的豆腐公司护送工人，因而有机会游历法国、德国、英国、奥地利、比利时诸国，观看了多出西方戏剧。1912年，齐如山回国，在京师大学堂和北京女子文理学院短期任教。同时，蔡元培、吴稚晖、张静江、李石曾、张溥泉等在北京举办留法俭学会的预备学校，请齐如山主持了该校事务。1913年，齐如山第三次赴法国，送去俭学会预备学校的第一班学生。第一次世界大战爆发，俭学会预备学校停办，齐如山从此投入终身未辍的京剧创作和研究工作。

1914年，齐如山结识梅兰芳，两人开始了长达20余年的密切合作。其间，齐如山陆续为梅兰芳编戏20余出，又为梅兰芳筹划了两次访问日本、一次访问美国、一次访问苏联的演出。1929年，齐如山以导演身份随梅兰芳赴美，归来后撰写了《梅兰芳游美记》，于1933年出版。1935年，再为梅兰芳访苏演出，撰写出版了《梅兰芳艺术一斑》，为中外文化交流作出重要贡献。1931年，齐如山与梅兰芳、余叔岩、庄清逸、傅芸子、张伯驹等人筹组了北平国剧学会，由梅兰芳任会长，余叔岩、齐如山任副会长。该学会以京剧为主要研究对象，认为：“旧剧非唯足供民众之娱乐而已，其在学术上尤有阐扬之必要。”应进行系统整理，深入研究，以期“发挥吾国原有之剧学”（《国剧学会缘起》）。因而成立了文献资料陈列馆，出版了《戏剧丛刊》、《国剧画报》，创设了国剧传习所。1937年抗日战争爆发，齐如山被迫终止国剧学会工作，闭户8年，致力于撰写有关北平的民俗著作，拒绝与敌伪合作，表现出一个学者的民族气节。1948年底，齐如山离开北平，在上海与梅兰芳小聚后，乘船去台湾基隆，1950年定居台北。在台湾的十几年，齐如山曾任中国歌剧改良委员会主任，继续进行京剧研究和京剧创作，直到1962年3月18日病逝，享年85岁。

剧学 齐如山研究京剧始于民国初年从欧洲归国之后，至20世纪60年代初，大致经历3个阶段。第一阶段，1913～1917年，撰写了《说戏》、《观剧建言》、《编剧浅说》等。第二阶段，1928～1936年，撰写了《戏剧脚色名词考》、《中国剧之组织》、《脸谱》、《国剧脸谱图解》、《戏中之建筑物》、《上下场》、《国剧身段谱》、《梅兰芳游美记》、《梅兰芳艺术一斑》、《戏班》、《京剧之变迁》、《行头盔头》、《国剧简要图案》、《国剧浅释》、《皮簧音韵》、《戏台楹联辑》、《戏馆子》、《戏中桌椅摆设法》、《戏中恒言》、《歌场趣谈》、《剧学獭祭编》、《昇平署月令承应戏》、《戏班题名录》、《承应戏的研究》等。第三阶段，1949～1962年，撰写了《国剧概论》、《国剧要略》、《国剧的原则》、《国剧漫谈》、《国剧漫谈二集》、《国剧漫谈三集》、《谈平剧》、《清代皮簧名脚简述》、《谈四脚》、《戏界小掌故》、《同治后五十年间北平恒演剧目》、《编剧回忆》、《国剧艺术汇考》、《五十年来的国剧》、《齐如山回忆录》等。这些著作大部分以单行本出版，或收入1979年台湾联经出版公司出版的《齐如山全集》。其中，《齐如山回忆录》叙及而未见出版的著作，有《皮簧音韵》、《戏台楹联辑》、《戏馆子》、《戏中桌椅摆设法》、《歌场趣谈》、《剧学獭祭编》、《戏班题名录》、《承应戏的研究》等。

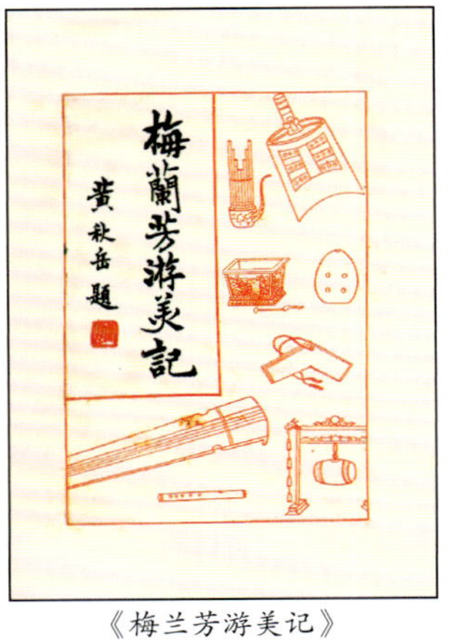

《梅兰芳游美记》
1933年11月出版的乙种本封面

齐如山的京剧研究是从中西戏剧比较开始的，第一阶段撰写的《说戏》和《观剧建言》，即以西方标准，指摘了中国戏曲和中国剧场的弊病以及中国观众的不良习惯。1917年出版的《编剧浅说》，开始论及旧剧中的烘托法，并做了编写新旧戏难易的比较，又强调编戏应道德与审美并重，对国剧的看法有所转变。

第二阶段，齐如山在访问了许多京剧界前辈，对京剧的看法产生根本性质的变化以后，写出了有较深入研究的论著。它们既是知识性的京剧读物，也是具有一定学术价值的京剧理论著作。其中，为梅兰芳赴美演出而作的《中国剧之组织》，从唱白、动作、衣服、盔帽靴鞋、胡须、脸谱、切末物件、音乐8个方面，向西方人较完整地介绍了中国戏剧的代表剧种——京剧。其他著作则分门别类，对京剧的脚色行当，脸谱，切末，上下场，身段，行头盔头，戏班的组织、经营和规矩、信仰等，进行了考订。又在考订之余，做了某些理论上的探索，诸如认为国剧嬗变自古代歌舞，演员“出场后一切举动皆为舞，一切开口发声者，皆为歌”。“自出场至入场，无时不用音乐相随，并须与音乐节奏相合”。服装“均有特定规矩，不分朝代，不分地带，不分时季，均照此穿法”。“例不许吃饭”，“例不许睡，以其不美观也”。“处处事事，都要摩空，最忌像真，尤不许真物上台”。（《中国剧之组织》）较之第一阶段著作之批评国剧“其为言也杂乱而无章”，“音乐太简单”，“光线不讲究”，“拿着鞭子就算马，摇着木板就算船”，“穿衣服更简单，自从盘古到现在，不论演那一朝的戏，都是一样的衣裳”（《说戏》），真有天壤之别。

第三阶段的著作，具有对第二阶段京剧研究成果汇总的意义，并对京剧的艺术规律进行了较系统的理论探讨。《国剧艺术汇考》完成于作者逝世前一年，在这方面最具代表性。全书12章，分别论述京剧的来源及变迁、上下场、动作、歌唱、行头、脸谱、胡须、切末、脚色名词、音乐、戏台。又从这些对实际对象的汇总考订中，生发出理论性的阐述。诸如提出京剧的动作是“以曲线表现舞式”的“美化的动作”，有“形容音乐之舞”、“形容心事之舞”、“形容作事之舞”、“形容词句之舞”。京剧的歌唱可分为：“第一级的歌唱”——［西皮］、［二簧］等纯粹的歌唱，“第二级的歌唱”——念引子、诗、对联等，“第三级的歌唱”——一切念白，“第四级的歌唱”——哭、笑、嗔、怒、忧、愁、悔、恨等发出来的声音。京剧的脸谱是“形容人之性情”和“代表民意”的，“贬多褒少”，有“表现性质”、“遗传性质”、“摹仿性质”、“姓名字面”、“袭衍性质”、“误会性质”等类别的区分。京剧戏台上的环境则有“用演员身段表现者”，有“用桌椅表现者”，有“用物器表现者”。总之，京剧的艺术规律可用“有声必歌，无动不舞，不许真物器上台，不许写实”四句话概括。这些理论升华自京剧艺术实践，又对实践具有指导意义，是齐如山长期调查研究的结晶。《国剧概论》、《国剧要略》、《国剧的原则》3本著作，以及《谈平剧》、《杂著》、《国剧漫谈》（一、二、三集）中的一些文章，也各有侧重地论述了京剧的这些艺术规律。《清代皮簧名脚简述》、《谈四脚》是对京剧历代名演员生平和技艺的介绍和评析。《编剧回忆》则根据自己数十年编剧的经验，强调京剧编剧宜时时考虑观众、演员及本剧种的特点，并阐明了有关编剧

正在缀玉轩中工作的齐如山（中），左为梅兰芳，右为罗瘿公

技巧的一些问题。

创作 齐如山的戏曲创作约可分为早、中、晚三期。早期为1911年编写的话剧《女子从军》和梆子《新顶砖》与《新请医》，均未演出，是齐如山的戏剧试作。中期始于与梅兰芳合作，转向京剧剧本的编写，创作了《牢狱鸳鸯》、《嫦娥奔月》、《一缕麻》、《黛玉葬花》、《晴雯撕扇》（《千金一笑》）、《天女散花》、《童女斩蛇》、《木兰从军》、《麻姑献寿》、《上元夫人》、《洛神》、《廉锦枫》、《俊袭人》、《缇萦救父》、《空谷香》、《生死恨》，整理、改编了《春秋配》、《红线盗盒》、《天河配》、《三娘教子》、《游龙戏凤》、《霸王别姬》、《西施》、《太真外传》、《宇宙锋》、《凤还巢》、《春灯谜》、《窃符救赵》、《桃花扇》。这29部剧作，《空谷香》由尚小云上演，《窃符救赵》由尚和玉、陆素娟上演，《桃花扇》由杨荣环、侯喜瑞上演，其余均由梅兰芳上演。另有《珍珠塔》、《团花凤》、《双珠记》、《群芳集艳》、《二度梅》等5部剧作，未获演出。这些剧作，除《生死恨》创作于1933年、《桃花扇》改编于1945年外，其余皆编写于1915～1928年间齐如山创作的旺盛期，在剧坛也产生很大影响。晚期为到台湾以后编写的《征衣缘》、《新打城隍》、《新送京娘》、《勾践复国》、《新小放牛》，进入齐如山创作的尾声，前4部剧作虽获上演，但已不再有中期的盛况和影响。

从20世纪10年代中期到30年代早期，齐如山以诗化的语言、明确的舞台意识和观众意识，为梅兰芳编写了一系列题材、形象、样式各异的剧作，并且襄助梅兰芳在歌舞表演、服装、化装、布景等方面锐意革新，促使梅兰芳在建设自己特有剧目的同时，奠定了雍容华贵、清丽典雅的艺术风格。他们的成功合作是梅派艺术形成的重要原因，也使得齐如山的剧作在舞台上获得长久艺术生命。他们的成功合作还在京剧界掀起文人与演员合作的热潮，京剧剧坛也因此出现了梅、程、荀、尚等不同艺术流派争奇斗妍的鼎盛局面。

齐如山的中期京剧剧作之所以获得成功，又缘于得到梅兰芳周围的创作集体的帮助。《一缕麻》的题材就是吴震修发现后，得到梅兰芳认可，由齐如山写出草稿，再由大家斟酌、改定的。所以梅兰芳在《舞台生活四十年》中说：齐如山“后来陆续替我编的剧本很多，这出《一缕麻》是他替我起草打提纲的第一炮，也是我们集体编制新戏的第一出”。又说：《黛玉葬花》“仍旧是齐先生打提纲，李释戡先生编唱词，罗瘿公先生也参加了不少意见，再经过几位老朋友斟酌修改，集体编成的”。《天女散花》“编剧的步骤还是同过去一样，先打提纲分场；只是关于经典的部分的考据和修词，是我和许多位朋友研究，经过一点一滴的细细推敲才完成的”。“在最末一场散花的时候，又用了两段昆曲调子——［赏花时］和［风吹荷叶煞］是李释戡和王又默两位填词”。非常熟悉梅兰芳演出剧目的齐崧也说：《太真外传》“由齐如山提纲挈领，草拟剧情及分场”。“唱词和念白，系出自黄秋岳、李释戡”。（《谈梅兰芳》）齐如山为梅兰芳编写的剧本，大部分都经由李释戡、吴震修、罗瘿公、黄秋岳、王又默等人补写唱词、念白，或者修改、润色，然后定稿的。实际上，梅兰芳在演出过程中，根据观众的反映，还不断对这些剧本进行审慎加工，才使它们成为思想和艺术渐臻完善的梅派保留剧目。梅兰芳强调这些剧本是“集体编制”，不无道理。齐如山毕生致力于京剧理论研究和京剧创作，在近代京剧历史上留下重要篇章，也为中国戏曲的发展作出了杰出贡献。

（沈达人）

Qi Rushan Juxue Yanjiu

《齐如山剧学研究》 京剧史学专著。梁燕著。学苑出版社2008年12月出版。约36万字。全书有3章。第一章《齐如山剧学贡献》，分戏曲历史、戏曲理论、戏曲技法、戏曲评论、戏曲资料5节，评述齐如山的剧学贡献。第二章《齐如山剧学特征》，分科学意识、实践意识、比较意识3节，对齐如山的剧学特征进行了比较深入的探讨。第三章《齐如山剧学实践》，分编剧艺术、导演艺术、策划艺术3节，对齐如山为梅兰芳所作的编导工作、创建京剧旦脚新的审美风范，以及推动京剧走向世界等方面做了相当全面的总结。附录有《齐如山活动年表》、《齐如山著作年表》。作者梁燕，1987年毕业于北京师范大学中文系。1993年、1996年先后在中国艺术研究院研究生部获硕士学位和博士学位。本书就是在其博士论文《齐如山剧学初探》的基础上，继续深入研究的成果。书前有郭汉城、周育德、廖奔3篇序文。序文指出，由于历史政治原因，过去研究梅兰芳很少提起齐如山，即使提到也几笔带过。进入新时期，“学术研究有了更为宽松的环境，大家越来越意识到我们应该以更加宽广、更加包容的胸怀，对上个世纪在中国戏剧学研究领域产生过重要影响的一些学人进行客观的、历史的研究，并予以恰如其分的学术评价，这关系到我们能否认真地回顾、清晰地梳理、客观地总结20世纪中国戏剧学研究的历程”（郭汉城序）。这是“迄今为止有关齐如山研究的最为系统、最为完备的一种著作”（周育德序）。“通过梁燕的发掘，我们今天走近了齐如山，看到了梅兰芳成就背后的一根有力支柱，这根支柱在京剧的现代发展以及中国戏曲的现代历程中，曾经起过十分重要的推力，它是不应被历史忘却的”（廖奔序）。

（简畅）

Qi Rushan Quanji

《齐如山全集》 齐如山戏剧学、民俗学等著述的汇编。由陈纪滢、张大夏等编辑。台北联经出版公司1979年出版。凡10册，收入齐氏著作46种，约500万字。

第1册收入《中国剧之组织》、《戏班》、《上下场》、《国剧身段谱》、《行头盔头》、《脸谱》、《国剧脸谱图解》、《国剧简要图案》；第2册收入《京剧之变迁》、《梅兰芳艺术一斑》、《梅兰芳游美记》、《戏剧脚色名词考》等。此二册均为齐如山于20世纪二三十年代在北京出版的一批戏剧学著述。《京剧之变迁》记述了近150余条京剧剧目演出的衍变情况，对于当时一些京剧演员亦有不少评论。《中国剧之组织》首次将中国戏曲的舞台呈现，分解为唱白、动作、衣服、脸谱、音乐等8个部分进行阐释。每个部分又列出若干种类进行介绍，如唱白部分，列有引子、上场对联、坐场诗、通名、定场白、背供、叫板、歌唱、下场对联等名目。在论述中国戏曲特殊的表现形式时，他特别注意将中国戏剧重在抒情、写意、歌舞为主的特征与西方话剧长于模仿、写实、话白为主的特征进行有意识的区分。《戏剧脚色名词考》对中国戏曲特有的脚色体制作了系统的考证，是继王国维之后研究中国古代、近代戏剧脚色的一部专书。《脸谱》和《国剧脸谱图解》分别以文和图的形式对脸谱做了首次较为系统的研究；《上下场》罗列了多种关于京剧上下场的动作技法，归纳了舞台调度、京剧音乐在上下场时的各种运用。《国剧身段谱》是舞台动作规范化的全面整理。《戏班》记述了清末民初北京戏班的组建体制和手续、内部管理规则与对外经营的运作方式。《国剧浅释》用中英文对照的方式简化了《中国剧之组织》的内容，但增补了各个时期的剧场、钟（古乐器）和古装新戏的舞谱。

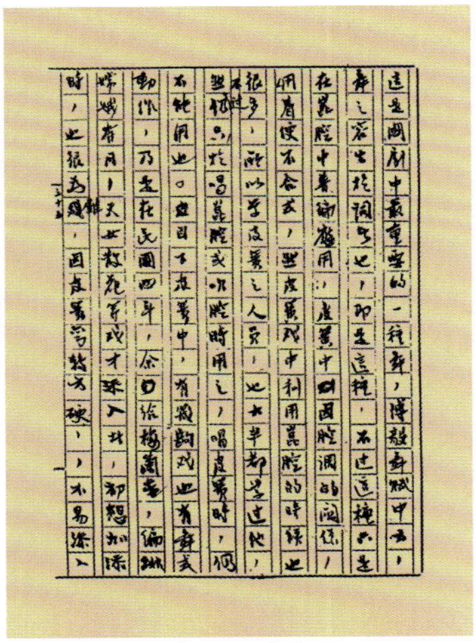
齐如山手迹

第3册收入《国剧概论》、《国剧要略》、《国剧的原则》、《国剧漫谈》、《国剧漫谈二集》、《国剧漫谈三集》、《谈平剧》；第4册收入《清代皮簧名脚简述》、《谈四脚》、《戏界小掌故》等；第5册收入《五十年来的国剧》、《编剧回忆》、《国舞漫谈》、《鼓词小调》等；第6册收入《国剧艺术汇考》等。这些著作均完成并出版于台湾。《国剧概论》、《国剧要略》、《国剧的原则》、《谈平剧》四种内容，几乎都是对《中国剧之组织》的重复和缩减，但其中有一大学术贡献不应忽视，即“有声必歌，无动不舞”（或“无声不歌，无动不舞”）的著名论断是在《国剧的原则》一书中首次提出的。尽管这一理论内涵早在《中国剧之组织》中已被道及，但以这8个字作为固定的表述还是到台湾后形成的。其中戏曲4种等级的歌唱和4种类型的舞蹈在分类研究上取得了重要的成果，成为“有声必歌，无动不舞”的理论基石。《国舞漫谈》在《国剧浅释》“舞谱”一节的基础上，对中国古典舞蹈和相关的古籍做了整理和梳理，并强调古舞与戏曲身段之间的渊源关系。《清代皮簧名脚简述》、《谈四脚》和《编剧回忆》是对前期的演员研究和剧本研究的发展和丰富。《国剧艺术汇考》(1961)、《五十年来的国剧》(1962) 是齐如山晚年带有总结性的两部力作，它们分别从论和史的角度去概括和阐释中国戏曲艺术的表现原则，总结20世纪前半期中国京剧的历程。尤其是《国剧艺术汇考》，在《中国剧之组织》的基础上又扩充了“来源及变迁”、“上下场”、“脚色名词”、“戏台”等方面的内容，有些观点也得到了更加合理的修正，在深度和广度上都超越了前期成果，是集齐如山一生学术成果之精粹的代表性著作。

第7册收入《北平怀旧》、《北平小掌故》、《故都市乐图考》、《齐如山随笔》、《随笔》；第8册收入《中国馔馐谭》、《谚语录》、《中国风俗丛谈》；第9册收入《中国的科名》、《中国固有的化学工艺》、《华北的农村》；第10册收入《杂著》、《北平》、《齐如山回忆录》。此4册主要集中了齐如山在民俗学方面的研究成果。《故都市乐图考》介绍清末以来北京地区小贩的种种叫卖器具。《中国馔馐谭》将中国饮食的历史传统、中国菜的切割和烹饪及其与西方饮食的差异做了介绍，提出“西菜主纯，中菜主和”的观点。《中国风俗丛谈》从民居建筑、看病就医、婚丧嫁娶、请客送礼、商家信誉、塾师职责、农事习俗、年节祭祀等方面，阐述中国人旧有的生活秩序。《中国固有之化学工艺》分上、下两篇：上篇列举了酒、糟、酱、醋等23类近60种中国的饮食品；下篇列举了墨、纸、火药、瓷器等40类近90种日用品，探讨中国千百年来所使用的传统化学工艺。《华北的农村》考证和梳理了园艺的种类，华北地区的百余种谷物、菜蔬。《中国的科名》论述科举制度下自秀才至状元的十几种科名，探讨了其既非官阶又非平民的特殊性质，分析了中国古代士人独特的仕进渠道及科举在中国古代文化中的重要地位。《北平》对清朝皇帝的宫廷生活、大臣上朝情形、北京城市建筑和街道、城内外古迹名胜以及北京教育文化机构等都做了较为全面的记述。《齐如山回忆录》完成于齐氏80岁时，是了解齐氏一生，他与梅兰芳的交往、合作，他研究京剧的方法、规模的第一手材料。

《齐如山全集》有令人遗憾的疏漏，如齐如山早期剧论《说戏》(1913)、《观剧建言》(1914)、《编剧浅说》(1917)，还有他辑录的戏曲资料《同治后五十年间北平恒演剧目》等，以及民俗学方面的《北京三百六十行》、《北京土语》，均未收入。（梁燕）

Qi Zhixiang Zhang Zhixiong Juzuo Ji

《齐致翔、张之雄剧作集》 京剧作品集。中国戏剧出版社1996年8月出版。收有京剧作品6种：新编古代故事戏《大明魂》、《草莽劫》、《淮南王》，现代戏《风支云山路》、《香港行》，改编传统剧目《目连救母》。另有新编历史昆剧《少年游》和历史话剧《鉴真东渡》。每个剧本后面，均附有创作后记或评论一篇。卷首有马少波序，对作品有如下鲜明印象：“一、题材领域广为开拓，勇辟蹊径，不厌其陈，不畏其险。二、深谙‘戏贵浅显意贵深’的道理，道人之所未道，力出新意。三、熟悉舞台艺术，善于运用戏曲特有的艺术手段塑造人物形象。四、语言凝炼、生动，展现了诗的文采。”卷末有安葵对此书的长篇评论《常为探索长精神》。以上剧本，大多由中国京剧院或天津市青年京剧团、安徽省淮南市京剧团公演过，演出效果较好。《大明魂》、《草莽劫》分别获得中国戏剧家协会主办的第三届、第五届全国优秀剧本奖；《香港行》参加1988年文化部主办的京剧新剧目会演，获优秀剧目奖；《目连救母》获第一届文华新剧目奖。剧作者齐致翔（1939～ ），生于天津，1962年毕业于北京外国语学院德语系，任中国京剧院编剧，1990年调任中国戏剧家协会书记处书记、《剧本》杂志主编；张之雄（1947～ ），汽车工艺工程师，长期从事业余戏剧文学创作。（辛为民）

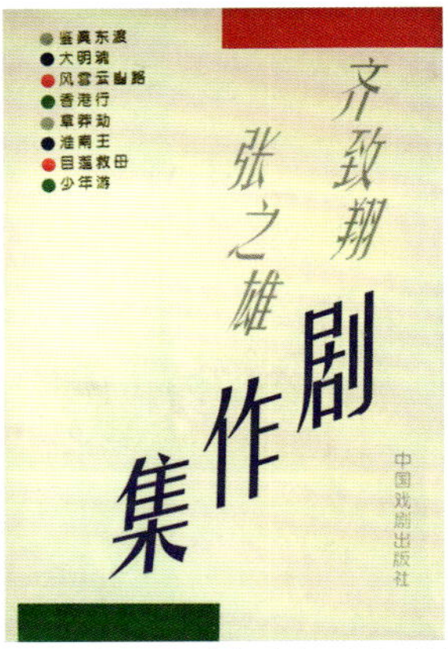

Qi Caifen

祁彩芬 演员。工武旦。直隶保定（今属河北）人。生卒年不详。幼年在北方学戏，清末到上海，民国初年参加丹桂第一台，先后充李春来、盖叫天傍角。1914年，他和盖叫天、李德山、李永利、王益芳、谭永奎常在长浜路（今延安中路）一带空地上练功，他身体轻飘，能踩着跷翻跟斗。与盖叫天合演《打店》，扮演孙二娘。在摸黑开打中首创用双脚蹬桌子，夺刀时，匕首到武松手上，武松乘势用刀向他两腿削去。他平地跃起一个“倒扎虎”。人刚落地，武松一攮子，手起刀落，正对准孙二娘的脑门儿。他闪电般地把腰一弯、头往后一偏，刀从头边擦过，惊险的表演使观众震惊。他的影响可与“九阵风”齐名。后定居香港。庆祝中华人民共和国成立10周年时，曾以游艺圈代表身份随香港代表团到北京观礼。其间马连良、李少春陪同他参观了中国京剧院。当时曾被誉为“年逾古稀，名震南北”。（钱有忠）

Qishuanghui

《奇双会》 京剧作品。又名《贩马记》、《褒城狱》。作者不详。《奇双会》有《戏考》及《京剧丛刊》、《梅兰芳演出剧本选集》等刊本，包括“哭监”、“写状”、“三拉”3折。剧演新任陕西褒城县令赵宠下乡劝农，其新婚夫人李桂枝夜间听到监狱里传来犯人的哭声；开监询问，才知犯人竟是她的父亲李奇。原来李奇的继室杨三春私通地痞田旺，并趁李奇出外贩马，将其前妻子女桂枝、保童姐弟逐出。李奇回家，杨氏串通田旺，诬告李奇逼奸侍女致死。前任县令胡敬受贿，判李奇死刑，下狱待决。赵宠回衙，桂枝向他求助。赵宠替桂枝写状，并教她乔装男子，向新任山陕巡按递状申诉。巡按见露出女相的桂枝，将她拉进后衙。赵宠闻知，怒闯辕门，也被巡按拉了进去。原来巡按竟是桂枝的弟弟保童。剖明冤情，保童又将李奇拉进后堂，全家团圆。《奇双会》为京剧中的吹腔戏，用笛子伴奏。《奇双会》为梅兰芳代表剧目之一，以念做表演为主。梅兰芳饰李桂枝，姜妙香或俞振飞饰赵宠。曾有梅、俞分饰桂枝、赵宠，而姜甘配保童的合作演出，传为菊坛佳话。该剧是平反冤狱的严肃题材，在“写状”中，却妙造自然地渗入了新婚夫妻燕尔缠绵的情话、雅谑嬉戏的谐趣；“三拉”则极尽桂枝惶怯娇羞的窘态，赵宠惊恐怒狂的疯态和李奇若幻若梦的痴态，渲染了浓郁的喜剧气氛。此剧流传甚久。《消寒新咏》记清乾隆末年三庆徽部名旦金双凤擅演《李桂枝查监》（即《奇双会》）。铁桥山人有诗：“戏剧场中贵肖真，毋贪艳冶可怡人。哀音妆出悲肠断，确像当年骨肉亲。”（朱文相）

《哭监》 梅兰芳饰李桂枝（右） 王少亭饰李奇 （陈莹摄）

《写状》 俞振飞饰赵宠（左） 言慧珠饰李桂枝 （陈娟美摄）

Qixi Baihutuan

《奇袭白虎团》 京剧作品。李师斌、方荣翔、李贵华编剧。于1958年中国人民志愿军回国前夕，由中国人民志愿军政治部京剧团首演。剧团回国后并入山东省京剧团，作品历经修改，1964年参加全国京剧现代戏观摩演出大会。导演尚之四。主要演员宋玉庆（饰严伟才）、方荣翔（饰团长）、俞砚霞（饰崔大嫂）。周恩来观后，在肯定该剧的同时，认为应该显示出朝鲜人民的力量。嗣后，剧本又多次加工。1965年《光明日报》发表修改本，署名李师斌、李贵华、方荣翔、孙秋潮。后被江青冠名为“样板戏”。1972年，长春电影制片厂拍摄成戏曲艺术片。剧演1953年7月，侵朝美军和李承晚集团破坏停战谈判，在金城前线附近集结兵力，以其王牌军“白虎团”为一线，准备向北进犯。志愿军某团侦察排长严伟才，奉命带领穿插营尖刀班袭击白虎团指挥部。他们涉艰履险，直插敌后，在朝鲜人民军协助下，一举捣毁白虎团团部，打乱敌军部署，保障了反击的胜利。该剧歌颂中朝人民在共同反侵略斗争中结成的深厚友谊，以及志愿军指战员的国际主义精神。这是一出唱、舞并重的武戏，武打尤为繁重。为展示志愿军指战员的神采英姿，发挥京剧艺术的特长，按剧情发展安排了越敌堡、排地雷、翻悬崖、过山涧、渡激流、直捣敌巢搏斗等情节，组成一系列跌扑腾跃，载歌载舞的场面。同时，穿插抓俘虏、过哨所的情节，妙趣横生，使剧情富于变化。第一场严伟才“打败美帝野心狼”唱段，糅入《志愿军战歌》曲调，警醒自然。全剧颇多创新，成为以战争为题材的京剧现代戏的成功作品之一。（程炳达）

宋玉庆饰严伟才（左）

qipao

旗袍 剧中用于中青年女性具有少数民族含义的时式长衣。源自清代满族妇女所穿长袍。满族隶旗籍者称旗人，故名。其款式为圆领口，大襟开身，缀纽襻，宽身阔袖，袖口及腕，袍长至足，两侧开衩。缎制绣花，领、袖、襟、摆多镶有花边。从传世戏装图照中，可见晚清京剧名伶李宝琴、孙怡云、路三宝、王瑶卿等所饰之《探亲家》城里亲家母、《四郎探母》铁镜公主、《雁门关》青莲公主、《珠帘寨》二皇娘等，皆穿旗袍，或配以马甲，梳旗头（一字头），穿旗鞋（俗称花盆底），其装扮悉同时样。辛亥革命后，汉族妇女以穿旗袍为时尚（唯不梳旗头、不穿旗鞋），样式屡有变化。20世纪20年代，蓝布旗袍成为女学生便装。之后，又受欧美影响，“改良旗袍”成为时髦女性最喜爱的服式。这种风气也影响到京剧舞台。主要表现为改旧式旗袍的圆领口为小立领，阔袖为窄袖，宽身为略收腰身，消除臃肿，使之称身合体，多以折枝花替代满花布局，简化或取消镶边装饰。这种改进一直延续到现在。如中

《四郎探母》铁镜公主

王瑶卿饰　　程砚秋饰　　雪艳琴饰

国京剧院《四郎探母》中李维康饰铁镜公主的旗袍，白缎地，通身彩绣一只凤凰，展翅于大红牡丹花间，设色大胆，雍容华贵。在京剧传统剧目中，旗袍是"番扮"的一种造型手段，凡扮演非汉族女性，均可穿此。如张君秋在《苏武牧羊》中饰汉代匈奴元帅胡克丹之女阿云，也穿旗袍。旧时，官中衣箱不设旗袍，属于演员自备的私房行头，这也促进了旗袍的不断改进。另外，社会风气的影响还表现在一些如《纺棉花》、《戏迷小姐》等玩笑戏中，女演员穿时髦的旗袍出场，这与作为"番扮"的旗袍已有不同，完全时装化，短袖露臂，高开衩，穿丝袜、高跟鞋。在近现代题材的京剧中，旗袍的用料、款式、花素，均参照社会生活，视剧情需要而定。（谭元杰）

qizhuang

旗装　见清装。

Qilintong Nashou Jiezuo

《麒麟童拿手杰作》　京剧作品集。又名《麒派秘本荟萃》。编者署名"戏迷客"。戏剧研究社1936年4月出版。共收剧本8种，为《萧何月下追韩信》、《一捧雪》、《九更天》、《打严嵩》、《天雷报》、《临江驿》、《投军别窑》、《路遥知马力》，都是20世纪30年代周信芳演出当红的剧目，均能体现麒派唱、念、做的独特表演艺术风格。（李红石）

qiba

起霸　表演程式之一。用以模拟古代武将出征前整盔束甲的情状，是表演基本功之一。因明传奇《千金记·起霸》一折而得名。有男霸、女霸之分。**男霸**由提甲出场式亮相、云手、踢腿、弓箭步、骑马蹲裆式、跨腿、整袖、正冠、紧甲等基本动作连贯组成套路。**女霸**由出场式亮相、云手、埸步、鹞子翻身、整袖、正冠、掏翎、紧甲等动作连贯组成。单人起霸，全套为**整霸**（全霸），多用于剧中主要角色，如《挑华车》的高宠、《扈家庄》的扈三娘。**倒霸**，角色背向观众倒退出场，如《铁笼山》的司马师。只用半套动作的起霸称**半霸**（也称小霸），凡四将或八将起霸上场，第一个出场的角色惯例为主角，要起全霸，以后第二出场的则依例起半霸。**双起霸**由二人表演，各从两边分上，同时起舞，从上场门出场者起正霸，另一人从下场门出场，起反霸。**反霸**用相反动作，与正霸的动作形成对称，如《战长沙》的魏延与黄忠。**蝴蝶霸**，是单人起正霸，念台词后归到下场门，再起一遍反霸，如《九龙山》的杨再兴，故又叫**一人二霸**。另有**矮子霸**，完全用矮子步法，属矮子功技巧之一，路数与整霸相同。**多人霸**指多人起霸，但不同时出场。如《挑华车》高宠单人出场，起整霸，张奎第二个出场起半霸，汤怀、郑环起双霸，何元庆、张宪第五、第六个人［急急风］出场，至台前一亮，引出先前众人，在前中场一字排开。生、旦、净、丑各行起霸有多种不同样式，均从整霸套路衍化而来，多彩多姿，是京剧表演艺术的有机组成部分。（周绍昌）

qitang

起堂　戏班行话。戏曲演出过程中，观众中场离席，走出堂厅（剧场），称起堂。起堂除个人原因外，多表示对演出的不满，说明不能吸引观众。若观众单个起堂，称**抽签**，喻如签筒内抽签。若观众大量涌出，则称**开闸**，喻之如水闸开放，势不可收。起堂、抽签、开"都是对观众上座情况的形象化比喻。（戴申　周华斌）

qikou

气口　戏曲唱念术语。一是指演员唱念的旋律节奏、念白的语气句读交代鲜明、顿断清晰。二是指演唱者根据词情曲意，在行腔的句读转折处，适当舒缓一下呼吸器官，调动下一步情绪的吸气方法。第二种主要为换气，即在唱句、念白平稳自然的语句间，轻松地换一口气；其次为偷气，即在急促的节奏中，随旋律、语气的转折而暗暗地"偷"吸半口气，使听众不易觉察，但演唱者自口腔至胸腔的肌肉都得到了舒缓，这是非常巧妙的一种吸气方法。（傅雪漪）

Qianfosi Piaofang

千佛寺票房　京剧业余爱好者活动场所。蒙古科尔沁亲王那钜甫（那彦图）的第五世郡王衔祺少疆（祺克慎）于1924年在北京安定门内千佛寺胡同租房成立。他与克勤郡王后裔于幻荪、于菊人等极为友善，每隔三四日在此集会，请内行陈喜星来指导，并邀请程茂亭、黄占彭、邵午桥、王瑞芝、周子敬等参加。后因地势狭窄，票房迁到宝钞胡同北头，已故蒙古公爵宗宅院内。祺少疆赴蒙古后，票房停止活动。此后王瑞芝在地安门内方砖厂小厂胡同另行组织票房，除原有同仁外，又有陶畏初、李菊依、翁偶虹、武绍轩参加。1929年同仁多去外地工作，票房解散。复由翁偶虹、杨少泉、孟振南等在什刹海大翔凤胡同成立辛未票房继续活动。（李体扬）

Qianli Zou Danqi

《千里走单骑》　京剧作品。又名《关公单骑走千里》。由《灞桥挑袍》、《过五关》、《古城会》等折连缀而成。置身曹营的关羽，得知刘备行踪后，决意辞曹寻兄。关羽辞别，曹操托故不见。关羽乃留下书简，挂印封金，护送甘、糜二嫂出城。曹操闻报，与众将追至灞陵桥，置酒饯行，并赠黄金千两。关羽不受。进酒时，关羽疑其有毒，以酒泼刀，刀头火起。曹操谢罪，再赠以锦袍。关羽以刀挑袍，辞曹而去。又经历过五关、斩六将，至古城。张飞疑关羽已降曹，迎进二嫂后，关闭城门，不让关羽进入，及见关羽杀了追赶而来的蔡阳，始开城迎接。张飞向关羽请罪，关羽不理，刘备为张飞求情，三人重归于好。本事见《三国志演义》第26回、第27回。元杂剧有《关云长千里独行》、《寿亭侯五关斩将》（均佚），明有传奇《古城记》、杂剧《义勇辞金》，清宫廷大戏《鼎峙春秋》卷四上第五出"挂印封金寻旧主"至十四出"一

《灞陵桥》 李少春饰关羽（右） 袁世海饰曹操
（容国尉摄）

家人在古城聚”均演此事。关羽由红生饰演，曹操由净饰演。《灞桥挑袍》由王鸿寿编演。他一改旧例揉胭脂红脸为厍银朱勾红脸，戴黑三绺，两道极细的凤眉，使关羽更显端庄威严，古朴中见秀美。身段上，高抬腿重落脚，步履沉稳、有力，落步后肩与背部微微颤动。弓箭步竖刀而倚，横向背刀推髯斜视，以及捋髯时将髯捋成一条斜线等造型展示出雕塑美。他还增加了配角马童，创造了关羽和马童双人趟马舞姿。关羽的诸多新颖身段与马童的翻跌扑打，交融互动，火炽热烈，有力地烘托出关羽的威严形象。另有郝寿臣创演的《灞桥挑袍》，重在表现曹操，增加了张辽试探关羽心迹等情节。1959年，中国京剧院曾演出《灞陵桥》（翁偶虹编剧），主要写关羽辞曹，曹操灞陵桥饯别、赠袍。《过五关》亦由王鸿寿编演。《古城会》又名《古城训弟》，常作单折演出。唐韵笙演此，训弟时不上刘备，而由二嫂出面相劝，唐的表演细腻、含蓄、深沉，格外感人。剧本收入《唐韵笙舞台艺术》。《千里走单骑》剧本载《京剧丛刊》第13集。《戏考》载《挂印封金》、《过五关》、《古城相会》。《郝寿臣演出剧本选》有《过五关》、《灞陵挑袍》。

《古城会》 李洪春饰关羽（左）
马名群饰张飞

（刘方正）

qiantai

前台 剧场的组成部分，包括表演区和相关的建筑设施。旧式戏园的前台约6米见方，高出地面不及1米，为一方形空台。前台四角立柱，三面朝向观众，周设矮栏杆。四柱称台柱，支撑台顶或阁楼，是传统亭阁式戏台之旧制。民间以“台柱子”喻剧团的主干演员。二层之阁楼一般用于存放砌末、服装等演出用品。中设天井，下通前台，可吊放物件。有的台顶设为伞式音罩，类似藻井。舞台前侧之二柱设有对联，称戏联。如张次溪记录广和楼之戏联云：“学君臣，学父子，学夫妇，学朋友，汇千古忠孝节义，重重演出，漫道逢场作戏；或富贵，或贫贱，或喜怒，或哀乐，将一时离合悲欢，细细看来，管教拍案惊奇。”（张次溪《燕归来簃随笔》，见《清代燕都梨园史编续编》）舞台后侧以板壁隔断，或饰台帐，有上下场门与后台相通。从观众席看去，左侧为上场门，右侧为下场门。演员由上场门出，下场门入。早期戏园的后壁隔断前是乐队位置，设乐桌。或将乐队伴奏置于台下上场门一侧。上场门前数步，临近台口处称九龙口，是演员出场后首次亮相之处。台柱和台口上部有时加设铁栏杆和纣棍，演出武功戏时登高履险，表演绝技，称栏杆技。据曹心泉说，这是清代一个叫张大四的演员创设的（《剧学月刊》第1卷第2期）。台口无幕。砌末（道具）由演员随身带上带下，或有检场人临时安置。演员如走马灯般上上下下，流水式地叙述和表演剧情，区别于西方戏剧的幕景制。这种一方空台、三面敞开的开放式舞台体制，不制造生活幻觉，主要是提供演员载歌载舞的表演场所。由此，造就了传统戏曲及京剧的写意特征和形式感、技艺化的美学倾向。20世纪初，随着西方式剧场的引进，前台渐渐通行镜框式，设幕，观众由正面观赏。或于台口扩展半圆形台唇，部分地凸向观众席，称新式舞台。随之，京剧拓展了幕景制。镜框式舞台和幕景制在相当程度上改变了京剧的前台表演体制，如取消上下场门，演员由侧幕及布景之间出入，乐队藏于侧幕或乐池，布景、灯光、音响的运用等。

清代茶园戏台

（周华斌）

Qian Baofeng

钱宝峰 （1838～1895） 演员。工架子花脸。一作钱宝丰。北京人，师承不详。架子、武花兼能。搭过清咸丰、同治、光绪间的各大名班，如三庆、春台、四喜等，隶三庆最久。曾佐程长庚、徐小香、卢胜奎、杨月楼、俞润仙、余玉琴诸家演唱。在三庆班的连台轴子戏《三国志》中前后饰演张飞、黄盖、曹仁等。因他在《借赵云》、《长坂坡》、《临江会》（该剧有“红唱”即上关羽，“黑唱”即上张飞的两种演法，此指“黑唱”）、《芦花荡》、《黄鹤楼》、《瓦口关》诸剧中所饰演张飞，形神俱妙，有“活张飞”美誉。当时黄润甫以演曹操戏著名，“每演《长坂坡》，必以钱饰桓侯，一文一武，神情逼肖，可称‘双绝’”（许九埜《梨园轶闻》）。他常演的戏还有《丁甲山》、《清风寨》、《大名府》、《扈家庄》、《蔡家庄》、《五人义》、《岳家庄》、《牛皋下书》、《镇潭州》、《辕门斩子》、《取洛阳》、《审刺客》、《青石山》、《挑华车》、《英雄会》、《霸王庄》、《恶虎村》等。另参加过一些新排本戏的演出，如在三庆班的《龙门阵》中饰盖苏文，在春台班的《混元盒》中饰白石怪，在福寿班的《儿女英雄传》中饰邓九公等，演来都有个人创造。

他身躯魁岸俊伟，工架凝重稳练，以演靠把戏最为著称。并精于勾脸，尤擅长勾“三块瓦”，笔锋细巧而得神，评家把他的笔法风格比作“如仇十洲之工细”，为后来的钱金福所宗法。他的表演注重脸上的意态神情，善于利用两颊肌肉的颤动做戏，表达人物或怒或喜的情态，皆能栩栩传神。花脸表演中常用的“哇呀呀”，他打得最好。

不但高亢响亮，妙在用以刻画人物性格。评家说：“他演马武、牛皋，打‘哇呀呀’是‘蹙口出声，激于舌端’，显示了急躁鲁莽；而演《十面》的项羽，则‘娓娓出口，滚于舌端’，逐渐引伸，叠声翻高，显示了激昂愤慨。”（《翁偶虹戏曲论文集》）他的戏“演来淋漓酣畅，有风驰雨骤之势”（王芷章语）。“唱做并佳，各艺咸备，亦净界之名家大家也”（徐珂《清稗类钞》）。钱宝峰的表演风格及特色，对于与他同时的黄润甫和后来的钱金福，均有影响。（钮骠）

Qian Fuchuan

钱富川 （1903～1977） 京剧教师、武生演员。原名兰玉，字汇海。祖籍安徽安庆，生于北京。出身梨园世家，祖父钱喜保，随徽班进京，工老生。父亲钱长永，工武净，出科于北京胜春奎科班，

与王长林、牛长宝、李连仲同科。钱富川幼入北京斌庆社科班，学花脸，1914年转入富连成社科班，入第三科，从姚增禄、董凤岩学武生，与沈富贵、茹富兰等配戏，如《艳阳楼》之花逢春、《英雄义》之卢俊义、《战冀州》之马岱等。并私淑杨（小楼）派剧艺，能戏颇多，《林冲夜奔》、《蜈蚣岭》、《挑华车》、《连环套》、《长坂坡》、《战马超》等皆能教演。1920年出科，常为杨小楼、尚和玉、俞振庭、高庆奎及孙毓堃、吴彦衡、高盛麟等配戏，合作默契。他的表演，身上、手里、脚下都稳练有法，干净利落，嗓音清亮，唱念讲究，为当时京剧舞台上二路武生的佼佼者，各班争相邀聘，颇受倚重。

自20世纪30年代始授徒传艺，曾在中华戏曲专科学校、荣春社任教，傅德威、齐和昌、袁金凯、何金海、贺玉钦、米玉文和尚长春等都曾从他受业，俞振飞、高盛麟、王世英、姜铁麟、谭元寿、童祥苓、张宝华等亦向其执弟子礼。1950年应梁花侬之邀，赴新疆军区京剧院（即习称之西北戏剧学校）任教，同往者还有骆连翔、宋继亭、陈少五、计砚芬等。1952年返京，被聘为北京戏曲实验学校（后更名为中国戏曲学校）教师，直至退休。该校10个班次中有百余名学生都得其教益，如俞大陆、李景德、王代成、孙洪勋、武春生、许树丰、高牧坤、米福生、杨长秀、江长春、宋延华、吴德嘉等。1958年为学校勤工俭学筹集基金演出，曾与李桂春（小达子）合演了《独木关》（饰周青），与方连元、邱富棠、范富喜等合演了《泗州城》。1962年又与萧长华录制了《骆马湖·问樵》、《酒楼》录音，留下了宝贵资料。（钮骠）

Qian Haoliang

钱浩梁 （1934～ ） 演员。工武生。曾名钱正伦、浩亮。生于上海。父亲钱麟童为京剧演员。他6岁从父学戏，后入上海戏剧学校，

是“正”字班中年岁最小的学生。1950年考入北京戏曲实验学校，继续修业。先后师从尚和玉、迟月亭、沈三玉、茹富兰等。1956年毕业后，留校实验剧团为主要演员，又向孙毓堃、钱宝森、刘砚芳、李盛斌、李洪春、傅德威等请益，学习师辈的拿手戏。调入中国京剧院后，又得到李少春、盖叫天的指拨。他嗓音清亮，工架敦实，把子、筋斗各功兼优，功底深厚，转

《艳阳楼》饰高登

益多师，兼收并蓄。他身躯魁梧，气势雄健，以演长靠戏、勾脸戏见长。艺宗杨（小楼）、尚（和玉）二派，旁及盖（叫天）派。擅演剧目有《长坂坡》、《挑华车》、《英雄义》、《艳阳楼》、《金钱豹》、《嘉兴府》、《伐子都》、《界牌关》、《甘宁百骑劫魏营》、《连环套》、《野猪林》、《截江夺斗》、《战宛城》（饰典韦），以及现代戏《红灯记》(饰李玉和）等。

后又攻余（叔岩）派老生戏，所成不逊于他的武生戏。1988年12月，为母校筹集教育基金，参加义演，主演了《艳阳楼》，饰演高登一角，稳健而坚实，颇显尚（和玉）派风韵，动作威猛凝重，武打迅捷严谨，手里脚下

《红灯记》饰李玉和（左） 袁世海饰鸠山

皆见法度，功力不减当年，受到热烈欢迎。20世纪80年代于河北省艺术学校任教，直至退休。（钮骠）

Qian Jisheng

钱继生 （1922～1995） 京剧教师。曾为琴师。北京人。出身梨园世家，父钱福才系秦腔青衣花旦演员。1934年入北平志兴成科班学戏，工老生。1936年志兴成科班解散后，又边读书边与其兄钱继增学习京剧文场音乐，开始弹月琴，后改拉二胡。1939年登台献艺，在北平各剧场搭班演出及随班到各大、中城市演出。1942年曾入富连成科班乐队工作。1945年拜沈福海为师，曾先后与绿染香、新艳秋、管绍华、白玉薇、李宗义、王吟秋、叶盛章、李少春、李盛藻、梁益鸣、高玉倩、荀慧生、雷喜福、王玉蓉、李玉茹等合作演出。钱继生舞台经验丰富，熟知各流派唱腔唱法，戏路宽广，能戏颇多，昆乱不挡。操琴稳健准确，并熟稔笛子、唢呐、海笛的演奏技艺。1953年参加中国戏曲学校实验剧团乐队工作。1962年调音乐科任教，直至退休。钱继生治学严谨，诲人不倦，为培养京剧文场伴奏者作出了贡献。（王健）

Qian Jiang

钱江 （1931～ ） 票友。工小生。祖籍浙江绍兴，生于上海。就读于上海圣约翰大学文学系。20世纪50年代初到香港，在中国

商船企业有限公司任职。1961年创办香港港亚轮船有限公司。1964～1984年，港亚与中国对外贸易运输总公司及香港招商局合作，经营中国至西非定期航运班轮。1986年起到北京投资房地产，兴建北京三艾科技会所、丽晶苑大厦、航华科贸中心。钱江热心关注京剧事业，被聘任为中国京剧艺术基金会理事、北京梅兰芳基金会副会长、天津国际票房副会长。对于重大的振兴京剧活动，他慷慨解囊，鼎力相助。由于贡献突出，1995年11月荣获文化部振兴京剧指导委员会和中国京剧艺术基金会颁发的首届金菊奖。钱江创办的北京国际票房，是京剧名家和海内外票友经常聚会之所。

钱江自幼喜爱京剧，曾学唱老生，1985年在香港拜姜妙香琴师任莘寿为师，改唱姜派小生，以一年之功学唱《白门楼》，奠定基础。其后在北京向姜门弟子黄定精习唱法，获益良多。又由特聘教师李舒执排身段、整理剧本，由鼓师冯洪起、琴师李之祥辅助，上演了十余出姜派名剧。钱江资质聪颖，演唱尤见雅致醇美，粉墨登台，仪态端方。1992年11月祝贺中国京剧艺术基金会成立，演出《监酒令》，颇受好评。1994年4月在上海庆祝天蟾京剧中心成立和逸夫舞台开台，与汪正华合演《沙桥饯别》，钱江饰唐玄奘，有肃穆清和之气度，且唱腔有所丰富，令人耳目一新。1994年12月至1995年1月纪念梅兰芳、周信芳诞辰100周年之际，在北京与梅葆玖合演《洛神》，与周少麟、张学津、叶少兰、景荣庆、裘少戎、黄德华合演《群英会》，钱江分饰曹植、周瑜，各得其神。1995年11月首届中国京剧艺术节在天津举行，钱江演出《辕门射戟》，报载文章，极为称赏。1997年7月在香港庆回归京剧大会演中再演《辕门射戟》，钱江饰吕布，风貌英武，声腔激越，效果更为强烈。1997年12月在北京纪念谭鑫培诞辰150周年，演出《四郎探母》，钱江饰杨宗保，亦为全剧增色。1997年5月中国唱片总公司为钱江录制出版了《钱江演唱集》盒式录音带，内含16出戏的主要唱段，共4集。 （舒之）

《白门楼》饰吕布

Qian Jinfu

钱金福 （1862～1937） 演员。工武净。北京人。幼年入清恭王府全福昆腔科班学戏。不久，该班解散，转入程长庚主办的三庆科班，兼学皮簧、昆曲。从朱洪福学戏，特别跟朱洪福学会了《身段论》口诀，打下身段和武功的坚实基础，使他成为能全面掌握生旦净丑各行身段基本功法原则的代表人物。王瑶卿、王凤卿、杨小楼、杨孝方、梅兰芳、余叔岩、杨宝森等名演员，在做打方面都深得其教益和指点。其中余叔岩受益最多，除身段、武功之外，还跟钱金福学过文戏《一捧雪》。名武旦阎岚秋曾说钱金福脚底下踩上石灰，两次起霸的脚印都重叠在一起，可见其功夫之精湛准确。

离开科班之后，他曾去天津搭班演唱，后随武生何福友再回北京。清光绪三十年（1904）进清宫昇平署承差，演戏之外兼教太监。光绪三十一年（1905）在清宫陪谭鑫培演《珠帘寨》周德威。开演前，谭到后台向他说：“今儿个咱俩对刀步战啦”，意思是说今天“对刀”一场的刀架子，用“对刀步战”所打的那一套，这就算是对戏了。当时后台都替他担心，怕他打不好。等到上场，他跟谭鑫培打得严丝合缝，后台无不点头称赞钦佩。由此可见钱金福技艺的博大精深。从清末直到民国，钱金福一直在谭鑫培、杨小楼、余叔岩等人的班社中，陪他们演戏，被视为左右手。谭鑫培演《定军山》、《打棍出箱》、《战宛城》等戏，其夏侯渊、煞神、典韦等，都必须由钱金福扮演。钱金福对这些角色均有创新，脸谱、身段、把子都极讲究。杨小楼的所有武生戏中，头路武二花的角色，都由他担任，尤以《长坂坡》的张飞、《青石山》的周仓、《英雄会》的窦尔墩、《骆马湖》的李佩、《赵家楼》的王通、《林冲夜奔》的徐宁等最得前后台的推许。余叔岩的戏更离不开钱金福，夏侯渊、煞神、周德威等角色之外，《失街亭》的马谡、《群英会》的黄盖、《葭萌关》的张飞、《伐东吴》的潘璋、《太平桥》的朱温、《宁武关》的李过、《摘缨会》的先蔑、《战樊城》的武城黑、《战太平》的陈友杰等，非钱金福莫属。《战樊城》、《战太平》等戏中的武打，余叔岩、钱金福合作，都有创新。谭鑫培、杨小楼、余叔岩之外，钱金福与陈德霖合演的《贞娥刺虎》，与王长林合演的《醉打山门》、《祥梅寺》以及本人主演的《铁笼山》、《芦花荡》、《火判》、《钟馗嫁妹》、《喜崇台》、《湘江会》等戏，均被誉为绝艺。

《青石山》饰周仓（右） 杨小楼饰关平

对京剧身段和把子的基本功，钱金福有着系统性理论和实际练功方法。例如后台一般知道“小生紧、旦脚松、老生躬、花脸撑、武生在当中”这类的口诀说法。但对于“紧、松、躬、撑、在当中”等方面的具体要求和做法，并不十分清楚，其实这都是云手基本功的要领。对此，钱金福有所解释：“紧”是小生拉云手时，“两手交叉合胸起”就显得英挺利落；“松”是旦脚云手“底手垂、上手够于鼻、松腰垂股”显得刚健婀娜；“躬”是老生云手要注意“空胸（即前胸空些）后背往后贴（常称为‘排’）”，显得武中带文；“撑”是花脸云手要“两膀大力撑圆、胸不空、

《醉打山门》饰鲁智深（左） 王长林饰卖酒人

《定军山》饰夏侯渊

背不贴"，就显得威武勇猛；"在当中"是武生云手把"躬"和"撑"糅合起来、取手于中之意。

钱金福讲究"一脚、二劲、三心理"。"脚"是脚步，广义指做打的基本动作；"劲"是指动作劲头的灵活掌握；"心理"是指人物性格与剧情要求。脚步不对当然谈不上使劲，但是不会灵活用劲头，或者劲头不对，即使脚步对，也表演不好特定的人物及情节，甚至会成为千篇一律地死板演戏。云手是练功时的成套动作，台上只是灵活运用它。练云手的根本在于腰劲的锻炼，全身的动作都是靠腰带动的，各行脚色的云手不同主要是劲头上的不同。云手是身段的基本功，不会云手，身段就不会好看。

对于钱金福的脸谱艺术，当年的戏曲评论家们曾有"天下一品"的赞誉。钱金福勾脸讲究"下笔"、"地方"。他自称他的脸谱艺术宗法钱宝峰。他说钱宝峰的脸谱左右眉和眼窝中间相隔的距离近，印堂窄；与钱宝峰不同，庆春圃的脸谱左右眉和眼窝中间相隔的距离远，印堂宽。两位的脸谱艺术下笔，地方不同，形成两个不同的净脚脸谱体系。钱金福对他所用的脸谱无一不精益求精，并富有改革创新精神。如：他把韩昌的揉黑脸改为揉黑花三块瓦脸；把颜佩韦的元宝脑门填满白粉改为三块瓦脸；把黄巢的一字眉改为凝眉；把夏侯渊的歪脸改为黑白花三块瓦脸；把杨七郎碎脸两颊虎纹去掉，改为勾红鬓的黑尖脑门。如是等等，使这些脸谱既美观又合乎所演人物的需要，很受当时人们称赞。

钱金福的弟子有李永利、钱双莲、孙双玉、刘砚亭等人。刘砚亭在舞台上与钱金福接触较多，所学较精。钱金福娶张淇林之姊为妻，他与张淇林是同学，后来共同设计过武打把子，例如《英雄义》的"枪架子"。钱金福曾把这个枪架子的头（一般叫一百单八枪头子）传授给余叔岩，用于《战太平》的头场开打。钱金福有二子。长子宝森，京剧武净演员；次子宝荣（松岩），学老生，后以中医为业。

钱宝森（1893～1963）随父练功学戏，能掌握其父的剧目、勾脸、功法。钱金福息影舞台后，他曾陪杨小楼演出，顶替其父之缺。许多京剧演员曾受过钱宝森教益，如茹富兰、茹元俊、叶盛兰、艾世菊、于世文、厉慧兰、邹慧兰等都跟他或交流过或学习过身段基本功。钱宝森将钱金福的《身段论》中的30余条口诀，详加解释，编辑成《京剧表演艺术杂谈》一书传世。（刘曾复）

Qian Peirong

钱培荣（1904～　）票友。工老生。祖籍江苏吴县（今苏州吴中区、相城区），生于上海。父钱秉钧，著名古董商。钱培荣14岁学开蒙戏，始向苏少卿、陈道安、程君谋等讨教，继与陈鸿萱学习余派京剧艺术。1936年浦东同乡会堂会时，与马连良、张君秋、赵培鑫同台演出《四郎探母》。钱氏饰《过关》、《见娘》两折之杨延辉，颇获好评。1952年春，与赵培鑫同时拜孟小冬为师，潜修余派艺术。经过25年之耳提面命，学得余派名剧《战太平》、《定军山》等12出，得孟氏堂奥之秘。1960年他在日本以录音向孟请教时，孟回信略云：《乌盆记》及《洪羊洞》最好。两剧细致处，如功夫不到家，不能到如此地步。此证明，兄狠下一番苦功矣。听此

录音后，确乎比我好得多。息国玲评云："他的声音隽永清秀，韵味醇厚，四声熨帖，技巧娴熟，给人美的享受。……他的演唱到了出神入化、炉火纯青的境界。"齐崧评云："余味完足，吐字喷口，无一不佳，洵为老生之隽才。"余滨生听了钱氏清唱后，慨叹曰："余门唱腔艺术近乎道也。"钱氏谦冲过人，除极少数弟子外，从不与外人道。半世纪来，虽盛传"无生不学谭，无派不熏余"之流谚，但纯真且经余先生晚年亲自修正过的余派之词腔，除孟氏弟子外，坊间已不得与闻。钱氏感于忠实传承之责任重大，多年来一直作以下之努力：①由弟子李炳莘编著及出版《余派戏词钱氏辑粹》、《校订注音圆音正考》、《增订近代剧韵》、《利玛窦罗马注音四文》等传统文化系列丛书，对研讨京剧颇有裨益；②在天津、南京等电台举办比赛，推行余腔伴唱；③成立余叔岩孟小冬艺术学会，并在天津、北京、台湾以及加拿大成立分会。天津分会负责人张业才出版了《余叔岩孟小冬暨余派艺术》，再版了《余派戏词钱氏辑粹》千册。又在香港孟氏弟子支持下，由李炳莘作序，发行了《珍本孟小冬说戏录音》，一盒六带，对发扬余派艺术贡献甚大；④钱氏初期弟子，仅只游建因（已故）、盛菊影、谢萍苏、李炳莘等数位票友，传承不易。晚年增收名伶李岩、李军、尹培玺及名票张业才、刘瑞华、王文芳为徒，他们都是活跃于海内外舞台上的新秀，传承余艺，当可预期；⑤由尹培玺、王文芳、李炳莘合撰《余派名剧脚本》及《余派名剧曲谱》两巨册，由刘曾复及钱先生亲自审核。出版后，对余派艺术之保存、薪传与弘扬，当更有价值。（李炳莘）

Qiankun Fushoujing

《乾坤福寿镜》　京剧作品。作者不详。明成化间，武进人梅俊有妻郑氏，妾徐氏、胡氏。胡氏有孕，梅俊获乾坤福寿镜，认为是得子之兆，问卜于赵铁嘴。徐氏买通赵铁嘴，诬胡氏将产妖孽，梅俊因而欲处死胡氏。丫环寿春闻知，报与郑、胡二人，郑命胡氏与寿春偕逃。胡氏途中产子，将乾坤福寿镜系其颈上。无乳食，寿春去买糕干。巴山大王金眼彪掳胡氏上山，弃婴于路，为宁武关总镇林鹤拾去。胡氏被救下山，遇寿春，因失子而疯。寿春侍胡氏进京投亲，勉强生存。林鹤为婴儿取名林弼显，长大后连中三元，进京游庙，适逢寿春来庙求签，寿春见其身佩乾坤福寿镜，心中疑虑，未及相问。弼显又中武状元，出征得

尚小云饰胡氏（左）尚长麟饰寿春

胜还朝，始得与胡氏、寿春相遇，母子相认，胡氏豁然病愈。全剧以大团圆结束。王瑶卿据旧本重新排演，初饰寿春，后又饰胡氏，对两个角色有不同的艺术创造。后以此剧授尚小云，并与之合演。在上海演出时，王瑶卿饰胡氏，尚小云饰寿春，朱素云饰林弼显，马连良饰梅俊，杨瑞亭饰林鹤，高秋颦（或孙砚亭）饰徐氏。其后，此剧成为尚小云的拿手剧目，既演寿春，又演胡氏，特别在《失子惊疯》一折中

丰富了水袖功和表演身段。1962年，西安电影制片厂拍摄成戏曲艺术片《尚小云舞台艺术》（桑夫导演），片中包括了《失子惊疯》，尚小云饰胡氏，其次子长麟饰寿春，三子长荣饰金眼彪。王瑶卿又曾将此剧授其弟子章遏云、芙蓉草、程玉菁、王玉蓉及其女铁瑛等。尚小云也将此剧授其弟子张君秋、杨荣环、孙荣蕙及其次子长麟等。剧本载《京剧汇编》第12集。（刘乃崇　蒋健兰）

Qianyuanshan

《乾元山》　京剧作品。又名《乾坤圈》、《金光洞》。作者无考。本事出自《封神演义》第13回。陈塘关总兵李靖之子哪吒，曾拜太乙真人为师。一日，哪吒持镇关之宝震天弓、穿云箭，到郊外试演。箭发，不知去向。哪吒急驾云追寻。适值骷髅山白骨洞石矶娘娘侍女碧云奉命外出，被穿云箭射死。石矶见箭，到陈塘关与李靖理论，遇哪吒，二人恶战，哪吒不敌，逃往乾元山金光洞求师搭救。太乙真人出劝石矶，石矶定欲哪吒偿命。太乙真人怒，用火龙罩将石矶炼成顽石。哪吒由武生应工，最初是李春来的代表作之一。他将武术、拳术、剑术以至民间杂技中的技巧，融入武戏，又汲取了武旦、武丑、武净的武打程式，故其演出以身手轻灵迅捷，开打干净利落见长，特别重视技巧的运用。李春来将此剧传与李瑞亭、张德俊、高福安、盖叫天等。盖叫天又创造了耍乾坤圈的表演。他在《粉墨春秋》中说到，有天他看到黄包车翻了，一只车轮脱了车轴，一面自转，一面滴溜溜地绕着车子打圈圈，因而琢磨出了乾坤圈的舞法。并以枪、圈配合，变化出许多新颖美妙的身段。再传于张翼鹏、张云溪、张世麟、梁慧超以及俞鉴等，均成为其各自的拿手剧目。京派演出，没有耍圈等技艺，而以昆曲的载歌载舞和身段、造型、开打等表演见长。也是科班教学常用的剧目。（吴同宾）

盖叫天饰哪吒

Qiannü Li Hun

《倩女离魂》　京剧作品。又名《离魂记》。冯玉琤据元郑光祖《迷青琐倩女离魂》杂剧改编。事见唐人小说《离魂记》。倩娘与表兄王宙青梅竹马，情深意笃，双方父母曾有口头婚约。王宙长大成人，奉母命登门求亲，并与倩娘后园相见，互诉思慕之情。倩娘之父张镒因嫌王宙家道中落，将倩娘另许高门。王宙一气之下乘舟归去。倩娘情思恹恹，卧病不起，而其魂魄却追随王宙同回故里，躯体则昏迷不醒。三年后，王宙得中状元，携倩娘荣归张家，倩娘魂魄方与躯体合而为一。张镒为女儿的至诚真情所动，终于允婚。1957年江苏省京剧团首演。导演冯玉琤。沈小梅饰倩娘，杨小卿饰王宙。此剧着力抒写倩娘之情，《追舟》一场，夜雨中倩娘魂魄追赶王宙，［二簧］“伊人儿去阳台”唱段唱腔优美，情真意切。至江边时滑落堤下，有滑步、坐子等繁重身段，表现倩娘不畏艰难追求幸福至诚至真的心志。该剧在舞台调度、时空处理方面有所创新，如《定情》一场倩娘与王宙分别从上、下场门上，各立舞台一侧，同唱［四平调］“春色恼人难入寝”，唱词相同动作则左右相应对称。表现二人的思慕之情，手法简练而又耐人寻味。1958年进京演出，同年江苏人民出版社出版单行本。1959年剧团携此剧赴奥地利维也纳参加第七届世界青年与学生和平友谊联欢节，并于北欧五国访问演出。（王永敬）

沈小梅饰倩娘（右）
杨小卿饰王宙　（游振国摄）

Qiangxiangling

《强项令》　京剧作品。范钧宏、吴少岳编剧。取材于《后汉书·董宣传》。1962年中国京剧院首演。导演郑亦秋，主要演员吴钰章（饰董宣）、孙岳（饰刘秀）、王晶华（饰湖阳公主）。东汉光武帝刘秀的孀姐湖阳公主府中护卫赵彪伤害民命。洛阳令董宣命差役往公主府缉凶，门禁森严不得入内，乃亲至夏门亭拦阻公主舆驾，捕获赵彪，将其处斩。公主奏请刘秀杀董宣以泄愤。刘秀宣董宣上殿，董宣仗义执言，折服刘秀。刘秀进退两难，因命董宣向公主叩头赔罪，董宣虽被执下跪，却决不低头，被誉为“强项令”。该剧为三场短剧，结构严谨，剧情迂回曲折，波澜迭起。通过尖锐的矛盾冲突和丰富的细节描写，刻画出董宣秉公执法、不屈强权以及他耿直刚毅、宁折不曲的性格。剧作于正剧中融入喜剧情调，形成严肃而轻松的风格。作者在“史”与“剧”的结合上，进行了有益的尝试。全剧重唱工，正净、老生、老旦并重。娄振奎、李世章、李金泉亦工此剧。1963年中国戏剧出版社出版单行本。收入《范钧宏戏曲选》。（程炳达）

吴钰章饰董宣（左一）　孙岳饰刘秀（右二）　王晶华饰湖阳公主（右一）
寇春华饰大太监

qiao

跷　见跷功。

qiaogong

跷功　表演功法之一。又称踩跷、踩寸子。为旧时旦行所特有，中华人民共和国成立后曾被废除。跷是一种特别仿制成旧时妇女缠足（俗谓“三寸金莲”）的假脚套鞋，有硬跷、软跷之分，硬跷为木制，软跷用布缀纳类似加高之软底鞋。跷功系指硬跷功法，又有文跷、武跷之别。文跷多用于花旦、刀马旦，武跷多为翻打跌扑的武旦采用。跷功的缘起尚无确考，据记载清代乾隆、嘉庆时秦腔艺人魏长生两度晋京献艺曾以跷功轰动艺坛。跷的制作有一定规范，演员练习跷功先要学会绑跷，即把跷捆缚在脚上，舞台上展露给观众的是一双窄窄的假足，而且根据剧情配穿红、蓝、白等不同颜色的跷鞋。学绑跷也是蹒跚学步的开始，随即进入耗跷阶段。耗跷的标准姿态是两脚并齐两膝靠拢，双手掐腰、立腰、目平视。先在平地上站立、静耗，逐渐加大高度、难度，进而要在竖起的两块砖上停耗。然后，再上升在板凳或高桌上。继之再耗三角凳。难度更大的是站缸沿。据传为了保持平衡，有时头上还要顶着水碗，为了防止弓腿屈膝，两腿后边还要绑上竹签、腿部稍有松软就被竹尖刺痛。第三步是跑跷、蹓跷。如快步、慢步、蹉步、花梆子步，多种翻身跳转等。

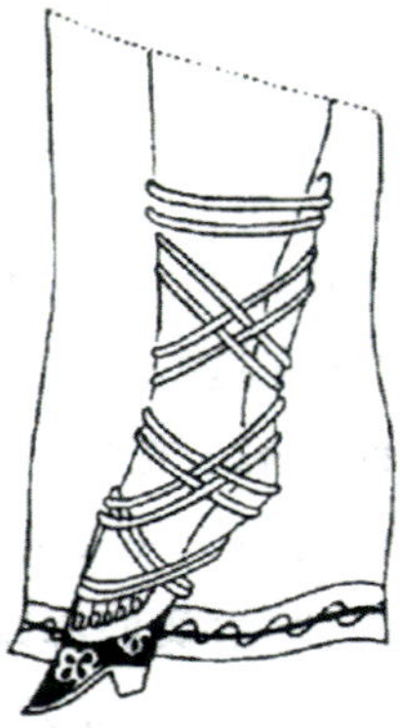

踩跷示意图
（选自《京剧·跷和中国的性别关系》）

跷功的动态妩媚，步法细密稳健，如水上漂，如风摆柳，旋转凌厉，疾快如飞，形成独有的艺术功力。以武旦、花旦为主脚，以跷功表演为主的剧目有《泗州城》、《蟠桃会》、《活捉三郎》、《阴阳河》、《拾玉镯》、《小放牛》、《青石山》、《战宛城》等。不可否认，跷功的出现，是封建时代以女性为玩物，夸饰缠足，以丑为美的病态反映。近年来不少论者认为，由于时日已远，跷功日益脱离原型，为突现动态造型之美，训练演员基本功的独具功效，近年已有演员逐渐恢复传习，葆其技艺精华。若用之得当，亦有利于旦脚艺术之发展。

（陆建荣）

Qiao Yuquan

乔玉泉 （1895～1946） 鼓师。北京人。出身梨园世家，其父乔惠兰为清代昆曲名旦，清末曾在昇平署承差20余年。因家庭贫困，乔玉泉幼年进入田际云主办的玉成科班学艺，工老生。倒仓后改习武场，拜鲍桂山为师，并潜心学习刘长顺司鼓艺术。先后为王凤卿、言菊朋、谭富英、马连良、叶盛兰、袁世海、李世芳、余叔岩、孟小冬、李宗义等伴奏，曾代替鲍桂山为杨小楼演出《挑华车》司鼓，在京剧界享有盛誉。乔玉泉司鼓一贯精益求精，一丝不苟，注重打出人物的情感和个性，并善于把握演出节奏。与演员配合默契，相辅相成，使锣鼓伴奏达到理想的效果。在他与言菊朋合作期间，经常一起切磋技艺，研究唱腔和锣鼓的设计。言菊朋灌制的唱片《宝莲灯》、《贺后骂殿》等即由乔玉泉司鼓。在担任王凤卿鼓师之时，正值王凤卿与梅兰芳合作，他们演出的《汾河湾》、《宝莲灯》等剧经常由乔玉泉司鼓。他对梅兰芳的表演也能配合得恰到好处，得到梅兰芳的赞誉。乔玉泉为马连良司鼓时间最长。马连良在京剧表演、演唱艺术上锐意革新，要求鼓师和琴师能够予以紧密的配合。乔玉泉充分领会马连良的意图，从不墨守成规，根据剧情的需要，与演员共同揣摩全剧的表演节奏，取得良好的效果。《串龙珠》、《安居平五路》、《苏武牧羊》、《十老安刘》等马派剧目中锣鼓的运用和安排，都融入了乔玉泉的心血和劳动。成名以后，他仍对事业兢兢业业，每次演出之前，必要在家里做好充分的准备。他的司鼓不落俗套，尤其擅长根据演员的临场表演作出随机应变的配合，深得同行的赞许。

（丁汝芹）

Qiao Jinchen

乔荩臣 （？～1926） 京剧作家。曾在华俄道胜银行任职。活动于清末民初，编有《赠袍赐马》、《刮骨疗毒》、《义烈奇缘》、《交印刺字》等。《赠袍赐马》，本事见《三国志演义》第25回，演曹操为笼络关羽，赠袍赐马，而关羽不忘兄长刘备的故事。《刮骨疗毒》，本事见《三国志演义》第75回，演名医华佗为关羽刮骨，治疗右臂箭毒的故事。《义烈奇缘》，本事见《聊斋志异·向杲》篇，又名《向杲》，表现向杲为兄向晟报仇的故事。《交印刺字》，本事见《说岳全传》第22回，演宗泽交印，岳母为激励儿子杀敌报国而刺字的故事。乔荩臣身处商界，对清末不讲信义的社会风气深恶痛绝，他所创作的剧本大都宏扬“信义”。他还是清末老生名票，艺宗谭派，光绪三十年（1904），在北京北池子成立遥吟俯畅票房，常常自编自排自演，如在《交印刺字》中自扮岳飞，《义烈奇缘》里自扮向杲，票友王雨田、陈子芳、恩禹之、松介眉等相与彩串，称盛一时。他又是一位戏曲评论家，常以愚樵为笔名，撰写戏曲评论。光绪末年，他与田际云等人发起组织戒烟会，通过演剧筹款，排演了时事新戏《烟鬼叹》、《黑籍冤魂》等，将所得收入全部作为戒烟会的活动经费。据景孤血《由四大徽班时代开始到解放前的京剧编演新戏概况》，他也编写过《潘烈士投海》，“自饰潘子寅，和《惠兴女士》同台演唱”（《京剧谈往录》第535页）。

（秦华生）

qiemo

砌末 戏班用语，泛指演出中所用大小道具及简单布景。一作切末。此语，金元时代已见诸古剧中，如《宦门子弟错立身》：“不要砌末，只要小唱。”《唐明皇秋夜梧桐雨》：“正末与旦砌末科。”明刊《墨娥小录·行院声嗽》释砌末为“什物”。在戏曲演出史上，砌末除有常规性设备外，还有特殊性装点，称灯彩或彩砌、彩头。以灯彩号召观众的戏称灯彩戏，擅演灯彩戏的戏班，称彩头班。齐如山在《国剧艺术汇考》中对砌末与灯彩作如下区分：“大致是戏箱中永远常备之件，就叫作切末，不归戏箱预备者，便叫作彩头。”（第391页）在昆班中，砌末归入杂、把两箱。杂箱有各种旗子、大小帐子，以及布城、山子、马鞭、拂尘、文书、笔砚、烛台、香炉等；把箱为銮仪、兵器（参见《扬州画舫录》卷五记“江湖行头”）。京剧对戏箱略有调整，砌末归入旗把箱（即把子、旗包两箱的合称）。在旗把箱中还有一些非砌末的成分，如面具、形儿等。砌末名目繁多，大体

车旗的运用
北京三庆园上演《定军山》之诸葛亮（柳湖生绘，日本早稻田大学演剧博物馆藏）

月华旗的运用
1920年11月北京三庆园上演瑞德宝之《华容挡曹》
（[日]福地信世绘，日本早稻田大学演剧博物馆藏）

有以下几类：

①兵器。戏班称兵器为把子或刀枪把子，称表演交战为打把子。京剧的把子，即古代民间所谓“十八般兵器”的艺术化。尤以刀类区分极细：长兵器有青龙刀、雁翎刀、七星刀、金刀（圆头，又称象鼻刀）、春秋刀、三尖两刃刀、刀马刀等，短兵器有单刀、双刀、朴刀、腰刀（有刀鞘）、狼牙刀、戒刀、校刀（又名双手带）、刺刀（又名匕首，俗称攮子）等。其他枪、剑、戟、棍、棒、槊、镋、斧、铲、鞭、锏、锤、叉、钩、弓箭、盾牌，大多据不同式样有具体名称。共计约有70多种，每种多寡不一。制作用料主要是竹、木、藤，再加精致的装饰。以关羽所用的青龙偃月刀最称华美，制法讲究“三停”即刀、杆、鐏（或作鐏）三节一样长（现多杆长于刀、鐏），刀面为绿色铁纱，上塑金龙戏珠图案，挂有缀铃刀缨，刀口漆银，杆与鐏漆金色。剧中角色用的兵器，凡小说中已有具体描述者多从之，如张飞用蛇矛、赵云用枪、吕布用方天戟、孙悟空用金箍棒、二郎神用三尖两刃刀等，各式把子亦是塑造人物形象的颇有特色的造型因素。其尺寸与行当表演有关，如：净行用刀，杆长刀宽；生行所用次之；旦行用的刀更小巧精致，以配合其脂粉簪环。武生俞菊笙“手上的气力过人，所以他在台上用的兵器要特别加大。每次上馆子，跟包以外，总有一个人专门给他拿砌末”（梅兰芳《舞台生活四十年》第383页）。个别戏中也有用真刀真枪以制造惊险效果，如盖叫天演《十字坡》武松，用的攮子可剁入台板寸许。

②仪仗。舞台上的仪卫器仗有多种，规格最高者为銮仪，俗称“銮驾”，由侍卫、宫女等成对执举，在帝后、贵妃、太子、公主出场时用作导从。其名目有：玉棍，长与眉齐，金色，两端有龙纹图案；金瓜，长柄，顶端呈瓜形，金色；钺斧，长柄，上端为金面银刃斧，穿榫处作吞口形，顶部为银色枪尖；朝天镫，长柄，顶部为上仰的马镫形，金色；宾福，柄长约4尺，金色龙头提梁下为倒垂莲花顶，用丝绦相连金色方板4片，上书“国泰民安”等字样，两侧垂挂彩穗；提炉，金色龙头提梁下为八宝飞檐顶，周边饰以彩穗，中间为金色博山炉，炉底下垂彩穗；提灯，金色龙头提梁下为八宝飞檐顶，红色灯罩，灯座下挂彩穗；掌扇，长柄，上端为缎制硬胎甜瓜形扇面，绣日月龙凤图案。另有黄罗伞，绣龙，长柄，由侍卫持举，为帝王出巡时的伞盖；符节，金色长柄，上端为曲颈龙头，口含白旄，下接9节丝穗，既作仪仗，亦作出国使臣的旌节。銮仪用法有全副、半副，繁简视情境和场面需要而定。神话世界中的玉帝、王母出场亦用之。仪仗并非帝王专用，文臣武将的坐堂、升帐或出行、交战也有若干随从仪仗。如开门刀（以4把为一堂，其中两把为无刀鼻）、押虎枪、各色标旗、大纛旗、帅字旗、月华旗、飞虎旗、清道旗（或称红门旗）、火牌（上书“肃静”、“回避”）等。这类砌末，同前述的把子略有不同；把子在本质上是舞具，而仪仗极少舞动，但与执举者的服装相配合，起到点染环境、烘托气氛的作用。

③宫廷、官府用具。有香炉（放在用黄缎绣龙桌围椅披的大座上，就是御炉）、圣旨、朝板（牙笏）、令箭、箭架、印匣、醒木、签筒及各种刑具——斩条、脚镣、手铐、拶子、堂板、夹棍、铡刀、

云旗的运用
清宫《戏出画册·南天门》（故宫博物院藏）

大帐子的运用
清宫《戏出画册·贵子图》（故宫博物院藏）

砌末图例（一）

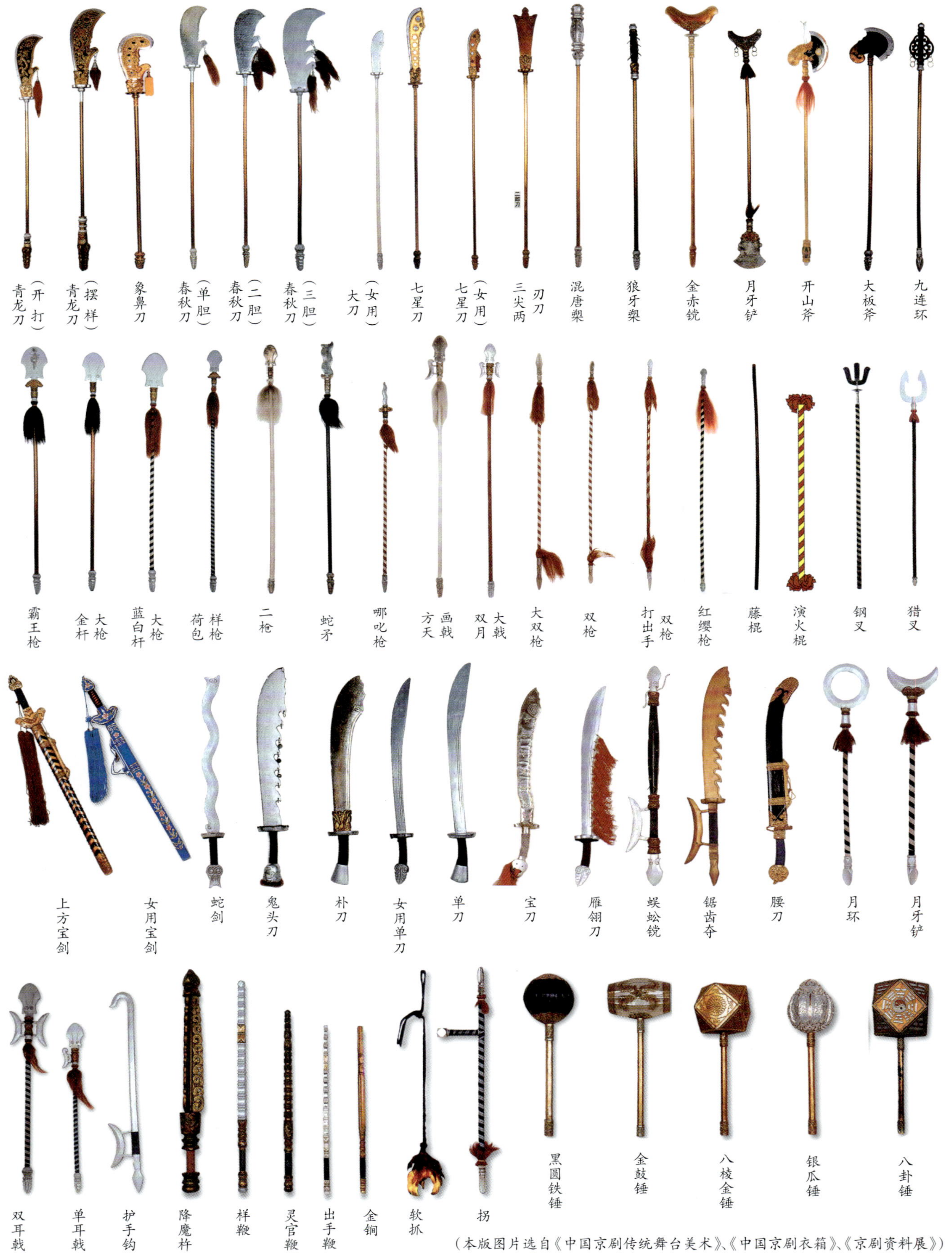

（本版图片选自《中国京剧传统舞台美术》、《中国京剧衣箱》、《京剧资料展》）

砌末图例（二）

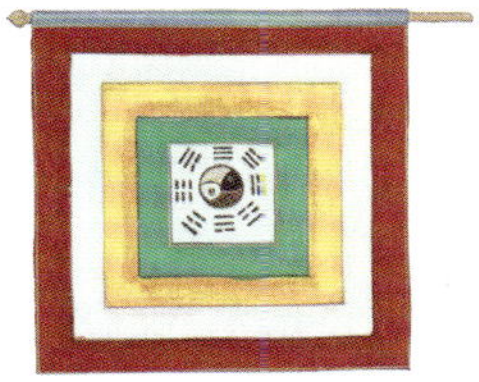
月华旗

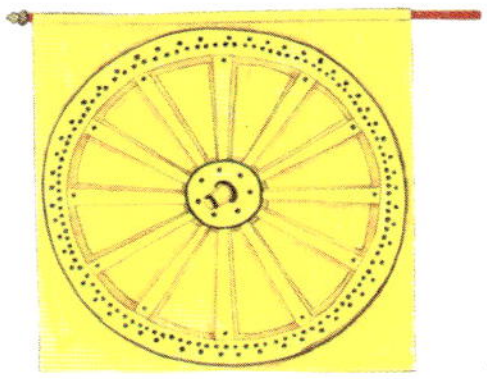
车旗

水旗

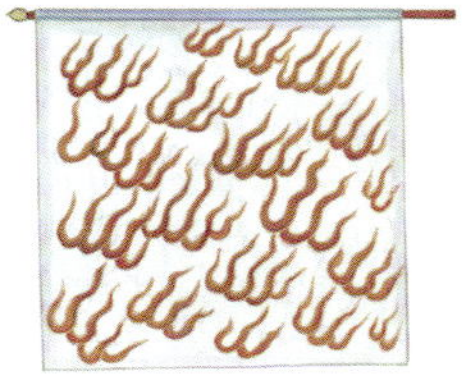
火旗

风旗

大纛旗

帅旗

姓字旗

标旗

令旗

山石片

布城

南天门

（选自《梅兰芳访美京剧图谱》）

提灯

提炉

宾福

掌扇

黄罗伞

红罗伞

印盒

令箭架与签筒

圣旨

酒具

鱼枷

（选自《中国京剧衣箱》、《中国京剧传统舞台美术》）

木枷、鱼枷等。林冲发配戴**木枷**，方形，上绘封条；苏三起解则戴**鱼枷**。齐如山解释“旦脚之鱼枷”云：“初只平常木枷，名青衣胡喜禄始特制鱼枷。或云以前已有之，近来则很风行了，且越来越花美。”（《国剧艺术汇考》第394页）鱼枷过分花美（月了很多亮泡）固然不妥，但从平常木枷中分化出来而加以适当美饰还是必要的；苏三既是“久居监狱不知春”的犯妇，又是仍在热恋着的青年女性，扮相不是蓬头垢面，刑具也做了美化，都包含着对她的同情，又符合京剧敢于装饰变形、处处顾及美的原则。

④生活用具。包括文房四宝、茶具、酒具、灯笼、烛台、各式扇子（如诸葛亮用的羽毛扇、高登用的特大折扇、杨贵妃用的金色折扇、孙二娘用的黑色折扇等）以及交通用具——马鞭、船桨、车旗等。京剧舞台是空灵而自由的，涉及人物塑造的细节处理又是严谨的。梅兰芳谈到道具的作用时说：“《醉酒》里没有扇子，表演就没法进行。再说，如果这把描金彩扇和《打店》里孙二娘手里的小黑油纸扇对换一下，那么，两个人的身份性格就满拧了。”（《梅兰芳文集》第50页）

⑤景物设置。传统京剧中基本上没有写实观念的布景，但有具象化的景片，如**布城**、山子、桥片。都是说明性的而非再现性的，故将官过城，检场人要把布城高高举起：《空城计》中布城靠在叠起的桌子上，城门里露出的是彩绣桌围。这都表明：虽属具象，却又排除写实。而描写自然景象的水旗、风旗、云片，则根据舞蹈的需要做了变形处理。大帐、小帐，经过装饰化和中性化，达到一物多用。如**大帐**，既可作中军宝帐、官府暖阁，也可作床帐、楼帐，只是变易其色彩、花纹与垂挂的样子，并不改变其基本样式。

（张连）

Qin Xianglian

《秦香莲》 京剧作品。演北宋时，陈世美进京赴试，其妻秦香莲在家侍奉公婆，抚养儿女。陈中状元后，被招为驸马。陈世美家乡受灾，父母相继去世，秦香莲携子女进京寻夫。陈世美不肯相认，将母子逐出。秦香莲拦轿诉告于丞相王延龄。王丞相假陈世美做寿之日，让秦香莲扮作歌女到驸马府弹唱，尽诉辛酸，以图感化陈世美。陈世美无动于衷，反派家将韩琪追杀香莲母子。韩琪得知原委，放走了秦氏母子，自刎身亡。秦香莲告到开封府。陈世美拒绝包拯劝告，拒不相认。包拯不顾皇姑和国太的阻拦与威胁，毅然将陈世美处以铡刑。这种背亲弃妇故事的雏形可以追溯到唐人小说。宋元南戏有《赵贞女蔡二郎》，演“伯喈背亲弃妇，为暴雷震死”。元末明初，高明所作《琵琶记》则把男主人公蔡伯喈写成“全忠全孝”，重婚相府别有苦衷。清代地方戏《赛琵琶》则利用《琵琶记》的广泛影响，反其意而用之。剧中男主人公陈世美招为驸马，不仅不认元配秦香莲，还派人追杀他们母子。秦氏得神仙相助，授以兵法，立下军功。陈世美则因欺君下狱，受到秦香莲的审讯和指斥。此后，许多戏曲剧种都基于《赛琵琶》而产生了一些剧目。

马连良饰王延龄（左） 张君秋饰秦香莲（刘玉茗摄）

张君秋饰秦香莲（右） 裘盛戎饰包拯

京剧中有《秦香莲征番》，结尾由包拯陪秦香莲一起审问陈世美。最后对秦香莲及其子女加以封赠，在包拯的撮合下，一家人和好如初。此剧久已绝迹于舞台。广为流传的是《铡美案》（又名《明公断》、《不认前妻》），载《戏考》、《戏典》、《京剧丛刊》等。韩琪自刎后，秦香莲到开封府状告陈世美。包公欲将陈世美绳之以法，皇姑、国太极力阻拦，包公以摘下乌纱相抗争，终将陈世美铡死。《都门纪略》载有李小山及奎官、半大六儿工演此剧包拯。

全部《秦香莲》有华东戏曲研究院、北京京剧团等改编演出本，故事情节大同小异。华东戏曲研究院本由该院编审室改编，严朴执笔，是在周信芳的帮助指导下完成的。全剧以《闯宫》、《寿堂》、《杀庙》、《铡美》四折为主，前面加《入赘》、《行路》、《投店》几个小场子作为剧情的开端和铺垫。改编中参考了一些地方戏的处理，如《闯宫》吸收了滇剧的优点，《寿堂》吸收了淮剧、汉剧的优点，《杀庙》基本上是秦腔的路子，《铡美》除删去包拯为陈世美看相的唱词外并无改动。1950年4月28日首演于天蟾舞台。周信芳前饰王延龄、后饰包拯，黄桂秋饰秦香莲。有演出录音传世。剧本由文化生活出版社1954年9月出版。北京京剧团本由王雁参考评剧本改编。1958年7月19日在北京市工人俱乐部首演。张君秋饰秦香莲，谭富英饰陈世美，马连良饰王延龄，裘盛戎饰包拯，李多奎饰国太，李四广饰店家。该剧不仅生、旦、净、丑行当齐全，还在“闯宫”一场增补了秦香莲的唱段，“铡美”一场添加了包拯上场时的唱段。1964年长春电影制片厂将其拍摄成彩色戏曲艺术片（片名更为《铡美案》，剧中的陈世美改由马长礼饰演），影响很大。

（张燕鹰）

Qin Youmei

秦友梅 （1922～1992） 女演员。工旦。早期艺名**凌雪茹**。祖籍山东蓬莱，生于天津。出身梨园世家，16岁习艺，曾拜于莲仙、孙宝麟为师，又从赵绮霞学荀派戏，后专工梅派青衣。她多方求教、广采博收，梅、尚、程、荀各派代表剧目皆能，如《玉堂春》、《王宝钏》、《四郎探母》、《生死恨》、《宇宙锋》、《凤还巢》、《十三妹》、《锁麟囊》、《钗头凤》、《孔雀东南飞》等。排演的新编古代剧目有《天国女儿》、《九件衣》、《美人计》、《桃花扇》、《聂嫈》、《双玉蝉》、《梁祝哀史》、《春香传》及现代剧《战斗里成长》、《春雷》、《不准出生的人》、《芦荡火种》、《赤胆忠心》等。几十年来在上百个剧目中，比较成功地塑造了众多栩栩如生、令人难忘的古代和现代的女性形象。她嗓音甜润宽亮，扮相秀雅端庄，演唱轻丽柔美，表演细致入微，曾两次应邀进京专场演出。她主演的古代戏和现代戏，曾多次获奖。她十分重视提高文化修

养，坚持学习文艺理论，刻苦钻研艺术技术，并不断记录表演心得。先后在各报刊上发表了《改造平（京）剧之我见》、《谈过去与现在表演方法之不同》、《京剧要继承也要出新》、《生活——取之不尽的源泉》以及《我的演剧生活点滴》等诸多文章。

（蔡子人）

qinshi

琴师 京剧演出团体对主操京胡伴奏乐师的习惯称谓。琴师在京剧文场中处于首席地位，在演出中，服从鼓师的指挥，带动其他乐师，配合演员的表演，伴奏唱腔，演奏曲牌，起到丰富唱腔艺术感染力、烘托剧情、渲染气氛的作用。由于同演员长期合作，互有影响，两者之间所表现出来的风格渐趋统一。因而，琴师演奏的风格往往能突出地表现他为之伴奏的演员的演唱风格。同演员一样，琴师的演奏艺术也具备流派特点。

早期京剧皮簧唱腔演唱的伴奏乐器本是胡琴，一度被皇室强制废除，改为笛子伴奏。至清咸丰、同治年间，胡琴又再度成为京剧文场的主奏乐器。恢复胡琴伴奏的琴师，一说为王晓韶，一说为沈星培。晚清年间，以操琴著称的还有为四喜班操琴的李春泉（李四）、为三庆班操琴的樊景泰（樊三）。王、沈、李、樊四人在京胡演奏艺术方面的成就，因文献无征，现已不得其详。那时候的京剧演出尚无为某一位主要演员专职伴奏的琴师。以后的京剧琴师有“四大家”之说，即梅雨田、孙佐臣、陆砚亭、王云亭四大家（《徐兰沅操琴生活》）。此中，在演奏艺术上形成广泛影响的为梅雨田、孙佐臣两大流派。梅雨田曾长期同谭鑫培合作，孙佐臣曾为谭鑫培、汪桂芬、孙菊仙等操琴。张恭（宇慈）撰文评述：“梅的主要特点是绵密流畅，稳练熨帖，孙的主要特点是雄伟奇强，不拘小节。也可以说梅是柔多于刚，孙是刚多于柔，后起的琴师几乎没有越出这两派的范围。”宗法梅派的琴师，著名的有王云亭、徐兰沅、赵砚奎、穆铁芬、赵济羹、高连奎、李佩卿、陈洪寿、杨宝忠、王瑞芝等。宗法孙佐臣的只有陆砚亭，王少卿算是和他较为相近的。在上述诸多名家中，对当代京胡演奏技巧产生广泛影响的有徐兰沅、穆铁芬、杨宝忠、陆砚亭、王少卿（张恭《略谈京剧乐师及其流派》，《戏剧报》1962年第7期）。

徐兰沅、王少卿是梅兰芳唱腔创作的得力合作者。徐兰沅

1962年部分琴师合影
前排左起：李德山、费文治、杜奎三、李慕良、沈玉才
后排左起：黄天麟、何顺信、姜凤山、迟天标
（沈媛提供）

取法梅雨田，兼收孙佐臣、陆砚亭、王云亭之长，他的演奏绵密流畅、清澈优美、韵味悠长，曾先后为谭鑫培、梅兰芳伴奏；王少卿取法孙佐臣，兼收梅雨田之长，他的演奏新颖大方、柔活灵巧、飘逸潇洒，曾先后为王凤卿、梅兰芳伴奏。在梅兰芳艺术创作的鼎盛时期，徐兰沅、王少卿成为他的合作者。1923年，梅兰芳初排《西施》一剧时，为了丰富京剧文场的伴奏，增强京剧唱腔艺术的感染力，王少卿因受京韵大鼓伴奏乐器的启发，研制了京二胡，并亲自演奏京二胡，同徐兰沅一道为梅兰芳伴奏。由于徐、王二人高超的演奏技巧和优异的音乐素质，合作起来，形成了刚柔相济、奇正环生的艺术效果。徐王二人的合作创新，在京剧界产生了广泛的影响。后世效法徐兰沅的有杜奎三、靳文山、李德山、孟广亨、周振方、熊承旭等；效法王少卿的有何顺信、黄天麟、沈玉才、倪秋平、姜凤山、乐朴孙、韩恩华、赵都生、王实贵等，其中何顺信在长期为张君秋伴奏的艺术实践中，潜心探索，已形成独特的演奏风格。在此以后，凡专工京二胡并在演奏技巧上有较高造诣者，亦被称为琴师，如上述赵都生、熊成旭等。

陆砚亭的演奏繁密流畅、气势雄厚，富于创造性，曾为许荫棠、龚云甫伴奏。在为龚云甫老旦唱腔伴奏时，尤尽辅佐之能事。现今为老旦行当伴奏的琴师，大多是采用陆的方法伴奏的。承继陆砚亭演奏风格突出者有曾为李多奎伴奏的琴师周文贵等。

穆铁芬取法梅雨田，是程砚秋早期和中期的琴师。他的演奏细致严密，循规蹈矩，在指法上另有独到之处。他演奏二簧曲调同演奏西皮曲调一样，亦以食指、中指为主。无名指仅起辅助作用，演奏出来的效果另有一番味道。后来凡为程派演员伴奏的琴师，如周长华、唐再炘等，虽各有发展，但基本上应属于穆铁芬这一派。

穆铁芬

杨宝忠的演奏功底扎实，且广撷博采，学习了西洋小提琴和京韵大鼓四胡的演奏方法，因而手法敏捷，清晰流利，能胜任速度很快的乐曲，游刃自如，从容坦然，深得同行和观众的推许。他先后为马连良、言菊朋、杨宝森等伴奏，是老生唱腔伴奏的杰出人才。宗法杨宝忠的琴师有李慕良、黄金陆、王鹤文、万瑞兴等，其中李慕良在长期为马连良伴奏的艺术实践中，广撷博采，另辟蹊径，在演奏风格上已自成一家。

京剧的琴师除了在演出中伴奏唱腔、演奏曲牌之外，不少音乐素养高的琴师在演员进行新剧目创作时，担任新剧目的唱腔设计工作，为流派唱腔的创立作出了突出的贡献。京剧的京胡伴奏，由于历代著名琴师的艺术积累，技巧日益完善，且京胡的制作也在不断改进，日趋完美，而不断发展的京剧艺术实践也对京剧琴师的演奏技巧提出了更高的要求，促使他们更广泛地学习历代各名家之长，全面掌握京胡的演奏技巧。一些后起的琴师已不再拘于掌握一个流派唱腔的伴奏技巧，他们能够以不同的演奏风格适应不同流派演员的要求，完成托腔保调、渲染剧情的演奏任务。有的琴师为了满足广大观众对京胡演奏艺术的特殊欣赏要求，还举办了京胡演奏音乐会，取得了令人注目的成绩。

（安志强）

Qingchun zhi Ge

《青春之歌》 见袁韵宜。

Qingdao Shi Jingjuyuan

青岛市京剧院 京剧演出团体。1950年7月13日建团。前身是原胶东文协胜利剧团第二团演出队，另吸收部分演员组成，称青岛市文联京剧团，团长张文宸。主要演员有老生王匡英，生、红净李富九，净原文光，旦张文娟、曾艳君，丑周笑影等。演出剧目有《黄巢》、《棠棣之花》、《闯王进京》、《九件衣》、《嫦娥奔月》等，又编演了《豺狼行》（江风、张文宸、杨文昌、张明荃、毕熙哲、纪根垠编剧）、《害人的九宫道》（江风、张明荃、张文宸编剧）。1951年，旦许翰英，小生刘雪涛，丑赵春亮及乐师刘玉竹、葛绥之、汪文英参加剧团，演出《红娘》、《钗头凤》、《香罗带》等荀派名剧，并参加《闯王进京》及新编剧目《孟姜女》、《梁祝哀史》的演出。1952年剧团移交青岛市文教局，定名青岛市京剧团。同年，驻青岛海军基地前哨京剧团撤销，武生韩小楼、老生林之一、旦惠玉雯等并入剧团。1955年1月言少朋参加剧团，演出马派剧目《十老安刘》、《春秋笔》、《四进士》、《盗宗卷》，并新排《屈原》、《炼印》、《田单破燕》等剧。1956年参加山东省第二届戏曲观摩演出大会，演出《十五贯》、《挑华车》等剧，言少朋、韩小楼获演员一等奖。1959年5月，剧团进京汇报演出，言少朋主演《卧龙吊孝》，张少楼主演《让徐州》，使绝响舞台多年的言派艺术得以复苏。之后，剧团赴上海、南京、苏州、长沙、南昌等地巡回演出。1962年9月言少朋、张少楼离团。1962年，李师斌、李贵华等从山东省京剧团调入剧团，演出《斩韩信》、《采石矶》等剧。1964年，全国京剧现代戏观摩演出大会期间，剧团与淄博市京剧团联合演出《红嫂》，张春秋饰红嫂、李师斌饰彭林。1970年，山东省《红嫂》（后改《红云岗》）剧组成立，于1976年夏完成电影《红云岗》的拍摄任务。

《卧龙吊孝》 言少朋饰诸葛亮（陈莹摄）

剧团不断培养青年演员，并从中国戏曲学校、山东省戏曲学校接受部分毕业生，形成艺术骨干。1986年，应日本关西电视台邀请，赴日本大阪、神户等地演出《闹天宫》。1987年，全国青年京剧演员电视大奖赛中，张瑛等6人获荧屏奖。同年，任德川（老生）在山东省中青年京剧演员比赛中，演出言派戏《白帝城》获最佳演员奖，吴平获优秀演员奖。1991年11月，任德川获全国中青年京剧演员电视大奖赛中年组优秀演员奖，秦占宝演出《火烧裴元庆》列青年组最佳演员奖榜首，吴平等获荧屏奖。剧团编排《火牛阵》、《李元霸》、《难得糊涂》等剧，参加山东省第三、四、五届艺术节演出。1996年6月，剧团部分演员随青岛市代表团出访乌克兰，演出《十八罗汉斗悟空》。

《驼哥与金兰》
陈少云饰驼哥（左） 张瑛饰金兰

1999年3月，剧团升格为青岛市京剧院。剧院为让小观众接近京剧艺术，多次举办“小花朵”艺术节，并积极创作适合小观众欣赏的演出剧目。2000年以少儿京剧《生死峡谷》参加全国儿童剧优秀剧目展演，获优秀演出奖，2001年获第八届“五个一工程”奖。2003年推出的京剧儿童剧《北斗星》获第九届“五个一工程”优秀作品奖，2004年参加第四届中国京剧艺术节又获儿童题材京剧特别奖。2008年将粤剧《驼哥的旗》（作者刘云程、郑继锋）改编移植为京剧《驼哥与金兰》，改编周长赋，导演郭晓男，音乐设计吴小平、王啸冰，唱腔设计续正泰，特邀上海京剧院麒派老生陈少云饰驼哥，张瑛饰金兰，在第五届中国京剧艺术节上获现代戏一等奖。（纪根垠）

Qinghai Sheng Jingjutuan

青海省京剧团 京剧演出团体。前身为中国人民解放军第一野战军一军文艺工作团的戏曲队，1949年9月随军进抵青海省省会西宁，1952年改建为西兰京剧院，1956年改称青海省京剧团。建团至今，全体演职员一直保持着部队的优良传统和作风，扎根青海高原，创作演出反映汉、藏人民生活，讴歌民族团结的京剧剧目。主要有《绿原红旗》、《格萨尔王》、《宝珠寺》、《土族儿女》、《草原两兄弟》、《草原银河》、《北地降魔》以及《雷锋——活雷锋》、《龙珠女》、《丑娘娘挂帅》、《焦裕禄》、《明宫三教》、《怨谁》等，深受高原人民的欢迎。其中，根据藏族英雄史诗《格萨尔》改编、创作的《格萨尔王》系列剧已成为独具藏族风格的保留剧目。由《自相矛盾》、《龟兔赛跑》等短剧组成的少儿京剧专场，受到小观众欢迎，观众人次达50万。《绿原红旗》、《草原银河》、《格萨尔王》曾先后进京汇报演出。剧团主要演员先后有高媚兰、刘成高、孟云亭、刘砚军、葛燕亭、杨海东、徐鸣策、董季春、费士威、王萍、李卫、李忆芳以及编

《格萨尔王》 徐鸣策饰格萨尔（左）

《天马歌》 杨海东饰阿才（左） 刘金泉饰宣王

剧于希河，琴师阮光宵等。2002年7月，与青海省话剧团、平弦实验剧团合并，建成青海省戏剧艺术剧院，京剧团成为该院创作演出单位之一。2004年创演《天马歌》参加第四届中国京剧艺术节，获优秀剧目奖。2008年与浙江省京剧团合作创排现代少儿京剧《藏羚羊》，参加第五届中国京剧艺术节，获现代戏二等奖。

（青海省京剧团）

Qingmei Zhu Jiu Lun Yingxiong

《青梅煮酒论英雄》 京剧作品。又名《闻雷失箸》。作者不详。事见《三国志演义》第19～21回。曹操与刘备合兵剪灭吕布后，入朝谒见献帝，是时，梅子方青，曹以青梅煮酒邀备。席间，曹操踌躇满志，问天下英雄为谁，刘备对以袁绍、袁术、刘表、孙策等。曹操皆以为非，乃指刘备和自己，说："目今天下英雄，惟使君与操耳！"备大惊，手中筷子脱手落地。适雷声炸响，备即作闻雷胆怯之状以掩饰。曹看他如此胆量，遂不置疑。其后，刘备伺机请讨袁术，方得脱离险地。曹顿悟纵虎之患，遣人追赶，奈为时已晚。此剧是描绘汉末群雄纷争背景下刘备与曹操的一场心战。由于两人所处地位、实力的悬殊，强曹始终占据主导的一方；处于"矮檐"下的弱刘，则采取韬光养晦之策来隐蔽、保全自己。在这场戏中既表现了曹操的多疑，也反映了他的雄才大略、忌才而又爱才的性格特点。对刘备的审时度势，随机应变，善于创造机会逃出虎穴，给予了肯定与赞赏。这场智斗是在对酒论人、表面平和闲适的气氛中进行的，虽无金戈铁马，却也惊心动魄。这是一出唱做并重的须生、花脸对子戏。刘备的表演，既不能温，尤不能火，尺寸甚难。高庆奎、郝寿臣等擅演。高庆奎之徒李盛藻亦擅演刘备。剧本收入《郝寿臣演出剧本选集》，注称此剧"1922年首演于北京"。1927年马连良曾改编演出，20世纪50年代亦曾与袁世海合演。为培植后进，袁世海又与冯志孝联演。《戏考》第21集载《许田射鹿》，包括《白门楼》、《许田射鹿》、《衣带诏》、《青梅煮酒论英雄》、《斩车胄》等。

李盛藻饰刘备（右） 袁世海饰曹操

（马克郁）

Qingnianhui Jingjushe

青年会京剧社 京剧票房。隶属武汉基督教青年会。于20世纪20年代在话剧社的基础上，由李少斋（花脸）、柳少民（老生）等组建。青年会内设有戏台，备有服装，可供排练及演出活动。北伐时期，李宗仁夫人郭德洁女士在武汉举办义演，邀欧阳予倩与京剧社成员合作演出了《人面桃花》、《黛玉葬花》等。1932年为声援国民革命军第十九路军淞沪抗战，义演4周（周六、周日），募集资金悉数汇寄上海，深受社会赞许。1938年武汉沦陷，青年会关闭，京剧社人员疏散。1940年，陈洁如（老生）、何友三（老生）等在如寿里26号私宅中，组织京剧社及其他留汉票友，另起名融社。1945年，返汉的京剧社成员一度合于融社内活动。20世纪40年代末由汪少伯（小生）、顾舜才（红生）主持，始重组青年会京剧社。至此，京剧社和融社各自发展。1954年融社迁入市文化俱乐部，向社会正式招考成员，每周末在俱乐部露天剧场定期上演，一应角色由社员承担，至"文化大革命"停止活动。1974年京剧社复组，定名为武汉青年会业余京剧团，负责人张嫚、陈道进（小生），艺术顾问关正明、陈瑶华。主要成员先后有王攀云（青衣兼小生）、汤厚安（武生）、游乐之（言派老生）、陆岭樵（武老生）、白家增（小生）、乔维善（老旦）、胡建华（老生）、熊宽亮（文武老生）、王汉镇（花脸）、张遵逊（青衣）、盛国林（刀马旦）等。外聘教师有荣蝶仙（青衣）、陈福寿（老生）、关永斋（鼓师）、杨恩寿（琴师）等传授唱做及文武场面。常演剧目有《大英杰烈》、《得意缘》、《苏武牧羊》、《生死恨》、《红娘》、《十五贯》、《状元媒》等。张遵逊（张之洞曾孙女）获1992年全国中老年京剧票友大赛一等奖。20世纪40年代以来，融社会聚了大批票友，成为武汉较有影响的票房。主要成员先后有李雨亭（花脸）、刘瓒周（老生）、张立鹤（老生）、王远志（武生）、林震遐（花旦）、陶汉祥（青衣）、周职夫（丑）、张福臻（老生）、于瑜（青衣）、胡明（花旦）、唐修豫（青衣）等。常演剧目有《群英会》、《四进士》、《金玉奴》、《两将军》、《失街亭、空城计、斩马谡》、《八大锤》等。以演出收入购置服装、道具及聘请教师，并多次为赈灾举行义演。张福臻获1993年北京国际京剧票友电视大赛金龙奖。

（岳耀民）

Qingshishan

《青石山》 京剧作品。又名《青石洞》、《捉妖斩狐》、《请师斩妖》、《狐狸缘》。作者不详。剧情为：九尾狐修炼成妖，占据青石山风魔洞，化身女子，蛊惑书生周从纶。周母延请王半仙过府降妖。王反被妖狐所辱，急请其师吕洞宾救助。吕也奈何不得，便恭请关羽降妖。关帝命关平、周仓会同天兵天将，生擒妖狐。《关公斩妖》一出，见《昆弋雅调》、《缀白裘》第8集。梆子腔《请师斩妖》，则由吕洞宾请二郎神降妖。京剧《青石山》为春台班代表作，据《清代伶官传》记载：咸丰十年（1860），张三福、赵广发等曾在内廷演出。另《清昇平署档案》"光绪十八年旨意档"记载："七月初九日，老佛爷旨意，着外边学生七月十五日唱《青石山》。按府内总本翻乱弹。"由于这是闹妖戏中的吉祥戏，各班都喜在正月初一及开班、义务戏或初登舞台等机会出演，以图吉利。又因为戏中武旦（九尾狐）、武生（关平）、武净（周仓）、丑脚（王半仙）均很吃重，故常以名家合作为号召。如1919年两次大义务戏，都有俞振庭、九阵风、钱金福等合演。此剧大多从"卖符捉妖"演起，到"斩狐"为止。许多不同时代的演员都因此剧享有口碑，如罗寿山表演幽默，表现王半仙一类假神仙，摆架子，吹牛皮，虚张声势，跃然如生。再如扎金奎能将关帝的四句［唢呐二簧］唱得声震满堂，经常约他饰演。由于关帝的特殊身份，还留下一些特殊的习俗，如过去以唱唢呐闻名的李顺亭在大年初一演关羽时，因为怕关羽显圣，即改为玄坛扮相，勾黑脸、挂黑满、戴大镫、穿黑蟒。尚

余玉琴饰九尾狐（右） 罗百岁饰王半仙

小云剧团1925年农历正月初一在中和演出，扎金奎饰关帝，其扮相为净脸、黑三、戴文阳、穿白蟒，唱念则袭用原词。李洪春《京剧长谈》中记载：王鸿寿及李本人过去在演此戏之前，先要用绣有水旱八宝、鱼螺伞盖、花贯鱼肠或是三蓝云大红蝙蝠的帷幕三面挡成大布城形状，幕内由扮关羽、关平、周仓、马童、神将的演员给“圣公码”行礼，然后关公上龛。香、蜡要一直点着。等关羽唱完［导板］后，在［急急风］中将幕撤去。过去，戏园子门口摆门时只要一摆上佛龛，观众也就知道要演《青石山》。像周瑞安在三庆园真马上台等，则只能算是该戏演出史上的趣闻。1906年北京丰泰照相馆拍摄了俞菊笙、朱文英合演剧中“对刀”一场的无声黑白影片，并曾在大观楼影戏园、吉祥戏园以及江苏、福建等地放映。谭小培、萧长华、杨宝森、李顺亭等均录有唱片。剧本载《戏考》、《京剧汇编》与《戏学指南》。（王若皓）

Qingshuangjian

《青霜剑》 京剧作品。又名《烈妇报仇》。取材于明代小说《石点头·侯官县烈女歼夫》。罗瘿公编剧，未竟而逝；王瑶卿、李释戡续成。程砚秋1924年首演于北京三庆园。剧情为：宋代，福建侯官秀才董昌不满继母徐氏与媒婆姚妈妈来往，将姚赶走，遂结下仇恨。当地富家子方世一结交官府，横行乡里。姚便挑唆他去霸占董昌妻申雪贞。方世一勾结海盗攀倒天，诬陷董昌，买通知县，将董昌斩首。姚妈妈乘机劝申雪贞改嫁。申雪贞为了报仇，假意允婚，于洞房中灌醉方世一，用青霜剑刺死方、姚，携两人头到董昌坟前哭祭后自刎。此剧为程砚秋早期演出剧目，在王瑶卿的协助下，初创了七字句的大段［反二簧］（一般是十字句）。全剧唱做繁重，表演细腻。申雪贞与媒婆谈婚嫁时，假意依允，心中无限痛苦；与儿子诀别时，噙着泪水强装笑颜；在洞房之中，强压住对方世一的刻骨仇恨，笑脸相迎：如此三番，传递了人物的心曲。杀死仇人之后奔赴坟场时，又创造了边走圆场边唱大段［二簧快三眼］（其中有一句长达44个字）等具有程派特点的演唱和表演。艺术上的成功，使此剧成为程派的保留剧目。程派传人新艳秋和鼓师白登云有《鼓衬秋声二十年》，文中多处谈到程砚秋在《青霜剑》中的表演如何生动感人，另有萧晴的《〈青霜剑〉及其他》，记录了新艳秋对此剧的深刻印象，详见《程砚秋艺术评论集》。剧本收入《程砚秋演出剧本选集》。（刘乃崇 蒋健兰）

程砚秋饰申雪贞

qingyi

青衣 见旦。

Qingdai gongting xiquhua

清代宫廷戏曲画 戏曲文物。是描绘晚清宫廷戏曲最真实、具体和丰富的形象资料。故宫博物院收藏的有如下3种：①封面题为《性理精义》，两册，共100幅。绢本，工笔设色。每幅约高40厘米、宽28厘米。画的内容有《群英会》、《打金枝》、《骂曹》、《庆顶珠》等44出戏。每出戏画两幅，间或有画4～6幅的。每幅画剧中主要角色一人，全身。画面下角书剧中人物名。每两幅画的前一幅，在上角写明剧目。②封面题为《戏出画册》，4册，共160幅。绢本，工笔设色。每幅约高56.5厘米、宽56厘米。画的内容有《铡美案》、《断桥》、《除三害》、《醉写》等近百出戏。每幅画一出戏的一个场面，角色多寡不等。下角写明剧目。剧中人物名分别写于靠近角色的画面空隙处。③封面题为《清人戏出册》，1册，共15幅。绢本，工笔设色。每幅约高56厘米、宽56.5厘米。画的内容有《斩子》、《空城计》、《取荥阳》等14出戏（《取荥阳》为两幅）。每幅画一出戏的一个场面，角色多寡不等。下角写明剧目。剧中人物名分别写于靠近角色的画面空隙处。

此外，还有一种戏曲人物画，原存故宫，辛亥革命后，已从宫中流散出去，现中国艺术研究院戏曲研究所、国家图书馆、首都博物馆及私家均有收藏。其数量不详，当有数百幅。绢本，工笔设色。每幅约高27厘米、宽21.5厘米。画的内容有《取荥阳》、《艳阳楼》、《青龙棍》、《玉堂春》等近百出戏。每出戏画2～8幅不等。每幅画一人，画的都是大半身。画面上角书剧中人物名。每出戏的一组画中，其第一幅上角写明剧目，下端有一行小字：“穿戴脸儿俱照此样”。1932～1933年《国剧画报》曾连续发表过梅兰芳的藏品，单色影印，题为《昇平署扮像谱》。

上述各种戏曲画，均无作者名款和作画年月。从画的剧目来看，都是清道光、咸丰以来北京的徽班常演的戏。据昇平署档案，这些戏进入宫廷，是从咸丰年间开始的，在此之前，宫中演戏只限于昆腔和弋腔。因此，这些画册也当是咸丰以来陆续画成的。从画的风格来看，当出于内务府如意馆画士们之手。在如意馆的日记档案中，有“着沈振麟画戏出人物册页十八开”的记载。咸丰以来，把徽班调进宫廷演出，使宫中耳目一新，所以命如意馆画出以供观赏。沈振麟于道光中期入如意馆当差，一生都在宫中作画。沈氏家族沈元、沈利、沈贞、沈全等也在如意馆。这些戏曲画的风格大体相近，然其水平却有高下之别，很可能是以沈振麟为首的一群画士分头完成的。这些画幅不署作者名字，是因为如意馆的画家们对两类作品照例不署名：一类是帝王后妃像，不敢署名，也不准署名；另一类是小说插图、戏出人物，他们认为属于“小道”，不屑于署款。这些戏曲画对于人物扮相，包括生、旦化装，净、丑脸谱，盔头服饰，以及桌椅砌末等，都画得很细致、真切，甚至可以对照出故宫所藏的某些戏衣实物来。其中注明“穿戴脸儿俱照此样”的一部分戏曲人物画，是从宫中流散出去后，被第一个收买者做了手脚，加了这一行字。意图很明显，因为原画上既无作者署款，又无年月和用途的记载，看起来不过是匠人画的戏曲人物，恐不能多卖钱，于是加上这行小字，使人看了自然觉得这是宫中演戏的标准脸儿和穿戴。齐如山在《国剧画报》上发表时，就给这部分戏曲人物画取名为《昇平署扮像谱》，认为属于历史档案性质。实际不然。另据《故宫物品点查报告》记录，戏曲人物画在故宫的原藏处是太后的寝宫寿康宫的紫檀大柜中，从这一点也可以说明它是属于观赏物，是“乱弹”戏在宫中开始频繁承应的时期，作为供帝后所用的“御赏物”的目的而命画工绘制的，不是如一般人想象的是给演员和管理戏箱人员做备忘录用的。从道理上看，演员学会某一出戏，当然知道穿戴什么，管理戏箱的人员当然更知道，无须再依照工笔画册来化装。故宫藏有抄本《穿戴题纲》两大册，记载着近500出戏的角色穿戴，那才是档案性质的备忘录。

上述戏曲人物画册既然都是“乱弹”戏，说明时代不会早于咸丰。其中花脸角色脸谱的画法、风格，和光绪年间著名的花脸演员何桂山、黄润甫、金秀山等人的传世剧照相比较，可以看出画册中的脸谱风格更古一些，说明它的时代下限不晚于同治、光

《性理精义》图例

《骂曹》曹操

《骂曹》弥（祢）衡

《芦花荡》周瑜

《芦花荡》张飞

《定军山》黄忠

《定军山》孔明

《打登州》杨铃（林）

《打登州》程咬金

《红眉（梅）山》金钱豹

《红眉（梅）山》孙武（悟）空

《打花鼓》曹公子

《打花鼓》李小虎

（故宫博物院藏）

《戏出画册》图例

《辕门射戟》

《造箭》

《金水桥》

《醉写》

《拾玉琢（镯）》

《青石山》

（故宫博物院藏）

《清人戏出册》图例

《五雷阵》

《取荥阳》

《黄鹤楼》

《柴桑口》

《战北园（原）》

《牧羊圈（卷）》

（故宫博物院藏）

《昇平署扮像谱》图例

《青峰岭》李虎

《青峰岭》徐凤英

《竹林记》于（余）洪

《四郎探母》月华公主

《四郎探母》杨四郎

《四郎探母》佘太君

《玉堂春》玉堂春

《玉堂春》刘炳义

《玉堂春》王金龙

（中国艺术研究院藏）

绪之际，其中多角色画册可能是光绪中期的。从画册所画的穿戴来看，与故宫所藏当时的戏衣盔头等物都是符合的。戏衣锦上添花、精益求精的做法与民间戏班的穿戴绝非同一水平，说明画家是看过实物画的，因为画家凭空画不出来。以此推论，所画花脸角色的脸谱也必是昇平署的演员们提供的样本。可以这样说，戏曲人物画册是昇平署的演员、管箱人员和画家们合作而成，所以是可信的。（朱家溍）

Qingdai Jingju Wenxue Shi

《清代京剧文学史》 京剧研究著作。颜全毅著。北京出版社2005年5月出版。40余万字。开卷有《导论》，论述清代京剧文学的总体特征、研究意义及研究状况。以下分3编19章。第一编为起源、整合时期，第二编为成型、发展时期，第三编为兴盛繁荣时期。在梳理出京剧文学发展脉络的基础上，又对每个时期的剧本作类型划分，对重要作家、作品进行具体分析，如对周道昌《错中错》、观剧道人《极乐世界》、余治《庶几堂今乐》，以及刘三、卢胜奎、汪笑侬等，都有较为深入的研究。对于清代宫廷的审美趣味，京剧改良的特色，清末京剧批评的兴起等，均有探讨。杜长胜、谢柏梁分别为之作序，肯定此书“首次较为全面地检点了京剧文学的丰厚家底”，“初步勾勒出一个清代京剧文学的轮廓样式，填补了这方面学术研究的空白”。（乙草）

Qingdai Neiting Yanju Shimo Kao

《清代内廷演剧始末考》 戏曲史著作。朱家溍、丁汝芹编著。中国书店2007年1月出版。40万字。卷首有《综述》，概述清代内廷演剧的兴衰始末，并指出，内廷演剧，作为宫中帝后生活的一个重要侧面，其中变化，客观上是清朝兴衰的缩影。以下按朝代顺序，分10个单元进行考述。每个朝代均有一短语提示其基本状况，如：

顺治朝——政权未稳固，演剧尚无定制。

康熙朝——平定三藩之后，演剧逐渐规范，建立了管理演剧事宜的机构南府与景山。

雍正朝——演剧适度并初步形成了一定之规。

乾隆朝——盛世光环之下，内廷演剧之盛达到了顶峰。

……

本书引用的材料，包括清代官书、清人笔记和内廷档案。尤其后者，现藏于中国第一历史档案馆、故宫博物院，编著者选摘了相关的大量档案，除加按语作必要说明外，力求述而不作，以供清代历史及戏曲史研究者参考。个别档案，还以影印件插入本书。

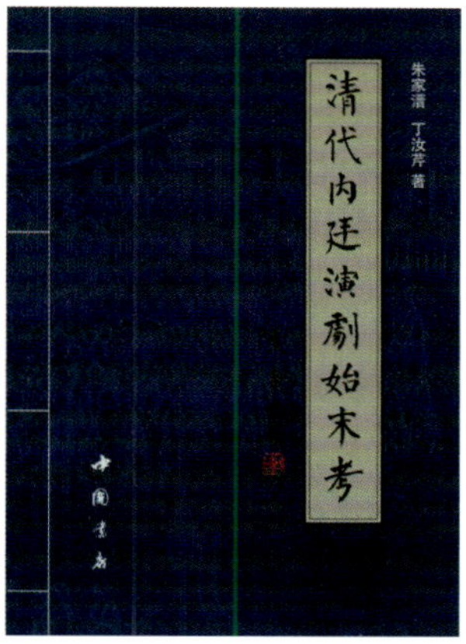

本书作者之一**朱家溍**（1914～2003），字季黄，浙江萧山人。1941年毕业于辅仁大学国文系。1943年在重庆参加故宫博物院工作，抗日战争胜利后回到北平，继续在故宫博物院工作。任研究员，是清史专家，文物鉴赏家，京昆艺术爱好者，著有《故宫退食录》等。另一作者丁汝芹，著有《清代内廷演戏史话》等。（余律）

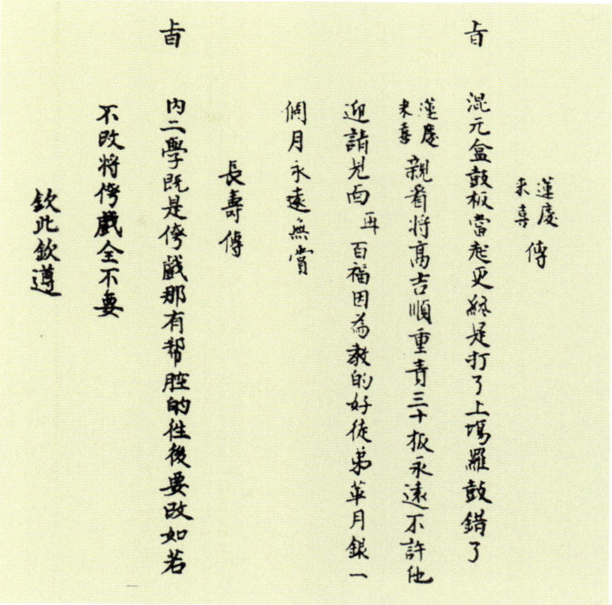
旨
蓮慶 來喜 傳
混元盒鼓板當起更綵是打了上場羅鼓錯了
蓮慶 來喜 親着將高吉順重責三十板永遠不許他
迎請見面再 百福因為教的好徒弟賞月銀一
個月永遠無賞

旨
長壽 傳
內二學既是侉戲那有帮腔的往後要改如若
不改將侉戲全不要
欽此欽遵

书中所附清嘉庆七年（1802）有关“侉戏”演出旨意档

Qingdai Neiting Yanxi Shihua

《清代内廷演戏史话》 戏曲史著作。丁汝芹著。紫禁城出版社1999年9月出版。全书约18万字，分上下两编。上编讲述清宫管理演戏衙署沿革、伶人来源及构成、主要上演剧目、演唱的声腔及清宫戏台等，下编着重介绍历朝清帝观剧状况及相关谕旨。由于早年清宫档案未开放，造成以往戏曲史论著作中，在清宫演剧衙署建立时间、机构变迁等问题上，出现较多的推论失误。作者在数年间查阅了现存的大量内廷演剧档案、清代官书史籍，经过研究，以正面叙述的形式，对过去的误述有所纠正。该书还提出，对清宫演剧，不宜简单归结为帝后的“声色之娱”，戏剧艺术有着雅俗共赏的特性，内廷演剧是帝王对文化生活的正当需求。康熙帝玄烨注重戏剧演出寓教于乐及宣扬中华民族传统道德的功能，建立管理内廷演剧衙署的举措，并将其纳入朝廷仪典和正规的文化活动范畴，其影响是深远的。宫廷的倡导为戏曲艺术在清代高度发展创造了条件，也给乱弹腔戏发展成为京剧提供了机遇。清政府的文化政策法规，应根据当时的社会现实给予客观评价，忽视其影响，就无法全面研究清代戏曲史和京剧的形成。

作者**丁汝芹**（1949～ ），女，生于四川成都，毕业于中国音乐学院。北京艺术研究所研究员。曾参加《中国京剧史》、《中国戏曲音乐集成·北京卷》、《北京戏曲通史》、《清代戏曲史》等著作的撰稿。发表研究清宫演剧史论著《清代内廷演剧始末考》(与朱家溍合作)、《乾隆朝查饬曲本事》、《清宫演剧史事》、《康乾时期的万寿庆典和三庆徽班进京》、《嘉庆年间清宫演剧及乱弹禁令》、《同治年间清宫演剧》等多种。（余律）

Qingdai Shengse Zhi

《清代声色志》 史料杂著。上海进步书局1915年11月编辑出版，并编入《稗史丛书》之五。书分两卷。上卷为“优”，记载了清代32位戏曲演员的逸闻旧事，其中，描述了身为三庆班主的程长庚不但以善唱老生闻名，而且对旦、净、丑、末诸行表演技艺无一不精，曾临时上台顶替唱青衣、小生等，声调高亢婉转，板眼稳合，身段台步亦独具特色，观众拍手称绝，故名满京都。还介绍了十三旦、梅巧玲、路三宝、矦文英、杨小朵等人始终不忘有恩于自己的故主、旧知交、穷乡亲，或在其穷途末路时予以接济，或奉送川资送其还乡，或在其遭戮抑病故之后为其治丧办理后事。这些伶人的侠肝义胆深为世人所称道。书中还记载了张二奎擅演帝王戏，刘赶三傲视皇家，得罪亲王而遭拘禁，谭鑫培使中堂下跪，杨小楼内廷供奉受宠，田桂凤与谭鑫培配戏天然合成，贾洪林演艺高超遭忌，德珺如不顾仕宦家族反对，毅然下海从优等事。对其他京剧演员，如杨月楼、俞菊笙、汪桂芬、金秀山等人的生平事迹亦有所涉及。下卷为“妓”，记载了明末至清的陈圆圆、柳如是、董小宛、尹子春等80余名妓女的生平事迹及她们从事艺术的点滴逸事。全书对研究近代京剧演员的生平事迹有一定的参考价值。 （戴霞）

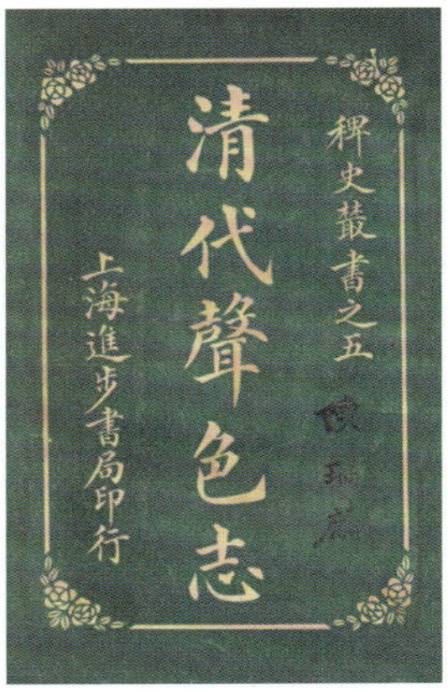

Qingdai Yilai de Beijing Juchang

《清代以来的北京剧场》 近现代剧场专著。李畅著。北京燕山出版社1998年9月出版。作者为中央戏剧学院舞台美术系教授，长期从事剧场史及舞台美术与技术教学，并参与剧场的设计、建设。全书共3篇14章。第一篇，清代剧场，包括《清代宫廷剧场》、《府邸戏台及堂会》、《会馆及饭庄戏台》、《庙宇戏台及野台子》、《商业性茶园、戏楼》、《清代剧场习俗》，分述27个剧场实例。第二篇，1912～1949年之北京剧场，包括《民国时期北京的环境》、《中国改良剧场之出现》、《北京剧场之发展》、《民国后剧场中的习俗》4章，分述16个剧场实例。第三篇，中华人民共和国时期北京的剧场，包括《简述》、《1949～1960年的剧场建设》、《剧场建造再辉煌》、《对1949年以后北京剧场建造的基本估计和建议》，分述25个剧场实例。全书共涉及清代前期（17世纪）至20世纪90年代共300年左右北京地区的剧场实例68个，并论及不同时期的剧场习俗。附历史性照片及插图、平面图、剖面图24幅。 （周华斌）

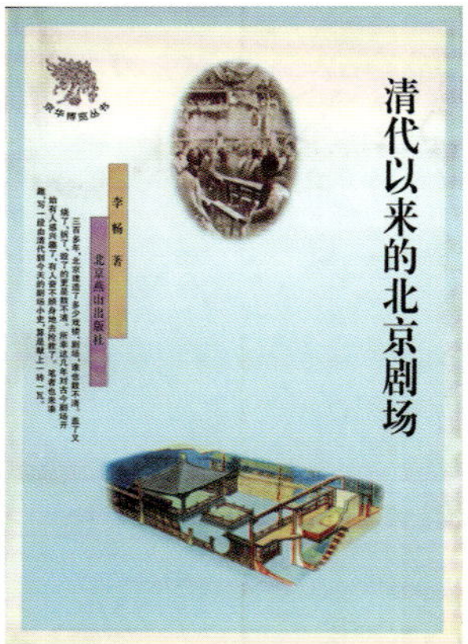

Qingfengting

《清风亭》 京剧作品。又名《天雷报》、《雷殛张继保》。作者不详。张元秀夫妻老年无子，以打草鞋、磨豆腐为生。元宵看灯，拾一男婴，系薛荣侧室周桂英所生，因受正室凌虐，被迫遗弃。张老夫妻茹苦含辛，将其抚养，取名张继保。13岁时，张继保听人骂他是野种，向张元秀索要亲生父母。父子争吵，赶至清风亭，遇

马连良饰张元秀（右）
马富禄饰贺氏

周信芳饰张元秀（右）
刘斌昆饰贺氏

周桂英。经以血书对证，被周认出带走。张老夫妻失子以后，朝夕到清风亭盼望，悲怆不已。张继保高中状元，路过清风亭。张元秀夫妻闻讯前去，张继保不肯相认，二老双双碰死。张继保亦受雷殛报应。故事原型见宋孙光宪《北梦琐言》，明有传奇《合钗记》（已佚），又名《清风亭》，《曲海总目提要》著录。《远山堂曲品》称：“《清风亭·遇子》一出，宛然当年情景，弋优盛演之。”清焦循《花部农谭》记其幼时在扬州农村观剧，演《清风亭》，“其始（观者）无不切齿，既而无不大快。铙鼓既歇，相视肃然，罔有戏色。归而称说，浃旬未已。彼谓花部不及昆腔者，鄙夫之见也”。《缀白裘》第11集收有《赶子》一折，唱［批子］，是当时流传于安徽一带的声腔。京剧《清风亭》为著名的做工戏。作品没有曲折的故事情节，却以对人性、人情深刻细腻的揭示，扣动观众心灵。“赶子”、“盼子”、“认子”等折，描绘张老夫妻淳朴、善良、执著的性格，从平凡的生活事件中挖掘出不平凡的矛盾冲突，具有深沉的内在的戏剧魅力。全剧是一出渗透平民意识的悲剧。张元秀与其妻贺氏分别由衰派老生和老旦饰演。因做工繁重，贺氏也常由丑行兼饰。谭鑫培与王长林合演，马连良曾先后与王长林、马富禄合演，周信芳与刘斌昆合演，均称佳作。马连良、周信芳的演出剧本集中均收入此剧，经整理，删去了雷殛情节。《京剧丛刊》也收有周信芳演出本。 （颜长珂）

Qinggong Xichu Renwuhua

《清宫戏出人物画》 晚清宫廷戏曲演出中人物装扮的形象资料。黄克主编，杨连启编著。花山文艺出版社2005年12月出版。8开本，彩色影印，折页线装，分上下两卷，外有书套。收有清代昇平署演出的51出戏217幅扮像图。与此前出版的《北京图书馆藏昇平署戏曲人物画册》(1997)、《清昇平署戏装扮像谱》(2005) 以及《梅兰芳藏戏曲史料图画集》(2002) 中的“清代乱弹戏单人戏画”，其原件的画法与规格都是一样的。本书是这类戏画的迄今最晚的出版物，所收戏出及图谱则最多。含本书在内的4种出版物之间相比，只有《北京图书馆藏昇平署戏曲人物画册》与其他3种没有重复；而其他3种则既有重复，也有差别，可以

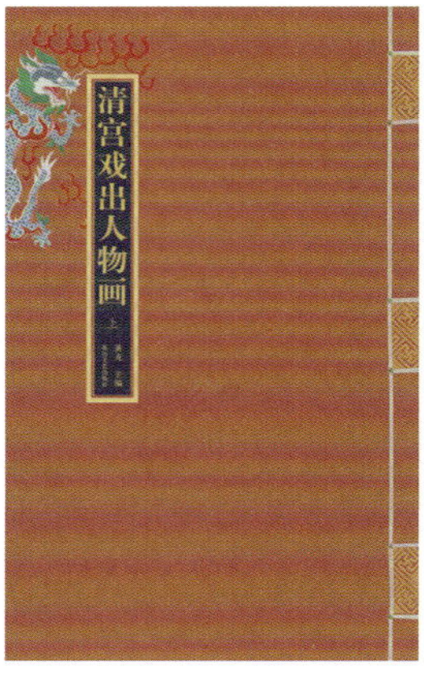

互补。综合以上4种出版物，汰去重复，共得昇平署扮像谱为64出戏337幅图。此外，1932～1933年《国剧画报》发表单色影印本65幅、《中国戏曲志·北京卷》发表彩印本8幅、廖奔著《中国戏剧图史》发表彩印本33幅，汰去与以上4种出版物的重复部分，又得《卖马》、《打登州》、《汾河湾》、《法场》、《神州擂》及不明戏出的扮像谱共16幅。宫廷戏画规格多种，大多保存在故宫博物院，唯此种大半身画像，流散民间，而已经见诸公开出版物者，大抵如此。其他公私收藏还有若干幅，估计数量不会很多。把同一规格的昇平署扮像谱，集中地无遗漏地结集出版，使之得以完璧，且有较好的释读，尚需待诸来日。

此书对所收戏画的编排有失误。如吴汉、姚其(期)2幅应属《取洛阳》，误入《青峰岭》；金荣成、石勒2幅应属《桑园寄子》，误入《青龙棍》；黄三太、邹应龙2幅应属《九龙杯》，误入《恶虎村》。另，《四郎探母》中窜入白氏夫人、黑氏夫人2幅，究属何戏待考。本书卷首有杨连启《前言》，引朱家溍语“现在故宫博物院仍保存着两册共一百幅是未曾流散出去”，“没有‘穿戴脸儿俱照此样’一行小字”，“可以这样分析：就是说流散出来的这部分曾落在一个买主手里，他加上这一行小字然后卖出”。因而也认为，有没有这行小字，是故宫收藏与流散民间的同规格戏画的“惟一的区别”。问

《金马门》李太白

《金马门》安禄山

题在于：仍保存在故宫博物院的两册100幅，是全身角色画，与流散出来的350多幅大半身角色画，不属于同一种规格，难以证明这行小字是倒卖人所加。这篇《前言》，近万字，始终没有说明这批扮像谱的具体收藏单位。从其内容来看，当属中国艺术研究院藏品，它与《清昇平署戏装扮像谱》(封面标明“中国艺术研究院藏”）相比，增加了《善宝庄》(2幅)、《借云》(3幅)、《打曹豹》(4幅)、《南阳关》(2幅)、《锁五龙》(8幅)、《金马门》(2幅)、《李陵碑》(2幅)、《四郎探母》(4幅，其中黑、白夫人2幅存疑)、《琼林宴》(1幅)、《铡美案》(4幅)、《连环套》(5幅)，这37幅，是中国艺术研究院漏编，还是本书编者另从他途觅得，未详。 （龚和德）

Qingguance

《清官册》 京剧作品。又名《霞谷县》、《审潘洪》。作者不详。宋太宗时，潘洪陷害杨家，射死杨七郎，致使杨令公粮尽援绝，碰碑而亡。六郎杨延昭回京，告潘洪十大罪状。宋太宗下旨，命呼必显到雁门关将潘洪押京受审。刘御史奉命审案，受潘洪之女潘妃贿赂，被八贤王用金锏打死。宋太宗又调霞谷县令寇准来京，封为西台御史，复审此案。潘妃又送礼贿赂寇准，寇将礼物送至

《京剧版画·清官册》（王树村提供）

八王府，以明心迹，得到八贤王的支持。寇准审潘洪，潘百般抵赖，五刑用尽，仍不招供。寇准问计于八贤王，八贤王设计，命宫人送酒至狱中，佯言皇上已免潘之罪，特赐酒祝贺。潘大喜，饮酒而醉，被纳入鼓中，推至南清宫。八贤王扮阎王，寇准扮判官，谓潘已死，若招出实情即可还阳。潘尽吐实言，案情始明。事见《杨家府演义》和《昭代箫韶》第3本第15出、第16出。小说和传奇均无设计阴曹的情节。剧中的刘御史，在小说中为参政傅鼎臣，复审者亦不是寇准，而是西台御史李济忠。为老生、花脸应工的唱、做并重戏，寇准由老生扮演，潘洪由花脸扮演。清道光二十五年(1845)刊《都门纪略》载：周连贵擅演寇准。余三胜、谭鑫培、余叔岩、言菊朋、马连良、杨宝森、奚啸伯等均擅此剧。金少山、郝寿臣、袁世海等擅演潘洪。剧本载《京剧汇编》第55集，《京剧丛刊》有杨宝森演出本。1988年，中国京剧院范钧宏改编为《调寇审潘》，冯志孝主演，参加全国京剧新剧目会演，获新剧目奖，范钧宏获优秀编剧奖。 （刘文峰）

Qing Shengpingshu Xizhuang Banxiang Pu

《清昇平署戏装扮像谱》 晚清宫廷戏曲演出中人物装扮的形象资料。三文章主编。学苑出版社2005年10月出版。16开本，彩印精装。收中国艺术研究院珍藏的42出戏的180幅图。依次为：《渭水河》(6幅)、《庆阳图》(2幅)、《摔琴》(2幅)、《取荥阳》(6幅)、《十面》(2幅)、《樊城》(8幅)、《昭关》(4幅)、《鱼藏剑》(4幅)、《取洛阳》(2幅)、《定军山》(8幅)、《凤鸣关》(8幅)、《桑园寄子》(2幅)、《白壁关》(4幅)、《诉功》(2幅)、《四杰村》(8幅)、《牧羊卷》(6幅)、《击掌》(2幅)、《沙陀国》(8幅)、《回猎》(2幅)、《六殿》(2幅)、《高平关》(4幅)、《竹林记》(6幅)、

护封

《清官册》(4幅)、《五台》(4幅)、《三岔口》(4幅)、《青龙棍》(2幅)、《四郎探母》(8幅)、《洪洋洞》(8幅)、《黑风帕》(4幅)、《扫雪》(4幅)、《钓金龟》(2幅)、《乌盆记》(2幅)、《偷鸡》(4幅)、《青峰岭》(2幅)、

《庆阳图》李刚

《庆阳图》李虎

《双卖艺》(2幅)、《镇潭州》(6幅)、《宝莲灯》(4幅)、《胭脂褶》(4幅)、《打嵩》(4幅)、《玉堂春》(6幅)、《九龙杯》(2幅)、《恶虎村》(6幅)。它与1997年出版的《北京图书馆藏昇平署戏曲人物画册》、2002年出版的《梅兰芳藏戏曲史料图画集》中的“清代乱弹戏单人戏画”部分同属于清代宫廷戏画的一个品种，其特征为：画剧中人物的大半身像，在每剧首页画面上注有“穿戴脸儿俱照此样”。1921年

《桑园寄子》金荣成

《桑园寄子》石勒

左右，这种规格的戏画从故宫流散出来时，由于收藏者不同，导致各自编辑出版。以中国艺术研究院收藏最富，既有梅兰芳捐赠或国剧学会遗存，也有原中国戏曲研究院收购的。本书比之《北京图书馆藏昇平署戏曲人物画册》，剧目多33出，画幅多近一倍。与《梅兰芳藏戏曲史料图画集》的有关部分相比，除《渭水河》、《取荥阳》、《四郎探母》3出戏的20幅图相同外，有160幅图为后者所无；而后者也有《借云》(4幅)、《观山》(2幅)、《南阳关》(6幅)、《断密涧》(6幅)、《艳阳楼》(6幅)为本书所缺。故这些出版物，有很大的互补性。

（龚和德）

Qingyinge

清音阁　清代皇家园林戏楼。

①址在北京圆明园中部之同乐园内。现已不存，但有复原之平面图藏国家图书馆。同乐园约建于雍正四年(1726)，戏楼北望舍卫城（佛寺），西临买卖街，是帝王御苑的娱乐中心。戏楼北向，重檐，3层。上层匾额题“清音阁”，中层是“蓬阆咸英”，下层为“春台宣豫”。各层戏台分别设“天井”、“地井”及机轴等装置，上下相通。演出时，神祇仙佛可从天井下降，妖魔鬼怪可从地井出没。后台5楹，称“扮戏楼”。戏台对面为2层看戏殿。据《啸亭续录》记载：乾隆、嘉庆时，“上元日及万寿节，皆召诸臣于同乐园听戏。分翼入座，特赐盘餐肴馔”。乾隆每于灯节前后在圆明园之“正大光明殿”赐宴，在园中之“山高水长”陈烟火，在同乐园看戏。蒙古、西藏等“外藩”及各国陪臣一同观览。宫中每逢重大仪典和节令佳时，亦在此排列仪仗，演戏酬节，多则三四天，少则一两天。据昇平署档案记载，道光、咸丰时，除各种承应戏外，这里还演出过连台本戏《昇平宝筏》、《鼎峙春秋》、《征西异传》、《铁旗阵》、《昭代箫韶》、《兴唐外史》等。咸丰四年(1854)后，每逢万寿节，有传民间戏班入园演戏之事（朱家溍《清代乱弹戏在宫中发展的有关史料》，载《中国京剧史》1990年版上卷附录），其中不乏京剧。咸丰十年(1860)，英法联军焚烧圆明园，同乐园及戏楼遭毁。

河北承德避暑山庄之清音阁

②址在河北省承德市避暑山庄北侧之德汇门内。仅存基址。始建于乾隆十九年(1754)，乾隆四十五年(1780)落成，于农历八月十三日举行仪典启用。戏楼北向，重檐，3层，占地26 668平方米，基址平面呈“吉”字形。3层戏台分别为福、禄、寿。因观众视线的关系，各层舞台的表演区自下而上越来越窄，后台楼阁则越来越宽，称“雅淑杂”，是存放砌末和角色化装登场之处。上层福台匾额题“清音阁”，中层禄台题“云山韶濩”，下层寿台题“响叶钧天”。台联为“鱼藻庆那居，诗征恺乐；凤梧鸣盛世，音矢游歌”。

一层寿台高约1.6米，宽16.92米，进深14.8米。台口四柱。顶部有5口“天井”，四角及中央各一，通向二层禄台，同时可贯通音响。台面又有5口“地井”，四角及中央各一，通向台底。台底相应处有5口暗井，中央为水井，四角为空心土井，可扩大音响共鸣，亦可解决特殊演出时之用水。此外，寿台内侧之帷幕前设有阁楼，以4个搭垛自寿台拾级而上。阁楼约3.5米高，进深约2米，称“仙楼”，又称“寿台明阁”。仙楼可排列神仙角色，另有上下场门。其顶部正对天花板内侧之2口天井，以搭垛与二层之禄台连接。二层禄台、三层福台仅以靠近台口的部分为表演区，逐层递窄。禄台顶部天花板有3口天井通向福台，设搭垛。后墙正面均有上下场门，演出时又设屏风。戏楼对面三丈许，为观戏殿，两层，带前廊，面宽5楹。左右及东西侧各有二层之楼阁及回廊与戏楼之扮戏殿相连，是王公大臣和外国使节看戏之处。整个院落形成完整的建筑格局，称“福寿园”。

据载，乾隆四十五年(1780)农历八月十三，乾隆皇帝七十寿辰，曾在清音阁举行盛大庆典，演出庆寿戏《佛国庆寿》、《蟠桃上寿》、《群仙祝寿》等。又有土默特旗的庆和梆子腔班（王府班）、巴林左旗的双盛梆子腔班、喀喇沁旗的三义晋腔梆子班等向皇帝献戏，演出梆子戏《朱砂痣》、《秋胡戏妻》和庆寿大戏《罗汉渡海》

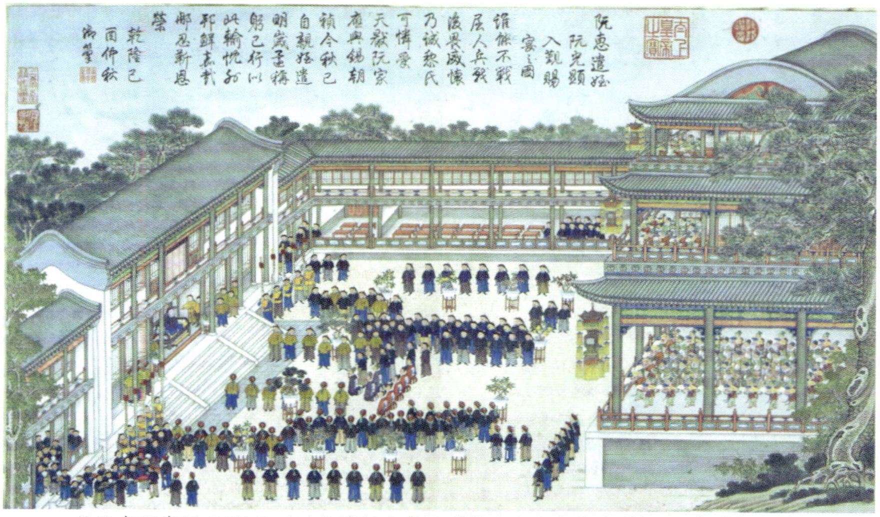

乾隆在福寿园观剧图（选自清杨大章绘《乾隆平定安南战图》，故宫博物院藏）

等。咸丰年间，承德离宫演出过京剧《群英会》、《丁甲山》、《南阳关》、《三岔口》、《四杰村》、《定军山》、《哪吒闹海》、《恶虎村》、《空城计》、《虹霓关》等。咸丰十年（1860）八国联军打入北京，咸丰皇帝逃往承德，居避暑山庄，仍将昇平署内外学传去，终日看戏。1916年，清音阁禄台东北角的大柱和大柁开始腐朽。1923年，热河省教育厅进行维修，改作会议厅，并在寿台的三面敞开处装上雕花隔扇，其时仍有演出活动。抗日战争后期，苏联红军曾驻扎于此，1945年冬，因烤火不慎被焚毁。（周华斌）

Qingyuan Tan Xi Lu

《清园谈戏录》 京剧评论集。王元化著。上海书店出版社2007年1月出版。该书以谈论京剧为主，兼及其他剧种，由《京剧与传统文化丛谈》、《写在〈丛谈〉之后》、《谈样板戏及其他》、《再谈样板戏》、《京剧的即兴表演》、《京剧杂谈钞》、《胡适与京剧偶记》、《谈折子戏》、《谈基础和流派》、《对〈长生殿〉的一点理解》、《京昆丑角戏》、《京剧〈伍子胥〉》、《由伍子胥所想到的》及《汉剧〈宇宙锋〉》、《川剧〈帝王珠〉》、《秦腔〈赵氏孤儿〉》等十多篇文章组成。作者以鉴赏的眼光，从美感的角度，谈论京剧的艺术特点、社会意义、文化价值。其宽广的视野及深邃的思考，涉及传统文化、传统伦理、传统戏曲的思想内容，以及京剧的表演体系、创作特性，京剧改革发展与承传的关系，对京剧的适应接受等方面。多有发人之未发、言人所未言处，尤有甚深之理论价值及实际意义。（蒋锡武）

qingzhuang

清装 泛指京剧舞台上源自清代服饰的戏衣。早在清康熙、乾隆年间的戏曲演出中已有清装出现。如首演于康熙三十九年（1700）的《桃花扇》，末出《余韵》，剧本注明："副净时服扮皂隶暗上。"其"时服"即清装。出版于乾隆三十五年（1770）的《缀白裘》六集，其中《探亲相骂》一剧亦注明："贴扮城里亲家母时样服色上。"这个"时样服色"当是旗装，故后来皮簧班演这出戏，称城里亲家母为旗下太太。满族隶籍八旗者称旗下人，其上衣下裳相连之袍，称为旗袍。而同剧中由丑扮的乡里亲家母也是用的清代服装，传世戏画《探亲家》生动地描绘了李宝琴（旦）、刘赶三（丑）演出此剧的装扮与神情，一穿旗袍，一穿清式袄裤，从头饰到服饰，都贴近于当时的生活习俗，还包括剧本注明的净扮城里亲家公"箭衣、顶帽、吃竹烟筒上"，观众看这出时装的世俗喜剧会感到分外亲切。从《扬州画舫录》所记"江湖行头"看，至乾隆末年，稳定在昆剧衣箱中的清装，已有五色龙箭衣、青箭衣、马褂、凉帽等多种。京剧又增入了旗蟒、旗袍、补褂、袄裤、云肩、马甲、暖帽、花盆底鞋、官尖靴等。据世袭庄亲王溥绪（清逸居士）称，穿旗装、戴钿子饰《雁门关》、《四郎探母》之萧太后，是同治年间"名花衫梅慧仙（巧玲）独创"，"因慧仙与各邸第并内府显宦交游，故创宫装，与戏装大不相同"，"四喜班每贴此二戏，即有人满之患"（《旗装戏考》）。传世梅巧玲之萧太后戏装画像，穿旗蟒，外罩八团龙褂，袖口带白绸挽袖，戴钿子，挂朝珠，穿高底旗鞋。这种旗装，仿自内府贵族打扮，故称宫装（非传统衣箱中的舞衣）。其后，三庆班的张天元，福寿班的李宝琴、梅竹芬，四喜班的杨桂云，以及陈德霖、王琴侬、王瑶卿等，都仿巧玲作风，除《雁门关》、《四郎探母》外，在《查头关》、《塞北奇缘》（一名《万里缘》，演苏武牧羊故事）、《梅玉配》、《闺房乐》、《儿女英雄传》、《珠帘寨》等剧中，都有旗装的女性形象。清逸居士认为，《探亲家》之旗下太太由旗袍改穿清式红袄、套蓝褂自王瑶卿始。京剧于同治年间南下上海后不久，即有一批清装戏出现，如《张文祥刺马》、《铁公鸡》、《潘烈士投海》、《黑籍冤魂》等，都曾轰动一时，除情节内容有某种吸引力外，其时样装束亦是重要因素，沪上观众看惯了传统戏，"得此红顶马褂，满台飞舞之新戏，耳目一新，趋之恐后"（菊屏《三十年来上海戏剧变迁之一斑》，1925年2月13日《申报》）。但这类新戏中的清装大多没有稳定在衣箱之中。稳定在衣箱中的清装，有两个基本特点：一是在长期演出中，经过不断艺术加工，与其原形总有某种程度的区别；二是在使用上，成为具

清宫《戏出画册·查关》

有程式性的造型语言，纳入穿戴规制之中。例如旗蟒、旗袍，在传统戏中属于非汉族女性的打扮（不问其是哪个朝代、哪个少数民族），从而使戏台上女角色的番汉之别非常简明、清晰；而箭衣与马褂的组合，则是军用行装，无论番汉都是如此。因此所谓清装，只是指其款式的生活来源，而其性质如同来自明代的补子圆领（官衣）一样，是戏曲的演出服装。（龚和德 谭元杰）

qingzhuangxi

清装戏 见时装新戏。

Qing Chunpu

庆春圃 演员。工铜锤、架子花脸。世称庆四。满族。生卒年不详。票友出身，与穆凤山二人同学张奎官（外号“傻奎”，曾与张二奎同组双奎班）。清咸丰、同治间，先搭春台，后入四喜。唱净，文武兼通，以架子见长，并能铜锤、武花。曾佐程长庚、余三胜、王九龄、俞润仙诸家演唱。其艺与钱宝峰相伯仲，宝峰长于靠把戏，庆四则擅演短打戏。在菊坛与黄润甫齐名，人们常以黄三、庆四并称，因彼时名净众多，他二人为票友出身，且都是旗人。

他擅演江湖草莽英雄人物，多为“短打”，如《四杰村》、《巴骆和》的鲍自安，《鹈球山》、《画春园》的蔡庆，《英雄会》、《九龙杯》的黄三太，《连环套》的窦尔墩、《清风寨》的李逵，《五人义》的颜佩韦，《贾家楼》的程咬金，《审李七》的李七等。他演人物，着意于凝练之中显示豪爽豁达的气度。评论家认为他塑造的这些形象皆能“装饰如画，奕奕有神”（吴焘《梨园旧话》）。他还常演一些“反面人物”，俗称“反座子”。《梨园轶闻》一书中说：“庆四专工恶霸‘八大拿’戏”，即指《薛家窝》的薛金龙、《殷家堡》的殷洪、《骆马湖》的李佩等。他表现这些人物，则是于洒脱之中渲染其剽悍豪犷之气，确有特色。文戏，他能演《探阴山》的包拯、《锁五龙》的单雄信、《龙虎斗》的呼延赞、《下河东》的欧阳方、《二进宫》的徐彦昭等。评论家说“恒与王九龄合作，人缘极好，《探阴山》、《锁五龙》等戏，都极受欢迎”（《齐如山全集》）；“当时与程（长庚）、余（三胜）配戏，如《进宫》等出，能句句获得喝彩，其能力可知”（王梦生《梨园佳话》）；还说他以“文武花脸，雄长菊部。常与长庚合唱《风云会》、《二进宫》诸戏，如风劲弓鸣，不同凡响，聆者神往”（张肖伧《燕尘菊影录》）。

他的嗓子好、口锋好，评论家说他“尤佳在喉音洪高，白口字字清朗，听者惬心”（吴焘《梨园旧话》），“其声宽朗而坚，读字如放爆竹，声声震耳”（王梦生《梨园佳话》），足见其功力之深。他的武功底子也不弱，工架稳练，身手灵捷，动作干净利落，这是他善于演短打戏的得力所在。他的脸谱则近于徐宝成的路数，长于勾花脸，如李七、窦尔墩等。他的表演艺术，对比他稍后的黄润甫，及至后来的许德义等，都有所影响。一次堂会戏中有一出《四杰村》，本应由他饰鲍自安，而主人却要他扮花振芳，有意折辱。他急气加攻，在后台中风，噤不能语，以至不治而终，时已年逾六旬。（钮骠）

Qingheyuan

庆和园 清代戏园。址在北京前门外大栅栏东口内北侧，南向，即今瑞蚨祥处。现已不存。约建于清代中叶嘉庆年间（道光七年《重建喜神殿碑序》载嘉庆二十一年赞助名录中已有庆和园）。此园为邓姓（回族）之祖产。园内的戏台形制及观演场地均与右邻之庆乐园相似。邓氏自掌，因地处繁华闹市，营业较别园兴旺。《都门纪略》载咸丰年间庆和园一月内入园演出的戏班：“初一至初四，春台班；初五至初八，三庆班；初九至十二，春台班；十三至十六，三庆班；十七至十九，双和顺；二十至廿三，四喜班；廿四至廿七，三庆班；廿八至三十，四喜班。”同治、光绪时，京剧演员程长庚、余三胜、张二奎、谭鑫培、孙菊仙、汪桂芬、梅巧玲、时小福、陈德霖、王瑶卿、杨月楼、杨鸣玉、刘赶三、徐小香等均曾在此献艺。光绪十五年（1889），该园发生一起轰动京城的事件：农历七月二十一、二十二两天，玉成班于庆和园、四喜班于广德楼、宝胜和班于同乐轩、三庆班于庆乐园、春台班于广和楼、义顺和班于三庆园、九和成班于天乐园、小洪奎班于中和园先后演出，当时的左都御史许应骙、副都御史杨颐二宅的轿夫、马夫和厨役一伙6人，到庆和园寻衅闹事，打人毁物。巡城御史戴采、张中官官相护，反令城坊官正指挥张鹤龄等将庆和园封门，并处分卯头（经理）。经孙菊仙、杨月楼、俞润仙召集诸园头人和各戏班班主与退庵居士商定，罢业7日以示抗议。慈禧太后闻知，下懿旨补贴贫苦艺人的生活不足，令许、杨两家交出6名滋事者，在庆和园前枷号10天。各园遂于八月初三照常营业。庚子事变，该园被焚毁，邓氏无力重建。经同仁堂乐氏掌柜介绍，将该园之地产卖与孟觐侯，建店为鸿记茶庄。未久，改建为瑞蚨祥绸布店。（吴增彦）

Qingleyuan

庆乐园 清代戏园。址在北京前门外大栅栏内北侧，南向。现已不存。始建于乾隆年间。一度为武生演员杨瑞亭之家产，其祖父杨香翠与陈古香合伙经营此园40余年。戏台三面凸出，台唇呈弧形，有矮栏。台口宽6米，高5米，进深7米。场内可容观众800余人，实为京都大戏园之一。《都门纪略》载咸丰年间庆乐园一个月内入园演出的戏班：“初一至初四，瑞和成；初五至初八，三庆班；初九至十二，永胜奎；十三至十六，瑞和成；十七至二十，全胜和；廿一至廿三，春台班；廿四至廿七，四喜班；廿八至三十，永胜奎。”同治、光绪时，老生演员孙菊仙曾为股东之一。民国初期，因债务纠纷，戏园由法庭拍卖，湖南军阀张敬尧以4万两银中标，未办手续便由副官带兵入园，命令停演，强行接管。1918年2月10日《顺天时报》载署名“听花”的文章谴责此事，舆论哗然。社会支持庆乐园，助其还清债务，向法庭控告张敬尧。张败诉。1921年，奎德社与庆乐园签订长期演出合同，进入该园。此社实行戏曲改良，各个行当演员均为女伶，包括梆子、京剧。主要演员先后有鲜灵芝、雪艳琴、秦凤云、金桂芬、张蕴馨、李桂云，又有余派老生小兰芬、郝派花脸金玉奎、侯派花脸王庆奎、武生宁小楼、文武花旦碧玉花，以及被誉为“杏花仙子”的闺门旦张小仙、“坤伶第一丑角”宋凤云等，

庆乐园内景

均名噪京城。该社不仅演出传统戏，还排演时装新戏和欧美名剧，如《一元钱》、《二烈女》、《少奶奶的扇子》、《茶花女》等，不下百余出，历经20余年，长盛不衰。1935年杨韵谱集资重修庆乐园，将原北向的戏台改为坐北朝南，长条凳改为座椅，戏台下设机械转轮，成为可旋转式舞台。奎德社、鸣春社均较长时间在此演出。中华人民共和国成立后，改名庆乐戏院，先后为新兴京剧团、鸣华京剧团专用。1966年后，京剧演出渐少，后改为北京杂技团专用演出场所。1985年后改为商场。（吴增彦）

Qingshengyuan

庆升园 清代戏园。址在北京西四牌楼口袋底胡同新丰市场内。现已不存。始建年月不详，原为曲艺杂耍馆子，清末内城不再禁戏，京剧名角常来此处演出。鸣晦庐主人《闻歌述忆》称："嗣后英秀（谭鑫培堂号为'英秀堂'）每日在西四牌楼新丰市场庆升园演剧，首日演《朱砂痣》，与德霖配。每月演四日或八日，皆择其拿手好戏，或媲丽得宜者。"京城著名的翠峰庵票房、张晓山票房常在此处作营业性演出，票价与前门外诸戏园相同。此二票房的演员如黄润甫、龚云甫、金秀山、许荫棠、金仲仁、德珺如、韦久峰等下海后，分别成为梨园界名伶或戏曲教育家，庆升园因此而闻名。民国年间停业。（吴增彦）

Qingshengshe

庆生社 京剧班社。1926年荀慧生由沪返京，初组松庆社，1930年5月更名庆生社，1933年夏更名春生社，1940年5月，又组留香社。其中，庆生社与春生社是荀慧生演剧生涯的最盛阶段。花旦挑班演戏，小生与小丑是必不可少的辅佐人物。庆生社盛时阵容硬整，小生金仲仁、小丑马富禄、二旦芙蓉草、里子老生张春彦，有"四大金刚"之称。他们为荀慧生配演了许多脍炙人口的名剧。以后，人员变动，为荀慧生配戏的小生分别是高维廉、周维俊、徐和才，小丑有朱斌仙，二旦有王盛意、何佩华，里子老生有曹连孝、陈喜星。曾搭入庆生社演戏的还有：王文源（老生）、王又荃（小生）、高秋颦（花旦）、蒋少奎（花脸）、许德义（花脸）、孙甫亭（老旦）、傅小山（丑）、何雅秋（青衣）等。荀慧生的演出剧目很多，松庆社时期新排剧目有全本《玉堂春》、《辛安驿》、《飘零泪》、《丹青引》等。庆生社时期又相继排演了《绣襦记》、全本《花田错》、《香罗带》、全本《荀灌娘》、《妒妇诀》，由昆曲改成皮簧的《盘丝洞》及《钗头凤》、《双姣缘》、《柳如是》、《埋香幻》、全本《十三妹》、《荆钗记》、《勘玉钏》、《红娘》、《香菱》、《平儿》等。春生社时期演出的剧目有《杜十娘》、《棋盘山》、《还珠吟》、《东吴女丈夫》、《红楼二尤》等。以上剧目多由陈墨香、舒舍予、陈水钟编剧。荀慧生演剧做派活泼、节奏明快，根据人物性格身份刻画角色，毫不雷同。一人有一人的身份，一剧有一剧的特征。留香社时期，阵容显得单薄，其子荀令香经常在班演唱。这个时期，荀慧生只演出从前编排的剧目及传统戏，没有排演新戏，并时演时歇。中华人民共和国成立后，留香社改称荀慧生剧团。（王晓燕）

《玉堂春》 荀慧生饰苏三

Qingwangfu Xitai

庆王府戏台 清代王府戏曲演出场所。址在北京后海南侧之庆王府花园内。现已不存。庆亲王，名永璘，乾隆皇帝第十七子，俗呼"老庆亲王"。府第所在地为三座桥。按清乾隆十五年（1750）《京城全图》，当时此处只有一小片民房。嘉庆四年（1799），乾隆之御前大臣和珅被处死，宅第被没收，赐予老庆亲王。道光二十九年（1849），老庆亲王之子奕劻奉旨嗣为庆亲王，次年封辅国将军。此后，该府第始终由其家族袭用，直至清末。一说，该处在道光年间原是大学士琦善的故宅，奕劻进为庆亲王时受赏得此宅。戏楼当建于道光前后，据爱新觉罗·溥铨《我父庆亲王戴振事略》一文称："这座府第占地半华里见方，共分五个大院落，大小房屋及厅堂数百间。我祖父奕劻在府内还修建了楼、戏楼。"当时，皮簧盛行，京剧业已形成，府内戏楼之设当亦用于京剧。该文又称："北京老庆王府西，有一座朝南的三合院，内有上房5间，旁边有几间平房。这里原是庆王府的马圈。这所房解放后由人民政府重新修建，于1950年11月拨给京剧大师梅兰芳一家居住。"老庆王府现为北京卫戍区机关，戏楼于1949年后毁于大火。（周华斌）

Qingxingshe

庆兴社 京剧班社。1921年4月高庆奎组建庆兴社，自挂头牌，1924年改组为玉林社，1928年更名庆胜社，至1936年嗓败辍演止。先后三社都以北京前门外鲜鱼口华乐戏院为演出基地。高庆奎的合作伙伴，二牌旦脚，最初有程艳秋、黄润卿，一年后程辞去，又有朱琴心，朱去后又有徐碧云、关丽卿、王幼卿、黄桂秋、李慧琴；花旦筱翠花。昆曲旦脚韩世昌也挂二牌，只在压轴演一出昆曲戏。二旦有荣蝶仙、诸如香、吴富琴、计砚芬、魏莲芳等。武旦有朱桂芳、阎岚秋、方连元等。老旦有文亮臣、龚云甫、李多奎。里子老生先后有李鸣玉、张鸣才、张春彦、陈喜星、李洪春、李洪福等。三牌武生先后有周瑞安、沈华轩、茹富兰、孙毓堃、赵鸿林、俞赞庭、尚和玉、裴云亭、吴彦衡、高盛麟。王鸿寿1922年秋自南方来，曾在庆兴社演"关戏"3个月，与高合作，高事之如师长，相处甚善。净行也是高庆奎的重要搭档，先后有郝寿臣、董俊峰、范宝亭、裘桂仙、侯喜瑞、蒋少奎、马连昆、李春恒等，其中以郝寿臣与高氏合作最为得力。丑行有文丑张文斌、慈瑞泉、曹二庚、茹富蕙、马富禄等，武丑王长林、傅小山、王福山等。从庆兴社到庆胜社的15年间，高庆奎博采谭鑫培、刘鸿昇、贾洪林等大家的精湛技艺，树立了高派唱、念声情并茂，做、表细腻深刻的艺术风格与特色。高庆奎初宗谭派，后师事刘鸿昇。刘派的"三斩一碰"诸剧，即成为高的常演剧目。高庆奎致力于将传统折子戏整理、改排为大套的整本戏。以折子戏《战樊城》、《长亭会》、《浣纱河》、《鱼肠剑》、《刺王僚》

《乌龙院》
高庆奎饰宋江（右） 李慧琴饰阎惜姣

5折连演为《鼎盛春秋》，高庆奎扮演伍员，董俊峰扮演姬僚。庆兴社以《黄金台》为中心，增益首尾，排演了《乐毅伐齐》(1921)。玉林社1924年排演了《平陆浑》，下接《摘缨会》，高庆奎扮演楚庄王，周瑞安扮演唐狡。同年，11月排演了《哭秦庭》，高庆奎扮演申包胥；12月演出《割麦装神》，高庆奎扮演诸葛亮，郝寿臣扮演司马懿；同月首演《乱楚宫》，高庆奎扮演伍奢；月底演《独木关》，高庆奎以武老生扮演薛礼。庆胜社1928年11月首演《信陵君窃符救赵》，高庆奎扮演信陵君无忌。1929年11月首演《黑驴告状》，在《问樵闹府》、《打棍出箱》戏里，高庆奎扮演范仲禹，马富禄前扮樵夫，后饰屈申。

1932年高庆奎演出《**战合肥**》，即把《单刀会》、《讨荆州》、《战合肥》、《白逼宫》、《逍遥津》连缀一起，高庆奎前演关羽，后演汉献帝，郝寿臣演曹操，吴彦衡演张辽，李洪春演穆顺。玉林社于1926年首次连演《群英会》、《借东风》、《华容道》，高庆奎前后扮演鲁肃、诸葛亮与关羽。1933年庆胜社再演该剧，郝寿臣的曹操，增益了《横槊赋诗》，姜妙香扮演周瑜，马富禄扮演蒋干，吴彦衡扮演赵云，阵容最强。高庆奎师承刘鸿昇喜演反串戏之遗绪。刘派名作《斩黄袍》，赵匡胤系红生脚色，高庆奎亦常演。玉林社曾于1926年演出《掘地见母》，高庆奎反串老旦。1929年庆胜社演出《普天乐铡判官》，高庆奎反串包拯，郝寿臣扮演阎罗王，蒋少奎扮演判官。1934年庆胜社演出《挑帘裁衣》，高庆奎反串武生扮演武松，筱翠花扮演潘金莲，马富禄扮演王婆，金仲仁演前西门庆，高盛麟演后西门庆。1930年庆胜社演《连环套》，由《坐寨盗马》起，到《拜山盗钩》止，高庆奎扮演黄天霸，郝寿臣扮演窦尔墩，马富禄扮演朱光祖。（李体扬）

Qingyun Chayuan

庆云茶园 近代戏园。址在天津南市慎益大街。现已不存。始建于1920年，园主黄宝田。落成之初因主要演唱评戏，故又名"庆云落子馆"。1925年前后，京剧、昆剧、梆子皆演。白云生等人的昆曲班社常在此演出。1937年，由王少清、王少臣兄弟出资，重新修缮庆云茶园，改名**庆云戏院**，王少清任经理。1940年，戏院被南市恶霸袁文会霸占，委任王恩贵为经理，安排以常宝堃领衔的兄弟剧团久占此园，演出文明戏和曲艺节目。1946年，袁文会因汉奸罪被捕入狱，戏园归还王文清经营。1949年天津解放后收归国有。1952年更名**共和戏院**，以组织演出京剧为主，成为赵松樵、李铁英为主演的红风剧团的主要演出基地。1963年戏院大修、扩建，重修后的共和戏院占地面积1 013平方米，建筑面积1 969平方米，砖木结构，3层，设1 147座，成为天津市内的主要京剧演出场所。1984年，市政府统建南市食品街，共和戏院被拆除。（甄光俊）

Qionglinyan

《琼林宴》 京剧作品。又名《**问樵闹府**》、《**打棍出箱**》。作者不详。事见明传奇《琼林宴》及小说《三侠五义》。北宋时，范仲禹携妻及子进京赴试，归途中子被猛虎叼去，妻被告老太师葛登云抢走，范因此疯癫。后在樵夫的指引下，寻至葛府。葛假意款待，将范灌醉，密遣家丁葛虎谋害，反被煞神所杀。葛登云将范乱棍打死，装入箱中，抛尸郊外。因范已中状元，二报子奉命四处寻找，盘费用尽，适遇葛府家丁抬箱前来，被二报子劫获。开箱后，范仲禹死而复活，疯癫更甚，戏弄二报子后扬长而去。下半本还有《**黑驴告状**》，演范仲禹之妻白玉莲闻得仲禹死讯，自缢而亡。山西商人屈申得范仲禹所遗之黑驴，投宿李保家中，李保见财，将屈申勒死。黑驴投包拯处，包知有冤情，派人勘查，终将凶手葛登云、李保绳之以法。据清道光二十五年（1845）《都门纪略》，《琼林宴》

《打棍出箱》 马连良饰范仲禹（中）
马四立饰黄茂（左） 马富禄饰姜樊

为春台班余三胜的擅演剧目。齐如山《京剧之变迁》称："闻老辈传说，此戏系张二奎由昆腔改成皮黄的，不知然否？""从前是演全本《琼林宴》，所有戏词，与现在大不相同。现时只演《问樵闹府》、《打棍出箱》一段，乃是始自谭鑫培，一切词句身段改添的很多。"此剧为老生唱、做并重戏，余三胜、谭鑫培之后，贾洪林、余叔岩、高庆奎、马连良、谭富英等均擅演。周信芳演过全部《琼林宴》，带"黑驴告状"，或称全部《黑驴告状》。谭富英演范仲禹问樵的各种身段及甩发、髯口上的功夫，美不胜收。上场踢鞋，右足往上一踢，随即坐下，鞋落头上。演范仲禹从箱子里出来，一边唱着"在城隍"将左脚伸在箱口上，再唱"庙内"将右脚伸在箱口上，再唱"挂了号"身体往上一挺，背靠在箱口右头，两腿在箱口左头，当中悬空，随着滚下来。这些"踢鞋"、"出箱"等表演，生动地刻画了范仲禹精神失常时的艺术形象。余叔岩、马连良、谭富英等均有唱片传世。剧本见《戏考》、《戏典》、《京调大全》、《戏学指南》、《京剧大全》等。（刘文峰）

Qiu Futang

邱富棠（1903～1977） 京剧教师。曾为武旦演员。原名**邱续**。北京人。1913年经姐夫赵喜魁（花脸演员）介绍入富连成社科班，改名邱富棠。始学京剧老生，后改武旦。1922年随梅兰芳赴香港演出，

颇受梅的赏识。在富连成社学习期满后演出于北京各剧场，后又演出于烟台、大连等地。1926年回京，先后搭入荀慧生、杨小楼戏班，后参加稽古社边演出边教戏。1947年在长春参加国民党军队所属的鹰扬剧校，边演出边教戏。1950年转回北京。同年底在天津参加共和班京剧社。1951年在天津曾协助言慧珠排演《洪宣娇》一剧。1953年到沈阳东北戏曲实验学校任教。1955年转为中国戏曲学校武旦、武功、把子教师。1959年被选为出席北京市群英会代表。他经常教授的剧目有《扈家庄》、《锯大缸》、《打焦赞》、《武松打店》、《泗州城》等，尤擅武旦出手戏。当今舞台上的不少武旦演员以及戏曲院校的武旦教师，如苏稚、刘淇、王小玲等，都受过他的指教。

（王世勋）

Qiu Jin

《秋瑾》 京剧作品。时装新戏。作者王钟声。剧本未见流传。

清末，绍兴女子秋瑾在民主革命思想感召下，走出家门，留学日本，加入中国同盟会，并被推举为浙江省负责人。回国后任教于绍兴大通师范学堂，与徐锡麟组织光复军，相约在安徽、浙江同时起义。1907年，徐锡麟在安庆刺死巡抚恩铭，清兵包围大通学堂，秋瑾率众抵抗，因寡不敌众被捕。不久壮烈牺牲。秋瑾被害后，即有《轩亭秋》（吴梅）、《碧血碑》（庞树柏）、《六月霜》（嬴宗季女）、《轩亭冤》（湘灵子）、《轩亭血》（啸庐）等杂剧传奇发表在各出版物上，颂扬烈士。起名《秋瑾》并把它搬上舞台演出的，先是1907年王钟声组织文明剧班春阳社，在上海首演后，又到天津演出。剑啸《中国的话剧》写道："清宣统元年，王钟声带领春阳社社员到北京演戏，北京人士因为好奇，故观者极众"，"不过他们并不是独挑一个班子来演，往往是加在旧剧班里去，当时他们是和玉成班合作，在天乐园（即今鲜鱼口华乐园）出演"（《剧学月刊》第2卷第7～8期合刊）。同时，上海新舞台、大舞台也排成同名京剧上演。关于大舞台旦脚演员王蕙芳的演出情况，隐严氏《改良新戏考》写道："《秋瑾》一剧，为王蕙芳正戏，编是剧者，只收当时实事为资料，故情节未见有十分出奇处。大舞台上几番排演，有何金寿饰福贵，有孙绍棠饰某武弁，戏遂颇有几场可观，不然，未免冷静矣。末场布景甚好。"王雁编有同名京剧，1959年北京京剧团演出，张君秋饰秋瑾。剧本1962年由北京出版社出版。（王卫民）

张君秋饰秋瑾（右）

Qiushengshe

秋声社 京剧班社。1937年4月21日，程砚秋于北平改组**鸣和社**，正式成立秋声社。"秋声"乃取用1924年湖南澧县名二课史刊于《北京日报》评介程砚秋"秋声戏墨"专栏之名。由吴富琴任社长，成员有王少楼、曹二庚、慈瑞泉、李四广、侯喜瑞、程继先、鲍吉祥、哈宝山、李多奎、苏连汉、钟喜久、钟鸣岐、扎金奎、俞振飞、刘永利、张蝶芬，司鼓白登云，琴师周长华、任志林，舞台监督高登甲。不久昆曲音乐家韩子和亦加入。俞振飞8月份返沪由顾珏荪代之，张春彦代鲍吉祥和哈宝山，慈瑞泉年迈以慈少泉继之，以罗福山弟子孙甫亭代已故老旦文亮臣。当年新搭班的有叶盛茂、李克昌。1939年迟世恭、于世文、袁世海、林秋雯、刘连荣、魏莲芳先后加入。陈少霖于1940年2月搭入，另特邀姜妙香（1939年6月）、芙蓉草、金少山合作，1940年4～5月与上海名丑刘斌昆、盖三省合演。初期程砚秋与王少楼并挂头牌。1941年9月特约杨宝森合作演剧。秋声社的编剧事宜初由金仲荪统筹，后又聘杜颖陶、陈墨香，特别是翁偶虹参与新剧的编撰工作。1937年6月1日以《红拂传》一剧于北平西单新新大戏院首场演出。秋声社成立两个半月，七七事变爆发。

秋声社存在了约15年，大体经历了4个阶段：①1937年4月至1942年的5年多时间内，为该社初创阶段，其间曾首次赴山西演于山西大戏院，3次赴天津演出于中国大戏院，4次赴上海演出于黄金大戏院，5次赴山东先后演各类救济灾民义务戏于济南北洋大戏院、青岛新新舞台与光陆戏院、烟台丹桂戏院。在北平，先后演出于新新大戏院与长安大戏院。除演出《玉堂春》、《王宝钏》、《三娘教子》、《穆柯寨》、《宝莲灯》、《牧羊山》、《弓砚缘》和全本《龙凤呈祥》外，还露演过一次《贵妃醉酒》和一次昆曲《思凡》，其余大部为程派的本戏如《鸳鸯冢》、《青霜剑》、《碧玉簪》、《聂隐娘》、《文姬归汉》、《梅妃》、《荒山泪》、《春闺梦》、《朱痕记》、《风流棒》、《骂殿》等。自从敌伪当局要求北平梨园界演出捐献飞机义务戏被程砚秋严词拒绝后，政治迫害遂相继而至。程砚秋以罢演和下乡隐居务农的实际行动抗议日本军国主义者的暴行。②1943～1945年秋，程砚秋乡居务农，秋声社名存实散，成员为生活所迫而各奔西东。此为程砚秋与秋声社最惨淡最困难的阶段。③1945年8月15日日本宣布无条件投降，程砚秋再次出山演戏，遂重组秋声社，其成员除老伙伴张春彦、李四广、慈少泉、孙甫亭、高登甲、苏连汉外，新加入的有小生高维廉、储金鹏，老生苏盛贵、贯盛习、卢邦彦，二旦林秋雯，丑贾松龄，琴师钟世璋、任志林，司鼓白登云等。重组后的秋声社为东北难民还乡筹款首演6场义务戏于北平长安大戏院。次年秋至1947年春夏，应宋庆龄儿童福利基金会之邀，赴上海演于中国大戏院。后又演出于天蟾舞台：前期与谭富英合作，加入叶盛兰、袁世海、高盛麟；后期与李少春、俞振飞、芙蓉草合作，阵容齐整，名角云集。程砚秋把从20世纪20年代以来创演的全部本戏如《赚文娟》、《花舫缘》等及30～40年代新排的全部本戏《费宫人》、《锁麟囊》、《女儿心》（百花赠剑）一一展示于舞台，包括多年未曾露演的老戏如《玉堂春》、《骂殿》、《桑园会》、

《锁麟囊·春秋亭》 程砚秋饰薛湘灵（中坐者）

《御碑亭》、《弓砚缘》、《汾河湾》等。两期演出长达66天之久，可说是程派艺术的一次总检阅，获得空前的成功。1948年秋声社主要演出于天津中国大戏院和北平长安大戏院，同年12月20～22日，为河北大名旅派同乡会救济灾民义务筹款赴津演剧，是为北平解放前夕秋声社最后的演出。④从1949年北平和平解放至1953年2月秋声社改组成**程砚秋剧团**，为秋声社的最后阶段，除原有的张春彦、高维廉、卢邦彦、孙甫亭、慈少泉、李四广、林秋雯、苏连汉外，新加入的有杜颖陶、李丹林、贾松龄、李盛芳。司鼓白登云，琴师钟世璋，二胡由夏奎连代任志林，大部仍为老班底。1949年3月27日应北平军管会邀请演出《三击掌》一剧于中南海怀仁堂以庆祝北平和平解放协议的签字，毛泽东、周恩来、叶剑英等中共中央领导人及各民主党派代表出席，是为该社解放后首次出演。是年11月，秋声社应约赴陕西，于西安市群众会堂演出《荒山泪》、《春闺梦》、《锁麟囊》3场，其余大部分时间从事第一次西北地区戏曲音乐调查工作，作为改进戏曲的参考资料。12月中旬，又应东北文化部邀赴沈阳演出兼作地方戏曲调查。这时作为私营演出团体的秋声社，其性质与任务已开始有所变化。如何既能维持班社生存又能实现全国戏曲调查计划，按程砚秋的设想即是以组织

旅行剧团的方式来进行。旅行剧团是一个自负盈亏兼有调查工作及演出任务的集体。1950年7月程砚秋率秋声社少数成员自徐州出发进行第二次大西北地区的戏曲音乐调查，行程数千里，历时4个半月。此次大西北之旅的重要收获之一，是在南疆喀什发现一位硕果仅存的维吾尔族老音乐家哈西木先生。只有他尚精通木卡姆十二套古曲，程砚秋急电王震将军和邓力群同志，将哈西木接到迪化（今乌鲁木齐）妥善安置，及时录音，从而将隋唐时代燕乐中的疏勒之部，北宋以来已渐失传的维吾尔族传统古曲抢救下来。1951年2～9月，秋声社赴中南及大西南地区，先后演于武汉、重庆和昆明，其中演出捐献抗美援朝飞机义务戏多场，筹款旧币2亿元。为宜昌市胜利剧团建设新剧场基金捐款2 900万元，回程时在汉口为志愿军荣誉军人演出慰问戏11场及各地观摩招待晚会多场。程砚秋和杜颖陶的大部分时间和主要精力仍然放在对汉、楚、越、川、滇剧及云南花灯、巫师戏等地方戏曲的学习和调查研究上面，收获颇丰。1952年8～9月，秋声社赴沪演于上海人民大舞台，演出了经一年精心构思设计和筹备，由越剧《梁山伯与祝英台》移植改编为京剧的《祝英台》。同年11月，首演于北京长安戏院，称《英台抗婚》，这是程砚秋主持秋声社时期所排演的最后一出新戏。存在了将近15年的秋声社遂告解散。（程永江）

Qiu Huang Ji

《求凰集》 见吴祖光。

Qiu Guixian

裘桂仙　(1878～1933)　演员。工净。原名裘荔英，乳名桂官。祖籍浙江绍兴，生于北京。幼入云和堂习艺，师从张凤台、徐立棠学铜锤花脸。后入小鸿奎科班，出科后拜何桂山为师。其功力

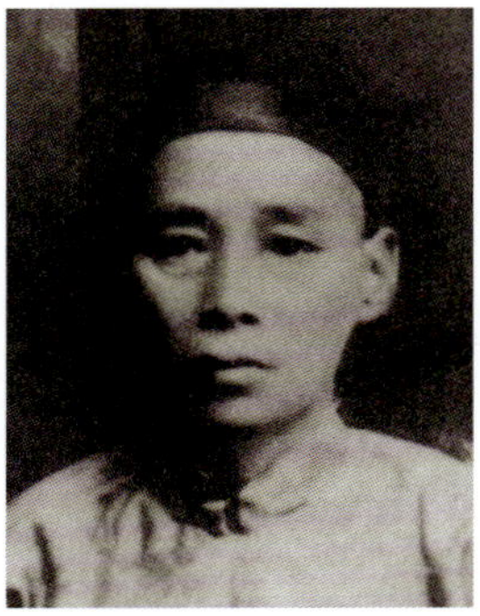

扎实，唱腔坚实浑厚，纯系硬砍实凿，不善运用鼻音，听来苍劲有韵味。擅演《草桥关》、《白良关》、《牧虎关》、《打龙袍》、《御果园》、《刺王僚》等。尤以《二进宫》最佳，曾与陈德霖、王凤卿以及尚小云、王又宸合演此剧，均能鼎足而立，享誉一时。后因倒仓，改工胡琴，1900年入同庆班为谭鑫培操琴，对谭之戏路与唱腔极为熟悉。故能执教谭派戏，杨宝忠、杨宝森均曾向其请益。

清光绪三十三年（1907）嗓音恢复后，经王凤卿建议登台演出《大保国》，并经多位同仁相劝，重新于梨园公会挂牌演出，成为余叔岩的好搭档，合演过《捉放曹》、《琼林宴》、《击鼓骂曹》诸剧。1927年，其次子盛戎入富连成社习艺，叶春善、萧长华等认为颇有其父风范，特请裘桂仙到社亲为其子授艺，以承家学。待其离开富社之时，其幼子世戎亦入富社习艺。裘桂仙特拜托孙盛文等教师，对其两子务要严格要求，方能使之成才。妻室为名琴师孙佐臣之女。名丑朱斌仙为其门婿。（刘松崑）

《草桥关》饰姚期

Qiu Shengrong

裘盛戎　(1915～1971)　演员。工净。原名裘振芳。祖籍浙江绍兴，北京人。父裘桂仙为著名京剧花脸演员。哥哥裘振奎（镇奎）为京剧琴师。弟弟裘世戎亦工净。8～12岁时，得到父亲精

心而严格的启蒙教育，开蒙戏为《草桥关》、《白良关》等。裘桂仙说戏，刻意求精，细致异常，一出戏能教数月之久。12岁入富连成社科班，为"盛"字科学生，故名盛戎。入科不久，开始登台，边学边演了《二进宫》、《探阴山》、《刺王僚》、《打龙袍》、《草桥关》、《锁五龙》等。除铜锤外，兼学架子花和武花，取得佳绩。叶盛长在其回忆录《梨园一叶》中写道："盛戎师兄幼时就有一条天赋的好嗓子，不但天资聪颖，而且刻苦用功，坐科时即已显露出众的才能。无论大活儿小活儿，他学会后不是照葫芦画瓢，而是根据自己的领会有所发挥创造。"

18～31岁的十几年间，是他在艺术事业上大量实践，艰苦跋涉，锲而不舍，不断实现自我超越的时期。在此期间，他曾与言菊朋、杨小楼、筱翠花、宋德珠、奚啸伯、杨宝森、李万春、高盛麟、李少春、金少山、周信芳等众多京剧名家合作演出，从而磨炼了演技，积累了经验。譬如他出科不久搭杨小楼班时，曾在《长坂坡》中配演曹操，即得到武生宗师杨小楼的称赞。他还在上海、北平等地与金少山多次合作演出《白良关》、《闹江州》等剧。在给金少山配戏中不仅没有在人称十全大净的金少山的对照下黯然失色，而且显示出自己独有的魅力。在繁忙的演出生活中，裘盛戎好学深思，不断向艺术的深层进行探索和开掘，从而使自己的艺术个性越来越鲜明，并形成了独有的艺术韵味。他通过数年如一日的吊嗓练唱，研求共鸣位置的合理使用和气口的灵活运用，终于在天赋条件的基础上，练成一副刚柔相济、甜润悦耳的嗓音，尤其是练就醇厚、峭拔而有韵味的立音（裘盛戎式之音），为他的唱念创造了卓越的条件，终于创出"旦起净落"，寓婉约的抒情韵致于刚劲的铜锤唱腔中的裘派风格。在昆曲演唱技法的启发下，他逐渐摸索和创造出"带着唱"、"甩着唱"、"扔着唱"、"扛着唱"、"揉着唱"等一整套特有的唱法，从而使一段普通的唱腔也能给人以别有韵味的无穷感受。他兼融南北，不拘一格，正如张君秋在《向裘盛戎学什么》文章中所说："盛戎不是盲目地唱戏，他肯动脑子，

《姚期》饰姚期

《秦香莲》饰包拯

也没有什么南派、北派的门户之见，凡是有益的，他都吸收。他的身段有麒派的东西，就是一明证。”在32～34岁的3年间，是他艺事的重要转折期。在此前的十几年中，他多是搭班演戏，到1947年冬，在其内兄李世琦、李志民的襄助下成立了由他任领衔主演的戎社，从而成为继金少山之后又一位独立挑班的名净。在戎社期间，他的演出剧目不断增多，演技更加精湛，其独特艺术风格更加充分地展现出来。戎社的成立，可说是裘派艺术初步形成的一个重要标志。直到1949年，裘盛戎的戎社与谭富英的同庆社才合并建立了太平京剧社。

从中华人民共和国成立，到“文化大革命”前这一阶段，是他艺事兴旺辉煌的时期，也是他所创立的裘派京剧花脸艺术得到长足发展和影响不断扩大的时期。此间裘盛戎在艺术上的建树，主要表现在以下三个方面：①对于他经常上演的《姚期》、《铡美案》等花脸传统戏通过舞台实践不断地进行新的修改与加工，使这些戏越演越精，成为京剧剧目中长期流传的优秀剧目。譬如他的代表作《姚期》，1963年他自述道：“从我坐科富连成算起，这出戏我演了将近四十年。在这无数次的演出当中，尤其是近十年来，不论对这出戏的结构、场次、唱词、念白以及表演等各个方面都进行过修改。进行修改的原因，有的是为了使剧本本身更完整，有的是为了使剧本和我自己的条件结合得更紧密些，有的是为了使演出获得更好效果等等。”②裘盛戎还在许多新编古代题材戏和重新整理改编的传统戏中，成功地塑造了一系列鲜明而生动的花脸人物形象，从中展现出他所具有的深厚艺术功力和突出的艺术创新的精神。如他所扮演的《将相和》中的廉颇、《除三害》中的周处、《官渡之战》中的曹操、《赤壁之战》中的黄盖、《赤桑镇》中的包拯、《赵氏孤儿》中的魏绛、《海瑞罢官》中的徐阶等，都不同程度地体现出裘盛戎的艺术创造力，显示了不同人物形象的鲜明个性特征。③在演出京剧现代戏方面，裘盛戎也进行了积极探索，表现出充沛的创作热情，并取得了可喜的艺术成果。1964年在北京举行全国京剧现代戏观摩演出大会上，他参加了北京京剧团现代戏《杜鹃山》的演出，成功地扮演了乌豆这一艺术形象。后来他还在《雪花飘》等现代戏中扮演角色，不断作出新的探索。这一阶段影响较为广泛的是裘盛戎在北京电影制片厂拍摄的彩色京剧影片《群英会》、《借东风》中扮演的黄盖，在长春电影制片厂拍摄的彩色京剧影片《铡美案》中扮演的包拯。“文化大革命”期间，裘盛戎惨遭迫害，积郁成疾，罹患肺癌，于1971年10月5日病故。

综观裘盛戎一生，他在艺术上的卓越贡献主要体现在以下几方面：①把“演人物”作为舞台表演的出发点。裘盛戎演戏注重把握和突现人物的个性特征；在演技的选择和运用上则勇于打破行当的制约，以塑造特定人物形象的需要为准，广泛借鉴、取精用宏，在长期舞台实践中致力于体验和体现角色内心活动，努力按照角色自身的规定性进行表演。②创造了独特的裘派艺术韵味。由于裘盛戎既非常尊重传统的艺术规范，又勇于不断创新，因此他的表演能给人以古典味与新鲜感和谐统一的感受。在具体的艺术处理中，他通过对于发声、吐字、气口、润腔、板式、节奏、情绪、身段、扮相等各个环节的精心设计和灵活运用，使他的唱念与表演动作呈现出一种深沉丰厚的充实之美、刚柔相济的圆劲之美和洒脱灵透的巧俏之美，而且是三者兼而有之的独特韵味。这种裘派独特风格和韵味的出现，打破了以往京剧净行一贯偏重追求刚劲洪亮的定势。③创造了一整套极有价值的艺术经验。如：关于气口的重要性及其运用方法的经验；关于在新编剧目中演员要亲自参加创腔及如何编创新腔的经验；关于刻画人物要“恰”，借鉴艺术手法要“化”的经验；关于如何用音乐感、节奏感统率唱念做打整个表演的经验；关于如何在京剧净行表演中运用艺术辩证法的经验等。④为京剧演员克服自身艺术条件上的弱点，努力适应舞台表演的需要树立了榜样。裘盛戎虽然个子矮、脸瘦，与扮演净行角色的要求存在差距，但是他通过对勾脸、装扮、身段、台步、舞台调度、嗓音运用的匠心设计，尤其是通过入戏传神，演出风度的途径，终于取得了扬长补短的效果。正如张君秋所指出：“盛戎在《秦香莲》剧中一出场，使人感到他十分高大。有人说他靴底儿厚，再加上纱帽的高度，个子就显得高了。这是一层原因。其实还有一个不为人所共知的原因，那就是他不仅靴底儿厚，而且一出场就翘起脚，靴底几乎是立着出场的。这样亮相怎会不高大？这就是他在发挥幼功基础过硬的优长去弥补个头儿较矮的短处。出场给观众一个高大的印象，等到后面做戏时，盛戎就不总是立着靴底走路了，而观众此时已经入戏了，即使裘盛戎短了一点，谁也感觉不到了。”总之，裘盛戎成长于艰苦奋斗之中，辉煌于中华人民共和国成立之后，殒落于“文化大革命”时期。他谦虚坦荡，平易近人，终生敬业，死而后已。他所创立的裘派艺术是宝贵的京剧艺术遗产。他曾收过方荣翔等30多名弟子，在京剧界和票友中私淑其艺者则不计其数。在裘盛戎逝世后，裘派艺术继续流传不衰，裘派传人的队伍也在不断扩大。（刘琦）

Qiu Shengrong Yishu Pinglun Ji
《裘盛戎艺术评论集》 京剧文集。方荣翔、张胤德编。中国戏剧出版社1984年9月出版。“戏曲流派艺术研究丛书”之一。全书

《取洛阳》饰马武

《连环套》饰窦尔墩（左） 高盛麟饰黄天霸

《赵氏孤儿》饰魏绛（右） 马连良饰程婴 （刘玉茗摄）

收录了翁偶虹、陶雄、马少波、王朝闻等撰写的26篇文章，其中5篇由裘盛戎讲述，张胤德等记录整理而成。文章多角度地评论了裘盛戎的艺术道路和艺术成就，简略地记述了裘盛戎的身世与师承关系。综合研究了裘盛戎的声腔艺术，从发声、唱法、行腔、吐字等各方面大胆改革，使京剧铜锤花脸的唱腔得到发展，扩大了表现范围，成为铜锤花脸发展史上一个转折点。裘盛戎对京剧板式的运用，有其独特的理解，唱出了自己的风格。结合裘派著名剧目唱段和所扮演的人物，如《将相和》中的廉颇，《秦香莲》、《赤桑镇》、《铡美案》中的包拯，《姚期》中的姚期 《除三害》中的周处，《赵氏孤儿》中的魏绛，《群英会》中的黄盖，《连环套》中的窦尔墩等，从剧情、人物感情、节奏、板式、程式动作、人物造型，都可看到裘派艺术继承与独创的和谐统一，作为花脸行中一代宗匠的裘盛戎为中华人民共和国戏曲舞台创造了推陈出新的艺术珍品。有几篇纪念文章着重谈了裘盛戎排演现代题材京剧的贡献。如在《杜鹃山》中扮演乌豆一角时，裘盛戎对程式的处理、唱腔的设计，既重视挖掘传统，又通过体验生活，创造出栩栩如生、性格鲜明的人物，标志着他的表演艺术水平达到了一个新的高度。

（戴淑娟）

Qiu Shengrong yu Jingju Hualian Yishu

《裘盛戎与京剧花脸艺术》 京剧研究著作。张胤德著。百花文艺出版社1984年6月出版。全书系统地叙述了京剧净行表演艺术家裘盛戎的从艺经历、艺术成就以及“裘派”的形成过程，同时对“裘派”艺术的重要特征做了理论上的阐析。由于作者与裘盛戎相处多年，彼此切磋，因此书中所述多属第一手资料。作者根据自己的所闻、所见、所记、所学，从发声、吐字、唱工技巧等几方面剖析了裘盛戎的声腔艺术特点，对“裘派”唱工七字“起、落、顿、摔、滑、挑、绷”做了系统性的总结和归纳。结合“裘派”代表剧目《将相和》、《铡美案》、《姚期》、《除三害》、《赵氏孤儿》、《赤桑镇》等戏，对“裘派”的唱腔特色、表演程式提出了独到的见解。作者认为：“裘派”唱的特色“一是从人物出发，又注意到形式的完美，而不是为创新而创新；二是不凭主观意识，而是心中有观众，根据观众所接受的程度进行改革”，因此“裘派”新腔“新而不怪”。对裘盛戎的表演，作者则用“以神传真”4个字做了概括。同时，书的前半部分还勾勒出了京剧净行的发展轨迹。不仅勾画了何桂山、穆凤山、金秀山、黄润甫等早期花脸演员的简明轮廓，还对花脸三杰——金少山、郝寿臣、侯喜瑞的艺术成就和表演特色做了较为详尽的评价，并阐释了净行的产生、发展和兴替的过程及客观环境对净行发展的影响。（夏冬）

Qiu Shirong

裘世戎 演员。工净。祖籍浙江绍兴，生于北京。1926年随父裘桂仙学花脸，1928年进富连成社科班。1930年登台演出，先后与马连良、麒麟童（周信芳）、李盛藻、高盛麟等在北平、天津、上海、昆明等地演出。1951年加入云南省军区政治部京剧团，1957年转入云南省京剧团。1960年云南省京剧团改为云南省京剧院，裘世戎任副院长。1981年任云南省京剧院艺术顾问。他嗓音圆润，韵味醇厚，吸收前辈及兄长裘盛戎的演唱技巧，结合自身条件，形成自己的演唱方法，他还吸收各行当的艺术精华丰富自己，铜锤、架子兼能。他的代表剧目有《铡美案》、《赤桑镇》、《姚期》、《审七长亭》、《盗御马》、《醉韦》等。晚年着重培养中青年演员，卓有成绩。（金力）

Qu Yongchun

曲咏春（1933～ ） 演员。工武生。曾名曲颖叙，小字宝红。山东文登人。幼入安东咏风社科班习艺，排名咏春，学武生。后转入东北戏曲实验学校，师从王连平、沈富贵、孙盛云、孙盛文、耿庆武，还得到白玉崑、张世麟的教益。1954年并入北京中国戏曲学校，为第一期学生，拜茹富兰为师深造。他基本功深厚，尤以腿功出众，嗓音清亮，唱念有力，工架严谨，做表细致，武生长靠戏、短打戏、勾脸戏和猴儿戏兼能。擅演剧目有《挑华车》、《雁荡山》、《长坂坡》、《铁笼山》、《八大锤》、《恶虎村》、《连环套》、《艳阳楼》、《钟馗嫁妹》、《火判》、《刺巴杰》、《蜈蚣岭》等及现代戏《沙家浜》中的郭建光、《智取威虎山》中的杨子荣、《平原作战》中的赵勇刚、《磐石湾》中的陆长海，还导演并主演过《十五贯》、《血染长平》、《英烈忠魂》、《秦英征西》、《陆文龙》、《鸳鸯衫》等剧。1956年毕业后，留校实验剧团演戏，又调任教学工作。后到青海省京剧团、新疆军区生产建设兵团京剧团、北京风雷京剧团任主演。20世纪80年代调回中国戏曲学院任教，评为教授。1985年应美国奥尔尼文化艺术中心邀请，与苏稚同往讲学，颇受欢迎。退休后，仍在中国戏曲学院、北京市戏曲学校、上海市戏曲学校任教。

（钮骠）

Qu Che Zhan Jiang

《驱车战将》 京剧作品。1921年唐韵笙和悟澈和尚据《东周列国志》第17回编写。1922年首演于吉林市。剧情为：宋将南宫长万帮助齐国进攻鲁国，战败被擒后放还。一日，与宋闵公对弈，因受戏弄，一怒将闵公杀死。宋公子御请鲁国派兵报仇。追杀中，南宫长万一手持戟，一手推辇，保护母亲逃往陈国。鲁军射死其母。南宫长万冒箭突围而去。唐韵笙倒仓以后，因嗓音一时未见恢复，转而专注于武功训练。在吉林北山“玉皇阁”寺院，结识长其二三十岁的也是艺人出身的住持悟澈和尚。悟澈腹笥渊博，修养高深，二人谈禅论道，十分投缘。经指点，选定《东周列国志》

常东饰南宫长万（中）

及《封神演义》，从中撷取题材，共同创编了《驱车战将》、《鹿台恨》、《陈十策》等剧。由于文化的浸润和深厚的武功基础，该剧深受欢迎，成为唐韵笙的代表剧目。因该剧是他青年时创编的第一部作品，编剧技巧尚显稚嫩，场次很多，结构比较松散，但表演允文允武，一反武生戏重武打少唱做的传统，主人公南宫长万唱念做打俱重。唐氏饰演的南宫，搓红脸，戴黑五绺，穿自创的轻便改良靠，紧身束腰，外罩大坎肩，黑色大绒上面镶嵌着大大小小电镀圆形铜扣，银光耀眼。手使特大带双月牙的双头戟，英气夺人。剧中“被擒”、“遭辱”、“见母”、“弑君”等场中均有很细腻的表演。“突围”时，推车护母，手执长枪，边打边唱，并创造了三人对打唱联弹，新颖别致。这出戏将老生、武生、花脸技法熔于一炉，文武并重，令人耳目一新。曹艺斌、高雪樵、丁震春等都擅演此剧。剧本载《京剧汇编》第92集。

（王若皓）

Qu Nanjun

《取南郡》 京剧作品。清道光时卢胜奎改编。为三庆班所演连台本戏《三国志》三十六本中的最后四本，包括《取彝陵》、《取荆州》、《取襄阳》。写吴蜀联军，火烧赤壁，破曹后，又进取南郡、荆州、襄阳等地。周瑜在攻取南郡一战中，误中埋伏，被箭射伤，据营扼守。曹仁屡次骂阵，周瑜出战，佯作箭疮迸裂，诈称身死，全军举哀，并密差心腹往南郡诈降。曹仁中计，被吴军伏兵击败。诸葛亮暗中遣赵云密取南郡，并命张飞、关羽分取荆州、襄阳。周瑜杀退曹军，回兵南郡，见已被赵云据守，荆州、襄阳也为张、关所占。眼看东吴耗费大量军马钱粮而一无所获，遂命鲁肃往见诸葛亮理论。孔明命蜀将列队相迎，以示军威。鲁肃责问刘备，孔明则答：荆襄九郡本系刘氏基业，待刘琦不在，方能交还。鲁肃无言以对而归。

此剧以生、净两行脚色居多，周瑜、鲁肃的唱做颇为吃重。继三庆班程长庚、徐小香、谭鑫培、钱宝峰、方洪顺之后，杨小楼、王凤卿、德珺如、贾洪林、钱金福等，曾于1915年3月在北京第一舞台贴演过；富连成社由萧长华传授，曾在广和楼贴演，由程连喜、马连良、王连浦、侯喜瑞等主演；1957年，萧氏又为中国戏曲学校学生排成四本上演。剧本收入《戏考》及《京剧汇编》第96集，并有单行本。

（钮骠）

Quanguo Jingju Qingnian Tuandui Xin Jumu Huiyan

全国京剧青年团队新剧目汇演 由中华人民共和国文化部和天津市人民政府主办，天津市文化局承办。1992年12月20～30日在天津举行。来自全国14个省、自治区、直辖市以及文化部直属和部队的23个京剧团、队的青年演员演出了18台38个剧目。参赛演员年龄限定在35岁以下，基本会聚了京剧界近年来涌现出的优秀青年人才。这次汇演获优秀剧目奖的有：《承天太后》（中国京剧院青年团）、《锦袍情》（天津市青年京剧团）、《马嵬香销》（天津市青年京剧团）、《青蛇传》（江苏省京剧院青年团）、《梁山恨》（辽宁省大连市京剧团）、《雪宝公主》（四川省攀枝花市京剧团）、《拜相记》（北京市青年京剧团）、《梁山伯与祝英台》（辽宁省沈阳京剧院）；获优秀表演奖的有：王立军、王蓉蓉、艾金梅、年金鹏、李宏图、马鸥、孟广禄、杨赤、蓝文云、迟小秋、李红梅、李胜素、段晓玲、阎巍、王雨辰、宋扬、张克、张晶、杜镇杰、张艳玲、黄彦忠、董翠娜、谷娜、赵永伟、史红梅、张萍、宋强、赵秀君；获优秀导演奖的有：孙元意、史燕生（《承天太后》导演），石玉昆（《青蛇传》导演），孙蓓君、刘安琪（《梁山伯与祝英台》导演），厉慧良（《截江夺斗》导演），孙元意、吴晓滨（《梁山恨》导演），迟金声、张关正、蔡英莲、续正泰（《锦袍情》导演），谢平安、查丽芳（《雪宝公主》导演）。此外，还设有优秀音乐设计奖、优秀唱腔设计奖、优秀乐队伴奏奖、优秀舞台美术设计奖、优秀灯光设计奖、优秀服装设计奖、优秀配角奖等。

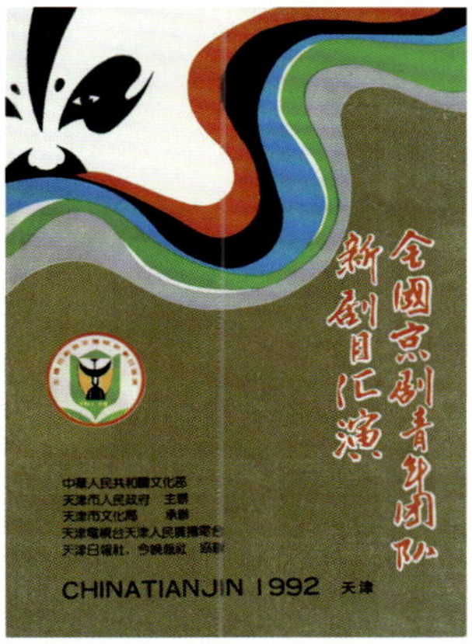

说明书封面

（黄菊盛）

Quanguo Jingju Youxiu Qingnian Yanyuan Pingbi Zhanyan

全国京剧优秀青年演员评比展演 中华人民共和国文化部主办，中国京剧艺术基金会、中央电视台、中国文化艺术网、北京长安大戏院协办。2000年12月24日至2001年1月9日在北京长安大戏院举行。参赛者是来自全国40个参演单位的青年骨干和尖子。文化部举办此项活动的通知于2000年7月25日发出，立即得到各地主管部门的重视和青年演员们的积极响应。由各省、自治区、直辖市文化厅（局）和中直系统推荐的演员有370多名，经专家工作组遴选，从地区、行当、年龄等多种因素考虑，最后经文化部确定144名演员入围，实际参赛者为143名。其中，30～40周岁者80名，占56%；18～29周岁者63名，占44%。男演员65名，占45.5%；女演员78名，占54.5%。按行当分：老生20名，武生20名，小生10名；青衣41名，花旦8名，刀马旦、武旦12名，老旦11名；花脸14名，丑7名。参演剧目近百出，以传统剧目为主，也有少量新编剧目。潘震宙任评委会主任。评奖办法规定，凡已获得梅花奖、梅兰芳金奖、文华表演奖的参赛者均颁发荣誉奖，符合此条件者共13名。其他130名，获一等奖者45名，占34.6%；获二等奖者49名，占37.7%；获三等奖者36名，占27.7%。这次评比展演，对青年演员的奋发进取，为新世纪京剧人才的成长、储备，都将起到很好的作用。荣誉奖与一等奖获得者名单（均以姓氏笔画为序）见下表：

荣誉奖获得者

姓　名	性别	年龄	行当	所在单位
王蓉蓉	女	39	青衣	北京京剧院
邓　敏	女	31	青衣	中国京剧院
江其虎	男	37	小生	中国京剧院
张　克	男	38	老生	天津市青年京剧团
张火丁	女	29	青衣	中国京剧院
李　军	男	39	老生	上海京剧院
李胜素	女	36	青衣	中国京剧院
李海燕	女	36	青衣	中国京剧院
孟广禄	男	38	花脸	天津市青年京剧团
赵永伟	男	35	武生	中国京剧院
赵秀君	女	31	青衣	天津市青年京剧团
阎　巍	女	32	武旦	天津市青年京剧团
董翠娜	女	38	青衣	山东烟台市京剧团

一等奖获得者

姓 名	性别	年龄	行 当	所在单位
刁 丽	女	38	青衣	中国京剧院
王 艳	女	24	青衣	天津京剧院
王小蝉	男	35	老生	河北省京剧院
王东华	男	26	武生	战友京剧团
王珮瑜	女	22	老生	上海师大表演艺术学院
王桂荣	女	39	青衣	辽宁锦州市京剧团
石晓亮	男	36	武丑	天津市青年京剧团
冯 蕴	女	18	刀马旦	辽宁沈阳京剧院
刘建杰	男	28	老生	山东省京剧院
刘桂娟	女	35	青衣	天津市青年京剧团
吕昆山	男	39	文丑	中国京剧院
孙惠珠	女	39	老生	辽宁大连市京剧团
安 平	男	32	花脸	上海京剧院
年金鹏	男	35	武丑	北京京剧院
朱 强	男	39	老生	北京京剧院
江 峰	男	33	花脸	湖北省京剧院
严庆谷	男	30	武丑	上海京剧院
宋小川	男	39	小生	中国京剧院
张军强	男	38	老生	山东青岛市京剧院
张淑景	女	23	武旦	北京京剧院
张慧芳	女	32	青衣	湖北省京剧院
李 玮	女	39	花旦	吉林省京剧院
李 洁	女	28	青衣	江苏省京剧院
李红宾	男	32	武生	北京京剧院
李红艳	女	33	刀马旦	北京京剧院
李宏图	男	40	小生	北京京剧院
李佩红	女	34	青衣	天津市青年京剧团
李国静	女	25	青衣	上海京剧院
李晓兰	女	25	青衣	北京京剧院
李淑兰	女	36	青衣	山东潍坊市京剧团
杨少彭	男	24	老生	北京京剧院
范乐新	女	31	刀马旦	江苏南京市京剧团
郑佳艳	女	23	青衣	浙江京昆艺术剧院
金喜全	男	22	小生	中国戏曲学院
胡 璇	女	28	老旦	上海京剧院
赵 群	女	22	青衣	上海京剧院
耿巧云	女	36	花旦	中国京剧院
袁慧琴	女	35	老旦	中国京剧院
郭文华	女	37	老旦	山东潍坊市京剧团
常 东	男	33	武生	辽宁沈阳京剧院
康云翔	男	30	武生	陕西省京剧院
黄炳强	男	34	老生	中国京剧院
程联群	女	37	青衣	重庆市京剧团
董圆圆	女	36	青衣	北京京剧院
裴永杰	男	38	老生	吉林省京剧院

（简畅）

Quanguo Xiqu Gongzuo Huiyi

全国戏曲工作会议 中央人民政府文化部召开的第一次关于戏曲改革工作的全国性会议。1950年11月27日至12月10日在北京举行。这次会议，是在中华人民共和国成立一年来戏曲改革工作取得了初步成绩，同时又存在一些偏差和问题的情况下召开的。文化部戏曲改进局局长、大会筹委会主任委员田汉在会议前夕发表的《欢迎全国戏曲工作会议胜利召开》一文（刊载于《新戏曲》月刊第1卷第3期，1950年11月20日出版），说明了这次会议的主旨和意义："这是各地新旧戏曲工作者的大会师；这是以新民主主义精神解决清末以来民族文化宿题的会议；这是在马列主义、毛泽东思想的光辉照耀下，重新评价中国戏曲文化遗产的会议；这是在新的历史环境下，对民族戏曲工作者紧急动员的会议。"文章还说："因为各地戏曲工作者及其集团都有长期战斗经验，所以将交换和总结全国各地戏改工作的经验教训，并帮助解决各地区在戏改中所发现的实际困难问题。"参加会议的代表，有来自中央和全国各地的戏改工作干部、戏曲和曲艺演员以及其他戏曲界人士，共219人。其中京剧界代表有（以姓氏笔画为序）：马少波、马彦祥、马德成、于连泉（筱翠花）、王瑶卿、王颉竹、云燕铭、田汉、史若虚、叶盛章、厉慧良、刘喜奎、江新容、吕仲、任桂林、李纶、李少春、李紫贵、李宗义、李洪春、李吉来、李瑞来、李盛藻、李和曾、杨绍萱、阿甲、吴石坚、吴素秋、陈鹤峰、张云溪、张春华、周信芳、孟丽君、尚和玉、欧阳予倩、郑亦秋、郝寿臣、袁世海、袁广和、高玉倩、高百岁、翁偶虹、秦友梅、郭景春、梅兰芳、萧长华、曹慕髡、梁益鸣、盖叫天、程砚秋、鲍吉祥、谭小培、谭富英、薛恩厚、魏晨旭等共计55人（尚小云、荀慧生、裘盛戎、王凤卿因事请假），约占出席人数的四分之一。

大会于11月27日在东四头条文化部礼堂举行开幕式。会上选出大会主席团成员38人：王亚平、王瑶卿、王天民、巴塔尔、田汉、白云峰、老舍、伊兵、沈雁冰、沈云陔、沙可夫、李伯钊、李纶、宋之的、邵滨荪、阿英、周扬、周信芳、周天栋、洪深、马彦祥、马少波、马健翎、黄异庵、高百岁、徐绍清、秦友梅、连阔如、崔嵬、梅兰芳、程砚秋、张德成、杨绍萱、赵树理、盖叫天、裴东篱、刘南薇、欧阳予倩。沈雁冰为大会主席，周扬、田汉、梅兰芳为副主席，马彦祥为秘书长。沈雁冰在开幕词中说："一年来各地戏曲工作者的团结进步已经有了很大成就，并有了大量的新内容的戏曲上演。我们要求全国35万戏曲工作者更进一步地团结起来，共同推进戏曲改进工作，创造出新的优良的民族的大众的文艺形式，以负起中国人民政协共同纲领所要求的艺术为人民服务，启发人民的政治觉悟，鼓舞人民的劳动热情这一光辉的任务。"梅兰芳、张德成、欧阳予倩、周信芳、程砚秋、盖叫天、连阔如等7位代表在开幕式上先后讲话，他们一致认为：这次会议在中国戏曲史上是空前之举，只有在劳动人民当家做了主人的今天，戏曲工作者才受到尊重，戏曲才有可能真正成为教育人民的工具。他们表示：决心在中国共产党和人民政府的领导下，团结一致，改造自己，用各种戏曲形式来为人民服务。大会进行期间，首先听取了代表们对各地戏曲改革工作的汇报。12月1日，田汉做了题为《为爱国主义的人民新戏曲而奋斗》的报告。报告着重指出：戏曲改革的成就在各地还不平衡。关于戏曲改革的方针，中央人民政府还未发布正式的指示，各地对戏曲改革工作的认识和执行上就不免发生偏差。如在禁戏问题上，好些地方对禁戏漫无标准，或因禁戏过多，使艺人生活困难，或因强迫命令，引起群众不满；有些地方，又发生对旧戏中不良内容不加改革，完全放任自流的现象。因此，这次大会准备对戏曲审定、戏曲修改与创作、戏改重点、艺人团结学习等几个戏改工作的方针性问题，予以进一步明确。戏曲改进局副局长马彦祥、杨绍萱，分别向大会做了《关于艺人团结学习的工作》和《一年来剧本创作及其问题》的报告。报告之后代表们围绕戏曲界正面临的一系列重要问题进行了认真而热烈的讨论，主要问题有：如何普遍、深入地贯彻执行“推陈出新”的方针，如何进行戏曲剧本的审查、修改、创作和交流，如何改革旧的班社制、行会制和师徒制、养女制等不合理制度，如何加强对戏曲艺人的团结、教育工作等。会议最后通过

全国戏曲工作会议会场（选自《马彦祥文集》）

如下决议：①各地戏曲工作应统一由各地文教主管机关领导，文教主管机关应负责对上演戏曲作品加以审查。目前应以主要力量对旧戏的不良内容进行必要和适当的修改。要以爱国主义和历史主义观点对上演作品进行审定，要以对人民是有利还是有害作为戏曲辨别取舍的尺度。②各地除继续改革京剧而外，应以对当地群众影响最大的剧种作为主要改革对象。对于有条件的地方戏和民间小戏，除修改和创作有教育意义的历史剧而外，应更多写现代剧与短剧，以使戏曲更活泼有力地表现当前现实。③各地必须进一步加强戏曲艺人的团结教育工作。在戏曲改革中，应当依靠并尊重广大戏曲艺人，与他们共同审定、修改和编写剧本，使戏曲界变成新文艺事业中的一支巨大力量。④凡须禁演的旧戏，应由中央人民政府文化部统一处理。会议根据代表们的讨论意见，提出了“关于戏曲改革工作向文化部的建议”，由文化部向中央报告。以此报告为基础，1951年5月5日中央人民政府政务院发布了《关于戏曲改革工作的指示》。

大会举办了12场戏曲晚会，演出在大众剧场进行。其中前8场为北京、天津两地戏曲剧团演出，后4场为著名表演艺术家们所作的观摩性质的演出。出席会议的各地代表还为慰问中国人民志愿军举行了4场联合义演，京剧界代表梅兰芳、程砚秋、周信芳、盖叫天、郝寿臣、于连泉、吴素秋、李少春、陈鹤峰、高百岁、叶盛章、张云溪、张春华、秦友梅、厉慧良、云燕铭、萧长华、郭景春、李宗义等参加了义演。在12月5日文化部举行的欢迎宴会上，周恩来出席并讲话。他说：戏曲与戏曲艺人在旧社会饱受反动统治者的侮辱与迫害下，一直受着广大劳动人民的爱好与支持。今天，艺人与全国人民一起翻身做了主人，在社会上政治上有了地位，这才有今天五湖四海大会师的戏曲工作会议。我们饮水思源，就要以歌颂人民、反映人民的真实生活和教育人民的戏曲报答人民，要把人民的力量鼓舞得更加雄伟，这就是戏曲改革的光荣任务。会议期间，政务院文教委员会副主任马叙伦、秘书长胡乔木也曾到会讲话。12月9日，文化部副部长、大会副主席周扬为大会做了总结报告。大会于10日上午举行闭幕式，田汉致闭幕词，中央人民政府政务院文教委员会副秘书长阳翰笙、文化部副部长丁西林在闭幕式上讲了话。会议通过了致毛主席、朱总司令及中国人民志愿军的电文，和向全国戏剧界报告此次会议情况的电文。（刘英华）

Quanguo Xiandai Ticai Xiqu Huaju Geju Guanmo Yanchu

全国现代题材戏曲、话剧、歌剧观摩演出　演剧活动。由中华人民共和国文化部主办，1984年7月4～25日在北京举行。共有12个剧目参加演出，其中戏曲4台。获奖的京剧剧目有：《药王庙传奇》分获演出一等奖（湖北省京剧团）、剧本一等奖（彭志淦、余笑予、谢鲁）、导演奖（余笑予）、表演奖（朱世慧、李春芳）、音乐设计奖；《恩仇恋》分获演出三等奖（中国京剧院三团）、剧本三等奖（吕瑞明、陈延龄）、表演奖（主演李维康、耿其昌，配演李欣、孙桂元）。（黄菊盛）

qun

裙　从裳演变而来的下体之服。戏班称**腰包**。汉刘熙《释名·释衣服》：“裙，群也。连接群幅也。”古时布帛的门幅窄，要用五幅、六幅或八幅布帛拼制成裙。传统裙子为打开式，竖向用料，多幅拼缝，横向上腰，用时围裹于腰间，以裙腰上的带子系束。京剧舞台上的裙子款式主要有：①**百折裙**。折又作褶、裥，百折即细裥，称马牙折。因折裥之间以丝线交叉串联以免散乱，展开后形似鱼鳞，又称**鱼鳞百折裙**。百折裙的前后各有一块加镶衬里的平整面料便于绣花者，称**马面百折裙**。②**大折裙**。折距宽大、裙面平展之裙，前后多有马面。③**简裙**。又名**二裙**，系在百折裙外的短裙。④**水裙**。系在上衣之外的长、短裙。

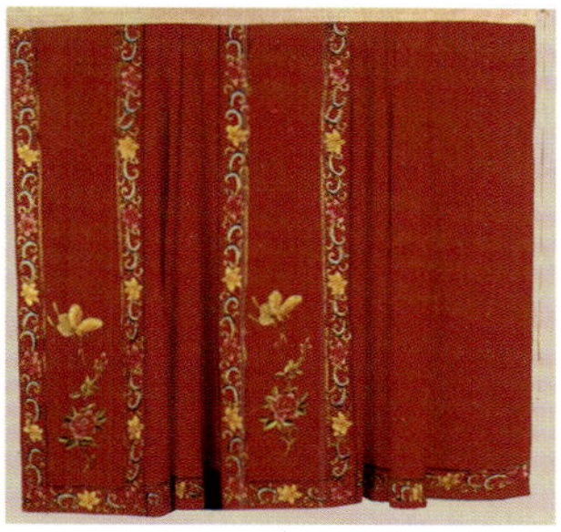

红色马面大折裙

彩绣百折裙

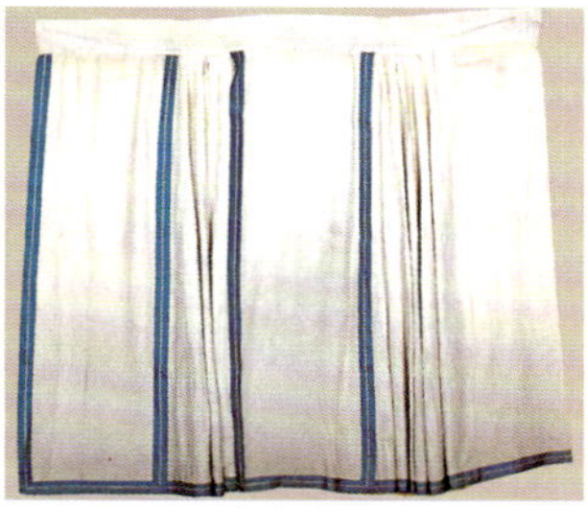

蓝边素裙

根据裙的用法，又可分内用的衬裙和外用的腰裙。衬裙多用于旦脚，有红、绿、白3种。红色马面大折裙多与红袄或红帔相配，用于婚礼等喜庆场合。墨绿大折裙，专用于老旦饰演的老妇。白色裙应用广泛。彩绣马面百折裙，多用于后妃、贵妇、大家闺秀，分别与女蟒、女花帔相配。三蓝绣马面百折裙，多用于夫人，与蓝团花帔相配。绣边或镶边马面裙（马面不绣花，只在周边及裙摆略加纹饰，或以蓝色料镶边），多用于中青年贫穷女性，与青褶

打在衣外的低腰包
《铁莲花》刘子忠（张春彦饰）

打在衣外的高腰包
《小放牛》村姑（董圆圆饰）
（孙连生摄）

子相配。

腰裙男女脚色皆用。其基本形制为两扇白色裙片掐密裥，总缀于裙腰，无马面亦无纹饰。装扮方法术语为**打腰包**，有低打、高打之分。低打腰包主要在短衣内、外的腰部系束，如《女起解》中的苏三打在衣内，露出下半截。樵夫、渔父、家院等则打在衣外，亦有将前身裙角向上翻折，掖入腰带，形成前面敞开、后面包裹的状态。亦有用上下双层白色水裙，不向上翻折者。腰裙不限于白色，如马派《三娘教子》中的薛保、《苏武牧羊》中的苏武，系蓝腰裙。高打腰包用在长衣之外，表现女性的行路或困顿流离，装扮时将两扇裙片取中系束于胸部上方（在外加束一条白绸条以掩盖裙腰）。前身裙角缀有绳套，演员可用手指勾住，使裙片向左右展开，手臂高举时宛如蝶翅。《小放牛》中的村姑、《断桥》中的白娘子、《法门寺》中告状的宋巧姣、《南天门》逃亡途中的曹玉莲等均作此打扮。简裙为新式古装中的外穿短裙，款式、用料、花纹不拘一格。（谭元杰）

qunda

群打 把子表演之一种，指京剧舞台上表现多人或几组人同时出现的混战场面。又称**档子**。可根据剧情发展需要，既能集中表现一场规模宏大的重要战争，也可展示一个局部范围的拼搏特写。凡表现敌对双方三人以上操戈持矛、挥枪弄棒、刀来剑往、徒手相击、翻腾扑跌、互相追杀的战斗景象，即称群打或档子。

档子是表现武打场面不可缺少的重要手段之一。在京剧舞台上充分渲染炽烈、火爆，勇于拼搏、顽强战斗的气氛，它和翻、腾、扑、跌以及各种兵器的对打，交织组合在一起，紧不乱、慢不断，放得开、收得拢，开而不散，密而不挤，见棱见角，变化繁多。要求演员之间要做到严（配合严密）、连（连续贯通）、快（快而不乱）、准（准确无误）、狠（情感真实），形成“一棵菜”。

档子的名称一般据人数而定，敌对双方四人拼杀角逐者，即称四股档；五人组成的战斗场面即为五股档；六人交手厮打的即为六股档。除此，还有八股档、九股档、十股档、十二股档、十三股档、十六股档乃至二十四股档、三十二股档和具有戏谑色彩的滑稽档子、哑档子等。

随着新编古代戏和现代戏的不断出现，京剧武打的档子也在艺术革新中拓展前进。1952年编创的《雁荡山》通过“败退”、“追击”、“望山”、“夜袭”、“混战”、“水战”、“攻城”等情节，集中运用了传统京剧翻、打、跌、扑，以及各种形式的武打技巧，熔

《奇袭白虎团》中“奇袭伪团部”的一个场面

长靠、短打武戏技艺于一炉，发挥了各种技艺的优长。现代京剧《智取威虎山》中的“会师百鸡宴”、《奇袭白虎团》中的“奇袭伪团部”武打编创、设计都是在继承京剧传统武打档子优长的基础上，以生活真实为依据，广泛吸取其他姐妹艺术的养料，并从部队里的摸、爬、滚、打、擒拿、拼刺、格斗中提炼素材，又糅进了杂技、舞蹈、武术中的一切可用技巧，而创造出的京剧武打新程式。（陆建荣）

Qunxian Chayuan

群仙茶园 清代上海“髦儿戏”（女子京剧）戏园。址在上海四马路胡家宅（今福州路平望街口）。现已不存。清光绪二十五年（1899）冬，由巡捕房包探童子卿创办。后台有文武两套班底，文班有老生吴新宝、郭少娥，花旦金月梅、白月花，武旦郭凤仙（郭

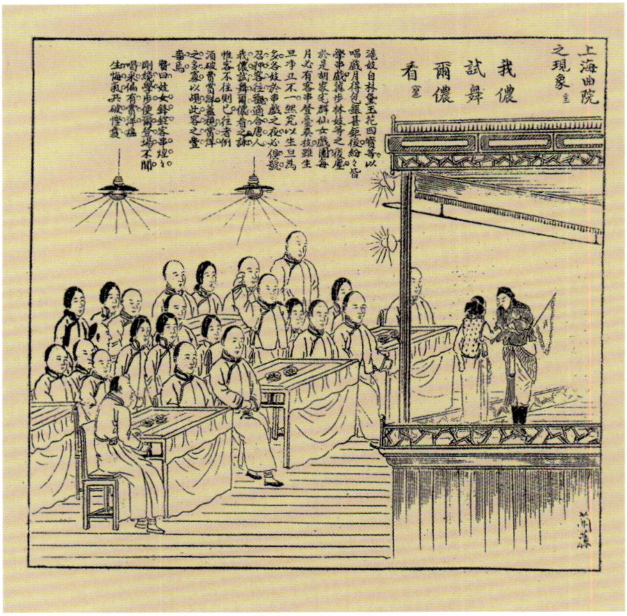

女戏演出图（选自清末上海《图画日报》）

少娥之女，兼演武生剧）。武班有陈长庚、一阵风、小黑灯等。髦儿戏班演武戏始于群仙茶园。天津演武戏的王家班、宁家班亦常来演出。海上名妓林黛玉等曾在此串演。南北之著名坤伶多有到此搭班者。1916年关闭。（林明敏）

Qunyaxuan

群雅轩 清代京剧票房。址设天津侯家后。老生郎八十、杓子

刘、余三胜、张三元、张子久、刘赶三、余四胜、张喜子，小生王长寿、王兰凤，青衣常子和，丑脚孙大常、画儿李、保寿儿等，皆有声于时。据载，刘赶三曾加入群雅轩票房，初习老生，时约清道光十一至十二年（1831～1832），故群雅轩成立的年代，最迟是在道光十年（1830）前后。他们演唱的声腔均系湖北传入的西皮调（时称“楚调”）。余三胜、余四胜兄弟二人为湖北籍，出身汉班，后称“汉派”。余皆直隶人，被视为“北派”，与铜骡子、薛印轩、张二奎类同。群雅轩票房除演唱西皮戏外，余三胜带来的反二簧戏，自然也发轫于此。道光十七年（1837）正月，余三胜之父病殁天津（其母故于道光十六年）。他合葬双亲后，进京搭入春台班，开创京剧“汉派”老生之业绩。其他票友也随之陆续入京“下海”，从事职业性的演出活动。咸丰二年（1852）生兼净的张喜子搭入北京重庆班，仅次铜骡子，名列第二，常演扎靠戏《请宋灵》中的岳飞，及二簧调《摔琴》中的俞伯牙；扮《打渔杀家》中的萧恩，将［西皮慢板］的闭口音“一七”辙，改为开口音的“江阳”辙，音朗声壮，别具一格。刘赶三入春台班，改唱丑脚，以《双钉记》的裁缝、《探亲》的乡下妈妈等享誉京师。王长寿在张二奎的双奎班唱小生，时演《八大锤》、《雅观楼》等戏。张子久返京后，在京西火器营立票，继搭嵩祝班，以演唱《五雷阵》、《满床笏》等“北派”老生戏而著名。张三元在咸丰年间搭入春台班，咸丰十一年（1861）被招往热河行宫承应，演出《荐诸葛》、《探五阳》、《徐达封王》、《甘露寺》、《辕门斩子》、《南阳关》、《碰碑》等，同治初返京，仍搭春台班。同治初年，杓子刘搭入北京嵩祝班，艺名刘胜奎，与老辈生脚周全以及景四宝等同台演唱拿手戏《捉放曹》、《骂曹》、《一捧雪》等。青衣常子和搭入周春奎、胡喜禄的春台班，擅演《彩楼配》的王宝钏、《走雪山》的曹玉姐、《桑园会》的罗敷等，皆以唱工名噪一时，班中旦脚除胡喜禄外，无出其右者，谭鑫培曾化用其腔。丑脚孙大常搭三庆班演《纺棉花》（当时系连台本戏），扮演首饰楼掌柜，最受称道。丑脚画儿李，久搭四喜班，因班内有刘赶三、杨鸣玉、刘洪顺名丑在前，只充次要配角，如名旦杨桂云演《梅玉配》，他必扮周其发，演《绒花计》必扮崔华，搭配多年。同治初年，小生王兰凤、老生张子久被戏界公选出任北京梨园公会庙首，票友出身的伶人为之吐气扬眉。天津群雅轩的诸票友，于道光至同治时期皆为京、津戏班骨干，在活跃京剧演出、增强京剧实力等方面作出了贡献。散年不详。（李宗白）

Qunyishe

群益社 京剧科班。附属于1918年复出的梆簧“两下锅”的群益社的小班。1923年由群益社社长崔灵芝倡议集资组建。社址设在北京前门外天桥一巷坛根后身。崔自任科班社长，孙培亭、王喜云、田玉芳、董玉山与给崔跟包的张起（梁益鸣的舅父）等共为股东，不设班主。1929年崔氏告退还乡，社长一职让与张起。1935年报散。科班学制六年半，学艺六年，效力半年。60余名学生，多为贫家子弟和内行子女。训练严格，班规严明，生活条件很苦。科班由范文英任教学总管，教师有黄少山、张玉峰、于德芳、任富宝、钱富川、张德凤、石子云、景玉奎、刘义增、庞德云、王益亭等。学生均以“益”字排名，如宋益俊（遇春）、梁益鸣、李益胜、张益隆、王益春、裴益才、黄益安、王益禄、赵益芬、周益瑞、宋益增（义增）、李益善、张益吉、马益长、周益茂、梁益顺（福田）、郭益忠（文龙）、霍益仲等。上演的传统剧目中，武戏以黄（月山）派戏居多，如《凤凰山》、《剑峰山》、《百凉楼》、《溪皇庄》、《恶虎村》、《骆马湖》、《卧虎沟》、《画春园》、《郑州庙》、《东昌府》等，老生戏有《打窦瑶》，红生戏《战长沙》、《古城会》、《走麦城》等。还排演过一些时事剧，如《啼笑因缘》、《无头案》、《枪毙王小四》、《铡杜小栓子》等。演出久占天桥歌舞台，也在此园练功、排戏。还曾出演于吉祥园，并经常到京东平谷、三河、顺义、通州一带“跑帘外”。1924年6月，冯玉祥将军与李德全女士燕尔新婚，邀群益社师生至北京南苑军营中作祝贺演出，受到称许。此后经常应召前往军中演唱堂会。旧时北京京剧界有以珠市口为界的街北、街南之分，群益社地处街南，出身于此的一般不得到街北搭班。而不少出科于群益社的演员潜心提高剧艺，冲破了这种无形的世俗陋规，得以跻身街北的各大班社，如宋遇春、梁益鸣、宋义增、周益瑞等，皆有所成。（钮骠）

Qunyinghui

《群英会》 京剧作品。清道光间三庆班所演连台戏《三国志》中的精彩部分。全部《三国志》共36本，卢胜奎改编。《群英会》连演《横槊赋诗》、《借东风》、《烧战船》、《华容道》（简称《群、借、华》），为传演不衰的优秀剧目。故事取材于小说《三国志演义》，从明传奇《草庐记》、清内廷大戏《鼎峙春秋》、楚曲《祭风台》中也有所继承、借鉴。改编者参照小说原文加以丰富和发展。卢胜奎云：“《三国演义》固小说家言，吾尝取陈志校核之，虽不无增饰装点，而相合处颇多。”（《梨园旧话》）清末民初，萧长华在为喜连成科班排演此剧时，又在演出实践中不断梳理，加以增删润色，始成今本规模。

故事描述历史上著名的赤壁之战。曹操率83万人马下江南，欲一举扫灭在夏口的刘备和东吴的孙权。诸葛亮过江襄助孙权联合应敌。东吴都督周瑜忌才，几次欲杀诸葛未果。曹营谋士蒋干，与周瑜有同窗之谊，过江劝降，反中周郎反间计，盗去假信，回报曹操，杀了水军头领蔡瑁、张允。曹操发现中计，追悔不及。诸葛亮识破周瑜妙计，益遭忌恨。周瑜借口军中缺箭，使诸葛亮速造十万枝箭。孔明于重雾之中，乘草船驶近曹营，赚得十万枝利箭，回营交令。周瑜设宴庆贺，与黄盖定下苦肉计，诈降曹营。庞统去往曹营献连环计。曹操以为战船连锁，如履平地，胜券在握，志得意满，横槊赋诗。周瑜欲用火攻破曹，时当冬令，“只欠东风”，忧虑成疾。诸葛亮请筑祭风台，祭借风来，火烧战船，曹军大败。曹操败走华容，遇关羽，获义释。作品着力描述了三方决策人物之间尖锐激烈的斗智过程，通过性格冲突的刻画，展现了一幅雄奇壮观的古代政治斗争和军事斗争的历史画卷。此剧在长期的舞台实践中，经过几代戏曲艺术家的创造锤炼，情节生动，场次紧凑，唱念做打兼容，是一出展示演员表演技艺的群戏。有许多优美动

戏出肖像画《群英会》
左起：程长庚饰鲁肃、徐小香饰周瑜、卢胜奎饰诸葛亮
（沈容圃绘，王洁忱藏本）

《群英会·蒋干盗书》
姜妙香饰周瑜（左） 萧长华饰蒋干

京剧电影《群英会》
叶盛兰饰周瑜（左） 谭富英饰鲁肃

《借东风》
马连良饰诸葛亮

《华容道》
袁世海饰曹操

听的唱段，流传甚广，如《借东风》中萧长华增入的“习天书”的一段［二簧］唱腔，久已脍炙人口。1958年摄制的彩色影片《群英会》、《借东风》留下了众多艺术家的表演风采，成为弥足珍贵的艺术资料。此剧多有刊本，如《京剧丛刊》、《萧长华演出剧本选集》、《马连良演出剧本选集》等。

从1959年，中国京剧院向中华人民共和国成立10周年献礼，将传统戏《三国志》改编为《赤壁之战》。改编者为任桂林、李纶、翁偶虹、阿甲、马少波。由中国京剧院与北京京剧团联合演出。全剧场目有：《貌江南》、《决策过江》、《盟戒》、《拜帅》、《盗书》、《中计斩将》、《火攻计》、《借箭》、《打盖》、《龙虎风云》、《横槊赋诗》、《壮别》、《借东风》、《火烧赤壁》、《鏖兵败曹》。改编的意图是“用历史唯物主义观点，结合传统的精华，突出战役的历史背景和现实教育意义”。其教育意义为“团结对敌，以少胜多”。情节结构“在强烈的外部矛盾中又穿插着更强烈的内部矛盾”。导演阿甲等。音乐设计李慕良、刘吉典、赓金群。舞台美术设计钟灵、赵金声、安振山。演员阵容为：马连良饰诸葛亮，李少春饰鲁肃，谭富英饰刘备，李和曾饰张昭，叶盛兰饰周瑜，袁世海饰曹操，裘盛戎饰黄盖，景荣庆饰孙权，苏维明饰太史慈，孙盛武饰蒋干。“当时广告刊出，轰动了全国各省市的京剧爱好者，乘车旅京赶来观看的，不可胜数。”演出效果观众反应不一。不少观众对传统词句的修润表示赞同，如《借箭》中诸葛亮唱“造箭令分明是暗藏匕首，三日限必笑我自吞钓钩。怎知我测天文早已料就，自有那赠箭人，我一礼全收”等，尤其对于新增加的《横槊赋诗》和《壮别》两场戏，大都表示喜爱。此剧演出3场以后，写周瑜深夜慰问黄盖，互相鼓励的《壮别》一场，因故不再演出。直到1984年，叶派传人叶少兰和裘派传人方荣翔才恢复演出这个单折戏，使之得以流传。对此剧编演经过，《翁偶虹编剧生涯》中有《〈赤壁之战〉会群英》一节，述之颇详。全剧有1959年演出实况录音及“中国京剧音配像”资料传世。

《赤壁之战·壮别》
叶盛兰饰周瑜（左） 裘盛戎饰黄盖

（钮骠）

R

中国京剧百科全书

rankou

髯口　戏班用语。演出中各种假须的统称。又称**口面**。古时以为男子之美在须眉，因以须眉称男子。蓄须成为男子的一种美饰。须又可细分为三：唇上曰髭，颔下曰须，两颊曰髯。古代歌舞百戏中即有用假须的记载。宋孟元老《东京梦华录》卷七记《舞判》，扮判官者的化装为“假面长髯”。此长髯当附着于面具之上。元耶律楚材《湛然居士集》有诗句云：“歌姝窈窕髯遮口，舞妓轻盈眼放光。”(中华书局1986年版，第136页）描写女扮男角的杂剧演员，戴假髯以遮口。髯口一词的本意即指此。《三国志·蜀书》称关羽“美须髯”，元杂剧《诸葛亮博望烧屯》形容关羽“黑真真三柳美髯垂”(《元刊杂剧三十种》)，扮关羽者需戴三绺假髯。从山西明应王庙元代杂剧壁画上可以看到，14世纪20年代的戏曲舞台已有三绺髯、满髯、扎髯三种基本样式，只是很短，接近自然形态。耶律楚材诗中还有“碧髯官妓”，假髯用碧色，颇不寻常，孙楷第解释云：“盖所扮为夷使天神之类。”(《傀儡戏考原》第103页）明末刊本《荷花荡》下卷第八出《戏中戏》插图，描绘在厅堂上演出《连环记》，场上扮王允者戴的黑三和戏房中正在扮董卓者戴的黑满，仍是较短，可知对髯口作较大幅度的艺术加工是在入清以后。髯口以粗铜丝为须架，两端有耳钩，将牦牛毛或人发、马尾等编缀其上，演出时挂于两耳。早期铜丝架的弧形贴近面颊，后经改进，其中心顶点扣住上唇，两侧与面颊分开，起到夸张地勾勒腮帮子的作用，使之美观。个别角色，髯口也有不扣住上唇而托于颔下（如《闹天宫》之巨灵神)。毛发的编缀，有长短、宽窄、疏密等种种区别，更趋多样化，成为演员表情、舞姿的一种辅助手段，形成髯口功。在色彩上，使用最多的是黑、灰、白。元明杂剧中还有红色、黄色髯口，昆剧、京剧又有紫髯、黑红二色髯等。京班称灰色为cǎn，写作惨、黪或粲，应是苍字。周志辅《杨小楼评传》说：“皖人读‘苍’如‘参’，为阴平，京人讹为上声，读若‘惨’，此为徽班土音之残存者。”亦有称花者，花白之意。黑、白、灰作为年龄标志，大约40岁上下戴黑髯，50岁以上戴苍髯，70岁上下戴白髯。陈墨香《京剧提要》述及《失街亭》一剧云，马谡“旧苍髯，后以三十余人，髯不宜苍，始改黑”(《剧学月刊》　第4卷　第12期)。然剧中戴红髯者，虽年龄变化，例不变色。如《洪兰洞》，焦赞已由黑扎易为苍扎，而孟良依然戴红扎；《连环套》窦尔墩，长黄天霸一辈，年在60上下，仍用红扎。角色对髯口样式与色彩的选择，除年龄因素外，还与所归行当的技术规范有关，重在表现人物的身份风度、品行情性。著名的例子是周瑜长诸葛亮6岁，以赤壁之战的东汉建安十三年（208）计，周瑜33岁，诸葛亮27岁，而在《群英会》中，周瑜由小生扮演，不挂髯口，诸葛亮由老生扮演，戴黑三，这就是性格刻画的需要所作的艺术处理。

元代杂剧壁画中的三髭髯

明刊本《荷花荡》插图《戏中戏》

髯口有以下主要品种：

三髯。旧称**三髭髯**，或称**三绺**，简称**三**。以长髯分三绺得名。多为生行扮演的中年角色所用。齐如山谓，这是髯口中“最郑重的一种”，适用于清雅之文人或静穆之武人（《国剧艺术汇考》)。有黑三、白三、苍三3种。《三顾茅庐》中诸葛亮（其时26岁）戴黑三（青阳腔《三请贤》中诸葛亮是不戴髯口的)，《空城计》改戴

《文昭关》伍员（张克饰）3种髯口 （刘博雅摄）

苍三；至《五丈原》(又名《七星灯》)，诸葛亮病卒于军中，仍戴苍三，因殁时才53岁，不宜用白三。《甘露寺》刘备，过江时戴苍三，相亲时换黑三，是用乔玄派人送来的乌须药染过之故。《文昭关》伍员，先戴黑三，后改苍三，再改白三，状其极度焦虑，忽于一夜间须发皆白，是髯口运用中最富于戏剧性的场面。三髯亦有长短、疏密的细致讲究，一般唱工老生所扮的文角色，髯口略短而又疏朗；做工老生或靠把老生戴的三髯，较长且较密。受梆子影响的老生髯口，多倾向于后者。用黑发制成者，称发三。

《将相和》廉颇（袁世海饰）所戴白满

满髯。简称满。长髯不分绺，是髭、须、髯连成一片的夸张表现。以净行所扮角色用者较多，如《别姬》项羽、《群英会》曹操、《铡美案》包拯戴黑满，《宇宙锋》赵高、《断密涧》李密、《打棍出箱》葛登云、《野猪林》高俅、《打严嵩》严嵩戴苍满，《将相和》廉颇、《群英会》黄盖、《草桥关》姚期、《九江口》张定边戴白满，《甘露寺》孙权戴紫满（按小说描写，表现其碧眼紫须的形貌特点）。老生、武生所扮角色亦有用满髯者，如《十道本》褚遂良、《铁笼山》姜维戴黑满，《打渔杀家》萧恩、《失印救火》白槐戴苍满，《赵氏孤儿》赵盾、《淮河营》蒯彻、《甘露寺》乔玄、《碰碑》杨继业、《四进士》宋士杰、《南天门》曹福、《虮蜡庙》褚彪戴白满。《定军山》黄忠原戴白满，谭鑫培演此改戴白三，而周信芳演《战长沙》黄忠，仍戴白满。生行所用之满，较净行略短、略疏。齐如山概括戴满髯的角色为“有福泽的富贵人”或“气象雄伟不粗莽者”(《国剧艺术汇考》)，大体近是。对制作用料，演员有具体讲究。如曹操戴的黑满，郝寿臣说：“演《捉放曹》一戏，因为撩须、甩须的身段较多，顶好戴上分量较重的犀牛尾（当为牦牛尾——引者）制成的髯口，可以便利许多须舞的表演。其他《战宛城》、《长坂坡》、《青梅煮酒》一类穿蟒戴相貂的戏，宜于戴黑头发制成的满口髯，因为它又长又轻，又黑又亮……可以增加扮相上的雍容华贵和威武严肃的气氛。”

扎髯。简称扎。有写作炸者。扎，源自古语扎煞，元杂剧《梁山泊李逵负荆》有“扎煞开黄髭髯”语，形容须髯如戟，张开散乱。昆剧称夹嘴髯。其样式有短、中、长多种，是髯口基本样式中品种最为丰富者。明应王庙元代杂剧壁画上所画的露口之髯，是扎髯的一种早期形态。其后演化出长五六寸者、尺许者、二尺左右者。扎髯的特点是中间一片剪与嘴齐，另有一片吊于颏下。扎髯用于净行或勾脸武生所扮的性格粗豪、好勇狠斗者，如张飞、郑子明、牛皋、李逵、焦赞、高登等戴黑扎，马武、单雄信、孟良、青面虎、窦尔墩等戴红扎。齐如山在《国剧艺术汇考》中谈到，从前有苍扎、白扎，以后都改挂苍满、白满了，如姚期，“在《取洛阳》中就挂扎，在《草桥关》中就挂满，便是此例”。按演出实况，苍扎、白扎并未取消，如《造白袍》张飞、《洪羊洞》焦赞仍挂苍扎，《选元戎》程咬金、《打瓜园》陶洪、《佘赛花》佘洪戴小白扎。在神怪戏中，扎的色彩更多，如《混元盒》青石精戴紫扎，《天河配》牛神戴黄扎，《蟠桃会》柳仙戴绿扎。凡戴扎髯者，耳际都需加插同色的飞鬓（俗称耳毛子），以强化其形貌的粗壮。另有一种略短些的扎髯，昆剧所称的夹嘴髯多指此，流行于清咸丰、同治年间戏曲舞台，有大量戏画可证，京剧用于《赵氏孤儿》晋灵公、《打登州》程咬金、《大登殿》魏虎等。扎髯在用法上，可将长髯分成数绺，下端打上结子，表示某种特定情境。如《两将军》张飞，至夜战马超时，卸去硬靠，穿青缎快衣，戴上打结的扎髯，以状其战斗之激烈（今演出也有不打结者）。清宫戏画《白绫记》，李七长亭即戴打结黑扎，状其久困狱中。另一幅《昊天关》，身戴木枷的青面虎用打结红扎，唯所打之结少于李七。这种结，称回头扣，颇似铃铛，故有铃铛扎之称。京剧用的夹嘴髯，是更短些的扎，多为丑脚所扮的下层人物所戴，一般不需加插飞鬓。

《打瓜园》陶洪（石小亮饰）所戴小白扎
（选自《郝寿臣脸谱集》）

清宫《戏出画册·昊天关》中青面虎戴打结红扎
（故宫博物院藏）

关公髯。在昆剧、弋阳腔演出中关羽多戴五绺髯。此种髯口为关羽专用，故名。齐如山亦谓关羽“永远是五绺，他髯无五绺者”(《国剧艺术汇考》)。京剧红生戏发展起来后，多用超长的（约三尺许）大黑三髯替代五绺，亦称关公髯。多以人发制作，柔软而更显光泽。至演《单刀会》、《走麦城》则戴大苍三髯，牦牛毛制作。周信芳饰文天祥、吴汉亦用超长之大黑三髯，与关公髯相似。

五绺髯。旧式为嘴上一片，左右腮帮、耳际各两片，合成五绺。新式五绺是晚近的所谓改良髯口，唇上两绺、腮帮两绺、颏下一绺，以露嘴为其特点。制作上，一种铜丝须架较软，须根紧贴腮边，须长尺许，如《闹天宫》中太上老君所戴的白五绺；另一种须架较硬，须长约二尺，如《狸猫换太子》中包拯所戴的黑五绺，为李桂春（小达子）创制。

《闹天宫》
太上老君戴白五绺

丑三髯。如黑三而三绺特窄，接近黑三的早期形态，为丑行专用，故名。用于诙谐、寒酸或被嘲弄的文人、小官吏，如《小上坟》中的刘景禄、《昭君出塞》中的王龙、《打面缸》中的师爷、《借靴》中的刘二、《一匹布》中的书吏等。

二涛髯。满髯之较短者，实为满髯的早期形态。据名净何桂山言："二涛长不许过七寸，满髯则可一尺多。"（《齐如山回忆录》第92页）昆剧直称**短满**。齐如山说："从前华北一带，管颏下之长髯，呼为颏下涛，因其飘飘飞动，有如涛浪，故名。按旧规矩，中军或老家人等，均须挂此。因满髯太富贵，三髯太清高，中军、家院挂着都不合宜，故特制此种。如褚遂良、宋士杰一类的人，亦应挂此。"朱双云《菊部小事记》："二涛之色为苍，似满而短，耳旁有绺，《取成都》之刘璋，例当用之。当年汪桂芬犹是也。顾今则习非成是，凡演《取成都》之刘璋者，都改为苍三矣。"衡阳湘剧称此髯为**一片瓦**，《群英会》鲁肃戴此，着意于表现人物的憨厚。京剧鲁肃自程长庚起多戴黑三，然亦有戴黑二涛者，如马连良，较旧式要长。

《群英会》鲁肃（马连良饰，右）戴黑二涛
（叶盛兰饰周瑜）

一字髯。极短的满髯，须长二寸许，形如一字，故名。有黑、白、红三色，多扮演性格莽撞、不事修饰者，亦表现某些特殊情境。如《五台山》杨五郎、《铡美案》张龙、《蜈蚣岭》蜈蚣道人、《法门寺》刘彪戴黑一字，《醉打山门》长老戴白一字。《竹林记》余洪，原戴黑扎，遭刘金定火烧后换戴黑一字；《穆柯寨》焦赞、孟良，原戴黑扎、红扎，放火烧山反烧及自身，换戴黑一字、红一字。生脚也有用黑一字者，昆剧《千忠录·惨睹》建文君，流亡途中，戴斗笠，穿僧衣，旧时多挂黑二字，俞振飞饰此挂黑一字髯，与面部俊扮化装反差强烈，更显凄惨。

《竹林记》余洪
遭火烧后换戴黑一字

二字髯。一字髯下加吊一片短须，也可以说是最短的扎髯。旧时《金山寺》法海、《西厢记》法本均戴白二字。

虬髯。二字髯之浓密卷曲者。昆剧称**卷络二字**。清宫《穿戴题纲》记《山门》鲁智深戴黑一字，今演《山门》或《野猪林》均改戴虬髯，更有利于表现其豪放不羁的性格。

《三盗九龙杯》杨香武
（张春华饰）戴二挑髯
（吴钢摄）

八字髯。唇上两撇短髭，呈八字形，故名。多用于文丑扮演的师爷、浪荡文人、江湖术士，如《艳阳楼》贾斯文、《打面缸》县太爷。

二挑髯。又称**翻八字髯**或**倒八字髯**。唇上两撇短髭向上挑起，呈倒八字形。武丑所扮武艺高强、行动机敏一类人物，如《艳阳楼》秦仁、《连环套》朱光祖戴黑二挑，《三盗九龙杯》杨香武戴苍二挑，《溪皇庄》贾亮戴白二挑。

吊搭髯。又称**八字吊搭**。八字髯再加下颏吊有一绺悬空摇荡的短须。用于文丑所扮性格诙谐或品行不端的文人、幕僚、小店主，如《群英会》蒋干、《审头刺汤》汤勤、《连升店》店家戴黑吊搭，《豆汁记》丐头金松戴花白吊搭。

四喜髯。八字髯再加腮边两撮胡须，白色，用于丑扮的下层老者，如《空城计》二老军之一、《秋江》艄翁、《打棍出箱》二解差之一；《杨门女将》王辉，亦戴白四喜，含有贬义。

五撮髯。一作**五嘴**，又称**四喜吊搭**。四喜髯再加下颏悬吊的一撮短须。白色，长短不一，用法与四喜髯相近，然比四喜髯更有苍老感，如《女起解》崇公道、《问樵闹府》樵夫、《乌盆记》张别古。

一戳髯。唇髭一撮向上挑起，为丑脚专用，如《三盗九龙杯》王柏燕所戴。

王八髯。《打花鼓》中打锣的男角色戴此。对其形状说法不一。一说"本即二涛髯，但又稍短"；一说"一字髯式，中间胡须较长，至脖子下部"；一说"即加长八字髯"。

《女起解》崇公道（艾世菊饰）
戴白五撮

另有专人专用髯。三国戏中司马师，所戴黑满的左侧需加一绺红髯（钱金福饰）或一绺白髯（郝寿臣饰），与脸谱上所画之眼瘤相应。水浒戏中赤发鬼刘唐，所戴黑扎髯，要在露口处加两绺红髯，称**刘唐髯**，并在耳际加插红飞鬓。羽公《菊海钩奇》认为，司马师所戴之髯称瘤膛髯，"盖司马师生具大瘤，其瘤下垂，长几数寸，遮其髯，故于黑满之中，特以白绺明示之。亦有于黑满之外，加红绺者，谓其大瘤常出血，血染髯，故呈红色"。"刘唐髯者，系瘤膛髯之误"；《东溪村》一剧，刘唐醉卧灵官庙，只二十余岁，固不带髯，"刘唐下书事，去东溪村为时非遥，故仍以不带髯口为是"（《戏剧月刊》第3卷第6期，1931年3月）。可备一说。京剧刘唐髯源于昆剧。《昆剧穿戴》记《水浒传·刘唐》："口

《刘唐下书》（左，王正屏饰）
刘唐戴刘唐髯（周少麟饰宋江）

髯口图例

黑三髯

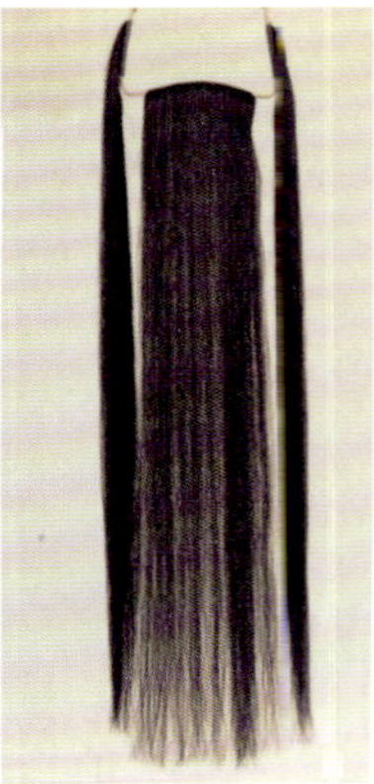
髮三髯

黪三髯

黑满髯

紫满髯

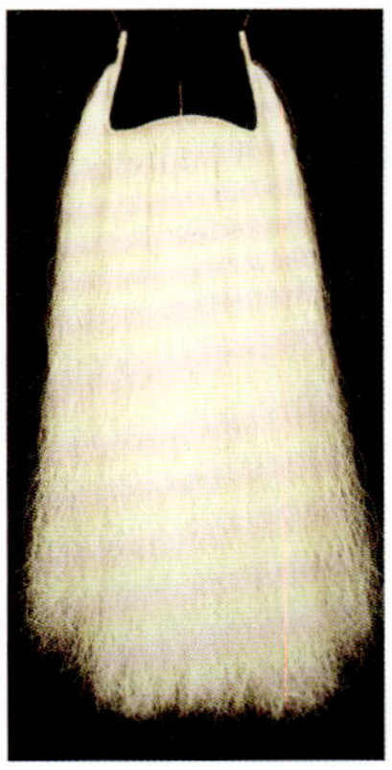
白满髯（净用）

白满髯（生用）

黑扎髯

紫扎髯

刘唐髯

白五绺髯

丑三髯

吊搭髯

四喜髯

五撮髯

黪五撮髯

白五撮髯

铃铛扎髯

红一字髯

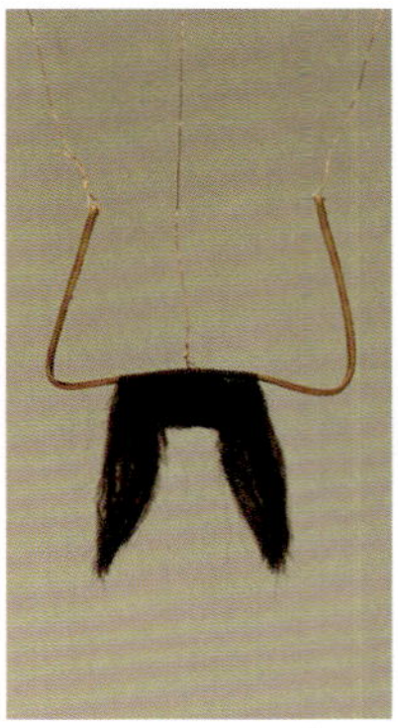
八字髯

虬髯

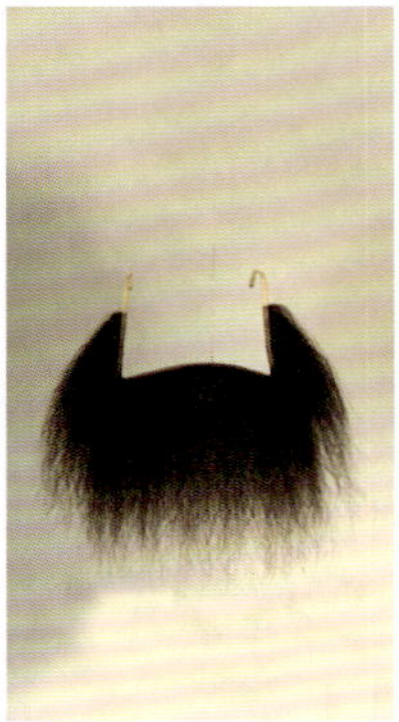
王八髯

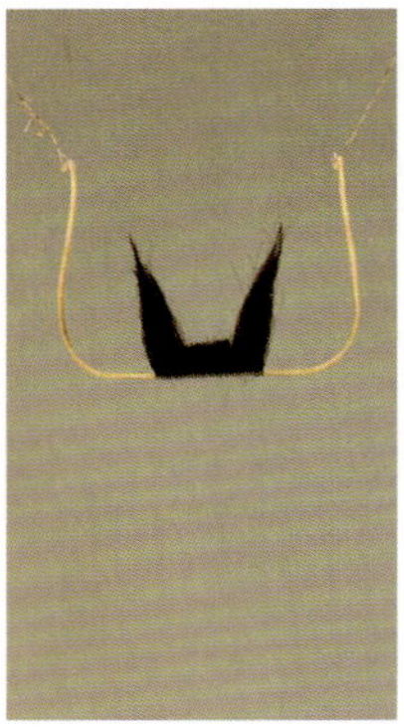
二挑髯

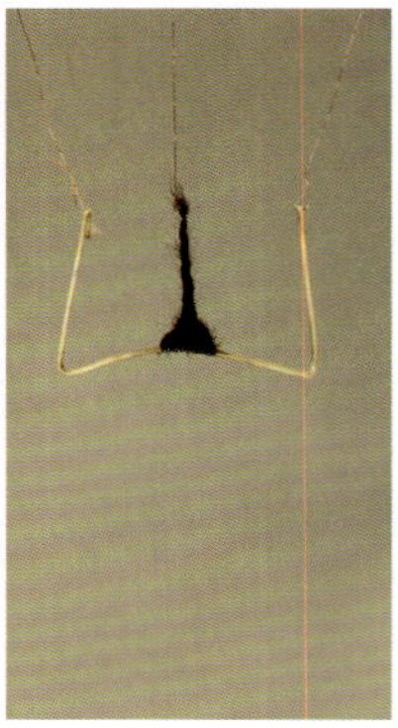
一戳髯

（本版图片多为鲁青所摄）

戴黑扎加红口二条。”京班据此，专设刘唐髯。（龚和德）

rankougong

髯口功　表演功法之一。舞台上的髯口，也可作为演示人物思想感情的工具。如捋髯表示整装，挡髯表示羞愧，端髯表示感叹，吹髯表示愤怒，捻髯表示思索，抖髯表示惊怕，扬髯表示喜悦，咬髯表示准备或进行搏斗，甩髯表示顽强等。髯口样式多，髯技丰富，还有挑髯、撕髯、推髯、撒髯、摊髯、撩髯、捏髯、摆髯、送髯、绕髯、抓髯、搂髯、搭髯、飞髯、翘髯、拈髯、点髯、飘髯、揉髯、盖髯、掷髯、掏髯、抹髯等。由于生、净、丑行当不同，用髯的形式不一，使用的方法也有区别。旦行在《辛安驿》中亦用髯口功。髯口表演形式除直接用手舞髯之外，也可用其他道具耍髯，如用水袖飘髯，帽翅弹髯，扇子绞髯以及《翠屏山》杨雄的洗髯等。

髯口是颈功特技之一。要靠掌握好头劲，以下颏、耳根的力量带动髯口的运转。加以手、腰、腿各部配合，形成一股“暗劲”协助头劲，做到髯随身转，眼随髯行。髯口运用有五字诀：“顺（意、劲、形、髯统一协调）、明（动静分明，突出重点）、力（用力适度，刚柔相济）、巧（配合严谨，变幻巧妙）、帅（意浓形美，优美耐看）。”（王诗英）

Rang Xuzhou

《让徐州》　京剧作品。又名《三让徐州》、《陶恭祖》。作者不详。东汉末年，曹操统兵攻打徐州，刘备为徐州解围。徐州牧陶谦（字恭祖）年迈体衰，无力自保，遂以徐州相让刘备，刘备不从。陶谦邀刘备等赴宴，再次相让，刘备仍坚拒，但应陶谦之请，驻兵小沛以保徐州。陶谦病危，再以徐州相让，刘备始接州印。本事见《三国志》、《三国志演义》第12回。元明杂剧《老陶谦三让徐州》（佚）、清宫廷大戏《鼎峙春秋》均演此事。老生饰陶谦，以唱为重。言菊朋代表剧目之一。他对剧中场次、唱词、道白等做了精心安排，根据自己的声音特点，选择字音制腔，如［反西皮二六］唱段的“众诸侯分疆土各霸一方”等句，既表现人物对世情的判断和态度，也刻画出人物复杂的感情变化，［二簧］“叹人生如草木春夏茂盛，待等那秋风起日渐凋零”，唱来更是苍凉凄切。他的演唱声调不高但穿透力强，清润婉转，字字清晰且富于旋律感，耐人回味。言菊朋、马连良有唱片行世。上海为此剧录像，李家载、言少朋演出。剧本载《戏考》第35集、《京剧汇编》第75集。（刘方正）

张少楼饰陶谦　（陈莹摄）

Renmian Taohua

《人面桃花》　京剧作品。欧阳予倩编剧。唐诗有崔护《题都城南庄》：“去年今日此门中，人面桃花相映红。人面不知何处去，桃花依旧笑春风。”剧作描写博陵书生崔护赴试不第，清明日出城散步，酒渴思饮，行至杜曲小村一人家讨茶，遇少女杜宜春。两人一见钟情，临别不胜依恋。次年春，崔护再来长安，复至杜家门前，值宜春随父出外，叩门无人应答，题诗门扉而返。宜春见诗不禁惆怅，竟然病倒，以至昏厥。恰此时崔护重来，抚尸大恸。宜春闻声复活，二人结为夫妻。该剧颇具传奇色彩，于诗情画意中透出清新活泼的生活气息。剧作者塑造了纯情少女杜宜春和风流才子崔护的形象。《初遇》一场，刻画了情窦初开的纯真少女矜持、娇羞的特点和脉脉深情。《题诗》一场，杜宜春、崔护同时同地而未曾谋面的相互思念、焦急等待、猜测怅恨，表现出两人对真挚爱情的渴望。其中杜宜春在女伴面前遮掩心头秘密、小女儿间调笑打闹的场面富有情趣。《离魂》在桃花仙子载歌载舞造成的幻境中，杜宜春飞山越海梦寻崔护，表现了她对爱情的追求达到极致的境界。对杜宜春为情而死，死而复生的艺术构思，受到汤显祖《牡丹亭》的影响。欧阳予倩于1920年编写该剧。1950年对剧本进行了修订，1954年宝文堂书店出版单行本。1955中国京剧院演出，欧阳予倩导演，江新蓉饰杜宜春，梅葆玥饰崔护。剧本收入《京剧丛刊》第31集。该剧曾被移植成评剧。（程炳达）

江新蓉饰杜宜春（右）　梅葆玥饰崔护

Renmin Juchang

人民剧场　现代剧场。址在北京市西城区护国寺街中段南侧，北向。1955年5月4日建成，划归中国京剧院专用。剧场门面为古典式屋顶，绿瓦红墙。前厅为衣帽间、小卖部，东西两侧为休息厅。场内观众席两层，共有座位1 464个。箱式舞台坐南朝北，总宽25.5米，进深17.5米，顶高17米，台口宽12米，台口檐高6米。左右辅台各为72平方米。台前设乐池，宽8米，进深3.7米，开口为2.25米，深1.8米。后台两层一底，大小化装室共10间，服装室、浴室、卫生间等附加设施一应俱全。场内设有现代舞台照明和音响设备。中国京剧院的排练和首演大都在此进行，如《猎虎记》、《三座山》、《满江红》、《杨门女将》、《白毛女》、《红灯记》等。1964年全国京剧现代戏会演为重点演出场所之一。除京剧外，还接待过各地方剧种和话剧、歌剧、舞剧、儿童剧、歌舞、杂技以及国际文艺团体的演出。（吴增彦）

人民剧场外景

Ren Dechuan

任德川　（1942～　）　演员。工老生。山东莱州人。自幼喜

爱京剧，7岁时就在票房习练演唱。1959年正在青岛市第九中学读书时，被青岛市京剧团录取为学员。初从张少楼学习余（叔岩）派戏，并从言少朋兼学言（菊朋）派戏，后正式拜言少朋为师，专攻言派艺术。能戏有《白帝城》、《牧羊卷》、《骂王朗》、《让徐州》、《卧龙吊孝》等。他较深地领悟了言派唱腔的要则，讲究唱念的字正腔圆，规矩大方，不怪不火，表演细致，风格温文，成为言派艺术优秀传人。常参加一些重要演出，展现其艺，曾东渡日本，并赴中国台湾地区演唱，深受欢迎。他还曾自编自演过古代戏《郑板桥在潍县》、现代戏《敌后烽火》等。1989年被评为山东省“尖子”演员，为青岛市京剧团主演之一。曾受聘于上海戏剧学院戏曲舞蹈分院任教，致力于传承言派艺术。

（捷之）

Ren Guilin

任桂林　(1915～1989)　京剧作家、评论家、教育家。直隶束鹿（今河北辛集）人。其父酷爱昆曲艺术，曾成立昆曲“相庆社”。受家庭影响，自幼爱好昆曲，8岁时开始学唱昆曲小生，师从王益友，很快学会了《金山寺》、《断桥》、《佳期》等昆曲折子戏。1934年考入山东省立剧院，学唱京剧、昆曲小生，分别师承铁新甫、田瑞庭，掌握了几十出京昆剧目。1937年七七事变后，在西安与刘仲秋等创办夏声戏剧学校，排演了《梁红玉》、《木兰从军》、《陆文龙》等一批宣传爱国主义思想的剧目。1938～1941年在山西第二战区“文抗歌剧队”任副领队，编演了《即墨之战》、《秦良玉》、《郑成功》等歌颂爱国英雄、激发爱国热情的剧目。1941由西安辗转到达延安，在鲁迅艺术文学院进修音乐，后调入延安平剧研究院，任研究员、编剧、演员，参加了延安文艺座谈会。1944年与李纶、魏晨旭共司执笔编写了京剧《三打祝家庄》。解放战争开始后，他随平剧研究院转移到华北，后留在石家庄市，任市文艺工作委员会主任等职。1954年调北京，参加改编《赤壁之战》，1959年由中国京剧院与北京京剧院联合演出。创作《彝陵之战》(与樊放合作)，1963年由中国京剧院演出。曾任中国戏曲研究院副院长、中国京剧院副院长、中国戏曲学院副院长等职。《任桂林剧作选》1993年由花山文艺出版社出版，收入《三打祝家庄》、《彝陵之战》及评剧《五侯宴》等6个剧本，内附任葆琦整理的《任桂林剧作简表》。《任桂林戏曲文集》1992年由中国戏剧出版社出版，含回忆录、戏剧评论，以及作者去世后友人、学生的怀念文章共31万字。马少波为之作序。

（杜宝华）

Ren Guilin Juzuo Xuan

《任桂林剧作选》　见任桂林。

Ren Qi

任七　演员。工武生。是京剧短打武生的早期代表人物。约生于清道光十年(1830)。又名任七十，本名任春廷，号正元。北京人，一说天津人。出身嵩祝科班。咸丰年间搭张二奎掌班的双奎班演出，已有名声。咸丰五年(1855)重刊《都门纪略》录其擅演《狮驼岭》孙悟空、《双打店》武松、《四杰村》余千、《赵家楼》华云龙。齐如山《京剧之变迁》说：“任七唱武生，与张二奎同班，名几与张二奎一样。一日贴出《恶虎村》，任七因戏份关系告假。张二奎无法，立意自己演唱，于是乎请曹二官代为说戏。及至登台，

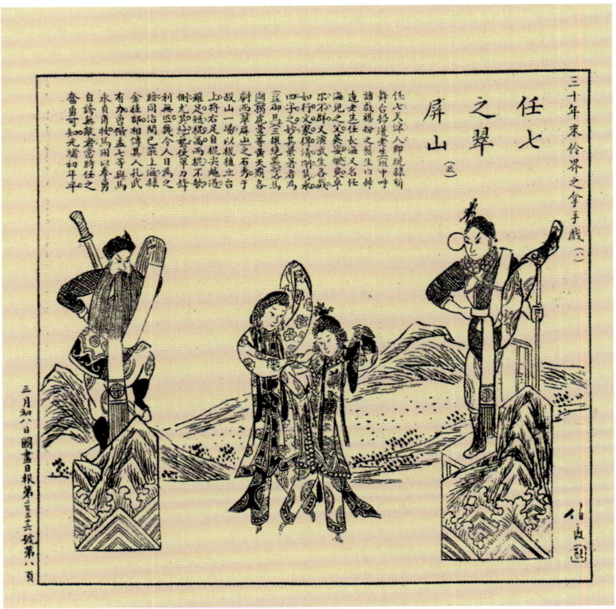

《任七之〈翠屏山〉》（选自清末上海《图画日报》）

大受台下欢迎，任七也去看戏。及演完，任七到后台，对张二奎说：‘我捡了一只马镫送你。’盖黄天霸一出场叹气时，因在马上，应用两手相击，不应跺脚，而张在此处乃跺脚一次，故任七以此相戏。”同治二年(1863)，任七与刘万义（大奎官）合组万顺奎班。同治七年(1868)，任七应邀赴上海丹桂茶园演出，旋又转入金桂轩，享名之盛，过于京师。光绪二年(1876)出版的《沪游杂记》对其擅演剧目有著录。光绪四年(1878)游戏道人《梨园声价录》对十余年来在上海各戏园献艺的百五十余人分上品、中品、下品做了点评，任七被推重为“武生上品”第一名，评语为：“矫若饥鹰，阚如虓虎，精悍之色，见于眉宇。”列出的戏目与角色有：《落（骆）马湖》、《盗御马》、《连环套》、《淮安府》、《独虎营》黄天霸，《翠屏山》、《探庄》、《射红灯》石秀，《蜈蚣岭》、《十字坡》、《快活林》武松，《三岔口》任堂惠，《二虎山》张青，《恶虎庄》杜明，《蔡家庄》郑天寿，《白水滩》十一郎，《赵家楼》华云龙，《红桃山》花荣，《白莲寺》、《乾元山》、《无底洞》、《青石山》哪吒。自光绪三年(1877)至光绪七年(1881)，任七主要在天仙茶园演出，剧目有《虮蜡庙》、《武松杀嫂》、《龙虎斗》、《火烧连营寨》、《蟠桃会》、《金山寺》、《五豹山》、《双天师》、《闹江州》以及连台本戏《济颠佳话》、《施公案》、《三侠五义》、《洛阳桥》等。其主要搭档是孟七、沈韵秋。在此期间，任七曾回到北京探亲访友，偶尔参加过一些演出，没有正式搭班。其后行踪不详。宣统二年(1901)，孙家振在上海《图画日报》开辟《三十年来伶界之拿手戏》专栏，当年三月初八（4月17日）刊出《任七之〈翠屏山〉》，以图文相配的形式介绍任七，盛赞任七所演武生各戏，“如行文家得‘清刚隽永’四字之妙”，“而《翠屏山》之石秀，于‘杀山’一场，以棍植立台上，将右足自棍尖越过，虽足短棍高而棍不欹侧，尤为绝艺。使单刀锋利无匹，几令人目为之眩”。还说：“相传其人孔武有力，曾偕孟七等与马永贞角技，马固以拳勇自夸无敌者，当时任之奋勇可知。”后来孙家振又在《梨园公报》上连载《海

上百名伶传》，也有任七一篇，认为“清同治间，北平诸艺员之南下也，武生以任七为首屈一指。演剧每排大轴。其人状貌美俊，身手灵敏。台步稳健，兵刃娴熟，翻跌矫捷。有嗓能歌长段唱词，气足神完，不类武角。念白朗润有味，且字眼亦清澈异常。故同时虽有薛桂喜、王八十等，皆名武生，而任七最为观剧者所激赏”（1929年3月23日《梨园公报》）。据王芷章考证，咸丰年间任七在双奎班演出时，兼给该班学生教戏，杨隆寿的《翠屏山》、《四杰村》等多从任七学来。同治年间，黄月山到上海演出时，即拜任七为师，改习皮簧，以求深造。任七是京剧界南下最早的武生，梨园界所谓“三七下江南”，为京剧武戏在南方开辟道路，指的就是武生任七、武净张七、武净兼武生孟七。任七有子名长海，倒嗓后唱**扫边老生**（专配里子，无正戏者，称扫边），后改老旦；女婿沈韵秋得任七真传，为南方著名武生。（简畅）

Ren Ziheng

任子衡　（1912～1992）　鼓师。直隶通州（今属北京）人。幼年在东北拜师习鼓，早期在东北为武生杨瑞亭司鼓，20世纪40年代以后任武生张云溪的鼓师。1950年随云华社参加中国戏曲研究院实验京剧团，此后多年为中国京剧院二团主要演员张云溪、张春华、李和曾等司鼓，该团代表剧目《三岔口》、《龙潭鲍骆》、《三打祝家庄》、《猎虎记》、《三盗令》、《孙安动本》、《三座山》、《逍遥津》等均由他担任鼓师。任子衡擅长打武戏，他的双手滚奏速度快而响亮，领奏锣鼓迅疾利落、火爆强劲。他司鼓富于激情，能以强烈的情绪感染其他乐手进行演奏，把舞台演出效果烘托得格外热烈振奋。任子衡在台上思维敏捷、反应迅速，能恰到好处地适应演员的临场发挥。这种快、准、狠的锣鼓伴奏风格与张云溪、张春华的武戏配合，可谓独标一帜、异常精彩。任子衡通晓工尺谱和简谱，他不仅司鼓技巧出众，还能参与剧本的创编，张云溪、张春华演出的《马玉龙》、《双侠》、《欧阳德》等戏，他参加了剧本编写并负责排戏工作。50年代他还担任了《三打祝家庄》、《孙安动本》、《猎虎记》等剧的音乐设计。70年代现代京剧《红色娘子军》“飞速进军”一场的电影录音以及张云溪、张春华拍摄的电影《三岔口》均由他司鼓。在中国京剧院工作期间，曾参加在波兰举办的世界青年与学生和平友谊联欢节活动，并随团赴南美洲等国家演出。

（许瑾忠）

reng shoujinba

扔手巾把　戏场旧俗。一度通行于清末民初京津等地区的茶园、戏园。据载，此俗起于天津，清光绪末传入北京。因当时请客看戏往往先在馆子中摆酒设宴，油腻味重，再加喝茶出汗，因此需要用热毛巾擦把脸。戏园中观众较多，坐席设为上下两层，甚至三层，杂役在楼下洗烫公用毛巾后常用抛接的方式递到楼上，遂形成“扔手巾把”的特殊景观。扔手巾把有特别的技术：一人在下边洗手巾，洗好后，10条手巾捆为一把，从下边扔到楼上。在北京第一舞台，由下边左方扔到三层楼上右方也不爽毫厘。楼上有人接住，散发给观客使用。用完，扔下来再换。第一次全场观客都揩过后，接着就是第二次。这次揩过后就得给钱了，每人不超过铜圆两三枚。“此类公用毛巾因多人重复使用，有碍卫生，因此有的观众拒用。民国时期当局亦明令禁止。”不过因为他们扔得准，所以有许多人爱看，每到他们扔的时候，有人不看戏，专看他们的技艺（见齐如山《戏界小掌故》“早期的戏园”）。西方式剧场和文明戏园兴起后，此俗渐失。（戴申　周华斌）

Rixia Liyuan Baiyong

《日下梨园百咏》　京剧史料。署题为“钱江醉薇居士著，沽上避尘盦主书，沽上庸傭、佩林逸史同校”。真实姓名不详。清光绪十七年（1891）五月天津石印书屋石印本。该书收五言古诗百首，是作者于1889～1890年间寓于都门，与朋友观剧，而后题咏了这些戏的剧情。这些戏中，除《双湖船》一出为昆曲外，余均为湖广调（二簧）及乱弹。它们是《状元谱》、《连升店》、《祭江》、《蒲关》、《红鸾喜》、《断后》、《黄金台》、《闯山》、《教子》、《双包案》、《文昭关》、《挡将》、《彩楼配》、《打樱桃》、《白门楼》、《桑园会》、《捉放曹》、《得意缘》、《牧羊卷》、《空城计》、《洪羊洞》、《定军山》、《抱娃进府》、《取帅印》、《娘子军》、《面缸》、《变羊》、《白良关》、《探窑》、《拾镯》、《凤鸣关》、《穷欢乐》、《飞虎山》、《玉玲珑》、《桑园系子》、《四杰村》、《法门寺》、《双摇会》、《天水关》、《玉堂春》、《卖饽饽》、《翠屏山》、《取荥阳》、《探亲》、《锁五龙》、《落园》、

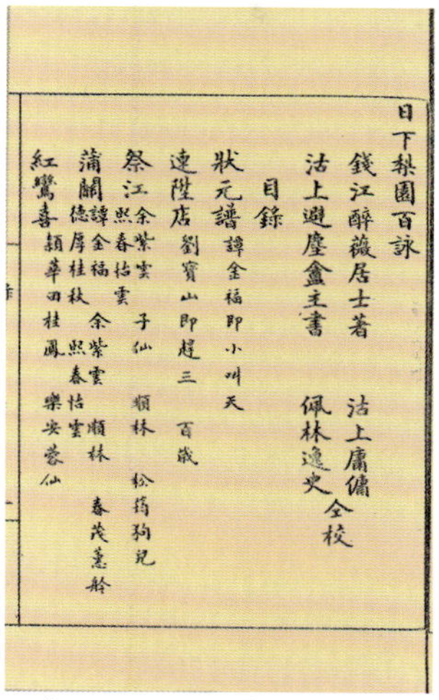
日下梨園百詠
錢江醉薇居士著
沽上避塵盦主書
沽上庸傭
佩林逸史仝校
目錄
狀元譜　譚金福即小叫天
連陞店　劉寶山即趕三　百歲
祭江　余紫雲　子仙　順林　松筠　狗兒
蒲關　譚金福　熙春　桔雲　余紫雲　春茂　蕙齡
紅鸞喜　顏華　田桂鳳　樂安　蓉仙

《日下梨园百咏》内页书影

《金水桥》、《戏凤》、《黄鹤楼》、《芦花荡》、《御碑亭》、《审刺客》、《双钉记》、《回龙阁》、《胭脂虎》、《二进宫》、《镇潭州》、《虹霓关》、《五台山》、《祭塔》、《战宛城》、《樊城长亭》、《打嵩》、《群英会》、《马上缘》、《一捧雪》、《嫖院》、《八扯》、《蟠桃会》、《举鼎观画》、《小上坟》、《辕门射戟》、《女儿国》、《赶三关》、《打金枝》、《浣花溪》、《打龙袍》、《铁弓缘》、《让成都》、《杀皮》、《铡美案》、《探母》、《海潮珠》、《演火棍》、《斩窦娥》、《长坂坡》、《思志诚》、《鱼肠剑》、《庙会》、《打鼓骂曹》、《五花洞》、《乌龙院》、《滚钉板》、《贪欢报》、《画眉》、《宇宙锋》、《辕门斩子》、《卖胭脂》、《下河南》。剧名之下还标明主要演员的姓字，对于“时下俊优，则系以堂名小字，以示区别”。这些演员有谭金福（即小叫天）、刘宝山（即赶三）、余紫云、田桂凤、汪桂芬、孙菊仙、余玉琴、杨月楼等。书前有伴仙道人序，后有避尘盦主跋。该书为研究清光绪年间京城的京剧演员及其演出剧目提供了第一手资料。（戴霞）

Rongchunshe

荣春社　京剧科班。1937年初夏，由尚小云筹办，招收同业及亲朋子弟入学，连同带艺入科的，至1938年春已有学生200余名。延请各行教师传授剧艺，尚氏亲加督导，不到一年已能戏一二百出，遂于1938年3月16日在北平中和戏院出台，宣告正式成立荣春社科班。社址设在北平宣武门外椿树下二条1号，另在椿树上头条13号及西草厂75号设学生宿舍。尚小云为班主，赵砚奎任社长。

头科学生以“荣”、“春”二字排名，1941年后陆续招进的第二科学生以“长”、“喜”二字排名。学生最多时近400名。学生的食宿衣履均由科班供给。入科二年后，发给少数点心钱。科班有常年的委托医院和特约医师，为学生看病治疗。学生入科后，按照各自的禀赋条件，分行当学戏，因材培育，不适宜者可改学他行，做到人尽其才，各展所长。注重舞台实践，日日出演，从不间断。要求学生在台上要整齐卖力，精神饱满，不许懈怠出错。平时练功、学戏、排戏时也有严格的纪律。不惜重酬聘请前辈名师执教，曾在该社任教的名家名师有：王凤卿、尚和玉、程继先、郝寿臣、戴韵芳、孙怡云、于连泉（筱翠花）、蔡荣桂、丁永利、阎岚秋、

1944年，创办人尚小云与部分荣春社弟子
左起前排：吴荣森、赵荣鑫、尚小云、尚长荣、王嘉春、方荣慈
中排：马荣祥、景荣庆、李甫春、张荣善
后排：赵和春、孙荣蕙、尚长春

范宝亭、郭春山、萧连芳、包丹庭、沈富贵、钱富川、宋富亭、孙盛文、陆喜才、高富远、贾多才、萧盛萱、孙盛武、朱盛富、孙甫亭、徐霖甫、李凌风、阎世善、宋遇春、李宝櫆、侯瑞春等。耿明义在社任教时间最长。

该社常年贴演的剧目，大致分为三类：一是传统折子戏中的各行剧目；二是将传统剧目各折连缀，增益首尾，使之情节完整的本戏；三是新编首演的剧目。总共约为500余出。第二类剧目，如《火烧丁香镇》(全部《庆顶珠》接连《大破昊天关》)、《粉宫楼》(即全部《九莲灯》，连演《审刺客》、《火判》、《阴阳界》、《莲花山》各折)、《血染万花楼》(连演《白水滩》、《五柳庄》、《通天犀》各折)、《十三太保》(连演《飞虎山》、《珠帘寨》、《雅观楼》、《落巢山》各折)、《西汉》(连演《殷桃娘》、《追韩信》、《霸王别姬》各折)、《姚刚》(连演《上天台》、《黄一刀》各折)、《蛮荒少女》(《七擒孟获》与《火烧藤甲兵》、《祭泸江》连演)，还有《火牛阵》、《秦英征西》、《一粒金丹》、《十矮八金莲》、《五鬼一条龙》、《江南四霸天》、《双龙斗峨嵋》、《美猴王》、《铁冠图、请清兵》、《寿荣华》、《东汉》、《娟娟》、《金瓶女》等。第三类新编首演的剧目，如《崔猛》、《荒山怪侠》、《奇侠谷云飞》、《唐王游月宫》、《九曲卧虎洞》、《孙武子演阵斩美姬》、《黄衫客》(《飞侠三剑客》)、《珍珠洞》、《莲花女》、《塞北英烈传》、《太平天国》等。该社上演的本戏、新戏均热闹、整齐、火炽、新颖，以“群戏”取胜。当时的报刊评该社的演出说：“以人多为胜，每上龙套、兵将等，竟满台无隙地，如《跳财神》上六十余财神，《青石山》上马童三十余人，《五鬼一条龙》凤凰岭一场，上寨主、喽兵六十人左右，《天河配》摆灯童子亦达三十人左右，如此等处甚多，均为舞台上所罕见者。”(1940年1月1日《新民报半月刊》第2卷第1号）演出地点先后有中和、三庆、华北等戏院。该社自成立以来，演出一直兴旺，待至后期，学生只是演出，不再学戏，仅剩下耿明义、侯瑞春二位教师。由于社会动荡，百业萧条，至1948年末演出更加艰难，经济来源拮据，科班陷入困境，只好让学生回家自谋出路。1949年北平和平解放之初，一部分“长”字和“喜”字科的学生，应招前往西北参加中国人民解放军部队剧团。至此，走过了整整10年历程的荣春社科班宣告解散。

10年中，它为京剧界造就了一批人才，有尚长春、孙瑞春、王福春、赵和春、贾寿春、周仲春、刘雪春、薛耀春、祁树春、任万春、董鹤春、李益春、茹木春、徐荣奎、吴荣森、杨荣环、孙荣蕙、田荣芬、景荣庆、罗荣贵、李荣威、杨荣楼、李荣安、黄荣俊、时荣章、方荣慈、钮荣亮、马长礼、尚长荣、韩长秋、张长福、甄喜福、罗喜禄、罗喜钧、孟喜平等，成为20世纪50年代以来，京剧舞台上的有生力量。还培养了一批优秀的戏曲教学人才，有王荣增、贯涌、尚长麟和曾在中国戏曲学院任教的赵荣欣、汪荣汉、李甫春、王斌春、赵荣鹏、祁荣雯、耿斌春、耿长明、陆长通（陆建荣)、张长保等。此外，尚有在北京、河北、天津、山东、辽宁、吉林、浙江、杭州、南京、唐山各地艺术院校任教者，他们为培育新一代京剧艺术人才，作出了不同的贡献。

（钮骠）

Rong Lijuan

蓉丽娟 (1912～2006) 女演员。工旦。本名杨秋雯。北京人。蒙古族。14岁拜牟芝田为师，学青衣、花旦。后随师巡回演出于北京、天津、上海、济南、青岛等地，又得到吴彩霞、钱宝森、于莲仙、

施桂林（昆曲)、闻子芳等师长教益。擅演剧目有《穆柯寨》、《嫦娥奔月》、《虹霓关》、《天女散花》、《玉堂春》、《游龙戏凤》及昆剧《思凡》、《闹学》、《水斗》等。17岁后，在上海丹桂第一台、北平城南游艺园等剧场挑梁演戏。1929年上海伶界联合会17次会戏在天蟾舞台举行，剧目依次是《许田射鹿》(周信芳)、《连环套》(李桂春、金少山)、《大观园》(蓉丽娟)。在《大观园》中，以周信芳为首的生脚饰大太监，以小杨月楼、刘筱衡为首的旦脚饰金陵十二钗和宫女。20世纪30年代中期，与曹艺斌合作演出于北平、天津、上海、武汉及东北各地。所演《斩经堂》、《天雨花》、《六国封相》、《打金枝》、《武昭关》等生、旦对儿戏以及连台本戏，大受观众欢迎和内行称赞。1947年在沈阳退出舞台。1955年偕曹艺斌定居大连。1956年大连京剧团出访苏联、蒙古，被特邀随团演出。1960年，大连京剧团学员班成立，出任教师。1961年与曹艺斌合作《天雨花·对鞋》被摄制成影片。“文化大革命”中下放农村插队落户，1973年调大连艺术学校京剧科任教。梅花奖获得者王玉兰、李萍曾从其学戏。

头本《惊天动地》剧装照

蓉丽娟扮相俏丽，唱、念规范，圆场、形体、刀枪把子基本功扎实。她和周信芳、金少山、林树森、唐韵笙、赵君玉、白玉崑等名家同台合作中，受益甚多。80多岁仍坚持为中、青年演员和艺校学生教戏，深受后辈爱戴。曾任大连市政协委员。

（马明捷）

Ru Fuhui

茹富蕙 (1904～1949) 演员。工丑。字子余，小字顺立。北

京人。出身梨园世家，祖父茹莱卿(1864~1923)，工武生，为杨隆寿弟子，能戏甚多，昆乱皆精，兼擅胡琴，曾傍梅兰芳多年，同时教授各工武剧。父茹锡九（湘泉）(1882~1936)，亦演武生。早年南下，享誉上海，与盖叫天为莫逆之交。兄富兰演小生并工武生。富蕙10岁与兄富兰同入富连成社科班第三科学艺，从萧长华、郭春山习文丑。他嗓音清亮，富有韵味，口齿清楚，念白爽利。台风儒雅脱俗，表演工稳冷隽，戏路宽广，昆乱不挡。昆腔戏常演《回营打围》、《昭君出塞》、《扫秦》、《借靴》、《大小骗》等。尤以《群英会》之蒋干、《审头刺汤》之汤勤、《乌龙院》之张文远等方巾丑有独到之处，得萧师真传。《法门寺》之贾桂，《浣纱河》之渔丈人，《清官册》之马牌子（带班头），《盘关》之皂隶，《珠帘寨》、《空城计》之老军等都演得不同凡响。为老生配演《胭脂宝褶》的金祥瑞、《苏武牧羊》的卫律、《乌盆记》的张别古、《洪羊洞》的程宣、《问樵》的樵夫、《打渔杀家》的大教师等都能衬托严谨，呈绿叶扶持红花之妙。评家认为他的表演，风格高雅端庄、工整稳重，台词准、地方准、尺寸准，不哗众取宠，嘴里干净，字眼讲究，绝无脏言秽语。演汤勤、蒋干，有书卷气；演《连升店》店家则显市侩气；演《审潘洪》班头，又刻画出了一个富有正义感的“外场人”性格。曾与余叔岩、杨小楼、梅兰芳、马连良、谭富英、杨宝森、奚啸伯、荀慧生等名家合作。他为人刚正不阿，狷介耿直，从不趋炎附势，也不向恶势力低头俯就，惜中年早逝。有子木春、绍岩、绍祥、绍宝，皆工丑行。

（钮骠）

Ru Fulan

茹富兰 (1902~1973) 演员。工小生及武生。名文藻，字子峰。北京人。出身梨园世家，为武生茹莱卿之孙，武生茹锡九之子，文丑茹富蕙之兄。幼入北京富连成社科班第三科学小生，受萧长华教益，并从丁俊练功学戏。在同马连良、马连昆、沈富贵、马富禄等排演的全本《三国志》中，饰周瑜，以其扮相英伟飘逸，唱念做表出色而崭露头角，成第三科小生行中之上驷之才。后兼习武生，承继家学，得其祖父薪传，艺宗老杨（隆寿）派。小生戏又得到程继先的指拨，故文武昆乱并长，以《石秀探庄》、《八大锤》、《战濮阳》、《奇双会》等剧脍炙人口。出科后，应小生、武生两行，同尚小云、程砚秋、高庆奎、余叔岩、马连良、言菊朋、李盛藻等合作演出。

他文武功底深厚坚实，工架谨饬稳练，表做细腻入微，唱念考究，注重刻画人物，不卖弄技艺。演武戏时，一招一式，中规中矩，手里兵器从无失神落地之误，足显其稳准之功力，非一味蛮打野摔者流。擅演剧目，除上述诸剧外，尚有《雅观楼》、《九龙山》、《连环阵》、《贾家楼》、《连营寨》、《长坂坡》、《阳平关》、《状元印》、《艳阳楼》、《冀州城》、《伐子都》、《恶虎村》、《武家园》、《林冲夜奔》、《乾元山》等戏。他与程砚秋合演《游园惊梦》，与尚小云合演《白兔记》、《摩登伽女》，与马连良或高庆奎合演《断臂说书》，与九阵风或朱桂芳、方连元合演《青石山》，与尚小云、王长林、侯喜瑞合演《巴骆和》，堪称珠联璧合。在一场演出中，前饰《挑华车》之高宠，后扮《白蛇传》之许仙，前者威猛骁勇，后者文雅飘洒，允文允武，各显佳妙。昆曲《起布问探》中的探子，本由武丑应工，他演来亦很出色。

《三国志》饰周瑜

由于目力患深度近视，息影舞台较早，50岁后即专事教学工作。20世纪50年代初，任教于中南戏曲学校，回京后应中国戏曲学校之聘到校执教。教学严整有法，毫厘不苟。无论是为小学生开蒙，还是向大学生授艺，都能因材施教，循循善诱。学校前几班学武生和小生的学生们，无不受过他的教诲和指拨。所教的《石秀探庄》、《林冲夜奔》、《八大锤》、《战濮阳》、《麒麟阁》、《恶虎村》、《骆马湖》、《长坂坡》等剧成为学校教学的范本，遵用至今。学生有张春孝、钱浩梁、曲咏春、王荣增、俞大陆、李景德、李可、郭自勤、萧润德、李光、唐云生等。早年，叶盛兰、费世威、徐元珊、黄元庆、卢元义等亦得其教益。子元俊、绍荃均能克绍箕裘，恪守家学。

（钮骠）

Ru Yuanjun

茹元俊 (1925~2005) 演员。工武生。北京人。出身梨园世家，曾祖茹莱卿，祖父茹锡九，父茹富兰，均享名于梨园界。幼受熏陶，7岁入富连成社科班，从师王连平、刘喜益、诸连顺、孙盛云、沈富贵、叶盛兰等，开蒙戏有《淮安府》、《探庄》、《蜈蚣岭》等。坐科时他刻苦练功，回家又有父亲茹富兰把手习练，打下了坚实的武功、表演基础。还学了长靠戏《铁笼山》、《挑华车》、《长坂坡》，以及《艳阳楼》、《独木关》、《探庄》、《剑峰山》、《蚆蜡庙》、《溪皇庄》等。因黄（月山）派戏重在唱，他不仅注意武功，还注意嗓音的练习。他多方求师，向骆连翔学了《金钱豹》，向谭俊川学舞叉，这出《金钱豹》演得很有光彩，在科里经常上演，开始享名。出科后很多班社争相邀聘。曾以“小茹富兰”为艺名。1948年在上海与王桂卿、王正屏等演出义务戏，以《铁笼山》压轴，极受观众称赏。他先后搭过梅兰芳、麒麟童、童芷苓、赵燕侠、李玉茹、吴素秋等人的班社。常演剧目还有《雅观楼》、《恶虎村》、《骆马湖》、《蜈蚣岭》、《嘉兴府》、《四平山》、《雁荡山》等。20世纪50年代初参加中国戏曲研究院京剧实验工作团，后转为中国京剧院。演出了很多优秀剧目，如《野猪林》、《雁荡山》等。曾参加赴朝慰问团和赴印度尼西亚、日本等国演出，均受到热烈欢迎，为文化交流作出了贡献。

（秋枫）

ruantanzigong

软毯子功 表演形体基本功之一。是训练演员掌握和运用翻腾跌摔、扑倒过人之类翻跌技巧的基本功法。为与硬毯子功相区别，故名软毯子功。软毯子功的技巧具有独特的翻转风格，它不要求翻得“冲”，而是要求翻得灵巧快捷，落地无声。此类筋斗擅长表现人物的机警与诙谐。在表现一些战斗场景时，如摸黑走边、雨中奇袭、潜行追踪，都设计有软毯子功筋斗技巧。软毯子功中的许多筋斗都来源于生活，如直扑虎、抢背、入水毛、硬僵尸，都与实际生活中的动作相似，有浓郁的生活气息，极富艺术表现力。根据行当的不同，每一个演员都要掌握必需的软毯子功筋斗技巧。小生、老生、老旦、青衣、花旦诸行当的演员虽以文戏为主，但也必须掌握抢背、僵尸、直扑虎、旋扑虎、倒扑虎、吊毛、下桌倒扑虎、下桌抢背之类的筋斗。武生、武旦、武丑、武净，则应当掌握更丰富多样的软毯子功筋斗技巧，才能适应舞台表演的需要。如现代戏《奇袭白虎团》的“插入敌后”一场，侦察员翻越敌人设置的铁丝网时，用了难度很大的筋斗，如小翻前扑、小翻漫子、小翻蹑子、小翻提等硬毯子功技巧，而侦察排长严伟才最后用了三个小翻一抢背的软毯子功筋斗凌空而过，立即将情节推向高潮，一是翻得敏捷轻巧，二是动作急缓有度、高低有序，把严伟才的英雄气概和大无畏精神充分展现出来。

软毯子功，主要有三种类型：一是跌扑型。分单筋斗和长筋斗两种。单筋斗是指单一完成的技巧动作，如小毛、倒毛、高毛、吊毛、蹿毛、抢脸毛、入水毛、单扑虎、左右旋扑虎、肘丝扑虎、倒扑虎、软硬僵尸、抢背、锞子等。长筋斗是指与硬毯子功长筋斗的连接方式相同，由两个以上的动作组合成串，如踩子扑虎、虎跳扑虎、踩子抢背、踩子高毛等。跌扑类的技巧也含有桌子功，如下桌抢背、下桌高毛、下桌倒扑虎。下桌筋斗中用得最多的当属武生、武旦、武丑和武净诸行当，像《盗仙草》青儿的下桌倒扑虎、《雁荡山》号兵的下桌吊案头等。这一技巧有一定的危险性，只有少数演员才能胜任。二是走跤型。由双人或多人合作表演的托举过人、扛鼎蹬摔的徒手对打和抛掷技巧称为走跤。如过包、转包、掐虎跳、按虎跳、驮虎跳、扛虎跳、按肩虎跳、背口袋、蹬加官、跨肩、手提、坐肩提、穿心前扑、滚背、搬加官、千斤扛、过顶摔、过山毛、过包扒、抄腿扔人等。三是小排头。又称小筋斗，小零碎。多为武旦、武丑和武戏演员使用。这些小排头灵巧诙谐，大多是用来模仿小动物的一些行动或自然界的一些现象，用以表现人物或小动物的机敏、顽皮和风趣，像小虎跳、漩涡、碎地蹦、一盆花等。一些诸如鼎功技巧，如旱水、左右卧鱼、掐葫芦蹦等技巧，多用来塑造义士侠女的惊人绝技。

（王佩孚）

Rui Debao

瑞德宝 （1877～1948） 演员。工武生、老生。北京人。满族。幼时，随李连仲习武生及老生戏。1899年，李连仲组玉成班，他随班演出。以后声名渐著，《镇潭州》、《剑峰山》、《挑华车》、《阳平关》等较为拿手。因与黄月山同班，深受其影响，改学黄派戏，常演《莲花湖》、《独木关》、《大名府》、《翠屏山》、《精忠传》等戏，得黄真传。玉成班期间，还与梅兰芳、王蕙芳、贾洪林、高庆奎等合作。以后又搭春庆班，与谭鑫培合演《战长沙》，与王长林合演《九龙杯》、《骆马湖》，均为上乘之作。瑞德宝有嗓子，有气质，还能演老生戏《碰碑》、《卖马》、《打渔杀家》、《打棍出箱》等，以及关羽戏《华容道》、《白马坡》、《战长沙》等。28岁时，被选入清廷昇平署任民籍教习。在内廷演出《百凉楼》、《下河东》、《骆马湖》等。1912年以后，又到天津、上海演出。中年以后，曾在上海戏剧学校和各票房任教说戏。

（讷言）

runqiang

润腔 戏曲演唱术语。在一定的乐调旋律中，歌唱时依词采，人物感情、语气，予以细腻刻画润饰的手法。早在明代天启五年（1625）王骥德的《曲律》中就提出：“乐之筐格在曲（谱）而色泽在唱。”唱的色泽，就是润腔。戏曲（民族歌唱）是中国的音乐语言艺术，要求唱情、描绘意境，而不是单纯的唱声。唱字（词）不局限于音符则语意自明，酿韵而出字则腔自现；唱句要使观众听得懂（语言、词意），还须有韵味、好听（声音条件、技巧），能挑动听众的心弦。这种“挑动听众心弦”的声音旋律，必须是从演员的心弦上流淌出来的，因此歌唱要以意带声、以情扶声，这就是乐谱以外的润腔。这种用意念、情感、风格、韵味润出来的腔，既细腻动人，又灵活多变。好的唱段，均赖于润腔。

（傅雪漪）

Ruomenglu Jutan

《若梦庐剧谈》 戏剧文集。宗天风著。上海泰东图书局1915年10月出版。全书包括剧论12则，列传92则，剧评12则，歌舞拾零22则以及杂俎等。宗天风生平不详。作者对民国初年上海戏剧改良、演出、观众欣赏心理等多有论述，并简介谭鑫培、杨小楼等92名演员的生平事迹和演出情况。他认为“旧剧有旧剧之改良，新剧有新剧之改良。今之言改良者，以为由旧戏一变为新剧即是，无乃太左乎？沪上各舞台竞言改良，不遗余力，故多旧戏中夹杂新剧，新剧中参以旧戏，要之皆非改良之本旨也”。改良旧剧是要“改去其不良之处，非并其良者而改之也”。对民国初年上海的戏曲改良现状，提出了尖锐的批评。作者还指出上海的剧评有失“公平”，常受派系之分的干扰。对新剧的演出，作者提出了必须有好剧本和精益求精的演技，才能吸引观众、发展自己的观点，这对全面了解民国初年上海戏剧的发展状况十分有益。杂俎中除作者为谭鑫培、孙菊仙、梅兰芳、十三旦等18名演员所作诗赞外，还附有七幕话剧《梨云梦》脚本，系作者据《申报》所载同名苦情小说改编。

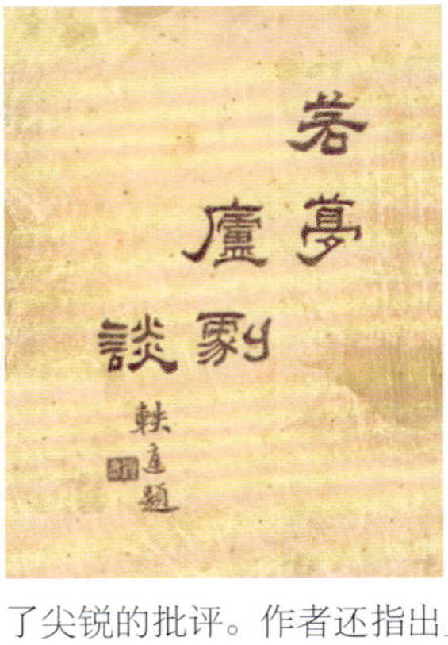

（陈义敏）

Saiwai Liyuan Pu

《塞外梨园谱》　戏曲史料。褚广森、郭淑文著。中国戏剧出版社1996年6月出版。41万字。书中记述清末以来赤峰、朝阳、承德3个地区51位梨园知名人士的生平事迹。其中京剧演员有武生裴云亭、麒派老生董春柏、老生孙珑、麒派老生石宝山、高（庆奎）派老生靳沛亭、花脸解书轩、侯（喜瑞）派花脸韦永茂、武生陈凤儒、小花脸郭云岫、武生张云亭、青衣雯蓊彧（原名张艳芝，早期艺名温若玉，女）、余派老生孟幼冬（曾用艺名仇乐弟，女）、小生李萍寄（原名李和帅）、青衣王湘云（女）、旦脚郭韵蓉（原名郭连璋，入荣春社后改名郭荣珍）、刀马旦柳燕鸣（女）、武生张鸣韵、武生马富春、武生尹震声、青衣张晓霞（女）、花衫张素芝（女），票友有陈永庆、杜寒星、赵公绪，鼓师刘发珍，琴师许德清、马林广。这些京剧人，在梨园界大多处于边缘地位，但也为京剧在其活动地区的普及发挥了重要作用。其中不少人物的记载相当详细，如女老生孟幼冬的身世，就与流行说法不同，可资参考。他们极其曲折的遭遇，在一定程度上反映了京剧之命运。本书的两位作者是夫妻，1985年离开工作岗位后，用8年时间在北京、天津、内蒙古、辽宁、河北等地，采访了200多个知情者，才编成这本书。书前有图片70多幅。马少波、王国权等为此书题词。戴言作序。（简畅）

San Bu Yuanyi

《三不愿意》　京剧作品。又名《绒花计》(一作《绒花记》)、《卖绒花》。秀才邓文焕曾聘崔丽英为妻，家道中落，崔丽英的哥哥崔华便强逼退婚。邓文焕诉至县衙，因崔丽英已逃走，崔华只得让二妹崔秀英顶替姐姐上堂回话，并教以必须始终咬定“不愿意”三字。结果却出乎他的意外，“不愿意”终于成了愿意。《戏考》载有梆子本《卖绒花》，仅存最后两场。精彩处在崔华教供及堂讯时，关于三个“不愿意”的对白在两种不同情境下重复出现，情态各异，生动地描绘了崔秀英天真未凿的憨态。此剧已久未演出。1953年，时任东北戏曲学校校长的赵慧深“感觉京剧的这种小喜剧越来越没落，确有整理的必要。而且观众也非常需要它”，请该校的两位京剧教师凭记忆凑出全本，在此基础上改编为本剧，由该校学生首演。排演教师为赵桐珊、李一车等。改本糅合梆子、京剧两种不同演出本，尽可能保留梆子本的优点，适当添加了一些情节，如邓家也以弟弟文耀代上公堂，最后是兄弟、姐妹两对夫妻完婚等，并丰富了人物的艺术形象。崔家长工八儿是一个穿针引线的重要角色，在促使崔华走向失败的戏剧行动中，发挥了关键作用。改本洗刷了他身上的流氓习气和低级趣味，仍不失机敏、风趣的喜剧性格。对于崔华，则是突出其自私、傲慢、专横，加强了行为

《马飞珠之〈绒花计〉》（选自清末上海《图画日报》）

《绒花计》 萧长华饰崔华（左） 马富禄饰崔八

的主动性，不再仅仅是任人拨弄的傻瓜。杨知县在梆子本中是作为清官出现的，京剧原本则是邓文焕的舅舅，都由老生饰演。改本在他的鼻子上也抹了一片白粉。他也爱钱，也卖法，却还不够老练，被八儿抓住了弱点，逼得他做了一回“清官”，换来个“杨青天”的金匾聊以自慰。全剧的喜剧风格也得以统一。1953年，在东北区戏剧、音乐、舞蹈观摩演出大会上，《三不愿意》获剧作奖、导演奖，饰演二小姐和八儿的汤小梅、王功桓分获表演二、三等奖。剧本由东北人民出版社（1954）和北京宝文堂书店（1955）出版。此外，《京剧丛刊》载有《绒花记》（萧盛萱、景孤血据萧长华演出本整理）。《日下看花记》载嘉庆时，“安庆部”演员李七官曾演《崔华逼退婚》，即此剧。又据朱家溍《清代宫中乱弹演出史料》（载《戏曲研究》第14辑），有昇平署遗留“《绒花记》，八出，总本”，其一至四出是昆腔，五、六两出是弋腔，七、八两出是昆腔，为清光绪四年（1878）演出本。光绪二十四年演出时改成西皮，余玉琴饰二小姐，罗寿山饰八儿，陈德霖饰大小姐，鲍福山饰邓文焕。

（颜长珂）

Sanchakou

《三岔口》 京剧作品。又名《焦赞发配》。焦赞因打死奸臣王钦若之婿谢金吾，发配沙门岛。杨延昭恐其途中被害，遣部将任堂惠暗地保护。起解中途宿于三岔口客店，店主刘利华（旧称琉璃滑）夫妇欲加谋害，适任堂惠跟踪而至亦宿刘店。半夜，刘潜入任堂惠房中，为任觉察，二人在黑暗中格斗，刘为任杀。事见《杨家将演义》。此戏为武生（饰任堂惠）、武丑（饰刘利华）、武旦（饰刘妻）、武净（饰焦赞）短打武剧，以摸黑开打著称。《清代伶官传》载，黄腔武旦孙四多于清咸丰十一年（1861）五月十九日在热河行宫演出此剧。据《都门纪略》同治三年（1864）和光绪二年（1876）刊本，《三岔口》为四喜班武生吕增禄擅演剧目。其后，盖叫天、张德俊、李少春、叶盛章等均称拿手。1951年，中国京剧团做了改编，将旧本反面人物刘氏夫妇改为任侠好义者，素知三关上将焦赞英名，拟助其脱险，怀疑任堂惠为奸臣所派刺客，而任对刘的行踪诡谲亦深加警惕。格斗间，刘妻杀了解差，放出焦赞参与混战。待刘妻秉烛入室，误会得释，四人同赴三关。由于人物性格做了调整，刘利华的脸谱勾法也相应改变。张云溪、张春华以此剧参加第三届世界青年与学生和平友谊联欢节，获集体表演一等奖。剧本收入《京剧丛刊》。此剧充分发挥了戏曲表演的虚拟性特征，加以演员武功卓绝，为中外观众所喜爱。苏联木偶艺术家奥布拉兹卓夫在《中国人民的戏剧》中说，舞台上的灯光照常地亮着，“剧中人物每一秒钟的动作都证实了房间里确是一片漆黑”，格斗双方互相寻找着，“突然失掉了对象，又十分意外地碰在一起”，往往“紧张与幽默都同时达到顶点”。这种戏剧结构和表现方法“为中国戏曲所特有”，堪称“世界戏剧作品的优秀范例之一”。（龚和德）

张云溪饰任堂惠（右） 张春华饰刘利华（陈娟美摄）

刘利华旧式脸谱（吴钢摄）

刘利华新式脸谱（吴化学摄）

San Da Tao Sanchun

《三打陶三春》 见吴祖光。

San Da Zhujiazhuang

《三打祝家庄》 京剧作品。李纶、魏晨旭、任桂林编剧。作于1945年初。同年2月，延安平剧研究院首演。导演王一达、魏静生。张一然饰宋江，阿甲饰钟离老人，魏静生饰石秀，王一达饰乐和，赵容美饰孙立，孙震饰孙新，牛树新饰顾大嫂，王镇武饰乐大娘子，萧甲饰扈三娘，赵魁英饰祝小三，刘涌汉饰祝朝奉，薛恩厚饰扈太公，张梦庚饰李妈。北宋时，祝家庄庄主祝朝奉与扈、李二庄约盟，欲剿灭梁山义军。宋江领兵攻打祝家庄。第一次贸然进兵，被困盘陀路，遭扈家庄夹攻，损兵折将，赖石秀向导，方得脱险。再次攻打，擒获扈三娘，拆散三庄联盟，孤立了祝家庄。但因猛打猛攻，不顾祝家庄设防严固，又遭失败。第三次用里应外合战术，由孙立率孙新、乐和等混进庄内，智取守城的祝小三，联合庄民，内外夹攻，终于大破祝家庄。全剧3幕42场，用两个晚会演出，老生、武生、二花脸、小花脸、武旦、彩旦等各行尽得发挥。剧作保持《水浒传》中三打祝家庄的基本情节，又有所增饰，从斗争策略入手，描写梁山起义军总结战争失利教训，调查研究，分化敌人，依靠群众，取得战争胜利。情节繁复，场面多变化，塑造了以宋江为首的梁山义军的英雄群像。石秀、乐和、顾大嫂、孙新和反面人物祝小三，性格刻画鲜明生动。该剧是继《逼上梁山》

李和曾饰宋江（左） 张云溪饰石秀（游振国摄）

之后出现的一部影响很大的新编历史故事剧，演出当时引起轰动，仅在延安干部中，就连续演出达两个月之久。毛泽东观看演出后，在给延安平剧研究院的信中称赞该剧很有教育意义，肯定此剧创作成功，巩固了“平剧革命”的道路。1959年，作者重新整理修订为13场，情节结构更为严谨集中，由中国京剧院演出。导演阿甲、李紫贵。李和曾饰宋江，张云溪饰石秀，景荣庆饰李逵，张春华饰乐和，高玉倩饰顾大嫂，叶盛长饰钟离老人，张元智饰孙立，方荣慈饰祝小三。1950年，新戏曲书店曾出版魏晨旭改编本。《中国地方戏曲集成·北京市卷》、《中国京剧院演出剧本选集》均收有此剧。相同题材的京剧作品，还有传统剧目《石秀探庄》、《扈家庄》等。（蔡运长）

San Dao Bajiaoshan

《三盗芭蕉扇》 京剧作品。又名《借扇》、《火焰山》、《白云洞》。元杨景贤《西游记》杂剧中，即有“借扇”一折。故事见《西游记》第59～61回。唐僧取经，来到火焰山下，难以前进。得知铁扇公主有芭蕉扇，能将大火扇灭，孙悟空前去借扇。铁扇公主为牛魔王之妻。其子红孩儿被观音收去，心怀怨恨，故不肯借扇，反将孙悟空扇倒。悟空得菩萨赐予定风丹，再次借扇。铁扇公主借给了一把假扇，越扇火焰越高。孙悟空只得变作牛魔王模样，诓走

《火焰山》 刘喜亮饰孙悟空（右） 王凤霞饰铁扇公主

芭蕉扇，但又被牛魔王变作猪八戒诓回。最后，孙悟空在天兵天将的帮助下将牛魔王降伏，取得宝扇，唐僧一行才得通过火焰山。孙悟空和铁扇公主分别由武生（或武丑）、武旦饰演。剧本见《戏考》。时下演出，大都压缩为折子戏。1954年河北人民出版社有沙丘改编本。20世纪80年代初，吉林省京剧团有改编本演出，名《火焰山》，并摄成电影。（骆正）

Sandingjia

“三鼎甲” 梨园界术语。科举制度中，状元、榜眼、探花合称“三鼎甲”。京剧形成时期，老生行三位最杰出的代表人物余三胜（1802～1866）、程长庚（1811～1879）、张二奎（1814～1864），他们分别代表“汉派”、“徽派”、“北派”三个具有地域语音特点的派别，在逐步熔铸为“京调”皮簧戏的过程中有着不可替代的历史功绩，为时人推崇，喻为梨园界老生“三鼎甲”。称张二奎“状元”，余三胜“榜眼”，程长庚“探花”。（金石）

San Gu Maolu

《三顾茅庐》 京剧作品。又名《三请诸葛》、《卧龙冈》、《隆中策》。大都接演《博望坡》(《张飞负荆》)。为三庆班的连台本戏《三国志》

马连良饰诸葛亮（中） 谭富英饰刘备（右） 裘盛戎饰张飞（章梅摄）

中的一段。刘备偕关羽、张飞往访诸葛亮，直至第三次才得相见。诸葛亮纵谈天下大势，请先取荆州、益州再图中原。经刘备再三恳请，诸葛亮始允出山。首战博望坡，火焚曹兵，以弱胜强，赢得关、张钦服。本事出《三国志》、《三国志演义》第37回。元杂剧《卧龙冈》、《博望烧屯》，明传奇《草庐记》均演此事。京剧由老生饰诸葛亮、刘备，花脸饰张飞，唱、做并重。卢胜奎饰演诸葛亮，被誉为“活孔明”。20世纪30年代，马连良与郝寿臣（饰张飞）合作演出此剧，精炼了场次，“戏核”设定于与诸葛亮会晤时的倾谈，唱腔也有改动，将诸葛亮出场时所唱［西皮三眼］改为［二簧三眼］，与人物彼时心境更为贴切、顺畅，服饰重新设计，面貌一新。时慧宝、刘砚亭亦工此剧。1957年，北京京剧团曾排演此剧，马连良、谭富英、裘盛戎分饰诸葛亮、刘备、张飞。20世纪60年代初，范钧宏、吕瑞明编剧，中国京剧院演出的《初出茅庐》，由小生饰诸葛亮，增加了夫人黄玉英等人物，由夏永泉、杨秋玲主演。马连良有唱片行世。剧本载《京剧汇编》、《京剧丛刊》、《京剧大观》、《戏考》等。1956年北京宝文堂有单行本出版。（刘方正）

sanguo gushixi

“三国”故事戏 以东汉末年魏、蜀、吴三国争雄直至西晋统一历史故事为题材的京剧作品。三国时期是一个群雄纷争的年代，从汉末董卓专权到十八路诸侯讨董卓，从曹操“挟天子以令诸侯”到魏、蜀、吴三国鼎立，直到最后“三分归一统”，由司马氏建立了晋朝，其间发生了不少惊天地泣鬼神的故事，涌现出众多的英雄豪杰，所有这些，都在京剧舞台上得到展示和表现。其中以刘蜀集团的创业故事为主轴，贯串着拥刘反曹的倾向，将人们对圣主明君的期盼和爱戴都集中到刘备身上，将许多美好的品质和高尚的情操都赋予了刘备、诸葛亮、关羽、张飞、赵云一方；同时将憎恶倾泻到曹操身上，强调了他那“宁教我负天下人，休教天下人负我”的奸雄性格。

“三国”故事戏几乎与三国故事小说同步，宋元戏文中有《关大王独赴单刀会》等目，今已佚。金院本中有《赤壁鏖兵》等名目，也已佚。元杂剧中“三国”故事戏据钟嗣成《录鬼簿》等书记载，多达四五十种，现存剧本21种。元末明初的罗贯中就是在上述平话、戏曲的基础上，依据《三国志》及裴松之注，并结合自己的生活体验，创作了《三国志演义》。而这部集大成的长篇小说又成为京剧“三国”故事戏创作的重要蓝本。《京剧剧目初探》谓：“三国故事戏，百分之九十九皆本《三国演义》，甚至结构、台词亦与

清代杨柳青年画中的“三国”故事戏

《京剧版画·连环计》

《京剧版画·辕门射戟》

《京剧版画·战宛城》

《京剧版画·借东风》

《京剧版画·黄鹤楼》

《京剧版画·天水关》

（王树村提供）

清代宫廷戏画中的“三国”故事戏

《戏出画册·进营》

《戏出画册·西川图》

《戏出画册·截江》

《戏出画册·让城（成）都》

《戏出画册·过埧（巴）州》

《戏出画册·七星灯》

（故宫博物院藏）

演义相近。”《三国志演义》之后，明清两代相继出现了大批“三国”故事戏，传奇如《草庐记》、《赤壁记》、《四郡记》等。清代有宫廷大戏《鼎峙春秋》，自桃园结义破黄巾起，至蜀汉后主宴庆诸葛亮南征凯归止，计10本240出，成为戏剧史上篇幅最长的三国故事戏，除六出祁山外，几乎包含了所应具有的三国故事。自清乾隆至道光二十九年（1849）约百年间，曾经多次在宫廷上演。这些，对京剧和其他地方戏的“三国”故事戏有过直接或间接的影响。

近现代的京剧和地方戏中，“三国”故事戏非常丰富。戏曲界曾流行说：“唐三千，宋八百，数不清的三（国）、列国。”也有戏曲艺人传道：“无三（三国戏）不成班，烂三要饿饭。三国铁门槛，翻过道路宽。”把能否上演和演好“三国”故事戏作为戏班和演员立足的起码条件。今存道光年间《春台班戏目》有“三国志戏”一类，列《温明园》（叙董卓入长安，诛宦官，收降吕布事）至《黄鹤楼》30种。据《京剧剧目初探》所列，同剧异名不计，“三国”故事戏就有150多种。按《京剧剧目辞典》，同一题材不同剧名或写法不同者分别列出，则有510种。《桃园三结义》、《捉放曹》、《虎牢关》、《连环计》、《借赵云》、《让徐州》、《击鼓骂曹》、《辕门射戟》、《战宛城》、《白门楼》、《古城会》、《三顾茅庐》、《长坂坡》、《舌战群儒》、《群英会》、《借东风》、《华容道》、《甘露寺》、《三气周瑜》、《逍遥津》、《定军山》、《单刀会》、《水淹七军》、《连营寨》、《白帝城》、《空城计》、《铁笼山》等剧目，可以说是妇孺皆知，脍炙人口。三国戏通过描写战事，歌颂英雄豪杰们非凡的智慧和过人的勇气。其中36本的连台本戏《三国志》可称早期代表作。此剧是道光后期，程长庚执掌三庆班时，邀请卢胜奎入班改编而成的。故事从刘表托孤、刘备《马跳檀溪》起，至《取南郡》止（一说共40本，至《战长沙》止）。前24本包括《马跳檀溪》至《长坂坡》、《汉津口》，相当于小说《三国志演义》（毛西河本）第34～42回。后12本中，《舌战群儒》、《激权激瑜》、《临江会》、《群英会》、《横槊赋诗》、《借东风》、《烧战船》、《华容道》又合称《赤壁鏖兵》，相当于《三国志演义》第44～50回。最后4本为《取南郡》（包括《取彝陵》、《取荆州》、《取襄阳》），相当于《三国志演义》第51～52回前半回。这部史诗般的巨构，虽然没有创造新的故事，但继承发展了以往戏曲、小说与民间故事的优秀传统，成为京剧史上负有盛名的演出脚本，是三庆班的代表剧目，每年腊月都要集中演出这部连台本戏。36本演完后，再重演《长坂坡》一遍，然后封箱。其精湛演出，一直轰动京师，参加演出的演员以各自所扮的舞台形象而被称颂，程长庚、徐小香、卢胜奎、杨月楼、黄润甫、钱宝峰，分别获得“活鲁肃”、“活周瑜”、“活孔明”、“活赵云”、“活曹操”、“活张飞”的称誉。这部戏的剧本编排和表演艺术，都为后世提供了可资借鉴的范本，其中许多单折，作为京剧优秀传统剧目至今演唱不绝，有的还为其他地方剧种和少数民族剧种所移植和改编。在上海，有汪笑侬等编演的《张松献地图》、《哭祖庙》和连台本戏《许田射鹿》等剧；王鸿寿擅演关羽，则编演了不少“关公戏”，颇具影响。

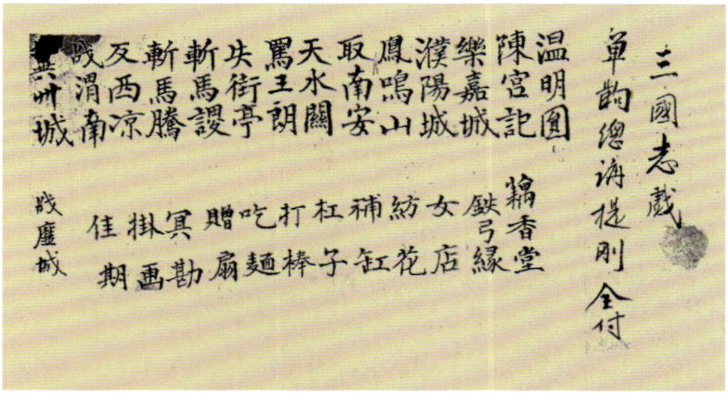
三國志戲
单齣總滿提刪全付
溫明園 陳宮記 樂嘉城 濮陽城 鳳鳴山 取南安 天水關 罵王朗 失街亭 斬馬謖 斬馬騰 反西凉 戰渭南 冀州城
錦香堂 缺弓緣 女店 紡花 補缸 杠子 打棒 吃麵 贈扇 冥勸 掛畫 佳期
戰盧城

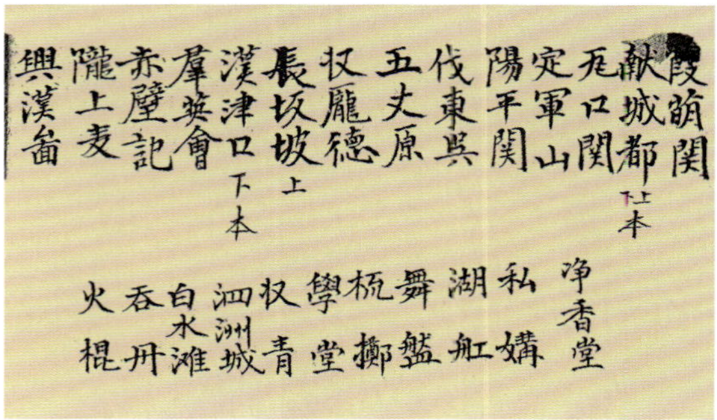
葭萌關 獻都城（上下本） 瓦口關 定軍山 陽平關 伐東吳 五丈原 收龐德 長坂坡（上） 漢津口（下本） 羣英會 赤壁記 隴上麥 興漢圖
淨香堂 私嬪 湖舡 舞盤 梳椰 學堂 收青 泗洲城 白水灘 吞丹 火棍

《春台班戏目》中的“三国志戏”（上栏）

京剧舞台上的“三国”故事戏，节目繁多，行当齐全，样式兼备。或重唱做，或重武打。其内容主要表现群雄之间的政治角逐与军事争斗，斗智斗勇，风云诡谲，艺术风格独具阳刚之气，京剧艺术的个性和魅力得到充分的发挥和展示。（李汉秋）

Sanniang Jiao Zi

《三娘教子》 京剧作品。作者不详。为本戏《**双官诰**》中之一折。故事兼采明人《断机记》传奇和清初陈二白《双官诰》传奇。薛广有妻张氏、妾刘氏及王春娥（因呼三娘）。薛赴镇江，托友人给

清宫《戏出画册·教子》（故宫博物院藏）

家里带回白银百两。其友见利忘义，吞没其银，伪称薛死。张、刘二氏先后改嫁。王春娥与老家人薛保茹苦含辛，抚养刘氏所生之倚哥。倚哥不听教诲，春娥一怒以刀割断机上布匹，以示决绝。倚哥悔悟，发奋攻读，后得中状元。薛广亦以军功，衣锦还乡。春娥身受双重诰命。全剧亦名《**王春娥**》。由“机房训”、“双官诰”、“大团圆”组成，很少连演于舞台，唯三娘机房教子一折成为保留

马连良饰薛保（左） 张君秋饰王春娥
（选自《京剧史照》）

剧目，经常上演。有《京剧丛刊》、《戏典》、《戏学全书》等刊本。《京剧汇编》第32集刊本情节与常见本有所不同。《京剧大全》亦载有此剧，改名《新三娘教子》，黄桂秋曾演出。近年天津京剧院改编演出，仍名《三娘教子》，改张、刘二氏与王春娥为三妯娌关系，由李经文、张克让主演。1940年，新华影业公司摄制《三娘教子》影片，由言菊明、言慧珠、言少朋合演，杨小仲、言菊朋导演。据《清代伶官传》卷一载，清咸丰十年（1860）黄得喜、翠香、朱阿云曾演此戏于内廷。《三娘教子》为老生、青衣唱做兼重的对儿戏，分饰薛保和三娘。从头至尾唱二簧，是老生、青衣两行演员训练二簧唱腔基本功的必学剧目。一些唱词近于口语化，突破七字句、十字句的格式，唱来亲切自然，便于抒发情感。马连良此剧的唱，兼容谭（鑫培）、孙（菊仙），又形成从容酣畅、收放灵动、顿挫有致的马派风格；张君秋的唱，熔王（瑶卿）、尚（小云）、梅（兰芳）于一炉，且独具宽亮醇厚、舒展自如的特色。在打击乐的处理上，此折戏只用铙钹、小锣，不用大锣，以显凄凉的气氛，这在京剧中亦不多见。 （朱文相）

Sanqingban

三庆班 清代北京四大徽班之一。原名三庆徽部。以其在京出现最早，有“徽班鼻祖”之称（杨懋建《梦华琐簿》）。其来源有三说：①嘉庆间，闽浙总督伍拉纳之子在《随园诗话》的批语中说：“迨（乾隆）五十五年，举行万寿，浙江盐务承办皇会，先大人命带三庆班入京”；②道光间，杨懋建《辛壬癸甲录》说：“乾隆五十五年，三庆徽入都祝釐时”，深山堂主人余老四“即主其班事，弟子颇多”；③乾隆六十年（1795）刊本李斗《扬州画舫录》谓：“高朗亭入京师，以安庆花部合京、秦两腔，名其班曰‘三庆’。”前两说俱视三庆为南方原有戏班。近代“徽班进京”之说，多本于此；后一说则视为高朗亭进京之后，由于声腔的合并，才名其班为“三庆”。

三庆班是多声腔演出团体。在一个戏班里不只唱一种声腔，并非自徽班始，但徽班包容的范围更广些。三庆班即含有二簧调、吹腔、京腔、秦腔、昆曲、时尚小调等。乾隆六十年成书的《消寒新咏》记载当时三庆徽部的主要旦脚，除已掌班的高朗亭（月官）外，尚有金双凤、沈霞龄、苏小三、邱玉官、陈喜官、沈翠林，共7名，为该书所记花部名旦最多的一个戏班。评及的剧目有《李桂枝查监》、《郭华买胭脂》、《杀奸》、《杀嫂》等。曲调以吹腔等花部诸腔为主，“间以昆戏”。高朗亭“善南北曲，兼工小调”，邱玉官亦是昆乱兼长、声色并茂者。金双凤虽“年逾三十，颇存花残春去之憾”，然其“音清韵亮，传写逼真”，“足冠部内群伶”，尤以吹腔《李桂枝查监》最为动人，“哀音妆出悲肠断，确像当年骨肉亲”。与《消寒新咏》同年成书的杨米人《都门竹枝词》，亦咏及“名班三庆徽”：“双凤、遐龄新脚色，一双俊眼满园飞。”所指即为金双凤及擅演《郭华买胭脂》的沈霞龄。其时文人评戏，偏重旦色，未及其他行当。据王芷章《清代伶官传·张三福》条，得知其父张上元，是“与高朗亭偕来都下”的三庆班文武老生，擅演《请师、斩妖》（即《青石山》），唱唢呐二簧（见王芷章《论清代戏曲的两个主要腔调》）。乾隆末年，三庆班到京未久，已被观众评为“京都第一”名班，“当演戏时，肩摩膝促，笑语沸腾”，剧场气氛甚为热烈。

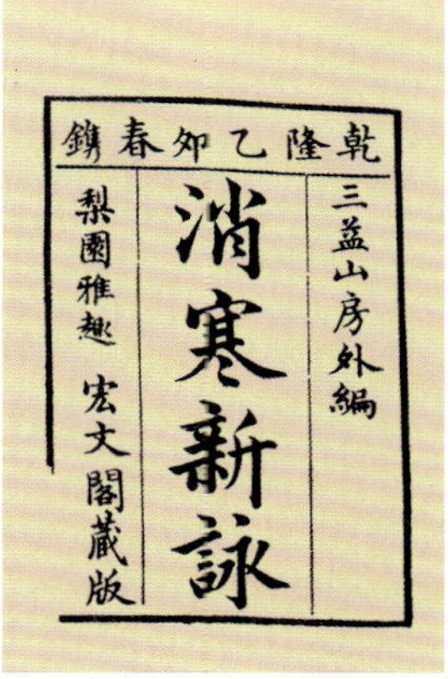
乾隆乙卯春鐫
三益山房外編
消寒新詠
梨園雅趣
宏文閣藏版

《消寒新咏》书影

嘉庆八年（1803）小铁笛道人《日下看花记》录三庆班名旦17人，有刘朗玉、陈桂林、鲁龙官、严百福、江金官、汪贵笙、朱福寿、李福林、顾长松、沈四官、李双喜、苏小三、王元林、詹双庆、徐凤官、高朗亭及已故魏长生。嘉庆十一年（1806）众香主人《众香国》和嘉庆十五年（1810）留春阁小史《听春新咏》共载三庆班著名旦脚管庆林、高朗亭等27人。上列三书并载录了这一时期三庆班上演的旦脚剧目，如昆曲《盗令》、《游街》、《学堂》等34出，安庆花部吹腔戏《花鼓》、《探亲》等9出，魏长生演出的剧目5出，弦索《昭君出塞》及声腔不详者《小金钱》等5出。从这些记载中不难看出嘉庆八年至十五年三庆班有3种明显的演变态势：①昆曲旦脚折子戏大幅度增长，从乾隆末年的“间以昆戏”，上升为主要演出剧目。既适应了部分审美者的需求，又使处于衰微时期的昆曲艺术得以保存并延续下去。②魏长生率徒刘朗玉于嘉庆六年（1801）搭入三庆班，演出了《闯山》、《铁弓缘》等，使蜀伶之琴腔在三庆班获得发展。这些戏都唱四川西皮旦脚［一字］板（四川西皮［一字］板与京剧［南梆子］腔调相似。［南梆子］即从四川西皮旦脚［一字］板衍化而来），腔调柔媚，观者乐闻，流传至今，盛行不衰。刘朗玉之名被《日下看花记》列于首卷首位，说明三庆班的琴腔戏，在北京各徽班中占有优势。③此时期三庆班脚色，曾上演《海公案》、《白蛇传》、《西游记》、《蝴蝶梦》等剧目，大约均属全本戏一类。这些本戏的出现，或许就是三庆班以“大轴子”著称的一个开端。《燕台口号一百首》（约写于嘉庆初年）有一首云：“偷得工夫上戏楼，写来长票不持筹。忽然喝采人无数，未解根由也点头。”并注“戏馆内看全本者给一票”。在戏园内设有“长票”优惠观众的举措，显然对三庆班排演全本戏也是一种促进。嘉庆年间，三庆班的生、净脚色的剧目，上列诸书未录，不详。

嘉庆十五年（1810）至道光十年（1830），关于三庆班的演出活动，未见文献著录。道光十一年（1831）至道光二十二年（1842），杨懋建的《辛壬癸甲录》、《丁年玉笋志》、《梦华琐簿》对三庆班仅有零星记载，大都语焉不详。大约成书于道光二十年初的石印子弟书小唱本对当时三庆班的脚色、剧目始有一些记述。唱本写道：“你常听三庆全本《火云洞》、《金莲胜会》、《雁门关》。曹喜林最好《盘河战》。长庚《战成都》、《南阳关》。潘德奎《表功》、《别母乱箭》、《宛城遇张绣》、《临潼山》。《包公断后》马老旦。余春荣花脸《白水滩》。范四、双寿《朱砂痣》，犹如两口子一般。”（邵曾祺《漫谈四大徽班》见《徽调（皮簧）论文集》第214页）。道光二十五年（1845），杨静亭《都门纪略》刊行，在“词场”部分亦载有三庆班脚色、剧目：“程长庚演《法门寺》赵廉、《借箭》鲁子敬、《文昭关》伍子胥、《让成都》刘璋，潘德奎演《三挡》秦琼，胖双秀演《祭塔》白蛇，范四保演《摔琴》俞伯牙、《莽台》王莽，马老旦演《佘太君辞朝》、《钓金龟》老旦，三雄儿演《赶考》商天保，曹喜林演《草船借箭》周公瑾，姚二官演《冥判》大判官，大金龄演《小宴惊变》杨太贞。”上列剧目，除几出少量的昆腔外，余皆西皮戏和二簧戏。道光末年三庆班突然冒出了一大批皮簧戏，引起了人们的关注。近人小隐在《戏杂志》发表《嫡

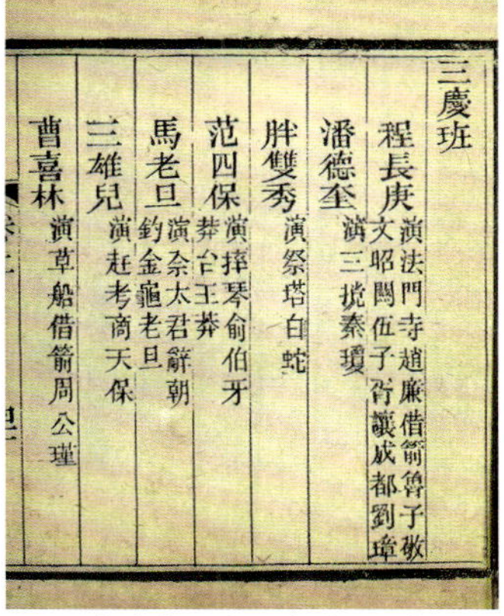
三慶班
程長庚演法門寺趙廉借箭魯子敬文昭關伍子胥讓成都劉璋
潘德奎演三擋秦瓊
胖雙秀演祭塔白蛇
范四保演摔琴俞伯牙莽台王莽
馬老旦演佘太君辭朝釣金龜老旦
三雄兒演赶考商天保
曹喜林演草船借箭周公瑾

清道光二十五年（1845）《都门纪略》所载之三庆班

支嫡派的皮簧系伶人》一文，他说：“前清嘉道之际，都中昆弋式微，皮簧乃乘虚而入，始主其事者鄂人童、米诸伶……是时鄂人旅京者，不及皖省人众，难资臂助。童、米又绌于经营，遂让归徽人程长庚执牛耳……”“童”即童德善，“米”即米应先，均为楚调艺人。可见三庆班演唱的皮簧戏最初当是湖北伶人首先传入的。三庆班老生程长庚匠心独造，在徽汉二簧基础上，采择该班固有昆曲的念唱技法（发声、吐字、行腔、运气等），以北京口音念中州韵的韵白，唱湖广字的调值，精求出京调［二簧慢板］、［二簧原板］，并把他插入西皮戏《文昭关》的“叹五更”一场。清代震钧《天咫偶闻》说：“道光末，忽盛行二簧腔，其声比弋则高而急”，准确地反映了《文昭关》中伍子胥越唱越快、越激昂的新特点。当时，三庆班老生范四保演唱的《朱砂痣》、《摔琴》，马老旦演唱的《包公断后》、《佘太君辞朝》等戏，皆有此调。此腔一出，京调二簧板式大体完备，成为京剧骨干声腔之一。“变徽汉二簧为京调二簧”，是三庆班对京剧形成的一大贡献。道光末三庆班出现的许多皮簧戏，大部分是表现历史战争题材，演出剧目遂由以前的旦脚为主转变为以生脚为中心。程长庚、潘德奎、范四保等，上升为该班最能号召观众的主脑，奠定了生脚领衔的地位。

道光二十九年（1849）年底，皇太后大丧，次年，道光皇帝殁，三庆停演。咸丰二年（1852）五月开禁，程长庚复出，自掌班务，排出了卢胜奎手编的36本（或云40本）《三国志》，作为保留剧目，只在年终上演。《列国演义》、《乾坤镜》等本戏，也在此时期排出（齐如山《京剧之变迁》）。经常在戏园营业演出的剧目有程长庚《洪羊洞》，范四宝、胡喜禄三堂会审《玉堂春》，程（陈）宝云《红（虹）霓关》，刘素玉《双阳公主》，小老旦《三进士》，程（陈）永年《问路》（昆戏），马喜子《阳告、阴告》、《双官诰》。《洪羊洞》系余三胜最先演唱（见子弟书小唱本）。程长庚继演，大约是在唱腔方面有所变异，如“叹杨家投宋主心血用尽”的［二簧慢板］，“自那日朝罢归安然睡定”的［二簧快三眼］，都是程长庚的首创，特别是［二簧快三眼］，以前的京调二簧中不曾有过。该戏在咸丰年间上演后，一直深受观众欢迎。程长庚晚年仍时演之，后经孙菊仙、谭鑫培、汪桂芬继续传唱，成为京剧优秀保留剧目。西皮调的三堂会审《玉堂春》最早演唱者，是道光中叶名旦陈凤林（见《春台班戏目》），似未盛行。胡喜禄表演细致，善创新腔，《流派千秋》说：“《玉堂春》的新腔，大部分还是他创造出来的。”咸丰以后，此戏成为历代旦脚必备剧目之一，流传广远。咸丰年间，出现两次“国丧”和外国入侵，三庆班的营业演出受到严重影响。同时，受京剧第一次入宫竞演的激发，三庆班又在脚色、剧目、演唱等方面有所开拓，特别是排演了全本的《三国志》，在舞台综合艺术的处理上，积累了经验。

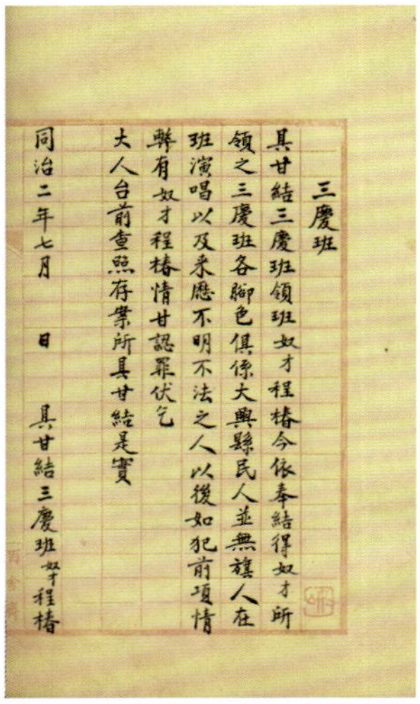
三慶班
具甘結三慶班領班奴才程椿今依奉結得奴才所
領之三慶班各腳色俱係大興縣民人並無旗人在
班演唱以及來歷不明不法之人以後如犯前項情
弊有奴才程椿情甘認罪伏乞
大人台前查照存案所具甘結是實
同治二年七月　日　具甘結三慶班奴才程椿

清同治二年（1863）三庆班甘结
（齐氏百舍斋抄本）

同治年间，清廷平服太平天国和捻军，局势和缓，筵乐骤增，贵族堂会，尽听昆曲。三庆班为获取堂会的丰厚收入，全班脚色竞演昆戏，如程长庚《孙膑装疯》、《龟年弹词》、《济颠伏虎》、《子仪酒楼》、《回头岸》、《双梦熊》、《审钗钏》，殷德瑞《宁武关》、《三挡》，徐亦仙（徐小香之弟）《惨睹》、《看状》、《见娘》、《琴挑》、《絮阁》，李小珍《探庄》，何桂山（同治九年加入）《青门》、《北饯》、《醉打山门》、《训子》、《刀会》等（见《都门纪略》、《菊部群英》、《剧学月刊》），热潮持续约10年之久。曹沁泉在《五百年来昆曲之消长》一文中说昆曲“至同治而极盛……当时外间茶园演戏，昆曲占全部戏码十之六七，堂会则几乎全是昆曲，绝不闻有乱弹之声”（载《剧学月刊》第2卷第1期）。三庆班的老生程长庚、张三福、殷德瑞、卢胜奎、殷荣海、谭鑫培（同治九年加入）等，皆擅昆腔戏，他们在演出中把昆曲艺术精华进一步融入京剧，使京剧从道光二十五年“时尚黄腔喊似雷”的粗犷形态，升华到唱念讲究韵律，身段注重优美，举止气度趋向雅致，形式美的含量大大增加。同治时，三庆班的皮簧剧目亦有增添，如程长庚的《监酒令》、《汜水关》、《华容道》、《战长沙》，王贵《骂阎罗》、《临江会》，夏奎章《冀州城》、《打登州》，殷德瑞《斩黄袍》，周开月《打严嵩》，孙大常《纺棉花》，李小珍《岳家庄》，孙八《因果报》、《落园》、《斩窦娥》，曹玉秀《杀狗劝妻》，陈宝云《彩楼配》等。程长庚的《监酒令》是以老生行当扮演主角刘章（例规小生饰演）。《汜水关》、《华容道》、《战长沙》三出关公戏，是当时三庆班独有剧目，过去只在年底封箱前上演连台《三国志》时，方可一见。同治十一年（1872）新秀张天元（号瑞香）搭入三庆班，名列旦行之首，能演青衣、花旦、刀马戏，如《三娘教子》王春娥、《二进宫》李艳妃、《四郎探母》铁镜公主、《翠屏山》潘巧云、《打面缸》周腊梅、《双沙河》公主、《破洪州》穆桂英、《湘江会》钟离春等。《菊部群英》载其主要剧目26出。此时谭鑫培嗓音未复，主要承担武打戏。何桂山列净行首位，常与程长庚合演《龙虎斗》、《二进宫》、《捉放曹》等戏，颇为长庚器重。

光绪二年（1876），除原有脚色外，程长庚“四箴堂”的二科弟子，如生脚吴华林、张淇林、严沂林、陆青林，小生金百林、陆杏林、李本林，旦脚陈德林（后书“霖”）、郭海林、李孝林、王承林、耿祥林、周在林、李桂林，老旦黄云林，净脚钱敬林（钱金福）、叶国林（叶福海），丑脚汪亦林、浦克林、王寿林、余启林（余春芳）、侯鹤林（侯幼云）等，登台亮相，协助演出。此时，程长庚虚年已66岁，演戏已感吃力，乃邀请著名昆乱小生徐小香搭入（此前，徐本人和他的岫云堂一直隶属四喜班，只在堂会中与长庚合演）。以徐为主排出连台《龙门阵》，据说24本，徐扮主角薛礼，程长庚饰演《取帅印》一折的秦琼，后由卢胜奎饰演。程、徐亦经常演出《临江会》、《群英会》、《镇潭州》、《状元谱》、《举鼎观画》等，三庆班营业，为之大振。光绪三年（1877）冬，文武老生杨月楼应程长庚之邀搭入三庆班，年底上演连台《三国志》时，扮演赵云。他“体魄雄伟，声音宏亮”（《梨园轶闻》），“演《长坂坡》有名将风度”（《旧剧丛谈》）。光绪五年十二月十三日（1880年1月24日），程长庚去世。继子（族侄）程章圃（三庆班鼓师）承父业，率班继续演出。班内增加净脚钱宝峰、黄润甫，武丑德子杰、王长林等。光绪七年（1881）冬，时逢慈安太后的“国服”期，三庆班诸脚色在北京各处“说白清唱”，独徐小香之名不见著录。1881年12月9日《申报》载：“某伶本吴人，居都中有年，向扮官生，无出其右，誉满燕京。近闻由津南下，径返故里。”所谓“某伶”，《同光期十三绝传略》、《剧学月刊·徐小香传》等，均认为指的是徐小香。光绪九年（1883）五月开禁，三庆班拥有老生杨月楼、谭鑫培（已兼搭四喜班）、卢胜奎、殷荣海（同年七月十五日病故）、李顺亭、刘桂庆、崇天云、曹文奎、李成林（李寿峰），小生徐蝶仙（即小香，实未到班）、陈桂亭（昆）、李小珍、王楞仙，武生张淇林、罗复林，老旦孙秀华，昆旦朱莲芬，青衣张紫仙、田宝琳、陆小芬、陈德霖，花旦孙彩珠、张天元、李宝琴，武旦朱文英，铜锤花面何桂山、初连奎、陈三斧、金秀山，架子花面钱宝峰、黄润甫、钱金福，文丑刘赶三（前在永胜奎班，程长庚去世后首次搭入三庆班），文武丑德子杰、三长林等（光绪九年三庆班《花名册》，广德楼演出戏目）。同年五月六日，以杨月楼为台柱，开始在北京前门外大栅栏广德楼恢复演出：陈三斧《探皇灵》，李宝琴《背娃入府》，金秀山《铡美案》，李顺亭、曹文奎、张紫仙《战蒲关》，卢台子（胜奎）《失街亭》，刘宝山（赶三）《绒花计》，孙彩珠、王楞仙《破洪州》，黄润甫、刘桂庆、陈德霖、王长林《法门寺》，杨月楼、朱文英、德子杰、钱宝峰、沈易成《飞波岛》。八月十六日复在广德楼演出《泗州城》，黄润甫、张淇林、钱金福、朱文英《恶虎村》，陈三、陆杏林《跪池》，陈德霖《祭塔》，孙彩珠、秦又琴、刘宝山《双沙河》，卢台子、陈三斧、刘桂庆、金秀山《鱼肠剑》，李顺亭、德子杰《庆顶珠》，钱宝峰《瓦口关》，杨月楼、李宝琴、张紫仙、王楞仙、曹文奎《御碑亭》（《道咸以来梨园系年小录》）。此后，杨月楼、王楞仙、张紫仙、陈德霖、孙彩珠、孙秀华等排演了6本《雁门关》，又有以杨月楼扮演薛礼、卢胜奎扮演秦琼、钱宝峰扮演盖苏文的连台《龙门阵》（薛礼改由武生扮演），以卢胜奎饰诸葛亮、杨月楼饰鲁肃、王楞仙饰周瑜的4本《取南郡》。此外，以“四箴堂”弟子为主，排演了《京遇缘》，李寿峰饰狄青、陈德霖饰庞氏、钱金福饰韩天化、孙秀华饰狄皇后、陆杏林饰八贤王（《京剧之变迁》）。光绪十一年至十二年（1885～1886），杨月楼在三庆班经常上演程长庚的剧目，如《群英会》鲁肃、《法门寺》赵廉、《镇潭州》岳飞、《安五路》邓芝等；同时也演唱其师张二奎的北派老生戏，如《金水桥》李世民、《打金枝》李亨、《五雷阵》孙膑、《桑园会》秋胡、《回龙鸽》及《大登殿》薛平贵、《牧羊卷》朱春登等，特别是唱《四郎探母》最红。武戏如《连环套》、《恶虎村》、《泗州城》、《翠屏山》等，也是杨月楼常演的剧目。北派老生戏、短打武戏，在三庆班经常、大量的上演，使三庆班的徽派艺术风格发生一些变化，即徽派的雍容雅致与北派的坚实稳练有了一定程度的融合。这一融合的结果，使两派的演唱艺术增进了美感和表现力。光绪十三年（1887），杨月楼从程章圃处接手，承办晚期的三庆班。此年《都门纪略》载三庆班主要脚色，有老生杨月楼、卢胜奎（光绪十五年去世）、刘桂庆、曹文奎、李顺亭，小生王楞仙，青衣张紫仙、陈德霖，花旦孙彩珠、李宝琴，武旦朱文英、侯幼云，铜锤花面陈三斧，架子花面黄润甫，武花面黄五，文丑刘赶三，文武丑德子杰等人。仍能与同时的四喜（孙菊仙、时小福、余紫云等）、同春（谭鑫培、周春奎等）诸班竞胜，并一直保持着三庆班的领先地位。扎靠老生戏《定军山》、《阳平关》、《伐东吴》（亦名《黄忠带箭》）以及《泗州城》、《连环套》、《恶虎村》、《水帘洞》、《火云洞》、《闹地府》等，也是杨月楼此间经常演出的剧目。

光绪十六年闰二月初一（1890年3月21日）三庆班在北京前门外大栅栏内粮食店胡同中和园演出，杨月楼乘车至中和园门首，突然昏厥，口眼失灵（载同年4月11日《申报·京师琐事》），虽医治好转，已不能演出重头戏。三庆雄风，不复再现。此后，三庆班的营业演出，主要是张淇林、钱金福等的武打戏，王楞仙的小生戏，陈德霖的青衣戏，刘赶三、李宝琴的玩笑戏。玩笑戏中最受欢迎的是《探亲家》。年逾七十的刘赶三饰乡下妈妈，骑真驴上台，街头巷尾，人多乐道。每一贴演，引来观众甚多。光绪十七年六月初一（1891年7月6日），月楼病殁，三庆班解体。“三庆班自杨月楼殂谢后，诸伶如失林之鸟，无所依栖。近有某宦愿出资财，令同春班文武老生谭鑫培当三庆班主，逐加遴选，重整笙歌。”（光绪十八年六月二十四日《申报》）谭鑫培邀集王楞仙、陈德霖重新组建时，原三庆主要脚色孙彩珠、黄润甫、刘赶三、朱文英、陈三斧等人离去，新增老生王仙舟，武生杨隆寿，小生杜蝶云，旦脚李荔秋、谭嘉祥、贯子林等。光绪十八年（1892）十一月二十五日，复出三庆班在大栅栏三庆园首次开演。次年七月初一，谭鑫培率三庆班全体入宫承应，在纯一斋演戏14出。八月十七日又在听鹂馆演戏13出：《迂（遇）龙封官》、《玉堂春》、《武文华》、《鱼肠剑》、《贪欢报》、《喜崇台》、《玉玲珑》、《无底洞》、《击掌》、《沙陀国》、《破洪州》、《黄鹤楼》、《金山寺》（故宫博物院明清档案馆藏昇平署光绪十九年恩赏日记档）。三庆班第一次复出未足一年而散。当时北京戏界一些知名人士，不忍骤然弃之，朱文英、王楞仙、田际云、路玉珊协助谭鑫培，于光绪二十二年（1896）十二月将三庆班再度复出。光绪年间，北京的民间京剧戏班皆为清宫垄断，这是京剧发展过程中一个特殊现象。至光绪二十三年（1897），仅三庆班就有谭鑫培、王楞仙、王长林、罗寿山、李顺德等重要脚色在宫内充当“供奉”。因为他们要经常进宫承应，影响了戏园的正常营业演出。三庆班的谭鑫培只能率众在中和园断断续续地演唱，大约维持两年左右，终于光绪二十四年（1898）冬腊月，报散。历经百余年的三庆班，终在北京消失。（李宗白）

Sanqingyuan

三庆园　清代戏园。址在北京前门外大栅栏内路南。现已不存。始建于清乾隆、嘉庆时期。道光二十二年（1842）《梦华琐簿》载：“今日三庆园，乾隆年间之宴乐居也。其地昔甚广大，今当铺亦从此析出。又，其旁有六合居，亦其地也。”因系酒行、赌局、木厂三家合股经营，故以三庆园名之。戏园内旧式舞台坐南朝北。台高约1米。台唇呈弧形，有矮栏。台口面宽6米，高5米，进深6米。京剧形成时期，徽班多在此演出。《都门纪略》载咸丰年间三庆园一个月内入园演出的戏班：“初一至初四，三庆；初五至初八，春台；初九至十二，瑞和成；十三至十六，四喜；十七至二十，春台；廿一至廿三，三庆；廿四至廿七，全顺和；廿八至三十，瑞和成。”同治、光绪年间，程长庚、张二奎、余三胜、杨月楼、徐小香、谭鑫培、孙菊仙、梅巧玲、汪桂芬、时小福、陈德霖、王瑶卿等京剧名角均曾在此献艺。庚子事变（1900），戏园被焚毁。事后，由王五木厂承办修建，仍为三家合伙经营，并公推酒行经纪人张云鹏为经理。云鹏死后，其子少鹏继之。1913年，梆子戏女演员刘喜奎入京首演于三庆园，除传统剧目外，先后演出了杨韵谱编导的《新茶花》、

三庆园外貌
（选自《北京老戏园子》）

高庆奎在三庆园演出《定军山》
（[日]福地信世1920年10月绘，日本早稻田大学演剧博物馆藏）

《电术奇谭》、《铁血衫裙》等时装戏，首开京都女伶时装戏之先河，被当时报刊誉为“秦腔博士”。民国时期，京剧演员刘鸿昇、余叔岩、言菊朋、高庆奎、梅兰芳、马连良、尚小云、程砚秋、荀慧生、谭富英、叶盛兰、奚啸伯、杨宝森、李世芳、张君秋、毛世来等均先后在此演出。中华人民共和国成立后不久，三庆园因年久失修，加上三面封闭，不便疏散，不宜再作戏剧观演场所，遂停业。（吴增彦）

Sanshi Nian Lai Lingjie zhi Nashouxi

《三十年来伶界之拿手戏》 戏曲画评专栏。连载于清末上海环球社编印的《图画日报》。上海图书馆藏。该报创刊于清宣统元年七月初一日（1909年8月16日），至宣统二年八月二十九日（1910年10月2日）停刊。每日出版一册，按日编号，共有404号。每册12页，页幅约高25厘米、宽20厘米，对折互连，全册呈长方形经折式。用油光纸或连史纸石印。内容设有《大陆之景物》、《上海之建筑》、《当代名人纪略》或《世界名人历史画》、《上海著名之商场》或《上海社会之现象》、《营业写真》、《新知识之杂货店》等相对稳定的专栏。另有《世界新剧》专栏，对始建于1908年的新舞台所上演的新剧目《新茶花》、《黑籍冤魂》、《刑律改良》、《赌徒造化》、《明末遗恨》等，做了图文并茂的连续性介绍。1910年4月10日即第229号起，开辟《三十年来伶界之拿手戏》专栏，把同治六年（1867）以后30余年间，在上海戏曲舞台上演出过的京班、徽班、昆班、梆子班名伶及其拿手戏，逐一加以介绍。每期一图（间有两图），连载达6个月之久，画师为刘伯良。短评作者为孙玉声（海上漱石生），内容涉及演员生平、到沪时间以及艺术特长等。在最后一图的评价文字之后，加记者按语：“沪上三十年来，京苏徽陕名伶之多，不可偻计。本报每日录记，虽已得二百余人之谱，然近来杰出如刘鸿昇、李顺来、李春利、常春恒、张桂轩、张德俊、郎德山、小小桂芬辈，昔时如贾玉书、赵三元、小桂林、刘桂林、二盏灯、吉胜奎辈，尚不止有百余人，加以女伶百余人，屈计尚有十余月可录。今因画报中辍，不得不戛然而止。他日或当编辑作单行本，以就教阅者也。”从已刊出的186幅图画和文字来看：①反映了同治、光绪年间上海梨园人才之盛。其中京剧演员有孙春恒（称其为程长庚之入室弟子，光绪初由京到沪）、杨月楼、谭鑫培、黄月山、周春奎、大奎官、任七、汪桂芬、孟七、孙菊仙、景四室、李毛儿（工小丑，京剧女班创办人）、孙彩珠、夏奎章、龙长胜、王九龄、小庚弟（夏奎章长子，名噪菊部的童伶，早夭）、小穆子、余玉琴、贾洪林、汪笑侬、王鸿寿、李连仲、时慧宝、德珺如、余紫云、路三宝、朱素云、牛松山、潘月樵、刘永春、夏月珊、赵如泉、七盏灯（毛韵珂）、贵俊卿、吕月樵、冯子和、夏月润、高福安、李春来等，绝大部分由京津南下，开辟上海的京剧市场。②反映了演出剧目的丰富。传统剧目是大量的，各行脚色都有拿手戏，技艺含量极高。新戏编演也很活跃，包括连台本戏《铁公鸡》、《三门街》，灯彩戏《斗牛宫》，新编古代戏《百宝箱》，改良新戏《新茶花》、《黑籍冤魂》等。③反映了当时的演出场面和艺人身上的“绝活”。如《任七之〈翠屏山〉》中，武生任七饰石秀，“杀山一场，以棍直立台上，将右（左）足自棍尖越过，虽足短棍高，而棍不欹侧，尤为绝艺”。《夏月润之〈花蝴蝶〉》中，夏月润饰采花淫贼花蝴蝶，逃窜时有穿越5张并排桌子的绝技。《图画日报》中的戏曲画，继承了木版年画的传统技法，又吸收了一些西洋画法的特点。与木版年画的区别是没有套色。文图相配，包含着许多珍贵的历史资料。（见P681～683插图）（黄菊盛）

santiaotui

三条腿 戏曲术语。京剧皮簧唱腔由上下句组成。上句起，下句落，如此反复回环。唱段无论长短，词句总要成双，若为单数，便难以演唱，称为“三条腿”，有如四条腿的动物缺了一条腿，不能站立。演员势必连唱两个上句或下句，方能落韵，被称为“一顺边”，是演唱所忌。京剧作品中也有少数唱段是以上句结束，下句用锣鼓［扫头］来代替的，称为“扫一句”。如《战太平》部氏：“毕竟他非亲生子，大难来时变了心。贤妹随我花园进，这是花家后代根，将身且上葵花井——”投井身亡。从《戏考》刊载的老本中，可知原来还有下句“不如一死命归阴”。演出中逐渐扫掉了这句，使得戏剧节奏和舞台气氛更加紧张。（颜长珂）

san xia wu yi gushixi

“三侠五义”故事戏 取材于小说《三侠五义》的京剧作品。除连台本戏《三侠五义》、《狸猫换太子》、《包公出世狸猫换太子》、《铡判官》、《侠义传》、《藏珍楼》、《小五义》之外，尚有《游宫打御》、《乌盆记》、《打銮驾》、《铡包勉》、《遇皇后》、《打龙袍》、《打棍出箱》、《黑驴告状》、《北侠除霸》、《花蝴蝶》、《铁仙观》、《太岁庄》、《茉花村》、《卧虎沟》、《黑狼山》、《普天同庆》、《蒋平闹舟》、《铜网阵》、《冲霄楼》、《蒋平捞印》、《诈君山》、《徐良出世》（又名《山西雁》、《乌龙冈》）、《三千户》、《朝天岭》、《大侠谷云飞》、《路素贞》等，总计近百出。“三侠五义”主要写北宋时，开封府尹包拯相继在南侠展昭、北侠欧阳春、双侠丁兆兰和丁兆蕙，“五鼠”卢芳、韩彰、徐庆、蒋平、白玉堂，以及智化、艾虎等绿林英雄辅佐下，铲除贪官污吏，惩治地痞流氓，打击土豪劣绅的故事。北京的四喜班、小荣椿科班、富连成科班，上海的天成茶园、醒舞台、大舞台、天蟾舞台等都曾上演过以“三侠五义”为题材的连台本戏，轰动一时。

清宫《戏出画册·拿花蝴蝶》（故宫博物院藏）

《花蝴蝶》是“三侠五义”故事戏中久演不衰的短打武生戏。写淫贼姜永志，人称“花蝴蝶”，武艺超群，与人称“神手大圣”的邓车交厚，邓寿日将至，姜潜入皇宫，盗走桃花玉马，送与邓作寿礼。归途至赵员外家行窃，见赵女貌美，奸淫不成，将其杀死。赵员外告至包拯处，包拯命展昭等捉拿凶犯。展昭与北侠欧阳春结拜，同至邓家堡擒拿花蝴蝶。花蝴蝶拒捕，与众交战不敌，败

《三十年来伶界之拿手戏》名伶戏出画（一）

《杨月楼之〈八大锤〉》

《月月红之〈贵妃醉酒〉》

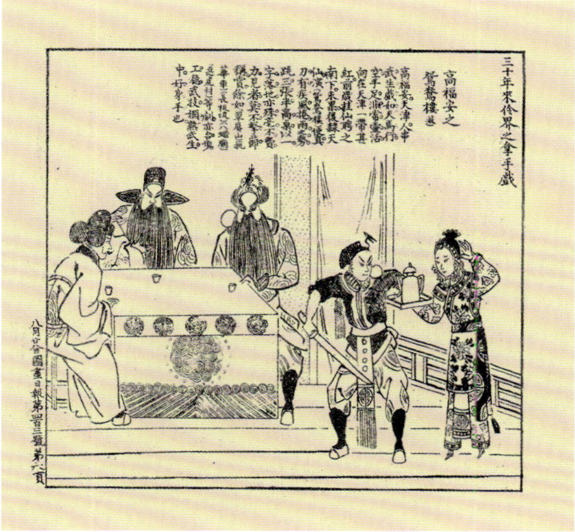

《高福安之〈鸳鸯楼〉》

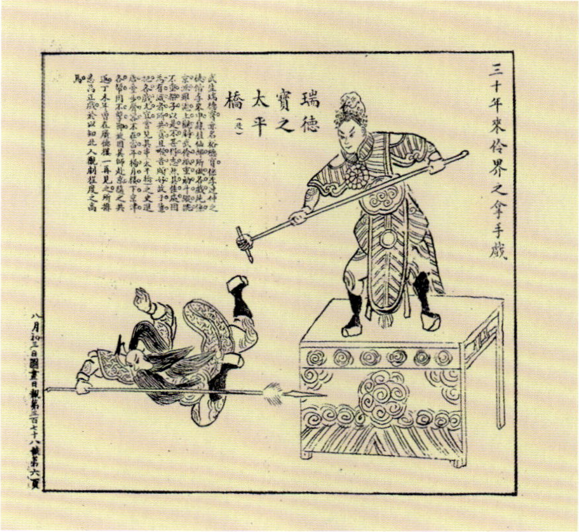

《瑞德宝之〈太平桥〉》

《王九芝之〈雷峰塔〉》

《四麻子之〈生死板〉》

《三十年来伶界之拿手戏》名伶戏出画（二）

《李毛儿之〈送亲演礼〉》

《高彩云之〈游龙戏凤〉》

《景元福之〈雪拥蓝关〉》

《陈吉太、李对儿之〈跑马卖艺〉》

《庞启瑞之〈端午门〉》

《吕昭庆之〈马鞍山〉》

《三十年来伶界之拿手戏》名伶戏出画（三）

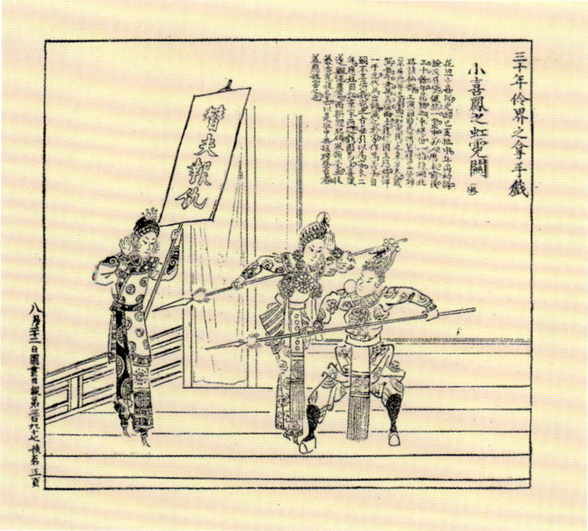

《小喜凤之〈虹霓关〉》

《吴贵喜之〈武文华〉》

《小想九霄之〈海潮珠〉》

《浪双喜之〈得意缘〉》

《邱凤翔之〈查潘斗胜〉》

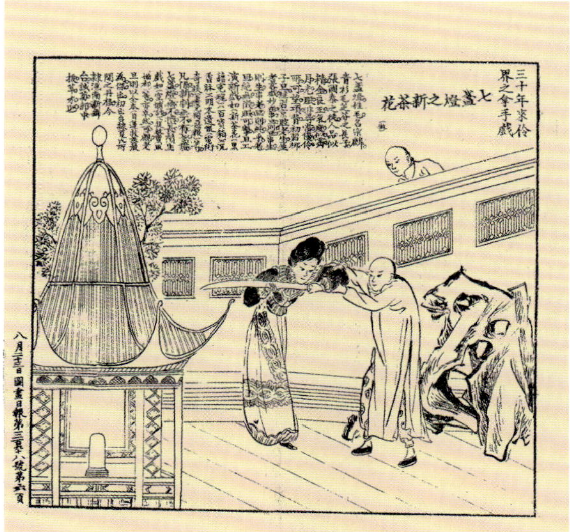

《七盏灯之〈新茶花〉》

走鸳鸯桥，欲从大道逃遁。不料蒋平早已守候在此，诱其落水，将其擒获。黄月山、李春来、杨小楼、盖叫天、李少春等都擅演此剧。武丑叶盛章曾在20世纪30年代后期编演过《智化盗冠》、《徐良出世》、《藏珍楼》、《铜网阵》等。其他“三侠五义”故事戏的故事情节虽然有所不同，但大都是描写侠士辅佐清官，惩恶扬善，属于公案戏一类。

《铜网阵》 张春华饰蒋平（右） 罗喜钧饰守门兵

“三侠五义”故事戏的盛行，反映了社会动荡不安，人们对清官包拯以及侠客展昭、欧阳春等惩治恶势力的人物的怀念。京剧艺术在这一时期正处于兴盛阶段，生、旦、净、丑各个行当的表演艺术都已成熟，出现流派纷呈，争奇斗艳的局面。观众不仅要听优美的唱工戏，还要看精彩的做工戏、武打戏，特别对下层的市民阶层和广大农民观众而言，后者更适合他们的欣赏口味。“三侠五义”故事戏中，就有不少是以短打武功见长，故事曲折，情节惊险，开打火爆，场面热闹，故深受一般观众的欢迎。此外，剧场和戏班为了招徕观众，不仅聘请武功高超的演员演出，而且在舞台布置上下工夫，机关布景风靡一时。中华人民共和国成立后，由于人们对“清官戏”和“机关布景戏”褒贬不一，“三侠五义”故事戏已不常演出，保留的只有《铡判官》、《打銮驾》、《铡包勉》、《遇皇后》、《打龙袍》、《打棍出箱》等几出。上海京剧院在周信芳的提议下，排演过经整理改编的连台本戏《七侠五义》，北京市青年京剧团也演出过压缩本的《三侠五义》及周桓改编的《藏珍楼》，北京京剧团演出过《卧虎沟》，中国京剧院演出过《徐良出世》、《铜网阵》，江苏省京剧院演出过《五鼠闹东京》等。（刘文峰）

san yan er pai gushixi

“三言二拍”故事戏 根据明末冯梦龙《喻世明言》（又名《古今小说》）、《警世通言》和《醒世恒言》及凌濛初《初刻拍案惊奇》、《二刻拍案惊奇》（简称“三言”“二拍”）改编或创作的京剧作品。“三言二拍”是从宋、元、明三代话本或拟话本中选出的篇章集结而成。因戏剧性强，情节离奇，有头有尾，为剧本改编提供了很好的基础。故自“三言二拍”问世后，明清戏曲家纷纷把它们改编为传奇、杂剧搬演。其中以《易鞋记》、《珍珠衫》、《蝴蝶梦》、《占花魁》、《花舫缘》、《双熊梦》、《鸳鸯棒》、《雷峰塔》和《百宝箱》等较为有名。京剧、地方戏不仅继承了上述剧目，而且直接从“三言二拍”改编了一大批剧目，据不完全统计，有40多篇小说被改编成京剧，剧目多达70余种，较广泛地反映了封建社会生活。其中，揭露封建社会黑暗现实的作品占了相当大的比重。《二桃杀三士》、《沈小霞》、《白罗衫》等，反映了统治阶级内部的忠奸斗争。忠良之士虽然经过曲折迂回的斗争取得胜利或昭雪，却付出了沉重代价。《蔡小姐忍辱报仇》、《玉环记》、《移木埋香》、《水月庵》、《珍珠衫》等，揭露盗匪的猖狂，豪富的奸诈，官吏的凶狠以及媒婆的卑劣。《杜十娘》、《金玉奴》、《梨花簪》等，主要揭露忘恩负义的文人给妇女造成的灾难与痛苦。

表现青年男女爱情婚姻的剧目，也相当引人注目。《倩女离魂》、《苏小妹》、《水上缘》、《独占花魁》、《花舫缘》、《玉堂春》、《宋金郎》、《天缘配》、《移花接木》、《涪江缘》、《白蛇传》等，都属这一类型。《独占花魁》中的卖油郎，以护花心情和温柔体贴感动了花魁，赢得爱情，从而成就了美好姻缘。《玉堂春》里的苏三，历经苦难，终于和心上人欢聚。《白蛇传》里的白娘子对许仙更是一往情深，痴心不改，为了维护来之不易的爱情，置生死于不顾。这些戏表现了广大青年男女的愿望、痛苦和斗争，对忠贞不渝的爱情给予肯定和赞扬。此外，弘扬传统美德，当以《钟子期听琴》、《盟中义》、《裴度还带》、《二县令》、《送京娘》、《生死恨》、《斟情记》、《双生贵子》等为代表性作品。《生死恨》表现强烈的爱国精神，对卖国求荣者进行了无情的鞭笞。《裴度还带》、《二县令》、《送京娘》，颂扬路见不平、拔刀相助和见弱兴怀、扶危济困的品质，对为富不仁者给予辛辣讽刺。《钟子期听琴》、《盟中义》歌唱朋友间肝胆相照、生死不渝的情谊，抨击背信弃义的小人。《双生贵子》则表彰重道德讲信义，对掠夺他人妻女的卑劣行径表达了极大的憎恨。应当指出的是，上述剧目在歌颂中国人民传统美德的同时，也往往夹杂一些封建贞操观念和因果报应的消极思想，这在《滕大尹》、《大劈棺》、《张果老成亲》、《富贵神仙》等剧中，流露得更为明显。《十五贯》、《勘玉钏》、《谋产奇判》、《颠倒鸳鸯》等，则以官吏判案为主要内容，前两剧写低一级官吏主观片面、蛮横逼供而造成冤假错案，后经上司查明真相，平反冤狱。在《谋产奇判》中，包公以高度的智慧把错案审理清楚，又以巧妙的手法使害人者自

《京剧版画·红鸾禧》

《京剧版画·醉写番表》
（王树村提供）

清宫《戏出画册·玉堂春》(故宫博物院藏)

动交出证据，并受到应有的惩罚。《颠倒鸳鸯》写一对假夫妻弄假成真，双方家长告到县衙，县官则顺水推舟判为夫妻。以上四剧都塑造了刚正不阿、廉洁清正、多谋善断的清官形象。这些人物形象实际上表达了人民群众对清明政治的渴望和呼唤，同时存在较浓厚的宣扬因果报应、妇女守节、神仙道化的消极因素。

从艺术角度看，“三言二拍”故事戏的特点也相当鲜明。第一，故事性强，曲折离奇，跌宕起伏，娓娓动人。第二，悲喜并重，喜剧居多，喜剧当中又可分为两大类型。一是主人公历经苦难与周折，最终取得圆满胜利，坏人遭到惩处或戏弄。《红鸾喜》、《独占花魁》、《玉堂春》可谓代表。金玉奴在新婚之夜痛打莫稽，卖油郎与花魁的美好结合，苏三与王金龙狱中相认，均破涕为笑，大快人心。二是自始至终充满欢快愉悦，喜剧特点尤为浓烈。《花舫缘》、《苏小妹》、《日月图》可谓代表。这些剧或幽默，或调笑，令观众忍俊不禁。第三，广泛采用回叙方法。“三言二拍”故事戏经过一段流传之后，很多大戏和连台本戏则变为折子戏出现在舞台上。如《白蛇传》里的《金山寺》、《断桥》、《祭塔》，《玉堂春》里的《苏三起解》、《三堂会审》，《钟子期听琴》里的《马鞍山》，《日月图》里的《颠倒鸳鸯》，以及《太白醉写》等折，就属这种情况。这些戏缺头少尾，没有完整的故事情节。为使观众听得清，看得明，常常采用回叙的手法。《三堂会审》便是采用这种手法最成功的一例。

(王卫民)

Sanye Wengongtuan Santuan

三野文工团三团 京剧演出团体。始建于1945年10月。该团演员多为十二三岁，演出深受官兵喜爱，被誉为“娃娃剧团”。其前身为赵云祥所属和平军建国剧团。1944年夏自北平富连成社、鸣春社、荣春社招收有专业水平的基础生及部分贫苦儿童组成育化社，先在河南开封，后又转至江苏盐城。1945年日本投降，盐城和平解放，成员编为新四军十纵队文工团，首任团长吴石坚。其后改由苏皖边区政府华中文协的李一氓领导。1946年夏国民党军队进攻解放区，剧团在苏堃、李碧岩正副团长率领下，随华东野战军转战苏鲁皖浙，亲临孟良崮战役、莱芜大捷等。在敌军重点进攻胶东时剧团化整为零，分散埋伏在老乡家。形势好转立即集结，继续为战士演出。此后参加淮海战役，解放济南、上海战役，以及进军舟山群岛等战役。参加上海解放入城式，在上海大舞台演出《三打祝家庄》、《逼上梁山》和《龙凤呈祥》等，受到各界好评。此时，刘仲秋率夏声剧校参加剧团，任副团长。在部队6年中，徒步行军18 000里，在山坡、田埂、广场、舞台演出近千场。演出剧目有传统戏《遇后、龙袍》、《打渔杀家》、《摇钱树》、《四杰村》、《嘉兴府》、《蚆蜡庙》、《黄鹤楼》、《群英会、借东风、华容道》、《龙凤呈祥》等，新编戏《三打祝家庄》、《闯王进京》以及《拥军优属》歌舞剧等。在战斗频繁的艰苦岁月里，演出京剧节目之前，用战士喜爱的通俗曲调唱战士、演战士，扬军威、鼓士气。急行军时，演员穿插在部队行进的行列里，数快板为战士助威加油，受到战士的称赞。1951年初，集体转业并入华东实验京剧团，小演员到华东京剧实验学校深造。

(陆建荣)

Sanyue Keban

三乐科班 京剧、梆子科班。清宣统元年(1909)，李际(继)良(太监李莲英之侄)约同梆子演员薛固久(艺名十二红)、孙佩亭(艺名十三红)联合创办，因三家合伙，取名“三乐”。班址设在北京宣武门外赶驴市。宣统三年(1911)正式报庙开始营业演出。1913年，薛、孙二人退出，由李一人经营，遂更班名为“正乐”。1914年戏班一律改名为社，又随之名为正乐社。社址迁至崇文门外茶食胡同内五老胡同北口路西。该班教师有赵春瑞、丁俊、张芷荃、戴韵芳、唐竹亭、孙怡云、吴顺林、王贵山(五盏灯)、徐天元、方秉忠和梆子教师庞启发等。学生均以“三”字排名，如尚三锡(小云)、尚三霞、王三黑、王三清、赵三凤(凤鸣)、沈三玉、李三星、韦三奎、李三秀、朱三龙、石三立、于三武、高三奎、任三春、刘三瑞等，还有不排字的白牡丹、芙蓉草、刘凤奎等。1912年演出于广德楼、广和楼，1913年后常演于民乐园、丹桂园。上演京剧剧目有《长坂坡》、《嘉兴府》、《八大锤》、《战金山》、《金山寺》、《取金陵》、《翠凤楼》、《大名府》、《青石山》、《刺巴杰》、《花蝴蝶》、《白水滩》、《飞叉阵》、《红门寺》、《辛安驿》、《采花赶府》和本戏《千里驹》、《佛门点元》、《一口剑》、《义烈奇缘》等。同台演唱的搭班演员有金灵芝、陆凤山、谭金升、方洪寿、常少亭、吴少霞、徐霖甫、高寿山、李洪春、李洪福等。麒麟童也搭此班贴演过《乌盆记》、《李陵碑》等剧。学生中以尚小云、白牡丹、芙蓉草最受观众称许，被誉为“正乐三杰”。1916年11月正乐社科班停办，改组为春庆社，出演于丹桂园。

(钮骠)

正乐三杰

尚小云《探母》饰铁镜公主　白牡丹(荀慧生)《能仁寺》饰何玉凤　芙蓉草(赵桐珊)《探母》饰萧太后

Sanzuoshan

《三座山》 京剧作品。范钧宏据蒙古同名歌剧改编。1956年由中国京剧院首演。导演马彦祥。主要演员云燕铭（饰南斯勒玛）、张云溪（饰云登）、张春华（饰布扬）、景荣庆（饰巴拉干）、周金莲（饰好尔勒玛）。叙述蒙古三座山地方，美丽的姑娘南斯勒玛和青年猎手云登相爱。在他们就要成亲时，巴拉干王爷将南斯勒玛劫持到王府，欲占归己有，并遣打手暗杀云登。云登被击伤，王府女管家好尔勒玛爱其英俊，云登不为动心，乘隙脱身，夜入王府营救南斯勒玛，二人相会，被好尔勒玛发现，报知巴拉干。云登与南斯勒玛同遭监禁，被朋友布扬救出。行至三座山前，巴拉干带领兵士赶来，云登和牧民、猎人们一起，打败巴拉干，并为他和南斯勒玛团圆欢歌齐舞。作品在保持原作故事框架的基础上，重新组织冲突，安排场次情节，运用京剧表现手法进行再创作，刻画了南斯勒玛聪慧纯洁、坚贞不屈，云登真挚坦诚、勇敢机智的性格，歌颂了他们纯洁的爱情和反抗强暴的精神。反面人物的形象也比较丰满，尤其是好尔勒玛，其燃烧着情欲的狠毒、妒忌的性格，鲜明生动。全剧冲突强烈，情节曲折，善于通过细节描写表现人物的情态和急剧变化的内心活动。风格雄浑热烈，展现出富有诗意的草原风情，具有民歌情调的唱词，体现了浓郁的蒙古民族特色。1957年中国戏剧出版社出版单行本，收入《范钧宏戏曲选》。（蔡运长）

云燕铭饰南斯勒玛（左） 张云溪饰云登

Sangyuanhui

《桑园会》 京剧作品。又名《秋胡戏妻》、《马蹄金》。作者不详。春秋时故事。鲁人秋胡到楚国为官，20年后返乡，途遇采桑女子，好像自己的妻子罗敷，又不敢贸然相认，便以言语调戏，并诱之以金试其贞节，遭到怒斥。秋胡追至家门，罗敷愤欲自缢。在老母催迫下，秋胡向罗敷下跪，恳求饶恕。经老母说情，罗敷始肯谅解。故事始见于汉刘向《列女传》，但书中女子投河而死。类似描写，亦见于汉乐府中著名篇章《陌上桑》，篇中描绘了罗敷的美丽、智慧、高洁。元石君宝有杂剧《鲁大夫秋胡戏妻》，剧中秋胡妻罗氏女不是消极地自戕，而是痛骂秋胡。京剧《桑园会》在此基础上，集中笔墨鲜明地塑造出罗敷女的舞台形象。罗敷对秋胡的斥责痛快淋漓，浓郁的喜剧色彩增强了这出戏的观赏性。此戏生、旦并重。谭鑫培以后的各家老生，王瑶卿、梅兰芳以来的诸多旦脚经常演出。因其人物集中，剧情紧凑，百余年来，流传不衰。剧本载《京剧汇编》第87集及《京剧丛刊》。（胡冬生）

清宫《戏出画册·戏妻》（故宫博物院藏）

Sangyuan Ji Zi

《桑园寄子》 京剧作品。又名《黑水国》。作者不详。西晋末年，邓伯道与弟伯俭友爱甚笃，各有一子。伯俭早逝。后赵石勒兴兵犯境，伯道偕伯俭遗孀及子侄逃难。弟媳被乱兵掳去。子侄年幼，行动迟缓，需伯道背负。伯道一人难携二子，毅然将亲子邓方弃在桑园，携侄邓元同行。伯俭遗孀脱险逃出，路过桑园恰遇被系在树上的邓方，遂收为己子，往潼关投亲，一家终于团聚。作品描绘骨肉亲情，颂扬先人后己、舍己为人的道德风尚，颇为感人。事见《晋书·邓攸传》，元杂剧有《邓伯道弃子留侄》，明有《邓攸弃子抱侄》，清有传奇《百子图》。《桑园寄子》是老生唱做并重的戏。余三胜、谭鑫培、孙菊仙、余叔岩、周信芳、谭富英等均擅此剧。邓伯道携子逃难中负子登山的身段，以及缚子于树，咬指写血书时的念白、唱腔尤为观众津津乐道。剧本载《戏考》。（胡冬生）

清宫《戏出画册·桑园寄子》（故宫博物院藏）

Sao Song Xia Shu

《扫松下书》 京剧作品。又名《秋坟问路》。《琵琶记》中的一折。王鸿寿自徽调改为京剧，仍唱［清江引］。东汉故事。剧叙差役李旺奉蔡伯喈命，到陈留郡投递家书。问路时，恰遇为蔡家二老扫墓的张广才。张广才向他叙说了蔡家悲惨的遭遇，倾吐了对蔡伯喈一去不归的愤慨，并叮嘱李旺，转告蔡伯喈及早归来。周信芳曾演出全本《赵五娘》，饰张广才。《扫松下书》及《描容上路》

周信芳饰张广才（右） 周五宝饰李旺

两折常作折子戏演出。周信芳成功地塑造了这位老人善良正直的艺术形象，感情深厚、真挚。他善于将唱念技巧巧妙地结合，如张广才拜托李旺时，先念“我拜的是那忘恩负义的”，“的”字语音刚落，紧接着唱出“蔡伯喈”三字，引出：“小哥哥你在荒郊外，听老汉把那蔡家的事儿一一从头说开怀……”，似唱似念，如泣如诉，有如青阳腔的“滚唱”，新颖别致，感人至深。剧本经周信芳与华东戏曲研究院严朴共同整理，载《京剧丛刊》第22集。（井玉贵）

sengyi

僧衣 剧中僧人专用衣。又名和尚衣。有大僧衣、小僧衣、断俗三种。大僧衣款式为大襟，斜大领，宽衣阔袖，衣长及足，胯下两侧开衩，与素褶子相似，唯袖口极为肥大，呈荷包状，且无水袖。服色有浅驼色、米黄色、鹅黄色，绉缎制成，如《沙桥饯别》唐僧、《西厢记》老方丈、《白蛇传》法海等穿此。小僧衣，袖子稍窄，衣长仅过膝，有褐色、黑色、灰色，领子为黑色，棉绸制成，为小沙弥所穿。另一种僧衣，名断俗，有绿色、铁灰色，主要特点是腰间系有两层鹅黄色短裙。为行脚僧所穿。

大僧衣
（《白蛇传》法海）

齐如山《行头盔头》中列有偏衫。宋代高承《事物纪原》引《僧史略》谓：“见僧自恣偏袒右肩，乃施一边衣，号偏衫。”因仅覆左肩，又称一肩衣，是生活中的一种僧衣，舞台上用得较少。（谭元杰）

Shajiabang

《沙家浜》 京剧作品。北京京剧团根据上海市人民沪剧团《芦荡火种》集体改编，改编者汪曾祺、杨毓珉、肖甲、薛恩厚。沪剧《芦荡火种》取材于崔左夫所写《血染着的姓名——三十六个伤病员的斗争纪实》。1964年4月，北京京剧团首演时剧名《地下联络员》，同年6月，改用原作名《芦荡火种》，参加全国京剧现代戏观摩演出大会。1964年7月，毛泽东观看《芦荡火种》后，认为可按京剧的习惯，用故事发生地点“沙家浜”作剧名，戏的结尾应是伤病员配合大部队打进沙家浜。北京京剧团修改加工后，定名《沙家浜》，1965年5月首演于上海。同年8月，中国戏剧出版社出版单行本。从《芦荡火种》到《沙家浜》，导演：肖甲、迟金声，主要演员：赵燕侠饰阿庆嫂，谭元寿饰郭建光，马长礼饰刁德一，周和桐饰胡传魁。“文化大革命”中，赵燕侠受江青迫害辍演，阿庆嫂由洪雪飞饰演。剧本在“文化大革命”中做了个别改动。1971年人民文学出版社出版单行本。同年，长春电影制片厂摄制成彩色舞台艺术片。此剧故事发生在抗日战争时期的江苏常熟地区。新四军某部因战略转移，将郭建光等18个伤病员留在阳澄湖畔沙家浜，由公开身份为春来茶馆老板娘的地下联络员阿庆嫂负责掩护，隐蔽在芦苇荡里。“忠义救国军”司令胡传魁、参谋长刁德一，暗中与日本侵略军勾结，接受其搜捕新四军伤病员的命令，进驻沙家浜。阿庆嫂巧与周旋，同敌人展开机智的斗争，在沙奶奶、沙七龙等人的协助下，保护伤病员安全转移。在新四军大部队反扫荡回兵东进时，郭建光带领突击排奔袭沙家浜，聚歼匪帮。剧作以地下斗争为主线，通过“智斗”、“授计”、“斥敌”等主要场次，塑造了共产党员阿庆嫂和反面人物胡传魁、刁德一的艺术形象。改编者在运用京剧传统艺术形式的基础上探索创新，在情节布局、人物上下场、唱念安排及语言生活化和戏曲化方面，进行了有益的尝试。“智斗”一场，念白、独唱、对唱、背躬唱相互推移，不断变化，在与胡传魁、刁德一的交锋中，刻画阿庆嫂机智大胆、冷静沉着的性格。胡传魁的江湖草包形象，刁德一诡诈阴险的汉奸嘴脸，也刻画得非常生动。“智斗”一场已被作为折子戏经常演出。其中“风声紧雨意浓”和“垒起七星灶，铜壶煮三江”等唱段更是传诵人口。“坚持”一场，用成套唱段、大段合唱，突出郭建光等新四军指战员的英雄气概。该剧的语言取得较高成就，既本色又当行，既通俗易懂又富于文学性。（程炳达）

《芦荡火种》赵燕侠饰阿庆嫂（右）
马长礼饰刁德一 （游振国摄）

《沙家浜》
洪雪飞饰阿庆嫂（左） 周和桐饰胡传魁（中） 马长礼饰刁德一
（选自《中国戏曲志·北京卷》）

Shaqiao Jianbie

《沙桥饯别》 京剧作品。清道光年间《春台班戏目》题作《沙桥荐别》。叙唐太宗尊崇佛教，恐佛门众徒不得真传，命高僧玄奘往“西天佛国”求取真经。金殿亲书牒文，赐衣钵禅杖，并率领群臣送至郊外，于沙桥饯别。史载玄奘取经始自贞观元年（627），至十九年（645）返回长安，唐太宗曾于洛阳召见。剧作据小说《西

张学津饰李世民（左） 钱江饰玄奘
（孙连生摄）

游记》第12回。老生饰唐太宗为主角。饰玄奘者，有老旦、小生两个路子，本子不尽相同。剧本载《戏考》第28册。此剧的［二簧三眼］"提龙笔写牒文大唐国号"一段，余叔岩吊嗓时常用，但未正式演出过。余氏对这一唱段的词句、行腔、字韵精雕细琢。如"到西天取了经即便还朝"句，原无尾腔，下转"孤赐你"四叠句，后做了重新处理；"孤赐你藏金香僧衣僧帽"的"藏金香"，后改为"藏经箱"，"藏"字由去声（西藏的藏）改唱阳平（收藏的藏），其中"经箱僧衣僧"5个阴平字，运用"三级韵"进行了高低轻重的安排。1940年余氏在国乐唱片公司所灌此剧唱片，为其晚年精品。1945年陈大濩北上向刘曾复请益，刘授以此剧，并为其编制"饯别"一场的［西皮导板、原板、二六］唱腔。陈大濩以余派名剧为号召，演出于上海。姜妙香饰玄奘，对小生唱腔做过加工。范石人为全剧记谱，有带曲谱的单行本出版。以老旦饰玄奘为主角的《沙桥饯别》，谭志道擅演。据说，谭鑫培常在其父吊嗓时，配唱唐太宗。龚云甫1920年始演出，为其拿手戏之一。扮相为剃光头，穿僧衣，至金殿一场戴五佛冠，披袈裟。唐太宗由硬里子老生应工。这个路子对人物关系的描写较为细致，唱腔亦丰富。如第一场玄奘自述身世，有［二簧三眼］唱段，老旦唱小生腔，颇为别致；金殿面君之前，见朝臣殷开山，为玄奘外祖，有哭别情节，唱［哭相思］；饯别一场，玄奘唱大段［西皮原板］，内有"十不贪"的10个叠句，唱腔跌宕婉转；最后还有玄奘与饯行的众朝臣对唱。1992年，北京京剧院王树芳演出此剧，亦由刘曾复执排。其总讲原得自王凤卿，又经鼓师江德明补充锣经、扮相等。其后，香港名票姜派小生钱江演此剧，饰玄奘。由李舒把两种本子加以糅合，并执排，由黄定、马锦良编制小生唱腔。合作饰唐太宗的先后有李鸣盛、汪正华、张学津等，在北京、天津、上海、香港等地多次演出。（舒之）

Shandong Fuliancheng She

山东富连成社 京剧科班。1933年由京剧演员宋文起在山东乐陵创办。先后共办三科，前两科学习梆子，第三科学习京剧。1934年进入济南，聘请了京剧武生任富宝到社执教，排演了《宏碧缘》等大戏，出演于进德会和东兴大戏院。梅兰芳、金少山到济南演出时，曾为之配演《洛神》一剧的云童，受到称许。后因戏园失火，1937年宋文起带领科班回到乐陵，为黄河决口进行募捐义演。随后又辗转于天津、唐山、锦州、沈阳、哈尔滨、鞍山各地，边演出边教学。1940年在沈阳又招收了20余名学生。教师除宋文起本人外，还有范秀亭、张新伶、周和祥、尚吉元、陈玉和、李桂森等。该社教学要求严格，注重基本功训练。凡有来搭班演唱的名角，都请他们教授拿手剧目，丰富学生的剧艺。1938～1946年间巡回演出于山东、辽宁的各大城市，所演《失街亭、空城计、斩马谡》、《二进宫》、《辕门斩子》、《四杰村》、《恶虎村》、《白水滩》等戏颇受欢迎。连台本戏《怪侠欧阳德》更是连演不衰。出科学生中知名的有王富海、王富岩、田富振、范富生、范富玲、王富虎、刘富光、宋富林、徐富侠、郭富庆、刘富城、陈富岩、陈富亭等。殷宝忠也曾随班演出。（钮骠）

Shandong Sheng Jingjuyuan

山东省京剧院 京剧演出团体。前身为山东省京剧团。该团于1950年由胶东文化界救亡协会胜利剧团和鲁中南区党委歌剧团京剧队合编而成，称山东省实验京剧团。团长王敏。主要演员有老生周亚川、谢少卿、范季高，旦李荣秋，武生刘鼎武等。经常演出《闯王进京》、《古城会》、《夜审姚大》、《秦香莲》、《鹿台恨》等剧，并排演了寄愚编写的《阿依女》、虞棘改编的《虎头牌》等新戏。1952年春，旦行王影侠、尚长麟，净行洪德佑等先后参加剧团，演出阵容扩大，上演剧目增加了尚长麟的《汉明妃》、《失子惊疯》，王影侠的《孔雀东南飞》、《白蛇传》等。1953年秋，定名山东省京剧团，先后又从北京、天津等地邀请武旦宋德珠，旦孙荣蕙、徐东来、王熙萍，老生徐东明，净唐世辛、张德华，丑张金梁、陶龙春等参加演出。1954年秋，周亚川参加华东区戏曲观摩演出大会，演出《古城会》，获演员二等奖。之后，部分流动演员离团，武生袁金凯、旦俞砚霞由上海来济南，参加剧团。1956年夏，山东军区政治部京剧团并入省京剧团。设两个分团，原省团为一分团，军区京剧团为二分团。二分团的主要演员有老生周啸天、啸奎童（姜源）、宋玉庆，旦虞俊芳、赵慧雯，净费玉策等。同年9月，山东省第二届戏曲观摩演出大会期间，周亚川、袁金凯、俞砚霞、王影侠、张金梁、孙震林（武生）获演员一等奖，啸奎童、唐世辛、费玉策、马韵甫（老旦）获演员二等奖，贾贤英、刘有林获乐师奖。周啸天、白玉昆获示范演出奖。会演后，白玉昆由胶县京剧团调入省团。1957年底两个分团合编，排演了《猎虎记》、《三座山》等剧。下设青年演出队，主要演员有武生周文林、徐富元，旦刘碧、张秀滢等。1958年，中国人民志愿军政治部京剧团从朝鲜回国，

《锁五龙》 方荣翔饰单雄信（中）
（吴钢摄）

《奇袭白虎团》 宋玉庆饰严伟才（左） 宋昌林饰团长（中）
郑少华饰政委

并入山东省京剧团，又分成两团。原省团为一团，志愿军京剧团为二团。二团的主要演员有净方荣翔，武生徐俊华，老生李师斌、殷宝忠，旦徐俊芳，武净李贵华等。主要演出剧目有《铡美案》、《将相和》、《摘星楼》、《除三害》、《战冀州》等。1960年夏，部分人员调山东省戏曲学校任教，剧团合并整编，一团以中、老年为主体，二团以青年为主体。二团演员中包括从中国戏曲学校进修归来的宋玉庆，武生曾广发、宋汝祥，武旦刘柏芳及刘碧、张秀滢、徐富元等，在天津演出《雁荡山》、《八仙过海》、《桑园会》、《玉堂春》，博得各界观众一致好评。1962年两团再度精简合并。1963年再次缩编，并着手加工修改原志愿军政治部京剧团在朝鲜回国前夕由李师斌、方荣翔、李贵华创作的现代戏《奇袭白虎团》。1964年1月，山东省部分京剧现代戏汇报演出在济南举行，剧团演出《奇袭白虎团》，受到各级领导重视，组织力量继续加工，于6月赴北京参加全国京剧现代戏观摩演出大会。编剧李师斌、方荣翔、李贵华、孙秋潮，导演尚之四。1968年秋，剧团改称山东省京剧团《奇袭白虎团》剧组，简称《奇》剧组。1969年6月，《奇》剧组调北京编为中国京剧团三队。同年10月，山东省革命委员会将德州地区京剧团调至济南，重建山东省京剧团。1970年1月，中国京剧团三队（《奇》剧组）又调回济南，恢复山东省京剧团《奇》剧组建制，原德州京剧团人员返回德州。1972年，《奇袭白虎团》由长春电影制片厂拍摄成电影。同年7月4日正式成立山东省《红云岗》剧组，选调青岛、淄博京剧团部分演职员组成。1976年夏，《红云岗》由八一电影制片厂拍摄成电影。1977年《奇袭白虎团》、《红云岗》两个剧组合并，称山东省京剧团，分为两个演出队。

20世纪70年代末至80年代，剧团锐意改革，编演新戏，培育新人。1979年，参加省庆祝中华人民共和国成立30年献礼演出，《傲蕾·一兰》（编剧萧鸣、程远里、孙秋潮、张善堂）获创作奖和演出奖。在山东省第二、第三届戏剧演出月和省第二届艺术节期间，分别演出《战马萧萧》、《竹钏恨》、《人头祭》，获多项奖励。旦薛亚萍、魏慧卿、鞠小苏、朱晋玲，净宋昌林获省直文艺团体青年演员会演学员一等奖。1982年，应日本文化财团和朝日新闻社为纪念日中建交10周年的邀请，以中国京剧团的名义赴日本东京、京都、大阪等8个城市访问演出，方荣翔、白云明、薛亚萍等演出《铡美案》、《孙悟空大闹乾坤》等剧。同年12月，应新加坡艺术节委员会邀请，仍以中国京剧团名义赴新加坡演出，曾两度增加场次，共演出9场。1987年，宋昌林在全国青年京剧演员电视大选赛中获最佳表演奖。1988年6月，剧团赴香港参加"京剧荟萃耀香江"演出，方荣翔领衔主演的《铡美案》、《龙凤阁》、《打銮驾》等剧，赢得极高声誉。1990年6月，改建为山东省京剧院。

《秦香莲》 薛亚萍饰秦香莲（左二） 李军饰韩琪

同年12月赴北京参加纪念徽班进京200周年振兴京剧观摩研讨大会，并与香港邓宛霞京昆剧团、台湾新生代剧坊王海波等合演《大英杰烈》、《秦香莲》。1991年薛亚萍演出《状元媒》等剧，获第八届梅花奖。同年，薛亚萍又与宋昌林同获全国中青年京剧演员电视大赛中年组最佳表演奖，李军获青年组最佳表演奖。薛亚萍、郭跃进还是梅兰芳金奖大赛的金奖获得者，剧院排演的《雄风祭酒》（张旭、姜德修、王其跃编剧）演出后，经加工修改，易名《祭酒掌兵》，于1992年3月进京汇报演出。1993年剧院成立青年京剧团，以省戏曲学校毕业生为骨干组成，先后公演《奇袭白虎团》、《上天台》、《赤桑镇》、《凤还巢》、《望江亭》、《挑华车》、《扈家庄》等剧。1995年排演现代戏《石龙湾》（张旭、吴华宁、徐世起编剧）赴天津参加首届中国京剧艺术节，获程长庚铜奖及文华新剧目奖，黄在敏（特邀）、徐富元、耿天元获文华导演奖，傅正红获文华表演奖。1996年，尚（小云）派传人鞠小苏获第十三届梅花奖。其间，剧院赴日本九州及中国香港等地进行演出交流活动。2001年以创排的历史故事剧《春秋霸主》，在第三届中国京剧艺术节上获优秀剧目奖，主演宋昌林、傅正红获优秀表演奖。2008年，据刘知侠同名小说改编的《铁道游击队》（宋昌林饰刘洪），在第五届中国京剧艺术节上获现代戏一等奖。（纪根垠）

《春秋霸主》 宋昌林饰齐桓公（后） 傅正红饰晏娥

Shandong Shengli Juyuan

山东省立剧院 戏剧学校。1933年以培养话剧人才为主的山东省实验剧院停办后，由山东省教育厅在济南主持成立山东省立剧院，院长王泊生。1934年11月18日举行开学典礼。王泊生认为，戏剧艺术是移风易俗的唯一利器，但在政治革新以后，京剧等旧的剧艺已不能肩负新的使命，因此必须提出对旧式伶人及旧有剧目的整理改善和现代中国舞台艺术人才的培养以及新中国戏剧的创造诸问题，这些方面的工作必须同时并进。剧院即在此指导思想下成立。剧院设事务处、教务处、训育处、编译处等。教学制度及方法与科班不同，高级部学员须有初中以上毕业文凭或具有同等学力、对戏剧艺术有一定水平、经考试合格者，方能入学。低级部学员多为小学毕业或肄业生。开办初期，从北平、天津、济南招收高级部学员表演系52人，音乐系19人，低级部学员62人。规定修业年限4年，实习1年。聘请京剧、昆曲及地方戏著名老

王泊生、吴瑞燕夫妇

《八郎哭城》 王泊生饰杨八郎

艺人郭际湘（老水仙花）、朱桂芬、孙怡云、张焕亭、关丽卿、铁璘甫、张永奎、庆甫亭、田瑞庭、李兰亭、马振亮、方友泉等为导师，音乐教师有陈田鹤、李元庆、王义山、李华萱等，话剧及戏剧理论教师有马彦祥、刘念渠、吴瑞燕、卢淦、张鸣琦等。高级部除开设公民、国语、外国语、戏剧概论、国剧理论、戏剧史等公共课程外，表演系必修练声、姿态表情、声音表情、化装术、视唱、独唱、剧舞、习演、舞台装饰、艺术概论、戏剧文学等课，音乐系须学习中外各种器乐、伴剧器乐、乐理和声学、读谱、音乐史、音韵学、剧舞等。低级部学员不仅有技能、习演课，同时还有国语、算学、自然、史地、书法、体育等文化课程。学员们经常在本院礼堂、进德会、辛庄、张庄等处进行实习演出，从1934年11月18日至1935年9月底，共演出69场，其中师生合演29次。演出剧目以京剧、昆曲为主，也有高腔、秦腔、徽戏、话剧、歌剧，并举办过专场音乐会。1935年11月18日，为纪念剧院成立一周年举办了演出活动，王泊生编导并主演歌剧《岳飞》，该剧取消打击乐器，使用中西乐器结合的乐队伴奏，但保留了昆曲唱法。剧院编辑出版的刊物有《舞台艺术》(5期)、《山东省立剧院一览》、《山东省立剧院第一周年纪念年刊》、《演剧周报》(附于《山东民国日报》，后改为《七日戏剧》)。培养出的学员，高级部有赵荣琛、任桂林、张宝彝、范朝俊等，低级部有高麟（玉倩）、田菊林、徐志良（荣奎）等，音乐科有魏乐文、刘家魁（梅村）等。抗日战争爆发后，部分师生南下，到达重庆后，重建学校，改称国立歌剧学校，1946年解散。

（纪根垠）

Shandong Sheng Xiqu Xuexiao

山东省戏曲学校 戏曲专业学校。1960年3月创建于山东长清(今属济南)。初设京剧、吕剧、山东梆子、柳子4个专业，后增加舞台美术专业。1962年迁入济南市文化东路34号。教学方针是：“全面发展，因材施教，普遍培养，重点提高。”“文化大革命”期间撤销建制。1980年，恢复山东戏曲学校建制，设京剧、吕剧、舞蹈、舞台美术4个专业，京剧学制为7年。依照“由简到繁，先易后难，循序渐进”的原则，制定教学大纲，精选教学剧目和教材。任教教师有白玉崑、孟丽君、周亚川、关丽卿、尚长麟、袁金凯等。曾聘请尚小云、方荣翔、张春秋、尚长春、刘君秋、张斌等著名演员、音乐家到校授课，丰富了教学内容，提高了教学质量。为了全面提高学生的文化艺术素质，学校除开设专业课外，还开设了政治、文化、文艺理论、体育等课程。专业课重视课堂教学与舞台实践的有机结合，取得了较好的效果。曾培养了大量戏曲人才，京剧演员有周龙、杜鹏、宋昌林、郭跃进、王晓燕等。2000年被教育部评为国家级重点中专。2001年3月并入山东艺术学院。2004年底并入山东艺术学院戏曲学院，成为该院的中专教学部。

（刘文峰）

Shanxi Sheng Jingjuyuan

山西省京剧院 京剧演出团体。前身是天津大舞台的民营红风京剧团。该团于20世纪50年代到太原演出时，因阵容整齐而被挽

《诗画联姻》
任岫云饰霍小玉（右一） 李少波饰李益（中）
周丽欧饰浣纱（左一） 刘国英饰鲍十一娘（左二） 朱丽饰霍母

留，1956年7月改为太原市京剧团。1957年，该团以《嫁妹》、《锯大缸》、《红线盗盒》、《逍遥津》参加山西省第二届戏曲观摩演出大会，李铁英、陈云超、刘云秋、宋丽华、李芝纲、陈鸣仲分别获演员奖，于云鹏获荣誉奖。1964年参加山西省戏曲现代戏观摩演出大会，演出《芦荡火种》，1965年参加华北区京剧现代戏会演，演出《红色交通线》，均获好评。1968年9月30日改称山西省京剧团。1974年排演的《杜鹃山》，被推荐向全省示范普及。1980年参加省戏曲优秀青年演员评比，演出《金山寺》、《岳母刺字》、《女起解》，4人获奖。1981年，创作、演出《蔡锷与小凤仙》，参加辛亥革命70周年纪念演出活动，应邀进京在中南海出演，并赴上海、南京、杭州等地演出，编剧华而实获剧本创作奖。1982年参加省优秀中青年演员评比，演出《大英杰烈》、《鬼怨》、《金疮铁字》、《竹林计》、《霸王别姬》、《扈家庄》、《三岔口》、《盗库银》、《芦花荡》、《打金砖》、《宇宙锋》、《八大锤》、《霍小玉》，18人获奖。1987年该团自己培养的青年演员朱丽、石志红、赵新田、司小丽、冉长建获全国青年京剧演员电视大选赛荧屏奖，并有16名教师获园丁奖。1989年以《牧童指处》参加省第二届民间艺术节，获银杯奖。同年，李胜素以《白蛇传》、《红线盗盒》两剧参加中国第二届民间艺术节，两剧均获得金杯奖。1992年扩建为山西省京剧院。1995年，李胜素拜梅葆玖为师，并组建梅兰芳青年京剧团，属山西省京剧院。同年11月以新编历史故事剧《金谷园》(曲润海编剧、李胜素主演)参加首届中国京剧艺术节，获程长庚演出奖。在1996年10月举办的第三届新苗杯全国少儿京剧邀请赛上，剧院与省戏曲学校合办的京剧班的4名选手，分获一、二、三等奖。同年，由剧院排练厅扩建的京剧艺术活动中心落成，成为剧院演出活动的场地。1998年新编古代戏《大脚皇后》，获第二届中国京剧艺术节优秀剧

《大脚皇后》 贾艳丽饰马秀英（右） 尚继春饰朱元璋

《晋德裕》
李胜素饰钟雪儿

目奖。2001年新编古代戏《三关明月》(梁波、兰河编剧)，获第三届中国京剧艺术节优秀剧目奖，孙丽清获优秀导演奖，张延培、徐滔获优秀唱腔设计奖，张艳玲(饰萧太后)获优秀表演奖，朱丽(饰佘太君)、贾艳丽(饰马赛英)获表演奖。2004年新编古代戏《走西口》，获第四届中国京剧艺术节剧目奖。2008年，与国家京剧院、中国戏曲学院、山西省歌舞剧院合作演出的《晋德裕》(于魁智饰常雨桥、李胜素饰钟雪儿、袁慧琴饰老妇人、刘桂娟饰柳涵玉)，在第五届中国京剧艺术节上获新编历史剧一等奖。 (李殿臣　陈静)

Shanxi Sheng Jingjutuan

陕西省京剧团　京剧演出团体。1958年2月15日在陕西西安正式成立。崔鸿治任团长，王金璐任业务副团长。前身为中国人民解放军第一野战军四军文工团，1952年在其基础上建立了新声京剧团，1964年该团与陕西省戏曲学校京剧班合并，改建为陕西省京剧院，尚小云任院长和艺术总监，徐碧云任副院长。1970年重新更名为陕西省京剧团。20世纪50年代初至60年代前期，剧团先后从北京、上海等地京剧院团调入许多优秀人才，如老生李宗义、孙钧卿，青衣、花旦云燕铭、王熙春、黄玉华、王熙萍，武生王金璐、田中玉，花脸王玉田、尚长荣、于金奎，小生王筠卿，文武丑孙瑞春、钮承华、魏承武，老旦郑万年以及司鼓王万琪等，行当齐全，阵容强大，作风严谨，多次到北京、天津、上海及各地巡回演出，受到社会广泛的赞誉。剧团有尚派保留剧目《墨黛》、《双思凡》、《峨嵋剑》、《昭君出塞》、《失子惊疯》等。田中玉演出的《挑华车》，尚长荣主演的《黑旋风李逵》，孙钧卿、王筠蘅、尚长荣、钮承华主演的《群英会、借东风》，孙钧卿演出的《十五贯》，郑万年演出的《罢宴》等均为常演剧目。在排演传统戏的同时，努力创作现代戏和新编历史剧，先后创作演出了现代戏《风雪桥山》、《延安军民》、《青杨案》、《秦岭长虹》、《红线记》、《梨花渡》、《平江起义》、《三上巴山》、《甘泉》等，新编历史剧与改编传统戏《射虎口》、《西门豹》、《张飞敬贤》、《琵琶行》、《双锁山》等。1961年剧团协助尚小云拍摄了戏曲艺术片《昭君出塞》、《失子惊疯》，为尚派艺术留下了宝贵的资料。1964年6月，现代戏《延安军民》参加全国京剧现代戏观摩演出。剧团还多次参加省、市、西北地区和全国的调演，其中《张飞敬贤》获1986年全国优秀电视戏曲艺术片奖；孙明珠获荧屏奖，杨葆荣、樊琪获优秀演员奖。1985年，尚长荣获第二届梅花奖。20世纪80年代末，随着老演员的离休和著名演员的相继调出，剧团一度陷入散乱状态。1995年年底以来，培养并使用了一批中青年演员，排演了新剧目，剧团重新获得了活力。2008年，据曹禺同名话剧改编演出的《雷雨》(赵冬红饰繁漪、马力克饰周萍、李素萍饰四凤、唐小宁饰周朴园、杨伟兰饰鲁妈)，获第五届中国京剧艺术节现代戏二等奖。 (何玉人)

《延安军民》 尚长荣饰张志勇(右一)
孙钧卿饰李老爹(中)　田中玉饰指导员(左二)

《昭君出塞》
孙明珠饰王昭君

Shanxi Sheng Xiqu Xuexiao

陕西省戏曲学校　戏曲专业学校。1957年6月创建于陕西西安。初设同州梆子、京剧班，1959年增设汉调二簧、道情班，1960年设秦腔班，后又增设音乐、舞台美术专业和研究室。1965年曾撤销，1979年重建。罗明、史雷先后任校长，尚小云任艺术总指导，徐碧云、惠济民任艺术指导。学校采取课堂教学与舞台实践相结合的教学原则，重视基本功训练和传统戏的学习，先后排演大小传统剧目80多个。培养的京剧班学员分配到陕西省京剧院团，其中不少人成为院团的艺术骨干，如京剧班的孙明珠、王丽华、赵鲁平、朱广济、蒋秋平等。其中孙明珠和王丽华分别学习、继承了尚小云、徐碧云的京剧表演艺术，成为尚派、徐派的艺术传人。"文化大革命"期间该校停办，1978年恢复招生，1985年更名为陕西省艺术学校。2004年与陕西省电影电视学校合并，组建陕西艺术职业学院。 (刘文峰)

shanzigong

扇子功　表演功法之一。扇子是舞台上常用的道具，为演员塑造人物形象提供了表演手段。"花脸扇头顶；武生扇额前；老生扇胸口；小生扇袖边；小丑扇耳旁；小旦扇领间"是不同行当用扇要领。舞台上使用的扇子种类很多，除折扇、团扇之外，有羽毛扇、蒲扇、葵扇、竹扇、绒毛扇、孔雀翎扇，以及特殊人物的专用扇，如铁扇公主的芭蕉扇，诸葛亮的雕翎扇等。不同的人物、所用的扇子也有不同，以旦行为例：折扇适用

梅兰芳与韩世昌排练《游园惊梦》
梅兰芳饰杜丽娘(右)，执折扇
韩世昌饰春香，执团扇

于闺门旦、花衫类型人物，团扇适用花旦、泼辣旦类型人物，而绒毛扇则适用于仙狐之类的人物。

基本功法包括划、翻、摇、挥、抖、轻、抛、串等，通过各种动作的组合，配合身段，可以衍化出各种舞姿，以表现人物情绪，刻画人物性格，如《贵妃醉酒》的杨玉环、《拾玉镯》的傅朋等。用扇在表演时要达到得心应手，必须下苦功夫，对小生、小丑、小旦尤为重要。（王诗英）

Shangxin Leshi

赏心乐事 京剧票房。清同治十年（1871）宗室戴豁（字燕宾）在北京西直门里盘儿胡同的翠峰庵（戴豁家庙）内创建。庵后空地，搭台支棚，摆设桌椅，备有茶具。每月逢一、六日响排（过排），老生戴髯口、穿靴子，旦脚戴花罩头，小生戴翎子，武生系大带，如正式演出一样，但不化装。响排日，收取茶资六百文。每年春、夏、秋三季举办彩串（穿戏衣正式演出），每季演出二三场，每场有十个剧目左右，桌座（四个人）四十吊，散座二吊。“五城人士，纷来聚观”。所得戏资，除行头、砌末的租赁费外，余为庵内香资。票首戴豁，有“假松龄”（花旦方松龄）之誉。《花田错》春兰，《洛阳桥》观音大士，八本《得意缘》狄云鸾等皆为得意佳作。安静之，工老生（同治初曾搭阜成班演刀马旦），所演《四进士》、《审头》、《九更天》等，皆老伶张胜奎亲授。赵子明，工小生，擅演《得意缘》之卢昆杰，《花田错》之卞玑，《群英会》之周瑜等。王雅斋，工铜锤，《普天乐》之包拯最佳。钊云耕，工丑，擅演《神虎报》、《洛阳桥》、《卖皮弦》。武戏则有《四杰村》等。余如鼓师、琴师亦一时之健者。后来“下海”成为名角的有恒乐亭、李毓臣、纪寿臣、德珺如、金秀山、韩乐卿、柯（克）秀山等。因票房人才济济，生旦净丑，文武兼备，每过排或彩串，多有名伶来观，倾动一时。票房规矩甚严，应堂会必全票同往，不准票友单独在外串戏；逢过排、彩串有临时推诿者，必罚。票众爱业，凛遵不违，无涣漫怠惰之弊。光绪十二三年（1886～1887），戴豁去世，赏心乐事票房散。光绪十九年（1893），戴豁之弟戴阔亭（别号痴叟，工丑）复在翠峰庵立票，时称翠峰庵票房。（李宗白）

翠峰庵外景 （选自《国剧画报》）

shangchang yinzi xiachang shi

上场引子下场诗 戏曲俗语。传统京剧中重要角色首次登场，自报家门，站在台口先念引子。如《搜孤救孤》公孙杵臼：“赵屠结冤仇，不知何日得罢休！”概括地描述人物的处境、心情，引导剧情发展。引子介乎唱念之间，为朗诵调，散板，不用管弦乐器伴奏。引子有大小。上述为小引子。大引子如《空城计》诸葛亮：“羽扇纶巾，四轮车快似风云；阴阳反掌定乾坤，保汉家两代贤臣。”一般均须押韵。曲牌［点绛唇］、［粉蝶儿］也可作为引子，唢呐伴奏，大都用于武剧中的人物，渲染火炽的气氛。《清风亭》贺氏以［哭相思］作引，吻合其盼子不归的凄凉情绪。为增加戏剧节奏变化，适应剧中人物不同身份，还可采用“唱上”或“念对”等多种方式，同样起到引子的作用。如《彩楼配》，主角是王宝钏，念引子、定场诗、通名。薛平贵比她先上，则是只唱两句［西皮摇板］，通名。这就避免了重复，术语叫“一道汤”。又如《四进士》刘二混则是念“上场对”：“时不济来运不通，押了白虎开青龙。”或有念［数板］上的，广义地说，均可作引子看。剧中人物退场时，如果不是唱下，则念四句或两句七言或五言韵语，称为下场诗或下场对。下场诗如《奇双会》结尾：“正是：人亏天不亏，今朝辨是非，不信抬头看，红日正光辉。”由李奇一家四人分念。下场对如《龙凤呈祥·洞房》刘备与孙尚香分念：“正是：今日东吴龙凤配，千里姻缘一线牵。”然后同下。传统戏曲的分场结构以人物的上下场为标志，故而在艺术处理上，需要对此予以特别的重视和强调，使之吻合于以歌舞演故事的艺术特点，具有音乐的形式感。“上场引子下场诗”这句话是对这种要求与经验的朴素的概括。在当代剧本创作的实践中，则有多种手法，富于变化。（颜长珂）

Shanghai Guoji Jingju Piaofang

上海国际京剧票房 1990年元宵节在上海市委统战部提议下成立的票房。活动地点设在上海市政协所属的联谊俱乐部。宗旨是以戏会友，特别是与国际友人、港台的京剧爱好者开展联谊活动。经费自筹，主要来源是会费和京剧爱好者的赞助。原上海市长汪道涵任理事长，李储文、程十发、舒适、秦绿枝（吴承惠）、程之任副理事长，李玉铮、许世德先后任总干事，王思及、杨柏年、李葆炎、王永平、周明秋任副总干事。由李储文主持工作。聘请陈沂、俞振飞、刘兴文、陈从周等为顾问。会员多为知名人士、名票、企业家等，如朱镕基、舒昌玉、徐佩玲、蔡森甫、卫明（张丙昆）、郑传本、窦福龙、张卉等。曲艺界的杨华生、陈卫伯、吴君玉、杨振言和越剧界的韩婷婷等为名誉会员。初成立时两周活动一次，因参加者踊跃，改为每周活动一次，后又增为二次。主要内容为吊嗓练唱和排戏。每年彩排演出一两次。参加活动和演出的有来自美国、沙特阿拉伯、新加坡、日本、法国、澳大利亚等国家和中国香港、台湾地区的票友鞠仁杰、谭德明等。该票房还举办了一些较大的活动，如纪念余叔岩诞辰100周年专场演出，纪念徽班进京200周年演唱会，祝贺天蟾京剧中心逸夫舞台开台专场演出，杨柏年学麒50周年汇报演出，纪念梅兰芳、周信芳诞辰100周年演唱会，与香港的宁波同乡会、苏州同乡会、上海总会联欢清唱会，与台湾来访的雅曲园剧团联合演出等。上海

朱镕基参加票房活动

的专业演员尚长荣、王梦云、奚中路、熊志麟、陈小燕等和来自全国各地及海外知名演员杜近芳、袁世海、梅葆玖、马长礼、谭元寿、刘长瑜、叶少兰、周少麟、李宝春、孙钧卿、陈志清、李玉声、王树芳、蓝文云等均曾来参加活动或演唱。该票房的特点，一是规格较高，多领导同志和知名人士参加。朱镕基在担任上海市市长期间，曾以一个普通会员的身份来参加活动，兴致勃勃地操琴和吊嗓。二是与海外票友联系密切，通过京剧这一民族艺术瑰宝，团结了一批海外华人和香港、台湾的爱好京剧人士。成为联系大陆和海外华人感情的一种纽带。三是艺术水平较高。梅兰芳入室弟子舒昌玉、上海市戏曲学校教师王思及等直接参与活动，担任艺术辅导，使会员水平提高较快。电影艺术家程之、舒适，在京剧演唱方面均有很深的造诣，并有丰富的表演经验，唱做俱佳。剧作家卫明熟谙各流派，演唱颇有韵味。此外如自幼坚持业余学习麒派的杨柏年、魏莲芳弟子钟万芯、女老生李玉明等，演唱均达到相当水平。（陈琥）

Shanghai Jingju Fazhan Zhanlüe Yantaohui

上海京剧发展战略研讨会 京剧学术活动。探讨上海京剧发展问题的专题学术会议。由文化部振兴京剧指导委员会、中国京剧艺术基金会、上海市文化局、文汇报社、上海京剧院联合主办，于1997年3月在上海举行。其目的是对上海京剧的发展走向作学术性的研讨，为上海京剧事业的中长期规划作理论探索。会议历时5天，与会者为来自北京、天津、上海、大连、南京、武汉等地的知名专家、学者，以及上海京剧院的各方面代表。会议开得热烈、民主、和谐、充实。涉及的论题相当广泛，包括当代京剧的文化命运，上海京剧的历史与现状，海派京剧的文化定位与艺术精神，上海京剧在当代京剧事业中的地位，创作人员的审美追求，艺术院团体制改革，人才培养，京剧普及，演出经营等。会议还对上海京剧院的艺术实践及其成果作多方面的理论总结，有不少创见。对上海京剧今后的发展战略，有主张亮出“新海派”旗帜，有主张以“京海融会”、“南北贯通”为理想，有主张不打旗帜，在两条腿走路的前提下更自觉地承担起京剧现代转换的历史使命。会议收到论文32篇，会后由上海京剧院理论研究室编辑成《上海京剧发展战略论集》，并附录反映20世纪80年代以来上海京剧状况的若干资料，文汇出版社1997年12月出版，全书38万字。（单跃进）

Shanghai Jingju Wanli Xing

上海京剧万里行 京剧活动。上海京剧院举办，旨在开拓京剧市场、培养京剧观众、促进艺术交流的大型系列巡回演出活动。首次活动由文化部振兴京剧指导委员会、上海市文化局、上海文化发展基金会、上海文化实业有限公司、上海电视台与上海京剧院联合主办，上海市人民政府协作办公室协办，上海市演出公司、上海演艺总公司承办（另有各地50多个单位参加了当地演出活动的主办、协办和承办）。以尚长荣、何澍、方小亚、夏慧华、奚中路、赵国华、张达发等为主要演员的百人演出团于1996年9月22日自上海出发，11月10日返沪，历时50天，行程两万里，跨越西安、成都、重庆、武汉、岳阳、长沙、广州、深圳等五省八市，

共演出38场，观众达61 000人次。演出剧目有新编历史剧《曹操与杨修》，大型神话剧《盘丝洞》，现代戏《智取威虎山·打进匪窟》和传统戏《长坂坡、汉津口》、《青石山》、《挑华车》、《三岔口》、《玉堂春》等。活动以演出为主，艺术交流、学习座谈、慰问联欢为辅。高水平的演出质量，严谨的团纪团风，受到沿途各地观众的热烈欢迎，被专家、观众称为“极具魄力的京剧自救活动”，“一次播撒京剧艺术种子，培养新一代京剧观众的万里长征”。1997年1月16日《人民日报》发表长篇报道，并加编者按语，认为是一次富有创造性的振兴京剧的壮举。

其后，作为1996年“上海京剧万里行”活动的延续，分别于1997年10月举行“上海京剧南方行”，2001年8月举行“上海京剧东北行”，2002年8月举行“上海京剧西北行”，2003年9月举行“上海京剧长江行”，2007年5月举行“上海京剧华北行”。这12年间的6次巡回演出，行程超过6万里，演出足迹遍及福州、泉州、厦门、深圳、广州、哈尔滨、海林、牡丹江、鸡西、七台河、大庆、抚顺、沈阳、锦州、营口、天津、乌鲁木齐、哈密、兰州、西宁、吐鲁番、敦煌、武汉、宜昌、重庆、成都、绵阳、合肥、南京、杭州、乐清、张家港、常州、无锡、如皋、宁波、江都、北京、霸州、石家庄、洛阳、寿光、潍坊、济宁、淄博、桓台、个旧、开远、海口、香港等大中小城市。由尚长荣、李炳淑、陈少云、关栋天、何澍、夏慧华、萧润年、唐元才、张达发、王小砖、徐建忠、许锦根、史依弘、奚中路、李军、胡璇、严庆谷、安平、李国静、赵群、王珮瑜、金喜全、熊明霞、刘军、范永亮、刘佳、郭睿玥、杨东虎等上海京剧院老中青三代主要演员组成各路演出阵容，分别演出了《曹操与杨修》、《狸猫换太子》、《贞观盛事》、《廉吏于成龙》、《成败萧何》等原创新剧目，《智取威虎山》、《杜鹃山》、《红灯记》、《沙家浜》等京剧现代戏以及《铡美案》、《李逵探母》、《马前泼水》、《四进士》、《盗银壶》、《龙凤呈祥》、《霸王别姬》、《伍子胥》、《四郎探母》、《琼林宴》、《红娘》、《乾坤福寿镜》、《吕布与貂蝉》、《搜孤救孤》、《失街亭、空城计、斩马谡》、《遇皇后、打龙袍》等传统老戏。演出场次共计160多场，观众超过20万人次。“上海京剧万里行”已成为上海京剧院的品牌演出活动，是极具影响力的大型巡回演出活动。（龚孝雄）

Shanghai Jingjuyuan

上海京剧院 京剧演出团体。1955年由原华东京剧团、上海市人民京剧团合并组成。**华东京剧团**于1948年3月在山东渤海地区成立，1949年5月随军进驻上海。团长张革非。该团进驻上海前经常到前线向战士和民众宣传慰问演出，剧目有《九宫山》、《九件衣》、《小仓山》、《群英会》、《贺后骂殿》、《童女斩蛇》、《杀四门》、《打黄狼》等。主要演员有王凤玉、王凤珍、王凤亭、马顺来、马瑞珍、孙希君、蔺德海、王明照、王泉奎、李熙、杨少楼、安亭、马成、

周信芳（左）与陶雄（中）、许思言

崔贵鸣、傅秉之、邱云芳、孔庆辉等。1950年春改名**华东京剧实验剧团**。1951年初，第三野战军政治部文艺工作团第三团并入，成为以周信芳为院长的华东戏曲研究院所属单位之一。华东京剧实验剧团团长前期周玑璋、苏堃，后期吴石坚，副团长吕君樵。主要演员有周信芳、李玉茹、金素琴（后脱离）、金素雯、陈正薇、陈大濩、沈金波、王金璐、张美娟、刘斌昆、孙正阳、黄正勤、汪志奎、贺永华，舞美设计幸熙、周楚江等。曾创作、改编、整理演出了《文天祥》、《信陵君》、《皇帝与妓女》、《白蛇传》、《三姐下凡》、《宝莲灯》、《游龟山》、《铸剑》、《小放牛》、《拾玉镯》、《窦公送子》、《打金枝》、《走麦城》及麒派、盖派剧目《扫松下书》、《武松打虎》等40多出。**上海市人民京剧团**前身是大舞台共和班，主要演员有李桐森、李秋森、刘云龙、陈蓉芳、赵德钰、筱文林、何毓如、王熙春、纪玉良、李仲林、赵晓岚、王正屏、张洪奎等，鼓师王燮元，琴师赵济羹、黎秋觉等。主要编剧有郑剑西、刘梦德、许思言、申阳生等。在整理加工演出传统戏的同时，创作排演了一批新剧目，如《黑旋风李逵》、《李逵与燕青》、《吴用智赚华州》、《梁祝》、《火焰山》、《红旗魏》等，其中《黑旋风李逵》在1954年华东戏曲观摩演出大会中分别获剧本一等奖、导演奖、优秀演出奖和乐师奖。

上海京剧院首任院长为周信芳，吴石坚任秘书长。1957年初，正式成立三个不同风格的演出团，实行大院小团制，艺术生产决定权在院部。一团演连台本戏，二团演新编古代戏，三团以培养青年为主。此后，盖叫天、郑法祥、俞振飞、言慧珠、童芷苓、汪正华、陈正柱，鼓师张鑫海，琴师张森林、查长生等陆续参加。主要编剧、导演有陶雄、吕仲、郑剑西、苏雪安、陈西汀、许思言、张丙昆、刘静沅、吕君樵、马科、金素雯等。1962年，拥有黄桂秋、迟世恭、筱高雪樵、小王桂卿、小三王桂卿、艾世菊、小毛剑秋、王文军、陆正红等主要演员的**新民京剧团**并入上海京剧院。全院人员达300人。1957～1966年，主持剧院工作的先后有刘厚生、吴石坚、孙均、言行、陶雄、丁国岑、林鹏程等。

上海京剧院建院后，坚持发扬勇于创新的精神，融南北京剧之优长，形成了独特的艺术风格。从建院至2000年，全院整理、创作、改编了600多出优秀的传统戏、新编古代戏和现代戏。建院初，周信芳率先整理了《四进士》、《乌龙院》等麒派戏，同时对《武松》、《拾玉镯》、《小放牛》、《泗州城》等一批传统剧目做了整理加工；创作改编演出了一批新编古代戏，如《黑旋风李逵》、《七侠五义》、《智破泰安州》、《十二寡妇征西》、《海瑞上疏》、《澶渊之盟》、《唐赛儿》、《百花公主》、《梅妃》、《红梅阁》、《尤三姐》、《樊梨花》、《武则天》、《火凤凰》、《宏碧缘》、《孙悟空降妖服魔》、《孙悟空三打白骨精》、《真假美猴王》、《齐天大圣》、《连营寨》等；改编和创作了现代戏《红色风暴》、《赵一曼》、《智取威虎山》、《战海浪》、《送肥记》、《审椅子》等。1963年，周信芳建议加工《智取威虎山》，该剧1964年到北京参加全国京剧现代戏观摩演出大会。《宋士杰》、《尤三姐》被拍成电影在全国放映。“文化大革命”时期，该院改组为上海京剧团，仅演《智取威虎山》、《海港》、《龙江颂》、《磐石湾》几出现代戏。

“文化大革命”结束后，周信芳等获平反昭雪，一大批在“文化大革命”中受迫害的艺术家重返舞台。1978年11月，上海京剧团分为一团、二团、三团，直属上海市文化局领导。一批受到禁锢的剧目恢复上演。童祥苓、张学津、李丽芳、李炳淑、夏慧华、齐淑芳、王梦云、赵文奎、施正泉、李长春等在创演的剧目如《甲午海战》、《蝶恋花》、《闪光的果子》、《汉宫春秋》、《黑水英魂》和《逼上梁山》中担任主演。《白蛇传》拍成电影在全国放映，并获1982年电影百花奖。1981年11月，上海京剧一团、二团、三团合并，恢复上海京剧院建制，俞振飞任院长，李玉茹、齐英才、吴平等任副院长，剧院迎来了改革开放新时期。《谭嗣同》、《真假美猴王》、《晴雯》、《青丝恨》等戏陆续创作整理上演。1986年剧院实行院长负责制，马博敏任院长。剧院调整了改革目标和方针，推动了《盘丝洞》、《乾隆下江南》、《孽缘记》、《刘姥姥与王熙凤》、《潘月樵传奇》、《曹操与杨修》等一批新戏创作成功。《曹操与杨修》、《潘月樵传奇》等剧，在1988年文化部举办的京剧新剧目会演中获得优秀新剧目奖，其中，《曹操与杨修》轰动剧坛，列优秀新剧目奖榜首，随后又获得中国戏曲学会颁发的第一个中国戏曲学会奖。1991年剧院被授予全国文化工作先进集体称号。1992年10月，黎中城任院长。剧目建设寻求现代审美意识与京剧艺术的最佳结合点，先后创作演出了《扈三娘与王英》、《狸猫换太子》（一、二、

《文天祥》
周信芳饰文天祥

《武则天》
童芷苓饰武则天（右） 张南云饰上官婉儿

《智取威虎山》
李仲林饰杨子荣（中）（游振国摄）

《曹操与杨修》
尚长荣饰曹操（右） 言兴朋饰杨修

三本）、《岐王梦》等。1995年，《曹操与杨修》经修改加工后，再度轰动剧坛，获得首届中国京剧艺术节唯一大奖——程长庚金奖。《狸猫换太子》问世以来先后获得文华新剧目奖、“五个一工程”奖、第二届中国京剧艺术节优秀剧目奖。从1995年起，剧院每年深入上海、北京等地高校推出“京剧走向青年”演出活动，在青年学生中引起强烈反响。1996年9月，剧院改制为总经理负责制，徐幸捷任总经理。同年，剧院以《曹操与杨修》等剧开展“上海京剧万里行”的大型巡回演出活动，被《人民日报》等媒体誉为“振兴京剧的壮举”。此后，“上海京剧万里行”作为剧院的品牌项目多次推出，影响广泛。1998年7月林宏鸣全面主持剧院工作，1999年2月任总经理。其间，继续深化体制改革，实行“以演出为中心”来促进剧院运作机制的转变，初步形成比较符合剧院艺术生产规律的管理体制和分配激励机制，确立了“扬长补短，坚持两条腿走路的艺术发展方针。剧院整理改编了《赠绨袍》、《取洛阳》、《清风亭》、《鸿门宴》、《牧虎关》、《桑园会》等传统剧目。1999年《贞观盛事》、《宝莲灯》进京参加国庆50周年献礼演出。2000年《贞观盛事》在第六届中国艺术节上获得中国艺术节大奖和第三届中国京剧艺术节金奖（榜首）。2002年初起，剧院又改为院长负责制，孙重亮任院长。2004年，新创排的《廉吏于成龙》，在第四届中国京剧艺术节上获金奖（榜首），并于2008年获中国戏曲学会奖。2004年创排的《成败萧何》在2008年举办的第五届中国京剧艺术节上获新编历史剧一等奖第一名，陈少云主演萧何，获特别荣誉表演奖。《贞观盛事》与《廉吏于成龙》分别被评选为国家舞台艺术精品工程2002～2003年度和2006～2007年度的精品剧目。

20世纪90年代以来，尚长荣、李炳淑、方小亚、关怀（栋天）、言兴朋、陈少云、何澍、奚中路、李军、赵国华、唐元才、史敏（依弘）等成为剧院的中坚力量。其中尚长荣为梅花大奖（得三次梅花奖）第一个获得者；陈少云、史依弘、唐元才、奚中路、方小亚、李军等分别成为梅花奖、梅兰芳金奖获得者。同时，剧院加大引进和培养青年人才的力度，实施“梨园星光”等人才培养工程，促进了年轻演员的成长。2001年初，李军和安平、严庆谷、胡璇、赵群、李国静在文化部主办的全国京剧优秀青年演员评比展演中获得荣誉奖和5个一等奖，王珮瑜（后调入剧院）、赵群、李国静、安平、严庆谷、熊明霞、金喜全、傅希如、冯蕴又先后在2001年、2005年、2008年全国青年京剧演员电视大赛中获得金奖，标志着剧院新一代青年艺术人才的崛起。

《狸猫换太子》 陈少云饰陈琳（左） 史依弘饰寇珠

《贞观盛事》
尚长荣饰魏徵（右） 关栋天饰李世民

上海京剧院先后赴欧洲、亚洲等20多个国家和地区公演，促进了中外文化的交流。 （蔡世成）

Shanghai Jingju Zhi

《上海京剧志》 京剧志书。《上海文化艺术志》编纂委员会、《上海京剧志》编辑部主修，徐幸捷、蔡世成主编。16开布面精装本，上海文化出版社1999年12月出版。马博敏在序言中说，一个多世纪以来，“京剧在上海所走过的历史轨迹和上海独特的历史、地理、人文环境对京剧发展所具有的特殊的历史作用，是十分值得记载与研究的宝贵财富”。全书74万字，除《概述》、《大事记》外，分《机构》（科班戏校、演出团体、业余组织等）、《剧目》、《导演》、《表演》、《音乐》、《舞台美术》、《剧团管理》、《演出场所、类型、习俗》、《专记、轶闻》、《书刊与出版物》、《人物》，共11章。记述的时间上限为1863年上海有京调皮簧起，下限为1996年。内容是京剧在上海的流播和发生在上海的重要京剧现象，有很强的地域特色。参与撰稿的有47人，提供资料的有116人，编撰过程中搜集资料近千万字，收集拍摄图片600多张（本书选用170多张）。编撰过程中还由蔡世成辑选《〈申报〉京剧资料选编》，内含《申报》1872～1948年有关京剧资料707篇，附有《梨园公报》1928～1931年京剧资料119篇，共40多万字，是伴随志书出版的一个重要副产品，刘厚生为之作序，题为《宝贵的上海京剧原始资料》。 （简畅）

《上海京剧志》护封

Shanghai Lingjie Lianhehui

上海伶界联合会 上海京剧艺人的同业组织。成立于1912年，发起人夏月珊、潘月樵。辛亥革命前夏氏兄弟和潘月樵等受民主思潮影响，在新舞台积极编演新戏，致力于“改革恶俗，开通民智”，

上海伶界联合会残石匾 （选自《中国戏曲志·上海卷》）

掀起了戏曲改良运动。辛亥革命爆发时，他们率领伶界商团攻打江南制造局，协助革命军光复上海，受到新政府表彰。1912年2月，夏月珊、潘月樵向国民革命政府临时大总统孙中山申请创立上海伶界联合会，3月11日孙中山复文批准并赠“现身说法”匾额，伶界联合会遂正式成立。夏月珊被选为首任会长，会址设南市方浜路榛苓街。翌年，“二次革命”失败，伶联会被袁世凯解散。1920年在伶界努力下，联合会重建，夏月润、赵如泉、张润泉任正副会长。1925年改选，夏月润连任会长。1930年会长制改为委员制，由执行委员会若干人和主席一人组成执行委员会，负责会务。1929～1949年共选出执委会（第十届起称理事会）12届，夏月润、林树森、常立恒、李春利、梁一鸣等先后任主席或理事长。1949年后改名上海京剧公会、上海京剧改进协会，1956年并入中国戏剧家协会上海分会。

伶界联合会成立初期以“改良旧曲，排演新戏，表扬革命真诠，发阐共和原理”为宗旨，具有浓烈的革命倾向。为保卫辛亥革命成果、维护社会治安、教育伶工及其子弟做了大量工作，在伶界联合会成立之时又整顿和接办了伶界商团、救火会和榛苓小学。1913年恤寡会、养老院、长生院等福利机构建立后，会务开始转向伶人自身福利。1920年伶联会重建后，宗旨改为“联络同人感情，力争伶工人格，保障伶工职业地位”。会员渐增，先后设立了剧务、交际、组织、财务、宣传、教育、调解、建设、调查、慈善、庶务、外交、干事等部，各部设正副主任1～3人。1927年和1928年又创办了华伶体育会和戏剧图书馆、《梨园公报》，并在真如修筑了规模较大的梨园公墓。会务所需经费由会员交纳，凡在会艺人按月须交付“五厘捐”（收入的千分之五），另外还得益于临时性义演，著名演员荟萃一堂，竞演名剧。伶界联合会是上海存在时间最长的演员自发性组织，在教育、团结、接济艺人等方面成绩显著，被视为伶人之家。

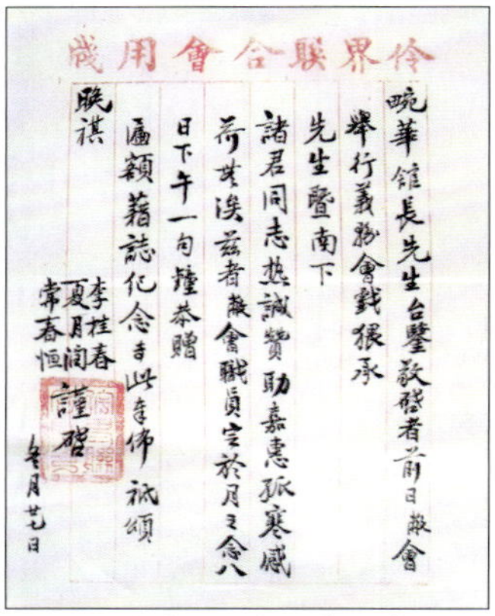
伶界聯合會用箋

晚華館長先生台鑒敬啓者前日敝會
舉行義務會戲承
先生暨南下
諸君同志熱誠贊助嘉惠孤寒感
荷莫涯茲者敝會職員定於月之念八
日下午一句鐘恭贈
匾額藉誌紀念專此奉佈祇頌
暇祺
李桂春 夏月潤 常春恒 謹啓
冬月廿七日

上海伶界联合会致梅兰芳函
（选自《一代宗师梅兰芳画传》）

（张泽纲）

Shanghai Shi Gongren Yishutuan Jingjutuan

上海市工人艺术团京剧团 业余京剧组织。隶属于上海市工人文化宫，亦简称市宫京剧团。创立于1952年，地址在上海市西藏中路120号。负责人先后有苏兴说、陈惠运、秦培庆、张宏鉴、林金城等。常年成员60余人，均为基层选拔出的中、青年。置办有全副衣箱、道具。并常有专业演员辅导，培养了大量优秀的业余演员，各行当、各流派俱全。每周固定活动两次，每月彩排演出一次，并经常深入各基层工厂演出。“文化大革命”后常年成员增至百余人，分为中青年队和老年队，彩排演出增至每周一次。常演剧目有全部《玉堂春》、《鼎盛春秋》、《群英会》、《凤还巢》、《六月雪》、《红娘》、《苏武牧羊》、《状元媒》、《姚期》、《李逵探母》、《罢宴》、《三岔口》、《两将军》、《红灯记》、《沙家浜》等60余出。曾多次发起举办京剧大奖赛及全市性专业、业余交流演出，还常开展全市性的京剧沙龙活动。该组织与全国各地联系广泛，曾去北京、天津、武汉、重庆、大连、丹东、连云港、福州、厦门、扬州、无锡、苏州、杭州等地与当地业余京剧组织交流演出，曾多次出国访问，先后在泰国、日本、韩国演出过《断桥》、《小宴》等剧目。 （王家熙）

Shanghai Shi Xiqu Xuexiao

上海市戏曲学校 戏曲专业学校。前身为昆曲演员训练班、越剧演员训练班，创办于1954年初，隶属于华东戏曲研究院，周玑璋任班主任。1955年正式建校，直属上海市文化局领导。校址初设复兴中路597号，后迁中山西路1551号。1956年，增设京剧、沪剧、淮剧、评弹及戏曲音乐5个班级，连同昆、越剧班，在校生达330人，其中京剧班有杨春霞、李炳淑、孙花满、齐淑芳、朱文虎、李永德等43人，京、昆剧老师有朱传茗、沈传芷、郑传鉴、张传芳、华传浩、陈富瑞、陈秀华、产保福、杨畹农、魏莲芳、阎世喜、李盛泉等。1957年，俞振飞任校长，周玑璋、言慧珠任副校长。1960年，又招收京、昆、淮剧演员两班及京、昆、淮剧音乐班，武功师资班，学生近300人，其中京剧班有马博敏、方小亚、张达发、赵国华等82人。课程设置专业课有毯子功、把子功、身段、视唱练耳等。文化课有语文、历史、地理、艺术史论及政治课等。力求培养具有社会主义思想觉悟、达到中专文化水平、掌握比较全面专业技能的艺术人才。教学中贯彻“全面发展、因材施教、普遍培养、重点提高”的原则，采取“请进来”和“走出去”的方式，聘请著名表演艺术家如周信芳、盖叫天等来校教学或讲座，并派出学生赴北京等地跟师学艺。同时学演结合，加强舞台实践，排演《墙头马上》、《罢宴》、《三战张月娥》、《柜台》等，深入工厂、部队、农村等基层演出，受到好评。1960年，被评为全国文教系统先进单位。1961年，以京、昆毕业班组建的青年京昆实验剧团，赴香港演出《杨门女将》、《白蛇传》和传统折子戏，受到中外人士热烈称赞。在改革开放新形势下，校方积极贯彻党的教育方针和文艺方针，进一步深化教育改革，培养出不少优秀

上海市戏曲学校中山西路1551号校址

俞振飞（右二）、言慧珠（左二）接待外国艺术团体
（选自《上海市戏曲学校五十周年纪念册》）

京剧人才，如史敏、严庆谷、胡璇、王珮瑜等。1997年，学校被上海市教委评为办学水平A级学校。2000年，学校又顺利通过教育部国家级重点中等职业学校的评估。2002年，由市委、市政府决定，学校并入上海戏剧学院，成为上海戏剧学院附属戏曲学校，校址由中山西路再迁莲花路211号，校长徐幸捷。从2008年起，学校戏曲专业已涵盖上海所有的戏曲剧种。（王诗昌）

Shanghai Xiju

《上海戏剧》 戏剧期刊。1959年10月9日创刊，中国戏剧家协会上海分会主办，负责人于伶、刘厚生、汤草元等。以发表剧评、探讨戏剧创作和演出中的重大问题为主，并介绍戏剧基础知识和选载一些剧本。直至“文化大革命”前，该刊曾展开过历史剧创作和关于连台本戏的专题讨论，1963年起，又大量刊载有关探讨京剧如何推陈出新、如何编演京剧现代戏的文章。“文化大革命”期间停刊。1979年2月28日复刊。主编于伶。复刊之初，对一些重要的理论问题展开争论，如开设剖析“大写十三年”、评“样板戏”专栏，并对《四郎探母》、《恶虎村》等能否开禁上演展开争论。20世纪80年代，曾开设了现代戏争鸣与探索专栏，针对戏曲演出的一系列实际问题展开广泛讨论，诸如戏曲危机、观众、戏曲特色、新奇效果问题等。该刊是中华人民共和国成立后上海戏剧界的一份重要刊物。

1961年第12期封面，剧照为《单刀会》周信芳饰关羽（右） 王正屏饰周仓

2009年，《上海戏剧》创刊50周年之际，该刊主编胡晓军主持编辑《戏折书痕·〈上海戏剧〉50年名家百篇文选》，文汇出版社2009年11月出版，入选文章104篇，共28万字。杨益萍、刘厚生分别为之作序。（周巩平）

Shanghai Xijujie Jiuwang Xiehui Gejubu

上海戏剧界救亡协会歌剧部 京剧演出团体。1937年“八一三”上海抗战爆发后，上海文化界进步人士纷纷投入救亡运动。同年10月6日，在卡尔登剧院（后更名长江剧场，今已废）召开成立上海戏剧界救亡协会的筹备会。参加会议的除田汉、欧阳予倩、于伶等话剧、电影界人士外，还有京剧界的周信芳、高百岁、金素琴等13人。会议决定，上海戏剧界救亡协会下设话剧部和歌剧（平剧）部，周信芳被推选为歌剧部主任。次日，《救亡日报》以“旧剧界怒吼了”、“歌剧部诞生”为题，报道大会盛况，在戏曲界引起很大震动。歌剧部首先邀集上海戏剧研究者举行平（京）剧剧本座谈会，作出改编演出具有民族意识传统剧目的决议。随即组织部分演员奔赴沪郊前线阵地演出，鼓动前方将士的抗战情绪；又去伤兵医院进行慰问演出，并参加“保卫大上海”宣传周活动；还组织为难民救济会筹募捐款演出。1937年11月上海沦陷前夕，各救亡团体大都撤离上海，留沪的歌剧部成员继续开展抗日戏曲活动。同年年底，欧阳予倩等组织中华剧团，上演了宣传爱国思想的《渔夫恨》、《梁红玉》、《桃花扇》等剧。《桃花扇》一剧因有借古讽今之嫌而被迫停演。1938年夏，周信芳重组移风社，在“孤岛”坚持演出4年。移风社演出了大量的新编和传统剧目，有《香妃恨》、《亡蜀鉴》、《洪承畴》、《董小宛》、《武松与潘金莲》，特别是《明末遗恨》、《徽钦二帝》两剧，以历史上亡国惨痛的教训，深深地教育着“孤岛”的人民。《徽钦二帝》被租界当局下令禁演，周信芳、高百岁、王熙春多次受到敌伪恐吓。1942年夏，移风社解散。1940年，在阿英、周贻白的协助下，由于素莲、李伯麒、李紫贵等组织了“新艺剧社”，赴东南抗战前线宁波演出，被誉为“抗战宣传队”。1941年，“孤岛”沦陷，该协会活动停止，一部分人员转移至大后方，部分歌剧部留沪人员于1943年组织“艺友座谈会”继续活动。（冯钢）

上海戏剧界救亡协会筹备会合影
前坐者左一欧阳予倩，左四金素琴、左五金素雯、左七田汉、左八于伶，后站者左六周信芳、左十一高百岁

Shanghai Xiju Xuexiao

上海戏剧学校 京剧专科学校。1939年由许晓初、刘松樵等人发起，同年11月8日创办于上海马浪路41号（今马当路25号）二楼。董事会主席林康侯，副主席袁履登、许晓初，总务长俞云谷，教务长关鸿宾。建校时宣布“以提倡民族戏剧，扶植京剧人才”为宗旨，并公开招生。聘有京剧教师陈斌雨、吴宝奎、陈桐云、陈月梅、梁连柱、穆盛楼、沈延臣、瑞德宝、王益芳、许紫云、罗文奎、石小山，昆曲教师郑传鉴、朱传茗、蒋耕荪，鼓师王燮元，琴师赵大刚等教职人员20余人。经严格考试，招收7～13岁男女学童160多名。其中除有少部分人出自梨园世家外，都是当地的贫家子弟。学制7年，6年结业后，继续留校帮演一年。离校时由校方负责介绍搭班从艺，或自行组班演唱。课程设置与教育方法力求革除旧科班之短，兼采新制学校之长，人称“置备完全之科班”。学生一律走读，必修“学”、“术”两科。学科包括国语、常识、

教务长关鸿宾与部分女生合影（选自顾正秋《休恋逝水》）

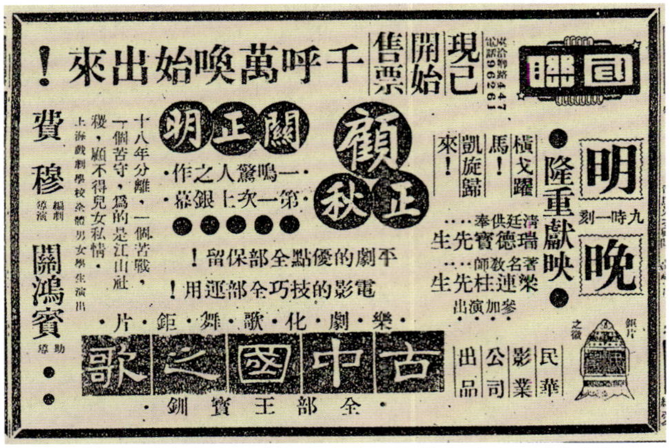

京剧电影《古中国之歌》广告（1941年12月8日《申报》）

英文、社会等普通小学至初中文化课程。术科为练功、念词、排戏等京昆剧专业课程。学校采取基础训练与剧目传承同步，课堂教习与舞台实践相结合的原则，对学生进行四功五法基本训练的同时，视各人资质，分归生、旦、净、丑诸行，由专职教师传授戏艺。排演了开蒙戏如《探母》、《捉放曹》、《荐诸葛》、《二进宫》、《太行山》、《天官赐福》等。1940年，校方集资2万元置办行头，10月12日在黄金大戏院首次公演，以《八五花洞》、《双姣奇缘》、《大铁笼山》、《四郎探母》等戏引起剧界内外的瞩目。自此，每逢星期三、星期六贴演日场，并按月发给每个学生40元津贴费。学校还邀请梅兰芳、黄桂秋、张君秋、芙蓉草、傅德威、丁永利、马连良、谭富英、叶盛兰、萧长华等十会位名家先后来校讲课授艺。在校内外业师悉心启导下，至1945年已在黄金、天蟾、皇后等戏院公演达1 000场次，其间还赴无锡、南京、天津演出。民华影业公司于1941年就该校上演《水淹七军》、《朱仙镇》、《王宝钏》中的精彩片段拍成电影，名《古中国之歌》。

该校学生皆以“正”字排名，如关正明、王正堃、陈正岩、程正泰、周正荣、景正飞、顾正秋、张正芳、张正芬、张正娟、陈正薇、汪正华、王正屏、黄正勤、施正泉、钱正伦（钱浩梁）、孙正阳、陈正柱等。1945年底学生全部毕业。学校因经费困难，于1946年1月宣布停办。　（侯硕平）

Shanghai Xiju Xueyuan Xiqu Xueyuan

上海戏剧学院戏曲学院　培养戏曲人才的高等专业学校。其前身是由上海市文化局和上海师范大学共建于1999年10月的上海师范大学表演艺术学院。该院的建立，弥补了上海市长期没有培养高层次戏曲舞蹈人才的专门学校这个空白。上海市文化局局长马博敏兼任该院首任院长，徐幸捷任常务副院长，王梦云、凌桂明、张萌尧任副院长。聘请小王桂卿、尚长荣、王梦云、孙正阳、蔡正仁、梁谷音、岳美缇、张洵澎、王芝泉、方洋、张静娴、刘异龙、尤继舜、高一鸣、王玉璞、王思及等上海的京昆名家和优秀教师执教；还从全国聘请了一批资深教授、学者和表演艺术家来院授课，如曲咏春、马名骏、朱秉谦、张学津、李长春、李文敏、刘秀荣、张春孝、沈小梅、马小曼、燕守平、寇春华、刘习中、孙荣蕙、倪海天、王婉华等。名师亲授，教学严谨，成果显著。在2001年中央电视台举办的全国青年京剧演员电视大赛中，该校戏曲系京剧专业学生王佩瑜、赵群、李国静获最佳表演奖，王佩瑜以最高分名列生行榜首。该院受上海市文化广播影视管理局委托，自2001年起开办以京昆艺术家命名的表演艺术研修班，推动老艺术家总结表演艺术经验，使中青年演员得到老艺术家的亲自传授、点拨。这种面向全国举办表演研修班以促进京昆艺术的传承，在地方艺术院校中是个创举。京剧麒派艺术研修班，从全国聘请了87岁高龄的徐鸿培、81岁高龄的刘泽民等一批麒派艺术传人担任主教老师，挖掘、整理、传授了包括尘封近半个世纪的《明末遗恨》等14出麒派名剧，记录整理了表演资料，培养了麒派优秀演员裴永杰等，结业时公演4场，赢得热烈反响。先后相继举办的还有昆剧名家岳美缇、张洵澎、计镇华、梁谷音等人任教的昆剧艺术研修班，吸引了全国十几个省市和香港、台湾地区京、昆、越、淮、汉、川、潮、梆子等十几个戏曲剧种的数百名中青年演员前来进修，其中有梅花奖和其他全国性表演奖获得者。在研修班结业的汇报演出中，各剧种演员同唱昆剧的场面，显示了昆剧作为“百戏之师”的无穷魅力。

2002年，为合理调整高校布局，形成艺术教育优势，建设高

上海莲花路211号校区外貌

层次艺术教育学科，加快艺术紧缺人才的培养，根据上海市委、市政府的决定，上海师范大学表演艺术学院并入上海戏剧学院，更名为上海戏剧学院戏曲舞蹈分院。上海戏剧学院副院长兼任分院院长。2005年6月，为进一步合理调整学科布局，整合教学资源，强化学科建设，撤销原戏曲舞蹈分院，分别设立上海戏剧学院戏曲学院和上海戏剧学院舞蹈学院。

戏曲学院现设两个系（戏曲表演系、艺术管理系）、两个直属教研室（戏曲导演教研室、戏曲理论教研室）、一个直属实验团（上海青年京昆剧团）。涵盖戏曲表演、戏曲导演、戏曲音乐、戏曲容装、木偶剧表演、儿童歌舞剧表演、群众文化管理、戏剧影视美术设计等11个本科专业方向，以及灯光与音响技术、绘景与制作等专科专业方向。在校全日制本科、专科学生600余人。徐幸捷任戏曲学院院长。址在上海莲花路211号。校园占地134亩，建筑面积4万余平方米。　（幸文）

shangkouzi

上口字　京剧唱念中对某些字读法的特殊规定。这些字较多是zh、ch、sh、r声母分别与韵母i、ü相拼，所产生的音节为北方话所无。如知作zhi[iː]、吃作chi[iː]、世作shi[iː]、日作ri[iː]、住作zhü、出作chü、书作shü、入作rü等。这种上口字的产生，是由于历来韵部之分类标准的不同。曲韵齐微、支时、居鱼三韵在皮簧十三辙中归了医欺辙，而于京剧舞台实际仍读原字音；在这些字音中，听来和现在的北方话相同的那一部分为不上口，与北方话不同者为上口。此类上口字还包括梭波辙中一部分，由于韵母多为uo，因此歌读作guo、和读作huo，与北方话不同。此外还有以爷茄归入怀来的，如鞋读作xiai等。上口字还包括变a、e零声母为声母ng[ŋ]，如爱读作ngai、恩读作ngen等。零声母w有时作v，如微读作vi[iː]；声母p有时作f，如捧读作fong等。广义的上口字还应包括由曲韵庚亭韵归于人辰辙的那一部分字，如登读作den、冷读作len、平读作pin等。有些老艺人还把曲韵中欢

桓韵中的一部分唇音字读如原音，如半作buan、瞒作muan、战作zhuan等。上口字最能说明京剧音韵沟通南北、连接古今及其地方性的特征。同时，上口字的产生还有发声上的原因，如把飞、吠、知等字归于医欺辙后，便于发挥脑后音，增强力度。（翁思再）

shangxiachang

上下场 舞台表演程式之一。演员进入表演区开始表演为上场，离开表演区为下场。旧式剧场舞台三面向观众开放，在舞台背面的右侧设一门，为出将，左侧开一门，为入相，俗称上场门、下场门，因不设大幕，人物必须有上下场。剧中人物大多从上场门上场，从下场门下场。

演员上下场的形式很多，通过不同的形体造型和唱念表演，向观众展现剧中人物的情境。无论主演、配演、龙套都要求上场前进入情境，俗称带戏上场，下场时要始终贯穿人物的特定情感，俗称带戏下场。如《挑华车》高宠起霸，[四击头]上场亮相，显示了武将威风凛凛，准备出战的气势。《杨门女将》中佘太君由八姐九妹搀扶，众多儿孙簇拥在[快长锤]中满面喜悦地走入杨宗保寿堂，洋溢着一派春风。而《宇宙锋》修本一折赵艳容上场，是小锣打上，念引子，情绪悲凉，突出表现了她因丈夫一家遭奸贼杀害后的内心痛苦。《断桥》的下场很有特点，在音乐声中，小青、许仙搀扶着白素贞，迈着统一的台步，边说边微笑点头，突出了三人重归于好的意境。此外，上下场的表演形式还具有转换场景，连接剧情的功能。（李淑萍）

Shang Changchun

尚长春 （1928～1993） 演员。工武生。字伯翔，曾名尚元荪。祖籍河北南宫，生于北平（今北京）。出身梨园世家。尚小云长子。

自幼深受熏陶，6岁随父登台演戏。初入富连成社，后入荣春社科班学艺，从耿明义练武功，先后向王连平、沈富贵、尚和玉、丁永利、刘砚芳、钱富川、范宝亭、宋富亭诸师学戏，打下了武生戏的全面基础。如长靠戏《长坂坡》、《挑华车》、《战冀州》、《战宛城》，短打戏全部《武松》、《恶虎村》、《武文华》，箭衣戏《连环套》、《英雄义》、《刺巴杰》，勾脸戏《铁笼山》、《金沙滩》、《艳阳楼》、《霸王别姬》、《钟馗嫁妹》、《金钱豹》，昆曲戏《夜巡》、《麒麟阁》，猴儿戏《安天会》、《水帘洞》、《美猴王》等均能。他的表演兼宗杨（小楼）、尚（和玉）二家，尤以勾脸戏最佳。工架伟健凝重，身手干净稳练，唱念音清字明，吞吐有法，舞台作风严谨，上台从不惜力。坐科期间即已担纲挑梁，崭露头角。出科后，历任尚小云剧团、南京新宁实验京剧团、佳木斯市京剧团的主要演员。20世纪50年代以来，先后参加新编古代剧《吴国之灭》和现代戏《雪岭苍松》、《杨靖宇》、《铁流战士》、《红石钟声》、《林海雪原》、《柯山红日》等剧的演出。其中《雪岭苍松》颇有影响。20世纪80年代奉调回京，到中国戏曲学院任教，曾示范演出《钟馗嫁妹》、《长坂坡》、《霸王别姬》、《战宛城》（饰典韦）等剧。戏曲艺术片《尚小云舞台艺术》中留有他在《昭君出塞》中饰演马童的表演实录。（钮骠）

《吴国之灭》饰伍子胥（左）

Shang Changlin

尚长麟 （1932～1983） 京剧教师。曾为旦脚演员。祖籍河北南宫，生于北平（今北京）。出身梨园世家。尚小云次子。8岁加入

父亲主办的荣春社科班，学习青衣花旦，受到严格训练及培育，并向梅兰芳、程砚秋、荀慧生、于连泉、赵桐珊等名家学习《霸王别姬》、《贵妃醉酒》、《锁麟囊》、《得意缘》、《小上坟》、《坐楼杀惜》等剧。他勤学苦练，博采众长，尤擅演唱《汉明妃》、《乾坤福寿镜》、《能仁寺》、《双阳公主》、《祭塔》等尚派看家戏。1952年，辞退私营剧团的优厚薪金，参加山东省京剧团，积极随团上山下乡为农民演出。他嗓音清亮挺拔，唱腔高亢奔放，吐字纯正有力，既保持尚派刚劲激昂的特点，又吸收梅派圆润、程派委婉的优长。20世纪60年代初，在戏曲艺术片《尚小云舞台艺术·失子惊疯》中扮演丫环寿春，父子配合默契。山东省文化局举办“尚小云传艺收徒学习班”时，他承担辅导任务。在担任山东省艺术学校副校长、山东省戏曲学校校长期间，坚持教书育人，将所掌握的各家之长及其“绝招”，毫无保留地传授给学员，并经常利用假期举办短期学习班，培训全省戏曲剧团青年演员。亲自授课，一丝不苟。曾当选为中国戏剧家协会山东分会副主席。1983年8月，因公赴京，突发脑血管病，在北京逝世。中共山东省文化厅党组作出决定，表彰他为优秀共产党员和优秀艺术家。（纪根垠）

《霸王别姬》饰虞姬（左） 尚长春饰项羽

Shang Changrong

尚长荣 （1940～ ） 演员。工净。祖籍河北南宫，生于北平（今北京）。出身梨园世家。尚小云三子。自幼受艺术熏陶，秉承家教。5岁登台饰娃娃生，10岁由陈富瑞开蒙，1960年拜侯喜瑞为师。习架子花脸，得乃师真传。青少年时随父巡演于全国各地。幼功扎实，对京剧表演技法掌握娴熟，嗓音宽厚清亮，运用自如。既能演唱功重的铜锤戏，又能演讲究功架身段、做表繁难的架子戏，并进而将铜锤和架子相糅合。在表演中，

博采众长，刻意求精，戏风严谨，一丝不苟，主张以对人物的体验决定技法的运用，形成鲜明的表演风格。其传统剧目代表作有《牛皋招亲》、《牛皋下书》、《敬德装疯》、《牧虎关》、《白良关》、《飞虎山》、《大回朝》、《华容道》、《霸王别姬》、《连环套》、《打銮驾》、《天水关》、《打严嵩》、《赠绨袍》、《取洛阳》、《李逵探母》、《将相和》等。如演《连环套》饰窦尔墩，既承传了乃师侯喜瑞的艺术风格，表现了一个草莽英雄的直率、剽悍与侠气，又充分发挥自己能唱的有利条件，在"坐寨"一场中，融各家之长，演唱出与众不同的大段"将酒宴摆至在……"，刚劲酣畅，不浊不爆。而在"盗马"一折中，更充分发挥了扎实的身段功底，手眼身法步边式到位，"趟马"尤见功力，给观众以造型美的极大享受。他更注意传统与时代的结合，强调以现代意识激活传统，在保持京剧本体特征的前提下，使京剧展现出现代魅力。20世纪80年代后期，他发现了新编古代剧《曹操与杨修》剧本，四处寻找合作者，最后在上海京剧院创排此剧，并获得圆满成功，整个过程体现了他执著的文化追求。1991年，他正式加盟上海京剧院，不仅使该院在表演艺术上有了新的领军人物，也实现了他自己艺术生涯的重要转折。在《曹操与杨修》一剧中，他对曹操这一艺术形象进行了成功的再创造，突破了传统的权奸模式，被誉为"里程碑"式的作品。90年代末，他倡议编演以魏徵与李世民为题材的新戏，在《贞观盛事》中饰演谏议大夫魏徵。为此，他钻研唐史，熟读《谏太宗十思疏》，为塑造魏徵做了大量案头工作。在对魏徵的艺术处理上，无论是脸谱勾画、唱念设计、身段安排，还是情感体悟，都匠心独运，成功地用花脸行当，塑造了一个富有书卷气的历史名臣形象。还主演了根据莎士比亚名剧《李尔王》改编的《歧王梦》，饰歧王，在塑造悲剧人物性格上进行了有益探索。其后又演出清装戏《廉吏于成龙》，创造了一个亲民的、带有乡土气质的布衣高官形象。至此，戏剧界把《曹操与杨修》、《贞观盛事》、《廉吏于成龙》三出成功的新编历史剧称为"尚长荣三部曲"。尚长荣坚实地继承京剧传统艺术，倾力创演新剧目，从铜锤架子"两门抱"到深刻的性格化表演，推动了京剧花脸表演艺术的发展，在艺术界享有很高声望。2001年当选为中国戏剧家协会副主席。2002年当选为上海戏剧家协会主席。2005年当选为中国戏剧家协会主席。现为上海京剧院艺术指导、领衔主演，中国戏曲学院客座教授。多次赴美国、俄罗斯等国家及地区和中国香港、台湾访问演出，受到热烈欢迎和好评。为中国戏剧家协会第二届、第十三届、第十九届梅花奖获得者，亦是第一个梅花大奖得主。陈云发著有尚长荣评传《吟啸菊坛——大写尚长荣》，40余万字，刘厚生、戴平分别作序，复旦大学出版社2001年1月出版。

（张伟品　姜鹏）

《将相和》饰廉颇

《曹操与杨修》饰曹操

《贞观盛事》饰魏徵

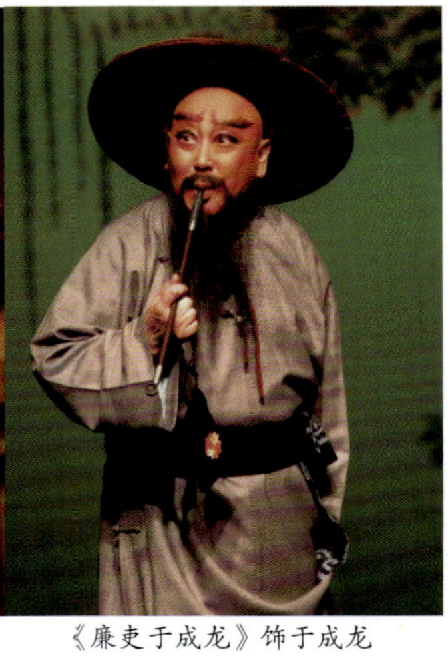

《廉吏于成龙》饰于成龙

Shang Heyu

尚和玉　(1873～1959)　演员。工武生。原名尚璧。直隶宝坻(今属天津)人。9岁入玉田县石门镇的九和春科班习艺，初学梆子武生兼小生，从素有"筋斗王"之誉的邱老十练武功，打下了坚实的功底，后改京剧武生。16岁满科，在各地搭班演出，充当武行班底，俗谓"打英雄"。19岁进北京演戏，得机会观摩了俞菊笙演唱的《挑华车》、《四平山》、《长坂坡》、《铁笼山》、《艳阳楼》各剧，自信自己的条件应当学俞，遂留意京路演法，潜心研习。20岁经人指引投师张玉贵。张系俞菊笙内弟，常年为俞掌管排戏说戏事宜，对俞的场上艺术了若指掌。经张的一番测试后，收他为弟子，传授俞派各剧。时常携他往见俞氏，从而又得到了向俞当面求教的机会。学《四平山》时，俞菊笙嘱咐他："这出戏别多打，李元霸三锤打跑裴元庆，多打就不对了。"意在"唱戏务须合乎情理"。后在烟台献艺，结识了李吉瑞、薛凤池等，常相切磋。民国初年，又相偕赴津组班出演，合作者还有张黑、高福安、杨瑞亭、程永龙等，上座十分红火。1923年在津与程砚秋同台，合作融洽，深得赞许，遂入京搭入程班，同班还有王瑶卿、郭仲衡、侯喜瑞、方连元等。随后，又相继搭入梅兰芳、徐碧云、荀慧生、朱琴心、马连良、高庆奎、王又宸、陆素娟各班。20世纪30年代起，自己挑梁出演于天津、北平、上海等地，贴演俞派诸剧，甚为行内外所推重，称誉一时。

他演唱长靠戏优于短打戏，勾脸戏优于素脸戏。常演剧目中，长靠戏有《挑华车》、《长坂坡》、《诈历城》、《青石山》、《神亭岭》、《金锁阵》、《回荆州》、《阳平关》、《连营寨》，箭衣戏有《英雄义》、《贾家楼》、《翠屏山》，短打戏有《赵家楼》、《恶虎村》、《独虎营》、《殷家堡》、《八马岭》，勾脸戏有《艳阳楼》、《铁笼山》、《晋阳宫》、《惜惺惺》、《四平山》、《车轮战》、《收关胜》、《金沙滩》、《嘉兴府》、《英雄会》、《芦花荡》、《战马超》(张飞)、《虮蜡庙》(费德功)、《珠帘寨》(周德威)、《战宛城》(典韦)、《飞叉阵》(牛邈)、《白马坡》(颜良)，别派所无的自家戏有《宁国府》、头二本《窃兵符》、《金龙阵》、《战滁州》、头二本《战岱州》，还有猴儿戏《水帘洞》。与徐碧云合作时，徐碧云排演的多部新剧中，他首演了许多人物，如《绿珠》的淮南王、《薛琼英》的龙德禄、《无愁天子》的高长恭、《二乔》的孙策、《李香君》的左良玉、《褒姒》的郑伯父等。在梅

《英雄义》饰史文恭

《战滁州》饰睨脱

《艳阳楼》饰高登

兰芳新排的《凤还巢》中，他扮演了洪功。在高庆奎新排的《哭秦庭》、《割麦装神》，马连良排演的《要离刺庆忌》、《安居平五路》中，他都扮演了角色。还参加过《三侠五义》、《宏碧缘》、《水泊梁山》等连台本戏的演出。

尚氏的武功根柢深厚扎实，表演恪守俞门风范，讲求气势，不尚浮华，工架坚实稳健，威猛凝重，在台上一举一动，一招一式，硬砍实凿，法度严谨；打把子，手里头脚底下，皆有准谱。他嗓音虽欠清亮，唱念咬字却清晰真切。他主张武生表演要做到“脆、狠、率”。演短打戏在于轻，要有英武气概；演长靠戏在于重，要有大将风度。反对不顾剧情戏理，只为讨好观众而卖弄技巧。他在表演中，对人物、剧情都有独到的理解和刻画，与别家的路子不同，如在《长坂坡》中，糜夫人跳井时，一般演法都有“抓披”的动作，而他不用。他认为在古代，臣下对主母，男对女，男女授受不亲，有碍于礼数，不便也不敢去抓。演《艳阳楼》，他认为要着力刻画人物骄横欺人、不可一世的恶少本色，不能演成“高登卖艺”。当时的剧评界，对尚和玉与杨小楼有“一时瑜亮”之称。而他们师出同门，互相敬重礼让，曾相约，尚不动《晋阳宫》留给杨演，而杨不动《英雄义》留给尚演，以示同窗之谊。杨小楼曾给予他高度评价：“俞派武生中，除去尚和玉之外能有几人！”尚和玉与杨小楼虽同为俞派传人，而后却形成了不同的艺术风格，是由于他们各自所经历的艺术途径不同。杨氏出生于梨园世家，坐科于京城名班，曾入内廷当差，受到贵雅空气的熏陶，加之个人的天赋，形成了堂皇高华的气象，于轻灵稳练中见风神；尚氏则出身农家，坐科乡间，艺成后闯荡码头，常占津沽，同台者多属燕赵之士，朴实无华，形成了宏实厚重的风格，于工整严饬中显气势。不同的境遇，不同的观众给予二人极大影响，最终成就为不同的审美特色，自成一派，如双峰对峙，各逞雄姿，彪炳剧坛。

自清末迄今，亲睹尚氏场上艺术的观众和剧评家，曾经有过许多中肯的评论。徐珂在《清稗类钞》中，以《尚和玉有真能力》为题记述道：“尚和玉，宝坻人，确有真能力之武生也。一步一跃，一击一刺，皆具有尺寸，妙合音节。或独立如夔，或平翻似燕，从容稳练，绝无努力吃重之痕，不偏不陂，适可而止。每唱《拿高登》、《金钱豹》等剧，伶人均往窃视，察其舞弄作何花式，台步作何尺度，急徐间若何与金鼓相应。……有时绘面演《四平山》，扮李元霸，其双锤在手，重若千钧，转动有时，低扬有节。……每止舞，则乐终其声（戏中谓之家伙眼）。且盔靠在身，略无紊乱，平翻陡转，全符节拍。未事时不形匆遽，已过后直若无事然。种种艺能，多出于昆曲中牌场旧式，而从心化之，用得其当，固不独以一剧一艺显也。”（《清稗类钞·优伶类》，中华书局版，第11册，第5 127页。按：此段实据王梦生《梨园佳话》中之评语改写。）

徐凌霄在《古城返照记》中评述云：“自从俞毛包定了‘稳准狠’这三字，北京的俞派武生都奉为金科玉律。俞振庭得其狠，杨小楼得其稳，尚和玉得其准。”“三人各得一字，正是所谓‘一只香炉三条腿，每人各抱一条腿’了……他们虽然只占一条腿，却又由自己所抱的一条腿，另化为各人的三条腿，俞振庭是‘狠’、‘墩’、‘哏’。……杨小楼是‘稳’、‘文’、‘瘾’。……尚和玉是‘准’、‘紧’、‘肯’。紧是把子紧凑，嗓音亦是干而且紧。肯是说他肯下全副功夫，力之所至无不尽其所能，嗓子虽干，演起《诈历城》来，还是照词照本大唱特唱，原板快板嘎调尖子一概齐全，别人所不肯的，他都肯，所以叫做肯。”（《古城返照记》2002年版第566页）此外，张厚载之《听歌想影录》、孙履安之《京尘杂忆》、周剑云之《菊部丛刊·粉墨月旦》以及台湾剧评家菊人之《认识国剧》，均有评述。

尚和玉还是一位诲人不倦的戏曲艺术教育家，一生热心传道授艺，培育后学。1937年，应约入天津稽古社子弟班任教，并担任名誉社长，对学生循循善诱，严于要求，深受崇敬。还曾在中华戏曲专科学校、富连成社和荣春社科班执教。中华人民共和国成立后，被聘入戏曲实验学校（后为中国戏曲学校）任教，与王瑶卿、萧长华、马德成、王凤卿、金仲仁、谭小培、鲍吉祥、张德俊并称“九大教授”。曾于1951年的义演中，以78岁高龄为学生示范演出了拿手戏《晋阳宫》，演后有人著文说：“那晚台上的尚老先生，在踢腿耍锤之间，气势沉雄，依然充沛着生龙活虎般的精神和气魄，让全场观众感动得一再鼓起掌来。”（魏泯《老戏剧家王瑶卿及其它·名武生尚和玉》一文，平明出版社1953年版第10～11页）在校他传授了《英雄义》等剧。尚氏一生培养武生人才众多，有韩长宝、何连涛、张德发、娄廷玉、朱小义、孙盛云、侯永奎、傅德威、路凌云、盖春来、鲍顺义、张少甫等，黄元庆、贺永华、徐俊华、刘武华、尚长春及柏之毅、钱浩梁、田中玉和票友中荣阳少主（郑星垣）、李之疆皆得其教益。

（钮骠）

Shang Xiaoyun

尚小云 （1900～1976） 演员、教育家。工旦。原名德泉。祖籍河北南宫，生于北京。汉军旗籍，清平南王尚可喜后裔。祖父尚志铨，曾任清远县令。父尚元照，清光绪年间在那王府当差。尚小云5岁丧父，弟兄5人依倚寡母，家境窘迫。8岁投师李春福门下习老生。为生活计，不久转入供给食宿的三乐科班，排名尚三锡，初习武生，又学花脸，曾演出《探庄》之石秀、《空城计》之司马师等。因其相貌端秀、嗓音清亮，名师孙怡云力主改学旦脚，并欣然为之开蒙授业，自此专工旦脚，时年11岁。为表明师承怡云，易名“小云”，表字绮霞。

尚小云自幼勤奋好学、刻苦自砺，在孙怡云以及张芷荃、戴韵芳、唐竹

亭诸前辈精心栽培下，奋发向上，脱颖而出。自1912年随科班演出，以旦脚登台为始，短短两年内，技艺日益精进，由小戏到大戏，由中轴而升演大轴，最后以“当家青衣”充任正乐台柱，其唱腔之甜美，做派之沉稳，博得广泛赞誉。在1914年秋《国华日报》举办的童伶竞选中，力拔头筹。不久，应京剧“后三鼎甲”之一的孙菊仙热情招邀，年仅14岁的尚小云，与这位73岁高龄、享誉剧坛的老生名宿，成功地合演了《三娘教子》、《朱砂痣》、《战蒲关》等戏，从而名噪都门，成为众口称誉的“科里红”。1916年出科，先后搭入俞振庭之合春社（1916）、朱幼芬之桐馨社（1917）、王瑶卿之云华社（1922）、俞振庭之双庆社（1923），与杨小楼、王瑶卿、时慧宝、裘桂仙、龚云甫、余叔岩等前辈名家同台，视野开阔，大长见识，其中，以同杨小楼合作时间最长，所受影响最大。他与杨小楼合演的《湘江会》，配合默契，时称双璧。1918年3月，与杨小楼首演本戏《楚汉争》，为他排演新戏之始，然而最大收获则是领略了杨氏进行艺术创造的精神风貌。他崇敬杨小楼，喜爱杨派艺术，尤其钦佩杨派表演的英武气概和“武戏文唱”的神韵，对杨氏一招一式，乃至一颠一颤，无不悉心揣摩，大胆吸收，为创建尚派表演，打下深深的烙印。在与名家合作中，使他充分意识到自己的稚嫩与不足。于是，一边演出一边深造，向陈德霖问艺，从李寿山、乔蕙兰习昆曲，更以“从新下挂”（意即从头学起）的决心和姿态向王瑶卿求教。《十三妹》、《梅玉配》、《汾河湾》、《南天门》、《雁门关》诸剧得王氏真传，《刘金定》、《汉明妃》经王氏整理修润。根据其艺术条件和特点，王氏专门为他传授排练了《兰蕙奇冤》与《乾坤福寿镜》两剧，于1923年春季首演。尚小云演出剧目有所丰富，戏路得以拓宽，特别是他早期存在的墨守成规、演技板滞的缺憾，得到改善。尚小云从王瑶卿那里，决不仅限于学得“四功五法”或几出戏，更重要的是领受到适应社会发展的变革精神和符合时代审美的创新追求。不断加工的《汉明妃》与《乾坤福寿镜》，成为尚小云终身保留的代表剧目，尔后形成的尚派明丽飒爽的风格和文武兼容的戏路，皆承王氏遗韵。《兰蕙奇冤》与《乾坤福寿镜》演出不久，尚小云即以新排本戏积极参与梅（兰芳）程（砚秋）竞争。1923年12月至1924年5月，半年间排演了《红绡》（《青门盗绡》）、《张敞画眉》、《秦良玉》3部新戏，允文允武，形式多样，全面展示技术才华。之后，又连续排演《五龙祚》、《林四娘》、《雷峰塔》等一批力作，令人耳目一新。1927年1月16日在北京新明戏院，上演了被称为“中西合璧、时装新戏”的《摩登伽女》。该剧一出，轰动京华，出现了“《摩登伽女》竞先睹，满城争说尚小云”的热烈景象。同年，《顺天时报》举办五大名伶新剧夺魁投票，最后尚小云以《摩登伽女》得票6 628张，位居第一，与梅兰芳、程艳秋、荀慧生并列前四名。尚小云以此为契机，于1927年秋独立组建协庆社，挑班演戏。至此，度过了他艺术道路上的重要过渡阶段。

自组班社后，合作者有老生王凤卿、谭富英，武生孙毓堃、沈富贵，小生尚富霞、叶盛兰，文净侯喜瑞、孙盛文，武净范宝亭，文丑慈瑞泉、贾多才、高富远，花旦筱翠花亦曾短期加盟，行当整齐，阵容强大。又得编剧家清逸居士溥绪之助，新戏剧本源源不断。遂凭借班社实力及剧作优势，致力于革新创造，形成新戏为主、老戏为辅的演出格局。上演新戏有《婕妤当熊》、《千金全德》、《卓文君》、《珍珠扇》、《峨嵋剑》、《前度刘郎》、《云𫘦娘》、《谢小娥》、《北国佳人》、《八件衣》、《兰陵女儿》、《黎素娘》、《比目鱼》、《空谷香》、《虎乳飞仙传》、《殷桃娘》、《白罗衫》、《白玉莲》、《珊瑚》、《绿衣女侠》、《龙女牧羊》、《黄衫客》、《鞭打芦花》、《青城十九侠》等，计30余出。整理改编老戏有《詹淑娟》、《玉虎坠》、《刘金定》、《梁红玉》、《梅玉配》、《十粒金丹》、《九阳钟》、《汉明妃》等近20出。

在上述剧目中，尚小云着力塑造出一批烈女、侠女、女将等独特形象。如谢小娥（《谢小娥》）、刘藐姑（《比目鱼》）、姚萝兰（《空谷香》）、姜氏（《白罗衫》）、慧妃（《花蕊夫人》）、欧阳淑芳（《兰陵女儿》）等烈女，为抵抗强暴，或自尽殉节，或拼命复仇，充满坚毅刚烈的个性色彩；如殷桃娘（《殷桃娘》）、聂碧娘（《峨嵋剑》）、吕灵姑（《青城十九侠》）、李梦兰（《黄衫客》）等侠女，武艺超群，一身是胆，济困扶危，惩恶扬善，成为正义与英武完美结合的化身；如林四娘、（《林四娘》）、梁红玉（《梁红玉》）、秦良玉（《秦良玉》）等女将，智勇双全不让须眉。引人注目的云𫘦娘（《相思寨》）和小玉（《北国佳人》），是传统老戏舞台上少有的少数民族妇女人物，她们以通文墨、擅武功、聪慧善良的美丽形象立于戏剧中心，从表演到装扮极力体现少数民族特色，大大突破诸如《四郎探母》之辽国铁镜公主、《红鬃烈马》之西凉代战公主、《珍珠烈火旗》之鄯善双阳公主等角色的传统扮演手法，给人以全新的审美感受。以钵吉蒂为女主人公的《摩登伽女》，源于古印度佛教故事，演此女汲水时，遇

《北国佳人》饰小玉

《穆柯寨》饰穆桂英

《峨嵋剑》饰聂碧云

《虹霓关》饰东方氏

《青石山》饰九尾狐

佛门弟子阿难，爱慕不已，求母摩登伽夫人允婚。母施法术，将阿难摄至，钵吉蒂尽情挑逗，阿难不为所动。如来命文殊将阿难救护而去。钵吉蒂追至，如来为之说法，遂皈依佛门。其编成京剧而搬上舞台，对于京剧表现题材的开拓很有意义。为突出异国情调，尚小云扮演的钵吉蒂着西洋时装，跳英格兰舞，并以钢琴、小提琴伴奏。出现在20世纪20年代京剧舞台上的这一奇异景观，在客观上对当时京剧较为凝滞的局面，产生很大冲击。尽管这些做法不够严谨，尚嫌幼稚，但在京剧变革早期历程中，确是弥足珍贵的大胆尝试。

尚小云所创角色，大都内禀烈性，外具侠风。以行当论，青衣为主，兼融刀马。从艺术表现看，则是青衣的端庄沉毅与刀马的爽朗英武相结合。以明丽飒爽为特征的尚派表演艺术，正形成于此，体现于此。尚小云生就音亮气足，有"铁嗓钢喉"之称，但他不以优越天赋为满足，注重科学用气，驾驭引气、控气、纵气、收气；讲究声音造型，巧用立音、顿音、颤音；追求老腔新唱，创出勒腔、坠腔等技法，使演唱送远达听，悠扬婉转，顿挫有致。他发挥嗓音优势，善于在高音区行腔，《五龙祚》中"惨凄凄唤苍天天不应响"一句，"应响"二字连续扳高至"2"，至"3"，《千金全德》里"偷睛看喜新郎少年美貌"一句，"2"音竟出现6次之多。前者充分表现了李三娘悲凉凄厉一腔愤懑，后者则生动刻画了高桂英喜出望外的激动心情。《祭塔》的［反二簧］原就调高腔险，他还在首句"未开言不由人珠泪双流"中用了老生腔，以旦脚唱老生腔要比老生原调翻高八度，大大加强了悲剧气氛。《四郎探母》萧后的大段［西皮慢板］，巧妙使用由高音陡然下滑的坠腔、接连下滑的勒腔、连续几个32分音符以及顿音、颤音等手法，险腔迭出，色彩斑斓，有力地表现出辽国女主的威仪气概。他还善于演唱多字长句，《乾坤福寿镜》中一句"徐氏妾妒宗嗣她道我身怀妖孕家门不祥"，较常规10字句多出7字，《双阳公主》中一句"叫胡兰和兆寿将公主的千里战马扣连环你们急忙带定"，竟多达23个字。他匠心独运地分别用正规句式、附加句式、闪板垫字、干板垛字等种种方法加以处理，不仅使声腔别有韵致，并且通过身段、锣经相配合，恰如其分地表现了人物的情怀心境。总括尚小云的演唱，峭峻矫健，浑圆敦厚，于稳练中求变化，在刚劲中见婀娜。

因受杨（小楼）派影响，尚的念（道）白，特别是韵白，穿插使用高挑字音，极力强化逻辑重音，调整气口、节奏而重组句逗，时而干板垛字，时而似断实连，造成跳跃、跌宕式的抑扬顿挫，别具一格，独有韵味。一般认为，"尚的道白，不同于梅、程的是韵白之外，兼以京白取胜"，"他的京白得力于王（瑶卿）派，而较为真率"。如代战公主（《红鬃烈马》）、何玉凤（《十三妹》）、马金定（《巴骆和》）等角色白口，使艺术化的语调同生活化的语气紧密结合，人物的性格化与京白的尚派风格化浑然一体，念来爽朗活泼，兴味盎然，强有力地感染观众。

演戏火爆是尚小云的舞台追求。遇有开打，不遗余力，表演勇猛。他的靠功、把子功，为一般武旦所不及。其身段做派，则以幅度放大、节奏明快为特色。载歌载舞的《昭君出塞》，采用武生式的跨腿、踢腿、弓腿、滑步、蹉步、单腿颤步一系列大动作，大开大合，大收大放，构成一幅"烈马美人图"，同时形象地展现了王昭君的去国悲伤，心潮激荡。即使如唱功戏《武家坡》一个出场亮相，也突破常规，不同凡响。在［西皮慢三眼］大过门里，快步急趋直奔九龙口，一个快速直抖袖——飞出水袖三尺，整体形象有如离弦之箭，表现出苦守寒窑十八年的王宝钏，接取"万金家书"迫切而兴奋的心情。

尚小云艺事活动中有三"好"：好演萧后、好跑圆场、好打堂鼓。《四郎探母》的萧太后，表演气度恢弘，唱段酣畅淋漓，足以显示身份气派。尚的圆场越跑越圆，越跑越快，"有前激后荡之势"。《御碑亭》的"跑雨"，《武家坡》的"跑坡"，《长坂坡》的"跑箭"，均为拿手；《昭君出塞》的马上"塌身圆场"，似鹰鹞盘旋，迅捷矫健；《摩登伽女》创造出绝妙的穿高跟鞋跑圆场，尤足以动人心、显功力。《梁红玉·战金山》的剧中擂鼓，以高水平、专业化的打鼓技艺，出色体现"击鼓助战"的戏剧情节，极其壮美；遇有开台或剧中演奏［将军令］、［夜深沉］等，每每争代鼓师，手上鼓点千变万化，鼓声激越，振奋精神，更足以抒豪情、显特能。尚小云之心境、艺境、性格、风格，由此可见一斑。

1938年，尚小云以救济梨园贫寒子弟及教育人才为目的，创建荣春社科班。自此，日间督导教学并亲自授课，晚间亲临剧场监督弟子演出，延聘教师、确定课程、筹措资金、管理经济，一切等项事必躬亲，几乎把全部精力投入科班。尚小云教育思想表现为"量才施教，各授技艺"。凡坐科学生，一律安排练功、学戏，根据才能差别，演出中或头路或二三路、或开场或大轴，少有不学正戏、不能登台者。出科学生，大都有一技之长。严格质量要求，"绝不令稍有疏懈扑漏之弊"。质量以能演出为标准，演出以讲规格、卖力气为守则。懈场、笑场、误场、忘词、偷懒等情，责罚不贷。场上偶有失误，散戏后立即连夜排练，直至午夜两三点钟错误纠正才罢。严格锤炼敬业精神，注重养成"对得起看客"的负责态度。重视教师遴选，所聘"皆艺业精纯，极负时誉者"。尤重教授得法，富有经验。梨园名宿如尚和玉、王凤卿、程继先、范宝亭、阎岚

《金山寺》饰白素贞

《十三妹》饰何玉凤

《秦良玉》饰秦良玉

《珍珠扇》饰任月英

《青城十九侠》饰吕灵姑（右）

《摩登伽女》饰钵吉蒂

《梁红玉》饰梁红玉

《四郎探母》饰萧太后

《汉明妃》饰王昭君

秋等他都不惜重金礼聘。曾任教于富连成、正乐、斌庆等几大科班的著名教师如戴韵芳、孙怡云、蔡荣桂、郭春山、李凌枫、丁永利、罗文奎等几乎囊括无遗，使人才培养规格与质量得以保障。"以班养班"与培训人才统筹兼顾。在经常性营业演出中，演出剧目有3个特点：一是剧名新奇，以招徕观众。《剑峰山》用名《五鬼一条龙》，《庆顶珠》用名《火烧丁香镇》，以及《荒山怪使》、《血染万花楼》、《胡奎卖人头》等皆是。二是剧情完整，引人入胜。除新编者外，或取某一小戏增益首尾，变单折为本戏，或把若干单折连缀贯穿，故事有始有终。三是技艺充实，教学有益。在剧名、排场上"找噱头"，在技术内容上求充实，使观众看到真玩意儿，学生们学到真本领。

为办荣春社，尚小云曾售卖7所房产，梨园界内外盛赞其毁家办社之举。荣春社于1948年底解散，成立10年，培养学生350名，以"荣、春、长、喜"排名，优秀者如老生徐荣奎、李甫春、马长礼，武生尚长春、孙瑞春、王长山，旦脚杨荣环、孙荣蕙、尚长麟，净脚景荣庆、李荣威、罗荣贵，丑脚贾寿春、时荣章、方荣慈、汪荣汉等。尚小云平生慷慨好义，扶危济困，提携后进，不遗余力。曾大力扶助富连成社渡过难关，无私地帮助学艺期的张君秋、张云溪登上舞台。

1949年北平解放，尚小云率领剧团排演了《洪宣娇》、《夜归》、《太原双雄》等新编古代戏。1959年排出《双阳公主》，作为庆祝中华人民共和国成立10周年的献礼。该剧集唱念做打之精粹，成为尚派扛鼎之作。中华人民共和国成立后，历任北京市尚小云剧团团长、陕西省戏曲学校艺术总指导、中国戏曲学校艺术顾问、陕西省京剧院院长等职。"文化大革命"期间，尚小云遭受迫害，身患多种疾病，于1976年4月19日逝世。 （贯涌）

Shang Xiaoyun Zhuanji

《尚小云专集》 史料集。徐汉生编。京津印书局1935年3月出版。卷首有编者徐汉生1934年10月写的序。专集内容约分4个部分：一是尚小云的便装照、剧照及书画作品，共25幅。二是双溪《尚小云传》及文人学士投赠的诗词20余题，集长歌短诗数十首。三是评论文章，有林老拙、张聊止等人，对尚小云《玉堂春》、《摩登伽女》、《婕妤当熊》、《林四娘》、《三娘教子》、《珍珠扇》、《卓文君》、《青门盗绡》等表演艺术的评论。四是尚小云演出剧目的剧情介绍和唱词辑录，列入的剧目有《摩登伽女》、《卓文君》、《婕妤当熊》、《空谷香》、《林四娘》、《珍珠扇》、《峨嵋剑》、《千金全德》、《花蕊夫人》、《秦良玉》、《相思寨》、《红绡》、《玉堂春》、《三娘教子》、《前度刘郎》、《白罗衫》，共16出。其中不少戏并无剧本流传，故这份资料对于研究尚小云早期剧艺有一定参考价值。 （简畅）

Shang Zhisi

尚之四 （1921～2001） 戏曲导演、编剧。山东平度人。早年在青岛求学，酷爱文艺，曾任中学音乐美术教师。1943年加入中国共产党。1945年平度解放，调至西南海联中学及西海中学担任教务主任，组织学校剧团，先后导演《群策群力》、《改邪归正》等歌剧、话剧及自己编导、作曲的《王小二参军》。后在民众教育馆和坊子师范学校工作，排演《气壮山河》、《王小二过年》等剧。1948年12月，任潍坊市委文工团团长，导演《解放》、《三世仇》、《春耕曲》、《黄烟》及歌舞剧《祖国万岁》、吕剧《李二嫂改嫁》等。1952年，调至山东省歌剧团（后改名山东省吕剧团），任副团长。尚之四在继承戏曲传统的基础上，坚持从生活出发，广采博取，革新创造，为吕剧表现现代生活奠定坚实基础，《李二嫂改嫁》1954年获华东区戏曲观摩演出大会导演奖。他还导演了《刘海砍樵》、《打金枝》、《借年》、《挑女婿》、《龙凤面》、《翠香记》等，丰富了吕剧的表现力。1957年后，调任山东省戏曲研究室副主任，先后导演柳子戏《孙安动本》、《玩会跳船》、《张飞闯辕门》，山东梆子《玉虎坠》、《墙头记》、《万家香》等。帮助加工五音戏《王二姐思夫》、《王小赶脚》，柳腔《观灯》，两夹弦《拴娃娃》等。《孙安动本》于1961年拍摄成戏曲艺术片。1964年春，参加现代京剧《奇袭白虎团》导演工作，从内容及人物出发，突破戏曲程式，丰富表现手段，使该剧声情并茂，文武兼备。他多次导演该剧，精益求精。1972年该剧由长春电影制片厂拍摄成影片。1980年，重回山东省吕剧团任副团长，导演了由郎咸芬主演的现代戏《亲事》，并对恢复上演剧目进行加工。历任中国戏剧家协会山东分会副主席、中国戏曲现代戏研究会理事、山东省导演学会顾问。 （鲁志）

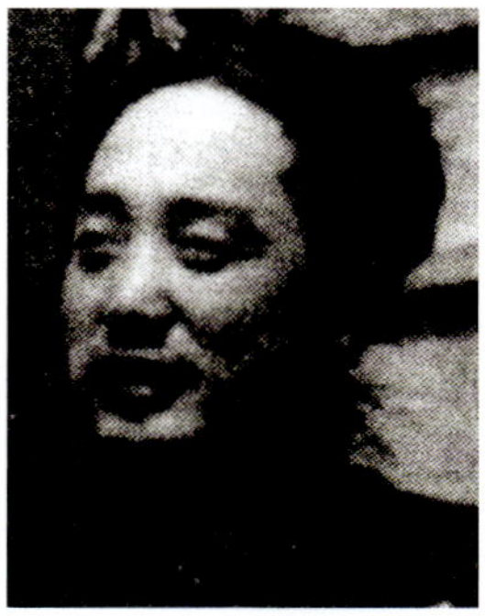

Shen Bao

《申报》 综合性报纸。清同治十一年三月二十三日（1872年4月30日）创刊于上海，至1949年5月27日终刊，历时78年，是中国近代历史悠久、影响广泛的商业性报纸。它从清末起就陆续刊登一些鼓吹改良戏曲的剧论，如清光绪三十二年（1906）八月初五的

《论戏曲改良与群治之关系》，宣统二年（1910）三月二十八日之《新剧场观剧记》等。民国以降，各版面登载的戏剧新闻、评论及研究文章渐多，又渐次开设不少文艺副刊或栏目，如《自由谈》（1911创刊）、《游艺丛刊》（1925）、《游艺界》（1938）等，所涉戏剧尤其是京剧的内容也日趋丰富。1912～1919年曾发表过许多比较新剧与旧剧优劣或谈如何改良戏曲的文章，如署名健儿、玄郎等所写的《评新新舞台演剧》、《论改良旧剧》、《自新舞台编演〈新茶花〉以来》、《贾璧云与冯子和之比较》等。1920～1937年的近20年是《申报》剧评、剧论最繁盛的时期，撰稿者涉及社会各界，文章数量众多，当时在沪或旅沪的众多剧评家以及电影界、文艺界人士，各种文化人，报刊的编辑记者，文化商人，官僚等，都曾采用过各种笔名为《申报》撰稿，像郑正秋、姚民哀、舒舍予、尤半狂、苏少卿、刘豁公、冯叔鸾（马二先生）、郑子褒（梅花馆主）、徐慕云、汤笔花、费觉非、徐筱汀、林老拙、张超、郑过宜、张肖伧、周瘦鹃、胡梯维、王唯我等均为常年作者，田汉、郑振铎、曹聚仁等也曾为之撰稿。该报所载剧评、剧论所涉理论领域更宽泛，探讨和研究趋向深入，不同观点的争鸣亦趋热烈。如曾进行过旧戏锣鼓的专题讨论，海派与京派问题的讨论，四大名旦艺术优劣的讨论，中国戏剧前途的讨论等。在舞台演出上，曾大量评论过上海各舞台盛行的连台本戏和机关布景，评论海派京剧名角如麒麟童及北平来沪的京剧名角梅兰芳、余叔岩等人的表演艺术等，以至连载了不少长文，如《梅兰芳之艺术谈》、《梅兰芳与中国旧剧的前途》、《程砚秋之新剧观》、《沪上京剧之三派》、《海上名伶谈》等。从抗日战争爆发至上海解放前夕（1938～1949），是《申报》的最后一阶段，因战争、经济萧条等各种因素的影响，戏曲演出越来越不景气，不少剧评家渐渐不再撰稿，《申报》戏评栏目也每况愈下，但仍然有一批剧评人士如梅花馆主、张古愚、郑过宜、苏少卿、徐慕云等较为活跃，写了许多探讨京剧流派艺术、评论著名演员表演水平及研究整个戏剧前途的文章，如《平剧四大名旦之比较》、《我谈麒派》、《京剧的一般错误》、《上海戏剧学校之成绩》、《看周信芳戏兼论麒派》、《沪上各舞台武生漫谈》、《盖叫天的绝活》等，直至停刊。《申报》搞剧评、剧论持续了70余年，其所载文章虽篇幅较短，且多配合新闻撰稿，不像专业戏剧报刊的载文可专注于理论上的探讨，但由于该报每日出版，其容量并不亚于一般的专业性戏剧报刊。又因为《申报》发行量大，读者面宽，在非专业的广大读者群中，其影响反而更大，因此也被戏剧界人士视为一个重要的舆论阵地及理论园地。（周巩平）

《申报》副刊《游艺丛刊·京剧号》（局部）
（1925年5月24日）

shenmoxi

神魔戏 传统戏中敷演神鬼妖魔故事的剧目。旧时俗称“闹妖戏”。明徐渭《南词叙录·宋元旧篇》所载南戏剧目，有演唐玄奘取经故事的《陈光蕊江流和尚》，出自《沉香宝卷》故事的《刘锡沉香太子》等。元代以后这类剧目逐渐增多，如元杂剧《桃花女》、《八仙庆寿》、《二郎神锁齐天大圣》，明清传奇《鱼篮记》、《钵中莲》、《混元盒》、《雷峰塔》等。尤其清代地方戏兴起后，接受昆、弋声腔戏和神怪小说、弹词、宝卷、变文等说唱艺术的影响，诸剧种剧目中出现很多移植和改编的神魔戏，在民间流行演出。清代宫廷戏中更有相当一批这类剧目，如敷演全部《西游记》故事的《昇平宝筏》，演《封神演义》故事的《封神天榜》，根据《平妖传》改编的《如意宝册》，由传奇剧《混元盒》翻成的《阐道除邪》等大戏，和一些专供月令承应的短剧。赵翼《檐曝杂记·大戏》记乾隆帝秋猎热河，行宫演剧：“中秋前二日为万寿圣节，是以月之六日即演大戏，至十五日止。所演戏率用《西游记》、《封神传》等

清宫《戏出画册·三矮奇闻》（故宫博物院藏）

清宫《戏出画册·二本五花洞》（故宫博物院藏）

《戏出年画·金山寺》（王树村提供）

小说中神仙鬼怪之类，取其荒幻不经，无所触忌，且可凭空点缀，排引多人，离奇变诡，作大观也。”清代统治者的热衷和参与，对京剧的神魔戏繁衍起了不小作用。京剧在形成过程中吸收了昆曲和其他地方戏的神魔戏剧目，进入宫廷后又将宫廷戏的这类大部本戏的若干散出和一些单本短剧翻改成自己的剧目，并在其发展过程中陆续改编、移植新戏，由此形成一批传统剧目。据不完全统计，这类剧目约有200余种曾在舞台上流行，如《锯大缸》、《泗州城》、《大香山》、《三世修》、《青石山》、《莲花塘》、《摇钱树》、《金山寺》、《盗仙草》、《混元盒》、《五花洞》、《劈山救母》、《乾坤斗法》、《八仙斗白猿》、《阴阳河》、《鱼篮会》、《漂东海》、《朝金顶》、《九华宫》、《三教寺》、《闹天宫》、《水帘洞》、《盘丝洞》、《乾元山》、《黄河阵》、《碧游宫》、《虞小翠》、《青凤传》、《西湖主》等。神魔戏是京剧传统剧目中的一个特殊种类，虽然一些剧目有着劝善惩恶的寓意，其中不乏《白蛇传》、《劈山救母》、《闹天宫》等优秀之作，更多的则偏重于形式，片面追求故事情节离奇诡异，场面热闹，或以布景道具的光怪陆离、脸谱服装的绚烂辉煌，或以高难繁重的武功表演招徕观众。这类戏的精彩处在于武打和特技表演场面，多以武生、武旦、武二花应工，一般配戏演员也都是武行。大戏如《混元盒》、《五花洞》，多是名角联袂演出，以其异彩纷呈的过硬武功叫座，即使折子短剧如《盗仙草》，也是以“打出手”踢枪绝活要好。20世纪50年代以后，有的神魔戏因其内容的荒诞不经，已不常演出。留在舞台上的仅剩下少数经过整理的剧目，如《水帘洞》、《闹天宫》、《金钱豹》、《盗仙草》、《盗库银》等，多为折子戏。与此同时，有些经过大拆大卸的整理改编，赋予了新的艺术生命，如《白蛇传》、《碧波潭》、《虹桥赠珠》、《无底洞》、《火焰山》、《真假美猴王》、《宝莲灯》等。无论思想内容，还是艺术表现形式，都有别于传统戏中的神魔戏，已属新编神话故事剧。（程炳达）

Shen Baozhen

沈宝桢（1939～　　）　演员。工武生。原名沈宝珍。祖籍浙江绍兴，生于北平（今北京）。高祖沈小庆为道光间著名武生。曾祖沈全奎，工老生。祖父沈福山，工净行，侯喜瑞曾从其问艺。父沈玉斌，为谙熟声韵格律、昆乱皆精、六场通透的京剧乐师，曾任京剧公会会长，艺培戏曲学校创始人。1951年艺培戏曲学校筹建时，宝桢即与其弟沈宝瑞和宋元斌、孟俊泉、张学济等从王仲元、刘佩永等练功，次年学校正式成立，师从诸连顺习武生，以《探庄》、《蜈蚣岭》、《打虎》、《武文华》四出昆曲戏打下了坚实的基础，不到半年即能演出。1953年始从孙毓堃学艺，学演了《铁笼山》、《艳阳楼》、《长坂坡》、《恶虎村》、《霸王庄》、《状元印》、《金钱豹》、《四平山》、《霸王别姬》、《青石山》、《阳平关》等，并从苏连汉学《百凉楼》、《潞安州》、《下河东》、《东昌府》及《古城会》、《水淹七军》等关羽戏，从侯喜瑞学《丁甲山》、《清风寨》、《渔夫恨》、《普球山》、《连环套》等。毕业分配到梅兰芳京剧团，姜妙香劝将宝珍名改为宝桢。后因荀慧生京剧团无武生，改调荀团。1960年底入北京市戏曲学校实验京剧团，1965年曾赴缅甸演出，1969年该团解散调至北京京剧二团。1977年5月演出《逼上梁山》，次年演出《挑华车》，在戏曲界颇为轰动。1980年随团赴希腊、土耳其、突尼斯等国访问演出。后又从高盛麟、尚长春、郑星垣、宋遇春等问艺。宋遇春利用两年多的时间，不仅把自己所会的黄（月山）派武生戏细致入微地倾囊相授，还把所有演过的关羽戏都认真传授给他，可惜尚未实践演出，便因病而息影舞台。妻刘润美工旦行，为麒派老生刘少春之女，有子沈嘉心，继承父艺亦工武生，为沈门第六代演员。

沈金波在《智取威虎山》中饰少剑波

沈宝桢之堂兄沈金波（1926～1990），原名宝茹，幼入中华戏曲专科学校，工老生。为上海京剧院演员。1959年拜周信芳为师。曾傍周信芳演《四进士》，饰毛朋。擅演的新剧目有：历史剧《皇帝与妓女》饰宋徽宗、现代戏《送肥记》饰钱二哥、《智取威虎山》饰少剑波。沈金波在《智取威虎山》中的唱段“朔风吹林涛吼峡谷震荡”、“我们是工农子弟兵来到深山”，脍炙人口。（刘松崑）

Shen Baojun

沈葆钧（1854～1918）　鼓师。名立成，小名大立，又名沈大。祖籍安徽，生于北京。幼从何瑞林习鼓，后为刘兆奎弟子。搭四喜班二十多年。清光绪五年（1879），与樊三（樊景泰）、浦阿四同选入昇平署，并做光绪（爱新觉罗载湉）学习司鼓的教师。晚年曾在刘鸿昇班内打鼓。沈葆钧能打数百出昆腔戏，鼓艺文雅大方，是当时京剧司鼓昆腔派的代表人物，京剧中很多昆腔曲牌均是由他率先移用来的。他的鼓艺高，名望尤重，弟子颇众，其中著名者如刘永顺、王景福、汪子良、郭德顺、唐宗成、鲍桂山、杭子和等。其弟沈葆镛，小名二立，艺名沈韵秋，武生，走红于上海。葆钧有三子：长子洪臣工武生，次子延臣工花脸，三子寿臣打小锣。王芷章《清代伶官传》有沈立成传。（王硕）

Shen Bochen Xiansheng Huabao

《沈泊尘先生画宝》　京剧画集。沈泊尘（1889～1920），名学明，又字伯诚，浙江桐乡人。自幼喜好绘画。17岁就商于杭州，19岁到上海，始弃商而一心于画。民国初年起，为《民权报》等作插图。26岁至“鸳湖”（嘉兴之南湖）从潘雅声习国画一载有余。返回上海后继续为各报作画。29岁与其弟沈学仁创办《上海泼克报》（又名《泊尘滑稽画报》），未久因病辍刊。31岁积劳成疾而卒。详见《事略》。泊尘在绘画上是自学成才，以戏剧、仕女、滑稽等画有名于时。1912年，郑正秋在《民权画报》上辟《丽丽所戏评》、《菊部春秋》

夏月珊、小子和《游龙戏凤》（沈泊尘绘）

小达子、小金桂《汾河湾》（沈泊尘绘）

专栏，评介上海各舞台演出，泊尘为之配图80余幅。《画宝》为其去世后，由友人搜集遗作汇印而成，与《民权画报》所载无一重复，盖为沈氏稍晚近之作，画技略胜于前者。其中涉及名伶有孙菊仙、谭鑫培、三麻子、潘月樵、夏氏兄弟、贵俊卿、吕月樵、小达子、小杨月楼、朱素云、陈嘉祥、盖叫天、杨瑞亭、高福安、小子和、贾璧云、毛韵珂、小金桂、朱幼芬、龚云甫、金秀山、李百岁、马飞珠等30多人，也有个别票友；剧目近60出，大多是皮簧传统戏，也有少量昆曲、梆子以及时装新戏。一般一戏一画，间有连画2～4幅者。所画多为当时观剧所得，只有夏月珊、小子和合演的《游龙戏凤》等少数几幅画，是十余年前观摩印象的追忆之作。其画风写实，全以墨笔描摹名伶的姿势神态，以至“衣带花纹，均能毕肖”。泊尘偶亦在画上题写观剧随感，如《汾河湾》：“男子薄幸大抵如是，心肝何在？社会上多此等人，男女那有平等之一日！”其时摄影术尚未普及，报端少有剧照发表，读者能从这些画作中领略京剧风采，是研究民国初期上海剧场演艺的形象资料。现存《画宝》为第一集，其后有无续刊，未详。1926年，上海大东书局编纂《戏学汇考》，所收剧本均有配图，其中十多幅采自《画宝》，然有不同程度篡改，作者题款亦被删去。（戴云）

Shen Fucun

沈福存（1935～　）　演员。工青衣兼小生。原名沈永明。重庆人。1948年入重庆厉家班“福”字科学艺，改名福存。师承厉彦芝，并受教于戴国恒门下，先习老生，后工青衣兼小生。18

岁与厉慧斌、厉慧良同台演出《宝莲灯》、《秦香莲》等。青衣戏宗梅（兰芳）、张（君秋），兼学程（砚秋）、荀（慧生）、尚（小云）。小生戏有《白门楼》、《罗成叫关》。在《白蛇传》中前后分饰白娘子、许仙，均当行出色。在西南一带常演剧目有梅派的《凤还巢》、《王宝钏》、《生死恨》，张派的《玉堂春》、《春秋配》、《望江亭》，程派的《锁麟囊》，尚派的《御碑亭》。“文化大革命”期间一度改演老生：《红灯记》饰李玉和、《智取威虎山》饰少剑波、《闯王旗》饰李自成。20世纪70年代末起恢复唱旦。1983年赴北京、天津、上海演出，1984年在北京参加纪念尚小云诞辰85周年，演出《御碑亭》，均获行内外观众好评。其嗓音甜亮，做表大方，主张“艺不宗一”、博采众长，形成刚健俏丽、清新脱俗的艺术风格。中国唱片社出版有他主演的《玉堂春》(1982年演出录像)。曾赴北京、香港等地讲学。其女沈铁梅，为川剧青年表演艺术家，也能唱京剧，主演过《神马赋》。

《春秋配》饰姜秋莲（左）　周小骥饰乳娘

2009年12月，《水滴石穿——沈福存的艺术人生》由新星出版社出版。安志强编著。22万字。其主体部分为安志强与沈福存的对话，讲述并评介了沈福存的艺术经历、艺术经验和艺术成就。郭汉城作序。（捷之）

Shen Fugui

沈富贵（1903～1956?）　京剧教师、演员。工武生。字玉堂。北京人。1910年入富连成社科班习武生，在科期间与茹富兰、邱富棠等已显露头角。1921年出科后搭王又宸、尚小云、荀慧生、谭富英、叶盛章、毛世来等班社，演出于北京各戏园。1931～1945年间曾先后在富连成、荣春社科班教戏。1936年尚小云之长子尚长春拜其为师，教授的剧目有《淮安府》、《罗四虎》、《连环套》、《艳阳楼》、《长坂坡》、《铁笼山》等。沈富贵在艺术上宗黄月山派，擅长武生“老头儿戏”，唱念讲究，工架稳重，长靠、短打均能。1946～1948年间，先后参加国民党军队所属的刚毅剧团与鹰扬剧校，以教戏、编导为主。1948年长春解放后参加东北军区政治部领导的胜利剧团。20世纪50年代初，经王连平举荐到沈阳东北戏曲实验学校任教。学生有曲咏春、刘习中、刘匡捷等。

（王世勋）

Shen Liqun

沈利群（1932～　）　女作曲家。祖籍浙江湖州，生于上海。

1948年赴苏北根据地，1949年随军南下回上海，在团市委所属青年文工团、上海实验歌剧院工作。1954年考入上海音乐学院作曲系本科，毕业后分配在上海人民艺术剧院创作室任作曲。她涉猎的音乐创作领域甚广，早在学生时代已创作有钢琴曲《蚌与渔夫》，被收入音乐学院高等钢琴音乐教材。1962～1963年，即为香港长城影片公司出品的电影《三笑》作曲，并主唱了唐寅的歌词。1965～1974年，参加现代京剧《智取威虎山》、《龙江颂》的音乐创作。参与创作的主要唱段有：《智取威虎山》第三场中常宝唱段“只盼着深山出太阳”，首创高拉低唱的E调旦腔［反二簧］唱腔；《龙江颂》第四场江水英与群众唱段“端起龙江化春雨”等。还参加了交响乐《智取威虎山》的音乐创作。1974～1976年，为上海五七京训班创作儿童现代京剧《闪闪的红星》，对传统京剧行当唱腔的发展做了成功的尝试。1978年，为江苏省迎鉴真和尚坐像回国巡展创作了以中日友好为主题的现代京剧《樱花颂》（陈正薇主演）。1979年为扬州木偶剧团创作《嫦娥奔月》京歌剧，以后又创作了现代京剧《宝剑归鞘》和新编历史剧《乾隆下江南》、昆剧《血手记》、越剧《第十二夜》、黄梅戏《红楼梦》（马兰主演），以及京剧电影《李慧娘》（胡芝风主演）等。此外，还创作了多部话剧、电影、电视、广播剧音乐。（庄永平）

Shen Sanyu

沈三玉　（1899～1957）　京剧教师、演员。工武净。原名毓珊，字洪霖。生于北京。出身梨园世家。幼入三乐班学艺，与尚小云、王三黑、赵三凤（凤鸣）、荀慧生、赵桐珊等同科。常于《四杰村》、

《八蜡庙》、《摇钱树》、《取金陵》、《刺巴杰》、《战金山》、《长坂坡》、《金钱豹》等剧中扮演主要武净角色。出科后，历搭群益、双庆、春庆等班社。先后与尚和玉、沈华轩、俞振庭、梅兰芳、尚小云、荀慧生、朱琴心、徐碧云等同台合作，参演过《佛门点元》、《刺红蟒》、《乐昌公主》等剧。单挑戏则常贴演《金沙滩》、《收关胜》等。尤对尚（和玉）派戏多有心得。

1930年受聘于北平中华戏曲专科学校，任实习处主任，主持教学教务工作，并教授武生、武净剧目，如《四平山》、《战滁州》、《艳阳楼》、《挑华车》等。傅德威、王金璐、袁金凯、张玉禅等均曾从其受业。并参与筹划排演过许多连台本戏和新戏，如《火烧红莲寺》、《宏碧缘》、《忠义臣》、《烽火媒》、《九莲灯》、《忠烈鸳鸯》、《化外奇缘》、《小行者力跳十二堑》等。历时10年，学校停办后，参与组织光华社和校友剧团，使一些青年后学得到继续修业和演出的机会。20世纪40年代后期加入焦菊隐主持的北平艺术馆，参与新平剧的创改工作。50年代初曾参加《九件衣》等新剧的演出。后加入中国戏曲研究院京剧实验工作团，又调入中国戏曲学校任教，教授武净、武生剧目，如《四平山》、《状元印》、《收关胜》、《战滁州》、《战马超》等。学生中柏之毅、钱浩梁、袁国林、郭世华、贺春泰、唐铁林等皆得其教益。（钮骠）

Shen Xiaomei

沈小梅　（1937～　）　女演员。工旦。原名沈晓梅。祖籍湖南长沙，生于上海。自幼酷爱京剧，曾在课余从师学青衣花衫戏10出。1953年夏拜梅兰芳为师，得亲授《宇宙锋》、《贵妃醉酒》

和《霸王别姬》。1956年梅氏推荐她加入江苏省京剧院，并为其改名沈小梅。1959年参加第七届世界青年与学生和平友谊联欢节，获金质奖章，并赴北欧演出。“文化大革命”期间被迫辍演，曾在江苏省戏曲学校执教8年。重返舞台后，成为江苏省京剧院首席青衣，排演了新编古代剧《宝烛记》等。1979年起精心培养了美国留学生魏丽莎，教她演出《贵妃醉酒》；后被美国夏威夷大学聘为客座教授，前往讲学并为师生排演英语京剧《玉堂春》、《沙家浜》和《四郎探母》等，夏威夷州众议院曾向她颁发嘉奖证书。2006年2月夏威夷大学又授予她人文艺术名誉博士，举行隆重颁赠仪式。沈小梅是梅派表演艺术主要传人之一，梅氏中、晚期剧目皆擅演，而以《宇宙锋》、《贵妃醉酒》最得真髓。她嗓音甜润厚重，有膛音，扮相端庄大方，唱念表演坚持“求美戒浮”的师训，天然去雕饰，有出台即可静场的艺术魅力，擅用眼神及单纯动作表现人物内在感情。1991年以在《宝烛记》中饰长孙无双获首届文华表演奖。时任文化部常务副部长高占祥题诗以赠：“传艺远洋归，京华《宝烛》辉；江南春色好，艳艳一枝梅。”李克因著有《向暖一枝开》，记述沈小梅艺术生活，江苏文艺出版社1990年出版。（李克因）

《宝烛记》饰长孙无双

Shen Xiaoqing

沈小庆　（1808～1855）　演员。工武生。浙江绍兴人。其父曾在兵部马档房任职。因家道中落，15岁入老嵩祝成科班第一科习艺。出科后未离嵩祝，一面演出，一面教授下一科的师弟们。沈小庆曾经成功地在舞台上塑造了黄天霸、褚彪等形象。善于借用骨牌，设计武打“档子”和群舞场面，如“八大拿”的开打，《洛阳桥》的“骨牌灯”，《天河配》的“七巧图”，《闹花灯》的“龙灯舞”等。他还以小说《施公案》为题材，编演京剧剧本。吉水《近百年来皮簧作家》文中说到：“沈小庆，好听评话……听施公案最悉，乃取以入剧，而于武戏所谓套子者，尤极精研。”（载《剧学月刊》第3卷第10期）具体有哪些作品，缺乏可靠的记载。《恶虎村》、《连环套》经过他的加工润色，富戏剧性，戏剧结构和唱词念白均佳。他创制薄底靴子，叫煤市街合胜斋鞋店给自己专做。武生头上加带绒球，花脸和反派英雄们头上都带旁花，以及踢鸾带等表演程式，亦是他的创造。

其子沈全奎（1848～1915），又名沈三元。王芷章《中国京剧编年史》述沈全奎：“光绪时，以二路老生历搭各班，颇有声誉。”（第359页）另有沈三元，似非一人。据刘嵩崑《京师梨园世家》：“沈全奎排行为三，乳名三元”，实为一人。张肖伧《燕尘菊影录》评

介沈三元颇详："沈三元……唱须生，以硬里子名。年与谭鑫培相若。三元歌音爽亮刚劲，惜生来左嗓，是其缺憾。《斩黄袍》、《盗宗卷》二戏，颇负时誉。名伶如谭鑫培辈，多乐与合演。《捉放》之吕伯奢、《训子》之张仁、《群英会》之孔明，皆出规入矩，左宜右有。余聆其与老谭之《捉放》，三元去伯奢，炉火纯青，与鑫培直可伯仲。配角臻此，得未曾有。沈伶唱《十道本》之褚遂良，与王福寿合演，金殿一场，侃侃而谈，假疯之神，妙到秋毫。"

沈全奎之长子沈福山（1870～1933）工净，次子沈福海（1873～1939）为琴师。沈福山次子沈玉斌为私立艺培戏曲学校的创办人。沈福海长子沈玉秋、次子沈玉才均为琴师。沈门繁衍，已有六代梨园，详见刘嵩昆《京师梨园世家》第335～340页。 （秦华生）

Shenyang Jingjuyuan

沈阳京剧院 京剧演出团体。1959年11月，由辽宁京剧团与沈阳市京剧团合并组成，首任院长赵天林。历届院长、副院长有唐韵笙、管韵华、王君羊、赵平、侯心一、李麟童等。下设两个演出团。1961年沈阳东风京剧团并入。1964年辽宁青年京剧团并入，编为第三团。剧院主要演员有老生唐韵笙、管韵华、焦麟昆、尹月樵、姚世茹、丁震春，小生诸世芬，青衣秦友梅、吕东明，花旦吕香君、汤小梅，老旦张小贤，花脸赵世璞等。编剧有杨逸民、保希文、仲克、刘亚明、丁刃、鞠文业、郭墟等。鼓师有石枫、陆殿国、何广元等。琴师有刘颖华、徐文谟、张玥、张少卿等。舞台美术设计有潘茂林等。演出剧目主要有唐韵笙代表作《古城会》、《走麦城》、《刀劈三关》、《未央宫斩韩信》以及《金钱豹》、《雁荡山》、《生死恨》、《风还巢》、《红娘》、《锁麟囊》、《窦娥冤》、《海瑞背纤》、《六国拜相》、《红梅阁》等。剧院整理、改编、移植演出的剧目有《摘缨会》、《佘太君斩子》、《岳飞传》、《双玉蝉》、《港口驿》、《不准出生的人》、《春雷》、《红石钟声》、《插旗》等。创作排演的近现代题材剧目有《詹天佑》、《开车之前》、《向北方》、《政治连长》、《彩虹》等。1960年夏和1982年春，两次赴京，专场演出《海瑞背纤》、《古城会》等。《红石钟声》、《插旗》参加1965年东北区现代戏观摩演出大会并获奖。

《两狼关》 李静文饰梁红玉（右） 诸德明饰兀术

《古城会》 唐韵笙饰关羽（右） 李春元饰张飞

《乌纱记》
汪庆元饰边一笑（左） 关一饰张岫玉（右） 保锳如饰艾春兰

"文化大革命"中，剧院被解散，《海瑞背纤》被诬为大毒草，受到批判。1969年，全体人员下放农村插队落户。唐韵笙被迫害致死。1969年12月，抽调部分演员学演"样板戏"。1973年12月，改为沈阳京剧团，创作演出《枫林坳》等剧。1978年5月，恢复剧院建制，重新上演《海瑞背纤》等剧目，并编演新戏《白莲花》、《儿女传奇》等。1979年，周仲博调入，排练演出《血战金沙滩》等戏。1987年，排演《康熙大帝》，参加1988年全国京剧新剧目调演。20世纪70～80年代出现一批优秀中青年演员，如王丽芳、迟小秋等。剧院于1962年创办少艺班，至1979年共办3期，收学员133名，学制6年。较有影响的学员有吴艳华、徐俊、李静文、于魁智、张爱丽、郑爽等。1993年与评剧院合并，成立沈阳戏曲剧院，排演了《梁山伯与祝英台》、《移花梦》、《胡笳》等戏。其中《梁山伯与祝英台》参加全国京剧青年团队新剧目会演，获优秀剧目等8项奖。1997年8月恢复沈阳京剧院建制，翌年排出《乌纱记》参加第二届中国京剧艺术节，获优秀剧目奖。2008年创排新戏《古寺圣火》，在第五届中国京剧艺术节上获现代戏二等奖。唐派戏《古城会》、《驱车战将》等在新一代演员身上得以继承，重展风采。剧院曾赴美国、加拿大、法国、日本、新加坡等国家以及中国香港、澳门地区访问演出。 （胡江）

《驱车战将》 常东饰南宫长万

Shen Yubin

沈玉斌 （1909～1986） 京剧教师。祖籍浙江绍兴，生于北京。出身京剧世家。曾祖沈小庆为老嵩祝成科班弟子，是清道光、咸丰年间的名武生。父亲沈福山工净，艺宗黄润甫。玉斌为福山次子，自幼学艺，曾得清末昇平署小生演员兼领班季老先生传授，经三

年刻苦学习，谙熟声韵格律，成为“六场通透”、昆乱皆精的里手。曾被选为京剧公会会长。为培育京剧后代，曾集资创建北京私立艺培戏曲学校。后任该校教务主任及音乐教学工作。在教学中，注重训练、培养学生的全面音乐素质、能力，如在第一学年，文乐学生都以月琴为主课，同时兼学笛子、唢呐、齐钹；第二年则以弦子为主，兼学海笛、堂鼓，并强调主、副课一起抓，不可偏废；第三年才正式开设京胡技巧课，培养学生具备身兼数职的能力，吹打弹拉都应熟通掌握。还同时承担演员班昆曲剧目和群曲课的教学，由浅入深，注意学以致用，并能精细讲解音韵知识。教学态度严肃，百人大课，秩序井然。曾编辑出版了《京剧群曲汇编》教材，为京剧专业教学填补了空白。其子沈宝桢、沈宝瑞均为武生演员。

（王硕）

Shen Yucai

沈玉才　（1916～2004）　琴师。号静和。祖籍浙江绍兴，生于北京。自幼随父沈福海（三弦乐师）学文场，12岁登台。他兴趣广泛，在专工京胡之外，也兼习司鼓、月琴、三弦、唢呐及打击乐，

达到“六场通透”的境地。曾先后为尚小云、程砚秋、荀慧生、言慧珠、童芷苓、王玉蓉、吴素秋、赵荣琛、谭富英、杨宝森、李少春、袁世海、徐东明等著名演员操琴。中年以后，长期在中国京剧院一团工作，与李少春、袁世海等合作，参与了新编历史戏《野猪林》、《响马传》和现代戏《白毛女》、《林海雪原》、《柯山红日》、《红灯记》、《平原作战》等剧目的唱腔设计工作。

沈玉才的京胡演奏，能适应生、旦、净、丑各行各流派的演唱，且对于不同演员的演唱，能够以不同的手法进行伴奏，使之特色鲜明、韵味浓郁。他的伴奏，能够做到快而不乱、慢而不断、高音不噪、低音圆润，根据整个剧情和人物的需要，紧密配合演员的一举一动、一言一唱、一颦一笑，使整个演出和谐完美。其京胡伴奏的代表作《野猪林》中林冲唱的大段［反二簧］唱腔“大雪飘”，达到了较高的艺术境界，脍炙人口。1955年他为江新蓉操琴，参加第六届世界青年与学生和平友谊联欢节的演出，获得了民族演唱的金质奖章。此后又曾多次参加中国艺术团到西欧、北欧、南美各国及北美加拿大等国和中国澳门地区演出，为增进中国京剧艺术与世界的交流作出了贡献。晚年从事教学，培养了大批京剧音乐的接班人。

（张梓媛）

Shen Yunqiu

沈韵秋　（约1855～1926）　演员。工武生。名葆镛，小名二立。祖籍安徽，生于北京。兄沈葆钧为著名鼓师，曾入清廷昇平署外学，教过光绪皇帝打鼓。韵秋幼年习武生，拜前辈艺人任七为师。同治年间随师到上海，演出于金桂茶园。后为任七之婿，长期在上海定居。他年轻时常演《长坂坡》、《挑华车》、《恶虎村》、《翠屏山》等戏。其中《翠屏山》杀山的耍六合刀使用真刀，即为任七亲授。光绪初年陪师兄黄月山，充当其傍角，并开始钻研戴白胡子的武

老生戏。黄月山北返后，他又长期与李春来合作，常演剧目有长靠戏《百凉楼》、《伐东吴》、《阳平关》、《伐子都》，短打戏《虮蜡庙》、《莲花湖》、《义旗令》、《剑峰山》、《英雄义》、《恶虎村》等。他的表演工架稳练，招式自然，尤擅长髯口功，抛、甩、吹、弹皆美观潇洒。台步则轻抬重落，以表现剧中人老当益壮的英雄气概。后来潘月樵、常春恒、张桂轩、孟鸿群、张国斌等演这类戏，大都效法沈韵秋，成为南方武老生的宗师。盖叫天演《英雄义》之耍髯口，也源于“沈派”。辛亥革命后，又先后搭大舞台和亦舞台，常在义务戏中与李春来合演《莲花湖》、《薛家窝》等戏，二人虽然都已60岁开外，但精神矍铄，配合默契，

《沈韵秋之〈薛家窝〉》（选自清末上海《图画日报》）

被同行视为先正典型。长子沈飘香，先演青衣，后改花旦；次子沈文元，演武生。

（黄菊盛）

Shen Qi Changting

《审七长亭》　京剧作品。作者不详。徽班进京之初的演出剧目中，有整部《白绫记》（又名《碧阳湖》。剧本载《京剧汇编》第10集），全剧四本，分四次演完。19世纪中叶以后，逐渐只演其中第二本，即《审七长亭》。剧演宋代宦家子弟李七，遭奸臣陷害，沦落江湖，成为盗首。案发被捕，为掩护同伙，攀扯与自己有私愤的无辜士人王良，使之屈打成招。在起解、复审途中，王良之妻与老仆再三哀恳，李七天良发现，应允为之开脱。整部《白绫记》之所以逐渐失传，主要因为情节散漫芜杂；而《审七长亭》的流行，除情节曲折、矛盾集中，能吸引人之外，还要归功于主演者奇特的造型及精彩的表演。李七以净应工。据《郝寿臣脸谱集》中《脸谱的说明及谱法》：“当年四喜班的花脸屈老四演这出戏最有名，他说一口临清方言很有个意思。”黄润甫演这出戏就是按屈老四的路子。以擅演李七名世者，还有刘永春、郝寿臣等。据《道咸以来梨园系年小录》记载，黄润甫1855年演《白绫记》带《长亭》，而到1899年，所演仅为《审七长亭》。郝寿臣于1910年从老伶工彭福凌学演这出戏。1918年在原剧基础上，改编成《赛太岁》（剧

清宫《戏出画册·白绫记》（故宫博物院藏）

本载《郝寿臣演出剧本集》）。头本包括《审七》、《闹监》，二本包括《起解》、《长亭》。其中，《闹监》、《起解》两折是新增加的，由梧冈居士编写。此戏塑造了一位被囚禁的大盗的舞台形象，从人物脸谱、装扮、唱腔、念白声口，以至形体动作，均具特色。脸谱是歪脸，显示血淋淋的伤痕与狞恶的面目。头上戴“大滋毛子骆驼剃”，显示乱发蓬松，囚首垢面。身穿罪衣罪裤，戴手铐、脚镣、项锁。举手投足，铮铮震响。由于镣铐牵制，李七的台步要走“跳步”，步履踉跄而不失剽悍，符合身陷缧绁的大盗身份。白口带河南、山东临清的乡音，而又保持京剧花脸的浓烈韵味。这是京剧舞台上一出极具特色的花脸戏。剧中的罪犯形象，不但鲜明地铸造出他的外貌，而且刻画出他的心理活动、思想感情。李七的变态心理、乖戾言行，展示出他那被扭曲的性格和受摧残的命运。因此，观众对这个人物是抱有一定同情的。在郝寿臣的舞台生涯中，李七是他经常演出并极富创造力的一个角色。继承者有袁世海等。（胡冬生）

sheng

生 京剧表演主要行当之一，一般用作净、丑以外的男脚色的统称。按其扮演人物的年龄、身份、性格特征和表演特点，大致可分为老生、小生、武生、红生（多由老生、武生兼演）和娃娃生几类。

老生。主要扮演中年以上、性格正直刚毅的正面人物。因多戴髯口，故又称**须生**。重唱功，用真声，念韵白；动作造型庄重、端方。扮演的人物有《空城计》的诸葛亮、《将相和》的蔺相如、《四郎探母》的杨延辉、《辕门斩子》的杨延昭等。老生中又有唱功老生、做功老生、靠把老生和武老生等分支。**唱功老生**以唱功为主，因动作造型要求安详、稳重，故又称**安工老生**，多扮帝王、官员、书生一类人物，如《捉放曹》的陈宫、《法门寺》的赵廉、《搜孤救孤》的程婴、《审潘洪》的寇准、《御碑亭》的王有道等。安工老生中扮演帝王的，又称**王帽老生**，如《上天台》的刘秀，《金水桥》、《选元戎》的唐太宗（李世民），《打金枝》的唐肃宗（李亨），《大登殿》的薛平贵等。**做功老生**俗称**衰派老生**，是唱、念、做诸功并重而以做功为主的脚色，扮演人物有《四进士》的宋士杰、《清风亭》的张元秀、《坐楼杀惜》的宋江等。**靠把老生**因扎大靠和善用刀枪把子而得名，多扮大将，如《定军山》的黄忠、《战太平》的花云；**武老生**为兼重唱功的武生，扮演人物有《反五关》的黄飞虎、《火烧百凉楼》的吴桢等。两者都兼重唱功，但前者重工架，着重表现人物的气度和神采；后者重武打，着重表现人物的英武勇猛。

老生亦兼演**红生**，主要扮演三国戏中的关羽。因勾红脸，故称红生。表演上有特殊要求：唱腔高亢激越，动作凝重简练，唱做中蕴涵着一股内在的力量，着重表现关羽的威严和神勇，为戏曲舞台上独特的性格造型。赵匡胤及《探营》中的姜维等人物也由红生扮演。

原属末行中的一些脚色，如《一捧雪》的莫诚（成）、《南天门》的曹福、《九更天》的马义、《战蒲关》的刘忠等，归入老生行后，多属衰派老生。

小生。与老生相对应，小生扮演青年男性。小生的表演各具特色，但也有共同之点。在音色运用上是以假声为主、真假声结合。动作造型的基调儒雅倜傥、秀逸飘洒。按扮演人物的身份、性格和技术特点，又有扇子生、纱帽生、穷生、雉尾生和武小生之分。

扇子生因戴文生巾或持折扇而得名，多扮儒雅潇洒的青年书生，如《得意缘》的卢昆杰、《拾玉镯》的傅朋、《柳荫记》的梁山伯、《西厢记》的张珙等。唱、念、做诸功并重。

纱帽生多扮头戴纱帽的年轻新贵，如《玉堂春》的王金龙、《周仁献嫂》的周仁、《奇双会》的赵宠、《四进士》的田伦等。动作造型要求在儒雅秀逸的基调中透出气宇轩昂的神态。

穷生常扮穷愁潦倒的落魄书生，如《打侄上坟》的陈大官、《连

唱功老生
《战樊城》伍员（杨宝森饰）

做功老生
《清风亭》张元秀（周信芳饰）

靠把老生
《战太平》花云（李少春饰）

红生
《古城会》关羽（高盛麟饰）

雉尾生
《群英会》周瑜（叶盛兰饰）

长靠武生
《长坂坡》赵云（王金璐饰）

短打武生
《打虎》武松（盖叫天饰）

勾脸武生
《艳阳楼》高登（厉慧良饰）

升店》的王明芳、《红鸾喜》的莫稽等。穷生走路要略带移步，类似拖着鞋皮；两手经常抱胸，却不能耸肩缩颈。这种动作造型，是对这类人物寒酸迂腐而又傲骨嶙峋的精神状态的微妙表达。

雉尾生一作**翎子生**，因在帽盔上插两根雉尾而得名，扮演雄姿英发的青年将领，如《群英会》的周瑜、《辕门射戟》的吕布、《穆柯寨》的杨宗保等。唱、念、做、打诸功并重。

武小生扮演年轻小将，重武功，如《八大锤》的陆文龙、《岳家庄》的岳云、《九龙山》的杨再兴、《雅观楼》的李存孝。

武生。扮演擅长武艺的人物，分长靠武生和短打武生两类。**长靠武生**扮演大将，以扎大靠、穿厚底靴而得名。念白讲究吐字清晰，峭拔有力；重腰腿功和武打，更重身段工架，以突出人物的大将风度和英武气概。《挑华车》的高宠、《长坂坡》的赵云等，都是长靠武生的本工戏。另有**勾脸武生**一类，如《铁笼山》的姜维、《艳阳楼》的高登、《状元印》的常遇春、《金钱豹》的金钱豹等，原为武净的本工，后改由武生兼演，但仍勾脸谱，故称勾脸武生。**短打武生**常穿抱衣抱裤和薄底靴，以动作的轻捷矫健，跌扑翻打的勇猛炽烈见长。《三岔口》的任堂惠、《十字坡》的武松、《白水滩》的十一郎、《花蝴蝶》的姜永志、《恶虎村》的黄天霸等，都是短打武生的本工。还有一种介乎长靠、短打两者之间的**箭衣武生**，既不如扎大靠的凝重，也无穿抱衣裤的轻便，要气魄英伟，舞做稳练，如《连环套》、《骆马湖》的黄天霸，《翠屏山》的石秀，《洗浮山》的贺天保等。《闹天宫》等剧的孙悟空也由短打武生扮演。京剧还有**娃娃武生**一类，扮演精于武艺的儿童，如《乾元山》的哪吒、《劈山救母》的沉香，要求在武打表演中透出儿童的稚气。武生也兼演红生中的关羽戏。

娃娃生。扮演儿童角色。《三娘教子》的薛倚哥，《汾河湾》的薛丁山，《扫雪打碗》的定生，《桑园寄子》的邓元、邓方等，皆由娃娃生扮。

（黄克保）

Shensiban

《生死板》 京剧作品。又名《铁莲花》、《扫雪打碗》。刘子忠与刘子明，本为和睦亲近的同胞兄弟。一日子忠街头算命，谓有百日之灾，为求化解，离家居住。其续弦马氏与“油瓶儿”宝柱，欲谋夺刘氏家产，至子忠避灾处诬告子明不务正业、酗酒赌博。子忠不察，即归家与其弟分家。未几，子忠因醉后索债，失手将人打死，问成死罪。子明念兄有养育之恩，赶至公堂，自称凶手，为兄开脱。弟兄争执不下，县令乃制生板、死板各一块，使二人暗中自择，得生板者活命，得死板者抵命。子明买通皂隶，抢得死板，受绞刑而死，遗留妻王氏及子女二人。马氏继续在子忠与王氏之间制造不和。王氏遂携女至庵堂出家，念子忠年老无嗣，令其子定生好生侍奉。子忠甚爱怜定生。马氏视定生为眼中钉，百般虐待。严冬命其脱衣扫雪。子忠归家见定生饥寒交迫，促马氏备饭。马氏与宝柱设计，以烙碗与之，定生痛极，失手碎碗。马氏又谓其使性砸碗。子忠怒责定生，定生出逃；既而怒解，往寻定生，见其双手烫烂，始知堕入马氏奸计。遂携定生归，与马氏分居。马氏恨子忠与己决裂，令宝柱夜间用铁莲花将子忠害死，并嫁祸定生。定生被押解途中，遇生母王氏。王氏问明情由，至包拯处告状，冤情得白，马氏、宝柱伏法。这出家庭伦理剧的故事来自劝善性说唱文学《贤良宝卷》。至迟清乾隆年间已被搬上舞台。小铁笛道人《日下看花记》云：“（魏）长生于乾隆甲午后始至都，习见其《滚楼》，举国若狂。予独不乐观之。迨乙未（1775）至都，见其《铁莲花》，始心折焉。”魏长生在《铁莲花》中当饰马氏，以生动描摹恶妇的阴狠毒辣，而令观者“心折”。京剧搬演亦较早。清道光二十五年（1845）初刻本《都门纪略》，记有春台班生脚李六，以《扫雪》刘子忠擅长。该书同治三年（1864）版，记有小福胜班丑脚小七，以《扫雪》宝柱儿擅长。此剧亦为谭鑫培的拿手戏，张肖伧《燕尘菊影录》把它归入“以念白表神（情）胜”类。1912年12月2日《申报》署名文章，称“老谭之《铁莲花》，真令人有世态凉薄之感，而生忠厚之思也”。此剧余叔岩演出的次数甚多，是其“前期得意之作”（薛观澜语）。周信芳虚龄7岁时，曾为小孟七的《扫雪打碗》配演娃娃生饰刘定生，1912年他与九龄童合演，就改饰刘子忠了，至1935年，将此剧编为全本，名《生死板》。1939年1月31日出版的《十日戏剧》第2卷第4期，张古愚为《生死板》剧照加注曰：“《生死板》一剧，是刘景然佳奏。刘后高庆奎曾演是剧。自高辍演，此戏即传于李盛藻。盛藻每贴此戏，必以李宝櫆饰刘子明，盖宝

《铁莲花》
高庆奎饰刘子忠（右）
高盛麟饰刘定生

李盛藻饰刘子忠（中） 李宝櫆饰刘子明（右） 高富远饰皂隶

櫆对于此类戏极对工也。此戏除北方李盛藻能动外，南方周信芳亦称拿手，且与《一捧雪》、《青风亭》、《四进士》并誉杰作焉。”马连良有《铁莲花》唱片行世。（简畅）

Shengsihen

《生死恨》 京剧作品。事见《辍耕录》、《醒世恒言·白玉娘忍苦成夫》。明有传奇《易鞋记》，齐如山改编为京剧，但未搬上舞台。梅兰芳与许姬传和琴师徐兰沅、王少卿等再加改编，将大团圆结局改为生离死别的悲剧，始用《生死恨》剧名，梅兰芳、姜妙香1936年2月在上海天蟾舞台首演。剧情为：北宋末，金将张万户南侵，掳民间男女程鹏举、韩玉娘为奴，并强令二人成婚。玉娘劝鹏举逃回故国，参加抗金。后来，张万户将玉娘卖与瞿掌柜。瞿掌柜闻知玉娘有夫，将她送入尼庵，又为庵中老尼所卖。玉娘逃出，在信阳被李妪收留。鹏举南逃时绘下敌军地图，献与宋军元帅宗泽，大破金兵，被荐为襄阳太守，遣人寻找玉娘。玉娘此时已思虑成疾。鹏举闻报赶来，夫妻竟成永诀。梅兰芳饰韩玉娘，姜妙香饰程鹏举。此剧初演于日本军国主义侵华之时，梅兰芳从上海演到南京、武汉、北平，产生了强烈的共鸣和反响，成为梅派名剧。1949年后，梅兰芳又加修订。剧中韩玉娘在纺纱自叹时所唱［二簧导板］转［散板］再转［慢板］，夫妻重逢时所唱［反四平］等新创板式的唱段，均脍炙人口，传唱甚广。梅派传人李世芳、言慧珠、梅葆玖等曾演出。1948年，上海华艺公司拍摄成彩色影片（费穆导演）。剧本收入《梅兰芳演出剧本选集》。（刘乃崇 蒋健兰）

京剧电影《生死恨》
梅兰芳饰韩玉娘（右） 姜妙香饰程鹏举

Shengping Chayuan

昇平茶园 清代戏园。址在天津市南市荣业街（今荣安大街70号）。始建于1905年，为两层木结构建筑。园内包厢、边廊、楼板、舞台均为木质。观众实行男女分坐，边廊专设女席。1911年，以宁小楼、小春来等人为主角的宝来坤班在此园演出较长时间，梆子、皮簧“两下锅”，所演剧目有河北梆子《三疑记》、《花园赠珠》，京剧《牧虎关》、《奇冤报》、《挑华车》，又有时装新戏《黑籍冤魂》以及梆子、京剧同台的新编剧目《苏州奇闻》等。此后，尚和玉、薛凤池在此合演《四平山》，诸如香在此主演《周良桥》（即全本《清风亭》）。1917年，小小余三胜（即后来的余叔岩）、陈德霖等亦在此园合作演出。1919年，时慧宝在此演出《戏迷传》，戏报在其名下特注“当场出彩”四字，指演出时时慧宝当场写字作画，对观众颇有号召力。1920年3月，李吉瑞与刘荣萱、小蕙芬等在此园合演连台本戏《宏碧缘》，将天津民间一年一度流行的“盒子灯”等节目引上舞台。这出戏新颖引人，为昇平茶园创下可观的票房价值。20世纪20年代初，该戏园因建筑残破，被勒令停业。1940年，李宝林等人合资彻底大修，改名“昇平戏院”，由曹学谦任经理。此后以演评戏为主，偶尔演出京剧。1953年更名“黄河戏院”。1957年翻盖为钢筋混凝土结构，占地面积1 288平方米，设木质坐席1 179个。1958年划归刚刚组建的天津评剧团。80年代后期改为歌舞厅。（甄光俊）

Shengpingshu

昇平署 清代宫廷演戏管理机构。建立于清道光七年（1827）。自康熙初年起，清内廷设南府和景山管理戏曲演出事宜，两处均住有内学和外学的教习、学生。内学为太监伶人，外学包括民籍伶人（由民间戏班召入内廷演戏的伶人）和旗籍伶人（在内府三旗挑选的包衣子弟）。乾隆年间内外学伶人总数逾千人。嘉庆年间基本维持了原有体制，人数却减少了一半。道光帝即位不久就着手压缩机构，削减伶人，将景山并入南府。继而在道光七年二月初六日传旨“将南府民籍学生全数退出”。同日又有总管内务府大臣禧恩、穆彰阿传下旨意：“南府着改为昇平署，不准有大差处名目。”并定例昇平署设七品总管一名，七品首领一名，八品首领三名，掌管演戏相关事务。将以往由江南织造从苏州、扬州一带挑选来的民籍伶人交织造乘便船带回原籍，只留下太监伶人在内廷唱戏。至此昇平署正式成立，一直延续到清亡。

据道光九年昇平署花名档载，连同后台杂务，当时只有103名太监承差，不足乾隆年间的十分之一，太监伶人技艺逊于民间伶人，演戏质量下降，剧目受到局限，戏装、砌末使用也比较随意。乾隆年间，内廷词臣张照等编写的连台大戏由于人员不足，极少全本上演。嘉庆年间10天就能演完的《昇平宝筏》在道光年间要演上一年多才结束。《鼎峙春秋》曾演过一次，自道光二十一年（1841）闰四月开始演出头本，直到二十三年三月才演完第十本。《劝善金科》则只剩《罗卜行路》、《过滑油山》、《刘氏望乡》等散折时有演唱。

昇平署演戏沿袭以往旧例，遇元旦、上元、端午、中秋、冬至等节令及万寿节（清帝、太后寿诞）、皇帝大婚、皇子诞辰、册封后妃等宫廷喜庆活动都要演出内容与之相应的剧目，文辞多为歌功颂德、献瑞呈祥之类。而内廷经常性演出中占有最大比重的还是民间流行的传奇杂剧中的折子片段。帝后们有时还爱看些市井间流行的玩笑戏，例如《倒打杠子》、《懒妇烧锅》、《逢

慈禧太后

人拐骗》等。昇平署成立初期演唱腔调仍以昆弋腔为主，也有少量乱弹腔戏（或称“侉戏”）演出。咸丰末年，京城流行的《二进宫》、《战成都》、《四郎探母》、《玉堂春》、《甘露寺》等皮簧剧目进入内廷。至光绪中后期，皮簧戏占据了绝对优势，梆子腔戏间亦在宫内上演。

咸丰十年（1860）三月，清廷重新召入民间艺人唱戏，但艺人不再由江南织造送进，而是直接在京城戏班中挑选。入选伶人称为民籍教习或民籍学生，由昇平署统一调配，与太监合作演戏。咸丰帝又于同年五月传旨着内务府“将外边戏班名目开单呈递，以便每次指传一班”（恩赏日记档），曾先后传入三庆、四喜、双奎等著名戏班进宫唱戏。同年八月英法联军攻入北京，咸丰帝逃往承德，十一月起，又将昇平署太监和民籍艺人召至热河行宫唱戏，第二年还继续在京城挑选艺人赴行宫承应。

同治二年（1863），清廷以年幼的同治帝载淳名义传旨将“咸丰十年所传民籍人等着永远裁革”（恩赏日记档）。此后昇平署除保留十来名伴奏随手和筋斗人外，只用太监唱戏，基本恢复到道光时期的规模。昇平署总管太监几次要求“向外边挑选昆曲教习”，都被太后严词拒绝，“以后不准开此端”。可见慈安太后在世之日，清宫戏剧活动相当节制。没有民籍艺人，内廷上演二簧戏受到了限制，昇平署总管曾奉旨着新进宫的小太监们学演。同治八年（1869）九月差事档还记有：“印刘传西佛爷（慈禧太后）旨，着刘进喜、方福顺、姜有才学二簧鼓、武场，张进喜学武场。王进贵、安来顺学二簧笛、胡琴，文场。不准不学。”

光绪九年（1883），慈安太后故去后，服期未满，内廷已着手筹备召进外班艺人。此后20余年间，不断有京城戏班艺人入选昇平署，著名皮簧戏演员杨隆寿、陈寿峰、张长保（张淇林）、王桂花（王楞仙）、孙菊仙、时小福、杨月楼、谭鑫培、陈德霖、汪桂芬、金秀山、王瑶卿、杨小楼等，著名梆子演员侯俊山、田际云等相继被选进，提高了清宫演戏的水平。从慈禧独揽朝政开始，清宫演戏进入最后的兴盛时期。

光绪十九年（1893），清宫再次传外班唱戏，未被纳入昇平署编制的各色伶人都可随班进宫演出，清宫传差后付给赏银，戏班平时照常在市间营业。各班擅演剧目有所不同，通过这一渠道都能有条件被传进宫，加强了宫内外戏曲演出的交流。外班进宫唱戏直到庚子之乱（1900）停止。慈禧、光绪回銮以后，不再传外班进宫唱戏，只由昇平署的民籍伶人和太监承应。

昇平署署址即原南府所在地，位于北京市西长安街1号（现北京一六一中学）。颐和园重修后，在附近又另设署址。宣统二年（1910）昇平署报堂公文称：“本署建署地位在京西颐和园东宫门外迤东偏北，东向前后凡二十三重，其廨舍之数共房间二百十二间，设立沿革昇平署衙门，于光绪十七年奉旨赏住。”内廷年节演戏常在宁寿宫畅音阁和重华宫漱芳斋戏台，赴圆明园时常在同乐园清音阁戏台。道光、咸丰年间尚有在寝宫养心殿观看太监唱戏的记录（多为只需简单化装的花唱、帽儿排）。咸丰帝避难承德期间，避暑山庄里烟波致爽东西院、浮片玉戏台以及福寿园清音阁都曾多次唱戏。光绪中期以后，颐和园内德和园和听鹂馆也是经常演戏的场所。

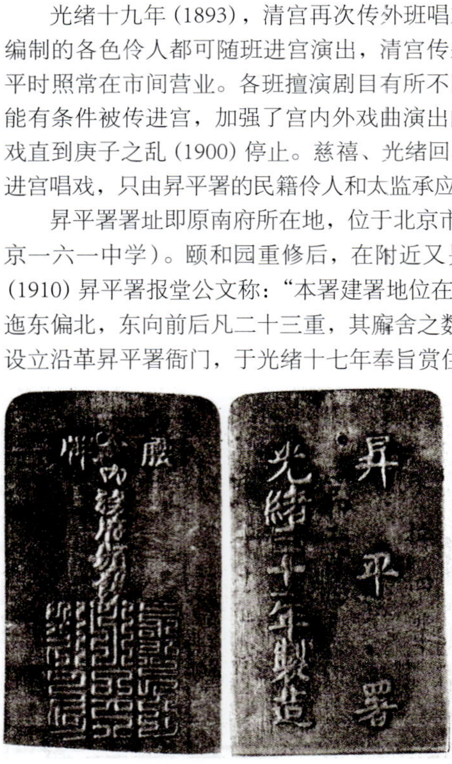

昇平署腰牌的正反面
（选自1932年8月20日《北洋画报》）

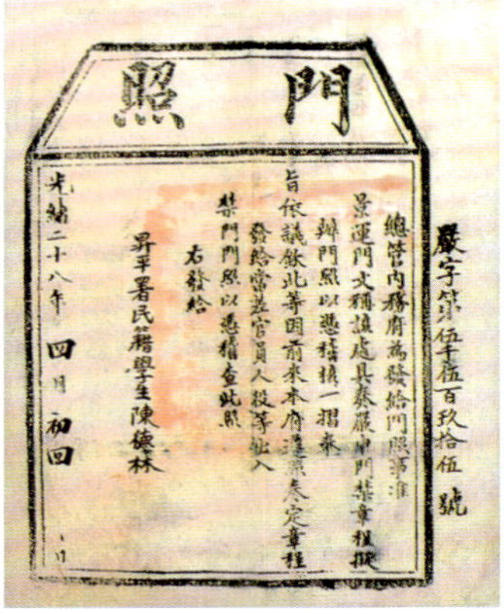

昇平署民籍学生陈德林的门照
（选自《中国戏曲志·北京卷》）

清代帝后对皮簧戏的喜好和扶植，为京剧艺术的发展提供了重要条件，对京剧在全国的传播也有较大促进。其积极作用主要表现在以下几方面：①对演出剧本有所整理。光绪几次降旨命外学艺人对民间戏本作整理改编，并规定进宫演出前必须备好剧本，促使艺人对民间作品中的某些情节，不通顺的文辞，不如人意的表演、装扮均有所修改和加工，从而提高了剧本和表演的艺术水准。②将部分昆弋腔传统戏改编为乱弹戏。如光绪十八年（1892）曾传旨：“着外边学生七月十五日唱《青石山》，按府内总本翻乱弹”；光绪二十四年“王得祥传旨：着本署排《昭代箫韶》，俱改乱弹曲白”等。这些做法丰富了乱弹剧目，也有助于提高乱弹剧本的文学水平。③对舞台演出有所规范。内廷演出时，艺人不能有随意性，尤其慈禧看戏十分挑剔，凡认为不合意者都曾传旨纠正。每出戏演出的时间长短也被严格规定。④提供优厚待遇，使艺人得以潜心于技艺钻研。如光绪三十四年，谭鑫培、侯俊山等每次承应演出所得赏银常高达六十两。谭鑫培的《连营寨》等若干名剧便编演于这一时期。⑤集中最优秀的艺人在一起演戏，加强了艺术上的交流和竞争。如谭鑫培、孙菊仙、汪桂芬、时小福、陈德霖等名角几乎个个都在不同戏班中挂牌，极难会聚于一台，但进宫后却必须在昇平署总管的统一调配下协作演戏，有利于京剧表演艺术的整体提高。⑥宫廷对京剧的青睐大大提高了京剧的地位和影响，客观上成为一种倡导力量，促进了京剧的传播与发展。但京剧与清宫的特殊关系，也给京剧艺术带来一些消极影响。如“忠孝节义”一类道德观念在作品内容中占有突出位置，舞台艺术也过于偏重外在形式的雕琢和技巧的展现，并逐渐趋于僵化，失去了民间戏曲原有的淳朴清新和自然。此外，物质条件之丰厚，演出排场之盛大，非民间演出可比，砌末、行头讲究，投入巨大，赵翼《檐曝杂记》说：“内府戏班子弟最多。袍笏甲胄及诸装具，皆世所未有。”

（丁汝芹）

Shengpingshu Chaoben(Pihuang)

《昇平署抄本（皮簧）》 清光绪时内府演出的手抄剧本集。据清宣统二年（1910）总目计数，共有277部戏本（皮簧），另有一部分从昆曲本改为皮簧的剧本，现均藏于故宫博物院。昇平署为清代专司宫廷演剧活动的机构，宫中演出均由其抄录剧本，分为库本和安殿本：库本为排演用本，安殿本供帝、后看戏用。光绪中期以后，皮簧戏逐渐取代了昆曲在剧坛的地位，在宫中演出日盛。档案记载光绪二十二年（1896）十二月初十日，“奉旨：着总管马得安、内学首领等，凡所传戏，俱着外学该角攒本，不要外班来的。以前所进戏本，当日传，次日呈递，凡承应之日着该班安本”。据这道圣旨之意推测，可能帝、后看戏时发现那些现成的本子不是演出本，所以指定让演员把所唱的词串在一起，抄写成本。抄写工作由当时昇平署所属“写法处”的几十名写字人做。这一记载也说明这部剧本集所抄录的都是当时演出原词，因而对研究这些剧本的发展演变，以及研究清末宫廷看戏的情况，都有重要的参考价值。（附

宣统二年皮簧戏本名目）

宣统二年五月立戏本总账
昇编号04549

《金沙滩》五本 《金马门》二本 《拾玉镯》二本 《南天门》三本
《得意缘》四本 《伐东吴》三本 《戏妻》七本 《董家山》三本
《卧虎山》四本 《神州擂》四本 《破洪州》七本 《骂曹》二本
《挡谅》三本 《断密涧》八本 《风云会》三本 《战长沙》一本
《宝莲灯》五本 《虹霓关》八本 《反西凉》五本 《胭脂虎》五本
《落园》八本 《东昌府》三本 《普求山》二本 《小显》三本
《御碑亭》三本 《三岔口》五本 《樊城昭关》一本《回龙阁》五本
《碰碑》二本 《战樊城》四本 《群英会》八本 《闯山》二本
《空城计》一本 《青峰寨》五本 《彩楼配》十本 《祭江》七本
《连升三级》四本《铁弓缘》八本 《临江会》六本 《举鼎》八本
《牧羊圈》二本 《射戟》六本 《翠凤楼》二本 《庆顶珠》七本
《天雷报》四本 《双钉记》九本 《四美图》二本 《失街亭》二本
《朱仙镇》五本 《探窑》五本 《祭塔》七本 《万里封侯》六本
《恶虎村》二本 《取金陵》三本 《钓金龟》五本 《四门阵》三本
《乌龙院》三本 《战成都》四本 《探阴山》一本 《战蒲关》七本
《状元谱》九本 《武当山》三本 《夜战》四本 《丁甲山》二本
《孝感天》四本 《竹林计》一本 《四杰村》一本 《八扯》一本
《蟠桃会》五本 《双包案》三本 《御果园》四本 《打嵩》五本
《玉堂春》四本 《战濮阳》四本 《琼林宴》三本 《白良关》四本
《借云》一本 《刺字》一本 《美人计》一本 《高平关》七本
《二进宫》五本 《阳平关》二本 《黄鹤楼》七本 《取荥阳》四本
《查关》十本 《教子》五本 《福荣山》三本 《戏凤》三本
《寄子》四本 《飞波岛》二本 《讨荆州》二本 《红桃山》二本
《行路寻子》一本《龙潭镇》一本 《捉放》二本 《贾家楼》一本
《飞虎山》三本 《祥梅寺》二本 《定军山》三本 《岳家庄》六本
《白马坡》一本 《一捧雪》三本 《宇宙锋》三本 《牧虎关》四本
《昊天关》四本 《镇潭州》四本 《湘江会》五本 《天水关》三本
《马上缘》五本 《战太平》五本 《孝义节》五本 《打孟》三本
《穆柯寨》六本 《夺秋魁》二本 《泗水关》二本 《取洛阳》四本
《奇冤报》五本 《探母》二本 《南阳关》五本 《拦江》三本
《恶虎庄》二本 《汾河湾》四本 《溪黄庄》二本 《洛阳桥》一本
《翠屏山》四本 《马安山》二本 《六殿》二本 《斩窦娥》二本
《战北原》二本 《洪洋洞》五本 《别宫》四本 《[illegible]鹰山》一本
《滚钉板》一本 《金水桥》三本 《盘河战》三本 《打金枝》八本
《百寿图》一本 《渭水河》二本 《五人义》三本 《背凳》四本
《银空山》一本 《凤鸣关》五本 《白水滩》四本 《玉玲珑》四本
《芦花河》十一本《八蜡庙》四本 《二龙山》三本 《摇会》三本
《五台山》二本 《五花洞》一本 《望儿楼》二本 《击掌》二本
《泗州城》三本 《双观星》二本 《扫秦》一本 《太行山》三本
《赵家楼》二本 《红鸾禧》六本 《罗四虎》一本 《满春园》一本
《扫雪》一本 《药茶计》一本《安良传》一本 《绿林坡》六本
《流沙河》一本 《七星灯》二本 《除三害》二本 《喂药》一本
《北诈》一本 《独木关》一本 《闹江》二本 《战宛城》一本
《贪欢报》一本 《前后借》一本 《登台笑客》四本《黄金台》一本
《贤良卷》一本 《忠顺图》四本 《鱼肠剑》三本 《醉写》二本
《战亭》二本 《盗宗卷》一本 《骂王朗》二本 《战荆湖》一本
《文昭关》一本 《也是斋》一本 《采石矶》二本 《盗魂铃》二本
《画春图》一本 《审头刺汤》二本《锁五龙》二本 《善宝庄》一本
《送面》一本 《下河南》一本《佳梦关》一本 《五雷阵》二本
《下边庭》一本 《雪杯圆》一本《清河桥》二本 《法场换子》一本
《法门寺》一本 《探五阳》一本 《卖马》二本 《连环套》四本
《瓦口关》一本 《英雄义》一本 《霸王庄》二本 《朱砂痣》二本
《淤泥河》二本 《红门寺》一本 《探营》一本 《斩子》一本
《打焦》一本 《青峰岭》二本 《顶砖》一本 《草桥关》一本
《胭脂雪》一本 《甘露寺》一本 《千里驹》一本 《遇龙封官》一本
《御林郡》一本 《淮安府》二本 《滑油山》一本 《赶三关》一本
《夜会》一本 《荷珠配》二本 《柴桑口》二本 《铡美案》一本
《长坂坡》一本 《殷家堡》一本 《绝缨会》二本 《摩天岭》三本
《斩郑恩》一本 《九龙杯》一本 《取帅印》二本 《摇钱树》一本
《英雄会》一本 《花蝴蝶》二本 《搜孤救孤》一本《朝金顶》一本
《汉阳院》一本 《金锁阵》一本 《打刀》一本 《回朝》一本
《樊江关》一本 《上天台》一本 《天齐庙》一本

武戏

《乾元山》二本 《火云洞》二本 《琵琶洞》三本 《碧波潭》一本
《庆安澜》五本 《定风岭》二本 《福荣山》一本 《铁龙山》六本
《雄黄阵》三本 《甲子图》一本 《武文华》二本 《牛头山》二本
《金山寺》三本 《界牌关》三本 《蜈蚣岭》一本 《九节山》一本
《狮驼岭》七本 《盘丝洞》四本 《陈塘关》五本 《安天会》三本
《青石山》六本 《红梅山》四本 《九莲灯》二本 《无底洞》一本
《十字坡》四本 《雅观楼》六本 《莲花塘》四本 《莲花洞》四本
《水帘洞》九本 《寿益京垓》二本

除上述目录之外，还有从昆曲本改编成皮簧的剧本。计有《昭代箫韶》，全部《弘门寺》、《十五贯》、《搜山打车》、《绒花计》、《双钉记》等。

（朱家溍）

Shengpingshu Xilou

昇平署戏楼 清代宫廷戏楼。址在北京中南海东南侧。保存完好。当地明代称“灰池”，清初称“南花园”，康熙年间改为宫廷演剧机构，称“南府”，道光七年（1827）改称昇平署。此戏楼是昇平署排戏和演出之台，北向，重檐，二层。台高0.83米，宽12米，深10.66米。台口4柱，四角各有角柱3根。上场门原为城门样式，寓“出将”之意；下场门原为宫门形式，寓“入相”之意。后墙上下场门之间的居中位置原为大宫门，可排列仪仗。据曾在清廷供职的唐春明称：每年农历七月十五，演《迓福迎祥》，有十殿阎君朝贺幽冥教主（地藏王）的情节。幽冥教主坐于大宫门内接受朝拜，极为庄严（齐如山《南府戏台志》，载《国剧画报》第1卷第39期）。戏台有方形“天井”通向二层，二层的梁柱上设有铁滑轮，尚存。砌末、演员可通过天井吊上吊下。又有“地井”通向台底。上下楼阁有暗道楼梯，设于前台与扮戏房之间。戏台对面为观戏殿，7楹，现为中学礼堂。清末昇平署排戏、演戏极盛，多为昆曲、皮簧。

昇平署戏楼外貌（周华斌摄）

辛亥革命后，昇平署解体，1912年此地改为总统府，有关物品移至景山。20世纪30年代，其东部改为华北中学，西部为艺文中学。20世纪50年代，东部为北京市第六中学，西部为北京市第二十八中学。戏楼、扮戏房、观戏殿一仍其旧。（周华斌）

Shengpingshu zhi Yange

《昇平署之沿革》 戏曲史料。吴志勤著。1936年10月故宫文献论丛本。昇平署为清代专司宫廷演剧活动的机构。宫廷逢朔望节令、喜庆大典及日常演出，大都由昇平署所属演员承应。作者根据官书档案的记载，参照私家笔记，并昇平署人员的叙述，考证了昇平署的沿革，认为其历史可分为4个时期：①教坊司时代，介绍了教坊司的地址、人数、司内乐工和太监的服色及教坊司的职能等。②和声署时代，因世宗皇帝不喜声色，对于戏曲只偶一观之，故清雍正七年（1729），改教坊司为和声署，将原教坊司中部分官员裁撤，只留司乐人役与太监承应。乾隆初仍按旧制，七年（1742）设乐部，和声署只隶属之，归乐部统辖。乾隆南巡返京，带回伶人在南府排演新剧，以后戏剧承应，均由南府担任，而一切奏乐事宜归和声署管理。光绪年间，和声署尚存其名。③南府时代，介绍了南府的由来，其内学和外学学生人数，钱粮、赏银拨给情况，府中戏箱的来源及档案、印记、银钱库存的支配，中和乐器的存放，以及南府太监的人数、所受待遇、服饰、墓地等。④昇平署时代，作者认为，因道光元年（1821）裁员，被裁民籍学生百余名陆续回原籍，仅留总管学生176名。道光七年（1827）将外学民籍学生全数遣散送回原籍，遂将南府改为昇平署。书中介绍了南府到昇平署后学生人数的变化、钱粮发放、房屋设置、戏箱物品的存放等。书中凡引用史料、档案等均详注其出处，是研究清代宫廷演出机构的重要参考资料。（戴云）

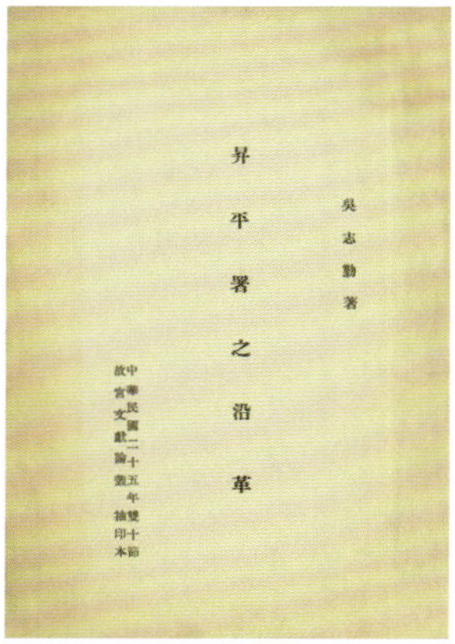

sheng

笙 吹奏乐器。由簧片、笙管、斗子三部分组成。簧片用铜制；笙管为长短不一的竹管，于近上端处开音窗，近下端处开按孔，下端嵌接木制笙角用来装簧片，并插入斗子内；斗子用匏、木或铜制成，上面有吹口，有圆形、方形多种形制。笙管有13～19根不等。吹奏时手按指孔，吸吹振动簧片而发音，声音清颤柔和，并可奏和音。常与笛配合伴奏昆曲和演奏细吹曲牌。笙经改革，又有24簧片、36簧键钮笙等，转调便捷，表现力更为丰富。（安志强）

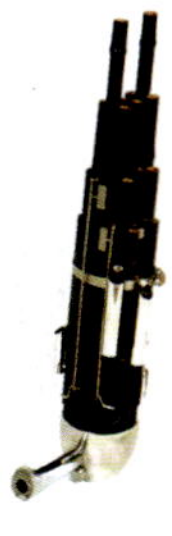

（刘海发摄）

Shi Yin Jiu Huo

《失印救火》 见《胭脂宝褶》。

Shibache

《十八扯》 京剧作品。又名《小磨房》、《磨房串戏》、《兄妹串戏》。玩笑小戏。作者不详。据焦循《花部农谭》，源出《双富贵》，《缀白裘》第11集载有梆子腔《磨房、串戏》。京剧袭其情节，演孔氏兄妹三人，老大孔亨进京应试，一去杳无音讯。孔母虐待孔亨的妻子，常令其独自推磨，备极辛劳。亨弟孔怀与小妹秀英同情嫂嫂，偷偷来到磨房，为嫂分劳，并串戏唱曲，排遣愁闷。此戏分为两个单元，前演孔怀、秀英兄妹俩因看不惯狠心的母亲虐待嫂嫂，心生恻隐，商量去磨房看望。后演顽皮稚气的兄妹俩为让嫂嫂高兴，磨房串戏。以花旦、丑脚应工，要求演员串演不同行当、不同角色、不同流派的剧目片段。生旦净丑，随意唱做，经常串演的有《庞德下书》、《定军山》、《龙虎斗》、《上天台》、《斩李广》、《捉放曹》、《挡谅》、《忠孝图》等。“十八”是极言其多，未必一定是十八段。演唱具有较大随意性，展示演员多方面的才能。插科打诨中，也包孕着教化宗旨和批判意识。孔怀、秀英两小儿纯真、善良、顽皮的形象，与未出场的孔母形成对比，褒贬自在其中。但旧时戏班和伶人，往往为迎合观众不健康的欣赏心理，杂糅进一些低级趣味。《消寒新咏》记九庆部花旦芳官、《日下看花记》述春台部花旦杨凤翔均擅演此剧。据《清代伶官传》，清咸丰十一年（1861），陈四宝等曾演此戏于内廷。刘赶三、萧长华、张文奎、李百岁等擅演，坤脚恩晓峰亦工此戏。吕月樵、萧长华、李桂春、马富禄有唱片行世。萧长华、马富禄摄有影片。剧本载《戏考》第3集、《京剧汇编》，另有《京戏考》、《戏学汇考》等刊本。（周传家）

《京剧版画·小磨坊》（王树村提供）

萧长华饰孔怀（右） 马富禄饰孔秀英
（钮骠提供）

Shi Dao Ben

《十道本》 京剧作品。又名《宫门带》、《十条陈》。作者不详。唐高祖李渊患病，李世民进宫探侍，三更时分出宫，路过张、尹二妃的宫门，发现其兄建成、元吉在内与她们饮酒作乐，恼怒中解下玉带挂在宫门上，以示警告。建成、元吉见到玉带十分惊慌，便唆使张、尹二妃诬陷李世民无礼调戏。李渊大怒，欲斩李世民，诸臣

清宫《戏出画册·宫门带》（故宫博物院藏）

进谏，均被斥责。褚遂良冒死上十道本保奏，列举历代宠妃乱国故事，为李世民辩冤。终使李渊醒悟，赦免了李世民，并封赏褚遂良。该剧为表现古代宫闱夺权斗争的剧目。故事取材于《大唐秦王词话》及《隋唐演义》第64回。《十道本》为马连良代表剧目之一，褚遂良在金殿上有大段念白，马连良的演出以铿锵有力、韵律鲜明的侃侃陈奏给观众留下了深刻印象。言菊朋也擅演此剧，剧本、唱腔与马连良有所不同。本载《京剧汇编》第7集。（丁汝芹）

Shi Lao An Liu

《十老安刘》 京剧作品。描写汉惠帝死后，其母吕雉临朝，大封诸吕。刘氏旧臣蒯彻、栾布和李左车力劝淮南王刘长起兵锄吕，说出刘长生母被吕雉害死的真相。刘长坚持要看到记有实情的皇家宗卷才肯相信。岂知吕雉已将宗卷焚毁。淮南王派来盗宗卷的谋士田子春限相国陈平三日内交出宗卷，陈平则向掌管皇家宗卷的西台御史张苍索取，亦以三日为限。张苍被逼得几乎自杀，幸亏其子有先见之明，留下了真卷，吕雉所焚实为假卷。于是，刘长联合朱虚侯刘章等兵围长安，诛灭诸吕。吕雉自焚。众推刘恒继位，为汉文帝。“十老”指锄吕扶汉斗争过程中的刘贾、刘交、蒯彻、陈平、栾布、王陵、周勃、张苍、李左车和田子春10位刘氏宗亲和老臣。

张学津饰蒯彻（中） 黄德华饰栾布（左）
刘大昌饰李左车

该剧为马派名剧。在传统作品《监酒令》、《盗宗卷》的基础上，首尾增添“封十王”、“焚汉宫”情节，移植川剧、汉剧的《淮河营》，由吴幻荪执笔改编，徐兰沅设计唱腔。1942年5月在天津首演。马连良前饰蒯彻，后饰张苍。全剧念多唱少，以做工见长。蒯彻机智飘逸，谈笑风生；张苍忽惧忽喜，感情起伏跌宕，颇多妙趣。《马连良演出剧本选集》收有此剧。

《监酒令》是小生有名的唱工戏。主角刘章（小生饰）为刘邦嫡孙。吕后临朝称制，恐刘章不服，以侄吕禄之女妻之，又封为朱虚侯，统领禁军。周勃、王陵夜见刘章，劝以汉室基业为重，伺机除诸吕。刘章夜巡宫禁，时吕后正在未央宫大宴吕氏宗亲。刘章闯入侍宴，为监酒官，请准以军法行酒。适见吕氏宗亲有逃席者，刘章拔剑斩之。通常所演至此为止。夜巡是发挥唱工的重点场子，有大段［二簧］。何时希《小生旧闻录》称，唱词相当典雅，颇能表现这位少年将领中夜彷徨、爱国无策的意绪，“据说是曾经孙春山改编过的”（第72页）。徐凌霄《古城返照记》说，当年徐小香演出，唱词有40多句，徐荫轩听腻烦了，“看在同宗的份儿上”，帮徐小香改成了后来大家随着唱的样子（第500页）。徐荫轩（1819～1900），名桐，《清史稿》有传。此剧姜妙香有1929年唱片、俞振飞有1979年录音传世。（井玉贵）

Shi Ri Xiju

《十日戏剧》 京剧期刊。张古愚主编。1937年2月创刊。前身为上海国剧保存社出版的《戏剧旬刊》。共出80期。1941年底，因日军侵占上海，被迫停刊。张古愚是1934年建立上海国剧保存社的主要发起人和负责人，他主持该社创办了研究京剧的刊物《戏剧旬刊》、《十日戏剧》，抗日战争胜利后又重组该社为“中国戏剧改进协会”，创办主编《戏剧春秋》、《中国戏剧》半月刊等，所办刊物中影响最大的是《十日戏剧》。办刊宗旨是“保存国剧固有艺术，提高观众看戏程度”，内容丰富，图文并茂，发表了大量研究京剧历史和艺术的文章，并围绕着旧剧是否有保存价值，要不要改良，如何改良等问题进行了探讨。刊登过张肖伧的《茜茜室剧话》、孙濬厂的《濬厂戏语》、张乙庐《老副末谈剧续编》、王正宇《爱萍室剧谈》、施病鸠的《碧梧轩话剧》、《玄武室剧话》、黄芝冈的《中国戏的唱与白》等文。在20世纪三四十年代的上海京剧界，是一份很有影响的专业刊物。（周巩平）

第1卷第8期封面

Shisanmei

《十三妹》 京剧作品。又名《儿女英雄传》。清末据小说《儿女英雄传》改编。上海、山东等地均曾上演，而以北京福寿班的演出最为有名。关于作者有几种不同的说法：一说为李毓如与艺人胡鹤年（胡喜禄之子）合作；《立言画刊》第143期《侠公谈戏》则说，“其戏为史松泉所编，非江湖散人李毓如作者”；孙履安《京尘杂忆》则称为河南人狄郁（字杏南）所作，被李毓如“攘为己作”。详情待考。剧情为：何玉凤因父亲何杞被奸佞所害，隐姓埋名，自称十三妹，随母投奔红柳村的邓九公，寻机为父报仇。何杞的义弟安学海被人诬陷，需银赎罪。其子安骥变卖家产，赶赴淮阳救父。途中，两个驴夫见财起意，被何玉凤听到，尾随至悦来店，借机与安骥说明，并决定保护安骥同去淮阳。安骥被驴夫骗至能仁寺，被恶僧捉去。十三妹赶到，杀死恶僧，救出安骥和同时落难寺中的张金凤，并撮合安骥与张金凤联姻，同往淮阳救父。后经邓九公和安学海劝说，何玉凤又与安骥成婚。福寿班演八本《儿女英雄

荀慧生饰何玉凤（左） 马富禄饰包成功

传》，红极一时。余玉琴饰何玉凤，张二锁饰张金凤，陆华云饰安骥，黄润甫饰邓九公，其他配角有贾洪林、迟韵卿等。据载，“所有该剧中应有一切布景山石、村景、寺院、店房，俱皆逼真。其袍鳖、盔铠等件，俱是别翻新样，美华鲜妍，均由上海、苏、杭各省采办”（槐《剧场拾零》，《立言画刊》第344期）。余玉琴演十三妹更有盘旋于铁栏杆上，一足倒钩，用弹弓射击的绝技。其后，王瑶卿演出此剧，以《悦来店》和《能仁寺》两折为主，对何玉凤的念白进行了加工，使旦脚所念的京白清爽流利，自然熨帖。他不踩跷，又为十三妹设计了红色打衣打裤，戴红风帽，

《能仁寺》 左起：高联奎饰张妈、程砚秋饰张金凤、荣蝶仙饰何玉凤、张春彦饰张老头儿、金仲仁饰安骥

挎弹弓弹囊，穿薄底战靴的妆饰，使之更富有侠女的气质。荀慧生演出，请陈墨香将全剧精简为“红柳村、悦来店、能仁寺、青云山、弓砚缘”五折。梅兰芳和程砚秋演出时，多扮演青衣应工的张金凤。全剧的何玉凤虽然是武侠装束，要求动作矫健，英姿飒爽，但是武打并不多，主要以念白和表情来刻画人物的侠肝义胆及内热外冷的个性。尤其是在悦来店劝说安骥醒悟和能仁寺为安骥与张金凤说亲的重头戏，都是大段的念白。剧本载《京剧汇编》第36集，《京剧丛刊》第8集。

（马海玲）

Shi Tinghua

辻听花　(1868～1931)　日本京剧评论家。原名辻武雄，一字剑堂，听花是其笔名。1868年生于日本熊本县，1898年8月来到中国，即受友人之招观看京剧。此后曾旅居上海两年，掌教育报笔政，常去丹桂、春桂茶园观看孙菊仙、李春来、小桂芬的演唱，后赴苏州从事教育工作3年，工余偕妻观剧，最欣赏时慧宝的演唱。后又转至南京3年，与南京庆昇园主杨某友善，可随意出入前后台，向杨请教戏剧知识甚多，并经杨介绍与刘永春、汪笑侬、时慧宝、李百岁、紫金仙相过从。辻听花还常利用暑假赴上海调查剧事，

辻听花（右）与汪笑侬

与夏月珊、夏月润、七盏灯、三麻子、潘月樵、贵俊卿、熊文通诸伶相识，获益殊多。1911年12月，辻听花再度入京，与北京各园主及管事人等逐次相识，并特访谭鑫培、俞菊笙、田际云、王瑶卿等名伶，向他们求教，又赴大小科班参观访问，与富连成社社长叶春善交谊最笃。自1913年10月31日起，辻听花作为《顺天时报》剧评的专栏作家，开始撰写京剧评论等方面的文章。在长达17年的时间里，在《顺天时报》共设过22个专栏，相继有《壁上偶评》、《菊室漫笔》、《菊花锅》、《歌舞场》、《豪竹哀丝》、《菊痕》、《琵琶话》、《菊窗夜话》等专栏见诸报端，共撰文6 000余篇，在戏曲界很有影响，当时“凡都门剧界中

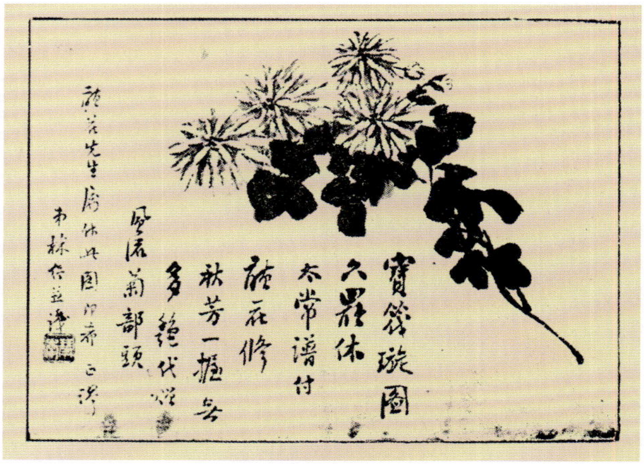

林纾画菊题诗赠辻听花

人殆无不知有听花者”。1917年3月5日谭鑫培送其孙谭富英入富连成社坐科，特请退菴居士（文瑞图）和辻听花做中保人。

辻听花在对以京剧为主的中国戏曲进行广泛调查研究的基础上，集20年之所得编成《中国剧》一书（北京顺天时报社1920年4月28日初版，5月5日再版，5月15日第3版），共6章60节。首冠结论，缀以表式。自戏曲史入手，至戏剧（包括特色、种类与歌曲、音乐等）、优伶（包括出身、科班组织、命名、童伶等）、剧场（包括外观、前后台、座位、新式剧场等）、营业（包括营业主、剧场与优伶、演剧之时间、出数、剧目之广告等）、开锣（包括压轴与金榜、前后台之实况、场内之实况、剧评与报章等）一一记述，提纲挈领，简洁明了。附录有“戏目类别一览表”、“近世名伶一览表”、“已故名伶拿手戏目”、“现今名伶及拿手戏目”、“南北都会剧场表”等，反映出民国初年京剧及秦腔剧目的概貌。该书卷首载各种剧照及字画37幅，均系南北名伶及剧友诸君亲赠，

《中国剧》第3版封面

其中首页刊有1907年作者与汪笑侬在南京合影一张，弥足珍贵。该书为初学之津梁，保留了不少可供研究的资料。

日本中村忠行有《中国戏剧评论家辻听花》，吉田薰译，载《艺坛》第4卷，可资参照。（陈义敏）

Shijiazhuang Shi Jingjutuan

石家庄市京剧团 京剧演出团体。原称石家庄地区京剧团，1993年7月地、市合并，改用现名。剧团始建于1946年4月，称革艺剧团，1947年春，更名革艺平剧院，归属冀中军区十一分区领导，阿良、吴江平分任院长和指导员。主要演员有：老生赵进彪、李江童，武生刘春会，旦行李翠云（河北梆子青衣），净行田大马，丑行刘春贵等。1949年冀南四分区民主建设剧团的老生王雨春、高生民，武生刘英坤，旦行杨惠云，净行陈炳生和琴师吴清泉等加入平剧院。同年，冀中军区十一分区改建为河北省石家庄专员公署，剧院随之迁驻石家庄。1950年冬，剧院下设革艺和大众两团，赵进表、刘同起分任团长，刘克、孟庆成分任指导员。两团分别邀请著名演员来团搭班，先后有奚啸伯、杨荣环、李少春、袁世海、王玉蓉、梁慧超、崔盛斌、叶盛章、李盛藻、吴素秋、滕雪艳等人。1953年5月两团合并，改称石家庄专区大众京剧团，领衔主演有奚啸伯、杨荣环，声名鹊起。年底二人先后离去。剧团留有出自著名科班的一些中、青年演员，如富连成社的华世丽（丑），荣春社的时荣章（丑）、薛耀春（武生）、张荣培（老生），中华戏曲专科学校的高永琦（老生），天华景的李宝奎（净）、孙亮华（武生）及杜学一、张洪岐、翔云燕、耿云燕等人。以他们为骨干，排演了《逼上梁山》、《三打祝家庄》、《李闯王》、《文天祥》、《雁荡山》等新编历史戏。1955年2月剧团定名为石家庄专区京剧团，实行民营公助。1957年秋，奚啸伯二次来团担当主演。1959年与1960年，无极县、石家庄市京剧团先后并入，其主要演员杜元曰（老生）、杨玉娟（青衣）、穆祥斌（净）、林丽娟（老旦）、吴金戸（小生）、李玉斌（小生）等人的到来，加强了剧团的实力。1962年石家庄专区戏曲学校撤销，京剧科学员59人并入，为剧团储备了后继人才。1962年12月，在上海巡回演出时，中国唱片公司为奚啸伯录制了《失街亭、空城计、斩马谡》、《白帝城》、《杨家将》、《范进中举》诸戏的部分唱段。1963年，编导奚延宏等改编话剧《霓虹灯下的哨兵》为京剧现代戏，在天津参加河北省现代戏会演，获好评。1965年7月排出现代戏《桥头镇》（据电影《东进序曲》改编），赴太原参加华北地区京剧现代戏观摩演出大会演出，其武打设计尤为成功，受到同行称赞。“文化大革命”期间，剧团遭受严重挫折。1969年开始，奉命调集人员，学演“样板戏”。先后演出了《沙家浜》、《红灯记》、《海港》、《智取威虎山》、《杜鹃山》等。20世纪80年代，京剧传统戏得以复苏，剧团除演传统戏外，先后创作、排演了《清宫外史》、《古寺魔影》、《台岛离仇》，复排了《逼上梁山》。同时，着重加强对青年人才的培养。1982年1月地区举办新秀会演，剧团有学梅派的杨玉珍、梁合琴、孙绍燕、王会珍，轮流演出《女起解》、《会审》；学程派的许汝迁演出《锁麟囊》；学荀派的徐世先演出《红娘》；学杨（宝森）派的张秋生演出《三家店》；学李（多奎）派老旦的刘棣与郭素玲、周雪良两位刀马旦合作演出《对花枪》；短打武生刘少昆、杨学功演出《安天会》、《打瓜园》；刀马旦赵玉华演出《锯大缸》等戏。演出轰动省会。

《范进中举》 奚啸伯饰范进

奚啸伯在“文化大革命”中备受迫害，于1977年12月10日病逝，1979年9月平反昭雪。剧团以继承、发扬奚派艺术为长期任务，在团长奚延宏支持下，孙宝成复排了奚派名剧《白帝城》、《范进中举》等戏。1985年12月21日，奚啸伯诞辰75周年纪念演出，张建国以《白帝城》、《回荆州》等戏，获得欧阳中石等奚派弟子们的认同。1988年北京市举办奚派艺术专场，剧团演出《宝莲灯》、《上天台》、《范进中举》等戏而获好评。1993年11月，张建国以《哭灵牌》等戏参加梅兰芳金奖大赛，获梅兰芳金奖。剧团“以文补文”取得显著效益。此外，剧团还创排了《白牡丹》、《真假哪吒》、《一代风流》、《万民伞》等戏，分获河北省第一至第四届戏剧节一、二、三等奖。剧团长期设有艺委会、编导室、业务室等机构，从事创作与研究的人员先后有奚啸伯、刘英坤、魏铭、赵小芳、高永琦、奚延宏、李玉彬、吴金声、陈立宪、刘丽娟、刘少昆、苏林等。（王志成）

Shilongwan

《石龙湾》 京剧作品。山东省京剧院根据同名吕剧移植。原著李应该、吴华宁。移植改编张旭、李应该、吴华宁、徐世起（执笔）。京剧导演黄在敏。描写1944年秋天，黄海之滨的石龙湾，八路军联络员大脚嫂在危难时刻，把罗司令员与烈士刘大姐的儿子小虎头托付给了年轻的寡妇彩螺。汉奸解队长与马德猴搜捕婴儿，妄想以此为饵，诱捕八路军。为了粉碎敌人的阴谋，彩螺含羞忍辱，将小虎头认作自己的“私生子”。汉奸马德猴搬出老族长马五爷，妄图动用族规家法，逼迫彩螺说出婴儿的真实身份和来历。彩螺面对不明真相的乡亲们的唾骂和沉海处死的酷刑，咬定牙关，拒不说出真相。年青的渔民马愣子，挺身而出，承认自己就是“奸夫”，以保护婴儿和彩螺。威严的族长，冰冷的族规最后惩罚的不是彩螺和马愣子，而是卖身投靠日寇的汉奸马德猴，将他沉海祭祖。在乡亲们的掩护下，彩螺与马愣子带着烈士的后代，扬帆出海，投奔八路军。作品情节曲折，矛盾尖锐，塑造了富于正义感和爱国精神的渔民形象彩螺、马愣子、马五爷、彩螺娘等，运用反衬手法，展现了斗争艰难，环境险恶，其中彩螺决定认下婴儿是自己的“私生子”时“海涛未平恶浪卷”一段唱，感人至深。1996年，此剧参加第一届中国京剧艺术节演出，获银奖。

傅正红饰彩螺

（谭志湘）

Shi Yukun

石玉昆（1943～　） 京剧导演。江苏兴化人。出身梨园世家。7岁师从父亲石君楼习武生。12岁登台演出《白水滩》。1958年考

入中国戏曲学校，师从钱富川、沈三玉、耿明义、孙盛云等，习武生。1960年毕业分配到江苏省京剧院，常演的剧目有《武松》、《周瑜归天》、《四杰村》、《战马超》、《挑华车》、《三岔口》等。1975年任导演，自编自导了反映解放西南的京剧现代戏《盘江桥》，改编、导演了京剧《江姐》、《英姑》等。1978年入上海戏剧学院戏曲导演训练班学习两年。先后导演了京剧《王熙凤大闹宁国府》、《荣辱鉴》、《徐福》、《张汶祥刺马》、《自由魂》、《青春之歌》等，扬剧《王昭君》、《母亲河》、《铁面情》、《我想有个家》，淮海剧《半世奇缘》，戏曲电视剧《草莽皇帝》、《唐伯虎三哭》等，共计50多出。导演的京剧《宝烛记》获1982年江苏省戏剧百花优秀演出奖、优秀导演奖，首届文华新剧目奖；京剧《青蛇传》获全国京剧青年团队新剧目会演优秀剧目奖及优秀导演奖，第三届文华新剧目奖；京剧《骆驼祥子》获第二届中国京剧艺术节金奖，第六届中国戏剧节最佳剧目奖、优秀导演奖，第七届第九届文华大奖、文华导演奖，第六届中国艺术节戏曲大奖；京剧《宰相刘罗锅》（二本，与人合作）获第八届“五个一工程”奖；蒙古剧《满都海斯琴》获第九届文华新剧目奖等。他在继承传统的基础上勇于革新，善于从生活中提炼表演语汇。导演风格上将南北文化特点融于一体，场面恢弘，人物表演细腻传神，追求雅俗共赏的艺术效果。如《骆驼祥子》中“洋车舞”和“醉舞”的场面处理以及《宰相刘罗锅》（二本）中“夜审乾隆”的构思，都不同程度地体现出这种风格。2004年冬导演《成败萧何》。徐晓钟盛称其“兵将们的场面调度……既有传统龙套的路数，又有新的创造，新的美感”，并在一些场面中充分展现了演员的身段美（详见2009年第3期《中国戏剧》）。该剧在2008年第五届中国京剧艺术节上获新编历史剧一等奖。

（贯志刚）

Shi Huibao

时慧宝 （1881～1943） 演员。工老生。字炳文，号智侬（一作智农）。祖籍江苏吴县（今苏州吴中区、相城区），生于北京。为名旦时小福之四子。幼从刘桂庆学娃娃生，8岁即于四喜班登台，

不仅嗓音高亢清澈，而且极重情感。一次同龙长胜、宋赶生演《铁莲花》饰定生，演至遭拷打时，竟由假哭演成真哭。孙菊仙当即对时小福说：“此子造就未可限量，愿善教之，毋负其才也。”后从杨隆寿、姚增禄、曹文奎、刘景然等名师学艺。16岁变嗓居家休养，22岁嗓音复原。首次出外献艺于上海、杭州、苏州、无锡等地。载誉返京后，沈韵秋于三庆园组演老生大会，邀他参加，同时还有贾洪林、贾丽川、王凤卿、王荣山、周长山、李顺亭、韦久峰等。时慧宝所演《翠屏山》、《定军山》、《阳平关》等剧，颇受赞誉。后又应邀赴上海，出演于老丹桂园，备受欢迎。随之又赴天津与薛凤池、李吉瑞、尚和玉等合作两年余，与王凤卿、余叔岩并称“青年老生三杰”。曾与谭鑫培、孙菊仙、杨小楼、刘鸿昇、王又宸等同台演出。擅演《上天台》、《逍遥津》、《金马门》、《马鞍山》、《铁莲花》、《雍凉关》、《骂杨广》、《骂王

《醉写》饰李白

《七擒孟获》饰诸葛亮

《铁莲花》饰刘子忠

朗》、《一捧雪》、《三娘教子》、《除三害》、《太白醉写》、《朱砂痣》、《柴桑口》等。1921年再次赴上海演于天蟾舞台，与盖叫天、冯子和、常春恒、孟鸿茂、刘筱衡等合演《七擒孟获》，他演诸葛亮，盖叫天饰孟获，留有剧照传世。时慧宝为孙（菊仙）派老生传人，声音洪亮酣畅，令听者颇觉痛快，但其唱调高腔直少韵味。因在表演上不拘泥规范，随心所欲，时人乃称他为“名士派”。他通诗文，能操琴，曾从魏匏公学习书法，笔力遒劲，为梨园界

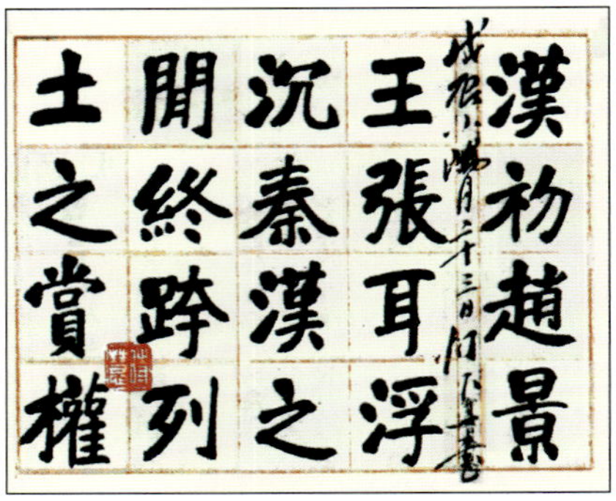

时慧宝手迹

书法家。北京樱桃斜街34号的原梨园新馆门楣上的“梨园永固”四字，即为时慧宝所书。他每演《戏迷传》，必自拉自唱并当场题字，为世人所称。九一八事变后，1934年11月他在天津北洋戏院演出此剧时，当场书写的是“毋忘东北”四个大字，剧场内顿时掌声雷动，体现了他的爱国热忱。他为人谦虚友善，温文尔雅，虽生活不宽裕，却肯豪爽助人，扶危济困，极热心于公益事业，深受剧界同仁敬重，有“侠伶”之美誉。因不善理财，加之夫妻二人均有鸦片嗜好，晚年生活艰难，靠卖书画维持生计。1943年因患肺病逝世。

（刘松崑）

Shi Qingshan

时青山 （1901～1976） 京剧教师、演员。原名润明。祖籍江苏吴县（今苏州吴中区、相城区），生于北京。出身梨园世家，祖

父时小福为清同治、光绪年间名旦。伯父炳奎，工老生，后改文场。父亲玉奎，工文净。叔父慧宝是著名孙（菊仙）派老生。青山自幼习艺，初从陈玉五学娃娃生，从陈福胜学老生，后改学老旦，拜罗福山为师，各正工戏和配角戏均能，唱念做表，平正稳练，规矩大方，为人配戏衬托熨帖，尤擅与旦行同台合作。曾搭杨小楼、梅兰芳、尚小云、徐碧云、朱琴心、雪艳琴、

章遏云、黄桂秋、李万春、荀慧生等各班演唱，并在一些班社兼任前后台管事。1942年曾在燕京影片公司摄制的黑白影片《孔雀东南飞》（王铁瑛、徐和才主演）中饰刘母，《御碑亭》（张贯珠、金伯吟、李德彬主演）中饰孟安人。中年起即教学授艺，先后于中华戏曲专科学校、鸣春社科班任教，李金泉、三玉敏、王鸣咏等皆曾从其受业。1950年应文化部戏曲改进局戏曲实验学校之聘到校任教，曾授《徐母骂曹》、《专诸别母》、《别皇宫》、《探寒窑》、《断臂说书》、《牧羊卷》、《清风亭》诸剧。前几班习老旦行的学生均曾得其教益，如钮骠、王梦云、王晶华等。1951年为祝贺中国戏曲研究院成立，曾与梅兰芳、郝寿臣、萧长华、贯大元、谭富英、叶盛兰和阿甲、李紫贵等合演《龙凤呈祥》，饰吴国太，还曾为雷喜福、筱翠花（于连泉）配演过《坐楼杀惜》的阎婆。　（钮骠）

Shi Xiaofu

时小福　（1846～1900）　演员。工旦。原名时庆，别名小馥，字琴香，又字纫之，号赞卿，乳名阿庆。堂号绮春堂，亦称绮春主人。祖籍江苏吴县（今苏州吴中区、相城区）。生于清道光二十六年（1846）九月初九。12岁时随父母来京，不久父母相继去世，经人介绍从一陈姓者习皮簧青衣。后从徐阿福（字兰芳，号丹初，又号倩芬）学昆旦兼皮簧青衣。其嗓音委婉嘹亮，吐字发音真切，唱腔激昂，极富情韵。他私淑胡喜禄、梅巧玲，兼取两家之长，并有所发展创新，出演后即声誉大噪。时人赞其演唱“气充韵沛”，“一字一腔皆细针密线”，“引颈一歌，满园百诺”，“至节烈悲愤处，能感人泣下”，曾有“天下第一青衣”之誉。其戏路极宽，昆乱不挡，且扮相秀丽端庄，故各班争相聘请。擅演《彩楼配》、《三击掌》、《探寒窑》、《武家坡》、《汾河湾》、《桑园会》、《金水桥》、《祭江》、《祭塔》、《二进宫》、《六月雪》、《宇宙锋》、《南天门》、《芦花河》及昆曲《挑帘裁衣》、《折柳阳关》、《小宴》等，尤其《三娘教子》，享誉一时。《四郎探母》极少演铁镜公主，多演四夫人孟金榜，运用水袖功夫来刻画四夫人的内心世界。曾与孙菊仙、穆凤山联袂演出《二进宫》，珠联璧合。又兼演小生，如《打金枝》之郭暖、《雁门关》之杨八郎、《孝感天》之共叔段等。常于春台、四喜、三庆各班演出，与程长庚、王九龄、余三胜等合作。时小福与梅巧玲，被时人称为四喜班之“二绝”。曾继梅巧玲掌四喜班。

时小福戏装肖像
（沈容圃绘）

光绪十二年（1886）二月十五日，他与老生孙菊仙、武旦李燕云、花脸李连仲四人同被选入昇平署。一次与孙菊仙合演《三娘教子》，清光绪帝为其司鼓。另一次与孙菊仙、穆凤山合演《二进宫》，演至徐、杨二人进宫时，慈禧令打住锣鼓，赐时小福御酒一杯。他曾以旦脚演员身份，破例被委任精忠庙庙首。中年后致力于课徒授艺，弟子均以“仙”字排名。如秦燕仙（梅兰芳姑父秦稚芬之长兄），不但唱得好，且善书法，惜不幸早夭。张紫仙（张连福之父，张元智之祖父）、张云仙（四喜班花旦张佩秋之兄）、吴菱仙（梅兰芳启蒙老师）、吴霭仙、王怡仙（即王仪仙，王琴侬之父，王世续之祖父）、陈桐仙（方春仙、何佩亭之岳父）、陈霓仙、江顺仙（江世玉之父）八人，时人称为“八仙”。九九重阳日，乃时小福寿辰，弟子八人必定前来叩拜，乃有“八仙庆寿”之美谈。八人与其师时小福同样嗜酒，且都是海量，故又称“醉八仙”。弟子尚有章畹仙、翟笛仙及名金仙、玉仙、兰仙等多人。据传光绪二十五年（1899），时小福应友人烦请代邀京城名伶于某王府演出堂会戏，内有《五花洞》，临场主演张霭卿未至，时小福为不使主人扫兴，亲自粉墨登场代演，主人甚为高兴，特留宴以表谢意。但他由于心情不悦，饮酒不适，次日即卧床不起，次年又逢庚子事变，八国联军攻占北京，屡遭兵扰惊吓，病情越发加重，于农历五月十三日病故于寓所，葬于永定门外。其妻为声振堂陈鸣喜（阿寿）之次女，生有四男一女，女为陈德霖继室，即陈少霖之生母。四子依次排名为德宝（字炳奎，工老生）、实宝（字炳章，工净）、泉宝（字炳郁，未从艺）、慧宝（字炳文，工老生）。　（刘松崑）

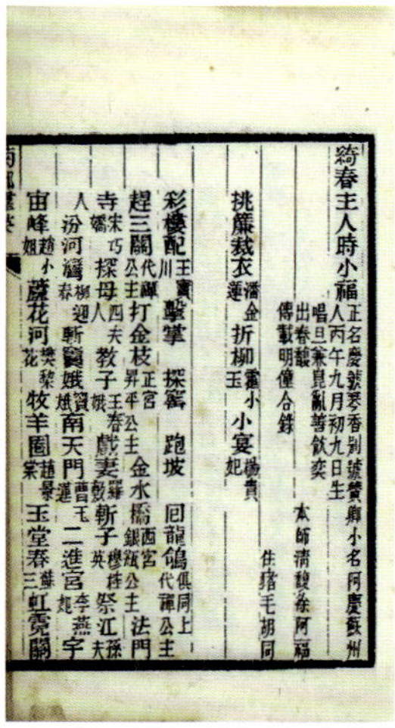
綺春主人時小福 正名慶號琴香別號贊卿小名阿慶蘇州人丙午九月初九日生
唱旦兼崑亂善飲奕
出春馥
傳載明僮合錄
本師清雙希阿福
住豬毛胡同
挑簾裁衣 潘金蓮 折柳 霍小玉 小宴 楊貴妃
彩樓配 王寶川 擊掌 探窰 跑坡 回龍鴿 俱同上
趕三關 代戰公主 打金枝 正宮昇平公主 金水橋 西宮銀瓶公主 法門
寺 宋巧嬌 探母 四夫人 教子 王春娥 戲妻 羅敷 斬子 穆桂英 祭江 孫夫人
人 汾河灣 柳迎春 斬竇娥 竇娥 南天門 曹玉蓮 二進宮 李艷妃 宇
宙峰 趙女 小蘆花河 樊梨花 牧羊圈 趙景棠 玉堂春 蘇三 虹霓關

清同治刊本《菊部群英》所记之时小福

shizhuangxi fuzhuang

时装戏服装　清末民初出现在一批新戏中反映当时现实生活的舞台服装。“时装新戏”即以其服饰特点而得名。所谓时装，是相对于传统戏衣和新式古装而言，与现代国际社会通行的以引领时尚为特征的时装概念不同。传统穿戴规制中花旦所穿袄裤，亦有时装之名，最初多由演员自备，“乃花旦趋时之专用品”（齐如山语），在传统剧目的演出中已成为角色的一种程式性语汇，多用于民间少女、丫环、媒婆等。大量的时装戏最早出现在上海，代表性剧目有《潘烈士投海》、《黑籍冤魂》、《新茶花》、《拿破仑》、《波兰亡国惨》等。时装戏中的时装因戏而异，实际上包括了清装、洋装和时装。狭义的时装，多指表现民国初年的生活服饰。如1914年在北京天乐园演出的《孽海波澜》，梅兰芳饰孟素卿，依据角色经历，换了三种服装：拐卖时作农村贫女打扮；在妓院时穿绸缎，

冯子和的时装戏扮相

梅兰芳的时装戏扮相

比较华丽；济良所工作时穿竹布衫裤，又归于朴素（见《舞台生活四十年》第213页）。其后，梅氏又演出《宦海潮》、《邓霞姑》、《一缕麻》等，有剧照传世。尚小云主演的佛教故事戏《摩登伽女》中钵吉蒂的戏装，与民初传世生活照中的中袖长旗袍亦极相似。时装戏中女性服装的一般特点为：上衣高领、大襟，袖口有窄有宽，疙瘩襻扣，领口、袖口、襟边多饰有花色牙子或牙条；下穿黑色长裙，或穿长裤，裤脚边亦有花饰。男性有穿西服者，亦有穿中式长袍、马褂，戴礼帽，或穿袄裤配背心。面料随角色身份，华素有别。（谭元杰）

shizhuang xinxi

时装新戏 盛行于清末民初的表现现实生活的新戏，因穿戴时装而得名，区别于京剧传统剧目和古装新戏。时装新戏最早出现于清道光年间，如道光二十五年（1845）演出的描写鸦片烟对国人毒害的《烟鬼叹》。随着京剧改良运动的兴起，一度甚为流行。时装新戏的主要特点是：思想上受民主革命思潮的影响，形式上受文明新戏即早期话剧的影响。代表性剧目有《新茶花》、《潘烈士投海》、《黑籍冤魂》、《波兰亡国惨》、《拿破仑》等。

时装新戏从服饰上说可分3种：①清装戏，如《宦海潮》、《张文祥刺马》、《铁公鸡》等；②时事戏，取材于时事新闻、社会案件，穿着时装，如《玫瑰花》、《阎瑞生》等；③洋装戏，根据外国小说、戏剧、电影等改编，穿着洋装，如《波兰亡国惨》、《拿破仑》等。时装新戏题材广泛，有不少作品揭露社会黑暗，针砭时弊，鼓吹民主革命，歌颂革命英雄事迹，如《鄂州血》、《秋瑾》、《宋教仁》、《宦海潮》等；有些反映人民群众关切的各种社会问题，提倡革除社会陋习，如《黑籍冤魂》、《血泪碑》等；还有的鼓吹富国强兵，抵御外国侵略，如《波兰亡国惨》、《新茶花》等。这些作品排演及时，现实性强，具有广泛的社会影响。但其中也有一些思想倾向错误的作品，或带有迷信、色情、恐怖色彩。

时装新戏在艺术表演上较多模仿西洋话剧和文明戏，说白多，唱工少，说白不用中州韵，而以京白、苏白为主，有时还用其他方言。锣鼓用得少，表演比较自由，不太讲究规范，唱腔设计有时打乱西皮、二簧各腔，采用“五音联弹”、“七音联弹”等形式。也有用钢琴伴奏，舞台采用布景、灯光等新技术。常用连台本戏的形式演出，如新舞台演出的《新茶花》共18本，连演9天。

《夏月珊之〈黑籍冤魂〉》（选自清末上海《图画日报》）

《新茶花》（选自清末上海《图画日报》）

上海新舞台是当时编演时装新戏的大本营。据统计有四五十种之多。演出时装新戏的著名演员有夏氏兄弟、潘月樵、冯子和、毛韵珂等。欧阳予倩说：“他们最受欢迎的戏有《新茶花》、《明末遗恨》、《波兰亡国惨》之类。当时种族观念正从国民间觉醒过来，这种戏恰合时好，如是潘月樵的议论，夏月珊的讽刺，名旦冯子和（原名小子和）、毛韵珂（原名七盏灯）他们的新装、苏白便成为一时无两。”（《自我演戏以来》）时装新戏在北方也有演出，如梅兰芳1913年旅沪演出，受上海剧坛影响，回到北京后先后编演了《孽海波澜》、《邓霞姑》、《一缕麻》等。1915年以后，随着革命失败，政治形势的变化，京剧改良运动逐渐衰微，时装新戏也随之每况愈下，逐渐失去其民主性光彩，终以失掉观众而衰落。（沈鸿鑫）

Shi Ruoxu

史若虚（1918～1983） 京剧教育工作者。原名宝玺。山东阳信人。青年时就读于山东省立济南师范学校，嗜爱戏剧、曲艺。1938年赴陕北，先后在陕北公学、延安抗日军政大学学习。1939年入抗大总校文艺工作团，同年随校转赴晋察冀抗日根据地。1942年任该团艺术指导。后入第十八集团军野战政治部前线剧团，从事戏剧、曲艺的创作和演出，编写、演唱过许多鼓书作品，有“史大鼓”之称。创作了京剧历史故事剧《亡宋鉴》、《中秋月》，现代戏《荡家恨》，歌剧《参军曲》等。1946年到晋冀鲁豫边区邯郸，任剧院剧务主任、民众教育馆股长、副馆长等职。1949年北平解放，到北平军管会文化接管委员会旧剧处工作，负责接管了四维儿童戏剧学校第三分校，参加戏曲学校的筹建，并作有鼓词《三勇士推船渡江》、《飞夺泸定桥》等，由京韵大鼓演员新岚云等演唱。1950年起专事戏曲教育工作，历任戏曲实验学校教务长、副校长等职。1978年学校改建制为中国戏曲学院，

任首任院长。30余年间，遵循国家教育工作方针和戏曲改革政策，团结、依靠京剧艺术家，为改革旧的戏曲教育制度，创立新的教学体系，建设戏曲教师队伍，培养新一代戏曲人才，作出了突出贡献。同时与人合作改编了京剧《碧波潭》、《四川白毛女》、《卖水》等剧本，参加了《白蛇传》、《卖水》的唱腔设计。在报刊上发表过许多论述戏曲艺术教育的文章，并结集为《戏由教育论集》，1980年由中国戏剧出版社出版。

2008年，中国戏曲学院为纪念史若虚诞辰90周年，编辑图册《戏曲教育家史若虚》。主编杜长胜、贯涌。文化艺术出版社同年12月出版。16开本，120多页。有"革命情深"、"倾心事业"、"再创辉煌"、"桃李盈门"、"风采长存"、"幸福家庭"6个部分，收入图片150幅。 （钮骠）

Shi Songquan

史松泉 京剧作家。浙江绍兴人，入北京宛平籍。清同治、光绪时人。因生于九月九日，又名重旭。曾任户部银库经承，被革官充军。回到北京后，经常出入戏园观剧，与福寿班陈德霖、李顺亭、余玉琴等相交友善。当时，福寿班正演出沈小庆编排的施公案戏多出。史松泉不满于沈小庆之作，遂根据评书《施公案》故事情节，补缀改编成为全本施公案剧本，交由俞菊笙、迟韵卿等排演。史松泉编写施公案连台本戏的起因，据齐如山《京剧之变迁》记载：他回京后，"不甘做黑人，遂编出此戏，因陈德霖时掌福寿班，且在太后面前最红，所以交福寿排出，并商请陈德霖将此戏带往宫内去唱，乘机告知西太后，说这是某人所编，或可恩旨免罪。……后陈德霖以为此事恐有不妥，又商之南府太监常某，二人都恐怕御史知道了参奏，有许多的不便，遂做罢论"。此外，他还根据《列国志传》卷六、《东周列国志》第76回、第77回，编有《战郢城》，演伍员为父兄报仇率吴兵伐楚，攻克郢都，掘平王墓鞭尸的故事。史松泉喜欢看戏，熟悉舞台，尤爱武戏，所编剧本，适合舞台演出。 （秦华生）

Shi Yihong

史依弘 （1972～ ） 女演员。工旦。原名史敏，2002年改今名。祖籍江苏溧阳，生于上海。1982年考入上海市戏曲学校京剧班，习武旦，师从张美娟。在校期间，以扮相亮丽、基本功扎实，

成为该校尖子生。1986年，时年14岁，以《挡马》一剧参加上海戏曲武功电视大赛，获二等奖。后又从戏曲声乐专家卢文勤学习发声方法，向文武并重的艺术道路发展。1990年正式进入上海京剧院，受到剧院重点培养。1991年，以《火凤凰》一剧参加全国中青年京剧演员电视大赛，获优秀表演奖。因其武技高难新颖、迅猛火炽，被观众誉为"彩色旋风"。1993年，因成功塑造新编京剧《扈三娘与王英》中的扈三娘一角获得第十一届梅花奖和第五届上海白玉兰戏剧表演艺术奖主演奖。1993年底，由中国京剧艺术基金会推选为首届中国京剧之星。此后，在新编连台本戏《狸猫换太子》中饰演宫女寇珠，在新编神话剧《宝莲灯》中饰演三公主，在现代戏《映山红》中饰演梁玉梅，在大型交响京剧《大唐贵妃》中与李胜素、梅葆玖联袂饰演杨玉环，都受到观众热烈欢迎。她还参与了音乐家谭盾的多媒体音乐剧《门》和《2000Today》新世纪交响音乐会的演出。1996～1999年，作为由

《昭君出塞》饰王昭君

《大唐贵妃》饰杨玉环

文化部主办的首届中国京剧优秀青年演员研究生班学员，得到杜近芳、李玉茹、李金鸿等京剧艺术家的指点，并且在文艺理论上得到系统的学习。史依弘由武旦开蒙，后潜心学习、研究梅兰芳所创立的梅派艺术，参与多个京剧新剧目的创作，成为文武兼备，风格鲜明，具有时代特色的新一代京剧演员。 （冯钢）

Shi Zhesheng

世哲生 （1890～1945） 票友。工武生。名枢。生于北京。满族。旗姓爱新觉罗氏，汉姓金，因其祖上为清室贵胄，故内外行尊称其为金公爷。自幼酷嗜京剧，晚清时即经常参加北京各票房的活动。辛亥革命后，樊棣生在崇文门外东晓市浙慈会馆成立春阳友会票房，世哲生及孙庆堂、郭仲衡、陈远亭、恩禹之、莫敬一、铁璘甫、林钧甫、松介眉、赵静尘、贾福棠、王华甫等名票经常在此票戏，并跟随姚增禄、张淇林、范宝亭等练功学戏，能戏甚多，无论长靠、短打都十分出色。擅演《长坂坡》、《挑华车》、《铁笼山》、《状元印》、《青石山》、《艳阳楼》、《水帘洞》、《连环套》、《安天会》等，效法杨小楼，工架稳重，干净利落，威风凛凛，气度大方，举手投足皆有准绳，为当时武生票界之冠。有一次他演完《金钱豹》后，一向以演此剧著称的武生名宿俞振庭赞叹地说："我们内行人能演成这样儿的能有几个！"并对世哲生说："今后您别再演这出戏了，您给我们行里人留碗饭吧！"俞振庭不轻易赞许人，由此可见世哲生艺术造诣的精深。他还擅长武丑、武净，系得王长林、范宝亭亲授。他与林钧甫合演《小放牛》，载歌载舞，在票界堪称独步。他演《打瓜园》的陶洪，神情毕肖，灵巧敏捷。他演《通天犀》的青面虎，则勇猛剽悍，身手矫捷，尤其椅子功的精美深厚，即使在专业演员中也不多见。1930年，应邀赴吉林，先后在熙

《霸王别姬》饰项羽（右） 包幼蝶饰虞姬

洽俱乐部京剧组、吉铁剧社、协和剧团京剧部演出兼做教师。后终老于吉林市。 （吴焕）

shoujuangong

手绢功 表演功法之一。手绢在舞台上既是生活用具，也是富有装饰趣味的表情道具，在一些剧目情节中甚至不可缺少。如《拾玉镯》的孙玉姣，《香罗帕》的赵蕊芝，都是以手绢作信物，表达自己的爱情。手绢功主要有握绢、提绢、别绢、掖绢、挂绢、系绢、叼绢等30余种。

耿巧云《卖水》中饰梅英
（金思孝摄）

舞台上，花旦、彩旦用手绢形式基本为绢不离手，表演动作有捋绢、绕绢、搓绢、揉绢、搅绢、抖绢、扭绢、盘绢、拂绢、挥绢、投绢、遮绢、搭绢、挡绢、撕绢、背绢、抛绢、衔绢等，全用四角巾。随着京剧表演艺术的发展，吸收了“二人转”以及姐妹艺术的绢技，由原来只用单片四角巾，增加到双层的八角巾，手绢也由小变大，有时也用到“打出手”中去，丰富了手绢功的技法。手绢虽小，但可增添舞台上的生活气息，美化表演动作，揭示出人物内心情绪，往往有不可替代的戏剧效果。 （王诗英）

shou yan shen fa bu

手眼身法步 京剧形体表演5种技法的简称，是演员必须掌握的基本功。手，指手势动作的技法，不同行当有不同的指法和握拳、出掌的规格，还有山膀、云手等。眼，指眼神运用的技法，有“一身之戏在于脸，一脸之戏在于眼”的艺谚，眼神的运用在表演中被认作是最为重要的。身，指身躯的头、腰、颈和肩、肘、膀、胯、膝各部位运用的技法。步，指各个行当的各种台步的技法，包括上场、下场、行进及起霸、走边、趟马和打把子、要下场的步法，还有蹉步、滑步、云步、醉步、魂步、跪步、走花梆子、跑圆场等。法，按佛家的解释为：“‘任持自性，轨生物解。’这就是说，每一事物必然保持它自己特有的性质和相状，有它一定轨则，使人看到便可以了解是何物。例如水，它保持着它的湿性，它有水的一定轨则，使人一见便生起水的了解；反过来说，如果一件东西没有湿性，它的轨则不同于水的轨则，便不能生起水的了解。”（赵朴初《佛教常识答问》第1页）戏曲表演中的“法”，即指“一定轨则”。戏曲表演有其本身的美学原则、艺术个性和相状特点。同是“手眼身步”，它与武术、舞蹈、杂技、体操就绝不相同，与话剧、舞剧、歌剧、音乐剧也各自有别。俞振飞曾说：“它（法）似乎应是指手、眼、身、步的相互联系与相互协调，指身体各部位训练中的规范、法则与相互协调，也包括各种身段动作组合过程中的规范、法则与相互协调。”他还说：舞台上的表演“要讲究美，还是离不开‘法’字”。演员身体各部位的联系与协调都是由“法”管着的。（《俞振飞艺术论集》第287～288页）戏曲前辈也有“手为势，眼为灵，身为主，法为源，步为根”的阐述。法，实指戏曲表演所必须循蹈的轨则规范。它是演员在舞台上展现戏曲表演意念和神韵的技法，起着主宰作用。20世纪50年代，程砚秋提出“四功五法”的说法。四功指“唱念做打”。而将传统普遍说法的“手眼身法步”，改为“口手眼身步”，随后又有人说是“手眼身步”或“手、眼、身法、步”等，都是以各自的理解加以阐释的，至今尚未形成一个为大家认同的说法。 （钮骠）

shoujiu

守旧 见门帘台帐。

Shougang Yeyu Jingjutuan

首钢业余京剧团 京剧业余演出团体。始建于1948年，原名石景山钢铁业余京剧团。1986年成立首钢京剧协会，1997年3月重建首钢业余京剧团。业务活动除吊嗓、排练、演出京剧外，还包括办普及班与戏剧茶座等。20世纪50年代初期，该团能戏甚多，自制衣箱，广开门路，多方演出，并为抗美援朝捐献义演数十场。1956年与中国京剧院建立了联系，由白家麟、鲍盛启等人执教。同年7月参加了北京市总工会举办的青年联欢节，去包头等地巡回演出。1962年与中国京剧院二团在人民剧场进行了商业性演出。剧目是《辕门斩子》，由王玉敏陪演佘太君，《三不愿意》由高玉倩陪演崔丽英，压轴戏是张云溪的《武松打店》，大轴戏由该团全部演员出演《闹龙宫》。60年代初，该团自编、排演现代戏《石景山旁》获得成功。在此期间，还演出了《龙凤呈祥》、《四进士》、《铁公鸡》、《将相和》、《群英会》等50余出戏。“文化大革命”期间，排练、演出现代戏《红灯记》、《沙家浜》、《智取威虎山》、《奇袭白虎团》各150余场，《海港》30余场。主要演员有：生行王平生，主演过《失街亭、空城计、斩马谡》、《四郎探母》、《朱砂井》、《乌盆记》等；旦行乔守梅，主演过《状元媒》、《龙凤阁》、《望江亭》等；净行贾时刚，主演过《盗御马》、《李逵探母》、《遇后龙袍》等；丑行赵德泉，主演过《打瓜园》、《三盗九龙杯》、《打砂锅》等。其他老旦、小生演员都曾获得过北京市举办比赛的各种大奖。名票叶庆柱也出自该团。该团曾与中央人民广播电台等单位联合举办了多次节日演唱会。组织首钢京剧演唱邀请赛和“十大名票”评选等活动。 （王平山）

shouxi

寿戏 戏曲演出习俗。汉唐以来，民俗多有庆寿仪典，伴以乐舞。宋元时期戏曲成熟以后，多有以戏祝寿者，称“寿戏”。此俗多用于堂会式的演出，亦有专门雇请戏班、包租戏园者。清康熙、乾隆时期，皇帝、皇后“万寿”，京都内外遍搭戏台，戏目均多与祝寿、吉祥相关，以示喜庆祥和。王族、富商乃至乡绅、平民亦多以演戏庆寿，于是形成了一批“寿戏”，如《百寿图》、《七子八婿满床笏》、《蟠桃会》、《状元谱》、《麻姑上寿》、《天女散花》、《金榜乐大团圆》、《黄金满台》等。其内容多借用神仙故事和历史上的长寿富贵人物，

吴楚公所寿筵演剧图 （选自《合肥相国七十赐寿图》）

用歌舞方式表示祝福。（戴申　周华斌）

Shouma Yushi

《瘦马御史》　京剧作品。根据云南昆明市滇剧团同名滇剧改编。编剧盛和煜，导演顾威，唱腔设计高一鸣，音乐设计、配器龚国泰，舞美设计吴穹，灯光设计邢辛、陈佩鑫，服装设计彭丁煌、范小蕙。2001年1月9日中国京剧院首演于北京，耿其昌饰演钱沣，陈真治饰和珅，魏积军饰浦霖，青年演员郭伟扮演莲心。剧情是：清朝乾隆年间，山东巡抚国泰搜刮黎民，贪污国库，民怨四起。御史钱沣（号南园）为官清廉，常骑瘦马，人称“瘦马御史”，上书弹劾。乾隆令和珅、钱沣、浦霖前往山东查办。国泰实系和珅死党。和珅利诱钱沣不成，逼迫钱沣好友浦霖变节，藏匿关键证物，为查案设置了重重障碍。钱沣不畏权奸，凭着忠君爱民的赤诚和智慧，与和珅等展开殊死较量，在浦霖小妹莲心的帮助下，最终巧妙地揭开了国泰等人“借银填库”的谜团，查明案情，并赢得了莲心的爱情。在改编过程中，强化了钱沣（亲情、爱情、友情）的情感线，增加了钱沣微服访查的情节，并把和珅、国泰等贪官相互勾结，定计企图瞒天过海的情节放在明场处理，增添了悬念，强化了戏剧冲突，使得人物形象更加丰满。演出充分调动京剧“唱念做打”的表现手段，其中“盘库”一折中的算盘舞尤具创造性。唱腔流畅脱俗。舞美设计巧妙地使用了传统建筑中的藻井，并赋予它更深刻的象征意义。作品曾获第三届中国京剧艺术节金奖及多个单项奖。

耿其昌饰钱南园（左）　司骍饰王掌柜
（王宇摄）

（吕慧军）

shu shuitou tie pianzi

梳水头、贴片子　见假发。

shutouren

梳头人　旦脚化装师的旧称。辛亥革命以后称容装科，今称化装师。负责梳头桌的管理和为旦脚演员化装。梳头桌或称包头桌，为旦脚演员化装时专用，备有假发、头面及面部化装的各种用品、工具、镜子等。旦脚化装包括：面部涂上装油，打底色，拍胭红，敷粉定装，涂胭脂，画眼圈、眉毛和嘴唇，然后勒头吊眉眼，贴片子，梳裹大头，插戴头面（首饰）。齐如山《国剧艺术汇考》谓：“在清朝时候，旦脚自己会敷粉的就很少，不用说贴片子。民国以后，旦脚多会敷粉，并能自己贴片子，惟没有自己会梳大头的……所以戏班中，永远离不开这一科。”今之旦脚演员，自勒头起，多由梳头师操作。所用片子（贴于额鬓的假发），事先需在带黏性的榆树刨花水中浸泡、梳刮，做成小弯或直条大鬓；青衣头上插戴的茨菰叶，用水纱预制或包头时现打，以及有些角色插戴头面后还需打包头绸等，都是梳头师分内之事。旦脚的换装、卸装以及剧中小生赶场换女装，亦由梳头师负责料理。因整个化装程序复杂，技术性极强，关乎旦脚扮相之端庄、俊美，梳头师都要经过拜师学艺，受专门训练，始能胜任工作。旧时著名旦脚演员多自带梳头人。梅兰芳早年改进化装时，亦要与梳头师韩佩亭细细研究之后才实行（见梅兰芳《舞台生活四十年》第187页）。李鸿奎、顾宝森、葛桂生、郭歧山、蔡国栋等，均为有名的梳头师。

梳头师顾宝森（左）正在为黄桂秋化装
（选自《中国京剧衣箱》）

（谭元杰）

Shufangzhai Xitai

漱芳斋戏台　清代宫廷戏楼。址在北京故宫重华宫漱芳斋院内。始建于乾隆年间，保存完好。戏楼北向，重檐，两层。下层为戏台，上层为阁楼，可放置砌末、服饰等演出用品。戏台高0.9米，台面12米见方，后有扮戏房。台口四柱，周设矮栏。台顶有天井（活动天花板）通向阁楼，供升降砌末使用。戏台对面有看戏殿5楹，东西两侧有庑殿，以回廊与扮戏房相通。此戏楼是清代宫廷内的主要演戏场所，承应各种宴戏、庆寿戏、节令戏、连台本戏。据昇平署档案记载，自嘉庆至宣统百余年间，漱芳斋演出过《劝善金科》、《征西异传》、《铁旗阵》、《下河东》、《兴唐外史》、《普天同乐》、《忠义传》、《三侠五义》等。昇平署外学戏班入宫演戏多在此。

漱芳斋戏台外貌（选自《紫禁城宫殿》）

（周华斌）

shuaqi

耍旗　表演特技之一。有耍大旗、耍水旗、耍令旗、耍报旗及风旗、火旗等。老本《水漫金山》的伽蓝神耍大旗，双手挥舞长柄皎月色特大号方旗。大旗代表海水，舞动象征波涛，舞得忽忽生风，不仅要耍难度很大的背花，还要一腿独立旋转，一腿后抬平伸成探海式；同时单手反握长柄，使旗面距舞台台板半尺成水平颤动，皆靠演员的臂力和腰腿功夫。最后在唢呐曲牌中鱼鳖虾蟹翻跟斗越过舞动的大旗，大旗还有搂圈旋子等表演，以此表现

《闹龙宫》　山东省京剧院演出　（吴钢摄）

《雅观楼》 张翼鹏饰李存孝

神将与水族在翻江倒海中激战。新本《白蛇传·水斗》一场中则为蛟王耍大旗渲染水漫的战斗气氛。南方演的《闹天宫》中曾有武生扮演的风神手挥特大号黑风旗，把小猴们"吹"得满台翻跟斗。武戏《铁公鸡》中也有耍大旗。《战宛城》剧中，张绣的耍令旗，则以身段动作和面部表情来刻画人物的思想感情。曹将典韦下场后，张绣令旗背于身后推髯一望，又以令旗直指典韦背影搂髯再望。令旗舞花伸向前台。"三锣"中左手指三下旗。最后令旗交左手背于身后，同时反翻右水袖背于身后，朝下场门扔髯亮相，摇头叹息地走下场去。这段舞蹈表现张绣虽令旗在握却不能指挥兵马，反须俯首屈曹的复杂心情。昆曲戏《起布问探》和南派《雅观楼》中也有耍报旗、令旗的表演，都十分生色。一般持旗者并无耍旗表演，只是起创造气氛，烘托主角的仪仗队作用。

（王展云）

shuaya

耍牙 表演特技之一。演员扮演的神鬼妖魔以及有些猛将，为了表现凶神恶煞的狰狞面目，上场前口内暗含两颗二寸左右长短的雪白尖牙。《金钱豹》剧中的大豹精在小妖们的引导下遮面出场，跑到台口猛然露出金色脸谱，眉眼乱动并有两颗白森森的獠牙由嘴角两侧吐出，忽而一上一下，忽而一出一进，或两牙一齐转动，甚而两牙牙尖立起插进鼻孔里。耍牙约有八招，能耍全者只有钱金福等寥寥几人。据说在20世纪50年代时曾有江南某剧种老艺人表演的耍牙，口内同时含有大小七颗牙在上下进出耍动，堪称绝技。当年，《金沙滩》的杨七郎、《琼林宴》的煞神等都有耍牙的表演，现今京剧舞台上，这项绝技已经失传。

（王展云）

Shuang Bei Deng

《双背凳》 京剧作品。又名《双怕婆》。由小丑与小旦主演，以说白为主的玩笑戏。作者不详。剧演尤二一向怕老婆，被责打后上街游逛，正遇同样惧内的张三。二人互诉苦衷。尤二约张三至家中饮酒，以张妻能否在旁伺酒为由，下赌20两纹银。张三趁尤二回家取钱，请求其妻配合，暂受委屈。尤二见张妻小心侍候，毫无怨言，看出二人要赚自己的银子，便找机会溜走。张妻也将张三打了出去。张三逃至街头，又遇尤二，二人共谋"制妻之法"，各往岳父处求情，劝妻改过，得到的法宝都是回家在妻子面前跪板凳。二人顶凳而归。马富禄、李四广、萧盛萱、筱翠花等均曾演出。剧本载《京剧汇编》第31集。

（崔长武）

Shuangkuiban

双奎班 京剧戏班。清咸丰二年（1852）出现于北京剧坛。张二奎、大奎官（刘万义）合组。因二人之名皆有"奎"字，故名双奎。演员阵容：老生王聚山，小生王长寿，武生曹二官（曹吉安）、任七（任春廷），青衣陆翠香、孙八，花旦王宝庆、方松龄、王长桂，武旦余玉升，净脚姬明亮、徐宝成、张七（武净），丑脚朱三喜、韩双盛（文武丑）等，均知名于时。主要上演剧目有张二奎扮杨延辉、王宝庆扮铁镜公主、方松龄扮萧太后、孙八扮四夫人、王长寿扮杨宗保的《四郎探母》，张二奎、孙八的《牧羊卷》，张二奎的《五雷阵》，曹二官的《虮蜡庙》，任七的《武松打店》，徐宝成的《狮驼岭》，韩双盛的《连升三级》、《巧连环》等。双奎班荟萃许多北派名角，形成一个演唱、戏路别具特色的演出团体，与程长庚的三庆、余三胜挑梁的春台、王九龄等主演的四喜竞演于京师剧坛，声势甚盛。张二奎以老生行串演的短打武戏《恶虎村》、《连环套》、《骆马湖》，在双奎班独树一帜，程长庚、余三胜、王九龄等人，终其一生，无此剧目，后世老生则有循其例演唱者。陆翠香演出的《宇宙锋》（源自昆曲《一口剑》）是新出剧目，双奎班首演。其中赵女"装疯"的［反二簧］唱腔，为时小福继承，传之后代。由昆曲《双官诰》改成［二簧］的《三娘教子》，虽改创于道光年间，但当时无足轻重，经孙八将全套［二簧］唱腔加以润色丰富，在班中唱红以后，始得南北流行。同治、光绪年间，成为时小福的代表剧目之一。咸丰二年，方松龄复剃须再搭双奎，年虽五十余，独擅的花旦戏《花田错》，仍是该班最能吸引观众的戏码。这出戏他独领风骚20余载，当时及后世花旦无不习演，百余年来，传唱不衰。《血手印》、《海潮珠》等戏，也是由他在双奎最先唱红，至同治年间，胡喜禄、谢宝林分别排出演唱。王长桂应为王长贵，又名王松林（龄），经常与朱三喜合演《探亲家》、《双铃记》（又名《海慧寺》、《马思远》）。王长贵"风貌流宕，齿牙俊快，十四五扮花旦，倾动一时。三十许后，结束登场，丰姿如故"（《怀芳记》）。同治、光绪年间，梅巧玲继演《探亲家》、《双铃记》，京师远近，家喻户晓。北派短打武戏，继和春之后，在双奎班得到进一步发展。曹二官的稳练，任七的脆美，张七的勇猛，余玉升的利落，武丑赵广发的轻灵，皆为后代学习楷模。咸丰年间，清政府继续执行严禁"斗狠"的法令，三庆、春台、四喜等班，都已很少演唱北派短打武戏。独双奎班将"斗狠"处略加削减，坚持上演，为此后短打武戏的发展奠定厚实基础。咸丰十年（1860），该班韩双盛（丑）、赵广发（武丑兼二花脸）、陈九儿（武丑）、陆翠香（青衣）被挑选入清宫昇平署充民籍教习。同年，张二奎因母丧出殡，多处支棚路祭，司官以"伶人僭用官宦仪式"定罪发往通州，双奎班散去。同治三年（1864）张二奎用自己的正名张士元复出双奎班。呈报时，书"复出双奎昆腔戏班"，班内有老生张胜奎、袁富堂、董峻岩、董魁镛，小生沈景丞、陆双玉，净脚王明斋，丑脚黄三雄，以及部分昆腔脚色等。演出情况与何时散去均不详。光绪二十二年（1896）王和利再次复出双奎班。主要演员有陈桂林、迟月亭、杨隆寿、曹允杰、沈景丞、杨嘉训（杨小楼）、张玉贵、郑盼仙（二奎）、吴彩霞、孙藕香等。稍后，俞菊笙亦加入演出。杨嘉训在俞菊笙主演的《挑华车》中充配角。大约时间不长即散。俞菊笙是张二奎"忠恕堂"的弟子，杨隆寿是张二奎双奎班的学生，此时皆为京剧武戏的领袖人物。此二人是否也是该班复出者或复出的实际策划者，未见史料记载，内情不详。

（李宗白）

Shuang Kuoting

双阔亭 （？～1918） 演员。工老生。一作克庭。生于北京。满族。初为京中老生票友，于清光绪年间投身梨园。因旧时对票友出身的演员皆呼为"某处"，故其一直贴名"双处"。唱功宗法孙菊仙，嗓音宽厚宏实，高腔直调，一气呵成，极尽挺峭沉郁之致。演《逍遥津》之汉献帝，唱来于高亢中寓苍凉，凄楚中显悲壮，有催人泪下的魅力。久搭四喜班，常演《骂杨广》、《上天台》、《金水桥》、《双投唐》、《除三害》、《浣纱河》、《鱼肠剑》、《御碑亭》、《雪杯圆》、《法场换子》诸剧。时人评云："双处全仿孙供奉一派，声音既洪亮非凡，而抑扬顿挫，又能一一神似，故顾曲者佥谓其能传孙供奉之一脉，

《双处之〈取荥阳〉》（选自清末上海《图画日报》）

誉之不绝于口。”（《海上梨园新历史》）。也有人说他模仿孙菊仙甚能获其宏大，而精细处则不及时慧宝。他的唱功高低宽窄运用自如，富于韵味，气势磅礴有之，浑脱豪放则少。但不失为承袭孙派的代表人物，尤能展现菊仙盛年风貌，深有造诣。光绪十八年（1892）到上海搭入天仙茶园，与三麻子、潘月樵、老孟七、常子和、董三雄等同班，曾贴演《天水关》、《五雷阵》、《黄金台》、《取荥阳》、《取成都》、《黄鹤楼》、《桑园会》、《七子八婿》（《打金枝》）、《打侄上坟》、《击鼓骂曹》等剧。光绪二十六年（1900）在济南演于鹊华居茶园，与陈瑞麟、郭际湘、明海山等合演。徐凌霄在鲁观剧后评云：“双处嗓音真冲，嘎调尖子，石破天惊，《搜孤救孤》之程婴、《捉放》之陈宫，以及《鱼肠剑》、《朱砂痣》均能叫座。”（1933年11月《剧学月刊》第2卷第11期《我与中国戏剧》）1915年在上海搭入丹桂第一台，与欧阳予倩合演《牧羊卷》、《芦花河》、《朱砂痣》、《三娘教子》、《四郎探母》，与吴彩霞合演《回龙阁》，与杨瑞亭、三麻子、冯志奎合演《长坂坡》，与张德俊、麒麟童合演《泥马渡康王》各戏，深得佳誉。晚年双目失明，犹能登台如故，虽牙齿脱落，念白口劲仍刚健动听。后殁于沪上。虽属潦倒终身，实为剧界佳才，被称为“梨园怪杰”。他留有唱片资料行世，如百代公司出品的《逍遥津》、《雪杯圆》和物克多公司出品的《搜孤救孤》等，都是研究孙派唱法的可贵参考资料。

（钮骠）

Shuangqingban

双庆班 京剧戏班。成立于清宣统元年（1909），班主俞振庭。1914年改为双庆社。俞振庭是武生演员，善于组织，继投资兴建文明园之后，又组成双庆班。谭鑫培、俞菊笙、王瑶卿、刘鸿昇、杨小楼等都曾应邀在双庆班演唱过。1915年梅兰芳被邀入双庆社挂头牌，演出《孽海波澜》（高庆奎、路三宝、郝寿臣配演）、《宦海潮》（路三宝、孟小如、高庆奎配演）、《邓霞姑》（程继先、路三宝、俞振庭配演）、《拷红》（姜妙香配演）、《黛玉葬花》（路三宝、姜妙香、姚玉芙配演）、《一缕麻》（贾洪林、路三宝、姜妙香配演）、《天女散花》（李寿峰、姚玉芙、高庆奎、李敬山、李寿山配演）、《童女斩蛇》（李敬山、曹二庚、郭春山配演）等新编剧目。在双庆社，梅兰芳还反串小生，与姚玉芙合演过《孝感天》。陈德霖、王凤卿、梅兰芳、姚玉芙、姜妙香合演的《雁门关》也是极具号召力的剧目。梅兰芳离开双庆社后，1920年9月，俞振庭以高庆奎挂头牌、尚小云挂二牌。演出的剧目有《斩黄袍》、《审头刺汤》、《乌盆记》、《玉堂春》、《卖马》、《思凡》等。俞振庭别出新样，曾派高庆奎在倒第四反串《草桥关》的净脚，大轴反串《钓金龟》的老旦。高庆奎在双庆社挂头牌有半年左右，演出过《失街亭》（郝寿臣配演）、《牧羊卷》（尚小云配演）、《胭粉计》（郝寿臣、范宝亭配演）。高庆奎单独挑班后，双庆社又邀进余叔岩唱大轴。演出剧目有《定军山》、《盗宗卷》、《辕门斩子》、《打渔杀家》、《打棍出箱》、《乌龙院》、《珠帘寨》等。程砚秋、荀慧生、马连良等人也曾搭过该班短期演出过。清末成长起来的名角，许多都是先在双庆班唱红后，声誉渐显。1930年俞振庭另组咏评社，将双庆社让给徐碧云经营（1930年10月《北平各剧社脚色调查》），大约1932年解散。

双庆班主俞振庭

（王晓燕）

Shuangyang Gongzhu

《双阳公主》 京剧作品。又名《珍珠烈火旗》。1959年，尚小云据《珍珠烈火旗》、《反延安》及同州梆子、秦腔同一题材传统剧目编演。事见《万花楼全传》、《五虎平西演义》等。宋仁宗时，狄青在鄯善国招为驸马，盗得日月骕骦马、珍珠烈火旗回朝，为奸臣陷害，发配岭南。其妻双阳公主闻知，将国事托与宰相波罗，亲自领兵去救。行至岔路，问路于樵夫，得知狄青已转到延安，双阳公主于是也向延安而去。上乘、印唐二国人马围困延安，狄青夫妻合兵共破敌军。此剧为尚小云庆祝中华人民共和国成立10周年献礼剧目。国庆期间，曾到北京演出。尚小云饰双阳公主，在托国、送行、行路、问樵等场，都有繁重的唱工和表演，展现了尚派艺术文武兼备的特点。为了表现双阳公主不畏困难千里寻夫纵马出征的决心，所用大斜身大低头“俯冲式”动作，在行路中的趟马圆场，糅进了从梆子戏中吸收来的一手抄双翎等翎子功，都能突出人物的英武与气势。在与狄青相会时全身颤抖，有力地刻画出人物的激动心情。剧中唱、念和表演动作，以及最后的开打，都看得出尚小云在舞台艺术各个方面的深厚功力。尚小云又把此剧教给了他的弟子孙明珠等。1960年，中国戏剧出版社出版单行本。

尚小云饰双阳公主

（刘乃崇　蒋健兰）

Shuangjie Ji

《霜杰集》 评介程砚秋的诗文专集。金仲荪编。上海商务印书馆1927年代印。书长30厘米、宽18厘米，宣纸印刷，140多页，6万多字，线装上下两册。封面由魏匏公题签，扉页书名为姚芒父篆书，页后有程砚秋（当时名艳秋，别署玉霜簃主）中西装照片两

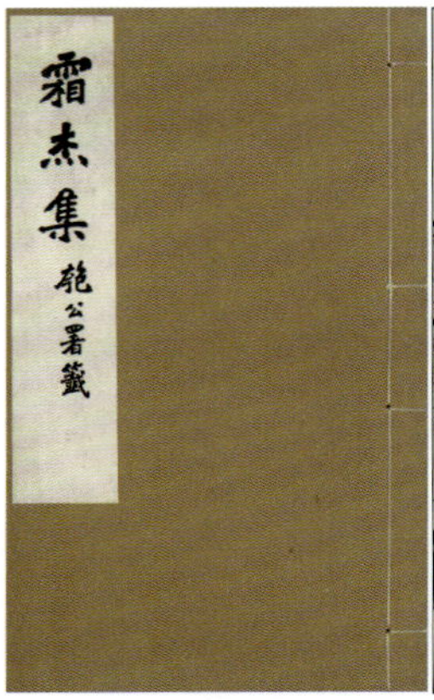

封面　　内文书影

帧。卷首金仲荪序云："是编之辑，乃吾亡友顺德罗瘿公之遗志也。"1924年春，罗瘿公病中对金说："玉霜所得海内名流诗词独多，顷已裒然成帙，思为汇辑锓版，今惫甚，子盍助成之。"金答应后不久，瘿公长逝，"检其遗箧，丛残凌乱……所云'裒然成帙'者，乃卒不可得"。故本书实是金仲荪"矢志搜集"1924～1926年间有关文字的结集；1923年前的"投赠佳什，则已多无可考"，只有少量留存。全书内容分4类。第一类题"咏玉篇"，有多种程砚秋小传、多种程砚秋新剧序等15篇文章，诗词90多首，联语26幅。第二类题"锵凤篇"，是程砚秋与果素瑛结婚时的名流贺喜之作，共57首。第三类题"拾锦篇"，程砚秋艺事的报刊评论29篇，另有诗钟、诗谜、题额70则。第四类题"贯珠篇"，程氏新剧18出的说明书和"剧目"（剧情要目）。卷末有金仲荪咏程砚秋七绝16首。本书所辑诗文，是研究程砚秋家世、交游、与罗瘿公师生之谊、早期演剧活动及社会评价的珍贵史料。（程永江）

shuici

水词　戏曲术语。指京剧传统剧目中，常在不同戏中听到雷同或类似的念白或唱词。如两人见面时所说："不知××驾到，未曾远迎，当面恕罪"；"某来得鲁莽，××海涵"。又如《穆柯寨》中杨宗保与穆桂英的对唱："二马连环战山坡，阵前来了女娇娥，面带三分桃花色，一双俊目似秋波……"；"这员小将真不错，威风凛凛似韦陀……"等。水词源于古代戏曲小说中的"留文"。留文一词最早见于关汉卿的杂剧《救风尘》第三折："那唱词话的有两句留文，咱也曾'武陵溪畔曾相识，今日佯推不认人'。"这两句留文又见于吴昌龄杂剧《东坡梦》和戴善甫杂剧《风光好》。留文这一艺术形式，为说话人、书会才人世代累积而成，相习沿用，比较广泛，无论是唱词、宾白，甚或戏曲小说之间，都可辗转挪用，灵活方便。其内容也包罗万象，《醉翁谈录》所说的"说收拾寻常有百万套"，即指留文而言。留文的局限和弊端，也显而易见，它不分时代、环境、人物，缺乏个性。戏曲中有些水词，如"马走战"、"女娇娥"之类，为求合辙押韵，连通顺都谈不上了，已为现代剧作家所扬弃。（刘玉来）

shuifagong

水发功　表演功法之一。生、净、丑等脚色在头顶上扎束一绺长发，称水发；旦脚在"大头"右边分出一绺头发，叫做发绺。水发分通梢、倒栽两种。通梢的发梢是尖的，倒栽的发梢是齐的；一般长度以垂至腰间为宜，丑和穷生略短。演员可以通过舞动水发或发绺来表现人物的激动心情，这种表演技术叫水发功或甩发功。男脚色的水发又叫梢子，故又称梢子功。以京剧常用的水发功为例，表现激愤的如《野猪林》的林冲，表现疯癫的如《打棍出箱》的范仲禹，表现惊恐的如《打金砖》的刘秀，表现焦虑的如《铁笼山》的姜维，表现张皇的如《一箭仇》的史文恭，表现挣扎的

《打金砖》于魁智饰刘秀

如《刺汤》的汤勤，表现绝望与羞愧的如《明末遗恨》的崇祯帝，等等。水发功一般包括甩、扬、带、闪、盘、旋、冲等多种，方向又有左、右、前、后和绕圆圈的不同。如周信芳演《明末遗恨》崇祯帝的甩发，先在左右盘绕，然后直冲顶上，披落下来如伞状，遮住面部，属特技。《芦花河》"哭尸"一场的樊梨花，《战宛城》"刺婶"一场的邹氏等，也都有复杂的水发技巧。（董维贤）

shuihu gushixi

"水浒"故事戏　取材于北宋末年以宋江领导的农民起义为题材的京剧作品。宋徽宗宣和年间（1119～1125），"（宋）江以三十六人横行齐魏，官军数万，无敢抗者"（《宋史·侯蒙传》）。这段史实，为水浒题材的小说和戏剧提供了原型。早在南宋中叶，罗烨《醉翁谈录》甲集"小说开辟"列举的话本名目中，便有《石头孙立》、《武行者》等。南宋末年，画家龚开（圣予）根据民间传说作有《宋江三十六人赞并序》，其中有云："宋江事见于街谈巷语，不足采著，虽有高如、李嵩辈传写，士大夫亦不见黜"，可见不仅深受人民群众喜爱，且已深入到士大夫中间。刊刻于宋末元初的平话《大宋宣和遗事》为后来《水浒传》的成书奠定了基础。

元代杂剧兴起后，水浒故事被搬上了舞台。傅惜华《元代杂剧全目》中，著录水浒戏35种，现存6种。多取材于民间传说及话本故事，已经出现了"一百零八头领"的说法，聚义地点也由《大宋宣和遗事》中的太行山转移到梁山泊，许多英雄传奇故事如"李逵负荆"等均不见于《大宋宣和遗事》，显系新的创造。明清传奇和杂剧中也有不少水浒戏。它们主要以逐步演变定型的小说《水浒传》为素材。这些戏艺术风格多样，思想倾向各异，艺术水准也不平衡。

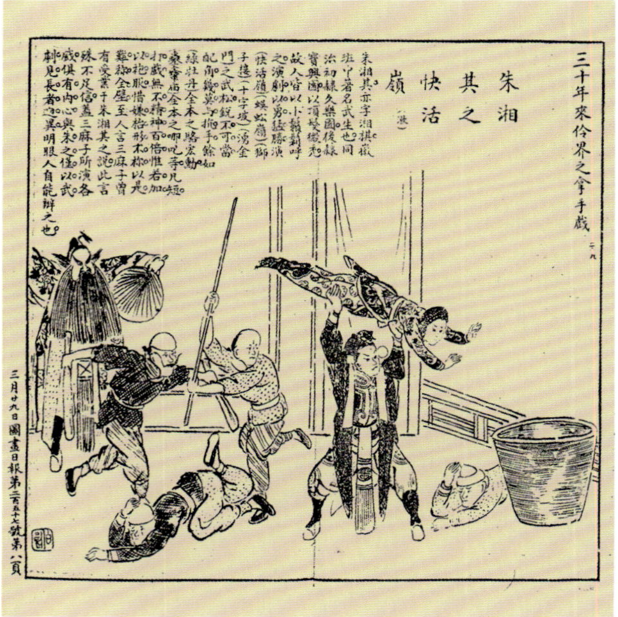

《朱湘其之〈快活岭（林）〉》（选自清末上海《图画日报》）

《果同来之〈时迁偷鸡〉》（选自清末上海《图画日报》）

其中，成就比较突出的有李开先《宝剑记》、许自昌《水浒记》、沈璟《义侠记》、陈与郊《灵宝刀》、范希哲《雁翎甲》、史集之《清风寨》、李素甫《元宵闹》、邱园的《虎囊弹》等。以京剧为代表的花部地方戏继承并发扬元杂剧以来水浒戏的民间传统，多达100余出。它们或据前代杂剧、传奇改编，或取材于《水浒传》，有的则源于《水浒后传》、《荡寇志》等小说，内容、风格、样式丰富多彩。

水浒题材的京剧，大都描写梁山好汉“替天行道”、劫富济贫、除暴安良。如描写史进等人的《九纹龙》，描写鲁智深的《拳打镇关西》、《醉打山门》、《桃花村》、《花田八错》，描写晁盖、吴用、刘唐、朱仝、雷横等人的《黄泥冈》（又名《生辰纲》）、《美髯公与插翅虎》，描写杨志的《杨志卖刀》，描写石秀、杨雄的《翠屏山》、《石秀探庄》，描写王英、扈三娘的《扈家庄》，描写卢俊义的《英雄义》（又名《一箭仇》）、《大名府》等，多为历代积累流传，也有少数是新编的。《祝家庄》、《大名府》、《大破东平府》、《神州擂》、《打渔杀家》等剧表现了水浒英雄抗租抗税、攻城略地之类政治、军事活动，敢于犯上作乱、反抗封建政治压迫。如《大名府》（又名《卢十回》）描写了卢俊义被逼上梁山的经过及其复杂的矛盾心理，展现了梁山英雄攻打大名府、火烧翠云楼锐不可当的气势。《大破东平府》（又名《收董平》），描写梁山义军瓦解官兵，争取降将，是一支相当成熟的仁义之师。《神州擂》刻画了燕青和宋江、吴用、林冲的英雄性格，大闹神州，气氛热烈。《缀白裘》中收有此剧“梆子腔”脚本，渊源有自。《祝家庄》则是描写了宋江率军攻打祝家庄，智勇兼备。《打渔杀家》由同州梆子移植，本为大净唱做重头戏，京剧则以老生应工。水浒戏集中表现的英雄人物有宋江、武松、林冲、李逵等。以宋江为主要角色的京剧曾被称为《宋十回》，主要包括《宋江闹院》、《刘唐下书》、《坐楼杀惜》、《宋江起解》、《大闹江州》、《浔阳楼》等折。《浔阳楼》演宋江杀死阎惜姣后，发配江州，在浔阳楼酒后题诗，诬为谋反，打入狱中，在法场被救。由前三折连缀而成的《乌龙院》和《浔阳楼》是剧场经常上演的节目。《乌龙院》经周信芳等整理，增强了对宋江和阎惜姣性格的描绘，情节安排更加丝丝入扣，表演也更加性格化。以武松为主要角色的全本《武松》，亦称《武十回》。故事情节虽时断时续，但武松的性格风神和思想发展脉络是统一而贯串的，刻画了武松胆大心细、光明磊落的英雄本色。水浒戏中，武戏占有不小的比重。不仅武功各具特色，形象刻画也颇为生动。如以时迁为主角的《盗王坟》、《时迁偷鸡》、《雁翎甲》等戏，由武丑应工，翻腾跳跃，别开生面。

《浔阳楼》
高庆奎饰宋江（右） 张鸣才饰戴宗

20世纪以来，林冲、李逵颇受京剧作者和演员瞩目。传统戏除《林冲夜奔》外，民国初年，杨小楼与溥绪合作，将林冲被逼上梁山的故事编演为《野猪林》（又名《山神庙》）。后经李少春再次改编，与袁世海等联袂演出。至今成为众多演员盛演不衰的保留剧目。李万春有《火并王伦》，描写林冲初上梁山，因白衣秀士王伦妒贤嫉能，忍无可忍，愤起火并的故事。1943年，齐燕铭、杨绍萱等在延安将这一题材编为《逼上梁山》，突出阶级斗争的主题，由中共中央党校演出。1944年延安平剧研究院编演《三打祝家庄》，则突出重视调查研究、各个击破等战术思想，是对《逼上梁山》创作思想的继承与发扬。以李逵为主的传统剧目，大都为一些小型的折子戏，如《真假李逵》、《李逵夺鱼》等。李逵鲁莽而不乏机智的性格尚未得到充分展示。20世纪50年代，上海市人民京剧团根据传统戏《丁甲山》和元杂剧《李逵负荆》编演的《黑旋风李逵》（王正屏主演），中国京剧院编演的《李逵探母》（翁偶虹、袁世海改编，袁世海主演），更加着重于刻画其人格的魅力。1993年初，大连京剧团演出的《梁山恨》（高文澜等编剧）则是取材于“招安”后的故事：宋江讨平方腊，衣锦荣归，却死于御赐药酒，兔死狗烹，为怕李逵因此造反，便把他也拉来同归于尽。如此悲剧结局，过去却是不多见的。“文化大革命”以后，戏剧创作曾经流行对社会、人性的反思，追求深沉的蕴涵。《梁山恨》便出现在这样的背景中。回顾50年代很有影响的《猎虎记》，取材于“解珍解宝双劫狱”的故事，描写猎户反霸反迫害的斗争，风格更为直率、昂扬，也是时代风尚使然。“水浒”故事戏在京剧舞台上占有重要的地位。剧目众多，风格各异。除折子戏外，更有数十集连台本戏《水

《雁翎甲》
张春华饰时迁（左） 陈真治饰晁盖（中） 高牧坤饰徐宁

泊梁山》，曾经盛演于南北各地。（周传家）

shuipai

水牌 相当于演出之海报。又称堂报。清代通行于茶园、戏园。一般为木制长方形牌匾，涂以黑漆或红漆，又以毛笔蘸上用水调制的白粉浆，将戏目、演员、演出时间等依次写在牌上，或用红纸写上墨字或金字张贴于牌上，公布于门前、廊间或堂上戏台边。牌上内容多以著名演员为标榜，按技艺和名次的高低分其主次。主要演员最为突出，称头牌，依次为二牌、三牌。如清宣统元年(1909)忧患生《京华百二竹枝词》云：“日见梨园声价增，呼名一改旧时称。朱红牌写黄金字，雅篆高超无上乘。”自注：“昔日梨园名脚，或称绰号，或称小名，或称某脚色，而加其姓于上。某因玩票而改业者则称某‘处’。近日一律改称名号，如谭鑫培、汪桂芬、俞振庭、杨小楼、何桂山、黄润甫、陈德霖、余玉琴、罗寿山、孙菊仙、德珺如、许荫棠、龚云甫诸名伶，不复有‘小叫天’、‘汪大头’、‘小毛包’、‘小杨猴’、‘何九’、‘黄三’、‘陈石头’、‘余椿’、‘罗百岁’、‘孙处’、‘德处’、‘许处’、‘龚处’或‘龚老旦’之称矣。”可见在清末戏园的水牌上，已以“朱红牌写黄金字”，不呼京剧演员之绰号或小名，而以本名称之，足证演员身份之提高。头牌、二牌之排序随之而起。（戴申 周华斌）

清末北京丹桂茶园门首水牌书写方式之一
水牌贴红纸，书金色“谭鑫培”三字，余皆墨笔
（选自《古城返照记》）

shuisha wangjin

水纱、网巾 见假发。

shuixiu

水袖 宽袖戏衣袖口有助于歌舞表演的装饰性附件。为对折的长方形白色纺绸，缝缀于蟒袍、官衣、开氅、褶子、帔、宫装等袖口。水袖的来源同水衣有关。早期戏衣有刺绣之服、绘画之服，演员需穿衬衣（名水衣）加以间隔，使少受汗渍污损，延长使用期。其时水衣的出袖长于戏衣，山西明应王庙的元代戏曲壁画可证。川剧装扮中至今仍留此痕迹。后经长期演出实践，发现水衣袖子既可保护戏衣，亦有利于歌舞表演，遂加以改进，用料由布质改为绸质，并让它脱离水衣，直接缝缀于各种宽袖戏衣的袖口而成水袖。承德热河行宫所藏清代戏衣，水袖有白色、粉红色、淡绿色多种，且较短，约五六寸。京剧舞台上的水袖初时亦较短，一律用白色并加长是较晚的事。由于水袖可以延长、美化动作，可以外化角色的心理、情绪，演员们渐趋重视，积累成为一项表演技巧——水袖功。水袖的长短尺寸，视脚色行当、演员身材和表演的实际需要而定，一般生、净所用长约尺许，丑略短，旦有长于二尺以上者。过于放长又用之不当，实为扮相之累赘。为便于水袖的舞动，必要时亦可在袖口处加衬略短的白色薄布。保持水袖的平整、洁白，可增加舞台形象的美感。个别角色有用黑色水袖者，如刘斌昆饰《活捉》张文远，其扮相为黑巾子、黑褶子、黑袖子。带黑水袖的青褶子为布制，作身段要袖子，显得特别沉重，有助于表现此剧肃杀、恐怖气氛。（龚和德）

昆剧《玉簪记·琴挑》
程砚秋饰陈妙常（左） 俞振飞饰潘必正

《活捉张三郎》
刘斌昆饰张文远
（游振国摄）

shuixiugong

水袖功 表演功法之一。水袖表演是演员手势的延伸和夸大，“以袖代手”，充实并美化了舞台上的手语，增加了表演的舞蹈美。水袖的运作，成为展现人物内心情绪的艺术语汇。旦行前辈王瑶卿曾指出做表功夫方面的三大要素：身段看脚步，动作看水袖，表情看眼睛。可见水袖技艺的重要性。水袖的制作规格实际长短和宽窄要求不一，均以行当和剧情需要为准。一般长1.3尺，后来旦行水袖发展到3尺、5尺甚至7尺。水袖技艺与其他程式表演技巧一样，有严格规范，每个行当都有各自运袖的要求。就一般而言，老生举止稳重，运袖缓慢深沉；武生勇猛豪放，运袖刚健敏捷；小生斯文儒雅，运袖轻松潇洒；旦行娴雅文静，运袖端庄大方；净行粗豪爽朗，运袖沉重粗犷；丑行灵敏诙谐，运袖比较活泼。具体到某一出戏，某一人物则另当别论。在运袖方式上，无论幅度的大小，用力轻重，速度缓急，都须从人物性格、情节出发，严守“技服从戏”的原则。

京剧四大名旦在水袖的创编上，各有建树。程砚秋很早就把传统水袖归纳为：勾、挑、撑、冲、拨、扬、掸、甩、打、挂10个字。尚小云编排了很多袖技，其中“反托塔袖”堪称一绝。被人颂为“梅派水袖三昧”的扬袖、翻袖、转袖等袖姿也是魅力无穷。荀慧生的飘柔轻盈、形似荷叶的水袖动作，极为精彩。水袖动作繁多，各行常用的有抖袖、搭袖、绕袖、云袖、抓袖、拉袖、刁袖、搂袖、摔袖、捏袖、折袖、卷袖、撑袖、撩袖、抛袖、

《锁麟囊》 刘桂娟饰薛湘灵
（金定根摄）

拖袖、摆袖、抡袖、扔袖、捧袖、摇袖等。如何运袖，首先要注意肩、肘、腕、指四者的协调统一，特别是手指的活动在运袖中起到“画龙点睛”的作用。其次是内势和外姿有机的结合，光有外姿无有内势，造型就不会圆满。程砚秋介绍练好水袖功有两大要诀：一是“外要练剑”，剑术动作刚劲，剑穗的活动柔缓，刚柔相济，借剑术之法舞动水袖，必能挥袖自如；二是“内要练心”，实际是“内练一口气”，无气则无力，气息流畅，自然会加强水袖的动感。

（王诗英）

shuiyi

水衣　演出用内衬之衣。大领斜襟（近时女用水衣小立领对襟），袖长及腕，身长及腹，白布制作，用以吸汗、保护戏衣。因可经常水洗，故名。早期戏衣尚无水袖，而早期水衣之袖则长出于戏衣之外，既可保护戏衣袖口，亦略可舞动。这种长袖水衣，在川剧舞台上尚能看到，而京剧由于在宽袖戏衣的袖口缝缀了水袖，水衣袖子大多改短。齐如山《国剧艺术汇考》中说的“如今多不知穿水衣了”，当指长袖水衣已少见，而演员扮戏仍然根据需要使用水衣。

（龚和德）

shuo yue gushixi

“说岳”故事戏　以岳飞抗金故事为主要内容的京剧作品，大都取材于小说《说岳全传》。岳飞是中国南宋时期的著名民族英雄，在抗金斗争中，战功卓著，收复了大片失地，成为使金兵闻风丧胆的抗战名将，最后被朝中主和派代表人物秦桧以“莫须有”的罪名杀害。以岳飞为题材的文学创作，在岳飞遇害后不久便已出现。当时民间“说话”就曾讲唱岳飞、韩世忠故事。南戏和北杂剧均有《秦太师东窗事犯》。明代以岳飞故事为题材的文学创作繁荣起来，出现了小说《大宋中兴通俗演义》和杂剧《宋大将岳飞精忠》，传奇《岳飞破虏东窗记》、《精忠记》等。清初，有传奇《如是观》、《龙虎啸》等，并出现了钱彩编撰、金丰增订的小说《说岳全传》，将以前各类作品中的岳飞故事加以汇集和丰富，因此，在它之后出现的各种戏曲和说唱作品，基本上均取材于它。

鸦片战争之后，清朝统治更趋腐败，帝国主义的侵略步步加深。这也正是京剧孕育、形成的时期。在京剧舞台上出现了大批反映民族矛盾、表现抗击侵略、歌颂民族英雄的剧目。其中就有大家较为熟知的“说岳”故事戏。抗日战争时期，各地一些作家和表演团体，更是编演了不少作品，如全本《岳飞》、《陆文龙》、《徽钦二帝》等，借古喻今，鼓舞爱国抗敌的斗志。取材于岳飞抗金故

《岳母刺字》
王晶华饰岳母（中） 孙岳饰岳飞（右） 梁幼莲饰岳夫人

事的京剧作品很多，据《京剧剧目辞典》统计，共约有70余种，近100出。较为著名的有：《枪挑小梁王》、《两狼关》、《岳母刺字》、《爱华山》、《牛皋招亲》、《栖梧山》（即《三收裴元庆》）、《汝南庄》、《牛皋下书》、《挑华车》、《岳家庄》、《镇潭州》、《小商河》、《朱仙镇》、《八大锤》、《岳侯训子》、《风波亭》、《满江红》、《扯旨破金》、《疯僧扫秦》、《胡迪骂阎》、《潞安州》、《抗金兵》、《梁红玉》以及连台本戏《降天鹏》、《泥马渡康王》等。这些作品有的直接表现战事，如《两狼关》、《挑华车》、《八大锤》、《战金山》等；有的展现抗金英雄的生活经历，如《牛皋招亲》等；有的描写岳飞收抚大将的经过，如《镇潭州》、《栖梧山》等；有的则表现岳飞等人的悲剧结局，如《风波亭》、《岳飞之死》等。虽然各个剧目表现人物和事件的角度不同，但总的来说，大都是以抗金斗争为背景，围绕着抗击侵略的主题而展开的，自始至终贯串着抗击侵略的英勇精神和浩然正气。

《潞安州》
张世麟饰陆登 （陈莹摄）

京剧“说岳”故事戏讴歌了岳飞等一批坚持抗金斗争的英雄，在主要塑造了岳飞形象的同时，也塑造了众多的英雄群像，包括岳飞手下众将，如牛皋、汤怀、何元庆、裴元庆、高宠、王佐以及岳云、张宪等，对“撼山易，撼岳家军难”做了形象的展现。同时，在更加广阔的图景中，叙述了曾经统率或与岳飞并肩作战的宗泽、李纲、韩世忠、梁红玉、陆登、陆文龙等人物的英雄业绩。

岳飞的故事由于其历史的真实性、历史事件的严酷性以及民族英雄的悲壮结局而具有极其强烈的震撼力和感染力，人民大众不满意英雄所受到的不公正待遇和蒙冤的结局，不满意奸臣的肆意横行与为所欲为，因此在传奇、杂剧中便有了《救精忠》、《如是观》、《疯僧扫秦》、《地藏王》这样的作品。《如是观》的作者因以前作品多直叙岳飞之死，而秦桧只受冥诛，不足以快人意，乃作翻案文章，认为应当让人们对这段历史及岳、秦二人的结局作“如是观”：让岳飞在朱仙镇连接十二道金牌之后，接受了百姓的要求，毅然完成了抗金的任务，迎回了徽、钦二帝；秦桧、王氏受到了抽筋割肉、断脊剜心的惩处。《疯僧扫秦》借助由地藏王化身的疯僧指桑骂槐，尽数秦桧之恶，使其丧魂落魄。实际是替世人骂秦桧，为岳飞鸣不平。《地藏王》则让地藏王带秦桧到地狱一游，以彰显恶有恶报。这些作品，有的曾传演于京剧舞台，或对其有直接或间接的影响。在京剧中，也有虚构的岳飞大败兀术、迎还徽钦二帝灵柩、一雪靖康之耻的《请宋灵》。这些作品或直接改写历史，由岳飞亲自扫荡金兵，惩处奸臣；或由疯僧、地藏王这样的非现实人物来惩处奸臣秦桧，替岳飞申冤昭雪，实现人们心中所期望的，在实际的历史过程中所未能实现的愿望。

（马海玲）

Sima Qian

《司马迁》　京剧作品。郭启宏编剧。写太史令司马迁修史唯实录，不为权势左右，得罪都尉李和嫣。时李陵领命征匈奴，兵败降敌，诸朝臣迎合上意，主张将其全家抄斩。司马迁犯颜直谏，为李陵辩护，并批评朝政，触怒汉武帝，被押入天牢，令筹金自赎，否则处以宫刑。李和嫣得知司马迁好友为他筹足赎金，指示廷尉杜周

赵世璞饰司马迁（左） 王树芳饰司马夫人
（刘玉茗摄）

提前动刑。司马迁遭此奇耻大辱，痛不欲生，但为继承父志，承受着权奸佞臣侮辱陷害、挚友误解绝交的创痛，发愤著书，得夫人、外孙女和老狱卒的支持，完成历史巨著《史记》。取材于《汉书·司马迁传》。李和嫣，史无其人。作品在基本忠于史实的基础上，根据历史的可能性进行艺术虚构，刻画出司马迁身处逆境不坠志的坚毅性格，歌颂他为一生事业遭刑辱而不悔、忍辱负重、奋发图强的精神。剧中塑造的以丈夫事业为己任的司马夫人，侠肝义胆的任安，逢迎权势、外宽内深的杜周，利用裙带关系得宠作恶的李和嫣等，也各具鲜明性格和历史真实感。该剧不由热闹场面取胜，而以跌宕起伏的感情波澜激动人心，风格悲壮。语言颇具文采，而不失通俗生动。王季思认为该剧："曲白朴素而不失之俗，间施文采而不失之晦。""热场冷场的相间演出，实境虚境的相互映衬，使观众耳目一新。"《司马迁》是"文化大革命"结束后较早出现的一部新编历史故事剧。1979年，由北京京剧院首演于北京吉祥戏院。导演王一达，主要演员赵世璞（饰司马迁）、王树芳（饰司马夫人）、刘建元（饰任安）、赵炳啸（饰杜周）。剧中司马夫人这一角色打破京剧行当惯例，用本嗓唱青衣。同年，参加庆祝中华人民共和国成立30周年献礼演出，获文化部剧目创作二等奖。剧本发表于《剧本》1980年第2期。 （张燕鹰）

sifang xingtou

私房行头 见行头。

siyu

私寓 清代北京戏班在各自寓所设帐授徒，称为私寓。又称*私坊*、*堂寓*，与俗称"大下处"的戏班的总寓对应。《梦华琐簿》云："生旦别立下处，自称曰*堂名中人*。"少数由"外行"开设，另请艺人担任教师。各寓以师父所立堂名为标志，所收徒弟多少不等。相袭成俗，培养了一些演员。然私寓使童伶以色相事人的陋习，亦为人所诟病。清朝禁止官吏狎娼，达官贵人征歌选色、冶游遣兴，于是转向梨园。如梁绍壬《燕台小乐府》所述："软红十丈春风酣，不重美女重美男。婉转歌喉袅金缕，美男妆成如美女。"乾隆、嘉庆以后，私寓兴起。辛亥革命后，经正乐育化会会长、著名演员田际云申请，于1912年被查禁。

堂名始见于徽班。乾隆时率"三庆徽"进京的余老四有深山堂，嘉庆初年来京的刘天桂有传经堂等。《辛壬癸甲录》载："近日徽班习气，好买十岁小儿，教之歌舞。"学徒早期大都购自江南苏州、扬州、安庆等地；太平军兴，南北隔绝，则更多来自京城一带。"八九岁，其师资其父母，券其岁月，挟至京师，教以清歌，饰以艳服，奔尘侑酒，如营市利焉。"（《金台残泪记》）学会几出戏，多是小旦、小生为主的昆曲或花部乱弹的折子戏，便强使登台。"雏伶喉气未充，仅能随箫管声依约附和。而观此等剧者，亦以色不以声也。"（《侧帽馀谭》）师父此时的收入不在剧场。学徒搭班，

云和堂弟子
前排左起：刘砚芳、姚玉芙、梅兰芳、王春林
中排左起：曹小凤、孙砚庭、姜妙卿、迟玉林
后排左起：罗小宝、姚佩兰、姜妙香、朱幼芬

须由主人自制行头，向所搭戏班按节出费，才能得到演戏的机会。他们的演出，安排在"中轴子"前后。为其捧场的所谓"贵游"、"豪客"也都注目于此。中轴演完，便纷纷起身，或将属意的演员随身带去。嘉庆十八年（1813）《都门竹枝词》："轴子刚开便套车，车中装得几枝花"，描述的便是这种情景。私寓装饰亦具特色："门外挂小牌，镂金为字，曰某某堂，或署姓其下。门内悬大门灯笼一。金乌西坠，绛蜡高燃。灯用明角，以别妓馆。过其门者无须问讯，望而知为姝子之庐矣。"（《侧帽馀谭》）

私寓使少年儿童备受摧残。学艺有鞭笞之苦，"每一曲成，不知费多少心力，捱几许夏楚"；艺成应酬待客，称为"*像姑*"（亦作"*相公*"），更是有乖人道，蹂躏人权。数年中为师父博取钱财，至有"一二年为其师赚四五万金"者（《丁年玉笋志》）。若要脱籍，尚需巨金为赎。其"当红"的时间，大都不过数年，如《长安看花记》所说："此中人大都不过五年为一世耳。"《燕京杂记》也说："优僮盛名，享之不过数年。大约十三四岁始，十七八岁止。俟二十岁已作浔阳妇，而门前冷落车马稀矣。"其中少数人出师后可有所成就，但下场悲惨者更多。如《侧帽馀谭》作者描述其剧场所见："见有衣衫褴褛、充场上下脚者；有为人送淡巴菰者；有胁肩谄笑，呈献戏单者"，更有夭亡或沦落为乞丐者。私寓学徒以小旦、小生居多，也有量才施教，习学老生、花脸、小丑等行当的。有的堂中可自配脚色，得成一戏。学徒中也有不以侑酒陪坐为事的，如《丁年玉笋志》所说："此中人有场上、场下之别。往往声容兼擅，而酬应非所娴习。"未可一概而论。 （颜长珂）

Si Da Ming Ban

四大名班 指清嘉庆、道光时称盛于北京的三庆、四喜、春台、和春四个戏班。据清道光时人梁绍壬《两般秋雨庵随笔》记载："京师梨园四大名班，曰四喜、三庆、春台、和春。"又载："其次之则曰重庆、曰金钰、曰嵩祝"，为"三小班"。他称赞："四班名噪已久，选才自是出人头地。即三小班中亦各有杰出之人，擅场之技，未可以郐下目之。"杨静亭《都门纪略》道光二十五年（1845）初刻本也记有四大班之名目、主要演员及其代表剧目。

四大名班也称*四大徽班*。道光时人杨懋建《梦华琐簿》称："春台、三庆、四喜、和春，为'四大徽班'。"四徽班各擅胜场。四喜班以昆腔戏见长，嘉庆十八年（1813）有诗云："公会筵开白昼间，嗷嘈丝管动欢颜；新排一曲《桃花扇》，到处哄传四喜班。"道光时，

“先辈风流，饩羊尚存，不为淫哇，春牍应雅”，“故至今堂会终无以易之也”。三庆班以新排近事的“轴子”戏，连日接演，博得广大市民观众的喝彩。所谓“巴人下里，举国和之”。和春班以武戏见长，人称“把子”。《长安看花记》中记载：“和春为王府班，击刺跌掷是其擅场，‘中轴子’为四部冠。”春台班则以童伶演戏出名，人称“孩子”。各班各有所长，剧目和表演都能适应当时各阶层观众的需要。（余从）

Si Da Ming Dan

四大名旦　指20世纪20年代后在京剧舞台上树立流派、影响广泛的四位著名旦脚艺术家梅兰芳、程砚秋、荀慧生、尚小云。在京剧形成之初，旦行在表演艺术上尚不及生行成熟，故长期处于生行的从属地位。后来有梅巧玲、余紫云、时小福，颇负盛名。那时青衣、花旦、刀马旦划分很严，对旦行艺术束缚较多。清末民初，王瑶卿对旦行艺术进行了大胆革新，突破了青衣与花旦的界限，兼取青衣、刀马、闺门、花旦之长，从塑造人物出发，对旦行的唱念做打进行了新的创造，为旦行艺术的发展开拓出新的道路。辛亥革命后，五四新文化运动对包括戏剧在内的传统艺术及审美观念产生了很大冲击，这又为京剧艺术的变革与发展提供了新的氛围和条件。在此背景之下，京剧舞台艺术在进入20年代后获得了显著发展，其最主要的标志便是旦行艺术的长足进步。新作的不断涌现和名家辈出的激烈竞争环境，也给旦行艺术的革新以有力刺激。20年代中，北京京剧舞台上已涌现出一批相当优秀的旦脚演员，其中最突出的便有梅兰芳、尚小云、程砚秋、荀慧生、徐碧云等。他们多受到王瑶卿的指导，既继承了前辈艺术家的成就，更在艺术创新方面付出了极大努力。他们竞排新戏，并在唱念做打等方面各展所长，争芳斗妍。在激烈的艺术竞争中，各自都有一系列独家新作。如梅兰芳有《廉锦枫》、《霸王别姬》、《洛神》、《西施》、《太真外传》、《凤还巢》等，尚小云有《秦良玉》、《五龙祚》、《林四娘》、《摩登伽女》等，程砚秋有《红拂传》、《青霜剑》、《碧玉簪》、《聂隐娘》等，荀慧生有《丹青引》、《勘玉钏》、《元宵谜》、《香罗带》等，徐碧云有《绿珠》、《薛琼英》、《骊珠梦》等。他们还特意编演了一些在表演方面互有近似内容的作品，以各显奇招、互不示弱，成为剧坛佳话。如梅兰芳、尚小云、程砚秋、荀慧生四人都有以“红”字为名头的一部戏：梅兰芳的《红线盗盒》，尚小云的《红绡》，程砚秋的《红拂传》，荀慧生的《红娘》；又都有以“剑”字为名尾的一部戏：梅兰芳的《一口剑》（即《宇宙锋》），尚小云的《峨嵋剑》，程砚秋的《青霜剑》，荀慧生的《鸳鸯剑》等。即便是同样的传统戏，如《玉堂春》，各人演来也各有风韵。在竞争中，他们的艺术得到了严格锤炼，并形成了各自的鲜明个性和特色，如梅兰芳的雍容华贵、自然大方，尚小云的刚劲婀娜、外柔内刚，程砚秋的凄楚哀怨、刚柔相济，荀慧生的柔媚婉约、娇憨俏丽等。1927年6月20日，北京《顺天时报》发起“征集五大名伶新剧夺魁投票”活动，五大名伶指定为梅兰芳、尚小云、荀慧生、程砚秋、徐碧云五人，由读者根据五人所演新作品（每人限定五出戏）的创新和表演技艺的水平而投票评选。同年7月23日评选结果揭晓，梅兰芳以《太真外传》（得票1 774张）、尚小云以《摩登伽女》（得票6 628张）、程砚秋以《红拂传》（得票4 785张）、荀慧生以《丹青引》（得票1 254张）、徐碧云以《绿珠》（得票1709张）当选。虽然评选目的之一在于选出最佳作者，但实际上更扩大了演员的影响。后来徐碧云因故较早离开舞台，在观众中间就有了“四大名旦”的说法。1931年，《戏剧月刊》又举办了一次“四大名旦”评比活动。评比内容着重于演员表演艺术的各个方面，分两个表格内容打分。表一内容包括天资、嗓音、字眼、腔调、台容、身段、台步、表情、武艺、新戏、旧戏、昆戏、品德等项，按上上、上、中打分。结果梅得1 230分，程得1 220分，荀得1 210分，尚得1 140分。表二内容包括扮相、嗓音、表情、身段、唱工、新戏6项，按百分制打分，结果梅得565分，程得540分，荀得530分，尚得505分。按此次评选结果，四大名旦的顺序为梅、程、荀、尚。1932年，长城唱片公司发行梅、尚、荀、程四人灌制的《四五花洞》唱片，其中每人各唱一句[西皮慢板]。这张唱片被誉为四大名旦的合作精品，风靡一时，“四大名旦”这一美称更得以广泛流传。京剧旦行在上海等地也出现了一批优秀艺术家，如与梅兰芳并称“北梅南欧”的欧阳予倩，以及冯子和、贾璧云、毛韵珂、黄桂秋等。同时期的赵君玉、刘筱衡、黄玉麟、小杨月楼四人，则被观众誉为“南方四大名旦”。后来不少旦脚演员分别投师梅兰芳、程砚秋、荀慧生、尚小云门下。四位大师的表演艺术流而成派，对后世京剧旦行艺术产生深远影响。（吴毓华）

《顺天时报》发表5出当选新剧的剧照

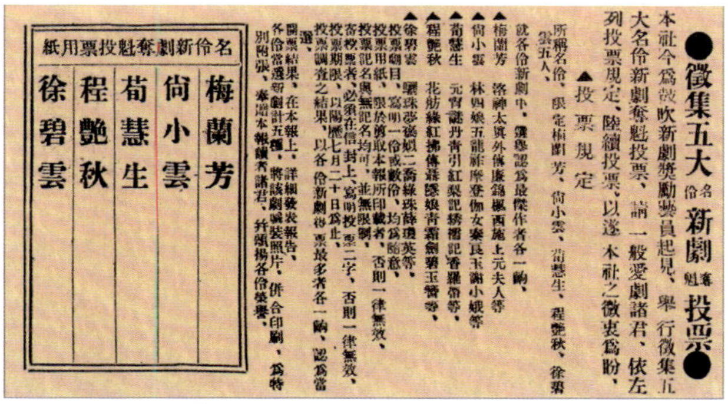

●徵集五大名伶新劇奪魁投票●

本社今爲鼓吹新劇奬勵藝員起見，舉行徵集五大名伶新劇奪魁投票，請一般愛劇諸君，依左列投票規定，陸續投票，以遂本社之微衷爲盼，

▲投票規定

所稱名伶，限定梅蘭芳、尚小雲、荀慧生、程艷秋、徐碧雲五人、

就各伶新劇中，徵選認爲最傑作者各一齣、

▲梅蘭芳　洛神太眞外傳廉錦楓西施上元夫人等

▲尚小雲　林四娘五龍祚摩登伽女秦良玉謝小娥等

▲荀慧生　元宵謎丹青引紅梨記綉襦記香羅帶等、

▲程艷秋　花舫緣紅拂傳聶隱娘青霜劍碧玉簪等、

▲徐碧雲　驪珠夢褒姒二喬綠珠薛瓊英等、

投票劇目，寫明一伶或數伶，均爲隨意、

投票用紙，限於剪取本報所印載者，否則一律無效、

投票記名與無記名均可，並無限制、

寄投票者，必須在信封上，寫明投票二字，否則一律無效、

投票期限，以陽歷七月二十日爲止、

投票調查之結果，以各伶新劇得票最多者各一齣，認爲當選、

開票結果，在本報上，詳細發表報告、

各伶當選新劇計五種，將該劇裝照片，併合印刷，爲特別附張，奉送本報讀者諸君，并頌揚各伶榮譽、

名伶新劇奪魁投票用紙

梅蘭芳　尚小雲　荀慧生　程艷秋　徐碧雲

1927年6月20日《顺天时报》举办“征集五大名伶新剧夺魁投票”活动的启示及选票

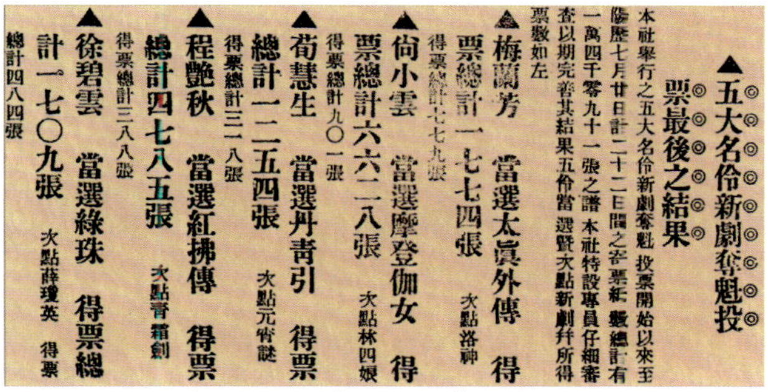

▲五大名伶新劇奪魁投票最後之結果

本社舉行之五大名伶新劇奪魁投票開始以來至陽歷七月廿日計二十二日間之寄票紙數總計有一萬四千零九十一張之譜本社特設專員仔細審查以期完善其結果五伶當選暨次點新劇幷所得票數如左

▲梅蘭芳　當選太眞外傳　得票總計一七七四張　次點洛神　得票總計七七九張

▲尚小雲　當選摩登伽女　得票總計六六二八張　次點林四娘　得票總計九〇一張

▲荀慧生　當選丹青引　得票總計一二五四張　次點元宵謎　得票總計三二八張

▲程艷秋　當選紅拂傳　得票總計四七八五張　次點青霜劍　得票總計三八八張

▲徐碧雲　當選綠珠　得票總計一七〇九張　次點薛瓊英　得票總計四八四張

1927年7月23日《顺天时报》公布投票结果

1949年9月梅兰芳（右二）、尚小云（左二）、荀慧生（右一）、程砚秋合影

Si Da Xusheng

四大须生　对若干著名须生的概括性称谓。1921年后的一个时期，余叔岩以四功（唱、念、做、打）精粹，受到观众的推崇，

前四大须生

《盗宗卷》
余叔岩饰张苍

《四郎探母》
言菊朋饰杨延辉

《空城计》
高庆奎饰诸葛亮

《安居平五路》
马连良饰诸葛亮

在北京取得京剧须生领袖地位。1928年余叔岩因体弱难支，谢绝舞台。20世纪30年代初，高庆奎以嗓音高亢，气力充沛，善唱悲愤激昂腔调，马连良依凭丰富多彩的语调音群，洒脱、飘逸的形体表演，各领风骚，享誉南北。社会人士推崇余叔岩、高庆奎、马连良个性化的艺术成果，并称京剧须生“三大贤”，故当时的报刊上经常出现“余大贤”、“高大贤”的尊崇字样。1935年5月，高庆奎嗓败，脱离演戏生涯。北平京剧界除马连良以须生挑班，言菊朋偶尔组班演唱之外，其他须生大都在旦脚自组的戏社充当二牌。爱云馆主于1939年著文说：“须生三大贤，因余、高辍演，已渐成过去名词，亟应再选择正在演唱之须生数名，以与四大名旦媲美。”（《立言画刊》载《四大名生》）著者以个人意见，推谭富英、马连良、言菊朋、孟小冬为四大名生。但披露后，未获多数人之响应而无闻。1941年3月15日，《立言画刊》创办人兼社长金达志，用红叶笔名，在该报发表《由于伶人之滥组班谈到杨宝森》一文，认为“以现在须生论，谭富英、马连良在社会早有定评，除谭、马之外，还有一奚啸伯，再去寻找画等号须生，真如掘发古物一般难寻。而真有功夫的，能够具有挑大梁资格，唯有一杨宝森”。著者在该文中又感叹地说：“宝森一出《探母》，在现今须生中，可占数一数二地位，惟未若其他之须生大红大紫，吾为宝森叫屈不已……”这篇文章影响很大，附和者甚众。紧接着，有鸿飞者于同年6月21日在《立言画刊》著文，专题介绍谭富英、杨宝森、奚啸伯三人之艺术佳点。12月，《半月戏剧》发表行天的《当代须生谈荟》，列举当代须生人才23人，特将谭、马、奚、杨四人，排为一、二、三、四名。此后，“四大须生”一词，渐昭于世。后来，又将四人名序排列，改为马、谭、奚、杨，一直流传至今。“四大须生”之由来，大体如是。中华人民共和国成立后，京剧界从研究、提倡艺术流派出发，在须生“三大贤”外加上言菊朋，即余、言、高、马，并称之曰“**前四大须生**”，马、谭、奚、杨则退居为“**后四大须生**”。前后四大须生，在多年的舞台实践中，各自形成具有影响的艺术流派。它对丰富京剧艺术的多样性、欣赏性以及促进新流派的成长，均具积极意义。（李宗白）

后四大须生

《串龙珠》
马连良饰徐达

《战樊城》
谭富英饰伍员

《四郎探母》
奚啸伯饰杨延辉

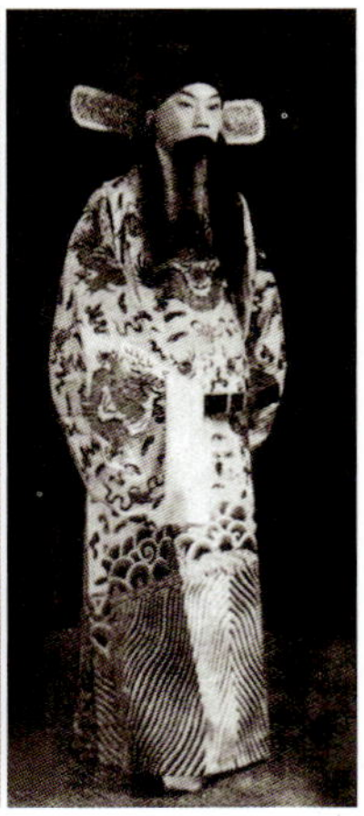

《南阳关》
杨宝森饰伍云召

Si Jinshi

《四进士》 京剧作品。又名《宋士杰》、《节义廉明》。作者不详。是一出著名的做工戏。本事出鼓词《紫金镯》。明嘉靖时，新科进士毛朋、顾读、田伦、刘题离京上任前，曾在双塔寺神前盟誓，决心共做清官，而民间一场官司，竟把四人牵连其中，接受严峻的检验。田伦为自己犯法的姐姐、姐丈，向顾读密札求情；顾读公然接信受银，贪赃枉法；刘题好酒贪杯，不理民词，致使苦主越衙告状。四进士中，三人违背初衷，触犯刑律，终被毛朋按律处分，平反他们酿成的冤狱。作者选材不落俗套，颇见新意，开掘亦有深度。剧中主角是为苦主杨素贞鸣冤诉讼的宋士杰。他曾任刑房书吏，因办事傲上被革退赋闲，老于案牍，好打抱不平。几次公堂对簿，面对其势汹汹的道台顾读，乃至威风凛凛的八府巡按毛朋，均能针锋相对，不屈不挠，语言犀利，有棱有角，以自己的干练、机智，终获胜手。宋士杰性格鲜明，是京剧舞台上极富光彩的一个典型形象。剧中“害夫霸产”情节，老本曾详加铺叙，历经演出淘洗，已逐渐删节，成为引发杨素贞、宋士杰与顾读等冲突的背景。现在的演出，大都从毛朋微服私访，在柳林替杨素贞写状开始。此剧来源已久，1842年成书的《梦华琐簿》中即有三庆班演出的记载。四喜班演出时，由孙菊仙饰宋士杰，谭鑫培饰毛朋，余紫云饰杨素贞，徐宝庆饰顾读，称一时之盛。近世，马连良、周信芳均以擅演宋士杰著称，并各具特色。1929年12月6日，在上海大舞台由马连良饰宋士杰，胡碧兰饰杨素

周信芳饰宋士杰（右） 赵晓岚饰杨素贞

马连良饰宋士杰（左） 马富禄饰万氏

贞，曹连孝饰毛朋，姜妙香饰田伦，马富禄饰万氏；同月26日，天蟾舞台由周信芳饰宋士杰，赵如泉饰毛朋，王芸芳饰杨素贞，小杨月楼饰万氏，陈鹤峰饰杨春。一月之内，上海观众得以先后欣赏马派、麒派两种不同风格的《四进士》，传为美谈。演出本分载《马连良舞台艺术》及《周信芳演出剧本选集》。1956年，周信芳的演出曾由上海电影制片厂摄制成彩色影片，片名《宋士杰》。

（颜长珂）

Silang Tan Mu

《四郎探母》 京剧作品。包括《坐宫》、《盗令》、《出关》、《见娘》、《别家》、《回令》等折。此剧一说由梆子戏移植而来（见《戏场闲话》），一说为张二奎所编（见傅惜华《皮黄剧本作者草目》）。剧情为：宋辽两国交兵，四郎杨延辉被俘，改名木易，被萧太后招为驸马，与铁镜公主成婚。15年后，宋辽战争又起，辽将萧天佐在九龙飞虎峪摆下天门阵，要与宋军决战。宋太宗亲征，佘太君押运粮草至雁门关。杨延辉欲寻机探望母亲，因关口守备甚严，难以如愿，坐立不安。铁镜公主盘问其心事，杨延辉遮掩不过，说出实情。铁镜公主甚为同情，设计盗得令箭一枝，使其过关探母。杨延辉至雁门关，与母亲、妻子互叙离别之情，不觉一夜的时限已到。他不顾妻、母挽留，挥泪而别。回到辽营，萧太后依律论斩，经公主哀求得免。《杨家府演义》第41回有木易请令往九龙飞虎峪，私自助宋军粮草事，但无探母情节。此剧为著名唱工戏，集中抒发杨延辉因去国怀乡引起的矛盾和痛苦，从母子、夫妻、兄弟、岳婿等人物关系中，爆发了有关人情、伦理、道德，乃至军法等多方面的微妙的戏剧冲突。作品充分发挥音乐唱腔的长处，摹绘人物复杂的感情波澜，颇有特色。全剧用成套西皮唱腔，有很强的艺术感染力，受到观众喜爱。其中《坐宫》一场常作单折

清宫《戏出画册·探母》（故宫博物院藏）

演出。清道光二十五年（1845）及同治三年（1864）所刊《都门纪略》，记载老生张二奎、余三盛（胜）、周春奎、薛印轩擅演此剧杨四郎，汪法林、梅巧龄（玲）擅演萧太后，曹松林、郑秀兰等擅演铁镜公主。之后，演出此剧影响较大者有谭鑫培、孙菊仙、杨月楼、许荫棠、王凤卿、孟小冬、高庆奎、杨宝森、马连良、谭富英、奚啸伯、李少春等。此剧系谭鑫培的得意之作，出场的引子原为“被困幽州，思老母常挂心头”，由谭改为“金井锁梧桐，长叹空随一阵风”，后学大都依此。刘菊禅《谭鑫培全集》中，描述谭氏此剧的艺术特色时称：谭鑫培念得字字稳健，抑扬顿挫各尽其妙。接下去的［西皮慢板］，腔调各异。转板大段［二六］，无一重腔，无一弱字，一气呵成。［倒板］婉转凄楚。与公主对唱的［流水］，字字起棱，句句变调。最后“叫小番”之嘎调，毫无假借，全靠本领。《讨令》、《过关》、《被擒》中的各段［快板］，字栉句梳，如行云流水。《兄弟会》之对唱，异常紧凑。［原板］唱得圆涯，［散板］转［二六］音调凄惨，表现出母子之情。《哭堂》、《别家》几段［反西皮］，悲凉凄楚。谭鑫培不仅以唱工取胜，表演亦极有特色。被擒之吊毛，高而圆，快而稳。《回令》戴着手

清宫《戏出画册·探母》（故宫博物院藏）

清宫《戏出画册·探母回令》（故宫博物院藏）

铸见太后，跪着翻两次屁股坐子，圆而且稳，亦为绝活。全剧行当除无花脸外，老生、青衣、花旦、小生、老旦各能发挥所长，故常作“合作戏”演出。陈德霖、王瑶卿、赵桐珊、尚小云饰演萧太后，梅兰芳、程砚秋、张君秋饰演公主，谢宝云、李多奎饰演佘太君，姜妙香、俞振飞、叶盛兰饰演杨宗保均称擅长。所存刊本有《戏考》、《戏典》、《戏学汇考》等。1957年《上海文化》发表陈大濩校注本。

（刘文峰）

sipingdiao

四平调 京剧唱腔中的一种腔调。源于徽剧主要腔调之一的［吹腔］。［吹腔］最初是曲牌体结构的长短句，后来逐渐发展为板腔体结构的上下句。原以笛子伴奏，后弃管改用胡琴并加以发展变化遂衍变为四平调。亦称［小二簧］或［平板二簧］。它虽然有［二簧］的称谓，并且胡琴的定弦和开唱前的过门都和［二簧原板］一样，但它的旋律、节奏、调式与上下句结构却同［二簧］有所区别。

［四平调］是兼有［二簧］与［西皮］双重特点的腔调。从某些旋律来看，音的进行多为级进，有些行腔同［二簧腔］相近；但从上下句落音和多用切分、闪板的节奏，以及某些音程跳动较大来看，又与［西皮腔］类似。它的节奏多样、富于变化，上句起唱落腔均在板上，下句则于眼上起唱，板上落腔。上句基本落音为Re，如带拖腔落音还可为低La，下句基本落音为Do，亦可落低Sol，旦腔与生腔相同，只是高八度，基本为宫调式。胡琴伴奏定低Sol、Re弦，即里弦定低Sol，外弦定Re。由于四平调的调式特点和旋律中常出现以五声音阶为主的自然七声级进与大跳交错的句型，以及具有［二簧］和［西皮］两种腔调的双重性，上句唱腔板起板落，下句唱腔眼起板落，唱词节奏丰富多变，没有太紧促的节拍、节奏。胡琴在伴奏中，基本和唱腔的旋律平行，很少有因定弦音的局限，而以高、低八度音翻越互代的现象，故听来曲调既平滑委婉，又华丽活跃。它善于表现多种情绪，不论是轻松喜悦，还是苍凉悲切，均能适应。在传统戏中，多为生、旦、老旦、丑所唱。除了有专唱四平调的剧目外，也与皮簧混用。

《乌龙院》
马连良饰宋江（右） 李玉茹饰阎惜姣

《游龙戏凤》
张学津饰正德帝（右） 董圆圆饰李凤姐
（孙连生摄）

［四平调］的板式，在传统戏中只有一板一眼(2/4)形式，分中速、慢速两种。一般将中速的称为原板，而把慢速的叫做［慢板］。［二簧］和［西皮］中均有各种其他板式，［四平调］却无，故在传统戏中［四平调］的板式最少。中华人民共和国成立后，随着新内容的需要和京剧音乐的革新，［四平调］被普遍运用，并发展出了一些新的板式。

［四平调］以对偶式上下句组成曲式结构基本单位，并以上下句变化重复构成唱段。每句均有三个分句（第三分句分为前节与后节）。其上下句基本腔格大体如下：

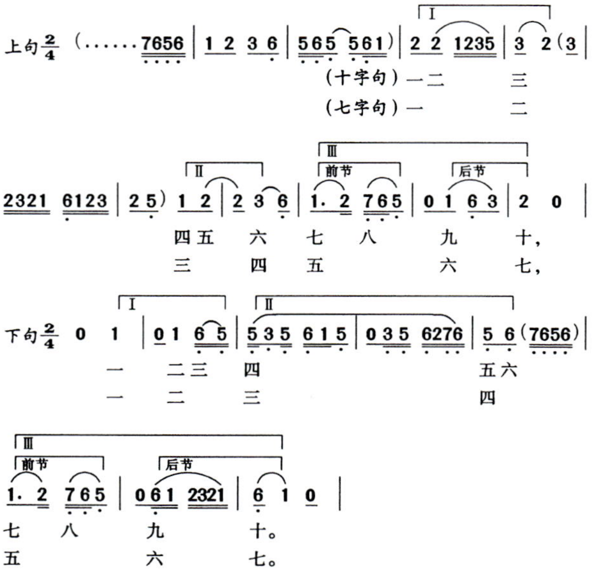

由此可以看出［四平调］上下句的结构形式、各分句的落音、上句唱腔板起板落与下句唱腔眼起板落的规格，以及旋律活动的常用音区等基本形态。随着唱词所表达情绪的不同和唱词句格、字数，还有字音四声等的不同，其上下句尚有很多重复变化的应变手法，或加腔、扩展，或减音、紧缩，或提高、降低音位、转变调性，或加拖腔、加垛句和吸收别的曲调因素等。其变化比较灵活自由，不论多么不整齐的唱词，它都能容纳，因而它的变化腔格较多，尤其是旦腔的变化腔格更为丰富。

［四平调］的结束句和一般下句的不同，主要是第三分句后节有比较固定的音型；另外，亦可在一般下句之后附加［回龙腔］落在低Sol音上结束。如：

《乌龙院》

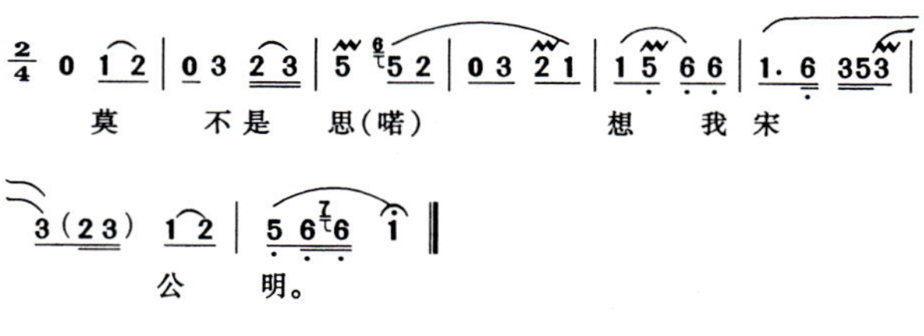

《游龙戏凤》

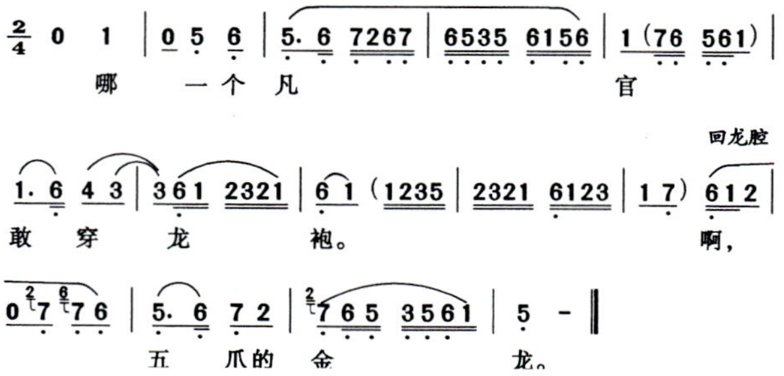

此外，还有将［回龙腔］最后唱散的结束句。［四平调］既可叙事，亦可抒情。一般来讲，字多腔少中速的偏重于叙事，字少

腔多慢速的偏重于抒情。[四平调]代表性的唱段有:《乌龙院》(生)"宋公明打坐乌龙院",《问樵闹府》(生)"听谯楼打罢了初更时分",《贵妃醉酒》(旦)"海岛冰轮初转腾",《红娘》(旦)"看小姐作出来许多的破绽",《清风亭》(老旦)"未开言不由人恼心怀",《打棍出箱》(丑)"你说我是你的亲生子"。

(张正治)

Sipingshan

《四平山》 京剧作品。又名《四盟山》。作者不详。事见《说唐全传》。隋末,宇文成都被瓦岗军战败,隋炀帝杨广急召李元霸救援。李元霸之母窦太真怀念秦琼在临潼山解救之德,将一幅秦琼画像交给了李元霸,嘱其不准伤害,并派柴绍同行。瓦岗寨徐茂公等得知消息后,命王伯当通过柴绍转告李元霸,凡插小黄旗之人都是秦琼的朋友。瓦岗众人皆照计行动,只有裴元庆自恃勇猛,不肯插上黄旗。交战时,李元霸果然多次避开秦琼等人。遇到裴元庆时,李元霸奋力连击三锤将其打败。裴元庆羞见瓦岗诸将,策马他去。武生饰李元霸,勾脸,为尚和玉代表作之一。他的表演身段英武稳健,演出了少年李元霸不可一世的狂傲骄矜和有勇无谋的个性。《说唐全传》中称李元霸的双锤每柄重400斤。尚和玉在舞台上使用了一副大锤,技法精湛,并在掌心旋转双锤,表现李元霸在鏖战前摩拳擦掌和取胜后洋洋自得的神情。上海张翼鹏则别有创造,表演中,着意刻画李元霸年仅12岁,膂力过人,武艺高强,却又充满童心稚气的特点,服饰、唱词也与北京的演出略有不同。剧本载《京剧汇编》第104集。

高盛麟饰李元霸

(丁汝芹)

sisheng

四声 在京剧中专指字音中阴平、阳平、上、去四种声调。历史上,唐宋韵书如《唐韵》、《广韵》、《集韵》等,其中的韵部均分平、上、去、入四种声调。元代周德清《中原音韵》分平声为阴、阳,以入声派入阳平、上、去三声。京剧音韵中阴阳上去四声字的分派,与《中原音韵》原则上相同,而入声字大都派入阳平。多少年来,全国各地方言的四声,在声调高低、长短等声学特点方面,有很大出入。京剧因其起源地域的关系,字的声调基本因循西南方言(包括鄂、川、云、贵、湘、皖西南、陕南以及广西、江西部分地区)。可以认为,采用湖北方言四声声调来安排唱、念腔调,是京剧艺术地方性的重要传统特征之一。对于京剧演唱中的"字正",不少演员和研究家,就是狭义地定义为四声正,并且强调用湖广音而不可用北京话的声调。然而实际上,由于字调的乐音化以及受到腔词(字)关系的制约,处理时比较灵活,尤以上、去两声变化为多。武汉话和北京话四声调类之异同见下表:

	阴平	阳平	上声	去声
武汉话	高平调	降升调	高降调	高升调
北京话	高平调	高升调	降升调	高降调

(翁思再)

Siwei Ertong Xiju Xuexiao

四维儿童戏剧学校 京剧学校。简称四维剧校。初名四维平剧社儿童训练班。1942年由京剧演员冯玉昆在柳州创办,从属于四维平剧社。剧社取古语"礼义廉耻,国之四维;四维不张,国乃灭亡"之意命名。在桂林,冯玉昆结识了田汉、欧阳予倩等文化戏剧界名人,得到他们的关切和指导。冯氏为剧社提出四句口号:"创造剧界新的生命,铲除剧界一切恶习;提高剧员文化水平,砥砺剧员人格道德。"吸收金素秋、李紫贵、曹慕髡、董俊楼、吴枫等加盟,增强革新力量,建立排练制度,严肃舞台作风,提高演员文化素养,上演大量新剧,成为当时大后方京剧界颇有影响的一支生力军。为培养新生一代接续事业,剧社在桂林、柳州、全州等地招收了40余名儿童,经过一段时日的技艺培训和文化教育后,于1942年4月集中到柳州,建成了四维平剧社儿童训练班,里面的孩子,一部分是旧剧从业员的子弟,不少是来自沦陷区的孤苦无依的难童。学生年龄,大的十四五岁,最小的仅七八岁,均以"维"字排名。学生们除练功、学戏、排戏和演出外,还上文化课,并受到进步的戏剧观和爱国思想的启蒙教育。训练班的教学和成效,引起田汉的关注,他说这是戏剧改革的"火炬",是新鲜血液,也是排演新平剧的实验场所,除在思想、文化、生活上给予多方面的指导和扶植外,还将自己编写的《江汉渔歌》拿给训练班排演。此剧参加了1944年春在桂林举行的"西南第一届戏剧展览会"(简称"西南剧展"),受到文化戏剧界人士好评。

西南剧展后不久,日军侵略的战火烧向湘桂,训练班离开桂林撤往独山,又到都匀,一路上历尽艰辛,坚持演出,还排演了田汉编写的《新雁门关》、《新儿女英雄传》和《武松与潘金莲》等剧。这些戏都饱含新意,有的充溢着唤起民众、卫国御敌的爱国激情,有的融入反封建、反压迫的内容,对时政进行抨击。1944年,日本侵略军进兵独山,都匀危在旦夕,训练班又步行逃难,奔向贵阳。得到田汉、安娥、孟超等人士多方面相助,还得到了冯玉祥夫人李德全的关注。这期间,学生们又排出了田汉新编的《南明双忠记》。训练班在贵阳以演出所得,为抗日前线的将士募捐了一大批布鞋。1945年春,田汉把训练班介绍到国民党青年军二〇七师。不久训练班入滇,抵达昆明,被编入该师政治部,正式改名为四维儿童戏剧学校。由田汉任名誉校长兼顾问,安娥任指导,冯玉昆任校长,张泌任教育长,李紫贵负责剧艺训练,并派有文化教员。在昆明,剧校为军政人员、文化界人士及工人、学生的演出都受到了欢迎。田汉、安娥还组织学生参加戏剧革新问题的演讲会,闻一多、李公朴、吴晗等文化人士莅会,对学生们的演讲给予鼓励。不久,剧校又迁往曲靖,在田汉、冯玉昆的率领下,以鼓舞民众、激励抗战为目标,在昆明、曲靖演出了大量新戏,有《江汉渔歌》、《新雁门关》、《南明双忠记》、《梁红玉》、《新儿女英雄传》、《葛嫩娘》、《荀灌娘》、《桃花扇》、《武松与潘金莲》、《岳飞》和田汉根据《焚香记》传奇改编的《情探》等剧。

1945年抗日战争胜利后,田汉与剧校分手,前往重庆。冯玉昆遂率领全体师生北上,经湖南抵上海,受到熊佛西的热诚接待。1946年初春,又取道秦皇岛,转赴沈阳。在沈阳,学生们的演出仍以新剧为主。当年夏天剧校即奔赴北平。当时报载:"他们在祖国八年的抗战中,始终是在最前线、在炮火下、在轰炸中成长着。他们都是流浪的孩子,他们是在田汉、冯玉昆二位先生抚育下而成长的一株艺术革命的幼苗。"(载于1946年8月5日《新民报·北平日刊》)当时剧校一面演出,一面延聘名师授艺,钱宝森、王福山、何佩华、杜富隆、宋富亭、时世宝、谭世英、阎庆林、满福山等都曾到校任课。同时,又招收了几批学生,留在沈阳的一个分校和在抚顺增设的一个分校，分别成为四维剧校在东北的第一、第二分校，经管人有张玉甫、杨菊笙、田鸿儒、李维坤等。1946年末又成立了第三分校，初在长春，后迁到北平，隶属青年军第二〇八师政治部，驻于西苑。赵宝亭任主任，教师有梁连柱、韩长宝、郭文龙、陈月梅、徐鸣策、刘子元、郭仲福等，徐碧云、周砚芳也曾到校授课。后又增设第四分校，驻于长辛店，高宝林任主任，教师有陈茂春、郭庆永、贾世珍、汪荣汉、何宝华、亨荣通等。总校被编入第十一战区，隶属保定绥署，后归河北省保安司令部，驻于保定。至此共有五校，学生的总数有250余名。1948年3月，总校和第三、第四分校的师生在北平长安大戏院联袂演出了田汉新作《琵琶行》，由李紫贵任导演，马彦祥任舞台监督，并都在剧中扮演角色。特邀叶浅予任舞台美术设计，杨大钧任音乐设计，特邀白家麟、李宗义、梁小鸾担任主演。教师韩长宝、梁连柱、徐鸣策、郭文龙、赵宝亭、汪荣汉，学生解维蓉、葛维菁、王维崧、朱维义、柏维年都扮演了重要角色。《琵琶行》写唐玄宗时的战乱故事，发出了人民反对内战、反对苛捐杂税的呼声，影射、抨击了当时的黑暗现实。与此同时，第三分校上演了田汉编写的《金钵记》和《武则天》二剧。《金》剧突出刻画了白娘子对爱情坚贞不渝和对恶势力顽强抗争的美丽性格，重新塑造了一个丰满、纯洁的白娘子形象。此剧经过不断修润、磨砺，终于成为田汉的著名代表作，定名《白蛇传》，传演不衰。当时北平评论界称四维剧校为“新平剧运动的生力军”。总校于1948年夏在北平庆乐戏院上演了由曹慕髡编剧、李紫贵导演的新本《牛郎织女》，也受到好评。

中华人民共和国成立前夕，四维第一分校的全体师生于1948年10月在沈阳参加了中国人民解放军，成为第四十九军文工团平剧队。第二分校于1949年为中国人民解放军第四野战军政治部接管改编。1949年初，第四分校合并到总校，在北平门头沟区参加了中国人民解放军，成为第十三兵团政治部火线平剧队，后随军南下到达广西。1951年4月，在南宁合并成为广西军区政治部京剧团。其后集体转业，成为广西京剧团。1958年广西壮族自治区成立，改名为广西壮族自治区京剧团。第三分校全体师生于1948年冬，得田汉敦嘱，坚留北平等候解放。终于1949年1月31日北平宣告和平解放，2月3日解放军入城，迎来了田汉率领的北平军事管制委员会文化接管委员会的接管，划归华北文化艺术工作委员会旧剧处管理，开始筹建新中国的第一所国立戏曲学校，于1950年1月28日正式成立，即后来的中国戏曲学校。四维剧校师生成为了这所学校的第一批教师和学生。

四维剧校的历史短短8年，处在战乱年代，先后辗转10余个城市，跋涉千里，历尽危艰，含辛茹苦，惨淡经营，而依然守志不渝，坚持艺术革新，宣扬爱国思想，上演了田汉、欧阳予倩、魏如晦（阿英）、徐筱汀等许多名家的作品20余出。更为新中国输送了一批京剧人才，如易维芝（瑾玲）、陈维仁（陈䜣仁）、王维崧、曹维莲（曹冰洁）、杜维蘅（杜蘅）、葛维菁（葛文辉）、解维蓉（谢锐青）、刘维蔓（刘秀荣）、王维蕊（王诗英）、朱维义（朱秉谦）、李维艳（李鸣岩）、袁维祥（袁国林）等，后来都各有所成。

（钮骠）

Sixiban

四喜班 清代北京四大徽班之一。何人何时创建，不详。初创时期以昆曲为主，兼及花部诸腔。嘉庆八年至十五年（1803～1810）间，该班主要脚色和剧目，有刘彩林《军门产子》、《捉奸》、《服毒》、《玉鸳鸯》、《胭脂》，刘凤林《思凡》、《偷诗》，王锦屏《玉鸳鸯》，杨天福《背娃》，蒋天禄《借茶》（见《日下看花记》），郝桂宝《盘殿》、《四门》、《烤火》、《番儿》，杨长青《水斗》、《断桥》、《盗令》、《杀舟》、《独占》、《卖身》（《粉妆楼》第9本）、《孔雀屏》（见《听春新咏》）。《听春新咏》云：“文林姓王，字锦屏。扬州人。名满京华，艺工昆剧。声容场步，合节应弦，口齿亦颇清彻。”可见王锦屏是四喜部享誉最久的昆旦。嘉庆十九年（1814）《都门竹枝词》载：“新排一曲《桃花扇》，到处哄传四喜班。”说明昆曲在四喜仍甚盛行。嘉庆末年道光初年，西皮戏在京兴起，昆曲受到严重冲击，“四喜部渐不竞，三庆与春台代兴而竞爽”（《辛壬癸甲录》）。为应时尚，该班于道光七八年（1827～1828）间始步三庆、春台、和春之后习演西皮戏，但每日演出仍是昆戏居多。后来“每茶楼度曲，楼上下列坐者落落如晨星可数”（《长安看花记》）。在此情况下，张二奎应邀于道光十九年（1839）前后搭入该班。此时演唱西皮兼唱昆曲的老演员尚有老生王寿仙，净脚屈三、屈四、夏花脸，丑脚余籽籽（子仔）等人，上演的西皮戏渐呈上升趋势。道光二十五年（1845），花旦黑贵喜、王松林（即王长贵兼唱武旦）搭入，并从春台邀进名旦陈凤林帮忙，长期处于中心地位的昆曲，始由皮簧取代。但此时的四喜，尚存昆戏《秋江》、《别姬》、《水斗》、《拾金》等114出，每日登场，仍有二三出与皮簧同台演唱。道光末年，该班皆以张二奎的老生戏、生旦、生净对儿戏，号召观众。其中，张二奎、黑贵喜等合演的《四郎探母》，张二奎、陈凤林等合演的《回龙阁》等，成为北派（或京派）的代表剧目，最受欢迎。《四郎探母》一剧，张二奎之四郎悉尊“北路”，重点场子放在“见娘”，与余三胜以“坐宫”为主的演法，各有侧重。张二奎于咸丰二年（1852）脱离四喜，自组双奎班。老生王德胜、王九龄，小生徐小香，武生杨振刚，青衣罗巧福，净脚屈四等为四喜班主要脚色。王九龄演唱的靠把戏《战太

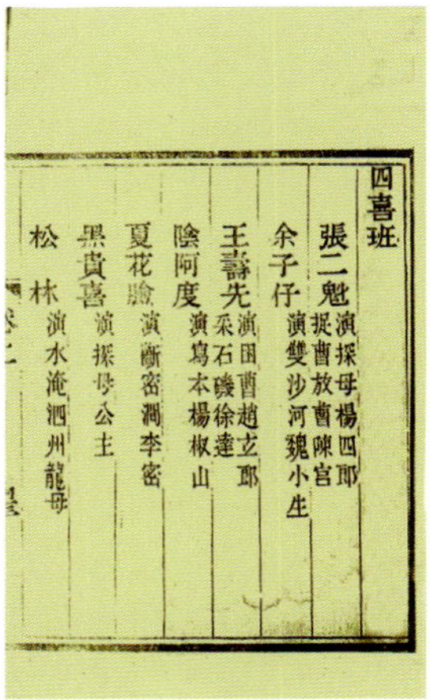
四喜班
張二魁 演探母楊四郎 捉曹放曹陳宮
余子仔 演雙沙河魏小生
王壽先 演困曹趙玄郎 采石磯徐達
陰阿度 演寫本楊椒山
夏花臉 演斷密澗李密
黑貴喜 演探母公主
松林 演水淹泗州龍母

清道光二十五年（1845）《都门纪略》所载之四喜班

田汉（坐者左五）、马彦祥（左六）、李紫贵（左八）等与四维儿童戏剧学校第三分校师生合影

清沈容圃绘名伶戏出肖像《思志诚》
前排左右两侧二人为刘赶三（左，饰老鸨）、黄三雄（饰龟奴），中间四小童左起为董庆云、顾小侬、曹福寿、郑多云；后排中间三人左起为徐小香（饰贾志诚）、杨鸣玉（饰闵天亮）、罗寿山（一说为华福山，饰跟班），12个装扮女者左起为吴燕芳、王彩琳、朱莲芬、方松龄、余紫云、叶中兴、梅巧玲、时小福、杨朵仙、朱霞芬、孙彩珠、孔元福
（选自《梅兰芳藏画集》）

平》、唱做兼重的《战蒲关》以及《冀州城》等马超戏，最为出色。咸丰八年（1858）“国服”后张二奎、罗巧福、沈宝珠等重整四喜。张、罗经常合演《探母》、《芦花荡》、《三娘教子》等戏。同年，16岁的梅巧玲随师罗巧福入四喜，昆乱兼唱。为争取入宫演唱，此时的四喜班排出连台《雁门关》、《五彩舆》。后因张二奎被罪遭遣，四喜停演。同治二年（1863）十月，身兼精忠庙首的刘赶三与袁听泉、张发祥等人联合复出四喜。主要演员有老生王九龄、曹春山（昆），小生杜蝶云，武生姚增禄，旦行梅巧玲（昆、簧）、孙彩珠（号芷沅）、陆翠香，净脚叶中定、孙宝和（昆），丑脚杨鸣玉（昆）、刘赶三、刘洪顺等。是时，昆曲中兴，梅巧玲领衔演出许多昆戏，如《红楼梦》、《百花公主》、《长生殿》诸剧的折子戏，名声益著。同治六年（1867）班中改组，众推梅巧玲独掌班务。聘杨隆寿、陈寿峰（昆老生）、杜步云（昆旦）、方镇泉（昆乱净）入班，进一步充实昆戏和武打戏。同治后期，以梅巧玲为主形成一个阵容硬整的旦脚群体，郑秀兰、葛宝珠、叶中兴、谢双寿、张芷荃、田宝琳、张紫仙、杨桂云、姚宝香等，都是知名于时的角儿。另邀著名昆乱小生徐小香入班助演。最为观众热衷的上演剧目有：梅、徐合演的《破洪州》、《打金枝》、《玉玲珑》、四本《得意缘》，梅巧玲、刘赶三的玩笑戏，杨隆寿的武打戏，杨鸣玉的昆丑戏等。独擅剧目有：八本《雁门关》（徐小香饰八郎、王九龄饰四郎、梅巧玲饰萧太后、郑秀兰饰碧莲公主）、十本《五彩舆》（王九龄饰海瑞、梅巧玲饰冯莲芳、诸名旦分饰剧中女性）、十六本《德政坊》（王九龄饰海瑞、梅巧玲饰穷不怕）、八本《梅玉配》、《双铃记》及群旦毕现的玩笑戏《思志诚》等。旦行清装戏虽不始自四喜班，但经梅巧玲等不断创新上演，亦获前所未有的发展。梅巧玲排出的灯彩戏，如《目连救母》、《盘丝洞》、《乘龙会》等，也是备受欢迎的剧目。四喜的旦脚戏，三庆的老生戏，春台的武打戏，各擅胜场，在同治年形成鼎足局面。光绪初年，梅巧玲与刘赶三合演的《探亲家》、《红鸾喜》、《变羊计》，与余紫云等合演的《虹霓关》（余紫云饰丫鬟），王

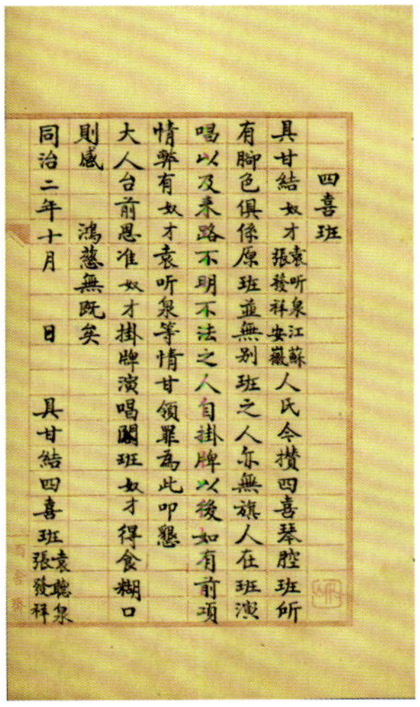
四喜班
具甘結奴才袁听泉 張發祥江蘇 安徽人氏今攢四喜琴腔班所
有脚色俱係原班並無別班之人亦無旗人在班演
唱以及来路不明不法之人自掛牌以後如有前項
情弊有奴才袁听泉等情甘領罪為此叩懇
大人台前恩准奴才掛牌演唱闔班奴才得食糊口
則感鴻慈無既矣
同治二年十月 日 具甘結四喜班袁听泉 張發祥

清同治二年（1863）
四喜班甘结
（齐氏百舍斋抄本）

九龄的《定军山》、《阳平关》、《渑池会》、《柴桑口》，时小福的《玉堂春》，时小福、余紫云的《孝感天》，余紫云的《祭塔》，杨桂云排出的道光间河南官场实事《十二红》，余紫云等排出的五本《朱砂痣》，梅巧玲排出的灯彩戏《贵寿图》等，都是四喜班独具特色的拿手戏。光绪八年（1882）梅巧玲去世，时小福、郑秀兰、余紫云、杨桂云、李砚侬等联合接替。时小福饰周瑜、王九龄饰鲁肃的《群英会》，时小福饰郭暧、余紫云饰升平公主、王九龄饰唐肃宗的《打金枝》，时小福饰杨八郎、余紫云饰青莲公主的《抱枕、打阵》（第四本《雁门关》）均可吸引观众。光绪十年（1884）底，富绅田文三（退庵居士）接办四喜，委时小福为领班人。谭鑫培二次赴沪演出归京，应邀搭入。光绪十一年（1885）初，田恃财力将嵩祝班的孙菊仙挖入四喜充老生台柱并兼名义班主，与谭鑫培分演大轴。孙菊仙、杨桂云等根据《聊斋志异》的《胭脂》编排出四本《胭脂判》，首演恭王府堂会。此后，继排四本《四进士》，孙菊仙饰宋士杰、谭鑫培饰毛朋、余紫云饰杨素贞、杨桂云饰田氏、顾芷荪饰田伦、徐宝庆饰顾读、穆凤山（新入）饰姚廷春。次年九月，谭鑫培、余紫云挂名四喜，另组胜春。四喜班则以孙菊仙、时小福为主，二人合演的《三娘教子》，成为这一阶段“砥柱中流”的剧目。光绪十三年（1887），余紫云再回四喜成为挑梁旦脚，与孙菊仙共撑局面。孙经常同净脚穆凤山合演《鱼肠剑》、《天水关》、《取帅印》、《断密涧》、《沙陀国》等，余紫云则演《戏凤》、《祭江》、《虹霓关》等，极受欢迎。余紫云饰潘金莲、孙菊仙饰天师、穆凤山饰包公的《五花洞》，每演座无虚席。逢年底则演唱连台《五彩舆》、《德政坊》，孙菊仙饰海瑞、余紫云饰《五彩舆》鄢妾，杨桂云饰《德政坊》穷不怕。光绪十九年（1893），田文三放弃四喜，孙菊仙、高德禄、张胜奎、熊连喜等人联合承起。孙菊仙的老生戏挑大梁，以票友出身的老生龙长胜（友云）、旦脚德珺如、净脚金秀山、刘永春等相佐。此后，全班经常入宫承应，每得丰厚赏银。光绪二十二年（1896）排出八本《错中奇》、八本《永庆升平》及孙菊仙演唱的《雍凉关》、《胭粉计》、《渑池会》等。刘景然、双阔亭、韦久峰、龚云甫、柯（克）秀山、穆春山、刘鸿昇等一批后起票友，在孙菊仙的提携下都曾搭入四喜，经过借台练艺，名声逐渐显露。光绪二十六年（1900）“庚子事变”，四喜停演。次年，孙菊仙携眷去上海。高德禄等联合众人维持演出，两年后散去。宣统元年（1909），杨小楼、张淇林（长宝）、崔禄春、王长林复出四喜，在中和园演出年余。此后，四喜班即不见于舞台。

（李宗白）

Si Xiao Ming Dan

四小名旦 20世纪三四十年代脱颖而出的四名旦行男性青年演员李世芳、毛世来、张君秋、宋德珠。1936年北平《立言报》游艺版主办北平童伶选举，评选对象为富连成社和北平中华戏曲专科学校的优秀学生，至1937年1月宣布，是年16岁的李世芳，以18 414票当选为“童伶主席”。两年后，又仿20年代四大名旦的选

《花田错》 李世芳饰刘月英（右）
毛世来饰春兰

《盘丝洞》
宋德珠饰月霞仙子

《玉堂春》
张君秋饰苏三

举，评选出李世芳、毛世来、张君秋、宋德珠为四小名旦。选出之后，组织了两场演出：一场在长安大戏院，四人合演《四五花洞》；另一场在新新大戏院，合演《白蛇传》，宋德珠演《金山寺》，毛世来演《断桥》，李世芳演《合钵》，张君秋演《祭塔》，称盛一时。1944年8月，《半月戏剧》第5卷第4期出"四小名旦专号"，同年10月的第5卷第5期又有"四小辑余"，发表了景孤血、苏少卿、郑过宜、张肖伧、路介白、吴少若（小如）、薛观澜、哈杀黄等人一批评论文章，讨论热烈，各抒己见，观点鲜明。该刊还发表了《四小名旦调查表》，保存了当时四人的第一手资料。1947年初，李世芳因飞机失事去世，"四小"出现空缺，北平《纪事报》倡导"新四小名旦"的选举，选出张君秋、毛世来、陈永玲、许翰英四人，虽收到选票20多万张，因许翰英一度辍演，这一推选结果并未造成广泛影响。另有部分报界主张在原来的张、毛、宋外，增补杨荣环，也未获得普遍认同。因此，四小名旦仍维护原议，而新四小名旦始终没有定论。　（吴同宾）

Sizhentang Keban

四箴堂科班　京剧、昆曲科班。是附属于三庆班的小班，亦称小三庆。"四箴堂"为主办人程长庚堂名。因程长庚名椿，后又改名"椿寿堂科班"。清咸丰初年，程长庚创办，后过继其子、京剧鼓师程章圃主管。班址设在北京宣武门外百顺胡同路南。聘有崇富贵、田宝琳、余双寿、朱洪福、浦增寿、钱锦园等为各行教师。招收学生60余名，均以"林"字排名，如陈德林、张淇林、陆杏林、钱敬林、李成林、李镜林、罗复林、叶国林、侯鹤林、余启林等。殷荣海为大师兄，亦参加执教。学生常年随大班演唱，剧目皆为昆曲、皮簧折子戏，如《折柳》、《赏荷》、《游园》、《断桥》、《戏目连》、《打花鼓》、《芦花荡》、《火云洞》等。科班教学十分严格。晨起练功、吊嗓，程长庚亲加督导，每晚十点钟后，众学生集合结队参拜祖师完毕，"长庚必于每一行中选择三人，至其面前，令将日间所学诸剧，一一背诵之，如有错误，则为教正。凡三次如再有误，必责罚之，责毕，仍令复习，追精熟后，长庚始挥手令去……于此可见长庚教徒之谨严"（载1938年3月22日北平《实报》）。武功教师崇富贵对学生的要求也极为严厉，以打人出名，因得"崇剥皮"的诨号。后来的报刊上评说："自长庚自组椿寿堂科班造就人才后，因为教法严格，学生们也忍苦自砺，所以人才辈出，奠定了国剧的基础。"清光绪六年（1880）程长庚去世后，科班即行报散。出身四箴堂科班的学生中，许多人都曾被选入清廷昇平署为民籍教习，在行内外享有盛名，于课徒授艺、传承京剧艺术上，卓有贡献。　（钮骠）

Sizhoucheng

《泗州城》　京剧作品。又名《水淹泗州城》。作者不详。泗州城修炼千年的水母娘娘贪恋红尘，爱慕知州之子时廷芳，趁其赶考路过虹桥时，将他摄至水府。时廷芳假意允婚，在洞房中向水母索得避水宝珠，逃出险境。水母酒醒后，率族众水淹泗州城，讨珠逼婚。观音化身为卖面老妇，水母吃下的面条化为锁链，被孙悟空锁拿。1957年，上海京剧院、中国京剧院曾先后改编，更名为《虹桥赠珠》，并到国外演出。水母改为泗州女神，时廷芳改为白永。故事改成白永感水母情深，结成姻缘，水母以珠相赠约期后会。玉帝以水母眷恋人间，触犯天条为由派遣二郎神引天兵捉拿。水母因宝珠已赠与白永，不能敌住天将，白永冒死送珠，水母转败为胜。长春京剧团创作组又由娄振歧、李声铜执笔改编成《红衣公主》，并于1960年由吉林人民出版社出版。该戏源出自神话传说。元高文秀有《泗州大圣锁水母》杂剧，已佚。观音用铁索化为面条锁住水母，见于明末小说《梼杌闲评》。一说京剧源于皮影戏，待考。清道光二十五年（1845）刊本《都门纪略》已著录此剧。马彦祥藏道光年间抄本《花天尘梦录》卷九"燕台花镜诗"以及朱家溍辑咸丰十年至十一年（1860～1861）的《清昇平署档案新辑》中均有著录。早年四喜班的王松林、新兴金钰班的库儿都以擅演《水淹泗州城》之龙母而闻名。据《清代伶官传》载，咸丰十一年孙小六始演于内廷。习惯上所说的《泗州城》系指《水淹泗州城》而言。另有一组《济小塘捉妖》，因情节有相似之处，也常常简称为《泗州城》，实据清无名氏所撰章回小说《升仙传》内容敷衍而成。据李洪春《京剧长谈》："是由《飞波岛》、《天妃闸》、《黑砂洞》、《泗州城》四出组成。……艺术特色为其他剧目少见。"即在众神将捉妖时，要从上下场门桌上成对跳神。先是武花所扮跳黑红二灵官，继为头家女兵扮演的跳青龙，再是武花跳白虎，尔后是由武花所扮的巨灵神喷火、煞神耍牙表演，接着由二武生一反一正饰金吒、木吒跳"合扇"，还有武生应工的哪吒耍枪、伽蓝耍棍，最后孙悟空从云端翻下，要一套猴棍。"这些神将都要和鱼精对打，也就是说武旦得用各种兵器和神将对打，每打一神将就有一套把子，就有一不同的下场。我们现在常见的武旦大刀、双枪、鞭、棍等下场，以及耍几只鞭、打'哪吒枪'就是从这出戏留下来的。而这开打的设计者、改革者就是'阎派'武旦创始人九阵风（阎岚秋）。"这一组戏在清末时曾由普庆、四喜、同庆、玉成等班社演出。富连成也演出过《三教寺》、《黑沙洞》等。在《泗州城》的演出史上，有许多武旦、武生、武净等武行演员创造了丰富多彩的武打套路。如同治、光绪年间，有一位长期在上海演出的武旦演员康黑儿，演"《泗州城》饰猪婆龙耍鞭一场，能以鞭尖竖拇指上，旋转不已，继而度至将指，复至中指及无名指，至小指而止，不稍停滞，亦从不倾堕，诚为绝技"（漱石《海上百名伶传——黑儿》，1929年3月2日《梨园公报》）。

《虹桥赠珠》
刘琪饰水母（左）　夏永泉饰白永　（吴化学摄）

《黑儿之〈泗州城〉》(选自清末上海《图画日报》)

又如杨隆寿饰演的《泗州城》等戏的孙悟空,“力健气充,英光迸露”(《梨园旧话》)。姜妙香饰韦陀唱的二簧唢呐腔则是由沪上名票何时希设计的。因该戏花团锦簇,所以过去常在大型合作戏及义务戏中演出。在南方,每到端午节后的五月二十,老百姓都要举行水龙比赛,这一天的戏也须全带“水”字,旧时水路班常会贴演《水淹泗州城》。剧本刊于《戏考》。 (王若皓)

Song Jiemei

松介眉 (1875~1930) 票友。工老旦。北京人。年轻时即在票房演唱,后师从罗福山学戏,以“龚(云甫)派”老旦受到推崇。松介眉嗓音豁亮、高亢,善于在吐字发声方面突出苍老的“衰音”,使唱腔富有感染力、表现力。他学龚而不拘泥于龚,能充分运用自己之所长加以发挥,在老旦唱腔上颇有创造。他经常上演的拿手剧目有《岳母刺字》、《行路哭灵》、《天雷报》、《雁门关》等。在演唱《天雷报》时,他唱得使人感到闻其声如见其人,仿佛眼看着白发苍苍的贺氏在埋怨老伴时那种颤颤巍巍、气急败坏的情景。 (姿悦)

《辞朝》饰佘太君

Song Xuefang

松雪芳 (1906~1989) 京剧教师、演员。工武旦。原名夏正寿。江苏扬州人。幼入上海福字科班(又称孙家科班)学戏,排名夏福芳,曾拜九阵风、八仙旦为师。1921年出科后,即在上海、苏北、天津一带搭班演出,前后约20余年。1957年进上海市戏曲学校任京剧教师。功底深厚,出手干净利落,在苏北、天津一带享有声誉。从教30余年,治学严谨,言传身教,为京剧、昆曲、越剧、淮剧各剧种培养了不少武旦演员,其中王芝泉、齐淑芳、方小亚等已成为京昆剧舞台上的著名演员;屠巧丽等成为上海市戏曲学校业务骨干教师。其女夏美珍是京剧演员。 (张申英)

Songzhuban

嵩祝班 清代北京徽班。成书于清道光八年(1828)的张际亮《金台残泪记》载:“先朝诸王多蓄乐部,父老云然。考《燕兰小谱》,有所云‘王府大部’者。可见数十年来,此风已息。近年嵩祝部习小生某郎,有宠于□□王,王今薨矣。”这段话已暗示嵩祝亦为王府班。文献上最早记有嵩祝班之名者,是成书于道光三年(1823)的《燕台集艳》,仅载席秀林、许玉芳、许兰秀、沈三顺四名旦脚。据王芷章考证,嘉庆间先后在和春、四喜两班演唱的名旦王天喜(字倚云)曾为该班名义班主。武生沈小庆、杨振刚童时曾在该班学艺。《金台残泪记》又说:“近日乐部登场,必有扑跌一出,而嵩祝部又必有二出。”这些武戏大约都是沈小庆等人演出。道光十一年(1831)嵩祝班在与四大名班抗争中,“寥落不能自存,部中人稍稍散去。其教师父老,乃复召集后生子弟别为一队,曰:小嵩祝部”(《辛壬癸甲录》)。以昆旦林韵香、小生玉笙(王天喜弟子)的昆戏为主,声誉复起,“座上客常满,有隔日预约,不得入坐者”。《梦华琐簿》载:“春台、三庆、四喜、和春,为四大徽班。其在茶园演剧,观者人出钱百九十二,曰‘座儿钱’。(此散座也,官座及桌子则有价。)惟嵩祝座儿钱与四大班等。堂会必演此五部。”林韵香在班近4年,患病夭折,年仅18岁。该班由嘉庆末至道光二十几年间,仅知小生沈景丞、净脚叶中定等幼年间曾在嵩祝习艺,而有关皮簧戏的上演情况,未见史料记载。道光二十五年(1845)《都门纪略》始刊出嵩祝班皮簧演员和剧目,有张如林《清河桥》饰楚庄王,宝成《恶虎庄》饰姚刚,大和尚《胭脂血(褶)》饰白皂吏(隶),福官《击鼓骂曹》饰祢衡,兰儿《罗章跪楼》饰红月娥,玉宝《劝妻》饰曹庄,红喜《卖饼子》饰花旦。同年,杨静亭《都门杂咏·词场门》云:“时兴嵩祝戏新鲜,都下传闻数十年。”又云:“歌童粉旦妙娉婷,小戏多从嵩祝听。《卖艺》最宜灯下演,夜间看要火流星。”“歌童粉旦”即指兰儿等上列诸童伶。宝成即徐宝成。兰儿即京剧武旦先驱、“打出手”的创造者龚翠兰,《卖艺》中之“要流星”是他的拿手好戏。此剧原为山陕班何玩月的绝活,后为三庆班朱三喜学去,龚翠兰又拿过来,一时无与伦比。咸丰年间,嵩祝班仍以学生为主体(姚增录即其中之一员),外邀少数成年的名脚为主演。名票老生张子久一度搭入该班领衔演出。同治三年(1864)刘万仪(义)、徐宝成、龚宛香(翠兰)、周玉衡联合接办嵩祝班(见《清代乱弹戏在宫中发展的史料》),改变从前以童伶演出为主的状况。同年《都门纪略》录:宝成《下河东》欧阳方、《定中原》司马师、《黄金台》伊哩(立)、《独虎营》罗四虎、《连环套》窦尔墩,周全(周玉衡)《醉写》、《金马门》李太白,杓子刘(刘胜奎)《捉放》陈公(宫)、《骂曹》祢衡、《一捧雪》穆(莫)成,景四宝《烧棉(绵)山》介子推、《庆顶珠》萧恩、《黄鹤楼》刘备,奎官(刘万义)《铡美案》、《断双钉》包文正、《御果园》尉迟公,升儿《断密涧》王伯当、《五雷阵》孙膑、《二进宫》杨博(波),猴三《芦花荡》张飞、《青石山》王老道,韩双盛《连环套》朱光祖、《背橙

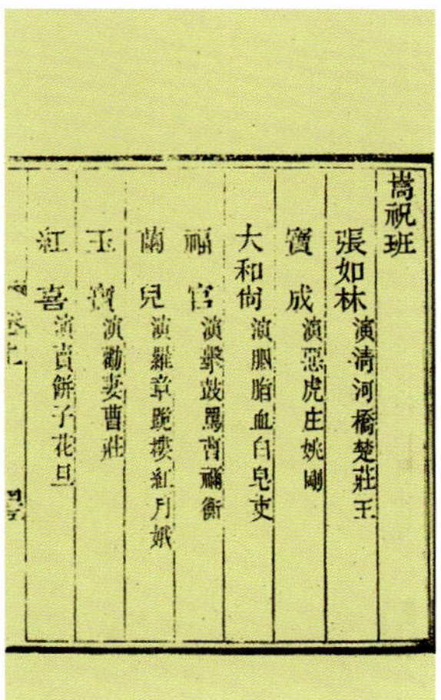

嵩祝班
張如林 演清河橋 楚莊王
寶成 演惡虎庄 姚剛
大和尚 演胭脂血 白皂吏
福官 演擊鼓罵曹 禰衡
蘭兒 演羅章跪樓 紅月娥
玉寶 演勸妻 曹莊
紅喜 演賣餅子 花旦

清道光二十五年(1845)《都门纪略》所载之嵩祝班

(凳)》不长座(掌舵),《双打店》大价(解子)、《十二红》毕明、《下河南》胡公子,旺儿《双钉记》白金莲、《双沙河》宝云公主,龚翠兰《虹霓关》夫人、《贪欢报》老鸨,恒秀峰《南天门》曹玉姐、《探窑》王宝钏、《宇宙锋》赵小姐,杨全(隆寿)《闹地府》、《泗州城》猴儿、《四杰村》余千。此年,嵩祝班花名册,另载有生脚汪年宝、江春山、陈春元,旦脚王桂喜、葛宝珠,丑脚黄秀雄(黄三雄)等,皆为当时名脚。清庄逸《戏中脚色新规则》云:"嘉庆末叶,有安徽老伶工……自立嵩祝班,专演皮黄及昆剧。……后则米喜子、周泉儿等继起,皮黄崭露头角",这一"周泉儿"与前列之"周全",是否为一人,未详。同治十二年(1873)十二月,该班承班人周玉衡、刘万义改搭阜成班(见阜成花名册)。嵩祝班已由庞太监、刘太监接办(《道咸以来梨园系年小录》有"丙子,庞太监、刘太监等有一嵩祝成班"的记载)。庞、刘接办约一年,逢同治皇帝"国服"乃停演。光绪三年(1877)开禁后恢复正式演出,由徐宝成领班,仅有老生程芝亭、杜宝魁、王仙舟、夏鸿福,旦脚鲁昆山、韩古香、陆忆卿、孔元福,净行徐宝成、刘鸣久、黄润甫等。光绪五年(1879)冬,孙菊仙由沪至京,翌年春,嵩祝班邀孙与黄月山搭入。黄入班仅两月即返沪。孙菊仙偕老生冯瑞祥(柱儿),武生王怀卿(王八十),旦脚潘贵喜、十四旦,丑脚黄三雄等演唱年余。光绪七年(1881),逢慈安太后"国服",停演。光绪九年(1883)开禁,嵩祝班的阵容进一步充实,有老生孙菊仙、程芝亭、王福寿、周如奎,小生徐德奎,旦脚张芷荃、袁子明、赵宝凌、阎金福,武旦韩桂喜,净脚徐宝成、穆凤山、张福雄、金秀山、韩乐卿,丑脚黄三雄、刘宝山(赶三)等,与当时的三庆、春台、四喜三大班,竞演年余。时孙菊仙以调高声洪雄于剧坛,光绪十一年(1885)被四喜班挖去,嵩祝班内缺顶梁老生,难以演出。经两班协商,孙兼搭两班轮演,大约至年底嵩祝停业。光绪十二年五月二十日(1886年6月21日)《申报·都下纪闻》载:"周春奎由沪入京,复立嵩祝成班,已于初四日演唱,观剧者约八百余人。周由沪邀来名优正旦孙处(孙瑞堂)、花旦玉凤,各奏所长,故观剧者日增一日。"周率众演至冬月,周、孙二人又改搭春台班,嵩祝无法维持,于年底散去。 (李宗白)

Song Baoluo

宋宝罗 (1917~) 演员。工老生。季生。祖籍直隶涞水(今属河北),生于北京。出身梨园世家。父宋永珍,系梆子演员,艺名"毛毛旦"。母宋凤云,早年也系梆子旦脚演员,艺名"金翠凤",后改京剧文丑、彩旦,誉称"坤伶第一名丑"。他7岁学戏,先后拜黄少山、雷喜福为师,主学老生,兼习净行和老旦。9岁起在北京登台演出,在河南、河北、山东、山西、北京、天津一带小有名气。15岁变嗓期间拜在国画家于非闇、马谌汀门下学绘画治印。20岁重返舞台,又得高庆奎、李洪春等传授,艺术上逐渐成熟。24岁在上海组建宋宝罗京剧团,任团长、主演。此后在长期的舞台实践中,结合自身清亮、高亢、气足的嗓音,在高(庆奎)派的基础上吸收了刘(鸿昇)派的特点,运腔铿锵激越,跌宕多变,自成风格。擅演《逍遥津》、《斩黄袍》、《辕门斩子》、《失街亭、空城计、斩马谡》、《碰碑》、《武乡侯》、《哭秦庭》等剧。还自编自演《游武庙》、《朱耷卖画》等。1958年定居杭州,加入杭州市京剧团,任艺术委员会主任,后调浙江京剧团。他不但在京剧表演艺术上卓有成就,在绘画和治印艺术上也颇有造诣。他以毛泽东诗词为内容,篆刻了600余方印章。在《朱耷卖画》演出中,四句[原板]一幅画,边唱边画,堪称一绝。他积极主动编演现代剧,曾编演《喜迎春》、《风雷渡》等,还在《八一风暴》中扮演周恩来。70高龄以后,除演出外还积极参加国际文化交流和发扬民族文化的活动。

《哭秦庭》饰申包胥

宋之三兄宋义增,9岁进北京群艺社科班,初学旦,后改丑。出科后跟随胞弟巡回南北50余年。他能戏极多,一些濒临失传的传统剧目的场次、穿戴、扮相等俱谙熟于胸,人称"戏包袱"。1997年病逝于杭州。 (周攸)

Song Changlin

宋昌林 (1961~) 演员。工净。山东荣成人。1971年进山东省艺术学校京剧科学习,1976年毕业,分配至山东省京剧院任演员。1982年入中国戏曲学院大专班深造,1984年结业回院。多年来一直跟随裘(盛戎)派名净方荣翔学戏,1987年正式拜方为师,1995年又拜裘门弟子王正屏为师,还得到钳韵宏、夏韵龙的指拨。在多位裘派传人的培护下,艺业长进很快。他嗓音清朗洪亮,唱念韵味醇正,工架稳重挺拔,做表细致得神。常演剧目有《铡美案》、《打銮驾》、《铡包勉》、《遇皇后、打龙袍》、《赤桑镇》、《探阴山》等包公戏和《铫(姚)期》、《除三害》、《将相和》、《黑旋风李逵》、《断密涧》、《坐寨盗马》、《赵氏孤儿》、《大保国、探皇陵、二进宫》等,在新编古代剧《祭酒掌兵》中饰戚耀祖、《春秋霸主》中饰齐桓公,现代戏《石龙湾》中饰马五爷、《铁道游击队》中饰刘洪,都受到好评,获得嘉奖。1987年在全国青年京剧演员电视大选赛中获最佳表演奖,1991年在全国中青年京剧演员电视大赛中又获得最佳表演奖,2002年获得第十九届梅花奖。1999年开始,任山东省京剧院副院长。 (捷之)

《祭酒掌兵》饰戚耀祖

Song Changrong

宋长荣 (1935~) 演员。工旦。江苏沭阳人。出身贫苦农家,上学不多,却对流动来此演出的"京腔大戏"如痴如醉。1950年投身于一农村科班学戏,习旦脚。他不怕吃苦,练功学戏极认真,很快成了这个科班的台柱。之后,辗转于淮河两岸各县的京剧班,什么戏全唱,但特别喜爱荀派。长年流动演出于苏北农村各县,技艺日进,逐渐声名远播。1957年首进南京。1960年

苏北六合县京剧团合并成淮阴地区京剧团，仍为主演。后去江苏省京剧院学习深造，巧遇来宁演出的荀慧生。荀氏慧眼识珠，把这个“农村小土孩”收为弟子，命他跟随身边，既观摩演出又随时传艺。数年间师生不断相聚，荀慧生将自己多年所得尽心传授给这个他极钟爱的弟子。1979年以荀派代表作《红娘》风靡大江南北，竟演出逾千场，声誉鹊起。之后，他以全力恢复整理演出荀派的代表性剧目。1985年在京举办了荀派剧目展览演出，一举推出《霍小玉》、《鱼藻宫》、《香罗带》、《红楼二尤》、《金玉奴》、《勘玉钏》、《花田八错》、《红娘》8出荀派代表作。之后又相继排演出《紫钗记》、《野皇妃》等新编剧目，对荀派艺术做了大力继承和发展。其中若干剧目已拍成电视艺术片传世。20世纪80年代中期以后，以相当精力投入海内外文化交流活动，曾几次赴中国香港、台湾地区和朝鲜演出，成绩斐然。人们从他的

《红娘》饰红娘

《红楼二尤》饰尤三姐

艺术表演中领略到荀派艺术的真髓。在繁忙的演出之余，他还传徒授艺，在中国戏曲学院研究生班授课。出版有《宋长荣唱腔专辑》录音带和著作《活红娘——宋长荣自述》(江苏文艺出版社1989年10月出版，15万字）等。 （胡金兆）

Song Dezhu

宋德珠 （1913～1984） 演员。工刀马旦、武旦。名宝禄，字颖之。祖籍天津，生于北京。1930年入中华戏曲专科学校学戏。先从阎岚秋、朱桂芳、张善亭等习刀马旦、武旦戏，从朱玉康练

基本功，继从余玉琴、郭际湘、诸如香、王瑶卿等学花旦、青衣戏。出校前后，曾向程砚秋、荀慧生、于连泉等问艺。故擅武允文，戏路宽广，尤以跷功、打出手最为出色。在校期间，常为程砚秋配戏。1938年毕业，即组织颖光社，开京剧武旦挑班之先例。又由翁偶虹襄赞并编剧，领衔在北平、天津、上海及南北各地演出，深受观众欢迎。曾与李世芳、张君秋、毛世来并称“四小名旦”。他擅演的传统戏有《金山寺》、《杨排风》(打青龙、打孟良、打焦赞、打韩昌、打耶律休哥）、《扈家庄》、《战金山》、《取金陵》、《夺太仓》、《战宛城》、《翠屏山》、《小放牛》、《青石山》等，改编或创演的剧目有《忠烈鸳鸯》(《孤鸾阵》)、《蝶恋花》(《改容战父》)、《百鸟朝凤》、《花猫戏翠屏》、《虹桥赠珠》、《紫塞香云》等，蜚声大江南北。中华人民共和国成立后，曾在北京、辽宁、吉林、福建等地演出。1960年加入河北省京剧团。1972年调河北省艺术学校任教。曾任中国戏剧家协会河北分会副主席。1983年夏，河北省艺术学校为他举办了宋派艺术传习班。他不顾体弱，冒着酷暑，为来自全国10个省包括5个剧种的29名学员，辛勤教授《扈家庄》，使该剧得到推广。

宋德珠主要师承阎岚秋和朱桂芳，又博采前辈名家之长，兼融体操、舞蹈乃至滑冰的健美造型，加以创新，形成美、媚、脆、锐的独特风格。他致力于武戏文演，注重刻画人物，把继承与革新正确地结合起来，丰富和发展了刀马旦、武旦的表演艺术。他认为无论刀马旦还是武旦，即使武艺高强，也仍然是旦脚，要具有古典女性美。如果只强调猛、冲、狠、溜，就成了“武行贴片子”，装妇人而无美感。所谓“媚”，不是矫揉造作，也不是故意卖俏，好比出水芙蓉，是美的自然流露，有如“回眸一笑百媚生”动态之美；“脆”是讲求柔中见刚，亮相时干净利落，不拖不僵；“锐”是讲求圆中有方，开打中凌厉敏捷，不肉不拙。

宋德珠曾提出“多学、巧练、精研、善择”8个字的艺术经验。“多学”，一是多学演一些不同戏路子的剧目。不仅学武戏，也要学青衣、花旦戏，更应有昆曲戏的功底。有了文戏基础，不但唱念讲究，且能提高运用眼神和表情做戏的能力。二是“转益多师”，兼学众长。他的《扈家庄》，基本师承阎岚秋，又经王瑶卿加工。《杨排风》是按朱桂芳的演法。《金山寺》则以余玉琴的路子为主。他认为练功最忌“僵”、“拙”、“油”。只有苦练加巧练才提高得快。“巧练”，一是练功要用心琢磨，掌握要领，使巧劲而不使拙劲。二是要找出克服困难的办法。比如刀马旦、武旦常常要在［快四击头］里掏翎子亮相。由于速度快，如按传统的翻腕子以食指和中指夹翎的掏法，很容易使翎子滑脱或折断。宋德珠经多次试验，改为掏时以正手满把攥，由耳后掏过来拉到肚脐，再顺势翻手亮相。又保险，又利落、好看。“精研”，一方面是指演员对戏情戏理及角色性格要精心研究。例如《扈家庄》之扈三娘，乃武艺超群的千金小姐，“傲”是她的性格特征。但同样是“傲”，在战王英、李逵和林冲时，由于对象不同、规定情境不同，她在神态上和表演上又应有所不同。王英是“矮脚虎”，貌不惊人，一见面，扈三娘就瞧不起他，开打时她如猫戏鼠，“一霎时将贼擒提”。李逵却似半截黑铁塔，开始，扈三娘对这个庞然大物估计过高，所以较为谨慎。但未战数合，李

《小放牛》饰村姑

《杨排风》饰杨排风

逵就被她刺倒在地。扈三娘带着"你原来不过是个外强中干的大草包"的嘲讽神情，轻蔑地撇撇嘴，斜着眼一瞥，背着手拖戟下场。与林冲对阵，"一扯"、"两扯"时，她虽见林冲器宇轩昂，却因前两阵的轻易取胜而益骄。一交手就急于求胜，以至恃勇追击而中伏被擒。所以，只有把握住扈三娘的性格特征和她与其他人物之间的关系，才能准确而有层次地"打"出戏来。"精研"的另一方面，是指演员要精心观察大自然和社会生活，每有所悟，灵活运用到表演中来。宋德珠的亮相下场，常是先将上身微晃，然后疾步冲下。这是从轻风拂柳的景象中得到的启示。他还观察水中静伏的金鱼，突然一个大转身，尾巴倏地一抖，挓挲开来，煞是好看。他在扎大靠的戏里，抖动靠旗背对观众亮相，就追求这种金鱼摆尾的韵律美。"善择"，即吸收别人艺术之长，一必须结合自身条件，二必须符合剧情，运用得当。宋德珠看过钱金福《芦花荡》之张飞，在念"丈八蛇矛世无双"时，有个虚拟的踹枪转身的身段，很帅，很美。他就在扈三娘见王英后，安排了两个"旁踢枪"和两个旋风般的"转身"，以显示扈三娘的轻捷矫健。再如，扈三娘的老扮相是戴扇形扎巾、小额子。抗日战争时期，宋德珠在上海看到有的演员戴蝴蝶盔，气度大方，遂改戴之。并请王瑶卿设计改良靠的式样图案，以求盔、靠的整体和谐。

宋德珠娶名武生孙毓堃之女为妻，其妻弟孙元彬、孙元坡系台湾京剧演员。女儿宋丹菊（1942～　），艺宗其父，原为北京京剧院演员，第五届梅花奖获得者。后任教于中国戏曲学院，为表演系教授。著有《珠光菊影》(与人合作)，记录其父女艺事，中国戏剧出版社2000年出版。宋派传人还有宋燕玲、安荣卿、胡金玲、王泰来、许世光、王继珠、王小玲、牟玉凤、钟娅琳、黄丽丽、汪丽君、侯丹梅、宋扬等。刘琪、郭锦华、李丽、林燕亦得其指授。

（朱文相）

Song Futing

宋富亭　(1907～1994)　京剧教师。曾为花脸演员。原名志成，曾用名富廷。祖籍北京，祖辈客籍上海。出身梨园世家，祖父宋福泰，出科于北京小福胜科班，工架子花脸，清同治年间与孟福保、周长顺等将京剧最早传入上海。父亲宋起山，为武戏教师，在喜(富)连成科班执教30余年。1918年入富连成社科班第三科坐科，从叶福海学花脸，后兼习武净，并得到萧长华、蔡荣桂的指点。他能戏颇多，昆簧兼能。坐科时，就以《嫁妹》、《火判》、《山门》、《北诈疯》、《芦花荡》、《青石山》等剧，深得观众称许。1925年出科，先后搭入叶盛章、李盛藻、杨宝森、李少春、叶盛兰、李世芳的班社演唱。为人配戏，极受倚重。擅演"八大拿"一类剧中的"反座子"角色，如《蜡蜡庙》的费德功、《霸王庄》的黄隆基、《驼马湖》的李佩、《恶虎村》的濮天雕、《溪皇庄》的花德雷等，扎靠戏有《摘缨会》的先蔑、《定军山》的夏侯渊、《珠帘寨》的周德威、《嘉兴府》的陈殿勇、《失街亭》的马谡，短打戏有《巴骆和》的鲍自安、《铜网阵》的卢芳、《红门寺》的法炳、《春秋配》的侯尚官、《烧战船》的黄盖、《刘唐下书》的刘唐，白脸戏有《阳平关》的曹操、《开山府》的严嵩等，尤以《乌盆记》的判儿、《琼林宴》的煞神、《青石山》的周仓最为拿手。文武功底深厚，工架稳练敦实，凝重规整。更精于把子功，身手迅捷，干净准确，尤以大刀功法最为

《刘唐下书》饰刘唐

著称，有"宋大刀"之誉。唱念功力亦深，运腔质朴，吞吐有力，表做注重塑造人物，刻画性格。扮演"扎屁股膀子"的一类角色，雄健中寓妩媚，圆活中见棱角，富有雕塑感。

他从中年即开始从事教学工作，曾留在富连成社科班任教，后又在荣春社科班、四维儿童戏剧学校授艺。20世纪50年代初，应戏曲实验学校之聘，到校执教近40年，直至85岁高龄仍传艺不辍。在教学中谨饬有法，循循善诱，要求学生在唱念做打上都要中规中矩，合乎法度，不落艺病，健康发展。曾多次粉墨登场，为学生作示范演出。在抗美援朝捐献义演和纪念演出中，参演过《駒球山》、《清风寨》、《百凉楼》、《巴骆和》、《武松打店》、《泗州城》、《能仁寺》和《跳武财神》等。晚年录制了《刘唐下书》和讲授该剧表演艺术创造的录像。他从教半生，桃李盈门，造就了众多净行人才。他是名净方荣翔的蒙师，学生有景荣庆、尚长春、赵荣欣、陈茂春、袁国林、杨启顺、郝德耀、吴钰璋、马名群、马名骏、李长春、李欣、耿文超、张关正、宋昌林等。

（钮骠）

Song Jiaoren

《宋教仁》　京剧作品。又名《宋教仁遇害》。写袁世凯窃取中华民国临时大总统后，建立北洋政府，迫害革命力量。国民党代理理事长宋教仁欲通过议会斗争制约袁世凯，到各地发表竞选演说。国会选举中，国民党获压倒多数胜利，拟组织政党内阁。袁世凯大为惊慌，遂派人于1913年3月20日在上海火车站行刺，宋教仁身亡，震惊全国。当即由孙玉声编成京剧，同年3月28日首演于上海新新舞台。周信芳饰宋教仁，同台演出的有赵君玉、孟鸿群、盖俊卿、赵月来、赵小廉等。此剧一贴演，观众蜂拥，剧场气氛热烈。演到宋教仁被人刺伤，在医院临终以前，有一段念白，几乎全被剧场里观众激愤的人声淹没。玄郎曾著文记述："前晚初开锣，座客即争先恐后，肩摩毂击，途为之塞。七时余，已人满为患，后至者尚络绎不绝，以座无隙地，俱环立而观。甬道之上，亦拥挤不堪，竟至不便行走。卖座之如此发达，实为开幕后破题儿第一遭。""麒麟童饰宋先生，语言稳重，体态静穆，尚称职。永诀一场，做工既妙肖，发言又呜咽，座客多叹息悲伤，甚至有泣下沾襟者。"(《申报》1913年3月30日)

（沈鸿鑫）

Song Qishan

宋起山　(1866～？)　京剧教师。祖籍北京，父辈客籍上海。父宋福泰，出科于北京小福胜科班，与王福寿、彭福凌等同科，工架子花脸。清同治年间，应丹桂园主刘维忠邀聘，与孟福保、周长顺等十几人经水路南下上海献艺，是将京剧最早传入上海的一批北方伶工。起山自幼随父旅居上海，从梆子伶工杨老套练武功，向邵强贵学京剧文净、郑鸿禧学武二花脸。后因练功伤腿致残，不再登台。21岁返归北京，历搭四喜、宝胜和、同庆、同春、玉成、小丹桂各班，充任武行头。1904年，叶春善筹办喜连成科班

就绪，聘宋氏加入，出任武功教师，与叶春善、萧长华、苏雨卿、唐宗成共为开办该班的“五大教师”。从教以来，30余年如一日，勤勤恳恳，喜、连、富、盛、世各科学生500余人，凡练武功者，均由宋起山为之开蒙。筋斗跌扑之灵巧，操手技术之奥妙，花样翻新，栏杆功夫，尤称绝妙。康喜寿、何连涛、骆连翔、张连廷、沈富贵、苏富恩、邱富棠、李盛斌、高盛麟、叶盛章、江世升等都受其亲授。为以武戏著称于世的富连成社科班贡献了半生精力。子富亭，工架子花脸，出科于富社，后为著名净行教师。

（钮骠）

Song Xiaochuan

宋小川 （1961～　　） 演员。工小生。祖籍山东莱阳，生于北京。1973年入中央五七艺术大学，1977年转入中国戏曲学校学习。1979～1982年在中国戏曲学院表演系大专班学习，从李金鸿、黄定、李德彬、江世玉、杨明华等学戏。1982年毕业，分配到中国京剧院青年团任演员。1986年拜叶少兰为师。他嗓子好，扮相好，身材适度，且有武功，雉尾生戏、扇子生戏兼擅。常演剧目有《平贵别窑》、《佘赛花》、《断臂说书》、《群英会》、《周仁献嫂》、《白蛇传》、《玉堂春》、《谢瑶环》、《凤还巢》、《春闺梦》等。在与杜近芳合演的《柳荫记》、与张火丁合演的《梁山伯与祝英台》中，饰演不同版本的梁山伯。在新剧《火醒神州》中饰演光绪帝，也很出色。2001年获全国京剧优秀青年演员评比展演一等奖。2003～2006年入第三届中国京剧优秀青年演员研究生班学习。

（捷之）

Song Yuqing

宋玉庆 （1941～　　） 演员。工文武老生。生于天津。5岁受父亲宋福禄（琴师）的熏陶，开始接触京剧，6岁入青岛麟祥社科班学艺。1949年参加中国人民解放军胶东军区政治部前线京剧团，1952年调入山东省军区京剧团，边学边演，师从周啸天、贾贤英等。1958年考入中国戏曲学校青年演员进修班，受到雷喜福、刘仲秋、宋继亭、邢威明、关盛明等人的传授，在唱、念、做、打诸方面打下扎实基础。在校期间即崭露头角，首演《八仙过海》饰吕洞宾，成功地塑造了潇洒飘逸、狂傲失态的人物形象，初步展示文武兼能的才华。1960年毕业后到山东省京剧院任主演，曾得到陈大濩、盖叫天的教益，与方荣翔、俞砚霞、殷宝忠、张春秋、袁金凯、周亚川等合作，巡演于北京、上海、天津、南京、沈阳等地，颇有好评，特别是山东省广大城乡都有他的足迹，赢得专家与观众的赞誉。他在舞台上允文允武，能戏较多，重唱念表演的如《将相和》之蔺相如、《四郎探母》之杨延辉、《击鼓骂曹》之祢衡、《空城计》之诸葛亮等，文武兼重的如《野猪林》之林冲、《定军山》之黄忠、《打金砖》之刘秀、《打登州》之秦琼等。为适应戏曲市场的需求，还能“一赶三”，如在《群英会、借东风、华容道》中饰演鲁肃、诸葛亮、关羽，又如在《哭灵牌、连营寨》中饰演刘备、赵云等，受到观众欢迎。1964年在现代京剧《奇袭白虎团》中饰演严伟才，创造了机智果敢的侦察英雄的艺术形象。他扮相英俊，嗓音高亢，演唱明快，韵味独特；注重工架造型，身段干净利落，大胆运用传统武戏的技术技巧，又赋以新的内涵。如侦察时的“串翻身”，“串小翻抢背”飞越铁丝网，高山上“前扑”翻下接“虎跳前扑”等，既交代出战争环境之艰苦，又体现了革命军人无私无畏的精神。他在许多武打场面中糅进了生活中侦察兵的擒拿格斗动作，拼刺刀、翻窗户等，将火炽的战斗场景与京剧技艺紧密结合。观众称赞宋玉庆演兵像兵，生龙活虎。1972年长春电影制片厂将《奇袭白虎团》拍摄成彩色艺术片。与方荣翔合演的《将相和》，1986年也搬上银幕。他离休后，课徒授艺，为培养京剧艺术接班人贡献力量。

《奇袭白虎团》饰严伟才

（陈国卿）

Song Yuchun

宋遇春 （1911～1993） 演员。工老生、武生。名仲然，艺名宋益俊。祖籍直隶宝坻（今属天津），生于上海。父亲永贞，艺名毛毛旦，梆子名旦。母宋凤云，艺名金翠凤，擅梆子、二簧花旦，又工丑，与九月菊、一斗丑并称女伶丑三杰。宋遇春初入北京群益社科班，习梆子、二簧老生兼武生，以“益”字排名。后为李洪春赏识，收为弟子，故有“遇春”之名。还曾向杨小楼请益。宋从艺数十年，早期先后搭群益社以及李砚秀、李洪春、尚小云、李万春等人组织的班社，演出于各地。其间，还曾与言菊朋、奚啸伯、徐东明、梁秀娟、孙毓堃、马连良、金少山、张君秋、言慧珠、童芷苓等人同台奏艺。20世纪50年代初，赴江西上饶组团，与金少春、耿苓秋组成春秋剧社，直到晚年，还与童芷苓4次合作演出《坐楼杀惜》，为李洪春配演《刮骨疗毒》、《古城会》，自演《四进士》、《骆马湖》等剧。宋遇春戏路广、能戏多，有老生戏，武老生戏，武生戏等，如《胡迪骂阎》、《打窦瑶》、《乌龙院》、《一捧雪》、《凤凰山》、《剑峰山》、《百凉楼》、《溪皇庄》、《恶虎村》、《东昌府》、《霸王庄》、《殷家堡》、《骆马湖》、《卧虎沟》、《潞安州》、《战渭南》、《战冀州》、《诈历城》、《嘉兴府》、《狮子楼》、《青石山》、《莲花湖》、《洗浮山》

《坐楼杀惜》饰宋江（右） 童芷苓饰阎惜姣
（吴钢摄）

等，还有梆子、皮簧“两下锅”的《翠屏山》、《临潼山》、《战宛城》、《张汶祥刺马》等，以及关羽戏《战长沙》、《古城会》、《华容道》、《走麦城》等。宋还能演一些时装戏，如《啼笑因缘》、《枪毙王小四》、《铡杜小栓子》、《无头案》等，以及现代戏中的反面角色如鸠山、座山雕、毒蛇胆、龟田等。宋腹笥渊溥，善教学排戏，尚小云曾聘他为荣春社的文武总管事，教授尚长春《翠屏山》、孙瑞春《郑州庙》、李甫春《打窦瑶》，及其他学生《凤鸣关》、《定军山》、《洗浮山》、《截江夺斗》等戏，还为尚长春、李甫春、时荣章排演《九曲卧虎洞》等戏。李万春办鸣春社科班，聘其为名誉社长，为王鸣仲等人说过戏。直到晚年，为人说戏倾囊相授，登门求教者极多，有“戏词典”之称。还先后为北京风雷京剧团排演了《蚆蜡庙》、《溪皇庄》等戏。宋遇春曾担任江西省上饶地区戏剧家协会主席、市文联副主席等。

（韶华）

Song Zhidi

宋之的 （1914～1956） 剧作家、戏剧活动家。原名汝昭。直隶丰南（今属河北）人。出生于贫苦农民家庭。1930年夏入北平大学法学院。1932年与于伶等发起组织苞莉芭剧社，开展救亡演剧活动，同年加入中国左翼戏剧家联盟。此后，在上海、南京、武汉、重庆等地，长期从事进步戏剧、电影活动。1946年4月，应陈毅之邀赴苏北解放区，9月由中共华东局宣传部分配到山东大学文艺系，任教授。1948年参加中国人民解放军，担任第四野战军南下工作团研究室主任。中华人民共和国成立后，任中国人民解放军总政治部文艺处长，《解放军文艺》主编。他的创作成就主要在话剧方面，作有《武则天》、《雾重庆》、《群猴》等。1948年他与东川、铁夫改编的京剧《九件衣》，写恶霸花自芳以嫁女为由向佃户勒索喜礼，申大成被迫将表姐夏玉蝉的九件嫁衣典钱充数，当晚花家被盗，丫环自杀，花自芳诬称申大成抢劫杀人，将申问成死罪，夏玉蝉发疯，申妻被花抢去，幸李闯王大军至，始获救。此剧在解放区曾广为演出，并被其他剧种移植。他还作有《皇帝与妓女》，取材于宋代名妓李师师故事。提辖吴革爱恋李师师，遭江湖英雄耻笑离京，李师师到长亭相送，并以身相许。金兵进犯，徽宗逊位，钦宗决意降金，奸臣引金兀术入城。吴革出任陕西西路统制，领兵到京城救援，派人往见李师师，请于元宵夜与兀术尽兴歌舞，乘此攻其不备。李师师将密计告诉了徽宗。宋徽宗听信谗言，竟向金兀术泄密，吴革被擒，并被乱棍打死。李师师见状拔剑自刎。剧本1950年由上海杂志公司出版。1951年，华东戏曲研究院实验京剧团演出。徐筱汀等人改编，执行导演吕君樵，沈金波饰宋徽宗，王金璐饰吴革，金素琴（后由陈正薇）饰李师师。宋之的的戏剧创作，始终与现实斗争生活密切结合，取材广泛，体裁多样，重视情节的曲折生动，力图在复杂的人与人之间的矛盾中揭示人物性格及内心活动。语言朴实犀利、激昂明快为其剧作特色。

《皇帝与妓女》
王金璐饰吴革（右） 金素琴饰李师师
（王金璐提供）

（沈鸿鑫）

songkexi

送客戏 戏曲演出习俗。旧时戏曲演出长达四五个小时，由若干剧目组成。传统京剧的全场演出可以区分为几个单元，称早轴子、中轴子、压轴子、大轴子。演出将毕时，观众往往起堂离席。为此，常在终场时安排一出热闹小戏，称“送客戏”。迎来送往是传统民俗，由来已久。唐宋大曲和散乐有“引”有“尾”，有“勾队”有“放队”，宋金杂剧有“艳段”（开场乐舞小戏），有“曲破断送”（奏乐送客）。京剧演出则有开锣戏、送客戏，或仅以锣鼓开场，以唢呐牌子曲送客。

（戴申　周华斌）

Sou Gu Jiu Gu

《搜孤救孤》 京剧作品。全部《八义图》的一折。又名《程婴舍子》。作者不详。晋国上卿赵盾被权臣屠岸贾陷害，遭族灭，仅遗初生孤儿。屠岸贾欲斩草除根，通令全国，十日内若无人献孤，即将国中与孤儿同庚者悉数杀尽。赵盾门客程婴与公孙杵臼设计以程婴的亲子掉换孤儿，谎称公孙匿孤不报，由程出首。屠岸贾将假孤儿与公孙杵臼同时杀害。本剧主要情节为程婴劝妻舍子，拷问公孙杵臼和法场祭奠。本事见《史记·赵世家》。元纪君祥有《赵氏孤儿大报仇》杂剧。明有《八义记》传奇。清同治八九年（1869～1870）间已有该剧进宫演出的记载。卢胜奎演唱时，曾以公孙杵臼为主角。谭鑫培改以程婴为主，加强其唱腔、表演，与贾洪林合演。后经余叔岩进一步精心加工，成为余氏代表作。不少老生演员都曾演出。1933年4月，高庆奎曾与郝寿臣（饰屠岸贾）、李慧琴（饰庄姬）、李洪春（饰公孙杵臼）合作排出老本全部《八义图》。《搜孤救孤》是孟小冬拜余叔岩后所学的第一个剧目。1939年在北平新新戏院演出两次。1947年9月7日，在上海中国大戏院重演，录制了蜡盘录音，现保存在经台湾波丽公司技术处理后的《凝晖遗音》录音带中。由裘盛戎饰屠岸贾，魏莲芳饰程妻，上海名票赵培鑫饰演公孙杵臼。魏希云司鼓，王瑞芝操琴。1951年，杨宝森在上海天蟾舞台为抗美援朝捐献义演此剧，周信芳为之配演公孙杵臼。余叔岩对此剧精雕细琢，如他“白虎大堂领了命”一段唱腔，运用了低起高止、重出轻放、强撴直立等技巧，使演唱刚劲有力又不失弹性，精致细巧中富于韵律美。杨宝森在强化凄楚心情、增强悲剧气氛上，亦有独到之处。此剧现存音响资料甚多，余叔岩1924年在高亭公司灌录的两个唱段堪称范本。谭小培、谭富英、王雨田、贯大元、双处等均灌有唱片。经天津市唱片研究会副会长刘鼎勋考订，所传孙菊仙1904年、1908年在物克多公司所灌三张单面唱片，亦为真品。剧本有《京剧丛刊》、《京剧汇编》等刊本。

孟小冬饰程婴

（王若皓）

Su Lianhan

苏连汉 (1900～1972) 京剧教师。曾为净行演员。本名文瑞，字云亭。祖籍山东，生于北京。幼于喜连成班坐科，受教于叶福海、姚增禄、蔡荣桂、萧长华、侯喜瑞等。擅演《长坂坡》、《阳平关》之曹操，《穆柯寨》之孟良、焦赞，《失街亭、空城计、斩马谡》之马谡、司马懿，《岳家庄》之牛皋等。出科后，先后搭程永龙、程砚秋、李少春、李万春各班。一边搭班应工文、武花脸，一边在斌庆社、富连成社、荣春社任教。他的嗓音较差，但戏路宽，文武皆能，尤以唱俏丽洒脱的［西皮垛板］著称，被誉为“垛板苏”。20世纪50年代初任教于北京市戏曲学校和中国戏曲学校，教学态度严肃认真，文武昆乱，大小角色，全由他一人包教。他腹笥阔绰，记忆力强，教戏不用剧本，张口就念，抬手就演，深得学生的敬重。其子振明、振远均为衣箱管理者。

《霸王别姬》饰项羽

（王硕）

Su Shaoqing

苏少卿 (1890～1971) 票友、剧评家。本姓柳。幼年随父母逃荒至徐州，为一苏姓大户收养，改姓苏。毕业于徐州师范学堂。自幼与伶人、票友交往而爱上京剧，始学老生和胡琴。因他嗓音高亢宽亮，故喜爱汪（桂芬）调、奎派和王九龄的唱腔。1912年到上海入开明社学演新剧，曾随刘艺舟去日本演出《复活》、《林冲》等剧，又从琴师张汉臣学谭派戏，从周凤林习昆曲，并受张汉臣影响而钻研音韵。1914年到北京，先后得到陈福胜、陈彦衡、吴梅等人的悉心指导，对谭派的唱腔和表演所知更深，尤精谭派名剧《洪羊洞》，唱来不唯行腔吐字圆而工稳，而且善用四声。不久因嗓子损坏而专心致力于唱腔声韵的研究。1918年被聘为教育部通俗教育会会员，从事剧目的编审。1921年回上海定居，先后在暨南大学、南方大学、美术专科学校、复旦大学和广播电台讲授戏曲和音韵，颇受称道。又遵陈彦衡之嘱，拜老艺人王玉芳为师，学习王九龄派的演唱艺术，《战蒲关》一剧即为王玉芳亲受。1929年由蓓开、中大华唱片公司灌制其《战蒲关》、《洪羊洞》、《斩马谡》、《南阳关》、《摘缨会》、《卖马耍锏》、《空城计》、《乌盆记》等戏唱段。1930年，《戏剧月刊》以“现代四大名旦之比较”为题，征文得70余篇，苏少卿之评论名列第一（文见该刊第3卷第4期，1931年1月出版）。京剧评论多以《*寿春壶斋剧话*》，在《申报》等各种报刊上发表，颇有影响。1934年主编《戏剧半月刊》。中华人民共和国成立后，1957年至北京中国戏曲学校讲授音韵学，后调中国戏曲研究院。1964年退休。1971年病逝于上海。

（黄菊盛）

Su Wu Mu Yang

《苏武牧羊》 京剧作品。又名《*万里缘*》。苏武事迹见《汉书·苏建传》附《苏武传》。元明南戏有《牧羊记》，已多渲染。京剧演汉武帝时，苏武奉使持节前往匈奴，单于使降将卫律劝其归顺，苏武不允，被罚往北海牧羊，直待“公羊生乳”，方准回国。武帝命李陵征伐匈奴，兵败被俘。单于又遣李陵劝降，苏武仍矢志不从。匈奴大都尉之女胡阿云因拒充单于嫔妃，单于将其配与苏武，并对汉朝诈称苏武已故。汉使谓武帝见到苏武缚于雁足的血书，特来讨取苏武还朝，单于始允释放苏武回国，唯不许胡阿云随行，阿云自刎。苏武被扣匈奴19年，始终坚持民族气节，终得归汉。据《申报》广告，1875年7月20日，孙春恒、谢宝林、吴凤鸣等曾在上海丹桂茶园演出《万里缘》。王瑶卿（饰胡阿云）和王凤卿（饰苏武）也曾合演，以胡阿云为主。马连良主演的《苏武牧羊》，据傅惜华《皮黄剧本作者草目》为溥绪所撰，脱稿于1931年春。5月23日由扶风社初演于吉祥园。剧中加重了苏武的戏，有“苏武出使”、“卫律劝降”、“苏武望乡”等场次。“望乡”一场大段［反二簧］，抒发了怀念故国的深厚感情，展示了马派唱腔的特色。全剧情节生动，行当齐全，生旦并重，净、丑、小生分饰单于、卫律、李陵，也都有戏可做，颇受观众喜爱。1931年首演后，成为马派代表剧目之一，流传至今。剧本载《京剧汇编》第79集（马连良藏本）。

马连良饰苏武（右） 茹富蕙饰卫律

（井玉贵）

Su Yuqing

苏雨卿 (1869～1941) 京剧教师。直隶枣强（今属河北）人。早年随父到京，在琉璃厂书肆当学徒，后从四喜班伶工苏瑞莲学京剧青衣，凡正工或配演各戏所学甚多，曾搭四喜、春台等班演唱。清光绪二十六年(1900)在四喜班与刘鸿昇、叶春善、陈文启合演《草桥关》，与李连仲、刘凤雍合演《下河东》。光绪二十七年(1901)在春台班与乔蕙兰、徐宝芳、钱文卿合演《渡银河》。光绪三十年(1904)，叶春善筹办喜连成科班就绪，素仰苏氏根柢深厚，所会宽广，遂力请苏氏与萧长华、宋起山、唐宗成共同掌理科班教学，成为该班开办伊始的“五大教师”之一，后戏称“五族共和”。苏氏分工专管旦行，兼任文管事之一，负责科班演出分派戏码事宜。执教以来，凡喜、连、富、盛、世五科旦行中学青衣者无不从其受业，如律喜云、何喜春、李连贞、吴富琴、唐富尧、陈盛荪、王盛意、傅世兰等。该社所演《朱砂痣》、《御碑亭》、《南天门》、《法门寺》、《机房训》、《桑园寄子》、《二进宫》、《武家坡》、《四进士》、《桑园会》、《打金枝》、《庆顶珠》、《金水桥》等百十余出的青衣脚色均由他所授。他在富社从教半生，诲人不倦。有七子四女，长子富恩（武生）、次子富旭（武净）、三子盛贵（老生）、四子盛轼（二路武生）、五子盛琴（旦，后改文场），均出科于富连成社科班。盛轼于20世纪40年代末去台湾，除演剧外，主要从事京剧艺术教学工作。

（钮骠）

Suzhou Shi Jingjutuan

苏州市京剧团 京剧演出团体。1959年4月建立。同年6月，与昆山、常熟、吴江三县京剧团合并，改名苏州专区京剧团。1961年恢复原名。主要演员先后有张剑鸣（武生，艺名小盖叫天）、胡芝风（旦）、俞少荃（老生）、刘戎汾（花脸）、唐炜秋（旦）、徐宝祥（丑）、冯友年（武生兼武丑）、张善鸿（武生）、张丽珠（武旦）、蒋雯美（老旦）等。乐队有鼓师钱根生，琴师杨年凯、朱震凡等。“文化大革命”期间，部分成员下放或转业，留下的成员与其他剧种调来的演员组成“文艺革命委员会京剧连”，学习演出“样板戏”《沙家浜》、《海港》、《龙江颂》、《杜鹃山》等。1978年恢复建制，下放、转业人员相继调回。1979年1月创排现代戏《血冤记》，参加江苏省京剧创作剧目会演，获优秀演出奖。同年6月，由张剑鸣主演的盖派名剧《十字坡》、《一箭仇》、《恶虎村》，参加中国戏剧家协会上海分会主办的盖派艺术展览演出。同时，在钱璎（时任苏州市文化局副局长）主持下，对胡芝风主演，20世纪60年代初已有一定影响的《红梅阁》重新进行加工修改，易名《李慧娘》。此剧参照了孟超的同名昆剧以及上海京剧院的《红梅阁》、秦腔《游西湖》。导演胡芝风、陆永昌，音乐设计胡芝风、杨年凯，舞台美术设计孙昌、缪林。胡芝风饰李慧娘，陈少华饰裴舜卿，许洪良饰贾似道，刘传海饰判官，周国良饰廖莹忠。胡芝风兼融花旦、青衣，吸收昆曲、梆子及芭蕾舞等表演因素，成功塑造了李慧娘这个悲剧形象，赢得广泛好评。此剧先后至北京、天津、上海、南京等20多个城市演出660场，观众达79万人次。1981年赴中国香港地区、1982年赴意大利演出，均受欢迎。1981年，上海电影制片厂由刘琼导演将此剧拍成同名宽银幕彩色戏曲片在全国放映，被文化部评为当年最佳戏曲片。1985年胡芝风去北京中国艺术研究院深造。1986年3月剧团解散。 （简畅）

《李慧娘》 胡芝风饰李慧娘
（陈莹摄）

Suwangfu Piaofang

肃王府票房 京剧票房。清光绪二十年（1894），肃亲王善耆（字艾堂）在北京东交民巷南御河桥府邸组织、创办。庚子事变后，府邸迁往北新桥南船板胡同。新邸有厅堂可卸下隔扇改成戏台，台能转。善耆工老生，他曾自编一出以郑成功抗清故事为题材的京剧，在府内数次排演，鲜为人知。参加该票房活动者有贝子溥伦（字叙斋），溥侗（字厚斋，号西园，别署红豆馆主），贝勒载洵，贝勒载涛等皇家贵胄，他们常到宫中去演唱。民国后，该票房解散。 （李体扬）

Sui Tang gushixi

“隋唐”故事戏 取材于小说《隋唐演义》和《说唐全传》的京剧作品。其中多数只是采用了原著部分情节为素材，根据舞台表演的需要，进行了较大的改动，甚至全新的创造。隋代末年，翟让以瓦岗寨（在今河南滑县）为根据地，举行起义。李密投奔起义军后，合并了附近的各支农民起义部队，取得了多次胜利。瓦岗军曾多次击败隋军主力，围困洛阳，沉重打击了宇文化及的军队，

清宫《戏出画册·临潼山》（故宫博物院藏）

在推翻隋朝的斗争中起到重大作用。后因李密重用隋朝降将降官，杀害翟让，致使部属离心，终被拥立杨侗为帝的王世充率兵所败。千年以来，瓦岗起义史事演绎为文学、戏曲、说唱等多种形式，广为流传。以灭隋兴唐为内容的作品就有《隋史遗文》、《隋唐两朝志传》、《大唐秦王词话》、《隋唐演义》和《说唐全传》等。《隋唐演义》为清康熙时褚人获作。《说唐全传》面世于乾隆初年，署“鸳湖渔叟校订”。此书与《隋唐演义》不同，较多吸收了民间说唱、评书之类的语言，极少经过文人加工的痕迹，保留了浓厚的民间文学色彩。全书侧重于乱世英雄群体的描写。这两部作品都展现了声势浩大的隋末农民起义斗争，并塑造了勇敢刚烈的秦琼、憨直粗豪的程咬金、刚勇忠信的单雄信等众多为民间喜闻乐见的人物形象，其中许多情节妇孺皆知，洋溢着市俗生活趣味，显示出英雄主义色彩。由于时代的局限，两书都不可避免地宣扬了忠孝节义的封建道德，神化了李渊、李世民，把他们奉为真命天子和救世主，书中的英雄好汉则是听命于君王的忠臣良将。这些都直接影响了据此编撰的隋唐戏曲作品。

清宫《戏出画册·卖马》（故宫博物院藏）

清宫《戏出画册·弘（虹）霓关》（故宫博物院藏）

有关瓦岗起义军故事的戏曲始于元代杂剧，如关汉卿《介休县敬德降唐》和《尉迟恭单鞭夺槊》（一说为尚仲贤作品）、姚守中《褚遂良扯诏立东门》等，元明杂剧则有《长安城四马投唐》、《徐茂功智降秦叔宝》、《尉迟恭鞭打单雄信》、《投唐记》等。清代相关作品如李玉《麒麟阁》、周淦《定天山》以及《瓦岗寨》、《虹霓关》、《倒铜旗》传奇等也都流传至今。梆子腔和皮簧腔出现后，创编“隋唐”故事戏为数更多，并以语言通俗易懂，曲调清新流畅，赢得了极为广泛的观众。“隋唐”故事戏大都承袭《隋唐演义》和《说唐全传》的基调，以戏曲特有的雅俗共赏的表现手法将瓦岗英雄形象更为直观地展示在观众面前，情节内容也更加集中精练。多数剧目都表现了草莽英雄秦琼、单雄信、程咬金、徐茂公等瓦岗好汉的忠烈、英勇和信义。他们虽然同为起义军将领，但每个人的出身、遭遇、行为各异，个性鲜明。

入清，形成了系列的“隋唐”故事戏《兴唐传》。昇平署《兴唐传》成为日后京剧演出大量“隋唐”故事戏的重要蓝本之一。道光初年，

清宫《戏出画册·御果园》（故宫博物院藏）

清内廷就曾演出乱弹戏《贾家楼》等。此后的百余年间，“隋唐”故事戏在内廷不断上演。咸丰九年（1859）第二次鸦片战争期间，咸丰皇帝在国难当头之际，逐日看戏为乐。在阅读总管太监上交的《兴唐传》总本后，将其定名为《兴唐外史》，并确定了前后顺序。昇平署档案记有：“二十五日，上交下朱笔总本。头段《临潼山》、二段《长叶林》、三段《贾家楼》、四段《黄土岗》、五段《赚潼关》、六段《瓦岗寨》、七段《四盟山》、八段《临阳关》、九段《虹霓关》、十段《倒铜旗》、十一段《兴唐传》、十二段《美良川》、十三段《红泥涧》、十四段《三战洛阳》，共十四段。事体尚顺，不甚贯串，按照朱笔改定次序，名曰《兴唐外史》。”就连每一册剧本面签式样，皇帝都做了统一的规定，可谓煞费苦心。咸丰朝所演的隋唐故事剧目多为昆腔戏，随着皮簧声腔在北京的发展，到了光绪朝，清宫经常演出的“隋唐”戏多为皮簧腔调，如《卖马》、《虹霓关》、《射红灯》、《断密涧》等，也有著名梆子艺人侯俊山和田际云演出的《秦琼观阵》等。

京剧中隋唐故事剧目为数甚多，除上述剧目外，尚有《骂杨广》、《晋阳宫》、《火烧裴元庆》、《御果园》、《杏花山》、《临江关》、《七雄闹花灯》、《紫金关》等。几百年间，根据瓦岗起义故事编演的“隋唐”戏因符合观众的欣赏情趣，又适应了中华民族的传统道德观念，在戏曲舞台上久演不衰，并以剧本简练、唱腔丰富、武打设计精湛，在京剧舞台上较为完整地保存下来。经过不断的提炼和舞台实践，内容和形式都得到升华。《卖马》、《打登州》、《锁五龙》、《罗成叫关》等戏成为京剧代表性剧目，其中一些唱腔在演唱及板式结构方面很有特色。《四平山》等剧的武打也充分展现了京剧艺术的特点。20世纪50年代，中国京剧院还编演了《响马传》。直至今日，“隋唐”戏仍然经常出现在舞台乃至荧屏上，并以其隽永的艺术魅力感染着当今观众。

（丁汝芹）

Sun Chunheng

孙春恒（1846～1884） 演员。工老生。小名六儿，人皆以孙小六呼之。天津人，一说北京人。自幼师事张胜奎，习老生。学成后曾在京搭嵩祝成班，清同治七年（1868）初次到上海，在石路的金桂轩献艺，后隶刘维忠的丹桂茶园，不久北返。光绪初年，曾在天津与吴荣泰、景云庆合组泰庆恒班，以三人名字的尾字连缀

《孙春恒之〈请宋灵〉》（选自清末上海《图画日报》）

作为班名，演出于天津庆芳茶园。该班不仅唱功出色，而且以制作考究的行头和奇巧的舞台砌末见称。二次重到上海，搭杜蝶云重开的丹桂茶园，为该园头牌老生，其名在孙菊仙之上，继而转入天仙茶园。

他文武兼长，唱做俱佳。擅演《空城计》和《柴桑口》的诸葛亮，《请宋灵》的岳飞，《讨荆州》的鲁肃，《审头》的陆炳，《桑园寄子》的邓伯道，《五福堂》的吕洞宾，《节义廉明》的宋士杰。所饰诸葛亮具儒雅之气，在当时上海伶界推为第一。在谭（鑫培）派唱腔盛行之前，演《空城计》以孙为上选。其武功和把子亦简洁干净、舒展自如，常演《伐东吴》、《战太平》、《南阳关》等靠把戏和《连环套》等短打戏。他与孙菊仙合演的《请宋灵》，前半出由他饰岳飞，与金兀术开打，以武功取胜；后半出由孙菊仙饰岳飞，以唱功见长，时称“文武岳”。他还擅编演新戏，《风波亭》、《请宋灵》皆经他改编。天仙茶园所演的连台戏《兴周灭纣图》，亦出自他的手笔。又兼演小丑，《十八扯》、《阎王乐》等戏，演来均具特色，且关心时事新闻，每日捧读《申报》，演丑角戏时常将新闻报道插入科白，诙谐百出，称绝一时。谭鑫培和潘月樵对他极为钦佩，艺术上都曾受其影响。继杜蝶云之后，又与花脸大奎官（刘万义）、武生谢梅卿合股接开丹桂茶园。他抽大烟、好喝酒，虽系头牌，而当时艺人包银甚微，以致入不敷出。晚岁嗓沙、体弱，声势不如从前。光绪十年（1884）八月悒悒殁于天仙茶园间壁的马棚弄败屋中。1930年上海伶界联合会将其遗骨迁葬真如梨园公墓，生行励志社同人立碑，由周信芳书墓志。

（黄菊盛）

Sun Chunshan

孙春山　(1836～1889)　票友。工青衣。初名燕诒，后改汝梅，字问羹，号春山，排行第十，人称孙十爷。京官出身，历任兵部车驾司郎中、会同馆监督。艺术修养颇深，腹笥渊博，善书，诗文、金石、篆刻精妙，精通音律。他虽为票友，却非一般学唱赏玩，而是积极参与京剧新腔的创造。早年与胡喜禄、陈宝云过从甚密，对胡的青衣唱腔有深入研究，又时常向陈学腔，再加研习翻新，每有青出于蓝而胜于蓝的新腔创出，且影响至今。在演唱上，他主张转折灵活、口锋犀利、注重感情。他还长于润饰词句，经其改编过的有《祭江》、《二进宫》、《孝义节》、《孝感天》、《监酒令》等。对老生、小生也有很深研究。当年许多著名演员，如余紫云、陈德霖、杨月楼等，都曾向他请益，在京剧界内外行中受到尊重。孙春山以盛名享誉票界，对后来京剧票友的地位有重要影响。

（讷言）

Sun Futing

孙甫亭　(1898～1970)　演员。工老旦。原名辅庭，号良臣。祖籍江苏吴县（今苏州吴中区、相城区），生于北京。出身梨园世家，祖父孙心兰，为清同治年间三庆班旦脚演员。父孙怡云，为清光绪年间名旦，曾被选入昇平署进宫承差，尚小云之师。他幼承家学，初学老生后改老旦，曾拜罗福山为师，并受艺于谢宝云。他嗓音响亮宽厚，声腔淳朴大方，念白语气生动，极富情感，表演细腻，善于刻画人物。他腹笥渊博，曾读私塾，有一定文化，明剧情，讲戏理，所演人物绝不雷同。曾替其师罗福山与谭鑫培、杨小楼、余叔岩等名家合演《八大锤》、《别母乱箭》等。中年后得梅兰芳、尚小云、程砚秋、荀慧生四大名旦所倚重，尤傍王瑶卿演《雁门关》之佘太君，颇受内外界赞誉。20世纪50年代初，中央人民广播电台曾为其录制了该剧的老旦［唢呐二簧］唱段传世。早年曾与元亭午合编老旦扎靠戏《阳春城》，成为珍贵藏本。亦曾将《滑油山》刘清提的老旦独特翻跌技巧，进一步充实用于新编的《傅氏发配》戏中，保留了原剧的表演特色。孙甫亭为人忠厚，极重戏德，尊师敬长，传为美谈。20世纪30年代末受聘于富连成社任老旦教师。50年代执教于中国戏曲学校及北京市戏曲学校，王梦云、王晶华、王晓临、赵葆秀、王树芳等，均得其教益。其弟子有郑万年、耿世华、王元清等。长子振泉亦工老旦，幼子振才工架子花脸，其孙晓哲，原习老生，后改丑行。

《得意缘》饰狄母（中）　荀慧生饰狄云鸾（左）　徐和才饰卢昆杰

（刘松崑）

Sun Huaman

孙花满　(1940～　)　女演员。工老旦。河南洛阳人。回族。1956年考入上海市戏曲学校京剧班，1961年分配至上海青年京昆剧团，1969年进上海京剧院。初随杨畹农学梅派青衣，后师从李盛泉、李金泉、王玉敏等学老旦，曾得到李多奎指拨。她扮相清秀端庄，嗓音清脆味醇，表演真挚动人，会戏甚多，常演剧目有《杨门女将》、《岳母刺字》、《洪母骂畴》、《钓金龟》等。在现代戏的排演中，她所塑造的冯大娘（《飒爽英姿》）、钟阿婆（《南海长城》）、盼水妈（《龙江颂》）等形象，都较为成功。还同人合作创演《慈母吟》，整理修改《金龟记》、《三进士》、《驱车战将》等剧本。曾到中学、大学做普及京剧工作，受到热烈欢迎。1959年以《寇准背靴》参加上海市青年会演。1976年主演的《罢宴》和参演的《打孟良》拍摄为舞台纪录片。1979年随中国上海京剧团到西欧五国演出，颇得好评。

（高怡邨）

Sun Juxian

孙菊仙　(1841～1931)　演员。工老生。名濂，又名锡年（后改学年），号宝臣。天津人。其晚年被天津观众称为“老乡亲”。武秀才出身，曾在清军任职，官至候补都司，记名游击。自幼喜爱京剧，经常出入票房，早年曾在天津金声茶园演出过《捉放曹》、《三娘教子》、《桑园寄子》等剧，艺宗程长庚。曾以票友身份贴名“孙处”在上海演出，闻名沪上。1876年，在北京正式投身伶界，拜程长庚为师，搭嵩祝成班及四喜班演出。1886年，被选入清内廷昇平署外学，不久成为四喜班的主要演员。1900年赴沪，先后与潘月樵、李春来等合办天仙茶园、春仙茶园，并参与创办上海新

舞台。1909年返津。此后，曾数度至北京参加演出义务戏。

他嗓音洪亮浑厚，音域宽广，无论宽窄高低，还是大小粗细，均收放自如，从容不迫，被誉为“天赋歌喉，不必循规蹈矩而高下长短，从心所欲，自成一家”，世称孙派。他与谭鑫培、汪桂芬被公认为继程长庚、余三胜、张二奎之后的“老生后三鼎甲”。他演唱不尚花巧，以简朴取胜，但感情充沛，咬字有力，吐字凝练，行腔动听。他的行腔特点是天马行空、奇峰突起、一波三折、波澜壮阔、刚柔相济，在粗犷豪迈之余，十分注重气势，并擅用天赋佳喉恰当贴切地表达人物感情。他也非常注重口劲吞吐、气口运用及音色的收放变化，因此唱腔抑扬顿挫，十分鲜明。在演唱时，往往是煞尾时的拖腔越来越轻，在似乎逐渐要消失之时，却忽然大声倾喉一放，形成极富特色的演唱风格，有时他也采用一泻千里的淋漓唱法，相传京剧老生中“一口气”的唱法，即由孙菊仙所创。他十分注重音韵学的研究，还强调演员要通文墨有文化。他的念白沉着明快，身段神态逼真、举动自然，接近生活。

孙菊仙手迹
（书赠袁寒云）

演出的剧目以唱功戏居多，如《捉放曹》、《李陵碑》、《四郎探母》、《朱砂痣》、《文昭关》、《三娘教子》、《群英会》、《回龙阁》、《法门寺》等剧，尤擅《完璧归赵》、《马鞍山》、《舌辩侯》、《卧龙吊孝》、《逍遥津》、《火烧葫芦峪》、《善宝庄》、《雪杯圆》、《骂杨广》、《雍凉关》、《骂王朗》、《七星灯》、《胭粉计》、《桑园寄子》、《乌盆记》、《辕门斩子》、《鱼肠剑》等剧，并创造了孙派独有的唱腔，有些戏为后来的刘鸿昇所宗法。还编演过《千秋鉴》等新戏，并擅演《五彩舆》、《德政坊》、《胭脂判》等本戏。

《孙菊仙之〈骂杨广〉》（选自清末上海《图画日报》）

孙菊仙为人豪爽，热心提携后进，如尚小云、荀慧生、冯子和等都受过他的提掖。他非常关心赈济水旱灾民及养老怜孤，经常参加义务演出。晚年时，热情仍不减当年。1930年，以90高龄还在北平哈尔飞戏院为龙泉孤儿院义演。1931年又为天津某大学募捐义献，不久，病逝于天津。他一生收徒不多，正式拜师者仅马连良一人。宗其艺者有时慧宝、刘永奎、双阔亭、陈喜星、王竹生、尚仙舫、李东园等人。而孙派艺术也被麒派、高派所吸收。在名丑萧长华的演唱中尚可领略到孙派的某些唱腔特点。（吴焕）

《黄鹤楼》饰刘备（右） 时小福饰周瑜
（选自《立言画刊》第12期）

Sun Junqing

孙钧卿 （1905～1998） 演员。工老生。上海人。自幼酷爱京剧，曾拜产保福为师，博采众长，兼学谭鑫培、汪桂芬、汪笑侬、孙菊仙、刘鸿昇、余叔岩等，并与徐凌云、郑传鉴等昆曲名家来往密切，经常当面请教。曾与徐凌云合演《别母乱箭》，后正式转为职业演员。

孙钧卿有较高的文学修养，能书善画，早年曾多次举办个人画展，并对音韵颇有研究，唱念很是讲究。其嗓音醇厚，抑扬自如，演唱集谭、余两派之特点，并融进汪（桂芬）派所长，既有气贯长虹之势，亦具婉转悠扬之能。善用丹田气，连唱两三出戏，仍气力充沛，经常贴演双出，如《击鼓骂曹》连演《定军山》，《武乡侯》由《失街亭、空城计、斩马谡》演至《胭粉计》、《七星灯》，《伍子胥》由《战樊城》起演到战四将止，可见其功力深厚。并擅演谭派《乌盆记》、余派《搜孤救孤》、汪派《取成都》、孙派《逍遥津》、刘派《辕门斩子》等。其唱婉转而不弱，高亢而不野，逐渐形成独特的演唱风格。他具有扎实的武功根基，早年曾贴演过《挑华车》、《麒麟阁》等武生戏，尤以靠把戏见长，如《定军山》、《战太平》、《珠帘寨》、《伐东吴》等为其拿手之作。每至一地演出，常以靠把戏打炮。他的大段念白抑扬顿挫，疾徐有致，神完气足，声情并茂。他表演细腻传神，身段潇洒飘逸，富有书卷气。除演传统戏外，还排演过《铸剑》、《十五贯》、《戚继光斩子》、《野猪林》、《满江红》、《初出茅庐》、《澶渊之盟》、《劫皇杠》等新编

《打登州》饰秦琼

古代戏，亦曾在现代戏《延安军民》中扮演李如松。1989年晋京与其子孙岳联袂演出5场，受到热烈欢迎。1993年以米寿高龄演出《渭水河》、《碰碑》。

孙钧卿曾与梅兰芳、尚小云、周信芳、马连良、金少山、盖叫天、俞振飞、叶盛兰、高盛麟、裘盛戎、李玉茹等诸多名家同台演出。中华人民共和国成立后，曾先后于江苏省京剧院、华东戏曲研究院京剧实验剧团、新疆生产建设兵团京剧团、陕西省京剧团工作，曾任陕西省京剧团艺术顾问。（刘松崑）

Sun Liansheng

孙连生 (1884～1964) 检场师。号仲三。天津人。15岁入魁盛和班，从何玉鹏学检场。21岁习艺期满，赴哈尔滨、海参崴（今俄罗斯符拉迪沃斯托克）等地搭班。31岁返津，先后傍吕月樵、何月山、李桂春等，后长期在天津大舞台、中国大戏院、大观楼、共和社等戏院、戏班做官中检场工作。他能戏多，技艺精，经验广，声望高，与马德发（人称马瞎子）、赵文桂一起被誉为天津检场的“三把金交椅”。孙连生撒火彩、扔垫子、放椅摆桌和“报场子”等均有绝招。撒火彩，无论是“过梁”、“托塔”、“月亮门”，还是“满堂红”、“扑灯蛾”，无一不精。他经常独自一人，到郊外苦练撒火彩的基本功。他扔垫子讲求时间准、位置准、形状准（不能以垫角对观众），像《麒麟山》等戏，在刹那间能分别扔出三个垫子。其招数是：在一只手的大拇指、食指、中指和无名指之间，各挟一个垫子，在用臂、膀向外张开的同时，手腕及手指一起依次扔出三个垫子。他放椅子坚持“三要”：椅子的放与撤都要给演员以暗示；都要准确及时；要根据演员身材的高矮去垫椅垫儿，使演员在舞台上形象美观且舒服。他“摆高”（摆桌儿）除牢固保险外，特别讲究迅速利索。他“报场子”则以“肚囊宽”和准确、干净、利落而享名。1964年，孙连生殁于天津。子宪章、宪文均为京剧乐队（文场）人员。（马同驹）

Sun Lü'an

孙履安 (1879～1950) 票友。工文丑。名多禔，别号谐叟。祖籍安徽寿县，生于北京。祖父为清状元、礼部尚书孙家鼐。幼居京中，常随长辈出入官府观赏堂会演出，遂嗜爱京剧，尤喜丑脚，乃拜名丑罗寿山（百岁）为师学戏。凡罗常演之戏，他大都能演，如《群英会》之蒋干、《审头刺汤》之汤勤、《打樱桃》之秋水、《打面缸》之大老爷及昆曲戏《活捉》之张文远等；尤以《定计化缘》、《连升三级》、《老黄请医》、《百万斋》(亦名《也是斋》，即《皮匠杀妻》，简称《杀皮》）各剧得罗师真传。他曾任天津长芦盐运署监印官，又任淞江运副；晚清时还做过开封府、嘉兴府知府。辛亥革命后南下迁沪，常参加票房活动，在大型堂会或义务演出中担任“提调”。与众多南北名伶交谊甚厚。曾与梅兰芳、朱琴心同台出演。对后辈热心指拨，收马富禄、刘斌昆、艾世菊为弟子。20世纪50年代，与萧长华有书信往还，叙梨园往事，谈丑脚各戏。萧氏在为《孙履安遗墨集》(由苏州市戏曲研究室编，未出版）一书作序时说：孙氏“可谓听得多、见得广、学得精，有高深的修养，精辟的见解。他生前常常说：戏要合情合理，小花脸在台上逗唱不可超乎情理，如果与戏无关，则是‘生哏’，最要不得。表演要善于以表情、眼神来传神达意，做到不温不火，恰如其分，多则生厌，厌则招烦。念白，嘴里要干净俐落，闲字废话一概不要，净口为贵，脏口（念白中带有脏字）切忌。这些道理，说得非常恰切，确乎是行家之言，正是一个丑脚演员所必须循蹈的绳墨”。名票张伯驹对其演艺，有诗称许：“乐也无涯生有涯，寿州孙老善诙谐，梨园丑角知多少？演出谁能《也是斋》。”注中说：“《也是斋》一剧为其拿手，后无人能演者矣。”晚年适居苏州。曾为苏州市少年京剧团各行说戏，兼任苏州市文物保管局顾问，业余撰写回忆录，记述菊坛见闻，题名《京尘杂忆》。苏州市戏曲研究室又组织专人记录了他擅演的《老黄请医》、《定计化缘》、《探亲相骂》、《连升三级》、《百万斋》、《红鸾喜》六剧演出本，结合其表演经验整理成《孙履安先生谈丑角戏》二册（未出版）。

《乌龙院》饰张文远（右） 朱琴心饰阎惜姣

《虮蜡庙》 孙养农饰褚彪

其子孙养农（1901～约1985)，从事金融业，追随余叔岩，“或兀坐听歌，或步武演技”，为老生名票。著有《谈余叔岩》一书，内有余氏家世、余氏辅弼、余氏之三位琴师、余氏师友、余氏弟子、余氏生活及思想等篇目，约10万字。1953年在香港出版，2003年又由余叔岩外孙刘真（原人民教育出版社编审）作为内部资料在内地自费重印，以赠同好。（钮骠）

Sun Mingzhu

孙明珠 (1944～) 女演员。工旦。北平（今北京）人。1965年毕业于陕西省戏曲学校。在校期间，尚小云见其天资聪慧，勤奋好学，于1960年收她为徒，传授剧艺。孙明珠毕业后进陕西省京剧团，为该团主要旦行演员。先后演出了《打青龙》、《杨排风》、《昭君出塞》等20余出剧目，成为尚小云亲授的尚派艺术优秀传人。1978～1988年先后随中国京剧艺术代表团和陕西艺术代表团赴美国演出了《战金山》、《盘丝洞》、《杨排风》等剧，受到欢迎。常演剧目有《双锁山》、《金山寺》、《昭君出塞》、《梁红玉》、《卖水》等。1994年中国京剧艺术基金会为她录制尚派名剧《金山寺》、《昭君出塞》、《梁红玉》等，成为珍贵的艺术资料。

1996年应邀参加中国京剧音配像精粹的演出，为尚小云录音配录了《汉明妃》、《双阳公主》、《梁红玉》等。（王珊）

Sun Shengfu

孙盛辅　（1909～1982）　演员。工老生。北京人。自幼家境贫寒，1918年入富连成社第四科学艺。初习老旦，兼学老生，师从萧长华、蔡荣桂、雷喜福等。一次偶然替生病的谭富英演出《定军山》，一炮

而红，声誉鹊起，随之陆续演出了《连营寨》、《空城计》等，遂成为科内即红的演员。满科时已能戏七八十出。出科后组班演于西安、成都等地，擅演孔明戏和白胡子戏，其代表剧目有《空城计》、《哭灵牌》、《定军山》、《南天门》、《打棍出箱》等。20世纪30年代百代唱片公司曾为其灌制唱片行世。他曾与尚小云、马最良、刘奎官等合作演出。1944年加入康春京剧团，1949年全团参军，改为中国人民解放军第十八兵团六十二军文工团，后改为西康军区文工团。1952年集体转业改为西康省文工团三队。1956年任雅安京剧团副团长，后与渡口市京剧团合并任艺术委员会名誉主任、艺术顾问。曾积极参加新编古代剧《文天祥》、《闯王旗》、《戚夫人之死》、《海瑞》和现代戏《万水千山》等戏的演出。四川人民广播电台曾为其录制《空城计》、《定军山》、《桑园寄子》等戏。1980年，在四川省第二届文学艺术工作者代表大会上带病演出《借东风》后，便息影舞台。在其患病期间，仍坚持整理回忆录、录制唱段，并悉心辅导登门问艺者。弟子有范少康、刘玉佩、马子豪、龙化德等。（刘松崑）

Sun Shengwen

孙盛文　（1910～1981）　京剧教师。原为净行演员。原名博贤，字栋臣。祖籍直隶河间（今属河北），生于上海。父亲孙棣珊（1886～1919），工武旦，艺名云中凤，出科于小福寿科班，与武净

许德义同门；伯父孙棣棠（藕香），工旦，俞菊笙婿；堂兄孙毓堃，为杨（小楼）派武生。1919年和弟盛武同入北京富连成社科班第四科学艺，从裘桂仙、叶福海、萧长华、蔡荣桂、王连平诸师学铜锤及架子花脸，如《御果园》、《白良关》之尉迟恭，《打龙袍》、《探阴山》之包拯，《法门寺》之刘瑾，《战宛城》、《群英会》、《阳平关》之曹操，《博望坡》之张飞，《蓢球山》之蔡庆，《英雄会》、《九龙杯》之黄三太，《霸王庄》之黄隆基等。他工架稳练，功法严实，嗓音沉厚，做表传神，精于脸谱勾绘，深得观众称许。1926年出科，社长叶春善赏识其品学兼优，老成持重，堪做师表，遂婉留任教。从教以来，成绩斐然。裘盛戎、袁世海、谭世英、裘世戎、马世啸及郭元汾、殷元和、孙元坡、钳韵宏、夏韵龙等均得其教益；同时又在荣春社科班兼课，培育了景荣庆、罗荣贵、陈茂春、赵荣欣、李荣威等一批净行人才。从教期间并未脱离舞台，边演边教，20世纪30～40年代先后搭尚小云、李盛藻、言菊朋、荀慧生、裘盛戎、叶盛兰、赵燕侠各班，应架子花脸，演出于北平、天津、上海、青岛及东北各地。为人配戏，烘托严谨，一丝不苟，为配演中的佼佼者。也常贴演《闹

《霸王庄》饰黄龙基

江州》、《清风寨》、《忠孝全》等单挑戏。中华人民共和国成立后，先后在武汉中南戏曲学校、东北戏曲实验学校和中国戏曲学校任教。他努力汲取新的演剧理论，与传统经验融会，改进教学，卓见成效。教排的《将相和》、《黑旋风李逵》、《姚期》、《钟馗嫁妹》、《芦花荡》、《霸王别姬》等剧，艺术上都有创进。20世纪60年代曾应上海市戏曲学校之聘到沪讲学传艺，20世纪70年代曾为中央乐团歌唱演员讲授传统戏曲中民族声乐的技艺课程，得到好评。学生有李嘉林、王仲玮、马名群、吴钰璋、马名骏、谢宗俊、李长春、李欣、张连祥、张关正、孟广禄等。弟子有奚延宏。子元意，承其衣钵，亦工花脸。1999年10月中国戏剧出版社出版他的女儿孙莲珠撰写的《净门师魂》一书，对其一生演剧和教学生涯做了详尽记述。（钮骠）

Sun Shengwu

孙盛武　（1914～1986）　演员。工丑。原名博儒。祖籍直隶河间（今属河北），生于上海。出身梨园世家。父亲孙棣珊，是著名武旦演员。他幼年随兄（盛文）北上，入北京富连成社科班习艺，

从萧长华、郭春山学丑。7岁登台献艺，演《三顾茅庐》的书童、《孟母三迁》的孟轲，口齿伶俐，透出一股灵气，演得十分生色。他勤勉好学，戏路较宽，方巾戏、婆子戏、昆腔戏都演得精彩，尤擅"三小"戏，如《绒花计》、《一匹布》、《荷珠配》、《闺房乐》、《打面缸》、《小过年》、《打樱桃》、《小放牛》、《十八扯》等。主演的《荡湖船》、《连升店》、《浣花溪》、《借靴》更为当行出色。18岁出科，先后佐杨小楼、梅兰芳、尚小云、高庆奎、马连良、谭富英、李盛藻、李世芳、杨宝森、李少春诸家奏艺。20世纪50年代以后，一直为中国京剧院的丑行主要演员。他的表演格调高雅，趣而不俗，谐中见美，尤为突出的是富于洁净之美，充盈灵隽之妙，展现了忌俗恶、重机趣、贵自然、尚洁净的艺术境界。他在舞台上，除塑造了诸如蒋干、汤勤、张文远等传统戏中的丑脚人物形象外，还在新编和改编的剧目中，创造了《野猪林》的高衙内、《谢瑶环》的武宏、《桃花康》的柳敬亭、《赤壁之战》的蒋干、《锯大缸》的土地、《佘赛花》的佘洪、《响马传》的徐世芳、《将相和》的李诚、《桃花村》

《赤壁之战》饰蒋干（右）　袁世海饰曹操

的刘荣、《白蛇传》的艄翁，以及《白毛女》、《林海雪原》、《柯山红日》几个现代戏中的众多人物，有古有今，有正有反，包罗了不同类型、不同性格的人物，由他演来都能各得其形，各传其神。长子元琛，工小生。

（钮骠）

Sun Shengyun

孙盛云 （1913～1998） 京剧教师。曾为武生演员。原名孙镇南，曾用名孙仲鹤。北京人。1923年入富连成社科班，初从王喜秀、雷喜福学老生，后又从萧连芳学小生，后专工武生，由刘喜益传授。

出科后又拜尚和玉为师，专事尚派艺术。除为富连成效力外，并搭入尚和玉、马德成、叶盛章诸班社及自己组班，演出于京、津、沪等地。他造诣深，学识广，长靠短打，昆乱全能，其飞脚堪称一绝，高能越庭院中央摆放的大鱼缸，横能跨三张桌子。他的左、右一顺边的铁门坎令人称奇，演出《酒丐》时他凌空的纣棍极见功夫，娴熟快速的卷帘，左右探海，三险挂蜡，扣人心弦。演《嘉兴府》总兵大刀下场酣畅稳健，疾转如风。早年已步入教坛，曾为富连成社元、韵两科学生执教，如谭元寿、茹元俊、李元瑞、高韵笙等。20世纪40年代在南京收青年武生王占元为徒。此后又向夏声戏剧学校齐英才、孙家福授艺。1953年到东北戏曲实验学校任教，此后并入中国戏曲学校，曲咏春、王威良、李光、李玉声、杨连成、宋玉庆、荀皓、白纪云均受其教益。积40余年教学经验，融进杨（小楼）、尚（和玉）两派武打艺术精华，选择30套徒手、枪、双刀枪把子，与潘侠风等合作编著了一部30余万字的《戏曲表演把子功教材》。

（陆建荣）

Sun Yaosheng

孙耀生 （1942～　　） 戏曲服装设计师。祖籍江苏武进，生于上海。1956年春考入上海美术专科学校，后调入上海戏剧学院，主攻戏曲服装。1965年毕业，进上海京剧院。在40多

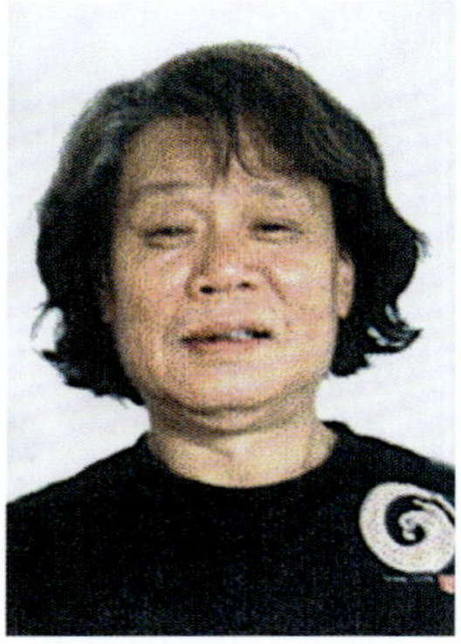

年的创作活动中，为京剧《智取威虎山》、《磐石湾》、《盘丝洞》、《乾隆下江南》、《曹操与杨修》、《宝莲灯》、《映山红》，昆剧《蔡文姬》、《唐太宗》，甬剧《典妻》等的演出，设计了一系列富有艺术表现力的戏曲服装。早期为现代戏设计服装，塑造中国人民解放军战士，既讲究用色明净，又讲究样式剪裁的"边式"得体，充分考虑到舞蹈性动作的需要，带有明显的短打武生的神韵。为《映山红》（改编自电影《党的女儿》）所作的服装设计，运用印花布等有浓郁民间色彩的面料，着力表现女主人公的质朴和劳动者的本色，又从色彩、样式的艺术化组合中，体现出对她英勇牺牲的热情歌颂。在神话剧《宝莲灯》中，以清新淡雅的色调和简洁流畅的线条，强调了三圣母作为妻子、母亲的亲和感、人情味，呼应着该剧"人性高于神性"的主题。给《曹操与杨修》的招贤者设计服装时，依据导演构思，用清装（蓝布箭衣、卒坎）替代汉装，强化了这个人物的间离感，适合他穿梭于戏里又评点于局外，并且有穿越历史的象征意义。

（冯钢）

《宝莲灯》人物造型

三圣母（史依弘饰）　二郎神（奚中路饰）

（孙耀生设计）

Sun Yiyun

孙怡云 （1875～1944） 京剧教师。字芝卿。堂号怡春，称怡春主人。祖籍江苏吴县（今苏州吴中区、相城区），迁居河北宛平（今北京西南）。父心兰，工青衣，隶三庆部，名旦胡喜禄弟子。怡云

自幼入四喜班，拜钱桂蟾（秋菱）为师，并随严福喜学昆曲，后师事田宝琳、孙双玉，习皮簧正旦。梅巧玲主持的四喜班在正乙祠演堂会时，怡云即与许处、何九合演《二进宫》。他扮相端丽，嗓音圆润，"年甫弱冠，声名已出陈德霖上"。1895年被选入昇平署，充任教习，曾与孙菊仙、汪桂芬、谭鑫培、陈德霖等合演《探母回令》、《二进宫》、《桑园会》、《牧羊卷》、《孝感天》等。在外搭小丹桂、玉成班演出《教子》、《祭江》、《芦花河》、《法门寺》等。1912年随谭鑫培赴上海新新舞台演出。1913年在北京三乐班科班任教，培养出"正乐三杰"尚小云、荀慧生、赵桐珊。尚小云受益尤深。1929年至山东省立实验剧院任教。1932年在北平国剧学会国剧传习所与梅兰芳同时担任旦行教师。1935年8月，应王泊生聘请，担任山东省立剧院教师，传授《牧羊卷》、《教子》、《祭塔》、《三击掌》等剧，并在赵荣琛排演的《勇安公主》一剧中扮窦线娘。1937年山东省立剧院南迁后，返回北平。孙怡云能书善画，且擅操琴。弟喜云，工青衣；盼云，工老生。子甫亭，工老旦。

（纪红）

Sun Yusheng

孙玉声 （1863～1939） 戏曲史论家、小说家、报刊编辑。名家振，号海上漱石生（又作漱石），别署警梦痴仙、退醒庐主人。上海人。出身官宦家庭，曾三试科举未第，遂绝意进取。清光绪十九年（1893）《新闻报》创办，孙玉声被聘为编辑部主笔。当时，新闻界前辈王韬在《申报》主持笔政，孙玉声向其请益，"朝夕过从，极文酒流连之乐"。几年后脱离《新闻报》，先后在《申报》、《舆论时事报》等报社任职。光绪二十四年（1898）七月十日，他自办《采风报》出版。光绪二十七年（1901）三月，又首创《笑林报》。而后几十年，他陆续自办

《退醒庐笔记》上海书店出版社1997年重刊本

和主编过《新世界报》、《大世界报》、《繁华杂志》、《梨园公报》、《七天》、《俱乐部》等报刊，被视为报界耆宿。

孙玉声一生酷爱戏曲，自幼随祖父孙鳌峰往剧场观剧，得祖父指示，于剧学打下根底。及长，三雅、南丹桂、同桂、丹凤、宝丰、丹桂、金桂等当时著名茶园皆是他乐而忘返之地。故于伶人之历史，剧本之来历，剧场之掌故，京、昆诸剧之行头，无不熟稔。进报界后，不少文字都与戏曲有关。办《笑林报》时所撰《沪上名伶好戏溯源记》是他最早有关上海菊部历史的文章。宣统二年（1910），又在《图画日报》连载《三十年来伶界之拿手戏》，介绍同治以后活跃在上海的京剧、昆剧、徽剧、梆子演员370多人，反映了当时上海剧坛的盛况。以后又撰有《三十年来上海剧界见闻录》（《新声杂志》，1921～1922）、《沪壖菊部拾遗志》（《心声》，1923～1924）、《上海梨园变迁志》、《梨园旧事鳞爪录》（《戏剧月刊》，1928～1929）、《上海百名伶传》（《梨园公报》，1929）、《六十年梨园往事录》（未刊）等。这些文字都是他几十年涉足梨园耳闻目睹的生动记录，为戏曲界所重。1912年上海伶界联合会成立，孙玉声被聘为榛苓小学校长。从此为伶界办学多年，受到艺人们的敬重。以后又与冯子和一起担任伶界联合会教育部主任。1928年《梨园公报》创刊，他被聘为主编。孙玉声还热衷于开办戏院，经营过上海南市新舞台、法租界歌舞台、九江路新新舞台、大世界乾坤大剧场、闸北更新舞台。文明戏盛行时，又办过启明新剧社。孙玉声还写有小说多部、上海掌故书籍多种，如《退醒庐十种小说》、《退醒庐笔记》（1925年上海图书馆出版）等。1937年后，他闭门于寓所"退醒庐"。（张泽纲）

Sun Yukun

孙毓堃 （1905～1970） 演员。工武生。祖籍直隶河间（今属河北）。生于北京。出身梨园家庭。父孙棣棠，艺名孙藕香，工旦行，为俞菊笙之婿。三叔孙棣珊，艺名云中凤，工武旦，因能在一块砖的范围内起翻跟斗，故绰号"一块砖"。孙毓堃幼从范福泰习艺，后入舅父俞振庭创办的斌庆社科班习武生，排名斌恒，甚得俞氏器重。不久在文明茶园首演《飞波岛》之济小塘，俞氏甚为满意，遂极力培养。后常于广德楼、吉祥茶园演出《长坂坡》、《挑华车》、《铁笼山》、《拿高登》、《金钱豹》、《恶虎村》、《飞叉阵》、《莲花塘》、《庆安澜》、《青石山》、《碧游宫》等。其表演风格极似俞振庭，一次甥舅合演《金钱豹》，分饰前后豹精，孙"扑帐"的精彩表演，轰动全场，观众呼为"小振庭"，遂以此为艺名，享誉菊坛。

孙毓堃的身量体魄、脸型扮相，颇似杨小楼，而且武功扎实，能戏又多，故其父母均有意让他拜在杨小楼门下深造。况杨亦俞菊笙门徒，对孙也极为青睐，但若收其为徒，恐俞振庭有门户之见，后经孙母出面策划，杨方应允，并让孙以毓堃为艺名。此举使俞振庭颇为不满，以至许久不与孙家往来。凡孙从俞所学之戏，杨小楼均不介入，只传授了《状元印》和《冀州城》俞振庭不唱的戏，其他都靠孙自己观摩。《霸王别姬》杨只传授了半出，另半出靠观摩默记学会。因其扮相魁岸，器宇轩昂，工架稳重，身手矫健，是难得的杨派武生传人。杨小楼过世后，孙毓堃曾约请杨的老搭档迟月亭、许德义、范宝亭、侯喜瑞等组班演出。另外曾先后与余叔岩、高庆奎、梅兰芳、尚小云、程砚秋、荀慧生、朱琴心、马连良、筱翠花、钱宝森、王福山、杨宝森、言慧珠、宋德珠、张君秋等合作演出。

《铁笼山》饰姜维

中华人民共和国成立后，因体衰有病，很少演出。20世纪50年代中期，曾演出《霸王别姬》、《连环套》、《霸王庄》、《战宛城》、《铁笼山》等。在梅兰芳、马连良等诸多名家联袂演出《龙凤呈祥》时，赵云一角必邀其饰演，并留有录音传世。1957年，北京电影制片厂为马连良、谭富英、叶盛兰、萧长华、裘盛戎、袁世海等合作演出的《群英会、借东风》摄制彩色艺术片，特邀孙毓堃饰赵云，是他留下唯一的珍贵影像表演资料。晚年先后于北京市戏曲学校和中国戏曲学校执教，沈宝桢、茹绍瑞、贾世铭、孙洪勋、李可、俞大陆、李玉声、李光、高牧坤等均得其教益，受益最多者为沈宝桢。生有一女三子，长女美蓉适宋德珠，长子孙元彬工武生，次子孙元坡工净行，三子元春原工武生后改行。元彬和元坡二人幼年同坐科于北京富连成社第六科。元彬师从王连平、刘喜益、尚和玉，并得家传，长靠、短打均能，尤擅武生勾脸戏。能戏有《状元印》、《钟馗嫁妹》、《通天犀》、《飞杈阵》及"猴儿戏"等。元坡习架子花脸，受业于侯喜瑞、宋富亭、孙盛文，能《审七长亭》、《将相和》、《打严嵩》、《鹛球山》、《霸王别姬》及曹操戏等。二人同于1949年到台湾，分别为大鹏剧队的当家武生和花脸。都曾在大鹏戏剧职业学校和文化大学戏剧系国剧组任教。1990年，在纪念徽班进京200周年、振兴京剧观摩研讨会期间，孙元彬、孙元坡回大陆，与宋丹菊以及河南省京剧团合作演出了《战宛城》。（刘松崑）

Sun Yumin

孙毓敏 （1940～ ） 女演员。工花旦。上海人。8岁时在家随葛荽芝学会《女起解》、《祭塔》、《红鬃烈马》等戏，同年第一次登台演出。10岁时考入北京市艺培戏曲学校，初学武旦，后专工花旦，曾先后师从赵绮霞、李金鸿、赵德勋、高玉倩等。1953年起，又从张君秋学《状元媒》、《望江亭》、《诗文会》、《西厢记》等戏。她勤学苦练、博采众长，在校期间打下了坚实的功底。1959年毕业后被分配到荀慧生京剧团，师事荀慧生，颇得真传。此后，她先后主演了许多荀派名剧，如《红娘》、《辛安驿》、《金玉奴》、《勘玉钏》、《卓文君》、《元宵迷》等。1963年，到梅兰芳剧团做演员，又努力学习梅派艺术，并演出了《白蛇传》、《玉堂春》、《望江亭》、《生死牌》、《智斩鲁斋郎》等。1966年到河南省京剧团，曾主演过现代京剧《沙家浜》、《奇袭白虎团》、《园丁

《棒打薄情郎》饰金玉奴 （金定根摄）

之歌》等。“文化大革命”中她惨遭迫害，自杀未遂导致右足残疾，但她与病痛作斗争，艰苦磨炼，坚强地活了下来。在养病期间，写了《京剧唱腔体会点滴》、《荀派水袖、动作及手势》等讲稿，分别到大专院校讲学。1978年，她重返北京舞台，任北京京剧院主演，先后上演了荀派保留剧目《红楼二尤》、《红娘》、《霍小玉》等，并新排了《宋宫奇冤》、《哑女告状》、《一代贤后》、《双玉缘》、《痴梦》等。

孙毓敏善演花旦、青衣，戏路宽广，塑造了不少性格、身世不同的古代妇女形象，尤擅长演活泼、憨直、伶俐的少女形象。她嗓音甜润嘹亮，唱腔婉转华美，念白流利清脆，表演自然洒脱，台风优美动人。除演戏外，她还在全国报刊上发表过《荀派艺术的魅力》等几十篇文章，并出版了自传《含泪的笑》。1991年起，她任北京市戏曲学校校长，为学校的建设呕心沥血，培养了一批优秀的小演员，在全国各地及海外演出均反响热烈。2002年，北京市戏曲学校升格为北京戏曲艺术职业学院，孙毓敏任院长。2004年6月退休后任名誉院长。孙毓敏先后获得第二届梅花奖、梅兰芳金奖等奖项。著有《孙毓敏谈艺录》，阐释荀派艺术特点，华文出版社1995年7月出版。其自传《含泪的笑》，经补充修订，易名《我这两辈子》，花山文艺出版社2003年7月出版。另有《孙毓敏艺术研究文集》，分上下两篇。上篇为孙毓敏的学戏手记、表演理论、艺术评论等，下篇为对于孙毓敏艺术的评论。共20万字，中国戏剧出版社2003年8月出版。2009年4月又有《我的人生感悟》由中央编译出版社出版，卷首有《七十自序》。内容分艺术感悟、社会生活感悟等，收入文章68篇，33万多字。

《痴梦》饰崔氏

（娄悦）

Sun Yue

孙岳 （1933～2004） 演员。工老生。上海人。其父孙钧卿为京剧演员。受其父艺术熏陶，6岁由产保福开蒙，学演《四郎探母》、《洪羊洞》、《武家坡》、《搜孤救孤》及汪（桂芬）派剧目《文昭关》。又得程君谋指点，学演《碰碑》、《连营寨》等。在学谭派的同时兼学余派，打下坚实的唱功基础。10岁登台主演《坐宫》、《二进宫》，颇受好评。1951年考入戏曲实验学校，师从贯大元学习《卖马》、《汾河湾》、《连营寨》、《法场换子》、《南阳关》，同时得到雷喜福和李甫春的传授。1953年在《失街亭、空城计、斩马谡》中扮演诸葛亮，身段沉稳潇洒，演唱苍劲挺拔，受到内外行的一致称赞，成为尖子学生，得到重点培养。1956年9月毕业后入中国戏曲学校实验京剧团，1958年入中国京剧院，均任主要演员。1961年拜谭富英为师，学《定军山》、《乌盆记》等，得谭门真传。后又得李少春指教，在宗谭学余上颇有成就。在新编古代剧和现代戏中的演唱，反映了他深厚的传统艺术的根柢。《初出茅庐》、《强项令》、《满江红》、《智取威虎山》、《红灯记》等剧中的人物形象给观众留下深刻印象。他扮相清俊端正，嗓音圆润高亢，身段洒脱儒雅，天赋优越，加之勤奋刻苦，虚心好学，广采博取各派精华于一身，形成了自己的艺术风格。他长于唱功，将谭派的挺拔舒朗与余派的苍劲雄浑巧妙自然地融合在一起，演唱十分注意嗓音的控制和变化，在低腔婉转中含有刚劲力，即便是高腔嘎调也给人以凝重和流畅的美感。他的吐字清晰含蓄，富于力度和弹性，讲究神韵，耐人寻味。不论做工和演唱，他都十分强调用形体和声音塑造人物形象和表现人物性格，表演真切自然。他精心塑造的诸葛亮、岳飞、刘秀、蔺相如、李玉和等都非常感人。他重视继承传统，在实践中研究正确的发声方法，使声音更加丰腴甜美，形成清新俊逸的风格。他曾与李万春、张君秋、袁世海、张春华、景荣庆、方荣翔等合作主演过《龙凤呈祥》、《群英会》、《三打祝家庄》等。多次赴中国香港、台湾地区演出，享誉海内外。已出版的音像作品有：录音带《二进宫》、《四郎探母》、《孙岳唱腔选》、《孙岳京剧演唱集》，录像带《空城计》、《四郎探母》、《武家坡》、《大登殿》、《将相和》、《群英会、借东风》、《赠绨袍》等。

《空城计》饰诸葛亮

《满江红》饰岳飞 （陈娟美摄）

（王佩孚）

Sun Zhengyang

孙正阳 （1931～　　） 演员。工丑。河北玉田人。6岁起随姐姐孙君屏在广西、南京等地搭班演出，工小花脸、娃娃生。1940年考入上海戏剧学校，师从罗文奎、关鸿宾，专攻丑。1946年从学校毕业后加入顾正秋剧团赴南京、青岛、徐州、蚌埠、上海等地演出。1949年以后，先后参加苏州京剧团、上海人民京剧团、红旗京剧团、华东京剧团，1955年加入上海京剧院。经常同周信芳、盖叫天、俞振飞、言慧珠、童芷苓、李玉茹、顾正秋、赵燕侠、杜近芳、梅葆玖、李慧芳等名家同台演出。他能文能武，表演诙谐幽默，刻画人物生动风趣，善于掌握舞台节奏，具有创造能力，

是享有声誉的丑脚演员。他能戏甚多，如《挡马》、《海周过关》、《智取威虎山》、《拾玉镯》、《铁弓缘》、《刘姥姥与王熙凤》、《凤还巢》、《四郎探母》、《七侠五义》等。无论是传统戏还是新创剧目，他都能在运用传统技术的基础上开拓创新，赋予人物以鲜明的个性色彩。现代京剧《智取威虎山》，即是孙正阳以京剧丑脚演活现代反面人物小炉匠栾平的成功一例。他对京剧丑行中各种类型都拿得起来，彩旦更有独到之处。他在和李玉茹共同整理改编的传统剧《拾玉镯》中饰演刘妈妈，热情诙谐，深得观众喜爱。《刘姥姥与王熙凤》中饰演的刘姥姥，开创了以彩旦主演大型剧目的先例。孙正阳多次出访演出，先后到过朝鲜、波兰、英国、法国、德国、瑞士、荷兰、意大利、比利时、日本等国和中国香港、台湾地区。年逾七旬仍为观众献艺。（冯钢）

《挡马》饰焦光普 （吴化学摄）

Sun Zuochen

孙佐臣 （1862～1936） 琴师。又名孙光通，小名老元。北京人。其父孙长桂（孙八），为三庆班旦行演员。孙佐臣幼习小生，倒仓后拜贾祥瑞改学胡琴，先后在四喜班、小丹桂班献艺，清光绪十九年（1893）选入昇平署供职。开始为老生王九龄操琴，成名后，较长时间为谭鑫培专职琴师，又为孙菊仙、许荫棠、陈德霖、金秀山、贾洪林、汪桂芬、德珺如等操琴。后长期定居上海，为潘雪艳、金少臣等操琴。晚年生活贫困，客死上海。

孙佐臣为早期京剧琴师的“四大名家”之一。作为琴师，他有着异乎常人的天然禀性，他的手指比一般人长，演奏时，胡琴的高音部位可以不用换把即可按弦。且其演奏功底深厚，弓法、指法熟练，耳聪手快，手音饱满，琴音响亮，托腔平正大方，气势磅礴，并且创造了在当时令人耳目一新的“花点过门”，于奇险之中见遒劲。现存陈德霖所唱《孝义节》、《彩楼配》唱段（高亭公司唱片）均为孙佐臣伴奏，其演奏特点可见一斑。由于他曾为诸多名家伴奏，熟知名家唱法上的流派特点，所以积累了丰富的伴奏经验。如汪桂芬的《文昭关》、孙菊仙的《逍遥津》以及谭鑫培的《李陵碑》，均为三家的代表作，由于这三出戏唱腔剧繁，速度变化无穷，且其“气口”、“尺寸”各见所长，孙佐臣凭借其耳聪手快的本领和丰富的舞台经验，为三家伴奏，都能应付裕如。孙佐臣曾说过：“做一个琴师，能拉汪桂芬的《文昭关》、孙菊仙的《逍遥津》、谭鑫培的《李陵碑》这三出老生戏而能够不‘碰’，就可以算是高手了。”此话虽为孙佐臣的“夫子自道”，但决非自夸之词（张宇慈《略论京剧琴师及其流派》）。时人著书多有对孙佐臣操琴艺术的记载，如《清代伶官传》载：“光通手音既佳。腕复灵妙。挟出之声，清响而逸，故颇为时人所许，每演博彩声不少。”陈彦衡赞其“手音极响，以挺拔取姿，虽好用花点而路数大方，不失矩矱”。徐兰沅称其双手功力当在梅雨田之上，但其相关知识如唢呐、昆笛则远不胜梅雨田。

（安志强）

suoyi

蓑衣 剧中防雨之衣。《诗经·小雅·无羊》：“尔牧来思，何蓑何笠。”可知早在公元前8世纪，中国已备蓑笠之具。蓑衣以莎草、棕毛等制成。变成戏衣后，形似小斗篷，在绸料上镶缀绿色或褐色的横排丝穗，一排压一排，层次匀密，轻盈柔软，垂感好，有利于歌舞动作，如《小放牛》的牧童、《望江亭》中乔装渔妇时的谭记儿等。也有在用料和制作上靠近生活形态的，如《临江驿》渔翁崔文远。

《望江亭》 张君秋饰谭记儿

《临江驿》 周信芳饰崔文远

（谭元杰）

suona

唢呐 簧管乐器。又名苏尔奈。由芯子、管子、碗子三部分组成。芯子，用长约7厘米的铜管制成。其上口接芦哨（芦苇制成）用来发声，近吹口处置一小铜盘，为吹奏时帮助运气所用，称为气盘。中间装有2个圆球体，形似葫芦，起承托上下盘的作用，圆球体下面有顶盘。芯子的下口插在管子里。管子又称筒子，木制，形似竹节，长约33厘米，上细下粗，开有8个音孔（正面7个、背面1个），碗子即为铜制的扩音喇叭，套在木管下端，可以上下移动，调节音准。京剧常用的唢呐总长约有52厘米。一般说来，唢呐能吹奏7个调门的乐曲，但京剧中常用的唢呐曲牌只用小工调（D调）、凡字调（^{b}E调）及乙字调（A调）3种调门，唢呐曲牌多用来烘托、渲染主帅升帐、发兵、演阵或饮宴、庆典等宏大场面的气氛，以及为群唱曲牌做伴奏，音调甚为雄壮、洪亮。京剧中的［唢呐二簧］即用唢呐伴奏，更显得高亢、雄浑，别具风格。

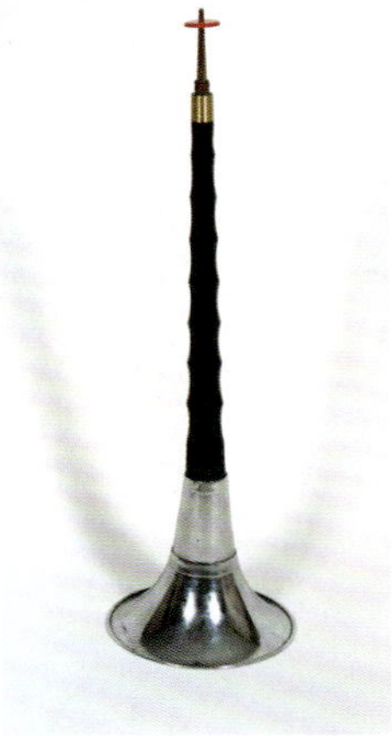

（刘海发摄）

（王镜海）

suona erhuang

唢呐二簧 京剧唱腔中的一种［腔调］。从京剧音乐发展史来讲，它属于早期的［二簧］，因而也称［老二簧］。据说此调是由徽剧中以笛子伴奏的低调［吹腔］，受［拨子］的影响改用唢呐伴奏形成。其腔调的结构与胡琴［二簧］完全相同。二者主要区别在于调高不同：胡琴［二簧］老生现在的一般定调为凡字半调（即E调）或六字调（即F调），而［唢呐二簧］因由唢呐伴奏，其筒音为e′，是为［二簧］的Sol音，当为乙字调（即A调），定调极高，唱起来曲调又多在中、高音区活动，难度很大。唱［唢呐二簧］还要求声音洪亮，雄浑古拙，并带有超凡、神化的气概，故［唢呐二簧］在传统戏中多为红生、红净所唱，一般老生不唱，有时武小生或扮演颇有身份人物的老旦也唱。

《罗成叫关》 叶少兰饰罗成 （吴钢摄）

［唢呐二簧］的代表性唱段有：《龙虎斗》（红生）“探马儿不住得飞来报”，《青石山》（红生）“想当年在汉室忠心扶保”，《大回朝》（红净）“将人马扎皇城休要啰唣”，《罗成叫关》（武小生）“黑夜里只杀得马乏人困”，《雁门关》（老旦）“貔貅虎帐将军令”。

（张正治）

Suolinnang

《锁麟囊》 京剧作品。翁偶虹编剧。程砚秋1940年4月29日首演于上海黄金大戏院。本事出自清焦循《剧说》卷三所引《只麈谈》。描写登州富家女薛湘灵出嫁，妆奁丰盈，并依乡俗，备有锁麟囊一件，内装珠宝，以求早生贵子之意。花轿在春秋亭避雨时，闻另一破花轿内哭声甚哀，询知为寒士赵禄寒之女守贞，遂慨然将锁麟囊相赠。六年后，登州大水，薛湘灵只身流落莱州，到卢府为佣，偶然看到楼上供着自己所赠的锁麟囊，原来卢夫人就是当年的赵守贞。全剧以大团圆结束。作品以炎凉世态为反衬，描绘怜贫惜苦和投桃报李的美好感情与道德观念。薛湘灵从千金小姐到女佣的性格变化，刻画得也颇为生动。此剧为程砚秋的代表作，编有许多新颖的唱腔，唱词多用长短句，有纵有收，有聚有散，看似参差不齐，其实还是统一于旦脚唱法规律。程砚秋在编腔过程中，常就教于王瑶卿。他还自己设计舞台调度，如在“楼上找球”时用了配以水袖变化的富于舞蹈性的繁复身段。赵桐珊、吴富琴、张春彦、刘斌昆等参加了首演。《锁麟囊》是程砚秋和程派弟子久演不衰的剧目。1983年，纪念程砚秋逝世25周年时，由新艳秋、赵荣琛、王吟秋、李蔷华、李世济5人分饰薛湘灵，传为佳话。1984年，程砚秋的琴师钟世章和李德宁编成《京剧〈锁麟囊〉唱腔选》（人民音乐出版社出版）。剧本收入《程砚秋演出剧本选集》。

在上海黄金大戏院首演的广告
（1940年4月29日《申报》）

程砚秋饰薛湘灵

（刘乃崇　蒋健兰）

Suo Wu Long

《锁五龙》 京剧作品。又名《斩雄信》、《踹唐营》。作者不详。隋末，郑王王世充屡次战败，部将单雄信单人独骑闯入唐营决一死战，因寡不敌众而被尉迟恭擒获。李世民再三劝其归顺，单雄信执意不从，只得将其绑赴刑场。行刑之前，瓦岗投唐的旧日友人徐茂公、罗成、程咬金等前去生祭，单雄信痛斥众人后慷慨而死。故事见《大唐秦王词话》。因全本演罗成勇擒窦建德、王世充等五王故事，故名《锁五龙》。通常所演为《斩雄信》一折，为花脸唱工戏。单雄信在临刑前“号令一声绑帐外”一段，为京剧著名唱腔之一。旋律虽简单，但豪放剽悍，节奏由慢渐快，表现出人物的英雄气概。金少山、裘盛戎等均擅长演唱。金少山声如洪钟，录有多种唱片。剧本载《京剧汇编》第3集、《京剧丛刊》第44集。

方荣翔饰单雄信 （吴钢摄）

（丁汝芹）

T

中国京剧百科全书

Taiwan jingju jiaoyu

台湾京剧教育　20世纪50年代以来，台湾民间京剧班社趋于衰落，许多剧团纷纷解体，维系和传承京剧艺术的任务，主要依靠军中演剧队。京剧人才的培育，除仍保留个人授徒外，大部分采取了学校教学的体制。1955年军中先后成立了大鹏、陆光、海光三所戏剧学校及1957年王振祖创办的私立复兴戏剧学校（1968年改制为公立）。学生入学后，在教授专业技能的同时，并有一般中、小学基本课程的设置。毕业后给予职业高中学历。空军大鹏国剧队自1952年起，陆续招收学员，至1958年已有60名，可独立对外演出，习称“小大鹏”。1959年命名为**大鹏国剧训练班**，1963年7月正式改制为大鹏戏剧补习学校，之后又定名**大鹏戏剧职业学校**。学制7年。教职员以大鹏剧队的成员为骨干。哈元章任实习主任。客座教师有章遏云、白玉薇、张鸣福等。教师有苏盛轼、董盛村、孙元彬、孙元坡、马元亮、马荣利、马荣祥、蔡松春、王永春、刘鸣宝、王鸣兆等。名旦朱琴心、秦慧芬也曾到校授课。毕业生中，有旦脚徐露、钮方雨、严兰静、郭小庄、王凤云、杨莲英，武生张富椿，小生高蕙兰、孙丽虹，丑脚夏元增、杜匡稷等。京剧名票王振祖1957年在台北北投创办私立**复兴戏剧学校**，自任校长。招收第一期学生120名。学制分为初、高两级，6年毕业，实习1年。教师有张鸣福、周金福、牟金铎、王鸣咏、曹骏麟、秦慧芬、戴绮霞、马骊珠等。1968年1月改制为公办的“复兴戏剧实验学校”，校址迁至内湖。1980年王振祖去世，由刘伯祺接任校长。毕业生中，有老生叶复润、曲复敏（兼工老旦）、吴兴国、钟传幸、唐文华，旦脚王复蓉、赵复芬、刘复雯、徐中菲、白传莺、翁中芹，武生毛复海、翟化信，花脸齐复强、丁扬士，小生曹复永、万兴民，丑脚刘复学、丁中保等。该校设国剧科、综艺科、剧艺音乐科。另附设实验剧团及综艺团。1999年与国光剧校合并。**陆光戏剧职业学校**1963年10月成立，初称“陆光幼年班”，第一期招收学生40名，学制亦为7年。1970年改名。教师多由陆光国剧队成员担任，如周正荣、李圜春、杨传英、穆成桐、吴剑虹、马述贤等，并聘秦慧芬、白玉薇、孙元坡、马元亮、朱世友、周金福等任课。毕业生中，有旦脚胡陆蕙、吴陆君、潘陆琴、林陆霞、李光玉、郭胜芳，武旦朱陆龄、朱胜丽，武生朱陆豪、汪胜光，花脸储陆峰、刘陆勋、刘光桐，小生刘陆娴，老生张光鸣，文丑周陆麟等。**海光戏剧职业学校**1967年招收学员50名，开办“小海光国剧训练班”，习称“小海光”，1969年正式成立剧校，学制亦为7年。刘玉麟、王质彬先后任总教习。教师有张慧川、秦慧芬、马述贤、李桐春等。毕业生中，有旦脚魏海敏、刘海苑、王海萍、沈海蓉，小生张海珠、吕海琴，花脸王海波，老生张海娟，武丑郝海堂等。**国光剧艺实验学校**，初为国光综艺训练班，包括音乐、舞蹈、话剧等，1981年建校，并无京剧班，却有一京剧文武场面训练班，学生由各剧校选派，不对外招生。特聘著名鼓师侯宗佑主教。大鹏、陆光、海光、复兴各校乐队的伴奏人员多经

初设于台湾北投的复兴戏剧学校师生合影（选自《台湾京剧五十年》）

过这个班的培训。1985年，大鹏、海光、陆光三校归并于国光，开设京剧班。上述三校的优秀教师与明驼剧队的资深演员聚集一堂，师资力量较强，旦脚有秦慧芬、马述贤、刘鸣宝、毕正琳，老生有杨传英、张鸣福、胡少安，花脸有高德松、马维胜、焦茂如，小生有马荣利，武生有李桐春、张远亭，文丑有吴剑虹、夏元增以及萧运生、吴福生、郭人俊等。

以上均为中等专业学校，另有公立**台湾艺术专科学校**和私立“**中国文化大学**”专设的国剧科组。艺专国剧科创办于1955年，由梁秀娟负责，为专科学制，二年毕业，共办了4期，1959年停办，毕业生60名。1982年艺专再于“夜间部”增设“国剧组”，专门甄选各剧校历届毕业生，予以深造。“中国文化大学”前身为“中国文化学院”，自开创起即在戏剧系内设国剧组，兼授剧艺理论及演技课程，为大学本科学制，4年毕业，授予学士学位。徐露、郭小庄、吴兴国、邵佩瑜、程燕龄等均曾于此进修深造。1999年7月1日复兴、国光二校合并，名为**台湾戏曲专科学校**。设有京剧科、传统韵科等，以传承戏曲表演艺术，培养相关专业人才为办学目标。2006年8月升格为**台湾戏曲学院**。采用“十年一贯”学制。设有京剧、歌仔戏、戏曲音乐、剧场艺术学等6个系，并设有京剧团与综艺团。

（钮骠）

Taiwan Jingju Wushi Nian

《台湾京剧五十年》 京剧史著作。王安祈著。台湾传统艺术中心2002年12月出版。全书50万字，由“演进篇”、“剧坛篇”、“图说篇”、“访谈篇”四部分组成，上、下两册。书前有陈郁秀、柯基良所作《横观纵览台湾京剧史》、《记录半世纪的京剧风华》序言。“演进篇”为全书主体，计分9章：第一章简述20世纪前半期上海京班及张翼鹏剧团赴台演出情况。第二章、第三章为“奠基期”，分述顾正秋剧团、军中剧团的演出情况。对顾正秋1948～1952年在台北永乐剧院的5年演出给予高度评估，认为是开启台湾京剧史的重要一页，是联系大陆京剧与台湾菊坛的桥梁。对顾正秋把自己的人生经历溶入戏剧而展现的艺术魅力更有深入剖析。对早期来台的金素琴、赵培鑫、陈美麟等所作贡献也有所评述。

第四章、第五章为“发展全盛期”，分别介绍了20世纪60～70年代的大鹏国剧队与小大鹏，陆光国剧队与小陆光，干城、龙吟、大宛、海光、明驼诸国剧队，以及复兴戏剧学校的京剧活动情况。指出此期间的军中剧团几乎网罗了当时在台湾的大部分名伶，如大鹏国剧队就拥有出身富连成科班的哈元章、孙元彬、孙元坡、马元亮、朱世友、董盛村，出身荣春社的赵荣来、马荣祥、马荣利，出身鸣春社的张世春、王鸣兆、王永春等人。又指出代表新一代的小班学生也初露头角。比如小大鹏的严兰静，学张君秋，清泠水音有超脱飘逸之姿；学荀派唱腔则一派清空幽邈；学杜近芳的《断桥》，也是冷香幽韵，直沁心脾。再如复兴剧校的叶復润，唱有余叔岩、杨宝森的深沉韵味，做工潇洒自然，更能深入体会性格，终成剧坛的中流砥柱。

第六章、第七章主要论述了20世纪80年代雅音小集的转型，以及当代传奇剧场的蜕变。认为以郭小庄为代表的雅音小集，使京剧从“通俗文化在现今的残存”转化为“新兴精致文化艺术”，舞台上有了灯光布景、全新服装、背景音乐，培养了大批青年观众，吸引了众多“外行”参与、评论京剧的兴趣，构成对师承严格的京剧界的一大挑战。1979～1994年，连续演出《白蛇与许仙》、《感天动地窦娥冤》、《梁祝》、《韩夫人》、《刘兰芝与焦仲卿》、《再生缘》、《孔雀胆》、《红绫恨》、《问天》、《潇湘秋夜雨》、《归越情》诸剧，在台湾剧坛独领风骚15年。当代传奇剧场的吴兴国、林秀伟、魏海敏，在《欲望城国》、《王子复仇记》、《阴阳河》、《无限江山》、《楼兰女》、《奥瑞斯提亚》诸剧中，抛开传统程式，开发全新表演方法，更为探索当代中国戏剧的新形态作出努力。

第八章、第九章论述了大陆剧团对台湾戏曲审美观的影响，以及20世纪90年代“大陆热”与“本土化”的交互冲击。90年代初期，受大陆“流派艺术”和“戏曲改革”经验的影响，台湾剧坛先后呈现以保存传统为主的演出风格，以及兼容海峡两岸风格的新戏。到90年代中期，国光剧团推出《妈祖》、《廖添丁》等新戏，以“京剧本土化”为诱因，完成了对京剧本身的重新组合，为台湾京剧寻求到新的定位。

本书的“剧坛篇”介绍了台湾京剧的剧团、剧目、剧场、教育、传播、文化艺术行政体系。“图说篇”以戏装照和便装照展示了台湾的京剧演员。“访谈篇”则以访谈录或立传的方式，介绍了定居台湾的章遏云、戴绮霞、朱琴心、王振祖等资深京剧表演艺术家，以及代表本土培育的旦脚俊才徐露。

（沈达人）

taijianyi

太监衣 京剧服装。俗称**老公衣**。齐如山《行头盔头》谓“此衣又名铁勒衣”。或有作铁莲衣者。铁勒、铁莲，均不可解，当为贴里衣之讹传。太监衣源自明代宦官的贴里衣。明末太监刘若愚说“贴里，其制如外廷之襬褶”，各执事近侍穿红贴里，缀本等补，随内使小火者穿青贴里（详见《酌中志》卷一九）。太监衣的款式为大襟、斜大领，衣长及足，大袖阔口（带水袖）。周身镶有异色波形宽边，腰部镶有宽绣带，下缀络子穗。衣身有团龙八个，其独特处是用黑色或蓝色缎料单另平金绣成后，贴缀于衣上，与蟒袍等直接绣于缎地者相比是低规格的装饰。这种贴缀，或为“缀本等补”之遗意。

太监衣

（选自《梅兰芳访美京剧图谱》）

太监衣有黄、红两种，一般演出以四件为一堂，整齐划一，黄者用于宫廷，红者用于王府。另有大太监衣，改斜大领为圆领，变贴缀团龙为直接平金绣团花或团龙，腰部绣带，色彩有红、紫、蓝、绿等，用时加系丝绦，与小太监衣同中有异，显出不同层次。（谭元杰）

Taipingqiao

《太平桥》 京剧作品。又名《**上元驿**》。作者不详。唐末李克用与梁王朱温素有嫌怨。李克用巡视河南，朱温命弟朱义请他赴宴。周德威识破朱的奸计，劝克用勿往。李不听，带部将史敬思前往。朱妻王鸾英本皇室女，朱随黄巢破长安时所抢，乘隙将朱温暗设伏兵谋害之事透露给李。史敬思忙保李克用带醉从北门逃走。朱温立斩鸾英，率兵追击。史敬思保护李克用逃至太平桥，正欲牵马过桥，被桥下埋伏的梁将下应遂刺伤。史负伤力战，将下斩首，并连杀数员梁将，力竭自刎。恰遇李存孝押粮经过，朱温不战而退。事见《残唐五代史演义》第23回。老生饰史敬思，唱做并重。据《清代伶官传》记载，清咸丰年间，冯双德就曾以此剧见长。后谭鑫培常演

清宫《戏出画册·太平桥》(故宫博物院藏)

此剧，太平桥被敌将刺伤，通过拔剑、扔盔头、甩发、踢椅子背、僵尸等一系列身段，刻画了史敬思英武不屈的性格。余叔岩也以此剧出名。朱温的奸诈、凶残和李克用粗鲁、刚愎的性格也略具轮廓。剧本见《戏考》。（刘文峰）

Taizhen Waizhuan

《太真外传》 京剧作品。本事源于唐白居易《长恨歌》、陈鸿《长恨歌传》。元杂剧、明清传奇有编演这一题材的剧目多种。齐如山、李释戡等编为京剧。梅兰芳1925年在北京首演第一、第二本，1926年续演第三、第四本。剧情为唐明皇李隆基召选寿王妃杨玉环进宫，册为贵妃，赐浴华清池，以金钗钿盒定情，宠冠后宫。杨氏权倾朝臣。胡人安禄山受唐明皇与杨贵妃宠悦，渐逞骄态，与杨国忠不容，出任范阳节度使。杨玉环因故被逐，献发请罪，重召入宫。七夕，李、杨密誓于长生殿，愿生生世世为夫妇。杨玉环寿诞，梨园子弟献乐，玉环舞于盘，明皇亲为击鼓。安禄山反，玉环随明皇西行，被逼自缢于马嵬驿。乱平，明皇返京，思念玉环，请道士引至仙山相会。玉帝赐李、杨永为眷属。此剧为青衣花衫应工，载歌载舞，唱做并重。梅兰芳与琴师徐兰沅、王少卿合作创造了不少新腔。如入宫时唱的［西皮导板］，只唱“杨玉环”三字，即转［回龙腔］，一句唱完，又转［慢板］；赐浴时唱的［反四平］；歌舞霓裳羽衣曲时所唱［南梆子］，中间插编了不少昆曲牌子，并配合舞蹈；乞巧时唱的［二簧三眼］和觅魂时唱的［反二簧］等。剧中还创造了“盘舞”等舞蹈。梅兰芳的弟子陆素娟、李世芳等曾演出，言慧珠删并为两本，梅葆玖又删并为一个晚会演完。

梅兰芳饰杨玉环

2001年秋，有《太真外传》改编演出《大唐贵妃》，首演于上海大剧院。编剧翁思再，导演郭小男。史敏（依弘）、李胜素、梅葆玖分饰前中后杨玉环，李军、于魁智、张学津分饰前中后李隆基，参演单位有中国京剧院、北京京剧院、上海京剧院。全剧以《太真外传》的主要唱段作贯穿，融入《贵妃醉酒》及昆曲《长生殿·弹词》的有关唱段，并在情节上做了梳理和编织，唱词上亦有若干创作和调整。其艺术特色是保存了梅兰芳表演杨贵妃的十段经典唱腔，名角荟萃，舞台景观恢弘、新颖，给观众以美轮美奂的印象。（刘乃崇 蒋健兰）

Tan Mei Lanfang

《谈梅兰芳》 京剧专著。齐崧著。(台北）传记文学出版社1980年6月出版，“传记文学丛书”之一。1988年12月，北京宝文堂书店出版单行本。齐崧1912年生于北京，曾在南开大学、燕京大学就学，又赴美深造，获经济硕士学位，后定居台湾。他在中学时代即对京剧艺术产生了浓厚的兴趣，尤对梅剧偏爱挚深。后有幸结识梅兰芳，对其表演艺术有了进一步的了解和研究。本书收研究梅兰芳文17篇，内容可分两部分：第一部分，作者列举了梅兰芳演出及生活的若干事例，描绘了他尊重观众、忠于艺术，对艺术精益求精、一丝不苟，对师长不忘旧恩，对朋友、同事古道热肠的高尚品格，及他在抗日战争时期，宁愿息演舞台也不与日本人合作的民族气节。第二部分，论及梅剧《廉锦枫》、《天女散花》、《汾河湾》、《洛神》、《霸王别姬》、《醉酒》、《游龙戏凤》、《法门寺》、《凤还巢》、《太真外传》、《千金一笑》、《黛玉葬花》、《俊袭人》、《女起解》、《穆柯寨》、《虹霓关》16出戏的观感。在谈戏过程中，除介绍剧情及戏中的服装设计、舞台布景、灯光外，还具体分析了重要场次中梅兰芳的舞蹈身段、表情动作、唱腔念白、武打招式中的精彩部分，并指出其创新之处。作者还运用比较的方法，分析了梅兰芳在不同时期，演出相同剧目所采取的不同的艺术处理，及与同时代的演员演出这些剧目时表演手法的相异之处，从而说明梅兰芳之所以出类拔萃，表演艺术能达到出神入化的境地，是因为平日勤学苦练，虚心学人之长，对艺术不断进取所致。在谈戏的同时，还详细介绍了这些剧目的演出时间、地点及与之合作的主要演员，如杨小楼、王凤卿、金少山、余叔岩、萧长华、姜妙香、俞振飞等人的表演艺术特点。（戴霞）

Tan Qipai Yishu

《谈麒派艺术》 京剧文集。中国戏剧出版社1960年出版。本书收入田汉、高百岁等人研究麒派艺术的论文12篇。前6篇论述周信芳表演艺术上的特点和成就，其中田汉《战斗的表演艺术家——周信芳》一文，叙述周信芳50年的艺海征程，尤其强调周信芳半个多世纪倾心艺术改革，倾向进步与革命的战斗精神。高百岁的《学习“麒派”的几点体会》，指出周信芳十分重视演戏要刻画人物，始终把表现人物的思想感情放在最重要的地位，如演《一捧雪》，周信芳能将莫成、陆炳、莫怀古3个人物的不同思想面貌区别开来，演得十分出色。陶雄的《周信芳的表演艺术》，认为周信芳在艺术创造上一贯体现了3个要素：真实、生动、优美，这完全符合表演艺术的美学原则。后6篇着重分析了周信芳的几个代表作。阿甲的《从〈四进士〉谈周信芳的舞台艺术》，精辟地论述了周信芳在《四进士》中的卓越的表演艺术。指出周信芳以现实主义的表演方法，通过调动唱、念、身段动作等各种戏曲手段，成功地塑造出宋士杰这一特定人物的思想性格。邱扬的《谈周信芳的〈乌龙院〉》一文，举出戏里“刘唐下书”与“坐楼杀惜”两例，说明周信芳能以精练的细节，深刻细腻地刻画人物，做到了生活真实与艺术真实的高度统一。对中华人民共和国成立后周信芳新编演的《义责王魁》，应云卫与陶雄所写两文认为，全剧层次分明，衔接顺当，表演极富感染力，处理高潮颇见功力，如剧尾老仆王中与王魁决裂时，周信芳随唱随解衣带，其舞蹈动作已达炉火纯青的艺术境界。对另一新编剧目《海瑞上疏》，卫明与徐以礼所写两文，称赞周信

芳紧紧掌握住海瑞的正直、勇敢而又机智的性格特点，充分发挥了麒派念白情感饱满、顿挫有致、铿锵有力的特色。（王永运）

Tan Wukongxi Biaoyan Yishu

《谈悟空戏表演艺术》 京剧研究著作。郑法祥口述，刘梦德记录整理。上海文艺出版社1963年11月出版。著名京剧武生演员郑法祥一生致力于“悟空戏”的表演，在其父郑长泰所开创的“悟空戏”表演艺术的基础上又有新的发展，创造出一整套“悟空戏”表演技法，

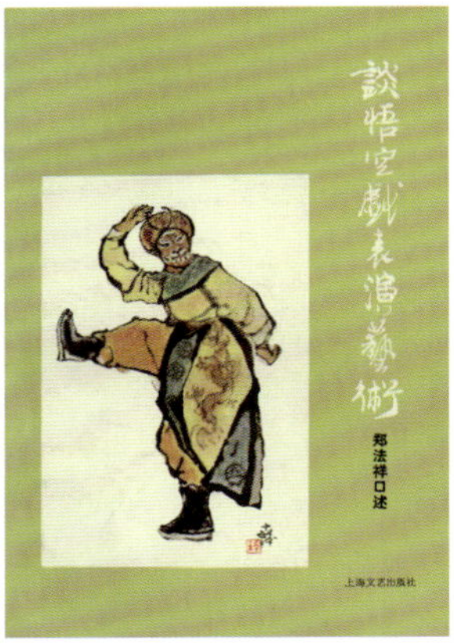

具有独特艺术风格。全书共7章。第一章《回忆先父》，第二章《我的学艺生活》，第三章《谈配角》。在这三章中作者回忆了父亲郑长泰的经历和艺术成就，着重写出了自己由演配角到演主角，由武行逐渐成长为著名武生演员的艰苦历程。同时，也述及有关悟空戏的表演问题，如作者所述：“我演‘悟空戏’谨守先父遗教，坚决在表演上避免油滑，力求归入正道，在手眼身法步上均有准规准谱，决不随便乱来。”这正是郑派“悟空戏”表演方法的主导思想。第四章《我是怎样钻研“悟空戏”的》，第五章《“悟空戏”的表演技法》是全书的主要部分。作者总结了在塑造具有“法体齐天”、“器宇不凡”等郑派特点的孙悟空京剧艺术形象时，只有“从无形无意练到有形有意”、“再从有形有意练到无形无意”“才算是进入了艺术境界”的艺术经验。作者对于自己所创造的“四法、三功、一扮”（即身法、手法、步法、棒法；做功、唱念功、筋斗功；扮相）的一整套悟空戏表演技法做了讲解。本书的第六章《谈〈水帘洞〉》和第七章《谈〈闹天宫〉》，则对这两出“悟空戏”的演法进行了具体而细致的分析。本书虽以谈“悟空戏”表演为主，但书中谈到的一些艺术观点却也有一定的普遍意义，对一些南北京剧名家的有关评述亦颇具史料价值，是记述京剧老艺术家表演艺术经验的一部上乘之作。书中配图片近80幅，形象地展示了郑派“悟空戏”在身段、脸谱、扮相上的特色。（刘琦）

tanbangong

弹板功 表演形体基本功之一。为借助弹板的反弹力完成的腾空翻转技术动作，具有独特表现力。弹板功是近年从体育和杂技中吸收来的新的艺术形式。由于弹板有较大的反弹力，翻腾起来在空中有较长的时间，可以做出种种造型和舞姿。由于弹板筋斗翻得高，动作惊险而舒展，更可以表现战斗的紧张和激烈，有利于塑造人物。

弹板筋斗在京剧中一般采用3种表演形式：一是从台中央向下场门方向翻下。二是从天幕前由下场门直接向上场门翻下，或由上场门向下场门翻下。三是将弹板放在高台上，演员从高台上翻下。在筋斗落地处都要有海绵包或软垫子作为保护措施。弹板筋斗大都用来表现过墙、过城、过悬崖、过险滩的激烈场面。现代戏中的一些宏大场面大都是由弹板筋斗来烘托的。如《智取威虎山》的“急速出兵”一场，为了表现战士和民兵飞速滑雪前进的急迫心情，用了弹板的云里加官、前双飞燕以及弹板踝子等难度非常大的筋斗。《红灯记》的“伏击歼敌”中也同样运用了许多弹板筋斗，表现游击队员们勇猛杀敌的英雄气概。而《龙江颂》则是用了双向高台弹板交叉翻越形式，表现社员们奋不顾身抢险合龙的动人情景。弹板上高筋斗难度大，且有一定危险性，因此不论在训练还是演出时，一定要加强有效保护。（王佩孚）

Tan Fuying

谭富英 （1906～1977） 演员。工老生。原名谭豫升，乳名升格。祖籍湖北武昌（今属武汉），生于北京。曾祖谭志道，祖父谭鑫培，父亲谭小培，母为名小生德珺如之女。富英自幼受家庭艺术熏陶，

9岁从蒙师陈秀华学老生，11岁带艺入富连成社第三科习艺，初习武生后改老生，师从萧长华、王喜秀、雷喜福等。入科仅两月便于浙慈会馆与翟富魁演出了《黄金台》，这是叶春善、萧长华的精心安排，以慰问重病中的祖父。次日，谭鑫培病故。

谭富英生得通鼻梁、大眼睛，极适扮演雍容华贵的帝王角色。这一点优于其祖父。他嗓音清亮甜脆，唱功流畅爽快，所唱快板尤见功力，一气呵成酣畅淋漓。1923年满科。1926年拜余叔岩为师。当年余（三胜）教谭（鑫培），后来谭又教余（叔岩），今余收谭为徒，两姓三代人相互传艺，传为梨园佳话。20世纪30年代初，谭富英已享名剧坛，世称“小谭派”。擅演《定军山》、《阳平关》、《战太平》、《战樊城》、《打棍出箱》、《失街亭、空城计、斩马谡》、《南阳关》、《洪羊洞》、《乌盆记》、《搜孤救孤》、《桑园寄子》、《摘缨会》、《红鬃烈马》等。1933年与雪艳琴合拍的《四郎探母》影片，是中国第一部有声京剧影片。1935年自组扶春社，社长陈椿龄。1939年扶春社易名同庆社，此乃袭用其祖父当年之班名，延用10年。曾与其父同台演出《群英会》，小培饰诸葛亮，富英演鲁肃。当年胜利唱片公司，曾为其父子合灌了《草船借箭》唱片传世。1950年，与裘盛戎合组太平京剧社。1951年10月26日，中国戏曲研究院戏曲实验学校为抗美援朝捐献义演第五场，其中有《当锏卖马》，因小培感冒，富英替父救场，与萧长华演出该剧，受到热烈欢迎。1952年班社改名北京市京剧二团。1953年参加赴朝慰问演出，适逢其父病危，当时在天津集中，返京与父诀别，丧事过后匆忙返回随团赴朝。1955年并入北京京剧团。1957年，与萧长华、马连良、叶盛兰、裘盛戎、袁世海、孙毓堃等，于北京电影制片厂合拍彩色京剧艺术片《群英会、借东风》，饰鲁肃，再次留下珍贵音像资料。1961年在北京京剧团春节联欢会上，全团名家反串《虮蜡庙》，谭氏反串朱光祖，

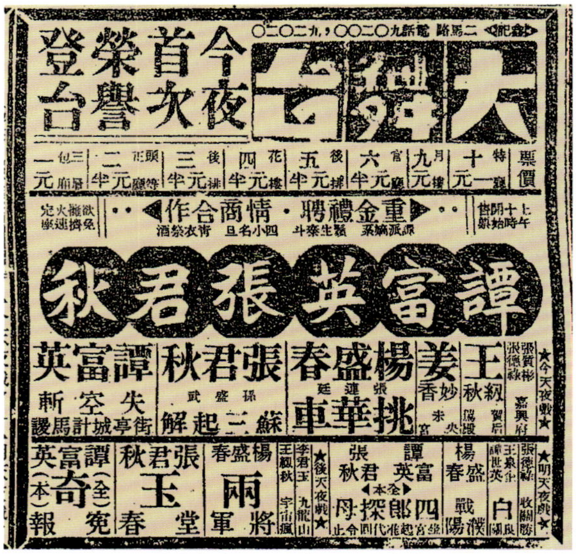

谭富英在上海大舞台演出广告
（1941年10月8日《申报》）

《空城计》
饰诸葛亮

《捉放曹》饰陈宫（左）
王泉奎饰曹操

《将相和》
饰蔺相如

《四郎探母》饰杨延辉（右）
张君秋饰铁镜公主

一口流利的京白，干脆利落。腿一踢到鼻子尖，鸾带踢得脆快边式，高台亮相直呼直令，足见其幼工扎实。1977年3月21日病逝。

评论家认为谭富英的“演唱朴实无华，神完气足。他的表演自然、生动、感情真挚。他的艺术特色，可从三个层次来概括：从直接的观感来说，他的唱做都给人一种干脆、利落痛快和亲切的感受。如进一步体味，他的表演具有朴实、洗练、真实的风格。再往深处探求，他往往赋予人物朴实忠厚、意气风发，英气逼人的气质。按其艺术个性来说，更适合扮演忠义之士，血性男儿”(吴大徵《谁解其中味——品戏·评戏》第14页)。潇洒自如，浑然天成，确是谭富英的主要艺术特色。其弟子有高宝贤、殷宝忠、马长礼、孙岳、李崇善等。（刘松崑）

Tan Fuying Yishu Qianlun

《谭富英艺术浅论》 京剧研究著作。吴大徵著。南开大学出版社1996年9月出版。该书在细致地描述了谭派老生的创立、完善及演变后，集中对谭富英的表演艺术做了较全面的评述。作者认为，

谭富英早在20世纪二三十年代已经成名，但他的艺术并未就此定型，一直处于发展阶段，到50年代他的艺术已高度成熟，而自成流派。作者从观众审美的角度出发，通过对《将相和》中蔺相如、《失空斩》中的诸葛亮、《群英会》中的鲁肃等人物塑造的分析，着重指出了谭富英表演的艺术特色，即强烈的生活气息、返璞归真的独特风格和鲜明的时代感，欣赏他的表演确能有寓教于乐、陶冶情操的效果。书中还对几代京剧老生名家如谭鑫培、余叔岩、言菊朋、马连良、杨宝森等逐一进行了分析，对各家均非一味赞扬，而是一扫门户之见，肯定所长，指出所短，目的是同谭富英艺术相比较。该书由王世续、梁小鸾、王则昭、刘曾复作序，胡金兆作跋，并附录翁偶虹《我与谭富英》和刘琦《怎样评价谭富英》两篇文章。该书是第一部关于谭富英艺术的专论。

作者吴大徵（1934～ ），生于北平（今北京）。南开大学教授。退休后从事京剧评论。另有专著《谁解其中味——品戏、评戏》，14.7万字，中国戏剧出版社2000年10月出版。（许祥麟）

Tan Shixiu

谭世秀 （1923～1999） 鼓师。本名国华。祖籍湖北武昌（今属武汉），生于北京。出身梨园世家。高祖谭志道，曾祖谭鑫培，祖父谭嘉端，父亲谭豫智，为谭门第五代传人。9岁入富连成科班，初习

武旦后改学武场，拜鼓师松文明为师。19岁出师，开始搭班即显示出其出色的专业才能。他为宋德珠打武旦戏时，能确保其节奏上脆、快的特征。为姜铁麟、杨盛春打武生戏时，则又能突出其矫健、雄劲和磅礴的舞台气势。25岁开始为谭富英（为世秀的七叔）司鼓。1955年成立北京京剧团又为马连良司鼓。

谭世秀司鼓，不仅要求锣、钹等的音色、调门要和剧目的情调、风格协调，而且还特别讲究为演员的表演身段找好节奏位置（俗称能“兜着打”）。这对以做工见称的马派艺术充分发挥起了至关重要的作用。如《四进士》“二公堂”一段，为配合宋士杰被枉打后，那种激愤的情绪和踉跄的步伐所奏的［纽丝］，《赵氏孤儿》在配合程婴“说画”表演中，时强时弱，时紧时松，变幻多姿的锣鼓等，都已成为演出中的重要组成部分。在为马连良司鼓的同时，他还为谭富英、裘盛戎、张君秋、赵燕侠等名家伴奏，从而形成了他“多重风格”的司鼓艺术。谭世秀的司鼓艺术，在京剧现代戏的演出中也发挥了重要作用。在裘盛戎、赵燕侠、马连良演出的《杜鹃山》中，他运用了多种手法来刻画人物的音乐形象、烘托演员的表演；《沙家浜》中“十八棵青松”唱段中气势磅礴、强烈多变的锣鼓伴奏，也是谭世秀的杰作。（张梓媛）

Tan Xinpei

谭鑫培 （1847～1917） 演员。工老生。名金福，又名金培，小名望仲（一作望重），字鑫培，以字行，堂号英秀。湖北武昌（今属武汉）大东门外谭（或田）家湾人；一说武昌小东门外沙湖人（据刘成禺《洪宪纪事诗本事簿注》）。另有湖北黄陂说者（据周明泰《道咸以来梨园系年小录》等）。父谭志道，楚调演员，艺名谭叫天，谭鑫培故称小叫天，后亦有以谭叫天名之者。

生平 谭鑫培6岁（1853）时，因太平天国战火烧至武昌，遂随父顺江而下由水路（一说从荆沙经河南）至天津一带，开始学戏练功。10岁（1857）入金奎科班坐科，习文武昆乱老生（一说习武丑）。15岁

(1862)出师后，在天津、北京搭班，唱过老生、武生，也扮过零碎脚色，以后又跑乡班，唱野台，主要演武生，兼演武丑。为糊口，还当过镖客，曾为人看家护院。23岁(1870)入三庆班，得程长庚赏识，以《神州擂》(王永)、《攻潼关》(二郎)、《黄鹤楼》(赵云)、《金钱豹》(猴儿)等武生戏崭露头角，偶演老生戏，并广泛观摩学习前辈名家的艺术，艺事大长，成为他艺术生涯中的一次转折。35岁(1882)以后，改搭四喜、春台，兼搭三庆，又曾组班胜春、同春。此时，“老三鼎甲”张二奎、余三胜、程长庚已先后去世，梨园中一伶专演一班的旧规也稍有破除，出现了新的艺术竞争格局。谭鑫培一方面开创其以演老生戏为主，兼演其他武戏的新时期，如在四喜就曾与孙菊仙每日轮唱大轴；一方面又得以在不同班社中与众多好角合作，而广撷博采，同时在竞争中提高修养，从而在演唱、表演上得到全面发展。43岁(1890)时选入为昇平署民籍教习。此后近20年间，在宫内演出成为谭鑫培的重要艺术活动。清廷统治者的艺术趣味对他的艺术倾向产生了重要影响，安定的生活也使他能够在艺术上精雕细刻。他还广交文人，接受他们的帮助、熏陶，对他提高文化修养，进而锤炼自己的艺术，起到了关键作用。同时，仍在宫外或搭班(喜庆班、同庆班)，或组班(三庆班、同春班)，或外串(福寿班、承平班)演出，既保持着与普通观众的联系，也培养提高了观众的欣赏水平。他的艺术活动在此时进入鼎盛期。其艺术风格得到确立，谭派最终产生。而在与汪桂芬、孙菊仙相颉颃而形成“新三鼎甲”的格局后，更超乎二人之上，艺术地位得到空前提高，社会影响也日益扩大。对此，日本学者波多野乾一有如下的描绘：“上有好者，下必甚焉。谭调忽压倒孙汪两派，尤在庚子政变，孙避上海，变后不能归京，汪亦不现于舞台之故，谭之大名，独轰动北京剧界，一声而有九鼎之重。王公大臣巨绅，非谭不喜；膏粱纨绔，贩夫走卒，闺秀歌妓，摹谭调而争先恐后。‘有书皆作垿，无调不学谭。’此联足以形容之。盖当时山东王垿之书，与谭调同为清末二大流行品。‘国自兴亡谁管得，满城争说叫天儿。’狄楚卿‘宫中杂诗’，已咏及之，亦可见一般谭迷之程度。”(《京剧二百年之历史》)此时，谭被推为精忠庙庙首(1902)，以《定军山》片段拍摄了中国第一部电影(1905)。

民国以后，谭鑫培已进入暮年，但演出不辍，除营业性演出外，还常有堂会。此时，其影响益重，声望更高，有“伶界大王”之称，被公推为正乐育化会的会长。梁启超题诗赞曰“四海一人谭鑫培，声名世纪(一作卅载)轰如雷”；而且还引起了国际人士的注意，德国一名演员专程至北京与谭鑫培研究声律，美国人还曾致电中国外交部，欲请他赴美演出。1917年4月，谭70岁，先是为总统府演出《清风亭》，因遭春寒袭击而病；继之因广西军阀陆荣廷到京，被逼带病演出《洪羊洞》，病益重，月余后，于5月10日去世。谭60余年的粉墨生涯对剧业的贡献，一方面是许多剧目得到整理规范，成为定本，而传诸后世；一方面在艺术上无论唱念、表演均妙造自然，臻于化境，成为后人效法的典范。

谭鑫培一生的艺术活动主要是在北京，毗临的天津也是他多次莅演的地方。从1879年起至1915年，在36年的时间里，他还先后六次去上海演出，其艺术逐渐为沪上观众所认识并接受，影响及于江南各地。

艺术成就及其成因　在京剧孕育形成、发展成熟的过程中，谭鑫培处于承先启后的地位。谭之前，已经涌现了以余三胜、程长庚、张二奎为代表的一批艺术家，他们奠定了京剧形成的基石，开启了生行艺术的发展格局；谭有了兼收并采的历史机遇，立于“巨人之肩上”终能集众人之长于一身，成为一代巨匠。像“老三鼎甲”中，他一人就拜了程长庚、余三胜两位开山大师。由于从小受汉调的熏陶，加上个人资质等因素，在代表徽、汉二派的程、余之间，谭鑫培主要师事的是程长庚，然在艺术趣味上，却更多的是效法余三胜。另一个对谭产生重要影响的是列为“老四派”的王九龄。王亦属汉派，谭“极喜仿其声调”(陈彦衡《旧剧丛谈》)。同时，谭还学张二奎、卢胜奎、张胜奎。在他首次南下上海时，也不放过学习机会，向仅比他大一岁的孙春恒求教，获益良多。一些二路角，如冯瑞祥、吴连奎、周长山、李顺亭、姚起山、崇天云等，也都成为他汲取多方面滋养的对象。他还与地方戏的名家如山陕梆子的郭宝臣等切磋技艺，得郭等帮助。谭鑫培转益多师，不主一家，不仅表现为好学，更关键的是他善学。陈彦衡说他“才高艺博，能兼三长，而又不拘一格。同一唱功，《碰碑》则学三胜，《乌盆》则学九龄。同一做派，《状元谱》则学长庚，《桑园寄子》则学三胜。同一靠把，《定军山》则学三胜，《镇潭州》则学长庚”，又说他“《天雷报》拟周长山，而身段汰其冗拙。《空城计》仿卢台子，而声韵较为悠扬”。在陈看来，“集众家之特长，成一人之绝艺，自有皮黄以来，谭氏一人而已”(《旧剧丛谈》)。

由于谭鑫培兼采众美，又择善而从，遂使他成为京剧史上少有的通才艺术家。在他的演剧生涯中，老生行，武生行，以至武丑行，都曾成为他的本工，这就不仅要会，而且要精。谭演出的剧目，见于记载的有100多出。生行戏中的各路剧目他无所不能，常演剧目有《翠屏山》、《乌龙院》、《辕门斩子》、《失街亭、空城计、斩马谡》、《法场换子》、《举鼎观画》、《桑园寄子》、《盗宗卷》、《汾河湾》、《南阳关》、《南天门》、《清风亭》、《战太平》、《定军山》、《取帅印》、《断臂说书》、《打渔杀家》、《朱砂痣》、《战长沙》、《武家坡》、《镇潭州》、《宁武关》、《阳平关》、《清官册》、《战樊城》、《状元谱》、《搜孤救孤》、《托兆碰碑》、《洪羊洞》、《连营寨》、《当锏卖马》、《打严嵩》、《珠帘寨》、《琼林宴》、《捉放曹》、《乌盆记》、《四郎探母》、《桑园会》、《击鼓骂曹》、《御碑亭》、《梅龙镇》、《群英会》、《一捧雪》、《黄金台》、《胭脂褶》、《战宛城》、《宝莲灯》等，确是文武昆乱不挡。早期常演的武生、武丑戏则有《神州擂》、《白水滩》、《挑华车》、《冀州城》、《长坂坡》、《恶虎村》、《骆马湖》、《连环套》、《蚂蜡庙》、《三岔口》、《金钱豹》、《五人义》等，

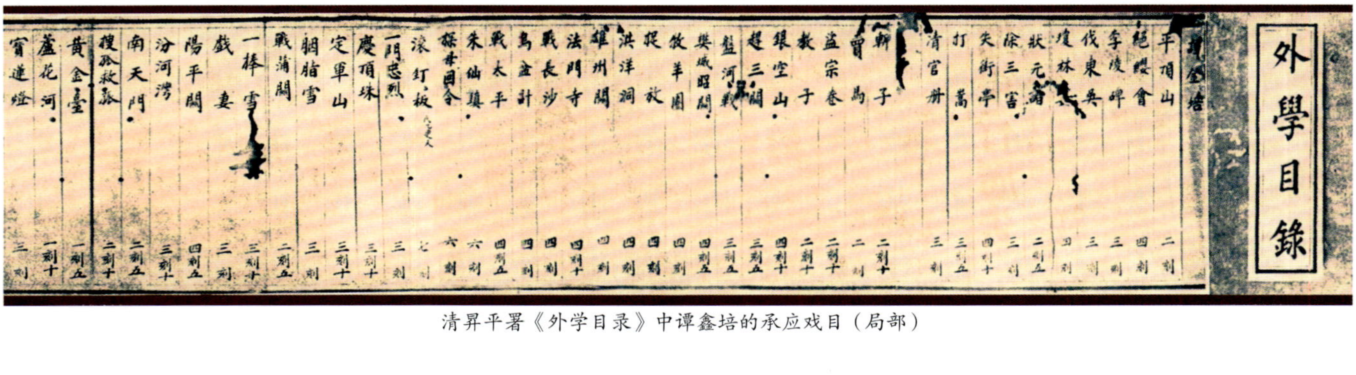

外學目錄

譚鑫培

平頂山	二刻
絕纓會	四刻
李陵碑	三刻
伐東吳	三刻
瓊林宴	四刻
狀元譜	二刻五
除三害	三刻
失街亭	四刻十
打嵩	三刻五
清官册	三刻
斬子	二刻十
賣馬	二刻
盜宗卷	二刻十
教子	二刻十
銀空山	四刻十
趕三關	三刻五
盤河戰	三刻五
樊城昭關	四刻五
牧羊圈	四刻
捉放	四刻
洪洋洞	四刻
雄州關	四刻
法門寺	四刻十
戰長沙	四刻
烏盆計	四刻
戰太平	四刻五
朱仙鎮	六刻
探母回令	六刻
滾釘板	七刻
一門忠烈	三刻
慶頂珠	三刻十
定軍山	三刻十
胭脂雪	三刻
戰蒲關	二刻五
一捧雪	三刻十
戲妻	三刻
陽平關	四刻五
汾河灣	三刻十
南天門	二刻五
搜孤救孤	二刻十
黃金臺	一刻五
蘆花河	一刻十
寶蓮燈	三刻

清昇平署《外学目录》中谭鑫培的承应戏目(局部)

谭鑫培戏装肖像画

《空城计》饰诸葛亮

《鱼藏剑》饰伍员

《打渔杀家》饰萧恩（黑勉儒绘）

亦可见其戏路之宽，能戏之多。在这些剧目中，他的表演，不仅唱念做打无美不备，而且多有精绝之技。像《翠屏山》的刀，《卖马》的锏，《南阳关》的枪，《探母》的吊毛甩发，《闹府》的踢鞋，《出箱》的铁板桥，《说书》的滚背，《骂曹》的击鼓，《碰碑》的甩盔卸甲等，无一不令人叫绝。谭鑫培还特别注意运用这些技巧来刻画人物，而不是单纯卖弄。他认为唱戏要顾戏理，讲身份，应该“死戏活唱”。《四郎探母》“出关”一折原有一长腔，他以为不近人情，重作处理，人谓长腔能得台下好，他说：“得一声好是小事，戏理不顾是大事。”（徐兰沅《谭鑫培的革旧创新》）《辕门斩子》演至穆桂英进帐，他也绝不似有些演员那样故作张皇失措状，以迎合某种趣味，而依然保持元帅身份，仍是一派尊严（见刘蛰叟《论老谭独到之处》）。

谭鑫培能在前人基础上，学无常师，又自出机杼，终成一代宗师，实与他不主故常、改革创新密切相关。其革新前期主要是在唱念做打的表演方面，后期则多在剧本的修改厘定上。谭的革新体现了两个重要原则：一个是扬长避短、以我为主，从而保证革新的有效性；而不是生搬硬套、圆凿方枘。京剧生行早期的声腔风格，占主导地位的是讲求实大声洪、高亢雄健的演唱，以谭的嗓音条件，若胶柱鼓瑟，势必陷入后尘难步的窘境；谭遂顶着“造魔”、“不归工”的恶名，悖离“正宗”，另辟蹊径，选择余三胜的“花腔”作为自己的革新基础，又吸收孙春恒低柔和美的唱法，而另成一宗。梅雨田曾说谭的唱法“不过小巧”（笔歌墨舞斋主《京剧生旦两革命家》），正反映出谭的善避锋芒又别有会心，亦即结合个人条件翻新出奇，从而脱出前人窠臼，独创一格。一是融会贯通、神而化之，从而保持革新的整体性，而不是支离破碎、杂乱无章。谭在创新中，首先是广泛借鉴，充分“拿来”，表现在不但直接吸取生行本身的声腔，在节奏、旋律上加以变化、丰富，而且还借用其他行当如花脸、老旦，以至小生、青衣的唱腔，更吸纳梆子、大鼓的唱法，然后在取用的过程中，熔铸糅合，以达浑成无迹之境，让人既有新奇之感而无硌生之觉。比如将［二簧腔］融入［西皮］里，将武戏身段糅于文戏中，都体现出他的这种革新意识。实质上，这正是当时艺术竞争之所需，也是他高出寻常之所至。

谭鑫培的创新选择，并非无所依傍、凭空杜撰。人们说他的新歌新舞，乍听乍看天衣无缝，细察却都有源可寻。谭的鼓师李五曾用讥诮的口吻说他把范仲禹弄成了黄天霸（见笔歌墨舞斋主《京剧生旦两革命家》），恰恰表明谭所赋予范仲禹的舞蹈身段系有所本而为。也正是这种既有根据，又具新意，既适应观众，又引领观众，从而使之在熟悉中见出陌生的有效改革，保证了谭在新旧的承传、交替中，牢牢地站稳了脚跟，并推动了京剧的发展。

在谭鑫培成功的后面，有两个至为重要的相关条件，一是客观上的丰富阅历，二是主观上的多种修养。从阅历说，谭一生跑过许多码头，见多识广，种种之社会相，耳闻目睹，各色人等，相与往还。这些经历，一方面使他备尝生活的酸甜苦辣，饱历人世的沉浮穷通，对人生有了深刻的体验，加之在跑码头中，饱学饱演，技艺得到反复磨炼，不断臻于成熟，遂达到“人书俱老”的境域，从而在成熟人性和成熟艺术的互为阐发中，传达出强烈的人生感悟。另一方面，是使他对所饰演的人物有了深切的了解，这其中既有王公贵族，又有贩夫走卒。陈彦衡说他“演孔明有儒者气，演黄忠有老将风，《胭脂褶》之白槐（怀），居然公门老吏，《五人义》之周文元，恰是市井顽民。流品迥殊，而各具神似”；而所以能如此，正是因为“其平日于各色人等之举止语言，无不细心体察，刻意揣摩，故其扮演登场，能随时变态，移步换形”（《旧剧丛谈》）。除表演的造诣外，他对戏曲音乐、化装、服装、砌末等方面也很精熟。谭年轻时曾一度在京东三河县的某科班执教，促使他学习了不少文武场面上的知识，吹拉弹打无所不能，人称“六场通透”。这些都对提高他的表演极有助益。至于阅读有关史籍，钻研音韵之学，掌握音乐规律，赏鉴书画古玩等这些戏外功夫，主要是后期修养。此时他的生活较前优裕、安定，得以广交文人朋友，从他们那里学得多种知识。文化的熏陶，一方面是使谭在潜移默化中提高了鉴赏能力，随之而提升自身艺术的文化品位；另一方面是使他把学到的知识直接用于自己的艺术实践，而在艺术创造上受益极大。比如他运用所学的音韵知识，结合自己的经验，进一步规范了京剧唱念中对湖广音的使用，初步形成了京剧的音韵体系。又如在剧本及唱词的修订整理上，以独到的识见，从剧本整体性的要求出发，删除冗赘的情节，改削支离的剧词，使得整个戏更加精练、合理。

谭鑫培一生以舞台为依归，但并未远离尘世而是关注着社会。民国元年（1912）黄兴莅京，正乐育化会开大会欢迎，谭鑫培作为会长，致欢迎词，参加庆祝演出，表明他拥护新政。袁世凯复辟帝制，有新剧《新安天会》，影射诬骂孙中山，令谭出演，谭却“盛气拒绝”，且在改唱他剧后“不辞而去”（见刘成禺《洪宪纪事诗本事簿注》）。袁世凯病死日，谭正演出《击鼓骂曹》，闻此事，便在台上声容激越，痛责痛骂。观众也觉知他是“借题发挥，吐出了胸中的一口冤气”（见梅兰芳《舞台生活四十年》第3集）；以为“世人颇有议谭氏为靡靡之音者，观此乃知其不尽然也”（张聊公《谭鑫培之〈击鼓骂曹〉》。

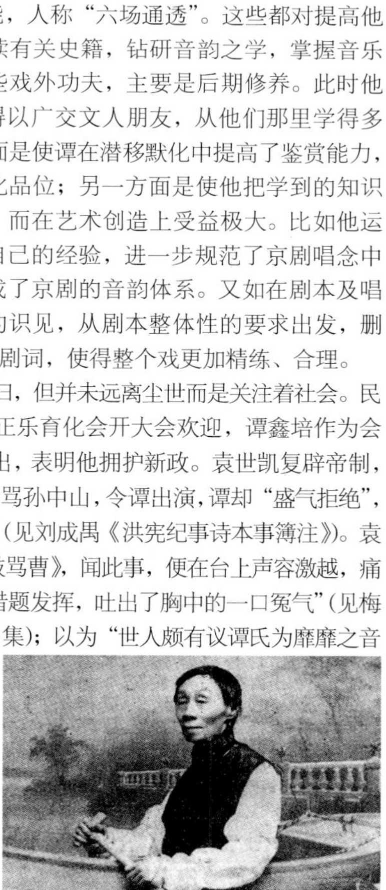

谭鑫培游戏照
（摄于照相馆布景画片游艇之上）

艺术风格及其影响　谭鑫培在60多年的艺术学习、实践、锤炼中，逐步建立了自己独有的艺术风格，它包含总体风貌和具体特点两个方面。其具体特点，大致体现在三个方面。一是博通平正，和谐完整。谭鑫培常说他的戏是“通大路”的，虽然是指与合作者的配合不需特别排练而言，却在实质上反映了他的艺术平实正常，无特别怪异之病。梅兰芳在谈到谭鑫培及杨小楼时，曾说：“他们二位所演的戏，我感觉很难指出哪一点最好，因为他们从来是演某一出戏就给人以完整的精彩的一出戏，一个完整的感染力极强的人物形象。”（《舞台生活四十年》第3集）所谓“很难指出哪一点最好”，正表明谭的艺术是通体的好，其均衡、协调诉诸观众以整体美感。二是尚简贵精，淡远清逸。谭鑫培在演唱中，以简劲短俏为尚，如尾腔处理，不拖不坠，常常戛然而止，尤显干净爽利，而余味无穷。表演上他亦忌重复堆砌，唯恐让人生厌。如《探母》叩头甩发只一下，《杀惜》插刀入靴只一滑，“删繁就简，愈见精神”（见陈彦衡《旧剧丛谈》）。谭的艺术到了后期，看似平淡无奇，实则是绚烂之极归于平淡，令人百听（观）不厌。三是出神入化，气韵高雅。言菊朋说谭《空城计》中的有些身段是从日常生活里化出来的，不好学，他和余叔岩都不敢使，因为没有谭的火候，使出来不自然；还说谭的表演肃穆而不板，凝重而潇洒（见《许姬传七十年见闻录》）。谭的这种超脱、雅致，是贯穿在安工、衰派、靠把等所有老生戏中的，不限于《空城计》这类戏。马叙伦就说过谭的《打棍出箱》“出神入化，可谓观止”（《石屋余渖》）；陈彦衡则说过谭的靠把武功“气韵渊雅，不同武行”（《旧剧丛谈》）；而在张肖伧看来，连谭的吊毛抢背也“尤能脱尽火气，最为精采”（《谭剧演唱之精微》）。

从总体风貌看，以中国古典美学思想的两大范畴阳刚之美和阴柔之美揆之，谭鑫培属后者。这可以从两个层次的比较中见出。一个是与前辈艺术家比。程长庚对谭鑫培曾有过这样的批评：“惟子声太甘，近于柔靡，亡国音也，我死后，子必独步，然吾恐中国从此无雄风也。”（穆辰公《伶史》）这段话表明，比较程长庚的“雄风”之声，谭鑫培是“柔靡”的。一个是与同辈艺术家相比。波多野乾一在《京剧二百年之历史》中，谓孙菊仙、汪桂芬两人之演唱“痛快豪爽悲壮慷慨”，“皆男性之音”，言谭鑫培则是“幽咽柔嫚”，“代表女性音”。一称“男性”，一喻“女性”，当然也是很能说明谭的阴柔之美的。谭的这种风格，在艺术表现上，主要体现的是一种优美，而非壮美，讲求的是一种韵味，而非气势。

谭鑫培的风格之所以迥异于两代艺术家，而自成一体，有三个方面的原因。一是艺术自身的承袭。谭的此种风格有其所本，并非空造。总体上说，是因于汉调，所谓“谭鑫培博采各家而归于汉调”（陈彦衡《旧剧丛谈》）；具体来看，是出于余三胜及王九龄，所谓“楚调清圆，曲折悠扬，声情绵邈，余王之胜也，谭鑫培独擅其长”（陈彦衡《说谭》）。二是社会客观的需要。谭腔最为盛行时，正是清帝国式微之际，国力衰败，民气不振，谭的哀怨悱恻，凄绝悲怆的“柔靡”之声自然极易引起社会共鸣。上至王公贵族，下及引车贩浆之徒，之所以任凭”国自兴亡”，只管“争说叫天”，都在谭调中寻觅精神解脱，正因于其合乎那种“世纪末”的情绪。所谓“亡国之音哀以思，其民困。声音之道，与政通矣”（《乐记》）。三是个人资质的条件。谭鑫培的嗓音质素，在阳刚和阴柔的表现上，更宜于后者。谭之嗓被喻为“云遮月”，不似程长庚、汪桂芬、孙菊仙的歌喉，天风海涛一般，响遏行云，而是含蓄蕴藉，特别“挂味”，因在优美的展示上更能发挥其长，而尤具韵致。由于谭鑫培的天才创造，一反以程长庚为代表的壮美（气势）派的阳刚之气，而特别张扬阴柔之风，从而在京剧艺术的整体风格发展中，一举鼎定了以优美（韵味）取胜的主流派的地位。这种以“柔靡”之音超越“雄风”之声的反拨、校正，从艺术、审美的角度说，是历史的进步，即在由粗犷到精细、简朴到丰富、气势到韵味的过程中，京剧艺术的美感得到了空前的加强和提高。

谭派艺术风格的确立，在京剧中产生了巨大的影响。这首先表现在生行中所形成的“无腔不谭”的局面。谭一生收徒虽不多（一说收二人，又有王月芳、余叔岩和贾洪林、余叔岩之不同；一说收五人，即上述三人再加刘春喜、李鑫甫），然学者极众，著名者除王、余等门人及谭小培、谭富英等后嗣外，还有张毓庭、王又宸、孟小如、贵俊卿、罗小宝、言菊朋、贯大元、马连良、吴铁庵、王文源等。票友界亦多宗谭，造诣较深者有王雨田、乔荩臣、王君直、恩禹之、溥侗（红豆馆主）、韩慎先（夏山楼主）、王庾生、王颂臣、程君谋、苏少卿、顾赞臣等。随着京剧的发展，谭艺惠泽后来者，更非一二代人，可以说，迄今活跃在京剧舞台上的生行演员，风格、路数，几乎没有不溯源到谭鑫培那里的。而谭之后形成的诸多流派，如余（叔岩）、言（菊朋）、马（连良）、杨（宝森），包括高（庆奎）、麒（麟童）等，也无一不是或直接或间接承袭谭之风韵，汲取谭之滋养而自成一家的。从更大的范围看，谭的艺术风格甚至影响到生行以外的行当。如旦行的梅兰芳说过，谭鑫培（包括杨小楼），“是对我影响最深最大的，虽然我是旦行，他们是生行，可是我从他们二位身上学到的东西最多最重要”（《舞台生活四十年》第三集）。事实正是这样，梅兰芳的中正平和演剧观的形成，即是谭的艺术风格直接影响的结果。而武生行的杨小楼，他那最为人称道的“武戏文唱”，事实上也发端于谭。还在谭既演老生戏，又演武生戏时，便开始了探索“武戏”的“文唱”，使之既讲究演人物，也讲求有韵味。正是在这些艺术思想、观念方面，作为杨小楼义父的谭鑫培对他产生了最为深刻的影响。试举净行的裘盛戎为例，他虽非直接受业于谭，然其辗转融合了谭

《定军山》饰黄忠

《探母回令》饰杨延辉

《汾河湾》饰薛仁贵（右） 王瑶卿饰柳迎春

《南天门》饰曹福（右） 王瑶卿饰曹玉莲

《黄金台》饰田单

的风格，其演唱的特殊魅力源于对单纯只求实大声洪之气势的变异，而引入了优美的因素。这当然是谭的阴柔之风格成为主流派之后的广泛影响所致。

谭鑫培平生除留有无声电影《定军山》片段外，还于清末民初灌制有七张半唱片，计为：《洪羊洞》、《战太平》、《庆顶珠》(各一面)，《卖马》、《托兆碰碑》、《捉放曹》、《桑园寄子》、《乌盆记》、《四郎探母》(各两面)。有关谭的研究则在其生前身后蔚为大观，广涉身世、师承、创新、剧目、声腔、字音、表演等方面。

京剧作为中国古典戏曲的最高表现形态，是以其完备的形制、确定的美学特征而适逢其时地在社会形态发生巨变的特殊时代所创建的。在这个构筑的过程中，起决定性作用的历史人物是谭鑫培。梅兰芳说，是谭鑫培、杨小楼的表演"显示着中国戏曲表演体系，谭鑫培、杨小楼的名字就代表着中国戏曲"(《舞台生活四十年》第三集)，正是基于此而作的一个对谭鑫培的盖棺论定，一个对中国古典戏曲的历史结论。

谭的父亲谭志道(1808～1887)，先出入汉调"围鼓"(业余爱好组织)，后成为正式演员。应工老旦，亦能老生。一说原唱"三生"(即老生)，后改唱"九夫"(即老旦)(据《汉剧志》)。因其声狭而亢，犹"叫天子"(鹨鸟)鸣叫，而得"谭叫天"之名；亦有称"老叫天"者(以与谭鑫培之"小叫天"有别)。谭志道入京后，搭三庆班，擅演《断后》、《钓龟》、《辞朝》等剧；与程长庚合演《朱砂痣》，有"双绝"之称。谭志道唱念多用湖北字音，"所唱之汉调婉娓可听"(吴焘《梨园旧话》)。谭志道是徽汉合流后，形成京剧老旦行当的早期人物。

谭鑫培有子八人，女四人，子多从事京剧工作。婿夏月润、王又宸均京剧名家。五子谭小培(1883～1953)，名嘉宾。小天仙科班学生，后搭小洪奎班。曾拜许荫棠为师。初以演奎派王帽戏为主，后则演谭派京剧。中年后不常演出。晚年曾任教于中国戏曲学校。谭小培既家学渊源，又兼学许，故其所演剧目为《清风亭》、《南天门》、《卖马》、《黄鹤楼》等，是兼取谭、奎二派，又兼有二者特色。谭小培有子富英，富英有子元寿，元寿有子孝增，孝增有子正岩，均工老生或兼武生。从谭志道至谭正岩，谭家七代一脉相承，赓续不绝，实为剧坛罕见。（蒋锡武）

Tan Xinpei Danchen 150 Zhounian Jinian

谭鑫培诞辰150周年纪念 京剧活动。文化部振兴京剧指导委员会、中国京剧艺术基金会、北京市文化局、湖北省文化厅联合举办。1997年12月，先后在北京、武汉两地举行。首都戏剧界100多人出席纪念大会，文化部艺术局副局长姚欣、北京市文化局副局长吴江分别致词，回顾谭氏的艺术道路和历史贡献。12月12～16日在长安大戏院有6场纪念演出，剧目为《定军山、阳平关》、《四郎探母》、《群英会、借东风、华容道》、《长坂坡、汉津口》、《老生流派演唱专场》、《连环套》，由谭氏后人谭元寿等与南北名家联袂演出。12月22～26日，又在谭氏原籍武汉市继续纪念演出。纪念活动期间还举行学术研讨会，有首都和来自湖北、上海、天津、江苏等地的学者专家40多人做了专题发言，会后编辑出版纪念文集《一代宗师》，吴江、周传家主编，京华出版社1998年12月出版。（简畅）

Tan Xinpei Quanji

《谭鑫培全集》 京剧史料。刘菊禅著。上海戏报社1940年10月出版发行。该书被收入刘绍唐、沈苇窗主编的《平剧史料丛刊》第1辑第10种，（台北）传记文学出版社1974年4月影印出版。

作者为20世纪30年代上海的名教师，授曲之余，著述甚富。作者夙嗜谭艺，学有所得，遂据自己耳闻目睹辑成此书，讲述了一代名伶谭鑫培的简历（附《谭氏家谱表》）及其在《李陵碑》、《打棍出箱》、《八大锤》、《珠帘寨》、《空城计》、《天堂州》、《四郎探母》、《盗宗卷》、《击鼓骂曹》、《奇冤报》、《御碑亭》、《南阳关》、《战太平》、《战长沙》、《翠屏山》诸剧的唱腔、唱法、念白、做工、武打中独特的表演手法。作者在分析谭鑫培成名的原因时，指出除其自身天资聪颖外，更重要的是在长期的艺术实践中能够知己知彼，充分发挥自己嗓音高亢和武功纯熟的特长，在激烈的艺术竞争中使自己长期立于不败之地。全书还通过谭鑫培在昇平署承值及日常生活中的几则轶闻趣事，衬托出他不但演艺精湛，反应机敏，而且虚心好学，豪侠仗义。然而，这位伶界天才却落个被军阀逼迫致死的悲惨结局。书中还收有下列内容：①清光绪二十三年（1897）十一月二十八日至光绪二十九年（1903）十二月二十九日谭鑫培入昇平署演出概记，其中，将演出的时间、地点、戏目、配角一一标明；②根据唱片整理出的谭鑫培代表剧目《战太平》、《捉放宿店》、《洪羊洞》、《打渔杀家》、《托兆碰碑》、《四郎探母》中5个代表唱段的戏词，并配有唱腔简谱、工尺谱及锣鼓谱；③收录了易实甫、倦游逸叟、落叶、平等阁主人、梅花馆主、樊山等人评论谭氏的文章片段或语录、诗词等。余叔岩为该书题签，张肖伧、梅花馆主、张乙庐为之作序。内容丰富、资料翔实，是研究谭鑫培及谭派艺术的重要参考资料。（戴霞）

Tan Xinpei Yishu Pinglun Ji

《谭鑫培艺术评论集》 京剧文集。戴淑娟、金沛霖、刘晓峰、桂莹编。中国戏剧出版社1990年10月出版。"戏曲流派艺术研究丛书"之一。该集从晚清至1984年的各地有关报纸、期刊和专著中，辑录近200篇（册）有关谭鑫培的评论、记叙、传记、介绍等史料，经过整理、校订，选出70余篇编辑成书，较全面地反映了谭鑫培的艺术生涯和成就。既有记叙谭鑫培搭班谋生，坚持勤学苦练、不断努力革新创造的历程，又有记述谭派名剧在北京、上海、天津上演和供奉内廷而轰动全国的盛况。还有记载谭鑫培艺术活动和生平的传记、年表。一些知名专家、学者对谭鑫培所演名剧进行了研究与分析。陈彦衡综论谭鑫培表演艺术的继承与发展，指出："谭鑫培才高艺博"，"同一唱工，《碰碑》则学三胜，《乌盆》则学九龄；同一作派，《状元谱》则学长庚，《桑园寄子》则学三胜；同一靠把，《定军山》则学三胜，《镇潭州》则学长庚"。

“《天雷报》拟周长山，而身段汰其冗拙；《空城计》仿卢台子，而声韵较为悠扬”（《谭鑫培表演艺术概说》）。吴小如归纳其要旨为：“不外能学无常师，择善而从，并且能识别优劣真伪，做到去粗取精，去伪存真”（《京剧老生流派综说》）。徐兰沅则专论谭鑫培的唱腔，认为：“整个说是感情深，音节准，口齿清，腔调美，绘声绘色，达到了炉火纯青的化境”。“有时轻描淡写，耐人寻味，有时浓墨一挥，气象万千，淋漓尽致，听之似乎无板眼之拘，细拍之则是丝丝入扣，意到神随，美不胜收”（《谭鑫培的革旧创新》）。书后附录《谭鑫培研究书目简表》。本书所收文章，对研究与了解谭派艺术有着重要的参考价值。（戴淑娟）

Tan Yuanjie

谭元杰　（1942～　　）　舞台美术教师。云南昆明人。毕业于中央美术学院附中，曾长期在戏曲院团任服装设计师。1987年起被聘至中国戏曲学院兼课，1989年正式调入学院，从事舞台美术教学工作。1993年获“北京市优秀教师”称号。他潜心研究戏曲服装艺术，致力于教学与科研相结合。以自己对京剧戏衣分类研究成果为基础而绘著的图示教材《中国京剧服装图谱》，1990年由北京工艺美术出版社出版（后经修订再版，2008年6月又出版汉英对照的16开新版本）。该教材按戏曲礼服、常服、戎服、便服之别，分类绘制“蟒”、“帔”、“靠”、“褶”等四大类戏衣中的具体品种，以及“衣”大类中若干子目的具体品种，均是人物造型整体的综合展示，共有图177幅，图文对照。后又参与学院的《中国高等艺术教育大系·戏曲卷》的编写工作，由他编著的《戏曲服装设计》是该套系列教材之一，文化艺术出版社2000年9月出版，获教育部全国普通高等学校优秀教材二等奖，是该专业第一部规范化教科书。25万字，附图80余幅。分“继承”、“发展”上下两编。贯穿积极继承传统的思想，吸收前贤学术研究成果，剖析当代的继承创新设计实践，融会贯通，形成比较系统的教学理论架构。该教材有两个特色：一是在卷首《绪论》中即列出系统化的本专业“知识结构”图表，先期提示知识点与理论点；二是对继承创新设计构思尽量作图像化的演释。此外，他在教学之余一直从事服务于本专业的科研工作：参编《中国服饰大典》，发表学术论文《戏曲服装艺术体系论》，主编“戏曲艺术教育课程资源包”之一的《传统戏曲服装欣赏》，主编《传统京剧人物造型多媒体教程》。（王佩孚）

Tan Yuanshou

谭元寿　（1928～　　）　演员。工老生。原名谭寿颐，乳名百岁。祖籍湖北武昌（今属武汉），生于北京。出身梨园世家，曾祖谭鑫培，祖父谭小培，父谭富英。受家庭艺术熏陶，幼年即从舅父学艺，7岁随祖父谭小培与王幼卿于那家花园演出《汾河湾》，饰娃娃生薛丁山。10岁入富连成社第六科习艺，师从雷喜福、王喜秀、张连福、刘盛通等学老生，从王连平、沈富贵、钱富川、茹富兰等学武生。他幼工扎实，且有副好嗓子。《定军山》、《阳平关》、《南阳关》、《战太平》、《洪羊洞》、《桑园寄子》、《失街亭、空城计、斩马谡》等，得其父真传，念白清晰准确，唱腔高亢响亮，尤其“快板”，快而不乱，充分展示出谭派的特色。武戏擅演《三岔口》、《白水滩》、《神亭岭》、《刺巴杰》、《连环套》、《骆马湖》、《莲花湖》、《殷家堡》、《洗浮山》、《虮蜡庙》、《战宛城》、《野猪林》等。常贴演文武双出，如前《三岔口》，后《失街亭、空城计、斩马谡》。1943年，富社元、韵两科赴沪演出于天蟾舞台，他在《溪皇庄》剧中饰褚彪，反应颇佳。1945年出科后，曾搭荀慧生、叶盛章、叶盛兰、裘盛戎等班社。1947年与杜近芳合演《红鬃烈马》，颇获好评。1949年曾一度自己挑班演于天津。1950年入天津共和社，后赴沪入天蟾实验京剧团。1952年参加中国人民解放军总政治部解放实验京剧团，次年更名总政文工团京剧团。1955年入谭富英、

《沙家浜》饰郭建光

《连环套》饰黄天霸

裘盛戎之北京市京剧二团，同年父子随团并入北京京剧团。20世纪60年代曾参加现代戏《智擒惯匪座山雕》、《草原烽火》、《党的女儿》、《节振国》、《刘三姐》、《杜鹃山》、《沙家浜》等的演出，在唱、念、做、打等诸多方面，进行了新的尝试与探索。晚年仍能演唱做翻扑并重的《打金砖》，充分展示了他文武兼备的深厚功底。1997年在纪念谭鑫培诞辰150周年之际，以古稀之年演出《定军山》、《连环套》和《华容道》。为振兴京剧，对其长子孝增、长孙正岩言传身教，谭门已是七代梨园世家。（刘松崑）

tanzigong

毯子功　表演形体基本功之一，指训练演员掌握和运用翻、腾、扑、跌各项技艺（即**筋斗**，亦作**斤斗**）的基本功夫。因对各种筋斗翻跳的部位限制甚严，不能超越舞台台毯的范围以外，又因这些技艺的训练强度高，难度大，技术条件复杂，练习时需要在毯子上进行，以保护练习者不受伤害，故称毯子功。

汉代百戏中即有杂技、筋斗的表演，经过历代杂技和戏曲艺人的创造、发展，形成了具有民族风格的翻、滚、腾、扑、跌等各种技艺。随着戏曲的形成，筋斗在戏曲表演中，成为塑造人物性格、表现戏剧情境、渲染战斗气氛的不可缺少的艺术手段。生、旦、净、丑各个行当都要掌握一定数量的翻扑技艺，

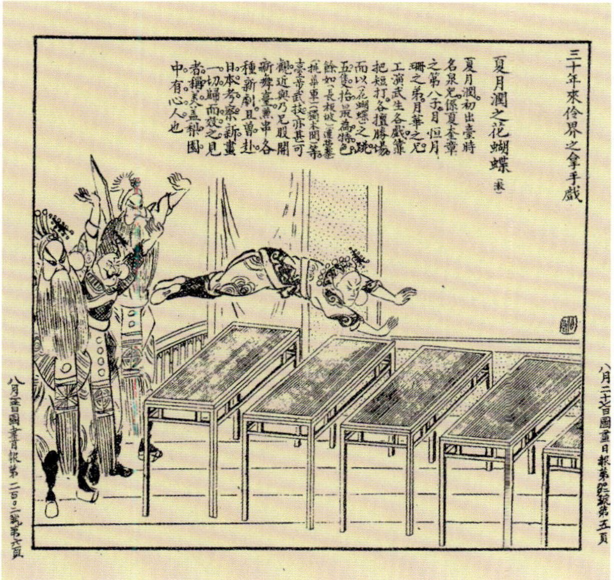

筋斗过桌功
《夏月润之〈花蝴蝶〉》（选自清末上海《图画日报》）

才能适应舞台表演的需要。筋斗除了在舞台上表现翻山越岭、蹿房越脊、腾云驾雾、水中浮游以及双方拼搏鏖战时的人翻马仰、窜奔躲闪、凌空跌倒等戏剧情节外，还可以通过它的训练，协调演员的四肢，增强周身各部关节的柔韧性、协调性和锻炼神经中枢系统对肢体运动的控制能力，使演员的形体在艺术创造中运用自如。

京剧有一套筋斗名目和比较完备的训练方法，大体可归纳为以下几类：①**基础筋斗**。如拿鼎、下腰、前桥、后桥、虎跳、踺子、跺子等。这是练好一切筋斗的基础。这些基础筋斗，有的虽然很少直接在舞台上单独运用，例如踺子，但它是踺子小翻、出场的基础。踺子功夫不牢，就翻不好长筋斗，故有“七分踺子三分小翻”或“七分踺子三分提”之说。②**单筋斗**，又叫**短筋斗**，包括单小翻、单前扑、单提、单漫子、单蹑子、单云里加官、单折腰等。这些筋斗虽然都标有“单”字，但并不是只翻一个，而是指可以单独练习。单筋斗有了基础后，就可“挂串”。如单小翻最多能达到三四十个，还有串蹿提、串前扑、串漫子、串蹑子等。它既可单独翻跃，也可自身连翻。因此，单提又称为站提，单小翻又称为站小翻，不受“单”字的约束。③**长筋斗**，又称**大筋斗**，即两种以上筋斗的结合，并要借助趋步（助跑）力量来完成。如踺子与小翻结合就称“踺小翻”，踺子与提结合就称“出场”，虎跳与前扑结合就称“虎跳前扑”。长筋斗又分四门长筋斗和四门挂梢的长筋斗两类。挂梢是三个以上筋斗的组合，如踺子、小翻、前扑结合起来，就是“踺小翻前扑”，以此类推，又有踺小翻提、踺小翻漫子、踺小翻蹑子等；还有难度更大的四面筋斗。④**桌子功**，指筋斗下桌、筋斗过桌、筋斗上桌。筋斗下桌有台漫、台扑、台提、倒折虎、抢背、云里翻、云里前扑等；筋斗过桌是将两张桌子叠起，或将两至三张桌子并列横排，可以向高处越过，也可以向远距离冲过，如跺子漫子推手过桌、跺子前扑过桌等。从下往上翻的称筋斗上桌，如出场上桌、前扑上桌等。⑤弹板功，这是近年来从杂技、体育中吸取演化来的新项目。⑥软毯子功，属于扑跌类。

筋斗要达到高（腾空高）、轻（起落轻）、漂（姿势正确漂亮）、准（翻挡子、越城、过人、砸险的落点要准确无误）的要求。不仅要能穿着短打紧身衣裤翻，还要能足蹬厚底靴身扎大靠翻，有的还要手持大刀、枪、双刀、双枪各种兵器翻。京剧演员要掌握这些功夫，除了勤学苦练外，还要有良好的身体素质，必须从小接受严格、科学的训练，由抄功教师遵照由浅入深、循序渐进、由易到难、由简到繁的施教的原则，打好基础。

一个筋斗的练成，要经过“抄”、“保”、“喂”三个步骤：①抄。正确动作的形成，关键在于“抄”。不同的筋斗有不同的抄法，如抄前扑要贴、拣、扣等。②保。抄到一定程度，练者基本上掌握了独立动作的能力，教师就可酌情撤劲，起辅助性的保护作用，使练者逐步独立掌握动作。③喂。如果练者已经独立掌握动作，为了保持正确的动力定型，进一步提高动作质量，每次练功开始时，还要轻微地“抄”几个。以上是练习毯子功必须经过的三个重要步骤。

（陆建荣）

Tan Qin Xiang Ma

《探亲相骂》 京剧作品。又名《探亲家》、《乡下妈妈瞧亲家》。本系清代花部剧目，作者不详。唱［银纽丝］。剧本见《缀白裘》第6集，后为京剧搬演，有《戏考》、《戏典》、《剧学》月刊曹心泉曲本等刊本。演乡下姑娘野花嫁与城中李家为媳，备受婆母虐待。其母胡氏放心不下，于农闲时携子进城探望。刚刚见面，城里亲家母便历数野花过失，胡氏为女儿辩护，二亲家言语失和，争吵起来，竟至诟骂扭打。多亏野花夫妻及亲翁苦苦劝解，方才作罢。清嘉庆时，三庆部产百福“扮乡间女儿，倚怀而哭，情态极佳”（《日下看花记》）。胡氏和李婆婆分别由彩旦和花旦扮演。一村一刁，相映成趣。语言生动传神，口角如画。清末，刘赶三擅演此剧，饰胡氏，骑真驴上台。他经常留意观察揣摩乡下妇女的举止言行，表演得村气十足。胡氏对城里生活不熟悉、不习惯，可又怕城里

清宫《戏出画册·探亲》（故宫博物院藏）

亲家看不起她，担心露怯，因而处处小心，样样装懂。可是一举手一投足总是不对头，因为看出人家瞧不起自己，心里更加慌张。刘赶三把握住她的自卑心理，演出她的淳朴、可爱和好笑，而不是故意丑化。萧长华继承了刘赶三注重刻画人物的优长，但并不亦步亦趋。他不骑真驴上台，也摒弃了“五官挪位”的怪相，让人一看就知道是位头次进城、诚实淳朴的乡下老妈妈。王瑶卿经常和张文斌同台演出此戏。他扮演的李氏梳“旗头鬏儿”，趿拉着“矮花盆儿底”，托水烟袋，懒洋洋地上场，大大咧咧地问答，富有生活气息。《缀白裘》所收《探亲相骂》中，城里亲家母因穿旗装，又称“旗下太太”。有些演员在演出此戏时常添加新词，影射现实，

如民国初年张文斌在扮演胡氏见到女儿时说："你熬着瞧吧！"女儿不解，张文斌解释："熬着开了国会就好了！"讽刺当时的政局，全场哗然。（周传家）

tangluo
汤锣 京剧辅助打击乐器。又名小汤汤。它比小锣形制小，状如小碟，直径约10厘米。汤锣也有一提绳，演奏者左手提握置于左手掌中，击打时松开手掌，右手持小锣板击打锣心发音。击打汤锣的点子近似单楗的鼓点，多用闪板、切分、点、提等跳跃节奏，丰富多变。适用于喜庆、欢悦的场面中，在笛子、唢呐曲牌中加打。（王硕）

（刘海发摄）

Tang Chunming
唐春明 （1873～？） 昆腔鼓师。生于北京。为清内廷供奉唐阿招之孙，笛师唐宝山之子。11岁入小荣椿坐科，艺名椿平，师从张虎棚学正净，回家则从父及叔父学板鼓。其父逝后，在昇平署总管何庆喜、宫内五品首领杨得清相助下，于清光绪十九年（1893），与手锣钱树琪、大锣潘寿山、走场（检场）阎福四人，入昇平署当差，至光绪三十年（1904），慈禧七旬大庆，下谕赏春明等正式钱粮。民国以后，搭梅兰芳班多年，所有昆腔各戏，均用春明司鼓。子锡光，工大锣，随其父在梅兰芳班工作多年。（孔祥昌）

Tang Jirong
唐继荣 （1941～ ） 鼓师。北平（今北京）人。满族。1954年考入中国戏曲学校音乐科习武场，1956年开始向刘宗生学鼓板。1960年毕业后分配在该校实验京剧团任鼓师，后调入中国京剧院工作。1987年被评为一级演奏员，1997年退休。在40年的艺术生涯里，曾经为钱浩梁、刘秀荣、张曼玲、刘长瑜、李光等演员司鼓，主要的伴奏剧目有《界牌关》、《白蛇传》、《大闹天宫》、《破洪州》、《十三妹》、《八仙过海》、《平原作战》、《朝阳沟》等。在舞台上他与演员配合默契、反应敏捷，能适应演员灵活的变化和临场发挥。唐继荣肯于学习、进取，除了司鼓外还主动向音乐学院教师学习作曲配器，从而使他在后来的乐队的指挥中有意识地注意到了速度的调节和力度的对比，司鼓时也再不拘泥于传统的程式，敢于变革创新。由他担任锣鼓设计和参加音乐设计的剧目有《十三妹》、《八仙过海》、《平原作战》、《野猪林》等。1980年在文化部举办的新剧目评比中，他参与音乐设计的《巧县官》获音乐设计奖。（许瑾忠）

Tangshan Shi Jingjutuan
唐山市京剧团 京剧演出团体。成立于1953年5月。其前身为组建于1946年的八路军冀中军区独立第八旅平剧研究社，1949～1950年，先后改称为中国人民解放军第二十兵团京剧研究社、六十七军京剧研究社，部队抗美援朝后，又改为中共唐山市委京剧文工团。1953年集体转业到地方，始用今名。团长郭文学，副团长陈立岐、田世友。演员有老生张芸仙（女）、赵鸣岐，旦行赵桂茹（女），净行陈立岐，武生李月楼、王小楼、王侠风、胡立锡，演奏员胡运峰等，共50余名。1951年以来陆续吸收的演员还有旦行金雪琴、王丽英、耿苓秋、金少春、吕美莲，老生阎俊英（女）、徐荣奎、周杰英，武生王荣良、张海涛、孙鸣昆、周仲春，武丑杜玉春，以及青衣、花旦、刀马旦全能的张菊仙（女）等，多为艺术骨干。初创期演出剧目有《打渔杀家》、《群英会》、《苏武牧羊》、《失街亭、空城计、斩马谡》、《血泪仇》等。1949年排演《九件衣》，深受观众欢迎，获奖旗40多面。转业到地方后，先后排演了《闯王进京》、《窃符救赵》、《将相和》、《水泊梁山》、《皇帝与妓女》等。1954年以《人面桃花》、《拾玉镯》、《通天犀》参加河北省第一届戏曲观摩演出，耿苓秋获演员一等奖，金雪琴、王荣良获演员二等奖，《通天犀》获演出二等奖，凌云霄、王少甫获导演奖。1954年后，主要剧目有《天波杨府》、《七郎八虎闯幽州》、《打金砖》、《杨八姐游春》、《金鳞记》等传统戏。创作改编了《春雷》、《飞夺泸定桥》、《巧遇》、《节振国》、《红珊瑚》、《破浪前进》等大小50多出现代戏。其中《节振国》参加1964年全国京剧现代戏观摩演出，受到党和国家领导人接见，并于1965年由长春电影制片厂拍成电影，在全国有广泛影响。"文化大革命"前期剧团瘫痪，1969年重建。曾任团长的徐荣奎于1968年去世。1976年唐山大地震，剧团有36人遇难。在中国戏曲学校、北京市戏曲学校、上海市戏曲学校、河北省艺术学校等支援下，充实恢复成一个以中青年为主的剧团，团长任福田、副团长耿苓秋，青年演员有李海燕（后调中国京剧院）、杨玉洁、孙国良、阎瑞芳、赵艳、王丽华、马占明、关悦强、高飞、张友荣、谢友茹、高卓、藏文忠、王正新、王子林等。编导人员有于英、关悦强，音乐唱腔设计有关键，演奏员有辛志刚、王志平等。新时期主要上演剧目有《节振国》、《沙家浜》、《四郎探母》、《锁麟囊》、《玉堂春》、《红娘》、《八珍汤》、《红鬃烈马》、《吕布与貂婵》、《铡美案》、《谢瑶环》、《击鼓骂曹》、《白门楼》、《望江亭》、《赤桑镇》、《罢宴》、《贵妃醉酒》等。剧团经常深入到各县区、农场、工矿、企业、部队、学校演出，曾多次到北京、天津、济南、淄博、临清、石家庄、保定、承德、秦皇岛等地巡演，并参加全国和省里举办的各种赛事。1987年，李海燕在全国青年京剧演员电视大选赛中以《锁麟囊》获最佳表演奖。1991年，杨玉洁在全国中青年京剧演员电视大赛中以《谢瑶环》获青年组最佳表演奖。卢玉芳、赵艳、关悦强等也取得好成绩。（金塘）

《节振国》（电影）
张海涛饰节振国

Tang Yuancai
唐元才 （1953～ ） 演员。工净。江苏苏州人。1970年进江苏省苏州地区京剧团学员班学习。由于天赋条件良好，自身又好学上进，初进剧团就被列为重点培养对象，1973年起成为该团主要演员，在众多的传统戏和新编戏中担任重要角色。1981年以《赤桑镇》获江苏省青年会演优秀奖。1984年以新编戏《挡御驾》获江苏省新剧目会演表演一等奖。1986年调入上海京剧院，担任主要演员。1987年，在全国青年京剧演员电视大选赛中，以《锁五龙》一剧获最佳表演奖。1994年，以《锁五龙》、《五台山》获梅兰芳金奖大赛提名奖。唐元才嗓音高亢宽亮，

《狸猫换太子》饰赵恒（右一）
陈少云饰陈琳（左一） 徐建忠饰八贤王

行腔声若洪钟，表演富有激情。先后受教于钱福元、周正礼、赵文奎、贺永华、王玉田、梁廷洲等人，后来又成为方荣翔、王正屏的入室弟子。他擅演的传统剧目有《连环套》、《姚期》、《大保国、探皇陵、二进宫》、《将相和》、《赤桑镇》、《遇后龙袍》、《五台山》、《敬德装疯》、《铡美案》以及整理改编剧目《铁面无私清官谱》等。1996～1998年，唐元才在新编京剧连台本戏《狸猫换太子》二、三本中成功塑造了心理变态的昏君赵恒和刚直不阿的清官包拯两个形象。因其表演出色，先后获得第十四届梅花奖、第七届文华表演奖和第九届上海戏剧白玉兰表演艺术奖主演奖。唐元才在艺术之路上不断探索，积极创造，先后在新编传奇剧《扈三娘与王英》、新编神话京剧《宝莲灯》、新编京剧《大唐贵妃》、现代京剧《生死界》中担任重要角色，都有良好的表现。

（夏杨）

Tang Yunsheng

唐韵笙 （1903～1970） 演员。工文武老生。原名石斌魁。祖籍奉天（今辽宁沈阳）。满族。自幼聪明好学，甚得塾师器重，后因其父早逝，家道中落而辍学。9岁拜唐景云为师学艺，由于他天资聪慧悟性好，又具有得天独厚的嗓子，13岁在上海演出王（笑侬）、刘（鸿昇）两派剧目一炮而红，唐师遂为他改艺名唐韵笙。后随师赴山东、河北及东北各地，边演出边学艺。唐景云不但延师为他授艺，还请先生教他诗词、书法，为他后来善于编剧打下坚实基础。8年

学艺期满，唐景云将他收为义子。后唐氏病故，他厚葬义父。18岁倒仓时，改习武生。由于刻苦练功，长靠、短打、箭衣戏都有扎实功底，为文武并重的唐派艺术奠定了根基。为开拓戏路，他还虚心向小孟七、程永龙、马德成等名家请益。

唐韵笙曾受汪笑侬、夏月润、潘月樵、冯子和等京剧革新的影响，勇于创新。他借鉴了旦脚的唱腔、花脸的念白，武行的跌扑，巧妙地糅进所演角色之中，充分显示了他的艺术才华。他本工老生，且能武生、红生、大嗓小生、铜锤、架子花、老旦、彩旦乃至青衣，演来皆有独到之处。他文武皆精、昆乱不挡，在舞台上塑造角色之多，在京剧界是少见的。常常一晚演文武双出，并能三戏连演，如“三逼宫”(《白逼宫》、《黄逼宫》、《红逼宫》)、“三铡”(《铡汝宁王》、《铡庞吉》、《铡包勉》)。在大戏中常连赶数角，如《群英会、借东风、华容道》的鲁肃、诸葛亮、关羽，《雪弟恨》的张飞、黄忠、刘备、赵云，《岳传》的宗泽、岳母、岳飞，《目连救母》的目连、刘精提、地藏王。其中老旦应工的刘清提，不仅有优美的身段和繁重的唱腔，而且接叉的锞子起范高、落地轻，形如元宝，令人叫绝。《法门寺》中前饰刘媒婆后演赵廉。此戏刘媒婆为唐景云亲传，颇具特色，下场时唱末句拖腔，边走圆场，边要烟袋——变换花样在手上旋转，令人叫绝。早年曾与李桂春合演《十八扯》饰孔秀英，颇受赞誉。唐派的关羽戏独树一帜，也为同行称道。

唐韵笙是一位集编、导、演、教于一身的全才，由于他具有一定文化修养，熟读《三国》、《列国》，编演了不少列国戏，有“唐列国”之称。所演《好鹤失政》之弘演，繁难的要髯、跌扑、圆场都有独到之处，与周信芳之《追韩信》，异曲同工，有“周追唐赶”之赞誉。《陈十策》、《绝龙岭》连演是文武并重的戏，所饰闻仲花脸应工，融铜锤、架子为一体，唱、念、做、打独具匠心，所创双鞭出手与开打为净行所少见。《驱车战将》之南宫长万，手执特制双头戟，虽为武生应工却极重唱做，“见母”的唱念，“杀宫”的做表，“战将”的开打，新颖别致，堪称精品。早在1932年他首次晋京，即以此戏打炮演于广德楼。这位20世纪30年代即享有“关外麒麟童”美称的“唐老将”与“麒老牌”(周信芳)、“赵老开”(赵如泉)，在沪上被尊为“三老”。40年代是他的鼎盛之期，与麒麟童、马连良鼎足而立，被誉为“南麒北马关外唐”。

《未央宫》饰韩信

《刀劈三关》饰雷万春

《二子乘舟》饰急子

《古城会》饰关羽

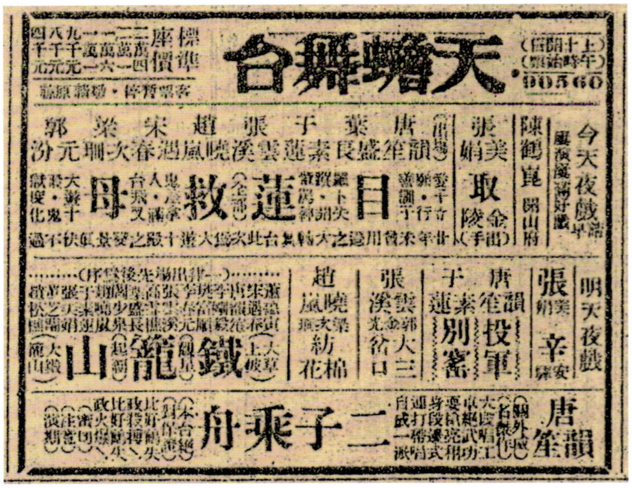

唐韵笙在上海天蟾舞台演出广告
（1947年9月9日《申报》）

唐韵笙是一位极富正义感的爱国艺人。早在1925年于天津得知五卅惨案消息，立即参加声援罢工的义演。1929年编演了《扫除日害》，借后羿之口铿锵有力地怒道：“日害不除，国无宁日”，喊出了全国人民反抗日寇侵华的心声，为此几乎被捕。抗日战争胜利后，国民党军队以授予官衔诱其加入军队，他轻蔑地暗离沈阳。1950年为救灾与梅兰芳、周信芳、盖叫天等联袂义演了《龙凤呈祥》。为配合抗美援朝，编演了《唇亡齿寒》。1955年参加沈阳市京剧团，为配合肃反运动排演《唐僧化虎》。还演出《还我台湾》、《鸦片战争》、《詹天佑》、《白毛女》等近代和现代戏。1956年任中国戏剧家协会辽宁分会副主席。1959年沈阳市京剧团与辽宁省京剧团合并为沈阳京剧院，唐韵笙任副院长。1960年晋京演出《古城会》、《刀劈三关》，受到极大赞誉。他一生演出剧目200多出，几十年心血积累的大量剧本、剧照、唱片等珍贵资料，均毁于“文化大革命”时期。1970年3月13日因急性心肌梗塞病逝于沈阳寓所。

其义子曹艺斌，得其真传。陈麒麟为唐氏之徒又是义女，亦得传承。弟子有田子文、王少伯、李刚毅、张铁华、翟宏鑫、周林昆、李铁英、邵志良、邵继笙（邵麟童）、赵世璞、王玉海、焦麟昆、汪玉麟等。

（刘松崑）

Tang Yunsheng Pingzhuan

《唐韵笙评传》 京剧研究著作。宁殿弼著。辽宁大学出版社1990年12月出版。宁殿弼（1941～ ），辽宁瓦房店人。曾任《辽宁戏剧》、《社会科学辑刊》编辑。辽宁社会科学院特邀研究员，辽宁省戏剧家协会理事，中国民主同盟辽宁省委文化艺术委员会副主任。该书分唐韵笙传和唐派艺术论两部分，并附有“唐韵笙年表”、“唐韵笙演出剧目表”、“唐韵笙创作、改编、整理剧目表”等。作者跑遍了大半个中国，走访了100多位知情者，搜集到大量资料完成此书，是目前见到的唐韵笙较为完整的一部生平传记。唐派艺术论共分7章，包括唐韵笙的艺术道路、艺术风格、唐派表演艺术、唐派剧目、唐派艺术的革新、唐韵笙先生的人品艺德、唐派艺术在京剧史上的地位及影响等。作者用“繁丽多彩，博赡宏富”，“自然清冽，中规中矩”，“动必由衷，内在含蓄，心传精微”概括唐派艺术的特点及风格，并对唐派表演艺术的唱、念、做、打进行了深入细致的分析和归纳。作者对经唐韵笙改编、加工、整理的30多出剧目，按思想内容做了分类介绍，对唐韵笙的看家戏《好鹤失政》、《二子乘舟》、《郑伯克段》、《闹朝扑犬》、《驱车战将》等的思想意义、社会影响做了重点分析。作者认为：“唐韵笙的名字，虽不及周信芳、马连良那样家喻户晓，深入人心，但在京剧界同行中，在东北、津、沪的老戏迷中，是有口皆碑，不会被忘却的。”该书由郭汉城题写书名，马少波作《序》。《序》说：“世有‘南麒北马关外唐’之称，洵非过誉。这不仅说明他在中国京剧史鼎盛期生行的显著地位，而且标志着他在人民心目中的艺术水准。”“宁殿弼同志的新著《唐韵笙评传》，是全国第一部研究唐派艺术的专著，填补了东北京剧史研究的空白，为丰富我国戏剧艺术宝库做出了贡献。”宁殿弼另有与人合作编写的《中国烹饪文化与京剧艺术》及个人戏剧评论专集《戏林拾薪》问世。

（陈义敏）

Tang Yunsheng Wutai Yishu Ji

《唐韵笙舞台艺术集》 研究资料集。唐玉薇编著。沈阳出版社1991年12月出版。30万字。全书内容有4个部分。①评论与回忆：收入文章22篇，有对唐派艺术的形成及其风格特色的研究，对唐韵笙演过的近代戏和现代戏的介绍，对唐韵笙《古城会》等代表作的赏析，有翁偶虹、许姬传、赵松樵、叶盛长、关肃霜、张云溪等名家对唐韵笙的回忆。②剧本：收入唐韵笙代表剧目《驱车战将》、《好鹤失政》、《陈十策》、《绝龙岭》、《闹朝击犬》、《二子乘舟》、《未央宫斩韩信》、《古城会》、《走麦城》、《关公月下赞貂婵》、《刀劈三关》共11种。③唱腔：选有以上代表剧目的21个主要唱段。这些唱段的曲谱，除依据唐韵笙亲自演唱外，还有依据其亲传弟子李刚毅、张铁华、邵继笙以及与唐合作多年的周仲博、李春元的演唱记录，经过仔细校订，基本上保证了唐派的演唱风格。④附录：有《唐韵笙年表》、《唐韵笙部分演出剧目表》、《唐韵笙创作、改编、整理剧目表》及若干广告、戏单。卷前有剧照、生活照、活动照多帧。马少波为之作序。翁偶虹有《题唐韵笙舞台艺术集》七律一首：“漫道金台菊最芳，关东菊色亦辉煌。琼楼一曲笙留韵，银汉三星鼎立唐（自注：四十年代，唐韵笙与马连良、周信芳鼎足而立，有‘南麒北马关外唐’之称）。鹤犬虎龙收铁网（自注：唐韵笙能戏极博，多所创新。《好鹤失政》、《闹朝扑犬》、《玄坛斗虎》、《绝龙岭》等，均其代表之作），兜鍪笏带尽瑶章（自注：唐韵笙之艺，允文允武。袍带老生、靠把武生、红生、大嗓小生、花脸、老旦无一不精）。黄垆伤逝长相忆，喜展斯编姓字香。”

（简畅）

Tang Zaixin

唐再炘 （1922～2007） 琴师。再炘一作在炘。上海人。1947年毕业于上海圣约翰大学土木工程系。自幼喜爱京剧，对程（砚秋）派艺术尤为倾慕。青少年时代随程砚秋的琴师穆铁芬、周昌华学琴，又得程砚秋赏识，随之学戏并为其操琴。在此期间，并向杭子和、魏希云、白登云学习司鼓。1953年来到北京，在李世济京剧团工作，并拜徐兰沅、王瑞芝为师，进一步精研京剧文武场。1956年转到马连良京剧团。1978年底调到中国京剧院。

唐再炘精通京剧音乐的规律，善

与李世济切磋唱腔（吴钢摄）

于把握各流派唱腔的风格特点。他曾先后为张君秋的《楚宫恨》，裘盛戎的《林则徐》、《杜鹃山》，赵燕侠的《碧波仙子》、《叶含嫣》等设计富有表现力、感染力的流派唱腔。特别是对于程（砚秋）派唱腔，他更是进行了深入的研究，达到融会贯通的程度，因而在李世济新排的《陈三两爬堂》、《刘三姐》、《王昭君》、《则天皇后》等剧目中设计了脍炙人口的唱腔，并获得了首届文华奖的音乐创作奖。在整理加工程派剧目《文姬归汉》、《梅妃》、《牧羊卷》、《英台抗婚》、《祭塔》、《三娘教子》等剧目的唱腔时，既突出了情感的表达，保持了浓郁的京剧风格和程派韵味，又具有新意，增强了唱腔音乐的表现力和感染力。他所创造的程派唱腔，支持了李世济在演唱和表演艺术上求新求变的努力，常被观众称为“新程派”。唐再炘对于京剧音乐中胡琴的伴奏，精益求精，严格要求。他特别重视乐队对于演唱及剧情的烘托与渲染。他的演奏，忽而手劈雷霆、滚滚万钧，霎时又弓牵细雨、悠悠千丝，扣人心弦。他追求的是令观众在观看演出时达到“意醉”的境地。他的乐队很精干，在京胡、京二胡、月琴、弦子传统编制的基础上，又加上一把笙和一把中阮。在伴奏唱腔中，每件乐器的弓法、指法、气口、劲头等都有很严格的要求，听来音乐效果非常丰满、悠扬，有其“新程派”的独特风格。

（张梓媛）

tanggu

堂鼓　打击乐器。又称**小堂鼓**。以木为框，形如木桶，两面蒙皮，鼓面直径约22厘米，置于木鼓架上。鼓师以一双木制堂鼓槌击打，发音高亢有力。击鼓心与鼓边可以发出不同的声音，鼓心音低，鼓边音高，在演奏者的控制之下，音响幅度会有变化。用于演奏升帐、升堂之［大开门］，宴会、摆队之［工尺上］、［柳摇金］和［傍妆台］等唢呐曲牌；也用于代奏更鼓、风声、水声、升退堂鼓、法场鼓等。在武戏中，由三弦乐师操奏，配合锣鼓乐，烘托战斗气氛。

（刘海发摄）

（王硕）

tanghui

堂会　戏曲演出习俗。源于古代宴乐。明清以前，均有以散乐、杂剧等宴请宾客的传统。京剧形成后，成为厅堂宴会的重要观赏节目。此类伴随宴集的演出称作“堂会”。清道光二十二年（1842）《梦华琐簿》载：“堂会，为戏庄公宴及第宅家宴、会馆团拜也。”其中戏庄公宴、会馆团拜属于公宴；第宅家宴属于私宴，凡升迁、及第、婚配、育子、寿诞、买卖开业等都是设宴唱堂会的时机。堂会由主办者延请戏班和演员，点选戏目，所演多为折子戏片段，或彩唱，或清唱，有时日夜连演，通宵达旦。或有戏班邀请别班名角加入者，谓之“外串”。堂会演出时，艺人听命于主人，承应

清末宅第堂会戏演出图（原题《海屋添筹》）
（选自《点石斋画报》）

领赏，几同佣仆。清末以来多有戏班拒演堂会戏和个人不演堂会戏之例。

（周华斌）

tangma

趟马　表演程式之一。又称**马趟子**。演员基本功法之一。在舞台上用以模拟策马疾行的情节。以**单人趟马**（一人一马）为基本形式。演员挥舞马鞭，以圆场、转身、勒马、挥鞭、高低亮相及三打马等动作一气呵成，女性角色还可用鹞子翻身、卧鱼、掏翎等动作。可简可繁，因剧而异。单人趟马如《盗御马》中窦尔墩盗马回山，《黄金台》中伊立搜府，《战宛城》中曹操马踏青苗等。另有双人趟马如《打孟良》的杨排风和孟良，多人趟马如《溪皇庄》中蔡金花等几个女角色的表演等。趟马要求姿势矫健优美，要有扎实的跑圆场功力，动作、身段可依剧情、人物和具体情境于程式规范中创造、变化。如《艳阳楼》中高登的趟马，就要表现出这一个恶少的酒色之徒的形与神，不能千人一面流于一般化。每一行当，每个演员的趟马表演各具独特风格，使京剧舞台表演异彩纷呈。

《盗御马》袁世海饰窦尔墩
（吴钢摄）

（周绍昌）

tao

绦　以丝线或棉线编成的戏衣配件，用于束腰、绊胸、扎靠。束腰用的称**丝绦**，俗称**绦子**。昆剧称**宫绦**。全长两丈，两端有穗，取中系八宝结，结下有一对两尺半长的绦穗。女用丝绦较短，长丈许，绦穗一尺半。束腰时，按男左女右定例，先将绦穗定位在后腰部，然后再将左右绦绳绕至前腰正中部位，系蝴蝶结固定。也有将绦穗垂于前腰两侧或正中者。丝绦色彩有黄、蓝、紫、黑、香色等。丝绦作为一种腰饰，来自社会生活。舞台上丝绦多用于文人，如《春秋配》李春发、《问樵闹府》范仲禹、《群英会》蒋干等。行路者，

穿褶子，腰系丝绦
《戏出年画·春秋配》李春发
（王树村提供）

穿花抱衣，绦绳绊胸
《恶虎村》黄天霸
（王金璐饰）

将所穿褶子的前襟自右向后掖起，用丝绦束住，有助于表现行色匆匆的情境，如《捉放曹》陈宫、《十三妹》安骥等。女性如《辕门斩子》佘太君、《二进宫》李艳妃、《秋江》陈妙常等亦系各色丝绦。

绊胸用的称**绦绳**，比束腰丝绦要长，约为四丈。古代武士为行路或蹿房越脊之便，往往以带紧束武服，舞台上用绦绳绊胸，即为其装饰化。多用于短打武生，使身段造型更显英武矫健，虽武打激烈，衣不改形，且可利用绦绳背后插兵器。穿花抱衣的如《恶虎村》黄天霸，穿花快衣的如《连环套》朱光祖，穿青素快衣的如《芦花荡》张飞，穿花箭衣的如《金雁桥》张任，穿青素箭衣的如《夜奔》林冲，都需用绦绳绊胸。女角色也有绊胸者，如《十三妹》何玉凤、《盗库银》青蛇等。绊胸扎法有十字梅花绊式、八宝绊式、锁链绊式。绦绳用色与服色相反，穿浅色服者深之，穿深色服者浅之，有黑、紫、蓝、白、杏黄、浅灰等。

扎靠用的称**靠绳**，又称**勒甲绦**。是两条长六尺的扁圆形绒绳，用以结扎背旗、紧固靠服。扎好后再用靠绸将靠绳盖住。

（谭元杰）

Taohuashan

《桃花扇》 京剧作品。欧阳予倩根据清代孔尚任同名传奇改编。1937年完成于上海，演出遭禁。1939年在桂林曾改作桂剧、话剧演出。1947年，焦菊隐领导的北平艺术馆平剧团先后演出该剧，采用分幕制，新式化妆和灯光布景，主要演员陈永玲、沈金波、王金璐、高玉倩、储金鹏等。轰动京城，尤受青年学生欢迎与支持。由于宣传民主思想，使当局感受压力。社会局鼓动国剧学会推出齐如山改编的同名作品与之抗衡，演出全用舞台旧形式，主要演员有杨荣环、萧盛萱、贯大元等。当局在剧中加进指骂共产党、散播“戡乱救国”的内容。时称“新旧《桃花扇》大挑战”。饰演苏昆生的演员侯喜瑞念完一段［数夜］后，对台下说：“此乃文人所编，在下不过照念一遍。”1959年，欧阳予倩重新整理剧本，中国京剧院演出。导演郑亦秋。主要演员杜近芳（饰李香君）、叶盛兰（饰侯朝宗）、李世霖（饰杨文骢）、孙盛武（饰柳敬亭）、苏维明（饰阮大铖）、娄振奎（饰马士英）。剧本收入《中国地方戏曲集成·北京市卷》、《中国京剧院演出剧本选集》。该剧依照传奇原作的故事轮廓重新处理，减去南明统治集团内部矛盾和史可法困守扬州等情节，只取阮大铖迫害侯、李一线，集中描写其离合聚散，并改变原作明亡后侯、李相遇于栖霞山，共约出家的结尾，突出批判害民误国、卖国求荣及宣扬爱国主义精神。作者热情地描写下层人物的正义感和民族气节。通过愤退妆奁（第五场）、抗拒逼嫁（第七场）、赏心亭骂筵（第八场）、含恨断情（第十一场）等重要场次和情节，塑造了李香君的形象，刻画她聪慧坚贞、爱憎分明、不为利诱、不畏权奸的性格，歌颂了她的反抗精神和崇高的气节。软弱动摇、终于变节的侯朝宗，八面玲珑的投机文人杨文骢，卑鄙奸邪的佞幸小人阮大铖，也都形象生动。全剧结构严谨，布局匀称。民国初年和1925年，汪笑侬、徐碧云也曾分别根据传奇《桃花扇》改编为京剧演出。1952年北京市燕鸣京剧团曾编演《血溅桃花扇》。

杜近芳饰李香君

（蔡运长）

Tao Junqi

陶君起（1915～1972） 京剧史家。名復。北京人。出身蒙古族仕宦之家。父潞生为京城票友，与伶界交往甚多，唱腔渊源于谭鑫培，胡琴曾得陈彦衡真传，中年以后与徐兰沅、杨宝忠过从甚密。陶君起自幼随父出入三庆园观余叔岩演剧，受家庭影响，对京剧产生浓厚兴趣。15岁始，师从前清举人邓正夫（曾任湖南省长）与姑丈齐景班（齐燕铭之父）习国学，研修经史，于汉学、宋学均有心得。课余，常与亲友切磋唱腔、演技，兼对剧目本事进行考证。20岁前已熟谙京剧音乐、唱腔、表演艺术，能粉墨登场，搬演20余出老生戏，且兼有谈艺论剧的文章发表。1951年自大众创作研究会调入中国戏曲研究院，从事专业研究工作。参与编辑《京剧丛刊》，并开始着手爬梳京剧剧目，考订剧本源流，走访菊坛耆宿名伶，辨析同名异实之作，终于1957年完成《京剧剧目初探》专著，由上海文艺出版社出版。全书收录剧目1 200余种，以剧情所涉朝代为序，另列“朝代不明戏及补遗”一类，自成体例。对每一剧目，均提要剧情，钩沉本事，辨析流派，成为京剧有史以来第一部内容比较完备的剧目工具书。1963年，再版增订本，增列乙编三章，录“新编历史戏”、“近代革命题材戏”与“现代戏”95种，由中国戏剧出版社出版。惜有些剧目不无遗漏，有的作者署名亦误，未及增补和更正。

《京剧剧目初探》增订本
1980年再版封面

陶君起为京剧的普及与提高也倾注了心血，撰写剧评、戏曲掌故，介绍京剧知识，分析流派风格，在报刊上发表文章数十篇。鉴于他对余叔岩唱腔的深入研究，1959年，上海文艺出版社出版《余叔岩唱腔曲谱集》时，特请他撰写前言。1960年著《京剧的角色分行及其艺术特点》，由中国戏剧出版社印行。本书阐释了京剧各色人物的分行和各行当的艺术特色，涉及京剧行当的演变和发展，并对京剧运用行当表现现代人物提出了自己的看法。1962年，应“中国历史小丛书”编委会之邀，撰著简明论述京剧发亖、发展历史的《京剧史话》，由中华书局出版。陶君起在潜心研究传统戏曲的同时，还努力探索京剧反映现代生活的途径，积极参与戏曲改革，并于1963年编写出现代京剧《软糖秘密》，由吴素秋、姜铁麟主演于北京长安大戏院。“文化大革命”期间，陶君起受到了残酷迫害，1972年1月14日病逝于北京。1978年为其平反昭雪。1980年，《京剧剧目初探》再版。（陶慕宁）

Tao Xiong

陶雄　(1911～1999)　京剧评论家。笔名云天、小捷、音波。祖籍江苏镇江，生于江苏南京。1932年6月毕业于北平师范大学外国文学系，曾在北平、洛阳等地中学任教。1936年秋，应聘南京国立戏剧专科学校任教。1939年加入中华全国文艺界抗敌协会，任成都分会常务理事4年。1941年任《华西晚报》文艺副刊编辑。抗日战争胜利后，任国立戏剧专科学校副教授。1949年任上海光华大学外文系、中文系教授。中华人民共和国成立后，历任华东军政委员会文化部戏曲改进处研究室主任，华东戏曲研究院编审室主任，上海京剧院院长助理、副院长，1962年起兼任中国戏剧家协会上海分会秘书长。“文化大革命”中因参与编写《海瑞上疏》被点名批判，受到迫害，1978年平反昭雪。1979～1985年任上海艺术研究所顾问。1999年病逝。陶雄的主要戏曲评论及研究著作有《黄花集》、《红氍毹上》、《访苏演出散记》等。

《黄花集》，花城出版社1983年12月出版。收录作者1979～1981年间所撰写的各种谈戏曲的短文，如《京剧有危机么？》、《谈京剧出国》、《演员和观众》、《不流不成派》、《漫谈程式化》、《汪笑侬与〈瓜种兰因〉》、《〈三岔口〉的今昔》、《〈盗仙草〉要“盗”》、《梅兰芳的美》、《学麒偶得》等，共58篇。著者以京剧为主要研究对象，采用随笔、杂感的形式，总结戏曲艺术推陈出新的某些经验教训，阐述了戏曲艺术的特征和历史传统。作者评述一些有代表性的传统剧目之思想艺术，特别对一些有争议的剧目提出了自己的看法，还介绍了著名京剧演员汪笑侬、梅兰芳、周信芳等人的艺术造诣及探索精神，并对“文化大革命”期间“江青反革命集团”给戏曲艺术的摧残表示愤慨之情。此书在当时介绍戏曲艺术著作不很多的情况下，对戏曲界的拨乱反正，重新认识戏曲艺术本身的规律及在新的形势下推陈出新起了积极作用。《红氍毹上》，中国戏剧出版社1984年4月出版。收入以论述京剧为主的文章32篇。其中一部分以研究京剧历史为主，谈徽班和二簧的发展，探寻南派京剧成长轨迹；一部分评论京剧剧目，从剧目的改编、创作及舞台演出入手做了深入的分析，如谈《金玉奴》、《四郎探母》、《智取威虎山》、《芦荡火种》等，反映了作者关于抢救、整理戏曲遗产及京剧表现现代生活的一些见解和美学思考。另一部分是回忆著名京剧演员梅兰芳、周信芳的生平，介绍了他们的做人品格、艺术创造及从艺道德。此集是从作者1949年以后所撰写的大量评论性、理论性、政策性文章中精选而出，所表达的看法都是从实际出发而又经过作者深思熟虑的，富于学术上的争鸣精神。此外，还参加过京剧剧本《智取威虎山》的创作，并有小说作品问世。晚年任《中国戏曲曲艺词典》主编、《中国京剧史》主编之一。（周巩平）

《红氍毹上》封面

taotou

套头　泛指戴于表演者头部的整胎式塑形化装。又称假头。清人李调元《弄谱》说：“世俗以刻画一面、系著于口耳者，曰‘鬼面’，兰陵王所用之假面也。四面具而全纳其首者，呼曰‘套头’，《西京赋》所云之‘假头’也。”这是对套头与一般面具之区别的精要解释。在汉代角抵百戏中，面具、套头、假形是同被采用的装扮样式。三国时薛综在《西京赋》的“总会仙倡，戏豹舞罴。白虎鼓瑟，苍龙吹篪”文下注曰：“罴豹熊虎，皆为假头也。”（重刻宋淳熙本《文

汉代画像石上刻画的像人表演（拓本局部）

选》卷二）这种戴着假头进行表演的形象，可从南阳汉画馆所藏的汉代画像石上看到。《南齐书·乐志》称这类表演为“像形杂伎”。自唐宋以来流传民间的《大头和尚》，即为戴着套头的滑稽舞蹈。套头亦为戏曲的造型手段。明初朱权《太和正音谱》分杂剧为十二科，内有一科“神佛杂剧”称作“神头鬼面”，正突出其装扮特点，即需用套头、面具。清代宫廷戏曲中，套头名目甚多，据清道光二年(1822)档案，宫内和圆明园内戏台库存的各样套头，分别为181个和380个，用来装扮弥勒、寿星、雷公、十八罗汉、二十八祖以及各种鬼怪（详见王芷章《清昇平署志略》）。京剧用套头，亦大多装扮神鬼角色。如《杨家将》中审潘洪、《狸猫换太子》中审郭槐，都有假设阴曹情节，扮牛头马面者都需戴套头；《十八罗汉斗悟空》、《十八罗汉收大鹏》中，扮如来佛者戴套头，扮诸罗汉者套头、面具、半截脸并用，以适应表演的不同需要。（龚和德）

texing qiangxing

特性腔型　京剧唱腔中依存于某些腔调、板式中带有特定旋法，用以渲染某种戏剧情绪的腔型。是京剧唱腔的有机组成部分，为体现戏剧性要求不可缺少的表现手段。有[回龙]、[哭头]、[九连环]、[节节高]、[满江红]和[十三咳]等。

[回龙]。原称[回龙腔]，指一种迂回婉转，状如游龙的腔型而言。此种腔型很富有动感，对渲染某些激越情绪作用较大，故在皮簧唱腔中经常使用它。

[回龙腔]在[二簧]的唱腔中，多用于[导板]唱句之后，下句（与[原板]或[慢板]的下句结构相同）唱腔的句尾处。由于这个带有[回龙腔]的下句唱腔唱来很能激动人心，故人们习惯地将此全句的唱腔也称之为[回龙]了。[二簧]的[回龙]是由[导板]（或[散板]）转入上板类板式，起承上启下作用的句

子，故在这个下句中，常常要夹用一些带有某些激愤情绪的垛字句。为了使垛字句的气势步步加紧，这个下句的唱腔就必须要用［碰板］来起唱，然后再把那个［回龙］大腔接上，这样，才能将全句的某些情绪尽情地宣泄出来。接下来正好能再使用下面大段平稳抒情的上板类（如［原板］、［慢板］等）唱段。像以上这样的组合方法，在京剧中早已形成成套板式唱腔的程式，被称之为“导、碰、原”。

［二簧回龙］句尾的落音，生腔落Re（也可落低八度Sol），旦腔落Sol，都是［二簧］的调式主音，很稳定。如生唱《八大锤》［二簧导板］后带垛字句的［碰板回龙］：

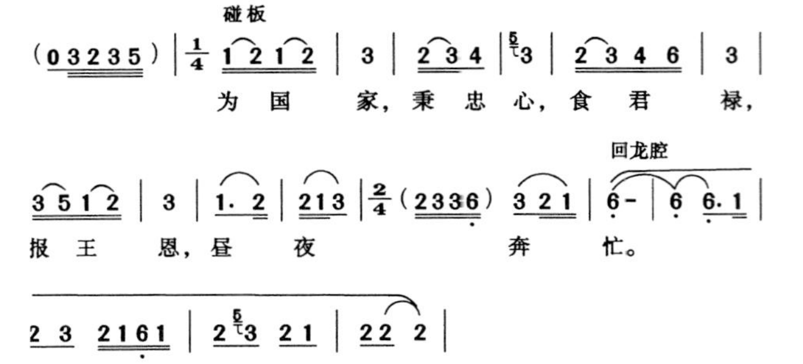

［回龙腔］在［西皮］唱腔中，和［二簧］的用法不同。［西皮回龙］是附属在［散板］、［哭头］，或［二六］、［快板］等句子后面的拖腔，是一种表达更进一步、意犹未尽情绪的腔型，并且多是放在上句的句尾处。有的是用上句唱词的末三个字来行腔的。如生唱《击鼓骂曹》［西皮快板］上句后的［回龙腔］“元旦节与贼个不祥兆（上句），假装疯魔骂奸曹（下句）”：

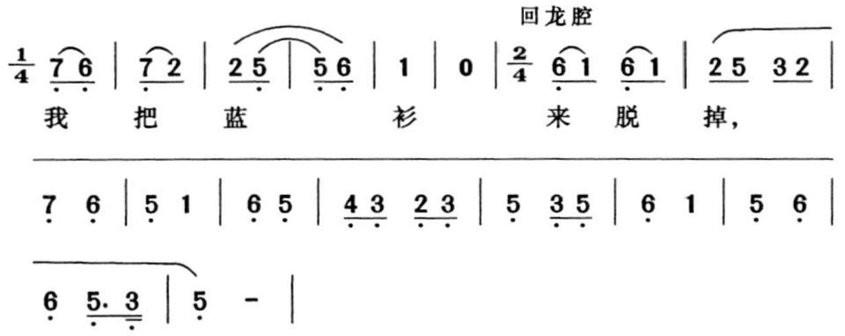

也有的是唱完上句再补三、五个字来唱［回龙腔］的。如旦唱《玉堂春》［西皮导板］、［哭头］后所加的“大人哪”回龙腔：

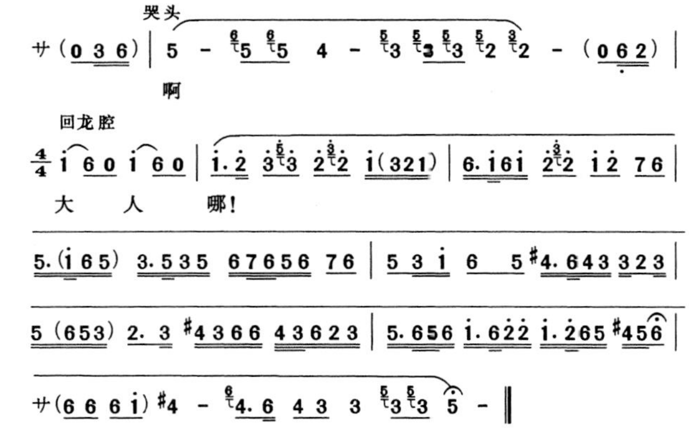

［回龙腔］在传统戏里［二簧］、［西皮］、［四平调］、［高拨子］均用（其旋法各有不同），唯［反二簧］中没有。20世纪20年代梅兰芳排演古装新戏《太真外传》时，曾由琴师徐兰沅、王少卿创造出了一种［反二簧慢板］下句加垛字句的［回龙腔］来，非常新颖：“我只得起徘徊，忙推玉枕，斜挽云鬓，花冠不整，转过银屏就来到了前庭。”(曲谱从略)

［哭头］。是根据生活中哭喊的声调，与锣鼓“｜仓－｜仓－｜仓仓｜仓才｜仓－｜”这个像人在顿足捶胸的节奏结合而成。是个单句式的独立唱句，可作附加句夹在皮簧等唱腔之中，对悲哀痛苦情绪的渲染。如《斩马谡》中诸葛亮（老生）在［西皮散板］下句之后所夹唱的［哭头］：“可叹你为国家刀下身亡”：

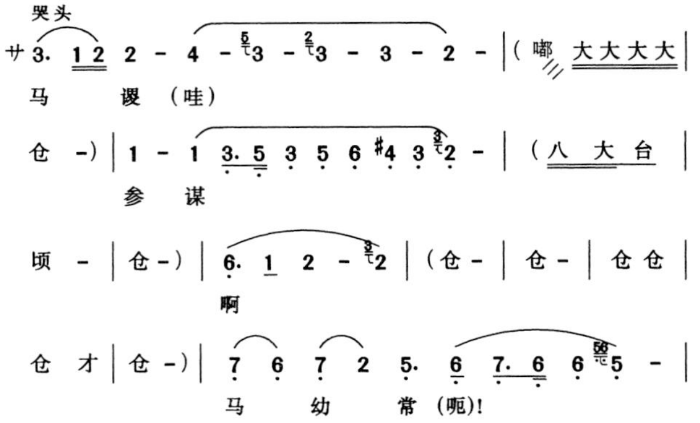

［哭头］在［二簧］、［西皮］、［四平调］、［南梆子］等腔调中都能用。根据全唱段的需要，［哭头腔］可以散板处理，也可以上板处理，在保持其音调特性的前提下，其腔型也可做多种变格处理。

［九连环］。是一种连环迂回的腔型。很像是［回龙腔］和［哭头腔］变化而成。常用于［二簧］或［反二簧］上板类唱腔的上句带有哀伤抒情的大拖腔中。如老生唱的《碰碑》［反二簧］中的［九连环］：“可怜我八个子把四子丧了”(反二簧快三眼的上句)：

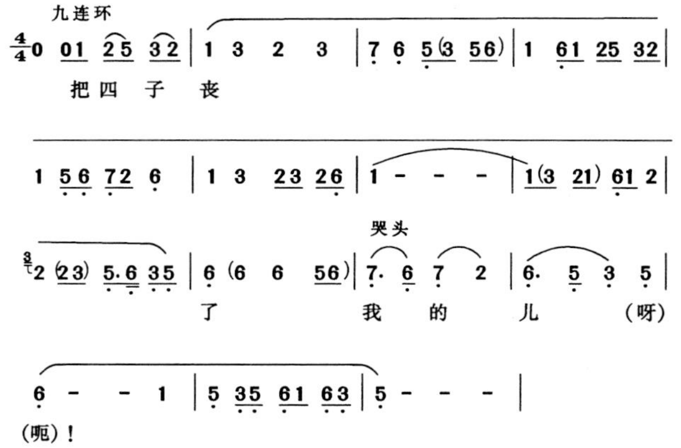

［九连环］的旋律经过改编，还可用于［西皮娃娃调］的［慢板］、［快三眼］或［原板］的唱腔之中。如《辕门斩子》老生唱的［西皮娃娃调］(［快三眼］)“见老娘施一礼”后的“躬身下拜”的腔。(曲谱从略)

［节节高］。是在［二簧］或［反二簧慢板］中，将上句唱腔的第一分句落腔，进行上下加花扩展。［节节高］的长拖腔，一般多是在追忆往事不堪回首的情绪下唱出的。如旦唱《祭塔》［反二簧慢板］中的［节节高］：

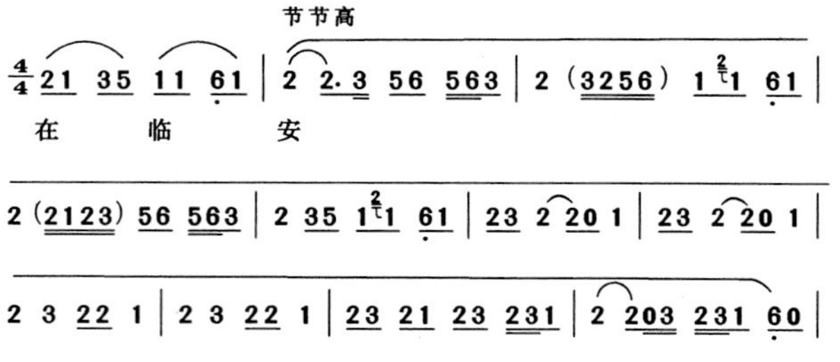

此外，如老生唱《碰碑》［反二簧慢板］“我的大郎儿”是个约简的［节节高］腔。再如旦唱《二进宫》［二簧原板］中“你道他无有那篡位心肠”，这里“你道他”的腔也叫［节节高］。

［满江红］。也称［十三一（幺）］。是指《文昭关》老生［二簧慢板］“一轮明月照窗前”的“一轮”中，糅进的一种特定曲调而言。

因其第一个字“一”在行腔中有十几个小音型，故称［十三一］。

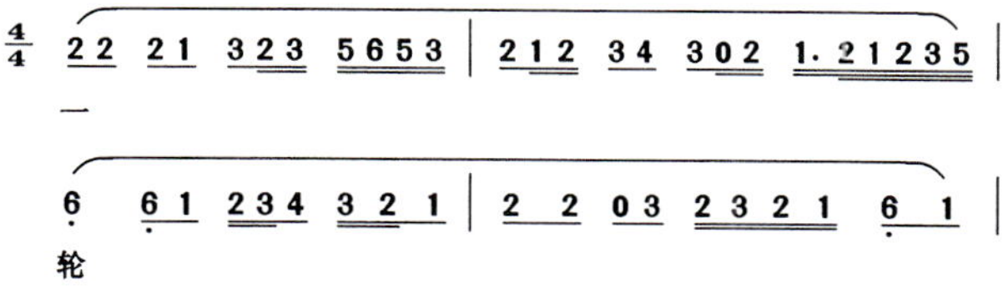

据说此腔来自汉调，在京剧中最早为王九龄所唱。这个腔主要是为抒发人物万般愁苦辗转不宁心情而用。由于这个腔型太复杂，后来就很少有人再用。

［十三咳］。从河北梆子移来的一种腔型。完全是以“哪、咿、呀、呼、咳”之类的衬字组成的腔。其旋律起伏跳跃甚为活泼，常被旦行（主要是花旦）脚色用来装饰唱腔或是用来表达人物得意、喜悦的情绪。其用法多是附加在［西皮流水］或［南梆子原板］的唱句中间或句尾处。如《大登殿》两个旦脚在［西皮流水板］中所唱的［十三咳］：

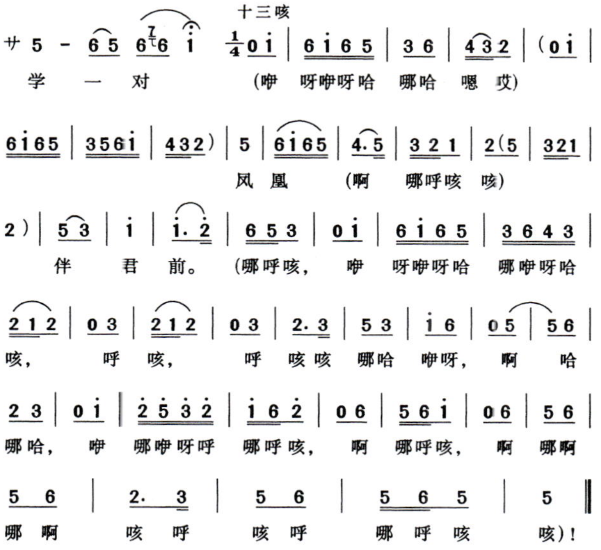

（张正治　刘吉典）

Tianchan Wutai

天蟾舞台　近现代剧场。有新老之分。老天蟾为1912年4月4日开业的**新新舞台**。原属上海第一家游乐场所楼外楼之一部，黄楚九、经润三、孙玉声联合将底楼改建成京剧剧场。址在上海市九江路湖北路口（即华侨商店旧址）。钢筋混凝土结构，坐北朝南。开业时首邀北京名伶谭鑫培、黄润甫、孙怡云、文容寿、慈瑞泉、诸如香、德珺如等演出。次年出让他人，改称**醒舞台**，演员有盖春来、筱菊笙、赵君玉、温小培、李吉瑞、李春利等。1914年4月17日，南市九亩地新舞台全班人马自肇明戏院迁此，一度易名**竞舞台**。1915年2月17日，有“迎仙”班底迁入，对外又称**迎仙新新舞台**。不久，原丹桂第一台老板许少卿向房主永安公司租赁15年，改名天蟾舞台，意取神话蟾蜍食月中桂树之典故。于1916年2月农历春节揭幕。1916年11月1日～12月18日梅兰芳第三次赴沪演出即在此。该台先后以常春恒、李桂春、周信芳为台柱，长期演出《狸猫换太子》、《封神榜》、《隋炀帝看琼花》等当时走红上海的连台本戏。因地处闹市，营业颇佳。20世纪20年代后期，上海青帮“通”字辈人物顾竹轩接手。顾接手不久，台柱常春恒因对包银不满，转隶丹桂第一台。顾恼羞成怒，指使党徒于1928年1月7日将刚在丹桂第一台演完夜戏《梁武帝》的常春恒击毙，然后逼邀周信芳支撑局面。1930年2月租赁期满，适逢永安公司翻建房屋，顾获拆迁费后，将“天蟾”招牌迁至福州路云南路转角处之剧场。时人为示区别，前者称“老天蟾”，后者称“新天蟾”。

20世纪30年代天蟾舞台外貌

新天蟾原名**大新舞台**，由三元公司祥茂洋行取得租赁权建造戏院（租期25年），英籍建筑师艾考脱兰设计。建筑为四层钢筋混凝土结构，坐西南朝东北，占地面积约2 000平方米，建筑面积6 207平方米，其中演出使用面积为3 602平方米。屋顶呈拱形，覆盖整个观众厅。当时四层座位共3 917个，为上海新式剧场之最。卖一场满座，收入可购黄金五十两。舞台宽14米，深10米，总高度14.5米，台口高7.5米。有副台100平方米，乐池20平方米。根据戏曲传统表演的特点，舞台台唇建为伸出式半圆形，延伸至观众厅4.5米，观众三面环临，演员可走至台唇区表演。1926年2月6日剧院开幕，首期有李吉瑞、荀慧生、高庆奎、白玉昆、刘永奎等演出。不久黄玉麟、周信芳、祝荫亭、孙毓堃、盖叫天等先后登台。同年11月17日，梅兰芳、王凤卿、李万春、姜妙香、杨瑞亭、碧琴芳、侯喜瑞等到此献艺。1928年1月，扩大舞台，改称**上海舞台**。1930年又称**天声舞台**，王佐良、徐金生、沈少安、周乾康、赵如泉、常云恒等先后主持。同年11月，顾竹轩将天蟾舞台招牌迁此，本人也全面接管，依然以周信芳为主力，多演连台本戏。1936年，顾犯案被捕，由其兄顾竹松主持，终因困难，租与茂龄公司李遐龄经营。未及一年，转租吴性栽。抗日战争时期仍以演京剧为主。1942年转给张善琨独资经营，又吸收顾乾麟、范恒成、周剑星加入，不久散伙。1945年张善琨出走，由顾乾麟负责，因营业不振，交周剑星代理。其间，唐韵笙的重头长靠戏《铁笼山》连满半年之久。顾竹轩见营业好转，向法院起诉，于1948年3月10日收回天蟾舞台，由其长子顾乃庚任总经理。10月，李少春、袁世海、杜近芳领衔演出《野猪林》，连满30场。上海解放后，于1954年6月11日归上海市文化局管辖。8月底，天蟾实验剧团脱离天蟾舞台自主。1966年8月改名**劳动剧场**。1984年5月，剧场翻修，翻建后设两层座位计2 093个。1986年恢复旧名天蟾舞台。天蟾曾有过阵容强大、行当

逸夫舞台外貌

齐全的京剧班底，高盛麟、谭元寿、魏莲芳、小王桂卿、李宝櫆、艾世菊、李丽芳等均搭过天蟾班底。京剧界曾有“不进天蟾不成名”之说。1961年12月和1980年4月，这里分别举行过周信芳和俞振飞演剧生活60年纪念演出活动。1993年重新改建，于1994年4月28日开台，易名天蟾京剧中心·逸夫舞台，简称逸夫舞台。重建后的逸夫舞台设座位928个，属上海京剧院专用剧场。（林明敏）

Tianhe Chayuan

天和茶园　清代戏园。址在北京地安门外大街北口内路西，临近鼓楼处，东向。现已不存。始建于清咸丰年间，多演曲艺、杂耍和戏曲清唱。清末内城不再禁戏，该茶园亦开始接待戏曲团体。民国初期，以演《纺棉花》著称的梆子旦脚小马五采取梆簧“两下锅”的方式组班在此演出，班中主要演员有贯大元、赵喜真、钟喜久、元元旦等，多为喜连成科班头科学生，而且行当十分齐整。剧作家翁偶虹回忆称：民国初年，曾随祖母在这里听过刘鸿昇的《斩黄袍》，开场是《祥梅寺》，中轴是武戏《艳阳楼》。后因北城地僻，观众不多，不常演出。只有五月节的“粽子班”、中秋节的“月饼班”、春节的“元宵班”偶演1～3场。1921年停业。（吴增彦）

Tianheguan

天和馆　清代饭庄戏园。址在北京前门外西珠市口大街路北，煤市街南口西侧把角处，现已不存。始建于清代末叶，原为专办红白宴席的“冷饭庄”。内设戏台。庚子事变，大栅栏各戏园遭焚，原在各戏园轮转演出的戏班分别相对固定于某一场地维持演出。谭鑫培的福庆班便久占此馆。清光绪三十三年（1907），由雷振远发起，联合票友乔荩臣、朱仲孚和武生演员俞振庭等，合资改建为文明茶园，于同年10月开业。经理商养泉。室内戏台坐北朝南，宽6米，进深6米，三面观看。观众席2层，楼上部分，前排为包厢，包厢内设桌椅，可容6人。正面和东侧为一等包厢，西侧为二等包厢。包厢后为散座，一排高于一排。楼下部分，正面为池座，设四排圆桌，每桌配六椅，为一等票座。两廊散座，为二等票座。清朝历来禁止妇女入戏园，而此园开禁，但必须男女分座。楼座只卖堂客（女眷），在煤市街单开一门，专供女观众出入。《顺天时报》1907年11月30日载文略谓：“北京数百年来，戏班最称第一，戏园内容的野蛮也可称第一。数百年后，到今年十月间，方才有这文明茶园。园名文明，真是名实相符。该园成立后，每天各班轮转，于是上等社会男女界中人，随时可以去听戏消遣了。”开业后，京剧演员刘鸿昇、龚云甫、陈德霖、杨小楼、王瑶卿、梅兰芳、裘桂仙、钱金福等，梆子演员十三旦（侯俊山）、郭宝臣、孙佩亭、薛国久等均曾在此演出。1918年，杨韵谱领导的志德社改名“奎德社”，由广德楼迁至文明茶园，以鲜灵芝、张小仙为主演，演出了新编时装戏《二烈女》、《战地之花》等。1930年，茶园易主，经理为樊柱卿，改名华北戏院。中华人民共和国成立后，戏院改建，拆除了旧式戏台，改为镜框式舞台。台口宽7米，进深6.5米，檐高4.5米。观众席2层，可容800余人。20世纪50年代以后，以演出评剧、河北梆子为主。1958年划归北京市河北梆子剧团。1970年拆除，改建为丰泽园饭庄。（吴增彦）

文明茶园外貌

Tianhuajing Xiyuan

天华景戏院　现代剧场。址在天津市劝业场四楼。现已不存。创建于1928年，为钢筋混凝土结构。观众席分3层：一层设500余散座；二层为包厢，共20余厢；三层设180余散座。舞台宽10米，进深8米，中心部分可转动。戏院落成之日，由王灵珠等合伙组建鸿记天华景班，成为天华景戏院的班底。不到一年，因股东之间发生矛盾，戏班报散，随即由高星桥之子高渤海接管戏院，重组班底。任用京剧名角娄廷玉为经理，李洪才为文行管事，贺瑞山、朱福山为武行管事。1929年首先从上海邀来女演员冯莲芳，与程艳芳合作演出海派电光布景戏《十三妹》。其“大破能仁寺”一出，天幕上出现飞刀流弹，火光四射，电花闪闪，使观众眼花缭乱，规模不大的天华景戏院因此而名声大振。此后，赵美英、朱小义、梁一鸣、高静轩等演员组成稽古社，戏院与戏班一体，先后排演了《五虎平西》、《铡阁老》等彩头戏。因阵容齐整，天华景戏院一跃而为天津彩头戏的中心。1930年，以编写连台本戏著称的陈俊卿从上海来到天津，受邀加入稽古社。在他的指导下，很快排演了连台本戏《西游记》，每两三周上演一本，总计24本，持续演出了数年。该剧充分调动声、光、电等技术手段，利用天华景戏院旋转舞台的有利条件表现神话气氛。当时天津民间歇后语称：“不看天华景的《西游记》——白活。”1937年，该戏院在原稽古社的基础上增设子弟班。此后，上演了由张春华主演、根据美国同名电影改编的《侠盗罗宾汉》以及《燕子李三》等。这些剧目不但使用彩头，而且在音乐、唱腔、伴奏、舞蹈、服饰、化装各方面注意到风格形式与题材内容的一致。同年，稽古社大班解体，分小班演出。至20世纪40年代中期，天华景戏院采取临时邀班聘角的方式营业，不再设固定班底。1956年该戏院改为国营，仍隶属于劝业场。“文化大革命”期间停止营业演出，改为商场礼堂。1978年恢复经营，接纳京剧和地方戏曲剧种的演出团体。1994年，劝业场翻新改造，剧场不复存在。（甄光俊）

稽古社子弟班演出《侠盗罗宾汉》

Tianhui Chayuan

天汇茶园　清代戏园。址在北京地安门外大街中段路东，西向。现已不存在。始建于清道光年间，可容纳观众500余人，以演出曲艺、杂耍为主，戏界名伶及票友亦来清唱。此处王府集聚，商业繁华，营业一直很兴旺。京剧演员刘鸿昇、龚云甫、穆麻子、金秀山、何桂山等均曾在此献艺。民国初年，袁世凯搞假兵变，纵兵抢掠和焚烧铺户，天汇茶园亦毁于火。重建后，改为说书馆。1920年后散为民居。（吴增彦）

Tianjin Jingjuyuan

天津京剧院 京剧演出团体。1995年8月由天津市京剧团和天津市京剧三团合并而成。下设一团、二团、实验团。张杰、刘益民先后任院长，2009年起王平任院长。

《六号门》 李荣威饰胡二（中） 厉慧良饰丁占元（左二）

天津京剧院一团是在天津市京剧团的基础上稍加调整组建。天津市京剧团于1956年8月由原北京宝华京剧团、天津共和社合并组建而成。初建时期的主要演员有杨宝森、厉慧良、张世麟、丁至云、林玉梅、周啸天、宋鸣啸、程正泰、李荣威等。经常演出的传统剧目有《长坂坡、汉津口》、《挑华车》、《艳阳楼》、《一箭仇》、《钟馗嫁妹》、《马超》、《武松》、《雁荡山》、《杨家将》、《女起解、玉堂春》、《锁麟囊》等。1961年，纪念辛亥革命50周年筹委会特邀天津市京剧团进京演出新编近代剧《火烧望海楼》。1964年文化部选调该团创作演出的现代戏《六号门》进京，参加全国京剧现代戏观摩演出大会。1965年创作演出的现代戏《三条石》，参加华北地区京剧现代戏调演。“文化大革命”后，老生马少良、杨乃彭，老生兼武生王平，旦行李莉、张学敏，净行邓沐玮等一批青年演员成长起来，成为天津市京剧团的新一代主演。整理、改编的《宇宙锋》、《银屏公主》、《玉莲盟》、《孙悟空大闹乾坤》等传统剧目，分别获天津市新剧目会演一等奖和二等奖。1979年编演的现代戏《青山》和1981年编演的《汨罗怒涧》，1983年创作的《一代元戎》以及随后创作的《齐王韩信》、《司马执剑》等，也在天津市的戏剧会演中获奖。1988年创作的《探母吟》参加全国京剧新剧目会演，获新剧目奖。该团先后赴朝鲜、墨西哥、巴西、阿根廷、加拿大演出，博得好评。

《金翅大鹏》 张幼麟饰大鹏（前）

天津市京剧院二团，由天津市京剧三团改建，前身为天津1970年组建的《红灯记》剧组，于1974年改组而成。“文化大革命”后，该团确定以传统戏、新编历史戏和现代戏三并举为剧目建设方针。一方面认真恢复了一批优秀传统戏，一方面组织力量创作、排演了一批近、现代题材的剧目。1976年为纪念红军长征40周年，首先上演了根据同名话剧改编的《万水千山》，连续上演近百场。1977年恢复上演了延安时期的名剧《逼上梁山》，同年又上演了现代戏《骄杨颂》，在天津戏曲舞台上第一次塑造了毛泽东的艺术形象。1978年创作演出了表现天津近郊义和团的近代历史剧《红灯女儿》，同年又演出了新编现代戏《清明雨》。1981年为纪念辛亥革命70周年，演出了新编近代历史剧《鉴湖女侠》。近年来，整理改编和创作的古装戏有《金翅大鹏》、《铁公鸡》、《沉香扇》、《意中缘》、《清宫秘史》、《三休三请樊梨花》、《三喜图》、《三娘教子》等。《金翅大鹏》参加1988年全国京剧新剧目会演，获优秀剧目奖。该团在充分发挥老演员骨干作用的同时，逐步把有苗头的中青年演员推到演出实践的第一线。在王则昭、赵慧秋、张韵啸、李开屏等老演员退出舞台后，旦行李经文、净行康万生、武生张幼麟、旦行刘明珠、武丑胡小毛等一批中青年演员很快顶替上来，成为在群众中颇具影响的主要演员。该团曾多次赴全国各地演出，又曾于1992年赴澳大利亚、新西兰等国以及中国香港地区演出，给观众留下了深刻的印象。

天津京剧院实验团是以天津戏曲学校九五届毕业生为主体于1999年组建的，是年轻的京剧表演团体。其中的佼佼者王艳、吕洋、凌珂、阎虹羽、黄齐峰、王嘉庆、李宏、陈媛等已将不同流派、不同风格的优秀剧目继承下来，在2005年第五届全国青年京剧演员电视大赛中，有6名演员获金奖，为全国院团之最。

天津京剧院建院后，新剧目建设获得丰收。2000年创排的现代戏《华子良》先后荣获第八届“五个一工程”奖、第三届中国京剧艺术节金奖及12个单项奖、第十届文华大奖及3个单项奖，并成为2002～2003年度国家舞台艺术精品工程十大精品剧目之一。该剧拍成电影后又荣获第九届电影华表奖。2004年创排的古

《华子良》 王平饰华子良（前中） 郑子茹饰双枪老太婆（前左）
杨乃彭饰齐晓轩（后高坡中） 邓沐玮饰成岗（后高坡右）

代故事戏《妈祖》，由实验团担纲主演，在第四届中国京剧艺术节上获优秀剧目奖，并获优秀编剧奖（马金星、刘益民）、优秀音乐奖（陈建忠）、优秀舞美奖（王卫中）和优秀表演奖（王艳）。2008年又以创排的《护国将军》参加第五届中国京剧艺术节，获新编历史剧一等奖。剧院现有高级职称编导、演员、演奏员72人，其中获梅花奖者6人：马少良、张幼麟、杨乃彭、邓沐玮、李经文、王平（获二度梅）；获梅兰芳金奖者4人：马少良、杨乃彭、邓沐玮、胡小毛。（甄光俊）

Tianjin Mingling Xiaozhuan

《天津名伶小传》 京剧史料。剑影客著，真实姓名不详。清宣统元年（1909）12月自刊排印本。为清末天津籍或成名于天津的43名演员的小传。绝大多数为京剧演员，有王钟声、孙菊仙、小孟七、王鸿寿、白文奎、小余三胜、元元红、李吉瑞、杨小楼、高福安（附小翠）、吕月樵、薛凤池、张德俊、小菊生、田雨农、明海亮、何

月山、小客串、刘永奎、苏廷奎、程永龙、曹宝峰、尚和三、小秃红、赵仙舫、张黑、金月梅、赵子云、何翠宝、小桃、王克琴、小兰英、恩晓峰、小双处、小蕙芬、张凤奎、奎云峰、粱月楼、张凤仙、萧巧翠、九思红、小荣福、金月仙等。有的是单独立传，有的是数人合传，其中为17名女演员立了传。小传介绍了演员的祖籍出身、擅演剧目、主要戏剧活动，兼及演剧风格、师承、观众反响及私人生活等。每传之后附有“赞”。如赞王钟声虽出身仕宦，但不顾世俗偏见，热心于新剧事业；赞白文奎轻才好客的侠义之风和高福安的仗义救灾恤贫之举；赞杨小楼虽嗓音条件不如其父，但仍能继承父志、刻苦训练，终于一举成名等。书中还着重宣传了演员在戏剧改良方面的成就，如赞王鸿寿“素怀改良戏曲之思想，因社会龃龉，抱曲高和寡之观，不获一展其志者数十年”。赞有的演员“竭一生精力排演新戏”，怀有“唤醒国人的高尚理想”。该书为读者提供了清末天津戏曲舞台不可多得的演出和戏曲改良的史料。书中所列演员，有些鲜为人知，更显珍贵。

（戴霞）

Tianjin Shi Di-er Gongren Wenhuagong

天津市第二工人文化宫 现代剧场。址在天津市河东区光华路2号。现存。1954年1月15日建成。钢筋水泥框架结构，平面呈“工”字形，占地2 871平方米，总建筑面积7 500平方米，由前厅、观众厅和舞台三部分组成。前厅共3层，第三层为小剧场，面积347平方米，可容纳300人，用于小型演出。剧场观众厅为两层，楼下

天津市第二工人文化宫外貌

1 135座，楼上432座。舞台台口宽22米，高17米。台深16米。演出区面积352平方米。首场为梅兰芳剧团演出《八大锤》、《贵妃醉酒》。此后，中国京剧院、北京京剧院及各省市剧种、剧团多次来此演出，其中有马连良、谭富英、张君秋、裘盛戎、李少春、杜近芳、袁世海、叶盛兰、叶盛章、张云溪、张春华、高玉倩、江世玉、萧盛萱、姜铁麟、言慧珠、童芷苓、奚啸伯、杨宝森、厉慧良等。

（李崇祥）

Tianjin Shi Di-yi Gongren Wenhuagong

天津市第一工人文化宫 现代剧场。址在天津市河北区民族路47号。现存。其前身是1935年由几家买办集股投资建造的回力球场。地点在意大利租界花园旁，钢筋水泥框架结构，4层，意大利建筑风格。1949年1月，回力球场由中国人民解放军军管会接管，拨给天津市总工会使用。1950年1月1日，此处成立天津工会工人俱乐部，仅在回力球场左侧增添一座小舞台，供工人演

天津市第一工人文化宫外景

出文艺节目和放映电影。1950年6月更名为天津工人文化宫。1951年初，停止剧场及部分厅室活动，聘请瑞士籍凯斯莱为设计工程师加以改建。1951年6月中旬破土，1953年1月1日落成开业。改建后的剧场占地1 704平方米，楼下1 566座，楼上914座，总计可容观众2 480人。场内前后坡度大，过道宽敞，座位舒适，空气流通。当年春节期间，梅兰芳从北京赶来为工人义务演出。此后，马连良、谭富英、李少春、叶盛兰、叶盛章、李万春、袁世海、赵燕侠、裘盛戎、杜近芳、张君秋、童芷苓、李和曾、李宗义、高盛麟、张云溪、张春华、厉慧良、李多奎、马富禄等均曾来此演出。

（李崇祥）

Tianjin Shi Qingnian Jingjutuan

天津市青年京剧团 京剧演出团体。建团于1984年夏秋之交。其成员绝大多数系天津市戏曲学校京剧班1981年度毕业继而留校进修3年的学生。该团自组建伊始，便得到各级领导特别是李瑞环市长的关怀与扶持。他明确提出了“先继承后发展”的办团指导方针，还于1986年夏季倡导并部署了该团的首届“百日集训”活动。抓青年，促中年，充分发挥老一辈艺术家传帮带作用，其间，聘请张君秋任剧团艺术总顾问，延请一批表演艺术家课徒授艺，不独为主演“开小灶吃偏饭”，同时也对各行当的辅助人才实行整体培训，以求达到旗鼓相当、配合默契的上佳效果。首届“百日集训”排出传统本戏与折子戏共10台，汇报演出引起轰动。一批尖子人才，如王立军、雷英、张克、孟广禄、蓝文云、刘桂娟、李佩红、刘淑云、石小亮等脱颖而出。剧团认真总结了经验，并使之形成惯例，

《秦香莲》
赵秀君饰秦香莲（左） 孟广禄饰包拯（中） 马连生饰陈世美
（选自《京剧大师张君秋》）

《野猪林》
王立军饰林冲（左） 张晶饰林娘子

青年演员们的技艺循序渐进，日趋成熟。剧团也成长为实力雄厚、行当齐全、剧目丰富、流派纷呈的一支劲旅。1987年后，又补充进董玉杰、赵秀君、阎巍、张晶等一批新生力量。20余年间，参加了全国性的各种赛事，均获良好成绩，曾分别获中国戏剧梅花奖、梅兰芳金奖、文华表演奖、全国京剧大奖赛最佳或优秀奖、中国京剧之星等各项奖励。剧团积累传统剧目约百余出，具代表性的有《秦香莲》、《四郎探母》、《长坂坡、汉津口》、《截江夺斗》、《伍子胥》、《杨家将》、《失街亭、空城计、斩马谡》、《遇皇后、打龙袍》、《望儿楼》、《钓金龟》、《盗御马、连环套》、《金山寺、断桥、雷峰塔》、《楚宫恨》、《锁麟囊》、《陈三两》、《竹林计》、《扈家庄》、《泗州城》、《九龙杯》、《挑华车》、《英雄义》、《三岔口》、《红娘》、《苏小妹》、《柜中缘》、《状元媒》、《刘兰芝》、《霸王别姬》、《贵妃醉酒》、《韩玉娘》等。与此同时，还先后推出一批新编剧目，如《凤吉公主》、《草莽劫》、《锦袍情》、《马嵬香销》、《曹操父子》、《岳云》、《郑和下西洋》（与北京好风好雨文化艺术有限公司合作推出）等。其中《岳云》、《西厢记》、《金山寺、断桥、雷峰塔》、《楚宫恨》、《韩玉娘》、《郑和下西洋》，分别在历届中国京剧艺术节获得优异成绩。2006年，剧团还拥有了自己的剧场——中华剧院，实现了剧团、剧场、宾馆一体化。剧团足迹遍及大江南北，长城内外，并先后到中国香港、澳门、台湾地区和日本、新加坡、泰国、秘鲁、阿根廷、墨西哥与古巴等国家巡演，所到之处均获热烈欢迎。（陈绍武）

《岳飞》
阎巍饰岳云（右） 赵秀君饰岳飞夫人
（选自《首届中国京剧艺术节》）

Tianjin Shi Yishu Xuexiao

天津市艺术学校 艺术专业学校。1954年鉴于天津的河北梆子艺人队伍严重老化，新一代接班人屈指可数的实际情况，著名河北梆子艺术家韩俊卿与银达子联名，向人民代表大会递交了吁请创建公立天津市戏曲学校的提案，被市人民委员会采纳，并当即责成市文化局等着手筹备。1956年，天津市戏曲学校成立。初建只设河北梆子和评剧两个专业科，学制分别为7年和4年。同年夏天招收表演、音乐伴奏两科学生118名。1958年3月，增设京剧班，招收第一批京剧表演、音乐伴奏学员30余名。任课教师有杨荣环、杜富隆、徐盛昌、谷玉兰、张荣善、娄廷玉、刘少峰、郭文俊、朱宝义、齐海亭、李树元、姚尚英、杨宝忠、杭子和、周子厚等。1960年，天津市戏曲学校增设昆曲科，除招收少年学员外，又从京剧班拨出部分学生学演昆曲。授课教师有田瑞庭、

1956年落成的天津市戏曲学校主楼
（选自《艺术家的摇篮》）

田菊林、周铨庵、李玉恒、郭凤祥、王祥凤、徐凌云、朱传铭等人。1963年，增设舞台美术专业，招收一个班。1964年，昆曲班与京剧班合并。同时，把河北梆子剧院附属学校和评剧院少年训练队的师生一起合并到天津市戏曲学校。“文化大革命”期间，教学停滞，师资流失。1972年复校后，更名为天津市戏剧学校，由赵魁英担任校长。同年，招收京剧、评剧、河北梆子三个剧种的表演、音乐伴奏班学生，以及舞台美术一个班。1981年，以该校应届毕业生为基础组建青年京剧演员进修班，邀聘各地京剧名师对这批青年演员作高层次的艺术培训。三年后青年京剧演员进修班改组为天津市青年京剧团。1987年，天津市戏剧学校更名为天津市艺术学校，增设舞蹈班和杂技班，从此成为综合多种舞台艺术门类的中等艺术教育机构。何迟、华粹深、杨荣环、杨宝忠、马超、孙亭福等先后任校长。

学校坚持全面发展、因材施教、普遍培养、重点提高的方针和德智体全面发展的方向。专业课与文化课相互配合，文化课成绩列为升级、毕业的必需条件之一。文化课包括语文、历史、数学等课程。此外，每周两节固定政治课，对学生开展德育教育。专业课包括毯子功、把子功、身形、唱腔等课目。此外尚有不定期的识谱课、曲牌课等。唱腔课一般采用口传心授的方式，按照所分行当师生对口教学。教学剧目以继承传统戏为主，京剧班学生所学各种行当的传统戏不下100出，其中包括多种流派的代表性剧目。

自天津市艺术学校创建以来，为天津市及外地的京剧界输送了300多名各方面艺术人才，如李莉、杨乃彭、邓沐玮、康万生、李经文、朱宝光、李焕弟、高淑芳、穆祥熙、王立军、孟广禄、张克、蓝文云、李佩红、刘桂娟、刘淑云、石晓亮、赵秀君、阎巍、安平、赵群、王艳、李国静、吕洋、阎虹羽、黄齐峰，琴师魏国勇、李志祥、

学生演出《狄青风雪夺征衣》
苏德贵饰狄青（左） 杨乃彭饰杨宗保（中） 何永泉饰胡天化

吕玉勇、王悦、朱建中，鼓师李凤阁、崔洪，导演何永泉，京剧教师渠天凰、仝秀兰等均已成为在社会上享有一定知名度的艺术骨干。

2002年，天津市艺术学校与北方曲艺学校合并，成立天津艺术职业学院，成为全日制艺术类高等职业学院。设有戏剧系、曲艺系、音乐系、舞蹈系、文化管理系、舞台技术系，附设中专层次学历教育、成人高等学历教育及业余艺术类专业培训。经上级主管部门批准，保留了天津市艺术学校校名。（甄光俊）

Tianjin Xiju Bowuguan

天津戏剧博物馆 见广东会馆戏楼。

Tianle Chayuan

天乐茶园 戏曲演出场所。址在北京前门外鲜鱼口内，坐南朝北。始建年代不详。主要演出曲艺杂耍。清道光二十五年（1845）后，北京的梆子班多在此处演出。光绪二十六年（1900）庚子事变，前门外大栅栏诸戏园遭焚，田际云买下天乐茶园，加以扩建，改名华乐园。此园为当时京都最大的演出场所，可容观众1 200余人。田际云所率玉成班（后名翊文社）和小吉祥科班、崇雅社女科班以此为演出基地，梆子、皮簧“两下锅”。玉成班的演员阵容齐整，其中有京剧演员黄月山、王楞仙、朱素云、孟小茹、贾洪林、谢宝云、龚云甫、瑞德宝、田雨农、刘鸿昇、罗寿山等，不断出演新剧目，如《斗天宫》、《铁公鸡》、《普天同庆》等。1911年，梅兰芳、王蕙芳搭入玉成班在华乐园演出。1912年6月28日，为正乐育化会筹款，华乐园举办义演，梅兰芳伴谭鑫培演出《桑园寄子》，引起轰动。梅兰芳又曾在此园与王蕙芳合作演出《虹霓关》、《樊江关》、《五花洞》等，时人誉为“兰蕙齐芳”。1917年田际云之子田雨农夭亡，田本人卧病，遂将华乐园转让给曾任吉林巡按使的孟秉初接办。孟再次整修并装饰门面，改名华乐戏院。华乐戏院于10月28日开锣营业，先后有京剧演员王又宸、周瑞安、高庆奎、程艳秋、诸如香、郭仲衡等在此演出。1937年孟秉初将戏院出让，由万子和牵头集资，吴明泉、刘仲麟、焦润山、沈秀水、郝寿臣、萧振川、朴印侯、任淑舫、何卓然等先后入股承办，万子和任经理。万子和曾与富连成社签订长期合同，因抗日战争在即，京津地区剧院普遍不景气，遂由院社双方出资，从上海聘请李春来、黄桂秋到京，仿照上海的彩头班，大搞机关布景。该年农历七月七，上演神话剧《天河配》，月余不衰。八月初九（公历9月13日），上演中秋节应酬戏《广寒宫》，次日一场大火将戏院焚烧殆尽。后经富连成社社长叶龙章起诉，法庭调解，由引发火灾之厂家（长春堂制药厂）负责人张子余赔偿24万元损失费。剧院又以股金名义增补10万元动工修建，于1943年9月下旬告竣。重修后的华乐戏院为砖木结构，总建筑面积1 012平方米。戏台坐南朝北，台唇呈半圆形。台高1.2米。台口呈镜框式，宽8米，高6米。后台50平方米。观众席宽20米，长20米。二楼前3排设包厢，后散座。整场可容观众千余人。9月28日重新开业，首场演出由李少春、侯玉兰、白玉薇、魏莲芳、侯喜瑞、萧长华、毛庆来等分别演出《四郎探母》、《花田错》、《金雁桥》等。后又有许翰英、万啸甫、陈永玲、毛世来、张君秋、叶盛章、叶盛兰、筱翠花、荀慧生等先后在此演出。

华乐戏院门首

1935年的华乐戏院内景
（选自[英]菲力斯·哈特诺尔主编的第三版《牛津戏剧指南》，李畅提供）

中华人民共和国成立后，改名大众剧场。随后拆除老式座位及包厢，更设座椅，新建观众休息室，成为文化部中国戏曲改进局主管的第一座国家剧场。1950年12月，梅兰芳37年后重登这座剧场的舞台，15～18日演出4场，剧目为《苏三起解》、《奇双会》、《穆柯寨》带《穆天王》、《贵妃醉酒》。1951年4月，中国戏曲研究院在此举行院庆典礼。1952年10月，全国第一届戏曲观摩演出大会在此举行开幕式。1955年，划归中国评剧院专用。1959年，剧场再次整修，扩大了戏台、副台、后台。台口宽10米，檐高6米，起顶高14米。前台进深11米。除原有的13道吊杆外，在东附台加装了3道复式吊杆，从而能使6米高的景片直接升降。20世纪70年代后，用作北京杂技团培养学员的练功场地。（吴增彦）

Tiannü San Hua

《天女散花》 京剧作品。齐如山等编剧。主要剧情为：如来佛遥知维摩诘居士在毗耶离大城中有病，命文殊、师利率领诸天菩萨前往问病，并命天女速去散花。此剧为梅兰芳见《散花图》画中天女风带飘逸，想从风带创造一种舞姿，由齐如山打出提纲，大家共同推敲完成的。剧中除皮簧外，有两段昆曲，为李释戡、王又默填词，陈嘉梁制谱。1917年，首演于北京。梅兰芳饰天女，李寿山饰如来佛，李寿峰饰维摩诘，高庆奎饰文殊，李敬山饰和尚，姚玉芙饰花奴。梅兰芳在剧中创制了古装头饰、服装及两条长绸带。舞台上使用平台。“云路”和“散花”两场安排的绸带舞，吸收了武生戏《乾元山》、《蜈蚣岭》等剧中的身段，舞动长达一丈七八尺的绸带，演员要有武功底子，载歌载舞，成为“文戏武唱”的典型。梅兰芳年轻时演出较多，曾携

梅兰芳的天女造型

“散花”一场的舞台照
（选自《一代宗师梅兰芳画传》）

该剧前往日本、美国演出。1934年鲁迅在《略论梅兰芳及其他》一文中说，梅兰芳本“是俗人的宠儿”，演的戏“泼刺，有生气”，经过“士大夫们帮忙”，“他们将他从俗众中提出，罩上玻璃罩，做起紫檀架子来。教他用多数人听不懂的话，缓缓的《天女散花》，扭扭的《黛玉葬花》；……雅是雅了，但多数人看不懂，不要看，还觉得自己不配看”。1935年2月，梅兰芳去苏联演出的总指导张彭春与副指导余上沅邀请了文化艺术界人士谢寿康、欧阳予倩、徐悲鸿、田汉、夏衍等一起商榷访苏剧目，不再有《天女散花》等戏。此后梅也很少演出。田汉诗悼梅兰芳时论及此事，曾有“终能打破玻璃罩，国恨家仇入管弦”之句。此剧梅派传人李世芳、言慧珠、陈正薇等都曾演出。至今，再传弟子李雪梅、董圆圆、李洁等亦常演，其优美的扮相与舞姿仍为观众喜爱。剧本收入《梅兰芳演出剧本选集》。（刘乃崇　蒋健兰）

Tianqiao Juchang

天桥剧场　现代剧场。址在北京市西城区北纬路30号。始建于1952年，1953年落成。该剧场是国内第一个试图在规模上与国际性戏剧演出接轨的剧院。原建限于经费，只建了舞台和观众厅两个必不可少的部分，面积11 000平方米。化装室设在舞台下部的台仓内。观众厅宽24.5米，长26.5米。座位分为3层，共1 600座，最远的观看距离为36米。镜框式台口，宽12米，檐口高7.5米。主台宽23.5米，进深16.5米。舞台空间高度16.5米，设简易吊杆30道，是国内剧场大规模使用吊杆的第一家。1954年，剧场进行大规模扩建，扩大舞台，设辅台，建乐池。舞台下部台仓内安装

20世纪50年代初建时的外貌

灯控设备，舞台上方按国际标准增设手动吊杆及天幕、假台口。建造庞大的后台及化装室、排练厅。扩建后，总面积达到11 689平方米。观众区3层，一层设856席，二层设387席，三层设358席，共计1 601席。舞台东向，台宽24米，进深16.5米，辅台等其他面积200平方米。舞台顶部有过桥3层、吊杆47道。面光、耳光、顶光、追光等照明灯具274只，并配有自动调光台。台前乐池长15米，宽5米，可容乐队80人。后台有天井状的大排练厅296平方米，大小化装室3层25间，可容演员400名。又有休息室、医务室、浴室、卫生间等附属设施。天桥剧场主要用于歌舞剧、芭蕾、大歌舞的演出。1955年4月由文化部、中国文学艺术界联合会、中国戏剧家协会主办的“梅兰芳、周信芳舞台生活五十年纪念演出”在此举行。中国京剧院、北京京剧院、上海京剧院、天津市京剧团等均曾在此演出，梅兰芳、周信芳、马连良、尚小云、荀慧生、程砚秋、谭富英、张君秋、裘盛戎、李桂云曾在此登台献艺。1993年，因剧场建筑的部分结构过于陈旧，被整体拆除，原地重建新天桥剧场。（李畅　吴增彦）

Tianshoutang

天寿堂　梨园界公益性活动场所。后改为宴乐之所，亦即惠济祠梨园馆。址在北京正阳门外西珠市口，粮食街南口路西。现已不存。张次溪《燕归来簃随笔》“梨园馆”引民国元年（1912）《北京新报》文：“北京伶界于前清雍、乾年时，购置公所两处：一在大市，即精忠庙；一在粮食店，即梨园馆。皆起造祖师殿，以供奉祀香火。”此即其一。当地明代为惠济祠，清代有五道庙，故称惠济祠梨园馆或五道庙梨园馆。《金台残泪记》卷三载：“魏长生旧宅在西珠市口，今为梨园馆，士大夫于此宴会焉。”又谓：“梨园馆，在绿寿堂（原注：今曰‘荣寿’）之北，燕喜堂在宴汇堂之东，相去约一二里。诸贵人宴集，三会馆、二徽班（原注：春台、三庆）为盛。”清光绪初年，此处改“天寿堂”饭馆，属“宴会之所，并可搭桌演戏”。其建筑形制为二进式庭院。临街是二层连楼，卷棚硬山顶。第二进院落有木结构戏楼，亦卷棚硬山式，原系祠堂所在。内有坐南朝北的戏台，除池座外，环二层座厢。戏楼东北角有暗道一处，与楼外甬道相通，但仅可容一人通行。清末及民国时期，天寿堂作为珠市口一带的著名饭庄，不少著名京剧演员到此唱过堂会，如汪桂芬就曾应票友之约“在天寿堂演剧三日”（陈彦衡《旧剧丛谈》），杨小楼、金少山、余叔岩、孟小冬、梅兰芳、马连良等也先后在这里演过戏。1945年，天寿堂因营业不振而辍业。1949年后，改为北京市土产公司。1989年秋夷平翻建，现已失原貌。（周华斌）

Tianxi Wutai

天喜舞台　近代剧场。址在天津市南市东兴街北口。1911年在原冰窖的基础上由赵炳文集资兴建，并担任经理。楼房两层，开业后长期演出京剧。1917年在天津水灾中被毁。1919年，由常跃中、张润芝等人合资重建，更名上平安戏院，仍接待京剧演出。1937年卢沟桥事变后，因经营不善，转售给卢仲轩，一度改映电影。1945年日军投降后，又转售给原中国大戏院副经理冯承弼等人，复演京剧。1947年邀请谭富英、尚小云在此演出，所有戏票提前三天全部售出。第一天开演前，数百名无票群众（其中有一部分国民党伤兵和社会流氓）强行入内，占据座位，场内秩序大乱。后由百余名军警持枪进入戏院，将无票者逐出，连续三天持枪把守门口。戏院以售票所得酬劳警备司令部官兵，不足开销，不得不另外备资打点。此场演出，戏院得罪了伤兵和南市一带的流氓势力，时遭寻衅闹事，营业受到影响。1949年天津解放后，由李宝树经营，

以演出京剧、河北梆子为主。1952年5月收归国有，更名长城戏院。“文化大革命”结束后划归天津市京剧三团。（甄光俊）

Tianxian Chayuan

天仙茶园 清代戏园。址在上海今福建中路近广东路处。现已不存。由衙役王炳堃创办于清光绪元年（1875）。不久，因资金周转不灵，转让给赵锦华，聘京班艺人赵嵩绶、周来全协助管理。加入班底的名伶先后有：文戏孙春恒、周春奎、景四宝、孙瑞堂、薛瑶卿、谢云奎、李长胜等，武戏孟七、赵小廉、赵得虎、任七、沈韵秋、王鸿寿、熊文通等，另有徽班花旦小桂寿（病故后有蔡桂喜、高彩云先后继之），丑脚小金生、周来全，昆班花旦周凤林，小生周钊泉等。营业日盛，又于宝善街设分园，取名“义锦”，演员有小生牛松山，花旦张桂云，文武老生小连生（潘月樵）等。该园前后营业达40年，后人将其与“丹桂”、“金桂”、“大观”并称为清末上海四大京班戏园。因地点适中，脚色行当齐全，阵容强大，而且擅排新戏，所以非一般戏园可比。1901年4月30日，汪笑侬的新戏《党人碑》在天仙首演。1902年，谭鑫培、汪笑侬在此同台演出，合作剧目有《桑园会》，汪唱老旦。1909年，汪笑侬与新剧家王钟声合演新剧《徐逆》、《张汶祥刺马》。潘月樵在天仙茶园长达19年，自称演出连台新戏300多本，尤以他和王鸿寿主演的《铁公鸡》名噪一时。宣统二年（1910），京剧艺人赵如泉、李春利在宝善街中市另开新天仙茶园，延续到民国初年。（林明敏）

Tianyuhua

《天雨花》 京剧作品。据清代女作家陶贞怀同名弹词改编。关于剧作者，一说为周信芳编剧、杜文林协助编排（陈琨《周信芳演出剧目综录》，载《周信芳与麒派艺术》）；一说“可能是尤金桂编写，周信芳排演时改定”（李紫贵《周信芳三进丹桂第一台》，载《周信芳与麒派艺术》）。全剧以清官左维明锄奸扶弱、秉公执法为经，以左氏个人际遇、家庭趣闻为纬，敷演成二十四本连台本戏。各本剧情、人物大体相互连贯，又可独立成剧。描写明代襄阳书生左维明于花园邂逅恒青桂，一见钟情，遂延媒成亲。进京赴考，途遇郑国舅纵子行凶。左维明中魁后，持尚方宝剑斩之，因而开罪郑氏家族。不久，郑国泰谋害太子，左维明甘冒风险审理此案。左维明巡按浙江回京，扶保太子朱常洛继承帝位。翌年，郑国泰害死光宗朱常洛，自立为君，为图报复，劫持左维明之女仪贞。仪贞乘逼婚之际，将郑灌醉杀死。

曹骏麟饰左维明（右） 戴绮霞饰荀含春
（选自《氍毹八十——曹骏麟戏剧生涯忆实》）

后左维玥奉命征讨李自成，解救被俘同僚及其子女。1926年，周信芳在上海大新舞台首演，以第七、第八本《左维明巧断无头案》最受观众欢迎。剧情是陈济川妻荀含春行为不端，与书吏毛成勾搭成奸，杀死毛妻，双双逃走。陈济川被诬杀妻，问成死罪。左维明私访，平反冤狱。情节曲折、富有传奇色彩，台词生动，表演独具特色。周信芳饰演左维明，大嗓小生，还特为这一人物设计了如意冠，配以学士衣，风度潇洒倜傥。演至左维明为从荀含春（赵君玉饰）处取证，微服私勘，假意与之调笑的“对鞋”一段戏，创设了成套富有艺术表现力的歌舞场面：生旦对唱［四平调］，连唱带舞。生一手拿鞋，一手以扇遮掩，当旦“卧鱼”以身贴地之际，生以扇扇动旦之裙角，迅疾将鞋在露出裙外的脚上一比，又趁其抬脚时，再递过鞋去一比。每比过后，即运用“背供”加以肯定。事后，又复归于调笑。貌似轻狂，实则严肃，瞬息即变的情态，刻画得恰到好处。李紫贵《忆江南》对此剧表演有详细描述。此剧后来成为单本戏，白玉崑、曹艺斌及蓉丽娟、云燕铭等都曾演出。（侯硕平）

Tian Guifeng

田桂凤 （1866～1931） 演员。工花旦。又称小桂凤。字桐秋。北京人。出身天津科班。20岁以前到京城，以小桂凤名，搭同春班，与谭鑫培合作，常演《乌龙院》、《翠屏山》等戏，一时称为双绝。还曾与谭鑫培及红豆馆主、杨小楼演出《战宛城》，轰动九城。他扮相清丽，加以做派细腻，善用眼神，表现少女情态，尤能动人，以花旦戏唱大轴。常演剧目有《送盒子》、《送灰面》、《小上坟》、《富春楼》、《双钉记》、《眼前报》、《也是斋》、《关王庙》等，尤以《红鸾喜》、《拾玉镯》、《乌龙院》等戏最有心得。他反应敏捷，常以爽脆伶俐的道白即兴发挥，插科调侃，巧寓讥讽。在清同治、光绪年间，有“古今第一花旦”之称。光绪末渐次绝影舞台，潜心古玩。晚年热心公益，时有演出义务戏，光彩依旧。受其教诲者有于连泉、赵桐珊、荀慧生等。（讷言）

《卖胭脂》饰王月英

《思志诚》饰妓女

Tian Han

田汉 （1898～1968） 戏剧家、诗人。原名田寿昌。湖南长沙人。

1916年毕业于长沙师范学校，留学日本东京高等师范。1919年在日本加入李大钊等组织的少年中国学会，1921年与郭沫若等筹组创造社，倡导新文学。1922年回国，在上海中华书局任编辑，先后任教于上海大学、大夏大学、上海艺术大学等。1924年，与其妻易漱瑜创办文艺刊物《南国半月刊》。1926年，与唐槐秋等创办南国电影剧社，1927年冬，改组为以戏剧活动为主的南国社，并与徐悲鸿、欧阳予倩等创办南国艺术学院，任院长兼文学科主任。田汉早期的戏剧活动，对中国话剧的奠基和发展起了重要作用，同时，与欧阳予倩、周信芳等联络上海伶界联合会，倡导新国剧运动，成为戏曲改革开拓者之一。1930年，参与发起成立中国左翼作家联盟，任执行委员，并参加了中国自由运动大同盟。1932年参加中国共产党，从此参与党对文艺的领导工作，先后任左翼戏剧家联盟党团书记、中共上海中央局文化工作委员会委员。抗日战争爆发，在上海发起组织上海戏剧界救亡协会。上海沦陷后，在武汉从事戏剧抗日统一战线工作，是中华全国戏剧界抗敌协会主要组织者之一。在周恩来领导下，任国民政府军事委员会第三厅第六处处长，负责艺术宣传。他在同洪深等组织10个抗敌演剧队的同时，把在武汉的戏曲艺人组织起来，办了歌剧演员战时讲习班，任教育长。700多名戏曲艺人经过培训，组成两个平剧队、10个汉剧队、6个楚剧队。其后，又在长沙组织同样的讲习班，组成湘剧宣传队、平剧宣传队，投入抗日宣传。他还主编《抗战戏剧》半月刊(1937)、《抗战日报》(1938)、《新长沙报》(1939)、《戏剧春秋》月刊(1940)。1941年后，在桂林等地从事抗战戏剧活动。他先后主持“戏剧的民族形式座谈会”、“历史剧问题座谈会”，研讨戏剧创作中众所关心的问题，均有影响。抗战胜利后回到上海，投入争民主、反独裁的民主运动，主编《新闻报·艺月》副刊，发起“平剧改革双周座谈会”，促进京剧改革。中华人民共和国成立后，历任中华全国戏曲改革委员会主任、文化部戏曲改进局局长、艺术事业管理局局长、中华全国文学艺术界联合会副主席、中国戏剧家协会主席等职。“文化大革命”中，被江青反革命集团迫害致死。

《江汉渔歌》
新戏曲书店1950年版封面

田汉毕生创作了大量戏剧、电影作品，其中包括不少京剧剧本。他自幼爱好戏曲。15岁时，便在《长沙日报》发表了习作京剧《新教子》。1927年，欧阳予倩与周信芳在他主持的南国社鱼龙会上演出了京剧《潘金莲》(据欧阳予倩同名话剧改编)后，田汉曾提出要演出四出“有力量的有生命的”京剧：《五人义》、《讨渔税》、《铡美案》、《四进士》。1929年，他将《五人义》改编为《雪与血》，又据水浒故事创作《林冲》。1937年，应高百岁之约，改编《明末遗恨》(上集)和《杀宫》，并作有《土桥之战》(《史可法》的一折)和《新雁门关》。1938年，为举行“保卫大武汉”宣传公演，据有关保卫武汉的历史故事，作有《夫人城》和《渔夫救国》，后者于1939年改编为大型作品《江汉渔歌》。他在抗战期间的京剧作品还有：《新儿女英雄传》、《岳飞》(以上1939年)，《双忠记》、《武松》(以上1942年)，《金钵记》(1943)，《情探》(1945)。《琵琶行》和《武则天》(上集)创作于1946年。中华人民共和国成立后，有据《金钵记》改写的《白蛇传》和《西厢记》(1959)、《谢瑶环》(1961)、《红色娘子军》(1964)以及生前未能发表的《杨八姐智取金刀》等。田汉作词、聂耳作曲的《义勇军进行曲》唱出了时代的最强音。中华人民共和国成立后，定为国歌。他的京剧作品也总是贯串着高昂的爱国主义精神和炽烈的政治热情。祖国的命运，民族的兴亡，时刻萦绕胸怀，具有浓郁的历史使命感和鲜明的时代精神。早在《新教子》中，便唱出了“无论那男和女都是一样，两肩上挑着了天下兴亡”，那位没有出场的为革命牺牲的父亲，便是剧中母与子的榜样。田汉剧作中屡屡出现的主角，多为中国历史上的英雄义士，如反抗暴政的颜佩韦、周文元(《雪与血》)，抗敌救国、慷慨悲歌的史可法(《土桥之战》)、韩夫人(《夫人城》)、曹彦若(《江汉渔歌》)、岳飞(《岳飞》)、张同敞和瞿式耜(《双忠记》)等，都是依据史实加以渲染，而更多想象成分或出自虚构的《新雁门关》、《儿女英雄传》和《琵琶行》，也是着意塑造在宋代抗金、明代抗倭以及唐代安史之乱时奋起抗争的斗士。这些作品大都作于抗战时期。他以手中的笔墨，积极投入这场伟大的民族战争。晚年改编的《谢瑶环》热情赞颂为民请命、生死以之的女主人公，竟因此遭受诬陷。田汉熟谙京剧。他的剧作，继承发扬了戏曲艺术的传统特色，并以他对话剧、电影等其他兄弟艺术的深厚素养，丰富和充实了京剧艺术的表现力，具有创新精神。作为诗人，他的作品语言清新，善于将戏剧性冲突与抒情因素融合起来，诗意盎然。他改编的《白蛇传》因此成为京剧舞台盛演不衰的名作。

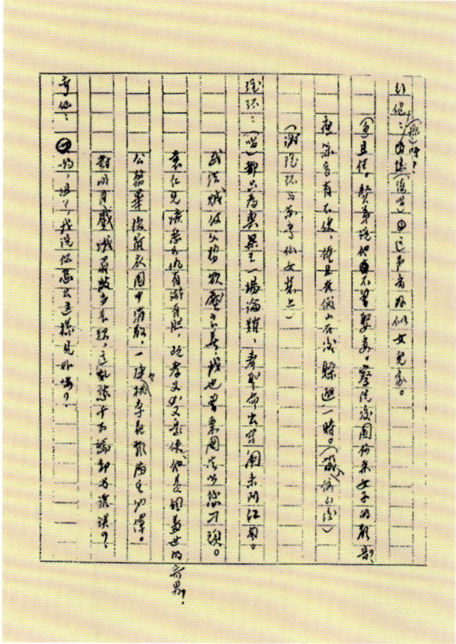
《谢瑶环》手稿

田汉长期以来热心戏曲改革和建设，发表了许多富有创见的理论批评文章，关心戏曲改革，培养后进，组织和辅导戏曲团体。他自投身戏剧，便与京剧艺人交往密切，与他们建立了深厚的友谊，并亲自参与了京剧艺术的改革和创作实践，注入了大量的心血。作为杰出的无产阶级文化战士、中国现代革命文艺的先驱者之一，田汉在京剧史上具有不可磨灭的地位。

(颜长珂　秦华生)

Tian Han Wenji

《田汉文集》　田汉著。中国戏剧出版社出版。该集共16卷，其中的第14、第15、第16卷收入了田汉所写的评论、杂著和散文，其中包括有关京剧的文章不下30篇。这部分文章写于20世纪20～60年代，时间跨度达30余年，反映了田汉对京剧艺术的见解，及其在不同历史时期的发展。

①关于对京剧艺术的整体评价。1929年田汉在写《南国社的事业及其政治态度》时，对京剧采取批判的态度，认为：京剧剧目的思想内容“空疏陋劣，充满着封建时代的毒菌”。1934年田汉所写《中国旧戏与梅兰芳的再批判》一文，仍然对京剧的内容持严格批判态度，与他20世纪20年代的观点一脉相承。不过，这时他对京剧的前景表露出乐观的态度，认为经过对旧剧正确的批判，它是有可能向更高阶段发展

的。20世纪40年代，田汉继续关注京剧艺术，对京剧艺术形式方面的优长有了更多体会，其总的主张是克服“思想内容上的毒素”和“争取其技术水平的继续提高”。中华人民共和国成立后，田汉作为戏剧事业领导人之一，努力贯彻毛泽东文艺方针，对于包括京剧在内的文化遗产主张“批判地继承传统”，并特别指出“‘推陈’决不能理解为简单地‘推开旧的’，另创新的，只能是在优秀传统的基础上展开艺术的革新创造”。

②关于京剧改革的主张。在20世纪20年代末期，田汉曾主张开展“新国剧运动”，提出应使京剧‘成为民众全体的东西，不应该成为专供某一阶级的消闲品”。20世纪30年代末，田汉更以“关于旧剧改革”为题发表文章，把京剧改革与抗日战争相联系，热衷于“实现旧剧之较有力的改革，使在抗战中发挥较大的效果”，同时也认识到京剧改革的艰巨性与长期性。抗日战争胜利后，田汉继续推进京剧改革，主张对京剧的思想内容应该有系统地进行改造。中华人民共和国成立后，田汉则积极地敦促京剧界积极投入京剧改革的工作，并在《怎样做戏改工作——给周扬同志的几封信》中提出了他对于京剧剧目的一些具体意见，特别提出对于京剧传统剧目应采取分析的态度，要分清有害、害少、无害和有益，从而加以区别对待，其目的在于执行政策中“不会有太大的偏差”。总之，田汉对京剧改革工作一贯充满热情，不遗余力地加以推动，其前期的观点较为激进，后期则趋于稳健。

③关于对一些京剧剧目的评价。在田汉谈论京剧的文章中，常常对于一些京剧剧目加以评论，这也是他的京剧观的一个重要组成部分。如田汉在1936年写的积极评价《明末遗恨》一文中，同时也指出了该剧在内容与形式上的缺点。再如在1949年10月30日发表的《艺术的道路》一文中，对一些有代表性的京剧剧目进行了尖锐的批评，如认为《宇宙锋》“实际上还是在宣传封建思想”，“赵女的反抗实际是悲叹封建秩序的崩溃”；也显示了较为宽容的态度，如对《天雷报》、《奇冤报》、《活捉王魁》、《伐子都》、《除三害》、《打侄上坟》、《八大锤》、《玉堂春》等戏都从不同角度给予了一定程度的肯定。田汉在这时之所以对有些传统剧目做了较宽容的评价，是基于他如下的两点认识：一是认识到“封建社会的任何优秀人物不可能完全没有迷信落后的观点，把他们写得和今天一样进步正确是反唯物史观的”；二是认识到“由于在封建时代人民没有力量，不免向神仙鬼怪和来生果报寄托他们的对现世的苦闷不平。一旦人民有了力量，这些宗教迷信问题不难慢慢地解决”（《田汉文集》第16卷第52页）。同时，田汉对京剧剧目十分熟悉，一贯给予关注和评论，并随着时间的推移不断提高了评价的准确性和科学性。

田汉与洪深（前左）、梅兰芳（前右）、周信芳（后右）
（选自《田汉文集》第26卷）

④对京剧的艺术形式的论述。早在20世纪20年代末，田汉在《南国社的事业及其政治态度》一文中就对京剧音乐发表意见，认为京剧的主乐器胡琴“不合理想”，与小提琴比“优劣悬殊”，“必终归淘汰”。而在1934年关于京剧是否象征派的论争中，田汉倾向于京剧中是含有象征手法的，对于京剧的脸谱也给予一定的肯定。在1959年发表的《接受“五四”的精神和经验，创造社会主义新戏剧》中，他强调了：“脸谱、打把子、台步、唱腔等只要与剧情和人物性格结合，便无可厚非。只是这些表演技巧以及舞台美术还要改得更美，更入情入理。入情入理便是现实主义，但不等于把那些表演技术改得跟所谓‘人生日常的动作言语’一模一样，那样便是把艺术和生活等同了。”（《田汉文集》第16卷第346页）田汉早年虽然提出过对胡琴的批评，但后来则不再提及。

⑤田汉作为中国戏剧运动的活动家和领导者之一，他对京剧演员队伍热诚关怀，始终关注着演员的成长和成就，并就有关问题给予评论，既有所鼓励，也有所匡正。纵观田汉在几十年间写的有关京剧的文章，可以看到他对周信芳的表演艺术给予了一贯的支持和热情的评论。在纪念周信芳演剧生活60年的纪念会上他发表了题为“向周信芳同志的战斗精神学习”的致词，热情洋溢地称赞周信芳既是传统的谨慎的继承者，又是它的大胆的革新者，并号召戏剧界向周信芳精进不懈的战斗精神学习。对于梅兰芳的评价则前期与后期有所不同，前期有所批判，而在中华人民共和国成立后他称赞梅兰芳是中国戏曲传统最忠实的继承者，又是最勇敢的革新者。另外，田汉对程砚秋、盖叫天等京剧艺术家也曾写文章给予评论和赞扬。在1956年他还曾写出了《必须切实关心并改善艺人的生活》和《为演员的青春请命》两篇文章，表现了他对包括京剧演员在内的演员队伍的关切。此外，该集第1~7卷收入话剧和歌剧剧本，第11卷收入电影剧本，第12卷、第13卷收入诗歌作品，第8~10卷收入1915~1947年写成的京剧《雪与血》、《明末遗恨》、《杀宫》、《土桥之战》、《新雁门关》、《江汉渔歌》、《新儿女英雄传》、《岳飞》、《情探》、《武松》、《琵琶行》，湘剧《旅伴》、《新会缘桥》，院本《新桃花扇·听稗》，以及1947~1963年写成的京剧《武则天》、《白蛇传》、《金鳞记》、《西厢记》、《谢瑶环》，豫剧《对花枪》等。

田汉不愧是一位积极而热情的京剧改革倡导者和京剧作家、京剧评论家，对于京剧事业的发展作出了宝贵的贡献。（刘琦）

Tian Jiyun

田际云（1864~1925） 演员。工花旦。唱梆子兼皮簧。祖籍直隶高阳（今属河北）。本名瑞麟。幼入涿州白塔村双顺科班，习梆子花旦兼小生，后随班主到京津演唱。清光绪五年（1879）抵上海，演出于金桂茶园，以《春秋配》、《蝴蝶杯》等剧受欢迎，谭鑫培首次赴沪亦在该园演出，金桂声势为全沪之冠。嗣应新丹桂之聘，与夏奎章、夏月恒父子同台演出。光绪十一年（1885）返京搭入瑞胜和班。光绪十三年（1887）出版的《朝市丛载》（一名《都门续略》）记田之艺名为想九霄。王韬《瑶台小录》记瑞胜和班田际云：“发吭引声，一座尽惊叹。于是贵人达官，下至贩夫驺卒，无不啧啧‘想九霄’者”，“一时声誉所流，遂远胜沪渎十倍”。就在光绪十三年春，田际云创立小玉成科班，在京东一带演唱；秋，得夏月恒邀请，率科班赴沪，演出于天成、新丹桂，排演《佛门点元》、《错中错》、《斗牛宫》、《红楼梦》、《封神榜》诸新戏，尤以《斗牛宫》享盛名。穆辰公《伶史》谓：“《斗牛宫》剧，切末中有画一帧，绘九天仙女像，际云每饰此角，画上置一额，文为‘想九宵（宵字误刊，应为霄，后文即用霄，且有解释——引者）’。‘想

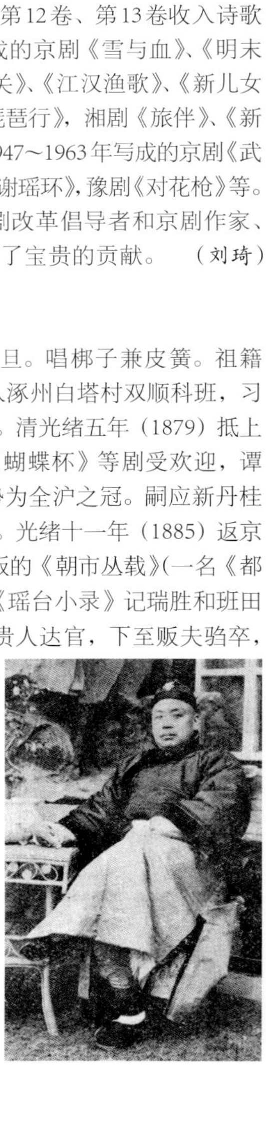

九霄’者，沪人赠际云之绰号也，意谓其颜色之美，虽九天仙侣当亦不无遐想也。”（第51页，汉英图书馆1917年版）新丹桂排灯彩戏《斗牛宫》在1888年，其时，“想九宵”艺名已在京都传开，剧中以艺名题画额，是借以扩大影响也。玉成班在上海是梆子、皮簧“两下锅”，且兼唱昆曲（见王芷章《京剧编年史叿稿》）。

光绪十七年（1891），田际云由沪返京，以“玉成秦腔班”名，报精忠庙申请挂牌演出。齐如山辑录的《戏班花名册》中有玉成班成员名单，各行演员25名，各行学生55名，加上场面、箱杂32名，是个超百人的大班。王梦生《梨园佳话》云：“玉成班由沪入京后，其袍笏冠带，皆穷奢极丽，都人睹之而善，后遂互相效仿，不复讲旧时规制。”翌年冬，田际云入选昇平署民籍教习，艺名“相九箫”，时年虚龄29岁（见周明泰《清昇平署存档事例漫抄》）。他在宫中的演出剧目，王芷章《清代伶官传》记有《烈火旗》、《三疑计》、《双锁山》、《少华山》、《海潮珠》、《翠屏山》、《送灯》、《珍珠衫》、《卖胭脂》、《芭蕉扇》等，多为梆子名剧。光绪二十年（1894），精忠庙梨园会首之一刘赶三去世，内务府指派田际云补入。

《伶史》称：“未几值戊戌（1898）政变，康、梁亡命海外，知名之士多被惨害者。初，德宗有意维新，擢康、梁等六人为小军机，建立保国会，一时士大夫之有新识者皆隶之。田际云以内廷供奉，殊与群阉稔，得悉德宗与太后相左诸情。德宗好读新书，顾无由而致，田际云常为购取，于传差日授之德宗近侍，乘间进上。太后于德宗防嫌綦严，不听私召大臣，独不禁尤，谓优无识也，以故德宗以际云得读天下新书，虽康、梁固已知际云非凡人矣，假其力颇通消息。戊戌夏，太后方驻跸颐和园．保国会欲举事，幽太后、宣布立宪。谋泄，事败。康、梁亡命，六君死于市。于是太后复垂帘，囚德宗于瀛台。际云以与谋，逃之沪上。后奉太后懿旨，赦其无罪，仍令回京供差。以‘想九霄’三字，近于渎神，命改为响九箫。”王芷章《清代伶官传》则云：“戊戌政变之际，都人士以际云思想新颖，交游众广，故多传为尝与党人通消息，并为德宗进鼇履，致下令缉捕，经孙菊仙为之力保，始免于难者。余尝用此说，询诸旧伶官之前，悉皆一笑置之，似未足信其为有征也。庚子（1900），拳匪乱作，逃避于外；辛丑（1901）回京，仍在署供奉。”《道咸以来梨园系年小录》：光绪二十七年（1901）“田际云重建天乐园（在鲜鱼口，即今之华乐园），起小吉祥科班”。

田际云是否给光绪皇帝购送过“天下新书”、充当过维新党人与光绪皇帝的通信员？可以各备一说。但他确是梨园界之思想新颖者，热心社会公益。光绪三十一年（1905），发生杭州惠兴女士为兴办女学受阻而自杀的事件，田际云即与《北京女报》主笔张毓书（展云）策划组织“北京妇女匡学会”，并将惠兴事迹搬上舞台，戏名《惠兴女士传》，以玉成班为班底，田际云（广告艺名香九宵）自饰惠兴女士，义演所得捐赠杭州女学堂。田际云在上海与中国早期话剧奠基人之一的王钟声熟识，宣统元年（1909）冬，邀王钟声领导的剧团到北京，在天乐园演出。前面有北京名角杨小楼、尚和玉、龚云甫、黄润甫、梅兰芳等轮流演出，王钟声的“新剧”演大轴。因王钟声所带的人不多，还用玉成班的不少京剧演员参加配合。梅兰芳说：“这是田际云煞费苦心地为他组织的。”（《梅兰芳文集》第202页）也在这一年冬天，谭鑫培、俞菊笙、田际云、余玉琴四位“梨园会首”，召开了12个戏班的老板、头目联席会议（田际云既是会首之一，又是玉成、小吉祥两个班的班主），作出一项决议：“伶人若有应酬之事，即不许登台唱戏”。这是“推翻了百多年以来社会上遗留的不良习惯，把封建的罪恶铲除，使演员们得跻于平民之列”（王芷章语，《中国京剧编年史》第793页）。民国元年（1912），田际云与杨桂云、余玉琴等人，发起组织“正乐育化会”，以改进梨园界内部管理。在6月间的成立大会上，选举出谭鑫培、田际云为正副会长。其章程中有：以改良精神从事老戏整理，会员不得从业“私寓”，演出团体改“班”为“社”（以区别于妓院），改演员绰号用正名等。田际云的玉成班即改称翊文社。梅兰芳1913年第一次到上海演出之前搭的是田际云的玉成班，从上海归来再搭田际云的班已改名翊文社了。演员阵容有老生孟小如、贾洪林、瑞德宝、高庆奎，武生田雨农，旦脚梅兰芳、王蕙芳、路三宝，老旦谢宝云，小生张宝昆等，相当整齐，是地道的皮簧班，不同于早期玉成班的梆簧“两下锅”了。梅兰芳在翊文社时，是受田际云的鼓励，才根据《京话日报》揭发娼寮恶霸张傻子的罪行并使他受到惩罚的故事，编演京剧时装戏《孽海波澜》（见《梅兰芳文集》第215页）。民国五年（1916）田际云举办了第一个女子科班崇雅社，有学员57名，在当时梨园界还歧视女子演剧的环境中是十分难得的创举。齐如山在《崇雅社小识》中说：“这个女科班初成的时候，本来很（有）秩序，后来田际云有病，办事人管理的不得法，慢慢的往下坏，以后就解散了。这是很可惜的一件事！”（《国剧画报》第1卷第15期）1925年田际云病逝。

子田雨农（1894～1917），唱武生，扮相英俊，武工纯熟，学俞振庭一派。惜英年早逝。

（韶华　龚和德）

《盗花盆》（角色失考）

《斗牛宫》饰清水花

Tian Shaopeng

田少鹏　（1944～　　）　舞台美术家。湖北孝感人。1958年考入湖北戏曲学校学习表演。翌年，改在中国戏曲研究院师从高恒臻学习道具制作；高恒臻为技艺高超的纸扎艺人，已年届七旬，甚喜田少鹏勤敏好学，倾心相授。1960年参加由中国青年艺术剧院和中国儿童艺术剧院合办的舞台美术班学习，两年后转入中国戏曲学院舞台美术系深造。1964年毕业后返回湖北戏曲学校工作。后调入湖北省京剧院，任一级舞台美术设计师、创作室主任。其舞台设计的代表作有京剧《一包蜜》、《徐九经升官记》、《膏药章》、《法门众生相》等，舞剧《金陵十二钗》，歌舞剧《猎猎楚魂》。田少鹏多才多艺，另有组画《屈原九歌图》，油画《神曲》，壁画《赤壁之战》、

《徐九经升官记》舞台设计之一

《华夏戎诗》(水战部分)，大型浮雕墙《人类文明的史诗》(深圳“世界之窗”)、《生命、智慧、力量》(男人篇、女人篇，上海“名人广场”)等。在京剧舞台设计中，他主张在尊重戏曲表演规律的前提下，积极介入戏剧主题和人物心理世界，创造具有内涵、能推进戏剧情绪的、多样化的动作空间，是“鄂派”京剧舞台美术创作的主力，对“鄂派”京剧风格的建构发挥了重要作用。论文《论戏曲舞台美术的发展》、《论戏曲艺术的抽象空间》、《寻找新的戏曲空间》等，是结合实践经验的理论探索。另著有《中国古代装饰艺术》，湖北美术出版社1997年出版。现为湖北省舞台美术学会会长。

（龚和德）

tiao daliang

挑大梁 戏曲行话。中国传统建筑为砖木结构，以梁柱为基本构架，或为“四梁四柱”，或为“四梁八柱”，其中大梁是最高、最吃重的栋梁。梁倾柱倒则屋坍，故而负重任者被喻为“栋梁之材”或“栋梁柱”。旧时戏曲主角与配角分明，重在主演。戏班往往以技艺精湛的主要演员为号召组班演出，该主要演员即被称做“挑班”、“挑大梁”。骨干演员则被喻为戏班的“台柱”。除戏班之组织外，在整出戏的演出中，主演和骨干演员亦被喻为这出戏的“挑大梁”或“台柱子”。

（周华斌）

Tiao Huache

《挑华车》 京剧作品。习惯写成《挑滑车》，又名《牛头山》。作者不详。本于小说《说岳全传》。金兀术将康王围困在牛头山。岳飞派牛皋到金营下战书，双方约定三日后决战。会战之日，高宠奉命看守军中大旗，心中焦躁不服。两军交战时，岳飞恐康王受惊，不敢久战，佯败。高宠单枪匹马冲下山坡，大败兀术。追击时，遇金兵从山上放下的铁华车，接连挑过数辆，终因战马力竭，死于车下。《牛皋下书》亦可单演。早期演出中有牛皋归途遇王贵，捉杀金兵祭旗，兀术闻报亦以张邦昌祭旗的情节；尚有岳飞遣将时，因高宠“印堂发暗”，恐出师不利，因而未派他出战等情节，后经整理删去。此剧高宠原由武净应工。自俞菊笙起，改由武生饰演，成为武生行当的一个经典剧目，对演员的技巧要求极高。从高宠出场时的那一套完整的“起霸”与观阵时的舞蹈，到以大枪开打，直到最后挑华车时的表演，都要求演员具有扎实、深厚的武功和娴熟的技巧。全剧通过高宠的“起霸”，闹帐、观阵、大战、挑车等几个段落，有层次而又充分地表现了高宠的英武、勇猛和豪气。该剧为俞菊笙弟子杨小楼、尚和玉的代表作。杨小楼饰演的高宠，通过[石榴花]、[黄龙滚]、[上小楼]几支曲子，“把高宠同仇敌忾、急于参战的豪情壮志，以唱领做，以做配唱地表现得如龙腾虎跃、海走山飞”(翁偶虹语)。剧本见《戏考》、《京剧丛刊》、《京剧汇编》等。

《牛皋下书》
尚长荣饰牛皋（右） 张达发饰金兀术
（刘博雅摄）

《挑华车》
尚和玉饰高宠（左） 刘武华饰黑风利

（马海玲）

tiaozi

挑子 吹管乐器。京剧的效果乐器。铜制。由两节长喇叭筒组成，长度约1米，上节比下节细，形似大号。因其发音简单，仅6和1两个音，在京剧舞台上仅用来增强气氛使用，如大将“起霸”、罪犯行刑等。也可效仿战马嘶叫的效果。旧时演出开始与结束均吹挑子，称为挑子起、挑子落。

（刘海发摄）

（安志强）

tiaocaishen

跳财神 见“跳”的表演。

tiao de biaoyan

“跳”的表演 表演单人舞蹈的程式。包括跳加官、跳财神、跳灵官、跳魁星、跳判官、跳煞神等。有鲜明的宗教、民俗色彩。各以神魔形象进行规范化的舞蹈套路表演，旧时依行规用于特定场合，如跳加官、跳财神、跳魁星均以祝祷为主旨，是班社、剧团向观众表示敬意，在正戏演出前作为序幕加演，无情节舞蹈。

跳加官。例由领衔须生扮演，头戴黑相貂（或相纱），穿加官红蟒（类似学士蟒），着红彩裤、厚底靴，面戴白面笑脸五绺髯的面具（加官脸子），以小堂锣、小齐钹伴奏，走醉步，所以又称醉加官。取官上加官，祝愿观众官运亨通、吉祥如意。

跳加官 （马连良饰）
（左图手拿面具，右图戴上面具）

跳财神 （张祖道摄）

跳财神。有文武之分。武财神由武花脸应工，头戴二郎叉子，左右坠红绸彩球，着绿蟒、软带，穿厚底靴，面戴金色面具（财神脸子），以大元宝为道具，以武场（全套打击乐器）伴奏。原为祝班主和剧场财运亨通的表演，公演时亦表示对观众的祝福，喜庆气氛浓郁。

跳魁星。由丑行应工，面戴连鬼头的青蓝色面具（魁星脸子），身着大铠，穿朝靴，左手持朱砚，右手提笔，在［魁星令］曲牌声中，边唱边写，在台上走遍四角，做批点指认状，表示“天意”注定某人夺魁及第云云。

跳灵官。由净行演员扮大灵官，另由武行扮4个小灵官。大灵官勾脸谱，戴扎巾额子、髯满髯（或黑满），着红软靠、红彩裤、厚底靴，手持灵官鞭，由全堂武场伴奏。跳灵官用于破台与开台。破台（包括净园），旧时专指新建剧场落成时例行的仪式，为驱邪除祟，由灵官净化前后台和全场，做搜寻驱赶状，大声啸吼，直到天明为止。开台，是旧历元旦早场演出前的仪式，由跳灵官、跳加官、跳财神三项组成。其跳灵官的表演程式有严格规范，不像破台时可以即兴为之，中间还有杀活鸡、滴鸡血净台除邪，以及点火盆、放鞭炮等程序。下场后另以4个扫台童子清扫舞台，规矩是从前场扫向后方，表示财不外流。

跳判官与跳煞神。与以上几种的用途不同，都以专用程式独舞，穿插在戏出情节之间，是剧情中神道角色判官、煞神的特殊表演，如《李慧娘》中的跳判官，《问樵闹府》中的跳煞神等均是。

（周绍昌　王展云）

tiezi

帖子　相当于现今的请柬、邀请函。旧时以请戏为待客之礼，民俗节令之际、家庭喜庆之日，常到茶园、戏园包场，或组织堂会。主家雇请戏班，点选戏园、演员，制作和分发帖子邀请亲友及相关人士前往观赏，有的还备有车马、茶点、筵席。帖子上写有恭敬之词，标明时间、地点、戏目、演员等，或附戏单。帖子的另一用途，是在农历三月十八，为梨园界老郎神寿诞日，京剧戏班每至此日举办祭典，聚餐和发帖子。此前在每年年底“封箱”后，班主已与演职员等公议协商人员的去留和戏份增减等事，称“讲公事”。经过一段时间的考核，到三月十八正式发帖聘用。帖子为信函方式，内装请柬，未接到帖子者意味着不再继续聘用。

（戴申　周华斌）

Tiegongyuan

《铁弓缘》　京剧作品。又名《大英杰烈》。作者不详。叙陈秀英与母亲开一茶馆，陈父留一铁弓，生前遗言，遇能开此弓者，以女许婚。太原总镇史须龙之子见秀英貌美，欲强娶为妻，被陈母痛打。史须龙部将匡忠在茶馆力开铁弓，陈母即将秀英许以为妻（此段作折子戏演出时，名《开茶馆》）。史氏父子深恨匡忠，设计加害，将其发配边疆，秀英女扮男装，冒充匡忠之友王富刚（亦作皇甫刚），路遇倭寇关白之女翠娥，关白欲令二人成婚。秀英假意相许，率关白兵攻打太原，将史须龙斩杀。督抚令王富刚出战，真假王富刚不分胜负。后来王富刚请匡忠前来助战，陈秀英与匡忠战场相认，夫妻团圆。故事脱胎于明无名氏《铁弓缘》传奇。故事系虚构，“关白”为日本平安时期官名。宋韩琦经略西夏，曾用神臂弓，也可能与这一故事有关。该剧是旦脚的重头戏，源自秦腔。清嘉庆时，魏长生之徒刘朗玉隶三庆班，即擅此剧，《日下看花记》称其“艳而不淫”。路三宝移植为京剧并首演。陈秀英一角，开始为花旦，中间是闺门旦，女扮男装后为雉尾生。1925年6月28日，双胜社杨小楼（饰皇甫刚）、荀慧生（饰陈秀英）、马富禄（饰陈母）等人在新明戏院的演出搭配整齐，传为佳话。梅兰芳、于连泉学路三宝。梅兰芳因无跷工，不演《开茶馆》，于连泉则不擅演女扮男装一段。剧本见《戏考》、《京剧汇编》，另有宝文堂书店单行本。20世纪80年代，云南省京剧院改编演出，“关白”改为绿林好汉。关肃霜饰陈秀英，文武俱备，由北京电影制片厂摄制成影片。

荀慧生饰陈秀英

关肃霜饰陈秀英（右）　高一帆饰匡忠

（张燕鹰）

Tiegongji

《铁公鸡》　京剧作品。清装连台本戏。描写清军江南大营主帅向荣与太平军降将张嘉祥（降清后改名张国梁）围困南京，镇压太平天国的故事。剧名取自太平军将领“铁公鸡”。清光绪六年（1880），上海丹桂茶园曾编演单本戏《大清得胜图》，是现知最早描写此题材的京剧剧目。光绪十九年（1893），天仙茶园鼓师赵嵩绶与演员三麻子（王鸿寿）、孟七（孟福保）等，根据《平定粤匪纪略》一书的记载及有关民间传说，另行编为连台灯彩戏，取名《铁公鸡》。在编排过程中，又参照该园所演余治《庶几堂今乐》中《难中福》等戏的情节关目，故首演广告上特标明“新轩庶几堂善戏”，意谓《铁公鸡》系模仿《庶几堂今乐》的新编剧目。全剧共12本，根据《申报》登载的演出广告，各本主要情节如下：一本，张嘉祥巧刺铁公鸡；二本，打雨花台，嘉祥做亲；三本，天王设计，向荣赴会；四本，杀勇安民，双夺太平；五本，向荣染病，分兵救广信；六本，兵士造炮，攻打南京；七本，向荣交印，玉良夺功；八本，向荣归位，和春挂帅；九本，关公显圣退贼，玉良克服六和；十本，嘉祥、玉良受责，二将围攻南京；十一本，玉良克服杭州，嘉祥捉贼；十二本，众兵卒怒劫和春，张嘉祥战死丹阳。

何月山饰张嘉祥

该剧头本由上海天仙茶园于光绪十九年十月二十七日（1893年12月4日）首演。潘月樵饰张嘉祥，王鸿寿饰向荣，赵小廉饰陈国瑞（从第四本起饰张玉良），孟七、周来全、诸寿卿、董三雄、高彩云等都在剧中担任主要角色。此后随编随演，至1894年12月10日第十二本上演止。后天仙茶园又以湘军将领鲍超镇压太平军、捻军事迹，编演了连台本戏《鲍超十三功》，后又沿用原剧名，称《后本铁公鸡》。该剧人物均着清装，化装不勾脸谱，戴改良髯口。清军一方念京白，太平军一方则念湖广白。武打使用真刀真枪，并有“钻火圈”、“洋枪洋操”等表演，开京剧舞台上“真械打武”之风。此剧上演后在沪上风行一时，并很快流行各地。继潘月樵之后，小孟七、赵如泉、夏月润、李春来、盖叫天等，都以擅演张嘉祥著称。李春来演《铁公鸡》时，孙菊仙曾配演向荣。沪上坊间刊有《绘图铁公鸡》京戏本发售。受其影响，上海各戏园又陆续编演了《左公平西》、《僧王平匪》、《湘军平逆传》、《刘大将军破生番》等一批时事戏。1895年北京玉成班首次排演《铁公鸡》，黄月山主演。《都门纪略》也载有北京崇庆班小活猴以演《铁公鸡》的陈国瑞著称，其后该剧在天津风行一时，以程永龙的演出影响最大。程永龙饰张嘉祥，苏连奎饰向荣，薛凤池饰陈国瑞，全剧共演出36本。此外，高福安、李兰亭、李吉瑞亦擅演。上海天仙茶园的《铁公鸡》中张嘉祥唱做繁重，原由做工老生应行，1915年何月山由天津到上海，单演三本《铁公鸡》，在沪首创武生扮演张嘉祥，武打更加火爆惊险。之后，三本《铁公鸡》风行各地，成为短打武生常演剧目。三本《铁公鸡》又名《火烧向荣》。情节为清将铁金翅与其弟太平军将领铁公鸡设计诱请向荣过营，意图加害。张嘉祥扮作马夫，陪同向荣前往。席间伏兵突起，四面放火。张嘉祥力战得胜。此外，四本也偶有演出，其余各本则渐被淘汰，使原来的连台本戏变为以武功竞技为主的折子戏。1937年后北平沦陷时期，李万春（饰张嘉祥）、李洪春（饰向荣）、毛庆来（饰陈凤），重排此剧，也是以新兵器、新开打号召观众。20世纪三四十年代，在一些大型义务戏中常有两个以上的演员，在同一出戏里分饰张嘉祥、向荣，各显其能，称双演、四演……《铁公鸡》，使这出戏流传更广。中华人民共和国成立后，1950年文化部宣布《铁公鸡》停演。武汉京剧团曾改编演出《新铁公鸡》，故事改为向荣设宴，企图诱杀太平军林凤祥，郭玉昆、贺玉钦主演。剧本载《戏曲报》第7期。1990年5月天津京剧团重新排演三本《铁公鸡》，对原剧中丑化太平军的成分多有淡化，由胡小毛饰张嘉祥，张幼麟饰向荣。张幼麟因演此剧，曾获上海白玉兰奖。《铁公鸡》剧本较早的有光绪二十一年（1895）上海开文书局石印本（情节相当于连台本戏的第一本，与《孝子报》、《难中福》、《靖逆记》合刊）。1917年王大错所编《戏考》第20集收有此剧的前三本。

李洪春饰向荣（右） 高剑雯饰向玉贞

（黄菊盛）

Tielongshan

《铁笼山》 京剧作品。又名《九伐中原》。本事见《三国志演义》，剧情稍有出入：西蜀姜维统兵伐魏，将司马师围困在铁笼山。西羌国王迷当应姜维之请前来助阵。魏将陈泰行反间计，诈称姜维曾辱骂迷当。迷当大怒，与司马师合兵夹击姜维。姜维大败，只剩七人五骑，退回汉中。据陈墨香《京剧提要》：“此剧姜维为正色，剧为四喜部屈氏所创，春台部俞润仙亦扮之。俞年迈而名高，世遂无知屈氏者。闻老伶曹心泉述之如此。屈兄弟皆以净著名，曰屈三屈四，今亦罕道其人。”姜维原由武净应工。自俞菊笙（润仙）开始以武生勾脸演出，成为武净、武生两门抱的长靠武戏。但武净的演出在钱金福之后已不多见。俞菊笙原是武旦，《铁笼山》中姜维使用的七星刀，据说是由他创始，是放样的武旦的七星刀。杨小楼、尚和玉均传自俞菊笙，并以此剧知名，各有发展，形成不同风格。尚和玉准守绳墨，凝重稳健；杨小楼则凝重与洒脱并致。朱瘦竹《论杨小楼尚和玉之区别》文中说道：“一样一出《铁笼山》，杨小楼好在起霸、传令、马趟子；尚和玉好在开打。”（《半月戏剧》1940年第3卷第5期）此剧演出，一般都是从姜维起霸观星起，到兵败止。“观星”是一场重头戏，姜维统领雄兵，将司马师围困在铁笼山，踌躇满志，夜观星象，满天杀气，面临决战，心情仍然沉重。演出以繁复的舞蹈动作刻画姜维的内心世界和儒将风度。有的演出标明“准带《草上坡》”，则是有迷当行围射猎，与蛮女歌唱作乐的场面。此外，杨小楼曾演出全本《定中原》，起自司马师《红逼宫》，由郝寿臣饰司马师，中间包括“拜泉”（魏军被困铁笼山，司马师拜泉求水）和“探营”，姜维探营时唱［唢呐二簧］，由李洪春饰演，最后是《铁笼山》。《戏考》载有《铁笼山》剧本。

杨小楼饰姜维

厉慧良饰姜维

（颜长珂）

Tielu Tongrenhui Jingjubu

铁路同人会京剧部 清代京剧票房。清光绪三十三年（1907）成立于上海。由单位同人组织的票房，铁路同人会是第一家。会员中有名票赵庆华、赵萱堂（云台小隐）、管西园、董芝初等。后部分成员和“盛世元音”票房合并，成立“遏云集”。原同人会会员在其所属单位仍开展活动，如铁路北站员工俱乐部于1925年就建立了京剧组。由于基层群众性京剧活动广泛开展，原“铁路同人会”成员于1926年7月重新汇聚，并根据当时铁路管辖区域（沪宁、沪杭甬）的特点，成立了两路同人会京剧部，会址设在原北站广场东首升成里，实力相当雄厚，演出过不少整本大戏。京剧部聘刘璧麟为常任教师兼琴师，平时为大家吊嗓，彩排演出时又亲自登场。还聘任过大新舞台的于莲仙、新舞台的夏良民为“义务教授”。1927年又增聘了武生教师，此后有不少喜爱武戏的新老票友报名加入，彩排剧目中，《三岔口》、《狮子楼》等武戏逐渐增多。同人会行当齐全，老生有邓莘广、李华圃，文武老生有朱铭新、王英，旦脚有黄小鹂、庄炳南，花脸有支燮堂、张哲生，小生有刘孟渊等。有的身兼几个行当，如马直山，不仅能唱《珠帘寨》的李克用（老生），还能演《狮子楼》的武松（武生）和《黄鹤楼》的张飞（花脸）等。抗日战争时期，铁路京剧活动处于时停时续状态。抗日战争胜利后，特别是1947年后，又掀起热潮，聘请苏少卿、应宝莲等为艺术指导。1948年9月，上海京沪区铁路工人俱乐部京剧组同仁，在民德路铁路局举行彩排，演出剧目有《百寿图》、《天齐庙》、《马义救主》、《连环套》（坐寨、盗马、拜山）、《武家坡》、《捉放曹》、《烛影记》、《白水滩》等，女老生施克敏的《洪羊洞》还聘请杨宝忠操琴。大轴戏《群英会、借东风、华容道》，俞立民前饰鲁肃，后饰诸葛亮，王济美饰曹操，王耀庭饰关羽，夏金声饰赵云。从下午6时起演到深夜，在铁路职工中影响颇深。

中华人民共和国成立后，改组为上海铁路文化宫文工团京剧队，廖雄任队长。地址在虬江路1150弄铁路文化宫。常年成员60余人，每周清唱一次，经常彩排演出，购置有全副衣箱、道具，还常去沪宁、沪杭铁路沿线一带巡回演出。该队不仅常演传统剧目，还创排了一些新戏，如《飞车擒敌》，在市会演中获奖，学演的现代戏《赵一曼》（朱欢民主演）也得到好评。“文化大革命”中停止活动，1979年9月恢复，张展业任队长。仍隶属于上海铁路文化宫。1987年6月23日重新扩建，改名上海铁路京剧爱好者协会，简称铁路京协，常年会员百余人。会长张展业，副会长廖雄、廉永润、汪忠泽。聘请俞振飞为名誉顾问，高明亮、陈鹤昆、王家熙等为艺术顾问，上海铁路分局局长王兆成为名誉会长。每周三夜、周日下午活动两次。协会在学唱活动中注重发扬流派，青年会员演唱的程派、言派和裘派剧目，曾在上海电视台、广播电台等举办的大奖赛中获奖。每年有两次正式彩排，还多次组织铁路京剧旅游团去南京、苏州与当地业余京剧组织进行交流，共同举办演唱会。1993年12月21～24日，上海铁路分局主办、该协会承办的上海铁路职工京剧联谊演出活动在上海铁路文化宫举行。福州、南昌、南京、蚌埠分局和鹰潭地区、戚墅堰机车厂等京剧组织的代表共93人来沪。清唱会两场，彩唱演出两场，剧目有南京代表队《坐楼杀惜》，蚌埠队《坐宫》，南昌队《断桥》，上海队《大保国》、《清风亭》等。这次活动被报刊称为新时期铁路职工京剧大检阅。该组织为上海业余京剧组织中历史最久远者。　（孙梦贤）

Tingliguan Xilou

听鹂馆戏楼　清代皇家园林戏楼。址在北京颐和园内西侧。保存完好。原属圆明园之万寿山清漪园，光绪十四年至十九年（1888～1893）重修。听鹂馆坐北朝南，倚山傍湖，景色宜人，是慈禧太后及皇室人员夏日观戏之所。入馆为宽敞的门厅，演戏时用作扮戏殿。戏楼北向，重檐，二层。下层是主要演出台，有“天井”与二层相通。对面为看戏殿，一层，5楹，题额“听鹂馆”。东西两侧为庑殿，以回廊与听鹂馆、扮戏房相连，整个建筑群构成四方院落。上层戏台，在古典演出场所中独具特色，其外形为亭阁状，题额“凤翔云庄”，卷棚二重顶。楼台面对山坡上的“画中游”亭，距离约30米左右。自“画中游”观赏听鹂馆亭台上的演出，既如画中楼阁，又有声色歌舞，可以同时将昆明湖水天一色的自然风光尽收眼底，令人心旷神怡。

听鹂馆戏楼外貌

据昇平署档案，颐和园宴乐和演戏之处甚多，如排云殿曾演灯戏及韶乐，仁寿殿常设宴乐，玉澜堂常设宴戏，而园中设置的专门戏楼仅有两处：德和园、听鹂馆。光绪年间京剧盛行，慈禧时常调昇平署民籍演员入园演出，听鹂馆戏楼当为京剧演出场所。　（周华斌）

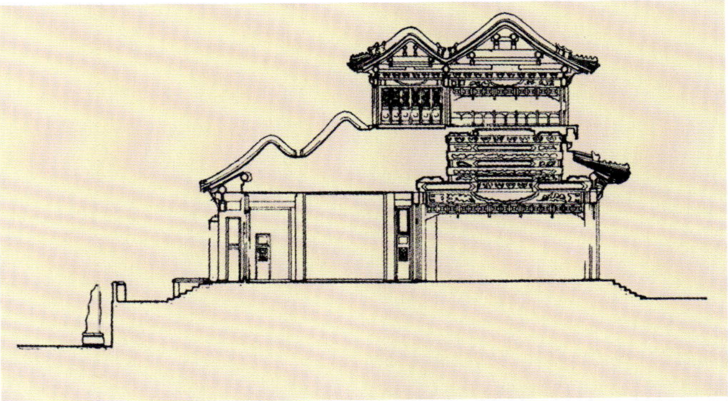

听鹂馆剖面图　（选自《中国会堂剧场建筑》）

Tingtaoshi Juhua

《听涛室剧话》　戏曲文集。曹聚仁著。中国戏剧出版社1985年4月出版。曹聚仁（1900～1972），字挺岫，室名听涛。浙江兰溪人。一生经历复杂，兼学者、教授、记者、作家和报刊自由撰稿人于一身，著作等身，曾出版专著、文集70余种，晚年寓居香港，致力于祖国和平统一事业。他不是戏剧工作者，但在看戏之余，对中国戏曲的发展历史以及一些剧种、演员、剧目做了研究，还以极大热情，为海外报刊撰写文章，介绍中华人民共和国成立后戏曲艺术革新和话剧艺术创作的成果。1960年，在香港出版了《人事新语》一书。1971年，又出版了包括2 000多幅图片、20多万文字的《现代中国剧曲影艺

集成》。1965年，还在香港报纸上开辟《上海春秋》专栏，介绍清末民初上海的历史、风土、人情。《听涛室剧话》就是这些书籍和专栏中有关戏曲文章的结集。全书分为10部分，共收录118篇文章。文章采用漫谈、随笔形式，清新活泼，流畅自如。作者感受最深者是“百花齐放，推陈出新”方针促使旧戏曲拂去灰尘，放出璀璨光芒的作用，对庆祝中华人民共和国成立10周年上演于首都舞台的《穆桂英挂帅》、《游园惊梦》、《杨门女将》、《二度梅》、《孙安动本》、《游西湖》、《关汉卿》、《赤壁之战》等优秀剧目，写下热情洋溢的品评文字。书中的“记梅兰芳”、“纪念欧阳予倩”、“上海舞台春秋”三部分，对梅兰芳、欧阳予倩、周信芳、盖叫天、汪笑侬、夏氏兄弟的艺术生涯和在京剧艺术上所作的不同贡献，有分量较重的记述和评价。还对在京剧历史上起过重要作用和有过不同影响的谭鑫培、汪桂芬、孙菊仙、杨小楼以及刘鸿昇、余叔岩、言菊朋、谭富英、马连良、杨宝森、奚啸伯、陈德霖、王瑶卿、程砚秋、荀慧生、尚小云等人，做了篇幅不等的介绍。书中的“越剧小问答”、“昆曲漫谈”两部分，则对这两个剧种的发展状况和艺术特点，有较多述评。（曹其敏）

Tingxi Jingju Tingjue Yishu

《听戏——京剧听觉艺术》(*Listening to Theatre*: *The Aural Dimension of Beijing Opera*)　京剧研究著作。美国魏莉莎（Elizabeth Wichmann）著。美国夏威夷大学1991年出版。此书论述了京剧剧目与表演、京剧的语言、声腔系统、声腔元素、声腔体系、唱腔布局，嗓音、乐队、声乐各部门的相互关系。魏莉莎运用西方的音乐理论，对京剧音乐进行了梳理、阐释，这对西方人理解中国京剧、领会其精髓，大有帮助。该书是魏莉莎在博士论文的基础上，经过丰富和完善而写成的。魏莉莎撰写博士论文时，曾得到中国著名戏曲音乐学者武俊达教授的悉心指导。

（胡冬生）

Tong Xian Zhigong Yeyu Jingjutuan

通县职工业余京剧团　京剧业余演出团体。原名教育工会京剧团。1952年由北京通县（今通州区）教育界欧阳中石等几位教师组成。1954年，该团吸收社会各界戏剧骨干参加，改称通县职工业余京剧团。团长何铁民，艺术指导皮少甫，秘书长刘永泉。主要演员有欧阳中石、刘永泉、张文华、李国纯、古玉良、段国文、周传中、徐玉昆、魏静源等。经常演出的剧目有《四郎探母》、《打渔杀家》、《女起解》、《武家坡》、《大登殿》、《龙凤呈祥》、《空城计》、《铡美案》、《捉放曹》、《宇宙锋》、《铁弓缘》、《评雪辨踪》、《春秋配》、《银珠》等。该团队伍精干，阵容整齐。欧阳中石（1928～　），工老生，学生时代曾拜奚啸伯为师，《四郎探母》、《白帝城》、《范进中举》等剧目得到奚啸伯的真传。电视台、广播电台都播放过他的录像、录音，许多演员受过他的指点，他还能编能导，曾为奚啸伯整理了《范进中举》剧本。1965年他创作、导演、主演的《银珠》，获北京市创作、表演双奖。欧阳中石也是中国当代著名的书法家。何铁民、皮少甫在1949年以前都是京剧票友，皮少甫曾“下海”唱戏，能戏颇多。

《群英会》
欧阳中石饰鲁肃

何铁民司鼓，能打100多出戏，北京的一些专业剧团也曾请他打鼓。古玉良后来参加了专业剧团。该团有时卖票演出，主要在通县工人俱乐部或新通剧场，演出收入归剧团开支。剧团规章制度极为严格，每周二、四日活动，演出前加班排练。1980年以后，剧团逐渐停止活动。

（郑建山）

Tongchunban

同春班　京剧戏班。清光绪十三年（1887）十二月，谭鑫培、周春奎等人组建。主要演员有：老生张胜奎、刘景然，小生李砚侬、徐德奎，旦脚张芷荃、田桂凤、吴砚芳、谭嘉祥，老旦梅竹轩、罗福山，净脚金秀山、韩乐卿，丑脚罗寿山等。光绪十四年（1888）初，全班排出皮簧戏《战宛城》(原系昆戏，光绪七年上海鼓师赵嵩绶改成皮簧，孟七等首演)，全剧以“降曹”、“教场演武”、“闻报”、“春香献茶”、“定计”、“刺婶”六场最佳。新声乍试，远近传闻。光绪十五年（1889）六月二日《申报》载文略云：京师同春班以《战宛城》擅名，每一登场，座无虚位。小叫天（即谭鑫培）扮张绣，有色有声。金秀山扮曹操，描写奸雄情状亦能委曲传神。而扮张绣婶之田桐秋（即田桂凤），玉软花嫣，脂柔粉腻，宛如十七八好女子。“以故哄动一时，万人倾靡也。”该班演出剧目，除新排《战宛城》外，谭鑫培主演的《定军山》、《战太平》、《宁武关》、《阳平关》、《挑华车》、《五人义》、《连环套》、《桑园寄子》、《战蒲关》，田桂凤主演的《关王庙》、《王小过年》、《打樱桃》、《下河南》、《红鸾喜》、《胭脂虎》、《送灰面》等，皆能叫座。特别是谭鑫培、田桂凤合演的《乌龙院》、《翠屏山》最称精彩，是戏园、堂会演出的红戏码。当时，田桂凤20岁刚过，声势极健，经常在谭之后唱“大轴”，观众无起堂离去者。光绪十八年（1892）十一月，谭鑫培邀王楞仙等复出三庆班，次年，同春班重新整顿，周春奎、纪寿臣为承班人。班内有老生贾丽川、刘春喜、程芝亭、陈春元，旦脚李棣香、陈瑞林、李宝琴、田桂凤、余玉琴、张芷荃，小生杜蝶云、陆徽仙、陆华云，丑脚赵仙舫、高四保、唐玉喜等。光绪十九年（1893）六月二十八日为光绪皇帝寿日，开始传外班进宫演戏。昇平署光绪十九年恩赏日记档载：“七月十五日纯一斋同春班伺候戏十一出。”惜未见上演剧目。同年十月十日为慈禧太后寿日，十月初一、十二日，同春班两次进宫演出。十一月二十三日《申报》载：“恭亲王府中，自十五日起传同春演剧凡八日，须子生小叫天（谭鑫培）本在三庆唱戏，三庆班散后……仍回同春班。老于顾曲者都喜听同春。二十三日恭王府堂会已毕，在中和园第一日开台，坐客云集十倍于平时。”大约此年净脚刘鸿昇随师常二庄搭入同春班

《翠屏山》
左起：余玉琴饰迎儿、田桂凤饰潘巧云、余大傻子饰潘老丈、谭鑫培饰石秀

效力，其《牧虎关》、《锁五龙》等戏常列前三出，也为谭鑫培充当配角，如《黄金台》伊立、《碰碑》杨七郎等。是年冬，谭鑫培排出《珠帘寨》，以老生扮演李克用（初归净脚扮演）。光绪二十二年（1896）正月十六日同春班在颐乐殿承应，是日戏码为《恭祝无疆》、《雄州关》（谭鑫培、王楞仙）、《孝感天》（赵吟香）、《十面》、《茶叙问病》、《一门忠烈》（谭鑫培）、《双沙河》（罗寿山、田桂凤）、《谢冠》、《琴挑》、《珠帘寨》（谭鑫培、李荔秋）、《洛阳桥》（见昇平署光绪二十二年正月外班承应戏目档）。这是《珠帘寨》第一次在宫中演出的明文记载，该戏排出后，只在宫内承应，至宣统年间始入戏园公演。有人说，此戏是昇平署授意排出，与后来谭在同庆班时排出的《连营寨》，同一性质。光绪十九年至二十二年（1893～1896）间，同春班多次进宫演唱，每次赏银与四喜、玉成等班相同，均为四百两，人称"供奉班"。《道咸以来朝野杂记》载"谭鑫培擅长之戏甚多，然其生平所演，未经人道者，实有数出。据某老于顾曲者言：当年演过《沙桥饯别》饰唐三藏（和尚），非饰唐太宗，以玄奘为主角，唐王则配角也……又演《断密涧》自饰李密（此角本属净行，亦犹之《沙陀国》中李克用），而以刘春喜饰王伯当（此属生工者）。又据田桂凤对余言，当年曾与谭氏演过《海潮珠》（又名《避尘帕》），田扮棠姜，谭扮崔杼，以罗寿山（即百岁，丑行最有名者）扮齐王。又与谭氏演过《杀狗劝妻》（又名《善宝庄》，田扮曹庄妻，谭扮曹庄，以罗扮曹母）。"上列数剧，大约都是在同春班时期先后排演的。光绪二十二年（1896）七月，因内部发生财务纠纷，"几致涉讼"，乃解体。（李宗白）

Tong Guang Liyuan Jilüe

《同光梨园纪略》 京剧史著作。哀梨老人编著。国华书局1904年出版。哀梨老人，姓名不详。据该书自序，著者自清咸丰十年（1860）到上海，对沪上的京班足迹"皆所目击，纤悉无遗"，为此仿纪事本末体裁，从同治五年至光绪三十年（1866～1904），记述上海戏曲界的所闻所见。其中有罗逸卿开满庭芳、刘维忠续开丹桂、孙菊仙开昇平轩、徽班京班同开金桂轩、杨月楼开鹤鸣茶园、天津武状元佟四开金桂、李春来纠资开众乐茶园、周大升开咏霓、响九霄开丹桂、何永宽独开天仪、李春来盘开春仙、孙菊仙开云仙、三麻子开玉仙、刘维忠在宝善街开丹桂等，记述了沪上名角开办戏园的成因与变迁。本书还记载了沪上名角在演艺界发生的诸种纷争事项，如杨月楼韦阿宝案、小叫天来申颠末、孙春恒报复前仇、火警（宝善街戏馆的火灾）、胡月娥风流案、高彩云案、霍春祥案、女骗男骗等。书中还对部分剧目的演出和演艺名角逸事做了记载，如《群英会》考、救济会之合演、梨园公所之集资、九皇会、《党人碑》考、谢云奎父子、小子和多才多艺、李春来之去思碑、盖叫天之命名等。《同光梨园纪略》提供了一份较珍贵的史料，尤其是对沪上早期戏园（茶园）的开办与变迁，记载得较为详尽。与同期出版的《海上梨园杂志》等著述，从不同的角度反映了清末上海京剧的概貌。1923年4月国华书局另行出版《乐府新声》4册，《同光梨园纪略》编入第2册掌故专辑。《半月戏剧》杂志的第5、第6卷曾转载过其中的部分内容。（张余）

Tong Guang Shisan Jue

同光十三绝 清代同治、光绪年间北京13位京剧、昆曲著名演员的合称。以据称为沈容圃所绘彩色剧装写真得名。画中人物有：程长庚，饰《群英会》鲁肃；卢胜奎，饰《空城计》（或《战北原》）诸葛亮；张胜奎，饰《一捧雪》莫成；杨月楼，饰《四郎探母》杨延辉；徐小香，饰《群英会》周瑜；谭鑫培，饰《恶虎村》黄天霸；梅巧玲，饰《雁门关》（或《四郎探母》）萧太后；朱莲芬，饰《玉簪记·琴挑》陈妙常；时小福，饰《桑园会》罗敷；余紫云，饰《彩楼配》王宝钏；郝兰田，饰《行路》康氏；杨鸣玉，饰《思志诚》闵（明）天亮；刘赶三，饰《探亲家》乡下妈妈。其中，生脚6人，旦脚5人，丑脚2人，唯缺净脚。画长丈余。1943年，由进化社朱复昌（书绅）缩小影印，附刊《同光朝名伶十三绝传略》，由其主持的三六九画报社发行。"同光十三绝"名称始见于此。其来历，据称系"客岁""得珍迹于故家"。沈容圃为清末画师，光绪年间在北京正阳门廊房头条胡同开设画店，擅工笔人物，作有戏出画传世。梅兰芳为《同光朝名伶十三绝传略》题词中谈到："沈君容圃所绘《思志诚》剧画像，先大父及徐小香、杨鸣玉、朱莲芬、时小福、刘赶三、余紫云诸先生共二十余人，均为当时名彦，向藏余家。以有关国剧史乘，适余创立国剧学会，即以陈诸会中，所以垂久远而未来兹也。厥后陆续征求，复得程长庚、徐小香两公之《镇坛（潭）州》暨先大父《四郎探母》画像，均为沈君所绘。"景孤血为此书题咏，注文中提及："二十年前，有人在城南游艺园举办'名伶遗物展览会'，胪列遗物珍品甚夥，然亦未见有若此图之肖然巨观也。"弦外有音。关于"十三绝"图，此前从未发现或见诸记载。京腔盛行时，北京廊房头条胡同诚一斋南纸店曾请画师贺世魁绘制13位著名京腔演员图像，悬挂门前，招徕顾客。《都门纪略·翰墨门》曾有记载。1900年毁于八国联军的入侵。《申报》光绪二年初（1876年3月2日）《图绘伶论》文中记载："惟方学圃画铺门前，旧悬一额，以作招牌者，上绘弋腔班中十三名脚，各着登场冠服，无不酷肖其人，为道光年间内廷供奉贺公世魁笔也。去腊，方铺于旧额之下，新增一额绘时下名脚五人：小生徐小香作周公瑾装束，老生张喜儿着武乡侯巾服，花旦范松林，正旦时小福，丑脚刘赶三，皆各作登场模样。惟小香、松林尤为酷似，真可谓传神之笔。"这幅"五绝图"未见传世，可能

沈容圃绘戏装肖像画集锦——"同光十三绝"
左起：郝兰田《行路》饰康氏，张胜奎《一捧雪》饰莫成，梅巧玲《四郎探母》（或《雁门关》）饰萧太后，刘赶三《探亲》饰乡下妈妈，余紫云《彩楼配》饰王宝钏，程长庚《群英会》饰鲁肃，徐小香《群英会》饰周瑜，时小福《桑园会》饰罗敷，杨鸣玉《思志诚》饰闵（明）天亮，卢胜奎《空城计》饰诸葛亮，朱莲芬《琴挑》饰陈妙常，谭鑫培《恶虎村》饰黄天霸，杨月楼《探母》饰杨延辉（选自《梅兰芳藏画集》）

也已毁于战火。所谓“同光十三绝”图，是仿效“京腔十三绝”，根据传世的沈容圃戏出画中人物拼制而成（如程长庚、刘赶三像即取自《群英会》、《探亲家》戏出画）。时人虽有知情者，因碍于人际关系等原因，未予公开揭露。画中13人，并不能完全代表同光时期北京舞台上最为杰出的演员，其中甚至没有一个花脸演员，名实不尽相符，但人物形象都是取自沈容圃画作，仍然值得珍视。所附“传略”，亦有其史料价值。（颜长珂）

Tonglexuan

同乐轩 清代戏园。址在北京前门外大栅栏内门框胡同西侧把角处。现已不存。始建于清代中叶。乾隆六十年（1795）成书的《消寒新咏》载：“忆某日在同乐轩，正当游心息虑，静听百寿度曲。”同乐轩应于此前建成。此轩为合股经营，房地产主韩霭轩、邢百州。铺东周子文原卖刀伤药，自称此药可治抹脖子，是故外号“抹脖子周”。建成开业时，得到沙俄东方汇理银行中方买办孙荩卿的支持。起先称“同乐园”，因避与圆明园同乐园同名，改称“同乐轩”。戏台坐北朝南，三面凸出，有矮栏。台口宽5米，进深5米。观众席设为条桌条椅，可容800人。因戏台和场地较小，多演文戏和曲艺杂耍。《都门纪略》载咸丰年间同乐轩一个月内入园演出之戏班：“初一至初四，永胜奎；初五至初八，双顺和；初九至十二，四喜；十三至十六，双顺和；十七至十九，永胜奎；二十至廿三，瑞和成；廿四至廿七，永胜奎；廿八至三十，双顺和。”庚子事变后，京城各戏园渐渐改变轮转演出的营业方式，戏园与戏班相对固定，如玉成班久占华乐园，富连成久占广和楼，维文社久占中和园，双庆社久占广德楼，同乐轩则与志翕社合作了相当长的时间。民国时期，因债务，周、孙两家发生矛盾，戏园归孙家所有，遂渐废止。（吴增彦）

1921年3月在同乐轩观朱小义《武松打虎》（[日]福地信世绘，日本早稻田大学演剧博物馆藏）

Tongqingban

同庆班 京剧戏班。清光绪二十五年（1899）二月，周春奎、杨桂云、金秀山、德珺如等在北京新出。同年该班花名册载主要演员有老生纪寿臣、曹文奎，旦脚田桂凤，净脚韩乐卿，丑脚王长林等。谭鑫培稍后入班，同年该班《戏目》载各行当戏126出，其中《失街亭》、《战太平》、《定军山》等，均为谭的代表剧目。次年，庚子事变，前门外大部分戏园毁于火灾，同庆停演。谭鑫培率田桂凤、黄润甫等人到内城元明寺及天和馆等处临时演唱。光绪二十八年（1902）十二月，刘春喜、刘景然、纪寿臣复出，演于天寿堂等地。武生杨小楼、净脚刘鸿昇加入。光绪三十年（1904）春，谭鑫培与中和园签订合同（见《闻歌述忆》），同庆班始在该园长期固定演唱。此时，同庆班的演员有贾洪林、李鑫甫、杨小楼、郭际湘、吴彩霞、陈桐云、黄润甫、金秀山、王长林等。小生王楞仙也于此时搭入同庆（见《闻歌述忆》），阵容强大。谭鑫培与王楞仙合演的《镇潭州》、《八大锤》、《雄州关》、《状元谱》、《举鼎观画》、《群英会》、《黄鹤楼》等，深受欢迎。在新排四本《取南郡》中，谭扮鲁肃，王扮周瑜，分四天演唱。第三本鲁肃哭周瑜，谭鑫培唱做并佳，声调哀情凄楚，使聆者泣下。光绪三十一年（1905）夏，王瑶卿搭入同庆班。第一天与谭鑫培合演《武家坡》，第二天合演《御碑亭》，第三天合演《汾河湾》，演出盛况空前。当时，王瑶卿正值英年，唱做俱佳。谭、王合演的名剧还有《打渔杀家》、《四郎探母》、《宝莲灯》、《南天门》、《牧羊卷》等。二人在台上，互相映衬，交相生辉。在《南阳关》中，王瑶卿配演夫人；在《玉堂春》中，谭鑫培配演刘秉义。此时，同庆班已成为当时第一名班，池座卖到一吊六百文，比别班高出三百文。本年冬，王瑶卿排出八本《梅玉配》，该剧是由票友松茂如根据梅巧玲吹腔本翻改而成。王瑶卿饰主角苏玉莲，梳旗头，着旗装，穿花盆底鞋，念京白，是近乎花旦的脚色。德珺如饰徐廷梅，郭际湘饰黄婆。王瑶卿在剧中塑造了一个亦庄亦谐、热肠助人的旗人妇女形象。这出戏，也成为同庆班的压轴剧目。不久，同庆班又将从前三出老戏《穆柯寨》、《枪挑穆天王》、《辕门斩子》连缀在一起上演，谭鑫培饰杨延昭、王瑶卿饰穆桂英，中和园上座两千多人（其中有不少是站立观看的）。王楞仙于光绪三十四年（1908）七月去世。杨小楼二次搭入同庆班，为谭鑫培配演了《镇潭州》的杨再兴、《八大锤》的陆文龙、《阳平关》的赵云、《战宛城》的典韦等。同年冬，王瑶卿离开同庆班。不久，同庆班与中和园解约停演。此后，谭鑫培在京只应各班邀请，每次演唱数日即歇。宣统三年（1911）秋，谭复以同庆班名在西四牌楼新风市场庆隆茶园演出，与杨小楼首次合演《连营寨》、《珠帘寨》，此戏以前只在宫中演唱。鸣晦庐主人在《闻歌述忆》中描写道：“《连营寨》头三场摇板、科介并妙，‘泣奠’一节，反西皮，观者赞不容口。识与不识，无不魂愉魄定，适意而归。后节避火斤斗，兼以小楼扮赵云，救主鏖战，勇气百倍，精神尤快怍。”“《珠帘寨》剧凡二十场，打、唱、念、介，无美弗臻，而纵横诙诡，应接弗暇，可谓创格定做矣。”民国初年，谭鑫培仍是偶尔应邀一演，未再组班出演戏园。1917年谭鑫培去世后，王又宸、谭小培、余叔岩都用过同庆社之名组班。1939年2月，谭富英又用此班名演唱，达10年之久。同庆社这个名称，一直到1949年始废。（王晓燕）

《汾河湾》
谭鑫培饰薛仁贵（左） 王瑶卿饰柳迎春

Tong Xiangling

童祥苓（1935～　）演员。工老生。祖籍江西南昌，生于天津。哥哥童侠苓、童寿苓，姐姐童芷苓、童葆苓都是京剧演员，深受家庭熏陶。幼时即迷恋京剧，演过娃娃生。8岁正式学艺，9岁随童芷苓到各地演出。曾向雷喜福、钱富川、刘盛通、鲍吉祥、钱宝森等名家习艺，还在上海由李盛佐练功，从张少甫、陈秀华学戏。多次演出《探母》、《辕门斩子》、《空城计》、《捉放曹》、《战太平》等戏。1951年到文化部戏曲改进局戏曲实验学校进修学习。

1953年后个人组织小组到各地演出。1956年参加鞍山市京剧团，1957年加入上海京剧院。在此期间，又先后拜马连良、周信芳为师，扩展了他的戏路。常演的剧目有《武家坡》、《大登殿》、《群英会、借东风、华容道》(前后分饰鲁肃、诸葛亮、关羽)、《四郎探母》、《乌盆记》、《淮河营》、《击鼓骂曹》、《桑园会》等。还参加创排演出了多部现代戏和新编古代剧，如《红色风暴》、《赵一曼》、《智取威虎山》、《甲午海战》、《大风歌》、《胭脂判》等。曾参加拍摄戏曲影片《尤三姐》(饰贾琏)、《智取威虎山》(饰杨子荣)。1964年随中国艺术团赴法国、意大利、联邦德国、比利时、巴基斯坦等国演出。1976年赴日本演出《智取威虎山》。童祥苓从师多，戏路宽，掌握技艺较为全面，并能兼收并蓄，取长补短，根据自身条件加以发挥。他的嗓音明亮，演唱流利、舒展，刚柔相济，韵味浓郁；表演细腻传神，善于刻画不同人物性格，富有感染力，所塑造的杨子荣形象广为群众熟知。著有《杨子荣与童祥苓》一书，于2000年10月出版。 （钱有忠）

《智取威虎山》饰杨子荣

Tong Zhiling

童芷苓 （1922～1995） 女演员。工旦。祖籍江西南昌，生于天津。出身知识分子家庭。父母见其聪颖过人，9岁时，延师启蒙。11岁常以小票友身份借台练戏。因得王云卿、杜富隆、包丹庭、姚喜成、近云馆主等传授，13岁正式下海。15岁随班转演烟台、青岛、南京、南昌等地。16岁以童伶新星领衔奎德社，继在天津新中央戏院任主演。这一时期她兼演《英杰烈》、《玉堂春》等传统戏及《天河配》、《啼笑因缘》等本戏，以充满灵气活泛的表演赢得津门不少观众。1939年，童芷苓立雪荀门，自此以荀派戏为立足之本，致力于《霍小玉》、《元宵谜》、《埋香幻》、《香罗带》、《钗头凤》等荀派名剧的研习。同年移居北平，组班苓社。兼向王瑶卿、韩世昌等求教，技艺日进。20世纪40年代初，童芷苓几度南下，风靡申江。当时《纺棉花》、《戏迷家庭》、《十八扯》盛行剧坛，多才多艺的童芷苓对这类综合性的个人专场尤为拿手。她在《纺棉花》中穿流行时装，取话剧化装，把四大名旦及各行当代表性唱段编缀一起，间插梆子、曲艺、评戏、小调、流行歌曲和中外舞蹈，给观众以娱乐满足，引起轰动。20世纪40年代中期，童芷苓步入绚烂年华，除荀派外，又兼取梅、程、尚与筱翠花、芙蓉草等名家精华。常以梅的《凤还巢》、尚的《汉明妃》、程的《锁麟囊》、荀的《红娘》等一批“四大名旦”代表作打炮，显示出众的才华。1947年拜入梅兰芳门下，开始“荀梅合璧”的探索。她曾与唐韵笙、林树森、高百岁、侯喜瑞、孙毓堃、裘盛戎、高盛麟、李宗义、李和曾等名家同台。20多岁的童芷苓当时还在话剧、电影界走红，参加过话剧《雷雨》、《巧报恩》、《日出》和电影《夜店》、《粉墨筝琶》的演出和拍摄。至20世纪50年代初，共主演近10部故事片。因受著名戏剧家黄佐临影响，戏剧观念和表演方法都有了新的变化。

与师荀慧生

《红娘》饰红娘

中华人民共和国成立后，童芷苓作为上海京剧院主演之一，演出《彩楼记》、《玉簪记》、《龙女牧羊》、《二度梅》、《新台恨》等一批新戏，充分发挥她艺术创造的优势。又在现代戏《赵一曼》、《送肥记》中突破行当界限，化用传统程式，创出一系列新的表现手段，为京剧塑造现代人物取得成功的经验。20世纪60年代，以主演《尤三姐》、《王熙凤大闹宁国府》、《武则天》而声名斐然。《尤三姐》以荀为本的再创造，1963年被摄制成戏曲艺术影片。她以数十年的艺术积累，融入话剧和电影用以表现强烈情感和情绪处理手段，在较深的层面上揭示了王熙凤和武则天这两个特殊人物的内心世界。“文化大革命”后复出的童芷苓多次赴中国香港及美国访问演出，频频在京、津、沪等地的舞台上出现，献演她深研细磨，反复锤炼的精品，厚积薄发的艺事升华到了更高境界。她心里有角色，上台有心谱，演的是人，画的是心，性格化和生活化的特色鲜明。她时而“梅为体，荀为用”，时而“荀为骨，梅为肉”，由此而建树了“梅戏荀演，荀戏梅唱”的新风格。1985年，美国纽约美华艺术中心授予童芷苓“亚洲最佳艺人奖”。后移居纽约，为弘扬京剧不遗余力。20世纪90年代初几度赴中国台湾地区演出。1995年终因癌症去世。

《武则天》饰武则天（左）
赵晓岚饰上官婉儿（应日隆摄）

朱继彭著有童芷苓艺术评传《童芷苓》，44万字，吴小如为之作序，华东师范大学出版社1995年3月出版。 （朱继彭）

toumian

头面 旦脚头部饰物的统称。俗呼妇女首饰曰头面，宋代已然。《东京梦华录》卷三《相国寺内万姓交易》中即有“花朵、珠翠、头面”诸物。舞台上的成套头面，主要有以下3种：

点翠头面。用翠鸟羽毛剪贴于金属底版上制成。点翠工艺唐代已有，孟浩然《庭橘》诗“香粘翠羽簪”可证。明清时尤流行，籍

点翠头面
《锁麟囊》薛湘灵
（吕洋饰）

水钻头面
《五花洞》潘金莲
（刘长瑜饰）

银泡头面
《秦香莲》秦香莲
（张君秋饰）

没明嘉靖间首辅严嵩家产的清册《天水冰山录》中，记有多副点翠首饰。翠羽可呈蓝绿青紫诸色变幻，加以制作精巧，在头面中最称贵重、雅致。多用于宫廷贵妇、官宦眷属。这种头面在清末舞台上几近消失。齐如山《国剧艺术汇考》云："民国后，梅（兰芳）排出《风筝误·诧美》等戏来，陈德林（霖）说，从前演这路戏，都戴点翠首饰，我也很怂恿他，德林送了他一套旧的，（梅）又照样作了一套，因此一戴，大家都觉得新鲜美观，于是便又风行起来。"然因造价昂贵，晚近多以剪贴蓝绸替代翠羽。

水钻头面。用人造钻石（又称玻璃钻）镶嵌在金属版上制成。梅兰芳《舞台生活四十年》中忆及，在翊文社向路三宝学演《醉酒》，戴的是路三宝送给他的"一副很好的水钻头面，光头闪亮"，为后来所买的水钻头面所不及（第229页），其时为1914年，水钻头面兴起未久。水钻晶莹剔透，高光闪烁，又有红、紫、蓝、绿等多色搭配，在头面中最为华丽，用途也最为宽泛，年轻美丽、活泼浪漫的女性都可插戴，只是用件多寡有所不同。

银泡头面。铜制镀银，因多为半立体的球面饰物，故称银泡，或称银钉。与点翠、水钻相比，较为素净，用于贫寒、居丧或待罪的妇女，且不宜用得太多。

以上3种头面，各有50多件为一副。其中包括：**顶花**，多为蝴蝶形，是戴于头顶正中的首饰主花。**泡子**，是额发的装饰品，大多插在小弯上。有圆形、椭圆形、菱形。圆形泡子有单粒、双粒、三粒、四粒多种，菱形亦有单双。**泡条**，若干泡子连缀而成，可

红水钻头面部分组件

①蝴蝶项花；②单粒簪；③三粒簪；④蝙蝠压鬓簪；
⑤偏凤（古装头用）；⑥耳挖子；⑦纂围；⑧腰箍；⑨后盖；⑩耳坠

与小弯、泡子平行，亦可斜饰头顶。**后三条**，由纂围、腰箍、后盖（点翠、水钻后盖带珠串排穗）组成，对脑后假髻作"日"字形装饰。**扁凤**，凤形的鬓发装饰，一般只插一边，另一边插花。**耳挖子**，亦带珠串排穗，是扁凤与后盖之间的饰物。左右插上耳挖子，可与后盖构成头颈后部的完整装饰。其他尚有包头莲（又名葫芦簪）、凤挑、耳坠等多种名目。头面的制作材料除上述3种外，还有广片（又称电光片）、珠花、绢花、绒花等，多为陪衬性饰物，

《锁麟囊》"春秋亭"一场之薛湘灵（刘桂娟饰）

可以起补充和多样变化的作用，使之更能切合剧情和人物。如《锁麟囊》"春秋亭"一场，在点翠头面中加插凤挑和红绒花、红绢花，渲染了薛湘灵出嫁的喜庆气氛；《杨门女将》由寿堂改灵堂，头饰亦由戴红花改为白花，烘托了人物心情的急遽变化。新式古装兴起后，头面有许多新颖的设计以配合发式髻形的多种多样，特别是凤形饰物，姿态各异，使旦脚头部的造型更丰富生动。对于头面的运用，梅兰芳指出："最低限度也要保持露一些黑头发，如果戴满了花不露地，是最难看的了。"（《梅兰芳谈舞台美术》，朱家溍记录整理，《上海戏剧》1962年第8期）

（龚和德）

Tulanduo Gongzhu

《图兰朵公主》 京剧作品。中国京剧院2003年11月20日首演于北京长安大戏院。燕蓟王的唯一女儿图兰朵国色天香，成为诸多异国王子、储君追求的对象。他们不仅倾慕图兰朵的美色，还觊觎其背后的王权和大片国土。图兰朵公主以猜出三个谜语作为出嫁条件，猜不出者立即处死。不少求婚者因此丧命。一日，有位异乡青年卡拉夫前来应试，竟连破三题，赢得公主芳心。但卡拉夫也给图兰朵出了难题：翌日清晨要猜出他的姓名和来历，假如公主猜中，甘愿受死，若猜不出，他将带公主远走高飞。和卡拉夫一起逃亡的父亲铁木尔，遭到逮捕后被迫说出了卡拉夫的真实身份。大殿上，铁木尔见到了昔日意中人陆玲。陆玲本是牧民之女，在一次宴会上，王子铁木尔听到她的歌声而生爱意。其父王发现后，将陆玲以公主名义远嫁燕蓟王。一年后，燕蓟王发现陆玲并非公主而是牧民之女，遂不顾其刚生下女儿，狠心将她废斥。这幼女就是图兰朵，现已长大，而母亲陆玲还只是乳娘身份。最终，陆玲与铁木尔双双殉情。图兰朵与卡拉夫冲破樊篱，走出了皇宫。这个故事源于波斯传说。最早由意大利剧作家卡罗·葛齐（Carlo Gozzi, 1720～1806）于1762年搬上舞台，剧名*Durando*。其后，德国作家席勒将它改编，于1802年在魏玛上演。这出戏最为人们熟知的是普契尼创作的歌剧《图兰朵》，1926年在意大利米兰的斯卡拉剧院首演。1993年，魏明伦将它改编为川剧，名《中国公主杜兰朵》，演出颇受好评。中国京剧院的改编演出，将原剧中随卡拉夫王子的女仆换成卡拉夫的父亲铁木尔。这样，陆玲、铁木尔、燕蓟王的爱恨情仇，同图兰朵与卡拉夫的相遇、相恋，两条线索交织一起，使剧情更富于传奇性，也强化了戏剧冲突。演出特色是吸收融化了多种艺术元素，尤其音乐唱腔，以京剧为主，融进了一些歌剧旋律和中国民歌。剧本改编孔远、吴江。导演曹其敏。作曲朱绍玉。舞台美术设计高广健、胡耀辉。邓敏饰图兰朵，黄炳强饰卡拉夫，魏积军饰铁木尔，张连祥饰燕蓟王，毕杨饰陆玲。此剧获第十一届文华大奖，导演、作曲、舞台美术设计和两位主演邓敏、黄炳强均获文华单项奖。

邓敏饰图兰朵（前） 黄炳强饰卡拉夫
（国家京剧院提供）

（张燕鹰）

W

中国京剧百科全书

wawasheng

娃娃生 见生。

waichuan

外串 戏曲行话。离开本戏班参加其他班社或堂会演出者，称外串。晚清时，为维护本行艺人和本班艺人的整体利益，梨园界以私自外串为不道德，尤其不赞成私出唱堂会戏。清末吴焘《梨园旧话》载：“当乙亥丙子之交（光绪元年至二年，1875～1876），国有大丧，八音遏密。内务府以伶人极众，衣食无资，不能待至三年之久而戏园不能开演，因特许各伶于城外饭庄卖戏，名为‘说白清唱’。各班主无力养赡众人，故班伙皆自食其力。独三庆班一切仍旧，改于天和馆开演。程（长庚）日到场，从无间断。所得戏资归诸公用，决不私有（为）己有。其尤感人者，为不应外串一事（凡堂会戏召他班伶人演唱者，谓之‘外串’）。程谓‘我若应外串之召，自谋诚为得计，其如本班众人何?’有巨公令其外串，加以逼迫，终不应命。巨公亦无如何。盖其所持者正，权势亦不能夺也。然而此风已古矣。”民国时期，外串之风颇盛。 （周华斌　戴申）

waijiangpai

外江派 对京剧派别的贬义称谓。“外江”原指昆剧以外的“花部”诸腔（地方戏）。《扬州画舫录》卷五载：“昆腔之胜，始于商人徐尚志征苏州名优为老徐班，而黄元德、张大安、汪启源、程谦德各有班。洪充实为大洪班。江广达为德音班，复征花部为春台班，自是德音为内江班，春台为外江班。今内江班归洪箴远，外江班隶于罗荣泰。此皆谓之内班，所以备演大戏也。”后在广东、福建一带，“外江”一词衍化为对外地戏班的称谓。成书于清道光二十二年（1842）的《梦华琐簿》曰：“广州乐部分为二，曰‘外江班’，曰‘本地班’……大抵外江班近徽班，本地班近西班，其情形局面判然迥殊。”19世纪末叶以后，流播各地的京剧变化渐多，剧界内外的门户之见亦渐深，常把北京的京剧称为京派或京朝派，对外地的艺人、剧目、演出特点往往有菲薄之意，称之为外江派或海派。徐凌霄《古城返照记》描写清末北京某些观众的心态：若要充当“京剧内行”，“信条”之一就是“骂外江派”，“不管是戏，是伶，只要不是北京或久走外省的，只管骂，只要能骂外江，就是京（剧）内行。”（第237页，同心出版社2002年版） （黄菊盛）

wanxiaoxi

玩笑戏 情节简单，结构灵活，具有滑稽调笑色彩的“杂戏”。其脚色行当基本以两小（小丑、小旦）或三小（小丑、小旦、小生）为主。或热闹，或机趣，或轻松自然；可以念，可以做，也可以载歌载舞。京剧中的玩笑戏一般都难以确考其编演时间。它们大都为民间长期流传积累而成，是历代民间艺人和下层文人的共同创造。

一些玩笑戏与历史悠久的各种民间曲艺有着密切的渊源关系。如流行于北京一带角色化的彩唱莲花落，就是从“什不闲”发展而来。《燕京岁时记》云：“什不闲，有旦有丑而无生，所唱歌词，别有弦调，低回婉转，冶荡不堪，咸、同以前颇重之。”傅惜华在《曲艺论丛》中对其表演形态做了更为明确的论述：“旦角每为当时妇

《打樱桃》 吴素秋饰平儿（左） 叶盛章饰秋水

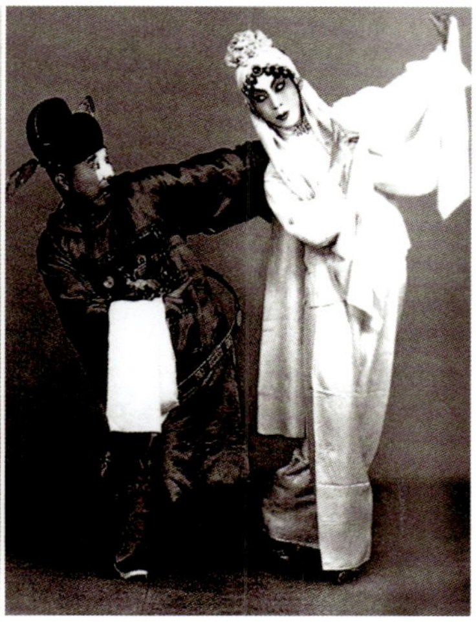

《小上坟》 毕谷云饰萧素贞（右） 朱锡麟饰刘禄敬

女之装束，丑角则着京戏之行头，面敷粉墨，载歌载舞，略如戏剧，而尤重于插科打诨，以资笑乐。”有的玩笑戏是从竹马、花车、花鼓、霸王鞭、旱船、驴子会、打连厢等民间歌舞发展而来，如《打花鼓》；有的玩笑戏则由民间说唱演变而来。民间说唱基本上分为两类，即板眼类和牌子曲类。前者以一些简单的旋律做基础，演唱时随着故事情节的发展，在节奏上有所变化，以表现不同的人物和情绪；后者由曲牌组成，每个曲牌具有不同的旋律、节奏和感情色彩，如《探亲相骂》。有的玩笑戏则由民歌发展衍变而来，或者将单人唱的民歌变成双人唱、多人唱，或者将民歌中的情节角色化，以构成戏剧表演，如《小放牛》；有些玩笑戏则是多种民间说唱艺术或戏曲形式的结合，如《打面缸》、《戏迷传》。从民间歌舞、说唱、民歌到玩笑戏是一个漫长的融合、蜕变的过程，也是一个适应和创造的过程。

与整本大戏相比，玩笑戏的题材无非是生活片段、琐事趣闻，既没有严重的冲突，也没有复杂的人物关系，很少涉及军国大事、朝政得失。更少帝王将相、英雄豪杰、高贵人物，多为村闾市井间的村姑、农夫、小商、小贩、佣工、匠人，或是纨袴子弟、刁徒猾吏、酸儒清客、占卜星相等三教九流、五行八作的各色人等，通过表现他们的音容笑貌，折射出斑驳陆离的人情世相。往往赶一次庙会，观一次灯，回一次娘家，挖一次野菜，调一阵情，吵一会儿架，就能编一出妙趣横生的小戏，如卖布、卖绒花、买胭脂、借粮、借靴、借老婆、探亲、看灯、背凳、跑驴子、打灶，打砂锅……总之，一个生活片段，一个掠影，一朵浪花就能构成一出生活气息浓郁、老百姓喜闻乐见的戏，所谓“事不必皆有据，人不必尽可考，有时以鄙俚之俗情，入当场之科白，一上氍毹，即堪捧腹”（《缀白裘》第11集序）。

玩笑戏并非一味玩笑，其实它的内容相当丰富。在表现生活片段、趣事逸闻时，可以歌颂人民的善良、勤劳、智慧、勇敢的美德，表达人民群众对爱情、幸福、吉祥、和平的追求与憧憬，感情率真，开朗乐观。特别是歌颂爱情的玩笑戏数量较多，有的表现青年男女的相悦相爱，有的表现小夫妻如胶似漆的甜蜜生活，有的表现夫妻间的调侃戏谑及对爱情的忠贞不渝，展示出人与人之间的感情美、心灵美。也有的表现青年男女不幸的结合，封建家长制度下妇女不幸的生活，有的玩笑戏则对娼妓制度提出了控诉和批判，对妇女命运表示出关注和同情。当然也有一些玩笑戏里存在着不健康的描写，甚至有色情的成分。

玩笑戏中有一批讽刺性的作品，揭露了丑恶的现实（如吸毒、嫖妓、卖假药等）、丑恶的人性（如权势者、寄生者、帮闲者、吝啬者、贪婪者、凶残者），画鬼写恶，入木三分，抒发出人民的辛酸、愤懑、不平，敢怒敢骂，痛快淋漓，剖白大胆，无所顾忌，亦无所掩饰，寓庄于谐，寄意遥深，引人深思。玩笑戏中不乏滑稽幽默的笑，辛辣讽刺，令观众在笑声中嘲笑和鞭挞腐朽、落后、阴暗、丑恶的事物和现象。

玩笑戏强调、追求观赏性和愉悦性，不摆出高台教化的架势进行枯燥的说教和耳提面命式的灌输。它们把适合于广大观众的口味和情趣作为出发点，以俗为本，不强登大雅之堂。玩笑戏结构简单，情节集中，角色很少，性格单纯，常常是以小见大，凡中见奇。表现手段自由，没有固定的模式，不受程式规范的限制。玩笑戏的表演极为灵活，在约定俗成的故事框架内，演员可以根据自己的艺术积累和生活体验，视剧场氛围和观众情绪进行即兴创造：可以摘取搬用其他曲艺段子或戏剧片段，可以随意删减情节，或者是添白加词；演员可以跳进跳出，或直接化身于角色，或从一旁描绘、评点、帮腔；可以张冠李戴，插科打诨，也可以将天南海北集于一戏，将戏剧性、说唱性、歌舞性融为一体。不断变换手法只有一个目的：始终让观众保持兴奋状态，不断维系并加强角色之间、演员之间、角色与演员之间、角色与观众之间的直接交流。

《一匹布》 马富禄饰县官（右） 马幼禄饰张古董

《小放牛》 李玉茹饰村姑（左） 孙正阳饰牧童

玩笑戏多属喜剧和闹剧，运用喜剧的手法、语言，刻画喜剧性格，营造喜剧氛围。经常运用的手法有颠倒、戏拟、对比、调侃、科诨，以及巧用双关、谐音、反语、歇后语、方言土语、谐义、对举、赋形、引譬、重复等语言技巧，创造开心、助兴的强烈喜剧效果，追求滑稽、幽默、机趣之美。玩笑戏摆脱了正统文化的制约，为丑脚艺术的繁荣和发展提供了天地。丑脚是玩笑戏中的主要行当，或机灵，或憨拙，或高尚，或卑微，各尽其妙。京剧中不仅有一批脍炙人口的玩笑戏，如《打灶王》、《打樱桃》(又名《文章会》)、《双背凳》、《卖饽饽》、《小上坟》、《一匹布》、《小过年》、《打城隍》、《荷珠配》、《荡湖船》、《小放牛》、《连升店》等，而且涌现出从杨鸣玉、刘赶三开始的一批著名的丑脚演员。萧长华堪称个中翘楚。他不乞灵于低级趣味，没有污言秽语，不说脏话脏字，“口清”而忌“口浑”，也不搞脸谱化、标签化，总是运用出色的白口与高超的做派塑造和刻画人物，达到脱俗而冷隽，俗中有雅、雅中有俗的境界。

（周传家）

Wanjutuan

万剧团 业余京剧团。曾名百家剧团、万铨剧团。由天津工商业者、知识分子、民主党派成员组成。团长万国权，自幼嗜爱皮簧，重庆中华工商大学求学期间，即成为京剧票友，曾随刘奎官学戏多年，专攻金少山派花脸，号大风居士。万国权艺兼文武，嗓音宽阔洪亮，工架魁伟大方，扮演《霸王别姬》的项羽、《将相和》的廉颇、《芦花荡》的张飞、《连环套》的窦尔墩等均有声有色，颇获内外行好评。剧团另一主要演员铨季达（爱新觉罗·溥铨）为庆亲王载振之子，幼年时即爱好京剧，曾与马连良、谭富英、杨宝忠、奚啸伯、李少春等交往，得益甚多，后从韩慎先（夏山楼主）学戏多年，艺术造诣深厚。铨季达嗓音清越隽永，艺宗余叔岩，腔韵相当考究，饰演刘备、蔺相如、萧恩、张苍等均有较高水平。1950年，天津市

团长万国权

第一届物资交流大会期间，万国权曾与夏山楼主、朱作舟、近云馆主等天津票界名流，以共和剧社、红风京剧社为班底联袂演出，颇有影响。1952年以后，天津市政协、市工商联频繁组织各种演出活动，遂由万国权、铨季达、陆继云、陆继英等人自费购置行头，并正式成立业余京剧团。全团50余人，阵容硬整，能演《三击掌》、《打渔杀家》、《打侄上坟》、《法门寺》、《盗宗卷》、《取洛阳》、《问樵闹府》、《搜孤救孤》、《状元媒》、《审头刺汤》、《二堂舍子》、《秦香莲》、《将相和》、《霸王别姬》、《黑旋风李逵》、《铁弓缘》、《姚期》、《走麦城》、《铁笼山》、《艳阳楼》、《穆桂英挂帅》等60余出戏。他们经常在天津的政协礼堂、工人文化宫、中国大戏院等处，为政协和工商联举行的各种会议及其他庆典活动演出，也时常配合各项中心工作深入机关、厂矿、农村进行慰问和宣传。该团曾与市总工会天津职工业余京剧团合演《龙凤呈祥》。京剧演员厉慧良、周啸天、罗惠兰等均曾多次与该团合作演出。20世纪60年代初，剧团呈鼎盛之势。后随形势的变化，演员逐渐减少，只能演《除三害》、《盗宗卷》等脚色较少的戏。1964年剧团解散。

（李崇祥）

Wang Benzhen

汪本贞　（1915～1977）　琴师。北京人。初学京剧花脸，拜张春芳为师，倒仓后辍演，改学京胡，曾拜张玖为师，又吸取胡琴名家陆砚亭、徐兰沅等人之所长，以苦练为乐事，琴艺突进。20世纪30年代初，曾在富连成科班效力，为裘盛戎、李世芳等“盛、世”辈学生伴奏。在北平、天津一带，又先后为金少山、裘盛戎、王泉奎、奚啸伯、言慧珠、周啸天、李万春、徐东明等名家操琴。1949年在北京参加戎社，为裘盛戎正式操琴。1950年裘盛戎与谭富英携手建立太平京剧社，1952年成立北京京剧二团，汪始终与裘盛戎合作。主要代表剧目有《姚期》、《将相和》、《连环套》、《除三害》、《锁五龙》、《遇后、龙袍》、《探阴山》、《秦香莲》、《大、探、二》、《牧虎关》、《清官册》、《赵氏孤儿》、《赤壁之战》、《赤桑镇》、《南方来信》、《林则徐》等。裘盛戎在汪本贞的辅佐下，在继承发展的基础上，创造了别具一格的裘派演唱艺术。汪本贞操琴功力深厚，力度极佳，其琴音清澈纯净，洒脱飘逸，有很强的穿透力，平稳中见其俏，柔和中显其刚。他耳聪手快，托腔垫字，甚为传神，所创造的“垫头”、“过门”翻新切合情理，悦耳动听，其伴奏中托、保、随、带与演唱者配合紧密，丝丝入扣。投汪本贞门下学习者，有宋世芳、李一平、袁庆芬、叶锦良等。

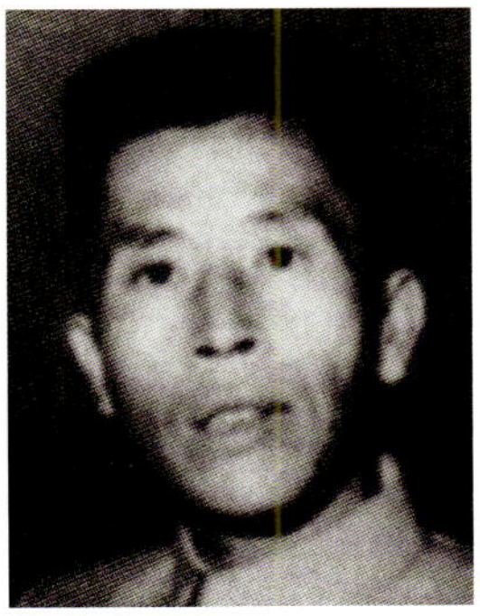

（张梓媛）

Wang Guifen

汪桂芬　（1860～1908）　演员。工老生。祖籍湖北汉川（一说安徽），生于北京。名谦，字艳秋，号美仙，又号叔坪、晏亭，小名惠成，绰号汪大头。其父汪年宝，系春台班武生。汪桂芬幼时嗓音极佳，9岁入陈兰笙的春茂堂习老生、老旦，曾在三庆、四喜等班练艺演出《文昭关》、《太白醉写》、《挡谅》、《游龙戏凤》、《五台山》等剧。后因嗓子倒仓，遂拜程长庚的琴师樊景泰为师，改工胡琴。樊景泰为程长庚伴奏时，每次均带领汪桂芬同往。在此熏陶下，汪桂芬不但琴艺大增，而且对程长庚的用腔技巧颇有体会。不久，他便开始代师为程长庚操琴，经过两三年的潜心刻苦钻研，

更加深了对程长庚演唱艺术特点的理解。清光绪六年（1880）后，汪桂芬嗓音好转，不但恢复了浑厚洪亮，而且气力更加充沛，遂应俞菊笙之邀搭入春台班。初演《长亭会》、《文昭关》、《天水关》等程长庚代表剧目，大受欢迎。时程长庚已逝，汪遂有“长庚再世”的美誉。汪桂芬曾多次赴沪搭班出演，受欢迎。光绪二十四年（1898）返京搭入福寿班，与谭鑫培、孙菊仙被誉为继程长庚、余三胜、张二奎老生“三鼎甲”之后的“新三鼎甲”。光绪二十八年（1902），汪桂芬入选清昇平署外学，经常入宫演唱。汪桂芬生性耿介，不畏权势，因此屡受欺凌。中年后，常作出家人打扮。经常一人自拉自唱，以抒发愤世嫉俗的心情。

汪桂芬的演唱特点是激昂高亢、苍劲悲壮，在行腔时决不滥用花腔，也不采用拖长尾音的唱法，而是专在四声尖团、吐字收音方面体现出雄浑刚劲之美。他特别擅长运用丹田气及脑后音，故而声音饱满激越、响遏行云，并且韵味十足、气势磅礴。由于他的唱腔激昂雄劲，所以非常适合表现人物慷慨悲愤的情绪，突出人物刚强、坚韧、凝重、悲壮的性格特点。如他在《文昭关》所唱的“逃出龙潭虎穴中”的“虎”字，就是纯用脑后音将字音拔高，以表达伍子胥逃出樊城，奔至昭关的激动心情。汪桂芬所用的唱腔板式也与其他流派不尽相同，如《武家坡》剧中“军营中失落了一匹马”一段，各流派均唱［西皮原板］，而他却采用［西皮散板］，以此来表现薛平贵边试探王宝钏边随机应答的情景。汪桂芬

喜着僧装之汪桂芬

《汪桂芬之〈子胥投吴〉》（选自清末上海《图画日报》）

的代表作以唱功戏居多，如《战樊城》、《长亭会》、《文昭关》、《鱼肠剑》、《群英会》、《战长沙》、《取成都》、《华容道》、《天水关》、《战北原》、《捉放曹》、《击鼓骂曹》、《风云会》、《取帅印》、《朱砂痣》、《双狮图》、《状元谱》、《御碑亭》、《游龙戏凤》、《二进宫》、《洪羊洞》、《打金枝》、《金水桥》、《三娘教子》和老旦戏《打龙袍》、《钓金龟》、《游六殿》等。汪桂芬虽然以唱功戏见长，但是他也能表演念白、做工为主的剧目，如他曾演出过《匹进士》中的宋士杰，谭鑫培为之配演毛朋。汪桂芬的传人很少，较为全面的继承者是王凤卿，此外还有郭仲衡、邓远方等。（吴焕）

Wang Ronghan

汪荣汉　（1927～　　）　京剧演员、教师。工丑。原名汪永德。祖籍山东东阿，生于北京。10岁时入北平荣春社科班学文丑，师从贾多才、高富远等丑行名家，并得到郭春山、孙小华、马富禄、萧盛萱、孙盛武诸师的指授。1944年出科后拜高富远为师，搭班演出于北平、天津、张家口、大同各地。1947年到四维儿童戏剧学校任教。先在第四分校，后归并第三分校。中华人民共和国成立后，转入文化部戏曲改进局戏曲实验学校（后名中国戏曲学校）。教龄长达50余年。以教"三小戏"见长，剧目有《小放牛》、《小上坟》、《小过年》、《打砂锅》、《打杠子》、《打刀》、《打花鼓》、《定计化缘》、《祥梅寺》、《问樵》等。其教学严谨、规范，要求严格，为学生打下扎实基础，对培养丑行人才卓有贡献。20世纪60年代初，还教排过京剧现代戏《借牛》、《补锅》、《游乡》、《打铜锣》、《审椅子》。得其教益的学生有张启洪、钮骠、刘长生、赵德芝、金立水、司猝、寇春华、孔新垣、王福民、黄占生、刘振英、柳国维、贾琦、孔祥仁等。他主演的《一匹布》有音像制品行世。

（钮骠）

Wang Xiaonong

汪笑侬　（1858～1918）　演员、剧作家。工老生。本名德克金，又名僢，字孝农，号仰天，从艺后别署伶隐。北京人，满族。为世家子弟，肄业于八旗官学，中举后纳粟入仕途。闲常爱好戏曲，在翠峰庵票房走票。后因事削职，在天津投身伶界。初以汪筱侬为艺名，1901年春改名笑侬。对其早年经历，何海鸣《求幸福斋随笔》、孙家振《退醒庐笔记》、易宗夔《新世说》、陈优优《梨园丛话》等多有异说，莫衷一是。孙宝暄《忘山庐日记》中有段叙述或较可信。清光绪二十七年七月二日（1901年8月15日）记："与笑秾（侬）谈，知其人旗籍，于乙酉年（光绪十一年，1885）入庠，出先人（孙诒经）门下。先人时督学直隶也。戊子（光绪十四年，1888），应试北闱，中式，遂以候选县官河南。未几犯奸案，发觉褫革，自是无聊赖。甲午（光绪二十年，1894），南游海上，遂入菊部，奏技以糊口。又屡至姑苏，博利甚微，落落不为人知。年来在天仙部排《党人碑》一剧，隐射时事，为新党所推重。"（第380页，上海古籍出版社1983年版）至于艺名汪笑侬，有说因汪桂芬聆其曲而非笑之，借此自励；有说其喜读《红楼梦》，得自黛玉诗句"侬今葬花人笑痴"。

在天津入伶界时，所得仅足糊口。1895年出演于上海丹桂茶园，以《桑园寄子》、《鱼肠剑》、《一捧雪》打炮，亦未唱红，旋去苏州、江宁等地。1899年冬再到上海，转演于各茶园达10年之久。先在天宝、福仙、桂仙，剧目已有40多出，除演须生戏外，间亦唱《目连救母》、《断后龙袍》等老旦戏，且有自编之《马嵬坡》、《胡迪骂阎罗》。1901年春进天仙茶园，1902年冬进春仙茶园，时值庚子拳变之后，京角纷纷南下，笑侬"以新进不能敌，乃抒其胸中所藏，编排新戏，奉昆曲为蓝本，翻为乱弹，以刺时伤世，为聆者所喜，名始渐噪"（大同《汪笑侬略史》，载《春柳》第1期）。

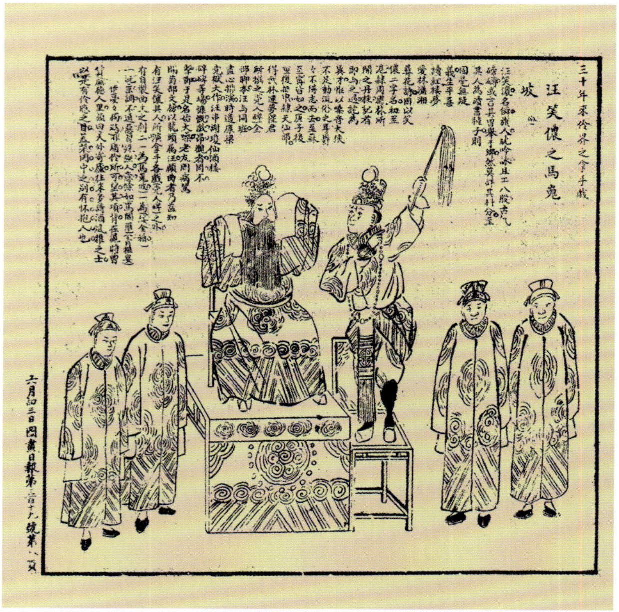

《汪笑侬之〈马嵬坡〉》（选自清末上海《图画日报》）

徐珂《清稗类钞》谓："旧剧伶人，编演新剧最早者，厥惟汪笑侬。"汪氏新剧之得名，首推1901年4月30日起公演于天仙的《党人碑》。演北宋末年书生谢琼仙（汪饰）击碎权奸蔡京所立党人碑，遭捕论死后被救事。时戊戌变法新败，康梁之狱大作，观众颇能感受其借宋事以刺清廷，反响强烈。佚名《观戏记》云，笑侬"撮《党人碑》以暗射近年党祸，为当今剧班革命之一大巨子"。继又推出《瓜种兰因》，演波兰与土耳其交战，兵败乞和事，"为我国西洋戏之鼻祖"（菊屏语），1904年8月7日首演于春仙茶园。其时，日俄两国为分割中国辽东及朝鲜的掠夺战争正在进行，此剧借波兰亡国之惨以警醒国人。公演后数日，《警钟日报》发表评论，盛赞此剧"寄托之遥深，结构之精严，音律之悲壮，实为梨园所未有之杰构"。剧中汪饰贵族院院长，"演说沉痛，观者动容"（了翁《汪笑侬传补遗》）。同年9月10日，《安徽俗话报》第11期发表陈独秀（署名三爱）《论戏曲》一文，援笑侬为例，呼吁内地各处戏馆也排些开通民智的新戏，使看戏的人受到感化，"方不愧为世界上第一大教育家"。10月，中国第一本戏剧杂志《二十世纪大舞台》创刊，诗人柳亚子（亚卢）在《发刊词》中说："张目四顾，山河如死……而南都乐部，独于黑暗世界，灼然放一线之光明"。所指即是以汪笑侬新剧为标志的戏曲改良运动的兴起。

汪氏在春仙演至1907年，新剧还有《桃花扇》、《缕金箱》、《长乐老》、《苦旅行》、《立宪镜》、《女子爱国》等。1908～1909年转入春桂、天仙，又有《张汶祥刺马》、《宦海潮》、《不平世》、《徐逆》等，其中有早期话剧，合作者为笑依之连襟、早期话剧的活动家王钟声。在天仙时，汪笑侬与小叫天（谭鑫培）同台，为之配演《八大锤》、《桑园会》之老旦；在春仙，与孙菊仙合演过《胭脂判》、《取荥阳》、《鼎盛春秋》（分饰前后伍子胥）、《珍珠塔》、《卧龙冈》诸剧。1903年1月3日，汪笑侬、孙菊仙合演《戏迷传》，两人均为票友出身，扮演戏迷，实有夫子自道的意味。此剧后由吕月樵唱红，成一流行的玩笑戏。

1910年，汪笑侬离上海去汉口、济南、天津、北京等地演出。在汉口天一园演出时，与汉剧老生余洪元同班，订为至交。至济南，“每一登台，座无隙地，后至者多作门外叹，尝两日同一戏码，以期看客之普及”（燕山小隐《近世伶工事略》）。时主管鲁省教育的蔡儒楷聘请笑依为戏剧改良所主任。未几，蔡氏离职，汪亦引去。1912年在天津得悉王钟声被直隶总督陈夔龙杀害，作《天问》一剧以伸愤慨，然几经周折终未上演。在津以《刀劈三关》、《哭祖庙》、《胡迪骂阎罗》最博人喜爱，称为汪氏“三绝技”。同年，经教育家严范孙推荐，任天津戏剧改良社社长。天津正乐育化会成立，又被推选为副会长（会长李吉瑞）。1913～1914年，主持天津改良戏剧练习所，招生百人，朝夕讲学，为撰戏学讲义数十篇。1914年进京演出于丹桂园，“逐日登台，连演京中从来未演之《马前泼水》、《琵琶泪》、《西门豹》诸戏，使剧场放一异彩，更能令顾曲者眼光为之一变”（隐侠《余有望于汪笑侬者》）。在天津、北京虽有若干知音，然演出不能持久。1915年8月在天乐园公演，上座不佳。亚仙生《负负室非优平议》云：“笑侬老而益壮，只身奔走北京，以二十年辛苦所得者贡献于京人……再蹶再振，郁郁不得志者，殊可悲也。”

1915年冬出京，在保定、开封、大连诸地转演。一年后，重返上海，搭丹桂第一台，合作者有麒麟童（周信芳）、三麻子（王鸿寿）、冯志奎、欧阳予倩、王灵珠等。这是他舞台生活的最后阶段，共演出200余场，新老剧目70多出。演出场次较多者为《张松献地图》、《马前泼水》、《哭祖庙》、《胡迪骂阎罗》、《四郎探母》（实为《见娘》，饰佘太君，高百岁饰杨四郎）、《琵琶泪》、《空城计》、《李陵碑》、《西门豹》、《受禅台》、《刀劈三关》、《风流天子》（前饰李白、后饰雷海青）等。其间，与欧阳予倩合演《两朝领袖》，饰钱谦益，欧阳饰柳如是。1918年初曾去大连演出，患吐血症，回沪后仍力疾登台。8月因祝浙督杨某寿，为警厅所辱，归即大病。9月24日凌晨卒。葬沪西真如梨园公墓。

汪氏剧艺生涯起自北京、天津，成功于上海，尤其在天仙、春仙的6年间，张帜戏剧改良，影响深远。其时小连生（潘月樵）与夏氏兄弟在丹桂茶园亦以新剧争胜。有人作比较云：“丹桂之新剧，多动人感情；春仙之新剧，多启人知识。”“春仙之新剧，识者称之，不识者不知也；丹桂之新剧，识与不识均称之。”（《海上梨园杂志》卷四）可知笑侬新剧，多为知识界之观赏对象。1902

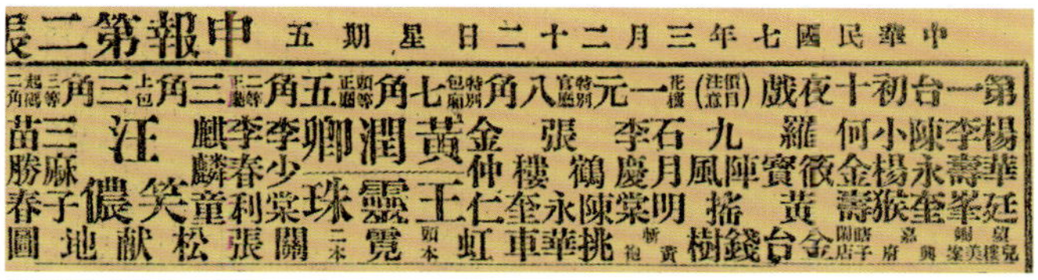

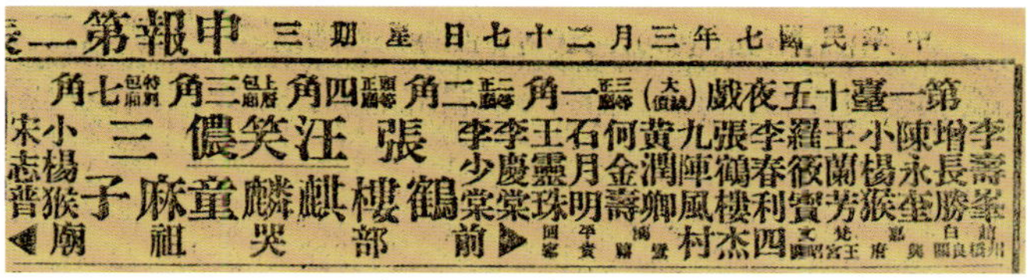

汪笑侬在上海丹桂第一台演出广告
（1918年3月22日、27日《申报》）

《哭祖庙》饰刘谌

年11月，周品珊（病鸳词人）为《同文沪报·消闲录》开设“伶榜”，点汪笑侬为“文榜状元”，小连生为“榜眼”，亦是文人意趣的一种反映。对汪氏评语有“胎息程长庚，睥睨汪桂芬，至品度之高洁，才具之优长，尤足冠绝侪辈，盖由读书得来，非寻常伶官比也”。瘦碧《耕尘舍剧话》略谓：“汪笑侬演戏，得力于‘牢骚’二字，缘其遭际使然，非可强致。当夫檀板一声，伊凉幽郁，茫茫大千，托足无地。幽愁暗恨，触绪纷来，低回呜咽，慷慨淋漓，有心人一种深情，和盘托出。笑侬其以歌场舞榭为痛哭地乎！”菊屏《汪笑侬述闻》论汪氏新剧“无不寓有一种愤世嫉俗之慨，而爱国爱种之义，尤为诸剧中共同一贯之主要原素”；然“汪氏所编新剧，虽名新戏，而起迄动止之间，一守京剧成规”，“与彼争奇斗异之新剧，适得其反”（1925年3月8日《申报》）。由于这个特点，冯叔鸾称汪为“旧剧界之维新派，新剧界之国粹家”（转引自《菊部丛刊》周剑云文）。笑侬新剧中亦存在一些思想局限，刘豁公《题汪笑侬〈哭祖庙〉脚本》四绝句之一云：“益都片瓦已无存，蜀道谁寻杜宇魂；付与当筵作歌哭，可知优孟亦王孙。”笑侬的“歌哭”，难以超脱旧王孙的立场，这种局限，即在比较好的戏里也是相当明显的。

在演唱上，笑侬音细气单，得天不厚，但能吸收前辈技巧，并从徽调、汉调中寻找养料，变化创造，自成一家。其咬字之切，吐音之真，行腔抑扬收放，均有功夫。尤擅大段［二六］［流水］，迂回委婉，淋漓痛快，“如长江之水，一泻千里”（张次溪《燕都名伶传》）。至尾腔时，前细后重，喷薄而出，必得彩声，沪上小报戏称为“炸弹”。做工表情细致自然，演朱买臣之穷愁，郭胡迪之狷介，李太白之洒脱，都能得其神似。武工亦有根底，传说其浪迹江湖时，曾得异人指授，故其靠把戏亦颇可观。在京曾与谭鑫培、杨小朵合演《珠帘寨》，汪饰程敬思。先是“谭党”以为笑侬仅能新戏，待汪出场，群报以笑声，及睹其唱做，乃服其渊博，浮议始息。笑侬才思敏捷，善于应付舞台事故。在济南某会馆唱堂会，与名净刘永春合演《捉放曹》，刘欲以难之，临场改唱“八月中秋桂花香”为“桂花开”，辙口一变，下句“行人路上马蹄忙”不能接唱了。笑侬忽生急智，应以“弃官抛印随他来”，比原词更贴切，座客皆称赏不止。

汪氏弟子有乔玉声、苗胜春、熊松泉（票友，布景师）、伍月华、李春棠（后改丑行）、杨宝忠（后为琴师）等，限于各种原因，多未能传其衣钵。唐韵笙演过其代表作《献地图》、《马前泼水》、《刀劈三关》，略具汪氏规模。高百岁在《亡蜀恨》中演刘谌哭祖庙，“七大段［反二簧］，全宗汪派，八十多句，一气呵成”（1939年3月26日《申报》）。汪氏的嗓音、唱法易为女声模仿，女老生私淑者颇多，有恩晓峰、苗鑫茹、金桂芬、张喜芬、金小楼、筱月红等。汪氏唱片，比较可靠的是百代公司的三张：《马前泼水》、《刀劈三关》、《八义图》与《孝妇羹》（乐理《汪笑侬之唱片》）。其著作颇丰，惜多已散佚。1957年，为纪

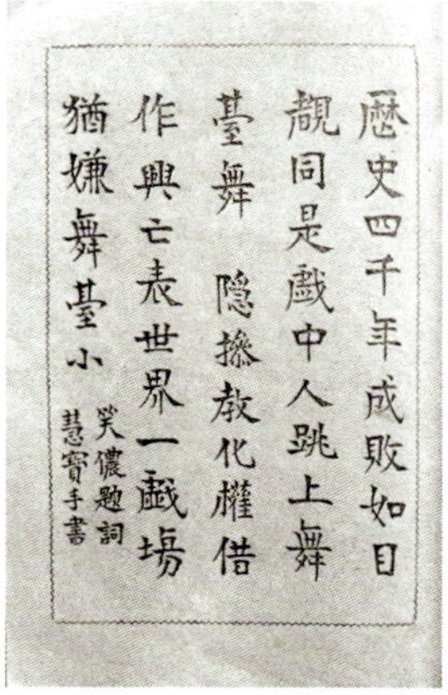

汪笑侬题词，时慧宝手书

念他诞辰100周年，中国戏剧出版社编辑出版《汪笑侬戏曲集》，收入剧本18种，诗词118首。卷首有周信芳纪念文章《敬爱的汪笑侬先生》作为代序。此外，汪氏剧作尚有《缕金箱》(一说为陈去病作）载《二十世纪大舞台》第2期；《瓜种兰因》初载《警钟日报》，后印有单行本，阿英《晚清戏曲小说目》著录。另有《戏曲用腔之变迁》、《画脸与化装之解释》、《各种声音之解释》、《说白分列表》、《分行状态表》、《说白歌唱论》、《腔调论》等短文，由其日本友人辻武雄（听花）发表于1919～1920年《顺天时报》。

（龚和德）

Wang Xiaonong Xiqu Ji

《汪笑侬戏曲集》 京剧作品集。董维贤、曲六乙据李洪春等老艺人的藏本选编。中国戏剧出版社1957年10月出版。收入汪笑侬创作、改编的剧本18种：《战蚩尤》、《洗耳记》、《将相和》、《博浪椎》、《喜封侯》、《马前泼水》、《献西川》、《受禅台》、《骂王朗》、《哭祖庙》、《马嵬驿》、《刀劈三关》、《党人碑》、《骂阎罗》、《排王赞》、《煤山恨》、《长乐老》、《孝妇羹》。汪笑侬文学艺术修养深厚，不仅是演员、剧作家，也是书画家和诗人。为此，出版社特约阿英辑录了汪的近百首诗词，汇成《竹天农人诗辑》，作为本书的附录。这部作品集是为纪念汪笑侬诞辰100周年而编辑、出版的。书前有周信芳所写《敬爱的汪笑侬先生》(代序)，介绍了汪笑侬在表演、编剧、改革诸方面的成就，赞扬了汪“为人忠直，行侠仗义，是非分明”的人品。从这部作品集中可以看到汪笑侬早期编演的《战蚩尤》、《洗耳记》、《献西川》等京剧剧目，并可通过汪的近百首诗词更加全面地了解汪的思想风貌以及当时的演剧情况和社会文化背景。

（李红石）

Wang Zengqi

汪曾祺 （1920～1997） 京剧作家。江苏高邮人。毕业于西南联大中文系，师从沈从文。曾任中学教员、故宫博物院职员。1950年后，历任《北京文艺》、《说说唱唱》、《民间文学》编辑，写过小说、散文、诗歌。1955年开始从事京剧创作，1952年后任北京京剧院编剧，先后作有《范进中举》、《小翠》，新编历史剧《擂鼓战金山》，现代戏《裘盛戎》，根据传统剧目改编的《一捧雪》，根据沪剧《芦荡火种》改编的《沙家浜》，参与现代戏《杜鹃山》的创作，根据传统剧目改编的《大劈棺》等。他吸收了话剧、电影等剧作方法，丰富了京剧剧本的表现手段、注重剧作的时代感和观众的审美意识，注重对白和唱词的艺术性，使之既合乎人物身份，又具有文学性。现代戏《沙家浜》和《杜鹃山》中谱写的唱段尤为脍炙人口，流传很广。他还是著名的小说作家，有《汪曾祺文集》传世。另有《汪曾祺说戏》，收入文章44篇，约13万字，山东画报出版社2006年8月出版。编者段春娟在《编后记》中说：“这些文章的写作时间均在八九十年代，有‘样板戏’谈往、名优逸事、戏曲与文学的关系、习剧札记等等”，是作者“这么多年来与戏曲打交道的见闻与思考，透着理性与睿智。”

《汪曾祺说戏》封面

（秦华生）

Wang Zhenghua

汪正华 （1928～　　） 演员。工老生。江苏扬州人。1939年入上海戏剧学校，习老生，由陈斌雨开蒙，后向陈秀华、赵济羹学习谭（鑫培）派、余（叔岩）派戏。1945年毕业后，随顾正秋剧团在上海、青岛、天津各地演出。1950年在香港拜马连良为师。1951年与杨宝森同台奏艺，配演《珠帘寨》之程敬思、《四郎探母》之杨延昭等都很有生色，深得杨氏青睐，常予指拨。此后，他便悉心研习杨派艺术。1957年入上海京剧院，常演《失街亭、空城计、斩马谡》、《伍子胥》、《李陵碑》等杨派戏，及在新编古代戏《满江红》中饰岳飞，《梅妃》中饰李隆基，《宋江题诗》中饰宋江，编创的一些唱腔，均有杨派意蕴。1966年一度调往青岛市京剧团，1970年又回上海京剧院，常在上海、南京、北京、及江西等地演出。他嗓音沉厚有味，唱腔稳重苍劲，表演规矩大方，台风严谨，追摹杨氏风范，颇有代表性。擅演剧目还有《杨家将》、《雪夜访贤》等。《甘露寺》中“劝千岁”的［西皮］唱段，唱得与众不同，别具风味。1990年在徽班进京200周年纪念活动的开幕式演出中，他饰演《龙凤呈祥》中的刘备。

《打侄上坟》饰陈伯愚（左） 俞振飞饰陈大官

（捷之）

Wang Anqi

王安祈 （1955～　　） 京剧作家、研究家。祖籍浙江湖州，生于台湾。大学时代参加了国剧社。从20世纪80年代中期起，由于一个偶然的机会与编剧结缘，便一发而不可收，迄今已创作或改编出《刘兰芝与焦仲卿》(与杨向时合作)、《陆文龙》、《再生缘》、《淝水之战》、《通济桥》(与侯启平合作)、《孔雀胆》、《红绫恨》、《红楼梦》、《王子复仇记》、《袁崇焕之死》(与张启超合作)、《问天》、《潇湘秋夜雨》、《天龙八部之乔峰》、《三个人儿两盏灯》(与赵雪君合作)、《金锁记》(与赵雪君合作)，以及小剧场京剧《王有道休妻》、《青冢前的对话》等十多部剧本，分别由台湾的雅音小集、当代传奇剧场、陆光国剧队、国光剧团等排演。王安祈在创作中，努力实现由重曲到重剧的转化，在充分发挥传统戏曲抒情精神的同时，

强化叙事功能，并对人性进行比较深刻细腻的挖掘和诠释，从整体上刻意追求传统与现代之间的平衡与和谐，力促京剧现代化。王安祈熟谙京剧，具有古典诗词修养，剧作重视发挥戏曲体裁诗意盎然的风格。《红绫恨》演明末长平公主故事，不再恪守"临危一死报君王"式的传统价值观，而凸现主人公的风骨气节。五场《避祸》中公主大段［二簧慢板］唱出思亲忧国、情无以堪的悲痛，七场《哭殿》中公主大段［西皮导板转流水］洋溢着须眉丈夫的气概。改编的《陆文龙》中，当陆文龙知道自己的身世后，以长达20多句的唱段，倾吐困惑迷茫的内心世界，超越了国恨家仇的政治层面和正反善恶的简单道德评价。《袁崇焕之死》传递出"其人虽将没，千载有余情。风清月明兮消余恨，山苍水茫兮寄英魂"的苍凉深沉，令人扼腕浩叹。《淝水之战》描写动荡时局中人物的壮怀与无奈。《王子复仇记》将传统京剧的精彩表演与西方戏剧的哲理相结合，完成了文化背景的转换。《通济桥》与《孔雀胆》属于同一题材，写政治阴谋与人伦亲情之间的矛盾冲突，但由于演员不同而风格各异，前者含蓄凄婉，后者色彩鲜明。《红楼梦》突出了"浮生若梦情似幻，缘起缘灭转瞬间"的人生感叹。《潇湘秋夜雨》中则用细腻传神的笔触，诙谐风趣的语言，勾勒出小姐的天真及崔通的矛盾心理。她的戏曲创作曾连续获得金鼎奖、魁星奖、文艺金像奖等奖项。其剧本集有《国剧新编——王安祈剧作集》(1991)、《曲话戏作——王安祈剧作剧论集》(1993)、《绛唇珠袖两寂寞》(2008)。

王安祈在戏曲史论研究方面，师从曾永义教授，为台湾大学文学博士（1985）。后任教于台湾"清华大学"，曾任该系主任（1992～1995）。《明代剧场及其艺术研究》(1985) 是她的博士论文，《传统戏曲的现代表现》(1996)、《当代戏曲》(2002)、《台湾京剧五十年》(2002)、《为京剧表演体系发声》(2006) 等理论著作，表明王安祈的学术研究重点已由明代传奇转到现代戏曲，特别是京剧艺术。王安祈集编剧、研究、教学于一身，运用逻辑与形象两种思维方式，使学术研究与创作实践和舞台现状结合起来，具有综合、立体的特色。

（周传家）

Wang Changlin

王长林　(1858～1931)　演员。工文武丑。乳名栓子。祖籍江苏苏州，生于北京。祖父王松年入梨园行，习昆旦，原在江南献艺，太平军兴，避乱入京，开设了玉鹤堂药铺，同时还在家授徒，朱莲芬即出其门下。父王德忠工花脸，清光绪初年搭嵩祝成班，与俞菊笙、杨月楼同班，应三路活。王长林童年原在药铺学徒，但喜好戏曲，时常要求父亲教戏，因其嗓音洪亮，其父遂教以花脸。一日宫中内监黄某来玉鹤堂抓药，听见王长林吊嗓，大为赞赏。当时清宫办有胜春魁科班，由内监主持，培训人才以备进宫演戏使用。王长林被黄某引入胜春魁班习艺，师事王文隆，习武净，后专攻丑脚。王长林武丑功底很深，动作轻、快、巧、俏，尤以

白口之爽脆响堂，被认为是可造之材。出科后即搭春台班。同班名净黄润甫甚爱王长林之才，教了他不少戏。由于张黑是"怯口"，不太为俞菊笙所喜，俞遂对王长林极力提携，与之合演了《连环套》、《战宛城》等剧，从此王长林崭露头角。光绪二十一年（1895），他被选入升平署，任民籍教习。光绪二十六年（1900）前后，谭鑫培约请王长林合作，王长林因自知文丑难与罗寿山媲美，因此不敢应约，谭便允为之说戏，《琼林宴》之樵夫，《清风亭》之贺氏，《失印救火》之金祥瑞，《卖马》之王老好，皆得谭鑫培亲授。之后，王长林被谭鑫培倚为左右手，直至谭氏逝世。清光绪、宣统年间，王长林正值壮年，且文武兼长，各班争相邀请，著名武生如杨小楼、瑞德宝、李鑫甫、俞振庭、田雨农、周瑞安等，无不约他为配，一时成为丑行首屈一指的演员。继谭鑫培而起的余叔岩，也曾向他请教，后长期合作。1920年，余叔岩应上海丹桂第一台之邀，赴上海演唱，王长林相随，在上海以丑行挂特别牌，戏码排在压轴。1931年，王长林临终前不久，仍在舞台上演出。

《连环套》饰朱光祖

王长林扮相古朴，嗓子好，调门高，话白响堂，京口干净利落。他不但武功扎实，身手矫健，且身段动作极富舞蹈之美。如他与谭鑫培、余叔岩演《问樵》时一高一矮、一左一右挎肘单腿双身段就具有雕塑感；与钱金福合演《祥梅寺》，净丑对走圆场，时人称为双绝。王长林的武打特点是脆快稳准，招数少而丰满有余，快时章法不乱。如饰演《打瓜园》中之陶洪时，他的"跛战"打得勇猛神速，使人眼花缭乱，但在收势亮相时，始终保持陶洪挛手驼背鸡胸曳脚的"残疾老头子"姿态。王长林还乐于传授演技，后起丑脚傅小山与其同台演出时，得其很多指点。他晚年还向富连成社科班的许多学生授艺，如叶盛章、马富禄、萧盛萱等人都得到过他的教诲，即使是余叔岩、马连良、筱翠花等名演员，也曾得过他的教益。王长林的擅演剧目有《偷鸡》、《盗甲》、《盗钩》、《盗戟》、《祥梅寺》、《九龙杯》、《五人义》、《小放牛》、《打瓜园》等。其中《小放牛》，原为梆子戏，自王长林改为皮簧戏。王长林晚年由于年高不能翻打扑腾，多演文丑戏。其文丑戏精于幽默、玩笑一路，尤以演老年角色最出色，如《翠屏山》中的潘老丈、《卖马》中的王老好、《乌盆记》中的张别古、《盗宗卷》中的苍头、《琼林宴》中的樵夫、《青石山》中的王半仙、《珠帘寨》中的老军等。偶尔也演方巾丑，如《审头刺汤》中的汤勤、《群英会》中的蒋干，或反串老旦，如《清风亭》中的贺氏，《四郎探母》中的佘太君。王长林有二子。长子昆山习武丑；次子福山，原习武旦，后改丑行，继承父业。

（江上行　蔡世成）

Wang Deyuan

王德元　(1920～1979)　鼓师。曾用名王殿元。北京人。1932年入中华戏曲专科学校习老生，后改武场，从师汪子良。1938年毕业后留校任鼓师。1940年曾参加如意社为李玉茹、王金璐司鼓。1941年起，长期与李少春合作，1951年随李少春加入中国京剧院，担任李少春、袁世海等主要演员的鼓师，配合默契。王德元击鼓时左右手均匀，声音圆润明朗、实而不飘，领奏的锣鼓规矩大方、

不落俗套。他指挥锣鼓起、承、转、合的鼓点和手势规范清楚，即便是不熟悉他鼓点的武场演奏员，也能毫不费力地看清楚他的领奏意图，从而在演奏时精神松弛自然、便于发挥。王德元文武戏兼擅，他打文戏沉稳而有韵味，武戏强劲而不暴躁。电影《野猪林》便是他的代表作品。中国京剧院整理改编的《响马传》、《将相和》、《满江红》、《闹天宫》、《九江口》等剧以及现代戏电影《红灯记》第十场“伏击歼敌”均由他司鼓。1972～1978年调中央五七艺术大学任教师，1978年回到中国京剧院，翌年病故。在中国京剧院工作期间，曾多次参加中国艺术团出国赴印度尼西亚、日本及南北美洲等国家演出。 （许瑾忠）

Wang Fengqing

王凤卿 （1883～1959） 演员。工老生。名祥臻，字仁斋。祖籍江苏淮阴（今淮安），生于北京。外祖为清末老旦演员郝兰田，父是旦脚演员王绚云（名彩琳），兄为旦脚演员王瑶卿。王凤卿有二子一女，长子少卿，初学老生，后改操琴，为其父及梅兰芳、李世芳操琴。次子幼卿，亦初学老生，后改青衣，曾与余叔岩、马连良、谭富英等老生演员合演，是梅葆玖的蒙师。

王凤卿幼从崇富贵练武功，随陈春元学《探庄》、《蜈蚣岭》、《英雄义》等武生戏。稍长，改习老生，拜贾丽川为师。14岁与兄瑶卿演出于四喜班，16岁同入三庆班。他的嗓音好、扮相好，甚得好评。1900年八国联军之乱后，北京诸王公大臣兴起唱堂会之风。在一次堂会戏中，经人引见，结识了汪桂芬（当时王荣山也在场）。遂请汪桂芬到家中说戏，汪桂芬说：“我教你戏，不要叫我师父，咱们兄弟相称。”自此许多戏都得到汪的真传。清光绪三十四年（1908），王凤卿被选入清廷昇平署任民籍教习，并拜李顺亭为师。在宫中他主要演《双狮图》、《文昭关》、《让成都》、《群英会》等。清末民初间，在俞振庭的双庆班中，王凤卿与陈德霖演出不少老戏，如《法门寺》、《大保国》、《芦花河》、《贺后骂殿》等。曾有人问谭鑫培：“老生后继，雄长谁属？”谭鑫培答：“恐怕要属凤二了。”凤二是大家对王凤卿的称呼。1913年，王凤卿挂头牌，带梅兰芳到上海丹桂第一台演出，很受欢迎。他为帮助梅兰芳提高地位，主动提议安排梅兰芳演《穆柯寨》列大轴。此后，王凤卿与梅兰芳长期合作。1932年底，梅兰芳移居上海后，他搭尚小云班社，也合作极好。

数十年间，王凤卿所演剧目可分五类：一是汪桂芬亲授的剧目，如《让成都》、《朱砂痣》、《群英会》、《文昭关》、《捉放曹》、《取帅印》、《风云会》、《战长沙》、《钓金龟》、《游六殿》等。二是宗谭鑫培演法的，如《宝莲灯》、《汾河湾》、《打渔杀家》、《桑园会》、《雄州关》等。三是在贾丽川教导基础上按传统演法的，如《战樊城》、《长亭会》、《浣纱河》、《鱼肠剑》、《清河桥》、《五雷阵》、《武昭关》、《取荥阳》、《盗宗卷》、《战蒲关》、《斩华雄》、《击鼓骂曹》、《汉津口》、《华容道》、《磐河战》、《回荆州》、《黄鹤楼》、《定军山》、《阳平关》、《伐东吴》、《凤鸣关》、《天水关》、《除三害》、《乾坤带》、《双狮图》、《芦花河》、《赶三关》、《武家坡》、《银空山》、《大登殿》、《打金枝》、《贺后骂殿》、《探母回令》、《雁门关》、《穆天王》、《乌盆记》、《镇潭州》、《五花洞》、《战太平》、《大保国》、《二进宫》、《玉堂春》、《梅玉配》、《乾坤福寿镜》、《游龙戏凤》、《御碑亭》、《三娘教子》、《法门寺》、《弓砚缘》、《状元谱》等。四是参加王瑶卿、梅兰芳、尚小云所排的新戏，如《万里缘》、《霸王别姬》、《上元夫人》、《木兰从军》、《天河配》、《春秋配》、《廉锦枫》、《红线盗盒》、《西施》、《太真外传》、《凤还巢》、《五龙祚》、《九曲黄河阵》、《汉明妃》等。五是昆曲，如《天官赐福》、《弹词》、《狮吼记》等。纵观上述剧目，王凤卿堪称文武昆乱不挡的京剧演员。

《汾河湾》饰薛仁贵（左） 梅兰芳饰柳迎春

《西施》饰范蠡

他重视音韵，四声正确，采用阳平高读的字调。曾录制过许多好的唱片，如《斩华雄》[西皮导板原板]，是为纪念谭鑫培以《斩华雄》剧本交换他的《战长沙》剧本一事所录。

他讲究身段，《群英会》、《宝莲灯》、《汾河湾》、《游龙戏凤》等戏做工细致，身段漂亮大方。他的武打基本功扎实，精通把子，曾受过钱金福的教导。在北平国剧学会所做有关把子的讲演大受推崇，特别对短兵器基本功“鞭头子”做了介绍。王凤卿对舞台艺术有正确的见解，他认为演员在台上要通力合作，既不要被人落下，但又要帮助别人；既有准数，又要灵活；要懂戏理、戏情。曾收林树森为弟子。受过他指点的则有杨宝森、贯盛习、王世续、白元鸣、迟金声、李甫春、徐荣奎等多人。刘曾复曾向他请教过《战长沙》关羽脸谱的勾法，特别是“七星痣”的点法。其关羽脸谱遵循程长庚的笔法，威严俊秀，独具一格，中华人民共和国成立后，到文化部戏曲改进局戏曲实验学校（后称中国戏曲学校）任教。

（刘曾复 吴焕）

Wang Guiqing

王桂卿 （1900～1950） 演员。工武生。上海人。自幼随父王瑞云（工武旦）学艺，后拜董德春为师，习武生。又向岳父、著名武旦张双凤学得很多技艺。先在上海大世界、更新舞台、天蟾舞台演出，后又到东北及北京、天津等地演出，声名渐起。1924年返沪加入翔舞台演出，从此享誉上海，并有“美猴王”之称。擅演的剧目很多，有《水帘洞》、《闹天宫》、《闹龙宫》、《打阎王》、《挑华车》、《长坂坡》、《连环套》、《蜈蚣岭》、《刀劈混世魔王》，还有红生戏《华容挡曹》、《斩车胄》、《斩华雄》、《封金挂印》、《单刀会》、《走麦城》等，后期多演《四平山》、《雅观楼》、《八大锤》以及经他改编加工的戏《收姜维》、《吴汉杀妻》、《七擒孟获》、《铁公鸡》、《伐子都》等。他在表演中有不少绝技。如在《闹天宫》中，令旗子顶锤，右脚绕圈，右手要行者棒；在《武松打店》中，与孙二娘对打，把孙二娘扫一个爬虎，紧接着将攮子用力剁插在孙二娘耳边寸余处的台板上，异常惊险；在《战宛城》中饰张绣，有用头甩盔入城的高难动作；在《两将军》中饰张飞，有“靠旗接鞭”；在《四杰村》、《花蝴蝶》中有“上栏杆”的技巧。王桂卿一生勤奋好学，刻苦练功，从不间断。他对后辈要求严格，儿女们均继承祖业。长子王强华，艺名小王桂卿，工文武老生；次子王芥华，

王桂卿（中坐者）和他的子女
左起：四女王佩秋、次子小二王桂卿（王芥华）、
长子小王桂卿（王强华）、三子小三王桂卿（王卫华）

艺名小二王桂卿，工花脸兼武生；三子王卫华，艺名小三王桂卿，工武生；四女王佩秋工青衣；五女王蠡华，艺名小四王桂卿，工花旦。小王桂卿三兄弟曾在《西游二猴》中饰三个孙悟空，成为剧坛佳话。（王强华　王卫华）

Wang Helin

王和霖　(1920～1999)　演员。工老生。原名**王瑞霖**。北京人。5岁丧母，9岁丧父，自幼由奶奶养大。因受从事京剧事业的舅父和姑母影响，喜爱京剧艺术，并师从赵达斋学戏。9岁时便学会了《浣纱河》、《武家坡》等老生唱工戏，并以业余演员的身份在城南游艺园演出。11岁时考入中华戏曲专科学校，排名“和”字，取名王和霖。入校后，专攻老生，先后向陈少五、张连福、鲍吉祥、王荣山、蔡荣桂等学戏。1931年9月1日，在中华戏校成立一周年时，他第一次登台与旦脚赵金蓉演出《贺后骂殿》。由于天资聪慧，刻苦勤奋，成为该校的尖子学生。1934年经校长焦菊隐亲自引见，与王金璐一道拜马连良为师，专攻马派艺术。1935年他主演《群英会、借东风》，前饰鲁肃，后饰孔明，颇具马派风范，被观众誉为“小马连良”。1938年毕业后不久，自组麟鸣社挑班演出。20世纪40年代，相继与陈丽芳、白玉薇、侯喜瑞、裘盛戎、筱翠花、言慧珠等合作。他身段帅气潇洒，唱念韵味醇厚，表演真切自然、巧俏细腻。1949年应贺龙之邀，与夫人李蓉芳共同参加中国人民解放军西北军区京剧院，任主演。1955年随团调回北京，任中国京剧院四团演员队长。1958年随团调往宁夏回族自治区京剧团，为发展少数民族地区的文化事业作出奉献。他多次带队深入基层演出，并两次赴西藏慰问部队。他在宁夏期间，除了演出，主要从事教学工作，向刘元鹏、程静华、田占云、李师斌、殷宝忠、李宗岩、李业德等传授了《坐楼杀惜》、《审头刺汤》、《打严嵩》、《珠帘寨》、《清官册》、《失印救火》、《四进士》、《游龙戏凤》、《法门寺》等剧目，为继承、发扬京剧艺术做了大量的工作。1978年，战友京剧团老生演员朱宝光向王和霖求教，王和霖向他传授了《打渔杀家》、《黄金台》、《渭水河》、《串龙珠》、《江东桥》、《乌盆记》等几十出戏，同时还向战友京剧团的张萍、刘金泉、刘莉莉等演员悉心授艺。1996年，王和霖收北京京剧院高彤为徒，成为他的关门弟子。（娄悦）

《空城计》饰诸葛亮

Wang Hewen

王鹤文　(1938～　)　琴师。天津人。自幼学习京胡，12岁师从王世昌，后拜白宗浩为师。14岁为杨宝森剧团谢虹雯操琴，得以向杨宝忠请教。18岁在中国戏曲学校实验京剧团操琴。1964年，至宁夏回族自治区京剧团为李鸣盛操琴。1979年，调至北京京剧团为谭元寿等操琴。王鹤文在精心学习杨宝忠胡琴艺术的同时，还在杨的指点下，系统地揣摩孙佐臣、梅雨田、徐兰沅等先辈及当代名家的琴艺，体味京胡演奏的艺术规律和各流派的风格、特点，更加深了他对杨宝忠琴艺的理解。他的伴奏，注重体味人物的心态，配合演员的演唱，使伴奏同演唱达到水乳交融的境地。他还认真学习乐队指挥、作曲、配乐知识和小提琴、小号等西乐演奏技术，从事指挥活动，进一步加强了音乐修养，丰富了京胡演奏技艺，并以京胡作为独奏乐器参加民族音乐演奏会。他演奏的［京郊行］、［李陵碑］等京胡独奏曲，颇受好评。（罗松）

Wang Hong

王洪　(1860～1937)　演员。工武丑。原名**王洪全**，小名王红儿。直隶保定（今属河北）人。幼入北京胜春奎科班习武丑。清光绪十七年(1891)到上海，先后在天仙、春仙、玉仙等茶园与李春来、赵如泉等同台演出，以《盗银壶》、《盗甲》、《盗王坟》等戏著称。他身材矮小，手脚敏捷，尤以“下三层楼”的筋斗，堪称绝技。可在四张桌子的顶端，以一个“小翻”接“提”，准确地落在前面的另一张桌子上，立即再以一个“蹲提”落在台板上，身轻如燕，动作干净漂亮。他上栏杆功夫更为人称道，能以后颈钩住铁栏杆，手足悬空历时数分钟，难度极高。他演自己的独有剧目《九头案》的“跳台”，更是惊险绝伦。当时的戏台两边有两根大柱，包厢前有一条从左到右的走廊环绕舞台。他每演该剧，必从台上纵身抱住左边的柱子，然后以双足勾住走廊的栏杆翻身跳到走廊上，沿楼边绕行至右侧，觑准目标，手足并用，一跃而抱住右边的柱子，然后跳下台。每演至此，必得满场彩声，观者无不为其捏一把汗。中年以后辍演，以教戏为业。叶盛章初次来沪，他就传授了《盗王坟》。昆丑华传浩也曾随他练武功学习《盗甲》等剧。长子斌飞，演武丑；次子斌山，后改名其昌，演文武老生。（黄菊盛）

Wang Hongshou

王鸿寿　(1850～1925)　演员。工老生、红生。艺名**三麻子**。江苏如东人，一说安徽怀宁人。据传，幼年曾在太平军中小科班习艺，演徽班武生。清同治初年太平天国失败后，流动演出于南京、扬州、镇江一带，曾拜徽班武生朱湘祺为师。同治末年到上海，

先在一洞天久乐徽班小科班学艺和演出，以演《白水滩》、《花蝴蝶》、《恶虎村》等武生戏为主，光绪元年(1875)转入新建的天仙茶园。当时天仙为京、徽合班，徽班名伶景元福、四麻子等都会集于此，王鸿寿受这些名家的影响，又在演出余暇广泛观摩各京班戏园演出，后据自身条件，改演文武老生，并在表演风格上逐渐京剧化。这一时期常演剧目有《游龙戏凤》、《乌龙院》、《节义廉明》等。他演的《观画跑城》、《扫青松》、《斩经堂》、《雪拥蓝关》，虽仍唱徽调，但在唱法上较老徽调已有发展和变化，表演亦别创一格。中年后以演红生戏著称。其红生戏继承徽班前辈景元福、四麻子的表演，又吸收了上海京班最早的红生景四宝的演技，特别注重做工和身段造型，唱［吹腔］和［高拨子］，且用生腔净韵。光绪十四年(1888)应邀到南昌，为江西巡抚德馨祝寿演出，得关羽画像18幅，朝夕揣摩，设计出多种舞台造型，尤以关羽的“趟马”、“春秋刀法”最具特色，增加了马童一角，前有8名月华旗手，后有“关”字大旗，使关羽的出场，动静相宜，气势磅礴。他平生最崇奉关羽，每演必焚香礼拜，然后化装。登台则庄严威武，令人肃然起敬，故有“活关公”之誉。除老生、红生外，亦能演花脸、丑、老旦等，如在《割发代首》中可扮张绣、曹操、典韦、胡车儿4个角色。另如滩簧小戏《来唱》之来富、《打斋饭》之和尚，演来无不精巧，有时还能唱梆子戏，因而晚年在戏班中被誉为“戏祖师”。他还擅长编剧，所演的30多出红生戏除《古城会》、《水淹七军》、《过五关》是从徽班移植及《白马坡》、《战长沙》、《华容道》等为京班传统剧目之外，其余大多是他以小说《三国志演义》为蓝本重新编撰。在天仙茶园时，还根据坊间小说编排了《野叟曝言》、《双珠球》、《文武香球》等新戏，12本《铁公鸡》最初也是出自他和鼓师赵嵩绶的手笔。其编剧能因人而施，在天福茶园时，班中仅一花旦演员叫座，乃排全本《万里寻夫》，一时营业颇盛。于玉仙茶园时，因孙菊仙、朱素云先后离班，仅赵如泉为出色人才，遂编《三门街》，由赵饰主角李广，自饰配角严秀。此剧连排至40余本，为当时最长之连台本戏，后因玉仙亏损北上天津，亦被天津同行视为编排新戏之首领。他还能根据社会新闻编演时事新戏，据说同治末年上海最早的时事新戏《张汶祥刺马》即出自他的手笔。光绪十三年(1887)五月，丹桂茶园所排《火烧第一楼》也是他根据上海“阆苑第一楼”茶馆失火被焚事增饰而成，为此曾涉讼公堂而遭禁演。辛亥革命前后，还编排了《汉皋宦海》、《广州血》、《民军起义得武昌》等新戏。在时事新戏中他最擅长扮演清朝官吏，如《铁公鸡》之向荣、《清廉访案》之县官等，后来之“饰向荣者，无论何人皆不能及”(1921年《新声杂志》第3期，海上漱石生《三十年来上海剧界见闻录》)。

《扫松》饰张广才　　《过五关》饰关羽

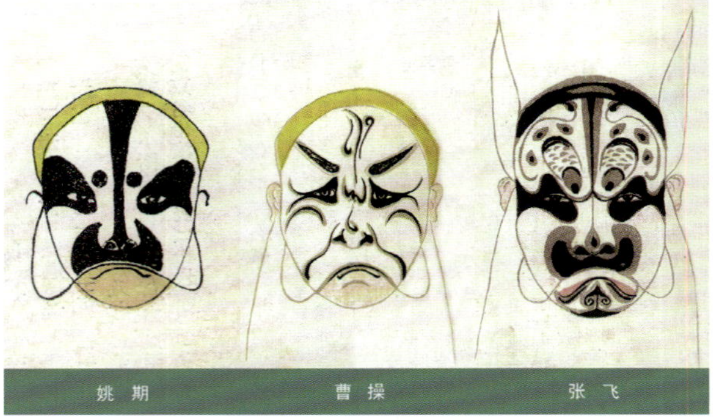

王鸿寿手绘脸谱
(选自1918～1919年《春柳》杂志封面)

王鸿寿曾数度经营戏院，除开办玉仙茶园外，还先后担任过春桂茶园、新剧场、南洋第一舞台、歌舞台等处的总管和经理。1921年在天津又重开大新舞台。他是京剧海派的奠基人之一，对京剧红生行当的形成和发展有重大贡献，小孟七、夏月润、赵如泉皆多仿效；而林树森、李洪春、李吉来（小三麻子）得其亲传，他如周信芳、唐韵笙、刘奎官等所演之关羽戏也无不受其影响。1924年秋，在上海共舞台演《斩经堂》后染病，翌年初卒于法租界红莲里寓所。

(黄菊盛)

Wang Huchen

王虎辰 (1906～1936)　演员。工武生。直隶宝坻(今属天津)人。父王景山，艺名盖京东，原系梆子青衣演员，后改京剧花脸。虎辰自幼随父学戏，在天津南市大舞台搭班演出。幼功基础扎实，嗓音条件较好，主攻武生，兼文武老生，曾拜尚和玉为师。1928年到上海，演出于共舞台，深受欢迎，从此定居上海。为求深造，又拜瑞德宝、陈嘉麟、陈嘉祥为师，常与高庆奎、周信芳、金少山、林树森、白玉崑、王芸芳、高雪樵、王桂卿等同台演出。王虎辰戏路宽广，文武皆能，腿功尤为出色。常演剧目有全部《马超》、《潞安州》、《八大锤》、《宁武关》、《巴骆和》、《大报仇》和“八大拿”等黄天霸戏，以《周瑜归天》为代表作。在剧中，他采用文唱武打结合，创造了“抖枪”的特技，用一种特制的软藤枪以手腕子的功夫使其上下抖动，颇能强化舞台气氛。其演法影响很大，高雪樵、王椿柏及票友孙兰亭、章耀泉等争相仿效。后学者亦大都按照其风格演出，“抖枪”技法更流传至今，

《红羊豪侠传》饰韦昌辉　　《周瑜归天》饰周瑜

已被广泛运用于各种武戏中。他经常贴演《戏迷传》，自拉、自弹、自唱相当出名。他还演出过大量连台本戏，如《五女七贞》(饰黄天霸，高庆奎饰施仕伦、金少山饰金大力、林树森饰钱大成)、《西游记》(饰孙悟空)、《红羊豪侠传》(饰韦昌辉)、《许田射鹿》等。他曾到南京、武汉、宁波等地巡回演出，与金少山合演的《连环套》等在各地大受赞誉。1936年在江西南昌演出结束，乘船返沪，途经九江，不幸溺水，死于鄱阳湖内，年仅30岁。

20世纪20年代他在得胜公司曾灌制唱片4张，收录了《潞安州》、《夜战马超》、《大报仇》、《路遥知马力》、《凤凰山》、《粉妆楼》、头本《西游记》选段。其中《大报仇》的黄忠，唱腔唱法均为南派风格，与京派《伐东吴》迥然不同。1935年新华影业公司曾摄制由他主演的有声黑白京剧影片《周瑜归天》、《霸王别姬》(与童月娟合演)。兄奎升，工花脸。子小王虎辰，承父业，工武生和文武老生，在辽宁丹东市京剧团任主要演员。 （王家熙）

Wang Huichuan

王汇川 （1898～1958） 演员。工武生。直隶容城（今属河北）人。幼拜张百增为师，学京剧武生，8岁得艺名八岁红。此后随师演出于北京、天津一带。12岁又从师沈顺才在北京广德楼、三庆园、吉祥园等戏院演出《花蝴蝶》、《翠屏山》、《界牌关》、《溪皇庄》、《艳阳楼》等。在《花蝴蝶》中，能上纣棍翻腾数分钟。后慕名投师杨小楼，边学边演，受益匪浅。1912年到沈阳、安东（今丹东）、公主岭一带，演出《白水滩》、《四杰村》、《骆马湖》等剧。后搭班去南方诸埠演出。1919年重回东北，在辽宁各地演出《恶虎村》、《卖弓计》、《独木关》、《连环套》等，极负盛名。他在艺术上不拘一格，博采众长，集短打武生、长靠武生、文武老生、文武花脸于一身，戏路宽阔，逐步形成自己的风格。为此，他取融汇百川之意，更名王汇川。曾与高庆奎、刘奎官、曹宝义、李吉瑞、赵松樵等结为把兄弟，时称“梨园十杰”。王汇川的表演素以文武兼备、前后跨行著称。如在《路遥知马力》中，文戏武唱，增加从“驴背”上摔出高可平身的大“吊毛”等翻扑动作，颇为新奇。1929年突然双目失明，以惊人毅力练就了瞽目从艺的本领，即使难度较大的武打也寸步不乱。1934年为治眼病，沿途献艺到辽宁锦州，在《铡美案》中前饰王延龄、后饰包拯，在《连环套》中前饰窦尔墩、后饰黄天霸。首场演出，剧场彩声如潮，邻近居民梦中惊起，以为洪水骤至，纷纷出门。此后数年，王汇川一直在东北演出，收徒王佐川、周亚川。1950年回乡养病，在村中教授《铡美案》、《辕门斩子》等十余个剧目。1958年病逝于容城。 （任光伟）

Wang Jizhu

王继珠 （1945～ ） 女演员。工旦。原名王振仙。河北蠡县人。1962年毕业于石家庄戏曲学校。在校期间，先习青衣、花旦，

后学刀马旦、武旦，得名师宋德珠亲授《扈家庄》等剧。1978年正式拜宋德珠为师，由师授名‘继珠”。此后，随师学艺6年，深得老师赏识，较全面系统地学得宋派名剧《金山寺》、《杨排风》、《百鸟朝凤》、《泗州城》等。在学习继承流派中，她不满足于形似，而追求神似，较忠实地继承了宋派艺术的功法和较全面地领悟了宋派艺术的神韵。其表演颇具帅、脆、美、媚的宋派风格。她还拜毛世来为师，得其亲授《穆柯寨》等剧。1984年调河北省京剧团任主演。1986年又调吉林省京剧团任主演。以演《扈家庄》一剧而引起社会上的瞩目，被京剧界和广大观众誉为宋派艺术的优秀传人。1991年获第八届梅花奖，1992年获梅兰芳金奖。 （翟超）

Wang Jinlu

王金璐 （1919～ ） 演员。工武生。北京人。1931年入中华戏曲专科学校，初从陈少五、王荣山、蔡荣桂、鲍吉祥等学老生，又从文亮晨学老旦，并从曹心泉习昆曲。1934年拜马连良为师。

又先后从丁永利、曹玺彦、迟月亭、诸连顺等学武生戏，从李洪春学红生戏。毕业后继续向丁永利求教，丁倾囊相授直至谢世。凡长靠短打武生传统戏，基本上都得到丁的亲传，能戏达200余出。1937年北平《立言报》举办童伶竞选，王金璐获生部冠军。1940年以后，曾搭李玉茹的如意社及宋德珠的颖光社，与李合演《美人鱼》、《鸳鸯泪》(即《周仁献嫂》)，与宋合演《蝶恋花》(一名《改容战父》)、《百鸟朝凤》等新编剧目。此后分别与金少山、侯喜瑞、尚和玉、马德成、筱翠花、言慧珠、李洪春、奚啸伯等合作演出。1947年，参加焦菊隐创办的北平艺术馆，演出《新桃花扇》、《铸情记》等新编剧目。1951年参加上海华东京剧实验剧团与周信芳同台演出。1954年参加华东戏曲观摩演出大会。1956年随团赴苏联访问演出。1957年到西安援建陕西省京剧院，以演连台本戏《七侠五义》受到观众欢迎，轰动一时。1959年因演《七侠五义》不慎跌伤腰部，辍演近20年。1979年到中国戏曲学院任教。退休后一直为振兴京剧事业贡献力量。

王金璐学艺勤奋刻苦，70岁后仍坚持练功。至20世纪90年代，每有纪念演出仍一丝不苟，不因年老而偷工减料。1995年曾赴日本讲学，并作示范演出。1999年11月，在北京为他祝贺舞台生活70年的演出中，以80高龄参演了《长坂坡》、《汉津口》、《林冲夜奔》和《蚆蜡庙》等剧，扮演了赵云、关羽、林冲、褚彪等角色，宝刀不老，满台生辉，引起行内外的轰动。他一生博采众长，故戏路甚宽。擅演剧目有杨（小楼）派戏《挑华车》、《长坂坡》、《夜奔》、《战宛城》、《下河东》、《骆马湖》、《连环套》、《恶虎村》、《安天会》等，黄（月山）派戏《蚆蜡庙》、《洗浮山》、《潞安州》、《百凉楼》、

《挑华车》饰高宠

《湘江会》饰吴起

《溪皇庄》、《铜网阵》等。其红生戏《古城会》、《走麦城》、《汉津口》等曾得李洪春亲炙而有所发展。此外，王金璐还能演徽调的《跑城》、《扫松》及老旦戏《清风亭》、《探母》等。他如《吕布与貂蝉》的吕布、《洛神》的曹植、《红梅阁》的裴生，在青年时都曾上演。他还反串过《刺巴杰》的胡理（武丑应工）。

王金璐武工根柢坚实，同时重视深刻细腻的内心表演，突出“武戏文唱”的特色。中年以后，既吸收了麒派贴近生活的演技以刻画人物，又从马（连良）派表演中摄取营养，使台风、身段大方飘逸，寓文于武，别具一格。他曾整理、改编传统戏多种，并参与创作新编剧目。代表剧目有《马超》、《岳云》及《周仁献嫂》等。晚年所收弟子有杨少春、叶金援、赵永伟、秦占宝、常东等。子展云，亦演武生、老生，能戏甚多。2006年6月，中国戏剧出版社出版大型画册《王金璐舞台人生》，吴小如主编。书中收入剧照、艺术活动照、生活照250多幅，为了解王金璐艺术生涯提供了丰富的形象资料。

（吴小如）

Wang Jinghua

王晶华　（1939～　　）　女演员。工老旦。安东（今辽宁丹东）人。1947年入安东咏风社科班学戏，后转入沈阳东北戏曲学校，又随校并入中国戏曲学校。先习老生，后根据嗓音条件，改习老旦，

先后师从于张宝芳、邢威明、靳斌桐、陈斌雨、时青山、徐少琪、孙甫亭、关盛明、王玉敏、李金泉等。并得到李多奎的亲授。20世纪60年代与王梦云、王晓临并称“老旦三王”。1958年毕业后，分配到中国京剧院当演员，除经常上演《钓龟、行路、哭灵》、《遇皇后、打龙袍》、《赤桑镇》、《罢宴》等老旦传统戏外，还在新编古代剧《锦车使节》、《强项令》和《六郎探母》中塑造了解忧公主、湖阳公主和佘太君等不同的艺术形象。1960年，在《杨门女将》中成功地塑造了机智、干练、多谋善断、坚毅果敢的佘太君形象。此剧被拍成了彩色影片，享誉海内外。20世纪80年代初，又排演了《佘太君抗婚》一剧，为了刻画佘太君统帅三军凯旋时的统帅形象，根据剧本的规定，她重新练厚底功

《岳母刺字》饰岳母

和靠功，吸收武老生和武旦的表演技巧，在老旦的表演上进行了新的探索。王晶华基本功扎实，戏路宽，嗓音高亢、明亮，唱法苍劲，有力度，表演大方，富于激情，形成了自己的艺术风格。此外，王晶华还在塑造现代人物形象方面作过努力，演出过《红灯记》、《沙家浜》、《红色娘子军》、《松林店》、《朝阳沟》等。在繁忙的创编和演出工作之余，还发表了不少文章，立意新颖，颇受同行和广大读者的喜爱。

胡树国著有《超越者的艺术风采》，中国卓越出版公司1990年5月出版。书中介绍王晶华从艺经历，并收入王晶华谈表演心得的文章以及4出她擅演的剧本。马少波作序。

（娄悦）

Wang Jiuling

王九龄　（1818～1885）　演员。工老生。字艳芳，号荣斋。湖北罗田人，一说安徽桐城人。据传幼年入北京小九合成科班，先学刀马旦，演《湘江会》、《武当山》等剧，有“大刀旦”之称，后改武生、老生。先后搭入余三胜的春台班（道光末）和张二奎的四喜班（咸丰初），在四喜班以王荣斋名挂二牌。张二奎去世后，他为该班头牌。其演技全面，文武兼擅，能取人所长，

《凤鸣关》饰赵云

（徐希博提供）

以为己用，如演唱效法汉派（余三胜），用嗓学习奎派（张二奎），遂能在余三胜、程长庚、张二奎之外，别树一帜。能戏甚多，戏路宽广，尤以靠把戏见长，如《定军山》、《阳平关》、《战太平》、《战蒲关》（饰王霸，扎靠带武打）等；他如《骂王朗》、《除三害》、《二进宫》、《乌盆记》、《十道本》、《上天台》、《渑池会》、《陇上麦》、《小桃园》、《金兰会》以及《德政坊》、《五彩舆》等本戏，也脍炙人口，为行内外称道。他“歌喉天赋，尝能连唱数十阕而嗓音朗润如常，故有铁嗓之称。其声皎洁不含渣滓，若晴空秋月，气韵特长，天衣无缝”（徐慕云《梨园影事》），善唱［反二簧］。台风“丰神秀雅，局度安详”（《梨园旧话》），为他人所不及。以其成就、影响，有人把他与“前三杰”余三胜、程长庚、张二奎比肩并论，誉为“老四派”。他通文墨，能编写修改剧本。尝取《三国演义》第101回诸葛亮装神故事作《陇上麦》一剧，颇轰动一时。《德政坊》、《五彩舆》本戏以及《骂王朗》、《小桃园》、《金兰会》等，也都经他修润。宗王九龄之后学，先有王仙舟，后有王玉芳。以王玉芳（“白眉毛王九”）最为全面，亦最为神肖，孙菊仙、时慧宝则取其一体，谭鑫培亦受王重要影响。

（讷言）

Wang Junzhi

王君直　（1867～1931）　票友。工老生。名益保，字颖之。祖籍山西永济，世居天津。盐商。曾任清末学部主事。他酷爱京剧，艺事宗谭（鑫培），精研日久，颇有似处。为天津票房雅韵国风社、

北京票房春阳友社的知名人物。余叔岩、孟小冬、恩晓峰、刘永奎、郭仲衡等诸多京剧名家，均与之交往，切磋技艺。王君直嗓音醇润，酷似谭氏，唱功念白都很讲究，其擅演剧目有《空城计》、《四郎探母》、《托兆碰碑》、《击鼓骂曹》、《武家坡》、《打棍出箱》、《捉放曹》等。经常与之同台演出的有陈德霖、金秀山、王长林、梅兰芳、金仲仁等。他研习书法诗文，勤学不倦，基础深厚，且对音韵学研究有素。他热心公益，时常参加义务戏演出。对于艺术毫不私秘，有问艺者无不竭诚相告。他乐于助人，推荐陈彦衡为谭鑫培伴奏，从此陈为谭操琴；介绍李佩卿为余叔岩操琴，而李竟大红。1928年因盐案牵连被羁押南京待审，悒郁经年，1931年病故于南京。

（马同驹）

Wang Keqin

王克琴 (1894～1925) 女演员。工旦。天津人。旗籍。襁褓中，父母相继去世，为姨父母收养，以王为姓。方及10岁，姨母典质衣饰，延请名师授艺，兼习二簧、梆子花旦。两年后，已能串演。

13岁时为营口某戏园以三百金聘去，走上演剧生涯。主事戏园者为名旦一盏灯，爱王克琴敏慧，收为弟子。期满返津，各戏园争聘，相继演出于天声、上天仙、下天仙、东天仙等戏园，声名鹊起。擅演剧目有《小上坟》、《查关》、《盗令》、《探亲》、《浣花溪》、《玉玲珑》、《打灶王》、《打刀》、《打杠子》、《打樱桃》、《一匹布》、《红鸾禧》、《拾玉镯》、《算粮登殿》、《春秋配》、《梵王宫》、《卖胭脂》、《翠屏山》、《珍珠衫》等。"清末叶，津地坤伶，月包能增至千金者，除克琴外，无第二人"（波多野乾一《京剧二百年历史》）。以后去沪、汉各处，均得美誉。其母管教极严，每于戏余之暇，喜究习文字，渐能阅戏词，作短札，尤擅长女红。1913年，军阀段祺瑞为镇压"二次革命"攻占南京，于戏馆中见克琴演出，慕其色艺，不时召到公馆唱堂会，因其母寸步不离，无隙可乘，恨极，令弁兵于途中殴打；母迁怒克琴，归而痛笞，至遍体鳞伤。遂即停演返津。1914年，在汉口唱戏时，段祺瑞正署理湖北都督，又令其部属，贿通克琴女仆，唆使克琴控告其母苛虐，母得知后，不敢复恃强硬，愿以三千金了之。段正谋迎娶，适其妻病故，武汉谣言四起，谓段为娶克琴而逼死其妻，段闻之而惧，遂作罢，并命克琴继续演出，以息风潮。未几，时任长江巡阅使的军阀张勋，统率"辫子军"驻扎徐州，将正在上海演出的王克琴，诱至徐州，纳为小妾。克琴"颇不愿为贵家小星，初属意于小小余三胜（余叔岩），后属意于九阵风（阎岚秋），皆为事机所阻，未谐凤愿"（剑影客《天津名伶传》）。1917年，张勋应大总统黎元洪之召入京，以调解黎、段冲突为名，阴谋复辟清帝国。复辟12天即告失败，仓皇逃入荷兰使馆。张之姬妾，轮往使馆陪宿，克琴以服侍夫人为词，未去。张之妾有名小翠者，知张勋深恶鸦片，为夺克琴之宠，诱其吸之。及张赦出，于克琴房中搜出烟膏烟具，立命之死；张妻不忍，纵之去。克琴逃往苏州，后蛰居上海，迫于生计，复理旧业。1922年冬出演于上海共舞台，趋重泼辣旦，《双钉记》、《杀子报》等剧连演不辍，"观者震于'辫帅'弃妾之名，争以一见为荣"（蘧庐《霓裳艳影录》）。嗣以咯血停演。病起受汉口怡园聘，铩羽而归。在沪虽有文人如吴昌硕、袁寒云、刘山农等全力为之揄扬，终因烟霞痼癖、云雨荒唐，难以振拔。1925年夏病逝于上海。

《金山寺》饰白素贞

（龚和德）

Wang Lengxian

王楞仙 (1859～1908) 演员。工小生。名轲，又名树荣，号楞仙，字丹初，艺名王桂官、王桂花，堂号怀德。祖籍直隶武清（今属天津，一说江苏），生于北京。幼入闻德堂徐阿三门下，曾拜鲍福山（老生鲍吉祥之父）为师，实得名小生徐小香亲传。虽嗓音不及小香，却深得其表演神髓，成为继徐氏之后，执京剧小生牛耳者。

清同治十二年（1873）搭三庆班，颇得程长庚赏识。他为《镇潭州》一剧配演岳云，演至岳飞与杨再兴交锋，枪被杨压住，岳云闯出来，挑开杨的枪，随杨的三笑后也发出三笑，全身抖动，声音略显断续，表现出岳云此时此刻忍无可忍，但当着父亲又不敢发作的情状时，台下观者竟高喊："岳云真好！"可见其表演精到之一斑。在四喜班与汪桂林合演《游园惊梦》，两情缠绵，相得益彰，被誉为"日月联珠"。清光绪十四年（1888）入内廷昇平署任民籍教习。光绪十八年（1892）同谭鑫培、陈德霖共组复出三庆班，任班主，与刘桂庆、曹文奎合演《群英会》，获"活周瑜"美誉；与谭鑫培合演《打侄上坟》，旗鼓相当，时称双绝。光绪二十五年（1899）应田际云之邀，加盟玉成班，任当家小生。后因嗓音渐弱，弃离舞台。他自幼爱好针灸医术，与内廷太医多有交往，故医道颇精。

楞仙扮相俊雅温文，秀逸飘洒，有"绝世丰神"（《评花新谱》）之评。表演上文武通透，昆乱不挡。雉尾生、小官生、巾生、穷生，色色精能，尤以武小生见称。1878年8月至1880年8月，他同余得海、余玉琴父子南下上海献艺，《申报》广告所载其每场贴演的戏码，即可见其戏路之宽广。其中有小生本工戏《战磐河》、《打金枝》、《清河桥》、《破洪州》、《玉玲珑》、《祝家庄》、《金锁阵》、《铁弓缘》、《雁门关》、《蔡家庄》、《摘缨会》、《濮阳城》、《辕门射戟》及与夏奎章合演的《九龙山》，与孙春恒合演的《借赵云》、《柴桑口》，与周春奎、王鸿寿合演的《黄鹤楼》，与王鸿寿合演的《清风亭》，与侯俊山、余玉琴合演的《白蛇传》等；以及武戏《白水滩》、《乾元山》、《罗家洼》、《罗四虎》、《武文华》、《神州擂》、《五人义》、《采石矶》、《青石山》、《恶虎村》、《东昌府》、《薛家窝》、《安天会》、《绿牡丹》、《芭蕉扇》等。还参演了一些人们不太熟悉而他回京后也从未贴演过的生戏，有《普渡寺》、《鸡鸣寺》、《潮音洞》、《九花山》、《金镛关》、《百花会》、《莲花阵》、《五义楼》和《香莲帕》、《合凤裙》、《八达岭》、《大破广宁》、《四面观音》、《栖梧山》、《大清得胜图》等。当时他还是一名20岁左右的青年演员，能戏如此之多，非同一般。他在北京与陈德霖合演的昆曲《琴挑》、吹腔《奇双会》、《百花赠剑》，与杨月楼合演的《取南郡》、《御碑亭》，与谭鑫培、黄润甫合演的《八

昆剧《浣纱记·寄子》饰伍封（左）
陈寿峰饰伍员

昆剧《玉簪记·琴挑》饰潘必正（右）
陈德霖饰陈妙常

大锤、断臂说书》，与路三宝、高士杰合演的《红鸾喜》，与陈德霖、罗福山、朱文英合演的《岳家庄》，与叶中定、张云仙合演的《摘缨会》等，都堪称当时最佳搭档的好戏。他演《借赵云》常是连演《金锁阵》，而且还能《长坂坡》、《挑华车》各剧。他单人独挑的昆曲《拾画叫画》、《雅观楼》也都是拿手杰作。

他的做表细腻传神，对不同人物都能抓住不同性格特征，加以精心雕琢。演《打侄上坟》具书卷气，演《岳家庄》、《八大锤》有童稚气，演《群英会》则突出年少将帅的英武气，演《奇双会》又不失青年县令新婚燕尔的闲雅气。对他的表演，有评述说：当年在三庆班，他与杨月楼（饰楚庄王）、陈德霖（饰许姬）、钱宝峰（饰先蔑）、刘赶三（饰襄老）合演《摘缨会》，饰唐狡，“既是本工，又经小香亲授，故演来十分出色……要点有三：一、败先蔑后，一趟单刀；二、擒先蔑时，背护硬靠，翎尾，大块头花面，单臂挟之，走圆场，还有姿势，非二百斤膂力办不到，比挟一袋米难多了。最难的是第三，在大风烛灭后，庄王发令，诸将尽去盔缨，然后举烛，以为纪念，故名‘绝缨’大会。唐狡得令，一摸盔缨无有，骤然颜色惨变，倏立而坐，俄觉此令专为赦宥己罪，未秩蒙受此逾格恩施，感激之情，见于眉睫，体贴刻髓，神乎技矣……按桂官此技，术语谓之彩，亦名彩气，盖由气工所习故也”（1941年12月12日《立言画刊》第220期5页）。此技，王楞仙在《临江会》、《群英会》的表演中也用过。其把子功之精，与俞菊笙、谭鑫培、杨小楼齐名。

楞仙因有昆曲根柢，其唱念行腔吐字，四声尖团清晰分明，十分讲究。他的白口，大小嗓结合使用，刚柔相济，抑扬有致，善以声音宣示人物心理，达意传情。还创造了用小嗓表现大笑、怒笑、冷笑、讥笑、苦笑、憨笑、假笑等各种笑法，丰富了小生行当的表演技艺，为后人仿效袭用。前辈伶工朱莲芬、陈德霖都说他：剧艺精湛，肚囊渊博，一时无两，堪称全材。《清代伶官传》中说他：“所能极博，文武兼长，念唱做工，俱臻上乘，徐小香后，群推小生第一，洵足当之而无愧也。”梅兰芳也说：“据老辈说，徐与王的比较，只有毫厘之别，那就是王的嗓音比徐略逊一筹而已。”而他所饰各类脚色“无不精工，扮谁就像谁，给后辈留下许多典型的艺术形象”（《梅兰芳文集》第273、第33页）。

王楞仙对京剧小生行当的影响极深，其表演艺术上的建树，为后人程继先、陆杏林、金仲仁、姜妙香等所宗法，并再传于叶盛兰、俞振飞、高维廉诸辈。萧长华年轻时亦得到王氏提掖，从教后所授小生剧目多遵从王氏路数。楞仙妻刘氏，为晚清著名鼓师刘兆奎之女。生四子二女。长子松龄，做起班人。孙世宗，毕业于中国戏曲学校音乐科，曾为中国京剧院琴师。三子小王桂花、四子小王桂官，均工武生。（钮骠）

Wang Lijun

王立军　（1958～　）　演员。工武生。生于天津。幼入天津戏曲学校，从李树元、郭文俊、朱宝义、陈云祥、姚尚英、程正泰、周啸天等老师练功、学戏，习武生兼老生，并师事杨麟玉。毕业后入天津青年演员培训班学习，得到厉慧良、张世麟的指授，剧艺进步极快，崭露头角，在1978年、1980年、1982年3次天津青少年演员会演中连获一等奖。1984年入天津市青年京剧团，为当家武生；1986年拜茹元俊为师，并得到谭元寿、厉慧良的教益。

他扮相英俊，工架稳练，台风隽逸，唱念清亮，做表得神，由于他转益多师，汲取南北各家之表演特色，融会己身，成就为一员具有“卫（天津）派”风貌的武生俊才。常演的剧目有：《英雄义》、《挑华车》、《长坂坡》、《截江夺斗》、《八大锤》、《连环套》、《野猪林》、《艳阳楼》、《铁笼山》、《界牌关》、《回荆州》、《武松打虎》、《林冲夜奔》、《三岔口》等。1986年获第三届梅花奖。1993年获梅兰芳金奖。1993～1994年由中国京剧艺术基金会推荐为第一届中国京剧之星。1998～2001年入第二届中

《英雄义》饰史文恭

《长坂坡》饰赵云

国京剧优秀青年演员研究生班深造。多次出国或赴港台地区献艺，都受到高度赞扬。2010年调任上海戏剧学院戏曲学院副院长、附属戏曲学校副校长。（钮骠）

Wang Lianping

王连平　（1898～1992）　京剧教师。原名王喜根。祖籍山西太原，生于北京。出身艺人家庭，其父王长龄曾在四喜班管理戏箱。1906年由父亲送入喜（富）连成科班学戏，因年龄尚小，便调入“连”字科，改名王连平。从师姚增禄、茹莱卿、丁俊等，工武生兼学武丑。1913年学习期满留科，边演出边当助教，后因患眼疾不能登台，20岁开始独立任教。他在富连成社执教30余年，教授了富、盛、世、元、韵等科学生，弟子甚众。其中有的由他开蒙，有的由他根据本人具体条件提出改学其他行当，如李盛斌由武丑改为武生，叶盛章由花脸改为武丑，袁世海由老生改为花脸等，由于归行得当而后来成为名家。后又接替了萧长华总教习的职务，成

为富连成社的重要成员。1946年赴晋察冀解放区任延安平剧研究院张家口分院编导主任。1948年任东北军区军工部京剧团剧务主任。1949年出席了中华全国文学艺术工作者第一次代表大会。曾参加东北戏曲观摩大会，并获荣誉奖状。1951年任沈阳东北戏曲学校京剧班主任。1955年东北戏校与北京中国戏曲学校合并后任京剧科主任、教导室主任等职。1981年被文化部任命为中国戏曲学院顾问。1987年获该院颁发的“从艺80载，从教75年”荣誉奖状。

王连平勤奋好学，能戏极多，所教授的武生、武净、武丑、武旦剧目达二三百出之多。在富连成社是叶春善、萧长华的得力助手，积累了丰富的教戏育人经验。中华人民共和国成立后，为培养新一代的京剧艺术接班人作出了突出贡献。作为京剧艺术教育家，他讲究戏德，重视教戏育人；因材施教，重视尖端人才；教学认真，重视舞台完美；强调规律性，重视循序渐进。他根据多年的教学实践，把中专七年制表演专业的剧目课（亦称学戏课）分为三个阶段：一、二年级为初级阶段，此时学生年龄小，一定要把唱念做打的基础功打好，要配备最适合开蒙的教师，选择浅显、短小的剧目。三至五年级为中级阶段，随着年龄的增长、生理的变化，要加强素质训练，选择一些唱念做打吃功夫的中型剧目。六、七年级为高级阶段，学生将面临毕业分配，要为他们安排高难度技巧的重工戏、大型剧目以及新创剧目。并实行教、排、导三结合的教学方法，充分发挥学生的艺术创造能力，鼓励学生在教师指导下进行独立的实习排练活动。他主张，在七年制学习中，每个学生以掌握20～25出主演戏为宜，再加上一些配角戏，才能为学生今后进行艺术创作提供坚实的艺术基础。

王连平酷爱京剧教育事业，始终把培育京剧接班人的工作放在首位，80高龄时被任命为学院顾问。凭着记忆，抄录《大名府》、《连环套》、《骆马湖》、《五人义》、《起布问探》、《千金记》、《铁笼山》等几十出戏的剧本，为京剧事业接班人的成长献出了毕生的心血。

（王世勋）

Wang Mengyun

王梦云 （1938～　　） 女演员。工老旦。北平（今北京）人。1950年考入文化部戏曲改进局戏曲实验学校（后名中国戏曲学校），先后师从时青山、徐少祺、孙甫亭、李连甲等习老旦。毕业前夕，又向李金泉、王玉敏问艺。1958年毕业后，分配到中国戏曲学校实验剧团，并于1961年拜李多奎为师。她嗓音宽亮，唱做兼擅，戏路较广，常演剧目有《钓金龟》、《行路哭灵》、《遇皇后》、《打龙袍》、《岳母刺字》、《罢宴》、《徐母骂曹》等，还参加过新编古代戏《洪母骂畴》、《三关排宴》以及现代戏《四川白毛女》等的演出。1962年曾借调北京京剧团，与裘盛戎合作演出《赤桑镇》，当时与王晶华、王晓临有北京青年老旦“三王”之称。1965年正式调北京京剧团，参加现代戏《沙家浜》的演出，饰沙奶奶。1970年调上海京剧院参加《智取威虎山》的演出，后又参加了《磐石湾》的排演。“文化大革命”后，除恢复演出一些传统

戏外，先后参加新编古代剧《甲午海战》、《谭嗣同》、《刘姥姥和王熙凤》以及现代戏《金色的教鞭》、《铁流东进》、《刑场上的婚礼》等演出，并继续向李盛泉（李多奎大弟子）、刘斌昆请益。1990年纪念徽班进京200周年，曾晋京与尚长荣合演《李逵探母》。1994年纪念梅兰芳、周信芳诞辰100周年，与周信芳之子周少麟合演全部《清风亭》。此外，在童芷苓主演的《谢瑶环》中以老旦行当饰演武则天。1994～2002年任上海市戏曲学校校长，1999～2002年兼任上海师范大学表演艺术学院副院长。

《李逵探母》饰李母（左） 尚长荣饰李逵

（刘月美）

Wang Mingzhong

王鸣仲 （1927～　　） 演员。工武生。北京人。1936年入北平长升社科班，后转入鸣春社科班学艺，由李万春亲授《林冲夜奔》、《连环套》、《恶虎村》及《八大拿》等短打戏和《挑华车》、《长坂坡》等长靠戏，是鸣春社的上选人才。1945年出科后，曾向李洪春学“关公戏”，搭班演出于华北各省，博得观众好评。1953年参加中国戏曲研究院京剧实验工作团（后为中国京剧院）后，《野猪林》、《智激美猴王》、《闹天宫》等戏又得到李少春的亲授。他功底扎实，扮相英武，嗓音宽厚，特别在开打时，身手矫捷、干净利落，能结合剧情人物打出炽烈紧张的格斗气氛，很受观众欢迎。1956年曾随以梅兰芳为首的中国访日京剧代表团赴日本演出，并多次随团出国演出。

《雁荡山》饰孟海公

（何路）

Wang Ping

王平 （1954～　　） 演员。兼工武生、老生。生于天津。其父王宝春和叔父王宝来都是天津的知名演员。他在父辈的督导下练功学戏，打下了坚实的幼功。八九岁时即能演唱《林冲夜奔》、《乾元山》。1970年参军，在部队文工团演唱过不少现代戏。1979年由部队转业，调到天津市京剧团工作，拜京剧老生前辈费世延为师，学习文戏，并得到武生名家厉慧良和张世麟的热心指拨。厉慧良还在舞台上带着他一同演戏，分饰《挑华车》、《长坂坡》、《艳阳楼》的高宠、赵云、高登，使他在舞台实践

《观阵》饰秦琼

《华子良》饰华子良

中深得教益。1988年入中国戏曲学院进修，在文化知识和理论修养上均有提高，并得到王金璐、王世续、李甫春、叶蓬、丁震春等名师的教诲和传授。随后又拜入谭元寿门下。他十分刻苦用功，长进显著，戏路拓宽，在表演上注重刻画人物，力求以形传神。演《击鼓骂曹》祢衡，着意表露一介名士的清高桀骜；演《战太平》花云，突出临危大将宁死不降的凛然正气；演《艳阳楼》高登，揭示了豪门恶少的骄横淫逸；演《挑华车》高宠，又显现出大将奋勇杀敌的英雄气概。他常演的剧目还有《观阵》、《八大锤》、《打金砖》、《英雄义》、《长坂坡、汉津口》、《四郎探母》、《野猪林》、《岳飞与杨再兴》和猴儿戏《闹天宫》、《美猴王》等。他是一个允文允武的演艺全才。曾拍摄根据京剧《斩经堂》改编的电视片《玉莲之死》饰演吴汉。在现代戏《华子良》一剧中，饰华子良，成功塑造了特殊处境中忍辱负重，刚毅、机警的革命地下工作者的英雄形象。1991年他在全国中青年京剧演员电视大赛中获最佳表演奖，1998年获第十五届梅花奖，因成功塑造华子良这一艺术形象，先后获得第三届中国京剧艺术节优秀表演奖、第十届文华表演奖、第二十二届梅花奖，成为京剧界第五位“二度梅”获得者。

（捷之）

Wang Qianghua

王强华 （1927～2011） 演员。工武生、老生。艺名小王桂卿。上海人。出身梨园世家。祖父王瑞云，外祖父张双凤均为著名武旦，父亲王桂卿系著名武生。5岁随父学戏，6岁登台。拜蒋鑫棠、郑法祥为师，并长期得周信芳亲授，又受教于刘廷贵、蓝月春等。他功底厚实，文武兼备，唱做俱佳，戏路广，能戏多。其武生戏代表作有《四平山》、《水帘洞》、《雅观楼》、《八大锤》，老生（麒派）戏《打严嵩》、《四进士》、《追韩信》、《徐策跑城》、《杀惜》、《秦香莲》等。还能演红生戏《古城会》、《走麦城》，包公戏《打銮驾》以及属武净戏的颜良（《白马坡》）等，和童芷苓合演《霸王别姬》亦别具一格。他的武戏在表演技巧和把子出手方面，尤具创造性，既新且帅。如《四平山》中的李元霸，拿特大金杆锤，舞时两鬓牵巾和靠旗飘荡不扣牢，扔锤接锤，干脆利索，有惊无险；走五个鹞子翻身再跺泥亮相，纹丝不动。再如《水帘洞》中的孙悟空，穿戴复杂，耍四根鞭，龙飞凤舞，箭衣、

《打严嵩》饰邹应龙（右） 尚长荣饰严嵩

绦子、大带绝无影响，更绝的是左右踢鞭走圆场，边走边踢，又准又美。还有《西游二猴》中的高节奏对棍，《七剑十三侠》中的枪杆顶刀等，精彩异常，红遍申城。王强华钟情麒派，自幼即得到周信芳的关心、爱护，10岁配周演《丁郎寻父》，以后跟随观摩，还特允至家中学习，会戏甚多，且有心得体会，写成文章发表。20世纪90年代，为周信芳的录音配像多出，颇具神采。所演《雅观楼》1976年摄制成彩色影片。“文化大革命”结束后在上海市戏曲学校任教。

（高怡邨）

Wang Qinsheng

王琴生 （1913～2006） 演员。工老生。北京人。13岁时边读书边学戏。1938年拜谭小培为师，正式从艺。曾与梅兰芳同台演出过《宝莲灯》、《汾河湾》、《打渔杀家》、《御碑亭》、《法门寺》、《红鬃烈马》、《四郎探母》、《抗金兵》，与尚小云合演过《游龙戏凤》、《桑园会》，与荀慧生合演过《汾河湾》等。擅演剧目有《定军山》、《失街亭、空城计、斩马谡》、《群英会》、《断臂说书》等。1952年参加苏北实验京剧团，后随团并入江苏省京剧团。由他主演的现代戏《血泪仇》、《琵琶泪》均获江苏省会演一等奖。在改编的传统剧目《八义图》中亦有出色表演。曾任江苏省京剧院副院长、江苏省政协文化组副组长等。退休后仍积极从事京剧的普及工作，任江苏省老年京剧艺术研究会名誉会长、南京海内外同胞京昆爱好者联谊会名誉会长。

（朱国芳）

Wang Quankui

王泉奎 （1911～1987） 演员。工净。北京人。回族。幼年丧父，8岁在广安市场做童工。17岁经沈庄引荐拜张春芳为师，学铜锤花脸。一年后即搭杨小楼之永胜社，边演出边学艺。首次登台演《遇皇后》之包拯，甚得杨之青睐，令其配演《安天会》之李天王、《连环套》之梁九公等。他天赋卓越，嗓音高亢洪亮，具有动听的金属音色，张口即给人以清亮、爽脆的快感，且对膛音、鼻音、腭音、颤音、擞音的技巧运用圆润、娴熟。演唱气力充沛、声音饱满，且持久耐唱，故有“金嗓子铜锤”之美誉。

王泉奎艺宗金秀山，又受郎德山、金少山的影响，在继承金派的基础上，结合自身条件和时代要求，从朴拙的旧有风尚中衍化而出，演唱呈现出简约、刚健、玲珑、

《除三害》饰周处
（郑景康摄）

工整的大家风范，使铜锤花脸的演唱韵味得到了有益的进化与规范。他戏路宽阔，铜锤与架子兼演，台风规矩严谨，工架美观，身段边式。20世纪30年代前后，铜锤花脸之人，诸多名家均邀王合作，历与尚小云、孟小冬、梅兰芳、谭富英、马连良、周信芳、王又宸、金少山、李多奎、奚啸伯、李少春、杨宝森、李盛藻、李宗义等同台演出。

1933年，李盛藻率富连成社大"盛"字科演员赴沪演出，时裘盛戎尚未出科，特邀王泉奎同往，临时易名王盛奎。返京后，又与尚小云、谭富英合演《二进宫》，其身价倍增。1938年10月15日于吉祥戏院与谭富英、陈丽芳合演全部《龙凤阁》，开《大保国》、《探皇陵》、《二进宫》连演之先河，铜锤花脸连唱三折之风从此兴起。1951年参加中国戏曲研究院京剧实验工作团，擅演《刺王僚》、《五台会兄》、《法门寺》、《空城计》、《铡美案》、《智斩鲁斋郎》等。20世纪50年代曾两次随团赴欧洲访问演出。1976年由北京电影制片厂将其与李宗义演出的《斩黄袍》拍摄成彩色影片。1979年应聘至中国戏曲学院任教。1987年6月11日在京病逝。其子王志廉工老生，孙王硕为鼓师，均供职于北京市戏曲学校。 （刘松崑）

Wang Rongshan

王荣山 （1890～1942） 京剧教师。曾为老生演员。幼时曾用艺名麒麟童，成年后以本名行于世。祖籍上海。其父名永成，武戏教师。长兄富山，早年出家学道；次兄贵山，旦脚演员，艺名"五

盏灯"，曾任三乐科班教师，是赵桐珊开蒙先生。贵山子盛如、盛意，丑行、旦行演员，均为富连成社弟子。荣山妻罗氏，系老旦名家罗福山之女。荣山幼年在上海从文武老生邵寄舟学老生戏。邵系上海老生名家孙春恒弟子，谭鑫培曾问艺于孙春恒，故与谭为同门师兄弟。王荣山戏路宽博，《战太平》、《南阳关》、《伐东吴》、《当锏卖马》、《打棍出箱》、《一捧雪》、《樊城长亭》、《武昭关》等，均极擅长。配角戏亦受人推崇，如陪谭鑫培演《失街亭》之王平，陪杨小楼演《金沙滩》之杨继业、《骆马湖》之李大成，陪陈德霖演《战蒲关》之王霸，陪裘桂仙演《铡美案》之陈世美等，均恰到好处。在京期间，曾应俞菊笙之邀，担任福寿班大轴老生，出演于广兴园。后在中和园与尚小云合演大轴《四郎探母》。17岁赴青岛演出时，嗓子倒仓。回京后潜心研究谭派老生艺术，曾为谭的同庆社成员。民国以后，曾在梅兰芳、余叔岩、杨小楼、尚小云、高庆奎等剧社搭班。1914年，樊棣生成立春阳友社，与余叔岩结伴练功，朝夕交流谭派艺术。与王瑶卿、王凤卿、王又宸亦交往深厚，并为张伯驹说戏。

40岁后，王荣山以教戏为主。中华戏曲专科学校成立后，聘其为老生教师。1931年余叔岩、梅兰芳发起成立北平国剧学会，特聘他任老生教员。一生弟子众多，如吕天麟、郭文生、王啸松、郭春阳、王岱清、丁英奇、纪玉良、刘曾复等。其子王金彦，习老生，为王荣山艺术的重要传人。 （刘曾复 吴焕）

Wang Rongzeng

王荣增 （1932～2007） 京剧教师。曾为老生演员。本名绥曾。祖籍江苏淮阴（今淮安），生于北平（今北京）。曾祖王绚云是清末著名昆曲旦脚演员。伯祖父王瑶卿、祖父王凤卿、伯父王少卿、父

亲王幼卿，都是名重一时的京剧艺术家。他入科前就得到二位祖父的授教，后入北平荣春社科班坐科。1949年，入军管会北平平剧实验学校继续学艺，习文武老生兼武生，得到贯大元、雷喜福、茹富兰、李洪春及南昆周传瑛、周传铮诸名家的亲传。常演剧目有《二堂舍子》、《三击掌》、《四进士》、《长坂坡》、《截江夺斗》、《湘江会》及昆剧《十五贯》等；还在新戏中创造了许多人物形象，有《武则天》中的裴炎、《东郭先生》中的东郭先生、《洪母骂畴》中的洪承畴、《破洪州》中的杨延昭和现代戏《刘介梅》中的刘介梅、《红色风暴》中的白坚武、《红旗谱》中的冯兰池等。

他剧艺基础丰厚，能文能武，博闻多识，善于思考，熟稔传统而不因循守旧，富于创造精神和鉴赏能力。对古今中外的戏剧理论均有涉猎，从中求索。曾两次入中央戏剧学院进修导演专业，学有所得，能与传统戏曲理论融会。个人或与人合作执导过许多新编剧目和加工、整理的传统戏，如《武则天》、《洪母骂畴》、《节振国》、《平原作战》等。20世纪80年代以来一直在中国戏曲学院执教，并于1983年出任院长。在繁重的行政工作之余，仍坚持授课，探索研究，为总结传统戏曲表演理论，阐扬中国演剧体系努力不懈。编写出的戏曲导演和表演课教材，具有鲜明的戏曲特色。

（钮骠）

Wang Rongrong

王蓉蓉 （1961～ ） 女演员。工青衣。生于辽宁鞍山。中学毕业后，考入中国戏曲学院表演系本科班，师从王玉蓉、蔡英莲、马宗慧、张玉英等。她嗓音清亮朗润，在唱工上条件优异，

得到张君秋的看重。1982年毕业后拜入张氏门墙，专攻张派艺术，得到张氏悉心指授。多年来，在她演出的《望江亭》、《状元媒》、《诗文会》、《西厢记》、《秦香莲》、《刘兰芝》、《春秋配》、《玉堂春》、《赵氏孤儿》、《大保国、二进宫》、《四郎探母》、《红鬃烈马》等剧中，充分展示了张派演唱风格，为行内外观众首肯的张派艺术优秀传人。

她在新编故事戏《晨钟惊梦》中饰名妓杜十娘，现代戏《黄荆树》中饰山村女教师秦秀云，《党的女儿》中饰农村女共产党员田玉梅，新编历史剧《蔡文姬》中饰一代才女蔡文姬，唱腔和表演上均有新的创造，使这些艺术形象，风貌各异，气质不凡。她还经常为舞台伙伴充当配角，甘做绿叶映衬红花，如在贺岁戏《宰相刘罗锅》里演格格，《拜相记》里扮宫女，《驿亭谣》里参加女声伴唱，都同样认真，一丝不苟，为全剧增辉。她是第十一届梅花奖获得者。2001年在全国京剧优

《西厢记》饰崔莺莺

《蔡文姬》饰蔡文姬

秀青年演员评比展演中获荣誉奖，同年12月，以主演《蔡文姬》，获第三届中国京剧艺术节优秀表演奖。1996～1999年在第一届中国京剧优秀青年演员研究生班进修。（捷之）

Wang Ruizhi
王瑞芝 （1919～1976） 琴师。北京人。满族。师承票界乐师胡子钧，后师法陈彦衡、李佩卿。曾为魏莲芳、言菊朋、奚啸伯、孟小冬、余叔岩等伴奏。私淑余（叔岩）派的陈大濩从上海到北京深造，即由王瑞芝为之吊嗓，并说腔调身段。其琴艺讲究心法，即气定神闲，劲头由内而外，不用拙力；技法则讲究弓法、指法以及弓指应合三个方面。余叔岩晚年灌制的《沙桥饯别》、《伐东吴》为其所伴奏。20世纪40年代末，在香港为孟小冬吊嗓，50年代初自香港返回内地为谭富英伴奏。

（张梓媛）

Wang Shaolou
王少楼 （1911～1966） 京剧教师。曾为老生演员。又名北霆。祖籍山东。出身梨园世家，祖父王顺福是京剧花旦演员，系梅兰芳之岳父。父亲王毓楼是著名武生，曾与梅合作多年。少楼自幼学戏，先后师从李鸣玉、陈鸿寿、雷喜福、张春彦等，后拜在余叔岩门下深造。12岁带艺入斌庆社，在吉祥园首演《珠帘寨》，博得好评。后又与尚小云、荀慧生等同台，尤与程砚秋合作达10年之久，技艺日臻成熟。演余派代表剧目如《捉放曹》、《定军山》、《四郎探母》、《失街亭、空城计、斩马谡》等，深为京、津、沪观众津津乐道。1952年北京市戏曲学校创建后，即参加教学工作，并把自藏多年的象牙牙笏、宝蓝褶子、精制的大堂鼓及髯口等物，慷慨献给学校。教学从难从严，一丝不苟。他强调培养人才的关键是打好基础；基础砸坏了，再好的坯子也难成材。每教一戏，一招一式毫不马虎，一字一腔从不敷衍。善于结合自身经验，引导、启发学生在演唱时注意技巧、方法，掌握要领。他毫无门户之见，鼓励学生广泛师承，

《朱痕记》饰朱春登

《打棍出箱》饰范仲禹

博采众长。张学津、李崇善等皆是在他的教育、培养下成长的。（王硕）

Wang Shaoqing
王少卿 （1900～1958） 琴师。原名文蓉，又名文荣，艺名少卿。祖籍江苏淮阴（今淮安），生于北京。父亲王凤卿是汪桂芬传人，伯父王瑶卿为京剧青衣宗师，弟王幼卿为京剧名旦。王少卿幼年学老生，宗谭派，曾受业于贾洪林、贾丽川、鲍吉祥，又得其父传授，少年时代即演出过《洪羊洞》、《鱼肠剑》、《空城计》、《三娘教子》、《琼林宴》、《汾河湾》等戏。1914年在上海曾与梅兰芳同台演出。1918年改拉胡琴，第二年便为其父王凤卿伴奏难度极大的《文昭关》一剧，以其耳快、心快、手快的天赋，衬、托、垫、补，应付裕如，颇受前辈赏识。1923年，梅兰芳排演新戏《西施》，为了丰富旦行唱腔的伴奏，王少卿遂创用了京二胡，加进京胡、月琴、弦子的编制之中，效果极佳。1948年王少卿开始专为梅兰芳伴奏，此后即与梅兰芳合作终生。

王少卿在音乐上有着极高的天赋，其京胡伴奏早期宗法孙佐臣，并吸取陆砚亭、梅雨田等名家之长加以融会贯通，形成一种稳练缜密、圆亮大方的演奏风格。王少卿擅使软弓，练就一种快慢兼擅、生旦皆长的全面运弓技巧，指法、弓法运行有序，揉、滑、沾、打，各有其长。繁密如连续数小节16分音符、32分音符的曲调，甚至转换把位，他都能演奏得流畅清晰而决不拖沓慌乱；舒缓绵长的曲调，经他演奏更是纯正圆足，款式流畅。王少卿在伴奏的曲调以及“过门”、曲牌的演奏上也多有创新，如旦行西皮、二簧均有落“La”音的“大过门”，王少卿创造了华丽多彩的“过门”，把京韵大鼓的曲调巧妙熨帖地糅入其内，新颖别致又不失大方。又如《贵妃醉酒》中的［柳摇金］曲牌的演奏，运用了多种把位的变奏手法，使旋律产生了奇妙的色彩变化，生动地配合了梅兰芳的表演。《霸王别姬》中［夜深沉］曲牌的演奏，繁简有致，从容均匀，快慢转换之间，了无痕迹，和谐舒展，营造了一种深沉幽怨的舞台氛围。梅兰芳研制新腔得益于徐兰沅、王少卿二家，此中王少卿辅佐最力。梅兰芳生前评价道：“我们在集体创造过程中，徐先生经验丰富，见闻博广，少卿是思想敏捷，往往能够独出新意，敢于创造。”梅兰芳的许多新戏新腔，如《西施》、《太真外传》、《生死恨》、《洛神》等的唱腔，

大多出于王少卿的构想。他所创制的新腔颇多巧思，对脍炙人口的“梅腔”殊多贡献。姜妙香的新腔也有不少是出自王少卿的创造。

王少卿尊重传统，但不囿于前人的藩篱，他一面向京胡名家广泛汲取营养，亦工昆曲，喜弹三弦，涉猎及于滦州影调及京韵大鼓，并曾以票友的身份，为京韵大鼓的名家刘宝全、白凤鸣伴奏过四胡。他为梅兰芳添加京二胡伴奏唱腔，不仅其演奏技巧得益于曲艺四胡的演奏，而且他在将二胡引入京剧唱腔时，是以四胡为基础，从乐器的用料及制作到演奏方法等方面反复进行了研究改革，在京胡、京二胡的演奏方法上，做了缜密的安排组织，繁简交错配合，取得了相得益彰的艺术效果，后学者沿袭至今，影响深远。效法王少卿操琴技法的后学者众多，如何顺信、沈玉才、黄天麟、倪秋平、姜凤山、乐朴孙、赵都生（专拉二胡）、韩恩华、王实贵等。

（安志强）

Wang Shiying

王诗英（1932～　）京剧教师。曾为旦行演员。曾名维蕊。湖北汉川人。1942年在广西桂林入四维平剧社儿童训练班学戏，习花旦兼刀马旦，由金素秋开蒙，演过《梅龙镇》、《女起解》、《铁弓缘》、《红鸾喜》、《坐宫》、《别窑》等戏。1946年随四维儿童戏剧学校北上，得到陈月梅、徐碧云、李连甲、郭文龙诸师教益。主演过新编剧《江汉渔歌》、《葛嫩娘》、《梁红玉》、《陆文龙反正》(饰陆文龙）等和传统剧《荀灌娘》、《穆柯寨》、《五花洞》、《查头关》、《战蒲关》、《武昭关》等。所演《金钵记》的小青、《六国封相》的苏母、《武松与潘金莲》的王婆、《桃花扇》的郑妥娘等均出色；还兼能生行，如《董小宛》的顺治帝、《江汉渔歌》的赵观及传统戏《四杰村》的濮天鹏、《怀都关》的子都、《追韩信》的韩信、《龙凤呈祥》的赵云、《扈家庄》的林冲等。

中华人民共和国成立后，随四维三分校全体师生转入文化部戏曲改进局戏曲实验学校，成为该校的第一批学生。自此又得到王瑶卿、萧长华、华慧麟、程玉菁、方连元、黄咏霓、赵桐珊、邱富棠、马宗慧等前辈和昆曲名家韩世昌、施砚香的指授。1951年入中央戏剧学院崔承喜舞蹈研究班学习。1954年以后，主要从事戏曲形体训练课的教学和研究工作，将传统戏曲表演程式中的各类身段、各功技法，如长短水袖、各种步法、马鞭、云帚、折扇、团扇、长绸、手绢、髯口、水发、翎子等，加以整理组合，编成教材。1958年入中国戏曲学院导演进修班学习，曾导演过《白蛇传》、《急子回国》、《赵氏孤儿》、《李二嫂改嫁》、《红色风暴》等剧。1983年在文化部举办的第四届戏曲演员讲习会上，教授了戏曲长水袖表演技法课程，深得好评。编著、发表的教材有《形体训练基本功教材》(与人合作)、《团扇组合教材》、《折扇动作练习》等。1988年离休后仍应邀授课，晚年所撰《戏曲旦行身段功》，中国戏剧出版社2003年1月出版，32万字。

（钮骠）

Wang Shixu

王世续（1920～2005）京剧教师。曾为老生演员。北京人。祖父王仪仙为著名昆旦，父亲王琴侬为京剧青衣演员。受家庭影响，从小学戏，幼时师事陈秀华、张连福。10岁时入富连成社科班，工老生，从师萧长华、王喜秀、张连福等。坐科期间，丽歌唱片公司即为其灌录了《借东风》、《失街亭》两张唱片。1940年出科后，

又向王凤卿、王瑶卿等求艺深造。擅长谭派、余派剧目，经常演出《定军山》、《伐东吴》、《失街亭、空城计、斩马谡》、《骂曹》、《碰碑》、《琼林宴》、《四进士》、《打渔杀家》等。曾与梅兰芳、荀慧生、徐碧云同台演出。1959年在梅兰芳剧团任艺术组组长，曾参加《柳长青》、《射雕联姻》、《韩梁奏凯》、《李白回表》等剧的改编、导演工作。在中华人民共和国建国10周年的献礼演出中，曾在荀慧生主演的《金玉奴》中饰林润，在梅兰芳主演的《穆桂英挂帅》中饰寇准。1963～1974年在北京实验京剧团工作，任艺术室主任，参加导演《三打白骨精》、《箭杆河边》、《海棠峪》、《战洪图》等剧，均受好评。特别是对京剧反映现实生活，进行了有益的探索。20世纪70年代，先后在中国戏曲学校、中国戏曲学院工作，曾任表演系主任、学术委员会委员。除授剧目课外，还开设艺术讲座课。教学认真、规范，注意启发学生掌握京剧艺术的规律，力求做到举一反三。他认为学生学戏，要由博到精，既要多学戏，更要多学一些方法。经他传授和指点的学生，不少已经崭露头角。撰有《台上千般艺，尽在情理中》、《学习余叔岩先生刻苦探索精神》、《京剧老生把子见闻录》等。

（陈培仲）

Wang Songchen

王颂臣　票友。工老生。江西人。生卒年不详。1900年前后在天津经营盐业。酷爱京剧，私淑汪桂芬，颇得其神韵。后又研习谭鑫培的演唱艺术，造诣亦深。曾参加天津早期的京剧票房雅韵国风社，与王庾生、王君直并称为“天津票界三王”。他嗓音、扮相、唱做均好，对音韵亦颇有研究，当时京剧演员来津演出，多向其讨教。20世纪30年代初，曾受聘于国剧传习所，任老生组导师。能戏50余出，拿手戏有《洪羊洞》、《空城计》、《汾河湾》、《李陵碑》、《乌盆记》、《宝莲灯》、《鱼肠剑》、《浣纱河》、《辕门斩子》等。曾与钱金福、王福寿（红眼王四）、红豆馆主、包丹庭、陈德霖等京剧名家同台演出。

《四郎探母》饰杨延辉

（马同驹）

Wang Xichun

王熙春（1919～2006）女演员。工旦。祖籍山西太原。自幼随父母在南京戏班中生活。8岁练功，9岁能演《打花鼓》、《小放牛》。开蒙老师为出身喜连成科班的张喜海。还向梆子演员龚济川（艺名三阵风）学过《马上缘》、《穆柯寨》、《虹霓关》等刀马旦戏。13岁搭赵韵声班，并挂头牌。后又在秦淮歌楼清唱，有“九花娘”之称。16岁投师黄桂秋，学得《春秋配》、《玉堂春》、《祭江》、《甘露寺》、《武家坡》等唱工戏。1935年，麒门

《十三妹》饰何玉凤

大弟子高百岁邀她挎刀，演出于南京中国大戏院。时田汉正软禁于南京，常去看戏，誉熙春为“美丽的小鸟”，后来报刊常以“小鸟王熙春”称之。1937年去汉口天蟾舞台演出，合作者有赵如泉、安舒元、赵小楼（赵燕侠之父），长达一年。1938年，经高百岁推荐，赴上海参加周信芳主持的移风社。三天打炮戏为《玉堂春》、《金玉奴》、《春秋配》，周信芳、高百岁为捧新角，配演《玉堂春》的刘秉义、潘必正，反串《金玉奴》的莫稽、金松。在新剧《香妃恨》中，王熙春主演香妃。随后又与周信芳合演《华丽缘》、《天雨花》、《文素臣》等，成为沪上红伶。1939年起，拍摄古装电影《文素臣》、《香妃》等，影剧双栖，声名益著。1940年在香港利舞台演《凤还巢》，寓居香港的梅兰芳来看戏，受梅赏识，列入门墙。其后又与周信芳有数度合作，既演周创排的新戏如《冷如冰》、《温如玉》、《董小宛》等，又演《四进士》、《投军别窑》、《打渔杀家》、《战宛城》、《斩经堂》、《一捧雪》等麒派拿手戏。她嗓音甜润，扮相俊美，基本功扎实，演剧经验丰富，善于刻画人物。她先后拍摄的电影有25部。成名之后，仍谦逊好学，艺德高尚。1950年参加上海市人民京剧团，后随团转入上海京剧院。1954年以《贵妃醉酒》获华东区戏曲观摩演出大会一等奖。1958年调至安徽省京剧团，担任主演及导演。主演剧目有《武则天》、《红嫂》等，导演的现代戏有《党的女儿》等。1963年应邀与童芷苓合演彩色戏曲艺术片《尤三姐》，饰尤二姐。晚年退休上海。写有多篇回忆文章见诸报刊。

《香妃恨》饰香妃

（应耐良　陈琥）

Wang Xiaolin

王晓临　（1940～　　）　女演员。二老旦。北平（今北京）人。1952年考入北京市戏曲学校，向赵绮霞、李金鸿、赵德勋等学习花旦，后经王瑶卿向郝寿臣校长建议，改学老旦，得孙甫亭精心传授。1959年毕业，先后分配到荀慧生京剧团、北京京剧团任演员。1961年，在北京市文化局领导组织下，拜李多奎为师，得其亲授《遇皇后》、《钓金龟》、《赤桑镇》。其间她还向师兄李金泉、王三敏问艺。1963年与裘盛戎合演《遇后、龙袍》，颇受赞誉。20世纪60年代初，她与同班同学李玉芙、张学津、李崇善等演出新编剧目《雏凤凌空》，在剧中饰演佘太君，声名鹊起，与王梦云、王晶华并称为“老旦三王”。此后又相继演出了现代戏《丰收之后》、《海棠峪》、《洪湖赤卫队》，并成功地塑造了《正气歌》中太皇太后谢道清这样为京剧舞台所少见的反派老旦形象。这几出戏的唱腔均由她自己设计，既保留了传统老旦的曲调、演唱特色，又从人物出发，结合剧情发展，进行大胆创新，给观众留下了新颖的印象。1997年她应台湾复兴戏剧学校之邀，赴台讲学。

《三进士》饰孙淑林

王晓临擅演剧目有《太君辞朝》、《望儿楼》、《遇后、龙袍》、《三进士》、《岳母刺字》、《傅氏发配》、《赤桑镇》、《徐母骂曹》等。她台风庄重，有气度，善于博采众长，大胆创新。在演唱、用嗓、吐字发声上不去刻意模仿男演员唱老旦的声音特点，而是特别注意发挥女声本身的嗓音优势，并根据人物感情需要，适当糅进青衣的唱腔与唱法，使之美而不媚，在情绪激昂时又运用花脸的唱腔，强调鼻腔共鸣，有裘派老旦之称；悲凉时出现京韵大鼓的味道，一唱三叹，使观众耳目一新，形成了自己独特的演唱风格。

（娄悦）

Wang Xieyuan

王燮元　（1910～1970）　鼓师。原名王宝顺。北京人。11岁从姨夫齐向阳学习京剧音乐，后拜昝树云为师，先习小锣，后习铙钹、大锣。15岁开始习鼓，曾在北京、天津、青岛等地搭班。1928年受聘到南方，在上海定居。先后为唐韵笙、刘奎官、孟鸿茂、林树森、言慧珠、盖叫天、梅兰芳、尚小云、童芷苓、李玉茹、周信芳等司鼓。1936～1940年与林树森合作5年，抗日战争胜利后与梅兰芳合作6年。1951年参加上海市人民京剧团，后随团并入上海京剧院。1952年参加第一届全国戏曲观摩演出大会。1953年，参加赴朝鲜慰问志愿军演出。1954年参加华东戏曲会演获乐师奖。1956年、1958年两次随中国艺术团赴欧洲20多个国家访问演出，均为司鼓。

王燮元能戏甚多，南北派的戏路兼通。他能根据周信芳、林树森、盖叫天等南派演员的路子打出不同的风格。北方演员来沪演出，闻他之名也不另带鼓师。他兼能作曲，曾为《黑旋风李逵》设计幕前曲。还参加过《海瑞上疏》、《武则天》、《赵一曼》、《海港》等剧的音乐创作。他有很高的艺术素养，深得与之合作的演员与下手的好评。王燮元曾为盖叫天舞台艺术片《武松》、梅兰芳舞台艺术片《生死恨》、童芷苓舞台艺术片《尤三姐》等司鼓。曾口述《京剧锣鼓演奏法》一书（范石人、许锦文整理）。　（蔡世成）

Wang Yan

王雁　（1924～　　）　戏曲导演。曾用名王雁舫。直隶保定（今属河北）人。1949年在北京青年文工团任演员。1950～1952年在北京市文化局戏曲科工作。1953～1957年在北京评剧团任编导，导演了评剧《女教师》、《张羽煮海》和京剧《春香传》、《范进中举》、《柜中缘》，编导了京剧《望江亭》、《珍妃》，改编了评剧《刘巧儿》。1958年调入北京京剧团任编导，参加了京剧《赵氏孤儿》、《海瑞罢官》、《碧波仙子》、《官渡之战》、《南方来信》、《年年有余》、《黎明

河边》、《管仲拜相》、《百花公主》、《宋宫奇冤》、《画龙点睛》以及评剧《杜十娘》、《弄假成真》等30余出剧目的编导工作。其中评剧《张羽煮海》获1955年北京市第一届戏曲观摩演出导演奖，《刘巧儿》获文化部1960年颁发的第一批优秀戏曲剧本奖，《画龙点睛》1991年获文化部首届文华大奖。他导演的特点是善于发挥演员本身的创造力，注重演出的整体性。他导演的《望江亭》，发挥了张君秋唱腔的艺术特点，使其成为张派代表剧目之一。发表的论文有：《论戏曲传统形成》、《论马派艺术》、《京剧漫话》、《塑美的人物形象》、《京剧于谦》等。 （刘淑兰）

Wang Yaoqing

王瑶卿 （1881～1954） 演员、教育家。工旦。原名瑞臻，字稚庭，别号菊痴，晚号瑶青，斋名古瑁轩。祖籍江苏淮阴（今淮安），生于北京。父亲王绚云，是晚清著名昆曲伶工。王氏家学渊源，深受熏陶，与二弟凤卿自幼投身梨园。9岁开始学戏，由田宝琳开蒙，学青衣，后在"三庆班大下处"从崇富贵练武功，又拜谢双寿为师，同时向张芷荃、杜蝶云分别学青衣和刀马旦戏。所学的剧目，文武昆乱，兼容并有，为后来舞台实践打下全面而丰厚的基础。后又向时小福、陈德霖、李紫珊（万盏灯）诸名家请益，向各种不同风格、不同派别广泛汲取营养，学而不泥，择优而从。如学时小福就是学其念白的清晰有力，沉稳醇厚。《汾河湾》是时小福和吴连奎合演的拿手戏，时小福死后，老谭要唱这出戏，时小福的十几个及门弟子，竟无一人敢于接替，就连青衣名家陈德霖也望而却步，却由王瑶卿担当下来。其实，王氏的这出戏并非小福亲授，而是注意看时小福表演，用心钻研揣摩，悟到妙谛，再到舞台上付诸实践，遂成与谭氏合演的"对儿戏"中的精品。李紫珊是小鸿奎班从南方邀来的"外角"，不被尊为"正宗"，而王氏真心实意地向他求教，请他说了《虹霓关》的丫鬟。这出戏又是余紫云的"一招鲜"，演的丫鬟最好，而王瑶卿的演出，却又获得了出乎意想的成功，成了"拿手戏"。梅兰芳的这出戏，就是向他学的。后来，王瑶卿声名大噪之后，艺术上早已具备了自立门户的主客观条件，然而他仍然真诚师事于名宿陈德霖门下，执弟子礼，虚心请益，以求艺术上的不断精进。

他14岁正式走上舞台，16岁就搭入人才济济、阵容很强的福寿班演唱，20岁出头就成为主演。清光绪三十年（1904），时虚龄24岁，被选入昇平署任民籍教习。

王瑶卿在演剧艺术上的建树，大致可以分为3个步骤：

第一步，首先是把固有的本行传统老戏演好。哪怕是"开锣戏"，还是为别人配演"二路"，他都本着"戏在人演，只要努力研究，戏是限制不住人的"认识，一概严肃认真地对待，不挑剔、不草率。在小鸿奎班与班主陈丹仙的儿子陈七十唱《五花洞》，陈是少老板，当然得把"头路活儿"真金莲留给他，派王瑶卿去扮演假金莲。他不去争抢角色，而是立足于用自己的演技去征服观众，以真切传神的做，声情并茂的唱，处处有戏而取胜，把假金莲演成了"头路活儿"。他与陈德霖合演《长坂坡》，陈演糜夫人，他演甘夫人。他没有把这个角色当做"二路"，而是认真做戏，很有光彩。后来，明智的陈老夫子便把糜夫人这个角让给了他。他与杨小楼等在演出中，不断切磋加工，"跑箭"、"抓帔"几处表演终于成为他独有的"绝活"。《打渔杀家》原是一出不大起眼的开场戏，但经王瑶卿加工创造，则大为改观。他首先从"形似"入手，萧桂英的原扮相是头戴渔婆罩、身披云肩，类似《小放牛》的村姑那样。他认为这样装扮，不符合渔家的生活和身份，改为打杩子、戴草帽圈、穿蓝布女茶衣，形象上俨然一个波浪生涯的渔家儿女，很有生活气息。再从"神似"上下工夫，注意渲染萧恩、桂英父女归隐河下、相依为命的心理神态，演出桂英质朴、英武的性格。在表演上处处衬托萧恩，同时还要在范围里边找"俏头"，不把戏唱温了。从他开始，这出戏才一跃成为大轴戏，而被时人评为戏中神品。他力求把传统老戏在原有基础上，予以充实、增益，使之能够焕然生色。

第二步，从剧情戏理出发，仔细推敲，对存在缺陷的戏从情节内容和艺术处理上加以修改，使之合情合理，臻于完善。如《二堂舍子》王桂英的上场，一般是刘彦昌唱完［二簧快三眼转原板］后，唱［散板］："后堂内请出儿的娘亲"，沉香、秋儿念："有请母亲！"然后，王桂英内唱［导板］："后堂内来了我王桂英"，再转［慢板］："站立在屏风后侧耳听"，接下去还有几个"莫不是"的猜测。王瑶卿认为于情理不合。既然是"请出来"，直接问明原委就是，何必"站立在屏风后侧耳听"呢？更无须画蛇添足唱几个"莫不是"。所以，他改为刘彦昌唱完［原板］留一下句，王桂英"嗯哼"上场，接唱下句："后堂内来了我王桂英"，接下去顺畅合理，天衣无缝。《女起解》原是全本《玉堂春》中的一段戏，没有单成一折独立演出，头场只有四句［原板］。现今流行的这段［反二簧慢板］是他给加上去的。选用［反二簧］，富于悲怆凄切情感的唱腔，借以抒发这个含冤的弱女子忽被提审，吉凶未卜，怆然万感，祈祷神明保佑的悲楚之情，非常恰切。《起解、会审》中许多动听感人的唱腔都是他的精心创造，一直为后人所宗法。再如《枪挑穆天王》，原有穆洪举被杨延昭当场刺毙的情节。王瑶卿认为不妥。穆桂英与杨宗保已然结亲，自己的父亲被公爹刺死，她却置杀父之仇不顾，与丈夫一同投宋，太不近情理。于是改为桂英救了父亲，一同回山欢聚。既合情理，又使穆桂英的形象趋于完整，还加强了喜剧气氛。类似这样的例子，在他演出的剧目中不胜枚举。凡他所演的戏，无不经过一番琢磨、变化之功而免流于淡而无味的"大路活"。

第三步是排演本戏、编演新戏，通过新剧目进行艺术革新的探索和实践，同时对那些精芜并存、瑕瑜互见的戏，敢于作脱胎

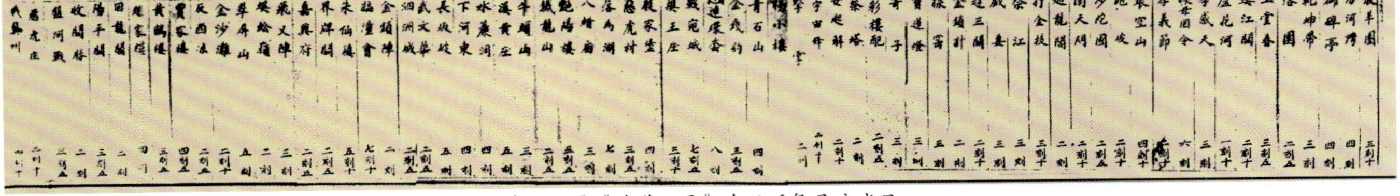

牧羊圈
汾河灣
御碑亭
乾坤帶
玉堂春
樊江關
蘆花河
孝義節
銀空山
跑坡
沙陀國
南天門
打金枝
祭江
戲妻
探窯
寶蓮燈
寄子
彩樓配
祭塔
女起解
青石山
金錢豹
連環套
戰宛城
惡虎村
落馬湖
八蜡廟
艷陽樓
鐵籠山
牛頭山
水簾洞
下河東
長坂坡
泗洲城
界牌關
嘉興府
飛叉陣
蜈蚣嶺
金沙灘
反西涼
賈家樓
黃鶴樓
回龍閣
陽平關
收關勝
盤河戰

清昇平署《外学目录》中王瑶卿承应戏目

《棋盘山》饰窦仙童

换骨的变革。如《十三妹》原为武旦本工戏，以踩跷、上栏杆、打弹弓等技艺称绝，对人物性格塑造并不讲求，艺术形象粗糙。王瑶卿大胆改革，改何玉凤为大脚片蛮装，穿红缎绣花薄底靴，不上栏杆，不亮小脚儿，从刻画人物着力，体现她侠肝义胆、疾恶如仇、豪爽刚健的精神气质。以细腻的表演、传神的念白和矫捷的身段动作见长。尤其对念白精雕细琢，赋予浓郁的生活气息。他为这一特定角色创造的念白，既非韵白，又非纯粹口语化的生活对话，与一般的京白也不同。它的音乐性和节奏性很强，在发声、吐字、气口上极尽轻重疾徐、抑扬顿挫的变幻之妙，被称做“京韵白”。程砚秋曾说过：“这一成功的念法是王瑶卿先生毕生的创作。他为京剧旦行在念功上开辟了一条新的路径，丰富了戏曲念白的艺术。”经他改造的《十三妹》成为体现王派艺术特色的代表作，而被奉为圭臬。他自青年时代就开始排演本戏。16岁，就在福寿班参加连台戏十六本《德政坊》的演出，后来又在各班陆续参加过八本《雁门关》、八本《五彩舆》、八本《儿女英雄传》、八本《梅玉配》、八本《混元盒》和六本《得意缘》、四本《四进士》的演出。这些本戏类似今天的新编古代剧，为他的创造实践提供了园地。如在《儿女英雄传》中，他最早演张金凤，后来演何玉凤，展示了他的艺术才华。这些戏历经近百年舞台实践的检验，有不少折目或全本被列为保留剧目，久演不衰，其中都蕴涵着王瑶卿的创造。

王瑶卿中年，嗓音日衰，开始侧重于刀马旦和花旦戏，除原有对工对路的戏以外，又整理重排或新编了一批剧目，如《荀灌娘》、《木兰从军》、《雁门关》、《万里缘》、《江南捷》(即《梁红玉》)、《棋盘山》、《福寿镜》、《天河配》、《枪挑穆天王》、《樊江关》等。26岁以后，他搭同庆班与谭鑫培合作多年，亲历谭鑫培开创的新途径，深受影响，遂有志于旦行的改革。在他之前，青衣专重唱功，不讲求表演，只知道“抱着肚子苦唱”，青衣、花旦、刀马旦分野严明，不得混同。王瑶卿不甘忍受这种束缚，大胆变革了表演方法的旧规矩，建立了新表演方法，使舞台上凝滞的状态进入灵活的境界，面目为之一新。这个新，就是创出了“冶青衣、花旦、刀马旦于一炉”的花衫行当的表演方法。侧重唱做的叫青衣花衫，侧重身手和做工的则叫刀马花衫。这种“非青衣、非花旦，卓然自成一宗”(徐凌霄语)的创格，经过一段酝酿和渐变过程之后，水到渠成集中地体现在上述一批剧目中。时人评述这些戏是：“以意趣科白胜。意趣则流丽大方了无俗韵，科白则简洁清脆浑无点尘。虽片语数言亦能如哀梨并剪入耳醉心，偶作激昂亢爽之调，则又如铜琶铁板唱大江东去”(《同光朝名伶十三绝传略》第58页)。王瑶卿苦心孤诣追求的“登场作剧，重在表演”，体现了戏曲是歌舞、科白、神情、色彩并重的综合艺术。花衫行当所体现的三位一体，标志着旦脚的表演，从唱念做舞的截然分割，发展到兼容互亘，融于一身，形神俱妙，引入化境，把完满周至的美呈献给观众。

花衫行当的崛起，标志着京剧旦脚艺术开始了新的里程。注重做工，为时所尚，后起接踵追随，但这并不意味着舍弃了唱功。王瑶卿的改革贡献，在于变苦唱、傻唱、死唱为巧唱、活唱、新唱，他潜心致力，付出巨大的研创功夫。他兴废继绝，借旧翻新，向

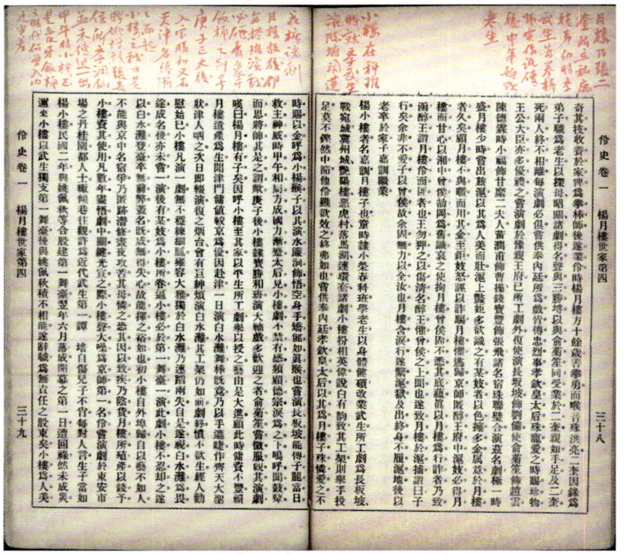

伶史卷一　楊月樓世家第四　三十八

奇其技收養於家俾爲拳棒師後遂業伶時楊月樓方十餘歲善拳勇而喉音殊洪亮二奎因錄爲弟子驟爲老生以探母昭關諸劇得名聲與三勝均以與俞菊笙同受業於二奎親如手足及二奎死兩人終不相離每演劇必俱嘗供奉內廷所爲戲皆傳忠烈事孝欽皇太后殊寵愛之時賜珍物王公大臣亦多優禮之嘗演劇於豫親王府已所工劇外復使演長坂坡飾劉備使俞菊笙飾趙雲陳德霖時小福飾甘糜二夫人黃潤甫飾曹操錢寶豐飾張飛諸名宿珠聯璧合演爲名劇極一時盛月樓少時嘗出旅滬以其爲人美而壯滬上豔鉅多欲識之有某妓者以色擁多金屬意於月樓者久矣顧月樓不與曬而用其金至鉅妓怒謀以詐騙月樓懼逃歸京師匿醇王府中滬妓必得月樓而甘心以湘中曾侯劼剛爲舊識哀之使拘月樓曾侯因不悉其底蘊責以月樓爲行詐者乃致函醇王謂月樓伶而匪者也王勿狎之以傷淸名醇王懼曾侯之上聞也遂致月樓於滬捕謂曰子行矣余非不愛子以曾侯故余固無力以全汝也月樓含淚行遂繫滬獄及出終身不履滬地後以老卒於家子嘉訓繼業

楊小樓者名嘉訓月樓子也童時隸小榮春科班學老生以身體健碩改業武生所工劇爲長坂坡、戰宛城、冀州城、艷陽樓、惡虎村、落馬湖、連環套諸劇小樓扮相英偉說白有韻致其工架則舉手投足莫不饒然中節他伶雖欲效之終弗如也嘗供奉內廷孝欽皇太后以其爲月樓子殊憐愛之不時賜以金呼爲小楊猴子以其演水簾洞飾悟空身手矯健如眞猴也嘗演長坂坡能傳子龍當日救主神威時甲午和局方成國力漸甦太后見小樓劇不禁有感頻頻德宗淚爲之下嗚呼聞鼓鼙而思將帥其是之謂歟庚子後小樓隸寶勝和班演大軸戲多歡迎之者俞菊笙嘗傚服觀其演劇嘆曰楊月樓有子矣因呼小樓至其家以平生所工劇舉以授之藝由是大進顧此時儲資不豐賴月樓遺產爲生聞津門儲値較京爲優因赴津一日演白水灘舞棒旣竟乃以手遮睫作齊天大聖狀津人嗤之次日即輟演復之烟台會有巨紳煩演白水灘其工架仍如前劇終憤不欲生經人勸慰始已小樓凡演一劇無不穩練細膩雍容大雅獨於白水灘乃連蹈兩失自是遂視白水灘爲畏途成名後亦未嘗一演後有某妓爲小樓所眷逼小樓必於第一舞臺一演此劇小樓不忍卻之遂以白水灘登臺卒無蹶弊蓋名旣成無得失心故能揮之裕如也初小樓自外埠歸自以藝不如人不能與京中名宿爭乃匿跡潛修晝夜攻苦其母憐之恐其因以致疾乃陰貸月樓所殖產以錢予小樓資其使用凡數年盡悟劇中關鍵光宣之際小樓聲大噪爲京師第一名伶嘗演劇於東安市場之丹桂園都人士輒傾巷往觀許爲近代武生第一譚　培自傷兒子不肖每對人言生子當如楊小樓民國二年與姚佩秋等合股建第一舞臺翌年六月落成開幕之第一日遭回祿然未成災遲來小樓以武生獨支第一舞臺後與姚佩秋積不相能遂辭職爲無責任之股東矣小樓爲人美

伶史卷一　楊月樓世家第四　三十九

王瑶卿朱批《伶史》（钮骠藏）

多方面摄取养分，取精用宏，新意别裁。当他40岁时，以程砚秋率先为代表的“他的学生们把这层出不穷的青衣新腔，传遍了整个戏剧界，成为一种‘王腔’”(梅兰芳语)，大江南北，由原来的老生无腔不学谭又加上旦行的无腔不学王。经他培育的梅腔、程腔、荀腔、尚腔，无不凝结着王腔的新韵。

从创造完整的艺术形象出发，王瑶卿除在剧本、表演、唱腔上锐意出新外，也非常注重造型艺术的革新。他演戏、排戏、教戏，从不忽视化装、服饰、鞋履、砌末的设计。从人物出发，从剧情出发，从有助于表演出发，经他改革、创造的方面很多。如在《十三妹》中废跷更是顶着世俗的嘲骂、周围的讥讽进行的。另外，他对文武场面也非常熟谙通达。周贻白曾说旦脚加用二胡随腔，就是“由王瑶卿提议，程砚秋予以实践，以后各名旦都加以采用”的（中华书局1952年版《中国戏曲论丛》第79页)。他素来要求演员与乐队默契配合，要做到打出情绪，打出意境，烘托气氛，感染观众。

王瑶卿一生所演出的剧目、所创造的各种各样人物，不计其数，尤其晚期所演所教的剧目，突出的特点可归纳为4个方面。

①积极的思想内容。一类是表彰英勇忠烈、卫国御敌的爱国主义精神，如《木兰从军》、《金猛关》、《江南捷》、《破洪州》；一类是具有反抗封建礼教、追求婚姻自主、向往美满幸福、主张妇女自由的民主思想，如《孔雀东南飞》、《穆天王》、《烈火旗》、《棋盘山》、《天河配》、《王宝钏》、《玉堂春》；一类是宣扬驱强抗暴、彰善瘅恶和显现妇女的聪明才智、谋略胆识，如《十三妹》、《庚娘》、《荀灌娘》、《缇萦救父》；再有一类应当特别提出的是他塑造了一批具有高尚品格、美好心灵的兄弟民族妇女形象，表现提倡民族和睦、厌恶民族战争的可贵思想，如旗装戏《万里缘》、《雁门关》、《探母回令》等剧中的胡阿云、萧太后、青莲公主、铁镜公主，都是值得人们尊敬的兄弟民族女性。他亲历了大半部中国近代史，社会政治的沧桑变幻、人民生活的苦难多艰，磨砺了他的思想，体察到演戏必须贴近时代思潮，适应观众，抒发出群众的心声，反映出人民的意愿。

②优美的艺术形象。在他的代表作、拿手戏中，所创造的一系列中国古代女性形象，主要类型有：仗义助人的风尘侠女，如何玉凤；威武勇敢、为国赴敌的巾帼英雄，如穆桂英、梁红玉、花木兰、荀灌娘；心灵善美、意切情真的异族女性，如铁镜公主、胡阿云；富贵不淫、坚贞不渝的千金小姐，如王宝钏、柳迎春；刚烈坚毅、忠贞不二的烈女节妇，如庚娘、刘兰芝；英姿勃勃、性情豪放的

多情少女，如窦仙童、双阳公主。

③健康的艺术风格。由于表现上述这样一些人物的需要，王瑶卿的艺术风格形成了“遒劲挺秀，明畅雅洁，凝亘浑润，流丽大方”的特色。

④精湛的表演技艺。旦脚的表演，一般要求做到“美、媚、稳、脆、帅”。但是由于演员各自有不同的理解，有的人就把不健康的动作、表演当做“美”，而王瑶卿所演所教的戏则不然，在台上，健康大方，从来没有轻浮娇弱的表演，身段动作的节奏感、分寸感，强而且准，很有筋骨，做到柔而不软，脆而不扯，媚而不俗，稳而不砣。《悦来店》何玉凤的趟马，《棋盘山》窦仙童的“起霸”，都有这种风韵。

至于王瑶卿在唱念艺术上的精深造诣，主要是抓住了“字儿、气儿、劲儿、味儿”四个环节，取得了独到的成就。他的唱之所以被誉为“有骨头”，在于具有清丽、润俏、遒劲、醇厚的特点，犹如朗月霁风，明爽沁人。他的念白，功力最深、成就最高的当属“京韵白”，是前所未有的创造，被喻为“哀梨并剪”，好像吃哀家梨那样甘美爽口，像使用并州剪那样锋利称手。清朗爽利，成为他念白的特点。

京剧形成的初期，一切均由生行领衔，旦行无论从人才上，还是从剧目上，都无力与之抗衡。唯有到了王瑶卿崭露头角的时候，才萌发了旦脚艺术兴盛的契机。他始而与谭鑫培并驾齐驱，势均力敌，继而唱大轴、挑大梁，随后步武者群起，于是旦脚艺术声势大振，改变了生行独领风骚的局面。在京剧舞台上，作为称得起自我作古、独立门户的一家流派，是从王瑶卿开始的。旦脚唱大轴，他是第一个；旦脚挂头牌，他也是第一个；旦脚创流派，他又是第一个。在京剧表演艺术上，他不愧是继往开来、革新精进的一位巨匠，而在为京剧事业育才授艺、奠基开路上，他又是桃李盈门的一代宗师。

当年，有人把谭鑫培和王瑶卿誉为“梨园汤武”，称他们是京剧生旦两革命家。谭鑫培把主要精力放在登台演戏上，一生所收弟子甚少。王瑶卿却不然，有人登门求教，都殷勤指授，弟子数以百十计。20世纪30年代时，就曾有人说过：“谭鑫培革命，只本身成功；王瑶卿革命，给别人开路。……谭鑫培收拾三胜、长庚残局；王瑶卿创开四大名旦新路。两人革命精神一般，两人革命结果却不一样。”（《王瑶卿艺术评论集》第382页）谭鑫培的贡献，在于他以革新的成果完成了京剧老生艺术中的一个流派，被后世奉为正宗，一脉相传，又派生出诸多新派，影响之远，衍续至今。王瑶卿却是从中年起，就撤步氍毹，设帐执教。他把许许多多的人引进了艺术大门，扶持他们登上艺术的殿堂，凡所指点，无不各如其分，梅、尚、程、荀四大名旦就是突出的例子。

王瑶卿46岁不幸失嗓，再难登台。从此转向专事课徒授艺。他对每个弟子的素质、条件、个性都了若指掌，因材施教。他对梅、尚、程、荀每个人突出的优长，都有简要的评语。他认为：梅的扮相大方，适宜演端庄尊贵的人物，如西施、杨玉环；尚的武功坚实，胜任演挺健、刚烈风貌的角色，如王昭君、吕灵姑；荀的做戏细腻，演天真烂漫性格的人物出色，如吕昭华、陈秀英；程则是唱功见长，应尽量发挥善唱的特点。他在指导程砚秋编创新腔上，花的心血最多，下的工夫最大，收到的成果也最丰硕。程的嗓音低回蕴藉，内涵筋骨，不外露锋芒，行歌委婉圆柔，低沉多于高亢。王氏抓住他嗓音的这些特征，因势利导，别创新声。在《鸳鸯冢》、《文姬归汉》、《青霜剑》、《金锁记》和《锁麟囊》等剧中，谱出一套套新腔，有的如怨如慕，有的如泣如诉，宽则声裂金石，细则宛若游丝，刚柔相济，高低自如，有“舞幽壑之潜蛟，泣孤舟之嫠妇”的妙趣。根据程砚秋宜用脑后音等特点，结合人物、剧情，在他指导下为程腔开创了大放异彩的先端。在《文姬归汉》的《胡笳十八拍》一曲中，显示了王氏创腔作曲的非凡天才；在《锁麟囊》中集中显现了程腔撼人心魄的艺术魅力。在这些实践中，王瑶卿实现了自己改革、发展旦脚唱腔艺术的高超见地。程砚秋曾说：“我创腔的第一个时期，是本着小时初学的法则，守着规矩，再求发展；但发展必须仍循规矩，所谓‘守成法，要不拘泥于成法；脱离成法，又要不背乎成法’。我就是遵循这样一个法则来进行创造的。”（《程砚秋文集》第118页）而这个法则正是王氏法则。在这个法则下，创制出程派新声，也培育出程派演员。

王瑶卿为荀慧生排戏创腔时，根据荀的嗓音委婉低柔、柔多于刚的特点，避免多使高腔，使荀腔圆活妍润，神情盎然。对尚小云则又不同，因尚的嗓音清越嘹亮，刚多于柔，就要求他多用高腔，托腔可长，发挥其刚劲高亢、古淡润朗的特色。荀慧生的《元宵谜》、《还珠吟》、《钗头凤》、《陶三春结婚》、《美人一丈青》、《丹阳恨》、《荀灌娘》、《庚娘》、《得意缘》、《棋盘山》、《十三妹》等戏都得到过王氏的指导；尚小云的《乾坤福寿镜》即为王氏所授。梅兰芳早年也从学王腔入手，他的《玉堂春》、《汾河湾》、《长坂坡》都是宗王，二本《虹霓关》、《樊江关》得自王氏亲传。梅派戏《西施》、《太真外传》初排时，也都得到了王氏细致、认真的具体指导。

中华人民共和国成立后，他在给中国戏曲学校的学生上课时，教法也完全不同。根据学生的基础不同，舞台实践经验有深有浅，故而所教的戏路子就不一样。即使对谢锐青与刘秀荣的要求也不尽相同。谢偏重于刀马花衫，先唱《烈火旗》、《湘江会》；刘偏重

《打渔杀家》饰萧桂英（左）　王又宸饰萧恩

《十三妹》饰何玉凤

《雁门关》饰青莲公主（右）　朱素云饰杨延顺

于青衣花衫，则先演《貂蝉》、《孔雀东南飞》。在排戏、课徒中，他最反对学生生吞活剥地单纯模仿哪一个人或哪一派。也不许学生模仿他。他说：程砚秋“要是死学我，也就不懂得变化的道理，哪还会有什么‘程腔’呢？”王玉蓉刚入王门，他就嘱咐她要“自树一帜，不然唱得再好，也只能是第二，挨不到第一”。张君秋年轻时，艺术上已经有了深厚的基础，正在长足前进的时候，王瑶卿告诫他：“要注重发挥自己的长处，不能光学人家，因为你即使学别人学得再像，人家是真的，你还是假的。”在教学中他总是督导弟子们要文武兼通，首先要把基本功扎扎实实地练好，学了文戏以后，还要学点武戏，学了皮簧以后，再学点昆曲。一出戏里，凡属旦行应工的角色都应当会，不许只会一个角色。他排戏时生旦净丑整出戏一起说，是一位无所不通的“活总讲”。正如程砚秋对他的赞誉：“既是好演员，又是好导演和好教师。”他的博大精深，一向为人倾羡。登门求教的远远不止旦行演员，许多其他行当的演员如言菊朋、王又宸、高庆奎、贯大元、马连良、谭富英、郝寿臣、姜妙香、俞振飞、叶盛兰等也常来请益。北京前门外煤市街大马神庙胡同王瑶卿的寓所，成为艺术界人士的“圣地”，在那里不分长幼，都可以畅所欲言。即使坐在一旁静听，也是受益匪浅的乐事，内行称作“熏戏”。当年，程砚秋、张君秋都是多年在那里熏戏的常客。来到这里的，还有文人、画家，如罗瘿公、陈墨香、李释戡、齐如山、黄秋岳、徐凌霄、周贻白和陈半丁、颜伯龙、金拱北、王雪涛等，一起谈剧论画，切磋艺事。

1949年，他被聘为文化部戏曲改进局戏曲实验学校名誉教授。1952年，在第一届全国戏曲观摩演出大会上，与梅兰芳、程砚秋、周信芳、盖叫天等一同获得了文化部颁发的荣誉奖状。1951年任戏曲实验学校校长。他决心“把平生所学的、所会的，毫无保留地全部贡献给国家”。从招生考试到迎新入校，从课堂授课到后台把场，事必躬亲，不遗余力，更为学校推荐了一批批优秀教师，为学生排练了一出出传统名剧。他积极参加社会上的戏曲改革活动，认真编审了大批京剧传统剧目。为贯彻党的文艺方针政策，努力不懈，为繁荣戏曲艺术参加创作实践，排新戏、创新腔，在《白蛇传》、《牛郎织女》、《柳荫记》中留下了他革新创造的新成果。他爱校如家，一片丹心，工作勤勤恳恳，教学一丝不苟。学生对他敬如慈父，他爱学生情同己出，全校师生无不受到过他的教泽。1954年6月3日，因病长逝。他的一生是为艺术事业鞠躬尽瘁的一生，在对京剧艺术的传承、革新、创造上，作出了前无古人的业绩。《王瑶卿艺术评论集》一书，1985年由中国戏剧出版社出版。

（钮骠）

Wang Yaoqing Yishu Pinglun Ji

《王瑶卿艺术评论集》　京剧文集。史若虚、荀令香主编。1985年5月中国戏剧出版社出版。《戏曲流派艺术研究丛书》之一。该书收入1981年纪念王瑶卿诞辰100周年纪念会上的发言及散见于报刊评介王派艺术的文章，从不同的角度论述了王瑶卿的艺术成就及革新精神。吴雪的《学习王瑶卿的革新精神》指出，王瑶卿是一位广采博收的京戏通家，发现人才、因材施教的戏曲艺术教育家，立志革新、勇于创造的戏曲革新家。史若虚的《革新精进的先驱　继往开来的宗师》总结了王瑶卿一生广撷博采，叶茂根深，取精用宏，锐意出新，囊括了京剧旦脚表演程式的各工基本技艺，文武昆乱并有，创造了熔青衣、花旦、刀马旦于一炉的花衫行当的表演方法。旦脚唱大轴，他是第一个；旦脚挂头牌，他也是第一个；旦脚创流派，他又是第一个。马彦祥在《卓越的戏剧改革家和戏剧教育家王瑶卿先生》一文中肯定王瑶卿是京剧中第一个尝试从体会剧情出发，以细腻的表情和做工来表演青衣脚色的演员，他发展并且提高了京剧旦脚的表演艺术。荀令香更以切身体会谈及王瑶卿教他表演《貂蝉》的情况：要求念白要念出感情，道具要为我所用，动作要虚实结合。程玉菁、王玉蓉、南铁生、杜近芳、谢锐青、刘秀荣等人记述了自己学习王派艺术的体会。本书是较为全面论述王瑶卿表演艺术的评论集。

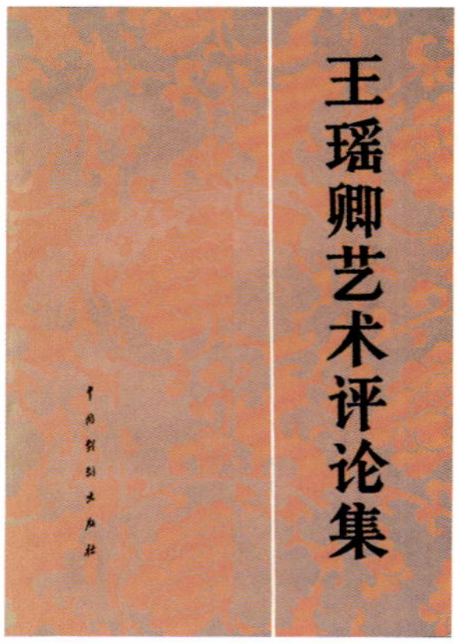

（刘乃崇　蒋健兰）

Wang Yida

王一达　(1919～2003)　京剧导演。曾用名王异。祖籍直隶沧县（今属河北），生于湖北老河口。青少年时参加业余话剧、京剧演出活动。1938年赴延安抗日军政大学第六大队学习，不久入鲁迅艺术学院戏剧系学习，1940年毕业，任鲁迅艺术学院实验剧团演员、平剧团导演兼演员。延安平剧研究院成立后任该院专职研究员、教务处长、导演团主任等。1946年任中国人民解放军晋绥军区所属晋绥平剧院副院长。1955年任中国驻保加利亚大使馆文化参赞。1958年与吴晗、屈武等率中国戏曲歌舞团访问西欧。1962年后任中国京剧院副院长、顾问。由他导演或任总导演的京剧剧目20余出，包括《三打祝家庄》中的“二打”、“三打”，新编历史剧《红娘子》、《司马迁》、《大明魂》，现代戏《上天堂》、《金花银花》、《香港行》等。此外还有陕北秧歌剧、昆曲、晋剧、评剧、辽南剧、豫剧以及河北梆子等剧种的剧目20余出。他改编、整理以及与人合作编写的剧本10余部，主要作品有《武大郎之死》、《北京四十天》。发表《〈红娘子〉排演总结》、《阿甲与戏曲改革》、《延安京剧改革的道路》、《毛主席对京剧事业的重视和关怀》等文章和回忆录数十篇。这些文章、回忆录及剧本收入《王一达文集》，40万字，中国戏剧出版社2004年5月出版。

（朱文相）

Wang Yifang

王益芳　(1882～1962)　演员。工武净。北京人。父王庆云为早期到上海的武旦演员，人称“把子王”，中年后在上海以教戏为业，后来上海的武旦大多出其门下。益芳幼年曾随父习武旦，惜先天聋哑，不为父所喜。后被前辈武净艺人老孟七收为弟子，遂改演武花脸。表演则私淑著名武净小奎官。清光绪后期出台搭天仙茶园，后长期与李春来、盖叫天合作，凡武净正工戏如《收关胜》、《铁笼山》、《金沙滩》、《嘉兴府》、《拿高登》、《金钱豹》以及《白水滩》之青面虎、《虮蜡庙》之费德功等演来皆称拿手。曾在天津及东北一带挑班主演，海报上大书“真正哑叭”，以招徕观众。演出时专以武技取胜，凡有唱念的场子，多掐头去尾，或请他人（架子花脸）代唱。其工架优美、稳重，开打勇猛、火爆，虽天生聋哑，然一招一式均与锣鼓点相合。演《收关胜》最后一场，不以翻三张桌子取胜，只从“两张（桌子）高”上“台漫”翻下，但起范高，头往上蹿，大靠、水发、髯口一丝不乱，硬“抢背”落地后，马上站起，一鼓作气，被同行视为绝技。除武净戏外，还能演武丑戏和猴儿戏。曾陪李春来演《花蝴蝶》的蒋平、艺宗王洪儿；《泗州城》饰悟空，表演则学"赛活猴"郑长泰。20世纪20年代末，一次在老天蟾舞台陪盖叫天演《年羹尧》，因使真刀真枪开打，不慎被刺瞎一眼，此后便以教戏为业，故其甥林树森早期取艺名"小益芳"。盖叫天曾向其学习使鳝刀、软鞭等新式把子。1938年起先后在上海戏剧学校和中华国剧学校任武戏教师。年老退隐后，还不断有人向其请益。周信芳曾请他为儿子少麟练功。其长子王少芳，亦演武净。次子王小芳演武生兼红生，为林树森弟子。（黄菊盛）

Wang Yinqiu

王吟秋（1925～2001） 演员。工旦。生于江苏苏州，故有"小苏州"之昵称。16岁到北平投师求艺，拜在王幼卿门下，习青衣，留居王瑶卿家口学戏，除打下旦行各功基础外，还从诸如香学花旦，

如《拾玉镯》、《打樱桃》等，更得到太老师王瑶卿亲传《棋盘山》、《十三妹》、《万里缘》、《乾坤福寿镜》、《樊江关》各剧。1942年冬在北平三庆戏院以全部《焦仲卿妻》一剧，甚得称许。1943年加入马连良的扶风社，唱二牌旦脚，为马配演了《打渔杀家》、《桑园会》、《四进士》、《春秋笔》、《火牛阵》诸剧，剧艺得以长进。经王瑶卿对他的观察审辨，发现他的艺术气质，十分宜于学演程派，遂将他推荐给程砚秋。1945年，程砚秋收他为弟子，因知其出身清苦，且为孤儿，乃将他收养在身边，如同己出，直至1951年参加中国人民解放军西南军区政治部京剧院始离程家。

在与程氏朝夕相处的几年里，受到老师的悉心教授，学得程派艺术的真谛。他的表演严谨有法，恪守规范；身段舞做分寸准确，

《碧玉簪》饰张玉贞
（雪印摄）

举止有谱，做到松而不软，沉而不僵；唱念吞吐考究，行腔寓刚于柔；四功五法头头是道，特别着意于保持程派所独具的风范，准确展现程派艺术特有的意蕴。他是程派艺术的最佳传人之一。

1955年，西南军区撤销，剧院部分人员进京，他随团并入中国京剧院，组成中国京剧院四团，后又相继调入宁夏回族自治区京剧团、北京市青年京剧团、北京京剧院任主要演员，常演剧目有《锁麟囊》、《红拂传》、《荒山泪》、《春闺梦》、《青霜剑》、《碧玉簪》、《金锁记》等程派代表作，还排演了新编剧《平地风波》、《火焰驹·打路》等戏。他对培植程派新一代传人，默默耕耘，不遗余力。张曼玲及台湾的吴陆君等均曾得其教益，入室弟子有迟小秋、李佩红等。1994年曾赴台湾讲学传艺并作示范演出，受到欢迎。（钮骠）

Wang Youchen

王又宸（1883～1938） 演员。工老生。初名王幼臣，后改又宸，字痴公。祖籍江苏徐州，生于北京。本名刘国栋。父亲刘宝臣，清季任职工部。幼臣6岁丧父，随母依附舅父过活。舅父无子，遂过继改

姓王氏。他自幼嗜爱戏曲，得票界名流红豆馆主、名伶陈福胜指授，以"清客串"身份，用"王幼臣"名演唱，首次于京东高碑店彩唱《黄金台》、《空城计》二剧，旋即在北京前门外廊房头条第一楼正式出演《碰碑》、《洪羊洞》、《打棍出箱》、《桑园寄子》各剧，均模仿谭鑫培；《朱砂痣》等剧则从汪（桂芬）腔。他嗓音清醇甜润而欠苍劲，不够浑圆，且少变化。学谭循规蹈矩，固守典型。后来有人评说，老谭"歌音英而兼秀，无人能及，又宸得其清秀之致，而无其英挺之长，故都人称老谭英而且秀，称又宸秀而不英"（肖伧《记王又宸》，载1938年《十日戏剧》第1卷第21期）。民国初年投身菊坛，做职业演员，正式从艺。谭鑫培对王又宸印象颇佳，爱其文质彬彬，举止落落，聆其演唱，视为可造之材，遂将爱女相许，收作门婿。此后，《南阳关》、《清官册》、《定军山》、《琼林宴》等剧，又宸均得到谭氏的亲自指拨，成谭派嫡传。

他曾与陈德霖、田桂凤、梅兰芳、尚小云、程砚秋、荀慧生、筱翠花、俞振庭、沈华轩、龚云甫、刘永春、郎德山、王长林诸名伶同班奏艺，后自行挑班，搬演谭派各戏，除已述剧目外，还有《连营寨》、《南天门》、《御碑亭》、《桑园会》、《乌龙院》、《清风亭》、《大保国》、《乌盆记》、《捉放曹》、《庆顶珠》、《法门寺》、《失街亭、空城计、斩马谡》、《四郎探母》、《红鬃烈马》、《举鼎观画》等。他对谭派之继承，以其扮相、风度，凡有书卷气之儒者角色，非他人可比，而"能传老谭之神者，乃在《卖马》一剧，店房一场之做念神情以及唱功等等，无一不佳，可说老谭以外，无人能及"，但"其当锏之舞锏，不及内行余叔岩，遂非完璧耳"（肖伧《记王又宸》）。他与尚小云、裘桂仙合演的《二进宫》，时人赞为"三绝"。谭鑫培故后，他成为传承谭派的正统人物。王又宸曾排演过不少新戏，20世纪20年代在上海排演过《诸葛亮招亲》与《诸葛亮得子返里》、《三搜卧龙冈》连续演出，扮演少年无须之诸葛亮，带机关布景，连演47场，上座不衰。还曾排演《夹谷却齐》，演齐景公设计请鲁定公赴夹谷会，欲将加害，孔丘随从护卫景公脱险，挫败敌方的故事。他扮演孔子。旧时孔子、关公被尊为文武二圣，而关戏久已盛行于梨园，孔戏则从未有人搬演，故又宸当为饰演孔子之始。剧中有"叔孙回车"一场，以真马驾辕上台。他在上海还曾贴演三本《金钱豹》（即《盗魂铃》），参加《金台传》、《错魂奇巧案》等本戏的演出。1933年4月在北平开明戏院首演《北宋

《定军山》饰黄忠

《连营寨》饰刘备

国难记》，演宋徽宗与李师师事。自饰宋徽宗，陶默厂（音 ān）饰李师师，茹富兰饰张德怀，马连昆饰张邦昌。1936年在北平庆乐戏院与陈盛荪、王士英贴演《武侯出师表》，饰诸葛亮，还曾贴演全本《黑驴告状》，饰范仲禹。在上海反串过《纺棉花》、《妻党同恶报》的旦脚、《独占花魁》的小生秦钟。

又宸平素喜近文人，通国学，擅围棋，文化素养较高，领悟谭派艺术有过人之处，谭富英曾得其教益，传人很少。留有不少唱片，高亭、蓓开、胜利公司为他灌过《连营寨》、《李陵碑》、《黄金台》、《卖马》、《打棍出箱》、《空城计》、《桑园寄子》等，是研究谭派唱腔的可贵参考资料。（钮骠）

Wang Youquan

王又荃 （1892～1943） 演员。工小生。原名士忻，又名王幼泉，字逸园，署彝厂（音 ān）主人。其父王春泉，世居北京，家资豪富。王又荃毕业于汇文学院。嗜爱京剧，初入遥吟俯畅票房，习武生，

曾演《挑华车》于天乐园。后改小生，与程砚秋、郭仲衡、余叔岩同在春阳友会演唱，与铁璘甫为该会小生行中之双璧。以胸有文墨，举止潇洒，仪表脱俗，富书卷气，擅演扇子生而转为职业演员。与程砚秋合作，搭入程氏班社，任当家小生。除配演《玉堂春》、《御碑亭》、《虹霓关》、《穆柯寨》、《穆天王》、《弓砚缘》、《乾坤福寿镜》、《芦花河》、《贵妃醉酒》等剧外，程派前期新戏中的小生角色，几乎都由他首演，如《龙马姻缘》、《花筵赚》(又名《玉镜台》)、《花舫缘》、《红拂传》、《风流棒》(又名《谐趣园》)、《玉狮坠》(又名《小天台》)、《梨花记》、《鸳鸯冢》、《赚文娟》、《青霜剑》、《碧玉簪》、《金锁记》、《牧羊山》(又名《朱痕记》)，以及《梅妃》、《沈云英》、《聂隐娘》、《孔雀屏》、《斟情记》、《文姬归汉》各剧的小生角色。他与程氏配合默契，呈绿叶红花之妙。后又佐新艳秋、杜丽云、黄桂秋等演唱，还曾搭过高庆奎、言菊朋、

《赚文娟》饰秦少游（左二）
程砚秋饰苏小妹（右一） 张春彦饰苏东坡（右二） 吴富琴饰文娟

荀慧生、筱翠花、朱琴心、杨小楼各班。常演剧目有《镇潭州》、《岳家庄》、《借赵云》、《监酒令》、《黄鹤楼》、《马上缘》、《双狮图》、《秦淮河》、《红鸾喜》、《打侄上坟》等。在小生行中属上选之材，当时的剧评界认为，在同行中仅次于程继先、朱素云，与金仲仁相伯仲，颇负时誉。唯老境不佳，贫病交加而殁。（钮骠）

Wang Yusheng

王庾生 （1889～1971） 票友。工生。名元恺，号冷虹，别署冷虹簃主。天津人。回族。直隶高等师范学校毕业，曾任天津文昌宫学校教师、开滦矿务局职员及开滦国剧社副社长。与王

君直、王颂臣被称为"天津票界三王"。20世纪30年代，曾被天津新闻界选为"票界之王"。1948年，被推选为天津市戏曲协会理事长。他自幼酷嗜京剧，边读书边学戏，文戏由老生演员吴连奎开蒙，武戏由梆子演员冯黑灯指点练功。他敏悟强记，学戏如痴如迷，勤奋刻苦，文武全才，能演老生、武生、小生、丑行、旦行各种行当剧目近300出。他不仅腹笥渊博，而且钻研戏理，揣摩人物，在精习传统的同时，还能兼采众长，力求创新。因此他扮演的每一个角色都有一些精彩独到的表演。王庾生比余叔岩和言菊朋大一岁，三个人都是悉心精研谭派艺术的莫逆。余叔岩十五六岁时在天津，就与王庾生住在一起，每天共同刻苦练功。冬练三九，夏练三伏，坚持两年不辍。因此王庾生在年近古稀演出《打渔杀家》、《蜡蜡庙》时，还能翻吊毛，摔抢背，轻捷边式，干净利落，得益于幼功的深厚。当年杨小楼在天津时，也经常对王庾生和余叔岩的练功、把子、工架加以指点。后来王庾生擅演杨派武生戏，如《长坂坡》、《连环套》、《骆马湖》、《战宛城》等，均得之杨小楼指授。1911年以后，他一度住在北京，与余叔岩、言菊朋结成一个"学谭"小组，每逢谭鑫培演出，他们必然追踪观摩，事先约好分头记录唱腔、念白和身段、表演，回来后再凑集一起，交流心得。当时堂会盛行，王庾生等每逢知道堂会中有谭鑫培的戏，便千方百计地寻求门路跟踪观摩。有一次某军阀在会馆办堂会，门禁森严，王庾生和余叔岩竟冒着被拘捕的风险，雇了一辆豪华马车，严蔽车窗，冒充豪门内眷，径直闯入会馆大门，守门军警不但不敢拦阻，反而持枪敬礼，急忙放进。

《南天门》饰曹福

1949年以后，曾在天津恒源纱厂国剧社任教。不久，被天津河北梆子剧团聘为编导。由他执导和参加改编的河北梆子《秦香莲》，曾在全国获奖。20世纪60年代初，曾在电台连续播讲京剧生行流派特色，后应邀到北京市戏曲学校讲授杨（小楼）派表演艺术。

王庾生剧学渊博，文武兼擅，昆乱不挡。他最拿手的生脚戏有《一捧雪》、《珠帘寨》、《清风亭》、《琼林宴》、《南阳关》、《阳平关》、《打渔杀家》、《坐楼杀惜》、《梅龙镇》、《战宛城》、《连环套》、《骆马湖》、《长坂坡》、《翠屏山》、《盗宗卷》、《御碑亭》、《断臂说书》等，旦脚戏有《虹霓关》、《辛安驿》、《得意缘》等，昆曲戏有《夜奔》、《宁武关》、《卸甲封王》、《单刀会》及丑脚戏《活捉三郎》等。王庾生的弟子很多，生行如曹艺斌（小小宝义）、徐东明、杨菊芬、李宗义、李白水、李英斌等，旦脚如章遏云、王芸芳、马艳云、杨菊秋、

崔熹云、丁至云、李相心等。此外如孟小冬、奚啸伯、杨宝森、关正明、吴素秋、童芷苓、赵化南、安舒元等，均曾从其问艺。由王庚生口述，吴同宾、李相心整理的《京剧生行艺术家浅论》一书，1981年由中国戏剧出版社出版。（吴同宾）

Wang Yumin

王玉敏 （1923～1994） 演员。工老旦。北京人。回族。因酷爱京剧，少年时考入中华戏曲专科学校。入校后，初学武旦，后改老旦，师从文亮晨、时青山、刘俊峰、孙甫亭诸前辈。毕业后搭马连良班社，艺术上大有提高，声名鹊起。此后又相继搭谭富英、杨宝森、奚啸伯、叶盛兰、张君秋等人班社演出。中华人民共和国成立后，加入中国京剧院，与李和曾、江新蓉、张云溪等名家同台合作，除上演老旦传统剧目外，还在新创排的《杨八姐游春》和《朱仙镇》中饰演佘太君和乳娘。在《朱仙镇》中，专门设计了［二簧慢板］转［原板］等精彩唱腔，还根据唱词的内容，运用“龚（云甫）派”的“雌音”、“衰音”、“娇音”和“脆音”，形象地表达了乳娘的思想感情。他还在继承传统的基础上有所创新，设计了一段［二簧二六］的新板式，细致地刻画了乳娘与王佐见面后互叙衷肠的内心活动，恰当地表现了乳娘的爱国思想。他还与人合作编演了根据唐诗《石壕吏》改编的新戏《石壕村》，在舞台上塑造了一个新型的古代妇女形象，并为其设计了成套的［反二簧］唱腔，尽情地抒发了老妇悲愤难禁的心情，催人泪下。此外，他还上演过新编或改编剧目《陵母伏剑》、《清风亭》、《雁门关》等。王玉敏是京剧老旦“龚（云甫）派”和“李（多奎）派”的优秀传人，他嗓音高亢、嘹亮、圆润，演唱中注重吐字发声，而且对龚、李及文亮晨等前辈的唱、念、做艺术刻意钻研，忠实地继承他们挺拔、古朴、真挚、酣畅及缠绵蕴藉的风格，而且结合自身条件加以发展，使其唱腔更加细腻委婉，以声传情，恰如其分地刻画人物性格和揭示角色心理。王玉敏从20世纪60年代起，一边演出，一边教学，根据学生的不同条件，因材施教，先后培养了闵玲娣、郑子茹、高玉芝、张大环，康静、胡芳、袁光等学生，李鸣岩、王梦云、王晓临、李重华、王竹铭、孙花满、杜福珍、史云兰、高淑娟等也深受教益。（娄悦）

《龙凤呈祥》饰吴国太

Wang Yupu

王玉璞 （1924～ ） 鼓师。安东（今辽宁丹东）人。1930年，在安东学戏，1934年以后改学音乐，同时在安东一带搭班演出。1940年后在山东烟台，专为郭玉昆司鼓。1942年到上海加入共舞台，后随共舞台改组，参加上海新华京剧团。1970年加入上海青年京昆剧团。1971年参加上海京剧院。和王玉璞合作过的名家有唐韵笙、小杨月楼、赵如泉、赵松樵、王桂卿、王少楼、白家麟、袁世海、关肃霜、梅葆玖、顾正秋、王正屏、张少楼、蒋慕萍、小王桂卿、李玉茹、小高雪樵、沈金波、纪玉良、张学津、李崇善、童祥苓、李长春、李炳淑、齐淑芳、言兴朋、关怀等。王玉璞司鼓，节奏鲜明，尺寸准确，细腻讲究，沉着稳健，大方舒展，具有较高的品位。王玉璞能戏颇多，对各个流派、各个风格的剧目都能应付自如；他既能打老生青衣戏，也能打武戏；他能和海派演员合作，也能和京派演员默契配合。而且一些京剧舞台上不常见的剧目如《游六殿》、《双包案》等经过他的指点，剧团能够得以复排。（冯钢）

Wang Yurong

王玉蓉 （1913～1994） 女演员。工旦。原名王佩芬。祖籍江苏苏州，生于上海。因家贫辍学，13岁拜于莲仙学京剧，15岁登台，艺名王艳芳，演出于上海、南京等地，小有名气。北上求师拜在王瑶卿门下，更名王玉蓉。在王瑶卿的严格要求、悉心教导下，她勤奋用功，得到真传，首次在长大安戏院演出《四郎探母》，就有百代唱片公司请她全部灌制，影响颇大。王瑶卿为提携爱徒，率她走遍大江南北，亲临把场，使王玉蓉在艺术上日臻成熟。

王玉蓉不仅学会不少王派传统剧目，而且在王瑶卿主持下，又编排了自己的新戏，如《艳云亭》、《渔家乐》、《香祖楼》、《天台狱》和全部《李艳妃》等。她演出的全部《王宝钏》，把唱做繁重的8出戏串在一起，一场演完。全部《孙夫人》把《甘露寺》、《回荆州》、《下西川》、《截江夺斗》、《别皇祭江》一次演完，被观众誉为“铁嗓钢喉”。她演出《武家坡》的“跑坡”更堪称一绝。她先后与马连良、谭富英、杨宝森、奚啸伯、管绍华、王琴生等人合作，演出于北平、天津、上海、南京、武汉、香港等地。1949年解放前夕，有人约她去海外，她坚决留在上海等待解放。中华人民共和国成立后，曾赴朝鲜慰问演出，并担任六分团副团长。她曾任吉林省京剧院副院长、王瑶卿学术研究会会长。为人坦率真诚，急公好义，严于律己，乐于助人，尊师重道，济困扶危。晚年接受中国戏曲学院聘请任教，竭尽全力，毫无保留地向学生传授京剧艺术，待学生如子女，培养出不少优秀青年演员。（姚保瑄）

《武家坡》饰王宝钏

Wang Yuzhen

王玉珍 （1948～ ） 女演员、艺术管理家。祖籍山东牟平（今属烟台），生于北平（今北京）。1959年考入北京市戏曲学校，从唐艺芳学青衣，又从赵德勋、李喜鸿、张蝶芬、黄玉华学刀马旦、花衫。1968年毕业，1970年入北京京剧团，1979年转为北京京剧院四团。1979年首演吴祖光编写的《三打陶三春》一剧，成功地塑造了直率豪爽、天不怕地不怕的乡野侠女陶三春形象，声名鹊起。该剧在国内外连演300多场，创下了新编剧目演出场次的新纪录，曾于1985年、1988年先后参加英国戏剧节和澳大利亚戏剧节，为京剧艺术争得荣誉。她的擅演剧目还有《雏凤凌空》、《百花公

主》、《穆桂英》、《汉明妃》和连台本戏《宏碧缘》等。她扮相俊美，嗓音圆润，唱腔既有尚（小云）派的刚健挺拔，又兼赵（燕侠）派的宛转俏丽，念白清晰，吞吐有力。唱念均能切合人物，无论是陶三春的快人快语，杨排风的率性天真，穆桂英的寨主气度，还是王昭君的一腔幽怨，都能表现得恰到好处。她的武功和出手功都很出色。在现代戏《强攻腊子口》中，她是"跟斗翻大旗"中唯一的女演员，踩子抢背走得轻捷利落；《三打陶三春》中的舞双锤，《虹桥赠珠》、《盗仙草》中的打出手，《昭君出塞》中的蹦子卧鱼、躬身圆场都得心应手，干净漂亮。

1989年她在体制改革中投标竞聘，出任北京京剧院四团团长；1991年被任命为北京京剧院副院长兼北京市青年京剧团团长。为了培养人才，兴盛事业，毅然放弃了舞台生涯，不再粉墨登场。为锻造一支青年演员队伍，出好戏、出人才，投注了全部精力。在观众中声名渐起的王蓉蓉、杜镇杰、李宏图，在她的扶持、重用下脱颖而出，连续推出了由他们主演的新戏《党的女儿》、《拜相记》、《黄荆树》等，均获嘉奖。1997年任北京京剧院院长后，团结全院同仁在改革中更新观念，转换机制，继承传统，开拓创新，筹划排出了新戏《风雨同仁堂》，演出超百场，1999年获第二届中国京剧艺术节金奖，又获"五个一工程"奖、文华新剧目奖和首都文学艺术奖。2002年又组织董圆圆、叶少兰、计镇华、景荣庆主演《洛神赋》，获第三届中国京剧艺术节金奖；由王蓉蓉、杜镇杰、李宏图主演的《蔡文姬》，获优秀剧目奖。自2000年春节起，又连续推出贺岁连台本戏《宰相刘罗锅》，至2002年演成六本，在北京、南京、上海、台北受到欢迎，演出超108场。该剧又精编为上、中、下3集，入选2002～2003年度国家舞台艺术精品工程精品剧目第一名。她还坚持京剧要面向青年，为此策划出品了小剧场京剧《马前泼水》。在2000年开展"京剧艺术进校园"演出活动中，将《马前泼水》送进北京大学、清华大学、北方交通大学等高等院校演出，并在现场举办京剧赏析讲座，回答提问，听取意见，收到良好的效果。2004年，京剧交响剧诗《梅兰芳》获第四届中国京剧艺术节金奖。2008年，《下鲁城》获第五届中国京剧艺术节新编历史剧一等奖。多年来，北京京剧院年演出场次超千场。年年派团出国，进行文化交流和商业演出，足迹遍及欧洲、美洲、东南亚各国，为传播中华戏曲文化、弘扬京剧艺术作出重要贡献。王玉珍于1997年起兼任北京戏剧家协会副主席。

《三打陶三春》饰陶三春

（赖崇诚）

Wang Yunfang

王芸芳　（1903～1947）　演员。工旦。名绳祖，字湘帆。江苏金坛人。因与家人失散，由邱姑携归山东领养，取名邱步武。1921年毕业于济南中学，入山东易俗社学演话剧。1923年至北京、天津、南京与京剧演员、票友交游，拜名票吉侃如为师，又得苏少卿指教，名渐著。同年与名丑刘斌昆等合作，于南京下关冶汇花园饭店演出《红鸾喜》等戏，从此成为专业演员。1924年，与刘斌昆至上海搭入共舞台，成为当家花旦。除演传统戏外，他编演的时装戏《失足恨》，轰动申江，连演半年不衰。后又转搭天蟾舞台、大舞台与高庆奎、马连良、谭富英、杨宝森、白玉崑、金少山、荀慧生、王桂卿、张翼鹏等同台演出。周信芳对王芸芳尤为倚重，长期合作，合演《投军别窑》、《坐楼杀惜》有"双绝"之誉。周的连台本戏，王均参与，在《华丽缘》、《封神榜》、《天雨花》等戏中，饰刘燕玉、姜皇后、邓婵玉、荀含春，各具光彩。他受周信芳影响又得冯子和教益，演戏重做工，以刻画人物性格见长，被称为"麒派青衣"。1926年，王瑶卿在上海演出期间，收王芸芳为弟子。20世纪30年代后期，黄玉麟（绿牡丹）离沪北上，王芸芳接补黄的空缺与赵君玉、刘筱衡、小杨月楼并列南方四大名旦。1937年，随周信芳赴天津、北平、济南等地演出。20世纪40年代初，至东北各地挑班演出。1943年定居大连。

王芸芳

《封神榜·进妲己》饰妲己（左）刘文魁饰苏护

王芸芳以一青年知识分子入京剧界，长时期在上海生活、演出，在与众多名家合作中，学习、借鉴各流派，特别是麒派之长，形成自己艺术风格。他的《指鹿为马》与梅兰芳《宇宙锋》不同，"装疯"的表演夸张、强烈，水袖功尤为精绝。《临江驿》、《红鸾喜》、《玉堂春》等戏在做工方面也都有别于京派，风格独特。《申报》曾评论他的表演风格是"用新文化、新目光而成的"，"唱、做、表三者色色俱全，妙在雅而不俗，适可而止，学有根底，毕竟不凡"。在唱工上，能吸收陈德霖、王瑶卿之长，结合自身条件创造新腔。他兴趣广泛，能诗善画。弟子秦友梅、闻占萍，皆为东北名旦。

（马明捷　张泽纲）

Wang Zhengping

王正屏　（1928～1999）　演员。工净。祖籍内蒙古，生于上海。10岁进上海市戏剧学校学艺，习花脸，1945年毕业后未立即搭班演戏，继续学习，于1947年负笈北上，拜裘盛戎为师，专习裘派艺术。返沪后入上海新民京剧团，1952年参加上海人民京剧团，在《黑旋风李逵》中饰演李逵，连演70场，一举成名。1955年随团并入上海京剧院。他功底深厚，戏路宽广，认真继承，勇于创新，集铜锤和架子于一身，唱念做表兼能，尤以身段见长。其表演精美洒脱，善于运用各种表演手段刻画人物。通过

《盗御马》饰窦尔墩 （吴钢摄）

多年的创作和实践，逐渐形成颇具自己艺术特色的表演风格。匠长期随周信芳演出，在表演上受到麒派艺术影响。擅演剧目有《连环套》、《黑旋风李逵》、《刘唐下书》、《九江口》、《钟馗嫁妹》、《将相和》、《通天犀》等。曾多次随团出访欧美诸国，深受好评。曾任上海京剧院艺术顾问，从事培养青年演员和京剧的推陈出新工作。弟子有康万生、孟广禄、唐元才、张达发等。（龚孝雄）

Wang Zhizhang

王芷章 （1903～1982） 戏曲史家。字伯生，号二渠。直隶平山（今属河北）人。1929年毕业于北平孔教大学中文系。1929年任教于河北保定市民生中学。1933～1942年在北平图书馆工作，其间，细致查阅清代昇平署档案，并调查搜集北平梨园的碑文、文献资料及掌故，与张次溪、方问溪交厚。相继出版了《腔调考原》、《清代伶官传》、《清昇平署志略》三部力作。1942年任南京中央大学教授。1948～1952年任西北大学副教授。1952～1955年在北京任中学教员。1956～1965年在中国戏曲研究院专事戏曲史研究。1978～1982年曾受聘为中国艺术研究院研究生讲课、辅导、评阅论文。1982年2月病逝于北京。其遗作《清朝管理戏曲的衙门和梨园公会、戏班、戏园的关系》、《京剧名艺人传略集》、《论清代戏曲的两个主要声腔——徽调与皮黄》由其亲属整理誊清，分别发表在《京剧谈往录》、《戏曲论丛》、《戏曲艺术》等书刊上。他晚年专著《中国京剧编年史》，经其女王维丽、婿李庆元整理，并编辑索引，由中国戏剧出版社2003年10月出版。

王芷章治学严谨，所著《腔调考原》，为戏曲声腔研究专著。1934年5月双肇楼图书部出版。全书约5万字，共分10章，论及昆、弋以及清代流行的地方戏曲声腔，如秦腔、梆子腔、黄腔、西皮腔、二簧腔、勾腔、柳枝腔、罗罗腔的渊源、变迁、兴衰。第一章《皮簧正谬》，对“皮为黄陂，黄为黄冈”（即皮黄腔源自湖北黄陂、黄冈两地）之说提出质疑，在第二、第三、第四章中经过详细考证，论定西皮本为甘肃调，黄腔本为湖广调（又曰楚调），二簧本为徽调，持论多前人所未发，推进了戏曲声腔研究的深入，受到国内外学者的关注。该书还对清乾隆时“京腔十三绝”的13名演员进行考证，与《都门纪略》中杨静亭的记述略有歧异。

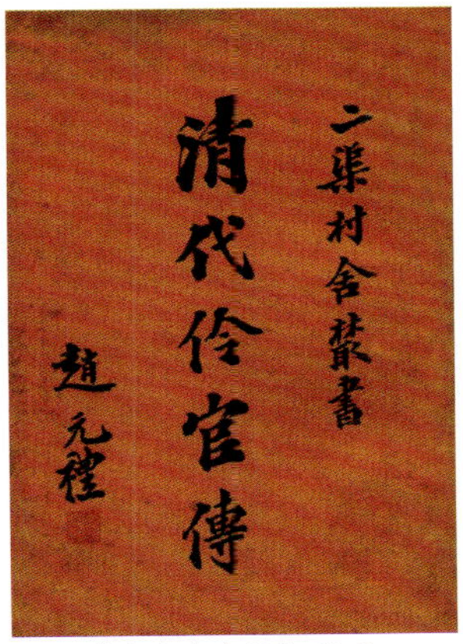

《清代伶官传》封面

《清代伶官传》，系戏曲演职员传略。1936年10月中华印书局出版。全书共分4卷。作者详查清昇平署档案，辑录了295名曾在清内廷演出的演员、乐师、检场人的小传及艺事活动。卷一为乾隆、嘉庆、道光时人；卷二为咸丰、同治时人；卷三为光绪、宣统时人；卷四附录了《北平图书馆藏昇平署曲本目录》、《腔调考原》。

《清昇平署志略》，1939年4月国立北平研究院史学研究会初版，商务印书馆发行。该书是王芷章在朱希祖所购千余册清昇平署档案及钞本戏曲的基础上，撮述编成。全书分上下两册，内容包括清代掌管清廷演出机构昇平署的沿革、成立、分制、职官太监表（附民籍学生年表）、署址，详细记述了清代宫廷戏曲活动的方方面面，其中关于大批皮簧戏艺人入宫承应内廷演出的记载，尤为研究京剧发展与清代宫廷的关系，提供了翔实可贵的资料。

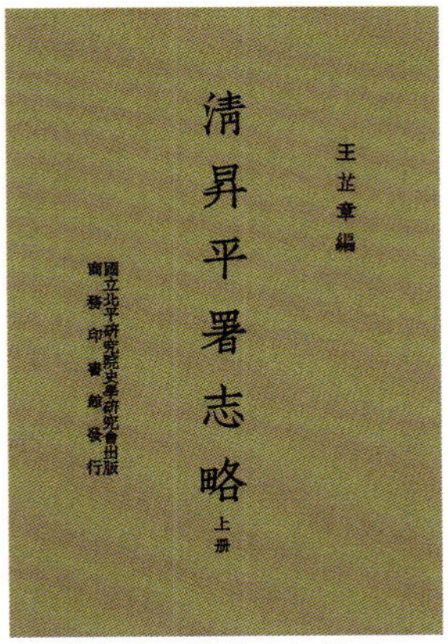

《清昇平署志略》封面

遗作《论清代戏曲的两个主要声腔——徽调与皮黄》（载《戏曲艺术》1983年第1期），是一篇阐发徽戏在中国戏曲史上重要地位的专论。文中指出，以往关于徽戏这一由清初至中叶的最大剧种对各地方剧种所产生的巨大影响及其承上启下的作用研究不够。他认为“徽戏一方面是在板腔体中首先使用七字句十字句的戏词，一方面又是首先在唱法中从以前的没有过门到有了过门。这两次戏曲艺术上的发展应该说是徽戏艺人做出来的贡献”。《京剧名艺人传略集》分别在《戏曲论丛》第1辑、第2辑陆续发表，系据《清代伶官传》扩充而成。删除了与《清代伶官传》重复的部分，按生、旦、净、丑的顺序排列刊登，实际仅登载了生行程长庚、张胜奎、叶春善、王又宸、言菊朋等26人的传略。这些传略有文献资料为依据，多采访自京剧艺人本人及其家属，极具参考价值。其中如沈三元、童应喜、张喜儿、张子久、汪聚山等传略，均为前此所未见。（陈义敏）

Wang Zhongyuan

王仲元 （1897～1970） 京剧武功教师。北京人。10岁入长春科班及鸣盛和科班学艺，后因科班停办，遂加入北京各京剧班社任武技演员。因其跟斗翻跌技艺出众，演出之余常被梨园世家聘为子弟的武功教师。1930年中华戏曲专科学校特聘为驻校武功教师，在校任教10年期间，敬业爱徒、严格执教，又能潜心钻研抄功技艺，曾为傅德威、王金璐等打下坚实的武功基础。1940年受聘为光华社和富连成科班武功教师。中华人民共和国成立后，虽近花甲之年，仍被私立艺培戏曲学校聘为主要武功教师，直至70高龄退休。先后积数十年的抄功经验，形成一种柔韧稳练的手法，既严格跟斗的规范要求，又讲究“三分练，七分保，下把适度（所谓用手把喂跟斗）”的抄功法，为沈宝桢、戴祥祺、叶金援等近百名学生打下良好的武功基础。（佟志贤）

Wangjiangting

《望江亭》 京剧作品。元关汉卿有《望江亭中秋切脍》杂剧，李明璋将其改编为川剧《谭记儿》。1956年，王雁据川剧改编为京剧。同年首演于上海。谭记儿聪慧贤淑，不幸年轻寡居，为躲避太尉杨戬之子杨衙内的纠缠，入清安观隐居。经观主白道姑撮合，与白士中结为夫妻。杨衙内倚势诬告白士中，手持圣旨与尚方宝剑，径往潭州，欲置白于死地。谭记儿假扮渔妇，来到官船，以献鱼

张君秋饰谭记儿　耿世华饰白道姑（中）　刘雪涛饰白士中
（刘玉茗摄）

为名，与其周旋，盗走诏书与宝剑。当杨衙内次日到达潭州宣诏时，白士中以假冒钦差之罪惩处了他。谭记儿由青衣饰演，白士中由小生饰演，杨衙内由丑脚饰演。该剧为张君秋的代表剧目，唱腔设计富有新意，一些地方借鉴了其他行当的唱腔特点，做了特殊的音乐处理。如谭记儿第一次出场时所唱的［四平调］，前三句的曲调基本不脱离传统的结构，在第四句的“为避狂徒”几个字上做了近似老生西皮唱腔中翻高［导板］旋律的甩腔处理，突出了谭记儿不甘受人欺凌的愤懑情绪。当谭记儿与白士中相见时，在一大段明快、亮丽的过门衬托下，有一段优美的［南梆子］唱段，其中既有舒展、平缓的曲调，又有大幅度跳跃的行腔，用腔细腻婉转、富有变化，“只说是杨衙内又来捣乱，却原来竟是这翩翩的少年。……到此时不由我心绪缭乱，羞得我低下头手弄罗衫”等段落，生动地表达了初见白士中时的羞涩、惊喜的心情。“公堂”一场，谭记儿痛斥杨衙内时的［西皮二六］唱腔则糅进了小生唱腔的特色。剧本收入《京剧选编》第3集。另有单行本（北京出版社1959年、1964年）和京剧曲谱本（上海文艺出版社1984年）。该剧于1958年由海燕电影制片厂拍摄成彩色戏曲艺术片，周峰导演，张君秋饰谭记儿，刘雪涛饰白士中，李四广饰杨衙内，耿世华饰白道姑。（马海玲）

Weifang Shi Jingjuyuan

潍坊市京剧院　京剧演出团体。其前身为1960年成立的昌潍专区京剧团，它是以调到昌潍专区的益都县京剧一团为基础，又从原潍坊市及高密、平度、昌邑、安丘、昌乐、寿光、临朐等9县市京剧团选拔部分较优秀的演职员组建而成，共67人，团长田绍信，主要演员有杨洪德、杨麟童、李芸秋、章慧琴、筱玉昆、朱锦云、王少岚等。1968年称昌潍地区京剧团，1981年称潍坊地区京剧团，1984年称潍坊市京剧团。2001年9月1日建院用今名。1965年创排现代戏《黎明的河边》，代表山东省参加华东区现代戏观摩演出大会。1982年创排古代故事戏《三升官》，在山东省获得多项奖励。1998年创排古装戏《驼山寺》，在第六届山东省艺术节获剧目一等奖。20世纪八九十年代，拍摄《凤还巢》、《贵妃醉酒》、《霸王别姬》、《萧何月下追韩信》等电视片，分别在省、市和中央电视台播放。自90年代初起，结合潍坊国际风筝节，举办“中国京剧表演艺术家群英会”，每年一届，北京、天津、上海及各地京剧名家、新秀汇聚潍坊，同台献艺，流派纷呈，各展风采，既开拓了京剧的演出市场，也促进了技艺交流和人才培养。剧院演员阵容整齐，行当齐全。谭派老生王长生1991年在中国戏曲学会和潍坊市政府联合举办的“世界风筝都中国京剧演员邀请赛”中获最佳表演奖；当家青衣演员李淑兰，宗张派，在2000年12月至2001年1月间由文化部主办的全国京剧优秀青年演员评比展演中获一等奖。

（王天武）

Weidiao Dutan

《卫调独弹》　戏剧评论集。魏子晨著。远方出版社1999年12月出版。17.6万字。收入作者1984～1998年所发表的以京剧为主要论述对象的文章32篇。文章分三个部分。第一部分是提倡“卫派”戏剧。内有《让我们集结到“卫派”戏剧的大旗下》、《天津戏剧文化的八大精神》、《“海派”与天津——兼论“国剧”地方化》、《“麒派”的“麟角”是怎样长成的》、《创建“卫派”京剧的历史依据与现实价值》等11篇文章。总的精神是要在“京派”、“海派”之外，闯出天津卫的“卫派”戏剧天地。他认为“卫派”戏剧应有三要素：提倡天津乡土题材；注重沽水文化积淀和突出现代都市心态；汲取西方艺术营养，强化东方戏剧品格。作者认为天津京剧在清末民初已有“卫派”京剧的某些风貌，即刘赶三的“艮”中之“哏”，孙菊仙的“气”中之“亲”，坤伶群的“土”中之“洋”；中华人民共和国成立后的17年中，进入“卫派”京剧的实验期，以《火烧望海楼》、《六号门》为其代表。到了改革开放新时期，“卫派”京剧终究没有形成“大气候”，是由于缺乏“地域旗手”、“地域美学”和“地域战略”。第二部分是关于作家、作品的评论。内有《试论京剧的两大代表作》、《论田汉的“终极关怀”》、《一个披枷戴锁、劲舞长歌的“剧诗”诗人——范钧宏散论》、《走进“吴家花园”——读〈吴祖光选集〉》等11篇文章。涉及作家有田汉、马少波、范钧宏、翁偶虹、吴祖光、汪曾祺等。

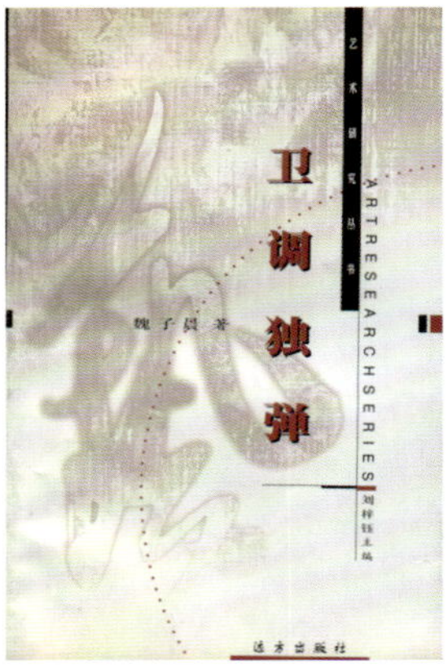

作者特别推崇生行戏《野猪林》和旦行戏《白蛇传》，认为“如欲弘扬‘国剧’优秀传统，推出无愧于时代的新作品”，“不可不研究这两大代表作”。文中还对《野猪林》与《逼上梁山》进行了比较研究。第三部分是演员评论。涉及演员有谭鑫培、梅兰芳、俞振飞、张君秋、李少春、尚长荣及荀派传人童芷苓、赵燕侠、刘长瑜、孙毓敏等，共有10篇文章。尤以《李少春旗帜与二十一世纪》一文引人注目。他认为“京剧诞生于封建末世的母腹里，成长于现代社会的氛围中”，“本质上具备了古典性和现代性两大特质”。“前者，为梅兰芳出色地完成了，后者则由梅兰芳身边的一个‘猴头’李少春承担了。”并说：“梅兰芳面向古典，以和谐美为最高审美理想，而李少春是面向现代，以崇高美为终生审美追求；梅兰芳‘移步而不换形’，而李少春是‘移步换形’。”李少春的“移步换形”表现为：“反行当”，内核是追求性格化；“反流派”，李少春学余、学杨、学盖、学周，却又非余、非杨、非盖、非周；“反湖广韵”，作出了以京字念韵白的新尝试。中国科学院理论物理学家何祚庥为本书作序。

魏子晨（1942～　），河北献县人。天津艺术研究所研究员。1978年拜范钧宏为师，执弟子礼问艺7年。1983年入天津艺术研究所，参与《中国戏曲志·天津卷》编纂工作。其文风率真，立论独特，每有创见。他张扬“李少春旗帜”，促进了李氏故乡开创“李少春文化产业”，并为之主编“李少春书系”。（陈培仲）

Wei Jingju Biaoyan Tixi Fasheng

《为京剧表演体系发声》 京剧文集。王安祈著。台湾2006年1月印行。约28万字。收8篇论文，分上下两编。上编标题为“论述京剧表演体系”，含《京剧梅派艺术中梅兰芳主体意识之体现》、《京剧理论发展史初探》、《关于京剧剧本来源的几点考察——以车王府曲本为实证》、《京剧票友》、《京剧中小戏“京剧化”之实证》5篇文章。下编标题为“贴近京剧表演体系”，含《艺术本体与文化意义的双层视角——〈台湾京剧五十年〉的写作态度与体系架构》、《两岸交流前的“偷渡”与“伏流”——以京剧演唱为例》、《一个京剧编剧的自学经历》3篇文章。作者自序《为京剧表演体系发声》称：“本书八篇论文是应研讨会之邀于不同时间分别撰写的，原本并无系列规划，但结集成书的此际，却发现它们其实有共同的导向，这才惊觉自己对京剧的关怀有多深，无论任何学术场合，都在为京剧表演体系从各个面向严正发声。”这篇自序除了介绍8篇文章的内容外，还提出了一个重要观点：何为京剧表演体系？答案为“表演程式规范”与“流派典范谱系”的二者相乘。简言之，即“功法与归派，这就是表演体系的全部，也是京剧的全部”。“当表演体系不被认识时，是京剧的式微。”“当表演体系不再是创作的主要依据与内涵时，是京剧的质变。”作者认为，这种“质变”是由1949年以后“政策引导的文艺改革”带来的，并形成“一套新的创作方法”：“创作不再只以表演为本体，而是编导演三者并重”。于是，“新一代演员的归派不再纯正，新戏的角色行当也不再明确，创造人物的方式改由演员先‘体验’剧中人的心境，而后参酌适合流派的表演特质综合形塑。从传统、正统角度看，京剧式微了；但若自其变者而观之，大批成功新编戏的成绩，显示质变的成果是可观的”。本书与作者的《当代戏曲》一书可谓各有重点：后者是“为戏曲改革后的新编戏新美学做一番梳理”，而本书则要“替这套已经失去知音的传统体系，找回它的位置”。

《当代戏曲》出版于2002年9月，约42万字。“当代戏曲”指1949年以来海峡两岸的戏曲创作。共分3篇：“认识篇”论述大陆戏曲改革的效应及所引发的戏曲质性的转变以及台湾自20世纪70年代末以来的戏曲现代化的尝试；“评析篇”列出评析当代戏曲有情节结构、表演设计、性格塑造、演员形塑、曲文念白、导演统筹、思想内涵、舞台美术8项要点，然后有17篇文章讨论一批作家作品；“剧作篇”分唱词选段和全本收录。书中评析与选录剧目都是作者心目中的佳作，并顾及台湾观众的熟悉程度，以京剧为主体，兼及昆剧及若干地方戏。

（简畅）

Wei Jingju Haomai

《为京剧号脉》 京剧文集。和宝堂著。北京戏曲艺术职业学院编。中国戏剧出版社2005年2月出版。收入文章110篇，约30万字。分4组：一为“主旋律”，有《为京剧号脉》16篇，主要批评京剧舞台上的许多“病症”，如“对主演中心制的忽视”、“花钱越多，艺术的含金量越低”、“京剧的话剧化”等；二为“小品文”，有《流派的束缚》、《拜师今昔谈》、《京郊凭吊言三爷》等随笔33篇；三为“求索篇”，有《京剧兴衰谈》、《吸取历史教训，加强科学研究——把变声问题重视起来》、《先有荀慧生，还是先有陈墨香？》等31篇文章，大多为专题探讨；四为“特写篇”，以人物描写为主，述及吴祖光、马连良、李盛藻、张君秋、袁世海、叶盛兰少兰父子、王少楼、刘曾复等。*和宝堂*（1947～ ），生于北平（今北京）。1959年就读于北平市戏曲学校，唱老生，毕业后在戏校负责教学研究工作。20世纪80年代在《北京晚报·百家言》专栏和90年代的《梨园周刊》上发表过许多杂文、短评，近若干年为《中国京剧》杂志多次主持“京剧沙龙”。本书为作者近20多年间所发表文字的一个选集。孙毓敏为之作序，称赞作者观点独到，笔锋犀利，因深爱京剧，“见不得当前戏曲界的腐败和浮夸”，敢于直抒胸臆，很佩服他的率真，“又常常为他的任性和固执而担心”。

作者另有《画说京剧》，社会科学文献出版社2009年1月出版，17.4万字。设《京剧的始末根由》、《生旦净丑》、《名家与流派》、《追本溯源话唱腔》、《浓墨重彩记脸谱》、《京剧后台有乾坤》、《神奇的京剧乐队》、《剧目经典》各节，为普及京剧知识读物，图文并茂。

（简畅）

Weishui He

《渭水河》 京剧作品。又名《八百八年》、《文王访贤》、《飞熊梦》。作者不详。剧演商朝末年，西伯侯姬昌广行仁政，招贤纳士。樵夫武吉误伤门军致死，应抵罪。武吉请给七日限，归家安置老母，再来偿命。武吉路过渭水河，遇姜尚垂钓，告知其事。姜尚教以禳解之术，武吉归家照行其术。姬昌卜知武吉已死，不再追究。姬昌夜梦飞熊入帐，散宜生言系得贤之兆，劝姬昌射猎访贤。姬昌又路遇武吉卖柴，责其逾期不来抵罪。武吉即将姜尚所教相告。姬昌知姜尚必非常人，因命武吉引至渭水之滨相访。知姜尚号飞熊，正应所梦，遂请出山辅佐，姬昌亲自挽车行八百零八步，故后来传说：周朝果然因此传国八百零八年。此剧本事见于《封神演义》第23回、第24回，又见于《武王伐纣平话》。关于文王访贤故事，

《京剧版画·渭水河》（王树村提供）

在《史记》、《竹书纪年》、《列国志传》、《吕氏春秋》诸书中均有记载。早期京剧，姜尚由老生扮演，只演于开场戏。后曾改由净扮，金秀山、穆凤山、裘桂仙、金少山等均曾演出。剧中唱工不少，但腔调较平直，缺乏特色。后来马连良又恢复生行扮演，在唱腔、表演上均有创造，有大段唱工，将花脸唱腔融入老生唱法，多有变化，并置于大轴演出，是马派早期剧目。剧本载《戏考》及《京剧汇编》第13集。

（吴同宾）

Wei Haimin

魏海敏 (1957～　) 女演员。二旦。本名魏敏。河北保定人。先后毕业于海光剧艺实验学校第一期及台湾艺术专科学校国剧科。在校先学刀马旦，后习青衣。幼由周铭新启蒙，1975年拜梅门弟子秦慧芬为师，攻梅派艺术。1979年在香港向梅派名票包幼蝶请益。1991年来北京，拜在梅葆玖门下深造。

她天资聪敏，扮相、身上、嗓音均居上选，又兼勤勉好学，潜心求索，艺术不断长进，成为台湾梅派旦脚中之佼佼者。所演《玉堂春》、《宇宙锋》、《贵妃醉酒》、《凤还巢》、《霸王别姬》、《天女散花》、《西施》及《穆桂英挂帅》等剧，都能展现梅艺风韵。1986年，吴兴国、林秀伟夫妇创立"当代传奇剧场"，推出根据莎士比亚名剧《马克白》改编的《欲望城国》，魏海敏饰马克白夫人，以青衣行当塑造反面角色。其后该团不断推出新戏《王子复仇记》、《无限江山》、《楼兰女》和《奥瑞斯提亚》等，都由她担任女主角，"在各式各样的尝试突破之中，魏海敏始终稳健且愈趋成熟"，其声名"由京剧圈内部扩展到整体艺术界"(王安祈《台湾京剧五十年》)。1995年，台湾国光剧团成立，即推出由魏海敏主演的《龙女牧羊》。这是梅兰芳生前已筹备得差不多却未及演出的戏，魏海敏邀请梅氏弟子刘元彤编导，演出深受好评。魏海敏还是在台湾排演大陆剧作最多的一人，除梅派新戏外，还有《白蛇传》、《谢瑶环》、《三打陶三春》、《清宫秋雨》、《牛郎织女》、《岳飞夫人》等。她两度出任台湾中华国剧协会理事长。1996年获第十三届梅花奖。2004年在上海国际艺术节演出《王熙凤大闹宁国府》，获白玉兰奖。2006年主演据张爱玲同名小说改编的《金锁记》饰曹七巧，精彩地演绎了这个由压抑到变态的扭曲性格，是她演技的一大跨越，此剧于2009年冬到北京献演，广受好评。《女伶——魏海敏的影像自述》，由台湾积木文化2006年9月出版。这本书记录了她30年的演艺生涯和大半生的生命故事，收入大量剧照和生活照。王安祈作序。

《金锁记》饰曹七巧

(钮骠)

Wei Jingsheng

魏静生 (1908～2000) 京剧导演、编剧、演员。曾用名魏炳章。直隶束鹿(今河北辛集)人。1934年考入山东省立剧院习老生。1939年在陕西入第二战区文化抗敌歌训班，任教导主任，从事教戏和演剧。后来到延安平剧研究院，主演了《打渔杀家》、《打侄上坟》、《御碑亭》、《盗宗卷》、《定军山》、《宝莲灯》等，同时自编自导自演京剧《河伯娶妇》、《黄泥冈》，改编《翡翠园》，与他人合作整理了京剧《清风亭》。1959年担任北京京剧团副团长，移植改编并导演了《陈三两爬堂》，由李世济主演。后到北京市戏曲学校任顾问，改编《买电视》、《唐燕燕》，与他人合作编写《吴吉昌》、《权与法》等。

(刘淑兰)

Wei Lisha

魏莉莎 (Elizabeth Ann Wichmann，1951～　) 美国戏剧教育家。生于美国堪萨斯州威奇托城。20世纪60年代后期，在艾奥瓦州读大学时喜爱中国诗歌，选修汉语。1971年大学毕业时以戏剧和中国语言及文明两门专业获学士学位，同年进夏威夷大学戏剧系，攻读硕士学位并兼任助教。1973年获硕士学位，论文为《论田汉的〈白蛇传〉》，随即开始专攻亚洲戏剧博士学位。1979～1981年，作为中美关系正常化后美国首批来华留学的研究生之一，在南京学习和研究京剧。她取中文名魏莉莎，一面向音乐研究家武俊达学习戏曲音乐知识和理论，一面拜梅兰芳弟子、江苏省京剧院的女主演沈小梅为师，学习京剧表演艺术。1980年汇报演出由沈小梅亲授的《贵妃醉酒》，成绩优异，中国观众亲切地称之为"洋贵妃"。1981年返美后，继续在夏威夷大学执教。1983年获博士学位，论文为《论京剧的听觉艺术》。后任该校戏剧舞蹈系教授、系主任，兼亚洲戏剧教研室主任。

多年来，魏莉莎结合教学和研究工作的需要，翻译并导演了一系列京剧传统剧目和现代剧目，有《凤还巢》(1984～1985)、《玉堂春》(1989～1990)》、《沙家浜》(1993～1994)、《四郎探母》(1997～1998)、《秦香莲》(2001～2002)、《杨门女将》(2005～2006)等。参加演出的均为历届戏剧舞蹈系和音乐系的研究生。魏莉莎邀请中国京剧老师到美国夏威夷州首府火奴鲁鲁(檀香山)对学生进行强化训练。学生们经过一丝不苟的学习和亲身参加演出，体会到了与西方戏剧迥然不同的艺术经验，加深了对中国戏曲美学原理的理解。这些戏在该校肯尼迪剧院上演时，均连演十多场，观众反响热烈，各种新闻媒体纷纷报道，并有录像带流传到一些国家。其中《凤还巢》与《玉堂春》，还应中国有关方面的邀请，于1986年和1991年先后来华演出于北京、西安、上海、南京、无锡。他们虔诚的学习态度和出色的演出成绩，赢得许多中国观众的由衷感佩。魏莉莎的努力，其意义不仅在于西方舞台上终于出现了以英语演出的忠于中国舞台原作的京剧剧目，有利于京剧艺术在英语世界的普及，而且还在于她的学生们已经或将继续把他们从其中所学习到的艺术手法和美学精神，创造性地运用于新戏剧的建设之中。

学演《贵妃醉酒》

美国夏威夷大学戏剧舞蹈系和音乐系访华演出《玉堂春》说明书

鉴于魏莉莎所作的贡献，夏威夷州的参众两院曾颁奖予以表彰。中国戏曲学会于1991年7月向魏莉莎颁发迄今唯一的名誉会员证书。1999年1月，魏莉莎又成为由第二届中国京剧艺术节组委会颁发的第二届金菊奖获得

者，是享有此项荣誉的第一位非华裔人士。（孙玫）

Wei Lianfang

魏莲芳（1910～1998） 演员。工旦。北京人。琴师魏永发之子。自幼酷爱京剧，9岁于上海从计宝林练功习艺，10岁登台演娃娃生。后从朱景舫习花旦，演于杭州、嘉兴、湖州一带。1923年，返京带艺入斌庆社搭班学艺。1924年，拜梅兰芳为师，得梅师亲授《霸王别姬》、《红线盗盒》、《廉锦枫》、《天女散花》等。1929年，经梅兰芳举荐又从王瑶卿问艺，得王亲传《十三妹》、《樊江关》、《银空山》、《得意缘》、《审头刺汤》等，并得王幼卿指点。后组班演于大江南北及东北各地，擅演《宇宙锋》、《贵妃醉酒》、《御碑亭》、《虹霓关》、《穆柯寨》、《凤还巢》、《嫦娥奔月》、《汾河湾》、《洛神》、《春秋配》、《打渔杀家》、《黛玉葬花》等青衣、花旦、刀马旦及昆曲等诸多剧目。他艺宗梅派，又糅进王派精华，身段优美。戏路宽广，技艺精湛，享有“南魏北赵（桐珊）”之称。一次于哈尔滨演出时，不幸遭人暗算，于茶水中暗下哑药，致使其喑哑，竟一字不出，虽经多方医治，但嗓音终非昔比，后长期搭班为配演。曾与言菊朋、高百岁、马连良、李少春、李万春、程砚秋、王玉蓉、金少山、杨宝森、周信芳等同台演出。20世纪30年代末，曾于中华戏曲专科学校、富连成社任教。1951年，随梅兰芳赴汉口、上海演出。1952年参加华东京剧团。1959年调上海市戏曲学校任教。1960年，为该校学生导演《杨门女将》，并赴香港演出，深获好评。1979年以后，曾应邀赴长春、哈尔滨、大连等地授艺。李世芳、言慧珠、李玉茹、童芷苓、吴素秋、陈永玲、顾正秋、陈正薇、沈小梅、李炳淑等，均得其教益。1998年4月15日病故于上海。妻室为名丑朱斌仙之妹，生有二女。（刘松崑）

《霸王别姬》饰虞姬（左）
孙毓堃饰项羽

Wei Xiyun

魏希云（1889～1972） 鼓师。北京人。又称魏三。12岁学艺，习梆子花旦。18岁改习武场，师承鲍桂山。曾先后为“四大名旦”（梅兰芳、程砚秋、尚小云、荀慧生）、“四大须生”（马连良、谭富英、杨宝森、奚啸伯）、“四小名旦”（李世芳、张君秋、毛世来、宋德珠）等伴奏，合作时间均在1～3年左右。与徐碧云合作最长，达8年之久。魏希云戏路宽，昆乱不挡；心板好，尺寸稳，能准确自如地利用打击乐的抑、扬、顿、挫烘托剧中人物感情。特别是唱腔中的鼓套子技巧，既大方俏皮，又不雷同，显示出快慢有序、强弱相辅、花而不乱、简而不俗的艺术风格。1963年，魏希云曾将歌曲《东方红》编成“混牌子”，板眼安排恰到好处。1959年，魏希云受聘于湖北省戏曲学校京剧科任教，1964年离校回京。授徒骆宏兴、马连贵等，其子魏德惠为京胡琴师。（黄武进）

Wei Ziyun Xiqu Ji

《魏子云戏曲集》 京剧作品集。魏子云著。台湾学生书局1989年1月出版。全书4集，收入作者创作及改编的剧本16种：《庄子试妻》、《碾玉观音》、《新荀灌娘》、《双娇逃嫁》、《活捉三郎》、《忠义臣》、《金玉奴》、《秦良玉》、《马寡妇》、《老门官》、《双姣奇缘》、《大唐中兴》、《忠孝全》、《宁亲公主》、《保乡卫国》、《忠义双友》。作者自幼热爱戏曲，曾是票社成员，熟谙舞台演出情况，所编剧本兼有文学性和可演性。他对改编《双娇奇缘》的想法是：“把它在舞台上失去的那一部分，在歌舞上加强予以充实。分成数本，像过去那些连台本戏的演出一样，排数天来演出。”他根据法国戏剧家尤涅斯库的荒诞剧《椅子》改编为京剧《老门官》（原名《席》），把荒诞剧人物转换成中国人熟悉的老门房夫妇，他们“年已耄耋，然向上之雄心尚炽。虽一生未能显达，却在门房职司上，阅历过显赫世面……自以为胸有治世之学，未能一展抱负，时时期望能有机会向众人发表。……然此种种，悉为二老人之心理意识之幻觉余韵”。这种改西方荒诞剧为京剧的尝试是不多见的。他的剧作《宁亲公主》、《秦良玉》、《老门官》、《大唐中兴》、《双娇逃嫁》等，曾由台湾有关剧团演出，或摄制成电视戏曲片，参与主演的演员有徐露、哈元章、马元亮、王凤云等。除剧作外，还著有《中国戏剧史》(1992)、《看戏与听戏》(1993)、《五音六律变宫说》(1993) 及《明代〈金瓶梅〉史料诠释》(1992) 等。（沈梅）

第四集封面（王安祈提供）

Wencheng Gongzhu

《文成公主》 京剧、藏戏作品。中国京剧院与西藏藏剧团联合创作演出。吴江、小次丹多吉编剧。导演高牧坤。音乐唱腔设计朱绍玉、扎罗、边多。舞台美术设计李威、马学工，灯光设计马路、朱丹、格桑扎西、达瓦卓玛，服装造型设计王岳、彭丁煌、次仁央宗、次仁卓嘎。主演：邓敏饰文成公主，班典旺久饰松赞干布，中普琼饰禄东赞。这是一出歌颂唐蕃亲好的历史剧。公元七世纪中叶，值大唐开国盛世，周边各国以求亲向唐示好。吐蕃赞普（国王）松赞干布为实现睦邻并引入先进文化，遣大论（首相）禄东赞为请婚正使。唐太宗以各种难题测试各国使臣，禄东赞凭借超群智慧和一片至诚而获胜。唐宫的贵主们多不愿远嫁，文成公主胸怀大略，分解父忧，主动请嫁吐蕃。唐太宗亲自为她送行。公主奉释迦牟尼佛像和大量经卷，并携带蚕桑、医药、农作物种子与一批能工巧匠入藏，历经艰难险阻，终于到达逻些城（今拉萨），受到松赞干布和藏族人民的隆重欢迎，举行了盛大的迎亲仪式。这个题材，过去京剧、话剧、舞剧、藏戏以及电影等都表现过。此剧的特点是京剧与藏戏“两下锅”，汉藏艺术家们共同参与。剧

邓敏饰文成公主（右）
班典旺久饰松赞干布

中汉族角色由京剧演员担任，穿唐式古装、用汉语、唱京剧；藏族角色由藏戏演员担任，穿藏装、用藏语、唱藏戏。藏戏唱腔约占全剧唱腔的三分之一。伴奏以京剧音乐为主，辅之以藏戏音乐。2006年8月12日，为庆祝西藏自治区成立40周年在拉萨市西藏自治区政协礼堂首演。真是别开生面，公演以来，受到汉藏观众的欢迎。2007年9月，获第十届"五个一工程"优秀作品奖。（张燕鹰）

wenchou
文丑 见丑。

Wenhuajiang
文华奖 中华人民共和国文化部设立的专业舞台艺术最高政府奖。1991年设立。其宗旨为推动和引导全国舞台艺术创作，促进艺术精品的生产，繁荣社会主义文艺事业。分综合奖和单项奖两种。综合奖包括文华大奖、文华新剧目、文华新节目奖；单项奖包括文华剧作奖、文华词作奖、文华导演奖、文华编导奖、文华音乐创作奖（含作曲、唱腔设计、配器等）、文华舞台美术设计奖（含舞台设计、灯光设计、人物造型设计等）和文华表演奖。剧目奖的评选范围包括新编、改编、移植的戏曲、话剧、歌剧、舞剧、儿童剧和有整体构想、非组团组合的大型歌舞、乐舞。节目奖的评选范围包括戏曲小戏、话剧小品和独幕剧、小型歌剧、小型舞剧、舞蹈、曲艺、木偶剧、皮影戏、歌曲、乐曲、杂技等。至2010年已评选13届。获奖作品题材内容广泛、形式多样，不少作品体现了思想性与艺术性的有机结合。其中，京剧获综合获和单项奖的名单见附表。

附：历届文华奖中京剧获奖名单

届次	综合奖获得者			单项奖获得者	
	剧　名	演出单位	奖　项	姓　名	奖　项
第一届	《画龙点睛》	北京京剧院	文华大奖	孙月霞	剧作奖
	《盘丝洞》	上海京剧院	新剧目奖	马科	导演奖
				吴明耀、徐福德、张惠康	舞台设计奖
				徐平平、景万玉	特技设计奖
				孙耀生、翁丽君	人物造型设计奖
				方小亚（饰女儿国王、蜘蛛精化身）	表演奖
	《宝烛记》	江苏省京剧院	新剧目奖	马少波	剧作奖
				沈小梅（饰长孙无双）	表演奖
	《目连救母》	中国京剧院	新剧目奖	郑子茹（饰刘青提）	表演奖
	《武则天轶事》	中国京剧院	新剧目奖	唐在炘	音乐创作奖
				李世济（饰武则天）	表演奖
	《洪荒大裂变》	湖北省武汉市京剧团	新剧目奖	何澍（饰大禹）	表演奖
	《南疆血碑》	云南省京剧院	新剧目奖	张树勇	导演奖
第二届	《法门众生相》	湖北省京剧团	文华大奖	余笑予、李云彦	剧作奖
				余笑予、程树强	导演奖
				朱世慧（饰贾桂）	表演奖
	《高高的炼塔》	吉林省京剧团	文华大奖	郝国忱、李学忠	剧作奖
				李学忠、侯文瑞	导演奖
				孟庆华	音乐创作奖
				吕也厚、董庆吉	舞台设计奖
				张健（饰苏雷）	表演奖
	《山花》	福建省京剧团	新剧目奖	陈欣欣	剧作奖
	《焦裕禄》	山东省淄博市京剧团	新剧目奖	陆松龄	音乐创作奖
	《坂本龙马》	中国京剧院	新剧目奖	李光（饰坂本龙马）	表演奖
第三届	《青蛇传》	江苏省京剧院	新剧目奖	姚呈远	舞台设计奖
				艾金梅（饰小青）	表演奖
第四届	《贵人遗香》	江西省京剧团	新剧目奖	姜朝皋、李景文	剧作奖

续附表 1

<table>
<tr><th rowspan="2">届次</th><th colspan="3">综合奖获得者</th><th colspan="2">单项奖获得者</th></tr>
<tr><th>剧　名</th><th>演出单位</th><th>奖　项</th><th>姓　名</th><th>奖　项</th></tr>
<tr><td rowspan="8">第五届</td><td rowspan="2">《少帝福临》</td><td rowspan="2">四川省成都市京剧团</td><td rowspan="2">新剧目奖</td><td>董雯、程悦</td><td>剧作奖</td></tr>
<tr><td>陆松龄</td><td>音乐创作奖</td></tr>
<tr><td rowspan="2">《曹操父子》</td><td rowspan="2">天津市青年京剧团</td><td rowspan="2">新剧目奖</td><td>孟广禄（饰曹操）</td><td>表演奖</td></tr>
<tr><td>张克（饰曹丕）</td><td>表演奖</td></tr>
<tr><td rowspan="4">《夏王悲歌》</td><td rowspan="4">甘肃省京剧团</td><td rowspan="4">新剧目奖</td><td>朱绍玉</td><td>音乐创作奖</td></tr>
<tr><td>张希娥、马文和</td><td>服装设计奖</td></tr>
<tr><td>吴学春</td><td>灯光设计奖</td></tr>
<tr><td>陈霖苍（饰李元昊）</td><td>表演奖</td></tr>
<tr><td rowspan="9">第六届</td><td rowspan="5">《圣洁的心灵——孔繁森》</td><td rowspan="5">北京京剧院</td><td rowspan="5">新剧目奖</td><td>王新纪、徐春兰</td><td>剧作奖</td></tr>
<tr><td>朱绍玉</td><td>音乐创作奖</td></tr>
<tr><td>郑传恩</td><td>舞台设计奖</td></tr>
<tr><td>石翠亭</td><td>服装设计奖</td></tr>
<tr><td>李崇善（饰孔繁森）</td><td>表演奖</td></tr>
<tr><td rowspan="2">《石龙湾》</td><td rowspan="2">山东省京剧院</td><td rowspan="2">新剧目奖</td><td>黄在敏、徐富元、耿天元</td><td>导演奖</td></tr>
<tr><td>倡正红（饰彩螺）</td><td>表演奖</td></tr>
<tr><td rowspan="2">《狸猫换太子》(一本)</td><td rowspan="2">上海京剧院</td><td rowspan="2">新剧目奖</td><td>刘梦德、董绍瑜、程惟湘</td><td>剧作奖</td></tr>
<tr><td>陈少云（饰陈琳）</td><td>表演奖</td></tr>
<tr><td rowspan="3">第七届</td><td>《梦断碑寨》</td><td>云南省京剧院</td><td>新剧目奖</td><td>胡春华（饰阿姹）</td><td>表演奖</td></tr>
<tr><td>《胡笳》</td><td>辽宁省沈阳京剧院</td><td>新剧目奖</td><td>迟小秋（饰蔡文姬）</td><td>表演奖</td></tr>
<tr><td>《狸猫换太子》(二、三本)</td><td>上海京剧院</td><td>新剧目奖</td><td>扈元才（饰包拯）</td><td>表演奖</td></tr>
<tr><td>第八届</td><td>《香江泪》</td><td>北京军区战友京剧团</td><td>新剧目奖</td><td>三玉兰（饰廖怡文）</td><td>表演奖</td></tr>
<tr><td rowspan="12">第九届</td><td rowspan="4">《骆驼祥子》</td><td rowspan="4">江苏省京剧院</td><td rowspan="4">文华大奖</td><td>钟文农</td><td>剧作奖</td></tr>
<tr><td>石玉昆</td><td>导演奖</td></tr>
<tr><td>陈霖苍（饰祥子）</td><td>表演奖</td></tr>
<tr><td>黄孝慈（饰虎妞）</td><td>表演奖</td></tr>
<tr><td rowspan="3">《风雨同仁堂》</td><td rowspan="3">北京京剧院</td><td rowspan="3">新剧目奖</td><td>陆松龄</td><td>音乐创作奖</td></tr>
<tr><td>张磊</td><td>配器奖</td></tr>
<tr><td>赵葆秀（饰乐徐氏）</td><td>表演奖</td></tr>
<tr><td>《大脚皇后》</td><td>山西省京剧院</td><td>新剧目奖</td><td>梁波</td><td>剧作奖</td></tr>
<tr><td rowspan="3">《范仲淹》</td><td rowspan="3">贵州省贵阳市京剧团</td><td rowspan="3">新剧目奖</td><td>沈皋</td><td>舞台设计奖</td></tr>
<tr><td>张效中</td><td>灯光设计奖</td></tr>
<tr><td>曹剑文（饰范仲淹）</td><td>表演奖</td></tr>
<tr><td>《西门豹》</td><td>辽宁省大连市京剧团</td><td>新剧目奖</td><td>杨赤（饰西门豹）</td><td>表演奖</td></tr>
<tr><td rowspan="12">第十届</td><td rowspan="6">《贞观盛事》</td><td rowspan="6">上海京剧院</td><td rowspan="6">文华大奖</td><td>戴英禄、梁波</td><td>剧作奖</td></tr>
<tr><td>陈薪伊</td><td>导演奖</td></tr>
<tr><td>徐福德、刘福升</td><td>舞台设计奖</td></tr>
<tr><td>应日隆、陈敦</td><td>灯光设计奖</td></tr>
<tr><td>毛飞、翁丽君</td><td>人物造型设计奖</td></tr>
<tr><td>尚长荣（饰魏徵）</td><td>表演奖</td></tr>
<tr><td rowspan="3">《华子良》</td><td rowspan="3">天津京剧院</td><td rowspan="3">文华大奖</td><td>谢平安</td><td>导演奖</td></tr>
<tr><td>续正泰</td><td>唱腔设计奖</td></tr>
<tr><td>王平（饰华子良）</td><td>表演奖</td></tr>
<tr><td rowspan="3">《宰相刘罗锅》(二本)</td><td rowspan="3">北京京剧院</td><td rowspan="3">新剧目奖</td><td>黄海威</td><td>舞台设计奖</td></tr>
<tr><td>易立明</td><td>灯光设计奖</td></tr>
<tr><td>陈少云（饰刘罗锅）</td><td>表演奖</td></tr>
</table>

续附表2

届次	综合奖获得者			单项奖获得者	
	剧 名	演出单位	奖 项	姓 名	奖 项
第十一届	《凤氏彝兰》	云南省京剧院	文华大奖	李莉、佳培	剧作奖
				张树勇	导演奖
				程联群（饰凤彝兰）	表演奖
				周凯（饰赵明德）	表演奖
	《图兰朵公主》	中国京剧院	文华大奖	曹其敬	导演奖
				朱绍玉	音乐创作奖
				高广健、胡耀辉	舞台美术奖
				邓敏（饰图兰朵）	表演奖
				黄炳强（饰卡拉夫）	表演奖
	《春秋霸主》	山东省京剧院	新剧目奖	刘桂成	剧作奖
				王晓镝、白云明	导演奖
				宋昌林（饰齐桓公）	表演奖
	《三寸金莲》	武汉市京剧团	新剧目奖	尹晓东、陈建忠	音乐创作奖
				黄海威	舞台美术奖
				刘薇（饰戈香莲）	表演奖
	《巾帼红玉》	贵阳市京剧团	新剧目奖	陈泽恺	剧作奖
				侯丹梅（饰梁红玉）	表演奖
第十二届	《廉吏于成龙》	上海京剧院	文华大奖	梁波、戴英禄、黎中城、王涌石	剧作奖
				谢平安	导演奖
				高一鸣、尤继舜、龚国泰	音乐创作奖
				翁丽君	服装设计奖
				尚长荣（饰于成龙）	表演奖
				关栋天（饰康亲王）	表演奖
	《梅兰芳》	北京京剧院	新剧目奖	朱绍玉	音乐创作奖
				邢辛	灯光设计奖
				于魁智（饰梅兰芳）	表演奖
				孟广禄（饰褚民谊）	表演奖
				李胜素（饰福芝芳）	表演奖
	《泸水彝山》	中国京剧院	新剧目奖	高牧坤	导演奖
				苗培如	舞台设计奖
				张建国（饰诸葛亮）	表演奖
				袁慧琴（饰孟齐）	表演奖
				耿巧云（饰祝融）	表演奖

续附表3

届次	综合奖获得者			单项奖获得者	
	剧名	演出单位	奖项	姓名	奖项
第十三届	《成败萧何》	上海京剧院	文华大奖	石玉昆、王国建	导演奖
				薛殿杰、郑加杰	舞台设计奖
	《生活秀》	武汉京剧院 武汉爱乐乐团	文华大奖 特别奖	王海涛	剧作奖
				杨小青、冯幼林、马涛	导演奖
				傅江宁、程杰、万江峰	音乐创作奖
	《北风紧》	福建京剧院	文华大奖 特别奖	林戈明、雪翔	剧作奖
				黄永碤、黄清杨	舞台设计奖
	《响九霄》	河北省京剧院	文华大奖 特别奖		
	《下鲁城》	北京京剧院	优秀剧目奖	朱绍玉	音乐创作奖
	《飘逸的红纱巾》	江苏省京剧院	优秀剧目奖		

（尹晓东）

Wenhuabu Xiqu Gaijinju

文化部戏曲改进局 中华人民共和国成立之初设立的领导全国戏曲改革的机构。1949年6月26日，周恩来在中南海召集参加中华全国文学艺术工作者代表大会的部分代表和各解放区从事旧剧改革的部分领导干部举行座谈，商讨戏曲改革工作。参加座谈的有华东区的阿英、陆万美、马少波，西北区的柯仲平、马健翎，中南区的崔嵬，东北区的刘芝明，在座的还有周扬、田汉、阳翰笙。马少波提出在中央成立戏曲改革的领导机构和研究实验机构的建议，得到与会者的赞同。6月29日，毛泽东、周恩来召见周扬、田汉、马少波听取意见。7月中旬中华全国文学艺术工作者代表大会闭幕前夕，周恩来正式传达了党中央关于成立戏曲改革领导机构的决定，随即在周扬领导下，成立了以欧阳予倩为主任，田汉、杨绍萱、马彦祥为副主任，马少波为秘书长的中华全国戏曲改革委员会筹委会。8月，欧阳予倩调任中央戏剧学院院长，田汉接任筹委会主任。经过两个多月的筹备，中华全国戏曲改革委员会于10月2日正式成立。10月中旬文化部成立后，于11月1日改称文化部戏曲改进局。田汉任局长，杨绍萱、马彦祥任副局长，马少波任党总支书记。戏曲改进局的工作任务是：对全国戏曲剧目和演出进行调查研究，制订戏曲工作政策，团结、教育艺人，培养新生力量，拟定全国上演剧目的审定标准，组织戏曲剧目的整理、改编和创作，改革旧戏班制度，辅导演出团体排演新戏，改进舞台作风，通过所属戏曲单位的实验工作在全国起示范作用，并关心全国戏曲工作者的政治待遇及生活福利。戏曲改进局下设艺术处、编审处、辅导处、曲艺处和办公室、资料室。

文化部戏曲改进局领导成员
右起：田汉、马彦祥、马少波、杨绍萱
（刘乃崇摄）

戏曲改进局有以下一些直属单位。①京剧研究院。是在中华人民共和国成立之初组建的以京剧舞台艺术改革的实验示范为主要任务的演出团体，梅兰芳任院长，薛恩厚任秘书长。其前身为华北平剧研究院。1947年初，在延安保卫战前夕，延安平剧研究院奉命转移到山西、河北一带，划归华北联合大学领导，并将华北野战军六纵队“前锋平剧团”和冀南军区“民主平剧团”并入，改称华北平剧研究院。1949年10月1日中华人民共和国成立，华北平剧研究院划归中央人民政府文化部领导，改称文化部戏曲改进局京剧研究院。截至1950年底，主要演员有叶盛兰、张云溪、李和曾、张春华、云燕铭、杜近芳、李宗义、高玉倩、李盛藻、李洪春、李殿华、郑亦秋、徐廉、吴素英、李忆兰等，主要演出剧目有《三打祝家庄》、《进长安》、《新大名府》、《江汉渔歌》、《三岔口》等。②戏曲实验学校。1949年10月以原四维儿童戏剧学校三分校为基础筹建，1950年1月28日在北京正式成立，田汉兼任校长，史若虚任教务长，在戏曲教育方面做了大量开创性工作，为后来建立中国戏曲学校奠定了基础。③大众剧场。1949年12月，坐落在北京前门外鲜鱼口内的原华乐戏院，更名为大众剧场，成为北京最早的国营剧场。主要任务是为改革旧的剧场制度做出表率，并为各剧团编演新戏提供支持。④新戏曲书店。由戏曲改进局创办、经营，主要任务是出版戏曲书刊，为各地剧团提供经过整理改编的传统戏剧本和新戏剧本，并带动各地戏曲书刊的出版工作。⑤新中华评剧工作团。1950年秋，戏曲改进局通过大众剧场促成了北京两大评剧班社——小白玉霜的再雯社和喜彩莲的莲剧团的合并，组成新中华评剧工作团，不久即成为北京第一个国营评剧团，编演了一批新的评剧作品。戏曲改进局还和1950年7月成立的文化部戏曲改进委员会一起筹备了1950年10月在北京召开的第一次全国戏曲工作会议。1951年3月，戏曲改进局与艺术局合并，改组为文化部艺术事业管理局；另在原戏曲改进局所属单位的基础上，改组成立了中国戏曲研究院。戏曲改进局从成立到与艺术局合并虽然只有一年多时间，但已为全国戏曲改革事业做出了一个良好的开端。

（刘英华）

Wenhuabu Xiqu Gaijin Weiyuanhui

文化部戏曲改进委员会　中华人民共和国成立之初设立的全国戏曲改革工作的顾问机构。1950年7月由文化部邀请文化界知名人士以及文化部有关领导组成。成员有：周扬、田汉、欧阳予倩、洪深、杨绍萱、马彦祥、李伯钊、赵树理、阿英、翦伯赞、老舍、艾青、曹禺、马少波、阿甲、刘芝明、李纶、马健翎、张梦庚、王亚平、伊兵、郑振铎、周贻白、焦菊隐、王瑶卿、尚和玉、萧长华、王凤卿、马德成、梅兰芳、周信芳、程砚秋、尚小云、荀慧生、谭小培、金仲仁、鲍吉祥、高百岁、袁雪芬、刘南薇、龚啸岚、韩世昌、连阔如，共43人。由周扬任主任委员。委员会于7月11日举行首次会议，周扬在会上说明了委员会的主要任务是：①审定戏曲改进局所提出的整理或改编的剧本；②就戏曲改革的计划、政策等有关问题向文化部提出建议。会议在回顾一年来的戏曲剧目审定情况后，就剧目审定标准等问题进行了讨论，提出属下列情形的作品必须加以修改甚至停演：ⓐ宣扬封建奴隶道德和迷信的作品；ⓑ宣扬淫毒奸杀的作品；ⓒ丑化和侮辱劳动人民的作品。同时指出：对有上述内容的作品，各地文化主管部门应与艺人商量并充分合作，分别情况加以处理。会议具体审议了各地提出的应当停演的剧目，认为《杀子报》、《九更天》、《滑油山》、《奇冤报》、《海慧寺》、《双钉记》、《探阴山》、《大香山》、《关公显圣》、《双沙河》、《铁公鸡》、《活捉三郎》12出戏不应当演出。此外，对北平军管时期文化接管委员会宣布停演的《四郎探母》一剧进行了讨论，认为该剧应做重大修改后演出。会议还对旧剧修改与新剧创作等问题交换了意见，认为历史剧应真实反映历史，对于历史人物，应根据他们在当时历史条件下所具有的进步性、人民性和高尚的民族品质，予以应有的评价。另外在艺术形式问题上，无论修改旧剧还是创作新剧，都应注意保持京剧和各地方剧种原有的特点和长处。该委员会后来未再进行工作，但此次会议在剧目审定方面提出了一系列重要建议，对当时的戏曲工作有重大影响。　　（刘英华）

Wenhuabu Yishu Shiye Guanliju

文化部艺术事业管理局　中华人民共和国文化部下设的管理全国艺术事业的行政机构。1951年3月由当时的文化部艺术局和文化部戏曲改进局合并而成。1956年以前，局长为田汉，任副局长的先后有杨绍萱、马彦祥、张光年、周巍峙、蔡若虹、赵沨、赵鼎新、朱丹；1956年至“文化大革命”开始，局长为周巍峙，任副局长的先后有马彦祥、赵鼎新、朱丹、李纶、张东川、萧英、任桂林、申伸、戴碧湘等。直至“文化大革命”前，始终主管戏曲工作的副局长是马彦祥。艺术事业管理局在管理全国艺术事业的同时，也是全国戏曲工作的主管部门。1951年先由戏改处、戏审处管理戏曲工作，后两处撤销，成立戏剧处，兼管戏曲、话剧和剧场工作，并成立剧目审定组。1951年5月5日中央人民政府政务院颁布《关于戏曲改革工作的指示》后，该局在全国组织了对旧的戏班、戏院制度的改造，并对戏曲作品的搜集整理和改编创作工作进行了指导。1952年10～11月在京举办第一届全国戏曲观摩演出大会后，一批优秀作品在各地广泛交流。1956年6月和1957年4月两次在京召开全国剧目工作会议，扩大了戏由演出剧目的范围。1958年6月在京召开“戏曲表现现代生活座谈会”，促进了现代戏的创作。1959年9月，从全国调集了包括京剧在内的20多个剧种的40多个演出单位，举行了20多天的建国10周年献礼演出。1960年4月，在京举办了现代题材戏曲观摩演出，有《白云红旗》、《四川白毛女》等10部京剧现代戏参演。1962年11月在京召开“京剧创作座谈会”，在京各京剧院团及其他戏曲剧团的人员共80多人出席会议，讨论了一批有争议的传统戏，并修订了第二年的创作计划。1963年周恩来向京剧界发出按“推陈出新”、“古为今用”原则整理改编100出京剧传统戏的号召，该局即组成以马彦祥等为首的工作组，拟定了整理改编的实施计划。但后来由于江青插手，这项工作未能完成。1963年8～9月，文化部与中国戏剧家协会、北京市文化局联合召开“首都戏曲工作座谈会”，回顾了中华人民共和国成立13年来的戏曲改革工作，讨论了关于进一步贯彻“百花齐放，推陈出新”方针的问题。1964年6～7月，文化部在京举行全国京剧现代戏观摩演出大会，对京剧和全国戏曲工作有很大推动。但江青等人在这次演出大会上以提倡现代戏为由，否定现代剧、传统剧、新编历史剧“三并举”的剧目政策。

“文化大革命”期间，艺术事业管理局全体人员下放湖北咸宁“五七干校”。“文化大革命”结束后艺术事业管理局重新组建。1980年艺术事业管理局分为一局、二局，一局主管全国范围的艺术事业，二局专管文化部直属的艺术表演团体和美术展览单位。1982年一局、二局又重新合并。艺术事业管理局的下属机构是：戏剧处、音乐舞蹈处、曲艺杂技木偶皮影处、美术处、文学处、演出处、行政办公室、振兴京剧办公室等。1998年，文化部改艺术事业管理局为艺术司。　　（刘英华　叶锋）

Wenhuabu Zhenxing Jingju Zhidao Weiyuanhui

文化部振兴京剧指导委员会　中华人民共和国文化部设立的对振兴京剧事业起参谋、咨询、指导作用的组织。成立于1991年9月30日。其宗旨为：团结各有关方面人士，协助文化部更好地保护、发展、普及京剧艺术，为弘扬民族优秀文化作出贡献。基本任务为：为文化部制定保护、继承、发展、繁荣京剧艺术的各项政策和总体性规划提出建设性意见；指导京剧传统剧目的挖掘、整理和改编以及新剧目的创作；指导并支持继承老一辈京剧艺术家的丰富经验和培养优秀的青年京剧人才等。文化部振兴京剧指导委员会委员包括全国著名的京剧艺术家、有关方面的领导和热心于京剧事业的社会知名人士。委员会第一任主任贺敬之，副主任高占祥、陈昌本、阿甲、马少波、赵寻、郭汉城、曲润海，顾问张庚、张君秋、俞振飞。1991年9月30日召开委员会第一次全体会议，听取了与京剧有关工作情况的汇报，研究了委员会的性质、任务和将要展开的工作。1995年2月21日委员会举行工作会议，委员会第二任主任高占祥，副主任陈昌本、赵寻、曲润海以及来自各地的委员和有关专家共50多人出席会议。委员会议定当年11月在天津举办首届中国京剧艺术节（该艺术节后改为文化部、天津市人民政府主办，文化部振兴京剧指导委员会协办）。会上还宣布成立京剧重点剧目指导小组，该小组将根据全国重点剧目的总体规划，对各地文化厅（局）推荐的京剧重点剧目进行讨论、指导和支持。1996年5月17日委员会召开全体会议，新任主任潘震宙出席会议。会议听取了委员会1995年的工作总结和上海京剧院发起的“京剧走向青年”活动的情况介绍，讨论并通过了1996年的工作要点。委员会编发的内部刊物《振兴京剧动态》(不定期)，及时反映了全国京剧工作的情况。文化部振兴京剧指导委员会自1991年成立以来，团结了有志于为京剧艺术事业作出贡献或并已作出重要贡献的各方面人士，积极发挥了为京剧振兴出谋划策、提供指导性意见的作用，并参与举办了一系列以振兴京剧为宗旨的大型活动，包括梅兰芳、周信芳诞辰100周年纪念活动(1994～1995)，首届中国京剧艺术节(1995)，上海京剧万里行(1996)，第二届中国京剧艺术节(1998)以及香港庆回归京剧大会演(1997)等。　　（李宏）

Wenji Gui Han

《文姬归汉》 京剧作品。金仲荪编剧，程砚秋1926年首演于北京。《后汉书·董祀妻传》记其事，又略见《三国志演义》第71回。前人编演这一题材剧作甚多，除散佚者外，尚有明陈与郊《文姬入塞》杂剧，清南山逸史《中郎女》和尤侗《吊琵琶》杂剧等。后汉时，匈奴入侵，蔡邕之女文姬在乱兵中被掳，左贤王纳为妃，12年间生有二子。曹操思及故友蔡邕无子，文姬身陷北国，命大夫周近携黄金千两、彩缎百匹赠匈奴王，赎回文姬。文姬得以生还，深感庆幸；一旦母子分别，又依依难舍。一路上自悲身世、思念胡儿，吟成《胡笳十八拍》。路经昭君墓，设祭哭诉，慨叹"你输我及生前得归乡井，我输你保骨肉幸免飘零"。程砚秋在王瑶卿的指导、协助下，在这出戏里创造了一些精彩的唱段，如：逃难时，边跑圆场边唱［西皮导板］转［快板］"登山涉水争逃命"；既嫁左贤王又感忍辱偷生时唱的［西皮原板］"荒原寒日嘶胡马"；别子上路无限悲戚的［西皮导板］转［慢板］"整归鞭行不尽天山万里"。蔡文姬所作的《胡笳十八拍》为千古名篇，其中第十四拍"身归国兮儿莫知随"被一字不易地谱入板腔体的［二簧慢板］，成为脍炙人口的佳作。祭昭君墓的［反二簧慢板］"见坟台叫一声明妃细听"，更将故国之思、亲子之情淋漓酣畅地抒发出来。程砚秋还设计了蔡文姬的胡服、头饰等，成为程派保留剧目之一。章遏云等曾演出，李世济演出时略有修改。剧本未见刊印。

程砚秋饰蔡文姬（右） 吴富琴饰侍琴

李世济饰蔡文姬（右） 唐皓饰王子

（刘乃崇 蒋健兰）

Wen Liangchen

文亮晨 （1888～1938） 演员。又名王亮臣。工老旦。满族。因喜好皮簧而废学，以票友身份演唱。后拜入罗福山门下，始转为职业演员。初搭祥庆和班，后常为程砚秋配戏，程倚之为臂膀。后赴上海，博得好评。文亮晨扮相华贵端庄，嗓音高亮清越，唱念非常响堂。唯唱则不甚沉着，少于韵味。他除演一般老旦剧目《钓龟》、《探寒窑》、《四郎探母》之外，在《宁武关》中饰赵氏一角，表情逼真，是罗福山殁后，唯一能演得精彩之人。饰《朱痕记》的朱母也十分生色。1938年6月病逝于北平，身后萧条，善后之事均由程砚秋一手操办。

（娄悦）

Wen Suchen

《文素臣》 京剧作品。连台本戏，共6本。剧情为：明代成化年间，吴江侠士文素臣文武双全，见宦官擅权，奸僧怙宠，国事日非，于是游历天下，一路上仗义行侠。先后从恶僧手中救出父执未澹然之长女未鸾吹、婢女素娥等。入京后，因痛斥奸党靳直，被问斩，幸得女神童谢红豆相救。后靳直谋反，文素臣守宫杀贼，功成封爵。其间还穿插除夜叉、斩毒蟒及婚姻爱情等情节。朱石麟据清人夏敬渠小说《野叟曝言》第2～20回改编，1938年12月由周信芳等首演于上海卡尔登戏院。周信芳导演，并饰文素臣，以大嗓演小生。同台演出的有高百岁、王熙春、金素雯、刘文魁、张慧聪、于宗英、王兰芳等。头本公演后，连满三月，被称为独标风格的"新型平剧"。1939年续排二、三、四本，观者愈众。三本"金殿骂奸"一场中，慷慨激昂的念白，获得满堂彩声。该剧情节曲折，高潮迭起，且缠绵悱恻，戏中巧妙运用电影手法，是不靠机关布景和开打而叫座的连台本戏。这一年，申曲、电影、弹词竞相搬演，人称"文素臣年"。至1941年3月25日演完六本，因移风社解散，未再续演。此前，1890年12月，上海天仙茶园曾演出一至八本《野叟曝言》，分两晚演出，当时该园主角为三麻子、小连生、孟七等。

周信芳饰文素臣

（沈鸿鑫）

Weng Ouhong

翁偶虹 （1910～1994） 京剧作家、评论家。北京人。原名翁麟声，笔名藕红、耦红、怡翁等。受家庭影响，自幼酷嗜京剧。经姨父梁惠亭介绍，向胡子钧学架子花脸戏。胡子钧（子钧一作子均，约1872～1944）为北京著名票友，先以唱京昆花脸名噪都下，后以兼擅文武场面，与创办春阳友会的樊棣生同享盛名，有"南樊北胡"之称。翁偶虹从15岁起，追随胡子钧十余年。读高中时已参加票房演出。毕业后，因撰写剧评和票戏，结识了许多京剧界人士。1936年受聘为中华戏曲专科学校戏曲改良委员会主任委员兼文化教员，正式走上职业编剧的道路。中华戏校停办后，主动帮助学生组班演出，同时应邀为在京演员编戏。1946年，在上海担任配合北平演员赴沪演出新戏的驻班编剧。1949年秋，在京加入中国实验京剧团。中国京剧院成立后，一直是该院专职编剧。一生整理、改编创作了百余个剧本。他熟谙传统，又有演出经验，擅长运用舞台招数；文史知识渊博，善于选择有俏头、易出彩的题材，故所编剧本宜于搬演。如九一八事变发生，取材岳飞抗金故事编写的《爱华山》，根据文天祥抗元事迹创作的《孤忠传》，以及1945年受抗战胜利激励，根据唐代张巡固守睢阳、郭子仪光复两京编写的《白虹贯日》等，均有感而作。在编剧实践中，翁偶虹总结出"编剧必须与演员默契"的经验。他一生大多是为演员写戏，如：为中华戏校学生编写《鸳鸯泪》、《美人鱼》、

尚长荣向翁偶虹请益

《十二堑》、《宏碧缘》、《火烧红莲寺》等；为程砚秋编写《锁麟囊》、《楚宫秋》；为李玉茹编写《同命鸟》、《桃花醋》；为宋德珠编写《蝶恋花》、《百鸟朝凤》；为吴素秋编写《比翼舌》、《鹦鹉舌》；为李世芳编写《天国女儿》、《明末三奇女》；为金少山编写《钟馗传》、《金大力》；为唐韵笙编写《十二金钱镖》；为叶盛兰编写《周瑜》、《罗成》；为王金璐编写《白猿盗盒》；为高盛麟、袁世海整理《九伐中原》等。每编一剧，他都要与担纲演员潜心研讨，直至取得共识，因此成功率高，题材与风格也因演员而异。1949年后，翁偶虹编有《将相和》、《虎符救国》、《李逵探母》、《桃花村》、《响马传》、《生死牌》、《灞陵桥》、《凤凰二乔》、《孙安动本》、《小刀会英雄传》等。1964年与阿甲合作改编的《红灯记》，更是京剧革新的力作。此外，1951年与田汉、阿甲、景孤血合作编写《宋景诗》，1958年参与集体创作《赤壁之战》。1994年中国戏剧出版社出版了《翁偶虹剧作选》，收有《锁麟囊》、《周仁献嫂》、《将相和》、《大闹天宫》、《响马传》、《西门豹》、《红灯记》、《白面郎君》8个剧本。又著有《翁偶虹编剧生涯》、《翁偶虹戏曲论文集》等。

《翁偶虹剧作选》封面

（葛士良）

Weng Ouhong Juzuo Xuan

《翁偶虹剧作选》 见翁偶虹。

Weng Ouhong Xiqu Lunwen Ji

《翁偶虹戏曲论文集》 京剧文集。翁偶虹著。上海文艺出版社1985年2月出版。本书所收文章47篇，近40万字，绝大部分写于1979年以后，少部分为1953～1965年的散佚之作。本书包含了作者分别对杨小楼、高庆奎、龚云甫、李多奎、马连良、程砚秋、叶盛章、叶盛兰、李少春、金少山、郝寿臣、侯喜瑞、裘盛戎以及赵桐珊、李宝奎、叶盛长、马连昆、马富禄、刘斌昆等著名京剧演员的表演艺术及某些相关的京剧流派所作的研究与评述。作者对京剧净行的流派传承与发展状况则有专文论述，分别对穆（凤山）派、钱（宝峰）派、庆（春圃）派、叶（中定）派、何（桂山）派、金（秀山）派、黄（润甫）派、刘（永春）派、裘（桂仙）派、钱（金福）派、许（德义）派、方（二群）派、范（宝亭）派、新金（少山）派、郝（寿臣）派、侯（喜瑞）派、新裘（盛戎）派、袁（世海）派的艺术特色做了评价。书中还收入了作者对《审七长亭》一剧的剧情及表演艺术作详尽剖析的长文，以及关于脸谱艺术研究等文章。作者在《前言》中说，他写这些文章坚持：一、亲身经历者录之；二、自己实践者录之；三、亲眼目睹者录之；四、亲耳所闻而言者可信者录之。故文中论述和评价都翔实可靠，确是京剧研究领域一部内容丰厚、见解独到、文笔生动的重要著作。作者还著有《翁偶虹编剧生涯》，约36万字，回忆了半个世纪以来从事京剧编剧的艰辛历程，含有不少鲜为人知的史实及作者与演员合作的丰富经验。中国戏剧出版社1986年11月出版。

《翁偶虹编剧生涯》封面

（刘琦）

Wolong Diao Xiao

《卧龙吊孝》 京剧作品。又名《柴桑口》。作者不详。周瑜命丧巴邱，诸葛亮亲至柴桑口灵堂吊祭，历数周瑜平生功绩和彼此交往的情谊。孙吴将士和周瑜夫人深受感动，愿重修旧好，同心破曹。本事源出《三国志演义》。明传奇《草庐记》以及清宫廷大戏《鼎峙春秋》卷六下第二十三出"哀恸吴员皆服罪"均演此事。老生唱工戏。言菊朋代表剧目之一。言菊朋以其古典文学和声韵学的修养，对诸葛亮的唱、做等方面做了安排设计。剧中祭文，是他所写："呜呼公瑾，溘然而亡。修短有定，人岂不伤。知音空怀，我心实怆……"表达出人物情真意切的悲伤，以及难以掩饰的惺惺相惜的心理。他的演唱善于表达复杂细腻的人物感情，[反二簧]中"料不想大将军不幸命短"与"空留下美名儿万古流传"句，精致纤巧，韵味深醇，如泣如诉，感人至深。时慧宝、刘景然、刘春喜亦工此剧。言菊朋、时慧宝、马连良有唱片行世。剧本载《戏考》、《京戏考》、《京剧汇编》等。

言兴朋饰诸葛亮（左） 奚中路饰赵云

（刘方正）

Woyun Jushi

卧云居士 （1891～1944） 演员。工老旦。本名爱新觉罗·毓铭，后改玉铭，字静尘，号卧云居士。北京人。出身清皇室家庭。满族正黄旗。辛亥革命后，他远赴江西督军府内任职，为防受人歧视，

选《百家姓》第一姓"赵"为姓，遂名赵静尘。青年时代就读于满族贵胄法政学堂。他最初喜爱"八角鼓"，后崇尚龚云甫京剧老旦艺术，达到入迷的程度。此时，北京皮簧戏爱好者颇多，四城均设有规模不小的票房，而且搭有席棚、戏台，可以彩唱。卧云居士常到票房演唱，同台演唱者有黄桂秋、松介眉、董俊峰、碧萝馆主、王华甫、纪文屏、吕正一、全燕平（即关醉蝉）、张稔年等人。他还到言乐会与言菊朋同台演出，并切磋演唱技艺。他的嗓音条件极好，清脆甜亮而富于韵味，难得的是他的嗓音带有龚云甫特有的老旦"雌音"。因其演唱酷似龚云甫，故颇为剧界推重，后在梨园同行的建议下，拜龚云甫为师，并改为专业演唱。此后，他曾与梅兰芳、时慧宝、言菊朋、雷喜福、金仲仁、孙毓堃、杨宝森、奚啸伯、言慧珠、李盛藻、雍竹君女士（德国人）等合作演出。20世纪20年代前后，与梅兰芳等多次合演《四郎探母》，是红极一时的剧目。就其嗓音而言，其高亮坚实，较龚云甫为佳。他在台上演唱向为乙字调。他30岁左右一晚上唱双出毫不吃力。而与龚云甫不同的是，他嗓音以高亮为上，而少龚之宽厚，故演唱缺少龚云甫苍老周正之特色。他在继承龚云甫演唱艺术基础上，根据本身嗓音条件有所变化。比如他根据自己嗓音极高的特点，在唱腔上吸收一些小生的［娃娃调］唱腔特点和孙菊仙所谓"一口气"的唱法，如在唱《钓龟》中"竹篮打水一场空"的［散板］时，"一场空"三字是长拖腔，便用的是"一口气"的唱法。他先抑后扬，在"一"字用腔上尽量控制气息的流出，"场"字高扬，随着一个小"疙瘩腔"，紧接着用强有力的气口唱出"空"字。不仅唱得气足声甜，而且把康氏听到儿子不赡养自己时的悲愤心情，表达得淋漓尽致，真实动人。他在注重演唱技巧的同时在念白上亦很讲究。传统的老旦念白，在用词造句上更接近白话，故在语调的平仄和用韵上不甚讲究。卧云居士在处理念白的吐字发音和用韵上，吸收了言菊朋吐字发音的技巧，故而他的念白不仅吐字真切，在语调上抑扬顿挫，高低疾徐亦处理得恰到好处。他的白口给人以朗朗上口、优美动听的感受。旧时老旦行普遍存在重唱轻做的倾向，而卧云居士在演戏时却很注重身段动作和表情。例如《母女会》中王母的进窑、出窑动作，按老演法只是做一个低身的动作，而他的进出窑动作，却设计了侧低身、拧身、翻扬水袖的动作，这个动作是在旦脚进出窑动作的基础上加以变化而成，尤其是他的身材不高，动作敏捷、干净利落，在舞台表演上收到了很好的效果。由于卧云居士在唱念做方面的全面发展，故凡老旦戏他均擅演。常演剧目有《徐母骂曹》、《母女会》、《四郎探母》、《太君辞朝》、《滑油山》、《岑母归汉》、《遇后、龙袍》、《六月雪》、《沙桥饯别》（饰唐僧）等。1944年春节与言慧珠合演于天津中国大戏院，因突然患病归京，同年秋，病故于北平谢家胡同。（娄悦）

《钓金龟·行路》饰康氏

Wulongyuan

《乌龙院》 京剧作品。作者不详。本事出自《水浒传》第20～21回，叙宋江杀阎婆惜事。宋江为郓城县书吏，置妾阎惜姣于乌龙院。阎与张文远私通，宋江立誓永不进乌龙院。此折亦名《宋江闹院》。翌日，宋江被阎母硬拉进院，与阎惜姣度过难熬的一夜。清晨匆匆离去，将装有梁山晁盖书信及黄金的文袋失落，被阎惜姣拾得，逼他写了休书，并要告他私通梁山。宋江忍无可忍，将她杀死。此折亦名《坐楼杀惜》。全剧富戏剧性，冲突尖锐，层层递进；语言生动泼辣，针锋相对。"闹院"矛盾因张文远而起。"杀惜"的焦点则集中于晁盖的书信。《乌龙院》为做工戏。老生、花旦分饰宋江、阎惜姣。早年谭鑫培与田桂凤以合演此剧著称。后为周信芳代表剧目，晚年常与赵晓岚配演。周信芳对剧本做了加工整理，丰富了《刘唐下书》一场的内容，演出更加深刻地刻画了人物细微复杂的心理活动，纠正了原来表演"把宋江描写成一个嫖客"等缺点。剧本载《周信芳演出剧本选集》及《戏曲选》。此外，马连良、于连泉等亦以演出此剧著称。明许自昌著有传奇《水浒记》，其中描写宋江、阎惜姣故事的《借茶》、《拾巾》、《前诱》、《后诱》、《刘唐》、《杀惜》、《活捉》等折，经历代艺人加工丰富，成为清代昆曲舞台的保留剧目，也为京剧《乌龙院》的创作提供了借鉴。其《活捉》一折，描写阎惜姣死后，痴情不灭，活捉张文远与其相聚。京剧舞台仍以昆曲演唱，名《活捉三郎》。（王卫民）

《乌龙院·杀惜》 周信芳饰宋江（右）
赵晓岚饰阎惜姣 （陈莹摄）

Wulumuqi Shi Jingjutuan

乌鲁木齐市京剧团 京剧演出团体。1955年成立。前身系迪化市第一区业余京剧团。主要领导有安录清、赵德凤、王益保、何庆金，主要演员有老生杨宝瑞、杜宝峰，文武老生崔盛斌、田华斌，小生筱鸿声，旦孙慧敏、王慧琴、崔丽蓉，丑邵俊岩等。鼓师侯来仪，琴师万志尚、贾耀荃。编剧李甸薰。经常上演的传统戏有《群英会》、《法门寺》、《玉堂春》、《红娘》、《孙悟空闹地府》、《红楼二尤》、《凤还巢》、《三打祝家庄》，现代戏《小二黑结婚》、《志愿军未婚妻》等。1957～1960年，为加强和改善剧团队伍结构，中国戏曲学校来团工作的毕业生有：魏克虞、郭佩君、马名骏、顾久仁、李铸、李文华、陈和平、沈士杰、白承宗、陈增堃、勾荣禄、裴伟如、周以蓉、冯芸、张永远、郭之印、赵云麟以及音乐科毕业生徐进修、李濂、陈汉生、黄永明、张淑新、董霞玉等。从上海邀来的演员有旦宋紫珊，武生高松岭。20世纪60年代的主要领导是郭积禄、尚志同。该团在挖掘、整理、演出传统剧目的同时，创作演出的现代戏有《爱甩辫子的姑娘》、《野火春风斗古城》、《八一风暴》、《血泪树下》、《葡萄人家》和反映新疆历史题材的剧目《巾帼使节》、《渭干河》等。1964年，参加全国京剧现代戏观摩演出

《西天飞虹》
张鹏饰诃黎布石（左） 陈英饰哲丽妮

大会，演出《红岩》，由白承宗饰许云峰，马名骏饰成岗，娄秀梅饰江雪琴，魏克虞饰双枪老太婆，杨宝瑞饰华子良，受到大会好评。1965年与兵团京剧团、新疆京剧团联合组成《天山红花》剧组，赴兰州参加西北五省（区）现代戏会演，同时演出反映塔吉克族人民生活的《萎拉姑娘》。1966～1976年，剧团移植演出《红灯记》、《智取威虎山》、《龙江颂》、《平原作战》，创作剧目有《编外民兵》、《红柳赞》等。20世纪80年代，该团领导人是顾宗锐、马名骏、张鹏、戴洪才、黄永明、勾荣禄，经常上演的剧目有《玉堂春》、《六郎招亲》、《望江亭》、《白蛇传》、《四郎探母》、《三打祝家庄》、《姚期》、《将相和》、《长坂坡》、《逼上梁山》和现代戏《蝶恋花》、《六号门》、《津江渡》、《八一风暴》等。20世纪90年代主要演员有生张鹏、范印俭、寇建民、何铁军，小生吴福生，武生王永利，旦陈英、戴淑华，武旦王瑛，刀马旦马新燕，净朱玉峰等。1990年以新编历史故事剧《西天飞虹》进京参加纪念徽班进京200周年振兴京剧观摩研讨大会，受到好评。1994年创作演出了反映石油工业题材的现代戏《大漠铁魂》。1997年创作演出了反映新疆各族人民抗震救灾的现代戏《红柳滩》，张鹏饰郭之兴，陈英饰方静，朱玉峰饰苏来曼，该剧受到新疆各族观众欢迎，并参加第二届中国京剧艺术节，获剧目奖。（黄永明）

Wupen Ji

《乌盆记》 京剧作品。又名《奇冤报》、《定远县》。作者不详。元、明、清小说戏曲中有多种作品涉猎此事。宋南阳绸缎商人刘世昌自外地回家，中途遇雨，借宿于窑户赵大家。赵见其行囊沉重，顿起歹意，将主仆二人毒死，烧成乌盆灭迹。适有以卖草鞋为生

清宫《戏出画册·乌盆记》（故宫博物院藏）

的张别古向赵大索还旧账，赵不肯还钱，以乌盆作抵。刘世昌冤魂向张痛诉前情，请其到定远县令包拯处告状、雪冤。清道光《春台班戏目》中，列《奇冤报》为“新戏”。光绪六年（1880）刊本《都门纪略》载，四喜班王九龄擅演《乌盆记》“绸缎客”。谭鑫培继演，成为谭派名剧。剧中［反二簧］“未曾开言泪满腮，尊一声老丈，细听开怀”等唱段，呜咽悲凉；“服毒”一场，绕场跌扑。张别古、赵大均由丑脚饰演。性格鲜明，语言生动，颇具讽世意味。作品并不刻意渲染恐怖和苦难，在悲剧性的故事中，糅合了滑稽和幽默。光绪三十二年（1906）的《绘图京都三庆班真正京调全集》收有该剧。另有《京剧汇编》、《戏典》、《戏考》等刊本。（井玉贵）

Wu Bingzhang

吴炳璋 （1926～ ） 京剧教师、琴师。北京人。回族。中国大学政治经济系肄业。父亲吴松岩是京剧名票，为名净金少山弟子。吴炳璋1943年拜耿永清为师，学习京胡、昆曲，后又向徐

兰沅、杨宝忠等名家学习京胡技艺。18岁登台献艺，曾先后为杨荣环、丁至云、贯盛习、王玉敏等操琴伴奏。1953年到北京戏曲实验学校（后更名中国戏曲学校）音乐科任教，主教京胡兼京二胡，后任音乐系主任。吴炳璋敏而好学，实践使他认识到仅有高超琴艺是不够的，必须要懂鼓板点子以及三弦、月琴弹奏的撮、点，为此，他边教学边向方富元学鼓板，向霍文元、祁善华学三弦，向钱继生学月琴，以此充实自己。吴炳璋琴艺精湛，随腔稳健准确，尺寸运用自如，节奏鲜明，琴音干净，富有韵味。对学生则要求既严格，又耐心细致。长期以来，他潜心授业，教琴教人，万瑞兴、杨柳青、林宗禔、张素英、刘震国、赵建华、张顺翔、陈文珍、白宝珠、张跃鸾等都是他的学生。编写有《京胡基础演奏法》、《京胡教学八法》和《关于京胡教师在教学方法上必须具备的八个基本条件》，是长期课堂教学实践的总结。另有专著《京胡伴奏与教学研究》，文化艺术出版社2009年10月出版，23万字。（王健）

Wu Feng

吴枫 （1919～1990） 京剧导演、编剧。原名哈增祉。生于秦皇岛。回族。读小学时曾参加营口地区京剧票社公余俱乐部，师从戴永康、连仲三学唱花脸。1937～1944年，先后在汉口、长沙、

桂林等地参加第九战区流动宣传队、铁血剧团、新中国剧社，担任话剧导演兼演员，其间为四维儿童戏剧学校导演《葛嫩娘》等京剧。1947年在昆明参加杰华国剧社，导演《离乱记》、《广寒宫主》等。1949年组织成立昆明艺联新平（京）剧实验剧社，导演《恩与怨》、《残年》、《牛郎织女》、《六国封相》等。1950年参加中国人民解放军，先后担任云南军区政治部京剧团和昆明军区国防京剧团艺术室副主任、编导，导演《梁山伯与祝英台》、《猎虎记》、《西厢记》、《江汉渔歌》、《碧血丹心》、《秦香莲》等。历任云南省京剧院艺术室副主任、云南省京剧院副院长。20

世纪50年代以来，他独自或与他人合作创作改编并导演《阿黑与阿诗玛》、《孔雀胆》、《多沙阿波》、《黛诺》等。并将《谢瑶环》改编为同名戏曲电视剧，由关肃霜主演。在报刊上发表了《略谈云南的京剧艺术》、《认识生活与表现生活》、《塑造当代少数民族的英雄形象——导演〈黛诺〉的点滴体会》、《〈谢瑶环〉导演补遗》等20多篇文章。出版有《菊圃一叶——金素秋吴枫戏文选集》。

（胡耀池）

Wu Huansun

吴幻荪　（1905～1975）　京剧作家。20世纪二三十年代开始，先后为杨小楼、郝寿臣、马连良、言慧珠等编写过剧本。作品既有武生戏、老生戏，也有旦脚戏和花脸戏。主要作品有《野猪林》（根据杨小楼演出本重作整理）、《坛山谷》、《荆轲传》、《桃花村》、《鸿门宴》、《楚宫恨史》、《串龙珠》、《临潼山》、《春秋笔》、《十老安刘》、《智化盗冠》、《三进碧游宫》、《花溅泪》、《万民欢》等。中华人民共和国成立后，又为尚小云写过《墨黛》（据《北国佳人》改编），为马连良写过《秦琼夜打登州》等剧。作者在编剧过程中，发现一些戏曲剧本"只听腔调，看舞态，殊不计及戏之情理与事实"，因而在编写历史剧中既强调发挥歌舞的特点，也注意到剧情尽可能与史实相符，使作品的思想性和艺术性能够较好地结合。吴幻荪20年代起即常在戏剧刊物上以其书室"吟碧馆"为名发表文章，1930年刊于《戏剧月刊》第2卷第7期上的《吟碧馆剧谈》，对京剧的源流进行了考证，《吟碧馆谈舞》一文，对中国舞蹈与中国戏曲之间的关系也进行了探究。针对当时北平的部分国人不顾面临的内忧外患，仍然日日笙歌管弦的情形，撰文哀叹这些人是"商女不知亡国恨"的醉生梦死之徒，并从若干方面剖析了产生这一现象的原因。曾为郝寿臣记录《脸谱说明及谱法》，载《郝寿臣脸谱集》。

（张燕鹰）

Wu Shijian Xiqu Lunwen Ji

《吴石坚戏曲论文集》　戏曲文集。吴石坚著。作家出版社2001年6月出版。收文43篇，21万字。所论涉及中国戏曲的基本特征、中外戏剧比较、京剧历史与现状、戏曲教育、剧团经营管理等，并对戏曲编剧、导演、表演、音乐、舞台美术等构成因素提出了自己的看法。重点文章有《戏曲程式规范为塑造人物服务》、《对戏曲编剧的一点认识》、《戏曲研究漫说》、《中国戏曲经营模式的演变》、《关于"麟出而生"的探讨——周信芳京剧研究》等。作者吴石坚（1916～2000），江苏沭阳人。1938年参加革命，从事武装斗争。1942年开始担任战时戏剧领导工作，历任淮海实验京剧团团长、娃娃京剧团团长、苏北兵团文工团团长、苏南军区文工团团长等职。中华人民共和国成立后，曾任华东戏曲研究院实验京剧团后期团长、上海京剧院秘书长。1966年后调江苏工作，曾任江苏省戏剧学校校长。退休后寓居上海，任周信芳艺术研究会副会长。顾聆森在吴石坚回忆录的基础上，著有《天下第一团——戏剧家吴石坚生平纪实》，江苏人民出版社1995年7月出版，记述了吴石坚的军事生涯和艺术生涯。书名取"天下第一团"是指1953年赴朝鲜慰问中国人民志愿军，吴石坚任分总团团长，团内有梅兰芳、周信芳、马连良、程砚秋，慰问团总团团长贺龙元帅喜称之为"天下第一团"。因作者经历丰富，又勤于思考，所发表的见解，每有独到之处，且有很强的针对性，有些观点也曾引起过不同意见的讨论。作者与周信芳同事多年，书中记录了不少周信芳的口述历史和艺术见解。

（文子牛）

Wu Songping

吴颂平　（1882～1966）　票友。工小生。字华昌，号海天。江苏苏州人，定居天津。留学美国学园艺，回国后出仕，后入商界。酷爱京剧，尤独钟小生。18岁经其父执介绍，专程赴苏州拜京剧名家徐小香为师。经徐指定让他回北京找德珺如，由德代传技艺。以文戏开蒙，为唱功打下良好基础。后隐居天津，复聘程继先住家教戏，得程真传，能戏颇多，靠把、雉尾、扇子、纱帽、穷生、娃娃生等无一不能。他嗓音高宽厚亮，吐字发音极为讲究，以《罗成叫关》、《辕门射戟》、《飞虎山》、《黄鹤楼》、《监酒令》、《镇潭州》、《截江夺斗》、《打侄上坟》、《红鸾喜》、《连升店》、《得意缘》等戏最为拿手。曾入雅韵国风票房，后与朱作舟合组琴声雅集票房。俞振飞对吴颂平极为尊敬，曾向他请教。20世纪30年代左右，在津演出频繁。40年代后，年逾花甲，不再参加演出，以品赏书画为乐。

（马同驹）

Wu Suqiu

吴素秋　（1922～　）　女演员。工旦。祖籍山东蓬莱，生于山东烟台。自幼随母到京，先从武生演员赵盛璧学武生戏《石秀探庄》、《武文华》、《白水滩》等。赵盛璧发现其身体瘦弱，气力不佳，建议她改学旦脚，向名旦陈盛荪学青衣戏。7岁登台，演出《贺后骂殿》。9岁考入中华戏曲专科学校，入"玉"字科，改名吴玉蕴。一年余，因嗓病退学。12岁时嗓音恢复，师从李凌枫。次年拜尚小云为师，认荀慧生为义父，从此艺宗尚、荀两派。1938年组成松竹社，与金少山合作，演出《霸王别姬》，素秋虚龄17岁，身材瘦小，而金少山身材魁梧，但两人配合默契，各自传神，时有"大霸王小虞姬，满台生辉"之誉。她按尚派路数演出的全部《十三妹》，于1943年拍成影片。后因与吕超凡结婚，息影舞台。中华人民共和国成立后，恢复舞台生活，在北京组成人民京剧团，排演抨击封建礼教，为旧社会妇女鸣不平的新编古代戏《英烈千秋》，获观众好评。1953年，建立北京市京剧四团，姜铁麟任团长，她任副团长兼任主演。《伊帕尔罕》、《宝莲神灯》、《张羽煮海》以及《苏小妹》，为其新编上演的成功剧目。1957年以后，先后与言慧珠、奚啸伯合作演出。不断排演新戏《春香传》、《董小宛》、《杨柳传》、《陶学士醉写风光好》等古代戏。

《人面桃花》饰杜宜春

《比翼舌》饰葛小香

1960年，响应剧团支援外省市号召，率团至沈阳，在辽宁省京剧院，与姜铁麟分任正、副院长。1963年调回北京，先与尚小云京剧团合作演出，后于1964年与梁一鸣、张宝华共同建成新燕京剧团，任团长。先后排演《南海长城》、《南方烈火》等现代戏。“文化大革命”后，与李万春共同组成北京京剧院二团。吴素秋以台风俏丽、表演细腻著称，《铁弓缘》、《拾玉镯》、《柜中缘》等演来动人，自有独到之处，尤以《红娘》为杰作，在荀派基础上有所变革发展，具有自身的表演风格和艺术特色。退休后常以作画自娱。

（周桓）

Wu Tongbin

吴同宾　(1925~2005)　京剧理论家。祖籍安徽泾县，生于黑龙江哈尔滨。父亲吴玉如为著名书法家。兄吴小如是著名中国古典文学专家。自幼喜爱京剧，熟悉京剧程式、行当、流派、音乐、服装等，根柢深厚。1945年考入清华大学国文系，肄业后曾任燕京大学中文系教员。1952年调至天津市文化局，专事戏曲与京剧研究，先后工作于天津市曲艺团、天津市戏曲学校。1982年任天津市艺术研究所副所长。曾为天津戏剧家协会名誉主席。吴同宾的成就之一是做了大量的京剧教育普及工作。20世纪80年代初期，传统戏刚刚恢复上演，他在天津人民广播电台主持“京剧知识讲座”，又在天津电视台主持“戏曲之花”长达5年之久，并在中央电视台“京剧知识车”介绍京剧服饰等。讲解深入浅出，通俗易懂，反响热烈。后将讲座内容结集为《京剧艺术讲话》和《京剧知识手册》，又经过多年积累，与周亚勋共同主编了《京剧知识词典》。这几部著作，对京剧艺术的历史、沿革、科班、行当、流派、功法、剧目、音乐、化装、道具、诀谚、演员等诸多方面，逐一介绍，成为京剧工作者和爱好者必读之书。此外，吴同宾还著有《杨小楼传》及散见于报刊的京剧评论，在总结前辈京剧表演艺术家的经验成就，探讨京剧艺术的发展规律，分析传统剧目的形成和演变，研究当代观众的观赏心理等方面，都作出了有益的贡献。吴同宾在从事京剧研究和教育的同时，还积极参与艺术实践活动，80年代就为天津市京剧三团排演过新编历史剧《清宫秘史》，演出得到好评。1985年，吴同宾赴德国汉堡大学和香港演艺学院进行文化交流活动，举办京剧知识讲座，受到广泛赞誉。

（万镜明）

Wu Xiaoru Xiqu Wenlu

《吴小如戏曲文录》　戏曲文集。吴小如著。北京大学出版社1995年5月出版。作者吴小如（1922~　），本名吴同宝。青年时，以吴少若等笔名发表戏曲评论。安徽泾县人。北京大学教授。中国古典文学研究家，对诗、词、文、赋、戏曲、小说，各种文体均有深入研究，著述宏丰。任教数十年，桃李满天下。本书70余万言，辑录了作者自20世纪50~90年代40年间撰写的有关戏曲（主要是京剧）评论、赏鉴、杂忆、考订等文字。其中《台下人语》(并收《中国戏曲发展讲话》)、《京剧老生流派综说》两部著述，此前已分别由中国戏剧出版社（1982年4月）和中华书局（1986年5月）先后印行，其他文字则散见于有关书刊、报纸。结集为《吴小如戏曲文录》后，分类为相对独立的9个部分，即“中国戏曲发展讲话”、“台下人语”、“京剧老生流派综说”、“台下人新语”、“菊坛知见录”、“津门乱弹录”、“看戏温知录”、“唱片琐谈”、“戏迷闲话”。作者幼时即开始接触京剧，积数十年看戏之经历，以一个“台下人”身份和角度，对京剧的诸凡艺术特征、演员艺事、流派风格、剧目作品、唱腔音乐、历史现状、改革发展以及遗闻佚事等，论说阐释、品评月旦，甚有卓见。作者注重以亲历之见闻谈戏说艺，力求信实，同时针砭时弊，发人深思。本书冶知识性和学术性为一炉，深入浅出，谈言微中，引人入胜。本书出版前，《台下人语》和《京剧老生流派综说》两著，即已在海内外产生影响，特别是后者，声名更著。

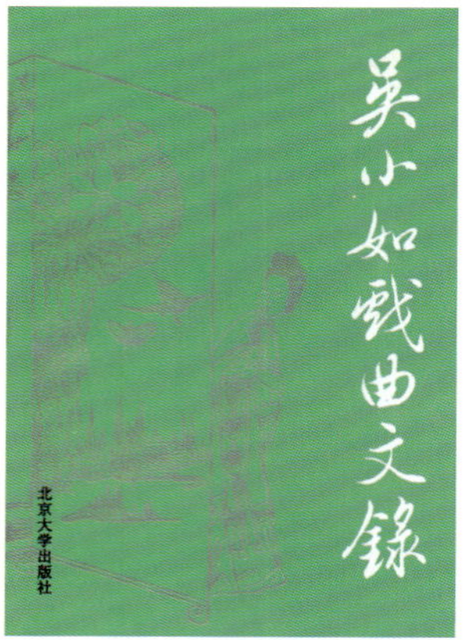

（蒋锡武）

Wu Yanheng

吴彦衡　(1903~1974)　演员。工武生。原名少霞。祖籍江苏扬州，生于北京。祖父吴巧福是曾搭三庆、春台、小吉祥等班的旦角伶工。父亲吴彩霞（1880~1938），号笙华，亦工旦行，曾得陈德霖的传授，昆曲、皮簧兼擅，功底深厚。欧阳予倩《自我演戏以来》说，“（民国初年）吴彩霞到上海，一时很红……上海人喜欢听二黄青衣实在是从彩霞起”。叔父吴彩云是京剧小生演员。姑母吴春生是荀慧生的夫人。吴彦衡自幼受家庭熏陶，幼由王月芳开蒙，学文武老生，后拜余叔岩为师，为余氏开门弟子，得到真传。后因变嗓，改学武生，拜丁连升和武净许德义为师。许氏为杨小楼配戏多年，熟知杨派武生戏，悉数传授给彦衡，为他打下了深厚基础。他经常演出的有长靠戏《长坂坡》、《挑华车》、《金锁阵》、《青石山》、《战冀州》、《小商河》、《战宛城》，箭衣戏《林冲夜奔》、《连环套》、《霸王庄》、《九江口》及短打戏《花蝴蝶》、《赵家楼》、《恶虎村》、《蜈蚣岭》等，均有杨派武生风范，甚得观众赞赏。他的毯子功功底也很扎实，能翻好几门跟斗，扫堂、飞脚、旋子、乌龙绞柱等武功技术也很出色。他工架稳练，身段漂亮，加上他扮相英俊，唱念响亮，台风不凡，成为当时武生演

《英雄恨》饰谢虎

《恶虎村》饰黄天霸

员中的佼佼者，名重一时。尤其是在20世纪20年代中期到30年代，武生名家杨小楼、尚和玉、俞振庭都是挂头牌挑班的武生，而挂三牌的武生演员极为缺乏，吴彦衡戏路宽广，技艺超群，便为各班争相邀聘。在北京、上海、天津、汉口等地颇负时誉。1927年后，经常与荀慧生、马连良、郝寿臣、谭富英、杨宝森各家合作演出。他与荀慧生合作的时间最长。1939年又拜李洪春为师，为学红生戏，甘愿搭李师的正春社充当配演，为李氏配演过《金牛岭》、《栖梧山》，在关公戏中配演关平。后来又与裘盛戎、袁世海多次合演《连环套》等戏。

1951年吴彦衡携全家离开北京，参加太原铁路局京剧团，担任主要演员，经常深入基层慰问铁路职工。1952年10月，他随京剧团编入抗美援朝的中国人民志愿军部队赴朝参战，在一年多的战地生活中，经受了洗礼。1953年底，返回祖国不久，又随剧团奔波在铁路沿线，为工人演出。排演了《三打祝家庄》、《野猪林》、《云罗山》、《郑成功》等新戏。1958年5月，又随团从太原转赴包头，改为包头市京剧团。当时虽年近花甲，每年都要登台演出几十场，甚至高达百场，仍演《挑华车》、《小商河》一类累工戏，深得观众称赞。1959年，在包头市举办的老艺人示范演出中，他演了当年曾得到杨小楼亲自指点的《青石山》一剧中的关平，获优秀演出奖。1963年3月，包头市京剧团并入内蒙古自治区京剧团，吴彦衡又从包头迁居呼和浩特。曾冒着盛夏酷热，示范演出《长坂坡》，受到当时自治区主席乌兰夫等多位领导人的高度评价。自1963年起，任内蒙古自治区京剧团艺术委员会主任。

（赵纪鑫）

Wu Yuzhang

吴钰璋 （1940～　　）　演员。工净。北平（今北京）人。回族。父吴松岩为花脸名票，拜金少山为师。受父熏陶喜好京剧花脸，5岁时其父以金派《探阴山》为之开蒙，后又授以《坐寨盗马》、《锁五龙》、《刺王僚》等。1950年，考入文化部戏曲改进局戏曲实验学校，先后随宋富亭、李春恒等学习《黄金台》、《上天台》、《御果园》、《打龙袍》、《芦花荡》、《大保国、探皇陵、二进宫》、《钟馗嫁妹》、《通天犀》、《取洛阳》、《双李逵》、《白良关》、《长坂坡》、《审李七》、《失街亭、空城计、斩马谡》等戏。1958年，以优异的成绩毕业分配到中国京剧院四团，担任主演。1961年，拜裘盛戎为师。裘亲授《铡包勉》、《赤桑镇》等戏，并把《连环套》、《二进宫》、《姚期》等戏重新“下挂”，教导他“唱戏不是背本子”，启发他用声腔艺术刻画人物。1962年，由四团调入一团，与李少春、袁世海、杜近芳、高玉倩等艺术家同台演出，耳濡目染，艺术修养更得以提高。1988年拜袁世海为师，对袁的表演方法、念白技法有了深入的领会。吴钰璋嗓音洪亮，龙虎音俱备，工架凝重优美，形体基本功扎实。他博爱各个流派，不抱门户之见，在多年的舞台实践中，将金少山、裘盛戎、袁世海的艺术特点与自己的条件融为一体。他的演唱做表，既有金少山气势雄伟的长板大腔，又有裘盛戎委婉细腻的悦耳新调，更有袁世海夸张爽朗的表演，是花脸行中具有较多方面艺术才能的演员。他首演首创了不少新戏中的人物，如《杨门女将》之焦廷贵、《满江红》之牛皋、《初出茅庐》之张飞、《强项令》之董宣、《狄龙案》之包拯、《平原作战》之李胜等以及重新改编整理的《普天乐》之包拯和《李逵下山》之李逵等。他的《草桥关》等戏曾灌制唱片，出版过录音唱腔专集。在中国京剧音配像工作中，先后为金少山、裘盛戎、袁世海等配戏、录像50余出。曾访问越南，并到日本及中国香港、台湾等地区演出。1997年赴美国讲学并演出。

《龙凤呈祥》饰孙权（右）　张学津饰乔玄

（娄悦）

Wu Zuguang

吴祖光 （1917～2003）　剧作家。祖籍江苏常州，生于北京。自幼爱好戏剧，曾长期观看富连成科班演出，广交演员。1935年入中法大学文学院。七七事变前，到南京国立戏剧学校任教，开始话剧创作，以1942年创作的《风雪夜归人》最为著名。1947年，任香港大中华影片公司导演，并编写了《国魂》等电影剧本。1949年任北京电影制片厂导演，导演了京剧舞台艺术片《梅兰芳的舞台艺术》、《洛神》和程砚秋的《荒山泪》。1960年起，先后在中国戏曲学校实验京剧团、中国戏曲研究院、北京京剧院任编剧，创作与改编的京剧剧本有《武则天》、《凤求凰》、《三打陶三春》、《三关排宴》、《桃花洲》、《踏遍青山》等。根据传统京剧《风云会》（《郑恩做亲》）改编的《三打陶三春》影响最大。女主角陶三春是个正直、爽朗的农家女子，与卖油郎郑子明瓜田邂逅，订下终身。后来郑子明受封北平王，前来迎娶。面对由平民到贵族的变化，她仍以一个劳动者的眼光看待和衡量事物，不屈从于纲常礼法，因此爆发出一系列真实而有趣的冲突，直至打到金殿之上。该剧人物性格鲜明，语言通俗流畅，具有浓郁的喜剧风格。1979年北京京剧院四团首演。王玉珍饰陶三春。30年来久演不衰，2009年由文化部评为“优秀保留剧目奖”。吴祖光的京剧作品集《求凰集》1980年9月由中国戏剧出版社出版，收入《凤求凰》、《三打陶三春》和《红娘子》。

《三打陶三春》
王怡饰陶三春（左）
刘建元饰郑子明

（杜宝华）

Wucaiyu

《五彩舆》　京剧作品。又名《大红袍》。连台本戏。作者严问樵，名保庸，清道光时曾官知县。四喜班名剧。当时，每届腊月，三庆班必演连台《三国志》，四喜班则以此剧相抗衡。描写海瑞触忤权臣严嵩父子，被贬为浙江淳安知县，严党鄢懋卿擢升浙江盐政，展开了忠奸、正邪的冲突。剧中还穿插了戚继光抗倭斗争以及淳安地方的婚姻家庭纠纷等，人物众多，情节纷纭。作品以简略的史实为依据，铺张生发。《明史·鄢懋卿传》载：鄢懋卿性奢侈，外出公干常与妻子同行，“制五彩舆，令十二女子舁之，道路倾骇”。这就是剧名的由来。第一本描写鄢懋卿赴任，鄢妻乘坐严

马连良饰戚继光

马连良饰海瑞

党赵文华所赐五彩花轿，强抢民女抬轿，骚扰地方，遭海瑞抗忤。《明史·海瑞传》载：“都御史鄢懋卿行部过，（海瑞）供具甚薄，抗言邑小不足容车马。懋卿恚甚，然素闻瑞名，为敛威去。”矛盾是真实的，其余情节多属虚构。倦游逸叟《梨园旧话》写到：“戏园屡演此剧，观者无不餍心。”“余屡观此剧，最喜王九龄之饰海刚峰，余紫云之饰鄢妾。一则不畏强御，风骨嶙峋；一则姿媚横生，唱工圆润。可谓毫发无遗憾矣。”班中演员还曾集资宴谢作者。京剧传至上海不久，此剧便在当地演出。清同治十一年四月十二日（1872年5月8日）《申报》刊登的《沪北竹枝词》就有“街头招贴人争看，十本新排《五彩舆》”句。演员、戏班名称不详。1911年上海新剧场上演时，孙菊仙饰海瑞，小子和饰民女冯连芳。广告称：“内廷常演是剧，老供奉（孙菊仙）之拿手戏也。兹照内廷秘本重新改正，加以景彩，较旧时所演大不相同。”（1911年2月18日《申报》）其后，除富连成等科班外，已不常演出。剧本载《京剧汇编》第45集，分为十本，与四喜班演出本已略有出入。

（颜长珂）

Wu Ge Yi Gongcheng Jiang

“五个一工程”奖　中共中央宣传部主办的精神文明建设“五个一工程”评选活动的简称。创设于1992年。评选由各省、自治区、直辖市和中央部分部委，以及中国人民解放军总政治部等单位组织生产、推荐申报的精神产品中的精品佳作。“五个一”是指：一部好的戏剧作品，一部好的电视剧（片），一部好的电影，一部好的图书（限社会科学方面），一篇好的理论文章（限社会科学方面）。成绩特别突出的个别项目，也可以突破“一”。1995年度起，增加一首好的歌曲和一部好的广播剧，“五个一工程”名称不变。对组织精神产品生产成绩突出的单位，授予组织工作奖，对获奖单位与入选作品颁发证书、奖金。原为每年评选一次，1997年起改为两年评一次，后评选时间又有更动。至2009年已评11届。此项评选活动，贯彻了文艺“为人民服务、为社会主义服务”的方向和“百花齐放、百家争鸣”的方针，对繁荣文艺创作起到了有力的推进作用。入选京剧作品有30部。

入选“五个一工程”奖的京剧剧目

届次	作品	演出单位
第一届（1991）	《高高的炼塔》	吉林省京剧团
	《山花》	福建省京剧团
第二届（1992）	提名奖《水龙吟》	北京京剧院
第三届（1993）	《程长庚》	安徽省京剧团
第四届（1994）	《范仲淹》	贵阳市京剧团
	《醒醉记》	南京市京剧团
	提名奖《甲午恨》	烟台市京剧团
	提名奖《甘泉》	内蒙古自治区京剧团
第五届（1995）	《北国红菇娘》	中国京剧院
第六届（1996）	一、二、三本《狸猫换太子》	上海京剧院
第七届（1997～1998）	《骆驼祥子》	江苏省京剧院
	《风雨同仁堂》	北京京剧院
	《大脚皇后》	山西省京剧院
	《香江泪》	战友京剧团
第八届（1999～2000）	《瘦马御史》	中国京剧院
	《华子良》	天津京剧院
	第二本《宰相刘罗锅》	北京京剧院
	《生死峡谷》（少儿京剧）	青岛京剧院
第九届（2001～2002）	优秀作品奖《北斗星》（儿童剧）	青岛京剧院
	《草原母亲》	内蒙古自治区京剧团
第十届（2003～2006）	优秀作品奖《廉吏于成龙》	上海京剧院
	优秀作品奖《妈祖》	天津京剧院
	优秀作品奖《文成公主》（京剧藏戏）	中国京剧院 西藏自治区藏剧团
	《天马歌》	青海省戏剧艺术剧院
	《血胆玛瑙》	阜新市戏曲剧院
第十一届（2007～2009）	《成败萧何》	上海京剧院
	《北风紧》	福建京剧院
	《丝路花雨》	甘肃省京剧团
	《飘逸的红纱巾》	江苏省京剧院
	《泸水彝山》	国家京剧院

（黄菊盛）

Wuhuadong

《五花洞》　京剧作品。又名《三矮奇闻》、《真假潘金莲》。剧情与《缀白裘》中的［西秦腔］《搬场·拐妻》大致相近。据《剧学月刊》第1卷第6期刘宗鹤《胡喜禄专记》载：《五花洞》为胡喜禄在春台班时与青衣王长寿、花脸张喜儿等编创排演。运用［西皮］“十三咳”唱腔。齐如山《京剧之变迁》谓系张喜儿改编，胡喜禄、王长桂曾演出，且另加《双包案》、《双天师》情节。剧情是：蜈蚣、蝎子、壁虎、蛤蟆、毒蛇在五花洞修炼成精。遇去阳谷县寻访武松的武大郎与潘金莲。妖精变化成假武氏夫妇相戏，真假难分，扭至阳谷县衙。县令也难以断案。包公巡查至此，代为审问，在照妖镜下，妖精逃走，张天师赶来，追至五花洞擒获。剧作明显受小说《五鼠闹东京传》的影响。不少旦脚演员均工此戏。演出时，

清宫《戏出画册·五花洞》（故宫博物院藏）

常由4位、6位甚至8位演员分饰真假潘金莲，称为《四五花洞》、《六五花洞》或《八五花洞》。有《改良京剧本》、《戏典》、《平剧汇刊》等刊本。梅兰芳在《舞台生活四十年》中对此剧有独创的见解，他说："这出戏的剧情，固然荒诞不经……不过它有一个特点，就是潘金莲的性格，在旧戏里都描写她的风流浪漫，重在做派不重唱工，是由花旦来扮的。《五花洞》的潘金莲却是一个正派人物。你瞧她在这

前排左起：萧长华、曹二庚、罗文奎、慈瑞全、高连峰、贯多才分饰真假武大郎
后排左起：王幼卿、于连泉、尚小云、梅兰芳、程砚秋、荀慧生分饰真假潘金莲
（1928年3月北京铁狮子胡同张宗昌宅堂会）

戏里有大段［慢板西皮］的唱工，就知道是要青衣来应行了……末场捉住妖怪，案情大白，又好像告诉观众说真潘金莲是个规规矩矩的女人，假潘金莲才是妖怪呢。她的冤枉，已经由大家公认，正直无私的包老爷替她洗刷清楚了。像这样地写她，在旧戏里倒还是独出心裁的创格呢。"1932年1月，长城公司录制过梅兰芳、尚小云、荀慧生、程砚秋合唱的《四五花洞》，每人各唱一句［西皮慢板］，这张唱片对"四大名旦"这一称谓的传播起了很大作用。（骆正）

Wurenyi

《五人义》 京剧作品。又名《反苏州》、《看看苏州人》。明代故事。天启年间，权阉魏忠贤迫害东林党人，派人到苏州逮捕前吏部员外郎周顺昌，激起苏州市民的公愤。颜佩韦、周文元、马杰、沈扬、

清宫《戏出画册·五人义》（故宫博物院藏）

杨念如纠集苏州百姓联名作保，包围官衙，发生冲突。打死打伤校尉，大闹苏州城。李玉作《清忠谱》传奇，演为昆曲，京剧《五人义》即源自其《义愤》、《闹诏》两折（载《缀白裘》），并有所发挥。作品在舞台上生动地反映明末市民反抗暴政的群众运动，塑造了颜佩韦、周文元等首领人物的艺术形象，穿插以王节、刘羽仪等府学生员、地方官吏以及普通百姓的不同表现，描绘了这场轰轰烈烈的群众斗争的恢宏气势，有张有弛，层次分明，富于节奏感。武打设计也别开生面。颜佩韦原为剧中主角，由花脸饰演。在京剧演出中，性格更为丰满的周文元跃居舞台中心，由武生或武丑饰演。谭鑫培早年曾演出。杨小楼、王长林等擅演。剧本载《京剧汇编》第56集、《戏考》第18集。另有唐伯弢改编《官逼民反闹苏州》，李万春等演出，翁偶虹改编《十三太保闹苏州》（北新书店1951年出版），叶盛章等演出。（张燕鹰）

wu xiang yi zhuo

五箱一桌 戏班用语，为戏箱与梳头桌的简称。戏班行头的贮存器，习称戏箱。为便于保管、运输和演出使用，行头入箱有习惯性分类。清乾隆末年民间流动的昆班行头，"分衣、盔、杂、把四箱"（《扬州画舫录》卷五记"江湖行头"）。此四箱是指戏箱的类别，非具体只数；只数多寡随戏班规模与经济条件而定。晚清有名的昆班——全福班，其后期以沈秉泉组班最久，经常在贳行头店租用戏箱演出，"考究点的共有十八只，马虎点十二只也可以对付得过"（沈盘生语，见梅兰芳《舞台生活四十年》第2集第3章）。京剧一般分五箱：大衣箱、二衣箱、三衣箱（靴箱）、盔头箱、旗把箱。亦有分作六箱者，即将旗把箱分为把子、旗包两箱（见周贻白《中国戏剧史长编》第618页）。京班戏箱的具体只数一般要比昆班多。戏箱分类的实质是管理上的分工，使各类箱口有专人负责，各司其事，有条不紊。齐如山《戏班》谓："戏班中行头之装箱，规矩极严，不但某件应装某箱有一定规矩，就是某件置于某件之上，某件置于某件之下，其次序皆不许紊乱，故用时不用思索，伸手即可取出，虽夜晚无灯，亦不至取错，洵良法也。"

翻检《鞠部丛刊》(1918)、《中国剧》(1920)、《戏学汇考》(1926)、《戏班》(1935)诸书所记的京剧戏箱状况，与《扬州画舫录》所记"江湖行头"相比较，可知京剧戏箱分类，大体循昆班

旧例而有所调整：①昆班衣箱旧有大衣箱与布衣箱之分，区分标准是戏衣的质料，即把丝织的、有绣活的戏衣，不论文扮、武扮、女扮，均归大衣箱，其他布质戏衣归布衣箱。京班的大衣箱与二衣箱的区分标准主要是文武，即把文扮戏衣与武扮戏衣相对分开，前者归大衣箱，后者归二衣箱。②昆班的杂箱，包括髯口、靴鞋、旗包、面具等。京班设靴包箱（齐如山《戏班》：“靴包箱又名三衣箱”），大致为昆班布衣箱及杂箱中靴鞋等的合并与扩充。③昆班杂箱中的髯口、假发、面具等头部造型物件，在京班统归盔头箱。

戏箱所装之物，均为官中行头。“角儿私房之物，俱有跟包（即随从人）于演剧时携来，剧毕携去，绝鲜存留”（海上漱石生《上海戏园变迁志》）。各类箱口应装物件大致如下：

大衣箱。富贵衣、各色蟒袍、女蟒、老旦蟒、太监蟒、旗蟒、宫装、开氅、各色官衣、女官衣、青素官衣、各色花素帔、各色花素褶子、古装、旗袍、八卦衣、法衣、袈裟、蓑衣、罪衣、长短斗篷、大小坎肩、裙子、饭单、朝珠、牙笏、喜神等。

二衣箱。各色靠、霸王靠、改良靠、大铠、花素箭衣、马褂、花素抱衣、花素快衣、上下手衣、刀斧手衣、马童衣、扣带、绦绳等。

三衣箱。水衣、胖袄、护领、青袍、卒字坎肩、龙套衣、各色彩裤、厚底靴、朝方靴、官尖靴、虎头靴、薄底靴、福字履、登云履、打鞋、洒鞋、彩鞋、旗鞋、白袜等。

盔头箱。各式冠、各式盔、各式帽、各式巾、大小额子、过桥、驸马套、雉翎、狐尾、水纱网巾、各式假发、各式髯口、各种面具等。

旗把箱。门帘台帐、桌围椅披、各种旗子（如纛旗、帅旗、令旗、门旗、车旗、水旗、风旗、云旗等）、各种刀枪把子、銮仪器仗、大小帐子、布城、山子、马鞭船桨、灯笼火把、香炉烛台、酒具茶盘、圣旨令箭、书信文具、各种刑具、各种形儿等。

戏箱多为木质长方形，顶呈弧形，内用夏布做衬，外用石灰、桐油等掺和物做涂料，可以防止潮湿霉烂。歇夏时，需对行头进行洗涤翻晒，添新补旧，重新整理入箱。盔箱除长方形木箱外，还有木制圆笼和长竹筒。圆笼可以层层摞起，存放硬胎盔帽；竹筒可以保护雉尾，称翎筒。旗把箱中物件最杂，或装匣，或装筐，或打捆。现代戏箱有用铝合金制造者，更轻便坚固。旧时各种乐器分装于戏箱中。齐如山《戏班》云：“按最早各种乐器，本全数装入旗包，而程长庚成三庆时，则分装之，为防各管箱人偷懒也。盖如此则管箱者一人迟到，则不能打通。”其实，分装之法为昆班旧规，非程长庚所创。

梳头桌。备有脂粉、大顶、片子、线尾子、各式头面、各种绢花、绒花、珠花、旗头、古装头等，均置于匣内，放于桌上，专供旦脚化装之用。《鞠部丛刊·不可不知录》云：“梳头桌上之用具，均系伶人自备。班中虽有，不敷应用，只跑宫女等角用之。”

（龚和德）

wu yin lian tan

五音联弹 20世纪10～20年代以来，海派京剧中出现的一种演唱形式和腔调。简称联弹。主要在一些新编的连台本戏中运用。这种连台本戏，常有多种行当脚色在一起对口联唱的场面，所唱的腔调，除皮簧外尚可连缀多种其他腔调。乐队中除京胡一组的乐器外，也可容纳其他多种乐器，故而这种用多种腔调对口联唱和多种乐器伴奏的演唱形式就称之为五音联弹（也曾有人称之为六音联弹、九音联弹）。用在对唱中的那些腔调就统称之为联弹腔，有些被改编过的皮簧之外的其他腔调，就称之为改良调。

联弹腔仍是以传统京剧的皮簧腔为基础，但因它在连台本戏中着重发展了多种行当脚色对口联唱的形式，为求在歌唱上的品种多样和演唱的气氛红火热烈，于是便把大量京剧以外的腔调，如申滩、粤曲、老淮调和其他某些地方戏曲、小调等吸收、融合进来。在演唱的进行中，还可以在句子之间插进数板或念白。为了方便、灵活地处理大段对唱的唱词（联弹的唱词，虽然基本上也是七言、十言上下句的格式，但它却有很大的随意性），便编出了一些能适应唱词格式的腔型句式来，其中最有代表性的就是二簧的联弹句式，这是从二簧原板腔中提炼而成的。近似垛句的节奏，可以无限反复和变化重复，叙述性较强的一种句式。如《石头人招亲》中的二簧联弹句式：

《石头人招亲》崔金凤（旦）石头人（生）的对唱

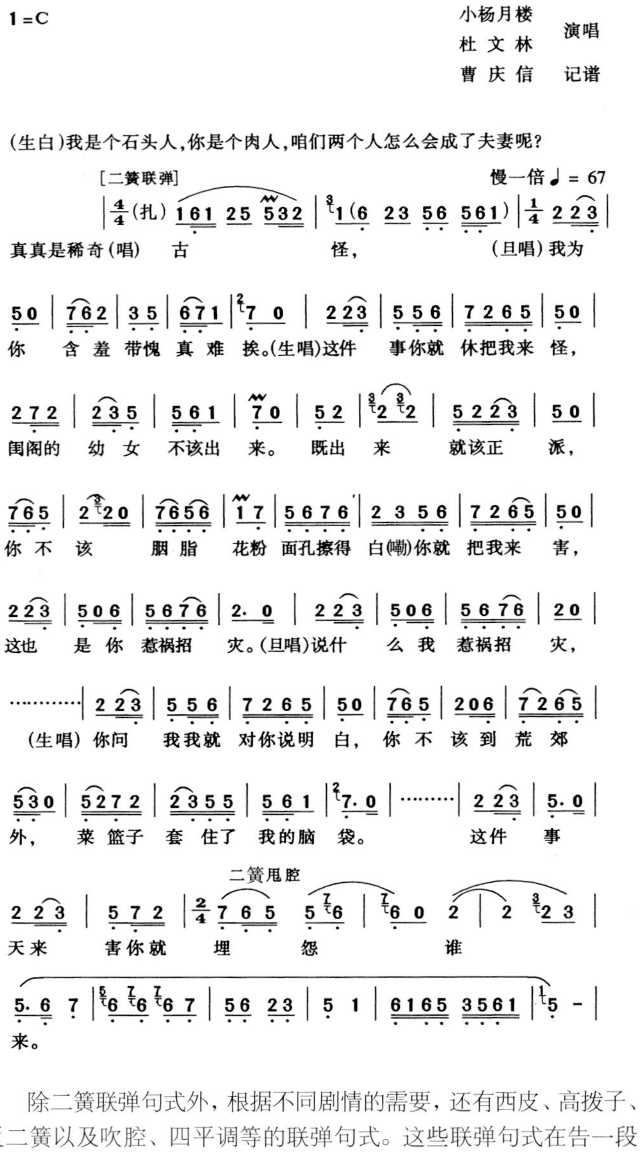

除二簧联弹句式外，根据不同剧情的需要，还有西皮、高拨子、反二簧以及吹腔、四平调等的联弹句式。这些联弹句式在告一段落之处，或是全段结束，总要在最后的一句句尾使用一个该腔调下句的甩腔，以示其主体腔调的种类。

用皮簧之外的各种腔调，如其他地方戏曲、小调等所构成的联弹，需要把这些非皮簧腔调的唱词句法、曲调结构做些调整，有的还需要用些转换调性的手法，使其和皮簧腔调协调起来才行（此即改良调）。比如在《唐王游月宫·游园》一折中，由6个角色对唱的那段联弹，开始的一段就是用民间小调［寄生草］改编而成的改良调，为了和皮簧腔协调起来，这段改良调最后还要转接上二簧联弹的句式，以二簧腔来结束这个唱段。再如《天雨花·公堂》

一折中，由6个角色对唱的联弹，这是个以西皮为主的唱段，虽然唱腔中还夹插着许多其他腔调，如［吹腔］接［拨子垛板］，又接［串滩］，再接昆曲曲牌［雁儿落］，而最后仍要把曲调归入西皮，并以西皮的垛板和下句甩腔来结束。

五音联弹这种演唱形式，打破了传统京剧在运用腔调种类上和使用伴奏乐器上的局限。在演唱形式上，虽然当时还没有重唱、合唱的出现，但多种角色的对口联唱却有很大发展，调剂和活跃了戏剧场面与人物之间情感的交流，而且对于戏剧矛盾冲突和场面气氛的渲染也有其独特的表现能力。

五音联弹是京剧20世纪前期在上海这个商业经济异常繁华的大都市，外来的和本地的艺术品种竞相斗艳的形势下，通过京剧艺人自发的变革而出现的产物。当时联弹是有很多名家参与演出的，如《飞龙传》就是由名演员赵君玉、小杨月楼、王芸芳、小三麻子、杨瑞庭、杜文林、麒麟童等演出。《彭公案》是由赵如泉、赵君玉、金素琴、苏兰舫、杜文林等演出。《穿金宝扇根》是由赵如泉、赵君玉等演出。《甘露寺·相亲》是由白玉崑等名家演出。其中杜文林是一位能编戏、编唱腔、排戏、演出的全面手。五音联弹兴起后，在全国各地曾有过相当大的影响，只是这类形式即兴性成分较多，缺乏更进一步的规范，因此后来难以为继。

（李紫贵　刘吉典　庄永平）

wu yin si hu

五音四呼　戏曲声乐术语，有关字音中声（声母、辅音）、韵（韵母、元音）两部的唱念方法。五音为声母部分，四呼为韵母部分。

五音：音韵学按声母的发音部位，将它分为喉音、舌音、齿音、牙音、唇音5类，谓之“五音”，它对字头的正确与否至关重要。现将汉语普通话中的声母，按五音列举如下：①喉音——凡辅音为g、k、h者，如“公、空、烘”等，字头均属喉音。②舌音——凡辅音为d、t、n、l和卷舌音zh、ch、sh、r者，如“东、通、农、龙”和“张、昌、商、嚷”等，字头均为舌音。③齿音——凡辅音为z、c、s者，如“宗、聪、松”等，为齿音。④牙音——凡辅音为j、q、x者，如“江、腔、香”等，皆为牙音。⑤唇音——凡声母为b、p、m、f者，如“邦、胖、忙、方”等，均为唇音。

四呼：韵母是字音的主体，时值最长，声音爽朗。汉语中由于各韵母发音不同，舌的动态便有高、低、前、后、舒、卷的差别，口腔外部（特别是唇部）口形也有各种变化，民族传统声乐将它们简约概括为“开、齐、撮、合”4类，而有“开口呼、齐齿呼、撮呼和合口呼”之分，总称之为“四呼”。现分别列举如下：①开口呼——凡无韵头（无i、u、ü介音），主要元音亦非i、u、ü的，如“南”（nan）、“开”（kai）、“涉”（she）、“沟”（gou）等字，皆为开口呼，此类元音发音时，口腔均有不同的开度和形状。②齐齿呼——凡韵头为i，或以i为主要元音的，如“奇”（qi），“迷”（mi）和“香”（xiang）等字，即为齐齿呼。发i元音时，上下牙相对，嘴角向两边展开，唇呈扁形，舌尖抵下齿背。③撮口呼——凡韵头与ü，或主要元音为ü的，如“居”（jü），“宣”（xüan）、“女”（nü）等。发ü元音时，基本同i，但嘴唇略向前撮。④合口呼——有韵头u，或主要元音为u的，如“都”（du）、“孙”（sun）、“吹”（chui）等，均为合口呼，发u元音时，舌头后缩，舌高点与硬腭、软腭间相对，圆唇，合口，唇孔比“O”小。

（萧晴）

Wu Zixu

《伍子胥》　京剧作品。又名《鼎盛春秋》。全剧由几个折子戏连缀而成。楚平王纳媳为妃，太傅伍奢力谏被囚。奸臣费无忌献计逼伍修书诓回其镇守樊城的二子伍尚、伍员。伍员（即伍子胥）辨出信中真意，坚守不行；伍尚还都，父子均被诛杀。费无忌派武城黑围困樊城，伍员突围，逃往吴国，是为《战樊城》。伍员途遇故友申包胥，哭诉冤情，发誓报仇。申力劝无效，临别时，申包胥誓称：“子覆楚，我必兴楚。”是为《长亭会》。伍员遭缉拿，难过昭关，留住东皋公山庄，夜不能寐，一夜之间须发愁白。东皋公挚友皇甫讷与伍员相貌相似，让伍员乔装成皇甫讷，混出昭关，是为《文昭关》。伍员中途被大江阻隔，得渔父相助。渡江后伍员以剑相赠，叮嘱其不要泄密，渔父见其生疑，遂投江明志。伍员乞食于浣纱女，又嘱其缄口，浣纱女投江，是为《浣纱记》，又名《芦中人》。伍员逃至吴国，与专诸结拜为兄弟。在吹箫讨饭时与吴公子姬光相遇，遂成公子宾客。姬光用伍员计，宴请吴王姬僚，由专诸用鱼肠剑刺杀姬僚，夺取王位，是为《鱼肠剑》（或作《鱼藏剑》），又名《刺王僚》。本事见于《史记》、《东周列国志》等。现存唐代敦煌卷子写本《伍子胥变文》。元杂剧、明清传奇及许多花部地方戏中均有此题材的剧目。清道光二十五年（1845）《都门纪略》中载有《文昭关》、《战樊城》。《梨园集成》中收有《鱼藏（肠）剑》。老生饰伍员，是著名的唱工戏，曾为程长庚的得意之作。余三胜《战樊城》也颇有影响。孙菊仙“以年近古稀之人，矍铄登场，振吭高歌，

清宫《戏出画册·樊城》（故宫博物院藏）

清宫《戏出画册·昭关》（故宫博物院藏）

《昇平署扮像谱·鱼藏剑》王僚

《昇平署扮像谱·鱼藏剑》专诸
（中国艺术研究院藏）

从《芦中人》直唱到《刺王僚》，原原本本，咳唾风生”，其《鱼肠剑》，更是“水清玉润，磬澈铃圆”（见《申报》1913年2月26日第10版玄郎文）。《菊部群英》载，汪桂芬14岁入三庆、四喜二班，其首演剧目就是《文昭关》。光绪八年(1882)他初搭春台班，又以《文昭关》等戏赢得了“长庚再世”的声誉。其弟子王凤卿也因《浣纱记》称胜于时。京剧史上不少老生演员都擅演此剧，杨宝森尤为知名。他在谭、余的神韵中融入汪（桂芬）派唱法，以其特有的平淡悠扬、如泣如诉、一唱三叹的润腔技巧，把人物苍凉慷慨、长歌当哭的复杂心理和情感世界刻画得淋漓尽致。此戏系他用毕生心血雕琢而成，就在其辞世前20天灵制《文昭关》唱片时，仍在不遗余力地对词曲演唱等进行润色修正，为后人留下了不可多得的艺术珍品。除伍员外，剧中以花脸饰演的姬僚、专诸都很吃重。姬僚演唱的［西皮二六］，在花脸唱腔中是不常见的。据说金少山喜欢花中取姿，其姬僚的“黄脸黄蟒，骨腾肉飞”的形象，就是从菊花中“狻头狮子”借鉴而得。此戏现存唱片有余叔岩、杨宝森、马连良、谭富英之《战樊城》；杨宝森之《文昭关》；双处、言菊朋、贯大元之《浣纱记》；余叔岩、言菊朋、王凤卿、董俊峰、高庆奎、王泊生、郭仲衡、张子寿、夏山楼主之《鱼肠剑》；金秀山、董俊峰、张子寿之《刺王僚》等。1976年，中央新闻纪录电影制片厂曾拍摄了由沙丹导演、马长礼主演的彩色戏曲艺术片《文昭关》。剧本载《京剧丛刊》，其中多折分别见于《戏考》、《修订平剧选》、《戏学汇考》、《京剧汇编》等。（王若皓）

wuchou

武丑　见丑。

wudaxi

武打戏　京剧演出中主要以武打表演作为人物塑造手段的作品。如武生戏《挑华车》，武旦戏《泗州城》，武净与武生并重的《两将军》，武丑与武生并重的《三岔口》等。其技艺源头可上溯到秦汉百戏中的角抵等武技。金元时期最负盛名的“魏、武、刘”三位院本艺人中，“武长于筋斗”（《南村辍耕录》）。元杂剧中，则有包含武打表演的“脱膊杂剧”。明代弋阳诸腔及清代地方戏中，出现了许多取材于《三国》、《水浒》、《说岳》等描写征战杀伐的作品，武打表演成为重要的内容。京剧演出继承了大量这样的剧目，表演技艺则有更大的发展。“四大徽班”时期，更有“和春的把子”，以武剧著称。19世纪后期，武生逐渐成了独立的行当，广采小生、老生、武净的剧目作为应工戏，吸收武术动作以及武旦、武净、老生等行当在唱、念、做、打和人物扮相上的一些特色，把武打

清宫《戏出画册·夜战》（故宫博物院藏）

演技与塑造人物更为紧密地结合起来。武打戏成为京剧舞台上特有的风景。俞菊笙、黄月山、李春来以及杨小楼、尚和玉、盖叫天等武生演员相继崛起，借武打技艺为人物抒情传神的表演成为广泛的艺术追求。武打戏的艺术品格从而确立。

武打戏依据剧中人物的装扮，主要分为长靠与短打两类。前者顶盔贯甲，表现战场厮杀，如《长坂坡》、《挑华车》等；后者短衣短裤，多为游侠、武士之类的人物，如武松、十一郎、黄天霸等。此外，还有介于二者之间的箭衣戏，如《林冲夜奔》、《一箭仇》、《独木关》等。

《京剧版画·三岔口》（王树村提供）

武打戏以做、打为主，唱、念为辅，但优秀演员仍对唱、念给予高度重视。杨小楼的“武戏文唱”即是对这种重视的归纳与概括。经过逐渐发展，武生、武旦、武丑、武净等武剧行当，形成各具特色的技艺，如武旦的“打出手”，武丑的窜扑跳跃和小筋斗，武净的摔打跌扑功夫等。在艺术竞争中，许多演技的惊险程度和观赏性均极大提高，甚至有单纯追求“惊人之技”的倾向。

（田志平）

wudan

武旦　见旦。

Wuhan Jingjuyuan

武汉京剧院　京剧演出团体。原名武汉市京剧团，前身为中南京剧工作团，成立于1950年1月，由民族歌剧院、民众乐园京剧

场及人民剧院的270多位京剧艺人联合组成，隶属中南军政委员会文化部，为最早组建之国营剧团。周信芳任总团长，高百岁、陈鹤峰为副总团长兼第一、第二分团团长，于宗琨、郭玉昆为第一、第二分团副团长。周信芳任职月余即调往华东。此后，中南军政委员会文化部派人前往香港与马连良、张君秋联系，洽商返回大陆事宜。1951年9月，高盛麟、高维廉率中南京剧工作团部分演员去广州迎接马连良、张君秋归来，当即组成中南实验京剧团，由高盛麟任团长。同年10月，在广州太平大戏院公演兰月；返汉后又出演于人民剧院。11月，改任高维廉为团长，旋赴天津、北京演出。因北京市文化部门挽留，马连良、张君秋及剧团多数人员留京，该团建制随之撤销。1952年9月，中南京剧工作团改由武汉市文化事业管理局领导，遂更名武汉市京剧团，高百岁任团长，陈鹤峰、高盛麟、郭玉昆、于宗琨、李福德任副团长。1962年12月，武汉市戏曲学校撤销，该校京剧科交由武汉市京剧团管理，建立武汉市京剧团附属实验剧团，学员仍以学习为主，兼以演出，至1966年结业，并入武汉市京剧团。全团多年分为两或三个分团演出，1990后，体制改革，精简机构，遂缩编为一个演出团。历任团长，除高百岁外，还有王兆庭、曹继水、郭玉昆、倪海天、李德波、任学栋、舒长青等。主要演员有老生高百岁、陈鹤峰、关正明、董少英，武生高盛麟、郭玉昆、贺玉钦、熊云云、倪海天，小生高维廉，杨玉华，旦行杨菊蘋、李蔷华、云艳霞、陈瑶华，净行董俊峰、叶盛茂、张宏奎，丑行高世泰、李正福、刘文振、张啸庄，以及以后培养的青年优秀演员王婉华、陈鸿钧、刘薇、何澍、陈幼玲、刘宝童等。主要伴奏人员有鼓师张世恩、阮宜农，琴师姜鸿奎、武正豪、李晋隆等。主要创作人员有编剧王可、王中一、石受成、姚翔寒、周笑先等，导演于宗琨（专职）、高维廉、杨玉华、倪海天（兼任）等，音乐设计管公衡、李连璧、何延熙等。

《红军不怕远征难》
高盛麟饰赵连长（左） 于宗琨饰渔民（陈莹摄）

历年来创作、改编、排演了《易水曲》、《皇帝与妓女》、《三打祝家庄》、《屈原》、《宝莲灯》、《秦香莲》、《杨继盛》、《蔡文姬》、《关汉卿》、《二子乘舟》、《郑成功》、《文天祥》、《三关排宴》、《穆桂英大破天门阵》、《火焰山》、《闯潼关》、《金山战鼓》、《巧凤凰》、《祁奚》、《杨排风招亲》、《洪荒大裂变》、《乱世王》、《射雕英雄传》等古代故事戏及《红军不怕远征难》、《奇袭虎狼窝》、《党的女儿》、《小康人家》、《飞夺泸定桥》、《赠马》、《接龙桥》、《豹子湾战斗》、《柯山红日》、《楚江泪》、《三进洞房》、《三寸金莲》、《贵妇还乡》、《吉庆街生活秀》等现代戏。其中《洪荒大裂变》参加1988年京剧新剧目会演，获优秀剧目探索奖，主演何澍（饰大禹）获优秀表演奖，1991年此剧又获文华新剧目奖，何澍获文华表演奖。《射雕英雄传》获第三届中国京剧艺术节优秀剧目奖，林军（饰黄蓉）、刘薇（饰包惜弱）获优秀表演奖。2003年创排《三寸金莲》，获第十一届文华新剧目奖，主演刘薇（饰戈香莲）获表演奖。2008年据池莉中篇小说《生活秀》改编的《吉庆街生活秀》，编剧王海涛，导演杨小青，唱腔设计李连璧，刘薇饰来双扬，特邀关栋天饰卓雄洲，在第五届中国京剧艺术节上获现代戏一等奖。此剧后又改名《生活秀》，在2010年获第十三届文华大奖特别奖，剧作者王海涛获剧作奖，导演杨小青等获导演奖，音乐设计傅江宁、程杰、万江峰获音乐创作奖，主演刘子微（原名刘薇）获第九届中国艺术节优秀表演奖。日常上演的传统剧目有《追韩信》、《骂阎罗》、《赵五娘》、《逍遥津》、《徐策跑城》、《乌龙院》、《四进士》、《挑华车》、《铁笼山》、《拿高登》、《长坂坡》、《汉津口》、《群英会》、《借东风》、《华容道》、《甘露寺》、《古城会》、《走麦城》、《闹天宫》、《乾元山》、《十八罗汉斗悟空》、《金刀阵》、《举鼎观画》、《宋江题诗》、《李十娘》、《贩马记》、《人面桃花》、《霸王别姬》、《锁麟囊》、《春闺梦》、《亡蜀鉴》、《玉堂春》、《红鬃烈马》、《桑园会》、《二进宫》、《战太平》、《文昭关》、《打侄上坟》、《豆汁记》、《评雪辨踪》、《百花赠剑》等。高盛麟之《挑华车》、《古城会》、《汉津口》、《独木关》，关正明、李蔷华之《二堂舍子》等摄制成戏曲艺术片；高百岁之《哭祖庙》，高盛麟之《走麦城》、《古城会》，关正明之《举鼎观画》、《杨继盛》，杨菊蘋之《人面桃花》，李蔷华之《亡蜀鉴》，及高百岁、关正明、陈瑶华、王婉华之《柯山红日》等剧唱段灌制成唱片。1953年剧团两度赴朝鲜慰问中国人民志愿军和朝鲜人民军。1956年随陈毅副总理率领的中央人民政府慰问团赴西藏进行慰问演出。1957年赴柬埔寨，1981年赴南斯拉夫、瑞典、冰岛、丹麦访问演出。1989年赴日本友好访问。1993年赴韩国演出。1999年赴台北演出。2004年9月，武汉市京剧团升格为武汉京剧院，院长刘子微。

（周笑先）

《四郎探母》
高百岁饰杨延辉（右） 张君秋饰铁镜公主

《生活秀》
刘子微饰来双扬

《洪荒大裂变》
何澍饰大禹（右） 刘薇饰女娇
（陈莹摄）

《射雕英雄传》
朱陆豪饰郭靖（后）
林军饰黄蓉

wujing
武净 见净。

wusheng

武生 见生。

Wu Song

《武松》 京剧作品。由以武松为主角的几个折子戏串联而成。包括《打虎》、《狮子楼》、《十字坡》、《快活林》、《鸳鸯楼》、《蜈蚣岭》等折。描述了武松自景阳冈打虎至二龙山聚义前的主要事迹。短打武生戏。盖叫天以擅演武松著称。1936年首演全部《武松》。其演出本经整理后，载《京剧丛刊》。

《打虎》。武松回家探望哥哥武大，途中喝醉了酒。经过景阳冈时，赤手空拳打死拦路伤人的猛虎。通过人与虎的搏斗，塑造武艺高强的英雄形象。此折京剧脚本源自明传奇《义侠记》，盖叫天演出本已作较大修改，从昆曲改为皮簧。

《狮子楼》。豪绅西门庆唆使潘金莲毒死武大。武松告状，县官受贿，反打他四十大板。武松在狮子楼酒馆将西门庆杀死，又杀了潘金莲，被判发配孟州。此剧描述武松强烈的报仇行动，有条不紊，以简练的笔墨，刻画了武松胆大心细、粗豪而不莽撞的性格特色。他觉得兄长死得蹊跷，精心搜集人证、物证，邀请乡邻，让潘金莲当众供出事情始末，还望官府为民申冤。只是当他有理无处讲、有冤无处申时，才动了杀人之心。通过环环相扣的矛盾冲突，把人物形象塑造得分外鲜明。

《十字坡》 盖叫天饰武松（右） 阎少泉饰孙二娘

《十字坡》。又名《打店》。武松发配途中，住在十字坡绿林好汉张青、孙二娘夫妇开设的黑店中。夜里武松与孙二娘厮打起来。不打不相识，因误会消除而订交。这是一出以武生、武旦为主的武戏。在双方互相戒备、试探以及误会中进行，既有紧张激烈的格斗（武松的匕首几乎擦着孙二娘的头皮剁在地板上，惊险异常），又有活泼灵巧的动作。两个解差的插科打诨更增添了趣味性。《缀白裘》载有清代花部作品《打店》，京剧与之大致相近。

《快活林》。又名《醉打蒋门神》。武松发配到了孟州。管营的儿子施恩与他结拜为兄弟。武松为替施恩报仇，痛打蒋门神，夺回被他夺去的快活林酒馆。剧中，武松、施恩、蒋忠三个人物形象个性鲜明。武松在去快活林的路上不断地喝酒，越喝越多，显出藐视对手的豪迈气概。施恩与武松同行，却踌躇狐疑，最后竟拔腿溜掉，胆小怕事。两人形成对照。恶霸蒋门神色厉内荏，与武松交手几个回合，便讨饶称服，并捧过账本，跪在地上。穷凶极恶而又丑态百出。

《蜈蚣岭》
盖叫天饰武松

《鸳鸯楼》。蒋忠勾结张都监诬害武松，又将他发配恩州。蒋忠暗派徒弟，买通解差，要在飞云浦杀害武松。武松察觉，将其全部杀死，并改扮差人，连夜混进孟州城，在鸳鸯楼上杀死蒋忠和张都监，蘸血题诗后，缒城逃走。这是历经磨难后的爆发，强狠刚烈，达于极致。

《蜈蚣岭》。武松经张青夫妇改扮成行者，荐往二龙山聚义。行至蜈蚣岭，杀死强抢民女的蜈蚣道人，为民除害。此剧为头陀装束，戴蓬头。武松自此改换为新的舞台形象。剧中“走边”的舞蹈颇具特色。它与《石秀探庄》、《林冲夜奔》常被作为科班课徒的开蒙戏。《缀白裘》所载同名花部作品亦与京剧本相近。

《武松》虽由各自独立的折子戏连缀而成，故事情节时断时续，而由同一人物的故事与性格的发展脉络把它们贯串在一起。多侧面的雕刻，使英雄形象立体化。从因打虎走进官场，当了小小的都头，最终不得不反抗官府，以其特殊的人生经历，踏着艰难而血腥的道路走上梁山。（王卫民）

Wuzhaoguan

《武昭关》 京剧作品。又名《禅宇寺》。演伍员逃国故事。伍员保护楚太子建之妻马昭仪母子，为下庄追兵所迫，藏于禅宇寺，下庄纵兵围困。马昭仪将幼主托付于伍员，自沉于井。伍员抱幼主突走，乃出昭关。情节取自陈继儒点评本《列国志传》卷五（小说中马昭仪触墙而死，非投井）。此剧与出于冯梦龙《新列国志》（后经蔡元放润改，名《东周列国志》，流传最广）的《文昭关》情节不同，且因伍员由武老生应工，扎靠开打，故名《武昭关》，唯伍员一夜间须发皆白相同。《文昭关》生脚独重，《武昭关》生、旦并重。剧中伍员、马昭仪藏匿之所为禅宇寺，禅宇一作禅于，春秋时佛教尚未传入中国，焉有佛寺之设？早年以程长庚、胡喜禄合演此剧为最优，王凤卿与陈德霖在堂会戏中演此，亦称佳构。陈墨香《京剧提要》云：过去票友演《武昭关》，“多清唱罕登场，非旦之不胜，实清客生脚多不习披甲耳”。剧本见《京剧汇编》第6集，北京出版社1963年版。马连良曾改名《楚宫恨史》，以老生为主；程砚秋改名《马昭仪》，以旦脚为主。20世纪60年代，王雁改编为《楚宫恨》，自楚平王父纳子妻起，伍员保幼主杀出重围止。北京京剧院演出，有张君秋、谭富英等演出录音传世。李瑞环又在此基础上做了整理改编，加强了对马昭仪的刻画，使之“嫁得有因、瞒得有理、死得值得”，由天津市青年京剧团赵秀君、张克等演出，在第四届中国京剧艺术节上获保留剧目创新奖。剧本收入《李瑞环改编剧本集》。（简畅）

张君秋饰马昭仪（左） 马盛龙饰伍员

wutai jiandu

舞台监督 剧团中负责现场组织和监督管理舞台演出的人员。

主要职责是在演出过程中负责监督演员、乐队、舞台技术等各艺术部门和工作人员的准确运作，把握并协调好前、后台的工作联系，确保舞台演出顺利进行。舞台监督多由一些演出经验丰富且具有专业知识并了解本剧团业务情况的人员担任。舞台监督应熟悉所演剧目的内容及各种技术性的问题，包括全剧各场开幕、闭幕的时间，全剧进行的节奏，布景、道具、灯光、效果的设置及运用，每个角色的装扮和上、下场的时间等，以监督其准确实施。对演出过程中临时出现的问题，有权采取紧急措施处理。舞台监督应自始至终参与排练，熟悉导演的艺术构思和舞台处理的各项细节，逐渐形成对演出整体把握的能力。舞台监督对于保证演出的质量起着重要的作用。当京剧还没有建立导演制时，其演剧组织中已有了相当于舞台监督的职务，当时称为“总管事”、“戏提调”，亦称“坐中”。（阎骏）

Wutai Shenghuo Sishi Nian

《舞台生活四十年》 艺术家回忆录。梅兰芳口述，许姬传与许源来记录、整理。1950年10月16日起在上海《文汇报》上连载197期。1952年、1954年由平明出版社相继出版了本书的第一集、第2集。以后陆续写出的章节，由中国戏剧出版社于1981年出版第3集，其中部分章节曾在《戏剧报》和《文汇报》(香港版）连载。1987年，中国戏剧出版社又出版了3集合成本。本书多次再版，并翻译成日、俄等文字出版，在国内外都有很大影响。

本书的主要内容是梅兰芳记述自己从1902年开始习艺，到抗日战争爆发的舞台生活，着重总结了自己近40年的艺术经验。梅兰芳9岁（虚龄）从吴菱仙开蒙习艺，11岁第一次登台；14岁正式搭喜连成科班演出，17岁（1910）倒仓，脱离喜连成；1913年改搭田际云的玉成班（后改名翊文社），1915年搭俞振庭的双庆社，1917年参加朱幼芬的桐馨社与俞振庭临时组建的春合社，再入双庆社；1919年进姚佩兰、王毓楼的喜群社，与余叔岩合作；1920年与杨小楼合组崇林社；1922年自组承华社；1932年因九一八事变，全家从北平迁至上海，继续承华社的演出活动，直至抗日战争爆发。

梅兰芳在书中总结的舞台艺术经验，可以概括为以下几方面：

第一，强调戏曲演员在掌握唱做念打等基本功以后，需要多方学习、多方吸收。他自己不仅从吴菱仙学习了正工青衣戏，还从梅雨田、路三宝、王瑶卿等学习了青衣、刀马旦、花旦戏，又从陈德霖、李寿山、乔惠兰、谢昆泉等学习了昆曲折子戏，而且十分重视观摩谭鑫培、黄润甫、金秀山等前辈艺术家的演出，认为“这种一面学习、一面观摩的方法，是每一个艺人求得深造的基本条件”。

第二，梅兰芳十分重视勤学苦练。最有意味的是他对养鸽练眼的记述。梅幼年眼睛微带近视，眼皮下垂，迎风流泪，眼珠转动也不灵活，与戏曲演员要求的有一对神光四射、精气内涵的好眼睛，距离颇远。17岁时，他对养鸽产生兴趣，由于鸽群高飞，自己要用尽目力辨识，而且愈望愈远，几乎望到云层之上，天天这样做，不知不觉就把眼睛的毛病治过来了。养鸽治眼，虽然出自无心，却包含着勤学苦练的意义。因此，冯幼伟送给梅兰芳一帧可能出自清代郎世宁手笔的黑地白鸽的镜框画，以纪念这件事情。

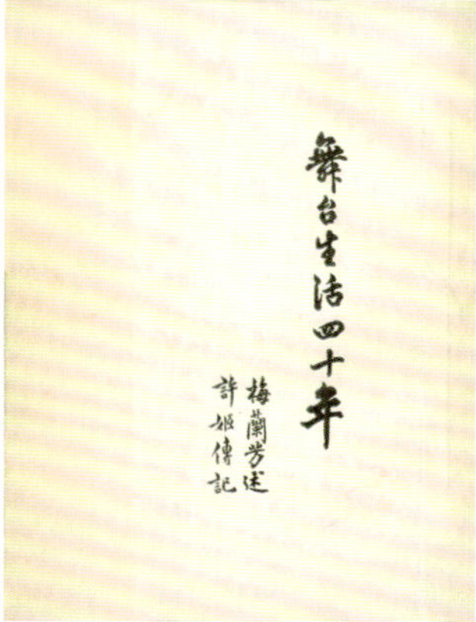

平明出版社1952年版封面

梅兰芳与许姬传（左）、许源来（右）

第三，梅兰芳表述了自己对编演时装新戏的看法。1913～1915年，梅两次赴上海演出，有感于上海剧坛的革新精神，认识到：“戏剧前途的趋势是跟着观众需要和时代而变化的”，不能在“旧圈子里边不动”，“要走向新的道路上去寻求发展”，于是编演了《孽海波澜》、《宦海潮》、《邓霞姑》、《一缕麻》等时装新戏。《邓霞姑》中霞姑责备郑琦的用了不少新名词的大段道白，《一缕麻》中林纫芬踏着风琴唱歌，都是比较新鲜的场子，得到观众的欢迎。但是梅此后未再编演时装新戏，原因在于他认为：“古典歌舞剧是建筑在歌舞上面的。一切动作和歌唱，都要配合场面上的节奏而形成它自己的一种规律。”“时装戏表演的是现代故事，演员在台上的动作，应该尽量接近我们日常生活里的形态”，“在这个条件下，京戏演员从小练成功的和经常在台上用的那些舞蹈动作”，“大有英雄无用武之地之势”了。梅兰芳提出来的内容与形式的矛盾，那个时代还不具备解决的主客观条件。

第四，梅兰芳提出了同时走“两条路子”的主张。这是指既创编古装新戏，又搬演昆曲。1915～1917年，编演了《嫦娥奔月》、《黛玉葬花》《千金一笑》、《天女散花》等古装新戏；1922年到抗日战争前夕，又编演了《西施》、《洛神》、《太真外传》《俊袭人》等古装新戏。同一时期，他搬演了大量昆曲剧目，比如《牡丹亭》的《游园惊梦》、《春香闹学》，《玉簪记》的《琴挑》、《问病》、《偷诗》，《狮吼记》的《梳装》、《跪池》、《三怕》，《长生殿》的《鹊桥》、《密誓》，《铁冠图》的《刺虎》等。他之所以主张和实施同时走“两条路子”，在于认识到：“艺术是没有新旧的区别的”，要抛弃糟粕部分，对精华部分，“不单是要保留下来，而且应该细细分析它的优点，更进一步把它推陈出新的加以发挥”。昆曲的身段“复杂而美观”，“可以供我们取材的地方，实在太多了”，应该“尽量利用在京戏里面”。

第五，梅兰芳根据自己的丰富舞台实践，总结了戏曲演员塑造人物的几点经验：①戏曲演员“应该深深地琢磨体验”“剧中人的性格与身份”。比如《贵妃醉酒》的表演，必须演得恰如身份，不能过火。“这是宫廷里的一个贵妇人感到生活上单调苦闷，想拿酒来解愁”，“不等于荡妇淫娃的借酒发疯”。在《虹霓关》、《春香闹学》、《佳期、拷红》中都扮演丫鬟，然而“《虹霓关》的丫鬟是一个有正义感的角色；春香是一个天真烂漫、娇憨顽皮的女孩子；红娘是一个有魅力、有担当、胸有成竹的女子”，一定要演出这三个丫鬟的不相雷同的性格。②戏曲演员应当运用自己的演技，深刻揭示剧中人的复杂内心活动。他特别表明，“要形容出剧中人内心里面含着的许多复杂而矛盾又是不可告人的心情”，较之描摹喜怒哀乐，要困难得多。《宇宙锋》是个典型例子：“赵女装疯以后，同时要做出三种表情：(一) 对哑奴是接受她的暗示的真面目；(二) 对赵高是装疯的假面具；(三) 自己是在沉吟思索当中，透露出进退两难的神气。”这只有跟剧中人融为一体，再运用准确的身段和表情，才能够做得深刻而细致。比如赵女唱的［反二簧慢板］第四句“随儿到红罗帐倒凤颠鸾”，梅总觉得词句碍口，想做些变动，后来考虑到［反二簧慢板］的八句唱词包含着多层次意思，必须保留，就琢磨着用表情、身段来冲淡它。在赵女唱这句之前，哑奴照例要比一个相应的手势；某次演出，哑奴刚比上手势，梅用水袖照着她的手打下去，整个遮住了她的手势。这是表示，赵女已经领会哑奴的意思，不让哑奴再往下比画了。这个水袖的运用，既使哑奴有了交代，又顾住赵女与赵高的父女身份，同时冲淡了观众不舒适的感觉，的确做到设身处地，体验入微，深刻揭示了剧中人的复杂内心活动。③戏曲演员应该努力寻求身段、表情的生活依据。他仍以《贵妃醉酒》为例，其中的三个卧鱼，前辈们的演出就是蹲下，没有嗅花的内容。他起始也是遵循老的演法。但是脑海里逐渐产生了问题：这儿的卧鱼表示什么？与剧情有什么关系？他在香港居住的时候，有一天随意俯身嗅了一下公寓前草地上开放的洋花。一位朋友在旁边看见，开玩笑地说：“你这样子倒很像做卧鱼的身段。”这句话启发了他，从此再演《贵妃醉酒》，就赋予卧鱼身段以嗅花的内容；又把三次嗅花改为两次，第一次在大边卧鱼是嗅花，第二次在小边卧鱼是嗅完花再掐花、扔花。美妙的身段遂有了充实的生活和心理依据。

中国戏剧出版社1987年三集合刊本护封

梅兰芳在书中还介绍了一些前辈和同辈著名京剧演员的艺事，并设专章重点谈了杨小楼与余叔岩。他说谭鑫培、杨小楼二位大师对自己的影响最大，因为“他们从来是演某一出戏就给人以完整的精彩的一出戏，一个完整的感染力极强的人物形象”。“谭、杨的表演显示着中国戏曲表演体系，谭鑫培、杨小楼的名字就代表着中国戏曲”。又说余叔岩有继承谭派的雄心大志，又有所发扬光大，终于形成余派。例如《打渔杀家》，经过谭鑫培、王瑶卿二位前辈的不断琢磨，演出时格外精彩。余叔岩与梅兰芳搬演此剧时，“觉得珠玉在前，更需要精益求精，细致加工”。因此，“行船时，两人的距离，尺寸必须准确，绝不许忽长忽短，忽大忽小”；“上船的身段，也不是单纯的一长一落的高矮相，必须和两边晃结合起来才像真事”。强调继承传统要精益求精，这对京剧演员乃至戏曲演员来说，应该是具有普遍意义的原则要求之一。

《舞台生活四十年》开风气之先，拓展了一条戏曲演员重视总结自己艺术经验的道路，其后出版了多部戏曲演员从艺生涯和艺术经验的著作。它们为探索中国戏曲表演体系留下了宝贵的财富。

（沈达人）

Wutai Xingjiao

《舞台行脚》 戏曲文集。龚啸岚著。中国戏剧出版社1996年3月出版。收作者自中华人民共和国成立后所写文章85篇。分“六十年的回忆录”、“梅兰芳艺术”、“程砚秋·程派”、“周信芳·麒派”、“汉剧·陈伯华”、“戏曲现代戏”、“戏曲片·影评”、“学戏笔记”、“品评习作”、“杂谈·漫议”、“刊头·编尾”等专题。其中，《从昙华林到紫光阁》等文章，以自己的亲身经历，记述了中国共产党领导人之一的周恩来尊重、关心戏曲艺人，热情帮助戏曲艺人积极投身抗战戏剧运动、努力进行戏曲改革，鼓励戏曲艺人不断追求进步等令人深感怀念的事迹。《“精忠今已照人间”》、《抗战时期田汉先生戏曲活动摭记》等一组文章，通过回忆中国著名戏剧家田汉在抗日战争时期为领导、推动抗战戏剧运动所做的大量工作，包括撰写具有新的思想意义、表现形式、时代风格的戏曲剧本，指导戏曲艺人以新思想、新道德为准则，努力使戏曲的表现内容和形式适合时代的发展，适合广大抗战民众、抗战士兵的需要等，高度评价了田汉在抗日战争时期为中国戏曲的振兴发展和改革所作出的贡献，也为中国戏曲在抗日战争时期的发展历史及田汉研究提供了珍贵史料。在评价梅兰芳、周信芳、程砚秋等的文章中，作者尤其肯定了他们在剧目、声腔和表演艺术方面的不断改革、进取精神，认为这是他们创造出精湛完美的京剧艺术，并成为中国戏曲艺术的杰出代表的最根本的原因。作者认为，“京派”和“海派”，包括京剧艺术的各个流派，都为中国京剧的发展作出了不可磨灭的贡献，不应采取任何抑此扬彼的态度；得到当代国际剧坛承认的梅兰芳体系，不仅仅指的是梅兰芳的表演艺术及其成就，而是以他为代表，包括了中国戏曲的全部形式、全部内容及其一切创造；要从建立中国戏剧学派的前景出发，研究和探讨梅氏体系，包括继续从地方戏中重新吸取养分、培养新一代的优秀专家等，以振兴中国的戏曲艺术。书中对中国近代著名戏剧家刘艺舟的回忆、记述及作者对刘艺舟生平有关史实的考证，对著名汉剧艺人李春森、董瑶阶艺术经验的记录分析，关于戏曲机关布景连台本戏历史的回忆总结，几出“三国戏”写作技巧的探讨，以及关于《狱卒平冤》等新戏的评介、《漫话脸谱》等，都反映出作者在戏剧特别是戏曲研究各个专题上所取得的成果。

（方育德）

Wuchen Piaoshe

戊辰票社 京剧票房。1928年在汉口成立。是年为农历戊辰年，故以此命名。发起人万奉一、黄菊存、吴伯清。票友程君谋、南铁生与万奉一有“**戊辰三杰**”之称。程君谋供职于汉口万国跑马场，工老生，得陈彦衡亲传，被誉为“汉口谭鑫培”。程艳（砚）秋首次来汉演出，正值戊辰社成立之际，特约程君谋与之合演《二堂舍子》。早年，曾与吴伯乔、管亦仲、程诗南、瞿世英、唐长风等组织汉口票房，是“华商总会”、“息社”等的主要成员。南铁生，供职于汉口平汉铁路局，工旦行，有“汉口梅兰芳”之誉。除常演梅派剧目外，还有王派拿手戏《棋盘山》、《苏武牧羊》等。多年来，在京、汉两地，广结戏缘，先后与来汉演出的四大名旦以及言菊朋、马连良、奚啸伯、姜妙香、俞振飞等同台献演。1938年武汉沦陷后，正式“下海”。**万奉一**（1893～1945），汉口《新快报》副刊主编。原为汉剧票友，后改习京剧文武老生，与杨小楼、李吉瑞等交好，常演出《连环套》、《蚂蜡庙》、《古城会》等剧目。戊辰票社名票荟萃，成为武汉票界与京、沪来汉演出的著名班社交往的纽带。1938年武汉沦陷，活动结束。

（岳耀民）

X

中国京剧百科全书

Xidan Juchang

西单剧场 现代剧场。址在北京西单路口迤西路北，南向。现已不存。原为清光绪年间奉天督军增祺的旧居，后由奉系军阀张作霖改为奉天会馆。东侧有花园，西侧是坐南朝北的戏台。台基高1.2米，方形舞台，近50平方米。台沿设有矮栏。台前齐栏杆处立有4根明柱，支撑4米高的台顶。舞台后区设上下场门，有后台。戏台面对五正三厢的院落，正房和东西厢房均有考究的前廊。张作霖、张学良父子曾多次在此举办堂会。某次由尚小云、程艳（砚）秋、王蕙芳、筱翠花合演《四五花洞》，又有杨小楼、许德义参加演出。全套服装均由张作霖出资提前定做。1928年，张作霖在东北被日本关东军炸死，奉天会馆逐渐冷落。戏台由郝锦川承租，改建为封闭式砖木结构的剧场，定名哈尔飞戏院。据哈尔飞戏院在《北京画报》上的广告称，“哈尔飞”取义于英文HALPY，福利欢乐的意思。因取名者弄错英文字母，将Happy误写为HALFY，才音译为哈尔飞。戏院占地400平方米，2层。一层设长条靠背椅座，楼上只设包厢，不设散座，可容观众600余人。舞台为镜框式，台唇半圆形。台上方5米高处设有相应的木结构台顶，悬挂弧形大幕。1930年9月14日竣工开业，由经理彭秀康和赴美国演出归来不久的梅兰芳先后致词。首场演出，日场是新艳秋的《女起解》、杨宝森的《打渔杀家》、刘宗扬的《恶虎村》，夜场是王又宸、郝寿臣、新艳秋、朱斌仙合演的《法门寺》，周瑞安主演的《金钱豹》，梅兰芳、姜妙香、曹二庚合演的《贵妃醉酒》。1937年，同在西长安街的长安大戏院和新新大戏院相继开业，哈尔飞相形见绌，一度改为瑞园茶社，演出曲艺杂技。1938年改为大光明电影院。1945年改为大光明大戏院。中华人民共和国成立后改称西单剧场，后划归北京曲艺曲剧团，后被拆除。 （吴增彦）

20世纪30年代末的哈尔飞戏院
（选自《清代以来的北京剧场》）

Xifangren Kan Zhongguo Xiju

《西方人看中国戏剧》 戏曲文集。著者施叔青（1945～ ），台湾女学者。人民文学出版社1988年出版。全书分上、中、下3部分。上部分由7篇论文组成，专论京剧。《西方人看中国戏剧》一文概要介绍了中国戏剧西传的历史和欧美戏剧工作者吸收中国戏剧的态度。作者认为西方人无法接受京剧的原因有3点：①无法接受京剧音乐；②中国无西方之悲剧；③京剧剧本好用典故，西方人难以真正了解。但近代西方人对中国戏剧的狂热爱好却有增无减，其原因有4点：①好奇心的驱使；②在中国剧场里找到了他们失落的戏剧传统；③京剧的特技表演吸引了西方观众；④京剧时空自由的舞台处理震惊了西方。《京剧的剧本》一文对京剧的本质、主题、题材等进行了论述，作者认为，表演抽象艺术化、题材意识人间化，这便是京剧的本质。作者接受了俞大纲《京剧学理》的观点，认为：京剧是以中国民族的伦理意识和伦理感情为主题；临难而不变其操守的人，便是京剧所歌颂赞美的：表现在中国戏里的道德价值之高，是为各国戏剧所不及。在谈到京剧题材时，作者认为其故事的来源虽然承袭了一部分较早的戏剧，可是依据民间传说和演义小说

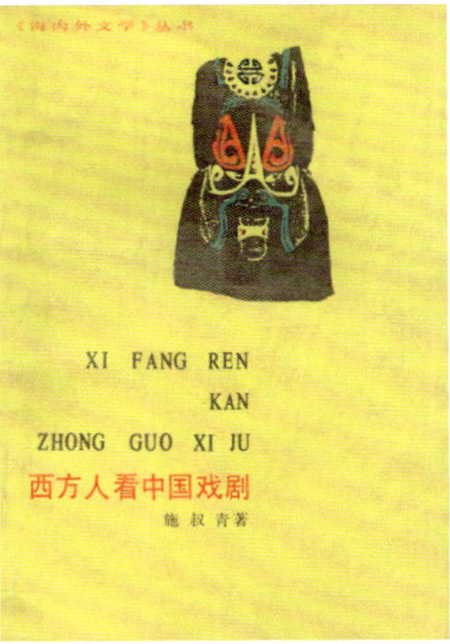

改编成戏的，更是京剧剧本的主要来源。由于严守善恶相报的道理，致使京剧跳不出因果律的情节，从而使得京剧的故事可以套入“通俗剧”的形式。《看〈白蛇传〉演出》、《〈拴玉镯〉的研究》和《从票友戏论〈红鸾喜〉》分别对这3出戏的主题、情节、角色心理进行了细致分析。另外两篇文章分别记述了作者在美国导演《武家坡》的经过和京剧演员郭小庄的成长过程。 （许祥麟）

Xinan Di-yi Jie Xiju Zhanlanhui

西南第一届戏剧展览会 1943年冬，由任广西省立艺术馆馆长的欧阳予倩与田汉、瞿白音、熊佛西等发起筹备，于1944年2月15日至5月19日在桂林举办的戏剧展演活动。同时还举行了西南第一届戏剧工作者大会。宗旨在于进一步鼓舞士气，宣传抗战，反对投降，继续加强革命的、进步的演剧活动，冲破黎明前的黑暗，迎接胜利的曙光。剧展除演出话剧外，组织上演了29个平（京）剧剧目。有柳州四维平剧社的《梁红玉》(欧阳予倩编剧）和据郭沫若话剧《棠棣之花》改编的《聂政之死》，四维平剧社儿童训练班的《江汉渔歌》(田汉编剧，李紫贵导演)，江西代表团平剧组的《岳飞》(徐嘉元编导）和《西门豹》(裘德煌编剧，闵克强导演)，桂林平剧界联合演出的《太平天国》(曹慕髡编导）等。桂林四维平剧社特意排练演出了现代戏《家》。这些新编或改编的剧目，内容大都以古鉴今，激励爱国热情与抗日斗志，舞台艺术也多有革新探索。剧展特别重视继承、借鉴戏曲传统，演出两台折子戏晚会，有吉庆戏《封相》、《富贵长春》，有柳子腔《小上坟》、吹腔《文章会》、徽戏《雪拥蓝关》、河北梆子《喜荣归》、以念白为主的戏《定计化缘》、[高拨子]《长坂坡》、[唢呐二簧]《御林郡》、改良调《江龙涧》等。京剧团体参加西南剧展，与各界人士交往，联络剧界感情，进一步明确了平剧改革之路，坚定了贯彻戏剧为抗战服务这一方针的信心与决心。 （傅淑芸）

xipi

西皮 京剧两大腔调之一。它的来源一般多认为是清初陕西、甘肃一带流行的秦腔（即梆子腔）传入湖北襄阳地区，同当地语言和民间音乐结合衍变成为襄阳腔，又传至汉水流域在武汉一带发展变化而形成。[西皮]的名称，据说是因湖北人习惯将唱称为“皮”，故而将西北传来的曲调称为[西皮]。又因湖北在清代属湖广区域，故[西皮]也曾被称为湖广腔。由于[西皮]来自西北，故有些剧种如湘剧、桂剧等便又称[西皮]为“北路”，而将产生自长江中下游一带的[二簧]称为“南路”。

特征 [西皮腔]是一种比较刚劲有力、明朗畅悦的腔调。其特征为：①节奏比较活跃，常在“眼”上起唱，多在“板”上落腔。②上下句落音。上句，生腔落音为Re，如带拖腔也可落音为低La，旦腔落音为La，如带拖腔也可落音为Re。下句，生腔落音为Do，亦可落低Sol，旦腔落音为Sol，亦可落Do。③调式，生腔基本为宫调式，旦腔基本为徵调式。也有人认为，由于五声性调式的双重性、游移性，在生、旦腔中，各自的调式主音与其支柱音（宫调式的Mi、Sol，徵调式的Do、Re）在两个调式之间能灵活地转换，因而称之为宫、徵综合调式。④胡琴定弦，内弦定低La，外弦定Mi。与[二簧]胡琴定弦（低Sol、Re）在同一个调高上相比，[西皮]弦则比[二簧]弦高一个音，显得[西皮]弦的紧张度比[二簧]弦高，所产生的色彩有所不同，演奏起来，[西皮]弦比较刚劲明亮，[二簧]弦则比较柔和暗淡。

由于[西皮]的调式特点和曲调中常出现以五声音阶为主的自然七声的跳进句型，四度以上的大跳音程较多，上下句唱腔眼起板落，唱词节奏紧凑，并有比较急促与跳跃的节拍、节奏，胡琴定弦（低La、Mi）在伴奏中，由于没有低Sol，要翻高八度演奏，同唱腔的旋律形成低唱高拉或高唱低拉，跳跃性突出，起伏变化较大，活泼、轻快、激越、爽朗，擅长表现慷慨、激昂、奔放、欢快等情绪。生、旦、净、小生、老旦和丑均唱[西皮]。

板式 [西皮腔]在传统戏中的板式有：[原板]、[慢板]、[快三眼]、[二六板]、[快二六板]、[流水板]、[快板]、[散板]、[摇板]和[导板]等。中华人民共和国成立后，随着新内容的需要和京剧音乐的革新，西皮腔遂有了很多的变革发展。 （张正治）

xipi daoban

西皮导板 [西皮腔]的一种板式。[导板]亦作[倒板]。[西皮导板]是[西皮腔]中带有引导性的句式，同[二簧导板]一样，也只有一个节拍自由的上句句型，而无下句，有待与其他板式结合起来才能构成唱段。由[西皮原板]通过拆散手法发展而来。从更直接的关系来讲，它是[西皮散板]上句的变化形式，由于它采用[导板]锣鼓开唱，作为一段唱腔的引子来用，故称[导板]。其基本腔格大体如下：

生腔

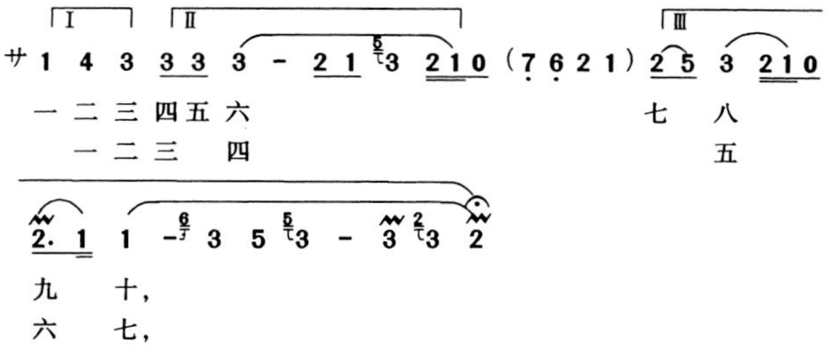

旦腔

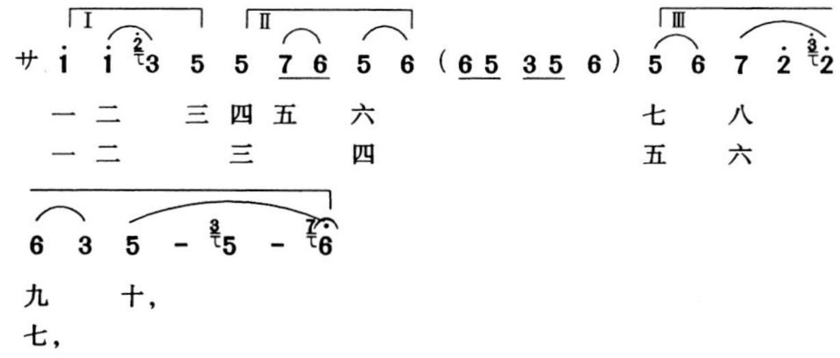

[西皮导板]同[二簧导板]一样，也是一种比较开扩、激越的腔型，在剧中为了将这种激越的腔型展开，把人物的情绪表达得更加充分，常常将全句的音区提到更高的位置。如：

生腔 《辕门斩子》

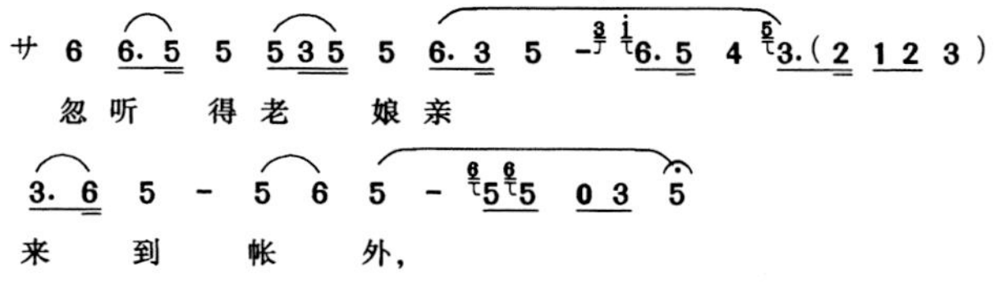

旦腔 《孔雀东南飞》

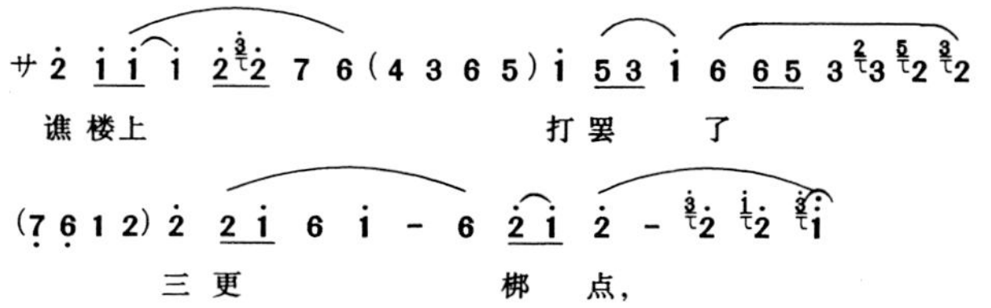

[西皮导板]在场上多用于戏剧情节发生重大事件或转变的时候，

表现人物内心非常激动的情绪，渲染舞台气氛。[西皮导板]代表性的唱句，除《辕门斩子》、《孔雀东南飞》外，还有：《盗宗卷》（生腔）“出世以来在沛风”，《荒山泪》（旦腔）“闻凶信他父子山中丧命”，《铡美案》（净腔）“包龙图打坐在开封府”，《岳母刺字》（老旦腔）“大丈夫为国家无有闲空”，《洛神》（小生腔）“金殿上辞圣驾缓驭东返”。（张正治）

xipi erliuban

西皮二六板 ［西皮腔］的一种板式。一板一眼（2/4）形式。由［西皮原板］的旋律、节奏和结构加以调整发展而来。它的上下句落音和板眼起落与［原板］相同。其区别主要是在节奏上比［原板］紧凑，上下句联结比较紧，句尾都没有拖腔和大过门，只有一两拍小垫头。由于其唱段的上下句多是连着唱的，所以，听起来板头紧凑、强弱缓急的对比也很明显。快速度的［二六板］近似［流水板］，为有板无眼（1/4）形式，甚为平滑通畅。

［二六板］和［流水板］在京剧唱腔中都是非常灵活的板式，其旋律进行、唱词节奏和句式结构的处理，都有很大的可变性，长于表现说理、叙述、描绘，抒发比较欣慰、得意的感情等。

［二六板］的名称由来说法不一。有人说是指它在开唱前有时要用一个共有12板的大过门，“二六十二”故称其为［二六板］；也有人说［二六］实即“二流”，是较宽展的［流水板］。一般情况下，［二六板］在开唱前如没有什么动作需要配合，就不用12板的大过门，同［二簧碰板］的开唱形式相似，以(多罗.62)|开唱。

［二六板］唱腔的第一句一般多从板上开唱，此后不论上句还是下句就多从眼上起唱（偶有变通）。其基本腔格大体是这样的：

生腔

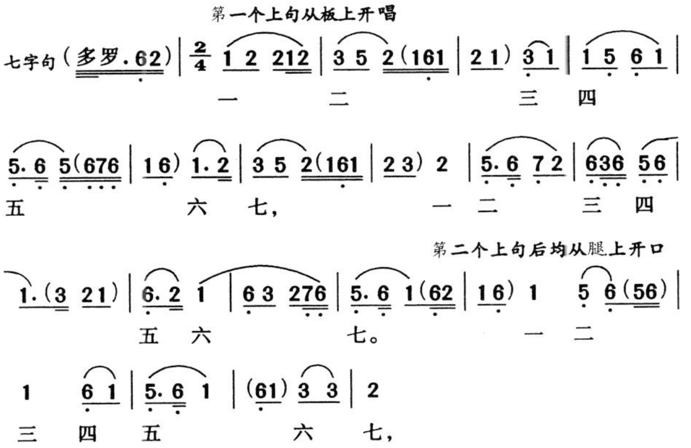

（生腔的十字句腔格从略）

接近［流水板］的生腔［快二六］，节奏甚为明快。它是将［二六板］加以紧缩减音而成。其速度较快，节奏更为紧凑，上下句紧紧相连，均为“闪板起板落”，主要用于激动的叙事。如：

《定军山》

旦腔的［二六板］比生腔的曲调性强些，一般而言速度比老生的［二六板］慢些，较为优美明朗。如：

《西施》

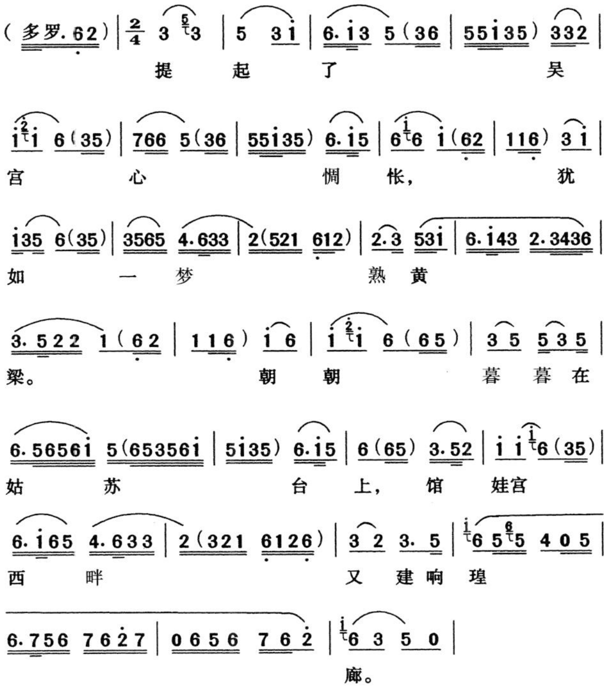

［西皮二六板］的结束句与其他板式的下句不同，主要是在第二、第三分句的行腔上。生腔最后落音仍为Do，旦腔最后落音仍为Sol。如：

生腔 《击鼓骂曹》

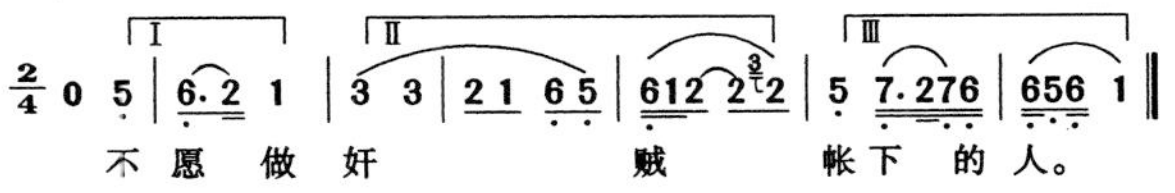

旦腔 《珍珠烈火旗》

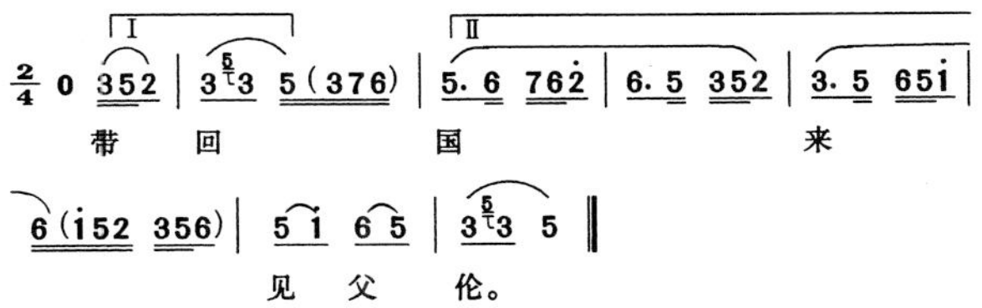

此外，尚有将最后唱散的结束句。

［西皮二六板］代表性的唱段有：《捉放曹》（生腔）“休道我言语多必有奸诈”，《空城计》（生腔）“我正在城楼观山景”，《霸王别姬》（旦腔）“劝君王饮酒听虞歌”，《天女散花》（旦腔）“云外的须弥山色空四显”，《飞虎山》（净腔）“娃娃做事太莽撞”，《徐母骂曹》（老旦腔）“刘备本是英雄将”（后转快板），《火牛阵》（小生腔）“未曾开言珠泪掉”，《虹霓关》（丑腔）“站立在城楼把话讲”。［西皮快二六］代表性的唱段有：《文昭关》（生腔）“伍员在头上换儒巾”，《打登州》（生腔）“老大王在校场令传下”（末句为［散板］），《玉门关》（小生腔）“说什么敌众我寡难取胜”（后转［快板］）。（张正治）

xipi kuaiban

西皮快板 ［西皮腔］的一种板式。有板无眼（1/4）形式。是［西皮流水板］的速度加快，也是京剧唱腔中速度最快的板式。其上下句的基本腔格和各种变化均同［西皮流水板］，区别是速度更快，旋律更加简化，几乎一字一音，极少有拖腔，唱段一气呵成。适于表现一泻而出的强烈情绪，多用于尖锐的戏剧冲突中，表现非常激动的叙事、激烈的争辩和对话。

［西皮快板］代表性的唱段有：《斩马谡》（生腔）“见马谡跪在了宝帐下”，《生死恨》（旦腔）“淫尼为人太可恨”，《锁五龙》（净腔）“休要提起曾结拜”，《太君辞朝》（老旦腔）“万岁爷不必泪眼睁”，《牛郎织女》（小生腔）“兄长不必放悲声”。（张正治）

xipi kuaisanyan

西皮快三眼　［西皮腔］的一种板式。一板三眼（4/4）形式。是介于［西皮原板］与［西皮慢板］之间，从［西皮原板］通过扩展手法派生而来。其特点和表现性能与［二簧快三眼］相同，但唱的是［西皮原板］腔，伴奏用的是［西皮三眼］过门。

生腔　《打渔杀家》

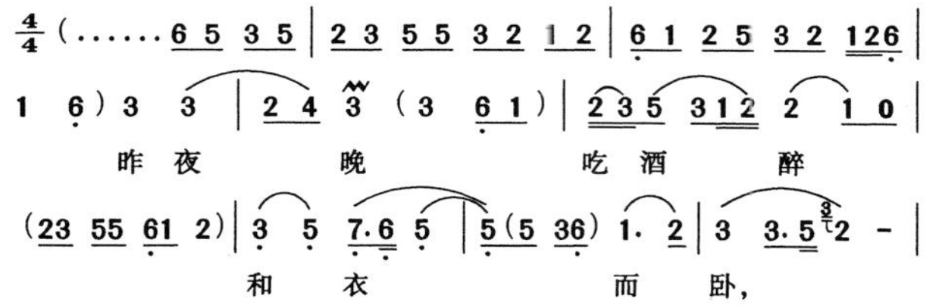

传统戏中［西皮快三眼］单独成段的较少，一般多在第二句或第三句（有时甚至在第一句）唱完，伴奏即变为［原板］过门而转入［原板］。主要用于生腔，也用于老旦和净的综合板式唱段中。

［西皮快三眼］代表性的唱段有：《状元谱》（生腔）“张公道三十五六子有靠”，《击鼓骂曹》（生腔）“平生志气运未通”，《打龙袍》（老旦腔）“龙车凤辇进皇城”（头句为［导板］），《牧虎关》（净腔）“忆昔当年保宋君”（末句为［摇板］）。（张正治）

xipi liushuiban

西皮流水板　［西皮腔］的一种板式。有板无眼（1/4）形式，速度较快，由［西皮原板］通过紧缩手法发展而来。它只保留了［西皮原板］的一些骨干音和上下句的落音，而在节拍形式、句式结构、唱词节奏等方面都有所变化。上下句均为“闪板起板落”，但开唱第一句则多为“板起板落”。其基本腔格大体如下：

生腔

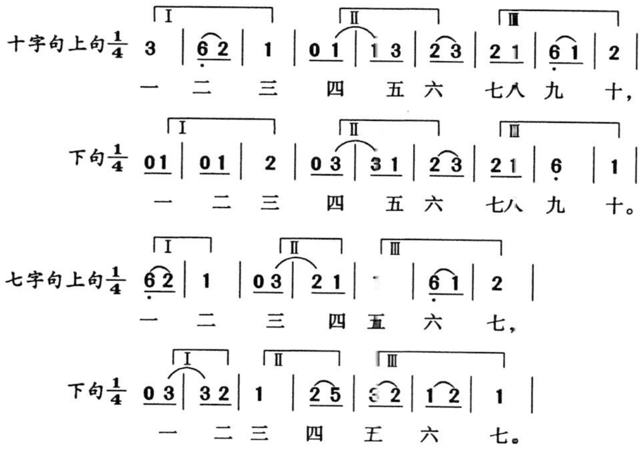

旦腔

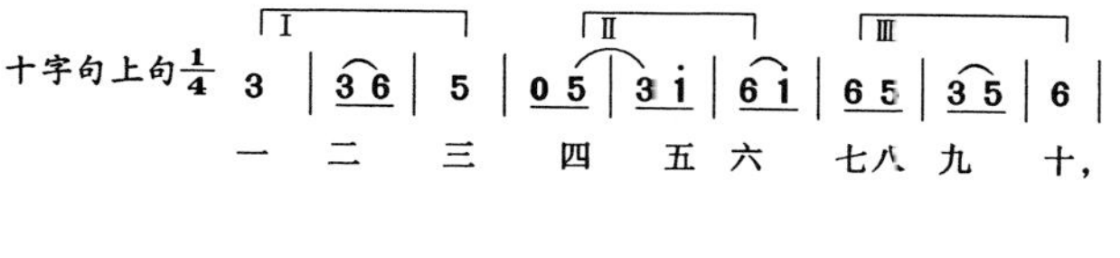

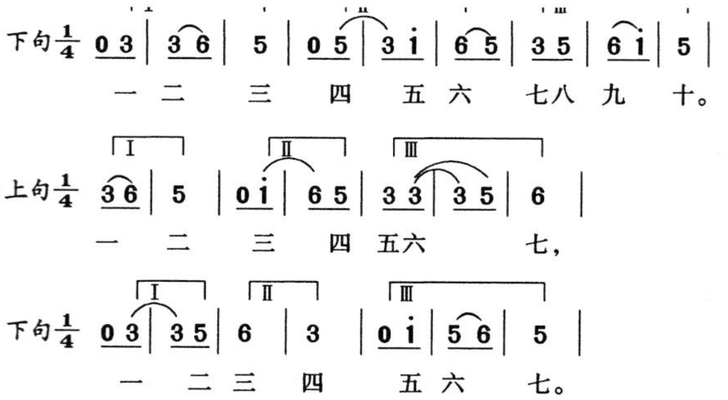

［西皮流水板］上下句应变手法与［西皮原板］的大致相同。主要是根据唱词语气的不同，节奏的变化比较自由。由于语调和情绪的不同，旋律的进行可高可低。上句的落音，生腔亦可落Sol、Mi，带拖腔的还可落低La、低Sol，旦腔带拖腔的亦可落Re、高Do；下句的落音，生腔亦可落低La，旦腔亦可落Mi等。

［西皮流水板］结束句与一般下句的不同，主要是第二分句扩充一、二小节，全句几乎每一个字的节奏都在板上。如：

生腔十字句

《辕门斩子》

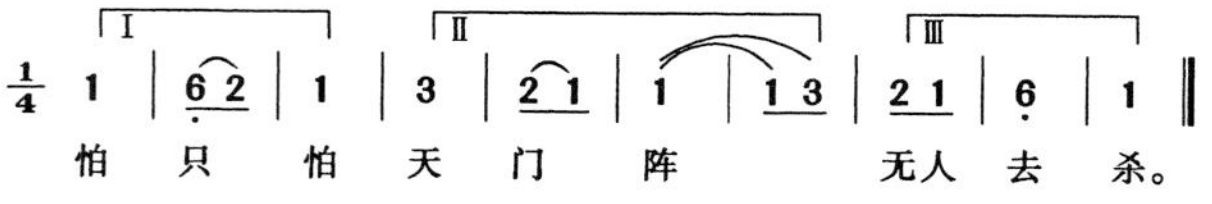

生腔七字句

《捉放曹》

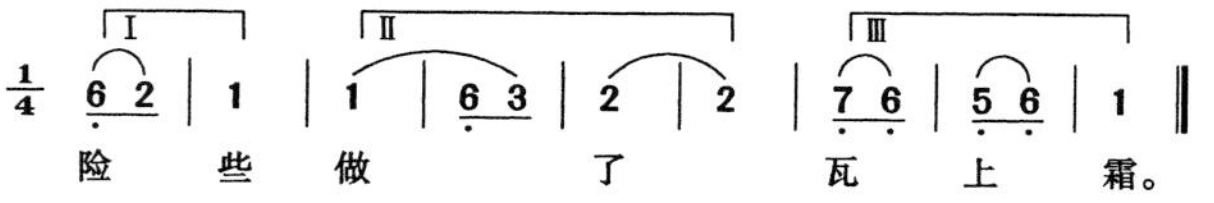

另外，尚有在句尾唱散的结束句。

［西皮流水板］的唱段，由于比［西皮二六板］的节奏更加紧凑，字与字、句与句连接更紧，字多腔少更为突出。根据唱词的不同语气，节奏变化比较自由，可松可紧，“耍着板唱”，因而它不长于抒情，多用于激动情绪的叙事或对话，戏剧性较强。代表性的唱段有：《打严嵩》（生腔）“忽听得万岁宣应龙”，《女起解》（旦腔）“苏三离了洪洞县”，《空城计》（净腔）“坐立在马上传将令”，《打龙袍》（老旦腔）“一见皇儿跪埃尘”（末句为［摇板］），《凤还巢》（小生腔）“休将岳父来抱怨”，《法门寺》（丑腔）“刘公道在马上珠泪垂掉”。

（张正治）

xipi manban

西皮慢板　［西皮腔］的一种板式。［慢板］又称［慢三眼］、［正板］。是由［西皮原板］通过扩展手法发展而来。其上下句的基本腔格，除了从节奏、速度上比［西皮原板］的上下句基本腔格慢约一倍，变为一板三眼（4/4）形式，速度较慢，在旋律上加进一些花音，以及板眼起落变为中眼起板落外，其他方面均与［西皮原板］相同。其上下句基本腔格大体如下：

生腔

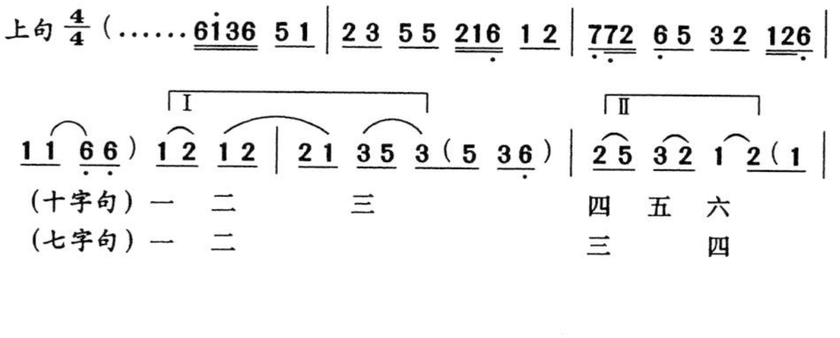

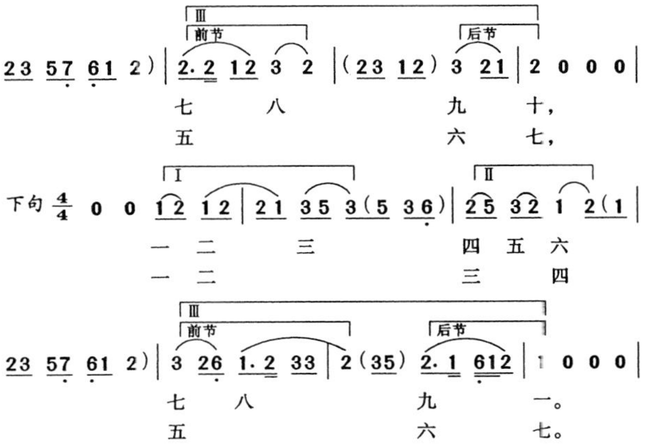

旦腔

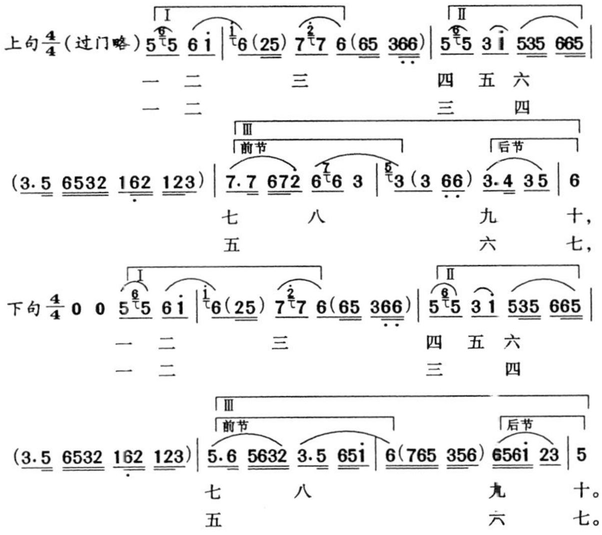

［西皮慢板］上下句重复变化的应变手法，与［西皮原板］相同。其唱段结构主要特点是，为了突出其抒情功能，通常在前一两个上下句的句尾都加有较长的大拖腔，尤其是旦腔的拖腔比生腔的更长。旦腔有4个常用的不同落音大腔，唱来别具韵味。如：

①《三击掌》“老爹爹请息怒”

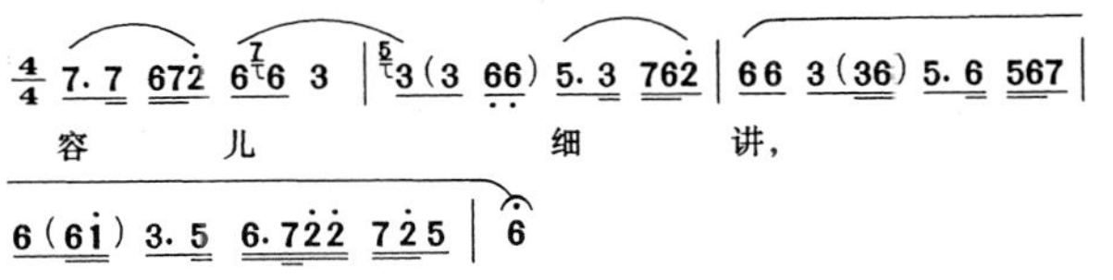

②《玉堂春》“玉堂春本是”

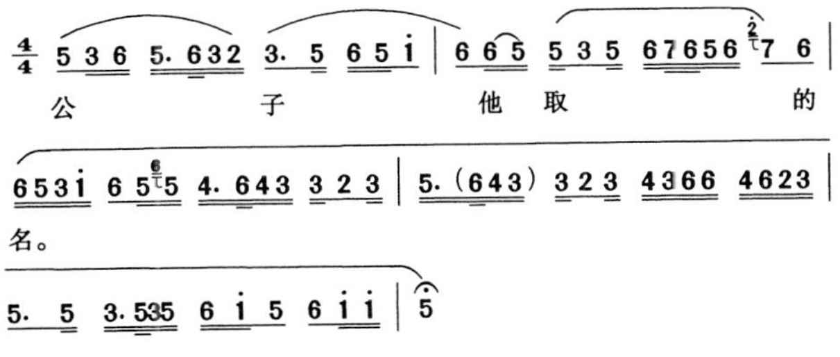

③《朱痕记》“我的父赵都堂”

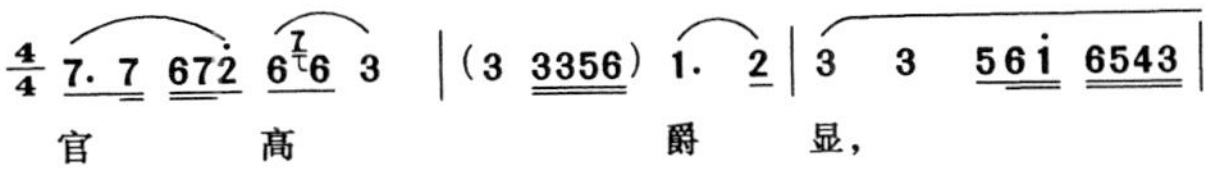

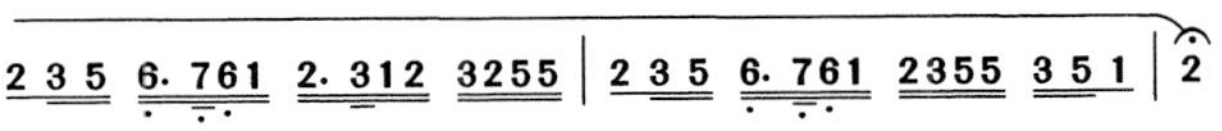

④《彩楼配》“无边的玉宇”

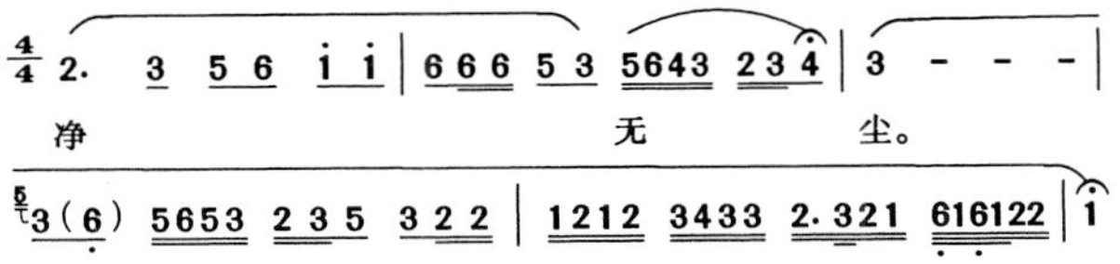

由于［西皮慢板］的旋律比较细致曲折，节奏缓慢，字少腔多，因而它在剧中主要用于抒发人物内心的各种情绪，尤其是旦腔，比生腔的曲调还要复杂，节奏更慢，其抒情性也就更强，常作为主要人物的重要唱段来用。在传统戏中，只有生、旦、老旦有此板式。［西皮慢板］代表性的唱段有：《捉放曹》（生腔）“听他言吓得我心惊胆怕”，《甘露寺》（旦腔）“昔日梁鸿配孟光”，《探寒窑》（老旦腔）“为娇儿把我的心机用尽”。（张正治）

xipi sanban

西皮散板　［西皮腔］的一种板式。无板无眼（节拍自由）形式。由［西皮原板］通过紧缩拆散手法发展而来。从更直接的关系来讲，是［西皮流水板］的［散板］化。其伴奏特点与［二簧散板］相同，也是慢拉慢唱，以双楗子锣鼓开唱，一般在每句之后有大锣一击。［西皮散板］的每句有3个分句，3个分句的落音，生腔上句为Do、Re、Re，下句为Do、Re、Do，旦腔上句为Sol、La、La，下句为Sol、La、Sol。其上下句基本腔格大体如下：

生腔

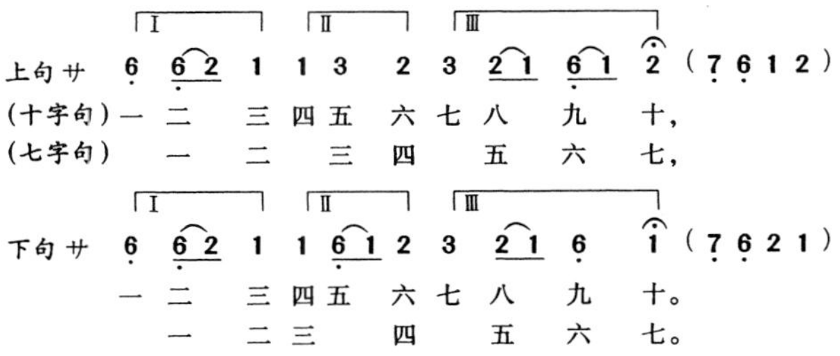

旦腔

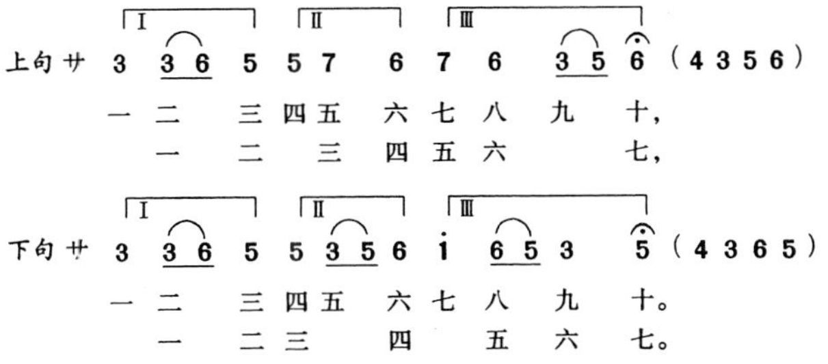

［西皮散板］所用应变手法与［西皮原板］基本相同，变化更自由，伸缩性很大。［西皮散板］的唱段，戏剧性强，其程度往往超过［流水板］和［快板］，因为它不受固定节拍的约束，节奏比较自由，可以尽情地抒发人物的激动情绪和表现不同的语气，尤其是在戏剧矛盾比较尖锐的场合，这种特性展示得极为突出。另外，在不适于上板唱腔的场合，表现一般的叙事或对话时，也可用它。其代表性的唱段有：《四进士》（生腔）“公堂之上上了刑”，《玉堂春》（旦腔）“来在都察院”，《铡美案》（净腔）“慢说你当朝驸马到”，《徐母骂曹》（老旦腔）“听一言来气上撞”，《凤还巢》（小生腔）“遭不幸遇见了这样魔障”，《虹霓关》（丑腔）“哪有闲言对你们讲”。（张正治）

xipi wawadiao

西皮娃娃调 京剧［西皮腔］中一种带有特定调高和旋法的唱腔。由于此调具有高亢激昂的特点，故而戏中常由扮演年轻英俊的武小生来唱。有的剧目，为表达人物非常激动的心情，老生、旦行、老旦也唱此调。其结构与一般的［西皮］老生腔基本相同。区别是定调较高，最低为正宫调（即G调），旋律多在高、中音区活动，特定的句尾有不同落音较为华丽的长拖腔，如：

《辕门射戟》(小生)［慢板］上句“怒气不息”(下接)

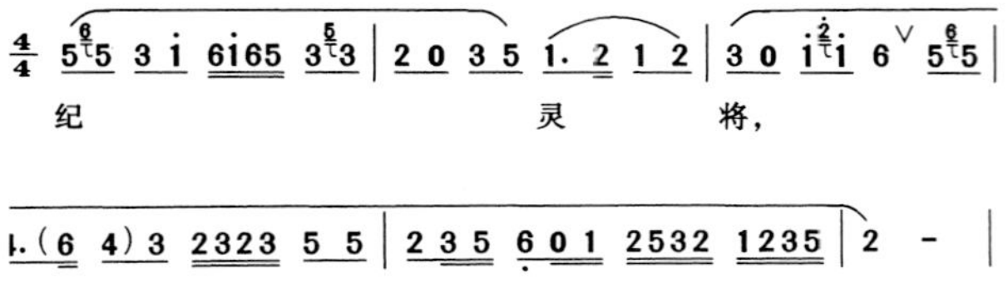

《四郎探母》(小生)［慢板］上句“向前者一个个”(下接)

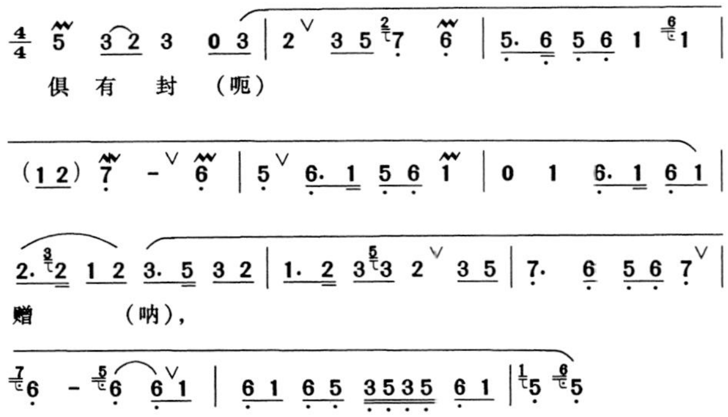

《罗成叫关》(小生)［慢板］上句“上写着罗成”(下接)

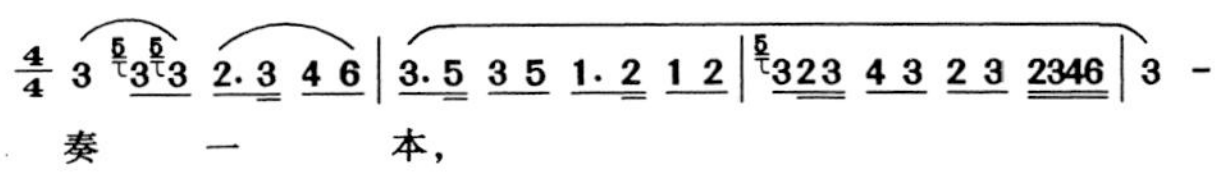

《白门楼》(小生)［慢板］下句“似猛虎离山岗”(下接)

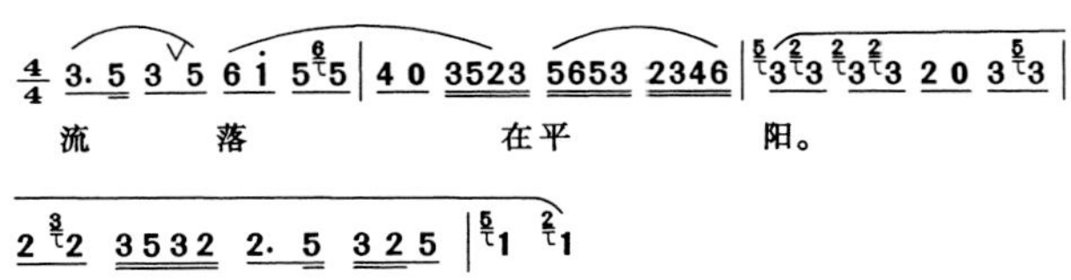

音的进行起伏跌宕较大，棱角较为突出，比一般老生腔更加刚劲挺拔，高亢明亮。它也具有一般［西皮］的各种板式，其中除［二六板］、［快板］、［摇板］和［散板］有时单独成段外，［慢板］、［快三眼］、［原板］等则多用于综合板式唱段中。

［西皮娃娃调］的代表性唱段有：《挡谅》(娃娃生)“康茂才站土台一声高骂”，《辕门射戟》(武小生)“某家今日设琼浆”，《辕门斩子》(老生)“忽听得老娘亲来到帐外”，《木兰从军》(旦)“奉将令在营前四周巡哨”，《打龙袍》(老旦)“龙车凤辇进皇城”。（张正治）

xipi yaoban

西皮摇板 ［西皮腔］的一种板式。由［西皮散板］派生而来。它与［西皮散板］的区别是在伴奏上，即唱［散板］腔，用快速的一拍子伴奏，以单犍挎板的锣鼓开唱；上下句之间不加大锣一击，所用的开唱过门与［西皮快板］相同；并在唱腔中，胡琴以节奏急促而匀称的单音衬托，檀板也有规律地不停拍击，其伴奏乐器的节奏比唱腔的节奏约快一倍，故也称紧拉慢唱。

［西皮摇板］的唱段，既可表现紧张激动的心境，亦可表现轻松悠闲的情绪。由于它具有上板唱腔节奏自由伸长的性质，因而在综合板式唱段中，也可作为［快板］唱腔中的节奏变化，同［快板］交替使用（即由［快板］转［摇板］再转［快板］），其戏剧效果甚有特色。［西皮摇板］代表性的唱段有：《空城计》(生腔)“小马谡失街亭令人可恨”，《四郎探母》(旦腔)“芍药开牡丹放花红一片”，《锁五龙》(净腔)“这一句话儿真爽快”，《徐母骂曹》(老旦腔)“欲借曹贼帐下刀”。

（张正治）

xipi yuanban

西皮原板 ［西皮腔］的基本板式。一板一眼(2/4)形式，中等速度。由对偶式上下句组成曲式结构基本单位，并以上下句变化重复构成唱段。每一唱句都有3个分句(第三分句分为前节与后节)。其上下句的基本腔格（即其基本结构和旋律的骨架）大体如下：

生腔（可大体代表老生、净、丑以及老旦的腔格）

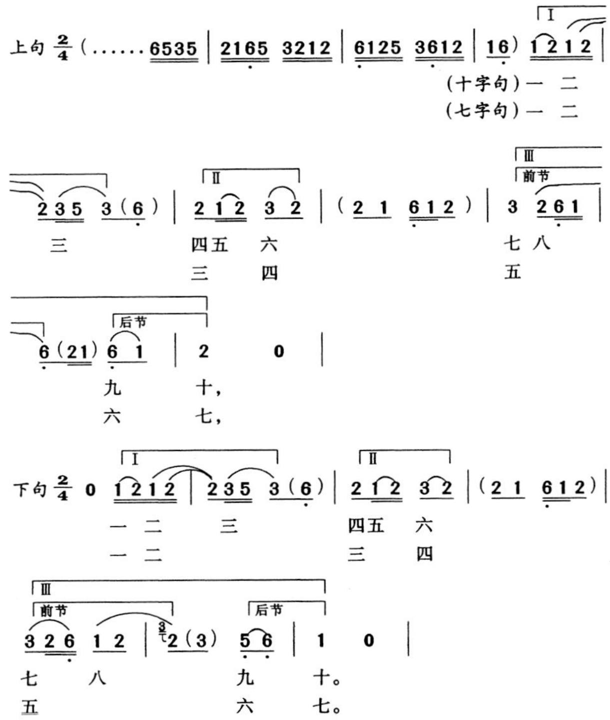

旦腔（可大体代表青衣、花旦以及小生的腔格）

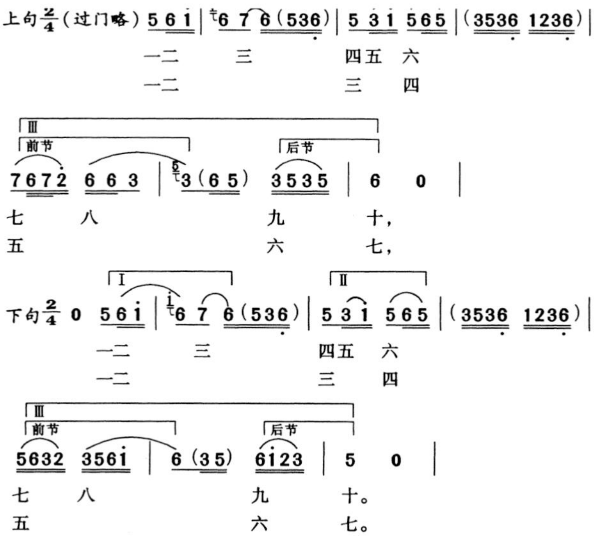

从以上可以看出：[西皮]的旦腔比生腔高四、五度；旦腔上句后半句是生腔上句后半句的上五度暂转调，旋律柔美，富有女性的情调。由此可以看出[西皮原板]生、旦腔上下句的结构形式，各分句的落音，眼起板落的规格，生、旦腔常用音区及调性变化上的基本形态。随着唱词内容情绪的不同与唱词句格、字数，还有字音四声等不同，其上下句还有许多重复变化的应变手法，或加腔、扩展，或减音、紧缩，或提高、降低音位，转变调性，或加拖腔、加垛句，以及吸收其他的曲调等。

[西皮原板]的结束句和其他腔调板式的下句不同，主要是第三分句后节的旋律有比较固定的音型，还有最后唱散的结束句。在传统戏中，[西皮原板]的旦腔，由于比生腔的速度慢一些，旋律也比较细致繁密，因而一般习惯以一板三眼(4/4)记谱。

[西皮原板]的唱段，同[二簧原板]唱段一样，也是具有既可抒情亦可叙事的双重表现性能，但从其在剧中运用来看，则多用于叙事。[西皮原板]代表性的唱段有：《失街亭》(生腔)“两国交锋龙虎斗”，《打渔杀家》(旦腔)“老爹爹清晨起前去出首”，《甘露寺》(净腔)“母后训教儿当受”，《别皇宫》(老旦腔)“我的儿不必来埋怨”，《群英会》(小生腔)“人生聚散实难料”(末句为[摇板])，《铁弓缘》(丑腔)“自从儿严亲父他亡故早”。 (张正治)

Xishi Gui Yue

《西施归越》 京剧作品。罗怀臻创作。1993年台湾京剧团体雅音小集将其润饰，改名为《归越情》，在台湾上演，郭小庄领衔主演。1995年，江苏省京剧院首演《西施归越》。西施故事家喻户晓，自明代梁辰鱼创作《浣纱记》传奇以来，便广泛搬演于戏曲舞台。梅兰芳就曾演出京剧《西施》。《西施归越》突破了单纯敷衍吴越之争的情节套路，在视角、立意上进行新的探索。剧情从越国西施以色救国，完成了灭吴大业，终于盼来了荣归故里的那一天为全剧起点。当她等待越国的君臣和亲人们向她张开怀抱时，剧情却陡转直下：西施的身上已怀了敌国君主吴王的后代，于是，这个无辜的女人与她的君主越王、情人范蠡等人之间发生了复杂的冲突，本来就具悲剧性的她一下子被推入了绝境。当西施的婴孩被自己误杀，实际是被越王逼死之后，她终于跳下了悬崖。作品表现了西施以及她身后几千年来中国古代妇女所面临的苦难。她们是男权社会的牺牲品，一直在被男性忽略和选择。公演以后，也是在这一点上引起了一定范围的争论，持保留态度者对其历史真实表示质疑，赞美者则认为它对女性悲剧以及历史悲剧内核的揭示达到了一个新的高度。

李洁饰西施

《西施归越》注意艺术形式的革新，导演薛沐旨在追求现代、青春和文化气息。演出在淡化传统程式的同时，又注意保留了戏曲的内在神韵。它继承了京剧舞台上高度的虚拟与空灵，又在布景、灯光、服装、化装等方面突出了现代感。该剧的唱腔、伴奏、舞蹈也在创新的总体构思下，与传统京剧拉开了一定的距离，又不失一种独特的美感。西施的扮演者李洁以其天然气质和艺术创造，塑造出一个既古典又脱俗同时带着几分现代气息的西施形象。 (唐晓白)

Xixiang Ji

《西厢记》 京剧作品。田汉据王实甫同名元杂剧改编。田汉在《〈西厢记〉前记》一文中说，京剧舞台上“突出红娘虽是不错”，但把主要人物莺莺“退居次要地位，也是一个缺点”，“很早就想把这个戏加以新的处理，让莺莺表现得较主动、较强烈；也更突出红娘为社会正义和为别人幸福献身的精神，让张生较有思想意境，而不是一个色情狂的文士。尤其想让剧的矛盾冲突愈到后来愈尖锐而不是逐渐减弱”。本着这种改编意图，全剧有《渡河》、《教弟》、《酬韵》、《附斋》、《寺警》、《赖婚》、《琴心》、《探病》、《闹简》、《赖简》、《寄方》、《拷红》、《哭宴》、《逐婿》、《抗命》、《并骑》，共16场。其中《教弟》即《惊艳》，大约为避免“色情狂”，张生对莺莺之“艳”的“惊”确是削弱了。剧中处理张生落第而归，故有《逐婿》、《抗命》；结束于张生草桥梦醒，莺莺、红娘追赶前来，并骑出奔，都是为了强化冲突，强化主人公的反抗精神。田汉还说，改编《西厢记》“确是一种冒险，也可能是一种冒渎”，努力做前人优秀传统的谨慎的继承者，把原作的好处和某些美丽词句尽量保存，并加以京剧化(详见《田汉文集》第10卷)。此剧完成于1959年春夏间，5月由中国戏剧出版社以单行本首次发表。同年为庆祝中华人民共和国成立10周年，由中国京剧院与北京京剧团联合演出，郑亦秋导演，张君秋饰崔莺莺、杜近芳饰红娘、叶盛兰饰张珙、李金泉饰老夫人、娄振奎饰惠明。留给观众印象最深的是张君秋的唱腔，成为张派继《望江亭》之后的又一代表作。诗人韵语的自由奔放，激发了张君秋的创作才能，编创出许多令人陶醉的新腔来。如《寺警》的[滚板]转[流水]“第一来母亲免受惊”，《赖婚》的[西皮散板]“只见他软瘫瘫颓然就座……”转[反西皮二六]“休看他筵前笑呵呵”，《琴心》的[四平调]“先只说迎张郎娘把诺言来践”，《哭宴》即《长亭》的[反二簧散板]“碧云天黄花地……”转[回龙]“……总是离人泪千行”转[原板]“成就迟分别早叫人惆怅”等，都为爱好者传唱。“文化大革命”后，由北京京剧院恢复演出，年近花甲的张君秋饰莺莺，刘雪涛饰张珙，赵乃华饰红娘，耿世华饰老夫人。对剧本做了节删，由原演三个多小时，改成两个半小时。其后张派传人薛亚萍、杨淑蕊、王蓉蓉、赵秀君等均有搬演，并

张君秋饰崔莺莺（左） 杜近芳饰红娘

张君秋饰崔莺莺（左二） 刘雪涛饰张珙（右二） 赵乃华饰红娘（左一）

继续作整理加工，都演至长亭送别为止。《中国京剧音配像精粹》收有此剧，为张君秋、杜近芳、叶盛兰的演出录音，配像者为张萍、董圆圆、叶少兰。赵秀君演的李瑞环改编本，收入《李瑞环改编剧本集》。（简畅）

xiyou gushixi

“西游”故事戏 以唐僧师徒西天取经故事为内容的京剧作品。唐玄奘取经本是一个真实的历史事件。他前后用了17年时间，行程几万里，经历了千难万险，到佛教发源地印度取回600多部梵文佛经。回到长安（今陕西西安）后，他主持佛经的翻译工作，并口述了西行的经过和见闻，由他的门徒记录整理成《大唐西域记》和《大唐大慈恩寺三藏法师传》，其中颇多有关宗教的传闻和故事，具有神异的传奇色彩。南宋产生的话本《大唐三藏取经诗话》，记述了唐僧西域取经故事，同时开始把故事的主角由玄奘转为猴行者（即后来的孙悟空）。西游取经故事不仅以文学和说唱艺术形式出现，而且很早就在舞台上搬演。金院本中有《唐三藏》，元杂剧中有吴昌龄的《唐三藏西天取经》。元末明初有杨景贤的《西游记》杂剧。长期的民间传说和舞台上的表演使得玄奘西天取经故事不断丰富发展。明代中叶，吴承恩集其大成，创作出小说《西游记》。清朝乾隆年间，内廷编写了《昇平宝筏》戏文，共分16本，240出。

清宫《戏出画册·通天河》（故宫博物院藏）

清宫《戏出画册·女尔（儿）国》（故宫博物院藏）

故事与小说大体相似，道白多引用原文。京剧中的“西游”故事戏基本上来源于小说和宫廷大戏。但其中有一些情节与西行取经无关，如《金刀阵》里南极仙翁到灵山请来孙悟空帮他破了金翅大仙的“金刀阵”，夺回了长寿山。

京剧“西游”故事戏自成体系，数量繁多，可分为两大类：一类是连台本戏，每本包括一个或几个故事；一类是单出戏，如《水帘洞》、《安天会》、《五行山》、《高老庄》、《流沙河》、《三打白骨精》、《莲花洞》、《火云洞》、《车迟国》、《通天河》、《女儿国》、《琵琶洞》、《真假美猴王》、《芭蕉扇》(又名《火焰山》)、《盗金铃》、《盘丝洞》、《无底洞》、《九狮洞》等，不下几十出。《西游记》小说问世之后又有人写《后西游记》，内容是唐僧取回经后不能译解，于是有孙小行者、唐半偈、猪一戒和沙弥又去西天求取对佛经的解释。也有根据此书内容编演的京剧，如《造化山》等。

1954年12月，中国文化代表团访问印度演出
尼赫鲁总理向“中国猴王”李少春赠送花篮
（选自《李少春画传》）

京剧“西游”故事戏以丰富多彩的表演形式吸引各阶层的观众。西游戏演的是神魔故事，主要角色是圣僧，端庄俊秀，令无数女妖倾倒。另外三位徒弟却都是妖精，造型很特殊。尤其孙悟空是个变化无穷、活泼诙谐的猴子，由武生或武丑饰演。他可以随意上天入地，舞台上也就可以随之变幻，几乎完全不受时空限制，异常自由灵活。西游戏中的各种“妖精”绝大部分都是动物变的，面部化装及象形脸谱也很丰富多样化。新时期以来，上海京剧院新编演的《盘丝洞》充分展示了上述表演特点。特别是戏中神魔都可以随时变化，扑朔迷离，使观众眼花缭乱，具有引人的艺术魅力。西游戏具有广泛而深厚的思想内涵，它营造出一个等级森严的神话世界。塑造了一个在天界、人间、地府、龙宫自由往来，摆脱压迫和控制，努力掌握自己命运的孙悟空形象，凝聚了人民群众的反抗精神和乐天情绪。孙悟空大智大勇，天不怕地不怕，为保护师父取到真经，一路降妖伏怪，排忧解难，使邪恶力量败倒在脚下，表达了人民的善良愿望和美好憧憬。

京剧西游戏源于小说但并不完全等同于小说，把小说改编为戏曲并演出，必然要受到舞台的制约，要经过改编者及演员的再创造。它们大都以孙悟空为主角，故称“猴戏”。历代擅演猴戏的演员很多，且有南派、北派之分。北方比较注重功架、气势，更多地保留和吸取了昆曲的传统。著名的有杨隆寿、杨月楼以及杨小楼、尚和玉等。南方郑长泰、郑法祥父子自成一派。郑法祥对孙悟空的理解是在“斗战胜佛”，求威求稳，武功表现适可而止，讲究“大圣”的身份。盖叫天和他的儿子张翼鹏、张二鹏的猴戏也有独特的创造，首先在“美”字上下工夫，在情节和开打上出新。张翼鹏演出连台《西游记》，为与布景配合，化装改用头套，额头和双颊都有毛，武打也创造了耍鞭、耍圈、耍旗和出手等技巧。绍剧六龄童演出的《孙悟空三打白骨精》，便吸收和借鉴了连台《西游记》中的有关情节和表演。此外，王桂卿父子以及郭玉昆、李仲林等也以猴戏著称。李万春、李少春等，则在北派基础上，融取南派之长。“美猴王”孙悟空和猪八戒等的艺术形象，经过戏曲艺术家特别是京剧艺术家的再创造，更是极具魅力，深受海内外观众喜爱。（骆正）

Xi Xiaobo

奚啸伯 （1910～1977） 演员。工老生。本名承桓，乳名小白。北京人。满族正白旗。祖姓喜塔腊氏。出身官宦人家。祖父裕德为清光绪年间进士，叔祖父（一说伯祖父）裕禄，曾任清廷理藩院尚书、直隶总督，做过中堂，时称裕中堂。父亲熙明字润甫，曾在清廷度支部任职。辛亥革命后，家道中落，虽为贵胄之后，生活却窘困、拮据。他自幼受到严格的蒙教，5岁在家塾读书。童年时跟着大人们看了一次堂会戏，从此爱上了京剧，与戏曲结下了不解之缘。他这样的家庭，唱戏被看作是辱没门楣的举动。坚定不移的志向和百折不挠的决心，使他冲破了重重阻难，于10岁时拜言菊朋为师。他向言氏学会了《贺后骂殿》、《捉放曹》、《击鼓骂曹》、《洪羊洞》、《失街亭、空城计、斩马谡》、《托兆碰碑》等戏中的唱段，言师还教他喊嗓子、练身段、练水袖，念锣鼓点儿。从此，他走上了习艺的途程。后言菊朋转为职业演员，经常赴外地演出，他又不断向吕正一、王荣山请教，从于冷华学打把子，勤修不懈。17岁时，经父亲旧友引荐到张学良部下军营中当了一名抄写文卷的录士。同时坚持习练演剧技艺，并常到燕居雅集票房练戏，并认识了票界名家红豆馆主溥侗，向其请益。他每日黎明即起，遛弯儿喊嗓，苦练武功，风雪无阻。如是几年，安然度过了倒仓关，练出一条好嗓子。与女票陶默厂（音ān）在吉祥、开明戏院按期串演所学之剧，锻炼舞台经验，长进极快。

奚啸伯22岁时，背着母亲赴天津，与尚和玉、陶默厂合作演出于春和戏院，深得观众称许，一“炮”打响，成为他跻身菊坛的起步，从此正式开始了演剧生涯。继而又同李吟香、云丽琼、雪艳琴、胡碧兰、章遏云、李香匀、金友琴、马德成等合作演于天津。在津还结识了名票夏山楼主（韩慎先）、王庚生、朱作舟等，得到不少教益。艺业上初露头角后，又得到其兄臂助，终获母亲许可，并同往天津定居。先后与杨小楼、尚和玉、尚小云同台奏艺，潜心领悟他们的

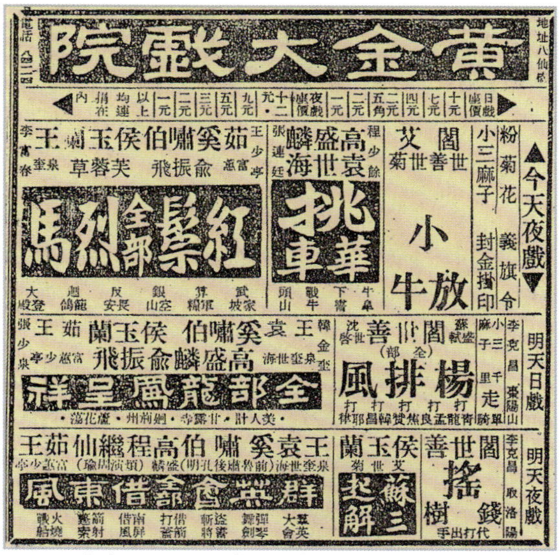

奚啸伯与侯玉兰在上海黄金大戏院演出广告
（1941年11月29日《申报》）

艺术神髓，探究演剧的堂奥，如饥似渴地充实自己，受益颇丰。1935年12月在天津北洋戏院挂头牌挑梁演唱，与沈丽莺、新艳琴合作，贴演了《甘露寺》、《骊珠梦》、《雪艳娘》、《法门寺》、《御碑亭》、《红鬃烈马》诸剧。后又领衔偕杨维娜、董俊峰、金鹤年赴南京出演。此次恰逢梅兰芳率承华社也在南京演出，其艺受到梅氏的格外瞩目，遂邀他加入承华社同赴汉口及天津、上海、长沙、香港各地演唱。在此期间，常与梅氏合演《四郎探母》、《红鬃烈马》、《龙凤呈祥》、《三娘教子》、《打渔杀家》、《汾河湾》、《法门寺》、《审头刺汤》、《御碑亭》、《宝莲灯》等。并主演《失街亭、空城计、斩马谡》、《捉放曹》、《十道本》、《白蟒台》、《上天台》、《清官册》、《连营寨》、《击鼓骂曹》、《法场换子》、《断臂说书》等剧。名家的提掖和不断的舞台磨炼，使他在剧艺上锐意精进，日臻成熟。1937年，在北平自组忠信社再挂头牌，阵容极为齐整，侯玉兰、陈丽芳、高盛麟、傅德威、侯喜瑞、裘盛戎、王泉奎、萧长华、茹富蕙、姜妙香、李多奎、王少亭等各行名家均曾相辅演出，并常与金少山、程砚秋、荀慧生、筱翠花、张君秋、言慧珠等同台奏艺。20世纪40年代初，社会上便有了“马（连良）、谭（富英）、奚、杨（宝森）四大须生”之誉。

作为老生演员，他的禀赋并不十分优异，身材较矮，嗓音较窄，音量不大。但他以锲而不舍的苦学苦练克服了这些不足，扬长避短，化弱点为特色。他宗谭师言，兼容余、马，还拜过李洪春，学红生戏。

《碰碑》饰杨继业

《空城计》饰诸葛亮

《苏武牧羊》饰苏武

《四郎探母》饰杨延辉

《将相和》饰蔺相如

同时广为求教于票界名家，许多戏受过红豆馆主的指点。他能兼采众美，取精用宏，开拓自己的艺术途径。练成一副“有如洞箫之美”(徐慕云语) 的嗓音，深醇而柔婉，唱腔清切圆活，精纤雅洁，格局谨严，意蕴深隽，长于喷口，讲究吐字。如:《哭灵牌》的［反西皮二六］,唱得悲凉哀痛,情深意切;《白帝城》托孤的［二簧三眼、原板］使人听来声声传情,句句有戏;《空城计》的［西皮二六］、《二堂舍子》的［二簧快三眼］、《洪羊洞》的［二簧三眼］、《碰碑》的［反二簧］等，都是他演唱艺术中的精品，久已脍炙人口。

他的念白，研练工深，十分讲究四声音韵，吞吐收放有致，字句清晰分明，有抑扬抗坠之妙，备达意传情之能。他主张通过念白的声调、语气、感情去刻画人物，如他演的《十道本》褚遂良的诤谏,《清官册》寇准的审潘,《白帝城》刘备托孤的自责,《四进士》宋士杰在“头公堂”的申诉等大段念白都体现了他的这些主张和深湛的功力。

他的表演，细腻而洗练，大方而飘洒，注重神韵，追求意境。他主张举止神态都必须切合身份，一哭一笑均不可脱离人物，如他演《南天门》曹福的走雪，《清风亭》张元秀的衰迈，《胭脂虎》李景让的诙谐等都符合人物身份。最为可贵的是，由于他的文化素养深厚，在舞台上气质脱俗，格调高雅，具有一股凝重的文化气息，这正是奚派艺术的神髓所在。

他的戏路宽广，谭、言、余、马诸家的许多剧目都能搬演，除前所述者外，还有《珠帘寨》、《乌盆记》、《琼林宴》、《摘缨会》、《牧羊卷》、《焚绵山》、《一捧雪》、《苏武牧羊》、《乌龙院、坐楼杀惜》、《群英会、借东风》、《大保国、二进宫》、《祢正平》(《击鼓骂曹》带“长亭”，言派演唱此场，名《东郊送衡》) 等。后期还排演了新编古代剧《范进中举》、《屈原》、《宋江》和现代戏《白毛女》、《霓虹灯下的哨兵》、《桥头镇》、《红云崖》、《节振国》、《奇袭白虎团》等。新戏《范进中举》成为奚派的保留剧目之一。

他一生勤奋好学，勇于求索，爱读书，工书法，潜心钻研剧艺，富于创造精神，在京剧老生表演艺术上独树一帜，自成一派，为京剧艺术的发展作出了贡献。中华人民共和国成立后，先后参加北京市京剧团四团和石家庄地区京剧团。1977年12月10日逝世。子延宏，工京剧净行，为孙盛文弟子。孙中路，工武生。门人有刁元礼、苏承龙、欧阳中石、孟筱伯、张宗南、孙宝成、张荣培、韩志安、金福田等。王则昭、徐荣奎曾从其问艺。再传弟子有李伯培、张建国等。有艺术评论集《奚啸伯艺术生涯》(1991年12月新华出版社出版) 和传记《奚啸伯》(2000年4月人民音乐出版社出版) 二书行世。（钮骠）

Xi Zhonglu

奚中路 （1958～　　） 演员。工武生。祖籍北京，生于天津。满族。祖父是京剧老生名家奚啸伯，父奚延宏、母杨玉娟均为京剧演员。中路自幼深受熏陶，入河北省艺术学校学习武生，师从黄元庆、苏德贵等。毕业后入石家庄市京剧团，又得奚派老生传人欧阳中石的教益。1980年到中国京剧院进修，向茹元俊、李可求教，还得到厉慧良的指点。1985年随济南市京剧团赴沪演出，深受赞许。同年调入上海京剧院，得梁斌、贺永华等指拨。在众师的精心传授下，他的艺业不断精进，加之他超于常人的刻苦用功，打下了深厚扎实的功底，尤以腿功出众。艺归杨（小楼）派武生体系，长靠戏《挑华车》、《长坂坡》、《小商河》，箭衣戏《洗浮山》、《连环套》、《八大锤》、《英雄义》，勾脸戏《艳阳楼》、《铁笼山》、《四平山》、《霸王别姬》、《钟馗嫁妹》，短打戏《武文华》、《三岔口》、《狮子楼》、《十字坡》，昆曲戏《探庄》、《夜奔》、《雅观楼》等均为其擅长；关羽戏能演《华容道》、《汉津口》。

《铁笼山》饰姜维

他扮相英武，身材魁伟，台风稳练，嗓音虽居中常，但口齿清晰，不失气度。做表武打，勇而不躁，稳而不温，融凝重、矫健、干净于一身，不落小家路数。为梅兰芳金奖获得者；1996年由中国京剧艺术基金会推荐为第二届中国京剧之星；1996年入第一届中国京剧优秀青年演员研究生班深造。曾多次出国并到中国香港、台湾地区演出，均获盛赞。（钮骠）

Xi Fushan

《洗浮山》 京剧作品。又名《探浮山》、《大蟒山》、《贺天保遇险》、《群雄探寇》。相传为黄月山编。事见《施公案》。清代，于六、于七盘踞浮山。施仕纶欲图剪除。贺天保、虞志义师徒先后私自探山被害。黄天霸得贺天保鬼魂托梦，终于洗平浮山。贺天保由文武老生或武生饰演。探山一场的“走边”矫健飘洒。挂黑三，头戴软罗帽，身穿青褶子，掖右袖，腰系大带，背插双刀，手执马鞭，扮相与舞蹈极具特色。“托兆”以唱工胜，旧时科班常用作文武生的开蒙戏。谭鑫培、李少春等擅演。盖叫天在演出“趟马”和“走边”的舞蹈表演时，把脸上、身上和手里的五件服饰道具，即胡子、褶子、带子、鞭子和靴子运用得得心应手，美妙多姿，人称“五子登科”。因此剧20世纪50年代停演，盖叫天改编《七雄聚义》，饰朱仝，采用此剧舞蹈动作，已摄入影片《盖叫天的舞台艺术》。剧本载《戏考》。（井玉贵）

李少春饰贺天保

Xiban

《戏班》 京剧演出习俗论著。齐如山著。北平国剧学会1935年4月出版发行。共6章。第一章《财东》，含独资营业者、合资营业者2项。第二章《人员》，含承班人、领班人、总管事人、小管事、催场人、头等脚、二路脚、上下手、龙套、场面、管衣箱人等30项。第三章《规矩》，含交戏单、说戏、对戏、各脚在后台应坐地位、各箱应装物件、个人应尽职责等37项。第四章《信仰》，含祖师爷、祭神、官工、犒箱、封箱等53项。第五章《款项》，含办账、加钱、茶钱、定签等33项。第六章《对外》，含报官、前清内务府为成班

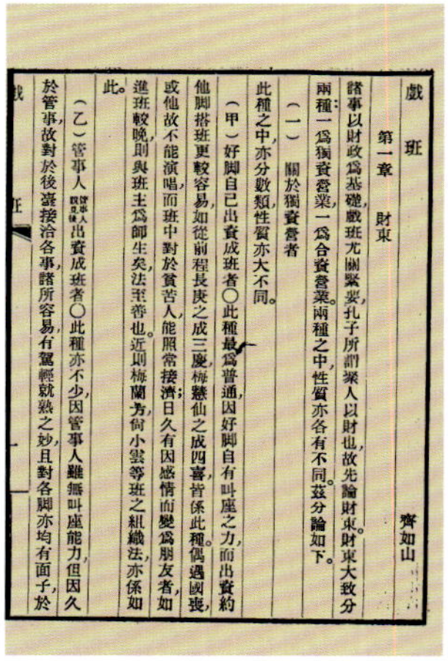

戲班　齊如山

第一章　財東

諸事以財政爲基礎，戲班尤關緊要，孔子所謂聚人以財也，故先論財東。財東大致分兩種：一爲獨資營業，一爲合資營業。兩種之中，性質亦各有不同。茲分論如下。

（一）關於獨資營者

此種之中，亦分數類，性質亦大不同。

（甲）好脚自己出資成班者○此種最爲普通，因好脚自有叫座之力，而出資約他脚搭班更較容易，如從前程長庚之成三慶，梅慧仙之成四喜，皆係此種。偶遇國喪或他故不能演唱，而班中對於貧苦人能照常接濟；日久有因感情而變爲朋友者，如進班較晚，則與班主爲師生矣，法至善也。近則梅蘭芳，尚小雲等班之組織法，亦係如此。

（乙）管事人（管事人說見後）出資成班者○此種亦不少，因管事人雖無叫座能力，但因久於管事，故對於後臺接洽各事，諸所容易，有駕輕就熟之妙，且對各脚亦均有面子，於

国剧学会1935年版内文书影

事交精忠庙谕帖、民国后各种报告式、贴戏、回戏、传差、堂会等14项。合计169项。涉及戏班管理制度及戏俗甚广，原始资料丰富，已收入台湾出版的《齐如山全集》。（周华斌）

Xiban Huamingce

《戏班花名册》 戏曲演出团体史料。在清代，京城戏班未成立之前，须由承班、领班人先具“甘结”(保证书）及该班花名册，报精忠庙梨园会所。会所首领同意后，添具“加结”呈递内务府衙门。得到批准后，戏班才能成立营业。戏班花名册的内容，含戏班名称，成班年代，承班人与领班人，以及各行当演员和后台工作人员姓名。民国三年（1914）后，由正乐育化会提倡，将“班”字改为“社”字，成社名册不再报精忠庙，而交巡警厅。

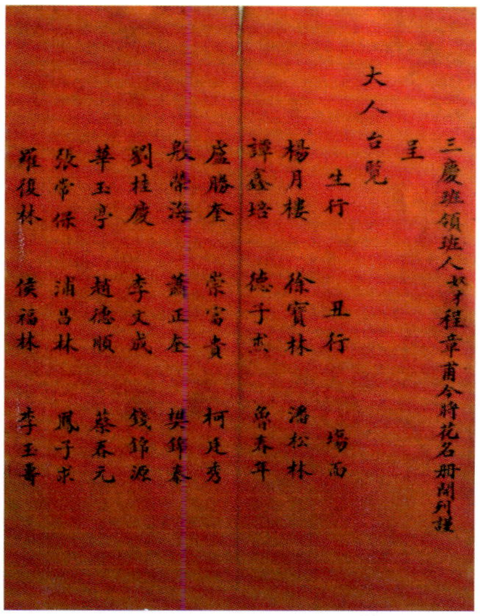

三庆班花名册
（中国艺术研究院藏）

戏班报庙的花名册原来完好地保存在精忠庙内，后因战乱等原因散失在外。民国七年（1918）后，齐如山在崇文门外东晓市、地安门烟袋斜街地摊以及白纸坊炼纸厂中，陆续将这批史料购入，又请人抄录了存于巡警厅的戏社档案。齐如山得到这些花名册之后，加以整理并录副本，又将副本借与周明泰、王芷章各抄一份。中国艺术研究院图书馆收有自清同治二年至民国三年（1863～1914，中有部分缺失）的戏班花名册。经重新装订，分别题为《大小各班花名册》、《花名册底薄》、《梨园各班花名册》、《班园往来花名底》、《各戏班花名册》。另外，还藏有单片花名册原件数百通。花名册的复抄本在中国艺术研究院、上海图书馆以及齐氏后人等处均有收藏。

花名册没有搜集完全，最全的一份也缺失光绪四年至八年（1878～1882)，而且各处所藏副本文字也稍嫌不一。曾见一份齐如山题为《戏班花名册》的稿本复印件，卷首《凡例》谈到“光绪年同春、宝胜和等班花名册之后均附有戏目，应系宫中所索，亦照录之”，中国艺术研究院藏册中无此。尽管如此，仍有相当丰富的史料价值。①花名册中记录了清同治二年（1863）到民国十六年（1927）60多年来北京地区340多个大小戏班戏社的名单，部分报庙文书中还注明所演剧种，可以对当时北京舞台上昆弋、皮簧、秦腔等声腔剧种的消长情况进行考查，也可以对京剧这一新兴剧种从逐渐成熟到发展鼎盛的总体面貌以及历史上出现的梆簧合演有比较全面的了解。②可清晰了解各戏班戏社的历史沿革与规模，并从演员行当分配的人数中，大体了解该班的演出特点。光绪以后至民国三年前，新成立的昆班人数较少，后台演职人员分工也不很详细；而皮簧、秦腔戏班的人数较多，行当分配也较细致。皮簧戏班除有生、小生、旦（多写为“占”)、老旦、净（或写作“花面”)、丑（或写作“小花面”)、武等行外，还列有流行（即龙套)、上下手（或写作“卡手”、筋斗匠)，有的还列有杂行、效力（初学戏的人，托人与戏班说好，只拿车钱不拿戏份钱，以便练习）等，对后台人员的名单也详细列出，包括文武场面、检场、手下、箱杂头目、管事、字号主、彩匣、管账、“交作”(包括管水锅人、催戏人、管彩匣人、打门帘人、管后场桌人）等。从中可以看出，当时的皮簧戏班无论在人数上，还是在人员的细致分工上，均大大超出昆班。③可清楚了解当时演员在戏班的流动情况。册中对著名演员如张胜奎、杨鸣玉、时小福、徐宝成、谭鑫培、黄润甫等人的搭班情况有详细记录，可补充史书之不足。④可对近代京剧（包括梆簧合演）科班的存在形式有所了解。从戏班戏社所列名单之中，可知当时北京的戏曲科班有两种形式：一类是演出与教学并重的科班，即以戏班带科班，如小和春班、春台班、小洪奎班、玉成班等。这些戏班在花名册中除列有各行演员名单外，还特地列有带固定排名的学生（或写作“徒弟”）若干。另一类是以教戏课徒为主的纯粹科班，如小福胜班、小鸿奎班、喜连成班、斌庆社等，册中只列带固定排名的学生姓名。⑤记录了民国后成立的女子科班如维德坤社、凤鸣坤社、崇雅社、鸿庆社、富和成社、仁德社、务本社、永德社等科班的学生人数、姓名、行当、排名等。⑥册中对同治、光绪年间旗人搭班唱戏的情况也有涉及。（戴云）

xidan

戏单 观剧时使用的宣传品。又称节目单、说明书。或与海报同称为“戏报”。清代戏单由各戏园自制，或由戏班及演出主办者准备。早期戏单比较简单，仅用红纸或黄纸小条书写，演出前呈之于官座，或出售。清末民初《宣南零梦录》载：“当时各园戏单，

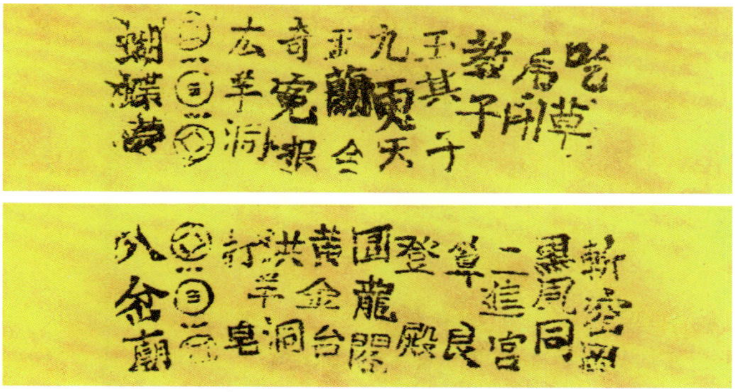

早期戏单（选自《五十年来北平戏剧史材》）

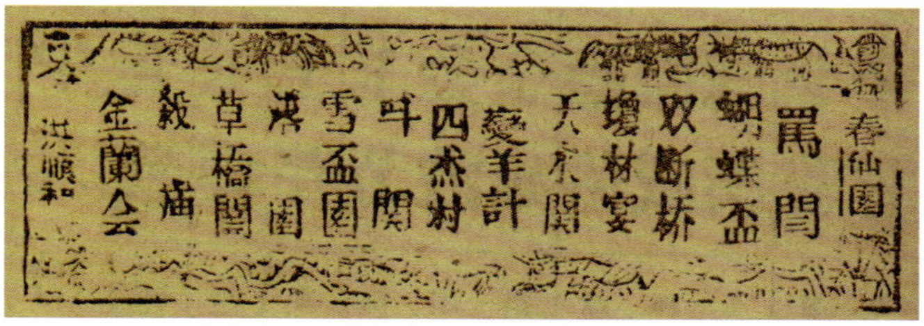

清光绪间活字木戳刻印之戏单（方问溪藏）

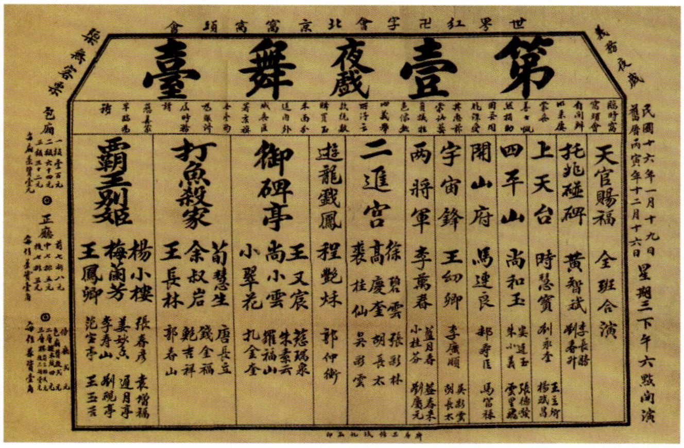

1927年1月19日窝窝头会义演戏单

系用长约二寸、高约一寸黄纸印成。此单未送之先，另有园中探得是日戏目，用红单片开最佳之戏数出，呈诸官座，各富豪挨坐传观。有愿先睹为快者，阅讫，赏以一二十文。”光绪末年后，日渐规范，选用彩纸，采用木刻、石印、铅印、彩印。内容编排上逐渐改进，详列剧目，按演员的身份和主次，排列名字的大小位置。大抵最上面一排正中最重要，贴近正中的第一名次之，第二名更次之，依此类推。某一演员饰某一角色大都不注明。不载剧情说明，但初演的新戏有时开列重要回目。有的注明“日戏”、“夜戏”、“外串”、“代灯”、“义务戏”，或带商家广告。后来又有发展，甚至附有主角唱词。演员之外，所配龙套、宫女的演员名字也一一列出，甚至还把授业老师的名字一并标出，如20世纪30年代中华戏曲专科学校就如是。剧场发售的说明书，其形式内容有许多丰富和变化，但仍有人称之为戏单。 （刘胥洲 戴申）

xidan yu xihe

戏胆与戏核 戏曲术语。戏胆指引发戏剧情节的人或事，如《四杰村》的戏剧冲突起因于骆宏勋被劫，于是，余千与鲍赐安父女等夤夜潜至四杰村，奋力将他救出。骆宏勋虽不是主要人物，却

昆剧《断桥》
梅兰芳饰白素贞（左） 俞振飞饰许仙

是此剧戏胆——没有他的被劫，就没有这折戏了。李渔《闲情偶寄》说到，一本戏中，止为一人一事而设，“如一部《琵琶》，止为蔡伯喈一人；而蔡伯喈一人，又止为重婚牛府一事”；“一部《西厢》，止为张君瑞一人；而张君瑞一人，又止为白马解围一事，其余枝节，皆从此一事而生”。所谓“一人”“一事”，即指剧情发展中关键的（不一定是主要的）人物和事件，是促使戏剧冲突进一步激化或转变的契机。李渔有关于“立主脑”的看法，戏胆也可作如是观。至于戏核，则是指全剧最能引起观众审美愉悦、充分发挥戏曲艺术手段、表现戏剧冲突、摹写人物的场次或段落，如《萧何月下追韩信》中的“追韩信”、《空城计》中的“城楼”等。一部大型作品，往往要有几个能够紧紧抓住观众感情的中心，不一定只有一个戏核，其中，可能出现最为引人注目的焦点，如《白蛇传》中的“断桥”、《响马传》中的“观阵”等。 （颜长珂）

xide

戏德 戏曲演员的职业道德。旧时戏曲艺人呈个体式，在长期的艺术实践中同舟共济，传统戏德约定俗成。如：“老角演剧，遇他人舛错，每为之涵盖弥缝，不肯暴露其短，内行称为‘有戏德’。……长庚演剧极为认真，他人有误，退场必严词呵责，不少宽容，然当场从不与人难堪，所谓‘有戏德’也。”（陈彦衡《旧剧丛谈》）“从前戏界讲戏德，甲班排的戏，乙班不再排；甲角演红了的戏，乙角不再演。例如，清光绪年间，三庆班的《三国演义》、《列国》、《乾坤镜》等戏，四喜班排的《五彩舆》、《梅玉配》、《乘龙会》、《雁门关》、《德政坊》等戏，春台班排的《混元盒》、《绿牡丹》等戏，同时他班绝对不会再演的。后来过了些年，才又有人重演。”（齐如山《戏界小掌故·谈戏德》，载《京剧谈往录三编》）据载，张胜奎在世时谭鑫培决不演《打侄上坟》、《盗宗卷》；刘赶三在世时罗百岁决不演“婆子”戏及《卖绒花》，意思是“不在人家嘴里抢饭吃”。戏德在同行间口耳相传，自觉遵守，有的曾规范为戏规。 （戴申）

Xidian

《戏典》 京剧作品集。南腔北调人编纂。1948年上海中央书局出版。共4集，收159个剧本，均为当时常演剧目，如《丁甲山》、《一捧雪》、《八大锤》、《洪羊洞》、《文昭关》、《花木兰》、《黄金台》、《望儿楼》、《群英会》、《荀灌娘》、《斩经堂》、《失印救火》等。据称为当时名家的藏本或秘本。每剧前附演员剧照，并附有“动作揭示”，以备参考。 （王佩予）

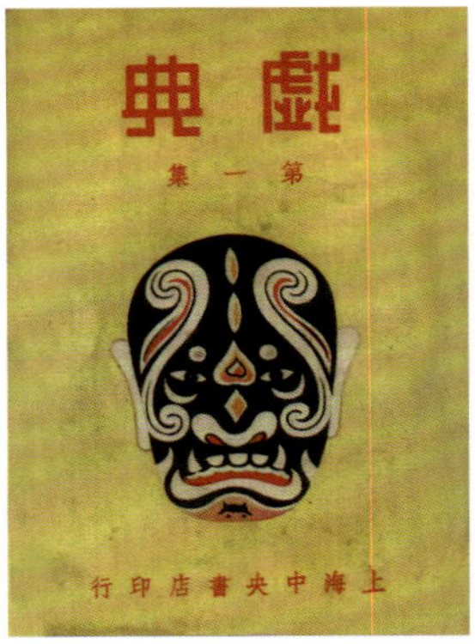

xigui

戏圭 戏班用具。高约六七寸、宽约一尺之木架，中间镶挂若干小签条，置于后台帐桌上。签条上书写演出脚色的戏码（戏目）和日期。一般在演出前一日写定，以便演员根据自己在戏目中所扮演的角色做好准备。圭为古代测日影定方位的仪器，又称“圭臬”，比喻为必须遵从的准则。戏码一经见于圭上，非特殊情况不得更改。旧时戏班发布公告除了书写在圭牌上以外，或由管事人将演出之戏目及其他事由写在牙笏上，竖于帐桌前，称“出牙笏”。写于水牌上，称“水牌子”。 （戴申 周华斌）

xigui

戏规 戏班的规章制度。既有约定俗成的行规，又有戏班自定的班规。自徽班进京至京剧形成，梨园行内之规范日见其繁，如台上规约、后台规约、行当规约、戏班禁忌、戏班习俗、经济管理规矩等。清代艺兰生《侧帽馀谭》载：“程长庚掌三庆班，规律严整，明僮之隶其下者，必使尊之曰‘爷’。”戏班规矩各有不同。京剧有“十大班规”之说，大致如下：①不得临时推诿；②不得坐班邀人；③不得错报家门；④不得酒后斗殴；⑤不得夜不归宿；⑥不得背班他走；⑦不得在班思班；⑧不得在班结党；⑨不得无事串班；⑩不得夜晚串铺。据李洪春《京剧长谈》之《梨园琐谈，行规和民族习惯》一文回忆：“行规有十条，大致是：不许鱼竿钓鱼（把主演、场面等挖走）；不许在班撕班（破坏团结，使剧团涣散垮台）；不许临场推诿（不接受角色）；不许起哄、笑场、错报家门等。凡违反行规者，革除梨园。那时一革除梨园，再想搭班可就难了。”以清末民国时期富连成科班之“梨园规约”为例，含以下具体内容（引自《京剧谈往录》“喜（富）连成科班始末”一文）：

“临场推诿（革除）；临时告假（同上，缓留，如有特别事故不在此例）；在班思班（永不叙用）；在班结党（责罚不贷）；临时谈场（责罚）；背班逃走（追回，从重惩罚，不留）；夜不归宿（责罚）；

夜晚串铺（重责，罚跪）；偷窃物件（重罚，不留）；设局赌钱（责罚）；口角斗殴（责罚）；倚强凌弱（责罚）；克扣公款（责罚，不叙用）；无事串班（责罚）；歇哑巴工（如辞班，责罚）；扮戏耍笑（责罚）；扮戏懈怠（责罚）；当场开搅（责罚）；错报家门（责罚）；台上翻场（责罚）；当场阴人（责罚）；混乱冒场（责罚）；登台卸场（责罚）；台上笑场（责罚）。”

又有“最要”、“最忌”的各种规矩：

“最要：后台不得犯野蛮；撞闯祖师龛、銮驾、供器桌；斗殴拉帐（桌）、摔牙笏、砸戏圭；插人名牌、抡箱板等情一律罚办不贷。后台座位管理各有次序，不得乱搅。管事人坐帐桌。催帐人上下场坐后场门旗包箱。生行坐二衣箱。贴行坐大衣箱。净行坐盔头箱。末行坐靴包箱。武行上下手坐把子箱。丑行座位不分。”

“最忌：后台不得坐箱口。大衣箱上不准睡觉。箱案（在箱子上另放一个案子，称箱案）不得坐人（大衣箱最重要）。不得两脚磕箱。上玉带不得白虎（即左为青龙，右为白虎。上玉带时，必须从左往右插，从右往左插内行人称之为白虎）。后台不准晃旗。加官、财神、喜神各脸不得仰面，戴脸不准照镜说话。戴王帽遇草王盔，不得同箱并坐。扮关公、神佛角色须要净身。后台不得作闲事。净行不得忝彩条。生行忌落髯口。贴行忌忝头、吊跷、落裤。贴行扮戏不得赤背。扮相不得丢头忘尾。扮戏不得吃烟。后台不张伞（指雨具或雨盖）。后台不准弈棋。后台不得合掌。后台不准搬膝。前台不准言更（更读“经”之音），后台不准言梦（梦读“兆”之音）。青龙刀、白虎鞭、火髯、魁星脸、神鬼脸，一切大样刀具如大枪、斧、戟、牛金、盘龙棍、大小槊、降魔杵、大纛旗、灵官鞭、鬼头刀、雷公锤钻、彩匣、朱笔等件不得乱动，如犯重责。”

“后台责任”包括：“生末行扮加官，净丑行扮财神，净丑行扮魁星，武行扮雷公。上下手穿‘形’（上手穿龙形、鹤形、猫形、驴形、一切大形；下手穿虎形、狗形、狐形、鼠形、一切小形）。九龙口（指打鼓）言公（指可以说公平话）、生净行言公，领班人调查、丑行调查，武行头掌刑、管伙食人掌刑。丑行开笔勾脸，生净行上香开戏。”

以上各种规矩，“我辈同人各宜遵守，不得自误。官工日期不得私自彩唱。违者按例重责不贷”。

戏班内的行当规约包括：各行应演本工戏，不得串行喊嗓；小锣随手应负责摆放乐器，做好演出准备；箱倌负责收装兵器；容妆科负责准备梳头桌的用料；盔箱倌负责彩匣子；旗把科负责彩砌等。

经济规约包括工钱发放和各项收支。工钱如包银、戏份、原份、打厘、抹份、活钱等。杂项之收支如办账、脑门钱、定签、收加钱、彩砌费、打牙祭费、传差费、堂会费、呔化（音“塔灰”，亦作“堂惠”）钱、跳加官钱、行戏钱、拆角钱、扣份、祭祀费、犒箱费、庙印、学生费、黑钱、彩钱、换季钱、彩匣子材料费、梳头桌材料费、乐器费、广告费等。

为了使戏规（班规）得到重视，还以顺口溜方式劝导，如富连成科班的“词训”（即学规）云：

“传于我辈门人，诸生须当敬听。
自古人生于世，须有一技之能。
我辈既务斯业，便当专心用功。
以后名扬四海，根据即在年轻。
何况尔诸小子，都非蠢笨愚蒙。
并且所授功课，又非勉强而行。
此刻不务正业，将来老大无成。
若听外人煽惑，经久荒废一生。
尔等父母兄弟，谁不盼尔成名。
况值讲求自立，正是环宇竞争。
至于交结朋友，亦在五伦之中。
皆因尔等年幼，哪知世路难行。
交友稍不慎重，狐群狗党相迎。
渐渐吃喝嫖赌，以至无恶不生。
文的嗓音一坏，武的功夫一扔。
彼时若呼朋友，一个也不应声。
自己名誉失败，方觉惭愧难容。
若到那般时候，后悔也是不成。
并有忠言几句，门人务必遵行。
并有其中利害，望尔日上蒸蒸。”

下有白话讲演词，包括：①要养身体；②要遵教训；③要学技艺；④要保名誉；⑤戒抛弃光阴；⑥戒贪图小利；⑦戒烟酒赌博；⑧戒乱交朋友。云：“以上八条，乃为人处世之利害，关系至重，切要知道世态炎凉。前四条是必须学它，后四条是千万不可学它。今特详细列出，望尔众生等均各自遵守。现在门人甚多，讲演一时不能普及，特此粘悬，以为后戒。”（戴申）

Xiju Chunqiu

《戏剧春秋》　戏剧期刊。田汉主编。创刊于1940年1月，是田汉等左翼戏剧家于抗日战争时期，在后方国统区的桂林创办的一份刊物。该刊曾展开过一系列重大文艺理论问题的讨论，如戏剧创作中有关民族形式问题、历史剧创作问题等。其第2卷第3期，曾集中发表了《历史剧问题座谈》、《杂谈历史剧》（亚子）、《两点意见》（荃麟）、《关于历史剧的创作问题》（周钢鸣）、《历史剧杂谈》（安娥）等。此刊办至1942年10月出第2卷第4期后停刊，虽办刊时间不长，但在当时文艺理论界较引人注目。另有同名刊物《戏剧春秋》，张古愚、周亨华主编，1943年2月创刊于上海，以京剧评论为主，主要撰稿人有张肖伧、郑过宜、苏少卿、徐慕云、吴小如、景孤血、陈蝶生、吕梦臣、张古愚等。五日刊。性质类似张古愚主编的《十日戏剧》，但影响略逊。1944年3月停刊，共出57期。（周巩平）

Xiju Congkan

《戏剧丛刊》　京剧刊物。北平国剧学会编辑出版。1932年1月创刊，1935年10月停刊，共发行了1～4期。1993年8月，天津市古籍书店据王守惇藏本出版影印合集本。北平国剧学会是梅兰芳和余叔岩等人发起建立的，目的是振兴国剧，“发扬文化，补助教育”。他们设立国剧传习所，为戏剧培养人才，同时创办了《国剧画报》和《戏剧丛刊》两个刊物。前者以登载图照、搜集戏曲文物文献为主，而《戏剧丛刊》则以发表研究论文为主。其办刊宗

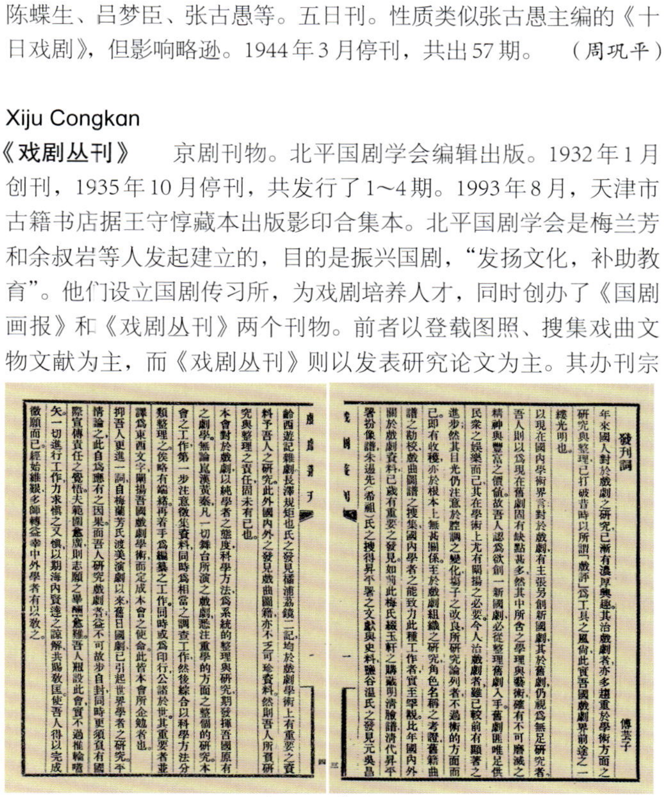

發刊詞　傅芸子

年來國人對於戲劇之研究，已漸有濃厚興趣。其治戲劇者，亦多趨重於學術方面之研究與整理，已打破昔時以所謂「戲評」爲工具之風尚，此實吾國戲劇界前途之一縷光明也。

以現在國內學術界言，對於戲劇，有主張另創新國劇，其於舊劇，仍視爲無足研究者。吾人則以爲現在舊劇固有缺點甚多，然其中所含之學理與藝術，確有不可磨滅之精神與豐富之價值，故吾人認爲欲創一新國劇，必從整理舊劇入手。舊劇匪唯足供民衆之娛樂而已，其在學術上尤有闡揚之必要。今人治戲劇者，雖已較前有顯著之進步，然其目光仍注意於腔調之變化、場子之改良，所研究論列者，不過術的方面而已。即有收穫，亦於根本上無甚關係。至於戲劇組織之研究、角色名稱之考證、舊籍曲譜之勘校、戲曲圖譜之搜集，國內學者之能致力此種工作者，實至罕覩。比年國內外關於戲劇資料，已蔵有重要之發見，如前此梅氏綴玉軒之購藏明清臉譜、清代昇平署扮像譜，朱逷先（希祖）氏之搜得昇平署之文獻與史料，鹽谷溫氏之發見元吳昌齡西遊記雜劇，長澤規矩也氏之發見橘浦、荔鏡二記，均於戲劇學術上有重要之資料予吾人之研究。此外國內外之發見戲曲圖籍，亦不乏可珍資料。然則吾人所負研究與整理之責任，固未有已也。

本會對於戲劇，以純學者之態度、科學方法，爲系統的整理與研究，期發揮吾國原有之劇學。無論崑漢黃秦，凡一切舞台所演之戲劇，悉注重學的方面之整個的研究。本會之工作，第一步注意徵集資料，同時爲相當之調查工作，然後綜合以科學方法分類整理之，俟略有端緒，再着手爲編纂之工作。同時或爲印行，公諸於世。其重要者並譯爲東西文字，闡揚吾國戲劇學術，而定成本會之使命。此皆本會所企勉者也。

抑吾人更進一詞，自梅蘭芳氏渡美演劇以來，舊日國劇已引起世界學者之研究，平情論之，此自爲應有之因果，而吾人研究戲劇者，益不可故步自封，同時更須負有國際宣傳責任之覺悟。夫範圍愈廣，則志願之畢酬愈難。吾人艱設此會，實不過椎輪嚆矢。一切進行工作，力求慎之又慎，以期海內賢達之諒解，共賜教匡，使吾人得以完成微願而已。經始維艱，多師轉益，幸中外學者有以教之。

《发刊词》书影

旨是“以纯学者之态度，科学方法，为系统的整理与研究，期发挥吾国原有之剧学”（傅芸子《发刊词》），故其所刊论文理论性和学术性较强。内容包括：①戏曲的渊源、沿革之史的研究与考证；②戏曲表演艺术如歌曲、音乐、宾白、身段的综合研究以及服装、脸谱、砌末等的系统论述；③欧美各国研究中国戏曲成果的翻译和介绍；④珍稀剧本的校勘和辑逸；⑤其他，如刊登部分书评，报道学会的活动等。主要撰稿人有齐如山、张伯驹、庄清逸、傅惜华等。发表过齐如山的《脸谱之研究》、《戏剧脚色名词考》、《国剧身段谱》、《上下场》，张伯驹的《佛学与戏剧》、《乱弹音韵辑要》、《戏剧之革命》，庄清逸的《戏中角色旧规则》等，有一定影响。（周巩平）

Xiju Luncong

《戏剧论丛》 戏剧季刊。田汉主编。1957年2月27日创刊。中国戏剧出版社出版。大32开本。1958年11月停刊，共出版8辑。1959年与中国戏曲研究院刊物《戏曲研究》合并，改名《戏剧研究》。

1981年复刊封面

该刊为戏剧理论刊物，研究古今中外的戏剧，并探讨当代中国戏剧活动中的重大问题。刊载有关京剧的研究文章10余篇，如《由汉语规范化说到京剧的字韵问题》（徐慕云、黄家衡）、《编剧、表演琐谈》（荀慧生）、《京剧改革在延安》（任桂林）、《记京剧作家陈墨香》（刘乃崇）、《我们怎样排京剧〈白毛女〉》（阿甲）等。1981年2月复刊，赵寻主编。16开本。该刊共发表有关京剧的各类研究文章计70余篇，多数为研究杨小楼、余叔岩、周信芳、盖叫天、王瑶卿、梅兰芳、程砚秋、李少春等著名京剧演员艺术成就或回忆其生平的文章。1984年12月停刊，共出版16辑。（朱葆伟）

Xiju Xunkan

《戏剧旬刊》 京剧期刊。张古愚主编。1935年12月21日创刊。上海国剧保存社出版。自称办刊宗旨是以“我们的智力财力学力，引导伶人到光明之途，指示伶人达神化之境”，“使我国固有的国粹，不致沦亡”。有文字和图片两部分。文字部分设剧评、掌故、争鸣、轶闻、票友动态等栏目，且每期有“京剧问答”栏，由张古愚（春风馆主）当值，解答读者提出的一些关于京剧知识方面的问题。主要撰稿人为张肖伧、郑过宜、冯小隐、吴我尊、叶慕秋、张古愚等。各期除了发表京剧的剧评外，曾连载《闻歌述忆》、《皮黄之将来》、《谭剧精微》、《谈“中州韵”》、《清代燕都戏曲史》等。该刊共出36期，至1937年2月停刊，改办《十日戏剧》杂志。（周巩平）

创刊号封面

Xiju Yanjiu

《戏剧研究》 戏剧期刊。1959年2月25日创刊。戏剧研究编辑委员会编辑，中国戏剧出版社出版。该刊是在《戏剧论丛》和《戏曲研究》两个戏剧季刊的基础上合并创办的双月刊。主要刊载研究戏剧史、戏剧作品、戏剧艺术遗产、表演导演艺术经验、戏曲音乐、舞台美术等方面的论文，并发表少量研究外国戏剧的文章及对外国戏剧状况的述评。其中，登载有关京剧研究的文章有：《漫谈我演虞姬》（梅兰芳）、《记程砚秋同志教〈宝莲灯〉》（萧晴、祁兆良）、《记周信芳先生排〈义责王魁〉》（陶雄）、《再度塑造一位爱国女英雄——穆桂英》（梅兰芳）、《谈〈红楼二尤〉的唱做》（荀慧生）、《我怎样表演〈走麦城〉的关羽》（高盛麟）等。1960年改为季刊，但因故在当年只出版1期（前后共出版7期），于1960年4月30日停刊。（朱葆伟）

Xiju Yuekan

《戏剧月刊》 戏曲期刊。刘豁公主编。1928年6月创刊。上海大东书局印行。主要撰稿人为海上漱石生（孙玉声）、红豆馆主（溥侗）、郑过宜、刘豁公、吴我尊、姚民哀、周剑云、梅花馆主（郑子褒）、周瘦鹃等，均为戏剧评论界重要人物。刘豁公在创刊号的《卷头语》阐述其办刊目的和宗旨：“它的力量确能够赞扬文化，提倡艺术，补助社会教育的不足，反之也能增进社会的恶德。因此，对于戏剧的细胞和性能，当然有缜密研究的必要。”声称该刊的理论观点“绝不主张墨守旧章，却也不赞成一笔抹杀”，“将好的地方，像腔调、韵味、板眼、武工等类应该竭力的保留；坏的地方，像不通的戏词、无理取闹的做派等类，应该酌量改良”。各期文章涉及的主要内容有：①戏曲（京剧）史，如《梨园旧事鳞爪录》、《坤伶兴衰史》、《上海戏园变迁考》，包括逸闻、掌故等；②艺人传记和表演艺术评价，如《孙菊仙传》、《马连良之〈珠帘寨〉》、《谈言菊朋》等；③剧评剧论，如《〈捉放〉剧情之研究》、《〈武家坡〉之新旧剧词与剧情之商榷》、《京派新戏与海派新戏的分析》、《哀梨室戏谈》、《茜茜室剧话》、《啸庐剧谈》、《退思庐剧话》等；④戏曲（京剧）唱腔、音韵研究，如《西皮是元曲嫡传》、《谭腔之研究》、《论韵味》、《青衣唱法概论》、《尖团识小录》、《谈〈捉放曹〉之唱词、念白及谭调之一斑》等；⑤其他，包括剧本、脸谱等。该刊容量较大，平均每期约10万字。其论文尤其是关于京剧音乐、韵律，京剧历史的内容，所占比重很大，也最有影响。每期皆有名伶剧照、便装照。1931年10月停刊，共出版了3卷，计36期。（周巩平）

创刊号封面

Xiju Zhoubao

《戏剧周报》 文艺期刊。总主笔王雪尘。1936年10月9日创刊。上海戏剧周报社发行。该刊分设铜图、剧坛、菊部春秋、梨园公报、剧本、各地剧闻、银海火山、往事旧闻、戏剧通讯等栏目。“发刊词”

《改良旧剧》一文对其宗旨做了详尽阐述："我们决意要改良旧剧，充分地去表现国家、民族的思想文化政治等等，使其成为中国的'国剧'"，"要创造旧剧的新生命，只有先从旧剧本身的改良做起"，"我们决不做浮面的工作，也决不蹈空言的覆辙，我们要把旧剧本身细细地加以剖析，像医生验身体一样精细"，"不管别人在讥笑着，也不管这个工作如何地繁重"，都"应该脚踏实地、认清目标去做"。创刊号即在剧坛栏（戏剧评论）发表了《改良旧剧》、《醒醒吧！戏院老板们，旧剧艺人们》、《谈国防戏剧》等论文。以后该栏目与菊部春秋栏（戏剧史与演员传记）曾发表过《伶人的社会地位与修养》、《改进戏词我见》、《国防旧剧实施》、《希望于编剧家者》、《发挥周信芳的表演术》等文。曾出过特刊《麒麟童专号》和《改革平剧特辑》。主要撰稿者有白雪、雄翔、听潮、悌公、老涵、王虹霓、丁夜、畏言、非史翁等。该刊第1卷第5期上发表了署名丁夜的《平剧革命刍议》，此后展开了一系列论争，连续发表过《平剧革命刍议反响》、《再论平剧改革》、《平剧革命的我见》、《平剧必须改革》、《非〈平剧改革刍议〉》、《旧剧改进之拟议》、《国剧，平剧，旧剧？》、《国防戏剧与卧薪尝胆》、《鲁迅不懂旧剧》等数十篇文章。有一定的影响。剧本栏目曾发表了一些珍藏的梨园秘本如伍月华本《连环计》、麒派真本《打严嵩》等。抗日战争爆发曾一度休刊，1940年1月复刊，出至同年3月第3卷第5期停刊。（周巩平）

Xiju Zongheng Tan

《戏剧纵横谈》　戏剧研究文集。作者俞大纲（1905～1978），浙江绍兴人。台北传记文学出版社1979年出版。全书共收33篇论文，内容包括5类：①对明末清初戏曲史料的钩沉；②对民间传说与戏曲关系的探讨；③对古典戏曲价值的重估；④有关话剧和电影的评价文字；⑤关于京剧舞台表演和京剧剧本的讨论。其中《漫谈东方戏剧》一文指出，同印度戏剧相比，中国戏剧由于注重客观世界、伦理道德和人性，宗教式的神秘色彩褪尽，极有助于戏剧形态的产生。中国戏剧的道德性，遮掩了外来影响的宗教性；由神性的模拟，转变为人性的模拟，是非观念决定于人而不决定于神；由于中国戏剧是以人物为表现中心的，所以才堪称为完整的戏剧。作者认为，在东方戏剧中，最能协调音乐和舞蹈而为戏剧服务的，只有中国戏剧。《泛论梅兰芳、程砚秋对剧曲音乐艺术的造诣》一文虽谈的是梅兰芳、程砚秋，却对整个青衣声腔的发展发表了自己的看法。作者认为，戏曲唱腔由简朴而繁复，再由繁复而归平实，是诉诸听众的听觉要求而定的。所谓简朴唱腔，即为接近语言旋律；所谓繁复唱腔，即为超语言的音乐旋律。戏剧既然以表现人物和故事为目的，戏曲音乐既然出于剧中人之口，那么自不能整个扬弃语言旋律。但在某种情况下，剧中人的感情宣泄，非语言所能表达，自不妨用音乐旋律来宣泄积愤。京剧青衣声腔发展过程，自陈德霖而梅兰芳、程砚秋、张君秋，也属由简朴而繁复的实例。该书对于京剧表演体系的讨论，往往凭借舞台实际演出的情况来阐发作者的观点。另外几篇涉及京剧问题的文章，其中《〈劈山救母〉与二郎神》一文探讨了京剧《劈山救母》一剧和二郎神形象的演变，《论戏小札》研究了《李娃传》一剧的艺术特色，《一张可纪念的戏单及一位长者》回忆了1929年京剧著名演员联袂为山西赈灾义演的盛况，均有一定的史料价值。（许祥麟）

Xikao

《戏考》　戏曲作品集。偶又题《**顾曲指南**》。吴下健儿、大错述考，钝根编辑。1912年8月由申报馆出版，不久改由中华图书馆印行，至1925年陆续出至40册。1933年上海大东书局再版。1990年上海书店影印再版，合订为精装5册，改名《**戏考大全**》。书中收有京剧及部分梆子、昆曲剧本近600出，保留了一大批京剧舞台常演剧目的脚本和演员剧照。每个剧本前附有介绍剧情的文字及有关考证、评述，其中经常涉及演员特长、演技特色等内容。如《哭祖庙》的介绍中说："此剧为汪笑侬首先演唱。继之者，唯坤伶苗鑫如……剧本中反二黄一段，辞句甚长，异常吃力，若非上乘功夫，断难臻此。"因编者述者立足上海，所以对活跃在上海的京剧演员评述较多。除上述汪笑侬外，对冯子和、赵君玉等名家也有评点，是在剧本以外又留下了海派京剧早期的一些重要史料。书中对剧目创作也时有评述，如介绍梅兰芳《天女散花》时谈到："《天女散花》，向无此戏，乃近数年来，北京诸名士与《嫦娥奔月》等古装新剧，同为梅伶而作者也。……即此可见名手所编之剧本，毕竟有文法，异于寻常也。"上海书店《戏考大全》于第5册增附《戏考分类目录》（摘自郑振铎《中国文学研究》）和《剧目索引》，以备参考。作为大型剧本集，此书收入的大量剧本及考述文字，对研究民国初期乃至民国以前的京剧作品及演员、演技情况，都有较高的资料价值。（田志平）

中华图书馆版第15册封面

上海书店影印再版本护封

xilouzi

戏篓子　戏曲行话。篓子，竹编之盛物器皿，常用以盛放日常杂物，如字纸篓、炭篓、油篓等。戏篓子，谐喻满腹戏曲杂识者，涉及戏源、戏理、戏目、掌故、行当流派、四功五法等。又以盛装杂物的包裹包袱为喻，称"**戏包袱**"。（周华斌　戴申）

Ximi Zhuan

《戏迷传》　京剧作品。作者不详。《戏考》编者称系吕月樵编演：

"吕以嗓音颇好，善能摹仿诸名伶声口，如谭鑫培、汪桂芬、孙菊仙、朱素云等，且于须生、大面、青衫、小生种种角色，亦无不各擅其能"，"因此超越常轨，创编斯剧，藉以自见"。上海图书馆藏有"吕月樵真本"《戏迷传》，共和图书馆1916年10月第3版。但在吕月樵之前，汪笑侬、孙菊仙即已演出。此剧结构、场次并无一定之规。不同演员可各展所长，演来各不相同。《戏考》刊本中，主人公伍音自幼喜爱京戏，张口就来段戏词，举手投足都是剧中人物，仿佛时刻都生活在戏剧的情境中。比如有人请他看信，他接过来就念："这封书信来得刚刚凑巧，明日午时三刻走马换将"，这是谭派名剧《定军山》念白。对着妻子，唱的是孙菊仙的《朱砂痣》："借灯光我这里观看娇娘。"家人以为中邪，延医诊视。医生开具处方，让伍家筹措资金，置办行头，起个戏班，保证痊愈。母亲不堪其扰，告其忤逆不孝。在公堂上，他仍然唱不绝口，与县官纠缠不清。作品虽说也有人物和故事，但核心仍在展示演员多方面的演唱才能，若无深厚积累，难以胜场。剧中有些情节也颇为有趣。如医生开具处方一段戏，将当时菊坛名伶，如白牡丹、九阵风、杨小楼、月月红、何月山、粉菊花、芙蓉草、贵俊卿、吕月樵、三麻子、麒麟童、七盏灯、玻璃翠、赵如泉等填进戏词，充当药名，巧妙地运用戏拟、双关、谐音、粘连等修辞手法，很有戏剧效果。北方时慧宝演出此剧，当场写字。套用《戏迷传》形式，有《戏迷小姐》、《戏迷家庭》等剧。

时慧宝演《戏迷传》

（周传家）

Xipu Tukao

《戏谱图考》 京剧作品集。育文书局1920年出版。按子、丑、寅、卯、辰、巳、午、未、申、酉、戌、亥共12集编排，每集3剧，共收剧本36个。多为当时盛演的作品，如《天水关》、《七星灯》、《目连救母》、《法场祭奠》、《黄金台》、《华容道》、《鱼肠剑》等。每剧前绘有擅演此剧的名演员剧装图，以简洁的线条，画出服饰、盔帽、道具等物件的细节，人物形态也生动逼真，以较形象的方式为京剧爱好者提供了参考。

（王佩孚）

Xiqu Bianju Lunji

《戏曲编剧论集》 戏曲文集。范钧宏著。上海文艺出版社1982年6月出版。收有文章30篇。其中19篇发表于1966年之前；11篇完成于1976年之后，多为在中国艺术研究院研究生班和中国戏曲学院编剧或导演进修班上的讲演，经整理后陆续发表。《戏曲结构纵横谈》对戏曲编剧原理、方法和技巧，做了比较全面、深入的探讨，可当做本书的总论来读。《戏曲语言特点浅探》、《程式——戏曲编剧的基本功》、《"运当通神"——从编剧角度谈戏曲程式》、《唱念安排八讲》、《精炼·集中——传统戏曲编剧技巧漫谈》、《"铺垫"小议》、《谈"留扣子"、"抖包袱"》等，都是专题性质的讨论。

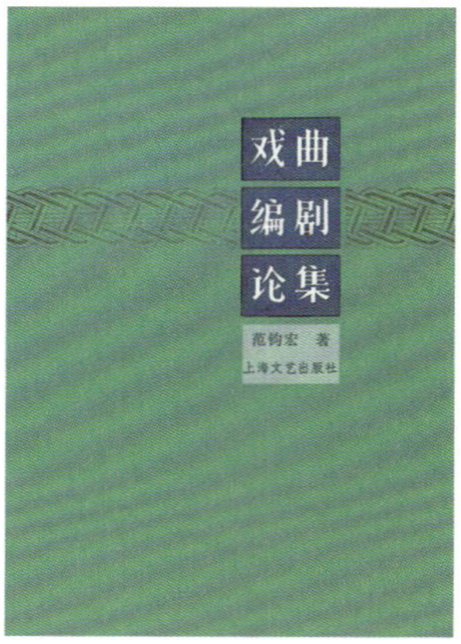

另有不少文章是结合着《一捧雪》、《野猪林》、《胆剑篇》、《杨门女将》、《九江口》、《猎虎记》、《蝴蝶杯》等具体剧目来谈编剧问题，还有一组文章以《白毛女》、《林海雪原》为例，讨论戏曲表现现代生活问题。作者坚信，要当好戏曲编剧，必须明白"什么是戏曲剧本"。他的定义是："根据戏曲情节结构，使用戏曲文学语言，运用戏曲艺术程式写出来的剧本，就是戏曲剧本。"所以，结构问题、语言问题、程式的运用问题，是他关注的重要环节，是许多文章反复讨论的议题。他在强调戏曲文学是生活、思想、技巧三者结合的产物这个大前提下，特别提醒戏曲编剧要重视程式——包括音乐程式、表演程式——的掌握和创造性运用；处理好编剧与程式的关系，是戏曲作者的一门基本功。作者是著名京剧作家，成就突出，有丰富的编剧经验，书中文章不管是大论还是小议，讲方法还是谈技巧，都写得透彻而有意味，是可以嘉惠后学的重要论著。

（葛士良）

Xiqu Bianju Qiantan

《戏曲编剧浅谈》 戏曲编剧专著。陈亚先著。台湾文津出版社1999年8月出版。共设8章：戏曲题材、戏曲剧本的结构、戏曲冲突、歌舞诗的追求、唱念关系、戏曲的主题、戏曲语言等。约13万字。1998年2月，陈亚先应台北市现代戏曲文教协会之邀，为戏曲编剧导演班讲课，主办方为了"让戏曲爱好者及有志从事戏曲编剧的人都能分享他的经验"，对讲课记录做了整理。1999年初，陈亚先又在整理稿基础上补充修改，终于正式出版。卷前有序两篇。沈惠如《沐浴在剧作家的春风中》，盛赞陈亚先讲课"不仅条理明晰、论证翔实，并且熟悉古今中外的剧本，致使引证取譬时，随手拈来毫不费力。有时一时兴起，在课堂上还会引吭高歌"，而且对于学员习作，"不厌其详地一一个别指导，使得学员们受益良多"。王安祈《感性的理论》称："这是一本成熟剧作家看戏、编戏的真诚心得记录"，"我体会到的'感性'是：不引经据典，不卖弄名词术语，没有深奥难解的层层理论推演……全以实例为证，而每一个实证都出自于作者'真诚的感受'，这就是'感性'"。

陈亚先（1948～　），湖南岳阳人。1966年高中毕业，系"老三届"回乡知青。当过农民、民工、城乡漂泊者、民办教师。1973年起先后在岳阳县文化馆、岳阳市花鼓戏剧团、岳阳市文艺研究所从事戏剧创作。1988年，他创作的剧本《曹操与杨修》经上海京剧院排演成功，一举成名。此剧先后被译成英文、法文、俄文介绍到国外。1992年被评为文化部优秀专家。其剧作还有《天地一秀才》、《无限江山》、《曹操与陈宫》、《胡笳》、第二本《宰相刘罗锅》、《武则天》等，这些戏分别由北京京剧院、江苏省京剧院、沈阳京剧院等单位演出。另有小说、电视剧多种。2003年起担任湖南省文学艺术界联合会副主席。

（简畅）

Xiqu Daquan

《戏曲大全》 京剧作品集。上海文明书局1923年出版。共5卷。中国艺术研究院戏曲研究所资料室藏有梅兰芳赠中国戏曲研究院的第4、第5两卷。剧本按脚色行当分类编辑，如第4卷辑“武生戏”《请宋灵》、《长坂坡》、《凤凰山》、《落马湖》、《铜网阵》、《博浪椎》、《连环套》，“小生戏”《辕门射戟》、《白门楼》、《监酒令》，“老旦戏”《望儿楼》、《张义得宝》、《行路哭灵》，“花衫戏”《黛玉焚稿》、《黛玉葬花》、《晴雯撕扇》、《晴雯补裘》。第5卷辑“花衫戏”《宇宙锋》、《三击掌》、《女起解》、《孟姜女》、《木兰从军》、《童女斩蛇》，“花旦戏”《红鸾禧》、《卖绒花》等。

（蒿士良）

Xiqu Gaige Lunji

《戏曲改革论集》 戏曲文集。马少波著。华东人民出版社1952年1月出版，新文艺出版社1953年11月重印。此集是1949～1951年间中华人民共和国成立初期，为更好地贯彻执行“推陈出新”的方针，作者从戏改工作的实际出发，所撰最早一部以京剧为主的有关戏曲改革的论文结集。共收11篇，重点篇目有《正确执行“推陈出新”的方针》、《迷信与神话的本质区别》和《关于澄清舞台形象》、《戏曲的历史真实与现实影响》、《加强戏曲批评工作的严肃性》、《关于戏曲导演》等。具有政策性强、通俗易懂和理论联系实际的特点。针对“新中国成立初期，旧社会遗留下来的戏曲舞台状况是：鱼龙混杂，泥沙俱下，不少鼓吹封建道德、鼓吹野蛮恐怖或猥亵淫毒行为、侮辱劳动人民的剧目充斥舞台。歪曲、病态、丑恶的舞台形象和商业化的剧场作风旧习相因”的混乱现象，既要“改戏”，也涉及“改人、改制”，作者遵循中国共产党的戏曲改革方针政策，有的放矢，切中要害。文中紧密结合为广大戏曲艺人所熟悉的、当时舞台上广为流行的传统老戏，来阐述党的“推陈出新”的方针和“剔除其封建性的糟粕，吸收其民主性的精华”即“去芜存菁”的道理及其具体做法，借以批判旧剧中的缺点错误以及戏曲改革中存在的保守和粗暴两种不良倾向。《迷信与神话的本质区别》、《关于澄清舞台形象》等文，对消除戏曲工作者对旧剧中迷信与神话认识上的混乱，及澄清戏曲舞台上的丑恶形象，乃至改变舞台面貌，都曾起到很大作用，有力地推动了当时戏曲改革运动的发展。

20世纪80年代中，当戏曲由于种种原因步入低潮，不少人为此产生危机感时，马少波对包括京剧在内的戏曲前景，仍持乐观态度。1987年由陕西人民出版社出版的他的《戏曲新论》，就反映了“他对振兴戏曲的责任感、对戏曲艺术如何进一步推陈出新的关切之情”。书中的《在〈讲话〉精神指导下前进——从事戏剧创作四十年》、《写戏偶诗》、《谈历史剧创作》、《推陈出新继续前进》、《剧目建设是戏曲振兴的关键》等篇，读来明快、清新，令人振奋，其指导思想与早年的论文一脉相承。（刘英华）

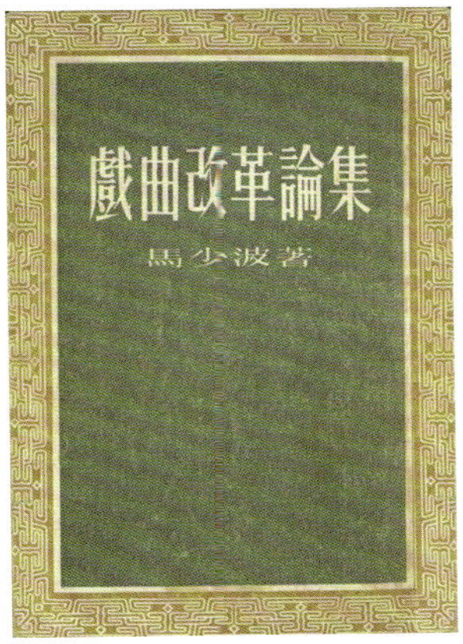

华东人民出版社初刊本封面

Xiqu Jiaoyu Gailun

《戏曲教育概论》 戏曲教育研究专著。刘坚著。中国戏剧出版社2001年9月出版。由《绪论》、《教学形态篇》、《教学管理篇》组成。共10章，30万字。《绪论》论述了戏曲教育的概念、性质、现状和布局，指出现代戏曲教育是一种以戏曲艺术的基本知识、理论和基本技能为教学中心，以各类院校为载体，以班级教学为基本格局的事业型正规教育。其宗旨为继承、发展戏曲艺术，目标为培养“德艺双馨、继往开来”的戏曲艺术事业的建设者。《教学形态篇》以表演、导演、文学、作曲与器乐演奏、舞台美术、师范教育等专业的教学规范、特色为考察重点，全面阐述戏曲学科的教学形态，从理论上探究戏曲教育的社会功能和本质特征。《教学管理篇》以教学管理制度、组织规程、管理系统和教学建设测评为考察重点，系统阐述了科学管理对戏曲教育发展的重要意义和效益价值。书前有周育德《序》，称该书内容十分丰富，是作者“过滤了从事戏曲教育20年来的心得，总结了担任教务处长15年来的经验，针对中国戏曲教育的一系列实际问题”，而写成的一部当今“最为系统的戏曲教育学的理论专著”，有填补空白的意义。作者刘坚（1946～　），河北唐山人。1967年毕业于中国戏曲学校，长期从事戏曲教育的管理、研究和教学工作，历任中国戏曲学院教务处长、研究所所长、院学术委员会秘书长等职。

（秋实）

Xiqu Jiaoyu Lunji

《戏曲教育论集》 戏曲教育研究专著。史若虚著。中国戏剧出版社1983年11月出版。辑录了作者有关戏曲教育方面的文章16篇，结合作者多年从事戏曲教育的体会，探索和论述了从“文化大革命”前到改革开放后戏曲教育的经验。他强调要按照戏曲的特点进行教学。如：坚持“成品”教学，反对教条主义；注重普遍培养，因材施教，紧紧抓住“选才”、“辨才”、“育才”几个环节，教师应善于做伯乐。在教学内容上，主张以传统戏打基础，并排演新编历史戏和现代戏，培养学生的艺术创造能力。课程设置上，应注意德育和文化理论课的教学，努力使学生成为全面发展的专业人才。该书是为数不多的论述京剧教育的专著。

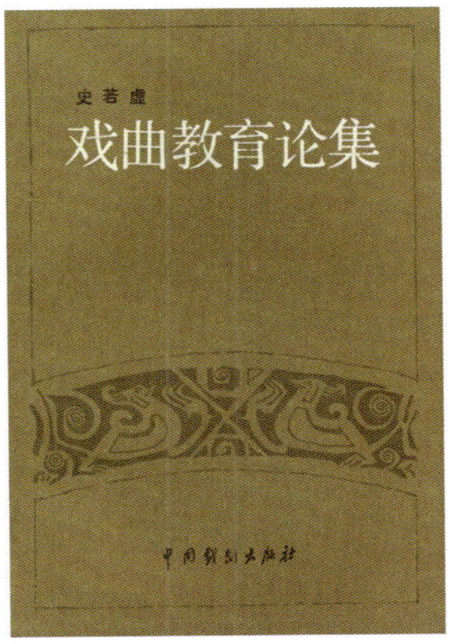

（尔冬）

Xiqu Jumu Gongzuo Huiyi

戏曲剧目工作会议 文化部为繁荣戏曲剧目而召集的全国性会议。第一次戏曲剧目工作会议于1956年6月1～15日在北京召开。27个省市和7个戏曲剧院的剧目工作人员以及部分著名老艺人和戏曲专家共79人到会。中共中央宣传部副部长周扬就戏曲剧目工作问题做了重要讲话，强调文化部门和戏曲工作人员对戏曲艺术事业必须按照戏曲艺术本身的特点去领导工作，形成自由的艺术创造气氛，反对戏曲艺术上的主观主义和官僚主义作风。文化部副部长刘芝明和中国戏曲研究院副院长张庚也分别做了关于戏曲剧目工作和如何衡量传统剧目问题的报告。代表们进行了热烈的讨论，认为必须有计划、有组织地对各个剧种的传统剧目进行发掘、整理和改编。除剧本文学之外，还应该从表演、音乐等方面去继承遗产和发扬传统。工作中必须尊重传统，依靠老艺人，不能采取简单粗暴的做法。要根据各个剧种原有的特点去进行整理，发挥其特长。在改编、移植和重新创作剧目时，也必须在剧种独特艺术风格和基础上进行。认为正确描写历史上的政治斗争和人民的反抗斗争的作品才具有人民性、艺术性和教育意义。对于鼓舞人们奋发向上、给人们以美的享受的作品都应予以肯定。这次会议，及时纠正了戏曲工作中的偏差，对戏曲继承和发扬自身的艺术传统，规划和推动剧目的发掘整理和改编工作有重要的指导意义。会后，在全国范围内即出现挖掘传统剧目的热潮。

第二次戏曲剧目工作会议于1957年4月10～24日在北京召开，7个省、直辖市、自治区的代表参加了会议。会议以总结交流挖掘传统剧目的经验、讨论开放剧目、解决上演剧目中出现的问题为宗旨。会议统计，在第一次剧目工作会议之后，全国共挖掘出有名目的传统戏51 867个，有文字记录的14 632个，已初步整理的4 223个，已上演的10 520个。仅福建省就挖掘出11 151个戏，其中莆仙戏挖掘出5 990个。会上张庚做了《关于戏曲剧目的整理改编和创作问题》的专题发言，郭汉城、李啸仓、张真等就喜剧、鬼戏和戏剧人物分析做了发言，代表们还对连台戏与幕表戏发表了意见。文化部副部长钱俊瑞认为，采用禁戏的方法对待人民的思想矛盾是不好的，文艺与科学有其自己发展的规律，要通过争鸣，不能以简单的行政手段解决问题。刘芝明以“大胆放手，开放戏曲剧目”为题做了总结发言，论述了开放剧目的必要性，并对深入开展剧目工作进行了全面部署。周扬在闭幕式上强调，在剧目工作中要依靠艺人，对传统剧目要采取“全面挖掘，分批整理，结合演出，重点加工”的方法。

1980年7月12～31日在北京又召开了戏曲剧目工作座谈会。出席会议的有29个省、直辖市、自治区和文化部下属单位主管戏曲工作的负责人、戏曲作家、理论家等200余人。会议批判了“四人帮”推行的文化专制主义和民族虚无主义，总结了戏曲工作30年来的正反两方面的经验，认为近三年的戏曲工作形势好、成绩大，但问题也不少。在充分讨论的基础上统一了认识：①“百花齐放，百家争鸣”、“推陈出新”、“古为今用”的方针和“两条腿走路”、“三并举”的剧目政策是正确的，是经得起历史考验的。它符合马克思主义关于对待文化遗产的科学原理，又符合艺术本身发展的规律，在新时期，应继续坚定地贯彻执行。②各地上演的传统剧目虽多，但总体来看，仍有许多戏没有恢复，已恢复上演的传统戏普遍质量不高，达不到原排水平。就一个剧种、一个剧团、一个演员来说，所能演的传统戏却还不多，就那么几出。认为经过整理改编的优秀传统剧目至今仍然具有现实意义和教育作用：有的可以帮助人们认识古代生活，丰富历史知识；有的可以满足人们的美感享受和娱乐要求，提高人们的审美情趣；传统戏及其表演的某些艺术效果，是现代题材作品所不能代替的。还指出戏曲艺术是在长期封建社会中形成的，故传统剧目中既有反封建的民主意识精华，也不可避免地受到封建思想的影响，不少剧目，精华与糟粕混杂在一起，所以必须推陈出新，以达到古为今用的目的。不应把继承与革新对立起来，如若脱离民族的历史与艺术传统，便谈不到革新与创造。③历史剧毕竟是艺术，不是历史教科书，应该提倡作家运用现实主义的创作方法，在一定史料的基础上展开想象和虚构，用巧妙的构思和生动的故事情节去刻画人物，通过艺术形象的塑造反映历史生活。④应该看到思想性和艺术质量较高的现代戏是不多的，应当大力提倡与扶植现代戏的创作与演出。此外，还就人才培养，队伍建设，重点院团、剧目工作、研究机构的加强与建立，解决剧团体制，加强领导，按照艺术规律办事等，提出了不少意见与建议。经验证明，加强党的领导，坚持执行党的戏曲方针政策，戏曲事业才能繁荣发展。

（戴云　金石）

Xiqu Shengqiang Juzhong Yanjiu

《戏曲声腔剧种研究》 戏曲文集。余从著。人民音乐出版社1990年6月出版。作者余从（1931～　　），研究员、博士生导师。祖籍山西五台，生于太原。1949年结业于华北大学第三部音乐科。在中央戏剧学院工作时，兼任戏曲史专家周贻白教授助教。曾任中国艺术研究院戏曲研究所所长、中国戏曲学会常务理事、北京市京剧史研究会会长、文化部振兴京剧指导委员会委员。是《中国大百科全书·戏曲曲艺》卷戏曲声腔剧种分支副主编、《中国戏曲志》与《中国戏曲音乐集成》常务副主编。全书收作者1979年以后所撰写文章14篇，按发展序列分为戏曲起源形成、戏曲声腔、戏曲剧种、

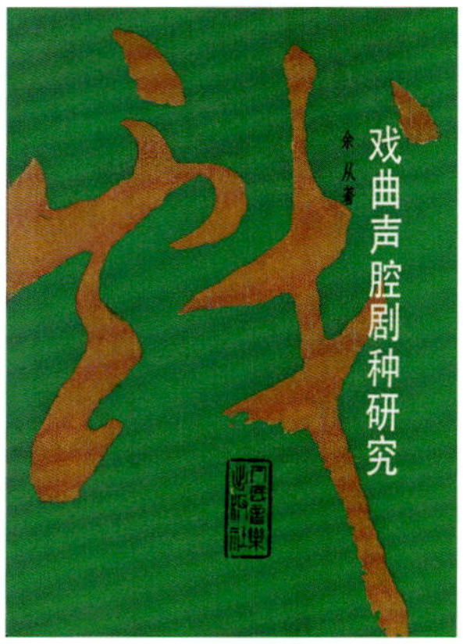

戏曲改良与改革4部分，且以第二、第三部分文章为主体，论述了南北曲、昆弋、弦索、梆子、乱弹、皮簧诸声腔系统与昆剧、花部戏曲、民间小戏、京剧等剧种的历史演进概况，揭示了商路即戏路、语言与音乐在声腔剧种地方化中所起重要作用等戏曲嬗变法则。全书又择取京剧的形成、梅兰芳与编演新戏、欧阳予倩与京剧、戏曲改良、旧剧论争、田汉改革戏曲的活动等戏剧文化现象，勾勒了近现代京剧的发展轨迹；对京剧历史的分期，徽班、汉调与京剧形成的关系，戏曲改良运动的兴衰，梅兰芳、欧阳予倩、田汉的剧目创新与艺术改革，都提出了自己的见解。作者认为：徽班在北京剧坛能取得优势的原因在于“善于博采众长”，“不拘一格，各有擅场”，“剧目的安排上抓住各阶层的观众”；京剧形成的标志是“徽班演唱的汉调皮簧在北京的地方化”。所说切中肯綮，阐明了京剧发展的一些规律。作者重新审视了张谬子在五四旧剧论争中的意见，既指出其保守的一面，又肯定了张谬子对“遗形物”、“百衲体的把戏”等论点的批驳，以及他对戏曲形式特点与运用规律的弘扬。

（沈达人）

Xiqu Wenxue Lungao

《戏曲文学论稿》 戏曲文集。颜长珂著。文化艺术出版社2008年1月出版。颜长珂（1932～　　），中国艺术研究院研究员。祖籍湖南涟源，生于长沙。1951年毕业于东北鲁迅文艺学院戏剧普通班，先后任职于东北戏曲研究院、中国戏曲学校及中国戏曲研究院，长期从事戏曲研究、教学及编辑工作。曾参与张庚、郭汉城主编的《中国戏曲通史》的编撰工作，承担了部分章节的写作。《中国戏曲通史》再版时，他受主编委托，执笔修订。他还参加了国家重大文化工程《中国大百科全书》第一版和第二版的编纂，并担任第二版戏曲学科主编。颜长珂注重理论结合实践，在戏曲史、戏曲文学、戏曲理论诸多方面均有成就。

《戏曲文学论稿》是作者“文化大革命”后部分有关戏曲史论研究成果的集结。全书分为“戏曲文学的历史回顾”、“戏曲文学的艺术特征”、“札记”3个单元。“戏曲文学的历史回顾”包括15篇文章，既有对整体和断代的戏曲文学的历史回顾，也有对经典

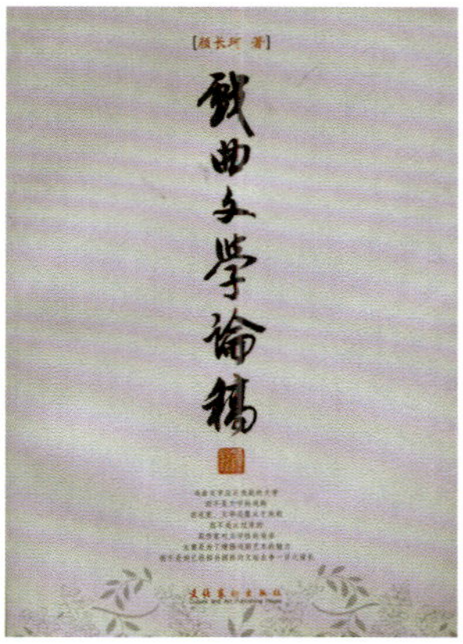

作家作品的个案剖析，还有对珍贵戏曲文学典籍、史料的发现和重新破译。深入浅出，不作凿空之论。作者思绪洒脱，文字活泼而无匠气。“戏曲文学的艺术特征”包括11篇文章，分别从戏曲文学的样式、风格、叙事方式、诗化特征、剧种特征等角度入手，总结了戏曲文学的审美特征。“札记”包括13篇短文杂什，记录了作者治学中的所见、所思、所悟，堪称妙思偶得，绝非游戏文字。书中对京剧艺术多有论述。其《京剧文学简论》一文，概括介绍了京剧作品，重点分析了京剧的剧本结构、人物塑造、文学语言，是对京剧文学全面、系统的总结。作者认为：“戏剧作品的文学性不仅限于语言。如从情节结构、人物形象塑造、戏剧冲突的组织等方面来看，京剧艺术的成就，较诸前代的杂剧传奇，不但毫不逊色，甚至是有所超越的。”他在肯定戏曲文学应是“戏剧的文学”而不是“文学的戏剧”的同时，也“期待着有深刻思想内蕴和独到艺术创造的作品的出现”。书中关于京剧史研究的几篇文章，具体而微，有所发现。如《“京师尚楚调”析》突破了传统的关于西皮腔调何时传入京师的说法；关于楚曲《祭风台》衍变的研究，无疑有助于对堪称经典的京剧《群英会》的深入了解。至于经过细致认真的辨证，确认了《春台班戏目》的年代应为清道光末年，不应迟于咸丰初年，澄清了此前所说乾隆三十九年的错误。一锤定音，这将使得这份珍贵的史料在京剧史研究中受到更多重视，发挥更大作用。由于作者对京剧的熟悉与热爱，论述中常以此为例，增强了文章的生动性与说服力。（周传家）

Xiqu Wutai Xingtai

《戏曲舞台形态》 戏曲研究著作。田志平著。文化艺术出版社2008年4月出版。全书40万字，凡10章，分别为：戏曲脚色、戏曲行当、戏曲程式、戏曲时空、戏曲演唱、戏曲念白、戏曲做工、戏曲武功、戏曲化妆、戏曲服装。该书较为全面地解析和介绍了戏曲呈现的舞台形态和艺术元素。在理论方面的特点表现为：以“脚色”为切入点，阐述了戏曲脚色与话剧角色的区别。通过史料爬梳和辨析，作者认为“脚色”与“角色”原本属于不同的专业词语，在中国戏曲形成时期的宋代有不同的指向：“脚色”指身份、履历；“角色”则指相对著名的、拔尖的艺人。至于“角色”成为“剧中人”和“舞台形象”的专用语，则是近代以来受西方戏剧原理影响后日渐通行的。从“脚色”理论出发，作者将戏曲演员抽象化为“表演者”，认为他们属于“艺术创造的材料和工具”，可称

之为“技艺合成体”。与西方戏剧不同的是，作为“技艺合成体”的戏曲演员，关联到中国戏曲特殊的艺术分工——行当。作者对戏曲中分行的缘由、京剧行当的演变，特别是“行当”体制在当今新编历史剧和现代戏中面临的挑战等问题进行了总结，同时还吸收了近年来戏曲理论研究的若干成果。如：“程式”一词在春秋战国时期的《管子·明法解》中业已出现，至于作为戏曲理论的专用词语，则始于20世纪20年代“国剧运动”的观点阐述中；又如：戏曲舞台演出中时间和空间的关系体现为“以时率空”的特点；此外，对戏曲的唱、念、做、打及化装、服饰等方面的知识亦进行了归纳，引入一定数量的专业术语和谚语口诀加以解析。全书在总体上从“场上艺术”的角度对戏曲进行理论阐述，内容丰富，可用作戏曲院校的专业参考读物。（周华斌）

Xiqu Yanjiu

《戏曲研究》 戏曲季刊。中国戏曲研究院编辑，上海文化出版社出版。1957年1月10日创刊，至1958年10月共发行8期。后与《戏剧论丛》合并，改为《戏剧研究》。梅兰芳、程砚秋、张庚、罗合如、马少波、马可、傅惜华、郭汉城、黄芝冈、舒模、杜颖陶、晏甬、阿甲、李刚先后担任编委，办刊宗旨为“在学习中进行研究，向遗产学习，向舞台学习，向艺人学习，向先进的文艺理论学习”。刊发了《要善于辨别精、粗、美、恶》（梅兰芳）、《创作经验随谈》（程砚秋）、《试论戏曲的艺术规律》（张庚）、《生活的真实与戏曲表演

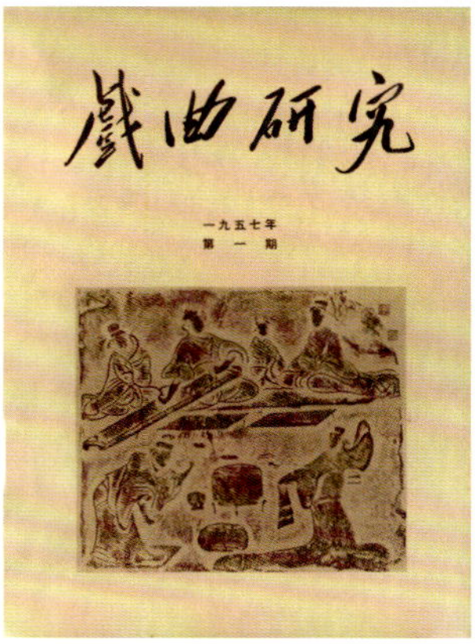

艺术的真实》（阿甲）、《戏曲表现现代生活的状况和问题》（晏甬）等数十篇颇具影响的理论文章，反映了中国戏曲研究院自20世纪50年代创建以来，针对当时的戏曲改革工作实际情况，所取得的学术研究成果。1980年7月《戏曲研究》复刊，由中国艺术研究院戏曲研究所编辑，主编郭汉城，戴不凡、颜长珂、苏国荣、王安葵先后任副主编。1987年以后，担任主编的先后有颜长珂、王安葵、刘祯。该刊改版复刊后，仍秉承理论联系实际的办刊宗旨，先后开辟《百花齐放，推陈出新》、《知识分子和戏曲》、《历史剧笔谈》、《戏曲创作谈》、《戏曲导演艺术探讨》、《纪念徽班进京200周年》、《纪念梅兰芳、周信芳诞辰100周年》、《纪念王国维诞辰120周年》等专栏。常设栏目包括《戏曲文学》、《戏曲美学》、《戏曲史》、《戏曲音乐》、《戏曲表导演》、《戏曲舞台美术》、《地方戏曲》、《少数民族戏曲》、《京剧艺术》、《戏曲文物》、《文献与考证》、《学术争鸣》、《中外交流》、《剧坛人物》、《新著评介》、《比较研究》、《史料索引》等，对戏曲各门类均有涉猎。刊发了院内外众多专家学者的理论文章，多层面地论述了戏曲艺术的特征和规律，有力地推动了中国戏曲的学科建设。该刊注意吸收海外学者的研究成果，重视学术交流与对话，吸引了不少海外读者群，因此，日本、韩国、美国以及中国香港、台湾地区的一些重要图书馆均有馆藏。韩国的“中国戏曲研究会”1995年编辑出版的丛书《中国戏曲》第3辑，特刊载《戏曲研究》第1辑至第47辑总目。至2009年9月，该刊已出版79辑。（万素）

Xiqu Yanyuan Chuangzao Juese Lun

《戏曲演员创造角色论》 戏曲表演研究专著。胡芝风著。上海文艺出版社1994年出版。全书共12章，从戏曲表演程式的沿用和创造，戏曲唱、做、念、打（舞）的美学要义与技巧运用，戏曲表演的情感体验与舞台表现，戏曲表演特殊的形式美及其把握，戏曲表演的形与神、多与少、技与情、文戏武唱、武戏文唱的辩证关系，戏曲表演如何把握作品的思想内容与规定情景，戏曲表演与当今世界诸大演剧流派的异同，戏曲演员的修养与戏曲表演境界高低的

关系等，做了多方位的观察和有的放矢的剖析，比较全面地论述了戏曲演员创造角色的途径和方法。作者在长期舞台实践中，积累了创造角色的丰富经验，所论言之有物，深入浅出。阿甲在序言中指出，该书“填补了戏曲表演理论上的某些空白”。胡芝风（1938～　），祖籍浙江绍兴。肄业于清华大学工程物理系。自幼酷爱京剧艺术，曾延名师教授，后正式拜梅兰芳为师。1959年年底到广州京剧团任主演。1960年到苏州市京剧团担任团长兼主演。1985～1987年在中国艺术研究院理论进修班学习，毕业后从事研究工作，为该院戏曲研究所研究员。2002年起，任中国戏曲表演学会会长。另有自传《艺海风帆——我的艺术道路》，约20万字，学林出版社1990年出版。

（陈牧）

Xiqu Yanyuan Jiangxihui

戏曲演员讲习会　文化部为提高戏曲队伍素质，推动戏曲艺术的革新发展而举办的戏曲演员学习班。共举办四届。前三届委托中国戏曲研究院主办。

第一届戏曲演员讲习会于1955年6月7日至8月9日在北京西苑大旅社举办。梅兰芳任主任，程砚秋、张庚、罗合如任副主任。参加学习的有来自评剧、河北梆子、豫剧、山西梆子、秦腔等剧种的主要演员、导演、琴师和戏改干部，共计68人。这次讲习会主要讨论对戏曲遗产的认识和批判继承等问题。学习内容有戏曲政策、演员道德、戏曲作品分析、表演和音乐研究。授课教材经整理修订后，编为《戏曲演员学习小丛书》第1辑，由通俗文艺出版社1956年3月出版。第二届讲习会于1956年6月18日至9月28日在北京朝外白家庄举行，仍由梅兰芳任主任，程砚秋、张庚、罗合如任副主任。学员有来自30个剧种的演员、音乐工作者和戏改干部，共计280余人。与首届相比，该届讲习会对戏曲艺术特点的探讨更加深入，并结合贯彻第一次全国戏曲剧目工作会议精神，强调破除戏曲工作中的清规戒律，端正衡量戏曲剧目标准，扩大和丰富上演剧目。张庚在会上做了《正确理解传统剧目的思想意义》和《戏曲表现现代生活问题》的专题报告和剧目问题的总结报告。讲习会后，中国戏曲研究院编辑了《戏曲演员学习小丛书》第2辑，由上海文化出版社1957年出版。另外，讲习会上17个剧种30位著名演员的讲稿还结集成册，编为《演员经验谈》，由上海文化出版社1957～1958年分6辑出版。1957年，第三届戏曲演员讲习会分别在上海（6月15日至8月12日）和广州（7月8日至8月17日）举行。参加上海班学习的有16个剧种的演员、音乐工作者和干部共200余人。参加广州班的有粤、湘、汉、琼、邕等剧种的150余人。会议以贯彻第二次全国戏曲剧目工作会议精神为主，主要研究如何继承戏曲优良传统问题，并对现代戏的创作和表演问题进行了探讨。第三届讲习会的主任是梅兰芳，上海班的副主任由周信芳、陈虞孙、张庚担任，广州班的副主任由白驹荣、马师曾、李门、罗合如担任。在讲习会上讲课的有张庚、梅兰芳、程砚秋、周信芳、盖叫天、俞振飞、华传浩、欧阳予倩、马可、马少波、阿甲、郭汉城、舒模、李刚等。各剧种的知名演员也分别讲授了个人的表演经验。1983年7月2日至8月11日，文化部委托艺术局会同中国戏剧家协会、中国艺术研究院、中国戏曲学院和北京市文化局，联合举办了第四届戏曲演员讲习会，20多个剧种的140多名中青年演员参加了这次会议。张庚任讲习会领导小组组长，并在开学典礼上作报告。这届讲习会的内容分3方面：政策、思想修养和理论方面的内容，由贺敬之、朱穆之、周巍峙、张庚、郭汉城、刘厚生、胡沙、史若虚、任桂林、马少波、阿甲、李紫贵主讲；戏曲表演艺术方面的内容，由俞振飞、张君秋、阳友鹤、袁玉堃、陈全波、陈书舫、赵荣琛、王秀兰、夏淳、朱琳、萧晴主讲；基本功训练，主要由王诗英负责。会上，大家对戏曲艺术如何赶上时代、如何适应青年观众以及戏曲工作者如何提高自身艺术修养、创造出充满时代气息的艺术形象等问题展开了热烈讨论。

历届讲习会的经验表明，对于戏曲工作者来说，参加讲习班学习是一种提高政策水平、理论水平和艺术修养的有效方式。同时，讲习班的开办对戏曲理论与戏曲实践的贯通有重要意义，也加强了各剧种之间的艺术交流，因而对戏曲工作有显著的推动作用。

（戴云）

Xiqu Yishu

《戏曲艺术》　戏曲期刊。中国戏曲学院主办。季刊。1979年创刊。首任主编史若虚。钮骠、陈培仲、姜智、傅谨先后任主编。是以京剧为主，兼及其他戏曲剧种的学术理论刊物。辟有“戏曲论坛”、“戏曲美学”、“戏曲文学”、“戏曲导演”、“戏曲表演”、“戏曲音乐”、“戏曲舞台美术”、“戏曲教育”、“戏曲群英”、“回忆与怀念”等专栏，同时发表珍贵的戏曲文物和照片。该刊以理论研究和艺术评论为主，同时兼顾知识性、资料性，力求深入浅出，雅俗共赏。创刊以来发表了中国戏曲学院众多教授、名师编写的教材、专著和全国不少专家、艺术家撰写的论文和艺术经验总结，在戏曲界有较大影响。

2000年第2期封面

（尔冬）

Xiqu Yishu Ershi Nian Jinian Wenji

《〈戏曲艺术〉二十年纪念文集》　戏曲文论丛书。中国戏曲学院为庆祝建院50周年，从院刊《戏曲艺术》自1979年创刊以来20年间所发表的文章中，选出233篇，共233万字，编成此丛书。主编姜智，副主编王佩孚、李锋、曲锦春。中国戏剧出版社2000年11月出版。丛书分5卷，分别为：《戏曲表演卷》收论文44篇。52万字。作者有马连良、尚小云、叶盛兰、姜妙香、高盛麟、雷喜福、茹富兰、韩世昌、程玉菁、王金璐、李金鸿、阳友鹤、新凤霞、翁偶虹、阿甲、吴小如、钮骠、蒋锡武等。这些论文从戏曲表演的四功五法、人物塑造、戏曲动作程式结构、戏曲的继承与发展等诸多方面进行了论述。《戏曲文学、戏曲史研究卷》收论文41篇。52万字。作者有范钧宏、蒋星煜、周育德、龚和德、傅雪漪、高占祥、王芷章、周传家、陈培仲、刘祯、王肯、许思言、海震等。这些论文从戏曲文学创作和戏曲史两个方面进行论述。《戏曲导演、音乐、舞台美术卷》收论文39篇。43万字。作者有李紫贵、杨非、金桐、杨韵青、赵景勃、

刘曾复、刘吉典、赵荣琛、顾聆森、张正治、关雅浓、汪人元、曹宝荣、龚和德、赵英勉、谭元杰、张连、栾冠桦等。论文分别从戏曲导演理论、导演技术、戏曲音乐理论、音乐技术、戏曲舞台美术理论和技术诸方面进行论述。《戏曲理论卷》收论文35篇。36万字。作者有郭汉城、刘厚生、丁扬忠、朱文相、余笑予、俞琳、朱颖辉、吴石坚、王卫民、章诒和、王蕴明、孟繁明、孟繁树、谢柏梁、何为等。论文分别从艺术学、戏曲美学、中西戏剧比较等方面进行阐述。《戏曲教育卷》收论文74篇。50万字。作者有李洪春、史若虚、王连平、会桂林、俞振飞、李紫贵、程玉菁、袁世海、王金璐、刘曾复、李超、钮镖、王荣增、贯涌、谢锐青、葛士良、刘坚、马名群、张逸娟、孙松林、陆建荣、王佩孚、刘秀荣、袁国林、苏移、刘长瑜、张春孝等。内容涉及戏曲教育体系研究，戏曲表演、导演、音乐、舞台美术各专业的教学方法，尖子人才培养，戏曲发声训练与声乐教学，声带治疗与嗓音保护，流派教学等方面的研究。（王佩孚）

Xiqu Yishu Lunji

《戏曲艺术论集》 戏曲文集。马少波著，李慧中编辑。中国戏剧出版社1982年4月出版。收入作者从20世纪40年代末至80年代初发表的论文53篇，其中《纪念京剧大师王瑶卿先生》、《盖叫天的舞台艺术》、《祝梅兰芳、周信芳先生舞台生活五十年》、《漫谈程派》、《从言派有后谈起》、《看老舍遗作〈王宝钏〉》、《梅兰芳的艺术道路》等篇，从不同视角，总结了老一辈京剧表演艺术家的艺术成就和宝贵经验。由于作者和他们有着广泛接触和深入了

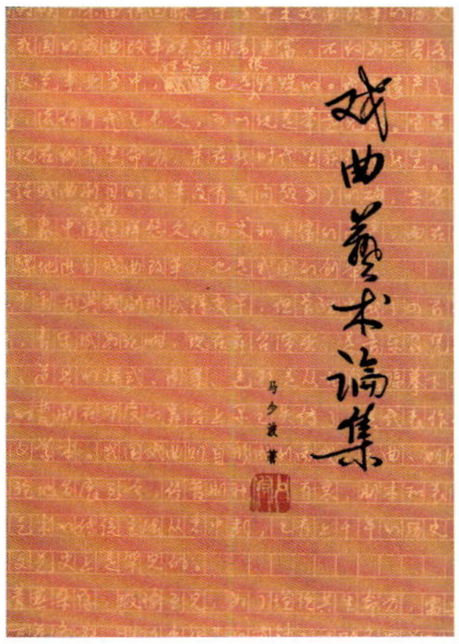

解，或共事多年，友谊深厚，故为文言简意赅，深中肯綮。作者特别指出："戏曲是各类艺术形式中富有群众性的一种，时至今日，如不认真总结过去的经验，创造新的经验，就难以使戏曲事业沿着正确、健康的方向蓬勃发展。"论集中的另一部分文章是对具体戏曲作品的分析、评论。就作品所属剧种而言，有京剧，也有各种地方剧种；既有传统戏，也有新编历史戏、现代戏；有喜剧，也有悲剧。论集涉猎广泛，题材众多。对这些不同题材、不同风格的剧目，评论其优劣得失，或侧重于思想内容和艺术风格，或侧重剧种的特色和表演技巧；有的就不同剧种间的同一剧目、不同演员间的同一角色以至同一演员在不同时期的表演风格进行比较研究，深入浅出，读来感人。由于作者多年从事京剧剧本创作，甘苦得失，体会更深，因此言之有物，分析鞭辟入里，令人信服。论集所辑的《看戏散笔》部分篇章，以散文笔触借戏抒情，夹叙夹议，别具一格。论集还收入了作者对党的戏曲改革政策，如"推陈出新"、"两条腿走路"、"三者并举"、"去芜存菁"等所写论文，以及对迷信与神话、澄清舞台形象、严肃戏曲评论、清理传统戏曲语言、正确对待流派、深化京剧艺术改革、戏曲剧目的继承与发展、历史剧古为今用等问题所作探讨，具有很强的针对性、现实性，可资借鉴。（梁冰）

xishen

戏神 旧时梨园界供奉之神灵。清代北京梨园界之戏神大致有如下几种说法：①老郎神，或称"祖师爷"，多指唐玄宗李隆基。因其在宫中梨园创办乐舞机构（教坊），教习乐舞，故而被梨园弟子奉为祖师爷。又因其排行老三，俗呼"李三郎"，尊称"老郎"。北京珠市口外火神庙（梨园公所）曾供奉梨园祖师爷，其造型面白无须，冬穿黄帔，戴九龙冠，夏穿黄蟒，戴王帽，盖即唐玄宗。崇文门外精忠庙喜神殿亦供奉梨园祖师爷，殿内绘唐玄宗教习梨园弟子等壁画（存照片）。旧时戏园后台供奉的戏神神位，亦称老郎神位。②后唐庄宗李存勖，因其宠幸优伶，曾自傅粉墨登场，号"李天下"，故而被伶人奉为祖师爷。或谓火神庙供奉之祖师爷为李存勖。③喜神，与"戏神"谐音并相通。童子造型，又称"彩娃子"，南方傩戏班社则称之为"傩神太子"，戏班随带以之为吉神。喜神在戏班内备受崇敬，后台及戏箱内不得仰面摆放，后台设神位供奉。演出时或用作道具，如《四郎探母》中铁镜公主所抱者。北京庙宇中常设喜神殿，为孩童造型（如朝阳门外东岳庙、妙峰山娘娘庙），梨园界常到此设祭。④翼宿星君，或称戏界"祖师爷"，有十二音神以牌位方式供奉于喜神殿，位置在祖师爷两侧。十二音神均属附会或杜撰，称"真君"，带有道家色彩，即罗公远真君（道家方士）、黄幡绰真君（唐代宫中优伶）、琴音绵

米应先供奉之戏神

驹真君（绵邈轻柔之音，喻若和风）、龙吟王豹真君（高雅脱俗之音，喻若龙吟）、猿音石存符真君（悠远哀啸之音，喻若猿啼，石存符为五代石敬瑭时善歌者）、雷音孙登真君（宽音大嗓，喻若雷震）、叶法善真君（唐代道家方士，善作法，传称曾带唐玄宗游月宫）、云音韩娥真君（柔美飘忽之声，喻若浮云，韩娥为古代优伶）、凤音阮籍真君（空谷鸟语，喻若凤鸣，阮籍为魏晋时之名士）、虎啸秦清真君（阳刚之吼，喻若虎啸）、鸟音薛谭真君（清脆之音，喻若鸟鸣）、鬼音沈古之真君（幽咽莫测之音，喻若鬼声，沈古之为唐代《啸谱》所载古之善啸者）。旧时梨园界认为：老生嗓应具备小龙虎音、云音、鹤音、猿音，净嗓应具备大龙虎音、雷音，小生、正旦应具备凤音、云音、鬼音。又以笛象征龙吟，笙象征凤鸣，琴象征和风，鼓象征雷震。北京精忠庙喜神殿绘有十二音神图壁画（现已不存，留有照片见《国剧画报》）。齐如山《戏班》对音神有记录与注释。⑤九皇神，道家杂神，诸说不一，大致为中天大圣、地藏王、关帝、太上老君、山神、土地神、水神、火神等。清末民初，北京戏班习俗有拜九皇神、办九皇会、阴历九月吃九皇素等。如1924年梨园界于前门外樱桃斜街建"梨园新馆"，依旧例设九皇堂。正堂五位神灵，依序为中天大圣（即九皇爷，中位）、地藏王菩萨（左位）、三圣主老佛（左位）、协天大圣（关帝，右位）、太上老君（右位）。外堂七位神灵，次序为灵官、伽官、四值功曹、山神、土地、水德星君、真武大帝。九皇会设坛把斋期间，神位又有变动，顺序为：九皇爷（中天大圣，中位）、玉皇大帝（即三十三天，左位）、太上老君（右位）、雷部正皇星君（左位）、消灾延寿佛（右位）。其时，诸梨园子弟食斋，选品德端庄者为值班大老道、小老道，诵经作场。⑥武猖神，传为天下兵马大元帅，被尊为戏班中武行之祖师爷。齐如山《戏班》称俞润仙（菊笙）成立春台班时，"以为武行供武昌，亦如文人供文昌，何用太边"，遂改武猖神为武昌神。⑦关帝，三国时蜀汉大将关羽，忠勇仗义，戏园以之为武财神。⑧喜音圣母，清代宫中南府（昇平署）正殿供奉之戏神，女相，着明时金龙黄蟒，有拍板、笛子二侍童（存照片，见《国剧画报》第1卷第9期）。传为乾隆皇帝下江南时带回

嫔妃，系嘉庆皇帝生母，临终时曾遗言“殁后须穿戏衣供奉”。民间“外学”演员到宫中承差时，须先向喜音圣母塑像叩头，然后再向梨园祖师爷叩头。除以上外，戏神又有天宫翼宿星君（主南宫）、清源妙道真君等。20世纪50年代后，此俗已渐消失。（周华斌）

Xi Shijie

《戏世界》 京剧日报。1931年5月10日创刊于汉口。主笔赵啸岚、刘慕耘。原为3日刊，同年第60期起改为日刊。1935年设分馆于上海，同年3月18日出沪版试刊，21日正式发行，齐如山题写刊名。张古愚一度任沪版主编，倪英昌任戏剧顾问。宗旨为“阐扬艺术，保存旧剧，提倡戏曲，沟通声气”。曾连载过《国剧沿革简史》、《内廷歌舞追忆录》、《三代伶工录》等重要史料，发表过梅兰芳游欧回国写的《俄行的自我批判》，也曾出版过四大名旦专刊。并刊登过《捉放曹》、《铜网阵》等各家珍藏秘本。李白水、齐如山、刘菊禅、蒋勃公、程君谋、言菊朋、俞振飞、陈去病、朱双云等人曾长期为该报撰稿。1936年9月起，该报革新，刘慕耘任主编。改革版面，具体栏目为：第一版，旧剧批判，演剧经验，技艺论述，伶工评价，声韵概说，近代演剧，图照；第二版，伶工动向，舞台动静，各地通讯，邀角经过，剧界大事，团体动态和图照；第三版，各种杂写，伶人生活，掌故，珍闻佚事，菊部谍报，梨园往事；第四版是7种副刊，按日轮出一期。其中邮务长主辑的《邮务号》专门回答戏迷提出的各种问题，蒋勃公主辑的《票友号》专事介绍票友活动情况，均很有特色。该报除在上海、汉口设报社馆址，还在无锡、南京、天津、香港等71个大小城市设立分所，发行时间长达十几年，是一份很有影响的戏曲报纸。约在1945年秋停刊。（周巩平）

戲世界

上海版第294号（1936年1月9日）

xitidiao

戏提调 京剧戏班中安排戏码、分配演员的管理人员。提调，清代非常设机构中负责处理内部事务的职员，无官衔，乡试或开馆办理志书，均派提调管理杂务。晚清时，官衙内管理日常事务或临时处理事务的职员亦称提调。戏提调，即戏曲演出（尤其是堂会演出和会串演出）之承办人，多由精通业务之资深艺人、票友担任，相当于演出经纪人。一般亦将戏班中的文武总管称做戏提调。清《梨园佳话》云：“都中堂会，支配各伶，非有能服众者当之。诸伶或故谢不遑，或偷减应命，或时久未至，或临剧出游，并且某后某先，某戏某配，均此人指挥调度。能则戏益生色，不能则舛乱终场。都人重之，故名之曰‘戏提调’。”清《雨窗消意录》载“戏提调歌”称：“京师梨园最盛。公宴庆祝，别有演剧之所，名曰‘戏庄’。将有事，择能肆应者一人司其事。或作《戏提调歌》云：

“众宾皆散我不散，
来手（班中管事之目）未到我已到。
巍然独踞下场门，
赫赫新衔‘戏提调’。
定席要便宜，
点戏夸精妙。
怒目看官人（是日必向司坊中借二三执鞭者在门前弹压，名曰‘官人’，又曰‘小马’），
软语磨车轿（老师并各堂官、车轿夫饭钱最难开销，且易得罪，故须磨以软语）。
编索年前旧戏单，
烂熟胸中新堂号（京师旦脚曰‘相公’，所居之寓曰某堂。知其堂，知其人，知其人住某堂，始能点其戏）。
大蜡新试三枝头（曰受热，曰坐蜡者，皆京师俗呼为难者之别名，此语有双关之意），
靴页偶装几千吊（京官多穷，故曰‘偶装’，亦见是所费不菲矣）。
小香到，提调笑；
喜禄病，提调跳；
锁得长庚跟包，暂向柜前存，
待到半夜三更，自己转弯仍放掉。
吁嗟乎！三更曲罢尤可怜，
昏花二目饥肠穿。
左有牙笏右掌柜，
小马纷来满堂前。
堂前灯火全不见，
阴森森到阎罗殿。
此时提调锦囊空，
只余三字‘明天算’。”

（周华斌 刘胥洲）

xixie

戏鞋 京剧舞台上各种鞋靴的统称。可分靴、履、鞋三类。靴为连筒之鞋，本为西域少数民族所服，后传入中原。履本指单底之鞋，舞台上履的底比鞋厚。戏鞋有十多个品种，是完成角色外部造型的重要手段。

厚底靴。方头、高筒、厚底。以黑缎、黑绒做帮，筒高尺余，顶端有人字带，用时绾系腿上。底厚一寸许至三寸许不等，一般花脸之靴底厚于生脚。靴底系用草纸或高丽纸层层粘糊，经粗线缝纳后压制而成，底面有耐磨防滑皮革，周边刷涂白粉。靴底前部向上微翘，呈向前倾斜的梯形，具有前冲感，亦减弱了底部的笨重。

厚底靴

粉缎绣龙厚底靴

朝方靴

绿缎绣龙厚底靴（关羽用，又称老爷靴）

猴厚底靴（孙悟空用）

黑缎绣金钱厚底靴（金钱豹用）

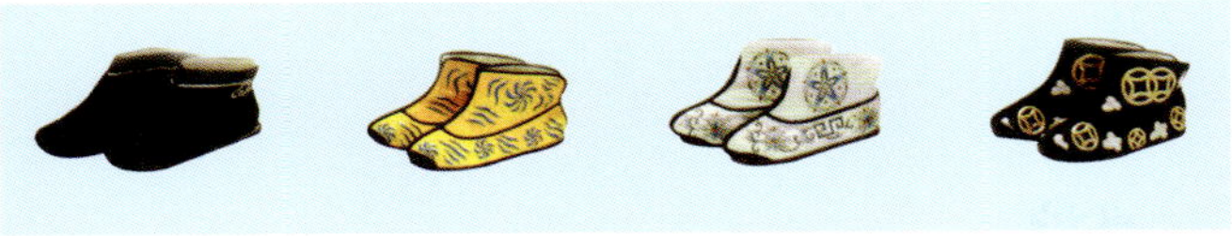

黑薄底靴　猴薄底靴　白缎绣花薄底靴　黑缎金钱薄底靴

洒鞋　皂鞋　红彩鞋　旗鞋

（选自《京剧资料展》 日本早稻田大学演剧博物馆编印）

厚底有明显的塑形功能，“拔高”了角色身材，最能体现京剧人物造型夸张、变形的特点。黑厚底靴泛用于生、净所扮的帝王将相、文武官员、草莽豪杰，是戏鞋中使用率最高者。花厚底靴缎面绣花，有粉、湖、皎月、白色等，多为文武小生或女扮男装的旦脚所用，靴面选色多与服色统一。黄缎面绣黑色猴旋纹者称**猴厚底靴**，为《闹天宫》孙悟空专用（与黄蟒配套）。黑缎面靴尖饰云纹者称**云头厚底靴**，为鬼神戏中判官等所用。

虎头靴。靴尖镶有半立体虎头吞口，靴面绣虎纹及吉祥图案。以各色光缎制作，用时需与服色相配。底有厚薄之分。绿缎厚底虎头靴为关羽专用，俗称**老爷靴**。《扬州画舫录》记“江湖行头”中即有此名目，当为最早的花厚底靴。

朝方靴。方头、高筒、素面，底厚寸许。以黑缎或黑绒布做帮。黑厚底靴是朝方靴的艺术夸张，无厚底时均穿朝方，后为丑行所饰的官吏、衙内、太监、幕僚所用。

官尖靴。尖头、半高筒、素面，底厚不及一寸。源于清代官员所穿的绿皮压缝靴。用于个别少数民族上层官员，如《四郎探母》中二国舅（与补服配套）。

薄底靴。又名**快靴**。半高筒，皮革薄底，靴尖有皮包头。有花素之分。黑素薄底靴用于穿快衣的武角色，亦用于小太监、青袍、大铠等龙套。花薄底靴有各色缎面绣花，用于穿抱衣的武角色，衣靴花色配套。黄缎面绣黑色虎皮纹、猴旋纹者，称**猴薄底靴**，专用于孙悟空。女式快靴，缀有鞋穗，又名**小蛮靴**，用于武旦、刀马旦所饰武角色。

福字履。矮腰便鞋，尖口，光缎面，饰有福字、寿字纹及其他吉祥图案，底厚近一寸。泛用于老翁、老妇、书生、商贾等，有秋香、蓝、湖、皎月诸色。

登云履。方口，鞋底前端上翘，鞋头饰凸起云纹，底厚一至三寸不等，用于仙家、道长，如《八仙过海》中的男性诸仙。其色亦与服色相配。

洒鞋。一作**撒鞋**。短腰，前脸较长，有双梁凸起，黑缎制成，饰有鱼头、鱼尾、鱼鳞纹，故又称**鱼鳞洒**。底有薄有厚。《李七长亭》李七用厚底，《打渔杀家》萧恩用薄底。

打鞋。圆口、矮腰、薄底。多用布面，鞋面有黑白相间条纹。后跟缀鞋鼻，绸带穿过鞋鼻在脚面系成蝴蝶结。因轻巧灵便，专用于武打人物。鞋脸镶虎头、鞋帮有虎皮纹者为大马童所穿。

皂鞋。黑色、方口，又名**方口皂**。有缎面、布面，为一般平民、差役所用。

彩鞋。尖口、缎面，后跟略高。前端缀一团异色丝穗，为旦行泛用的戏鞋。黑缎绣白花者用于寡妇、孝妇，与青褶子配套；红缎彩绣花卉，可与吉服红帔、红袄相配；其他粉、湖、皎月诸色，均要与服色谐调统一。

旗鞋。原为清代满族妇女所穿的高底鞋。缎面绣花，前端加饰一团丝穗。鞋底装有高约二寸的木质高底，有花盆底、元宝底两式。为着旗装的青年妇女所穿，如《四郎探母》铁镜公主、《雁门关》青莲公主等。

彩旦鞋。尖头便鞋，黑缎或紫缎面绣花，专用于丑扮的婆子。因形似泥瓦匠用的抹子，又名**抹子鞋**。　（谭元杰）

Xixue Daquan

《戏学大全》　京剧论集。刘豁公著。上海生生美术公司1920年4月初版，10月20日再版。全书分两册。一册有“图画”，登有梅兰芳等演剧小影17幅；“梨园常识”，包括场面、锣鼓、武器旗帜、须发、衣帽、假物、杂项、唱做的常识；“度曲金针”，作者用夹叙夹议的方式论述了戏曲乐器的变迁，以及说唱、说做、说武工、说昆曲、说秦腔等，具有一定的理论性；“歌场笑史”，作者记述了观剧所见趣闻；“粉墨阳秋”，除作者本人的《哀梨室剧谈》外，还录登了冯小隐所著《都门顾曲记》七千言，系对北京伶界后起之秀马连良、余叔岩以及富连成社、斌庆社诸童伶演艺的评论集；“名优列传”，记有梅兰芳、梅巧玲、杨小楼、谭鑫培、张二奎、孙曦丞的小传。另一册有“乐府新声”，专收剧本，录有梅兰芳的昆剧《游园惊梦》，李雪芳的广调歌剧《黛玉葬花》带焚稿，苏州妹的全本广调歌剧《白蛇传》士林祭塔；“剧余鳞爪”，刊登了艺兰生的《侧帽馀谭》，并有《京班细则》33条；“大鼓书词”，有刘宝全的《单刀赴会》、白云鹏的《南阳关》等；“附录”登有戏剧诗词百余则，系樊樊山、罗瘿公、汪笑侬等人所作。　（陈义敏）

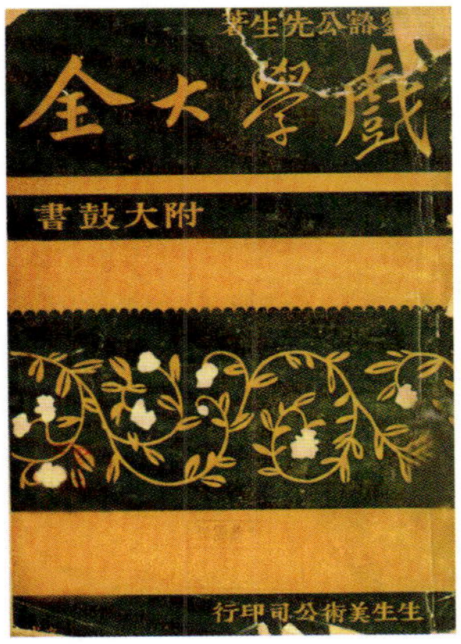

Xixue Huikao

《戏学汇考》　京剧作品集。许志豪、凌善清编。上海大东书局1926年出版。函装10册及精装2册两种版本。全书分10卷。1～2卷为戏学编，由许志豪撰文，详述京剧表演行当、演技、服饰、道具、音乐等；3～10卷为戏曲卷，按生、旦、净、丑及唱工、做工等特色归类，选收京剧剧本108个。编者以“供有志学习京戏者之研究”为目的，在每个剧本前附有“全剧角色、剧中人名、装饰用具及擅长名伶、剧情考略一览表”。书前附梅兰芳等人题字10幅，舒舍予等序言12篇，谭鑫培等剧照或便装照49幅，尚小云等墨迹5幅，以及京剧人物脸谱20幅。此书突破简单刊印剧本的出版方式，有系统地为爱好者提供大量京剧知识，并注意以名家剧照、文章、墨迹和京剧脸谱来加强书籍的阅读吸引力。卷首刊刘豁公《歌场识小录》，称此书“包罗万象，美不胜收，虽未能罄戏曲之精华，而于歌场矩矱，十得八九”。1993年，上海书店影印合订为一册，改名《戏学全书》出版。　（沈梅）

上海大东书局初版本

Xixue Juben

《戏学剧本》　京剧作品集。中国艺术研究院戏曲研究所藏。共有合订本11卷，每卷有单行本若干册，多寡不一，共约140多个

剧本。大多为每剧一册，封面题剧名，配有名伶剧照。剧本前有剧情简介。此外，还有《老旦戏合集》(收《滑油山》、《钓金鱼》、《断太后》等8种)、《净角戏合集》(收《黑风帕》、《探阴山》、《铡美案》等10种)，各附名角一览表及名伶传略。如介绍龚云甫，说其唱腔的特点是把青衣的腔调渗入老旦腔中，加之嗓音磨炼得非常嘹亮圆润，唱起来缠绵摇曳，迂回曲折，毛病是尖团字常念错。其出版时间约在20世纪40年代，参与编辑工作的有陈希新、林如松、陈伟伦、青云馆主等。因这些剧本由上海戏学书局发行，故合订时标以“戏学剧本”。（萬士良）

Xixue Zhinan

《戏学指南》 京剧作品集。罗驾新编。自1928年起，先由文化开明社出版，后由上海大东书局印行。每册辑5个京剧剧本，标明“搜觅名伶真脚本编辑而成”。冯春航校订。旨在指导学戏演戏，故对每个剧本逐场逐段详加注解说明。如第1册的《李陵碑》是谭鑫培演出本，在开场杨七郎由四鬼卒引上处注明：“七郎上场引子之后，他本多有四句定场诗者，其实无谓之极，闻从前与谭配演者，必念此四句，以为到家。至近数年，则谭亦以其配角不用定场诗为当，是可见谭之悉心研究戏情，虽老不懈也。”在《空城计》中，对谭鑫培的“三声再探，三副神情”进行了详细解剖。又如《黄金台》念白：“这乃是乳娘合（和）小妹，小妹合（和）乳娘，哈哈……”注有“此剧白口最难，一字一语，须与身手相应，即此哈哈一笑，须笑得在恐惧中假作坦然之状，与平常冷笑不同”等。每句唱词标有工尺谱，供依谱学唱。书中还印有系统的“二簧”、“西皮”工尺过门谱、胡琴把式图、笛小工吹法把式图，还插有《观戏拾言》、《戏剧闲话》等，很有资料价值和研究价值。中国艺术研究院戏曲研究所藏有1928～1933年的初版及再版本，共16册，中间有缺失。（萬士良）

1928年版封面

Xiyan Yan Xi

《戏言言戏》 京剧文集。李能宏著。台湾万卷楼图书有限公司1995年12月出版。李能宏（1926～　），字容之，笔名鲁福叟、笑天、笑翁。山东烟台人。早年就读于烟台益文商专，后从事新闻职业，又在军中剧团任行政管理工作，20世纪40年代末，入台湾民航公司供职。后为《台湾申报》撰稿人及中华国剧振兴协进会秘书长。酷爱戏曲，观剧为其唯一嗜好，常为报章杂志撰写剧评，独具见解，为戏曲界行内外所首肯。此书即为作者自20世纪90年代以来，在内地及香港、台湾地区各报刊上所发文章的结集，约50万字。有魏子云、孙毓敏、田培林作序，书中分：戏剧评析、几则怀念、名伶轶事、几则忆往、菊坛点滴、名伶介绍等。对京剧前辈徐小香、萧长华、金少山、梅兰芳、尚小云、程砚秋、余叔岩、盖叫天、李桂春、张君秋和谭氏七代，以及大陆和台湾的众多中、青年演员都有评介；对20世纪90年代以来，内地各京剧演出团体赴香港、台湾献艺的活动做了翔实的记述。评者认为是“自从海峡两岸文化沟通交流后，评论两岸戏剧的专书，此乃首见”。全书谈往论今，内容丰富，文笔严谨，评析允当，是一部学术性、信息量并强的读物。

2000年3月，又由台湾圣文书局出版续集，有张大夏、李闾东、钮骠、朱婉清作序。书中除保留原有部分外，又增加了名票素描、名琴速写两个部分。全书仍约50万字，内容不减前作。为进入2000年后，台湾出版的评介海峡两岸京剧活动的一部新书。（钮骠）

xiyi

戏衣 京剧舞台演出服装。旧称行头，实为广义行头（衣、盔、杂、把）的一个组成部分。戏衣与盔头、戏鞋以及化装等共同构成京剧人物造型整体。京剧戏衣的生活来源，主要与明、清服饰的关系较为密切，然亦不是历史生活服装的照搬，而是在继承宋、元以来戏曲装扮经验和艺术积累的基础上，对生活服饰因素的吸收、改造，成为与京剧歌舞化表演相结合的更加完备的演出服装，具有装饰性、可舞性、程式性等鲜明的艺术特征。

戏衣大体可分蟒、帔、靠、褶、衣五类。前四类，各有相对稳定的款式，自成系统；衣类则较为庞杂，可分长衣（深衣制）、短衣（上衣下裳制）两大类。长衣含官衣、宫装、开氅、箭衣、太监衣、龙套衣、八卦衣等；短衣包括仙女衣、八仙衣、袄裤、裙、茶衣、坎肩、斗篷等。另有一些配件如饭单、带、绦、腰巾等。这五类戏衣，基本上概括了京剧传统剧目中各种人物形象的礼服、常服、戎服、便服，能够大致表现人物之间社会地位、生活境遇、人品气质等种种差别。其使用的有序性，反映在穿戴规制中。传统戏衣的基本款式不过二三十种，由于色彩、纹样、面料、穿着搭配的不同，给观众以变化无穷之感。戏衣的色彩有上五色、下五色之分。上五色为黄（明黄）、红（大红）、绿（老绿）、白、黑，又称正色；下五色为紫（紫红）、粉（粉红）、蓝（深蓝）、湖（淡蓝）、秋香或古铜，又称副色。在色彩的实际运用中，又衍生出杏黄、果绿、皎月、雪青等许多近似色，归为杂色。戏衣纹样有龙凤、鸟兽、花卉、云水、博古以及各种吉祥图案。同一装

蟒

靠

帔

褶

饰主题又有不同表现手法，如龙有团、行，水有卧、立，纹样的布局则有点、满、边、角、散。在用料上有缎、绸、锦、纺、绒、布等，加上刺绣的平金、彩绣、金夹线、银夹线等，使戏衣不仅有丰富的文化内涵，而且成为文彩焕炳的特种工艺美术品，在世界剧坛享有盛誉。

自清末以来，随着戏曲改良运动的兴起，戏衣也有新的发展，王瑶卿、梅兰芳、周信芳、马连良等表演艺术家与民间工艺师相结合都为此作出贡献。他们的改进主要表现为叠加式的渐变，与传统保持有机联系，大多能融入穿戴规制之中，至今仍有生命力。梅兰芳创制的新式古装，则被誉为京剧旦脚扮相的“第二传统”(龚和德语)。近半个世纪，京剧在表现古代、近代和现代题材方面，有许多新的开拓，戏衣设计有了一种新的趋向，即重视剧目的个性，其使用率亦随剧目而定。

（谭元杰）

Xiyuan

《戏源》 京剧作品集。宁秀山编。大连亚东图书馆1943年印行。共6册。第1册：《萧何月下追韩信》、《贩马计（记）》、《仕林祭塔》、《临江驿》、《前部韩信》；第2册：《后部韩信》、《甘露寺》、《汾河湾》、《一捧雪》、《辕门射戟》；第3册：《打渔杀家》、《定军山》、《扫松下书》、《四郎探母》、《二进宫》、《五花洞》、《南天门》、《玉堂春》；第4册：《乌盆记》、《法门寺》、《上天台》、《投军别窑》、《空城计》、《打棍出箱》、《打龙袍》、《洪羊洞》、《花子巧报》；第5册：《御碑亭》、《乌龙院》、《霸王别姬》、《黄金台》、《贺后骂殿》、《探母回令》、《探寒窑》；第6册：《黄鹤楼》、《穆柯寨》、《鸿鸾禧》、《连环套》、《贱骨头》。其中“前”、“后”《韩信》以及《四郎探母》、《探母回令》，俱可视为同一部作品，实收京剧剧本37个。剧前附“剧情说明”及“登场人物”(包括“剧中人名”和“扮演角色”)，每册目录后还附有马连良、张君秋、李世芳、李少春、李玉茹、萧长华、马富禄等人的剧照。

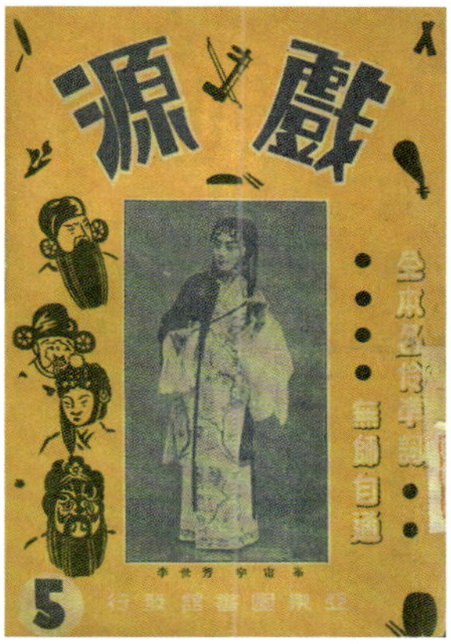

（田志平）

Xi Zazhi

《戏杂志》 戏剧期刊。1922年4月创刊。第1期为“尝试号”，共出9期。编辑姚民哀。上海戏社出版。该杂志虽标为月刊，实则除第1~2期外，第3~6期均为双月刊，第7~9期则成了季刊。发刊词中称：“我们一不是学时髦，二不是监督剧界”而是“促进艺术”，“现在谈戏，就是谈官场，谈世界”。曾先后办过“创始号”、“精神号”、“文艺特刊”等专辑。所设栏目有京剧、昆剧、新剧、戏剧新闻、戏剧谈话会、戏考、票房、伶界趣闻、游艺等。京剧栏目各期重要论文有《我的评剧观》、《说味、说派》、《论板眼》、《脸谱问题》、《戏台的研究》、《修竹庐剧话》、《上海梨园之沿革》、《梅兰芳论》等，另有《哀梨室戏谈》、《怎样方能改良戏曲》、《优伶与小说家地位》等，在当时的京剧界产生过一定影响。

（周巩平）

Xi Zhong Jianzhu

《戏中建筑》 戏曲研究著作。齐如山著。“齐如山剧学丛书”之一种，在1935年4月出版的《戏班》附刊“国剧陈列馆发售书目”中又名《戏中建筑物》，预告“待印”。刊本未见，台湾出版的《齐如山全集》亦未收入，其第6册《国剧艺术汇考》第十二章《戏台》中述及其部分内容。仅存手稿本，墨笔楷书，写于印有红格的纸上，间有增改。纸捻装订，共30多页，每页左右两面各8行，每行20字，无标点，全书近万字。现藏中国艺术研究院图书馆。卷首有作者写于1932年的《弁言》。所谓“戏中建筑”，即剧情中涉及的公共建筑、家庭建筑以及自然景物。作者认为，中国戏曲不同于西方分幕制的“写真戏”，时空流动多变，“最忌写实”，“对于一切建筑物，不肯用像真之布景”。但是，对于建筑物的表现，“也有极深切的研究，极详密的组织”。书中列出城、桥、金殿、大堂、书房、绣房、旅店、监狱、门、墙、灵堂、坟墓以及“天然各物”中的山、洞、江河等，共有50多种名目，分别总结其虚设、实备（利用桌椅、砌末）和身段表现的具体的舞台处理方法。读者可以从中体会到京剧舞台上的这些艺术处理，既有生活依据，又是处处为演员表演着想，让观众充分欣赏“许多美观的身段，美感的表情”。

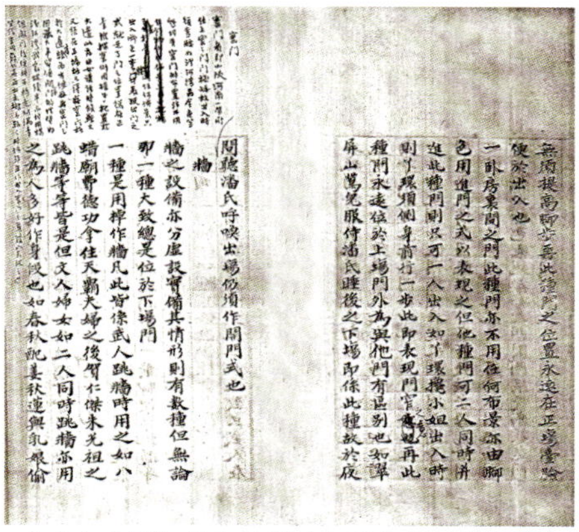

《戏中建筑》稿本书影（中国艺术研究院藏）

（龚元）

xizuo

戏座 戏园内之观众席。京剧形成时期，戏园（茶园）大小不等。观众区设为2层。楼下为厅堂平地，有池座与廊座之分。廊座指三面环台的楼廊，其地面略高一阶。因三面环楼，一面临台，厅堂中心形似水池，故称*池心*、*池座*。戏台两侧称*小池子*。小池子临近演员出入的上下场门，又称*钓鱼台*。池座内竖向排列长几和长条凳，看客比肩而座，侧面朝向戏台。或可排列方桌，三面环坐6人。《清稗类钞》：“堂会以尊客坐池前近台。”周围楼廊下则排列长凳，档次较差，称*散座*，或称*廊座*。二楼周边面临戏台，初以屏风或板壁隔为若干间，称包厢，又称*官座*。官座较池座、散座高贵，有头等、

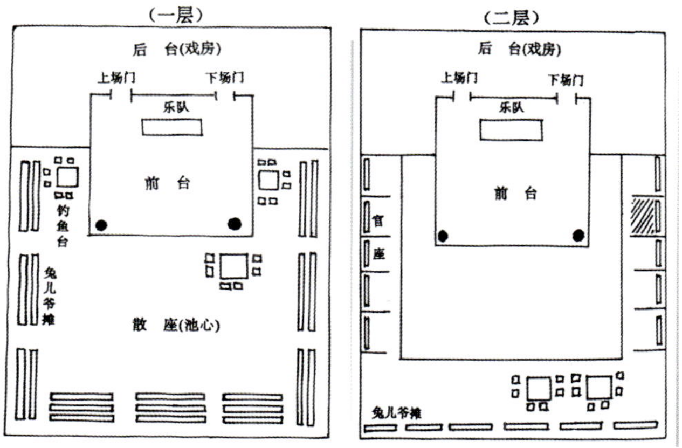

清代京都戏园平面示意图
（选自《京都古戏楼》）

二等、三等区别。其中以下场门一侧的第二间为最贵，因此处临近下场门，旦脚下场前亮相时恰好面向此处，便于“掷心卖眼”(即眉目调情)。除了楼座、池座、散座有贵贱之别以外，又有若干档次更差的座位，座儿钱最低廉。如被廊柱和台柱遮挡视线的散座，称**吃柱子**；廊下后排沿墙处设高凳，观众高蹲于凳上，似京师玩偶“兔儿爷”，称**兔儿爷摊**，又称**背大墙**。楼上戏台两侧的官座只可看见演员的侧面和后背，称**倒官座**（或“倒观座”），价格低于一般官座。无座的观众只能站立在廊柱栏杆边，称**蹭栏杆戏**。戏园内一般不接待女客。《清稗类钞》载：“京师戏园向无女座。妇女欲听戏者，必探得堂会时另搭女桌，始可一往。”清末有所变化，如《平等阁笔记》载：“两宫西巡（指庚子事变）后，南城各处歌舞太平如故也。向例妇女不得入戏园观剧，未回銮前，所有大家宅眷咸趁此时争赴剧场，粉黛盈盈，座为之满。”清光绪三十三年（1907）秋，北京前门外西珠市口“天和馆”改建为“文明茶园”，设票房，将戏座统一分等定价，楼下为男座，楼上为女座，男女各走一门，开男女同园看戏之先。1909年开印的《京华百二竹枝词》称：“园自文明创始修，开通破例萃名优。各家援例齐开演，男女都分上下楼。”原注：“嗣后，内城外城诸戏园争援此例。”光绪三十四年（1908），上海商界和演艺界同仁参照英国人建造的兰心戏院，在十六铺建成新舞台，于十月初二（10月26日）开业，为中国第一个自建的新式剧场。1914年，北京仿照上海新式剧场，于前门外西珠市口大街（旧名柳树井）建成第一舞台，观众区均为三层，而且将池座、楼座一律改成排座，座位前低后高，楼上另设包厢，观众席较旧戏园增多数倍，可容2 000～3 000人。票价分等统一，对观众一视同仁。中华人民共和国成立后，取消包厢和饮茶、设宴、小卖、扔手巾把、收小费等旧习，整体改善座位和剧场条件，按质论价，至今犹然。（周华斌）

Xia Hedong

《下河东》 京剧作品。又名**《斩寿廷》**、**《大战白龙》**、**《白龙关》**、**《河东刺驾》**。作者不详。事见《杨家将演义》及《呼家将》。宋初，丞相欧阳方弄权，谋篡帝位，暗中与河东刘崇勾结。刘崇遣子白龙侵宋，赵匡胤御驾亲征。欧阳方自请挂帅，因与呼延寿廷原有仇隙，欲伺机谋杀，便力荐呼延寿廷为先锋。大军抵河东后，欧阳方阵前密信勾结白龙夤夜偷营。呼延寿廷奋勇杀敌，欧阳方竟诬其蓄意谋反，当宋主之面而斩之。欧阳方复欲谋弑宋主未遂。此为《下河东》。

清宫《戏出画册·下河东》（故宫博物院藏）

《龙虎斗》呼延赞（左）和赵匡胤（选自《中国京剧艺术人物造型》）

呼延寿廷之子呼延赞长大成人，到罗家山罗珠处拜师学艺，学成之后举兵至河东为父报仇。宋军皆非其敌，赵匡胤亲自出阵，战到人困马乏时，呼延赞于鞍上微睡，赵以金棍击之，见有猛虎护其身，因而昏厥。呼延赞醒来，以钢鞭击赵，见有金龙现其身，知为天子，遂归降。赵匡胤收呼延赞为将，并杀欧阳方为呼延赞报仇。剧名**《龙虎斗》**。作品揭示忠奸斗争，肯定呼延赞的复仇精神，并着力刻画他倔强的叛逆性格。粉净饰欧阳方，刻画其险诈奸恶。黄润甫演欧阳方，“使人见之切齿，恨不生食其肉，及一发声，一作势，又不能不同声叫绝”(王梦生《梨园佳话》)。《龙虎斗》唱念做打俱重。唱唢呐调，有“唱死红生（赵匡胤），累死武生（呼延赞）”之谚，赵匡胤所唱“哭忠良”一段唱词，颇多典故。剧本载《京剧汇编》第16集、第46集（马连良藏本），另有《戏考》本。梆子、乱弹等地方剧中均有此剧。鲁迅《阿Q正传》中阿Q所唱“手执钢鞭将你打”，即为绍兴大班《龙虎斗》中唱词。（周传家）

Xiatianxian Chayuan

下天仙茶园 清代戏园。址在天津市日租界闸口西（今和平路552号）。现存。约始建于清光绪初季，占地1 900平方米，是京剧在天津初兴时的名园。开业时名为天仙茶园，为区别于东门外袜子胡同的上天仙茶园，习称“下天仙茶园”。孙菊仙、杨月楼、周春奎、黄月山、李吉瑞等曾在此演出。此园又是天津戏院最早使用新式砌末者。光绪间，北京小荣椿班在此演出《西游记》“水帘洞”一折，手绘的软布景山清水秀，搭设的水帘洞府水珠成串，令人耳目一新。光绪二十六年（1900）戏园火灾，大部分建筑被焚毁拆除。翌年在原址重新建造砖木结构的戏园，仍称天仙茶园。舞台为镜框式，台面更为宽敞，观众席1 300余座，成为当时天津规模最大、设备最齐全的戏园。经理为赵广顺。民国初，改名**“大新舞台”**，最常见的演出是梆子、皮簧“两下锅”。因坐落在租界和华界交接处，毗邻繁华的南市，周边店铺林立，人口流动大，促成该园生意火爆。1917年，改称**“天仙舞台”**。1919年，又改回“大新舞台”。1925年，改称**“新明大戏院”**。继赵广顺之后，由许少卿出任经理。

20世纪20年代起，诸多海派京剧名角在此竞雄，大量使用机关布景。如周信芳率王灵珠、王佩秋、赵鸿林在此大演《闹花灯》、《狸猫换太子》等连台本戏。李吉瑞、王汇川等演出《日月雌雄镖》。孟小冬加入白玉崑、赵美英班，在《七擒孟获》中饰诸葛亮，在《狸猫换太子》中饰宋仁宗和陈琳。《七擒孟获》一剧，孟获追杀诸葛亮至一石碑，上书“骄兵必败”，舞台上顿时呈现山颤树摇之状。又突然变幻出一个假诸葛，孟小冬扮演的真诸葛不知去向，令观众瞠目结舌。1927年，上海海派京剧演员刘汉臣、赵君玉等在此演出《济公活佛》、《飞龙传》、《天雨花》、《汉光武》等连台本戏，发生刘汉臣、高三奎两位艺员被直隶督军褚玉璞枪杀事件，震惊全国梨园界。刘死后，由五龄童（王文元）接演，上座率大不如前。

明信片上的天仙茶园
为20世纪初重建后的外景
（选自《天津老戏园》）

戏院又从上海邀来高百岁、大奎官（赵君玉）等充实演员阵容，营业有所好转。20世纪30年代初期，经理由孙宝山接任，此后尚小云、言菊朋、于连泉、马连良、琴雪芳、姚玉兰、杨小楼、梅兰芳、余叔岩、周瑞安、姜妙香、萧长华、王长林等曾先后到此演出。梅兰芳公演时，最高票价4元，报载观众“多如潮涌”。1937年卢沟桥事变后，日本帝国主义占领天津。不久，经理孙宝山被日方强加罪名抓进监狱，后惨死狱中。新民大戏院由日本人接管，更名“天津剧场”，设置女招待，以放映日本电影为主。日本投降后，戏院收回，由几家股东联合经营，李吟梅出任经理，改名“美琪戏院”，既演戏曲，也放映电影。中华人民共和国成立后，政府投资加以翻修，总面积扩大到3 200平方米，观众席1 142座。门面建成三层楼式。1954年定名为“人民剧场”。1957年后，隶属于天津人民艺术剧院，以演出话剧为主。

（甄光俊）

Xia Huihua

夏慧华 （1944～　　） 女演员。工旦。祖籍浙江绍兴，生于上海。自幼酷爱京剧，天赋条件好，1958年入南通市京剧团学员班学戏，后转入上海京剧院学馆作随团学员。1960年正式进入上海京剧院，拜言慧珠为师，专工梅派青衣、花衫。后又受到李玉茹、许美玲等老师的指点。夏慧华有扎实的传统戏基础，表演简洁大气，音色甜美宽亮，行腔自然，韵味醇厚，颇得梅派艺术的神韵。擅演剧目有《玉堂春》、《霸王别姬》、《宇宙锋》、《贵妃醉酒》、《凤还巢》、《西施》、《生死恨》、《穆桂英挂帅》等。参与创作并主演的新戏有《南方战歌》、《刑场上的婚礼》、《青霞姑娘》、《长恨歌》等。为适应新形象的创造，夏慧华在发扬梅派风格的同时，注意从话剧、舞蹈等姊妹艺术中吸收一些元素，并把它们和京剧表演艺术有机结合起来，使演出清新动人。她在新剧目《曹操与杨修》中饰演的倩娘，在《贞观盛事》中饰演的长孙皇后，在《廉吏于成龙》中饰演的邢氏，虽然都是配角，但她都像演主角一样认真对待，全身心投入，为全剧增加了光彩。尤其《贞观盛事》中成功塑造长孙皇后一角，获第三届中国京剧艺术节优秀表演奖。

（赵徽娜）

《玉堂春·关王庙》饰苏三（左）
俞振飞饰王金龙（尤继舜摄）

Xiasheng Xiju Xuexiao

夏声戏剧学校 京剧学校。1938年由刘仲秋、郭建英、任桂林、封至模创建。“夏声”取意“华夏之声”，而夏者，大也，故“夏声”又蕴涵为抗日救亡大声疾呼之意。封至模为首任校长，康少韩、刘仲秋、范少朴先后继任校长，其中刘仲秋任职最长，两次出任校长。首批招收学员22人多为流亡的儿童。剧校以“培养人才，研究戏剧艺术，实行并改良中国戏剧”为宗旨，并制定和贯彻“以学文化为前提，以学戏剧艺术为基础，二者兼顾，同时并举”的方针。文化科目有国文、算术、历史、地理、公民、英文、美术等。专业科目有音乐、曲牌、步法、械舞、毯子功、戏剧习演、戏曲选读、戏剧概论等。专业教师有徐碧云、孙盛辅、杨少泉、筱俊锋、韩盛岫、楚公林、费文芝、王蕙芳、张宝奎、刘龙骧、黄宝炎、柴佩如、关丽卿、钱宝森、李盛斌、朱琴心、陈大濩、骆连翔、松雪芳、朱斌仙；封至模、郭建英、刘仲秋、任桂林兼授专业与文化课，曾邀请文化界人士如黎锦熙、应云卫、老舍、田汉、洪深、郑君里、于伶、丰子恺、吕复等到校讲课。学校除演出传统剧目外，还编演富有爱国思想，鼓舞抗日斗志的《陆文龙》、《花木兰》、《梁红玉》、《巾帼英雄》、《店小七》、《新打城隍》、《新小放牛》等。每次演出的第一个节目是集体唱校歌，歌词为：“我们是年轻的演剧队员，我们用戏曲从事宣传。舞台是我们的堡垒，街头是我们的营盘，（台上台下哎哟）演员和观众一致来抗战。抗战！抗战！打倒日本强盗，收复大好河山。前进！努力！年轻的演剧队员。”1943年后辗转于重庆、成都、内江、南京等地演出。1947年迁到上海，聘请梅兰芳为名誉校长。1949年停办。在11年间招收六科学生，不以字辈排名，毕业后大都为各地京剧团体业务骨干，其中佼佼者有马科、齐英才、贺梦梨、钱友忠、罗通明、李吉三等。马科对夏声戏剧学校艰难、曲折的历程有详细的回忆，刘仲秋等不少老师的精神风貌跃然纸上，详见《马科回忆》第23～113页。

1939年5月23日师生合影
二排右一为刘仲秋校长，左一为郭建英 （马科提供）

（陈培仲）

Xiashi xiongdi

夏氏兄弟 夏月珊、夏月润之合称。其父夏奎章，安徽怀宁人，自幼习艺于北京，隶三庆班，为文武老生。清同治年间应丹桂茶园之聘南下。清末上海《图画日报》专栏《三十年来伶界之拿手戏》，内有《夏奎章之〈审头〉》，记夏奎章“白口清晰，台步从容，演《雪杯圆》全本之《审头》最佳。余则靠把戏如《南阳关》、《太平桥》，做工戏如《清河桥》、《摘缨会》、《焚棉山》、《大审鄖鄖县》等，亦颇卓然名家，为赏音者所称许”。其性情豪爽，班主坚留，不令北返，遂定居沪上。中年后不再演出，居家传艺于后辈。其家教极严，故诸子皆蜚声乐部。长子昌彝，艺名小更弟，唱老生，髫龄出台，有神童之

夏氏兄弟之父夏奎章

誉，惜因病未冠夭逝。夏月恒，行二，工武丑；夏月珊，行三，工老生、文丑；夏月润，行八，工武生；夏月华，行九，工武净。其中月珊、月润尤卓有建树，世称夏氏兄弟。

夏月珊

夏月珊（1868～1924），本名昌澍，幼承家学，5岁初次出台于孙菊仙所开之昇平轩茶园，此后长期在上海演出。擅演剧目有《天雷报》、《桑园寄子》与靠把戏《独木关》、《定军山》等，技艺出众，气度从容，迅即成名。光绪中叶，与万盏灯合作主演《阴阳河》，他饰演的张茂生一角，融京剧与梆子、生行与丑行于一体，展现人物栩栩如生，为同行所效仿。清光绪二十九年（1903），夏月珊偕其兄弟主持丹桂茶园及附设的艺人子弟小科班，人称夏家科班。

夏月润（1878～1931），本名昌泗，幼从沈韵秋、黄月山习武生，兼得乃父亲炙，兄长督促辅导，打下坚实功底。因与谭鑫培之女结为伉俪，曾赴京在三庆班深造，受谭多方点拨，艺事更趋精进。光绪二十二年岁尾随谭进宫演出（见朱家溍《清代宫中乱弹演出史料》）。据《伶史》记述，月润20岁以后，以《挑华车》、《长坂坡》、《连营寨》、《冀州城》、《翠屏山》最为拿手，演短打戏《恶虎村》中黄天霸、《鄚州庙》中谢虎、《花蝴蝶》中花冲，均能出人头地，排五张桌子，蹿跳自如，栏杆功夫更深。在第一台演红生戏《过五关》、《走麦城》颇得好评，上海《同文报》曾列他为"菊榜第一"。

夏月润

辛亥革命前夕，夏氏兄弟受民主思潮影响，致力通过戏曲改良以"改革恶俗，开通民智，唤起国家思想"。光绪三十四年（1908）随宋教仁主持的上海商团赴日本考察，得见欧洲和日本风格的新式演剧场所。回国后，即与爱国绅商共倡"为振兴华界市面，改良民族戏剧"，在南市十六铺华界地区，创建了中国第一个近代化剧场上海新舞台，"全部构造，悉仿欧制"（徐珂《清稗类钞》），由此带动了近代上海及南北各地的剧场革新。

辛亥革命中，夏氏兄弟参与配合革命军光复上海，组织筹资助军义演。1912年2月，潘月樵与夏月珊等呈文国民革命临时政府要求设立伶界组织，孙中山专此批示，并亲题匾额"现身说法"，又为夏月珊题词"热心劝导"，以资鼓励。上海伶界联合会成立后，夏月珊被推选为会长。他团结剧界同行，开展戏曲改革，组织各种义演，创办艺人子弟学校——榛苓小学，营建梨园山庄，颇负声望。

《翠屏山》 夏月珊饰杨雄（左） 夏月润饰石秀

夏月润饰关羽

这一时期，夏氏兄弟与新舞台同仁于贴演传统戏的同时，先后创演改良京剧50余种，如《宦海潮》、《妻党同恶报》、《波兰亡国惨》、《明末遗恨》、《潘烈士投海》、《秋瑾》等剧，深受观众欢迎。夏月珊与潘月樵主演的《墨籍冤魂》，控诉鸦片对国人毒害。夏月润分别与毛韵珂、冯子和合作主演的根据法国小仲马《茶花女》改编的《新茶花》，表现爱国思想与忠贞的爱情，又兼洋装打扮，轰动申城。民国初年，夏月珊改演丑脚，从生活出发，以夸张手法提炼舞台动作和语言，主演连台本戏《济公活佛》（一至十七本），开创了大型剧目以丑脚为主的先例。据苏雪安《京剧前辈艺人回忆录》说："夏月珊扮济公，并不勾小丑脸谱，而只淡描几笔，仍以老生姿态出现，虽谐趣异常，但中肯合度，无雕琢之感，一切纯任自然，因而极其接近生活，人人乐观。"他扮演的欧阳德（《看看苏州人》）、潘梅溪（《查潘斗胜》），滑稽谐趣、别开生面，给观众留下深刻印象。1924年春，夏月珊病逝于上海。同年10月，上海伶界联合会推选夏月润为会长。夏月润中年以后除偶尔露演《伐子都》、《战冀州》、《嘉兴府》等戏外，常演红生戏，以《走麦城》（一、二本）最为脍炙人口。月润破除忌演关羽之死的迷信，编演此剧，又废除演关戏必先于后台拈香敬神的梨园陈规；表演上，以王（鸿寿）派为基础，融入精美的武生身段动作，而增添英勇威猛的色彩，显示出海派的艺术风格特色，使此剧成为上海京剧舞台的优秀传统剧目。夏月润晚年信佛，隐居闸北净土庵，与慧海禅师为伴，直至寿终。

（侯硕平）

Xia Yongquan

夏永泉　（1938～　）　演员。工小生。北平（今北京）人。1951年考入上海华东戏曲研究院京剧实验学校，次年归并到沈阳东北戏曲研究院戏曲实验学校。1954年，学校划归中国戏曲研究院领导，为中国戏曲学校沈阳分校，1955年迁至北京合并。他先后从萧连芳、陈盛泰、赵桐珊习小生。1959年毕业后，分配到中国京剧院四团任演员，又拜叶盛兰为师。经常与杨秋玲、刘长瑜、夏美珍、孙岳、冯志孝等合演。常演的传统剧目有《群英会》、《得意缘》、《梅玉配》、《玉堂春》、《凤还巢》、《奇双会》、《岳家庄》、《三不愿意》等。新编剧目中，主演过《初出茅庐》（饰诸葛亮）、《白蛇传》（饰许仙）、《碧波潭》（饰张珍）、《三难新郎》（饰秦观）、《龙女牧羊》（饰柳毅）等。在1959年为庆祝中华人民共和国成立10周年献礼的演出中，于梅兰芳主演的《穆桂英挂帅》中，与杨秋玲分饰了杨金花、杨文广。

《龙女牧羊》饰柳毅（左）
杨秋玲饰龙女三娘

他扮相、嗓音、身上均佳，做表细腻大方，台风儒雅脱俗。演剧之余，还能编写剧本。根据川剧改编的《燕燕》一剧，由刘长瑜和他主演，颇有影响，并拍成电视戏曲片。另编有《清宫秋雨》(由台湾马玉琪、魏海敏主演)、《野皇妃》(并任导演，由宋长荣主演)，后摄制成电视片，名《桃花酒店》。改编有《春香传》等京剧本和《富贵金莲》豫剧本，发表过戏曲评论文章20余篇。

（钮骠）

Xia Yunlong

夏韵龙 (1929～1997) 京剧教师。曾为净行演员。北平（今北京）人。1937年入中华戏剧专科学校，二年后转入富连成科班社“韵”字科，师从孙盛文、宋富亭、谭世英、王连平，工花脸。1942年随科班到上海演出，得到裘盛戎赏识，1945年正式拜裘为师。后搭张云溪班及裘盛戎的戎社演出。1949年后随张云溪、张春华一同加入中国京剧研究院京剧实验工作团。1950年调入尚小云剧团。1962年借调至新疆生产建设兵团京剧团。1965年又调至江西省萍乡市京剧团。1979年调北京市戏曲学校任教至退休。夏韵龙工架子花脸，能戏较多，为传授裘派艺术颇尽心力。方荣翔、李长春、康万生、王文祉等人皆曾向他求教。孟广禄、景宝琪、陈俊杰、安平等也多受其指导。晚年长期在北京戏校和中国戏曲学院讲课，辅导裘少戎的京剧“音配像”工作。曾赴台湾复兴戏剧学校讲学传艺。

（王硕）

xiannüyi

仙女衣 剧中仙女专用衣。由衣、裙及云肩组成。上衣大襟、宽袖（带水袖），衣长及腰。颈部围云肩。腰下为绚丽多彩的飘带裙。此裙源自明清时的凤尾裙。李斗《扬州画舫录》卷九云：“裙式以缎裁剪作条，每条绣花两畔，镶以金钱，碎逗成裙，谓之凤尾。”舞台上的飘带裙，改长条为短、中、长三条层层连缀，外层最短，居于腰部，中层至膝，内层长至裙底。中间裙门（马面）较宽。色彩以湖、黄、红、粉、蓝为序，自裙门向左右有规则地排列，以五色为一组，环绕于身。纹样上有花卉、草凤，彩绣圈金。每层飘带的底端为剑头式，缀有丝穗。飘带总缀于裙腰，束于上衣之外，内穿衬裙。《安天会》、《虹桥赠珠》中之众仙女均穿此衣。《天女散花》中之**天女衣**，即由仙女衣改制而成。直领，袖子收口，无水袖，便于舞动长绸。飘带简化，成为裙子的饰物，更显轻盈飘逸。云肩为直大领式，可以露出项饰。因天女是站在云台上散花，故这种新式舞衣有**云台衣**之称。

新式仙女衣
（选自《中国京剧服饰》）

（谭元杰）

xianzi

弦子 拨弦乐器。又名**三弦**。京剧中所用的是小三弦，亦称**南弦子**。弦子由鼓子、担子（杆子）及琴头部分的轸子（琴轴）等构成，一般以红木或檀木制做。其长度约100厘米。另还有稍加放大的一种，称中音弦子。鼓子在琴体的下端，是其发声的共鸣箱，为椭圆形木框、两面蒙以蟒皮，皮面与琴弦之间架着琴码。担子则是一根木杆，自琴头贯穿至琴尾，其中间部分是平面的指板，无品。头端部分向后卷屈，称“卷苏”。头部装有3个琴轴，用来拴琴弦以调音，左侧2轴、右侧1轴，分别拴装子弦、中弦、老弦，3根弦纵向经担子、鼓子，最终至末端拴在道冠的弦扣上。另在担子的上颈部架有一骨制开有3个豁口的横向条形小支架，称山口，用以撑起3根弦。道冠则插装在鼓子最下端延伸出的担子之末尾上，用以承接3根弦的张力、固定弦子的整体。

（刘海发摄）

弦子的音响清脆明亮，音的穿透力很强，和京胡、月琴配合起来在增强曲调力度和节奏感上起很大作用。其3根弦的定音大致有两种，一为Mi、低La、低Do，一为Mi、低La、低Sol，弹奏时右手拇、食指绑义甲或持拨子。

（王镜海）

xiandaixi fuzhuang

现代戏服装 以反映1919年五四运动以来社会生活的京剧演出服装。京剧现代戏由清末民初的时装新戏发展而来，经过长期探索实践，进入20世纪50年代以后逐渐趋向成熟。传统剧目采用衣箱制，不表现朝代更替以及地域与季节的差别，现代戏则相反，刻画剧中人物往往要求具有时代特征、季节感和地域特色，例如表现人民军队，北伐战争、抗日战争和解放战争不同历史时期的军装特点是不能弄错的。因而现代戏的服装极少通用性，原则上是一戏一设计。其基本问题，是要处理好从现实生活出发与适应京剧歌舞化表演的矛盾。既要重视对所表现的现实生活的调查研究，重视细节选择的准确和富于表现力，把服装设计建立在厚实的生活基础之上，又要依照戏的风格和歌舞表演的需要，充分发挥设计者的艺术想象，敢于进行艺术加工。一般说来，载歌载舞的生活喜剧以及表现少数民族风情的戏，加工幅度要大一些；描写阶级压迫和劳动人民反抗，表现革命历史英雄人物作艰苦卓绝斗争的正剧或悲剧，加工幅度相对要小些，但也不能照搬生活的自然形态，适度的美化是绝对需要

《智取威虎山》服装设计图（部分）

的。如《红灯记》中李玉和的服装，虽然打上补丁，但用了较为纯净的黑（外衣）、白（衬衣）、灰（围巾），就带有一定的装饰美化的性质，围巾的尺寸也放长了，帮助演员做了许多身段。现代戏服装上的装饰性，并非随意加饰花纹，主要还是从色彩、样式、质料、塑形等多方面进行艺术加工，体现出设计者的审美理想。50年代上海有出《晴空迅雷》，把炼钢工人的工作裤处理成红色，是一种表现性的艺术夸张，以渲染工人们在熊熊炉火映照下的劳动热情，观众欣然接受。《智取威虎山》中中国人民解放军剿匪小分队，统一披丝质白色斗篷，很适合于滑雪行军的舞蹈场面，如果拘泥于生活实态，穿上棉大衣，就舞不起来了。1958年中国京剧院演出的《白毛女》，杜近芳饰白毛仙姑时所穿的破衣服，通身洁白，既在色彩上做了净化、美化处理，还把袖口、衣摆、裤脚管部位剪成柳叶状，是一种装饰化的“破”，体现出京剧的写意精神。（谭元杰）

Xiangluodai

《香罗带》 京剧作品。据河北梆子传统剧目《三疑计》改编。荀慧生1927年首演于北京。剧写明末浙江乌程守备唐通在塾师陆世科处见到香罗带，认出是妻子林慧娘之物，疑慧娘与陆有染，立逼慧娘夜叩陆房门。陆斥慧娘不贞，拒不开门，唐通之疑乃解。香罗带原系其子用以捆被带到书馆。翌晨陆世科不辞而去。唐通去杭州，夜宿黑店。店主欲劫财害命，被唐通杀死。因军情紧急，匆忙间仅将首级带走。地保见尸，误以为唐通被杀，乃诬慧娘谋害亲夫，县官将慧娘押监。塾师陆世科赴试高中，钦点浙江巡按，调审此案，想起当初慧娘叩门之事，臆断慧娘通奸害夫为实，遂判以死刑。

张春彦饰唐通（左） 芙蓉草饰春莺（中） 荀慧生饰林慧娘

适唐通归来，始得雪冤。荀慧生幼年时尝演梆子《三疑计》“叩门”一折，由陈墨香增益、丰富改编为京剧，将原剧中绣鞋改为罗带。塾师也从老生改为小生饰演。初演时，荀慧生饰林慧娘，张春彦饰唐通，金仲仁饰陆世科，芙蓉草饰丫环春莺。荀慧生在王瑶卿的协助下，安排了不少颇有影响的唱段，如“梳妆”时的［二六］，“叩门”的几段［西皮快板］，“尸场”时边走圆场边唱［快板］，“法场”的［二簧散板］，都能很好地表现人物在每一遭遇时的感情变化，从而使观众对古代普遍存在的夫权制产生深恶痛绝的心情。荀派传人荀令香、吴素秋、宋长荣、孙毓敏等均曾演出。剧本收入《荀慧生演出剧本选集》。（刘乃崇　蒋健兰）

Xiangfan Shi Jingjutuan

襄樊市京剧团 京剧演出团体。其前身为成立于1951年6月5日的襄樊市京剧工作团，由部分京剧艺人和襄樊市业余京剧社组成，演职员30余人，团长王实安。1953年，市政府拨小米两万斤，演职员半年不领工资，将演出收入盖起一座可容千余观众的砖木结构剧场，名为“襄樊市京剧院”。1956年，谢国勋任团长，演职员有70余人，年演出300余场。演出剧目《三娘教子》、《芦花荡》、

《襄阳迷颠》的人物造型

孟祥宏饰米芾　李兰萍饰琼雪　马济生饰蔡京　王玉玺饰宋徽宗

《人面桃花》、《打焦赞》、《江汉七姑娘》，先后在省戏剧会演中获奖。“文化大革命”期间，一度改名为“襄樊市毛泽东思想宣传一队”，1973年改今名，演出《沙家浜》、《红灯记》等“样板戏”。进入新时期，上演剧目逐渐丰富，不少中青年演员在各种赛事中取得好成绩。1991年起，余克坚任团长。剧团以“保留火种，寻水养鱼”为方针，组织小分队，分赴海南、温州、珠海等地，积极开拓演出市场。在珠海圆明新园的演出长达数年，并参加了澳门回归倒计时100天、国际大力士节、八一建军节慰问驻澳部队等演出活动，受到观众好评。剧团常年活跃于鄂西北地区，多次获得“上山下乡巡回演出先进集体”称号。2004年，创排古装戏《襄阳米颠》，塑造了坦荡率真、宠辱不惊的北宋书法家米芾的艺术形象，在第四届中国京剧艺术节上获优秀剧目奖。编剧习志淦、谢鲁，舞台设计田少鹏，米芾的饰演者孟祥宏获单项奖。2009年9月，王沪醒任团长。2011年3月改名襄阳市京剧团。（朱吉尔）

Xiangmeisi

《祥梅寺》 京剧作品。作者不详。唐僖宗时，祥梅寺和尚了空，发现大殿里的灯油经常被偷盗。他暗中监视，忽见二鬼偷油，遂上前责问。二鬼告以黄巢将在此起义，并要以他开刀，了空非常恐惧。黄巢来寺赶会，了空哀求赦免。黄巢允许，并嘱咐他起兵时小心躲藏。黄巢起兵，了空藏在树洞里。黄在寺内搜僧祭刀不得，砍树开刀，恰将了空杀死。事见《残唐五代史演义》第4回。此剧为净、丑做工戏。黄巢由净脚扮演，了空由丑脚扮演。唱［吹腔］。据王芷章《清代伶官传》记载，清咸丰十一年（1861），冯双德、赵广发等就在宫内演出此剧。后钱金福、王长林合演此剧，吸收了《双下山》的表演，在“搜僧”一场戏中，了空跑圆场，挂在脖子上的佛珠随着锣鼓点的节奏旋转，变化出前后、左右各种花样。当他逃到树洞前时，舞动的佛珠忽然离颈腾空而起，随即落下，仍套在他的脖子上，继续旋转，随之右袖掩头，以矮子步下场（入洞），把一仓皇逃命的僧人形象刻画得非常生动。钱金福、王长林之后，钱宝森、叶盛章、刘斌昆亦擅演此剧。1949年后很少上演。首都图书馆、北京市艺术研究所藏有抄本。（刘文峰）

Xiangma Zhuan

《响马传》 京剧作品。编剧翁偶虹，作于1958年。写隋末瓦岗寨英雄聚义的故事。围绕绿林好汉程咬金、尤俊达劫走靠山王杨林16万饷银的事件，通过“三探武南庄”、“贾家楼结拜”、“群雄反登州”等主要情节，描写了山东历城捕快秦琼为掩护绿林朋友甘当风险的英雄性格，同时塑造了聚义好汉的英雄群像。秦琼由

李少春饰秦琼（右） 袁世海饰程咬金

文武老生应工，程咬金由花脸饰演。该剧参考京剧传统剧目《贾家楼》、《打登州》和梆子戏《秦琼观阵》、评书《响马传》编成。改编本去掉了旧本中的一些冗杂的场子，删除了一些宣扬江湖义气的内容。1959年，中国京剧院一团首演，李少春饰秦琼，袁世海饰程咬金。当时系专门为李少春编写，可以充分发挥李少春唱、念、做、打的技巧。特别是"观阵"一场，在完整的［二簧］"导、碰、原"板式成套唱腔中，把唱词分为12个小节，在每个小节之间穿插锣鼓和念白，配以繁重的身段与动作，糅合了《洗浮山》的表演技巧，突出刻画秦琼的英武气概。全剧语言亦有特色，绿林好汉们的唱词和念白都采用了口语化的白描法，甚至有些江湖黑话也装点其中，既生动又准确地表现了绿林人物豪爽、率直的性格。剧本发表于1959年9月号《剧本》月刊，后收入《中国地方戏曲集成·北京市卷》、《中国京剧院演出剧本选集》和《翁偶虹剧作选》。 （马海玲）

xiangpai

响排 见合乐。

Xiaoyaojin

《逍遥津》 京剧作品。又名《白逼宫》。作者不详。故事见《三国志演义》第66回。汉献帝因曹操专权，与伏后计议，草血诏与后父伏完，嘱其约同孙权、刘备等各路诸侯勤王，遣内侍穆顺送去。曹操率众把住宫门，盘问穆顺，从发髻中搜出回文，剑劈穆顺，抄杀伏完满门。随后，仗剑入宫，命华歆将伏后乱棍打死，毒死两位皇子。献帝也无可奈何。剧中"盘门"一场，曹操与穆顺对白，借药比兴，颇具戏剧性。"逼宫"刻画华歆心狠手辣，入木三分，令人齿冷。剧名出自《三国志演义》第67回"张辽威震逍遥津"，叙述张辽兵拒孙权于合肥。京剧有《战合肥》。但此剧现已很少连演。老生饰汉献帝，重唱。核心唱段［二簧导板、回龙、原板］"父子们在宫中伤心落泪"，以一连串"欺寡人好一似……"的叠句，抒

李宗义饰汉献帝（左三） 赵炳啸饰曹操

发满腔悲愤，唱腔激越惨切。据《戏考》，"此剧惟孙菊仙最擅长，白口唱做，无不入情入理，可称声容并茂"。高庆奎、小达子、周信芳、唐韵笙亦擅演，唱腔各有不同。高庆奎、周信芳有唱片行世。剧本有《京剧丛刊》、《京剧汇编》等刊本。此外，取材于《三国志演义》等109回的《司马师逼宫》，又名《红逼宫》、《定中原》，描写司马师废魏帝曹芳，循环报应，几乎是历史的重演。该剧以净饰司马师为主角。有《戏考》、《戏学全书》、《京剧丛刊》、《京剧汇编》等刊本。 （颜长珂）

Xiao Changhua

萧长华 （1878～1967） 演员、教育家。工丑。号和庄。祖籍江西新建，客籍江苏扬州，生于北京。出身梨园世家，伯父永寿，艺名小兰，是清咸丰、同治年间的著名昆旦。父亲永康，艺名镇奎，

是与程长庚、卢胜奎、杨月楼等同台奏艺的丑脚演员。萧长华从小受到艺术熏陶。8岁（1886）入北京琉璃厂东门百花园青云书屋读书，得到良好的启蒙教育，写一手工整小楷。10岁（1888），与哥哥长荣（号舜华，艺名宝仙）投师菊坛名宿徐文波（承瀚）门下。徐师工昆腔小生，是高朗亭之后任三庆班班主陈金彩的弟子，戏曲音乐家徐兰沅的祖父，立景善堂，弟子众多，均以"宝"字排名。萧长华入门后取名宝铭，从周长山、曹文奎、周长顺、裕云鹏学老生、老旦及文丑。11岁（1889）出台，在三庆班演娃娃生。后又于四喜班演老生，借台练戏，常唱《赶三关》、《回龙阁》、《芦花河》、《桑园会》、《挡谅》、《醉写》等剧。14岁（1892）后，专工丑行。17岁（1895）拜名丑宋万泰（赶生）为师。宋师曾与苏丑杨三（鸣玉）同台搭档30余年，腹笥渊博，艺精功深，收萧长华为关门弟子。他以长华心虔志诚，刻苦用功，十分厚爱，遂精心传授，点拨至微，使萧氏在踏上艺术之路的早年，就打下全面、坚实的基础。1896～1913年，他青年时先后搭小鸿奎、天福、玉成、同庆、鸿庆、喜庆和各大名班，得与谭鑫培、王楞仙、何桂山、黄润甫、金秀山、孙菊仙、龚云甫、万盏灯（李紫珊）、田桂凤、杨小楼同台献艺。在常年舞台磨炼中，他锐意求进，从艺严谨不苟，表演当行出色，为人配戏，从不喧宾夺主，铺垫陪衬，严密得体，烘云托月，颇得名家器重。借同台机会，他潜心体察名家大师们演剧的堂奥，从中领悟剧艺妙谛，从而大大拓展了艺术视野，增长了日后作为一个掌理全面、兼通各行的教习所应具备的能力和才干。中年后，长期与梅兰芳合作，被倚为股肱，默契相共，并常佐徐碧云、于连泉、马连良、孟小冬、金少山、尚小云、谭富英、奚啸伯、张君秋、言慧珠、陆素娟等演出。他以精湛的表演艺术备受行内外推崇，与慈瑞全、郭春山并称丑行三大士。

在长达80年的艺术生涯中，成功地塑造了一批丑脚艺术形象，如《群英会》的蒋干，《审头刺汤》的汤勤，《乌龙院》的张文远，《法门寺》的贾桂，《女起解》的崇公道，《卖马》的王老好，《盘关》的皂隶，《浣纱河》的渔丈人，《骆马湖》的樵夫及酒保，《失印救火》的金祥瑞，《四郎探母》的国舅，《审七长亭》的解差（崔顺），《取帅印》、《选元戎》的程咬金。在丑儿戏《连升店》、《请医》、《荡湖船》、《绒花计》、《荷珠配》、《小上坟》、《小过年》、《打刀》、《打灶王》、《打杠子》、《打面缸》、《瞎子逛灯》，唱功戏《十八扯》、《戏迷传》，婆子戏《变羊计》、《鞠球山》、《探亲家》、《浣花溪》以及在梅兰芳所演的《西施》、《太真外传》、《贵妃醉酒》、《凤还巢》、《生死

萧长华与学生们

恨》、《廉锦枫》、《春秋配》、《虹霓关》、《穆天王》、《六月雪》、《奇双会》、《牢狱鸳鸯》、《霸王别姬》和徐碧云所演的《焚椒记》、《芙蓉屏》、《李香君》、《褒姒》、《绿珠》、《无愁天子》、《天香庆节》等剧中扮演的丑行角色无不各具个性。其中如伯嚭、杨国忠、朱焕然、胡来、吴士公、吴赖、柳敬亭、周幽王、孙秀等人物形象均为萧氏所创造、首演。这众多人物，忠邪善恶，面目各异，嬉笑怒骂，逸趣纷呈，达到形神俱妙、意蕴真醇的艺术境界，高雅、洁净、灵隽、脱俗，为京剧丑脚表演艺术作出不同凡响的建树，世称萧派。

萧派的表演特色，有以下几点：

一重品格。他演剧一生，时刻不忘品德的修养，认为“艺为有德者居之”，“戏品即人品”。他是一位谨饬方正、律己极严的人。他所扮演的各色人物，千差万别，各有寓意，而要能做到褒贬有度，第一必须自身道德人品端正不阿，是非、爱憎分明，德为艺员之本。他驾驭笑的艺术，或深情地彰扬正义、善良、智慧、慷慨等美好品德，或刻画狡诈、愚蠢、虚伪、谄媚等丑恶嘴脸，均蕴涵着史家臧否人物的春秋大义，收到“高台教化”、“寓教于乐”的艺术效果。

二贵传神。“登台演剧，贵在传神”是他在教戏、排戏、演戏实践中无时无刻不在强调的要旨。他认为，“形神俱妙”应当是演员孜孜以求的艺术境界。他在台上，揣摩人物无微不至，表现人物，细腻而不琐碎，于诙谐中寓庄重，风趣中显深沉，堪称“炉火纯青”、“出神入化”。

三尚洁净。“洁净”是一种艺术美。他将脏、贫、俗、厌作为丑行在台上的戒忌。要求做到“四净”：造型干净。扮戏要整洁完美，给观众以良好的“第一印象”。他每次登台必先剃头、刮脸；戏装做到“四白”——护领白、水袖白、靴底白和大袜白；勾脸不事烦琐，呈现“丑中见净，净中显美”的艺术效果。做戏干净。他演戏从不哗众取宠，不以低级庸俗的插科打诨取悦观众。表演讲求分寸感，恰到好处，给观众留下回味的余地，在“少吃多滋味”上下工夫。身上干净。“身上”是指身段、动作、步法、手势等。表演中，凡一举手、一投足，均求适度中节，处处有着落，有准谱。他演蒋干的步法、指法，演汤勤的扇功、坐相，都不是随意为之，而是为刻画人物性格，外化人物心理而设计的。嘴里干净。舞台语言中，切忌“脏口”。他在表演中，绝无有伤大雅的污言秽语和口出不逊的骂骂咧咧。要求语言富有诙谐性和幽默感，做到“于雅中带俗，又于俗中见雅”，贵在自然顺畅，妙在水到渠成。

四精技艺。他自幼养成倔强上进的性格，学艺中自强不息，博闻强记，兼通各个行当，有“普通学”（即通晓各个行当，会剧中的各个角色）的根柢。丑脚注重念白。他的念白，功力深厚，无论京白、韵白、京韵白及方言白都念来字清音朗，讲求语气的变换、节奏的急缓、句读的分明，于轻重疾徐、抑扬顿挫之中传情达意，刻画人物，展示心理，富于旋律性和韵味美。他的唱功，兼宗孙（菊仙）、汪（桂芬）、谭（鑫培），

《群英会》饰蒋干（左） 袁世海饰曹操

咬字行腔讲求口锋、气势，唱来遒劲古朴，气足声洪，保留三家遗韵，从不以怪腔怪调卖弄噱头。综观萧派艺术，在唱、念、做诸方面都卓然一家，所创造的一系列舞台形象，允称独步。

作为一代宗师，萧长华倾毕生精力为京剧教育事业作出了贡献。1904年，喜连成（后改富连成）科班在叶春善筹划下，开办在即，叶氏久慕萧氏的艺学，延聘他出任总教习。到职第一天，他与叶氏互勉：“今后同甘共苦，众人一心，互相协助”，“有错当面言说，要知过必改”，“公不掺私，私不掺公，对公事对徒弟不得怀私心。量材使用，不可屈才”（摘自《萧氏自传》手稿）。自此，他以科班为家，除主教丑行之外，生、旦、净诸行各戏也都教授。他在科班教的许多戏，常是全剧从始至终，由他一人口授。1908年，光绪和慈禧相继而殁，“国服”期间，科班不能出演，他在给学生排练八本《赤壁鏖兵》，教《舌战群儒》这场戏时，每天早晨起来，一直到晚上睡觉，师生们一遍又一遍地念词，雕抠砻磨，一丝不苟。“国服”开禁后，学生白天唱戏，上午和晚上排戏。每晚收功早在午夜十二点多钟，晚至两三点钟，有时刚刚躺下，已是东方发白。他日复一日、年复一年坚守在戏曲艺术教育的岗位上，克尽厥职。一科接连一科，喜、连、富、盛、世、元、韵7科学生，甚至包括父子两辈人，延续40余年。他任总教

《大小骗》饰张年有

《审头刺汤》饰汤勤（左） 梅兰芳饰雪艳

《女起解》饰崇公道（右） 张君秋饰苏三

习一席，兢兢业业，教出数以百计的学生，排出数以百计的剧目。1914～1922年，他恐怕因自己搭班演出，耽误科班的教学，便舍弃了优厚的演出收入，全力投入教学工作，一连8年不再搭班。富连成社在京剧史上的辉煌成就，无不体现着他的劳绩，渗透着他的血汗。

1949年初，北平解放。萧长华积极投身社会主义戏曲艺术教育事业，历任新中国第一所戏曲教育机构中国戏曲学校的名誉教授、副校长和校长等职。他更为学校推荐了一批身怀真才实学的教师，注重学生的品德教育，因材施教，提倡“普通学”，又要专工，并亲自向学生传授了一出出表演技艺精良的名剧，如全部《群英会》、《四进士》、《审头刺汤》、《取帅印》、《选元戎》、《连升店》、《激权激瑜》、《临江会》、四本《取南郡》、《浣花溪》及《借赵云》、《拾玉镯》、《荷珠配》、《大英杰烈》等大小优秀传统剧目。他还积极参加社会上的戏曲改革活动，认真审订大批京剧传统剧目，精心编写不少京剧剧目教材。凡是他的授课本，都进行过推陈出新的整理，弘扬精华，弃掷糟粕，主张在革新、创进中推动京剧艺术的发展，提高戏曲教学的质量。“文化大革命”中，他蒙垢含辱，于1967年4月26日卒于北京。

萧长华1952年获第一届全国戏曲观摩演出大会奖状。1958年80寿辰时获文化部奖状。曾当选为第二、第三届全国人民代表大会代表。著有《萧长华戏曲谈丛》、《萧长华演出剧本选集》。由他担任艺术指导并参加演出的《群英会》、《借东风》和《贵妃醉酒》、《霸王别姬》被拍成影片，演唱的许多剧目灌有唱片或制成盒式音带。1990年钮骠编《萧长华艺术评论集》出版，辑集自民初至20世纪80年代以来有关评介萧长华的专论、诗文、讲话及文摘等，对研究萧氏及京剧史颇有参考价值。

（钮骠）

Xiao Changhua Xiqu Tancong

《萧长华戏曲谈丛》　京剧文集。萧长华述，钮骠记。1963年6月编成，1980年12月由中国戏剧出版社出版。这是萧氏晚年发表于各报刊上的20多篇谈论戏曲艺术文章的结集，内容有对本人艺术生涯的回忆和戏曲演员在新旧社会中地位的对比；有对戏曲艺术教育的见解和表演经验的阐述；有对舞台伙伴和晚辈，如梅兰芳、程砚秋、周信芳、高盛麟、马富禄等人的缅怀、评介；有发人深省的戏曲掌故轶闻，并附录萧氏谈“打戏”、“戏曲诀谚”和“对（戏曲）史料几点订正”的文章3篇。史若虚作《序》。内容丰富翔实，其中《略谈戏曲教育问题》、《沿之，革之，创之，进之》、《午夜挑灯修史剧——整理京剧〈赤壁鏖兵〉的回忆》、《谈贾桂念状》等篇章中都有独到精辟之论，颇具研究价值。全书洋溢着萧长华作为老一辈戏曲演员，对社会主义时代的热诚颂扬之情和对戏曲教育事业的发展所寄予的殷切期望。

（捷之）

Xiao Changhua Yanchu Juben Xuanji

《萧长华演出剧本选集》　京剧作品集。中国戏曲学校编辑。中国戏剧出版社1958年7月出版。收入剧本6种。是为庆贺萧长华80寿辰、舞台生活70年、从事戏曲教育工作53年而编辑出版的。附有梅兰芳《萧长华先生的艺术劳动和道德品质》、晏甬《戏曲教育家萧长华》等文章，盛赞其事业成就和道德品质。文章指出，萧长华从担任富连成社的总教习到中国戏曲学校的副校长，为京剧界培养出许多著名演员和艺术骨干，为戏曲事业作出贡献。梅兰芳赞扬萧长华作为一代名丑，“文丑戏无所不能，方巾丑、婆子戏也是最拿手的”。“他一生敬业，演戏认真，对观众负责，在戏曲界有口皆碑”。作品集所选的《赤壁鏖兵》、《选元戎》、《变羊记》、《请医》、《连升店》、《涿州判》6个剧本，是萧长华的代表剧目。书后附有钮骠《萧长华先生传略》。

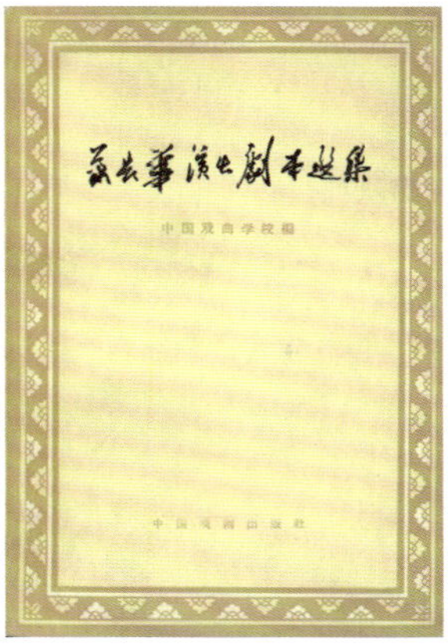

（李红石）

Xiao Changhua Yishu Pinglun Ji

《萧长华艺术评论集》　京剧文集。钮骠编。中国戏剧出版社1990年10月出版。“戏曲流派艺术研究丛书”之一。全书收集了20世纪发表于海内外有关书刊、报章上评介萧长华的专论、诗文、讲话及文摘，共60余篇，按“祝贺八十寿辰”、“纪念百岁诞辰”、“艺术评论”、“访问记述”、“回忆与怀念”、“高尚的品德”、“著述摘抄”、“诗联辑录”等不同内容分辑，并附有萧氏简要年表、著述和作品目录等。撰文作者有田汉、欧阳予倩、曹禺、马彦祥、张庚、马少波、晏甬、史若虚、叶圣陶、老舍、吴祖光、黄裳、黄宗江、戴不凡、翁偶虹、华粹深、吴小如、范钧宏、刘木铎、黄克保、祁兆良、董维贤和萧长华生前的舞台合作者、好友及学生梅兰芳、程砚秋、俞振飞、孙履安、张伯驹、罗瘿公、齐如山、徐凌霄、徐慕云、张聊公、汪侠公、唐伯弢、于连泉、徐兰沅、贯大元、侯喜瑞、莫喜忠、孙盛辅、陈大濩、袁世海以及海外评论家邹苇澄、刘嗣、丁秉鐩等，并附有编者的10余篇研究文章。

萧长华以80年的艺术生涯和63年的教学业绩，为京剧艺术的繁衍、弘扬，作出了承前启后、继往开来的贡献。在舞台上，他是丑脚艺术的一代宗匠；在讲坛上，又是众所敬仰的梨园界师表。对他的一生，进行研究、评估，增进认识，都会使后人受到启迪，得到借鉴。这部评论集的编辑出版，对研究他的德艺业绩及京剧历史、京剧表演、戏曲教育，提供了丰富的内容、翔实的资料。

（捷之）

Xiao He Yue Xia Zhui Han Xin

《萧何月下追韩信》　京剧作品。简称《追韩信》。秦末，韩信在项羽帐下为执戟郎，郁郁不得志。张良劝他到褒中去见刘邦，并以角书推荐。韩信投刘邦招贤馆，故意不献荐书。萧何面试，惊为奇才，三次上本保奏，刘邦却因韩信出身低微，不予重用。韩信愤而弃官出走。萧何闻讯，急忙飞马追赶。韩信深感其诚，并出示张良角书；刘邦遂拜韩信为帅。元金仁杰有《萧何月下追韩信》杂剧，曲文被采入明沈采《千金记》传奇。1922年，周信芳根据《西汉演义》有关章节改编此剧，原为妻舅刘奎童到上海露演

周信芳饰萧何（陈莹摄）

特地编写。同年5月4日在丹桂第一台首演，刘奎童饰萧何，周信芳配演韩信，合作者有刘四立、张韵亭、冯志奎、李少棠、周五宝等。1923年，周信芳北上演出，在烟台为穷苦同行购买义地，与当地演员合演义务戏，加工演出此戏，开始自饰萧何，韩信改由武生饰演。接着到天津、北京演出，也以此剧打炮。1925年1月，周信芳回上海丹桂第一台，又以此戏为打炮戏。同年3月起，编演连台本戏《汉刘邦统一灭秦楚》，将《追韩信》编入第十本，于1926年2月27日在上海更新舞台首演。经过不断加工，《萧何月下追韩信》成为屡演不衰的麒派代表作之一。全剧唱、念、做均有鲜明特色，如萧何在看韩信弃官逃走留下的题壁诗时，周信芳背对观众，用合着锣鼓节奏的背上的动作，把萧何心头的焦急和吃惊传达出来。月夜策马追赶，载歌载舞，表现他求贤若渴的心情。追到韩信后"三生有幸"的［二簧］唱段，唱词采用重复的修辞格和分小节的长句来加强语气，唱腔旋律刚健，声情并茂，脍炙人口。梅兰芳曾说："麒派在大江南北，是普遍流行着的；《追韩信》、《打严嵩》成为京剧界中非常流行的歌调。"（《灿烂的成就，光辉的历史》）林树森、高百岁、陈鹤峰亦工此剧。剧本载《周信芳演出剧本选集》，另有《戏典》、《京剧大观》、《京剧丛刊》等刊本。此剧有高亭、蓓开公司及中国唱片厂灌制的唱片行世。

（沈鸿鑫）

Xiao Jia

萧甲　（1920～　）　京剧导演。原名贾醒民。北京人。1938年初参加中华民族解放先锋队，1939年毕业，分配在八路军一二〇师教导团宣传队任宣传员。1941年任中国人民抗日军事政治大学（简称"抗大"）七分校文工团团员。同年8月，调师部战斗平剧社，学演京剧。1942年参加延安平剧研究院，任演员、研究员，参加京剧改革和创作活动。1945年后，演出话剧《升官图》、《望穿秋水》以及秧歌剧等。1949年进北京，演出歌剧《赤叶河》以及秧歌剧《兄妹开荒》、《刘二起家》。1950年由中国歌剧院调到北京市文化局，先后任戏曲科长、戏曲编导委员会主任等。1959年任《北京戏剧》月刊编辑室主任。1962年8月任北京京剧团副团长，主管创作。1964年参与改编并与人合作导演《沙家浜》，并导演了《杜鹃山》。由他导演的京剧《少帝福林》曾获文化部文华新剧目奖。他导演艺术的特点是，将戏曲的民族性与时代性相结合，在继承传统的基础上推陈出新，风格平实明快，灵动清新，富于情趣。

（朱文相）

Xiao Jun Xiju Ji

《萧军戏剧集》　京剧作品集。萧军著。黑龙江人民出版社1984年出版。分上下两卷，分别收入大型京剧剧本《武王伐纣》和《吴越春秋》。前者根据小说《封神演义》故事，初编于1944年，原名

《鹿台恨》，1945年增加人物、情节，编成4集20组场65分场的连台大戏，定名《武王伐纣》，1950年由抚顺市京剧团搬上舞台。后者据《吴越春秋史话》改编，分为上下两集，共11部。上集分《投吴国》、《刺王僚》、《除庆忌》、《伐楚国》、《葬娇娃》、《战槜李》6部，下集分《忍辱求和》、《计献西施》、《三军之囚》、《卧薪尝胆》、《夫差之死》5部。两剧人物众多，结构宏大，语言通俗流畅。作者力求以史为鉴，给人以启迪和思考。

（王佩孚）

Xiao Qing

萧晴　（1919～　）　戏曲理论家。原名何治敏，又名何陵。贵州贵阳人。自幼热爱音乐、戏剧。1938年即参加中共贵阳地下党领导的"贵阳沙驼业余话剧社"，积极从事抗日救亡宣传工作，直至1940年被国民党当局"勒令解散"止。1941年就读于重庆国立音乐院声乐系，并选修了理论作曲系多种课程。1946年毕业后，先后任浙江萧山湘湖师范、上海中华音乐学校、中国乐舞学校教员。1948年进入华北解放区。中华人民共和国成立后，在北京中央戏剧学院歌剧系教声乐。1953年调中国戏曲研究院，从事戏曲音乐研究工作。"文化大革命"后调中国艺术研究院戏曲研究所，任研究员及研究生导师，并任中国音乐家协会第四届民族音乐委员会委员、戏曲声乐研究会顾问、中国戏剧家协会第四届艺术委员会委员、《中国大百科全书·戏曲曲艺》卷音乐分支副主编等。

萧晴进入戏曲研究领域后，以京剧声乐为主攻对象，通过学唱、记谱深入接触各行当唱腔、唱法及风格，并正式拜王幼卿为师；1955年为程砚秋整理演唱艺术经验，开始钻研程派声腔艺术。论文有：《梅兰芳的演唱艺术》、《程砚秋演唱艺术特色及其成就》、《"程腔"的艺术本质》、《程砚秋在电影〈荒山泪〉中的艺术创造》、《程砚秋传略》、《京剧声乐》、《革命现代京剧唱腔》、《戏曲声乐》、《戏曲声乐的特征》、《现实主义的民族声乐传统》、《民族传统声乐的教学方法》、《框格在曲，色泽在唱——兼谈梆子剧种男声唱法的革新》及《建立中国现代戏曲声乐学派的初步构想》等，又编有《程砚秋艺术评论集》。《建立中国现代戏曲声乐学派的初步构想》一文，从戏曲声乐的发声、吐字、行腔、表现手法和美学原则等诸方面，有说服力地论证了戏曲声乐不仅具有深厚的民族传统和鲜明的民族特色，且已自成体系，堪称中国的民族声乐学派。她所记录、出版的京剧曲谱主要有《宇宙锋》总谱（与人合作），系根据梅兰芳舞台演出实况录音记谱整理，为京剧最早的几个简谱总谱本之一。《荒山泪》系根据程砚秋电影艺术片《荒山泪》录音，综合舞台演出录音，按照程生前授意整理而成。为表现程派唱腔与胡琴伴奏之间风格上的不可分割及程派念白的个性特征，特将所有上板的唱腔，按双行谱并列的形式记录；还创用了一些标示程派特殊唱法的记谱符号，对带有胡琴伴奏的念白，则尝试着在曲谱下记录出白口的大体节奏。这在当时以记录京剧唱腔为主的曲谱中尚属

少见。1997年出版的《程砚秋唱腔选集》，包括程的20出代表剧目，55个大型唱段，另有程派《玉堂春》中苏三的全部唱腔，均据20世纪30年代以后程派技艺、风格已臻完善的演出实况录音记录整理，是集程腔精粹之大成的选本。此外还出版过《怎样保护嗓子》、《怎样练嗓》和《戏曲唱工讲话》3种普及读物，皆根据戏曲演员所反映需要解决的问题而作，受到戏曲演员及业余爱好者的欢迎，曾多次再版。（黄叶绿）

Xiao Shengxuan

萧盛萱（1917～2000） 演员、教师。工丑。原名连萱，字仿莱。祖籍江西新建，客籍江苏扬州，1917年1月19日生于北京。出身梨园世家，祖父萧镇奎、父亲萧长华均为一代名丑，家学渊源，自幼

深受熏陶。9岁入北京富连成社科班坐科，序入第四科“盛”字班，从其父萧长华并拜师郭春山学文丑，还向王连平师兄习武丑。后又拜王福山为师，从丑行耆宿、太老师王长林学戏。他艺兼文武，并擅昆曲，能戏颇多。方巾戏、婆子戏、玩笑戏演来均为当行，各呈逸趣。出科后，先后与尚小云、筱翠花、程砚秋、张君秋、赵啸澜、言慧珠、谭富英、李盛藻、杨宝森、奚啸伯、叶盛兰诸名家同台奏艺，配搭严整，极尽绿叶映衬红花之妙，颇负时誉。中华人民共和国成立伊始，入中国戏曲研究院京剧实验工作团为演员，与叶盛兰、李和曾、杜近芳、张云溪、张春华等合作。他自幼勤勉好学，精修苦练，认真继承传统，广撷博采，在唱念表做技艺上都有娴熟深厚的功底。在舞台上表演细腻传神，格调高雅纯正，谐而不俗，善用科诨，注重刻画人物，技不离戏。传统戏中，如《群英会》的蒋干、《法门寺》的贾桂、《连升店》的店家、《汉明妃》的王龙、《双合印》的李虎、《女起解》的崇公道、《小上坟》的刘禄景、《变羊计》的贾妈、《六月雪》的禁婆、《拾玉镯》的刘婆、《送亲演礼》的陈氏、《踢球山》的窦氏、《周仁献嫂》的凤承东、《连环计》的李儒、《问樵闹府》的樵夫、《双铃记》的甘子千、《董家山》的周鼎等，演来无不精彩动人，隽永得神。他富于革新、创造精神，勤于求索、开拓。在新剧中塑造过许多人物形象，多为首创。如《猎虎记》中的小二、《三盗令》中的王良、《凤凰二乔》中的王琼、《孙安动本》中的守库官、《摘星楼》中的费仲、《新打面缸》中的县官、《牛郎织女》中的嘎氏等。与尚小云合演的《昭君出塞》被摄制成

《昭君出塞》饰王龙

影片，还有《法门寺》、《辛安驿》、《连升店》、《十八扯》、《群英会》等有录像留传。

萧盛萱自青年时代起，即开始从事教学工作。出科后，先为本社第七、第八科学生授艺，又任教于荣春社科班。中华人民共和国成立后，更积极投入社会主义戏曲教育事业，在舞台演出之余，不辞劳苦到中国戏曲学校给学生上课，并热心奔走为学校举荐、延聘教师。20世纪50年代以来，还为《京剧丛刊》收入剧目的整理，中国京剧院“三小戏”剧目的发掘，中国戏曲学校（院）剧目教材的编写尽心尽力。20世纪60年代起，专心致力于教学工作。他的许多学生已成为当今京剧舞台上的出色人才，京剧丑行的中坚力量。退休后仍在家记述自己的艺术经验，并一一录音，存留资料，以晚年的辛劳，为丑行、为后人留下了一笔珍贵的艺术财富。弟子有马幼禄、谭韵寿、郑岩等，钮骠、黄德华等均得其教益。四子润年亦工文丑，承其衣钵。（钮骠）

Xiaoshi xiongdi

萧氏兄弟 演员。为萧润增、萧润德、萧润年合称。皆出生于北京的一个梨园世家，祖父萧长华、父亲萧盛萱都是京剧名丑。萧氏兄弟均为中国戏曲学校毕业生。

萧润增（1938～ ），1950年入校，师从雷喜福、邢威明、

茹富兰，并得祖父萧长华的传授。1958年毕业，入中国京剧院，1959年到上海拜周信芳为师，专攻麒派艺术，得到亲传和指拨，能戏有《徐策跑城》、《萧何月下追韩信》、《乌龙院》、《斩经堂》、《四进士》、《群英会》、《描容上路》、《义责王魁》、《平贵别窑》、《打渔杀家》等。他还参加了《义民名册》、《大明魂》、《初出茅庐》、《杨门女将》、《满江红》、《春草闯堂》等新戏的演出，在唱念做表上，充分展现了麒派艺术的风范。退休后，仍为传承麒派艺术不遗余力，或作示范演出，或在课堂教学。

萧润德（1940～ ），1951年入校，师从毕鑫如、陈盛泰、萧连芳、姜妙香等，并得祖父萧长华和舅父叶盛兰的传授，学得《取南郡》、《群英会》、《借赵云》、《梅玉配》各剧。1959年毕业，留本校实验京剧团任演员，演出了《十五贯》、

《激权激瑜》、《十三妹》、《碧波潭》、《武则天》、《陈三两爬堂》、《洪母骂畴》等剧。1962年调入中国京剧院，主演的剧目有《群英会》、《临江会》、《得意缘》、《四郎探母》、《飞虎山》、《打侄上坟》、《连升店》、《奇双会》、《罗成叫关》等。他嗓音清朗刚劲，唱念吐字清晰，讲求嘴里功夫，表演英武爽利，尤擅雉尾生和纱帽生各戏。有《连升店》电视片行世。退离舞台后，仍从事教学，为中国戏曲学院客座教授。

萧润年（1946～ ），1958年入福建省戏曲学校，从王德昆学戏。1961年转入中国戏曲学校，师从高富远、王盛如、汪荣汉和祖父、父亲。《审头刺汤》之汤勤、《女起解》之崇公道、《连升

店》之店家、《问樵》之樵夫均得自家传。1966年毕业，分配至上海京剧院，又问艺于刘斌昆、艾世菊，常与尚长荣、李炳淑、王梦云等同台献艺。他的表演规矩大方，冷隽不火，唱念清爽纯正，不染靡俗，恪守萧门风范。在新戏《智取威虎山》中饰栾平、《曹操与杨修》中饰招贤者、《贞观盛事》中饰唐公公，都给观众留下深刻印象。近年还为其祖父生前的录音《选元戎》、《连升店》、《打龙袍》、《打刀》、《骆马湖》及其父的录音《虹霓关》等做了配像。（钮骠）

Xiaofangniu

《小放牛》 京剧作品。又名《杏花村》。作者不详。剧情十分简单：阳春三月，牧童在南山脚下放牛，遇村姑骑马问路。二人此问彼答，

荀慧生饰村姑（左） 马富禄饰牧童

互相唱和。两小无猜，尽兴而别。这是一出小旦、小丑并重的歌舞小戏，活泼清新，如一支田园牧歌。据曹心泉《前清内廷演戏回忆录》载，《小放牛》源自秦腔，清末山陕梆子演员侯俊山带到北京，与刘七共同演出。《京剧之变迁》也说："《小放牛》一戏，最初排演乃是侯俊山、刘七二人。后刘七去世，俊山才教与王长林。按《小放牛》乃是山陕一带乡间小孩在野地所演的玩意儿，并未上过台，俊山到京才排出来的。"《小放牛》自侯俊山演出后，屡被丰富加工。但均保留了一问一答的民歌对唱形式和一些基本唱词，如丑："天上桫椤什么人栽？地下黄河什么人开？什么人把定三关口？什么人稳坐钓鱼台？"旦："天上桫椤王母娘娘栽，地下黄河老龙王开。杨六郎把定三关口，姜太公稳坐钓鱼台。"……这些唱词原系民间流行的盘歌，其中既有神话、传说又有历史及生活常识，都是为老百姓喜闻乐见的内容。《小放牛》风靡歌场，擅演者极夥。1948年，费穆拍摄了彩色舞台艺术短片《小放牛》，李玉茹主演。1976年北京电影制片厂拍摄《小放牛》，由刘秀荣、张春华主演，未公开发行。1955年，徐玉川曾在世界青年与学生和平友谊联欢节演出此剧获奖。有《戏考》、《戏曲大全》等刊本。　　（周传家）

Xiaojintai Keban

小金台科班　京剧科班。由上海天仙茶园后台总管兼鼓师赵嵩绶发起，天仙茶园业主赵殿臣出资，于清光绪二十九年三月十三日（1903年4月10日）在上海成立。是附属于该茶园的小班，主要为"天仙"培养班底人才。班址设在石路（今福建中路）天仙茶园内（一说在六马路，今北海路附近）。潘月樵任经理，教师均为天仙茶园中富有艺术经验的演员，如冯志奎、谢云奎、王洪全、赵小廉、孟七、沈韵秋、牛长宝等。学生70余名，招自京津苏沪各地，入科后按"飞、华、春、庆、永"五字排名。经培训后，于1904年5月在天仙茶园出台，首演剧目有《渭水河》、《打金枝》、《二进宫》、《双摇会》、《双断桥》、《柴桑口、黄鹤楼、芦花荡》各戏。试演期不卖戏票，只收茶资。学生平时边习艺边参加大班演出，充任配演。有时主演日场。出科于该班的演员有武生樊春楼、马春樵，武旦武庆秀，花脸张春海、马春甫、殷春虎、樊春山、贾春虎、张春才、范永庆，武丑刘坤华、杨善华、王斌飞、草上飞，丑脚卢庆元、张永林等。赵君玉也曾随班习艺，后为南方四大名旦之一。小金台科班是上海最早的京剧科班，为上海的京剧舞台培育了一批功底扎实、剧艺出色的配角人才，颇有影响。　　（钮骠）

Xiao Lanying

小兰英　（1885～1966？）　女演员。工老生。祖籍天津，出身宁家班。10余岁在天津翔云女戏园演出，已是园中翘楚。后到上海，先在霓仙茶园，1899年12月，转入新开台的群仙茶园，以"嗓高气充，腔圆音正"，极受沪人欢迎（孙嫏尘《坤伶艳史》，1924年版）。其时汪笑侬正称盛上海，受其影响，遂宗汪派。1906年夏，因与天津下天仙园主涉讼，当众受辱，愤不欲生，吞鸦片自尽，获救后嗓败，然有一种苍凉悲郁之概，并在做工上讲究。演出时"尝自设身处地，

如历其境，故能委曲详尽，每至悲惨处，辄自不觉泪之盈睫"，观众亦为之动容（剑影客《天津名伶小传》，1909年版）。返回上海群仙，未几，坤生恩晓峰亦至，隶丹凤茶园，"时兰英喉音不如恩，作工胜恩远甚。而申地知剧尚少，多谓恩胜，其实但听喉响而已，恩之佳处亦不知也。兰英怒去，后申地更出兼金邀之，亦不肯来者，尚挟前憾也"（［日］波多野乾一《京剧二百年历史》，1926年版）。小兰英再到上海已是1927年，有二女相伴，演出于共舞台。5月11日《申报》发表秀卓文章，推介其母女演出，称道小兰英"做派纯是大方家数，安详而不觉其瘟，激烈而不觉其火"，"顾曲界誉为女中之潘月樵、麒麟童，信宜也"。其擅演剧目有《桑园寄子》、《南天门》、《打严嵩》、《一棒雪》、《四进士》、《扫松下书》、《盗宗卷》、《三娘教子》、《哭祖庙》、《受禅台》等。有长城公司的《扫松》、《跑城》、《桑园寄子》唱片行世。其唱老生无雌音，反串净脚有炸音，能演《草桥关》姚期、《牧虎关》高旺、《连环套》窦尔墩。

1927年小兰英母女在上海共舞台演出广告（1927年5月12日《申报》）

小兰英嫁梆子艺人姚长海，生有二女。长女姚玉兰（1904～　），工老生兼青衣，1922年在武汉与孟小冬结为义姐妹，后二人都做了杜月笙侧室（姚嫁杜后，改名谷香）。二女姚玉英（1907～1927）能演小生、武生和小花脸。小兰英携此二女，常年浪迹于南北各阜，远及新加坡、菲律宾，所到有声。少年袁世海曾在北京华乐园看过演出，说"生、旦、净、丑，都让她们娘儿仨包了"。小兰英治班很严，女儿偶有失误，从不宽贷，"在戏曲界树立了很好的榜样"（《袁世海的艺术道路》第9页）。1925年9月28日天津《大公报》载文评述小兰英母女演出的《五本狸猫换太子》，南派路子，实探阴山故事。小兰英饰包公，姚玉兰饰柳金蝉，姚玉英前饰油流鬼、后饰八贤王，三人多才多艺，各尽其妙。赵荣琛少年时看到此剧，对其演出留有深刻印象（《翰林之后寄梨园》第22页）。小兰英生活道路坎坷，前为丈夫荡行，后为女儿婚事，两次出家为尼。1951年7月，上海京剧界老艺人有抗美援朝捐献义演，小兰英以《朱砂痣》参与，同台有赵如泉、郭蝶仙《坐楼杀惜》，梅兰芳、周信芳、盖叫天、张少甫、姜妙香《龙凤呈祥》，盛极一时。谢幕时，小兰英灰衣黑帽犹作尼姑装。

《扫松下书》
小兰英饰张广才（右） 姚玉英饰李旺

（龚和德）

xiaoluo

小锣 打击乐器。是京剧打击乐的骨干乐器之一。铜制，扁圆形，直径约22厘米。奏时左手以食指挑锣边，其他指辅之；右手持木制锣板，以锣板下端侧面棱处击打锣心（习惯称“锣门”）发音，音色甜脆、浑圆，悦耳动听。小锣被称为锣鼓乐的“胆”，小锣点子最能体现每个锣鼓的节奏特征。它除与大锣、铙钹合奏外，也单以小锣伴奏轻松、平静的舞台情境。它还以“提锣”（又称“蒙头锣”，即在开大锣的锣鼓点子之前，常先有一声小锣，或在底鼓最后一拍的后半拍打，用它引出大锣的点子来，这个小锣打法，即称“提锣”）的方式负责鼓板指挥的“传令”任务。此外，还以锣边代奏风声、水声、敲门环声等。（王硕）

（刘海发摄）

Xiaorongchunban

小荣椿班 京剧戏班。清光绪八年（1882）杨隆寿联合姚增禄、沈景丞、范福泰、沈易成、唐玉喜（玺）、沈明、裕云鹏、王求安、万春茂等共同创建。同年招进的头科学生有唐椿平（唐春明）、张椿斌、方春仙、钱宝奎、朱天祥等。光绪十年（1884）后又招进二科学生，有程椿德（程继仙）、谭嘉祥、郭际湘、蔡荣贵、郭春山、杨椿甫（杨小楼）、沈月来、叶春善、朱春康、沈延臣、冯春和、谭春仲等，均以“椿”字排名。创立之初，班址设在北京前门外李铁拐斜街杨隆寿的住宅内。学生每天早晨到科班练功学习，晚上回家住宿，伙食统由家长负担。杨隆寿等人既是创办者，又是各行教师。杨隆寿、姚增禄教武生和武老生戏，沈景丞教小生戏，唐玉喜教丑脚、旦脚戏，沈易成教净脚戏，裕云鹏教丑脚戏，范福泰看功，王求安、万春茂负责毯子功和把子功训练，沈明负责一般事务。另聘名笛师方秉忠教昆曲，六场俱谙的柏如意传授文武场面。各行教师，戏路纯正，昆乱兼优，教学认真，内行子弟多入其门。创办一年后，开始接演堂会。光绪十一年（1885）曾与京师各大班参加恭王府堂会演出，声誉日渐隆起。光绪十三年（1887），杨隆寿以头二科学生为基础，另邀成年名角为台柱，组成小荣椿班，开始在戏园正式营业演出。小荣椿班继承科班时砌末新奇的演出特色，继续以此号召观众。杨隆寿曾重金聘请名砌末师张七，制成样式新颖的砌末千余件。如演《水帘洞》、《陈塘关》等戏时，山色青翠，水浪汹涌，布景绚丽。演二本《莲花塘》，满堂灯彩，光艳夺目。演《九莲灯》，当富奴进入阴阳界时，台上显出丰都城，半阴半阳，丰都城外搭有一座金桥，善者安然而过，恶者坠落桥下。富奴见到祖师后，跌坐在莲台前，这时，左右莲灯环绕，彩切之新，为一时之冠。对于传统戏，小荣椿班也在砌末上大胆创新，独树一帜。如演《赵家楼》、《四杰村》、《艳阳楼》、《翠凤楼》等戏时，必在台上高搭楼阁，演出时，武行从底层盘旋而上，好像飞檐走壁。表演之人又时而闪转腾跃，更增惊险、刺激。因为有大砌末装置，小荣椿班的传统武戏，极富杂技色彩。这种表演风格，对当时上海、天津等地的戏班，产生过不小的影响。“天津下天仙戏园，闻其新颖，遣周喜奎、刘吉庆二人来，假藉新观众耳目，隆寿慨诺，悉数运去。”（《燕都名伶传》）小荣椿成班不久，杨隆寿先后邀请老生迟韵卿、李顺亭，小生王楞仙，净脚刘永春等搭班演唱。头二科学生也在班边学边登台演出。经常演出的剧目有：《锁青龙》、《盘丝洞》、《白良关》、《断密涧》、《双包案》、《河间府》、《捉放曹》、《雄黄阵》、《大保国》、《五人义》、《下河南》、《芦花荡》、《打龙袍》、《铁莲花》、《四郎探母》、《琵琶洞》、《二进宫》、《夺锦标》、《取帅印》、《金山寺》、《法门寺》等近300出。《阴阳河》、《画眉》、《讲三字经》、《狄青比武》、《困曹》、《别姬》等，均为小荣椿独演剧目。由头二科学生演出的《莲花塘》、《陈塘关》、《火云洞》、《水帘洞》和十本连台《三侠五义》是小荣椿的代表剧目。后来，小荣椿砌末新奇的优势逐渐丧失，观众减少。光绪十六年（1890），杨隆寿从上海邀回老生龙长胜、花旦李紫珊（万盏灯）充任台柱，可上座依然冷清。由于开支浩繁，入不敷出，加之头科学生帮师届满，光绪十八年（1892）小荣椿班解散。（王晓燕）

Xiaoshangfen

《小上坟》 京剧作品。剧名为《小寡妇上坟》之简称。又名《禄敬荣归》、《丑荣归》。故事源自宋元南戏《刘文龙菱花镜》。刘禄敬（有写作禄金、禄景者）进京应试，多年后才得功名。其妻萧素贞疑夫身故，清明节，素衣孝服上坟哭祭，适遇刘禄敬还乡祭祖。夫妻相见不相识。相互问答，历数家事，疑团始释。夫妻久别重逢，如在梦中。小旦、小丑主演。通场唱［柳枝腔］，载歌载舞。刘禄敬着红官衣，与浑身缟素的萧素贞红白相映，恰如彩蝶翻飞，故又名《飞飞飞》。全剧仅一场，却曲折有致，悲喜相间。夫妻情，离别恨，萦绕其间。吴太初《燕兰小谱》即有“花部”演员高明官“擅演《小寡妇上坟》，甚是娇媚”的记载。据《清代伶官传》，咸丰十年（1860）和十一年，有陆双玉、沈花儿曾在内廷演出。剧中萧素贞的唱词：“正走之间泪满腮，想起了古人蔡伯喈。他上京中去赶考，一去赶考不回来。一双爹娘都饿死，五娘子抱土筑坟台。坟台筑起了三尺土，从空中降下一面琵琶来。身背着琵琶描容相，一心心上京找夫回。找到京中不相认，哭坏了贤德女裙钗。贤惠的五娘遭马踹，到后来五雷轰顶是那蔡伯喈”，保留了南戏《赵贞女蔡二郎》的情节，与《琵琶记》有所不同。反映出《小上坟》故事情节渊源有自。剧本载《戏考》及《京剧汇编》。（周传家）

田桂凤饰萧素贞（右） 刘赶三饰刘禄敬

xiaosheng

小生 见生。

Xiaosheng Jiuwen Lu

《小生旧闻录》 京剧文集。何时希著。北京市戏曲研究所编印，1981年4月出版。《京剧史料丛编》之一。书中收录的文稿，大多作于20世纪40年代后期，曾在当时上海的某些日报、周刊和戏剧期刊上发表。还有一部分写于50年代或60年代。末篇“雪斋彩串戏单自跋”，则记于1978年4月。该书为记述京剧小生一行的专书。作者既系著名中医，又是小生名票，且与梨园名宿多有交往，并向南北小生名伶问艺。尝同姜妙香、俞振飞、叶盛兰切磋艺事，情谊尤笃。该书就其40余年间亲身闻见的资料，记述了京剧前辈小生的表演艺术，小生师承系统及流派，小生剧本的考证、商榷和修订等，以及一些有关小生一行的遗闻轶事。全书共分6卷49节。重点是对小生剧目的考论评析，其中有《辕门射戟》3篇、《奇双会》7篇、《监酒令》8篇、《白门楼》5篇、《罗成叫关》8篇、《孝感天》

4篇、《飞虎山》3篇、《玉堂春》3篇、《玉门关》7篇以及《得意缘》、《小显》、《八大锤》、《临江会》、《群英会》、《变羊计》、《连升店》、《银空山》等。特别是对小生冷戏，如《闺房乐》、《玉玲珑》、《说灵》、《夜会、悲楼》的记述，弥足珍贵。另有10余节，是对小生史料的钩稽，如“从旧戏单中看清末民初北京的小生概况”、“清宫‘昇平署’时期的小生记名”、“京剧前辈唱工小生简介”、“民国初年北京小生之盛况”、“南方小生记名”、“朱素云在上海时期和一些琐闻”、“小生主角、配角和杂角”、“‘富连成’科班之小生”等。另外，谈龙（德云）调对“娃娃调”的创造，姜妙香与王少卿对《四郎探母》杨宗保“娃娃调”的唱腔设计，《群英会》周瑜舞剑的来龙去脉，姜妙香与俞振飞同台演出《奇双会》，分饰李保童、赵宠的原委，叶盛兰在《监酒令》中舞单剑的亮相设计，《孝感天》中小生（共叔段）仅见的［反二簧］等，均为研究者提供了难得的艺术资料。（朱文相）

Xiao Yang Yuelou

小杨月楼　(1900～1947)　演员。二旦。原名杨慧侬。祖籍天津（一说北京），生于浙江绍兴。为杭嘉湖一带著名京剧小生杨天宝长子。从小随父习艺，工老生，7岁登台演唱，人称“七岁红”。

清宣统元年（1909）初次到沪，隶丹桂第一台。老板嫌其名不惊人，遂借杨月楼盛名，改为小杨月楼，为须生中后起之秀。常演剧目有《斩黄袍》、《李陵碑》、《辕门斩子》、《徐策跑城》、《文昭关》、《取成都》等。每演《辕门斩子》，他演杨延昭，而必由其父配演杨宗保，一时传为趣谈。百代公司曾灌制他的《李陵碑》、《文昭关》唱片。后倒仓大嗓失音，因有小嗓，遂拜张国泰为师改习旦脚。初时常给赵君玉配戏，如在二本《虹霓关》中饰演东方氏等。不过数年，青衣、花旦、刀马旦色色俱工，尤以《花木兰》、《芸娘》等剧著称。他嗜读书习字，又刻苦研究剧情，探讨武技，除精通传统戏外，还编演了不少新剧目，如《李十娘》、《八宝公主》、

《狄青招亲》饰八宝公主

《封神榜》饰妲己（右）　董志扬饰纣王（柴俊为提供）

《麻风女》、《观音得道》、《芸娘》、《对金瓶》、《忠烈鸳鸯》、《昭君》、《花木兰》、《石头人招亲》等。他还开创了旦脚注重武功的新路，如在《大英杰烈》中使用三个鼻子的大刀，连打带唱。他所有个人本戏，除《李十娘》、《麻风女》外，全部带打，有时还用真刀真枪。曾与周信芳长期合作，在连台本戏《封神榜》中饰妲己，有“活妲己”之称。他又向牛松山学习小生戏，所演《白门楼》、《八大锤》、《岳家庄》、《群英会》、《黄鹤楼》等亦具特色。1926年4月，许少卿以他为旗帜组成衡兴班，率男女演员140余人东渡日本，先后在东京、大阪、神户等地演出，历时数月。小杨月楼17岁娶妻毛韵玑，为毛韵珂之妹。长女菊蘋，习青衣。子玉华，演小生。传人有吕慧君、陆剑琴、金慧麟、戴绮霞、马宗慧等。（张泽纲）

Xiao Jiuxiao

筱九霄　(1896～1948)　演员。工武旦、武生。本名尹凤鸣。直隶武强（今属河北）人。幼时父母双亡，流浪乞讨为生。1907年被梆子名旦刘平云（银菊花）收留，学演武旦、刀马旦。1918

年出师，改演京剧，曾与王鸿寿、周信芳、金少山、高庆奎、刘奎官、侯喜瑞、李洪春、李兰亭、赵松樵、张世麟等合作，在北京、天津、上海及东北各地，还有海参崴（今俄罗斯符拉迪沃斯托克）、伯力（今俄罗斯哈巴罗夫斯克）等地演出。擅演剧目有《杨排风》、《取金陵》、《大卖艺》、《泗州城》、《阴阳河》、《红桃山》、《摇钱树》、《武松打店》、《三盗芭蕉扇》等。1926年在上海和郑法祥等参加小杨月楼领衔的衡兴班赴日本东京、大阪，演出《摇钱树》等武旦戏。1927年又与赵松樵、雪艳琴等赴朝鲜、日本演出。受郑法祥影响，回国后钻研悟空戏表演艺术，1932年在北平演出连台本戏《西游记》头本《石猴出世》。1938年后专演悟空戏。除《水帘洞》、《闹天宫》等戏外，《西游记》演至36本，有“关东猴王”之誉。1946年定居大连，直至逝世。

筱九霄梆子武旦出身，武功极扎实，鼎功、跷功尤冠绝一时。改演悟空戏后，亦发挥鼎功、跷功之长，演悟空的步法，即化入跷功，是他独特制造。在《西游记》中，多处运用鼎功，演出效果甚好。李少春曾自述他的悟空戏表演就借鉴了尹氏的技艺。尹氏总结悟空戏表演6条法则是：①弯腰、矮行、轻走；②两腕曲行；③面部上仰、双目不时上翻；④凡取物必先嗅后看；⑤凡回头需单（腿）腕后移；⑥跪拜时先蹲后跪，双足上翻。这6点被东北许多演员借鉴吸收用于悟空戏表演中。筱九霄以旦脚演悟空戏，京剧史上一人而已，他酷似真猴的表演艺术与京派、海派鼎足而立，为关东派悟空戏代表人物。子尹俊敏（小筱九霄）、尹俊鹏、尹俊勇，女尹俊英、尹俊华皆为京剧演员，俊敏、俊华能传其艺。

（尹俊华　马明捷）

Xiaogantian

《孝感天》　京剧作品。作者不详。本事出自《东周列国志》第4回，史实源于《左传》。剧情为：郑武公夫人姜氏偏爱少子共叔段。长子寤生即位，是为庄公；共叔段谋反，其妻卫云环谏止不听，自刎而亡，共叔段战败被杀。共叔段夫妻鬼魂向母亲托梦。小生、老旦、青衣并重，为唱工戏。唱［反二簧］，小生唱反调的传统戏，流传者仅此一出，徐小香擅演，能以正工调唱［反二簧］。后推德珺如、朱素云、姜妙香、俞振飞等。依清代徽、汉规矩，重要的

《掘地见母》
高庆奎饰姜氏（中） 金仲仁饰共叔段（左二） 张鸣才饰郑庄公（右二）
黄桂秋饰卫氏（左一） 芙蓉草饰郑庄公夫人

小生角色由正旦（青衣）兼饰，故胡喜禄、时小福、余紫云以及梅兰芳、尚小云等都曾串演。此外，孙菊仙曾以老生反串，气魄雄壮，腔调古朴，别具风味。有陈德霖、姜妙香所灌唱片传世，均饰共叔段。该剧小生、青衣所唱反调原来各为4句，经票友孙春山将小生唱词增为8句，是为余紫云演出而作。一次徐小香在堂会上唱此8句，效果很好；同台名旦张紫仙请孙氏也编了8句。“据说真是巧腔迭出，每句不同样的，是孙春山得意之作。”（何时希《小生旧闻录》）又据《梨园旧话》，徐小香演出《孝感天》后，曾向孙春山虚心请教。孙指出：共叔段的“共”字读音有误，应读平声。“徐几欲下拜。虚心若此，其艺安得不精？”描写“郑伯克段于鄢”首尾情节的京剧，还有唐韵笙编演的《郑伯克段》。共叔段败亡后，郑庄公将母亲姜氏置于颍地，声言：“不及黄泉，勿相见也。”后经孝子颍考叔感悟，掘地见母，以符黄泉之誓。1928年，高庆奎首演的《掘地见母》亦演此段故事，反串老旦姜氏，金仲仁饰共叔段，其余演员有黄桂秋、芙蓉草等。尚小云请清逸居士将《掘地见母》与《孝感天》两剧加工整理，合为一剧，更名《共叔段》，1929年首演，饰卫氏，朱素云、杨宝忠、尚富霞等配演。《孝感天》剧本有《京都义顺和班京调剧本》及《戏考大全》等刊本。《京剧汇编》第34集载李万春藏本。 （王若皓）

xiaoyi

孝衣 剧中丧礼之衣。古时，丧服分五等，合称五服，视与死者关系之亲疏而择定。五服之中，以斩衰为重，其服以生麻布制作，制时将麻布斩断，保持毛边，制成后露出斩断痕迹，故名。京剧孝衣即以此为依据，白布为料，大襟，斜大领，衣长及足，形似男式褶子，唯四周皆毛边。装扮时，依例在腰间系束麻绳，如《九江口》中元帅张定边。除此种孝衣外，京剧舞台上的丧礼之服，多以白色戏衣替代，例如《连营寨》刘备哭灵穿白蟒，《柴桑口》孔明吊孝穿白色八卦衣，《武松杀嫂》潘金莲穿白素褶子、白裙，《小上坟》萧素贞穿白色袄裙等，都具有孝服性质。另外还有戴孝巾示意的，如《柴桑口》中的鲁肃，仅在纱帽上系白绸条，表示服孝。 （谭元杰）

《武松杀嫂》潘金莲
（龚苏萍饰，金思孝摄）

Xieqingshe

协庆社 京剧班社。1925年2月由尚小云在北京创办。尚小云曾在1919年随杨小楼去上海，此后多次赴南方演出，深受上海等地新戏的影响。协庆社创办后，尚小云曾邀请擅长剧本创作的洵硫龛（载洵）、清逸居士溥绪、庄蕴宽、李寿民等人协助编写和改编剧目。对一些内容欠佳或将失传而又不失为有上演价值的剧目，修改后重新排演，有《玉堂春》、《詹淑娟》、《樊江关》、《湘江会》、《梁红玉》、《掘地见母》、《兰陵女儿》等传统戏；新编剧目有《林四娘》、《摩登伽女》、《婕妤当熊》、《卓文君》、《珍珠扇》、《峨嵋剑》、《相思寨》、《花蕊夫人》、《前度刘郎》、《汉明妃》、《青城十九侠》、《北国佳人》等。其中《摩登伽女》是尚小云这一时期编演的有代表性的剧目之一，该剧在戏剧题材的选取，舞蹈、音乐、服饰以及表演形式等方面都进行了大胆的创新尝试。另外，《汉明妃·出塞》中的马趟子，《林四娘》中的剑舞，《婕妤当熊》中的扇舞以及演出中高亢婉转的唱腔，于妩媚中见刚劲的旦脚表演特点，构成了尚小云的独特风格。协庆社先后邀请的老生有言菊朋、马连良、王又宸、谭富英、王凤卿、张春彦等。其他合作者还有侯喜瑞（花脸）、朱素云（小生）、诸如香（花旦）、筱翠花（花旦）、裘桂仙（花脸）、蒋少奎（净）、高富远（丑）、范宝亭（武花脸）、尚富霞（小生）、马富禄（丑）、慈瑞泉（丑）、茹富兰（小生、武生）、贾多才（丑）等。鼓师程子馀，琴师赵砚奎、陆宝麟。尚小云的岳父李寿山是组办协庆社的骨干。约于1937年协庆社改名重庆社。 （何玉人）

《摩登伽女》
尚小云饰钵吉蒂

《青城十九侠》
尚小云饰吕灵姑

Xiesheng Chayuan

协盛茶园 清代戏园。址在天津市侯家后北口路西。现已不存。始建年月不详。1877年《申报》有署名文章介绍清光绪初年天津四大名园，其中包括协盛园。茶园外围，三面有院墙，门楣悬“协盛茶园”横匾。园内分楼上、楼下两层，两侧圆柱上有漆金对联：“协和雅化，自古为昭，看弦歌三终，不改当年旧谱；盛世元音，如今未醉，聆承平一片，非同往日新声”。光绪年间京津两地曲艺名角如景四宝、达子红、陈长庚等，均在此园献过艺。光绪三十年（1904），京剧演员程永龙租赁此园，改名“龙海茶园”。同年，余叔岩在此连演一年有余。辛亥革命后开始售女座。票价低廉，报载“楼上散座仅十一个铜板，不另加钱”。1913年，女伶刘喜奎由杨韵谱陪同，在此园演出时装新戏《黑籍冤魂》，风靡一时。民国

初年，白玉崑、王春海、袁四宝等演员常在此露演。1918年前后改作他用，湮没无存。 （甄光俊）

Xie Baoyun

谢宝云 （1860～1917） 演员。工老旦。原名世荣，字月珊，号芷珊，乳名昭儿。祖籍北京。幼入钱阿四瑞春堂学艺。钱阿四弟子十余人，均以“宝”字排名，佼佼者有谢宝云、田宝琳、姚宝香、刘宝玉四人，时人称为“瑞春堂四宝”。谢宝云初习昆旦兼老生，11岁登台，曾隶四喜、春台两班。常演《女词》李小姐、《打金枝》郭子仪、《三娘教子》薛保、《二进宫》杨波、《桑园会》秋胡等。变嗓恢复后便专工老旦，颇享盛誉。后搭小鸿奎、同庆等班，擅演《望儿楼》、《钓金龟》、《三进士》、《断太后》、《探寒窑》、《四郎探母》、《甘露寺》、《八大锤》、《牧羊卷》、《状元谱》、《盗宗卷》、《坐楼杀惜》、《樊江关》等，均为拿手杰作。演出时必有一句翻高入云之腔，但都从剧情人物出发，从而博得“满堂彩”，令观众感到满足，故有“谢一句”之绰号。谢宝云在同庆班备受谭鑫培倚重。谢宝云又与陈德霖、王瑶卿、梅兰芳合作演出。清光绪三十三年（1907）入昇平署承差。灌有唱片传世，洵为珍贵资料。 （刘松崑）

Xie Lu

谢鲁 （1938～ ） 作曲家、剧作家。湖北武汉人。自幼酷爱音乐、戏剧。1949年参加沙市文艺工作队。1952年文工队整编后奉派入沙市三中就读。1957年考入华中师范学院历史系，1961年毕业分配至湖北省戏曲学校任教，逐渐涉足戏曲文学、音乐创作。1970年任湖北省京剧团编剧兼作曲。20世纪70年代以来，参与创作的有京剧《一包蜜》（合作编剧、作曲）、《徐九经升官记》（编剧指导、作曲）、《药王庙传奇》（合作编剧、作曲）、《膏药章》（合作编剧、作曲）等，另有单独创作的京剧小品《去留两难》、楚剧现代戏《东方税官》、话剧《抉择》等。20世纪80年代以来，他在不断学习和总结的基础上，对京剧艺术在当代的改革、发展问题进行理论探索，先后在报刊上发表文章有《庚戌二百年启示》、《说“味”》、《戏曲艺术与当代审美意识之间距》、《对京剧丑行“唱”的思考与探索》、《京剧的现代戏缘》、《唱声、唱字、唱情、唱味》、《浅析京剧韵白的“声”、“韵”、“调”》、《戏剧人物考》等约50余万字。专著《戏曲编剧谈》，长江文艺出版社1998年出版。书中重点有6讲：“讲清错综复杂之事，塑造真实可信之人，抒发人所共感之情，蕴含浅显朴素之理，铺排赏心悦目之技，锤炼警世惊人之语。”在京剧音乐创作方面主张“一要姓京，二要好听，三要传情，四要创新”。通过编创多部以丑行为主角的新剧目并作曲，开建构“京剧丑行唱腔体系”之先河。首次将京剧“三拍子”腔格、曲格命名为［圆舞板］。谢鲁1997年被评为湖北省文化系统先进工作者，2002年被聘为武汉市文史研究馆馆员。 （彭友和）

Xie Ruiqing

谢锐青 （1932～ ） 京剧教师。曾为旦行演员。原名解维蓉，又名小芙蓉。祖籍四川成都。母亲王艳芳是京剧演员。1942年入广西柳州四维平剧社儿童训练班学戏，习青衣兼刀马旦。1944年参加在桂林举办的“西南剧展”，以扮演田汉剧作《江汉渔歌》中的阮春花而崭露头角。1946年随四维儿童戏剧学校赴东北演出，自此调入新成立的第三分校。在校主演了新编剧目《江汉渔歌》、《葛嫩娘》、《董小宛》、《武松与潘金莲》、《桃花扇》、《金钵记》、《梁红玉》、《陆文龙反正》等。传统剧目则常演青衣戏《红鬃烈马》、《四郎探母》、《大保国、二进宫》、《五花洞》、《二堂舍子》、《三娘教子》和全部《春秋配》，刀马旦戏《穆柯寨、穆天王》、《扈家庄》、《荀灌娘》、《大英杰烈》、《樊江关》、《虹霓关》和由徐碧云亲授的《木兰从军》。青衣戏主要师从周砚芳，同时从郭文龙练武功。十五六岁时已成为三分校中的当家旦脚。中华人民共和国成立后，四维三分校转为戏曲实验学校，谢锐青成为这所学校的首批学生。由李紫贵导演，主演了《红娘子》、《皇帝与妓女》、《白蛇传》（先饰白素贞，后饰小青）等新剧，还得到了华慧麟、方连元、叶盛兰的指授。更经田汉推荐拜王瑶卿为师，得王氏亲传《珍珠烈火旗》、《十三妹》、《打渔杀家》、《汾河湾》、《棋盘山》各戏，尤以《长坂坡》糜夫人之“跑箭”最为精到。毕业后任本校实验剧团主演。1962年又由史若虚介绍，由尚小云收为弟子，授以《昭君出塞》等剧。在剧团还排演了《破洪州》、《杨排风》等剧。她文武功底全面坚实，唱念功力深厚，舞打技艺娴熟，表演风格纯正健美，是王瑶卿晚年得意传人。曾两次赴朝鲜慰问演出，1951年参加德国柏林第三届世界青年与学生和平友谊联欢节，演出了《水漫金山》等剧目，获得荣誉。1962年又在芬兰赫尔辛基举行的第八届联欢节上，以《霸王别姬》剑舞的表演获金质奖章。1959年曾被评为全国先进工作者，出席全国群英会。1971年后一直从事教学工作。学生有刁丽、张艳玲、侯丹梅、乔丽、王萍、邓敏、刘桂娟，入室弟子有王怡。刘长瑜、李维康也曾受过她的教益。刘长瑜的《卖水》就是由她所授。

《珍珠烈火旗》饰双阳公主

谢锐青与袁国林合著《为京剧艺术鞠躬尽萃——袁国林、谢锐青戏剧生活》，山西人民出版社2002年2月出版，近30万字。蒋健兰、刘乃崇编。内有谢锐青戏剧生活回忆录及夫妇二人多篇表演经验总结。 （钮骠）

Xie Xingsheng

谢杏生 （1916～ ） 戏装工艺师。江苏吴县（今苏州吴中区、相城区）人。1929年到上海戏衣作坊从王锦荣学艺。王锦荣为苏州人，清光绪二十九年（1903）在上海南市“孙记绘画庄”学习描花，师从

孙炳生。至光绪三十二年(1906),王锦荣自开“王记绘画庄”,先后带徒弟20多人,为戏装行业培养了一批描花师,谢杏生为其得意高足。1940年起,王锦荣与谢杏生师徒合股经营,亲如父子。王锦荣殁于1949年。1952年,谢杏生在华东戏曲研究院实验京剧团舞台美术设计师幸熙帮助下,联合戏服、盔帽、描花作坊29人,组成群力戏剧用品生产合作工场,1956年并入上海第十绣品生产合作社。谢杏生从湘绣的书画条屏上受到启发,并研究《芥子园画谱》,立意吸收国画中的翎毛花卉,以改进和丰富戏装纹样。如旧式小生褶子,花纹繁密,他则改用角花、折枝花,留出空白,疏密相间,更显潇洒。他善于结合演员、票友的创新意图,创制各种新样。曾为梅兰芳、程砚秋、周信芳、马连良、俞振飞、张君秋等设计过大量戏衣及门帘台帐。他往往多次与演员交换意见,不厌其烦地改稿,务使对方满意才定稿投产。他亲自用花线配色,并到刺绣女工家进行辅导,以保证设计意图的完美体现。他的作品,具有纹样生动,配色雅致,式样大方新颖,注重烘托人物等特点,对大江南北戏曲服装的发展有较大影响。1979年,出席全国工艺美术创作人员代表大会,被评为工艺美术家,轻工业部授予特级勋章。1981年5月,在轻工业部组织的戏装评比中,他设计的黑蟒、女帔被评为中国工艺美术百花奖第一名。晚年由上海戏剧服装用品厂退休。 (刘月美)

谢杏生设计的黑缎大龙蟒服

Xie Yaohuan

《谢瑶环》 京剧作品。田汉编剧,作于1961年。唐武则天时期,权贵兼并土地,鱼肉百姓,江南农民被迫聚义太湖。大臣武三思、来俊臣主张征剿,尚仪院女官谢瑶环力主安抚。武则天命谢瑶环改名谢仲举,女扮男装,巡按江南。武三思之子武宏、来俊臣异父弟蔡少炳在苏州霸占田土,横行乡里。谢瑶环亲睹武、蔡强抢民女,遇义士袁行健将民女救下。谢瑶环秉公断案,处死蔡少炳,杖责武宏,并与袁行健相爱成婚。武三思、来俊臣挟仇诬告谢瑶环谋反,并擅改武则天口谕,将谢瑶环以酷刑处死。武则天赶至,见谢瑶环已死,怒杀来俊臣、武宏,追封谢瑶环。袁行健碑亭梦醒,依旧浪迹江湖。此剧系作者据陕西省戏曲研究院演出的碗碗腔《女巡按》改编。碗碗腔原有《万福莲》剧目(清李芳桂作),写谢瑶环联络忠于李唐皇朝的势力,逼武则天退位,灭周兴唐故事。《女巡按》据此改编,删除了武则天这个人物,主要描写谢瑶环与唐中宗及韦后的斗争,受权奸迫害,与义士阮华共同抗拒官兵的追捕,逃入太湖,投向太湖农民军。《谢瑶环》则让武则天作为正面人物出场,对她的治国爱民和抑制豪强、惩治腐败官吏给予了肯定;突出了谢瑶环不畏强暴、为民请命的思想品质和反抗精神。此剧为田汉的代表作之一。1961年,中国京剧院于北京首演,杜近芳饰谢瑶环,叶盛兰饰袁行健。剧本发表于《剧本》月刊1961年7、8月号合刊,后收入《田汉戏曲集》、《田汉文集》第10卷。 (马海玲)

杜近芳饰谢瑶环 (王翼南摄)

李维康饰谢瑶环(右一) 叶少兰饰袁行健(中)(王翼南摄)

Xin'anyi

《辛安驿》 京剧作品。事为明代兵部尚书赵恒之子赵景龙入都探父,经庐山,与寨主杨胜结义,修书致父,欲招杨归顺。九门提督石亨参奏赵恒通寇。赵恒被捕,其女美容逃出,丫环罗雁精通武艺,男装随侍,同往庐山寻兄。主婢投宿于辛安驿周凤英母女所开黑店,罗雁被药酒致昏。周凤英夜扮红须强盗入内,见罗雁俊秀,心生爱慕,复使苏醒,与之比武,强逼成亲。洞房中,罗雁露出女子面目,凤英方知误会。一般演出为投宿辛安驿时一段故事,由出逃、宿店至洞房识破止。后部《战庐山》,叙赵美容与周凤英同赴庐山。山寨上兄妹相会,凤英配与景龙,美容亦许杨胜,同往京都救父。该剧原系为梆子演员十三旦侯俊山编演,后被移植为京剧。据蒋瑞藻《小说考证》引《侯征录》云:“《辛安驿》一戏,起于道、咸间,不知所托始。或曰是剧羌无故实,实则为十三旦而设也。初,十三旦到京,主者患无以扬之,有词林某,为制此剧。故始则红须,装束严急,令人但闻其声。已而去须,已而艳装,已而又改为便服,装束雅淡。顷刻之间,变换数四,无不绝妙。于是一二日间,名已大噪云。”《清稗类钞》载:“《辛安驿》戏,一名《女强盗》,盖侯俊山登台逞奇自行编演者也。剧中情节,脱胎于小说《文武香球》,然事实人名,均与小说不尽

荀慧生饰周凤英

刘长瑜饰周凤英 (吴钢摄)

符合。盖拉杂编凑，亦一时遣兴之作。”荀慧生有从河北梆子的移植本，于1926年3月3日在上海大新舞台首演，后又重新整理，将赵美容与罗雁改为姐妹关系。赵燕侠主演的彩色影片，由北京电影制片厂拍摄。该剧为花旦之吃工戏。周凤英假扮红须强盗，要模仿花脸的唱念、工架，旋即复露少女纯真洒脱的情态。洞房一场，表现其新婚之夜，由娇羞、怜爱到惊疑、气恼，祁情变化细腻。全本载《京剧汇编》第69集、《荀慧生演出剧本选集》。另有《戏典》、《戏考》刊本。（朱文相）

Xin Baoda

辛宝达（1947～ ） 演员。工老生。河北沧县人。1959年入河北省戏曲学校，从张荣兴学老生，又得到贯盛习的指授。1966年毕业，入北京军区京剧组（后扩建为战友京剧团），演出剧目有《沙家浜》、《红灯记》、《小刀会》、《美人计》等。1985年拜李和曾为师，专攻高（庆奎）派艺术，学得了《逍遥津》、《斩黄袍》、《辕门斩子》、《哭秦庭》、《胭粉计》、《赠绨袍》、《除三害》、《浔阳楼》、《李陵碑》等高派戏。曾与李和曾师生同台合演过高派戏专场，颇获佳评。还曾主演过现代戏《格斗》、新编古代戏《闯王进京》等。1984年在首都京剧振兴杯电视大赛中获首都十佳演员称号，1990年获第七届中国戏剧梅花奖。他嗓音高亢激越，虽显略窄，却有力度，甚似乃师风貌。做表认真严谨，被公认为高派传承人中之优秀者。常演剧目除高派戏外，还有《四郎探母》、《失街亭、空城计、斩马谡》、《大保国、探皇陵、二进宫》等。多次为乃师的演唱录音配像。（捷之）

xinbian lishi gushiju

新编历史故事剧 以古代和近代的历史人物和演义故事为题材创作的京剧作品。或称“新编历史剧”。历代戏曲作家借历史题材抒发情怀，寄托理想，讽世劝人，创作出大量历史故事剧，不少成为传世之作。京剧形成后，以历史故事为题材的新编剧目也随之出现。如京剧改良时期的《博浪椎》、《哭祖庙》、《崖山哀》、《黄天荡》，20世纪二三十年代的《鸿门宴》、《甘宁百骑劫魏营》、《霸王别姬》、《文姬归汉》、《鱼藻宫》、《钗头凤》等。其中有些已成为京剧表演艺术诸流派创始人的代表剧目，传唱至今。由于受时代局限，有些作品的着眼点往往更多地偏重于敷衍情节和发挥演员艺术特长，相对来说不太注重塑造人物。思想内容和表现形式，接近于过去的传统戏。

《三打祝家庄》
李宗义饰宋江（右） 叶盛长饰钟离进
（中国京剧院演出）

1937年抗日战争爆发前后，出现一批以历史上御侮抗暴为题材，借古喻今，崇扬民族精神，鼓舞抗敌斗志的新编京剧作品。如梅兰芳演出的《生死恨》、《抗金兵》，田汉的《江汉渔歌》、《岳飞》、《新儿女英雄传》，欧阳予倩的《梁红玉》、《木兰从军》，郭建英的《巾帼英雄》，周信芳演出的《徽钦二帝》等。1940年毛泽东发表《新民主主义论》，提出建立人民大众反帝反封建的民族新文化；1942年，发表《在延安文艺座谈会上的讲话》；同年，为延安平剧研究院题词，提出“推陈出新”的京剧改革方针。由此，以新的思想观点处理历史题材，创作“为战争、生产、教育服务的新的历史剧本”，成为中国共产党领导的京剧改革的一项重要内容。杨绍萱、齐燕铭的《逼上梁山》和任桂林、魏晨旭、李纶的《三打祝家庄》先后在延安上演。毛泽东高度评价前者“将是旧剧革命的划时期的开端”，后者“创造成功，巩固了平剧改革的道路”。在其他抗日根据地、国统区和抗日战争胜利后的各解放区，又相继出现一批以农民起义和反封建压迫为题材的作品。如马少波的《闯王进京》，周玑璋的《小仓山》，石天的《红娘子》，曹慕髡的《太平天国》，田汉的《琵琶行》，陈其通、崔镇的《黄巢》，宋之的、张东川的《九件衣》，宋之的的《皇帝与妓女》等。这些作品以新的思想观点反映历史，给京剧历史故事剧带来新的面貌，并为后来的新编历史故事剧的创作提供了经验。由于战争年代的具体情况，历史故事剧的创作多是直接配合现实斗争，有些作品为了宣传革命的目的，图解政治概念，将历史上的人物事件与现代中国人民的斗争作不适当的类比，把现代人的思想强加给古代人物。

《画龙点睛》
张学津饰李世民（右） 王文祉饰马周（左）
（北京京剧院演出）

中华人民共和国成立后，新编历史故事剧从理论批评到创作实践，都受到人们的重视。在“百花齐放，推陈出新”的戏曲改革方针和“现代剧、传统剧、新编历史剧三者并举”的剧目政策指引下，取得了显著成绩。鉴于战争年代历史剧创作的经验教训，提出历史剧应忠实地反映历史真实，强调艺术的最高原则是真实，批评了不顾历史的客观真实而任意地杜撰和捏造历史，把古代人物“现代化”、“理想化”的反历史主义的创作倾向。20世纪50年代末、60年代初，形成了新编历史故事剧的一次创作高潮。同时，理论批评也空前活跃，对历史剧创作的探讨以至波及史学界。1962年出版了《戏剧报》编辑部编选的《历史剧论集》。在新编历史故事剧中，长于表现历史故事的京剧成绩更为显著。20世纪50年代初期，接续战争年代的历史剧创作，着重表现反封建和人民创造历史的主题；另一方面，开始摆脱反历史主义创作倾向的影响，力图用历史唯物主义观点处理题材。因为强调文艺为政治服务，也有些作品偏重追求宣传效果，缺少艺术感染力。

“文化大革命”结束以后，新编历史故事剧得到新的发展，戏曲工作者解除了思想束缚，获得更多的创作自由。新编历史故事剧形成了新的创作高潮。影响较大的作品有《司马迁》、《红灯照》、

《曹操与杨修》
尚长荣饰曹操（右） 言兴朋饰杨修（左）
（上海京剧院演出）

《李清照》、《徐九经升官记》、《格萨尔王》、《正气歌》、《唐太宗》、《康熙出政》、《画龙点睛》、《曹操与杨修》、《膏药章》、《西施归越》、《贞观盛事》、《廉吏于成龙》、《成败萧何》、《北风紧》等。新时期的新编历史故事剧，选材范围更为宽泛，冲破了过去的某些禁区，其中包括重新审视一些历史人物的功过及其在历史上的作用，呈现出作品题材、风格的多样化。随着思想解放、历史科学水平的提高和艺术经验的积累，作品更能尊重历史，客观地评价历史人物和事件，真实地表现历史生活，并增加了表现的深度，进一步取得历史真实与艺术真实的和谐统一。表现形式在继承传统手法的基础上进行了新的探索，打破平面单线结构，向多层次结构发展。人物塑造成为剧本创作的中心，改变了突出单方面性格特征的描写方法，追求人物形象的立体感，着力刻画复杂性格，揭示丰富的内心情感世界。对新编历史故事剧的探索，中青年剧作家更强调创作的主体意识，作品追求历史的文化内涵和人生哲理，使历史故事剧趋向高雅化。（程炳达）

Xin Chahua

《新茶花》 京剧作品。全名《二十世纪新茶花》。清光绪三十四年(1908)，王钟声以法国小说《茶花女》为蓝本，编写了文明戏《新茶花》。次年，上海新舞台冯子和等据文明戏改编为京剧。称为新编西装新彩新剧。剧情为少女辛瑶琴，被掠卖入妓院，姐弟失散。她喜穿西服，易名新茶花。留洋学生陈少美与其恋爱、结婚，并在她鼓励下投笔从戎。陈父暗访新茶花，逼其绝少美。新茶花乃假意伴俄国元帅出游，少美大怒，当众辱之，绝交而去。中俄交战，新茶花智盗俄帅地图，送交少美处，使之得以大败俄军。少美至新茶花处请罪，夫妻释嫌，新茶花姐弟亦得重逢。宣统元年四月二十五日(1909年6月12日)在新舞台首演，分为前后两本，冯子和饰新茶花，其他演员有潘月樵、夏月润、夏月珊等。该剧使用了新颖的灯光布景，上演后受到观众热烈欢迎。以后又逐本敷排，至民国初年，演至20本之多，是新舞台时装新戏的代表性剧目之一。刘艺舟、毛韵珂等参加演出。郑正秋《丽丽所剧评》(1912年9月17日)中批评："《新茶花》一剧，本无庸赓续排演，乃新舞台已排至十七八本。每两本出，座必为满。戏情曲曲折折，尚有可观，类皆隐砭时局，其心思不可谓不巧。前晚往观十五六本，细按全局，殊嫌拉杂。然其用意，恰未可厚非。如电气党大破专制国，火烧压力城，事虽出于意造，旨实欲为一般假共和党人，痛下一当头棒，并冀有以寒彼藉武力剥夺民权者之胆耳。"1910年7月1日至8月9日，《图画日报》连载该剧详细提纲，同时有《图书日报》社单行本问世，内附剧照3张。（张泽纲）

毛韵珂饰辛瑶琴（左） 夏月润饰陈少美

Xin Chenbao

《新晨报》 综合性日报。1928年8月5日在北平创刊，1930年9月24日终刊。从1929年3月6日起，该报在第11版开辟《戏剧半周》专版，每周三、六出版，共出119期。从120期起，改刊头为《戏剧》，每周二、四、六出版，前后共出版167期。该版开辟的栏目有：《曲本撷华》，主要介绍当时北平剧坛经常上演剧目的剧情；《菊部丛谈》、《菊部闲话》，主要刊载戏曲史料；《舆论一斑》，为观众对演员演技的评论；《戏剧论坛》，为剧评；《前台戏语》，主要载演员的逸闻趣事。其中的主要文章，均为京剧方面，如介绍演员生平及演技的文章有寿彦的《时下最负盛名之四须生王又宸、高庆奎、言菊朋、马连良》和《王少楼与李盛藻之比较》，雨亭的《谈梅氏之〈黛玉葬花〉》、《张二奎传》和《溥厚斋传》，撼声的《高庆奎之〈四郎探母〉》和《高庆奎之〈生死板〉》，知之的《新艳秋之〈青霜剑〉》，仲西的《谈侯喜瑞与郝寿臣》等；研究京剧历史的文章有老愚的《旧京外城戏园之历史》，啸崎的《北平剧场之回顾与改进》和《旧戏园建筑布置之腐化》(连载)，筱庵的《二十年来戏价概述》和《戏价问题》，公旦的《谈老伶工》，廉君的《历史性应节戏》，方肖孺的《梨园行话》(连载)，潞生的《堂会戏与戏提调》，健寿的《名丑逸闻》(连载)，雨亭的《梨园武行兵器论》，观水的《戏班调查》等；其他论述有寿彦的《戏剧中之服装及布景》，张仲锐的《京剧角色化装谱》，廉君的《国剧之新生命》，眼穿的《对于男女合演之建议》，潞生的《听戏之派别》，陈大悲的《民众与戏剧》，霁瀛的《我的戏界革新观》(连载)，光煜的《论旧剧之精髓》，傅淡厂的《历史剧必要考究本事》(连载)，啸崎的《皮簧未来之命运》(连载)，寿彦的《富连成社将来造就之人才》，公旦的《促成旧剧平民化之刍言》，没古的《关于旧剧平民化》，嗪兼的《皮簧剧念白之研究》和《皮簧剧音乐之研究》(连载)等。对梅兰芳访美时的情景及归来演出的情况也多有评论。每期还载有著名京剧演员的剧照、便装照或其题字、绘画等。

另外，《新晨报》在创刊初，第5版的《新北平》副刊也辟有《剧评》专栏，主要是评论京剧的表演艺术，其中载有鹿鸣的《评杨小楼之武工》、《评红豆馆主演剧》、《介绍汪笑侬》、《今之论生角，必曰叔岩》等文，其他文章有曼曼的《论皮簧戏》、默古的《评青衣戏》、友珍的《介绍皮簧戏之服装》、怡穆翁的《老生戏之滑稽》等。该报国家图书馆有存。（朱葆伟）

Xin Guoju Yundong

新国剧运动 1928年田汉倡导"新国剧运动"。同年11月8日、11日田汉在上海《梨园公报》发表《新国剧运动第一声》一文，提出"我们要建设新的国剧"的主张。他把欧阳予倩编演的《潘金莲》视为新国剧运动的第一步，并即将逐步编演《五人义》、《讨

《潘金莲》
欧阳予倩饰潘金莲（左） 周信芳饰武松

渔税》、《铡美案》、《四进士》等新剧目。文中着重论述了“新剧”与“旧剧”的区别，批判了轻视“歌剧”（戏曲）的错误思想。文章认为戏剧有话剧与歌剧之分，“说歌剧便是旧剧，话剧便是新剧，不能说是公平”的，“因为不独歌剧有新旧，话剧也有新旧”。为阐述这一观点，指出：“现在从事新的戏剧运动的人，看不起文明戏，便因文明戏已经是旧的话剧了。不单是文明戏，就是自然主义的新剧运动，到现在也成了旧剧了。同样，歌剧中也有新旧，拿起我们唱的二簧戏来说，完全承袭前人的死的形式，而忘记了他的活的精神，便是旧剧，能够充分理解自己所演的人物底性格与情绪，而加以个性的、自由的解释的，便是新剧。这样说起来，程、汪、孙、谭诸前辈先生，真是我们的好模范，因为他们真能创造地演出他们所与的性格，不专做前人的孝子顺孙。”又进一步指明，我们“正应该吸取前人创造的精神，而不从事模仿，更不应该走入魔道，迎合社会之低级的趣味。我们应该使我们唱的歌剧，音乐的价值更高，思想的内容更富，尤其应该使他成为民众全体的东西，不应该成为专供某一阶级的消闲品”。最后，田汉严肃地指出：“这就是我们开始新国剧运动的动机。”20世纪20年代末，当否定和取消京剧（戏曲）的思潮甚嚣尘上的时候，田汉的立论及其所倡导新国剧运动，有着非常现实的、进步的意义。此后，田汉等身体力行，发展为建设“新平剧”的改革活动。田汉成为革新京剧（戏曲）的先驱。（余从）

Xinjiang Jingjutuan
新疆京剧团 京剧演出团体。1961年成立。前身系北京新兴京剧团。原为彩头班，以演出《封神榜》、《劈华山》等连台本戏为主，与上海新华齐名，有“南有新华，北有新兴”之说。1961年元旦在乌鲁木齐市人民剧场首演了大型神话故事戏《劈华山》，多彩的灯光变幻，奇异的机关布景，使新疆各族观众耳目一新。剧团的主要负责人有王永昌、刘文魁、陈永坚和杨文英；主要演员有旦行张贯珠、杜丽珠、明珠（小张美娟）、池映红，生行刘文魁、杨少谱、高荣奎、张三全，武生陈永坚、江世升、陈心程，净行王永昌、周益瑞、张喜华、刘文荣，丑行邱贵友、朱锡麟；鼓师文祥林、杨宝贵；琴师管金生、李诗英、马登华。主要演出剧目有传统戏《樊江关》、《梁红玉抗金兵》、《凤还巢》、《徐策跑城》、《斩经堂》、《红娘》、《铁弓缘》、《西游记》、《封神榜》，现代戏《新儿女英雄传》、《党的女儿》、《白毛女》、《六号门》等。1966年春，该团并归乌鲁木齐市戏曲剧院建制，为一团。1980年撤销市戏曲剧院建制后，恢复了原建制。主要演员有旦行张丽娟、吴丽蓉、俞沫珠，生行高继光、高荣奎，武生刘泽环、蓝少春、刘国瑞、李国林，净行班金声、刘文荣、汤荪、于德新，琴师马忆程、王祖芳、高学忠，鼓师潘邦琪、郝连弟。经常上演的剧目有《锁麟囊》、《四郎探母》、《十八罗汉战大鹏》、《三请樊梨花》、《三打祝家庄》、《望江亭》、《诗文会》等。1982年创作剧目《爱的葬礼》、《向长安》参加自治区戏剧调演，分别获得了展览奖和演出奖。全团演职员有143人。1994年经自治区文化厅研究决定，该团停止业务活动。（黄永明）

Xinjiang Yishu Xuexiao
新疆艺术学校 戏曲专业学校。1959年建立。学员从北京、上海、乌鲁木齐招收。1962年新疆京剧团学员班并入，共有学生70多名。负责人柳若痴、吴元友，教师有白凌云、秋影梅、赵云麟、郭佩君、王宗春、唐云鹏、庄德元等。第一年以课堂教学为主，第二年开始，结合教学排演折子戏、大戏，并实习演出。实习演出的剧目有《遇后》、《打龙袍》、《打渔杀家》、《杨排风》、《玉堂春》、《红嫂》等。1970年学生毕业，分别分配到新疆京剧团、乌鲁木齐市京剧团等。许多人成为所在单位的艺术骨干，如赵力、汤荪、李国林等。1987年升格为新疆艺术学院，2000年起成为新疆大中专院校艺术师资培训基地。（刘文峰）

Xinmiaojiang Quanguo Shao'er Jingju Yaoqingsai
新苗奖全国少儿京剧邀请赛 京剧活动。文化部及有关单位联合举办。1990年徽班进京200周年纪念活动之后，鉴于振兴京剧须从娃娃抓起，经文化部常务副部长高占祥倡议，征得香港科伦集团

高占祥（前右一）、张宇（前左一）出席首届颁奖会

总裁张宇的赞助承诺，开办此项赛事。首届于1992年5月在北京举行，主办单位为文化部少儿司、文化部振兴京剧指导委员会、中央电视台、北京市文化局。有北京、天津、上海、河北、山东、辽宁、吉林7省市59名选手参赛，分业余、专业两组，获一等奖的演员共11名。第二届于1994年5月在天津举行，主办单位为文化部社文司、中国京剧艺术基金会、天津市文化局。有17个省、直辖市、自治区（新参加的是云南、贵州、甘肃、宁夏、黑龙江、安徽、湖北、河南、江苏、浙江）及中国戏曲学院附中的132名选手参赛，分组办法有所改进，业余分儿童、少年两组，专业分小班、大班两组，各组获一等奖的演员共24名。第三届于1996年10月在上海举行，主办单位为文化部社文司与教育司、中国京剧艺术基金会、上海市文化局。有17个省市117名选手参赛，各组获一等奖者共30名。历届一等奖获得者

第二届业余组一等奖获得者
陆地园（时年5岁）

详见下表（二、三等奖获得者名单从略）。自第三届起，选手们的老师也获同等园丁奖。评委会由主办单位负责人、京剧艺术家和有关专家组成，马少波、罗英、简朴分任一、二、三届主任。在第三届闭幕式上，张君秋代表主办单位，向此项活动的主要赞助人张宇颁赠纪念金牌，以表彰他对少儿京剧事业的贡献。

第一届至第三届一等奖获得者名单

	业余组		专业组	
第一届	天津 王玺龙 上海 阎凌岳 北京 赵静	上海 胡慧春 北京 王君 北京 牛章光	辽宁 周坚 河北 扈金娜 北京 曹曼	辽宁 回宁 天津 王艳
	儿童	少年	小班	大班
第二届	黑龙江 于若溪 北京 侯宇 河北 贡学雷 天津 穆宇 云南 陆地园 北京 张少卿 天津 岳秾晖 湖北 龚金彪	北京 靳春玺 天津 刘珊珊 吉林 牟元笛 河北 王晓明	天津 王玺龙 上海 高卓 湖北 王志华 上海 王珮瑜 天津 连莲 天津 时维	河北 金喜泉 北京 翟墨 辽宁 黄华 江苏 徐孟柯 河北 王立波 中国戏曲学院附中 金鑫
第三届	河北 崔智 天津 胡书扬 上海 徐洁倩 天津 胡小楠 湖北 韩旭东 吉林 刘思秀 江西 刘美晴 黑龙江 赵博砚 吉林 王盾 北京 徐佳蕊 黑龙江 曲经达 安徽 李岳 天津 王丽丽	湖北 刘牛 北京 佟彤 北京 王昂 上海 谭昀 上海 蔡筱莹 河北 杨杨 云南 司超	云南 陆地园 天津 王鹏飞 辽宁 刘小秀 山西 李建普 北京 魏学雷	上海 王旭东 山东 朱勇 浙江 罗戎征 上海 王凯 山东 程慧慧

（简畅）

Xinming Xiyuan

新明戏院　现代剧场。址在北京市前门外香厂路中段路北，今香厂路小学处。现已不存。1919年6月24日开业，可容观众1 200人。业主原为四川富绅蒲殿俊，由其购地，仿照北京前门外西珠市口大街之第一舞台形制，缩小规模建造。建成后蒲殿俊将产业作为礼品馈赠给姚佩兰（姚佩秋之弟），由姚佩兰担任经理。京城演剧场所称“戏院”由此剧场开始，附设观众餐厅，戏票对号入座亦由其首倡。开幕当天，日场由坤班喜群社的双兰英、金凤奎、王金奎、苗素珍、王翠喜等演出梆子戏，晚场由梅兰芳、王凤卿、

1920年8月在新明戏院观赏梅兰芳、王凤卿《武家坡》
（[日]福地信世绘，日本早稻田大学演剧博物馆藏）

高庆奎、姜妙香、白牡丹、程继先等演出京剧。次年1月29日，富德坤社的王素卿、金钢钻、王翠喜、金丽婷、张少如、龚月樵等在此演出《三娘教子》、《忠孝牌》、《双官诰》、《喜荣归》、《辕门斩子》、《白水滩》、《算粮》、《大登殿》等梆子剧目。同年农历七月七日乞巧节前后，演出应节戏《天河配》，由梅兰芳饰织女，姜妙香饰牛郎，高庆奎饰张有才，张文斌饰嫂子，李连仲饰金牛星，程砚秋、芙蓉草、刘凤林、王丽卿、小凤凰、诸如香、朱桂芳、姚玉芙八位旦脚饰演八个仙女。该剧名角荟萃，一时轰动京城，尤其仙女沐浴一场，八位旦脚在悠扬的乐声中依次登场各展风姿，仙风脱俗的舞蹈加上五光十色的灯光，神话气氛倍增，取得了良好的舞台效果。此后，杨小楼、梅兰芳合作组建的崇林社，杨小楼、余叔岩合作组建的永胜社均曾在此作较长时间的演出。余叔岩倒仓后二次出台便在新明戏院。1924年后，新明戏院增加电影业务。1927年6月，戏院装修改建，增添设备，改名“新明电影院”。1928年毁于火。

（吴增彦）

Xinqingnian

《新青年》　综合性杂志。1915年9月15日创刊于上海。陈独秀主编。初名《青年杂志》，1916年9月第2卷第1期起改名《新青年》月刊，是五四新文化运动中最著名和最有影响的刊物之一。早期提倡民主、反对专制，提倡科学、反对蒙昧，提倡新道德、反对旧道德，提倡新文学、反对旧文学，是新文化运动的旗帜。五四运动后，成为传播马克思主义，宣传科学社会主义的重要理论阵地，后成为中国共产党的理论刊物。新文化运动中有影响的文化界人士如陈独秀、李大钊、陈望道、李达、高一涵、胡适、鲁迅、刘半农、苏曼殊、马君武、钱玄同、恽代英、沈尹默、周作人、蔡元培等，均曾在《新青年》上发表过文章和作品。该刊发表的有关戏剧方面的论文，无论在理论上和实践上，均有深远的影响，如陈独秀的《文学革命论》、刘半农的《我之文学改良观》、胡适的《建设的文学革命论》、《文学进化观念和戏剧改良》、张厚载的《新文学与中国旧戏》和钱玄同的《随感录》（谈戏曲改良问题）、《今之所谓“评剧家”》等。1922年7月出至第9卷第6期后停刊。1923年6月重新出版的《新青年》季刊，已是纯政治性的中共中央机关刊物。

第5卷第4号封面

（周巩平）

Xin Sandingjia

“新三鼎甲”　京剧成熟时期的三位最杰出的老生演员，即谭鑫培、孙菊仙、汪桂芬。又称“后三鼎甲”，与前期的余三胜、程长庚、

谭鑫培

汪桂芬

孙菊仙

张二奎“三鼎甲”相对而言。他们促使京剧艺术走向成熟并创造了前所未有的独具个性特色的表演艺术流派，有“谭派”、“孙派”、“汪派”之誉。在京剧发展史上起到了承前启后的重要作用，尤以谭鑫培成就最为显著，影响久远。（金石）

Xinwutai

新舞台　近代中国第一家新式剧场。址在上海市南市十六铺外滩老太平码头附近，面临黄浦江。现已不存。清光绪三十三年（1907）冬，一批开明绅商姚伯欣、沈缦云、李平书、张逸槎、姚紫若、马骥良等，联合京剧艺人夏月恒、夏月珊、夏月润兄弟及潘月樵等，为振兴华界市面，创议以合股集资形式租地建造新式剧场，耗资30 000银元，于次年农历八月全部竣工。光绪三十四年十月初二（1908年10月26日），夏氏兄弟率“老丹桂”全部班底自宝善街丹桂茶园迁至刚落成之新舞台。开幕仪式及演出从下午2时持续至4时，由夏月珊、小子和演出《梅龙镇》、小连生、夏月润、七盏灯、冯志奎、索莲仙等演出全本《回荆州》。当晚正式卖票开市，夜戏节目包括范连奎《欢迎财神》，林运昌、何福安《富贵长春》，何福安、诸寿卿《文王访贤》，小德喜、索连仙《双官诰》，薛瑶卿、刘培山、小双凤《王有道休妻金榜乐》，小连生、小六子《黄忠得胜》，小子和、林步青《乡下亲家看囡儿》，孙菊仙、邱惢卿《醉写黑（吓）蛮书》，七盏灯、李吉才《花园送别》，吕小卿、冯志奎、李祥麟、赛奎官、夏月润、小连生、张顺来、吕月来、小保成《长坂救主》等。戏园从外观造型到内部结构基本上仿照欧式剧场。平面为椭圆形，舞台作伸出式半月形，既改变了两柱四方形的传统舞台，又保留了三面环临观赏的特点。舞台之大，可骑马开车。又从日本学来新式转台，台上安装大转盘，可同时搭建两台布景，由留日的画家张聿光任布景主任。舞台设置注重灯光布景，取消后期茶园的煤气灯照明，采用传入上海不久的电灯装置并配备脚光、面光等。场内地面前低后高，池子和楼厅一律改为排座。三层座位总数号称五千（包括散座），为当时全国戏院之最。管理上废除传统的案目制，实行卖票制，取消了中间盘剥和案目的经济控制，保证了选择剧目和编演新戏的自由。同时，取消了旧式茶园内抛手巾、泡茶、要小账等积弊。角儿不论大小概称艺员，一律用真名实姓，废除以前的“内廷供奉”、“京都超等名角”等虚衔。艺员们坚持不去租界唱戏，拒绝唱堂会戏，废除点戏旧例。清宣统二年初（1910）改建舞台，将单转台改为双转台。辛亥革命期间，1911年11月3日，上海发动起义，潘月樵、夏月珊等奋勇当先，率领伶界商团敢死队攻打上海制造局。孙中山曾赠“现身说法”匾额一幅给新舞台。上海光复后，新舞台艺员一致剪辫，首创演剧筹饷支持革命。不久即成立上海伶界联合会。1913年1月，伶界联合会在九亩地新落成的会所召开正式成立大会，到会代表600余人。27日选举潘月樵为会长。未及一月，潘赴湖北任官职，又选夏月润为首任会长。自此，多演时装京剧，为新舞台之鼎盛时代。1913年，十六铺新舞台5年租期满，振市公司改名开明公司。全体班底迁入预先建成的新舞台九亩地新屋，排演向为伶界所忌讳的京剧《走麦城》。恰遭火焚，剧场付之一炬。班社不得已，迁至石路（今福建路近广东路一段）老天仙茶园旧址作为过渡，取名肇明茶园。九亩地旋即重建新舞台，增加消防设备，并组织新舞台救火会。救火会由夏月珊任会长，向法国订购了全套救火车辆设备，前台重要职员及后台全体武行均自动参加。为打破迷信，剧场建成后再排《走麦城》，盛况空前。姚紫若接任前台经理，于1917年12月14日由郁慕侠主编出版《新舞台》杂志。后期新舞台在原丹桂时期榛苓学堂（1906年2月开学）基础上继续开办榛苓小学，为演员家属子弟学校。开设培养新人的小科班。又建造里弄民房“梨园坊”及梨园公墓，以改善和保障京剧艺人的生活。

新舞台台面

新舞台诞生后四五年，上海竞相开出七八家新式剧场，旧式茶园式的剧场渐衰。影响所及，北京、武汉、长沙、南京、杭州等地也相继建立了类似新舞台的新式剧场，有的直接以“新舞台”命名。1924年冬爆发的“齐（燮元）卢（永祥）战争”祸及上海，地处华界的新舞台因戒严而致营业一落千丈。不久夏月珊去世，总董事姚紫若召集董事会决议，将剧场改建成民房出租，班底随之解散。

新舞台初创时的主要成员（1909年6月11日摄）

左起：王彦卿、潘少棠（潘月樵之弟）、薛瑶卿、许奎官、毛海珊（毛韵珂之父）、邱治云（小宝成）、潘月樵（小连生）、夏月珊、赵文连、邱惢卿（邱治云之父）、毛韵珂（七盏灯）、毛仲琪（毛韵珂之弟）、夏月润

新舞台观众厅

此后，十六铺新舞台旧址不时有江湖小京班在内演唱，均未满一年。新舞台从此绝响。（林明敏）

Xinxin Daxiyuan

新新大戏院 现代剧场。址在北京西长安街六部口以西路南，北向。现已不存。始建于1936年，由马连良、华乐戏院经理万子和与萧震川等集资兴建。造型仿照天津中国大戏院，舞台坐南朝北。台基高1.5米，台口宽6米，进深6.5米，台口顶高6米。观众席两层，一层分池座、廊座，二楼前部为包厢，包厢后设散座，可容观众1 400余人。这是当时北平所有剧场中唯一没有用明柱以支撑屋顶或楼座的，所以观众视线很好。“舞台的台口建筑成中国宫殿式，用一块黄绫作为背景，检场人所穿的坎肩也以黄绫缝制，使检场人在场上若隐若现，别开生面，这也是在1949年以后提倡‘净化舞台’的先声吧！”（李畅《清代以来的北京剧场》第178页）1937年3月7日晚8点举行开幕式，首场演出废除“破台”陋习，由叶盛兰、马富禄合演《连升三级》，大轴由马连良、张君秋、叶盛兰、马富禄等演出《龙凤呈祥》。开业后，主要由马连良主办的扶风社演出，京中名角如尚小云、程砚秋、杨小楼、荀慧生、奚啸伯、言菊朋、金少山、孟小冬、李世芳、毛世来等均曾到此登场献艺。某日，演员甄洪奎因心脏病突发猝死于台上，一些迷信者讹传，称是开幕前未“破台”的缘故，但演出业务未受影响。兴旺4个月后，七七事变爆发，戏院大不景气。1940年被侵华日军当局所控制的满映协会驻北平分会收买，日籍台湾人杨朝华任经理，改名新新电影院。日军投降后，国民政府以“逆产”名义将其收归政府所有，改名国民大戏院。1949年中华人民共和国成立后，由人民政府接管，后改名首都电影院，成为专业影院。2003年6月首都电影院拆迁，新址为西单北大街大悦城购物中心10层。（吴增彦）

新新大戏院外景

Xin Yanqiu

新艳秋（1911～2008） 女演员。工旦。北京人。原名王玉华。自幼学戏，初习河北梆子，后改学京剧。她家庭贫寒，白天练功学戏，晚上去剧场，求管理人员通融，入场观摩。她最喜欢程砚秋的艺术，从剧本到唱腔，从身段到细微表情，无不默记于心。1926年满师，以王兰芳艺名首次登台演出《骂殿》。齐如山看后，根据她的戏路给她更改艺名为新艳秋。鉴于一些程派剧目表演舞蹈性强，她拜荣蝶仙为师，学刀马旦，为学习程派戏打好根基。她边演出边学戏，得到北京观众的首肯。1927年应上海丹桂第一台之邀，赴沪演出《碧玉簪》、《金锁记》等程派名剧，获得好评。回京后齐如山介绍她拜梅兰芳为师，成为梅门第一位女弟子。接着又拜王瑶卿为师，成为王门第一位女弟子。在王瑶卿的指导下，她先后学会了全本《玉堂春》、《缇萦救父》、《貂蝉》、《青霜剑》、《鸳鸯冢》、《红拂传》等十几出程派戏。1923年她应邀与杨小楼合作演出《霸王别姬》、《长坂坡》，标志着她的表演艺术日趋成熟。1931年初，随杨小楼赴沪演出，声誉日隆。王瑶卿请红豆馆主、李洪春等为她编演新戏。不久，二本《红拂传》、《霸王遇虞姬》、《玉京道人》等十几出新戏陆续排演出来。20世纪30年代初，南北梨园共称新艳秋、章遏云、雪艳琴、杜丽云（或金友琴）为坤伶“四大名旦”（《肖伧剧话》）。此前，新艳秋曾当选为坤伶“四大皇后”之一，标志着她的艺术进入黄金时代。1937年，日本帝国主义者发动全面侵华战争，给中国人民造成深重灾难，更给新艳秋造成极大的不幸，受尽日伪恶势力迫害的她，被迫中止了舞台生活。抗日战争胜利后，她又被国民政府以莫须有的罪名投入监狱，直至1949年北平解放，才获释并恢复舞台生活。1956年受聘为南京市少年京剧团教师。1959年以后，先后展演了《红拂传》、《打渔杀家》，尽显程派艺术风采。新时期以来，她老当益壮，积极参加各种纪念演出。新艳秋曾为江苏省戏剧家协会副主席。有弟子钟荣等。

《碧玉簪》饰张玉贞

《红拂传》饰张凌华（右）俞振飞饰李靖

（于质彬）

Xinzhongyang Xiyuan

新中央戏院 现代剧场。址在天津滨江道与新华路交口处。现已不存。清光绪二十四年（1898）前后，此处有简陋的杂耍场子。1923年前后，杂耍场改善环境，建为“万国影院”，又名“三炮台戏院”，成为以放映电影为主的娱乐场所。片源不足时，偶尔邀请戏曲小班临时顶替演出，因几次更换业主，先后改名为“天天舞台”、“天丰舞台”。1927年，天丰舞台邀请杨宝忠、王幼卿在电影放映之后加演京剧片段，所受欢迎程度出乎预料。自此，该院时常采取在电影放映结束时加演折子戏的形式，每座另加二角票款。1930年，京剧女演员胡碧兰在天丰舞台为新华学校演义务戏，剧场效果特别强烈。业主从中获得启发，决定尝试邀请坤角到此定期演出。1931年，接手经营天丰舞台的孙宝山将该园改建为两层砖木结构，定名为“新中央戏院”，门面焕然一新。1935、1936两年间，先后接待过京剧、梆子名角雷喜福、程永龙、蓝月春、刘汉臣、黄玉麟、曹艺斌、宋宝罗、金钢钻、小香水、云笑天、小爱茹等。此外，还经常上演京剧连台本戏，如小杨月楼、杨蕴英等演出的《神锤震金蛮》、《五虎平蛮》、《石头人招亲》、《花木兰》，张艳芬、郑瑶台、王春来等合演的《西游记》、《桂岭广寒宫》、《七擒孟获》等。1938年，张艳琴、金又琴、盖春来在此演出新戏《弱媳妇红泪》、《三凤恋》、《兴隆会》、《中秋重圆》、《紫罗锅》等，给观众留下较深的印象。从1938年4月15日开始，童汉侠带领童芷苓、白家麟、王清臣、童寿苓等，在新中央戏院演出《人面桃花》、《英杰烈》等剧，借此宣布公益社正式成立。荀慧生看了童芷苓的演出后，经《大风报》主编沙大风介绍，5月3日在天津收童芷苓为徒。事后童芷苓向荀慧生学习《元宵谜》、《梅玉配》、《白凤冢》、《海棠红》、《风流女才子》、《风尘三侠》、《啼笑因缘》等荀派新戏，于当年10月21日起在新中央戏院陆续公演。中华人民共和国成立后，外地的京剧、评剧、河北梆子、曲艺等表演团体经常在此演出。1966年8月曾更名“红卫兵剧场”。1991年翻盖为商城。（甄光俊）

Xinghuasi Piaofang

兴化寺票房 京剧票房。1925年夏，金继贤在北京西城定阜大街兴化寺街自家东跨院，高搭凉棚，成立票房。每月逢一、四、七日彩排。演出印制戏报，与正式戏园一般。参加者恰悦堂、白健秋、王华甫、金鹤年、吕正一、陶畏初、李缉五、铁麟甫、阎敬仁等。内行有王多芬、何兰云、朱德奎、陈富康、杜富隆等。（李体扬）

Xing Deyue

邢德月 （1900～1983） 京剧教师。直隶（今河北）人。幼入梆子科班学艺，专工武旦，翻打扑跌，武功出众。出科后搭班演唱受到观众欢迎。终因演出频繁，足部受伤致残，形成踮脚，遂脱离舞台，专事武功教学。先在天津稽古社子弟班执教，后任教于北平鸣春社科班。对毯子功训练颇有独到之处，并擅长把子和武戏档子的编排。在鸣春社新排《猴王游月宫》、《铁公鸡》、《济公传》等连台本戏时，他设计了许多新档子和筋斗“小牌头”（即软毯子功）。在武打器械上，又增添了双手带、三节棍等武术器械。还变换套数，为适应神话剧和妖怪戏的需要，糅进互相投刺器械的“出手”和符合人物性格的滑稽武打，令观众耳目一新。在旧科班，他以“打戏”著称，在其严厉的培训下，造就出以开打火爆取胜的武丑张春华和以勇猛著称的武生蔡宝华，以及王鸣仲、吴鸣申等人才。晚年在北京市戏曲学校任教期间，又有许多革新创造，诸如“锞子变身扑虎”、“锞子变抢背”、“扫堂腿接捻捻转儿”、“踺格磴抢死板”以及各种变化的“砸三险”等，其他如左右旋子、左右筋斗、各种“小牌头”和凌空“纣棍”的训练，更有其独特创造。（佟志贤）

Xing Meizhu

邢美珠 （1952～　） 女演员。工旦。北京人。出身梨园家庭，6岁登台，8岁进哈尔滨市京剧团，11岁转入黑龙江省戏曲学校，

师从云燕铭、张蓉华等。1966年毕业，1968年分配到延边朝鲜自治州京剧团。1981年调入长春市京剧团。1983年拜毛世来为师，学得《南界关》、《棋盘山》各剧。1984年又拜入关肃霜门下，受到精心指授。她功底扎实，嗓音亮润，表做细腻，能文能武，兼擅青衣、花旦、刀马旦、武旦各工，亦有小生、武生戏，演艺条件全面，有“小关肃霜”之称。1984年调入云南省京剧院一团任主演。1990年底调回黑龙江省京剧院。1992年成为第九届中国戏剧梅花奖得主。擅演剧目有《铁弓缘》、《战洪州》、《南界关》、《吕布与貂蝉》、《打金枝》、《玉堂春》、《秦香莲》、《乾坤福寿镜》、《白蛇传》及新剧《珊瑚传》、《凤凰错》、《完颜金娜》等。曾率团赴委内瑞拉、哥伦比亚、墨西哥、日本、俄罗斯等国和中国香港地区演示，受到欢迎。

《谢瑶环》饰谢瑶环

（捷之）

Xing Weiming

邢威明 （1900～1984） 京剧教师。曾为老生演员。原名邢豫琦，曾用名邢君明。北京人。由于受父母喜看京剧的影响，自幼酷爱京剧。7岁时由舅父带领拜师学谭派老生，8岁拜李顺亭为师。15岁

考入北京国立美术艺术专科学校国画班，师从陈师曾、齐白石、陈半丁等。17岁又拜陈彦衡为师，继续攻学谭派老生剧目。22岁时正式以演戏为业，1926年后搭尚小云、荀慧生等班演出于北京、济南、大连等地。1930年始独立组班，先后与金仲仁、张春彦、马富禄、赵桐珊、王泉奎、黄桂秋、林树森、王又宸、侯喜瑞、王福山、梁小鸾等合作演出于上海、武汉、天津、哈尔滨等地。1947年与唐韵笙、白玉昆、赵荣琛、张世麟、曹艺斌等联演于东北各地。不久，参加安东（今辽宁丹东）咏风社科班，任教并演出。1948年参加中国人民解放军第四野战军京剧团。1950年在组建沈阳东北戏曲实验学校时成为主教老师。1955年来北京成为中国戏曲学校老生教师。他具有较高的文化艺术修养及一定的戏剧理论水平，能编、能导、能设计唱腔。他经常演出和教授的剧目有《范仲禹》、《清风亭》、《定军山》、《盗宗卷》、《苏武牧羊》、《白蟒台》、《乌龙院》以及《阎王进京》、《九件衣》、《三打祝家庄》等。改编的剧目有《信陵君》、《吴越春秋》、《六国封相》、《昆仑七侠传》、《八戒出世》等。早期的学生有尹月樵、田中玉、刘岩朋等，在咏风社及东北戏校、中国戏校时期的学生有杨韵清、王晶华、朱秉谦、孙岳、逯兴才、萧润增、冯志孝、

《造白袍》饰刘备（左） 蒋少奎饰张飞

李春城、叶蓬、陈志清、宋玉庆、唐宝麟、耿其昌等。他在教学中认真负责，既尊重京剧传统程式，又能借鉴新的表演理论，注意从人物出发，把舞台艺术形象刻画得有血有肉。他80高龄时，仍欣然为中国京剧院重新整理《清风亭》、《苏武牧羊》等剧目，为培养京剧老生人才献出了全部心血。

（王世勋）

xingtou

行头　戏班对戏衣、戏具的称谓。行头一词，原为古时生活用语，有行(háng)业总管、出行(xíng)时衣装用具即行李或行囊等多种含义。戏班常是流转的，沿用此语以指称所需携带的演出装备。宋元时，行头已是梨园行话，戏文《宦门子弟错立身》“我若得装旦色如鱼似水，背杖鼓有何羞，提行头怕甚的”可证。行头狭义指戏衣，齐如山《中国剧之组织》：“脚色所穿之衣服，名曰行头”；广义泛指各种戏具，李斗《扬州画舫录》卷五：“戏具谓之行头，行头分衣、盔、杂、把四箱。”

京剧行头旧有官中、私房之别。**官中行头**由戏班班主、戏园园主购置或租借，供演员公用，亦称**公中行头**。由于各班各园经济实力不等，官中行头的精粗、繁简、新旧颇有参差。1935年出版的齐如山《戏班》云：“从前戏班中，多自有衣箱，不必外赁，近来则有箱之班，不多见矣。每日演剧则外赁行头，由戏班与箱主，预先约定，每用一次，箱价若干，当日演戏，当日给钱，此亦为戏班出款之大宗。……如梅兰芳之承华社，赁箱费便系四十元，但此已为头水最好之行头；次者十几元，最下者每日几元亦可，但行头则污旧不堪矣。”**私房行头**为演员自备专用的行头。清乾隆末年，秦腔演员魏长生自创头饰（《日下看花记》），昆曲女演员巧官“为纱帽小生，自制宫靴，落落大方”（《扬州画舫录》）等，是见诸记载的较早的私房行头。其风行则在京剧的兴盛时期。崇彝《道咸以来朝野杂记》：“早年脚色无带场面者……各脚所用之行头亦无私制者。晚近虽二路脚色，皆有私行头，以旦脚、小生为甚。”京剧界的私房行头，齐如山认为，“始自胡喜禄、陈宝云诸人”（《京剧之变迁》）。胡、陈年辈较早，梅兰芳说：“他们是常陪程大老板（长庚）演戏的，恐怕要算我们青衣一行的开山祖师了。”（《舞台生活四十年》第101页，中国戏剧出版社1987年版）胡喜禄生于道光七年（1827），“到三十多岁以后，因为和武行的人闹气，便歇下来了”（刘守鹤《胡喜禄专记》引曹心泉、王瑶卿等人的回忆，《剧学月刊》第1卷第6期），则其演戏自带行头约为咸丰年间（1851～1861）的事。

在上海，据孙玉声所述，私房行头始于周凤林、李春来。周凤林（1854～约1915）是曾活跃于京班的昆曲名旦，当他集资在大新街接办丹桂茶园（周凤林字桐荪，丹桂茶园加桐记二字）时，“欲炫耀衣饰，得以叫座，特置行头甚多”。按常例，园主所置行头，班内旦脚都可公用。周是园主兼主演，“乃创立私房名目，其资不出公帐，由彼解囊，于是他人只能自行购备，旦角界遂开私房行头之先”。其后，“李春来在大新街开春仙茶园效之，而武生界乃亦纷纷自备。渐至老生、老旦、小生等角，凡包银在二三百元以上者，为登台时美观计，无不各制若干。从此相习成风，剧台上遂现锦簇花团之观”（见吴公寿《梨园旧话》，1940年1月6日《申报》）。周凤林接办丹桂茶园为光绪十七年九月初六日（1891年10月8日）。如齐如山、孙玉声所述近乎事实，可知私房行头在北京兴起甚早，上海较晚，然风气之盛又远过之。及至清末民初，京朝名角纷纷南下，南北互为影响，私房行头更趋普遍，以至名票串演亦多有自备行头。自制行头的名目，亦由头饰衣装扩及桌围椅披、门帘台帐。如《梨园外史》所描写的，“检场人把簇新的桌围椅披一齐换上，大家知道喜彩琴快要上场了”。

行头私房化的原初动机是为适用。齐如山说：“从前各脚，都穿公中行头。惟要紧脚色，每人须带头网子、靴子各一份，盖恐公中的不合式也。”（《京剧之变迁》）其后渐成演员间舞台竞争的一种手段。欧阳予倩在回忆录中写道：“有点面子的角色，总要有些新行头，而且还要多换几套，才能保持住自己的面子，观众一面看戏，一面看行头，戏好，行头不好，观客还是不如意。世风所尚，行头的华丽新鲜，在舞台上成了重要的条件。而且还有个心理：凡属是伶工，谁不想往上？所以几百元的角色，非跟千元以上的角色竞争不可；上了千元的角色非跟数千元的角色竞争不可……彼此竞争，大家站在台上去比，行头费很难预算了。”（《自我演戏以来》第64页，中国戏剧出版社1959年版）这种竞争，以角儿制和名角的高收入为基础，曾极大地刺激了行头制作业的兴旺。戏装行业的设计师和制作人员往往结合着演员的意图，在服饰的样式、质料、色彩、花纹方面有许多丰富和改进，使人物扮相有许多新的创造。行头上的竞争亦有负面影响：演员只为自我炫耀，不顾戏情戏理。此类弊端，迄今犹有遗存。

20世纪50年代以来，剧团体制改变，官中行头得到加强。条件较为优越的剧院团，注意为主要演员购置其擅演剧目的专用行头，性质已非私房，但在适应演员形体、表现流派特色、保持成色鲜亮上，延续了私房行头的某种优势，有利于提高演出质量。

（龚和德）

Xingtou Kuitou

《行头盔头》　京剧研究著作。齐如山著。北平国剧学会1935年6月出版发行，为“齐如山剧学丛书”之九。全书近90页，约3万多字。分上下两卷。上卷介绍行头即戏衣。卷首有《行头总说》，称中国戏剧之衣服“乃斟酌唐宋元明数朝衣服之样式而成”，“乍看似种类极多，其实原则上极简约”，并以300多字，略述角色穿衣规定。在上卷列出的行头名目有89种，其中蟒、官衣、帔、褶子、靠、开氅等各以色彩或花素不同，列出若干细目，故总数有170多种。每一种都有简要的解释。下卷介绍盔头。卷首有《盔头总说》，认为“欲窥二千年来衣冠之制，要须于戏剧中求之。戏剧采用古时衣服，务求从严，而对于冠巾之采用，则务求从博。故衣裳只有蟒帔褶子数种，而冠巾则各级有各级之制度，各界有各界之俗尚，可信唐宋以来之制度

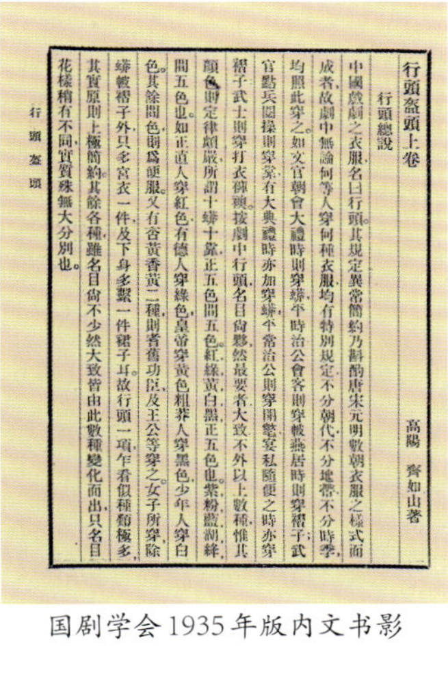
行頭盔頭上卷　高陽　齊如山著

行頭總說

中國戲劇之衣服名曰行頭。其規定異常簡約，乃斟酌唐宋元明數朝衣服之樣式而成者，故劇中無論何等人穿何種衣服，均有特別規定，不分朝代，不分地帶，不分時季，均照此穿之。如文官朝會大禮時則穿蟒，平時治公會客則穿帔，燕居時則穿褶子；武官點兵閱操則穿靠，有大典禮時亦加穿蟒，平常治公則穿開氅，宴私隨便之時亦穿褶子，武士則穿打衣褲襖。按劇中行頭名目尙夥，然最要者大致不外以上數種，惟其顏色則定律頗嚴，所謂十蟒十靠，正五色間五色。紅、綠、黃、白、黑，正五色也。紫、粉、藍、湖、絳，間五色也。如正直人穿紅色，有德人穿綠色，皇帝穿黃色，粗莽人穿黑色，少年人穿白色。其餘間色則爲便服。又有杏黃香黃二種，則耆舊功臣及王公等穿之。女子所穿，除蟒帔褶子外，只多宮衣一件，及下身多繫一件裙子耳。故行頭一項，乍看似種類極多，其實原則上極簡約，其餘各種雖名目尙不少，然大致皆由此數種變化而出，只名目花樣稍有不同，實質殊無大分別也。

行頭盔頭

国剧学会1935年版内文书影

俗尚，几尽采而用之”。齐氏这个说法，与实际有出入。盔头同戏衣一样，都是戏场装扮之物，其用法也都是舞台规矩、惯例，并不完全符合历史上的制度俗尚。下卷列出的盔头名目有128种，亦各有简要的解释。只是其中翎子、狐尾、神火焰等是盔头附件，而大小蓬头、双髽髻、甩发等是假发，非盔头，因习惯上装在盔箱里，故亦放在这里介绍了。此书之前，1918年出版的《菊部丛刊》、1926年出版的《戏学汇考》，都有过行头、盔头的介绍，但在解释上，齐如山又融入了自己观察演出和访问艺人的心得，包含着一些有助于了解京剧服装史的重要资料。（龚和德）

xingxian

行弦　京剧音乐术语。或称“小拉子”，在［二簧］唱腔中又称“哑笛”。在唱腔行进中，需要暂停演唱，夹入念白或某些动作时，乐队为使音乐不致因暂停演唱而中断，遂奏出一个以暂停处的某落音为主，能够不断反复仍落该音的小乐句来，此即为行弦。它一方面来延续着演唱的气氛，同时也是念白等的衬乐。如《空城计》中诸葛亮唱的［西皮摇板］：

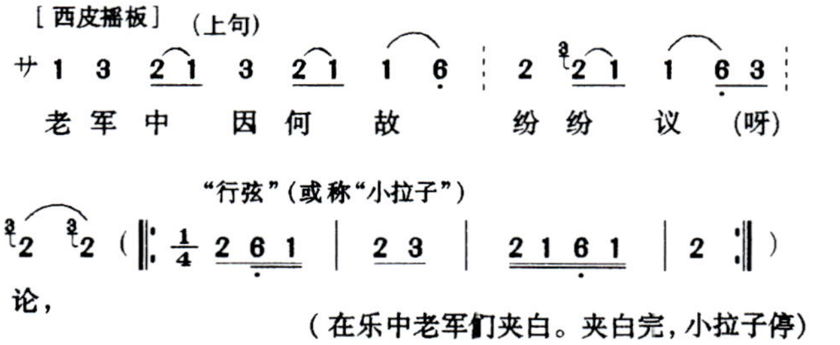

（安志强）

xingtigong

形体功　表演形体基本功之一。又称跳转功。是演员掌握弹跳和旋转技巧的功法。舞台上常用的旋转和跳跃技巧，并可以独自“挂串”，或与其他形体动作、形体技巧组合使用，用以表现某种特定的情境和人物的特定行动，起到渲染气氛、塑造人物性格的作用。如“走边”中的飞脚、扫腿、蹭子、旋子、飞天十响，是为了表现人物的机敏、矫健和灵巧。现代戏《奇袭白虎团》的“插入敌后”中安排了飞脚、扫腿、旋子技巧，表现环境的险恶及侦察员不怕牺牲、勇往直前的英雄气概。在《智取威虎山》“急速出兵”一场，战士和民兵在“滑雪”中用了飞岔、滑岔、前双飞燕、蹦子、旋子等跳转技巧，展现了在崎岖的山路勇士们直捣威虎山的急迫心情。舞台上的跳转技巧都来自生活，比生活中的动作更夸张、更洗练、更集中，从而也更有艺术表现力和艺术美感，是融真实性、夸张性、装饰性于一体的艺术形式。

《智取威虎山》第九场“急速出兵”

跳转功主要含有大跳类，包括前双飞燕、后双飞燕、横双飞燕、飞岔、燕式跳、旁燕式跳、后燕式跳、倒踢紫金冠、拧岔跳、大跳；转体类，含平转、掖腿转、踹腿转、探海转、涮腰（里涮、外涮）、扫腿、串扫腿、串手跳转；蹦子类，有原地蹦子、垫步蹦子、躺身蹦子、串蹦子、圈蹦子、蹭子、铁门坎；飞脚类，有拔飞脚、单飞脚、串飞脚、掖腿飞脚、上桌飞脚、下桌飞脚、过桌飞脚；旋子类，有单旋子、圈旋子、旋子360、旋子卧倒；组合类，包括蹭子下腰亮相、飞脚骗腿旋子、飞脚骗腿翻身、扫腿旋子、串扫腿旋子、飞脚扫腿旋子、扫腿转灯、飞脚扫腿转灯、飞脚岔、飞脚卧鱼、扫腿飞脚。（王佩孚）

Xing Xi

幸熙　（1924～1977）　舞台美术家。原名赵之祺。浙江绍兴人。曾在绍兴觉民美育院学习美术。1944年为上海千里绸庄设计织物纹样。1946年参加雪声剧团，改名幸熙，开始从事戏曲舞台美术工作。1950年参加华东戏曲研究院，任艺术室美术组长。1955年加入上海京剧院，历任美术组长、艺术室副主任、美术工场主任、院部负责人之一。1958年起兼授上海戏剧学院戏曲服装设计课。自20世纪50年代初以来，由他主持或参与舞台美术设计的剧目有40多个，主要作品有京剧《杨门女将》、《淝水之战》、《野猪林》、《白蛇传》、《红色风暴》及越剧《北地王》等的布景设计，越剧《梁山伯与祝英台》、《西厢记》、《春香传》等的服装设计。他的布景设计，形象简洁，风格多样，具有浓厚的装饰味。他的服装设计对于越剧装扮风格的创建起了重要作用。他先后参与创办上海京剧院舞台美术班、上海戏剧学院戏曲舞台美术专修班等，培养了一批青年，后来大多成为上海戏曲院团舞台美术方面的高级设计师或技师。发表《戏曲服装设计》、《京、昆现代戏服装设计中的一些体会和看法》（与龚伯安合作）等文章，都是实践经验的总结。他久有编撰中国服装史的计划，收集大批图文史料，不幸夙愿未酬就过早去世，其家属将遗留所有资料上交有关组织，受到上海文化部门领导的重视，确定在上海市戏曲学校成立中国服装史研究组，并在苏石风指导下，继续此项工作。

《杨门女将》舞台设计图之一

（刘月美）

Xiuding Pingju Xuan

《修订平剧选》　京剧作品集。国立编译馆编订。正中书局1945～1948年陆续印行。共12集。第1集：《三娘教子》、《打渔杀家》、《打严嵩》、《刺虎》；第2集：《岳家庄》、《奇双会》、《捉放曹》、《宝莲灯》；第3集：《南阳关》、《一捧雪》、《林冲夜奔》、《桑园寄子》；第4集：《击鼓骂曹》、《宁武关》、《朱痕记》、《走雪山》；第5集：《探寒窑》、《御碑亭》、《定军山》、《玉堂春》；第6集：《朱砂痣》、《汾河湾》、《田单救主》、《战宛城》；第7集：《卖马》、《战太平》、《双狮图》、《木兰从军》；第8集：《空城计》、《宇宙锋》、《游武庙》、《乔醋》；第9集：《上天台》、《忠孝全》、《桑园会》、《天水关》；第10集：《镇澶（潭）州》、《定计化缘》、《荐诸葛》、《思凡》；第11集：《山亭》、《将相和》、《文昭关》、《铡美案》；第12集：《投军别窑》、《徐母骂曹》、《哭祖庙》、《监酒令》。各剧本前附有引言，简述剧情、故事出处和作品意义等；后附注释，考证剧中人物、地名，比较其与正史的不同之处，并对语词中方言、术语以及艰深费解的用词加以说明。编订者为教科用书委员会（隶属于当时的教育部）。其“修订平剧”计划1939年由赵太侔主持拟定。初选剧本百种，并刊行了“平剧选第一辑提要”及“平剧本事”。1942年该委员会与国立编译馆合并，遂改以编译馆名义最终出版发行12集共48个剧本。

（田志平）

Xiuzhulu Juhua

《修竹庐剧话》 京剧文集。朱瘦竹著。江南印刷所1949年10月初版。朱瘦竹（1897～1972），江西金溪人。16岁毕业于上海基督教青年会附属学校，即开始撰写戏评，为报刊所重。20世纪20年代起，其以“修竹庐剧话”为总名的剧评频繁出现于《戏杂志》、《大报》等戏曲刊物。1926年任《三四剧艺日日刊》主编，开始自己办报。同年12月与周世勋等创办文艺小报《罗宾汉》，因内容丰富，销路为各小报之首。《修竹庐剧话》是朱瘦竹多年评戏文章的结集。此外，朱瘦竹自20世纪40年代至中华人民共和国成立初，常在电台播讲梨园掌故和短篇古今故事。他于50年代参加上海评弹协会，1960年到上海江南评弹团编演评弹，直至退休。

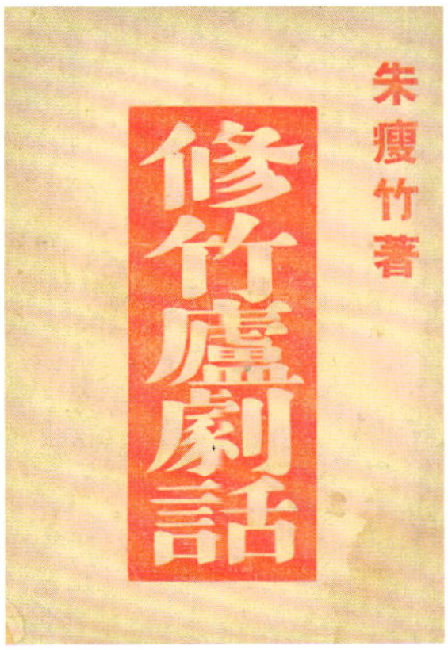

《修竹庐剧话》全书分《伶的谈荟》、《戏的谈荟》、《伶戏综谈》、《盔头行头丛谈》、《全部〈麟骨床〉总讲》、《补白》6部分。除《总讲》外，作者以随笔的形式评介演员的演技及其所取得的艺术成就和师承关系，还有不少梨园班规、掌故和一些剧目的剧情介绍。虽不够系统，然信息量大，所记均为作者沪上观剧之亲自见闻，内容生动活泼，较详细地反映了南派京剧的特色。且不乏珍贵史料，如对高庆奎排演《煤山恨》时，将京口改为上口（中州韵）的记述，即为一例。《全部〈麟骨床〉总讲》是作者从伶工范叔年、周俊民手中所得，为保存失传老戏在该书刊出。

（陈义敏）

Xu Baocheng

徐宝成 （1815～1883） 演员。工净。一作徐保成。祖籍山西。年纪长于钱宝峰、庆春圃，从艺也早于二人。据1845年杨静亭编刻的《都门纪略·词场门》中记载，宝成搭嵩祝班时，同班者有张如林（老生）、大和尚（老生）、福官（老生）、兰儿（旦）、玉宝（老生）、红喜（旦）等。后又搭过永胜奎、双奎各班，曾与名净大奎官同班，技艺亦不相上下。以架子见长，兼擅武净戏，《恶虎庄》（亦名《黄一刀》）的姚刚最为拿手。清咸丰间，在双奎班，尚有《狮驼岭》、《双打店》、《四杰村》等剧上演。1863年搭阜成班，常演的戏有《下河东》饰欧阳方、《定中原》（亦名《红逼宫》）饰司马师、《黄金台》饰伊立、《独虎营》饰罗四虎、《连环套》饰窦尔墩、《白绫记》饰李七、《取洛阳》饰马武等。此类戏后来推黄润甫最工，然犹不得不让宝成珠玉在前。《英雄会》（一名《李家店》或《打窦尔墩》）一剧是他与张奎官首演。他饰黄三太，张扮窦尔墩，红极一时，捏江米面人的都以他们为模式捏成一对人物，照相馆也以这出戏的剧照作橱窗广告。

他勾脸用笔随意，于粗中见神气。最擅长勾花脸，如李七、窦尔墩、杨七郎等，美观、传神，黄三、庆四均学他。1880年重镌的《都门纪略》中又记：此时宝成搭嵩祝成班，同班者有孙处（孙菊仙）、三熊（黄三雄）、黄胖（黄月山）、八十（王槐卿）、潘贵喜等。无嫡传弟子，四喜班小生鲍福山（外号鲍黑子，老生鲍吉祥之父）为其婿。

（钮骠）

Xu Biyun

徐碧云 （1903～1971） 演员。工武旦、花旦，兼文武小生。祖籍江苏吴县（今苏州吴中区、相城区），生于北京。原名桂沅，字继香。出身梨园世家。祖父徐承瀚，字文波，为清咸丰、同治年间著名昆曲小生演员，是丑行名家萧长华之蒙师。父徐宝芳，为清光绪时著名小生演员。其母为四喜班名旦吴巧福之长女，生有五子三女。碧云为名琴师徐兰沅之四弟。徐碧云幼读私塾，曾从丁连升习武生，后从吴菱仙、侯俊山改学旦脚，一度又改学场面小锣。1916年，与其三兄菊沅（斌寿）同入俞振庭创办之斌庆社学艺，排名徐斌喜，工武旦。其武功扎实，身手矫健，出手奇快，在科内即以《青石山》、《泗州城》、《金山寺》及《八大锤》等戏享名。出科后曾搭同庆社、云兴社、双庆社。不仅武功精湛，而且嗓音清脆甜润，后经萧长华建议，从舅父吴彩霞习青衣花旦，兼演文武小生。

瑞蚨祥绸缎庄老板孟觐侯对其艺事颇为赏识，后经俞振庭力荐，孟收其为义子，自此改名徐碧云。1925年孟为徐组玉华社，并为其制作新行头，还出资与中和园之薛仁辅重修戏园，在物质和场地等方面，为徐大展才华提供了极其优越的条件，并赠与瑞蚨祥股份，使其以瑞蚨祥绸缎庄股东的身份演出于舞台。1925年7月17日，徐碧云于中和园首演他的独有剧目《绿珠》，不仅唱腔新颖，而且在坠楼时，要从三张桌子上“抢背”下接“僵身”，其难度之大可想而知，《绿珠》一时红遍大江南北。徐碧云与梅兰芳、尚小云、程砚秋、荀慧生同被誉为五大名伶。1927年《顺天时报》为鼓吹新剧，奖励艺员，举行征集五大名伶新剧夺魁选举，徐碧云当选剧目即为《绿珠》。

《长坂坡》饰糜夫人（右） 程继先饰赵云

徐碧云应邀与马连良赴沪演出《御碑

《宝莲灯》饰王桂英（左）
贯大元饰刘彦昌

亭》。1931年6月杜氏祠堂落成时，北平数十位京剧名家同赴沪上连演三天堂会戏。徐碧云除演《花木兰》外，还于全部《红鬃烈马》中，与梅兰芳、尚小云、程砚秋、荀慧生分饰王宝钏，徐碧云演《彩楼配》一折，这在京剧史上是一次难得的'五大名伶'联袂演出。《玉堂春》是四大名旦均演的剧目，但风格各异，尽展其所长。而徐碧云于1933年又增排了后部《玉堂春》，演刘秉义参奏巡按公堂纳妾，王金龙罢职丢官返回故里，遵母命与表妹娟娘成婚，妻妾矛盾日趋恶化。王金龙揭榜献宝挂帅出征，故意调刘秉义为随军参谋。苏三得崇公道和金哥帮助逃出家门，途中因遇雨巧逢刘秉义赴任。刘因误卯，王欲借机斩刘。三审刘秉义时，苏三来到军营为刘求情，夫妻再次团圆。徐碧云曾代梅兰芳与萧长华合作，由高亭唱片公司灌制了《女起解》唱片传世。

徐碧云文武昆乱不挡，为繁荣剧目，陆续排演了《蓝桥会》、《虞小翠》、《薛琼英》、《褒姒》、《二乔》、《骊珠梦》、《芙蓉屏》、《无愁天子》、《雪艳娘》、《蝴蝶杯》等别具特色的剧目。亦常演小生戏《白门楼》、《辕门射戟》、《黄鹤楼》及《八大锤》等。曾因演《蝴蝶杯》遭警方以"有伤风化"罪名而被逮捕，并将其游街示众。当时梨园界为之震动，原因是得罪了北洋军阀一焦姓参议员。后经梅兰芳等多方奔走营救，虽被保释出来，但不许留在京城，只得赴外地跑码头维持生计。

徐碧云20世纪40年代曾于四维儿童戏剧学校及夏声戏剧学校执教。1959年应聘任陕西省戏曲学校艺术顾问。1964年与尚小云被任命为陕西省京剧院正、副院长。"文化大革命"期间被"四人帮"迫害致死。他平易近人，提携后进。得其教益者有孟丽君、言慧珠、李玉茹、童芷苓、李慧芳、李丽芳、李薇华、杨畹农、毛世来、毕谷云、谢锐青等。妻室为梅雨田之女，有子洪轩，工小生。（刘松崑）

Xu Ce Pao Cheng

《徐策跑城》 京剧作品。王鸿寿根据徽戏移植。唐代故事。剧情承《法场换子》。薛猛之子薛蛟长大成人，奉徐策之命，赴寒山见婶母纪鸾英。适薛刚亦从青龙会至寒山。夫妻、叔侄相聚，遂合寒山、青龙两处兵马，杀奔京都长安，以雪当年全家被戮之仇。兵临城下，徐策闻报大喜，不顾年迈，弃轿舍马，奔赴城楼，见薛家将兵精马壮，尤为欣慰。乃急跑入朝，上本请旨，胁迫朝廷斩杀奸臣张泰，薛氏大仇得报。作品对忠良被戮寄予深切的同情。故事不见有关说部。王鸿寿演唱的《跑城》可谓剧坛独步。周信芳继承王鸿寿衣钵，艺术上精益求精，成为麒派的代表剧目之一。

周信芳饰徐策

"跑城"一场，载歌载舞，随着人物情绪的发展变化，节奏也越来越紧。白髯飘拂，水袖翻飞，袍襟腾舞。配以激越的［高拨子］唱腔，浑然一体，使观众随着剧中人物的喜悦而喜悦。剧本见《周信芳演出剧本选》。（马克郁）

Xu Dongming

徐东明 （1913～1977） 女演员。工老生。又名启芳。祖籍浙江镇海，生于天津。自幼喜爱京剧。1930年拜名票王庾生为师，正式学唱谭派老生。到北平后，从师蔡荣桂、陈秀华、吴鹭涵。不久，与学青衣的妹妹徐东霞组成明霞社演出，曾排《王粲登楼》、《杜鹃红》等新剧。**徐东霞**（1917～1948），曾拜赵绮霞、李凌枫之师，又得荀慧生指教，能戏甚多，文武兼备。东霞去世后，东明又与小妹徐东来组成"明来京剧团"演出。1957年并入北京新华京剧团。后因病辍演，调北京市戏曲学校任教。徐东明嗓音宽厚，做工细腻，唱念韵味纯正。擅演剧目有《失街亭、空城计、斩马谡》、《大保国、探皇陵、二进宫》、《辕门斩子》、《清官册》、《群英会》、《盗宗卷》、《四进士》、《打棍出箱》、《珠帘寨》、《碰碑》、《定军山》等。她教学认真，要求严格，受到学生敬重。（金力）

《打棍出箱》饰范仲禹

Xu Fude

徐福德 （1944～ ） 舞台美术家。浙江镇海人。1964年毕业于上海京剧院舞台美术班。师从幸熙，在绘景专业上有扎实功底，先后在剧院舞台美术工场、艺术创作室任美工和舞台设计。长期从事舞台布景的绘制工作，积累了丰富的舞台经验。改革开放以后，为了适应新形势下剧院工作的需要，他转向舞台设计的钻研和实践，与合作者一起，为剧院创作了许多优秀的舞台美术作品，参与的剧目有《曹操与杨修》、《盘丝洞》、《宝莲灯》、《扈三娘与王英》、《贞观盛事》、《廉吏于成龙》和连台本戏《狸猫换太子》等。徐福德的舞台设计继承了海派京剧的布景艺术传统，以具体、真切、生动的形象吸引观众，同时又努力提高海派布景的艺术品位，脱俗创新，使之与每个戏的情节、人物和表演艺术比较密切地结合起来，在建构各自的演出风格上发挥积极作用。他在创作过程中，常常与导演反复沟通，数易其稿，使布景设计更加贴近导演意图和当代观众的审美需求。为了情节的需要，他还重视借鉴历史上机关布景的经验，运用特技，制造令观众惊奇的舞台景观，如头本《狸猫换太子》末尾的火烧冷宫，由于冷宫在熊熊烈火中坍塌，把剧场的情绪气氛推向高潮。《曹操与杨修》为其代表作，达到很高艺术成就。阿甲曾评述其设计："二道幕处理成浮雕式龙壁，景内景外既隔又连，并有一种历史沉重感和象征意义，

《曹操与杨修》舞台设计选例

假台口与二道幕

第一场 郭嘉墓

第三场 仓曹主簿府后花园

比之专为搬动道具而设的二道幕不知道要高明多少。曹操斜谷巡营一场，舞台上只有隐隐的山脉，没有那些固定地点的具体标志，使舞台空间自由广阔，曹操与众将踏雪驰骋，不管是纵队迎面而来，还是横队大兜圈子，都无妨碍，真有数十里茫茫大漠的感觉。"（1989年3月21日《人民日报》）龚和德赞赏说："曹操与杨修初次相见和最后诀别两场用的基本上是同一个景：大月亮、平台。这是有意重复、渲染。当年两人促膝谈心、相见恨晚的场所竟成刑场！"（《中华戏曲》第9辑）在"上海京剧万里行"和"京剧走向青年"的活动中，《曹操与杨修》受到了广大青年观众的喜爱，除了该剧文化意蕴深厚、表演艺术家技艺精湛外，舞台设计的情景交融、精美到位，也是不可低估的成功因素。该剧舞台设计在1988年文化部主办的京剧新剧目会演中获优秀舞台美术设计奖，1991年入选布拉格国际舞台美术展览会，1996年又获中国舞台美术学会颁发的舞台美术设计1995年度"学会奖"。

（冯钢 赵微娜）

Xu Jiujing Shengguan Ji

《徐九经升官记》 京剧作品。郭大宇、习志淦编剧。徐九经高才博识，却因安国侯嫌他相貌丑陋，未中状元，只任县令。后来，安国侯的义子刘钰与皇叔并肩王的内弟为争夺民女李倩娘发生诉讼，满朝官员不敢出头。经并肩王荐举，徐九经被擢升为大理寺正卿，晋京审理此案。徐九经踌躇满志，认为必是侯爷纵子行凶。于是，从侯府诓出倩娘，又请来尚方宝剑，做好了严惩刘钰的准备。夜审倩娘，才知抢亲作恶的是王府的尤金。他深感痛苦，灵魂深处展开了恩与怨、是与非、良心与私心的搏斗。这时，王府送来毒酒"仙鹤顶上红"，胁迫徐九经就范。他心生一计，公堂上，判李倩娘"同为二人之妻"，"单日事刘钰，双日事尤金"。倩娘不堪羞辱，夺过毒酒，一饮而尽。真相大白后，徐九经惩治了尤金，唤醒因假毒酒致昏的倩娘，成全了她与刘钰的婚事。他从"自幼读书为做官"，历经宦海风波，终于发出"我劝世人莫做官"的感叹，悄然弃官而去，青衣小帽，在歪脖子树下卖起酒来。徐九经由丑脚饰演，陋外慧中，语言和行动独具风采。1980年，湖北省京剧团首演，为该团保留剧目。导演余笑予。朱世慧饰徐九经，以其多方面的艺术才能丰富了京剧丑脚的声腔表演艺术。1981年，作品获全国优秀剧本奖，影片《升官记》获文化部优秀戏曲片奖。1995年，经修改加工，参加首届中国京剧艺术节，获程长庚银奖。剧本载《湖北京剧剧作选》。此剧取材于张寿臣演出的传统单口相声《姚家井》。原作有两男共争一女，审案御史以"同为二人之妻，半月轮换"的判决，使少女喝下假毒酒致"死"，终于圆满结案的情节。此剧初稿因此曾用名《仙鹤顶上红》。

朱世慧饰徐九经（左） 涂竞鸣饰徐茗

（陈先祥）

Xu Juhua

徐菊华 （1918～1966） 演员、编剧、导演。原名姚萌清。北京人。出身梨园世家，父姚佩兰工京剧青衣花旦，母双兰英工生行。7岁在天津拜马德成、姚喜成、李兰亭为师学文武老生，1934年在天津大舞台崭露头角。后十余年，在沈阳、长春、哈尔滨、济南等地演出，成为知名小生。1937年与商少亭、许品轩等组成菊小社，编写了京剧《最后关头》。1944年在哈尔滨参加秦玉峰班社，在《玉堂春》、《春香闹学》、《十三妹》等戏中演小生，在《九件衣》、《秦始皇》中演武生。1948年参加东北平剧工作团，编写新编历史剧《美人计》并亲自导演，首演于沈阳，突破传统行当限制，注重表现人物性格，深受观众欢迎。1951年任东北京剧实验剧团副团长，次年与李春元、崔庆禄等共同创作新编历史剧《雁荡山》，并担任导演。此剧参加了同年在北京举

《怀都关》饰公孙阏

行的全国戏曲观摩演出大会，获导演奖、演出一等奖。1953年又与晏甬共同改编了京剧《反徐州》，任导演。1959年参加编导新编历史剧《海瑞背纤》。1960年任辽宁省地方戏实验剧团副团长，1963年任辽宁青年实验戏曲剧院副院长，参加了新剧种“辽南戏”的创建工作，导演了由辽南皮影戏改编的辽南戏《逼嫁杀店》，在演员表演中借鉴皮影的表演特点，于武打动作上采用了皮影的打斗姿态，做了大胆的尝试，为保持剧种的地域特色作出贡献。1966年因《海瑞背纤》被定为“大毒草”，惨遭迫害，逝世于沈阳。

（任光伟）

Xu Lanyuan

徐兰沅 （1892～1976） 琴师。祖籍江苏吴县（今苏州吴中区、相城区），生于北京。祖父徐承翰、父亲徐宝芳均工京剧小生。弟兄5人，兰沅为长，四弟徐碧云为京剧名旦，其他二人也都以京剧为业。徐兰沅8岁开始学戏，并经常练习琴艺。初学京剧老生，曾为谭鑫培、汪桂芬、孙菊仙在《桑园寄子》、《朱砂痣》等剧中配演过娃娃生。后又向姚增禄、徐立棠、吴连奎、吴顺林、何微香、萧长华等学习过生、旦、净、丑各行的应工戏，会戏甚多。年龄稍长后，嗓音不济，对做演员志趣不大，而音乐志趣愈浓。1908年改习文场，拜方秉忠为师，后又向沈宝钧、王景福等学习京剧武场。1911年正式登台为吴彩霞操琴，又先后加入四喜班、春庆班、富连成操琴，为谭鑫培所赏识，曾约徐兰沅为其伴奏。1921年，徐兰沅加入承华社，此后，为梅兰芳操琴达28年之久，曾随梅兰芳出访美国、苏联等国。1949年后，徐兰沅被聘为北京市戏曲学校副校长。

徐兰沅广见博识，六场通透。他的琴艺受梅雨田、孙佐臣等名家的影响，熔各家之长为一炉。他操琴圆润浑厚，尺寸严谨，节奏鲜明，平正大方。其音色于圆润中显刚劲，运弓则以平稳中见俏皮，慢而不温，快而不火。梅兰芳在音乐上的创新得益于徐兰沅、王少卿二人的密切配合。在梅派代表剧目的演出中，徐兰沅在配乐、伴奏、过门等方面多有创新。1923年，梅兰芳创演新戏《西施》，为了丰富京剧音乐的伴奏，决定增添二胡加入伴奏。遂延请王少卿出任二胡伴奏，徐兰沅同王少卿在京二胡的研制及演奏方法上，经过反复切磋，密切合作，取得相得益彰的艺术效果，影响深远，确立了京二胡在京剧乐队伴奏中不可动摇的地位。他的指法十分细腻，弓法则讲究平稳，无论是“颤、粘、滑、垫、虚、兜、揉”等技法的运用，他都能从剧本的内容和所要表现的人物出发，做出恰切的安排。在曲牌的安排运用上，他更是紧密配合表演，并且多有创新，如在《贵妃醉酒》中，为了配合杨玉环在“赏花”、“饮酒”过程中的复杂心绪，以［柳摇金］曲牌伴奏，先后转换了5种调门来演奏，丰富了曲牌演奏的色彩，生动地烘托出杨玉环的内心活动。他还根据剧情的需要，适当地引进了昆曲的一些曲牌，根据京胡演奏的特点，发挥创造，把昆曲中的［回回曲］用于《贵妃醉酒》，把昆曲中的［春日景和］曲牌用于《太真外传》之中，都收到了很好的效果。在梅派唱腔的设计上，他与王少卿合作，殊多创新，对京剧音乐的发展作出了贡献。

徐兰沅晚年从事戏曲教育工作，培养了不少人才。李德山、杜奎三、李慕良、黄天麟、唐再炘、熊承旭等都是他的及门弟子。著有《徐兰沅操琴生活》。徐兰沅口述，唐吉记录整理。中国戏剧出版社1998年3月新版，三集合为一册，共31万字。第1集有《家世与童年》、《拜戏曲音乐家方秉忠学文场》、《与谭鑫培操琴前后》、《跟梅兰芳操琴的二十八年》、《漫谈胡琴》、《回首当年老梨园》等10多篇文章，第2集有《再谈胡琴》、《杂谈京剧音乐》、《说六场》、《我的琴谱》等8篇文章，第3集有《漫谈梅兰芳的艺术》、《再谈老生的唱腔衍变》、《杂谈老旦》、《扯谈净与丑》、《略谈单皮鼓的技巧》、《调净腔繁》、《笛子与唢呐》等15篇文章。不但有丰富的琴艺经验的总结，还论及创腔经验和京剧音乐的方方面面，且有不少他所熟悉的梨园掌故。梅兰芳、萧长华、马连良分别为此三集的初版本作序。 （安志强）

《徐兰沅操琴生活》
1998年新版封面

Xu Lingxiao

徐凌霄 （1886～1961） 京剧理论家。活动于20世纪10～40年代的报界和戏剧界，有较大影响。

家世与阅历 谱名徐仁锦，字云甫。又以凌霄汉阁为斋名，遂被称为徐凌霄。祖籍江苏宜兴。徐凌霄的祖父徐伟侯应顺天乡试，始寄籍直隶省宛平县（今属北京）。徐伟侯于清道光丁未年（1847）中进士，陆续居官、入幕于江苏、湖北、山东等省，光绪初年就养京师，被聘主讲金台书院。二伯父徐致靖也在京师入翰林院。父亲徐致愉则以进士分发山东，历任大挑、新泰等县知县。两位胞兄随二伯父留京侍奉祖父，准备在顺天应试，三兄以下五位弟兄随宦山东，在父亲任上由学房先生循科举道路开书塾功课。徐致愉同时为诸子开设了家庭功课。徐致愉采用金圣叹的方法，不论古文、小说、戏曲剧本，从中选出有趣的事，相互发明，教授诸子，意在引发孩子们的读书兴趣。在这样的家庭功课引导下，徐凌霄广泛阅读了包括小说、戏曲剧本在内的各类书籍。

甲午（1894）中日战事起，徐致愉离任赴京省亲，家眷迁居省城济南。徐凌霄于13岁入泮，补廪生，但无意仕进，乃考入山东高等学堂读书。当时由于庚子（1900）之乱，清廷废科举，改各省会书院为高等学堂，兼习中学、西学。徐凌霄就读期间，中文、英文屡考第一，为师长所激赏。他在《我们为什么亦要纪念莎士比亚》一文中，述及山东高等学堂末期，英文教习讲授英国文学，布置学生分组合读莎士比亚戏剧，自己参加后，“顿然感觉到文词之妙”和“思想之超迈”，才知外国戏剧家，“其身份，其品格，

《打渔杀家》饰萧恩（右）
程砚秋饰萧桂英

其作风，其学问，是那样的高尚优美，远非中国的名流词客所能梦见”。宣统二年（1910），徐凌霄毕业于山东高等学堂，同年考入清末的京师大学堂（北京大学前身），习土木工程。他的二伯父徐致靖，因戊戌（1898）时向光绪帝密保康有为、谭嗣同、梁启超等人罹罪，被判绞监候（死缓）。庚子后获释出狱，常告诫子侄：维新之败表明，几个做官的救不了中国，还应制造舆论，以治国救民之实学普及全国，唤起民众，重振中华。徐凌霄深受影响，终于放弃土木工程专业，投身文化事业，从事著述。

在京师大学堂读书期间，徐凌霄发表文章于上海《民声报》，得时人重视，《时报》、《申报》、《中国新闻》、《大公报》相继约稿，并于1915年担任上海《时报》驻北京特约通讯员。1918年，与邵飘萍在北京创办《京报》，并主编《小京报》、《京报·京园》剧刊。1928～1933年，徐凌霄出任国立北平大学艺术学院戏剧系教习，又于1928～1930年应邀主编天津《大公报·戏剧》周刊。1931年，受聘入南京戏曲音乐院北平分院研究所从事研究工作，同时在中华戏曲专科学校任教。1932～1933年担任《剧学月刊》主编。偶作业余演出，擅长京剧花脸。1949年中华人民共和国成立后，徐凌霄应北京大学文学研究所之聘，整理古籍。20世纪50年代末，又受聘为北京文史馆馆员。1961年1月17日逝世。

20世纪20～40年代，徐凌霄常在京（平）、津、沪的多家报刊发表文章。凡属新闻、政论、史事内容，署名烛尘、一尘、彬彬，间用凌霄、凌霄汉阁笔名；凡属文学艺术内容，常用徐凌霄、凌霄汉阁、凌霄、老霄、老汉、本阁等笔名。由于胆识过人而蜚声报坛，与邵飘萍、黄远生被称为报界三杰。袁世凯任大总统时，解散国会，篡改约法。徐凌霄撰文于上海报端，警示世人曰：“司马昭之心，已见于路人。”袁世凯称帝后，徐凌霄预言袁氏登基之日，即是身败名裂之时；更以上海《时报》为阵地，剖露恢复帝制的内幕，抨击袁氏的悖逆历史潮流。徐凌霄还先后在《时报》、《京报》、《实报》、《大公报》、《申报》发表《凌霄汉阁随笔》，被当时报坛视为专述晚近掌故史料的首席人物。又与胞弟徐一士合撰《凌霄一士随笔》、《曾胡谈荟》，在《国闻周报》连载，计约130万字，成为研究近代史的珍贵资料。

凌霄汉阁剧学　徐凌霄自幼即在父亲的山东外县任上看了不少乡土班子的演出，并在父亲指点下获得不少对戏曲的认识。青少年时代相继在济南、北京读书，进一步领略了省城的戏剧和京师的戏剧。踏入社会以后，进入民国时期的改良戏园和新式剧场看戏，更是他职业生活的一部分。他的观剧阅历十分丰富，如他自己所述：“以观剧而论，乡土派、都市派、海洋派、京朝派，我所得的印象，比较一般走马看花、随便消遣的内外行先生们，都深刻周详。”（《独立评论》）他的剧学就建立在这样厚实的感性材料和感性经验的基础上。同时，由于对西方文艺和戏剧有着广泛了解和深入体会，乃成为兼通中西的戏剧理论家。《凌霄汉阁自白》所录王一之文章，对作为报界三杰之一的徐凌霄有如下评价：“徐君擅长诗词，远生或叹弗如；精究京剧剧本，飘萍实所弗逮。晚年造诣益深，旁通西土右行之书，具历史之素养与世界之观察，岿然而为报界之鲁殿灵光。”

民国初年，徐凌霄开始评剧和论剧，前10年以批评文字为主，1925年以后的30多年由评转论，以理论篇章居多。其中首应注意的是关于戏曲美学的理论。他强调中国戏剧最能写实，最与人生有关；又指出中国戏剧是程式的，形式上大半有所假借，与处处肖真的西方戏剧根本不同，是一种“不写实而写实”的戏剧。它是“以游戏之方式，寓真挚之意义。使观者一面可以获得娱乐之兴趣，一面又可以发生重大的省觉”（《谁认识这个字——戏》）。还据此辩证思维，对京剧艺术作种种辨析。如说中国的“趣剧”外表虽不离乎滑稽、讽刺，然而“基于爱护，归于谅解”，“尖刻之至，亦是忠厚之至”（《从萧伯纳说到中国的幽默》）。如说旧剧的戏装虽非唐人唐装、宋人宋扮，不过“确为古衣冠之嬗变、荟萃而成”。“其来历是历史的”，“其应用则为超时代的”（《关于戏装》）。

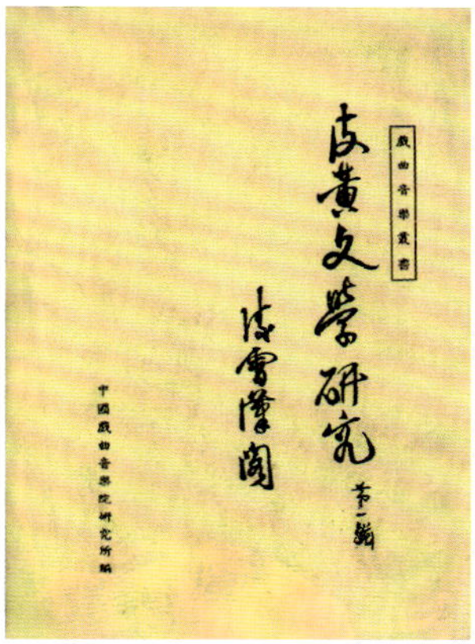

《皮黄文学研究》1936年版封面

他的三部论述京剧文学的专著，首选当为1936年世界编译馆出版的《皮黄文学研究》。这部专著由“述概”、“析词”、“音节”、“雅俗”、“协进”5篇组成，总体称道京剧文学是一种“合言语、动作、文词、音节而为一”的“戏台上的立体文学”，是“真正的活文学”。又提出“直必有至味，俚必有实情，显必有深义”的衡量标准，认为《小放牛》、《打花鼓》等戏的语言自有“民间文学的真品”，《玉堂春》、《游龙戏凤》等戏的语言“究竟多数合于雅化的途径”。京剧文学虽在这方面还存在有待改善之处，但已趋向雅俗共赏的境界了。1937年世界编译馆出版的《京剧词典释例》是一部实用性的技术理论专著，全书搜集105例京剧舞台常用戏词，就其在声韵上的要求，与动作的关系，引导或结束人物对话的作用，联系乐队及同场演员的作用等，分别做了阐释。但也认为旧剧的戏词有淘汰与增补的必要。20世纪50年代所著《中国戏曲音韵学》则未见刊行。

徐凌霄对舞台与人生的关系还给予了足够关注，认为旧剧“能够把人的心理、人的行为、个人与个人、个人与社会，其间一切的矛盾、调协、正映、反射、动机、结果，细密的传写出来，使人们得到极深的印象，发生广大的联想”。他剖析《四进士》里的田伦和顾读：一个徇私，一个枉法，都成了罪人。但是一为孝子而迫于母命，一为廉吏而误于幕宾，故而“在法律上是无可恕者，在道德上是可原宥者”。他评说《宝莲灯》里夫妻、父（母）子、兄弟之间的关系：历经种种复杂的心理冲突，而“全场无一人不仁至义尽，无一处不入情入理”，而且剧中人的行动，“都不是真的主动，而只是各自的被别的方面的动力催动着”（《中剧的第一个立场》）。所论甚为警辟。

对谭鑫培、余叔岩、程砚秋、龚云甫等著名京剧演员，徐凌霄也分别进行了评论。《呜呼，叔岩！》一文即是在余叔岩逝世后，关于其表演艺术的盖棺论定。文章以余叔岩与谭鑫培比较，从“工料”、“嗓音”、“音节”、“戏出”四方面，突出余叔岩苦学、苦练的坚强个性；又坦言余叔岩演戏往往以一出为限，“听时颇觉挺拔坚峭，流转自如”，却“非丹田真力”，“紧窄支撑仍有迹可寻”。谭鑫培则善于以多胜少，“安和舒畅”，慨叹谭与余的最大区别是在“气脉问题”。从技术层面升华到人的精神、气质，所论亦见眼光和功力。

徐凌霄在《大公报》连载的长文《京班之脚色》，以生、旦、净、丑四大项，逐一论述了京剧的行当。文章强调京剧行当的分类，主要原则为“按演出风格而分配脚色”。生行中的陆文龙，“以小生为正格，次则武生尚可通融，而绝对不能用娃娃生”。关键乃在表现陆文龙“英勇无敌之气概”，其余才是年龄因素。净行中大净唱腔无［慢板］，如《二进宫》的李艳妃、杨波皆有［三眼］唱段，唯独徐延昭“开口就是［原板］”，原因仍为“其风格近于刚果、斩截，不宜于纡漫”。即使包容两三样风格的行当，其间也有主次之分。如旦行中的花旦与青衣，风格的区别主要在活泼与庄重，次之才是冶荡与贞静。因为“冶荡之格应归入花旦，非谓花旦之皆应冶荡”。这些都是相当独到的见解。

《古城返照记》2002年版封面

对晚清北京旧戏园子的观众，徐凌霄还做了分析。指出楼下的池子和高座是容纳所谓“市井驵侩、仆隶舆台”等民众最多的中心观众区，而楼上官座和楼下小池子（钓鱼台）是容纳捧角贵族和顾曲名流的特别观众区。“没有中心观众，势必把戏园闹成捧角世界；没有贵雅名流，则戏剧也难以去粗鄙而入于雅净。戏的富足，伶的精雅，这两方面各有需要，互相牵制”（《我与中国戏剧》），简要阐明了京剧是在不同阶层观众文化需求的交互作用下，走向雅俗共赏道路的。

徐凌霄论述京剧的文章涉及方面甚广，可供参考者还有《记程》、《说〈钓金龟〉，并悼龚云甫》、《论戏与技》、《丑脚之说破》、《皮黄之土雅花》、《说行头》、《说盔头》、《论肖真的戏装》、《旧都剧事变迁述概》、《旧都剧曲之变迁》、《“权威者”与国剧前途》、《西剧中演之各问题》、《剧本之甄陶之举例》、《剧本之剪裁》等。此外，上海《时报》连载了他一部约80万字的通俗小说《古城返照记》，在清末民初的政局变幻、世情冷暖之间，对京剧名伶的演出、京剧演员的生活、戏曲剧场的变迁多有描写，又借人物之口评述了演员的艺事。此书经徐泽昱等整理，由《中华戏曲》（22～27辑）选刊约20万字，后由同心出版社于2002年6月出版，比原稿篇幅略有压缩，有60多万字。（沈达人）

Xu Lu

徐露（1939～　）　女演员。工旦。祖籍江苏苏州。1949年随父母到台湾。徐露从小对京剧有浓厚兴趣，父母请琴师申克常、申剑一兄弟和旦角李毅清为之启蒙。上小学四年级时，在同乐会上演唱一曲《女起解》，得到齐如山等人赏识，认为是可造之材，遂被荐送到大鹏剧队学戏。大鹏请分别出身鸣春社和富连成的刘鸣宝、苏盛轼负责教徐露唱念、身段与武功。徐露成为第一个入队习艺的学员。大鹏成立剧校，徐露成为剧校的第一名学生。她从朱琴心、白玉薇诸师学戏，精修苦练，进步极快。还受过票友吕宝棻的指点。徐露台风端庄典丽，嗓音圆润甜美，文武昆乱、唱念做打功底扎实，有“全才旦脚”之称。她艺宗梅派，兼学其他各派。其表演风格有“坚毅深情”的特点（王安祈语）。能戏有《游园惊梦》、《金山寺》、《扈家庄》、《霸王别姬》、《生死恨》、《凤还巢》、《贵妃醉酒》、《西施》、《洛神》、《天女散花》、

《梁红玉》饰梁红玉（右）
周正荣饰韩世忠

《霸王别姬》
饰虞姬

《木兰从军》、《别宫祭江》及武旦戏《泗州城》、武小生戏《八大锤》，也演过新戏《玉珮风云》、《秦良玉》等。后入台湾“中国文化大学”戏剧系国剧组深造，为当地京剧界培育成才的第一人。曾获“亚洲艺人终身成就奖”。（钮骠）

Xu Minchu

徐敏初（1918～1978）　演员。工老生。浙江宁波人。从小拜郭小福为师，又向张连州、李玉龙学戏，后拜穆植田为师，改名穆承斌。功底扎实，能文能武，戏路宽广，既能演《四郎探母》、《失街亭、空城计、斩马谡》等老生唱工戏，又能演《长坂坡》、《杀四门》等武生应工戏，亦能演《定军山》、《阳平关》等文武并重戏。1939年4月在湖南长沙参加军委会政治部直属的平剧宣传队，与李雅琴为该队的生、旦主要演员。他们演出了田汉编写的《江汉渔歌》、《土桥之战》、《新儿女英雄传》、《新雁门关》及《疯僧扫秦》、《怒吼吧，漓江》等剧目。其中，在《江汉渔歌》中扮演主要人物阮复成获得成功。20多岁的徐敏初，有幸生活在戏剧改革家田汉的身边，并接触了任光、马彦祥、焦菊隐、龚啸岚等新文艺工作者，受到他们的教育、指导和帮助，从而扩大了艺术视野，在表演艺术上朝着体验角色、塑造人物的正确方向发展。1941年平剧宣传队解散以后，徐敏初在桂林秋声社与金素秋、李紫贵等合作演出。后来，徐敏初从广西辗转到云南搭班演戏。1949年，马连良到昆明演出。在前辈京剧艺人刘奎官的主持下，徐敏初拜马连良为师。1961年，在北京举行的周信芳演剧生活60年纪念活动中，又由田汉介绍并主持与李少春、李和曾等共同拜周信芳为师。20世纪50～60年代前期，徐敏初除主演《马鞍山》、《洪秀全》、

《葛嫩娘》饰孙克咸（右）
金素秋饰葛嫩娘

《文天祥》、《赵氏孤儿》、《珠帘寨》等剧目以外，还长期与关肃霜等同台演出，陆续演出了《白毛女》、《白蛇传》、《战洪州》、《鸳鸯抗婚》、《钗头凤》、《谢瑶环》、《黛诺》等。《马鞍山》是徐敏初在昆明和平解放以前向戴又辰老师学的一出言派老生折子戏。经他多年潜心研究琢磨，在剧本、唱腔、身段等方面不断整理加工，运用苍劲深沉的嗓音演唱言派唱腔，获得成功。1959年10月，云南京剧演出团赴京演出时，梅兰芳观看《马鞍山》演出后，到后台对徐敏初说："你唱得不错，把我都给唱哭了。"徐敏初在学习继承京剧老生艺术流派的基础上有追求、有创造。他所塑造的舞台艺术形象，朴质浑厚，潇洒大方，光彩夺目。他对艺术始终严肃认真、精益求精，与同事、朋友的相处中谦虚谨慎、平易近人，热心培养和辅导青年演员，提携后学。1966年6月"文化大革命"中，他身心受到了严重摧残。1978年1月28日，因病在昆明逝世。 （胡耀池）

Xu Muyun

徐慕云 （1900～1974） 京剧史论家。原名**徐长讷**。江苏徐州人。毕业于上海大同大学。曾任铜山县立第一高等小学英语教师、私立徐州中学教务主任，又曾供职于《商报》，主持过百代、高亭、

胜利等唱片公司京剧和地方戏唱片的选编和录制工作。1933年被聘为北平市政府文艺专员，负责改进文化、艺术、社教诸事，不久因母病辞职。后相继担任上海戏剧学校教务长、中华国剧学校校长等职。中华人民共和国成立后，受命与高百岁共同筹建中南戏剧学校，任教务主任。徐慕云自幼习闻家乡戏曲，青年时代爱好京剧，后与苏少卿及胞弟徐筱汀师事陈彦衡，对谭鑫培演唱艺术与京剧音韵有深入研究。20世纪20～40年代，在上海、北平等地以观剧自娱，并与一些京剧、地方戏演员相过从。

他先后编写京剧著述多种，最早问世者为**《梨园影事》**，1928年由上海大东书局初版，后为参加美国芝加哥博览会，经与徐筱汀共同修订，1933年改由华东印刷公司再版。该书上卷收有徐慕云本人撰写的《说脸谱》、《说生》、《说旦》、《说净》、《说丑》等论述京剧脸谱及各行当特点的论文及各行当京剧名伶小传多篇，并附以相应的京剧名伶戏装、便装照多帧；又收入蒙寿芝、吴天翁、张光宇、丁一怡、刘奎官所绘彩色京剧脸谱多幅以及徐筱汀、林老拙、郑过宜、苏少卿等人所写京剧名伶小传。该书下卷收昆弋、秦腔与粤剧等部名伶小影、小传以及由徐慕云、封至模、祁景颐、徐筱汀、朱耀文等人分别撰写的《三千年中国戏剧变迁史》、《皮黄及各种板别之命名》、《秦腔之板眼与腔调》、《鞠谭馀渖》、《为皮黄辩诬》、《谭本戏与新戏》、《释尖团字》、《释十三辙》、《京剧过门统一论》等论文。

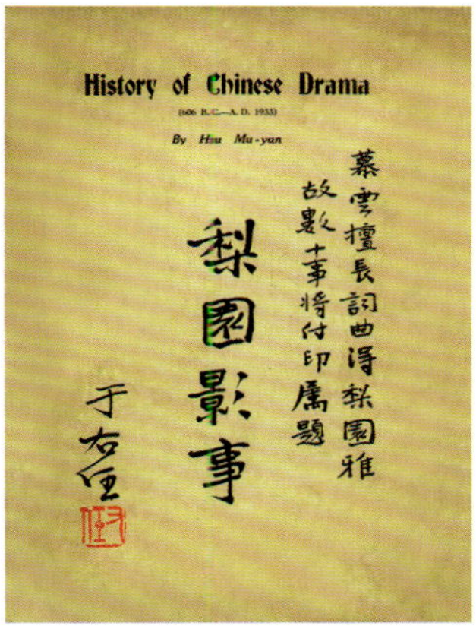

《梨园影事》1933年增订重刊本

1938年，徐慕云编写的**《中国戏剧史》**由世界书局出版。全书共5卷，分述中国戏曲发展概况、戏曲剧种历史、戏剧之组合、脸谱与化装、对戏剧的评价及戏剧唱念艺术的研究等内容。此书若干章节由多人协助完成，卷一之中国戏剧发展概况为郑过宜手笔，卷二之昆曲、话剧简史由戏曲研究会、罗艺光供稿，卷三第一章《坤伶》一节是徐筱汀写定，卷五第三章《六十年来故都名伶概述》即祁景颐所撰《鞠谭馀渖》，第四章诸篇亦有出自徐筱汀、刘语冰、朱耀文之手者。2001年，此书由上海古籍出版社重排出版，卷首有躲斋《导读》。

《梨园外纪》2006年版封面

1938年11月至1940年4月，徐慕云还在《申报》先后发表《故都宫闱梨园秘史》159篇、《梨园外纪》204篇（含56题），对京剧艺人供奉内廷的逸事，京剧艺人的生活、社会地位、艺术创造，梨园的制度和剧坛的趣闻，皆有纪述，对京剧剧目的内容、特点和编者也有所考辨。**《梨园外纪》**于2006年12月由生活·读书·新知三联书店结集出版，15万字，配图86幅，沈达人为之作序。**《故都宫闱梨园秘史》**于2010年4月亦由生活·读书·新知三联书店结集出版，19万字，配图53幅，沈达人作序。

1959年，徐慕云与黄家衡合著的**《京剧字韵》**由上海文艺出版社出版。该书介绍了京剧唱念的阴阳平仄、五音四呼、尖团清浊及所用韵辙，并附京剧常用字汇表。1960年，徐慕云撰著的**《京剧杂谈》**由北京宝文堂书店出版。该书第一部分杂谈京剧各行当的流派，第二部分杂谈京剧唱腔、字韵、韵白、脸谱、化装以及靠旗、翎子、髯口、水袖的功用，是一部知识性读物。1970年以后，徐慕云又完成《京剧音韵字汇》的写作，内部刊行。他还改编、创作了汉剧《赵氏孤儿》，京剧《黑旗刘》、《刘永福抗法故事》、《岳飞出世》、《脱靴辨奸》等历史故事戏。 （沈达人）

Xu Rongkui

徐荣奎 （1924～1968） 演员。工文武老生。北京人。幼入山东省立剧院京剧班，用名徐志良。1937年入北京荣春社科班，改名徐荣奎。师从蔡荣桂，学成《九更天》、《打金砖》、《珠帘寨》、《卖马》等戏，为科班老生行学生中的上选人才。常演剧目有《空城计》、《甘露寺》、《御碑亭》、《乌盆记》、《状元谱》等。在《焚绵山》中饰介之推，《孙武子演阵斩美姬》中前饰要离、后饰孙武，全本《东汉》中饰邓禹等，都很出色。出科后，先后于鲁、晋、江、浙各地搭班献艺。1946年初进上海，拜唐韵笙为师，学《刀劈三关》、《徐策跑城》、《走麦城》各剧，演出于杭嘉湖一带。20世纪40年代末，再进上海，搭周信芳班社，在表演上颇受麒派影响。1949年参加

荣春社坐科时的徐荣奎在《珠帘寨》中饰李克用（中）

天蟾舞台实验京剧团。1955年北上，参加唐山市京剧团。他的艺术学于北方，成于南方，做到“北戏南唱，南戏北演”，南北兼容，唱做俱佳，而且能编能导，在现代戏的唱腔设计上，多有创树。主演过《白毛女》、《林海雪原》、《春雷》、《杨立贝》等剧，尤其在《节振国》一剧中有突出展现，为京剧改革进行了有益的探索。（钮骠）

Xu Xilin

《徐锡麟》 京剧作品。时装新戏。王钟声编演。剧本未见流传。他所编演的文明新戏，“就戏的本身来说，虽然由于布景的关系已经分幕不分场了，但在许多地方却和皮簧的时事新戏差不多。不仅用对白，而且用锣鼓，唱皮簧，登台念引子或上场白，以至于数快板等”（张庚《中国话剧运动史初稿》）。因此有些学者也把这类剧本视为时装京戏。该剧演清末徐锡麟入光复会，从事革命，为安徽巡警道，刺杀巡抚恩铭，被捕杀。其女友秋瑾亦被捕，狱中赋诗，从容就义。1907～1908年以王钟声为首的春阳社在上海率先演出，不久又带到天津。演员有杨亚芳、徐光华、叶钱柱等人。在北京期间，是和玉成班合作，在天乐园演出。在天津，和刘艺舟先后在天仙戏园和同乐园演出。1909年2月，上海春桂茶园上演了京剧《徐锡麟》，三麻子等主演。此外，以徐锡麟遇害为题材的传奇，有孙雨林的《皖江血》及华伟生的《开国奇冤》，二者均为案头剧，刊于1912年，收录于《晚清文学丛钞·传奇杂剧卷》（中华书局1962年版）。（王卫民）

Xu Xiaoxiang

徐小香 （1832～1900） 演员。工小生。原名徐炘，炘一作馨，号蝶仙。艺名徐小香，一作小湘。寓所名闻德堂，后改岫云堂，又署岫云主人。祖籍江苏常州，生于苏州。幼时随父居京。嗜戏，曾师从吴正田、曹眉仙习小生。初登台以票友身份多演于堂会，后投师吟秀堂潘氏门下，深造学习。清咸丰年间搭四喜班，不久又入程长庚主持之三庆班，成为该班主演。徐小香天赋条件绝佳，嗓音宽厚清亮，身材适度，扮相英俊。其戏路宽，允文允武，昆乱不挡，唱做俱佳，能以小生戏唱压轴（当时的“大轴”多为连台本戏）。擅演剧目有昆曲戏《牡丹亭·惊梦、拾画、叫画》、《金雀记·乔醋》、《绣襦记·剔目》、《占花魁·醉归、独占》、《连环记·起布、问探、三战、大小宴、梳妆掷戟》、《狮吼记·梳妆、跪池、三怕》、《风筝误·惊丑、诧美》、《西楼记·楼会、拆书》、《石秀探庄》、《雅观楼》，吹腔戏《奇双会》及皮簧戏《临江会》、《群英会》、《取南郡》、《黄鹤楼》、《辕门射戟》、《借赵云》、《磐河战》、《孝感天》、《监酒令》、《取洛阳》、《雁门关》、《镇潭州》、《破洪州》、《岳家庄》、《八大锤》、《举鼎观画》、《御碑亭》、《得意缘》、《玉堂春》、《连升店》等。徐氏于艺事勤奋刻苦，在家头不去网，足不去靴，吊嗓练功，且自操琴自唱，每日必二三次。每演戏毕，归家仍再装扮，对镜重演，以审优劣，分辨短长。徐氏有较高的文化素养，又聪慧敏捷，善取众家之长，且富有创造性，熔曹眉仙（昆曲）、龙德云（汉调）的不同小生唱法为一炉，创出既不同于雌音，又有别于老生，纯然为男性之音的小生本色之唱。还善于运用表演技艺，如水袖功、翎子功等刻画人物，宣示人物的心境、情绪，所扮演的周瑜，“能传其性灵，于英武中寓温文，衣冠相对，真觉如饮醇醪，

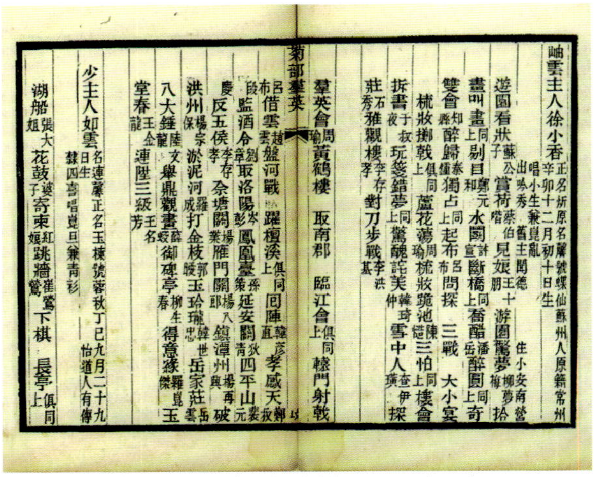

岫雲主人徐小香 正名炘原名馨號蝶仙蘇州人原籍常州 辛卯十二月初十日生
唱小生兼崑亂 出吟秀 舊主聞德 住小安南營
遊園看狀子蘇公 賞荷蔡伯喈 見娘王十朋 游園驚夢柳夢梅 拾
畫叫畫同上 剔目鄭元和 水鬭許宣 斷橋同上 喬醋潘岳 醉圓同上 奇
雙會知縣 醉歸秦鍾 獨占同上 起布呂布 問探 三戰 大小宴
梳妝擲戟俱同上 蘆花蕩周瑜 梳妝跪池陳慥 三怕同上 樓會
拆書于叔夜 玩箋錯夢同上 驚醜詫美韓琦仲 雪中人查伊璜 探
莊石秀 雅觀樓李存孝 對刀步戰李洪基
羣英會周瑜 黃鶴樓 取南郡 臨江會俱同上 轅門射戟
鞠部羣英
呂布 借雲趙雲 盤河戰同上 躍檀溪俱同上 回陣韓彥直 孝感天鄭叔
段 監酒令劉章 取洛陽岑彭 鳳凰臺孫策 延安關狄青 四平山裴元
慶 反五侯李存孝 奈塘闕楊業 雁門關楊八郎 鎮潭州楊再興 破
洪州楊宗保 淤泥河羅成 打金枝郭曖 玉玲瓏韓世忠 岳家莊岳雲
八大錘陸文龍 舉鼎觀畫薛蛟 御碑亭柳生春 得意緣羅崑玉
堂春王金龍 連陞三級王名芳
少主人如雲 名連馨正名玉棟號蓉秋丁巳九月二十九日生 隸四喜唱崑旦兼青衫 怡道人有傳
湖船張大姐 花鼓子婆 寄柬紅娘 跳牆崔鶯鶯 下棋 長亭俱同上

清同治刊本《鞠部群英》所记之徐小香

世有‘活周郎’之誉”（见《同光朝名伶十三绝传略》第36页）。所演《监酒令》一剧中唱的大段［二簧］“喉音既清华朗润”，又“悲壮苍凉，英光迸露，风流儒雅，如闻空际鸾凤音”。《八大锤》一剧“是其得心应手之作，其车轮战数场，各有身段，枪花手法绝不相复，其妙处真无可形容”。演至末场与金兀术问答数语，“文龙‘放尔逃命去吧！’一句，更凄怆欲绝，观者亦不禁泪下涔涔矣”。（以上均引自吴焘《梨园旧话》）

徐小香戏装肖像《群英会》周瑜（沈容圃绘 夏山楼主藏）

徐氏在剧界颇受敬重，亦被尊呼“大老板”。有古侠士风，曾见一为人新买之歌童，遭主人毒打，他恻然婉劝无效，遂愤然以重金替歌童赎身，并寻见歌童舅父，使之相聚。因其舅贫穷，无力还身价，徐氏乃焚毁借券，送舅甥二人返家。时人作《义伶行》长诗以彰扬其事。徐氏艺业，一时无两，弟子四人皆以云字排名，有董度云、郑多云、陈五云、李亦云（以上二人一说名若云、绮云）及其子徐如云，有名士曾以“五云深处”斋额相赠。其后之小生王楞仙、朱素云等，多宗其艺。光绪中叶，徐氏举家返归故里，谢绝舞台。（捷之 讷言）

Xu Xiaoding

徐筱汀 （1906～1957） 戏曲研究家、剧作家。原名长茵。笔名有仲梁、啸庐等。江苏徐州人。就读于上海圣约翰大学文科。喜爱戏曲，曾与胞兄徐慕云师从陈彦衡研究谭（鑫培）派艺术。青年时代已在《申报》、《戏剧月刊》等报刊上发表戏剧评论。《谭皮黄之文场》是一篇探讨京剧胡琴史和琴师传承关系的重要文章（《戏剧月刊》第1卷第5期）。《京派新戏和海派新戏的分析》不是一味颂扬京派、贬斥海派，而采取比较客观的态度。其中谈到：“马连良的新戏，现在总算生行中的独家专利品，然而和麒麟童的《临江驿》、《追韩信》一比较，相差还很远；王芸芳的《失足恨》、尚小云的《摩登伽女》都是时装戏，然而《失足恨》

却比《摩登伽女》有价值、有思想，剧情也较为缜密。尚、马的新戏，侥幸得了‘京派’的护符，周、王的新戏，不幸在上海开演，落了‘海派’的坏名。”还说：“倘有人能本皮簧原则，于老戏之外，另创适合潮流的佳剧，那吗，‘京派’和‘海派’新戏壁垒的陷落可指日而待。”（《戏剧月刊》第1卷第3期，1928年8月10日出版）这是他的一种远见卓识。徐慕云编著的《梨园影事》出版后，既受社会重视也听到一些意见，为让此书参加美国芝加哥博览会，徐筱汀协助其兄做了修订、补充，并收入了他写的《为皮黄辩诬》、《释尖团字》、《释十三辙》、《谈〈捉放曹〉》、《谈本戏与新戏》。他们兄弟俩都为上海的唱片公司做过录制京剧唱片的策划、联络工作。抗日战争期间，徐筱汀先后在西安民众教育馆、重庆国立编译馆任职，负责京剧传统剧目的整理出版。后入夏声戏剧学校任剧务主任、总务主任，主编过校刊《夏声》，并参与不少新剧目的创作，尤以《陆文龙》最得好评。1944年1月13日《新民报》以通栏标题刊载评论《八百人赞叹，美哉陆文龙，旧剧新编甚得体，夏声学生表演动人》（《马科回忆》第51页）。1949年6月，徐筱汀随夏声戏剧学校集体参军，任第三野战军政治部文工团研究股员兼团务委员。编写或整理的剧本有《新大名府》、《新快活林》、《新武松打店》、《战宛城》等。1951年调任华东戏曲研究院创作工场副主任，与苏雪安改编了宋之的的同名剧本《皇帝与妓女》，由华东京剧实验剧团演出。后又调任该院资料研究组组长，对山东、福建的古老剧种进行调查研究，由他执笔的两省调查报告，收入《华东戏曲研究院文件资料汇编》。大区建制撤销后，调任上海市戏曲学校教务主任。他去世较早，一说病逝于1956年。许多文章如《释旦》、《释末与净》、《秦腔之发展史实及其衍变》、《考证〈缀白裘〉之梆子腔》、《〈大补缸〉杂谈》、《〈四郎探母〉摭谭》、《坤旦漫谭》、《〈唱片剧词汇编〉序》、《乱弹腔调丛考》以及对京剧演员的评论，都没有来得及集结成书。蒋星煜有《徐筱汀对京剧之贡献》一文，收入《中国戏曲史钩沉》。 （简 畅）

Xu Yumin

徐毓敏 （1891～1952） 盔头工艺师。江苏丹徒（今属镇江）人。1907年在镇江高家盔帽铺学艺。1914年起随京剧武生杨瑞亭走南闯北演出，把盔头制作技艺与演员舞台实用相结合，对杨的不少盔帽做了改进。1916年到上海祥泰顺、蒋顺兴戏衣号帮工。1921年搭店做盔帽。1924年在老大沽路110弄10号自开盔帽作，因其身材高大，绰号“徐大个”，店名徐大个戏帽铺。徐一生改制硬盔头30多种、巾帽20多种，为演员私房行头和排演新戏，创制了不少有新意的盔帽。梅兰芳饰虞姬的如意冠、饰白娘子的白蛇额，周信芳饰薛仁贵的豹子巾，马连良饰蒯彻的侯帽、饰苏武的牧羊盔，盖叫天饰项羽的宝塔盔，林树森饰关羽的水钻夫子盔，高盛麟饰高宠的大额子扎巾盔等，多有出自徐毓敏之手者。1944年为上海戏剧学校正字班制作全副盔箱，共计300多件。1951年又为华东戏曲研究院实验京剧团制作全副盔箱。徐制作的盔头，式样新颖，材料轻巧，适合冠戴，有利于表演，对京剧盔头的改进创新有较大的影响。1952年徐病故后，店铺由内侄、徒弟纪兴海经营。1956年徐大个戏帽铺加入上海第七绣品生产合作社，1958年并入上海戏剧服装用品一厂，徐氏的盔帽纸样等技术资料继续发挥着作用。弟子有江根泉（阿跷）、韩福兴、邹福生等。 （刘月美）

Xu Yuanshan

徐元珊 （1924～1992） 京剧教师。曾为武生演员。祖籍江苏吴县（今苏州吴中区、相城区），生于北京。出身京剧世家，父徐兰沅为名琴师。7岁学艺，得到杨小楼、尚和玉、许德义、沈富贵、王玉吉、曹玺彦、马德成的指导。1938～1943年，在富连成社科班习武生，师从王连平、刘喜益、茹富兰、诸连顺、钱富川、刘砚芳，又从陈洪寿、贯大元、宋继亭学老生戏，累积学戏300余出。1943～1949年，先后与谭富英、杨宝森、徐东明、王玉蓉、陆素娟、筱翠花、童芷苓、叶盛章、李万春、赵燕侠等搭班合演，主演剧目有《挑华车》、《状元印》、《独木关》、《铁笼山》、《麒麟阁》、《安天会》、《恶虎村》、《骆马湖》等。1949～1960年参加梅兰芳剧团，并与梅合演《回荆州》、《抗金兵》、《金山寺》等。同时，辅导梅葆玖排演《花木兰》、《扈家庄》。1960～1987年，在北京市戏曲学校任教，并为多位青年武生如沈宝桢、叶金援、姬麒麟等教戏、排戏。20世纪80年代协助梅葆玖恢复上演梅派剧目，任艺术指导。晚年撰写京剧艺术论文近30万字。 （王硕）

Xuzhou Shi Jingjutuan

徐州市京剧团 京剧演出团体。1959年6月组建。其前身是1953年9月成立的徐州市人民京剧团。1963年秋，从南京调来许翰英，任团长，并先后从各地邀聘一些演员，又接收徐州市戏曲学校京剧班32名学员。其时主要演员有许翰英、佟韶音、李慧春、任岫云、吴慧秋、郑永春、单玉梁等。许翰英为荀慧生弟子，代表作有《红娘》、《红楼二尤》、《丹青引》等；女老生佟韶音的代表作有《群英会》、《斩韩信》等。1964年前后，排演剧目有《洪湖赤卫队》、《沙家浜》、《奇袭白虎团》，创演剧目有《妙手回春》、《十人轿》等，连台本戏《西游记》连满两个月。剧团经常到各地巡回演出，受到欢迎。“文化大革命”开始后，许翰英被迫害致死，剧团曾两度被迫停演。1970年恢复演出，主要演“样板戏”。1977年后，演出剧目逐渐丰富，有《逼上梁山》、《小刀会》、《秦香莲》、《清宫外史》、《宝莲灯》、《蝴蝶梦》、《三打陶三春》、《春草闯堂》、《宏碧缘》等。1979年创作的现代小戏《闹鸡筐》、1981年创作的历史故事戏《长平遗恨》均获得好评。1989年创排《金瓶二莲》，向在徐州召开的首届国际《金瓶梅》学术讨论会作汇报演出，受到与会专家重视。1992年新编三国故事戏《孙尚香》（编剧谭慕平、导演胡芝风，主演黄晓萍、李水莲、佟韶音等），在徐州市新剧目观摩演出中获奖。1995年、1998年徐州市以优秀青年演员组成艺术团，先后访问日本、奥地利，李雪梅的《天女散花》、邵建伟的《汉宫惊梦》，受到外国朋友的赞扬。该团青年演员在全国性赛事中获得好成绩，李水莲、张大环在1987年全国青年京剧演员电视大选赛中分获青衣花旦组、老旦组优秀表演奖。1999年，李雪梅应邀参与上海昆剧团新版《牡丹亭》的演出，在中本饰演杜丽娘，获第十七届梅花奖。 （徐艺）

《红娘》 许翰英饰红娘

《牡丹亭》 李雪梅饰杜丽娘

Xu Deyi

许德义 （1882～1944） 演员。工武净。本名全增，曾名德意。直隶大兴（今属北京）人。父亲许荫棠是奎（张二奎）派老生。德义幼入小福寿科班坐科，习武净，与范宝亭、朱湘泉、茹锡九等同科，师从钱长永、范福泰、唐玉玺、吴和吉等。出科后，历搭鸿（洪）奎、福寿、同庆、复出四喜和陶咏、桐馨、裕群各大名班，长期为杨小楼配戏，成为杨小楼不可须臾离开的舞台搭档。他武功根底坚实，技艺精纯，扮相魁伟，表演火爆。无论是扎靠戏、短打戏，还是箭衣戏，皆以雄健、勇猛见长。他的打法，不尚花哨，简中带繁，凝练谨饬，手里狠、步眼稳，膀子沉，亮相整，受前辈名净庆春圃影响较深。演《战宛城》典韦，像一头怒吼的雄狮；演《金沙滩》杨七郎又像一只咆哮的猛虎；演《嘉兴府》的鲍自安，袒露半臂（俗名“闪膀子”），舞朴刀，甩白髯，翻跟斗，暴烈火炽；同杨小楼演《蜈蚣岭》，扮蜈蚣道人，对打严密，“削道冠”削得稳准凌厉；演《武家园》饰武文华，“蹿帐子”蹿得干净利落，惊险猛烈。与武旦合演的《娘子军》、《蟠桃会》、《攻潼关》、《夺太仓》、《泗州城》、《取金陵》、《无底洞》、《打瓜园》、《金山寺》，与武生合演的《英雄义》、《恶虎村》、《骆马湖》、《赵家楼》、《花蝴蝶》、《神州擂》、《状元印》、《安天会》、《长坂坡》、《麒麟阁》、《百凉楼》，在群戏《八蜡庙》、《战宛城》、《贾家楼》、《溪皇庄》、《翠凤楼》、《画春园》、《讲堂斗志》、《五花洞》、《浔元盒》中扮演的主要人物，都允称当行出色，不同凡响。由他单挑的武净正工戏《收关胜》、《芦林坡》、《嘉兴府》、《金沙滩》、《采石矶》等则更为拿手，冠绝一时。《艳阳楼》、《铁笼山》、《青石山》（勾脸的关平），以及属于架子花脸的《丁甲山》的李逵，《英雄会》、《九龙杯》的黄三太，《普球山》的蔡庆，《四杰村》、《巴骆和》的鲍自安，《红柳村》的邓九公，《打渔杀家》的倪荣等也常贴演；还有杨小楼新排戏《取桂阳》的张飞、《康郎山》的荆趘等。他勾的脸谱简净大方，以气势威猛显示熠熠光彩。弟子有吴彦衡、义小亭等武生演员，还有名票丁福庭。

《八虎闯幽州》饰杨七郎

（钮骠）

Xu Hanying

许翰英 （1922～1971） 演员。工旦。山东平度人。原名许景烈，曾用名许彦衡。自幼喜爱京剧，入北平鸣春社科班学戏，工花旦。出科后，1942年组班在山东一带演出。次年拜何佩华为师。他十分推崇荀派艺术，经常观摩荀慧生演出，在京期间学会不少荀派戏。1947年再到北平，邀请荀慧生的琴师及鼓师为其伴奏，并请荀慧生的合作者马富禄、金仲仁同台演出，其师何佩华为其把场，使他的技艺大进，声誉日起。是年，“四小名旦”之一的李世芳因飞机失事故去，北平《纪事报》倡议补选，他被选入，遂正式拜荀慧生为师。1948年到山东及上海、江苏南京等地演出。1951年加入青岛市文联京剧团，参加新编历史剧《闯王进京》等戏的演出。还加工整理了《孟姜女》、《梁祝哀史》等。1952年开始巡回演出，后又参加南京市京剧团、江苏省京剧团和徐州市京剧团。他致力于传承荀派艺术，能戏有《红娘》、《红楼二尤》、《丹青引》、《金玉奴》、《杜十娘》、《鱼藻宫》、《香罗带》、《绣襦记》、《花田错》、《钗头凤》、《英杰烈》等。

《香罗带》饰林慧娘（右）白玉侬饰春莺

（鲁捷）

Xu Jichuan

许姬传 （1900～1990） 京剧评论家。祖籍浙江海宁，生于江苏苏州。8岁赴杭州从精于昆曲的外祖父徐致靖读书，课余学唱昆曲及程长庚的《天水关》、徐小香的《群英会》，打下了坚实的文学及音韵学基础。1920年随父住天津，多次观赏孙菊仙的演唱，并拜陈彦衡为师，学唱谭派戏，开始研究京剧艺术。1930年南归申江定居，经常清唱或票戏，与京剧名家相过从，并开始与梅兰芳交谊。1950年参加梅剧团，任梅兰芳私人秘书，为其记录整理了《舞台生活四十年》（第1、第2集与许源来合作，第3集与朱家溍合作）、《我的电影生活》、《东游记》、《梅兰芳文集》。与许源来合著《忆艺术大师梅兰芳》，与徐凌云、赵荣琛等合著《中国四大名旦》。《燕赏斋谈艺录》曾连载于天津《中国书画报》。

许姬传撰写的评论文章集中收入《许姬传七十年见闻录》、《许姬传艺坛漫录》两部著作，1985年、1994年先后由中华书局出版。前者共23万字，所收文章分戊戌变法侧记、谭鑫培的艺术道路、梅边琐记等。作者据亲身见闻，记述了谭、梅两位艺术大师的艺术成就和艺术生活中鲜为人知的细节和趣闻。后者共40万字，辑录作者自1950年以来所撰剧评、杂文163篇。内容包括梅兰芳创演《凤还巢》、《生死恨》、《穆桂英挂帅》等代表剧目的艺术探索和追求；作者本人拜陈彦衡为师学唱谭派，对演唱谭腔需掌握好养气、运气，把握好准确的发音部位的体会；京剧界名人齐如山、陈彦衡，著名京剧演员孟小冬、金少山等的传略及剧评、文物鉴定、书法、烹饪艺术等。由于门类较多，为使该书眉目清晰，叶祖孚先生为之设置了《文史拾遗》、《缕缕梅香》、《心香一瓣》、《砚边留痕》、《古调徐舒》、《艺海碎浪》6个栏目。两书堪称姊妹篇，为研究京剧特别是研究梅兰芳艺术保存不少珍贵史料。许姬传1990年9月12日病逝于北京。

《许姬传艺坛漫录》护封

（陈义敏）

Xu Jinzhong

许瑾忠 （1944～　　） 乐师。司铙钹。1962年中国戏曲学校毕业后，长期在中国京剧院工作。担任过《红灯记》、《红色娘子军》两剧电影拍摄中的铙钹演奏。曾先后随剧团赴日本、澳大利亚以及中国香港、台湾等地区演出。他伴奏武戏铙钹点子富于变化，强而不躁、快而不慌；配合文戏沉稳雅致，讲究韵味。他从20世纪70年代后期开始对京剧锣鼓进行研究，他所编写及组织演奏的《京剧锣鼓经大全》盒式录音带（3盘），是我国较早出版的较为系统的锣鼓音响资料。此外还撰写了《四十年来京剧锣鼓的发展和创新》、《京剧打击乐器的改革与探索》及《中国戏曲音乐集成·北京卷》中的《京剧锣鼓》等。（刘吉典）

Xu Liangchen

许良臣 （1895～1980） 票友。工老生。一作良宸，别名宝柱。浙江杭州人。出身官宦世家。少年时寄居北京，聆听名家之戏，尤对谭派钟情，钻研既深，能戏亦多。清末民初及20世纪20年代，先后在沪参加春雪社票房和基督教青年会京剧社，与伶票两界诸名家切磋技艺，研习谭剧，间或粉墨登场，演出《空城计》、《桑园会》、《游龙戏凤》、《哭灵牌》、《法门寺》等。后被聘为教师，传授谭派艺术。20世纪30年代初，他先后聘琴师陈彦衡、孙佐臣为之操琴，艺事益为精进，公认为申城谭派须生名票，与程君谋齐名。20世纪50年代初期，于陈道安父子举行的京剧同好者联谊聚会上，与诸多名家唱和，同时参与京剧理论研究和传统剧目的整旧创新，为《当锏卖马》整理曲谱。许良臣学谭，其行腔、吐字、发音、喷口莫不恪守谭派规范，且韵味醇厚。早年曾欲与京票言菊朋、津票王君直分庭抗礼，然因嗓音苍涩而未果。1925年高亭唱片公司曾为其灌制唱片，有《击鼓骂曹》、《乌龙院》、《打渔杀家》、《连营寨》、《断臂说书》、《搜孤救孤》等。（讷言）

Xu Siyan

许思言 （1918～1987） 京剧作家。浙江温州人。原名**许铁生**，因私淑言菊朋，笔名思言。自幼酷爱京剧，后习编剧，师从郑剑西、苏雪安。1951年考入上海市文化局主办的第三届戏曲研究班编导系。1955年起任上海京剧院编剧，创作、改编、移植的剧本有《东郭先生》、《取西川》、《赚华州》、《金刀阵》等。许思言熟谙音韵，注重情节安排与人物刻画，努力在尊重和继承传统的基础上推陈出新。1957年编演的连台本戏《七侠五义》（共三本），发挥海派京剧情节曲折、人物生动、四功并重、通俗易懂、巧用机关布景等长处，避免枝节芜蔓和商业化穿插等弊病，雅俗共赏。其代表作《**海瑞上疏**》写于1959年春。上海京剧院成立创作组，由周信芳领导，许思言执笔。剧本写户部主事海瑞眼看嘉靖皇帝宠信方士，朝政腐败，进谒首辅徐阶，指望他谏君匡过。徐阶明哲保身，海瑞冒死抬棺进谏，获罪下狱。嘉靖死后获赦。戏剧冲突尖锐，剧情跌宕起伏。“踯躅街头”以及“金殿的念白”等场面，都有助于发挥麒派做工和念白的特长。1959年9月30日首演于天蟾舞台，周信芳饰海瑞，李桐森饰嘉靖皇帝，金素雯饰海夫人，纪玉良、童祥苓等参加演出。公演后，上海、北京的报刊纷纷发表评论，认为“在舞台上塑造了一个比较成功的‘南包公’的艺术形象”。1960年4月上海文艺出版社出版单行本。1960年广州、温州等地的京剧团曾排演此剧，其他地方戏曲剧种也有移植搬演。1961年12月至1962年1月，先后在北京、上海参加周信芳舞台生活60周年纪念演出。田汉赋诗志贺，有“乾坤依旧争邪正，珍重先生起怒雷”的诗句。“文化大革命”中，《海瑞上疏》受到错误批判，许思言也深受迫害。粉碎“四人帮”后获得平反，并重新上演，由周信芳之子周少麟饰演海瑞。之后，许思言创作了《汉武哭宫》，注重人物内心活动和复杂性格的刻画。他发表的文章，对活跃戏曲评论产生很大影响。20世纪80年代以后，他经常活跃在业余京剧活动场所和大学校园，扶植业余京剧组织，辅导、讲授京剧艺术。他编写的《京剧老生流派》、《编剧十讲》、《戏迷新传》等普及京剧知识的著作，深受业余京剧爱好者的欢迎。（沈鸿鑫）

《海瑞上疏》 周信芳饰海瑞（右一）（陈莹摄）

Xu Yintang

许荫棠 （1852～1918） 演员。工老生。名德普，字秋山。直隶大兴（今属北京）人。从业粮行。幼时即酷嗜京剧。初为票友，每登台署名“**许处**”。以后拜名净穆凤山为师，又从毓鼎臣、贾丽川、沈玉莲学戏，艺事大进。他以天赋的实大声洪之嗓音名世，时人称之为“石破天惊”，赞为“许大嗓”。他以自己资质近于张二奎，遂刻意追摹，终成为继杨月楼后奎派老生的代表人物，并以擅王帽戏蜚声剧坛。代表剧目有《打金枝》、《选元戎》、《牧羊卷》、《除三害》、《金水桥》、《二进宫》、《桑园会》、《法门寺》等八剧，人称“许八出”。在福寿班与王瑶卿合演的《金水桥》、《打金枝》、《四郎探母》等剧，颇负时誉。其他常演剧目还有《取荥阳》、《大登殿》、《审刺客》、《战北原》、《五雷阵》等。清光绪间曾去上海演出，1910年上海《图画日报》专栏《三十年伶界之拿手戏》中有《许处之〈打鼓骂曹〉》，称许处“足当声容并茂四字，专唱奎派，其嗓音足与周春奎相埒……而《打鼓骂曹》之祢正平，伐鼓渊渊，不同凡响，尤为他伶所不可企及”。清末，曾先于谭鑫

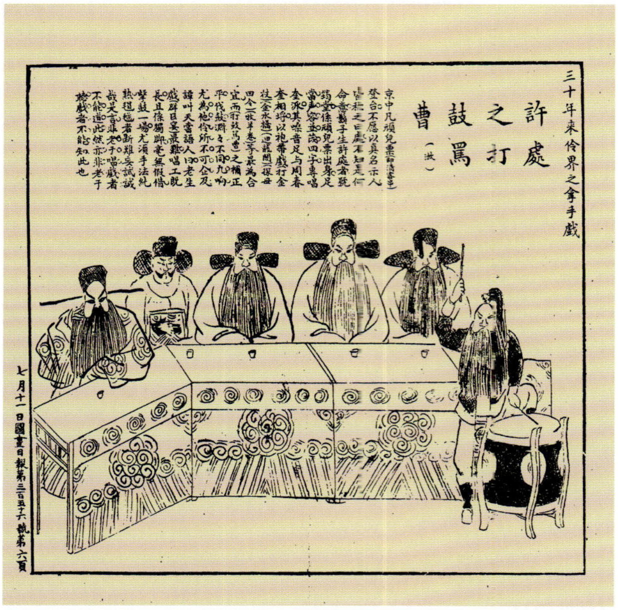

《许处之〈打鼓骂曹〉》（选自清末上海《图画日报》）

培而与孙菊仙、汪桂芬并称一时。子许德义，为著名武净。

（讷言）

Xuan Yuanrong

《选元戎》 京剧作品。作者不详。唐朝驸马秦山跟随皇子征西，被困于锁阳城，程咬金突围回朝搬兵。恰逢秦山之子秦英打死了国丈展昆仑，将被问斩。程咬金即上金殿请求宽免，并举荐秦英戴罪出征解围。国丈之子展龙则要保举其弟展虎挂帅。程咬金乃奏请唐王以比武选定元帅。秦英在校场力斩展虎，取得了帅印，领兵出征。事见《秦英征西》鼓词，而不见于《说唐全传》等说部，与《金水桥》内容相近。该剧以丑脚饰程咬金，老生饰皇帝。许荫棠擅演此剧，由唐玉玺配演程咬金。言菊朋曾改编上演，饰程咬金。老生重唱，丑脚重表演，萧长华有唱片行世。富连成科班和中国戏曲学校的学生曾多次上演。萧长华成功地塑造了一个忠心报国、爱憎分明又足智多谋、饶有风趣的老将形象，道白采用半京半韵的念法，富于韵律感，听来铿锵悦耳、节奏鲜明。剧本载《京剧汇编》第7集、《萧长华演出剧本选集》。

萧长华饰程咬金（左） 雷喜福饰唐王（中）
钮骠饰太监

（丁汝芹）

Xue Haowei Jingju Wenji

《薛浩伟京剧文集》 京剧文集。薛浩伟著。安徽农业大学2007年印行。薛浩伟（1927～ ），生于北京梨园世家。自幼随父学艺，四五岁时能登台串娃娃生。10岁拜张凤祥为师，学汪（桂芬）派老生戏。16岁始南下搭班，在江浙一带演唱多年。为求深造，1953年到上海拜陈秀华为师。同年秋，赴朝鲜参加慰问中国人民志愿军演出期间，经李多奎介绍，向谭富英行战地拜师礼。后又在北京向杨宝忠、马连良请益。1956年由李释戡引荐，拜了王瑞芝，专攻余（叔岩）派艺术。曾先后在北京革新京剧团、扬州地区京剧团、江苏省京剧院二团任职。1962年加入安徽省京剧团。1989年退休后主要从事两件工作：一是潜心于京剧的学术研究，写有多篇关于声腔的考证文章，在北京《戏剧电影报》等刊物上发表。二是热衷于普及京剧的教育活动，在安徽农业大学开办京剧欣赏讲座，成为该校学生的选修课，长达13年间受益者3 000多人。该校学生在连续四届全国高校大学生京剧演唱赛中，有获一等奖者4人、二等奖者10人、三等奖者6人，这与薛浩伟的讲解、指点是分不开的。其讲座文稿大多发表于《安徽日报》。本书就是作者两方面成果的结集。收有《[四平调]之由来》、《徽班·徽音·徽伶》、《京剧史上的"徽汉争"》、《秦声楚歌，皮黄一体》、《[南梆子]的兴衰盛败》、《[高拨子]的源起与形成》、《京剧之二簧与二黄考》、《京戏功与法》、《也谈手眼身法步》、《京剧唱念中的楚语京音》等32篇短文。其中有关表演知识的一组文章，曾以《国剧功与法》为题，在1992～1994年出版的《台湾复兴剧艺学刊》第3～10期上连载。书后有王道庆《薛浩伟艺术之路》一文，对作者生平和艺术成就有详细介绍。 （简畅）

xuejiajiang gushixi

"薛家将"故事戏 以唐代名将薛仁贵家族为核心的英雄群体为题材的京剧作品。薛仁贵，绛州龙门（今山西河津）人，曾事太宗、高宗两朝，"少贫贱，以田为业"《新唐书·薛仁贵传》，"太宗亲征辽东，仁贵谒将军张士贵应募，请从行"（《旧唐书·薛仁贵传》）。骁勇善战，所向披靡，为一代名将载于国史，传于民间。宋末以降，在民族矛盾日益激化、国破家危的特殊历史背景下，人民渴望、呼唤着像薛仁贵、杨业、岳飞那样的民族英雄出来匡世扶危。薛家将的故事像杨家将、呼家将、岳家军的故事一样，在民间被不断地流传。现存《薛仁贵征辽事略》是元人所作话本（收于《永乐大典》）。其故事内容大抵是根据新、旧《唐书》加以演绎，并虚

清宫《戏出画册·摩天岭》（故宫博物院藏）

清宫《戏出画册·汾河湾》（故宫博物院藏）

构了薛仁贵献计渡海、辽公主深山避难、李世民梦白袍救驾、张士贵妒贤冒功等事。元人杂剧有《薛仁贵荣归故里》、《摩利支飞刀对箭》、《贤达妇龙门隐秀》等，内容与《事略》皆有不同。明代戏曲有《金貂记》、《白袍记》、《征辽记》等。明清有关薛家将的演义小说有《唐书志传通俗演义》、《隋唐演义》、《反唐全传》、《异说后唐三传》等，尤以《薛仁贵征东》家喻户晓。

前人创作的戏剧、小说、鼓词等，自然成为京剧编演“薛家将”故事戏最直接、最方便的蓝本和参照。根据京剧艺术的特点，对它们进行筛选、加工，融以新的创造。再经过舞台上几代京剧演员累年锤炼，方使我们看到像《汾河湾》、《樊江关》、《摩天岭》、《徐策跑城》、《独木关》、《柳迎春》、《法场换子》、《举鼎观画》、《闹花灯》、《三箭定天山》、《阳和摘印》、《三请樊梨花》等一大批“薛家将”故事戏，展现在今天的京剧舞台上。“薛家将”故事戏中，歌颂抗拒侵略的英雄、抨击民族败类的戏占着重要的位置。作品讴歌薛家将在对敌斗争中的神勇无敌，赞颂他们在大敌当前能摒私怨、顾大局、扶病躯、急国难的爱国精神；宣扬在君危兵困、杀伐恶战中挺身而出，历险蹈危一往无前的英雄气概。对奸佞贪腐的鞭笞和揭露，是薛家将故事剧爱国思想的另一侧面。在薛家将诸剧中，对陷害忠良，冒功贪赏，谗言惑听的如李道宗、张士贵、张天左、张天右、张泰等，进行了无情的鞭挞。

随着忠奸斗争而来的是“薛家将”故事戏中展示的那种反对愚忠、敢于犯上的抗争精神和呵护良善、舍己为人的高贵品德。这在《闹花灯》、《阳和摘印》、《法场换子》、《举鼎观画》、《徐策跑城》等剧中表现得极为突出。如对薛刚造反精神的赞颂，对薛猛逆来顺受行为的批判，对徐策舍子救孤义举的讴歌，都反映了鲜明的是非观和道德观，是薛家将故事剧人民性的具体表现。此外，许多戏还描绘了在战争背景下，薛家将英雄们在家庭、婚姻、爱情、亲情、友谊等方面的生活情趣。在薛家将故事剧里，不仅歌颂了薛家的须眉丈夫，更大力歌颂了众多的巾帼英雄，浓墨重彩地赞誉了柳迎春、樊梨花、薛金莲、纪鸾英等薛门女将。她们的智慧、品质、才略、能力都不让须眉，甚至胜过须眉。

薛家将的故事大都来源于民间，京剧的编创及演出者也多是民间艺人，故从内容到形式，都继承并发扬了民间通俗文化的特点——质朴、清新、生动、明快。又因受城市文化的影响和演出的需要，其故事情节日趋精练、严谨，更富有戏剧性，发挥京剧艺术的特长，使得人物形象更为鲜明突出，更具个性。如薛仁贵之忠武，柳迎春之端庄，薛刚之鲁直，薛金莲之娇情等，皆能闻其声如见其人。京剧薛家将剧目的艺术风格也丰富多彩各式各样：有正剧，有悲剧，也有喜剧；有文戏，有武戏，也有连文带武的戏；有唱工戏，有做工戏，也有唱做念并重的戏，各类行当均有发挥。由于历史和时代的局限与影响，薛家将故事剧中也杂有某些宿命论和迷信色彩的情节等，在戏曲改革中大都进行了剔除和整理。（马克郁）

Xue Yaping

薛亚萍（1946～　）女演员。工旦。生于北平（今北京）。出身梨园家庭。外祖父是京剧名净李春恒，母亲李婉云也是京剧名旦，薛亚萍深受影响，尤对张（君秋）派艺术酷爱。后经陈少霖引荐，于1962年拜张君秋为师。学习张派艺术特有的演唱风格和技艺，刻苦钻研，悉心领会。终于“练出了圆润的后膛音和清柔的鼻音，以及似断非断，收放沾连的张派‘点唱法’”(纪钧能《情系氍毹化新境》)。1968年入山东省京剧院任演员。1986年在“庆祝张君秋先生舞台生活50年”的演出活动中，被誉为“张派弟子之魁”。《望江亭》一剧薛亚萍得师真传，在“清庵观”一折，她从人物出发，以委婉优美的［四平调］和［南梆子］唱腔，把谭记儿的复杂心情表达得惟妙惟肖，细微传神。在继承张派艺术的基础上发挥其优势，唱出自己的艺术个性和特色。擅演剧目还有《秦香莲》、《玉堂春》、《状元媒》及新编古代剧《祭酒掌兵》等。1991年获第八届梅花奖，1992年获梅兰芳金奖。曾多次出国访问及到台湾地区讲学传艺，博得赞誉。弟子有李青、赵群、姜亦珊等。（翟超）

《秦香莲》饰秦香莲

xuezi

褶子 京剧服装。简称褶，京剧俗读xué（学）。俗称道袍。褶子原是明代一种长衣的称谓，又作摺子。明人方以智《通雅》：“近世摺子衣，即直身。”作为戏班用语，泛指通用于男女老幼、文武贵贱的一种戏衣系列。基本款式为大襟、斜大领，宽身阔袖（大多带水袖），衣长及足，胯下开衩。女式褶子多为小立领、对襟，衣长过膝。齐如山《京剧之变迁》说，女式褶子的领、襟，原同男式，“自兴出时式褶子之后（时式褶子立领对襟，如现时青衣之青褶子），衣箱上便不预备此种褶子了”（1935年增订再版本第32页）。旧式女褶子的款式，现保存于老旦褶子。

褶子有花素之分。还有一类褶子，只在领襟、衩摆部位绣边，介乎花素之间。褶子色彩丰富，品种繁多，用途广泛，既可单用作为常服，也可穿在蟒、帔、官衣、开氅里面作为衬衣，还可与箭衣、抱衣、快衣等构成套装。其穿式也有多种。武生、花脸、武丑的花褶子可以敞着穿，故里子也绣花，只是较面上纹样疏简。

男式褶子主要品种有：①文小生花褶子。以角花布局，装饰主

褶子图例

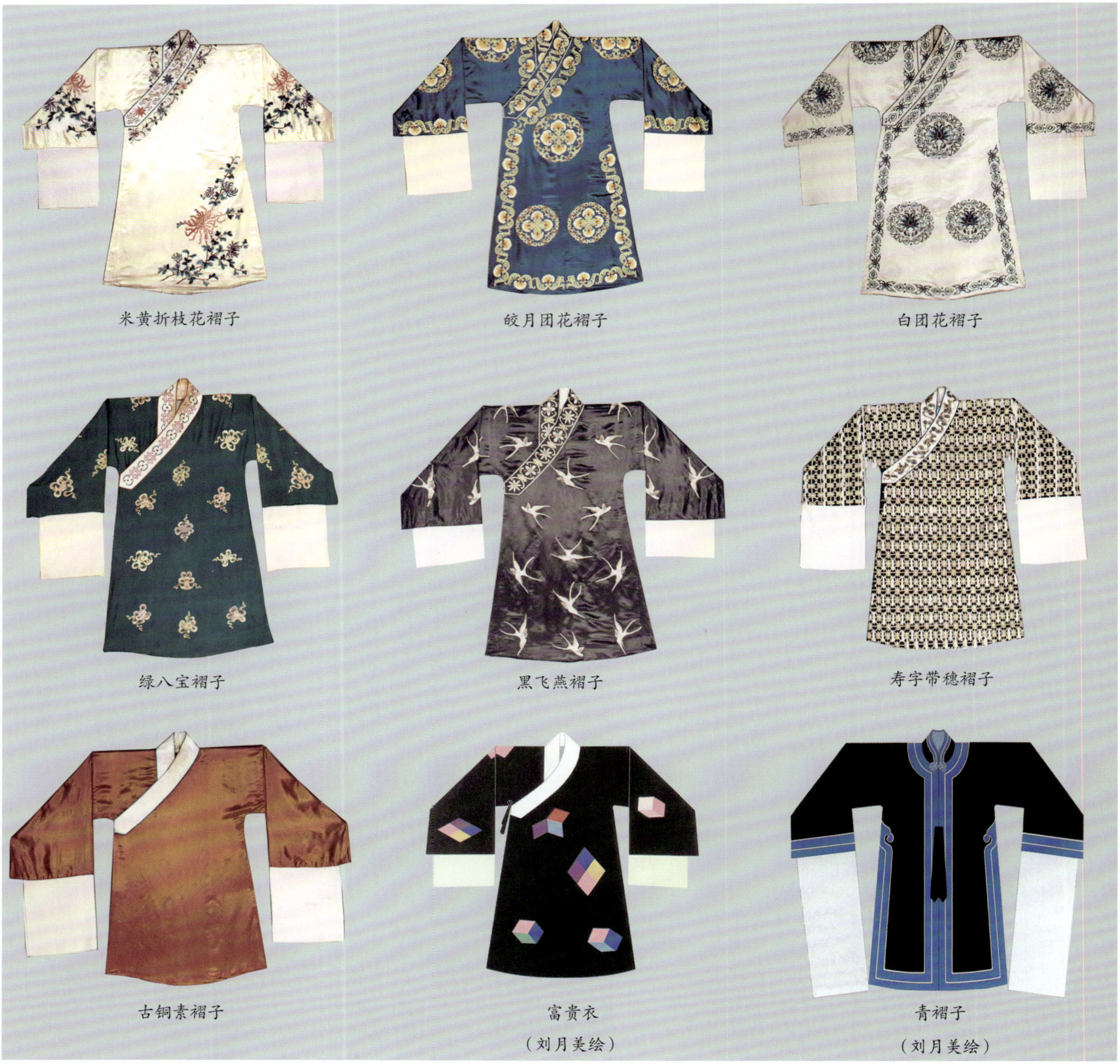

米黄折枝花褶子　皎月团花褶子　白团花褶子

绿八宝褶子　黑飞燕褶子　寿字带穗褶子

古铜素褶子　富贵衣（刘月美绘）　青褶子（刘月美绘）

（本页图片除注明绘制者外均为鲁青摄影）

题为梅、兰、竹、菊等折枝花卉，色彩明亮淡雅，纹样生动活泼，用于青年书生，如《游园惊梦》柳梦梅。文小生另有一种花托领褶子，全身素静，只在大领内外加以装饰（称双托领），其华美亚于前者。②武小生花褶子。一般以二方连续花纹作周边装饰，为青年儒将的休闲之服，如《蒋干盗书》周瑜。③武生花褶子。绣十团花，比之小生褶子郑重，泛用于英雄义士、侠客豪强，如《野猪林》林冲、《艳阳楼》高登穿白缎花褶，《清风寨》燕青穿蓝缎花褶。④花脸花褶子。团花布局或散花布局，平金绣纹。散花布局纹样多为大流云，不拘一格，在花褶中最有豪放气概，如《除三害》周处穿紫缎花褶，《白水滩》青面虎穿绿缎花褶，《清风寨》李逵穿黑缎花褶。⑤文丑花褶子。绿缎，以彩绣小碎花朵与吉祥纹样分布全身，用于轻薄、迂腐或奸诈文吏，如《活捉三郎》张文远、《群英会》蒋干。⑥武丑花褶子。黑缎，满花布局，纹样有飞蝠、飞燕、飞蝶、寿字纹等，还有在纹样上加缀白色小丝穗者，用于非偷即盗的江湖人物，如《连环套》朱光祖、《九龙杯》杨香武、《大破冲霄楼》蒋平。⑦素褶子。有青（黑）、蓝、古铜、秋香、大红诸色，白色大领。蓝、古铜、秋香，多为缎制品。蓝缎素褶子用于老生扮的文人，作为常服，如《御碑亭》王有道、《捉放曹》陈宫、《马鞍山》俞伯牙。古铜、秋香色用于老人，如《四进士》宋士杰、《扫松下书》张广才。青素褶子，有缎制、绉纱制。有三类人作为常服用：一为失意文人，如《问樵闹府》范仲禹、《击鼓骂曹》祢衡；二为地位低微的英雄好汉，如水浒戏中的武松、石秀；三为豪门富户中的家院，如《南天门》曹福、《九更天》马义。另有一种院子衣，改白色大领为黑领，又称海青。绉纱制的青素褶子也可以作衬衣用，如《乌龙院》宋江，外穿宝蓝缎素褶子，内衬青褶子，至杀惜一场，脱下蓝褶子，露出青褶子。红褶子多作蟒、官衣、帔等衬衣用，在特定情境中也起罪衣的作用。如《铡美案》

中陈世美被打掉红蟒后，露出内衬的红褶子，表示已由驸马沦为罪犯，转换迅速，效果强烈。另外，剧中僧、道，多穿灰布褶子。⑧**穷衣**。在青素缎子上缀有若干块不规则的杂色绸子，为穷困潦倒的书生所穿，因日后可入仕途，故称**富贵衣**。⑨**紫花老斗衣**。原用紫花布（产于江南地区）制成，今多用米色棉绸，是专用于老年平民的素褶子，如《打渔杀家》萧恩、《清风亭》张元秀、《乌盆记》张别古。⑩**青袍**。与青褶子的区别在于，黑领而非白领，无水袖，为站堂的衙役专用。⑪**短跳**。长仅过膝，斜大领上或有纹饰，用于书童。⑫**安安衣**。短式蓝布素褶子，无水袖，袖端镶黑边，为平民家儿童所穿。

女式褶子主要品种有：①**青褶子**。或称青衣、青衫。黑绉绸为料，以蓝色或皎月色镶边，用于端庄、贞静的中青年贫苦妇女，如《武家坡》王宝钏、《汾河湾》柳迎春、《三娘教子》王春娥等。②女穷衣。也称女富贵衣。青褶子或浅色素褶子加缀若干块补丁（杂色绸子）。王瑶卿在《乾坤福寿镜》中饰胡氏，为京剧舞台用女穷衣之始，其后，程砚秋《荒山泪》饰张慧珠、梅兰芳《生死恨》饰韩玉娘相继用之。③绣边褶子。有银灰、灰绿等色调沉静的素褶子，周身以二方连续花纹为缘饰，这是对青褶子的一种变化、补充，用于本来穿青褶子的角色。如《六月雪》窦娥、《锁麟囊》薛湘灵等。另有白色素褶，缀以三蓝或三灰等边花，作为孝服用。④老旦褶子。多以米色布或棉绸制成，大领斜襟如男式褶子，有白色、黑色或本色领，用于贫寒老妇，如《钓金龟》康氏、《李逵探母》李母。亦有不拘于米色，且在领上缀以花纹。

褶子的穿式最为多样，有外穿褶子不加附件者，如《击鼓骂曹》祢衡。有穿褶子加有附件者，腰系丝绦表示行路，如《捉放曹》陈宫；腰束大带、带穗垂前，是大户人家仆役，如《南天门》曹福；腰束蓝色短裙，是平民之家仆役，如《三娘教子》薛保；打腰包（系由胸及足的白色围裙）表示卧病，如《洪羊洞》杨延昭，表示困顿如《清官册》狱中潘洪，表示流离失所如《断桥》白娘子。有敞着穿褶子，不系前襟，露出内衬之衣者，如《艳阳楼》高登；有只穿左臂、偏袒右臂，将右边袖子连同底襟，与前衣片打结于右腋之下，表示结衣急行者，如《三岔口》任堂惠；有将褶子披在身上者，如《野猪林》风雪山神庙的林冲；有将褶子提高用大带或丝绦结束，使下端缩短、上身宽落于胸前背后，显出猥琐者，如《艳阳楼》贾斯文；有在褶子外穿大坎肩者，如《野猪林》陆谦；有加饭单以表现操持家务者，如《汾河湾》柳迎春；有把褶子作为内衬之衣，外套的帔或蟒是斜穿式，露出右侧褶子，如《宇宙锋》装疯时的赵艳容等。这些穿扮方式都是从生活中提炼出来并具有程式性。（谭元杰）

Xueling Cangsong

《雪岭苍松》 京剧作品。初名《钢铁老人》。黑龙江省佳木斯市京剧团集体创作，赵麟童、吴英林、杨英、李超仁执笔。取材于东北抗日联军交通员李陞的事迹。1938年冬，东北抗日联军老交通员李青执行任务，历尽艰险奔赴哈尔滨。由于叛徒出卖，被日寇抓获。面对威逼利诱，李青坚贞不屈。敌人用叛徒打入犯人中间，制造假越狱，企图由此跟踪，捣毁中共满洲省委和抗日联军。李青将计就计，诱敌入山，巧传情报，配合抗联部队，将敌人一举歼灭在四绝山。1959年佳木斯市京剧团首演。导演杨英。尚长春饰抗联交通员李青、赵云樵饰抗联参谋长，王红饰抗联女战士苗春兰、谭俊英饰金月华，王幼臣饰山田。1964年中国戏剧出版社出版单行本。1965年，参加东北区京剧现代戏观摩演出。1966年，改名《雪海战红旗》，剧情改为以武装斗争为主。1979年恢复1965年演出本，参加黑龙江省庆祝中华人民共和国成立30周年献礼演出，获保留优秀现代剧目奖。作品结构严谨，故事情节引人入胜。“艰途险境”、“店房脱险”两场，惊险紧张的场面处理得波折有致，妙趣横生。在与敌人的周旋中，表现出李青的处变不惊、足智多谋。“傲骨惊敌”一场，剑拔弩张，迭起波澜。李青与敌人针锋相对，嬉笑怒骂，重刑面前一身傲骨，表现出一个老共产党员的坚定信念和浩然正气。全剧不仅比较娴熟地运用了京剧的艺术表现形式，而且语言生动，具有较强的文学性。（程炳达）

尚长春饰李青（中）　赵云樵饰抗联参谋长（右）
王红饰苗春兰　（崔彦勤摄）

Xue Yanqin

雪艳琴 （1906～1986） 女演员。工旦。本名**黄咏霓**。回族。自幼喜爱戏曲，4岁拜田际云为师，学梆子青衣。后拜梆子青衣天鹅旦为师，向张彩林学青衣，并向郭际湘学花旦戏，苦练跷工和把子。又先后拜尚小云、王瑶卿为师习艺。她转益多师，博采众长，逐渐形成自己的艺术风格。1913年7岁时，便以“金筱仙”艺名，登台演出梆子《捡柴》。1920年，赴太原演出，在承成园排演京剧《狸猫换太子》。从此改唱京剧，拜靳国瑞为师，并挂起头牌。返京前，一位前清老秀才赠名“雪艳琴”，意思是压倒在京名声显赫的坤伶琴雪芳。1923年，在北京城南游艺园、新民大戏院演出时，高搭牌楼，当中高悬“雪艳琴”三字，分外醒目。她与女老生孟小冬合演《四郎探母》、《南天门》等戏，盛况空前。此间，得到尚小云的赏识，将《玉堂春》、《御碑亭》、《虹霓关》传授给她。1925年后，搭崇雅社、庆麟社、奎德社演出。1927年，与高庆奎赴沪，演出于天蟾舞台，雪艳琴一曲《贵妃醉酒》征服了观众。此时，与周信芳相识，合演《平贵别窑》，珠联璧合。1928年，与郝寿臣、谭富英、周瑞安再次赴沪，演出获得成功。1930年，继“四大名旦”之后，观众又推选出胡碧兰、孟丽君、雪艳琴、章遏云为“四大女伶皇后”。1931年6月，在上海

《金山寺》饰白素贞

的一次堂会上，雪艳琴应邀与四大名旦合演全部《红鬃烈马》。荀慧生饰《赶三关》的代战公主，程砚秋饰《武家坡》的王宝钏，雪艳琴饰《算军粮》的王宝钏，梅兰芳饰《大登殿》的王宝钏，尚小云饰《大登殿》代战公主，群芳荟萃，盛况空前。此后，在北平与周瑞安、杨宝忠、郭仲衡等组建成庆社，演出《十三妹》、《杏元和番》、《天河配》、《冤孽姻缘》(即《活捉王魁》）等。演出阵容整齐，花旦雪艳舫（艳琴之四姐）、诸如香，小生梁桂亭，花脸赤连汉，老旦文亮晨，小花脸朱斌仙等，经常演出于哈尔飞戏院。

雪艳琴嗓音甜润，扮相清秀，文武兼备，博采众长，吸收“四大名旦”之技艺而融会贯通。许多重头戏，在她演来都游刃有余。她演的全部《玉堂春》，吸纳了梅、尚、程、荀各派的演法，一气呵成。评论家邹苇澄在《戏品》中说：“得畹华之神采，合御霜之缠绵，具小云之清越，兼留香之绮丽。总四家而擅美，跨南北而孤出。”因其嗓音极好，曾有“金笛仙”之誉。在全部《十三妹》中，

《廉锦枫》饰廉锦枫

《穆柯寨》饰穆桂英

又显示出她演刀马旦的功力。她饰何三凤，念白爽朗，动作矫健，性格豪放，俨然一名风尘女侠的形象，表演中颇具王（瑶卿）派风范。1933年，与谭富英合拍了京剧《四郎探母》，由天一影片公司代为拍摄录音。翌年，在北平吉祥戏院首映，受到观众赞赏。1934年退出菊坛。1935年11月9日，北平梨园公会举办为河南水灾筹赈义务戏，雪艳琴虽已告别舞台，但经邀请，毅然应允，与杨小楼合演《霸王别姬》。除参加义演外，间以绘菊消遣。她还热心于公益事业，为中华戏曲专科学校筹办了回民灶。还为登门请教者授艺，如为言慧珠说《奇双会》等。1952年经梅兰芳举荐，参加中国戏曲研究院京剧实验工作团。演出剧目有《贵妃醉酒》、《霸王别姬》、《二进宫》、《二堂舍子》、《玉堂春》、《十三妹》、《黛玉归天》等。在现代京剧《白毛女》中饰黄母，《林海雪原》中饰蝴蝶迷，表演十分成功，博得赞誉。1960年应邀到中国戏曲学校任教。其学生有梁秀娟、许嘉宝、沈健瑾、杨春霞、陈淑芳等。（马铁汉）

Xueyizhai Juzuo Xuan

《雪意斋剧作选》 京剧作品集。文中俊著。时代文艺出版社1991年6月出版。收《杨贵妃》、《西湖荒月》、《嫦娥与后羿》、《春容图》、《包公审石狮》、《寇准白头》、《骆驼祥子》等7个剧本。所选题材多是中国历史、神话和传统文学中为人们熟知的故事，给予新的审视与把握，赋予理想化色彩，如对嫦娥奔月动机的解释，不是为求成仙，而是看到人间黑夜无光，才独食灵芝，然后提灯上天，入主太阴宫，从此给月宫带来明亮，照亮了人间的黑夜。以诗意化的境界，发挥京剧艺术手法，营造剧诗氛围。（沈梅）

Xuelei Bei

《血泪碑》 京剧作品。时装连台本戏。清宣统二年（1910）冯子和编演。取材于扬州时事。描写女青年梁如珍与石如玉同窗学习，相爱定情。恶汉陆文卿妒梁、石爱情，扮女佣混入石家，与如珍的姐姐如宝私通，复觊觎如珍，如珍不从。因梁母被贼误杀，如珍受诬被逮。在法场临刑时，由石如玉辩冤救出。如珍父奉命剿匪，陆文卿随行，暗中通匪，害死梁父，又将如珍卖入妓院。石如玉得信后赶来赎出如珍，如珍病重，临死嘱石报仇。石杀死陆文卿及梁如宝，上坟祭奠后，触墓碑自杀。情节曲折动人，悲剧气氛浓郁，使冯子和“忧怨悲哀，缠绵悱恻，啼笑皆真”的表演风格得到充分施展。1910年4月7日首演于上海法租界新剧场，冯子和、赵君玉分饰梁如珍、石如玉，王鸿寿、林颦卿、赵小廉等参加演出。上演后即受柳亚子与南社同人的赞赏，称其为“悲剧首屈一指”之作。全剧共八本，剧情本事载《春航集》，文明戏亦改编上演。（张泽纲）

冯子和饰梁如珍

Xun Guanniang

《荀灌娘》 京剧作品。陈墨香编剧。据《晋书》中的《荀崧传》、《列女传》及清杨潮观《荀灌娘围城救父》杂剧写成。荀慧生1927年9月首演于北京。演晋代襄阳太守荀崧为贼杜曾所围，力弱食尽，束手无策。女灌娘，年十三，突围求救，到宛城搬来石览兵马，却未能取胜。杜曾率兵追索女将，灌娘改男装杀到荆州，说动周访发兵，解了襄阳之围。灌娘与周访之子周抚成婚。此剧原本名《奇女福》，见清道光间《春台班戏目》。20世纪20年代，王瑶卿将演出本交陈墨香改写后，以授荀慧生。王瑶卿曾因荀灌娘年纪太小，不易刻画，拟改为16岁。陈墨香认为在历史上荀灌娘13岁突围，声名太著，不宜更改。荀慧生演此剧，前面是一个知书识礼的小姑娘，劝父的几段念白，声调铿锵。改男装后，则英姿飒爽，一段[西皮娃娃调]，刚健有力。1959年，选定此剧作为中华人民共和国国庆10周年献礼节目，由苏俗、周桓协助整理，删繁就简，并增加了对荀灌娘文韬武略的描写。剧本收入《荀慧生演出剧本选集》及《京剧汇编》。1960年荀慧生弟子赵燕侠又加以修改演出。（刘乃崇　蒋健兰）

荀慧生饰荀灌娘

Xun Huisheng

荀慧生（1900～1968） 演员。工旦。名词，字秉彝，别号小留香馆主人。直隶东光（今属河北）人。幼年家境贫苦，7岁时就以70银元身价被典押给天津义顺和班，随师庞启发学梆子，在严苛的要求下，接受跷功等高难度技艺的训练，度过痛苦的童年，却打下极为坚实的幼功基础。1908年在天津韦驮庙登台演出。1909年，北京开办三乐科班，荀慧生随师到这个兼教、兼演京剧

与梆子的科班正式坐科。1911年11岁时，始用艺名白牡丹出演。经常演《铁弓缘》、《梅龙镇》、《虹霓关》、《红梅阁》、《梵王宫》等梆子戏，有时兼演一些京剧，以青衣、花旦、刀马旦、武旦的全才，在京津一带崭露头角。还在王钟声的新剧团演过《黑奴吁天录》、《家庭革命》等时装戏。1916年10月6日，满科出师。不久，正式搭京剧班改演京剧。他受业和求教过的老师很多，戏路十分宽广。最早的代表作《花田错》、《辛安驿》、《铁弓缘》、《小放牛》等剧目，师承太老师老十三旦侯俊山一派，并经过侯俊山的亲传点拨。出科后，他不仅向陈德霖、吴菱仙、孙怡云学习京剧青衣，向张彩林、陈桐云、田桂凤、路三宝、王长林、程继先、陆杏林学京剧花旦，还向曹心泉、乔蕙兰、李寿山学昆曲，向钱金福学把子功，尽可能地全面掌握唱、念、做、打技艺，使自己成为文武昆乱不挡全面发展的演员。而对他启发更大，对他个人风格的形成产生重大影响的，是杨小楼、王瑶卿、余叔岩三位大师。

荀慧生由梆子改演京剧，曾经备受排挤、刁难和打击。在十分困难的时刻，他的才华和毅力得到杨小楼极大的赞赏。1919年，杨小楼到上海老天蟾舞台演出，特意选择了荀慧生为主要合作者之一。这是他第一次到上海演出，当时还用着“白牡丹”艺名。9月9日以《花田错》一剧作首场演出。杨小楼4个月期满返回北京，荀慧生却以“在上海有特殊号召力”的青年演员而被老天蟾舞台留下当主角。1920年12月又被上海亦舞台以重价长期聘去，自此在上海演出将近5年之久。当时适值五四运动之后，上海文化界新思潮正以锐不可当之势蓬勃兴起，荀慧生接受了许多新观念，曾和诸多新文化人探讨京剧的前途问题，同时和许多名演员一起，做了不少开拓性的演出实践。如先后和王鸿寿、王又宸、马连良等一起创排过头二本《杨乃武》、头二本《诸葛亮招亲》、头二本《宝莲灯》等南派风格新剧目，使他的表演方法发生了不小变化。在排演了14出新戏之后，于1921年4月3日，在亦舞台推出富于明显个人特色的创作剧目《西湖主》，成为荀氏新剧的第一个奠基作。在沪期间，他结识许多文人学者，这些朋友组成业余研究组织白社，帮助他进行艺术建设。他也开始广泛接触各种艺术门类，还拜名画家吴昌硕为师，学习诗词书画，并努力把其中的意趣融化在他的表演里。

1924年6月，荀慧生重返北京，又一次得到杨小楼的提携。是年年底，他与杨小楼、余叔岩组成双胜社同挂三头牌，长期在开明、新明两家戏院演出《战宛城》、《汾河湾》、《梅龙镇》、《珠帘寨》、《审头刺汤》、《乌龙院》、《翠屏山》等高水平传统戏，并整理革新了《摘缨会》、《大英杰烈》等剧目。1925年，杨小楼在《大英杰烈》中给他配戏，扮演王富刚。荀慧生没有辜负前辈的期望，在这段时间里，通过同台演出，他认真向杨小楼、陈德霖、钱金福、王长林学习，与他们切磋研究，使自己的表演艺术更上一层楼。1925年10月2日，他和余叔岩合演《打渔杀家》，首次改白牡丹的艺名为荀慧生。其时，荀派风格开始成型。

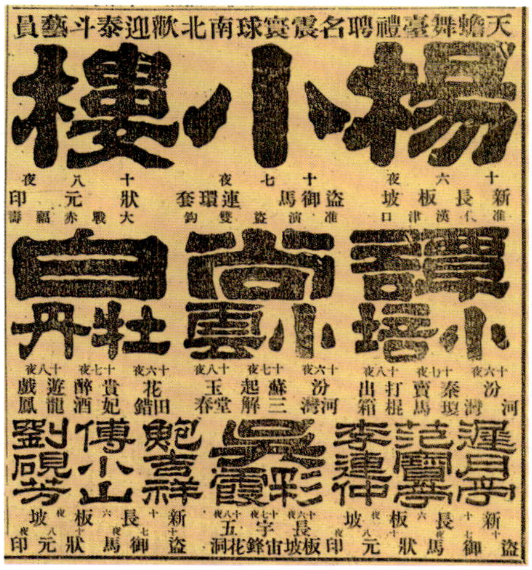

荀慧生以白牡丹为艺名，首次赴上海演出于老天蟾舞台（1919年9月9日《申报》广告）

荀慧生是旦行全才，而尤以花旦、刀马旦光彩照人，善于通过唱念做表刻画古代少女的内心世界。他演《辛安驿》的周凤英、《铁弓缘》的陈秀英、《梅龙镇》的李凤姐、《樊江关》的薛金莲等少女角色，内外行公认，技艺已超越了前人，显露了个人风格。其主要标志就是剧评家说的“变淫媟为幽窈”。他摒弃了老派花旦表演中庸俗、色情的成分，保存并发扬了民间舞台上富有生气、活力的优点，再现了那些纯真少女的思想性格，以天真、活泼、娇憨、热情的表演，使剧情内涵更加丰富，格调大为提高。遂以健康而又富于情韵的新风格，被称为荀派。为再求发展，又拜王瑶卿为师，并与陈墨香结为莫逆之交。

1926年2月7日，上海设备最先进的大新舞台开幕，特别邀请荀慧生赴沪领衔主演。这个剧场就是后来的福州路新址天蟾舞台，他的代表作新本全部《玉堂春》、新本全部《辛安驿》和《元宵谜》等剧目，都在这次创排首演。1927年11月荀慧生再次到沪，又带来新本全部《花田八错》、新本全部《荀灌娘》和《飘零泪》、《丹青引》、《绣襦记》等新剧目。至此，荀派艺术已进入辉煌的新时期。20世纪20年代中叶起，在与陈墨香长期合作中，陆续创作、改编50多

《贵妃醉酒》饰杨玉环

《玉堂春》饰苏三

《悦来店》饰何玉凤

《红鸾喜》饰金玉奴

《得意缘》饰狄云鸾

《盘丝洞》饰月霞仙子

《战宛城》饰邹氏

《梅龙镇》饰李凤姐

《侠骨香》饰贾巫云

《打樱桃》饰平儿

部新剧作，正式公演，有影响的达45部。在四大名旦中，荀慧生的新剧目最多，一生创排、演出的新戏有90余出。到20世纪30年代末叶，他的创作、改编剧目，形成六大喜剧（《荀灌娘》、《元宵谜》、《丹青引》、《绣襦记》、《勘玉钏》、《红娘》）、六大悲剧（《钗头凤》、《杜十娘》、《鱼藻宫》、《红楼二尤》、《霍小玉》、《晴雯》）和六大传统剧（在折子戏基础上增益首尾扩展为全本大戏的《大英杰烈》、《玉堂春》、《花田八错》、《金玉奴》、《十三妹》、《得意缘》），以及《辛安驿》、《香罗带》、《柳如是》、《荆钗记》、《还珠吟》、《美人一丈青》、《白娘子》、《庚娘》、《妒妇诀》、《埋香幻》、《香菱》、《平儿》等作品为代表的荀派系列剧目。荀慧生的艺术才华和创造力在大量新剧中得到充分发展。

他许多名剧的主人公是小家碧玉，但他的表演却具有大家风范，这是荀派不同于一般花旦的重要特点。如《金玉奴》原是传统戏中一出普通的三小戏，小旦的表演常被淹没在小丑、小生的喧闹声中。而经荀慧生大幅度加工充实，以精雅、大方的唱念做表，深入、细致地展示金玉奴命运变化中的心路历程，人物形象变得十分醒目。在长期艺术实践中，特别是在创排新剧目的实践中，荀慧生不断发展和完善着自己的艺术风格。他在京剧程式化表演的基础上，引进大量生活化的表演，使二者有机而适度地结合起来，提出"演人别演'行'"的理论，力图把程式用活，不使表演类型化，着意创造形神兼备而又个性鲜明的艺术典型。他追求的艺术效果是：力图消除台上人物和观众之间的隔阂，能让观众感到和剧中人亲密无间。"程式化表演和生活化表演有机而适度的结合"是他的风格特色。他的表演，自然、灵活而又合乎戏曲的传统规范，开阔、洒脱而又不失含蓄，神韵飞动而又讲究深度，是"出新意于法度之中"的典范。他开创的荀派艺术，素以感情色彩浓郁、富有青春气息而著称于世，传播面极广。

荀慧生的演唱艺术也自成体系。唱腔和身段、表情紧密结合，是构成他总体表演风格的一个有机部分。他的嗓音条件虽有局限，但他以深厚的功力和多彩的技巧别开生面，力图把板腔用活，以表达人物的特定感情，在唱腔设计和演唱技法上都有很大的革新创造。20世纪20年代末，剧评界就以"唱情"概括他演唱艺术的主要特征。他强调以情带声和借字抒情，为了改变老派青衣唱法不利于抒情的局面，他降低了调门，不再用尖厉的假声，而在小嗓发音基础上较多地增加宽音和底音；又为自己量身订制了刚柔相济、侧重柔美的声音造型。他创造性地借鉴谭鑫培、余叔岩的演唱技法，使自己的声腔具有醇厚的韵味，从而达到情和韵的统一。他的字音清楚，切音适度，而且善于借助字音抒发感情。还注意通过音色变化，表现不同人物的不同口吻。他深入揣摩戏情戏理，在保持各种板式基本规格的基础上，根据剧中人物的性格、处境和感情变化，设计谱写了大量能够表达特定感情而又有统一风格的新唱腔。其中既有活泼多姿、秀丽精巧的喜剧性旋律，又有委婉缠绵、深沉细腻的悲剧性旋律。他还创造了一些新的板式和腔调，如［反西皮散板］、［反西皮二六］、［二簧快板］、［反汉调］、［反四平调］等，有立意，能感人。

在唱法上，他讲求意境。他的演唱结合表情动作，着意于神

《红楼二尤》饰尤三姐

《红楼二尤》饰尤二姐

《大英杰烈》饰陈秀英

《杜十娘》饰杜十娘

《荀灌娘》饰荀灌娘

《红娘》饰红娘

吴昌硕题“小留香馆”（选自1927年版《留香集》）

态的描摹和语气的表达，富于戏剧性和生活气息。他反对唱得呆板平直、死气沉沉，要求大起大落，唱得活泼、生动、洒脱，而一个“活”字，则是荀派唱法的核心。他讲究轻重、抑扬、虚实、飞顿的节奏变化，在技法上也有许多独创。如经常巧妙地使用装饰音，丰富唱腔的情韵；常用垫虚字的方法点染唱腔色彩；常用半音增加含蓄意趣；有时还运用“意到笔不到”的方法，不把音符唱满，而以精彩的眼神或动作取而代之。他在演唱时，尺寸变化很多，常用催、撤、突快、突慢等方法，使唱腔更为生动传神。

《红娘》是荀派名剧中流传最广的一出，被誉为荀派六大喜剧之冠。该剧创排于1936年，同年12月5日首演于北平。荀慧生在剧中的创造，对京剧花旦艺术的发展又一次作出了独特贡献。剧中唱腔脍炙人口，其中［南梆子］“去请张生”、［反汉调］“听琴吟”、［四平调］“有情人成眷属不羡神仙”、［反四平调］“佳期颂”4个著名唱段，被京剧爱好者誉为“红四段”。剧中载歌载舞的棋盘舞也深受观众喜爱。1952年文化主管部门曾组织过一次京剧剧目演出情况的调查，数字表明，荀派《红娘》上演率在所有剧目中居第二位。

荀慧生在服装、化装、造型等方面也独创一格，设计了多种新的古装发型，与梅派全部是正髻不同。他大多是侧髻，被京剧界称为“留香髻”。荀慧生创制的精美雅致、色调丰富的服饰被称为“留香装”。有的服饰虽然是为小家碧玉角色设计的，如《勘玉钏》中韩玉姐所穿光片制作的大如意图案裙袄等，却与京剧大气磅礴的总体风格十分协调。

中华人民共和国成立后，荀慧生又编演了《秦香莲》、《卓文君》等新剧目，并对经常上演的20多个保留剧目，进行精加工。如《杜十娘》1960年修改本，末场“归舟沉江”，从二更天到五更天，重新安排有34句唱词的大段唱腔，还有一些夹白，艺术处理细致入微，把人物内心感情的起伏跌宕揭示无遗，每次演出都赢得强烈的舞台效果。他的演唱和表演妙造天成，已变有形为无形，似乎只有感情在流动，达到了“大匠不凿”的境界。

荀慧生非常重视戏曲艺术的继承与延绵，从20世纪20年代中叶就开始收徒。他传艺从不保守，总是鼓励、支持学生作出独特的创造和发挥。20世纪50～60年代应聘到中国戏曲学校、北京市戏曲学校授课。荀门弟子遍布海内外，远及东南亚、日本、美国。其中有不少成就突出并创建新风格的优秀演员，如毛世来、宋德珠、许翰英、童芷苓、李玉茹、吴素秋、赵燕侠等。长子荀令香、女儿荀令莱也为发扬荀派艺术做了大量有益的工作。晚年最得意的学生孙毓敏、刘长瑜、宋长荣，于20世纪80～90年代担当起继承发展荀派艺术的重任。地方剧种中，新凤霞（评剧），傅全香（越剧），陈书舫、许倩云（川剧），尹羲（桂剧），齐花坦、张惠云、张淑敏（河北梆子）等都拜他为师。他的入室弟子还有李薇华、林玉梅、马述贤、尚明珠、宋紫珊、张正芳、陆正红、沈松丽、曲素英、董金凤、陈和平、岳惠玲，以及长期傍他演二旦的何佩华、费文芝等80余人。

作为享有“表情圣手”美誉的大师，荀慧生没有留下任何整出戏的影像资料，为京剧史上一大憾事。幸有数以千计的照片传世，许多剧照，造型、神情之好，足为后学楷模。传世唱片56张（112面），灌制于1922～1959年间。20世纪50～60年代，中央人民广播电台和上海等地电台录制了他主演的《红娘》、《红楼二尤》、《金玉奴》、《钗头凤》、《杜十娘》、《卓文君》、《汾河湾》、《得意缘》等15个剧目全部或选场的演出实况或室内录音。

荀慧生不仅有丰富的艺术实践经验，对于表演理论也深有研究，发表过很多有独到见解的理论性文章，提出并阐述了许多有关民族戏曲发展的学术问题。论文《演人别演“行”》、《三分生》、《略谈用腔和创腔》、《谈演员眼睛的运用及其他》、《虚拟与真实》、《编剧琐谈》等篇，富有特殊的美学价值。从1925年起，他坚持每天写《艺事日记》，直到1966年8月，40余年如一日，为研究中国近代戏曲发展史提供了宝贵的第一手资料。20世纪50年代之后，曾任北京市戏曲研究所所长、河北省河北梆子剧院院长、北京市荀慧生京剧团团长、北京市戏曲学校艺术顾问等职。（王家熙）

Xun Huisheng

《荀慧生》 大型图集。王家熙主编。北京出版社、北京美术摄影出版社2007年9月出版。8开本，330页，金色硬面精装，有封套。卷前有荀慧生便装、戏装大幅照片13幅，吴昌硕1927年题词“仙乐风飘”，刘乃崇、孙毓敏、王家熙序文3篇。王序题为《荀学建构刍议（代序）》，认为中国戏曲的“写意戏剧观”在艺术家之间有“不同理解和在实践中的不同运用”，“值得作深层次的对比性研究”，而荀慧生是“独树一帜的新风格”。全书有8个部分：①家庭身世，学艺登台；②进京出师，正乐三杰；③三小一白，享誉上海；④四大名旦，彪炳千秋；⑤荀派经典，名剧流芳；⑥人生如戏，戏如人生；⑦传道解惑，桃李出墙；⑧千古留香，艺术年谱。选用荀慧生肖像及与师友、弟子的生活照与活动照约220幅，荀慧生等剧照约560幅，荀慧生的书画和日记、名家手迹、戏单广告及书刊等文史图片约230幅。本书的重点是第五部分《荀派经典，名剧流芳》，共选67出戏，剧照按戏集中，配以戏单、广告、题赠，并有剧情、首演时间、地点的说明和表演特点的评述，是最见编者功力之处。卷末有和宝堂《编后记》，指出主编王家熙、顾问刘乃崇，都是荀慧生艺术的长期研究者、资料收藏者，对本书编成发挥了重要作用。

此前，和宝堂先后编著过两本荀慧生图集：一为列入“中华世纪文化名人图文传真”丛书的《戏苑宗师荀慧生》，辽宁美术出版社1999年12月出版，32开本，180页；一为列入“文化人影记丛书”的《荀慧生》，河北教育出版社2000年1月出版，32开本，110页。均以简约文字介绍荀慧生生平艺事，含有较多精美的图照。

（简畅）

Xun Huisheng Yanchu Juben Xuanji

《荀慧生演出剧本选集》 京剧作品集。上海文艺出版社1962年10月出版。分第一集、第二集，共收剧本12种：《花田错》、《辛安驿》、《元宵谜》、《香罗带》、《钗头凤》、《杜十娘》、《红楼二尤》、《勘玉钏》、《红娘》、《荀灌娘》、《金玉奴》、《卓文君》。前有荀慧生自序，对剧本的合作者、协助整理者一一做了说明。1982年2月，上海文艺出版社又出版《荀慧生演出剧本选》，收剧本12种，有7种与《荀慧生演出剧本选集》相同，新选入者有《六英杰烈》、《玉堂春》、《绣襦记》、《霍小玉》、《晴雯》5种。卷末有张伟君《后记》。荀慧生从20世纪20年代初与陈墨香相识共

同改编全部《玉堂春》开始，长期合作，编写了45出戏，后与陈水钟等人合作。中华人民共和国成立后，温文协助整理《钗头凤》，袁韵宜协助整理《红娘》，苏俗、周桓协助整理《金玉奴》、《荀灌娘》、《杜十娘》、《辛安驿》等。荀慧生在数十年演剧中，不断编演新戏，除少数是根据梆子传统剧目移植改编之外，多数是根据古典名著或历史传说编写。荀派剧目雅俗共赏，故事性强，文学语言上也多有创造，以符合其“荀腔”的需要。荀派剧本多替被压迫、被伤害的女性申正义、鸣不平，塑造了红娘、金玉奴、杜十娘、霍小玉、尤二姐、尤三姐等广为观众喜爱的艺术形象。（李红石）

Xun Huisheng Yanju Sanlun

《荀慧生演剧散论》 京剧文集。荀慧生著。上海文艺出版社1963年10月第1版，1980年8月再版。1980年版除收录了1963年版的全部文章外，还增加了荀慧生生前在各报刊上发表的部分文章，以及从荀慧生留下的数十本《艺事日记》中整理出的一部分文章，共计55篇。书中所收文章均为荀慧生亲笔撰写，记录了他几十年来在艺术实践中的表演心得、创作体会、看戏观感、教学经验等。所收文章主要分为五大类：一是作者对荀派代表剧目，如《金玉奴》、《红楼二尤》、《杜十娘》、《红梅阁》等戏的人物塑造、表演技巧的叙述，较为细致地记录了他是如何深入揣摩戏情戏理，分析剧中人的思想、性格和感情的发展，通过唱、念、做及眼神的运用来刻画人物；二是总结了作者投身戏曲艺术改革工作后，编写和改编剧本的经验，提出了“戏剧结构要丝丝入扣”、“戏剧的布局，讲究曲折委婉”、“要多从观众的心理去体会，要懂得鼓起观众寻奇探胜的心情”、“唱词不要艰深古奥”等观点；三是作者对戏曲表演艺术理论的阐述，如对传统戏技巧的运用、虚拟与真实、京剧艺术与布景、整理老戏与创作新戏等都提出了自己的见解；四是作者根据自己的所见所闻和亲身体会，对培养青年演员的方式、方法进行了归纳概括；五是作者的观剧随笔和学习心得。（夏冬）

1980年版封面

Xun Lingxiang

荀令香（1921～1992） 京剧教师。曾为旦脚演员。祖籍直隶东光（今属河北），生于北京。荀慧生长子。自幼学艺，8岁登台演出。先后拜程砚秋、王瑶卿为师，常年随其父在北平、天津、上海、西安各地演出。后搭金少山、杨宝森等戏班演唱，并曾自己挑班演出《十三妹》、《红娘》、《红楼二尤》、《钗头凤》、《香罗带》、《大英杰烈》、《荀灌娘》、《棒打薄情郎》等剧。深得荀派真传，谙熟荀派真谛。1952年调戏曲实验学校任教，兼王瑶卿校长的秘书。1978年后任中国戏曲学院表演系主任、副院长等职。他精通业务，教学有方，针对学生的特点因材施教，成才率高。在教授荀派剧目中，充分融入他对荀派艺术的理解，使学生受益匪浅。他主编的《荀慧生唱腔选集》荟萃了荀腔的精华；撰写的《艺林留香》、《我的父亲和荀派艺术》、《钻研、实践、改革、创新》、《创新出荀派，学荀要创新》等论文，对继承、发展和弘扬荀派艺术，提出了独到见解。曾参加《碧波潭》、《秦香莲》及现代戏《朝阳沟》的编导工作，展示其艺术才华和创新精神。他的学生遍及海内外，不少已成为舞台和讲坛上的骨干力量。他还担任过王瑶卿艺术研究会会长、中国对外文化交流协会理事等。（尔冬）

《虹霓关》饰丫环

yatang

压堂 戏班行话。旧时茶园、戏园内人声嘈杂，秩序较乱，凡遇优秀演员或名角出台，观众神情贯注，全场鸦雀无声，称作“压堂”。压堂犹如压阵。名角出场，以其声望和艺术魅力，能控制全场观众的秩序和情绪，亦被称为“压得住阵脚”。（戴申）

Yageji

雅歌集 京剧票房。成立于清宣统元年（1909），为清末民初上海京剧票房中最有实力的一家。地址初在泥城桥（今北京东路西藏中路口）西首福源里，继迁南京路老闸捕房对面，再迁三马路小花园（今汉口路浙江中路），后迁芝罘路。1924年迁北京路顾家弄积福里，装修华丽、新颖，还设置了戏台。1936年3月迁爱多亚路（今延安东路）970号南方剧场原址（今上海音乐厅斜对面）。发起人管西园、邹稚林、夏禹飏。剧务主任夏禹飏、罗亮生。最初会员仅十余人，迁小花园后，会所扩大，会员增至百余人。历任教师有王焕章（即筱荣祥）、邵寄舟、蒋砚香、张德福、周永泉、孙庆芳、赵玉珊、周宝奎，还有昆曲教师袁连生、万子钧等。会员有陈景塘、朱联馥、俞振飞、许良臣、李白水、洪雁宾、杨畹农、戎伯铭、邢子衡、蒋勃公、俞仁安、董芝初、席少孙、倪秋平等。剧评家林老拙、刘豁公、朱瘦竹等亦参加该会活动。鼓师张润泉（阿牛）、吕阿炳、汤元林、潘宏勋，琴师陈俊峰、彭玉林、张翰臣、李韵庐、王金生、万增峰。顾问李鑫甫、刘永春、孟鸿芳、孟春帆（小孟七）、冯旭初、应宝莲、陈彦衡等。该会经常彩排演出。1920年初夏，18岁的俞振飞经翁瑞午介绍参加该会，同年演出的第一出戏就是后来成为他主要代表作之一的《贩马记》。1927年9月组织改选，选袁履登为会长，朱联馥连任副会长。该会影响较大的活动有：1927年9月为欢迎新会长就职，举行彩排；1928年12月举行庆祝迁址活动，周信芳、王芸芳、高百岁前往致贺；1929年7月6～8日三天参加在杭州西湖博览会的上海票友大会串，剧目有吴老圃《御果园》，陈景塘、戎伯铭《割发代首》，夏禹飏《献地图》，戎伯铭二本《虹霓关》，屠兰亭《金雁桥》，朱愁士、袁履登《连环套》等。1931年4月，一行60余人旅行常熟，下榻于虞山旅社，为筹措医疗基金义务演戏两天。该会规模宏大，会员多商界名流，外地名伶来上海，常常先往拜访。

纪念特刊《高山流水》封面

1925年2月出版《雅歌集特刊》，刘豁公编。为该会成立15周年纪念刊，内容除历史的回顾外，主要是票友的评论文章。书后附有《雅歌集简章》及《会员姓名地址一览表》。书前有照片多幅。1928年1月1日由该会出版发行的报纸《雅歌》创刊，朱瘦竹主编。四开三版，三日刊。该报内容除载剧评、剧话、伶界掌故、梨园琐谈、戏界新闻、名伶剧照外，重点报道雅歌集票友们排练、演出活动情况，人员组织概况，票友戏照和演技评论等。约于同年9月底停刊，共80多期。1929年11月出版《高山流水》，为雅歌集成立20周年纪念特刊，林植斋（老拙）编，冯叔鸾、齐如山、孙家振（漱石生）、周瘦鹃、徐慕云等著文，探讨京剧艺术问题。

该会抗日战争前停止活动。副会长朱联馥于抗战期间曾在重庆仍以雅歌集名义组织活动，并会同杨畹农、赵荣琛、戎伯铭等名票友多次举办抗日赈灾及公益募款义演，其间曾与厉慧良同台演出《战宛城》、《翠屏山》等剧。抗战胜利后，朱联馥回上海，后去台湾定居。1963年，他又在台湾会同李阆东等资深票友再度以雅歌集名义组织活动。1969年2月3日朱联馥逝世。该会1969年11月26日、27日举办大型演出，纪念雅歌集创立60周年，并出版《雅歌集六十周年纪念特刊》，由刘豁公主编。此后，该会停办。（王家熙）

Yaguanlou

《雅观楼》 京剧作品。又名《擒孟觉海》。作者不详。唐末李克用率兵征伐黄巢，路经大梁，与朱温饮宴于雅观楼。李夸赞义子李存孝。朱不服，明知李存孝有病在身，故意声称如李存孝能在

张翼鹏饰李存孝

午时生擒活捉黄巢之帅孟觉海，愿以宝物玉带相赠。李存孝带病出战，先误擒他将，经李克用认出，又冲入敌阵，终将孟觉海擒获。存孝向朱温索玉带，朱不给，存孝怒而夺之。二人从此结怨。黄巢兵败自刎，李克用迎僖宗还朝。事见《残唐五代史演义》第14回、第15回，元杂剧有《压关楼叠挂午时牌》。小生饰李存孝，唱昆曲，载歌载舞，唱、打并重，讲究工架、气势和大将风度，徐小香擅演。其后有王楞仙、程继先、金仲仁、茹富兰、叶盛兰等。经徐小香的徒弟沈砚香传至上海后，成为张翼鹏的拿手戏。他根据李存孝只有十二三岁的年轻特点，设计扮相、表演，不穿箭衣、马褂，改着虎头盔、虎皮甲，表演上加强孩子气，要令旗和混唐架、笔眼挝，保持原有工架，突出李存孝既是儿童又是勇将的特点。小王桂卿亦以此剧见长。

（刘文峰）

Yayun Guofeng She

雅韵国风社 京剧票房。成立于清光绪中期。地址最初在天津南市清平巷，后移北门里一个独院内，20世纪20年代又搬到日租界旭街（今和平路南马路至锦州道段）三新公司新旅社。原为爱好京剧的盐商及典当行业中人消遣而设，后来，参加者日众，变成面向社会开放的票房。此票房人才济济。主要人物有：王君直、王颂臣、王庚生、窦砚峰、李采蘩、吴颂平、吕幼才、刘紫璞、刘叔度、刘永奎、李克昌、陈寄豪等。琴师有陈筱鹤、李佩卿、李钟民、张鼐权、郭仲麟（霖）。票界胡琴圣手陈彦衡及其弟子余叔岩均常来走票。李佩卿给余叔岩操琴多年，即是在此相识并由王君直、刘紫璞介绍搭伴合作。孙菊仙晚年回天津，积极参与天津票界活动，也经常到此清唱。知名票友造诣颇深，他们不仅技艺精湛，而且能诗善画，对戏词、字韵多有研究，特别是对京剧的流派有较深的认识，受到行内外的称赞。谭鑫培故后，余叔岩、言菊朋、孟小冬、安舒元等为探求谭派真谛多向王君直、窦砚峰求教；王庚生曾收徐东明、章遏云、吴铁庵、杨菊芬、孟小冬、小小宝艺（曹艺斌）、李宗义、崔熹云、丁至云为弟子；奚啸伯、杨宝森、关正明、童芷苓、吴素秋也曾向王庚生问艺。雅韵国风社至1922年12月，还在景星戏院彩唱。20世纪30年代初，三新公司总经理吕幼才病故，活动30多年的雅韵国风社遂告解体。

（李崇祥）

Yanzhi Baozhe

《胭脂宝褶》 京剧作品。作者不详。明永乐年间，洛阳富豪穆良强抢债户韩如水之女翠娥作妾抵债，事被二龙山公孙伯得知，救出翠娥。书生白简赴京应试，路遇公孙伯，以为其行为不端，公孙伯讲明原委，与白简义结金兰，并以翠娥妻之，又赠以祖传胭脂宝褶。白简与韩翠娥在洞房中对坐达旦，翌日下山，将翠娥寄于尼庵，自己入京候试。上元节，永乐帝微服出宫观灯，见白简才艺双全。分别时，白简又将胭脂宝褶慨然相借。永乐帝回宫，诏封白简为进宝状元，并授巡按之职，令其招安公孙伯。白简途中不慎将官印丢失，为洛阳县令金祥瑞所得。班头白怀是白简失散多年的父亲，父子重聚，设计使印归原主。全剧以大团圆结束。清《胭脂雪》传奇及昆曲《绣衣郎》为京剧所本。据《都门纪略》

清宫《戏出画册·玉（遇）龙封官》（故宫博物院藏）

记载，清道光年间已有演出。该剧是马连良代表剧目之一。20世纪30年代，马连良与李亦青合作，将传统折子戏《遇龙酒馆》（又名《遇龙封官》，原为“帽儿戏”）、《失印救火》并采用梆子戏《烤火下山》的部分情节，增益头尾而成。音乐上将原来《遇龙酒馆》中的［西皮］改为［二簧］，还增加了具有浓郁的马派特色的［二簧三眼］和［四平调］唱腔。马连良在《遇龙酒馆》中饰永乐皇帝，

《失印救火》
马连良饰白怀（左） 茹富蕙饰金祥瑞

《失印救火》中饰白怀，恰当地塑造了两个年龄、身份截然不同的人物形象：永乐是马上皇帝，又十分儒雅，给人能文能武的感觉；白怀是个年老的皂隶，世故、圆滑，为人乖巧。原来永乐的服装为宝蓝褶子，头戴武生巾，加红风帽，颇像《梅龙镇》中的正德皇帝。马连良看到朱元璋画像后受到启发，与长顺兴戏班老板李玉和共同设计了前后不开衩、马蹄袖、腰系软带的箭蟒。白怀的帽子以正面加寿字的皂隶帽代替了素高罗帽，把素青箭衣改为素蓝色，使之更能体现人物的性格特征。有《京剧汇编》和《马连良演出剧本选》等刊本。

（张燕鹰）

Yanzhihe

《胭脂河》 京剧作品。编剧李晓宁、张建强、续正泰、李小农。明洪武二十六年（1393），明太祖朱元璋为解决京都漕运，命开国元勋崇山侯李新督有司在溧水县开凿胭脂河。李借机敛财，激起民怨。事发，被处以极刑。事见查继佐《罪惟录》、韩邦宪《广通镇坝考》及溧水方志。《罪惟录》中并有溧水知县高谦甫清正廉明、秉公执法，在任20余年，深受百姓拥戴的记载。作品据此编创。故事为明洪武年间，朱元璋下令开凿胭脂河。正当工程即将竣工

张克饰高子谦（右） 马名骏饰李莽

之际，掌管钱粮的司计于世安遭人暗杀。其女于素秋到县衙报案，竟遇凶案从犯、知县高子谦之子高廉，转而求助于胭脂河工程督办李莽。其实，李才是凶案的主谋。知县高子谦查明凶案的背后是一桩高官贪赃枉法且涉及多人的大案后，方知十分棘手。一方是气焰嚣张的高官，一方是误入歧途的亲子，是执法还是徇情？经过激烈的思想斗争，终于决定大义灭亲，向贪官李莽发起挑战。全剧结构严谨，悬念环生，波澜起伏，对主人公高子谦的塑造比较真实可信。

该剧由谢平安和续正泰联合执导。先后由王全熹、万莲宝、李崇善、张克、张建强饰高子谦，赵坚、马名骏、程全饰李莽，张建强、郭贺军饰高廉，王善平饰于素秋。1999年3月30日由南京市京剧团首演。同年6月，参加了第三届江苏省戏剧节，获优秀剧目奖。2001年12月，获第三届中国京剧艺术节金奖和9个单项奖。2002年7月，应邀赴台湾访问演出。 （李晓宁）

Yangui Tan

《烟鬼叹》 京剧作品。又名《现身说法》、《吸洋烟》。剧本载《戏考》第10册。全剧仅一出，以唱为主。写胡松亭因吸食鸦片，家产荡尽，后悔莫及。一日，梦见因吸食鸦片而死的友人魏不饱。魏劝他升天，胡痛诉吸食鸦片的害处后，猝然而亡。另据《京剧剧目辞典》述《烟鬼叹》内容为：全不管吸食鸦片，把家产荡尽，依靠妻子为人缝补过活。一天，烟瘾发作，被鬼卒摄到阎王处。阎王让他遍观地狱，目睹吸食鸦片鬼犯受刑的痛苦，恐惧万分。阎王令他戒烟并放之回家。妻子回到家里，见丈夫仍在睡乡，便以恶语嘲讽。全醒，又向妻子索钱买烟。妻子告以钱为卖淫所得。全愧悔万分，决心戒除鸦片。此外，民国初年天津一戏单中载《烟鬼叹》剧情为：有魏不饱者，染鸦片烟疾，死后魂恋家园，回家见妻子哭泣哀诉，深悔吸食鸦片之害。以上三种，疑是异本同名。王大错《戏考·烟鬼叹·前言》中说：“《烟鬼叹》一剧之命意，本乎醒世要旨，颇有针砭社会之功。……唯其节目太简略，思想太陈腐，剧本太杂凑而且鄙俚。盖专从套袭旧剧之形式，以编排而成，其精微主旨，俱不过托诸唱句中，初无具体的表情上之显示，故观者不能十分感动，然其用意之善，诚不可没。且其唱工亦颇重，阅者幸勿以其脚本中之不通可笑而忽之。”“当清同光以前，初无是剧，至光绪之季，上海始有演唱者。或谓亦系夏月珊所编。”1904年4月天津双盛和班也演出此剧。1908年，田际云在北京北官园设戒烟会演剧筹款，并向吸毒者宣传戒烟，与票友乔荩臣演出颇获好评。1915年前后，汪笑侬易名《现身说法》曾在上海、北京演出。他以老生应工，演来慷慨激昂，感人至深。张黑于民国初年在天津搭春台、连凤两班，亦常演此剧，戏码列在全台戏的中间，以丑脚应工，以唱见长。在劝人戒食鸦片的大段歌唱中，配以顿足捶胸、裂衣抓心等动作，把主人公悔恨交加的心情表演得惟妙惟肖。

（王卫民）

Yantai Shi Jingjuyuan

烟台市京剧院 京剧演出团体。其前身始建于1956年，由“大众”、“群众”两个民间职业剧团组成，主要演员有黄宝岩、王亚伦、刘俊茹、孙海涛等。初名烟台市京剧团，1960年改为烟台专区京剧团。1970年10月又重新组建。当时地区为参加省“样板戏”学习班及会演，抽调各县市京剧团骨干力量，组成《红灯记》演出队，由于成绩较好，地委决定在演出队基础上组建成烟台地区京剧团。曾先后两次赴京学习排演现代戏，归来后为全省专业剧团作示范、辅导，举办过《红灯记》、《平原作战》两个戏的学习班。“文化大革命”结束后，排演《蝶恋花》、《八一风暴》、《钢铁战士》。后又相继排演了《望江亭》、《白蛇传》、《碧波仙子》、《玉堂春》、《遇皇后、打龙袍》、《扈家庄》等，还创排了《飞云固》、《风雪昆仑山》、《烽火寨》等新戏。1983年地改市，改名烟台市京剧团。2002年建院，始用今名。新时期以来，除在北京、上海、天津、济南、大连、青岛等城市演出外，还多次受文化部委派出国演出。1983年赴印度、缅甸，1989年赴乌拉圭、智利、玻利维亚、古巴、墨西哥、委内瑞拉，1990年赴莫斯科参加“中国文化节”及对罗马尼亚、南斯拉夫、乌克兰等国作访问演出，对文化交流和传播京剧艺术发挥了重要作用，被文化部和烟台市政府授予“对外文化交流先进集体”称号。主要演员有解小华（老旦）、曲延华（青衣）、韩涛（老生）、董翠娜（青衣）、王晓燕（花旦）、刘东利（老旦）、金德民（武生）、解立强（花脸）、侯文洋（丑）。

《白蛇传》
董翠娜饰白素贞

董翠娜（1962～ ），1981年毕业于山东省烟台艺术学校，1984年拜张君秋为师，为张派青衣，扮相端丽大方，唱腔华丽圆润，1987年在全国青年京剧演员电视大选赛中获最佳表演奖，1992年在全国京剧青年团队新剧目会演中获优秀表演奖，1999年为第十六届梅花奖获得者，2001年获全国京剧优秀青年演员评比展演的荣誉奖。王晓燕在1991年全国中青年京剧演员电视大赛中获最佳表演奖，在2001年全国青年京剧演员电视大赛中获优秀表演奖。其他中青年演员刘东利、周爱芝、于新江、秦光荣、杨义萍等也在省内外赛事中取得好成绩。优秀演奏员有琴师战志亮、肖洪智，鼓师胡国华等。主创人员有编导何冠奇、作曲徐健等。剧团创排的近代史剧《甲午恨》获1995年第五届“五个一工程”的提名奖。院长董翠娜。

（吕泽先）

Yannan Jilu Zatan Gai Jiaotian Tanyi Lu

《燕南寄庐杂谭——盖叫天谈艺录》 京剧文集。盖叫天口述，沈祖安、彭兆棻、杜钦记录整理。中国戏剧出版社1986年6月出版。15万字。书中选载50余篇短文，均根据盖叫天晚年平时谈话记录整理而成。大多为单一论题，如《试试看》、《也有也没有——漫谈练功和学艺》、《事里找事，戏里找戏》、《千万别出格》、《八挨八不挨》、《亮相是个细致活》等。涉及内容较广，反映了盖叫天在日常生活中对艺术的思索和理解。书中还收有潘天寿、刘海粟评述盖叫天艺术精神和艺术造诣的文章，以及盖叫天家属薛义杰、张二鹏、张剑鸣、张善麟等回忆盖叫天的文章。 （周巩平）

《燕南寄庐杂谭》封面

Yan Shouping

燕守平 （1941～ ） 琴师。江苏沛县人。1952年考入北京私立艺培戏曲学校（北京市戏曲学校前身），在校期间受到沈玉斌、杨宝忠、沈玉秋等京胡前辈的悉心传授。1958年以优异成绩毕业

后留校任教，并在副校长徐兰沅的指导下潜心深造。1968年调入北京京剧团。燕守平不但吹、拉、弹、打通透，而且掌握生、旦、净、丑及各种流派唱腔的伴奏，技艺全面，造诣深厚。20世纪70年代排练《智取威虎山》，特别是在《杜鹃山》剧组担任京胡伴奏时，以深厚的功力和聪明才智为京剧首次与大型交响乐队联合伴奏的成功作出了贡献。他的演奏，显示出京胡的神奇和奥妙，使原音乐设计者和交响乐队演奏家们十分钦佩。在为裘盛戎、张君秋、赵燕侠、赵荣琛、谭元寿、马长礼、冯志孝、张学津等的伴奏中，能够因人而异、因戏而异，以不同的艺术手法，烘托出各种流派唱腔的风格特点。

1987年，燕守平在北京举办了个人京胡演奏会，通过为各位不同行当的艺术家的伴奏，集中表现出他的艺术适应能力。在他独奏的各种风格迥异的曲牌中显示出他刻画音乐形象、营造意境、渲染气氛的功力。在纪念徽班进京200周年的开幕式和闭幕式上演奏的［迎春曲］、［梅花新调］与［擂鼓战金山］等新创作的曲牌，也获得成功。著有《燕守平京胡演奏曲谱》，并出版发行了《燕守平京胡曲牌选》、《燕守平交响协奏曲》等录音带、激光唱盘、伴奏带。学生有艾兵、赵旭、高俊浩等。

李佩伦著有《京胡圣手——燕守平评传》，中国戏剧出版社2007年7月出版。 （张梓媛）

Yan'an Pingju Gaige Chuangye Shiliao

《延安平剧改革创业史料》 京剧史料。文化部党史资料征集工作委员会、延安平剧活动史料征集组编。文津出版社1989年2月出版。辑录有关延安平剧改革的史料性文章80余篇，其内容可分10部分：①关于平剧工作方向问题的讨论，有阿甲、柯仲平、李纶、周振吾等人1943年撰写的关于当时延安平剧活动中如何继承遗产、为政治服务问题的看法及出现的偏差，另有简朴在20世纪80年代撰写的回忆当时平剧活动的文章；②回忆毛泽东、周恩来、安子文、陆定一等对延安平剧院及华北平剧院的领导、演员和部分工作人员的讲话，从中可见他们对文艺工作方向的看法；③战地、下乡经验，收亚马、李纶、任桂林、魏晨旭、李碧岩、魏静生在1944年撰写的延安平剧院宣传队深入陕北农村的体会；④关于创作、改编历史剧的经验、评论和介绍，有基崇、金灿然、蓝钰等人于1942～1946年间撰写的《逼上梁山》、《三打祝家庄》、《大名府》、《瓦岗山》、《武松》等剧目的评论，以及金紫光撰写的回忆《逼上梁山》的创作经过；⑤关于

话剧《升官图》的评价，收冯牧等7人撰写的对该剧剧本、导演的评论；⑥关于传统剧目《乌龙院》的讨论，收高伯康的《〈乌龙院〉的生活和思想》及张庚的《谈〈乌龙院〉》两文，对该剧的主题思想及创作主旨展开讨论；⑦专论，为一组论述延安平剧研究院的历史地位和历史功绩以及介绍当时延安戏剧演出状况的文章；⑧简讯，辑八路军120师战斗平剧社、延安平剧院的演出信息9则；⑨回忆录，收回忆文章28篇，其中有回忆杨绍萱、赵容美、陶德康、薛恩厚、王镇武、霍秉龄等人在延安从事革命文艺工作的事迹，有对延安平剧活动轶事及延安平剧院、八路军120师战斗平剧社的组建、演出等情况的追忆；⑩延安老平剧工作者简历，部分在延安从事平剧活动的老干部的简历，他们是张一然、栗金池、胡振芝、李西、金紫光、魏晨旭、范进才、侯铁山、郑万忠、徐润洲。所辑中华人民共和国成立前的文章，都发表在当时延安《解放日报》上，对于研究延安的戏剧活动提供了重要的第一手资料。

（戴霞）

Yan'an Pingju Yanjiuyuan

延安平剧研究院 学习研究与演出实践相结合、相推进的艺术团体。由原延安鲁迅艺术文学院平剧团与原八路军一二〇师战斗平剧社合并组成。1942年4月开始组建，10月10日正式成立。其宗旨是："以扬弃批判的态度接受平剧遗产，培养平剧艺术干部，开展平剧的改造运动，以创造新的民族形式。"（《延安平剧研究院组织规程》）毛泽东主席为该院题词"推陈出新"，成为该院乃至戏曲改革的总方针。组建初期直属中共中央办公厅，由康生兼任院长，邓洁兼任副院长。该院从正式成立起，改属陕甘宁晋绥联防司令部，由张经武兼任院长，柯仲平兼任副院长。由卜三、王一达、王镇武、石畅、刘国珍、任桂林、阿甲、李纶、张一然、

《平剧研究院成立特刊》封面

毛泽东题词

（余从提供）

罗合如、薛恩厚组成院务委员会辅助院长工作。院务委员会下设：研究室，由阿甲、张一然分任正副主任；剧场（实为演出团体），由石畅、薛恩厚、王镇武先后任正副主任；教务处，由任桂林、王一达先后任处长；院务处，由刘国珍任处长。建院两年后，改属中共中央党校，由刘芝明兼任院长（副院长缺）。三年后，上级先后委任杨绍萱、罗合如为正副院长。四年后又归属中共中央办公厅。研究室的研究员有专职和兼职之分。始终担任研究工作的专职研究员有阿甲、张一然、李纶、魏晨旭以及后来的陈冲、唐伯弢；先后任专职研究员但仍担负其他部门行政工作的有王一达、王铁夫、王镇武、石畅、任桂林、陶德康、魏静生；兼职研究员有卜三、罗合如、简朴、薛恩厚。后扩大到马伯峰、方华（女）、王洪宝、牛树新、石天、任均（女）、朱革、齐秀林、齐冀民、刘涌汉、阿良、吴瑜（女）、张一山、张梦庚、陈怀平（女）、李碧岩、赵魁英、赵容美、袁广和、栗金池、萧甲、崔炳玉、霍秉龄等20多个主要和比较主要的专职和兼职演员或演奏员。

剧场的演员、演奏员和舞台工作人员都是专职。除总务部门外，各部门的行政干部和研究室的专职研究员（除魏晨旭外）多半是兼职演员，个别是兼职演奏员。主要演员有：老生阿甲、张一然、李更生，文武老生薛恩厚、魏静生，小生任桂林、简朴，武生王洪宝，花旦兼青衣方华，青衣花衫兼刀马旦任均，花旦兼刀马旦杨呈祥（兼演河北梆子戏），刀马旦兼青衣花衫萧甲，老旦朱革，花脸石畅、刘涌汉，丑脚王斌亭、赵奎英。兼演数行者有王一达（以大丑为主，兼演老生、老旦、彩旦、刀马旦），牛树新（以武生为主，兼演文武花脸和刀马旦，并兼演河北梆子的老生、小生和文武丑），赵容美（以红生为主，兼演文武老生和文武花脸），陶德康（以文武小生为主，兼演武生、文武老生、刀马旦和青衣）。主要演奏员有：鼓师栗金池，琴师马伯峰、崔炳玉。导演有王一达、王洪宝、牛树新、赵容美、陶德康、魏静生。曾参加导演工作的还有石畅、任桂林、阿甲、张一然。编剧有王一达、孙震、任桂林、阿甲、李纶、张一然、魏晨旭、魏静生；曾参加编剧工作的还有石天、石畅、张梦庚、罗合如、萧甲、薛恩厚。参加音乐创作的有马伯峰、李纶、崔炳玉。参加舞美创作的有朱革、刘涌汉、赵奎英。

该院为贯彻“推陈出新”方针，比较重视剧目建设。①整理、改编并复排演出了50余出传统本戏和折子戏；②演出了院内外创作的新编历史剧8出；③演出了院内外创作的大、中、小型京剧，河北梆子以及眉户剧（包括秧歌剧）共10余出。改编的传统戏有：《赤壁鏖兵》后半部，王一达、石畅改编；《清风山》和《清风亭》，由王一达分别在王洪宝和魏静生协同下改编。复排并演出的新编历史剧有《嵩山星火》，原战斗平剧社保留剧目，张一然编剧并主演，许广义、牛树新导演；《逼上梁山》，中共中央党校大众艺术研究社创作并首演，执笔编剧杨绍萱，原排导演齐燕铭，金紫光主演林冲，平剧院复排导演王一达，薛恩厚饰林冲，赵容美饰鲁智深，任均饰林娘子（后来齐秀林、霍秉龄曾饰林冲，王镇武曾饰林娘子）。新排演的新编历史剧有：《瓦岗山》，孙震编剧，赵容美导演；《岳飞》，田汉编剧，王一达导演，张一然主演岳飞；《河伯娶妇》，魏静生编剧并主演西门豹，王一达导演；《三打祝家庄》，任桂林、魏晨旭、李纶执笔编剧，魏静生执导“一打”，王一达执导“二打”和“三打”，导演团成员还有任桂林、阿甲、赵容美、牛树新、王洪宝，其中阿甲协助执导“一打”中“石秀探庄”一折。该剧由张一然主演宋江，魏静生主演石秀，王一达主演乐和，阿甲饰钟离老人，刘涌汉饰祝朝奉，王洪宝饰祝彪，萧甲饰扈三娘，薛恩厚饰“二打”的扈太公和“三打”的栾廷玉，牛树新饰“一、二打”的栾廷玉和“三打”的顾大嫂，赵容美饰孙立，任均饰乐大娘子。《武松》后部，王一达编剧，牛树新、王洪宝导演并分饰前后武松，萧甲饰孙二娘，赵容美饰蒋门神；《大名府》（又名《卢俊义》），任桂林编剧，魏静生导演并扮演卢俊义。在排演的现代戏中，京剧有：《难民曲》，李纶编剧，张一然导演并主演老难民；《上天堂》，张一然编剧，王一达导演并饰婆母，任均饰媳妇，齐秀林饰亲家母；《鬼变人》活报剧，王一达编剧并导演，刘涌汉饰特务头子。该院创作演出的《三打祝家庄》获得很高的评价。毛泽东主席在致该剧编剧之一任桂林的亲笔信中说：继《逼上梁山》之后，此剧创造成功，巩固了平剧革命的道路。

《三打祝家庄》
魏静生饰石秀（左） 阿甲饰钟离老人

自从抗日战争胜利后，该院先后有陶德康、简朴、孙震、李纶、赵容美、张一然、牛树新、王一达、任均、陈冲、石天、李更生、马伯峰、萧甲等20余名艺术创作人员相继被中央组织部派往其他新、老解放区开辟或推进京剧改革工作。这些人的派出，实现了该院“培养平剧艺术干部，开展平剧的改造运动”的宗旨。该院奉命于1947年3月撤离延安，同年5月到达晋察冀边区。此后，改称华北平剧研究院。延安平剧研究院虽然只有5年的历史，却在中国京剧史上留下了光辉的篇章。

（王军）

Yan'an Zhonggong Zhongyang Dangxiao Julebu yu Dazhong Yishu Yanjiushe

延安中共中央党校俱乐部与大众艺术研究社 延安中共中央党校俱乐部系中国共产党中央党校校部所属，专为组织课外活动的职能部门。它随着学校的变迁而发展。中共中央党校最早建立于红军长征到达陕北后的瓦窑堡。当时俱乐部的活动主要有墙报与歌咏。1937年党校迁到延安桥儿沟后，开始增加了平（京）剧活动。校长是董必武，负责俱乐部平剧活动工作的是康生和周荣鑫，主要是学习与演出平剧传统剧目。1939年后，党校搬到延安北门外，校长是邓发、谢觉哉。俱乐部主任是广东人陈明，主要开展音乐、话剧、体育、文学等活动，平剧活动不多。1942年初，党校改为全面发展性质，毛泽东兼校长，彭真任副校长，全校扩充为6个部，每个部都设立俱乐部，活动内容多种多样。其中活动最多的是党校一部（学员主要是七大代表），俱乐部主任是姚铁；党校三部（学员主要是文化、文艺工作者），俱乐部主任是金紫光。当时为了工作需要，党校一、二、三部曾联合组建了一个平剧业余团体——大众艺术研究社。这个研究社的宗旨是学习研究京剧艺术，任务是创作演出历史剧目并排演传统剧目。这个研究社成立于1942年，活动到1945年中国共产党第七次全国代表大会闭幕。主要领导人是党校教务主任刘芝明，研究社社长是一部学员索李波，主要参与者都是党校的教职员工。编剧有杨绍萱，导演有齐燕铭、贺瑞麟等，主要演员有索李波、王莲瑛、金紫光、王禹明、赵光远、麻志浩、齐瑞棠、陆平、许世平、孙明等，音乐有邓泽、曲俊等。演出剧目中有多种行当的传统剧目，大中小型都有。新编历史剧有《红巾起义》、《祖逖》、《愚公移山》等。1943年冬至1944年春，创作演出了《逼上梁山》，反响强烈。党中央和八路军总部，陕甘宁边区各界和党的七大代表，均多次观赏。毛泽东曾两次观看演出，并索看剧本，后又亲笔致函祝贺，对《逼上梁山》一剧的演出给予很高评价。他认为此剧为旧剧改革"开了新生面"，是"旧剧革命的划时期的开端"。此剧的作者杨绍萱、导演齐燕铭、主演金紫光以及许多老同志，在副校长彭真同志的关怀领导下，为落实毛泽东主席的指示，决定抽出全部时间，把这一业余活动当做专业工作来做。边演出，边修改加工，边研究戏曲改革的方针任务，总结经验，推而广之。为了把《逼上梁山》作为保留剧目，中央党校领导决定所属延安平剧研究院继续排练演出此剧。此外，中央党校五部和六部的俱乐部，也先后演出了一些传统剧目，同时还把郭沫若的话剧《虎符》和《孔雀胆》改编成平剧，在延安进行多次演出，对京剧改革作出新的探索。 （金紫光）

Yan Huizhu

言慧珠 （1919～1966） 女演员。工旦。原名义荣。北京人。蒙古族。自幼深受京剧艺术熏陶，7岁开始向程玉菁和赵绮霞学戏。其父言菊朋，乃蒙古王公后裔，虽自己从票友到下海唱戏，但竭力反对爱女从艺。慧珠个性倔强，当着父亲的面唯命是从，背地里却学得更加起劲。1926年，母亲高逸安与父亲分居，带着她与妹妹慧兰去上海加入明星影片公司。其时，慧珠改姓高，转学读书，经常参加明星公司京剧票友的演唱活动，常演剧目有《六月雪》、《宇宙锋》。1931年夏，言菊朋思女心切，乘与荀慧生到上海演出的机会，通过律师斡旋，将慧珠带回北平，希望女儿从此用功读书，不再与皮簧发生关系。谁料到京后，慧珠对京剧迷恋更深，每晚约同学去吉祥或哈尔飞戏院看戏，还私下求师访友，学戏问艺，对程砚秋《荒山泪》中几句低回涓细的唱腔尤为倾心，天天在家里哼唱。言菊朋眼看阻拦不了女儿学戏的决心，指出根据她的嗓音条件不宜学程而适合学梅。慧珠见父亲终于答应自己学戏，欣喜异常，立即上街购买了梅兰芳所有的唱片，从此专心改学梅派。但光跟留声机学，满足不了她强烈的学习欲望，急需得到名师的传授和指点。当时梅兰芳已定居上海，言菊朋只能婉请梅兰芳的琴师徐兰沅来执教。徐兰沅见慧珠聪敏好学，遂将梅派戏的唱腔传授于她。同时，言菊朋又延请梅兰芳的老搭档朱桂芳教身段，请阎岚秋教武旦戏，为慧珠正式做一名专业演员打下了扎实的基础。

1939年，慧珠同兄少朋、弟小朋参加其父组建的春元社（习称言家班），至南北各大城市巡回演出，常演剧目有《贺后骂殿》、《打渔杀家》、《三娘教子》、《扈家庄》等戏。由于她扮相俊丽，嗓音甜润，给人感受到一种年轻、活泼、挺拔而妩媚的美，大受观众欢迎。她随父到上海黄金大戏院演出《扈家庄》，观众爆满，初次亮相，一炮而红。1943年正式拜梅兰芳为师。其时，梅兰芳虽然息影舞台，但长期养成的生活习惯依旧，即白天睡觉、休息，晚间接待朋友，一直到第二天清晨三四点钟才能入睡。而在半夜客人散尽后，有一两个小时最空闲的时间。言慧珠总是等到这个时候去向梅师学戏。梅兰芳也很乐意以教戏的方式来打发这段时间。因此，在梅兰芳的学生中，慧珠是得到梅师亲自教授较多的一人。抗日战争胜利后，梅兰芳重登舞台，言慧珠更是每戏必看，从不放过一次学习的机会。她一边看戏一边在座位上模仿。一次看《霸王别姬》，当演到舞剑的时候，她在台下也情不自禁旁若无人地随之舞了起来，引起场内众人注目。由于勤奋好学，加以天赋，她的梅派艺术不仅得到内外行家的交口赞誉，也得到了梅师的认可。1946年，她在上海被选为"上海平剧皇后"。当时报刊上载："言慧珠，前后登台皇后、黄金两大戏院，不以色情戏来号召，不劈棺，不纺花，纯以梅派戏叫座，所演戏目如《起解会审》、《凤还巢》、《生死恨》、《探母回令》、《红鬃烈马》、《潘金莲》等，并会反串老生戏《上天台》。最近在黄金演出……梅派本戏如《西施》、《洛神》等古装戏，次第露演。"(载1946年11月1日《半月戏剧》第6卷第1期)她常演的剧目还有梅派戏《太真外传》、《霸王别姬》、《廉锦枫》、《抗金兵》、《天女散花》、《贵妃醉酒》、《黛玉葬花》、《邓霞姑》、《木兰从军》，以及《得意缘》、《翠屏山》、《战宛城》、《乌龙院》、《花田八错》、《独占花魁》、《新戏迷传》、《盗魂铃》，一赶三的《法门寺》(前孙玉姣、中宋巧姣、后刘媒婆)，以及言派老生戏《让徐州》、《卧龙吊孝》等。进入20世纪50年

《打渔杀家》饰萧桂英（左）
言菊朋饰萧恩

《西施》
饰西施

《花木兰》
饰花木兰

《墙头马上》饰李倩君（左）
俞振飞饰裴少俊

《游园惊梦》饰杜丽娘（左） 俞振飞饰柳梦梅

代后，言慧珠在悉心继承梅派艺术的过程中逐渐形成自己的风格。恪守梅派“以圆为本，内刚外柔，柔中有骨”的艺术法则，寓妩媚于雍容华贵之中，但她更多地糅进了一些花旦的表演身段，更为洒脱舒放，又不失为一个梅派大青衣的风度。许多梅派戏由她演来，既是梅派，又富于新意，极为和谐自然。她聪颖过人，表演美而不俗，确有大家风范，较之同辈别有灵秀之气。几乎与钻研梅派艺术的同时，开始了电影和话剧生涯，她曾与徐莘园合演过话剧《万世流芳》，与电影演员舒适合拍过《逃婚》，与乔奇合拍过《同心结》，以及《杨贵妃》、《戏迷小姐》、《影迷传》、《假凤虚凰》等影片，成为剧影双栖明星。20世纪50年代初，她组织言慧珠京剧团在各地巡回演出，创排了《春香传》、《洪宣娇》、《梁山伯与祝英台》等新戏。1957年5月，被任命为上海市戏曲学校副校长，后又潜心钻研昆剧，曾向昆剧传字辈艺人朱传茗、方传芸等学会20多出昆戏。与俞振飞合演了《牡丹亭》、《定情赐金》、《惊变埋玉》、《断桥》、《琴挑》、《受吐》等剧。1958年随中国戏曲歌舞团出访欧洲，与俞振飞合演昆剧《百花赠剑》，深受欢迎。1959年她与俞振飞共同创排昆剧《墙头马上》，塑造了李倩君这个富于反抗性的美丽形象，参加了中华人民共和国成立10周年的献礼活动，得到行内外的一致好评，至今该剧为上海昆剧团的保留剧目。她还排演过现代戏《松骨峰》和《沙家浜》。担任戏校副校长期间，在教学方面也作出显著成绩。1966年9月，在“文化大革命”中，自缢而死。传世唱片、录音有《太真外传》、《花木兰》、《黛玉葬花》、《南天门》(与马连良)、《霸王别姬》(与高盛麟)、《奇双会》(与叶盛兰）等，还有彩色影片《游园惊梦》(与梅兰芳、俞振飞)、《墙头马上》(与俞振飞）等。

（唐葆祥）

Yan Jupeng

言菊朋　(1890～1942)　演员。工老生。原名锡，字延寿。本姓玛拉特，蒙古族，正蓝旗人。生于北京。其高祖松筠，为清乾隆、嘉庆、道光间显宦，卒后谥文清，《清史稿》有传。曾祖熙昌，官刑部、工部侍郎。菊朋之父中过武举，有三子，菊朋行三，人称“言三”。先就读于陆军学堂，毕业后在蒙藏院任录事。言菊朋髫龄时即好歌唱，及长，尤迷谭调，逢谭鑫培有演出，风雨无阻，潜心观摩。常在言乐会、春阳友会等票房走动，向票界名宿红豆馆主、陈彦衡等请益，又与钱金福、王长林、王瑶卿等结交，从他们口中记录剧本，学得许多谭氏身段，为他日后由“票”入“伶”打下深厚基础。1919年，经王蕙芳联络，以票友身份去汉口合记舞台演出，同行者有郝寿臣、筱翠花、姜妙香等，势如众星捧月，载誉而归。1923年冬，应梅兰芳邀约，首次赴上海，仍以票友身份演出于共舞台，广告称“言君菊朋”，陈彦衡为之操琴，可谓大红大紫，名噪申城。返京后，开始组班或搭班演出。其时菊朋任职于财政部，新任上司以“请假唱戏，不成体统”为由将他撤职，从此正式下海以“伶”为业。

自从谭鑫培去世后，须生界宗谭者分出“新谭”与“旧谭”两派来。“新谭”以余叔岩为主，后来称为“余派”。“旧谭”则有谭的女婿王又宸，以及言菊朋等。言菊朋曾以“谭派正宗”、“旧谭派之首领”为号召，颇受观众的喜爱与推崇。下海之后，言菊朋的合作对象多了，演出剧目不断扩大，在谭派艺术的基础上，结合自身条件，变化创造，对唱腔进行了大胆的革新。到了晚年，开创出一种独特的新唱腔，世称“言腔”、“言派”。这个变化主要由于两种因素促成。一是他对音韵学有深刻研究。他对“四声”、“五音”的精通运用，延伸了谭鑫培讲究字韵的特点，按湖广音的四声标准，因字行腔，字正腔圆。技术上的处理又是独具匠心，与众不同。例如对阳平字的处理：谭派是“阳平低摆”的处理方法，言菊朋在此基础上又刻意加强了“低摆”的幅度，把阳平字基本上处理成上声字的调值走向，阳平字摆得更低，使字与字之间调值的值差加大，这样高低起伏更鲜明了，字更清楚了，乐感也更强烈了。这样的处理既脱胎于谭腔又突显出言腔的个性。二是他的体力和嗓音条件的变化，必须另辟蹊径，采取真假声巧妙结合的发声方法，改走精致纤巧、“腔儿花，味儿厚”的道路。一般说来，“花腔多的必然寡味（俗说是‘贫’)；但言腔之花是从字韵上拖长捩柔、曲折宛转、指挥如意，因此，其腔之花绝无损于其味之厚，

《甘露寺》饰乔玄

《定军山》饰黄忠

《失印救火》饰白怀

《缇萦救父》饰淳于意　程玉菁饰缇萦　（曹鹍提供）

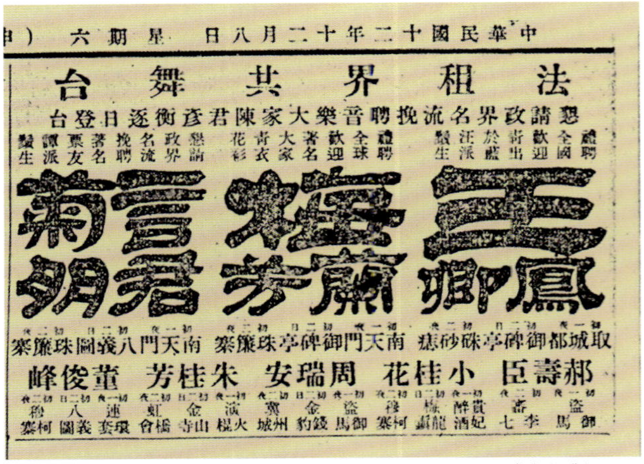
中華民國十二年十二月八日 星期六 (申)

法租界共舞台

懇請政界名流挽聘音樂大家陳君彥衡逐日登台

禮聘全國歡迎青出於藍汪派鬚生 王鳳卿

禮聘全球歡迎著名大家青衣花彩 梅蘭芳

懇請政界名流挽聘著名票友譚派鬚生 言君菊朋

初一夜 取成都 初二日 御碑亭 初二夜 硃砂痣

初一夜 南天門 初二日 御碑亭 初二夜 珠簾寨

初一夜 南天門 初二日 八義圖 初二夜 珠簾寨

郝壽臣 小桂花 周瑞安 朱桂芳 董俊峰

言菊朋首次赴上海演出广告（1923年12月8日《申报》）

而且还能相成相长、水乳交融”（景孤血《言菊朋艺术话旧》）。言腔尤其注重感情的表达，如他独有的《让徐州》、《白帝城》、《卧龙吊孝》，更是娓娓动听，声情并茂，集言派花腔之大成。由于他有深厚的文学修养，使言腔带着浓郁的书卷气，新颖脱俗，典雅别致。

言菊朋除了在演唱上有很高成就，能独创一派之外，还整理过不少旧剧本，使剧本和唱词更加简练、精彩。他在报刊上还发表过一些剧评，如论音韵，论戏曲服装之超时代性，论崇尚“新彩新砌”之促成演出的“高价主义”而使真正艺术日渐湮没，都极有见地。查《京剧大戏考》，言菊朋有近60出戏的唱片传世。

言菊朋在世时，“得意的日子很短，失意的日子很长”（言慧珠语）。有些内外行，崇拜作为“旧谭一系”之言菊朋，却不能接受“化谭为言”之言菊朋，攻击言腔为“怪腔”，使他精神上受到很大伤害，觉得自己花了毕生精力创造的“言腔”，后继乏人，衰亡有日，内心十分痛苦。暮年时身体和经济每况愈下，于困苦潦倒中离开人世。言菊朋去世后，言派艺术几成绝响。中华人民共和国成立后，经过其长子言少朋、儿媳张少楼挖掘上演了言派的代表剧目，受到观众称赞，言派艺术得以中兴。

言菊朋一家是个艺术家庭。夫人高逸安（1892～1973）从事电影工作。有子女6人：长女慧英，原名义贤，是医务工作者；长子少朋，原名义方，工老生，为言派和马派传人；次女慧珠，原名义莱，为梅派传人；次子夭折；三子小朋，原名义环，工武生，后从事电影工作；三女慧兰，原名义芝，从事过电影、话剧和戏曲工作。言菊朋嫡孙言兴朋继承祖业，颇有建树。

（刘勉宗）

Yan Jupeng de Wutai Yishu

《言菊朋的舞台艺术》 京剧文集。中国戏剧出版社1959年出版。全书仅3万余字。主要收入了言少朋、言慧珠、马少波、景孤血、李慕良、李家载所写的6篇文章。言少朋的文章表达了对党抢救言派艺术的感激之情，并举例说明了言派艺术敢于和善于突破旧的艺术规范、每个戏的韵味和每段唱腔互不雷同等艺术特色。言慧珠着重写出了言菊朋对于艺术穷钻苦研的执著精神及其艺术道路上的诸多坎坷与苦涩，还写出了言菊朋反对在艺术上死学别人和主张结合自身条件进行艺术创造的观点。马少波一文扼要地论述了言派艺术特点以后，主要谈了流派发展问题，指出青年人“对于前辈的艺术，要下苦工夫学，恭恭敬敬地学，老老实实地学”。景孤血的文章深入地论述了言派形成过程和言派艺术

风格的独特性，揭示出言派唱腔“腔儿花、味儿厚”的奥秘。李慕良从声腔的角度突出地提出了言派艺术是“有所本的创造”的观点。李家载对言派艺术发展过程的三个时期做了分析，并对言菊朋在艺术上擅长广泛借鉴做了翔实的举例评述。此外本书还收入了之江写的言慧珠访问记，记述了言慧珠对父亲言菊朋勤奋的艺术生活、悲凉的境遇和耿介的性格的回忆。1959年在党的“百花齐放”方针指引下，以言菊朋之子言少朋等进京演出言派戏为契机，濒于失传的言派艺术重新焕发生机，而本书正是在这一时代背景下得以出版。

（刘琦）

Yanlehui

言乐会 京剧票房。1916年6月红豆馆主溥侗与袁寒云合组于北京江西会馆（1919年1月22日《顺天时报》），以演唱京昆为主旨。参加京剧活动者，均为当时名演员、票友。内行有陈德霖、余叔岩、言菊朋、钱金福、王长林、迟月亭、鲍吉祥、范宝亭、冯蕙林、赵子良、金仲仁、包丹庭、王福寿等人。溥侗文武昆乱不挡，精通文武六场，扮演《青石山、卖符》的王半仙、昆曲《风筝误》的丑小姐、《宁武关》之周遇吉、《战宛城》之曹操等，工架演念均臻炉火纯青境界。余叔岩常得其指教，言菊朋拜溥氏为师。李万春学《宁武关》也拜其为师。向溥氏学习者不计其数，而真正拜其为师者，只言菊朋、李万春二人。叶仰曦虽为溥氏弟子，但以研习昆曲、古乐为主。名武生票友载涛为言乐会中佼佼者，《安天会》、《水帘洞》、《双心斗》中的孙悟空学自张淇林。孙毓堃、李万春都向其学艺。该会于每年初夏在北海租游船一只，请名厨司厨，同仁在船上集会、聚餐。活动则以丝竹乐、十番乐、昆曲为主，言乐会自成立起，在江西会馆先后彩唱7场，张聊子的《听歌想影录》对此记载颇详。1919年1月停止活动。

（李体扬）

Yan Shaopeng

言少朋 （1915～1984） 演员。工老生。原名言义芳。北京人。蒙古族。祖姓玛拉特。自幼受其父言菊朋熏陶，向他讲解京剧音韵知识和唱念方法，传授老生行的唱功、做工、靠把各剧，并延请老师为他练功、打把子。1939年拜入马连良门下，得其真传。多年在其父、其师的培育下，既继承了纤巧轻灵、典雅清醇的言派特色，又学得了潇洒飘逸、俏丽闲雅的马派风格。常演剧目有《借东风》、《甘露寺》、《清风亭》、《一捧雪》和《卧龙吊孝》、《让徐州》等。中华人民共和国成立后，曾自组剧团演唱，后与妻子张少楼一同加入青岛市京剧团。1962年起任教于上海市戏曲学校，在传承言派艺术方面做了大量

《卧龙吊孝》饰诸葛亮
（陈莹摄）

工作。1964年创排了现代戏《柜台》，在剧中尝试运用言派唱腔艺术，取得一定成功，参加了全国京剧现代戏观摩演出，受到好评。1981年后，又陆续整理言派老戏《打金枝》、《战北原》、《上天台》、《骂王朗》等剧，得到观众首肯。夫妇协力课子授徒，培养出言兴朋、毕英琦、任德川、刘勉宗、常和等传人，为弘扬、发展言派老生艺术作出贡献。（鲁捷）

Yan Xingpeng

言兴朋　（1953～　）　演员。工老生。祖籍北京，生于上海。蒙古族。其祖父言菊朋、父言少朋、母张少楼、姑母言慧珠等均为卓有成就的京剧演员。受家庭熏陶，9岁起即随父母学艺，接受

正规、严格的训练，同时还拜江苏省京剧院周云亮为师，学习武功，打下扎实的武功基础。“文化大革命”期间，言兴朋务过农也做过工。20岁时，他考入浙江京剧团，其后也曾学过越剧小生。1984年进入上海京剧院。1987年，言兴朋参加北京、天津、上海中青年演员联合演出，主演了《上天台》、《连营寨》等戏。同年全国青年京剧演员电视大选赛中，以《卧龙吊孝》一剧荣获最佳表演奖。1988年，又与尚长荣合作参加新编历史剧《曹操与杨修》的排演，他扮演杨修，充分运用言派声腔传情细致、跌宕多姿的特点，塑造了一个具有济世抱负而又狂傲不羁的悲剧性人物，深得行家和观众的赞赏，在京剧新剧目会演中，与尚长荣（饰曹操）同获优秀表演奖。1989年，言兴朋主演京剧电视连续剧《曹雪芹》，成功演绎了一代文坛巨匠曹雪芹的悲情人生。1990年，言兴朋荣获第七届梅花奖。除《卧龙吊孝》、《连营寨》、《上天台》之外，言兴朋擅演的传统剧目还有《战北原》、《白帝城》、《甘露寺》、《十道本》、《文昭关》、《大登殿》、《三娘教子》等。言兴朋嗓音清亮甜润，扮相英俊儒雅。作为言派老生第三代传人，他对言派演唱技巧有深刻的研究、良好的驾驭能力。无论是演唱正宗的言派传统戏，还是新编戏，都颇得“精巧细腻、跌宕婉约，在轻巧中见坚定，在朴拙中见华丽”的言派神韵。（夏杨）

《曹操与杨修》饰杨修
（陈莹摄）

Yan Baoquan

阎宝泉　（1929～1993）　京剧鼓师、教师。河北新城（今高碑店）人。出身梨园世家，幼年曾跟祖父阎福成学戏。12岁拜蔡景春为师习鼓板，13岁登台司鼓，被誉为“神童”。先后在大同、太原、天津、石门（今石家庄）、沈阳、北平等地搭班演出。1948年底参加四维儿童戏剧学校，20世纪50年代初参加中国戏曲学校实验剧团乐队工作。20世纪60年代初拜白登云为师，锐意求进。1962年

从乐队调音乐科任教，直至离休。离休后担任北京市戏曲学校艺术顾问。阎宝泉幼年失学，但灵慧超群，潜心研究鼓板艺技，博学强记，戏路宽广，能戏较多，谙熟京剧各派艺术风格，技法娴熟，逐步形成自己的独特风格。其演奏文戏细致舒展，层次有序，武戏强而不燥，洒脱明快。曾与马德成、萧长华、姜妙香、贯大元、雷喜福、赵桐珊、刘喜奎、高盛麟、傅德威等合作。20世纪50年代曾参与演出《白蛇传》等，该剧分别于1952年和1953年获全国第一届戏曲观摩演出大会一等奖及世界青年联欢节金奖。还参加了《梅兰芳舞台艺术生活》影片的音乐指挥工作，并多次出国演出。阎宝泉因材施教，循循善诱，弟子遍及海内外。主张“打戏、打情、打意”，强调鼓师不仅要精于鼓板技巧，更要精晓大锣、铙钹、小锣的演奏，便于指挥好全局。在多年的艺术实践中，将鼓板领奏手势归纳为16字口诀：“摔、打、砸、扬，飘、摆、浮、搁，支、指、点、咧，领、扳、催、搂”。参加编写《京剧常用唢呐曲牌》，已成教材范本。1983年录制出版了由他司鼓指挥的《京剧唢呐曲牌一百首》和《京剧锣鼓干牌子46式》音带。（王健）

Yan Lanqiu

阎岚秋　（1882～1939）　演员。工武旦。字佩卿，小名九儿，初用艺名飞来凤，后谭鑫培建议改艺名为九阵风。北京人。其父阎金福（？～1919）亦为旦脚演员，早年曾在天津、上海献艺，成名后返回北京，

搭四喜班演出，得意之作有《芦花河》、《三休樊梨花》等。娶妻王氏，系老生王福寿之姐。岚秋为阎金福长子，幼从方二群学艺，后入杨隆寿主办的小天仙科班，初习刀马旦，后改武旦。同科有张增明、谭小培、迟月亭等。后又从岳父朱文英学戏，得其真传。出科后曾应邀赴天津下天仙戏园演出。因扮相既佳，武技又精，刚健婀娜兼而有之，又有朱玉康、韩德林二人上下手的密切配合，加上当时天津社会名人捧场，声望日增。1902年前后又赴上海献艺，出手胜过了当地武旦首席一盏灯，声名鹊起。1907年又应邀赴吉林演出，亦因年轻貌丽，精于出手，深得当地观众好评。1912年搭入俞振庭所组的双庆社，当年3月28日在文明茶园，以反串《八大锤》之陆文龙唱大轴。1913年鸿庆班开锣，刘鸿昇演《朱砂痣》，龚云甫演《钓龟》，九阵风演《泗州城》，呈鼎足之势。以武旦达到如此位置，开梨园之先。1915年唱《泗州城》，戏码有龚云甫之《钓龟》，大轴为梅兰芳、王凤卿之《汾河湾》，是日广和楼内掌声不绝于耳。这一时期主要与刘鸿昇、谭小培、杨小楼、高庆奎、朱琴心、余叔岩以及梅、尚、程、荀四大名旦合作演出，常贴演的剧目有50余出，其中《泗州城》、《取金陵》、《青石山》、《娘子军》、《扈家庄》、《虹霓关》等剧均冠绝一时。他戏路很宽，除刀马旦、武旦戏以外，亦兼演花旦戏或反串武小生等。如《小放牛》、《英杰烈》、《八大锤》均严老十三旦的路数演出。张肖伧的《菊部丛谭》中评介九阵风：“容貌艳丽，神采流动，歌似莺啭，武艺矫捷紧遒，打出手尤其绝技，其手中之兵器无论如何险绝，皆得心应手，从容不迫，跷工亦稳健亦迅疾。《金山寺》、《扈家庄》两戏繁重吃力为朱桂芳所缺；《小放牛》

《穆柯寨》饰杨宗保（反串，右）
程砚秋饰穆桂英

与王长林合演，随歌随舞，声容并佳；《战宛城》刺婶一场跌扑尤见二深。”九阵风之反串也较为突出，如1929年4月某次联合演出，4个武旦反串《八蜡庙》，九阵风饰褚彪，朱佳芳饰费德功，陶玉芝饰米龙，邱富棠饰窦虎，各显其能，异彩纷呈。曾陪程砚秋唱过《穆柯寨》，反串杨宗保。早年还反串过《花蝴蝶》之蒋平，均受观众好评。罗瘿公曾指出：“自九阵风声色艺显，而武旦始重。”“九阵风得其岳朱四十之传授，益专精之，四十亦自谓弗如。其二十前后之明丽苗条，一时无双。今虽年长，而登台尚如二十许人。樊山《岚秋曲》推许极至。”1925年3月上海《申报》刊有看云楼主《谈武旦》一文，评论说：“(朱)文英在武旦界称一时泰斗，阎之技艺，得其耳提面命，自是可见，其打出手花样翻新，手脚之快，无以等伦。……盖就两人武技论，阎好在敏捷，朱(桂芳)则好在稳健。互有短长，未易轩轾也。”岚秋之侄、著名武旦阎世善认为：“阎派武旦艺术可概括为3个字，即美、媚、脆。”

九阵风在日常演出中，注重培养与之合作的青年演员，如1924年在某宅唱堂会时，他特意邀请出科不久的侯喜瑞为他配演《扈家庄》中的李逵，以提高侯的知名度。1934年以后，九阵风因病息影舞台，曾在中华戏曲专科学校、荣春社、富连成社任教，教学中他强调要开拓武旦戏路，倡导兼演青衣、花旦。他最得意的弟子是四小名旦之一的宋德珠。宋德珠全面继承了阎派艺术，有所发展而别创一格。传人还有李金鸿、陈金彪、阎世善等。曾向其请益的还有言慧珠。**阎岚亭**（1819～1973）系岚秋之弟，幼入陆华云主办的长春科班，习武生，出科后主要是为其兄配戏。岚秋生有二男一女。长子**阎庆林**（1913～1987），幼入朱幼芬主办的福清社学戏。先学武生，后改小生。1931年经舅父朱桂芳介绍拜姜妙香为师，得其真传最多。1953年经姜师推荐入北京戏曲实验学校任教，培养了一批优秀的小生演员，如叶少兰、温如华、于万增等。次子**阎世喜**（1919～1998），10岁入富连成社科班学戏，初学老生，又改武生，最后改学文丑，娶名旦陈桐云之女为妻，于20世纪40年代迁居上海，曾与言慧珠合作多年，后调入上海市戏曲学校任教。长侄世善，亦为武旦演员。

长子阎庆林

（陈志明）

Yan Ruisheng

《阎瑞生》 京剧作品。一名《枪毙阎瑞生》。时装新戏。据1920年6月发生在上海的实事编演。作者不详。杭州王长发，不务正业，将女王莲英卖入上海娼门。莲英被选为“花国”国务总理。嫖客阎瑞生为洋行职员，好赌博，欠妓院债款无力偿付；借得戒指数枚，当钱后购赛马彩票，尽数输光。乃与流氓吴春芳等合谋，诓王莲英乘汽车兜风，至北新泾，勒死莲英，劫其首饰，弃尸逃逸。流窜一月，在徐州被巡探擒获，押沪枪决。戏中运用传统戏中的套子，写了王莲英托梦诉冤，鬼魂索命等情节。1920年11月27日首演于上海大舞台，主要演员有毛韵珂、赵如泉、贾璧云、张金安、李瑞亭等。1921年元旦，共舞台也演出此剧，由张文艳、林树森、吕月樵及后来加入的露兰春等主演。新舞台排演较晚，但演期最长，于1921年3月1日开演，连续上演两年。汪优游饰阎瑞生，赵君玉饰王莲英，周凤文、夏月珊、夏月润等参演。赵君玉演的王莲英最为有名，麦田乞求饶命的大段唱腔，如泣如诉。新舞台演出时，用真汽车上台，从上场门进，下场门出，经戏院外面的马路兜圈子，成为轰动沪上的活广告。毛韵珂、刘筱衡、露兰春饰演的王莲英各有特色，演阎瑞生的林树森、赵如泉也很受观众欢迎，有人批评此剧“靠旦角声色号召”，表现嫖妓、杀人，有“诲淫诲盗”之弊（见《申报》1921年7月26日，严芙荪文），当时却吸引了大量市民观众，颇为轰动。北京等地剧场也相继搬演，成为影响很大的一出时装京戏。有露兰春灌制的《阎瑞生·莲英托梦》唱片（百代公司出品）和林树森灌制的《阎瑞生·遇鬼、枪毙》唱片（百代公司出品）传世。

碧云霞饰王莲英

（沈鸿鑫）

Yan Shishan

阎世善（1919～2007） 演员。工武旦。原名阎庆珍。北京人。出身梨园世家，祖父阎金福工青衣，父阎岚亭工武生。他读私塾一年，1926年入富连成社学戏，初习娃娃生，后工武旦，蒙师徐天元。后富连成社聘请其伯父阎岚秋执教，世善得其真传，全面继承阎氏武旦艺术之精华。功底扎实，跷功、鼎功、出手、翻扑无一不佳。扮相端秀、身手矫健，台风正派，表演稳健，为武旦行中佼佼者。出科后广泛汲取艺术营养，赴沪演出时又拜师赵桐珊。1935年毕业后即先后为尚小云、程砚秋、章遏云、叶盛章、叶盛兰、张君秋、谭富英的班社争相邀聘。在上海与盖叫天合演《武松打店》、《快活林》，并与郑法祥合作《泗州城》。他文武兼备，能戏颇多，不仅武旦戏《摇钱树》、《蟠桃会》、《金山寺》、《杨排风》、《湘江会》、《取金陵》、《夺太仓》、《女杀四门》得心应手，而且花旦戏、刀马戏也身手不凡。1950年参加李少春、袁世海、叶盛章组建的新中国实验京剧团，除着手整理《战金山》、《扈家庄》、《盗仙草》等剧外，重点辅导杜近芳等青年演员进修基础剧目。其间曾随团出国访问演出。1957年执导改编本《锯大缸》演出，以全新神话色彩呈现给观众。他所扮演的王大娘，融花旦、玩笑旦、泼辣旦、武旦为一体。锯缸中的［诰猖腔］潇洒飘逸，武打疾快凌厉，出手惊险准确，融进大刀双枪、双鞭难度极大的技艺，首创抢背仰卧双足踢双枪的技艺。阎世善晚年调至中国戏曲学院任教，专事授艺课徒，悉心传授阎派特色的嫡传剧目《取金陵》、《青石山》、《摇钱树》、《红桃山》、《青龙棍》，还有绝响多

《湘江会》饰钟离春（右） 尚长春饰吴起

年的《女杀四门》。苏稚、刘琪、谯翠蓉等受其教诲。他对艺术精益求精，年近八旬，在录像片《京剧把子录》中，为后人留下极为珍贵艺术资料。

其子**阎德威**（1950～　），1961年毕业于中国戏曲学校，工小生，师从姜妙香、阎庆林等。“文化大革命”期间下放劳动，后参加山东省京剧团。1983年调至中央电视台，任电视戏曲导演，对于《中国京剧音配像精粹》的完成有重要贡献。（陆建荣）

Yan Wei

阎巍（1968～　）女演员。工武旦。天津人。1980年入天津市戏曲学校学习，1987年毕业后继续进修，1988年入天津市青年京剧团。先后受到方鸣珍、白云明和李金鸿、张春华等老师的

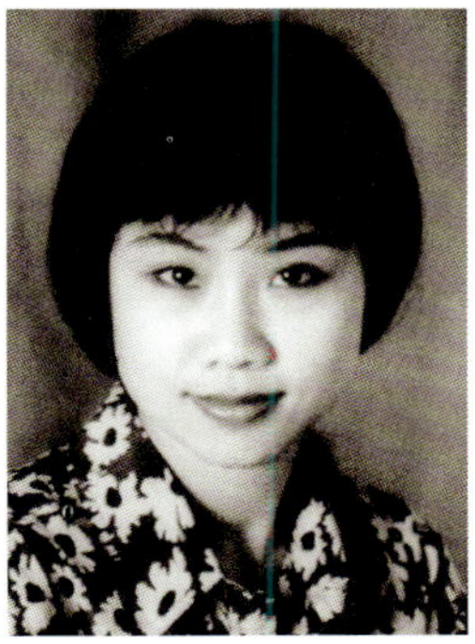

教益。她身材灵巧，功底极好，勤学苦练超出常人，多年如一日，从不懈怠，练就一身娴熟的把子功、出手功、扑跌功、走跤功，在台上驾驭自如，游刃有余。她耍的鞭花，手里干净，花样多变，快捷利索，尤为人称道。耍枪下场，走串翻身也都非同一般，做到漂、帅、稳、准。擅演剧目有《扈家庄》、《泗州城》、《杨排风》、《盗仙草》、《借扇》、《小放牛》、《巴骆和》及小生戏《雅观楼》、娃娃武生戏《岳云》等。《岳云》一剧在第一届中国京剧艺术节上获铜奖，并拍成影片。2001年，在文化部举办的全国京剧优秀青年演员评比展演中获一等奖，同年又以《泗州城》获全国青年京剧演员电视大赛最佳表演奖。2002～2005年参加第三届中国京剧优秀青年演员研究生班学习。（捷之）

《泗州城》饰水母
（全梅摄）

Yan Yuchuan

阎玉川（1856～1898）检场师。玉川一作玉山，又名**阎定**。祖籍四川。先祖为魏长生等吹笛，于清乾隆间自蜀来京。父德魁，为衣箱管理人。玉川自幼拜靳氏为师，习检场，学艺3年后入胜春奎班、嵩祝成班，曾傍孙菊仙甚久。光绪十一年（1885）四月初一日选入昇平署（见《清昇平署存档事例漫抄》卷三）。光绪二十四年（1898）卒（见《清代伶官传》）。子**阎寿春**（1876～？），又名**阎福**，从父习检场，17岁起随父在内廷当差。玉川去世后由寿春补其缺。光绪末年杨小楼在署承应，多由寿春助演。民国后，杨小楼仍信用寿春20余年，倚为左右手。“其拿手为撒火彩，无能出其右者”（周志辅《杨小楼评传》）。1931年，张次溪、谢素生等访问阎寿春，述火彩之技甚详，事载方问溪《梨园话》。寿春子汉卿，亦承父业。梨园中论检场一科，以阎氏为世家，出其门墙者先后有陈万全、李福、李子俊、李金宝、樊德昌、白文元等，均为检场名手。（龚和德）

Yanyanglou

《艳阳楼》 京剧作品。一名《**拿高登**》。作者不详。早在清道光四年（1824）的庆昇平班剧目中已经出现。宋代权臣高俅之子高登倚权仗势，横行乡里，在庙会上抢走民女徐佩珠。佩珠之兄徐士英往救，途遇花逢春、秦仁、呼延豹（均为梁山泊英雄之后），四人相偕夜入高宅，从高府的艳阳楼救出徐佩珠，合力杀死高登，为民除害。这是一出著名的武戏，以丰富的形体动作，生动地塑造了花花公子高登飞扬跋扈的艺术形象。当他与花逢春、秦仁、徐士英、呼延豹对阵时，在打击乐曲牌［一封书］伴奏中，使用大刀、单刀、双刀等不同武器打的几套把子，很有特色。其剧中使用的石担、石锁等独特道具，则是他爱好使枪弄棒，习武的用具。高登原由武花脸扮演，范福泰以此著称，从俞菊笙开始，改由武生扮演。他根据自己的条件，对高登的扮相以及剧中的武打档子进行了创新。《艳阳楼》与《铁笼山》、《四平山》等一样，从武花脸主演变为武生主演，丰富了武生的演出剧目。俞菊笙每一露演，座无虚席。戏院把所用的有特色的道具石担、石锁等摆在门口，成为俞菊笙演出此剧的实物海报。俞菊笙传艺于杨小楼和尚和玉。尚和玉功底深厚，恪遵师法，演出重现其师风貌。杨小楼则在俞菊笙所授基础上，发挥创造，把高登这个人物塑造得血肉丰满，《艳阳楼》遂成杨派名剧。高盛麟、厉慧良等擅演。盖叫天演出，则以饰花逢春为本剧主角。《京剧丛刊》载有孙毓堃等整理的剧本。（胡冬生）

高盛麟饰高登（侯钦孟摄）

Yandang Shan

《雁荡山》 京剧作品。1952年，东北戏曲研究院为参加第一届全国戏曲观摩演出大会而作。徐菊华、李春元、崔广禄等编导，张世麟、李春元主演，获此次会演演出一等奖。剧情是：隋末，孟海公率起义军追击雁荡山守将贺天龙，在山上、水中连败敌人，最后，攻入雁翎关，歼灭残敌。全剧充分发挥东北地区擅长武剧表演的特点，糅合长靠、短打的传统技艺，不用唱念，运用音乐和舞蹈语言，创造出一幕幕威武雄壮的战斗场面。在上山追击、夜袭、水战、攻城等场中，展现两军对垒使用刀、枪、藤牌等诸般武艺以及徒手格斗的激烈厮杀和翻转腾越的跟斗功夫。《铁笼山》、《挑华车》、《一箭仇》等传统剧目的精彩表演，为此剧提供了营养。

李少春饰孟海公（左） 李幼春饰贺天龙

这出新型武剧演出后，深受国内外观众欢迎，成为各地京剧团体经常演出的剧目。1955年，北京宝文堂出版《京剧曲谱·雁荡山》，书中还详细记录了表演动作，1956年上海文化出版社再版。1955年，北京电影制片厂摄制成影片，由中国戏曲学校实验京剧团演出，柏之毅、袁国林主演。 （颜长珂）

Yanmenguan

《雁门关》 京剧作品。又名《八郎探母》、《南北和》。作者不详。宋辽交战，杨延昭和韩昌大战于雁门关，胜负未决。宋太宗命佘太君率杨家众女将前往助战。12年前，金沙滩一战，八郎杨延顺被俘，改名王司徒，并被招为驸马，与青莲公主成婚。八郎闻母亲及原配夫人蔡秀英来至雁门关，欲过关探望，心神不宁，被青莲识破。八郎求计于青莲，青莲初不允，后经八郎苦苦哀求，青莲至母后处盗得令箭，放八郎过关探母。八郎到宋营，与母亲、妻子相会，不觉时辰已到。八郎欲返回辽营，孟良欲借令箭混入辽营杀敌。八郎初不肯，孟良晓以大义，终将令箭借到。杨延昭乘机杀进敌营，辽军大败。萧太后知八郎盗令箭入关探母，欲将青莲斩首治罪，经铁莲、碧莲求情，方准戴罪立功。青莲和碧莲同至宋营挑战，被蔡秀英、孟金榜擒获。佘太君待二位公主甚好，但青莲恐宋军进攻，母后遭不测，与八郎私逃，被蔡秀英发现追回。萧太后见二公主被俘投靠宋营，又知驸马木易为杨继业四子，非常生气，下令将四郎及其子女绑至城楼问斩。佘太君闻讯，亦将碧莲、青莲绑至城下。四郎、八郎分别在城上城下哀情，均无效。此时，杨延昭领大军杀来，萧太后恐二女被杀，方释四郎父子。杨家将乘辽军不备，攻破敌城，斩韩昌，萧太后被迫乞和息战。全剧共8本。本事略见《杨家府演义》、《昭代箫韶》。据《旧剧丛谈》、

陈德霖饰萧太后（中） 王楞仙饰杨延顺（左） 钱金福饰韩昌

《京剧之变迁》记载，此剧系四喜班名剧，清道光、咸丰年间演出于北京。吴焘《梨园旧话》称："本班名伶无不献技，咸谓非四喜班不能演此剧。梅巧龄饰萧后，王九龄饰杨延辉，已足涵盖一切，而时小福、余紫云、张紫仙饰三公主，尚有饰延辉原配及所谓八姐、九妹者，又有各堂弟子分饰所谓阿哥、格格者。此剧占旦角太多，无不竞胜博观者欢，以各堂多隶属四喜故也。"原剧第五本，有萧太后欲投降宋军，碧莲阻拦，碰死金殿等情节。后来三庆班搬演，因旦脚不够，遂删去此情节，不上碧莲。此后，各班再演，亦照此例。1958年，北京新华京剧团曾演出徐东来、关韵华的改编本。此剧为须生、武生、小生、青衣、老旦、花旦唱、念、做、打兼备的群戏。剧本载《京剧汇编》第30集。 （刘文峰）

Yanju Yaji

燕居雅集 京剧票房。关醉蝉、关钟麟弟兄所立。大约成立于1929年。成员有韩赫卿、胡井伯、溥华峰、柏凌云、李质轩、铁璘甫、赵子良、汪鑫福等。关醉蝉本名铨燕平，满族，正白旗。其父奎俊，清光绪年间历任江苏巡抚、四川总督、刑部尚书、吏部尚书。关醉蝉为其长子，雅好戏曲，工文武小生。其弟关钟麟学谭鑫培、杨小楼的戏，工武生，长靠短打均擅长。票社所排《西游记》之《黄袍怪》一出，在吉祥戏院演出，深得观众欢迎。关醉蝉反串猪八戒，溥华峰饰孙行者，汪鑫福饰沙僧，铁璘甫饰唐

《九龙山》
关醉蝉饰杨再兴（左） 恩禹之饰岳飞

三藏，韩赫赫卿饰宝象国王，胡井伯饰黄袍怪，何竹逸饰小白龙，艳冰女士饰百花羞公主，"场子穿插完整精严，文武唱做庄谐兼备，诚为票界生色匪浅"（菊瘦《谈京票房》，《立言画刊》第70期）。1933年又在吉祥戏院演出《战濮阳》。关醉蝉（时年近60岁）饰吕布，胡井伯饰典韦，两人对打，以长杆画戟对短柄双戟，排练月余，武功纯熟缜密。其他角色有柏凌云饰陈宫，李质轩饰曹操，于冷华饰张辽，何竹逸饰李典，"各显妙技，洵称珠联璧合"（鹧鸪《寄影轩谈戏》，《立言画刊》第17期）。 （李体扬）

Yanxitang

燕喜堂 清代饭庄戏园。址在北京市前门外路东鲜鱼口内之北孝顺胡同。现已不存。原属饭庄，后改为戏园。清宣统三年（1911）自印的戏单称"燕喜茶园"。进入民国后，1913年、1916年戏单称"燕喜堂"。其戏台及观众席与广和楼、广德楼类似，规模稍大于广德楼。戏台三面朝向观众，形成传统的池座、两廊、倒座儿的形制。观众坐于细长的茶桌两旁，侧面向舞台。此戏园清末以演

燕喜堂内景 （选自《清代以来的北京剧场》）

出梆子戏为主。民国后时兴坤班，梆簧“两下锅”，如天仙坤班（尚俊卿、陈秀波、金秀卿、赵紫云、玻璃翠等）曾在此演出《望儿楼》、《汾河湾》、《桑园寄子》、《女起解》，崇喜坤班（筱润仙、筱飞英、金翠月、海棠花等）曾在此演出《藏舟》、《辛安驿》、《翠屏山》、《洪羊洞》，正德坤班（高玉桂、小金桂、小双桂、小双平等）曾在此演出《骆马湖》、《送亲演礼》、《战宛城》等。早在1911年，这里就上演了以“时调小曲”为号召的《纺棉花》。燕喜堂开办与结束的时间不详，大约与坤班同兴衰，关闭的时间当在20世纪20年代末或30年代初。 （李畅）

Yangzhou Shi Jingjutuan

扬州市京剧团 京剧演出团体。1983年成立。其前身为扬州专区京剧团，由扬州周边6个县市（江都、高邮、兴化、泰兴、泰州、宝应）的京剧团于1960年整编而成；1969年改称扬州地区京剧团。主要演员有：旦脚陈正薇、罗慧兰、尚明珠、朱翠梅、刘淑萍、马艳霞，武生梁慧超、八龄童、刘麟童、小小毛豹、小董志杨，老生刘继良、徐淑良、赵贯一，丑脚张德山、朱世林、李冠群，花脸姬少戎、李竹修，老旦史洪芳，小生王秉诚等。20世纪70年代初两次招收学员50多名，成立大型管弦乐队，指挥何彬。1977年又招收学员40名，开办京剧训练班，学习满3年后下团边演出边学戏。其间涌现出一批中青年演员，如老生高凌云、徐庆，武生徐少安、邵贵荣，小生杨艺森、韩峰，旦脚杨慧玲、甘俊、徐艳芳、袁野，花脸赵志远、张洪山。鼓师有李金声、王呈祥，琴师有施凤鸣、宣东年、沐旬荣、王鹭声。演出剧目有《穆桂英挂帅》、《霸王别姬》、《天女散花》、《勘玉钏》、《红娘》、《望江亭》、《金玉奴》、《四郎探母》、《苏武牧羊》、《挑华车》、《金钱豹》、《长坂坡》、《铡美案》、《遇后龙袍》、《杨门女将》、《七侠五义》、《大闹平山堂》（据《宏碧缘》改编）以及“样板戏”等共100多出。创作演出并有一定影响的剧目有《樱花颂》，胡伟民导演，沈利群作曲，陈正薇、高凌云主演，1982年公演后受到中日观众的欢迎。表现抗日名将张自忠故事的现代戏《将军泪》，由高凌云主演，1986年公演后由江苏卫视拍摄成舞台艺术片，向全国播映。1995年以后停止营业性演出，工作重点转移到普及京剧和小型接待演出上，创作了《千年等一回》、《军民战洪图》等京剧联唱节目，获得好评。每年参与各种京剧交流和业余京剧演唱会约百余场次，并承担历届扬州“烟花三月”国际旅游节的演出工作，曾多次参与国家领导人和国际友人的招待演出。 （扬州市京剧团）

Yang Changxi

羊长喜 演员。工老旦。北京人。生卒年不详。自幼拜师学艺，清光绪初年曾为谭鑫培配戏，在谭演出的《法门寺》中饰演太后。此

《羊长喜之〈太君辞朝〉》（选自清末上海《图画日报》）

剧除谭鑫培、羊长喜之外，还有穆凤山（饰刘瑾）、黄润甫（饰刘彪）、陈德霖（饰宋巧姣），并“集罗（寿山，饰贾桂）、麻（德子，饰刘公道）、刘（赶三，饰刘媒婆）三大名丑于一堂，亦足放一异彩也”（张肖伧《歌坛绝响录》）。光绪五年（1879）初到上海，先后搭大观园、丹桂茶园演出，为上海京剧舞台上成名较早的老旦演员。成书于光绪十三年（1887）的黄式权《粉墨丛谈》，书末收有萍寄生所著《菊部闲谈》，把羊长喜列为“老旦一等一人”，评语曰：“如老梅压雪，愈显精神。”擅演剧目有《太君辞朝》、《药茶计》、《望儿楼》、《目连救母》、《断太后》、《别宫》、《探寒窑》、《钓金龟》、《四郎探母》等。《消闲报》称其“演《探寒窑》则俨然皇封，《牧羊卷》则神似乞婆。最妙与夏月润、林宝奎合演《左公平西传》第九本，扮老妈子，抱小衙内一段，描摹尽致，看客皆以眼泪洗面”（《中国京剧编年史》第740页）。他演戏不以唱功见长，而是以念白和做工取胜。宣统二年（1910）出版之《图画日报》382期所收海上漱石生《三十年来伶界之拿手戏》记载，羊长喜“少年时即形若老妪，故串老旦戏极佳，中年后做工日渐精进，且于口齿尤极讲究”，“不特曲文道白字字清晰，其身段台步尤为他角所不及”。光绪中叶梆子青衣天蛾旦（张玉金）排演悲剧《烧骨计》，特邀羊长喜饰演婆婆一角，以梆簧“两下锅”的形式演出，受到观众热烈欢迎。清末羊长喜又转入新舞台演出，宣统元年（1909）与胞兄羊喜寿（架子花脸）同返北京，约卒于民国初年。 （黄菊盛）

Yangchun Guojushe

阳春国剧社 京剧票房。1933年8月，由开封京剧票友乔润生、陈子乾、孙佑民、王锡麟、王小堂、朱祖廷等组建。社址设在开封马道街路东老商场楼涵韵茶馆内，因涵韵茶馆又名第一茶楼，故亦称之为第一票社。1936年10月迁至东商场后街存德里6号。剧社“以增进固有道德，发扬东方文化，推进艺术并谋公余聚乐为宗旨”。以河南盐务管理局职员入社者为基本社员，并吸收其他机关职员加入。在剧社委员会下设总务、会计、交际、剧务、乐器五组。聘请开封公安局长刘濯清为社长，河南省戏曲编审会周子樾、刘宪桥等为顾问。由胡菊仙担任教授，俞步兰担任小生教师。剧社脚色行当齐全，老生孙佑民、高绍程、张宪武、朱祖廷、徐伯秋、陈华民，武生徐梅峰、贾荫棠，小生王锡麟，旦行卢中立、黄启顺、王岫岭、高公元，净行张吉甫、许星五、王如心，丑行王振

生、赵文林等。文武场面有司鼓乔润生，琴手陈子乾，小锣朱祖廷，大锣傅雅斋等。每天晚上和星期六、日下午为研习、排练、清唱时间。原定每月彩排一次，后改为每周彩排一次。每逢彩排观众踊跃，座无虚席。1934年7月为纪念剧社成立一周年，在人民会场举行公演。同年10月参加人民会场名票演出活动，贾荫棠等演出了《长坂坡》、《平贵别窑》，连振东主演了《清风寨》、《闹江州》。1935年6月3日，河南省省会开封举行禁烟纪念大会，剧社特公演了反映禁烟拒毒剧目《追悔莫及》。1936年7月为开封时代小学筹募校金举办游艺会，义务公演了《探阴山》、《打渔杀家》、《扫松下书》、《骂殿》等。1937年1月，剧社与豫剧等团体联合，为河南省新生活运动会筹办冬赈募捐游艺会公演三日，演出了《群臣宴》、《逍遥津》、《三娘教子》、《反西凉》等。七七事变后，剧社为激发广大群众抗日救亡的爱国热情，特排演《唇亡齿寒》。《河南民报》于1935年开设了由阳春国剧社主编的《阳春》专栏，连办多期。剧社还于1935年8月附设国剧训练班，选拔30余名青少年进行培训。剧社演出剧目丰富，除以上提到的外，还有《六月雪》、《法门寺》、《甘露寺》、《连环套》、《乌盆记》、《太真外传》、《玉堂春》、《双投唐》、《群英会》等。1938年6月日本侵占开封前夕，阳春国剧社停止活动。

（韩德英）

Yang Baosen

杨宝森　(1909～1958)　演员。工老生。字钟秀。祖籍安徽合肥，生于北京。出身梨园世家，祖父杨朵仙为四喜班旦脚演员，父亲杨孝芳（艺名杨幼朵）为武生兼花脸，伯父杨孝亭（艺名杨小朵）为花旦兼刀马旦，堂兄杨宝忠本工老生后改琴师。杨宝森从8岁开始练功学戏，先后师从裘桂仙、陈秀华学谭（鑫培）派、余（叔岩）派老生戏，文武两个方面打下了扎实的基础。1920年入斌庆社科班，边学边演，求得深造。当时正值少年时期，嗓音纯正宽亮，上演的剧目有《定军山》、《珠帘寨》、《打渔杀家》、《三娘教子》、《南阳关》、《文昭关》、《上天台》、《断密涧》等，被观众公认是优秀谭派老生童伶。他非常爱好余派，不仅向陈秀华等学习余派戏，而且用心观摩余叔岩的演出，甚至还常在夜间余叔岩吊嗓时立于余家院墙外认真聆听。在斌庆社演出4年多以后，于1924年初次到上海搭班演出数月，后又回到北京。1925

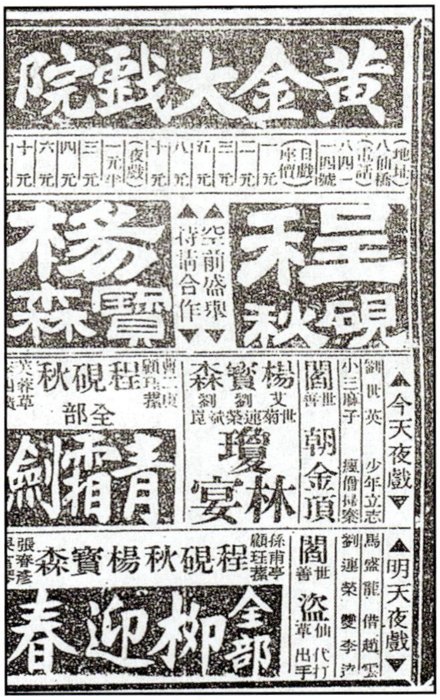

黃金大戲院

地址 八仙橋

今天夜戲

明天夜戲

程硯秋

楊寶森

空前盛舉

特請合作

全部 青霜劍

瓊林宴

朝金頂

全部 柳迎春

杨宝森与程砚秋
在上海黄金大戏院演出广告
（1941年10月8日《申报》）

年时因倒仓辍演，在家养息长达五六年之久。在此期间，他一方面继续练功学戏，喊嗓吊嗓，钻研老生表演艺术，另一方面在师友帮助下潜心读书习字，提高了文化修养。“满腹戏曲歌不成，箪食瓢饮苦练声”，是他诗中的自我写照，反映他在经济困窘中还坚持研求艺术的不懈与执著。1930年左右他重登舞台，由于嗓音尚未完全恢复，只是偶尔演出，直到1933年才又正式搭班演戏。当时，他作为二牌老生曾与梅兰芳、程砚秋、荀慧生、于连泉、宋德珠等合作，演技也在长期舞台实践中得到了磨炼和提高。经过变声期的嗓音变得纯正、宽厚、苍润，却缺乏高音和亮音，与他原来所遵循的余派艺术的要求有了差距。遂接受王瑶卿等人的指拨，在深入研究余派艺术并博采众长的基础上，努力探寻适合自己主观条件和美学追求的演唱方法和艺术道路。1938年，随着艺术水平的不断提高及其在观众中的影响不断扩大，开始自行挑班在全国各地演出，后在李华亭协助下组成宝华社，邀请一些名角加入，影响进一步扩大。于20世纪40年代，实至名归地被行内外公认为是与马（连良）、谭（富英）、奚（啸伯）齐名的京剧四大须生之一，“马谭杨奚”（或“马谭奚杨”）之说一直流传下来。20世纪50年代初期，一度应邀赴香港领衔演出，同台合作者有张君秋、姜妙香、王泉奎等，受到当地观众的热烈欢迎。后率领宝华社在全国各地演出，在艺术上不断磨砺，精益求精，遂在观众中长期流传“杨、失、伍”的说法，即指他擅演的《杨家将》、《失街亭、空城计、斩马谡》、《伍子胥》等剧目是脍炙人口的艺术精品。1956年，应邀参加天津市京剧团为第一任

《南阳关》饰伍云召

《连营寨》饰刘备

《定军山》饰黄忠

《空城计》饰诸葛亮

《文昭关》饰伍员

团长兼主演。多年来他与琴师杨宝忠、鼓师杭子和密切合作，三位一体，珠联璧合，有“三绝”之称。1957年冬杨宝森返京休养。1957年年底与程砚秋合作灌制了《武家坡》唱片。1958年初又灌制了《文昭关》唱片。于1958年2月病逝。他一生中灌制唱片较多，并有剧场演出实况录音传世。其弟子和传人有程正泰、李鸣盛、汪正华、马长礼、梁庆云、蒋慕萍、朱云鹏等；宗其艺者，还有叶蓬等。

杨宝森是杨派老生艺术创始人。其艺术特色主要包括：第一，他嗓音纯正、宽厚，在吐字发音和气息运用上有深厚功力，嗓音虽缺乏高音和亮音，却独具魅力，深醇、淡雅兼而有之。他是京剧老生中以较低调门演唱而取得成功的开创者。第二，唱功与念白严格遵循谭鑫培、余叔岩等前辈所创立的艺术规范，又通过发挥自身艺术优势和广采博取而使唱念带有明显的自家特色，能给欣赏者以简当大方、韵味浓郁、古拙而不野、淡雅而不薄、节奏生动、美感丰厚的审美感受。其著名唱段几十年来传唱不衰。第三，杨派表演艺术虽以唱念方面的成就最为突出，但他在扮相、身段、表情等方面均可称大家风范，能坚持以刻画人物鲜明形象为中心的原则，与唱念和谐融为一体，成功地塑造了诸葛亮（《空城计》）、伍子胥（《伍子胥》）、祢衡（《击鼓骂曹》）、杨继业（《碰碑》）、寇准（《清官册》）、杨延昭（《洪羊洞》）、邓伯道（《桑园寄子》）等一系列舞台人物形象。第四，杨派艺术体现了不懈追求完美的艺术创造精神。他一方面善于在艺术上对优秀传统加以变化发展，赋予剧目以新颖的自家风貌；另一方面严于对自己的创造不断推敲，使之不断有所改进。在他逝世前夕灌制《文昭关》唱片时，还对伍子胥的唱腔做了新的修改。杨派艺术作为一个影响深广的京剧流派，其艺术风格的实质在于传统规范与艺术创新的统一，外在的淡雅古朴与内在的新颖生动的统一，从而使京剧老生艺术在塑造古代男性人物形象中，达到新的高度与境界，呈现出一种内蕴更为深厚的美感。（刘琦）

Yang Baosen Jinian Ji

《杨宝森纪念集》 京剧文集。谢国祥主编。百花文艺出版社1998年出版。收入研究文章44篇，还收录了杨宝忠、杭子和的回忆和纪念文章3篇。文章从不同的角度对杨宝森及杨派艺术进行了探讨，或从传统唱腔溯源进而总结其唱腔特色形成的原因，或通过对剧目的研究阐述杨派艺术的独到之处，或对其塑造的人物进行深入分析，或概括了杨派表演艺术的美学特征。还有一些文章从社会学、文化学的角度，把杨派艺术作为一种文化现象来研究，从中揭示出中国传统文化发展过程中的某些规律和特点。在怀念杨宝森的文章中，有的介绍了他的家世及经历，从他的性格特点研究其成功的原因，有的根据自己对杨派艺术的学习和体验阐述了杨派艺术的精髓。此外还有杨宝森的唱片和音像资料的索引或目录。由于所编选文章的年代跨度比较大，对于同一事实的记述、同一现象的认识，不同的人会有不同的见解，编者本着客观的态度，将这些文章如实地提供给读者，以便于人们作进一步的分析、研究。该书是国内出版的第一本对杨宝森其人其艺进行评论研究的专集。（万镜明）

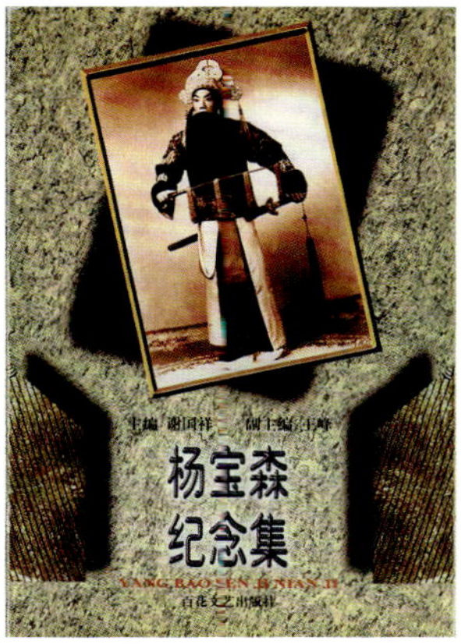

Yang Baozhong

杨宝忠 （1899～1967） 琴师。字崇道。祖籍安徽合肥，生于北京。曾祖父杨贵庆，艺名杨五。德春堂主人，清道光、咸丰年间著名旦脚。祖父杨桂云，是清末著名花旦，擅演泼辣旦。父亲杨小朵，是与汪桂芬等同时的著名花旦演员，兼善操琴。杨宝忠9岁学戏，师从姚增禄，习文武老生。后又从裘桂仙、陈秀华、吴宝奎等习艺。12岁出台，以“小小朵”艺名演出于北京、天津，主要演谭派戏。杨宝忠幼受其父熏陶，喜以操琴自娱。17岁变声，家居休养，父亲经常教他操琴，对于操琴兴趣日益浓厚。这时他受到西方音乐影响，开始学习小提琴，同时学习五线谱及乐理等西方音乐基本知识，受到很大启迪。后来他在演奏京胡时，融入了演奏小提琴的指法、技法，有很多新的创造。杨宝忠是京胡琴师中第一个学习小提琴和西方音乐理论、知识，并把这些融入京胡演奏实践中的先驱者。与此同时，他还向著名琴师陈彦衡、孙佐臣等请益，操琴技艺日益精进。杨宝忠23岁时嗓音复原，再次登台，仍以谭派和余派戏为主。演出数年，成绩平平。而这几年间，杨宝忠业余练琴和研讨操琴技艺，反而更加痴迷。后毅然放弃演员生涯，拜锡子刚为师，专心学琴。37岁以后，曾为言菊朋、孟小冬、杨宝森等操琴。1939年，参加扶风社为马连良操琴，在创建马派艺术的过程中，作过很多贡献。

1950年后，杨宝忠专心致志地与他的堂弟杨宝森一起合作，共同切磋研讨唱腔、声韵，并且按照杨宝森的嗓音条件、演唱特点，协助他设计唱腔。杨宝森能够创造“杨派”的演唱艺术，杨宝忠功不可泯。杨宝忠为杨宝森伴奏，托腔、保调十分默契，旋律、节奏、高低，以至神情韵味，可说是水乳交融，严丝合缝。有些快节奏的唱段，例如《文昭关》和《洪羊洞》，如果不是由杨宝忠伴奏，效果会完全两样。1956年，杨宝忠随杨宝森参加了天津市京剧团，继续担任琴师。其后不久，杨宝森不幸病故，宝忠就转入天津市戏曲学校任教，并被聘为副校长。10年中他教出了许多京剧琴师，在各地艺术团体担任主要伴奏人员，如李元祥、王鹤文、魏国勇等。杨宝忠的操琴技艺精湛卓越，以敢于吸收、善于融化、勇于创新著称。其琴技特点是手法快捷，腕力强劲，出音刚、清、脆、亮，托腔保调严密准确，处处为演唱者提神，曲停而音有余韵，音断而意境绵延，劲如悬瀑，迅如电掣，快而不乱，慢而不拖，总体说来以阳刚为主，形成了杨宝忠自己独特的演奏风格。杨宝忠著有《杨宝忠京胡演奏经验谈》，音乐出版社1963年出版。子杨元咏，二京剧老生。孙杨鸿勋，亦为京剧琴师。（吴同宾）

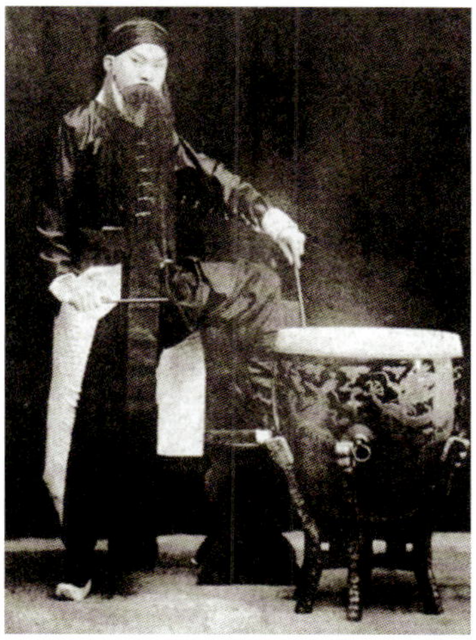
《击鼓骂曹》饰祢衡

Yang Chi

杨赤 （1961～ ） 演员。工净。辽宁大连人。1972年入大连市艺术学校京剧科，先学老生后改学花脸，师从曹艺斌、刘金

昌等，打下扎实基本功。1977年毕业后留校，又得到李长春、费玉策、萧德寅、张德华、文涛等老师教益。1982年拜袁世海为师。1984年调大连市京剧团任演员。兼工铜锤、架子，尤以架子花脸深得袁师传授，有“小袁世海”之誉。常演剧目有《将相和》、《九江口》、《李逵探母》等。1990年他以《九江口》一剧参加了纪念徽班进京200周年演出，1991年演出了《绝龙岭》，1992年演出了《梁山恨》，2000年演出了《西门豹》，均受好评。1991年获第八届梅花奖，1994年获梅兰芳金奖。1996年参加中国京剧艺术基金会主办的中国京剧之星推荐演出，

《风雨杏黄旗》饰李逵（右） 于魁智饰宋江

1996～1999年进入第一届中国京剧优秀青年演员研究生班学习。2007年，大连市京剧团改名大连京剧院，杨赤任院长。2008年，主演《风雨杏黄旗》，参加第五届中国京剧艺术节，获整理改编传统戏一等奖。　　（全力）

Yang Chunxia

杨春霞　（1943～　　）　女演员。二旦。祖籍浙江慈溪，生于上海。1954年考入华东戏曲研究院所属的昆曲演员训练班，翌年转入上海市戏曲学校，习昆剧旦脚。得朱传茗、张传芳、沈传芷等传授。在校期间，曾协助梅兰芳拍摄戏曲影片《游园惊梦》，她除在剧中饰演花神外，还代梅兰芳做身段、试角度，与梅兰芳朝夕相处，颇有心得。杨春霞于1959年改学京剧，师从言慧珠、杨畹农等。1961年毕业后，到上海青年京昆剧团任演员。她随团赴香港演出，和另外三位演员同饰《白蛇传》中的白娘子，风格各异，轰动香港。1964年，她随团赴西欧演出，一出《拾玉镯》，使国外观众赞赏不已。1965年，她主演了新编京剧现代戏《飒爽英姿》。随后，又排演了《红灯记》、《沙家浜》、《海港》等现代戏，在剧中分饰主角。1971年杨春霞奉命从上海调到北京，主演现代京剧《杜鹃山》，饰柯湘，在唱念、表演上都有新的创造。她从人物性格和剧情出发，把对人物内心的挖掘、刻画与色彩鲜明、节奏强烈的传统程式和谐统一，从而使其表演艺术达到圆润晶莹的境界。1979年，调入中国京剧院，先后恢复主演了传统戏《白蛇传》、《凤还巢》、《状元媒》、《霸王别姬》、《望江亭》、《四郎探母》等，还在新编古代剧《王昭君》、《锦车使节》中成功地塑造了王

《杜鹃山》
饰柯湘

《锦车使节》饰冯嫽（右）
王晶华饰解忧公主（吴钢摄）

昭君、冯嫽的艺术形象。1981年，杨春霞与袁世海赴瑞士、联邦德国演出《霸王别姬》，德国科隆戏剧节把这出戏作为压台节目，获好评。1989年获第六届梅花奖。

杨春霞嗓音清醇，扮相俊秀，唱法宗梅（兰芳）学张（君秋），台风清丽脱俗。20世纪80年代，杨春霞在电视连续剧《西游记》中扮演白骨精，这和她以往塑造的艺术形象有很大反差，然亦获得成功。她还在电视剧《粉墨情痴》中饰演京剧名伶许一萍，由于她与角色十分贴近，又能说善唱，演技得心应手，颇受好评。　　（娄悦）

Yang Guiyun

杨桂云　（1861～1914）　演员。工旦。桂云一作贵云，本姓阎，又称阎桂云。艺名杨朵仙。祖籍安徽，生于北京。幼为杨五私寓德春堂弟子，后被杨五收为养子，改姓杨。虚龄13岁出台。隶春台班、四喜班。以演花旦、泼辣旦著称。清同治十二年（1873）《菊部群英》记其剧目与角色有：《杠子》饰小娘子，《打灶》饰李三春，《卖饽饽》饰王三姐，《入府》饰李妻，《面缸》饰周腊梅，《摇会》饰二娘，《女店》饰陈氏，《闯山》饰董金莲，《查关》饰旗婆，《烧灵》饰刘氏，《荷珠配》饰荷珠，《铁丐缘》饰姑娘，《打刀》饰女掌柜，《上坟》饰萧素贞等。艺兰生《评花新谱》称其“明姿靓态，骚艳无伦。每当约束登场，微一揎帘，欢声雷动。及观其艺，香酣粉弹，光采射人。征歌回者每曰：‘余心荡！’顾下场，则体度闲雅，绝无搔首弄姿习。”其演《双铃记》、《双钉记》之荡妇，“装秽亵之事，为狠厉之状，清末三十年间，号为第一能手”（王芷章《京剧名艺人传略集》）。因而极少应堂会戏，为有女性观场焉。其子杨懋麟，字孝亭，艺名杨小朵，亦为著名旦脚。　　（简畅）

Yangjiajiang gushixi

“杨家将”故事戏　取材于杨家将故事的京剧作品，约140多种，近200出。大都根据小说《杨家府演义》创作，或在宫廷大戏《昭代箫韶》基础上改编而成。杨家将是中国民间家喻户晓的抗敌英雄，元代已被搬上杂剧舞台。明末清初，梆子戏在山西、陕西一带兴起后，更有不少杨家将故事被编演成戏，在民间演出。如成立于

清宫《戏出画册·金沙滩》（故宫博物院藏）

清宫《戏出画册·穆柯寨》（故宫博物院藏）

清宫《戏出画册·五郎出家》（故宫博物院藏）

清宫《戏出画册·破红（洪）州》（故宫博物院藏）

清乾隆年间的上党梆子戏班鸣凤班就是以擅演杨家将戏为特色的，山陕梆子中的“杨家将”故事戏许多都被京剧吸收。如《戏场闲话》称：“《探母》发源于梆子班，后来徽班人看着火炽，才改唱二簧。”当初移植过来的《探母》，不仅剧本照搬梆子，而且服装扮相也和梆子相同。徽汉传统剧目中，也有不少取材于“杨家将”故事的作品。此外，宫廷大戏《昭代箫韶》也被改编为京剧。据周明泰《昭代箫韶之三种脚本》：《昭代箫韶》原剧共240出，在慈禧的主持下，从光绪十四年（1888）开始翻改为皮簧剧本，至光绪二十六年（1900）因义和团运动而中断，共翻改了105出。

京剧“杨家将”故事戏，在内容上表现了杨家将前仆后继、英勇抗击异族侵略的英雄业绩，歌颂了他们强烈的爱国精神，如《金沙滩》、《李陵碑》、《天门阵》、《破洪州》等；反映了杨家将与朝廷内部的奸党所作的斗争，赞扬了他们忍辱负重、不屈不挠的高尚品德，如《打潘豹》、《告御状》、《清官册》、《天波楼》等；描写了传奇式的爱情、婚姻故事，展现了他们美好的心灵，如《佘塘关》中杨继业和佘赛花、《禹门关》中杨七郎和杜金娥、《穆柯寨》中杨宗保和穆桂英等。在这些戏里，女主人公不仅相貌俊美，而且武艺高强，在表达爱情时总是占据主动地位。她们和杨家男儿在战场上相遇，由劲敌变为恋人，最终在保家卫国、抵御外族侵略的事业中结为恩爱夫妻。编演者在她们身上寄托的爱情理想，给京剧舞台增添了清新而绚丽的色彩。同时，也反映了古代少数民族的生活和道德观念，寄托了身在异国他乡的游子对故土和亲人的思念、眷恋之情。如《四郎探母》、《雁门关》、《挡马过关》等。此外，也有一些作品则流露了对宋室朝廷宠幸权奸、薄待忠良的不满。忠奸斗争常是剧中或隐或现的贯串线。

“杨家将”故事戏在艺术上具有情节曲折、故事生动、场面恢弘、表演艺术丰富的特点。如《清官册》、《雁门关》、《天波楼》等以情节曲折、故事引人入胜见长；《李陵碑》、《四郎探母》、《辕门斩子》等以悲壮、深沉的唱工感人；《金沙滩》、《破洪州》、《挡马过关》等以精彩的做工、武打取胜；《天门阵》、《杨门女将》、《穆桂英挂帅》等不仅场面宏伟，而且生、旦、净、丑行当齐全，唱、念、做、打俱佳。由于杨家将故事所展现的社会生活十分丰富，为戏曲创作和各个艺术门类、各个行当、各种流派充分展现其艺术风采提供了用武之地，在艺术上展现出五彩缤纷的特色。

中华人民共和国成立后，“杨家将”故事戏不仅在京剧舞台上继续演出，而且有了新的创造和发展。如1958年中国戏曲学校实验京剧团演出的根据同名上党梆子改编的《三关排宴》，突出了佘太君不徇私情，批判了杨延辉的变节行为，与《四郎探母》形成对比。再如1959年，梅兰芳演出的根据同名豫剧改编的《穆桂英挂帅》，赞扬了杨家数代男女老少以国家大局为重，不计个人恩怨，不屈不挠的高尚品德和爱国主义情操，梅兰芳将青衣和刀马旦的表演融合在一起，生动地塑造了穆桂英这位人到中年、率军杀敌的巾帼英雄形象，把梅派艺术发展到一个新的水平。而1961年北京市戏曲学校实验京剧团演出的《雏凤凌空》，则是在老本《焰火棍》的基础上编创的，增加了观旗、练武、殴争、探谷、火攻等几场戏，丰富了杨排风的性格，使这一杨门女将的形象更加丰满。1959年中国京剧院根据扬剧《百岁挂帅》改编的《杨门女将》，1952年景孤血、祁野耘改编的《佘赛花》，1960年北京京剧团改编的《状元媒》，以及云南省京剧院关肃霜等演出的《战洪州》和中国戏曲学校实验京剧团刘秀荣等演出的《破洪州》等，都是颇具影响的优秀剧目。

（刘文峰）

Yang Jianzhong

杨建忠 （1939～　　） 演员。工老生。艺名**小麟童**。湖南湘潭人。出身梨园世家。自幼跟母亲孟少芳学戏，3岁登台，取名三龄童。抗战胜利后，曾在重庆厉家班学戏练功，受益于厉慧斌。在三民戏院唱戏，有“神童”之称。1949年从重庆北上武汉，参加中南区京剧团小京班任主演。这期间受到过麒派传人高百岁、陈鹤峰和董俊峰、高盛麟的指导。1950年到青岛光陆大戏院演出，拜周信芳内弟刘奎童为师。刘对他说：“老有麒麟童，小有小麟童，你以后就叫小麟童吧。”此后，小麟童随师学艺到济南、天津、北京演出，在北京成立了“小麟童京剧团”。他的演出，一时轰动京城。1953年，年仅14岁的小麟童率团闯进上海滩，竟然与周信芳、唐韵笙、李如春等前辈同演包公戏，又唱红了大上海。他怀着虔诚的心情，登门向周先生求教，周信芳慧眼识才，亲授了《徐策跑城》等几出麒派代表作，使他得益非浅，技艺大增。此后，小麟童的艺术日臻成熟，率团走南闯北，得到很高评价。1986年小麟童定居鞍山。曾应上海京剧院之邀主演《歧王梦》。多次获市级最佳演员奖、特别演员奖。在1990年辽宁省玫瑰杯大奖赛中名列榜首。1993年获梅兰芳金奖。2008～2009年上海举办周信芳艺术传承研习班，他是受聘的主教老师之一，把其拿手戏《战潼台》等，传授给了年青一代。

《歧王梦》饰歧王

（仲菁）

Yang Juping

杨菊蘋 （1921～　　） 女演员。工旦。原名**杨蕴英**。天津人。出身梨园世家，其父小杨月楼，为江南四大名旦之一。自幼从父练功学戏，习青衣、花旦。后受业于王瑶卿，得益颇多，并私淑梅派艺术，曾得到梅兰芳亲自指点。9岁登台，13岁正式搭班演出，先后与其父小杨月楼、其夫郭玉昆及陈鹤峰、李少春、袁世海等合作演出于青岛、大连、沈阳、哈尔滨、北平、天津、上海、苏州、宁波等处，颇受观众好评。在上海期间，参加了进步团体艺友座谈会，并参加过反内战签名与游行活动。1949年初，应陈鹤峰之邀同到汉口演出。中华人民共和国成立前夕，曾参加中国人民解放军第四野战军南下平剧团，与南铁生、管绍华、董俊峰等人合作。1950年1月，参加中南京剧工作团，1952年转为武汉市京剧团，为该团主要演员。长期与高百岁、高盛麟、陈鹤峰、郭玉昆、高维廉、关正明等人同台演出。1953年赴朝鲜慰问演出，获奖状。1956年随陈毅副总理率领的中央人民政府赴藏慰问团到西藏慰问演出。她嗓音亮脆甜美，扮相秀丽端庄。善制新腔，以旋律富于变化、演唱新颖俏丽著称。擅长剧目有《玉堂春》、《杜十娘》、《二堂舍子》、《四郎探母》、《凤还巢》、《贩马记》、《梅玉配》、《春秋配》、《拾玉镯》、《梅龙镇》等。曾参加排演《三打祝家庄》、《人面桃花》、《宝莲灯》、《皇帝与妓女》、《评雪辨踪》、《三关排宴》、《侠义鸳鸯》、《穆桂英挂帅》及《红色娘子军》、《党的女儿》、《江姐》、《红嫂》、《山乡风云》、《烘房飘香》等古代剧和现代戏，深受观众赞许。《人面桃花》唱腔灌制成唱片。曾获华东区戏曲会演表演一等奖，全国戏曲观摩演出大会二等奖，湖北省第一届戏曲观摩会演一等奖，武汉市第一届戏曲观摩会演一等奖。

（周笑先）

Yang Longshou

杨隆寿 （1845～1900） 演员。工武生。小名**全**，艺名**杨双全**，字显庭。祖籍安徽桐城，生于北京。王芷章《清代伶官传》记杨隆寿生于清道光二十四年腊月，约为公历1845年1月。其父杨福元，工昆腔小生兼旦。隆寿为张二奎所主持的双奎班弟子，习武生，尤擅短打，艺精功深。出科后，先搭阜成班，又入嵩祝成班，其艺与俞菊笙相伯仲，为当时武生行中之佼佼者。长期搭班四喜，成武生台柱，“使四喜无其一人，即不能与三庆、春台齐驱并驾”（吴焘《梨园旧话》）。其扮相英伟，剧艺卓绝，昆乱兼擅，尤以扮演武松、石秀著称，膺“活武松”、“活石秀”美誉。又因演猴儿戏当行出色，获“杨猴子”称号于杨月楼之先。他的拿手戏有《石秀探庄》、《林冲夜奔》、《蜈蚣岭》、《武文华》、《四杰村》、《八大锤》、《英雄义》、《贾家楼》、《挑华车》、《翠屏山》及猴儿戏《闹地府》、《泗州城》等。演《英雄义》之史文恭、《泗州城》之孙悟空、《蚆蜡庙》之褚彪，力健气充，英光迸露。曾与花旦方松龄合演《翠屏山》，璧合珠联，冠绝一时。谭鑫培、李寿山等与他虽出同门，对其艺深为推重，敬之如师，时向其请益，故张次溪谓“鑫培虽为须生，武工亦佳，隆寿教之也”（《燕都名伶传》）。

杨隆寿对造就京剧人才亦卓有贡献。演剧之暇，聚伶工子弟于家，善为指授，长庚子孙亦从之学。一时，学者盈门。清光绪八年

(1882)，隆寿与沈景丞、姚增禄等创立小荣椿科班，杨小楼、程继先、郭际湘、叶春善、蔡荣桂、郭春山等皆出于此。光绪十九年（1893）又与刘吉庆、迟遇泉等开办小天仙科班，谭小培、迟月亭、阎岚秋、鲍吉祥、张增明等均于此坐科。他的弟子还有茹莱卿、张淇林、董凤岩等。当时有“桃李尽出杨家”之说，对其门人“以‘杨家将’称之”。他的门人中，不仅有不少出类拔萃的表演大家，而且还出现了一批有真才实学、培植后代的剧坛名师。自清以来百多年间，京中各著名科班、戏校中，几乎无不有杨门弟子在执教传艺，使杨门艺术薪传不息，影响深远。囿于有些京剧史料的因循旧说，未能将杨（隆寿）派列为早期京剧武生的重要一派，同俞（菊笙）、黄（月山）、李（春来）并列，这是有违史实的。杨派艺术的特色，最突出的是讲求规整严谨之美，注重能昆能乱的根柢，在舞台上抬手动脚的一挥一指，唱念吞吐的一腔一字，俱在法度之中，不失矩矱。对于人物的雕琢，精微细腻，运用技艺熟而不滥，稳而不温，一切皆为塑造完美的人物形象而发，具有极高的美学价值，成为培训演员基本技艺的最佳范本。百多年来，习北派武生的开蒙戏《探庄》、《夜奔》、《蜈蚣传》和《淮安府》、《武文华》、《乾元山》等均源出于杨隆寿。用这些剧目做教材，造就出了一代代武生演员，至中华人民共和国成立后，所传承和常演的传统武生短打戏中仍多为杨派剧目，其艺术影响远远超过了其他各派。杨隆寿实为北派京剧短打武生的真正鼻祖。这种评价早在20世纪20年代就已有人作过，见1928年7月10日出刊的《戏剧月刊》第1卷第2期第3页载小织帘馆主《名伶小纪》之二。隆寿且能制曲作剧，所编《三侠五义》、《陈塘关》、《双心斗》、《火云洞》、《九花天》等均久为传演，有的至今仍见于舞台。所排新戏均有新颖砌末，成为京剧史中演出灯彩戏之先驱。光绪九年（1883），隆寿被选入清廷昇平署，任民籍教习。其子长林、长喜均业梨园。长女杨长玉适梅竹芬，为梅兰芳生母。其孙盛春（杨长喜之子）出科于富连成社，重孙少春毕业于中国戏曲学校，亦演武生，与茹富兰、茹元俊父子皆属杨派传人。（钮骠）

Yangmen Nüjiang

《杨门女将》 京剧作品。范钧宏、吕瑞明根据吴白匋、银州、江风、仲飞创作的扬剧《百岁挂帅》改编。中国京剧院首演于1959年。导演郑亦秋。主要演员王晶华（饰佘太君）、杨秋玲（饰穆桂英）、王望蜀（饰柴郡主）、冯志孝（饰寇准）、寇春华（饰王辉）、梁幼莲（饰杨文广）。1960年北京电影制片厂摄制成彩色戏曲艺术片，1962年获《大众电影》首届百花奖最佳戏曲影片奖。京剧在吸收原作《庆寿惊变》、《比武誓师》两场的基础上，着重表现杨家捐弃私怨、慨然出征，把杨门女将英勇卫国的对敌斗争作为主线，增加了由发兵边关开始的后半部戏的比重。剧情为北宋仁宗时，西夏王文兴兵犯境，三关主帅杨宗保阵亡，孟怀源、焦廷贵回京报警。时天波杨府正排宴遥庆宗保五十寿辰，猝闻噩耗，阖府悲愤。朝廷欲苟安乞和。佘太君灵堂请缨，以百岁高龄挂帅，率众家孀居儿媳与八姐、九妹、穆桂英出征。曾孙杨文广虽未成年，亦争得随军前往。佘太君、穆桂英领军攀栈道、越天险，绕至敌后，内外夹攻，聚歼入侵之敌。作品以浓郁的浪漫主义色彩，塑造了杨门女将一门忠烈的英雄群像；布局严密，结构完整，剧情波澜起伏，气氛悲壮。《寿堂》以喜衬悲，在大起大落的情绪变化中，刻画天波杨府祖孙婆媳相互关切的深情，以及佘太君、穆桂英沉毅刚强的性格，《灵堂》在肃穆悲壮的气氛中，通过关于“和战”针锋相对的斗争，表现出杨门女将的忠肝义胆和昂扬斗志。场面富于变化，冲突尖锐激烈而机趣盎然。《比武》格调清新，在别有情趣的母子对阵中表现了天波杨府“长江后浪推前浪”的蓬勃气象。《探谷》一场以雄壮奇伟的气势取胜，充分调动唱、做、念、舞等表演艺术手段，富于京剧艺术的形式美感。其中大段夹白带舞的[高拨子]“风萧萧雾漫漫”唱段高亢激昂，描绘杨家女将在崇山峻岭中蹈险奋战的英姿。（程炳达）

杨秋玲饰穆桂英（右） 梁幼莲饰杨文广

Yang Mingyu

杨鸣玉 （1815～？） 演员。工丑。亦称**苏丑杨三**，名阿金，号鸣玉，一作**明玉**，字俪笙，小名娃子。江苏扬州人。昆仲四人，行三。清道光年间，投入苏州昆腔科班学艺，初习昆生，后改丑行。坐科期间，其艺与同门葛四（一作郭四）相伯仲，皆工昆丑。满科后，二人身怀绝技，一同北上搭班，行至山东济南，葛四以为同为丑行，一并进京献艺，难免为人作轩轾之分，必多不利，便留在济南搭班演唱。杨入京后隶昆弋锦衣成、龙飞凤舞、鼎盛成、和春、双奎、老嵩祝成及四喜各班，专演昆丑。所演之戏，无不精妙，“他每一戏都有特长，都有过人之处，否则他便不演”（齐如山语）。常演的戏有《雁翎甲·盗甲》（饰时迁）、《十五贯·访鼠》（饰娄阿鼠）、《孽海记·下山》（饰本无）、《水浒记·活捉》（饰张文远）、《连环记·问探》（饰探子）、《渔家乐·相梁刺梁》（饰万家春）、《绣襦记·教歌》（饰苏州阿六）、《琵琶记·拐儿》（亦称《大小骗》，饰小骗）、《跃鲤记·芦林》（饰姜诗）、《精忠记·扫秦》（饰疯僧）、《风筝误·惊丑、前亲》（饰詹爱娟）及《荡湖船》（饰李君富）、《打花鼓》（饰公子）、《拾金》（饰花子）、《借靴》（饰刘二）、《投文》（亦名《下海》，饰夏德海）、《思志诚》（饰闵天亮）等。他与曹春山合演的《教歌》、《拐儿》，为时人誉为“双绝”；与朱莲芬合演的《下山》、《活捉》，尤为佳妙，被评作“神妙直到秋毫巅，观者无不绝倒，不知如何揣摩，始能臻此境界”（吴焘《梨园旧话》）。

杨鸣玉戏装肖像
（沈容圃绘）

当时昆曲已趋衰微之势，而他却能以昆丑名重剧坛，主要赖其精湛的表演和绝技，赢得了众多观众。如在《问探》中，手执大月华旗（代替报子旗）舞出种种花样，而旗角不卷，始终保持方形；在且歌且舞之中，间杂翻虎跳、拧旋子、跳前后铁门坎等繁难技艺，旗形依然纹丝不乱，美观异常，将探子的机警、灵捷表露得栩栩传神。《盗甲》中，场上摆“两张半”高台，时迁以大鼎将脚勾住第二张桌腿，悬身翻到第二张桌上，再起一把大鼎，用脚勾住上面的椅子，翻身而上，将甲盗得，用嘴叼着包袱，两脚插入椅背，飘身落在第二张桌上，再踹着桌腿，仰身翻下，“将捷贼真形摄取无遗，轻如乳燕，巧似狸奴，其武功之纯，非数十年炉锤不为功也”(《京伶十三绝传略·杨鸣玉》)。《活捉》一剧中，阎婆惜追逐张文远时，有抱椅转圈、前后绕桌的表演，唱至［晢玉郎］一曲“戋泪沾襟……”句，内有三个［浪头］(昆曲鼓板名)。第一个浪头时，他双眼直视，眸珠定于中间，宛如白云围月；在第二个浪头中，黑珠只余其半，露于上眶，又似落日衔山；至第三个浪头，则双睛尽白，不见一丝黑珠，迄至终场，全凭气功之效。至死后僵伏，由二人抬下场去，一人抱头，一人捧足，他身躯挺直，向左右歪折三次，用“铁板桥”之技，功深艺熟，令人叫绝。末场阎婆惜用汗巾系在他颈上，提之上场。他五尺之躯，逐渐缩成二尺有余，走至台口，婆惜将手一提，他身随之往上一长，极其灵快地将身圆转三弯，稍停，阎氏又是一提，他又回转三弯，双睛尽白，面无人色，全走矮步，似悬灯随风而旋，真是“足捷如风，身轻于纸，觉满台阴森鬼气，可谓善于形容”(陈彦衡《旧剧丛谈》)。他在《下山》中的耍佛珠，也十分精彩。佛珠旋转速度随着锣鼓点的快慢而变，变出前后左右多种花样。至逃下山去时，舞动佛珠，忽地离颈，腾空而上，随即落下，仍套在颈上，继续转动不停，然后一手在胸前左转，一手在背后右转，水袖随之飘舞（名“串袖”)，身子随走随矮，直至走入下场门，背影犹如由高山而下，把一个少年僧人逃脱佛门戒律，有似出笼之鸟的欢跃心情，展现无余。在《访鼠》中的表作也有独到之处。娄阿鼠求签时，况钟私访至此，从后拍其肩，他惊慌失措，将签筒向上抛起，跪转整身，而仍朝外，手接签筒。测字时，拍手一笑，仰身后翻，急从板凳下钻出，仍坐凳上，轻捷灵敏，把娄阿鼠贼人胆虚的情状，描摹尽致。今世昆丑王传淞表演的娄阿鼠就承袭了当年杨三的路数，至今仍能见于舞台。《教歌》一剧中，在教郑元和习练时，他演的苏州阿大，模仿猢狲形动，在一条长凳上走蜷腿漫子，连翻两次，都是出人意外之作，为观者惊叹。

杨鸣玉的唱、念、做、表，样样精能，规范严格，一丝不苟，使观者赏心悦目，美不胜收，“百年以来唱丑脚的，第一要数杨鸣玉”(齐如山语)。曾在京内文昌馆演《水斗》一剧，杨鸣玉饰水族龟相，临机讽刺，传令：“娘娘法旨：虾将鱼兵，往攻金山寺！”对场上身穿黄褂的鳖形大将喝道：“如有退缩，定将黄马褂褫夺不贷！”引起哄堂彩声。恰李鸿章胞侄在场观剧，骂不绝口。后台人扶杨向李乞罪。后杨避去，不久病死。一时流传对联“杨三已死无苏丑，李二先生（指李鸿章）是汉奸”(见任二北《优语集》271条)。杨鸣玉一生，艺不轻传，其教授方法极严，虽有人登门请益，但多不能坚持至终，自行离去。他治业之暇，还擅长糊制风筝，小而咫尺，巨或径丈。他创制的“蓝云头”、“摇头菱”品种，为市面所无。他为人耿介，不苟世俗，后人誉之“贞松劲竹，独抱冬青，终能绝技自鸣”(《京伶十三绝传略·杨鸣玉》)。（钮骠）

Yang Mulan

杨慕兰　(1903～1986)　女票友。工旦。别号近云馆主。祖籍江苏无锡，客籍天津。为京津纺织实业家杨寿枬之女，工商实业家周家熙之媳。她酷爱京剧艺术，早年曾向老艺人律佩芳、郭际湘、魏莲芳学青衣花衫戏，并学梅派戏《廉锦枫》、《霸王别姬》、《红线盗盒》，得到梅兰芳的亲自指点。还向姜妙香、徐斌寿、包丹庭学小生戏《白门楼》、《群英会》、《罗成叫关》、《雅观楼》等，并从阎岚秋和朱桂芳学刀马旦戏。经常向京剧前辈王瑶卿问艺。她一生钻研剧艺，成绩斐然。1931年开始在北平登台票戏。1937年卢沟桥事变后，在津义演《女起解、玉堂春》，列大轴，遂自行组班公演。曾同金少山合演《霸王别姬》，同郝寿臣、侯喜瑞合演《十三妹》，同姜妙香合演《玉堂春》，同朱桂芳合演《廉锦枫》。

杨慕兰为人慷慨仗义，对社会公益事业当仁不让，每遇梨园同业贫苦困难或慈善机构举办义演，不惜余力为之奔走并登台演出。1942年5月11日，与袁青云在天津组织创办云吟国剧社，自任社长，聘请老票友刘叔度任名誉社长。社员有来自各地的京剧专业演员，也有爱好京剧的票友。“文化大革命”开始，国剧社被迫解散。她培养了不少京剧人才，如著名女花脸齐啸云和孟宪蓉等。她擅演《霸王别姬》、《十三妹》、《奇双会》、《木兰从军》、《樊梨花》、《玉堂春》、《辕门射戟》、《游园惊梦》等。她戏路宽广，艺术精湛，问艺者众多，如童芷苓、吴素秋、丁至云、陈永玲、张玉英、张贯珠等，都曾受其教益。（王永运）

Yang Naipeng

杨乃彭　(1945～　)　演员。工老生。生于天津。1965年毕业于天津市戏曲学校，师从陆宝忠、张荣善等。1959年杨宝忠曾向其亲授杨（宝森）派剧目，如《文昭关》、《碰碑》、《击鼓骂曹》、

《洪羊洞》、《失街亭、空城计、斩马谡》等，未出校门即崭露头角。毕业后到天津市京剧团，又向周啸天、哈宝山等求教，并私淑李鸣盛、汪正华、程正泰、梁庆云、马长礼等，学习杨派老生的表演艺术，获益匪浅。他无门户之见，广采博取，兼收并蓄，专心致志学习余（叔岩）派和杨派，结合自身条件，择善而从，在舞台上塑造了许多形象鲜明、性格各异的人物，受到观众的赞誉。经常上演的剧目有《四郎探母》、《失街亭、空城计、斩马谡》、《红鬃烈马》、《大保国、探皇陵、二进宫》、《击鼓骂曹》等。1991年获第八届梅花奖。1993年获梅兰芳金奖。2001年，在现代戏《华子良》中饰许云峰，获第三届中国京剧艺术节表演奖。其子杨少彭，唱老生，为北京京剧院演员。

《二进宫》饰杨波

（陈国卿）

Yang Paifeng

《杨排风》　京剧作品。作者不详。取材于杨家将传说，本事见《小扫北》鼓词。由《青龙棍》、《打孟良》、《打焦赞》、《打韩昌》、《打耶律》连缀而成，亦称《焰火棍》(《演火棍》)。武旦戏。朱文英、余玉琴、阎岚秋、朱桂芳、方连元、邱富棠、宋德珠、阎世善、李金鸿、张美娟等均工此剧。1957年关肃霜于世界青年联欢节演出《打焦赞》获奖。现行演出，多据《京剧丛刊》第12集之整理本，或《京剧选编》第2集之中国戏曲学院授课本。《青龙棍》有清宫昇平署抄本，唱昆曲。写天波府烧火丫头杨排风在花园降服青龙，化为手中武器焰火棍。游园表演，有造型优美、极富韵律感的舞蹈身段。中国京剧音配像精粹有尚小云录音主演的《打青龙》，但去除神话成分，改青龙为人假扮龙形，以戏谑排风。《打孟良》写宋辽交兵，杨宗保因清明上坟插柳，被辽将韩昌俘虏。杨延昭命

朱文英饰杨排风（左） 黄润甫饰焦赞

孟良回天波府搬兵求救。佘太君令杨排风前往。孟良不服，与之比武，不胜。《打焦赞》写排风随孟良至三关，焦赞藐视她。孟良唆使二人比棍，排风先是礼让，故露破绽，焦扬扬得意，排风转守为攻，打得焦赞晕头转向，无奈赔礼认输。《打孟良》、《打焦赞》为富于喜剧性的武打戏，杨排风以武旦应工，融进花旦的念做表情。在武打中展现了杨、孟、焦三个喜剧角色的性格冲突，与后面打韩昌、打耶律的炽烈战斗，适成鲜明对照。《打韩昌》、《打耶律》描写杨排风大战辽邦驸马韩昌、元帅耶律休哥，救司杨宗保。开打中，有"棍破枪"、"棍破双枪"、"马腿攒"、"蛇褪皮"等多种武打套路的表演，火爆壮美，是一出极见功夫的武旦重头戏。1942年夏，翁偶虹将《杨排风》增益首尾，前加杨宗保私下三关，后面则在杨排风打韩昌和打耶律的胜利高潮中，增加大破"五花阵"，定名《杨排风小扫北带花猫戏翠屏》，由宋德珠领衔之颖光社首演于上海更新舞台。

（朱文相）

Yang Qiuling

杨秋玲 （1936～2009） 女演员。工旦。河北通县（今北京通州区）。生于一工人之家。因家境贫困，其兄杨荣环早年入荣春社科班学艺。秋玲小学毕业后，考入文化部戏曲改进局戏曲实验学校。

当时戏校仅招50名正式生，她是备取生第一名，能从上千名考生中被录取，她非常庆幸与珍惜自己能迈入这个艺术的殿堂。她学艺刻苦，早晚增练私功，深得王瑶卿、萧长华、程砚秋、华慧麟、赵桐珊、程玉菁及茹富兰等名家的器重与培养，在青衣、花衫、刀马旦等行当得以全面发展。她能戏极多，昆乱不挡。1958年以成绩优异毕业，分配到中国京剧院青年团任主演，有机会充分展示她的艺术才华。经周恩来指示和马少波引荐，她拜梅兰芳为师深造。在梅的关怀和指导下，使她的技艺又有极大的提高。梅师提携她在《穆桂英挂帅》中饰杨金花，与梅师同台演出，获益匪浅。在《杨门女将》剧中，她成功地塑造了穆桂英的形象，全面显示了她的艺术才能，给观众留下深刻的印象。1960年该剧被北京电影制片厂拍摄成彩色影片。

杨秋玲扮相雍容端庄，嗓音宽亮甜润，台风稳重大方，表演细腻入微，艺宗梅派又博采众长，颇具大家风范。擅演《凤还巢》、《宇宙锋》、《红鬃烈马》、《断桥》、《桑园会》、《玉堂春》、《霸王别姬》、《穆桂英挂帅》、《奇双会》等。20世纪60年代还塑造了《初出茅庐》之黄月英、《满江红》之岳夫人、《龙女牧羊》之龙女等，均获好评。70年代又于《红灯照》中成功地刻画出林黑娘的艺术形象。80年代又连续排演了《点帅破阵》、《潇湘夜雨》和全部《宇宙锋》以及现代戏《红色娘子军》。在纪念徽班进京200周年时，再度披挂上阵出演其代表作《杨门女将》，时隔30载，唱念做打，声情并茂，功力更胜当年。1984年8月，杨秋玲、李嘉林伉俪及琴师万瑞兴，应美国夏威夷大学之邀请，仅用4个月时间，便为该校戏剧系和音乐系师生排演了京剧《凤还巢》。她为把京剧艺术介绍到国外，作出了贡献。她应邀为中国京剧优秀青年演员研究生班学员说戏，认真负责，带病授艺。杨秋玲性格直爽，生活俭朴，平易近人，德艺双馨。

《杨门女将》 饰穆桂英

（刘松崑）

Yang Ronghuan

杨荣环 （1927～1994） 演员。工旦。祖籍河北通县（今北京通州区）。生于河南安阳。杨荣环幼年随父出入京剧票房，深受熏陶。1937年，入尚小云创办的荣春社科班学戏。初习花旦，后改青衣、

花衫，曾师承胡长泰、问艺于筱翠花。尚小云很赏识杨荣环，曾向他亲授《女起解、玉堂春》、《战金山》、《御碑亭》、《乾坤福寿镜》、《汉明妃》、《金水桥》、《雷峰塔》、《卓文君》、《峨嵋剑》、《十三妹》等剧。《汉明妃》是尚派名剧，但尚小云自己不会弹琵琶，传授此剧时，乃专聘琵琶名手教授，故荣环掌握弹奏琵琶技巧，并当场演奏。在科班演出《四郎探母》时，尚小云还破例为他配演萧太后，一时传为佳话。

1948年，杨荣环又在上海拜梅兰芳为师，得梅亲授《霸王别姬》、《宇宙锋》等剧，从此兼擅尚、梅两派之长。他扮相秀丽，嗓音清甜宽亮，又文武兼备。中年以后，在尚派刚健挺拔、梅派雍容典雅的基础上，又根据自己的条件和体会，匠心独运，不断创造，形成自己独有的刚柔相济、清新明丽的艺术风格。例如《霸王别姬》是尚、梅两家都演过的戏，后来成为梅派的经典之作。杨荣环凭借熟谙两派特色的优势，在基本宗梅的同时，把虞姬上场时的四句唱，由梅派的［摇板］改为尚派的［西皮慢板］，由于唱词内容叙述比较完整，唱腔徐缓起伏有致，不仅清晰点明了事件发生的背景和人物关系，而且更充分地表达了虞姬因长年随军征战所特有的思想情绪；同时由于［慢板］旋律悠扬更富于感染力，在艺术上取得了先声夺人的效果。"舞剑"一场，他兼用梅、尚两家之长，边唱边舞，刚柔相济，形神兼备，每演必激起台下不绝的彩声。在梅派戏《宇宙锋》，尚派戏《汉明妃》、《失子惊疯》、《银屏公主》等剧中，在继承传统的基础上，他都有创造性的艺术处理。

出科后不久，他先后与谭富英、马连良、金少山等合作演出，

《失子惊疯》饰胡氏 （吴钢摄）

从这些前辈汲取了多方面的艺术营养，开阔了视野，受到很多教益。20世纪50年代初，先在天津建华剧团任主演，后任天津戏曲学校副校长。早在盛年，他就投身于培养京剧新人的工作，边演边教，几十年来桃李满园。天津的中青年京剧旦脚演员，大多受过他的教益。只要有人登门求教，都不厌其烦地悉心指授，去世的前半个月，还在给几名戏校的娃娃说戏、排戏。他对京剧事业可谓鞠躬尽瘁，死而后已。（吴同宾）

Yang Ruiting

杨瑞亭 （1892～1948） 演员。工武生。字云溪，号茂林，因排行第四，故又名**杨四儿**。河北定兴人。祖父杨香翠在北京掌宝胜和班多年，父杨德顺工武旦。瑞亭幼入宝胜和梆子班坐科学艺，后改唱皮簧老生，嗓音高亢，擅演唱功戏，如《斩黄袍》、《珠帘寨》等。他嗓音虽高，但显偏窄，又缺乏韵味，遂改习武生，艺宗黄（月山）派。他武工纯熟稳练，动作矫捷勇猛，长靠短打俱精。由于腰腿功极佳，"厚底踩泥"，宛如板上钉钉，纹丝不动，时人称之为杨一腿。早年曾与周信芳、冯子和、赵君玉、金月梅、林颦卿等同台演唱。1922年，又与王又宸、程永龙合作，演出于天津广和楼戏院。1923年，与梆子演员金钢钻等同台，演出于丹桂茶园。20世纪20年代时，与武生名家尚和玉联袂合作，在津名重一时，尤以合演《神亭岭》一剧称绝。20世纪30年代基本在南方演出，北方出演较少。1944年，曾搭张君秋班，露演于天津中国大戏院。他演的黄派戏有《剑峰山》、《巴骆和》、《薛礼叹月》、《骆马湖》、《翠屏山》、《请宋灵》、《冲霄楼》等，尤以《潞安州》著称，灌有唱片。所演勾脸戏如《铁笼山》的姜维、《四平山》的李元霸、《艳阳楼》的高登、《金沙滩》的杨七郎、《走麦城》的关羽，个个出色。常演剧目还有《长坂坡》、《战宛城》、《恶虎村》、《挑华车》、《四杰村》、《鄚州庙》、《冀州城》、《连环套》、《八大锤》、《狮子楼》、《金刀阵》等。有时也反串老旦戏《钓金龟》、《目连救母》、《徐母骂曹》。在上海天蟾舞台时曾在新戏《元春归省》中饰贾母，在《文姬归汉》中饰蔡中郎。1926年在更新舞台所排连台本戏《飞龙传》中饰赵匡胤，均有叫座能力。杨瑞亭晚年在沪境遇困窘，除不多的演出外，依靠在票房教戏维持生活。后病逝于上海。（王永运）

《请宋灵》饰岳飞

Yang Shaoxuan

杨绍萱 （1893～1971） 京剧作家、戏曲理论家、史学家。又名广誉、亭林、大河。直隶滦州（今河北滦县）人。1925年毕业于北京师范大学教育系。曾任北平师范学校校长、天津法商学院教授、北平中国大学教授等职。参加过京津进步学生运动。抗日战争爆发后，在武汉、西安投入抗日救亡运动。1939年到延安，历任马列学院编辑委员、延安平剧研究院院长、中央法律委员会委员等职。1943年，他在中央党校参加并主持了京剧《逼上梁山》的创作，毛泽东致函给予高度评价，对京剧改革产生了重要影响。中华人民共和国成立后，曾任文化部戏曲改进局副局长、《新戏曲》杂志编委，是早期戏曲改革运动的领导人之一。曾发表多篇有关戏曲改革的理论文章，著有《中国戏曲史稿》(未见正式出版)。编写《新大名府》、《新白兔记》、《新天河配》等京剧剧本，内容多借古喻今，比附现实，引发了20世纪50年代初关于历史剧创作的争论，其作品被批评为具有反历史主义倾向。1954年任北京师范大学历史系教授。对历史、金石文字等方面有广泛的研究。（杜宝华）

Yang Shengchun

杨盛春 （1913～1958） 演员。工武生。祖籍安徽桐城，生于北京。出身梨园世家。祖父杨隆寿为清末武生名宿，北派短打武生鼻祖。父长喜，亦工武生。盛春自幼从父学戏，后入富连成社科班第四科。初从郝喜伦学《跳刘海》、《双盗印》、《摩天岭》、《神州擂》、《武当山》等小武戏；又从王连平学《长坂坡》、《艳阳楼》、《战濮阳》、《战渭南》、《铁笼山》、《贾家楼》、《洗浮山》等大武生戏。在科演出即博得观众赞赏，与高盛麟、李盛斌并称科中"武生三杰"。18岁满科后留科服务。不久即与李盛藻等同赴上海献艺，载誉而归。1935年1月随梅兰芳赴苏联访问演出，主演《林冲夜奔》与《安天会·盗丹》。后历搭梅兰芳、尚小云、马连良、程砚秋、荀慧生、叶盛章、叶盛兰的班社，以与谭富英合作最久。20世纪50年代初，入谭富英、裘盛戎的太平京剧团，后改组为北京市京剧二团。常演剧目有《艳阳楼》、《铁笼山》、《连环阵》、《战濮阳》、《挑华车》、《状元印》、《战滁州》、《英雄义》、《恶虎村》、《八大锤》、《连营寨》、《阳平关》、《金锁阵》、《战马超》、《安天会》、《武文华》、《白水滩》等。他功底深厚扎实，长靠短打无不精工，尤以圆场功、把子功见称，如演《挑华车》之

《夜奔》饰林冲

高宠，起霸走边，气势雄俊，身手迅捷，中规中矩，紧而不乱，俨然大将气度。上台演戏，无论戏码先后、角色主次，从不懈怠，皆能一丝不苟。为人正派，特重戏德。在北京京剧团曾任演员队长，资深望重。

长子杨少春（1940～　），亦工武生。1951年入文化部戏曲改进局戏曲实验学校，师从茹富兰、沈三玉、傅德威，又先后拜高盛麟、王金璐为师，并得到李盛斌、张世麟、袁金凯的指授。少春转益多师，融会众家，剧艺大进，得以承继父业，成为北京京剧团的当家武生演员。退休后在北京市戏曲学校授课，并多次到台湾传艺。

（钮骠　韶华）

Yang Shurui

杨淑蕊　（1946～　）　女演员。工旦。河北石门（今石家庄）人。1958年考入北京市戏曲学校，师从华世香、贾世珍、张蝶芬、雪艳琴等。1966年毕业后分到北京京剧团与谭元寿、马长礼、周和桐等同台演出，常演剧目有《大保国、二进宫》、《红鬃烈马》、《龙凤呈祥》、《赵氏孤儿》等传统戏。1978年后，因其悟性强、体现准、有分寸，受到张君秋的赏识，亲加指点，学得了张派艺术的演唱方法，懂得了如何刻画人物。1981年正式拜张君秋为师，学习并演出了张派名剧《望江亭》、《西厢记》、《状元媒》、《秦香莲》、《诗文会》等。还演出了新编古代剧《平阳公主》、《梁红玉》、《北国情》，在继承传统的基础上，勇于创新，塑造了一些富有新意的中国古代妇女形象。1985年获第二届梅花奖。曾多次出国演出，受到国外观众的好评。现旅居美国，致力于京剧艺术的传播工作。

《西厢记》饰崔莺莺

（孙颖）

Yang Sili

杨四立　（？～1939）　演员。工丑。幼年在山东烟台坐科，后进京问业于刘子云，习文武丑。出科后在东北及海参崴（今俄罗斯符拉迪沃斯托克）一带演出。1912年应聘至上海，先在歌舞台演出，继入大舞台、丹桂第一台、桂仙茶园，均以文武全能、多才多艺而享名。他嗓音极佳，唱腔高亢激越，京白口齿清楚，腰腿矫健灵活，武工轻捷利落，所演武丑戏，常以高难动作传达剧情、刻画人物。在《时迁偷鸡》中饰演时迁，在与店主激烈打斗时，双腿直立于由廖连饰演的店主肩上，任对手疾行旋转，也却纹丝不动，嬉笑自若，活现时迁机智风趣而又不乏江湖气的个性特征。清光绪末年在桂仙茶园时，与贵俊卿、金少山、朱素云等合作演出《忠孝全》，饰安泰，在王振（金少山饰）募军时登场，将各种刀枪把子都要弄一遍，以示这一人物十八般武艺样样精通，然后又兼翻各式筋斗达半小时，充分显示出其全面而娴熟的技艺。

他能戏颇多，除武丑戏外，还常演文丑戏《拾黄金》、《十八扯》、《瞎子逛灯》、《青石山》、《盗魂铃》和彩婆子戏《拾玉镯》、《铁弓缘》以及老生戏《空城计》、《葫芦峪》、《九更天》等。《青石山》本以武生、武旦为主，他改以丑脚为主，更名《王道士捉妖》自饰王半仙，剧中强化了捉妖情节，逼真而夸张地再现了民间道场作法擒妖的仪式。一次南北名伶联合义演此剧，合作者有杨小楼（饰关平）、王凤卿（饰关羽）、时慧宝（饰吕洞宾）等京都名角，使这一剧目身价百倍。自此，以丑脚为主的《青石山》成为杨四立的代表作。《盗魂铃》也是他的打炮戏。他饰演的猪八戒，除学唱各名伶的唱段之外，还以武丑的功底由四张桌子翻腾落地（广告特标明“翻四只台”），深受上海观众欣赏，以至当谭鑫培在新新舞台演出此剧时，因戏路不同，未翻筋斗，而被喝了“倒彩”。他演戏技巧性强，但随意性大，为梨园界持正统观念者所侧目。又据孙履安《京尘杂忆》说：“杨之技虽列入上中，然性情至恶”，自命不凡，宣称“除罗寿山艺居其上，任何人皆非其敌”，加之“好在台上阴人”，故“每次搭班，必犯众怒，群起捧殴，彼乃辞班而去”。20世纪20年代中期，他离开上海流动演出于山东及东北等地，最后病殁于大连。

（黄菊盛）

Yang Wannong

杨畹农　（1907～1971）　京剧教师。曾为旦脚演员。名善鸣，字畹农。安徽桐城人。1930年毕业于上海复旦大学。幼年爱好京剧，尤其酷爱梅派艺术。嗓音宽亮甜润，又因文学基础深厚，精通声韵音律，故对梅派声腔艺术的研究实践有独到之处。早在20世纪30～40年代就誉满南京、重庆。50年代曾与梅兰芳、程砚秋、赵荣琛在上海同台演出《四五花洞》。在主演《生死恨》时，梅兰芳登台致词，亲自为其把场。创建了“梅剧进修会”，亲授新老梅剧30余出，学员发展至130余人。整理出版梅派剧本，创立记录梅派唱腔和身段的模式，为发扬梅派艺术做了大量基础工作。1956年受聘任教于上海市戏曲学校，悉心培养新生力量，教学认真。李炳淑、杨春霞、朱玲妹等都是他的学生，一生为传播梅派艺术作出了贡献。

（张申英）

Yang Xiaoduo

杨小朵　（1881～1923）　演员。工花旦、刀马旦。祖籍安徽合肥，生于北京。名燮麟，字孝亭，号佩芬、棣侬。其父杨桂云，艺名杨朵仙，为四喜班著名花旦、泼辣旦。小朵幼从吴连奎、贾丽川等学娃娃生，16岁从父习艺，随父演出，又从刘赶三、罗百岁、赵仙舫等学花旦戏。他扮相俊美，表演细腻，有“小牡丹花”之誉。隶四喜、玉成等班，拿手戏为《双沙河》、《铁弓缘》、《樊江关》、《赶三关》、《虹霓关》、《双摇会》、《穆柯寨》、《查头关》、《盘丝洞》、《五彩舆》、《翠屏山》、《破洪州》等。尤以《铁弓缘》最佳。1902年与汪桂芬、郎德山等一起，选入昇平署任民籍教习，改名杨得福。1903年入长春班。民国以后，嗓音渐败，不常演出。民国四年（1915）汪笑侬演出于北京天乐园，杨小朵与之合演《党人碑》、《琵琶泪》及时装戏《三万三千三百三十三》（讽刺买彩票误得头奖者的狂欢丑态）等。“杨小朵与笑侬本旧交，至是延至家，教其子保（宝）忠。笑侬爱之至，视如己子，并授以唱戏秘诀种种，惜保（宝）忠音倒难复，不克承其志传其衣钵也”（大同《汪笑侬略史》，《春柳》第1期）。杨小朵还兼擅胡琴。其长子杨宝忠初演老生，后改操

《乌龙院》饰阎惜姣

琴；次子杨宝义习青衣。（芝湞）

Yang Xiaolou

杨小楼（1878～1938） 演员。工武生。乳名三元，又名**杨嘉训**。祖籍安徽怀宁，生于北京。祖父杨二喜，是徽班武旦演员，以耍大刀出名，人称“**大刀杨二喜**”。父亲杨月楼，是清末著名京剧文武老生、武生。杨小楼幼入小荣椿科班坐科，习武生，师从杨隆寿、姚增禄、杨万清等。同科师兄弟有程春德、郭春山、郭春翠、叶春善、蔡春桂等。杨月楼去世时，小楼只有12岁，家境困窘，生活坎坷。出科后，先搭双奎班，班内主要演员老生为许荫棠，武生为俞菊笙。俞菊笙是杨月楼的师兄弟，对小楼有意提携，自己演《挑华车》，让杨小楼配演黑风利，使他在舞台实践中增加锻炼的机会。清光绪二十三年（1897），经周春奎介绍，杨小楼搭入天津义顺和班充当武行班底。在津期间，他虽然在台上只是跟着翻跟斗，打下手，但也一丝不苟。私下更是坚持练功，冬夏不辍，常在深夜或黎明到聚兴茶园后院的空场上苦练。同时他把同台演员的长处，都加以琢磨、吸收、融化，以提高自己的艺术水平。由于技艺突飞猛进，引起班主注意，在派戏时就让他演一些主要配角，后又提升为二路武生，如扮演《独木关》的周青、《战马超》的马岱等角色。再后又开始演小型武戏的主角，如《殷家堡》、《贾家楼》、《金锁阵》等。杨小楼的身材颀长高大，但有一天扮演《水帘洞》的猴王，竟能小巧灵捷，惟妙惟肖，观众非常满意。当年杨月楼曾以演猴儿戏出名，被誉为“杨猴子”，所以在场观众齐声大呼：“好小杨猴子！”由于猴儿戏一炮打响，从此戏报上就改用“**小杨猴子**”的艺名。杨小楼回到北京，仍旧坚持冬练三九的功夫。在北京南城根窑台，有一座小庙，地势空阔，清静无人，每到严冬，杨小楼就约同伙伴何佩亭和姚喜成，步行到窑台小庙，进行苦练，因此练出一身纯熟坚实的硬功夫。光绪二十七年（1901），小楼加入宝胜和班，这是二簧与梆子“两下锅”的戏班，演过《铁笼山》、《贾家楼》、《挑华车》、《阳平关》等戏。次年（1902）又搭入谭鑫培的同庆班。因为杨月楼与谭鑫培是莫逆之交，小楼曾拜谭鑫培为义父，而谭氏哲嗣均以嘉字排名，如谭小培即名嘉宾，所以小楼亦排名嘉训。谭鑫培对小楼倍加照顾。小楼入同庆班后，曾演出《水帘洞》、《金沙滩》等剧，均排

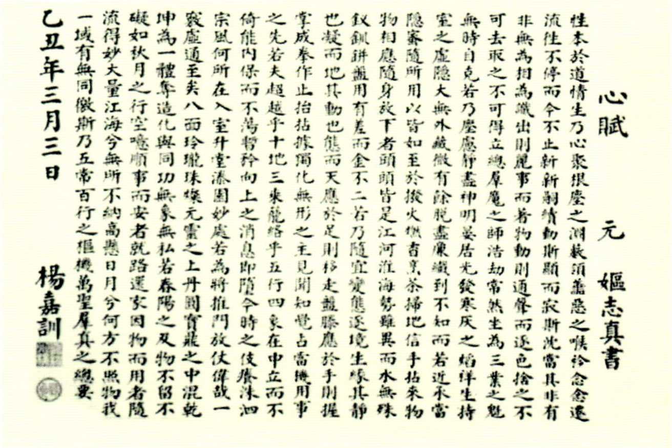

杨小楼手迹（选自《戏苑宗师荀慧生》）

在压轴，仅在谭鑫培之前，亦可见其名望与地位已逐渐上升。光绪二十九年（1903），应下天仙茶园之邀，他再到天津与崔灵芝合演，这一次演出引起轰动。回北京后，他仍搭宝胜和班。光绪三十二年（1906），被选进清廷昇平署，充当外学教习。小楼在宫里，第一天唱双出《水帘洞》和《长坂坡》，深受赏识，慈禧夸奖说：“这个小杨猴子真不错。”宣统元年（1909），杨小楼搭入四喜班，班中名角荟萃，如老生许荫棠，青衣孙怡云，花旦姚佩秋，花脸黄润甫、钱金福，小生冯蕙林，老旦谢宝云，文武丑王长林等，小楼经常演大轴，有时还唱双出，如《五人义》带《阳平关》，《飞波岛》带《嘉兴府》，《下河东》带《艳阳楼》等，还排演过八本《混元盒》。这时他已正式用本名杨小楼。1912年，应吕月樵、白文奎之邀赴上海，在三马路大舞台演唱经年。《申报》载文赞为“天下欢迎独一无二之著名武生”。

杨小楼觉得上海的新式舞台布景新奇，观众座位舒适，远远优于北京旧式戏园，回北京后，就联合姚佩秋等，筹资在前门外西柳树井，仿照上海舞台形式，于1914年春天建成第一舞台，6月9日揭幕，杨小楼因系老板，没有登台。但出乎意料，夜戏刚开始，突然起火，只得停锣。7月3日修复，又重新开张。杨小楼在此唱了6年，后因债务纠葛，把戏院抵给债主。他初在第一舞台演出时，班名**陶咏社**，曾排演四本《取南郡》，分4天演完，他饰赵云。社内其他主要演员还有王凤卿、贾洪林、德珺如、钱金福、刘鸿昇等，连谭鑫培都曾参加演出。1916年冬，陶咏社又改组为**桐馨社**。参加的主要演员有梅兰芳、王凤卿等。杨小楼的代表作《安天会》，学自张淇林（长保），首演于1917年4月，全剧唱昆曲，载歌载舞，

《青石山》
饰关平

《镇潭州》
饰岳飞

《屯土山》
饰关羽

《甘宁百骑劫魏营》
饰甘宁

《康郎山》
饰曹晟

身段繁重。杨小楼秉性厚道，素讲戏德，乐于提携后进，在梅兰芳排演的全部《春秋配》里，杨小楼为他配演绿林好汉张衍行。后来，荀慧生演全部《英杰烈》，小楼还曾为他配演王富刚。不久，梅兰芳离社。桐馨社先后约聘的主要演员有刘鸿昇、王瑶卿、王蕙芳、龚云甫、王又宸、贯大元、高庆奎、尚小云、荀慧生等，阵容十分硬整。在此期间，杨小楼与尚小云演出了《楚汉争》(即后来与梅兰芳合演的《霸王别姬》的前身)，排演了流传不衰的八本《混元盒》，杨小楼分别扮演广成子、蜈蚣精、斗战胜佛(孙悟空)、翼宿星君(昴日鸡)。在桐馨社时期，他演出的《贾家楼》、《麒麟阁》、《状元印》、《金钱豹》、《翠屏山》、《武文华》、《闹花灯》等，都有较大影响。1919年，离开第一舞台，改班名**中兴社**，在前门外大栅栏的三庆园演出。中兴社曾约余叔岩合演《八大锤》，杨小楼饰陆文龙，余叔岩饰王佐，钱金福扮严成方，郝寿臣饰金兀术。余叔岩退出中兴社后，生旦时时换人。中兴社成立两年期间，杨小楼曾去上海和汉口演出。1921年2月，与梅兰芳再度合作组成崇林社。杨小楼、梅兰芳合作的名剧《霸王别姬》，即首演于1922年2月15日，获得极大成功。这年下半年，梅兰芳自组承华社，二人分手，杨小楼的班名改为**松庆社**。松庆社的旦脚，先约林颦卿，林去后又约朱琴心。杨小楼、林颦卿曾合演《战宛城》等戏。在朱琴心排演的新戏《陈圆圆》中，杨小楼饰演吴三桂，武老生打扮，由钱金福饰李自成，侯喜瑞饰多尔衮，朱琴心饰陈圆圆，是对朱琴心有意提携。杨小楼在去上海时，曾向老伶工牛松山学《林冲夜奔》，在松庆社时期首次演出。《夜奔》有大小之分：小的一人通场到底，没有别的角色；大的则于林冲离庙以后，徐宁赶来，二人有一场枪对剑的开打，另上宋千、杜万和王伦等角色，较为热闹。小楼所排即为大《夜奔》，场子是由他增益，钱金福饰徐宁，增色不少。在松庆社时期，杨小楼演出的剧目很多，有《镇潭州》(饰岳飞)、《蚆蜡庙》(饰褚彪)、《安天会》、《挑华车》、《黄鹤楼》带《芦花荡》(前饰赵云，后饰张飞)、《麒麟阁》、《雄黄阵》(饰白鹤童子，朱琴心饰白蛇)、《骆马湖》、《蜈蚣岭》、《武文华》、《恶虎村》等剧，还反串过《法门寺》的赵廉。1925年，杨小楼与余叔岩再度合作，组成双胜社，两个人合演了《八大锤》、《青石山》(杨小楼饰关平，余叔岩饰吕洞宾，钱金福饰周仓)、《摘缨会》等剧。1926年，杨小楼班改组为忠庆社，老生换为高庆奎，花旦为荀慧生。这年元旦，杨小楼演出了《连环套》带《盗钩》，侯喜瑞饰窦尔敦，钱金福饰贺天龙，王长林饰朱光祖。此剧与《长坂坡》同为杨派的代表剧目。1927年，杨小楼班又改组为永胜社，直至他去世为止。这10年中，班里的生旦人选，时时更迭。在杨小楼晚年的永胜社期间，编演的新剧目10余出，演出的主要剧目有《江都县》(即全本《恶虎村》)、《取桂阳》、《铁笼山》、《霸王庄》、《武文华》、《湘江会》(与尚小云合演)、《英雄会》(饰黄三太)等。新编剧目有《野猪林》(1929年首演，鲁智深为侯喜瑞，1934年改用郝寿臣)、《连环套》(头二三四本)、《安天会》(头二本)、《冀州城》(重排)、《挂印封金、灞桥挑袍》(饰关羽)、《甘宁百骑劫魏营》、《坛山谷》、《康郎山》等。其新编剧目，大多是在这10年中演出的。

他信奉道教，曾在北京白云观受戒，法名嘉年。没有子嗣，只有一女，嫁与刘砚芳，生子刘宗杨、刘宗年。刘砚芳又生一女，适高盛麟。1938年2月14日(戊寅年正月十五日)杨小楼病逝于北平。

杨小楼是以“武戏文唱”著称于世的京剧表演艺术家。武戏同样是有情节、有人物的戏剧，不同于单纯的练武术，更不同于江湖卖艺，而是以武打技巧表现戏剧情节，刻画人物思想性格，表达一定主题思想的艺术作品。杨小楼正是最善于运用、调动一切武打技巧和表演手段，精确细腻地刻画人物思想、性格、情感、心理的表演艺术家。他从不为了获取廉价的喝彩而故意卖弄所谓的“惊险绝技”。他的唱念做打各种艺术手段，都是为塑造艺术形象、表现剧情内容服务的。他倾毕生精力创造了众多富于典型价值的戏曲人物形象，被誉为京剧武生一代宗师。

由于杨月楼是奎派传人，小楼是俞菊笙弟子，所以小楼的唱、念风格有浓厚的奎派韵味和俞派传统，同时又受汪派、谭派的影响。他的嗓子很好，音域宽广，高低自如，音色嘹亮，清脆响堂，立音高而厚，膛音亮而沉。其唱腔简洁明快，很少花腔，是在俞派朴厚雄健的基础上，又结合自己嗓音特点，吸收奎、汪、谭派的某些韵味、旋律，加以变化形成的。他善于运用陡上陡下的唱腔表现激烈的感情变化。例如《骆马湖》中[西皮流水]的两句唱腔，“……大人改扮离官船。小舟一叶渡过了岸”，其中“官”和“舟”字的音符都是5，而夹在中间的“船”和“小”字的音符都是1，这样就形成了峡谷般的陡上陡下、高低反差极为明显的两个唱腔。用这样的唱腔来表现黄天霸的焦灼急躁、起伏剧烈的感情，非常贴切。类似的唱腔在杨派的唱段中，随处可见。另外，他受汪(桂芬)派、俞派唱法的影响，也很明显。例如《艳阳楼》中的[西皮散板]：“人来带马会场上，顺者昌来逆者亡”的“亡”字尾腔，现在已被公认是杨派特有风格的尾腔，许多武生群起仿效，都是从汪派唱法蜕化出来的。

杨小楼念白的字音特别清晰嘹亮，其特点之一是翻高多，嘎调多。例如现在武生演员在念“趱行者”、“人马回山”、“众将官”，

《英雄义》饰史文恭
(窦蕴秋摄)

《连环套》
饰黄天霸

《霸王别姬》饰项羽(右)
梅兰芳饰虞姬

《坛山谷》
饰姜维

常突然拔高，用嘎调翻着念，其创始者就是杨小楼。例如《战宛城》张绣的“回操”，《金钱豹》豹精的定场诗：“烈烈轰轰占山岗”的“烈烈呀”等都是，甚至《霸王别姬》中项羽的“哇呀呀”，都用嘎调，例子不胜枚举。这种念法运用恰当时，感染力极强，能起惊心动魄或是突然造成紧张气氛的作用。

杨小楼在表演上善于不拘一格吸取各行当之长，例如《挑华车》高宠在大帐请战时的狂笑，《回荆州》赵云挡退追兵的大笑，《连环套》黄天霸拜山阴险的笑等，都是在老生、武生以及小生的笑法基础上，根据不同人物、不同情境予以创造性地分别运用，从而丰富了武生笑的表演艺术。他的做工身段，更是静中有动，动中寓静，处处带戏。他的一切武功技巧，都是为了突出主题，刻画人物。观众赞誉他饰演的人物为“活赵云”、“活霸王”、“仙猴儿”。他的武打招式清楚，每招每步都很准确，以简胜繁，似慢实快。许多与他同台开打的演员都有一种感觉，在开打过程中，觉得自己的动作节奏比他快得多，但到最后收势亮相时，又往往是他比自己收得快。这就是以简胜繁、似慢实快的高明之处。总之，他是一位武功卓绝，而又表演精湛的名副其实的艺术大师，因此晚年被公众誉为“国剧宗师”。

杨小楼一生演出的剧目甚多，最经典的传统剧目有《长坂坡》、《金钱豹》、《安天会》、《艳阳楼》、《铁笼山》、《状元印》、《挑华车》、《连环套》、《恶虎村》、《骆马湖》、《战宛城》、《回荆州》及昆腔《林冲夜奔》、《麒麟阁》等。新编和改编的代表剧目有《霸王别姬》、《野猪林》、《冀州城》、《甘宁百骑劫魏营》、《康郎山》、《坛山谷》、《陵母伏剑》等。他还是一位具有爱国主义思想的艺术家，在九一八事变以后，编演的新戏《甘宁百骑劫魏营》、《坛山谷》、《陵母伏剑》等，在当时对于鼓舞抗日军民的士气，宣扬爱国主义民族气节，都有一定的积极影响。

杨派武生传人很多，包括私淑弟子先后有沈华轩、孙毓堃、刘宗杨、高盛麟、李万春、傅德威、延玉哲、李少春、王金璐等。

（吴同宾）

Yang Xiaolou

《杨小楼》 图画评论集。32开线装本，无出版社署名，上海图书馆藏。1919年，杨小楼应天蟾舞台主人许少卿之邀，第二次赴沪演出，自闰七月十六日演至八月二十七日，共42天。时杨小楼41岁，正当盛年。“功行圆满，炉火纯青。有儒侠之概，无斗狠之习；有稳练之功，无忙乱之病。以之执武生界之牛耳，其谁曰不宜？”（柳遗《东篱轩杂缀》引友人语，1919年11月6日《申报》）此为沪上戏评界的普遍看法，遂有二三同好编印这本专集，为小楼此行留作纪念。书名由寒云（袁克文）题写，款书己未八月（1919年10月）。卷前有杨尘因序，寒云、丹斧、影庐、飞公题辞，有杨小楼小像（已缺）及书法。以下为杨小楼传（冯小隐作），杨小楼轶事21则（穹庐主人、萍、灵者、公雨、君素等多人执笔）。最后为“戏剧图评”，共评论杨小楼《长坂坡》、《连环套》、《状元印》、《挑华车》、《冀州城》、《艳阳楼》、《落（骆）马湖》、《恶虎村》、《楚汉争》、《铁笼山》10出戏，撰稿者为杨尘因、冯小隐。这些评论有褒扬亦有商榷，并非一味捧场。如《楚汉争》，既盛赞杨小楼饰演项羽，“当世更无第二”，又批评该剧闲场太多，应删繁就简。有些评语还保存了一些不同演法的史料。如《长坂坡》，认为赵云“得剑下场，应将剑上掷，曾观月楼、菊生（笙）、月山、楞仙诸人，所演类皆若是。小楼向不掷剑，岂尚有所不能欤？说者谓小楼幼年于此式曾失场一次，从此视为畏途，然耶否耶？又，阿斗按照旧规应以腰裙系诸胸外，沪上已无行之者，今小楼亦不遵守旧规。旧时不时以手抚胸，表示内怀幼主，作工尚细。

《杨小楼》内页书影

惟见先主出阿斗时，由值场人临时传递，即于神情稍失矣。吾愿小楼仍守旧规，勿贪省事也”。在每剧评论之前，各配一演出图，共10幅。墨笔写生，其服饰扮相、架势神情均极工稳细致，在民国初期的同类作品中堪称上乘。然一概未署图画作者姓名，究系何人手笔，可从杨尘因序文中得到信息。杨序末段云：“爰是余从燕山小隐、钱病鹤之后编纂是卷，盖为美术界留一爪痕耳。”冯小隐为评论作者之一。钱病鹤（1879～1944），名辛，又字味辛，浙江吴兴（今属湖州）人，自幼喜好美术，庚子（1900）后，弃举子业而从事丹青，在沪上历任民党各报图画主笔，擅长人物画，尤喜漫画，有《病鹤丛画》问世。1920年编印《沈泊尘先生画宝》之孙雪泥，即为钱氏学生。“戏剧图评”中画风一致的10幅杨小楼演剧图，当均出于钱病鹤之手。

（谢涌涛）

Yang Xiaolou Pingzhuan

《杨小楼评传》 京剧专著。周志辅（明泰）著。燕山出版社1992年12月出版。为周明泰“几礼居戏曲丛书”第六种。1978年为纪念杨小楼诞辰100周年在美国华盛顿周肇良书画馆初版，国内版系据1984年美国再版本排印。书中简介了杨小楼之父杨月楼的籍贯生平、师承、擅演剧目及其出师后在上海金桂园、老丹桂茶园的演出盛况和回京后接任三庆班主，以民籍教习名义进宫当差，其演技深得西太后喜爱，却正当盛年而亡的事迹。又以编年的形式，叙述了杨小楼的学艺生活及从艺经过。书中列有杨小楼入昇平署演出的36出戏的全部戏目和演出时间，并详细记载了从1914年至他去世前一年（1937），每年的演出情况，包括演出地点、所属班社、所演戏目、所扮角色及扮相，以及配角、场面人员、观众反响等等。从中可了解到杨小楼在《混元盒》、《宏碧缘》、《长坂坡》、《艳阳楼》、《安天会》、《溪皇庄》、《阳平关》、《八大锤》、《白马坡》、《挑华车》、《芦花荡》、《骆马湖》、《恶虎村》、《宁武关》、《战宛城》、《摘缨会》、《取桂阳》、《野猪林》、《下河东》等40余出戏中的表演艺术，同时也领略到与之同台演出的谭鑫培、俞菊笙、冯黑灯、梅兰芳、王凤卿、范宝亭、尚小云、贾璧云、余叔岩、钱金福、李寿山、德珺如、朱琴心、荀慧生、余玉琴、高庆奎、侯喜瑞等著名演员的表演特点。对于杨小楼所搭科班或组建的班社，如双奎班、宝胜和班、同庆班、陶咏社（后改组为桐馨社）、崇林社、松庆社、双胜社、忠庆社、永胜社的班社组成、人员设置、演出情况等亦有所涉及。还介绍了杨小楼去世后，其后人、合作者及门徒的简况。该书对研究杨小楼以及清末至民国年间京剧舞台的演出情况有比较重要的参考价值。

（戴云）

Yang Xiaolou Yishu Pinglun Ji

《杨小楼艺术评论集》 京剧文集。戴淑娟、金沛霖、刘晓峰、桂莹编。中国戏剧出版社1990年9月出版。“戏曲流派艺术研究丛书”之一。收集了梅兰芳、齐如山、翁偶虹、李洪春、王金璐、孟超、张肖伧、苏少卿、朱瘦竹、（郑）过宜、曲六乙等评论杨小楼艺术的文章20多篇，涉及杨小楼的生平，杨小楼所塑造的众多艺术

形象和他的独特表演风格，以及杨派武生艺术的形成过程。不少文章结合杨小楼所扮演的《连环套》、《骆马湖》、《恶虎村》中的黄天霸，《战宛城》中的张绣，《长坂坡》、《连营寨》中的赵云，《野猪林》中的林冲，《冀州城》中的马超，《宁武关》中的周遇吉，《康郎山》中的曹晟等，对杨小楼的唱工特点、表演特色、人物塑造、化装扎扮，进行了剖析和描绘。杨小楼被称为“武生界中之人杰”。曲六乙指出：“杨派艺术，可以说是武生行当中四功（指唱、念、做、打）俱备、全面运用的楷模，并且通过四功的独特运用，形成自己的风格。”认为杨小楼对表演艺术“最有创见的则是寓文于武、武戏文唱的艺术观”。这个见解的“真正涵义”是：“武生演员不是一介武夫，不是江湖卖艺的，更不以武艺招徕观众，而应通过精湛的四功刻画鲜明的典型性格，从而扩大武生艺术塑造艺术形象的领域。”（《一代武生宗师杨小楼》）翁偶虹认为：杨小楼“是老老实实地从戏剧赋予他的任务出发，也就是从所扮演的人物出发，把他的武工，与他独创的唱、念、做、表水乳相融地倾注在他所表演人物的艺术形象上……达到了水流花放，渺然无痕的艺术境界”（《杨小楼的武工》）。卷末有《杨小楼艺术活动概略》，以年表的形式记载了杨小楼一生的艺术活动概况。还有《杨小楼艺术研究资料篇目索引》，收入文目约190篇。

（戴淑娟）

Yang Xiaopei

杨小佩 （1913～1979） 京剧教师。初名春林。祖籍广东，生于上海。幼年便对京剧产生兴趣，常到丹桂第一台看演员练功。武功教师王德全爱其聪明、刻苦，遂教他练基本功。1928年经产保福介绍，被江南名师牛松山收为关门弟子。学艺四年，专工文武小生，兼学其他行当，对牛派身段表演有独到心得。1932年随师兄牛鑫泉搭班演出于苏州、无锡等地。1934年曾与王虎辰同台演出，以《雅观楼》、《林冲夜奔》、《独木关》、《凤凰山》等剧赢得行家好评。1935年开始教戏生涯，此后18年，先后在上海工部局、和平票房、剑社票房、华联同乡会、河北同乡会、招商局船厂等票房任教。1959年执教于上海市戏曲学校，直至病殁。施教不满足于学生一招一式的模仿，而注重开导、启发；不因循守旧，而以人物思想感情组合身段，颇有独创。学生有陆柏平、周清明、陆道红、王世民、童大强、柳凤飞等。

（赵兴国）

Yang Yuelou

杨月楼 （1844～1891） 演员。工老生，兼武生。祖籍安徽怀宁。本名杨久昌。父亲杨二喜，是徽班武旦演员，善耍大刀。月楼自幼拜张二奎为师。张二奎门徒以“玉”字排行，因名杨玉楼，后改月楼。同门师兄弟有陆玉凤、沈玉莲、程玉翠、俞玉笙（后名菊笙）等。

杨月楼身材魁梧，扮相英俊，嗓音高、宽、亮俱备，能戏极多。所扮角色有《四郎探母》的杨四郎（沈容圃绘戏装肖像收入《同光十三绝》中），《安居平五路》的邓芝，《镇潭州》的岳飞，《御碑亭》的王有道，《群英会》、《取南郡》的鲁肃，《回龙鸽》的薛平贵等，这些都是程长庚的戏路；还有《打金枝》、《金水桥》的唐皇，《五雷阵》的孙膑，《桑园会》的秋胡等，是张二奎的戏路；《定军山》、

《阳平关》的黄忠，则是余三胜的戏路。他的武生戏有《长坂坡》、《黄鹤楼》的赵云，《连环套》、《恶虎村》的黄天霸，《翠屏山》的石秀，《下河东》的呼延寿廷，《泗州城》、《安天会》、《芭蕉扇》的孙悟空。当时张二奎也能唱武戏，演过《恶虎村》的黄天霸，所以杨月楼与俞菊笙都能唱武生，可算是得自师门。杨月楼的猴儿戏很精彩，观众呼以“杨猴子”。

清同治十一年（1872），杨月楼应邀赴上海，以“串客”名义演出于金桂轩。当年四月二十九日（6月4日）《申报》载：“金桂仅以杨月楼一人哄动时目，遂使车盖盈门，簪裾满坐，几欲驾丹桂而上之。”（《戏园琐谈》）袁翔甫《续沪上竹枝词》云：“金桂何如丹桂优，佳人个个懒勾留。一般京调非偏爱，只为贪看杨月楼。”自注：“戏以丹桂为较优，而勾栏中人独趋金桂，致招物议。杨月楼……玉立亭亭，艺兼文武，现称‘串客’焉。”（1872年5月18日《申报》）后进丹桂园演出，与孙菊仙、杜蝶云等同台，丹桂营业日盛一日。同治十二年（1873）冬，杨月楼因婚恋事遭人诬陷，判“四千里充军”。正当发配时，逢皇太后四十寿，从轻发落，“一年徒役满，取保释放”（《杨月楼遇赦》，1875年4月7日《申报》）。光绪二年（1876），又受丹桂园邀请登台，演文武双出，“观者几无从插足。初唱《牧羊卷》，声音宏亮，腔调圆熟，无不喝彩，曲终逼音格调，纯是京都程长庚脱胎；后演《泗州城》，扮悟空收妖，枪棒如梨花滚雪，明月走珠，至于平空纵跳，更为余事……旧剧新演，神乎技矣”（1876年11月10日《申报》）！是年岁尾，杨月楼曾集资在丹桂茶园西首一桂茶园故址新开戏馆取名鹤鸣园，先后演出了约两个月，但在《申报》广告上不登其名，只以“准演”二字代之，如“准演《凤鸣关》”、“准演《翠屏山》”，仍为当局所不容，欲将其递解

《大登殿》饰薛平贵（中）
其他4人（右起）：罗百岁饰二国舅、杨小朵饰代战公主、王瑶卿饰王宝钏、刘赶三饰大国舅

回籍，月楼闻讯遁去。曾到天津有短暂演出，后为程长庚邀往京都，搭入三庆班。光绪四年（1878），程长庚不仅把三庆班的事务交给了杨月楼，而且向精忠庙事务衙门呈文，“选保”杨月楼任精忠庙会首。“及长庚殁，而月楼果能维持三庆至十年之久”（王芷章《京剧名艺人传略集》）。光绪十四年（1888）冬，杨月楼入选昇平署。光绪十七年六月初一日（1891年7月6日）病故。其子杨小楼是京剧杨派武生的创始人。小楼幼时，月楼把他给莫逆之交谭鑫培认作义子。

（吴同宾　简畅）

Yang Zhifang

杨至芳 (1945～) 女演员。工旦。湖北松滋人。12岁入松滋京剧团学艺，因她具有良好的天赋和悟性，又被剧团保送到湖北省戏曲学校进修深造。师从云艳霞，工旦行。20世纪80年代初又拜王玉蓉为师，在演唱技巧上学得其师注重控制气口，吐字发音讲究抑扬顿挫的真谛，加上她宽厚明亮的嗓音禀赋，在艺术上不断取得引人注目的成绩。她广采博纳，融诸家之长，结合自身条件唱出了自己的特色。擅演剧目有《岳飞夫人》、《别宫祭江》、《谢瑶环》、《王昭君》等。她善于把握人物心理，注重在唱做中抒发人物情感、展现人物性格，较成功地塑造了岳飞夫人、孙尚香等舞台形象。她的唱富于含蓄美，老戏剧家阿甲说她"声容并茂，富有韵味"。1988年获第五届梅花奖，同年调入湖北省京剧团任主要演员。1992年获梅兰芳金奖。 （于公）

yangzhuangxi

洋装戏 见时装新戏。

yangbanxi

"样板戏" 见京剧革命。

Yangbanxi de Fengfeng-Yuyu Jiang Qing Yangbanxi ji Neimu

《样板戏的风风雨雨——江青·样板戏及内幕》 纪实文学作品。戴嘉枋著。知识出版社1995年4月出版。"样板戏"是特定历史时期和特殊政治条件下的产物，对其评价可谓众说纷纭。作者通过对知情人访问和查阅史料，积累了大量有关素材，经过仔细辨认和深入思考，能比较系统、完整地反映"样板戏"的来龙去脉和台前幕后的复杂情况。全书有5章：第一章《从京剧现代戏到"样板戏"》、第二章《八个"样板戏"的风雨历程》、第三章《宠辱交加的"样板团"》、第四章《江青的第二拨"样板戏"》、第五章《曲终人散，"样板戏"风云人物今安在》。尾声为《透过历史帷幕重看"样板戏"》，对"样板戏"的是非功过提出自己的看法。作者还著有《走向毁灭——"文革"文化部长于会泳沉浮录》一书，记述了富于才华的音乐家于会泳如何跟随"江青反革命集团"走向政治舞台，最后自杀身亡的悲剧，具有警世作用，可视为《"样板戏"的风风雨雨》的姐妹篇。两书均用纪实文学手法，将历史事件和相关人物写得比较生动流畅，引人入胜。 （陈培仲）

yaojin

腰巾 戏衣配件。又称汗巾。《东京梦华录》卷二载："街坊妇人，腰系青花布手巾，绾危髻，为酒客换汤斟酒"。这种外用的、兼有拭手和束腰双重功能的手巾，引入戏曲后成为表示民间女子身份的一种腰饰。腰巾用单幅绸料制成，长八尺，分绣花和素色两种。绣花腰巾有红、粉、湖、皎月等色，其正面与背面，均在两端彩绣花卉等纹样。束腰一圈后，绾系于前腰右侧，令一端一长一短下垂。多用于花旦、武旦所饰的青年女子，如《打焦赞》杨排风（与战袄战裙相配）、《卖水》梅英（与袄裙坎肩相配）、《春香闹学》春香（与袄裤坎肩相配）。素色腰巾多用于中老年妇女，有蓝、白等色。蓝色的多与青褶子或老旦褶子相配，白色的亦可作为孝巾束于青褶子之外，表示戴孝，如《铡美案》之秦香莲。清代妇女有将内

外束的腰巾 《鸳鸯冢》王五姐 （程砚秋饰）

内束露出的腰巾 《拾玉镯》刘媒婆 （李庆山饰）

用腰巾长出于所穿衫袄之外，以显其花色。这种习俗，到了京剧舞台上，专用于彩旦所饰的婆子，如《四进士》中的万氏、《拾玉镯》中的刘媒婆。男性亦有用腰巾者，如《闹江州》李逵、燕青，《一箭仇》阮小二、阮小五，《小放牛》牧童等。较女用腰巾短，多为白色春绸，略有纹饰。 （谭元杰）

yaotuigong

腰腿功 表演形体基本功之一。是训练演员腰腿的软度、力度、开度及各种造型技巧的形体功。演员在舞台上的一戳一站，以及各种翻转动作的完成，都离不开腰腿的深厚功底。腰腿功在整个形体基本功中与毯子功、把子功同属戏曲的"三大块"之一。

腰腿功主要包括两个方面的训练内容：一是腰功。演员的任何一个身段动作都离不开腰的配合，各种形体技巧，包括造型和动作技巧都是以腰为轴运动的。腰部必须具备较好的灵活性和协调性；并且有力量，才能使造型挺拔和富于美感，使跳跃翻转动作矫健和舒展。其内容包括前耗腰、后耗腰、旁耗腰、掸腰、旁掸腰、扛腰、下腰、甩腰、左右涮腰、慢翻身、扶把翻腰、跨步翻身、倒手翻身、刺翻身、串翻身。二是腿功。踢、搬、跨、骗可以单独表演，也可以组合在技巧中，像走边、趟马、起霸程式，主要是靠腿功技巧来表现的。腿功内容包括耗腿（正耗腿、旁耗腿、后耗腿）、悠腿（正悠腿、斜悠腿）、压腿（正压腿、旁压腿、压十字腿、后压腿）、扳腿（扳正腿、扳旁腿、扳十字腿、扳后腿）、吸腿（正吸腿、旁吸腿）、绕腿（里绕腿、外绕腿）、别腿（前别腿、后别腿）、抬腿（正抬腿、旁抬腿、斜抬腿）、商羊腿、踢腿（正踢腿、旁踢腿、踢十字腿、骗腿、盖腿、后踢腿）、射燕、探海、搬腿三起三落等。 （王佩孚）

Yao Min'ai

姚民哀 (1889～1939) 戏曲评论家、弹词演员。原名朕，字尧。改名民哀，字天亶。又名朱兰庵。笔名、别名、斋名计有乡下人、社员、小妖、老匏、护法军、筝声琴韵楼、花萼楼、息庐等。祖籍安徽桐城，自曾祖始定居江苏常熟，为清朝散文大家姚鼐后裔。父亲朱寄庵是有名的弹词演员，因不为姚家所容，故从母姓。姚民哀高小毕业后以教书为业，不久弃教从艺，随父习唱弹词，并取艺名朱兰庵。在江苏、浙江鬻艺时，结识了不少革命党人。辛亥革命爆发后，他赴上海参加起义，在光复军中任文书，并参加光复会、中华革命党、

南社，后与胞弟朱菊庵拼档，以说唱苏州弹词《西厢记》有名于时。因从艺多年，对南方京剧、昆剧、滩簧、评弹等剧种、曲种的发展、演变了解颇详，1918年周剑云编《鞠部丛刊》，遂在该刊发表《南北梨园略史》、《南部残剩录》、《歌场野获录》、《谭鑫培来沪之回溯》等文章。1919～1921年《申报》连续刊登了他的《仙韶寸知录》，论及昆曲之高雅、人才、剧目、声韵、后台规则、服装、曲牌、做工等。并有《丹桂闻歌》、《歌场闻见录》、《歌坛剩语》、《南部枝言》、《菊部轶闻》等专栏文章，以及《清明剧谭》、《端午剧谈》、《七夕剧话》、《梅兰芳与尚小云》、《余叔岩》、《评〈庆顶珠〉》等文，其中多篇文章论述了京剧的演员和剧目。同时，他还在《晶报》、《游戏世界》、《新声杂志》、《新剧杂志》等刊物上发表了许多戏史、戏论文章，一时成为上海剧评界的风云人物。1922年4月，姚民哀创办了戏曲刊物《戏杂志》。该刊以刊登戏剧史事、新闻为主，兼涉京剧、昆剧、新剧、滩簧、电影、弹词等，多方面反映了上海戏剧活动状况，是五四以后戏曲界较有影响的杂志之一。

姚民哀才思敏捷，勤于笔耕，涉足小说界，著有《商妇琵琶记》、《江湖豪侠传》等20多种，还编写了《空谷兰》、《荆钗记》、《巧姻缘》3部弹词。 （张泽纲）

Yao Qi

《姚期》 京剧作品。又名《草桥关》(头二本)、《威镇草桥》、《万花亭》。作者不详。剧情为：东汉，姚（铫）期镇守草桥关，光武帝刘秀思念功臣，命马武、杜茂、岑彭三人替回姚期，随朝伴驾。郭妃之父当朝太师郭荣擅作威福，被姚期之子姚刚打死。姚期绑子上殿请罪。刘秀酒醉，欲将姚期全家问斩。马武回朝搬兵，闻信闯宫保奏，逼刘秀发下赦旨，使姚期父子戴罪出征。其结局，

前排右起：裘盛戎饰姚期，马长礼饰刘秀，赵丽秋饰郭妃

与同一题材的《打金砖》不同。净脚饰姚期，唱工戏，金少山擅演。裘盛戎在表演、演唱上有很多创造，为裘派代表作之一。“万花亭赐宴”一场，裘盛戎的演唱含蓄而清晰地摹画人物“伴君如伴虎”的战战兢兢、如履薄冰的心境。当他听说姚刚打死国丈后，一个“马失前蹄”的身段，强压怒火，唱出“小奴才做事真胆大，打死了国丈犯王法”，借鉴麒派的表演，刻画姚期的复杂心情。“绑子上殿”一场，过去都是唱“遥条辙”，裘盛戎改为“衣七辙”，与人物的内在思想结合得更加紧密。有《戏考》、《戏学汇考》、《新戏典》、《京剧集成》等刊本。 （井玉贵）

Yao Zenglu

姚增禄 (1840～1917) 演员、教师。工武生。名奎福，号惠臣，字畹秋。初以乳名丫头作艺名。安徽亳州人。父姚老红为四喜班

的昆老生，兄姚阿贲（一作阿奔）承继家学，亦工昆生，以《伏虎》、《弹词》、《奇双会》等剧名重一时。增禄幼入嵩祝科班坐科，初习昆小生，《连环记·小宴》、《牡丹亭·拾画》、《白罗衫·看状》均为其擅长剧目。出科后，又从师兄薛二套学武生，先后搭同庆、金奎、四喜、喜庆、春台各班，并曾任四喜领班，常演《恶虎村》、《骆马湖》、《挑华车》、《英雄义》、《昊天关》、《反西凉》、《淮安府》、《三岔口》、《五人义》(饰周文元）和昆曲戏《夜巡》、《探庄》、《夜奔》，以及本戏《三侠五义》、《千里驹》、《五里碑》、《双铃记》等。在春台班与俞菊笙等合演的武戏有《水帘洞》、《安天会》、《金山寺》、《战宛城》、《英雄会》、《界牌关》等。文武昆乱，能戏不下400余出。唱念舞做，身手不凡，腿功尤佳，有“姚一腿”之号。陈彦衡说他：“与谭鑫培配演《宁武关》之老旦，尤为绝妙，其神色，说白、身段、做工，几乎与鑫培并驾齐驱。”(《旧剧丛谈》)，穆辰公在《伶史》中说他“为人谨慎，六场咸通，为梨园罕睹之人才”。张彦子在《北方伶官史》中说，“姚风骨峻严，不随俗流，自是前辈风范”，“其《探庄》之石秀，《夜奔》之林冲，英姿豪气，迈众超群”。晚年不常登台，以主要精力从事课徒授艺。清光绪八年（1882）与杨隆寿合创小荣椿科班，杨小楼、程继先、叶春善、郭际湘等均为该班弟子，得其教益。后在喜连成、鸿庆奎、小长春各班执教，桃李满门。喜连成科班喜、连二科的“猴儿戏”《安天会》、《水帘洞》、《借扇》、《流沙河》均为姚氏所授。迟月亭、时慧宝、李洪春、刘连荣、钱富川等均曾从其受业。清室贵族之嗜爱戏剧者，也往往聘其为教习，他成为备受尊崇的一代菊坛名师。名旦余紫云在四喜和他同事多年，深知其艺，乃命三子叔岩，随姚习艺。姚见叔岩聪颖过人，甚爱其才，遂精心传授。叔岩在天津初次登台，他亲往把场。余叔岩对他敬重有加，时常礼赠钱物，姚十分感念。病重时，拿出家藏手钞秘本，全数交余。余之《宁武关》、《激秦三挡》及《翠屏山》之舞刀、《卖马》之耍锏皆得自姚氏薪传。《伶史》中说，姚氏慧眼识人，认为叔岩能继其志，乃以秘本相授，堪称梨园中之黄石公也。子姚宝森是与俞振庭、杨瑞亭先后搭档的武剧伶工。孙姚富才，为富连成社弟子，亦工武生。 （钮骠）

Yaoshanchun

《瑶山春》 京剧作品。广西壮族自治区京剧团集体创作，周民震执笔。广西壮族自治区京剧团1973年首演。剧本描写解放初期中国人民解放军瑶山剿匪的一段故事。解放军某部教导员覃世强率先遣部队进入瑶山，发动群众，进行民主改革。瑶族反动头人陶金保与国民党残匪蒋祖轩勾结，制造民族矛盾，妄想把解放军撵出大瑶山。陶金保利用“石碑会”散布谣言，蒙骗群众，阻挠解放军进山剿匪。面对复杂的矛盾，覃世强从发动群众入手，以行动证明解放军是仁义之师，在凤大嫂等基本群众的配合下，粉碎了敌人的阴谋，一举剿灭了国民党残匪。瑶山彻底解放，群众迎来了瑶山明媚的春光。1974年8月进京参加部分省市自治区文艺调演。作品尖锐的戏剧冲突，绚丽的民族色彩，载歌载舞的戏剧场面，在当时“样板戏”一花独放的“文化大革命”期间，使观众感到耳目一新。河南、陕西、江西、湖北、贵州、江苏等100多个剧团纷纷移植上演。1978年，周民震据此改编为同名电影文学剧本，长春电影制片厂拍摄成故事片。 （谭志湘）

Yaowangmiao Chuanqi

《药王庙传奇》 京剧作品。习志淦、余笑予、谢鲁编剧。旅日华侨司徒恋华双腿瘫痪，被判为不治之症，回国治疗。经医学权威韩望春久治无效后，痛不欲生。此时巧遇栖身药王庙虽无行医执照却身怀绝技的青年高小明，暗赠“天王藤”为其治病，竟获奇效。此剧的原型，一是洪湖人民医院的老中医首创以雷公藤治病，受到医学界承认和临床应用；一是《武汉青年报》报道的自学成材后留学日本的一位青年医生。作品以传奇色彩，塑造了真实可信的人物形象。高小明积极进取，却狂放不羁，调皮任性，个性鲜明。戏剧的情节从这一特定的人物性格生发，给观众带来很多意外。1982年湖北省京剧团首演。1984年参加全国现代题材戏曲观摩演出，获演出一等奖；余笑予获导演奖；饰演高小明、韩望春的演员朱世慧、李春芳获表演一等奖。剧本载《湖北京剧剧作选》。（陈先祥）

朱世慧饰高小朋（右） 李春芳饰韩望春

Yezhulin

《野猪林》 京剧作品。取材于《水浒传》林冲被逼上梁山故事。一名《英雄血泪图》，包括头本《野猪林》、二本《山神庙》。溥绪编剧。吴幻荪加工整理。1929年由杨小楼、郝寿臣合作首演。1948年，李少春重加改编，将两本合为一剧，并结合其舞台实践几经修改加工，成为优秀剧目。剧叙北宋徽宗朝，东京禁军教头林冲偕妻张氏去东岳庙烧香，与鲁智深结拜为兄弟。太尉高俅之子高世德见张氏貌美，强行调戏，被林冲、鲁智深赶来制止。高世德霸占张氏之心不死，高俅亦欲除掉林冲。陆谦献卖刀之计，诓骗林冲误入白虎堂，定谋刺罪，发配沧州，又买通解差，中途加害。鲁智深赶至野猪林搭救，林冲幸免于难。林冲至沧州看管草料场，风雪夜困居山神庙，陆谦火烧草料场，欲置林冲于死地。林冲愤而杀死陆谦，与鲁智深一起投奔梁山。《翁偶虹编剧生涯》称：李少春改编本较原本“适当地丰富了林冲的唱、念、做、表。如‘菜园舞剑’，杨小楼当年有志未遂，少春偿之；‘误陷白虎堂’，展开对质的念白，突出了矛盾的高潮；‘长亭生离’，从休书上增加唱念，以背面敷粉的方法渲染了林冲迫不得已的从权心情，衬托出深厚的夫妻恩爱；‘发配’一场，唱京派拨子，带手铐翻‘吊毛’，以及‘山神庙’的甩衣御敌，夺枪群战，都比杨、郝演出的原本丰富得多”（第345～346页）。作品思想艺术完整，剧情波澜起伏，描写了林冲从一个正直本分的下层军官走上反抗道路的坎坷遭遇和思想斗争。鲁智深的反抗精神和豪放不羁、疾恶如仇、肝胆相照的性格，也刻画得鲜明生动。林冲的形象精雕细刻，浓墨重彩，鲁智深的形象以夸张手法，粗线条勾勒，均具有很强的艺术感染力。该剧唱、念、做、打并重，各有精彩片段，李少春、袁世海成功地塑造了林冲、鲁智深的舞台形象，成为他们各自的代表作之一。1962年，北京电影制片厂、香港大鹏影业公司联合摄制成彩色戏曲艺术片。20世纪50年代被日本前进座剧团改编为歌舞伎《水浒传》。1959年中国戏剧出版社出版单行本。（程炳达）

杨小楼饰林冲
（窦蕴秋摄）

李少春饰林冲（左）
袁世海饰鲁智深

Ye Chunshan

叶春善 （1875～1935） 京剧教师。曾为老生演员。字鉴贞，号仲利。祖籍安徽太湖。清光绪元年三月十四日（1875年4月19日）生于北京。祖父廷科（一作庭柯）以贩售茶笋至京。父亲叶中定，工架子花脸，搭四喜班最久，名重菊坛。叔父叶中兴，演正旦。叶春善幼入小荣椿科班，与程继先、杨小楼、郭际湘、郭春山等同科，习做工老生，得到杨隆寿、姚增禄、范福泰的教益。出科后历搭四喜、福寿各班。当时孙菊仙正掌理四喜班务，对叶氏的勤慎恭谨十分看重，令其配演《战蒲关》饰刘忠、《朱砂痣》扮吴惠全。

1902年冬，叶氏搭班赴吉林演戏，与商绅牛子厚（秉坤）相识，牛嘱托叶氏组办科班，每年可分别在北京、吉林两地轮流出演，自愿做班主，供给财力。叶氏恐不胜任，辞谢再三。1903年，由于日俄战争的影响，戏班辍演，牛遂将来吉演员送回北京，临行前再向叶氏叮嘱开办科班之事，后又屡次致函敦促。叶氏感念子厚诚意，于1904年以北京琉璃厂西南园自宅为班址，先招收了6名学生，为开办科班之始。督功执教均由叶氏一人兼任，一切节俭从事。随后又陆续招收一批学生，聘请萧长华、苏雨卿、宋起山、唐宗成等任教。科班筹办就绪，先取名“喜连陞”（因牛子厚所经营的店铺字号中均有“陞”字），后定名“喜连成”，班址迁至宣武门外前铁厂。至1912年，东家易主，转让沈姓接办，改名“富连成”社（后简称“富社”）。叶氏一直充任社长，掌理班务及教学事宜。直至辞世，凡30余年。他善于团结同人，使其各尽所能，在艰苦的办学条件下，兢兢业业，和衷共济，携手开创事业。时人评述云：“此三十年中所经波折与失败，不可胜计，而叶君与班中同人，始终能本大无畏之精神，与恶劣环境奋斗。卒因奋斗，而庆成功。”（张次溪《〈富连成三十年史〉序》）叶氏对学生不分亲疏，一视同仁，做到量材授艺，人尽其才。督导严格，一丝不苟，尤其对自己的子辈要求更严。对学生的品德教育也很认真，科班立有学生必须遵守的“训词”、“要则”和“规约”若干，不许违犯。科班注重在舞台实践中磨炼学生的剧艺，每日除学戏、排戏外，舞台演出从不间断。自成立之日始，即在广和、广德、哈尔飞、华乐等戏园长期上演，风雨无阻，赢得了社会上的赞誉。轮换贴演的剧目达400余出，以武戏的严谨齐整，“三小戏”的配搭默契和新戏本戏的自成风格，培养出来的学生数以百计。叶氏在任的喜、连、富、盛、世五科及后来的元、韵等科，造就了大量优秀人才，其中不少为出类拔萃者，如侯喜瑞、马连良、于连泉、谭富英、裘盛戎、高盛麟、叶盛章、叶盛兰、袁世海等。

富连成社为传承京剧艺术，培养了一批优秀的教师，提供了宝贵育才经验，积累了大量教学剧目和演出剧目，同时也培养了一批迷恋京剧的各层次观众。他在与萧长华、苏雨卿、宋起山、唐宗成等志同道合的搭档者共同开创事业中，始终发挥着领头人的主导作用，浸透了一生心血。逝世后，由其子龙章接续，使富连成社共历40余年之久，成为京剧史中规模最大、历史最长、出人最多、影响最远的著名科班。

叶春善共生五子：长子龙章（文甫），为富社后期社长，接续教育事业；次子荫章（永茂），工京剧场面，司鼓；三子盛章为一代名丑；四子盛兰为小生中之全才；五子盛长擅做工老生。孙辈中多人从事京剧工作，已有享名者。

（钮骠）

Ye Furun

叶复润　（1947～　　）　演员。工老生。浙江永嘉人。本名叶树润。为台湾复兴戏剧学校第一期学生，习老生，由张鸿福开蒙。11岁首演《黄金台》，被认为可育之才，受到重视。后从周正荣学戏。他嗓音宽厚任拔高吃力。变声后，不气馁，极力保嗓、喊嗓、吊嗓，终于渐入佳境，艺宗余（叔岩）派。在龙吟剧队和麒麟剧团演唱数年，练出好嗓子。唱功戏、做工戏、靠把戏兼能。常演剧目有《失街亭、空城计、斩马谡》、《龙凤阁》、《捉放曹》、《庆顶珠》、《战长沙》等。所演红生戏，深受李桐春的熏陶。多年来，一直受复兴剧团倚重。20世纪90年代，继魏海敏之后，任中华国剧协会理事长。曾排演内地名剧《徐九经升官记》，以老生行当扮演徐九经，别具一格。

《满江红》饰岳飞
（选自《台湾京剧五十年》）

（钮骠）

Ye Hongzhu

叶红珠　（1944～　　）　女演员。工武旦。祖籍安徽太湖，生于北平（今北京）。出身梨园世家，祖父叶春善是富连成社科班的创始人。伯父叶盛章、叶盛兰，父亲叶盛长都是著名的京剧演员。1953年考入北京市戏曲学校，师从赵德勋，专攻武旦。1960年毕业后拜李金鸿为师。为丰富自己的表演艺术，还向茹富兰、赵桐珊等名家请益，学习小生、花旦等行当。女扮男装戏，如《花木兰》、《挡马》由叶盛兰亲授，英俊潇洒，颇有叶派风范。她扮相英武，嗓音清脆洪亮，表演生动逼真，全无矫揉造作之态，在京剧传统韵律美的基础上，注意时代气息的追求。

她的出手干净利落，一招一式都能给人以美的享受。曾多次随北京京剧院至美国、日本、巴西、德国、希腊、土耳其、突尼斯、新加坡、缅甸等国家及中国香港、澳门、台湾等地区访问演出，给国内外观众留下了美好印象。她擅演的剧目有《挡马》、《盗仙草》、《水漫金山寺》、《盗库银》、《虹桥赠珠》、《盘丝洞》、《无底洞》等。因主演《虹桥赠珠》获北京市中青年演员优秀表演奖，主演《盘丝洞》获北京市新剧目最佳表演奖。叶红珠除演出外，主要时间用于授徒，如李红艳、陈小梅、张淑景、安彦丽、和志莉、赵琳等，均得其亲授。

（娄悦）

Ye Peng

叶蓬　（1939～　　）　京剧教师。曾用名叶伯英。祖籍安徽太湖，生于北平（今北京）。出身梨园世家。祖父叶春善是京剧科班富连成社创办人，父亲叶盛兰为著名小生演员。得天独厚的艺术环境使其自幼喜爱京剧。幼从杨宝森学习过《武家坡》、《四郎探母》、《文昭关》、《击鼓骂曹》各戏。1951年考入文化部戏曲改进局戏曲实验学校，习老生，先后师从安舒元、贯大元、萧长华、雷喜福、宋继亭、赵贯一、王瑞芝。1959年毕业，入辽宁鞍山市京剧团，经常上演《杨家将》、《失街亭、空城计、斩马谡》、《伍子胥》、《击鼓骂曹》、《洪羊洞》、《捉放曹》、《定军山》等杨派剧目，同时排演了一批新戏。其演唱古朴苍劲、韵味醇厚，深受观众欢迎。1962年又拜李少春为师。1978年调入中国戏曲学院，担任众多班级老生组的主课教师。其教学严谨规范、教授有方，成才率较高。如于魁智、李军、杜镇杰、张克、杜鹏、王平、黄炳强、贾劲松、杜喆、凌珂、杨淼，以及台湾的朱陆豪、盛鑑等，均曾得其教益。他重视教学与研究的结合，将实践经验总结为理论，有《杨宝森运动板腔体的核心》、《京剧基础教程·京剧的吐字归韵》、《谈老生基础教学中的教法问题》、《教唱中的“把”》等文章发表。叶蓬曾与赵荣琛合作，录制《四郎探母·坐宫》，为杨宝森的《战樊城》、《长亭会》、《捉放宿店》的录音配像，还与白登云合作录制了司鼓艺术的录像片。2009年10月9日，在纪念杨宝森诞辰100周年活动中，于魁智等30名老生演员向叶蓬教授举行了集体拜师礼。

（钟树）

Ye Qianyu jingju renwu suxie

叶浅予京剧人物速写　叶浅予（1907～1995），原名叶纶绮，浙江桐庐人。由自学绘画走上职业画家道路。1926年画广告和书籍插图。1927年始作漫画，成名作有长篇连环漫画《王先生》及其续篇《小陈旅京外史》。抗日战争期间组织漫画宣传队宣传抗日救国。1941年作《战时重庆》漫画百幅。1943年起运用中国传统笔墨描写现实生活。1947年应徐悲鸿之聘，任教于北平艺术专科学校。20世纪50年代以后，主要从事艺术教育和国画创作，尤以大量舞蹈、戏剧人物速写著称于世。叶浅予“从二十八岁开始画速写，五十多年以来，从不间断”（姚有多《为叶浅予画谱作序》）。他喜好京剧，又受民间戏曲年画的影响，舞台速写成为他一生绘事的重要内容之一。他在《画余论画》中谈到：“画京剧表演，最好自己也能哼几句，会几个身段。画各种各样的戏曲表演，就要了解各个剧种的特点，比如昆曲和京剧的表演风格很相近，必须懂得其间的差别。在一剧种中，老生、武生、小生之间的手

叶浅予京剧人物速写

势身段也不一样。……如果你不熟悉它，就抓不住特点，画不出味儿来。”他还谈到舞台上的“亮相”虽是个静的姿态，但这个静不是摆出来的，它来源于动，是一系列舞蹈动作之后的暂时停顿，接下去又是继续动的，因而画舞台人物不能死板，“要有动的感觉，要达到动中之静，静中之动”。他善于通过极其简括的寥寥数笔，把演员刹那间的神情动态，形象地表现出来，做到情态毕肖，神气十足。如他画的梅兰芳《宇宙锋》、周信芳《徐策跑城》、盖叫天《恶虎村》等，都是速写精品，运笔老辣而又洒脱，精确到位，每一根线条都有生命力。他用毛笔画的高盛麟《走麦城》关羽、厉慧良《嫁妹》钟馗，笔墨恣肆，气势凌厉，当年演员的表演风范跃然纸上。叶浅予历任中央美术学院教授兼中国画系主任、中国美术家协会副主席、中国画研究院副院长等职。出版作品有《叶浅予画集》、《荣宝斋画谱·叶浅予人物画》以及速写集多种，10余万字的《画余论画》是他艺术创作和艺术教学的经验总结。

（谢涌涛）

Ye Shaolan

叶少兰（1943～　）演员。工小生。祖籍安徽太湖，生于北平（今北京）。出身梨园世家，祖父叶春善为富连成社创始人。父亲是京剧小生叶派创始人叶盛兰。他7岁时由其姑父、武生名家

茹富兰开蒙，学习《石秀探庄》。在茹富兰和叶盛兰的双重严格要求、督促培养下，勤学苦练，寒暑不辍，打下了坚实的基本功。1953年，叶少兰考入北京戏曲实验学校（后更名中国戏曲学校），师从姜妙香、萧连芳、茹富兰、阎庆林等，陆续学习《岳家庄》、《八大锤》、《借赵云》、《黄鹤楼》、《临江会》、《群英会》、《辕门射戟》、《罗成叫关》、《奇双会》、《双合印》、《打侄上坟》等小生传统剧目，并经过其父叶盛兰的指导点拨，表演更臻成熟。1962年毕业后，在父亲的支持下，专程赴上海随俞振飞深造昆曲艺术，得其亲授《太白醉写》、《游园惊梦》等代表作。20世纪60年代初，叶少兰又考入中央戏剧学院导演进修班，系统地学习了表演、导演、戏剧及文学理论，艺术修养更加全面。1972年，叶少兰参加北京军区战友京剧团担任导演，先后执导了《格斗》、《小刀会英雄传》、《鉴真大师》、《大喜的日子》等剧目。1979年，中国京剧院复排《谢瑶环》，由杜近芳饰演谢瑶环，特邀叶少兰饰演袁行健。由于他嗓音、扮相、举止、神态酷似当年的叶盛兰，首演就一鸣惊人。此后，他又陆续与袁世海、杜近芳合作演出了《群英会》、《九江口》、《白蛇传》，充分显示出台风大度、气质高雅、光彩照人的叶派嫡传艺术风采，受到观众的热情称赞。叶少兰的出现不但为当时的京剧舞台增添了光彩，更是打破了小生行当的多年沉寂，成为京剧小生艺术继往开来的人物。

叶少兰天赋佳喉，扮相英俊儒雅，仪态潇洒倜傥，武功深厚扎实。他的嗓音宽厚清亮、刚柔相济，演唱韵味醇厚、委婉细腻，念白节奏鲜明、甜润动听。他善于控制声音的收放和力度变化，大小嗓结合自然和谐、不露痕迹，具有旋律丰富、流畅奔放、明亮优美的特色。而他的做表精湛，文武兼备，尤其擅长刻画人物性格。他戏路宽广，京剧小生行当中的雉尾生、扇子生、纱帽生、武小生等类别均为其所擅长。他塑造的吕布、周瑜、罗成、周仁、许仙、赵宠、李白、袁行健、梁山伯、杨宗保、陆文龙、陈大官等人物形象，性格各异，生动精彩。在新编历史剧《洛神赋》中又成功地塑造了曹植这一艺术形象。

《得意缘》饰卢昆杰

《群英会》饰周瑜

从20世纪80年代起，叶少兰开始重新排演叶派代表剧目，许多剧目经他整理加工后成为当今舞台范本。他在全部《罗成》中所唱的［唢呐二簧］悲愤激昂，将罗成身遭险境、为国捐躯前的复杂心情表露得恰到好处。在《周仁献嫂》中增加了一段旋律起伏跌宕的［反二簧］，表达出周仁悲痛欲绝的心理状态。他重新整理的《吕布与貂蝉》，借鉴了《雅观楼》的身段，并增加了［西皮娃娃调］唱腔和翎子功表演，使全剧更加丰满。他还根据其父生前意愿，把《水淹下邳》进行了细致的加工整理，全剧包括《盗画戟》、《战吕布》、《白门楼》3折。《战吕布》加强了武打场面，《白门楼》则进一步丰富了［西皮娃娃调］唱腔，着重表现出吕布对自己有勇无谋的悔恨和穷途末路的哀叹。叶少兰对京剧小生的改革，不仅受到戏曲界和老观众们的赞同，而且还吸引了众多青少年对京剧艺术的喜爱。

叶少兰曾多次赴美国、英国、法国、日本、澳大利亚、新加坡等国家及中国台湾、香港等地区演出或讲学。近年来在京剧音配像中所做的大量配像工作，再现了叶派小生的艺术风范，对于叶派小生的传承极具贡献。他是首届梅花奖得主。1999年在美国获得美华艺术中心授予的终身成就奖。弟子有宋小川、江其虎、李宏图、靳学斌、李昕、李国光、张景涛、李小峰、龚鲁阳等。出版的著作有《岁月——叶少兰从艺六十年之感悟》，约40万字，分《回眸》、《叠翠》两篇，将自己的艺术经历和人生体悟做了系统总结。

（吴焕）

Ye Shengchang

叶盛长 (1922～2001) 演员。工老生。谱名成章，小字五魁。祖籍安徽太湖，生于北京。出身梨园世家，祖父叶中定是清同治、光绪年间名重一时的架子花脸，父亲叶春善是富连成社的创始人。弟兄五人，盛长行五，其三兄盛章、四兄盛兰分别为武丑、小生行中之翘楚。1931年入富连成社习艺，排名叶世长。初学武生，改习老生，以演《马义救主》、《失印救火》、《审潘洪》、《汾河湾》等剧博得称许。1937年，北平《立言报》举办京剧童伶评选，获生部亚军。出科后，先留在本社参加演出，常演剧目还有《一捧雪》、《盗宗卷》、《广泰庄》、《打渔杀家》、《打侄上坟》、《桑园寄子》、《十道本》、《战太平》、《卖马》、《宝莲灯》、《阳平关》等。后参加其兄盛章领衔的金昇社、盛兰挑梁的育化社演唱，改名盛长。除演单挑戏外，与盛兰合演《罗成》饰马三保、《周仁献嫂》饰王四公、《木兰从军》饰花弧、《借赵云》饰刘备、《九龙山》饰岳飞、《翠屏山》饰杨雄，均极出色。还曾与梅兰芳、程砚秋、马连良、谭富英、周信芳、盖叫天等同台献艺，演出《奇双会》、《玉堂春》、《贺后骂殿》、《大名府》、《史文恭》等戏。1950年加入中国戏曲研究院京剧实验工作团，曾在新编古代戏《渔夫恨》中饰萧恩、《三打祝家庄》中饰钟离老人等。1955年随中国京剧院参加在波兰举办的世界青年与学生和平友谊联欢节，演出《除三害》，获好评。后又多次随团出访过北欧及中国澳门、香港等地。1980年以后，主要从事教学和导演工作，曾为孙岳、李维康、李欣、耿其昌等导演过《秦香莲》、《将相和》、《赵氏孤儿》、《浔阳楼》等剧。于魁智、陈俊等均曾得其教益。与白玉玲、钮骠合演的《乌龙院·坐楼杀惜》音带出版行世。由其口述、陈绍武记录的《梨园一叶》，保存了富连成社及其父兄等人的珍贵史料，中国戏剧出版社1990年2月出版。

《甘露寺》饰乔玄

其子叶金援（1948～ ），工武生。1958年入北京市戏曲学校，得孙毓堃授艺，以长靠戏见长。毕业后，任北京京剧院武生演员，主演剧目有《挑华车》、《长坂坡》、《战马超》、《恶虎村》、《连环套》、《八大锤》、《野猪林》等。1979年拜王金璐为师，得到精心传授，艺有增进。2005年录制电视舞台艺术片《关云长忠义千秋》，主演关羽，共3本，包括《曹营十二年》、《千里走单骑》、《走麦城》等14折。他曾获第六届梅花奖，1993年获梅兰芳金奖。

（钮骠）

Ye Shenglan

叶盛兰 (1914～1978) 演员。工小生。原名端章，字芝如。祖籍安徽太湖，生于北京。系富连成社创始人叶春善的第四子。幼入富连成社学戏，初学旦行，排入第四科小“盛”字。由张彩林开蒙，学青衣花旦以及武旦戏。后经萧长华建议改学小生，继从张彩林、萧连芳学文小生戏，从茹富兰学武小生戏，在科班时即已出名。出科后拜程继先为师深造，能戏甚夥，昆乱不挡。曾搭马连良、言慧珠、章遏云、李玉茹等班演出。也曾一度以小生戏为主兼演旦脚戏《战寿春》、《秦良玉》、《英杰烈》、《木兰从军》等挑班，终以小生戏胜于旦脚戏乃浅尝辄止。自参加扶风社与马连良长期合作，演出《群英会》、《八大锤》、《借赵云》、《打侄上坟》等剧，专长更得发挥。1946年开始以小生挑班，取名育化社。排演推出全部《罗成》、全部《吕奉先》和《吕布与貂蝉》获得成功。1951年11月率班参加中国戏曲研究院京剧实验工作第一团（后为中国京剧院组成部分），担任团长和艺术委员会副主任。20世纪50年代初，关于小生行当是否保留的争议，叶盛兰在国家剧团领导的支持下，通过他在艺业上的实践，迎刃而解。在参加国家剧团的第二年，他报名奔赴朝鲜战场慰问中国人民志愿军，圆满地完成了3个月的演出任务。

1955年中国艺术团首次赴法国、意大利、比利时、丹麦、瑞典、挪威等国家访问演出。巴黎演出时，观众对京剧小生的演唱与形态颇不习惯，他仍一丝不苟地以忠于艺术的胸怀，把许仙、杨宗保、傅朋以及《雁荡山》里孟海公等艺术形象，奉献给异国观众。可以说，叶盛兰是把京剧小生艺术带给西方的先行者。20世纪80年代其子少兰继承发扬了叶派小生表演艺术，博得国内外观众的普遍欢迎。叶氏父子为京剧小生艺术走向世界，作出了贡献。

20世纪50年代以后，叶盛兰的艺业更上层楼。在原有文武不挡的基础上，又着意改研文小生戏。先后与杜近芳合作排出经改编的《周仁献嫂》与新编《柳荫记》，成功地塑造了两个新的文小生形象。他从不故步自封，在传统戏、新编古代戏外对现代戏的排演也很积极。他扮演《白毛女》中的大春，在以传统程式表现现代生活的探索中，作出努力，取得成果，使人看了既自然又不失为京剧艺术。他的唱念充分发挥大嗓（真嗓）、小嗓（假嗓）都好的条件，使之不显雌音，浑厚而富阳刚之气。其表演艺术至20世纪50年代中期臻于完美，独树一帜，形成叶派。

他的扮相允武英俊，允文儒雅。嗓音大嗓宽亮，小嗓圆润。念白四声音韵准确，唱功讲求因戏谱腔。同是娃娃调因戏而异很少雷同。四功五法运用均有独到，又集中体现人物。代表剧目首推全部《罗成》。他演戏认真，从不惜力，但早年时有过火之嫌。自建育化社首演打炮戏《罗成》，塑造罗成形象不温不火恰如其分，全剧悲壮，震撼人心。

他演戏特别注重传角色情神之真，显小生阳刚之美。唱、念、做、打各尽其妙。唱功方面继承前辈，吸取“龙凤音”的神韵，又加以自己独特的“刚虎音”的润饰，形成清刚、婉转、丰腴、壮美的声音特色。发音、唱法和行腔，更多地借鉴老生，是用小生的背工音唱老生的“劲头”，取其刚劲而避其苍老，增加力度，润饰音色，虽华丽婉转而不失挺拔清纯。讲究因戏谱腔。如《白门楼》有3段［二六］：第一段“每日里在宫中……”突出吕布的意得志满；第二

《白蛇传》饰许仙（右） 杜近芳饰白素贞
（叶华摄）

段“某一见貂蝉女……”突出激动与怒不可遏，中间“自那日打从那凤仪亭过”又流露回忆眷恋情调，唱腔缠绵婉转，虽属上句，而腔往下滑；第3段［娃娃调转二六］中的4个“俺好比”突破节节高的唱法，富于变化，起伏跌宕，落差巨大。如“俺好比绝龙岭闻仲命丧”悲愤而激昂，及至第四个“俺好比”时，“三齐王”3个字尺寸明显变慢，尤其“齐”字音阶极度降低充满凄楚哀怜。3段［二六］谱腔不同可见一斑。《周仁献嫂》的文小生唱［娃娃调］，以适当的“刚柔共济”区别于武小生的“刚多柔少”。他在传统小生声腔以外也开拓新的领域，在新编《柳荫记》中饰梁山伯创有反西皮唱腔。在梁山伯听到祝英台说已许马家以后，唱［西皮哭头小导板］“我好似万箭穿心”接唱［散板］“晴空霹雳响一声，冷水喷头怀抱冰……”等10句人辰辙的唱，其中5个上句都要直拔翻高，难度很大，“他天赋佳嗓，唱高腔却硬拔直上，低腔则又能婉转萦回，敛放自如，左右逢源，而且内涵悲怆凄楚之情非常深邃。这段唱腔也可称是叶派逸品”（董维贤《京剧流派》第131页）。

叶盛兰的念白也很有特色。大小嗓衔接，交替自然，多以小嗓宽音为主，大嗓次之，间勾小嗓尖音，中低音用膛音，宽窄适当变换自如。如《群英会》中周瑜的定场诗“刘表无谋霸业空……”4句，念得情绪饱满，节奏鲜明，气势雄伟，俨然少年统帅、水军大都督气派，四声准确，起落得当，虽是念，却像唱一样富于旋律美。也正是叶盛兰自己所要求的“唱似说，说似唱”的体现，念得音色丰腴、壮美，突出了周瑜年轻自负、不可一世的气概。《借赵云》相当于京剧中的“话剧”，以对白为特点。叶盛兰通过念白准确地刻画出年轻的赵云英武持重、襟怀坦荡、志向远大以及对刘备的衷心仰慕。所有念白基调在于平稳，于平稳中达到声情并茂。《得意缘》中叶盛兰饰卢昆杰，韵白外更多京白，风趣幽默，潇洒自然。“风搅雪”（韵白与京白混合念）灵活顺畅。

叶盛兰的做工细腻生动，与唱念结合，声情并茂。《群英会》中饰周瑜，“大帐”一场，窥测蒋干来意，展开心理攻势，句句弦外有音的大段念白，配合着眼神的锋芒，嘴角上的冷蔑和眉宇间的杀气，充分表达了周瑜稳操胜券的气概。《临江会》中饰周瑜，神情得意，正要按计而行摔杯为号，发现面前站定一人（关羽），吸气大惊，接着在［单楗大锣凤点头］中左手向左横甩袖，向右倒步，面向右转惊恐万状，接唱“刘备身旁一英豪”，“英”字翻高，“豪”字用低腔使膛音，尾腔颤抖、细弱。在［五击头］里定神，慢转向刘备，躲避关羽的眼神。全身见戏，包括头上翎子手中杯。尤其脸冷眼直，把意外情况下的周瑜心态揭露无遗。《岳家庄》中的岳云是小生戏中的一个特殊的儿童型角色。按年龄当在娃娃生与小生之间。角色要求显现童年顽皮与稚气。叶盛兰在《岳家庄》中表现岳云受母亲责打之后，在祖母面前的委屈状态活灵活现。但见他鼓腮（不服气）、蹙眉（埋怨）、煽鼻翅（委屈）、撇嘴（哭的预备），终于放声哭了出来。姐姐从旁劝解，岳云越来劲，以手背拭泪，上身左右扭动、两腿屈伸不停地伴之以哭，极富艺术感染力。穷生戏重在于“做”，也是叶盛兰的拿手。《打侄上坟》饰陈大官，给人以可气、可笑与可怜之感。被打时摔“屁股座子”，外里两番各摔3个，都是滑行的软“屁股座子”，舞姿丰富，合情合理。饥肠辘辘、弱不禁风的陈大官不宜摔得太“火”，在逃避的情况下，一打就倒反觉自然。叶盛兰着重演的是“戏”，不是技。

《雅观楼》饰李存孝

《群英会》饰周瑜

《石秀探庄》饰石秀（郑景康摄）

《吕布与貂蝉》饰吕布

叶盛兰的武工根柢深厚，先后受教于王连平和茹富兰。继受钱（金福）派武工理论影响，并吸收和悉心钻研化为己用。《九龙山》饰杨再兴与岳飞开打，没有“幺、二、三”的一百单八枪，枪法多变。“枪架子”提炼造型美，稳中见帅。“枪下场”干净利落，既有武生之威武，又多着少年英雄神态。《战濮阳》开打勇猛，尺寸严谨。大战激烈，从容不迫，连抽靠将“抢背”有两个掖戟动作，表示混战中确定目标，连续猛击，效果强烈。不仅戟头与靠旗互不干扰，而且始终紫金冠盔头的流苏并未摘掉，难度之大可想而知。《八大锤》饰陆文龙，“车轮战”打4将的3个空间，为刻画小将的稚气，得胜而喜，遇空贪玩的一系列繁难动作武工，都照演不略，且游刃有余。

叶盛兰毕生献身小生艺术，擅演剧目繁多，有全部《罗成》、全部《吕奉先》、全部《岳云》、《吕布与貂蝉》、《双合印》、《独占花魁》、《雅观楼》、《九龙山》、《八大锤》、《临江会》、《翠屏山》、《周仁献嫂》等。与生、旦、净“对戏”，分别有《群英会》、《借赵云》、《得意缘》、《柳荫记》、《西厢记》、《桃花扇》、《九江口》、《佘赛花》、《蝴蝶杯》、《白蛇传》等。

他课徒不遗余力，弟子有李元瑞、马荣利、张岚方、张春孝、郭自勤、夏永泉、马玉琪、萧润德、张学济、满乐民等。其子叶少兰幼承家教，并转益多师，自叶盛兰逝世后一年崛起，为叶派小生艺术重要继承人。

（李滨声）

Ye Shenglan yu Yepai Xiaosheng Yishu

《叶盛兰与叶派小生艺术》 京剧研究著作。李滨声、李舒、朱文相著。北京出版社1992年3月出版。约13万字。该书分为生平纪实、艺术探微和代表剧目三个部分，史、论、戏三者合一。作者历时6载，采访、咨询叶氏亲属、弟子、师友20多位，力求材料准确，表述严谨，具有实录性。生平纪实部分，分为“梨园世家"、"严父慈母"、"慧眼识珠"、"萧长华说'三国'戏"、"叶盛兰与茹富兰"、"'盛'字辈的精英"、"拜师程继仙"、"搭扶风社"、"哈尔飞相亲"、"与章遏云合作"、"育化社小生挑班"、"海上遇险"、"参加革命，赴朝慰问"、"在巴黎"、"课徒授子，教戏育人"、"栉风沐雨，二次粉墨"、"旧地重游，情深似海"、"龙潭湖畔，千古绝唱"、"'为小生急死了'"19节，历述了叶盛兰由厚积博采到独树一帜的艺术道路和虽坎坷不平却始终不渝的生活经历。研究叶派小生艺术的著述，多注重其唱腔唱法，而此书的艺术探微部分则着重于对叶氏念做表演的评析。指出叶派艺术的基本特点乃在传情神之真，显阳刚之美，并具体细微地阐释了叶氏以"三节六合法"研习台步的心得，以及如何动用步法、水袖、指法和哭、笑等程式技法，塑造不同角色的艺术经验。代表剧目记录了由翁偶虹改编、叶盛兰创演的本戏《罗成》及叶氏师承自萧长华，又经程继仙点拨的传统戏《临江会》。《罗成》是李滨声于20世纪40年代观摩叶氏演出的实录，并附画图。《临江会》是据叶盛兰的长期舞台合作者萧盛萱、弟子李元瑞二位的口述及录像，记录整理而成。两戏均附有人物扮相、唱腔板式、锣经衬乐和重点身段表演的说明与注释。书前有翁偶虹的"代序"《霜叶红于二月花》，对于叶派的形成和艺术特色有精到的论述。

（朱文相）

Ye Shengzhang

叶盛章 （1912～1966） 演员。工文武丑。字耀如。祖籍安徽太湖，生于北京。系富连成社创始人叶春善第三子。先至朱幼芬所办的福清社科班学艺，初工文净，后改学丑行。未几，福清社解散，转至富连成社小四科。入科后开始学武生，因身材较小，扮相不宜而改学丑行，从萧长华、郭春山学了《打杠子》、《一匹布》、《一两漆》、《群英会》、《审头刺汤》、《法门寺》、《审七长亭》等戏，并在广和楼实习演出。同时还学了一些昆曲戏，如《教歌》、《醉隶》、《回营打围》等。《龙凤配》的苟阴阳、《梅玉配》的医生、《连升店》的店家、《胭脂褶》的金祥瑞、《秦淮河》的张旺等均得萧长华真传。大量文丑剧目的学习和不断的舞台艺术实践，为叶盛章表演艺术的发展打下了扎实、雄厚的基础，萧长华夸他是京剧丑行的理想传人。后又致力于武丑戏的学习，拜在王长林之子王福山名下，实则受教于王长林。为了广采博收，他又向沈文成学了《时迁盗甲》，向王连平学了《黑狼山》，向昆曲名家曹心泉学了《安天会》和《水帘洞》等，开创了以武丑行演猴儿戏的先例。经过诸多名家的传授指拨，1925年他开始在富连成社科班显露头角，1927年便与叶盛兰等人一起，被称为富连成社的"台柱子"。

1935年，叶春善病逝，叶龙章接替其父主持富连成社科班，叶盛章襄助长兄，担任科班的教学和排练演出工作。在尚小云的支持下，叶盛章与李世芳、毛世来、袁世海等人一起排演了新戏《酒丐》等。该剧的演出，以"空中飞人"、"大攀纣棍"等技艺赢得了观众的欢迎，使之成为富连成社的"看家戏"。1936年，叶盛章组建金升社，成为当时第一个挑大梁、唱头牌的武丑演员。除上演传统戏外，还先后编演了《智化盗冠》、《徐良出世》、《白泰官》、《藏珍楼》、《欧阳德》、《铜网阵》等新戏。对一些传统戏也采取增益首尾的办法，做到"老戏新演"。如把《盗甲》增益为《雁翎甲》，《盗银壶》为《佛手橘》，《五人义》为《十三太保闹苏州》等。他

《三岔口》饰刘利华
（早期扮相）

《三盗九龙杯》饰杨香武（左）
（张祖道摄）

在《酒丐》和《智化盗冠》剧目中，大胆突破行当的限制，创造性地塑造了范大杯（酒丐）和智化两个武丑与武生相结合的艺术形象。后人的《猎虎记》和《三打祝家庄》中的乐和、《红灯照》中的卞宗等人物的塑造，都不同程度地受到影响。1947年，盖叫天以双头牌名义邀请叶盛章到上海黄金舞台演出《三岔口》。此剧经过叶盛章的创造演出，使刘利华的戏大大加强，成为武生、武丑并重的"对儿戏"。他从生活出发，大胆运用传统技巧，刻画了一个心黑手狠的江湖店家的狰狞形象。剧中行走如飞的矮子功、火爆猛烈的摸黑开打等精湛的技艺，使演出获得极大的成功，轰动上海。有人撰文说："兹武丑乏人之际，传长林之衣钵者，舍盛章者谁属哉？"《三岔口》一剧也因此而引起人们的重视，后经张云溪、张春华的继承发展，成为驰名中外的精品。叶盛章戏路较宽，文武昆乱无所不精。文戏他以戴白髯口的老头戏擅长，如《双合印》、《问樵》等，昆曲戏以《教歌》、《问探》和《借靴》最为拿手；武丑戏则以"六盗一偷"即《盗钩》、《盗戟》、《盗甲》、《盗杯》、《盗银壶》、《盗王坟》和《时迁偷鸡》最为有名。

中华人民共和国成立后，叶盛章与李少春、袁世海等人组成了新中国实验剧团，1951年转为中国戏曲研究院京剧实验工作三团，任副团长。1955年任中国京剧院三团副团长。先后排演了《东方朔偷桃》、《程咬金招亲》、《佘赛花》、《秋江》等戏，多次参加出国访问演出活动，享有国际声誉。还参加过《洪湖赤卫队》、《安源大罢工》等现代戏的排演和演出。尤其在新编历史剧《宋景诗》

《盗甲》饰时迁

《欧阳德》饰欧阳德

中扮演的侯锦春（侯二半吊子），虽在全剧中仅有两场戏，但经他设计，以简练爽朗的念白、精彩明快的武打和真实感人的表演，塑造了一个精明强干、风趣幽默的动人形象。为此在1952年荣获第一届全国戏曲观摩演出大会演员一等奖。1960年告别舞台，到北京市戏曲学校任教。传人有范元濂、张春华、谷春章、侯正仁、刘习中等。在其任职富连成社时，“元”字班和“韵”字班的学生均得其教益。（焦克）

Ye Zhongding

叶中定（1833～1883） 演员。工净。字坤荣。安徽太湖人。父叶廷科（一作庭柯）以贩茶笋至京定居，生二子，长即中定，次为中兴。中定自幼坐科老嵩祝班，工架子花脸。王芷章《京剧名艺人传略集》谓，叶中定“行辈晚于徐宝成，文武昆乱无所不擅。京剧中之架子花脸，本为嵩祝班所创，而中定与徐宝成，皆属第一辈人物”。叶中定自嵩祝班出科后，曾搭三庆、春台，以搭四喜最久，有30多年，与老生王九龄合作，颇负时誉。清同治三年（1864）刻本《都门纪略》载四喜班叶中定擅演之剧有《除三害》周楚（处）、《出祁山》郑文、《四杰村》鲍赐（自）安。其嗓音沉着而洪亮，身材颀长，粉墨登场，奕奕有神。昆曲戏有《嫁妹》、《火判》、《山门》、《花荡》等。尤擅演奸佞角色，如《下河东》欧阳方、《黄金台》伊立、《宝莲灯》秦灿、《捉放曹》曹操、《定中原》司马师等，其狠厉之状，极能传神，善砺齿作声，令观者不寒而栗。翁偶虹《谈京剧花脸流派》称叶中定表演风格“昆曲味道极浓”。如演《除三害》周处，“路遇”一场的扇子、水袖，一招一式都是昆戏的路子；“打虎”、“斩蛟”仍唱昆曲，随唱而舞的身段，自然是昆曲风格。演《定中原》司马师，“袍带功夫，翎子功夫，也近于昆曲‘七红’中屠岸贾的风格，处处讲交代，着着要‘脆头’。味道醇浓，学之甚难”（《翁偶虹戏曲论文集》第260页）。其《除三害》“斩蛟”之周处扮相为：打发髻，赤足草履，挽裤腿，异于他人（见叶龙章文，《京剧谈往录》第512页）。传其艺者有李连仲、郝寿臣、侯喜瑞等。有义子叶福海，亦为净行演员。亲子叶春善，唱生，后为富连成社社长。

弟叶中兴之戏装肖像（沈容圃绘）

叶中兴，清道光二十六年（1846）生。幼入小金奎科班，唱正旦，与谭鑫培为师兄弟。咸丰十一年（1861），即与汪竹仙、陈双喜等，被挑进宫中演唱。擅演剧目有《芦花河》饰樊梨花、《跑坡》饰王宝钏、《二进宫》饰李艳妃等。同治二年（1863）加入阜成班，同治十一年（1872）改搭四喜班。沈容圃绘戏出肖像画《思志诚》中有其扮演的角色。后赴沪演出颇久。返京后病卒。（捷之）

Yi Bao Mi

《一包蜜》 京剧作品。余笑予、谢鲁编剧。余笑予导演。1979年10月湖北省京剧团首演于武汉。剧本描写青年农民艾力为生产队成功培植了良种梨“一包蜜”，各方伸来贪婪的明手、暗手、白手、黑手。女社员皮昭丽以擅拉关系、走后门闻名，一再向他索要“协作梨”、“试销梨”。艾力硬顶软拖，与其周旋。生产队长何启也带来公社要“试吃梨”的通知。艾力气愤地要砍倒梨树。新来的县委书记解决了矛盾。《一包蜜》出现于“文化大革命”结束后不久，以清新活泼的讽刺小戏体裁反映现实生活内容，打破了京剧舞台沉闷的气氛。剧中运用了许多迅捷明快近似漫画式的“亮相”组合，勾画人物不断变化的心情与神态，富有喜剧特色。青年丑脚演员朱世慧（傻扮）塑造的艾力，健康爽朗，不失风趣。作品进京参加庆祝中华人民共和国成立30周年献礼演出，获创作一等奖，演出二等奖。剧本载《湖北京剧剧作选》。（陈先祥）

Yibeizi de Jizhe Zhijiang Liushi Nian Caixie Shengya Jishi

《一辈子的记者——之江六十年采写生涯纪实》 新闻作品集。张之江著。文汇出版社2009年6月出版。上、下两卷，共91万字。**张之江**（1919～），浙江杭州人。笔名之江、钱塘等。从20世纪40年代起从事新闻工作。1946年6月即《新民报·晚刊》（《新民晚报》前身）创刊后的第二个月，就成为该报社的成员。1990年离休后仍继续写作。在前后近60年的记者生涯中，采访范围包括戏曲、书画、文博、民间艺术等，尤以京剧为重点。上卷40万字，全是关于京剧的报道和评论。述及的演员有梅兰芳、程砚秋、荀慧生、尚小云、张君秋、周信芳、马连良、谭富英、李和曾、盖叫天、李万春、李少春、高盛麟、厉慧良、王金璐、裘盛戎、袁世海、叶盛兰、言慧珠、童芷苓、李玉茹、李多奎等，琴师有李慕良，鼓师有王燮元、张鑫海，票友有范石人等。下卷51万字，采写昆剧、地方戏等，述及俞振飞，卷末“文化小品”亦有多篇关于京剧。张之江从小受家庭影响，对戏曲有浓厚兴趣，担任文艺记者后，重视寻师访友以丰富自己的艺术积累，对于京剧，被新闻界认为是“钻研得最深、最精、最通”的记者之一（丁锡满语）。他的文章讲究“新闻价值、历史价值和文学价值”的结合，后人阅读，虽已事过境迁，仍然兴味盎然，许多台前幕后的生动情景、艺人的真知灼见，成为研究京剧艺术，特别是研究他所描述的半个多世纪的京剧在上海的生存状态的一份宝贵资料。丁法章、丁锡满、程多多为本书作序。董纯蕾、唐洁对张之江的采访录《对话张之江》（原载李清川主编的《相遇历史——老报人访谈录》），收入本书，作为张之江在本书的代自序。（龚和德）

Yidai Zongshi Mei Lanfang Huazhuan

《一代宗师梅兰芳画传》 梅兰芳生平事迹摄影集。又题《梅兰芳》、《一代宗师梅兰芳》。梅绍武主编。北京出版社1997年6月出版。8开本，近400页，硬面精装，外有盒套。卷前，梅绍武以梅兰芳纪念馆名誉馆长的名义写序称：“画传汇集了我馆珍藏的千余幅图片，力求用摄影记录的形象来反映他一生所走过的光辉的艺术道路和光明磊落的生活道路。”全书分5个部分：①勤奋学艺，沪上成名（1894～1913），含梨园世家、投师学艺、京城搭班、首次赴沪；②锐意革新，出访日美（1914～1932），含改革创新、演时装戏、演古装戏、提倡昆曲、初赴香港、两次访日、名旦之首、民间外交、美国之行、访美归来、创办学会、艺术图谱；③访苏旅欧，蓄须明志（1933～1948），含抗战剧目、访问苏联、考察欧洲、蓄须明志、剃髭登台、赈灾济贫；④焕发青春，艺术精纯（1949～1961），含重返京城、社会活动、各地演出、舞台50年、拍摄电影、率团访日、身兼数任、精心授艺、编演《挂帅》、家庭生活、友谊会晤、大师逝世；⑤梅艺流芳，千秋永存，含梅门桃李、梅氏子女、纪念活动、故居开放。共收入图片1 140多幅。

其中，梅兰芳的生活照片以及社会活动、国际交往的照片500多幅，各个时期的剧照400多幅，梅氏手的表演示范图片53幅，戏单60多种，与梅氏相关的故址、器物及其他文献资料图片100多幅。图片均有文字说明，中英文对照，英文翻译胡冬生。这是梅兰芳形象资料的第一次大集中，弥足珍贵！图片安排与文字说明有个别失误。如1955年梅兰芳、周信芳舞台生活50年纪念活动中，梅、周并未合演《打渔杀家》，第285页的剧照，实为抗日战争胜利后，两人在上海的合作演出；第92页上端，梅氏戴墨镜与日本友人的合影，图注“梅兰芳访日离开北京时中日人士欢送梅兰芳等”，实际上是1926年8月20日梅兰芳到车站迎接日本歌舞伎名伶守田勘弥一行时所摄，同一欢迎场面的另一幅摄影，发表于1926年8月25日《北洋画报》，文字说明为“日本名伶抵京时与梅兰芳合影于东车站”。 （龚和德）

Yi Jian Chou

《一箭仇》 京剧作品。又名《英雄义》、《曾头市》、《水擒史文恭》或《史文恭》。梁山首领晁盖攻夺曾头市，被曾府教师史文恭箭射要害，回山毕命。宋江继任寨主后，命卢俊义为帅，率领林冲、武松、燕青等，寻史报一箭之仇。卢俊义、林冲与史文恭有同师

盖叫天饰史文恭（左） 张善麟饰武松 （陈莹摄）

之谊，先来拜庄，劝说史归顺梁山。史不从，遂相争斗，至天色已晚，未分胜负，约明日再战。入夜，史文恭觉形势不利，遂偷袭梁山营寨，而卢俊义已有防备。史败走江边，梁山阮氏兄弟赚史登舟，于水中擒获之。事见《水浒传》第68回，情节略有不同。清道光年间已有此剧记载。剧本载《顾曲指南》(后名《戏考》) 第19集。整理本收入《京剧丛刊》、《京剧选刊》。另有名《法华寺》者，较《一箭仇》只增加首尾若干情节，余皆同。见《京剧汇编》第76集。此为京剧箭衣武生重头戏。全剧武打围绕史文恭结构。北派尚和玉、韩长宝，南派沈韵秋、盖叫天均擅演此剧。盖叫天在“望庄”的“揉肚子”、“要髯口”和后面开打，都增加了许多难度较大的技巧，深化了对史文恭的塑造，成为盖派名剧之一。高盛麟以盖派戏路为基础，又有自己的一些艺术处理，详见《高盛麟表演艺术》中的《一人一面——谈〈一箭仇〉史文恭的表演艺术》一文。厉慧良以及王立军等亦以此剧擅长。 （简畅）

yikecai

一棵菜 戏班谚语。主要强调演出中的群体意识和艺术的完整性，也是对主演与配角关系的形象比喻。这种整体意识和体现，无论在传统剧目的演出中，还是在新剧目的创作中，都应发扬光大。随着时代变化，现代舞台技术的发展，兄弟艺术的横向借鉴，使舞台上的物质表现手段愈加丰富多彩，而导演发挥整体艺术功能创造活动，也变得更加复杂与艰巨。一方面他要根据需要寻觅可利用的现代舞台技术手段，去组织和更新舞台语汇，去扩展综合艺术的表现能力；另一方面又要在文学、表演、音乐、舞台美术等诸多艺术因素的彼此作用和相互渗透中，掌握好平衡关系，使之经过磨合而凝结成一个全新的、完整的艺术品。因此，“一棵菜”精神所蕴涵的内容也更加宽泛。 （刘淑兰）

Yi Lü Ma

《一缕麻》 京剧作品。时装新戏。齐如山等编剧。据包天笑同名小说改编。梅兰芳1915年6月首演于北京。剧情为：林知府（名如智）与钱道台友好，二人的夫人同时怀孕，便指腹为婚。林女纫芬，美丽聪慧；钱子憨傻。纫芬长大，入学堂读书，与同学方居正十分投契。方居正出国留学前，到林家辞行，劝慰纫芬，反遭林父讥讽。纫芬母丧，钱子来吊祭，因不知礼仪，出了许多洋相。于归日，纫芬不肯上轿，伏于亡母灵前痛哭。其父再三劝行，声泪俱下，纫芬含泪上轿。婚后，纫芬患白喉，傻姑爷殷勤服侍。纫芬病渐愈时，傻姑爷因被传染，已病重致死。纫芬发现在自己头上挂着一缕麻线，才知是为丈夫挂孝，抱恨绝望，用剪刀自戕而死。原小说结尾是纫芬为死去的丈夫守节，剧本为了更加强调指腹为婚的恶果，改为纫芬自尽。剧本由齐如山打出提纲，经吴震修及戏班同仁集体编制而成。

梅兰芳饰林纫芬

梅兰芳饰林纫芬，贾洪林饰林如智，程继先饰傻姑爷，路三宝饰林姨奶奶。他们在刻画人物性格方面下工夫。如林如智劝其女上轿时的大段念白，贾洪林念得有情，演得逼真，梅兰芳饰演纫芬也动了真感情，两人配合严密，全场观众为之欷歔。梅兰芳在《舞台生活四十年》中谈到：“我演出的时装戏，要算《一缕麻》比较好一点。”此剧在天津演出时，有两家儿女已订婚约，男方得了精神病，但因旧礼教的束缚，女方家长不肯提出退婚，看了《一缕麻》演出，才下决心提出，达到退婚目的。 （刘乃崇 蒋健兰）

Yi Peng Xue

《一捧雪》 京剧作品。又名《莫成替主》、《蓟州城》、《反复小人》。源于明末李玉所作同名传奇。改编者不详。明代画师、裱褙匠汤勤落魄时曾受恩于莫怀古，后被荐至权臣严世蕃府中作幕宾。为媚主求荣，汤勤以莫家藏有名贵玉杯“一捧雪”密告严世蕃，强行索要。莫怀古以假杯应付，又被汤勤识破。严世蕃下令抄斩莫家满门。莫怀古逃至蓟州城，管家莫成主动替主代戮。汤勤又认出人头是假，因垂涎已久的莫怀古的侍妾雪艳应允与其成亲，才确认人头是真。洞房中，雪艳刺死汤勤后自刎。严嵩、严世蕃父子冰山倒后，莫家团圆。全剧主要关目有：搜杯、代戮、审头、刺汤、杯圆。搜杯、代戮作折子戏演出，亦称《一捧雪》。老生饰

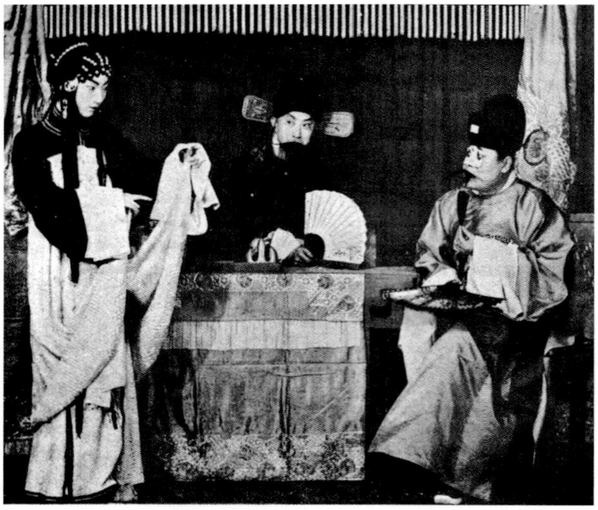

张君秋饰雪艳（左） 马连良饰陆炳（中） 马富禄饰汤勤

莫成，生动地展示了他对主人的忠诚以及临死前复杂的内心活动，是一出著名的做工戏。莫怀古（老生饰）颟顸昏庸的性格也描写得恰如其分。《审头》中，审案的锦衣卫指挥使陆炳（老生饰）与汤勤（丑脚饰）之间唇枪舌剑、绵里藏针的对白，也很精彩。全剧对汤勤卑鄙的灵魂刻画入微，成为无耻小人的艺术典型，是方巾丑的重头戏。老生谭鑫培、贾洪林、孙菊仙、汪桂芬、高庆奎、周信芳、马连良，旦脚梅兰芳、张君秋，丑脚王长林、萧长华、马富禄等均擅演此剧。剧本见《戏考大全》、《修订平剧选》、《京剧汇编》等。

（马海玲）

Yi Pi Bu

《一匹布》 京剧作品。又名《张古董借妻》。作者不详。张古董不务正业，将妻子沈赛花陪嫁的一匹布骗去变卖。路遇结拜兄弟李天龙，得知李丧妻后家贫无力再娶，得不到岳父王老户许诺的财物，便将妻子借与李天龙，冒名去岳父家巧取钱财，以便双方获利。不巧遇雨，王老户将李、沈二人留家过夜。假凤虚凰，弄假成真。张古董告到县衙。沈赛花怨张古董贪鄙，表示愿嫁李天龙。县官顺水推舟，成全二人。张古董当堂出丑。这是一出流传很久的民间小戏，清唐英据以改编为《天缘债》，载《古柏堂传奇》。《缀白裘》收有乱弹腔《借妻、回门、月城、堂断》，与今本大同小异。它运用夸张的表现手法，荒诞的情节，将张古董龌龊、可笑、尴尬的心态刻画得惟妙惟肖。该戏充分体现戏曲舞台多重时空、自由转换的艺术特征。如“月城”一场，舞台上一边是因

于连泉饰沈赛花（左） 马幼禄饰张古董（中） 茹富华饰李天龙

雨被留在王家同居的李、沈的情状，另一侧则是关在城门洞中张古董焦躁心情的特写。两个表演区形成一个整体，双方又有跨越空间的心态和语言的交流、对比，颇有独到之处。此外，断案的县官与驴夫例由同一丑脚演员兼饰，甚具讽刺、滑稽意味。剧本载《戏考》第17册、《京剧丛刊》第50集及《京剧汇编》第2集（于连泉、马富禄口述）。1993年，北京京剧院三团在中和戏院演出了汪曾祺的改编本。

（崔长武）

yizhuo'eryi

一桌二椅 戏班用语，泛指京剧演出中所用桌椅。桌为无桌沿的长方形桌，称堂桌。椅为垂直高靠背椅，称坐椅。均为木制，漆红色。用时可多可少，可分可合，通常有缎制绣花或素色桌围椅披作为装饰。椅上配有椅垫，除给演员舒适感外，也用增加椅垫来调节高度，以适应脚色行当的不同需要（有将坐椅做成3种不同高度，替代椅垫调节，比较简便）。桌椅有帮助演员完成动作的作用，其摆列方式，所用桌围椅披的色彩、花纹以及若干砌末的配置，可以协助表演暗示剧情环境。“有了桌椅，就能开戏。”戏班这句话颇能说明桌椅在京剧演出中不可或缺的重要性。桌椅的摆设、撤换，由检场人负责，间亦由同场龙套或扮院公、丫环者替代。经过长期实践，积累了多种摆设方式，主要名目和用法如下：

大座。一张桌子横设于舞台中间，桌后设椅一把。又称正场桌、内场椅。用黄缎绣龙桌围椅披，桌上设有御炉者，称打朝大座。用红缎绣花桌围椅披，桌上设有令箭、印信者，称巡按大座。如表现县衙，桌上只设一印匣。其他书房、店房、酒馆等，用杂色桌围椅披。

双大座。一张桌子横设于台中，桌后摆两把椅子。多用于老年夫妻宴庆场面。如《红鬃烈马·算粮》一场之王允夫妇，用红缎金绣桌围椅披。

大座双跨椅。以大座为基础，再在桌子两边各加一椅。三人入座，以居中者为尊，左右为陪坐。跨椅或写作挎椅。靠近堂桌者称桌头椅。跨椅与堂桌的距离视脚色、情节需要而定。

大座单跨椅。以大座为基础，或左或右只加设一椅。“戏界管下场门一边叫大边，上场门一边叫小边。”（《齐如山回忆录》第212页，宝文堂书店1989年版）加在大座左侧（下场门一边）称大边跨椅，又称上跨，如《审头》，陆炳居中坐，汤勤坐大边跨椅；加在大座右侧（上场门一边）称小边跨椅，又称下跨，如《霸王别姬》，项羽居中坐，虞姬坐小边跨椅。

八字桌。舞台两侧各设一大座。又称八字斜大座。用于身份相等的宴饮、会谈场面，如《黄鹤楼》。以大边为客位，称上斜桌；以小边为主位，称下斜桌。戏班称之为“两张桌子喝酒”。

三堂桌。在大座基础上，左右再各设一大座。又称大三丁。例如《三堂会审》所用。

斜场大座。大座设于舞台一侧。如舞台上另有其他桌椅设置，称复合斜场大座。例一，《清官册》中审潘洪一场，舞台正中摆一堂桌，桌上设小帐、供圣旨等，大边设斜场大座，为寇准审潘公案。例二，《击鼓骂曹》中击鼓一场，小边设斜场大座为曹操所坐；大边设一椅，椅前置一大堂鼓为祢衡所用；中间靠后设两桌四椅，为曹操下属四官员所坐。这一布置既突出了曹操的权位，又突出了主角鼓吏祢衡。

小座。一桌横置台中，椅设在桌子前面，又称外场椅、正场椅。小座相对于大座而言，表示内室或非正式场合，其所用桌围椅披，视角色具体身份而定。

小座双跨椅。在小座基础上，左右各加一椅。如《甘露寺》乔

一桌二椅常用摆设方式平面示意图

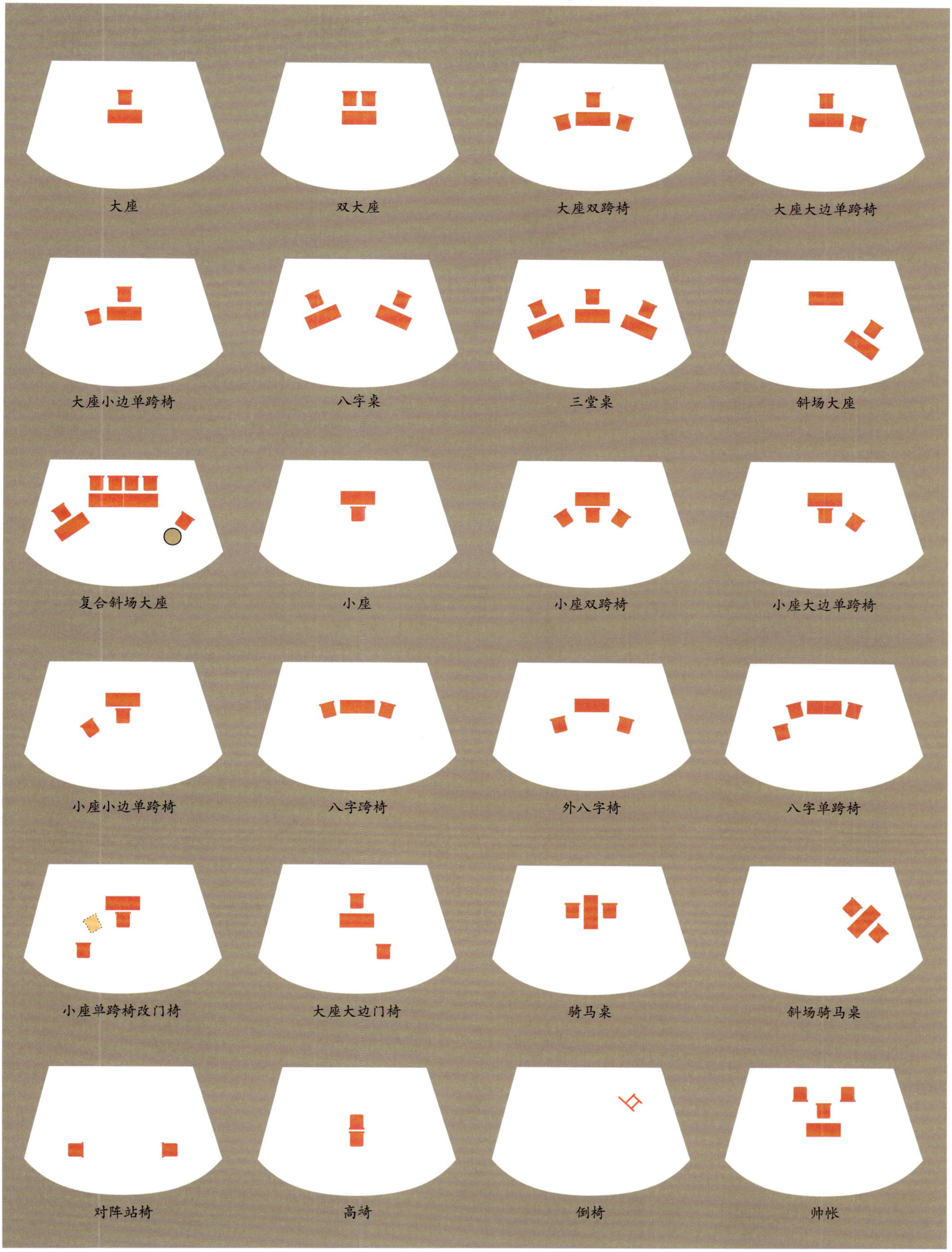

清宫《戏出画册·断桥》（故宫博物院藏）

清宫《戏出画册·群英会》（故宫博物院藏）

玄唱“劝千岁”一场，吴国太居中坐，孙权坐大边跨椅，乔玄坐小边跨椅。

小座单跨椅。在小座基础上，或左或右加一把椅子。加在大边者，如《斩经堂》中吴汉见母时所坐；加在小边者，如《三击掌》中王宝钏见父时所坐。

八字跨椅。一桌横设台中，两侧各设一椅。用于内厅闲叙等场面，对坐者必为平辈。如《四郎探母·坐宫》一场，先杨延辉“自思自叹”时，坐正场椅；铁镜公主登场，夫妻叙话时即用八字椅。

外八字椅。演出中，多在八字椅基础上，将两把椅子同时移到桌前，表示角色之间作推心置腹交谈，也靠近了观众，成为“特写”场面。如《坐宫》中铁镜公主“猜”杨延辉心事时所用。

八字单跨椅。即在八字椅基础上再设一椅。加在小边则称**八字小边跨椅**，如《四郎探母·见弟》一场，杨延辉、杨延昭分坐八字椅，杨宗保坐小边跨椅。大边、小边各加一椅，称**八字双跨椅**。

门椅。放在台口左侧或右侧之椅，一般与大座或小座配合运用。如《三击掌》中父女争执不和之后，王宝钏即由小边跨椅改为门椅。门椅也有表示帐外、门外之意，如《辕门斩子》杨宗保绑于帐外，即坐**大边门椅**。

骑马桌。一张桌子竖设台中，两侧各设一椅。又称**骑场桌**。卧室、书斋、店房、船舱等场合均可运用，一般用于夫妻、兄弟、朋友等亲近关系。如《乌龙院·杀惜》一场卧室所用。

斜场骑马桌。多设于大边，如《群英会》中草船借箭一场所用。

搭桥。一桌两侧各设一椅，椅背紧靠桌子，供演员上下，如《长坂坡》所用。

站椅。以演员站在椅上表演而得名。椅子摆法不同，名称亦异。左右台口各设一椅，椅背相对，称**对阵椅**；台中两椅相背系紧，椅背上放椅垫，角色坐于椅背上，称**高椅**。

空椅。无椅披，椅背向外。有多种用途。《长坂坡》中代表井，糜夫人跳井、赵云“抓帔”都需要用它；《三娘教子》中设于大边，背向观众，上披一白布，表示织布机；《探窑》中代表窑门；《六月雪》中代表牢门。

倒椅。将椅放倒使用，代表石头、土坡等非正式座位。一般用不带椅披而有椅垫的空椅。如《断桥》中白娘子所坐。

大高台。两桌相叠，高桌上面设小帐。两桌之后又设一竖桌，竖桌上有坐椅，竖桌旁再设一椅供演员上下。表示将台等。《挑华车·闹帐》岳飞点将时即用此。

小高台。多为两张横桌前后并列，上设一椅可坐，桌旁再设一椅供演员上下。如《甘露寺》刘备过江的楼船、《金钱豹》中的山坡等，都以此表示。亦有两桌呈丁字形或只竖放一桌再加一椅做小高台者。

半高台。用椅子将一张桌子架起，桌上设小帐，桌后再摆一椅，演员站在椅上演唱，表示坛台，如《借东风》的七星台。

三张半。三桌相叠，桌上再设一空椅，演员登高在椅上做高难动作，如《九龙杯》所用。亦可放低为三张桌、两张半桌。

帅帐。舞台正中设大座，大座后设两椅，椅背朝外，椅上架设大帐。用于元帅升帐等场面。大帐与桌围椅披大多用红缎金绣，如《群英会》周瑜升帐。也可用于高级文官大堂，大帐表示暖阁。大帐用法：双幅帐门向上端两侧挑起为帅帐；双幅帐门下垂合拢为暖阁。帅帐横额有题“三军司命”者。

楼帐。用两椅架设大帐，双幅帐门下垂，后面摆设桌椅，演员站桌上露出半身，如《彩楼配》王宝钏抛彩球招婿，《战宛城》曹操与邹氏相遇，均用此。表示花园小楼的大帐，多用浅色，上绣花鸟图案。

床帐。用两椅架设大帐，帐门可垂可卷，内设一椅或双椅，如《群英会·蒋干盗书》一场所用。

船帐。固定船帐用法与床帐相同；活动船帐由两人将大帐举起，随主角行动，如《李慧娘》游西湖一场所用。

以上桌椅用法是基本的、常见的。在演出过程中，桌椅要随剧情发展而有变动。即在同场中（如《甘露寺》太后相亲一场）桌椅摆法也有变化。桌椅间的距离同脚色行当有关，一般花脸和武生因动作幅度较大，所坐跨椅离桌子距离稍远，生次之，旦更近些。台上所用椅子除垂直高靠背椅外，有时用扶手与靠背连成半圆形的**圈椅**，如《通天犀》徐世英、《改容战父》万香友，都在圈椅上有许多身段。随着现代剧场演出空间较茶园伸出式舞台已有扩大，传统的桌椅摆法也有若干调整。如《群英会》中宴饮一场，清宫戏画中用的是双大座，周瑜、蒋干并排坐于桌后，面向观众，诸葛瑾站大边，鲁肃站小边，后来改用八字桌。现代剧场中还有**大摆堂**，用桌椅甚多，是组合式桌椅摆设，如《响马传》贾家楼议事场面、《杨门女将》的祝寿场面，都是旧式舞台难以实现的。

（王佚人）

Yihuang Zhuqiang Yuanliu Tan Qingdai Xiqu Shengqiang Yanjiu

《宜黄诸腔源流探——清代戏曲声腔研究》 戏曲文集。流沙著。人民音乐出版社1993年出版。全书共收有关清代戏曲声腔研究的论文10篇，以宜黄腔为重点，深入而具体地考证了皮黄腔的源流，同时观照清代梆子、乱弹诸腔。论及的声腔剧种有陇东调、西秦腔、宜黄腔、襄阳腔、西皮调、秦腔、石牌腔、浙江各路乱弹、广东西秦戏、徽剧、汉剧、婺剧、赣剧、京剧等数十种。该书以《徽班进京及徽调在南方的流变》一文起首，考述了四大徽班进京及其以安庆二黄为主，兼收昆腔、京腔、秦腔、扬州乱弹、西皮等腔，形成多声腔剧种，为京剧的诞生奠定了基础。又以《宜黄腔与二黄探源》、《宜黄腔三考》和《从音乐上看宜黄腔的形成》等3篇文章，全面论证了“二黄本名宜黄”之说，即明代西秦腔传入江西，于明末清初之际，在宜黄县衍变出宜黄腔，后改用胡琴为主要伴奏乐器，故又名胡琴腔，宜黄腔在流传过程中讹传为二黄腔。《绍兴乱弹是来自山西的西秦腔》、《广东西秦戏考》、《清代楚调及汉剧的皮黄腔》等3篇文章，考证了绍兴乱弹、广东西秦戏、清代楚调与宜黄腔同源于山西勾腔一派的西秦腔。著者还认为：“汉剧二黄腔的来源，应该是山西勾腔（以后变出四平调）、陕西秦腔二流和安庆二黄的综合。”《越调、襄阳腔和西皮调》一文，考证湖北越调即襄阳腔，襄阳腔源自明代西秦腔，后以同州梆子为骨干，保留了西秦腔二犯，发展成为西皮调；还考证了京剧、滇剧、粤剧、汉剧、上党梆子等剧种中西皮调的源流问题。最后《魏长生的秦腔与吹腔考》、《吹腔的源头出在北方》两篇文章，从魏长生所唱秦腔实为吹腔谈起，考证了吹腔的源流问题，指出吹腔的源头出自北方的陇东调，是明代弋阳腔传入陕西陇县，结合当地的民间音乐衍变出的戏曲新腔。陇东调在甘肃南部衍变成含有吹腔（陇东调）和二犯等两种曲调的西秦腔，陇东调随着西秦腔的流播，产生了各地的吹腔。吹腔本源于北方的陇东调，而非南方的“昆弋腔”。该书资料翔实，论证周密，对研究京剧的起源、形成及京剧音乐有重要参考价值。

（苏子裕）

Yibu Buhuanxing

《移步不换形》 梅兰芳文集。梅绍武选编。百花文艺出版社2000年1月出版。是该社出版的“20世纪艺术大师随笔丛书”之一种。23万字。本书收入梅兰芳文章共52篇。这些文章多选自梅兰芳已出版的著作；也有几篇文章只是原著的片段节录，文题为选编者所拟。此外，《登台杂感》、《我理想中的新中国》两文，是梅兰芳1945年10月发表于上海报刊上的文章，第一次收入梅氏文集。关于本书的内容，梅绍武在后记中说：“选辑的标准是以学术性和趣味性相结合的原则，以适应广大读者的需要。”涉及梅兰芳的身世、勤奋学艺过程、艺术创新、爱国情操、高尚品德、业余爱好、对同行战友的缅怀、对外传播京剧艺术、与国际友人的交谊以及戏剧改革和表演经验等方方面面。书中插有梅兰芳生活与艺术照片20张，还附录柯灵、丰子恺、叶秀山3篇谈梅兰芳其人其艺的文章。梅绍武所写《一代宗师梅兰芳》一文作为本书的“代序”，扼要地论述了梅兰芳的一生及其伟大艺术成就。梅绍武在本书《后记》中指出：“综观梅兰芳的艺术生涯，他为京剧革新真可说是呕心沥血奋斗了一辈子，且从实践中悟出了‘移步不换形’这一原则，也就是说京剧改革应该按照京剧艺术基本规律来发扬、创新、完善而向前推进。”“他（指梅兰芳）在自己的著作中对京剧改革、创新和发展的一系列论述都集中体现了‘移步不换形’这一理论原则，因此就以此作为这本选集的书名。”

（刘琦）

Yifengshe

移风社 京剧班社。1932年5月周信芳创建。周自任社长。主要演员有麒麟童（周信芳艺名）、王芸芳、刘斌昆、周五宝、刘韵芳、王瀛州等，组建后往青岛、济南、天津、北平等地演出。其间，1935年曾回上海演出于黄金大戏院，后又离沪。1937年7月全面抗日战争开始。周由北方回沪，积极参加抗敌救亡演剧工作。10月重组移风社，在上海卡尔登戏院演出，至1941年5月8日止。参加的演员有高百岁、刘文魁、于宗瑛、张慧聪、王兰芳、路凌云、刘韵芳、刘斌昆、葛次江等。坤旦先后有袁美云、赵啸澜、于素莲、王熙春、金素雯等。

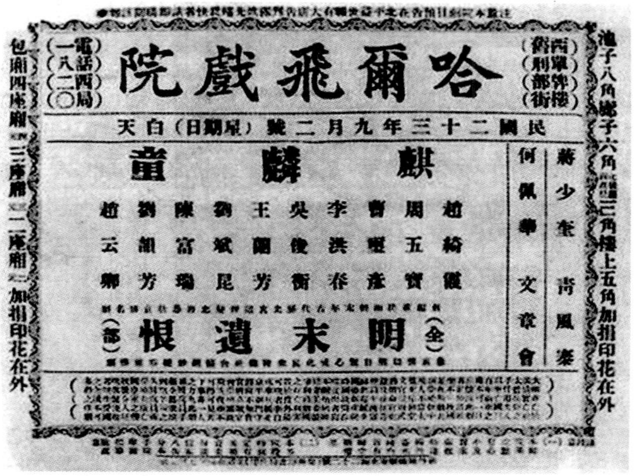

移风社在北平哈尔飞戏院演出《明末遗恨》的戏单
（1934年9月2日）

该社所演剧目可分3类：①一般京剧传统剧目；②久已流行的麒派名剧，如《四进士》、《追韩信》、《打严嵩》、《徐策跑城》、《乌龙院》、《临江驿》、《路遥知马力》等，全部《清风亭》亦于1932年开始演出；③新编古装戏，大都借古喻今，宣传抗战，批判腐败，反对投降，如《明末遗恨》、《博浪椎》、《洪承畴》、《董小宛》、《香妃恨》、《徽钦二帝》以及根据汪笑侬演出本修改的《亡蜀恨》等。这些戏在观众中产生很大影响。1939年，《文天祥》、《史可法》未上演即被上海租界当局禁止，其海报仍贴在舞台两侧。该社也编演一些娱乐性强的连台本戏《封神榜》、《天雨花》、《文素臣》等，仍不忘见缝插针，利用剧中人之口，借题发挥，宣扬爱国精神，谴责敌伪。此外，该社还整理演出一些舞台上较少见的传统戏。如1937年11月，国民党军队抗敌失利，即将退出上海时，该社一场演出4折老戏：《葫芦峪》、《胭粉计》、《七星灯》、《斩魏延》，取名《诸葛亮殉国》；1938年初，上海租界已成为“孤岛”，该社演出全部《洞庭湖》，由5折老戏《洞庭湖》、《金兰会》、《小商河》、《车轮战》、《断臂说书》组成，借岳飞和王佐的故事以激励人心。

《香妃恨》 周信芳饰布那敦

1939年4月26日，上海《申报》发表署名静庐的文章《移风社时时跑在伶界同志们的前面》，报道该社在京剧界首先自发捐款慰问以谢晋元为首的四行孤军。上海其他剧团受到启发，也先后捐款买物前去慰问。此外，移风社还为筹款救济战区难民演过几次义务戏。该社于1941年5月被迫停演。8月解散。周信芳本人停演了半年多，至1942年

重登舞台，其合作者换了一批人，不再用移风社之名。移风社只存在9年，尤以在上海卡尔登演出期间享誉最盛。（陈琨）

Yiniandian Xitai

颐年殿戏台 清代宫廷园囿演剧之所。址在北京中南海东侧，已改建。始建于清康熙年间，是皇室宴乐、宴戏之处。康熙时原名“崇雅殿”，乾隆七年（1742）高宗宴王公宗室于此，联名赋诗，改名“惇叙殿”，后改“颐年殿”。据昇平署档案记载，道光、光绪间曾在此演出过连台本戏《雁门关》、《西异传》、《铁旗阵》、《昭代箫韶》等。时间常在农历十一月至三月的冬春季节，开春后则改在纯一斋、圆明园同乐园、紫禁城重华宫等处演出。颐年殿亦承应折子戏，如内府承应戏《膺受多福》、《万花争艳》、《恭祝无疆》，折子戏《牛头山》、《虹霓关》、《失街亭》、《水帘洞》等。又曾演出由艺说唱如《步步娇》、《开茶馆》、《大鼓书词》、《绣老妈》等。清代末年在这里演出过的民间班社有四喜班、玉成班、同春班、丹桂班、宝胜和班、义顺和班、小天仙班等。民国初，改为“颐年堂”。1949年后，毛泽东在此居住。（周华斌）

yiwuxi

义务戏 参与者不取报酬的公益性演剧。简称义演或义剧。《中国戏曲志·上海卷》载，清光绪四年（1878）已有丹桂、大观、天仙等多家戏园分期为冀陕晋豫四省灾民义演。这当是京剧界赈灾义务戏的早期记录。据《徐兰沅操琴生活》云，北京最初的义务戏“是为了‘庚子赔款’”，由于这个性质，“义务戏就必须要满座，因此就不得不让妇女走进了剧场”。后来又因为日场义务戏的“收入不够，便增加夜场义务戏”（第103页，中国戏剧出版社1998年版）。宣统元年（1909）忧患生《京华百二竹枝词》：“夜戏公然见帝京，争将歌舞绘承平。缘何不许金吾禁，都有章章义务名。”清末北京禁止商业剧场唱夜戏和妇女入场观剧，这两条禁令都是义务戏给打破的。义务戏有官方强迫举办的，但大多属于社会团体与梨园界协商举办或梨园界自发的义举，表现出京剧艺人公民意识的日益觉醒和敬业、奉献的道义精神。义演缘由，大体可分四类：爱国义演、赈灾义演、其他社会公益义演、伶界内部福利义演。义演活动上海最多，其次为北京、天津等地，举要如下。

爱国义演 辛亥革命时期，上海新舞台潘月樵、夏氏兄弟等不仅参加攻打江南制造局，且在上海光复后，为军政府联络各省革命军继续扫平“鞑虏”，与大舞台、歌舞台、丹桂第一台多次举办筹集军饷的义演。1932年1月28日，日本帝国主义侵占中国东北之后又武装进犯上海，第十九路军奋起抵抗。北平伶界在2月28日《群强报》上发表告同胞书，呼吁各界给予“为民族争生存”的“前敌将士以物质上、精神上有力的援助”，并假第一舞台举行义演。数日后，梅兰芳率承华社同仁在开明戏院连演3天，所得之款汇往前线作伤兵医疗费。时在天津的尚小云、雪艳琴、章遏云等也有专场演出慰劳前方将士。票友亦踊跃参加，如永兴国剧社曾以义演收到过第十九路军颁发的感谢状。20世纪50年代轰轰烈烈的抗美援朝运动中，京剧界有多次捐献义演，尤以北京1951年6月17日王瑶卿、尚和玉、马德成、刘喜奎、萧长华、郝寿臣等在大众剧场的演出，上海7月16～18日梅兰芳、周信芳、盖叫天、赵如泉、姜妙香、小兰英等在人民大舞台的演出，把全国性捐献义演推向高潮。梅兰芳、程砚秋、周信芳、马连良、谭富英、裘盛戎等，还亲赴前线，为中国人民志愿军作慰问演出。

赈灾义演 1907年春融之际，江苏、安徽发生水灾。谭鑫培、王瑶卿、金秀山等在天津李公祠义演6场；其后王凤卿、姜妙香、

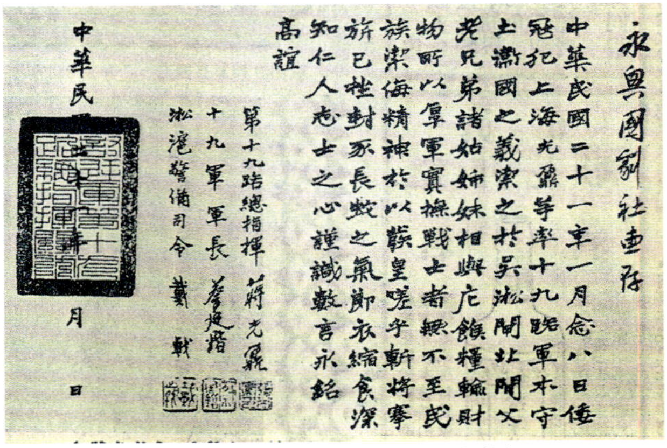
永興國劇社惠存
中華民國二十一年一月念八日倭寇犯上海光鼐等率十九路軍守土衛國之義潔之於吳淞閘北閘父老兄弟諸姑姊妹相與犒饋糧輸財物所以厚軍實撫戰士者無不至民族潔悔精神於以顯皇嗟乎斬將搴旗已挫封豕長蛇之氣節衣縮食深知仁人志士之心謹識數言永銘高誼
第十九路總指揮 蔣光鼐
十九軍軍長 蔡廷鍇
淞滬警備司令 戴戟
中華民國 月 日

1932年第十九路军致永兴国剧社的感谢状

王琴依、姚佩秋又在北京创办“第一次伶界义务赈济戏会”，在福寿堂演出两场。同年9月，田际云发起救助顺直灾民及劝人戒烟的义演，“汪桂芬首先赞成”，连演两场好戏：《让成都》饰刘璋、《群英会》饰鲁肃，“满园的人，一句一叫好”。清末民初，上海伶界演赈灾戏，常以赶排时事新戏以资号召，如1909年的《甘肃旱荒》、《甘民泪》，1917年的《目睹哀鸿劫》，1918年的《灾民泪》等。谭鑫培以70高龄参加了1916年冬天为安徽的助赈义演，剧目为《御碑亭》、《洪羊洞》，北洋政府国务总理段祺瑞（安徽人）代表受灾桑梓到场向谭致谢。继谭等唱义务戏的还有“京内全体坤班”，演出地点都在第一舞台。1920年11月余叔岩在武汉与汉剧名伶余洪元等为华北灾民义演。1921年10月，天津李吉瑞、李桂春、杨瑞亭等为苏浙皖鲁四省作赈灾义演。京剧界的救灾义演还包括对日本灾情的同情和支援，如1923年9月、11月，上海伶界多次义演，一为救助地震巨灾中的侨胞和留日学生，二为重建日本古刹本愿寺。其时程砚秋在上海，程腔风靡，使义演上座率达十二成。在其后的义务戏中有3次颇为盛大。一是1931年北平梨园公益总会组织的“十六省水灾急赈义务戏”，9月11～13日梅兰芳在第一舞台连唱3场大轴（与余叔岩《游龙戏凤》，与杨小楼《霸王别姬》，与余叔岩《打渔杀家》）。从发表于《十日戏剧》第35期的戏单影印件得知，最后一场梅唱双出，《打渔杀家》之外，还有梅与程砚秋、马连良、杨小楼、尚和玉等的全部《美人计》作压轴，前面还有尚小云、筱翠花、言菊朋等的演出，可谓北平名伶的总动员。二是1940年8月20～22日上海伶界联合会在大舞台为萧山、绍兴难民的救济义演，3天各有一出群戏：《龙凤呈祥》、《战宛城》、《大名府》（即全本《玉麒麟》，演至《曾头市》水擒史文恭止）。《大名府》由周信芳饰卢俊义、芙蓉草饰贾氏、王筱芳饰燕青、张德禄饰石秀、韩金奎饰李固、赵如泉饰时迁、赵松樵饰林冲、张翼鹏饰武松、高百岁饰索超、林树森饰梁士杰、盖叫天饰史文恭。因其阵容超强，

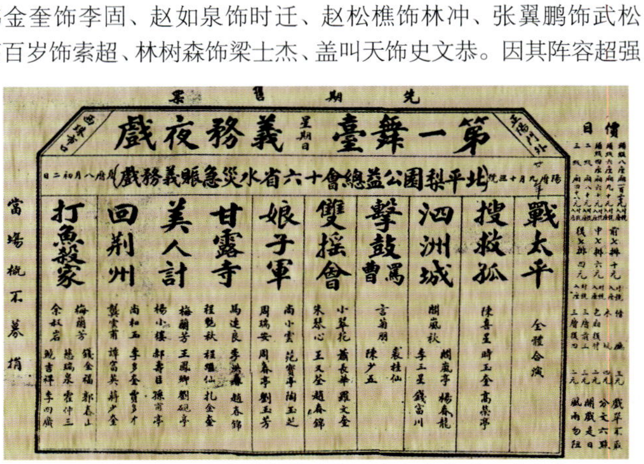
第一舞臺 星期日 義務夜戲
北平梨園公益總會十六省水災急賑義務戲
戰太平 全體合演
搜救孤 陳喜星 時玉奎 高慶奎
泗洲城 閻嵐秋 閻嵐亭 楊春龍 李三星 錢富川
擊鼓罵曹 言菊朋 裘桂仙 陳少五
雙搖會 小翠花 蕭長華 羅文奎 朱琴心 王又荃 趙春錦
娘子軍 尚小雲 范寶亭 陶玉芝 周瑞安 周春亭 劉玉芳
甘露寺 馬連良 李洪春 趙春錦 程艷秋 程繼仙
美人計 梅蘭芳 王鳳卿 劉硯亭 楊小樓 郝壽臣 孫甫亭
回荊州 尚和玉 李多奎 龔雲甫 譚富英
打魚殺家 梅蘭芳 錢金福 郭春山 余叔岩 慈瑞泉 霍仲三 鮑吉祥 李四廣
當場概不募捐

1931年9月13日北平伶界为十六省水灾急赈义演戏单

轰动一时。就因这场义务戏，周信芳得了“脱力湿温伤寒”。周演《大名府》卢俊义，三个半小时十分吃重，而盖叫天《曾头市》，“须信芳配饰卢俊义，否则决不登台”，大热天，周还得扎大靠开打，晚上还有营业戏《战长沙》，如何挨受？演毕病倒。至9月29日《申报》发表梅花馆主《周信芳已脱离险境》谓，周方能勉强起床，何日复原尚难判断。三是1947年由“庆祝杜月笙六十寿辰委员会”主办的救济水灾义演，9月3～12日，有6台戏在上海中国大戏院连演10场。此后再没有如此盛大的赈灾义演了。其中《四郎探母》与《搜孤救孤》有实况录音保留下来。孟小冬演完两场《搜孤救孤》之后就此告别舞台。

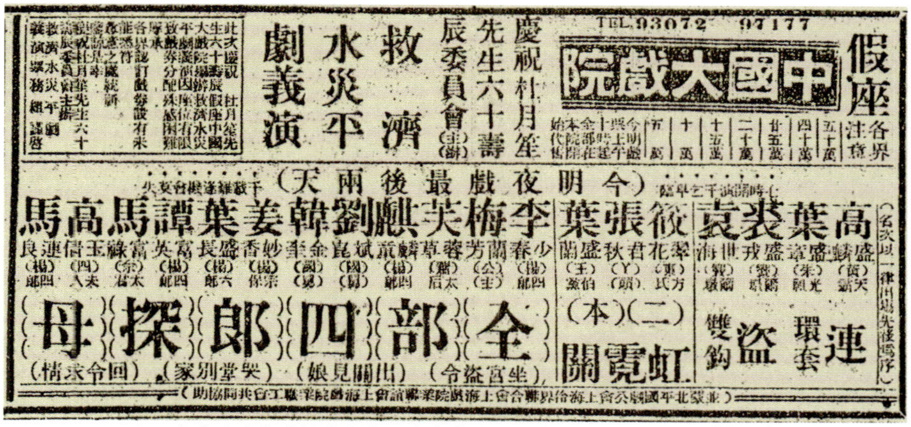

1947年南北名伶为救济水灾义演广告（1947年9月8日、11日《申报》）

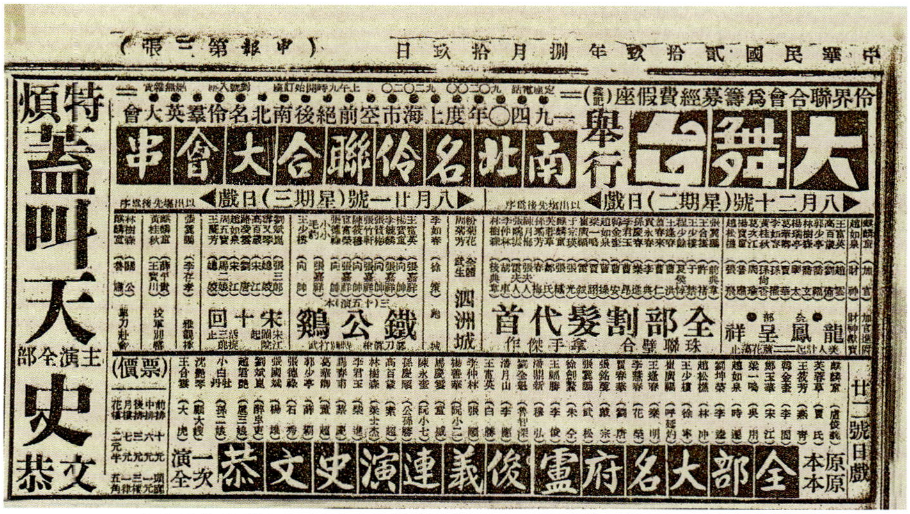

南北名伶为萧山、绍兴难民救济义演广告（1940年8月19日《申报》）

其他社会公益义演 援助对象有学校、孤儿院、医院等。光绪三十年（1904）冬，杭州贞文女校校董惠兴女士，迫于经费上书副都统贵福，反受其辱，乃以身殉。次年春北京妇女匡学会发起助学义演，田际云将兴学殉身事迹排成新戏《惠兴女士》，自饰惠兴，以玉成班为班底。又将时事潘子寅投海亦排成新戏，同台演出，票友乔荩臣饰潘烈士。参与义演及声援者俞润仙、谭鑫培、汪桂芬、金秀山、罗寿山、余玉琴、王楞仙、路三宝、许荫棠、龚云甫等67人，“当时在京名伶，殆已网罗无遗”。演出时，“座客为欷歔泣下”（详见景孤血《北京妇女匡学会义务戏传单》，《立言画刊》第16期）。演出得银2 450两，悉送贞文女校。其后，京津沪伶界及票界的义演有：1907年为同济、仁济两医院；1909年6月为寰球中国学生会，同年12月为上海医院及孤儿院；1926年为修筑天津大红桥堤；1927年为新城县教育基金；1929年为天津广智馆建筑经费；1930年1月为慈慧、玉华女子学校；1931年4月为天津大同中学和小学（此为90高龄的孙菊仙最后一次登台，3个月后孙伶逝世）；1939年1月为普善山庄，同年7月为上海时疫医院；1940年为上海难胞合作社生产基金；1945年为国人福利基金；1947年为青年会劳工子弟教育基金；等等。这些善举，充分反映出当时京剧正处于城市文娱生活的主流地位，市场较好，故各界求助者甚多。

伶界内部福利义演 早期北京伶界行业组织修葺祖师庙、建立义冢等，多由戏班、戏馆及名伶个人捐输善款，未见用义演办法集资。同治十一年（1872）上海伶界成立行业组织梨园公所，公所下设榛苓学堂。光绪三十三年（1907）为筹集该校经费，举行义演，参与者有天仙、春仙、丹桂、玉成四家茶园的文武名角，如孙菊仙、汪笑侬、潘月樵、夏氏兄弟、沈韵秋、冯子和等，剧目有《六捉放曹》、《八收关胜》、《四打花鼓》、《六演回荆州》、《八演四郎探母》、《十演大花蝴蝶》等，此为内部福利义演较早见诸记载者。剧名之前的四、六、八、十，是一种拴角儿办法，由多位名角先后扮演同一角色，以广招徕。1912年，上海伶界联合会、北京正乐育化会先后成立之后，此类义演就组织得更加火红热闹了。其开支项目，以上海伶界联合会为例，有义务学堂、梨园公墓、养老院、长生会（给贫无以殓者发棺木衣衾）、寡妇粮、失业救济、济助川资、办《梨园公报》等。这是逐步完善的过程。因所费不赀，故伶联会自1912年3月批准，4月成立，5月即组织多班大会串。至1932年已办22次。北平把救济贫困同业的义演，称作“**窝窝头义务戏**”。窝窝头是穷苦人的果腹之物。“采用这个名称的用意，仿佛是谦虚地表明杯水车薪，只能普济同业吃上窝窝头”（翁偶虹语）。伶界富有的是少数名伶，穷苦者甚多。1931年2月21日《京报》发表的《歌台丛载》，公布了北平梨园公益会一场福利义演的收支情况：2月14日义务戏的戏资收入为2 537元，又得世界红万字会、黄金荣、梅兰芳的捐款3 330元，共计5 867元。分到贫苦同业的头上，每人4元大洋，另有120份梨园孤寡，每份5元。还有一种名为“**搭桌戏**”的福利义演，是帮助个别同业的，如1936年为俞振庭、1942年为贾多才、1947年为李世芳、1948年为金少山，他们生前风光身后萧条，有关名伶月义演所得对其家属予以扶危解困。南北梨园界有互助的优良传统，如1923年5月28日，上海伶界联合会在天蟾舞台举行10班会演，是为天津正乐育化会筹款；《一代宗师梅兰芳画传》第238页收有上海伶界联合会致梅兰芳的一封公函，就是感谢梅暨南下诸君参与该会组织的“嘉惠孤寒”的义务会戏。

各种义务戏的票价大多高出于一般营业演出，为取得预期效果，唯有“表演顾曲家不经见之好戏，以博社会同情”（《伶联会小史》）。翁偶虹《记忆所及的几场义务戏》一文云：“京剧形成于北京，最早的戏班，名角如林，互演大轴。随着时代的递进，风气的变化，逐渐成为一人挑班的形式。若想荟萃名角于一堂，各尽所能，除一般不对外的堂会戏外，只有看义务戏了。”所以义务戏是公众欣赏的热点，历史上有许多义务戏，成了亲见者难忘的记忆，有津津乐道者，有为文记述者，翁偶虹的文章只是其中之一。

（李宗白）

Yi Ze Wang Kui

《义责王魁》 见吕仲。

Yihai Chunqiu Congshu

艺海春秋丛书 戏曲演员传记丛书。湖南文艺出版社1985年、1987年出版。共10种。其中写京剧演员的6种：殷波著《赵燕侠》，胡金兆著《程砚秋》，许姬传、刘松岩、董元申著《梅兰芳》，迟金声著《马连良》，张岚方、周桓著《叶盛兰》，谢虹雯、安志强著《张君秋》。另外4种为《袁雪芬》（越剧）、《魏喜奎》（曲剧）、《姚璇秋》（潮剧）、《谭保成》（湘剧）。每本字数大多在10万字以内，书前有演员肖像及剧照若干幅。丛书《编者的话》写到："以戏曲艺术家的名字为题、以传记文学为形式记述了他们的辉煌业绩。除了他们丰富多彩的艺术活动外，还特意选录了他们生活方面的故事和轶闻，以期真实丰满地再现艺术家们的形象。在注重文学性的同时，力求具有较高的文献价值和资料价值。"这可能是一个大的编辑计划的一部分，后续情况不详。

（简畅）

Yitan

《艺坛》 京剧研究评论丛刊。蒋锡武主编。2000年起，先后由武汉出版社（1、2卷）、上海教育出版社（3卷）、上海书店出版社（4、5、6卷）印行。设有《百年聚焦》、《艺坛百题》、《旧剧新谈》、《艺苑春秋》、《名人和戏》、《人物品藻》、《砚边余沛》、《艺林摭拾》、《红氍纪梦》、《艺海钩沉》、《书摘书品》等栏目。

第1卷收有《梅兰芳先生"蒙难记"》（张颂甲）、《试论"移步而不换形"》（吴小如）、《戏曲史考二则》（刘永济）、《〈京剧菁华〉导论》（［英］阿林敦等）、《京剧脸谱三题》（刘曾复）、《中国旧京剧的最后一段风流》（陈云君）、《檀痕日载》（顾颉刚）、《张伯驹先生论剧》（马明捷）、《我看京剧丑角》（张中行）、《昆剧传习所纪事》（郑传鉴）。

第2卷收有《京剧的不朽魅力》（叶秀山）、《京剧杂谈钞》（王元化）、《确认京剧就是古典艺术》（刘纲纪）、《艺术杂记》（程砚秋、徐凌霄）、《再谈梅兰芳的表演艺术及其他》（王琴生、梅绍武）、《京剧念白艺术阐微》（吴同宾、蔡莉）、《小留香馆日记》（荀慧生）、《忆盖老》（陈西汀）。

第3卷收有《关于即兴表演的对话》（王元化、蒋锡武）、《砚秋先生的异见》（程永江）、《老谭改词》（徐慕云）、《昆曲原理说略》（刘润恩）、《梅兰芳记事》（许姬传）、《花朝长忆蜕园师》（俞汝捷）、《顾曲杂识》（拙翁）、《〈乌瞰富连成〉后编》（吴小如）、《梨园夜话》（翁偶虹）、《余慧清谈孟小冬》（翁思再）、《武汉京剧史话》（石受成）。

《艺坛》第1卷封面

第4卷收有《京剧时评三题》（柴俊为）、《"移步不换形"之"形"的深层意义》（叶秀山）、《戏曲改革：在田汉模式和梅兰芳模式之间》（李伟）、《京剧表演体系的传承主流及其他》（刘曾复、蒋锡武）、《中国戏剧评论家辻听花》（中村忠行）、《京剧史研究中的若干问题》（周笑先）、《神与艺游》（浦江清）、《涉及清宫与戏剧的误述》（丁汝芹）、《马连良香港回归记》（武克仁）、《追韩信与回故乡》（王先霈）、《我艺术生命中的知音——怀陈从周老师》（梁谷音）、《关于外爷爷苏少卿的回忆及其他》（苏玉虎）、《一代名丑叶盛章》（赵纪鑫）。

第5卷收有《为什么要写这样一篇文章》（王元化）、《保持民族精神及其审美创造力的优势》（仲呈祥）、《重要的还是在于艺术加工》（吴宗锡）、《抱守居戏话》（蒋锡武）、《愚翁说剧》（张古愚）、《五色与娱乐》（彭德）、《旧上海的戏剧舞台》（躲斋）、《四海一人谭鑫培艺事》（扬宗珙）、《忘山庐聆曲日记》（孙宝瑄）、《京剧史家陶君起先生行状》（陶慕宁）、《京剧史料选刊》（陈义敏、李宗白）。

第6卷收有《对昆曲抢救保存的一些意见》（朱家溍）、《王元化与京戏》（蒋锡武）、《闻见杂说》（刘曾复）、《张学良谈余叔岩》（黄正勤）、《说杨隆寿》（钮骠）、《宋人与花与香与瓷器》（扬之水）、《闯荡生涯》（李宝奎）、《艺事咨问》（南铁生）、《陈彦衡的一生》（陈富年）等文字。

《艺坛》以研究评论京剧为主，兼及其他艺术门类，系在原内部期刊《艺坛》的基础上改版而成。原《艺坛》印行于1993～1997年，共出19期，除3期为其他专号外，均以京剧文论为主。在不同栏目里，先后刊有《我的三点回答》（刘曾复）、《今人当自爱》（叶秀山）、《京剧温故知新录》（吴小如）、《鲁迅与梅兰芳》（袁良骏）、《京剧与传统文化》（王元化）、《咬文嚼字》（连载，周笑先）、《梅兰芳剧作编年》（连载，姚宝琏等）、《读剧札记》（黄裳）、《京剧名家语要》（刘曾复）、《侧幕管见》（吴石坚）、《剧目即战略》（章诒和）、《京剧流派得失辨析》（吴同宾）、《中国戏曲艺术的美学特征》（易中天）、《百年梨园词话》（邓云乡）、《再给一个张别古如何》（刘连群）、《深爱戏曲的浦江青》（寂寂）、《戏缘鳞爪》（张中行）、《我"追"的是杨宝森》（杨洁）、《马叙伦"听余叔岩歌"》（仲品）、《漫谈听戏经历》（金开诚）、《露水因缘》（韩羽）、《叶秀山与京剧》（曹其敏）、《戏缘》（李沽非）、《百年梨园词话书感》（邓云乡）、《我的京剧故事》（罗建文）、《与大师共事的日子》（吴祖光）、《大导演崔嵬》（程云）、《忆先师阿甲》（朱文相）、《初识张中行先生》（蒋锡武）、《艺坛怪才黄永玉》（谢蔚明）、《访林散之印象记》（醉山张）、《"四王"漫谈》（刘纲纪）、《我画钟馗》（马得）、《记父亲扬铎先生》（宗珙）、《记龚啸岚先生》（邓家祺）、《论界奇才戴不凡》（胡金兆）、《师恩难忘——周贻白师二十年祭》（张永和）、《艺无止境》（连载，高盛麟）、《梅兰芳与孟小冬的两件轶事》（张古愚）、《中国京剧中之文学意味》（钱穆）、《戏剧的歧途》（闻一多）、《与李少春谈戏》（石挥）、《中国戏剧的三条路》（周作人）等文章。还应时辟专栏纪念梅兰芳、周信芳、余叔岩、谭鑫培诞辰，刊载《忆梅兰芳先生》（朱家溍）、《试论周信芳》（龚和德）、《可堪孤馆闭春寒，杜鹃声里斜阳暮——论余派艺术的审美价值及继承》（陈云君）、《谭鑫培与中国古典戏曲的终结》（蒋锡武）等文。

《艺坛》注重京剧本体之研究，着力于京剧史料的发掘，既关注现实，复聚焦历史。文则多具学术价值及文献价值，为京剧研究者和爱好者所重视。

（江东）

Yiyou Zuotanhui

艺友座谈会 抗日战争期间上海平剧艺人组织。日军侵占上海后，平剧界一批思想上要求进步、艺术上力求改革的中青年艺人，为了继续进行抗日宣传和开展改良平剧运动，组织了"艺友座谈会"，发起人有吕君樵、李瑞来、何毓如、曹寿春、李君玉、张白云、马骏骅、梁次珊8人。后逐步发展至数十人，其中有抗战初起时上海戏剧界救亡协会歌剧部的参加者和原中华剧团、移风社的成员。该会于1943年12月2日成立，次年2月14日补行成立仪式。不久，中国共产党上海地下组织文化工作委员会领导人之一姜椿芳进入该会，担任宣传教育和业务辅导等工作，上海平剧界由此有了党的直接领导，并在斗争中发展了党组织，培养了一批骨干力量。该会于1944年曾编演新平剧《信义村》，在宣传爱国主义方面起到了一定作用。还经常研讨平剧改良问题，通过报刊阐述改革主张，使沉静一时的改良平剧运动在上海又重新活跃起来。抗战胜利后，他们及时创演了庆祝抗战胜利的《光复河山》和揭露国民党反动派接收丑行的《五子登科》(又名《百丑图》)。又组建会员小组到杭州、温州、苏州等地巡回演出，用改良平剧的名义，在演出老戏《血滴子》中加进《白毛女》、《钦差大臣》等剧情，给观众以新的启迪。另一项重要任务是组织艺人投入政治斗争，如参加1946年6月23日上海举行的各界群众5万余人反内战的游行示威，以及组织平剧界近百人在1946年上海文化界反内战、争自由宣言上签名等。在国民党下令解散艺友座谈会后，该会改名为“伶界联合会艺友联谊会”，继续积极从事各项进步活动，为迎接上海解放作出了贡献。中华人民共和国成立后自行解散。　　(高怡郎)

Yiyuan Qiushi Jingju Biaoyan Duozhong Chengshi de Miaoyong

《艺苑秋实——京剧表演多种程式的妙用》　京剧研究著作。张云溪著。中国广播电视出版社1995年8月出版。该书系作者数十年舞台艺术实践的体悟之作。马少波在该书《序》中指出：“他以通俗生动的语言、常见演出的实例，深入浅出地论述了京剧艺术在表演中多种程式的运用变化的奥妙。由于作者舞台实践经验丰富，见多识广，娓娓谈来，见解独到。配以著名漫画家李滨声同志精绘的多幅插图，堪称形神兼妙、图文并茂。”本书重点是第一部分作者对“京剧表演多种程式的妙用”之专题论述，涉及戏曲表演中一系列对立统一关系，诸如动与静、形与神、快与慢、张与弛、繁与简、文与武等，探索程式妙用的艺术辩证法，颇具理论色彩。书中归纳的提气、沉气、吸气、叹气、屏气、喘气、舒气之“用气七法”，竖腰、坐腰、晃腰、闪腰、揉腰、绕腰、拧腰、涮腰、拔腰、塌腰、控腰、弛腰之“用腰十二法”等，可操作性强，使青年演员可学、可练、可用。举例兼及生、旦、净、丑，不囿于武生一行，各行当演员均可从中汲取营养。作者对“手、眼、身、法、步”之“五法”旧说提出质疑，赞成“头、眼、身、手、步”之新说。作者还对以杨小楼、盖叫天为代表的第二代武生与以李少春等为代表的第三代武生，做了14点比较。其中，既指出第三代武生在艺术观点、舞台作风、博采众长、力争演人物、活用程式等方面比第二代有所进步，也坦然承认在念白和气势方面，第三代均比杨小楼相差一大段距离，在所会传统剧目的数量上，也比前一代相差许多。本书第二部分是作者对“毕生难忘的十一次演出”的历史回顾，富于史料价值，对青年演员亦富教育意义。　　(朱文相)

Yi Jiangnan

《忆江南》　京剧回忆录。李紫贵口述，蒋健兰记录整理。中国戏剧出版社1996年9月出版。第一部分“忆江南”，叙述作者青年时期（20世纪20～30年代）在杭州、嘉兴、湖州水路班子及上海舞台的见闻。文中较翔实地介绍了水路班子的组织形式及演出活动。水路班子分“堂名班”、“一冲头”、“年糕班”等，演出以武戏为主，班子里的主要演员都是从上海邀请来的，由于当地观众要看真功夫，形势逼人，不少上海的武生演员在杭嘉湖得到锻炼。名武生王少楼由于在水路班子受挫，然后苦练出他那著名的一条腿。在“上海舞台见闻”中作者介绍了“上海全堂变景第一人——周筱卿”，连台本戏《狸猫换太子》、《华丽缘》、《封神榜》，“武生

出手把子的诞生”，特别着重介绍并评价了张翼鹏的猴戏和“孩儿戏”等，均为过去书中很少论及的。刘厚生在序中说：“不仅所记所述生动有趣，更重要的是其中许多资料实际上具有京剧史的价值”，“张翼鹏是南方非常知名的武生大演员”，“多年来对他的艺术介绍分析也很少，紫贵在这里填补了一个相当大的空白”。这一部分曾于1994～1995年在《戏剧电影报》上连载。第二部分收入了曾登载于《中国京剧》、《戏剧电影报》、《中华戏曲》的《周信芳三进丹桂第一台》、《歌台深处筑心防》、《周信芳的大嗓儿小生》、《盖叫天的霸王》、《小三麻子的老爷戏》等文章。作者满怀激情地介绍了周信芳在抗日战争期间以歌台为阵地与敌斗争的爱国情怀，以及麒派艺术的特点和形成过程。评介盖叫天创造的霸王别具一格，并介绍盖叫天为塑造一个有统帅之威又有帝王之尊以及生平“无一合之将”的霸王，创造了独有的霸王装、霸王枪、霸王操、霸王战。作者依青年时期亲眼所见，又亲访他的表弟、盖叫天的次子张二鹏，所以叙述极为生动详尽。　　(刘乃崇　蒋健兰)

Yi Yishu Dashi Mei Lanfang

《忆艺术大师梅兰芳》　文集。许姬传、许源来著。中国戏剧出版社1986年6月出版。收入文章50多篇，26.6万字。黄裳为之作《序》，略谓：许姬传、源来兄弟在梅兰芳身边前后工作了四五十年，其间最有意义的应该说是协助梅兰芳写出了中国第一部表演艺术家自传《舞台生活四十年》，为中国近代戏剧史积累了难得的资料，为广大观众提供了亲切而有益的知识。因为种种原因和梅兰芳的过早逝世，使这部自传没有按原订的计划最后完成，又限于《舞台生活四十年》的体例，许氏兄弟有许多积累的素材也未能全部加以利用。这本《忆艺术大师梅兰芳》的出版，可以看做《舞台生活四十年》的补充。两位作者追忆往事、缅怀故人，不拘一格，写来更自由，从第三者的立场对梅的艺术生活的许多方面加以研究、记录、评价，对读者了解这位伟大的艺术家会有许多值得参考之处。书中的重要文章有《梅兰芳表演体系的形成和影响》、《记梅兰芳关于表演艺术的讲话》、《抗战八年中的梅兰芳》、《〈舞台生活四十年〉出版前后》、《梅兰芳遗物纪事》等。许姬传在《前言》中介绍了本书的产生背景。书中附有不少珍贵图片。　　(简畅)

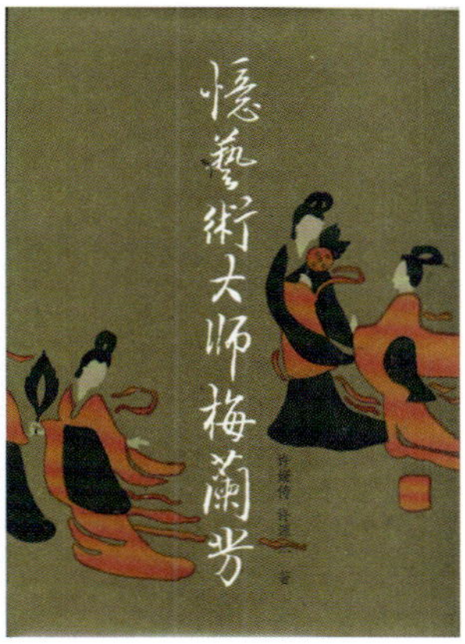

Yishi Bao

《益世报》　综合性日报。1915年10月10日在天津创刊，1949年1月停刊。在这34年的历程中，曾刊登大量有关天津戏曲活动的信息与文章，如1931年2月天津北洋戏院改建竣工，11日晚举行揭幕庆典，由尚小云演《玉堂春》、王又宸演《失街亭、空城计、斩马谡》，《益世报》做了较详报道。1933年7月29日菊坛名宿孙菊仙在天津病逝，该报刊有专文，介绍孙菊仙的出身、拜师经过、

如何走上舞台以及与谭鑫培的交往、入清宫演出等情况。1934年马彦祥主持《益世报》副刊，并兼“别墅”版，一改原游艺版之旧形式，熔电影、话剧、京剧、曲艺、音乐、舞蹈于一炉，田汉、洪深、沈浮等均曾供稿，使该版别开生面。1936年该报副刊曾登载江寄萍的文章《谈南曲》与署名“炎”的文章《杨宝森剧艺》等。在当年9月19日天津中国大戏院开幕盛典前两月，便发表了刘炎臣所写的介绍该戏院结构、景观的文章，为他报所罕见。1936年11月“别墅”版又开辟《剧谈》栏，对戏曲的由来与发展做了考证，并提供了京剧知识与著名演员的艺术概况。仅当年11～12月发表的主要文章就有江寄萍之《谈乱弹》，笙雯之《傀儡戏的沿革》、《文场略谈》与《谈脸谱》，赵吉田之《〈连环套〉之派别》则对京剧花脸三杰金少山、郝寿臣、侯喜瑞所演窦尔墩进行了比较分析，钟柯之《谈〈绣襦记〉》，又对名旦荀慧生所演的《绣襦记》中的主要人物李亚仙予以佳评。这些文章对今天的戏曲工作者与爱好者仍具一定的参考价值。（魏子晨　王永运）

Yin Baozhong

殷宝忠　（1923～　）　演员。工老生。北京人。7岁随兄学艺，11岁入北平文林社科班，从李玉龙学艺，随科班在北平、天津、上海、南京等地演出，崭露头角。16岁出科到天津搭班，后随山东富连成科班到山东、河北及东北各地演出。1948年参加东北民主联军京剧团，1949年随军到天津，参加十五兵团京剧团，1951年参加抗美援朝，入中国人民志愿军京剧团。1958年调山东省京剧团，任主要演员，后任副团长。殷宝忠嗓音圆润醇亮，唱念均见功力。20世纪50年代拜谭富英为师后，专心研习谭派艺术，颇有成就。先后曾与尚小云、方荣翔合作。经常演出的传统剧目有《红鬃烈马》、《四郎探母》、《失街亭、空城计、斩马谡》、《八大锤》、《李陵碑》等，新编古代剧有《将相和》、《摘星楼》、《闯王旗》等。曾参加现代戏曲影片《奇袭白虎团》的拍摄工作，为导演之一，后又参加戏曲影片《红云岗》的导演工作。80年代末，调山东省艺术学校任校长，从事教学工作。（秋枫）

Yin Yuanzhen

尹元贞　（1920～2002）　戏装工艺师。直隶饶阳（今属河北）人。1934年在北平珠市口永聚成戏衣庄学戏衣设计，师从张斌禄。张斌禄为北平戏衣业前辈李春之徒。李春（1873～约1943）先经营德春厚绣花局，后与李书舫、李子厚合开三顺戏衣庄，为北平戏衣业的第一家。李春手艺传授于张斌禄。尹元贞于1938年从张斌禄处出师后，就在师爷爷李春的三顺戏衣庄就业。有一段时期，曾同时兼任四家戏衣庄的设计工作。1956年戏装业公私合营后，尹任北京剧装厂设计车间主任。20世纪50年代末为晚年梅兰芳设计戏衣，鉴于梅氏体态发胖，尹元贞把裙子马面幅宽由原来的8寸半加到11寸半，同时加宽花边，并在肚子隆起处减花，把肩部的花延伸到臂膀上，产生了极佳的“做瘦”效果。1979年任北京剧装厂副厂长兼技术组组长，同年作为北京剧装界代表出席由轻工业部召开的“抢救历史戏衣资料”专业会议。会后，尹凭借多年积累的丰富经验和过硬技艺，在很短时间内，将“文化大革命”中损失的资料补齐，为以后戏衣的规范生产奠定了坚实基础。此后，他还陆续撰写文章，发表于报刊，约有8万多字，为同行业所珍视。1981年，他设计的团龙蟒，获轻工业部中国工艺美术百花奖第二名。1989年被评为高级工艺美术师。他与上海剧装厂的谢杏生在戏装界享有很高声誉，有“南谢北尹”之称。1990年退休后，仍发挥余热，毫无保留地传授技艺，指导年轻人。（孙晓华）

yinchang

饮场　演出过程中，演员在场上润喉饮茶，谓之“饮场”。因传统舞台为开放式，不设大幕，检场、饮场等幕后之事均不避观众，虽有碍剧情，却习以为常。戏曲表演重唱、重嗓，大段唱腔下来，往往口干喉紧，需要润嗓，遂有检场人或跟包提壶送茶，小饮数口。此俗之延伸，包括武戏演员在开打间隙中由检场送毛巾“擦脸”。其恶性发展，则成为名伶及其跟包显示身份派头的手段，如民国初，暖壶新兴，某京剧名伶“跟包用两个人，一个背暖壶，一个拿茶杯。用时，一人倾入杯内，一人持到面前供饮。特别还带手巾，一面饮茶，一面揩脸”。另一名伶“又添花样，用一人背两暖壶，上面都标着签，写着字。一个写一个‘茶’字，一个写‘人参汤’三个字”。甚至有台上让跟包提靴子、换裤子之事发生（以上均见于齐如山《戏界小掌故》“谈饮场”）。中华人民共和国成立后，为净化舞台，取消了饮场。（戴申　周华斌）

Yingxiutangtan

《英秀堂谭》　图册。和宝堂主编。北京颂雅风文化艺术中心出品。8开本，270余页，软精装。2006年为纪念谭富英百年诞辰编印。选用图片约630幅。因谭鑫培堂号“英秀”，故以《英秀堂谭》为书名，以图片展示谭门七代的梨园风貌。起自谭志道（谭鑫培之父，唱老旦），以次为谭鑫培、谭小培、谭富英、谭元寿、谭孝曾、谭正岩，为历史悠久的京剧生行世家。卷首有王琴生（谭小培弟子）序、刘曾复祝词、欧阳中石题诗及张志欣文章《谭鑫培和他创立的谭派艺术》。书中以谭富英图片最为丰富，约占75页。（简畅）

Yinghuan Daxiyuan

瀛寰大戏院　现代剧场。址在北京市东城区灯市口大街东口路北之同福夹道。现已不存。1932年2月6日建成开业。仿西式建筑，可容观众800人左右。开业邀请富连成科班作庆贺演出，剧目有毛世来、江世玉主演的《铁弓缘》，沙世鑫、傅世兰合演的《骂殿》，李盛斌、骆连翔、李盛富、苏富恩合演的《青石山》，刘盛莲、叶盛兰、叶盛章合演的《红鸾禧》，李盛藻、贯盛习合演的《定军山》，骆连翔、苏富恩、孙盛文、沈富贵合演的《兴隆会》(见《五十年来北平戏剧史材》)。开业后曾兴旺一时，演出有杨小楼的《湘江会》、《武文华》、《骆马湖》，尚小云的时装戏《詹淑娟》，荀慧生的全本《白娘子》等。后因地处非繁华的胡同内，营业不振。1936年改建为飞仙电影院。1937年10月7日改称飞仙剧场，影剧兼营。抗日战争胜利后，改称建国东堂，演过许多话剧。1948年，韩世昌、白云生等组建的北平昆曲学会每周三在此演唱昆曲。1949年北平解放后改称解放影剧院。1950年停业。（吴增彦）

yingjiexi

应节戏　农历节庆应时演出的剧目。据《东京梦华录》，早在宋代，每逢节庆，京城开封的瓦肆勾栏，便有“歌舞百戏”、“杂剧舞旋”的演出，七月中元节演出的《目连救母》和三月清明节扮演的“舞判”、“哑杂剧”等便是最早见诸记载的戏目。习俗相沿，这种演出在宫廷和民间都成为节日娱乐的一种重要形式。清宫每年所有节日，都有应节戏，称为“月令承应”，如《喜遇元宵》、《屈子竞渡》、《九华品菊》、《踏雪寻梅》等，采用杂剧体裁，由昆、弋腔演出。京剧形成后，应节戏的演出虽未形成制度，却也往往在节日时选择在内容或剧名等方面或多或少有关联的剧目，作为应景，招徕观众。如元宵节的《闹花灯》，是薛刚因闹花灯闯下大

应节戏《上元夫人》的一个场面

祸的故事；端阳节的《混元盒》以张天师除“五毒”的内容与民俗吻合，《白蛇传》则因剧中有“端阳酒变”的情节；七夕的《天河配》适当其时；中秋节的《阴阳河》则又名《赏中秋》。此外，有些戏班（演员）也曾有意识地改编或创作上演了一些应时的剧目，如1915年中秋，王瑶卿等在北京第一舞台演出根据清宫月令承应戏改编的《天香庆节》，梅兰芳则同时演出李释戡、齐如山编剧的《嫦娥奔月》。又如1920年元宵节，梅兰芳演出齐如山编剧的《上元夫人》等。至于齐如山据阮大铖同名传奇改编的《春灯谜》（梅兰芳演出）和陈墨香据梆子《合凤裙》改编的《元宵谜》（荀慧生首演），虽然不是专为应景而作，也常作为应节戏演出。齐如山《戏界小掌故》中谈到：“据戏界老辈人云，从前在前清时代，应节戏并不发达”，“这个名词，在清朝末年才抬头，民国以后，就很风行，差不多人人都知道了”。京剧的应节戏与月令承应有所不同，主要是作为营业手段，后来也渐渐成了历史的名称。 （颜长珂）

Yongshengshe

永胜社 京剧班社。1927年杨小楼将忠庆社改名永胜社，以武戏唱大轴挑班，名著京华。杨小楼遴选班底与合作者极为严格。武戏合作者有武生迟月亭，武净钱金福、钱宝森父子、范宝亭、许德义，武丑王长林、王福山父子、傅小山、艾云飞，武行头侯海林，武旦朱桂芳、阎岚秋等，都是技艺高超，与杨小楼配合默契、珠联璧合的名家。就连文武场面，如鼓师鲍桂山、大锣陈四、琴师耿玉清、笛师方秉忠，以及容妆师（二衣箱、盔头师傅）靳荣轩、剧通科检场师阎福等，也都是与杨小楼在清廷昇平署承应时的老伙伴。永胜社初立，名老生余叔岩就与杨小楼第三次合作，不过为期很短，其后为言菊朋、刘砚芳、李洪春、刘宗杨（兼演武生），里子老生鲍吉祥、扎金奎、方宝全等，都是上选人才。旦脚赵艳华、新艳秋、黄润卿、王幼卿、魏莲芳、陈丽芳等也都是名角。二旦有何雅秋、计砚芬、何佩华。花脸有郝寿臣、霍仲三、侯喜瑞、蒋少奎、刘砚亭、马连昆。文丑慈瑞泉、茹富蕙、孙盛武。小生姜妙香。老旦罗福山。永胜社10年中，杨小楼常演的戏有《长坂坡》、《战宛城》、《冀州城》、《挑华车》、《青石山》、《麒麟阁》、《铁笼山》、《状元印》、《晋阳宫》、《霸王别姬》、《英雄会》、《飞叉阵》、《金钱豹》、《艳阳楼》、《骆马湖》、《恶虎村》、《武文华》、《连环套》、《水帘洞》、《安天会》等。与老生名家共演的有《阳平关》、《八大锤》、《晋楚交兵》、《要离刺庆忌》。与尚小云合作演《湘江会》。在义务戏中常演的群戏有《龙凤呈祥》、《蚆蜡庙》、《战宛城》、《霸王别姬》等。永胜社新编新排首次公演的剧目有：1928年1月1日在开明戏院首演全部《江都县》，表演黄天霸与王栋、王梁“议事”、“酒楼”、“辞差”事，下接《恶虎村》。1月11日在开明戏院夜场首演全部《取桂阳》。1929年6月7日在华乐园首演《陵母伏剑》。8月3日在第一舞台初演《野猪林》（头本《林冲发配》），4日接演《山神庙》（二本《林冲发配》）。1934年春，郝寿臣与杨小楼挂并牌，杨冠以“国剧宗师”，郝冠以“花面泰斗”，每场票价为1元2角，是当时剧场最高票价，如演头二本《连环套》则每票又增4角，仍客满。同年，2月4日永胜社杨小楼、郝寿臣演封箱戏《挂印封金、灞桥挑袍》。7月15日，永胜社在吉祥戏院夜场演《甘宁百骑劫魏营》。7月28日，永胜社在吉祥戏院由杨小楼、郝寿臣、陈丽芳等演出吴幻荪改编的《野猪林》。8月25日，永胜社在开明戏院首演《坛山谷》。1936年2月21日，永胜社与尚小云的重庆社临时合作演出《长坂坡》。1937年1月11日，杨小楼与尚小云合作，两人俱演双出。杨小楼先在倒第三与许德义合演《武文华》，尚小云在倒第二与郝寿臣合演《法门寺》，大轴是杨小楼、尚小云、郭春山、札金奎合演《湘江会》。杨小楼一出短打，一出长靠，一招一式，全都显出真本事来，“那天许多内行武生，全到吉祥园来听这两出，前后台都挤满了，认为是‘打着灯笼没处找’的机会”（周志辅《杨小楼评传》第75页）。1月31日，永胜社在吉祥戏院首演《康郎山》。1938年1月30日，永胜社在吉祥戏院夜场演封箱戏《康郎山》，杨小楼带病登场，此为永胜社最后一场演出。是年2月14日，杨小楼病逝，班社解体。 （李体扬）

《野猪林》 杨小楼饰林冲（实蕴秋摄）

《过五关》 杨小楼饰关羽（右） 李洪春饰普净

Yongxing Guojushe

永兴国剧社 京剧票房。原为永兴洋行（法商）为华人设立的俱乐部。创办人叶庸方（永兴买办叶星海之子）、吴渭滨（永兴洋行会计）。1930年成立于天津法租界24号路嘉乐里7号楼的一所宅院里。参加者初期多为永兴洋行、德商西门子洋行、禅臣洋行、美商美古绅洋行的职员，且多系宁波人。后来购置戏箱，聘请老艺人叶德风、张荣奎为教师，吸引了很多京剧爱好者，很快成为规模较大、人才众多的大票房。1931年8月初，该社举行成立一周年纪念演出。印制了一批纪念册，内中有各界名人题字，并有铜版照片、介绍社内主要演员。8月3日、4日在明星大戏院演出，

《奇双会》
俞珊饰李桂枝（左）
黄桂秋饰赵宠（反串）

凡购纪念册者，附赠入场券一张。九一八事变后该社曾一度停止活动。1932年10月18～19日，在北洋戏院举行了成立二周年纪念演出，有法国医师米大夫与另一法国友人参加演出的《瞎子逛灯》。后因主办人叶庸方逝世，失去永兴洋行的支持，逐渐变成社会性质的票房，坚持活动。该社曾聘孟小如、韩富信、戴克鑫、李盛斌、萧盛瑞、王益友、王华甫、包丹庭、金继贤等人为教师。社长陈趾祥。剧务主任魏病侠。社员有：杨乐彭、夏铁生、陈鹏程、邱玺臣、邱丙炎、陈幼芝（玥月馆主）、冯邦杰、吴六如、姚惜云、赵侃如、俞珊、陈湘君、杨维娜、余榍声、解宗葵、奚凤亭、上海武生钟启英、许佛罗等，还有剧评家张厚载，《益世报》副刊编辑马彦祥和刚刚学戏的童芷苓等。20世纪50年代停止活动。

（李崇祥）

Yongyan Hesheng She

永言和声社 京剧票房。程茂亭、李适可于20世纪30年代在北平地安门白米斜街成立。票友程茂亭精通各行当，能"抱总讲"，六场通透，诗词、音韵、声律都有很高的造诣。余叔岩曾得其教益，结为挚友。程砚秋创《锁麟囊》唱腔时，几乎每日在什刹海后海喊嗓子，完毕即至程茂亭家共同研究。后来程砚秋排《英台抗婚》，也得到程茂亭帮助创制唱腔。谭富英的《长生殿·弹词》亦为程氏所授。永言和声社有老生秦椴庵、陈鹤峰、章禹言，女老生黄邦旭，旦脚刘仰园，丑脚于芝珊，花脸翁偶虹、黄占彭，武场阎慎夫、沈幼良、李斌植、李大成，琴师王瑞芝、李铁林、费文治、王德元、赓金群等。1947年解散。1952年永言和声社恢复活动，迁至安定门瓮城真武庙西院程茂亭家。1956年初停止活动。

（李体扬）

Yongfengshe

咏风社 京剧班社。1946年冬成立于安东（今辽宁丹东）。原安成舞台经理刘兆琪、副经理穆玉成任正副社长。一改旧班社习俗，仿效娃娃剧团，实行军事化管理，学政治学文化，勤工俭学，边学边演。学员均在7～12岁之间，入社不分行当，一律练基本功，男生先学老生念白、唱段，女生先练花旦念白、青衣唱段，然后根据个人条件分行学戏。教学分四个环节进行：师生同台，学戏练功，观摩学习，独立演出。教师有白玉崑、孟幼冬、诸如香、邢威明、马宗慧（小白牡丹）、张和元、李香匀、陈鸿寿、林逢春（一汪水）、靳树桐、耿庆武、徐少山、赵信华、姚承绪、张宝芬、王崇庄、刘颖华、李克明、王福年、王云鸣等40余名。根据环境需要，先后排练演出了《兄妹开荒》、《送公粮》、《夫妻识字》、《白毛女》、《九件衣》、《三打祝家庄》等剧目。1948年11月沈阳解放，咏风社赴营口、辽阳各解放区演出。1950年归属东北人民政府文化部，更名为东北戏曲实验学校。咏风社前后7年，共招收学员100多名，除演出现代戏外，还排练演出了一批传统戏，如《大名府》、《六国封相》、《大英杰烈》、《群英会》、《红娘》等，培养了不少著名京剧演员，如王晶华、曲咏春、李嘉林、刘习中等。

（王功桓）

You Jishun

尤继舜（1947～　　）琴师。江苏溧水人。自幼由父尤象蓉亲授京胡，岳父卢文勤亦为启蒙老师，打下扎实的基础。1966年毕业于江苏省戏曲学校。1969年调入上海京剧院。曾拜赵济羹为师，

又先后求教于李慕良、汪本贞、王瑞芝、何顺信、沈玉才等。由于他勤奋好学，博采众长，对各行当、流派的特点均很娴熟，形成了稳健刚劲、音色饱满、灵巧华丽、从容流畅的演奏风格。20世纪70年代为《智取威虎山》一剧操琴。曾和俞振飞、纪玉良、蒋慕萍、李蔷华、童祥苓、张学津、李长春、关怀（栋天）、夏慧华、王梦云、尚长华等诸多名家合作，并灌录了大量的唱片、盒带。尤继舜在演奏艺术上富有创新精神。1973年与民族乐器演奏名家闵惠芬、刘明源、刘德海等合作创编民乐新作《京剧音乐》，担任领奏员。在《甲午海战》（童祥苓主演）、《谭嗣同》（张学津、李长春主演）、《乾隆下江南》、《潘月樵传奇》（关栋天主演）等新编剧目中担任京胡伴奏，颇具新意。20世纪90年代，尤继舜多次在海内外举行个人京胡独奏会，不仅演奏了［夜深沉］等脍炙人口的京剧独奏曲，并且用京胡演奏了罗马尼亚小提琴名曲《云雀》，受到海内外观众的赞誉。1996年，上海音像公司为他录制了《尤继舜京胡演奏专辑》。2001年和2004年，在第三届、第四届中国京剧艺术节上，因参与新编历史剧《贞观盛事》和《廉吏于成龙》的作曲（与高一鸣、龚国泰合作）和演奏，获得优秀作曲奖和优秀京胡演奏奖。《廉吏于成龙》的作曲还获得第十一届文华音乐创作奖。

（高怡邨）

You Shen Bao Xiqu Guanggao Kan Shanghai Jingju Fazhan

《由〈申报〉戏曲广告看上海京剧发展》 京剧史专著。林幸慧著。台湾里仁书局2008年9月发行。约50万字。本书以1872～1899年《申报》戏曲广告为素材，勾勒京剧进入上海后的发展面貌。全书分5章。第一章，《申报》戏曲广告及其意义。在这一章的第四节即提出"上海京剧发展的历史分期"。作者将19世纪后期的上海京剧，分奠基期、发展期、成熟期。第二、三、四章，分别论述这3个时期的京剧状况。第二章，上海京剧奠基期（1867～1886），是移植北京原生京剧与融合其他地方剧种时期。涉及戏园设施、"班园合一制"的形成、戏园对剧目的影响、戏园行销方式、观众组成等。第三章，上海京剧发展期（1887～1893），是上海本地意识抬头、主体性酝酿时期。作者以时事新戏《火烧第一楼》作为发展期的标志性作品，并探讨了"时事新戏"向"时式新戏"

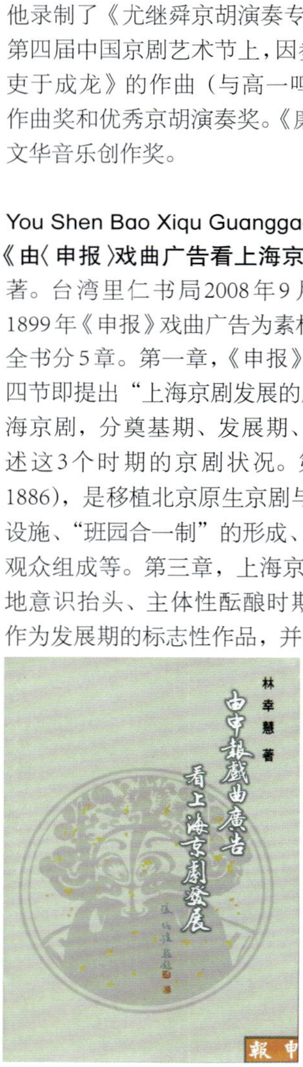

的转化。认为"时事新戏"强调取材于时事，剧情占相对重要地位；"时式新戏"重在展现各种流行玩艺，诸如十美出局，机器转轮，东西洋戏法并呈，京广杭新彩争胜。第四章，上海京剧成熟期（1893～1899），是上海京剧确立新的审美观、京剧建立了以地为名的支派——"上海京剧"时期。作者以连台本戏《铁公鸡》、《湘军平逆传》作为成熟期的标志性剧目。第五章，在成熟期趋于定

型的上海京剧特征，概括为3点：对舞台美术的极度重视、写实风格的确立、“当代性”的逐步浮现。何谓“当代性”？即“紧密贴合时代潮流，反映当时局势，掌握观众心理”。作者认为，这些特征仍是今日上海京剧的基础。正是这些特征，使上海京剧与北京原生京剧有了明显区别，其意义，在于提供了新的“以地立派”模式。早先，北京原生京剧在形成期的“以地立派”(如徽派、汉派)，肇因于演员出自不同的地域或剧种，形成个人带有地方色彩的表演风格。而上海京剧这个新的“以地立派”，是京剧成熟以后向外流布所产生的演化现象，反映出其“地”所具备的特殊的人文风貌。作者不用“海派京剧”，是由于当时“海派”一词尚未出现，到了20世纪二三十年代，又有“恶性海派”之说，为避免误会，故以“上海京剧”称之。本书有附录4种：前3种均为不同时段（1887～1893，1894～1899，1900～1905）上海戏园新编剧目表，附录四为1840～1900年大事表。刘厚生为本书作序。本书作者尝试将诠释历史的权利交还给“在过去和现在都缺少发言权”的剧团本身，经由戏曲广告这些琐碎却又具体的史料，探讨上海京剧在中国京剧史上的真正地位，从研究方法到研究思路都有一定的创新意义。但所涉及的资料仅限于19世纪下半叶，却已“完整地”勾勒了上海京剧的奠基期、发展期、成熟期，那么，20世纪初新舞台成立以后的近百年上海京剧，又将如何描述呢？

作者林幸慧，女，台湾“清华大学”文学博士，业师王安祈。现任台湾成功大学中文系助理教授。另有专著《京剧发展V·S·流派艺术》。（龚和德）

Yu Kuizhi

于魁智　(1961～　)　演员。工老生。辽宁沈阳人。回族。母亲是一名音乐教师。自幼具有良好的声乐天赋，深受母亲的影响，喜爱唱歌。未满10岁即被选入沈阳京剧院少年艺术班，学唱京剧。

在蒙师杨元咏、黄云鹏的悉心教授下，他的唱念做打各功都已有一定基础。13岁时便在京剧现代戏《大橹歌》中扮演主角。1977年毕业后，分配到沈阳京剧院二团任演员，工文武老生。为了深造，1979年只身闯入京城，投考中国戏曲学院表演系，以其清亮朗润的嗓音条件和熟练扎实的武功根底，被学院录取，幸运地成为这一年该系面向全国招生仅收的两名老生学员之一。入校后，得到叶蓬、李世霖、王世续、孔雁、何金海、刘福生诸师的教益，进一步锤炼了文武老生表演的艺术功力。1982年以品学兼优的成绩毕业，分配到中国京剧院一团。在中国京剧院又先后得到袁世海、李世济、孙岳、冯志孝、刘长瑜、杨春霞等前辈演员的提掖合作，更得到李鸣盛、茹元俊、曹韵清、祝元昆等名家传授杨（宝森）派、李（少春）派名剧，遂使他成为艺兼二家的文武老生俊才。

于魁智的嗓音圆润清醇，声丰韵厚，行腔舒朗流畅，台风大方，气度隽逸，做表质朴细腻，明快沉稳，允文允武，能翻能打。戏路宽广，擅演剧目有：《杨家将》、《李陵碑》、《清官册》、《审潘洪》、《失街亭、空城计、斩马谡》、《伍子胥》(《战樊城》、《文昭关》、《浣纱河》、《鱼肠剑》)、《四郎探母》、《红鬃烈马》、《乌盆记》、《击鼓骂曹》、《将相和》、《法场换子》、《珠帘寨》、《三家店》等。在当年曾与李少春同台合作的师辈指导下，恢复上演了李氏代表作《野猪林》、《响马传》和唱做并重、扑跌繁难的《打金砖》等剧。他还以李派的艺术风格重排了《满江红》和新排了《弹剑记》、《兵圣孙武》等剧。他多次出国或到中国香港、台湾地区演出，均获极大成功，赢得了台湾、香港和海外各界人士的盛赞，一时形成“于魁智热”。1987年获全国青年京剧演员电视大赛最佳表演奖。1990年获第七届梅花奖。1991年获全国中青年京剧演员电视大赛最佳表演奖。1993～1994年由中国京剧艺术基金会推荐为第一届中国京剧之星。1993年获梅兰芳金奖。1998～2001年入第二届中国京剧优秀青年演员研究生班学习。他是20世纪90年代以来，京剧舞台上实力最强、备受瞩目的老生演员。2004年，应北京京剧院之邀，主演京剧交响诗剧《梅兰芳》，饰梅兰芳。剧中于魁智唱做繁重，大段[二簧]、[反二簧]，唱得柔中见刚，声情并茂。在表演上，他将梅兰芳民族精神的壮美与梅氏气质的优雅温润有机地统一起来，是他主演多个新编剧目中比较成功的一个。2010年获中国文化艺术政府奖文华表演奖，同年就任国家京剧院副院长兼艺术指导。（钮骠）

《响马传》饰秦琼

《兵圣孙武》饰孙武（左）　李胜素饰子萱　（王宇摄）

Yu Lianquan

于连泉　(1900～1967)　演员。工花旦。原名树德，字绍卿，又字红霞，号桂森，又号霭芬，乳名三利，艺名筱翠花，堂号泗水堂。祖籍山东蓬莱，生于北京。排行第三。7岁时，因其父失业生活困难，与兄永利同入郭际湘（艺名水仙花）创办的鸣盛和科班学艺，排名盛琴。初从蒙师陈啸云学《二进宫》、《战蒲关》、《南天门》等青衣戏，后经郭际湘慧眼识才，令其改习花旦，京、梆兼学。从一位张老师（千日红）学梆子《捡柴》、《杀狗》、《紫霞宫》等戏，曾以“小牡丹花”艺名演出。两年多

后因科班报散奔走各戏园，略有微薄收入。约一年后，常出入富连成社，一次偶然替李连贞演梆子戏《三疑计》丫环翠花，因其表演甚佳，遂被富社编入“连”字科，排名连泉。萧长华并为其起“筱翠花”艺名。开始仍学梆子花旦，后专工京剧，师从萧长华、郭春山等。在科内除演玩笑旦和泼辣旦戏外，亦演刀马旦及昆曲戏。

1918年出科后，拜田桂凤为师，并得到路三宝、侯俊山、余玉琴、王瑶卿等名家指点。除在富连成社演出外，曾于双庆社、喜群社、斌庆社搭班演出。1922年应邀与余叔岩赴上海演于天蟾舞台，备受赞誉，并得到冯子和亲传昆曲《借茶》。返京后烦请陆宝林为其编演了《活捉》。1923年搭庆兴社，演出《七擒孟获》，高庆奎饰孔明，侯喜瑞演孟获。于连泉扮演的祝融夫人，以其扮相打破了传统的造型，别具风采，有剧照传世。1924年与尚小云应荣记大舞台邀请赴沪演出。1926年组玉华社，1931年组庆生社。1935年搭马连良扶风社赴上海演于新光大戏院。1946年再次应邀赴上海演于黄金大戏院。1952年曾排新编古代剧《气盖山河》。1955年与马富禄于北京剧场内部演出《活捉》，获得赞誉。他功底深厚，戏路宽广，做工细腻，扮相妩媚，表情传神，跷功尤佳，世称“筱派”。

于连泉曾与王长林、萧长华、杨小楼、俞振庭、程继先、余叔岩、高庆奎、九阵风、侯喜瑞、郝寿臣、孙毓堃、朱素云、王又宸、王幼卿、黄润卿、金仲仁、诸如香、尚小云、徐碧云、雷喜福、马连良、李连贞、李洪春、钱宝森、王福山、马富禄、高富远、叶盛兰等名家合作演出。擅演《一匹布》、《打钢刀》、《打灶王》、《打面缸》、《打樱桃》、《小上坟》、《小放牛》、《小过年》、《梵王宫》、《红梅阁》、《查头关》、《花田错》、《铁弓缘》、《红鸾喜》、《荷珠配》、《游龙戏凤》、《胭脂虎》、《挑帘裁衣》、《翠屏山》、《坐楼杀惜》、《活捉三郎》、《扫地挂画》、《采花赶府》、《闺房乐》、《得意缘》、《战宛城》、《大劈棺》、《海潮珠》、《花田错》、《双沙河》、《双钉记》、《双铃记》、《文章会》、《拾玉镯》、《宣化府》、《庆顶珠》、《梅玉配》、《玉堂春》、《奇双会》、《宝蟾送酒》、《貂蝉》、《金山寺》、《穆柯寨》、《穆天王》、《虹霓关》、《樊江关》、《马上缘》、《梁红玉》、《十三妹》等诸多剧目，特别《贵妃醉酒》，有其独到之处，梅兰芳亦深为佩服。

于连泉中年曾应尚小云之邀，执教于荣春社。1958年受聘于中国戏曲学校。并被聘为北京市戏曲研究所的研究员。他的弟子与学生遍及全国各地，有刘盛莲、毛世来、陈永玲、李玉茹、白玉薇、李丹林、吴绛秋、高玉倩、李慧芳、李丽芳、崔熹云、崔荣英、赵丽秋、邹慧兰、刘长瑜、李慧如、巴金陵、李淑君、梁谷音、曲素英、张曼玲、陈国为、汤小梅及豫剧演员陈素贞等。1962年著有《京剧花旦表演艺术》(柳以真记录整理）一书，北京出版社出版。子于世文，工老生。

（刘松崑）

《小放牛》饰村姑（左）
马富禄饰牧童

《海潮珠》饰棠姜（左）
马富禄饰齐庄公

Yu Qian

《于谦》 京剧作品。张梦庚、苏俗编剧。取材于明代史实“土木之变”、“夺门之变”。明英宗朝，瓦剌太师也先兴兵入侵，英宗亲征，于土木堡一役溃败被俘。也先挟英宗南攻紫荆关，命投降太监喜宁回朝诱和，以期不战而取北京。败报到京，郕王朱祁钰监国，召集朝议。兵部侍郎于谦以社稷为重，力排投降派求和主张，坚决请战，得主战派支持，共拥郕王即位，整兵备战。于谦晋封兵部尚书。也先诱和不成，以送驾诈关，兵临德胜门，指名要于谦过营迎驾。于谦置生死于度外，偕翰林侍讲徐铿赴敌营，揭穿其诡计，威慑也先，安然而返，并将计就计，指挥军民击溃敌军，迎回英宗，保住京城。1963年7月，由北京实验京剧团首演于北京市工人俱乐部。导演王雁，主要演员有张学津（饰于谦）、马永安（饰也先）、王晓临（饰孙太后）、孟俊泉、马增寿、沈宝桢。1964年北京出版社出版单行本。该剧创作时，正值戏剧界经过一场关于历史剧创作问题的讨论，其中一个主要论题是历史真实和艺术真实的关系。剧作者在这方面做了有益的尝试，在尊重史实的基础上进行艺术虚构，比较真实地反映了这段关系明王朝存亡的历史。通过廷议请战（第三场）、守城拒敌（第九场）、敌营斗也先（第十场）等主要场次，刻画于谦忠烈刚毅、机智果敢的性格，歌颂了他为国家存亡不计个人安危，敢于犯颜直谏，赴汤蹈火的爱国精神。剧作在唱念安排上较有特色。第三场于谦与力主求和的孙太后冲突，主要通过轮番对唱展开，或陈情，或辩理，或驳难，随着情节和感情节奏的变化，唱段长短参差，疏密相间。第十场以念白为主，敌对双方唇枪舌剑，各藏机锋，其中于谦斥也先的大段念白，铿锵有力，颇见气势。

张学津饰于谦（右） 马永安饰也先 （陈莹摄）

（张燕鹰）

Yu Shiwen

于世文 (1924~2003) 京剧教师。曾为老生演员。祖籍山东蓬莱，生于北京。外祖陆华云、父亲于连泉皆为名伶。幼拜高庆奎为师，10岁带艺入富连成社科班，师从方宝泉、张连福等。后问艺于名净钱宝森，又师从余派研究家李适可。1950年始与程砚秋同台，深得程之器重、提携，与程合演生、旦对戏如《汾河湾》、《武家坡》、《朱痕记》等。又在《六月雪》、《荒山泪》、《三击掌》、《英台抗婚》等程派代表剧目中担任主要配演。曾参与程砚秋《荒山泪》的拍摄，饰鲍世德。程砚秋去世后，于1960年

入北京市青年京剧团，与赵荣琛等合作，除应老生本工外，还常替补其他行当脚色，充分展示出其博学多艺的才华。其间，开始从事教学活动，曾指导过王志廉、黄世骧等青年演员。20世纪70年代末又收赵世璞为徒。1979年调北京市戏曲学校，先后任教务长、副校长并兼老生教师。于世文的唱念做打功力深厚，细腻考究。在教学中，能深入浅出，提纲挈领，强调规范。学生从其学艺，多能学其艺又明其理，触类旁通。（王硕）

Yu Wanzeng

于万增（1948～ ） 演员。工小生。祖籍山东蓬莱，生于北平（今北京）。出身梨园世家，祖父于连泉（筱翠花）是京剧筱派花旦艺术的创始人，父亲于世文为余（叔岩）派老生演员。他于1960年入中国戏曲学校，习小生。师承姜妙香、茹富兰、陈盛泰、江世玉、茹绍荃、黄定等。1968年毕业后留中国戏曲学校演出队。同年入北京军区战友京剧团。曾主演新编古代剧《白衣渡江》。1985年与杜近芳合作参加中国京剧艺术家演出团赴香港演出，获得好评。1988年调入中国京剧院。主演剧目有《群英会》、《黄鹤楼》、《吕布与貂蝉》、《白门楼》、《辕门射戟》、《罗成叫关》、《周仁献嫂》、《玉门关》、《飞虎山》、《临江会》、《打侄上坟》、《白蛇传》、《柳荫记》、《谢瑶环》、《桃花扇》等诸多小生重头戏。还参演了新编戏《玉树后庭花》和现代戏《宋庆龄》。1991年赴台湾演出，拜台湾著名小生刘玉麟为师。于万增扮相英俊，嗓音宽亮，高亢中有低回，富阳刚之气。戏路全面，雉尾生、纱帽生、扇子生、穷生均能。在演艺上转益多师，善于融会，不拘一格，为同辈小生演员中之上驷之才。1993年获梅兰芳金奖。

《玉树后庭花》饰徐德言（右） 刘长瑜饰乐昌公主

（吴捷）

Yu Yuheng

于玉蘅（1925～ ） 京剧教师。曾为青衣演员。原名于振江。奉天（今辽宁沈阳）人。自幼酷爱京剧艺术，读中小学时已习京戏。初学老生，后改旦脚，曾随张菁华学戏并演出于奉天中央大舞台。1942～1945年间，在奉天任银行雇员时，经常参加业余演出。1946年经著名中医姚正平介绍正式拜王瑶卿为师，先后学习了《王宝钏》、《女起解、会审》、《大保国、探皇陵、二进宫》、

《桑园会》、《贺后骂殿》、《六月雪》、《万里缘》、《金水桥》、《四郎探母》等30余出王派代表剧目，继承了王瑶卿大方、健康、爽朗、明快的表演艺术风格。1950年初，经王瑶卿推荐到刚创建的中国戏曲学校任教，直至改制后的中国戏曲学院。40余年中为历届的旦脚学生开蒙，不少人已成为知名的京剧演员，如杨秋玲、刘长瑜、李维康、陈淑芳、刁丽、耿巧云等。他在教学中继承、发展了王瑶卿的教学经验，特别注意针对学生的具体条件因材施教，如有的学生对某个高腔上不去，对某个身段做不好，他都要重新设计，使其各得其所，各有所学。他要求严格，一字一腔、一个气口、一个落音都不马虎，一个眼神、一个手势、一个脚步都要求合乎规范，使学生打下扎实的基础。他在《学习流派与流派教学》一文中主张：学生时期要博采众长，不宜死学某一流派，待在艺术上有了一定基础，认识了自身条件，有了鉴别能力后，再改学某一流派也为时不晚，更应结合自身条件形成自己的独特风格。（王世勋）

《四郎探母》饰萧太后（戴天平摄）

Yu Zongkun

于宗琨（1925～1966） 京剧导演、演员。祖籍直隶宝坻（今属天津），生于上海。出身梨园世家，其父于福和为武戏演员。兄宗瑛，曾拜周信芳为师，为麒派老生演员。于宗琨幼年从其父兄学戏，后拜路凌云为师，习文武老生，与高百岁、于宗瑛、杨宝童、欧阳予倩、金素雯等演出于上海、苏州、南京等地。中华人民共和国成立后，参加筹建中南京剧工作团，任第一分团副团长。1952年任武汉市京剧团副团长。导演了《瓦岗聚义》、《关羽走麦城》、《二子乘舟》、《郑成功》、《穆桂英大破天门阵》、《关汉卿》、《金山战鼓》、《闯潼关》、《文天祥》、《激秦》等新编历史剧和《柯山红日》、《豹子湾战斗》、《赠马》、《山乡风云》等现代戏。他善于运用启发和示范相结合的方法，充分调动演员的创作情绪，注重刻画人物性格，力求演出的完整性。1959年重排《关羽走麦城》，在传统戏的基础上，对剧本结构和演员表演及舞台调度做了新的处理，删去了过场戏《观阵》，增加了《劝降》中的表演，将关羽悔恨、愧疚和不甘失败的复杂心理表现得准确、深刻。在导演《豹子湾战斗》时，运用京剧传统表现手法，同时借用电影技巧，塑造出一批新人形象。（周笑先）

Yu Sansheng

余三胜（1802～1866） 演员。工老生。谱名余开龙，字起云。湖北罗田人。幼年坐科于黄冈圩汉调科班，习汉调末脚，兼及生、

外两行。出科后，在黄冈地区搭草台班演出多年。曾至武汉谋求发展，因得不到一显身手的机会，决心北上，在河南开封搭班短期演出，亦未引起重视。清道光年间到北京，搭春台班，声誉飙起，有“亚赛当年米应先”之誉。不久，成为掌班老生。与程长庚、张二奎并称为老生“三鼎甲”。

据《余氏宗谱》及有关资料推算，余三胜进京时间当在道光十年（1830）前后，正值“京师尚楚调”之际，也是楚调为适应北京观众审美需求进行初步改革之时。余氏在湖北即属于汉调汉河派中富于创造精神的花腔派，到京后，积极开拓创新，以他为代表在四个方面取得巨大成就：①改革汉调舞台语言，为建立京剧音韵体系奠定了基础。汉调在形成发展过程中，一直是以湖广音为主，兼用部分中州韵作为本剧种的舞台语言。余三胜在此基础上，一方面纠正了许多湖广音不符合中州韵原则的字音，如改变湖广音中无泥声母（将难读如兰，农读如龙等），无卷舌音（将知读如资，诗读如思等），无声韵旁转字音（将段读如淡，孙读如森等）的状况，将这些字音更改为中州韵的读法，扩大了中州韵应用范围。另一方面则保留了湖广音中有助于曲调美和语言美的字音，如庚青韵绝大部分归入人辰辙（英读如因，兵读如宾等），绝大部分入声字派入阳平（发读如伐，沫读如摩，历读如厘等），许多零声母的字音加上声母ŋ(ng)（安读如ŋān，我读如ŋuǒ，爱读如ŋài等）；另外，其他许多变声变韵的字音（歌读如锅，容读如喁，贼读如则等）以及大量的按湖广音四声调值诵读的字音，均保留下来。②打破汉调传统规定，创立了京剧老生行当。汉调有十大行，仅老生就分成一末、三生、六外三行。一末多扮演老年人，带白、黪髯口，用本嗓演唱；三生、六外多扮演中年人，带黑髯口，用本嗓和边音（俗称“本夹边”）演唱。一末、三生重唱，六外重做。三行除少数剧目可以两门抱之外，绝大部分剧目分工明确，互不相串。据道光二十五年（1845）刊出的杨静亭《都门纪略》记载，余三胜擅演的《定军山》、《碰碑》在汉调属一末应工，《探母》、《捉放曹》、《战樊城》属三生应工，《当锏卖马》、《双尽忠》、《琼林宴》属六外应工。这表明余三胜已将三行合并，集唱（安工）、做（衰派）、武（靠把）三者于一身，使京剧老生行当基本定型。③革新汉调老生声腔，创造了汉派老生艺术。余三胜对汉调原来的唱法先已进行了改革，创造了许多新的腔调和新的板式，如反二簧等，故以善唱花腔著称，不仅受到观众的普遍喜爱和很高评价，有“而今特重余三胜”（杨静亭《都门杂咏》）之誉，而且还被戏曲界尊为典范，

余三胜饰《黄鹤楼》刘备造像
（张明山作）

晚生后学者争相传习。王梦生《梨园佳话》云：“于（余）三胜，鄂人，亦老生之不祧祖也。其唱以花腔著称，融会徽汉之音，加以昆渝之调，抑扬转折，推陈出新，后此诸家，无能出其窠臼。”④为京剧积累了大批剧目。余三胜身兼末、生、外三行，擅演剧目极多。据王芷章珍藏的余三胜剧目单所列有40出，但实际演出不止此数。他从汉调移植剧目，并非简单搬演，而是进行加工整理，使之成为京剧保留剧目而得以流传。他还从汉调中移植净行剧目，改为生行应工，如《沙陀国》（《珠帘寨》）即是。据齐如山《国剧漫谈二集》云：“朱大麻子，亦系名净角，演《珠帘寨》去李克用，勾大红脸，为其得意之作，永远演大轴子。自余三胜扮演后，谭鑫培宗之，一直到现在。”汉调《定军山》，至今仍由二净应工，也是余三胜当初移植到老生行，而成为京剧生行长演不衰的剧目。

余三胜艺术素质极佳，风姿俊雅，功底深厚，嗓音宽亮，博学多艺，文武兼优，且通文墨，善口辩，能即兴编词编腔。他与胡喜禄合演《四郎探母》，胡因事误场，他在场上临时编唱，将“我好比”唱到三十多个。另据吴焘《梨园旧话》记载，一次堂会，某巨公要余与程长庚、张二奎合演一剧，经商定为《取成都》，程饰刘璋，张饰刘备，余饰马超。大家都以为马超没有戏可演，但当刘璋责问马超为何投降刘备时，余临时编出一大段念白，慷慨陈词，“洋洋数十语，顿挫有法，英气逼人，观者无不拍掌”。

余三胜擅长剧目有《四郎探母》、《当锏卖马》、《定军山》、《捉放曹》、《琼林宴》、《碰碑》、《战樊城》、《绝缨会》、《一捧雪》、《伐东吴》、《桑园会》、《空城计》、《造白袍》、《法门寺》、《刺王僚》、《南阳关》、《白帝城》、《清官册》、《洪羊洞》、《献成都》、《黄金台》、《阳平关》、《庆顶珠》、《三娘教子》、《桑园寄子》等。

余三胜的艺术实践，推动了戏曲艺术的历史性变革，促进了汉调皮簧向京剧的嬗变，至19世纪40年代，在以徽、汉皮簧为主体的基础上，汲取昆、秦等剧种精华，最终形成了京剧。他作为京剧的创始人之一，功不可没。他的门人甚众，成就卓著者有张胜奎、刘和坤、卢胜奎、谭鑫培等。孙菊仙也承传了部分剧目。子紫云，工旦，亦为“同光十三绝”之一；三孙叔岩，为余派老生创始人；四孙胜荪，亦工老生。

（周笑先）

Yu Shangyuan

余上沅　（1897～1970）　戏剧教育家、理论家。湖北沙市人。幼年读私塾，12岁因家境贫寒辍学，至余鸿昌布店当学徒。1912年考入武昌文华书院中学部，就读8年，至大学部二年级，经陈独秀、胡适推荐，转北京大学英文系，卒业。1922年1月主编清华学堂校刊。1923年9月赴美国留学，入匹茨堡卡内基大学美术学院戏剧专科学习，翌年9月转纽约哥伦比亚大学研究院研习西洋戏剧文学与剧场艺术，同时在阿美利加戏剧艺术学院、诺曼·贝尔·格迪斯技术所选修舞台技术。同年，与赵太侔、闻一多合作，自编自演英文剧《此恨绵绵》（亦名《杨贵妃》），获得成功，遂与留美戏剧爱好者组织中华戏剧改进社，参加者有林徽因、梁思成、梁实秋、

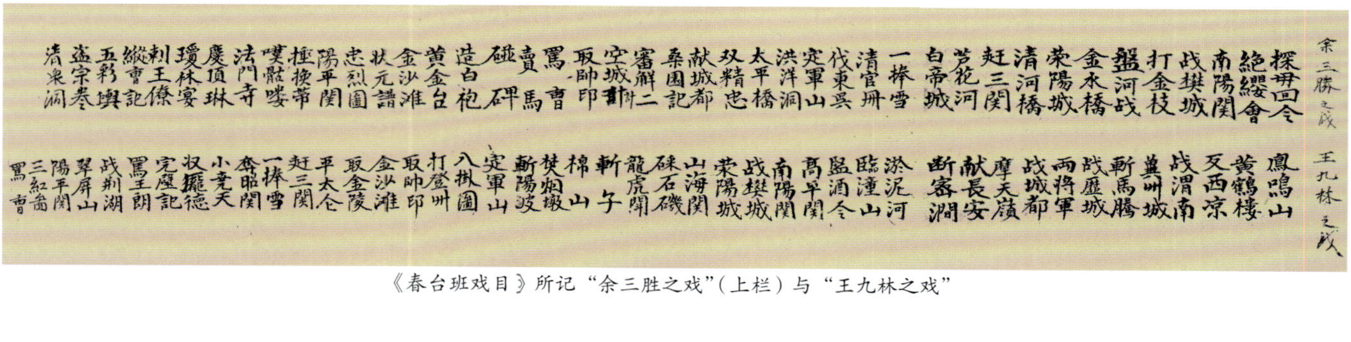

余三勝之戲
探母回令　絶纓會　南陽関　战樊城　打金枝　盤河战　金水橋　荣陽城　清河橋　赶三関　芦花河　白帝城　一捧雪　清官册　伐東呉　定軍山　洪洋洞　太平橋　双精忠　献城都　桑園記　審解二　空城計　取帥印　罵曹　賣馬　碰碑　造白袍　黄金台　金沙滩　状元譜　忠烈圖　陽平関　捶換帯　嘆骷髏　法門寺　慶頂珠　瓊林宴　刺王僚　縱曹記　五彩輿　盗宗卷　清泉涧

王九林之戲
鳳鳴山　黄鶴樓　反西凉　战渭南　冀州城　斬馬腾　战歷城　両将軍　战城都　摩天嶺　献長安　断密澗　淤泥河　臨潼山　監酒令　高平関　南陽関　战樊城　荣陽城　山海関　硃石磯　龍虎闘　斬子　棉山　焚烟墩　斬陽波　定軍山　八掛圖　打登州　取帥印　金沙滩　取金陵　平太仓　赶三関　一捧雪　奔昭関　小尭天　收羅徳　完璧記　罵王朗　战荊湖　翠屏山　陽平関　三紅畚　罵曹

《春台班戏目》所记“余三胜之戏”（上栏）与“王九林之戏”

顾一樵、张嘉铸、熊佛西、熊正瑾、瞿士英等十余人。1925年5月，因资助中断回国。10月，余上沅受聘为国立北京艺术专门学校戏剧系教授，主讲《现代戏剧艺术》；次年6月，与徐志摩在北京合编《晨报》副刊《剧刊》，共出15期：是为推行“国剧运动”的两大措施。1926年9月南下就任南京东南大学外国语文系教授，与梁实秋、邓以蛰、陈寅恪共事，交往甚密。1927年初，因东南大学停办，余上沅夫妇赴上海，与胡适等开办新月书店，任经理兼编辑，同时在暨南大学、光华大学授课。1929年再赴北平，应中华教育文化基金会聘请，任秘书；并应熊佛西之邀，兼任国立北平大学艺术学院戏剧系教授。同年，得赵元任、陈衡哲、丁西林、熊佛西、许地山支持，组织北平小剧院，余上沅任院长，陆续导演《月亮上升》、《失去的礼帽》、《法网》、《茶花女》、《秦公使的身价》等剧，又担任《软体动物》一剧舞台设计。1935年2月，梅兰芳剧团赴苏联莫斯科、列宁格勒演出，特邀张彭春任总指导、余上沅任副指导。演出期间，陪同梅兰芳与斯坦尼斯拉夫斯基、丹钦科、梅耶荷德、爱森斯坦多次座谈，交流演剧经验。4月底，赴苏演出结束，余上沅又陪同梅兰芳转波兰、德国、法国、英国、瑞士、意大利等国旅行，观摩多场戏剧演出，考察多处剧场建筑，访问了莎士比亚故居，拜访了萧伯纳。8月，余上沅回国，旋赴南京筹建国立戏剧学校（1940年改称国立戏剧专科学校），9月就任校务委员兼校长。余上沅主持剧专14年，多方延揽戏剧界知名人士如曹禺、张骏祥、应云卫、陈治策、马彦祥、杨村彬、吴仞之、吴祖光等到校任教，培养出数百名各方面戏剧专业人才，直至1949年南京解放，把剧专移交给新中国。1949年以后，余上沅陆续受聘于上海沪江大学、复旦大学任教授。1955年因杨帆冤案牵连，被拘留审查两年。1959年按周恩来总理“归队”指示，调上海戏剧学院任教授。

《戏剧论集》1927年北新书局版封面

余上沅的戏剧理论著译颇丰，1922年即在北京《晨报》副刊发表马太士《作戏原理》译文7篇，以及介绍埃斯库罗斯、易卜生等西方戏剧名家及其代表作22篇。1927年，北新书局出版余上沅《戏剧论集》，收研讨东西方戏剧文章23篇。同年，新月书店出版余上沅编《国剧运动》文集，收入1926年《晨报》副刊《剧刊》发表的余上沅等论“国剧”及“国剧运动”文章24篇。1961年，上海戏剧学院编印、发行贝克著、余上沅摘译的《戏剧技巧》专著。1963年，上海文艺出版社出版《西方文论选》，收入余上沅译维加《当代编剧的新艺术》、博马舍《论严肃戏剧》等文。余上沅有创作、翻译话剧剧本多种。《余上沅戏剧论文集》，44万字，长江文艺出版社1986年11月出版。卷末有荣泽民《余上沅著译作品年表》。

在余上沅的前期戏剧活动中，他所提倡的‘国剧运动”在近现代戏剧史上具有一定地位。他在《国剧运动·序》、《旧戏评价》、《中国戏剧的途径》等文章中表示：要创建一种“由中国人用中国材料去演给中国人看的中国戏”。这种新剧“和旧剧一样，包含着相当的纯粹艺术成分”，而又吸收西方文艺——戏剧的科学方法，“是古今所同梦的完美戏剧”。这种新剧“从整理并利用旧戏入手”，“去掉唱的部分，只取白，是说也好，是诵也好，加上一点极简单的音乐，仍然保持舞台上整个的抽象、象征、非写实”。同时，“一方面免除了昆曲的雕琢，一方面免除了皮黄的鄙俗，把戏剧的内容充实起来，叫它不致流入空洞”。应该承认，这是企图使话剧民族化的一种构想。然而，“国剧运动”始终未能得到推行。主要原因在于余上沅等人的理想与现实脱节，不为国人所理解和接受。

《国剧运动》1927年新月书店版封面

余上沅、赵太侔等在20世纪20年代的最大贡献，是开展了以京剧为主要对象的旧剧研究，作出了具有历史意义的理论建树。首先，他们对西方艺术有较多接触和较深理解，因此能对东西方艺术的优长和流弊有清醒判断。如赵太侔所辨析：“西方的艺术偏重写实，直描人生，所以容易随时变化，却难得有超脱的格调。”“东方的艺术，注意形意，义法甚严，容易泥守前规，因袭不变；然而艺术的成分，却较为显豁。”（《国剧》）余上沅更深入论证了中国戏曲表演的价值：“还另有一种演员，他老实承认他不过是一个演员，台下有许多人在看他，他的目的只是要用他的艺术去感动这些人。这种演员就叫做非写实派或是写意派。”“非写实的中国表演，是与纯粹艺术相近的，我们应该认清它的价值。”（《旧戏评价》）

由此出发，他们进一步阐述了旧剧表演的虚拟、程式等美学特征。余上沅说：“中国那种不变的、营造的、虚拟的舞台，十分像莎士比亚时代的形式。”“有时候只要有一两个特点，就足以暗示所表现的背景或气味，因为那些动作，用不着布景师的艺术，观客自己会给它再造一下。”他又对“挥鞭代乘马”做了如下表述：“骑马的人，所骑的并没有马，但他的神气与姿势、体态与动作，无一而不是在那骑着一个想像的马。”“不论我们接受他的表情也好，动作也好，暗示也好，幻想也好，我们常常鼓舞着自己，驾着仙翼翱翔于韵律谐和的境界里。”（《国剧》）赵太侔说：“旧剧中还有一个特出之点，是程式化。挥鞭如乘马，推敲似有门，叠椅为山，方布作车，四个兵可代一枝人马，一回旋算行数千里路，等等都是。”“旧剧中的程式同旧剧的各种技术，已经交融成一气。我们见了，并丝毫不怀疑的承认它是代表某项事物——实在，连代表事物这件事也好像不曾注意。必须如此，才能经济，才能集中我们的注意到更高更重要的地方。”（《国剧》）因此，他们反对旧戏用布景。余上沅强调：“绝对不用布景，或只用带中立性的背景，以便穿着华丽服饰的演员，在相当的光影之下，组成一幅可爱的画图，这也是一个很健全的理论。”（《旧戏评价》）赵太侔说得更具体：“不要说新式旧剧中不三不四的布景，和上海魔术式的布景要不得，就是极有讲究的写实布景也不能相容。”假使能够“同旧剧的象征精神打成一气，能增加本剧情绪上的紧张，表现上的美满，局势上的衬托，这样的布景，自然可贵，并且是一块极有趣极丰美的试验地”（《国剧》）。俞宗杰进一步指出：“伶人除任歌唱表演外，兼须表现剧中布景。观众就得具图画的知识，想像剧中人物所处的环境。”因此，“想到什么，表现什么，全视心象的变化，不借直觉的控制。”

从而可以"在方丈的台上表现出广大的地域，平面上表现出高楼，几分钟间表现过黄昏，深夜，微明，天晓"(《旧剧之图画的鉴赏》)。认为旧剧不用布景，关系到处理舞台时空的独特方法。此外，他们还研讨了旧剧对歌（诗）、乐、舞的一体化追求，旧剧化装与服装的图案精神，旧剧编制的线段结构特征，旧剧行当所创造的多样舞台色彩等，触及戏曲美学的方方面面。这些见解不仅在当时具有划时代的意义，即使在数十年后的今天也未失去其应有价值。

（沈达人）

Yu Shuyan

余叔岩 （1890～1943） 演员。工老生。原名余第祺。幼时曾用艺名小小余三胜，后改叔岩。祖籍湖北罗田，生于北京。出身梨园世家，祖父余三胜，父余紫云。叔岩幼从长兄余伯钦习老生戏。

9岁（虚龄，下同）从姚增禄学戏。开始学《探庄》、《蜈蚣岭》等武生戏，后学老生戏，包括昆腔戏《宁武关》。11岁又从吴连奎学老生戏。13岁第一次在北京湖广会馆堂会戏上演出《鱼肠剑》。14～18岁在天津演出，并参加当地雅韵国风票房，从王君直学习京剧音韵知识。19～23岁回到北京，居家休养，潜心观摩研究谭鑫培的京剧老生艺术。23岁，由其岳父陈德霖介绍，向陈彦衡学习《李陵碑》、《闹府》、《捉放曹》、《卖马》、《桑园寄子》、《探母》、《武家坡》、《定军山》、《八大锤》等戏中的谭派老生唱腔，并从钱金福学戏。24岁在李经畬家，随同王君直等人请王长林教授《问樵、出箱》、《审头刺汤》、《群英会》等戏。25岁参加樊棣生组办的春阳友会票社彩唱，继续从钱金福学戏、练身段和把子基本功。

26岁拜谭鑫培为师。得谭鑫培亲授《失街亭》中王平和《太平桥》中史敬思的演法，谭以此作为提高余叔岩老生艺术的示例。29岁参加由梅兰芳挂头牌的裕群社。10月17日余叔岩以其最有把握的《盗宗卷》一剧打炮演出。10月19日与梅兰芳合演《梅龙镇》，善用其长，取得前后台的一致好评。30岁时，裕群社改组为喜群社，梅兰芳仍挂头牌，余叔岩继续参加。余叔岩与王凤卿分别演出各自的专戏，互不相重，达10个月之久，余叔岩所演的剧目包括《宁武关》、《葭萌关》、《太平桥》、《锤换带》、《战宛城》、《珠帘寨》、《胭脂褶》、《宫门带》、《八大锤》等难戏和冷戏。此时期余、梅曾合演《三击掌》、《三娘教子》、《打渔杀家》、《南天门》等戏。梅、王、余三人合演的《战蒲关》精彩异常，深受欢迎。参加梅班演出是余叔岩艺术生涯的一个重大转折点。

《黄金台》饰田单（左） 刘永奎饰伊立

《近代剧韵》初版封面

31岁参加杨小楼的中兴社。与杨合演《八大锤》、《定军山、阳平关、五截山》、《连营寨》等戏。同年9月底，首次赴上海演出。32～34岁曾参加俞振庭的双庆社（社中有尚小云等人）。余叔岩除演《定军山》、《捉放曹》、《乌龙院》、《空城计》、《击鼓骂曹》、《四郎探母》、《打棍出箱》等老生重头戏外，还曾演出过宗法谭鑫培的《辕门斩子》，由郝寿臣配演焦赞，深得前后台的重视。此时已充分显示出余叔岩与当时演出《霸王别姬》的杨小楼和梅兰芳具有同等的叫座能力。余叔岩在百代公司灌制的唱片于1921年大量发行，深受欢迎。

35岁自组胜云社。打炮戏是与陈德霖合演的《桑园寄子》，在胜云社中，曾特烦钱金福演出《铁笼山》。36岁时高亭公司大量发行余叔岩的唱片，成为"余派老生"的代表作品。是年余叔岩与杨小楼再次合作，社名双胜社。社中有白牡丹。1925年10月2日白牡丹改名荀慧生，与余叔岩合演《打渔杀家》。余、杨的提携，为荀慧生列入四大名旦奠定了基础。杨、余、荀演出的剧目与承华社梅兰芳、王凤卿、尚和玉所上演的剧目势均力敌，好戏层出不穷。令观众大饱眼福的同时又深感难以分身，例如在新明戏院余叔岩、荀慧生的《一捧雪·审头刺汤》和杨小楼的《冀州城》与开明戏院梅、王、尚的戏同晚上演，使观众形成二者难兼的局面，当晚略有男众趋"新明"，女众趋"开明"之势。

37～39岁在义务戏、堂会戏中，杨小楼、梅兰芳、余叔岩鼎足而立。一出《摘缨会》三贤聚首一堂，堪称"盛世兴隆"。1927年，余叔岩的胜云社再度独自演出，1928年1月与杨小楼第三次在永胜社中合作。同年11月21日，开明戏院夜戏，杨小楼《状元印》、余叔岩《空城计》。当晚杨小楼与许德义发生误会，余叔岩调解无效，因之散班辍演。余叔岩从此不再与人合班演戏。杨、许于1936年又重归于好。

40～48岁主要在家休养。从1929年起，他不再演出营业戏。1931年与梅兰芳发起创办北平国剧学会，学会附设国剧传习所。余叔岩与张伯驹合著《近代剧韵》(1931年2月北平京华印书局初版)，由是可见他对音韵研究的重视。他曾从魏铁珊学习音韵规律，并于1932年在《国剧画报》第13期上发表《老八板》，专讲京剧胡琴工尺谱。1932年7月4日，在北平国剧学会讲演，讲解对京剧老生唱念、身段的要求，也是他指导演出的艺术法则。1932年，在叶庸方策划下，长城公司通过李徵五邀余叔岩灌制唱片。这时他的嗓音失润，但所灌唱片仍极受欢迎。1934年10月31日晚，为赈济湖北水灾，在开明戏院义演《问樵闹府、打棍出箱》。此时老演员多已过世，由范宝亭、蒋少奎、王福山、李四广等人配演。琴师李佩卿也过世，由朱家夔伴奏。鼓师则仍为杭子和。这是余叔岩对外的最后演出。此后均为堂会戏。最后一次是1937年3月4日，以赈济河南水灾名义在北平隆福寺街福全馆饭庄演堂会戏，陪张伯驹演《失街亭》，饰王平。

《空城计》饰诸葛亮

49～54岁居家休养。1938年10月19、21两日，先后收李少春和孟小冬为弟子，传授《战太平》、

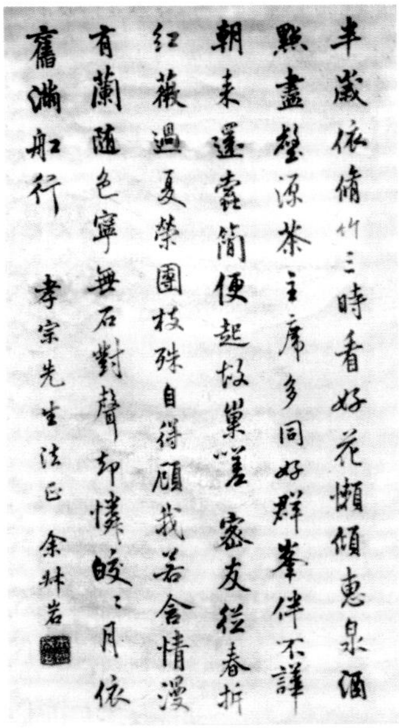

余叔岩手迹
（选自《京剧余派老生唱腔集》）

《洗浮山》、《定军山》、《珠帘寨》、《打渔杀家》、《洪羊洞》、《搜孤救孤》、《御碑亭》、《黄金台》、《法门寺》、《乌盆记》、《空城计》、《捉放曹》、《击鼓骂曹》、《武家坡》、《法场换子》、《二进宫》等剧。他对李少春、孟小冬要求不同，李重武、孟重文。其弟子、亲友得其亲传者，尚有杨宝忠学过《状元谱》，吴彦衡学过《打渔杀家》，陈少霖学过《一捧雪》、《宁武关》、《洪羊洞》，李适可学过《法场换子》、《八大锤》等，张伯驹学过《乌盆记》、《阳平关》、《空城计》、《打棍出箱》、《打渔杀家》、《宁武关》，赵贯一学过《空城计》、《洪羊洞》，贯大元学过《铁莲花》、《宁武关》。54岁因膀胱癌病逝。

余叔岩成年后的艺术生涯有30多年。其发展过程包括归派、创作、成熟三个阶段。倒嗓后正式学谭，苦心用功，多方求教，在重返舞台之前就已被公认为谭派老生。从与梅兰芳合作到自己组班及与杨小楼合作营业演出，是他的创作阶段。在此期间他边表演、边创作，取得极大成功，成为与杨小楼、梅兰芳比肩的老生演员，被誉为余派老生的创始人。息影舞台后，他除课徒传艺外，还继续钻研艺术、总结演戏经验，提高到法则高度，达到炉火纯青的境界。他是继谭鑫培之后的京剧老生界最有代表性的人物，但本人从不自炫，一贯自称学谭。

1925年5月他在百代公司由杭子和司鼓、李佩卿操琴所灌制的《捉放曹·行路》、《一捧雪》、《四郎探母》、《战樊城》、《上天台》、《打棍出箱》、《桑园寄子》、《法场换子》、《卖马耍锏》、《断臂说书》，同年冬在高亭公司仍由杭、李伴奏所灌制的《战太平》、《珠帘寨》、《空城计》、《搜孤救孤》、《洪羊洞》、《状元谱》、《鱼肠剑》、《李陵碑》、《乌盆记》、《八大锤》，这些唱片，都是他变声后多方刻苦钻研、力求达到谭派老生艺术最高水准，也是社会上诵言“余派”艺术而广受欢迎的作品。1932年在长城公司由杭子和司鼓、朱家夔操琴所灌制的《摘缨会》、《乌龙院》、《捉放曹·宿店》、《失街亭》、《打渔杀家》、《打严嵩》，是他在家休养时的作品。这时嗓音不如以前，但唱法功夫、韵味均达到醇厚、清冽的极致。1939年在国乐公司由白登云司鼓、王瑞芝操琴所灌制的《沙桥饯别》、《打侄上坟》、《伐东吴》，是晚年专心授徒期间随心所欲、超乎流俗的逸品。他有许多好的戏装照片，例如《宁武关》、《定军山》、《洗浮山》，以及与王长林合照的《问樵》，与钱金福合照的《宁武关》，与程继先合照的《镇潭州》等。照片虽是静止形象，但可以显示他们的舞台神色，从中可以分析余叔岩在剧中的身段、把子要领，如子午像、腰、丁字步、弓箭步、前后手、云手、山膀、眼神及刀枪、马鞭手法等等的实际情况。同时还可以研究王长林、钱金福、程继先等人与余叔岩的搭配实况和他们运用身段、把子的表演，特别是他们所共有的特色。剧照有靠把、箭衣、开氅、官衣、褶子，白、黪、黑三等各种扮相，文武俱全。从剧照中可见余叔岩的脸上是平和中有神，身上是松弛中有劲，绝无艺病。

在他成名后所灌制的18张半唱片中，包括除［反二簧］外的各种板式的唱段，在《断臂说书》和《一捧雪》中还有念白，从中可以清楚地听出唱、念四声字调采用的是湖北方言的阴平、阳平、上声、去声四声字调，是谭派老生念字最基本特点。另从余叔岩的唱片中可以了解他运用三级韵方法来安排唱念腔调的实况。三级韵是指在一句戏词（唱或念）中各字灵活采用高、中、低的不同工尺（音符），既保持四声字调正确又使得腔调顺畅的一种经验式办法。例如念白中“好好好”三字，均为上声，但可采用高、中、低不同工尺来念。第一个“好”字可略高，第二个“好”字可略低，第三个“好”字再更高些，则不会因为成了直调而呆滞失真。除工尺的安排之外，还可以借助轻重疾徐长短的变化，腔调短轻常显低、重长常显高。如在《沙桥饯别》唱片中唱“孤赐你藏金香僧衣僧帽”一句时，五个阴平字的安排办法是“金香”二字连着唱，工尺一样高，“香”字略重些；第一个“僧”开头与“金香”工尺一样，但唱出来之后尾音往下落、用擞音；“衣”字工尺稍低，唱得轻些；第二个“僧”字工尺高，唱得较重，垫“哪”字；“哪”字收音接“帽”字时用擞音。如此安排，五个阴平字虽然连在一起，但互相衬托，前后照应，既有轻重疾徐、抑扬顿挫，字的四声字调又保持不倒。

余叔岩之所以能有很大的艺术成就，是由于他：多方求教、努力自学；全面掌握京剧基本艺术，包括唱念做打翻，懂场面，会扮戏；会戏多，文武昆乱均拿得起；重视文化，钻研艺术理论，认真写作；有正确艺术思想和评判能力。这些都是他能够全面继承“谭派”和开创“余派”老生艺术的基础。京剧在一定意义上是群

《定军山》饰黄忠

《洗浮山》饰贺天保

《战樊城》饰伍员

《镇潭州》饰岳飞

《盗宗卷》饰张苍

《宁武关》饰周遇吉

《碰碑》饰杨继业 （正曦摄）

体艺术创作，余叔岩的成就也离不开众多合作者的协作与切磋。

其弟子有“三小四少”之说，即孟小冬、杨宝忠（曾用艺名小小朵，系杨小朵之子）、谭富英（谭鑫培之孙，人称小谭）、李少春、吴彦衡（曾用吴少霞名，系吴彩霞之子，后来专演武生）、王少楼（王毓楼之子）、陈少霖（系余叔岩妻弟，受余亲传，非正式弟子）。此外，潜心钻研、学习余派艺术之人甚多，较知名者有祝荫亭、吴铁庵、杨宝森、王端辅、陈大濩、范石人、张文涓、王世续、于世文、梅葆玥、孙岳、陈志清、耿其昌、王珮瑜等。

孙养侬著有《谈余叔岩》一书，孟小冬为之作序，对了解余叔岩的家世、师友、弟子、演出、舞台合作者、灌片经过等方面的情况，大有帮助，可作研究余叔岩艺术生平的参考。翁思再撰有**《余叔岩传》**，曾于2000年在上海《新民晚报》连载，2002年8月河北教育出版社出版。

（刘曾复　吴焕）

Yu Shuyan Meng Xiaodong ji Yupai Yishu

《余叔岩孟小冬暨余派艺术》　京剧文集。张业才编。中国戏剧出版社1998年11月出版。本书由孟小冬、余慧清、钱培荣、陈云君作序。全书分余叔岩研究、孟小冬生平艺事、余派传人及剧艺评论3个部分。多为余叔岩孟小冬艺术学会举办的两届国际余学研讨会的研究成果。论文撰写者有海内外名家、学者30多人，其中有孙养农、苏雪安、刘曾复、朱家溍、许姬传、吴小如、叶秀山、蒋锡武、陈云君、丛鸿逵、范石人、梅葆玥、刘连群、吴大徵、中国香港的钱培荣、美国的黄金懋、加拿大的李东山、中国台湾的丁秉鐩、文震斋、李炳莘等。

余叔岩研究部分，孙养农《谈余叔岩》一文，记载了余叔岩生平、家世、师友、弟子、琴师、鼓师以及戏剧艺事，为全面研究余叔岩提供了可靠依据。有关余叔岩舞台艺术的评论、教学剧目和观赏体会，可从苏雪安、刘曾复、朱家溍、吴小如等人的文章中得到真实的了解。他们都曾亲眼看过余叔岩舞台和堂会的演出，因此所述均为可信的史料。由蒋锡武、陈云君撰写的余派艺术研究论文，是近年来从京剧古典艺术的特征和审美角度来探讨余派艺术的力作。叶秀山在《余叔岩艺术的启示》一文中，首次提出“余叔岩现象”，并指出研究余叔岩对当前“研究古典戏剧的演员如何精益求精，提高‘质度’，而不求热闹”具有重要意义，也是现阶段弘扬京剧艺术的迫切需要。

本书的第二部分，为首次发表的评介孟小冬的6篇文章。孟小冬于1947～1977年定居香港和台湾，内地人已很少知道她的情况。这一组评介，基本概括了孟小冬的生平、剧艺、授徒和遗音等方面的情况，有助于人们对这位昔日“冬皇”在香港、台湾传艺和生活情况的了解。本书的最后部分，评介了余派传人李少春、杨宝森、王少楼以及海外余派名家在传承余派艺术上的成就和事迹。此外，刘连群对上海市戏曲学校培养出的余派新秀王珮瑜，给予了特殊关注。由此引发了对当前京剧艺术发展趋向的思考。他认为：“余派艺术不能失传，也不应该失传。它的再现舞台，不仅能够满足观众高品位的欣赏需求，而且有助于遏制当前流派继承中的趋易、从众的倾向，同时提供借鉴，注入活力，促进京剧演唱艺术的提高和繁荣……这正是我们今天应该继续精细入微地研究余派艺术的意义所在。”

书前有许多罕见的照片，包括余叔岩《李陵碑》、《失街亭》的一组舞台演出剧照，余叔岩抄写谭派剧本《天雷报》、《法门寺》的手迹，余叔岩与孟小冬合作书画扇面，孟小冬1947年前演出《搜孤救孤》（与裘盛戎）、《空城计》（与萧长华）、《御碑亭》（与张君秋）的剧照，孟小冬1963年与马连良、张君秋、裘盛戎、李慕良的便装合影等，弥足珍贵。

（林下风）

Yu Shuyan Yanjiu

《余叔岩研究》　京剧文集。翁思再编。上海文艺出版社1994年5月出版。此书汇集了近50余年各时期研究余派京剧老生艺术的重要论文20篇，按年代顺序编排，内容大致分艺术生平、艺术评论和生活逸事三类。其中，20世纪三四十年代的文章选录了凌霄汉阁的《呜呼，叔岩》、薛观澜的《忆叔岩》、齐如山的《谈余叔岩》等，80年代的研究文章则选收了吴小如的《谭鑫培和余叔岩的歌唱艺术比较》、刘曾复的《余叔岩的“十八张半”唱片》、卢文勤的《试说余派唱法的声乐价值》、周福隽的《余叔岩唱工论》等。这些文章的收集和编排，既反映了历史上“余学”研究的来历，也汇集了这一领域历史上和最新的重要理论成果。王元化特为作序盛赞此书，希望它在“保存戏剧遗产方面发挥一定的作用”。

（周巩平）

Yu Shuyan Yishu Pinglun Ji

《余叔岩艺术评论集》　京剧文集。吾群力主编。中国戏剧出版社1990年10月出版。“戏曲流派艺术研究丛书”之一。该书收录介绍著名京剧老生余叔岩表演艺术的文章37篇，张庚题词，翁偶虹作序。作者群涵盖了余叔岩挚朋艺友、弟子传人以及京剧演员、乐师、研究家等，计有王庾生、孙养农、张伯驹、许姬传、陈富年、翁偶虹、李洪春、孟小冬、杭子和、白登云等36人。论集主要内容包括：①生平介绍。出身梨园世家的余叔岩，拜师谭鑫培，刻苦学艺，虚心继承，把谭派艺术推向一个新的高度，成为“新谭派”之主将。②艺术成就。在学演谭派表演艺术的实践过程中，余叔岩锐意求精，在艺术上既遵循规律，又依据自身条件不断地进行锤炼和创造，在唱、念、做、打各方面及塑造人物上取得了新的

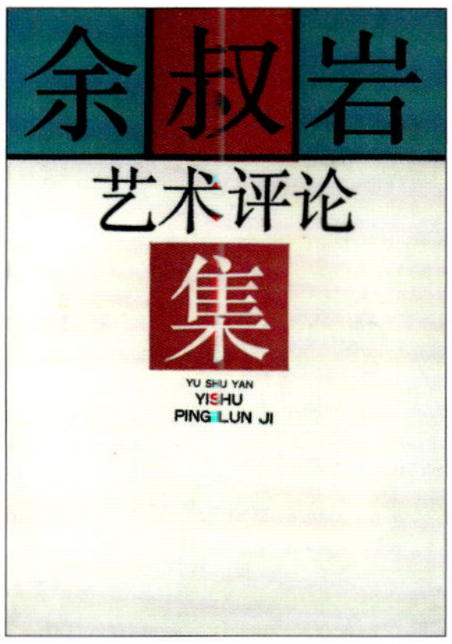

成就。凝重简练、纯正高雅的余氏唱腔，尤令人推崇赞许。由于他技艺全面，加之有较深的文化素养，故更富有醇正深沉的艺术魅力，终于形成了余派艺术的独特风格。在20世纪二三十年代京剧新的繁盛时期，余叔岩成为京剧老生行的一代宗师。③艺德为人。余叔岩平易近人，谦虚好学，尊师重道，讲求艺德。享盛名而不忘师友，教诲弟子重修养。善交友，不耻下问。淡泊名利，急公好义，不畏权贵。为后人仅留下他生前所灌录的18张半唱片，成为京剧余派老生唱腔艺术的珍品和后学者的摹本。本书是出版较早的论述和研究余派艺术的专集。（周育英）

Yu Shuyan yu Yupai Yishu

《余叔岩与余派艺术》 文献资料集。刘真、文震斋、张业才主编。学苑出版社2011年3月出版。71万字。书中设有《余氏三代》、《余叔岩演出剧目赏析》、《余叔岩外埠演出情况》、《余叔岩唱片赏析》、《余派把子功举例》、《余叔岩著述与讲演》、《余叔岩手抄谭词剧本》、《余派艺术研究与评论》、《悼念余叔岩》、《余派第一代主要传人》、《余派艺术在海外》共11个栏目。本书的特点：一是广泛收集和选录了海内外有关余氏的述评，力求多侧面地体现余氏生平及其艺术风范、艺术成就。二是努力挖掘珍稀史料，丰富了余氏研究的资源。书中全文影印了余叔岩与张伯驹合著的《近代音韵》(1931年2月北平京华印书局初版)，余叔岩分别于1931年、1932年亲抄的谭（鑫培）词剧本《法门寺》、《天雷报》，1917年静漪的伶人专集《余叔岩》。《余叔岩》为石印本，含《叔岩像赞》及正文，约2 300字，可称余氏前半生（28岁前）的信史。内中讲到余叔岩19岁患咯血症后，“在京养疴，刻励愈若，揣摩愈深。凡谭、黄两派之作用，并昆弋词曲，无不加意研究”。这对于研究余派艺术的博采众长有启发，余氏宗谭外又重视黄月山的黄派艺术，这是过去研究者较少注意的。三是书中还收入新近的学术成果，如关于余氏唱片的研究。卷末收有两篇重要附录：①《余叔岩艺事年表汇编》，由刘真、张斯琦综合多种研究资料整理而成；②《未收录文献之目录》，列出《余叔岩艺术评论集》、《余叔岩研究》、《余叔岩孟小冬暨余派艺术》、《余叔岩艺事》等出版物中未进入本书的文目，以及目前收集到的有关出版物和散见于报刊的文章，便于读者了解余叔岩研究成果的全貌。本书卷前有王治国《序》。（刘真）

Yu Xiaoyu

余笑予 （1935～2010） 京剧导演、编剧、演员。原名余昌荣。湖北汉阳（今属武汉）人。父亲余文君为楚剧旦行演员。他自幼学戏，工丑，7岁登台演戏。1950年进入武汉市楚剧团。1960年在湖北省戏曲学校任教，导演楚剧《双教子》，1970年在湖北省京剧团任导演，导演了《一包蜜》、《徐九经升官记》、《药王庙传奇》、《膏药章》、《法门众生相》等。除京剧外，还导演了荆州花鼓戏《家庭公案》、汉剧《弹吉他的姑娘》、北京曲剧《少年天子》、楚剧《虎将军》、黄梅戏《未了情》等10多个剧种的30余出戏。其中《法门众生相》获1992年文华大奖，他本人获文华剧作奖和导演奖；《徐九经升官记》获1995年首届中国京剧艺术节程长庚银奖；《膏药章》入选2003～2004年度国家舞台艺术精品工程的精品剧目。1984年

湖北省人民政府授予“优秀戏曲导演”称号。余笑予熟稔京剧特点，富有创新意识，善于将地方剧种浓郁的乡土气息融入京剧表演中，力求贴近现代生活，贴近观众。选择表现人物的最佳手段，使人物更加鲜活。《徐九经升官记》中，置“瘪官”与豪强的斗争于揶揄、调侃的喜剧手法中，塑造出一个有着悲剧命运的喜剧人物。人物上场，舞台上设置了一棵歪脖树，与人物造型、品格相映成趣，也暗示仕途多舛。“醉审”一场，侯爷、王爷高居公案，主审官自端小凳审案。官司了结，徐九经弃官而去，“歪脖树下卖老酒”，首尾照应，意味隽永。他的风格是亦庄亦谐，手法多变。《法门众生相》中，贾桂手中的大扇小扇，交替使用，活脱出奴才谄媚的扭曲心态，揭示出官场的丑恶。他利用“平台”、“屏风”的不同组合，配合灯光变幻，使舞台空间更为灵活。《膏药章》中，公堂变牢房，景移人未动，加强了喜剧效果。他还不受行当限制，为丑行演员设计大段唱腔，表演上亦丑亦生，拓宽了丑行的发展道路。专著《余笑予谈戏》由中国戏剧出版社出版。他曾先后到日本、奥地利等国家及中国香港、台湾地区进行学术交流。余笑予曾任中国戏曲导演学会副会长、中国戏剧家协会顾问。（岳耀民）

Yu Xiaoyu Tan Xi

《余笑予谈戏》 戏曲导演论集。余笑予著。中国戏剧出版社2007年8月出版。34万字。论集由《戏曲导演技法谈》、《笑予谈戏》、《附录》三部分组成。《戏曲导演技法谈》是作者论述“戏曲导演舞台本”的总体构想、结构法则、排练技法及其综合完成与最后确立的一本专著，已于1992年出版。徐晓钟为该书作序，盛赞余笑予“排的戏是戏曲，又绝非旧戏曲，处处不似传统，可处处有传统”，并认为该书的价值“是作者在自己创作实践基础上所构建起来的某些概念和他用自己的语言对他自己创作体会的表述”。徐晓钟的这篇以《蜕变中的戏曲导演艺术》为题的序文也作为本书的代序。《笑予谈戏》汇集了作者发表于报刊的16篇文章，其中有《浅谈京剧〈一包蜜〉的结构》(与谢鲁合作)、《为有源头活水来——京剧现代戏〈药王庙传奇〉创作体会一得》(与习志淦、谢鲁合作)、《〈法门众生相〉导演阐述》、《“迟到”的答卷——京剧〈膏药章〉导演阐述》以及《探索中的断想》、《对“当代戏曲”的追求》、《关于当代戏曲形式美的思考》等重要文章。《附录》包括作者访日散笔《东邻观剧漫记》、楚天电台与湖北图书馆合办的《名家讲坛》对余笑予的采访记录、《余笑予艺术作品获奖情况一览表》、《余笑予艺术年表》。作者在《后记》中说：“孔子说：七十而从心所欲不逾矩。……而我却自以为不能。”“每一次的创作都是一次山穷水复苦寻苦觅、焚膏继晷殚精竭虑的过程，即便如此，都未必能达到令自己满意的要求。”“从这个意义上讲，我或可说是一个行者，永远的行者……这本《余笑予谈戏》或可看作一个行者七十年风途尘旅的轨迹，是一个戏剧老人一路践行的心得和体会。”（叶建军）

Yu Yuqin

余玉琴 （1868～1939） 演员。工旦。原名余润卿，字兰芬，号红霞。祖籍安徽潜山。父顺成，名德海，号祉安，绰号余大海，徽班武净演员。兄润华，字春芳，乳名才儿，幼入三庆班习武净，排名起林，与陈德霖、陆杏林为师兄弟。玉琴幼习武旦，后拜上海名旦夏天喜为师，习花旦及刀马旦。10余岁便于丹桂茶园演出，一时声誉鹊起，时有“小凤凰”之名。清光绪十三年（1887）应姚增禄之邀，至京搭四喜班，于广和楼与谭鑫培、时小福等首演《翠屏山》，随之演出《泗州城》、《四杰村》、《醉酒》、《虹霓关》、《画春园》、《演火棍》、《德政坊》、《荡寇志》、《十粒金丹》等，名噪一时。光绪十五年（1889），创办福寿班。光绪十七年（1891）夏历五月二十一日与老生王福寿、花脸刘永春三人同被选入昇平署进宫承差，艺名余庄儿。光绪十九年（1893），又创小福寿班，自此长期掌班。光绪二十二年（1896）夏历九月二十九日，与陈德霖等合组福寿班，在艺术、经济上都得到陈的帮助。次年购置了崇文门外东茶食胡同路北的广兴园，该园创建于清嘉庆初年，因条件差，仅小班和杂耍来此出演。庚子年（1900）离开北京至江南一带。次年，回京与陈德霖、陆华云等重组福寿班，并与陈德霖举荐王瑶卿入昇平署，进宫补去世的时小福之差。光绪三十三年（1907），又组春庆班。

《贵妃醉酒》饰杨玉环（左）

余玉琴戏路宽广，文武皆能，不仅武功娴熟，又精于表演，将文武技艺融合一起，于武旦戏中见花旦妩媚之态，在花旦戏中融进武旦技艺。如《演火棍》杨排风的机智活泼的表情，《贵妃醉酒》的“卧云”、“下腰”等技巧。他于福寿班首演之《儿女英雄传》，饰何玉凤，唱念做打文武兼备，成为他的代表作之一。他擅演的剧目颇多，如《迷人馆》、《飞杈阵》、《泗州城》、《青石山》、《取金陵》、《乌龙院》、《十粒金丹》、《盗仙草》、《铁弓缘》等。余玉琴曾于中华戏曲专科学校执教，宋德珠得其传授。王瑶卿、梅兰芳、李菊依亦得其教益。余氏有三子二女，长子小琴、次子幼琴、三子文贵，均工武生。幼琴妻为杨派武生孙毓堃之姐，生二子，世澄、元龙，均坐科富连成社，工净行，为余门第四代演员。

《余玉琴之〈醉仙楼〉》（选自清末上海《图画日报》）

（刘松崑）

Yu Zhi

余治 （1809～1874） 戏曲作家。字翼廷，号莲村、晦斋，自署木铎老人，别署寄云山人。祖籍甘肃武威，生于江苏无锡。曾为水旱灾害募资助赈，设立粥厂，并集资设义塾数处，让贫家子弟上学，被称为“余善人”。曾任训导加光禄寺署正衔，以团防功赏戴蓝翎，加五品顶戴。为救正人心，意取劝惩，采用皮簧剧体裁，作剧40余种，曾自组戏班演出。如清同治十二年（1873）二月，其“苏州庶几堂自集新戏一班，杂演近时果报、劝忠、劝孝、戒杀、戒淫”，在上海丰乐园演出（见1873年3月15日《申报》）。余治剧作因此受到清政府赏识。光绪六年（1880），苏松太道道台曾谕令上海各剧场上演，在《严禁淫戏告示》中称：“已故金匮善士余治，笃行乐善，晚年注意惟以禁绝淫戏，乘机化导。尝取近世事迹，足为劝戒者，编演杂剧，名曰《庶几堂今乐》，另募优童习演。嗣以集资不敷，将优人遣散。《今乐》刻本，亦未竣工。绅等惜之。已将《庶几堂今乐》二十八种，募资刻成，拟请饬发各戏园，依样习熟，每日夜搭演一出，冀广观听。”（1880年5月24日《申报》）上海天仙茶园、丹桂轩等陆续演出了《魁星现》、《治民记》、《延寿录》等剧，以“异样灯彩”之类为号召，反应却不见佳。如无名氏《绛芸轩日记》云：“新排善戏《延寿箓》，似寓劝惩之意。卒至诸鬼跑台，沥血祭义，殊觉乏味。”《清代日记汇抄》第319页，上海人民出版社1982年版）在他去世后刊印的《庶几堂今乐》，共两集，收剧28种，苏州玛瑙经房印行，苏州玄妙观得见斋书坊藏版。初集由寄方山人编次，收《后劝农》、《活佛图》、《同胞案》、《义民记》、《海烈妇记》、《岳侯训子》、《英雄谱》、《风流鉴》、《延寿箓》、《育怪图》、《屠中报》、《老年福》、《文星现》、《扫螺记》、《前出劫图》、《后出劫图》等16个剧本。二集由望炊楼主人编次，收《义犬记》、《回头岸》、《推磨记》、《公平判》、《阴阳狱》、《朱砂痣》、《同科报》、《福善图》、《酒楼记》、《绿林铎》、《劫海图》、《烧香案》

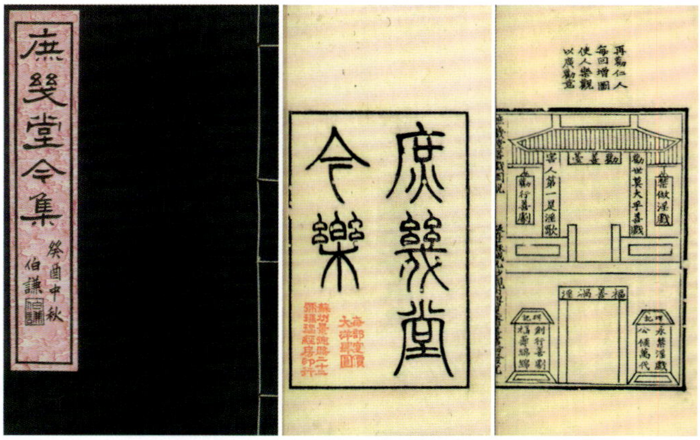

清同治十二年（1873）得见斋刊本《庶几堂今乐》
封面、扉页及《庶几堂善戏图说》

等12个剧本。余治剧作舞台上很少流存，《朱砂痣》是仅有的一部。（王佩孚 秦华生）

Yu Ziyun

余紫云 （1855～1899） 演员。工旦。名金梁，谱名科荣，字砚荣（一说砚芳），又字昭儿，堂号胜春。湖北罗田人。幼年随父余三胜进京，入景和堂师从梅巧玲，习花旦、昆旦，并私淑胡喜禄青衣戏。余紫云扮相艳丽，身材合度，技艺精湛，无论演唱、说白、表演都甚有工力，跷功更为当时一绝，且戏路广，能戏多，文武昆乱不挡。其擅演剧目，既有花旦的《打面缸》、《虹霓关》、《梅龙镇》等，又有青衣的《祭江》、《探寒窑》、《宇宙锋》、《玉堂春》、《二进宫》、《孝感天》、《战蒲关》，无不当行出色。在梅巧玲破除青衣、花旦界限的基础上，他进一步兼取二者之所工，将唱念做表融汇于青衣赵艳容（《宇宙锋》）、花旦李凤姐（《梅龙镇》）等人物身上，为旦脚表演艺术的综合发展，起到承上启下的作用，被后人称作"实为今日王瑶卿、梅兰芳之先驱者"（《京剧二百年之历史》）。他兼工琵琶，《出塞》一剧，自弹自唱，堪称一绝。曾掌四喜班。中年以后少演出，寄兴于古玩，长于鉴赏品评。余叔岩为其哲嗣。（讷言）

余紫云戏装肖像
（沈容圃绘）

Yuzaogong

《鱼藻宫》 京剧作品。又名《斩戚姬》。荀派名剧。陈墨香编剧。描写汉高祖刘邦宠爱戚夫人，为建养德宫（后改名鱼藻宫），拟废太子刘盈，立戚夫人之子如意为太子。吕后用张良计，巩固太子刘盈的地位。刘邦遂罢初议，改封如意为赵王，以御史大夫周昌为相。刘邦病危时，嘱吕后善待戚氏，又命太子务须保全戚氏母子性命。刘邦死后，吕后临朝，将戚氏贬入永巷，残害成"人彘"，如意向太子哀恳，不料吕后竟将其鸩杀，又将戚氏斩首。周昌挂冠而去。本事见《汉书·外戚传》。荀慧生1929年11月首演，饰戚夫人，被称为他的"六大悲剧"之一。以哀婉的唱腔刻画戚氏感情，颇具特色。如［西皮二六］"强打精神寻欢笑"一段，"强"字吐出即停，留下的唱腔以过门的方式用胡琴一带而过，"打"字亦用简洁的旋律唱出，字音较重，尺寸比前稍紧，抒发了戚姬慑于皇威而强颜欢笑的心理状态。剧本载《京剧汇编》第107集。（井玉贵）

荀慧生饰戚姬

Yu Dalu

俞大陆 （1938～1996） 演员。工武生。祖籍江苏苏州，生于北平（今北京）。出身梨园世家，曾祖俞菊笙、祖父俞振庭、父亲俞步兰均为著名京剧演员。俞大陆自幼受家庭熏陶，酷爱京剧艺术，边读书边学艺。1950年考入文化部戏曲改进局戏曲实验学校（中国戏曲学校前身），初学老生，后专工武生，先后师从迟月亭、钱富川、雷喜福、茹富兰等。在校期间曾演出《三岔口》、《白水滩》、《长坂坡》、《艳阳楼》、《潞安州》、《英雄义》、《石秀探庄》等，深受好评。1958年毕业后分配到中国京剧院，并拜李少春为师。俞大陆功底扎实，气度非凡，文武兼备，表演自如。在继承俞（菊笙）派武生的基础上博采众长，并侧重于杨（小楼）派武生，表演稳健大方，工架优美刚健，颇具大武生风范。他除经常上演传统剧目外，曾演出现代京剧《红色娘子军》、《沙家浜》、《智取威虎山》等。他所演出的《艳阳楼》和《长坂坡》被拍摄成戏曲艺术片。1960年，曾赴缅甸7个城市进行访问演出，1964年赴日本访问演出，1976年赴美国访问演出。1996年5月8日，在为李万春所演《古城会》的录音进行配像演出时不幸病卒。（娄悦）

《长坂坡》饰赵云
（孟庆彪摄）

Yu Jian

俞鉴 （1928～ ） 女演员。工武生。小字月芬，曾用名俞少楼。祖籍浙江新昌，生于浙江宁波。父亲俞见荣（艺名一杆旗）为刀马旦演员。俞鉴5岁练功，6岁登台在戏中扮演娃娃生，甚得班主王水松喜爱，遂收其为徒。8岁时经王水松介绍，又拜江南名武生王其昌为师，并随师返回上海习艺。14岁以"小王其昌"的艺名主演《长坂坡》、《周瑜归天》、《四杰村》、《花蝴蝶》、《乾坤圈》等戏，在上海唱红。1947年出师后在浙江一带挑班演出，所演《白水滩》、《盘肠战》、《伐子都》、《战马超》、《铁公鸡》等甚为轰动。1949年参加中国人民解放军第三野战军第七兵团京剧团，1952年调军委总政治部京剧团（后转为中国京剧院四团）任主演。1958年9月随团支援宁夏回族自治区。历任宁夏回族自治区京剧团副团长、宁夏回族自治区戏剧家协会副主席。20世纪50年代曾出访苏联、波兰、捷克斯洛伐克、罗马尼亚、越南、朝鲜等国，并获勋章。20世纪80年代赴日本、阿尔及利亚、突尼斯演出，主演《乾元山》。她擅长短打，兼演长靠、箭衣戏。扮相英俊威武，嗓音清脆爽亮，身手矫健，动作帅美，翻扑轻捷勇猛。擅演剧目有《金钱豹》、《岳家庄》、《陆文龙》、《闹天宫》、《十八罗汉斗悟空》等。在《乾元山》中塑造的神话小英雄哪吒尤为成功，该剧经她加工创造后，情技交融，人物活灵活现，颇受人们喜爱，因此被誉为"活哪吒"。其悟空戏，兼取南北各派之长，故亦

《乾元山》饰哪吒

有“女猴王”之美称。在首都纪念徽班进京200周年的演出中，她以62岁高龄，再度主演歌舞繁重的《乾元山》，宝刀不老，依然光彩夺目。

（刘连伦）

Yu Jusheng

俞菊笙 （1839～1914） 演员。工武生。名光耀，号润仙，艺名俞玉笙，后改菊笙，外号俞毛包。祖籍江苏苏州（一说扬州），生于北京。其父俞鸿翠（1810～？），字小霞。杨掌生《长安看花记》称其为“吴中旧家子”，“自庚寅（道光十年，1830）入都”，先唱昆旦，后改小生，原隶春台班，后搭四喜班。善书画，尝自题画兰曰：“可怜一样庭阶种，流落人间当草看。”俞菊笙为其长子。菊笙生于何年？周明泰《道咸以来梨园系年小录》系于道光十八年（1838），今人多从之，实误。王芷章据杨掌生《梦华琐簿》载：“小霞之师曰刘正祥…… 正祥有女曰阿瑛，寡母珍惜如掌上珠，许字小霞。己亥（道光十九年，1839）二月，得阿霞书，言去岁自南中迎其父母来京，秋间阿瑛于归。”由此判断，“也就是小霞与杨掌生写信的一年，阿瑛便生下儿子，就是京剧武生首先创为一派的俞菊笙了”（《中国京剧编年史》第135～136页）。俞菊笙为张二奎忠恕堂弟子，排行得名玉笙，始习武旦，露演于双奎班。因其躯干雄伟，巨目隆准，实以武生为宜，至同治二年（1863）改搭春台班，唱武生。9年以后，成为春台班主，执掌春台十余年。光绪十四年（1888），春台班改组，俞菊笙改搭小丹桂班，后掌过福寿班，70高龄犹能演出。光绪十三年（1887）至清末，他一直是精忠庙会首之一。

自俞菊笙参加和掌管春台班后，排演了许多武戏，对于发展武打艺术，提高武生在京剧中的地位，开创武生流派和武生挑班的新局面，都起了重大作用。齐如山《京剧之变迁》说：“同治年间，春台班排演《混元盒》，大致以武生、花脸为重，因为当时班中武生有任七、俞菊笙，花脸有张七、陈三福、庆四、钱宝丰、朱大麻子等等好脚色。”《混元盒》原为4本（见《春台班戏目》），俞菊笙把它扩大为8本，他在其中扮演广成子、蜈蚣精、斗战胜佛（修成正果的孙悟空）、飞龙僧等多个角色。后来俞菊笙掌管了福寿班，此剧也成为福寿班的应节戏，在端阳节排演，“一时武行名角，皆荟萃于此，盛观也”（《歌台摭旧录》）。有一份“恭王府春台班全包外串代灯”戏单，最能反映俞菊笙执掌春台班时的盛况。此戏单收在周明泰《五十年来北平戏剧史材》的前编《戏簿》中，未注明年月日，据王芷章考证，“应以在光绪十三年演出的成分为多”，“是京剧最大的一次堂会戏”（《中国京剧编年史》第574页）。戏单写明“春台班全包”，有“外串”，即其他戏班名角串演，是“代（带）灯”演出，日以继夜，夜戏中还有灯彩戏（又称灯戏）。在连演数日的72个戏目中，写明俞菊笙的戏有18出：《界牌关》、《五花洞》、《镇潭州》、《黄鹤楼》、《双包案》、《恶虎庄》、《攻潼关》、《英雄义》、《五人义》、《青石洞》（关平，油白花脸）、《挑华车》（蓝花脸）、《水帘洞》、灯戏《水漫金山寺》（伽蓝黑脸）、《英雄会打窦墩》、《金沙滩》（七郎）、《连环套》、灯戏《雄黄阵》（绿鹿童子）、《盗双戟》（典韦）。不仅有长靠、短打，还有勾花脸的武生戏，这在当时是很新鲜的，故在戏目后面特加注明。如《挑华车》，俞菊笙饰高宠，勾蓝脸，后来才改为俊扮，而杨七郎、典韦一直还是勾脸。这类本是武花脸的戏，被俞氏“任其才能，掠夺之而使归于武生之领分”，还有《铁笼山》、《艳阳楼》、《四平山》、《金钱豹》等。俞菊笙对于武生剧目的丰富，尤其开辟勾脸武生戏，泽及后辈匪浅，也是他能开宗立派的一个重要因素。他的舞台形象，“气度威严，精神饱满……一出场，观者如在黑暗中骤见光明，顿增快感。对打时，大有效死疆场之概。一招一式，准切可观，武器所及，眼光随之”，虽然勇猛剽悍，但“威武中不近于乱”（张肖伦《燕尘菊影录》）。充当他的对打下手，十分不易，稍有迟缓即为所伤。他的弱项是唱，“至其白口，则字字探喉而出，一字不肯放松”（吴焘《梨园旧话》）。其为人亢直，遇不平事当面痛骂，故有“毛包”外号。俞菊笙有四子，次子振庭、三子赞庭、四子华庭均习武生，以振庭最有成就。传人除振庭外，还有杨小楼、尚和玉等。尚和玉为尊俞旧型之楷模，杨小楼虽曾以“俞派嫡传”号召，实则已综合精进，自成一派。

《青石山》饰关平

《长坂坡》饰赵云（左）
陈德霖饰糜夫人

（蓝凡 简畅）

Yu Zhenfei

俞振飞 （1902～1993） 演员。工小生。号箴非，别署涤盦。江苏松江（今属上海市）人，自幼在苏州长大。其父俞粟庐是昆曲名家，有“江南曲圣”之称。俞振飞6岁起随父习曲，9岁进私塾，14岁向昆剧名伶沈月泉、沈锡卿学戏，同年又拜陆廉夫为师学国画。1920年，只身到上海，在穆藕初的纱布交易所当文书，业余教唱昆曲。1922年，穆藕初创办昆曲票社，其成员几乎囊括了当时上海所有的昆曲名家。俞振飞担任曲务部主任。同时，他又迷上京剧，加入了当时上海最大的京剧票房雅歌集。先学老生，向老艺人李智先学过《桑园会》和《三娘教子》；后经朋友建议，改学小生，并请老艺人蒋砚香教戏，先后学《群英会》、《玉堂春》、《借赵云》、《玉门关》等10多出戏，经常参加京昆会串，崭露头角。1930年应程砚秋之邀加入鸣和社，正式下海唱戏，并拜名小生程继先为师。1932～1934年应聘在上海暨南大学中国文学系任讲师，讲授中国戏曲，教唱京、昆。1934年夏，又应程砚秋之邀，二度加盟鸣和社，直至抗日战争爆发。1940年初回上海，先后与章遏云、南铁生、荀慧生、新艳秋、吴素秋、侯玉兰、宋紫萍、

黄桂秋、李世芳、李玉茹、言慧珠、童芷苓、郑冰如、章逸云、周芳、盖叫天、杨宝森、贯大元、茹富兰、宋宝罗、奚啸伯、林树森等合作演出。1945年后，应梅兰芳之邀，加盟梅剧团。1950年赴香港与马连良、张君秋合作演出，拍摄了《三堂会审》等影片。1952～1955年，在香港组建俞振飞剧团，京、昆兼演。1955年4月，在周恩来总理直接关怀下，回到北京，与梅兰芳合拍昆剧《断桥》影片。1955年7月回到上海，在上海市戏曲学校任教，并参加上海京剧院的演出。1957年出任上海市戏曲学校校长。1958年参加中国戏曲歌舞团，与言慧珠合演《百花赠剑》，在西欧七国巡回演出达半年之久。1979年起当选全国文联副主席，并任上海昆剧团团长。1982年任上海市戏曲学校校长及上海京剧院院长。1986年任文化部振兴昆剧指导委员会主任。1988年获香港中文大学荣誉文学博士。1989年获中国唱片公司金唱片奖。1991年由文化部、中国文学艺术界联合会、上海市文化局等有关单位联合举办“俞振飞舞台生活七十周年纪念活动”，对俞振飞的艺术成就作出高度评价。

俞振飞是昆剧的一代传人。他父亲俞粟庐是昆由正宗唱法“叶派唱口”的创始人叶堂（怀庭）的再传弟子。俞振飞从小受到他父亲的严格训练，并在长期演唱实践中有所创造和发展，逐步形成俞派昆曲的独特风格。他的唱曲强调咬字、发音、吐气和节奏。其润腔方法，经他归纳达16种之多，丰富多彩，充分体现出昆曲婉转细腻、流利幽远的演唱特色。他的身段表演主要得自昆坛名伶沈月泉的传授，后来他又糅合了京剧中比较贴近生活的表演方法，创造了柳梦梅、李太白、唐明皇、建文帝、许仙、潘必正、裴少俊等一系列很有光彩的艺术形象。昆剧原有“清工”（重唱念）“戏工”（重身段表演）之分，俞振飞杰出的贡献就是将“清工”与“戏工”统一起来，熔于一炉，使昆剧艺术更臻完美。他的代表作有《游园惊梦》、《拾画叫画》、《太白醉写》、《迎像哭像》、《惨睹》、《断桥》、《琴挑》、《小宴惊变》、《见娘》、《书馆》、《墙头马上》等。

从20世纪20～50年代长达30余年间，俞振飞的主要精力都倾注在京剧艺术上。他从一个票友下海而能在京剧界站稳脚跟，独树一帜，主要靠的是深厚的昆剧功底。当时并列的三大小生，姜妙香以唱念胜，叶盛兰以武功胜，而俞振飞则以气质胜。他具有一种难得的风流儒雅的书卷气。这种书卷气，来自他深厚的文化素养。

1930年他正式拜程继先为师。初次见到程师时，就接受了一次考核。程师念一段白口，让俞跟着念。由于俞经过昆剧的严格训练，对字的四声、阴阳、尖团、清浊、四呼、五音等分辨得极为清晰，因而顺利通过。但程师继续考问他学过哪些京戏。俞诚恳地说，以前学的都不算，一切从头学起。这一虚心的求学态度，使程师大为满意，将自己的看家戏“三会一探”即《群英会》、《临江会》、《奇双会》、《石秀探庄》以及4个穷生戏即《红鸾喜》、《打侄上坟》、《秦淮河》、《连升店》全部传授于他。

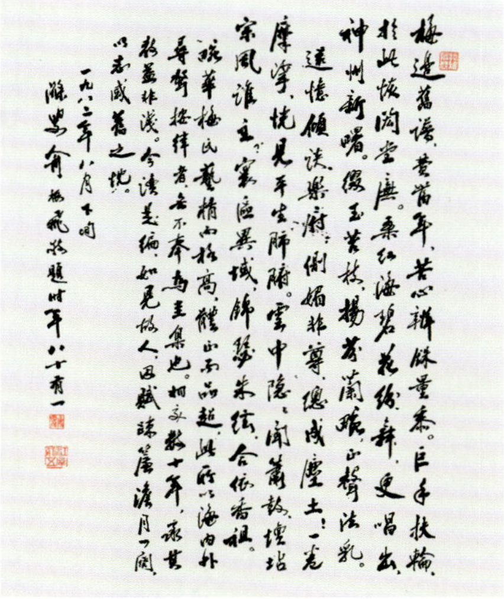
俞振飞手迹（为《梅兰芳唱腔集》题词）

1930～1938年间，俞振飞参加鸣和社，边学戏，边演出，是他的京剧艺术逐渐走向成熟的时期。尤其是1934年后，与程砚秋合作演出长达4年多。这期间，他将昆剧中细腻优美的表演方法，融化到京剧表演中去，丰富、发展了京剧小生的表演艺术。《红拂传》中的李靖，原由老生应工，俞改用小生演，借用了昆剧中冠生的演法，效果极佳。《玉狮坠》中的小生，原本戏不多，俞化用了昆剧《乔醋》中的身段，大为生色。《春闺梦》创排于1931年，由于种种原因，影响不大，但1934年俞参加重排此剧，借用了昆剧《惊梦》中的身段和舞台调度，修改了唱腔音乐，使该剧面貌一新，成为程派的一个代表剧目。

在传统剧目中，俞振飞演得最红的是《奇双会》。该剧原为吹腔，后引入京剧，成为京剧的一个传统剧目。俞振飞早在20世纪20年代初就学会此戏，后经程师的指点，演得更是出神入化。他紧紧抓住赵宠这个人物既是春风得意的青年县令，又是新婚不久眷恋妻子的丈夫的特定身份，以及正直、热情、胆小、幽默的性格特征，把他刻画得栩栩如生。他的表演既夸张又不失分寸，身段既丰富又漂亮，充满浓郁的生活气息，遂享有“活赵宠”的称誉。20世纪40年代几乎所有的挑班旦脚都曾邀俞合演此剧。昆剧“传字辈”也有此剧目，易名《贩马记》，就是俞振飞在1927年间移植的。

《三堂会审》也是俞振飞的一出看家戏。大体遵循程继先的路子，但也吸收了蒋砚香、李桂芳的一些演法，加上自己对王金龙这个人物的理解和体会，形成自己独特的风格。他运用准确的眼神，富于表现力的身段，内涵丰富的不同笑声，如强笑、冷笑、假笑、苦笑等表演，把王金龙此时此地的尴尬处境、复杂心态，十分细腻地表现出来，从而把这个“冷角”唱“热”。比如，当剧中“蓝袍”、“红

《辕门射戟》饰吕布

《投军别窑》饰薛平贵（右） 程砚秋饰王宝钏

《群英会》饰周瑜

《春闺梦》饰王恢（右） 程砚秋饰张氏

《人面桃花》说明书
画家张大千绘制封面

袍”坚持要审问苏三当年妓院中事的时候，王金龙很尴尬，但又阻止不了，只得通过一声“强笑”来掩饰。这时，俞振飞运用丹田之气，一口气笑上20多下，笑得响，笑得重，笑得长，把王金龙内心的不安和不满情绪淋漓尽致地笑了出来，每次都能博得观众满堂掌声。《群英会》也是俞振飞一生中演得较多的戏，在上海常与周信芳合作，在香港则与马连良合作。这出戏里，既没有开打，又没有大段唱腔，全凭他非凡的气质，漂亮的工架，细腻的表情，塑造出周瑜这一性格高傲，胸襟偏狭，但又不失为东吴大都督的英雄形象。《打侄上坟》是穷生戏。俞饰陈大官，既有沦落为丐的穷相，又不时散发出读书人的酸气，令人忍俊不禁。《监酒令》是小生的唱工戏。拜程师后，第一出就学此戏，第一次登台演出也是此戏。他所饰的刘章在继承程师的基础上又有所创造。他借鉴了昆剧中大冠生的演唱方法，大小嗓结合，多放“膛音”，不带脂粉气，在咬字、喷口上接近老生的演唱方法，行腔起伏跌宕，幅度较大，着意表现男性的雄浑、阳刚之美。这样就与旦脚的唱法有了鲜明的区别，充分表现出刘章这个人物的英武气概。1957年，任上海戏校校长后，经常把此戏作为他主要的教学剧目。

俞振飞在戏曲教育方面也作出了杰出的贡献。他在担任上海戏校校长的前10年间，亲自编写教材，亲自授课，并延请和团结了一大批京昆艺术家来校执教或兼课，培养出如李炳淑、杨春霞、蔡正仁、岳美缇、华文漪、梁谷音、计镇华、刘异龙、王芝泉、张洵澎、蔡瑶铣、张静娴等一批出色的京昆艺术接班人。同时，他先后收纳了共40名弟子，其中佼佼者，京剧界有储金鹏、严逸之、李松年、黄正勤、叶少兰等，昆剧界有蔡正仁、岳美缇、丛兆桓、王泰琪、周志刚等，在香港的弟子则有顾铁华、杨世彭、邓宛霞等，沈世华、张春孝等也都受过他的教益。他们都先后活跃在各地京昆舞台和课堂上，对京昆艺术的继承和传播，起了积极的推动作用。

1982年，俞振飞出版了《振飞曲谱》，选取了昆曲中最为精彩的40出剧目，在他父亲传授的基础上，参酌自己长期演出实践，做了部分改革，并收入了他所作的《习曲要解》和《念白要领》两

《奇双会》饰赵宠（右）
梅兰芳饰李桂枝

《游园惊梦》饰柳梦梅（右）
程砚秋饰杜丽娘

《西施》饰范蠡（右） 言慧珠饰西施
（林慧摄）

《太白醉写》
饰李白

篇学术性很强的文章。1985年又出版了由王家熙、许寅整理编辑的《俞振飞艺术论集》一书，总结了他一生的艺术经验，并留下了许多珍贵的京昆艺术资料。1988年由文化部、艺术局、上海市文化局、上海电视台等单位录制了俞振飞舞台表演艺术像带，昆剧有《赠马》、《八阳》(即《惨睹》)、《迎像哭像》、《看状》、《琴挑》、《受吐》、《小宴惊变》，京剧有《打侄上坟》、《三堂会审》、《对火字、打黄盖》、《春闺梦》片段。1989年又补录了昆剧《拾画叫画》、《连环记·小宴》、《书馆》。俞振飞拍摄的影片有京剧《三堂会审》(与马连良、张君秋)、昆剧《断桥》(与梅兰芳、梅葆玖)、昆剧《游园惊梦》(与梅兰芳、言慧珠)、昆剧《墙头马上》(与言慧珠、华传浩、郑传鉴等)。此外灌制的唱片有，高亭公司的《琴挑》、《拆书》、《惊梦》，开明公司的《赏荷》、《叫画》、《梳妆》，中国唱片公司的《琴挑》、《拆书》、《断桥》、《拾画》、《见娘》、《写状》、《小宴》、《闻铃》、《哭像》。舞台实况录像有《金玉奴》、《春秋配》、《奇双会》、《太白醉写》等。（唐葆祥）

Yu Zhenfei Danchen 100 Zhounian Jinian

俞振飞诞辰100周年纪念 京剧活动。中华人民共和国文化部、中国文学艺术界联合会、上海市人民政府主办。2002年8月15日，在上海逸夫舞台举行开幕式。出席并发表讲话的有中国文联主席周巍峙、文化部副部长陈晓光。开幕式上宣读了文化部部长孙家正发来的贺信。15～18日有6台纪念演出：一台大戏，是经过改编、京昆合奏的古典名剧《桃花扇》，由杨春霞、蔡正仁主演；3台昆剧折子戏，由北京、上海、江苏、浙江京昆名家与俞门弟子联袂演出；一台为青年演员的京剧演唱会；最后闭幕式演出，有陈少云《明末遗恨·夜访》，张洵澎、石小梅《牡丹亭·惊梦》，尚长荣、关栋天《青梅煮酒论英雄》，李蔷华、叶少兰《贩马记·写状》。8月16～17日在安亭宾馆召开学术研讨会和纪念会，来自全国各地的专家、学者和俞门弟子从不同角度论述了俞振飞对京昆艺术事业的杰出贡献和卓越的艺术成就，缅怀了他光辉的一生。在纪念活动期间，上海图书馆设立俞振飞生平展示室，上海文艺出版社重新编印《振飞曲谱》(上、下两册)，上海辞书出版社出版大型画册《昆剧泰斗俞振飞》，上海东方电视台戏剧频道制作8集文艺专题片《百年振飞》。（唐葆祥）

Yu Zhenfei Wutai Shenghuo 70 Nian Jinian

俞振飞舞台生活70年纪念 京剧活动。文化部振兴昆剧指导委员会、中国文学艺术界联合会、中国戏剧家协会、中国昆剧研究会、上海市文化局、上海市广播电视局、上海市新闻出版局、上海文化发展基金会等20个单位共同主办。1991年4月6日在上海商城剧

场举行纪念大会，上海市副市长刘振元主持，上海市文化局局长孙滨宣读党和国家领导人江泽民、李瑞环等的题词和贺信。陈至立代表上海市委、周巍峙代表文化部振兴昆剧指导委员会、刘厚生代表中国戏剧家协会致贺词。祝贺演出自4月6～17日，长达12天，演出地点有人民大舞台、豫园古戏台、上海艺术剧场，演出剧目有京有昆，有大戏有折子戏，可以说是一次俞派名剧的大展演，演出者虽多为俞振飞的学生或晚辈，但风范犹存，典型尚在。4月9日晚，俞振飞以90高龄在《贩马记》最后一场“团圆”中粉墨登场，一句抑扬顿挫的念白，一声得意的长笑，令全场观众惊叹不已，纷纷起立报以热烈掌声。12日晚又登台清唱《长生殿·定情》中的［古轮台］“下金堂”一段，神完气足，赢得满堂彩。由上海艺术研究所主办的研讨会，为期3天，在上海教育会堂举行，集中讨论了俞振飞的艺术发展道路和俞派表演风格，以及如何学习俞老等问题。纪念活动期间，上海人民广播电台开辟《俞振飞演唱艺术欣赏》专题节目，上海广播电视局安排了俞振飞艺术影片展映。台湾昆曲业余爱好者的水磨曲社以巨资重印《粟庐曲谱》，向俞振飞赠送50册。（唐葆祥）

Yu Zhenfei Yanju Shenghuo 60 Nian Jinian

俞振飞演剧生活60年纪念 京剧活动。中华人民共和国文化部、中国文学艺术界联合会、中国戏剧家协会、上海市文化局、上海市文学艺术界联合会、中国戏剧家协会上海分会联合主办。1980年4月15～19日在上海举行。文化部副部长司徒慧敏、中国剧协副主席张庚专程赴上海主持纪念活动。15日上午，上海和有关省市领导人、文化界戏剧界知名人士以及海内外京昆爱好者1 000余人出席在艺术剧场的开幕式。司徒慧敏代表主办单位讲话，并代表文化部向俞振飞颁发纪念奖状。上海市委副书记、宣传部长陈沂代表上海市委致贺词。会后，先后在艺术剧场和劳动剧场有5天纪念演出，参演者来自北京、江苏、浙江、湖南、江西等地的京昆名家，还有海外的学生和票友。俞振飞在首晚演出《太白醉写》，闭幕式上又与张君秋合演《写状》。纪念活动期间，张庚主持了有近200人参加的昆剧推陈出新座谈会。上海《解放日报》发表了张庚《祝贺和希望》、南铁生《欣慰的回忆》、周传瑛《曲海沧桑话今昔》、张君秋《博大精深，艺业常青》等文章，就俞振飞的表演艺术和他对京昆艺术的贡献做了高度评价。俞振飞有《自勉诗》一首：“一身喜在百花中，八十衰年头未童。劫后犹能承雨露，人前偶或抚丝桐。光风霁月湖山曙，美景良辰海宇同。老兴婆娑心激荡，长征愿唱大江东。”（唐葆祥）

Yu Zhenfei Yishu Lunji

《俞振飞艺术论集》 戏曲文集。上海艺术研究所编。俞振飞口述，王家熙、许寅等整理。上海文艺出版社1985年7月出版。内容共4部分：①60年来演剧生活回顾；②代表剧目《太白醉写》、《奇双会》、《断桥》、《三堂会审》的表演经验；③对同台的梅兰芳、程砚秋、荀慧生等人的回忆；④戏曲表演理论的探讨。全书系统地总结了作者各个时期，在京、昆舞台上艺术实践等方面的经验；反映了俞振飞在舞台实践中尤其是在小生表演艺术方面不断学习和摸索，继承和创造，渐渐“融京、昆于一体，把昆剧中歌和舞紧密结合的特殊表演手段带进了京剧”，

丰富京剧表现手段方面所作的贡献。作者所谈的具体的表演经验，也体现了他对戏剧的一些美学观点和艺术思想。（周巩平）

Yu Zhenting

俞振庭 （1879～1939） 演员。工武生。振庭，又作振亭。祖籍江苏苏州（一说扬州），生于北京。为京剧武生俞菊笙之次子，排行第五，人称俞五。幼年受父亲熏陶，得舅父张玉贵的传授，习武生，虽身材不高，然眉目传神，动作剽悍，颇有其父勇猛气势。其父外号俞毛包，故又有小毛包之绰号。擅演剧目有《金钱豹》、《挑华车》、《艳阳楼》、《白水滩》、《莲花寺》、《长坂坡》等，以与迟月亭合演《金钱豹》一剧最为享名，其中的抛叉表演堪称一绝。他和阎岚秋演武打的对儿戏，以火爆花哨取胜，名重一时。常与其配戏者有武净何佩亭、范宝亭。是时俞振庭、迟月亭、何佩亭、范宝亭4人，有“四亭”之号。

1917年创办斌庆社科班，武生孙毓堃，青衣徐碧云，老生王斌芬，丑脚朱斌仙，均在该社出科。他还善于经理戏园和演出组织工作，曾任文明园经理。是时，因俞振庭与清末民政部尚书肃亲王比较接近，得肃亲王许可，将男女演员不同台、男女观众不同座的旧约废除，使京剧舞台显得生气勃勃。在演剧组织方面，他于1916年组成的春合社以及从宣统年间延续到20世纪20年代的双庆社，都是当时演出阵容最强，颇享名声的演出团体。他在演出组织工作中，非常注重培养人才，如梅兰芳、孙毓堃、李万春等都曾得其扶助。梅兰芳《舞台生活四十年》在“改搭双庆社”一节中说：“俞五的办事，倒是大刀阔斧，能够放手去做，在当时北京城开戏馆的老板里面，是比较有计划有魄力的。不过有些地方，也跟许少卿一样，喜欢用噱头、夸张来号召观众。”（第252页）宗其艺者有田雨农、孙毓堃等。（苏移）

《金钱豹》饰金钱豹（右）
姚喜成饰孙悟空

Yuzhoufeng

《宇宙锋》 京剧作品。又名《一口剑》。作者不详。剧情为：秦二世时，丞相赵高专权，与大臣匡洪不和。二世胡亥为他们解和，命赵高将女艳容嫁与匡洪之子匡扶。赵高当殿指鹿为马，群臣附和，独匡洪责以欺君。赵高差人盗取匡洪的宝剑“宇宙锋”，行刺胡亥以嫁祸。胡亥将匡洪下狱，抄斩全家。艳容救匡扶逃走，回赵府居住，促赵高修本赦免匡家之罪。适胡亥夜访赵高，惊见艳容美貌，要赵高送女进宫为妃。艳容执意不从，在丫环哑奴相助下，装疯做癫。被召上殿，面对刀斧恐吓，仍借疯癫大骂胡亥无道。其后，艳容被赵高逐出，匡扶助武陵王潘宴出征立功，重审赵、匡两家一案，赵高罪行得以揭露，艳容与匡扶终得团圆。此剧全本曾有余紫云、刘景然等演出，但流行的仅为《赵高修本》、《金殿装疯》

梅兰芳饰赵艳容（右） 刘连荣饰赵高

两折，是青衣的唱工戏。为使观众了解故事的来龙去脉，梅兰芳曾请齐如山修改、整理《宇宙锋》剧本，于1928年演出全本。后因全剧过长，又删去“金殿装疯”以后的戏。但经常演出的，仍为前述两折。梅兰芳对此剧千锤百炼，在身段、唱念、表演等方面精益求精，曾吸收汉剧演员陈伯华所演同名汉剧的一些精彩处理，使该剧成为梅派的保留剧目。1955年拍摄成彩色影片，编入《梅兰芳的舞台艺术》。梅兰芳弟子陆素娟、杨荣环等曾演过全本《宇宙锋》。一般演出均宗梅派路子。剧本收入《梅兰芳演出剧本选集》。

（刘乃崇　蒋健兰）

Yuchengban

玉成班　北京梆子、皮簧兼唱戏班。清光绪十七年（1891）六月十六日新出秦腔玉成班戏班花名册载：承班田际云，领班郭芙生。生脚刘永桂、夏月恒、徐文寿、王子云、高思荣、李永华、李祥，旦脚刘庆喜、马全禄、周海泉、陆鸿喜、李进泉、姜文成、郝庆昌，净脚索凤鸣、赵祥玉、陈世忠、李虎山、陈永山、高岐山、李文宝，丑脚王子实、张占福、徐二秃、江吉红，以及小学生玉奎、玉楼等55人（即小玉成科班子弟）。由此可知此班组建的准确时间。同年七月二十五日（1891年8月29日）《申报》又载：“京师近出玉成菊部一班，乃梆子、二黄两调共立者，系花旦响九霄（田际云艺名）、武旦一阵风、生脚黄胖（黄月山）等六人所开。一切俱系新制，率由上海选购来京，并邀到名角数人，择于六月十一日在大栅栏三庆园开演。”演出戏码，一出梆子，一出二簧（也唱点昆曲），相间排列，别开生面。观众称之为“两下锅”。主要演出剧目，除田际云等人的梆子戏外，有黄月山的京剧武打戏《凤凰山》、《独木关》、《剑峰山》、《定燕平》、《火烧百凉楼》、《铜网阵》，夏月恒饰黄天霸、黄月山饰褚彪的《虮蜡庙》，张占福、飞来凤合演的《大卖艺》、《三岔口》、《二龙山》等。都中人士，争先快睹。他们更积极争演行业堂会，经常去京郊演唱秋收祀神戏，广开收入渠道。创办不久，远近无不知有玉成班。此后，黄月山、夏月恒、张黑（张占福）、李吉瑞等接连排出《溪皇庄》、连台《三侠五义》和梆簧混唱的《反五关》。在《反五关》中，京剧演员夏月恒饰黄飞虎、黄月山饰黄滚、周长山饰太乙真人、李吉瑞饰黄天化，梆子演员田际云前半场饰妲己、后半场饰哪吒，李永华饰纣王。前部“金殿大宴”、“狐狸现形”唱梆子，后部《反五关》唱皮簧，末尾，以田际云扮演哪吒（唱昆腔）大战余化，搭救黄氏父子出关结束。夏月恒在“父子对战”一场，有丢盔、落马等精彩表演；黄月山演“训子”一场，全重念白，激昂慷慨，声泪俱下，观众为之动容。此成为玉成班前期的主要代表剧目之一。

光绪十九年（1893）初，为迎接慈禧太后59岁生辰，进宫演唱，玉成班重新调整阵容，邀进梆子文武老生孙佩亭（十三红），梆子花旦侯俊山（十三旦），京剧老生吴连奎、李顺亭，武生董凤岩，京剧小生德珺如、徐宝芳，京剧老旦龚云甫，京剧青衣孙怡云、郑二奎，京剧花旦杨小朵，京剧净脚金秀山、黄润甫、钱金福，京剧丑脚罗寿山、王长林、萧长华等，共181名。每次进宫承应，与三庆（谭鑫培等）、四喜（孙菊仙等）并肩，同赏四百两。此时黄月山转入宝胜和班，田际云被选入昇平署，承班人改为段杰臣，领班靳德钟。实际老板仍是田际云。经常贴演的剧目，有侯俊山《芭蕉扇》、《辛安驿》，田际云《蝴蝶杯》、《蜜蜂计》（即《女状元》，饰小生）、《红楼梦》（凤姐遇贾瑞一折，纯用话白，无一唱词），孙佩亭《五雷阵》、《打登州》，杨小朵、孙佩亭《翠屏山》，金秀山、龚云甫《打龙袍》，金秀山《沙陀国》等。光绪二十一年（1895）初，玉成班再次改组，田际云、黄月山、杨宝珍、李连仲、张占福、瑞德宝为头等角儿。稍后，田桂凤亦应邀加入。排出本戏《风尘三侠》（黄月山、田桂凤主演）、连台武戏《精忠传》。黄月山曾于光绪七年（1881）在上海大观戏园排《降天鹏》，起于岳飞出世，止于枪挑小梁王。他在《精忠传》中，分饰宗泽、岳飞等几个角色，英气充沛，神采各异，皆为后世继承。田际云扮演巴九奶奶、黄月山扮演骆宏勋的《巴骆和》，杨宝珍扮演刘备、黄月山扮演赵云的《回荆州》，杨宝珍扮演赵匡胤、黄月山扮演高怀德的《斩黄袍》，黄月山饰张绣、田际云饰邹氏、章瑞卿（即昆旦小金虎）饰梅香、李永华饰曹操、李金茂饰典韦、张黑饰胡车儿的《战宛城》等梆子、二簧合奏戏，也是这一时期最受欢迎的上演剧目。以后，受甲午战争赔款影响，上座不佳，乃重排《斗牛宫》、《梦游上海》、《耗子成亲》（即《绿野仙踪》）、《蚂蚁拿臭虫》、《佛门点元》、《错中错》等戏。此类剧目，都是小玉成科班教师李成玉编排，已在上海唱过。在京

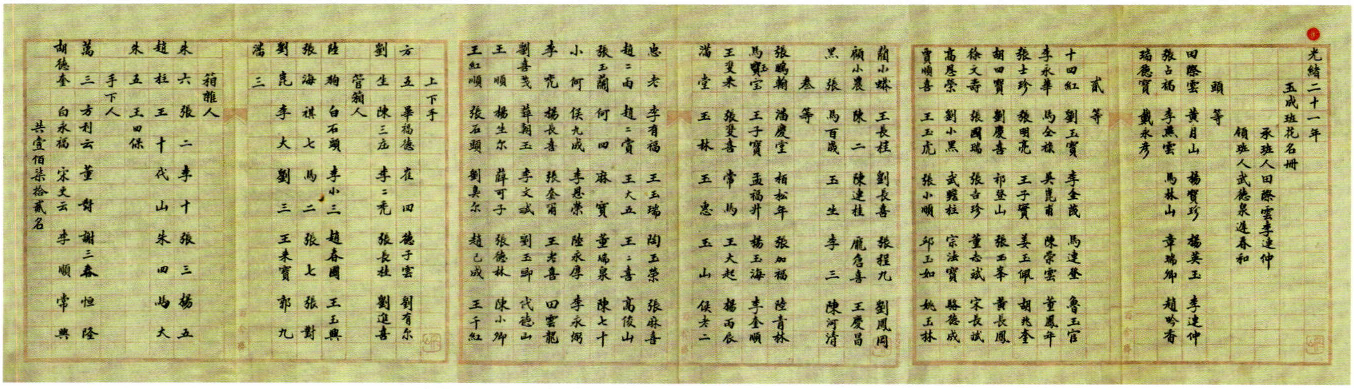
光緒二十一年
玉成班花名冊
承班人田際雲李連仲
領班人武德泉逯春和
頭等
田際雲　黃月山　楊寶珍　楊英玉　李連仲
張占福　李燕雲　馬林山　章瑞卿　趙吟香
瑞德寶　戴永彥
貳等
十四紅　劉玉寶　李金茂　馬連登　魯玉官
李永華　馬全祿　吳崑甫　陳崇雲　董鳳年
張士珍　張明亮　王子寶　姜玉佩　胡兆奎
胡四寶　劉慶喜　祁登山　張玉峯　黃長鳳
徐文壽　張國瑞　張古珍　董志斌　宋長斌
高恩榮　劉小黑　武鑑柱　宗法寶　駱德成
賈順喜　王玉虎　張小順　邱玉如　姚玉林
藺小蝶　王長桂　劉長喜　張程九　劉鳳岡
顧小襄　陳二　陳連桂　龐啟喜　王慶昌
黑張　馬百歲　玉生　李三　陳河清
叁等
張鵬翔　潘慶堂　柏松年　張加福　陸青林
馬玉寶　王子寶　孟福升　楊玉海　李奎順
王雙來　張雙喜　常馬　王大起　楊丙辰
潘堂　玉林　玉惠　玉山　侯老二
忠老　李有福　王玉瑞　陶玉榮　張麻喜
趙二雨　趙二賓　王大五　王二喜　高俊山
張玉蘭　何四　麻寶　董瑞泉　陳七十
小何　侯九成　李恩榮　陸永厚　李永錫
李亮　楊長喜　張奎甫　王老喜　田雲龍
劉喜茂　薛翔玉　李文斌　劉玉卿　武德山
王順　楊生尔　薛可子　張德林　陳小卿
王紅順　張石頭　劉臭尔　趙乙成　王千紅
上下手
方五　畢福德　崔四　德子雲　劉有尔
劉生　陳三庄　李二禿　張長桂　劉進喜
管箱人
陸狗　白石頭　李小三　趙春圃　王玉興
張海　祺七　馬二　張七　張對
劉亮　李大　劉三　王來寶　郭九
潘三
箱雜人
朱六　張二　李十　張三　楊五
趙柱　王十　代山　朱四　馬大
朱五　王四保
手下人
萬三　方利云　董對　謝三春　恒隆
胡德奎　白永福　宋文云　李順　常興
共壹佰柒拾貳名

清光绪二十一年（1895）玉成班花名册（齐氏百舍斋抄本）

重演，虽称“新奇悦目”，但多持砌末、灯彩炫耀，无大艺术价值可言。光绪二十四年（1898）“戊戌政变”，田际云因“曾賚缘内监匿洋人衣服于戏箱中潜进内廷”一事（见光绪二十四年十月十七日《申报》），恐慈禧太后根究获罪而逃避，玉成班停演。光绪二十五年（1899）五月十九日，玉成班复出，京剧小生王楞仙应田际云之邀搭入，经常上演《雅观楼》、《岳家庄》、《八大锤》、《镇潭州》、《举鼎观画》等，有时也与昆旦章瑞卿合演《惊变》、《断桥》、《义侠记》等昆戏，为玉成班吸引了一批观众。此时期又根据上海《醒世缘》排出暴露鸦片之害的《大战罂粟花》(又名《大破烟瘾阵》)，依据同治、光绪年间实事排出捉拿康小八的连台《东皇庄》以及由昆戏《战昆阳》改变的《飞杈阵》，编排上均有特色。黄月山在《飞杈阵》中扮演马援，田际云率梆簧武行扮演牛邈兵，碧眼黄发似外国人。“破阵”一场，设计出新颖别致的“档子”，极力夸张外国兵形态笨拙，有意识美化马援部卒个个英勇善战，把外国兵打得落花流水，抱头鼠窜。清装武戏《铁公鸡》，也是该班最先传入北京的。其中，第二本“火烧向帅”，第四本“太平城”，在京传演数十年。光绪二十九年（1903），排出八本《铡判官》，金秀山扮包公、郎德山扮阎罗、钱金福扮判官、德珺如扮颜查散、郑二奎扮柳金蝉、罗寿山扮李保、田际云扮李保妻、恒乐亭扮柳洪、罗福山扮柳夫人、刘景然扮江万里、汪金林扮宋帝、王子实扮仵作、慈瑞泉扮门神、董志斌扮油流鬼。此剧原名《普天乐》，以前北京各班演此戏，只把判官张洪囚禁笼中带回阳世即告结束，均不带开铡。旧习认为判官在阴间地府是管账(生死簿)的，戏班里管账人最重要，铡了判官对戏班不吉祥。田际云认为判官张洪营私舞弊，为了救自己的外甥擅改生死簿，屈陷好人颜查散，他做了这些坏事，实在该铡，否则不足使那些善于舞文、故入人罪的官吏生戒心。在他的极力主张下，终于当场开铡，大快人心。这出戏的戏词、穿插都好，特制大型砌末，演员各有俏头，非常火炽。应田际云之邀，上海王鸿寿于光绪三十一年（1905）来京，在玉成班陪同下，演出许多擅长“趟马”、造型美观的关公戏，以及《徐策跑城》、《扫松下书》等京人罕见的剧目。同年，贾润田根据杭州惠兴女士兴学殉难一事，编成剧本登载报上。田际云以玉成为班底排演此戏，义演三天，款汇杭州。次年春，玉成班又据此排成连台戏《惠兴女士传》，广为宣传。田际云扮惠兴女士，唱二簧，他的弟子李玉桂（贵）扮同校女教师，梳旗头、清水脸，用大嗓唱梆子。时事戏《春阿氏》、《张傻子游街》等，也在这一年排演。光绪末年及宣统年间，名角汪桂芬、谭鑫培、俞菊笙等，均先后加入玉成班短期演唱。李春来由沪至京也演于玉成班，《白水滩》、《花蝴蝶》、《伐子都》、《界牌关》等戏，京派武生多有借鉴。一批后起票友，如王又宸（拜田际云为师）、沈华轩、刘寿峰等，都是先在玉成班试演，后来皆成名角。新剧家王钟声、刘艺舟等人，由南北上，亦落脚于玉成班。在田际云的悉心安排下，将宣传民主思想的新剧《黑奴吁天录》、《迦茵小传》、《秋瑾》、《徐锡麟》、《官场现形记》等列为大轴，使杨小楼、龚云甫、尚和玉、田雨农、梅兰芳等，在前面为之轮流垫演，并委派纪寿臣、李玉桂、鲍吉祥等，加入王钟声的新剧中，扮演各种角色，以壮声势。《武德日报》编著的《中国戏剧》载：“玉成班的一个最大特点是：‘人所不敢接之角色敢接，人所不能演之戏能演’。”当时确实很有一些革新精神。

《八大锤》 田际云饰陆文龙

辛亥革命后，玉成班改称**翊文社**，虽然继续保持“两下锅”的特色，但京剧比重已远远超过梆子，墩底戏都是皮簧。在《张傻子游街》的基础上，排出宣传妇女解放的二本《孽海波澜》(贾润田编剧)，梅兰芳等演于天乐园，产生广泛的醒世作用。次年，汪笑侬至京，玉成班给予人力、物力支援，汪笑侬的新编剧目始首次展演于北京舞台，许多观众耳目一新。1915年，北京坤角正兴，田际云全力经营崇雅社女科班，玉成班（翊文社）遂散。

（李宗白）

Yumenguan

《玉门关》 京剧作品。作者不详。东汉，班超出使鄯善，劝说鄯善国王附汉，同行者共36人。鄯善王暂将班超一行安置于馆驿中，欲待匈奴王来，共商对策。匈奴王威胁鄯善叛汉，并约定深夜包围馆驿，刺杀班超。班超部将梦见猛虎出现，急忙唤醒班超。班超即与众将伏于馆外。匈奴王中伏身死，余众逃散。鄯善王情愿归附汉朝。班超通西域事见《后汉书·班超传》，但无匈奴王亲至鄯善事。小生饰班超，为唱工戏。出使时唱“娃娃调”[西皮导板、慢板]。“馆驿”一场，姜妙香据程继先藏本，增添了一段[二簧慢板]，抒发班超身处虎穴、风雨欲来时焦虑不安的感情。龙德云、朱素云等均工此剧。青衣时小福亦喜反串。剧本载《京剧汇编》第41集（系故宫藏本）。另有《戏考》刊本。

钱江饰班超

（井玉贵）

Yutangchun

《玉堂春》 京剧作品。事见《警世通言·玉堂春落难逢夫》。描写王金龙进京赶考，热恋妓女苏三（玉堂春），金尽被逐，乞讨为生。苏三关王庙赠金，劝其回乡攻读。苏三被卖与山西商人沈燕林作妾。沈妻伙同奸夫害死了沈燕林，反诬苏三，酿成冤狱。王金龙高中

《女起解》 梅兰芳饰苏三（右） 萧长华饰崇公道

后巡按山西，与布政、按察二司会审，案情大白。清传奇《破镜圆》剧情、角色与京剧相同，有傅惜华藏抄本。《玉堂春》为徽班、汉调的传统剧目。清嘉庆七年（1802），《众香国》作者在北京看到三庆徽班鲁龙官的演出。《金台残泪记》(1828年作）也有“近日三庆部陈双喜年未及冠，演《关王庙》”的记述。道光时范锴所著《汉口丛谈》中，有李翠官在汉口荣庆部演出《玉堂春》资料。据《清代伶官传》，咸丰十一年（1861），陈嵩年、汪竹仙等曾在内廷演出。《玉堂春》全剧包括《嫖院》、《庙会》、《起解》、《会审》、《探监》、《团圆》等折。作为折子戏，《苏三起解》(又名《女起解》）和《三堂会审》常见于舞台。剧本载《京剧丛刊》第4集。前者描写苏三从洪洞县监狱到太原府的起解途中，向解差崇公道诉说自己的悲惨遭遇，唱腔娓娓动听。丑脚饰演的崇公道深谙人情世故，不乏对弱者的怜悯与同情。《会审》一折由于在编剧和唱腔上不断有所创新，已可独立成篇，演出蕴涵丰富的戏剧性：高踞堂上的钦差和跪在阶下的女囚原是久别重逢的情人，两旁陪审的官员老辣狡黠，旁敲侧击，引而不发。全剧以唱为主，却毫无呆滞之感。苏三的演唱几乎囊括了旦脚[西皮]唱腔的全部板式。据陈彦衡《旧剧丛谈》、梅兰芳《舞台生活四十年》，清宣统年间，京剧爱好者林季鸿对青衣腔调极有揣摩，曾为此剧编制新腔，经梅雨田转教梅兰芳，演出后大受赞赏。其后，在王瑶卿指导下，四大名旦依据各自不同的禀赋演唱各具特色，自成流派。虽然剧场流行的多为上述两折，但适应观众需要，也有全本的演出。据《京剧谈往录》景孤血文：“除梅以外，程、荀、尚、徐（碧云）都演出了全部《玉堂春》，程、荀、尚只演到‘监会团圆’止，徐却演到王金龙挂帅出征，火焚玉堂春，三堂会审刘秉义（一至八本）。程本是由罗瘿公整理，荀本是曰陈墨香整理，尚本是由清逸居士整理，徐本是由陈水钟或贺芗坨整理。”

（王卫民）

《戏出年画·玉堂春》（王树村提供）

Yu Hou Longpao

《遇后龙袍》 京剧作品。又名《断后龙袍》、《遇皇后》(又名《断太后》、《天齐庙》、《赵州桥》）与《打龙袍》(又名《仁宗观灯》、《国母还朝》）连演时的省称。作者不详。事见《龙图公案》。北宋，包拯陈州放粮回京，暂驻天齐庙，遇前朝因产太子被刘妃迫害的李宸妃，现流落栖宿于赵州桥寒窑，双目失明，乞讨为生。包拯回朝，于上元节请宋仁宗午门观灯，借清风亭雷殛张继保故事打动皇帝。老太监陈琳奏明20年前狸猫换太子情节，证实盲妇确为仁宗生母。太后迎还，痛斥仁宗不孝，命包拯代为责打；包拯请以龙袍代责。元汪元亨有《仁宗认母》杂剧（佚）。清石子斐有《三昭阳》传奇。此剧为花脸（饰包拯）、老旦（饰太后）并重的唱工戏。有清光绪三十二年（1906)《绘图京都三庆班真正京调全集》及《戏考》、《京剧汇编》等刊本。中国京剧院整理本载《京剧丛刊》第36集。

（井玉贵）

《戏出画册·断后》（故宫博物院藏）

Yubeiting

《御碑亭》 京剧作品。传统剧目。又名《王有道休妻》。作者不详。写明代书生王有道出外赶考，妻子孟月华回家扫墓，归途遇雨，避于御碑亭。恰逢另一考生柳生春也入亭避雨，二人在亭中对坐一夜，未交一言。王有道考试归来，听说妻子曾一夜未归，恼怒不已，派人将妻子休弃送回娘家。王有道得中后，遇到同被录取的柳生春，方明真相，后悔莫及。遂奉师命负荆请罪，将孟月华接回，夫妻重归于好。孟月华由青衣扮演，王有道由老生扮演。故事来源颇早，宋官本杂剧有《王崇道休妻》，明人小说《欢喜冤家》中有《王有道疑心弃妻子》篇，清代又有《庐夜雨》传奇。据载，谭鑫培、汪桂芬、孙菊仙、周信芳、马连良、谭富英与陈德霖、余紫云、王瑶卿、梅兰芳、尚小云、李世芳、程砚秋、黄桂秋、张君秋等均工此剧。作品又名《金榜乐》，团圆时颇具喜剧色彩，过去常作吉祥戏在农历大年初一等节庆场合演出。剧本见《戏典》、《戏考大全》、《修订平剧选》、《京剧汇编》等。

（马海玲）

梅兰芳饰孟月华

Yuanyangzhong

《鸳鸯冢》 京剧作品。罗瘿公编剧。程砚秋1923年首演于北京。取材于清黄治《蝶归楼》传奇。叙太原书生谢招郎到东村看望姐丈，偶遇少女王五姐，一见钟情。招郎求宿王家，与五姐私订终身。回家后，未敢告诉母亲，以至拖延。五姐久候招郎不至，相思成病。其嫂传信与招郎。谢母见信，怒责招郎，将他锁在楼上。招郎连夜奔至东村，五姐已病入膏肓。二人哭诉相思之苦，五姐一恸而绝，招郎碰头以殉。二人合葬，名为“鸳鸯冢”。此剧表现古代青年男女婚姻不能自主的悲剧，有较强的反封建意识。程砚秋饰王五姐，在剧中创作了多种［二簧］唱段，表现了怨女的悲哀。如［二簧慢板］，连续唱出三个大腔，逐渐转弱，表现主人公有气无力，忧虑成病，日趋沉重的感情变化。姜妙香曾演谢招郎，也创出哀叹“苦姻缘”的唱段，流传于世。程派传人新艳秋、章遏云、赵荣琛、王吟秋等均擅演此剧。剧本收入《程砚秋演出剧本选集》。（刘乃崇　蒋健兰）

程砚秋饰王五姐

Yuanmingsi Piaofang

元明寺票房　京剧票房。清光绪十六年（1890），理藩院吏韩某之子韩季长（一说韩季长本人系理藩院书吏）创立（《道咸以来梨园系年小录》）。设于北京东四八条元明寺内，人才甚众，简称“韩票”。韩自唱小生，艺术造诣尚佳。兵部书吏陈子芳唱青衣，效余紫云，魏曜亭唱花旦，学田桂凤，皆以“荡艳”负时名。在堂会中常演的主要剧目有韩、陈、魏三人同演的《虹霓关》，陈、魏演的《乾坤福寿镜》以及全票合演的《德政坊》等。新排剧目有《富贵神仙》（寿子年、准仲莱、陈子芳等根据《聊斋志异》中《西湖主》编出）、《红楼梦》等，皆自备资财，精制砌末，楼台灯彩，场面宏大，富丽堂皇。仅《富贵神仙》一剧，耗银即数千两。韩票自创立始，专为娱乐达官贵人。武英殿大学士张文达喜听其戏，时召演唱。由是，京中大员、名流，附和益众。编修寿子年、准仲莱，户部司官宝湘石、那琴轩等家，每逢生日、喜庆，无不以演韩票为荣。韩票声誉，轰动九城。光绪中期，官场团拜堂会戏，亦多有韩票外串，且常与戏班名角合演，最为人称道的是陈子芳与谭鑫培合演的《乌龙院》、《梅龙镇》。堂会中无韩票则顿感减色。光绪二十二年（1896）元明寺票房散去。陈子芳年轻时唱青衣，与谭鑫培合演《二进宫》、《武昭关》、《三娘教子》等。后来嗓音渐衰，乃以花旦戏为主。庚子事变后，仍时常被邀参加堂会演唱。1915年前后，他年届60，有时亦往堂会义务票戏，尚能演出《虹霓关》的东方氏。陈的青衣戏、花旦戏均有根底，并善于在新戏中创新腔，与研究青衣唱腔的林季鸿时相往来。他是票界中声望久著、影响很大的人物。生卒年不详。（李宗白）

Yuan Guolin

袁国林　（1933～1997）　演员。工架子花脸。曾名袁维祥。祖籍山东，生于吉林梨树。幼年入四维儿童戏剧学校第三分校，学架子花脸，由梁连柱开蒙，从郭文龙练武功。1949年转为军管会北平平剧实验学校（后名中国戏曲学校）第一期学生，先后师从李春恒、赵荣欣、宋富亭、沈三玉等，又得到雷喜福、白家麟、张盛禄的指授，更承郝寿臣、萧长华、侯喜瑞、刘奎官亲传各剧。1959年为侯喜瑞收归门下，从此他专攻侯派艺术。《黄一刀》、《瓦口关》、《牛皋下书》、《激权激瑜、临江会、群英会、横槊赋诗》、《战宛城》、《打严嵩》、《盗御马、连环套》、《清风寨》、《丁甲山》、《取洛阳》、《醉打山门》、《芦花荡》、《通天犀》、《状元印》，以及《四进士》、《法门寺》、《赠绨袍》、《除三害》、《将相和》、《姚期》、《伐子都》、《恶虎村》、《界牌关》、《甘宁百骑劫魏营》、《海瑞背纤》等均为擅演剧目。与柏之毅合演的《雁荡山》（饰贺天龙）被拍成了彩色影片。他还在现代戏《四川白毛女》和《智取威虎山》（不同于上海的另一演出本）中分别饰演何锡章和座山雕。

他功底深厚，腿功甚好，文武兼能，工架沉稳劲健，做表讲求神理，身段谨饬有法，嗓音虽欠高亢，而唱念口锋极好，字字清切，并善用炸音。在得其师悉心亲传的《马踏青苗》一剧中，展现各方面的功力，颇具侯氏神韵。行家说他的表演“武里透文，文中见武，急中有缓，缓中见急”，一动一静皆着眼于美。1964年，在现代戏《红旗谱》中所创造的朱老忠舞台形象，十分成功。可惜此剧被江青等扼杀未得公演。在中国京剧院，他参演了《野猪林》、《霸王别姬》、《汉宫惊魂》、《甘棠夫人》、《节振国》等剧。1989年参加中国与日本演剧界合作的以京剧、歌舞伎形式合排的大型神话剧《龙王》的演出。（钮骠）

《通天犀》饰许世英（祁建摄）

Yuan Hanyun

袁寒云　（1890～1931）　票友。名克文，字豹岑，又作抱存，别号寒云。署寒云有二说：一为“获宋人王晋卿的《蜀道云寒图》，得物志喜，因署寒云”（郑逸梅《袁寒云的一生》）；一为“最喜彩串昆剧《千忠戮·惨睹》一曲（剧词有‘但见那寒云惨雾和愁织，受不尽苦雨凄风带怨长’），故号寒云，以建文自况”（刘成禺《洪宪纪事诗本事簿注》）。寒云为袁世凯次子，祖籍河南项城，清光绪十六年（1890）七月十六日生于朝鲜汉城（今韩国首尔）。时中国与朝鲜有宗藩关系，袁世凯在驻汉城清军中任职营务处，为朝鲜国王所重，得贵族女子4人为赠，寒云母金氏即其中之一。光绪二十年（1894）甲午战争爆发前，随母由朝鲜返国，后随父练兵小站、巡抚山东、罢归彰德。袁世凯任民国大总统后，于1913年冬，寒云居北京南海之流水音，与易哭庵、步林屋、黄秋岳、罗瘿公等结吟社于此，并在此拍曲吹弹。“平时以昆曲为主，有名伶至，则亦特开皮簧会”。梅兰芳“心慕寒云风雅，暇辄访之。每至，则于流水音之西有坐观轩者，外临南海，窗槛宏敞，临时召集知音友，开特别会以欢迎之”（许指严《新华秘记》）。1915年8月，杨度等人在袁世凯示意下，成立筹安会，公开进行复辟帝制活动。寒云因与外间人士交接，时阅新闻报章，稍稍接近舆论，故以为“变更国体，徒启国内纷扰”，作有《乙卯秋，偕雪姬游颐和园，泛舟昆池循御沟出，夕止玉泉精舍》七律二首，经易哭庵

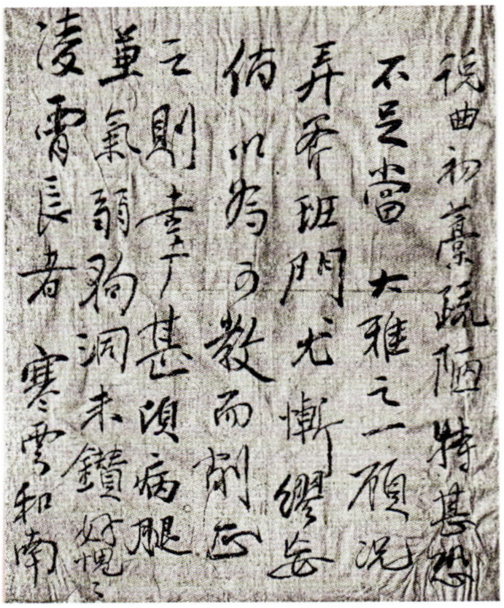

袁寒云手迹（致徐凌霄）

删改，合二为一，题《分明》，发表于《亚西亚日报》，内有“绝怜高处多风雨，莫到琼楼最上层”句，化用苏轼“又恐琼楼玉宇，高处不胜寒”词意，讽喻称帝之不可为。此诗传诵一时，触其兄袁克定（倾心帝制者）之怒，几遭不测。寒云又为消除暗谋建储的猜忌，钤“皇二子”印。1916年，袁世凯窃国称帝83天，在举国声讨中病死，11月寒云生母亦卒，“乃橐笔南下，鬻文于海上”。后常往来南北。曾倡议成立中国文艺协会，名流云集，推寒云为主席；又发起全国伶选大会，均无实绩。河南焦作福中煤矿公司主持人为袁世凯旧部，知寒云挥霍，月致干薪六百元不断。1927年北伐战争后，公司主持者易人，干薪停止，寒云靠卖古董为生。民国二十年（1931）3月22日故于津寓。

寒云嗜剧，能粉墨登场。步林屋述其串剧经过云：“寒云先试乱弹，其声不宜，乃习小面，以白多而唱少也。试昆曲，其声宜，则唱官生、小生而兼小面。”他的昆曲师从武进赵子敬。赵授以《拾金》、《惨睹》，“学之半载，白不上口，腔不归工，劝其改习他剧，不听。又数月，豁然悟焉。由是更学他剧，率不过数日即工，然必与善昆者，讨论其腔调，考正其字音”(转引自《袁寒云的一生》)。据仅存的两册《寒云日记》以及郑逸梅、张伯驹（寒云表弟）等人回忆，寒云在北京、济南、上海、南通，多次与程砚秋、王汉伦、姚元爽、欧阳予倩、小荣祥诸人，合串《琴挑》、《惊梦》、《小宴》、《惊变》、《佳期》、《折柳》等昆曲折子戏。其最投入者当为《惨睹》，唱得沉郁苍凉，回肠荡气，“坐客肃不闻声，愕顾左右，主张帝制者皆垂首有忸怩之色”(刘成禺语)。寒云的乱弹剧为北京老伶工所授，擅演《审头刺汤》之汤勤、《乌龙院》之张文远、《逍遥津》之华歆、《琼林宴》之樵夫、《群英会》之蒋干。寒云尝谓人曰：“汤裱背、华歆、蒋干诸人，或为小人得志，或为枭雄助焰，或为书呆受绐，其境遇截然不同，现身说法者，应推想其当时心理身份，

《奇双会》饰李保童（右） 程继先饰赵宠

《审头刺汤》饰汤勤

庶可吻合无间。”（转引自《郑逸梅选集》第2卷第363页）曾与俞振飞合演《群英会》，“铢两悉称，且饶书卷气，观者无不击节”。偶亦串演旦脚戏，王伯恭《蜷庐随笔》云：“项城（袁世凯）殂后，有人在江西会馆张筵请客，遍召优伶。昆明赵子衡邀余观剧，余入座时，正见克文演《醉酒》一出，饰杨贵妃，珠冠宫装，天然流媚，直忘其身为男子者。”寒云还喜欢拍剧照，曾与程继先合摄《奇双会》、《群英会》，与王少芳合摄《胭脂褶》，与汪笑侬合摄《管鲍交》，另有饰天官、黄天霸等单人剧照。梨园界好与交往者甚多，唯与孙菊仙、汪笑侬、程继先有金兰之谊。1918年汪笑侬病殁上海，寒云有《哭汪笑侬二首》，载《春柳》第1期；潘月樵死后，亦有《哀潘月樵》一文发表。寒云多才多艺，工诗、联语、书画，对名伶多有馈赠。赵桐珊（艺名芙蓉草）在南通演出时，请题嵌字联，寒云书：“桐柏秋吟，芙蓉夏醉；珊瑚冬艳，草木春芳。”寒云深于剧学，谈剧文章散见各刊物。如：《氍毹怀旧记》述汪桂芬、谭鑫培、王瑶卿、金秀山往事；《窥妆楼剧谈》专论旦脚戏；《江湖老伶记》谈薛瑶卿、吴桂芬、钱金福，有别于都下老伶；《说曲》极推重上海昆剧名票徐凌云，称其“歌与白，固已超超，然尚为人所易能，其面目之传神表情，则多出天授，且又加以揣练，故能毕妙毕肖，求之昔之名伶中，亦不数数觏也”。其他还有《寒云说曲》、《鬟弄自述》、《登场琐记》、《粉墨轩渠录》、《瞿俞趣事》、《一鉴楼歌舞记》、《歌场记事》、《歌场闲话》、《天蟾名伶小评》、《释辙》、《论学谭调》、《述剧装》、《京沪伶人衣饰比》、《誉金少梅》、《箴小翠花》、《谈老伶工王玉芳》、《论新剧本》等。这些文章，郑逸梅曾有搜存，惜未结集出版。徐凌霄《纪念曲家袁寒云》说：“世但知寒云主人度曲雅纯，登场老到，有非老票所能及，以为绝世聪明，岂知其平日之勤勤不懈，别有会心乎？”又说：“昔戊午（1918）之冬，我主《京园》剧刊时，寒云正创温白社于旧京，一面会集曲友按期排演于江西会馆，一面与同好同志时作文酒之会，讨论剧曲，兴趣弥浓，交换知识，研求有得，则笔而书之，以寄《京园》。”文章还引述寒云剧论加以发挥，并检得其手稿二页、小简一幅，制版存真，以资纪念，见《剧学月刊》第2卷第1期，1933年1月出版。

（龚和德）

Yuan Huiqin

袁慧琴（1965～ ） 女演员。工老旦。湖北宜昌人。1978年进湖北省宜昌市京剧团学员班，由靳万春开蒙，学老旦。1980年考入湖北省戏曲学校，从刘煌学戏。1983年拜李金泉为师。

1987年考入中国戏曲学院表演系大专班深造，继续向李金泉并向杨韵青、孔雁学习了《李逵探母》、《岳母刺字》、《罢宴》、《徐母骂曹》、《遇皇后、打龙袍》、《对花枪》、《赤桑镇》、《杨门女将》各剧，打下良好基础。1990年毕业留校，任实验剧团演员，在纪念徽班进京200周年的演出中，以主演新编古代戏《契丹英后》一剧，崭露头角。1993年调入中国京剧院青年团。多年来，先后主演了《杨门女将》、《李逵探母》、《对花枪》和新戏《火醒神州》(饰慈禧)、《北国红菇娘》(饰朝鲜族女战士安顺福) 及《红灯记》(饰李奶奶) 等；《契丹英后》拍成电视连续剧。她嗓音亮润，富有力度。在唱工上，行腔流畅，吐字清楚，力求声情并茂；在表演上，竭力用“心”去体悟角色的情感，塑造生动的人物形象。撰有专文阐述自己的演剧心得。1996～1999年入第一届中国京剧优秀青年演员研究生学习。2001

年获全国青年京剧演员电视大赛最佳表演奖。2004年获第二十一届梅花奖。

（捷之）

Yuan Jinkai

袁金凯 （1924～1983） 演员。工武生。祖籍直隶武强（今属河北），生于北京。8岁考入北平中华戏曲专科学校，在丁永利、沈三玉、钱富川、曹玺彦等名师教导下，刻苦练功，打下坚实基础。

后又拜李洪春为师，虚心求教。在继承杨（小楼）派艺术的基础上，兼收盖（叫天）派的艺术特点，表演上形成干净、利落、勇猛、飘洒的艺术风格。擅演长靠戏《挑华车》、《长坂坡》、《两将军》、《铁笼山》，短打戏《夜奔》、《乾坤圈》、《金钱豹》、《四杰村》、《闹天宫》等，且常演出《一箭仇》、《艳阳楼》、《八大锤》等剧。在北京、天津、上海、济南等地，颇负盛名。1953年参加赴朝鲜慰问团，与周信芳、程砚秋等同台为中国人民志愿军演出。1954年参加山东省京剧团，积极参加排练演出新编京剧《三座山》。1956年山东省第二届戏曲会演期间，演出《武松打虎》，获演员一等奖。之后，曾参加过京剧现代戏《红嫂》的导演工作。1979年后，担任山东省艺术学校副校长。1981年改任山东省戏曲学校副校长，为培养人才作出贡献。他还不顾年老多病，在山东省京剧流派会演等场合演出《挑华车》、《乾坤圈》等剧。在患重病住院期间，以坚强毅力写出《武戏表演艺术浅探》等文章，留传后世。

（纪根垠）

Yuan Renguan

袁仁观 （1919～2001） 票友。工老生。字宗义。上海人。自幼爱好皮簧戏，14岁开始吊嗓，摹唱汪（笑侬）派《斩黄袍》、《马前泼水》和谭（鑫培）派《武家坡》等戏，常到大世界、新世界

等娱乐场所，跟随李君亭练功，并向周信芳**底包**（又称**底围子**，是给主要演员配戏的比较长期的合作者）姚渔村学戏。20岁左右，请上海知名衰派老生张国斌传授《焚绵山》、《四进士》。其后，更奉麒派为圭臬。袁父为上海估衣业行首，家资饶裕，为他追看麒麟童演出和业余学戏创造了良好条件。在上海与名票李家载时相过从，共同切磋，参加剑社票房活动，也常与社友虞季梅、吴绛秋等合作演出或同台演出，蜚声票界。周信芳闻之，曾分别携徒陈鹤峰、杨宝童、徐鸿培，去看袁仁观演的《追韩信》和《草船借箭》，予以认可、赞赏。1946年袁仁观赴杭州经商，继续保持玩票习惯。1949年为中国人民解放军浙江军区演出10天麒派名剧。1950年杭州梨园界在浙江军区会堂演出《龙凤呈祥》，有李如春、鲍毓春等参加，特邀袁仁观扮演鲁肃，居然不输于内行名家，一时传为美谈。同年赴香港从事餐饮及娱乐业。曾主持港地带有戏校性质的票房春秋集，资助老艺人粉菊花收徒传艺，历时近7年。在此期间，多次与俞振飞、金素琴等同台演出。1962年始，定居日本，常仆仆风尘于东京、上海之间，对票房活动仍乐此不疲。其能戏有《斩经堂》、《追韩信》、《战长沙》、《白马坡》、《华容道》、《古城会》、《群英会》、《龙凤呈祥》、《投军别窑》、《坐楼杀惜》、《四进士》等。扮相干净漂亮，身段尤其边式，重视体会角色。歌唱方法得传于姚渔村，立音好，劲头足，嗓力持久，年近八旬，仍能满宫满调，且麒味甚浓。晚年录有《袁仁观主唱麒派名段》，赠诸同好。

（翁思再）

Yuan Shihai

袁世海 （1916～2002） 演员。工净。原名**袁瑞林**。生于北京。幼年家境贫苦，只读过一年小学。但喜欢看戏，认识了小友裘振芳（即裘盛戎），结成一对小戏迷。他曾经常去梨园公益会看著名

武二花许德义练功，以其虔诚的态度，感动了许德义，收他为徒，教他打把子，使他奠定了良好的基础。1924年，尚小云和王又宸演出《汾河湾》，经吴彩霞推荐他演薛丁山，由吴彩霞、吴彦衡父子给他说戏。这是他第一次登台，时年8岁。1927年底，考入富连成社科班，分在小“盛”字科，取名袁盛钟，随王连平、张盛禄学老生，学了《天水关》等20多出老生戏。他酷爱花脸戏，因他身材更适于唱花脸，经总教习萧长华发现后决定改从孙盛文学花脸戏，并由四科转到五科（“世”字科），改名袁世海，从而造就了一个出色的架子花验人才。改学花脸时，嗓音高而细，先从叶福海学练吐字发音。当时科里花脸人才济济，经过努力学练，陆续扮演了《珠帘寨》的周德威、《连环套》的窦尔墩、《白良关》的尉迟恭、《群英会》的黄盖、《失街亭》的马谡、《临江会》的关羽、《法门寺》的刘瑾等。他入科不到3年，据统计，已能演花脸戏70多出。1930年，科里当家花险刘连荣随梅兰芳出国，架子花的戏全归了袁世海。1933年韵石社举办富连成社童伶选举，袁世海当选为架子花脸第一名。

1934年，李盛藻等大批骨干演员离社，科里力量大减。袁世海与李世芳首排《霸王别姬》，受到观众欢迎。适值尚小云来社，为他们排了《天河配》、《娟娟》、《昆仑剑侠传》，使富社得到中兴。袁世海得到尚小云赏识，1935年出科后即入尚小云的重庆社，参与排新戏，如《汉明妃》、《青城十九侠》、《龙女牧羊》、《北国佳人》、《比目鱼》、《绿衣女侠》、《林四娘》、《千里驹》等，增强了演出实践，技艺全面提高。北平沦陷以后，他搭入李盛藻的文杏社合演过不少对儿戏，如《重耳走国》、《赠绨袍》、《白帝城》等。1938年，到东北和天津演出。其后，在天津初次和李少春合作演出《水帘洞》、《安天会》、《智激美猴王》、《击鼓骂曹》、《两将军》、《法门寺》、《打金砖》等，配合默契，奠定了以后长期合作的基础。1938年李少春进京拜师，又邀袁世海合作。这一段时间，袁世海奔走北平、天津两地，又曾加入马连良的扶风社，协助李世芳组班承芳社。他从小喜欢郝（寿臣）派花脸艺术，私淑已久，曾有“小小桥红”（郝寿臣人称“小桥红”）绰号。1939年，宋德珠约他去上海，演出于黄金大戏院。封箱戏《群英会》，周信芳前鲁肃、后关羽，袁世海则演曹操，颇为轰动。叶盛章领富社高材生60余人南下，袁世海又被留下加入演出。这就是所谓“三下江南”、“连中五元”。其后他又傍盖叫天演出《八大拿》等戏，驰骋北平、天津、上海，“誉满春申，名留燕市”。1940年12月29日，袁世海正式拜郝寿臣为师。郝老教他的第一出戏是《黄一刀》，随之是《取洛阳》、《夜审潘洪》、《打龙棚》、《打曹豹》、《山门》、《荆轲传》和《连环套》，

《群英会》饰曹操

《野猪林》饰鲁智深

《将相和》饰廉颇

《除三害》饰周处

《九江口》饰张定边

又特意教了一出《御果园》以锻炼其铜锤唱法。老师悉心传授，倾囊以赠，徒弟刻苦学习，终得郝派艺术的精髓。1941年起，袁世海再度献艺南北，主要是随马连良到天津、青岛、上海演出，被倚重为左右手。另外他还在李盛藻、李世芳、章遏云、奚啸伯、李少春的班里演出。在上海，他曾入周信芳班社合作演出。1946年，上海大来公司邀请"十大头牌"在黄金和天蟾舞台出演，袁世海均参与演出。之后，又加入程砚秋的班社合作演出《红拂传》、《女儿心》、《文姬归汉》。又与梅兰芳合演《霸王别姬》。李少春回北平组织起社，袁世海回京加入，合排了《野猪林》、《文天祥》等戏。

中华人民共和国成立初期，起社十分活跃，巡演于北京、天津、上海、无锡、南京。一出《野猪林》在上海连满66场，极为红火。1950年起社与叶盛章领衔的金昇社合并，组成新中国实验京剧团，袁世海任副团长，相继排演了新戏《血泪城》、《云罗山》、《将相和》。特别是在《将相和》中，他的廉颇勾老红脸，挂白满，突出了老将的英武之气，同时又增强了负荆请罪的感染力。表演上先抓住一个"忠"字，再表现他的心胸狭窄，居功自傲。这出戏着重从人物出发运用技巧，是袁世海艺术发展的新起点。为了配合抗美援朝，他们排演了《虎符救赵》，反响强烈。1952年，新中国实验京剧团改为中国戏曲研究院京剧实验工作第一团，袁世海任副团长。10月排演袁世海主演的新戏《黑旋风李逵》，袁世海与郝寿臣一道认真琢磨、研究，使李逵这个人物保留了旧戏中正直、粗鲁、憨厚的一面，扬弃了胡搅蛮缠、庸俗无聊之处。1954年，排演《李逵探母》，以探母为线索，突出李逵的孝义之心和疾恶如仇性格。他成功地创造了花脸的［反二簧］唱腔。中国京剧院成立，袁世海任第三团副团长。随团出访民主德国、日本、智利、阿根廷、巴西、瑞士等国家。1957年，他又参加拍摄《群英会》影片。整个20世纪50年代，可说是袁世海艺术创造的高峰，新戏一个接一个，如《桃花村》、《响马传》、《灞陵桥》等。1959年，在中华人民共和国成立10周年大庆献礼的《九江口》中，袁世海又塑造了一个崭新的孤勇激愤、老辣沉毅、粗犷彪悍、老谋深算、富有斗争经验的北汉大元帅张定边的艺术形象。他除了运用架子花的表演特点，还吸收了文武老生、武二花、旦脚的表演技巧，特别是吸收了麒派老生的表演手法。他在科里就为学麒艺，常偷着去看周信芳的戏，挨打也在所不顾，曾传为佳话。在后来的表演上多有借鉴，与裘盛戎被人们并称为"麒派花脸"。《九江口》的创造，使架子花艺术又一次飞跃，是袁世海表演艺术的一个里程碑。

《红灯记》饰鸠山（右） 孙洪勋饰王连举

早在1958年，袁世海在《白毛女》中，创造了现代人物黄世仁，对演出现代戏迈出了可贵的第一步。经过了《柯山红日》、《林海雪原》等几个戏的摸索、创造，1964年，在《红灯记》中，他扮演鸠山，取得了空前的成功。1982年，他已是67岁高龄，舞台演出不多，把主要精力放在课徒传艺上，弟子遍布各地，如李嘉林、罗长德、吴钰璋、何永泉、舒建础、杨赤等。

袁世海舞台生活70多年，成功地塑造了曹操、张飞、李逵、鲁智深、窦尔墩、项羽、关羽、张巡、廉颇、周处、欧阳方、严嵩、刘唐、马武、张定边、檀道济、马谡、程咬金、赵高、须贾、西门豹、贾似道以及鸠山、龟田等正反面人物形象，为京剧架子花脸艺术的发展作出巨大贡献。

蒋健兰、刘乃崇著《袁世海的艺术道路》，中国戏剧出版社1993年5月出版，22万字。翁偶虹作序称，这是一本"实至名归的评传"，"不止可以成为京剧史中的珍贵文献，也将是戏曲界后起新秀的学习宝笈"。另有《艺海无涯——袁世海回忆录》，袁世海口述，其女袁菁整理，中国青年出版社1985年6月出版，25万字。

（蒋健兰　刘乃崇）

Yuan Yunyi

袁韵宜　（1920～2004）　京剧作家。陕西西安人。幼习古诗文，并学国画。肄业于陕西省立女子师范，曾延师学习京剧。1949年北平和平解放后，考入华北大学三部戏剧科学习。结业后从事戏曲改革工作，曾参与筹建私立艺培戏曲学校（北京市戏曲学校的前身）。20世纪50年代中期，调入北京市文化局戏曲编导委员会，曾任中国京剧院、北京京剧院编剧。古代题材主要作品有：为梅兰芳根据同名豫剧改编的《穆桂英挂帅》(与陆静岩合作)，为梅葆玖改编的《太真外传》，为荀慧生改编的《红娘》，为裘盛戎改编的《铡判官》，为李宗义、李慧芳编写的《李白回表》、《慈母泪》，为赵

乃华改编的《乌龙院》等。现代题材作品有：根据杨沫同名小说改编的《青春之歌》(与黄秉德合作)，谭元寿、马长礼、李毓芳、小王玉蓉、刘雪涛等主演，1959年北京宝文堂书店出版；根据湖北省歌剧院同名歌剧改编的《洪湖赤卫队》(与范钧宏合作)，李慧芳等主演，参加了1964年全国京剧现代戏会演；《向警予》和《一颗螺丝钉》(与张存恭合作，参加了1960年的北京市小戏会演)。曾将莎士比亚的悲剧《奥赛罗》改编为京剧。此外，还编写过评剧、河北梆子剧本，发表过《谈筱翠花旦角表演》、《〈海瑞罢官〉始末》、《略记1956～1966年北京市戏曲事业发展概况》、《马连良香港归来始末》等文章。 （张燕鹰）

yuanchang

圆场　表演基本程式之一。圆场在表演上是变换时间和空间的虚拟手段之一。如《打侄上坟》张公道带着众多孩子到陈伯愚家要粮，舞台上出家门转一小圈，就到了陈伯愚家。同时也是演员在舞台上作环形调度的表演，也是演员训练的基本功。圆场分快速、中速、慢速，根据剧情的需要而定，一般以中速为多。但为表现情况紧急、匆忙、追过场等，就要跑快速圆场，如《长坂坡》"跑箭"一场，糜夫人被张郃追赶，情况非常紧急，要求演员用快速圆场连跑三大圈，而且随着锣鼓的不断加快，要一圈比一圈快。慢圆场一般指较慢的走路，如《法门寺》，太后要去法门寺拈香，起驾法门寺，扈从唱曲牌［一江风］，缓缓而行，绕场一周，表示时空已变，唱完曲牌已到法门寺。

圆场分正圆场、反圆场。正圆场为逆时针方向行进，反圆场是顺时针方向行进。《苏三起解》苏三唱"离了洪洞县"时出县城加快的圆场是反圆场。舞台上作战双方会阵，常见的"二龙出水"，一方是正圆场，另一方则是反圆场。 （李淑萍）

Yuanmen She Ji

《辕门射戟》　京剧作品。作者不详。东汉末年，袁术遣将纪灵等攻打刘备。刘备求救于吕布，吕布遂出面排解，请纪灵与刘备共饮。纪灵不允和议。吕布设画戟作靶，称："如能射中，请即罢兵。不中，听凭所为。"拈弓搭箭，果中戟尖。纪灵只得应允息兵。本事源出《三国志》与《三国志演义》第16回。京剧《夺小沛》亦演此事，系本元杂剧《张翼德三出小沛》编撰，人物较多，有雷薄、陈兰两个丑扮靠将与净扮关羽等，场子、扮相也与《辕门射戟》不同，张飞与吕布的戏几乎平分秋色。《射戟》剧则以吕布为主，"射戟"为剧中重心。吕布唱［娃娃调］、［快板］，开打较《夺小沛》简要。梨园历来称《夺小沛》为"小射戟"，《辕门射戟》为"大射戟"。《射戟》是一出衡量演员功力的武小生唱工戏。徐小香以其身材挺拔、相貌俊美、嗓音宽厚响亮的条件以及文武兼擅的功夫，成功地塑造了吕布的艺术形象，把吕布桀骜不驯、故作谦恭的性格刻画得入木三分。德珺如演此剧唱到［西皮原板］"只为解和免争强"一句时，在"强"字上用一个整板四拍的大腔，突出了吕布占据徐州之后威风八面、叱咤风云的气势。1913年10月9日北京《亚细亚报》戏评栏载文谈到，演吕布射戟，"他伶饰此，张弓作势，虚有此表，从无中鹄之期；德珺如猿臂轻舒，一发矢辄贯戟心而过，虽未必每作皆是，而十九之中不离一二，似曾于射击学具有心得者"(转引自顾颉刚《檀痕日载》)。对于戏评描述的箭

《戏出年画·辕门射戟》（王树村供稿）

过戟心的奇技，徐凌霄在《古城返照记》中说，都是"并未亲眼得见"的，"试问戟眼里如何能搁得住那根箭，如说从戟眼里穿过去，瞬息之间谁又能看得那么真，在事实上本就不可能……要知台上的事，全都是假中见巧，只要手法干净，做得像，就是真，不在乎实演笨干"(第539～540页，同心出版社2002年出版)。姜妙香修改了剧中某些不合理、不通顺的词句，吸收《定军山》［快板］吞吐（气口）的演唱方法，既丰富了小生唱腔，又使人物更加丰满，形成姜派《射戟》的特点。俞振飞的［快板］较多，多处用八字句和九字句，增加腔的跌宕起伏和旋律美。叶盛兰以大、小嗓结合唱老生腔的劲头，用扬头、晃身、大口型、撇唇、步履高抬等动作，把吕布演得惟妙惟肖，博得"活吕布"之誉，为后来的小生演员所宗法。梅兰芳曾反串此戏，艺宗朱素云，但在"筵席"一场突破设两张桌的通例，设置了三张桌，吕布居中独坐，纪灵与刘备各据左、右两桌，突出吕布的个性、身份以及在戏中的分量、作用。剧本载《京剧丛刊》第9集、《戏典》第5集、《戏学汇考》等。德珺如、朱素云、梅兰芳等录有此剧唱片。

（刘方正）

Yuanmen Zhan Zi

《辕门斩子》　京剧作品。又名《白虎堂》。作者不详。杨家将故事。为破天门阵，杨宗保奉命至穆柯寨取降龙木，被穆桂英擒获，相恋结亲。桂英的父亲穆天王不准亲事，父女反目。穆桂英枪挑穆天王。杨延昭赶来，败在穆桂英马下，羞愤而归。这是"斩子"的前因。剧名《穆柯寨》和《枪挑穆天王》，是旦脚与小生的对子戏。宗保回

《穆柯寨》
余玉琴饰穆桂英（左二） 德珺如饰杨宗保（中）
金秀山饰孟良（右二） 黄润甫饰焦赞（右一）

《清人戏出册·斩子》(故宫博物院藏)

营后，延昭责其临阵招亲，违犯军纪，下令绑至辕门斩首。孟良、焦赞、佘太君、八贤王先后入帐求情，杨延昭均不准。穆桂英来献降龙木，为宗保求情，延昭初不允，后穆桂英以破天门阵为担保，延昭又畏桂英武艺高强，始赦宗保。事见《杨家府演义》第35回、清宫大戏《昭代箫韶》第六本第18、第19出。须生饰杨延昭。以喜剧的手法刻画了杨延昭作为三关统帅在军纪、亲情矛盾对立情况下的复杂心态。清咸丰年间，张三元、陈长寿已在京剧舞台上演出此剧，均以唱工著称。光绪年间，谭鑫培吸收了梆子演员郭宝臣的表演艺术，适当精炼了唱腔，突出了抒情色彩，并加大了念、做的比重，极力在刻画人物上下工夫，把孟良、焦赞、八贤王、佘太君、穆桂英来为杨宗保求情，杨延昭不同的情绪变化，层次分明、恰如其分地表达出来。谭鑫培在唱、念、做诸方面丰富了此剧的表演艺术，使之成为京剧舞台上一出久演不衰的优秀剧目。谭鑫培晚年常演此剧，许多名伶与他合作过。1908年，谭鑫培提出将《穆柯寨》、《枪挑穆天王》与《辕门斩子》连在一起，与王瑶卿合演。王瑶卿认为穆桂英挑死父亲的情节对人物有损害，演出时，改为穆天王与杨延昭交战，被打下马，把“枪挑”一事轻轻带过(见1935年8月10日《戏世界》文《名伶访问记——王瑶卿》)。其后，不少演员都依此演出。擅演《辕门斩子》的演员有刘鸿昇、高庆奎、李和曾等。《京剧丛刊》载李和曾整理本。

(刘文峰)

yueqin

月琴　拨弦乐器。京剧乐队中伴奏皮簧类唱腔或演奏胡琴曲牌的重要配奏乐器，和主奏乐器京胡及其他配奏乐器京二胡、弦子配合起来，被称为京剧弦乐的“四大件”。月琴弹奏时用拨子，发音清脆明亮，曲调活泼跳跃。在伴奏中，对唱腔的装饰，节奏的疏密和音势的起伏，起着相当突出的效用；在戏中有时也可单独为琴曲、山歌小调伴奏。月琴的共鸣箱面圆扁平，形如满月。琴帮为红木制，两面蒙以桐木板，直径约为37厘米，厚4.3厘米，琴颈与面板上设有12～17个品位。琴颈有弦轴4个。但京剧使用的月琴实际只用两个弦轴各张弦一根，外弦用二弦，定音与场上现用调门的Mi，里弦用老弦定低La（现琴弦均已改用钢丝尼龙弦)。伴奏反［二簧］时，外弦定反调的La，里弦定Re。在唱腔伴奏中，月琴一般只在外弦上弹奏旋律，故常有高低八度音位相互交替为用，节奏极为跳跃活泼的特色。其里弦主要是为配合某些低音而用，基本上不奏旋律（奏曲牌时里弦的用项较多)。月琴也有三根弦定弦之法：外弦定Mi、中弦定低La、里弦定低Mi。只是应某些新剧目的特殊需要而用。两根弦定音的弹法，现在仍是京剧乐队普遍应用的常规弹法。

(刘海发摄)

(周长源)

Yueya Heyun She

乐雅和韵社　京剧票房。1915年由继（纪）文屏、荣稚峰在北京西四北护国寺街麻花胡同前清内务府总管继子寿家成立。唐仲三主持活动。参加者多为当时各家票房的名票，有老生王文源（倒仓甫过，入票练嗓)、吕正一、胡显亭、陈远亭，小生关醉蝉、铁璘甫，旦行黄桂秋（尚未为职业演员)、尚逊之（碧梦馆主)、王多芬（李多奎师兄弟)，老旦卧云居士，净行董俊峰、于云鹏，丑行王华甫、金鹤年，武丑王福山，武行姜鑫坪、于冷华等。继文屏工武生，常演《金钱豹》、《艳阳楼》、《铁笼山》等。阵容可观，不亚于戏班。每逢农历二、五、八日彩唱，收费十大枚，是西北城区很受欢迎的娱乐场所。1926年冬停止活动。

(李体扬)

Yuemu Ci Zi

《岳母刺字》　京剧作品。又名《精忠报国》。作者不详。传奇《如是观》、《夺秋魁》中都有“慈亲刺背”的情节。清末乔荩臣曾编写过京剧《交印刺字》。本于小说《说岳全传》。金兵南侵，掳走徽、钦二帝。东京节度使宗泽调江南游击岳飞到麾下任职，并因自身染病而将帅印交与岳飞，请他为国效力，迎接二帝还朝。岳飞挂念老母，初时不肯接印，在众将的恳请之下方才接受。回家辞行时，向老母说明自己不能尽孝，岳母责备岳飞为孝忘忠，在他后背刺上“精忠报国”四字，嘱其奋勇杀敌。剧本载《戏考》第31册。当代演出的多为李金泉、范钧宏、吴少岳改编本，是在老本的基础上，参考了河北梆子和川剧的《岳母刺字》改编而成。载《京剧丛刊》第9集、《京剧大观》第4集，并有单行本行世。剧情稍有改变：宗泽病故，岳飞因不满朝廷派来接任的杜充，私自归家，受到岳母训斥，命他回营继续杀敌，并刺字以坚其志。剧中尽量选用了老旦一行的多种唱法塑造岳母形象。刺字时，由［西皮导板］转［慢板、原板、散板］再转［快板］的大段唱腔，是老旦唱腔中的著名唱段，由慢而快，越来越激昂，抒发了岳母深明大义、以国为重而又不忍伤儿肌肤的情绪，使这位英雄母亲的形象感人至深。

李多奎饰岳母（左二）　李洪春饰岳飞（前跪者）
芙蓉草饰岳云（左一）　何佩华饰岳夫人

(马海玲)

yunluo

云锣 京剧辅助打击乐器。又名**九音锣**或**十面锣**。由高低音不同的10面小铜锣，按一定音位排列法悬挂在一木架上而构成（每面铜锣大小形状略同，直径约为10厘米）。演奏时由左手持云锣木柄（或将木柄插入架座立放桌上），右手持小槌敲击出音，槌头一般多用玉、石或兽骨雕成。云锣发音清脆、透亮，能奏旋律，多在悠扬、清越的笛子曲牌中加打。

（王硕）

中坐者刘奎官
前排左起：刘美娟、金素秋、关肃霜、韩福香
后排左起：吴枫、高一帆、徐敏初

Yunnan Sheng Jingjuyuan

云南省京剧院 京剧演出团体。1960年6月5日在昆明成立。由云南省京剧团（前身是昆明军区京剧团）、云南大戏院和昆明劳动人民京剧团合并建立。刘奎官任院长，祁来发、金素秋、关肃霜、裘世戎、莫耀宗任副院长，彭华任党委书记。下设艺术室、办公室、一团、二团、三团。一团是重点团，以继承、革新和发展京剧艺术为主要任务，面向全国；二团以日常演出为主，面向全省；三团主要由青年演员组成，重点培养提高。1961年，三个团调整为两个团，称一团、二团。建院后，关肃霜、刘奎官、裘世戎、徐敏初、高一帆、贾连城、夏韵秋、刘美娟、程静华、梁次珊、金素秋、吴枫、张宝彝、梁先庆、赵慧聪、侯亚亭、关伯平、宋东宝等演职员，陆续排演了田汉剧作《白蛇传》、《谢瑶环》、《杨八姐智取金刀》和该院改编的《通天犀》、《盗御马》、《战洪州》、《盗库银》、《打焦赞》等剧。创作、改编演出了具有鲜明民族特色与地方特色的《孔雀胆》、《多沙阿波》、《李定国》、《黛诺》等京剧剧目。坚持深入边疆为各民族群众服务，并多次赴北京和其他省、直辖市、自治区演出。阵容整齐，行当齐全，演出作风严谨。1970年1月京剧院撤销，1979年2月，恢复省京剧院建制，下设一团、二团。1981年1月20日关肃霜任院长，7月28日金素秋、裘世戎任院艺术顾问。全院主要编剧、导演有金素秋、吴枫、王绍志、乔家瑞、梁先庆、张树勇、赵慧聪、苏保昆等。一团主要演职员有关肃霜、高一帆、贾连城、梁次珊、程静华、李春仁、张占元、关肃娟、杨丽春、李松涛、侯燕芳、王玲、董瑞堃、王晓琳、董建华、杨洁、刘万选、李焕斗、刘福海、周明义、宋东宝、杨贵生等。二团主要演职员有刘美娟、韩福香、钰存、梁建国、梁汉森、苏保京、高珖、王玉柱、筱福珊、陆明生、樊凤来、潘铁铮、刘万祥、李章群、王长春、道玉书等。恢复京剧院建制以来，重新排演了该院20世纪50～60年代剧目《黛诺》、《孔雀胆》；学习、移植和排演了《蝶恋花》、《红灯照》、《豹子湾战斗》、《闯王旗》等；创作、改编演出了《铁弓缘》、《穆桂英大破天门阵》、《董小宛》、《虚嘘》、《葛嫩娘》、《三进店》、《娜蒂秀》、《武侯渡泸》、《火烧松明楼》、《南疆血碑》等。其中，关肃霜主演的《铁弓缘》1979年由北京电影制片厂摄制成彩色影片，获第三届大众电影百花奖最佳戏曲片奖。创作的反映云南佤族人民生活的京剧《佤山雾》，于1979年9月赴北京参加庆祝中华人民共和国成立30周年献礼演出，获文化部颁发的演出一等奖、创作二等奖。创作的新编历史剧《南疆血碑》，于1990年12月赴北京参加纪念徽班进京200周年演出，并获得1991年首届文华新剧目奖，导演张树勇获文华导演奖。该院二团青年演员乔丽以《擂鼓战金山》一剧获1987年全国青年京剧演员电视大选赛最佳表演奖。1979年7月昆明电影制片厂拍摄了包括《盗御马》和《姚期》在内的戏曲片《裘世戎舞台艺术纪实》。1980年4月赴法国、意大利、奥地利、瑞士、列支敦士登等西欧5国访问演出。1984年7月1日又赴芬兰、瑞典演出。1988年关肃霜带队赴香港地区演出。1993年初，张树勇任云南京剧院院长。剧院继承和发展云南京剧事业，培养各类艺术人才，切实开展艺术创作，除了有一批中年业务骨干仍活跃在舞台以外，还涌现了胡春华、乔丽、董汝南、徐宝良、王侃等优秀青年演员及于浩东、赵剑昕、桂保昆、宋春生等新的创作人员。1997年11月，新编历史故事剧《梦断碑寒》获第七届文华新剧

《水淹七军》刘奎官饰关羽（中）
（祁建摄）

《谢瑶环》
关肃霜饰谢瑶环

《南疆血碑》 梁建国饰年四（左一）
王玉柱饰阿古（右一）

《凤氏彝兰》 胡春华饰彝兰（左）
王晓琳饰麦子

目奖，扮演主角阿姹的胡春华获文华表演奖。2001年，新编历史剧《凤氏彝兰》获第三届中国京剧艺术节优秀剧目奖，后又获第十一届文华大奖，编剧李莉、佳倍，导演张树勇，主演程联群（特邀）、周凯，分别获得文华剧作奖、文华导演奖、文华表演奖。2007年，胡春华任院长。2008年，《白洁圣妃》获第五届中国京剧艺术节新编历史剧一等奖。（胡耀池）

Yunnan Sheng Wenyi Xuexiao

云南省文艺学校 戏曲专业学校。1956年建立，初名云南省文化艺术干部学校，招收滇剧、花灯各一班。1961年在原有的基础上，合并了省级戏曲剧团的学员，组成云南省戏曲学校。1962年，并入云南艺术学院戏剧系，设滇剧、花灯、京剧、编导4个专业。“文化大革命”开始后停办。1973年恢复办学，定名为云南省文艺学校。设滇剧、花灯、京剧、舞蹈四个专业。其后，又增设戏曲音乐、舞台美术、杂技等专业。教学内容分专业、戏曲史论、政治文化课三类。教学采取普遍培养与重点提高相结合，课堂教学与舞台实践相结合的方针，使学生的艺术技能和文化知识、思想品德等方面都得到提高。朱荣辉、杨东明、彭华、温存志、韩波等先后担任校长。历年任教的专职教师有200多人，其中京剧教师有袁小楼、张文艳、黄瑞生、关永斋、钰盛玺、黄建超、潘奎祥等。历届京剧毕业生有200多人。2004年5月，在文艺学校与原省文化厅职工大学基础上组建成云南文化艺术职业学院。（刘文峰）

Yun Yanming

云燕铭（1926～2010） 女演员。工旦。原名罗矩薰。祖籍广东南海（今属佛山）。5岁时父母离异，继父朱喜芬，艺名朱百岁，工丑行。母新兰秋，工青衣、花旦。自幼随母习艺，8岁便跟着父母跑码头。13岁时，一次偶然救场演出，崭露头角，后至上海拜冯子和为师深造，曾与义父周信芳同台演出，获益匪浅。她博采众长，问艺多师，曾先后师从王瑶卿、程砚秋、梅兰芳、欧阳予倩等名家。20世纪40年代常演于上海、南京、青岛、济南、天津、沈阳、北平等地，曾与高盛麟、李少春、袁世海、周啸天、杨宝森、马连良、叶盛兰等合作演出。1950年参加中国戏曲研究院京剧实验工作团，又与李宗义、李和曾、李洪春、张云溪、张春华、王泉奎等合作。

她幼工扎实，文武兼备。嗓音脆亮，唱腔柔婉，尤以细腻传神的表演著称。擅演《穆柯寨》、《打渔杀家》、《打金枝》、《二进宫》、《十三妹》、《樊江关》、《临江驿》、《拾玉镯》、《玉堂春》、《秦香莲》、《蝴蝶杯》、《秋江》、《翠屏山》、《巴骆和》、《江汉渔歌》、《兵符记》、《孔雀胆》、《谢瑶环》、《蔡文姬》、《猎虎记》、《三打祝家庄》、《三座山》等剧。1955年，赴波兰华沙参加第五届世界青年与学生和平友谊联欢节，演出《双射雁》、《水漫金山》，获民间舞蹈表演金质奖章。1958年调往哈尔滨市京剧团，除演传统戏外，还演出了现代戏《赵一曼》、《芦荡火种》等。1964年与梁一鸣等晋京演出《革命自有后来人》，所饰李铁梅又给首都观众留下了深刻的印象。“文化大革命”后重返舞台，每年要演200多场戏，经常深入工厂、油田和农村，深受观众称赞。曾任哈尔滨市京剧团副团长。尽管演出繁忙，年事已高，但课徒授艺从不间断，既是严师又是慈母。她常说：“教学生不能只教戏，更要教她们怎样能成为事业献身的艺术家。希望她们超过自己。”

《打金枝》饰昇平公主

王晓明著有《一代坤伶云燕铭》，中国戏剧出版社2005年8月出版。（刘松崑）

yunzhougong

云帚功 表演功法之一。云帚，又名蝇帚，由拂尘演变而来。舞台上的云帚既是劳动工具，如《挂画》、《穆天王》等戏中的侍女用云帚拂拭尘土；同时也是武器，如《盗库银》的小青，《盗仙草》的白娘子用云帚进行格斗。此外，云帚还表明人物的身份。以旦行为例，多为仙、佛、道、妖等人物所用。生、净、丑行常用云帚的是僧道或太监等人物。云帚有两种，一种帚杆上无穗：演佛道人物所用，以示素雅洁净；一种杆上有穗，表演神妖或太监等人物。云帚的表演动作有划帚、飘帚、涮帚、抡帚、捋帚、提帚、拂帚、摇帚、挥帚、拖帚、举帚、背帚、抛帚、担帚、搭帚、挂帚、顶帚、托帚等。云帚功的舞包括一些幅度大、技巧性较强的动作，如大刀花绕帚、卧云拧帚、涮腰抡帚、翻身甩帚、跨虎掏帚、下脚扬帚、旋子带帚等高难演技。如《红拂传》的红拂、《盗库银》的小青、《蜈蚣岭》的武松、《醉打山门》的鲁智深，云帚用技较多。通过走边程式套路，把转、跳、踢、蹲等腰腿功的技巧与云帚功结合起来，特点是刚劲敏捷，动多于静。表演时要眼随帚行，身让帚梢，才能传神达意。文戏或文行脚色的用帚方式则有所不同。演员借助于云帚表达人物思想感情，既可以看做是演员手的延伸，也可以视为描绘人物感情的画笔，以情带帚，借帚抒情。（王诗英）

《盗仙草》白娘子（张美娟饰）
（齐英才供稿）

yunwei

韵味 见京剧声乐。

zaban

扎扮 传统装扮程序的总称。又称装扮。舞台角色的外部形象通常称为扮相（亦作扮像），是在演员的自然形体条件基础上通过扎扮进行艺术加工而成。扎扮的工拙优劣，关系扮相的是否美观，是否切合剧情，还会影响演技的能否正常发挥。这是由演员和后台辅助技师协同操作的专门技巧。其程序大致为：①上彩。演员在清洗脸部油垢、搽上护肤品之后，按行当规范和角色特征进行面部化装，或俊扮（生、旦），或勾脸（净、丑）。一般在面部化装前就先穿上水衣，换上彩裤。②勒头。演员在盔箱管理师或梳头师的协助下，用网巾、水纱、假发及头面等，进行头部化装，其中包括牵引、包扎、粘贴、梳裹、插戴等多种技术过程，视所扮角色之不同而繁简有别。③穿衣。在衣箱管理师协作下穿着角色所需的戏衣。有的角色穿衣前须先穿胖袄，再加护领。有些戏衣的穿着有特定的扎束技术，如武生披甲背旗需用靠绳扎束，故又称扎靠；短打武生穿上戏衣后还须用绦绳绊胸、束大带。④戴取。生、净演员大多最后完成头部造型，在盔箱管理师的帮助下把所需冠、盔戴正，扎紧。尔后再戴髯口，拿取需用砌末，如执笏、执扇、提刀、佩剑之类。至此，扎扮结束，进入候场。梅兰芳说："戏曲演员，当扎扮好了，走到舞台上的时候，他已经不是普通的人，而变成了一件'艺术品'了。"（《舞台生活四十年》第508页）由于扎扮过程相当复杂并有较强的技术性，因而要求演员必须按时上装，认真扮戏，避免误场抢装，慌迫中容易出错，故艺人有"早扮三光，晚扮三慌"之谚。（龚和德）

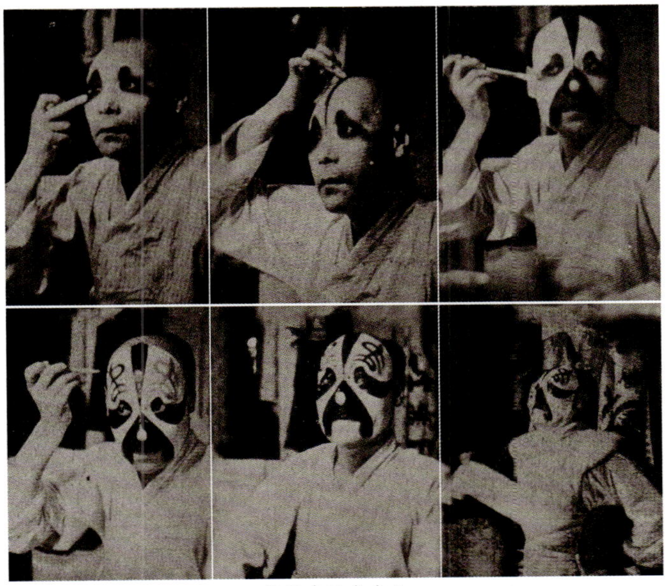
扎扮中的金少山

zapan

扎判 戏班用语。又称楦判。指舞台上特形角色的塑形技术。因较多用于塑造判官形象，故得此名。宋代歌舞百戏中即有《舞判》、《瞎判官》等节目。《东京梦华录》卷十《除夕》记禁中大傩仪，内有教坊使孟景初身品魁伟，装将军，"教坊南河炭丑恶魁肥，装判官"。可知宋时重视选用"魁肥"的特体演员来装扮判官这一特形角色。戏曲舞台上则运用塑形技术来改变演员形体。如昆剧《九莲灯》火判、《牡丹亭》花判，演员都需把肩部、腹部、臀部垫高，然后穿戏衣、束大带，造成耸肩、凸胸、撅屁股的特异外形。除

（选自《中国京剧衣箱》）

钟馗（厉慧良饰）　　周仓（祝正志饰）
（选自《中国京剧衣箱》）

判官外，昆剧《嫁妹》的钟馗，京剧《华容道》的周仓、《闹天宫》的巨灵神等，也需作特形扎扮，统称扎判。其所用材料，旧时多以竹板上扎稻草把装肩胛，以椅垫、胖袄之类装腕、装臀。演员为减轻负担，各自设法加以改进，如用淘米箩绑在胸部，就比较轻便。（龚和德）

zaqiang xiaodiao

杂腔小调　京剧在其形成和发展过程中，从地方小戏、民间歌舞及俗曲山歌中搬用的一些腔调的统称。有柳子腔、南锣、补缸调、滩簧调、花鼓调、银纽丝、山歌等。它们保存在十几出传统小戏里。其曲调各有特点，风格互异，在唱［皮簧］的剧目中，和［皮簧］唱腔很少混用。有时某一腔调可作插曲用。

柳子腔。亦作柳枝腔。为清代地方小戏的一种腔调。其来源尚未见文献记载。京剧传统小戏《小上坟》整出唱的就是柳子腔。共有两支曲调。前一支是一板一眼（2/4）形式，唱词为七字句，上下句结构，均为“眼起板落”，上句落音为Mi，下句落音为Sol（上下句反复），唱段最后一句结束在Do音上。唱段前有过门，后有结合身段的配曲。如：

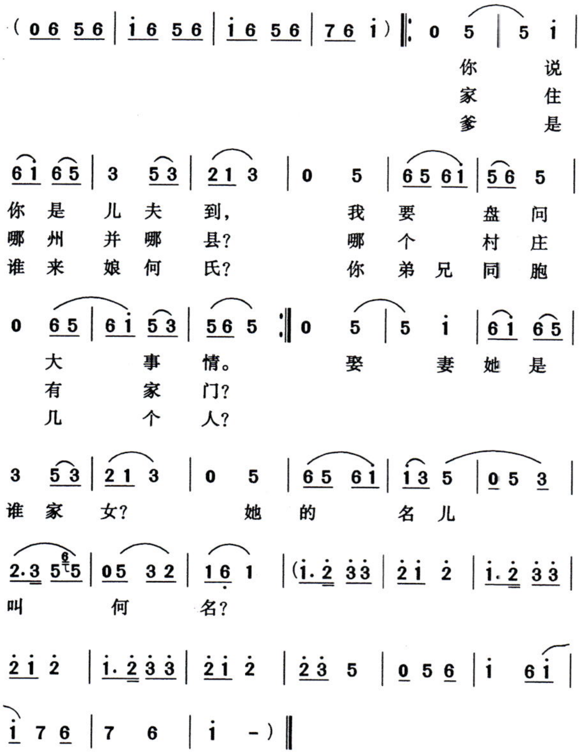

后一支是有板无眼（1/4）形式，均为板起板落，是前一支的紧缩变化。整个唱腔跳跃活泼，轻快欢畅，歌舞性较强。以海笛、笛子、鼓板、小锣伴奏。

南锣。原名罗罗腔。据说是由弋阳腔衍变而成（刘廷玑《在园杂志》）。由于来自南方，北方人则简称南锣（周贻白《中国戏剧史长编》）。京剧中的南锣是一种数板和大唢呐、小锣、小鼓吹打过门交替使用的形式，只念不唱，唯末一句才随着大唢呐歌唱，最后落在Mi音上。如《打面缸》：

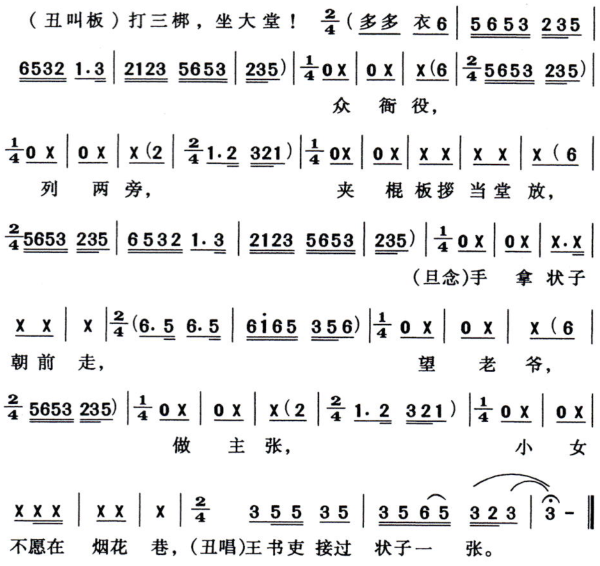

南锣的腔调诙谐、活跃，在戏里常常为丑、花旦用，如传统小戏《打面缸》、《打灶王》、《打杠子》等。

补缸调。又称云苏调。原为明清以来的时曲小调，在一些地区的民间小戏和曲艺中常用。京剧保存在传统小戏《锯大缸》中。一板一眼形式，共4句，一、三句为念，二、四句为唱，均落在Do音上。每句后面都有过门，旋律跳跃流畅，节奏性较强，以大唢呐、小锣伴奏。

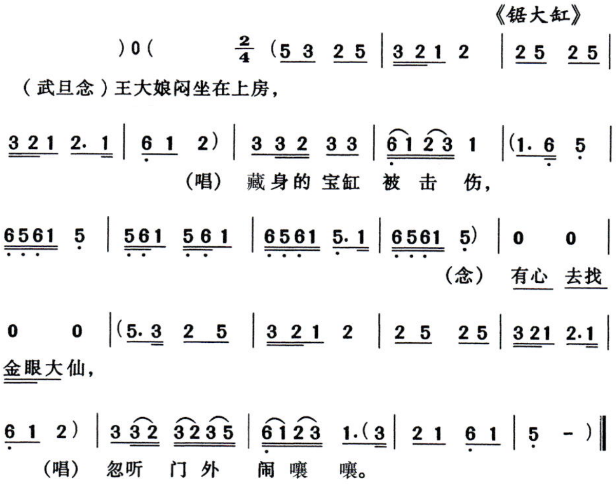

滩簧调。原为清代以来流行于江苏、浙江一带以当地方言坐唱的各种曲艺腔调的泛称。京剧所唱的滩簧调系苏州滩簧（简称苏滩）的曲调，只在《荡湖船》一剧保留。唱念相结合。其基本结构除开始两句和结束两句为唱腔外，中间部分均是念一大段数板唱一句，落在Mi音上。曲调活泼诙谐，用吴语演唱。开唱前和中间唱一句后都有过门，以二胡伴奏。

花鼓调。安徽（或外省传入当地）的民间小曲。保存在传统小戏《打花鼓》中。其中共有3支曲牌。第一支叫银纽丝，第二支叫凤阳歌，第三支叫鲜花调。其中凤阳歌是花鼓的主要调子，由剧中花鼓艺人夫妻齐唱，笛子和腰鼓、喜锣伴奏。如：

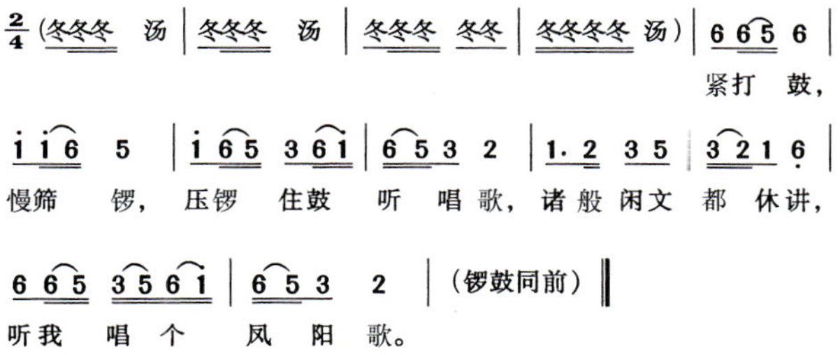

银纽丝。明清以来流传于中原一带的时调小曲。在一些地方小戏和曲艺中都有此调。京剧则保存在传统小戏《探亲家》中。其旋律与花鼓调的银纽丝有所不同。全曲分为两段，唱词的上下句字数比较自由，前段为六句，末句落在Do音上，后段为四句（末句重复），是变化重复前段的曲调。旋律流畅，与语调结合较紧，对话、叙述性很强，以笛子等伴奏。如：

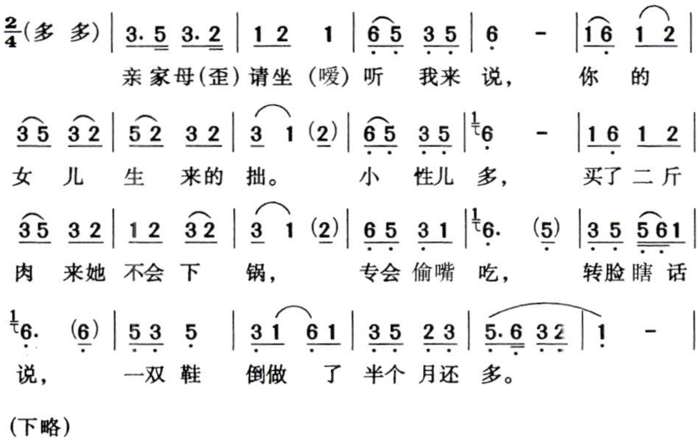

山歌。京剧所保留的山歌小戏，只存《小放牛》一出。其曲调来源尚未见文献记载。共3支曲调，均为一板一眼形式。第一支末句落低La音，并重复，最后末句落Do。第二支末句落Do。第三支末句落低Sol。其唱词，上下句字数自由，常加垛句和“哪呼咿呀咳”，听来活泼明快，以笛子等伴奏。如第一支：

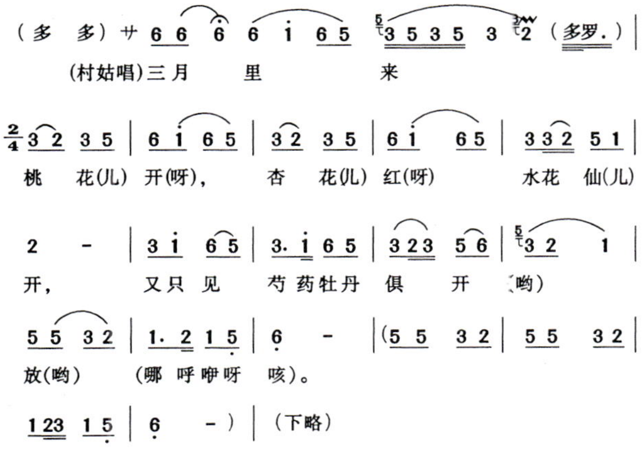

（张正治）

Zaixiang Liu Luoguo

《宰相刘罗锅》 京剧作品。根据同名电视连续剧改编创作的大型京剧连台本戏。由北京京剧院、北京艺术创作中心、北京长安大戏院共同策划联合制作。原为六本，最后浓缩为上、中、下三集。编剧：陈健秋（上集），陈亚先、毓钺（中集），徐瑛（下集）；总导演林兆华；作曲及唱腔设计：朱绍玉；舞台设计：黄海威；主要演员：陈少云、李岩、董圆圆、罗长德、马增寿、杜镇杰、王蓉、孟广禄等。

陈少云饰刘墉（右） 董圆圆饰格格
（孙连生摄）

上集《初试锋芒》写乾隆欲纳六王府格格进宫，格格却先发制人下棋招婿。刘墉进京赴试，因下棋获胜，与格格结为连理。正当刘墉“金榜题名，洞房花烛”之际。乾隆、和珅不期而至，命刘墉即日赴任江宁，且不许携带家眷。

中集《夜审皇上》写江苏巡抚叶国泰贪污库银，将三十里河堤谎报为八百里，欺骗南巡的乾隆。时任江宁知府的刘墉，识破叶国泰的劝驾回銮之计。但不料手下却将与美女吟红欢会于琴心楼并失手打死江宁府恶霸石敬虎的乾隆关入江宁大牢。叶国泰“坐山观虎斗”，强令刘墉严办。刘墉急中生智，夜审乾隆，既保全了皇帝的体面，又使叶国泰行止暴露无遗。

下集《诗外之辩》写刘墉因与乾隆皇帝对出佳句而深得嘉许，引起和珅妒恨。格格无意之中将君臣共同完成的诗句编入刘墉诗集中，和珅遂以僭越罪名将刘关押入狱，欲假乾隆之手置之死地而后快。不料和珅却在刘墉诱使下触怒龙颜，被贬为狱吏。乾隆为煞刘墉狷介狂放之气，设计戏弄。刘墉夫妇巧妙应对，复得乾隆恩宠，并破了和珅的暗算机关，使之落入尴尬结局。

《宰相刘罗锅》凸显连台本戏的特色，围绕正义与邪恶、光明与黑暗、昏贪与清廉展开故事，情节曲折，悬念迭出，环环相扣，妙趣横生。刘罗锅的形象鲜活饱满，个性鲜明，成为有别于包拯、海瑞等清官形象的正义、智慧、乐观、幽默的化身，丰富了戏曲人物画廊。全剧喜剧色彩比较浓郁，突破了旧式喜剧的格局，提升了连台本戏的格调。

《宰相刘罗锅》的导演以强烈的主体意识，激活传统京剧表演程式中具有表现力的元素，并运用这些元素创造出新的肢体语言和舞台景观。其表演既充分利用京剧程式而又不拘泥于程式，自由且有章法。尤其是陈少云所扮演的刘罗锅，巧妙地将“丑”的幽默与“生”的沉稳融为一体，创造了“这一个”独特的丑生形象。《宰相刘罗锅》的音乐唱腔尽力保持京剧艺术的韵律美和流派美，流畅自然、悦耳动听。《宰相刘罗锅》的舞台设计以三组可推可拉、自由组合的雕梁画栋、亭台楼阁，通过结构及灯光色彩的变化，分割时空，标志环境，虚实结合，灵活自如。

《宰相刘罗锅》的制作以精品意识为灵魂，以文化市场为导向，打破一院一团“自炒自卖”的旧模式，广集各方人才，搞强强联合，特别是在演员阵容的遴选上，坚持不拘一格、“五湖四海”的方针，突出“名角效应”。自2000年春节公演以来，即一炮打红，成为戏曲舞台的品牌剧目。除在北京公演外，还应邀赴上海、台北进行了成功的商业演出。在2001年南京举办的第三届中国艺术节上，《宰相刘罗锅》一、二本参演，荣获金奖；随后，又获第八届“五个一工程”奖，并进入2002～2003年国家舞台艺术精品工程第一批十台精品剧目的榜首。

（周传家）

Zai Tao

载涛 （1887～1970） 票友。工武生。北京人。满族，姓爱新觉罗，系清光绪皇帝的胞弟。幼时曾过继给固山贝子奕谟为嗣，后又改嗣钟端郡王。曾受赏镇国将军，晋封辅国公。后袭贝勒爵，又加郡王衔。清末曾任禁卫军训练大臣、军谘府军谘大臣。中华人民共和国成立后曾任中国人民解放军炮兵司令部马政局顾问。

载涛自幼喜爱京剧，曾请来看功先生训练腰腿，抄功先生训练筋斗。由于勤学苦练，幼工深厚扎实，一如专业演员。他由武生名家周瑞安开蒙，首次登台即演出了短打武生戏《溪皇庄》，饰尹亮。他的拿手杰作《安天会》系得自武生名宿张淇林（长保），杨小楼此戏即是张淇林所授，二人的表演有异曲同工之妙。载涛家中有戏台，又备有各种行头，时常排练。他演此戏时，翻滚扑跌，脚步轻快，身段边式漂亮，与众神将相斗时，每场打法各有特色，诙谐幽默恰到好处，绝无俗气。李万春曾向载涛学习此戏，遂成其代表剧目之一。他还擅演南派短打武生戏《铁公鸡》，使用真刀真枪，赤膊上台，闪展腾挪，敏捷利落，勇猛逼真，令人叹服。除武生戏外，还能演武花脸戏《金沙滩》的杨七郎，《青石山》的周仓，《芦花荡》的张飞等。

载涛还擅长旦行的《贵妃醉酒》一剧，为余玉琴亲传。余玉琴此戏除传载涛外，还授予路三宝，路又传与梅兰芳、筱翠花，后梁小鸾曾向载涛学习了此剧。1925年左右，载涛的王府被卖掉后，便中止了演出活动。20世纪50年代，他与张伯驹共同发起成立北京京剧艺术研究社，曾任社长。在民革中央的一次晚会上，他演出了评剧《刘巧儿》中的马专员，是他生平的最后一次粉墨登场。

（吴焕）

Zang Languang

臧岚光 （1912～1980） 演员。工旦。直隶保定（今属河北）人。别署上谷歌人。幼年酷爱京剧。1930年投师王蕙芳，并向王瑶卿、梅兰芳问艺，后又得欧阳予倩指教。原为票友，转为职业演员前，与蒋君稼、林钧甫、朱琴心被称为票界四大名旦。他天资聪颖，学艺刻苦，基本功扎实，善于博采众长，吸收融化，在表演上能扬长避短，有较强的创造能力。他以吐字清晰、唱腔宛转、做工细腻传神而博得观众赞誉。他戏路宽、会戏多。青衣、花旦、刀马旦皆能，常演剧目有《贵妃醉酒》、《翠屏山》、《春秋配》、《王宝钏》、《花田错》、《回荆州》、《同命鸳鸯》、《十三妹》、《金山寺》等。20世纪30年代初，他在北平组班演出，其师王蕙芳已改演小生，也参加助演。又曾与王又宸合作。晚年以鬻字画为生。他的学生李德富以水袖功夫见长，在西安市艺术学校任教，传艺颇广。

《庆顶珠》饰萧桂英

（芝滇）

Zhalou

查楼 戏曲演出场所。址在北京市前门外路东鲜鱼口内之肉市。始建于明代中后期，为查氏家族兴建之别墅，内设戏楼。清乾隆

清末广和楼的外景与内景

五十三年（1788）吴长元《宸垣识略》载："查楼在肉市，明巨室查氏所建戏楼，本朝为广和戏园。街口有小木坊，旧书'查楼'二字。乾隆庚子（1780）毁于火，今重建，书'广和查楼'。"又，道光间《梦华琐簿》载："陈银儿（名伶魏长生之徒）盛时，召侑酒者，非金陵楼不赴。其地在肉市，今为广和楼，即昔查家楼也。"可见查楼是当时外城著名的酒楼、戏园，清代改称"广和戏园"、"广和楼"。关于"明巨室查氏"，有二说：一谓为查氏重臣；一谓为查氏盐商。明清两朝查氏为重臣者不下数十人，多出自浙江海宁查氏家族，其中疑与查楼相关者主要有二人：一是查继佐（1601～1676），字伊璜，号敬修，又号舆斋。明崇祯六年（1633）举人，曾任兵部职方郎中，又是明末清初戏曲作家，好声色，家养一班女乐。一是查慎行（1650～1727），原名嗣琏，字夏重，号他山。历任翰林院庶吉士，授编修，入值南书房7年，其间曾任武英殿总裁2年，极受康熙皇帝赏识。因受牵连于国丧日搬演《长生殿》被革职，除国子监生，遂改名慎行。查氏盐商之说亦有二人：一是查志隆，明嘉靖年间任山东布政司左参政，曾编著《山东盐务志》。另一是查涉，查慎行二弟查嗣瑮之孙，清乾隆年间曾任两浙鲍郎场盐课大使，负责收取盐税。

有关查楼早期演剧的翔实记载不多，《清史稿·洪昇传》、《天咫偶闻》称《长生殿》一剧曾演出于查楼。迨至乾隆、道光年间，演出较为繁盛。皮簧盛行后，广和楼成为京剧演出的主要剧场之一。著名的三庆班、四喜班、春台班、嵩祝成班以及双顺和班、万顺和班等曾在此剧场"轮转"演出。清光绪三十三年（1907），喜连成科班以此剧场为基地，在此演出约一年之久。1915年富连成又与广和戏园签订长期演出合同，履行多年，培养了大批京剧艺术骨干。梅兰芳10岁（1904）首次登台即在广和。20世纪30年代，以焦菊隐为校长的中华戏曲专科学校亦在此演出。因此，广和戏园被誉为培养京剧人才的重要摇篮。

1918年广和楼演出《捉放曹》

（[日]福地信世绘，日本早稻田大学演剧博物馆藏）

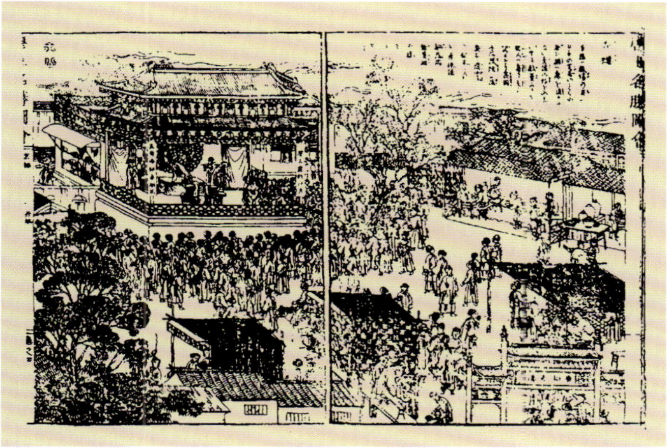

《唐土名胜图会·查楼》

广和查楼早期的剧场形态难以查考。20世纪30年代以来，论者多以清嘉庆十年（1805）日本《唐土名胜图绘》中的“查楼”当做广和查楼剧场形态的依据，实误。该图绘者冈田玉山等人并未来过中国，无实物依据。该图中的观众、演出时间、室内外习俗等均有明显错误，系据《康熙万寿图卷》“古北口大粮庄头戏台”等形象资料摹绘、剪辑、拼凑而成。又，唐伯弢《富连成三十年史》中附有张次溪《广和查楼沿革考》一文，作者1932年曾对广和楼进行实地考察，指出广和楼经历了多次重修，清代属于内务府官产，已非旧貌。文中对剧场周围的环境、入口、内院、柜房、后台、戏台、楹联等均有详细描写。按其描写和书前所附照片，当时的戏台形制与广德楼、庆乐园、三庆园等相似。舞台内面挂有“守旧”（台帐），台口有栏杆。舞台上部有阁楼，亦设栏杆。不同之处在于30年代大部分戏园的观众席已改为横排有背长凳，唯有广和楼的池座依然将座位分列在垂直于戏台的长条桌两旁，观众侧面而对舞台。30年代中期，富连成科班在广和戏园、华乐戏院的营业不振，于1943年停业。

中华人民共和国成立初期，对广和戏园重修改造，易名“广和剧场”，于1955年国庆节重新开业。舞台改为镜框式，台口宽7米，檐口高7米。舞台进深8米。台底设有50平方米之地下室，用于放置服装、道具。观众席改为木板椅，可容800余人。开业后一度成为戏曲专门剧场。1972年再次改建，成为综合性剧场。台口宽9米，檐口高6米。起顶高27米，设吊杆32道。舞台进深12米，两侧之副台各为70平方米。台前设乐池，除戏曲外，亦演出歌舞、杂技、话剧等，并放映电影。观众席为上下两层，可容1 400余人。中国京剧院等剧团均曾在此演出。

20世纪50年代广和剧场外景
（选自《京都古戏楼》）

（吴增彦　李畅）

Zha Panguan

《铡判官》　京剧作品。又名《普天乐》、《探阴山》、《闹五殿》。宋仁宗时，元宵佳节大放花灯。民女柳金蝉随家人观灯，中途失散，被屠户李保诓至家中勒死，夺其珠翠，弃尸喜鹊桥边。书生颜查散是柳金蝉表兄且有婚约，路过桥边，惊见柳尸后告知柳父母。柳父因颜生困顿，本有悔婚之意，趁机诬告颜为凶手。县令将颜生屈打成招，处以绞刑。颜母至包拯处鸣冤。包拯下阴曹令判官张洪查看生死簿，而簿上竟注明柳女为颜生所害。包拯未信，至阴山探访，得遇柳金蝉鬼魂诉明被害经过，又经油流鬼揭发，生死簿实系判官张洪为包庇其外甥李保而改。真相大白后，包拯找五殿阎君辩理。阎君始而袒护张洪，待油流鬼出示生死簿被张洪撕去之页，阎君乃服，将判官交由包拯处以铡刑，李保亦被正法。包拯又将颜生与柳女救治回生，结为夫妇。情节略见《三侠五义》。原为连台戏，分8本演出。陈彦衡《旧剧丛谈》谓：“三庆演连台《取南郡》，为排本戏之嚆矢。……春台之《铡判官》、《混元盒》，皆步其后尘。”同治十二年（1873）刊本《菊部群英》，记有春台班陆玉凤演《铡判官》柳金蝉。可知此剧由春台班创排，时在同治年间。张肖伧《燕尘菊影录》称，大奎官（刘万义）善唱包公戏，其全本《铡判官》“极能哄动一时，各园并以此戏竞争。某年，大奎官、徐保成唱此戏——大奎官之老包，保成之阎君。而小穆之老包，大双之阎君，同时亦在内城演唱也”。其后，大奎官弟子刘永春，以及讷绍先、裘桂仙等，亦多擅演此剧。刘鸿昇晚年又颇以黑头戏为重，其《探阴山》名重一时；高庆奎也兼演此剧，“俨然以刘鸿声（昇）之晚年自比矣”（《燕尘菊影录》）。此剧在传演过程中，逐渐由连台戏精简为单本戏，从“逛花灯”起，到“探阴山”、“闹五殿”止。尤以《探阴山》一折，盛演至今。《北京图书馆藏昇平署戏曲人物画册》中，收有原藏清宫的《普天乐》戏曲人物画23幅，其中缺包拯而有阴阳判官，其扮相，脸谱、衣冠均为半黑半白，此实即连台本戏中包拯探阴山时的特殊装扮。羽公《菊海钩奇》云：“在昔演《探阴山》之包拯，戴半黑半白之相纱，穿半黑半白之绣蟒，罩以半黑半白之水纱，谓其为两界人也。……凤山、秀山，皆作是样。”（《戏剧月刊》第3卷第6期，1931年3月）这种扮法，到了光绪末年有所改动。庚子年（1900）刘永春重到上海，声名大噪，以《探阴山》最称拿手，“惟包孝肃穿白袍，与各戏之皆穿黑蟒异，以为阴阳区别，今诸伶皆效之。”（孙玉声《三十年来伶界之拿手戏》）宣统二年八月二十一日（1910年9月24日）《图画日报》刊出《刘永春之〈探阴山〉》戏画，包拯穿白蟒，相貌上披魂帕（黑色水纱），今之演者，都宗此扮法。

高庆奎饰包拯（右）　郝寿臣饰阎君

清宫戏画《普天乐》中的阴阳判官
（选自《北京图书馆藏昇平署戏曲人物画册》）

此剧因剧情荒幻，涉及阴曹地府以及生死簿等传统迷信观念，在

《刘永春之〈探阴山〉》(选自清末上海《图画日报》)

20世纪50年代初曾明令禁演。未久开禁。究其故事外壳虽有浓重迷信色彩，而其内涵，恰又是对阴曹地府敬畏心理的一种冲击，折射出来的还是对吏治腐败的深刻不满。《探阴山》一场，包拯在望乡台上有这样几句唱词：“正南方，一阵明一阵黑暗，望开封那就是自己的家园。牙床上睡定了无私铁面，王朝、马汉睡卧在两边。可怜他，初为官定远小县；可怜他，断乌盆又被人参；可怜他，铡驸马险些遭难；可怜他，为查散，下阴曹，游过了五殿，哪得安然？”这是包拯对自己的一次距离化反思，颇有意味。他以四个“可怜他”，倾吐了“为黎民无一日心不愁烦”的苦恼和无奈，但他毫不退却，仍要为弄清颜查散冤情，“定要入虎穴龙潭”！这一折的唱，由［二簧导板］起，接［回龙］转［原板］，至［散板］作结，是京剧正净的成套唱腔，尤以裘盛戎的演唱堪称经典。今之孟广禄等能得其神韵。（龚和德）

Zhai Ying Hui

《摘缨会》 京剧作品。又名《功臣宴》、《绝缨会》。作者不详。楚庄王既平斗越椒之乱，在渐台摆酒庆功，命许姬向功臣敬酒。忽然灯烛被风吹灭。黑暗中，小将唐狡调戏许姬。许姬摘其冠缨，禀告庄王。庄王下令群臣全部摘去冠缨，戏称为“摘缨大会”。两年后晋楚交兵，庄王被晋国大将先蔑追袭落马，唐狡单人独骑拼死救驾，回报绝缨不斩之恩。本事见汉刘向《说苑》及《东周列国志》第51回，明笔花主人据其编成《摘缨记》传奇，只是将唐狡改作蒋雄。此剧由生、旦、武小生合演。清道光二十五年（1845）刊本《都门纪略》中已有著录。春台班余三胜、新兴金钰班薛印轩等都以饰演楚庄王享誉。张二奎亦擅，陈彦衡《旧剧丛谭》称之为“奎派戏”。《戏剧旬刊》第1卷第17期《平剧问答》中则说：此戏本为开锣戏，经谭鑫培一唱便成好戏。但仅从庄王回宫，唱“宴罢后回宫院精神气爽”，至封官求情止。前后不带“摘缨”和“救驾”，因其分别是以许姬和唐狡为主的戏。梅兰芳以此剧穿插极佳，曾与余叔岩、杨小楼合演。前面加《清河桥》，即斗越椒谋叛，被养由基射死，易名《晋楚交兵》。高庆奎的演出，前面还有楚庄王亲征陆浑一段情节，全剧即名《平陆浑》，1924年首演。1924年，周信芳、马连良首次合作于上海天蟾舞台，曾演此剧。马连良饰楚庄王，以潇洒漂亮的身段台步和功底扎实的开打、败逃时边式的小马趟子大受欢迎。周信芳则以武生应工饰唐狡，珠联璧合。余叔岩、谭小培等录有唱片传世。剧本载《京剧汇编》第1集。（王若皓）

马连良饰楚庄王(右)张君秋饰许姬

钱金福饰先蔑

Zhan Shifu

詹世辅 （1919～1969） 演员。工丑。祖籍直隶河间（今属河北），生于北京。10岁入北平富连成社科班学艺，初从萧连芳学花旦，后经萧长华发觉所学行当不宜，令其改学文丑，从萧氏学戏。坐科期间即崭露头角，学业在同科丑行中一路领先，实习演出中多担任大丑脚色。曾与李世芳、毛世来、刘元彤等合作演出《太真外传》、《嫦娥奔月》、《廉锦枫》、《穆天王》、《五花洞》、《宝莲灯》、《小上坟》、《小放牛》等。常演的“三小戏”有《绒花计》、《荷珠配》、《打樱花》、《扫地挂画》、《查头关》等。他尤擅婆子戏，如《送亲演礼》、《探亲家》、《浣花溪》、《鞠球山》、《拾玉镯》、《铁弓缘》、《十三妹》、《天河配》、《宣化府》、《酒丐》等戏中的丑旦脚色，亦能《选元戎》、《一捧雪》、《法门寺》、《九更天》、《翠屏山》、《百草山》等。出科后，拜马富禄为师，曾搭尚小云、筱翠花、杨宝森的各班演唱。他功底扎实，勤学肯练，戏路宽广，表演中规中矩，谐而不俗，唯晚期嗓音略显沙哑，吐字间有鼻音，唱念难属上乘。1951年参加金陵实验京剧团，1956年随杨宝森参加天津市京剧团。1964年调入天津市建华京剧团。“文化大革命”中遭受迫害，于1969年在天津逝世。留有与毛世来合演的《浣花溪》、《探亲家》、《丑荣归》、《宣化府》唱片行世，另有与杨宝森合演的《乌盆记》音配像出版。（钮骠）

《绒花计》饰崔八

Zhan Huangpao

《斩黄袍》 京剧作品。又名《斩郑恩》、《桃花宫》。作者不详。赵匡胤陈桥兵变，黄袍加身，改国号为宋。河北韩龙将其妹韩素梅献与赵匡胤为妃，受封为大理寺正卿。北平王郑恩怒打韩龙，力谏赵匡胤。赵匡胤酒醉，不听谏言，斩郑恩。郑妻陶三春率兵围宫。高怀德将韩龙斩首，登城调解。最后陶三春斩赵匡胤所穿黄袍，以泄杀夫之愤，方才退兵。事见《飞龙传》，唯人物、细节有异。甘肃靖远嘉庆古钟上，铸有梆子同名剧目，疑京剧《斩黄袍》源于梆子。

清宫《戏出画册·斩黄袍》（故宫博物院藏）

作品塑造了赵匡胤、郑恩、高怀德、陶三春、韩龙等人鲜明的个性，对君臣关系的描写，带有浓厚民间传说色彩。红生饰赵匡胤，是一出著名的唱工戏，为刘鸿昇、高庆奎代表剧目之一。后由北京电影制片厂摄成彩色影片，李宗义主演。有《梨园集成》、《京剧汇编》、《传统剧目汇编》等多种版本行世。（张燕鹰）

Zhan Jingtang

《斩经堂》　京剧作品。一名《吴汉杀妻》。剧情为：西汉末年，王莽篡位，通缉刘秀。潼关总镇吴汉擒获了刘秀，但吴母不忘汉室，且与王莽有杀夫之仇，乃命吴汉放走刘秀，并将其妻（王莽之女）兰英杀死。吴汉不忍，吴母以死相逼。吴汉至经堂，兰英正诵经，见吴汉带剑而至，问明情况后，夺剑自刎，吴母亦自缢。吴汉乃焚烧府第，投奔刘秀。故事取材于《东汉演义》，此剧自徽剧移植，早年王鸿寿擅演。周信芳学演此剧，并有所增饰创造。1925年8月首演于上海丹桂第一台，周信芳饰吴汉，王灵珠饰王兰英。此后不断加工，成为其保留剧目。原剧唱［高拨子］和［吹腔］，周将吴汉见兰英一段改用［二簧］唱腔，增强了音乐形象，更符合人物感情。“贤公主你休要跪休要哭”的唱段真切凄婉，令人鼻酸。表演也极具特色，如用双手掏翎，三次摆动剑穗等动作，将吴汉不忍下手，但迫于母命又不得不杀的心理活动，刻画得非常传神。1936年应上海联华影业公司之邀，拍摄成戏曲影片，周饰吴汉，袁美云饰王兰英，费穆任艺术指导，周翼华任导演，黄绍芬摄影。此片在戏曲表演与电影表现手段的结合、戏曲舞台设景方法与实景拍摄的结合等方面进行了初步探索。1937年6月11日在上海新光影院首映。田汉曾撰文评论，称：“银色的光，给了旧的舞台以新的生命。”“中国旧戏的电影化是有意义、有效果的工作。”（《〈斩经堂〉评》，刊《联华画报》第9卷第5期，1937年7月）高百岁、李万春等亦工此戏。周信芳有高亭公司灌制的唱片行世。1949年后，对此剧的内容曾有争议，故很少演出。剧本载《戏考》第29册，另有《戏典》刊本。（沈鸿鑫）

京剧电影《斩经堂》
周信芳饰吴汉（左）
袁美云饰王兰英

Zhan Changsha

《战长沙》　京剧作品。又名《黄忠归汉》、《义释黄忠》。作者不详。关羽奉命攻打长沙，长沙太守韩玄令部将黄忠迎战。关羽施拖刀计，黄忠马失前蹄，关羽使其换马再战。黄感不杀之义，次日会阵，只射关羽之盔缨。韩疑黄忠有降意，欲斩。魏延求情未允，怒杀韩玄，与黄忠同投刘备。本事见《三国志》及《三国志演义》第53回。清宫廷大戏《鼎峙春秋》卷六上第七出“老将甘为明主用”亦演此事。此剧关羽由红生饰演，黄忠由武老生饰演，魏延由花脸饰演，唱、做、打并重。剧中关羽形象的塑造，颇具影响。清嘉庆年间，春台部演员米应先在此剧中扮演关羽，不涂红面，只略扑水粉，扎包巾，出场时以袖遮面，走至台口，倏然撤袖，竟然凤目蚕眉，神威照人，仿如关羽现身，令观众震撼不已。因清廷敬奉关羽为神，饬令禁演关羽戏，乃至《白门楼》也不上关羽，《临江会》之关羽由张飞取代。后来禁令日久松懈，才在整本《三国志》中出现。艺宗米氏的程长庚，在表演上又有创新和发展，自成风格，发挥以唱见长的特点，身段简而精，注重端庄气度，唱念浑厚，威气逼人。开脸之际先涂胭脂，冠剑雄豪，音节慷爽。汪桂芬与谭鑫培分饰关羽、黄忠的演出，前者唱念声音苍老遒劲，慷慨悲郁；后者声润俏美，婉转曲折，珠联璧合，相得益彰。汪笑侬饰黄忠时，特加上“待某无头箭伤他”的台词和在马镫上磕去箭镞然后放箭的动作，借以强调黄忠报答关羽不斩之恩的心态。王凤卿师承汪桂芬，演关羽亦负盛名。周信芳亦擅此剧，曾与林树森、袁世海等合演。林树森、贯大元等有唱片行世。剧本载《京剧汇编》、《戏考》、《戏典》及《关羽戏集》等。（刘方正）

清宫《戏出画册·战长沙》（故宫博物院藏）

周信芳饰黄忠

Zhan Jinshan

《战金山》 京剧作品。又名《擂鼓战金山》、《抗金兵》、《娘子军》、《黄天荡》。原为刀马旦戏。作者不详。本于小说《说岳全传》。金兵南侵，直抵长江北岸。宋军守将韩世忠和夫人梁红玉坚决抗敌。梁红玉亲自擂鼓助战。韩世忠率宋军大败金兀术于黄天荡。1932年，梅兰芳愤于日寇的侵略，“想编一出有抗敌意义的新戏”。叶恭绰提议“大可以编梁红玉的故事”。梅兰芳“想起老戏里本来有一出《娘子军》，不过情节简单，只演梁红玉擂鼓战金山的一段。我们不妨根据这个事实，扩充了写一出比较完整的新戏”。“过了三个来月，这出‘抗金兵’，就在集体编写的原则下脱稿了。它是从金兀术设计攻打润州说起，斩了刘豫、杜充终场的。”（《舞台生活四十年》

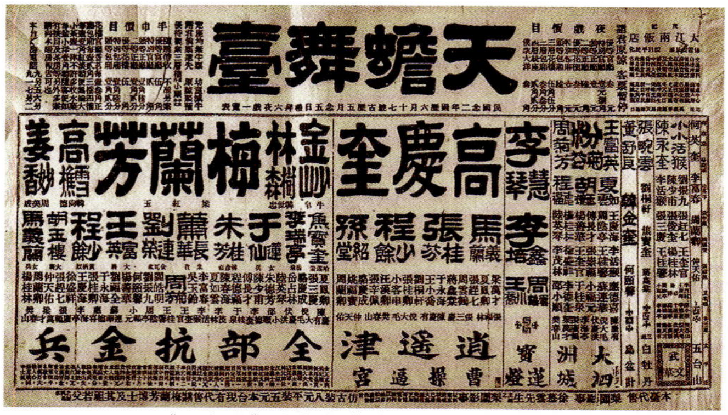

《抗金兵》演出戏单（1933年6月17日）

第437页）1933年6月16日，《抗金兵》在上海天蟾舞台首演，梅兰芳饰梁红玉，林树森饰韩世忠，姜妙香饰周邦彦，金少山饰牛皋，萧长华饰朱贵，刘连荣饰金兀术，朱桂芳、高雪樵分饰韩世忠的两个儿子韩尚德、韩彦直，王少亭饰岳飞。演出对振奋人民的爱国热情、坚定抗日决心起了积极作用。1951年，梅兰芳到武汉演出时，对剧本又做了一些加工，删减了一些人物，增加了四名代表民意的义士形象。改编后的剧情为：面对金兵的入侵，润州守将韩世忠和夫人梁红玉邀邻镇守将张俊、刘琦商议共抗金兵。义民阮良、费保等人也投奔韩世忠，为国出力。战前，梁红玉叮嘱儿子韩尚德、韩彦直要奋勇杀敌，并与韩世忠一起巡视各营，鼓舞士气。次日，两军在金山江面大战，韩世忠二子及众将英勇作战，梁红玉擂鼓助战，又率女兵水战。韩世忠率领的宋军在义民的协助下，将金兀术围困在黄天荡绝境之中，获得大胜。剧中，梁红玉身段繁多，唱、念、做、打俱全。梅兰芳运用各种手段塑造了

京剧电影《梅兰芳舞台艺术·抗金兵》
梅兰芳饰梁红玉（左） 刘连荣饰金兀术

梁红玉巾帼英雄的形象。在“巡营”、“点将”、“擂鼓”等几个重要场次中，突出表现了梁红玉的大将风度及稳练沉着、外柔内刚的性格特征。特别是在“擂鼓”一场中，出场起霸后接唱三支曲子：[粉蝶儿]唱完，登山擂鼓助战；[石榴花]唱完，准备登舟助战；[上小楼]唱完后，直接与金兀术会阵。整场戏中，梅兰芳用稳重大方的舞蹈姿势，深沉激越的演唱，表现出梁红玉不屈不挠的精神和英勇无畏的气概。1954年，梅兰芳《抗金兵》演出本由许源来、许姬传、何异旭整理，经梅兰芳校订，载于《京剧丛刊》第25集，并收入《梅兰芳演出剧本选》。1955年北京电影制片厂拍摄《梅兰芳舞台艺术》戏曲片，《抗金兵》被收入该片上集。同题材的京剧作品还有：欧阳予倩编剧的《梁红玉》，高琛、关太平、吴启元编剧的《抗金兵》，尚小云《梁红玉》演出本，中国京剧院《梁红玉》演出本（陈延龄、何异旭编剧，杜近芳、冯志孝1963年首演于北京）等。（马海玲）

Zhan Taiping

《战太平》 京剧作品。又名《太平城》、《花云带箭》。作者不详。元末，朱元璋部将花云辅佐朱文逊驻守太平城。北汉王陈友谅来攻，花云奋勇抵御，因采石矶守将失守，太平城遭围困。朱文逊贪恋家眷，贻误战机，致与花云同遭擒获。花云妻郜氏跳井自杀，妾孙氏负子装疯逃出。朱文逊伏地乞降，为友谅所杀；花云宁死不屈，陈友谅将他缚置高竿之上，欲以乱箭攒射逼其投降。花云挣断绑索，力杀多人，终因中箭伤重，难以支持，自刎而死。其尸犹屹立不动，陈友谅拜祭后始倒。事见小说《英烈传》第29回《太平城花云死节》。明李东阳有《花将军歌》。明人张凤翼《虎符记》传奇则写花云不死，反射杀陈友谅。唱、念、做、打并重，为靠背老生重头戏。该剧原是一出开锣戏，谭鑫培创造性地把它发展为谭派独有的看家戏，并在后辈艺术家们那里得到了很好的继承与发展，常演不衰。余叔岩、谭富英、李少春均所擅长。陈富年《京剧名家的演唱艺术》中点评谭鑫培唱腔艺术说：“谭鑫培深刻地研究过音韵，如像《战太平》里的[导板]‘叹英雄失智入罗网’一句，他把‘叹’字上滑，类似湖广音的去音，‘英’字高，‘雄’字低，甚合阴阳平的规律，‘失智’二字系用京音阳平高唱的方法，‘入罗’两字唱如一般阳平，‘网’字用准确的上声唱出，为适合[导板]高拔的气势，字字运用得恰当。京剧原出于徽调、汉调，又配合京韵，故落落大方，形成了京剧的一般规律。”余叔岩于剧中

谭富英饰花云（左） 姜妙香饰朱文逊

杨宝森饰花云

表演的扎靠翻虎跳等技巧，亦以身段动作的圆美端庄，武功把子的稳练严谨，为剧界内外所盛赞。吴幼权、乐元可等人还曾为其堂会戏《战太平》拍过无声电影。剧本载《京剧汇编》第98集、《京剧丛刊》第17集（李少春、陶君起整理）。（井玉贵）

Zhan Wancheng

《战宛城》 京剧作品。又名《割发代首》、《典韦》、《张绣刺婶》。东汉末年，曹操统兵讨伐张绣，传令行军途中禁止马踏青苗，违者斩。不料，曹之坐骑受惊误踏青苗，欲自裁，众将力劝，乃砍去马首，割发一束以申军令。典韦战败张绣，曹操进入宛城，掠张绣之婶邹氏。张绣大怒，遣胡车盗去典韦双戟，杀典韦。曹操仓皇出逃。张绣将邹氏刺死。本事见《三国志》、《三国志演义》第17回、第18回。清《鼎峙春秋》从“起兵征绣”至“典韦死难”演此事。《日下看花记》载，清嘉庆时，三庆部旦脚演员李双喜“《宛城》一战尤堪叫绝”。梆子有《盗双戟》，以典韦为主；南方有昆曲《战宛城》。《立言画刊》第73期契兔《夏月恒与〈战宛城〉》文中则说，此剧由夏月恒自梆子翻改为京剧，演于嵩祝班，田桂凤饰邹氏，金秀山饰曹操，草上飞饰胡车，夏月恒饰张绣。是生、净、旦、丑的群戏，唱、念、做、打均重。王鸿寿饰演张绣，采用耍纱帽翅技巧和徐徐卷落令旗等特技，表现张绣战败被辱潜心思考报仇时激烈的内心冲突。张绣为武生、老生两门抱的角色。侯喜瑞饰演曹操，在“马踏青苗”一节中，精心设计了坐帐报名后的一段念白，抑扬顿挫，音调张弛有序，表现人物细腻准确。“趟马”时而平缓、时而紧张的心态变化，层次分明；运用趋步、蹉步、“卧鱼”等舞蹈身段，令旗、剑穗、相貂、马鞭、蟒袍极易纠葛却纹丝不乱。在“入城”一节中，将曹操多疑的性格，表现得活灵活现，有“活曹操”之誉。黄润甫、钱金福、侯喜瑞、郝寿臣、刘奎官、袁世海等均擅曹操；谭鑫培、高庆奎、周信芳、尚和玉、李万春、傅德威等均擅张绣；田桂凤、九阵风、荀慧生、筱翠花、芙蓉草、毛世来、陈永玲等均擅邹氏。杨小楼在此剧中或饰张绣，或饰典韦。老路子典韦戴黑一字，不带醉韦。新路子戴黑扎，带醉韦。刘奎官擅演此角。剧中胡车为武丑应工，傅小山、叶盛章、张春华等均称拿手。杨小楼、郝寿臣等有唱片行世。剧本有《京剧丛刊》、《戏考》第9集、《戏典》第14集等刊本。（刘方正）

王金璐饰张绣（左） 吴素秋饰邹氏 （吴钢摄）

Zhanyou Jingjutuan

战友京剧团 京剧演出团体。1970年建于北京。其全称为中国人民解放军北京军区政治部战友京剧团。初期领导人有方生、李清海、李留奎、陈大卫、马明骏等。主要演员有：小生叶少兰，净脚李长春、杨燕毅，老生辛宝达、朱宝光，旦行许嘉宝、张萍、王玉兰，老旦刘莉莉等。以继承和发展京剧艺术为方针，为部队服务为主要任务。剧团大部分成员来自北京和天津、河北等地的戏曲院校，初建阶段，曾演出《沙家浜》、《智取威虎山》、《杜鹃山》及《红灯记》、《海港》、《红色娘子军》等剧。同时学演了《八一风暴》，创编了《格斗》等。后进入全面发展阶段。首先恢复排练、演出了大量优秀传统剧目，如《三岔口》、《打渔杀家》、《闹天宫》、《穆桂英》等，同时加工演出了《火焚绵山》、《十八罗汉斗悟空》、《玉堂春》及学演的《白蛇传》、《状元媒》、《美人计》等，并先后演出了《吕布与貂蝉》、《周仁献嫂》、《柳荫记》、《罗成》、《水淹下邳》、《强项令》、《姚期》、《哭秦庭》等剧。另外，剧团还创演了《初晴》、《刘胡兰》、《毛主席看京剧》、《闯王进京》、《士兵风采》、《香江泪》、《沧海忠魂》等。剧团拥有一支实力雄厚的由中年京剧艺术家和优秀中、青年演员组成的艺术队伍。他们中有的获梅花奖，有的获梅兰芳金奖大赛提名奖，有的获得全国艺术节、戏剧节、电视大赛、全军文艺会演一等奖或优秀奖，还有两名演员获首届世界丑角大会的特别荣誉奖。剧团在艺术上形成了行当齐全、阵容整齐、富有朝气、作风严谨，叶派、高派、梅派、马派、张派、裘派等各种

《柳荫记》叶少兰饰梁山伯（右） 许嘉宝饰祝英台 （吴钢摄）

《沧海忠魂》
李长春饰施琅（中） 丁晓君饰施小玉（左） 王宇波饰施世骠

《红沙河》
安平饰陈少华（中） 张建峰饰刘伟（右） 王玉兰饰刘春燕

流派争芳斗妍的独特的“战友”风格。2004年8月，与战友话剧团、战友歌舞团合并为战友文工团。2008年，战友文工团京剧队在第五届中国京剧艺术节上，以创编的军事题材戏《红沙河》，获现代戏一等奖。（袁小海）

zhantai

站台　戏曲演出习俗，是招徕观众的一种方式。源于元代勾栏的“坐排场”，沿用于京剧。戏班演出前或演出过程中，每以美貌之演员（旦脚为主）站立台侧及周围，有熟客来时前往侍坐。清艺兰生《宣南杂俎》“站台”诗云：“隐约帘栊半面窥，亭亭玉立雁行随。秋波最是传情处，一笑瓠犀微露时。”《侧帽馀谭》载：雏伶“自挂籍乐部后，日日进园，立于戏台之东西房，谓之‘站台’。蝶使分巡座间，似曾相识者通眉语，使侍座，坐时久暂不等。大抵铮铮有声者，略一周旋即便别去”。“程长庚掌三庆班，规例严整……不许站台，免蔽座客。故隶三庆部者，到园后只在帘内隐约偷觑。顾曲周郎，未免欲眼滋馋耳。”沈太侔《宣南零梦录》亦载：“三庆、四喜、春台各班雏伶，日戏场三出开过后，咸骈立上下场门帘下，向楼头瞻望。若楼上有熟客，即登楼侍座。往往主客二三人，而侍座雏伶多至二三十辈。旁观艳羡者有人，嫉妒者有人，当局亦扬扬自得。其实彼等心不在戏，大轴未上，已各携相好，赴酒楼去矣。”入民国后，此陋俗渐废。（周华斌　戴申）

Zhang Baoyi

张宝彝　（1917～1989）　京剧导演、编剧、演员。山东临清人。曾在北平国剧传习所学老生、武生戏。1934年考入山东省立剧院，习武净。1937年随校南下在汉口导演京剧《新雁门关》。1941年在广西桂林导演《新潘金莲》、《葛嫩娘》等。1949年参加中国人民解放军，在西南军区政治部京剧院导演《九件衣》、《将相和》、《太平天国》、《白蛇传》、《雁荡山》等。1960年任云南省京剧院导演。20世纪50年代以后，编导过《刘胡兰》、《文成公主》、《江油关》、《盗库银》、《李定国》、《穆桂英大破天门阵》等，导演剧目有《杨八姐游春》、《红色风暴》、《三座山》、《杨八姐盗刀》、《南后》、《黛诺》、《闯王旗》、《武侯渡泸》等，共计60余出。1979年，他与杨桐、关肃霜合作，对京剧《铁弓缘》进行较大整理加工，由北京电影制片厂摄制成戏曲艺术片，获第三届大众电影百花奖最佳戏曲片奖。著有《戏曲导演的职责》、《戏曲导演刍言》、《推陈出新，移步换形——〈黛诺〉导演札记》、《京剧〈铁弓缘〉的改编和导演》、《振兴京剧的几点意见》等论文，出版有《原上草——张宝彝剧作文论选》。（傅淑芸）

《葛嫩娘》演出后合影
张宝彝（便装者）与金素秋（左，饰葛嫩娘）、董俊楼（中，饰郑成功）、徐敏初（右，饰孙克戒）
（选自《中国京剧史图录》）

Zhang Bingquan

张秉权　（1883～1952）　梳头师。人称张四。天津人。9岁拜叶德丰为师，14岁开始搭班。几十年中进出于天津共和社、下天仙、东天仙、大罗天等戏班、戏园，活跃于伶界、票界之间，先后傍过金月梅、金少梅、金钢钻、白素莲、近云馆主、丁至云等人。张秉权精于旦脚化装，彩底拍得浓淡，颜色用得深浅，粉脂搽得薄厚，嘴唇抹得大小，眼圈描得轻重，眉毛画得粗细长短，片子贴得宽窄，以及头梳得高矮，均根据演员自然条件而各异，达到扬长避短，美化舞台形象的效果。他手头麻利，若逢旦脚多的戏，能双手同时描眉画眼。他成功地研制出“锅蒸粉脂”，提高了粉脂的牢固性，不因演员出汗而易成“花脸”，还能减轻演员面部皮肤的中毒程度。授徒几十人，遍及各地。（马同驹）

Zhang Boju

张伯驹　（1898～1982）　票友。工老生。字丛碧。河南项城人。张伯驹自幼聪颖过人，精于诗词格律，有“神童”之称。少年时在天津新学书院读书。他自幼喜爱戏曲艺术，尤嗜京剧、昆曲。自1927年起，开始向余叔岩学戏，一直到1937年。在这10年里，张伯驹每日晚饭后去余叔岩家中，深夜12时后开始学戏，常常到凌晨3时才回家。次日清早，便跟随钱宝森练习打把子。余叔岩亲自传授给张伯驹的剧目有：《乌盆记》、《战樊城》、《长亭会》、《定军山》、《阳平关》、《托兆碰碑》、《空城计》、《群英会》、《战宛城》、《黄金台》、《武家坡》、《汾河湾》、《二进宫》、《断臂说书》、《卖马当锏》、《战太平》、《法场换子》、《盗宗卷》、《摘缨会》、《洪羊洞》等近40余出，以及昆曲《卸甲封王》、《别母乱箭》、《长生殿·弹词》等。纵观余叔岩平生，除张伯驹外尚未对第二人有此殊礼。而张伯驹对余叔岩钦佩异常，谊在师友之间，对余叔

《四郎探母》饰杨延辉（右）余叔岩饰杨延昭

岩所授的一招一式、一腔一调都严格恪守，决不掺杂其他流派或作更改。他对余叔岩的艺术、文化及日常生活，无不关心备至，帮助余叔岩整理剧本、修改唱词、编写韵书、切磋书法，提高余叔岩的文化修养。

1930年，李石曾创办中华戏曲音乐院，张伯驹与梅兰芳、余叔岩、李石曾、齐如山、王绍贤为北平戏曲音乐分院委员。不久与梅兰芳、冯耿光、余叔岩、齐如山等在北平组织国剧学会。1931年，国剧学会成立，张伯驹担任理事，并与王孟钟为审查组主任。在国剧学会所设的传习所成立之日，举行演出庆祝，大轴为反串《蚆蜡庙》，张伯驹饰黄天霸，梅兰芳饰褚彪，朱桂芳饰费德功，徐兰沅饰关太，钱宝森饰张桂兰，姚玉芙饰院子，王蕙芳饰费兴，程继先饰朱光祖，姜妙香饰王栋，陈鹤荪饰王梁，朱作舟饰小姐。在此期间，著有《乱弹音韵辑要》，刊于国剧学会所编《戏剧丛刊》。1937年，张伯驹虚龄40岁生日时，为河南赈灾募捐举行演出，大轴戏《空城计》由张伯驹饰诸葛亮，王凤卿饰赵云，程继先饰马岱，余叔岩饰王平，杨小楼饰马谡，盛况空前。1942年，张伯驹赴西安。1945年重返北平，旋又赴沪。时李少春在上海，得知后表示希望向张伯驹请益。后张伯驹回到北平，李少春曾专程学习《战樊城》等剧目。

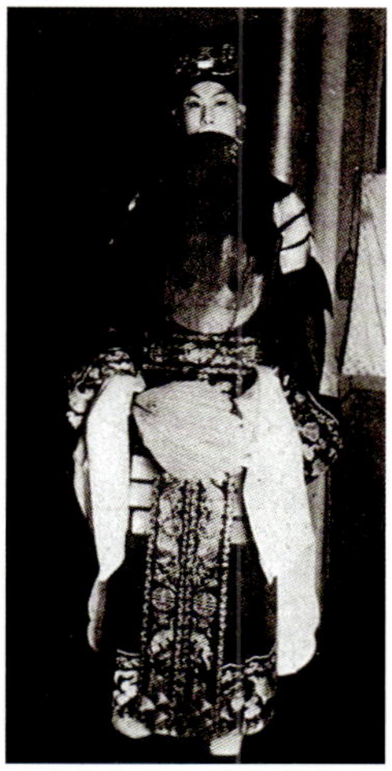
《空城计》饰诸葛亮
（乐可元摄）

20世纪50年代，张伯驹任教于燕京大学中文系。1950年，为支援抗美援朝，张伯驹在天津中国大戏院举行义演，剧目有朱作舟《金钱豹》，包丹庭《探庄》和他演的《问樵闹府、打棍出箱》。尔后，张伯驹又组织邀请京剧、昆曲名角及研究者，发起成立了北京京剧基本艺术研究社，举载涛任主任委员（社长），自任副主任委员（副社长）兼编研组组长，组织了多场传统京剧演出，还将川剧《柴市节》移植为京剧，自饰文天祥。旋因支持筱翠花复演《海慧寺》，被错划为右派。1961年，身处逆境的张伯驹担任吉林省博物馆副馆长。1963年，张伯驹在吉林将《乱弹音韵辑要》增补修订，更名为《京剧音韵》。“文化大革命”期间，张伯驹受到残酷迫害。粉碎“四人帮”后，许多著名演员登门拜访求教，他均热情传授。晚年，张伯驹将自己从7岁起所观看的名角、名票演出京剧、昆曲、地方戏，及个人所学、所演之戏写成七言绝句177首，更补注绝句22首，名为《红毹纪梦诗注》，内容极为丰富翔实，是重要的戏曲研究参考资料。他还曾留下《盗宗卷》等剧的说戏录音，是研究余派艺术难得的珍品。1981年8月，他以当事人的身份撰写了《回忆与梅兰芳合办国剧学会》。

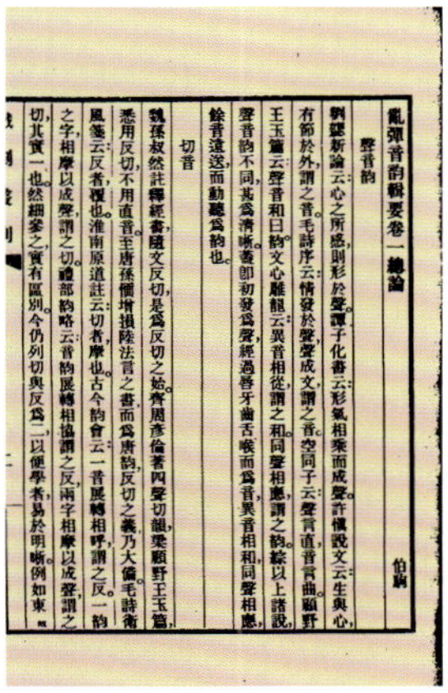
亂彈音韻輯要卷一 總論

《乱弹音韵辑要》卷一书影
（《戏剧丛刊》第2期）

张伯驹还是举世公认的收藏家，早年曾不惜倾家荡产购下即将流出国外的《平复帖》、《游春图》等珍贵文物。中华人民共和国成立后，他把珍藏的古代名人字画真迹全部捐献给国家。

林下风编《张伯驹与京剧》，中国戏剧出版社2005年1月出版。第一编收有张伯驹《北京国剧学会成立之缘起》、《佛学与戏剧》、《戏剧之革命》、《谭〈定军山〉》、《京剧音韵》（节选）、《我从余叔岩先生研究戏剧的回忆》、《红毹纪梦诗注》（节选）。第二编收有欧阳中石、吴小如、翁偶虹等人谈《红毹纪梦诗注》，以及楼宇栋、吴小如、孙养农、丁秉鐩、刘曾复、章诒和、林下风等十多人对张伯驹的回忆、评述。编辑本书的目的，“是让大家知道，在中国知识分子中，竟有如此热爱中华民族文化艺术的狂人。他那种对传统文化艺术的真诚、率真和执著的精神，无不令人折服和敬佩”。

（吴焕）

Zhang Chunhua

张春华　（1924～　　）　演员。工武丑。原名张士明，艺名曾用张椿华。祖籍直隶武清（今属天津），生于天津。9岁在天津拜郭少安为师，从韩富信练功，学演京剧武生剧目《武文华》等。1936年入天津稽古社子弟班，初学武生，后经科班教师尚和玉指点，改习武丑兼文丑。向丁秉春、王斌珍、谷玉兰、郑盛厚、娄廷玉、李兰亭等学习，演出了《祥梅寺》、《盗双钩》、《时迁偷鸡》、《时迁盗甲》、《打花鼓》、《鸸球山》、《小磨房》等剧目。1941年，稽古社创作演出据美国同名影片改编的外国题材京剧《侠盗罗宾汉》，经竞争选拔，得以扮演剧中主角罗宾汉，为生平创造的第一个艺术形象。1943年拜叶盛章为师，得到亲授《打瓜园》、《时迁盗甲》等剧。出科后巡回演出于大江南北。不久，即与张云溪合组云华社，常演《打瓜园》、《时迁偷鸡》、《时迁盗甲》、《酒丐》、《四杰村》、《三岔口》、《水擒花蝴蝶》等剧。1946年12月25日，自汉口乘航班赴上海，飞机在上海上空失事，机上40余人遇难，仅他与一驾驶员、一乘客侥幸脱险。1949年冬参加文化部戏曲改进局京剧研究院，参与新编剧目《三打祝家庄》、《江汉渔歌》、《大名府》的演出。1955年中国京剧院成立，即为二团主要演员之一。其间，演出传统戏《三盗九龙杯》、《盗银壶》、《酒丐》、《三岔口》、《水帘洞》、《时迁盗甲》、《五人义》、《铜网阵、蒋平捞印》，新编或改编古代戏《猎虎记》、《拦马过关》、《小放牛》、《秋江》、《五鼠闹东京》、《三盗令》、《神海蜊》及现代京剧《白云红旗》、《英雄炮兵》、《春到喀隆湾》、《节振国》等。1957年，在中法合作拍摄的影片《风筝》中扮演孙悟空。

《侠盗罗宾汉》饰罗宾汉

张春华自幼经严格的基本功训练，武功基础坚实。苦练武丑演员的“上边的嗓子，下边的矮子”。“嗓子”指念白要清亮爽脆，“矮子”指要有以矮子功为代表的各种武功技能。他练习时，头置一碗清水，而后蹲下身形，顶碗爬楼，身体不晃，滴水不洒，多年训练后，达到行走如履平地的效果。张春华认真继承传统武丑艺术精华，向叶盛章学习《打瓜园》，为刻画剧中身有残疾的老英雄陶洪的形象，仅一个“存右腿、点左腿、吸小腹、抠胸脯、缩脖子、端肩膀、抬两手、拉山膀、吸气、瞪眼、撅嘴、凝神”的动作亮相，就苦学苦练达半年之久。其他如《时迁盗甲》中的“单挂腿”，《三岔口》中的“铁门坎”，《酒丐》中的“纣棍飞人”，《三盗九龙杯》中的“走边”等

《大破铜网阵》饰蒋平（吴钢摄）

《刺巴杰》饰胡里

高难技巧的运用，体现了武丑“缩、小、绵、软、巧”的表演特色。

他在艺术上勇于创新。在《侠盗罗宾汉》中，将传统京剧的表现手段创用在欧洲古代剑客的身上，生动引人，连演连满100余场。20世纪50年代，演出新编古代剧《三打祝家庄》、《猎虎记》，运用抑扬顿挫的念白和干净利落的武打塑造了丑演俊扮的梁山英雄乐和。对《三岔口》中的刘利华，更做了大胆的推陈出新。刘利华原为杀人越货的黑店主，新本则改为见义勇为的义士，他为救护遭陷害的将军焦赞而与暗中保护焦赞的任堂惠发生误会，冲突之后，误会解除，大家一同奔赴抗敌前线。原本的刘利华形象凶狠丑陋，新本的形象则是在俊扮的基础上，勾小块粉白，干净清爽，突出了人物的爱国江湖义士这一基调。新本《三岔口》保留、

《秋江》饰艄翁（右） 张火丁饰陈妙常

发展了原有的高难武打技巧，特别强调、突出了京剧特有的“虚拟”、“夸张”的艺术表演法则，舞台上灯光照如白昼，而台上的人物却“摸黑”对打，几乎是“伸手不见五指”。新本一出，迅即不胫而走，成为各京剧团必备的武打剧目。

自20世纪50年代初期起，他多次奉派出国演出、讲学，几十年来，到过欧洲、亚洲、南北美洲等20多个国家和地区，为传播京剧艺术不遗余力。20世纪90年代以后，偶作示范演出，而以大部精力课徒授艺。弟子有张少华、吴建平、石晓亮、孙绍东、年金鹏、严庆谷等。

（赵晓东）

Zhang Chunqiu

张春秋 （1926～ ） 女演员。工旦。6岁时入上海喜临堂科班学戏，受业于董明艳等。8岁登台，艺名新文艳秋。16岁便成为

该班台柱子，擅演青衣、花旦、刀马旦，并能反串武小生戏《八大锤》、《周瑜归天》及老生和花脸戏。1951年，加入江苏省京剧团的前身苏南大众京剧团，演出于大江南北。1954年拜梅兰芳为师，并随师在全国各地演出，边演边学，受益匪浅。她的唱腔不以绚丽花哨取胜，而以平稳甜美见长。后参加青岛市京剧团。1964年全国京剧现代戏观摩演出大会期间，在《红嫂》中出色地塑造了用乳汁救治中国人民解放军伤员的沂蒙山区普通妇女红嫂的形象，受到好评，并赴北戴河、上海等地演出。该剧后曾易名《红云岗》。她根据刻画人物性格的需要和自己的演唱特点，基本上按传统的梅派唱法，适当吸收山东民歌的演唱技巧，有所创新，既丰富了唱腔的色彩，又深化了人物感情。“为亲人细熬鸡汤”一段，尤为突出。该剧于1976年初由八一电影制片厂摄制成戏曲艺术片。她主演的《凤还巢》于1987年由潍坊电视台录制成电视戏曲片。《霸王别姬》、《贵妃醉酒》也先后由电视台录制播出。她历任青岛市京剧团、山东省京剧团副团长，兼任中国戏剧家协会山东分会副主席。

《红嫂》饰红嫂

（纪根垠）

Zhang Chunxiao

张春孝 （1935～ ） 演员。工小生。本名张德山，曾用名张维孝。生于北平（今北京）。1942年（7岁）入北平鸣春社科班第二科习艺，排名春孝，从张世孝学小生。1948年科班报散，转入四维儿童戏剧学校第三分校，排名维孝，从李玉泰、毕鑫如、韩长宝学戏。1949年初转入平剧实验学校（后为中国戏曲学校），为第一期学生。1956年毕业后，留校进入实验剧团，任主要小生演员。最后归入中国京剧院。

修业期间，曾从萧长华、王瑶卿、金仲仁、姜妙香、迟月亭、李德彬学戏，更得到茹富兰悉心教授，文武兼擅。毕业后又拜入叶盛兰门下，得其薪传。还曾从俞振飞请教昆剧。他嗓音虽显稍弱，唱念确见功力，扮相清丽俊美，身上漂亮圆活，演文戏飘洒隽逸，唱武戏稳练挺秀，善于刻画人物。雉尾生戏《激瑜激权》、《临江会》、《群英会》、《取南郡》、《回荆州》中的周瑜及《貂蝉》、《战濮阳》、《白门楼》中的吕布，武小生戏《石秀探庄》、《蔡家庄》、《飞虎山》、《雅观楼》、《九龙山》、《虹霓关》、《大英杰烈》、《珍珠烈火旗》、《穆柯寨》、《棋盘山》、《八大锤》，扇子生戏《拾玉镯》、《十三妹》、《孔雀东南飞》、《得意缘》，穷生戏《豆汁记》、《连升店》，以及吹腔戏《奇双会》、昆剧《百花赠剑》等，他演来都能得心应手。还在新编剧中饰演过许多人物，有《白蛇传》的许仙、《牛郎织女》的牛郎、《游西湖》的裴生、《沉海记》的王魁、《金锁恩仇》的冯宗安以及《三打祝家庄》

《金锁恩仇》饰冯宗安

的石秀、《新白兔记》的咬脐郎、《江汉渔歌》的党仲升、《红娘子》的李信、《皇帝与妓女》的吴戈等。主演的《穆桂英大战洪州》被摄制成彩色影片。他一度改学武生，能《蜈蚣岭》、《林冲夜奔》、《金锁阵》、《长坂坡》、《麒麟阁》、《状元印》诸戏。还导演过《碧血扬州》、《夫人城》、《香罗帕》、《游西湖》、《沉海记》等剧。

自20世纪50年代始，他多次随演出团队出访国外，遍及欧、亚、美、澳，为中外文化交流作出贡献，还曾到香港、台湾地区演出、讲学，传播剧艺，并在戏曲院校兼课任教。

（钮骠）

Zhang Chunyan

张春彦　(1892～1954)　演员。工老生。生于北京。自幼坐科陆华云主持的长春班科班，习老生，后拜徐春明为师。出科后，因其戏路宽广，技艺精良，遍搭各大名班，先后佐杨小楼、梅兰芳、尚小云、程砚秋、荀慧生、筱翠花、朱琴心、新艳秋、金少山、高庆奎、马连良、孟小冬、谭富英、杨宝森、张君秋诸人演唱，主要应里子老生，为人配戏细腻认真，步步到位，不温不火，恰到好处，在台上不抢戏，不喧宾夺主，烘托陪衬严谨，使全场增光生色，众名角无不争相邀聘，成为硬里子老生中的佼佼人物。曾长期同荀慧生合作，与金仲仁、马富禄、赵桐珊并誉为班中的“四大金刚”。为杨小楼、荀慧生配演《翠屏山》的杨雄，为金少山、郝寿臣配演《审七长亭》的陈唐，为高庆奎配演《七擒孟获》的赵云，为程砚秋配演《锁麟囊》的薛良，为马连良配演《四进士》的毛朋，与程继先、王又荃合演的《借赵云》，与金仲仁、姜妙香合演的《镇潭州》，与侯喜瑞合演的《开山府》、《下河东》等，均被公认为是舞台佳构，戏中精品。他常在中轴贴演正工戏，如《黄鹤楼》、《卧虎关》(一名《父子会》)、《战蒲关》、《胭脂褶》、《盗宗卷》、《十道本》、《搜孤救孤》、《状元谱》、《雪杯圆》和与旦脚并重的《三击掌》、《游龙戏凤》、《审头刺汤》、《浣花溪》、《胭脂虎》等。他能司鼓，早年曾欲拜名鼓师鲍桂山学艺，鲍认为他演的里子老生，技艺超群，必有所成，不必转行。平时热心提掖后进，行内外人士向之请益，无不尽心指授，入室弟子有杨宝忠、王少楼、陈少霖、范钧宏等。其长子少彦，亦工老生，次子金梁为丑行。

《香罗带》饰唐通（右）　荀慧生饰林慧娘

（钮骠）

Zhang Cixi

张次溪　(1909～1968)　京剧史家。号江裁，法名肇。广东东莞人。其父张伯桢早年留学日本，归国后任职北洋政府司法部。张次溪4岁随宦京师，侨居既久，视北京为第二故乡，北京的名胜、古迹、人物、遗事皆给他“极亲爱之印象”(《清代燕都梨园史料·自序》)。故自少年始，即好搜集风土民情史料，梨园史料更为其首选。1926年入孔教大学读书。1928年以后陆续在戏剧报刊发表京剧演员传记、梨园史料文章。1930年任职北平国立研究院史学研究会，因编纂、出版史迹、风土、梨园史料多种，誉重一时。1938年北平国立研究院解散，张次溪辗转于天津、南京、张家口等地谋职，仍笔耕不辍。中华人民共和国成立后，张次溪就职于辅仁大学历史研究室，1952年调北京师范大学历史系，1957年因患脑血栓退职。病情稍缓即为中共中央马列主义编译室、中山大学、广东博物馆提供近现代史资料，搜集古旧书刊。1964年病情加重，1968年9月逝世。

张次溪毕生致力于历史、社会、民俗、梨园资料的搜集、整理，著述甚丰。中华人民共和国成立前后出版了《清代燕都梨园史料》、《清代燕都梨园史料续编》及《北平史迹丛书》、《京津风土丛书》、《燕都风土丛书》、《中国史迹风土丛书》、《人民首都的天桥》、《李大钊先生传》等。1952年以后相继编成《辛亥以来记述北京历史风物书录》、《辛亥以来记述中国戏剧（京剧）书录》、《记述北京历史风物书录补》、《记述北京历史风物书录补遗》等文献目录。1962年又在上海《文汇报》副刊《笔会》发表连载长文《齐白石一生》。

在张次溪诸多编著中，《清代燕都梨园史料》(正续编) 收录、编纂清乾隆五十年（1785）至1937年北平菊部文献多种，鸿篇巨制，影响最大。“正编”于1934年由北平邃雅斋书店排印、出版，收《燕兰小谱》、《日下看花记》、《片羽集》、《听春新咏》、《莺花小谱》、《金台残泪记》、《燕台鸿爪集》、《辛壬癸甲录》、《长安看花记》、《丁年玉笋志》、《梦华琐簿》、《昙波》、《法婴秘笈》、《明僮合录》、《增补菊部群英》、《评花新谱》、《菊部群英》、《群英续集》、《宣南杂俎》、《撷华小录》、《燕台花事录》、《凤城品花记》、《怀芳记》、《侧帽馀谭》、《菊台集秀录》、《新刊菊台集秀录》、《瑶台小录》、《情天外史》、《越缦堂菊话》、《异伶传》、《哭庵赏菊诗》、《鞠部丛谈》、《宣南零梦录》、

北平邃雅斋版封面

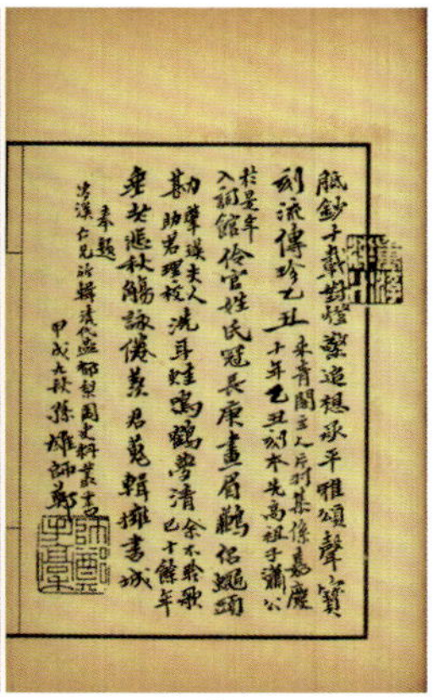

孙师郑题词

《梨园旧话》、《梨园轶闻》、《旧剧丛谈》、《北京梨园掌故长编》、《北京梨园金石文字录》等38种。"续编"于1937年由北平松筠阁书店排印、出版，收《云郎小史》、《九青图咏》、《消寒新咏》、《众香国》、《燕台集艳》、《燕台花史》、《檀青引》、《鞠部明僮选胜录》、《杏林撷秀》、《闻歌述忆》、《北平梨园竹枝词荟编》、《燕都名伶传》、《燕归来簃随笔》等13种。1988年12月，中国戏剧出版社依据旧版，复经校勘、标点，出版了《清代燕都梨园史料》(正续编)，并于1991年7月再版。此书所收诸作，《金台残泪记》、《长安看花记》、《辛壬癸甲录》、《丁年玉笋记》、《梦华琐簿》、《怀芳记》等曾收入前人所编丛书，其他大部分是从冷摊、书肆觅得的抄本和孤本。如藏书家叶德辉《双梅景闇丛书》仅得吴长元《燕兰小谱》翻刻本，张次溪据以刊印的却是钤有作者名章的原刻本。有些为寻访、记录所得，如《北京梨园金石文字录》即为张次溪与方问溪、王芷章访查北平国立研究院、陶然亭、梨园新馆、松柏庵、盆儿胡同、天宁寺及某些梨园义园，经一年多时间辑成。有些系摘录、选收自各类著作，如《北平梨园竹枝词荟编》取自清嘉庆至民初20家竹枝词，《北京梨园掌故长编》乃集诸家笔记中有关史料而成，《越缦堂菊话》摘自李慈铭《越缦堂日记》，《哭庵赏菊诗》选自易顺鼎咏梨园诗作。博搜广采，始成全帙。

《清代燕都梨园史料》(正续编)所收各书，内容不尽相同，涉及演员身世、轶闻掌故、演出班社、演出场所、演出习俗、演出剧目、声腔流变、名士品评各方面，多系作者观剧听曲所闻见，或与艺人交往所获得，是关于北京剧坛的第一手材料。《燕台鸿爪集》所述王洪贵、李六的善为楚调新声，《梦华琐簿》所记"四大徽班"各擅胜场的繁盛景况，《菊部群英》所录梅巧玲、徐小香、时小福诸伶所属行当、所演剧目、所扮角色，以及《异伶传》、《鞠部丛谈》、《梨园旧话》、《旧剧丛谈》、《闻歌述忆》等书对梨园生活与演员艺术的记述、评论，皆为研究京剧形成与发展的珍贵资料。故被顾颉刚、赵景深、郑裕孚等誉为"艺圃津梁"，是"供研究从昆曲到皮黄的变迁之用"的可贵资料，亦是"综菊部之珍闻，垂艺苑之故实"的重要文献。

张次溪所撰《燕都名伶传》13篇，1928～1931年先后发表于《戏剧月刊》，评述了京剧演员程长庚、杨隆寿、刘赶三、谭鑫培、时小福、汪桂芬、孙菊仙、陈德霖、时慧宝、王长林、汪笑侬、程砚秋、荀慧生的生平和艺事，行文严谨，有较高学术水平。所撰《燕归来簃随笔》中《梨园馆》、《九皇会》、《广和楼》、《徐小香》、《瘿公死事》、《刘喜奎娴词翰》诸条，也有较高史料价值。　（陈义敏）

Zhang Defa

张德发　(1901～1981)　演员。工武净。直隶安州(今河北安新)人。9岁拜王清善、陶显庭为师学昆曲。3年后登台，艺名小青面虎，演出于直隶农村。20岁时拜尚和玉为师，改学京剧武生，所演尚派戏《挑华车》、《惜惺惺》、《铁笼山》以功底扎实、开打勇猛称著。张的勾脸戏更好，后专工武花脸。拿手戏有《白水滩》及张飞戏《两将军》、《芦花荡》等，他如《收关胜》、《金沙滩》、《竹林计》，亦所擅场。1928年，入天津天华景戏院演出，达7年之久。1936年转至中原游艺场。后又流动搭班于

正在授课的张德发

天津大舞台、北洋、新中央等戏院。其间，在稽古社子弟班兼任教师。1949年中华人民共和国成立后，在北京人民艺术剧院任身形舞蹈课教师。以后又与部分昆曲演员另组剧团。1951年参加黑龙江北安县京剧团。　（讷言）

Zhang Dejun

张德俊　(1888～1960)　演员。工武生。号子杰，祖籍直隶宝坻(今属天津，一说香河)人，生于北京。父亲张玉林为梆子名旦，艺名小金翠。自幼随父学艺，习文武老生、武生，尤以短打武生擅长。14岁登台，梆子、皮簧均演。1908年到天津，分别与李吉瑞、尚和玉、李永利、李桂春等同台演出于下天仙及东天仙等戏园。后南下上海，深受南派武生名家李春来的影响，在台上以火爆、矫捷见长，与盖叫天齐名。1911年在上海参加了丹桂第一台的开幕演出，遂在该园坐班多年。常演剧目有《花蝴蝶》、《四杰村》、《义旗令》、《白水滩》、《武文华》、《虮蜡庙》、《鄚州庙》、《恶虎村》、《金雁桥》、《伐子都》、《界牌关》、《连营寨》等。当时报纸上曾有评论，《界牌关》一剧，"惟张德俊以此剧为拿手戏而屡演之。'回营'时接连甩旋子二十二个后，即耸身直跃台上，仰后一跌，轻捷之至，复从台上跃下，接甩斤斗十余个。身段活泼，功力悉敌，对打无懈可击"(1911年12月15日《申报》)。张德俊在《武松打虎》、《狮子楼》、《十字坡》、《快活林》各剧中塑造的武松形象，形神俱妙，技艺精到，亦颇负时誉。还参演过以真刀真枪开打为特色的《铁公鸡》、《塔子沟》等。在上海还曾搭过天蟾舞台和亦舞台，先后与王鸿寿、杨瑞亭、盖叫天、何月山、麒麟童、林树森、汪笑侬、高百岁、欧阳予倩、冯子和、赵君玉、芙蓉草及从北方到上海的尚小云、程砚秋、荀慧生、王又宸等同台奏艺，并参演连台本戏《泥马渡康王》、《风波亭》、《昏王镒》、《女侠红蝴蝶》、《御猫》、《再生缘》、《三门街》及《诸葛亮招亲》等。1925年，携子云溪，与白玉艳、李吉来、李瑞来、盖春来、梁次珊等同赴台湾出演。

20世纪30年代南返，在天津除演出外，还于各京剧票房如竹记国剧社、永兴国剧社、剑影铎声社等处教戏，后定居北平，息影舞台，以课子授徒安度余年。20世纪50年代初，受聘于文化部戏曲改进局戏曲实验学校，与王瑶卿、尚和玉、萧长华、王凤卿、马德成、金仲仁、谭小培、鲍吉祥共称"九大教授"，积极投入社会主义戏曲教育事业，不辞高年，到校任课，悉心授艺，将他的拿手杰作《武松打虎》、《武松打店》、《白水滩》等剧传授给青年一代，李景德、王代成、李仲鸣、李可等均曾受其教益。在学校举办的多次义演中，他不辞年逾花甲，出演过《武松打店》、《狮子楼》、《黄鹤楼》、《巴骆和》等剧，受到师生们的高度敬仰。子云溪，承继家学，工武生，亦以短打戏擅长；云溪兄小杰，演武净，把子、扑跃各功均很出色。　（钮骠）

Zhang Erkui

张二奎　(1814～1864)　演员。工老生。原名士元，字子英，寓名"忠恕堂"。直隶衡水(今属河北)人(另有顺天人、徽人、浙人等说)。清道光时任工部都水司经承，因酷爱戏曲，以票友身份在和春班等处演唱。是时清廷规定，凡在朝任职者，不得登台演剧，张二奎因违规而被革职，遂于24岁时投身梨园，做职业伶工，

清宫《戏出画册·打金枝》（故宫博物院藏）

搭和春班，迅即成名。后改和春为双奎并掌班。道光二十五年（1845）改搭四喜班，为头牌老生和领班人。曾兼任精忠庄庙首。张二奎以特有的艺术风格，在京剧初创时独树一帜。在声腔上，吸收京腔和梆子腔旋律，行腔平直而少曲折，嗓音洪亮，用气足实，唱得高亢激越，大气磅礴。字韵方面，则多北京语音，自然易懂，为北京观众所欢迎。因有“京派”或“奎派”之称。他扮相雍容端肃，身材魁伟，宜扮帝王，故尤擅“王帽戏”，如《金水桥》、《打金枝》、《大登殿》等。他如《四郎探母》、《五雷阵》、《取荥阳》、《桑园会》、《天水关》、《捉放曹》、《取成都》等，亦均为拿手戏。他以票友出身，却能兼演武生戏，而以短打戏如《彭公案》、《施公案》、《永庆昇平》等见著。他善识才育人，其忠恕堂弟子，以“玉”字排名，不少名家如杨玉楼（即杨月楼）、俞玉笙（即俞菊笙）、陆玉凤、程玉翠、沈玉莲等，均出其门下。后学宗奎派者，有张子久、周春奎、张胜奎、袁福堂、许荫棠、韦久峰、德建堂、刘景然、孙菊仙等。京剧初创期间，张二奎与余三胜、程长庚鼎足而三，称为“三鼎甲”或“前（老）三杰”，声名一度在余、程之上，惜以50岁早逝。

（讷言）

Zhang Fu

张复（1927～ ） 作曲家。直隶深县（今河北深州）人。1955年起从事京剧音乐创作。主要作品有新编历史故事戏《杨门女将》、《春草闯堂》、《打面缸》、《燕燕》、《乐昌公主》、《锦车使节》等，现代戏剧目《蝶恋花》、《恩仇恋》、《于无声处》、《草原兄妹》等以及与日本合作排演的神话剧《龙王》。其中《杨门女将》上演后得到社会各界的一致好评，并被搬上银幕，是剧院的保留节目。

张复在创作中敢于开拓创新。鉴于京剧的传统乐队严重缺乏中、低音乐器的编制，如将乐队全部都改为中、西混合大乐队又没必要，张复遂在20世纪80年代初期与张建民等合作，创用了在京剧乐队传统三大件和少量民族乐器的基础上，再加上电子合成器的编配用法，既缩减了乐队编制，又丰富了音色，增强了音乐表现力，在《香港行》、《宋庆龄》等剧目以及《在延安文艺座谈会上的讲话》发表50周年演唱会等作品中运用，收到了良好的效果，得到各界的认可。

除了京剧音乐外，张复还为广播剧《评剧皇后》、《方荣翔》以及木偶戏等配过乐。张复著有《打面缸》、《人面桃花》等京剧总谱和《京剧唱腔选》、《杨门女将曲谱》（与人合作），并在20世纪80年代参加了《中国戏曲音乐集成·北京卷》的编写工作。

（丁汝芹）

Zhang Geng

张庚（1911～2003） 戏剧理论家、教育家、戏曲史论家。研究员。原名姚禹玄。湖南长沙人。历任延安鲁迅艺术学院戏剧系主任，东北鲁迅文艺学院、中央戏剧学院、中国戏曲研究院、中国艺术研究院副院长，中国戏曲学院院长，《戏剧报》主编，中国戏剧家协会副主席、名誉主席，中国戏曲学会会长。1934年加入中国共产党。早在左翼剧联时期就开始从事戏剧活动。1939年发表论文《话剧的民族化与旧剧的现代化》，引起戏剧界关注。毕生致力于戏剧史论的研究工作，相继出版有《戏剧艺术引论》（1942）、《论戏曲表现现代生活》（1958）、《戏曲艺术论》（1980）、《张庚戏剧论文集》两本（1981、1984）。2003年，湖南文艺出版社辑录张庚一生所写戏剧评论文章、剧本、小说、诗歌、散文、序跋等计约240余万字的《张庚文录》7卷出版，2008年获首届中国出版政府奖。他的论文内容丰富，一部分是关于戏曲史研究的，大部分则是对戏剧、戏曲运动存在的问题进行理论思考，涉及戏曲导演、表演、音乐、舞台美术诸多方面。他的论文从一个侧面反映了中华人民共和国成立后戏曲改革发展的道路，从中也可以看到张庚戏曲理论思想的发展轨迹。此外，在他倡导主持下，与郭汉城共同主编了《中国戏曲通史》（1981）、《中国戏曲通论》（1989），并创导主编了30卷本的《中国戏曲志》。他还受聘为《中国大百科全书·戏曲曲艺》卷（1983）戏曲编委会主任。这些鸿篇巨制的完成，使中国戏曲史论研究的系统化前进了一大步，并培养了一大批戏曲研究工作者，为社会主义戏曲事业的发展、繁荣，作出了重大贡献。张庚对京剧艺术的发展极为关心，曾撰写过不少评论。在20世纪三四十年代，有长文《旧剧巡礼》，其中的《旧戏中的海派》，论及周信芳；有《对平剧工作的一点感想》和《谈〈乌龙院〉》，都同延安平剧研究院的工作有关。他担任中国戏曲研究院的领导工作以后，关于京剧的文章就更多了，如《看彩色影片〈梅兰芳的舞台艺术〉》、《用全身心演戏的艺术家周信芳》、《可喜的演出——京剧〈初出茅庐〉观后》等，在《一代宗匠——重读梅兰芳同志遗著的感想》一文中，他称梅兰芳的艺术“是近千年来中国戏曲史中的高峰之一”，细致全面地论述了梅兰芳之所以成为一代宗匠，是与其生活的时代、本人学养、尊重群众以及优良品

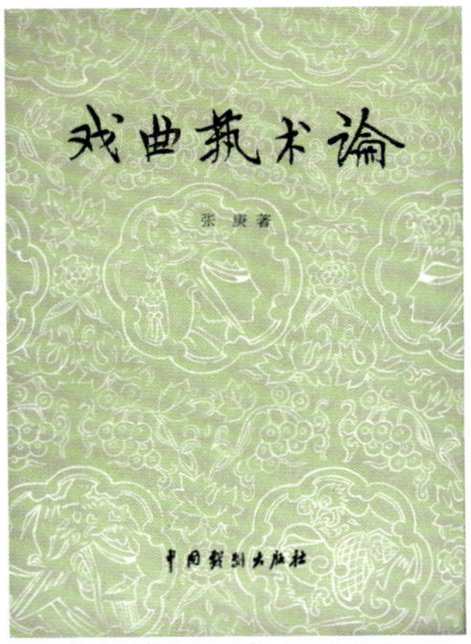

《戏曲艺术论》中国戏剧出版社1980年版封面

德密不可分的。《导演要学习京剧革命的基本功》是张庚在1964年京剧现代戏观摩演出大会导演研究座谈会上的一篇发言稿。他从中国戏曲发展史的角度，对京剧艺术的传统做了剖析。他说："京剧这个剧种，从形式方面、艺术手法方面来看，可以说是集中国几百年来戏曲艺术发展之大成的。"他指出京剧的综合性特点，比之昆曲进了一步，京剧对于昆曲"载歌载舞"的传统做了批判的继承，这表现在：一方面京剧扬弃了昆曲曲牌联套的音乐形式，采用了新式的板腔体；一方面把唱、念、做、打适当分开，使它们既得到充分的发挥，又统一在鲜明的节奏里，"这就把音乐的抒情性与表演的戏剧性拧在一股绳子上，比较完满地解决了综合性表演艺术的风格统一问题"。张庚的论述，深刻地揭示了京剧艺术对昆曲旧有传统革新的具体表现，指出了京剧在推进中国戏曲发展上的伟大贡献。他满腔热情地肯定京剧现代戏的演出成功，《白毛女》、《节振国》、《六号门》、《红灯记》、《智取威虎山》、《芦荡火种》等，使京剧这一古老剧种展现出新的艺术面貌。张庚为推动中国戏曲的现代化倾注了大量的心血。（陈义敏）

Zhang Guyu

张古愚（1906～2008） 京剧评论家、报刊编辑。浙江镇海人。幼嗜戏曲，青年时曾在河南和武汉等地考察地方戏曲。1928年起，在上海专门从事京剧研究，发表了多篇评论文章，并与梁梓华、刘慕耘合编《戏世界》报。抗日战争前，与冯小隐、张肖伧、郑过宜、徐慕云、徐筱汀、苏少卿、陈小田等成立"上海国剧保存社"，任社长。1935年12月21日创刊《戏剧旬刊》，共出36期。1937年2月改名《十日戏剧》，重新创刊出版，与郑过宜、胡憨珠合编。每卷36期，出至80期停刊，在当时的上海剧评界甚有影响。该刊不仅为京剧史研究积累了丰富的史料，其中诸多评论文章也反映出当时京剧研究所达到的理论水平。上海沦陷后，张古愚任中华国剧学校校长。1942年应聘任西安地方戏剧改进协会指导委员，以戏曲宣传抗日。抗战胜利后返沪，任中国戏剧改进协会筹备会主任。又先后任《戏剧周刊》、《戏剧春秋》杂志主编。在《戏剧春秋》和《影剧春秋》上发表的《谈脚色》、《游汉回忆录》、《马连良麒麟童比较》、《谭剧以〈空城计〉最难》、《刘备一生穿戴》、《春风馆剧话》等文，史料翔实、见解深刻，颇具研究价值。中华人民共和国成立后为上海天蟾舞台职工，1981年9月退休。退休后又在全国各地杂志上发表京剧史及京剧评论文章多篇。2008年1月31日病逝于上海。（王家熙）

Zhang Guixuan

张桂轩（1872～1963） 演员。工武生。直隶静海（今属天津）人。自幼习武，12岁进天津永胜和科班，先学老生，后改习武生。业师为扬州徽班出身的皮簧戏伶工景文星，时人誉为活黄忠、活关羽。18岁出科，搭班演出于山东各地。不久到北京，搭田际云的玉成班演唱。他好学不倦，凡遇身怀一技之长的艺人，都师事之。在玉成班有位生旦净丑皆能、人称"一把抓"的一般演员，他便拜其为师，从而掌握了各行的表演技巧。他的六合刀法、齐眉棍法及各路拳术，皆得之于沧落江湖的异人传授。清光绪中叶，他幸遇南派京剧奠基人王鸿寿于东北，拜他为师，向他学习了《古城会》、《水淹七军》、《定燕平》（一名《绝燕岭》）、头二本《虮蜡庙》等戏。清光绪十七年（1891），应旅日华侨的邀请，张桂轩与武旦刘俊亭（艺名腾云凤）等，组成一个民间剧团，自天津赴日本，在日本各地旅行演出长达3年之久。这是京剧最早出国演出的团体。归国途中又在朝鲜、海参崴（今俄罗斯符拉迪沃斯托克）演出一个时期。1895年回到大连。剧团报散，张桂轩遂搭班社演出于东北各大城市。

《白水滩》饰十一郎

《长坂坡》饰赵云

张桂轩常演剧目在百出以上，代表作为《长坂坡》（带《汉津口》）、《挑华车》、《伐子都》（唱梆子）、《定燕平》、《界牌关》（唱昆曲）、《凤鸣关》、《翠屏山》、《花蝴蝶》、《白水滩》、《恶虎村》等。他的武戏表演艺术特点是敏捷、强劲，以准确火炽的连续舞蹈动作、高难惊险的绝技塑造人物形象。如他在《白水滩》里饰十一郎，与青面虎对打，"扎枪"中穿插与青面虎的"双吊毛"，青面虎双刀"削头"，十一郎"甩发"前后左右飞旋，棍破双刀、双刀架棍，二人"双劈岔"等程式组合，火炽、惊险，一气呵成。他还善于以高难绝技表现处于危险环境中的人物化险为夷。如在《双盗印》里他饰贺人杰，盗印一场上高台拿鼎于单手"旱水"的动作中举目巡视，翻跃单杠的"双挂"盗印等技巧，都是十分惊险的绝活，生动地表现了人物身临险境而应付裕如，传神写照，美不胜收。

清宣统元年（1909）夏，张桂轩应恩师王鸿寿之邀，自东北到上海，与王鸿寿、赵小廉、冯子和、大奎官、林颦卿、冯志奎等同台奏艺。他的表演艺术已臻上乘，如同《海上梨园新历史》卷一所说："其艺已臻炉火纯熟之候"，因而深受沪上观众的欢迎，一时间他获得活赵云、活石秀、活十一郎等多项桂冠。这引起戏曲评论界对他的关注。《申报》一篇评介沪上京剧舞台新秀的文章里，把他列入享誉于沪上京剧舞台的老一辈名伶行列，说：张桂轩与孙菊仙、李春来、刘永春、盖叫天等共称"炉火纯青之斵轮老手"（1913年6月29日《申报》第13版），称李春来、张桂轩、盖叫天、张德俊为京剧武生江南四杰。20世纪30年代末，由于他行侠仗义，为被戏霸压榨的贫苦艺人打抱不平而不为恶势力所容，遂举家迁居南京。中华人民共和国成立后被中国人民解放军南京军事学院聘为武术教授。1954年后历任南京市少年京剧团教师，江苏省京剧团副团长。1951年以后，张桂轩多次参加义演、展演、会演和庆祝演出。1960年夏，在庆祝江苏省京剧院建院演出中，他演出了代表作《凤鸣关》，实际也是他告别舞台的演出。他以88岁高龄饰演老将赵云，在力斩魏军五将的开打中，身手矫健，风姿如旧，博得观众激赏。（于质彬）

Zhang Houzai

张厚载 （1895～1955） 京剧评论家。号**缪子**，笔名**聊止**、**聊公**，别署**养拙轩**。江苏青浦（今属上海）人。出身书香门第，曾就读北京五城学堂，为该校国文教员林纾所赏识。以后相继入天津新学书院、北京大学法科政治系学习。读书期间，即在报刊发表评论京剧文章，

对梅兰芳的演出剧目和舞台艺术鼓吹尤甚，因此结交梅兰芳及冯幼伟、罗瘿公、李释戡、齐如山诸人，是当时所谓“梅党”的中坚人物之一。1918年投书《新青年》，与胡适、钱玄同、傅斯年、刘半农、陈独秀就旧戏评价问题展开论争。1919年，因介绍林纾丑诋胡适、陈独秀、钱玄同的小说《荆生》、《妖梦》于上海《新申报》发表，被北京大学以“在沪报通讯，损坏校誉”为理由，开除学籍。后经冯幼伟介绍，入中国银行任职。1928年，张厚载转天津交通银行，任文书课副课长，兼职《商报》、《大公报》副刊编辑，并于1935年创办《维纳丝》戏剧电影半月刊；又师从老伶工张荣奎学京剧，为永兴国剧社活跃分子，以扮演《长坂坡》的赵云著称。1948年病归上海，1949年退休，1955年卒于上海。著作有《听歌想影录》、《歌舞春秋》、《京戏发展略史》等。

在张厚载的京剧评论生涯中，引人关注的是关于旧剧的论争。张厚载发表于《新青年》四卷六号的《新文学及中国旧戏》一文，批评了胡适、刘半农、钱玄同刊载于《新青年》三卷一号和三号中三篇文章的一些论点。胡适在《历史的文学观念论》中主张：戏曲应“废唱而归于说白”。张厚载评曰：“绝对的不可能。”刘半农在《我之文学改良观》中提出：“一人独唱，二人对唱，二人对打，多人乱打：中国文戏、武戏之编制，不外此十六字。”张厚载反驳说：“《二进宫》之三人对唱，非中国戏耶？……中国武戏之打把子，其套数至数十种之多，皆有一定的打法……决非乱来。”钱玄同在《寄陈独秀》中贬斥：“戏子打脸之离奇……与演剧之义不合。”张厚载辩云：“戏子之打脸，皆有一定之脸谱……且隐寓褒贬之义，此事亦未可以‘离奇’二字一笔抹杀之。”张厚载所说，皆为常识范围的意见，不意迅速招来钱玄同、刘半农、陈独秀的反批评。遗憾的是这些同时登载于《新青年》四卷六号的文字，都是些带有谩骂性质的辩解之词。

《黄鹤楼》饰周瑜（左） 张荣奎饰赵云

张厚载复于《新青年》五卷四号发表《“脸谱”与“打把子”》、《我的中国旧戏观》两文，进一步申述自己的意见，同时指出戏曲的特征：其一，“中国旧戏描写一切事情和物件，也就是用‘指而可识’的方法，比如一拿马鞭子，一跨腿，就是上马”。“中国旧戏用假像会意的方法，是最经济的方法”。其二，“中国旧戏，无论文戏、武戏，都有一定的规律”。“仿佛拘束的力量太大，其实‘习惯成自然’，这种拘束力，在唱戏的早已成了一种自然力。”其三，“中国旧戏向来是跟音乐有连带密切关系”。“唱工有表示感情的力量，所以可以永久存在，不能废掉”。结论是，“中国旧戏，是中国历史社会的产物，也是中国文学美术的结晶”。就在《新青年》同一期，傅斯年《戏剧改良各面观》和《再论戏剧改良》两文，对张厚载所论戏曲特征逐条做了反驳，贬戏曲为不近人情的“百衲体”的把戏；胡适《文学进化观念与戏剧改良》一文，更从事物进化观念强调，戏曲的乐曲、脸谱、嗓子、台步、武把子等都是“遗形物”，“这些东西淘汰干净，方才有纯粹戏剧出世”。这场论争主要围绕戏曲形态的特征及其美学原则展开。胡适、傅斯年、钱玄同、刘半农、陈独秀诸人，尽管于提倡新文化、新文学有不可磨灭的功绩，但对中国戏曲不甚了解，是以西洋近代写实话剧为标准，轻率否定了作为中国传统文化组成部分的中国戏曲。张厚载的理论虽不完善，也欠深度，但他出于捍卫传统文化的目的而挑起的这场论争，在中国近代戏剧理论批评史上的意义是不可忽视的。

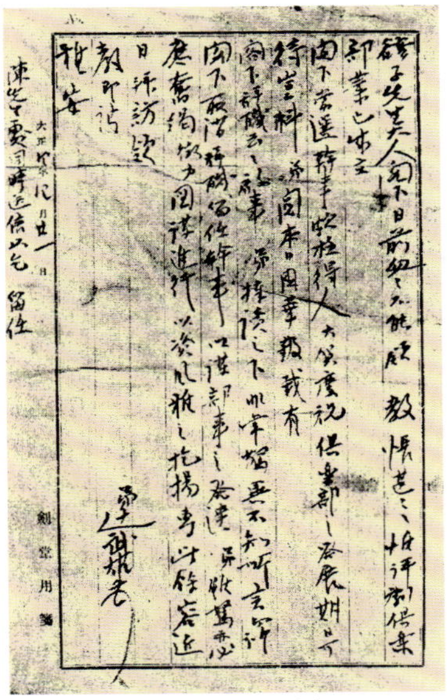

[日]辻武雄致张厚载函

1912～1924年，张厚载于《亚细亚日报》、《公言报》、《星报》、《北京晚报》发表京剧评论文章；1929～1935年，又于《商报》、《大公报》继续发表京剧评论文章。其后，他把1912～1918年的108篇文章编成**《听歌想影录》**（又名**《国剧春秋》**），署名张聊公，于1941年由天津书局出版；又选择1916～1935年偏重记事的文章65篇，另加附录5篇，编成**《歌舞春秋》**，署名张缪子，于1951年由上海广益书局出版。

张厚载文章的特点是融记事与批评于一体，而首重记事。如对梅兰芳《孽海波澜》、《邓霞姑》、《天女散花》、《童女斩蛇》、《麻姑献寿》、《西施》诸剧首演的时间和地点，以及谭鑫培、孙菊仙、陈德霖、王瑶卿、尚和玉、杨小楼、汪笑侬、余叔岩、梅兰芳、程砚秋诸人的演出实况，皆有确凿而具体的记载。1918年4月，冯幼伟借金鱼胡同那宅演戏，为太夫人庆贺七十寿辰，张文记曰：“是日裙屐纷纶，气象繁缛，而所召诸伶，尤极一时之上选，所演各剧，更极一时之胜会，盖近来堂会戏中所未有之大观也。”（《听歌想影录·冯幼伟氏宅大堂会》）然后历述茹富兰、白牡丹、程砚秋、杨小楼、梅兰芳、刘鸿昇、贾璧云、田桂凤等所演剧目情状。所记皆亲聆目睹的实事，无怪金梁有感曰：“春秋之作，托之空言，不如见之行事，此物此志，唯聊公与我有同好耳。”（《听歌想影录题》）张厚载的文章又于记事中寓批评，反映了民国初年至抗日战争爆发前，北方京剧艺术所达到的成就和水平。张氏有多篇文章

论及谭鑫培晚年演出的《洪羊洞》、《琼林宴》、《失街亭》、《空城计》、《击鼓骂曹》，又于谭氏逝世后作《谭鑫培盖棺论定》，盛赞谭氏成名与演剧善于推陈出新的密切关联。在对谭氏同辈及后辈诸伶的评说中，还善于通过比较作细致分析，如对孙菊仙与谭鑫培、尚和玉与杨小楼，就无所偏倚地突出了各自的技艺特长。对梅兰芳演艺的品评更是张厚载剧评的主要内容，无论老戏、新戏，几乎每剧有评。如论《贵妃醉酒》：“唱‘玉石桥斜倚栏杆靠’句时，一手打扇，一手斜叉腰间，神态煞是美观，身段亦颇柔软，醉后眼神，亦甚微妙，含杯折腰之舞，尤见稳练，下场时唱‘冷清清独自回宫去也’句，露出一腔幽怨无可如何之神情，表演之细，允称难得。”（《听歌想影录·江西会馆堂会戏》）评价公允，更见功力，在当时影响颇大，故而李秋斋的《歌舞春秋·序》有云：“缪子先生壮游北部，历观名家之作，不可胜数，凡有记述，举国传诵，一字之褒，荣逾华衮，故并世论京剧者，莫不以缪子为坛坫也。”1951年，上海《大公报》出版了张缪子的《京戏发展略史》。该书从演员、剧本、技艺、形象、剧场等方面综合论述了京剧的演变过程，又一分为二地辨析了京剧剧目的思想内容，且从写意方法阐释了京剧的唱念做打扮，最后归结于推陈出新。作者一生致力于京剧评论，这是他最后一本史论结合的专著。 （沈达人）

Zhang Huifang

张慧芳 （1968～ ） 女演员。工旦。祖籍河北石家庄。1979年考入河北省艺术学校京剧科，师从金雪琴、齐兰秋、宋德珠、李燕、周长芸、李砚云等。1986年以优异成绩毕业后分配到河北省京剧院。1987年进中国戏曲学院表演系学习进修，受到于玉蘅、谢锐青、王小蓉、蔡英莲、安荣卿等老师悉心指授，技艺日臻精进。1999年调入湖北省京剧院。2002年考入第三届中国京剧优秀青年演员研究生班深造，又向李维康、刘秀荣、艾美君、李炳淑、李玉芙等众多名家学习传统剧目。擅演剧目有：《四郎探母》、《红鬃烈马》、《霸王别姬》、《秦香莲》、《白蛇传》、《谢瑶环》、《状元媒》、《望江亭》、《杜十娘》、《孟姜女哭城》、《樊姬夫人》、《膏药章》等。张慧芳基本功扎实，文武昆乱不挡。嗓音宽亮圆润，演唱既有梅派的柔媚，也有张派的华丽，台风端庄，有大家风范。刻画人物感情细腻，形态传神，注重心理体验与形式技巧的结合。尤以演《膏药章》之小寡妇、《孟姜女哭城》之孟姜女、《杜十娘》之杜十娘，清新隽永，颇得观众好评。曾在第三、第四届中国京剧艺术节上连获优秀表演奖。2004年获第二十一届梅花奖。2005年获第五届全国青年京剧演员电视大赛金奖。（杨利）

《谢瑶环》饰谢瑶环

Zhang Huoding

张火丁 （1971～ ） 女演员。工青衣。生于吉林白城。自幼受其兄武生演员张火千的影响，酷爱京剧。15岁由原学评剧改学京剧，独自进京学艺。由王兰香开蒙。1986年考入天津戏曲学校自费学习，师从李近秋、张芝兰、许世光、渠天凤、刘韵桐、赵秀春等，学梅（兰芳）派和张（君秋）派戏。毕业前夕，偶从孟宪嵘老师学习了程派名剧《锁麟囊》，自此对程派艺术情有独钟。1989年毕业后，进北京军区战友京剧团。翌年，投师李文敏，专攻程派，先后学《六月雪》、《三击掌》、《武家坡》、《朱痕记》、《锁麟囊》等，在程派艺术上奠定了扎实基础。

1993年由中国京剧程派艺术研究会推荐，拜赵荣琛为师，成为赵的关门弟子。亲传《荒山泪》、《锁麟囊》、《文姬归汉》、《春闺梦》、《红鬃烈马》诸剧，在做表要领和唱念的咬字、发音、行腔规范方面得到精雕细琢的指授。她慧质过人，对程派艺术的真谛心领神会，获益匪浅。1994年举办首次个人专场演出，崭露艺术才华。1995年调入中国京剧院青年团，参加了新编现代剧《北国红菇娘》的排演，饰杨贵珍，唱程腔。1996年由中国京剧艺术基金会推荐为第二届“京剧之星”。1999年入第二届中国京剧优秀青年演员研究生班深造，分别向程派名家新艳秋、李蔷华学习了《鸳鸯冢》、《碧玉簪》二剧。为了多方面开拓艺术领域，向李金鸿学习了昆曲《金山寺》。在研究生班学习期间，还接受了中国京剧音配像的任务，先为其师赵荣琛的《锁麟囊》、《荒山泪》、《窦娥冤》配像，又为太老师程砚秋的《碧玉簪》配像。1999年举办了第二次个人专场演出，推出了新排的《绝路问苍天》（饰祥林嫂）和程派演唱风格的《秋江》，亦获佳评。2000年获第十七届梅花奖。其新剧还有《白蛇传》、《梁山伯与祝英台》、《江姐》，为程派演唱风格增添了新的艺术形象。《江姐》已拍成电影。

《梁山伯与祝英台》饰祝英台

《江姐》饰江姐

张火丁扮相端庄清丽、幽娴淡雅，嗓音圆美甜润，唱腔低回婉妙，念白清晰纯正，做表沉静工稳，水袖功力出色。在台上不取巧，不造作，质朴安详，无过于火炽、失于板滞之嫌，呈温婉冷艳之美，不落小家路数。是程派艺术第三代传人中具有潜力者。杨景贤著有《台上台下张火丁》，16万字，述其艺术成长过程甚详，山东画报出版社2009年2月出版。 （钮骠）

Zhangjiakou Shi Jingjutuan

张家口市京剧团 京剧演出团体。成立于1949年11月29日，系由“新中国”、“庆丰”两戏院的民营班底合并而成，时称张家口市实验京剧团。演出以京剧为主，也演评剧、新歌剧、话剧。京

《八一风暴》
杨永丰饰方大来（右二） 李幼奎饰杜振山（右一） 郎石弓饰王涛（左一）
黄胜春饰丁毅（左二） 朱宝顺饰双喜

剧演员有白俊英、闻占萍、姚云龄、张金元、白科华、陈利华、萨和章等。李容圃任团长，许万恒为副团长兼编导室主任。之后，相继吸收吴素琴、吴慧琴等为主要演员，并邀请王泉奎、王玉敏、王富英、韩慧梅、白玉崑、刘英昆等参加演出。剧目有《三打祝家庄》、《江汉渔歌》、《金钵记》等。1953年改称张家口市京剧团，民营公助。1954年评剧演员归口调出。1955年，高蕴华参加剧团为主要演员。1956年，赵金蓉由总政京剧团调来，其主演的《玉堂春》、《孔雀东南飞》、《四郎探母》、《贵妃醉酒》等，称誉张家口、宣化等地。同年，赵金蓉任团长。不久，张少昆来张，形成赵金蓉、姚云龄、高蕴华、陈利华、吴素琴、张少昆的主演阵容，巡演于京郊和京包、京承铁路沿线，享有盛名。1957年后，除排演传统戏《霸王别姬》、《勘玉钏》，新编古代戏《黑旋风李逵》、《满江红》和清装戏《半把剪刀》外，还着力于表现现代生活的实验与探索，陆续排演了《红色风暴》、《党的女儿》、《飞夺泸定桥》、《塞上女骑兵》、《降龙伏虎》、《苦菜花》、《八一风暴》、《台湾来的女客》等。1959年被评为全国先进集体，党支部书记方华涛代表剧团出席全国文教群英会。1963年，《八一风暴》两次进京演出，反响热烈，1964年巡演于天津、上海、南京、武汉等地，均受欢迎。其间，李少祥、王正良相继调入，主演阵容又有加强。1965年改编《火焰千里》，参加华北地区京剧现代戏会演，受到好评。“文化大革命”期间，剧团一度瘫痪，后以学演“样板戏”为主，并涌现出张锦华、王淑银等一批新人。1977年，白科华任团长，重排《八一风暴》，得到周巍峙、乔羽、李紫贵、关雅浓等名家的指导和帮助，演出再次引起轰动，全国有100多个剧团观摩学习，形成一股“八一潮”。此后，逐渐恢复演出了《野猪林》、《白蛇专》、《猎虎记》等古装戏，创作排演了《渡江侦察记》、《救救她》、《大佛奇案》等现代戏。1982年，李海清任团长。同年，参加张家口地、市戏曲青年演员会演，张锦华、武静萍获一等奖。1985年，由李海清改编、陈利华导演的《少帅张学良》，参加河北省第一届戏剧节，获演出奖。1989年10月，由市领导决定，该团宣布撤销。

（董汝河）

Zhang Jian yu Mei Lanfang

《张謇与梅兰芳》 京剧史料。中华爱国工程联合会张謇研究基金委托编著，南通博物苑编，张绪武、梅绍武主编。中华工商联合出版社1999年1月出版。卷首有张庚等序文4篇及赵鹏论述张、梅交谊专文。主要内容为：①梅兰芳在南通活动图片；②张謇有关梅兰芳的诗文联语；③张謇致梅兰芳信函；④《张謇日记》有关梅兰芳的记载。后有马金科、王晓静《近代戏曲改革的先驱——张謇》、杨谷中《张謇与戏剧改革》两篇专论。卷末有文图史料索引，有保育钧《跋》、张绪武《后记》。

张謇（右）与梅兰芳1922年在南通

张 謇（1853～1926），字季直，号啬翁，近代爱国实业家、教育家。他与梅兰芳的交往始于1914年。《张謇日记》载，是年10月6日，与梁启超等观梅演剧于北京天乐园。此后渐有诗什之赠，直把梅氏当做自己的弟子，愿常加呵护以助其成功。1915年8月18日张謇南返前夕，与罗瘿公同造梅宅与之话别。其时张62岁，梅21岁，实为忘年交。1916年冬，梅兰芳第三次赴上海，演出于天蟾舞台，张謇亦因事在上海盘桓十余日，多次招饮并观赏演出，加深了友谊。11月7日给梅信中，既称赏其新剧，又对个别细节提出商榷：“《葬花》通体婀娜绰约，隐秀无伦。惟看《西厢》一段，黛玉接口说‘有趣’一句，可去。黛玉口中只可说‘文章好’（即令宝玉重问有趣与否，黛玉也只说文章好，似合身份），其黛玉心中以为有趣，只在微笑中露出，剧情似尤超妙。”此关人物性格的准确把握，对青年梅兰芳当有启迪。张謇雅好京、昆，除个人欣赏、娱乐外，还看重其“不仅繁荣实业，抑且补助教育之不足”，南通建设的蓝图中就包括了造戏院、办剧团，且把梅兰芳当做理想的襄助者。但梅氏心思全在舞台艺术上，未能应命。此事后来由欧阳予倩承担。限于当时的主客观条件，南通的戏曲事业未能长期坚持下去，然而，“更俗剧场之‘前台无陋规，后台无迷信’，伶工学社之‘中西并进，新旧齐学’，都是空前的、划时代的……起到了‘为全国之导线’的积极的历史作用”（张庚《序》）。张謇得欧阳予倩之助后，对梅氏的关爱始终未减。为迎接梅兰芳到南通献艺，亦为纪念“南欧北梅”在南通的联袂登台，张謇在新落成的更俗剧场楼上专辟一室题为“梅欧阁”，亲书联语：“南派北派会通处，宛陵庐陵今古人”。他深知梨园界多门户之见，特以此种奖掖方式，倡导和衷共济，促进南北京剧艺术的交汇融通。梅氏首次在南通演出为1920年1月，连演11天，张謇每剧必诗，且约名流同好唱和，事后辑成《梅欧阁诗录》出版，以纪其盛。梅氏创制新式古装戏，融歌舞于一体，改变京剧青衣重歌轻舞的倾向，张謇甚为赞成，并预测，梅氏“若东游日、西游美，舞尤重于歌矣”，并说：“（齐）如山能以是为助，意识不凡，可嘉可嘉！”还表示“亦愿他日为小友作《舞谱》”。在通信中，张謇不断鼓励

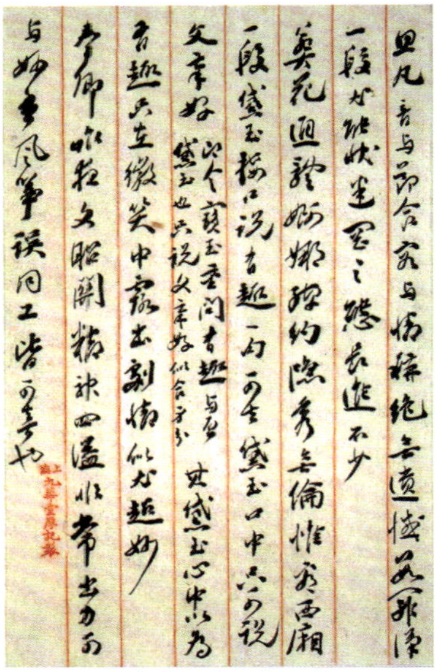

张謇手迹（致梅兰芳）
（选自《张謇与梅兰芳》）

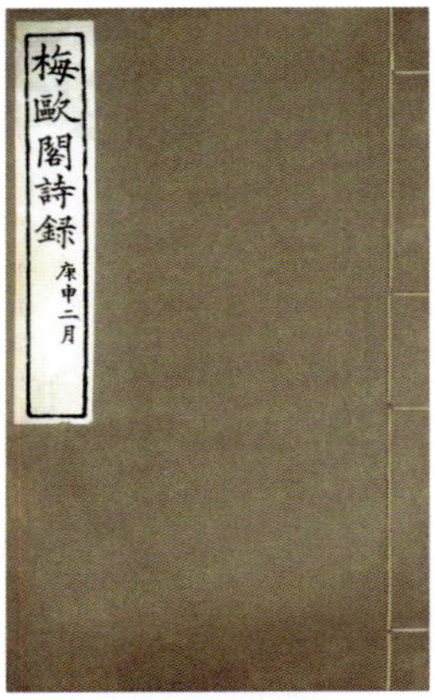

《梅欧阁诗录》封面

梅氏习字、学诗、作画，以提高文理学养，甚至说：“以后与仆讯，可自写，吾当为改好寄去，不示人也。甚盼文字进步可几予倩，此仆意也。”殷殷之情令人感动。梅兰芳早有赴美演出计划，1924年1月，张謇特为拟订“出行大要”14款，嘱望此行“能代表一国之美艺”，为国争光。惜梅兰芳于1930年访美成功归来，张謇已辞世4年。“旧时社会名流与梨园名伶往还，标为风雅，然时过境迁，多无可回味。季直先生与梅先生之交是难得的例外。何谓真诚，何谓尊重，何谓挚爱，可于本书字里行间得之。”（张庚《序》）

本书所辑文献资料，为近年梅兰芳纪念馆与南通博物苑合作发现、考订、整理的成果。计张謇诗文联语及信函共100则，大多以原件彩色影印，另有活动照片、戏单、海报等影印件60多种。这不仅为研究两位先驱者的交谊提供了宝贵的第一手资料，而且，“当年实业家与艺术家联手，共同弘扬祖国优秀传统文化，促进戏曲改革和社会改良这一范例，对今天的企业家如何奉献社会，投身光彩事业，仍具启发性和现实意义”（张绪武《后记》）。

（龚和德）

Zhang Jianguo

张建国　（1958～　　）　演员。工老生。生于河北晋县（今晋州）。1972年入石家庄地区戏曲学校学习，1975年分配到石家庄地区京剧团任演员。在该团，他被看中是继承奚（啸伯）派艺术的好苗子，遂由奚门弟子张荣培给他说戏。1984年正式拜师，并向魏明、欧阳中石、杜元田请益，潜心专攻奚派艺术。他刻苦用功，着意领会奚派“委婉细腻，清新雅致”的演唱风格，经过几年努力，长进极快。他演唱的《击鼓骂曹》、《白帝城》都得了奖。1989年一次偶然的机会，他只身闯入上海滩演唱了三天，以一出《打金砖》轰动申城。继后又去了哈尔滨、大连、天津、北京、青岛、潍坊各地献艺，所到之处，无不称道“奚派老生再现光彩”。他嗓音宽亮纯正，唱念时发声、咬字、归韵、收音都十分严谨，一丝不苟。在舞台上感觉好，体会人物深入，着重展现气韵。常演的戏有《击鼓骂曹》、《打金砖》、《珠帘寨》、《连营寨》（《哭灵牌》）、《白帝城》、《空城计》、《武家坡》、《将相和》和新戏《范进中举》等，均能展现奚派风神意韵。1993年调进中国京剧院，除常演奚派剧目外，又新排了《赵氏孤儿》、《四进士》和现代戏《油灯灯开花》（饰苏耕田）、“三国”故事戏《泸水彝山》（饰诸葛亮），唱做上均有创新。他还率领剧团深入北京的高等院校，把京剧送进校园，收到良好效果。他在河北期间就获得过多种奖项，又于1990年获上海白玉兰戏剧表演艺术奖全角奖，1991年获全国中青年京剧演员电视大赛最佳表演奖；1993年获梅兰芳金奖；1996年中国京剧艺术基金会推荐为第二届中国京剧之星，2002年获第十九届梅花奖。他曾入第二届中国京剧优秀青年演员研究生班进修。2010年就任国家京剧院三团团长。

（捷之）

《甘露寺》饰乔玄

《泸水彝山》饰诸葛亮

Zhang Jianmin

张建民　（1935～　　）　作曲家。山东邹平人。1960年毕业于中央音乐学院作曲系。20世纪60～70年代，先后参加了中国京剧院《红灯记》、《平原游击队》、《惠嫂》、《红灯照》、《草原兄妹》、《红色娘子军》等剧目的配器及音乐设计工作。从20世纪80年代开始，为京剧《香港行》、《甘棠夫人》、《玉树后庭花》、《玉笛恨》、《恩仇恋》及木偶戏《大闹天宫》等担任音乐设计。其间《承天太后》获得全国新剧目会演音乐奖。主创了日本题材京剧《坂本龙马》的配曲音乐。

20世纪90年代前后参加了一些广播剧及电视片的音乐创作，如《方荣翔》、《西厢记》、《群丑争春》等；并与人合作创编器乐曲《夜深沉》、《正宫调回旋曲》等；自20世纪70年代后期开始，在中国戏曲学院兼授《戏曲音乐创作》、《戏曲音乐和声》、《戏曲唱腔配器》等课程。在从事创作活动的同时，张建民还主持编辑了戏曲唱腔和戏曲音乐的录音带50余盒，参与编撰了《张君秋唱腔集》、《京剧著名唱段选》等唱腔专集。经过多年对京剧音乐的探索和研究，张建民的作品既保存了传统艺术的特色和韵味，同时又富于时代感，特别是在京剧器乐曲的创作上和唱腔配器上有其独到的成就。

（丁汝芹）

Zhang Junqiu

张君秋　（1920～1997）　演员。工旦。原名滕家鸿，字子隐。祖籍江苏丹徒（今属镇江），生于北京。受母亲梆子旦脚演员张秀琴影响，自幼热爱戏曲。1933年拜师李凌枫，学习京剧旦脚艺术。1936年起，先后与雷喜福、王又宸、孟小冬、谭富英、马连良等在北平、天津、上海等地合作演出，广泛向王瑶卿、尚小云、梅兰芳、程砚秋、阎岚秋、冯子和、张彩林、朱桂芳、姜玉佩、郑传鉴、朱传茗等学艺，并得尚小云、梅兰芳亲传，艺事愈进，声誉渐起。1942年组谦和社，担任主演。受王瑶卿、程砚秋、荀慧生影响，张君秋在《怜香伴》、《凤双栖》等新编剧目中开始青衣唱腔的创新尝试。1944年，谦和社改组为秋社。

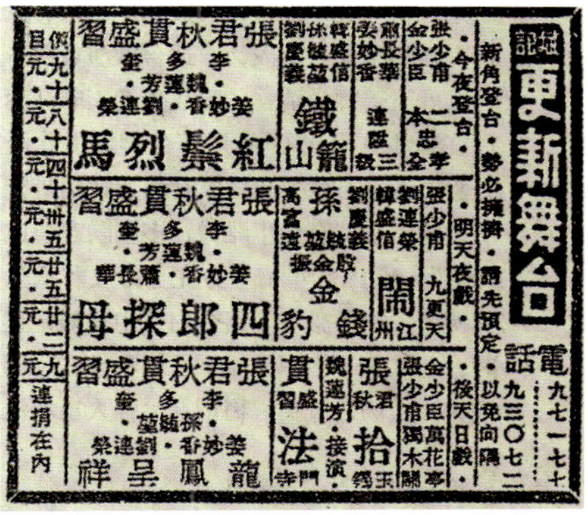

谦和社在上海更新舞台演出广告
（1943年11月5日《新闻报》）

1948年，同马连良、俞振飞至香港演出。1951年回内地，在武汉参加中南联谊京剧团，同马连良、高盛麟等合作演出。1952年，在北京组成北京市京剧三团，任团长。曾赴朝鲜慰问演出。1957年，与马连良、谭富英、裘盛戎等组成北京京剧团，任副团长。1979年，任中国戏曲学院副院长。为中国文学艺术界联合会第四、第五届副主席。

张君秋扮相俊美，嗓音宽亮甜润。中华人民共和国成立以来，在党的文艺方针指引下，认真继承优秀传统艺术，博采众长，结合自己的特点和优势，创造了风格独特的张派艺术。他本着去芜存菁的精神，整理演出了《起解、会审》、《春秋配》、《祭江》、《金山寺、断桥、祭塔》、《大保国、二进宫》、《钱屏公主》等大量优秀传统剧目，创演了《彩楼记》、《望江亭》、《珍妃》、《秋瑾》、《秦香莲》、《赵氏孤儿》、《西厢记》、《状元媒》、《楚宫恨》、《诗文会》等新编剧目。在这些剧目的演出实践中，他以自然率真的表演，声情并茂的演唱，表现了中国妇女的聪明才智以及对旧社会恶势力的抗争勇气，塑造了众多生动的舞台艺术形象。他功底深厚，讲究化装服饰，注重刻画人物性格，力求创新，使得他所扮演的人物端庄大方，自然含蓄，风姿绰约，仪态万方。在唱腔演唱上，他充分运用自己嗓音甜美圆润、音域宽阔、高低皆宜、宽细兼备的天赋特长，创造了大量的新腔。他十分注重人物内心情感的深入挖掘，以传统唱腔为基础，悉心揣摩不同流派的艺术风韵，吸收其他行当及兄弟剧种、曲艺、歌曲的音乐语汇，加以融会贯通，充分发挥了“娇、媚、脆、水”的演唱特色和魅力，形成了华丽柔美、刚健清新的演唱风格。所有这些艺术创造，都充满了浓厚的时代气息，增添了京剧艺术的感染力，受到广大京剧观众的欢迎，是京剧艺术在新时代取得辉煌发展的一个重要标志。

20世纪60年代中，张君秋积极参加京剧现代戏的创作工作。他同马连良合作创演了《年年有余》，并演出了《芦荡火种》，为北京实验京剧团设计了《海棠峪》一剧的唱腔。“文化大革命”时期，张君秋参加了中国京剧院演出的现代戏《红色娘子军》、《平原作战》、《红灯照》剧目的唱腔创作。

张君秋手绘花卉

1979年张君秋调任中国戏曲学院副院长。他把主要精力放在培养青年演员的戏曲教育事业上，不仅在中国戏曲学院的建设上出谋划策，教学育人，而且广收弟子，为京剧事业培养更多的后继人才。1986年，张君秋应天津市邀请，赴天津参加天津市青年京剧团的百日集训工作，对该团的各个行当的演员、乐队演奏员，以及舞台装置、服装道具的工作人员，都悉心指点，严格要求，力求规范，一丝不苟。为剧团延请各方名师，因材施教，培养了一批优秀的青年演员，形成了一个阵容齐整、实力雄厚的青年演出群体，在海内外演出获得了广泛的好评和赞誉，为培养京剧青年人才提供了可贵的经验。1990年底，张君秋应邀赴美国讲学，被授予人文学荣誉博士学位，并获终身艺术成就奖。1994年，张君秋接受中央领导同志委托，担负起中国京剧音配像的工作。他和一些老艺术家一起，充分发挥艺术上造诣精深、曾与诸多名家在一起演出、见多识广的特长，满腔热情地投入到工作中去。在近3年的时间里，完成了中国京剧各个流派剧目音配像120部，为观众提供了一批声像并茂、品位较高的京剧欣赏剧目，抢救了不少濒临失传的经典作品，再现了老一辈京剧艺术家成就，为京剧艺术的继承与发展作出了贡献。

张君秋主演的《打渔杀家》、《玉堂春》、《梅龙镇》、《望江亭》、《秦香莲》等剧目先后摄制成戏曲舞台艺术影片。著有《张君秋戏剧散论》。弟子有杨春霞、李炳淑、薛亚萍、杨淑蕊、蔡英莲、王蓉蓉、董翠娜、张萍等百余名。

安志强著有《张君秋传》，21.8万字，收入《京剧泰斗传记丛书》，由河北教育出版社1996年12月出版。（安志强）

《四郎探母》饰铁镜公主（左）谭富英饰杨延辉

《回荆州》饰孙尚香

《红拂传》饰张凌华

《大登殿》饰王宝钏

《望江亭》饰谭记儿

《珍妃》饰珍妃

Zhang Junqiu Xiju Sanlun

《张君秋戏剧散论》 京剧文集。张君秋著，谢虹雯、安志强整理。中国戏剧出版社1983年6月出版。张君秋作为京剧表演艺术家，在多年的演出生活中积累了宝贵的艺术经验，也对戏剧工作各方面的问题提出了自己的见解。本书是他在这些方面文章的结集。

其中有关于在中国共产党领导下京剧艺术发展的文章3篇，谈自己的艺术道路和经验的文章8篇，纪念和怀念其他京剧艺术家的文章6篇，评论戏曲演出的文章3篇，论述戏曲教育和青年演员的成才之路等方面问题的文章11篇。在20世纪80年代初写的《前后三十年》一文中，他将自己的艺术道路归结为前后两个30年——旧社会的30年和新社会的30年。他认为前30年是自己在艺术上艰难、曲折地个人奋斗的30年；后30年，特别是20世纪50～60年代初，则是他在艺术上真正进行革新发展的时期。在《我的艺术道路》一文中，他更具体地回顾、叙述了自己的成长道路；而《我的少年时代》则是他个人回忆录的开篇（可惜的是他未能将此回忆录继续完成）。在《我的唱腔创作》、《我演〈苏三起解〉》、《谈〈珍妃〉的演出》、《我怎样保护和使用嗓子》、《唱出时代的感情——京剧现代戏观摩随感》和《内要实，外才能精——对演好现代戏的几点看法》等文中，他谈到了一系列京剧表演艺术方面的宝贵经验，是本书的重点内容。在对王瑶卿、梅兰芳、程砚秋、马连良、裘盛戎、俞振飞等艺术家的回忆和纪念文章中，又从另一角度总结和介绍了许多京剧表演艺术的经验。张君秋晚年在中国戏曲学院任教，在《谈京剧流派的继承和发展问题》、《谈戏曲青年演员的学习》、《对青年演员的殷切期望》等10余篇文章中，张君秋谈了他对戏曲教育和青年演员成长的看法，表现了他对京剧艺术的继承发展的责任感和对青年一代的殷切期望，是本书的又一重要内容。

（苏明慈）

Zhang Ke

张克 （1963～　） 演员。工老生。天津人。幼入天津市戏曲学校，习老生。1981年毕业后留校进修3年。1984年天津市青年京剧团成立，被调入该团。1986年11月，张克同时拜在杨宝森入室弟子程正泰，名家谭元寿、马长礼，以及香港名票丁存坤四人名下为徒，专攻杨派艺术。经过不断的舞台实践，渐悟杨派艺术个中三味。先后上演了《大保国、探皇陵、二进宫》、《四郎探母》、《红鬃烈马》、《伍子胥》、《杨家将》、《击鼓骂曹》、《失街亭、空城计、斩马谡》和《珠帘寨》等杨氏代表剧目，并在新剧《锦袍情》、《曹操父子》、《胭脂河》中扮演主要角色。曾随团巡演或被特邀演出于南北各地。张克在艺术上循规蹈矩，精益求精。他扮相清秀，台风儒雅，嗓音甜润，韵味厚醇，寓情于声，不尚雕饰，颇具杨派朴拙典雅、意境深邃之风格，被公认为杨派第三代传人。张克在新编历史剧《曹操父子》中饰曹丕，获第五届文华表演奖，2000年获第十七届梅花奖，2001年全国京剧优秀青年

《龙凤呈祥》饰刘备

《胭脂河》饰高子谦（右）

演员评比展演获荣誉奖，在第三届中国京剧艺术节上以主演《胭脂河》成为优秀表演奖获得者。他是第一届中国京剧优秀青年演员研究生班研究生。

（仲菁）

Zhang Manling

张曼玲 （1935～　） 女演员。工旦。原名张金玲。生于北平（今北京）。姐姐张曼君为京剧旦脚演员。1951年入中国戏曲研究院戏曲实验学校插班学习，工青衣、花旦、刀马旦，得到王瑶卿、筱翠花、华慧麟、程玉菁等老师的传授，常演《三击掌》、《玉堂春》、《孔雀东南飞》、《拾玉镯》、《棋盘山》等剧。在《牛郎织女》剧中，既能饰织女，又能演泼辣旦嘎氏，显露了演剧才华，在《三打祝家庄》中所扮李妈，也很生色。毕业后，留本校实验剧团任演员。在新戏《洪母骂畴》中饰洪妻，以其浏亮清朗的嗓子唱程派腔，仍具韵味。又从王吟秋学《火焰驹·打路》、从李世济学《陈三两爬堂》，演出得到行内外的首肯。自此专工程派。后调中国京剧院四团，拜赵荣琛为师，并得到顾森柏的指点。常演剧目有《三击掌》、《六月雪》、《贺后骂殿》、《玉堂春》、《三娘教子》、《荒山泪》、《锁麟囊》、《碧玉簪》、《陈三两爬堂》，并主演新编古代戏《大明魂》、《甘棠夫人》和整理剧目《锁阳关》；在现代戏《红色娘子军》、《红嫂》、《彩虹》中也扮演了重要角色。（钮骠）

《锁阳关》饰银屏公主
（应佩佩摄）

Zhang Meijuan

张美娟 （1929～1995） 女演员。工武旦。河北保定人，生于北平（今北京）。幼年由京剧武净演员张德武收养，7岁时从张学艺，后从陶玉芝习刀马旦。11岁考入上海戏剧学校学戏，排名正娟。在校期间曾得到尚和玉、傅德威等名家的指点。15岁时，由于家境贫寒，不得已离校搭班谋生，改名美娟。搭班期间，除演武旦、刀马旦戏以外，还兼演武生、小生、青衣、花旦戏，在上海、南京、南昌、汉口及杭嘉湖各地均有名声。曾与梅兰芳、周信芳、唐韵笙、李少春，张云溪、童芷苓、李玉茹、言慧珠等同台演出。1952年

参加华东戏曲研究院实验京剧团。1955年入上海京剧院。'文化大革命"后在上海市戏曲学校任教。

张美娟不仅技艺精湛，而且勇于革新创造，在武旦"出手"技艺方面不断增添新的套路。在神话剧《火凤凰》中创造了托举踢枪、舞长绸开打等技巧。她的表演注重对人物的刻画，讲究技巧为塑造人物所用。经她修改的《盗仙草》一剧获1954年华东戏曲会演一等奖。她为提高武旦戏在京剧剧目中的地位和品位作出了努力。代表剧目还有《打焦赞》、《打瓜招亲》、《八仙过海》、《挡马》、《虹桥赠珠》、《金山寺》等。张美娟多次出访演出，先后曾赴朝鲜、印度、印度尼西亚、缅甸、苏联、英国、法国、比利时、卢森堡、波兰等国演出。1995年，美国华人艺术协会授予她亚洲杰出艺人终身成就奖。她还致力于戏曲教育，培养了大批武旦演员，王芝泉、齐淑芳、李占华、史依弘等均曾受到她的教益。

《虹桥赠珠》饰凌波仙子

（冯钢）

Zhang Pengchun

张彭春 （1892～1957） 教授。字仲述。天津人。1908年毕业于南开学校，1910年赴美留学，获哥伦比亚大学文学硕士、哲学博士学位。受父亲张云藻、兄长张伯苓影响，喜爱京剧。

回国后曾任南开中学主任、清华大学教务长、南开大学教授等。长期向国外介绍戏曲，对梅兰芳访美、访苏作出贡献，促进了中外文化交流。梅兰芳访美前，请他选定访美剧目，他提出唱念做打要为剧情服务，减少不必要的场子，净化舞台演出等，被梅兰芳采纳。访美期间，他应梅兰芳之约担任导演，对所演剧目进行了加工。1935年，他与梅兰芳一同访苏，多次向苏联同行介绍京剧知识。1936年赴英讲学，应邀到伦敦戏剧学馆和老维克剧团作学术报告，题为"京剧艺术与技巧"，采取中外戏剧对比的方式，深入浅出，生动易懂，引起较大反响。抗日战争期间，先后出任驻土耳其和智利公使。战后担任联合国社会经济理事会中国常任代表兼人权委员会副主席，主持《人权宣言》的起草。1952年辞去联合国职务，1957年在美国新泽西州病逝。1995年中国戏剧出版社出版《话剧在北方的奠基人之一：张彭春》，收入他的剧作和翻译剧作10种以及部分论文。他还著有《从教育入手使中国现代化》、《中国在十字路口》、《中国大学与国家建设》等，先后在英国和美国出版。

（马平）

Zhang Qi

张七 （1850～1895） 砌末绘制师。名永镒。北京人。本习净色（武二花）。清咸丰间在双奎班演出，擅演《焚竹林》于洪。同治间曾去上海丹桂茶园演出，擅演《黄金台》伊里、《捉放曹》曹操、《天水关》姜维。游戏道人《梨园声价录》列为"花面中品"首位。后返京，改业砌末制作、盔箱管理。四喜班梅巧玲新排灯彩戏《盘丝洞》，由张七制作砌末，"忽而石洞，忽而莲池，变幻离奇，令人不测，座客个个称心满意"（潘镜芙、陈墨香《梨园外史》）。光绪九年（1883）选入昇平署，除协助演员装扮外，亦制砌末多种。其制砌末，"多参西法，虽一山一水一草一木必求逼真"。武生杨隆寿与张七同年入署承应，深知张七技艺，当其成立小荣椿、小天仙两科班时，每以剧场布置多循旧规，立意改良，遂重金聘用张七，"制砌末千余件，如《水帘洞》、《陈塘关》，山色之青葱，水浪之汹涌，一一毕肖，令观众恍如置身其境"。天津下天仙戏园闻其新颖，借以一新观众耳目，杨隆寿慨诺，悉数运去，值义和团事起，尽毁于火。事见张次溪《燕都名伶传·杨隆寿》(《清代燕都梨园史料续编》)。1936年出版的王芷章《清代伶官传·张七》说："至今梨园中人，尚无不知有凤凤张七其人者，则其当年之盛，又可知矣。"张七去世后，子张凤岐（1867～？）"补父缺，以盔头作名义入档"。据1935年《戏世界》报连载的于冷华《内廷歌舞追忆录》，张凤岐又称"小张七"，不仅能演武生戏，且是"砌末大家"，可知其对乃父技艺有所传承。

（龚和德）

Zhang Qihong

张启洪 （1935～ ） 演员。工丑。生于北平（今北京）。1948年入四维儿童戏剧学校第三分校学习，排名张维洪，工文丑。1949年转为平剧实验学校（后名中国戏曲学校）第一期学生，先后从萧长华、高富远、萧盛萱、张永禄、汪荣汉诸师学戏，能戏《群英会》、《审头刺汤》、《连升店》、《取帅印》、《选元戎》、《下河南》、《小过年》、《荷珠配》、《小上坟》、《小放牛》、《女起解》、《打沙锅》、《锯大缸》、《问樵出箱》以及昆曲戏《下山》、《借靴》、《出塞》等。1956年，又从南昆名丑王传淞学《十五贯》、《醉皂》各剧。

他嗓音清亮响堂，嘴里干净爽利，身上规矩大方，做表不贫不俗，恪守萧（长华）派规范，插科打诨，有节有度。常同台合作者有刘秀荣、朱秉谦、张春孝、李鸣岩、王荣增及言慧珠、李炳淑等。他毕业于1956年，先留校实验京剧团，后调中国京剧院，再调上海京剧院，均任文丑演员。20世纪80年代离内地去香港，后定居上海。

（钮骠）

Zhang Qingyun

张庆云 （1912～1978） 乐师。司铙钹。北京人。早年拜汪子良为师习武场，其师以擅长教学闻名，从而为他后来出众的铙钹演奏技艺打下了良好基础。早期曾傍奚啸伯、李世芳演奏铙钹，后加入荣春社为孙毓堃、宋德珠、尚长春等打铙钹。1950年参加中国京剧院，担任铙钹演奏员。先后为叶盛兰、杜近芳、李少春、袁世海等演出伴奏。张庆云具备高超的铙钹演奏技巧，方法松弛而规范，手音清脆爽朗、响而不噪。他的演奏风格，干净平稳、舒展流畅，尤其擅长打文戏，被誉为文戏铙钹的典范。李少春、杜近芳拍摄的电影《野猪林》，就是由他担任铙钹演奏的。

（许瑾忠）

Zhang Rongkui

张荣奎 （1885～1947） 演员。工老生。祖籍江苏苏州，生于北京。父文亮，系由吴入京的名伶。荣奎幼习文武老生。武戏得杨隆寿传授，文戏受教于贾丽川。曾为谭鑫培、刘鸿昇、杨小楼等配戏。1918年到上海，先后演出于老共舞台与大舞台，一度执教于南通伶工学社。1928年至天津任长城唱片公司经理叶庸方的家庭教师。1932年返沪，长期以授徒为业，除义务戏外，很少登台演出。他基本功扎实，文武昆乱不挡，尤长于靠把戏，如《定军山》、《战太平》、《下河东》、《镇潭州》、《武昭关》等，亦擅演《长坂坡》、《艳阳楼》、《独木关》等武生戏。当年已负盛名之余叔岩的靠把戏，曾得其指点。高盛麟、李少春也曾向其请益。子少奎习老生，幼奎习花脸。他的正式弟子有范叔年、张文涓等。

《镇潭州》饰岳飞

（黄菊盛）

Zhang Runquan

张润泉 （1860～1922） 鼓师。小名阿牛。江苏吴县（今苏州吴中区、相城区）人。昆班出身。清同治光绪年间来沪，师从赵嵩绶。曾在金桂轩、丹桂茶园等处司鼓，又在新舞台与夏氏兄弟长期合作。他技艺全面，熟谙音律，精通曲牌，文武昆乱皆擅，当年在上海京剧乐界位居首席。1879年谭鑫培初次来沪，夏奎章推荐他为谭司鼓，场上配合默契，谭极为满意。以后谭每次到上海演出，均邀他合作。他热心公益，经常解囊帮助贫病同行，深受梨园界敬仰。清末上海戏曲界集资在九亩地修建梨园公所房屋，经他奔走呼吁而成。二次革命时，梨园公所（伶界联合会）会务稍有停顿，他不间风雨，每天必到会所巡视，还出私资予以保险。他还倡议同行演义务戏集资为梨园界在法租界康悌路设置孤老院，在真如建梨园公墓。1911年当选为伶界联合会副会长。1922年病逝时，因其有功于公益事业，出殡场面甚为隆重。葬于真如梨园公墓，其墓志铭为周信芳所写。上海《梨园公报》特为其刊载《事略》，称："先生梨园鼓师前辈也，艺术高深，南北推为巨擘，谭鑫培在日尤推崇之。性倜傥不羁，优游自得，而对于公益事，至悬且勤，恒引为己任。"子张世恩，小名长根，继承父业，人称小牛。长女适赵君玉，次女适乾坤剧场管事刘全瑞，三女适其徒黄成美（小名阿荣）。

（蔡世成）

Zhang Shaolou

张少楼 （1924～ ） 女演员。工老生。江苏徐州人。7岁随父张月楼学艺，先学旦行，后改老生，在南京及苏北等地演出。1940年后拜言菊朋为师，得到亲授，并跟随言菊朋、鲍吉祥在南京、上海等地演出。还曾向名琴师王瑞芝和刘叔诒、陈秀华问艺。中华人民共和国成立后曾加入新华京剧团、青岛市京剧团，1963年正式调入上海市戏曲学校，任老生教师。她扮相俊逸，嗓音清醇，演唱潇洒委婉，运腔精巧。擅演《卧龙吊孝》、《上天台》、《让徐州》、《文昭关》等剧。1964年与言少朋等创作演出现代京剧小戏《柜台》，饰李玉秀，参加全国京剧现代戏观摩演出。20世纪80年代又与言少朋共同整理演出《打金枝》。所教学生有李永德、章晓申等。

《打金枝》饰唐王
（王家熙提供）

（张舜英）

Zhang Shengkui

张胜奎 （？～1908？） 演员。工老生。又称张奎官。北京人。生卒年不详。清同治三年（1864）出演于双奎班，列为生行第一。光绪三年（1877）自组阜成班，为班主。光绪八年（1882）、十一年（1885）先后改搭四喜班、胜春班。其后又入谭鑫培、周春奎的同春班。张胜奎嗓音幽细，难胜高调，却极有韵致，被称为"云遮月"。其所宗与余三胜相近。长于做功戏，擅演衰派老生，念白清晰有力，富有情感，十分动人。做派"低徊往复，宛转关生，耐人寻绎"（吴焘《梨园旧话》）。演《九更天》，至马义手计谯楼更数时，须抖目动，益形凄惨，为其绝作。《一捧雪》，演莫成以身代死情状，令观者垂泣。"同光十三绝"中所绘即所饰莫成形象。擅演剧目还有《审头刺汤》、《法场换子》、《清风亭》等，皆注重做派。其弟子有刘景然、孙春恒、安敬之等。

张胜奎戏装肖像（沈容圃绘）

（讷言）

Zhang Shi'en

张世恩 （1905～1991） 鼓师。祖籍江苏吴县（今苏州吴中区、相城区），生于上海。父张润泉为京剧鼓师。自幼从其父学司鼓。1924年正式登台演出，为夏月润、夏月珊、潘月樵、欧阳予倩等司鼓，技艺日渐成熟。1933年又与赵如泉、赵君玉、王虎臣等人合作。1933年起，成为周信芳的专门鼓师，合作20多年，同时，还为高百岁、李玉茹、言慧珠、俞振飞、高盛麟等司鼓。1947年，应马连良、俞振飞、张君秋之约，赴香港演出，并在拍摄的《借东风》、《玉堂春》、《打渔杀家》等戏曲影片中担任司鼓。1950年，随周信芳至武汉，参加中南京剧工作团（后为武汉市京剧团），此后，长期为高百岁、陈鹤峰、高盛麟、郭玉昆、关正明、杨菊蘋、李蔷华、陈瑶华、王婉华等司鼓。

张世恩自幼受过严格训练，基本功坚实，司鼓手感好，劲头足，尺寸稳，加之戏路宽，因而表现力和适应力都很强，无论是打文戏、武戏还是皮簧、昆曲，司鼓技巧均能游刃有余。他还根据剧中人物情感和剧情发展的需要，在传统锣鼓经的基础上，勇于革新，创造了不少新的锣鼓点子。如在《坐楼杀惜》中，为表现宋江回楼寻找书信时的特定心情和情景，创造了“乱锤轻打”鼓点；《追韩信》中，萧何摔下马来，为配合萧何的喘气，创造了“三倒气”锣经；《清风亭》中，为了表现张元秀年老气衰，拄着拐杖跄踉行走的情状，创造了下场“踉跄”的打法。“冷锤”这个一锣顿音的鼓点（多用于表现突然爆发的动作之中），据说是他首次为周信芳所创，后来其他流派剧目和现代戏的演出中也广泛采用。他对司鼓艺术的创造丰富了京剧锣鼓经，为麒派艺术的确立作出了特有的贡献。（周笑先）

Zhang Shilin

张世麟　（1918～1996）　演员。工武生。早年名桓懋。祖籍直隶文安（今属河北），生于吉林长春。父张吉罗（艺名张德奎）为京剧花脸演员，兼能教戏。13岁随师兄李兰亭在天津、北平、山东及东北各地演出，边学边演，打下扎实的艺术功底。在济南演出时，曾多次观摩杨小楼的戏，开阔了艺术眼界。直到21岁时才与李兰亭分手，独立在东北各地搭班演出，并很快成为挑班武生演员。他在青年时期曾与金少山、时慧宝、言菊朋、唐韵笙、白玉昆等名家合作演出，艺术水平得到不断提高。1949年由锦州到哈尔滨参加国营剧团，后转沈阳，任东北戏曲研究院实验京剧团主演。1952年主演新剧《雁荡山》参加第一届全国戏曲观摩演出大会，获表演二等奖。其后随团到全国各地演出，受到广泛好评，知名度大为提高。1957年由东北至天津，除20世纪60年代曾一度调到天津建华京剧团外，一直在天津市京剧团任主演。1987年起调任天津市表演艺术咨询委员会委员。时虽已老迈，仍坚持练功，并曾在北京、天津、上海等地演出武生重头戏，受到观众热烈欢迎。1995年9月在天津举行了张世麟舞台生活65周年纪念演出。他的代表作有《挑华车》、《战冀州》、《恶虎村》、《蜈蚣岭》、《走麦城》、《雁荡山》、《潞安州》等。在几十年艺术实践中形成了明快、刚劲、峭拔、稳练的表演风格。他的蹉步、趋步、颠步等表演堪称绝技，并于20世纪60年代初在演出中开始运用540°“变体僵尸”，具有开拓意义。在病重住院期间亲笔写下“振兴京剧”四字，表达了他对京剧事业的热爱之情。子幼麟，工武生，能继父业，为天津京剧院演员。

《恶虎村》饰黄天霸

（刘琦）

Zhang Shuyong

张树勇　（1946～　）　京剧导演。云南昆明人。1965年毕业于云南省戏曲学校，工作于云南省京剧院，1971年任导演。1979年在中国戏曲学院导演系进修。1986年后相继担任云南省京剧院副院长、院长。导演了京剧《白蛇传》、《铡判官》、《封神榜》、《杨门女将》、《汉宫惊魂》、《春草闯堂》、《燕燕》、《画龙点睛》、《古滇寻梦》、《南疆血碑》、《梦断碑寒》、《凤氏彝兰》以及滇剧《关山碧血》、《金马守备》，白剧《苍山红梅》、《望夫云》、《白洁夫人》等共计30余出。其中《南疆血碑》1990年参加徽班进京200周年振兴京剧观摩研讨大会，获首届文华新剧目奖，他本人获文华导演奖，《梦断碑寒》获第七届文华新剧目奖。《凤氏彝兰》参加第三届中国京剧艺术节，他本人获优秀导演奖，此剧经过加工，又获第十一届文华大奖，他本人再获文华导演奖。他主张在继承基础上创造发展，要根据题材特点，在京剧艺术中糅入少数民族文化元素，使演出有鲜明独特的民族风格和地域风情。（张克勤）

Zhang Wenbin

张文斌　（1883～1922）　演员。工丑。乳名二琐。江苏苏州人。祖父张云亭为前辈昆旦演员。父亲张芷荃是昆曲及京剧旦脚演员。张文斌自幼从师李春福、贾丽川习老生。1895年，虚岁13时即出台于喜庆班，演出《赶三关》等剧。不久倒仓，改习丑脚，拜罗寿山为师，为得意弟子。1900年后，张文斌改入福寿班，有时兼演老生。1907年以老生行选入昇平署。1911年改应丑脚，并易名张二琐。民国以后，张文斌在京剧丑行中声名日隆，惜于1922年去世。

张文斌擅演丑婆彩旦戏，尤其是《金猛关》中的葫芦妈妈，在当时堪称一绝。其演戏风格，秀气而不俗，其袍带戏很有书卷气，曾得到汪笑侬和王瑶卿的赏识。他的戏路广，尤以新戏著称。王瑶卿所演新戏如《万里缘》、《荀灌娘》、《金猛关》、《梅玉配》、《福寿镜》、《庚娘传》、《花木兰》等，常由张文斌配演。他还先后参加过汪笑侬的《马前泼水》、《献地图》、《哭祖庙》、《受禅台》、《刀劈三关》、《党人碑》、《骂阎罗》、《桃花扇》、《走尸还魂》、《三万三千三百三十三》，梅兰芳的《牢狱鸳鸯》、《孽海波澜》、《邓霞姑》、《一缕麻》、《童女斩蛇》以及程砚秋的《龙马姻缘》等新戏的配演。辛亥革命前后，张文斌曾参加时装京戏的演出，与王钟声在北京东安市场丹桂茶园合串过时装新戏。他口齿伶俐，擅长表情，注意体会人物，即使临时的突击演出（俗称“钻锅”），演来也胸有成竹。特别是在新戏演出中，他引用新名词，插科打诨，而不脱离剧情，有时“一语双关”，妙趣横生。睦公《伶人改行琐记》曾载：“张文斌，名二琐儿，前唱须生，嗣改丑脚。每演一戏，并不刻意经营而自能传神入妙。常与王瑶卿配演《探亲家》，插科打诨，引用新名词，亦能切当，盖能扫除俗套，别开生面，不落常人窠臼也。”（见《菊部丛刊》）张肖伧《燕尘菊影录》也载：“文斌，丑脚中之隽品，其演剧不多发言，一语出口，别有奇趣，妙处全在冷峭：峭，故愈冷；冷，故愈峭。……文斌冷面向人，不苟言笑，虽台下观众欢声如雷动，文斌之孤冷依然也。”另外，张文斌还精于口技，能把群众所喜闻乐见的杂耍，融合到京剧表演中来。如在《溪皇庄》中扮窦氏时，独坐帐子里学“百鸟争林”和夫妻吵架、小孩啼哭等种种复杂声音，惟妙惟肖。（苏移）

Zhang Wenjuan

张文涓（1923～ ） 女演员。工老生。江苏苏州人。幼年曾从陈秀华、张荣奎学艺，11岁起登台，在上海等地演唱。后拜杨宝忠和王瑞芝为师，习余（叔岩）派，并得到孟小冬及谭富英等指点，技艺渐进，在观众中颇得好评。

1949年后，常演于京、沪等地，以《失街亭、空城计、斩马谡》、《捉放曹》等余派剧目为多。1960年到上海市戏曲学校任教，偶尔登台露演，深受欢迎。其后，进一步深入钻研余派艺术，多次北上，向余派研究家张伯驹、刘曾复等求教，同时坚持舞台演出，先后演出《四郎探母》、《捉放曹》、《法场换子》、《搜孤救孤》、《空城计》等剧，赢得广泛称誉。她嗓音甜润，韵味纯正，擅长剧目还有《战太平》、《定军山》、《击鼓骂曹》、《红鬃烈马》等。其弟子有齐宝玉等。20世纪80年代末移居美国。（忻鼎亮）

Zhang Wenxiang Ci Ma

《张文祥刺马》 京剧作品。取材于清末大案。剧中的张文祥，河南汝阳人。原系捻军头目，与友曹二虎、石锦标同被马新贻招降。曹二虎妻貌美，被马新贻霸占，曹二虎又被马以通捻罪名杀害。张文祥激于义愤立意为曹二虎报仇。马新贻累升至两江总督，清同治九年（1870）七月二十六日，从金陵校场阅射返署时，被张文祥乘间刺死。此案发生后，朝野震动，清廷连派大员前往查办。审案大吏为维护官场体面，以“漏网发逆”、“挟仇报复”，定谳上奏，将张文祥酷刑处死。案件审理中，实情外泄，“时上海戏园编出《刺马传》全本”（《清朝野史大观》卷四），对案情内幕多所揭露。参与审案的两江总督曾国藩在同治十年（1871）三月初五的《手书日记》中也写道：“近日有编造戏文讥讽马帅者。”时人作《咏事》诗云：“群公章奏分明在，不及歌场独写真。”但上演不久，即被上海道出示禁演。光绪三十三年（1907）新剧家王钟声到上海以票友身份参加春桂茶园演出，又据此题材编为京剧，自饰张文祥，汪笑侬饰马新贻，赵如泉饰窦礼和（即曹二虎）。同年，王钟声创办新剧团体春阳社，把《张文祥刺马》改编成文明戏，在张园、春仙茶园多次演出。据宣统二年（1910）出版的《海上梨园杂志》载：“钟声气概轩昂。窦被戮后，出场临哭，怒发冲冠，四座莫不动色。”后天仙茶园王鸿寿、群仙茶园髦儿戏班林黛玉等也相继排演，成为上海京剧舞台的流行剧目。辛亥革命后，常以连台本戏形式演出，并有真刀真枪开打。1937年后，北平沦陷时期，李万春曾排演此剧。20世纪40年代初，赵松樵、吕君樵先后在上海天蟾舞台和杭州东南大戏院重排《张文祥刺马》。1957年北京市戏曲编导委员会编辑的《京剧汇编》第43集收有李万春藏本，已经后人修改，与原作有较大出入。（黄菊盛）

Zhang Wenyan

张文艳（1898～1940） 女演员。工旦。字慧君。江苏镇江人。父张锡卿、姐张文奎均为旦行演员，文奎于清末曾在上海宝善街丹桂茶园髦儿班为台柱。

文艳幼年随父学艺，演丑脚和娃娃生，曾在文奎主演的《三娘教子》中饰薛倚哥，天真烂漫颇得好评。1912年开始专工旦行。1915年后去武汉、厦门、台北、杭州等地演出，名声大噪。1919年返沪搭班共舞台，驰誉数年，捧之者尊为“文艳亲王”。擅长剧目多为花旦戏，如《荡湖船》、《打花鼓》、《查头关》、《宝蟾送酒》等，尤以《纺棉花》一剧蜚声于时。其表演自然，善用眼神和小动作刻画人物，嗓音娇脆，但衷气稍弱。后期曾与李桂春、赵如泉、露兰春等合演连台本戏《狸猫换太子》、《天启奇侠》和时装新戏《新茶花》、《阎瑞生》、《蒋老五殉情记》等剧。1924年与湖南人袁某结婚，从此谢绝舞台。有丽歌公司灌制的《梅龙镇》唱片行世。（黄菊盛）

Zhang Xiaoshan Piaofang

张晓山票房 京剧票房。张晓山，人称盔头张，清光绪二十六年（1900）庚子事变后，在西单北大仆寺街立此票房。张晓山工文武老生，其穿戴服装、使用把子都极为精致，表演认真。以演《广泰庄》、《战太平》、《镇潭州》、《八义图》等戏最著名。参加此票房的名票颇多，有韩俊峰，系喜连成科班创建人之一。还有金仲仁、满子善以及被人誉为“票友王瑶卿”的章晓珊，又有学名净何桂山神似的张小山等，他们常在西四北和声园彩唱。1917年因同仁大半离京，票房停办，张晓山也去外省教戏。（李体扬）

Zhang Xiaocang

张肖伧（1891～1978） 京剧评论家。原名照，字藜生，后改藜青，常用笔名肖伧、茜茜室主，曾用笔名晓伧、啸苍、天行室主、天隐庐主人等。江苏常州人。祖父茂公雅好昆曲，常携幼年的张

肖伧顾曲。父亲懋才亦喜好戏曲，调弄丝竹管弦，尤擅二胡。张肖伧深受家庭影响，对戏曲产生兴趣，而至热爱。1913年，张肖伧毕业于浙江四明会计专科学校，旋考入北京中国银行，任职总行计核局，至1914年。1915～1918年，返常州，与同学陈翘荪合作，创办《詹詹日报》，颇风行里门。约于1918年冬，张肖伧再赴北京，师从著名京剧教员陈秀华学戏，又在与父执、昆曲家赵子敬的交往中，获知昆曲的源流、名家艺事、剧坛掌故等多方面资料。在京、津7年余，赏鉴京剧更是他的最大嗜好，由此获得有关京剧的丰富感性知识和多样理性启迪。约于20世纪20年代末，张肖伧抵上海，任职交通银行，并担任常州《商报》“戏剧特刊”主编，同时协助张古愚编刊了《戏剧旬刊》、《十日戏剧》，为上海国剧保存社和中国戏剧改进协会发起人之一。从此定居上海，直至1954年。公务余暇，多次聆听南下的北方几代京剧名伶以及活跃于江南的南方各色京剧名伶的演出，对京剧艺术的视野更趋广阔。1954年病退，回到常州。1978年5月14日，张肖伧在常州公园路因车祸去世。

张肖伧的著述颇丰，早在京津时期，即在常州的《詹詹日报》、《武进报》、《晨钟报》、《新报》、《或报》、《兰言日报》、《商报》、《正谊日报》，上海的《申报》，发表多篇有关京剧的评论和记事文章。

南下后，又在上海的《申报》、《时事新报》、《力报》、《戏报》、《锡报》、《汇报》，北平的《平报》，常州的《新武进报》、《商报》、《武进新闻》以及《戏剧月刊》、《戏剧旬刊》、《十日戏剧》.《半月戏剧》、《戏迷传·戏剧旬刊》发表大量有关京剧的评论和记事文章，因而与冯小隐、冯叔鸾、郑过宜齐名，有四大评论家之誉。

《菊部丛谈》封面

1926年，上海大东书局出版了张肖伧的专著《菊部丛谈》。该书的第一部分《燕尘菊影录》按行当、年辈，记述了程长庚以下以京剧为主，包括昆曲、秦腔艺人在内的303人的经历，评论了他们的艺术成就。第二部分《歌台摭旧录》多记述京剧伶工的活动、剧目、演技，梨园的逸闻、掌故，票友、班社、剧场、戏台的状况以及演出的制度与习俗。第三部分《茜茜室剧话》为有关京剧的评论篇章，间有少量记事文字。全书附著名伶工照片80帧。

在张肖伧的专著与文章中，以品评京剧演员表演艺术的篇章居多。对未及闻见的程长庚、徐小香、俞润仙、胡喜禄、梅巧玲、刘赶三、杨月楼以及亲自闻见的谭鑫培、朱素云、杨小楼、龚云甫、陈德霖、田桂凤、黄润甫、王长林等人，皆有论释。如评程长庚："愤徽伶之依人门户，乃熔昆弋声容于皮黄中，匠心独造，遂成大观。其唱纯属中音，激壮爽朗，博大光昌，高低宽狭，一任其意。"评陈德霖："德霖演剧，举止闲暇，格度端详，气息深醇，得青衣之正宗。《孝义节》、《祭江》之反调，直是一字一珠，闻者低徊欲绝，辄唤奈何。《宇宙锋》之节节高、《五花洞》之十三咳诸调，歌者咸视为畏途，独德霖反以此显其精彩。"(《菊部丛谈》)类似评说，均能绘声绘色，突出诸伶的不同艺术表现特点。由于多年顾曲，张肖伧还能于多层次比较中，衡量演员各自达到的艺术水平和艺术境界。如他在《忆程继仙》一文中说：先见朱素云哭、唱、矬尾、纱帽，"以为素云不愧为菊部中小生之神品"。继聆德珺如，又"以为小生之唱，珺如可称独步"。再睹程继仙，乃知素云"近于温文潇洒而欠英挺之气"，珺如唱工之字音、韵味"远不如继仙之隽永"，且不必以程伶"远胜于朱、德两伶"的武艺、身段、台步"两相比较"(《十日戏剧》第1卷第21期)。肯定了朱素云、德珺如的优长，又表述了程继仙超出两人的种种方面。张肖伧写评论稿件，坚持言论终须自由的宗旨，除《申报》外，余皆不取稿酬，故不作违心之论。

张肖伧对京剧理论也饶有兴趣，于戏曲文学、表演艺术、行当、唱念皆有探索。他评说《磨房产子》的文学性曰："王氏欲呼其夫为助。乃不审其名，直呼为夫，亦难启齿，因连呼曰：'他。'大贵闻而笑至其前，转为承曰：'他来了。'闺情如画，是何等文心。"(《天行室剧话》，1921年9月2日常州《商报》)戏剧的文学性在准确、生动地描绘人物的行为和心态，张氏于此深有领悟。他对戏曲表演的艺术功能有如下论述："听谭鑫培之《碰碑》、《乌盆计》，凄凉如鹤唳长空，悲惨似猿啼巫峡，令人黯然欲绝。聆孙菊仙之《鱼肠剑》，悲壮激昂，顿生潦倒风尘、坎坷不遇之感。杨小楼之《长坂坡》、《盗御马》，有忠义磅礴、临敌不惧之概，精神自当为之一振。"(《吟秋轩剧话》，1915年11月7日常州《武进报》)乃至李吉瑞、三麻子、冯子和、梅兰芳、贾璧云诸人所演剧目，皆从美学感受，一一揭示其表演之所以感人的情感内涵。此类篇章，虽系片段而未成系统，理论色彩却是浓郁的。

谈往、叙今的记事文章，也是张肖伧著述的构成部分。其中有价值者是实录京剧演员生平与艺术活动、剧团演出情况、票界动态的文字。如《纪孙菊仙之言论》一文所记："我之歌，倾襟一吐，以率直、痛快为归，不求工稳，而全剧以得有一、二处痛快淋漓之音，于愿已足。""我唱《朱砂痣》，是要流露天性；我唱《逍遥津》，是要吐千古不平之气，与普通人唱戏之句斟字酌者不同。"(《半月戏剧》第1卷第7期)对了解孙菊仙表演的创作思想和美学追求是有助益的。他的记事文章还涉及清宫的戏曲活动以及伶工、票友、爱好京剧文化人的逸闻、掌故，也对了解京剧的生存状态有参考作用。

（沈达人）

Zhang Xinhai

张鑫海 (1919～2010)　鼓师。江苏吴县（今苏州吴中区、相城区）人。10岁时父、母先后去世，由大哥照顾，教打小锣，后拜王瑞林为师，曾在上海大世界、先施公司的京剧班搭班学艺。

14岁随大哥参加周信芳所组移风社到北平、天津、济南等地巡回演出。17岁开始打鼓，曾同于素莲、白玉艳、李仲林合作，与麒派演员徐鸿培合作长达12年。1951年参加华东京剧实验剧团（后并入上海京剧院），开始为周信芳打鼓。周信芳加工整理的传统剧目《四进士》、《乌龙院》、《徐策跑城》以及新创剧目《文天祥》、《秦香莲》、《信陵君》、《澶渊之盟》、《海瑞上疏》、《义责王魁》等戏的演出，都由他司鼓。1956年随中国上海京剧院赴苏联访问演出。周信芳拍摄的电影《宋士杰》、《乌龙院》、《徐策跑城》由他担任鼓师，盖叫天至上海京剧院演出及拍摄电影《史文恭》、《打店》等，亦由张鑫海司鼓。

张鑫海自幼好学，思维敏捷，吸收快。14岁，他应小锣随移风社到北平演出，周信芳的鼓师因母病危，离团。张鑫海救场使四本《走麦城》顺利演出，成为当时一段佳话。张鑫海对麒派艺术极为熟悉，并能适应各种流派的演出风格，积累了丰富的演奏经验。他在传统点子的打法、用法上敢于增减、大胆创新。他在舞台上的应变能力非常强，能跟着演员在舞台上表演节奏的变化而变化，打出合情合理的新点子。张鑫海不识谱，但乐感极强，《智取威虎山》一剧中的打虎上山、滑雪的配乐，速度快、旋律又复杂，但他所指挥的打击乐，和管弦乐的配合非常融洽。

（钱有忠）

Zhang Xuejin

张学津 (1941～　)　演员。工老生。祖籍江苏丹徒（今属镇江），生于北京。自幼受其父张君秋的艺术熏陶，读小学时即向

陈喜光学戏、练功，并在马连良、张君秋、谭富英主演的戏中客串娃娃生。1949年入北京私立艺培戏曲学校（后为北京市戏曲学校），初学小生，后向王少楼学习余派老生剧目，打下了坚实的基础。1959年毕业后入北京荀慧生剧团，除为荀慧生配戏外，主演《红鬃烈马》、《捉放曹》、《除三害》、《李陵碑》、《击鼓骂曹》、《辕门斩子》。1961年拜马连良为师，学了《赵氏孤

儿》、《清官册》、《淮河营》、《借东风》、《龙凤呈祥》。马连良的琴师李慕良及马的学生言少朋、迟金声也给予他悉心指导与帮助。1969年调上海京剧院《智取威虎山》剧组。1981年主演新编近代史剧《谭嗣同》，获首届上海白玉兰表演艺术奖。1983年调回北京京剧院一团。

他有余派的深厚功底，又得马连良真传，且兼学谭派，广采博纳，融会贯通。他的念白准确清晰，字字入耳，极富乐感和生活气息，韵律铿锵，声情并茂。唱腔巧俏流畅，音质纯美圆润，韵味醇正，并根据人物的性格和情境做到以情寄声、以声传情。做工严谨大方，举止潇洒，气度凝重，善于运用髯口、水袖、水发、台步及眼神表现人物的心境情绪。他的表演不仅具有马派的艺术风貌，而且又根据自身的条件进行创新处理。代表剧目有《借东风》、《龙凤呈祥》、《白蟒台》、《赵氏孤儿》、《四进士》、《十老安刘》、《春秋笔》、《三娘教子》、《审头刺汤》等马派剧目及《击鼓骂曹》、《空城计》等余派剧目。他具有改革和创新精神，集中表现在他创作和演出的一批新编古代戏和现代戏中，如在现代戏《箭杆河边》中扮演老贫农党支书佟庆奎，有一段脍炙人口的［反二簧］唱段，

《甘露寺》饰乔玄

《画龙点睛》饰李世民

将马派的流畅俏丽与余派的峻峭舒朗巧妙地糅合在一起，并融入京韵大鼓的特性音调，不仅丰富了音乐色彩，并且强化了演唱感情，如诉如泣，真实感人。他主演的现代戏还有《海棠峪》、《红灯记》、《红岩》、《刑场上的婚礼》、《苗岭风雷》、《磐石湾》、《智取威虎山》、《铁流东进》等。在新编古代戏《画龙点睛》中饰演的李世民，以潇洒的舞台动作和行云流水般的唱腔，把李世民“治国急需人辅政，求贤何妨亲自行”的迫切和喜悦表演得十分真切感人，1985年获第二届梅花奖。1987年在首都京剧“振兴杯”青年大选赛中获“首都十佳”称号。他主演的《白蟒台》和《游龙戏凤》于1996年由北京电影制片厂拍摄为彩色影片。

张学津有自传《生正逢时》，15万字，中国戏剧出版社2007年7月出版。

（王佩予）

Zhang Xuefeng

张雪峰　（1910～1990）　舞台美术家。广东新会人。童年爱好绘画，毕业于广州如是美术学校，1930年赴日本东京独立美术学院深造。1934年回国后，在广州美华中学、培桂中学等校任美术教师。其时，校园戏剧十分活跃，张雪峰与一群青年同好组织锋社剧团，执导德国舒弥德邦《皮格马林》等剧，兼管装置、灯光、服装、化装，李门在回忆文章中称之为“舞台艺术奇才”。1938年去香港，参加唐槐秋领导的中国旅行剧团，执导吴祖光《凤凰城》

等。1943年在昆明开始从事京剧舞台美术工作，并经田汉介绍，到四维儿童戏剧学校工作，参加《江汉渔歌》、《潘金莲》、《孔雀东南飞》等剧的美术设计。1947年返回广州，从事粤剧工作，其新颖的美术设计，受到廖侠怀、马师曾、罗品超等好评。1950年到北京参加舞台美术工作，先后为吴素秋、梅兰芳、李少春、张云溪等主演的剧目作舞台设计，在一定程度上提高了京剧布景的艺术表现力。1964年，为参加全国京剧现代戏会演的《芦荡火种》（北京京剧团演出）作舞台设计，成为他晚年的代表作。其中《智斗》一场，用白布凉棚和八仙桌等几件道具，把江南小镇的茶馆特点很概括地表现了出来。茶馆的木板房只在台右露出一角，显得空间开阔，既适应了表演调度的需要，又能让观众透过凉棚充分看到灰雾迷蒙、一望无际的芦苇荡。突出这一远景形象，不仅有助于展示江南水乡特色，更重要的，还能激发观众联想到在芦荡深处同风雨、饥饿、伤病作艰苦搏斗的新四军战士，也加强了对阿庆嫂同敌人作种种机智斗争的理解。“文化大革命”之后，已退休的张雪峰回广州探亲访友，还为粤剧做了一些舞台设计，颇获好评。1983年到香港定居。1990年病逝于香港。

（张雪光　简畅）

Zhang Yipeng

张翼鹏　（1910～1955）　演员。工武生。祖籍直隶高阳（今属河北），生于上海。名武生盖叫天的长子。自幼在上海练功学戏。1922年师从武戏演员董德春为“手把徒弟”，边学戏边演出。约5

年满师后，盖叫天领回自教，此后在杭州、上海给父亲配戏，扮演《武松》系列戏中的虎形、西门庆、小解子、史文恭、双枪将董平、蜈蚣精、二郎神，以及小和尚方茂林等，缺什么角色演什么角色，使他受到多方面锻炼。盖叫天教戏十分严格，如《八大锤》，他要求翼鹏戴紫金冠，插翎子，狐尾散着，穿箭衣，蹬厚底靴，在一张方桌上拉戏、做身段。翼鹏自己也诚心苦练，练就一身扎实的基本功。20岁时因家庭矛盾，奉母携弟二鹏离开杭州，定居上海。为了养家，只身跑水路班子。一次在宁波水乡演《嘉兴府》遇上打对台，南方的鲍自安，是花脸、武生两门抱，翼鹏以武生应工，连翻几十个虎跳，又火爆又取巧，大受欢迎。他生性耿介，从不服输，总是用新奇的武技出奇制胜，不断开拓，逐渐形成了他的主张：“人无我有，人有我精，人精我新。”他继承了父亲的“盖派”特点，以生活为依据，以程式为手段，深入刻画人物，注重舞台美，并在实践中加以丰富与发展。1934年盖叫天伤腿，由翼鹏继续履行其父所签合同，在大舞台演出。先是只演《武松》等剧目，上座很不理想。他要闯自己的路子，决心排演《西游记》连台本戏。《西游记》大约演了38本，曾三进三出大舞台，前后断续8年，观众赠言：“看不煞的张翼鹏，唱不坍的《西游记》。”在《西游记》中，每一本都有新的创造。

盖氏父子的猴儿戏，美学家王朝闻曾评价说是“脱其形，取其神，而又含有其形”。他们塑造的孙悟空，首先是强调齐天大圣的身份，突出英雄气概；同时又抓住猴子机警、敏捷、调皮的特征，表现出他是一只仙猴，而不是一般的小猴，也不是一般的武生。最早

《长坂坡》饰赵云

《一箭仇》饰史文恭

按传统扮相，脸谱近似倒置的葫芦。为了适应剧情的变化，也为了与全台布景相配合，翼鹏在《西游记》中加用了头套。盖叫天只演“三闹”，即《闹龙宫》、《闹地府》、《闹天宫》，把四大天王引进《闹天宫》，在开打中创造了手弹琵琶、脚耍乾坤圈的“一身双绝”。翼鹏则根据自己的条件，创造了同时一手耍令旗、一手耍锤、脚耍乾坤圈的“一身三绝”。与其弟张二鹏合演《真假美猴王》，两人身材相仿，路子一样，动作惟妙惟肖，令人称绝。把体育技巧用到京剧里，是盖叫天、张翼鹏父子首创。盖叫天在四本《铁公鸡》中曾用撑竿跳过城，表现张嘉祥的英勇。翼鹏在《闹地府》中也巧妙地用了撑竿跳的技巧，以金箍棒点地，借劲使劲，飞身坐到阎王宝座面前的桌子上。翼鹏的“孩儿戏”亦独具特色，从人物出发强调不同的孩子性格上的特点。在扮相、服装、兵刃、武打诸方面都要求符合剧情中人物的身份、年龄、所处环境。对于《雅观楼》的李存孝，《四平山》的李元霸，《乾元山》的哪吒，《劈山救母》的沉香，《八大锤》的陆文龙，《岳家庄》的岳云，这些身份、处境、年龄、教养各异的孩子，都有各自不同的处理，因此，色彩纷呈、花样翻新的不同的艺术创造，使人物形象鲜明，观赏性很强。

他广学博采，不拘于一行一派。武生长靠、短打、箭衣、勾脸俱精，而且老生、武丑兼工。他很喜爱麒派艺术，不仅老生戏学麒，在武生戏中也吸收了不少麒派的东西。除了猴儿戏、孩儿戏，他还常唱《挑华车》、《三岔口》、《恶虎村》、《夜奔》、《一箭仇》、《盗甲》、《偷鸡》、《四进士》、《别母乱箭》等戏。他演每出戏都要精心加工，努力融入自己所长，演出自己的特色来。

“八一三”淞沪战役中，他组织担架队救死扶伤。还曾拒绝汉奸的宴请，拒签拍摄《西游记》合同，表现了爱国热忱与民族气节。中华人民共和国成立后，他因坚持艺术竞争，反对艺术上论资排辈，离开上海，又外出跑码头，在南京、宁波一带演出，直到逝世，没再登上海舞台。其弟**张二鹏**（1919～2005），一直随父兄练功学艺，20岁在上海卡德大戏院第一次挂牌演出，其后一直担任主演。1954年，在华东区戏曲观摩演出大会上与其异母弟小盖叫天（张剑鸣）同获演员一等奖。翼鹏的6个儿子都唱武生，都由他亲传。三子张善麟，曾应邀在北京、上海、杭州、台湾等地教授盖派武生艺术。（蒋健兰）

Zhang Youlin

张幼麟　（1953～　　）　演员。工武生。河北文安人。父亲是武生名家张世麟。他自幼心羡父亲的台上艺术，立志做个像样的武生演员，常常自己练功踢腿，效仿父亲，得到父亲的严格督导。

1969年考入天津市京剧二团，继续刻苦练功。1984年调入天津市京剧三团，首次主演《武松打虎》获奖，深受鼓舞。其后，陆续演出了《长坂坡、汉津口》、《雁荡山》、《挑华车》、全本《马超》(包括《战冀州》、《诈历城》、《两将军》等)、《铁笼山》、《狮子楼》、《蜈蚣岭》、《白水滩》、《嘉兴府》、《铁公鸡》、《乾元山》、《闹天宫》、《龙潭鲍骆》和《金翅大鹏》各剧。他表演火炽真切，武打清楚准确，扑跌功夫出色，继承了张氏家学——急而不慌，快而不乱，缓而不松，慢而不坠的表演特点。在《金翅大鹏》中饰演大鹏鸟，显示了他长靠、短打、箭衣戏兼能的功力，同时还有扔拂尘、打出手和变脸等特技，观赏性很强，受到观众喜爱，在1988年的全国京剧新剧目会演中获优秀表演奖，1990年又以此剧获得第七届梅花奖。他是全国五一劳动奖章获得者。（捷之）

《金翅大鹏》饰大鹏

Zhang Yuguang

张聿光　（1885～1966）　舞台美术家、画家、美术教育家。浙江绍兴人。早年自学绘画，曾在上海一家兼营照相业的药房里从事绘制照相背景和布置橱窗的工作。后在兰心大戏院看到英国侨民演出的外国戏剧，见其布景逼真，回来试画。1908年，夏氏兄弟、潘月樵等创办新舞台，采用新式写实布景，先是请日本布景师绘制，后聘张聿光为布景主任。1909～1913年间，除从事京剧布景工作外，兼为《民吁》、《民呼》、《民立报》作插图。1913年，新舞台由十六铺迁址九亩地，组织开明公司，张聿光是发起人之一，继续负责新舞台布景工作，并参加前台管理。

他设计、绘制的布景，色彩明丽，形象生动，对时事戏的布景，重视以实地写生为素材。在运用布景灯光特技以制造各种神奇变幻的舞台景象上，有所发明创造，颇受观众欢迎，名噪一时。1912年，张聿光还与乌廷芳、刘海粟、丁悚合办美术函授学校，后改为上海图画院（上海美术专科学校前身），张聿光任第一任校长，画家谢之光、胡亚光、张光宇、胡旭光、胡朝光、严企光、赵吉光等，都出于他的门下。中年以后，侧重国画创作。1935年，徐悲鸿有《张聿光先生画展志感》云：“其人格高超，性情恬淡，矢志于艺，不改其行。其戚党朋侪友好，今成党国要人者极夥，张先生屹然无动，终囊笔海上，一如当年工作于《民立报》时。”张聿光师法任伯年，并欲熔铸中西画法于一炉，额其画室曰“冶欧斋”。作品取材广泛，构图不落陈套，画风鲜净简略，雅逸有致。尤善画鹤，曾作百鹤图，姿态各异，时称一绝。1956年，上海筹组上海中国画院，遂受聘为该院画师。其作品，上海中国画院、法国国家博物馆、德国柏林艺术院等均有收藏。有《聿光画集》行世。（邵洛羊）

Zhang Yunxi

张云溪（1919～1999） 演员。工武生。生于上海。出身梨园世家。祖父张玉林，艺名“小金翠”，为清光绪初年著名梆子青衣、花旦演员，后改工老生；其父张德俊，武生演员，师承李春来，

兼学黄月山，为“江南武生四杰”之一，也是中国戏曲学校建校初期的“九大教授”之一。张云溪，曾艺名“小张德俊”，6岁随叔父张德武练习武功，1925年不满7岁，即随父赴台北演出。首次登台出演《八蜡庙》之贺人杰。8岁于沪演出《慈云太子》、《白水滩》等。12岁北上投师，在津门得到陈秀华、鲍吉祥、姚喜成、李兰亭等名师传授老生和武生戏。幼年嗓音甚佳，曾主演《四郎探母》、《捉放曹》、《击鼓骂曹》、《珠帘寨》等戏。武生戏《乾元山》、《恶虎村》、《八大锤》、《雅观楼》、《英雄义》、《武文华》、《两将军》、《凤凰岭》等为常演剧目。

1933年14岁时，在《雁门关》中饰岳胜，得尚小云青睐，遂入“重庆社”应武生。曾参加《青城十九侠》、《峨嵋剑》、《金水桥》等戏的演出。此间得到丁永利、迟月亭等传授技艺。曾与章遏云、胡碧兰、吴铁庵等合作演于津门。19岁随言菊朋闯关东，后留在东北以短打武生挂头牌，与唐韵笙合作。25岁演于北平、天津、上海等地，曾傍周信芳、盖叫天、林树森、赵如泉等。并曾师从盖叫天。1948年与张春华合组云华社，演于大江南北。

1950年率先参加戏曲改进局京剧研究院，排演《三打祝家庄》。1951年秋，赴柏林参加第三届世界青年与学生和平友谊联欢节，与张春华、张世桐、谢锐青、梁九荣一起演出了《三岔口》、《武松打虎》，均获集体金质奖章。随后赴波兰、匈牙利、罗马尼亚、苏联等9国访问演出。1952年，与张春华、张世桐于第一届全国戏曲观摩演出大会上演出新《三岔口》，获演员一等奖。1953年，赴朝鲜慰问中国人民志愿军。1955年、1956年又先后随团赴西欧、南美等10余国访问演出。他曾任中国京剧院艺术委员会副主任、二团团长等职。擅演剧目有《三打祝家庄》、《江汉渔歌》、《三岔口》、《四杰村》、《武松打虎》、《三盗令》、《五鼠闹东京》、《十一郎》、《高亮赶水》、《卖艺访友》、《猎虎记》、《金田风雷》、《凤凰二乔》、《三

《三岔口》饰任堂惠（田庭雪摄）

座山》等剧。亦曾参加改编和导演了《大破铜网阵》、《东方夫人》、《朱仙镇》、《美人鱼》、《奥赛罗》、《魂断巴丘》、《杨开慧》和山西梆子《霸王与虞姬》、豫剧《花木兰》等。1976年，北京电影制片厂将张云溪与张春华、王平（仲玮）、蔡军（淑卿）演出的《三岔口》，拍摄成彩色戏曲影片。1993年，参加影片《沧桑梨园情》的拍摄，扮演老艺人古春麟。著有《艺苑秋实——京剧表演多种程

《猎虎记》饰解珍

式的妙用》，1995年由中国广播电视出版社出版。张云溪功底深厚，以短打戏见长，身段边式轻捷，手脚干净利落，善于活用武打程式刻画人物，套路时有新意，做到戏不离技、技不离戏，为近半个世纪以来京剧短打武生中之翘楚。1999年11月病重住进友谊医院不久，老搭档张世桐于当月13日在该医院病逝。张春华先至住院部看望云溪，但不敢告之世桐已走，后挥泪为世桐送行，合作半个世纪的“三张”，竟这样相聚于“友谊”。4天后的17日，张云溪于此院病故。

张云溪妻室为武生迟景昆（春明）之次女，与刘宗杨、袁世海为连襟。有二女五子：长女予慧，陕西省京剧院旦脚演员；次女予懿，舞蹈演员；长子启明，原工武生后改从医；次子启正，陕西省京剧院武丑演员；三子启忠，北京京剧院武生演员；四子启善，国家京剧院武生演员；幼子启全未从艺。（刘嵩崑）

Zhang Zhanfu

张占福（1850～1924） 演员。工武丑。艺名张黑。直隶南皮（今属河北）人。幼时随马戏杂技班子习艺，长于武术、筋斗。后又坐科于乡间戏班，习演梆子。清同治间入京搭入瑞胜和梆子班，与侯俊山、田际云、梁崇旺（梁达子）、李金茂、黄月山同班。他与黄月山为配，合作剧目有《巴骆和》、《溪皇庄》、《连环套》、《大名府》、《恶虎村》等。主演剧目有《盗银壶》、《九龙杯》、《三上吊》、《大卖艺》等。光绪十三年（1887）之后，随黄月山南下，享名沪上。光绪十七年（1891）与黄月山随田际云进京，搭入新组建的玉成班。佐黄月山演出了一批新戏，如《剑峰山》、《九义十八侠》、《贺兰山》、《火烧大悲楼》、《南皇庄》、《东皇庄》、《铜网阵》、《卧虎沟》、《诈君山》、《十僧闹花堂、巧拿大莲花》等。光绪二十六年（1900），黄月山殁，占福又佐李吉瑞、瑞德宝一段时间，同时除主演的武丑戏、梆子文丑唱功戏外，他还爱唱一些二簧的老旦戏如《钓金龟》、《游六殿》、《胭脂虎》等。占福嗓音洪亮，惜是一条左嗓，口齿利索，但有怯口。时有评述云：张黑习开口跳，武功高超，而喉音清脆，口齿之爽利，亦甚可取。“惟张产自南皮，乡音未改，遂不免怯口之诮，甚可惜也。设非怯口为病，几可驾乎王长林之上……《盗银壶》、《十字坡》、《二龙山》则又近于秦腔，然武功固非人所及也。”光绪末，随玉成班改为翊文社。宣统二年（1910）应蒲玉田之约为新建戏园歌舞台祝贺新张演出并搭入该班，为挑梁演员。1913年又应新建戏园燕舞台老板之约，以武丑自挑头牌。未二载被女班占领，只得另搭他班，后因年事已高，即行引退。曾随子少福往津，偶一露演，属客串性质。

占福之艺术确有绝处，如《盗银壶》之“走矮子”边唱边走中还连翻三个“死人提”，且于家童用刀砍他时，一个“蹦子”高过人顶，令人叫绝。被时人誉为“鼓上蚤”、“飞骑人”。又如演《打渔杀家》，他饰大教师，当练功给萧恩看时，将椅子腿及草帽圈的圈边，放在额角上转动，稳稳当当平衡极好。尤其是在《大卖艺》

戏中，在椅子上连翻三个“云里提”并三次套上三个圈儿，而最妙的是手捧盛满白米的簸箕，米内插上三支点燃了的鞭杆香，腋下夹着两个鸡蛋，从桌上一个“死人提”翻下，米不洒、香不灭、鸡蛋不破。这一招称为“焚香簸米”。张占福门徒很少，只其子少福承继父业，后来的武丑多遵其风范，而得其仿佛者只有叶盛章演《铜网阵》、《盗银壶》等戏，可略见规模。其孙宏奎，系花脸演员，曾为高盛麟配演。

（韶华）

Zhang Zhen Xiqu Pinglun Ji

《张真戏曲评论集》 戏曲文集。张真著。中国戏剧出版社1992年2月出版，是作者40年戏曲评论文章择优结集。张真（1917～2008），原名张天璞。生于山西太原，出身书香门第。1935年考入北平大学国文系，1940年毕业于辅仁大学。1942年，接替吴祖光任四川江安国立戏剧专科学校文学讲师，与曹禺、

马彦祥、焦菊隐等先后同事。抗日战争胜利后，他回到北平，以主要精力从事话剧活动。中华人民共和国成立后，先后任《剧本》、《戏剧报》副主编。所写《蝴蝶杯》、《玉堂春》、《游西湖》等文，鲜明地反对新中国成立初期戏曲工作中“左”的倾向。对《游西湖》中李慧娘的鬼魂复仇的浪漫主义精神，《玉堂春》中苏三和王金龙的坚贞爱情，都做了充分肯定，提出了“《三堂会审》是中国的《复活》”的有名论断。本书中辑录的论文、随笔，无论长短，都是针对创作和演出实际，有的放矢。尤其是一些重要学术论争，如20世纪50年代末由话剧《蔡文姬》和京剧《赤壁之战》引发的对孙刘联盟和曹操的评价问题，20世纪60年代关于历史剧古为今用问题，革命现实主义和革命浪漫主义相结合问题的讨论，张真都积极参与，写出了有分量又很有说服力的文章。他一贯坚持反“左”、反简单化，以评论为武器，保护优秀剧目。如1962年，豫剧《花打朝》问世时，曾在河南遭到不公正的批判，张真任副主编的《剧本》月刊同时发表了该剧剧本和热情评论，支持了此剧及主创人员，表现出一个理论工作者的胆识。张真为文，流畅亲切，平易近人，有如朋友谈心，寓深邃道理于平常话语之中，《刘胡兰踩铡刀》、《重读马伶传》、《眼睛的化妆》等，无不如此，显示了张真的为人和治学精神。

（胡金兆）

Zhang Zhengfang

张正芳 （1929～ ） 京剧教师。曾为旦脚演员。原名宋梅珍。上海人。1939年入上海戏剧学校，师从关鸿宾、陈桐云、赵桐珊、周永堂、朱传茗、宋德珠、赵德勋等，工刀马旦。1949年前，在上海、江苏、天津等地与谭富英、顾正秋、姜妙香、杨盛春、储金鹏、陈喜星等同台合作。中华人民共和国成立后，组建“张正芳京剧团”，在东北三省和山东沿海等地演出。1955年加入后来的丹东市京剧团，担任挑梁主演兼业务团长。1960年荣获

全国文教系统先进工作者称号，同年参加全国群英会。1961年拜荀慧生为师，得承亲授20余出荀派剧目。在40多年的舞台实践中，艺术积累丰富，创作并主演了《宝莲神灯》、《杨排风》、《叶含嫣》、《独占花魁》、《香妃》、《霍小玉》、《向秀丽》等近百出剧目，并发表《导戏、演戏集于一身——戏曲的特点》、《我对唱腔设计的体会》、《一切从人物出发》等戏曲论文。1972年开始从事教学，编有《戏曲身段组合》和《发声用气训练》教材。1979年，分别在沈阳、丹东举办张正芳传艺学习班，主教《杨排风》、《红娘》、《百花赠剑》等剧目，培养了李静文、李萍、李玉棠等一批优秀演员。1979年调入中国戏曲学院任教。在教学实践中，突破了“老戏老教”的模式，科学地总结出了“一个出发点”（唱念做打舞一切从人物出发）、“两个分析”（学会分析剧本、分析人物）和“三化”（掌握程式技巧合理化、舞蹈身段节奏化、全剧表演性格化）的教学方法。教学中要求严格，一丝不苟，使每个学生在学习和训练中都能懂得戏曲表演要求的“神”、“形”、“美”必须与内心刻画统一，为京剧花旦行当培养了一批优秀人才，如耿巧云、叶芳等。1988年1月经评定，成为京剧艺术教育史上第一名女教授。除承担本院教学，经常应邀赴香港、上海、南京、重庆、大连等地传艺、讲学。撰有《京剧大有可为——学得多、教得多，才能提高》、《荀派艺术代代相传》、《荀派艺术的“两条线”“三个对象”》、《回忆上海戏剧学校》和《花旦表演的艺术价值》等文章。

《红娘》饰红娘 （王珏摄）

（祚榕）

Zhang Eyun

章遏云 （1912～2003） 女演员。工旦。原名凤屏，字珠尘，乳名萍儿，别号珠尘馆主。祖籍广东。自幼由养母邓秀芝抚养，养母之妹邓秀兰为张德俊妻室，即张云溪之母。凤屏11岁从名票王庾生习老生，于上海首次登台演出《武家坡》。后改青衣、花旦，曾于天津演出《汾河湾》。迁居北京后，取艺名遏云，曾于北京城南游艺园边学艺边演出。又从李宝琴、荣蝶仙、李寿山、张彩林、江顺仙、律佩芳、陶玉芝等名师学艺。她聪颖好学，且练功刻苦，其水袖、圆场及跷功均佳，博采众长，青衣、花旦、刀马旦皆精。其扮相秀丽，台风端庄，嗓音甜润响亮，唱腔流利酣畅。1930年拜在王瑶卿门下，《雁门关》、《乾坤福寿镜》、《金猛关》等戏，颇得王派精髓，被王瑶卿誉为“女伶中的梅兰芳”。后又向梅兰芳学《霸王别姬》，先后与杨小楼、金少山、袁世海合作演出。曾得程砚秋琴师穆铁芬之助，改学程派《荒山泪》、《碧玉簪》、《文姬归汉》等。她虚心博学各派剧目，擅演《虹霓关》、《牧羊卷》、《杏元和番》、《双姣奇缘》、《四郎探母》、《宝莲灯》、《芙蓉剑》、《天河配》、《燕子笺》、《上阳宫》、《梅玉配》等，尤其《得意缘》，曾得余玉琴、江顺仙、李宝琴等名家指教。除旦行外，亦能反串其他行当，如在《群英会》中反串鲁肃，从不与女演员配戏的程继先，

《文姬归汉》
饰蔡文姬

竟破例与其合作扮演周瑜，茹富蕙饰演蒋干。后程继先向其传授了周瑜戏，亦曾反串演出，并留有周瑜剧照传世。初搭雪艳琴班，后自行组班，曾与诸如香、李寿山、王又宸、马连良、高庆奎、侯喜瑞、王又荃、周瑞安、言菊朋、贯大元、叶盛兰、王士英、陈少霖等合作演出。

1930年5月3日，《北洋画报》主办人冯武越发起选举“四大女伶皇后”，至6月21日（第488期）公布选举结果为：胡碧兰25 534票、孟丽君21 767票、雪艳琴20 809票、章遏云19 131票。章遏云当选“四后”时，年仅18岁，在4位“皇后”中年纪最小。20世纪40年代迁居香港，曾一度息影舞台。1954年应邀赴台湾演出《六月雪》等程派戏，轰动台湾。1958年定居台湾，曾于大鹏剧艺实验学校任教，并赴香港地区及泰国等地演出。有《章遏云自传》，中国戏剧出版社1991年6月出版，8万字，陈纪滢《中国戏剧的发展与未来》一文作为代序。（刘松崑）

Zhang Xiaoshan

章小山 （1888～1966） 票友。工旦。曾名晓珊、晓山。北京人。因行五，习称章五爷。早年曾在汉口铁路局工作，后至北京，仍任职于铁路局。酷爱京剧旦脚艺术，私淑王瑶卿，苦心孤诣钻研多年。他所演的戏深得王派真谛，并且擅长说戏，是票界学王派的重要代表人物。擅演《樊江关》、《能仁寺》、《扈家庄》、《乾坤福寿镜》、《四郎探母》、《芦花河》、《二进宫》、《桑园会》、《法门寺》等，皆宗法王瑶卿。唱念表演自然大方，且扮相酷似王氏。他学王瑶卿，重在神似，评者云：“谈吐风韵肖之处颇多，殊为可贵者，不仅能得王瑶卿晚年之趣，且能传其中年之奥妙。”如他演《乾坤福寿镜》“惊疯”一折时，并不狂舞水袖，而是从眼神、台步给人以强烈的惊慌失措、失魂落魄之感，得到王瑶卿的格外推许。20世纪40年代前后，长期在北平铁路局扶轮雅集票房清唱或彩唱，与言菊朋、王蕙芳、程玉菁、金仲仁、南铁生、包丹庭、李适可、刘曾复等经常合作演出。1951年，章小山经王瑶卿介绍，任教于中国戏曲学校，重点传授了《贵妃醉酒》、《二堂舍子》等剧。同时他在剧本整理、戏曲研究等工作中也作出了重要贡献。

（吴焕）

Zhao Baoxiu

赵葆秀 （1948～ ） 女演员。工老旦。生于北平（今北京）。1959年考入北京市戏曲学校，师从孙甫亭、孙振泉等。1968年毕业时，正值“文化大革命”期间，由于禁演传统戏，只能演《红灯记》、《沙家浜》和《杜鹃山》等现代戏中的老旦脚色。1970年入北京市京剧团，后转入北京京剧院。1981年拜李金泉为师，从头学起，得其亲授《李逵探母》。赵葆秀在认真继承传统，演出《遇皇后、打龙袍》、《徐母骂曹》、《李逵探母》、《四郎探母》、《岳母刺字》、《太君辞朝》等戏外，还不断排演新戏。她根据传统剧

目改编的全本《金龟记》，对于原剧中某些不合理的地方进行认真修改，使其更符合剧情发展的需要。例如，原来《训子》一场是康氏怒问张义死因，晕倒醒来后，唱几句便下场而去，不符合张宣欲隐瞒妻子杀弟张义的心理，也不符合康氏急于知道儿子下落的心情。经整理后，观众看到的是康氏步步紧逼，追问到底，张宣囫囵吞枣，敷衍过去，康氏突闻噩耗，踉跄下台，把戏剧冲突推上了一个小高潮。1986年，赵葆秀演出了根据传统京剧《三进士》改编的《八珍汤》，她饰演孙淑琳。为了合乎剧中人的悲惨境遇，她不仅巧妙地吸收了尚派《失子惊疯》中的水袖技巧，还合理地借鉴了麒派《跑城》里的多种步法，使人物的形体动作和内心感情和谐统一。在这出戏中，她通过［散板］、［慢板］、［摇板］、［导板］和［反二簧］唱段等多种板式，充满激情地唱出了主人公的心声。新编近代故事剧《风雨同仁堂》，是赵葆秀艺术上的一大突破。她从人物出发，对原有行当进行改造和“嫁接”。她的唱腔基本用老旦的大嗓，但在旋律上用了不少青衣腔，比如在受到挫折抒发内心苦痛时，她唱了一段［反西皮］，就有张君秋《西厢记》的影子。由于老旦行的创立者都是男性，赵葆秀以她的本嗓演唱时去掉了男性化的润腔特征，强化

《遇皇后》饰李妃 （金思孝摄）

《风雨同仁堂》饰乐徐氏

自己的嗓音本色，显得自然而富有女性美。由于她的创造精神和全体演职员的齐心协作，该剧获得第二届中国京剧艺术节金奖。她勇于探索，对丰富老旦行的表演及演唱作出了新的努力。她在1988年获第五届梅花奖，1994年获梅兰芳金奖，2000年获第九届文华表演奖。

（娄悦）

Zhao Jixin Juben Xuan

《赵纪鑫剧本选》 京剧作品集。赵纪鑫著。内蒙古人民出版社1992年1月出版。收入《草原小姐妹》、《嘎达梅林》、《青山铁骑》、《沙柳情》、《杀鸡》、《天骄传奇》和《中国心》等7个剧本。**赵纪鑫**（1939～ ），生于北平，满族。自幼受家庭熏陶喜爱京剧，尤其钟情于丑脚艺术，10岁能演《钓金龟》张义。初中毕业后考入北京市荀慧生剧团，学演丑脚戏，兼为荀慧生整理艺事日记。1959年主动报名支援边疆，遂调内蒙古自治区京剧团，演出剧目有《女起解》（崇公道）、《法门寺》（贾桂）、《连升店》（店家）、《乌盆记》（张别古）、《群英会》（蒋干）等。1960年起从事剧本创作。1964年《草原英雄小姐妹》取得成功，受到鼓舞，考进上海戏剧

《连升店》 赵纪鑫饰店家

学院戏文系进修两年。1967年返回剧团后，创作和整理改编的京剧有20多种。作者尤其尝试运用京剧来表现内蒙古民族地区的时代英模、历史人物和人民生活上，作出了有益的探索，丰富了上演剧目。1994年内蒙古自治区文化厅、文联、剧协为之举行戏剧作品研讨会。会后，远方出版社出版《赵纪鑫戏剧作品评论集》，除汇编了评论文章外，还收入赵纪鑫近作京剧现代戏《玉液》、《碧水红心》及电影文学剧本《程砚秋》。 （田志平）

Zhao Jigeng

赵济羹 （1899～1976） 琴师。别号"赵喇嘛"。北京人。从程祥林学艺，后改拉胡琴。赵济羹左手持弓，琴艺精湛，手音饱满、醇厚，弓法刚劲、有力，音色圆润。他为演员伴奏严谨、默契，擅长保腔、托腔，尺寸、劲头、气口与演员行腔融为一体。因琴艺出众较早成名。他不仅精于胡琴，而且六场通透。伴奏老生、花脸、青衣、老旦，均擅长，尤其爱拉小生戏。他与各行演员都能密切合作，较早曾为徐碧云、王又宸、言菊朋、朱琴心等操琴，后来又与金少山、谭小培、谭富英、裘盛戎、李宗义、张文娟、纪玉良等进行合作。1955年上海京剧院组建后，参加上海京剧院一团，担任伴奏，后曾在上海市戏曲学校任教。 （孔祥昌）

Zhao Jinsheng

赵金声 （1923～2004） 舞台美术家。北京人。受家庭影响，自学绘画。1939年起在华北电影厂从事美工。1951年调入中国戏曲研究院美术室，参与《历史服装图谱》、《戏曲史话模型》等绘制工作。1954年调入中国京剧团，开始从事京剧舞台美术设计和绘制工作，曾任中国京剧院艺术委员会委员、美术组组长。主要作品有：《林海雪原》、《三打祝家庄》、《春草闯堂》、《孙安动本》，与张雪峰合作的《猎虎记》，与幸熙合作的《白蛇传》，与安振山合作的《白毛女》、《西厢记》、《满江红》、《摘星楼》、《桃花扇》、《杨门女将》、《谢瑶环》，与钟灵等合作的《赤壁之战》，与李畅合作的《红灯记》，与李兴海等合作的《红灯照》，与郭大有合作的《初出茅庐》、《平原作战》、《恩仇恋》。赵金声是中国京剧院舞台美术创作的主力，参与了剧院20世纪50～80年代初许多重要剧目的舞台设计。其创作大体有两类：一是在传统砌末的基础上进行加工美化和补充丰富，富于装饰性，与传统服装、化装的风格相协调；另一类是运用写实布景，加以单纯化、装饰化，尽可能削弱与虚拟表演的矛盾。这两类创作都取得了很多实绩，以《杨门女将》、《红灯记》最具代表性。曾参与《中国京剧史》下卷第41章《京剧舞台美术的发展》的起草工作。现任中国舞台美术学会顾问。 （龚和德）

Zhao Junyu

赵君玉 （1894～1943） 演员。工旦。本名云麟，乳名小马。祖籍安徽（一说苏州），生于上海。为名鼓师赵嵩绶之孙，武生赵小廉之次子。幼年学花脸，艺名大大奎官，与其兄云龙（艺名小小叫天，工须生）合演《捉放曹》、《二进宫》等，时人赞为"赵家双璧"。倒嗓后改演武生，易名君玉，演《花蝴蝶》、《恶虎村》诸剧，扮相英俊，武艺娴熟。民国初年在上海九亩地新舞台献艺时，冯子和缺少好小生配戏，遂商请君玉改演小生，旋以《血泪碑》、《孟姜女》、《花田错》等名噪一时。曾在年终反串《翠屏山》的花旦潘巧云，因其喉音圆润，姿态花俏，见者誉为绝妙人才。待冯子和脱离舞台后，遂正式改演青衣、花旦。因长期为冯子和配演小生，耳濡目染，对冯的唱做颇有研究和体会，改演旦脚后即崭露头角。1913年为谭鑫培配戏，演《珠帘寨》等剧，颇受谭氏器重，并得谭之指导，技艺益进。1914年与梅兰芳合演《五花洞》后，声名更重。天蟾舞台演出时期是其极盛时代。

赵君玉聪慧善记，能博取各家之长，补己之短。因广泛吸收冯子和、梅兰芳、贾璧云、毛韵珂、欧阳予倩等人的艺术精华，遂成南方名旦。其南派戏宗冯子和，北派戏宗梅兰芳。他扮相秀丽，表演细腻大方，文武兼能，唱做俱佳，又以善于塑造人物著称。擅演剧目有《孟姜女》、《刁刘氏》、《血手印》、《玉堂春》、《嫦娥奔月》、《晴雯撕扇》等。常用苏州方言演时装戏。1922年在新舞台演时装戏《阎瑞生》，饰王莲英，连演80余场，盛极一时。在天蟾舞台排《文姬归汉》一剧，饰蔡文姬，家居及逃难时均着时装，入胡地后改古装，别父时所唱[高拨子]，仿照《徐策跑城》，颇受上海观众欢迎。演连台本戏，善于自编唱词，别翻新调，在《再生缘》等剧中，其表演尤为细腻熨帖。改演旦脚后仍经常反串小生，《白门楼》为其常演剧目。抗日战争爆发后，在武汉、昆明演出。晚年以教戏为生。卒于云南昭通。

《拿破仑》饰约瑟芬

（张泽纲）

Zhao Lintong

赵麟童 （1933～ ） 演员。工老生。原名赵惠民。生于上海。满族。7岁投师黄胜芳，始学《投军别窑》、《追韩信》等。9岁登台演出。抗日战争期间，因黄胜芳投身解放区，赵又从师杨慧芳，学《四进士》、《清风亭》等衰派老生戏。20岁北上，在东北及山东、天津等地访师学艺，先后受益于唐韵笙、刘汉臣等名家。1959年南下杭州，加入杭州市京剧团，任副团长，后调浙江京剧团。他在艺术上按自身条件博采各家之长，并汲取地方剧种的艺术养料大胆尝试，充实和丰富了自己的演出剧

《未央宫》饰韩信

《寇准背靴》饰寇准

目，提高了艺术水平。尤其尊崇和追随周信芳的麒派艺术，他宗“麒”又不拘于“麒”，逐渐形成了具有自家特色的表演风格。他不仅是一位戏路宽广，独挑大梁的演员，而且还能编善导，勇于创新。他自编自导自演的现代剧《雪岭苍松》和历史剧《林则徐》以及传统故事剧《济公大闹秦相府》等都得到观众和戏曲界的好评。《雪岭苍松》还曾出版。1990年进京参加纪念徽班进京200周年活动，演出了《崇祯夜访》和《未央宫》。1996年又到京参加程长庚诞辰185周年纪念演出，演出了《寇莱公传奇》。另外，以他主演的京剧电视剧《义责王魁》荣获第十五届中国电视金鹰奖戏曲电视剧奖最佳演员奖。曾任浙江京昆艺术剧院名誉院长。弟子有陈少云、裴永杰、王全熹等。（周攸）

Zhao Meiying

赵美英（1894～1965） 女演员。工旦。幼名小美英。祖籍江苏吴县（今苏州吴中区、相城区），世居直隶武清（今属天津），后定居天津。生于梨园世家，父亲赵广义、伯父赵广顺均为京剧演员，

长期在天津组班演出。美英幼受熏陶，又从陆秀云、小珊宝等习艺，自幼即常以“小客串”名义演出于天津天仙茶园及普乐茶园，颇受观众喜爱。她技艺全面，是旦脚通才。举凡正剧、悲剧、喜剧、玩笑剧、泼辣剧，以至摔打武旦，无不能演。排演新戏更为敏捷出色。她爱好广泛，能歌善舞，对游泳、打球、骑马、射猎，无一不能，当时天津人称之为“美艳亲王”。1925年，北洋军阀李景林将其骗劫至济南，强纳为侧室。数年后李某势败，美英始挣脱羁禁，潜返天津。1931年，重登舞台，参加天津天华景戏院稽古社演出，与梁一鸣、陈莲舫、朱小义、高静轩、张德发等合作，排演了不少新戏，深受天津观众欢迎。赵美英早期代表剧目有《云罗山》、《宏碧缘》、《北汉王》、《日月图》等，中期为《洛阳桥》、《斗牛宫》等，后期为连台本戏《牛女姻缘》、《狸猫换太子》、《西游记》等。1942年息影舞台，1965年病逝于天津。（吴同宾）

Zhao Peixin

赵培鑫（1914～1968） 票友。工老生。江苏吴县（今苏州吴中区、相城区）人，久居上海。20世纪30年代起，从产保福学唱谭派，能戏甚多，嗓音甜润，扮相清雅，有名角风度。每次演出，均获好评。自马连良到上海演出《春秋笔》、《串龙珠》等戏，赵

培鑫开始痴迷马派，终与马氏结为金兰之交。耳濡目染既久，尽得马派精髓，很快成为上海马派名票。

赵培鑫为人急公好义，凡有公益与慈善事业之举，莫不踊跃参加。1932年，汉口水灾，他与梅兰芳、程砚秋在上海、杭州合作演出义务戏《汾河湾》、《甘露寺》、《打渔杀家》、《四郎探母》等，轰动江南。1947年秋，在上海中国大戏院与孟小冬、裘盛戎、魏莲芳合演《搜孤救孤》，扮演公孙杵臼，唱念做表毫不逊色。首场，演到公孙杵臼问程婴有何妙计搭救赵家后代时，他当时有一个拉动椅子凑向程婴的小动作。立刻引起在台下看戏的马连良对他这细微表演的赞赏，带头为他叫好。“大堂”一场的对唱，台下彩声此起彼伏。有人议论：“这是孟小冬演程婴，要是换个人演，非被赵培鑫啃下台不可。”赵培鑫有幸同台，且亲炙孟小冬的精湛表演，使他对余派艺术愈加崇敬，从而开始了他追随孟小冬学唱余派的生涯。1948年，赵培鑫去香港经商。1952年与钱培荣一起拜孟小冬为师，数年内技艺大进。以后经常去台湾组班演出。1964～1966年间在香港大会堂演出《失街亭、空城计、斩马谡》、《乌盆记》、《搜孤救孤》、《洪羊洞》、《捉放宿店》等余派名剧，场场座无虚席。1968年，赴美国旧金山进行演出活动，因诸事不利，病情转剧，旋在旧金山病逝。生前留有《洪羊洞》、《乌盆记》、《搜孤救孤》三剧的演出实况录像以及大量演出和清唱录音。1980年台湾波丽音乐公司出版一套《余派老生剧艺专辑》，共计8盒录音，其中前4盒为余叔岩与孟小冬的录音，后4盒为赵培鑫的清唱录音，计有《捉放宿店》、《洪羊洞》、《失街亭、空城计、斩马谡》、《击鼓骂曹》、《托兆碰碑》5出全剧。另有《珠帘寨》（“解宝”一折）和《沙桥饯别》[二簧慢板]、《坐宫》[西皮慢板]录音。由于全部清唱录音均由余派名琴师王瑞芝操琴，故对研究余派唱腔及操琴艺术有较高参考价值。（张业才）

《斩马谡》饰诸葛亮（右） 饰马谡者不详
（选自《传统戏曲的现代表现》）

Zhao Qixia

赵绮霞（1908～1966） 京剧教师。曾为旦脚演员。北京人。幼入斌庆社坐科。工花旦。天资聪颖，能戏甚多。出科后拜荀慧生为师，为荀早期得意弟子之一。念白口齿清爽，表演洒脱泼辣，尤擅演性格刁悍的妇人角色。北京市戏曲学校成立不久，即担任教学工作。教学示范生动活泼，虽专工花旦，却戏路宽，技艺全面，既教授花旦本工戏，也能教梅、荀流派剧目。早年曾指导过黄玉华等人，学生有孙毓敏、岳惠玲、李宇秀等。（王硕）

Zhao Rongchen

赵荣琛 （1916～1996） 演员。工旦。字兰溪，号耀子。祖籍安徽太湖。出身于书香门第，从小习诗书，就读于北京师范大学附属中学。少年时先在上海后在北平，广览京剧，尤痴迷程砚秋的艺术，在师大附中国剧研习社即钻研、演唱，并学会操琴。1934年读高二时报考山东省立剧院京剧表演科。在济南这所新型的戏剧院校中，专业得老伶工孙怡云、郭际香等亲炙，文化理论由马彦祥等授课，练功学戏，刻苦努力，成绩斐然。他能戏百多出，青衣、花旦、刀马和昆曲、梆子、徽调兼演，很快成为剧院的当家旦脚。

1937年抗日战争爆发，山东省立剧院师生撤退，先武汉后重庆，赵以未毕业的学生和主演身份，随院行动。1938年落脚重庆，居停7年，是其艺术的辉煌期。他崇慕程派，在四川演出时逐渐糅合运用了程派手法，引起程砚秋的忘年挚友许伯明的注意，认为他是难得之才，遂推荐他于1940年秋函拜于困居在沦陷区北平的程砚秋门下为徒。程以通信指点他5年，艺业突飞猛进，声名日噪。他自办**大风剧社**，拥有自己的剧场，收入颇丰，有"重庆程砚秋"雅号。抗日战争胜利后，他毅然舍弃在四川丰厚的基业和收入，只身出川千里寻师，先上海后北平，随侍程砚秋身边3年，以求深造。程很喜爱这个拜师多年却未曾谋面的弟子，倾囊以授。1948年他以大风名义，使用其师班底，初演于北平、天津，获得梨园同行的首肯。

中华人民共和国成立后，他在沈阳参加东北京剧团，后回北京，仍以大风剧社名义演出于北京等地。1958年3月，程砚秋突然病逝，继承发展程派艺术的重担落在他的肩上。他代师完成中国戏曲学校未竟的课业，参与筹备纪念程砚秋逝世一周年的各种活动，准备事后赴南京江苏省京剧院出任副院长兼主演。程派继承问题引起了周恩来的关注，故把赵留下，命他筹组程派剧团。1960年1月，由赵荣琛、王吟秋领衔，包括白登云、于世文、钟世章、钱元通、贾松龄等程砚秋的艺术伙伴和以武戏见长的李元春、李韵秋，组成了程派剧团，是为北京市青年京剧团，从而又进入一个演出和创作繁荣期。1963年后，由于形势变化，程派剧团被撤并，而后他也丧失了上台演出的机会。

待粉碎"四人帮"后，得以平反复出。1978年，他以《荒山泪》恢复了舞台生涯，获得巨大的反响。他希望能趁这有限时光，

《贺后骂殿》饰贺后

《锁麟囊》饰薛湘灵 （吴钢摄）

多演出，恢复程派主要代表作，薪火代传。然而事与愿违，他被迫离开演员岗位，调中国戏曲学院任顾问兼教授，专事教学研究。1981年6月，他以访问学者身份，应邀到美国哈佛、耶鲁、普林斯顿等10所大学讲学半年，开中国戏曲艺术家出国讲学的先河。归国时，因偶然机会在台湾机场居停一夜，备受款待，产生巨大的影响，亦为大陆艺术家踏上宝岛打开两岸坚冰的第一人。1984年他再次赴美，为华裔京剧爱好者传艺授课，并在纽约示范演出了《碧玉簪》、《武家坡》，归来时又在香港中文大学新亚书院讲学，示范演出《锁麟囊》。赵门徒众多，从1959年首收李文敏开始，至1993年以张火丁关山门，前后30多年达三四十人之多。其中包括海外、港台弟子六七人。其他登门求教者络绎不绝。他传艺不分彼此，有教无类，尽己所能，倾囊以授。他创作的新剧目，在东北时有《婉娘与紫燕》、《李师师》、《新花木兰》、《风雪破窑记》、《谐趣缘》等，之后在北京有《火焰驹》、《苗青娘》、《生死牌》等。

1990年6月，赵荣琛移居美国，与家人子女团聚。但他并没有在那里颐养天年，而是往返奔波于洛杉矶和北京之间。返京后，继续他在中国戏曲学院的教学研究，并完成其最后的著作，直至身罹绝症后，临终前还在教诲弟子。

1997年中国戏剧出版社出版了赵荣琛遗著《**翰林之后寄梨园**》，这是他粉墨生涯60年的回忆录，并附有《程派艺术漫话》等论文3篇。

（胡金兆）

Zhao Rongxin

赵荣欣 （1928～1993） 京剧教师。曾为花脸演员。原名**赵荣鑫**。北京人。9岁入荣春社科班学戏，工净行。初登舞台时，以《打龙袍》、《铡美案》、《探阴山》等包公戏博得好评，有"小包黑儿"之称。17岁出科，被留社边演出边教戏，从此开始了教师生涯。后任教于四维儿童戏剧学校第一分校、第三分校。1949年初参加了后来中国戏曲学校的筹建工作。

赵荣欣师从宋富亭、孙盛文、霍仲三，能戏百余出，铜锤、架子、二花脸兼工，唱工戏《大保国、探皇陵、二进宫》，念白戏《忠孝全》、《连环套》，工架戏《取洛阳》、《闹江州》均为拿手，亦擅昆曲戏《花荡》、《山门》、《北诈》，演《铁冠图》多尔衮读旨，全用满语，一时称绝。表演上注重揣摩角色情感，刻画人物性格，《审七长亭》李七的乖戾，《开山府》严嵩的迂拙，《九里山》项羽的刚愎，《访白袍》尉迟恭的耿直，无不描摹入微。某些滑稽型的人物如《双沙河》中蠢笨的"人才驸马"张天龙、《荷珠配》中憨痴的"窗户磴儿"赵员外、《小过年》中贪婪的王老西儿，都活灵活现、妙趣横生。20世纪50年代初，在新编京剧《豆汁记》中饰演金松，突破行当局限，融合沟通二花脸与三花脸相近的表演，演到金松招婿时诙谐调侃，令人捧腹，央婿时含泪哀求，使人酸鼻，责婿时严词指斥，激昂慷慨，大快人心，成功地塑造了一个幽默、率真、可爱而又可怜的喜剧中的悲剧角色。

赵荣欣把表演艺术领域的经验运用到戏曲教育之中，结合理论研修，在教学上积极变革，努力创新。对金（少山）、郝（寿臣）、裘（盛戎）三派兼容并蓄融会贯通，有利于学生拓宽艺术道路及以后的归路归派。打破"注入式"，实行口授、示范、启发"三结合教学法"。所授学生孟喜平、袁国林、吴钰璋、马名群、马名骏、李长春、李欣、张关正、刘金泉、孟广禄等均有所成就。在中国戏曲学校（院）

的40多年中，历任京剧科主任、教务处处长、表演系主任、学术委员会委员等职务。参与了第一部戏曲表演专业教学大纲的制定与修订，对于戏曲教育的科学化、规范化以及“见人见戏出尖子”等进行了富有成果的探索。关心培养中青年教师，热诚认真地传、帮、带，为创建和发展新中国戏曲教育事业作出了开拓性的贡献。

（贯涌）

Zhao Ruquan

赵如泉　(1881～1961)　演员。工文武老生。祖籍直隶保定（今属河北），幼居江苏镇江。其父赵祥玉（1833～约1911），清同治十二年（1873）到上海，是旅沪最久的北方伶工之一，与田际云是同乡，曾搭玉成班演出。孙家振在《三十年来伶界之拿手戏》中称他是武二花、架子花、小花脸、白胡子老生各戏俱串的多面手。擅演《伐子都》颍考叔、《打严嵩》严嵩、《虮蜡庙》褚彪、《杨衮抢亲》杨衮等。赵如泉7岁随父练功学艺，初习老生，倒仓后改武生，后亦演文武老生兼演净、丑，艺宗王鸿寿、潘月樵。早年曾三次从镇江到上海，在老丹桂茶园、玉仙茶园演出；第三次搭入玉仙茶园，与孙菊仙同台演出长达40本的连台本戏《三门街》，名声渐显，从此立足沪上。曾赴江苏、浙江、北京、天津等地献艺，曾与王鸿寿、刘鸿昇、冯子和、毛韵珂、李桂春、吕月樵、白玉昆等同台演出。他多才多艺，不论主演还是配角，开场还是大轴，无论老生、武生、花脸还是老旦、丑脚都能胜任，是最富代表性的南派京剧演员之一。还编排、演出了大量的连台本戏，如《妻党同恶报》、《乾隆下江南》、《枪毙阎瑞生》、《黄慧如与陆根荣》、《新茶花》、《怪侠欧阳德》、《狸猫换太子》、《火烧红莲寺》、《济公活佛》、《水泊梁山》、《穿金宝扇恨》、《宏碧缘》、《七剑十三侠》、《蜀山剑侠传》等。这些剧目大都重在情节曲折、打斗新奇以及新颖的机关布景，因此深受上海观众的欢迎与喜爱。如他在《宏碧缘》中所饰的鲍自安不但突出了侠义性格，且在台上临场抓哏，针砭时弊，所获喝彩声超过了主角。他在《济公活佛》中所饰的济公说苏白，

《赵如泉之〈三门街〉》（选自清末上海《图画日报》）

《宏碧缘》饰鲍自安　《潘金莲》饰武松（左）　白玉霜饰潘金莲

表演幽默诙谐，与以演济公驰名申城的前辈夏月珊并称“两代上海济公”。他在《怪侠欧阳德》中所饰的欧阳德，戴大黑框眼镜，涂红色酒糟鼻，八字胡须，身上反穿皮马褂，手拿一根硕大的旱烟袋。追捕飞云僧时，每遇紧急关头，他猛力一吸旱烟袋，烟锅中暗藏的一盏红灯泡就突然闪亮，引得观众哄堂大笑。他也擅演传统剧目，戏路宽广，文武昆乱不挡，如老生戏《坐楼杀惜》、《拷打吉平》，花脸戏《芦花荡》，武丑戏《九龙杯》等皆娴熟精美。他的红生戏扮相宗法其岳父景四宝，以高红揉脸；表演则吸收了王鸿寿的演出风格，自成一家。观众昵称“赵老开”。1936年初在天蟾舞台与评剧皇后白玉霜合演“京评两下锅”的《潘金莲》，赵饰武松，白饰潘金莲，轰动一时。赵如泉曾先后担任过上海文明大舞台、协记天仙茶园、上海舞台、三星舞台等戏园的后台经理。他德高望重、热心公益，曾被推举为上海伶界联合会副会长。中华人民共和国成立后，在上海艺人发起为抗美援朝捐献飞机大炮的义演活动中，以70高龄与老艺人郭蝶仙合演了《坐楼杀惜》，还演出了《芦花荡》，显示出深厚的艺术功底。1956年被聘为上海文史馆馆员。

（吴焕）

Zhaoshi Gu’er

《赵氏孤儿》　京剧作品。王雁根据马健翎秦腔同名剧本，并参考元杂剧和汉剧同名剧目改编。春秋时，晋灵公宠信屠岸贾，淫佚无度。丞相赵盾谏阻，触怒灵公，灵公示意除掉赵盾。屠岸贾使家将钼麑行刺，钼麑不忍杀害忠良，触槐而死。屠岸贾继施“神犬辨忠奸”计，放獒犬扑咬赵盾，将赵家满门抄斩。赵盾儿媳庄姬公主是灵公胞妹，被带入宫中，生下孤儿，由门客程婴扮成草泽医生救出宫去。屠岸贾欲除赵门之后，入宫搜孤不得，乃揭示国内：如不献出孤儿，便将与其同庚的婴儿全部杀死。程婴与老臣公孙杵臼定计：用自己的儿子冒充孤儿交公孙杵臼，而后向屠岸贾告发。屠岸贾信以为真，杀公孙，摔死假孤儿。真孤儿被屠岸贾认作义子，程婴亦留屠府。15年后，孤儿长成，程婴将赵家冤情绘成图卷，向他讲明始末，得老将军魏绛帮助，报了赵家的冤仇。本事见《左传》与《史记》。戏曲有南戏《赵氏孤儿记》、纪君祥的元杂剧《赵氏孤儿大报仇》。明代有根据南戏改编的传奇《八义记》等。清代地方戏兴起后，不少剧种均有根据《八义记》和小说《东周列国志》有关章回改编的剧目。京剧除全本《八义图》外，尚有《闹朝扑犬》、《搜孤救孤》、《兴赵灭屠》等折子戏。全剧矛盾冲突集中强烈，剧情跌宕起伏，人物性格刻画鲜明生动。该剧的改编，根据北京京剧团当时演员阵容，处理为一出唱念做打并重、各行脚色均能发

《闹朝扑犬》
唐韵笙饰赵盾

《赵氏孤儿》
马连良饰程婴（右） 谭元寿饰赵武（刘玉茗摄）

挥所长的群戏。1959年北京京剧团首演。执行导演郑亦秋，音乐设计徐兰沅、刘吉典、李慕良、谭世秀。主要演员马连良（饰程婴）、谭富英（饰赵盾）、张君秋（饰庄姬）、裘盛戎（饰魏绛）、马盛龙（饰公孙杵臼）、张洪祥（饰屠岸贾）、谭元寿（饰赵武）、马长礼（饰韩厥）、翟韵奎（饰钼麑）、小王玉蓉（饰卜凤）。马连良成功地塑造了程婴的艺术形象，使该剧成为马派艺术的又一力作。裘盛戎表现魏绛错责程婴后悔恨交加的［汉调］唱腔，苍凉沉郁、感人至深。剧本收入《马连良演出剧本选集》第1集。（张燕鹰）

Zhao Songqiao

赵松樵 （1901～1996） 演员。工文武老生，兼工红生、武净。艺名九龄童。山东武城人。久居天津。早年随父赵鹏飞学艺，7岁登台演出。1912年在北京富连成社带艺搭班，习文武老生。出科后参加三乐社，在天津昇平戏园露演，随后去东北和江南各地献艺。1935年在上海共舞台主演连台本戏《火烧红莲寺》。抗日战争胜利后，在黄金大戏院主演连台本戏《红须客》。1950年到天津，先加入红风剧社，后在扶新剧社任社长。天津市建新京剧团成立后，任副团长。曾任天津市京剧二团艺术顾问。赵松樵吸取了汪笑侬、王鸿寿、小孟七、苏廷奎等一些南方名伶之长，结合个人条件进行悉心创造，能自成一格。他的功底扎实深厚，不仅文武昆乱不挡，而且擅演各种不同性格的人物，打破了京剧行当的限制。他的文武老生戏，嗓音高亮，工架稳练，《百凉楼》、《刀劈三关》、《徐策跑城》，都是拿手戏。他的关羽戏，能从关公出世，一直演到败走麦城。所饰关羽，器宇轩昂，舞台动作端庄大方，沉着凝练。其武净戏，更属出色当行，身段气派，挺拔巍然，翻打跌扑，气势猛勇，而且所饰角色多有绝技。如演《白马坡》中的颜良，演至关羽用刀将其狠劈马下时，他使用扔刀"锞子"，全身腾向数尺高空，顺势落地，竟无声响。再如饰演《活捉潘璋》中的潘璋，当迎对关羽显魂时，从高台上摔"锞子"，落地后甩盔头，抖水发，同时以黑满盖住整个面部。在《拿谢虎》中饰谢虎，从两张半高的桌上，走"抢背"自高空翻下，落地瞬间，先行解开大带，再从背后拔出短刀，着地后，不仅罗帽、髯口齐整，而且大带不缠身，令人叹绝。他还自编自导连台本戏，为人称道。其常演剧目、本戏有《骂杨广》、《北地王》、《斩黄袍》、《虬髯客》、《汤怀自尽》、《呼延庆打擂》、《鹦鹉救真主》、《智取北湖州》、《益都泪》等。（王永运）

《斩颜良》饰颜良 （李崇成摄）

《古城会》饰关羽 （张寿庠摄）

Zhao Songshou

赵嵩绶 （1850?～1915） 鼓师、编剧。安徽人（一说苏州人）。据传曾在太平军创办的科班中学艺，艺兼徽昆，工老生，对其他行当也擅长。倒仓后改习场面。太平天国失败后，于清同治初年与薛瑶卿、诸寿卿、吕少卿等到上海。最初在清音班司鼓、教曲。曾于清同治末年在石路（今福建中路广东路一带）开办三庆茶园。光绪元年（1875）入天仙茶园，任总管事、鼓师及编剧。在天仙期间编排了大量剧目，如《大名府》、十二本《铁公鸡》、《洛阳桥》、《一本万利》、《笑、笑、笑》、《文武香球》等。1900年创办上海早期京剧科班小金台科班，学员百余人，延请天仙茶园名演员冯志奎、王洪全等授艺，培养了王斌飞、张春海、樊春楼等一批人才，1912年当选为上海首届伶界联合会副会长。晚年为新新舞台排演了《龙马媒》剧。

赵嵩绶鼓艺娴熟且六场通透，会戏极多，为南方著名的鼓师。1901年梅雨田抵沪，闻知赵嵩绶为江南名手，三次登门拜访，凡有所请教，赵嵩绶均尽心指点，两人遂成契友。赵与上海当时琴师陈阿金被誉为南方琴鼓圣手。赵所编新戏，关目清楚，情节紧凑，唱做并重，故深受欢迎，尤以编写的灯彩戏更为吸引人。如《洛阳桥》一剧设计了"点金石"、"水晶宫"、"采莲船"、"宝藏库"等各种灯彩，使沪上观众争相观看。孙漱石在《夏历新年昔时之灯戏》中评论说，夏历新年以灯戏号召座客，其实无所谓灯，仅略有火彩、山景，自赵嵩绶排演《洛阳桥》全本，"始符灯戏之名"。以后各戏园纷纷效仿，一时灯彩戏之风大盛。赵在以后各新剧中均有灯彩并不断创新，终使之发展成以后的机关布景。赵对锣鼓经、曲牌所会极多，并以彩笔绘成图形加以诠释。此外，他还搜罗了大量的旧脚本。子小廉，工武生。长孙云龙工文武老生，艺名小小叫天。次子云麟，即赵君玉，幼习净，艺名大大奎官，后改旦，亦能小生，享有盛名。

弟子张润泉，亦为南方名鼓师。（蔡世成）

Zhao Tongshan

赵桐珊（1901～1968） 演员。工旦。原名久林（一作九龄），字桐山（一作桐珊），号醉秋，以艺名芙蓉草行世。生于直隶武清（今属天津）。8岁时只身离家赴京学艺。初学梆子，拜赵庭玺为师，向麻子红学梆子青衣。12岁时入三乐班科班，向梆子名家大玻璃翠、冰糖脆学戏，后又向著名梆子旦脚老五仙、老十三旦、崔灵芝等边学边演《双锁山》、《汴梁图》、《游湖阴配》、《七星庙》等戏。当时正值梆簧“两下锅”时期，在三乐班赵桐珊就向王贵山（五盏灯）学过二簧花旦戏，又曾得京剧名花旦田桂凤指导，学会了《战宛城》等。后又拜王瑶卿为师，《儿女英雄传》、《雁门关》、《乾坤福寿镜》、《棋盘山》、《梅玉配》、《万里缘》等剧都是王瑶卿亲自教授。在他50年的舞台生涯中，与之合作演出过的著名演员有梅兰芳、程砚秋、荀慧生、尚小云、欧阳予倩、赵君玉、李玉茹、童芷苓、黄桂秋、高庆奎、周信芳、马连良、林树森、侯喜瑞、时慧宝、李永利等，足迹遍及大江南北，其表演艺术受到各地的欢迎和好评。1919年曾随梅兰芳去日本演出，载誉而归。

芙蓉草在道白唱腔、表演风格、艺术创造等方面都深受王瑶卿的影响，演出颇具王氏风范，青年时期在上海演出时就曾有“上海王瑶卿”之美称。后来通过与南北各派演员长时期的合作演出，不仅对促进南北艺术交流起到了积极的作用，而且他本人也从中吸取了各派各家之长，形成了他自身独特的演出风格。他嗓音清亮，念白爽朗流利，吐字清晰真切，唱腔能刚能柔，更以做表传情取胜。刻画人物细致入微，并善于体察观众心理，掌握演出火候，演戏分外引人入胜。他擅演的《乌龙院》、《喜荣归》、《回荆州》、《棋盘山》、《樊江关》、《乾坤福寿镜》、《辛安驿》、《梅玉配》、《万里缘》、《雁门关》、《得意缘》等剧中的人物，身份相殊，性格各异，他演来均有独创，使人物各具特色，栩栩如生。芙蓉草会戏多、戏路广，传统戏、古装戏、时装戏、连台本戏兼能。他精于旦行，青衣、花旦、刀马旦行行精通，且通其他各行，曾以“多才多艺、生旦净丑无一不能”的“能派”而红遍汉口、福州等地。他曾得著名红生王鸿寿的亲传，并为王配演《走麦城》中的廖化，深得赞誉。他还曾经贴演老生戏《空城计》，花脸戏《牧虎关》等。他演的小生戏《断桥》、《群英会》，武生戏《蚆蜡庙》，甚至丑行《金山寺》之小和尚、《御碑亭》之报禄人等亦很出色。是一位文武昆乱不挡的难得人才。

《四郎探母》饰萧太后

芙蓉草艺术造诣很深，但在他的艺术生活中更多的不是自己挑班唱头牌，而是搭班与其他演员合作，为别人“挎刀”，甘当配演。他博学多才，熟知各路、各派的演技，因此不论与何人合作均能配合密切。其表演既不喧宾夺主，又能为演出增色。《梨园影事》称他“主角得彼为辅，殊有牡丹绿叶相得益彰之效，故人皆争相罗致”。他的演出经验极为丰富，场上若遇意外，善临场应变，自行解围。一次为荀慧生配演《钗头凤》中之丫鬟，演至“沈园”一场，荀忽然发现忘记携带以备题写“钗头凤”诗词的手帕，芙蓉草知情后当即转身扯下水袖代之，观众竟毫无察觉。不论配演大小角色，他都精心塑造，使每个角色都发出光彩。他为梅兰芳配演的潘金莲（《五花洞》），为程砚秋配演的杨玉环（《梅妃》），为荀慧生配演的樊梨花（《樊江关》），无不令人称誉。他塑造的吕雉（《鱼藻宫》）专横暴戾、阴狠歹毒，刻画的王熙凤（《红楼二尤》）笑里藏刀、阴险毒辣，可谓入骨三分，因此曾得“活王熙凤”之称。

20世纪50年代后，芙蓉草专心致力于戏曲教育工作，先后在华东京剧实验学校、东北戏曲实验学校、中国戏曲学校任教，把全部的技艺连同他宝贵的艺术创作和演出经验都毫无保留地奉献给戏曲教育事业。他教学重示范，善启发，不但教会学生唱念做打各项表演技能，而且使学生懂戏明理学会艺术创造。他还充分发挥他兼通各行的特长，在教学时亲自为学生来回配演各类角色，以其情真意切的出色表演，通过交流引学生“入情”、“出戏”。他的学生刘秀荣、谢锐青、杨秋玲、刘长瑜、汤小梅、陈和平、艾美君、王小蓉、李维康等，都已成为当今戏曲舞台上和戏曲教育事业中的佼佼者。

有遗稿《芙蓉草（赵桐珊）自传》，经何时希整理，载《京剧谈往录续编》。（陈宜玲）

Zhao Xiaolan

赵晓岚（1927～1991） 女演员。工旦。河北人。满族。幼年家境贫苦。12岁入天津的曲艺杂耍班清唱，受同班演出的相声及各种曲艺的影响较大，使她日后的表演活范儿，善于现场发挥。13岁正式拜师学戏，3个月就学了7出戏。为了尽早挣钱，便虚报为15岁在天津劝业场搭班登台，演出《骂殿》、《武家坡》、《宇宙锋》、《红鸾禧》等剧，边演边学，受到唐芝芳等的指点。后又在天华景等剧场演出，和袁小楼、李玉麟、小张文艳、靳佩亭等合作，渐渐走红。1942年与李和曾、郑冰如等合作，演出《宝蟾送酒》等戏。后到青岛、济南、武汉、上海等地搭班流动演出，曾和周啸天、雷喜福、陈鹤峰、林树森、厉慧良、唐韵笙等合作，艺事日益精进。常演剧目还有《四郎探母》、《红娘》等。1947年离天津移居南方，后定居上海。第一次和周信芳合作，是1951年12月在上海参加抗美援朝捐献义演，在《吕布与貂蝉》中饰貂蝉，和扮演吕布的周信芳配合默契，受到周的赞赏。不久，由周信芳推荐加入上海市人民京剧团（上海京剧院前身），此后与周信芳合作十多年，演出《打渔杀家》、《闯王进京》、《文天祥》、《乌龙院》、《四进士》、《秦香莲》、《十五贯》、《鹿台恨》、《澶渊之盟》、《生死板》等剧。她主工花旦，兼演青衣，尤擅演泼辣旦，所演《乌龙院》、《杀狗劝妻》、《七侠五义》等剧均有独到之处。艺术上深受周信芳麒派艺术的影响，不拘于流派，注重人物刻画，敢于大胆把传统表演程式和生活体验相结合，使她的表演风格生动、灵活，塑造的人物形象鲜明真实，在旦脚表演艺术上有新的创造，被田汉誉为“麒派花旦”。1956年随上海京剧院赴苏联演出。1961年、1963年先后参加彩色戏曲影片《周信芳的舞台艺术·坐楼杀惜》（饰阎惜姣）和盖叫天主演的《武松》（饰潘金莲）的拍摄，保存了她的舞台艺术风采。“文化大革命”期间受到迫害，使心脏移位，不能登台。1979年调至上海市戏曲学校任教。除教学生外，还帮助青年教师提高业务水平。

《坐楼杀惜》(电影)饰阎惜姣(左) 周信芳饰宋江

她为学生排演的《李慧娘》、为青年教师导演的《金玉奴》都很有创意。1981年患癌症，仍以顽强的毅力忘我工作。1982年被评为上海市三八红旗手。1984年她应聘为上海戏剧家协会等单位主办的麒派艺术进修班的教师，主教《清风亭》、《乌龙院》。除了传授剧中旦脚的表演外，还向来学习的老生演员讲解周信芳的表演艺术。有人登门向她求教，她总是来者不拒，倾心相授。写有回忆和周信芳合作演出《乌龙院》、《打渔杀家》、《宋士杰》等剧，以及赴苏联演出和早年在天津学戏、演戏情况的文章，分别发表在《戏剧报》、《上海戏剧》和《剧坛》等报刊上。其《〈乌龙院〉的推陈出新》收入《周信芳艺术评论集》,《跟随周信芳先生17年》一文收入《周信芳艺术评论集续编》,《雕塑人物细致入微——同周信芳先生合演〈宋士杰〉》收入《麒艺丛编》第3辑。（陈琥）

Zhao Xiaolan

赵啸澜 （1914～1960） 女演员。工旦。北京人。幼时随王瑶卿学艺，后拜尚小云为师，初习花旦、刀马旦，后工青衣。她跷功好，有武功，能做能打，表演具尚（小云）派特点，深受观众喜爱。20世纪30年代与梁韵秋、赵金蓉、吴素秋同在上海更新舞台演出，后参加麒麟童的移风社，与之合演欧阳予倩改编的《武松与潘金莲》，颇有影响。曾一度辍演。40年代又重新组班演唱。1955年应聘到德州地区京剧团任副团长。1956年参加山东省第二届戏曲观摩演出大会，演出《坐宫》，获演员一等奖。她的扮相秀丽，嗓音峭拔高亢，富有刚音，念白吐字清晰，表演稳重大方。经常演出的剧目有《十三妹》、《大英杰烈》、《汉明妃》、《二进宫》、《玉堂春》、《乾坤福寿镜》、《双阳公主》、《墨黛》等。她在《乾坤福寿镜》中前饰胡氏，后扮丫环，塑造出两个不同的人物形象，显示了她出色的艺术才能。

赵啸澜（左）与吴素秋

（金力）

Zhao Xiujun

赵秀君 （1969～ ） 女演员。工青衣。天津人。1987年毕业于天津市戏曲学校，曾受教于李近秘、张学华、蔡英莲、沈世华等。1989年入天津市青年京剧团。1993年拜张君秋为师，得其亲授。她嗓音宽亮，能较好地掌握张派行腔委婉细腻的技艺，肯于刻苦研习，艺事长进很快，在张派弟子中为年岁最小、成绩显著、颇具实力的一人。擅演剧目有《秦香莲》、《望江亭》、《状元媒》、《西厢记》、《刘兰芝》、《金山寺、断桥亭、雷峰塔》、《玉堂春》、《四郎探母》、《大保国、二进宫》和新剧《锦袍情》等。曾获1991年全国中青年京剧演员电视大赛青年组优秀表演奖，1992年全国京剧青年团队新剧目会演优秀表演奖，1996年由中国京剧艺术基金会推荐为第二届中国京剧之星，同年入第一届中国京剧优秀青年演员研究生班学习深造。1999年获第十六届梅花奖。2000年在文化部举办的全国京剧优秀青年演员评比展演中获荣誉奖。2001年又获全国青年京剧演员电视大赛最佳表演奖。（捷之）

《韩玉娘》饰韩玉娘

《秦香莲》饰秦香莲

Zhao Xunbo

赵循伯 （1908～1980） 戏曲作家。曾用名赵承志，笔名徐习。四川巴县（今重庆巴南区）人。念过私塾。1924年自中学辍学后，辗转于成都、万县、重庆等地，做过学徒、店员、小学教员、职员等。抗日战争期间，他以京剧演出普遍，容易排演，无需添置大量服装布景，既可"述往古之忠烈"，以达到"鉴古惕今，激扬人心，同赴国难"的目的，又能节约战时可贵的财力物力，因而这一时期一直以创作京剧为主。他还努力对京剧旧规进行改革，使舞台得到一定程度的净化。他创作的京剧剧本虽然大部分都是题材相似的旧剧本，但基本上是以正史记载为依据，并注明本事出处，因而很少雷同。他编写的京剧剧本《董狐笔》、《太史简》、《张良椎》、《苏武节》、《将军头》、《辽东帽》、《出师表》、《侍中血》、《渡江楫》、《常山舌》、《睢阳齿》、《击贼笏》、《柴市泪》等，收入1947年出版的《正气歌本事》；还编有《崖山恨》、《屈原》、《长平之战》、《苏州怒火》、《十五贯》等。1953年起，先后任西南川剧院、四川省川剧院、重庆市川剧院编剧，作有川剧、越剧、话剧作品多种。

（张燕鹰）

Zhao Yafeng

赵雅枫 （1922～ ） 京剧教师。曾为武生演员。祖籍北京，生于上海。祖父赵少波系京剧老旦演员。父亲赵旭声为京剧文武老生。幼年边上小学边随父学戏，工武生。11岁拜李紫贵为师，

翌年随师赴成都，以艺名赵奇童首次登台亮相。后又拜张竹轩、张翼鹏、张二鹏等学艺。在此期间经常观摩盖叫天等名家演出，受益匪浅。1940年参加新艺社，先后演出《碧血花》、《抗金兵》、《明末遗恨》、《小白龙打东洋》等。19岁参加赵荣琛的大风剧社，为该剧社的主要武生演员。1947年与郑榕等人参加演剧12队，演出话剧《上海屋檐下》、《家》等。1949年底，在汉口参加由周信芳任总团长的中南京剧团，任总团编导股股长，导演了由高百岁、陈鹤峰等主演的《三打祝家庄》、《逼上梁山》，由高盛麟、郭玉昆主演的《美人计》和陈正薇、贺玉钦主演的《血海深仇》等新编京剧。1950年调文化部戏曲改进局戏曲实验学校。20世纪50年代末，参加文化部直接领导的中国戏曲表演教材拍摄工作委员会，负责“形体训练篇”与“京剧篇”的编导及组织拍摄工作，片中署名**赵为**，为执行导演，获文化部奖励。由他负责组织编写的京剧表演专业的“基本功”、“武功”、“把子功”等教材相继出版。赵雅枫艺术视野开阔，广泛学习借鉴话剧、芭蕾舞等姊妹艺术，积极探索京剧形体训练课的教学改革。将形体训练教学分成“基本功”、“武功”、“把子功”、“身段”四个部分，初步建立了形体训练的教学体系。赵还担任剧目教学，教有《乾元山》、《一箭仇》、《三岔口》、《武松打店》、《三江越虎城》、《周瑜归天》等剧。学生中的知名者有刘洵、李景德、俞大陆、李光、李玉声、高牧坤、刘福生、李岩等。1975年调上海市戏曲学校任教。1984年退休。

（刘福生）

Zhao Yanxia

赵燕侠　（1928～　　）　女演员。工旦。祖籍江苏吴县（今苏州吴中区、相城区），生于天津。幼从父赵筱楼及四姑妈赵美英学戏。1934年在武汉始演娃娃生。先后拜师李凌枫、荀慧生、诸如香等。

1943年在北平正式登台。青衣、花旦、刀马旦、闺门旦均擅，文戏、武戏皆长。先组燕鸣社挑班演出，后改组**燕鸣京剧团**，任团长。1960年燕鸣并入北京京剧团，任副团长，与马连良、谭富英、张君秋、裘盛戎合称为“五大头牌”。1963年4月赴香港、澳门演出。1964年出演现代戏《芦荡火种》(后名《沙家浜》）和《杜鹃山》。1966～1976年，受江青迫害，离开舞台10年。1979年任北京京剧院一团团长。1980年8月应美国国际艺术创作公司邀请，赴美国纽约、华盛顿等10个城市商业演出3个月。1989年秋，率团赴民主德国和南斯拉夫进行文化交流演出。

赵燕侠初登舞台，即以唱、念、做、打集于一剧的《大英杰烈》面世。前花旦，后武小生。足蹬厚底，身扎大靠，起霸、开打，显见坚实功力。其后，演出行当、人物多样的剧目。如昆曲《战金山》、《金山寺》，重唱的《女起解、玉堂春》、《三娘教子》、《贺后骂殿》、《祭塔》、《汾河湾》、《桑园会》、《王宝钏》，小生戏《白门楼》，跷功戏《阴阳河》、《游湖阴配》、《辛安驿》，念、做并重的《花田错》、《十三妹》《破洪州》等。并分别与金少山、谭富英合演《霸王别姬》、《蚆蜡庙》和《大保国、二进宫》。进入20世纪50年代，唱、念、表演，均已具有自家特色，艺术风格日渐形成。经10年舞台表演的积累，将革新意识付诸实践。着眼于让不同年龄、层次的观众，都能听清、看明，领略到京剧艺术的魅力。在唱、念的艺术表现领域，勇敢舍弃难懂的字音，选用易懂的京音，着意使吐字、发音清晰晓畅，又不失京剧韵律，益显艺术语言的优美。字间的连和断，轻和重，虚和实，字音的长与短，快与慢，强与弱等，均予妥帖安排，恰当搭配，以达音韵抑扬、悦耳动听的艺术效果。观众公认，听她的演唱无须字幕，完全清楚入耳，明白无误。有此艺术功力，源于多年不断钻研，心血浇铸。这一突破传统的首创成果，为其艺术一大特色。在唱、念嗓音的运用上，她走出旦脚唯以假嗓发声的传统局限，采取“破假嗓，容真嗓，真假嗓结合”的艺术表现方法，拓宽了声音变换的区域，真嗓特有的醇美音色得以发挥，丰富了唱腔传达感情的表现能力。舒展柔美，高低回旋，迸发有力，富于变化，构成赵腔独有的韵味。真、假嗓并用，是赵腔又一特色。20世纪60年代前后，排演的大量新戏有《孟姜女》、《春香传》、《白毛女》、《陈妙常》、《桃花扇》、《碧波仙子》、《盘夫索夫》、《荀灌娘》、《红梅阁》、《潇湘夜雨》、《白蛇传》、《杜鹃山》、《芦荡火种》、《闯王旗》、《孙玉姣》等。根据人物，创唱新腔，随剧而异，各有妙韵。所演传统戏《玉堂春》，也与各家迥然不同，别有新唱，卓立一家。赵腔在整体风格中，依感情起伏而多姿多彩，并善于化旧为新，一反常规。《碧波仙子》中[南梆子]，唱得活泼、轻快，有如清泉喷吐；《闯王旗》的[四平调]，道出思虑、怀念，一似江边潮涌；而《白蛇传》中《断桥》，唱出爱怜、怨恨、责备、抚慰，催人泪下；《合钵》唱段，更是南北传唱，唱腔创新，特色鲜明。

《花田错》饰春兰　（张祖道摄）

《荀灌娘》饰荀灌娘　（郑壮摄）

赵燕侠所演的多样人物性格，均闪耀着她的表演才能：不为前人门限所囿，汲取生活，借鉴其他，以表现人物动人心魄的情；不因尊重传统而为传统所束，别创新意，以使人物生动活现，神采飞扬。《花田错》丫环春兰，做事、干活，重在手、眼，现其活泼、幽默；《玉堂春》苏三，含冤公堂，悲痛申诉，希冀昭雪的怨恨之情，波涛滚滚，手、眼以外，肩、背全在表情之中；《白蛇传》白娘子，三个“下场”，心态不一，运用水袖、身段，刻画入微，神、情皆美。她主张“三用”：用功、用心、用情。深入探求人物心灵，完满表现人物感情。其台上唱、念、做、舞，始终沉浸在舞台人

《我的舞台艺术》封面

物跃动的情绪之中。唱、做一体，声、态并现，尤其每于起唱以前，是爱是恨，已先行于色，因是，情中起唱，意在声先。情不断，神不折，一波方平，一波复起，尽抒震撼人心的艺术力量。

赵燕侠著有《我的舞台艺术》，16万字，长江文艺出版社1983年出版，内收《我的舞台生活》等回忆文字，更有30多篇谈表演经验的文章。（刘辛原）

zhezixi

折子戏 从整本戏中摘选情节相对完整、演技较为精彩的一折（出），构成独立演出单元的剧目。在明朝万历年间，即有《词林一枝》、《八能奏锦》等多种折子戏选集刊行于世。若演整本传奇，有耗时过长以及花费较多等不便，而从不同整本戏中分别摘选一折（出）或几折（出），组合演出，不仅减少演员数量，还可分别在每折（出）戏中展示不同行当或不同技法，以满足观众不同的欣赏需求。清代乾隆、嘉庆年间，昆曲、京腔舞台上，折子戏演出已成风气。著名的折子戏选本有初刻《缀白裘》（1764～1767）等。京剧形成于折子戏演出繁盛的时代，徽班进京带来了丰富的折子戏剧目。适应观众需要，一些班社和演员先后编演了不少整本戏。经过时间和演出实践的淘洗，有些作品中的精彩段落，又被作为折子戏流传。它们大都具有相对完整的情节，自成起讫。此外，有些短剧，如《赤桑镇》、《洪母骂畴》、《罢宴》等，虽不是某部本戏中的一折，也被习惯地称为折子戏，则是因其艺术特点的相似。

《空城计》 谭富英饰诸葛亮

《贵妃醉酒》 梅兰芳饰杨玉环

京剧折子戏多为整本戏中的精华，在人物塑造及剧情细节上往往独具匠心，刻画入微。京剧折子戏中，生、旦、净、丑各行都拥有展示各自特色或特技的“本工戏”，并根据演技的侧重，分为唱工戏、做工戏、武打戏等。这种按行当、演技分门别类展示特色的格局，使初学者可以根据各自行当归属，学练有关演技范式。各路名家巨匠们，则把各自擅演的折子戏不断打磨出新，在演技基础上营造意境、体现神韵，以突出名家名剧的“精品”水准。如谭鑫培对《空城计》的加工修改，精研唱腔，使之成为至今传演的精品；梅兰芳改动《贵妃醉酒》的词语和表演，载歌载舞，成为脍炙人口的佳作。折子戏的形成，凝聚了历代戏曲艺术家的智慧，既是由于剧作提供了良好的基础，更包含了演员精心的创造。不少著名演员的精湛技艺，往往凝聚在他们历经锤炼的折子戏演出中。在代代相传、不断磨砺中，折子戏精品大多雅俗共赏，刻画人物心理和戏剧情境曲尽其妙，京剧形式技巧之美也得到充分展现。（田志平）

Zhejiang Jingjutuan

浙江京剧团 京剧演出团体。1969年成立。1968年8月为学习、排演、宣传“革命样板戏”，省革委会调集杭州、宁波、嘉兴、温州等地京剧团以及越、昆、歌舞、曲艺团体的部分人员，以排戏的方式举办“样板戏”学习班，并以此为基础于1969年4月组建成200余人的浙江京剧团。由孙杰任京剧团革委会主任。起初，演员均为各京剧团调集来的中青年，后来原杭州市京剧团的一批著名演员陆续恢复工作，被吸收进团。主要演员有老生宋宝罗、陈大濩、赵麟童、张建新，武生张二鹏、鲍毓春、李玉声、陈幼亭、卞韵声，青衣李瑛、刘云兰、陈和平、叶盛华，老旦龚玲玲，花脸郭德发、陈伟俊，丑宋义增、贾乐平以及青年演员马可久、郑学胜、张峰、张烈虎、孙吗咪；编导诸君、李双英、张树林；琴师陈学诗、谢绍骥、潘道行；司鼓林瑞权、缪金芳、梁少垣；舞台美术工作者罗志摩、胡建新等。1973年以后，又从南通、上海调来老生言兴朋，花旦梁谷音以及中国戏曲学校、浙江艺术学校毕业生张学浩、王琏、王小军等一批演员。同时，先后调进了编剧谭德慧、陶冶、孙伯阳，导演钮骠、朱云鹏，作曲何直伟等人加强了艺术力量。自1969年以来，先后演出了《智取威虎山》、《红灯记》、《海港》、《杜鹃山》、《八一风暴》、《蝶恋花》等现代戏。1978年以后，恢复上演了《白蛇传》、《秦香莲》、《武松》等一批传统戏，并改编上演了《枫树湾》、《孙中山》、《济公火烧凤凰岭》、《孙悟空三过通天河》等新戏。1980年以《伐子都》、《闹龙宫》、《武松打店》等折子戏参加浙江省青年演员会演，朱幼琪（武生）获一等奖。这期间担任剧团领导的主要有赵佃香、幽建坤等。1981年以后，金华市和杭州市的京剧团先后被撤销，青年老生杨超，武生陈建强、周光，花旦单星梅等先后被吸收入团。此后，演出了《威镇三关》、《楚汉相争》、《未央宫》、《吕后斩萧何》、《借扇》、《霸王别姬》、《搜孤救孤》等大量传统剧目以及《鹬蚌相争》、《自相矛盾》等课本剧。1987～1992年，曾先后4次赴日本演出《盗仙草》、《三岔口》、《秋江》、《真假美猴王》等剧目。又赴摩洛哥、突尼斯、澳大利亚演出了《挑华车》、《挡马》、《拾玉镯》、《虹桥赠珠》等剧目。此段时期，担任领导的有陈江容、王兰生、王雪、高素芬、李双英等。1992年9月，为培养接班人，缓解行当不全的状况，由浙江艺术学校招收28名学员，委托南京市戏曲学校培训，学制6年。1994年2月，与浙江昆剧团合并，成立**浙江京昆艺术剧院**，下分京、昆两个团，演员互相调剂，分别演出京剧与昆剧。

《威镇三关》 赵麟童饰寇准（左）

《宝莲灯》
翁国生饰沉香（左） 单娜饰三圣母

2003年1月，恢复浙江京剧团建制。邱志刚任团长。2006年4月起翁国生任团长。拥有翁国生、张峰、王小军、杨超、孙吗咪、王俞英、缪金芳、陈银凤、王辉、赵东海、刘旭东、唐磊、李一玲、李春立、陈瑞云、罗戎征、姜艳、方未艾、毛毅、毛懋、王帅、单娜等一批优秀演员。自2002年以来，积极探索青春京剧，创排《圆月之约》、《网络恋曲》、《告别迷茫》，以及童话京剧《寻太阳》、《孔雀翎》。《告别迷茫》演出160多场，社会效益、经济效益均佳。《孔雀翎》演出400多场，在全国优秀儿童剧展演中获优秀剧目奖及优秀导演奖、优秀表演奖。2004年，以新编历史故事剧《东坡宴》参加第四届中国京剧艺术节获优秀剧目奖，实现了该团在中国京剧艺术节上零的突破。2006年创排小剧场京剧《红拂》，2007年又推出大型神话京剧《宝莲灯》，均获好评。《宝莲灯》演出超500场，在第五届中国京剧艺术节上获整理改编传统戏一等奖；与青海省戏剧艺术剧院合作演出的少儿京剧《藏羚羊》获现代戏二等奖。团长**翁国生**，先后毕业于浙江昆剧团学员班、上海戏剧学院导演系、浙江省之江艺术学院美术系，曾师从周荣芝、张金龙、张善麟等京昆名家，在京昆舞台上塑造过哪吒、安敬思、探子、孙悟空、寒号鸟、沉香等众多人物形象，是梅花奖、文华表演奖获得者。

（吴戈　金澄宇）

Zhenguan Shengshi

《贞观盛事》　京剧作品。新编历史剧，上海京剧院创演。1999年6月26日首演于上海天蟾京剧中心·逸夫舞台。编剧戴英禄、梁波，导演陈薪伊，作曲高一鸣、尤继舜、龚国泰，舞台美术设计徐福德、刘福升等。此剧以“贞观之治”为历史背景，以释放三千宫女为主要事件，倡导“居安思危，戒奢以俭”，君臣同心协力，共铸盛世。剧情大致为：魏徵奉旨出巡，发现地方官吏借朝廷求采无已，奢靡之风渐兴，乃不顾个人安危，毅然奏本，直陈时弊，劝皇室为群臣做出表率。李世民一时恼怒，将原拟赐魏徵五彩陶马当廷摔碎，君臣关系陷入僵局。经长孙皇后相劝，李世民深为懊悔，连夜亲赴魏府，嫌隙冰释。随即命魏徵拟诏，释放三千宫女，以此陶冶世风。剧中写魏徵犯颜直谏，无所屈挠，写李世民胸怀博大，从善如流，都很生动。尚长荣饰魏徵，刚正不阿又不矜不躁，富于书卷气；关栋天饰李世民，从容自信，气宇轩昂。二人各以精湛演技，把两位政治家的理想、情谊、人格表现得相当深刻、感人。唱腔设计也有新意，魏徵出场用花脸从未唱过的［四平调］，同其居处竹篱瓦舍、春雨梨花的情调相谐合，又有文人的潇洒感。“月儿如钩”一段君臣反思二重唱，优美动听，极富感染力。导演对宫女场面的处理，有浓郁的抒情色彩，深化了全剧的人文精神。整个舞台艺术呈现，严谨、精致，气势恢弘。公演以来，不断加工打磨，受到南北观众欢迎。2001年1月1日零点，伴随新世纪钟声，《贞观盛事》在上海东方电视台大剧场演出，并同时进行电视和EASTDAY（东方网）直播，开创中国网络直播戏剧演出的新篇章。该剧于2000年获第六届中国艺术节大奖，2001年获第三届中国京剧艺术节金奖，2002年获第十届文华大奖。剧作、导演、作曲、舞台美术主创人员和两位主演分别获得各种奖誉，剧组获全国总工会授予的全国五一劳动奖章集体荣誉。该剧剧本同时发表于2000年第9期《剧本》(文学本)和《上海戏剧》(演出本)。2005年，上海文化出版社出版《**京剧〈贞观盛事〉创作评论集**》，毛时安、单跃进主编，收入剧本、曲谱、主创人员经验总结、评论文章等，共27万字，彩图40幅。

尚长荣饰魏徵（左）　关栋天饰李世民

（龚孝雄）

Zhen Jia Meihouwang

《真假美猴王》　京剧作品。又名《**双心斗**》。叙述唐僧等在西行取经途中，孙悟空全歼一伙贼寇，唐僧怪他嗜杀成性，将他赶走。六耳猕猴变化成悟空，抢走唐僧的关文戒牒，准备自己到西天骗取经卷。孙悟空知道此事后，找到妖猴争斗。真假悟空不分胜负，直到去雷音寺请如来佛辨明，擒住六耳猕猴，悟空将其打死。京剧为杨隆寿改编，有国家图书馆藏本《双心斗》，剧情与《西游记》小说不完全相同。剧中，观音菩萨叫真假悟空去见老君，老君叫二猴入丹炉烧炼，六耳猕猴不敢入炉，伏地求饶。忽报唐僧被金角、银角二妖劫走，老君准猕猴助擒二妖，救出唐僧，立功赎罪。齐如山在《京剧之变迁》中说：“此戏以二猴为重，金银二怪次之，四喜班排此戏时，杨隆寿去孙悟空、沈易成去六耳猕猴。”据《十日戏剧》：“李少春、李万春均工此戏，李少春演时自饰孙悟空。”《昇平宝筏》中也有真假悟空相斗的戏文，内容与小说《西游记》基本相同。小说内容强调的是“二心搅乱大乾坤”，杨隆寿本强调的是“立功赎罪”或“放下屠刀，立地成佛”，用丹炉辨真伪的根据，当是“真金不怕火炼”的道理。同名京剧还有李幼斌、姚颖华编剧，福建省京剧团演出本，载《福建戏剧》1981年第6期；沈阳京剧院整理演出本。

张翼鹏、张二鹏饰真假孙悟空

（骆正）

Zhenzhen Neichengfu Jingdiao Quben

《真真内城府京调曲本》　京剧作品集。清末都门听声馆石印。出版年月及编者不详。开本宽7.4厘米，高11.7厘米，是普及性袖

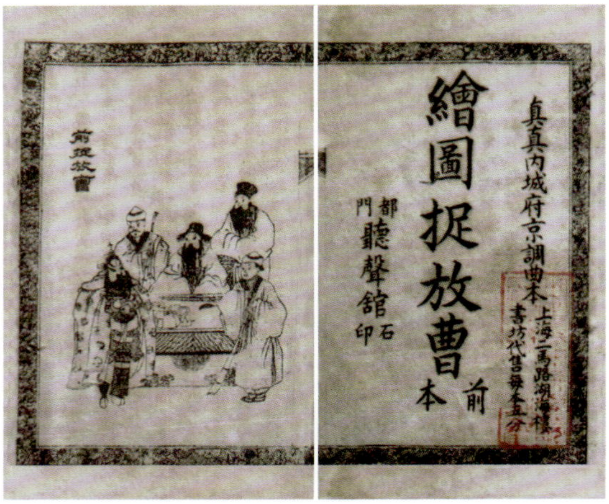

珍读物。中国艺术研究院藏有一函17册，每册一剧，分别为：《二进宫》、《鱼藏剑》、《战北原》、《五雷阵》、《审刺客》、《三气周瑜》、《大保国》、《天水关》、《打鼓骂曹》、《翠屏山》、《七星灯》、《柴桑口》、《黄鹤楼》、《汾河湾》、《伯牙摔琴》、《桑园会》、《捉放曹》。多为老生戏。部分剧本卷前有该剧某个场面的图像。（王佩孚）

Zhen Tanzhou

《镇潭州》 京剧作品。又名《九龙山》、《收杨再兴》。作者不详。本于小说《说岳全传》。九龙山寨主杨再兴进攻潭州。岳飞发兵前往救援，牛皋战败。岳飞得知杨再兴原是杨令公之后，于是亲自前去交锋，有意收归帐下，共同抗金。双方约定，众将只许观阵，不许助阵，违令者斩。岳飞不能取胜，被杨再兴追赶。恰逢岳云

余叔岩饰岳飞（右） 程继先饰杨再兴

押解粮草回营，上前助战，遭杨再兴耻笑。岳飞回营欲斩岳云，经众将说情，免予死罪，重责四十大板，押往杨再兴营盘赔罪、验伤。杨再兴深为感佩。次日再战，岳飞使“撒手锏”收复杨再兴。岳飞由老生扮演，杨再兴由小生扮演。传说程长庚在接受徐小香再次回到三庆班时，有意要与他合演一出《镇潭州》，表明是他收服了徐小香；徐小香则执意不从，坚持要演《借赵云》，取程长庚尚需借助自己力量之意。后经调停，另改一戏，成为菊坛一段佳话。剧中的对打注重工架。该剧老本中有杨延昭“托梦授锏”情节，叶盛兰、李洪春、吴少岳整理本删除。整理本载《京剧丛刊》第21集，老本载于《戏考大全》第2册。（马海玲）

Zhengqu Jingju Yishu de Xin Fanrong Jinian Huiban Jin Jing Erbai Zhounian Zhenxing Jingju Xueshu Taolunhui Wenji

《争取京剧艺术的新繁荣——纪念徽班进京二百周年振兴京剧学术讨论会文集》 京剧文集。中国戏剧出版社1992年9月出版。徽班进京二百周年纪念委员会办公室学术评论组编，“中国戏曲学会丛书”之一。全书共分三部分：第一部分为领导同志的重要讲话、报告，有李瑞环《在纪念徽班进京200周年振兴京剧学术讨论会上的讲话》、高占祥《争取京剧艺术的新繁荣——为纪念徽班进京200周年而作》。第二部分是学术讨论会上的发言，有陈昌本《关于京剧艺术的继承与创新》、张庚《戏曲现代化的历程》、马少波《周恩来同志与中国戏曲改革》、刘厚生《论京剧和知识分子问题》、李希凡《徽班进京的启示》、颜长珂《关于京剧艺术的一点思考》、苏国荣《京剧生态结构浅论》、吴乾浩《京剧表演流派的发展态势》。第三部分是学术研讨会的论文，是从100多篇论文中选出的40篇，作者为北京、上海、天津、湖北、江苏、浙江等地的老中青三代专家、学者。涉及问题的范围十分广泛，包括对京剧形成标志和历史过程的探索，对200年历史经验的思考，对京剧文学、表演、导演、音乐、舞台美术各部门艺术成就和当前创作问题的论述，从美学、心理学、文化学等不同角度对京剧艺术的审视，对一些艺术家和艺术流派的分析研究，对京剧与知识分子、京剧的生态结构以及体制改革、艺术管理、戏曲教育、争取和培养新观众等问题的探讨，对京剧现代化和京剧走向世界的研究和展望等。最后是延安和其他解放区京剧改革研讨会的综述。本书在一定程度上体现出京剧理论研究的新角度和新水平。（曹其敏）

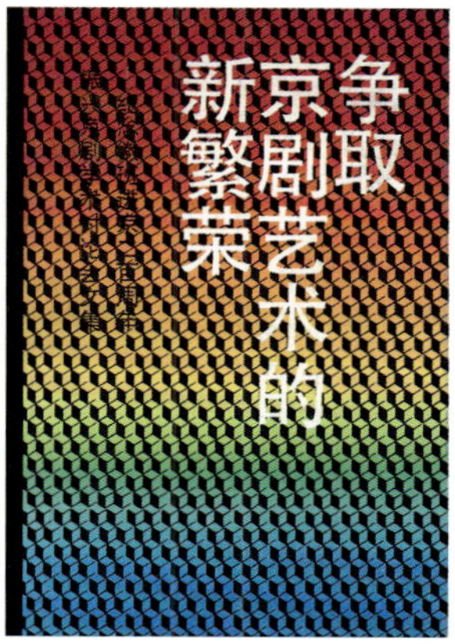

zhengli gaibian chuantong jumu

整理改编传统剧目 戏曲改革和剧目建设中，相对于现代戏、新编历史故事剧的一个剧目分类。包括整理剧目、改编剧目。整理，又叫“整旧”，是对传统剧目或根据老艺人的口述整理成剧本，或对旧剧本去芜存菁，在剧情细节、场次、唱词念白上修改加工，一般不伤及原作品主要的内容和倾向。改编剧目，则是以旧本为基础，吸收其主要故事情节和人物，进行再创作。改编剧目的作者有自己的艺术构思，作品的思想发掘、剧情结构、人物形象有新的创造，有的甚至只以原作为素材，进行脱胎换骨的改造。

整理改编是中国戏曲史上剧目继承和发展的常见现象。历代戏曲作品中，很多都是根据前人作品整理改编的。例如元代王实甫根据金代董解元《西厢记诸宫调》改编成杂剧《西厢记》，明代李日华和陆采又分别据以改编成“南西厢”；明人根据宋元南戏《赵氏孤儿》改编成传奇《八义记》，清代许多地方剧种又据以改编成《八义图》等。京剧在徽、汉、昆、梆等声腔剧种的基础上形成，继承了这些剧种和宫廷戏的丰富剧目。随着京剧的成熟发展，又有直接根据元明杂剧和明清传奇改编的作品陆续出现，根据其他地方戏改编、移植的新剧目也不断增加。这些剧目中的相当部分，经过京剧艺术家的不断整理加工，成为本剧种长期流行的传统剧目。在留存的大量京剧传统剧目中，很多作品含有人民性、民主性，表现中国人民的优秀品质，及其为反抗压迫和奴役进行的斗争，对自由幸福生活的美好向往。但由于这些剧目产生在封建社会，又同时有着封建性的糟粕。绝大部分剧目是民主性的精华与封建性的糟粕并存杂糅，而且在表现形式上往往存在情节拖沓、结构松散、语言粗砺等缺点。因此，经过整理改编，存其精华，去其糟粕，进行艺术加工，才能适应时代需要。

《赵氏孤儿》
马连良饰程婴（左） 张君秋饰庄姬

中华人民共和国成立后，整理改编传统剧目成为戏曲改革的一项重要内容。1951

《将相和》
谭富英饰蔺相如（右） 裘盛戎饰廉颇

年，政务院颁布《关于戏曲改革工作的指示》，提出区分传统剧目中精华与糟粕的标准，要求“以主要力量审定流行最广的旧有剧目，对其中不良内容和不良表演方法进行必要的和适当的修改。必须革除有重要毒害的思想内容，并应在表演方法上删除各种野蛮的、恐怖的、猥亵的、奴化的、侮辱自己民族的、反爱国主义的成分”，强调“在修改旧剧本时，应注意不违背历史的真实与对人民的教育效果”。指示颁布后，审定和修改旧有戏曲剧目的工作在各地广泛展开。京剧作为戏曲改革的重点，取得显著成果。经戏曲工作者和广大演员互相合作，共同修改加工，一批传统剧目除掉有害的思想内容成分，其民主性、人民性的精华焕发出新的光彩，如《搜孤救孤》、《伍子胥》、《宇宙锋》、《霸王别姬》、《闹天宫》、《辕门斩子》、《铡美案》、《打渔杀家》、《八大锤》、《挑华车》、《玉堂春》、《金玉奴》、《四进士》、《打严嵩》、《五人义》、《三不愿意》等。从中华人民共和国成立到20世纪60年代初，这类剧目估计有200余种，大部分收入《京剧丛刊》、《中国地方戏曲集成》等选集。这些剧目在情节、人物、语言等方面做了不同程度的删芟修改，但不伤其筋骨，是在保持其主要思想内容、整体情节结构、艺术特点的基础上进行去芜存菁、拂拭灰尘的一般修改加工，成为整理传统剧目的范例。与此同时，也开始对传统剧目作较大的改动，重新组装，改编成新的作品。其中优秀作品如王颉竹、翁偶虹根据《连城璧》、《渑池会》、《负荆请罪》改编的《将相和》，上海市文化局创作室根据《丁甲山》及元杂剧《李逵负荆》改编的《黑旋风李逵》，阿甲、翁偶虹根据《凤凰台》改编的《凤凰二乔》，根据《贾家楼》和《打登州》改编的《响马传》，任桂林、李纶、翁偶虹、阿甲、马少波根据《群英会》改编的《赤壁之战》，范钧宏根据同名剧目改编的《九江口》，根据《八义反登州》改编的《猎虎记》，佟志贤、杨毓珉根据《演火棍》改编的《雏凤凌空》，张宝彝根据《大英杰烈》改编的《铁弓缘》，孙珑根据同名剧目改编的《梅玉配》等。改编的作品不仅以其新的思想内容具有更强的教育意义，而且比传统剧目更尊重历史真实，不少作品在表现形式上突破传统的程式，并注重锤炼语言，提高了作品的文学性。很多过去为观众熟悉的戏曲人物如廉颇、蔺相如、诸葛亮、秦琼、程咬金、解珍、解宝、杨排风、张定边等，以新的形象出现在舞台上。除整理改编本剧和的传统剧目外，还出现一批根据古典戏曲名著或地方戏改编、移植的剧目，如《赵氏孤儿》、《西厢记》、《倩女离魂》、《望江亭》、《桃花扇》、《赤桑镇》、《秦香莲》、《碧波仙子》、《穆桂英挂帅》、《杨门女将》、《春草闯堂》、《谢瑶环》、《罢宴》、《周仁献嫂》、《反徐州》、《孙安动本》、《诗文会》、《陈三两爬堂》、《孔雀胆》、《武则天》等。这类作品为数不少，对京剧的剧目建设同样起着重要作用。

《孙安动本》 李和曾饰孙安

1963年以后，戏曲工作因出现阶级斗争扩大化的政治失误而受损害。历史题材的戏曲作品被作为“帝王将相、才子佳人”、“牛鬼蛇神”赶下舞台。京剧剧目的整理改编由此停顿，随之历经“文化大革命”的浩劫，造成长达十几年的空白。1976年粉碎“四人帮”后，人们在长期文化禁锢下积蓄的对民族文化艺术的渴求，爆发为传统戏热。之后，京剧面对自身的危机，对传统剧目的整理改编，为适应新历史时期的需要，从不同的角度进行创新尝试，注重表现历史生活的真实，突出人物的个性，展示人物的内心世界；同时在继承传统的基础上，吸收姊妹艺术的多种艺术成分，发挥京剧的艺术特长。整理改编传统剧目作为戏曲剧目建设的一个部分，在随着时代发展变化的过程中，面临着高雅化和大众化的双向选择。如何适应时代变化，满足现代观众的审美情趣和精神需求，仍是需要不断探索与实践的课题。（程炳达）

zhengjing
正净 见净。

Zhengqige
《正气歌》 京剧作品。马少波著。创作于1963年7月，《山东文学》将骂贼、踏殿、生祭三场发表于同年第12期，《戏剧界》双月刊发表全剧于1980年剧本专辑第1期，收入《马少波剧作选》，山东人民出版社1980年11月出版，甘肃人民出版社1982年1月附曲谱出版单行本，1992年10月收入《马少波戏剧代表作》，中国戏剧出版社出版。剧本写南宋诗人文天祥在强敌压境、庸君屈服的形势下，临危受命，心怀庶黎，知难而进，“吾尽吾心”，力挽狂澜。充分表现了这一历史名臣“君降臣不降”的高尚情操，儒雅从容、才华横溢的诗人气质。还塑造了抗战将领李庭芝、患难与共的文夫人、义军首领杜浒、民间诗人汪元量、降臣留梦炎及民族压迫者伯颜等人物形象。作者以独特的构思、生动的艺术语言，使人物个性鲜明，情节跌宕起伏：自宫谏、闯营、筏渡、释疑、惩奸、陷阱、骂贼至生祭，展示了文天祥视死如归的民族气节，狱中吟诗明志感天动地，具有悲壮的美感。此剧由中国戏曲研究院实验京剧团于1963年11月彩排，只因当时历史剧一概禁绝舞台，未能公演；1981年4月由北京实验京剧团重排公演，原排导演刘木铎仍

李崇善饰文天祥（中） 李玉芙饰文夫人（右） 马增寿饰留梦炎

任导演，原排主演李春城任执行导演，由李崇善主演，1982年3月获北京市戏剧评奖剧本一等奖、演出一等奖，同年5月获文化部、中国戏剧家协会举办的全国优秀话剧、戏曲、歌剧剧本评奖优秀剧本奖；1984年3月由江西电视台拍成4集电视连续剧。连环画及年画由中国戏剧出版社出版。（梁冰）

Zhengyici Xilou

正乙祠戏楼　清代会馆戏楼。址在北京前门外西河沿220号。现存。正乙祠，浙江银号会馆。"正乙"即"正一"，东汉张道陵创正一道（即"五斗米道"），被尊为"正一天师"，又称"张天师"。清同治四年（1865）《重修正乙祠碑记》云："始于康熙六年（1667），

20世纪90年代修复后的内景（选自《中国戏曲志·北京卷》）

浙人懋迁于京者创祀之，以奉神明。立商约，联乡谊，助游燕也。"又据康熙五十一年（1712）浙江进士诸起新《正乙祠碑记》，谓浙东商贾在"京师正阳左右列肆而居……未尝有集会之所、饮食燕乐之地。岁庚寅（康熙四十九年，1710）之夏，乡人同志而谋……遂各出所有，量力资助，乃购地于西河之通衢，鸠工庀材，为堂三楹。后室称之，以妥神像。周其廊庑，辟其户牖，期年而落成"。可知正乙祠于康熙五十一年建成。但规模较小，仅仅是三开间的厅室以及与之相称的三开间的神殿而已。乾隆五十七年（1792），正乙祠大规模重修，集资银号达25家，为历代集资最多的一次。历经康熙至同治200余年间的不断增修、扩大，始成现在规模。而戏楼之设，约在大规模兴修的乾隆五十七年。

戏楼为木结构，卷棚歇山顶。厅堂面积不大，平面呈正方形，周边约18米，适宜于堂会演出。楼内戏台坐南朝北，台高0.95米，约6米见方，四角立柱。台面设地井，通向台下。台顶天花板中央设天井，通二层阁楼。观众席除了一层之池座外，三面有二层廊庑，设为包厢，进深2.2米。

康、乾时期正乙祠宴乐和演戏的情形已无从稽考。据载，清代后期及民国初期，此处演剧十分活跃。同治、光绪间，昆曲、徽班、京剧名角多在此演出，如程长庚之《昭关》，徐小香之《射戟》，卢胜奎之《空城计》，何桂山之《五台会兄》，黄润甫之《取洛阳》等（倦游逸叟《梨园旧话》）。以梅巧玲为班主的四喜班曾在此举办堂会，谭鑫培、陈德霖、朱素云、王瑶卿、王凤卿、杨小朵、姜妙香等均曾在此演出。民国初，京师著名票房熙春社曾在这里活动达7年之久。1919年9月11日，余叔岩在此为其母祝六旬寿，邀京昆名伶钱金福、王长林、梅兰芳、芙蓉草等大反串：架子花脸李寿山在《春香闹学》中反串春香，花旦芙蓉草在《打杠子》中反串强盗张三，武花脸钱金福反串村妇，余叔岩在《辕门射戟》中饰刘备，梅兰芳反串小生吕布，一时传为佳话。1995年，正乙祠戏楼由北京斯贝思工贸公司投资修复并开业，主要用于京剧和昆曲演出。1997年9月北京燕山出版社出版了陈晋楚编辑的《正乙祠大戏楼》，是一本有关正乙祠戏楼的资料和论文结集。（周华斌）

Zhengyueyuhua Hui

正乐育化会　北京戏曲艺人同业组织。1912年初，由在京的梆子演员田际云、孙佩亭，京剧演员杨桂云、余玉琴、王琴侬、王瑶卿等，为"振乐部之精神，正晚近之风化"，联合倡议组织正乐育化会总会，取代精忠庙。经北洋政府教育部批准，于同年6月18日举行成立大会，谭鑫培、田际云被选为正、副会长。另选出议员40人，评议会内事务；纠察员18人，纠正本会工作；调查员20人，调查京外各班、各馆有无违背该会章程事件；编辑员10人，编纂旧剧本；干事20人，办理会中一切事宜；书记2人，经理文牍、名册等；会计员1人及司账1人，管理银钱账目；庶务3人，经管会场内外买办、布置等项。其中庶务、书记、司账由正副会长委派、发薪金并随时任免，其余人员皆尽义务，任期两年改选。外界人士有捐助经费者，即聘为名誉会员。《正乐育化会章程》规定该会主旨为："提倡文艺，改良戏曲，发达社会教育，唤起公共道德。"随后开始整顿戏曲界内部，包括：①根据当局禁令，厉促会员不得从业"私寓"；②严禁各戏班男女合演；③请求取消绰号，恢复正名，改"优伶"为艺员；④成立育化小学，招收戏界子弟入学读书；⑤改"班"为"社"（区别于妓院中的"清音小班"），提高戏界的职业地位；⑥以改良精神从事老戏的整理等。这些改良工作，均取得了一定成效。

1912年9月23日，正乐育化会假东珠市口织云公所召开大会，欢迎黄兴、陈英士访问北京。会长谭鑫培致欢迎词，称黄兴等为"民国伟人"，"愿借二先生之光荣，以促本会之进行"。黄兴发表演说："民国起义时，上海伶界同胞，亲身犯阵，最称奋勇，可知伶界中亦不乏豪杰之士。今共和告成，凡属人民一律平等，从前轻视伶界之界线从此破除。古语云：移风易俗莫善于乐。鄙人与诸君有无穷之希望焉。"

1912年9月23日正乐育化会举行欢迎黄兴、陈英士大会后的合影
前排右二为会长谭鑫培

1914年6月，正乐育化会换届改选。谭鑫培赓续会长，刘鸿昇任副会长，原副会长田际云任名誉会长。同年，湖北水灾，该会组织名角在第一舞台义演，所得万余元尽数捐献灾区，此类义举后来历年皆有。为救济贫困同业的老病死葬等事，每年也必组织名角有一两次义演。1917年，谭鑫培病故，田际云任名誉会长，刘鸿昇、俞振庭分任正副会长，继续推行正常会务。1921年刘鸿昇去世，田际云老病，会务渐涣散。1924年许德义等另组梨园公益总会，正乐育化会终告解散。北京的正乐育化会本以"总会"名义创办，却因政局紊乱，其组织职能未达于全国。但有些地方也有正乐育化会组织成立并自称"分会"，以示从属关系。（李宗白）

Zheng Chuan'en

郑传恩 （1937～2004） 舞台美术家。祖籍湖北宜昌，生于重庆。1961年毕业于中央戏剧学院舞台美术系。北京京剧院一级舞台美术设计。主要作品有《画龙点睛》、《水龙吟》、《管仲拜相》、《甲申祭》、《圣洁的心灵——孔繁森》、《风雨同仁堂》等剧的舞台设计。他在创作上既尊重京剧传统的艺术精神，又不墨守成规，力求结合演出剧目的需要，创造新颖的、个性化的演出形式。传统的“守旧”，与演出剧本的内容往往没有直接联系，只是挑班主演的个人标志。而郑传恩在《管仲拜相》、《水龙吟》等剧中所设计的装饰性底幕，则是集中体现着设计者对剧作、剧中主要人物的认识和态度，在一定程度上营造着演出氛围。所用的装饰主题、主体形象就不是传统舞台上的那些吉祥图案，而是从剧本的时代背景中汲取装饰素材，形成既有一定历史内涵又有现代感的装饰“背景”，贯穿全剧。其中前区也有少量的变动因素，暗示环境，但环境的最终体现仍要靠演员的表演和观众的联想所起的协同作用，故其舞台空间总是比较空灵的，给表演以很大的

《风雨同仁堂》布景模型

自由。在装饰性底幕的制作上，讲究画出光感、立体感甚至动感。他在《圣洁的心灵——孔繁森》中，所提炼的五彩“天梯”形象，具有象征性、多义性。主体形象民族特色强烈，带有宗教的神秘感，空间深远辽阔，群星闪耀，有引向崇高的想象。这个设计得到观众、专家广泛好评，获第六届文华舞台设计奖。 （王培森）

Zheng Faxiang

郑法祥 （1892～1965） 演员。工武生。学名涵宇。祖籍直隶故城（今属河北），生于上海。父郑长泰系直隶梆子演员，工武生，擅演悟空戏，艺名“赛活猴”。法祥艺承家学，曾名“小活猴”。幼年随父在天仙茶园练功习艺，受到潘月樵、王鸿寿、李春来、沈韵秋诸多前辈熏陶、培育，打下深厚基础。初时应工二路武生，衬托紧凑，配合严密，得到李春来的称赞和器重，并与周信芳、赵如泉、张桂轩、王益芳、刘奎官等合作多年。由于勤修苦练，奋发上进，再加前辈提携，终从二路武生跃为头路武生，兼演红生戏（师法王鸿寿），与黄玉麟、陈嘉祥、孟鸿茂等演出于上海、杭州、宁波、广州、福州等地，颇受赞许。以后专攻悟空戏，首创《金刀阵》和演出以孙悟

空为主角的《摇钱树》、《泗州城》等戏，负有盛名，久演不衰，成为代表作。1926年与小杨月楼、尹九霄等赴日本东京演出，以《摇钱树》招待各界，《金刀阵》、《水帘洞》、《闹天宫》为3天打炮戏，反响强烈。1929年开始在黄楚九出资建造的齐天舞台上演连台本戏《西游记》，长达数年，共有20本之多，名满江南，影响深远，遂成为郑派悟空戏创始人。

郑法祥一向称自己所演的悟空戏为“大圣戏”，讳称“猴儿戏”。他认为孙悟空是上闹天宫、下闯地府的齐天大圣，绝非一般猢狲可比，所以不能把他演“小”了。因此郑派悟空戏具有独特的艺术风格，所塑造的孙悟空形象大气磅礴，威严勇武，有慈有狠，亦庄亦谐。在表演上远远超出了在动（走身段）时把武生动作缩小，在静（亮相）时加进一些猴形的传统格局，而是另创一套与其他任何脚色行当不同的、属于孙悟空特有的表演技法。为了完成这套技法的创造，他广征博引，锲而不舍，不仅观摩学习杨小楼、尚和玉和昆曲演员郝振基等的悟空戏，而且向同辈学，向晚辈学，甚至向拉大幕的学，凡有一技之长者都去学。他努力提高文化素养，精读、细读小说《西游记》，通晓孙悟空的性格特征和艰难经历。他借鉴生活，仔细观察猿猴的行动坐卧。他探本穷源，远到福州齐天寺和广州大佛寺去瞻仰齐天大圣和斗战胜佛的法相，并请画工临摹下来，供奉家中，作为塑造孙悟空形象的蓝本。他为了移步换形，丰富脚色的形体动作和武功技巧，曾向武术界名师求教，专程去杭州海潮寺拜访宁空法师，结交上海武术家王子平，掌握了内家拳、外家拳，积累了相当丰厚的研究孙悟空表演的素材。在研练孙悟空表演的几年里，他暂时停演了所有的悟空戏，专心致志切磋琢磨，最后终于创造出一套别开生面的悟空戏表演艺术，为丰富京剧艺术宝库作出了不可磨灭的贡献。

郑派悟空戏共34出（连台本戏《西游记》不在其内），计有《悟空出世》、《刀劈混世魔》、《水帘洞》、《闹地府》、《大闹御马监》、《闹天宫》、《两界山》、《鹰愁涧》、《黑风山》、《高老庄》、《黄风岭》、《流沙河》、《大闹五庄观》、《三打尸魔》、《黄袍怪》、《平顶山》、《乌鸡国》、《火云洞》、《黑水国》、《车迟国》、《通天河》、《金峴洞》、《女儿国》、《琵琶洞》、《双心斗》、《三调芭蕉扇》、《悬丝诊脉》、《智盗紫金铃》、《盘丝洞》、《无底洞》、《豹头山》、《金刀阵》、《泗州城》、《摇钱树》。34出皆有不同特色，精彩纷呈，各尽其妙。

《金刀阵》饰孙悟空

20世纪40年代初，因年迈体衰退出舞台。中华人民共和国成立后，他在一些大型晚会中作过多次表演。1951年为抗美援朝举行捐献飞机大炮义演，演了《泗州城》。1952年上海的京剧老艺人举行示范演出，演了《金刀阵》。1959年在上海京剧院内部又演了《闹天宫》片段，无不收到异常热烈的剧场效果。

1954年先后受聘到中国戏曲研究院戏曲学校沈阳分校、中国戏曲学校和上海京剧院传艺授徒，先后拜其为师或受教者有李仲林、陈正柱、侯正仁、李可、李元春、小王桂卿、小高雪樵等多人，再传弟子有严庆谷等。1963年上海文艺出版社出版了郑法祥口述、刘梦德记录整理的《谈悟空戏表演艺术》一书。

（刘梦德）

Zheng Wenke

郑文科　（1912～1964）　鼓师。直隶霸州（今属河北）人。15岁到天津学皮簧武场，后到沈阳、长春、哈尔滨、大连等地演出，得到刘长卿（鼓师）、陈福林（铙钹）等前辈指教。1937年后，曾先后为唐韵笙、曹艺斌、杨秋雯、白玉崑、邢威明、李香匀、周少楼等人司鼓，演出于北平、天津、上海、南京、武汉和东北各地。1952年加入旅大市京剧团。郑文科勤于钻研，善于学习，认真向白登云、周子厚等先辈请教，吸收各流派精华。他的伴奏能够紧密配合演员表演，善于把握演出节奏，烘托舞台气氛。他的基本功扎实，腕子功非常好，手里干净利落。为曹艺斌伴奏《安天会》时，一只鼓楗失落在地，他竟用一只楗捻了个"丝边"，众人叹服。除了司鼓外，他还参加了《棠棣之花》、《花荣大闹清风寨》、《迎风斗浪》等新编剧目的音乐设计。1956年随中国大连艺术团到苏联和蒙古访问演出。

（胡江）

Zheng Yan

郑岩　（1941～　　）　演员。工文丑。原名郑天宝。生于北平（今北京）。1951年考入中国戏曲研究院戏曲实验学校，学文丑，师从萧长华、高富远、王盛如等。1959年毕业，分配到中国京剧院任演员，拜师萧盛萱，并从王福山、刘斌昆问业。他在表演上，恪守萧派绳墨，中规中矩，不俗不油，不贫不厌，不哗众取宠，于冷隽中见灵俏，沉稳中求机趣，唱念清晰，身上干净，方巾、袍带、褶子、箭衣各工兼能，也演婆子。经常与袁世海、杜近芳、李世济、冯志孝、于魁智等同台合作。擅演剧目有《审头刺汤》、《群英会》、《法门寺》、《连升店》、《女起解》、《乌盆记》和《野猪林》、《响马传》、《淮河营》、《凤还巢》、《生死恨》、《六月雪》、《英台抗婚》、《审七长亭》等。1988年饰《调寇审潘》中的班头，获全国京剧新剧目会演优秀配角奖。为《中国京剧音配像精粹》配录了《审头刺汤》、《搜府盘关》、《法门寺》等剧，同袁世海合演《群英会》的录像及《审七长亭》的录音，同于魁智合演《乌盆记》的录像都允称佳品。近十几年来，多次到香港、台湾出演，博得高度评价。退休后又在中国戏曲学院兼课传艺。

（钮骠）

Zheng Yiqiu

郑亦秋　（1914～1994）　京剧导演。原名郑国轩，艺名郑野秋。山东枣庄人。回族。11岁入戏班学艺，师从马祚麒，工老生。边学边演，辗转于鲁南、苏北、皖北一带。1930年出师后，到连云港搭班。因倒嗓，拜刘奎童为师，学做工老生。1931年后，在湖北、湖南等地搭班演戏。1937年与刘筱衡组班去沙市、宜昌等地演出。曾当选中华全国文艺界抗敌协会荆沙分会抗敌宣传队第一队队长。1940年任桂林戏剧界南路劳军团副团长，赴昆仑关前线慰问演出。1941年参加田汉组织的文艺剧队，从事京剧改革工作。1942年曾导演并主演《明末遗恨》、《卧薪尝胆》等。1949年经田汉推荐到文化部戏曲改进局艺术处工作。1951年到中国戏曲研究院京剧实验工作团一团工作。1955年调中国京剧院任导演。他是一位多产的导演，20世纪50年代以后所导演的剧目有30多出。曾与李紫贵合作导演《三打祝家庄》和《江汉渔歌》，与阿甲合作导演《白毛女》，与梅兰芳合作导演《穆桂英挂帅》，与欧阳予倩合作导演《桃花扇》，还导演了《关羽之死》、《白蛇传》、《蝴蝶杯》、《无底洞》、《五侯宴》、《桃花村》、《初出茅庐》、《西厢记》、《杨门女将》、《满江红》、《赵氏孤儿》、《九江口》、《强项令》、《龙女牧羊》、《谢瑶环》、《春草闯堂》、《西门豹》、《锦车使节》、《佘赛花》、《李清照》、《林海雪原》、《柯山红日》、《蝶恋花》、《红色娘子军》等京剧剧目，以及豫剧《强项令》，昆曲《钗钏记》，晋剧《舍饭》、《调寇》等。他在导演艺术上追求情、理、顺。其导演风格平实、明快、简洁、顺畅，善于发挥主演的艺术创造力，以导演喜剧、正剧见长。《杨门女将》、《初出茅庐》等戏，使一批后起之秀脱颖而出。

郑亦秋（左一）与田汉（右一）、杨秋玲（饰《红色娘子军》中的吴琼花）

（朱文相）

Zhifeizhai Juben

《知非斋剧本》　京剧作品集。知非斋主人编撰。作者生平不详。太原历史文化戏剧研究社发行，晋新书社1934年7月出版。收《平蚩尤》、《夏廷忠谏》、《西周记》、《功臣泪》、《窃符救赵》、《鹦鹉洲》、《五战军》、《明皇梦》、《李龟年》、《伐闯墓》10个剧本。附录收《补平蚩尤》、《补夏廷忠谏》两个剧本及《中国戏剧沿革略述》一文。每一剧本前列"本剧事略"、"剧中人物及行当"、"剧中主要人物的衣饰"等，以适应排练演出时使用。此书是作者"取史事之信而有征者，复间采诸子各家之说"而编写的皮簧剧本。这部剧作集体现了当时文人的思想倾向及精神追求。

1935年出版第二集。扉页题"知非斋历史新剧第二集"，收《玉镜台》、《平陈记》、《辽金风云》、《碎玉全金》4个剧本，全是大型多幕剧。编辑体例与第一集相同。

（王佩孚）

zhiducyi

直裰衣　京剧服装。戏班讹作制度衣。直裰亦作直掇，宋元时为僧寺行者所服，经过充分舞台化后，为《闹天宫》中任弼

（选自《中国戏曲服装图案》）

马温之孙悟空专用。款式为圆领，大襟，窄袖。式如箭衣，略短，无马蹄袖。前身缺襟，宛如坎肩的琵琶襟开身。其形制当受清代行袍（又称缺襟袍）的影响。生活中的缺襟，便于乘骑，舞台上的缺襟，有利于偷桃、盗丹等大幅度表演动作。用黄缎制成，有4个黑缎或蓝缎底彩绣团龙，贴缀于前胸后背及左右肩。托领、大襟及下摆均以黑缎或蓝缎镶缘，平金绣猴毛、猴旋纹。孙悟空穿直裰衣时，头戴钻天盔，形成固定衣冠组合。（谭元杰）

Zhiqu Weihushan

《智取威虎山》 京剧作品。上海京剧院根据曲波《林海雪原》小说集体改编。1958年陶雄负责编剧，申阳生执笔。首演于江苏南京。导演陶雄、李仲林、李桐森。主要演员李仲林、纪玉良、王正屏、李秋森、贺永华、李桐森、刘斌昆、赵晓岚。1964年，剧本修改加工，陶雄、刘梦德执笔。同年6月参加全国京剧现代戏观摩演出大会。1965年3月，成立《智取威虎山》剧组。由章力挥、陶雄、刘梦德、高义龙组成编剧组，对剧本重作修改加工。删去剧中一撮毛杀害栾平妻的情节，增加《深山问苦》一场。剧本基本定型。1966年正式公演于上海。江青从1964年开始插手此剧，1967年后指令于会泳负责，1969年10月剧本改定，1970年正式演出，北京电影制片厂摄制成彩色戏曲艺术片。主要演员童祥苓（饰杨子荣）、沈金波（饰参谋长）、施正泉（饰李勇奇）、齐淑芳（饰常宝）、张佑福（饰常猎户）、王梦云（饰李母）、贺永华（饰座山雕）、孙正阳（饰栾平）。1976年，上海京剧团曾赴日本访问演出。粉碎“四人帮”后一度停演。经修改恢复演出，为上海京剧院保留剧目。故事发生在解放战争时期的东北牡丹江地区。中国人民解放军某部团参谋长少剑波率领小分队进入深山，发动群众，追剿盘踞在威虎山的座山雕匪帮。侦察排长杨子荣假扮土匪胡彪，以献“联络图”为名打入匪窟，查清明堡暗道，计送情报。除夕夜，杨子荣智胜逃匪栾平，乘威虎山举行百鸡宴之机，与滑雪赶来的小分队及民兵里应外合，聚歼群匪，生擒座山雕。剧作颇具传奇色彩，剧情紧张曲折，引人入胜，重视发挥京剧艺术特长，以歌舞抒情，展示人物在特定情境中的内心活动。如《深山问苦》一场中［西皮原板］“小常宝控诉了土匪罪状”，《定计》一场中［二簧导板］

《深山问苦》 童祥苓饰杨子荣（右二） 齐淑芳饰常宝（左三） 张佑福饰常猎户（右一）

《打虎上山》 童祥苓饰杨子荣

转［回龙］、［原板］“朔风吹林涛吼峡谷震荡”等唱段都脍炙人口。特别是《打虎上山》一场的［二簧导板］“穿林海跨雪原气冲霄汉”，配以多乐部伴奏曲，大气磅礴，于传统“趟马”程式中融入现代舞蹈语汇，载歌载舞，情景交融。《急速出兵》一场的集体滑雪舞蹈，也是京剧表演创新的精彩片段。人民出版社1971年7月出版《革命现代京剧〈智取威虎山〉》，收入剧本、剧照、主旋律乐谱、舞蹈动作说明、舞台美术图表。与该剧题材相同的京剧作品，还有程嘉哲、萧甲编剧，北京京剧团首演本《智擒惯匪座山雕》，陈国珍、赵秉南、田英编剧，吉林省辽源市京剧团首演本《智擒座山雕》等。（沈鸿鑫）

Zhongguo Dabaike Quanshu Xiqu Quyi

《中国大百科全书·戏曲曲艺》 工具书。中国大百科全书出版社1983年8月出版。戏曲部分编委会主任张庚，副主任赵景深、王季思、马彦祥、郭汉城。集全国众多戏曲专家学者历时3年，精心编纂而成。他们殚精竭虑，博览群书，总前人之所成，发自家之精见，为本书所具有的科学性、权威性作出巨大贡献。一些老专家、老学者，如赵景深、王季思、钱南扬、谭正璧等，更是费尽心力，在其有生之年为这部巨典贡献了力量。尤为可喜的是在此书的编纂过程中发现了元杂剧《西厢记》的元末明初刻本残页，使这一珍贵史料在该书中第一次得到反映。一批山西金元时期的墓葬杂剧砖雕照片和洪洞县明应王殿元杂剧壁画照片也在该书第一次彩印发表。该书从声腔剧种、剧目、音乐、表演、导演、舞台美术等方面，多层次、多侧面地反映了中国戏曲的历史发展轨迹和基本面貌，第一次把戏曲作为舞台综合艺术的整体，全方位地展示给读者，获得了国内外专家读者的好评。同时，书中著名演员条目有三分之一是京剧演员，为京剧研究提供了资料。该书的学术价值是显而易见的，但因字数限制，对戏曲理论著作的收录尚显不足。（赵舒凯）

Zhongguo Daxiyuan

中国大戏院 现代戏曲剧场。共有两处：其一址在上海市俗称“偷鸡桥”处（今牛庄路浙江路口），坐北朝南。现存。1929年动工兴建，由京剧艺人赵如泉与地主庞某、自来水公司总办周炳臣三人合股，故初名三星大舞台。翌年春节揭幕，开台戏由金碧艳、赵如泉、张如庭、贾碧云、小孟七等出演。当晚戏演至中场，有人起哄，秩序大乱。经打听，方知荣记大舞台主人黄金荣对其亦称“大舞台”不满。慑于威势，三天后自动停演，取消“大”字，改称三星舞台。此后李桂春等长期搭班。一度放映电影。不久，由周炳臣独资经营，称炳记三星舞台。1934年初，尚小云、谭富英等曾在此献演。后转让给前闸北更新舞台（时已焚毁）经理周筱卿，

中国大戏院（上海）外观

改名更新舞台，多演周筱卿参与布景设计的连台本戏。1937年起，由名票孙兰亭等五人接手。“八一三”事变前夕转手董兆斌，称斌记更新舞台。抗日战争期间易手，1944年起盘给大赉国剧公司张善琨等，1月24日更名中国大戏院重新开幕。第一期演员为马连良、叶盛兰、高盛麟、袁世海、宋德珠等。此后日渐成为上海主要京剧演出场所。抗日战争胜利后，梅兰芳、杨宝森等在此演出。1947年9月杜月笙六十寿庆，孟小冬等在此为赈灾义演《搜孤救孤》，轰动一时。1954年由上海市文化局接管。“文化大革命”期间改名新中国剧场。1974年称中国剧场，近年恢复中国大戏院原名。建筑为4层钢筋混凝土结构，占地面积约1 258平方米，营业总面积3 884平方米。舞台台口宽15米，高7米，深12米。总高度15.5米。副台上场门51平方米，下场门49.9平方米。初建时座位有3层共1 914座。后来三楼座位因视线不佳停止开放。现有底楼座位830座，二楼580座。

其二址在天津市滨江道124号。现存。由周信芳倡议，天津名流孟少臣等合股集资20余万元创建，1936年落成，为中法合璧式的建筑。占地2 000余平方米，建筑面积近8 000平方米，总体5层。场内有3层观众坐席，可容纳观众2 000余人。戏院管理严密，设董事会，由周振东兼任董事长，总经理孟少臣任常务副董事长，尚小云、周信芳、谭小培等为董事会成员，持有一定股份。1936年9月19日开业，请马连良领衔的扶风社作首场演出，全体武行

中国大戏院（天津）观众席

跳灵官，马连良跳加官，马富禄跳武财神，众人合演《天官赐福》。方连元主演《蟠桃会》。林秋雯、马富禄合演《女起解》。马连良、叶盛兰、刘连荣、茹富蕙合演全部《借东风》。开业后，梅兰芳、尚小云、程砚秋、荀慧生、筱翠花、马连良、谭富英、周信芳、奚啸伯、杨宝森等经常到此献艺。1939年天津发生特大洪水，中国大戏院因建筑坚固，曾收纳数以千计无家可归的灾民，为之提供食宿。1949年天津解放后，中国大戏院改为国营。迄今仍是京剧在天津的重要演出场所。（沐明敏　甄光俊）

Zhongguo Gudai Juchang Shi

《中国古代剧场史》　剧场史专著。廖奔著。中州古籍出版社1997年5月出版。16开本，精装，24.8万字。作者称：“本书的研究目的只聚集在剧场——演出环境本身的发展演变上，以及与之有关的社会操作的方面”，不涉及剧场艺术的论述（《序言》）。全书共12章：第一章《剧场变迁》，包括“无剧场意识期”、“正式剧场的成立及其发展”、“中国剧场形式的随意性”。第二章《戏台沿革》，包括“溯源”、“露台”、“舞亭类建筑”、“从单纯的‘亭’到区分前后台”、“明清戏台式样”。第三章《汉魏场地》，包括“厅堂式演出”、“殿庭式演出”、“广场式演出”。第四章《晋唐场地》，包括“六朝寺院百戏”、“唐代戏场”、“唐代剧场设施”。第五章《勾栏演剧》，包括“称谓”、“历时”、“地域”、“规模”、“构造”、“内容”、“经营”、“安排”。第六章《堂会演剧》，包括“历代堂会演剧述例”、“演出场所”、“演出俗规”、“戏价与封赏”。第七章《戏园演剧》，包括“酒楼演唱”、“酒馆演剧”、“清代酒馆戏园”、“酒馆戏园的构造与经营”、“酒馆向茶园剧场的过渡”、“茶园分布”、“茶园构造”、“茶园经营”、“茶园演出”、“茶园观众”。第八章《神庙演剧》，包括“溯源”、“神庙结构”、“神庙剧场”、“庙戏演出”、“庙戏环境”、“神庙经济”、“庙戏观众”。第九章《宫廷剧场》，包括“历代宫廷演出场所”、“南京御勾栏”、“清宫戏台”、“清宫戏台的设备”、“大戏台演出”、“意义”。第十章《其他剧场》，包括“临时戏台”、“船上戏台”、“水畔戏台”、“会馆戏台”、“宗祠戏台”、“随处演出”。第十一章《近代变迁》，包括“晚清剧场的改造”、“新式舞台的出现”。第十二章《中外剧场比较》，包括“中西比较”、“中日比较”。附图共162幅。其中第七至第十一章多涉京剧演出场所及氛围。（周华斌）

《中国古代剧场史》护封

Zhongguo Huitang Juchang Jianzhu

《中国会堂剧场建筑》　剧场论著。清华大学土木建筑系剧院建筑设计组师生编辑。清华大学土木建筑系1960年12月出版。全书分两部分：前部分为“中国剧场建筑发展简史”，包括“古代及传统的剧场”、“近代的新式剧场”、“解放后的剧场建设”三部分，附照片及平面剖面图68幅，其中多涉京剧演剧场所；后部分为“中国会堂剧场建筑图集”，收中华人民共和国成立至1960年北京、天津、太原、呼和浩特、沈阳、长春、哈尔滨、旅大、齐齐哈尔、西安、兰州、乌鲁木齐、上海、南京、苏州、徐州、杭州、济南、青岛、合肥、广州、武汉、重庆、成都、昆明等25个城市72个新建剧场的简介、照片及平面剖面图。另附“中国会堂剧场观众厅舞台一览表”，将以上72个剧场按建造年代、简图、座位数、座位排数、观众厅尺寸、层数、最高最远座位俯角（度）、最远视距（米）、乐池、基本台尺寸、台口各项列表。该书以3个月的时间收集资料、调查研究、整理而成。其间调查研究涉及20余个城市的200余个剧场，并得到中国戏曲研究院周贻白、墨遗萍、刘念兹等专家的指导。该书是反映20世纪50年代中国剧场史研究水平及剧场建设资料收集状况的代表性著作。（周华斌）

Zhongguo Jindai Xiqu Lunzhu Zongmu

《中国近代戏曲论著总目》　工具书。傅晓航、张秀莲主编。文

化艺术出版社1994年出版。本书从北京、上海、天津、兰州、沈阳等城市的十余所图书馆，检索自1840年至1949年间有关戏曲的专著和报刊，共收专著474种，报刊362种。专著附有详细的章节或条款目录，基本做到有目必录，附有专著书名索引、专著作者索引。报刊收5 940余篇文章篇目，附有详细分类索引，分戏曲史、戏曲文学、戏曲改良及“国剧运动”与现状研究、戏剧理论、表导演艺术、戏曲音乐、戏曲舞台美术、戏曲科班与人才培养、剧场与剧场变迁、戏曲常识等十大类。在各大类下分细目共26项。全书100余万字，为检索京剧史论资料的重要工具书。

（詹怡萍）

Zhongguo Jinghu yu Qinshi

《中国京胡与琴师》 京剧研究资料。楼庄东著。上海远东出版社2011年1月出版。51万字。内有《京胡史话》，简略叙述了京剧运用胡琴的曲折过程、京胡形制的变化与丰富，以及对“京胡定型、乐制成形”作出过贡献的先驱者。

本书的主要内容是《琴师荟萃》，对在京剧史上出现过的有名琴师和直到目前活跃在舞台上或教学岗位上的琴师共600多人的生平、业绩、师承关系做了介绍，其中有不少梨园掌故和奇闻逸事。以琴师出生的先后为序。最早的是王晓韶（即王进贵），清咸丰、同治年间四喜班吹笛高手，由笛改琴为京剧伴奏的先行者；最晚的是出生于20世纪90年代的年轻琴师。收集、整理这么多琴师的资料，实属不易。另有《因资料匮乏而无生平介绍的琴师名单》。为便于读者检阅，列有《中国琴师音序索引表》。书中配有多种名贵老琴的彩照。刘曾复等5人分别为本书作序。翁思再在序文中说，本书作者之父楼邦达是上海著名琴票，楼庄东随父学琴，凭此一技之长，到宁波京剧团工作，后又迁回上海，从事企业管理，业余继续玩京胡，是几个票房的“当家琴师”，并热衷于京胡的收藏和研究，曾举办过“京胡遗珍展”；本书的出版，虽“尚有许多未尽如人意之处”，“毕竟是一个好的开头”，将启发更多的人“把京胡的学问深入地做下去”。

（何雨南）

Zhongguo Jingju

《中国京剧》 京剧期刊。1992年创刊。文化部振兴京剧指导委员会主办，2004年夏，主办单位改为文化部文化艺术人才中心。原为双月刊，2003年起改为月刊。历任主编有吕瑞明、吴乾浩、苏移、吴江、戴英禄、刘般若等。辟有学术研究、理论研究、表演艺术、音乐研究、舞美研究、百家论坛、艺术争鸣、流派锦绣、戏曲美学、京剧文化、人物专访、名人特写、京剧剧评、菊坛谈往、轶闻趣事、台港之页、海外人语、海外艺踪、京剧影视、音像世界、京剧教育、京剧书窗、名作赏析、我与京剧、中外交流、创作手记、导演札记、演员手记、艺术随感、票房票友、当代戏迷、知识讲座、

观众之声、调查研究、经营之道、珍贵留影、新星座、菊圃新蕾、名门后裔、热门话题等几十个栏目，对戏曲表演体系和在京剧史上占重要位置的程长庚、谭鑫培，梅兰芳、尚小云、程砚秋、荀慧生、张君秋、余叔岩、马连良、言菊朋、杨宝森、奚啸伯、周信芳、唐韵笙以及小生三杰俞振飞、姜妙香、叶盛兰，武生泰斗杨小楼、盖叫天，净脚名家金少山、郝寿臣、侯喜瑞、裘盛戎、袁世海等各京剧流派进行了研讨，并对前辈丰厚的艺术经验进行总结。该刊重视京剧跨世纪人才的培养，对于活跃于当今舞台的中青年演员的学习演出活动给予广泛报道，并组织专家学者对他们的学业、演技、继承、发展等整体艺术素质进行指导性评介。京剧剧目创作是该刊关注的重点，对新编和改编剧目如《曹操与杨修》、《西施归越》、《夏王悲歌》、《曹氏父子》、《盘丝洞》、《狸猫换太子》，现代京剧《高高的炼塔》、《北国红姑娘》、《焦裕禄》等，组织文章讨论分析，给予支持和鼓励。还辟出一定篇幅对于京剧电视剧等新的京剧影视品种的形成与发展趋势展开讨论。一位德国朋友曾来信热情赞扬：“《中国京剧》杂志既是一本中国京剧知识、理论、信息的纵横荟萃集，又是一卷中国京剧推陈出新发展历史的留香存彩录，更是一件图文并茂、古今合璧、装帧精美的珍贵艺术品。”

2005年10月，刊行百期，以集体创作《中国京剧百美图》志庆，颇得读者欢迎。

（蔡景风）

Zhongguo Jingju

《中国京剧》 大型图集。陈多、叶长海等主编。上海古籍出版社1999年10月出版。8开本，彩印精装，外有盒套。本书图片约有1 300幅，多为20世纪下半叶舞台演出的摄影作品，相当生动地反映了京剧剧目、脚色和演员的艺术风貌。图片分为4编。上编《京剧的美学特征》，包括：①以舞为容，以歌为声；②重在写情，以情感人；③脱略形迹，传其意气；④有技有艺，以美取胜。中编《京剧的行当与角色》，分生、旦、净、丑展示脚色行当。下编《京剧的风格和流派》，含3节：①流派纷呈；②各领风骚；③珠联璧合。外编有《京剧的脸谱艺术》和《京剧的普及与交流》。本书在图片的选择上，兼顾表演水平与拍摄水平，在文字阐述上，邀请研究有素的专家学者分工执笔。全书文图具有较高的观赏价值和学术价值。王元化为本书写《绪语》指出：“只要我们站在不同岗位的艺术工作者，兢兢业业，虚己服善，认真不苟地工作，京剧的优良传统必将得到发扬。”吴祖光在《前言》中深情地写道：“愿以此书表示我们对京剧艺术如泰山黄河，如宇宙恒星，经久不息，源远流长的祝祷！”

（海风）

Zhongguo Jingju Biannian Shi

《中国京剧编年史》 京剧史著作。王芷章编著。中国戏剧出版社2002年10月出版，上、下两册，80万字。内容起自1790年（清乾隆五十五年）三庆徽班进京，止于1919年五四时期京剧改良运动，长达130年，逐年记述有关戏曲的事件、班社、艺人、腔调、剧目等，反映出京剧经由徽班进京到徽汉合流，集乱弹诸腔及昆、弋之长，综合演化为京调皮簧戏，走向兴盛，流布全国，并为适应时代变化而开始变革的历程。征引史料丰富，亦表述了作者的研

究心得。此书是作者后半生的力作。王芷章于1956年调入中国戏曲研究院之后，更专心致力于此。他既运用以往写作《腔调考原》、《清昇平署志略》、《清代伶官传》诸书的文献积累，又对艺人及各方人士做了访问、调查，获得许多口述历史资料，并有幸于1965年退休，逃过“文化大革命”浩劫，隐居在家，潜心笔耕，终于完成这部巨帙。卷首有马少波、余从两篇序。下册附有王芷章《京剧名艺人传略集》(收入各行当演员及乐师、管侑、梳头人、检场人共221人)、《中国戏曲声腔丛考》及1934年出版的《腔调考原》。卷末为作者之女王维丽、女婿李庆元合作编辑的《〈中国京剧编年史〉人名索引》，这对于读者检索各时期京剧界人士的活动提供了方便，提高了这本编年史料的使用价值。余从序指出，王芷章一生研究重点是清代乱弹尤其是京剧，这份执著，来自他的学术见解“客观地反映了戏曲主体的变迁规律”，因而高度重视民间戏剧的研究，“不仅摒弃了‘崇雅抑花’的旧观念，也没有受到‘全盘西化’的那种否定民族戏曲思潮的影响。真是难能可贵”。（简畅）

Zhongguo Jingju Chengpai Yishu Yanjiuhui

中国京剧程派艺术研究会　学术团体。成立于1993年8月5日。宋任穷、王光英任名誉会长，冯牧任会长，徐笠翁任常务副会长兼秘书长，赵荣琛、王吟秋、李世济、程永源、戴丽姝、欧阳中石、朱文相、薛若琳任副会长，涂沛、苗祥任副秘书长。2009年，吴江任会长。会员为热爱程派艺术和有志于探讨、弘扬程派艺术的各界人士。研究会以探索程派艺术真髓，继承和发展程派艺术，推进京剧与海外的文化交流为宗旨。成立以来已做了许多实事，包括：发现、培养和推出程派艺术新人；搜集和发掘程派艺术资料；会员们撰写和发表探讨程派艺术的各种文章，组织不同形式的程派艺术研讨会；与中国京剧基金会合作出版“秋声丛书”首册《程砚秋艺术评论集》；成立秋声京剧研习社，为专业演员和票友提供实践机会，包括创演新戏；以不同形式组织程派艺术的专场演出。研究会的活动，为程派艺术的研究、发展和普及作出了积极的贡献。（徐笠翁）

Zhongguo Jingju Chuantong Wutai Meishu Zhuoyi Baishe

《中国京剧传统舞台美术·桌椅摆设》　工具书。赵振邦、吴学富、李树萍著。中国戏剧出版社2008年12月出版。16开本，120页，彩印软精装。全书有8个部分：①京剧舞台的构成；②京剧桌椅摆设所需物品名称；③椅子摆设；④桌子摆设；⑤桌、椅及其他配件组合摆设；⑥高台；⑦摆高；⑧桌围、椅披搭系法。本书总结了京剧传统剧目演出中桌椅的数十种摆设方式及其名称和使用例子，除文字介绍外，配有舞台平面图和立面效果图，具有相当的系统性和规范性，可以作为教材使用。附录部分用16幅彩色剧照，介绍了传统的桌椅摆设方式在新的舞台条件下演出传统剧目、新编历史戏和现代戏中的变化运用。李滨声、贯涌分别为本书作序。（简畅）

Zhongguo Jingju Ershi Jiang

《中国京剧二十讲》　京剧专著。骆正著。广西师范大学出版社2004年3月出版。内容含有：戏曲的历程、京剧概论、京剧的剧目

与流派、京剧的特性与代表戏、京剧与审美心理学、戏曲大师的审美观、梅派及梅兰芳研究、程派及程砚秋研究、麒派及周信芳研究、荀派及荀慧生研究，还包括《群英会》、《贵妃醉酒》、《打渔杀家》、《失街亭、空城计、斩马谡》、《玉堂春》、《四郎探母》、《四进士》、《赤桑镇》、《盘丝洞》等名剧的赏析。作者是北京大学的心理学教授。自序称：“本书是在北京大学‘京昆艺术’选修课的部分讲稿和对传统戏曲的部分研究论文基础上撰写而成。”文章采取讲座形式，并充分调动了他在心理学方面的专业知识，这是本书的重要特色。附录有王晓峰《他在北大传播京剧》，对作者的努力和贡献做了中肯评介。（简畅）

Zhongguo Jingju Liupai Jumu Jicheng

《中国京剧流派剧目集成》　京剧作品丛书。由《中国京剧流派剧目集成》编委会编，主编黄克，副主编常立胜、吴春礼、赵晓东、蔡景凤、杨凌云。学苑出版社出版。2006～2009年已出版20集，收入各行当名家流派演出剧本110多出。整理者均为流派传承人及相关专家学者。体例方面有：剧情本事，创始人表演特点，曲文所依据的版本，剧中人物的行当归属与服装扮相，随同曲文的唱腔谱、伴奏谱、锣鼓经，表演身段的提示等。力图体现流派剧目的诸多元素，以期保存完整的资料。第1～20集详目如下：

第1、第2集为马连良的《黄金台》、《淮河营》、《苏武牧羊》、《白蟒台》、《清官册》、《清风亭》、《打渔杀家》、《串龙珠》、《胭脂宝褶》、《审头刺汤》、《打严嵩》。

第3、第4集为周信芳的《萧何月下追韩信》、《斩经堂》、《描容上路》、《扫松下书》、《徐策跑城》、《清风亭》、《乌龙院》、《义责王魁》、《文天祥·就义》、《四进士》。

第5、第6集为余叔岩的《摘缨会》、《搜孤救孤》、《盗宗卷》、《法场换子》、《沙桥饯别》、《太平桥》、《洪羊洞》、《乌盆记》、《断臂说书》、《哭祖庙》。

第7集为唐韵笙的《绝龙岭》、《驱车战将》、《好鹤失政》、《闹朝击犬》、《未央宫斩韩信》、《古城会》、《刀劈三关》。

第8集为叶盛章的《祥梅寺》、《打瓜园》、《铜网阵》、《徐良出世》、《巧连环》、《佛手橘》、《九龙杯》、《酒丐》。

第9集为盖叫天的《一箭仇》，包丹庭的《石秀探庄》，茹富兰的《林冲夜奔》、《八大锤·车轮大战》，厉慧良的《钟馗嫁妹》、《艳阳楼》，王金璐的《骆马湖》、《蚆蜡庙》，张云溪的《三岔口》，高盛麟、裘盛戎的《连环套》。

第10集为裘盛戎的《姚期》、《铡判官》、《铡包勉》、《赤桑镇》，王泉奎的《刺王僚》、《五台山》。

第11集为李多奎的《望儿楼》、《滑油山》、《太君辞朝》、《钓金龟》、《哭灵》、《遇皇后》、《打龙袍》，李金泉的《岳母刺字》。

第12、第13集为梅兰芳的《宇宙锋》、《霸王别姬》、《贵妃醉酒》、《穆桂英挂帅》、《生死恨》、《奇双会》、《凤还巢》、《三娘教子》、《苏

三起解》、《天女散花》。

第14、第15集为尚小云的《汉明妃》、《玉虎坠》、《金水桥》、《双阳公主》、《梁红玉》、《乾坤福寿镜》。

第16、第17集为荀慧生的《鱼藻宫》、《红娘》、《花田八错》、《钗头凤》、《杜十娘》、《金玉奴》、《香罗带》、《勘玉钏》、《红楼二尤》。

第18、第19集为王瑶卿的《虹霓关》、《棋盘山》、《樊江关》、《芦花河》、《穆柯寨》、《枪挑穆天王》、《天门阵》、《珍珠烈火旗》、《南天门》、《十三妹》，杜近芳的《白蛇传》。

第20集为黄桂秋的《别宫》、《祭江》、《祭塔》、《苏三起解》、《春秋配》、《蝴蝶媒》。 （潘占伟）

Zhongguo Jingju Shi

《中国京剧史》 京剧史著作。主编马少波、章力挥、陶雄、曾白融、胡沙。中国戏剧出版社1990年1月出版上卷，1990年11月出版中卷，1999年10月出版下卷2册，共3卷4册。这是一部研究中国京剧总体发展的专著，从京剧孕育形成直至1995年，按5个时期（孕育形成、发展成熟、繁荣鼎盛、战乱求存、建国新篇），分历史背景（政治、经济、文化概况）、剧目、表演艺术、音乐、舞台美术、人才培养、演出体制等，次第叙述，眉目清晰，线索分明。对京剧发展史上的重点问题如京剧的形成、宫廷演戏、表演艺术流派、南派京剧、改良京剧、京剧走向世界等，均有较详细的论述。以改良京剧为例，作者对其产生的时代背景，改良京剧的种种现象，它的衰微，其在京剧发展史上的地位和作用，既有史实的叙述，又有缘由的分析，论述切实而中肯。该书所收资料丰富、广博，涵盖了京剧流变的不同时期，不同地域，以及《中国戏曲志》编纂过程中新发现的史料。该书持论有据，分析深入，在史的全方位叙述中，蕴涵着一定的理论深度，是迄今规模最大的中国京剧史专著。该书绪论由马少波撰写，对京剧艺术的形成、发展及其艺术特色的论述，是他多年京剧研究成果的结晶。此书荣获北京市哲学社会科学优秀成果评奖一等奖和中国图书奖。 （胡冬生）

1990年版护封

Zhongguo Jingju Shi Tulu

《中国京剧史图录》 京剧史料。金耀章主编。河北教育出版社1994年11月出版。方形12开本，250多页，硬面精装。全书分4个部分。第一个时期（1790～1850），内含：京剧形成前徽班与汉调的两位著名演员，京剧早期剧目，京剧早期行当和演员，这个时期的著名演员；第二个时期（1851～1911），内含：京剧由民间进入宫廷，《思志诚画像》，梆簧“两下锅”对京剧的影响，票房与票友，京剧的文武场和著名乐师，这个时期的著名演员；第三个时期（1912～1948），内含：变法维新中的戏曲改良活动，京剧的科班与戏校，著名的琴师与鼓师，表演艺术家与文化人的结合，延安及其他解放区京剧改革的重点剧目，西南国统区京剧改良的重点剧目，这个时期的著名演员；第四个时期（1949～1990），内含：中华人民共和国中央人民政府对京剧的重视，京剧剧目工作的成就，建国后著名的剧作家、导演、乐师与中青年演员，京剧走向世界，京剧在国内的普及，纪念三庆班进京200周年。全书黑白图片近540幅，配以文字说明。其中尤以演员介绍为主，涉及生平、籍贯、师承、代表剧目等。吴作人为本书题写书名，卷首有张庚、俞振飞、张君秋题字，郭汉城作序。 （简畅）

Zhongguo Jingju Xiyi Tupu

《中国京剧戏衣图谱》 戏衣实物影集。陈申著。文化艺术出版社2009年1月出版。16开本，近400页，彩印软精装。收入传统戏衣205件。作者把它们分为4类：一官服类，有各式男蟒、女蟒、老旦蟒、宫装、官衣、改良蟒、改良官衣等40多件；二铠甲类，有各式男靠、女靠、改良男靠、改良女靠、大铠等15件；三常服类，有各式开氅、男褶子、女褶子、男帔、女帔等60多件；四衣褂类，有各式箭衣、马褂、补褂、抱衣、侉衣、战袄、裙、旗蟒、大小坎肩、太监衣、龙套衣、女兵衣、富贵衣、制度衣、老斗衣、古装上衣、八卦衣、法衣、斗篷等80多件。图下有注解，除说明款式、用料、色彩、花纹及戏中用途外，对于部分戏衣，还注明了产地和年代。产地注明苏州、北京者各有20多件，上海10多件。年代以20世纪50～60年代为多，达30多件，80～90年代有20件，民国时期有4件，清代及仿清作品有9件。图照除对戏衣作整体表现外，还对少数戏衣的花纹细部作重点表现，使读者更加清晰地看到图案设计的生动和刺绣工艺的精致。从实物摄影的角度来说，本书当是迄今京剧戏衣最为丰富的出版物。对于有兴趣研究戏衣的戏曲爱好者以及戏曲舞台服装设计者和制作者都有参考价值。本书作者陈申是摄影史学研究者，近十数年来，业余从事戏曲服装的收藏与研究。卷末有《京剧戏衣概说》，约1.5万字，论及“乾隆年间的戏衣文献”、“京剧传统戏衣的分类构成”、“民间戏衣、内班戏衣和宫廷戏衣”、“京剧戏衣的规定性、可舞性和装饰性”、“中国戏衣业的形式”，都是作者的研究心得。

黑缎彩绣花褶子（苏州出品）

紫缎彩绣花褶子（上海出品）

（简畅）

Zhongguo Jingju Yixiang

《中国京剧衣箱》 京剧衣箱图册。刘月美著。上海辞书出版社2002年12月出版。8开本，380多页，彩印，硬面精装。画家王个簃题签。卷首有曹禺丙寅年(1986)题词，称此书“绚烂丰满，至堪鉴赏”。俞振飞、苏石风、朱家溍分别作序。全书分梳头桌、彩匣子、盔箱、大衣箱、二衣箱、三衣箱、旗把箱、角色扮相、剧目共9章。前7章均以所容物件为介绍对象，包括物件的名称、形状、种类、件数、制作工艺、使用方法，以及使用后所呈现的多种多样的具体形象。第八章《角色扮相》，介绍扮戏程序和各行角色的扮相。第九章《剧目》，介绍了近60出戏各种角色的化装、服装和所使用的砌末。全书图片约2 200幅，多为彩照，文字解说约15万字。作者刘月美(1942～)，浙江余姚人。1964年毕业于上海京剧院舞台美术班，先后在上海京剧院、上海市戏曲学校、上海艺术研究所从事设计、教学和研究工作。2002年起任上海戏剧学院戏曲舞蹈分院容装教研室主任。退休后仍从事教学工作。曾参加《中国戏曲志·上海卷》、《上海京剧志》、《京剧文化词典》等工具书的编撰工作。《中国京剧衣箱》所收图片资料兼有历史与现状、北派与南派，文字解说包含极为丰富和具体的实际知识，是其数十年辛勤学习、钻研、收集、研究的结晶。本书具有知识性、实用性、欣赏性兼备的特点。（龚元）

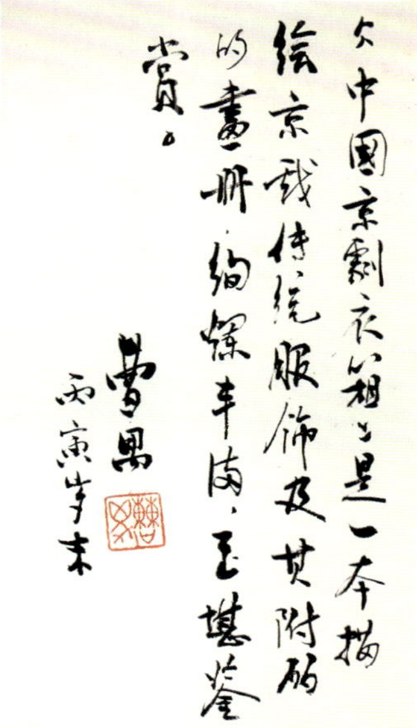

曹禺题词

Zhongguo Jingju Yishu

《中国京剧艺术》 大型图册。京华出版社1996年12月出版发行。该图册由出版社邀请著名戏剧家张庚及中国艺术研究院戏曲研究所的学者专家出面，借重该所50余年积累、珍藏的图片资料，并在得到有关单位、专家、京剧界前辈的帮助、支持下，编选而成。主编张庚、余从，副主编刘沪生、李大珂、王希平、董维贤、胡玉萍。编辑出版此书的目的在于广泛宣传普及京剧知识，尽可能全面、系统地介绍京剧艺术，向世人展现艺术家们的风采和魅力。全书分设：《前言》、《京剧的历史》、《京剧的剧目》、《京剧的行当、演员与流派》、《京剧的乐队与乐师》、《京剧的剧场与造型》、《京剧的传播与影响》、《后记》。全书图片丰富，文字简约，设计精美，具有观赏和收藏价值。（金石）

护封

Zhongguo Jingju Yishu Jijinhui

中国京剧艺术基金会 党和国家领导人倡议、支持成立的以振兴京剧为宗旨的民间社团。主要任务是：接受热心京剧事业的社会团体和个人自愿捐献的资金或实物；向有利于京剧艺术繁荣发展的重要活动、演出、研究、出版提供赞助。筹组工作始于1991年初，即纪念徽班进京200周年振兴京剧观摩研讨大会结束之后，由高占祥等负责。翌年春，中国人民银行和民政部批准成立，国家财政拨款1 000万元作为垫底基金。业务主管部门和挂靠单位为文化部。基金会的领导机构是由京剧名家、名票和其他有关人士组成的理事会。理事会先后聘请宋任穷、王光英、荣高棠、周南、张百发、高占祥、张君秋、陈廷骅、汪道涵、辜振甫为名誉会长。在1992年11月22日第一届理事会第一次会议上，选举王光英兼任会长，马少波、简朴为副会长，曾祥集为副会长兼秘书长，任命龚和德、林瑞康为副秘书长。1992年11月23日在人民大会堂召开成立大会，李瑞环到会并讲话。会址设在北京市文津街7号（后迁东花市大街花市枣苑4号楼1710室）。基金会的成立引起海内外关注，得到陈廷骅、杨祥波、张雨文、李和声、周亦卿夫人、张宇、曾宪梓、真山美保、张包铨等许多人士的慷慨捐赠。

李瑞环出席成立大会并讲话，左为王光英，右为宋任穷

基金会成立以来直接用于京剧事业的经费已逾1 000万元，为振兴京剧所做实事主要有：①参与举办重大京剧活动。如梅兰芳周信芳诞辰100周年纪念、中国京剧艺术节、梅兰芳金奖大赛（生脚组，净丑老旦组）、谭鑫培诞辰150周年纪念、香港庆回归京剧大汇演等。②举办中国京剧之星推荐演出。已办两届，推荐于魁智等新星共14名。③重视“振兴京剧，从娃娃抓起”策略。一是参与主办新苗奖全国少儿京剧邀请赛；二是在发现新苗的基础上，组织中国少年京剧艺术团赴香港、台湾地区演出，以增加实践机会，扩大社会影响；三是对京津沪三市戏曲学校的教学设施，以及对北京大学附小、北京市少年宫等单位的业余京剧教育活动，均有投入；四是通过“艺术院校京剧表演专业中青年教师交流展示活动”，促进师资队伍建设。④对京剧界的剧目建设（如国家京剧院复排《响马传》、《杨门女将》、创排《宝马圆情》，上海京剧院创排《宝莲灯》，战友京剧团重排《闯王进京》，天津市青年京剧团排演《五百年后孙悟空》等）、学术研讨活动（天津市青年京剧团百日集训10周年纪念、上海京剧发展战略研讨会、刘吉典音乐创作经验研讨会等）和研究成果及京剧史料的编辑出版（《程砚秋艺术评论集》、李紫贵《忆江南》、张云溪《艺苑秋实》、赵荣琛《翰

中国少年京剧艺术团2009年赴澳门、香港演出节目单

林之后寄梨园》、吴大徵《谭富英艺术浅论》、中国戏曲学院教材《做功十技》、王芷章《中国京剧编年史》、陈志明与王维贤《〈立言画刊〉京剧资料选编》等)，都有所关注并给予赞助。为保存珍贵的演出资料，还组织了一些名家新秀的录像工作。⑤设立金菊奖。与文化部振兴京剧指导委员会联合举办金菊奖评选活动，表彰和奖励对振兴京剧有突出贡献的单位和个人。

中国京剧艺术基金会所属的**中国少年京剧艺术团**，是应香港理事倡议，1994年1月经文化部批准成立，是一个视需要而随时组织的表演团体。自成立至2009年，赴香港、澳门、台湾演出12次，在南京、扬州、泰州、常州、苏州、宁波、广州、上海演出8次，共演出73场。参演者均为北京、天津、上海、江苏、辽宁等地戏曲院校的优秀少年学生，展示教学成果和涌现的新人，受到海内外观众好评。

2009年11月24日，经理事会换届会议，名誉理事长为陈至立、王光英、高强、周南、高占祥、张百发、朱达人、陈廷骅，理事长刘长瑜，副理事长兼秘书长林瑞康。2011年，增补马博敏为副理事长。（简畅）

Zhongguo Jingju Yishujie

中国京剧艺术节　大型京剧艺术活动。继纪念徽班进京200周年振兴京剧观摩研讨大会和梅兰芳周信芳诞辰100周年纪念活动之后，为展示京剧优秀作品，交流艺术经验，吸引广大群众参与，促进京剧创作和演出的进一步繁荣，文化部、广播电影电视部和天津市人民政府联合主办了首届中国京剧艺术节，于1995年11月17～24日在天津市举行。参演的京剧作品共12台：天津市青年京剧团《秦香莲》，北京京剧院梅兰芳京剧团《赵氏孤儿》，天津市青年京剧团《岳云》，上海京剧院《曹操与杨修》、《狸猫换太子》，湖北省京剧团《徐九经升官记》，吉林省京剧团《高高的炼塔》，江苏省京剧院《西施归越》，山东省京剧院《石龙湾》，山西省京剧院《金谷园》，江西省京剧团《长剑魂》，贵州省京剧团《水西遗恨》。共演出34场，观众反应热烈。还特别邀请了香港名票李和声、李尤婉云、钱江以及中国台湾地区、新加坡的京剧名票举行了祝贺演出。在专业京剧院团演出的同时，一系列群众性的京剧文化活动也在天津市展开：①沿海河两岸设置“沽水流霞”景点，天津市内6个区12台群众演唱京剧的活动同时举行；②举行天津百名优秀戏迷和十佳戏迷、十佳票房评选活动，并颁发纪念品；③组织小戏迷联欢会、天津市京剧知识竞赛、全国职工京剧名票名段演唱会等系列活动；④举办首届中国京剧艺术节美术摄影和首届中国京剧艺术节博览会。来自全国各地的文化厅局、剧院团有关人员和戏曲界专家学者以及海外嘉宾约2 000人参加了这次京剧节的活动。由40余名专家学者组成的评论研讨部对参演作品进行了评论，并就京剧如何振兴等问题展开了讨论。艺术节结束时举行了京剧“程长庚奖”的评选，结果为：金奖《曹操与杨修》，银奖《徐九经升官记》，铜奖《石龙湾》、《岳云》、《西施归越》，其余获演出奖。另外授予《秦香莲》和《赵氏孤儿》示范演出奖。由文化部振兴京剧指导委员会、中国京剧艺术基金会主办，为表彰对振兴京剧作出突出贡献的单位和个人而设的金菊奖颁奖仪式也在京剧节期间举行，共有12名个人和10个单位获得金菊奖，还有一些单位和个人受到了表彰。这次京剧艺术节以优秀的作品、丰富的内容和浩大的声势，展示了振兴京剧的新成果。

1998年12月30日至1999年1月10日，由文化部与北京市人民政府在北京主办了第二届中国京剧艺术节。从全国十省三市40台戏中遴选出15个剧目参加演出，另有5台祝贺演出。经过12天的展演与评奖活动，其中，江苏省京剧院的《骆驼祥子》和北京京剧院的《风雨同仁堂》荣获金奖，上海京剧院的《狸猫换太子》(第三本)、湖北省京剧团的《法门众生相》、河北省京剧院裴艳玲京剧团的《钟馗》、沈阳市京剧团的《乌纱记》、成都市京剧团的《千古一人》、战友京剧团的《碧波金鳞》、山西省京剧院的《大脚皇后》、安徽省京剧团的《程长庚》等8个戏获优秀剧目奖，内蒙古自治区赤峰市民族艺术剧院的《萧观音》、湖北省京剧团的《粗粗汉靓靓女》、新疆维吾尔自治区乌鲁木齐市京剧团的《红柳滩》、辽宁省阜新市京剧团的《板桥三哭》获剧目奖，天津市青年京剧团的《西厢记》获示范演出奖。组委会还向热心支持京剧事业的9个单位、7名个人颁发了金菊奖、群众文化活动奖和组织奖。同期，举行了以“面向21世纪的中国京剧”为主题的学术研讨会及对演出剧目的评论会。就京剧与现代意识、开拓演出市场、吸引新观众与巩固老观众、科教兴戏、京剧音乐继承革新等问题进行了讨论。同时，组委会还组织了票友观摩团，为热爱京剧事业的票友提供了一次难得的学习机会，加强了票社之间的艺术交流，促进了京剧爱好者艺术水平的提高。此外，还于1999年1月9日在北京湖广会馆，举行了中国京剧网络开通典礼，这对广泛传播京剧艺术具有深远意义。

李瑞环宣布首届中国京剧艺术节开幕

2001年12月2～16日，由文化部主办，南京市人民政府承办，文化部振兴京剧指导委会、中国京剧艺术基金会和南京市15个区县政府协办的第三届中国京剧艺术节在江苏南京隆重举行。有24台大戏在8个剧场轮番演出了50场，各场演出观众上座率均达到九成以上，达近10万人次。经过评选，上海京剧院《贞观盛事》、天津京剧院《华子良》、南京市京剧团《胭脂河》、北京京剧院梅兰芳京剧团《洛神赋》、中国京剧院《瘦马御史》5出戏获金奖，(以下奖项名次按演出顺序排列）天津青年京剧团《金山寺、断桥、雷峰塔》、湖北省京剧院《膏药章》获优秀保留剧目创新奖，黑龙江省京剧院《完颜金娜》、北京军区战友京剧团《沧海忠魂》、吉林省京剧院《弦高献牛》、山西省京剧院《三关明月》、江苏省京剧院《天下归心》、武汉市京剧团《射雕英雄传》、贵阳市京剧团《巾帼红玉》、山东省京剧院《春秋霸主》、中国戏曲学院《杜十娘》、云南省京剧院《凤氏彝兰》、北京京剧院《蔡文姬》、湖南省京剧团《天家孽》、内蒙古自治区京剧团《草原母亲》13出戏获优秀剧目奖，甘肃省京剧团《西域星光》、香港京昆剧团《神雕侠侣》、哈尔滨京剧评剧院《浑河堰》、成都市京剧团与四川人民艺术剧院《她从雪山走来》获剧目奖。除以上综合奖之外，中国京剧艺术节首次进行了编、导、音、美、表演等单项奖的评选。京剧艺术节期间，全国各地100多位专家学者汇聚金陵，举行纪念毛泽东主席“百花齐放、推陈出新”题词发表50周年学术研讨会、21世纪京剧艺术发展战略暨演出剧目研讨会。在南京文化艺术中心举办了"中国京剧艺术系列展"，包括"京剧艺术百年回顾展"、"全国戏剧、书画名家作品展"、"刘令华《国粹》京剧油画展"、"京剧摄影展"、"京剧脸谱展"，参观者络绎不绝。群众性京剧活动做到了"四个走进"：走进社区——名角、名票、戏迷大联欢；走进景区——京剧社团大会串；走进校园——校园京剧大家乐；走进家庭——家庭京剧大奖赛。"四个走进"吸引了10多万人参与和观看。12月16日闭幕式上，文化部振兴京剧指导委员会和中国京剧艺术基金会向热心振兴京剧事业、作出重要贡献的14个先进单位和4位先进个人颁发了金菊奖。

第四届中国京剧艺术节由文化部和上海市人民政府联合主办，文化部振兴京剧指导委员会和上海市文化广播影视管理局承办，中国京剧艺术基金会、上海市精神文明办公室、上海市文学艺术界联合会等7个单位协办，于2004年12月1日至15日在上海举行。全国京剧院团报送35台大戏，经过遴选有15台剧目参加评选，另有展演剧目6台，武戏擂台赛5台，梅兰芳周信芳诞辰110周年纪念演出3台，加上开闭幕式，共31台在11个剧场进行了54场演出。参评的15台剧目评选结果为：上海京剧院《廉吏于成龙》、北京京剧院《梅兰芳》、中国京剧院《泸水彝山》获金奖。天津市青年京剧团《楚宫恨》、上海京剧院《乌龙院》获优秀保留剧目创新奖。获优秀剧目奖的有湖北省襄樊市京剧团《襄阳米颠》、天津京剧院《妈祖》、湖北省京剧院《樊姬夫人》、浙江京剧团《东坡宴》、青海省戏剧艺术剧院《天马歌》、济南市京剧院《李清照》。获得剧目奖的有辽宁省锦州市京剧团《酒魂》、山西省京剧院《走西口》、广西壮族自治区京剧团《霸王别姬》(现代戏)。首次参加中国京剧艺术节的台北新剧团《巴山秀才》，获评委会特别奖。除以上综合奖以外，本届沿第三届之例，进行了编剧、导演、音乐、舞台美术、表演单项奖的评选。李瑞环以改编传统剧目《楚宫恨》获荣誉编剧奖。尚长荣在《廉吏于成龙》中饰于成龙，获荣誉表演奖。展演剧目有上海昆剧团与上海京剧院合演的京昆"两下锅"的《桃花扇》、武汉京剧团的《三寸金莲》、青岛市京剧院的《北斗星》、江苏省长荣京剧院的《闪闪的红星》、宁夏回族自治区京剧团与银川杂技团合演的《新闹龙宫》、江西省京剧团的《岳家小将》。鉴于当前武戏衰落，本届京剧节首次举办武戏擂台赛，有26个折子戏组成的5台武戏集中在天蟾京剧中心·逸夫舞台演出，成为这次京剧盛会的一个亮点。比赛结果，田磊、奚中路、刘魁魁、王立军、阎巍、孙亮6人获金奖，冯蕴、金喜全、王平、张森、李静文、张淑景、李红艳、严庆谷8人获银奖。本届京剧艺术节还举办了梅兰芳、周信芳诞辰110周年纪念活动，以梅葆玖及其弟子演出的《梅华香韵》(含《天女散花》等5个折子戏片段)、上海京剧院创排的《成败萧何》以及大型交响乐伴奏京剧流派演唱会3个晚会作为对梅周两位大师的纪念演出，另在安亭宾馆召开了纪念会和学术研讨会，会后由中国戏剧家协会理论研究室编辑、中国戏剧出版社出版了文集《德艺馨芳——纪念梅兰芳周信芳诞辰110周年》，收入文章30多篇，共17万字。京剧节又以"京剧的传承与发展"为题召开大型学术研讨会，会后由组委会研讨部编辑、上海社会科学出版社出版《传承与发展——第四届中国京剧艺术节研讨会论文集》，收入文章60多篇，近50万字。在京剧艺术节期间，还有"海纳百川——上海舞台艺术历史典藏展"、"京剧艺术百年历史回顾展"、京剧进校园、名家戏迷交流会等丰富多彩的群众文化活动。上海市文化广播影视管理局获大会组织工作奖。

第三届中国京剧艺术节期间
在南京文化艺术中心举办"中国京剧艺术系列展"

2008年，正当纪念改革开放30周年之际，由文化部和山东省人民政府联合主办，文化部艺术司、中共山东省委宣传部、山东省文化厅、济南市人民政府共同承办的第五届中国京剧艺术节于10月20日在济南开幕，11月8日闭幕，历时20天。参演剧目37台，参演单位40多个，参与演出的演职员4 500多名，在济南、青岛、淄博共举行了74场演出。全国11个国家级重点京剧院团和17个省级重点京剧院团全部亮相，而且还有部分边远地区剧团、艺术院校和军队京剧院团也参与演出，两家民营单位首次登上京剧节舞台。本届参演剧目之多，演出规模之大，观众面之广，为历届京剧艺术节之最。参演剧目的评选结果为：上海京剧院《成败萧何》，福建京剧院《北风紧》，天津市青年京剧团、北京好风好雨文化艺术有限公司《郑和下西洋》，北京京剧院《下鲁城》，山西省京剧院、国家京剧院、中国戏曲学院、山西省歌舞剧院《晋德裕》，天津京剧院《护国将军》，云南省京剧院《白洁圣妃》，甘肃省京剧团《丝路花雨》，济南市京剧院《辛弃疾》，共9台戏获新编历史剧一等奖。江苏省京剧院《飘逸的红纱巾》，武汉京剧院《吉庆街生活秀》，北京军区战友文工团《红沙河》，山东省京剧院《铁道游击队》，青岛京剧院《驼哥与金兰》，共5台戏获现代戏一等奖。大连京剧院《风雨杏黄旗》，浙江京剧团《宝莲灯》，吉林省京剧院《孙安动本》，共3台戏获整理改编传统戏一等奖。获得新编历史剧二等奖的9台戏是：河北省京剧院《响九霄》，河南省京剧院《嫦娥》，湖北省京剧院《曾侯乙》，重庆市京剧团《大足》，内蒙古自治区京剧团《大漠昭君》，黑龙江省京剧院《鞑靼春秋》，上海青年京昆剧团《大唐贵妃》，成都市京剧团《薛涛》，上海燕萍文化艺术工作室《道观琴缘》。获得现代戏二等奖的9台戏是：贵阳京剧院《布依女人》，沈阳京剧院《古寺圣火》，国家京剧院《江姐》，陕西省京剧团《雷雨》，湖南省京剧团《紫英》，青海省戏剧艺术剧院、浙江京剧团《藏羚羊》，宁夏回族自治区京剧团《海上生明月》，广西壮族自治区京剧团《御赐玉棋》，江苏省长荣京剧院《扁担谣》。获得整理改编传统戏二等奖的是天津京剧院、中国戏曲学院、天津市青年京剧团《韩玉娘》。《韩玉娘》剧本改编者李瑞环获特别荣誉改编奖。获得特别荣誉表演奖的演员有裴艳玲、朱世慧、陈少云、杨乃彭。《江姐》、《雷雨》获名著改编奖（含 编剧、唱腔设计等）。11月2～6日，在济南市舜耕会堂举行京剧艺术继承创新学术研讨会，组委会邀请知名专家学者、艺术家、参演院团代表共40余人出席。本届京剧艺术节除了进行多场电视直播，还开展了"京剧走进群众"系列文化活动，包括京剧艺术进校园、京剧票友"天天乐"演出、京剧名流书画展、京剧欣赏公益讲座、京剧脸谱剪纸、"我爱京剧"摄影大赛、京剧图书展、"首届济南京剧十大名票"评选等丰富多彩的群众性文化活动。在艺术节期间，文化部向山东省实验中学、济南市纬十路小学授予"京剧传承基地"称号。为本届京剧艺术节的成功举办作出积极努力的承办单位山东省文化厅、济南市文化局获组织工作奖。

（李宏　金石）

Zhongguo Jingju Yishu Renwu Zaoxing

《中国京剧艺术人物造型》　大型图册。主编王德荣。首席编审吴同宾。首席编辑翟洁。中国天津盛华国际广告发展公司投资出品。中国五洲传播出版社1999年9月出版。正8开本，500多页，彩印，布面精装，一函两册。共收辑224出京剧常见剧目的人物造型彩照500幅。参与拍摄的演员98人。清代有扮相谱，是绘画作品。此画册为演员装扮成角色之后，配以角色身段神情，用彩照完整、真切地记录下来。全书以剧目为单元，以剧名第一字汉语拼音字母顺序排列；神怪角色的剧目单列一类，标为"神"。每剧所选角色多寡不等，少者1幅，多者如《红鬃烈马》有8幅，《龙潭鲍骆》

《中国京剧艺术人物造型》图例

有10幅，《蚆蜡庙》有11幅。京剧角色扮相，不同时期、不同流派有若干变异，本书尽量选其最具代表性或较为流行者。彩照规格一致，不照顾演员辈分，不从演员名气出发，重在表现角色的化装和穿戴规范，准确捕捉舞台动作中有表现力的一瞬。背景作空白处理。为了达到编辑要求，很多剧照经过多次拍摄。卷首有谢国祥《序》，称此书的构思、拍摄、制作，实是难度惊人的"浩大工程"，它可以从一个特定的角度帮助观众欣赏博大精深的京剧艺术，也为"中国以至东方的美学工作者提供了一批鲜活的生动的研究对象"。卷末有剧情概略。对于京剧演员来说，这是一本关于角色装扮的比较规范化的形象参考书。

（吴文）

Zhongguo Jingju Yin Pei Xiang Jingcui

《中国京剧音配像精粹》　利用旧录音配以新摄像，使京剧名家的代表剧目音像并茂地在荧屏上再现的大型系列录制品。1985年由李瑞环提出，开始试录；1994年7月正式启动。此是一项为京剧艺术的抢救、传留和振兴的重要文化工程。20世纪中叶京剧人才辈出，好戏连台，特别是许多名家的联袂演出，使一批剧目的艺术水平达到空前高度。但限于当年条件，没有留下多少影像。所幸尚存不少录音，有些当事的老艺术家还健在。组织"音配像"，就是运用现存资料和有利条件，使京剧丰厚的艺术积累尽可能完整地保存下来。其工作内容大体为：收集、选择、整理已故的和健在的老艺术家当年演唱的录音，组织他们的亲传弟子、再传弟子或其他功底好扮相好的中青年演员进行配像演出；聘请当年演过或见过这些名剧的有经验的老艺术家进行具体指导，以期恢复或接近演出原貌；运用现代摄像技术，按照舞台演出实况加以录制。1995年10月31日为第一批作品举行首发式。此后在中央电视

台陆续播出，受到海内外观众的欢迎和好评。至2002年7月底，共录制355出（折）剧目。其后，录制范围又有扩大，至2006年底，录制剧目达到460出（折）。此项工程的意义是多方面的：①抢救濒临失传的京剧艺术，是使流派纷呈的优秀剧目得到长期生动展现的有效形式；②满足广大观众欣赏京剧的需要，有利于京剧的广泛传播、普及；③为培养京剧新人提供教学研究的范本、依据，也为京剧在继承基础上的革新创造提供丰富的资源；④经过配录工作，老艺术家的宝贵经验得以传授，中青年演员受到训练、熏陶，提高了他们的艺术修养。张君秋受李瑞环委托，出任总顾问，他在世的最后3年（1994～1997）亲自指导过120部京剧的"音配像"，为这一工作的顺利进展作出重要贡献。制片人谢国祥。电视导演阎德威。录制单位为天津市中华民族文化促进会。2002年9月5日召开中国京剧音配像工程总结会，并发行《中国京剧音配像精粹纪念文集》。文集收入有关此项工程的重要文件、评论、工作总结、参与者的经验体会，以及全部录制剧目的两份目录（一份以录制时间先后为序，一份以录音主演排列、几位艺术家合作的剧目分别重复排列），共35万字，中国戏剧出版社2002年8月出版。

（谢公）

附：《中国京剧音配像精粹》目录

（转录自《中国京剧音配像精粹纪念文集》）

序号	剧名	原录音	配像主演
1	空城计	杨宝森、金少臣	杨乃彭、王文斌
2	断臂说书	李少春、叶盛兰、袁世海、李金泉	马少良、贾真、王德刚、董良彦
3	文昭关	杨宝森、哈宝山	杨乃彭、温玉荣
4	击鼓骂曹	杨宝森、刘砚亭	杨乃彭、王德刚
5	赤桑镇	裘盛戎、李多奎	邓沐玮、柳素霞
6	遇皇后	裘盛戎、李多奎	邓沐玮、柳素霞
7	打龙袍	裘盛戎、李多奎	邓沐玮、柳素霞
8	杨家将	杨宝森、金少臣	汪正华、李荣威
9	大保国、探皇陵、二进宫	谭富英、张君秋、裘盛戎	高宝贤、董翠娜、裘少戎
10	审头刺汤	马连良、张君秋、萧长华	张学津、张萍、郑岩
11	玉堂春(三堂会审)	张君秋、姜妙香、雷喜福	张萍、刘雪涛、高宝贤
12	刘兰芝	张君秋、刘雪涛、李四广	张萍、刘雪涛、张金梁
13	赤桑镇	裘盛戎、李多奎	裘少戎、蓝文云
14	武家坡、算粮、大登殿	谭富英、张君秋、李多奎	高宝贤、王蓉蓉、蓝文云
15	胭脂宝褶	马连良、马富禄	张学津、黄德华
16	失街亭、空城计、斩马谡	杨宝森、侯喜瑞、金少臣	汪正华、李荣威、赵炳啸
17	遇后龙袍	裘盛戎、李多奎	裘少戎、蓝文云
18	伍子胥	杨宝森、金少臣	汪正华、吴钰璋
19	女起解	张君秋、李四广	张萍、郑岩

序号	剧名	原录音	配像主演
20	三娘教子	马连良、张君秋	张学津、张萍
21	打渔杀家	谭富英、张君秋、慈少泉	高宝贤、赵秀君、马增寿
22	辕门射戟	叶盛兰	叶少兰
23	罗成叫关	叶盛兰	叶少兰
24	金玉奴	荀慧生	孙毓敏
25	六月雪	程砚秋	李世济
26	三击掌	张君秋	王蓉蓉
27	二堂舍子	马连良、张君秋	张学津、董翠娜
28	坐寨盗马	袁世海	袁世海、刘永贵
29	清官册	马连良、裘盛戎	张学津、李欣
30	姚期	裘盛戎	裘少戎
31	彩楼记	张君秋、刘雪涛	张萍、刘雪涛
32	失街亭、空城计、斩马谡	谭富英、裘盛戎	谭元寿、姚宗儒
33	将相和	谭富英、裘盛戎	高宝贤、裘少戎
34	洪羊洞	杨宝森	汪正华
35	打严嵩	马连良、裘盛戎	张学津、吴钰璋
36	钓金龟	李多奎	蓝文云
37	击鼓骂曹	杨宝森	张克
38	十老安刘（淮河营）	马连良、马富禄	张学津、黄德华
39	十老安刘（监酒令、盗宗卷）	马连良、茹富华、马富禄	张学津、叶少兰、黄德华
40	打侄上坟	马连良、姜妙香	张学津、刘雪涛
41	坐寨盗马	裘盛戎	裘少戎
42	四郎探母	李和曾、张君秋、尚小云、吴素秋、奚啸伯、马富禄、萧长华、陈少霖、姜妙香、谭富英、李多奎、马连良、李砚秀	张克、王蓉蓉、马小曼、张萍、张建国、黄德华、郑岩、陈志清、叶少兰、高宝贤、蓝文云、张学津、李冬梅
43	祭塔	李世济	李世济
44	楚宫恨	张君秋、谭富英、刘雪涛	张萍、高宝贤、刘雪涛
45	法门寺	马连良、张君秋、裘盛戎、萧长华	张学津、赵秀君、裘少戎、郑岩
46	赵氏孤儿	马连良、张君秋、裘盛戎、谭富英	张学津、三蓉蓉、高宝贤、裘少戎
47	宝军山	谭富英	谭元寿
48	苏武牧羊	马连良、张君秋	张学津、王蓉蓉
49	海瑞罢官	马连良、裘盛戎、李多奎	张学津、裘少戎、王树芳
50	战太平	谭富英	谭元寿
51	打金砖	李少春、娄振奎、袁世海	于魁智、陈真治、李广仁
52	乌盆记	杨宝森	程正泰
53	辕门斩子	李和曾	辛宝达
54	穆桂英挂帅	梅兰芳、李少春、袁世海、李金泉、夏永泉、杨秋玲	梅葆玖、张学津、景荣庆、王树芳、王立军、董圆圆
55	勘玉钏	荀慧生	孙毓敏
56	甘露寺	马连良、李和曾、裘盛戎、李多奎	张学津、辛宝达、裘少戎、蓝文云
57	响马传	李少春	于魁智
58	贺后骂殿	李世济	李世济
59	生死恨	张君秋、刘雪涛	张萍、刘雪涛
60	借赵云	马连良、叶盛兰、袁世海	张学津、叶少兰、吴钰璋
61	祭塔	张君秋	董翠娜
62	飞虎山	叶盛兰、赵文奎	叶少兰、吴钰璋
63	十道本	马连良、谭富英	张学津、高宝贤
64	捉放曹	谭富英、裘盛戎	谭元寿、孟广禄
65	状元媒	张君秋、马连良、谭富英、刘雪涛	董翠娜、张学津、高宝贤、刘雪涛
66	怜香伴	张君秋、刘雪涛	王蓉蓉、刘雪涛
67	秦琼卖马	谭富英	谭元寿
68	逍遥津	李和曾、景荣庆	辛宝达、吴钰璋
69	龙凤呈祥	梅兰芳、马连良、李和曾、裘盛戎、李多奎、袁世海	梅葆玖、张学津、辛宝达、裘少戎、王树芳、吴钰璋
70	春秋配（砍柴）	张君秋、刘雪涛、耿世华	张萍、刘雪涛、孙振泉
71	言菊朋唱段选	言菊朋	言兴朋
72	断臂说书	李少春、叶盛兰、李金泉、袁世海	谭元寿、叶少兰
73	战北原	言少朋	言兴朋
74	断臂说书	马连良、黄元庆、马富禄、周和桐	张学津、王立军、黄世骧、吴钰璋
75	问樵闹府、打棍出箱	谭富英、慈少泉	谭元寿、黄德华
76	桑园会	谭富英、张君秋	谭元寿、张萍
77	古城会	李万春	李卜春
78	姑嫂英雄	尚小云、荀慧生	马小曼、尚明珠
79	萧何月下追韩信	周信芳	小王桂卿
80	凤还巢	梅兰芳、姜妙香	梅葆玖、叶少兰
81	锁五龙	裘盛戎	孟广禄
82	武家坡	杨宝森、程砚秋	李鸣盛、李蔷华
83	乌盆记	谭富英	谭元寿
84	银屏公主	张君秋	王蓉蓉
85	黄鹤楼	叶盛兰、李盛藻、袁世海	叶少兰、张学津、吴钰璋
86	李逵大闹忠义堂	袁世海	杨赤
87	珠帘寨	杨宝森	李鸣盛
88	天霸拜山	李万春、裘盛戎	李卜春、孟广禄
89	义责王魁	周信芳、黄正勤、孙正阳	小王桂卿、姚玉成、孙正阳
90	除三害	谭富英、裘盛戎	高宝贤、吴钰璋
91	扫松下书	周信芳	小王桂卿
92	黄金台（搜府盘关）	马连良、郝寿臣、萧长华、马富禄、姜妙香	张学津、吴钰璋、郑岩、黄德华
93	望儿楼	李多奎	蓝文云
94	行路训子	李多奎	蓝 文云
95	哭 灵	李多奎	蓝文云
96	摘缨会	谭富英	谭元寿
97	长亭会、文昭关	张少楼	张少楼、邓沐伟
98	断桥	张君桥、刘雪涛、任志秋	赵秀君、李宏图、阎巍
99	搜孤救孤	杨宝森	马长礼

序号	剧名	原录音	配像主演
100	西厢记（上）	张君秋、杜近芳、叶盛兰	张萍、董圆圆、叶少兰
101	西厢记（下）	张君秋、杜近芳、叶盛兰	张萍、董圆圆、叶少兰
102	斩黄袍	李和曾	辛宝达
103	女起解	梅兰芳、萧长华	梅葆玖、黄德华
104	双阳公主、打青龙	尚小云	孙明珠
105	阳平关	谭富英、裘盛戎	谭元寿、吴钰璋
106	哭秦庭	李和曾	辛宝达
107	范进中举	奚啸伯	张建国
108	青霜剑	程砚秋	李蔷华
109	碰碑	谭富英	谭元寿
110	哭灵牌、白帝城	奚啸伯	张建国
111	洪洋洞	谭富英	谭元寿
112	梅龙镇	马连良、张君秋	张学津、董圆圆
113	打渔杀家	梅兰芳、马连良、叶盛章	董圆圆、张学津、张春华
114	御碑亭	梅兰芳、谭富英、姜妙香	梅葆玖、谭元寿、叶少兰
115	鼎盛春秋	谭富英、裘盛戎	谭元寿、孟广禄
116	朱痕记	杨宝森、谢虹雯	李鸣盛、王蓉蓉
117	杜十娘	荀慧生	孙毓敏
118	武家坡	尚小云、方英培	尚慧敏、尚继春
119	临江会	叶盛兰、李洪春	叶少兰、李金声
120	描容上路	周信芳、李玉茹	小王桂卿、陈朝红
121	秋瑾	张君秋	董翠娜
122	霸王别姬	梅兰芳、刘连荣	梅葆玖、景荣庆
123	凤还巢	梅兰芳、姜妙香、刘连荣、薛永德	李尤婉云、叶少兰、尚长荣、马长礼、谭元寿、
124	太君辞朝	李多奎	蓝文云
125	打侄上坟	李少春、叶盛兰	谭元寿、叶少兰
126	三击掌	程砚秋、于世文	李世济、张学海
127	别宫·祭江	张君秋	杨淑蕊
128	汉明妃	尚小云	孙明珠
129	审头刺汤	程砚秋、雷喜福、萧长华	李世济、王世续、郑岩
130	女起解	李世济、曹世才	李世济、曹世才
131	失街亭、空城计、斩马谡	奚啸伯	张建国
132	梁红玉	尚小云	孙明珠
133	汾河湾	程砚秋、于世文	李世济、张学海
134	打龙袍	金少山、李多奎、萧长华、姜妙香、马富禄	吴钰璋、蓝文云
135	法门寺	谭小培、郝寿臣、华慧麟、萧长华	谭元寿、尚长荣、李炳淑、萧润年
136	白马坡	李万春、赵松樵	李卜春、小赵松樵
137	失街亭、空城计、斩马谡	马连良、侯喜瑞、裘盛戎	张学津、吴钰璋、孟广禄
138	李陵碑	李和曾	辛宝达
139	白门楼	叶盛兰	叶少兰
140	串龙珠	马连良	张学津
141	三堂会审	李世济、叶少兰	李世济、叶少兰

序号	剧名	原录音	配像主演
142	柜中缘	吴素秋	刘淑云
143	失街亭、空城计、斩马谡	李和曾、景荣庆	辛宝达、景荣庆
144	将相和	马连良、袁世海	冯志孝、吴钰璋
145	连升店	萧长华、姜妙香	萧润年、萧润德
146	甘露寺	张君秋、马连良、杨宝森、萧长华、马富禄、李万春、景荣庆、刘连荣	杨淑蕊、冯志孝、于魁智、景荣庆
147	霸王别姬	张君秋、刘连荣	杨淑蕊、景荣庆
148	朱痕记	张君秋、陈少霖	杨淑蕊、陈志清
149	李陵碑	奚啸伯	张建国
150	赠绨袍	李和曾、袁世海	辛宝达、吴钰璋
151	樊江关	言慧珠、李玉茹	董圆圆、沈健瑾
152	桑园寄子	杨宝森、谢虹雯、哈宝山	张克、王蓉蓉、黄文俊
153	六月雪	李世济	李世济
154	官渡之战	马连良、谭富英、裘盛戎	张学津、谭元寿、孟广禄
155	清官册（调寇）	奚啸伯	张建国
156	金山寺、断桥	尚小云	孙明珠
157	缇萦救父、金锁记、贵妃醉酒	张君秋	张静林、张萍、王蓉蓉
158	牛皋下书	侯喜瑞	尚长荣
159	御碑亭	张君秋、谭富英、刘雪涛	张萍、谭元寿、张威
160	红楼二尤	荀慧生	孙毓敏
161	红娘	荀慧生	孙毓敏
162	穆柯寨、穆天王	梅兰芳、姜妙香、景荣庆	董圆圆、叶少兰、景荣庆
163	灞陵桥	李少春、袁世海	李浩天、吴钰璋
164	望江亭	张君秋、刘雪涛 、李四广	杨淑蕊、张威、钮荣亮
165	诗文会	张君秋、刘雪涛 、王少霖	杨淑蕊、仉志斌、高宝贤
166	祝英台抗婚	李世济	李世济
167	宇宙锋	张君秋	杨淑蕊
168	凤还巢	张君秋	王蓉蓉
169	白蛇传	杜近芳、叶盛兰	杜近芳、叶少兰
170	珍妃	张君秋、刘雪涛、朱嫱	张萍、张威、王树芳
171	芦荡火种（智斗）	张君秋、马长礼、周和桐	张萍、张克、吴钰璋
172	奇双会（写状）	张君秋、俞振飞	杨春霞、蔡正仁
173	秦香莲	张君秋、马连良、裘盛戎、谭富英、李多奎、马富禄	张萍、张学津、孟广禄、高宝贤、蓝文云、马幼禄
174	年年有余	张君秋、马连良	董翠娜 、张学津
175	斩经堂	周信芳	小王桂卿
176	曹操	袁世海	袁世海
177	打青龙	尚小云	孙明珠
178	霸王别姬	言慧珠、高盛麟	董圆圆、奚中路
179	十三妹（悦来店.能仁寺）	尚小云	孙明珠
180	汾河湾	尚小云、孙钧卿	尚慧敏、孙岳
181	游园惊梦	言慧珠、叶盛兰	杨春霞、叶少兰
182	贩马记	梅兰芳、姜妙香	梅葆玖、叶少兰

序号	剧名	原录音	配像主演
183	打侄上坟	周信芳、俞振飞	小王桂卿、蔡正仁
184	赶三关	谭富英	孙岳
185	迎像、哭像（昆曲）	俞振飞	蔡正仁
186	华容道	周信芳	小王桂卿
187	锁麟囊	赵荣琛	张火丁
188	五台会兄	王泉奎	邓沐玮
189	打銮驾	裘盛戎、马长礼	邓沐玮、陈志清
190	大保国、探皇陵、二进宫	杨宝森、金少臣、谢虹雯	张克、吴钰璋、王蓉蓉
191	荒山泪	赵荣琛	张火丁
192	十道本	奚啸伯	张建国
193	孙安动本	李和曾、景荣庆	辛宝达、景荣庆
194	二堂舍子	周信芳、李玉茹	小王桂卿、陈朝虹
195	群英会、借东风	周信芳、俞振飞、迟世恭	小王桂卿、蔡正仁、李崇善
196	铡包勉	裘盛戎	邓沐玮
197	谢瑶环	杜近芳	杜近芳
198	秦香莲（寿堂、杀庙、铡美）	周信芳、金素雯、沈金波	小王桂卿、杨春霞、陈志清
199	宇宙锋	言慧珠	杨春霞
200	窦娥	赵荣琛	张火丁
201	罗成	叶盛兰	叶少兰
202	白良关	裘盛戎	李长春
203	除三害	谭富英、裘盛戎	高宝贤、李长春
204	得意缘	荀慧生、叶盛兰、尚小云	李薇华、叶少兰、李翔
205	铡判官	裘盛戎	李长春
206	锁麟囊	李世济	李世济
207	碧玉簪	程砚秋	张火丁
208	赤壁之战（上）	马连良、李少春、谭富英、叶盛兰、袁世海、裘盛戎、李和曾、孙盛武、景荣庆	张学津、谭元寿、高宝贤、叶少兰、袁世海、李长春、辛宝达、黄德华、景荣庆
209	赤壁之战（下）	马连良、李少春、谭富英、袁世海、裘盛戎、李和曾、孙盛武、叶盛兰	张学津、谭元寿、高宝贤、袁世海、李长春、辛宝达、黄德华、叶少兰
210	牧虎关	裘盛戎	李长春
211	胭粉计、七星灯	李和曾、袁世海	辛宝达、吴钰璋
212	二堂舍子	梅兰芳、周信芳	李玉芙、小王桂卿
213	南天门	周信芳、李玉茹	小王桂卿、陈朝红
214	拾画、叫画（昆曲）	俞振飞	蔡正仁
215	连环计（小宴）（昆曲）	俞振飞	蔡正仁
216	陈三两	李世济	李世济
217	智斩鲁斋郎	李和曾	辛宝达
218	朱砂痣	谭富英	谭元寿
219	上天台	李少春	于魁智
220	柳荫记	杜近芳、叶盛兰	杜近芳、叶少兰
221	断密涧	裘盛戎、马长礼	李长春、陈志清
222	武松打虎、戏叔别兄（昆曲）	侯少奎、梁谷音、张寄蝶	侯少奎、梁谷音、张寄蝶

序号	剧名	原录音	配像主演
223	四郎探母	梅兰芳、李少春、周信芳、谭富英、马连良、芙蓉草、姜妙香、马富禄	李胜素、于魁智、肖润增、谭元寿、张学津、柯茵婴、叶少兰、马幼禄、
224	四进士	马连良	张学津
225	武家坡	马连良、王玉蓉	马长礼、小王玉蓉
226	游龙戏凤	杨宝森、赵慧秋	张克、王艳
227	秦琼卖马	杨宝森	张克
228	连环套	高盛麟、裘盛戎	茹元俊、李长春
229	群英会、借东风（上）	马连良、谭富英、裘盛戎、茹富华、马富禄	张学津、谭元寿、孟广禄、于万增、寇春华
230	群英会、借东风（下）	马连良、谭富英、裘盛戎、茹富华、马富禄	张学津、谭元寿、孟广禄、于万增、寇春华
231	太白醉写（昆曲）	俞振飞	蔡正仁
232	游园惊梦（昆曲）	言慧珠、俞振飞	张洵澎、蔡正仁
233	长生殿（小宴·惊变·埋玉）（昆曲）	俞振飞、言慧珠	蔡正仁、张洵澎
234	单刀会（昆曲）	侯永奎	侯少奎
235	锁麟囊	程砚秋	张火丁
236	铡美案	裘盛戎、李和曾	李长春、辛宝达
237	御果园	裘盛戎	李长春
238	琴挑（昆曲）	俞振飞、言慧珠	蔡正仁、蔡瑶铣
239	千里送京娘（昆曲）	侯永奎、李淑君	侯少奎、史红梅
240	钗头凤（选场）	荀慧生	李薇华
241	卓文君（选场）	荀慧生	李薇华
242	林冲夜奔（昆曲）	侯永奎	侯少奎
243	花田错	荀慧生	李薇华
244	柳迎春	程砚秋、于世文	张火丁、赵世璞
245	清风亭	周信芳、刘斌昆	小王桂卿、王梦云
246	鹿台恨	周信芳	小王桂卿
247	桃花扇	杜近芳、叶盛兰	杜近芳、叶少兰
248	一捧雪	马连良	张学津
249	海瑞上疏	周信芳	小王桂卿
250	三堂会审	言慧珠、俞振飞	夏慧华、蔡正仁
251	荆钗记·见娘（昆曲）	俞振飞	蔡正仁
252	雪杯圆	马连良、李多奎	张学津、赵葆秀
253	刀劈三关	唐韵笙	赵乃义
254	正气歌	谭富英、杨荣环	李崇善、李玉芙
255	荒山泪	程砚秋	张火丁
256	九更天（马义救主）	马连良	张学津
257	奇双会	梅兰芳、俞振飞	梅葆玖、蔡正仁
258	选元戎	萧长华、雷喜福	萧润年、萧润增
259	打渔杀家	周信芳、童芷苓、刘斌昆	萧润增、沈健瑾、萧润年

序号	剧名	原录音	配像主演
260	英台抗婚	程砚秋、李丹林	李佩红、康健
261	李七长亭	裘盛戎	孟俊泉
262	平贵别窑	周信芳、李玉茹	萧润增、陈朝红
263	麒麟阁(昆曲)	侯永奎	侯少奎
264	姚期(香港演出版)	裘盛戎	李长春
265	将相和	李少春、袁世海	李宝春、吴钰璋
266	汾河湾	梅兰芳、马连良	梅葆玖、张学津
267	洛神	梅兰芳、姜妙香	董圆圆、于万增
268	逍遥津	李宗义	李岩
269	辕门斩子	李宗义	李岩
270	将相和	谭富英、裘盛戎、黄元庆	谭元寿、李长春、王立军
271	打登州	马连良	马长礼
272	斩郑文	马连良	张学津
273	铁莲花	马连良、马富禄	张学津、马幼禄
274	贺后骂殿	程砚秋、李世霖	李佩红、赵世璞
275	黄金台(搜府盘关)	谭富英	谭元寿
276	打渔杀家	谭富英、杨荣环	谭元寿、孙明珠
277	打严嵩	周信芳、裘盛戎	小王桂卿、李长春
278	大登殿	梅兰芳、杨宝森	梅葆玖、汪正华
279	宇宙锋	杨荣环	李国静
280	悦来店、能仁寺	荀慧生	许翠
281	二进宫	杨宝森、张君秋、王泉奎	汪正华、赵秀君、邓沐玮
282	金殿阻计	周信芳	小王桂卿
283	三堂会审	荀慧生	赵月霞
284	汾河湾	荀慧生、王琴生	龚苏萍、王新侬
285	蝴蝶杯(选场)	李少春、杜近芳、叶盛兰、袁世海	李浩天、黄孝兹、叶少兰、吴钰璋
286	单刀会	李桐春	李桐春
287	南阳关(选场)	谭富英	谭孝曾
288	三堂会审	杜近芳、叶盛兰	黄孝慈、叶少兰
289	马昭仪	程砚秋、于世文	张火丁、王立军
290	桑园会	马连良、李世济、马富禄	张学津、刘桂娟、马幼禄
291	桃花村	杜近芳、叶盛兰、袁世海	唐禾香、叶少兰、吴钰璋
292	断臂说书	谭富英、杨盛春、张洪祥	谭元寿、杨少春、吴钰璋
293	福寿镜	杨荣环、李文英、何永泉	李国静、陈媛、何永泉
294	清风亭	马连良、马富禄、李毓芳	迟金声、黄文俊、李玉芙
295	三堂会审	程砚秋、叶盛兰	张火丁、叶少兰
296	三字经	马连良、马富禄、马四立	迟金声、马增寿、郎石林
297	朱痕记	谭富英、李世济	谭元寿、李世济
298	金田风雷(审奸)	叶盛兰、苏维明	叶少兰、孙桂元
299	武家坡	程砚秋、谭富英	刘桂娟、谭孝曾
300	三顾茅庐	马连良、谭富英、裘盛戎	张学津、谭孝增、李长春
301	龙凤呈祥	马连良、谭富英、张君秋、裘盛戎	张学津、谭元寿、赵秀君、李长春
302	战樊城	杨宝森、金少臣、哈宝山	叶蓬、邓沐玮、黄世骧
303	玉虎坠	尚小云、尚长荣、田荣芬、赵和春	孙明珠、罗长德、刘叔云、陈志清
304	春闺梦	程砚秋、储金鹏、慈少泉	张火丁、宋小川、吕昆山
305	失子惊疯	尚小云、尚长麟、尚长荣	孙明珠、蔡敬融、罗长德
306	断桥(昆曲)	梅兰芳、姜妙香、梅葆玖	梅葆玖、姚玉成、张晶
307	吕布与貂蝉	叶盛兰、杜近芳	叶少兰、黄孝慈
308	佘赛花	杜近芳、叶盛兰	唐禾香、李宏图
309	捉放宿店	杨宝森、王泉奎、哈宝山	叶蓬、李长春、黄世骧
310	借东风	李少春	李宝春
311	长坂坡	李少春、袁世海	王立军、吴钰璋
312	十五贯	周信芳、孙正阳、沈金波	小王桂卿、孙正阳、陈志清
313	野猪林	李少春、袁世海、侯玉兰	王立军、杨光、赵秀君
314	白毛女	杜近芳、李少春、叶盛兰、袁世海	陈淑芳、李浩天、江其虎、吴钰璋
315	宋士杰	周信芳、李玉茹、童芷苓、沈金波	小王桂卿、李佩红、阎桂祥、陈志清
316	二堂舍子	梅兰芳、马连良	梅葆玖、张学津
317	火牛阵	马连良、郝寿臣、张君秋、姜妙香、萧长华、马富禄、黄元庆、林秋雯、马盛龙	张学津、刘永贵、张萍、常建忠、萧润年、马幼禄、叶金援、和志莉、黄世骧
318	三娘教子	马连良、李世济	张学津、李世济
319	十三妹	杜近芳、叶盛兰	唐禾香、宋小川
320	金山寺	梅兰芳、姜妙香、梅葆玖	董圆圆、姚玉成、赵林
321	群英会	叶盛兰、李少春、袁世海、李和曾、孙盛武、景荣庆	叶少兰、谭元寿、吴钰璋、辛宝达、寇春华、景荣庆
322	游园惊梦	梅兰芳、俞振飞、言慧珠	杨春霞、蔡正仁、梁谷音
323	周仁献嫂	叶盛兰、杜近芳	叶少兰、黄孝慈
324	雪花飘	裘盛戎、马富禄	孟广禄、马幼禄
325	二堂舍子	杨宝森、谢虹雯	张克、王蓉蓉
326	贵妃醉酒	梅兰芳、姜妙香、李庆山	李胜素、姚玉成、黄德华
327	满江红	奚啸伯、杨玉娟、高永琦、时荣璋	张建国、陈波芳、黄世骧、吕昆山
328	奇双会	杜近芳、叶盛兰	黄孝慈、叶少兰
329	春闺梦	赵荣琛、俞振飞	张火丁、宋小川
330	碧波仙子	赵燕侠、刘雪涛	张雏燕、马顺德
331	将相和(完璧归赵、渑池会)	李少春、袁世海	李宝春、吴钰璋
332	草船借箭	周信芳、纪玉良	陈少云、范永亮
333	玉簪记	杜近芳、叶盛兰	李国静、叶少兰
334	搜孤救孤	孟小冬、裘盛戎、赵培鑫、魏莲芳	王珮瑜、邓沐玮、李元真、李海青
335	大红袍	马连良、马富禄、周和桐、赵丽秋、钮荣亮	张学津、黄德华、刘永贵、刘淑云、钮荣亮
336	宇宙锋	梅兰芳、姜妙香、刘连荣、王少亭	梅葆玖、姚玉成、景荣庆、黄世骧
337	余叔岩唱腔集	余叔岩	谭元寿
338	舍命全交	马连良、裘盛戎	张学津、李长春
339	文姬归汉	程砚秋、于世文、李丹林、罗荣贵	张火丁、张学海、宋小川、黄世骧
340	抗金兵	梅兰芳、王琴生、刘连荣	邓敏、叶金援、罗长德
341	谭鑫培唱腔集	谭鑫培	谭元寿

序号	剧名	原录音	配像主演
342	战长沙	周信芳、王正屏、周少麟	小王桂卿、尚长荣、筱高雪樵
343	文天祥	周信芳、刘斌昆、金素雯、赵晓岚、沈金波	陈少云、奚培民、朱菊丽、凌蕴琦、齐宝玉
344	一捧雪·审头刺汤	周信芳、刘斌昆、李玉茹、李桐森	萧润增、计镇华、萧润年、夏慧华、许锦根
345	赶三关(片段)	周信芳、芙蓉草	王全熹、郭仲丽
346	澶渊之盟	周信芳、赵晓岚、李仲林、孙正阳、汪正华、王正屏	小王桂卿、李莉、洪小鹏、孙正阳、何澍、王世杰
347	生死板	周信芳、赵晓岚、李桐森、孙正阳、金素雯、王正屏	陈少云、陆正红、范永亮、熊志麟、朱菊丽、马凤良
348	白蛇传	杜近芳、李少春	李洁、李宝春
349	生死恨	梅兰芳、姜妙香	梅葆玖、姚玉成
350	雅观楼	叶盛兰	靳学斌
351	群英会	马连良、叶盛兰、郝寿臣、萧长华、侯喜瑞	张学津、叶少兰、刘永贵、黄德华、李荣威
352	西施(头本)	梅兰芳、姜妙香、刘连荣、王少亭	董圆圆、于万增、吴钰璋、朱强
353	西施(二本)	梅兰芳、姜妙香、刘连荣、王少亭	李胜素、于万增、吴钰璋、朱强
354	杨小楼唱段集	杨小楼	奚中路
355	断臂说书	厉慧良	马少良

Zhongguo jingju youxiu qingnian yanyuan yanjiushengban

中国京剧优秀青年演员研究生班 对京剧优秀青年演员实施深造提高的新教育模式。经中华人民共和国教育部批准，创办于1996年。时任中共中央宣传部部长丁关根提出的办班宗旨为“培养跨世纪的、能够担当起振兴重任、德艺双馨的京剧人才”。初创时由中华人民共和国文化部主办、中国戏曲学院承办，2000年中国戏曲学院划归北京市后，由文化部、北京市政府主办，北京市教委、中国戏曲学院承办。研究生班一直受到中宣部的关怀和指导。中国戏曲学院成立了由院长主持的研究生班教学方案制订小组。学制为3年，学历为研究生。其教学模式可以概括为“一个工程，两个导师，三项并举”。“一个工程”即对每一个学员制订“量体裁衣”的培养计划；“两个导师”即为每个学员聘请一个表演实践导师，一个艺术理论导师，分别负责专业教学和论文辅导；“三项并举”即课堂教学与艺术实践并举，继承与创新并举，技能培训与艺术研究并举。学员演出淡季集中学习，演出旺季回团实践。表演研习为主课，贯穿全学年；其他课程每一年抽三个月分两个时段集中到戏曲学院进行课堂教学。开设的课程有哲学、戏曲史论、中西文化比较、古典文学、表导演理论、角色创造、英语等。每届学员毕业时，需要汇报演出新学的传统剧目和创作的新剧目（含原创或改编），并交一篇专题论文，答辩通过，汇编成论文集出版。张关正、杜鹏先后担任班主任。第一届至第四届毕业的学员共有139名，来自全国45个剧院团和院校。其中京剧演员111名，昆剧、地方戏曲演员28名。

历届京剧学员名单

第一届（1996～1999）：邓敏、王蓉蓉、史敏（依弘）、石晓亮、朱强、江其虎、刘桂娟、乔慧斌、李军、李宏图、张克、杜鹏、杨赤、严庆谷、陈俊杰、周龙、赵永伟、赵永墩、赵秀君、奚中路、耿巧云、袁慧琴、董德光。

丁关根与有关领导和艺术家们同参演研究生合影（局部）
（中国戏曲学院提供）

第二届（1998～2001）：于兰、于魁智、王立军、王晓燕（花旦）、年金鹏、李洁、李丽萍、李佩红、李胜素、李海燕、张萍、张晶、张火丁、张丽丽、张建国、张桂琴、孟广禄、赵鸿、胡璇、蓝文云、靳学斌、管波。

第三届（2002～2005）：王艳、王玉兰、王珮瑜、王润菁、田冰、艾金梅、刘薇、刘建杰、吕慧敏、严阵、宋小川、迟小秋、李红艳、李国静、张威、张慧芳、杨少彭、杜镇杰、尚伟、侯丹梅、秦岩、徐超、徐孟珂、常东、阎巍、黄炳强、舒桐、董圆圆、翟墨、裴咏杰。

第四届（2005～2008）：马帅、王平、王怡、王晓燕（青衣）、包飞、田磊、主沉浮、安平、吕洋、朱福、张虹、张宏伟、张艳玲、张淑景、张馨月、李阳鸣、李红梅、李静文、陈淑芳、周利、范乐新、郑佳艳、金喜全、赵群、姜亦珊、高彤、唐禾香、倪茂才、康静、常叶青、常秋月、黄齐峰、黄丽珠、韩云江、谭正岩、熊明霞。

2007年9月起，举办中国京剧优秀青年演员研究生班10周年汇报演出，分别在北京、上海、天津、沈阳、贵阳等地展演，历时4个月，演出30场，中央电视台11频道《空中剧院》进行直播或录播，社会反响强烈。中国戏曲学院编辑出版了**《中国京剧优秀青年演员研究生班十周年汇报演出纪念画册》**，卷首有杜长胜的总结性文章《京剧艺术人才培养的创新之举》，收入演出及活动照片600多幅，并有4届研究生名单和10周年大事记。这批尖子人才已成为当今京剧舞台的中坚力量，对于京剧艺术的传承与发展将有深远影响。

（赵景勃）

Zhongguo Jingju Yousheng Dakao

《中国京剧有声大考》 唱腔音响集。金和曾、张和平、鲁青主编，总监播洪业，北京文化艺术音像出版社1990年9月出版。盒式磁带30盘，锦盒包装，录音净长度为1 500分钟。收入自20世纪初中国有现代音响技术设备以来至80年代末谭鑫培、汪笑侬、刘鸿昇、陈德霖、王瑶卿、杨小楼、余叔岩、梅兰芳、程砚秋等120位各行当京剧名家的289个精彩唱段，流派纷呈，足以显示中国京剧声乐艺术的高度成就，可供欣赏，亦可据以窥探京剧声腔的变化轨迹。《大考》附有约20万字的《选段唱词》和《演员简介》，其中《演员简介》有英文翻译，译者胡冬生、胡晓吉、刘志广。

（金丽）

Zhongguo Jingjuyuan Yanchu Juben Xuanji(Di-yi Ji)

《中国京剧院演出剧本选集》(第一集)　京剧作品集。中国京剧院编。中国戏剧出版社1959年9月出版。收《三打祝家庄》、《野猪林》、《白蛇传》、《白毛女》、《桃花扇》、《响马传》、《西厢记》、《赤壁之战》、《生死牌》、《摘星楼》共10个剧本。这些作品，一部分是中国京剧院保留剧目，一部分是1958～1959年间创作剧目和中国京剧院1959年向中华人民共和国成立10周年献礼演出的部分剧本。这些作品反映了中国京剧院在20世纪50年代的创作特色和艺术风貌。（王佩孚）

Zhongguo Jingju zhi Xing Tuijian Yanchu

中国京剧之星推荐演出　中国京剧艺术基金会主办。推荐对象为有良好艺术素质、勤奋好学，以振兴京剧为己任的优秀青年演员。

第一届推荐演出节目单

第二届推荐演出节目单

首届推荐演出于1993年12月31日至1994年1月6日举行，被推荐的演员有于魁智、邓敏、王立军、史敏（依弘）、孟广禄、董圆圆。第二届推荐演出于1996年4月17～24日举行，被推荐的演员有李军、李洁、张火丁、张建国、杨赤、赵秀君、奚中路、蓝文云。演出地点均在北京人民剧场。每人展演大小剧目2～4出不等。推荐演出之前，有一段分散培训。聘请名家担任指导教师，对已有剧目进行深加工，或帮助他们增学优秀传统剧目，如王立军的《截江夺斗》为厉慧良亲授，邓敏的《贵妃醉酒》为李玉茹亲授，李洁的《天女散花》为陈正薇亲授，于魁智的《响马传》，原为李少春名剧，绝响已久，亦是在推荐活动中由祝元昆、曹韵清指导排练，得以恢复。推荐演出后，进行“艺术会诊”。邀请专家、艺术家对每一位被推荐演员分别进行坦率的、实事求是的评论，既肯定成绩又指出不足，与会者称之为“掏心窝子的会”，内容涉及基本功训练，对角色的理解和创造，具体技巧的运用，乃至人生观、价值观等方面。前辈专家的真知灼见和肺腑之言，使青年演员颇受教益。参加“艺术会诊”的有王金璐、刘乃崇、刘曾复、孙毓敏、朱秉谦、苏移、杜近芳、杨荣环、张云溪、李金鸿、李荣威、李炳淑、李鸣盛、李紫贵、李慧芳、钮骠、袁世海、高玉倩等。中国京剧艺术基金会名誉会长兼会长王光英为这一活动撰写专文，题为《振兴京剧希望在青年》，发表于1994年1月6日《人民日报》。（简畅）

Zhongguo Juchang Shi

《中国剧场史》　剧场史专著。周贻白著。商务印书馆1936年出版。1986年11月收入《周贻白戏曲论集》，齐鲁书社出版。作者认为：“剧场，原文为Theatre。其语源出自希腊的动词theasthai，原意为‘看’。沿用至今日，便成为一个含义颇为广泛的名词，所包括者有戏曲、剧团、舞台、客座，及其他关于戏剧的各方面。换言之，便是戏曲的全部。但在中国，却只以之称演剧的场所。”全

书旨在说明中国剧场之演进。共分3章：第一章《剧场的形式》，包括剧场、舞台、上下场门、后台4节；第二章《剧团的组织》，包括剧团、脚色、装扮、砌末、音乐5节；第三章《戏剧的出演》，包括唱词、说白、表情、武技、开场与散场5节。内附剧场形态插图7幅，彩色脸谱插图16幅，全书重文献考证，并结合舞台实际。所述“纯就中国戏剧固有事物立言，截至今代的皮黄剧而止。话剧虽为后起之秀，但因其别具渊源，自当另文详述，不涉本书范围”(《凡例》)，其剧场、剧团、出演三方面多涉京剧，为中国第一部有关剧场及表演体制的专门著作。（周华斌）

Zhongguo Lingren Xueyuan zhi Yanjiu

《中国伶人血缘之研究》　京剧研究著作。潘光旦著。商务印书馆1941年9月出版。潘光旦（1899～1967），人类学家。该书从戏曲艺人的血缘遗传、家世及社会环境调查入手，用人类学的研究方法对京剧演员艺术才能和职业身份的形成进行了探讨。作者系统整理了清末民初以来见载于文献的几千名京剧演员的传记资料，包括籍贯、出身、家庭和身世、婚姻情况及艺术生涯、所擅脚色等各种材料，排列出了京剧演员人种遗传的10个主要血缘网脉络，共70个家系的情况，并绘制了详细的血缘图。通过研究，作者认为婚姻方面的“类聚配偶”和生物遗传基础，是造成伶人才能奕世蝉联的主要原因。而“从事伶业的人十九是经济地位很低的家庭所出的子弟”，长期以来是个遭社会歧视和排斥的“特殊卑微阶级”，伶人被迫在“群内婚配”、同业择偶，并“随波逐流，不能自己尊重”，“这些是伶界问题的症结所在”。认为如果改变这种社会压力，伶人的婚配、择业以及一般社会人士加入伶界更有自由，就更能发挥“类聚配偶律”的作用，“第一流第二流的伶人数量也比以前会增多起来”。本书是当时中山文化教育馆的一份特约研究稿，作者在弁言中说：“我所用的立场是一个比较新鲜的立场，用了生物遗传的眼光来观察中国的人才，这大概是第一次。”该书于1987年2月由商务印书馆影印出版。1991年12月，上海书店重新影印出版，收入《民国丛书》。（周巩平）

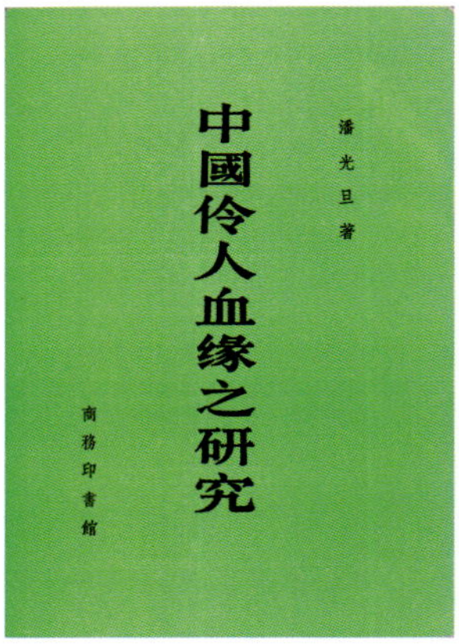

Zhongguo Mei Lanfang Yanjiuhui

中国梅兰芳研究会　学术团体。1984年在中国文学艺术界联合会主席周扬的倡导和主持下成立了中国梅兰芳学会，会长周扬，秘书长姜椿芳。1992年民政部进行社团复查登记时改名为中国梅兰芳研究会，会长马少波，常务副会长梅绍武，秘书长屠珍。该会以研究梅兰芳艺术体系为宗旨，从理论、艺术实践方面进行研究，包括梅兰芳的表演艺术、音乐、唱腔、舞蹈、服装、化装以及梅兰芳的艺术理论。并与海内外学者专家进行学术交流和比较研究，以进一步弘扬中华民族优秀的传统文化。建会后开展了多项活动。1984年

主办了梅兰芳诞辰90周年纪念演出和学术研讨会。1993～1994年协助中央电视台、天津电视台拍摄了大型文献纪录片《一代宗师梅兰芳》和电视剧《梅兰芳》，以纪念梅兰芳诞辰100周年。梅绍武主编出版了《梅兰芳艺术评论集》、大型画册《一代宗师梅兰芳画传》和《梅兰芳全集》。2005年起该会停止活动。（曹其敏）

Zhongguo Si Da Ming Dan

《中国四大名旦》 京剧文集。许姬传、徐凌云等著，宋清江编，河北人民出版社1990年7月出版。全书共33万字。画家刘海粟为该书题名。正文前刊有四大名旦的黑白照片12幅。第一幅为1949年9月四大名旦便装合影，左下角有题记：“数十年来的京剧是由梅尚荀程撑持局面，早想约集合影，终于己丑九月完成这一工作，也算是一件盛事。清泉于北京”。照片上四人安然的神态，兄弟般的温情，使观者动容。全书由4个部分构成。

四大名旦尚小云（左一）、程砚秋（前坐者）、梅兰芳、荀慧生（右一）合影

第一部分为《梅兰芳传略》，许姬传著，许国纮整理。此文写于1981年，修订于1984年，1986年又作增补。许姬传曾协助梅兰芳写过《舞台生活四十年》等重要著作，故此文内容的侧重点放在过去未谈或少谈部分。如增加了梅兰芳访日、访美、访苏活动的介绍；对梅兰芳“少—多—少”、“约—博—约”3个艺术阶段的经验总结；补充介绍《太真外传》和《凤还巢》两个戏的创作收获；《抗金兵》、《生死恨》对梅兰芳改进创作方法所起的作用；电影《游园惊梦》的拍摄经过等。

第二部分有胡金兆《程砚秋传略》和赵荣琛《论程派艺术》。《程砚秋传略》以童年凄苦、幸遇明师、声名初起、程派大成、更名游学、横眉冷对、希望成灰、同庆新生、精进不已、奋斗不息10节，勾勒了程砚秋的主要经历和思想性格。另附《程派艺术在海外》一文，是伟燕访问赵荣琛的记录。《论程派艺术》是赵荣琛学程派、演程派的体会，特别是“腔从字来，依字行腔”、“声随气行，以气催声”、“把握法则，进行创新”3个方面探讨程腔的吐字、行腔、用气、发声、韵律，具有较高的学术价值。

第三部分有徐凌云《荀慧生传略》，宋长荣口述、徐凌云整理的《忆荀师，谈〈红娘〉》。徐凌云是荀慧生的入室弟子，一直在作荀遗著的整理工作。《荀慧生传略》对荀由梆子花旦改唱皮簧花旦所经历的辛酸，如何把梆子花旦表演的优长融于皮簧花旦的人物塑造，以及荀在花旦发式、头饰、服饰方面的创新等，做了相当详细的评介。文中多处引用荀的《艺事日记》，尤足珍贵。宋长荣文章谈到荀提出演花旦戏必须把握分寸，“活泼不等于风骚，爽朗不等于泼辣，细致不等于繁琐，含蓄不等于粗率，端庄不等于痴呆，沉静不等于平板”，值得深入体认。

第四部分《尚小云传略》，由尚夫人王蕊芳口述，张静榕、向家炳执笔。他们曾往返京陕搜集核对史料，数易其稿而成。是一部较为完整的尚小云传记。作者从表演艺术家和戏曲教育家两个方面，把尚小云60多年的艰苦探索和辛勤耕耘，做了全面的评述。特别对尚小云在中华人民共和国成立后，为繁荣祖国的戏曲事业，频年累月奔忙不息，离京赴陕贡献心力，并去山东、贵州、云南等授艺的追述，弥补了尚小云研究中的一段史实空白，很有意义。

翁偶虹在该书序言中指出：“《中国四大名旦》一书以翔实的第一手资料，较全面地记录了四位大师的求艺历程、生活趣事、梨园掌故、艺术生涯、表演心得、戏改成果、看戏观感、桃李门墙……为后世留下了珍贵的史实，是非常有价值的京剧史料。”（陈义敏）

Zhongguo Xiju

《中国戏剧》 戏剧期刊。中国戏剧家协会主办。1954年1月20日创刊。原名《戏剧报》，社长田汉，主编张庚。中国戏剧家协会的机关刊物。“文化大革命”期间停办。1976年3月25日复刊，改名为《人民戏剧》。1983年1月恢复《戏剧报》刊名。从1988年7月（第374期）起，改刊名为《中国戏剧》。刘厚生、方杰、游默、邓兴器、郭汉城、杜高、王蕴明、姜志涛等先后任主编。该刊主要发表戏剧理论文章，探讨戏剧活动中的重大问题，评介古今中外的戏剧作品、戏剧表演和演员，介绍国内外最新的戏剧信息，报道全国各地戏剧活动情况。20世纪80年代后，陆续开辟《艺术研究》、《剧评》、《京剧流派讨论》、《表导演评论》、《舞台美术》、《唱腔选登》、《戏剧春秋》、《演员手记》、《舞台新秀》、《剧坛轶事》、《戏剧故事》、《明星剪影》、《戏剧沙龙》、《杂谈随笔》、《梨园轶事》、《旧文辑要》、《港澳台之窗》、《艺海飞鸿》、《获奖剧目介绍》、《中外戏剧交流》等栏目，在戏剧界颇具影响力。

1988年第7期封面与封底

中国戏剧表演的最高奖——梅花奖，即由该刊创设，对于推动中国戏剧表演的提高起了重大作用。（朱葆伟）

Zhongguo Xiju Jiang Cao Yu Juben Jiang

中国戏剧奖·曹禺剧本奖 中国文学艺术界联合会与中国戏剧家协会主办、中国戏剧家协会创作委员会和《剧本》杂志社承办的全国戏剧文学创作奖。以繁荣、发展社会主义戏剧创作为宗旨，通过评选和奖励优秀剧本，鼓励剧作家为人民服务、为社会主义服

务的创作热情，交流、总结创作经验，促进戏剧创作思想和艺术水平的提高。此奖的前身为文化部和中国戏剧家协会创办于1980年的“全国优秀剧本奖”，评选对象包括全国话剧、戏曲、歌剧剧本。1994年更名为“中国曹禺戏剧文学奖”，简称“曹禺奖”。1997年改名为“中国曹禺戏剧奖·剧本奖”。2005年，全国性文艺新闻出版评奖整顿，经中宣部批准改名为“中国戏剧奖·曹禺剧本奖”。自1980年起至2008年，共举办18届。其间，1980～1993年，以两年为一届，共评了7届；1994～2000年改为一年一届，共评了8届。2002年起又改为两年一届。在奖项的设置上，第一、第二届除评大戏的剧本外，还评小戏剧本，自第三届起取消了小戏剧本的评奖。第五届开始增设提名奖，第十七届起取消提名奖。自第一至第十八届共评出优秀剧本奖及剧本提名奖370个，其中京剧剧本30个，名单见下表。

中国曹禺戏剧奖·剧本奖　京剧剧本获奖名单

届次	作品	作者
第一届（1980～1981）	《徐九经升官记》	郭大宇、彭志淦
	《正气歌》	马少波
第二届（1982～1983）	《驿亭谣》	梁清濂
	《恩仇恋》	吕瑞明、陈延龄
第三届（1984～1985）	《大明魂》	齐致翔、吴葆璋、张之雄
第四届（1986～1987）	《曹操与杨修》	陈亚先
第五届（1988～1989）	《膏药章》	余笑予、谢鲁、彭志淦
	《赵王与无容》	吕成、朱红赤
	《草莽劫》	齐致翔、张之雄
	提名奖《甘棠夫人》	戴英禄、何明敬
第六届（1990～1991）	《高高的炼塔》	郝国忱、李学忠
	《啊，山花》	陈欣欣
	《法门众生相》	余笑予、李云彦
第七届（1992～1993）	《贵人遗香》	姜朝皋、李景文
	提名奖《锦袍情》	王寿山、赵景勃
第八届（1994）	《曹操父子》	贾璐
	提名奖《少帝福临》	董雯、程悦
第九届（1995）	《圣洁的心灵》	王新纪、徐春兰
	提名奖《西施归越》	罗怀臻
第十届（1996）	京剧剧本奖空缺	
第十一届（1997）	《狸猫换太子》	黎中城、刘梦德、程惟湘
	儿童剧《大森林》	王靖
第十二届（1998）	《骆驼祥子》	钟文农
	提名奖《风雨同仁堂》	张永和、蓝荫海、王新纪
第十三届（1999）	京剧剧本奖空缺	
第十四届（2000）	提名奖《贞观盛事》	戴英禄、梁波
第十五届（2002）	《春秋霸主》	刘桂成
	提名奖《走过十五岁》	陈欣欣
第十六届（2004）	《走西口》	张晓亚、高晓江、黄喜来
	提名奖《风氏彝兰》	李莉、佳倍
第十七届（2006）	《成败萧何》	李莉
	《霸王别姬》	杨林
第十八届（2008）	京剧剧本奖空缺	

（杨雪英　黄菊盛）

Zhongguo Xiqu Fuzhuang Tuji

《中国戏曲服装图集》　见马强。

Zhongguo Xiqu Juzhong Dacidian

《中国戏曲剧种大辞典》　工具书。1981年上海艺术研究所和上海辞书出版社共同发起，组织各省市戏曲研究学者分头撰稿，1995年6月由上海辞书出版社出版。收录近代以来流布各地的戏曲剧种335个，释文按源流沿革、剧目概况、艺术特色、音乐唱腔等栏目进行全面介绍，并附其主要唱腔的曲谱。辞典的首条词目就是“京剧”，篇幅3.5万余字，列出了历史上曾经沿用的各种称谓，如二黄、黄腔、皮黄、京调、京腔、平剧、国剧等。《源流沿革》基本是一部简略的京剧史，有“形成与传播”、“三个发展时期”两段。《剧目概况》则概述了京剧5 800余个传统与新编剧目的状况。《艺术特色》简单地介绍了京剧唱念做打的特点。《演员和流派》介绍了早期老生行当的程长庚（徽派）、余三胜（汉派）、张二奎（京派），第二代演员著名者中生行的谭鑫培、旦行的王瑶卿，19世纪20年代后的以梅兰芳为首的程砚秋、荀慧生、尚小云《四大名旦》及余叔岩、马连良、言菊朋、周信芳等众多流派创始人，及中华人民共和国成立后诸多著名演员和他们的艺术成就等。《音乐唱腔》分别介绍了由西皮、二黄的原板、慢板、导板、散板等各板式组成的京剧唱腔、京剧打击乐（“锣鼓经”）、曲牌等，并附代表性唱段曲谱。释文内容基本上集中和归纳了中华人民共和国成立以来京剧剧种研究方面的成果。条目作者马少波、陶雄、胡冬生。

（周巩平）

Zhongguo Xiqu Lianpu Baichoutu

《中国戏曲脸谱·百丑图》　京剧脸谱集。张金梁、张汉生著。山东画报出版社1996年出版。16开本，70多页，彩印精装。卷首有翁偶虹1987年《序》，介绍作者张金梁为名老生张春彦次子，自幼入北平中华戏曲专科学校学丑脚，毕业后专演大丑，从小喜爱摹绘净丑脸谱，数十年来累积数以千计，且善于精绘丑脚穿戴扮相。在丑脚脸谱不为世重而逐渐失传的情况下，将所得丑脚脸谱、扮相公之于世，“不啻振铎而鸣，发人深省”。书中有文丑、武丑、老丑、彩旦、丑婆等扮相图115幅，绘工精致，对每个角色所勾脸形都有说明，中英文对照。此前出版的脸谱集，多为净行脸谱，兼及丑行者较少，这是迄今唯一的丑行脸谱专集。

《送穷》穷神

《高三上坟》高三

《三岔口》刘利华(旧谱)

《巴骆和》胡理

（王华堂）

Zhongguo Xiqu Lianpu Yishu

《中国戏曲脸谱艺术》 戏曲脸谱集。中国艺术研究院戏曲研究所编，主编张庚。江西美术出版社1993年5月出版。8开本，170多页，彩印精装。书前为张庚代序《中国戏曲脸谱的艺术特征》。全书由5个部分组成。①戏曲脸谱溯源。②地方戏脸谱艺术，包括“传世古谱”及各路梆子、弋阳诸腔、昆腔、皮簧系统等50多个剧种的250多幅脸谱。此外，设“同一角色不同剧种的脸谱比较”，所选角色有包拯（9幅）、关羽（9幅）、张飞（11幅）、曹操（6幅）、孙悟空（5幅）。③京剧脸谱艺术。其中“早期京剧脸谱”均为清代宫廷戏画；“京剧名家脸谱”有钱金福19幅，侯喜瑞15幅，王鸿寿3幅，刘奎官11幅，裘盛戎3幅，袁世海2幅，方荣翔1幅，王长林、萧长华、叶盛章、张春华等各有一二幅。这部分中还收有汪鑫福晚年手绘脸谱12幅。④戏曲脸谱与民间美术，列有剪纸、泥塑、皮影、年画等相关资料。⑤附录，以“脸谱的分类与勾画方法”为题，收入侯喜瑞所绘脸谱72幅，另有37幅脸谱为刘曾复、汪鑫福所绘。本书特点是形象资料颇为丰富，全书用图770多幅，京剧图例几近一半。这是自20世纪50年代初中国戏曲研究院成立以来有关收藏的公开出版。

继上书出版之后，又有《中国戏曲脸谱》问世，亦由中国艺术研究院戏曲研究所编，编著者曹鹃。九洲图书出版社2000年1月出版。16开本，170页，彩印精装。书前有余从序。全书有8个部分：《中国戏曲脸谱概说》、《脸谱的艺术特征》、《脸谱溯源》、《脸谱的技法、谱式与分类》、《京剧脸谱》、《地方戏及少数民族戏曲脸谱》、《同一人物不同剧种脸谱对照》、《戏曲脸谱与民间艺术》。本书图片资料多为戏曲研究所戏曲史陈列室历年搜集、积累的藏品，与前书的图片来源相同，但图例选择有所不同。 （龚和德）

Zhongguo Xiqu Quyi Cidian

《中国戏曲曲艺词典》 工具书。上海艺术研究所和中国戏剧家协会上海分会编，上海辞书出版社1981年9月出版。共收词条5 636个。戏曲部分分为：总类；戏曲名词术语；戏曲声腔、剧种；戏曲作家、理论家、演员、团体；戏曲作品、论集、刊物等。涉及京剧词目甚多，凡习见的名词和术语、艺术家、团体、作品、论著大致都收录列条，并有数百字或几千字不等的释文。如“京剧”、“西皮”、“二黄”、“京派”、“海派”、“铜锤花脸”、“架子花脸”、“四大名旦”、《京剧丛刊》、《舞台生活四十年》等，均设有专条，其释文简明概要地介绍了有关的专业知识，其中部分条目还配有插图，是广大戏曲工作者和戏曲艺术爱好者常用的一部工具书。

（周巩平）

Zhongguo Xiqu Shi Changbian

《中国戏曲史长编》 见周贻白。

Zhongguo Xiqu Xiandaixi Yanjiuhui

中国戏曲现代戏研究会 全国性学术团体。1980年12月，文化部在江苏南京召开有8个戏曲院、团出席的关于创作、演出现代戏问题的座谈会。参加会的院、团是中国评剧院、上海沪剧团、浙江越剧二团、湖南花鼓戏剧院、河南省豫剧院三团、山东省吕剧团、陕西省戏曲研究院眉碗剧团、山西省临猗眉户剧团。他们都是在现代戏创作上有经验、有成就的演出团体，在会上总结交流了1949年以来现代戏创作的经验和问题，探讨如何解决困难，进一步繁荣创作，推动现代戏的新发展。座谈会倡议并成立了中国戏曲现代戏研究会。会后，又吸收上海艺术研究所、中国艺术研究院戏曲研究所、四川省川剧艺术研究院、江苏省淮剧团、沈阳评剧院、湖北省京剧团等单位为团体会员。该会本着创作实践与理论研究相结合的精神，召开年会，为戏曲现代戏的繁荣发挥积极的作用。1981年10月文化部举办全国戏曲现代戏汇报演出，同时举行了年会并结合演出实际研讨发展现代戏问题。之后，每届年会，都安排研讨的中心议题。例如：1982年年会在陕西西安和延安召开，集中研究现代戏的剧目创作；1983年年会在河南郑州举行，中心议题是戏曲音乐如何塑造社会主义新人形象；1985年年会在湖南长沙召开，研讨现代戏喜剧创作的历史与现状等。这种定期举行的有计划、有步骤、有明确议题的学术活动，由于有创作者与研究者出席，理论联系实际，对现代戏思想与艺术质量的提高产生了十分有益的影响。先后任会长者有胡沙、何孝充、姚欣。 （金石）

Zhongguo Xiqu Xuehui

中国戏曲学会 全国性学术团体。成立于1987年4月28日。会长张庚，副会长（以姓氏笔画为序）马少波、冯其庸、刘厚生、陈恭敏、赵寻、俞琳、郭汉城、徐朔方、徐晓钟、袁雪芬、薛若琳，秘书长龚和德。该组织的学术活动与振兴京剧关系密切。①1990年12月20日～1991年1月12日，与文化部、北京市政府、中国戏剧家协会联合举办纪念徽班进京200周年振兴京剧观摩研讨大会。会前，参与倡议和筹备工作；会议期间，负责组织大会的研讨活动；会后，编辑出版大会文集《争取京剧艺术的新繁荣》。②颁发中国戏曲学会奖，奖励优秀的有开拓性的戏曲创作演出。获奖的京剧作品已有：上海京剧院《曹操与杨修》(1989)、《廉吏于成龙》(2008)、《成败萧何》(2011)，江苏省京剧院《骆驼祥子》(2001)，湖北省京剧院《膏药章》(2002)，福建省京剧院《北风紧》(2009)。对于这些获奖剧目，都与有关文化主管部门联合召开学术研讨会，并在报刊上发表研讨会纪要，会后编辑出版创作评论集。③主办过多次理论家和艺术家的专题研讨会，有理论家张庚、郭汉城，剧作家马少波，导演艺术家阿甲、李紫贵、余笑予。④为表彰美国夏威夷大学戏剧舞蹈系教授伊丽莎白·魏克曼（Elizabeth Wichmann，中文名魏莉莎）翻译、导演《凤还巢》、《玉堂春》等英语京剧获得成功及其在英语世界普及京剧所作出的特殊贡献，授予她中国戏曲学会名誉会员称号。授予时间为1991年7月。此后，魏莉莎又成功地翻译、导演了英语京剧《沙家浜》、《四郎探母》、《秦香莲》、《杨门女将》。⑤设立金兰奖，表彰对戏曲艺术有一定造诣并对振兴戏曲有一定贡献的业余戏曲爱好者。已有香港票友顾铁华、钱江获得此奖。⑥在与山西师范大学戏曲文物研究所联合主办的学

1989年10月7日京剧《曹操与杨修》颁奖座谈会
主席台右起：贺敬之、马少波、张庚、刘振元、徐峻西，主席台前受奖者为上海京剧院院长马博敏

术丛刊《中华戏曲》中，发表大量关于京剧的史料和研究文章。⑦整理保存由中国戏曲学会主办或参与举办的各项学术活动的理论成果，编辑出版“中国戏曲学会丛书”，已面世的有《争取京剧艺术的新繁荣》、《新剧种论》、《京剧〈曹操与杨修〉创作评论集》、《小百花〈西厢记〉创作评论集》、《昆剧〈张协状元〉评论集》、《守望者说——昆剧〈班昭〉文集》、《继承与创新——川剧〈金子〉评论集》、《探索与追求——甬剧〈典妻〉评论集》、《歌仔戏的创新历程——〈邵江海〉创作评论集》、《历久弥精——湖北省京剧院〈膏药章〉学术论集》、《浪漫与美丽——重新演绎刻入越剧记忆的〈梁山伯与祝英台〉》等。1999年8月10日，中国戏曲学会召开理事代表会议，进行换届选举，其第二届领导机构成员为：会长张庚，副会长王文章、王蕴明、叶长海、曲润海、周育德、徐晓钟、黄天骥、龚和德、薛若琳，秘书长王安葵。2003年9月，张庚去世。其后领导成员有补充调整，至2005年4月21日确立第三届领导机构：会长薛若琳，副会长王文章、王安葵、王蕴明、叶长海、刘祯、曲润海、郑传寅、季国平、周育德、徐晓钟、黄天骥、龚和德、廖奔，秘书长万素。

（简畅）

Zhongguo Xiqu Xuexiao

中国戏曲学校 中华人民共和国成立后建立的第一所新型专业中等戏曲学校。1949年1月，北平和平解放。2月，中国人民解放军军事管制委员会文化接管委员会文艺部旧剧处接管了原国民党青年军第二〇八师所属的四维儿童戏剧学校第三分校。10月1日中华人民共和国成立后，文化部戏曲改进局委派史若虚、李紫贵等人前去整顿。为了继承和发展优秀的民族传统艺术，培养新型的戏曲人才，在四维三分校的基础上，1950年1月28日，成立了文化部戏曲改进局戏曲实验学校。由戏曲改进局局长田汉兼任校长，史若虚任教务长，设京剧表演和京剧音乐伴奏两个专业，学制分别为8年、6年，同年夏季招收了第一批学生。

1951年中国戏曲研究院成立，戏校归属其领导，更名为**中国戏曲研究院戏曲实验学校**，由王瑶卿接任校长。1952年11月20日，按照教育部关于统一以中等技术学校（包括专业学校）所在地定校名的规定，改名为北京戏曲实验学校。1954年5月，为避免与新建立的北京市戏曲学校校名重复，又更名为中国戏曲研究院戏曲学

1958年八年级学生演出《回荆州》（游振国摄）

校。同年，中国撤销大行政区，东北戏曲研究院戏曲学校于8月划归中国戏曲研究院领导，定名为中国戏曲研究院戏曲学校沈阳分校，由刘仲秋任校长。不久，沈阳分校迁京与本校合并，1955年1月定名为中国戏曲学校，脱离戏曲研究院，直属文化部领导，任命晏甬为校长（王瑶卿于1954年逝世），萧长华、史若虚、刘仲秋为副校长。设京剧科演员专业、伴奏专业以及舞台美术班，地方剧科河北梆子演员专业和评剧演员专业。1958年开办青年京剧演员进修班和形体基本功师资训练班。1960～1962年期间，先后撤销评剧、河北梆子演员专业，只设京剧表演和京剧伴奏两个专业。1961年3月，由萧长华接任校长。到1966年“文化大革命”开始时，在校正式班级中，京剧科已达到5个年级6个班，音乐科已达4个年级。

中国戏曲学校彻底废除了旧式戏曲教育中的包身制和打骂制，建立了民主、平等、尊师、爱生的师生关系。在教学组织上，确立了招生考试、择优录取的原则，建立了传统戏曲教育中历来没有实行过的班级教学制。根据德、智、体全面发展的要求和规格，在课程设置上，以专业课为主，同时开设政治课、文化课和艺术史论课。在专业教学上，确立了以成品教学（剧目教学）为主，成品教学与基本功训练相结合；以传统戏打基础为主，学习传统戏与学习新编古代戏、现代戏相结合；以课堂教学为主，课堂教学与舞台实践相结合，由浅入深、循序渐进的计划教学。在教学方法上，汲取传统教学“口传心授”方式的合理因素，倡导启发式，在剧目排练上实行半教半导式，以利于培养学生的艺术创造能力。同时实行“全面发展、因材施教”、“普遍培养、以点带面”、“敢拔尖子、见戏见人”等教学原则，形成了初具规模的戏曲教育体系。学校历来重视师生的舞台创作与实践。1952年排演了田汉在《金钵记》基础上重写的《白蛇传》，参加第一届全国戏曲观摩演出大会，获得演出二等奖，李紫贵获导演奖，刘秀荣获演员二等奖，朱秉谦、许湘生获演员三等奖。1956年该校的第一届毕业生留校，建立了实验剧团，以积累教材、培养师资、实验示范为宗旨，先后改编创作并演出了《碧波潭》、《武则天》、《洪母骂畴》、《卖水》、《四川白毛女》等一批新剧目，并多次出国访问演出。主要演员刘秀荣、谢锐青曾先后荣获世界青年与学生和平

文化部戏曲改进局戏曲实验学校1950年春节教职员合影

第二排左起：张德俊、鲍吉祥、王凤卿、尚和玉、王瑶卿、萧长华、谭小培、金仲仁、马德成

友谊联欢节的金质奖章。学校师资力量十分雄厚。建校初期，即聘请了王瑶卿、萧长华、尚和玉、马德成、王凤卿、谭小培、张德俊、鲍吉祥、李桂春、郝寿臣、金仲仁、白云鹏、姜妙香、刘喜奎、杨韵谱、秦凤云等一批造诣高深的艺术家为教师，梅兰芳、程砚秋、尚小云、荀慧生等亦常来校指导或授课，侯喜瑞、雷喜福、贯大元、华慧麟、于连泉、赵桐珊、王连平、茹富兰、邱富棠、宋富亭、钱富川、黄咏霓、孙盛文、程玉菁、傅德威、孙盛云、荀令香、赵荣欣等长期在校执教，同时还聘请了黄芝冈、周贻白、阿甲等讲授戏剧史论课和文化课。

“文化大革命”之前，中国戏曲学校培养了近二名毕业生，遍及全国20多个省、自治区、直辖市。其中不少人已成为优秀人才，演员如刘秀荣、杨秋玲、刘长瑜、李维康、张曼玲、刘琪、曹佛生、鲍启瑜、王晶华、王梦云、李鸣岩、孙岳、朱秉谦、冯志孝、毕英琦、李春城、耿其昌、钱浩梁、俞大陆、曲咏春、李光、张春孝、夏永泉、萧润德、叶少兰、袁国林、李长春、吴钰璋、马名骏、刘习中、张启洪、侯正仁、寇春华、郑岩等，作曲如关雅浓、任枫等，琴师如杨柳青、张素英等，鼓师如唐继荣、李朝贵、李朝阳等，导演如金桐、逯兴才、孙元意等，编剧如奎生、郭大宇等，研究工作者如钮骠、苏移、涂沛、万凤姝等，教师如谢锐青、王诗英、马名群、杨韵青、孔雁、叶蓬、艾美君、苏稚、陈国卿、蔡英莲、陈琪、陈国为、张逸娟、孔祥昌、王诚、刘越、曹宝荣、洪伟、何宝金、赵振邦等，教育管理者如王荣增、贯涌、武春生、赵景勃、张关正、刘坚等。

1966年夏，“文化大革命”开始，中国戏曲学校陷于瘫痪，名存实亡。1970年5月全校师生下放到天津警备区五一农场“劳动锻炼”。1972年新建的中央五七艺术学校开班，部分教员被调至该校的京剧系任教。1973年10月，中央五七艺术学校改制为中央五七艺术大学，并以中央五七艺术学校京剧系为基础，合并中国戏曲学校，组成**中央五七艺术大学戏曲学校**。当时规定的办学方针：是招收“苦大仇深”的工农兵子弟入学，为“样板团”培养接班人；专业教学以“样板戏”为基本教材，取消行当教学，一概要求“文武兼备”。其结果是丢失了戏曲艺术的优秀传统，也违背了多年来行之有效的戏曲教育规律和原则，使戏曲教育蒙受了很大的损失。

1976年10月，“文化大革命”结束，戏曲教育开始拨乱反正。1977年12月文化部发出通知，撤销中央五七艺术大学，恢复了中国戏曲学校的校名及建制。1978年1月，任命史若虚为中国戏曲学校领导小组组长，任桂林为副组长，全面整顿教学秩序，恢复京剧艺术的教学规范，以传统戏进行补课，并积极筹备向大学体制过渡。1978年10月，经国务院批准，中国戏曲学校改为大学建制，更名为中国戏曲学院，仍由文化部领导。内设大学部和中专部。1985年将表演系和音乐系的中专部合并，成为该院的附属中等戏曲学校，首任校长为贯涌。改革开放新时期以来，又培养出于魁智、孟广禄、李军、杜镇杰、刁丽、郑子茹、陈淑芳、侯丹梅、耿巧云、李阳鸣、凌珂等一批优秀人才。文化部在有关文件中指出：“附属中等戏曲学校的主要任务，是为全国培养优秀合格的演员及音乐伴奏人员”，同时还担负向高等艺术院校输送生源的任务。

（陈培仲）

Zhongguo Xiqu Xuexiao Jiaocai Ji

《中国戏曲学校教材集》 戏曲作品集。中国戏曲学校教研室编辑单出剧本，油印。中国艺术研究院戏曲研究所资料室分8卷收藏。1卷上部和2～5卷为京剧剧本，1卷下部和6～8卷为评剧及河北梆子剧本。其中京剧剧本1～4卷于1955年编印，第5卷于1956～1957年编印。共收京剧剧本71种。这些剧本的编印，是中国戏曲学校为改变一些剧目在教学和演出中长期口传心授无剧本依据的局面，组织一批有较高文化理论水平的中青年业务骨干，与有丰富教学经验和舞台演出经验的老教师、老艺术家密切合作，经记录、整理而逐步完成。为净化课堂和舞台，原剧本中一些不健康的内容或词句被删掉，部分零碎场次和无关紧要的人物及事件也被精简，唱词念白中不通顺不准确的地方都进行了认真的推敲和修订。这部作品集收录了许多京剧名家的藏本或授课本，如《鸿门宴》(周信芳授课本)、《失印救火》(雷喜福、汪荣汉授课本)、《芭蕉扇》(郑法祥授课本)等，对京剧剧目的传播、教学的规范和教材的积累，都曾起到重要的作用，并对后来《京剧选编》等立足教材角度的作品编辑工作，有着积极的影响。（王佩孚）

Zhongguo Xiqu Xueyuan

中国戏曲学院 中国唯一的高等专业戏曲学校。原直属文化部，2000年4月划归北京市管理。

1978年10月，经国务院批准，将中国戏曲学校改为大学建制，更名为中国戏曲学院。首任院长史若虚，副院长任桂林、张君秋、李紫贵、荀令香、张琨，顾问高盛麟、赵荣琛。文化部为中国戏曲学院规定的办学任务是：“为我国社会主义文化事业培养德、智、体全面发展的戏曲创作、理论、表演、舞台美术等方面的高级专门人才，兼顾为基层培养人才。把学院办成国内一流的、国际上有影响、具有中国特色的高等戏曲学院。”设有5个系6个专业，即表演系京剧表演专业，导演系戏曲导演专业，戏文系戏曲文学专业，音乐系戏曲作曲专业和京剧器乐演奏专业，舞台美术系戏曲舞台美术设计专业，同时还有一所附属中等戏曲学校。各专业除以本、专科为主外，还举办各类短期进修班，以适应多方面的社会需要。学院提出以培养学生基本理论、基本技能、基本知识和艺术创造能力为主的教学方针，确立以培养“艺术创造能力”为核心的教学组织机制。1994年经国务院学位委员会批准，中国戏曲学院被列为硕士学位授予单位，学位授权学科、专业为戏曲学，同时确认一批硕士研究生导师。学院还招收了来自美国、英国、法国、德国、瑞典、西班牙、日本、新加坡等国的留学生以及中国台湾、香港等地区的学生。为了办好学校，除依靠本院资历深厚的张君秋、李紫贵、赵荣琛、任桂林、高盛麟、荀令香、王金璐等数十名艺术家和教授外，还聘请了社会上著名的专家、学者、剧作家为名誉教授或客座教授来院授课。在院内外众多名师的培育下，中国戏曲学院的毕业生、研究生和进修生中，已涌现出一批优秀人才，成为颇为活跃的艺术骨干。如老生李军、张克、朱强、杜鹏、萱德光，小生江其虎、李宏图，武生奚中路、周龙、赵永伟，旦行王蓉蓉、赵秀君、史敏、邓敏、耿巧云、刘桂娟、乔慧斌、

万泉寺新址外景

中国戏曲学院剧场内景

涂玲慧、邱玲、李仙花，老旦袁慧琴，花脸杨赤、陈俊杰、赵永墩，丑行石小虎。为了培养跨世纪京剧表演人才，由文化部主办、中国戏曲学院承办的中国京剧优秀青年演员研究生班于1996年10月开办（2000年中国戏曲学院划归北京市后，北京市政府也参与主办）。录取学员包括生、旦、净、丑各行的后起之秀，也有少量昆剧和地方戏演员。学制3年，学习期满、成绩达标，通过论文答辩并经该院学位委员会审核通过，正式颁发戏曲学研究生班毕业证书。这是中国戏曲教育史上的一个创举，至2007年，已开办4届，毕业学员共139名，其中京剧演员111名。

中国戏曲学院在科学研究、艺术创作、教材建设方面都不断取得新的进展。该院学报《戏曲艺术》于1979年创刊，是一份在国内外具有一定影响的学术刊物，1996年被确认为全国戏剧艺术类核心刊物，并入编《中国学术期刊》(光盘版)。该院的实验京剧团成立于1979年，主要演员有陈淑芳、徐美玲、郑子茹、范永亮、董志华、骆焕友、裘明（少戎）等人，除演出《白蛇传》、《杨门女将》等优秀传统戏外，还创作、演出了《玉笛恨》、《对花枪》等新剧目。该团虽于20世纪80年代后期撤销，但为社会输送了一批优秀青年演员。该院教师编写的教材和专著有《京剧选编》、《戏曲编剧概论》、《戏曲舞台造型》、《戏曲表演身段基本功教材》、《戏曲表演毯子功教材》、《戏曲把子功》、《中国京剧服装图谱》、《戏曲教育论集》、《戏曲艺术论文选》等。1996～2004年间，完成了列入文化部“九五”规划的《中国艺术教育大系·戏由卷》的编撰，内含《中国戏曲学概论》、《戏曲角色创造教程》等12部教材。2005年，该院又启动京剧学学科建设。作为一所民族艺术大学，中国戏曲学院经常接待外国贵宾、学者、艺术名流和港台同胞来院参观、访问、交流、讲学；同时学院师生也经常应邀到世界许多国家和地区访问演出、讲学或参加学术交流。历任院长还有王荣增、俞琳、朱文相、周育德、杜长胜。

2005年，在中国戏曲学院建校55周年（从其前身中国戏曲学校开办算起）之际，由学苑出版社于11月间出版了《回顾——中国戏曲学院校史访谈录》。董德光主编，收入口述史料39篇，约37万字。受访者多为年逾古稀的老人，记录整理者为该院研究生，“这本书不仅能够记录学校多少年来发展的风雨历程，传达老师们的思考和心声，更重要的是能够传承老一辈的优秀传统和精神”（《编者的话》）。

早在20世纪50年代中期，鉴于戏曲事业的发展，迫切需要培养高层次的戏曲人才，中国戏曲学校提出创建戏曲学院的意向。1956年经国务院批准，成立了由欧阳予倩为主任，晏甬为副主任的28人筹备委员会。1958年文化部决定，将中国戏由学院并入中国戏曲研究院，实行一套机构两块牌子。同年底，开办了第一届编剧、导演进修班和舞台美术、音乐研究班。1959年10月，又陆续开办了研究生班。1960年，又直接从普通高中与中等专业艺术学校招收第一届本科生。戏曲文学、表演、音乐、舞台美术4系共录取63名学生。1961年根据“调整、巩固、充实、提高”的方针，为加强中国戏曲学院，撤销了中国戏曲研究院的建制，在中国戏曲学院内设中国戏曲研究所。同年，国务院正式任命梅兰芳为院长，张庚、罗合如、晏甬为副院长。1963年，中国戏曲学院撤销。

（陈培仲）

Zhongguo Xiqu Yanjiu Shumu Tiyao

《中国戏曲研究书目提要》 工具书。中国艺术研究院戏曲研究资料室编著。中国戏剧出版社1992年7月出版。共收录戏曲研究书目1 500余种，包括清代至民国年间的刻本、石印本、排印本和中华人民共和国成立后至1989年底公开出版的戏曲研究书籍。共分总论、戏曲史、戏曲声腔剧种、戏曲文学、戏曲音乐、戏曲导演表演、戏曲舞台美术、戏曲艺术教育、戏曲工具书九大部类，著录了书名、著者、版本、年代及内容提要。该书收有京剧研究书目350余种，占全部书目的四分之一，并列有“京剧演员史料”、“京剧研究”、“京剧与地方戏编写技巧”、“京剧音乐研究”、“京剧表演研究”等专题，从中既可看出京剧各门类研究的历史和现状，又为读者集中检索京剧的有关资料提供了方便。郭汉城在该书序中指出：“迄今为止，尚未有人从目录学和戏曲研究两个角度编写这样完备的戏曲研究方面的工具书，它填写了戏曲书目文献方面的空白，为戏曲研究人员提供了大量重要的有价值的参考资料。”

（朱葆伟）

Zhongguo Xiqu Yanjiuyuan

中国戏曲研究院 戏曲研究机构。1951年4月3日成立于北京。为加强对戏曲的研究与实验工作，提高戏曲创作水平，培养年轻的戏改干部，中央决定在文化部戏曲改进局所属单位的基础上成立了中国戏曲研究院。政务院任命梅兰芳为院长，程砚秋、罗合如、马少波为副院长。毛泽东应梅兰芳之请题写了院名，并题词“百花齐放　推陈出新”，成为该院和全国戏曲工作的指导方针。周恩来等中央领导也为该院题词。周恩来的题词是“重视与改进，团结与教育，二者均不可缺一”。建院之初，院部设研究、编辑、资

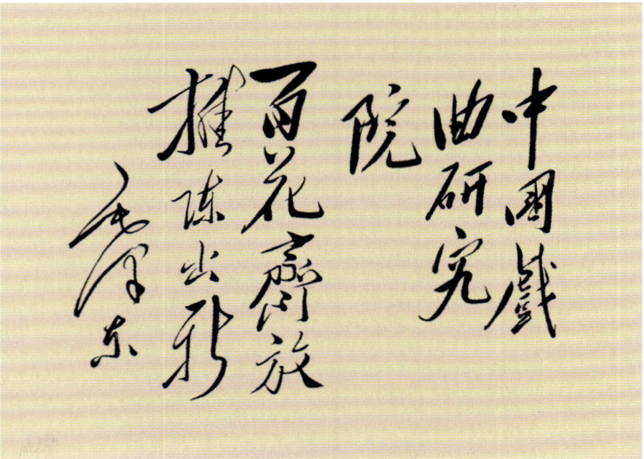

毛泽东题词（摹本）

1951年4月3日建院合影
前排自左第6人起：李桂云、刘喜奎、阿英、梅兰芳、周扬、丁西林、
马德成、洪深、李再雯（小白三霜）、鲍吉祥、叶盛章、李少春、谭小培、老舍、马彦祥、韩世昌

料等部门，下辖京剧实验工作一团、二团（1951年11月，又吸收以李少春为团长的新中国京剧实验剧团，为三团。1953年，3个团合组为中国京剧团，马少波兼任团长）、戏曲实验学校、新中华秦剧团、新中华评剧工作团、曲艺实验工作团、大众剧场等，是兼有理论研究、创作演出和艺术教育三重任务的综合性戏曲机构。1953年为加强领导力量，任命张庚为副院长，并将中央戏剧学院艺术系部分成员马可、舒模、马绩（后改名马远）、沈达人、何为等40多人调到中国戏曲研究院，充实了业务力量。1954年12月30日，文化部决定将该院所属演出、教育单位调整为中国京剧院、中国评剧院、中国戏曲学校；中国戏曲研究院成为面向全国的以从事戏曲历史、理论和现状研究为主的专门的学术机构。改组后，院长仍由梅兰芳后任，副院长为周信芳、程砚秋、张庚、罗合如、马少波。下设研究室和院办公室。研究室中分设戏曲剧目、表演、音乐、舞台美术、戏曲史各专门研究组。1958年10月1日，中国戏曲学院成立，张庚任院长，罗合如、晏甬任副院长，以后任副院长的还有任桂林。学院成立后，以多种形式培养戏曲专业人才。其时是“一套人马，两块牌子”，原研究人员大多兼做教学工作。1961年3月中国戏曲研究院并入中国戏曲学院，成为学院所属的研究所。梅兰芳任院长，张庚、晏甬、罗合如任副院长。1963年底学院停办。1964年1月中国戏曲研究院恢复建制，并增设实验剧团进行舞台艺术革新实验，排演了京剧《红旗谱》、《朝阳沟》，但未能公开演出。“文化大革命”时期，该院学术活动中断，全体人员下放“五七”干校。

中国戏曲研究院坚持“百花齐放，推陈出新”的方针，坚持实事求是和理论联系实际的精神，致力于中国戏曲历史与现状的研究，探讨戏曲艺术的规律，为发展社会主义戏曲事业，联系全国戏曲团体和戏曲工作者，在1951～1965年间做了大量工作。主要有：所属剧团进行了多方面的艺术革新尝试，整理、改编、创作了许多戏曲剧目，在国内外演出多获好评。编辑出版了《京剧丛刊》32集（以后增至50集，共收入剧目160个）、《评剧丛刊》15集（与东北评剧剧目委员会等单位合编）、《戏曲选》6卷、《戏曲剧本丛刊》2集。1955～1957年受文化部委托连续举办第一、第二、第三届戏曲演员讲习会，有40多个戏曲剧种640多名主要演员和部分创作人员、管理人员参加学习。1959～1965年举办了戏曲编剧讲习会、梅兰芳表演艺术研究班以及各种专业的研究班、进修班，并于1960年招收、培养了戏曲文学、导演、音乐、舞台美术4个系的本科生。傅惜华、杜颖陶选辑校订的《中国古典戏曲论著集成》10集，傅惜华编著的《中国古典戏曲总目》中之《元代杂剧全目》、《明代杂剧全目》、《明代传奇全目》、《清代杂剧全目》，陶君起编著的《京剧剧目初探》，张宇慈、吴春礼、何为、屠楚材编著的《京剧打击乐汇编》等相继出版。由集体编写的重点研究项目中国戏曲史和戏曲概论完成了初稿。为适应普及工作的需要，还编辑出版了“戏曲演员学习小丛书”（共3集20余种）、“戏曲基本知识小丛书”6种，以及诸多戏曲名家的唱腔曲谱集。1957年创办学术刊物《戏曲研究》，共出8期，1959年与中国戏剧家协会的《戏剧论丛》合并，改名《戏剧研究》。建立了戏曲专业的图书馆、音响图片资料室和中国戏曲史陈列室，收藏丰富，居全国之首。中国戏曲研究院，为戏曲艺术的继承、改革与发展，为中国戏剧学学科的建设，为戏曲创作和研究人才的培养，作出了历史性的贡献。（戴云）

1955年部分领导人在颐和园听鹂馆
右起：张庚、周信芳、程砚秋、罗合如

Zhongguo Xiqu Yixiang Juese Chuandai

《中国戏曲衣箱——角色穿戴》 工具书。刘月美著。中国戏剧出版社2006年10月出版。16开本，480页，80万字。全书收入剧目188出，按剧情时代背景，分殷商、周秦、两汉、三国、两晋、隋唐、五代、宋、元、明、清以及朝代不明为序排列。每一个剧目记述的内容，包括剧情介绍、角色行当、角色穿戴、砌末装置。附录中对所录188出戏又以主角行当做了分类，分为生行、旦行、净行、丑行、两门抱、双主演。扉页有作者题词：“谨以此书献给戏曲舞美工作同仁暨纪念著名舞台美术

家、教育家幸熙先生诞辰八十周年！”作为幸熙高足的刘月美，在编著此书和《中国京剧衣箱》的过程中，走访了众多资深的舞台技师和著名京昆艺人，刻苦钻研40余年，整理、收集了大量宝贵资料。此书的出版，为学生和衣箱管理工作者从事舞台实践提供了翔实的文字参考资料，具有很高的使用价值，也是上海戏剧学院戏曲学院“推出的第一本戏曲舞台美术教材，填补了这方面的空白”(徐幸捷《前言》)。此书与《中国京剧衣箱》在内容上互为补充，侧重不同，堪称姐妹篇。（龚元）

Zhongguo Xiqu Zhi

《中国戏曲志》 志书。中华人民共和国文化部、国家民族事务委员会、中国戏剧家协会主办，中国戏曲志编辑委员会主修。主编张庚。全书30卷，共计2 500多万字。1983年被列入国家重点艺术科研项目，全国30个省、自治区、直辖市近万名戏曲工作者历时15年编纂而成，由文化艺术出版社出版。这是中国第一部由政府主持编纂的反映中国各地、各民族戏曲历史和现状的戏曲专志，被誉为世界戏剧文化史上史无前例的宏伟工程。该书按统一体例编排，下限至1982年。京剧是流传全国的大剧种，《中国戏曲志》中的北京卷、天津卷、上海卷等均把京剧作为重点加以记述。北京卷翔实记述了徽班进京，汉调演员北上，京剧形成、发展、衰落、改良、变革等一系列历史事件以及京剧在剧目创作、音乐、表演、舞台美术等方面的特点和成就，特别是反映了京剧在形成发展中受宫廷艺术的影响而形成的京朝派特点。上海卷记述了京剧海派的形成、发展过程及其在艺术上的特点，特别是上海的京剧在辛亥革命前后出现的改良运动对全国戏曲的影响。天津卷记述了南北两派京剧在天津的交汇、发展，记述了天津作为一个商业大都市对京剧发展的影响。湖北卷、安徽卷、江苏卷对京剧形成、发展的历史也都有记述。中华人民共和国成立后京剧在反映现代生活、整理和改编传统戏、新编历史故事戏等方面旳成就，不仅在京剧发祥地和内地的戏曲志中有比较集中的记述，而且在云南卷、新疆卷、西藏卷、青海卷、内蒙卷、宁夏卷等一些较边远地区的戏曲志中也都反映了京剧在少数民族地区的流传、发展、变化，特别是以京剧艺术形式反映少数民族历史和现实生活所取得的成就。《中国戏曲志》在编纂过程中，发现了不少有关京剧的重要文物和史料，如湖北发现的京剧形成时期著名演员米喜子的故居和他供奉过的戏神，余三胜的族谱和塑像以及有关清道光年间西皮二簧在湖北合流的史料，安徽发现的早期京剧演员程长庚的族谱，北京发现的清末民初时期的大量戏单等，均有较详尽的记述。

（刘文峰）

Zhongguo Yishu Jiaoyu Daxi Xiqu Juan

《中国艺术教育大系·戏曲卷》 戏曲高等教育的系统教材。《中国艺术教育大系》是文化部“九五”规划的重点工程。《戏曲卷》主要由中国戏曲学院承担，历时8年（1996～2004）完成。其先，戏曲理论家张庚于1994年发起“中国戏曲表演教学体系研究”项目，含《中国戏曲表演史论》、《戏曲角色创造》、《戏曲表演教学剧目纲要》3部教材。1996年文化部下达编写出版《中国艺术教育大系·戏曲卷》任务后，中国戏曲学院决定将张庚的建议纳入《戏曲卷》之中。《戏曲卷》包括戏曲编剧、导演、表演、音乐、舞台美术及戏曲史论，共12部教材。编撰定位：既是戏曲大学本科的主课教材，也是中专大专戏曲专业的教学参考书，还可以作为戏曲艺术工作者的研究资料和戏曲爱好者的自修读物。要求这套教材尽可能吸纳古今各派戏曲艺术家、戏曲理论家有影响的论点，充分反映专业上已形成的共识，又要发挥编写者的独特见解，使之既能通“大路”，又有一定的创意和特色。《戏曲卷》编委会由张庚任总顾问，朱文相为主任，赵景勃、钮骠为副主任。每本教材的编写组，都采取老中青三结合的方式，推动了学院师资队伍的建设。这12部教材是：

《中国戏曲学概论》。朱文相主编，葛士良、刘坚副主编。文化艺术出版社2004年9月出版。46万字。分戏曲文化论、戏曲艺术论、戏曲创作论三编。内容从戏曲文化品质、文化地位、社会属性、社会意义、艺术形态、艺术原理、审美价值、欣赏个性到创作途径进行了全方位的论述，形成了一个比较完整的戏曲理论体系。本教材系北京市高等学校教育教学改革立项项目。

《中国戏曲史教程》。钮骠主编，梁燕副主编。文化艺术出版社2004年8月出版。21万字。从史前戏曲论述到古代戏曲、近代戏曲、现代戏曲直至当代戏曲，把戏曲的萌芽、孕育、成熟的发展过程进行了全面的论述。本教材系北京市高等学校教育教学改革立项项目。

《中国戏曲表演史论》。涂沛主编。文化艺术出版社2002年10月出版。26万字。分戏曲表演艺术的历史描述、戏曲表演程式、戏曲表演的角色体制、戏曲表演的节奏性、戏曲表演的性质、戏曲表演流派6章，全面论述了戏曲表演的基本特征和戏曲表演的发展脉络。

《戏曲角色创造教程》。赵景勃主编。文化艺术出版社2004年11月出版。34万字。第一编是戏曲角色创造特征论，分戏曲角色创造的审美特征（貌离神合）、戏曲角色创造的思维特征（程式思维）、戏曲角色创造的体验特征（双重体验）、戏曲角色创造的表现特征（双重表现）4章；第二编是戏曲角色创作程序论，分剧本分析、形象构思、形象总谱3章；第三编是戏曲角色创作方法论，分如何创造舞台行动、如何处理戏曲念白、如何处理唱腔、如何设计身段、如何处理戏曲打击乐、如何处理人物外部造型6章。

《戏曲角色创造教程》封面

《戏曲剧作法教程》。贯涌主编。文化艺术出版社2002年1月出版。27万字。教材以语言艺术为基础，以剧本结构（含行当运用、场子设计、唱念做打等技术安排）为核心，并依据由浅入深、由局部到整体、由单一技能到综合运用的次序编排，是一部技能训练的专业教材。

《戏曲导演教程》。逯兴才主编，杨非副主编。文化艺术出版社2005年1月出版。37万字。分戏曲导演史论、戏曲导演基础、戏曲导演创作三编，既包括了导演技法的阐述，又有导演创作与实践的训练内容，是一部讲解戏曲导演技法的专门教材。

《戏曲作曲技法》。朱维英主编。人民音乐出版社2004年10月出版。16开本，550多页，上下两册。上册分10章：板腔体唱腔结构，唱词语言与唱腔的结合，板腔体唱腔创腔技法，曲牌体唱腔的组合与创腔，对唱、伴唱、重唱、合唱写作，打击乐的运用，配乐，配乐写作技法，唱腔音乐的织体，全剧音乐布局；下册选编了40余段具有代表性的京剧现代戏、传统戏和部分地方戏唱腔音乐的乐队缩谱，将旋律、和声、复调、低音及各种伴奏织体等配器技法综合立体化地展示给学生，以供学习和借鉴。本教材是北京市高等教育精品教材立项项目。

《戏曲音乐史》。海震著。文化艺术出版社2003年6月出版。

20万字。分4章南曲戏文和北曲杂剧的音乐——宋元时期的戏曲音乐，昆曲及高腔——明代及清前期的戏曲音乐，梆子、皮簧腔及地方小戏的音乐——清代及民国时期的戏曲音乐，戏曲音乐改革及京剧“样板戏”音乐——中华人民共和国成立以来的戏曲音乐。本教材系北京市教委人文社会科学研究计划资助项目。

《中国戏曲舞台美术史论》。张连编著。文化艺术出版社2000年9月出版。33万字。“史”的部分有戏曲孕育与雏形时期舞台美术，古典戏曲舞台美术，京剧传统剧目舞台美术，戏曲新编剧目舞台美术，地方戏舞台美术；“论”的部分有概念论、功能论、审美论、符号论、综合论。

《戏曲舞台设计》。赵英勉主编。文化艺术出版社2000年9月出版。21万字。分舞台设计造型基础、戏曲舞台设计、舞台美术的中外纵横比较、当代戏曲舞台设计观念的更新4章。本教材系北京市高等学校教育教学改革立项项目。

《戏曲服装设计》。谭元杰编著。文化艺术出版社2000年9月出版。25万字，附图80幅，分上下两编。上为继承编，讲传统戏曲服装的构成要素（款式、色彩、纹样、刺绣、面料），传统戏曲服装的艺术内涵（写意原则、意象创造、艺术特征）等；下为发展编，讲活用程式法、意象创造法、综合设计法、中西服饰文化交融的探索等。本教材获教育部“2002年全国普通高等学校优秀教材二等奖”。

《中国京剧传统舞台美术》。赵振邦、吴学富主编。外文出版社2004年10月出版。10万字，图400幅，16开本，彩印。包含了京剧传统舞台美术所隶属的服装（大衣、二衣、三衣）、化装（梳头桌、容妆）、盔帽、道具（旗包箱、检场）等的样式、名称及在演出中的使用技法。所述内容均用实物彩照与文字说明相对应。

（王佩孚）

Zhongguo Yishu Yanjiuyuan Xiqu Yanjiusuo

中国艺术研究院戏曲研究所　戏曲研究机构。1973年，中央文化组设艺术研究机构，原中国戏曲研究院的部分人员，陆续由文化部静海“五七”干校调回。1975年，文化部筹建文学艺术研究所，组成戏曲研究室。1978年改称文学艺术研究院戏曲研究所，1980年又改称中国艺术研究院戏曲研究所。首任所长由副院长郭汉城兼，之后陆续接任所长的有苏国荣、余从、王安葵、刘祯。为适应戏曲研究工作的需要，其机构设置：有办公室、学术委员会，有依据各个专业设立的戏曲史、文献、文学、音乐、表导演、舞台美术研究室，有当代戏曲研究室、少数民族戏曲研究室，有图书资料室、音像室、戏曲史陈列室，有《戏曲研究》编辑部。此外，院研究生部的戏剧学系也设在所里，具体承担培养博士、硕士研究生的教学工作。

戏曲研究所继承中国戏曲研究院的传统，遵循“百花齐放，百家争鸣”、“推陈出新”的方针，贯彻实事求是和理论联系实际的精神，开展戏曲史、论与现状的研究。在戏剧理论家张庚提出的中国戏剧（曲）学学科的总体构架，即在戏曲资料、戏曲志书集成、戏曲史、戏曲理论、戏曲批评的五个层面上，都作出了一定的成绩。主要表现在：①资料建设。资料是科研的基础。从中国戏曲研究院到戏曲研究所，通过实地调查、采集采购，收藏的图书、音响、图片已相当丰富。收藏图书达20万册，其中戏曲古籍之全居全国之首；收藏唱片万余张、录音带3 600多盘，其中有许多罕见与仅存的珍贵音响。在资料研究成果方面，编辑出版了多种书目提要、图籍、录音带、CD、录像带、校勘、集注等专集、专著。②集成志书。戏曲研究所承担了张庚主编的《中国戏曲志》（丛书）和周

郭汉城在演讲

巍峙主编的《中国戏曲音乐集成》（丛书）两项国家重大项目，成立总编辑部，与各省、自治区、直辖市的编辑部联手协作，完成了审读、编辑、出版工作。③史论研究。在中国戏曲研究院的“中国戏曲史”初稿基础上，组织人力编写、修订、出版了张庚、郭汉城主编的《中国戏曲通史》。张庚主编，集体编撰，出版了《中国大百科全书·戏曲曲艺》卷（戏曲部分）和《当代中国戏曲》（当代中国丛书）。张庚、郭汉城主编，集体编撰、出版了《中国戏曲通论》。以上史论专著，在主编的领导下，发扬学术民主，集思广益，既继承了前辈的研究成果，又有新的开拓和进展。之后，沈达人、苏国荣主编《戏曲史论丛书》，包括戏曲美学、文学、音乐、表演、导演、舞台美术等以及有关戏曲文化、戏剧人类学、比较戏剧研究、傩文化与傩戏等各个方面，所内专家的专著、论文集相继问世，成果累累，对戏曲学拓宽领域，开展交叉学科的研究作出了成绩。④戏曲评论。现状研究的主要表现形式是发表评论，即进行对戏曲改革与发展的论说，和剧目创作、导演、表演、音乐、舞台美术艺术革新诸方面的批评与研讨，具有理论性、实践性，为戏曲改革与创作实践提供借鉴。⑤人才培养。戏曲研究所除部分专家承担着指导戏剧学系硕士、博士生和应邀在研究生部讲授戏曲专业课外，所内还以院的名义举办戏曲理论、编剧、导演、音乐等专业进修班或研究班。采用讲授与研讨相结合的方式，为各地研究单位、演出团体的在职人员提供提高理论素养与切磋交流的机会。⑥在大家的共同努力下，有的科研成果分别获得了国家级、部级等奖励。另外，研究所于1980年创办的《戏曲研究》（丛刊）作为学术研究的阵地、学术交流的窗口，迄2009年底，已经编辑出版79辑。

（金石）

Zhongheyuan

中和园　清代戏园。址在北京前门外粮食店街北口西侧，东向。始建于清乾隆年间。二层。砖木结构。建筑面积1 400平方米。戏台坐西朝东，三面凸出。台高约1米，台唇呈半圆形，有矮栏。台口面宽6米，高5米，进深6米。观众席设长条桌凳，有1 000余座位。京剧形成时期，徽班多在此演出。清杨静亭《都门纪略》载咸丰年间中和园一个月内入园演出的戏班：“初一至初四，全胜和，初五至初八，永胜奎，十三至十六，全胜和，十七至十九，三庆，二十至廿三，永胜奎，廿八至三十，三庆。”同治、光绪年间，谭鑫培、裘桂仙、陈德霖、黄润

中和戏院外貌

甫、龚云甫、德珺如等京剧演员曾在此献艺。民国时期，梆子坤伶刘喜奎、金钢钻、小香水等亦曾来此演出。1927年，梅兰芳在这里首演历史故事戏《凤还巢》，侯喜瑞在剧中饰周公公。中华人民共和国成立后，改名**中和戏院**。中国京剧院、北京各京剧团、北京市河北梆子剧团等戏曲团体均曾演出于此。1951年，新戏曲研究会在此办公，京剧演员谭富英、杨宝森，河北梆子演员李桂云，评剧演员小白玉霜等定期到此聚会交流。“文化大革命”前后，停止营业18年。1979年北京市文化局投资修建后，属北京京剧院。马连良、谭富英、张君秋、裘盛戎、赵燕侠、吴素秋、李万春、李元春、姜铁麟、谭元寿、马长礼、王玉珍等曾在此演出了《十老安刘》、《群英会》、《状元媒》、《赵氏孤儿》、《秦香莲》、《红鬃烈马》、《古城会》、《闹天宫》、《三打陶三春》、《三盗芭蕉扇》、《苏小妹》等。（吴增彦）

Zhonghua Chayuan

中华茶园 清代戏园。址在天津和平路南市荣吉衔口北。现存，已改建。清光绪二十八年（1902）农历十二月初八落成启用。戏楼为砖木结构，二层，300余坐席。戏台坐西朝东，平面为正方形，三面伸出于观众席。顶端悬一横匾，题“中华乐土”。台口二柱对联：“好景目中收，观不尽麝月祥云，莺歌燕舞；春风怀中抱，领略些温香软玉，桂馥兰芳”。戏台正面供奉财神像。台口上方有一铁栏杆，当年为应工武丑、武旦等行当作攀杆技巧表演之处。后台入门处设有梨园祖师爷的神龛神像。楼下观众席，楼上南、北、东三面有包厢。戏园所处地理位置四通八达，因而比较兴旺。戏园初创时，天津盛行“秦腔大戏”（实为河北梆子）和皮簧，渐后，时兴梆子、皮簧“两下锅”。该戏园以“两下锅”演出为主，有时唱梆子，有时唱皮簧，有时在同一出戏里既唱梆子又唱皮簧。主要演员有赵紫云、飞来凤、范宝亭、曹宝峰、牛春化等。不久，冀东落子（又称“蹦蹦儿”）流入天津，以女艺人为主，与“什样杂耍”（即曲艺）在“七大坤馆”同台演出，即中华、华乐、群英、天会、同庆、权乐、庆云七大茶园，中华茶园名列其首。此后，在落子基础上发展形成的评剧在天津风靡一时，中华戏园专演评剧，时人或称之为**“中华落子馆”**。20世纪40年代，中华戏园继任经理魏学瀛（绰号“小神仙”）接纳河北梆子艺人银达子（王庆林）、韩俊卿、筱翠云等，又邀来金钢钻及其弟子柳香玉、菖文娟、杨紫茹等组成中华茶园班，于1946年7月正式挂牌开锣唱戏，成为当时天津唯一的梆子戏班。1948年4月9日下午，金钢钻演完《捡柴》，猝然昏倒在后台。次日上午死于马大夫医院（今大沽北路天津口腔医院）。当晚，中华茶园班领班银达子领衔在中华茶园主演《烧骨计》。他身着孝服，跪倒在台上为金钢钻募捐棺木。观众为此义举所感动，纷纷将钱币、首饰等物投向戏台，助金钢钻发丧，一时传为佳话。1953年，中华茶园改名“中华戏院”，接待京剧、评剧、河北梆子以及曲艺等演出团体。1980年改为“中华剧场”。1985年重修后归天津市曲艺团。20世纪90年代因演出不景气，改为服装市场。（甄光俊）

Zhonghua Guoju Lianpu

《中华国剧脸谱》 京剧脸谱集。陈浩然主编。台湾上青文化事业有限公司出版。大16开，彩印精装，一函两册。收绘脸谱320个。左页为图，右页为文字说明（含图谱编号、角色名、剧名、谱式名，所用盔头、髯口、服饰，以及剧中人物的简单介绍），中英文对照。脸谱为单线平涂，着笔工整，注重谱式大略。卷首有主编《自序》及《总论》。《总论》就脸谱的来源与作用，发展与演变，内涵意义与性质分类，颜色与脸型，眉眼嘴鼻及脑门各部位的勾法形状，提出了作者的研究心得。在文图对照及图谱解说上有个别差错和不统一处，或由助编多人，校勘疏漏所致。卷末附有京剧各行当扮相和行头、盔头、髯口的举要图例。陈浩然生于江南吴越之地，自幼喜好绘制脸谱，用心收集当时流行于烟盒中的图卡。后就读于杭州艺术专科学校，绘艺益进。1949年去台湾，得到戏剧界专家指导。20世纪50年代在台湾各地多次举办脸谱展览，颇获好评。1979年春筹划整理出版，得企业界人士之助，成立编辑委员会。此书的出版发行约在1980年秋。（谢涌涛）

《中华国剧脸谱》图例

Zhonghua Guoju Xuexiao

中华国剧学校 京剧专科学校。1940年由李松龄集资创办于上海茂陵别墅一幢三层小洋楼里。李自任董事长。校长徐慕云。该校沿科班旧制，加设国文课程，向学童传习京剧和昆曲。校内聘有京剧教师许紫云、李琴仙、墨玉茹、新丽琴、陈桐云、赵志秋、王盛意、李克昌、焦宝奎、罗文奎、夏如云、王益芳、阎少泉、马晓云、韩德林，昆曲教师朱传茗、邵传镛、华传浩、方传芸，鼓师李七、麻子红，琴师吴大泉、吴二泉、吴三泉等20余位教职人员，招收学童160名，其中男生120名，女生40名。学制6年。学生经半年严格的艺术训练后，即凭各人天赋材质，分行归路，由专业教师传授戏艺。一年后，开始边习艺，边进行营业性演出，先后在上海的黄金、天蟾、皇后等戏院及江南中小城镇演唱。常演剧目有《四郎探母》、《梅龙镇》、《盗御马》、《辕门斩子》、《双下山》、《十三妹》等。学生统以“松”字排名，如周松亮（周云亮）、倪松海（倪海天）、沈松丽、李松年、刘松鹏、潘松骏、刘松娇、李松泉、张松岚（张佑福）等。

1945年因经费困难，学校转让给原上海卡尔登戏院老板艾祖年。艾接办后，即以中华国剧学校名义组织师生辗转于苏州、无锡、镇江等地演出，以资自给。抗日战争胜利后，因演剧业务清淡，入不敷出，校方只得变卖原有校舍，借徽宁医院空房供师生们外出演出返沪时住宿之用。1946年冬学生全部毕业，学校以经费匮乏宣布解散。（侯硕平）

Zhonghua Jutuan

中华剧团 京剧演出团体。1937年“八一三”淞沪抗战爆发后，上海进入“孤岛时期”。此时，各京剧演出场所均告停演，剧坛陷入沉寂。同年底，欧阳予倩提出“改良平（京）剧”的口号，并组织“中华剧团”进行演出，打破了这种郁闷的局面。剧团成员有金素琴、金素雯、李吉来（小三麻子）、李东来、葛次江、张彦堃、许幼田、陆小亭、何英奎、马金凤等。首次演出在大光明大戏院，上演由欧阳予倩编导的《渔夫恨》（根据《打渔杀家》改编），接着上演了《梁红玉》等剧。由于这些戏思想内容激进，艺术形式上也比较完善，深受“孤岛”爱国人士的赞赏。周信芳、高百岁曾陪同郭沫若、于伶等文化界进步人士前去观看。大光明大戏院短期演出后，剧团经过整顿，以精干力量为核心，于1938年夏，与更新舞台的基本演员合作，上演了欧阳予倩编导的《桃花扇》，参加演出的演员有金素琴、金素雯、葛次江、张彦堃、陆小亭、杨瑞亭、郭玉昆、杨宝童、李鑫甫、李瑞亭、葛少岩等。该剧借古喻今，讽刺了日军即将在南京成立的伪组织“维新政府”，演出时观众反应非常强烈。中华剧团上演的剧目大力抨击卖国求荣的行径，歌颂民族气节，激起了爱国人士和观众的共鸣。中华剧团通过欧阳予倩与话剧团体青鸟剧社交流密切，增强了“新”、“旧”戏剧界的联系，促进了京剧的艺术革新。京剧建立导演制度，中华剧团是较早的演出团体之一。中华剧团活动了一年左右，欧阳予倩迫于环境恶劣离开上海去了香港，剧团也随之停歇。1940年夏，金素琴主持恢复了中华剧团，吕君樵等加入。全团七八十人取道香港到越南，演出了改良平（京）剧《梁红玉》、《新玉堂春》、《太平天国》等。在港期间，寄居香港的梅兰芳到利舞台观看了剧团演出的《新玉堂春》。在越南期间，剧团为救济祖国难胞，义演《梁红玉》，当场向观众捐款，场面十分热烈。此次活动共计100余天，于同年秋末冬初回到上海，剧团宣告解散。

《桃花扇》
金素琴饰李香君（右）
金素雯饰郑妥娘

（冯钢）

Zhonghua Juyuan

中华剧院 现代剧场。址在天津市河西区平江道56号（平江道与隆昌路交口处）。2006年5月落成。建筑面积7 509平方米。坐北朝南。舞台台口宽14米、高8.5米、进深26.5米，两侧辅台宽敞。舞台上空有电动吊杆40道，台口外侧1道；吊杆的最大载重，幕杆约500千克，灯杆约800千克。灯光系统负荷可达400千瓦。观众席分上下两层，设有1 006个座位，视线无阻挡。剧场音响按原声演唱设计，声场清晰均匀，演员不用麦克风就能把歌声送到观众席的各个部位。附属设施有贵宾休息厅、大化装间、主演化装间、衣帽间、更衣室、吸烟室等。剧场安装有舞台声视频内通系统和高清、微波电视转播系统。剧场后部伴有20多亩园林，有假山、水池、亭廊，园内花木扶疏。其西南角为业务综合楼，建筑面积3 039平方米，设有绘景间、服装室、盔箱室、化装室、道具室、排练场、练乐室、浴室，二楼设有一传统风格的小剧场。其东北角为金禧园宾馆，出入口是隆昌路106号，建筑面积3 815平方米。一层为宾馆大堂和可容150人进餐的餐厅，2～4层为可接待132人入住的各种客房64间。以上3座建筑和园林，合成一个以中华剧院为核心的独特园区。天津市青年京剧团以中华剧院为长驻剧场，实现了剧团、剧场、宾馆、园林一体化格局，这在全国戏剧团体中可谓首屈一指。

中华剧院外貌

（李少波）

Zhonghua Xiqu

《中华戏曲》 戏曲丛刊。1986年2月创刊。原由山西师范大学戏曲文物研究所主办，自第5辑起，与中国戏曲学会合办。先后由山西人民出版社、山西古籍出版社出版，自第23辑起，改由文化艺术出版社出版。首任主编张之中，第5辑起由龚和德、张之中任主编，第13辑起由龚和德、黄竹三任主编，第34辑起由王安葵、冯俊杰任主编。迄2009年，已出版39辑。该刊主要发表戏曲文物的发现与研究、戏曲文献资料的整理与探索、地方剧种发展演变的考述、戏曲与宗教民俗的关系等，并发表戏曲理论与戏曲美学研究、少数民族戏剧研究、戏曲作家作品与戏曲演员研究等方面的文章。其中有关京剧的各类研究文章占有一定篇幅，瑞典克莱堡关于梅兰芳访苏期间各国戏剧家座谈的“臆想记录”及苏联艺术界讨论的原始记录，京剧《曹操与杨修》、《骆驼祥子》的座谈纪要，颜长珂《〈春台班戏目〉辨证》，吴小如《京剧唱片知见录》、《罗亮生先生遗作〈戏曲唱片史话〉订补》，徐凌霄的掌故小说《古城返照记》（有关京剧部分）等，均为学术界所关注。该刊是海内外颇具影响的戏曲学术刊物。

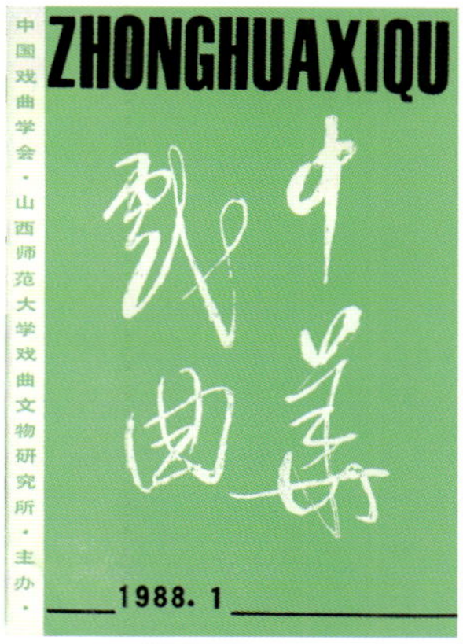

（朱葆伟）

Zhonghua Xiqu Zhuanke Xuexiao

中华戏曲专科学校 京剧学校。1930年创办于北平，以9月1日为建校纪念日。隶属于中华戏曲音乐院，由焦菊隐、金仲荪先

《三妇艳》
李玉茹饰尚蔓蘅（左） 侯玉兰饰魏慈苹（中） 白玉薇饰戈静懿

《美人鱼》
李玉茹饰妙华（左） 王金璐饰伦贵福

后任校长。初名北平戏曲专科学校，曾改名私立中国高级戏曲职业学校。该校吸收普通口学和戏曲科班之所长，以培养“适合时代之戏剧人才”，兼收男女生，为一时之创举。学制为7年，招收15岁以下的具有初小文化程度的学生。课程设置除练功、排戏、实习演出外，还开设国文、历史、地理、算术、外语、戏剧史、音乐理论等文化课，有严格的考核制度。办学宗旨与管理体制均与科班不同。如：在后台不供祖师爷，不磕头；在台上不“饮场”、不检场；不应“堂会”；演出中不准乱加“噱头”等。设校长一人，总理全校工作，下设校务处、训育委员会、戏曲改良委员会等机构。戏曲改良委员会系聘请文化、戏剧界的名流组成，有王瑶卿、曹心泉、杨小楼、梅兰芳、钱金福、余叔岩、程继先、程砚秋、齐如山、张伯驹、李石曾、包丹庭、徐凌霄、陈墨香、溥西园、金仲荪、林素珊、周大文、周作民、王绍贤、焦菊隐，共21名。其任务是制订、审核有关学校教学改革事宜，对旧剧进行整理改编，编创新戏等。教师队伍阵容强大，专业教师中，如旦行的余玉琴、王瑶卿、郭际湘、阎岚秋、孙怡云、文亮晨、时青山、程砚秋、吴富琴、律佩芳等，老生行的蔡荣桂、王荣山、高庆奎、鲍吉祥、李洪春、马连良、包丹庭等，武生行的丁永利、张王峰、迟月亭、沈三玉等，小生行的姜顺仙、吴彩云、冯蕙林等，净行的讷绍先、朱玉康、陈富瑞、范宝亭、孙盛文、程永龙等，丑行的郭春山、陆喜才、罗文奎等，武功教师王仲元、张春瑞、张春山、刘佩永、张善亭等，昆曲教师曹心泉、沈福海、汪子良、霍文元等，文化教师华粹深、吴晓铃、陈墨香、徐凌霄、佟晶心、杜颖陶、翁偶虹等，都是具有真才实学又热心培养戏曲人才的时贤。学校除演出大量传统剧目外，还编演了不少新戏和本戏，如《孔雀东南飞》、《雁门关》、《貂蝉》、《许田射鹿》、《美人鱼》、《三妇艳》、《宏碧缘》、《鸳鸯泪》、《凤双飞》等。“戏校最能上座的戏，就要算《鸳鸯泪》、《美人鱼》、《三妇艳》和新编演的《凤双飞》了。”（《翁偶虹编剧生涯》第75页）该校于1940年11月停办。在10年间共办了五科，按德、和、金、玉、永排名，共培养学生300余名，其中不乏优秀人才，如赵德普、洪德佑、傅德威、李德彬、宋德珠、邓德芹、关德咸、萧德寅、赵德钰、王和霖、周和桐、徐和才、李和曾、萧和翔、王金璐、何金海、李金鸿、赵金蓉、袁金凯、储金鹏、张金梁、李金泉、李金棠、沈金波、周金福、于金华、牟金铎、侯玉兰、白玉薇、李玉茹、李玉芝、王玉让、王玉敏、吴玉蕴（吴素秋）、陈永玲、高永倩等。

（陈培仲）

中华戏曲专科学校成立二周年纪念师生合影（1932年9月1日）
（居中穿西服者为焦菊隐校长）

Zhongshan Gongyuan Yinyuetang

中山公园音乐堂 现代剧场。址在北京市天安门西侧中山公园内。现存。原为露天剧场，抗日战争时期由日本人内田卓弥策划，日伪当局主持，于1942年11月9日竣工开业，隶属于公园董事会。中华人民共和国成立后，于1955年改建，加盖钢筋混凝土大顶，周设18根直径1米的剁石圆柱作为支撑，从而成为高16米、面积1 600平方米、坐东北朝西南、呈扇面性展开的半露天剧场。1957年7月8日，舞台及后台因雷击起火被毁，同年10月动工整修，1959年春告竣。台唇为弧形，前有60平方米的乐池。台口宽17.8米，檐口高8米。舞台进深12米，顶高18米，设吊杆21道。西辅台15平方米，东辅台40平方米。台面下设配电、灯光操作室。后台为三层楼房，建筑面积990平方米，一二层为服装室、化装室、浴室、卫生间，三层为吊杆、电器、天幕投影操作台及美工室、仓库等。1980年，在原有基础上沿大顶边缘进行封闭，改建为室内剧场。同时建有70米长、4.2米宽的弧形廊式前厅。观众大厅进深33米，前窄后宽，设2 100个观众席，面积为1 200平方米。两侧休息厅均为200平方米。总面积3 500平方米。1997年音乐堂进行翻建，1999年4月重新开业。改建后的中山公园音乐堂地下一层，地上三层（局部五层），占地面积3 720平方米，总建筑面积达11 864平方米。舞台宽22米，进深14米。

此处除音乐会和歌舞演出外，亦接待戏曲、曲艺、杂技等演出团体。盛大的京剧演出活动如1956年8月31日至9月2日，京剧工作者联合会第一届会员代表大会在此举行，会上选举出由梅兰芳、程砚秋、尚小云、萧长华、郝寿臣、白云生、马连良、谭富英、叶盛兰等43人组成的常务委员会。9月1日晚，举办盛大的演出活动，与会演员数以百计，演出剧目有《八蜡庙》、《锁五龙》、《四郎探母》等。演员有萧长华、郝寿臣、钱宝森、尚小云、吴素秋、李多奎、姜妙香、马富禄、谭富英、马连良、裘盛戎、张君秋、奚啸伯、李和曾、李万春、筱翠花、孙毓堃、谭元寿、马长礼等。1957年此处举办中国人民解放军建军30周年庆祝活动，8月1日，由梅兰芳主演《贵妃醉酒》；8月2日，由马连良、谭富英、张君秋、裘盛戎联袂演出《龙凤呈祥》；8月3日，由叶盛兰、言慧珠主演《吕布与貂蝉》。1988年12月4日至6日，中国京剧院、中国戏曲学院、北京京剧院、北京军区战友京剧团在此主办“中国戏曲学院校友为母校筹集教育基金义演”，京剧界新秀荟萃，演

1959年整修后的内景

出剧目有《挑华车》、《八大锤》、《八五花洞》、《壮别》、《汾河湾》、《甘露寺》、《穆柯寨》、《艳阳楼》等。（吴增彦）

Zhongyang Dianshitai Kongzhong Juyuan

中央电视台空中剧院 以京剧演出为主播对象的戏曲栏目。2003年1月1日开创，在中央电视台（CCTV）11频道播出。首播时间为每周的周三、周六晚间，重播时间为周四、周五、周日的下午。每次播出约3小时。节目播出前，由主持人与特约专家作评介。这是在中共中央宣传部直接指导下，受到国家广播电影电视总局高度重视而组织实施的文艺专栏，是落实中央领导“弘扬民族文化，振兴京剧艺术”指示精神的重要举措。通过这个栏目，京剧界拓展了演出空间，中央电视台丰富了民族艺术节目，并将精彩的京剧及其他戏曲演出送到了千家万户。节目的选编，贯彻了百花齐放、推陈出新的方针，既重视大量优秀的传统剧目，又关注新创作的精品力作。在演员和演出单位的选择上，立足北京、放眼全国，做到强强联合或老中青联袂献演，并通过“山东行”、“天津行”、“江苏行”、“东北行”、“福建行”等活动，充分调动各地京剧人才的积极参与。京剧界的一些重要活动，如程砚秋诞辰100周年和梅兰芳、周信芳诞辰110周年的纪念演出，第四届与第五届中国京剧艺术节，以及武戏擂台赛、燕守平京胡演奏音乐会、王珮瑜十八张半演唱会等一些很有特色的节目，都通过直播或录播，扩大了影响。特别是2007年9月至2008年1月间举行的中国京剧优秀青年演员研究生班10周年汇报演出，30台剧目在5个城市9个剧场举行，通过空中剧院的播出，让全国观众集中地观赏到了京剧一代新人的成长及其艺术风采。由于空中剧院的存在，作为民族艺术优秀代表之一的京剧艺术获得了强大的辐射力。2006年，该栏目荣获第二十三届中国电视金鹰奖的最佳栏目奖。这个栏目自开播以来，首播节目已超过500场，为满足各方面的需求，已精选出200场节目，制成《CCTV空中剧院精粹选编》，由中国文联音像出版社出版，赠送相关人士、热心观众、京剧票房、戏曲院团、戏曲院校，是可以长期保存的欣赏、学习和研究的珍贵资料。

（何永泉）

Zhongyang Xiju Xueyuan Shiyan Juchang

中央戏剧学院实验剧场 当代剧场。先后有两处：其一址在北京市东城区鼓楼东大街小经厂胡同内，现已不存。1949年底设计动工，1951年1月底落成，是中华人民共和国成立后北京建造的第一个新剧场，砖木结构。舞台东向，基高1米。台口为镜框式，宽10米，檐口高5米。舞台进深12米，口内左右辅台各宽3.5米。台顶天桥及上下梯均为木质，灯光、音响设备较为完善。台前乐池可容50人。观众厅700余平方米，无楼层，设914个座位。建成后，第一届全国戏曲会演、第一届全国话剧会演均以此处为主会场。著名京剧演员梅兰芳、周信芳、尚小云、荀慧生、裘盛戎、谭富英、马连良、张君秋、厉慧良、叶盛章、叶盛兰、言慧珠、吴素秋、关肃霜等曾在此演出。1976年毁于火。其二址在北京市东城区交道口棉花胡同中央戏剧学院内，建成于1981年，是专业化的话剧剧场，很少演出戏曲。（李畅 吴增彦）

zhongzhouyun

中州韵 多数戏曲剧种在唱曲和念白时所遵循的正音咬字规范。元代周德清所著《中原音韵》是第一部规范舞台字音的曲韵，在《中原音韵》以后，出现了5部以“中州”为名的韵书：元卓从之的《中州乐府音韵类编》、明王文璧的《中州音韵》、明范昆白的《中州全韵》、清王履青的《中州全韵辑录》、清周少霞的《增订中州音韵》。在卓从之之后，其背景逐步由北曲移向南曲。这个“中州音韵系统”堪称“集古今南北音之大成”。元明以来诸古典剧种都在遵循此字音系统的基础上，参酌本地语音加以变化发展。因此至今多数剧种在舞台语音上有共同特征，遵守着某些读音咬字的规矩和方法，在念白中还保留着一种抑扬顿挫、节奏鲜明、富有音乐性的语调。一般称这种用中州韵的念白为“韵白”或“上韵”，以区别于用本地方言的念白，如“京白”、“苏白”等。京剧所尊奉之中州韵，更多依照北曲的传统，而与南昆有所不同。京剧音韵中有尖团字、上口字，这也是尊奉中州韵的表现。音韵学语境里的“中州”一词，系从“中原”一词演绎而来，有着“中央的”、“正统的”、“全国性的”含义。京剧音韵尊奉中州韵，表明它是经过提炼和集中的，有着深厚历史渊源的艺术音韵系统。也有学者如陈彦衡、徐慕云认为，由于狭义中州指河南，因此中州韵即河南方言中的尖团字音。

（翁思再）

Zhong Kui Jia Mei

《钟馗嫁妹》 京剧作品。清张大复《天下乐》传奇中的一折，用昆曲演唱。钟馗进京应试，途中误入魔窟，面目变丑，因而被黜，羞愤自戕，被玉帝封为驱邪斩祟将军。因生前曾将胞妹许配好友杜平，此折即演其夤夜率领鬼卒，备笙箫管笛，携琴剑书箱，送妹出阁，与杜平完婚。钟馗驱鬼的风俗，唐代即已盛行。传说唐玄宗患疟疾，梦见一大鬼，破帽、蓝袍、角带、朝靴，捉小鬼啖之。自称终南进士钟馗，因应试不第，触阶而死。玄宗醒后，霍然而愈，命吴道子画其像。民间亦贴其像于门首。《周礼·考工记》有终葵逐鬼的记载，后世有取为人名的，又附会为食鬼之神。据《东京梦华录》，宋代百戏已有表现钟馗的舞蹈节目：“又爆仗一声，有假面长髯，展裹绿袍靴简，如钟馗像者，傍一人以小锣相招和舞步，谓之‘舞判’。”可知京剧舞台钟馗形象的塑造渊源有自。《钟馗嫁妹》的演出载歌载舞，洋溢着诗情画意。戏剧家李健吾评述：“剧作者

厉慧良饰钟馗（吴钢摄）

在最冷清处、最凄凉处与最无能为力处看到希望、友情与热爱。”“这里是丑陋，然而是高尚。这里是恐怖，然而是温暖。演员又把精神的妩媚赋予形体的丑陋。”(《李健吾戏剧评论选》)晚清名净何桂山最擅此剧，创造了“二十四式门神架子”，为后来演员竞相沿用。除净脚外，不少武生演员也都习演此剧。厉慧良演出时，脸谱与扎扮均有改动，表演方面虽有繁复的身段、功架，但着力突出其终南山进士的书生气质，粗犷中显细腻，化凶猛为善良。《京剧丛刊》载有此剧剧本。李万春珍藏本全部《钟馗嫁妹》(又名《九才子》)现藏于北京市艺术研究所。尚长春、尚长麟曾合演全部《钟馗》。裴艳玲演过河北梆子《钟馗》，后改为京剧，参加第二届中国京剧艺术节，获优秀剧目奖。

（刘东升）

Zhongqiuzhai Lianpu Ji

《钟球斋脸谱集》 脸谱史料。翁偶虹摹绘本，国家图书馆藏。卷首有翁氏己卯佛腊日（1939年农历七月十五日）题识，略谓：旧本为内廷“供奉”王氏所藏，本多破碎，谱共七十帧，有迷离不可辨识者二，实存六十八帧。鉴其笔意形象，知为同光间物，乃

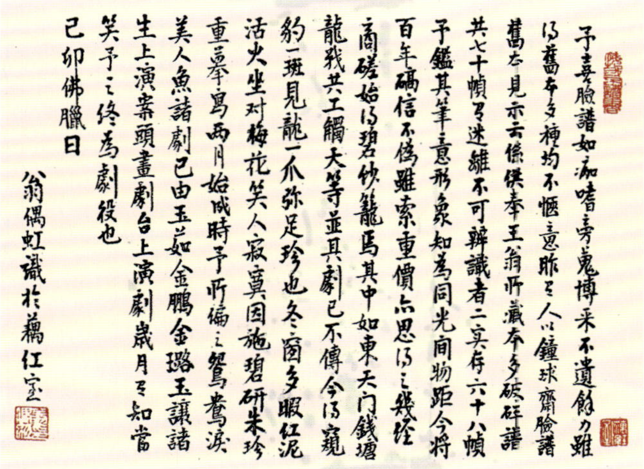
予喜臉譜如痂嗜旁蒐博采不遺餘力雖
得舊本多種均不愜意昨王人以鐘球齋臉譜
舊本見示云係供奉王翁所藏本多破碎譜
共七十幀有迷離不可辨識者二實存六十八幀
予鑑其筆意形象知為同光間物距今將
百年確信不偽雖索重價亦思得之幾經
商磋始得碧伽龍馬其中如東天门錢塘
龍戰共工觸天等並其劇已不傳今得窺
豹一斑見龍一爪亦足珍也冬窗多暇紅泥
活火坐对梅花笑人寂寞因施碧研朱珍
重摹寫兩月始成時予所編之鴛鴦淚
美人魚諸劇已由玉茹金鵬金璐玉讓諸
生上演案頭畫劇台上演劇歲月已知當
笑予之終為劇役也
己卯佛臘日
翁偶虹識於藕紅室

翁偶虹题识

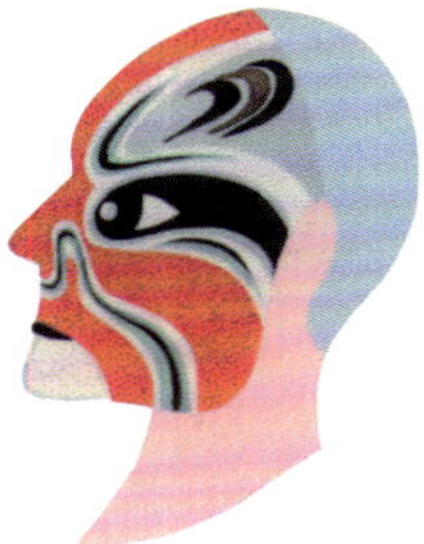
《触天》共工

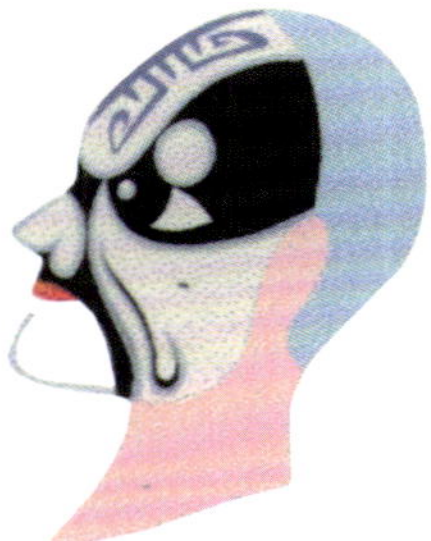
《十面》项羽

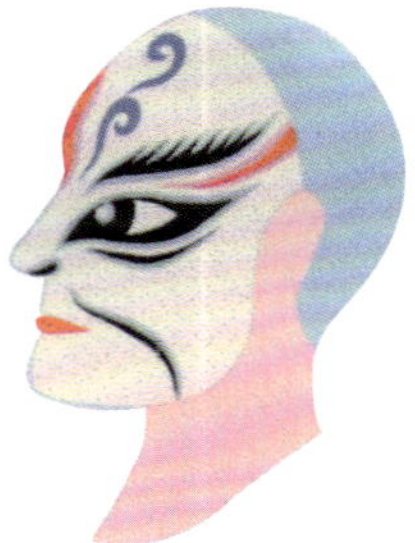
《击獭》屠岸贾

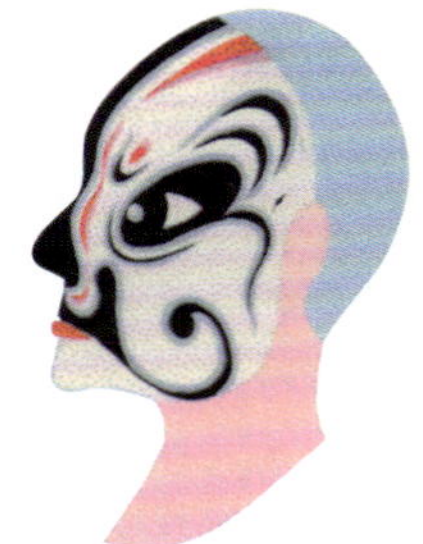
《花荡》张飞

《中庸解》周处

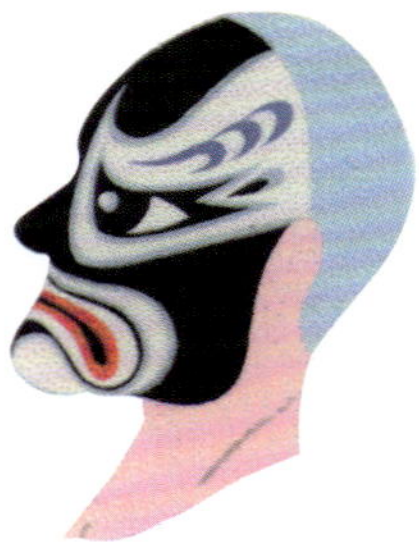
《撞幽州》杨七郎

（傅学斌再摹本）

以重价购得，珍重摹写，两月始成。从题识看，旧本归翁氏所有为1938年，同年冬季摹绘，装裱成册页已是1939年秋。摹本横18.4厘米，纵29.3厘米，木板封面。脸谱画在宣纸上，均为左侧脸；右上角书角色名和剧目名。画幅衬以洒银蓝宣纸边框，颇为素雅。其中剧目以昆弋为多，京剧次之，梆子又次之。脸谱勾法，如杨七郎、周处、秦英、李逵、张飞、金兀术等，都比现在流行的谱式要简朴、古拙。有些剧目如《东天门》、《钱塘龙战》、《共工触天》等，今已不传，所存脸谱更觉珍贵。此脸谱史料除翁氏摹本外，还有翁氏门人傅学斌的再摹本。傅摹本由册页改为线装书式，一函两册，书套由许姬传题签，卷首有翁偶虹1987年序。每页正面绘图，背面有简要说明。卷末有傅学斌1985年《编后记》。傅氏自藏。

（龚和德）

Zhong Wennong Juzuo Xuan

《钟文农剧作选》 京剧作品选。钟文农著。中国戏剧出版社2005年1月出版。29万字。收有剧本9种，其中据名著改编的有《原野》、《骆驼祥子》、《阿Q》、《祝福》，其他的《项羽》、《梦城遗鼓》、《一箭缘》、《海神妈祖》等，均为新编历史故事戏。另有作者创作经验谈《〈骆驼祥子〉从小说到京剧》，舒乙、陈培仲、董健对该剧的评论文章等。《原野》由甘肃省京剧团演出，1988年参加文化部举办的京剧新剧目会演，获新剧目奖，主演陈霖苍饰仇虎，获优秀表演奖。《骆驼祥子》获第十二届中国曹禺戏剧奖·剧本奖，该剧由江苏省京剧院演出，在第二届中国京剧艺术节上获金奖（榜首），后又获第九届文华大奖，主演陈霖苍（饰祥子）、黄孝慈（饰虎妞）双双获得“二度梅”。2001年12月，该剧又获得中国戏曲学会奖，在戏曲学会召开的学术研讨会上，评论家卜键说：“全剧以买车、失车三起三落为情节主线，运用京剧手段把主人公的坎坷遭际皴染得淋漓尽致。”“此剧也凸显了祥子生命之旅中的一抹亮色。他与小福子的感情能算是爱么？却也正使祥子品咂到几丝爱的甜美和苦涩；他与虎妞的婚姻岂不是骗局么？却也让祥子享受到一段家庭的温馨。这种复杂的情感关系，通过京剧的歌舞旋律，被处理得处处生辉。可以说，既得原著人物形象之精髓，又散射着新的艺术张力，为名著改编提供了一个范本。”(见2002年1月25日《光明日报》)本书卷首有程士荣《序》，对钟文农的创作生涯作了比较全面的介绍。

（马驰）

Zhou Changtai

周昌泰 （1905～1967） 琴师。安徽芜湖人。曾跟王瑶卿学习旦脚唱腔，善于为多种旦行流派伴奏，尤以王、梅、荀见长。操琴功底扎实，烘托唱腔既平稳匀称，又细腻灵活，不与台上喧宾夺主，配合演员传达声情丝丝入扣。早年家境贫穷，曾落魄街头卖艺，后与王玉蓉、杜近芳、荀慧生等相继合作。1961年随荀慧生到上海、南京，所演的《红娘》、《红楼二尤》、《杜十娘》、《花田八错》、《勘玉钏》、《金玉奴》、《十三妹》、《汾河湾》8出戏的实况录音，成为后来“音配像”的珍贵资料，这是他与荀慧生最后一次合作的传世之作。自1961年之后，被江苏省京剧院挽留南京，为黄孝慈等演员教戏吊嗓。他对学生要求很严，每逢吊嗓，接连吊三出大戏。

晚年病逝于南京。其弟周昌华，其子周国兴分别是程砚秋、杜近芳的主要伴奏。入室弟子有金玉书等。（黄玉琪）

Zhou Chunkui

周春奎 （约1828～1908） 演员。工生行。春奎一作春魁。字星垣。天津人（一说北京人）。生于清道光年间。票友出身，初学老旦，后改工老生。杨静亭《都门杂咏》有"年少争传张二奎"句，周春奎与张子久等都是"奎派"较早传承者。同治三年（1864）刊本《都门记略》，列周春奎为春台班台柱，擅演《五雷阵》孙膑、《骂曹》祢衡、《探母》杨四郎、《牧羊卷》朱春登。他是最早南下的京班名角之一，同治七年（1868），与杨月楼、任七、张七等同隶上海丹桂茶园。光绪初转入金桂轩茶园演出。光绪三年（1877）返京入永胜奎班。光绪九年（1883）重入春台班，其时班中有老生演员景文星、汪桂芬、王仙舟等14人，周春奎推为老生首席。光绪十三年（1887）与谭鑫培同组同春班。越五年，谭鑫培退出同春、重组三庆班，周春奎则与纪寿臣等继续为同春班承班人。光绪二十五年（1899）又与金秀山等人组织同庆班。宣统二年（1910）搭入四喜班。孙家振（海上漱石生）《三十年来伶界之拿手戏》述评周春奎："丰颐广颡"，"实大声宏，冠绝侪辈。吉梦畹生著《粉墨丛谈》，评其'如大鸟鸣春，不参弱响'，足以概之"。晚年与谭鑫培再抵沪上，"时年已将七十，须发皆苍，而声调仍一丝不走，故北人咸呼为'铁嗓子'"（1910年4月14日《图画日报》）。陈彦衡《旧剧丛谭》云："大抵奎派以腔调平稳，嗓音宽大为正宗"，"继其传者，有周春奎、许荫棠。春奎气盛言宜，年七十余，犹能声振屋瓦"。张肖伧《燕尘菊影录》谓："周春奎唱奎派，能戏颇多，唱得清扬典雅之致，做作亦精到无疵。《打金枝》、《清官册》、《审头刺汤》、《宝莲灯》，均得人称誉。兼善扎靠（戏），《樊城》、《长亭》、《五雷阵》、《凤鸣关》，亦卓卓有声。"《中国戏曲志·天津卷》周春奎传云：周以古稀之年，"内蓄白须，外挂黑髯，仍演《四郎探母》等戏。八十岁方息影舞台，仍不时出入津门各票房。天津'泥人张'第一代张明山，曾在台下摹捏周演《五雷阵》孙膑、《打金枝》唐王泥像，复制数十，陈于市上，市人见酷似周春奎而大笑，争相购买"。光绪三十四年（1908）周春奎病卒。10年后许荫棠亦去世。"自是奎派正宗，无人嗣响，法曲飘零，音沉声绝矣。"（王芷章《京剧名艺人传略集》）（简畅）

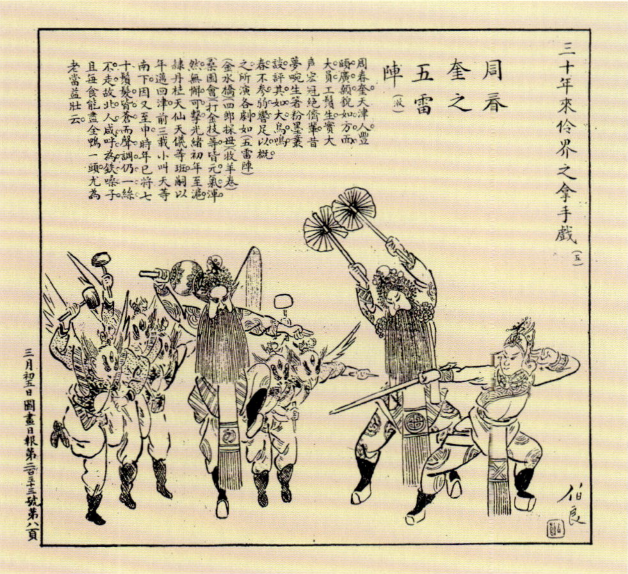

《周春奎之〈五雷阵〉》（选自清末上海《图画日报》）

Zhou Hetong

周和桐 （1920～1986） 演员。工净。北京人。幼读私塾，酷爱京剧。9岁从师陈月山学老生，11岁入北平中华戏曲专科学校，从鲍吉祥学老生，后改花脸。1936年因变声，从丁永利改学架子花脸，毕业后留校助教，后搭宋德珠的颖光社、王和霖的麟鸣社演出。中华人民共和国成立后，又拜郝寿臣为师，参加马连良剧团，后转入北京京剧团、北京京剧院，长期与马连良、谭富英、裘盛戎等合作演出。他功底深厚，表演传神，注重刻画人物性格。常演剧目有《四进士》、《火牛阵》、《赵氏孤儿》、《大红袍》、《串龙珠》、《甘露寺》、《淮河营》、《失街亭、斩马谡》等，在京剧现代戏《芦荡火种》（后改为《沙家浜》）中扮演胡传魁，形象鲜明，广受好评。（金力）

Zhou Jinfu

周金福 （1918～1994） 演员。工丑。祖籍湖北武汉，生于北京。出身梨园家庭，祖父周二奎、父亲周治安都是梆子戏演员，名武生周瑞安是其叔父。自幼深受熏陶，10岁入北平中华戏曲专科学校第三班学艺，老生、武生、小生各行当都有涉猎，最终归为文丑。他做表严谨，格调不俗，擅演方巾丑戏，所饰《群英会》之蒋干、《审头刺汤》之汤勤、《连升店》之店家、《女起解》之崇公道等，均追摹萧（长华）派风范，为人称许，允称台湾京剧丑行中之翘楚。1948年随顾正秋剧团到台湾献艺，后又加盟明驼国剧队。1977～1978年，周金福有计划地推出系列小花脸戏。他"大胆的把《一匹布》排在大轴，还特别请徐露客串女主角沈赛花，一时观众趋之若鹜，紧接着的《小过年》、《打灶分家》、《打城隍》卖座都很好。这类看似没有多大内容、实则深刻反映市井情怀的小戏，此刻得到了重新的评价与重视"（王安祈《台湾京剧五十年》第81页）。在复兴、陆光两剧校均曾授课。有子陆麟，亦工丑行，为陆光剧校毕业生，承继父业。（钮骠）

《审头刺汤》饰汤勤

Zhou Mingtai

周明泰 （1896～1994） 戏曲史家。字志辅，别号几礼居主人。祖籍安徽东至，生于江苏泰州。幼读私塾，爱好文史，稍长学习德语、英语。1918年任北洋政府总统府秘书，1922年任农商部参事，被派往德国考察半年，回国后著有《德国战后经济与实业》一书。1924年任内务部参事。1928年因北洋政府解体去职，改而从事实业，先后在唐山、天津、青岛、上海等地的纱厂、银行出任董事、常务董事、董事长。1949年由上海移居香港，后移居美国华盛顿。

周明泰酷爱戏曲，不惜重金收购清代南府和昇平署抄本。其中许之衡饮流斋原抄本的《五福记》与《金丸记》，最为完整。所藏昆曲身段谱多为乾隆时抄本，甚为珍贵。收藏的明刻善本，如

师俭堂刊《汤海若先生批评〈西厢记〉》，尤为罕见。周明泰书斋名“几礼居”，他所珍藏的戏由图籍均归入“几礼居藏书”，个人的戏曲著述归入“几礼居丛书”。凡手抄清代内府各大传奇，则均以较高润笔请人用几礼居特制笺纸工楷抄录，精裱成函，统一命名为“至德书屋藏本”。1949年去香港前，周明泰将珍藏多年的戏曲图籍及其他文献资料、名伶书画等寄存在上海一家民间图书馆——合众图书馆。中华人民共和国成立后，他全数捐献给上海市人民政府，由上海图书馆收藏。1957年，他又把原存天津百代、胜利、高亭、蓓开等公司所制的京剧唱片全部捐献给国家，由中国京剧院收藏。

20世纪30年代初，周明泰出版了研究京剧史不可或缺的资料专集**“几礼居戏曲丛书”**4种，它们是：**《五十年来北平戏剧史材》**（与刘半农合编），商务印书馆1932年8月出版。该书前编**《戏簿》**记载清光绪八年（1882）至宣统三年（1911）40余家戏班演出的几百出戏目，并编有戏名检索表；后编是作者把民国以来20年间的戏目按前编体例编排，并注明演出时间、地点、演员，凡某演员的首演剧目，均标有“首次”二字，极其翔实可信。**《都门纪略中之戏曲史料》**，1932年1月几礼居刻本。该书简叙了清杨静亭所编《都门纪略》一书的缘起和版本，并就书中“词场”一门，以图表的形式，列举了从清道光二十五年（1845）初刻本，至清光绪三十三年（1907）间后人增补、重刻的6种版本中记载的北京地区戏班、脚色、剧目、戏园资料。汇集不同时期不同版本的《都门纪略》，既给研究者提供了查询的方便，又利于查找京剧戏班、著名演员所演拿手戏的演出情况。**《道咸以来梨园系年小录》**，1932年几礼居刻本。该书辑录了清嘉庆十八年（1813）至1932年间的戏曲资料，按年排列，记述了这一时期京剧、昆曲、秦腔等剧种近450名各行当的演员及乐师、票友的生卒年、事略、艺事活动、流派师承、亲朋关系等，还叙述了一些重要的戏曲班社、茶园和上演剧目。此书在香港再版时改名为**《京戏近百年琐记》**，资料增补至1944年，并将《五十年来北平戏剧史材》赓续10年，增加篇幅附于书后，是一部史料丰富的资料集。**《清昇平署存档事例漫钞》**，1933年3月几礼居刻本。周明泰于1932年查阅到北平图书馆所得海盐朱希祖旧藏清昇平署档案500余册，将其分门别类编成6卷。卷一为从道光三年（1823）恩赏日记档中摘出的宫中在春节、燕酒节、浴佛日、端午、七夕等节日的演出情况；卷二为皇室庆寿、大丧演戏情况，少量由宣统二年（1910）恩赏日记档中摘出；卷三记有南府官职钱粮、昇平署官职钱粮，教习、演员的情况，摘自道光元年（1821）恩赏日记档至光绪三十三年（1907）恩赏日记档；卷四记有开场、团场及轴子戏目，并有剧目提纲、戏单，还有帽儿戏的记载，摘自道光七年（1827）恩赏旨意承应档至光绪二十九年（1903）的记录；卷五记有十番乐、中和乐、乐器和曲牌，并注明何时演奏何乐，摘自道光三年（1823）恩赏档直至宣统三年的记录；卷六记有《昇平宝筏》、《劝善金科》等承应大戏的演出时间、地点，所记以光绪年最多。附录乐器折、安设乐器次序单、清昇平署存档释名及存档详目。此书为了解清宫廷演戏对昆曲、京剧的影响，提供了丰富可信的资料。1940年周明泰还以几礼居刻本之名印出了**《续剧说》**一书。全书共4卷，均系作者从浩繁的古籍中摘录的有关戏曲的资料。其内容有戏曲演员（大部分为京剧演员）的生平事迹，部分剧种的表演情况，剧情梗概，戏曲演出场所情况等。其中清代及近代情况尤详。卷前记有引用书目39种。

《五十年来北平戏剧史材》
北平商务印书馆
1932年初版封面

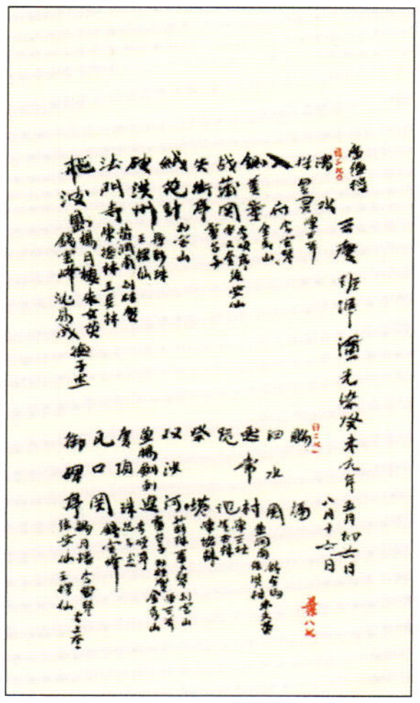
《戏薄》书影
（本页记清光绪九年五月初六日、八月十六日三庆班在广德楼演出之戏目和演员）

《清昇平署存档事例漫抄》
扉页（胡适题）

周明泰早年曾摄制过杨小楼《宁武关》的电影片段。移居香港期间曾有《几礼居随笔》、《枕流答问》、《读曲类稿》问世。他的《杨小楼评传》手抄影印本及《几礼居杂著》手抄本，均在美国出版。1992年北京燕山出版社据1984年《杨小楼评传》在美国的再版本，排印出版了此书（该书1978年为纪念杨小楼诞辰100周年，在美国华盛顿周肇良书画馆初版）。周明泰1994年5月28日，病逝于美国华盛顿。

（陈义敏）

Zhou Ren Xian Sao

《周仁献嫂》 京剧作品。吕瑞明、郑亦秋、叶盛兰根据翁偶虹京剧剧本《鸳鸯泪》改编。原是在梆子声腔剧种中流传较广的剧目，蒲剧名《忠义侠》，河北梆子、川剧弹腔有《打周仁》等，均源出明代无名氏《忠义烈》传奇。翁偶虹在20世纪30年代根据蒲剧改编成《鸳鸯泪》，由北平中华戏曲专科学校排演，储金鹏、李玉茹、王金璐、周和桐等演出，始在京剧舞台流行。1954年，叶盛兰在中国京剧院重排此剧，由吕瑞明、郑亦秋及叶盛兰据《鸳鸯泪》改编，改名《周仁献嫂》，中国京剧院首演。剧本载《京剧丛刊》第30集。描写朝臣杜宪被权奸严嵩谗害致死，其子杜文学的学友凤承东见杜家势败，转投严府，出卖杜文学。文学于被捕之际，托妻于义弟周仁。严府总管严年垂涎杜妻貌美，凤承东与之密谋，强迫周仁献出杜妻。周妻怀利刃代杜妻上轿，谋刺严年，事败自刎；周仁被人误解为卖友求荣，受到杖责。杜文学从军立功，凯旋后鞫审全案，严年、凤承东问斩，又痛笞周仁。及至杜妻等赶到讲明真情，杜文学愧对周仁，请求宽恕。全剧在原作25场戏的基础上集中精练，改写成10场，将周仁与杜文学的主仆关系改变为单纯朋友关系，去除义仆报恩成分，突出其自我牺牲精神，周妻由被动改为主动挺身赴难，加强了这一人物侠肝义胆和疾恶如仇的性格，同时改变了周仁被殴伤重而死的结尾。同时，还以夸张的

叶少兰饰周仁（右） 许嘉宝饰冯素惠

手法描绘了趋炎附势、卖友求荣的卑鄙小人凤承东。剧作以丰富的细节描写展示了人物内心活动。周仁以穷生应工，唱、念、做均需功力，做工尤重，如他在被逼“献嫂”和忍心暗示妻子自刎等场时，内心复杂、激荡的感情活动，全部通过精彩的唱、做来表达。而两次受到错责，更是运用了扑跌、水袖、甩发等表演程式。叶盛兰以其精湛的表演艺术塑造了周仁的舞台形象，成为他的代表作之一。其子叶少兰亦擅演此剧。

（程炳达）

Zhou Rui'an

周瑞安 （1887～1942） 演员。工武生。祖籍湖北武汉，生于北京。自幼随父周如奎（梆子老生）练习戏曲基本功，后入义顺和班学武生，并跟随该班辗转各地演出，曾到过河南、山东、上海等地。出科后，在北京、天津、上海等地搭班演出，曾与高庆奎、徐碧云、金少山、雪艳琴等广泛合作。

周瑞安身材魁梧、扮相英俊、气宇轩昂、武功扎实、嗓音洪亮，是武生中难得的优秀人才。他的表演风格接近杨小楼，在杨小楼生前已属武生翘楚，杨小楼故后，一度执武生界牛耳，为多家班社争相延聘。他能戏极多，像《挑华车》、《铁笼山》、《状元印》、《连环套》、《恶虎村》、《安天会》、《骆马湖》、《金钱豹》、《八大锤》、《白水滩》、《神亭岭》、《英雄义》、《长坂坡》、《潞安州》、《冀州城》等长靠、短打戏无一不精，尤以《两将军》最为著名，与名武净刘春利配合默契，表演严丝合缝。他的腿功坚实，像单腿踢“朝天镫”过头顶这类高难动作，不费吹灰之力，信手拈来，故有“周一腿”之誉称。直到晚年，他还经常演出《金钱豹》、《艳阳楼》、《虮蜡庙》等武功繁重的武戏，显示出过人的艺术功力。载涛的武生戏最初就是由周瑞安教授的。

周瑞安为人忠厚正直，早年在上海演出时曾鼓励金少山努力振作，对金少山日后的崛起具有一定作用。尤令金少山感动的是，在金少山重返北京之时，他不仅与金少山合作了《连环套》，还在金少山主演的《清风寨》中主动为之配演了燕青，而根本不计较戏份的轻重。周瑞安尤爱演勾脸武生戏，唯不擅勾脸，每次均由刘春利代为勾画，但事后总将这场戏的收入全部送交给刘春利。他重友情，每逢搭班外出演出，照料同仁细致入微，特别与老搭档刘春利的情谊更令人称道，始终与之合作，从未分手。周瑞安之子周少安，工老生，曾在北京京剧院工作，已逝世。侄周金福，工丑，在台湾有“台湾萧长华”之誉。

《连环套》饰黄天霸

（吴焕）

Zhou Wengui

周文贵 （1911～2000） 琴师。北京人。12岁开始从其兄周文荣习琴。14岁拜程春禄为师，除京胡外，且习文场所有乐器，在京剧伴奏上打下了坚实的基础。他出师后，曾先后为时慧宝、魏莲芳、郝寿臣、卧云居士等各行当名家伴奏过。他还曾与杨小楼合作排演了现已绝迹舞台的《姜维收邓艾》。周文贵从19岁时开始为李多奎伴奏，直至1972年李多奎去世，二人合作了将近半个世纪。李多奎是以唱工见长的老旦艺术家，而周文贵的伴奏，对于李多奎老旦唱腔艺术的形成、发展与成熟，起了重要作用。李多奎演唱的大量剧目、唱段，都凝聚着周文贵的心血。现在所保留的全部李多奎的唱片音响资料，都是周文贵伴奏灌制，从中可以领略到周文贵京胡伴奏艺术的风采。如《钓金龟》、《哭灵托兆》、《遇皇后》、《打龙袍》、《望儿楼》以及《四郎探母》、《甘露寺》、《三进士》等。周文贵还与李多奎共同研究创作了《赤桑镇》中的老旦唱腔。1998年周文贵在李多奎诞辰100周年纪念活动中还亲自上台参加演奏。

1950年，周文贵随李多奎一起参加了当时的太平京剧社。1953年参加了中国人民慰问团赴朝鲜进行慰问志愿军的演出。1952年太平京剧社改为北京市京剧二团，1960年改为北京京剧团。周文贵在北京京剧团参加了马连良、谭富英、张君秋、裘盛戎等演出的许多剧目的伴奏，并参加了现代戏《芦荡火种》的音乐创作和排演工作。1975年退休，退休后主要精力用于培养学生。曾在中国戏曲学院授课数年，除教授京胡演奏外，还传授李派老旦的演唱艺术。学生有蓝文云、史云兰等。

（张梓媛）

Zhou Wubao

周五宝 （1889～1939） 演员。工丑。江苏南京人。幼承家传，京昆徽兼擅。曾先后在上海新舞台、大舞台、天蟾舞台等戏园演出。所演《洛阳桥》的夏得海、《青石山》的王道士、《晏婴使楚》的晏婴，皆有绝技。他演的夏得海能来“白龙挂”，即一壶酒像一条白色长龙一样直灌到嘴里而点滴不漏。在昆剧《春香闹学》中饰陈最良，塑造冬烘学究尤为出色。他表演注重刻画人物性格，饰演配角亦善于衬托渲染剧情，主要演员均乐于请他配戏。周信芳在上海初露头角时，即与其同台，后长期合作演出。1932年，周信芳组织移风社由上海北上演出，由周五宝担任该社队长。在北京给孤寺第一舞台与刘斌昆合作演出《济公闹秦府》、《虎狼弹》、《状元别巾》、《窦公送子》

《打严嵩》饰严侠（左） 周信芳饰邹应龙

等南派丑脚名剧，深受观众与同行赞赏。他热心京剧改革，曾与欧阳予倩、周信芳等合演过《武松与潘金莲》。1935年随周信芳由哈尔滨演出回上海后，即不常登台。其丑脚艺术对后辈艺人很有影响，江南名丑刘斌昆等曾得其教益。其父周来全，伯父小金生，兄周四宝皆为京剧名丑。

《周来全之〈鸿（红）鸾喜〉》（选自清末上海《图画日报》）

周来全，字来泉。生卒年不详。原为徽班名丑，清同治年间来上海，改唱京剧，先在丹桂茶园演唱，后到天仙茶园，在《胭脂》一剧中扮演毛大，受到好评。他长期在天仙茶园做基本演员，定居上海，被誉为天仙茶园的"戏胆"。佳作极多，如《红鸾喜》的金松、《探亲相骂》的乡下亲家母、《卖饽饽》的魏虎、《大名府》的时迁等。表演以冷隽见长。他在《红鸾喜》里饰演金松，抽旱烟时倒吹纸媒亦能着火，表现金松对女儿领个陌生男子到家里又气又急的情状十分传神。孙漱石曾为其作传，评为："能文能武，能形容尽致，工于表情，能突梯滑稽，令人发噱，而出出尤能吻合剧情，绝无越出轨外行动，以是更为难能可贵。"（1929年6月11日《梨园公报》）。

（蔡世成）

Zhou Xiaoqing

周筱卿　（1892～？）　布景师、剧场经理。广东人。原是海轮上厨师，后改布景绘制，在与画师陈学芳（1890～1957，浙江温岭人）合作中，技艺大有进步。曾与文明戏演员顾无为在南京合开戏院，兼做布景工作。未久，回上海。其时各剧场连台本戏、机关布景盛行，周筱卿细心观摩研究。1927年，与赵锦堂、王永山合股接办闸北更新舞台，经过整顿内部、改进设施，自1928年初起，相继排演《天下第一桥》、《山东响马》、《梦游广寒》、《斗牛宫》、《西游记》诸剧，以布景灯光的新颖奇巧，轰动沪上。《天下第一桥》原名《洛阳桥》，为清光绪年间流行的灯彩戏，周筱卿请陈嘉祥改编，自任布景设计，吸收和改进旧时灯彩中的夹层翻倒手法，使"下海"一场的海滩景，在［四击头］中，灯光明灭之间迅即变为水晶宫。李紫贵《忆江南》对此有具体描述（详见该书第21～23页），并称周筱卿为"上海全堂变景第一人"。周筱卿对灯光的运用，除点缀水晶宫、斗牛宫一类豪华场面外，还注重描摹自然景象，如《山东响马》的"旭日初出时之水波，双山相夹中之瀑布"，《梦游广寒》的"茫茫苍天，斜月如真"，都能给人以生动印象（参见1928年5月23日、9月30日《申报》）。周筱卿在创造舞台场景的动态感上，也有过一些新发明。《山东响马》的主人公是侠客单雨云，有一场写单雨云练就武艺、辞师下山，为了表现人从高山上走下来，他设计的山景有几层平台构成，同一角色由几个演员扮演，个头由小到大，几次变换，"加上观众的想像，嘿？好高的山，好远的路啊！……丰富了舞台的立体感，又增添了观众的情趣"（《忆江南》第24页）。在《西游记》"龙宫择器"一场，"大可两围之定海柱一，不稍遮掩，在众目睽睽中逐渐缩小，卒成一金箍棒，取之舞弄于悟空掌中"（念四生《志更新之〈西游记〉》，1930年6月5日《梨园公报》）。《西游记》为连台本戏，各本均有一些精彩布置，故其营业超过其他舞台的《西游记》。钟老人《剧场布景之沿革考》云："上海之舞台布景，自以南市之新舞台为最先，鸣盛公司之新新舞台次之，今之天蟾、大舞台又次之，而更新舞台则后起之秀也。""近数年间……新编各剧中，营业之佳，布景之精，当以更新之《西游记》、天蟾之《封神榜》为最脍炙人口"（1931年3月17日《梨园公报》）。更新舞台的布景设计与绘制，由周筱卿亲自主持，友人往访，"见其手持图画纸，频频打样，足见其用心之专"，故时人称周筱卿为"布景大王"（刘老老《周筱卿之才能》，1930年6月《梨园公报》）。他的布景图曾于剧场门厅展出，每次散戏，观众有在布景图前留恋不忍去者（周锡泉回忆，见《上海戏曲史料荟萃》第3集第66页）。

在周筱卿为更新台主时，其后台经理由琴师厉彦芝兼任。厉彦芝于1928年加入更新舞台，其时周筱卿初办更新，经济上有困难，厉曾向李福祥（酸梅汤馆老板）借款助其缓解，两人遂结为金兰之好。厉彦芝有慧斌、慧良、慧敏、慧森等子女多人，即在更新随班练功学艺，其他艺人子女亦多有参加者。周筱卿就让这些孩子在《西游记》中扮演小猴、云童，既节省开支，又锻炼了孩子们。1932年"一·二八"事变，更新舞台毁于日军战火。周筱卿带领全班去苏州、无锡、南京一带演出。1935年返回上海，接办牛庄路三星舞台，仍名更新舞台。1936年初，重演《天下第一桥》，其时厉慧良13岁，在"龙宫串戏"中演出，或《坐宫》或《珠帘寨》，剧目每有更换。有时即以"更新优秀童伶班"演出传统剧目。是年冬，厉彦芝带领童伶班脱离更新，与周筱卿洒泪而别，正式成立厉家班。周筱卿的更新舞台，实为厉家班的"摇篮"。大约1937年，周筱卿退出更新。其后情况不详。

（龚和德　刘月美）

Zhou Xiaotian

周啸天　（1913～1980）　演员。工老生。天津人。出身梨园世家。父周来明，曾在天津宝顺和科班坐科，工文武老生，艺名"九岁红"。啸天7岁随父练功，1922年拜吴青山为师，1925年又向张青樵、郭仲霖学艺，专工老生。12岁在天津大罗天戏院正式登台演出，恰与前辈余叔岩同台，余的大轴戏《打渔杀家》，周在前垫戏《击鼓骂曹》。15岁因变声而辍演到北京拜吴铁庵为师。18岁嗓音恢复，领衔到哈尔滨、大连、烟台、青岛等地演出。

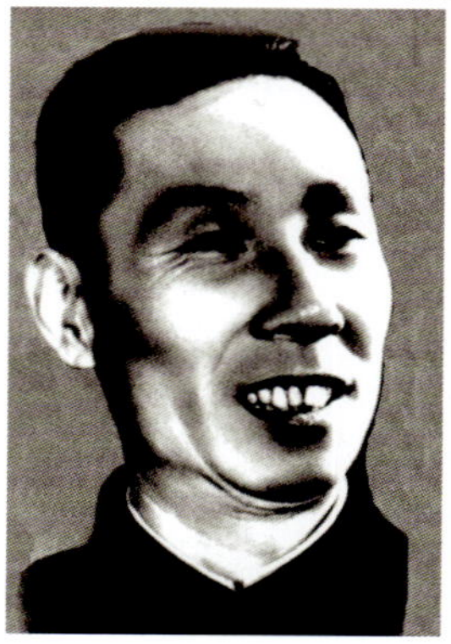

1937年应尚小云之邀，赴上海黄金大戏院演出，与袁世海、张云溪、芙蓉草同挂二牌，轰动上海，时年24岁。彼时马连良在上海，对他十分赏识，经梅兰芳、尚小云介绍，收他为徒。后又与王玉蓉、新艳秋、余波莲等合作，来往于天津、济南、青岛等地。1950年加入山东省军区京剧团（后更

《定军山》饰黄忠

名山东省京剧团）任主演。1958年调天津市京剧团。1976年后曾在天津市戏曲学校任教。

周啸天虽师承马派，但不囿于一家。他博采众长，结合本人条件，在京剧老生的唱、念、做诸方面继承发展，形成自家风格。早期嗓音洪亮、高亢，唱高腔一步到位，准确激越，当时有“周嘎调”之誉。中期和晚期嗓音柔润而甜净，特别“挂味儿”，唱腔俏丽清新，讲求字正味浓，节奏流畅，委婉悦耳，善于运用巧、俏多变的音乐旋律去表达剧中人物的思想感情。他的拿手戏《打登州》(饰秦琼)，无论唱、念、做、打都做到精益求精，传承至今。武老生戏讲求工架稳健，一招一式圆腴丰满，人物的身段与造型，从任何角度观看，均优美悦目。代表剧目有《打登州》、《白蟒台》、《乌盆记》、《定军山》、《战太平》、《珠帘寨》、《四郎探母》等。周啸天课徒授艺倾囊相赠，过着清淡简朴的生活。一生积蓄添置剧装，他排演《十老安刘》和《苏武牧羊》的服装刚刚做好，便被“文化大革命”中的一把火烧光毁尽，使他身心俱伤，从此一病不起。虽卧病榻，仍潜心研究马派表演艺术，希冀再度登台献艺，不幸于1980年10月26日辞世。学生有苏成龙、李春城、陈国卿、宋玉庆、金振东（坤生）等。（陈国卿）

Zhou Xinfang

周信芳 （1895～1975） 演员。工老生、红生，兼演大嗓小生和净脚，亦擅长导演、编剧。原名士楚，字信芳（一说名信芳，字士楚），艺名麒麟童。祖籍浙江慈溪，生于江苏清江浦（今淮安清浦区）。先辈曾有人做过中下层官吏。父亲周慰堂以京剧票友“下海”做职业演员，艺名金琴仙，与同班女演员许桂仙结婚。1895年1月14日（清光绪二十年十二月十九日）生周信芳。

周信芳诞生时正值中日甲午战争，清廷北洋海军全军覆没，儿时又遭逢义和团运动及八国联军（1900）侵华之役，社会动乱，民不聊生，国势衰颓。他后来曾说：“我就是在这个可咒诅的时代里诞生的。”四五岁时即随父母流转江浙各地，读过几天私塾，因家贫辍学。6岁在杭州拜陈长兴为师学戏，7岁起以娃娃生参加营业演出，艺名七龄童，由此开始了他60余年的演剧生涯。

演剧生涯 周信芳一生演剧历程大致可分为三个时期。1901～1925年前后约20余年是第一时期，是他学习、锻炼和奠定知名演员基础的时期。

在辛亥革命（1911）前，周信芳以童伶身份在杭州、上海、汉口和北方烟台、天津等地一边演出一边广泛学戏。其间，曾易名万年青、时运奎，1907年在上海将七龄童改为麒麟童，成为终身艺名。在南方，深受著名演员王鸿寿及李春来等的器重；在北方，于1908年第一次进北京，以带艺坐科方式入喜连成科班，同梅兰芳、林树森等一起边演边学。同时努力观摩谭鑫培等前辈名演员的戏。但为时不久，同年光绪、慈禧死后禁止娱乐，即转到天津搭京都双庆和班演出。这时上海京剧改良运动蓬勃开展，影响及于北方，少年周信芳也参加了吕月樵、金月梅、苏廷奎等新编《二县令》等戏演出，初步接触了改革风气。之后又经历了倒仓和去境外海参崴（今俄罗斯符拉迪沃斯托克）、双城子（今俄罗斯乌苏里斯克）等地演出。1912年中华民国成立后回到上海。至此他在北方各地流动中已生活了近5年，曾演过的传统剧目和新戏（多数老生戏和少量武生戏等）已近百出。其中有《打渔杀家》、《四郎探母》、《清风亭》、《乌龙院》等。他后来回忆说：“我在流浪中开始了演剧生活。”

少年周信芳

周信芳17岁回到上海后，追随潘月樵、夏月珊、夏月润、刘艺舟等，很快投入改良创新、编演新戏的热潮之中。1915年他加入丹桂第一台为主要演员之一，不久又兼任后台经理，直到1923年。将近8年中，他首演的折子戏、单本戏和连台本戏达260多出，是他演出剧目最多的一个阶段。名剧《刘唐下书》、《萧何月下追韩信》，同欧阳予倩合演的几种《红楼梦》戏，针砭现实的《宋教仁》以及轰动一时的连台本戏《红蝴蝶》等都出于这一阶段。这时他也常常从事新戏的编导工作，是最早确立京剧导演名分的人。1923年脱离丹桂第一台后，又去烟台、天津、北京等地演出，于1925年回上海。这一时期中，周信芳在舞台上学习与合作的北方和南方的著名演员极多。在北方演出时和回到上海后，他如饥似渴地观摩谭鑫培的戏，用心揣摩，印象深刻，受益极大。在唱法上更向孙菊仙、汪桂芬学习，并结合自己特点予以发展。他自幼受王鸿寿提携，又从王学得许多徽调剧目，特别是红生戏，深得衣钵。他对汪笑侬衷心钦佩，认为是“爱国志士”。欧阳予倩则是他最早接触的具有新文化修养的人。还有如冯子和等，都曾在思想上和艺术上给他以巨大影响，使他在继承传统和创造革新上都受到深刻教益。

由20世纪20年代后半期到1949年上海解放的20余年，是周信芳艺术生涯的第二时期，是他文化素养、演剧思想全面提高，表演艺术臻于成熟，形成独具风格的“麒派”时期。

1937年抗日战争爆发之前是这一时期的前半段。周信芳于1927年在上海参加天蟾舞台，长驻5年。一方面自己演，也同北方来的名演员如马连良等合演传统戏和新编单本戏，其中有《鸿门宴》、《徐策跑城》、《扫松下书》、《借东风》等；另一方面以主要力量编演连台本戏如《龙凤帕》、《华丽缘》、《香莲帕》、《封神榜》、

《鸿门宴》饰张良

《韩信》饰韩信

《萧何月下追韩信》饰萧何

《满清三百年》(其中包括《明末遗恨》) 等，这些戏大都含有褒忠斥奸、发扬正义战胜邪恶的精神，深受观众欢迎。在表演艺术上，周信芳经过近30年的舞台实践，广泛学习，潜心探索，于20世纪20年代后半期形成了具有高度独创性的“麒派”风格，获得了京剧界和广大观众的承认和喜爱，人们昵称他“麒老牌”。

周信芳的艺术成就和社会声望在20世纪20年代末30年代初达到新的高度，但他所受黑暗社会的伤害也更加深重。在流氓势力威胁下，周信芳不得不自组剧团移风社于1932年春离开上海，由南而北作巡回演出。这时正值东北“九一八”事变、上海“一·二八”战事之后，日本帝国主义侵华日亟，国势危急，周信芳忧心国事，体现民心，在上海天蟾时即编演了《洪承畴》、《明末遗恨》等表现亡国惨痛和人民抗争的戏，这时也都带到外地上演。巡回演出长达3年，历经华北、东北、江南10多个城市。其间自1932年11月起在天津连演10个月，影响深远。1935年春，周信芳率移风社回到上海，进入黄金大戏院演出。上海观众，特别是麒迷们为之欢呼。著名评论家、他的挚友胡梯维撰联相赠：“此别忽三年，坐教孺子成名，百口皆称萧相国；重来歌一曲，且喜使君无恙，万人争看薛将军。”在黄金编演了《董小宛》、《宝莲灯》等剧。1937年春，移风社再次北上天津，7月7日抗战开始，全民振奋，剧团于8月赶回上海。周信芳立即积极参加广播宣传、筹募救国公债以及慰劳将士伤兵、救济难民等活动。在10月7日上海戏剧界救亡协会成立大会上，他被推选为歌剧部主任。

抗日战争和解放战争约12年间，是周信芳艺术生涯第二时期的后半段。1937年11月上海失守，仅有英法等国的租界成为“孤岛”，日寇尚不能直接控制。为安定同行生活，周信芳重组移风社在租界中的卡尔登戏院演出，长达4年，是周信芳作为剧团领导人和领衔演员连续演出最长的时期。这一时期所演的剧目除常演的麒派老戏外，主要是连台本戏如《天雨花》、《文素臣》等。同时还编演着意描绘历史上国破家亡悲剧的单本戏如《香妃恨》、《亡蜀鉴》、《董小宛》、《明末遗恨》、《徽钦二帝》等。他在这些剧目中愤怒地鞭挞丧权辱国的权奸以至帝王，用以警醒世人，鼓舞抗战意志。如在《徽钦二帝》中让群众痛骂汉奸张邦昌，获得强烈剧场效果。因多演这些表达民族感情的戏，经常受到压制和警告，但他更在舞台口两边贴出剧目预告，一边是《文天祥》，一边是《史可法》。用宋末和明末两个民族英雄之名来激励观众，当时影响极大。周信芳鲜明的爱国主义精神，受到敌伪和租界当局多方迫害和限制，移风社终于在1941年8月被迫解散。此后他因病休养了较长时间，病愈后在上海各剧场做短期演出，再未组团。

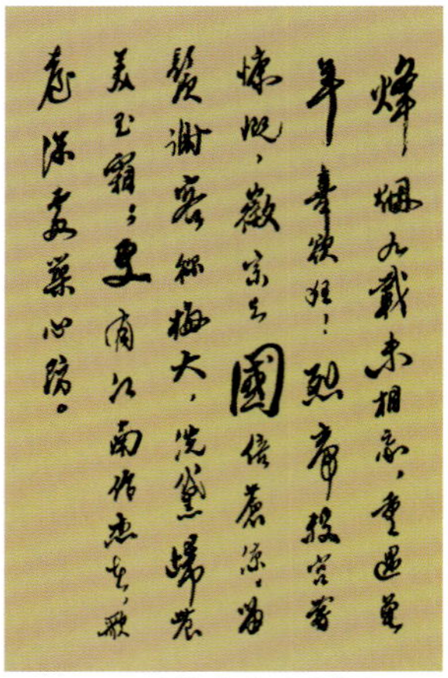

田汉赠诗手迹（局部）

周信芳长期生活在文化中心的上海，又常至各大城市演出，深感多方汲取文化营养的必要。早在20世纪20年代，即同新文艺界知名人士田汉、洪深等有所交往。1923年他曾手持田汉主编的《南国》杂志，亲自登门拜识田汉，由此订交，建立了终身友谊。1927年他加入田汉主持的话剧团体南国社。并在南国社的“鱼龙会”上同欧阳予倩、高百岁合演新京剧《潘金莲》。1930年他在天蟾演戏时曾冒险帮助被追捕的田汉逃离险境。抗战期间他主演的《文素臣》即是电影编导朱石麟所编。1940年他还参加过朱端钧导演的话剧《雷雨》演出。这些沟通京剧界同进步文艺界的交流对于他的艺术思想和社会观点都有较大影响。20世纪40年代初，中国共产党上海地下党员于伶同周信芳多有接触，地下组织又委派姜椿芳同周长期联系，关系密切，感情深厚，周信芳思想上政治上深受熏陶。1945年抗战胜利，次年田汉回上海见到久别老友，曾赋诗相赠：“烽烟九载未相忘，重遇龟年喜欲狂。烈帝杀宫尝慷慨，徽宗去国倍苍凉。留须谢客称梅大，洗黛归农美玉霜；更有江南伶杰在，歌台深处筑心防。”解放战争期间，周信芳除几次做短期演出外，积极参与反对内战、争取民主运动。1946年上海戏剧界反对国民党当局举办的“艺员登记”和反对高额娱乐捐税的斗争中，他都站在斗争第一线。同年9月21日中共中央代表周恩来在撤回解放区前在上海举行文化界座谈会，他应邀参加，听周恩来畅谈斗争形势，深有感受。1947年更在《上海文化界反内战、争自由宣言》上签名。1949年初，许多知名人士被国民党反动派胁迫去台湾，中共地下组织请熊佛西拜访周信芳和梅兰芳，二人都表示坚决留在上海迎接解放。

1949年5月27日上海解放。由此到1964年，是周信芳演剧生涯的第三时期。这一时期，周信芳在繁忙的社会政治活动中，一方面积极以新的历史观点编演新历史剧，另一方面以很大力量对自己的代表性剧目进行整理加工，示范演出，是他艺术上更加精进和总结时期。

从中华人民共和国成立初期起，周信芳多次热情参加慰问工农兵以及赈灾义演活动。1950～1952年先后同上海人民京剧团和

《投军别窑》饰薛平贵

《鹿台恨》饰比干

《炮烙柱》饰梅伯

《潘金莲》饰武松（右） 欧阳予倩饰潘金莲

（左起）于伶、郭沫若、许广平、冯乃超、田汉、周信芳1946年扫鲁迅墓

华东实验京剧团合作，演出新编历史剧《文天祥》、《信陵君》、《闯王进京》。1953年参加中国人民第二届赴朝慰问团，任副总团长，去朝鲜前线做慰问演出。1955年华东、上海两个京剧团合并为上海京剧院，周信芳担任院长，有计划地组织了两次较大规模的巡回公演。一是1955年去东北和华北5省10个城市，二是1958年去中南、西南、西北、华北7省11个城市。其间1956年还奉派率上海京剧院去苏联进行文化交流演出，在莫斯科、列宁格勒等9个城市演出《十五贯》及传统老戏等，历时两个多月。1958年后，他整理演出一些已很久未上舞台的传统剧目如《一捧雪》、《生死板》、《鹿台恨》等，还参与编导并主演新戏《义责王魁》、《海瑞上疏》、《澶渊之盟》等。这一时期中周信芳在全国各地演出的剧目全都是他锤炼多年、反复改进的代表性传统剧目和认真创作、具有现实意义的新编剧目，所到之处，极受观众热爱和尊敬，许多京剧和地方戏青年演员纷纷向他请教。这一时期成为他演剧生涯中影响最广，最辉煌的一个时期。

1954年起，华东、上海文化部门组织力量协助周信芳对他经常演出的部分代表性剧目进行整理加工，从内容到形式都有了进一步的提高。同时还指定专人为他做艺术经验记录并整理他的评论文章，后来陆续出版。

1964年，文化部举办全国京剧现代戏观摩演出大会，周恩来总理指定请周信芳担任大会顾问，却被江青、张春桥等排挤欺压，未能发挥应有作用，他编演的现代戏《杨立贝》也未能演出。1965年《海瑞上疏》在上海被错误批判，由此他在“文化大革命”中被“四人帮”残酷迫害，终于在1975年3月8日逝世。

艺术成就 周信芳演剧生活60多年，主演和配演的大小剧目在600个以上，曾经合作的主要演员数以百计。他的老友、著名京剧事业家吴性栽曾说：“……戏剧就等于他的生活……剧龄之长，演出次数之多，戏剧面之广，京剧界中很难找出同一例子。”他生经离乱，饱受社会冷暖，自己刻苦奋斗，敬业乐群，在京剧艺术上取得了高度成就。

一、周信芳一生的代表性作品有《打渔杀家》、《打严嵩》、《乌龙院》、《四进士》、《投军别窑》、《走麦城》、《萧何月下追韩信》、《华容道》、《斩经堂》、《徐策跑城》、《扫松下书》、《清风亭》、《明末遗恨》、《封神榜》、《文素臣》、《文天祥》、《义责王魁》、《澶渊之盟》、《海瑞上疏》等。在这些作品中，他塑造了一系列性格鲜明、意蕴深厚的人物形象。如《四进士》中的宋士杰，《清风亭》中的张元秀，《徐策跑城》中的徐策，《打渔杀家》中的萧恩，《萧何月下追韩信》中的萧何，《乌龙院》中的宋江，《义责王魁》中的王中，《海瑞上疏》中的海瑞等。周信芳根据自己的条件和审美思想，在充分掌握各种传统程式规范和方法的基础上，横向借鉴多种艺术样式，以生活真实为依据，突出细致刻画人物心理，按照唱词和道白的内容运腔使调，特别强调其内在的感情力量。他寻找和创造为各个角色所特有的形体动作和唱腔唱法，给观众以鲜活的、令人难忘的印象。

二、周信芳的代表性剧目，其思想内容基本上都是表现正义与邪恶的斗争，特别是以忠臣义士、善良百姓面对昏君权奸、贪官恶人的斗争为多。为了表现这样的富于人民性的人物，他以很大力量长时间对传统剧本进行文学上的整理加工并创编新的剧本。如对于《四进士》、《乌龙院》、《萧何月下追韩信》、《义责王魁》等戏都是反复多遍修改提高，这就为京剧文学宝库增添了许多相当完整的精品。同时，周信芳还积极关注现实生活，每每在国家民族遭遇重大危机时编演宣扬爱国主义精神、表达人民感情的剧目。如袁世凯篡国前后他编演《宋教仁》、《王莽篡位》等，五四运动时编演《学拳打金刚》，日本帝国主义侵华日亟时编演《明末遗恨》、《洪承畴》等，抗日战争中编演《徽钦二帝》、《香妃恨》等。这些戏大都在当时取得了巨大的激励社会的成就，也是发扬了南方京剧关心国事的优良传统。

三、周信芳的艺术成就还表现在舞台艺术二度创造中达到的高度完整性。在他个人表演上做到了唱做念打四功的完整结合，在一台演员的合作中强调交流反应，做到了一台无二戏，在各种艺术因素的综合创造中，做到了编、导、演、音、美的全面和谐。他长期兼任导演，对京剧导演艺术有着卓越的贡献。

周信芳在京剧艺术上的最大贡献是创造了在京剧史上独具风采的麒派艺术。当代戏曲研究家一致认为，麒派表演的艺术风格

《香妃恨》饰布那敦

《明末遗恨》饰崇祯帝

《文天祥》饰文天祥

《斩经堂》饰吴汉

《澶渊之盟》饰寇准

是“豪放的艺术风格”，是“苍劲挺拔，浑厚有力，豪迈谐趣”，是“激昂豪迈，雄伟苍劲，阳刚之气的壮美”。这种豪迈、苍劲、浑厚的壮美风格正是由周信芳在他所塑造的人物性格化、京剧文学的提高和舞台艺术的完整性等多种因素综合融汇而形成。这种壮美风格更是周信芳深受20世纪上半叶中国人民前赴后继为祖国争独立、为人民求解放的豪迈刚强、悲壮沉雄的时代精神的熏陶和推动，并与之相呼应的结果。麒派艺术因而使得京剧艺术同时代、同人民之间形成了一种过去少有的新的关系，即突出地发挥了京剧在观赏娱乐过程中所涵蓄和体现的战斗精神和批判现实作用，大大提高了京剧在整个社会文化中的品位与层次。

周信芳的艺术成就，源于他继承和发扬南方京剧的创造革新的传统，同时他也广泛吸收北方京剧讲求基本功，注意表演的规范和神韵，追求个人独创性的优良传统。他是南方知名演员中去北方演出次数最多，时间最长，同北方知名演员合作最广，对于京剧南北交流融会最有成就的一人。因此他不仅是南方京剧的突出的代表人物，同时也是全国京剧的主要代表人物之一。

周信芳的艺术成就同他的艺术品德紧密相连。他一生对京剧忠诚严肃，从不懈怠，从不轻率；对同台演员密切协作，从不损人利己；在他成名后仍然经常为北方名演员、为青年演员和自己的徒弟配演，其中有高庆奎、雪艳琴、高百岁、高盛麟、王熙春等，提携青年不遗余力；对有困难甚至沦落的同行，总是无私地加以援手，当余叔岩拒绝为“某巨公”演义务戏受到某些报纸诋毁时，他敢写文章《伶人亦有自由否》为余呼喊。周信芳的高尚艺德使他深受京剧界同仁的爱戴。

演剧思想 周信芳自幼失学，但他刻苦自励，努力读书学习，手不释卷，勤于思考，文化水平提高很快，他几十年到处演出，演得多，看得多，接触的人多，见闻极广。20世纪20年代后期起，在麒派表演艺术形成的过程中，也逐渐形成一系列的演剧思想，并写了许多篇重要论文予以阐述。

关于戏曲的社会作用，社会价值问题。周信芳认为，戏当然是给观众欣赏的，要“合乎观众的心理”，但是戏的作用不能仅仅是浮面的娱乐，他认为，“无论古典、浪漫和写实的戏，都是人间意志的斗争”，因此，必须“把剧中的意志来鼓动观客，那才是戏的真价值”。他曾举汪笑侬、潘月樵的一些戏为例，说都是“含蓄深意”的。同时，他也指出，如果“对观众没有感动的力量，靠宣传到底也不能实现”。周信芳非常注重使京剧雅俗共赏，他的艺术已达到了这种境界，正是这种思想的体现。

关于戏曲与时代的关系问题。周信芳在选择和编演自己的剧目时十分注意在戏中体现时代精神，反映人民的呼声；在赞扬谭鑫培所演的戏时也说他“知道世事潮流，合乎观众的心理”。他认为京剧必须“符合时代和人民群众的需要”，不这样“艺术也就不能发展”。在建国后他更明确提出：要“使京剧艺术能反映这伟大的革命时代，为社会主义建设服务”。

关于京剧的继承和革新问题。周信芳一生的演出实践，就是在继承的基础上不断革新创新的过程。早在1930年，他就说：“旧剧有的地方描写不足，有的地方太不经济，所以很想使皮黄戏的不足得到充分的满足，烦琐使它经济，能供现代的需要，使艺术革命化。”他以谭鑫培、汪笑侬等把一些“老戏翻新”为例，认为“不改革变化，是不能贡献出他的长处”。他“盼望照老谭一辈的办法，把老戏来改革一下，坏的去掉，好的保存”，认为这才是“戏剧革命的先进”。他坚持京剧“必须推陈出新”。

关于京剧艺术手段的完整运用问题。周信芳在30岁前后时，针对当时许多京剧观众和演员只注意唱的偏向，尖锐地提出：“演戏的‘演’字是包罗一切的。要知道这‘演’字是指戏的全部，不是专指‘唱’。”他更极而言之：“我拿戏情注重，自然要拿‘念白’，‘做工’做主要，拿唱看做助兴或辅助戏的哀乐的。”他认为“‘唱’不是不要”，但“是要和剧情吻合才对”，决不能“只顾耍腔，却忘了戏”。

关于表演流派问题。周信芳认为，流派的创造者，一定要“带着本人条件的特征”，一定要有“一批常演的剧目，也就是所谓流派的代表作品……有他人所没有的特色”。而学流派则不能死学，“即使算你学得好，样样都像某一个人，可是你自己又到哪里去了呢？”在谭派风靡一时的20年代，周信芳就指出：“老谭要是师傅怎么教，他就怎么唱，那就成了不开窍的学生，而不是老谭了。”他认为：“老谭是个敢于破坏老戏成规的‘罪人’，也是个创造新戏革命的先进。”他特别强调：“学了人家的好处，总也要自己会变化才好，要是宗定那派不变化，那只好永做人家奴隶了。”

关于表演同生活及读书的关系问题。周信芳从来都认为，表演是否真实，能否动人，关键在于是否有深厚的生活基础和读书习惯。他反复讲：“伶人即使不易博古通今，也要略知文字，明达人情，演起戏来，方能够合乎情理，体贴入微……不晓得古今世情，没有感觉着人生苦乐的人，他就不能算是个唱戏的。倘要了然一切，将古人演得出色，非得学问帮助不可。”

此外，关于京剧教学问题，关于对名家大师表演艺术应区分长短、一分为二问题，关于京剧与地方戏相互学习交流问题等，周信芳也都有深刻的见解。

社会政治活动 周信芳自幼流转各地，接触底层群众广泛而

《打渔杀家》饰萧恩（右）
童芷苓饰萧桂英

《华容道》饰关羽
（赵立群摄）

《徐策跑城》
饰徐策

《打严嵩》饰邹应龙
裘盛戎饰严嵩（右）

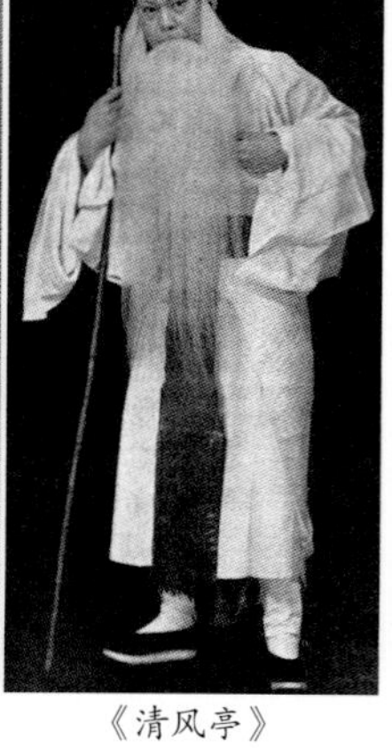

《清风亭》
饰张元秀

深入，深切同情人民疾苦，一向热心公益，不遗余力，在上海及各城市经常参加和主持各种义务演出。20世纪20年代后期起，即为上海京剧艺人团体伶界联合会的活跃分子，1928年起被选为会长兼任《梨园公报》主编。

1949年9月，第一届中国人民政治协商会议在北平举行，周信芳同梅兰芳、程砚秋、袁雪芬一起作为戏曲界委员应邀出席，10月1日参加了中华人民共和国开国大典。曾当选为第一、第二、第三届全国人民代表大会代表。20世纪50~60年代初，担任的主要职务有上海市文化局戏曲改进处处长、中国戏曲研究院副院长、华东戏曲研究院院长、中南京剧团总团长、上海京剧院院长、中国戏剧家协会副主席、上海文学艺术界联合会副主席、中国戏剧家协会上海分会主席等。1952年在第一届全国戏曲观摩演出大会上，同梅兰芳、程砚秋、袁雪芬、常香玉、王瑶卿、盖叫天等一起被授予荣誉奖。1955年及1961年，中华人民共和国文化部、中国文学艺术界联合会、中国戏剧家协会两次在北京联合举办“梅兰芳、周信芳舞台生活五十年纪念”及“周信芳舞台生活六十年纪念”大型活动，文化部向周信芳颁发了奖状。

周信芳于1959年参加中国共产党。“文化大革命”期间，被“四人帮”迫害致死。1976年粉碎“四人帮”后，1978年上海举行周信芳平反昭雪大会，邓小平等中央领导同志送了花圈，骨灰安放于龙华革命烈士陵园。在1995年纪念他百年诞辰时，迁葬于上海名人公墓。

周信芳常演剧目经整理后，编为《周信芳演出剧本选集》，收剧本11个。《周信芳演出剧本新编》，收剧本5个。他的论著编为《周信芳戏剧散论》和《周信芳舞台艺术》，1982年中国戏剧出版社将两书选辑为《周信芳文集》出版。早在1920年，上海商务印书馆即选择了两个青年京剧演员拍摄电影纪录片，一是梅兰芳的《天女散花》和《春香闹学》，另一个就是周信芳的《琵琶记》中《南浦送别》和《琴诉荷池》两场，但这部纪录片没有留传下来。1937年，上海联华影业公司为他拍摄了京剧影片《斩经堂》。中华人民共和国成立后，上海电影制片厂为他拍摄了《宋士杰》(1956) 和《周信芳舞台艺术》(内含《徐策跑城》和《下书杀惜》两戏，1961)。

周信芳早年收的徒弟有程毓章、高百岁、陈鹤峰、王瀛洲、于宗英、王富英、李如春、杨宝童、徐鸿培、王少楼（沪）、孙鹏麟等等，新中国建立后行过拜师礼的有沈金波、童祥苓、霍鑫涛、逯兴才、李少春、李和曾、李师斌、萧润增、张学海等，共有30余人。私淑麒派者更遍布各地，如小王桂卿、于仲瑛、孙鹏志、赵麟童、小麟童、陈少云等都有较高成就。其他行当如旦行、净行以及多种地方戏演员中也有大量私淑追随者。

周信芳有过两次婚姻：1912年同刘凤娇结婚，生子丕承，女连弟、连喜，后分居；1931年同裘丽琳结婚，生子少麟、英华，女采藻、采蕴、采芹、采茨。其中少麟（1933~2010）随父学艺，亦工老生，20世纪80年代中曾赴美举行纪念周信芳的演出，著有《海派父子》一书，述其经历及研究京剧的心得，并收有友人评说，40万字，宁波出版社2005年出版。

在周信芳生前身后，对他的艺术评论和研究极为丰富繁多，1984年中国戏剧出版社编辑出版了《周信芳艺术评论集》，1985年成立了周信芳艺术研究会（首任会长周扬），1994年该研会编辑《周信芳艺术评论集（续编）》，并主编《麒艺丛编》等。周信芳传记有沈鸿鑫著《周信芳评传》等数种。（刘厚生）

Zhou Xinfang Pingzhuan

《周信芳评传》 京剧研究著作。沈鸿鑫著。上海文艺出版社1996年9月出版。正文12章，第一章至第六章按时间顺序和麒派

艺术的形成、发展轨迹，为周信芳的生平、艺术道路作传。这部分传中有评，如第三章中麒派形成的标志、麒派形成的原因等均有作者的理论判断和阐述。第七章至第十二章分别阐述周信芳的戏剧观、麒派的审美品格、麒派艺术的传承和影响等。这部分以论为主，又与传结合，以确认周信芳在艺术史上的贡献和地位。书末附《周信芳年谱》、《周信芳研究文论要目》。全书评与传紧密结合，将周信芳置于特定时代与文化背景中考察，探讨了时代与大师、时代与艺术、特定地域文化背景与艺术的关系，勾勒了周信芳坎坷的生活历程和艺术道路，并阐述了作者对周信芳麒派艺术的美学观点。

2009年3月，作者又有《京剧大师周信芳》由东方出版中心出版。作者在《后记》中说，这是“在原来研究成果的基础上，又吸收了新的资料和新的研究心得，并考虑今天读者的阅读需求而推出的”。共7章。前6章的22节标题与《周信芳评传》相同；第七章《京剧大师之地位》，则把《周信芳评传》后5章内容加以浓缩和简化。刘厚生为之作序。（周巩平）

Zhou Xinfang Wenji

《周信芳文集》 京剧文集。中国戏剧出版社1982年8月出版。29万字。在此文集成书之前，曾由中国戏剧出版社1960年刊行《周信芳戏剧散论》一书，内收作者1928~1959年所写论文、散文40篇。

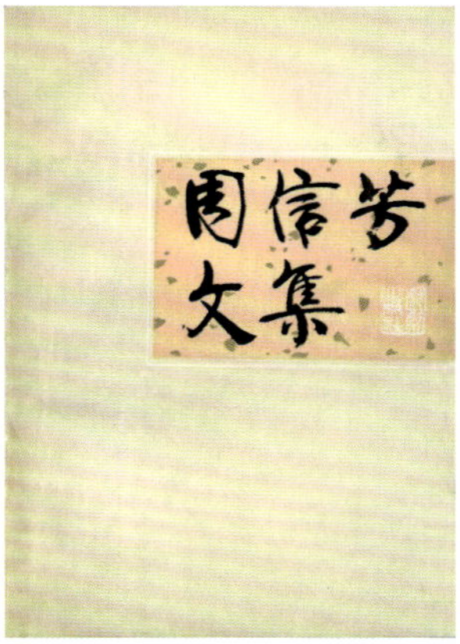

其中既包含周信芳60年学艺经历，也汇集他谈论戏曲的独创识见，既有怀念戏曲前辈的回忆文章，也有游记与访苏的杂记，内容广泛，不拘一格，特色鲜明。中国戏剧出版社又于1961年刊行《周信芳舞台艺术》(周信芳口述，卫明、吕仲记录)，该书由周信芳追述《四进士》、《清风亭》、《乌龙院》、《萧何月下追韩信》、《徐策跑城》、《打渔杀家》、《义责王魁》7个代表性剧目，涉及每个剧目的起源与发展，前辈艺术家的演出概况等，其中重要部分则是他本人整理、加工这些剧目的经过，以及他个人多年揣摩、积累的艺术表演经验和体会。1982年出版的《周信芳文集》，选取了周信芳自1928~1964年撰写的戏剧评论文章，共计21篇，文章多数选自《周信芳戏剧散论》，又收入《周信芳舞台艺术》中关于7个代表性剧目的全部论述，此外还从周信芳发表在报刊上的著述中，选辑了有关他艺术创作道路、表演艺术经验、戏曲论述以及追忆著名戏曲艺术家等方面的一些文章。全书分为4个部分。第一部分是周信芳发表于1951~1964年的14篇文章。这些文章反映了周信芳以万分欣慰的心情庆幸生活在光明的新中国，誓为伟大祖国的社会主义建设事业奋斗到底的决心。第二部分则为《周信芳舞台艺术》中所记的有关《四进士》等7个代表性剧目的论述。第三部分为剧评。内中《谈谭剧》一文认为，谭鑫培是“赋天才、富经验、真善美、能革新、富有思想的艺术家”。文章以谭鑫培的《斩马谡》、《御碑亭》、《连营寨》、《珠帘寨》诸剧为例，得出的结论是：“老谭演戏，唱则韵

调悠扬，余音绕梁，行腔巧而不滑，作工能将人物、剧情表达得淋漓尽致。”但周信芳在赞誉谭鑫培的同时，在另一篇《〈探母〉新旧剧词商榷之商榷》文中，也对谭演的《四郎探母》、《文昭关》、《洪羊洞》各戏剧词不当之处，提出了自己的见解与批评。还有一部分文章类似戏曲琐谈，譬如在《论张飞》一文中，周信芳认为京剧里的张飞，绝不能只表现鲁莽，张飞应是个有军事素养的勇将，待人接物，均有礼节，更兼知人。在《谈穷生戏》一文中，通过梆子戏《云罗山》的改编上演，周信芳主张可多从秦腔、徽剧一类剧种中寻找一些民间故事加以去芜存菁，用新的观点改编成适合今天观众审美观念的剧本，以充实舞台演出。周信芳对于京剧的继承与发展的问题，也提出个人的看法。如《更好地继承　更多地创造》一文，周信芳认为：“前辈艺人勇于创造，给后辈留下了瑰丽的民族戏曲遗产，后继的艺人不断进行创造，更加丰富、发展了戏曲传统。”这应视为戏曲继承与发展的规律。在《继承和发展戏曲流派我见》一文中，周信芳明确地提出：“继承的目的是为着发展，不是为继承而继承。继承的结果，不但要求把这个流派的艺术学下来，而是要在这个基础上产生新风格、新流派，要发展这一个流派本身。这个具体的发展的观念，我认为才是继承流派的正确的道路和方法。”在《谈谈连台本戏》一文中，周信芳对连台本戏持肯定态度，同时指出连台本戏的思想性与艺术性仍须进一步提高。第四部分是周信芳回忆著名戏曲家的一组文章，计8篇。其中《忆汪笑侬》一文，周信芳追忆了京剧改良家汪笑侬的生平，并论及汪笑侬几个代表性剧目，深叹汪派艺术后继乏人。本书有郭沫若、洪深、茅盾的题字，并有剧照多帧。（王永运）

Zhou Xinfang Wutai Yishu

《周信芳舞台艺术》　京剧研究著作。周信芳口述，卫明、吕仲记录。中国戏剧出版社1961年出版。本书论述了周信芳在中华人民共和国成立前演出的《四进士》、《清风亭》、《乌龙院》、《萧何月下追韩信》、《徐策跑城》、《打渔杀家》与中华人民共和国成立后新编的《义责王魁》等7个代表性剧目。周信芳谈了每个剧本的起源与发展，前辈艺术家的演出概貌，他本人整理、加工剧目的经过，以及他个人多年揣摩、积累的艺术表演经验和体会。如在《四进士》里，周信芳将宋士杰处理成见识广、阅历深、为人正义的舞台形象，特别是宋士杰在公堂上与顾读的三次较量，突出了宋士杰同贪官污吏进行不屈不挠斗争的精神。按周信芳的要求，整个戏须演得有层次，有起伏，以显示宋士杰的老辣、干练、倔强而富有风趣的性格特色。《清风亭》里善良、淳朴的张元秀，是前辈戏曲艺人塑造出来的一个令人深刻同情的艺术形象，经过周信芳的反复加工，面貌有了显著变化，文中记录了许多生动的细节处理。对《乌龙院》，周信芳指出旧本把宋江当做嫖客描写，是对人物的歪曲，他的改编本把宋江与阎惜姣的冲突处理成与梁山的农民起义紧密相关的一场斗争。在《徐策跑城》中，周信芳的扮演颇具浪漫主义的色彩，唱白相间，载歌载舞，浑然一体，把老相国徐策万分激动的喜悦心情做了有力的渲染，文中周信芳对其身段处理做了详细讲解，配有舞台地位图与多张身段照片。新编《义责王魁》，是对奴隶哲学的尖锐批判。周信芳饰演的王中有别于传统剧目的义仆形象。王中因主人王魁的负义，规劝不成，则怒气冲冲地决裂而去，充分表现出王中善良、耿直的思想品格。周信芳讲述了他对这一新的艺术形象的创造。本书前有田汉题字，刘厚生代序，后附由六乙、陶雄、卫明、姚萌、李桐森等人论麒派艺术的文章，并有剧照及插图多帧。（王永运）

Zhou Xinfang Xiju Sanlun

《周信芳戏剧散论》　京剧文集。周信芳著。中国戏剧出版社1960年出版。收作者1928～1959年所写论文、散文40篇。其中既包含周信芳的学艺经历，也汇集他谈论戏曲的独到识见，既有怀念戏曲前辈的纪念文章，也有游记与访苏的杂记，内容广泛，不拘一格。本书有以下特色：①突出创造革新精神。周早年曾从谭（鑫培）派艺术汲取营养（《谈谭剧》），又与汪笑侬、王鸿寿同台演出，从而扩大了眼界。中华人民共和国成立后对自己常演的一些优秀剧目重新进行整理，有的做了较大改动，如《乌龙院》的主题不再是妒杀或仇杀，而是从一般男女关系的事件中体现了政治斗争（《十年来的舞台生活》），使全剧的思想、艺术面貌焕然一新。②提出“整体的戏剧”概念。认为“演戏的‘演’字是包罗一切的”。“念白表明情节，做工辅助不足”，“唱不是不要，如悲时用二黄，喜时用西皮，腔也是要和剧情吻合才对”（《唱腔在戏曲中的地位》）。③重视对人物性格的准确把握。指出自己表演艺术的主要特点是“力求真实”，无论唱、做、念、打都是力求体现角色的性格和当时当地的思想感情（《十年来的舞台生活》）。并对《长坂坡》、《收严颜》、《瓦口隘》、《截江夺斗》等剧做了分析，强调张飞的性格特点不是“鲁莽”，而如诸葛亮对他的“一生定评”是“翼德自来刚强”（《论张飞》）。本书前有郭沫若与洪深的题词，后有周信芳的《跋》，提到成书的经过，并谈及所写的文章都属“由衷之言，肺腑之语”，从书中可看到他本人“成长、发展道路的侧影”。（王永运）

Zhou Xinfang Yanchu Juben Xinbian

《周信芳演出剧本新编》　京剧作品集。中国戏剧家协会编辑。中国戏剧出版社1961年11月出版。收入剧本4种。作品集是继《周信芳演出剧本选集》之后编辑的，收入20世纪60年代初整理演出的《打渔杀家》、《审头刺汤》、《金殿求计、单刀赴会》、《义责王魁》。前三个根据传统剧目整理。《义责王魁》由吕仲根据上海人民评弹团演出本改编。每剧附有选曲以及关于表、导演艺术的介绍和评论文章。（李红石）

Zhou Xinfang Yanchu Juben Xuanji

《周信芳演出剧本选集》　京剧作品集。中国戏剧家协会编辑。艺术出版社1955年2月出版。所收剧本都经周信芳细心校订。次序按演出时期的先后排列。田汉作序，盛赞周信芳的艺术成就和他高尚的民族气节、政治品质，高度评价周信芳为继承、改革、发展京剧事业和为观众服务所作出的贡献。作品集是为纪念周信芳舞台生活50年而选编出版的。所选剧本都具有较强的思想性、艺术性，又是最能发挥其艺术独创性的代表剧目，如《四进士》、《打严嵩》、《投军别窑》、《凤凰山、独木关》、《清风亭》、《乌龙院》、《萧何月下追韩

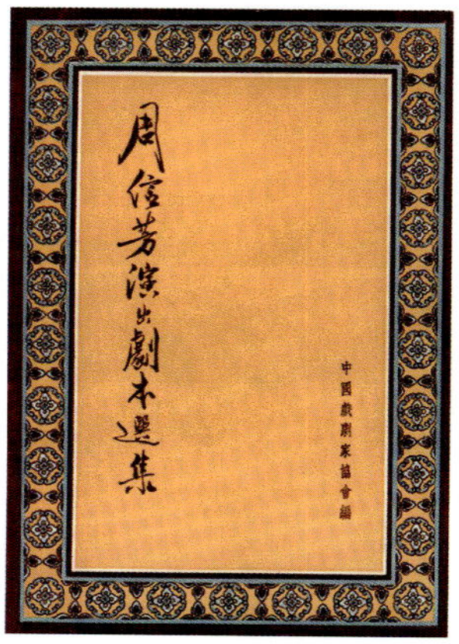

信》、《徐策跑城》、《赵五娘》、《鸿门宴》、《文天祥》，共11种。

（李红石）

Zhou Xinfang Yanju Shenghuo 60 Nian Jinian

周信芳演剧生活60年纪念　京剧活动。中华人民共和国文化部和中国戏剧家协会联合举办。1961年12月11日在北京首都剧场举行纪念大会，中国剧协主席田汉、文化部副部长齐燕铭分别致贺词。会上，田汉还宣读了中央戏剧学院院长欧阳予倩病中所写的贺信。周信芳致答词。会后周信芳和上海京剧院二团演出了《打渔杀家》，周恩来出席观看。又在怀仁堂演出《打严嵩》、《乌龙院》，毛泽东、刘少奇分别出席观看。另又公演了《乌龙院》、《四进士》、《义责

周信芳（中坐者）和他的弟子们
后排左起：明毓琨、李少春、高百岁、李和曾、徐敏初

王魁》、《海瑞上疏》等剧。纪念活动期间，首都文艺界举行座谈会，探讨周信芳的艺术成就和麒派的艺术特点。《戏剧报》以编辑部名义发表专论《六十年的战斗》，并刊发有关的发言、评论、剧照。李少春、李和曾、徐敏初、明毓琨4人在此次纪念活动中正式拜周信芳为师。李少春作为学生代表在拜师典礼上致词，题为《学习师门艺术，继承优秀传统》，载1961年12月28日《人民日报》。李和曾以《我为什么"拜麒"》为题，撰文回答关心的观众朋友，载1962年1月11日《北京日报》。

（简畅）

Zhou Xinfang Yishu Pinglun Ji

《周信芳艺术评论集》　京剧文集。中国戏剧出版社编辑，1982年12月出版，42万字，为"戏曲流派艺术研究丛书"之一。文集收入了《谈麒派艺术》、《周信芳舞台艺术》两书中的评论文章，以及全国各报刊发表的田汉、张庚、梅兰芳、刘厚生、陶雄、应云卫、陈西汀、阿甲、李紫贵、冯其庸、吕君樵、金山、赵丹、袁世海、卫明等人的评论、回忆文章共88篇。书后附有周信芳艺术评论文章篇目索引（中华人民共和国成立后部分）。该集对周信芳所创造的"麒派"艺术从不同角度进行了分析、研究。田汉称周信芳"是戏曲传统的忠实继承者和大胆勇猛的革新家"。张庚说他是"用全身心演戏的艺术家"。大量的文章从各个方面评价了周信芳在不同阶段结合现实，以舞台为阵地的战斗的一生、不断改革创新的一生。陶雄的《评周信芳的艺术道路》总结了周信芳表演艺术的几个重要方面："破形式主义，立现实主义；塑造典型，从内到外；手眼身步并举，唱做念打结合；兼收并蓄，艰苦锤炼。"应云卫的《我的良师益友周信芳》，介绍了与周信芳合作拍摄《宋士杰》、《周信芳的舞台艺术》两部影片的过程。还有一些文章着重分析了周信芳在《四进士》、《乌龙院》、《追韩信》、《打渔杀家》、《打严嵩》、《义责王魁》等戏中的艺术创造以及麒派剧目、唱腔、念白、锣鼓、服装等等的特色与革新。该书内容丰富，是研究麒派艺术的重要成果。*《周信芳艺术评论集续编》*，周信芳艺术研究会编，中国戏剧出版社1994年4月出版。36万字。收录了1985年、1990年为纪念周信芳诞辰90、95周年研讨会的论文。书后还附有《周信芳演出剧目一览》、《1984～1990年周信芳艺术评论文章索引》。

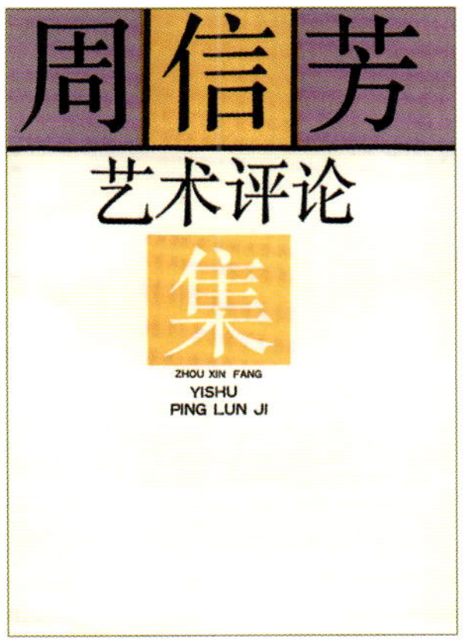

（刘乃崇　蒋健兰）

Zhou Xinfang Yishu Yanjiuhui

周信芳艺术研究会　学术团体。于1985年4月2日周信芳诞辰90周年、逝世10周年纪念大会上，由中华人民共和国文化部代部长周巍峙发起并宣布成立。周扬任会长，姜椿芳、刘厚生任副会长。1989年初产生了第一届理事会。周扬、于伶、俞振飞、袁雪芬任名誉会长。马少波、王元化、史行、刘海粟、冯其庸、阳翰笙、阿甲、吴雪、吴祖光、陈沂、张庚、孟波、郭汉城、周巍峙、赵松樵、袁世海、曹禺、程十发、夏衍、夏征农等任顾问。历任会长刘厚生、黎中城。会员600多人。团体会员18个。该会以继承周信芳创立的麒派艺术，发扬麒派勇于革新的精神，扩大麒派艺术的影响，推进麒派艺术和海派京剧的发展为宗旨。下设理论研究部、剧目部、演出部、教学辅导部、公共关系部、资料展览部、办公室等机构。1996年春又设立票社，定名为"周信芳艺术研究会麒社"。为使理论研究和艺术实践相结合，专业与业余相结合，麒社定期举办以麒派名剧唱段为主的"演唱会"，专业演员、票友以及港台票友参与演唱，切磋、研讨麒派艺术，并常与上海邻近城镇的京剧爱好者协会进行联谊演唱。1989年初创办了《周信芳艺术研究会会讯》（季刊），1990年与上海市文化局等6单位联合主办了"周信芳诞辰95周年纪念"，1995年参与了梅兰芳、周信芳百岁诞辰纪念活动的"周信芳艺术研讨会"筹组工作，编辑出版了《周信芳艺术评论集续编》，1998年起陆续编辑出版周信芳研究丛刊——*《麒艺丛编》*，先后由学林出版社、上海文化出版社出版，至2005年10月已出版5辑，共101万字。

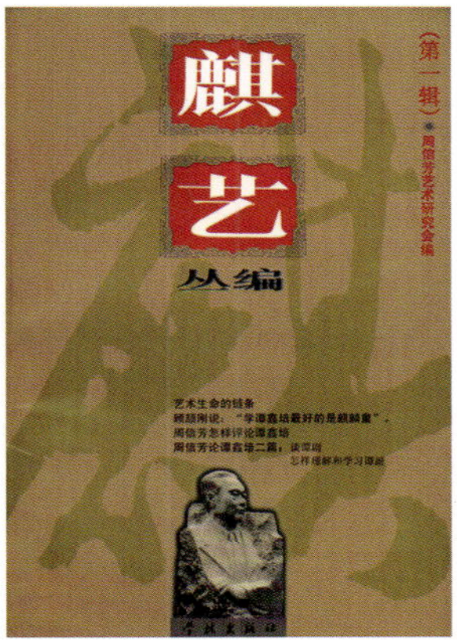

《麒艺丛编》第1辑封面

（应耐良）

Zhou Yachuan

周亚川　（1903～1974）　演员。工老生、红生。山东海阳人。原名周少亭。家贫，9岁在水饺铺当学徒。10岁拜朱佩兰为师，以武小生开蒙。16岁演《罗成叫关》、《挑华车》、《八大锤》，扬名胶东半岛。19岁赴东北拜王汇川为师，改攻老生、红生。后在东北各地演出。擅演剧目有《追韩信》、《徐策跑城》、《南天门》、《四进士》、《珠帘寨》、《探地穴》、《夜审姚达》、《鹿台恨》、《甘露寺》（前乔玄、后张飞）、《铡美案》（前王延龄、后包拯）、《群英会、借东风、华容道》（前鲁肃、中孔明、后关羽）以及《古城会》、《走麦城》等。其嗓音洪亮，行腔高亢，有高（庆奎）派风范，做工

细致生动、潇洒奔放，得麒派神韵。曾在沈阳共益大舞台连演7年之久，与唐韵笙、曹艺斌同享盛名于东北三省。1948年由沈阳回到烟台，加入胶东文协胜利剧团，演出《闯王进京》等，获得好评。1949年参加第一次全国文学艺术工作者代表大会。1950年随胜利剧团转入山东省实验京剧团，后改称山东省京剧团，任副团长。1954年以《古城会》在华东区戏曲观摩演出大会上获演员二等奖。1961年，毛泽东在济南视察期间，曾点其唱《逍遥津》，表示赞赏，嘱其培养下一代。1962年调山东省戏曲学校，任副校长。1963年，应烟台京剧团之邀，返回其发祥地东北演出，引起轰动。

《古城会》饰关羽（左） 周文林饰马童
（周丽斌提供）

其女周丽斌（1938～ ），工花旦、刀马旦。先后师从刘世连、尚长麟、宋德珠、关丽卿等。1962年拜尚小云为师，为山东省京剧团演员。后调山东省吕剧团，进修导演专业，为该团专职导演，代表作有吕剧《玩会跳船》等。

（简畅）

Zhou Yibai

周贻白 （1900～1977） 中国戏剧史家、戏剧电影作家、戏剧理论家。一作夷白。原名炳垣（一作炳然），曾名一介、慕颐，笔名六郎、剑庐、云谷，一度化名杨其敏。湖南长沙人。童年丧父，少年辍学，流浪江湖，在文明戏班、京剧班、马戏班搭班学艺，同时刻苦攻读文史群籍。曾为湖南《自治新报》撰写小说、杂文。1927年参加田汉主办的南国剧社。1929～1934年在福建泉州、厦门等地教授国文。1935年与阿英同组新艺话剧团，嗣后又在中国旅行剧团及新华、金星影业公司等处从事话剧、电影剧本创作，并在上海美术专科学校、复旦大学等校讲授国文。演出并出版的话剧作品有：《北地王》、《李香君》、《绿窗红泪》、《花木兰》、《金丝雀》、《阳关三叠》、《连环计》、《天之骄子》等；摄为电影故事片的作品有：《苏武牧羊》、《雁门关》、《相思寨》、《李师师》（后改《乱世佳人》）、《卓文君》、《聂隐娘》、《红楼梦》、《李香君》、《家》、《野玫瑰》、《白兰花》、《风流世家》、《逃婚》、《标准夫人》等；发表有京剧剧本《朱仙镇》等。1947年，应欧阳予倩之约，赴香港永华影片公司任编剧。1949年中华人民共和国成立，应田汉、欧阳予倩函召，于1950年1月至北京，执教于中央戏剧学院。历任文化部戏曲改进委员会委员，中央戏剧学院“中国戏剧史”教授、院务委员会委员，中国戏剧家协会理事等。

自20世纪30年代中叶至70年代末，周贻白共撰写和出版中国戏剧史专著7种：《中国剧场史》（1936，商务印书馆）、《中国戏剧史略》（1936，同上）、《中国戏剧小史》（1945，永祥书局）、《中国戏剧史》（1953，中华书局）、《中国戏剧史讲座》（1958，中国戏剧出版社）、《中国戏剧史长编》（1960，人民文学出版社）、《中国戏曲发展史纲要》（遗著，1979，上海古籍出版社）。又有相关论文集、史籍考证及释义著作。如，《中国戏曲论丛》（1952，中华书局）、《曲海燃藜》（1958，中华书局）、《明人杂剧选》（1958，人民文学出版社）、《中国戏曲论集》（1960，中国戏剧出版社）、《戏曲演唱论著辑释》（1962，中国戏剧出版社）、《周贻白戏剧论文选》（遗著，1982，湖南人民出版社）、《周贻白小说戏曲论集》（遗著，1986，齐鲁书社）等。

周贻白始终以场上艺术与案头文学并重，认为“戏剧本为上演而设，非奏之场上不为功。不比其他文体，仅供案头欣赏而已足。是则场上重于案头，不言而喻”（《〈中国戏剧史〉自序》）。经十年斟酌，三易其稿，1947年完成的上、中、下三卷本《中国戏剧史》为其戏剧史论的主要代表作。当时赵景深撰文称：“到现在为止，我们还不曾有一部比较完备的中国戏剧全史，有之，自周贻白《中国戏剧史》始。”（《〈中国戏剧史〉序》，见于《中央日报》1947年7月18日“俗文学”副刊）。

《中国戏剧史长编》人民文学出版社1960年版封面

这一著述1953年由中华书局出版，1960年修订本即《中国戏剧史长编》，“不在记述往迹，而在务其流变”、“兼及各代戏剧扮演情形”。全书共9章：《中国戏剧的胚胎》、《中国戏剧的形成》、《宋元南戏》、《元代杂剧》、《明代传奇》、《明代戏剧的演进》、《清初的戏剧》、《清代戏剧的转变》、《皮黄剧》，断代至民国初年。其中《皮黄剧》章详为考证京剧的形成，认为清道光初年（1821～1830）为“‘京剧’由‘徽班’蜕化的初期”，同治末年至光绪初年（1868～1884）为“‘京剧’的第二期，亦即‘皮黄剧’确立其地位的全盛期”。这一观点在1958年的《中国戏剧史讲座》中得到更为缜密的论证。

原稿各章分别附有宋元南戏剧目168个，元代杂剧剧目262个，明代传奇剧目619个、杂剧剧目252个，清代传奇剧目1 242个、杂剧剧目485个，皮黄剧目1 087个，计4 100余个剧目。各剧目均附有来源、出处及本事、题材等相关资料。因剧目部分篇幅过大，出版时未及印行，后以《中国戏曲剧目初探》整体纳入《周贻白小说戏曲论集》。其中，皮黄剧目分别来自于《内廷剧目》、《梨园集成》、《戏考》以及富连成社、三庆班、庆升平班、笔记杂著、演员旧本、私家藏本等。此外，《中国戏剧史》又附录《中国戏剧本事取材之沿袭》一表，载皮黄剧260出左右，时序迄于20世纪40年代，皆附出处，包括梅兰芳本、尚小云本、程砚秋本、荀慧生本、旧本、新排剧等。

周贻白自1927年夏以南国戏剧社成员在南京总司令部戏剧股与欧阳予倩相识，过从甚密。1937年抗战初期，二人曾合作在上海搞救亡京剧团，编排“改革京剧”《桃花扇》、《长恨歌》等。据称：欧阳予倩“演了五年的话剧，唱了十五年的京剧，前后共二十年之久，后来又转入电影界担任编剧和导演”（见《一笛秋风唱尾声——悼欧阳予倩同志》，《周贻白戏剧论文选》）。1950年，周贻白与王瑶卿同任文化部戏曲改进委员会委员，直至王瑶卿1954年去世，交往近5年。其《回忆王瑶卿》一文以切身经历和体会记述了王瑶卿“艺术上的坚实基础”、“大胆的创造与改革”、“严肃认真地教授学生”的生平事迹（见《周贻白戏剧论文选》）。

（周华斌）

Zhou Yuexian

周悦先 （1872～1928） 鼓师。小名单头。直隶武清（今属天津）人。少时曾在乡间梆子班坐科，习青衣，经常在天津郊县一带演出。约13岁时，在天津拜张福增为师，改习锣鼓。曾为梆子鼓师。1903年，应天津下天仙戏园赵广顺班之邀，为京剧司鼓。周的武戏打法独具特色，被天津梨园誉为场面“一代宗师”。例如锣鼓点子中［急急风］变［冲头］的奏法，［九锤半］、［导板头］加铙钹等，在天津均为周所创用；《青石山》中［四边静］之鼓点设计，亦为他所创。周悦先为李吉瑞、尚和玉、薛凤池等人打鼓多年，极受李、尚的称道，每赴外地演出，必厚资邀周同行。某次李吉瑞在上海演《翠屏山》，多要了一套刀花，而伴奏曲牌的鼓点已经打毕，重打则乏味，周悦先当机立断，将鼓点倒打以应之，博得满堂彩声。现存李吉瑞的唱片《独木关》、《刺巴杰》等，均为周悦先司鼓。其门徒有刘金玉、刘长清、陈福林、郭少安等。子周子斌亦操父业。

（吴同宾）

Zhou Yunliang

周云亮 （1933～　　） 演员。工武生。生于上海。6岁随父亲周振海学戏，9岁进入上海中华国剧学校（松字科班）。曾随父亲在上海组建的周家班，巡演于江苏、安徽、河南、河北等地。

1956年入江苏省京剧团，从此扎根南京。代表剧目有《闹龙宫》、《闹天宫》、《闹天府》、《十八罗汉斗悟空》(俗称“三闹一斗”)，有“江南猴王”的美誉。他有两大高难绝技：一是“五张半（桌子）台漫”，站在高处，用漂亮的“探水”翻下来。二是演《龙潭鲍骆》“跺死前坡”，纵身从平铺的四张台漫飞速翻越过去，轻如雁，疾如电，令观众叹为观止。1960年，他冒着酷暑在南京人民大会堂演出《莲花湖》，扮演桃花浪子韩秀，在三关庙盗取钢鞭。穿箭衣、厚底，绦子大带，头戴扎巾，带翎子狐尾，右肩插刀，四张半桌子上拿顶、拔刀台漫。演出轰动一时，为剧团解困作出了重大贡献。1959年周云亮赴维也纳参加第七届世界青年联欢节获金质奖章。1960年主演《海市蜃楼》获省级会演一等奖，同年被评为全国劳动模范。曾出访瑞典、挪威、丹麦、冰岛、加拿大、澳大利亚，蜚声海外。

其姐周云霞（1930～　）。工武旦。6岁学艺，10岁进入上海戏剧学校，后入中华国剧学校，毕业后演出于沪、杭一带。除演刀马旦外，还反串武生戏，如《十八罗汉收大鹏》、《哪吒闹海》、《周瑜归天》、《白水滩》等。1956年入江苏省京剧团。代表作《虹桥赠珠》，历久不衰。1959年在第七届世界青年与学生和平友谊联欢节上获金质奖章。出访欧洲时，曾在瑞典一个小礼堂演出，舞台仅4米多宽、5米多高，顶部还悬挂着镂空水晶灯，她踢枪、耍刀，满台飞旋，台上台下都替她捏把汗，但她精湛的技艺，稳准的出击尺度和精确的平衡力度，令全场观众为之迷醉。

（向瑞）

Zhou Zhengrong

周正荣 （1927～2000） 演员。工生行。祖籍江苏苏州，上海长大。毕业于上海戏剧学校，与顾正秋、关正明、汪正华、孙正阳等同学。师从陈斌雨、刘嵩樵、吴宝奎、郑传鉴等，并向产保福、

陈秀华等请益。毕业后，又去北平向李洪春、雷喜福、王福山等寻求深造。曾参加顾正秋剧团在上海、南京演出。后去台湾定居。1958年加入台湾陆光国剧队。一度离开陆光，自行搭班。1964年重返陆光，直到1995年陆光解散，是该团的当家老生，合作者有张正芬、马维胜、吴剑虹、杨传英等。退休后在台湾戏曲专科学校任教。周正荣艺宗余、杨，代表作有《马鞍山》、《问樵闹府、打棍出箱》、《捉放曹》、《文昭关》、《洪洋洞》、《失街亭、空城计、斩马谡》等。他的嗓音条件并不好，不够宽润甚至有点“枯”，但他磨炼出一股“枯澹”的韵味，具有沉郁苍凉、回味甘醇之美。他对自己每一场演出都有记录，给自己打分数、发感想，进行自我批评。王安祈认为“他对于京剧的执著坚持乃至于狷介”，达到了“精神典范的层次”。他还编写过京剧剧本《西门豹治邺》、《颜常山传》。2000年8月，就在他去世前一个月内，王安祈三度拜访他，请他详谈从艺经历和心得。他把自己珍藏的资料（日记、照片、节目单）送给王安祈。2003年6月，由王安祈与另一位访问记录者李元皓合作编著的《寂寞沙洲冷——周正荣京剧艺术》由台湾传统艺术中心出版。16开本，320页，内容包括：上编《周正荣京剧艺术生命简史》，下编《周正荣京剧艺术析论》。附录有周正荣演出本《马鞍山》和创作剧目《西门豹治邺》。

《群英会》饰诸葛亮（右） 哈元章饰鲁肃（选自《寂寞沙洲冷》）

（简畅）

Zhou Zhongchun

周仲春 （1928～2010） 京剧导演、演员。原名周玉林。北京人。10岁入荣春社，从耿明义、沈富贵习武生，出科后师从诸连顺，搭班于沈阳、哈尔滨、保定等地演出。1948年参加中国人民解放军二十兵团六十七军平剧社任演员，常演的剧目有《长坂坡》、《连环套》、《恶虎村》、《战濮阳》、《英雄义》等。1950年在唐山市京剧团任副团长，兼做导演，导演了京剧《李闯王》、《金鳞记》、《白毛女》、《杨八姐游春》、《林海雪原》、《包公智斩鲁斋郎》等。1960

年在河北省跃进梆子剧院导演了《宝莲灯》、《杨门女将》。1962年调北方昆曲剧院任导演，与李紫贵合作导演《逼上梁山》，并独自导演《武松》、《江姐》、《悔不该》、《血泪塘》、《社长的女儿》、《夜探武家园》、《飞夺泸定桥》、《奇袭白虎团》等昆曲剧目。1969～1977年在北京京剧团创作组执行导演《智取威虎山》、《杜鹃山》、《节振国》、《三打祝家庄》等。1985年任北京京剧院副院长、院长。导演了京剧《贺家姐妹》、《情痴》、《梁红玉》、《战金山》。1989年离休后又导演了《一代贤后》、《八仙过海》、《出塔》、《钟馗》、《一捧雪》、《金龟记》等，前后共导演大小剧目80余出。1990年任中日合排大型歌剧《魔笛》中方总导演。1992年与日本艺术家合作导演了大型歌舞剧《月宫杨贵妃》，多次随团出访欧洲、非洲等国及日本。他导演的艺术特点是，思路宽阔，手段丰富，注重情节内容与技术技巧的和谐统一。著有《论现代戏的锣鼓经》、《论昆曲现代戏中的武打》、《论内容与形式的统一》、《谈〈挡马〉的表演》、《谈武打的斤斗》、《谈排〈奇袭白虎团〉的体会》等。 （刘淑兰）

Zhou Ziheng

周子衡 （约1836～1927） 票友。工老生。商人，曾经营金店，倒闭后，应同仁堂乐家之请，为药店文案。他酷爱京剧，唱念俱佳，

然不擅做表，虽也能上台串戏，但终未“下海”。专学程长庚，对程的演唱有深入研究，且嗓音酷似，可以乱真。不仅为内外行一致推许，而且也为程长庚首肯。陈彦衡《旧剧丛谈》：“周君子衡，资深学博，为票界泰斗，然非知交喜庆堂会不肯登台。内行名角鑫培、桂芬等，无不称道‘周三爷’，见之执礼甚恭，其钦仰可知也。”老生中学程长庚者，多向周请益，如余叔岩之弟余胜荪。汪桂芬、王凤卿也在不同程度上得到过他的指点。据徐慕云《梨园影事》，周子衡“民国十六年（1927）卒于京中”，“享年九十有奇”。 （讷言）

Zhou Zihou

周子厚 （1897～1962） 鼓师。原名德禄。北京人。自幼酷嗜戏曲音乐，辨别音乐曲调、节奏的耳音能力很强。11岁拜迟清泉为师，学习京剧武场。在学艺期间，即随师傅在各戏班演出，打小锣、铙钹、

大锣等下手活。他练功刻苦，精神集中，随时注意打鼓的技术和诀窍，积累了丰富的经验，掌握了全部武场的技艺。19岁在北京参加了梆簧“两下锅”的小班社，开始司鼓。由于他年轻，气力充沛，技艺纯熟，会戏多，待人谦虚，各班社争相约聘。从此往来于北京、天津之间，曾在北京燕舞台、天津大观园演出，兼打京剧与河北梆子。前期曾为梆子演员金小仙、金小香、蔡桂凤、小达子（李桂春）等司鼓，后期在富连成、荣春社科班专打京剧。周子厚40岁时又师事著名鼓师汪子良，技艺更进。20世纪50年代，周子厚参加天津市京剧团，为丁至云等人司鼓。周子厚的司鼓艺术，技艺精，造诣深，戏路宽，尤其擅长打旦行戏。在50年的司鼓生涯中，曾为高庆奎、李洪春、谭富英、自家麟、李盛藻、杨宝森、陈少霖、徐东明、金少山、傅德威、金少臣、吴彦衡、杨盛春、梁慧超、程砚秋、尚小云、荀慧生、章遏云、李世芳、毛世来、言慧珠、童芷苓、杨荣环、徐东霞、丁至云等司鼓。1958年，周子厚到天津市戏曲学校任教，他对后学积极培养，认真地传授技艺，培育了一批京剧伴奏人员。 （吴同宾）

zhouzixi

轴子戏 戏曲演出习俗。一场演出中的主要剧目。旧时戏曲演出往往长达四五个小时，剧目少则七八个，多则十余个。开场常有开锣戏，终场或添送客戏，均为小戏。演出的主要部分称“轴子戏”，包括折子戏和完整的剧目。轴，音“纣”，去声，北京方言。旧时戏班排戏打本子，将剧目的曲词、道白以毛笔直书于卷轴式的宣纸或高丽纸上，卷拢成为一轴，类似横向展开的书画轴子。按照戏之长短、大小、主次，喻称为大轴子、中轴子、小轴子。又以每场演出的先后分为早轴子、中轴子、压轴子、大轴子。其中“**大轴子戏**”是最后的演出单元，常安排场面热闹的大武戏或连台本戏。大轴前的单元称“**压轴戏**”，是演出的核心单元，大抵为唱做俱佳的文戏。小轴（早轴）、中轴均为散出之折子戏，其中武戏又称“武轴子”。

清末《金台残泪记》云：“京师乐部登场，先散演三四出，始接演三四出曰‘中轴子’。又散演一二出，复接演三四出曰‘大轴子’，而忽忽日暮矣。贵人于交中轴子始来，豪客未交大轴子已去。”《京尘杂录》载：“梨园登场，日例有三轴子。‘早轴子’客皆未集，草草开场。继则三出散套，皆佳伶也。中轴子后一出曰‘压轴子’，以最佳者一人当之。后此则‘大轴子’矣。大轴子皆全本新戏，分日接演，旬日乃毕。每日将开‘大轴子’，则鬼门（按：指上下场门）换帘，豪客多于此时起身径去。此时散套已毕，诸伶无事，各归家梳掠薰衣，或假寐片时，以待豪客之召。故每至开‘大轴子’时，车骑蹴踏，人语腾沸，所谓‘轴子刚开便套车，车中载得几枝花’者是也。贵游来者皆在‘中轴子’之前，听三出散套，以‘中轴子’片刻为应酬之候。有相识者，彼此互入座周旋。至‘压轴子’毕，鲜有留者。其徘徊不忍去者，大半市井贩夫走卒。然全本首尾，唯若辈谁能详之？盖往往转徙随入三四戏园，乐此不疲，必求知其始讫，亦殊不可少此种人也。”京剧的小轴子武戏常演《金锁阵》、《白水滩》等，中轴子武戏常演《战冀州》、《两将军》等，大轴子武戏常演《长坂坡》、《挑华车》等。或以精彩火爆的连台本戏终场。压轴的文戏有《空城计》、《群英会》、《玉堂春》等。早年四大徽班之一的三庆班以精彩的连台本戏见长，有“三庆轴子”之称。担任小轴子、中轴子的常是戏班中的重要演员，演压轴戏或大轴戏的常是挂头牌、二牌的名角。或有观众将“压轴戏”当做“压台戏”的同义语，因而将最后一出戏称作“压轴戏”。 （刘筲洲　周华斌）

zhougungong

纣棍功 表演形体基本功之一。源于杂技艺术，为丰富京剧舞台表演技巧而吸收引入的功法。纣棍棍长约60～65厘米，棍粗直径约2.5厘米（以手能握住为准），两端用两根绳索拴坠，系于舞台顶端。练习时距地面约2米以上，演出时可依据剧中环境任意调整高度。用以表现登高俯瞰，观察窥视，实施救助，窃物手段等情节。技巧繁多难度极大，一般技巧多为：卷帘、元宝鼎、千斤坠、铁板桥、左右挂片、左右探海、三险、倒挂蜡等。早年演出《四杰村》等戏，大都带有上栏杆、攀纣棍等惊人绝技，以示

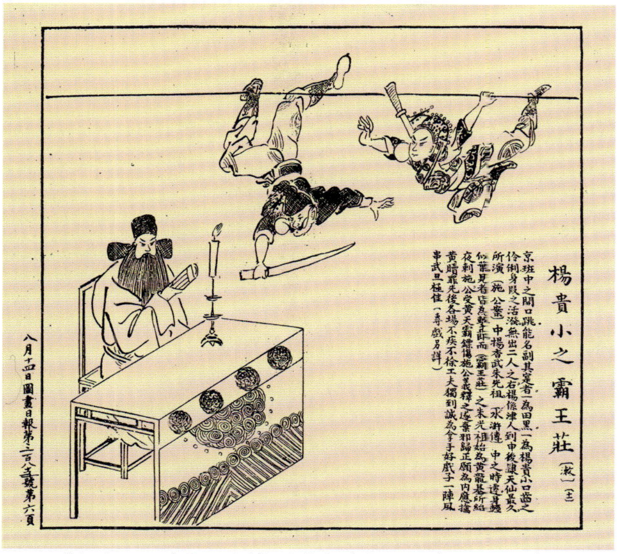

《杨贵小之〈霸王庄〉》（选自清末上海《图画日报》）

人物胆大艺高飞檐走壁穿奔自如本领非凡。为武生、武丑、武旦必备之技艺。名武丑叶盛章演出《酒丐》等剧，发展纣棍技巧，以惊险超绝为塑造人物提供了武丑行当特有的技艺手段，丰富了京剧表演的科目。（陆建荣）

Zhu Binxian

朱斌仙 （1907～1971） 演员。工丑。字子峰。祖籍江苏苏州，生于北京。出身梨园世家。祖父朱霭云（霞芬），工旦，是梅巧玲的弟子，隶四喜班，曾立云和堂，造就了诸多名旦，梅兰芳、王蕙芳、姜妙香等均出其门。伯父朱小霞，父朱小芬，叔朱幼芬，均工旦脚。斌仙7岁入俞振庭创办的斌庆社科班学艺，初习老生，后改文丑。出科后拜郭春山为师。先后搭李万春、孟丽君、新艳秋、雪艳琴、朱琴心、赵啸澜、筱翠花、金少山、孟小冬、奚啸伯、杨宝森、王玉蓉、言慧珠、童芷苓、荀慧生、梅兰芳的各班演出，尤与荀慧生合作达30年之久。

他戏路宽广，丑行各工均能胜任，尤以褶子丑和婆子戏擅长，与旦脚配戏最为生色，如在梅兰芳的《凤还巢》、《生死恨》，荀慧生的《荀灌娘》、《香罗带》、《大英杰烈》、《金玉奴》、《钗头凤》、《杜十娘》、《红楼二尤》、《平儿》、《香菱》、《霍小玉》、《勘玉钏》、《红娘》、《晴雯》、《元宵谜》、《丹青引》，王玉蓉的《艳云亭》、《上阳宫》、《焦仲卿妻》，新艳秋的《涪江缘》、《玉京道人》，雪艳琴的《冤孽姻缘》、《李香香》、《广寒宫》，吴素秋的《孤女复仇》（《女打棍出箱》）、《鸳鸯扇》等剧中所扮演的角色，多为首演，均配搭默契，衬托严谨。早期在李万春新排的《三侠剑》、《佟家坞》、《康小八》中，也首演过许多角色。曾于1943年在由黄玉华主演的黑白影片《盘丝洞》中饰猪八戒。1948年在由梅兰芳主演的彩色影片《生死恨》中饰胡公子。20世纪40年代前期在上海皇后大戏院坐班演唱。1946年应上海夏声戏剧学校之聘，到校任教直至1949年。1960年执教于北京市戏曲学校。子朱锦华、孙朱唯、重孙朱曦光均工丑行。弟子有赵纪鑫等。（钮骠）

《平儿》饰刘姥姥（左）
荀慧生饰平儿（选自《荀慧生》）

Zhu Bingqian

朱秉谦 （1933～ ） 演员。工老生。曾用名朱连荣、朱维义。祖籍河北交河（今属泊头），生于吉林长春。幼时，读过私塾。父母病故后，流落街头，做过报童和杂工。1947年在长春入四维儿童戏剧学校第三分校，随校迁至北平，师从韩长宝、李连甲、徐鸣策等学习老生。演出过《白蛇传》、《六国封相》、《江汉渔歌》、《巴骆和》、《投军别窑》、《董小宛》等。1949年初转入平剧实验学校（后为中国戏曲学校）继续学习，受教于萧长华、雷喜福、贯大元、安舒元、白家麟、李吉来、刘仲秋、邢威明等众多名家，并得到李紫贵的指拨。演出的主要剧目有《激权激瑜》、《群英会》、《四进士》、《将相和》、《赠绨袍》、《除三害》、《问樵闹府》、《盗宗卷》、《审头刺汤》、《审潘洪》、《打严嵩》、《打渔杀家》、《断臂说书》、《龙凤呈祥》、《战长沙》、《阳平关》、《失印救火》、《清风亭》、《乌龙院》等。1952年在《白蛇传》中扮演许仙，获第一届全国戏曲观摩演出大会表演奖。1956年毕业。1962年9月拜马连良为师，学得《赵氏孤儿》、《淮河营》等剧。在现代戏中扮演过《红色风暴》的施洋、《智取威虎山》的少剑波、《红旗谱》的老驴头等。在影片《穆桂英大战洪州》中，成功地塑造了寇准的形象。

他功底深，戏路宽，融汇各家之长，唱做兼能。塑造人物个性鲜明，注重人物的内心挖掘与表现，讲求形神的完美结合，特别强调眼神和面部表情的运用。身段优美，潇洒大方，并赋予人物浓郁的生活气息。他的演唱字正腔圆，声情并茂；念白刚健明爽，吐字清晰。由于他有较好的文化素养，在剧本创作上也有所建树，改编有《汉宫惊魂》、《潇湘夜雨》、《秦香莲》、《将相和》、《碧血扬州》、《四进士》等剧。先后出访过朝鲜、日本、加拿大、法国、西班牙、瑞士、意大利等国家及中国香港等地区。退休后，任中国戏曲学院客座教授。（佩孚 捷之）

《断臂说书》饰王佐（左） 张春孝饰陆文龙

Zhu Fuxia

朱福侠 （1936～2006） 演员。工小生。山东济南人。自幼学艺，1949年进厉家班，先学花旦，后改文武小生。师从厉彦芝、戴国恒、厉慧斌，打下扎实基础。1953年在重庆京剧团任演员。1960年拜

《大闹凤仪亭》饰吕布

叶盛兰为师，得其亲授《周仁上路》、《辕门射戟》、《群英会》等剧。他扮相英武俊秀，文武皆能，唱做俱佳。能戏甚多，其中自编、自导、自己设计唱腔的剧目有20多个。他在继承传统的基础上，吸收川剧、秦腔、越剧乃至话剧等艺术营养，融会贯通，丰富了京剧小生的表现手段，也形成了自己的表演风格。将原本"连杀四门我的力已尽"这句唱词，发展成为正面展示两军交锋的一场戏，每杀一门，打一个荡子，耍一个枪花，并设计靠背接抢和翻身接枪的高难动作，以展现罗成奋力厮杀的情境；到"淤泥河"一场，同时舞动马鞭、银枪并甩发，边唱边舞，生动地刻画了罗成中箭之后的精疲力竭、英勇捐躯。在《小商河》中，朱福侠设计了杨再兴与其战马的一段戏：这位急于立功的将领，在激战之前，像哄逗孩子似的为战马寻找食料、梳理鬃毛，千方百计让心爱的"伙伴"开口"说话"。这一富于情趣的细节，不仅使戏的节奏徐疾有致，更写出了杨再兴的率真、稚拙，是刻画人物的精彩一笔。其他如《忆十八》中的圆场和扇子功，《哭坟》里的大段念白、甩发功和长袖舞，《双枪董平》中繁难的武打技巧等，都富于新意，为观众所称道。有"山城叶盛兰"之誉。晚年曾在北京、上海、大连等地演出和授课。1995年在上海以《忆十八》获白玉兰戏剧表演艺术主角奖。大众文艺出版社1999年6月出版《朱福侠创作演出剧本集》(谭志湘编)，收入其代表剧目《忆十八》、《周仁上路》、《哭坟》、《小商河》、《双枪董平》、《岳云锤震金弹子》、《罗成》，以及多位专家、艺术家评论。郭汉城为该书作序。

（陈培仲）

Zhu Guifang

朱桂芳　(1891～1944)　演员。工武旦。原名裕康，字云培，小名庄儿。祖籍江苏苏州，生于北京。其父朱文英为著名武旦，又名朱四十，故桂芳艺名小四十。8岁在家练功，随父学艺，曾拜

名武净李顺德为师。12岁入陆华云主办的长春科班。初学玩笑旦，后改学青衣，16岁变嗓后又改学武旦。同科学戏的有李洪春、张春彦、荣蝶仙、李春林、阎岚亭等。清宣统三年(1911)由其父举荐与李六、范福泰等同时被选入昇平署任民籍教习，年仅20岁，是教习中年岁最小的一个。桂芳主要承应剧目有《取金陵》、《娘子军》、《蔡家庄》、《虮蜡庙》、《夺太仓》、《三岔口》、《打焦赞》、《攻潼关》、《泗州城》、《摇钱树》、《打金枝》、《法门寺》、《十字坡》、《卖艺》等。1911年以后搭各班演唱，经常同台奏艺的有谭鑫培、俞振庭、李顺亭、许德义、时慧宝、杨小楼、余叔岩、程砚秋、梅兰芳、尚小云、徐碧云、高庆奎、马连良等。民国以后首次应上海丹桂第一台之聘，一演就红。20世纪20年代以后与梅兰芳合作时间最长，梅倚之如左右手。1922年冬桂芳随梅兰芳赴香港演出《湘江会》，被誉为"南北唯一武旦"。1924年又随梅兰芳赴日本演出，与梅合演之《廉锦枫》被拍成影片。1930年梅兰芳率团访美，桂芳与刘连荣合演《青石山》，又为梅配演《西施》之羽舞，有剧照存世。1933年5月，由梅兰芳、余叔岩等人创办的国剧学会附设国剧传习所开学，其中旦脚组的郭建英等13人，均受到梅兰芳、朱桂芳的指授，由郭建英整理的《剧舞笔记》发表在当年的《国剧画报》上。1935年2月朱桂芳随梅兰芳出访苏联。为梅兰芳配演《虹霓关》，反串王伯当，并摄成影片，又在《醉酒》中配演裴力士。桂芳主演的剧目有《盗仙草》、《青石山》等。

《樊江关》饰樊梨花（左） 梅兰芳饰薛金莲

《虹霓关》饰王伯当（反串小生，右）
尚小云饰东方氏

对于朱桂芳的艺术评论，不少名家早有共识。一般认为桂芳继承了其父的衣钵，武打中以勇猛稳健著称，跷工极深。张肖伧的《菊部丛谈》中评论说："文英之子（朱桂芳）容光焕发，英气逼人，发音娇嫩，唱念可听，武艺与九阵风分道驰举，实堪伯仲，惟气度不及九阵风。《打瓜园》与王长林、范宝亭合唱久已脍炙人口。《刺巴杰》之巴九奶奶之干净简练，非九阵风能及。《十字坡》亦卓绝。《取金陵》、《百草山》、《娘子军》、《演火棍》与九阵风各有佳处。"朱桂芳在武旦表演艺术上确有建树。他的弟子言慧珠、陆素娟学演梅派戏都是靠桂芳的指授和伴演，由徐兰沅说唱腔。此外像陆蕊芳、李香匀、李世芳、任志秋、雪艳琴、梁小鸾等人均受过他的指授。其长子盛康，习武净，富连成社坐科，1941年病故。次子世魁，习丑，亦富连成社坐科，现居台湾。三子永祺，习场面，1939年病故。四子金琴习老生，五子玉安习丑，皆毕业于中华戏曲专科学校。桂芳之兄朱湘泉有三子，均在富连成社坐科，长子盛富，习武旦，受过叔父的指授，也是一位极有成就的武旦演员。次子世友是小生名家，现居台湾。三子世业，习武生，亦居台湾。朱桂芳晚年曾在富连成社、中华戏曲专科学校任教。后因患伤寒病辞世。

（陈志明）

Zhu Hen Ji

《朱痕记》　京剧作品。原称《牧羊卷》，为梆子戏，有《舍饭》、《团圆》两折。后翻成皮簧戏，又名《席棚会妻》、《双槐树》。程砚秋演出此剧，颇有声于时。观众每以未窥全豹为憾，程砚秋在金

程砚秋饰赵锦棠（左） 文亮臣饰朱母

仲苏参与下，增益首尾，编成本戏《朱痕记》。剧演唐代西凉节度使黄龙叛乱，朱春登新婚未久即代叔从军，其从弟春科同行。婶母宋氏有内侄宋成，垂涎春登之妻赵锦棠（或作锦堂），在送春登从军途中，欲加暗害，幸春登为李仁所救。宋成返回，扬言春登战死。婶母为谋夺长房家产，逼赵锦棠改嫁宋成，锦棠不从，罚入磨房推磨，再不从，将锦棠与春登之母赶至山中牧羊。春登阵前立功，封平西侯，赐假归里，春科同归，将宋成处死。春登问及母妻下落，婶母谎称已死。春登悲痛不已，在祖坟设棚祭奠，并舍饭七天。适锦棠婆媳行乞至此，亦来领饭，因已过时，只得剩饭一碗。又因墓地有双槐树，认出祖坟，惊疑间，朱母误碎饭碗，受护军李仁呵责。遂惊动春登，唤锦棠席棚问话，夫妻母子得以团圆。婶母宋氏难以自容，投井而死。锦棠手上有朱痕，是新婚久别夫妻相认印记，故名《朱痕记》。故事源自《牧羊宝卷》，因名《牧羊卷》或《牧羊山》。1927年4月30日，程砚秋首演全剧于北京华乐戏园。程砚秋饰赵锦棠，张春彦饰朱春登，王又荃饰朱春科，侯喜瑞饰李仁，文亭臣饰朱母，曹二庚饰宋成，李四广饰婶母宋氏，慈瑞泉、少泉父子饰二衙役。全剧以席棚舍饭一场最为精彩，是程派演员的保留剧目。程砚秋有唱片《牧羊山》(大中华)、《朱痕记》(高亭) 行世。程氏演出本经杜颖陶、陶君起整理，收入《京剧丛刊》，亦见《程砚秋演出剧本选集》。（简畅）

张学津饰朱春登

Zhu Qinxin

朱琴心 （1901～1961） 演员。工旦。原名琇，号杏卿。祖籍浙江湖州，生于上海。有较高的文化基础。17岁至协和医院任英文打字员。自幼酷爱京剧，是该医院票房的旦脚票友。他扮相端庄秀丽，嗓音脆亮甜润。该票房还有老生管绍华、净脚张稔年、丑脚金鹤年等。生、旦、净、丑齐全，当时颇有影响。百代公司曾为此四位名票灌制了《法门寺》唱片传世。朱琴心与蒋君稼、林钧甫、臧岚光被誉为票界的四大名旦。

1923年，正式下海从艺，时年22岁。首演《春香闹学》于华乐园。曾向陈德霖学青衣，从田桂凤习花旦，亦请益于吴菱仙、李宝琴等，并聘乔蕙兰传授昆曲。他聪颖好学，刻苦用功，能戏百余出。朱琴心曾与杨小楼、王瑶卿、余叔岩、程继先、钱金福、萧长华、郭春山、慈瑞泉、王琴侬、侯喜瑞、马连良、谭富英、贯大元等诸多名家合作，获益匪浅。《陈圆圆》是他的代表作之一，曾得杨小楼提携，为其傍演吴三桂，钱金福饰李自成，侯喜瑞扮多尔衮，于1923年12月首演于开明戏院。王瑶卿曾与他合演《樊江关》，王饰樊梨花，朱演薛金莲。常演《打花鼓》之花鼓娘、《法门寺》之孙玉姣、《虹霓关》之丫环、《御碑亭》之孟月华、《乌龙院》之阎惜姣、《翠屏山》之潘巧云、《花田八错》之春兰、《梅龙镇》之李凤姐、《四郎探母》之铁镜公主、《汾河湾》之柳迎春、《贵妃醉酒》之杨贵妃、《得意缘》之狄云鸾、《奇双会》之李桂枝等。更擅演新编本戏，如《曹娥投江》、《梵王宫》、《风月宝鉴》、《化外奇缘》、《富贵英雄》、《中秋赏月》、《如是活佛》、《麟骨床》、《铁牛城》、《情侠缘》、《燕子笺》等。还自编自演了《乐昌公主》、《刘倩倩》、《无双》、《铃儿惨史》、《秋灯泪》、《关盼盼》等。

《采花赶府》饰牛文嫣

《梅龙镇》饰李凤姐

朱琴心喜读书，精翻译，能编剧，是位难得的多才演员。常于报刊发表论艺文章，阐述自己的独到见解。20世纪30年代末，演出活动渐少。1943年，随马连良赴东北演出后辍演。20世纪40年代末至台湾。北京故居位于西城区西草厂街路北。生有四子。长子朱红，幼曾入富连成社第六科习艺，不久因病退出，早夭。次子、三子为孪生兄弟，兄工小生，弟工旦，后均改行。（刘松崑）

Zhushazhi

《朱砂痣》 京剧作品。又名《行善得子》、《麒麟报》。余治原作。京剧演出本保留了原本的基本内容，但情节安排、人物名称等均有较大改动。描写宋金战争时，韩廷凤妻死子散，续娶江氏。洞房中见她暗自垂泪，方知本是有夫之妇，不得已才卖身改嫁。韩廷凤不忍拆散人家夫妻，便将婚书烧毁，赠银百两，送她还家。江氏的丈夫后来从四川买来一子，送到韩家作为报

小兰英饰韩廷凤（右）（董为焜摄）

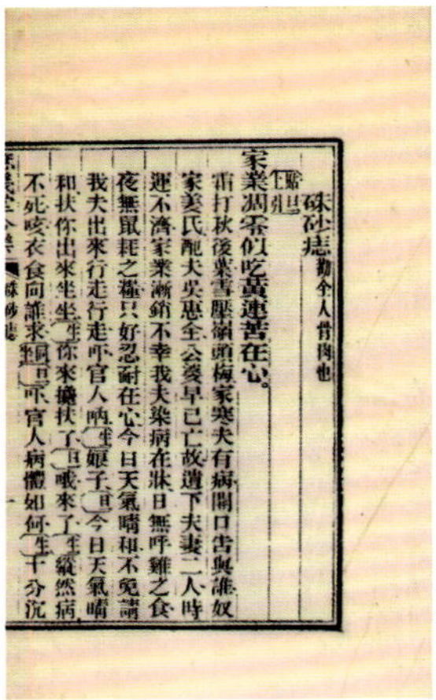
硃砂痣 勸全人骨肉也
旦引
家業凋零似吃黃連苦在心。
雷打秋後葉雪壓嶺頭梅家寒夫有病開口告與誰奴
家姜氏配夫吳惠全公婆早已亡故遺下夫妻二人時
運不濟家業漸銷不幸我夫染病在牀日無呼雞之食
夜無鼠耗之糧只好忍耐在心今日天氣晴和不免請
我夫出來行走行走吓官人哟(生)娘子(旦)今日天氣晴
和扶你出來坐坐(生)你來攙扶了(旦)哦來了(生)縱然病
不死咳衣食向誰求(旦)吓官人病體如何(生)十分沉
庶幾堂今樂 硃砂痣

清同治刊本
《庶几堂今乐·朱砂痣》书影

答。原来这就是韩廷凤遗失的儿子，足下有朱砂红痣为记。作品虽然颂扬韩员外全人夫妻、济困扶贫的美德，亦有天道好还的因果报应成分。在余治《庶几堂今乐》二十八种中，这是唯一流传于舞台的一种。老生饰韩员外。洞房中［二簧慢板］唱段“借灯光暗地观看娇娘”，调圆声逸，转折自然，曾广为流传。江氏夫妻来谢恩时，韩员外由念白“如此说来，银子是好物件，好宝贝？”紧接［原板］“我救你的急救你的难救你贫困……”，一气呵成，抑扬顿挫，奔放中显从容，也极具特色。孙菊仙、双处、王凤卿等擅演。“刘鸿昇、吴彩霞合唱此剧，令人心旷神怡。”(吴下健儿语) 剧本有《戏考》、《戏学汇考》及《京剧汇编》等刊本。高庆奎曾演出清逸居士改编本，将原剧中的背景材料改为明场，增添了一些情节，扩充为四本的大戏，易名《降麒麟》。北京市艺术研究所有藏本。

（王卫民）

Zhu Shaoyu

朱绍玉　(1946～　　)　作曲家。山海关(今属河北秦皇岛)人。自幼拜师学艺，曾做过京剧演员及琴师，为提高在音乐上的创作能力，就读于云南艺术学院作曲系，毕业后又返剧团专门从事音乐创作。曾任青海京剧团、福建京剧团业务团长，现为北京京剧院的专业作曲兼指挥。被中国戏曲学院聘为作曲系客座教授。朱绍玉在戏曲音乐创作上，掌握的技法比较全面，无论是创腔、配乐、配器以及在演唱上的指导和乐队的指挥、排练，都有很深的功力。创作思路开阔，善于根据创演剧目的具体需要吸收、融合其他音乐元素，以激活、丰富传统的京剧音乐，提高其艺术表现力。如在《山花》、《宰相刘罗锅》中，分别融入闽西小调、山东小调，创造了［小调流水］、［小调原板］；《夏王悲歌》中的［四平调］糅合了西部民歌；《圣洁的心灵》中有西藏民歌与京剧［西皮］的妥帖交融；在京剧、藏戏《文成公主》中，藏戏音乐与京剧声腔既有对比，又有某种嫁接，并采取了对唱、二重唱、三重唱多种手法。这些都收到了相当好的艺术效果。他是一位多产作曲家，质量也较高，多次获得国家级作曲奖。台湾京剧界也邀请他去作曲，如为国光京剧团创作的《郑成功与台湾》、《廖添丁》等，得到好评。他还涉猎其他剧种和影视作品的音乐创作。2002年，北京市文化局和北京京剧院联合召开“朱绍玉作品音乐会”，由中国戏剧出版社于2002年9月出版《朱绍玉京剧音乐作品集》。其中收入《宰相刘罗锅》(1～6本)、《夏王悲歌》、《圣洁的心灵——孔繁森》、《蔡文姬》、《黄荆树》、《党的女儿》、《拜相记》、《马前泼水》8个剧目的53个唱段，本人创作体会3篇，刘吉典、齐致翔等评论6篇。张和平、汪人元为之作序。汪人元在以《戏曲作曲家的使命》为题的序言中认为，朱绍玉“在继承传统的基础上，力求作品性格毕现，戏戏不同”，同时讲究顺畅，“一个‘顺’字，常被戏曲界视为很高的境界，就是因为，这种顺畅不单指旋律的流畅优美，更在于同戏剧情感的贴切，与戏剧节奏的吻合”。朱绍玉就在这两个方面“不断追求更深入的艺术探索”中取得许多成就，成为当前京剧音乐界最有影响力的代表人物之一。

（杜佩君　简畅）

Zhu Shihui

朱世慧　(1947～　　)　演员。工丑。祖籍安徽泾县，生于武汉。12岁入湖北省戏曲学校，初习汉剧，不久转学京剧，先从郜俊卿、陈鹤峰学麒派老生戏，后改工文丑，师事张啸庄。毕业后，入湖北省京剧团，时值“文化大革命”时期，主要演现代戏如《沙家浜》的刁德一，《红灯记》的鸠山、王连举，《智取威虎山》的栾平等。“文化大革命”后，以演现代戏《追报表》的小会计、《一包蜜》的艾力初露头角。1981年以《徐九经升官记》一剧进京演出，大获称许，连演30余场。此剧为他的成名之作。此后，湖北省京剧团进京都带来以他为主演的新戏，有《药王庙传奇》、《膏药章》、《法门众生相》等。

他塑造的徐九经虽然相貌丑陋，身有残疾，却心灵美好，有雄才，富智慧，是一个古代廉吏的形象，可爱、可敬。唱念表做都很繁重，尤其唱功把丑行与麒派老生的唱法糅为一体，独呈特色，形成他个人的艺术风格。在《膏药章》中，有大段旋律优美的［二簧南梆子］、［京梆调］等新腔，使人物的内心世界得到充分展示，也使丑行唱腔变得艺术化和性格化了。他常演的传统剧目有《群英会》、《望江亭》、《乌盆记》、《孔雀东南飞》、

《徐九经升官记》饰徐九经

《膏药章》饰膏药章

《双下山》、《活捉》等。20世纪80年代初到北京拜入孙盛武门下，曾得李四广、艾世菊、孙正阳诸师的指拨。他多次获全国性和湖北省级的奖励，1984年湖北省人民政府授予他省优秀戏曲演员称号，1985年被选为武汉地区十佳演员，他是梅兰芳金奖和二度梅花奖得主。2005年起任湖北省京剧院院长。2008年，在第五届中国京剧艺术节上以主演《曾侯乙》获特别荣誉表演奖。

（钮骠）

Zhu Suyun

朱素云　(1872～1930)　演员。工小生。名湮，字雅仙，号纫秋，小名四妞。江苏苏州人。父朱小元，工武旦，与徐小香为师兄弟。9岁入熙春堂钱秋凌门下学昆旦，后从徐小香改习小生。又拜四

喜班小生鲍福山、徐德奎执弟子礼。12岁南下露演于上海。以后在京先后搭小丹桂、玉成等班。清光绪三十三年（1907），选入清廷昇平署任民籍教习。同年，自组庆寿班，继王楞仙之后，被推为第一小生。宣统时，入春庆班，声誉大盛，与王瑶卿、杨小朵有“三美”之称。他与路三宝合作《虹霓关》，被呼为金童玉女。民国后，为梅兰芳、尚小云、程砚秋配戏，倚为左右。朱素云台风倜傥潇洒、英俊风流，嗓音清亮，与青衣殊味。他的念白、做工，无不精妙，演唱曲折宛转，韵味醇厚。还对小生的哭、笑表演，有所创造发展。朱能戏多，腹笥宽，擅演《托兆小显》、《得意缘》、《射戟》、《白门楼》、《玉玲珑》、《胭脂虎》、《镇潭州》、《岳家庄》、《借赵云》、《打金枝》、

《朱素云之〈监酒令〉》（选自清末上海《图画日报》）

《临江会》、《群英会》、《雅观楼》、《飞虎山》、《御碑亭》、《玉门关》、《美人计》、《夺小沛》、《朱仙镇》等。由于武功基础扎实，扮演王伯当（《虹霓关》）、薛丁山（《马上缘》）、杨宗保（《穆柯寨》、《破洪州》）、陈琳（《打寇》）等近于武小生，尤为拿手，既美又帅，独具风格。

（讷言）

Zhu Wenxiang Xiqu Wenji

《朱文相戏曲文集》 戏曲研究著作。朱文相著。中国戏剧出版社2004年6月出版。70万字。书前三序：一是张庚《在中国艺术研究院研究生部首届研究生毕业典礼上的讲话》（代序），二是阿甲《戏曲现代戏研究·序》（代序），三是郭汉城专为本书所写序言。本书分上、下两集。上集《剧学四论》，包括4编，依次为“戏曲文化论”、“戏曲表演论”、“戏曲导演论”、“戏曲教育论”，收入文稿27篇。下集《梨缘四寄》，也包括4编，分别为“品梨寄悟”、“观梨寄兴”、“怀梨寄思”、“植梨寄望”，收入文稿74篇。作者在《后记》中说，这部文集是他积20余年的旧文新稿所编。作者曾从事戏曲研究工作、戏曲教育工作和戏曲学院领导工作，因此，此文集可谓作者与戏曲结缘，并为了戏曲事业的发展而长期辛勤笔耕的记录。该书有如下的特点：①对于戏曲领域所出现的一些错误观点和应该加以纠正的现象，在一些文章中都能及时地提出商榷和批评。如在《爱国主义与民族文化》一文中对于戏曲是“文盲艺术”、“夕阳艺术”，戏曲艺术的美是“病态的畸形的美”等进行了批评，指出它们“对戏曲工作产生极大的干扰”。此外还对戏曲艺术实践中陆续出现的“大投入”、“大制作”、“滥用舞台科技”、“舞蹈加唱”、“戏不够，群舞凑”等现象也提出批评。这使文集带有明显的现实感和针对性。②不论是对于戏曲艺术本体，还是对于戏曲工作的开展，作者在其文章中都提出了自己的一些精湛见解。如他对于京剧意象美的论述，

对于戏曲美分为“技美”之境、“情美”之境、“艺美”之境的见解，关于戏曲剧目中的“市场艺术”型剧目、“实验室艺术”型剧目和“博物馆艺术”型剧目也应该“三并举”的观点，“搞戏的人”应该“眼睛向下”、“让老百姓喜欢”的观点等，都具有相当的理论价值或推动实际工作的价值。③由于作者对于戏曲的知识与现状非常熟悉，因而在其表达自己的戏曲观点时，常以简要的语言形式加以归纳，从而使其所论内容更具系统性，也更便于读者掌握。如作者对戏曲的总体建设归纳为“以戏曲文化建设为主导，以戏曲艺术建设为中心，以戏曲教育建设为基础”的“三并举”（下，第453页）；把好的戏曲演员分为新苗、新秀、新星、名角、名家、大师和技术型、艺术型的、学术型“六段三型”（下，第697页）；把戏曲表演艺术家的成长因素概括为“天赋、勤奋、机遇、功夫、体验和文化”的“六合”（下，第710页）；把戏曲身段的设计则归纳为“实拟、虚拟、取形、取象、状情、状思”6种方法（上，第171页）等。④该书除包括一些理论性、评论性的文章外，还有少数谈及戏曲教学工作如何安排的务实性的文章。总之，正如郭汉城在《序》中所指出的《朱文相戏曲文集》虽然涉及戏曲领域的许多方面，然而“所论种种，归根结蒂都与戏曲现状相连”，是“把立足点放在解决现实问题上”，是一部“理论与实际相结合”的著作。

作者朱文相（1939～2006），祖籍贵州开阳，生于北平。1962年毕业于北京师范学院（今首都师范大学）中文系。其后在北京七十一中学任教。1981年在中国艺术研究院研究生部获硕士学位，导师阿甲。1987～1996年任中国戏曲学院副院长、院长。

（李琦）

Zhu Wenying

朱文英 （1860～1929） 演员。工武旦。又名朱四十。祖籍江苏苏州，生于北京。其父朱小喜为清咸丰、同治间武旦，隶四喜部。文英自幼从父学艺，后拜咏秀堂主人朱小元（字吉仙，朱素云之父）为师。数年出师，初不甚得志，继而潜心揣摩，仿龚翠兰打出手之绝技，而加以奇险之花样，将《取金陵》、《夺太仓》改为踩跷，益增婀娜，备受观众赞赏，名遂大著。曾入四喜、三庆、小丹桂、福寿、洪奎、新天仙等班演出。合作者有杨月楼、钱宝峰、黄润甫、张淇林、俞菊笙、李连仲、德子杰等。光绪二十六年（1900）被选入昇平署任民籍教习。在宫中演出剧目有《泗州城》、《青峰岭》、《罗家洼》、《娘子军》、《打瓜园》、《蟠桃会》、《朝金顶》、《蔡家庄》、《十字坡》、《快活林》等。其打出手花样翻新，招式奇险，以勇猛快速为特点，成为晚清武旦第一流人物。他的贡献还在于培养两名风格不同的武旦高手，一为其次子朱桂芳，一为其门婿阎岚秋。长子朱湘泉习武生，小福寿科班出身，与吴玉铃、高连甲长期为

《庆顶珠》饰萧桂英（左） 张淇林饰花逢春

朱桂芳配戏。女为阎岚秋之续妻。文英晚年多病居家。1929年1月29日因肺结核病辞世。（陈志明）

Zhu Zuozhou

朱作舟 （1886～1960） 票友。工武生兼武净。原名有济，别号龙沙散人。祖籍江苏宝山（今属上海），生于天津。父朱其昌，曾任天津永定河道台。朱作舟毕业于南开学校，1925年曾出任上海江海关监督，北伐后回到北京。1929年前后曾任财政次长，后在天津居家赋闲。他自幼喜爱京剧，曾从杨小楼、尚和玉、娄廷玉、王益友等学戏，工武花脸兼武生。习艺态度严谨，一招一式，一丝不苟。对脸谱勾画甚精，得钱金福、杨小楼真传。身段、工架优美，极有气度。其擅演剧目有《铁笼山》、《金钱豹》、《艳阳楼》、《钟馗嫁妹》、《战宛城》、《莲花湖》、《飞叉阵》、《青石山》、《九莲灯·火判》、《醉打山门》、《夜巡》等。20世纪30年代前后，与王庚生、刘叔度并称“天津票界三杰”，经常演出义务戏及堂会戏。1930年，为琴声雅集票房创办人之一。中华人民共和国成立初期，为天津召开城乡物资交流会在中国戏院演出《金钱豹》。后因年事渐高，又患哮喘，遂谢绝演出。1956年，以近古稀之年又演了一场《金钱豹》。1960年病故于天津。

（马同驹）

Zhulianzhai

《珠帘寨》 京剧作品。又名《沙陀国》、《解宝收威》。作者不详。唐末，晋王李克用被贬沙陀。黄巢起义，唐僖宗派程敬思（陈景思之讹）前往沙陀搬兵。李心怀怨恨，不肯发兵。程送珠宝，并先后请太保李嗣源及李克用之曹、刘二妃相劝，均被拒绝。二妃矫旨，亲自挂帅，命李克用为先锋。李惧内，同意发兵。校场点卯，李克用连误三卯，刘妃佯装欲将李斩首。曹妃为其求情告免，刘妃免其死罪，复令责打四十。李嗣源代其受刑。刘妃将克用暂押后营。兵至珠帘寨，被周德威阻拦。众将不能胜，刘妃激李克用出战，不分胜负。李与周比试箭法，李箭射双雕，周心服口服，遂归降。本事见《残唐五代史演义》第7～9回，杂剧《李嗣源复夺紫泥宣》亦叙此事。原为净脚正工戏。据清同治三年（1864）《都门纪略》载，张三元工此剧。张之后，金秀山、刘寿峰、刘永春、钱宝峰等亦擅演此剧。后来，谭鑫培将原剧改编，增“解宝”、“收威”两场，使情节更加连贯，故事完整，唱、念、做、打得以全面发挥，成为一出文武并重的老生正工戏。谭鑫培在老生唱腔中融入花脸唱腔，既有节节上翻的高调门，又有铿锵有力、节奏明快的流水板。“昔日有个三大贤”唱段中精心设计的描述鼓声的三个“哗啦啦”，各有不同，层次分明。“误卯”一场中，20句的［二簧散板］转［二簧流水］，变化多端，佳腔迭出。最后“收威”一场的“起霸”、扎大靠开打、对刀，出手敏捷，姿势优美。此剧成为谭鑫培中、晚年的代表作。他与许多名伶合作演出过，与汪笑侬的一次合作，尤为时人称道。一时，京剧界有“宗谭者不学《珠帘寨》，不能算谭派”之语。后起的著名老生演员余叔岩、马连良、谭富英、言菊朋、杨宝森、孟小冬、高庆奎等均擅演此戏。剧本载《戏考》、《京剧汇编》等。（刘文峰）

王幼卿饰大皇娘（左一） 王瑶卿饰二皇娘（左二）
刘公鲁饰李克用（左三） 言菊朋饰程敬思

Zhu Ruxiang

诸如香 （1891～1974） 演员。工旦。原名诸松山，字茜卿。江苏太仓人。父诸秋芬，生于清咸丰六年（1856），为三庆部昆旦。诸如香9岁入姜俪云（姜妙香父）绚春堂学戏，先学老生，后拜路三宝为师，改学花旦，与侯菱香、王兰香、孙藕香、何薇香、陈葵香并称“绚春堂六香”。离师后，又向郭际湘（老水仙花）、萧长华学花旦戏。搭谭鑫培同庆班应前场花旦时，因临时救场陪谭演《战太平》之二夫人而受谭之赏识，并知名于北京梨园界。后历搭杨

《打杠子》饰少妇（左） 萧长华饰张三

小楼、余叔岩、高庆奎、马连良、孟小冬、李少春、梅兰芳、程砚秋、金少山等领衔的班社，既在大轴戏中为挑梁主角配演二旦，又与萧长华、慈瑞全、朱素云、程继先等合作，主演花旦戏，为北京各大班社争相聘请。中年后授徒教戏，是陈丽芳、李香匀、梁小鸾的开蒙师。后执教斌庆社、中华戏曲专科学校，受教者有计艳芬（小桂花）、宋德珠、邓德芹、周金莲、李玉茹、王玉芹、秦玉香等。20世纪40年代初，赵燕侠等向其学艺。中华人民共和国成立后，受聘至东北戏曲学校、吉林戏曲学校任教，1955年退休，定居沈阳。

诸如香嗓音清亮圆润，唱、做皆佳。自幼得名师传授，又与诸名家合作，见多识广，能戏甚多。《铁弓缘》、《荡湖船》、《荷珠配》、《打杠子》、《变羊计》、《得意缘》、《胭脂虎》等花旦戏造诣很深。与萧长华合演之“三小戏”，配合之默契，有“一把锁一把钥匙”之比喻。演二旦与主角配合严谨，且有独特表现。《四郎探母》饰萧太后，“盗令”一场下场时“耍蟒”(旗蟒随台步摆动)，《法门寺》饰刘媒婆，花旦扮相，“行路”一场，用大嗓唱［西皮流水］。陪梅兰芳演《虹霓关》，头本饰丫环，二本饰东方氏，“思春”一场援例唱［西皮原板］，他唱［西皮慢板］。梅兰芳时装新戏《邓霞姑》，程砚秋新编本戏《鸳鸯冢》等，他也参加演出，表演上均有所创造。诸如香弟诸连顺，工武生，富连成社科班出身。子诸世芬，小生，富连成社科班出身。（马明捷）

Zhuangyuanmei

《状元媒》 京剧作品。又名《铜台阵》。叶德霖据同名汉剧改编。剧情为：宋帝偕柴郡主至潼台射猎，遭辽将巴若里袭击，郡主被抢。适杨延昭路经潼台，奋战解围，救下郡主。郡主酬赠珍珠衫，暗许终身，嘱他回京后去南清宫向八贤王赵德芳求助。大臣傅龙之子傅丁奎为偷看郡主姿色，也来潼台。宋帝误认他为解围救驾之将，许诺救回郡主与他配婚。延昭回京谒见八贤王，八贤王请新科状元吕蒙正为媒，一起奏知宋帝。宋帝开始以为是给傅丁奎做媒，欣然应允，待问到姓名，始知误会，即命二人去天波杨府退聘。柴郡主力证救她的是杨延昭，请在金殿辨明真假。杨延昭、傅丁奎各随父上殿，吕蒙正令其各自奏明经过，真假立判。杨延昭被招为郡马。该剧以误会作戏眼，是一出妙趣横生的喜剧。故事虽简单，但情节安排巧妙，剧情跌宕起伏。柴郡主的重义多情、贵而不矜，八贤王的热情、老练，吕蒙正的谨慎、机智，都刻画得比较生动。为唱念做打俱全、以旦脚为主的群戏。1960年，北京京剧团首演于北京长安戏院。执行导演叶德霖，主要演员张君秋、马连良、谭富英。张君秋饰演柴郡主多有创造，是他的代表剧目之一。20世纪80年代编印为中国戏曲学院教材。（张燕鹰）

张君秋饰张郡主（右） 谭元寿饰杨延昭

Zhuangyuanpu

《状元谱》 京剧作品。又名《打侄上坟》。作者不详。刊本有《戏考》、《戏典》等。宝文堂书店1959年出版中国京剧院演出本。剧情为：富户陈伯愚荒歉之年开仓放粮。张公道前去领赈。陈见他35岁，却有6个儿子，自己年过半百却无一子，感慨万千。陈伯愚兄嫂已故，视侄儿陈大官如己出。大官因结交小人，将分得的家财挥霍殆尽，沦为乞丐，此时也来领赈。伯愚一见，怒不可遏，挥棍痛打。时届清明，大官乞讨买来纸钱，上坟哭祭。伯愚夫妇也来扫墓，见兄嫂坟上已有人添土祭祀，知是大官不忘祖先，犹可教诲，遂好言相慰，带回家去。其后大官发愤读书，高中状元。京剧一般演至上坟为止。全剧意境苍凉，渲染老年无后的感伤，颇为感人。

《打侄上坟》 周信芳饰陈伯愚（左） 俞振飞饰陈大官

陈伯愚由老生饰演，唱做并重。陈大官由小生饰演，作为“穷生”，既要刻画其潦倒，也要不失身份，需恰到好处。据《清代伶官传》，清咸丰十一年（1861）张沅、汤瑞福等曾在内廷演出此剧。周信芳、马连良、李少春（饰陈伯愚）、姜妙香、俞振飞（饰陈大官）、萧长华（饰张公道）演出，有实况录音传世。（王卫民）

Zhuangyuanyin

《状元印》 京剧作品。又名《三反武科场》。源自昆曲。作者不详。元顺帝用丞相萨敦计，假设武科场，诱朱元璋、陈友谅、方国珍、张士诚、刘福通等义军将领至都城应试，使其自相残杀，然后一网打尽。常遇春连败众英雄，夺得武状元。萨敦赐予十字披红、御酒三杯。经众人揭露，知为毒酒。常遇春大怒，保朱元璋反出科场。元兵追击，并放下千斤铜闸阻挡。胡大海托闸，众人得出，夺取芦沟桥，杀退元兵。剧中常遇春原以武净应工，后经俞菊笙的创造，成为以武生应工的勾脸戏。其弟子杨小楼、尚和玉均擅此剧。谭鑫培早年也曾演出。有中国艺术研究院戏曲研究所藏本。（井玉贵）

刘奎官饰常遇春

Zhuo Fang Cao

《捉放曹》 京剧作品。又名《捉放宿店》、《中牟县》、《陈宫计》。作者不详。东汉末年，曹操图刺董卓，事败逃亡。至中牟县，守

清宫《戏出画册·捉放》（故宫博物院藏）

关县令陈宫感其忠正，毅然弃官随操出逃。经陈留，偶遇操父至交吕伯奢，诚邀二人至家，殷勤款待，且亲赴前村沽酒。曹操忽闻磨刀声，怀疑吕伯奢贪图赏赐，出外报官，立即拔剑将伯奢家眷杀死。陈宫劝阻不住。搜至厨下，见缚一猪，才知主人是要杀猪待客！二人只得仓皇出走，途中又遇吕伯奢沽酒回来，曹操又将他杀死，并说："俺曹操一生一世，宁可我负天下人，不教天下人来负我。"陈宫始知曹操实为不仁不义之辈。夜宿客店，陈宫百般懊悔，不能成寐。看到曹操酣睡，屡次举剑欲杀，却终未下手，遂留一短柬，弃操而去。故事源于《三国志演义》第4回，与史实颇有出入。《捉放曹》因袭前代民间文学和戏曲的传统，写了善与恶两种截然相反的道德行为尖锐的碰撞，反映民间的爱憎取向，塑造了两个形象鲜明、性格迥然相反的人物形象。"行路"的一段［西皮慢板］"听他言吓得我心惊胆怕"一段，和"宿店"里的［二簧］"一轮明月照窗下"大段唱腔，把陈宫复杂的心情描绘得淋漓尽致，成为经久不衰、脍炙人口的精彩唱段。结尾，陈宫于旅店写下："鼓打四更月正浓，心猿意马归旧宗。误杀吕家人数口，方知曹操是奸雄！"留柬而去，为全剧作结，意味深长。《捉放曹》是唱工老生常演剧目，以陈宫为主要角色。程长庚、张二奎、余三胜及谭鑫培、汪桂芬、余叔岩、谭富英等均擅演。后来演员多宗谭、余一脉。谭鑫培有《宿店》之［二簧慢板］、［原板］的唱片留世。余叔岩有《宿店》之［二簧慢板］、［原板］及《行路》中之［西皮］的唱片存世。剧本有《京剧丛刊》、《戏考》等刊本。（马克郁）

谭富英饰陈宫（中） 王泉奎饰曹操（右） 哈宝山饰吕伯奢

Zhuo Fang Cao de Renwu Chuangzao

《〈捉放曹〉的人物创造》 京剧研究著作。郝寿臣述，吴晓铃记。中国戏剧出版社1959年11月出版。本书是郝寿臣《捉放曹》一剧表演经验的记录，共分为5部分：①引子，列出郝寿臣演出过的白脸戏，其中包括17出曹操戏，概括说明了他对净行京剧艺术的继承与创造。②分析剧本与《三国志演义》、《三国志》等书在情节上的不同之处，其成功在情节安排更适合于舞台表演。③郝寿臣对曹操脸谱和服装的改进与创造。传统戏中曹操的水白脸色调阴暗，表示人物心怀叵测。郝寿臣则认为不同剧目中的曹操不全属奸诈残暴人物，有时也有其雍容尔雅的一面，因而其脸谱既要利于表现其阴险可怕，也要利于表现其和蔼可亲。同时，曹操的中年、壮年、老年，脸谱也应有所不同。④郝寿臣在此剧中扮演曹操的表演记录。按照"过关"、"公堂"、"行路"（包括"杀家"）、"宿店"的顺序，把曹操的身段、唱念做了尽可能详细的描述，并写出了对人物的理解和刻画，对典型环境的认识与处理，对潜台词的理解和运用等。⑤郝寿臣对《捉放曹》一剧中曹操这一人物思想、性格的理解。他特别强调曹操身处逆境且又不被原谅，充满了悲剧性。（吴大徵）

zhuowei yipi

桌围椅披 见一桌二椅。

Zibo Shi Jingjuyuan

淄博市京剧院 京剧演出团体。其前身为淄博市京剧团。1956年前，在淄博市有几个分散的民间专业京剧团。1956年11月，市政府决定，以流动演员杨淑萍、杨运超等参加的新声京剧团为基础，组建淄博市京剧一团，刘学平、杨淑萍任正副团长。1957年，市政府决定，又将中华、新艺、前进、明新4个民间专业京剧团合并为淄博市京剧二团，张宏安、刘世勋任正副团长。1961年，两团合并为淄博市京剧团，杨淑萍任团长，刘学平、张宏安、刘世勋任副团长。1964年根据刘知侠同名小说改编的现代京剧《红嫂》，参加山东省京剧现代戏会演，经过加工，于同年6月进京，参加全

《红嫂》 张春秋饰红嫂（右） 杨志刚饰方排长

国京剧现代戏观摩演出大会（与青岛市京剧团联合演出），受到广泛好评。8月间，毛泽东、刘少奇、周恩来、朱德等党和国家领导人观看演出，并接见全体演职员。新时期以来，经常上演的保留剧目有《白蛇传》、《秦香莲》、《玉堂春》、《汉宫惊魂》、《龙凤呈祥》、《四郎探母》、《状元媒》、《春草闯堂》、《凤还巢》、《四杰村》以及现代戏《红灯记》、《智取威虎山》、《杜鹃山》等。创排的新剧目有《焦裕禄》、《一品大百姓》、《朱彦夫》、《保鼎记》、《马夫掌鞭》等。其中《焦裕禄》获第二届文华新剧目奖，其他新剧目均在省内获得多种奖项。彭骏、周庆孝、商瑛、张双捷、裴秀玲、李艳娥、孙翠兰等，也在省内外各种赛事中分别获奖。2000年建院，耿卫东、周庆孝先后任院长。（史庆沪）

Zijin Daxiyuan

紫金大戏院 现代剧场。址在江苏南京小火瓦巷20号。2000年9月16日竣工开业。总建面积为11 571平方米。舞台和观众厅位于建筑物中央。舞台台口宽16米，台深22米，台口高9米，主台高22米。配有升降乐池、电动吊杆和各种灯光、音响设备。吊杆系统共有48道。乐池可容纳80名演奏员。舞台两侧各为12×12米，高9米，两侧演员候场面积各有40平方米。后台1～2层设演员大小化装室5间、服装室3间，另有沐浴室2间。3～5层为演员公寓客房。6层为会议室及办公室。观众厅有2层，池座618席，楼座298席。池座后设音响、灯光控制室，楼座后为放映间。观众出入门厅、休息厅及疏散通

紫金大戏院外景 （徐全心提供）

道呈弧形围绕观众厅，并有艺术品陈列展览空间。此剧场是为迎接2000年第六届中国艺术节而新建的现代化演出场所，接待了北京京剧院《宰相刘罗锅》、上海京剧院《贞观盛事》和江苏省京剧院《骆驼祥子》等演出。其外观的高敞晶莹、内部设施的高雅精致，给演出者与观众留有美好印象。（胡荣卫）

zibao jiamen

自报家门 戏曲术语。“家门”原指南戏（传奇）第一出副末的开场白。如《琵琶记》：“待小子略道几句家门，便知戏文大意。”京剧等地方戏曲的自报家门，则是剧中人物登场时，直接向观众介绍自己。如《挑华车》岳飞：“本帅姓岳名飞字鹏举。宋室驾前为臣。可恨兀术屡次兴兵犯境，目前将我主围困于牛头山上。本帅整顿兵马，意欲与他决一死战，不免命牛皋去至番营，投下战书。”这段台词，也称定场白。自报家门从宋元南戏、元代杂剧即已采用。戏曲艺术的假定性和悠久的传统使这种方式成为合理的存在。它直截了当地交代剧中人物和事件的来龙去脉，使观众进入戏剧的情境，有助于迅速展开对矛盾冲突的描写。自报家门一般由引子、定场诗和定场白组成，常见于作品的开端或重要角色出场时。随着剧情的进展，适应戏剧节奏的变化，以及出场人物地位的轻重等因素，或只念引子，或只念定场诗，或念两句对或唱上，然后自报家门。甚至只通名姓，而无须作更多的自我介绍。也有众人齐上或分上，各念一句定场诗，或齐唱、分唱引子，然后分别通名。有的甚至只念引子，而不通名。如《宇宙锋》赵艳容上念：“杜鹃枝头泣，血泪暗悲啼。”见了赵高，便说：“爹爹万福。”因为观众从前面赵高唤女儿出堂的台词中，已经知道她是谁了。总之，形式是灵活而多样的。此外，也不是每个人物上场时都要自报家门。（颜长珂）

Zi Wo Yanxi Yilai

《自我演戏以来》 戏剧回忆录。欧阳予倩著。1929年作于广东戏剧研究所，在该所出版的杂志《戏剧》上连载。1933年2月上海神州国光社出版单行本。1958年5月中国戏剧出版社出版增订本，除对原著某些内容加以注释和补充说明外，增加了1953年以来作者所写的《回忆春柳》、《谈文明戏》、《我怎样学会了演京戏》、《我自排自演的京戏》等文章以及《戏剧》杂志记者1931年所写《广东戏剧研究所的经过情形》一文。书前有作者生平及艺术照片29幅。此书以回忆录形式记述了作者从1907年始登戏剧舞台到1928年脱离舞台所进行的戏剧创作和演出的经历，共12章。前8章着重介绍作者在日本参加戏剧团体春柳社的活动，回国后春柳社在上海等地的发展情况，反映了中国早期话剧运动的艰辛历程。后4章着重记述作者做京剧演员时期的活动。回顾了学演京剧，相继在上海笑舞台、新舞台等处挂头牌与梅兰芳并称“南欧北梅”的过程，介绍了自己编演的20余出新编京剧。书中还记述了辛亥革命前后上海等地的戏剧改良运动，包括夏月珊兄弟在上海新舞台演出的改良新戏、机关布景和剧场管理等情况。回忆应邀到南通创办南通伶工学社和更俗剧场的艰难经历。最后叙述了在大连、沈阳等地的演出见闻，在上海民新电影公司做导演、在南京创办国民剧场的过程。全书具体反映了辛亥革命到五四运动前后中国戏剧发展的真实情况，涉及当时戏剧运动中的一些重要人物和史实，具有重要的史料价值。包含作者对戏剧的诸多精辟见解，如强调“演员要有人格”，演戏“不专求一人出风头，要注意整个的平均”，“全场要组成一种自然的谐和”，“要用艺术来宣传，必先有艺术”等，均具有理论价值。（吴毓华）

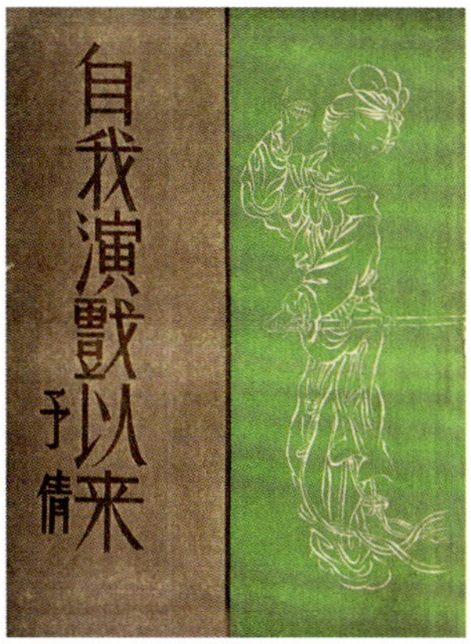

1933年初版封面

zizheng qiangyuan

字正腔圆 京剧演唱中的艺术和技术要求。戏曲传统演唱，一向注重“字正腔圆”这个标准。因为声腔的构成，是词句中感情语调的起伏转折和字音抑扬延续。所以衡量演唱是否优美动听，就必须用字正腔圆作为标准。谱曲者腔要顾字（语调、语气、词意、词采）；歌唱者字要顾音（根据语言词意，准确地唱好四声），在语调的要求之下，唱出感情、意境、韵味。

字正就是每个字发音时的口腔位置准确有力，腔圆就是母音（包括归韵、收声）共鸣位置准确、饱满、圆畅。当我们的喉、舌、牙、齿、唇任何一部位发某一个音之前，在它积蓄力量的一刹那（即成阻、持阻），实际上已把气息提到它应在的部位上了。例如“丹

dan”字，是舌齿音，在发“d”音之前，气息已达到舌尖勺上齿龈接触的部位，这样在除阻发音时，字音出来即自然有分量而且带一定的弹性。而在母音“an”发出后，口腔的共鸣位置，要一成不变地保持在舌面前部与硬腭之间，直到行腔结束时，舌尖才触到上齿龈收声。这样，“丹”字的字音就正确了，共鸣、行腔也都随之饱满、圆畅，正所谓“腔随字走，字领腔行”．“字不见劲，腔就减色”，也是这个道理。另外，唱腔的长短缓急、抑扬顿挫，取决于唱词的内容、感情。必须把精力集中在咬字（语言）与感情上，决不可将声音与语言割裂，将技巧与感情割裂。戏曲的唱念，必须有韧性，感情真实，气口准确。婉转时，母音保持不变；激情时，吐字斩钉截铁，清脆锋利。字要咬得准，吐得鲜明，感情要放得开。行腔时根据内容，要敢于大起大落、大收大放，大顿挫、大停歇，唱念必须以情、以语言带声，千万不可“因声（单纯追求所谓“声音”的美）限情”，字正腔才能够圆。 （傅雪漪）

zongguanshi

总管事 戏班行政主管。又称“文武总管”。总管事对承班人（后台老板）负责，主管人事调度、财政收支、演出业务（如安排剧目、分派角色、舞台监督）等。演出时，往往坐守于后台账桌旁通盘指挥，谓之“坐中”，意即坐镇后台中央。有时下设文管事、武管事。文管事又称“文行头”，负责安排调度有关文戏行当的一切事务，相当于现今剧团的文行剧务。武管事又称“武行头”，负责安排调度有关武戏行当的一切事务，相当于现今剧团的武行剧务。此外又有小管事若干人，包括各行当的演员代表（行当头目人）、催戏人、检场人、箱倌、管后场桌人等。 （戴申 周华斌）

zongjiang

总讲 戏曲术语。亦称总纲。传统京剧中谓载有全部唱词、科白的剧本为总讲。仅有单个角色唱词、科白的脚本则称单篇，或名单片、单头、单词。旧时京剧演员演戏大都只是抄录本角色的台词，即使编演新戏，也是将不同人物的台词抄成单篇，分发给各个演员。总讲则由主持排演者或主要演员掌握。总讲、单篇多为手抄本。由于适合当时演员情况，单篇流行较广，而总讲则比较罕见。这种方式后来已逐渐淘汰。 （刘玉来）

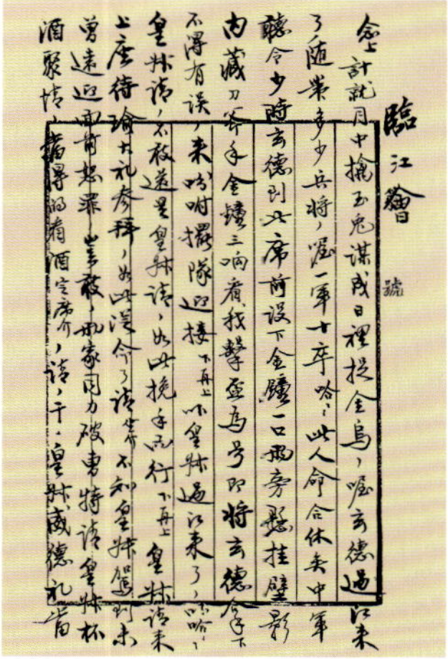

俞振飞抄本《临江会》单篇（选自《京剧小生唱腔选集》）

Zou Gongfu

邹功甫 （1916～1996） 京剧导演。名道敏，字功甫。祖籍四川华阳（今属双流），生于北京。上小学时就登台票戏，后入天津南开大学、四川大学、上海光华大学学习。曾师从红豆馆主溥侗、陈彦衡、王颂臣、莫敬一等，习文武老生。1940年任重庆国立实验剧院京剧导演，边教边演，辗转于重庆、昆明，演出剧目有《定军山》、《战太平》、《珠帘寨》等。1951年任中国戏曲研究院艺术委员。1954年导演《刘兰芝》(张君秋主演)，之后又导演《正气歌》、《除三害》并设计唱腔，3个戏均获北京市戏曲会演一等奖。1955年任中国京剧院导演，为李金泉导演《罢宴》、为娄振奎导演《敬德装疯》，与李少春合作导演《大闹天宫》，在原《闹天宫》基础上增加了灵霄殿、花果山、闯天门、御马监等5场戏。1958年与他人合作导演了京剧现代戏《白云红旗》、《安源大罢工》，与阿甲合作导演了《回春记》、《凤凰二乔》、《卧薪尝胆》、《金田风雷》等。独自导演了《东方朔偷桃》、《芦花记》、《朱仙镇》、《小忽雷》等。后又为《蝶恋花》、《闯王旗》以及《调寇审潘》进行唱腔设计。他对丰富京剧的唱腔、唱法作出一定贡献。曾撰有《〈敬德装疯〉的导演处理》、《京剧表现当前现实生活的尝试》等论文。在艺术院校剧团和电台讲授《戏曲导演与表演》、《京剧唱法》、《余派唱工艺术浅谈》、《余派洪羊洞》等。 （朱文相）

zoubian

走边 表演程式之一。在舞台上用以模拟身有武艺的人物轻装潜行的情节，常用于侦察、巡查、夜行、偷袭、赶路等特定情境，是武剧演员基本功之一。有单人走边、双人走边、多人走边、哑边、水边之分，而以单人走边（整边）最为完整。走边的伴奏只用铙钹、小锣，不用大锣，称为响边。与之相对的哑边只用堂鼓，轻轻敲击，以烘托静夜疾奔的氛围，故又称鼓边。水边为水上行船或在水中战斗的舞蹈，常以小锣奏出水声效果，动作无准式套路，多因戏而设。单边上场，或在［四击头］中上场亮相，或在［四击头］之后，［撕边］上场，在［八大仓］锣鼓点上亮相。走边主要由正、反云手，各种踢腿和飞脚、旋子、蹦子、扫堂腿、飞天十响以及快三步（跨三步）等动作组合而成，有时加一些武功“排头”（如跳铁门坎、翻串筋斗等）和踢鸾带的技艺。旦脚走边主要由正、反云手和鹞子翻身、蹦子、快三步等动作组成，或间用扑虎、乌龙绞柱、前桥、后桥等翻滚扑跌技艺。走边的繁简因剧而异，其间又有演员个人风格的特色区别。单人走边，如《恶虎村》中黄天霸的夜行。双人走边，如《盗仙草》中鹤童、鹿童的巡山。多人走边，如《艳阳楼》中花逢春4人夜探。走边的表演，要求动作灵敏，节奏明快，于轻巧中见深沉，最忌毛躁、漂浮。 （周绍昌）

《恶虎村》 盖叫天饰黄天霸

Zou Maicheng

《走麦城》 京剧作品。又名《麦城升天》。事见《三国志演义》第73～77回。剧情为：曹操约孙权共攻荆州。孙犹疑未定，遣使为其子向荆州守将关羽之女求婚。关羽不许，称：“虎女焉配犬子！”孙刘联盟因此破裂。刘备进位汉中王，封关羽为五虎上将之首。关羽闻知黄忠亦在五虎上将之列，拒不奉诏。经劝说方始受命。关羽使糜芳、傅士仁攻取襄阳。二人违令被责，仍被重用，镇守公安、南郡。关羽与曹兵会战，大败曹仁，攻取襄阳；沿江造烽火台，以防吴兵。吴将吕蒙率将士改扮商人，白衣渡江，袭击烽火台，径取荆州。糜芳、傅士仁献城降吴。魏将徐晃亦率军攻打襄阳，关平大败。关羽与徐晃会战，败走麦城。吕蒙不允罢兵。廖化突围往上庸求救，守将刘封、孟达按兵不动。关羽无奈，率关平等残兵连夜偷出北门，终于中伏被擒。数百年间，向以关羽为“神”，戏曲中多彰其过关斩将之事，而独《走麦城》一剧，于关羽的忠义、威武、伟岸中，同时刻画了其性格上的缺点，狂傲自大，目空四海，导致最终败亡的悲剧。陈寿在《三国志》中评曰："关羽、张飞皆称万人之敌，为世虎臣。……然羽刚而自矜，飞暴而无恩，以短取败，理数之常也。"京剧《走麦城》即是描述了关羽"以短取败"的必然性。1914年，上海新舞台夏月润请王鸿寿编演此剧。王认为有辱关公形象，夏便亲自动手编排。同年4月8日，"正从事练习，拟即开演"（1914年4月9日《申报》），戏院西首菜馆失火，殃及戏院。因此，"关公显圣"，"不该演老爷倒霉的戏"等议论纷起。但夏月润月润锲而不舍，坚持于同年6月24日在竞舞台演出了《走麦城》，自饰关羽，大为成功。王鸿寿在唱腔、武打、服装、人物造型和场次等方面，进行加工创新，并进行了示范性演出。夏月润十分惊服，自此主动放弃此戏不演，《走麦城》成了王鸿寿的拿手戏。晚年在上海，为答谢观众，不顾疲劳和病体，主动贴演《走麦城》，因过于激奋卖力，下台后腿病和裆疮发作，一卧不起，不久与世长辞。李洪春、周信芳、林树森、李吉来、唐韵笙、高盛麟等均擅此剧，并有不同程度的发展和创造。剧本载《关羽戏集》。

高盛麟饰关羽

王金璐饰关羽（中） 朱锦华饰华佗（左后）

1948年，马少波有同一题材的京剧创作，名《关羽之死》，在山东解放区和淮海前线多次演出。剧本收入《马少波戏剧代表作》。

（马克郁）

zoutai

走台 表、导演术语。演出前熟悉舞台的过程。在合成彩排之前，或是在一座不熟悉的剧场演出之前，通常要在舞台上过一遍戏。由于过戏时不带乐队，演员不化装，不穿戏装，也不需要入戏，只是走一走舞台调度，熟悉一下舞台部位，故名"走台"。目的是提前发现问题及早解决，防患于未然，确保演出的顺利进行。走台时演员要注意舞台的大小、台板的质量以及台毯的软硬程度，确定单人或多人的表演区域、调度路线以及高难技巧的高度、角度与安全措施。有时因排戏时间紧迫，走台与排景、排光同时进行。走台时，舞台监督要提醒有关人员注意，以防止舞台事故的发生。走台的认真与否，直接影响演出质量。

（刘小军）

zuiyi

罪衣 剧中犯人专用之衣。男式称罪衣罪裤，女式称罪衣罪裙。男式罪衣为红色立领大襟袄，无缘饰，下身为瞒裆裤，裤腿需外套白大袜。女式罪衣为红色立领对襟袄，门襟缀纽襻，领口、袖口、对襟、下摆均以皎月色或蓝色素绸料镶双边加牙（加细白线），下身瞒裆裤，裤口亦有相同边饰。所谓罪裙，实即加穿白色素裙，前腰左右裙片从下角抹斜拾起分绕后腰。装扮时先打腰包，再束白腰巾，最后穿上罪衣。男式也有穿深色素褶子，斜披红色罪衣，打白色腰包，如《野猪林》林冲发配。旧式罪衣均用布制，近时多用红色缎料制作。古代囚服多用赭色，称赭衣，亦称赤衣。清代"凡斩绞重犯等及解审发配，俱著赭衣"（周锡保《中国古代服饰史》第463页）。戏曲艺人以生活为依据，将赭色美化为大红色，冲淡不吉利，增强演出的欢娱气氛。

女式罪衣罪裤
（选自《中国京剧戏衣图谱》）

（谭元杰）

Zuibai Ji

《醉白集》 京剧作品集。1919年由灌花叟主编辑、裱订。有抄本、木刻本两种。均不用句逗，无图，错别字较多。抄本大多在剧本首页称"江西名班抄本"，系由京剧流入江西后的京班艺人抄写。刻本书坊署名不一，有新市文翰斋、杭城宝善堂、嘉郡聚宝堂等。刊刻时间最早为清同治八年（1869）。有的注明据"江西抄本"刊刻，系由江西艺人将抄本带至浙江梓印，其抄写时间早于刻本。全书计收京调（剧）96出，裱订为32册（集），装成4套。《醉白集》收剧目如下：

第1集：《八仙寿》、《九龙柱》、《一捧雪》。
第2集：《献西川》、《回西川》、《曹玉姐》。
第3集：《叹皇灵》、《临江会》、《八盘山》。
第4集：《斩经堂》、《合金钵》、《雷峰塔》。
第5集：《端午门》、《朱砂痣》、《父子会》。
第6集：《金水桥》、《讨荆州》、《斩薛猛》。
第7集：《黄鹤楼》、《八卦图》、《六部审》。
第8集：《打金枝》、《收姜维》、《斩韩信》。
第9集：《渭水河》、《马鞍山》、《祭长江》。
第10集：《困龙床》、《骂金殿》、《戏姣妻》。
第11集：《华容道》、《催进贡》、《捡柴记》。
第12集：《大保国》、《二进宫》、《群臣宴》。
第13集：《游武庙》、《洒金桥》、《双贵图》。
第14集：《解珠宝》、《卖胭脂》、《回破窑》。
第15集：《男绑子》、《斩姚期》、《上天台》、《五郎出家》。
第16集：《黄花国》、《阎王庙》、《玉堂春》。
第17集：《捉放曹》、《散瓦岗》、《双合印》。
第18集：《彩楼配》、《三击掌》、《回龙阁》。
第19集：《取荥阳》、《焚纪信》、《文昭关》。
第20集：《五雷阵》、《送金娘》、《宝莲灯》。
第21集：《空城计》、《天荡山》、《定军山》。

第22集：《焚绵山》、《群英会》、《淤泥河》。
第23集：《进寒宫》、《南天门》、《马蹄金》。
第24集：《白门楼》、《取成都》、《金光阵》、《白帝城》。
第25集：《荐诸葛》、《桑园寄》、《赶三关》。
第26集：《芦花河》、《五台山》、《南阳关》。
第27集：《观星斗》、《高平关》、《法门寺》。
第28集：《云台关》、《投唐营》、《双带剑》。
第29集：《取成都》、《龙虎斗》、《忠孝全》。
第30集：《白良关》、《巡北河》、《望儿楼》。
第31集：《白虎堂》、《杀四门》、《灌香药》。
第32集：《失街亭》、《斩马谡》、《点药材》、《南浔歌》。

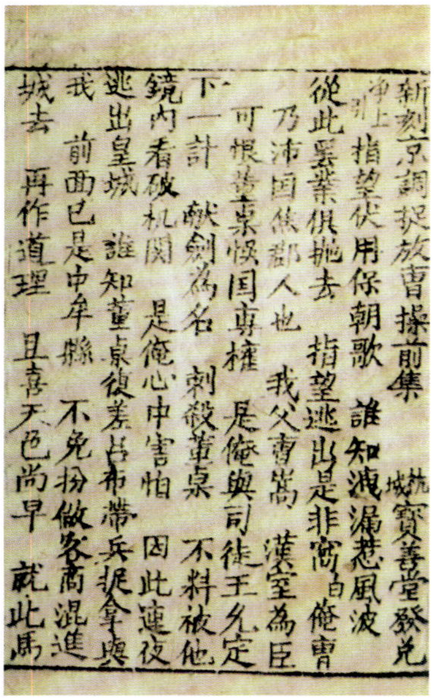
新刻京調捉放曹操前集　杭城寶善堂發兌
淨上引　指望伏用保朝歌　誰知洩漏惹風波
從此罷業俱拋去　指望逃出是非窩　白　俺曹
乃沛國譙郡人也　我父曹嵩　漢室為臣
可恨董卓恢国專權　是俺與司徒王允定
下一計　獻劍為名　刺殺董卓　不料被他
鏡内看破機関　是俺心中害怕　因此連夜
逃出皇城　誰知董卓差呂布帶兵捉拿與
我　前面已是中牟縣　不免扮做客商混進
城去　再作道理　且喜天色尚早　就此馬

杭城宝善堂刊本《捉放曹》
（选自《中国戏曲志·上海卷》）

剧目与今演出本情节不尽相同，如《彩楼配》演王宝钏抛彩球时，守门的不让薛平贵进去，天上尾月星吹起一阵狂风，将薛吹倒彩楼下，尾月星又拿到王的彩球塞到薛的手中。其中有不少是徽班常演的剧目，如《斩经堂》、《荐诸葛》、《端午门》等，抄本中所谓“江西名班”，也有可能是兼演京调的徽班。该汇编本虽裱订于1919年，但其所收抄本与木刻本为清末的本子，对研究早期京剧剧目、京班南下发展及与徽班的关系等，具有一定文献价值。原由复旦大学教授赵景深从书肆购得，现捐藏复旦大学图书馆。

（朱建明）

zuogongxi

做工戏　京剧演出中以念白、表情和形体动作为主要表现手段的作品。如老生戏《四进士》，花旦戏《拾玉镯》，老生与花旦并重的《坐楼杀惜》，花脸与老旦合演的《李逵探母》等。做工戏中，时常可以运用一些特技表演，以揭示人物思想感情，烘托剧情气氛，如《琼林宴》表现范仲禹的疯癫使用甩发功、踢鞋功，《通天犀》表现性格暴躁的青面虎盘问程老学时使用椅子功，《思凡下山》表现小和尚本无逃出寺院心情高兴时的耍素珠等。做工戏并非不重唱工，但其塑造人物的任务更多地是由做工或念白来完成。如《拾玉镯》孙玉姣看到傅朋故意丢下的玉镯时欲拾还休、欲罢不能的表演，《四进士》宋士杰在大堂上老辣陈词时的大段念白，都是剧中的华彩段落。

《李逵探母》
尚长荣饰李逵（右）　王梦云饰李母

京剧做工戏在表现人物情感方面，往往有感人而传神的效果。如《李逵探母》中，李逵为使瞎眼的老娘辨认多年未见的自己，讲起当年自己如何顽皮，如何唱歌逗乐，在念白和动作、表情配合下，抒发李逵对老母亲深深的眷恋，撩人心弦。剧中主要通过表情和念白，将人物情感的变化，表现得层次分明，让观众看得明明白白。

做工戏体现了京剧艺术风格和表现手段的多样性，也为演员提供了施展才华的广阔空间。被称为“南麒北马”的周信芳与马连良，都以擅长做工著称。周信芳虽嗓音失润却创出一批享誉菊坛的“麒派”名剧；马连良虽然擅演唱工戏，但仍把演出重心倾斜于做工戏，在他的“马派”名剧中，做工戏占了相当大的比重。四大名旦之一荀慧生，花旦名家筱翠花，著名花脸侯喜瑞、郝寿臣、袁世海等，对做工戏都倾注心血，情有独钟。由于做工戏及做工表演的丰富与细腻，使一些京剧作品常能不着笔墨，尽得风流。在适于做工演技发挥的戏剧情境中，往往可以收到奇兵突起、一举制胜的效果，不比诉诸歌唱为弱。

（田志平）

数字

中国京剧百科全书

1964 Nian Xiandai Jingju Yanchu Dahui Juben Ji

《1964年现代京剧演出大会剧本集》 京剧作品集。中国戏曲研究院据1964年全国京剧现代戏观摩演出资料汇编成集。未出版。共3集，收入19个京剧院团的26个演出剧本。第1集：《战海浪》、《审椅子》、《柜台》、《送肥记》(上海京剧院)、《洪湖赤卫队》(北京市京剧二团)、《箭杆河边》(北京实验京剧团)、《千万不要忘记》(黑龙江戏曲学校实验京剧团)、《六号门》(天津市京剧团)、《草原英雄小姐妹》(内蒙古自治区京剧团)、《芦荡火种》(北京京剧团)。第2集：《李双双》、《强渡大渡河》(南昌市京剧团)、《杜鹃山》(宁夏京剧团)、《延安军民》(陕西京剧院)、《草原两兄弟》(青海京剧团)、《耕耘初记》(江苏省京剧团)、《五把钥匙》(长春市京剧团)、《红岩》(乌鲁木齐市京剧团)。第3集：《红嫂》(山东淄博市京剧团)、《红管家》、《掩护》、《好媳妇》(河南省京剧团)、《苗岭风雷》(贵阳市京剧团)、《节振国》(唐山市京剧团)、《烈火中成长》(广西壮族自治区京剧团)。另有9个演出剧本未被收入。（王佩孚）

1987 Nian Quanguo Qingnian Jingju Yanyuan Dianshi Daxuansai

1987年全国青年京剧演员电视大选赛 京剧活动。中央电视台、中国戏剧家协会、北京电视台等各省市自治区电视台、《中国农村经营报》联合举办。有中直系统和16个省、市、自治区的京剧演出单位参与此项活动，经过半年多遴选，有284名演员获得复赛权。进入决赛者共有51名，云集北京，自10月31日开幕，至11月14日闭幕，6场大赛，电视直播。此为中国首次运用电视手段将京剧演员比赛搬上荧屏，也是中央电视台首次向全国观众直播京剧演员比赛。这次比赛，集中展示了新时期青年京剧人才成批涌现的可喜成就，也是“文化大革命”之后京剧艺术的一次大普及，引起热烈反响。

最佳表演奖获得者共25名(见右表)。优秀表演奖获得者共26名：老生组有蔡际东、裴永杰、庄顺海、孙忠勇、李春立；花脸组有孟广禄、杨嘉陵、景琏琏、朱玉峰；丑角组有吴建平、吕昆山；武生组有程和平、赵飞、王旭东；武旦组有李占莹、刘以淑；小生组有宋小川、胡正中；老旦组有郭跃进、张大环；青衣花旦组有李胜素、王蓉蓉、叶芳、李水莲、张静琳、雷英（注：青衣组雷英因病未能参加决赛，根据有关规定，获优秀表演奖）。

最佳表演奖获得者名单

姓名	行当	年龄	参演剧目	所在单位
言兴朋	老生	34	《卧龙吊孝》	上海京剧院
于魁智	老生	26	《文昭关》	中国京剧院
关　怀	老生	30	《乾隆下江南》	上海京剧院
齐宝玉	老生	27	《伐东吴》	上海京剧院
杜镇杰	老生	26	《文昭关》	北京京剧院
宋昌林	花脸	32	《将相和》	山东省京剧团
唐元才	花脸	34	《锁五龙》	上海京剧院
谭少英	花脸	31	《人鬼鉴》	宁夏回族自治区京剧团
孙绍东	武丑	25	《三岔口》	中国京剧院
王　宏	文丑	28	《下山》	内蒙古自治区京剧团
刘子蔚	武生	24	《火烧裴元庆》	中国京剧院
桂汉庆	武生	19	《闹龙宫》	湖北黄石市京剧团
周　龙	武生	22	《八大锤》	中国戏曲学院
李静文	武旦	28	《两狼关》	辽宁沈阳京剧院
乔　丽	武旦	22	《擂鼓战金山》	云南省京剧团
李宏图	小生	27	《罗成叫关》	北京京剧院
江其虎	小生	24	《小宴》	江苏淮阴市京剧团
蓝文云	老旦	22	《望儿楼》	天津市青年京剧团
郑子茹	老旦	26	《对花枪》	中国京剧院
董翠娜	青衣	25	《望江亭》	山东烟台市京剧团
张　萍	青衣	28	《春秋配》	山东烟台市京剧团
刁　丽	青衣	24	《李慧娘》	中国京剧院
刘桂娟	青衣	24	《六月雪》	天津市青年京剧团
李海燕	青衣	22	《锁麟囊》	河北唐山市京剧团
侯丹梅	青衣	22	《铁弓缘》	贵州贵阳市京剧团

（齐特）

1991 Nian Quanguo Zhongqingnian Jingju Yanyuan Dianshi Dasai

1991年全国中青年京剧演员电视大赛 京剧活动。中央电视台及各省、自治区、直辖市电视台联合举办，中国戏剧家协会协办。赛事于1991年2月拉开序幕，全国各地有近2 000名中青年演员分别参加由当地电视台组织的初赛。初赛中有285名优胜者，7月15~27日经复赛评委会评选，51名演员获得决赛权，其中中年演员20名，青年演员31名。决赛于10月中旬至11月中旬在北京隆重举行，中央电视台每周两次播出。这次活动正值纪念徽班进京200周年振兴京剧观摩研讨大会刚刚结束，京剧界热情高涨，历时9个月的电视大赛，掀起了一场持久的练功热潮。比赛设最佳表演奖、优秀表演奖、表演奖和荧屏奖。

最佳表演奖获得者共25名，其中中年组10名，青年组15名。

最佳表演奖中年组获奖名单

姓名	行当	参赛剧目	所在单位
薛亚萍	青衣	《状元媒》	山东省京剧院
方小亚	武旦	《青石山》	上海京剧院
邓沐玮	花脸	《探阴山》	天津市京剧团
王　平	武生	《秦琼观阵》	天津市京剧团
高牧坤	武生	《挑华车》	中国京剧院
白　涛	文丑	《活捉》	上海京剧院
张　岚	老旦	《李逵探母》	中国京剧院
吴建平	武丑	《盗银壶》	北京军区战友京剧团
李　莉	青衣	《失子惊疯》	天津市京剧团
宋昌林	花脸	《铡美案》	山东省京剧院

最佳表演奖青年组获奖名单

姓名	行当	参赛剧目	所在单位
于魁智	老生	《打金砖》	中国京剧院
李　军	老生	《击鼓骂曹》	山东省京剧院
张建国	老生	《哭灵牌》	河北石家庄地区京剧团
李胜素	青衣	《红线盗盒》	山西省京剧院
杨玉洁	青衣	《谢瑶环》	河北唐山市京剧团
耿巧云	花旦	《卖水》	中国京剧院
王晓燕	花旦	《喜荣归》	山东烟台市京剧团
李佩红	刀马旦	《火烧余洪》	天津市青年京剧团
艾金梅	武旦	《火凤凰》	江苏省京剧院
郭跃进	老旦	《八珍汤》	山东省京剧院
杨千里	武生	《界牌关》	江苏省京剧院
秦占宝	武生	《火烧裴元庆》	山东青岛市京剧团
陆宝林	小生	《小宴》	河南省京剧团
孟广禄	花脸	《探阴山》	天津市青年京剧团
年金鹏	武丑	《挡马》	河北省京剧团

优秀表演奖获得者共26名。其中中年组10名：任德川、龚苏萍、江燕、林桂兰、陈少云、杨葆荣、刘莉莉、樊琦、胡为之、熊一华。青年组16名：何威、张克、高颂、赵秀君、李晓兰、陈淑芳、王润菁、史敏、王怡、郑子茹、郭玉琴、赵永墩、魏建海、赵飞、胡正中、张月明。

（齐特）

2001 Nian Quanguo Qingnian Jingju Yanyuan Dianshi Dasai

2001年全国青年京剧演员电视大赛 京剧活动。中央电视台主办，各省、自治区、直辖市电视台协办。这是与1987年全国青年京剧演员电视大选赛相距14年之后的又一次京剧新人的全国性电视大赛。入选年龄段为17~36周岁。各地有近千名青年演员报名参加，经过初赛筛选，211名选手进入复赛。3月17~26日，经复赛评委会通过审看演出录像带，评选出9个行当50名演员参加决赛，他们分别来自14个省、直辖市及中直系统和部队。决赛按行当分成3组，每组进行3场，一连9个晚上相继登场，中央电视台直播赛场实况。这次大赛在总结以往赛事经验的基础上有所丰富和改进：①参赛表演时间可延长到20分钟，有利于剧目片段的相对完整；②增加了综合素质的测试，包括戏曲文化知识和自选才艺表演；③设立场外评论，结合赛场表演讲解京剧艺术常识；④设立现场监审，可以提请评委回答观众提出的热点问题；⑤设立观众热线，评选“每日一星”；⑥赛事结束后，组织若干青年演员与北京大学学生联欢演出。这10多天的电视大赛活动，吸引了上亿观众，电话热线每天平均700多人次，央视网站点击量达25 039次，在全国掀起一股京剧热。在50名决赛选手中，25名获最佳表演奖，25名获优秀表演奖，各行当名单均以得分多少排序。

最佳表演奖获奖名单

姓名	性别	年龄	行当	参演剧目	所在单位
王珮瑜	女	23	老生	《搜孤救孤》	上海师大表演艺术学院
杨少彭	男	25	老生	《文昭关》	北京京剧院
田　磊	男	21	老生	《秦琼观阵》	福建省京剧团
高　彤	男	32	老生	《马前泼水》	北京京剧院
赵秀君	女	32	青衣	《刘兰芝》	天津市青年京剧团
刘桂娟	女	36	青衣	《六月雪》	天津市青年京剧团
赵　群	女	23	青衣	《状元媒》	上海京剧院
邓　敏	女	32	青衣	《花木兰》	中国京剧院
李国静	女	26	青衣	《失子惊疯》	上海京剧院
项　星	女	20	花旦	《小上坟》	湖南省京剧团
李晓兰	女	26	花旦	《游龙戏凤》	北京京剧院
安　平	男	33	花脸	《铡美案》	上海京剧院
陈长庆	男	29	花脸	《探阴山》	山东德州市京剧团
韩云江	男	33	花脸	《火烧余洪》	天津市青年京剧团
金喜全	男	23	小生	《八大锤》	中国戏曲学院
包　飞	男	31	小生	《白门楼》	北京京剧院
常　东	男	34	武生	《锤镇金蝉子》	辽宁沈阳市京剧院
刘宝童	男	33	武生	《艳阳楼》	湖北武汉市京剧团
黄齐峰	男	25	武生	《火烧裴元庆》	天津京剧院
阎　巍	女	33	武旦	《泗州城》	天津市青年京剧团
张淑景	女	24	武旦	《盗库银》	北京京剧院
袁慧琴	女	36	老旦	《对花枪》	中国京剧院
康　静	女	24	老旦	《目连救母》	北师大艺术学院
严庆谷	男	31	武丑	《盗银壶》	上海京剧院
年金鹏	男	36	武丑	《九龙杯》	北京京剧院

优秀表演奖获得者：老生组有程慧慧、刘建杰、马翔飞、严阵；青衣组有姜亦珊、张慧芳、王艳、王晓燕、周利；花旦组有熊明霞、奚鸣燕；花脸组有赵永墩、刘大可、江峰；小生组有王凯、朱福；武生组有魏建海、张晓波、王俊鹏；武旦组有赵玉华、范乐新；老旦组有翟墨、黄丽珠；丑角组有徐孟珂、马国祥。

（齐特）

条目标题汉字笔画索引

说 明

一、本索引供读者按条目标题的汉字笔画查检条目。

二、条目标题按第一字的笔画由少到多的顺序排列，一至五画和廿一画以上的按画数和起笔笔形横（一）、竖（丨）、撇（丿）、点（丶）、折（乛，包括㇆、乚、𡿨等）的顺序排列。六至二十画，同画数的按第一、二笔的笔形顺序归类。笔画数和起笔笔形相同的字，按字形结构排列，先左右形字，再上下形字，后整体字。第一字相同的，依次按后面各字的笔画数和起笔笔形顺序排列。

三、以阿拉伯数字开头的条目标题，依次排在汉字条目标题的后面。

一画

二画

三画

四画

五画

六画

七画

八画

九画

十画

十一画

十二画

十三画

十四画

十五画

十六画

十七画

十九画及以上

数字

内 容 索 引

说 明

一、本索引是全书条目和条目内容的主题索引。索引主题按汉语拼音字母顺序并辅以汉字笔画、起笔笔形顺序排列。同音时，按汉字笔画由少到多的顺序排列，笔画数相同的按起笔笔形横（一）、竖（丨）、撇（丿）、点（丶）、折（乛，包括⺄、乚、𡿨等）的顺序排列。第一字相同时，按第二字，余类推。索引主题以阿拉伯数字开头的，依次排在全部汉字索引主题之后。

二、设有条目的主题用黑体字，未设条目的主题用宋体字。

三、不同概念（含人物）具有同一主题名称时，分别设置索引主题，如王艳芳，一为王九龄字，一为王玉蓉早期艺名。

四、人物条目释文中述及传主的异名、字、号，多将姓氏略去，如梅兰芳，名澜，字畹华（一作浣华），本索引列为梅兰芳、梅澜、梅畹华、梅浣华。

A

B

C

D

E

G

H

J

K

L

M

N

Q

R

S

T

W

X

Z

数字

图 片 索 引

说 明

图片索引包括本书内的主要剧照、戏画、脸谱及演出图。其中，剧照按剧名的汉语拼音字母顺序排列；戏画按类别面世的大致时间先后排序，同类别内的按汉语拼音字母顺序排列；脸谱按排版顺序排列；演出图按绘制年代先后排序。

剧照

戏画

清宫戏画

清末名伶戏出、戏装肖像画

京剧年画

清末民初上海戏画

现代戏画

脸谱

韩乐卿手绘脸谱

侯喜瑞绘制脸谱

《京剧脸谱图说》名家笔意图例

“梅氏缀玉轩世藏”明代脸谱

《康熙御赏万寿图》中的脸谱

梅兰芳藏清南府昆弋脸谱

清乾隆、嘉庆年间杨柳青年画中描摹的戏曲脸谱

清宫戏画中的脸谱

《京剧脸谱图说》中花十字门脸图例

演出图

主要编辑、出版人员

社　　长　　龚　莉

副总编辑　　马汝军

主任编辑　　滕振微

责任编辑　　刘　辉*　　杨小凯　　赵　焱

编　　辑　　张　莉　　余盼兮　　王　宇

特约摄影　　鲁　青

美术编辑　　张辰五

校　　对　　贾跃荣　　李　静　　徐子楠　　赵景贤

装帧设计　　宁成春